中華大典

醫藥衛生典

四川出版集團·巴蜀書社

中華大典·醫藥衛生典

藥學分典

《藥學分典》總目錄

藥學分典　七

藥物總部

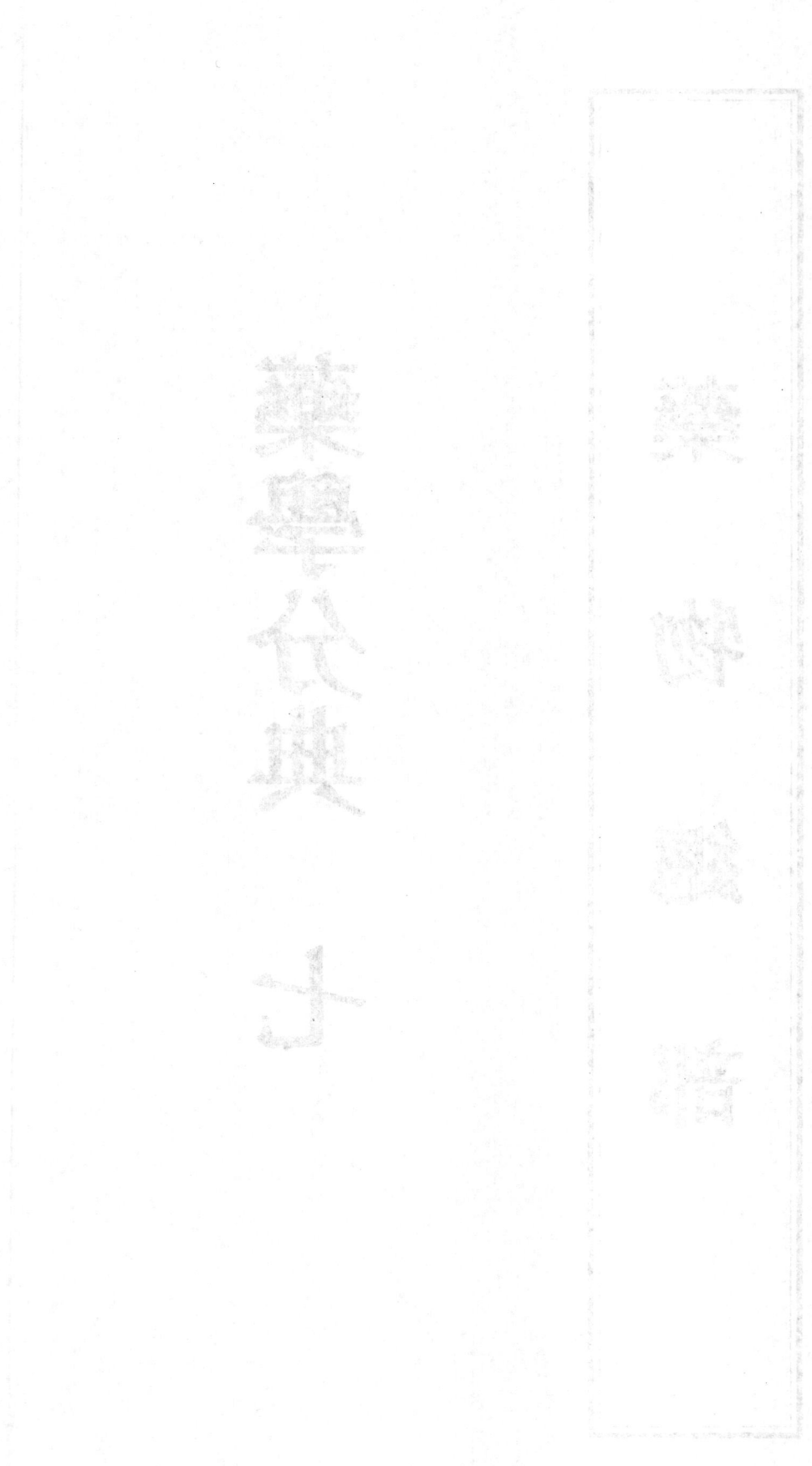

目録

蓏果分部

水果分部

藤蔓部

《藥物總部》提要

《藥物總部》是《藥學分典》中内容最龐大的一個總部，下列『部』與『分部』兩級經目。其中一級經目按藥物自然屬性分二十三個部。鑒於各部藥物内容相對獨立，為方便使用，本分典將本總部分八册，各自獨立成書。這八册在整個分典的位置及所屬各部名稱參見前《藥學分典》總目錄。本總部藥物的編排順序與先行出版的《本草圖錄總部》基本相同，僅少數藥物的位置有所調整。

本總部收載的動物藥中，不乏當今已列為重點保護的野生動物（如犀牛、虎、麋鹿等）。本分典為保存古代醫藥文獻而收載這些動物的有關史料，但反對將這些珍稀動物用作藥物。

本總部在緯目『綜述』及『雜錄』下設專題名，即單味藥的正名。單味藥在本總部中為最小單元，其正名乃從該藥諸多名稱中遴選得來。正名之下諸書所出藥名雖有不同，但據其文字描述或藥圖（須參《本草圖錄總部》）所示，均屬同一藥物。本總部共收載藥物四千三百零二種。各藥條下的主要内容有基原鑒別、生長地區與環境、采收時月、炮製、性味良毒、七情、功用主治、相關附方等。

由於本分典的編纂宗旨在於全面客觀地反映中國古代藥物學的豐富内容，因此必須尊重古代某些傳統分類法，以容納古代曾出現過某些特殊藥物。本此原則本總部設置了火、水、土、製釀、器用等部。其他部的設置大體按礦物、植物、動物為序，主要采用傳統分類名稱（如草部、菜部、果部、藤蔓部、木部、蟲部、魚部、獸部、人部等）。但在尊重古代傳統分類的同時，又再細化類别。例如藻菌、地衣苔蘚、蕨部屬於低等植物，今從古代『草部』分出。古代籠統的蟲、魚部，今則細分為蟲、介甲、蛇蜥、魚四個部，以盡量貼近動物進化分類序列。此外各部下的某些分部（如蟲部下的濕生分部、卵生分部、兩棲分部）乃爲兼顧傳統分類與現代分類而設。

本總部體現現代分類進展及中藥鑒別最新成果之處，主要是部或分部下的藥物排列方式。例如動植物類各部及分部下的藥物，一般都按現代分類法，將同科的動植物集中相鄰排列，並將包含常用藥居多的動植物科屬排在前面。例如『草部·山草分部』的緯目『綜述』之下，依次是甘草、黄耆、苦參（豆科）、人參、竹節參、珠兒參、三七、西洋參（五加科）、桔梗、沙參、薺苨、黨參（桔梗科）等。

本總部單味藥的確定，以藥物基原為主。同一基原的動植物，其藥用部分可有多種。例如桑的樹皮（桑白皮）、樹葉（桑葉）、果實（桑椹）等均可入藥。對此情況，按古代本草慣例，取其常用部位歸類。故桑雖列入木部，但不再把各藥用部位拆分，仍在桑條下表述其不同藥物部分的功用。又，鑒於本總部未設花部，因此某些花類藥往往據其植物屬性，分别散入草、木等部，或附在同基原常用藥用部位所屬部類之中，例如『梅花』權且附在『梅』（烏梅、白梅）之後。

本總部藥物基原的確定，主要依據文字描述與藥圖。在充分汲取國内外中藥鑒定的最新成果的基礎上，編纂人員又逐一對以往尚無研究的藥物進行考訂，采用『以形相從』的方法，盡力確定其科屬或近似的分類位置。對缺乏形態描述與圖形的藥物，則多采『以名相從』之法，將其排在名稱近似藥物之後。例如《滇南本草》中基原不明的白雲參、還元參、土人參、黄參等藥，均附列在人參之後。若名稱亦無相似者，則依據古本草『有名未用』舊例，將不明來源的藥物集中起來，排列在相關的部或分部之末，設經目『某部藥存疑』，或在緯目『雜錄』中予以表現。

本總部的文字編排及標記體例，除遵從大典總體要求外，針對本分典的特點，有如下需說明之處：

《證類本草》一書的《神農本草經》《名醫別錄》《藥對》三書文字雜糅在一起，原書采用『白大字』（大號陰文）表示《神農本草經》，『黑大字』（大號陽文）表示《名醫別錄》文，『黑小字』（小號陽文）表示《藥對》文。對此類條文，本分典將『白大字』用五號黑體，『黑大字』用五號宋體表示，『黑小字』用小五號宋體，並在文獻出處後的六角符號〔 〕中，用同體、同號字標出各書書名，以提示原本混排之三書文字的區別。又，《證類本草》除采用陰陽文、大小字之外，還用特定文字（如『今定』、『新補』等）及特殊符號（如墨蓋子）來表示文字出處。為適應《中華大典》體例，使讀者一目了然知其明確出處，本總部一律增補該書所引原書之名。另外，對少數本草書采用的特殊標記，本分典在不與大典統一標記衝突的前提下，用其他符號予以替代。例如《本草品彙精要》將藥品分為二十四項，每項名稱用黑魚尾括注。由於此標記與大典省略文字標記相同，故本分典將其改為白魚尾。

《藥物總部》之末，附『藥名索引』。進入索引的藥名僅限於藥物正名。

果部

題解

《黄帝内經素問・藏氣法時論篇第二十二》　五果為助，【略】氣味合而服之，以補精益氣。

《靈樞經・五味第五十六》　五果：棗甘，李酸，栗鹹，杏苦，桃辛。

宋・李昉《太平御覽》卷九六四果部　《周禮・天官上》甸師職曰：甸師，供野果之屬。

《禮記・曲禮上》：又《玉藻》曰：果實未熟，不鬻於市。凡食，果實者後君子，火熟者先君子。

《説文》曰：在木曰果，在草曰蓏。

明・盧和、汪穎《食物本草》卷二果類　諸果皆地產陰物，雖各有陰陽寒熱之分，大率言之，陰物所以養陰，人病多屬陰虚，宜食之。然果食則生冷或成濕熱，乾則硬燥難化而成積聚，小兒尤忌。故火熟先君子，果熟後君子之説，古人致謹，良有以也。但四方果類甚多，土產各有所宜，名色各有所異，氣味各有所投，不復悉云。

明・李時珍《本草綱目》卷二九果部　李時珍曰：木實曰果，草實曰蓏。熟則可食，乾則可脯。豐儉可以濟時，疾苦可以備藥。輔助粒食，以養民生。故《素問》云：五果爲助。五果者，以五味五色應五臟，李、杏、桃、栗、棗是矣。《占書》：欲知五穀之收否，但看五果之盛衰。李主小豆，杏主大麥，桃主小麥，栗主稻，棗主禾。《禮記・内則》列果品菱、椇、榛、瓜之類。《周官》職方氏辨五地之物，山林宜皂物柞、栗之屬。川澤宜膏物，菱、芡之屬。丘陵宜核物梅、李之屬。甸師掌野果蓏。場人樹果蓏珍異之物，以時藏之。觀此，則果蓏之土產常異，性味良毒，豈可縱嗜欲而不知物理乎？於是集草木之實號爲果蓏者爲果部，凡一百二十七種。分爲六類：曰五果，曰山，曰夷，曰味，曰蓏，曰水。舊本果部三品共五十三種。今移一種入菜部，四種入草部。自木部移入併附三十一種，草部移入四種，菜部移入一種，外類移入四種。

明・應廣《食治廣要》卷四　果部　《素問》曰：五果為助。五果者，以五味五色應五藏，李、杏、桃、栗、棗是矣。《占書》云：欲知五穀之收否，但看五果之盛衰。是以山林宜皁物，柞栗之屬；丘陵宜核物，梅李之屬。觀此則果食之土產常異，性味之良毒亦殊，豈可縱之而不辨物理耶？

明・施永圖《本草醫旨・食物類》卷三　施子曰：木實曰果，草實曰蓏。豐凶可以濟飢，疾病可以備藥。《素問》云：五果為助，以五味五色應五臟李、杏、桃、栗、棗。欲知五穀之豐歉，但看五果之盛衰。李主小豆，杏主大麥，桃主小麥，栗主稻，棗主禾。《周官》辨五地之物，山林宜皂物柞栗之屬，川澤宜膏物菱芡之屬，丘陵宜核物桃李之屬。甸師掌野果蓏，場人樹果蓏珍異之物，以時藏之。可見果蓏之土產既異，良毒辣性殊，可不慎歟？故集草木之實，列為果部。

清・穆石匏《本草洞詮》卷六　果部　木寔曰果，草寔曰蓏。輔助粒食，以養民生者也。故《素問》云：五果為助。五果者，李、杏、桃、棗、栗，以五味、五色應五臟也。《占書》欲知五穀之收否，但看五果之盛衰。《周官》職方氏辨五地之物，山林宜皂物，柞栗之屬也；川澤宜膏物，蔆芡之屬也；丘陵宜核物，梅李之屬也。觀此則果蓏之土產常異，性味良毒，豈可不辨？

清・章穆《調疾飲食辯》卷四　果類　穀、菜皆以養生，誠不可缺。若夫果僅用之交際，供婦人之贄而已，其輕重相較懸絕也。然《周官・太宰》以九職任萬民，其二曰園圃樹草木。職方氏辨五地所宜之果。場人掌場圃果蓏珍異之物。籩人掌籩實，饋實之籩，復有加籩。《内則》楂、梨、棗、栗、瓜、桃諸果，皆列庶羞，是養與賓祭所必需，宜聖王之注意也。至其品類甚繁，補瀉溫涼不一，為利不少，為害亦多，可真焉弗講歟。獨不知《素問》五果為助，何取乎桃、李、杏也。意者軒農之世，九州猶未盡入版圖，故殊方所產，聖人亦未必悉知耶。讀《内經》者，師其意而勿泥其物，斯為善學古人矣。

五果分部

綜述

李

唐・孫思邈《千金要方》卷二六《食治・果實》 李核人 味苦，平，無毒。主僵仆躋瘀血骨痛。實 味苦、酸，微溫，濇，無毒。除固熱，調中，宜心。不可多食，令人虚。黄帝云：李子不可和白蜜食，蝕人五内。

附：日・丹波康賴《醫心方》卷三〇 李 《本草》云：味苦，平，無毒。主除固熱，調中。陶〔弘〕景注云：言京口有麥李，麥秀時熟，小而甜。崔禹〔錫〕云：小冷。又臨水上食之，為蛟龍被吞之。孟詵云：李，平。主卒下赤。生李亦去關節間勞熱，不可多食之。《七卷經》云：味酸。熟實可食之。《神農經》云：微溫，無毒。不可多食，令人虚。《要錄》云：李實，臨水不可食，殺人。

宋・唐慎微《證類本草》卷二三果部下品〔《别錄》〕 李核人 味苦，平，無毒。主僵仆躋瘀血骨痛。

根皮 大寒，主消渴，止心煩，逆奔氣。

實 味苦，除痼熱，調中。

〔梁・陶弘景《本草經集注》〕云：李類又多，京口有麥李，麥秀時熟，小而甜脆，核不入藥。今此用姑熟所出南居李，解核如杏子者爲佳。凡實熟食之皆好，不可合雀肉食；又不可臨水上噉之。李皮水煎含之，療齒痛佳。

〔宋・馬志《開寶本草》〕按：别本注云：李類甚多，有綠李、黄李、紫李、生李、水李，並堪食。味極甘美，其中人不入藥用。有野李，味苦，名郁李子，核人入藥用之。

〔宋・掌禹錫《嘉祐本草》〕按：《爾雅》云：休，無實李。痤，接慮李。駁，赤李。釋曰：李之無實者名休。郭云：一名趙李。痤，接慮李。郭云：今之麥李，與麥同熟，因名云。李之子赤者名駁。《藥性論》云：李核人，臣。治女子小腹腫滿。主踒折骨疼肉傷，利小腸，下水氣，除腫滿。又云：李根皮，使。苦李者入用，味鹹。治脚下氣。主熱毒煩躁。根煮汁，止消渴。孟詵云：李，主女人卒赤白下，取李樹東面皮，去皴皮，炙令黄香，以水三升，煮汁去滓服之。日再驗。謹按：生子亦去骨節間勞熱，不可多食。臨水食令人發痰瘧。又牛李，有毒。煮汁使濃含之。治䘌齒，脊骨有疳蟲，可後灌此汁，更空腹服一盞。其子中人，主鼓脹。研和麵作餅子，空腹食之，少頃當瀉矣。日華子：李，溫，無毒。益氣，多食令人虚熱。又云：李樹根，涼，無毒。主赤白痢，濃煎服。華，平，無毒。治小兒壯熱，痁疾，驚癎，作浴湯。

〔宋・蘇頌《本草圖經》〕曰：李核人，舊不著所出州土，今處處有之。李之類甚多，見《爾雅》者有：休，無實李。李之無實者，一名趙李。痤，祖和切，接慮李，即今之麥李，細實有溝道，與麥同熟，故名之。駁，赤李。其子赤者是也。又有青李、綠李、赤李、房陵李、朱仲李、馬肝李、黄李，散見書傳。美其味之可食。陶隱居云：皆不入藥用。用姑熟所出南居李，解核如杏子者爲佳。今不復識此，醫家但用核若杏子形者。根皮亦入藥用。崔元亮《海上方》：治面䵟黑子，取李核中人，去皮細研，以雞子白和如稀餳塗，至晚每以淡漿洗之後塗胡粉，不過五六日有效。慎風。

〔宋・唐慎微《證類本草》〕孫真人：肝病宜食。《食醫心鏡》：李，味酸，無毒。主除固熱調中。黄帝云：李不可和蜜食，食之損五藏。

宋・寇宗奭《本草衍義》卷一八 李核仁 其窠大者高及丈，今醫家少用。實合漿水食，令人霍亂，澀氣而然。今畿内小窰鎮一種最佳，堪入貢。又有御李，子如櫻桃許大，紅黄色，先諸李熟。此李品甚多，然天下皆有之。所以比賢士大夫盛德及天下者，如桃李無處不芬芳也。别本注云：有野李，味苦，名郁李，子核仁入藥。此自是郁李仁，别是一種，在木部中第十四卷，非野李也。

宋・王繼先《紹興本草》卷一三 李核仁 紹興校定：李核仁，根皮及實《本經》雖各分主治，但未聞諸方用驗之據。李實乃果品，多食喜生霍亂之疾。大率其性冷多矣。然種類不一，其性無異。核仁根皮，當云味苦，惟實味甘酸，皆微寒、無毒是矣。處處產之。《别本》注引郁李核仁說，固非此類，自别有一種矣。

宋・鄭樵《通志》卷七六《昆蟲草木略》 李之類多。《爾雅》曰：休，無實李。一名趙李。又曰：痤，接慮李。今之麥李，即青李也。又曰：駁，赤李。此赤李著粉者也。陶隱居云：李以姑熟所出南居李，解核如杏子者為佳。

宋・劉明之《圖經本草藥性總論》卷下 李核仁 味苦，平，無毒。主僵仆跌瘀血骨痛。根皮，大寒。主消渴，止心煩，逆奔氣。實，味苦。除痼熱，調中。《藥性論》云：仁，臣。治女子小腹腫痛，主踒折骨疼肉傷，利小腸，下水氣，除腫滿。根皮，使。治腳下氣，主熱毒。日華子云：李，溫。益氣。又云：根，涼，無毒。主赤白痢。葉，平，無毒。治小兒壯熱，痁疾驚癇。陶隱居云：李皮，水煎含之，療齒痛甚佳。

宋・陳衍《寶慶本草折衷》卷一八　李核人臣。根及諸李實附。　俗號李人。一作仁。出姑熟，及京口、蜀州，今處處有之。○附：諸李實，一名李。又云：一名李子。○其休李，一名趙李；其駁赤李，一名赤李；其痤，接慮李，一名麥李。各遇熟時採。○並忌雀肉及蜜及漿水。○痤，徂禾切。

味苦，平，無毒。○主僵仆躋相稽切。瘀血骨痛。○《藥性論》云：治女子小腹腫滿，主踒折肉傷，利小腸，下水氣。○《圖經》曰：今但用若杏子杏人也形者，治面皯黑子。取李核人去皮細研，以雞子白和塗，至晚，每以淡漿洗之，不過五六日效，避風。

附：根皮使。○味鹹，大寒，無毒。主消渴，止心煩逆奔氣，治脚下氣，主熱毒煩躁，及赤白痢，濃煎服之。以苦李者入藥，《活人書》乃用甘李根白皮。

附：諸李實。○味苦、酸，溫，無毒。調中益氣，多食令人虛熱。然李之類甚多，有青李、綠李、黃李、紫李、朱李、水李、御李、休李、駁赤李、房陵李、朱仲李、馬肝李、痤接慮李，皆不入藥用，並不可和蜜食，損人五藏。亦不可合漿水食，令人霍亂。或臨水食之，令人發痰瘧。又忌同雀肉食之。○諸李並可製乾為果。

元・王好古《湯液本草》卷五　甘李根白皮　《時習》云：根皮大寒，主消渴，止心煩，氣逆奔豚。仲景奔豚湯中用之。

元・忽思慧《飲膳正要》卷三　李子　味苦，平，無毒。主僵仆瘀血骨痛，除痼熱，調中。

元・尚從善《本草元命苞》卷八　李實　味苦，性溫，無毒。除痼熱，益氣調中。多食之，能發虛熱。樹根皮，大寒，止心煩消渴。令炙黃，水煮，治痢疾卒下。樹葉，煎湯，浴小兒壯熱痁疾。核仁，入藥利小腸水濕腫滿，主僵仆躋瘀血骨痛，醫踒折傷，小腹腫疼。和蜜同食，損五臟。漿水合餌，作霍亂。

明・朱橚《救荒本草》卷下之後　李子樹　《本草》有李核人。舊不載所出州土，今處處有之。其樹大，高丈餘，葉似郁李子葉，微尖艄而潤澤光俊，開白花，結實種類甚多。見《爾雅》者，有休，無實李。李之無實者，一名趙李。痤，接慮李，即今之麥李，細實有溝道，與麥同熟，故名之。駁，赤李，其子赤者是也。又有青李、綠李、赤李、房陵李、朱仲李、馬肝李、黃李、紫李、水李，散見書傳，美其味之可食，皆不入藥。今有穿條紅、御黃子，其李實味甘、微苦。一云味酸。核人味苦，性平，俱無毒。救飢：摘取李實色熟者食之。不可臨水上食，亦不可和蜜食，損五臟；及與雀肉同食，和漿水食，令人霍亂、澁氣。多食令人虛熱。治病：文具《本草》果部李核人條下。

明・蘭茂撰，清・管暄校補《滇南本草》卷上　李子　味甘、酸。治風濕，氣滯血凝。葉，治金瘡水腫。不可多食，傷損脾胃。

明・蘭茂撰，清・管暄校補《滇南本草》卷中　李子樹根　性寒，味苦，澁。治膏淋，膿閉馬口疼痛。秧草為使。用根點水酒服，但服後膿止，管中痒方好。

附方：治管中痒，如蟲行之狀。木賊二錢，車前子二錢，地膚子一錢，水煎，點水酒服。

明・滕弘《神農本經會通》卷三　李核人　臣也。核如杏子形者佳。須用苦李。

味苦，氣平，無毒。《本經》云：主僵仆躋瘀血骨痛。《藥性論》云：李核人，臣。治女子小腹腫痛，主踒折骨疼肉傷，利小腸，下水氣，除腫滿。《圖經》云：《海上方》治面皯黑子，取李核中人，去皮細研，以雞子白和如飴，塗，至晚每以淡漿水洗之，後塗胡粉，不過五六日，有効。

李根皮　使。《湯》云：甘李根白皮。一云：用苦李根。　氣大寒。《本經》云：主消渴，止心煩，氣逆奔豚。陶云：李皮水，煎含之，療痛齒佳。《藥性論》云：李根皮，使。苦李者入用，味鹹。治脚下氣，主熱毒煩躁。根煮汁，主消渴。日華子云：李樹根，涼，無毒。主赤白痢，濃煎服。葉莖，無毒。治小兒壯熱，（痁）〔黏〕痰，驚癇，作浴湯。《時習》云：仲景奔豚湯中用之。餘同《本經》。

李實　味苦。《本經》云：除痼熱，調中。孟詵云：李，主女人卒赤白下，取李樹東面皮，去外皮，炙令黃香，以水三升，煮汁，去滓服之，日再，驗。謹按：生子亦去骨節間勞熱。不可多食，臨水食之，令人發痰瘧。又牛李，有毒。煮汁使濃，含之，治䘌齒，脊骨有疳蟲，可後灌此汁，更空腹服一盞。其子中人，主腹脹，研和麪作餅子，空腹食之，少頃當瀉。日華子云：李，溫，無毒。益氣。多食令人虛熱。孫真人云：肝病宜食李。《心鏡》云：李不可和蜜食，損五臟。

明・劉文泰《本草品彙精要》卷三四　李核仁無毒　植生。

李核仁　主僵仆躋瘀血骨痛。○根皮，大寒，主消渴，止心煩，逆奔氣。○實，除痼熱，調中。名醫所錄。〖名〗青李、黄李、房陵李、駁赤李、赤李、綠李、馬肝李、朱仲李、趙李、麥李、御李子、南居李、痤接慮李。〖苗〗《圖經》曰：木高丈餘，至春敷葉，如杏葉而尖，開白花，春末結實，五六月成熟。李之類甚多，《爾雅》云：休李之無實者，一名趙李。痤祖禾切接慮李，即今之麥李也。細實，有溝道，與麥同熟，故名之。駁赤李，其子赤者是也。又有青李、綠李、赤李、房陵李、朱仲李、馬肝李、黄李，散見書傳。美其味之，可食。陶隱居云：皆不入藥用，惟姑熟所出南居李，解核如杏子者爲佳。今不復識此，醫家但用核若杏子形者，根皮亦入藥用。《衍義》曰：北地所産株大者高及丈，今畿內小窑鎮一種最佳，堪入貢。又有御李，子如櫻桃許，紅黄色，先諸李熟。此李品甚多，然天下皆有之。〖地〗《圖經》曰：舊不著所出州土，今處處有之。〖道地〗蜀州。〖時〗生：四月結實。採：五六月取。〖收〗暴乾。〖用〗仁、花、實及根、皮。〖質〗類杏仁而小。〖色〗黄赤。〖味〗苦。〖性〗平，洩。〖氣〗味厚於氣，陰中之陽。〖主〗下水氣，除腫滿。〖製〗去殼取仁。〖治〗療：《藥性論》云：仁，除女子小腹腫滿，並踒折，骨疼肉傷，利小腸，下水氣，除腫滿。○根皮，治脚下氣，主熱毒，煩躁。○根，煮汁，止消渴。日華子云：根，凉，無毒，主赤白痢，濃煎服。○葉，平，無毒，治小兒壯熱，痁疾，驚癇，作浴湯。孟詵云：李實，主女人卒赤白帶下，或李樹東面皮，去皺皮，炙令黄香，水煮汁，去滓服，亦驗。○生李實，去骨節間勞熱。○牛李，煮濃汁含之，治䘌齒，脊骨有疳蟲，可後灌此汁，更空腹服一盞。《别録》云：肝病宜食。補：日華子云：李，益氣。〖合治〗李核仁去皮細研，合雞子白，和如稀餳，塗面上，至曉以淡漿水洗之，後塗胡粉，療面皯黑子。○核仁和麪作餅子，空腹食之，少頃當瀉，療鼓脹。〖禁〗不可合雀肉同食，及臨水上噉之，令人發痰瘧。多食，令人虛熱。和蜜食之，損五臟。合漿水喫，令人霍亂，澀氣。

明・盧和、汪穎《食物本草》卷二果類　李　味苦酸，平，溫，無毒。除痼熱，調中益氣。不可多食，令人虛熱。不可與蜜及雀肉食，損五臟。種類甚多，有綠李、黄李、紫李、生李、水李、麥李、赤李、剝李、房陵李、朱仲李、馬肝李、牛心李、朝天李、臙脂李、蜜李、臘李、青葱李、炭李、道州李、翠李、十月李，俱可食而不可多也。仁，苦，平，無毒。主僵仆躋瘀血骨痛。根皮，大寒，主消渴，止心煩逆奔氣。

明・鄭寧《藥性要略大全》卷六　李核仁臣　治女子小腹腫痛，主瘻折骨痛，利小腸，下水氣，除腫滿。

李白皮使　主消渴，止心煩氣逆，奔豚氣，腳下氣。治赤白痢，主熱毒煩燥，並煮汁服。　味苦、鹹，性大寒，無毒。

明・寧源《食鑒本草》卷下　李子　味苦、甘、酸，無毒。除固熱，調中。黄帝云：李〔子〕不可和蜜食，食之損五臟。

明・王文潔《太乙仙製本草藥性大全》卷四《本草精義》　李核仁　舊本不著所出州土，今處處有之。李之類甚多，見《爾雅》者有：休，無實李。李痤祖和切，接慮李，即今之麥李，細實有溝道，與麥同熟，故名之。駁，赤李，其子赤者是也。又有青李、綠李、赤李、房陵〔李〕、朱仲李、馬肝李、黄李，散見書傳，美其味之可食。陶隱居云：皆不入藥用。用姑熟所出南居李，解核如杏子者爲佳。今不復識此，醫家但用核若杏子形者，根皮亦入藥。

明・王文潔《太乙仙製本草藥性大全》卷四《仙製藥性》　李核仁臣：味苦，氣平，降也，陰中陽也，無毒。主治：主女子小腹腫滿，治踒折骨疼肉傷。利小腸於頃刻，下水氣於逡巡。補註：面皯黑子，取核中仁，去皮細研，以雞子白如稀餳塗，至晚每以淡漿洗之後塗胡粉，不過五六日有效。○鼓脹，研和麪作餅子，空心服之，少頃當瀉。李根皮使：味苦、鹹，氣大寒，無毒。主治：主消渴而止心煩氣逆，袪奔豚而理脚下氣疼。治赤白痢疾而有準，解熱毒煩燥而立痊。補註：赤白痢，濃煎汁服之效。○小兒壯熱，痁疾，驚癇，煎湯浴之效。○女人赤白帶下，取李樹東面皮，去黑皮，炙令黄香，以水煮汁，去滓服之，日再驗。李實：味酸，無毒。主治：除痼熱而調中，去骨間之勞熱。不可和蜜同食，食之損五臟。不可多食，臨水食令人發痰瘧。

明·皇甫嵩《本草發明》卷四 李核仁味苦，平。主僵仆踒瘀血骨痛。○根皮，大寒。主消渴，止心煩逆奔氣。○實，味苦。除痼熱，調中。

明·李時珍《本草綱目》卷二九果部·五果類 李《別録》下品

【釋名】嘉慶子時珍曰：按羅願《爾雅翼》云：李乃木之多子者，故字從木、子。竊謂木之多子者多矣，何獨李稱木子耶。按《素問》言李味酸屬肝，東方之果也。則李於五果屬木，故得專稱爾。今人呼乾李爲嘉慶子。按韋述《兩京記》云：東都嘉慶坊有美李，人稱爲嘉慶子。久之稱謂既熟，不復知其所自矣。梵書名李曰居陵迦。【集解】弘景曰：李類甚多。京口有麥李，麥秀時熟，小而肥甜，核不入藥。姑熟有南居李，解核如杏子形者，入藥爲佳。志曰：李有緑李、黃李、紫李、牛李、水李，並甘美堪食，核不中用。有野李，味苦，核仁入藥。頌曰：李處處有之。郭璞註《爾雅》休，乃無實李也。一名趙李。痤，音磋，接慮李也。一名麥李。細熟有溝道，與麥同熟。駁，乃赤李也。陶氏所謂南居李，今不復識。醫家但用核若杏核者。宗奭曰：李樹大者高丈許。一種御李子，大如櫻桃，紅黃色，先諸李熟，醫家用者亦少。時珍曰：李，緑葉白花，樹能耐久，其種近百。其子大者如杯如卵，小者如彈如櫻。其味有甘、酸、苦、澀數種。其色有青、緑、紫、朱、黃、赤、縹綺、胭脂、青皮、紫灰之殊。其形有牛心、馬肝、柰李、杏李、水李、離核、合核、無核、匾縫之異。其産有武陵、房陵諸李。早則麥李、御李，四月熟。遲則晚李、冬李，十月、十一月熟。又有季春李，冬花春實也。按王禎《農書》云：北方一種御黃李，形大而肉厚核小，甘香而美。江南建寧一種均亭李，紫而肥大，味甘如蜜。有擘李，熟則自裂。有餻李，肥粘如餻。皆李之嘉美者也。今人用鹽曝、糖藏、蜜煎爲果，惟曝乾白李有益。其法：夏李色黃時摘之，以鹽挼去汁，合鹽晒萎，去核復晒乾，薦酒、作飣皆佳。

實　【氣味】苦、酸，微温，無毒。時珍曰：李味甘酸，其苦澀者不可食。不沉水者有毒，不可食。大明曰：多食令人臚脹，發虛熱。詵曰：臨水食之，令發痰瘧。不可合雀肉食。合蜜食，損五臟。宗奭曰：不可合漿水食，發霍亂，澀氣而然。服术人忌之。【主治】曝食，去痼熱，調中《別録》。去骨節間勞熱孟詵。肝病宜食之。思邈。

核仁　【氣味】苦，平，無毒。【主治】僵仆踒折，瘀血骨痛《別録》。令人好顔色吴普。治女子少腹腫滿。利小腸，下水氣，除浮腫甄權。治面䵟黑子蘇頌。

【附方】舊一，新一。女人面䵟：用李核仁去皮細研，以鷄子白和如稀餳塗之。至旦以漿水洗去，後塗胡粉。不過五六日效。忌見風。崔元亮《海上方》。蝎蠆螫痛：苦李仁嚼塗之，良。《古今録驗》。

根白皮　【修治】時珍曰：李根皮取東行者，刮去皺皮，炙黃入藥用。《別録》不言用何等李根，亦不言其味。但《藥性論》云：入藥用苦李根皮，味鹹。而張仲景治奔豚氣，奔豚湯中用甘李根白皮。則甘、苦二種皆可用與？【氣味】大寒，無毒。大明曰：凉，無毒。【主治】消渴，止心煩逆奔豚氣《別録》。治瘡吴普。煎水含漱，治齒痛弘景。煎汁飲，主赤白痢大明。炙黃煎湯，日再飲之。治女人卒赤白下，有驗孟詵。治小兒暴熱，解丹毒時珍。苦李根皮：味鹹，治脚下氣。主熱毒煩躁。煑汁服，止消渴甄權。

【附方】新二。小兒丹毒：從兩股走及陰頭。用李根燒爲末，以田中流水和塗之。《千金》。咽喉卒塞：無藥處，以皂角末吹鼻取嚏。仍以李樹近根皮，磨水塗喉外，良驗。《菽園雜記》。

花　【氣味】苦，香，無毒。【主治】令人面澤，去粉滓䵟黯時珍。

【附方】新一。面黑粉滓：用李花、梨花、櫻桃花、白葵花、白蓮花、紅蓮花、旋復花、秦椒各六兩，桃花、木瓜花、丁香、沉香、青木香、鍾乳粉各三兩，珍珠、玉屑各二兩，蜀水花一兩，大豆末七合，爲細末瓶收。每日盥靧，用洗手面，百日光潔如玉也。《普濟方》。

葉　【氣味】甘、酸，平，無毒。【主治】小兒壯熱，痁疾驚癇，煎湯浴之，良大明。

【附方】新一。惡刺瘡痛：李葉、棗葉擣汁點之，效。《千金》。

樹膠　【氣味】苦，寒，無毒。【主治】目翳，定痛消腫時珍。

明·穆世錫《食物輯要》卷六 李　味甘、酸、苦，性微寒，無毒。調中益肝，去骨節間勞熱。多食，令人膨脹，發痰瘧虛熱。同蜜食、同雀肉食，損五臟。同漿水食，令霍亂。凡李不沉水者、味苦澀者，並有毒。李種甚多，味有甘美多汁者，亦宜少食。李仁味苦，平，無毒。散浮腫，利小腸，下水氣，治僵仆踒折，瘀血骨痛，及女人小腹脹。

明·吴文炳《藥性全備食物本草》卷二 李　味甘、酸、苦、澀，性微寒，無毒。調中益肝，去骨間勞熱。多食令人膨脹，發痰瘧虛熱。同蜜、同雀肉食損五臟，同漿水食令霍亂。凡李不沉水者、味苦澁者並有毒。李種甚多，味有甘美多汁者，亦宜少食。

核仁　味苦，平，無毒，主僵仆躋瘀血骨痛內傷，利小腸，下水氣，除腫滿及女子小腹脹滿。入藥泡去皮尖。

根白皮　大寒，主消渴，止心煩，逆氣奔豚，脚氣，熱毒煩燥，女人卒赤白下，男子赤白痢，去粗皮，炙黃色，水煮服之。

花　平，主小兒壯熱痁疾，驚癇，煎湯浴之。

明·趙南星《上醫本草》卷二　李　一名嘉慶子。按王禎《農書》云：北方一種御黃李，形大而肉厚，核小，甘香而美。江南建寧一種均亭李，紫而肥大，味甘如蜜。有擘李，熟則自裂；有餻李，肥粘如餻。皆李之嘉美者也。　苦、酸，微溫，無毒。主治：曝食去痼熱，調中，去骨節間勞熱，肝病宜食之。　大明曰：多食令人臚脹，發虛熱。詵曰：臨水食之，令發痰瘧。不可合雀肉食。合蜜食，損五臟。宗奭曰：不可合漿水食，發霍亂，澀氣而然。服術人忌之。

核仁　苦，平，無毒。主治：僵仆踒折，瘀血骨痛，令人好顏色，治女子少腹腫滿，利小腸，下水氣，除浮腫，治面䵟黑子。

附方　女人面䵟：用李核仁去皮，細研，以雞子白和如稀餳，塗之。至旦以漿水洗去，後塗胡粉，不過五六日效。忌見風。　蠍蠆螫痛：苦李仁嚼塗之，良。

明·應慶《食治廣要》卷四　李一名嘉慶子。　氣味：甘、苦、〔酸〕，微溫，無毒。主治：去痼熱，調中。骨節間勞熱、肝病宜食之。不沉水者有毒。多食令人䐜脹發虛滿。同雀肉、蜜食，損五藏。服术人忌之。

明·姚可成《食物本草》卷八果部·五果類　李一名嘉慶子。梵書名李曰居陵迦。其類甚多。京口有麥李，麥秀時熟，小而肥甜。姑孰有南居李，解核如杏子形者。又有綠李、黃李、紫李、牛李、水李，竝甘美堪食。獨有野李味苦，止取核仁入藥用。〇李時珍曰：李，綠葉白花，樹能耐久，其種近百。其子大者如杯如卵，小者如彈如櫻。其味有甘、酸、苦、澀數種。其色有青、綠、朱、紫、黃、赤、縹綺、胭脂、青皮、紫灰之殊。其形有牛心、馬肝、柰李、杏李、水(今)〔李〕、離核、合核、無核、匾縫之異。其產有武陵、房陵諸李。早則麥李、御李，四月熟。遲則晚李、冬李，十月、十一月熟。又有季春李，冬花春實也。北方一種御黃李，形大而肉厚核小，甘香而美。江南建寧一種均亭李，紫而肥大，味甘如蜜。有擘李，熟則自裂。有餻李，肥粘如餻。皆李之嘉美者也。今人用鹽曝、糖藏、蜜煎為果，惟曝乾白李有益。其法：夏李色黃時摘之，以鹽挼去汁，合鹽晒，剝去核，復晒乾，薦酒、作飣皆佳。

李實　味苦、酸，微溫，無毒。去骨節間勞熱。肝病宜食之。曝食，去痼熱，調中。不可多食，令人發熱。臨水食之，令人發痰瘧。不可同雀肉食。合蜜食，損五臟。不沉水者有毒，不可食。

核仁　味苦，平，無毒。主僵仆踒折，瘀血骨痛。令人好顏色。治女子少腹腫滿，利小腸，下水氣，除浮腫。治面䵟黑子。

根白皮取東行者。　大寒，無毒。治消渴，止心煩逆奔豚氣。治小兒暴熱，解丹毒。煎水含漱，治齒痛。煎汁飲，主赤白痢。炙黃煎湯，日再飲之，治女人卒赤白。

花　為末洗面，令人面澤，去粉滓䵟黯。

葉　治小兒壯熱。痁疾驚癇，煎湯浴之，良。

徐李生太山之陰。樹如李而小，其實青色無核，熟則采食之。李時珍曰：此即無核李也。唐崔奉國家有之。乃異種也。今附錄於此。　味甘。久食，主輕身益氣延年。

附方：　治蠍子咬。苦李仁嚼塗之，良。　治女人面生黑䵟。用李核仁去皮細研，以雞子白和如餳，臨晚塗之。至旦以漿水洗去，後塗胡粉。不過五六日，效。　治小兒丹毒，從兩股走及陰頭。用李根燒為末，以田中流水和塗之。　治喉痹。無藥處，以皂莢末吹鼻取嚏，仍以李樹近根皮，磨水塗喉外，良。　治女人面黑粉滓。用李花、梨花、櫻桃花、白葵花、白蓮花、紅蓮花、旋復花、川椒各六錢，桃花、木瓜花、丁香、沉香、青木香、鍾乳粉各三錢，玉屑二錢，珍珠五分，黃豆七合，共為細末瓶收。每日盥洗手面，百日光潔如玉也。

明·顧逢柏《分部本草妙用》卷九果部　李　苦、酸，微溫，無毒。主治：曝食去痼熱，調中，去骨蒸熱。肝病宜食之。子，治面䵟黑子。

明·孟笨《養生要括·果部》　李　味苦、酸，微溫，無毒。曝食，去痼熱，調中，去骨節間勞熱，肝病宜食之。

核仁　苦，平，無毒。治僵仆踒折，瘀血骨痛，令人好顏色。治女子少腹腫滿，利小腸，下水氣，除浮腫。治面䵟黑子。

根白皮　大寒，無毒。消渴，止心煩逆，奔豚氣。煎水含漱，治齒痛。煎汁飲，主赤白痢。炙黃煎湯，日再飲之，治女人卒赤白下有驗。治小兒暴熱，解丹毒。不沉水者有毒，多食令人臚脹，發虛熱。

明·鄭二陽《仁壽堂藥鏡》卷五　甘李根白皮　《時習》云：根皮，大寒。主消渴，止心煩，氣逆奔豚。《藥性論》云：李根皮，治脚，下氣。李核仁，主踒折骨疼，女子小腹腫滿，利小腸水道。

明·施永圖《本草醫旨·食物類》卷三　李　實：味：苦、酸，微溫，無毒。其苦澀者不可食，令人臚脹，發虛熱。臨水食之令發痰瘧，不可合雀肉食，合蜜食損五臟，不可合漿水食，發霍亂澀氣，服术人忌之。治：曝食，去痼熱，調中，去骨節間勞熱。肝病宜食之。　核仁：　味：　苦，平，無毒。治：　僵仆踒折，瘀血骨痛，令人好顏色，女子小腹腫滿，利小腸，下水氣，除浮腫，治面皯黑子。

附方　女人面皯：　用李核仁去皮細研，以雞子白和如稀餳，塗之，至旦，以漿水洗去後，塗胡粉，不過五六日效，忌見風。　蠍蠆螫痛：　苦李仁嚼塗之，良。

根白皮　味：　大寒，無毒。治：　消渴，止心煩逆奔豚氣。治瘡，煎水含漱。治齒痛，煎汁飲。主赤白痢，炙黃煎湯，日再飲之。治女人卒赤白下有驗。治小兒暴熱，解丹毒。苦李根皮，味鹹，治脚下氣，主熱毒煩躁，煮汁服，止消渴。

附方　小兒丹毒：　從兩股走及陰頭，用李根燒為末，以田中流水和塗之。　咽喉卒塞：　無藥處，以皂角末吹鼻取嚏，仍以李樹近根皮磨水，塗喉外，良驗。

花　味：　苦，香，無毒。治：　令人面澤，去粉滓皯黯。

葉　味甘、酸，平，無毒。治：　小兒壯熱，痁疾驚癇，煎湯浴之良。

附方　惡刺瘡痛：　李葉、棗葉，擣汁點之，效。

樹膠　味：　苦，寒，無毒。治：　目翳，定痛消腫。

明・盧之頤《本草乘雅半偈》帙一一　李根白皮《別錄》上品　氣味：　甘，寒，無毒。　主治：　消渴，止心煩，逆奔豚氣。

覈曰：　李，處處有之。樹高丈許，綠葉白花，果極繁茂，與麥同候，麥秋至，李熟矣。種類近百，子大者如(柸)〔杯〕如卵，小者如彈如櫻。味有甘、酸、苦、澀之別，色有青、綠、紫、赤、黃赤、縹綺、胭脂、青皮、灰紫之殊，形有牛心、馬肝、柰李、杏李、水李、離核、合核、無核、匾縫之異。生有武陵、房陵諸李。早則麥李、御李，四月熟。遲則晚李、冬李，十月、十一月熟。又有季春李，冬花春實也。王禎《農書》云：　北方一種御黃李，大如盌，肉厚核小，甘津香美；　江南建寧一種均亭李，色紫肥大，香如蘭蕙，味若醍醐；　一種(璧)〔擘〕李，熟則拆裂餻液，如乳如酪，香甜可口；　一種御李，花色紅黃，實狀櫻桃，先諸李熟；　一種夫人李，表綠裏赤，肉好肥滿，乾之，嘉慶子也。《素問》云：　李韭皆酸。李，東方之果，木子也。《埤雅》云：　李從木從子，性頗難老，老雖枝枯，子亦不細，品處桃上，果屬有六，桃最為下。孔子飯黍，不以雪桃。《詩》曰：　投我以桃，報之以李。又曰：　丘中有麻，彼留子嗟；丘中有麥，彼留子國；　丘中有李，彼留之子。言麻以衣之，麥以食之。又有李焉，且皆丘中植之，則留子之政修矣。此人之所以思之，《法言》曰：　男子畝，婦人桑之，謂思呂子產相鄭，桃李之垂于街者，莫之援也。然則丘中有李，又能使人不盜也。《爾雅》曰：　桃曰膽之，棗李曰疐之。蓋棗李之臍，去疐而已。舊云：　桃李種法，大率欲方兩步一株，密則陰輙相扇，不惟子細，味亦不佳也。譚子《化書》云：　李接桃而本強者，其實毛；　梅接杏而本強者，其實甘。此明造化之權，有以知巧而移矣。本根皮白，甘酸二種，入藥甘者良。修事：　取東行者，刮去皺皮，炙黃用。

条曰：　李，木之多子，老至猶繁，纍不易落。若荔實專力在係也，與麥同候，繼絕續乏，承順天施，養生之道也。仲景先生用治水逆犯上，病名奔豚，橫滑難制者，用甘李根白皮，甘稟土味，秉制為用，轉承水下，且木實得酸，根白金色，環承制化，在本則子令母實，在金則虛則補母，在土則承迺制之。溯流而上者，順流而下矣。乃克治平，斯無不順，何逆之有。子名嘉慶，良有以也。隱居《別錄》廣推奔豚者，腎之積，氣從少腹上衝心，心煩逆，又若厥狀，撞心消渴也。

清・穆石匏《本草洞詮》卷六　李李實、李仁　李實，氣味甘酸，微溫，無毒。主調中，去骨節間勞熱。肝病宜食之。多食發虛熱。李仁苦平。治瘀血骨痛，利小腸，下水氣，治面皯黑子。

清・丁其譽《壽世秘典》卷三　李樹能耐久，其種近百，味有甘、酸、苦、澀數種，色有青、綠、紫、朱、黃、赤、縹、綺之異。北方一種御黃李，形大而肉厚核小，甘香而美。今人用鹽曝、糖藏、蜜煎為果，惟曝乾白李有益。其法：　夏李色黃時摘之，以鹽挼去汁，合鹽晒萎，去核，復晒乾，薦酒，作飣皆佳。今人呼乾李為嘉慶子。按韋述《兩京記》云：　東都嘉慶坊有美李，人稱為嘉慶子，久之稱謂既熟，不復知其所自矣。　氣味：　甘、酸，微溫，無毒。主除痼熱，調中。多食令人臚脹，發虛熱。

發明孟詵曰：　不可合雀肉及蜜食，損五臟，服术人忌之。入水不沉者，有毒，不可食。

清・尤乘《食鑒本草・果類》　李　多食令人臚脹，發痰瘧、霍亂、氣塞。晒乾食，去痼疾，骨中勞熱。肝病宜食之。不沉水者有大毒。

清・朱本中《飲食須知・果類》　李子　味甘、酸，性微溫。多食令人臚脹，發痰瘧虛熱。同蜜及雀肉、雞肉、雞子、鴨肉、鴨子食，損五臟。同漿水食，令霍亂。勿同麋、鹿、麞肉食。李味苦澁者，不可食。不沉水者有毒，勿食。服术人忌之。妊婦服之，子生瘡疥。

清・何其言《養生食鑒》卷上　李　味甘、酸、苦、澁，性微寒，無毒。調中益肝，去骨節間勞熱。多食令人膨脹，發痰瘧虚熱。同蜜食、同雀肉食，損五臟。同醬水食，令霍亂。凡李不沉水者、味苦澁者，並有毒。李種甚多，有甘美多汁者，亦宜少食。

李仁　味苦，性平，無毒。散浮腫，利小腸，下水氣，治僵仆踒折，瘀血骨痛及女人小腹作脹。

清·王翃《握靈本草》補遺　李根白皮李有甘、苦二種。本草用苦李，仲景奔豚湯用甘李根皮，即今李根也。　主消渴，奔豚氣。

清·李熙和《醫經允中》卷二二　李　李子不可同白蜜食，蝕人。五内核仁為末，同雞子清敷面皯，一夜即落。　苦、酸，微溫，無毒。主治曝食，去痼熱。肝病宜食。勿多食。

清·张璐《本經逢原》卷三　李根白皮　苦微鹹，寒，無毒。炙黄用。

發明：《藥性論》云，入藥用苦李根皮。而仲景治奔豚氣，奔豚丸用甘李根白皮。時珍疑為二種，不知仲景言甘，是言李之甘，《藥性》言苦是言根之苦。但宜用紫李根，則入厥陰血分。若黄李根則入陽明氣分矣。《別錄》治消渴奔豚，大明治赤白痢下，《千金》燒存性，敷小兒丹毒，甄權治消渴脚氣，孟詵治婦人赤白帶下，皆取苦鹹降逆氣也。李核仁苦平入肝，療僵仆瘀血骨痛，又能清血海中風氣，令人有子，故承澤丸用之。其性散結，故能解硫黄、白石英、附子毒。為末和雞子白敷面皯，一宿即落，《千金方》也。《黄帝》云，李子不可和白蜜食，蝕人五内。

清·浦士貞《夕庵讀本草快編》卷四　李《別錄》、嘉慶子　李於五果屬木，故字從木，產東京嘉慶坊佳。　李實酸溫，肝之果也。其花雖列為九，其品標為第一。生啖可以去骨節之勞熱，曝食可以去痼熱而調中。但其種類亦多，見於編簡者不一，如丹山玄雲之李，餐之而得仙道；　鍾山如瓶之李，食之而生奇光；　韓終之李玉華；　杜陵之李金色。所謂清角奏而微酸，大宫動而甘美，乃譽其得木氣之全也。其核可以化瘀悦顔，消腫利水；　其根可以除渴解熱，赤白下痢。又仲景奔豚湯用之，謂其鹹能達腎，乙癸同原也。

清·葉盛《古今治驗食物單方》　李子　蝎螫，苦李仁嚼塗之。　小兒丹毒，李根燒為末，以田中流水調塗之。

清·黄元御《長沙藥解》卷二　甘李根白皮　味濇，性寒。入足厥陰肝經。下肝氣之奔衝，清風木之鬱熱。　《金匱》奔豘湯，甘草二兩，生葛五兩，黄芩三兩，芎藭二兩，當歸二兩，芍藥二兩，甘李根白皮一斤。治奔豘氣上衝，胸腹痛，往來寒熱。以陽亡脾敗，陷遏乙木，木氣鬱發，衝於臍腹胸膈，則生疼痛，而兼寒熱。緣乙木上衝，胃膽俱逆，少陽鬱迫，内與陰爭，勝負迭見，故寒熱往來。厥陰風木之氣，風動血耗，溫鬱為熱。甘草補土緩中，生薑、半夏降甲戊之上逆，黄芩、生葛清膽胃之鬱熱，芎藭、芍藥疏木而潤風燥，甘李根白皮清肝而下衝氣也。　甘李根白皮甘寒斂濇，善下厥陰衝氣，故治奔豘。其諸主治，止消渴，除煩逆，斷痢疾，收帶下。

清·汪紱《醫林纂要探源》卷二　李　苦、酸，溫。種不一，味皆帶苦濇。屬木，養肝瀉肝。瀉其邪。破瘀。

清·嚴潔等《得配本草》卷六　李根白皮　甘，大寒。止消渴心煩，解暴熱丹毒，治奔豚氣，療赤白痢。

清·黄宫繡《本草求真》卷九　李斂骨節間痨熱不治。　李耑入肝，兼入腎。以李名多子故也。時珍曰：　李木其子大者如杯如卵，小者如彈如櫻，其味有甘酸苦濇數種，其色有青、緑、紫、朱、黄、赤、縹綺、紫灰、胭脂、青皮之殊，其形有牛心、馬肝、柰李、杏李、水李、離核、合核、無核匾縫之異。其產有武陵、房陵諸李，早則四月熟，遲則十月十一月熟。故味甘而酸，或苦而濇，而性微溫。苦濇者不可食，不沉水有毒不可食。《素問》言李味屬肝，故治多在於肝，正思邈所謂肝病宜食李之意也。中有痼熱不調，骨節間有痨熱不治，得此酸苦性入，則熱得酸則斂，得苦則降，而能使熱悉去也。且書既言除熱，而書又言多食令人臚脹，及發虚熱。蓋因凡物生則難化，熟則易消，李屬生硬之物，多食則物在胃不尅，故又轉為臚脹發熱之病矣！　推之書言溫暑食李則能以發痰瘧，合雀肉與蜜食則能以損五臟，合漿水以食則能以化霍亂，並服术人不可與食，無非李屬濕物，少食則宜，多食則痰與熱俱聚，單食而不雜以濕熱之物，猶可多食，而更合以濕熱之物，則食烏見其有可乎？　故但指其勿食，正以使人自思可耳。

清·李文培《食物小錄》卷上　李李乾名嘉慶子。　苦、酸，微溫，有小毒。多食令人臚脹，發虚熱；　臨水食發痰瘧；　同雀肉與蜜食損五臟；　同醬水食發霍亂。服术人忌食，肝病宜食之。苦濇者不可食。

清·章穆《調疾飲食辯》卷四　李　《綱目》曰：　李之種近百，子之形狀大小斑駁，時之早晚，味之甘、酸、苦、澀，各各不同。今人用鹽醃、蜜餞、餹藏為果。惟曝乾白李，薦酒、作飣皆佳。

按：李味既不佳，性又難化，困脾生蟲，作脹損人，較桃尤甚。《素問》列為五果，因味酸，故以配肝，切不可泥。《食物本草》曰：和蜜食，損人五臟。究之其性本劣，即不合蜜食，亦何嘗無損。果中極劣之物。與桃、杏、糠頭梨，均婦人、小兒之灾星厄鬼也。

清・吳其濬《植物名實圖考》卷三二　李　《別錄》下品。種類極多，《別錄》有名未用有徐李，李時珍以為即無核李云。

南華李　產廣東南華寺。古有綠李，今北地所產多紫黃色。此李色青綠，繪以備一種。

清・趙其光《本草求原》卷一二果部　李　甘、酸、苦、澀，微寒，無毒。調中益肝，去骨節間勞熱。多食則膨脹，發痰瘧虛熱。惡醬蜜雀肉。李仁苦平，入肝。治僵撲瘀血骨痛，清血海中風氣，令人有子。承澤丸用之。其性散結，解硫黃、白石英、附子毒，去面䵟。和雞子白敷。宜參灌木鬱李。

李根白皮　苦，微鹹，寒，無毒。專降逆氣。故治消渴，奔豚，赤白痢，赤痢宜紫李根，入肝血；白痢宜黃李根，入胃氣。赤白帶下，脚氣，敷小兒丹毒。存性。炙黃用。

清・文晟《新編六書》卷六《藥性摘錄》　李　入肝，兼入腎。有甘、酸、苦、澀四種。斂骨節癆熱不治。多食令人臚脹，發虛熱。

清・王孟英《隨息居飲食譜・果食類》　李一名嘉慶子。　甘、酸，涼。熟透食之。清肝滌熱，活血生津。惟檇李為勝，而不能多得。不論何種，以甘鮮無酸苦之味者佳。多食生痰助濕，發瘧痢，脾弱者尤忌之。亦可鹽曝、糖收，蜜漬為脯。

清・劉善述、劉士季《草木便方》卷二木部　李子樹　李根皮苦寒清熱，崩帶淋痢脚氣滅。小兒風熱丹毒服，奔豚牙痛骨病捷。葉酸浴兒驚癇退，油治目翳腫痛歇。

清・田綿淮《本草省常・果性類》　李　性熱，有毒。發虛熱臚脹。多食衄血。未長熟者，食之致瘡癬。同雞、鴨、雀肉食澀氣，同蜜食傷經絡，同漿水食生霍亂。服蒼白术者忌之。不沉水者，毒大，不可食。

清・吳汝紀《每日食物却病考》卷下　李子　味苦、酸，溫，無毒。去熱調中。其種亦多，隨地所產，大小美惡各異。其苦澀者不可食，不沉水者有毒。多食，令人腹脹，發虛熱。不可與蜜及雀肉同食，損五臟。

梅杏樹

明・朱橚《救荒本草》卷下之後　梅杏樹　生輝縣太行山山谷中。樹高丈餘，葉似杏葉而小，又頗尖艄，微澁，邊有細鋸齒，開白花，結實如杏實大，生青，熟則黃色，味微酸。　救飢：摘取黃熟梅果食之。

徐李

宋・唐慎微《證類本草》卷三〇有名未用・草木〔《別錄》〕　徐李　主益氣，輕身長年。生太山陰。如李小形，實青色，無核，熟採食之。

明・李時珍《本草綱目》卷二九果部・五果類　徐李時珍曰：此即無核李也。唐崔奉國家有之，乃異種也。謬言龍耳血墮地所生。

杏

唐・孫思邈《千金要方》卷二六《食治・果實》　杏核人　味甘、苦，溫、冷而利，有毒。主欬逆上氣，腸中雷鳴，喉痹下氣，產乳金瘡，寒心奔豘，驚癇，心下煩熱，風氣去來，時行頭痛，解肌，消心下急，殺狗毒。五月採之。其一核兩人者害人，宜去之。杏實尚生，味極酸，其中核猶未鞕者，採之暴乾食之，甚止渴，去冷熱毒。扁鵲云：杏人不可久服，令人目盲，眉髮落，動一切宿病。

宋・李昉《太平御覽》卷九六八　杏　《神仙傳》曰：董奉，字君異，居廬山。為人治病，重病得愈者，令種杏五株；輕病得愈者，為栽一株。數年之中，杏有十數萬株，鬱然成林。杏子熟，奉於林中所在，作簞食一器，宣語買杏者，不復須來報，但自取之，一器穀，便得一器杏。有人少穀，往而取杏多，即有三四頭虎逐之。奉悉以杏所得穀賑救貧窮。《尋陽記》曰：杏在北嶺上，有樹百株，今猶稱董先生杏株。

附：日・丹波康賴《醫心方》卷三〇　杏實　《本草》云：味酸。不可多食，傷筋骨。其兩人者，殺人。陶〔弘〕景注云：核，主欬逆上氣，雷鳴，喉痹，下氣。崔禹〔錫〕云：理風噤及言吮，不開者為最佳。味酸，大熱，有毒。不可多食。生癰癤，傷筋骨。《神農經》云：有熱人不可食，令人身熱，傷神壽。《七卷經》云：杏人不可多食，令人熱利。孟詵云：杏，熱。主欬逆上氣，金創驚癇，心下煩熱，風頭痛。《養性要鈔》云：治食杏人中毒下利煩苦方：以梅子汁解之。又方：以藍青汁服之。

宋・唐慎微《證類本草》卷二三果部下品〔《本經》・別錄・藥對〕　杏核人　**味甘**、苦，**溫**、冷利，有毒。**主欬逆上氣，雷鳴，喉痹，下氣，產乳，金瘡，寒心，賁豚，**驚癇，心下煩熱，風氣去來，時行頭痛，解肌，消心下急，殺狗毒。五月採之。其兩人者殺人，可以毒狗。

花　味苦，無毒。主補不足，女子傷中，寒熱痹，厥逆。

實　味酸，不可多食，傷筋骨。生晉山川谷。得火良，惡黃芩、黃耆、葛根，解錫毒，畏蘘草。

〔梁・陶弘景《本草經集注》〕云：　處處有，藥中多用之，湯浸去尖、皮，熬令黃。

〔宋・掌禹錫《嘉祐本草》〕按：　《藥性論》云：　杏人，能治腹痹不通，發汗，主溫病，治心下急滿痛，除心腹煩悶，療肺氣，欬嗽上氣、喘促，入天門冬煎，潤心肺，可和酪作湯，益潤聲氣，宿即動冷氣。　孟詵云：　杏，熱。面皯者取人，去皮，擣和雞子白，夜卧塗面，明早以暖清酒洗之。人患卒瘂，取杏人三分，去皮、尖熬，別杵桂一分，和如泥，取李核大綿裹含，細細咽之。日五夜三。　謹按：　心腹中結伏氣，杏人、橘皮、桂心、訶梨勒皮爲丸。空心服三十丸。無忌。又燒令煙盡，研如泥，綿裹，内女人陰中，治蟲疽。　陳藏器云：　杏人本功外，殺蟲，燒令煙未盡，細研如脂，物裹内䘌齒孔中。亦主產門中蟲瘡癢不可忍者，去人及諸畜瘡，中風。取人去皮熬令赤，和桂末，研如泥，綿裹如指大，含之，利喉咽，去喉痹，痰唾，欬嗽，喉中熱結生瘡。杏酪濃煎如膏服之，潤五藏，去痰嗽。生熟喫俱得，半生半熟殺人。　日華子云：　杏，熱，有毒。不可多食，傷神。

〔宋・蘇頌《本草圖經》〕曰：　杏核人，生晉川山谷，今處處有之，其實亦數種，黃而圓者名金杏。相傳云：　種出濟南郡之分流山，彼人謂之漢帝杏，今近都多種之，熟最早。其扁而青黃者名木杏，味酢，不及金杏。杏子入藥，今以東來者爲勝，仍用家園種者，山杏不堪入藥。五月採，破核去雙人者。古方有單服。杏人修治如法，自朝蒸之至午而止，便以慢火微烘，至七日乃收貯之。每旦腹空時，不約多少，任意噉之，積久不止，駐顏延年。云是夏姬法，然杏人能使人血溢，少悮之必出血不已。或至委頓。故近人少有服者。又有杏酥法：　去風虛，除百病，擣爛杏人一石，以好酒二石，研濾取汁一石五斗，入白蜜一斗五升，攪勻，封於新瓮中，勿洩氣，三十日看酒上酥出即掠取，内甆器中貯之，取其酒滓，團如梨大，置空屋中，作格安之。候成飴脯狀，旦服一枚，以前酒下，其酒任性飲之。杏花，乾之亦入藥。杏枝，主墮傷，取一握，水一大升煮半，下酒三合，分再服，大效。其實不可多食，傷神，損筋骨。劉禹錫《傳信方》治嗽補肺丸，杏人二大升，山者不中，揀却雙人及陳𪍿，以童子小便一斗浸之，春夏七日、秋冬二七日，并皮、尖於砂盆子中研細，濾取汁，煮令魚眼沸，候軟如麪糊即成。仍時以柳篦攪，勿令著底，後即以馬尾羅或麁布下之。日暴通丸即丸，服之時食前後總須服三十丸、五十丸。任意茶、酒下。忌白水粥，只是爲米泔耳。自初浸至成，常以紙蓋之，以畏塵土也。如無馬尾羅，即以麁布袋下之，如取棗穰法。

〔宋・唐慎微《證類本草》〕雷公云：　凡使，須以沸湯浸少時，去皮膜，去尖，擘作兩片，用白火石并烏豆、杏人三件，於鍋子中，下東流水煮，從巳至午，其杏人色褐黃則去尖，然用。每修一斤，用白火石一斤，烏豆三合，水旋添，勿令闕，免反血爲妙也。《食療》云：　主熱風頭痛。又，燒令煙盡，去皮，以亂髮裹之，咬於所患齒下，其痛便止。熏諸蟲出并去風，便差。重者不過再服。《外臺秘要》：　治偏風，半身不遂，兼失音不語。生吞杏人七枚，不去皮、尖，日別從一七，漸加至七七枚，七七日周而復始。食後即以竹瀝下之，任意多少，日料一升取盡。又方：　治耳聾。以杏人七枚，去皮拍碎爲三分，以綿裹，於中着顆鹽如小豆許，以器盛於飯甑中蒸之，候飯熟出裹。令患人側卧，和綿捻一裹，以油汁滴入耳中。久又以一裹，依前法。《千金方》：　治咳嗽旦夕加重，增寒壯熱，少喜多嗔，忽進退，面色不潤，積漸少食，狀若肺脉强緊浮者。杏人半斤，去皮、尖，入於瓶内，童子小便二斗，浸七日了，漉出，去小便，以暖水淘過，於沙盆内研成泥，別入甆瓶中。以小便三升，煎之如膏。量其輕重，食上熟水下一錢匕。婦人、室女服之更妙。又方：　主卒中風，頭面腫。杵杏人如膏傅之。又方：　治一切風虛，常惡頭痛欲破者。杏人去皮、尖，乾暴爲末，水九升研濾，如作粥法，緩火煎令如麻腐，起取和羹粥酒内一匙服之。每食前不限多少，服七日後，大汗出，慎風、冷、猪、魚、雞、蒜、大酢。一劑後，諸風減差。春夏恐酢少作服之，秋九月後煎之，此法神妙，可深秘之。又方：　治鼻中生瘡。杵杏人，乳汁和傅之。又方：　治頭面風，眼瞤鼻塞，眼暗冷淚。杏人三升爲末，水煮四五沸，洗頭。冷汗盡，三度差。又方：　治破傷風腫。厚傅杏人膏，燃燭遙炙。又方：　治疳蟲蝕鼻生瘡。燒杏核，壓取油傅之。又方：　治喉痹。杏人熬熟，杵丸如彈子，含嚥其汁。爲末帛裹，含之亦得。又方：　治痔、穀道痛。取杏人熬熏，杵膏傅之。又方：　治小兒，大人欬逆上氣。杏人三升去皮、尖，炒令黃，杵如膏，蜜一升，分爲三分，内杏人，杵令得所，更内一分杵如膏。又内一分杵熟止，先食含之，嚥汁。又方：　治諸牙齗疼。杏人一百枚，去皮、尖、兩人，以鹽方寸匕，水一升，煮令沫出，含之未盡吐却。更含之，三度差。《肘後方》：　治穀道赤痛。熬杏人杵作膏，傅之良。又方：　箭鏑及諸刀刃在喉咽、胸鬲諸隱處不出，杵杏人傅之。《梅師方》：　治食狗肉不消，心下堅或脹，口乾，忽發熱妄語方：杏人一升去皮，水三升煎沸，去滓取汁爲三服，下肉爲度。又方：　主耳中汁出或痛有膿水。熬杏人令赤黑爲末，薄綿裹内耳中。日三四度易之，或亂髮裹塞之，亦妙。又方：狗咬，去皮、尖，杵傅之，研汁飲亦佳矣。孫真人方：　欲好聲。杏人一升，熬去皮、尖，酥一兩，蜜少許，爲丸如梧桐子大。空心米湯下十五丸。又方：　杏，味苦，心病宜服。又方：　杏核人，傷筋損神，其人作湯，如白沫不解，食之令氣壅身熱。《食醫心鏡》：

主氣喘促，浮腫，小便澀。杏人一兩去尖、皮，熬研和米煮粥極熟，空心喫二合。又方：主五痔下血不止。去尖、皮及雙人，水三升，研濾取汁，煎減半投米煮粥，停冷，空心食之。又方：能下氣。主嗽，除風，去野雞病。杏人一兩去皮、尖、雙人，搥碎，水三升，研濾取汁，於鐺中煎，以杓攪勿住手，候三分減二，冷呷之。不熟及熱呷，即令人吐。《勝金方》：治久患肺氣喘急至效。杏人去皮、尖二兩，童子小便浸，一日一換，夏月一日三四換，浸半月，取焙乾，爛研令極細。每服一棗大，薄荷一葉，蜜一雞頭大，水一中盞同煎，取七分，食後溫服，甚者不過三劑差，永不發動。忌腥物。《廣利方》：治眼築損，胬肉出。生杏人七枚去皮，細嚼吐於掌中，及熱以綿裹筯頭將點胬肉上。不過四五度差。《子母秘録》：治小兒臍赤腫。杏人杵如脂，內體中，相和傅臍腫上。《必效方》：治金瘡，中風角弓反張。以杏人碎之，蒸令溜絞取脂。服一小升，兼以瘡上摩，效。又方：治狐尿刺螫痛。杏人細研，煮一兩沸，承熱以浸螫處，數數易之。《塞上方》：治墜馬撲損，瘀血在內，煩悶。取東引杏枝三兩，細剉微熬，好酒二升，煎十餘沸，去滓，分爲二服，空心，如人行三四里再服。《傷寒類要》：治溫病食勞。以杏人五兩，酢二升，煎取一升，服之取汗差。《產寶》方：治卒不得小便。杏人二七枚，去皮、尖，炒黃，米飲服之差。《潞公藥準》：治咽喉痒痛，失音不語。杏人、桂心各一兩同研勻，用半熟蜜和如櫻桃大，新綿裹，非時含此嚥津，大效。《修真秘旨》云：杏，不用多食，令人目盲。又方：服杏人者，往往二三年或瀉或臍中出物，皆不可治。《左慈秘訣》：杏金丹，本出渾皇子，亦名草金丹方。服之壽二千二百年不死。只是以杏人成丹，輕重如金，軟而可食，因此立名。從三皇後，有得法者服之，無有不得力。奚仲、呂望、彭祖皆煉之。彭祖曰：寧可見此方，不用封王；寧可見此藥，不用封侯。老子曰：草金丹是衆仙秘要，服皆得力。只爲作之者難，世俗之人，皆不信有神驗，將聖人妄說作之者，不肯精心潔淨，浪有惡物觸犯，藥即不成，徒勞損廢，又何益矣。其造不得，盲聾瘖啞，大病及惡心人、女子、小人，知見丹亦不成，丹成無忌。只是夏姬服之，壽年七百，乃仙去。煉草金丹法：從寅月修，杏樹人罕到者良。又以寅月钁斸樹下地間，圖陽氣通暢。至二月草生，以鋤除草，恐損地力。至三月，離樹五步作畦壟，淘成，擬引天之暴雨，以須遠栽棘遍欄，勿使人跡、畜獸踐踏，只亢旱即泉源水洒潤其樹下。初春有霜雪，即樹下燒火以救之，恐損花苞蕚。至五月杏熟，收取當月旬內自落者，去核取人六斗，以熱湯退皮，去雙人，取南流水三石和研，取汁兩石八斗，去滓，并小美者亦得。取新鐵釜受三石已來，作竈須具五嶽三台形，用朱砂圖畫之，其竈通四脚去地五寸，着鐐不得絕稠，恐下灰不得。其釜用酥三斤，以糠火及炭然釜少少磨，三斤酥盡，即內汁釜中。釜上安盆，盆上鑽孔，用箏絃懸車轄至釜底，其孔以帋纏塞，勿令泄氣。初着糠火并乾牛糞火，一日三動車轄，以衮其汁。五日有露液生，十日白霜起，又三日白霜盡，即金花出，若見此候，即知丹霜成。開盆用炭火炙乾，以雄雞翎掃取，以棗肉和爲丸，如梧桐子大。釜中獨角成者爲上，其釜口次也，丹滓亦能治冷疾。服丹法：如人喫一斗酒，醉，即喫五升；喫一升者只喫半升。下藥取滿日，空心暖酒服三丸。至七日，宿疾除，愈聾瘖、盲、攣跛、疝氣、野雞、瘿氣、風癇、痃氣、瘡腫，萬病皆除。愈頭白却黑，齒落更生。張先師云：二兩爲一劑，一劑延八十年，兩劑延二百四十年，三劑通靈不死。若爲天仙一萬年，永忌房室。若爲地仙五千年，三年忌房室。若爲人仙一千五百年，百日忌房室。陳居士上表，十月已後，泥爐造爲雷息之時，亦不用車馬轟闐聲。何以十月造？天雷二月起八月息。初造丹時，祭五嶽、神仙地祇，亦取童子看火候。二十四氣，五星五行，陰陽十二時，取此氣候用火，丹乃成矣。聖所服皆致長生久壽，世人不能常服。或言此藥無效，若精心確志，必就神仙長年矣。

宋・寇宗奭《本草衍義》卷一八　杏核仁　犬傷人，量所傷大小，爛嚼沃破處，以帛繫定，至差，無苦。又湯去皮，研一升，以水一升半，翻復絞取稠汁，入生蜜四兩，甘草一莖約一錢，銀、石器中，熳火熬成稀膏，瓷器盛。食後、夜卧，入少酥，沸湯點一匙匕服。治肺燥喘熱，大腸秘，潤澤五藏。如無上證，更入鹽點，尤佳。

杏實　《本經》別無治療，日華子言多食傷神。有數種皆熱，小兒尤不可食，多致瘡癰及上鬲熱。暰蓄爲乾果，其深赭色，核大而褊者爲金杏。此等須接，其他皆不逮也。如山杏輩，只可收仁。又有白杏，至熟色青白或微黃，其味甘淡而不酸。

宋・王繼先《紹興本草》卷一三　杏核仁　紹興校定：杏核仁，性味、主治已載《本經》，然但寧肺理氣方中多用。大率杏性微熱，其核仁當作味苦、溫是矣。以食之戟人喉咽，當云有小毒也。花亦未聞用驗之據。惟杏實乃果品，多食喜生熱疾。處處產之，北地者佳。

宋・劉明之《圖經本草藥性總論》卷下　杏仁　味甘、苦，溫，冷利，有毒。主欬逆上氣雷鳴，喉痺，下氣，產乳金瘡，寒心賁豚，驚癇，心下煩熱，風氣去來，時行頭痛。《藥性論》云：能治腹痺不通，發汗，主溫病，治心下急滿痛，除心腹煩悶。療肺氣欬嗽、上氣喘促。得火良。惡黃芩、黃耆、葛根。解錫毒。畏蘘草。

宋・陳衍《寶慶本草折衷》卷一八　杏核人諸杏實附。○銀杏續附。一名杏人。一作仁。○一名杏子。生晉山川谷，及濟南。○又云：生魏郡，今處處園種有之。○五月採核取人，陰乾。○得火良，惡黃芩、黃耆、葛根。解錫毒，畏蘘草。○附：諸杏實，一名杏。其金杏，一名漢帝杏。○續附：

銀杏，一名鴨脚。歐陽公詩云：鴨脚生江南。今浙間及諸處亦有之。又黃魯直詩云：霜林收鴨脚。今秋抄和軟皮收，一如綠李，俟皮爛取白實，洗淨，曝乾。

味甘，苦，溫，有毒。○主欬逆上氣，喉痹，產乳，金瘡，賁豚，驚癇，風氣去來，時行頭痛，解肌，殺狗毒。○陶隱居云：湯浸去尖，皮，熬令黃。○古方三拗湯乃連皮、尖用之。○《藥性論》云：治腹痹不通，發汗。主溫病，治心下急滿痛，除心腹煩悶，療肺氣欬嗽喘促。○孟詵云：面皯者，取人去皮，擣和雞子白，夜臥塗面，明早暖清酒洗之。又燒令煙盡，研如泥，綿裹內女人陰中，治蟲疽。○陳藏器云：殺蟲，去痰唾，喉中熱瘡。杏酪服之，潤五藏。○《圖經》曰：東來者為勝，山杏不堪入藥，採去雙人者。單服杏人，積久駐顏延年。然能使人血溢，少誤之，必出血不止，故少有服者。○《廣利方》：治眼築損，努肉出。生杏人柒枚，去皮，細嚼，吐於掌中，及熱以綿裹筯頭，將點努肉上，四五度差。○寇氏曰：犬傷人，爛嚼沃破處，以帛繫定，至差無苦。

附：諸杏實。○味酸，甘，熱，有毒。多食傷筋骨，及傷神，令人目盲。小兒食多，致瘡癰及上膈熱也。杏實亦數種，黃而圓者名金杏，熟最早；其扁而青黃者名木杏，味酢；又白杏至熟，青白或微黃，味甘，淡，并山杏輩，皆可曬蓄為乾果。

續說云：艾原甫以厚壯者為杏人，尖扁者為桃人。然方土各異，恐互有尖厚。大抵桃人淡紅，而杏人則淺褐，尤當精審也。舊稱杏核之雙人者殺人。坡仙因援李惟熙言：桃、杏雙生人者，失常故也。凡物反其常，則氣非其正，特不宜入藥，豈當直謂其殺人乎？更有一種銀杏，以葉如鴨之脚掌，遂名鴨脚也。其殼潔白而起稜，其肉青黃而微苦。生則明目而涼心，炒則深赤而甘美，故黃魯直有烹茶煨鴨脚之句焉。

元・王好古《湯液本草》卷五　杏仁　氣溫，味甘、苦，冷利，有小毒。入手太陰經。

《象》云：除肺燥，治風燥在胸膈間。麩炒，去皮尖用。

《心》云：散結潤燥，散肺之風及熱，是以風熱嗽者用之。《本草》云：主欬逆上氣雷鳴，喉痹，下氣，產乳，金瘡，寒心，賁豚，驚癇，心下煩熱，風氣往來，時行頭痛。解肌，消心下急，殺狗毒，破氣，入手太陰。王朝奉治傷寒氣上喘衝逆者，麻黃湯內加杏仁、陳皮；若氣不喘衝逆者，減杏仁、陳皮。知其能瀉肺也。《東垣》云：杏仁下喘，用治氣也。桃仁療狂，用治血也。桃、杏仁俱治大便秘，當以氣血分之。晝則難便，行陽氣也；夜則難便，行陰血也。大腸雖屬庚，為白腸，若以晝夜言之，氣血不可不分也。年虛人大便燥秘不可過泄者，脈浮在氣，杏仁、陳皮；脈沉在血，桃仁、陳皮。所以俱用陳皮者，以其手陽明病，與手太陰俱為表裏也。賁門上主往來，魄門下主收閉。故王氏言肺與大腸為通道也。

元・忽思慧《飲膳正要》卷三　杏　味酸。不可多食，傷筋骨。杏仁有毒，主欬逆上氣。

元・尚從善《本草元命苞》卷八　杏核仁　甘、苦，溫，冷利，有毒。得火者良。惡黃芩、黃芪、葛根。畏蘘草。可解錫毒。利胸中氣逆喘急，潤大腸氣秘便難。發汗，治腹痺不通。解肌，止時行頭痛。療心下煩熱風氣去來，主欬逆上氣雷鳴喉痺。潤五臟，止痰嗽利咽膈。發聲音，醫產乳金瘡，消心下急滿。實酸，多餌傷神。花苦，能補不足。湯浸，去皮尖。雙仁不可用。半生半熟殺人。五月採之殊勝。生晉川，東萊為佳。山杏仁小者不爾。

元・朱震亨《本草衍義補遺》　杏仁　屬土而有水與火。能墜。亦須細研用之。其性熱，因寒者可用。○其實不可多食，能傷筋骨。

元・佚名氏《珍珠囊・諸品藥性主治指掌》〔見《醫要集覽》〕　杏仁　味苦、甘，性溫，有毒。可升可降，陰中陽也。其用有二：利胸中氣逆而喘促，潤大腸氣閉而難便。

元・徐彥純《本草發揮》卷三　杏核仁　潔古云：除肺中燥，治風燥在於胸膈。《主治秘決》云：性溫，味甘、苦，氣薄味厚，濁而沉降，陰也。其用有三：潤肺氣，消宿食，下降氣。麵炒去皮尖。東垣云：杏仁味、苦甘，性溫。散結潤燥，散肺中風及熱，是以風熱嗽用之。海藏云：杏仁破氣，入手太陰經，王朝奉治傷寒氣上逆喘者，麻黃湯內加杏仁、陳皮；若氣不上喘逆者，減杏仁陳皮，故知其能瀉肺也。東垣云：杏仁下喘用治氣也，桃仁治狂用治血也。杏桃仁俱治大便秘，亦當以氣血分之，晝則難便，行陽氣也。夜則難便，行陰血也。大腸雖屬庚為白腸，以晝夜言之，氣血不得不分也。年高虛人大腸燥秘不可過泄者，脈浮在氣杏仁陳皮，脈沉在血桃仁陳皮，所以俱用陳皮者，以其手陽明病與手太陰俱為表裏也。賁門上主往來，魄門下主收閉，故王氏言肺與大腸為通道也。丹溪云：杏仁屬土而有水與火，能墜痰下行，須細研之，其性熱，因寒者可用。

明・朱橚《救荒本草》卷下之後　杏樹　《本草》有杏核人。生晉山川谷。今處處有之。其實有數種：黄而圓者名金杏，熟最早；扁而青者名木杏，其子皆入藥；又小者名山杏，不堪入藥。其樹高丈餘，葉頗圓，淡綠，頗帶紅色，葉似木葛葉而光嫩，微尖。開花色紅，結實金黄色。核人味甘、苦，性溫，冷利，有毒。得火良。惡黄芩、黄耆、葛根；解錫毒；畏蘘草。杏實味酸，性熱。救飢：採葉煠熟，以水浸漬，作成黄色，熱水淘淨，油鹽調食。其杏黄熟時摘取食。不可多食，令人發熱，及傷筋骨。治病：文具《本草》果部杏核人條下。

明・蘭茂原撰，范洪等抄補《滇南本草圖説》卷九　杏子　味甘、酸、澁，性熱，有微毒。有損無益，多食昏神，冷膈熱，生痰動脾，發瘡癬，落鬚髮，傷筋骨。素有目疾，忌食。小兒及產婦尤忌之。杏仁，味甘、苦，性溫，有小毒。得火良。解錫毒，殺蟲，消犬肉、索麪粉積，解肌，散風邪，消痰定喘，利膈潤燥。能散能降，潤喉發音。治（顛）〔癲〕犬咬傷，敷之即愈。百蟲入耳，滴杏仁水，即出。有雙仁者，忌食。

明・蘭茂撰，清・管暄校補《滇南本草》卷上　杏　味酸，熱。治心中冷熱，止渴定喘，解瘟疫。但人多食損目勞筋。仁，治疳蟲。葉，能敷大惡瘡。

明・蘭茂撰，清・管暄校補《滇南本草》卷中　杏仁　性微寒，味苦、微辛。入脾肺二經。止咳嗽，消痰，潤肺，潤腸胃，消麪粉積，下氣。

明・王綸《本草集要》卷五　杏核仁　味甘苦，氣溫，有小毒。入手太陰經。得火良。惡黄芩、黄芪、葛根，解錫毒。湯浸去皮尖，熬令黄。去兩仁者，殺人，可毒狗。主咳逆上氣雷鳴，喉痹下氣定喘，潤心肺，散肺經風寒咳嗽，消心下急滿痛，散結潤燥。產乳金瘡，寒心賁豚。燒令煙未盡，研如泥，物裹，納女子陰中，治蟲蛆。　丹溪云：性熱，因寒者可用。東垣云：杏仁下喘，治氣也。桃仁療狂，治血也。俱治大便燥，但有血氣之分。晝則便難行，陽氣也。夜則便難行，陰血也。年高人便秘不可泄者，脈浮在氣，杏仁、陳皮；脈沉在血，桃仁、陳皮。陳皮入肺，與大腸為表裏，故用為使。

明・滕弘《神農本經會通》卷三　杏核人　惡黄芩、黄芪、葛根，解錫毒，畏蘘草。得火良。湯浸去皮尖，熬令黄。兩仁者殺人，用須去之，可毒狗。五月採，仍用家園種者，山杏不堪入藥。

味甘、苦，氣溫，冷利，有毒。《湯》云：有小毒。入手太陰經。東云：可升可降，陰中陽也。利胸中氣逆而喘促，潤大腸氣閉而便難。又云：潤肺餘，止嗽。《珍》云：潤肺降氣，解結潤燥，治風熱嗽，能消宿食。《叀》云：利痰止嗽，行風定喘，熱煩頭痛，開胸發汗。

《本經》云：主欬逆上氣，雷鳴喉痺，下氣，產乳，金瘡，寒心，賁豚，驚癇，心下煩熱，風氣去來，時行頭痛，解肌，消心下急。殺狗毒。其兩人者殺人，可以毒狗。《藥性論》云：治腹痺不通，發汗，主溫病，治心下急滿痛，除心腹煩悶。療邪氣欬嗽，上氣喘促。入天門冬煎，潤心肺。可和酪作湯，益潤聲氣。〔經〕宿即動冷氣。孟詵云：否熱面皯者，取仁去皮，擣和鷄子白，夜卧塗面，明早以暖清酒洗之。又人患卒瘂，取杏仁三分，去皮尖，熬，別杵桂一分，和如泥，取李核大，綿（裏）〔裹〕含，細細咽之，日三夜五。謹按：心腹中結伏氣，杏人、橘皮、桂心、訶梨勒為丸，空心服三十丸，無忌。又燒令煙盡，研如泥，綿（裏）〔裹〕，內蟗齒孔中。亦主產門蟲瘡，癢不可忍者。又人及諸畜瘡，中風，取仁去皮，熬令赤，和桂末研如泥，綿（裏）〔裹〕如指大，含之。利喉咽，去喉痺，痰唾，欬嗽，喉中熱結生瘡，杏酪濃煎如膏服之。潤五臟，去痰嗽。生熟喫俱得，半生半熟殺人。《圖經》云：杏仁能使血溢，少悮之，必出血不已，或至頓，故《傳信方》治嗽補肺丸，杏仁二大升，山者不中，揀却雙仁陳䵽，以童子小便一斗浸之，春夏七日，秋冬二七日，并皮尖，於砂盆子中研細，濾取汁，煮令魚眼沸，候軟如麪糊即成。仍時以柳篦攪，勿令著底，後即以馬尾羅或粗布下之，日暴，通丸即丸服之，時食前後，總須三十丸、五十丸，任意茶、酒下。忌白水粥，只是為米泔耳。自初浸至成，當以紙蓋之，以畏塵土也。如無馬尾羅，即以粗布袋下之，如取棗穰法。《象》云：除肺燥，治風燥在胸膈。麩炒，去皮尖用。《心》云：散結潤燥，散肺之風及熱，是以風熱嗽者用之。破氣，入手太陰。王朝奉治傷寒氣上喘衝逆者，麻黄湯内加杏仁、陳皮；若氣不喘衝逆者，減杏仁、陳皮，知其能瀉肺也。東垣云：杏仁下喘，用治氣也。桃仁療狂，用治血也。桃、杏仁俱治大便秘，當以氣血分之，晝則難便，行陽氣也；夜則難便，行陰血也。大腸雖屬庚為白，以晝夜言之，氣血不可不分也。年虛人大便燥秘，不可過泄者，脉浮在氣，杏仁、陳皮。脉沉在血，桃仁、陳皮。所以俱用陳皮者，以其手陽明病，與手太陰俱為表裏也。賁門上主往來，魄門下主收閉，故王氏言肺與大腸為通道也。丹溪云：屬土而有水與火，能墜。亦須細研用之。其性熱，因寒者可用。《集》云：定喘，潤心肺，散肺經風寒咳嗽，消心下急滿痛。《劊》云：杏仁有毒苦甘溫，定喘安驚氣自任。大腸閉燥能通潤，冷嗽投之散肺陰。《局》云：杏仁不用雙仁者，治欬通音可作湯。又治驚癇通腹痺，更醫產乳療金瘡。杏仁，通腸潤肺，治欬清音。

杏花　味苦，無毒。《本經》云：主補不足，女子傷中，寒熱痺厥逆。

杏枝　《圖經》云：主墮傷，取一握，水一大升，煮半，下酒三合，分再服，大効。

杏實　味酸。一云：熱，有毒。《本經》云：不可多食，傷筋骨。日華子云：杏熱，有毒，不可多食，傷神。《圖》云，丹云俱同。

明・劉文泰《本草品彙精要》卷三四　杏核仁有毒　植生。

杏核仁出《神農本經》：**主欬逆上氣，雷鳴，喉痹，下氣，產乳，金瘡，寒心，奔豚。**以上朱字《神農本經》。驚癇，心下煩熱，風氣去來，時行頭痛，解肌，消心下急。〇花，味苦，無毒，主補不足，女子傷中，寒熱痹，厥逆。以上黑字名醫所錄。

【名】金杏、漢帝杏、木杏、白杏。【苗】《圖經》曰：其木高丈餘，二月敷青葉如梅，葉圓而尖，三月開紅花，四月結實，五六月熟，大如黃梅。其實有數種，黃而圓者，名金杏。相傳云出濟南郡之分流山，彼人謂之漢帝杏，今近都多種之，熟最早；其扁而青黃者名木杏，味酢，不及金杏。其仁入藥，今以東來者爲勝。《衍義》曰：杏仁，暾蓄爲果，其深赭色，核大而匾者爲金杏。此等須接，食之味美，其他皆不逮也。如山杏輩，用仁入藥，當以不接者爲佳。又有白杏，至熟色青白或微黃，其味甘淡而不酸耳。【地】《圖經》曰：生濟南及晉州山谷，今處處有之。【時】生：二月開花。採：五月取核。【收】焙乾。【用】實、仁、花。【質】類桃核仁而圓小。【色】皮黃，肉白。【味】甘，苦。【性】溫。【氣】氣味俱厚，陽中之陰。【臭】香。【主】散結，潤燥，定喘寧嗽。【行】手太陰經。【助】得火良。【反】惡黃芩、黃耆、葛根，畏蘘草。【製】《雷公》云：凡使，須以沸湯浸少時，去皮膜及尖，擘作兩片，用白火石并烏豆、杏仁三件，於鍋子中，下東流水煮，從巳至午，其杏仁色褐黃，然用。每修一斤，用白火石一斤，烏豆合水旋添，勿令闕。【治】療：《藥性論》云：除腹痹不通，發汗及瘟病，與心下急滿痛，并心腹煩悶，及肺氣咳嗽，上氣喘促。陳藏器云：殺蟲，燒令煙未盡，細研如脂，物裹內蠹齒孔中，亦主產門中蟲瘡，癢不可忍者。〇杏酪，濃煎如膏服之，潤五臟，去痰嗽。【合治】合天門冬煎，潤心肺。〇合酪作湯，益潤聲氣，湯經宿即動冷氣。〇去皮擣，和雞子白，夜臥塗面，明早以暖清晒洗之，療面皯。〇以三分去皮尖熬，合桂末一分，和如泥，取李核大，綿裹含，細細咽之，日五夜三，療卒瘂及利咽喉，去喉痹，痰唾，咳嗽，喉中熱結，生瘡。〇合橘皮、桂心、訶梨勒皮爲丸，療心腹中結伏氣。〇湯浸研一升，以水一升半，翻復絞取稠汁，入生蜜四兩，甘草一莖，約一錢，銀石器中慢火熬成稀膏，甆器盛，食後夜臥，入酥沸湯點一錢匕服，治肺燥喘熱，大腸秘，潤澤五臟。如無上證，更入鹽爲佳。【禁】生熟喫俱得，半生熟殺人。實，味酸不可多食，傷神，損筋骨。小兒尤不可食多，致瘡癤，上膈熱。雙仁者殺人，狗食之亦死。【解】錫毒、胡粉毒、食狗肉中毒。

明・盧和、汪穎《食物本草》卷二果類　杏　味甘酸，熱，有毒。多食傷筋骨，傷神，盲目。小兒尤不可食，致瘍癤及上膈熱。仁，味甘苦，氣溫，有小毒，入手太陰經。主欬逆，上氣雷鳴，喉痹，下氣定喘，潤心肺，散肺經風寒咳嗽，消心下急滿痛，散結潤燥，產乳金瘡，寒心奔豚等疾。丹溪云：性熱，因寒者可用。東垣云：杏仁下喘治氣也，桃仁療狂治血也，俱治大便燥，但有血氣之分耳。花，味苦，主補不足，女子傷中，寒熱痹，厥逆。

明・盧和、汪穎《食物本草》卷四味類　杏仁　味甘、苦，有小毒。主下氣，潤心肺，散風寒咳嗽，消心下急痛，散結潤燥，通大腸秘。雙仁，半生熟者勿食。忌粟米。

明・葉文齡《醫學統旨》卷八　杏仁　氣溫，味甘。有小毒。沉而降，陰也。入手太陰經。湯浸去皮尖，炒。治欬逆上氣雷鳴，喉痺；下氣定喘，潤心肺，散肺經風寒咳嗽；消心下急滿痛，散結潤燥，消宿食；產乳金瘡，塞心奔豚；燒令烟未盡，研如泥，裹納女子陰中，治蟲蛆。

明・許希周《藥性粗評》卷三　杏仁清華蓋之炎，桃仁破血。桃花附。

杏仁，杏核仁也。此乃梅屬，故俗名杏梅。春初開白花，結實五月而熟。南北園圃處處有之。採時須待黃熟，取自落者，其性全有力，破核取仁。雙仁者有毒不用。熱湯泡去皮尖，若作丸散，更和麥麩炒過。惡黃芩、黃芪、葛根，畏蘘草。味甘、苦，性溫，有小毒。其氣沉而降，入手太陰肺經，肺為華蓋。主治欬逆上氣，喘嗽，驚癇煩熱，風氣去來，時疫頭痛，喉痹賁豚，失音耳聾，清肺寬膈，解肌破氣，消心下急，通利大腸。

明・鄭寧《藥性要略大全》卷五　杏仁　潤肺，止嗽散結，調大便秘。療時行頭痛。　《秘要》云：散胸膈間肺熱之風嗽，主咳逆，上氣雷鳴，喉痹，下氣，產乳金瘡，奔豚，驚癇，心下煩熱，風氣往來，時行頭痛。治傷寒氣喘衝逆。殺狗毒，破氣。　易老云：瀉肺下氣，解肌，消心下急。治女陰蟲蝕痒，熱結痰唾、喉痹等症。　味苦、甘，氣溫，有小毒。得火良。惡黃芩、黃芪、葛根。解錫毒。湯浸去皮尖，炒黃色用。切勿用雙仁者，大毒。

明・陳嘉謨《本草蒙筌》卷七　杏核仁　味甘、苦，氣溫。可升可降，陰中陽也。有小毒。樹種山傍園側，家園種者妙，山杏不堪用。實結生青熟黃。五月摘收，堪為菓品。凡資拯治，惟取核仁。所惡藥有三般，黃耆黃芩乾葛。解錫毒，得火良。單仁者泡去皮尖，麩炒入藥；雙仁者惟堪毒狗，悞服殺人。專入太陰肺經，乃為利下之劑。除胸中氣逆喘促，止欬嗽墜痰；潤大腸氣閉便難，逐賁豚散結。研納女人陰戶，又治發癢蟲疽。根主墮胎，花治厥逆。實啖多目瞀，傷筋骨傷神。葉逢端午採收，煎湯洗眼止淚。

謨按：東垣云：杏仁下喘，用治氣也。桃仁療狂，用治血也。俱治大便閉燥，但有氣血之分。晝則便難，行陽氣也；夜則便難，行陰血也。年高人便閉，不可泄者。脉浮在氣，宜杏仁陳皮治之；脉沉在血，宜桃仁陳皮治之。所以俱用陳皮者，以其手陽明病與手太陰相為表裏，故用之以為使也。

明・方穀《本草纂要》卷五　杏仁　味甘、苦，氣溫，有小毒。入手太陰肺經，清肺之藥也；復入陽明大腸，潤大腸之燥。蓋肺主氣，肺氣不利而欬逆喘急，肺受風寒而咳嗽有痰，肺氣鬱閉而大腸燥結，是皆氣滯於肺之症也。若能用此，非惟有理氣潤肺之效，抑且有潤腸治燥之功。何也？蓋肺與大腸相爲表裏，臟通則腑通，腑順則臟順也。觀此則杏仁之劑，其能治氣潤燥亦可見矣。吾聞施治之法，又與桃仁不同，杏仁下喘治氣，桃仁療狂治血；杏仁治大腸氣分之燥，桃仁治大腸血分之燥；杏仁則入太陰，桃仁則入厥陰，故也。

明・寧源《食鑒本草》卷上　杏子　味酸，性熱，有毒，食之無益。傷筋骨，惛精神，生痰熱。小兒、產婦忌食之。　諺語云桃飽杏傷人，正此謂也。

仁：味甘、苦，溫，有毒。雙仁者殺人，可以毒狗。治上氣喘急，咳嗽欬逆，心氣煩悶，熱脹驚癇，解肌。治時行頭痛。　《勝金方》：治患肺氣喘急，至效。杏仁去皮尖一兩，童子小便浸，一日三換，夏月一日五換，浸半月取出，焙乾，研令細末，每服一棗大，用水一小盞，入蜜一螺殼許、薄荷一葉，同煎八分，臨睡服。甚者不過二三服，永不再發。忌魚腥熱物。　《肘後方》：治婦人陰內作痒成瘡，久而不差。用杏仁一兩，燒存性，雄黃五錢，白礬五錢，麝香一分。同為末，傅陰內，神效。

明・王文潔《太乙仙製本草藥性大全》卷四《本草精義》　杏核仁　生晉州山谷，今處處有之。其實亦數種，黃而圓者名金杏，相傳云種出濟南之分疏山，彼人謂之漢帝杏。今近者多種之，熟最早。其扁而青黃者，名木杏，味酢，不及金杏。杏子入藥，今以東來者爲勝，樹種山傍園側，實結生青熟黃，五月摘收，堪爲菓品。凡資拯治，惟取核仁，所惡藥有三般：黃耆、黃芩、乾葛。解錫毒，得火良。單仁者泡去皮尖，麩炒入藥；雙仁者惟堪毒狗，悞服殺人。專入太陰肺經，乃爲利下之劑。家園種尤妙，山杏不堪入藥。古方單服杏仁，修治如法，自朝蒸至午而止，便以慢火微烘至七日，乃收貯之。每日空腹不拘多少，任意噉之，積久不止，駐顏延年。然杏仁能使人血溢，少悞之必出血不已，或至委頓，故近人少有服者。又有杏酥法，去風虛，除百病，擣爛杏仁一石，以好酒二石，研濾取汁一石五斗，入白蜜一斗五升，攪勻，封於新甕中，勿洩氣，至三十日看酒上酥出，即掠取內甆器中貯之，取其酒滓，團如梨大，置空屋中作格安之，候成飴脯狀，旦服一枚，以前酒下，其酒任性飲之。杏花乾者亦入藥。杏枝主墮傷，取一握，水一大升，煮半，下酒三合，分再服大效。其實不可多食，傷神損筋骨。又治嗽補肺丸：杏仁二大升，山者不中，揀出雙仁及陳臭，以童便二斗浸之，春夏七日，秋冬二七日，并皮尖於砂鉢中研細，濾取汁，煮令魚眼沸，候軟如麵糊即成，仍時以蓖攪，勿令著底，後即以馬尾羅或麄布下之，日暴，可丸即丸服，〔食前〕後〔總須〕服三十丸、五十丸，任意茶酒下。忌白水粥，只是爲米泔耳。自初浸至成，常以紙蓋之，以畏塵土也。如無馬尾羅，即以麄布袋下之，如取棗穰法。

按：東垣云：杏仁下喘，用治氣也；桃仁療狂，用治血也。俱治大便閉燥，但有氣血之分，晝則便難，行陽氣也；夜則便難，行陰血也。年高人便閉，不可泄者，脉浮在氣，宜杏仁、陳皮治之；脉沉在血，宜桃仁、陳皮治之。所以俱用陳皮者，以其手陽明病與手太陰相爲表裏，故用之以爲使也。丹溪云：性熱，因寒者可用。

明・王文潔《太乙仙製本草藥性大全》卷四《仙製藥性》　杏核仁　味甘、苦，氣溫，可升可降，陰中陽也，有小毒。　主治：　主上氣雷鳴，治喉痹下氣。寒心驚癇立止，煩熱風氣能醫。療時行頭痛，理金瘡解肌。除胸中氣逆喘促，止咳嗽逐痰。潤大腸氣閉便難，逐賁豚散結。研納女人陰戶，又治發癢蟲疽。根主墮胎，花治厥逆。實啖多目瞀，傷筋骨傷神。葉逢端午採收，煎湯洗眼止淚。　補註：　治偏風半身不遂，失音不語，生吞七枚，從一七漸加至七七枚，七七日周而復始，食後竹瀝下。治疳蟲蝕鼻生瘡，燒灰杏核壓取油傅之。○耳聾，以七枚去皮，拍碎，爲三分，以綿裹，於中着顆鹽如小豆許，以器盛於飯甑中蒸之，候飯熟，出裹。令患人側臥，和綿捻油滴入耳中，久又裹依前治。○喉痹以仁熬熟，杵丸如彈子，含嚥其汁，爲末，帛裹含之。治頭面風，眼瞤鼻塞，眼暗冷淚，以仁三升，爲末，水煮四五沸，洗頭，令汗盡差。○破傷風腫，厚傅膏，燃燭遙炙。治狗咬，去皮尖，杵傅之，研汁飲亦佳矣。治欬逆上氣，以仁去皮、尖，炒黃，杵膏，蜜入杏仁，杵令得所，更入一分，杵如膏，又內一分，杵熟，先食含咽。○穀道赤痛，熬杵作膏傅之良。又治諸牙良疼，以仁一百枚，去皮、兩仁，以鹽方寸〔匕〕，水煮令沫出，含，吐却，含三度差。○箭鏑及諸刀刃在喉咽、胸膈諸隱處不出，杵仁傅之。○卒中風，頭面腫，杵仁如膏傅良。○食狗肉不消，心下堅或脹，口乾，忽發熱妄語，以仁去皮，水煎沸，去滓取汁，爲二服，下肉爲度。○欲好聲，以仁熬去皮尖，酥一兩，蜜少許爲丸如梧仁大，空心米飲下。○氣喘促，浮腫，小便瀝，以仁一兩，去尖皮，熬研和米煮粥，空心喫二合。五痔下血不止，去尖、皮及雙仁，水研濾取汁，煎減半，和米煮粥，空心食之。○下氣止嗽，除風去野雞病，以仁一兩，去皮、尖、雙仁，搥碎，水三升，研濾取汁，於鐺中煎，以杓攪勿住手，候三分減二，冷呷之。小兒臍赤腫，以仁杵如脂，入鉢中，和傅臍腫處。○金瘡中風，角弓反張，以仁碎之，蒸令潤，絞取脂服，兼以瘡上摩效。○狐尿刺螫痛，以仁細研，煮兩沸，承熱以浸螫處。○墜馬撲損，瘀血在內，煩悶，取東引杏枝三兩，剉熬，好酒煎十餘沸，去滓分爲二服，空心再服。○卒不得小便，用二七枚，去皮尖，炒黃，米飲服之差。○咽喉痒痛，失音不語，杏仁、桂心各一兩，同研勻，用半熟蜜和丸櫻桃大，新綿裹，非時含嚥。○溫病食勞，以仁五兩，酢二升，煎取一升服之，取汗差。○眼築損弩肉出，生以仁七枚，去皮細嚼，吐於掌中，及熱以綿裹筯頭，點弩肉上，不過四五度差。　太乙曰：　凡使須以沸湯浸少時，去皮，脫去尖，擘作兩片，用白火石并烏豆、杏仁三件，於鍋子中下東流水，煮從巳至午，其杏仁色褐黃則去尖，然用。每修一斤，用白火石一斤，烏豆三合，水旋添，勿令闕，免反血爲妙也。

明・皇甫嵩《本草發明》卷四　杏仁下品。味甘、苦，溫，冷利，有小毒。可升可降，陰中陽也。入手太陰經。雙仁與獨核者殺人，可毒犬。解錫毒。　發明曰：　杏仁，專入肺經，乃利下之劑。故《本草》主欬逆上氣雷鳴，喘促咳嗽，喉痺下氣，除肺燥，散肺風及熱風燥在胸膈間，故風熱嗽者用之。又墜痰，潤大腸氣閉難通。大腸，肺之腑也。下產乳，逐賁豚，消心下急。以能下氣。除時行頭痛，解肌，治疥瘡金瘡。以肺主頭表，行肌膚。燒煙(未)盡，研〔末〕納女人陰戶，治發癢蟲疽。杏仁去皮尖用，得火良。惡黃芩、黃耆、葛根。○杏實味酸。多食傷筋骨，目瞀。○花，補不足，女子傷中寒熱痺，厥逆。○根，墮胎。端午日採葉，煎湯，洗眼止淚。

按：　東垣云：　杏仁下喘，用治氣。桃仁療狂，用治血。俱治大便閉，而有氣血之分。晝則便難，行陽氣也。夜則難便，行陰血也。年虛人便燥不可過泄，脉浮在氣，宜杏仁陳皮湯。脉沉在血，宜桃仁陳皮湯。然俱用陳皮者，以手陽明病與手太陰相為表裏，以賁門上，主往來；魄門下，主收閉也。言肺與大腸為通道，故用之為使。

明・李時珍《本草綱目》卷二九果部・五果類　杏《別録》下品

〔釋名〕甜梅時珍曰：　杏字篆文象子在木枝之形。或云從口及從可者，並非也。《江南録》云：　楊行密改杏名甜梅。

〔集解〕《別録》曰：　杏生晉川山谷。五月采之。　頌曰：　今處處有之。有數種：　黃而圓者名金杏，相傳種出自濟南郡之分流山，彼人謂之漢帝杏，言漢武帝上苑之種也。今近汴洛皆種之，熟最早。其扁而青黃者名木杏，味酢不及之。山杏不堪入藥。杏仁今以從東來人家種者爲勝。　宗奭曰：　金杏深赭色，核大而扁，乃接成者，其味最勝。又有白杏，熟時色青白或微黃，味甘淡而不酢。生杏可晒脯作乾果食之。山杏輩只可收仁用耳。　時珍曰：　諸杏，葉皆圓而有尖，二月開紅花，亦有千葉者，不結實。甘而有沙者爲沙杏，黃而帶酢者爲梅杏，青而帶黃者爲柰杏。其金杏大如梨，黃如橘。《西京雜記》載蓬萊杏花五色，蓋異種也。按王禎《農書》云：　北方肉杏甚佳，赤大而扁，謂之金剛拳。凡杏熟時，榨濃汁，塗盤中晒乾，以手摩刮收之。可和水調麨食，亦五果爲助之義也。

實　〔氣味〕酸，熱，有小毒。生食多，傷筋骨《別録》。　頌曰：　杏之類梅者味酢，類桃者味甘。　宗奭曰：　凡杏性皆熱。小兒多食，致瘡癰膈熱。　扁鵲曰：　多食動宿疾，令人目盲、鬚眉落。　源曰：　多食，生痰熱，昏精神。產婦尤忌之。　〔主治〕暴脯食，止渴，去冷熱毒。心之果，心病宜食之思邈。

核仁　【修治】《別録》曰：五月采之。弘景曰：凡用杏仁，以湯浸去皮尖，炒黃。或用麪麩炒過。斅曰：凡用，以湯浸去皮尖。每斤入白火石一斤，烏豆三合，以東流水同煮，從巳至午，取出晒乾用。時珍曰：治風寒肺病藥中，亦有連皮尖用者，取其發散也。

【氣味】甘苦，温冷利，有小毒。兩仁者殺人，可以毒狗。震亨曰：杏仁性熱，因寒者可用。思邈曰：杏仁作湯如白沫不解者，食之令氣壅身熱。湯經宿者動冷氣。時珍曰：凡杏、桃諸花皆五出。若六出必雙仁，爲其反常，故有毒也。徐之才曰：得火良。惡黄芩、黄芪、葛根，畏蘘草。

【主治】欬逆上氣雷鳴，喉痹，下氣，産乳金瘡，寒心賁豚《本經》。驚癇，心下煩熱，風氣往來。時行頭痛，解肌，消心下急滿痛，殺狗毒《別録》。解錫毒之才。治腹痹不通，發汗，主温病脚氣，欬嗽上氣喘促。入天門冬煎，潤心肺。和酪作湯，潤聲氣甄權。除肺熱，治上焦風燥，利胸膈氣逆，潤大腸氣祕元素。殺蟲，治諸瘡疥，消腫，去頭面諸風氣皶皰時珍。

【發明】元素曰：杏仁氣薄味厚，濁而沉墜，降也、陰也。入手太陰經。其用有三：潤肺也，消食積也，散滯氣也。杲曰：杏仁散結潤燥，除肺中風熱欬嗽。杏仁下喘，治氣也；桃仁療狂，治血也。俱治大便秘，當分氣、血。晝則便難，行陽氣也；夜則便難，行陰血也。故虚人便閉，不可過泄。脉浮者屬氣，用杏仁、陳皮；脉沉者屬血，用桃仁、陳皮。手陽明與手太陰爲表裏。賁門主往來，魄門主收閉，爲氣之通道，故並用陳皮佐之。好古曰：張仲景麻黄湯，及王朝奉治傷寒氣上喘逆，並用杏仁者，爲其利氣、瀉肺、解肌也。時珍曰：杏仁能散能降，故解肌散風、降氣潤燥、消積治傷損藥中用之。治瘡殺蟲，用其毒也。按《醫餘》云：凡索麪、豆粉近杏仁則爛。頃一兵官食粉成積，醫師以積氣丸、杏仁相半研爲丸，熟水下，數服愈。又《野人閑話》云：翰林學士辛士遜，在青城山道院中，夢皇姑謂曰：可服杏仁，令汝聰明，老而健壯，心力不倦。求其方，則用杏仁一味，每盥漱畢，以七枚納口中，良久脱去皮，細嚼和津液頓嚥。日日食之，一年必換血，令人輕健。此申天師方也。又楊士瀛《直指方》云：凡人以水浸杏仁五枚，五更端坐，逐粒細嚼至盡，和津吞下。久則能潤五臟，去塵滓，驅風明目，治肝腎風虚，瞳人帶青，眼翳風痒之病。珍按：杏仁性熱降氣，亦非久服之藥。此特其咀嚼吞納津液，以消積穢則可耳。古有服杏丹法，云是左慈之方。唐慎微收入《本草》，云久服壽至千萬。其説妄誕可鄙，今删其紕謬之辭，存之於下，使讀者毋信其誑也。

【附方】舊三十五，新十八。

杏金丹：《左慈祕訣》云：亦名草金丹。方出渾皇子，服之長年不死。夏姬服之，壽年七百，乃仙去也。世人不信，皆由不肯精心修治故也。其法：須人罕到處。寅月钁斸杏樹地下，通陽氣。二月除樹下草。三月離樹五步作畦壟，以通水。亢旱則引泉灌溉。有霜雪則燒火樹下，以救花苞。至五月杏熟自落，收仁六斗，以湯浸去皮及雙仁者，用南流水三石和研，取汁兩石八斗，去滓。以新鐵釜用酥三斤，以糠火及炭然釜，少少磨酥至盡，乃内汁入釜。釜上安盆，盆上鑽孔，用弦懸車轄至釜底，以紙塞孔，勿令泄氣。初着糠火，一日三動車轄，以衮其汁。五日有露液生，十日白霜起，又二日白霜盡，即金花出，丹乃成也。開盆炙乾，以翎掃下，棗肉和丸梧子大。每服三丸，空心暖酒下。至七日宿疾皆除，瘖盲攣跛、疝痔癭癇瘡腫，萬病皆愈。久服通靈不死云云。衍文不録。頌曰：古方用杏仁修治如法，自朝蒸至午，便以慢火微炒，至七日乃收之。每旦空腹噉之，久久不止，駐顔延年，云是夏姬之法。然杏仁能使人血溢，少誤必出血不已，或至委頓，故近人少有服者。或云服至二三年，往往或瀉，或臍中出物，皆不可治也。

杏酥法：頌曰：去風虚，除百病。擣爛杏仁一石，以好酒二石，研濾取汁一石五斗，入白蜜一斗五升攪勻，封於新甕中，勿洩氣。三十日看酒上酥出，即掠取納瓷器中貯之。取其酒滓團如梨大，置空屋中，作格安之。候成飴脯狀，旦服一枚，以前酒下。藏器曰：杏酪服之，潤五臟，去痰嗽。生、熟喫俱可，若半生半熟服之殺人。

又法：宗奭曰：治肺燥喘熱，大腸祕，潤五臟。用杏仁去皮研細，每一升，入水一升半，擣稠汁。入生薑四兩，甘草一寸，銀、石器中慢火熬成稀膏，入酥二兩同收。每夜沸湯，點服一匙。《衍義》。

萬病丸：治男婦五勞七傷，一切諸疾。杏仁一斗二升，童子小便煮七次，以蜜四兩拌勻，再以童便五升於椀内重蒸，取出日晒夜露數日。任意嚼食，即愈。

補肺丸：治咳嗽。用杏仁二大升，山中者不用，去雙仁者，以童子小便二斗浸之，春夏七日，秋冬二七日，連皮尖於砂盆中研濾取汁，煮令魚眼沸，候軟如麪糊即成。以粗布攤曝之，可丸即丸服之。食前後總須服三五十丸，茶、酒任下。忌白水粥。劉禹錫《傳信方》。

咳嗽寒熱：旦夕加重，少喜多嗔，面色不潤，忽進忽退，積漸少食，脉弦緊者。杏仁半斤去皮尖，童子小便浸七日，漉出温水淘洗，砂盆内研如泥，以小便三升煎如膏。每服一錢，熟水下。婦人室女服之，尤妙。《千金方》。

久患肺氣：喘急至效。甚者不過二劑，永瘥。杏仁去皮尖二兩，童子小便浸，一日一換，夏月三四換，滿半月取出，焙乾研細。每服一棗大，薄荷一葉，蜜一鷄子大，水一鍾，煎七分，食後温服。忌腥物。《勝金方》。

欬逆上氣：不拘大人小兒。以杏仁三升去皮尖，炒黄研膏，入蜜一升，杵熟。每食前含之，嚥汁。《千金》。

上氣喘急：杏仁、桃仁各半兩，去皮尖炒研，用水調生麪和丸梧子大。每服十丸，薑、蜜湯下，微利爲度。《聖濟總録》。

喘促浮腫：小便淋瀝。用杏仁一兩，去皮尖熬研，和米煮粥，空心喫二合妙。《心鏡》。

頭面風腫：杏仁擣膏，鷄子黄和杵，塗帛上，厚裹之。乾則又塗，不過七八次愈也。《千金方》。

風虚頭痛：欲破者。杏仁去皮尖，晒乾研末，水九升研濾汁，煎如麻腐狀，取和羹粥食。七日後大汗出，諸風漸減。此法神妙，可深秘之。慎風、冷、猪、鷄、魚、蒜、醋。《千金方》。

頭面諸風：眼瞤鼻塞，眼出冷淚。用杏仁三升研細，水煮四五沸，洗頭。待冷汗盡，三度愈。《千金》。

偏風不遂：失音不語。生吞杏仁七枚，不去皮尖，逐日加至七七枚，周而復始。食後仍飲竹瀝，以瘥爲度。《外臺祕要》。

破傷風腫：杏仁杵膏厚塗上，然燭遥炙之。《千金方》。　金瘡中風：角弓反張。用杏仁杵碎，蒸令氣溜，絞脂服一小升，兼摩瘡上，良。《必效方》。　温病食勞：杏仁五兩，酢二升，煎取一升，服之取汗瘥。《類要》。　心腹結氣：杏仁、桂枝、橘皮、訶黎勒皮等分，爲丸。每服三十丸，白湯下。無忌。孟詵《食療》。

喉痹痰嗽：杏仁去皮熬黄三分，和桂末一分，研泥，裹含之，嚥汁。陳藏器《本草》。

喉熱生瘡：方同上。　卒失音聲：方同上。文潞公《藥準》。　肺病咯血：杏仁四十個，以黄蠟炒黄，研入青黛一錢，作餅。用柿餅一個，破開包藥，濕紙裹煨熟食之，取效。《丹溪方》。　卒不小便：杏仁二七枚，去皮尖，炒黄研末，米飲服之。《古今録驗方》。　血崩不止：諸藥不效，服此立止。用甜杏仁上黄皮，燒存性，爲末。每服三錢，空心熱酒服。《保壽堂方》。　五痔下血：杏仁去皮尖及雙仁者，水三升，研濾汁，煎減半，同米煮粥食之。《食醫心鏡》。　穀道䘌痛：腫痒。杏仁杵膏，頻頻傅之。《肘後方》。　陰瘡爛痛：杏仁燒黑研成膏，時時傅之。《鈐方》。　産門蟲疽：痛痒不可忍。用杏仁去皮燒存性，杵爛綿裹，納入陰中，取效。孟詵《食療本草》。　身面疣目：杏仁燒黑研膏，擦破，日日塗之。《千金方》。　面上皯皰：杏仁去皮，搗和鷄子白。夜塗之，旦以暖酒洗去。孟詵《食療》。　兩頰赤痒：其狀如痱，名頭面風。以杏仁頻頻揩之。内服消風散。《證治要訣》。　耳卒聾閉：杏仁七枚，去皮拍碎，分作三分，以綿裹之，着鹽如小豆許，以器盛於飯上蒸熟。令病人側卧，以一裹捻油滴耳中。良久又以一裹滴之，取效。《外臺》。　耳出膿汁：杏仁炒黑，搗膏綿裹納入，日三四易之妙。《梅師方》。

鼻中生瘡：杏仁研末，乳汁和傅。《千金方》。　疳瘡蝕鼻：杏仁燒，壓取油傅之。《千金方》。　牙齒蟲䘌：杏仁燒存性，研膏髮裹，納蟲孔中。殺蟲去風，其痛便止。重者不過再上。《食療》。　牙齦痒痛：杏仁一百枚，去皮，以鹽方寸匕，水一升，煮令汁出，含漱吐之。三度愈。《千金方》。　風蟲牙痛：杏仁針刺於燈上燒烟，乘熱搭病牙上。又復燒搭七次。絶不疼，病牙逐時斷落也。《普濟方》。　目中赤脉：痒痛，時見黑花。用初生杏子仁一升，古五銖錢七文，入瓶内密封，埋門限下，一百日化爲水，每夕點之。《聖濟總録》。　胎赤眼疾：杏仁壓油半鷄子殼，食鹽一錢，入石器中，以柳枝一握緊束，研至色黑，以熟艾一團安椀内燒烘之，令氣透火盡即成。每點少許入兩眦，甚效。《聖濟總録》。　目中翳遮：但瞳子不破者，用杏仁三升去皮，麪裹作三包，煻火煨熟，去麪研爛，壓去油。每用一錢，入銅緑一錢，研匀點之。同上。　目生胬肉：或痒或痛，漸覆瞳人。用杏仁去皮二錢半，膩粉半錢，研匀，綿裹筯頭點之。同上。　傷目生胬：《廣利方》用生杏仁七枚，去皮細嚼，吐於掌中，乘熱以綿裹筯頭點胬肉上，不過四五度愈。○《總録》用杏仁研膏，人乳化開，日點三次。　小兒血眼：兒初生艱難，血瘀眦瞎，遂濺滲其睛，不見瞳人。輕則外胞赤腫，上下弦爛。用杏仁二枚去皮尖，嚼乳汁三五匙，入膩粉少許，蒸熟，絹包頻點。重者加黄連、朴硝最良。《全幼心鑑》。　小兒臍爛：成風。杏仁去皮研傅。《子母秘録》。　小兒咽腫：杏仁炒黑，研爛含嚥。《普濟方》。　鍼入肉内：不出者。雙杏仁搗爛，以車脂調貼。其鍼自出。《瑞竹堂方》。　箭鏑在咽：或刀刃在咽膈諸隱處。杵杏仁傅之。《肘後方》。　狐尿瘡痛：杏仁研爛，煮一兩沸，及熱浸之。冷即易。《必效方》。　狗咬傷瘡：爛嚼杏仁塗之。寇氏。　食狗不消：心下堅脹，口乾發熱妄語。杏仁一升去皮尖，水三升煎沸，去渣取汁分三服，下肉爲度。《梅師方》。　解狼毒毒：杏仁搗爛，水和服之。《千金方》。　一切食停：氣滿膨脹，用紅杏仁三百粒，巴豆二十粒同炒，色變去豆不用，研杏爲末，橘皮湯調下。《楊氏家藏方》。　白癜風斑：杏仁連皮尖，每早嚼二七粒，揩令赤色。夜卧再用。《聖濟總録》。　諸瘡腫痛：杏仁去皮，研濾取膏，入輕粉，麻油調搽神效。不拘大人、小兒。鮑氏。　小兒頭瘡：杏仁燒研傅之。《事林廣記》。　蛆蟲入耳：杏仁搗泥，取油滴入，非出則死。《扶壽精方》。

花　【氣味】苦，温，無毒。　【主治】補不足，女子傷中，寒熱痹厥逆《别録》。

【附方】新二。　婦人無子：二月丁亥日，取杏花、桃花陰乾爲末。戊子日和井華水服方寸匕，日三服。《衛生易簡方》。　粉滓面皯：杏花、桃花各一升，東流水浸七日，洗面三七遍，極妙。《聖濟總録》。

葉　【主治】人卒腫滿，身面洪大，煮濃汁熱漬，亦少少服之《肘後》。

枝　【主治】墮傷，取一握，水一升煮減半，入酒三合和匀，分服，大效蘇頌。

【附方】舊一。　墜撲瘀血：在内，煩悶者。用東引杏樹枝三兩，細剉微熬，好酒二升煎十餘沸，分二服。《塞上方》。

根　【主治】食杏仁多，致迷亂將死，切碎煎湯服，即解時珍。

題明·薛己《本草約言》卷二《藥性本草》　杏仁　味甘、苦，氣溫，有小毒。陽中之陰，可升可降，入手太陰經。散肺經之寒邪，下喘嗽之逆氣，消心下之急滿，以能下氣。潤大腸之氣秘。《發明》云：杏仁專入肺經，乃利下之劑。○杏仁下喘，治氣也；桃仁療狂，治血也。俱治大便秘，當以氣血分之。晝便難，陽氣也；夜便難，陰血也。年高□便秘不泄者，脉浮在氣，杏仁、陳皮；脉沉在血，桃仁、陳皮。陳皮入肺，與大腸為表裏，故用為使。○杏仁、栝蔞仁，均能治痰者也。杏仁主散痰，從腠理中發散而去，表虚者忌服；蔞仁斂痰，從腸胃中滑潤而流，裏虚者忌服。若痰盛，表裏俱實者，二味並用。湯浸去皮、尖用。兩仁者殺人，可毒狗。

明・梅得春《藥性會元》卷中　杏仁　味苦、甘，性溫。可升可降，陽也。有毒。惡黄芩、黄耆、葛根，解湯毒。雙仁者勿用，能殺人并毒狗。　主利胸中逆氣之喘促，潤大腸氣閉之便難。潤肺治咳而清音，止嗽通腸而利氣。療産乳金瘡，驚癇欬逆上氣，腹響如雷鳴，喉痹，腹痹，心下寒及煩熱，奔豚風氣。治時行頭痛，解肌，消心下急，殺狗毒，潤燥，消宿食，細研用之。其性熱，因寒者可用。　其杏實，不可多食，能傷筋骨，散肺氣，風熱。將仁燒令烟未盡，研如泥，裹納女人陰中，治蟲蛆。

明・杜文燮《藥鑒》卷二　杏仁　氣溫，味甘、苦，氣薄味厚，可升可降，陰中之陽也，有小毒。入手太陰之劑也。解肌毒，散結滯。入麻黄利胸中急逆而喘促，同烏梅潤大腸氣閉而便難。單仁開腠理甚捷，雙仁治狗咬極驗。予嘗用杏仁三錢，馬兜鈴三錢，蟬蛻二錢，白礬五錢，白砒五分，乳細紅棗肉為丸如梧子大，食後冷水送下，男七女六，治哮神效。大都中病即已，不可多服，過則令人傷筋骨。泄痢忌用。戒粟米。畏犬肉。

明・王肯堂《傷寒證治準繩》卷八　杏仁　氣溫，味甘苦，冷利，有小毒。潔：　氣薄味厚，濁而沉墜，降也，陰也。入手太陰經。其用有三：　潤肺也，消食積也，散滯氣也。垣：　杏仁，散結潤燥，除肺中風熱欬嗽。杏仁，下喘治氣也。桃仁，療狂治血也。俱治大便秘，當分氣血。晝則便難，行陽氣也。夜則便難，行陰血也。故虚人便秘，不可過泄。脉浮者屬氣，用杏仁、陳皮。脉沉者屬血，用桃仁、陳皮。手陽明與手太陰為表裏，賁門主往來，魄門主收閉，為氣之通道，故並用陳皮佐之。海：　仲景麻黄湯，及王朝奉治傷寒氣上喘逆，並用杏仁者，為其利氣，瀉肺解肌也。修治：　以湯浸，去皮尖，麩炒，杵細用。

明・穆世錫《食物輯要》卷六　杏　味甘、酸，澀，性熱，微毒。不益人，多食昏神，令膈熱生痰，動脾，發瘡癤，落鬚髮，傷筋骨。病目者食多，令目盲。小兒勿多食，産婦忌食。杏仁味甘、苦，性溫，有小毒。得火良，解錫毒，殺蟲，消犬肉、索粉之積，解肌散風，消痰定喘，利膈潤燥，能散結氣。同天門冬用，潤心肺。和乳酪作湯服，潤喉發音。雙仁者有毒，誤食令悶亂。急取杏根煎湯服，可解。

明・李中立《本草原始》卷七　杏　種出濟南郡之分流山，今處處有之，以東來者為勝。葉圓而有尖，二月開紅花，結實熟最早耳。而有沙者為沙杏，黄而帶酢者為梅杏，青而帶黄者為柰杏，扁而青黄者為木杏，圓大而黄赭色者為金杏。五月采，破核去雙仁者。李時珍曰：　杏字篆文象子在木枝之形。

實：　氣味：　酸，熱，有小毒。生食多傷筋骨。主治：　曝脯食，止渴，去冷熱毒。心之果，心病宜食之。

核仁：　氣味：　甘、苦，溫，冷利，有小毒。主治：　欬逆上氣雷鳴，喉痹，下氣，産乳金瘡，寒心賁豚。○驚癇，心下煩熱，風氣往來，時行頭痛，解肌，消心下急滿痛，殺狗毒。○治腹痹不通，發汗，主溫病腳氣，欬嗽上氣喘促。入天門冬煎，潤心肺；　和酪作湯，潤聲氣。○除肺熱，治上焦風燥，利胸膈氣逆，通便閉。

杏，《別録》下品。【圖略】兩仁者殺人。可以毒狗。

葉：　主治：　人卒腫滿，身面洪大，煮濃汁，熱漬，亦少少服之。

枝：　主治：　墮傷，取一握，水一升，煮半升，入黄酒三合，和勻分服，大效。

得火良。惡黄芩、黄耆、葛根，畏蘘草。修治：　杏仁，以湯浸去皮尖，炒黄用。或以麪麩炒過用。【圖略】杏仁比桃仁小而飽滿，桃仁比杏仁大而形匾。市家無杏仁，亦有以桃仁充之，用者宜辨之。《保壽堂方》：　治血崩不止，諸藥不效，服此立止，用甜杏仁上黄皮，燒存性，為末，每服三錢，空心熱酒調服。

明・張懋辰《本草便》卷二　杏仁　味甘、苦，氣溫，有小毒。入手太陰經。惡黄芩、黄芪、葛根。凡用去皮尖，麩炒。　主欬逆下氣，雷鳴喉痹，下氣定喘，潤心肺，散肺經風寒欬嗽，消心上急滿痛，散結潤燥，産乳金瘡，寒心賁豚。東垣云：　杏仁下喘治氣也，桃仁療狂治血也。俱治大便燥，但有血氣之分。晝則便難，行陽氣也；　夜則便難，行陰血也。年高大便秘，不可泄者，脉浮在氣，杏仁、陳皮；　脉沉在血，桃仁、陳皮。陳皮入肺與太陽爲表裏，故用爲使。

明・吴文炳《藥性全備食物本草》卷二　杏　味甘酸澁，性熱，微毒。不益人，多食昏神，令膈熱生痰動脾，發瘡癤，落鬚髮，傷筋骨。病目者食多令目盲，小兒勿多食，産婦忌食。

根　主墮胎。

花　治厥逆。

葉　端午日採，陰乾，煎湯洗眼止淚。

杏仁　味甘、苦，氣溫，有小毒，可升可降，陰中陽也，入手太陰經。潤肺燥熱在肌肉間，定喘，消痰利膈，解肌。同天門冬用潤心肺，和乳酪作湯服潤喉發音。雙仁者有毒，誤食令悶亂，急取杏根煎湯服可解。得火良，解錫毒，殺蟲，消犬肉索粉之類。

按東垣云：杏仁下喘，用治氣也；桃仁療狂，用治血也。俱治大便閉燥，但有氣血之分，晝則便難，行陽氣也，夜則便難，行陰血也，年高人便閉不可泄者，脉浮在氣，宜杏仁陳皮治之，脉沉在血，宜桃仁陳皮治之，所以俱用陳皮者，以其手陽明病與手太陰相為表裏，故用之以為使也。丹溪云：性熱因寒者可用。

明·趙南星《上醫本草》卷一　杏實　酸，熱，有小毒。生食多傷筋骨。

主治：曝脯食，止渴，去冷熱毒。心之果，心病宜食之。

扁鵲曰：多食動宿疾，令人目盲，鬚眉落。源曰：多食生痰熱，昏精神，產婦尤忌之。

核仁　甘、苦，溫，冷利，有小毒。兩仁者殺人，可以毒狗。主治：欬逆，上氣雷鳴，喉痹，下氣，產乳，金瘡，寒心賁豚，驚癇，心下煩熱，風氣往來，時行頭痛，解肌，消心下痞滿痛，治腹痹不通。發汗，主溫病腳氣，欬嗽喘促，除肺熱，治上焦風燥，利胸膈氣逆，潤大腸氣秘。殺蟲，殺狗毒，解錫毒。治諸瘡疥，消腫，去頭面諸風氣，皶皰。入天門冬煎，潤心肺。和酪作湯，潤聲氣。

附方　欬逆上氣：不拘大人小兒，以杏仁三升，去皮尖，炒黃，研膏，入蜜一升，杵熟。每食前含之，嚥汁。　卒不小便：杏仁二七枚，去皮尖，炒黃，研末，米飲服之。

明·趙南星《上醫本草》卷二　杏　《西京雜記》載：蓬萊杏花五色，蓋異種也。按王禎《農書》云：北方肉杏甚佳，赤大而扁，謂之金剛拳。凡杏熟時榨濃汁，塗盤中晒乾，以手摩刮收之，可和水調麨食，亦五果為助之義也。　酸，熱，有小毒。主治：曝脯食，止渴，去冷熱毒。心之果，心病宜食之。

宗奭曰：凡杏性皆熱，生食多傷筋骨，小兒多食致瘡癰膈熱。扁鵲曰：多食動宿疾，令人目盲，鬚眉落。源曰：多食生痰熱，昏精神，產婦尤忌之。

核仁　頌曰：古方用杏仁，修治如法。自朝蒸至午，便以慢火微炒，至七日，乃收之。每旦空腹啖之，久久不止，駐顏延年，云是夏姬之法。然杏仁能使人血溢，少誤必出血不已，或至委頓，故近人少有服者。或云服至二三年，往往或瀉，或臍中出物，皆不可治也。按《醫餘》云：凡索麪、豆粉近杏仁則爛。頃一兵官，食粉成積，醫師以積氣丸、杏仁相半，研為丸，熟水下，數服愈。

甘、苦，溫，冷利，有小毒。兩仁者殺人，可以毒狗。

附方　補肺丸：治咳嗽。用杏仁二大升，山中者不用，去雙仁者，以童子小便二斗浸之，春夏七日，秋冬二七日。連皮尖於砂盆中研，濾取汁，煮令魚眼沸，候軟如麪糊即成。以粗布攤曝之，可丸即丸服之。食前後總須服三五十丸，茶、酒任下。忌白水粥。　卒不小便：杏仁二七枚，去皮尖，炒黃研末，米飲服之。　血崩不止：諸藥不效，服此立止。用甜杏仁上黃皮，燒存性，為末。每服三錢，空心熱酒服。

明·李中梓《藥性解》卷一　杏仁　味甘、苦，性溫，有小毒，入肺、大腸二經。主胸中氣逆而喘嗽，大腸氣秘而難便，及喉痹瘖瘂。痰結煩悶，金瘡破傷，風熱諸瘡，中風諸症，蛇傷犬咬，陰戶痛痒，並堪搗傅，沸湯炮去皮尖炒用。得火良，惡黃芩、黃耆、葛根，畏蘘草，解錫毒及中狗肉毒，雙仁者能殺人，杏子不可多食，能損筋骨眼目。按：杏仁入肺者，《經》所謂肺苦氣上逆，急食苦以瀉之是也。大腸則共肺為傳送者也，宜并入之。考《左慈秘訣》稱杏仁為草金丹，久服成仙。方書又云：服杏仁者，往往至二三年或瀉，或臍中出物，皆不可治，兩說相背，然杏仁主散，痰從腠理中發散而去，且有小毒。則方書之說，最為近理，《秘訣》所言，意者功在法製，亦未可知，然終屬虛渺，勿宜盡信。

明·繆希雍《本草經疏》卷二三　杏核仁　味甘、苦，溫，冷利，有毒。主欬逆上氣雷鳴，喉痹，下氣，產乳金瘡，寒心，賁豚，驚癇，心下煩熱，風氣去來，時行頭痛，解肌，消心下急，殺狗毒。

【疏】杏核仁稟春溫之氣，而兼火土之化以生。故《本經》味甘，氣溫。《別錄》加苦，有毒。其言冷利者，以其性潤利下行之故，非真冷也。氣薄味厚，陰中微陽，降也。入手太陰經。太陰為清肅之臟，邪客之則欬逆上氣。火炎乘金，則為喉痹。杏仁潤利而下行，苦溫而散滯，則欬逆上氣、喉痹俱除矣。其主心下煩熱者，邪熱客於心肺之分也。風氣去來，時行頭痛者，肺主皮毛，風邪自外而入也。溫能解肌，苦能泄熱，故仲景麻黃湯中用之，亦取其有發散之功也。主產乳、金瘡者，亦指為風寒所乘者言之。消心下急者，以其潤利而下氣也。心寒賁豚者，心虛而腎邪淩之也。驚癇者，痰熱盛也。雷鳴者，大腸不和也。總之取其下氣消痰，溫散甘和，苦洩潤利之功也。【主治參互】同桑根白皮、前胡、薄荷、桔梗、蘇子、貝母、甘草、五味子、橘紅、紫菀，治風寒入肺，咳嗽生痰。入麻黃湯，治太陽病無汗，惡寒，喘急。《千金方》欬逆上氣，以杏仁三升去皮尖，炒黃研膏，入蜜一合，杵熟。每食前含之，嚥汁。

《梅師方》食狗肉不消，心下堅脹，口乾，發熱妄語。杏仁一升去皮尖，水三升，煎減半，取汁分三服，效。【簡誤】杏仁性溫，散肺經風寒滯氣殊效。第陰虛咳嗽，肺家有虛熱，熱痰者忌之。風寒外邪，非壅逆肺分，喘急息促者，不得用。產乳、金瘡無風寒擊襲者，不得用。驚癇，喉痹，亦非必須之藥。用者詳之。雙仁者能殺人。《本經》言有毒，蓋指此耳。

明・倪朱謨《本草彙言》卷一五　杏仁　味甘、苦，氣溫，性利，有小毒。氣薄味厚，濁而沉墜，降也，陰也。入手太陰經。

李氏曰：諸杏葉皆圓而端有尖。二三月開淡紅色花，妖嬈艷麗，比桃花尤可愛也。故騷人詠物，與梅幷言，則曰梅杏，蓋取其葉之似也；與桃幷言，則曰桃杏，蓋取其花之近也。有葉多者，黃花者，千瓣者，單瓣者。結實，實甘而沙，曰沙杏；黃而酢，曰梅杏；青而黃，曰柰杏；金杏大如梨，黃如橘。《西京雜記》載：蓬萊杏花五色。又按王楨《農書》云：北方有肉杏，赤大而扁，曰金剛拳。有曰杏熟時色青白。入藥宜山杏，收取仁用。修治：以沸湯浸去皮尖用。〇凡杏、桃、梅諸花皆五出，若六出，必雙仁，有毒不可食。

杏仁：溫肺順氣，日華子潤燥化痰之藥也。張氏侍峰稿曰：杏爲心果，仁爲肺之用藥也。氣溫而潤，散寒結壅閉成疾。蓋肺主氣，若肺氣不利，而欬逆喘急，肺受風寒而咳嗽有痰，肺氣鬱逆而大腸燥結，是皆氣滯於肺之證也。用此有理氣順肺，開結潤燥之功焉。然甘苦而溫，又善能解肌，開達腠理，故仲景麻黃湯用之，亦取其通皮毛，有發散之效也。繆氏仲淳曰：此藥性溫，散肺經風寒滯氣殊效。第陰虛咳嗽，肺家有虛熱熱痰者忌之。

前賢東垣老人曰：杏仁下喘治氣，桃仁療狂治血。杏仁、桃仁，俱治大腸燥結。如晝則便難，氣病也，宜杏仁、陳皮。夜則便難，血病也，宜桃仁、陳皮。肺與大腸爲表裏，賁門主往來，魄門主收閉，俱爲氣之通道，故幷用陳皮佐之耳。又左慈杏金丹，用杏仁水浸去皮晒乾，每日五更細嚼七粒，能潤藏府，去塵渣，驅風明目，治肝腎風燥。夫杏仁性熱降氣，亦非久服之藥。此特咀嚼得法，吞納津液，以消積穢耳。

集方：《方脉正宗》治肺氣不利，或受風寒，或有痰滯，鬱逆不通，以致咳嗽喘急。用杏仁湯泡去皮一兩，桑皮一兩，陳皮五錢，甘草二錢五分，分作五劑，每劑加生薑一片，煎服。〇仲景方治冬月傷寒，太陽經分頭痛發熱，身疼腰痛，骨節疼痛，惡風無汗而喘者，宜麻黃湯。用杏仁三十粒去皮，麻黃一兩去節，桂枝八錢，甘草三錢，以水三升，先煮麻黃減半，去浮沫，納諸藥，煮取半升，溫和服。覆臥取汗。〇《方脉正宗》治久病大腸燥結不利。用杏仁八兩，桃仁六兩，俱用湯泡去皮，蔞仁十兩去殼淨，三味總搗如泥，川貝母八兩，陳膽星四兩，經三製者，同貝母研極細，拌入杏、桃、蔞三仁，內神麴四兩研末，打糊爲丸梧子大。每早服三錢，淡薑湯下。

續補集方：《千金方》治風虛頭痛如破。用杏仁八兩去皮研末，水一斗，研濾汁，煎如腐狀，取和粥食。食完，數日後大汗出，諸風漸減，永不再發。慎風冷、猪、鷄、魚、麪及一切發氣食物。〇《聖濟總錄》治目上生翳幷努肉，或癢或痛，漸覆瞳人。用杏仁二錢去皮，真鉛粉五分研勻，用水調稠，不時點之。

巴旦杏仁　詳載《食物本草》。

明・應廖《食治廣要》卷四　杏杏仁附。　氣味：酸，熱，有小毒。生食多，傷筋骨。主治：止渴，為心之果，心病宜食之。

仁　氣味：甘，苦，溫，冷利，有小毒。其兩仁者殺人，可以毒狗。主治：欬逆上氣，喉痹金瘡，驚癇，除肺熱，解肌。

明・姚可成《食物本草》卷一六味部・雜類　杏仁　味甘、苦，溫，有小毒。治欬逆上氣雷鳴，喉痹，下氣，產乳金瘡，寒心賁豚，驚癇，心下煩熱，風氣往來，時行頭痛，解肌，消心下急痛滿痛，殺狗毒。解錫毒。治腹痹不通，發汗，主溫病，脚氣，欬嗽上氣喘促。入天門冬煎，潤心肺。和酪作湯，潤聲氣。除肺熱，治上焦風燥，利胸膈氣逆，潤大腸氣秘。殺蟲，治諸瘡疥，消腫，去頭面諸風氣齇皰。兩仁者殺人。〇李時珍曰：杏仁能散能降，故解肌散風，降氣潤燥，消積，治傷損藥中用之。治瘡殺蟲，用其毒也。按《醫餘》云：凡索麪、豆粉，近杏仁則爛。頃一兵官食粉成積，醫師以積氣丸、杏仁相半研為丸，熟水下，數服愈。又《野人閑話》云：翰林學士辛士遜在青城山道院中，夢皇姑謂曰：可服杏仁，令汝聰明，老而健壯，心力不倦。求其方，則用杏仁一味，每盥漱畢，以七枚納口中，良久脱去皮，細嚼和津液頓嚥。日日食之，一年必換血，令人輕健。此申天師方也。又楊士瀛《直指方》云：凡人以水浸杏仁五枚，五更端坐，逐粒細嚼至盡，和滓吞下。久則能潤五臟，去塵滓，驅風明目，治肝腎風虛，瞳人帶青，眼翳風癢之病。珍按：杏仁性熱降氣，亦非久服之藥。此特其咀嚼吞納津液，以消積穢則可耳。古有服杏丹法，云是左慈之方。唐慎微收入本草，云久服壽至千萬。其説妄誕可鄙，今删其紕謬之辭，存之於下，使讀者毋信其誑也。

附方：杏金丹。《左慈秘訣》云：亦名草金丹，方出渾皇太子，服之長年不死。夏姬服之，壽年七百，乃僊去也。世人不信，皆由不肯精心修治故也。其法：須人罕到處，寅月钁劚杏樹地下，通陽氣。二月除樹下草，三月離樹五步作畦壟以通水，亢旱則引泉灌溉，有霜雪則燒火樹下，以救花苞。至五月杏熟自落，收仁六斗，以湯浸去皮及雙仁者，用南流水三石，和研取汁兩石八斗，去滓，以新鐵釜用酥三升，以糠火及炭然釜，少少磨酥至盡，乃內汁入釜，釜上安盆，盆上鑽孔，用弦懸車轄至釜底，以紙塞孔，勿令泄氣。初着糠火，一日三動車轄，以衮其汁。五日有露液生，十日白霜起。又二日，白霜盡則金花出，丹乃成也。開盆炙乾，以翎毛掃下，棗肉和丸梧子大，每服三丸，空心暖酒下，至七日宿疾皆除，瘖盲、攣跛、疝痔、癭癇、瘡腫，萬病皆愈。久服通靈不死云云。

蘇頌曰：古方用杏仁，修治如法，自朝蒸至午，便以慢火微炒，至七日乃收之。每旦空腹噉之，久久不止，駐顏延年，云是夏姬之法。然杏仁能使人血溢，少誤必出血不已，或至委頓，故近人少有服者。或云服至二三年，往往或瀉，或臍中出物，皆不可治也。

杏酥法：去風溼，除百病。擣爛杏仁一石，以好酒二石，研濾取汁一石五斗，入白蜜一斗五升攪勻，封於新甕中，勿洩氣。三十日看酒上酥出，即掠取納瓷器中貯之。取其酒滓團如梨大，置空屋中，作格安之。候成飴脯狀，旦服一枚，以前酒下。〇陳藏器曰：杏酪服之，潤五臟，去痰嗽。生、熟俱可，若半生半熟，服之殺人。

明・姚可成《食物本草》卷八果部・五果類

杏一名甜梅。今處處有之。有數種：黄而圓者名金杏，相傳種出自濟南郡之分流山，彼人謂之漢帝杏，言漢武帝上苑之種也，今近汴洛皆種之，熟最早。其扁而青黄者名木杏，味酢，不及之。〇李時珍曰：諸杏，葉皆圓而有尖，二月開紅花，亦有千葉者，不結實。甘而有沙者為沙杏，黄而帶酢者為梅杏，青而帶黄者為柰杏。其金杏大如梨，黄如橘。《西京雜記》載蓬萊杏花五色，蓋異種也。北方肉杏甚佳，赤大而匾，謂之金剛拳。凡杏熟時，榨濃汁，塗盤中晒乾，以手摩刮收之。可和水調麨食，亦五果為助之善也。

杏實　味酸，熱，有小毒。曝脯食，去冷熱毒。心之果，心病宜食之。生食多，傷筋骨。杏之類梅者味酢，類桃者味甘。凡杏性多熱。多食，致瘡癤膈熱，動宿疾，令人目盲、鬚眉落。生痰熱，昏精神。産婦尤忌之。

仁　味甘、苦，溫、冷利，有小毒。主欬逆上氣雷鳴，喉痹，下氣，産乳金瘡，寒心奔豚。驚癇，心下煩熱，風氣往來，時行頭痛，解肌，消心下急滿痛，殺狗毒，解錫毒。治腹痹不通，發汗，主溫病，脚氣，欬嗽上氣喘促。入天門冬煎，潤心肺。和酪作湯，潤聲氣。除肺熱，治上焦風燥，利胸膈氣逆，潤大腸氣秘。殺蟲，治諸瘡疥，消腫，去頭面諸風氣齇皰。凡索麪、豆粉近杏仁則爛。頃一官兵食粉成積，醫師以積氣丸、杏仁相半研為丸，熟水下，數服愈。《野人閒話》云：翰林學士辛士遜，在青城山道院中，夢皇姑謂曰：可服杏仁，令汝聰明，老而健壯，心力不倦。求其方，則用杏仁一味，每盥漱畢，以七枚納口中，良久脱去皮，細嚼和津液頓嚥。日日食之，一年必精神抖擻，輕健非常。〇杏核内雙仁者殺人。

花　主補不足，女子傷中，寒熱痹厥逆。

葉　主卒腫滿，身面洪大，煮濃汁熱漬，亦少少服之。

枝　治墮傷，取一握，水一升，煮減半，入酒三合，和勻分服大效。

根　治食杏仁多，致迷亂將死，切碎煎湯服，即解。

附方：治喉痹及卒啞。杏仁去皮熬黄三分，和桂末一分，研泥，裹含之，嚥汁。　治左癱右瘓，半身偏枯不遂，失音不語。生吞杏仁七枚，不去皮尖，逐日加至七七枚，周而復始。食後仍飲竹瀝，以瘥為度。　治頭面諸風，眼瞤口斜。杏仁研，水煮沐頭，良。　治破傷風，角弓反張。杏仁杵碎，蒸令氣溜，絞汁服一大盞，兼摩瘡上良。　治小便不通。杏仁十四粒，去皮尖，炒黄研細，米飲服之。　治血崩不止。諸藥不效，服此立止。用杏仁上黄皮，燒存性，為末。每三錢，空心酒下。　穀道有蟲生瘡，痛痒不一。杏仁杵膏，頻傅之。　治女人玉戶生瘡。杏仁燒黑研膏，傅之。　治目生瞖障。杏仁半升，麪包煨熟，去麪研爛，去油。每用少許，入銅綠少許，研勻點之。　治小兒臍爛成風。杏仁去皮研傅良。　治白癜風。每早嚼杏仁十四枚，揩令赤色。〔夜臥再〕用。　治箭鏑中入肉中，或在咽膈諸隱處。杵杏〔仁傅之〕，即出。　治五勞七傷，一切虛損、欬逆諸症。杏仁一斗二升，童便煮七次，以蜜四兩拌勻，再以童便五升，于椀內重蒸，取出日晒夜露數日，任意嚼食即愈。　治面生黑痣。杏仁燒黑研膏，擦破，日日塗之。　治狗咬不愈。搗爛杏仁塗之。　治食戌肉太多，心下堅張，口乾發熱(安)〔妄〕語。杏仁一升去皮尖，水二升煎沸，去滓取汁分二服，下肉為度。　婦人無子。二月丁亥日，取杏花、桃花陰乾為末。戊子日和井華水服方寸匕，日三服。　治粉滓面皯。杏花、桃花各一升，東流水浸七日，洗面三七遍，極妙。

明・顧逢柏《分部本草妙用》卷四肺部・温瀉　杏仁　甘、苦，溫利，有小毒。泡去皮尖，炒用。惡黄芩、黄芪、葛根，畏蘘草。　主治：欬逆上氣，消心下煩熱急滿。治上焦風燥，潤大腸氣秘，去頭面諸風。殺蟲疥。　東垣以散結潤燥，除肺中風熱，欬嗽下喘。治氣莫如杏仁，更能通便閟。然杏主氣分，桃主血分。脉浮屬氣用杏，脉沉屬血用桃，竝宜佐以陳皮。以手陽明與手太陰為表裏。賁門主往來，魄門主收閉，為氣之通道故也。虛實皆可用，即邪嗽虛嗽竝用之。

明・顧逢柏《分部本草妙用》卷九果部　杏　酸，熱，有小毒。生食多傷筋骨。凡小兒多食，致瘡癰腸熱。　主治：曝脯食止渴，去冷熱毒。心之菓，心病宜食之。

明・孟笨《養生要括・果部》　杏　味酸，熱，有小毒。生食，多傷筋骨。曝脯食，止渴，去冷熱毒，心病宜食之。

核仁　味甘、苦，溫，冷利，有小毒。兩仁者殺人，可以毒狗。治驚癇，心下煩熱，風氣往來，時行頭痛，解肌，消心下急滿痛，殺狗毒，解錫毒。治腹痹不通，發汗，主瘟病脚氣，欬嗽，上氣喘促。入天門冬煎，潤心肺。和酪作湯，潤聲氣。除肺熱，治上焦風燥，利胸膈氣逆，潤大腸氣秘。殺蟲，治諸瘡疥，消腫，去頭面諸風氣，皻皰。〔上氣喘急，杏仁、桃仁各半兩，去皮、尖，炒研，用水調生麪，和丸如梧子大，每服十丸，薑蜜湯下。喘氣濕腫，小便淋澀，用杏仁一兩，去皮、尖，熬研，和米煮粥，空心吃二合，妙。食停氣涌臌脹，用杏仁三百粒，巴豆二十粒，同炒色變，去豆不用，杏仁為末，橘皮湯調下。〕

明・李中梓《醫宗必讀・本草徵要下》　杏仁味苦，甘，溫，有毒。入肺、大腸二經。惡黄芩、黄蓍、葛根，畏蘘草。泡去皮尖焙，雙仁者勿用。　散上焦之風，除心下之熱。利胸中氣逆而喘嗽，潤大腸氣閉而難通。解錫毒有〔效〕，消狗肉如神。杏仁性溫，散肺經風寒滯氣，特效。按：陰虛咳嗽者忌之，雙仁者能殺人，有毒蓋指此耳。

明・鄭二陽《仁壽堂藥鏡》卷五　杏仁　氣溫，味甘、苦，冷利。有小毒。入手太陰經。《象》云：除肺燥，治風燥在胸膈間。麩妙，去皮尖用。《心》云：散結潤燥，散肺之風及熱，是以風熱嗽者用之。《本草》云：主欬逆上氣雷鳴，喉痹，下氣，產乳金瘡，寒心賁豚。驚癇，心下煩熱，風氣往來，時行頭痛。解肌，消心下急。殺狗毒。破氣。王朝奉治傷寒氣上喘衝逆者，麻黄湯內加杏仁、陳皮。若氣不喘衝逆者，減杏仁、陳皮。知其能瀉肺也。　東垣云：杏仁下喘，用治氣也；桃仁療狂，用治血也。桃、杏仁俱治大便秘，當以氣血分之。晝則難便，行陽氣也；夜則難便，行陰血也。大腸雖屬庚為白腸，以晝夜言之，氣血不可不分也。年虛人大便燥祕，不可過泄者，脉浮在氣，杏仁、陳皮；脉沉在血，桃仁、陳皮。所以俱用陳皮者，以其手陽明病，與手太陰俱為表裏也。賁門上主往來，魄門下主收閉，故王氏言肺與大腸為通道也。《本草》云：杏仁去皮尖。得火良，惡黄芩、黄芪、葛根。解錫毒。《本草》云：杏仁有兩仁者殺人，可以毒狗。　多服使人血溢，或至委頓，或瀉，或臍中出物。

明・蔣儀《藥鏡》卷一温部　杏仁　散肺家風寒之痰嗽，潤大腸氣閉之便難。蓋肺與大腸相為表裏，臟通則腑通，腑順則臟順也。研爛如泥，陰戶蟲蛆可殺。勻調輕粉，楊梅結毒堪搽。至如發熱口乾，狗肉之停脹也，成升煎服有神功矣。然杏入太陰，以下喘，主大腸氣分之燥，病受于晝者。桃入厥陰以療狂，主大腸血分之燥，患成于夜者。故晝便難而脉浮者，杏仁、陳皮為要。夜便難而脉沉者，桃仁、橘殼宜先。又虛人便難，不可過泄，可不知所以審處。

明·李中梓《頤生微論》卷三 杏仁　味苦、甘，性溫，有毒。入肺、大腸二經。惡黄芩、黄芪、葛根、蘘草。滾水泡去皮尖，炒透。雙仁者有毒，能殺人，須揀去。主上焦風，心下熱，氣逆喘嗽，潤大腸，解錫毒，消狗肉索粉。

按：東垣云：杏仁治氣，桃仁治血，俱通大便。若虛人便閉，不可過泄。脉浮者屬氣，用杏仁、陳皮；脉沉者屬血，用桃仁、陳皮。手陽明與手太陰為表裏，賁門主往來，魄門主收閉，為氣之通道，故並用陳皮佐之。市中所售，多有李仁、梅仁夾雜，用須細辨。

明·張景岳《景岳全書》卷四九《本草正》 杏仁　味苦、辛、微甘，味厚於氣，降中有升。有毒。入肺、胃、大腸經。其味辛，故能入肺潤肺，散風寒，止頭痛，退寒熱欬嗽，上氣喘急，發表解邪，療溫病脚氣。其味苦，降性最疾，觀其澄水極速可知，故能定氣逆上衝，消胸腹急滿脹痛，解喉痺，消痰下氣。除驚癇煩熱，通大腸氣閉乾結。亦殺狗毒。佐半夏、生薑，散風邪欬嗽。佐麻黄發汗，逐傷寒表邪。同門冬、乳酥煎膏，潤肺治欬嗽極妙。同輕粉研勻油調，敷廣瘡腫毒最佳。尤殺諸蟲牙蟲，及頭面䵟班䵳皰。元氣虛陷者勿用，恐其沉降太泄。

明·賈九如《藥品化義》卷六肺藥 杏仁　屬陰中有微陽有土與金水，體潤，色白，氣和，味苦略辛，性涼云溫云熱皆非，能浮能沉，力破氣潤燥，性氣薄而味厚，入肺大腸二經。　杏仁味苦略辛，辛能散結破氣，苦能利下潤燥。色白入肺，主治暴感風寒，發熱咳嗽，氣逆喘促，小兒風熱疹子，蓋病由客邪犯肺，以此佐風藥發散，則氣清肺寧矣。因其味濁主沉，以能墜痰，治喉痹不通。以能下氣，潤大腸結燥，蓋肺與大腸為通道。如老年便閉，以此同桑皮紫(苑)〔菀〕宣通澀滯妙甚。其桃仁療狂，用治破血，除血分之燥；杏仁下氣，用治破氣，除氣分之燥，當別而用。　去皮尖用，不宜火炒，如雙仁及獨粒者勿入藥。

明·施永圖《本草醫旨·食物類》卷三 杏　實　味：酢，熱，有小毒。生食多傷筋骨。杏之類梅者，味酢；類桃者，味甘。凡杏性皆熱，小兒多食致瘡癰，膈熱。多食動宿疾，令人目盲，鬚眉落。多食生痰熱，昏精神，產婦尤忌之。治：曝脯食，止渴，去冷熱毒。心病宜食之。心之果，故宜食。　核仁　修治：五月採之。凡用杏仁，以湯浸去皮尖，炒黄，或用麪麩炒過。凡用、雙仁者必揀去。每斤入白火石一斤，烏豆三合，以東流水同煮，從巳至午，取出晒乾。用治風寒肺病藥中，亦有連皮尖用者，取其發散也。味：甘、苦，溫、冷利，有毒，兩仁者，殺人，可以毒狗。杏仁性熱，因寒者可用杏仁作湯。如白沫不解者，食之令氣壅身熱。湯經宿者，動冷氣。凡杏、桃諸花，皆五出，若六出，必雙仁，為其反常，故有毒也。得火良，惡黄芩、黄芪、葛根，畏蘘草。治：欬逆上氣雷鳴，喉痹下氣，產乳金瘡，寒心賁豚，驚癇，心下煩熱，風氣往來，時行頭痛，解肌，消心下急滿痛，殺狗毒，解錫毒，治腹痹不通，發汗，主溫病脚氣，欬嗽上氣，喘促。入天門冬煎，潤心肺。和酪作湯，潤聲氣，除肺熱，治上焦風燥，利胸膈氣逆，潤大腸氣秘，殺蟲，治諸瘡疥，消腫，去頭面諸風氣䵳皰。杏仁氣薄味厚，濁而沉墜，降也，陰也，入手太陰經。其用有三：潤肺也，消食積也，散滯氣也。杏仁散結潤燥，除肺中風熱欬嗽。杏仁下喘治氣也，桃仁療狂治血也，俱治大便秘，當分氣、血。晝則便難行陽氣也，夜則便難行陰血也，故虛人便閉不可過泄。脉浮者屬氣，用杏仁、陳皮；脉沉者屬血，用桃仁、陳皮。手陽明與手太陰為表裏，賁(明)〔門〕主往來，魄門主收閉，為氣之通道，故並用陳皮佐之。

附方　杏金丹：至五月杏熟自落，收仁六斗，以湯浸去皮及雙仁者，用南流水三石和研，取汁兩石八斗，去滓，以新鐵釜，用酥三斤，以糠火及炭燃釜，少少磨酥至盡，乃內汁入釜，釜上安盆，盆上鑽孔，用弦懸車轄至釜底，以紙塞孔，勿令泄氣。初着糠火，一日三動車轄，以滾其汁。五日有露液生，十日白霜起，又二日白霜盡，即金花出，丹乃成也。開盆炙乾，以翎掃下，棗肉和丸梧子大。每服三丸，空心暖酒下。至七日宿疾皆除。瘖盲、攣跛、疝痔、癭癇、瘡腫，萬病皆愈。久服通靈不死。　杏酥法：去風虛，除百病。搗爛杏仁一石，以好酒二石，研，濾取汁一石五斗，入白蜜一斗五升，攪勻，封於新甕中，勿洩氣。三十日看酒上酥出，即掠取，納瓷器中貯之。取其酒滓團如梨大，置空屋中，作格安之。候成飴脯狀，旦服一枚，以前酒下。　又法：治肺燥喘熱，大腸秘，潤五臟。用杏仁去皮研細，每一斤，入水一升半，搗稠汁，入生薑四兩，甘草一寸，銀石器中慢火熬成稀膏，入酥二兩同收。每夜沸湯點服一匙。　萬病丸：男婦五勞七傷，一切諸疾。杏仁一斗二升，童子小便煮七次，以蜜四兩拌勻，再以童便五升於椀內重蒸，取出，日晒夜露數日。任意嚼食，即愈。　補肺丸：治咳嗽，用杏仁二大升，山中者不用，去雙仁者，以童子小便二斗浸之，春夏七日，秋冬二七日，連皮尖於砂盆中研，濾取汁，煮令魚眼沸，候軟如麪糊即成。以粗布攤曝之，可丸即丸，服之。食前後總須服三五十丸，茶、酒任下。忌白水粥。　欬嗽寒熱：用杏仁半斤，去皮尖，童子小便浸七日，漉出，溫水淘洗，砂盆內研如泥，以小便三升煎如膏。每服一錢，熟水下。婦人、室女服之，尤妙。　欬逆上氣：不拘大人小兒，以杏仁三升，去皮尖，炒黄，研膏，入蜜一升，杵熟。每食前含之嚥汁。　上氣喘急：李仁、桃仁各半兩，去皮尖，炒研，用水調生麪，和丸梧子大。每服十丸，薑蜜湯下，微利為度。**喘促浮腫**：　小便淋瀝，用杏仁一兩，去皮尖，熬研，和米煮粥，空心喫二合，妙。**頭面風腫**：　杏仁搗膏，鷄子黄和塗帛上，厚裹之，乾則又塗，不過七八次即愈。**風虚頭痛**：　欲破者，杏仁去皮尖，晒乾研末，水九升，研，濾汁，煎如麻腐狀，取和羹粥食，七日後大汗出，諸風漸減。此法神妙，可深秘之。慎風冷、猪、雞、魚、蒜、醋。**頭面諸風**：　眼瞤鼻塞，眼出冷淚，用杏仁三升，研細，煮四五沸，洗頭，待冷汗盡，三度愈。**偏風不遂**：　失音不語，生吞杏仁七枚，不去皮尖，逐日加至七七枚，周而復始，食後仍飲竹瀝，以瘥為度。**破傷風腫**：　杏仁杵膏，厚塗上，然燭遥炙之。**金瘡中風**：　角弓反張，用杏仁杵碎，蒸令氣溜，絞脂，服一小升，兼摩瘡上良。**溫病食勞**：　杏仁五兩，酢二升，煎取一升，服之，取汗瘥。**心腹結氣**：　杏仁、桂枝、橘皮、訶黎勒皮等分，為丸，每服三十丸，白湯下。無忌。**喉痹痰嗽**：　杏仁去皮，熬黄，三分，和桂末一分，研泥，裹含之，嚥汁。**喉熱生瘡**：　方同上。**卒失音聲**：　方同上。**肺病咯血**：　杏仁四十個，以黄蠟炒黄，研入青黛一錢，作餅，用柿餅一個，破開包藥，濕紙裹，煨熟食之，取效。**卒不小便**：　杏仁二七枚，去皮尖，炒黄，研末，米飲服之。**血崩不止**：　諸藥不效，服此立止。用甜杏仁上黄皮，燒存性為末，每服三錢，空心熱酒服。**五痔下血**：　杏仁去皮尖及雙仁者，水三升，研濾汁，煎減半，同米煮粥食之。**穀道䘌痛**：　腫痒，杏仁杵膏，頻頻傅之。**陰瘡爛痛**：　杏仁燒黑，研成膏，時時傅之。**產門蟲疽**：　痛痒不可忍，用杏仁去皮，燒存性，杵爛綿裹，納入陰中，取效。**身面疣目**：　杏仁燒黑，研膏，擦破，日日塗之。**面上皯皰**：　杏仁去皮，搗，和鷄子白，夜塗之，旦以暖酒洗去。**耳出膿汁**：　杏仁炒黑，搗膏，綿裹納入，三四易之妙。**鼻中生瘡**：　杏仁研末，乳汁和傅。**疳瘡蝕鼻**：　杏仁燒壓，取油傅之。**牙齒蟲䘌**：　杏仁燒存性，研膏髮裹，納蟲孔中。殺蟲去風，其痛便止，重者不過再上。**風蟲牙痛**：　杏仁針刺於燈上燒烟，乘熱搭病牙上，又復燒搭七次，絕不疼，病牙逐時斷落也。**小兒臍爛**：　杏仁去皮，研傅。**小兒咽腫**：　杏仁炒黑，研爛，含嚥。**鍼入肉內**：　不出者，雙杏仁搗爛，以車脂調貼，其鍼自出。**狗咬傷瘡**：　爛嚼杏仁塗之。**食狗不消**：　心下堅脹，口乾發熱，妄語，杏仁一升，去皮尖，水三升煎沸，去渣取汁，分三服，下肉為度。**一切食停**：　氣滿膨脹，用紅杏仁三百粒，巴豆二十粒，同炒，色變去豆不用，研杏為末，橘皮湯調下。**白癜風斑**：　杏仁連皮尖，每早嚼二七粒，揩令赤色，夜臥再用。**諸瘡腫痛**：　杏仁去皮，研濾取膏，入輕粉，麻油調搽，神效，不拘大人小兒。**小兒頭瘡**：　杏仁燒研，傅之。**蛆蟲入耳**：　杏仁搗泥，取油滴入，非出則死。　**花**　味：　苦，溫，無毒。治：　補不足，女子傷中寒熱痹，厥逆。　**葉**　治：　人卒腫滿，身面洪大。煮濃汁，熱漬，亦少少服之。　**枝**　治墮傷。取一握，水一升，煮減半，入酒三合和勻，分服，大效。　**根**　治食杏多，致迷亂將死。切碎煎湯服，即解。

明・盧之頤《本草乘雅半偈》帙四　杏核仁《本經》中品　氣味：　甘、苦，溫，有小毒。　主治：　主欬逆上氣，雷鳴，喉痹，下氣，產乳，金瘡，寒心，奔豚。

覈曰：　諸杏葉皆圓而端有尖，二三月開淡紅色花，妖嬈艷麗，比桃花伯仲間，亦可愛也。故騷人詠物，與梅並言，則曰梅杏，蓋取其葉之似也。與桃並言，則曰桃杏，蓋取其花之近也。有葉多者，黄花者，千瓣者。單瓣者結實，實甘而沙曰沙杏，黄而酢曰梅杏，青而黄曰柰杏。金杏大如梨，黄如橘。《西京雜記》載：　蓬萊杏花五色。北方有肉杏，赤大而扁曰金剛拳。有曰杏熟時色青白，入藥宜山杏，收取仁用。修治：　以沸湯浸去皮尖，每斤用白火石一斤，黑豆三合，以東流水同煮，從巳至午，漉出，劈開如金色，晒乾乃用。得火良。惡黄芩、黄耆、葛根。畏蘘草。

参曰：　枝葉華實皆赤，肉理絡脈如營，氣味苦溫，誠心之果，具心之體與用者。仁則包藴全體，竇發端倪，樞機頗鋭，偏心之用與氣者。欬逆上氣，雷鳴喉痹，寒心奔豚，此一唯從升，不能從出，正迴則不轉矣。杏仁竇發橫偏之機，使豎窮者，隨玉衡以為旋轉，正神轉不迴，乃得其機矣。欬逆上氣，息若雷鳴，以及喉痹，謂心之火用不及亦可；　謂客淫外束亦可；　謂客淫外束，致心之火用不及亦可；　謂心之火用不及，致客淫外束亦可；　寒心奔豚，謂心之火體不及亦可；　謂心之火用不及亦可；　謂心之火用不及，致心之火體不及亦可；　謂心之火體不及，致心之火用不及亦可；　蓋火爰物以顯用，即用以顯體故也。奔豚者腎之積，上逆奔心，緣火位之下，水氣承之，火不及，則承乃亢，亢則害矣。與妄汗致承者不同類，妄汗則出有餘，此則升太過。下氣者，轉豎窮爲橫偏，下非降也，降則涉金，非火令矣。自下而上曰豎窮，從内而外曰橫偏。產乳固屬甲拆，而解孚全仗橫偏，橫偏始甲拆耳。金刃成瘡，此肉理斷絕，絡脈不營，杏以脈勝，仍續其絕，絡其營，心主脈，心主包絡故爾。欲盡物性，先察物情。如桃為肺果，肺主毛，桃有毛，專精于毛矣。杏爲心果，心主脈，杏有脈，專精于脈矣。顧精之所專，即情之所鍾。情之所鍾，即性之所生。人苦不知性耳，能盡一物之性，即能達萬物之情。欲盡一物之性者，亦若物性之精有所專，靡不見性矣。

明・李中梓《本草通玄》卷下　杏仁　辛、苦，微溫，手太陰藥也。潤肺燥，除風熱，定欬嗽，散滯氣，消食積，潤大腸，殺狗毒，爛索粉積。辛能橫行而散，苦能直行而降，遂為要劑。湯浸去皮尖，炒黄研細。風寒肺病藥中連皮尖用，取其發散。雙仁者有毒。巴旦杏　味甘美，止欬下氣，潤腸化痰，功力稍薄。

清·顧元交《本草彙箋》卷六　杏仁　性溫，散肺經風寒滯氣。若陰虛咳嗽，肺家有虛熱熱痰者，不宜用也。即風寒外邪，非壅逆肺分、喘急息促者，亦不得輕投。又其味辛帶苦，利下潤燥，故大腸氣秘者需之。蓋杏仁定喘，桃仁療狂，固有氣血之分。其大便閉，亦有氣秘血秘之别。氣秘用杏仁、陳皮；血閉用桃仁、陳皮。然杏仁不但下氣，兼能化痰，今人用攪濁水，其水即時澄清，則升清降濁之功可驗也。

製法：去皮尖，炒黄。或云去皮尖，不宜火炒。亦有連皮尖用者，取其發散也。

周慎齋云：向曾療便燥，用杏仁七粒，枳殼、蘇梗各一錢，服下立解得快。杏仁能解豆粉毒。凡索麵豆粉，近之則爛。

兩仁者殺人，可以毒犬。凡食犬肉不消，以杏仁療之。凡犬咬傷，以杏仁搗爛，塗之。非雙仁亦驗。按凡杏、桃諸花皆五出，若六出，必雙仁。

清·穆石匏《本草洞詮》卷六　杏杏實、杏仁　氣味酸熱，有小毒。主止渴，去冷熱毒。心病宜食之。杏仁，甘苦溫，冷利，有小毒。入手太陰經。降也，陰也。其用有三，潤肺也，消食積也，散滯氣也。又能治瘡殺蟲，用其毒也。杏仁、桃仁俱治大便秘，而有氣血之分。杏仁下喘治氣也，桃仁療狂治血也。晝則便難，氣病也。夜則便難，血病也。故虛人便閉，不可過泄，脉浮者屬氣，用杏仁、陳皮。脉沉者屬血，用桃仁、陳皮。手陽明與手太陰為表裏，賁門主往來，魄門主收閉，為氣之通道，故並用陳皮佐之耳。古方有萬病丸，治五勞七傷，一切虛損，止用杏仁一味，童子小便蒸煮，日晒夜露，拌蜜食之。辛士遊夢皇姑謂曰：每盥漱畢，以杏仁七枚納口中，良久，細嚼和津液頓嚥，一年必換血，令人輕健。此申天師方也。左慈杏金丹云：夏姬服之，壽年七百。楊士瀛亦謂水浸杏仁，五更端坐，細嚼，能潤五臟，去塵滓，驅風明目，治肝腎風虛。夫杏仁性熱降氣，亦非久服之藥，此特咀嚼得法，吞納津液，以消積穢耳。杏仁能使人血溢，少誤必出血不已，或至委頓，服久或瀉，或臍中出物，不可治也。又凡杏、桃諸花皆五出，若六出必雙仁，有毒，能殺人，不可不慎。

清·丁其譽《壽世秘典》卷三　杏有數種。黄而圓者名金杏，扁而青黄者名木杏，味酢不及之甘而有沙者名沙杏，黄而帶酢者為梅杏，青而帶黄者為柰杏。王禎《農書》云：北方肉杏甚佳，赤大而扁謂之金剛拳。大約類梅者，味酢；類桃者，味甘。別有巴旦杏，樹如杏而葉差小，實亦尖小而肉薄，其核殼薄而仁甘，美味如榛子。　氣味：酸，熱，有小毒。多食傷筋骨，生痰熱，動宿疾，昏精神，令人目盲。

發明寇宗奭曰：凡杏性皆熱，小兒多食致瘡癰、膈熱，產婦尤忌之。

核仁　氣味：甘、苦，溫，有小毒。主除肺中風熱欬嗽，利胸膈氣逆，潤大腸氣秘元素。殺蟲，治諸瘡疥，消腫，去頭面諸風氣瘡皰時珍。

發明李時珍曰：兩仁者殺人，可以毒狗。凡桃、杏諸花，皆五出，若六出必雙仁，為其反常，故有毒也。徐之才云：杏仁解錫毒，凡索麪、豆粉近杏仁則爛。

清·劉雲密《本草述》卷一六　杏仁　氣味：甘、苦，溫，冷利，有小毒。

丹溪曰：杏仁性熱，因寒者可用。潔古曰：杏仁氣薄味厚，濁而沉墜，降也，陰也，入手太陰經。主治：咳逆上氣，雷鳴喉痹，寒心賁豚，并上焦風燥，肺燥喘熱，潤大腸氣秘，療心下急滿痛，治肝腎風虛，目中翳遮努肉，去頭面諸風氣，能殺蟲。東垣曰：杏仁散結潤燥，除肺中風熱，故風熱咳嗽者用之。潔古曰：除肺燥，治風燥在胸膈間。好古曰：王朝奉治傷寒氣上逆喘者，麻黄湯内加杏仁、陳皮，若氣不上喘逆者，減杏仁、陳皮，故知其能瀉肺也。《類明》曰：杏仁入肺，能治肺燥熱氣逆，由其苦以泄熱，甘以緩氣，潤以止燥故也。丹溪曰：杏仁屬土而有水與火，能墜痰下行，須細研之。仁齋曰：杏仁久服能潤五臟，去塵滓，驅風明目，治肝腎風虛，瞳人帶青，眼瞖風癢之病。東垣曰：杏仁下喘治氣也，桃仁療狂治血也。俱治大便秘，當分氣血，晝則便難行，陽氣也；夜則便難行，陰血也；故虛人便閉，不可過泄。脈浮者屬氣，用杏仁、陳皮，脈沉者屬血，用桃仁、陳皮。手陽明與手太陰為表裏，賁門主往来，魄門主收閉，為氣之通道，故並用陳皮佐之。之頤曰：杏枝葉華，實皆赤肉理絡脈如營。氣味皆溫，誠心之果，具心之體與用者，仁則包藴全體，逗發端倪，樞機頗銳，偏心之用與氣者，咳逆上氣息若雷鳴，以及喉痹，謂心之火用不及亦可，謂客淫外束亦可，謂客淫外束，致心之火用不及亦可，謂心之火用不及，致客淫外束亦可。寒心奔豚，謂心之火體不及亦可；謂心之火用不及亦可；謂心之火用不及，致心之火體不及亦可；謂心之火體不及，致心之火用不及亦可。

蓋水爰物以顯用，即用以顯體故也。　希雍曰：杏核仁稟春溫之氣，而兼火土之化以生，故《本經》味甘氣溫，《別錄》加苦有毒。其言冷利者，以其性潤利下行之故，非真冷也。氣薄味厚，陰中微陽，降也，入手太陰經。苦溫而散滯，潤利而善下，所以奏效於相通之證歟。

愚按：《經》云杏為心果，而先哲於仁則謂其治氣。《經》云桃為肺果，而先哲於仁則謂其治血。蓋火之用〔在金〕，故心果之仁治氣，金之用在木，故肺果之仁治血。何以明之？蓋氣者，火之靈，心固火主也。即穀氣並真氣於膻中，乃至於肺，肺又貫心脈以行呼吸，而氣乃行。則由心以致其氣之用者，可以思矣。又氣者，血之帥，肺固司氣也。即肺陰下降入心，而離中之坎胃仍受之，變化精微而為血，《經》所云清中之濁者下歸於胃是也。則由肺以致其血之用者，又可以思矣。肺陰由於腎脈至肺也，《經》曰二陰至肺，蓋腎為二陰。雖然或致氣之用，或致血之用在諸果豈盡無之？乃先聖所謂五果為助，止以心果屬杏，肺果屬桃者，豈不為其於心肺有交，相為用之功哉？抑由肺氣而致血之用者，類能知之，唯由心而致氣之用，有如杏仁，習言治風寒逆氣，似謂其能散耳，孰知心為陽中之太陽，氣為火之靈乎？又治風熱燥氣，不過為其潤耳，孰知其離中之坎，上合於陽中之少陰乎？試即後諸方以參之於效用之義，則亦思過半矣。

附方：同天冬煎，潤心肺。　肺燥喘熱，大腸秘，用杏仁去皮，研細，每一升入水一升半，搗稠汁，入生薑四兩，甘草一寸，銀石器中慢火熬成稀膏，入酥二兩，同收，每夜沸湯點服一匙。　久患肺氣喘急，至咳甚者，不過二劑，永瘥，杏仁去皮尖二兩，童子小便浸，一日一換，夏月三四換，滿半月取出，焙乾，研細，每服一棗大，薄荷一葉，蜜一雞子大，水一鍾，煎七分，食後溫服。忌腥物。　風虛頭痛欲破者，杏仁去皮尖，曬乾，研末，水九升，研濾汁，煎如麻腐狀，取和羹粥食，七日後大汗出，諸風漸減。此法神妙，可深秘之。慎風冷，豬、雞、魚、蒜、醋。　肺病咯血，杏仁四十個，以黃蠟炒黃，研入青黛一錢，作餅，用柿餅一個，破開包藥，濕紙裹煨熟，食之取效。　目中瞖遮，但瞳子不破者，用杏仁三升，去皮，麪裹作三包，糠火煨熟，去麪，研爛，壓去油，每用一錢，入銅綠一錢，研勻點之。　目生弩肉，或癢或痛，漸覆瞳人，用杏仁去皮二錢半，膩粉半錢，研勻，綿裹，筯頭點之。　如以杏仁能散風寒，其同天冬以潤心肺也，何居？如謂能治熱燥，其同生薑、甘草以潤大腸也，何居？如謂止治在氣，其浸以童便而治肺喘也，何居？如謂無與於血，其同青黛、柿餅以治咯血也，何居？況治瞖遮、弩肉，猶可謂與血無與耶，至療風虛頭痛，更可以破粗工散外風之浪說矣。

希雍曰：杏仁性溫，散肺經風寒滯氣殊效。第陰虛咳嗽，肺家有虛熱熱痰者，忌之。

修治　五月采之。雙仁者有毒，能殺人，不可用。用者以湯浸去皮尖，麩炒，研用。治風寒肺病藥中，亦有連皮尖用者，取其發散也。

清・郭章宜《本草匯》卷一四　杏仁　味甘苦，溫，氣薄味厚，濁而沉墜，降也，陰也。入手太陰經。散肺經之風寒，下喘嗽之氣逆。消心下之急滿，潤大腸之氣秘。杏仁專入肺經，乃利下之劑。解錫毒，消狗肉。爛索粉積，揩瘢斑疥。《本經》治欬逆上氣者，太陰為清肅之臟，邪客之而然也。杏仁潤下，欬自除矣。其用有三：潤肺也，消食積也，散滯氣也。

按：杏仁散結潤燥，治肺中風熱咳嗽，下滯氣有功，因寒者用之為宜。第杏仁，下喘治氣。桃仁，療狂治血。俱治大便秘，當以氣血分之。晝便難行，陽氣也。夜便難行，陰血也。故虛人便秘，不可過泄。脉浮者屬氣，用杏仁、陳皮。脉沉者屬血，用桃仁、陳皮。陳皮入肺，與大腸為表裏，故並用為使。又考栝蔞仁與杏仁，均能治痰。然杏仁主散痰，從腠理中發散而去，表虛者忌服。蔞仁歛痰，從腸胃中滑潤而流，裏虛者忌服。若痰盛，表裏俱實者，二味並用。同桑皮、前胡、薄荷、桔梗、蘇子、貝母、甘草、五味、橘紅、紫菀，治風寒入肺，咳嗽生痰。陰虛咳嗽，肺家有虛熱熱痰者，忌之。風寒外邪，非壅逆肺分，喘息急促者，不得用。

湯浸去皮尖，炒黃，研細。風寒肺病藥中，連皮尖用，取其發散也。作湯，如白沫不解者，食之氣壅。雙仁者有毒。惡黃芩、黃芪、葛根。得火良。

清・尤乘《食鑒本草・果類》　杏　多食傷筋骨，晒脯食止渴，去冷熱毒，心病宜食之。

杏核仁　入手太陰肺。其用有三：潤肺也，消食積也，散滯氣也。杏仁治氣，桃仁治血，俱療便秘，當分氣血，晝則便難行，氣也；夜則便難行，血也。故虛人便秘，當不可洩。脈浮屬氣，用杏仁、陳皮；脈沉屬血，用桃仁、陳皮。手陽明大腸，手太陰肺，賁門主往來，魄門主收閉，為氣之通道，故並用陳皮佐之。雙仁者殺人，可以毒犬。犬咬人同白糖搗傅甚良。

清·朱本中《飲食須知·果類》 杏子杏仁、八擔杏仁。 味甘、酸，性熱，有小毒。不益人。生食多傷筋骨。多食昏神，令膈熱生痰，動宿疾，發瘡癰，落鬚眉。病目者食多，令目盲。小兒多食，成壅熱，致瘡癤。產婦尤宜忌之。

杏仁　味甘、苦，性溫，有小毒。兩仁者殺人。花開六出，核必雙仁。杏仁作湯，白沫不解者，食之令氣壅身熱。湯經宿者，動冷氣，能消犬肉、索粉積。雙仁者悞食，或食杏仁多，致迷亂將死，急取杏根煎湯服，可解。

八擔杏仁　味甘，性溫，多食亦能動宿疾也。

清·何其言《養生食鑒》卷上 杏　味甘、酸、澁，性熱，微毒。不益人，多食昏神，令膈熱，生痰，動脾，發瘡癤，落鬚髮，傷筋骨。病目者食多，令目盲。小兒勿多食。產婦尤忌之。

杏仁　味甘、苦，性溫，有小毒。得火良，解錫毒，殺蟲，消犬肉、索粉麵積，解肌散風，消痰定喘，利膈潤燥，能消能降。同天門冬用，潤心肺。和乳酪作湯服，潤喉發音。雙仁者有毒，誤食令悶亂，急用杏根煎湯服，可解。顛犬咬傷，取杏仁研爛敷之，自不發毒。成瘡敷之，可愈。治蛆蟲入耳，用杏仁搗爛，取油滴入，非出則死。

清·蔣居祉《本草擇要綱目·溫性藥品》 杏仁　氣味：甘、苦，溫，有小毒。兩仁者殺人，可以毒狗。沉而降，陰也。入手太陰經。主治：欬逆上氣，潤肺，消食積，散滯結。王氏治傷寒氣上逆喘者，麻黃湯內加杏仁、陳皮。若氣不上喘逆者，減杏仁、陳皮。明乎其瀉肺也。又東垣云：杏仁下喘，用以治氣。桃仁止狂，用以治血。二仁雖俱治大便之祕，然晝之難便屬陽氣之不和，夜之難便，屬陰血之不潤。又當知杏仁之耑行氣分也。又脈浮在氣，用杏仁而佐以陳皮。脈浮在血，用桃仁而佐以陳皮。俱用陳皮者，以其手陽明病與手太陰俱為表裏也。賁門上主往來，魄門下主收閉。故王氏言肺與大腸為通道也。

清·閔鉞《本草詳節》卷八 杏核　【略】按：杏仁下喘，治氣也。桃仁療狂，治血也。俱治大便秘，當分氣血。脈浮者屬氣，用杏仁、陳皮。脈沉者屬血，用桃仁、陳皮。大腸與肺為表裏，賁門主往來，魄門主收閉，為氣之通道，故並用陳皮佐之。古治傷寒氣上喘逆，用杏仁為其利氣瀉肺解肌也。陰虛咳嗽者忌之。

清·王翃《握靈本草》卷七 杏仁味甘美者巴旦杏，止充點茶。雙仁者殺人，揀去不用。凡使泡去皮尖，麩炒用。 主治：杏仁，甘、苦，溫，冷利，有小毒。主欬逆上氣，賁豚，解肌發汗，除肺熱，治上焦風燥，利膈氣逆，潤大腸氣秘，消食積，散滯氣。殺蟲，治瘡疥。

清·汪昂《本草備要》卷三 杏仁瀉肺，解肌，潤燥，下氣。 辛、苦、甘，溫而利。瀉肺解肌，能發汗。除風散寒，降氣行痰，潤燥消積，索麵、豆粉，近之則爛。通大腸氣秘。治時行頭痛，上焦風燥，咳逆上氣，杏仁炒研，蜜和爲膏，含嚥。煩熱喘促。有小毒，能殺蟲治瘡，制狗毒可毒狗，消狗肉積。錫毒。肺虛而咳者禁用。東垣曰：杏仁下喘治氣，桃仁療狂治血，俱治大便秘，當分氣血。晝便難屬陽氣，夜便難屬陰血。虛人便閉，不可過泄。脉浮屬氣，用杏仁、陳皮；脉沉屬血，用桃仁、陳皮。肺與大腸相表裏，賁門上主往來，魄門下主收閉，爲氣之通道，故并用陳皮佐之。賁門，胃之上口。魄門，即肛門。杏仁、紫菀，并能解肺鬱，利小便。 去皮、尖炒研，發散連皮、尖研。雙仁者殺人。得火良。惡黃耆、黃芩、葛根。

清·陳士鐸《本草新編》卷五 杏仁　味甘、苦，氣溫，可升可降，陰中陽也，有小毒。專入太陰肺經。乃利下之劑，除胸中氣逆喘促，止咳嗽，墜痰，潤大腸，氣閉便難，逐痹散結。研納女人陰戶，又治發癢蟲疽。雖與桃仁同是利氣下血之藥，其中亦有分別。東垣分杏仁治氣、桃仁治血，似乎明晰，而不知杏仁未嘗不治血，桃仁未嘗不治氣也。如大便閉結，氣閉者，桃仁亦能開；血閉者，杏仁亦能下。惟真陽真陰虛者，二物俱不能通。所謂真陽真陰者，乃腎中之真火真水，非氣血之謂也。真火衰，則大腸冰凍，非桂、附不能溫。真水竭，則大腸枯槁，非熟地、山茱不能生。桃、杏之仁，又何能潤澤而下降，況加陳皮以耗散其氣血乎。

或問：杏仁利氣而不下血，而子以為未嘗不下血，古人亦曾見之乎？嗟乎！杏仁下血，仲景夫子用杏子仁湯非乎。蓋消血于利氣之中，實有神功耳。

清·顧靖遠《顧氏醫鏡》卷八 杏仁甘、苦，溫。入肺大腸二經。泡去皮尖，焙研。 散上焦之風，治風寒肺病藥中，亦有連皮尖用者，取其發散也。雙仁者有毒殺人。性溫能散，故肺經風寒風熱皆治，解肌之功也。除下心之熱。邪氣既散，心下煩、自熱除。利胸中氣逆而喘嗽，味苦能降，故氣逆喘嗽皆安，下氣之力也。潤大腸氣閉而難通。以其能性潤利而下行。解錫毒有效，消狗肉如神。索粉近之則爛，故亦最消粉積。陰虛喘嗽者，忌之。

清・李熙和《醫經允中》卷一八　杏仁　泡去皮尖，炒用。惡黄芩、黄芪、葛根。如雙仁者惟療狗咬，悮服殺人。　甘、苦，溫，有小毒。主治欬逆上氣，消心下急滿，治上焦風燥，潤大腸氣秘，去頭面諸風，殺蟲疥，治女人陰戶痛癢。按：散結潤燥，除熱止咳，定喘降氣，通便秘，莫如杏仁。然欲通便秘者，杏主氣分，桃主血分，脉浮屬氣，用杏仁，脉沉屬血，用桃仁，並宜佐以陳皮，以手陽明與手太陰為表裏，賁門〔主〕往來，魄門主收秘，為氣之通道故也。解錫毒及中狗肉毒，消索粉積。多食能損筋骨、眼目。表虚忌杏仁，裏虚忌桃仁。

清・李熙和《醫經允中》卷二二　杏　生食多傷筋骨。小兒多食致瘡癰腸熱。雙仁者殺人。　酸熱，有小毒。主曝脯食，止渴，去冷。心之果，心病宜食。

清・馮兆張《馮氏錦囊秘録・雜症痘疹藥性主治合參》卷八　杏仁稟春溫之氣，兼火土之化，味苦，甘，氣溫，有毒。入手太陰經。性潤利而下行，味苦溫而散滯。溫能解肌，苦能泄熱，故外有發散祛邪之功，内有下氣消痰之效。主咳逆上氣，奔豚驚癇，心下煩熱，風氣去來，解肌，化痰喘促等症。○雙仁者有毒，勿用。若去皮尖，消痰潤肺。若發散，連皮尖用。

杏仁　入肺，為利下之劑。散肺經之風寒，下喘嗽之氣逆，消心下之急滿，潤大腸之氣秘。解錫毒有效，消狗肉如神。逐賁㹠，殺蟲疽，婦人陰蝕可納。實，咳多目瞀，傷筋骨，傷神。葉，端午採收，煎湯洗眼止淚。根，主墮胎。花，治厥逆。有以杏仁、瓜蔞並用，不知杏仁味辛，從腠理中發散以去痰，故表虚者忌之。瓜蔞性潤，從腸胃中滑利以除痰，故裏虚者忌之。若痰熱表裏俱實者，並行而有功也。

主治痘疹合參：杏仁潤心肺大腸，主喘嗽下氣，散風寒痰結，宜去皮尖，炒用。然與桃仁俱通大便，但杏仁治氣，桃仁治血。

清・張璐《本經逢原》卷三　杏仁　苦、辛、甘，溫，小毒。湯泡去皮尖，研如泥用，兩仁者有毒傷人。凡果花六出者必雙仁，得純陰之氣也。《本經》主欬逆上氣，雷鳴喉痹，下氣產乳，金瘡寒心奔豚。發明：杏仁入手太陰經，辛能横行而散，苦能直行而降。遂為散邪降氣，定喘泄滯，散結潤燥，除肺中風熱欬嗽，總不出《本經》主治也。《千金》以童便浸七日研如泥，治欬嗽寒熱。仲景麻黄湯用杏仁者，為其利氣瀉肺解肌也，至於陷胸、麻仁等圓，皆熬黑，研膩如油，則知此物之性，愈熬黑愈潤下矣。入肺寒喘逆發散藥，連皮用之。又能治瘡殺蟲，用其毒也。《本經》治金瘡寒心者，傷處風藉内入胞絡，而心下惡寒，用以塗封瘡口，撥散風熱之邪也。言治奔豚者，辛能散結，溫能下氣也。元素言潤大腸氣秘，之才言解邪毒，《别録》言殺狗毒，炒香消狗肉及索粉積，故六神麴用之。扁鵲云，杏仁不宜久服，令人面目鬚髮落，耗氣之驗也。今人以之混治陰虚喘嗽，轉耗胸中大氣，為患不淺。亡血家尤為切禁，以其味辛、性溫，大能破血也。雙仁者搗爛，以車脂調塗鍼斷入肉，及箭鏑在咽隔諸隱處，敷之即出。巴旦杏仁則甘平無毒，能止欬下氣，消心腹逆悶。杏實味酸，傷人筋骨，生者尤甚。

清・汪啟賢等《食物須知・諸果》　杏　味甘，生則酸，氣溫，有小毒。樹種山傍園側，家園種者妙，山杏不堪食。實結，生青熟黄，五月摘收，堪為菓品。咳多目瞀，傷人筋骨，傷神，養生者宜慎之。

清・浦士貞《夕庵讀本草快編》卷四　杏《别録》　杏字篆文象子在木枝之形，楊行密改為甜梅。杏稟東方歲木之精，花英六出，光艷奪霞，其實為心之果。故董奉居北嶺令病愈者，栽杏一木，有微意也。其仁則味甘而苦，入手太陰氣分。故能潤心肺而利胸膈，消食積而散滯氣，上焦風燥，時行咳嗽，無不宜之。東垣有云：杏仁下喘，是治氣也；桃仁療狂，是治血也。二物俱治便閉，又分氣血。晝若便難，行陽氣也；夜若便難，行陰血也。凡虚人便秘，不可過泄。脉浮者屬氣，用杏仁、陳皮；脉沉者屬血，用桃仁、陳皮。蓋手陽明與手太陰為表裏，賁門主往來，魄門主收秘，為氣之通道，並用陳皮以佐之，遂成合璧矣。況杏仁之性屬熱，因於寒者宜投。故仲景麻黄湯用之以通脉而發汗，《聖濟》治喘逆上氣，用之以泄肺而解肌，餘可推矣。若殺虫愈瘡，明目去翳，乃其細也。而左慈有艸金丹之譽，唐慎微為長生之藥，立説頗多，殊難盡信。大抵杏仁之性，疎泄中病則可，久服久咀，非所宜解。若以玩者言之，植百株於午橋莊上，坊題碎錦；栽數顆於太平園内，館號爭春。以占者言之，方春華盛，可耕沙上之田；仲夏實多，足卜來年豐兆。以食者言之，吞嵩山之杏實，不復患有凶荒；飲土龕之杏漿，更不愁於飢渴。然此則杏之關人，非淺鮮矣。

清・張志聰、高世栻《本草崇原》卷中　杏仁　氣味甘、苦，溫，冷利，有小毒。主治咳逆上氣，雷鳴，喉痹，下氣，產乳，金瘡，寒心奔豚。杏葉似梅，二月開淡紅花，五月實熟有數種，赭色而圓者，名金杏。甘而有沙者，名沙杏，黄而帶酢者，名梅杏。青而帶黄者，名柰杏，入藥用苦杏。　杏仁氣味甘苦，其實苦重於甘，其性帶溫，其質冷利。冷利者，滋潤之意，主治咳逆上氣者，利肺氣也。肺氣利而咳逆上氣自平矣。雷鳴者，邪在大腸。喉痹者，肺竅不利。下氣者，謂杏仁質潤下行，主能下氣。氣下則雷鳴，喉痹皆愈矣。產乳者，產婦之乳汁也。生產無乳，杏仁能通之。金瘡者，金刃傷而成瘡也。金傷成瘡，杏仁能斂之。寒心奔豚者，腎臟水氣淩心而寒，如豚上奔。杏仁治肺，肺者金也，金為水之母，母能訓子逆。又，肺氣下行，而水逆自散矣。

清·姚球《本草經解要》卷三　杏仁　氣溫，味甘，有小毒。主欬逆上氣，雷鳴，喉痹，下氣，產乳，金瘡，寒心奔豚。湯泡去皮尖。雙仁者大毒，勿用。杏仁氣溫，稟天春和之木氣，入足厥陰肝經。味甘，得地中正之土味，入足太陰脾經。杏果本苦，且屬核仁而有小毒，則稟火性，入手少陰心經。氣味俱升，陽也。肺為金藏，氣上逆乘肺則欬，肺若氣逆，急食苦以洩之。杏仁苦而下洩，所以止欬也。火結於喉，閉而不通，則為喉痹。雷鳴者，火結痰壅，聲如吼也。杏仁溫能散結，苦能下洩，甘可緩急，所以主之也。杏仁味苦制肺，制則生化，則肺金下行，所以下氣。肝藏血，血溫則流行，故主產乳。血既流行，瘡口亦合，故又主金瘡也。心陽虚，則寒水之邪自下，如豚上奔，衝犯心君矣，故為寒水奔豚。其主之者，杏仁稟火土之氣味，能益心陽，而伐水邪也。杏本有小毒，若雙仁則失其常，所以能殺人也。　製方：杏仁同白芍、甘草、北〔五〕味、蘇梗、百合、款冬，治火逆氣喘。專一味消狗肉積。

清·楊友敬《本草經解要附餘·考證》　杏仁　《綱目》云：氣溫，味甘苦，冷利。冷利者，其性也。凡用湯浸去皮尖，麩炒黄。然治風寒肺病，有連皮尖用者，取其發散也。桃仁行血，宜連皮尖生用。若潤燥活血，則宜湯浸去皮尖，炒黄用也。

清·葉盛《古今治驗食物單方》　杏子　止嗽化痰，焙杏仁嚼下，喘急亦用。　烏鬚，用杏仁三錢，蚯蚓糞五錢，瓜蔞一個，青鹽三錢，同入瓜蔞内，煅過，為末擦之。　風虛頭痛欲破，杏仁去皮、尖，晒乾研末，水九升研，濾汁，煎如麻腐狀，取和羹粥，食七日後，汗大出，諸風悉退。　破傷風，角弓反張，杏仁杵碎，蒸令氣溜，絞脂服，兼摩瘡上。　卒不小便，杏仁十四粒，去皮、尖，炒黄，研末，米飲下。　血崩不止，甜杏仁上黄皮，燒存性為末，每服三錢，空心熱酒服。　陰瘡爛痛，杏仁燒黑，研膏敷之。　產門蟲疽、痒痛難忍，杏仁去皮，燒存性，杵爛，綿裹，納入陰戶取效。　耳出膿汁，杏仁炒黑搗膏，綿裹入耳内。　鼻中生瘡，杏仁研末，乳汁調敷。　風蟲牙痛，杏仁針刺于燈上燒烟，乘熱搭病牙上，又燒又搭，七次愈。　鐵針入肉不出，雙杏仁搗爛，以車脂調貼，其針自出。　狗咬傷破爛，嚼杏仁塗之。

清·王子接《得宜本草·下品藥》　杏仁　味甘、苦。入手太陰經。功專散結潤燥。得天門冬能潤心肺，得柿餅治肺病咯血，得童便能補肺劫勞。

清·黄元御《長沙藥解》卷三　杏仁　味甘苦，入手太陰肺經。降衝逆而開痺塞，泄壅阻而平喘嗽。消皮膚之浮腫，潤肺腸之枯燥。最利胸膈，兼通經絡。　《金匱》茯苓杏仁甘草湯，茯苓三兩，杏仁五十個，甘草一兩。治胸中痺塞短氣，以土濕胃逆，濁氣衝塞而無降路，是以短氣。茯苓泄濕而消滿，杏仁破壅而降逆，甘草補中而培土也。　薯蕷丸方在薯蕷，文蛤湯方在文蛤，厚朴麻黄湯方在厚朴，皆用之以降逆也。　《傷寒》麻黄湯方在麻黄治太陽傷寒，惡風無汗而喘者。　麻杏甘石湯方在麻黄治太陽傷寒汗下後，汗出而喘者。　桂枝加厚朴杏子湯方在厚朴治太陽中風，下後表未解而微喘者。　小青龍湯方在麻黄治太陽傷寒，心下有水氣，若喘者，去麻黄加杏仁半升，皆用之以治喘也。　苓甘五味薑辛半夏加杏仁湯，茯苓四兩，甘草三兩，五味半升，乾薑三兩，細辛三兩，半夏半升，杏仁半升。治支飲嘔冒，飲去嘔止，其人形腫者。以經氣壅滯則為腫，杏仁利氣而消滯也。　麻杏薏甘湯方在麻黄用之以泄表氣之滯。　礬石丸方在礬石，大陷胸丸方在大黄，用之以泄裏氣之滯也。　麻仁丸方在麻仁，大黄䗪蟲丸方在大黄，用之以潤燥也。　肺主藏氣，氣降于胸膈，而行於經絡。氣逆則胸膈閉阻，而生喘咳。藏病而不能降，因以痞塞，經病而不能行，于是腫痛。杏仁疏利開通，破壅降逆，善於開痺而止喘，消腫而潤燥，調理氣分之鬱，無以易此。其諸主治，治咳逆，療失音，止咯血，斷血崩，殺蟲䘌，除䵟刺，開耳聾，去目翳，平努肉，消停食，潤大腸，通小便，種種功效，皆其降濁消鬱之能事也。

清·吴儀洛《本草從新》卷四　杏仁以下五果類。　辛苦甘溫而利，有小毒。瀉肺降氣，行痰解肌，除風散寒，利胸膈氣逆，通大腸氣秘，東垣曰：杏仁下喘治氣，桃仁療狂治血，俱治大便秘，當分氣血。脈浮屬氣，晝便難而陽氣秘者，用杏仁、陳皮；脈沉屬血，夜便難而陰血秘者，用桃仁、陳皮。肺與大腸相表裏，賁門在上，魄門在下，為氣之通道，故并以陳皮佐之。杏仁、紫菀并能解肺鬱，利小便，潤燥消積。索麵、豆粉，近之則爛。治時行頭痛，上焦風燥，咳逆上氣，炒研蜜丸含咽。煩熱喘促。其毒性又能殺蟲，治瘡，制錫毒、狗毒。消狗肉積。因虛而咳嗽便秘者忌之。雙仁者殺人。去皮尖炒研。發散，連皮尖研。得火良。惡葛根、黄芩、黄耆。杏子，酸，熱，有小毒。損人，孕婦忌。

清·汪紱《醫林纂要探源》卷二　杏　苦，酸，甘，溫。種不一。熟而自裂，不粘核者佳。得火之氣，而能泄火。　杏仁　辛，苦，甘，溫。出回回舊地，曰巴旦，或作八達。今諸土皆有。以肉薄，核大，仁扁者良。瀉心火，除煩熱。瀉肺邪，泄氣逆。治欬逆喘促，散心肺風邪，通大腸氣祕。大腸，肺之表也。〇凡仁類，多入心、腎、大小腸，雖苦而不燥，能潤。攻堅，殺蟲辟毒。以有火性，春花夏實，得火之全，故能爛銅錫，作殺狗毒，其銳可知。然味苦而降泄，升極而降也。去皮尖，炒研。發散留皮尖。肺虛及雙仁者勿用。入氣分。

清·嚴潔等《得配本草》卷六　杏仁　得火良。畏蘘草。惡黄芩、黄耆、葛根。　甘、苦，溫。入手太陰經氣分。瀉肺降氣，行痰散結，潤燥解肌，消食積，通大便，解錫毒，殺狗毒，逐奔豚，殺蟲蛔。　得陳皮，治便閉。配天冬，潤心肺。佐柿餅，治咯血。合紫菀，利小便。開水中之氣以解結。　湯浸，去皮尖炒黄，或麸炒研用。發散，連皮尖研用。雙仁者有毒，不可用。　肺虛而咳、虛火炎肺，二者禁用。　怪症：舌尖穿斷，血出不止，先以米醋刷斷處，其血立止，仍用蒲黄、杏仁，再加月石少許為末，蜜調含化。　巴旦杏仁　甘，平，溫。止咳下氣，消心腹逆悶。　虛嗽者禁用。

題清·徐大椿《藥性切用》卷六　扁杏仁　辛苦甘溫，入肺而疎肺，降氣解邪化痰，為欬逆胸滿之喘藥。去皮尖，研。腸滑者忌。亦可生研，去油，炒熟用。揀去雙仁。炒黑，能解鬱消積，如索粉、豆粉、狗肉之類。杏子辛熱損人，孕婦忌之。

清·黄宫繡《本草求真》卷七　杏仁散肺氣分風寒，下氣除喘。　杏仁喘入肺。既有發散風寒之能，復有下氣除喘之力。緣辛則散邪，苦則下氣，潤則通秘，溫則宣滯行痰。杏仁氣味俱備，故凡肺經感受風寒，而見喘嗽欬逆，胸滿便秘，煩熱頭痛，與夫蠱毒瘡瘍，狗毒、麵毒、錫毒、金瘡，無不可以調治。按《醫餘》云：索麵、豆粉，近杏仁則爛，是杏仁能消其積也。狗咬傷瘡，寇氏方用爛嚼杏仁以塗，即愈，是杏仁能解狗毒也。諸瘡腫痛，用杏仁去皮研攄取膏，入輕粉、麻油調搽神效，是杏仁能治瘡瘍毒也。目中翳遮，但瞳子不破。《聖濟錄》用杏仁三升去皮，麪裹作三包，糖火煨熟，去麵研爛，壓去油，每用一錢，入銅綠一錢，研勻點之，是杏仁能治目翳也。東垣論杏仁與紫菀，均屬宣肺除鬱開溺，而一主於肺經之血紫菀，一主於肺經之氣杏仁。杏仁與桃仁俱治便秘，而一治其脈浮氣喘便秘，於晝而見杏仁。一治其脈沉狂發便閉，於夜而見桃仁。馮楚瞻論杏仁、栝蔞均屬除痰，而一從腠理中發散以祛，故表虛者最忌杏仁，一從腸胃中清利以除，故裏虛者切忌栝蔞。諸藥貌雖相同，而究實有分辨，不可不細審而詳察也。但用杏仁以治便秘，須用陳皮以佐，則氣始通。杲曰：脈浮者屬氣，用杏仁、陳皮；脈沉者屬血，用桃仁、陳皮。肺與大腸為表裏，賁門在胃口之上，上主往來，魄門即肛門，主收納，為氣之通道，故並用陳皮佐之。至書所言久服令人鬚眉髮落，亦是耗氣之故。今人以此混治陰虛喘嗽，及於亡血家妄投，其亦未明耗氣損血之義也乎！去皮尖炒研，發散連皮尖研，雙仁者殺人，得火良。惡黄耆、黄芩、葛根。

清·李文培《食物小錄》卷上　杏　酸，熱，有小毒。生食傷筋骨。心病宜食之。

清·楊璿《傷寒溫疫條辨》卷六消劑類　杏仁炒研。　味苦甘辛，氣溫平，味厚於氣，降也，陰中陽也，有小毒。入肺、胃、大腸。其味苦降，故定氣逆氣喘上沖，通大腸氣閉乾結；其味辛甘，故瀉肺中滯氣，逐膈上痰涎，佐以半夏、生薑，尤散風寒咳嗽。仲景麻黄湯、大青龍湯俱用之。按：桃仁、杏仁俱治大便秘，但當以血氣分之。脉沉在血分，桃仁、陳皮治之；脉浮在氣分，杏仁、陳皮治之。賁門上主往來，魄門下主收閉，故言肺與大腸為通道。

清·羅國綱《羅氏會約醫鏡》卷一七菓部　杏仁味苦甘，溫，入肺大腸二經。　性潤利而下行，味苦溫而散滯。溫能解肌，苦能泄熱，除風散寒，同麻黄用。發表解邪。治頭痛欬嗽、上氣喘急、溫病脚氣，味辛入肺。療胸腹氣滿脹痛，消痰下氣，除驚癇煩熱、大腸氣秘乾結。味苦性降。去皮尖，消痰潤肺；連皮尖，發散表邪。元氣虛陷者勿用，恐沉降太泄。

清·陳修園《神農本草經讀》卷三中品　杏仁　氣味甘、苦，溫，冷利，有小毒。主咳逆上氣，雷鳴喉痹，下氣產乳，金瘡，寒心奔豚。湯泡去皮尖。雙仁者，大毒勿用。

陳修園曰：杏仁氣味甘苦，其實苦重於甘，其性帶濕，其質冷利。冷利者，滋潤之意也。下氣二字，亦足以盡其功用。肺實而脹，則為咳逆上氣。雷鳴喉痹者，火結於喉為痹痛，痰聲之響如雷鳴也，杏仁下氣，所以主之。氣有餘便是火，氣下即火下，故乳汁可通，瘡口可合也。心陽虛，則寒水之邪自下上奔，犯於心位，杏仁有下氣之功，伐寒水於下，即所以保心陽於上也。凡此皆治有餘之症，若勞傷咳嗽之人，服之必死。時醫謂產於叭噠者，味純甘可用，而不知純甘非杏仁之正味。既無苦降之功，徒存其濕以生痰，甘以壅氣，陰受其害，至死不悟，惜哉！

清・黄凱鈞《藥籠小品》　杏仁　有甜苦二種，甜者，去皮炒研，潤肺降氣，消痰止嗽，有濕痰者不宜；苦者瀉肺解肌，降氣利胸膈，同橘皮通大腸氣秘。肺與大腸為表裏。去皮研，表劑連皮研。因虛而嗽勿用，雙仁者殺人。

清・章穆《調疾飲食辯》卷四　杏　有數種：金杏色黄，白杏色青白，紅杏色赤，柰杏青黄，沙杏肉中有沙。味甘帶酢，又名甜梅。樹高大，可三四丈。三春花放，雖豔冶如桃，而傑閣危樓，此花能出乎其表，則繁華富麗中自有尊嚴體態。故春風得意，曰杏花春雨江南。而明人之咏藏春塢閣上美人詩曰：一點好春藏不得，樓頭半露杏花梢。此雖借喻美人，亦可見杏樹之高，非桃李匹矣！其性一無可取，《别錄》曰：多食傷筋骨。扁鵲曰：動宿疾，令人目盲，鬚眉脱落。《食鑒本草》曰：孕婦、産婦尤忌。《衍義》曰：諸杏皆熱，小兒食之生癰瘡，成膈熱。《素問》以皮赤味苦，於五行宜配火，故以為心之果。萬不可泥。杏仁入藥，性專泄肺。《藥性本草》曰：治欬嗽上氣、喘促。又有油，故能潤肺燥，開聲音。《千金方》治欬逆。《聖濟總錄》治喘急。《食醫心鑒》治喘促浮腫，皆獨用之。而傷寒無汗而喘，麻黄湯亦用之。皮毛肺之合，表邪閉於肺，故喘，麻黄、杏仁皆泄肺也。不喘者去之，其理較然矣。而後世妄人造杏金丹，託名左慈秘術，云服之萬病皆愈，久服通靈不死，壽至千萬。又託名青城山皇姑示夢，云久服令人聰明，老而壯健，夏姬雞皮三少，乃服杏仁所致。又立萬病丸、補肺丸等方，泄肺之藥，詎可用以補肺。種種荒誕之辭。《綱目》既加駁正，以為古方之用杏仁，皆用其毒，杏仁非有毒，不能毒狗。而又詳列諸方，殊不可解。獨徐之才《藥對》，謂能解錫毒。凡錫器盛酒、煎藥，不宜停久，久則有毒殺人。中其毒與砒毒同。砒，錫根也。宜研杏仁服。物性相制，不可以理測也。

清・趙翼《簷曝雜記》卷六　人被火燒，皮肉焦爛，出蟲如蛆者，用杏仁為末敷之，即愈。

清・王龍《本草纂要稿・菓部》　杏仁　味甘苦，性微溫，有小毒。除胸中逆氣喘促，止咳嗽墜痰，潤大便氣秘便難。逐奔豚散結，研納女人陰戶，又治發痒蟲疽。

清・張德裕《本草正義》卷下　杏仁　苦辛而降，降中有升，入肺、胃、大腸。潤肺而散風寒，除欬嗽上氣，喘急氣逆上衝，消痰下氣，療喉痺，潤大便，殺狗毒。佐半夏、生薑散風寒欬嗽，佐麻黄、桂枝發汗解肌，同門冬、乳酥可潤肺止嗽，同輕粉研調敷廣瘡最妙。叭杏、京杏甘而鮮苦，甘有補，與苦不同。

清・楊時泰《本草述鉤元》卷一六　杏仁　五月采之。雙仁者有毒殺人，不可用。

氣味甘溫，冷利，性潤，利下行，非真冷也。有小毒。氣薄味厚，濁而沉墜，降也。入手太陰經。散結潤燥，除肺中風熱。治欬逆上氣雷鳴，喉痺，寒心賁豚，并上焦風燥，治風燥在胸膈間。肺燥喘熱。風熱欬嗽用之。潤大腸氣閉，療心下急滿痛，治肝腎風虛，瞳人帶青，目中瞖遮胬肉及風癢，去頭面諸風氣，明目。能殺蟲。久服潤五臟，去塵滓。杏仁治肺燥熱氣逆，由其苦以泄熱，甘以緩氣，潤以止燥故也《類明》。屬土而有水與火，研細服，能墜痰下行丹溪。杏枝葉花實皆赤，肉理絡脈如營，氣味苦溫，誠心之果，具心之體與用者；仁則包蘊全體，逗發端倪，樞機頗鋭，論心之用與氣者。欬逆喘息雷鳴，喉痺，謂心之火用不及亦可，謂客淫外束亦可。寒心賁豚，謂心之火體不及亦可，謂心之火用不及亦可。蓋火援物以顯用，即用以顯故也之頤。杏仁下喘，治氣也，桃仁療狂，治血也，俱治大便秘，當分氣血。晝則便難，行陽氣也；夜則便難，行陰血也，故虛人便閉，不可過泄。脈浮者屬氣，用杏仁、陳皮；脈沉者屬血，用桃仁、陳皮。肺與大腸為表裏，賁門主往來，魄門主收閉，為氣之通道，故並用陳皮佐之。同天冬煎潤心肺。肺燥喘熱，大腸秘，用杏仁去皮研細，每一升，入水一升半，擣稠汁，入生薑四兩、甘草一寸，銀石器中慢火熬成稀膏，入酥二兩同收，每夜沸湯點服一匙。久患肺氣喘急至咳甚者，杏仁去皮尖二兩，童便浸，一日一换，夏月三四换，滿半月取出，焙乾研細，每服一棗大。薄荷一葉，蜜一雞子大，水一鍾，煎七分，食後溫服，不過二劑，永瘥。忌腥物。風虛頭痛欲破者，杏仁去皮尖，曬研末，水九升研濾汁，煎如麻腐狀，取和羹粥食，七日後大汗出，諸風漸減，此法神妙，可深秘之。慎風冷豬雞魚蒜醋。肺病咯血，杏仁四十個，以黄蠟炒黄，研，入青黛一錢，作餅，用柹餅一個，破開包藥，濕紙裹煨熟，食之取效。目中瞖遮，但瞳子不破者，用杏仁三升去皮，麪裹，作三包，糠火煨熟，去麪研爛，壓去油，每用一錢，入銅綠一錢，研勻點之。目生胬肉，或癢或痛，漸覆瞳人，用杏仁去皮二錢半，膩粉半錢，研勻，綿裹筯頭點之。

論：《經》云：杏為心果，而其仁則治在氣。又云：桃為肺果，而其仁則治在血。蓋火之用在金，故心果之仁治氣，金之用在木，故肺果之仁治血，請詳言之。夫心為火主，而氣者火之靈，即穀氣並真氣於膻中，上至於肺，肺又貫心脈以行呼吸，而氣乃行，則由心以致其氣之用者，可以思矣。肺固司氣，而氣者血之帥，即肺氣下降入心，俾離中之坎下歸於胃，變化精微而為血，則由肺以致其血之用者，又可以思矣。第由肺而致血之用，人能知之，由心而致氣之用，往往不察，有如杏仁，習言治風寒逆氣，似謂其能散耳，孰知心為陽中之太陽，氣為火之靈故乎？又治風熱燥氣，不過謂其潤耳，孰知離中之坎，上合於陽中之少陰故乎？試即諸方以叅效用之義，如以杏仁能散風寒，何以同天冬而即潤心肺也？如謂能治熱燥，何以同生薑、甘草而即潤大腸也？如謂用止治在氣，何為浸以童便而治肺喘也？如謂無與於血，胡又同青黛、柹餅以治咯血也？況瞖遮胬肉之能除，猶可謂與血無與耶。至療風虛頭痛，更可破粗工散外風之說矣。

散肺經風寒滯氣殊效，若陰虛欬嗽，肺家有虛熱熱痰者，忌之仲淳。

修治：以湯浸去皮尖，麩炒研用，亦有不去皮尖者，取其發散風寒肺病。

清・葉桂《本草再新》卷五　杏仁味苦，性溫，無毒。入肺經。　降肺氣，瀉肺火，止血化痰，治欬嗽呵喘，散寒氣風邪，治癰瘻，解熱毒。

清・吴其濬《植物名實圖考》卷三二　杏　《本經》下品。核仁入藥。回部關東出者，仁大充果實，即巴旦杏仁也。

巴旦杏仁　味甘，性平，無毒。入肺經。　止欬下氣，消悶生津。

清・趙其光《本草求原》卷一二果部　杏仁　杏為心果，氣溫，味苦，入心。微甘、辛，入肺、脾。冷利，滋潤下行也。有小毒。下氣，主咳逆上氣、痰聲有如雷鳴，肺貫心脈以行呼吸，必肺陰入心以致其火之用，而氣乃行。喉痹，火結於喉而為痹，苦降則氣下，而火亦下。產乳金瘡，肺陰入心而歸於胃，則血化氣行，血活則乳汁通，而瘡口亦合。寒心奔豚，破傷風入於胞絡，心下惡寒，用以塗封傷口，可拔風邪。又寒水自下上犯心位，則為奔豚，杏降肺氣，氣下水亦下，而心陽自可保也。按杏仁，人皆以其辛散，故治風寒咳逆；濕潤，故治風熱燥氣。不知氣為火之靈，肺必合心而後致其氣之用也；心肺氣降，以致其血之用，而後燥可除也。消積，索麵、豆粉近之則爛。通潤大腸氣秘，肺燥熱移於大腸也。陷胸、麻仁等丸皆用之，皆水研細，熬黑成膏用；或同生薑、甘草熬膏用。可知此物愈熬黑愈潤下。時行風虛頭痛，上焦風燥也，研取汁，和羹粥食。久喘，童便久浸，焙為末，薄荷雞子湯下。治瘡，殺蟲，制狗毒，可毒狗。炒香，消狗肉及索粉積，故神麯用之。解錫毒、肺病咯血，以黃蠟同炒黃，和青黛入柹餅內煨熟食。目翳，去皮，麵包煨；去油，與銅綠等分點之。目生胬肉癢痛。每二錢半，入膩粉錢半，研勻，綿裹筋頭點之。中雙仁毒，杏根可解。

觀上所治，皆有餘之症，若勞傷肺虛、陰虛咳嗽而混用之，則轉耗胸中大氣，亡血家尤忌，以其辛溫破血也，久服令人鬚髮易落，耗氣故也。今人每愛甜杏，不知非苦則無降下之功，徒存其濕以生痰，甘以壅氣，為害不小。

去皮尖炒研用。發散，連皮尖研。雙仁者大毒勿用。然搗爛以車脂調塗，針刺入肉、箭簇在咽膈諸隱處，敷之即出。便秘，當分氣血，脈浮晝甚屬氣，當用杏仁、陳皮；脈沉夜甚屬血，用桃仁、陳皮。陳皮入肺，走賁門、魄門之氣道，故並用之。杏仁同紫菀，則解肺鬱，利小便；同天冬，潤心肺；同乳酪煎服，潤喉發聲。

清・葉志詵《神農本草經贊》卷三　杏核仁　味甘，溫。主欬逆，上氣雷鳴，喉痹下氣，產乳金創，寒心賁豚。生川谷。

遣嫁春婚，卜收秋獲。花簇金丹，錫調冰酪。羊熟酥含，蟲殲油灼。聰利怡神，華滋咀嚼。

《文昌雜錄》：王員外家，杏花多不實。一媒嫗曰：來春嫁了此杏。冬深攜酒至云，是婚家撞門酒，辭祝再三，來春結子無數。《文獻通考》：杏多實不蟲者，來年秋禾實。李時珍曰：杏金丹方：杏熟收仁研汁，入釜火煎，十日起白霜，霜盡金花出，丹乃成。《玉燭寶典》：寒食研杏仁得酪，以餳沃之。陳基詩：冰酪賜來初。《開河記》：麻叔謀以羊同杏酪蒸之，謂曰：含酥臠。《扶壽方》：蛆蟲入耳，搗杏仁泥，以油調滴。《野人閒話》：辛竇孫夢神告以食杏，令其聰利。和津咀嚼，老而輕健。郭璞賦：咀嚼華滋。

清・文晟《新編六書》卷六《藥性摘錄・解毒》　杏子　雙仁有毒，悮食必死。藍汁或藍實，搗汁飲之。〇又地漿，飲之三碗。〇又香油，多灌之，俱効。

清・文晟《新編六書》卷六《藥性摘錄・毒物》　杏子　澀，酸。多食溫神，生痰助渴，熱發瘡毒。〇杏仁，散肺經風，下氣，療喘治嗽。〇雙仁者殺人。詳藥部下氣。

清・文晟《新編六書》卷六《藥性摘錄・食物》　杏仁　辛苦而潤，散肺經氣分風寒，下氣除喘，宣滯行痰。〇治風寒喘嗽，咳逆胸滿，便秘煩熱頭痛並治。蠱毒瘡瘍，狗毒㹀毒，錫毒金瘡。〇去皮尖，炒研。發散連皮尖用。〇雙仁者殺人。惡黃耆、黃芩、葛根。〇凡血症及陰虛喘嗽，禁用。

清・張仁錫《藥性蒙求・果部》　杏仁巴旦杏仁三錢　杏仁苦溫，解肌止嗽。降氣行痰，潤腸功奏。利胸膈氣逆，通大腸氣秘。去皮尖，研用。散風寒，則連皮尖研用。巴旦杏仁，甘，平，潤肺止嗽。有濕痰者勿服。

清・陸以湉《冷廬醫話》卷五　藥品　杏仁潤肺利氣，宜湯浸去皮尖，麩炒黃，若治風寒病，則宜連皮尖生用，取其發散也。今人概去皮尖，殆未達此意耳。

清・王孟英《隨息居飲食譜・果食類》　杏　甘、酸，溫。須俟熟透食之。潤肺生津。以大而甜者勝。多食生痰熱，動宿疾，產婦、小兒、病人尤忌之。亦可糖醃蜜漬，收藏致遠，以充方物。其核中仁味苦，入藥，不堪食。陰瘡爛痛，杏仁燒黑，研膏，傅。　陰戶蟲癢，杏仁燒存性，研爛，綿裹納入。　肛䘌癢痛，杏仁杵膏，頻傅。　小兒臍爛成風，杏仁去皮，研，傅。　箭鏑在咽，或刀刃在咽膈諸隱處，杵杏仁，傅。

杏葉　煎湯洗眼癬良。

叭噠杏　甘，涼。潤肺，補液濡枯。仁味甘平。補肺潤燥，止欬下氣，養胃，化痰。闊扁尖彎如鸚哥嘴者良。去衣，或生或炒，亦可作酥酪。雙仁者有毒，勿用。寒濕痰飲、脾虛腸滑者忌食。

清・屠道和《本草匯纂》卷二下氣　杏仁　耑入肺。辛苦甘，溫潤利，有小毒。散肺氣分風寒，下氣除喘，解肌潤燥，宣滯行痰。治時行頭痛，去頭面諸風氣皶皰，喘嗽上氣，喘促雷鳴，喉痺，驚癇，心下煩熱，急滿痛，上焦風燥，胸膈氣逆，腹痺不通，大腸氣祕。溫病脚氣，蠱毒瘡疥。狗毒、㹀毒、錫毒，金瘡，殺蟲消腫。入天門冬煎潤心肺，和酪作湯潤聲氣。東垣論杏仁與紫菀均屬宣肺除鬱開溺，但紫菀主泄肺中之血，杏仁主下肺中之氣。與桃仁俱治便祕，而杏仁治其脈浮，氣喘便祕於晝而見；　桃仁治其脈沉，狂發便祕於夜而見。馮楚瞻論杏仁、栝蔞，均屬除痰，而杏仁從腠理中發散以祛，故表虛者最忌；　栝蔞從腸胃中清利以除，故裏虛者切忌。用杏仁以治便祕，須用陳皮以佐，則氣始通。脈浮者屬氣，用杏仁、陳皮。脈沉者屬血，用桃仁、陳皮。肺與大腸為表裏，賁門在胃口之上，主往來；　魄門，即肛門，主收納，為氣之通道，故並用陳皮佐之。至久服令人鬚眉髮落，亦是耗氣之故。陰虛喘嗽及亡血與表虛者，均未可妄投。

清・劉善述、劉士季《草木便方》卷二木部　杏子樹　杏枝苦溫消瘀速，花補女陰中不足。葉治身面卒腫大，根療過食杏子毒。子名杏仁。

清・田綿淮《本草省常・果性類》　杏　一名甜梅。性熱，有毒。傷筋骨，昏精神，生熱痰，動宿疾。久食目盲，鬚眉落。未長熟者，食之生癰癤。病人及小兒皆忌之，產婦尤忌。

清・戴葆元《本草綱目易知錄》卷三　杏仁　甘、苦，溫，冷利，有小毒。入手太陰經。能散能降，發汗解肌，散風潤肺，消食化滯，降氣行痰。治時行頭痛溫病，脚氣，欬逆上氣喘促，喉痹驚癇，煩熱，風氣雷鳴，產乳金瘡，寒心奔豚。清上焦風躁，消心下急滿，利胸膈氣逆，潤大腸氣閉。入天門冬潤心肺。和酪作湯飲，潤聲氣，除肺熱。殺蟲，治諸瘡疥，消腫，去頭面諸風氣及皶皰。解錫毒，殺狗毒，又能毒狗。肺虛欬久者忌。雙仁者，食殺人。

清・黃光霽《本草衍句》　杏仁　辛散風以解肌，散肺經之風邪。苦瀉肺而降氣。散滯氣而下氣。消食消痰，潤燥潤肺。除肺中風熱咳嗽。止咳逆之上冲，上氣喘促。利胸膈之滿急。急滿脹痛。頭痛面風，去頭面諸風。大腸氣秘。杏仁、陳皮治氣秘，桃仁、陳皮治血秘。驚癇奔豚，脚氣喉痺。除瘡疥而殺蟲，消狗積與麵食。肺虛者不宜。得天冬能潤心肺，得柿餅治肺病咯血，得童便能補肺怯勞。喉痺痰嗽，杏仁熬黃三分，和桂末一分，含之。卒失音聲，方用同上法。　陰瘡爛腫，杏仁燒黑，研末成膏，敷之。　產門蟲疽，痛痒不可忍，杏仁燒存性，杵爛，綿裹納入陰中，取效。

清・陳其瑞《本草撮要》卷三　杏仁　味甘苦，入手太陰經氣分，功專散結潤燥。得門冬能潤心肺，得柿餅治肺病咯血，得童便能補肺劫勞，得陳皮治氣閉晝便難。其性毒能殺蟲，治瘡，制錫狗毒，消狗肉積。因虛而欬嗽便閉者忌之。雙仁者殺人。去皮尖炒研，發散連皮尖研。得火良，惡葛根、黄芩、黄耆。杏子肉酸熱，孕婦忌食。　巴旦杏仁　味甘平，入手太陰經，功專降逆，有濕痰者勿服，得麻黄、甘草治諸忤。

清・吴汝紀《每日食物却病考》卷下　杏子　甘，酸，熱，有小毒。多食，傷筋骨，損神，盲目。小兒尤不可食，致瘍癰及上膈熱，產婦尤忌之。又一種巴旦杏，肉稍薄，核仁甘美，止欬下氣，消逆悶。

清・仲昴庭《本草崇原集説》卷中　杏仁　【略】〔批〕杏仁主治之病，皆起於肺氣不利，病屬有餘，設與肺氣無關，便非杏仁的候。【略】

仲氏曰：　其質冷利，故下氣，肺主氣，故治咳逆，咳逆上氣，由肺氣不得下行，未至實而脹也，肺與大腸相表裏，水氣相搏，則大腸雷鳴，非痰聲之切響也，所以杏仁可治。如果肺實而脹，痰作雷鳴，又當於《論》《略》中求治法，《經讀》特未明言。

清・周巖《本草思辨録》卷三　杏仁　杏有脈絡，為心果，仁則主通脈絡之氣而為肺果。其性直降而兼横擴，横擴與直降，互相牽制而不得逞，故非加他藥不能横擴不能直降。然用杏仁於横擴，有兼取其直降者。用杏仁於直降，有兼取其横擴者。證若兩有所需，杏仁亦兩呈其技也。

麻黄湯者，傷寒之汗劑也。既用麻黄何以又加杏仁，則以杏仁兼能下氣止喘也。表實而邪不得解固喘，邪解而氣不得下亦喘，杏仁既走表而復入裏，則外散之氣，亦相與由中道而下，是故麻杏甘石湯有麻黄又有杏仁，則為治喘，葛根湯有麻黄無杏仁，則證本無喘。然而麻黄非不治喘，小青龍湯云喘去麻黄加杏仁，又何以有宜不宜之別耶？　蓋麻黄者，上發心液，亦下通腎氣，小青龍心下之水，已與腎藏之水相吸引，若再以麻黄動其腎氣，喘將愈不能止。杏仁肺藥非腎藥，故去彼加此，所謂用杏仁於横擴，兼取其直降者此也。

大陷胸丸者，傷寒之下劑也。結胸而云項亦強如柔痓狀，是項強外與大陷胸湯無異，而證則較重。故彼可速攻而愈，此必變丸而緩攻。杏仁一味，專為項強而設。項強由陽邪爍液所致，杏仁研之如脂而性兼横擴。再佐以芒消之津潤，白蜜之和甘，何難化強為柔。然結胸之項強，非下不和，亦非下不陷。杏仁固大黄之功臣，葶藶、甘遂之益友也，所謂用杏仁於直降，兼取其横擴者此也。

傷寒發汗，以麻黄為主，杏仁為輔。治喘以杏仁為主，麻黄為輔。故二物並用，其效始捷。夫喘在傷寒，為表實肺鬱。在雜證，則有熱喘、有虚喘、有飲氣喘，不止一端。小青龍喘去麻黄加杏仁，即非治傷寒之喘，故其方亦多用於雜證。然而仲聖用藥之道，但於配合異同，分數多寡之中，一為轉移，便大不相侔。大青龍，傷寒最要之方也。麻、杏並用，豈為治喘。其故則在麻黄加麻黄湯一倍，杏仁減七十個為四十，又得生薑之升，石膏之寒，杏仁自隨麻黄而横擴，不致馳思於直降。推此以求，麻、杏並用而非為治喘者，又得四方焉：　一曰麻黄加术湯，濕家身煩疼，為寒濕之氣鬱於肌表，麻黄湯正與相宜。病由於濕，故加白术以收濕。而中氣既固，則杏仁亦只為利肺氣之用而已。一曰麻黄杏仁薏苡甘草湯，傷於風濕而至發熱日晡所劇，非麻、杏所能獨治矣。薏苡清熱去濕，治久風濕痹，故加之。但其分數，則麻黄止用麻黄湯六中之一，杏仁七中之一，薏苡亦與麻黄相埒，此小制治上之法，杏仁所以無直降之權也。一曰文蛤湯，此即大青龍去桂枝加文蛤，貪飲由於熱甚，故用文蛤、石膏特多，麻黄減大青龍一半者，以表邪微而不欲其過汗也。若無蛤、膏之鹹寒，則麻黄恐尚不用至三兩。然則用麻黄而復佐以生薑、杏仁，自無不汗之理。杏仁雖兼有直降之長，制之以蛤、膏，其與麻、薑比而與蛤、膏遠者，勢固然也。一曰厚朴麻黄湯，此即小青龍加減而治亦大異，曰咳而脈浮，而不詳其證，則試以本方藥味測之：　乾薑、五味、細辛，治寒咳之藥也，而咳因於寒可知；　麻、杏與厚朴並用，厚朴亦温散之藥也，而表有寒邪宜發可知；　有細辛又加半夏，則必以之蠲飲；　有五味又加小麥，則既治咳自當安肺；　此必因肺痿已見一斑，故加石膏以存津而化燥，與小青龍加石膏之意頗同。然彼為肺脹已成，故驅寒飲使下行，此為肺痿始萌，故乘脈浮之際，亟解其表邪。桂枝、芍藥，所以用於彼而不用於此。厚朴用至五兩，又無芍藥，則杏仁又何能效其直降之職。是為去杏仁之直降而取其横擴。

杏仁直降横擴，雖同無狠力，有借於他藥，而以二者權之，直降之力，差優於横擴，故甄權主發汗，而《本經》不主發汗主下氣。茯苓杏仁甘草湯，注家多以杏仁為散結，愚獨以為下氣。何以言之？　胸痹胸中氣塞短氣，看似甚劇，實則較前條用枳實薤白桂枝湯為輕。此蓋痰飲為患，陽尚不虚，無取薤、桂。稀飲治以是湯，膠痰則主橘枳生薑湯。稀飲而致氣塞短氣者，必因小便不利而飲停於胸，胸膈或素不舒，飲停則痹。《本經》茯苓主胸脇逆氣、心下結痛，利小便，可知散停飲之結，茯苓實司其職。茯苓淡滲散結，是有形之飲。杏仁苦溫下降，是無形之氣。二者合而痹者斯開，塞者斯通。然他方治胸痹無甘草，而此有之者，以二物皆下行，非以甘草載之，則勢不少駐而去疾不盡耳。《外臺》走馬湯，下劑也。中惡，心痛腹脹，大便不通，徐忠可謂客忤，沈目南謂絞腸烏痧。按方用巴豆，自當有惡毒之邪，壅塞藏府，須臾即斃之勢。故以巴豆逐有形之實邪，杏仁下無形之虛氣，為急救之策。與茯苓杏仁甘草湯之用杏仁，取資無異。是為去杏仁之横擴而取其直降。

有以杏仁輔麻黄發汗而可用於寒劑者。《傷寒論》治黄疸之方凡三：茵陳蒿湯使濕熱從小便去，以小便不利腹微滿，陽明病之宜下解者也。梔子蘗皮湯身黄發熱非太陽發熱比，蘗皮為陽明經腑之藥，故以清肌表之濕熱，《別録》療肌膚熱赤起，鄒氏謂蘗皮之用正在表裏之間。而佐以梔子、甘草，亦下行利小便之輕劑也。此皆於杏仁無與者。麻黄連翹赤小豆湯，云瘀熱在裏，身必發黄，而無小便不利與發熱等證，則其裏為太陽之裏，說本柯氏。太陽瘀熱非汗不解，但發表不遠熱，而陽黄之濕熱，則非熱藥所宜。惟以連翹、梓皮、赤小豆徹熱利濕，當治裏之巨任，而後麻黄、杏仁散之於表，濕熱得以汗解。此治太陽瘀熱發黄，非治頭痛發熱、身疼骨痛，故麻黄、杏仁，視麻黄湯減少其數，而用於寒劑，亦不以掣寒劑之肘也。

有以杏仁治腫而正取其不發汗者，水去嘔止其人形腫一條痰飲篇。尤氏謂胃氣已和而肺壅未通，麻黄可以通之，甚是。惟於不用麻黄用杏仁之故，則疏之未當。夫麻黄發陽猶之發汗，以血虚而不敢發汗，猶之奪血者無汗。蓋形腫必通血絡，麻黄與杏仁所同有是能也。麻黄發汗而杏仁不發汗，則麻黄不宜，而杏仁正宜。杏仁不獨發汗，此非其明徵歟。

有以杏仁治喘而不用於汗劑者，桂枝加厚朴杏仁湯，太陽病誤下，無結胸下利諸變證而但微喘，喘既微，則表實之不解者亦僅矣。桂枝湯固不解表實，以麻黄施於微實之表邪，又豈得為當。惟厚朴溫散勝於桂枝，與桂枝湯協以解表，則不至有大汗之虞。然不大汗，表固已解，而表解而氣不下，則喘猶不止。夫優於下氣，而解表亦兼有所資者，杏仁是也。退麻黄而進杏仁，殆以是夫。

杏仁研之如脂，以濡潤之物而擅横擴直降之長，故於傷寒雜證皆多所資藉。麻仁丸用杏仁，則於濡潤中兼取其直降也。麻仁與杏仁，皆能潤液化燥，而麻仁擴脾之約，杏仁抑肺使下，說詳大麻仁。不可謂無通便之功矣。大黄䗪蟲丸用杏仁，則於濡潤中兼取其横擴也。是方種種治法，無非為補虛緩中之計。惟引地黄入脈絡以行滋柔之化者，非杏仁而何，雖桃仁亦只與䗪蟲輩比烈矣。抑有但取其濡潤以佐他藥，而横擴與直降兩無所見者，礬石丸是也。子臟中有堅癖乾血，縱以桃仁、乾漆、䗪蟲輩為坐藥，未必遂能去之，況横擴直降，第恃有杏仁乎？夫曰：經水閉不利者，有閉時有不閉時，不閉時亦不如平人之利也。臟堅癖不止，《醫宗金鑒》：不止，不去也。中有乾血下白物者，子臟中有堅癖不可去之物，實為乾血，而不能如乾血急治也。有乾血，則經之蓄泄不以時，而濕熱釀為白物則自下也，此當置乾血而先治其白物。礬石卻濕除熱，劇者不過再內而愈。然非佐杏仁、白蜜以緩之和之，未必收效如是之捷。蛇床子散亦坐藥也，彼治陰寒但任蛇床子，佐白粉為以柔濟剛；此治白物但任礬石，佐杏仁為以潤濟燥。杏仁潤而不膩，不致減礬石之力則有之，若云協以散結，豈仲聖意哉。

杏仁横擴不及麻黄之峻，而於風虛之證，卻正相宜，又最宜於頭面之風。潔古云治上焦風熱。東垣云除肺中風熱。石頑云氣下則熱自解風自散。竊謂風散則熱自解，並非以熱藥治熱風。考《千金》杏酥治風虛頭痛，杏仁搗膏塗頭面風腫，治頭中痛身熱風熱，治頭面上風，治頭中風癢白屑各方中，皆有杏仁。又薯蕷湯、薯蕷丸，亦皆有杏仁。其所治之證，皆有頭目眩冒。由是推之，即《金匱》薯蕷丸風藥頗多，何嘗不以杏仁治頭面風，所謂風氣百疾者，固無一不慮之周也。

巴旦杏

元·忽思慧《飲膳正要》卷三　八檐仁　味甘，無毒。止欬下氣，消心腹逆悶。其果出回回田地。

明·劉文泰《本草品彙精要》卷三四　八檐仁無毒　植生。

八檐仁：止欬下氣，消心腹，逆悶。出《飲膳正要》。【苗】樹高丈許，枝、葉、花、實與杏無異，但實差小，亦可噉之。核中仁，食之味甘美，與榛子仁相似，非若杏仁苦而有毒也。【地】出回回田地，今北地亦有之。【時】生：四月生。採：五月、六月取實。【收】暴乾。【用】仁。【質】類杏仁而圓小。【色】皮褐，仁白。【味】甘。【性】緩。【氣】氣之薄者，陽中之陰。【臭】香。【製】敲去殼，湯泡，去皮用。

明·李時珍《本草綱目》卷二九果部·五果類 巴旦杏《綱目》

【釋名】八擔杏《正要》 忽鹿麻

【集解】時珍曰：巴旦杏，出回回舊地，今關西諸土亦有。樹如杏而葉差小，實亦尖小而肉薄。其核如梅核，殼薄而仁甘美。點茶食之，味如榛子。西人以充方物。

【氣味】甘，平、温，無毒。 【主治】止欬下氣，消心腹逆悶。時珍。出《飲膳正要》。

明·穆世錫《食物輯要》卷六 八擔杏仁 味甘，平，性溫，無毒。止咳下氣，散心腹(迷)〔逆〕悶。多食動宿疾。

明·應廖《食治廣要》卷四 巴旦杏仁 氣味：甘，平，無毒。主治：咳逆下氣，消心腹逆悶。出回回舊地，故曰巴旦。今關西諸土亦有之。

明·姚可成《食物本草》卷八果部·五果類 巴旦杏一名八擔杏。出回回舊地，今關西諸土亦有。樹如杏而葉差小，實亦尖小而肉薄。其核如梅核，殼薄而仁甘美。點茶食之，味如榛子。西人以充方物。 巴旦杏，味甘，平、溫，無毒。止欬下氣，消心腹逆悶。

明·施永圖《本草醫旨·食物類》卷三 巴旦杏 味：甘，平、溫，無毒。治：止欬下氣，消心腹逆悶。

清·尤乘《食鑒本草·果類》 巴達杏 甘，平。止欬下氣，消心腹逆悶。

清·王士禛《香祖筆記》卷一 《異物匯苑》：巴旦杏出哈烈國，今北方皆有之。京師者實大而甘，山東者實小肉薄，少津液，土人賤之不食，獨其仁甘，可以佐菹。

清·吴儀洛《本草從新》卷四 巴旦杏仁 甘，平。止咳下氣，消心腹逆悶。有濕痰者勿服。以其性潤也。凡仁皆潤。形扁皮白，尖彎如鸚哥嘴者真。形圓皮黄尖直者，名甜舌仁，出山東、河南，不入藥。

題清·徐大椿《藥性切用》卷六 巴旦杏仁 性味甘平，止欬下氣，潤燥豁痰，為勞嗽無熱之喘藥。

清·田綿淮《本草省常·果性類》 巴旦杏仁 一作八擔杏仁。性平。下氣止嗽，潤燥化痰，消心腹逆悶。

清·戴葆元《本草綱目易知錄》卷三 巴旦杏仁北杏仁 甘，平，溫。潤肺化痰，止咳下氣，消心腹逆悶，治氣壅喘促。時珍曰：巴旦杏，產自回回。今關西諸土皆有。其樹如杏，核如梅核，殼薄仁甘，作茶點食佳。葆按：今北地產者，有甜、苦兩種，俱入藥。但南杏仁味苦氣燥，發汗解肌，故治風寒咳嗽。北杏，味甘氣平，潤肺化痰而治虛咳喘促。去皮用。

梅

唐·孫思邈《千金要方》卷二六《食治·果實》 梅實 味酸，平，濇，無毒。下氣，除熱煩滿，安心。止肢體痛、偏枯不仁、死肌，去青黑誌、惡疾，止下利、好唾口乾，利筋脉。多食壞人齒。

宋·李昉《太平御覽》卷九七〇 梅 《詩義疏》曰：梅，杏類也。樹及葉皆如杏而黑，煑而乾為腊，置羹臛虀中，又可含以香口。《抱朴子》曰：綺里丹法，以鉛百斤，合五石煑之，皆成銀。以雄黄煑之，皆成黄金。金太剛，以猪膏煑之。太柔，以梅煑之。《桂陽先賢傳》曰：有人謂蘇統後園梅樹下種藥，藥可治百病。《吴氏本草》曰：梅核，明目，益氣不飢。《神異經》曰：北方荒外有石湖焉，方千里，中有横公魚，夜化為人，刺之不入，煑之不死。以烏梅二七煑之，即熟，可已邪病。

附：日·丹波康賴《醫心方》卷三〇 梅實 《本草》云：味酸，平，無毒。主下氣，除熱煩滿，安心支體痛，偏枯不仁，死肌，去青黑痣惡疾，止下利，好唾口乾。陶〔弘〕景注云：是今烏梅也。又：服黄精人禁梅實。蘇敬注云：利筋脉，去痹。崔禹〔錫〕云：味酸，大溫。主安肝心下氣。《藥性論》云：黑穴服梅花，黄連登雲臺。孟詵云：食之除悶安神。《七卷經》云：味酸，平。詩云：梅，香類也。又可含以香口也。

宋·唐慎微《證類本草》卷二三果部中品〔《本經·別錄》〕 **梅實** **味酸，平**，無毒。**主下氣，除熱煩滿，安心，肢體痛，偏枯不仁，死肌，去青黑(誌)〔痣〕，惡疾**，止下痢，好唾，口乾。生漢中川谷。五月採，火乾。

〔梁·陶弘景《本草經集注》〕云：此亦是今烏梅也，用當去核，微熬之。傷寒煩熱，水漬飲汁。生梅子及白梅亦應相似，今人多用白梅和藥，以點誌，蝕惡肉也。服黄精人，云禁食梅實。

〔唐·蘇敬《唐本草》〕注云：《别録》云，梅根，療風痹，出土者殺人。梅實，利筋脈，去痹。

〔宋·掌禹錫《嘉祐本草》〕按：《藥性論》云：梅核人亦可單用，味酸，無毒。能除煩熱。蕭炳云：今人多用煙熏爲烏梅。孟詵云：烏梅，多食損齒。又，刺在肉中，嚼白梅封之，刺即出。又，大便不通，氣奔欲死。以烏梅十顆置湯中，須臾挼去核，杵爲丸如棗大，內下部，少時即通。謹按：擘破水漬，以少蜜相和，止渴，霍亂心腹不安及痢赤。治瘧方多用之。陳藏器云：梅實本功外，止渴。令人膈上熱。烏梅去痰，主瘧瘴，止渴調中，除冷熱痢，止吐逆。梅葉擣碎湯洗，衣易脫也。嵩陽子云：清水揉梅葉，洗蕉葛衣，經夏不脆。余試之驗。日華子云：梅子，暖。止渴。多啖傷骨，蝕脾胃，令人發熱。根、葉煎濃湯，治休息痢并霍亂。又云：白梅，暖，無毒。治刀箭，止血，研傅之。又云：烏梅，暖，無毒。除勞，治骨蒸，去煩悶。澀腸止痢，消酒毒。治偏枯、皮膚麻痹。去黑點。令人得睡。又入建茶、乾薑爲丸，止休息痢，大驗也。

〔宋・蘇頌《本草圖經》〕曰：梅實，生漢中川谷，今襄漢、川蜀、江湖、淮嶺皆有之。其生實酢而損齒，傷骨，發虛熱，不宜多食之，服黃精人尤不相宜。其葉煮濃汁服之，已休息痢。根，主風痹。出土者不可用。五月採其黃實，火熏乾作烏梅。主傷寒煩熱及霍亂躁渴。虛勞瘦羸，産婦氣痢等方中多用之。南方療勞瘧劣弱者，用烏梅十四枚，豆豉二合，桃、柳枝各一虎口握，甘草三寸長，生薑一塊，以童子小便二升，煎七合，溫服。其餘藥使用之尤多。又以鹽殺爲白梅，亦入除痰藥中用。又，下有楊梅條，亦生江南、嶺南。其木若荔枝，而葉細陰厚，其實生青熟紅，肉在核上，無皮殼。南人淹藏以爲果，寄至北方甚多，今醫方鮮用，故附於此。

〔宋・唐慎微《證類本草》〕《聖惠方》：主傷寒，下部生䘌瘡。用烏梅肉三兩，炒令燥，杵爲末，煉蜜丸如梧桐子大。以石榴根皮煎湯，食前下十丸。又方：治痰厥頭痛。以十個取肉，鹽二錢，酒一中盞，合煎至七分，去滓，非時溫服，吐即佳。又方：治痢下積久不差，腸垢已出。以二十個，水一盞，煎取六分，去滓，食前分爲二服。《肘後方》同。又方：治瘡中新努肉出。杵肉以蜜和，捻作餅子如錢許大厚，以貼瘡，差爲度。《外臺秘要》：治下部蟲䘌。杵梅、桃葉一斛，蒸之，令極熱，內小器中，大布上坐，蟲死。《肘後方》：治心腹俱脹痛，短氣欲死或已絶。烏梅二七枚，水五升，煮一沸，內大錢二七枚，煮取二升半，强人可頓服，羸人可分之再服。又方：治傷寒。以三十枚去核，以豉一升，苦酒三升，煮取一升半，去滓服。又方：治手指忽腫痛，名爲伐指。以烏梅人杵，苦酒和，以指清之，須臾差。葛氏：治赤白痢，下部疼重。以二十枚打碎，水二升，煮取一升，頓服。又方：治折傷。以五斤去核，飴五升合煮，稍稍食之，漸漸自消。《經驗方》：治馬汗入肉。用烏梅和核，爛杵爲末，以頭醋和爲膏。先將瘡口以針刺破，但出紫血，有紅血出，用帛拭乾，以膏傅上，以帛繫定。梅師：治傷寒四五日，頭痛壯熱，胸中煩痛。烏梅十四個，鹽五合，水一升，煎取一半服，吐之。《簡要濟衆》：治消渴，止煩悶。以烏梅肉二兩，微炒爲末。每服二錢，水二盞，煎取一盞，去滓，入豉二百粒，煎至半盞，去滓，臨卧時服。《鬼遺方》：治一切瘡肉出。以烏梅燒爲灰，杵末傅上，惡肉立盡，極妙。《吳氏本草》：梅核明目，益氣不飢。《毛詩疏》云：梅暴乾爲腊，羹臛齏中，又含可以香口。魏文帝與軍士失道，大渴而無水，遂下令曰：前有梅林，結子甘酸，可以止渴。

宋・寇宗奭《本草衍義》卷一八　梅實　食梅則津液洩，水生木也。津液洩，故傷齒。腎屬水，外爲齒故也。王叔和曰：膀胱、腎合爲津府，此語雖鄙，然理存焉。熏之爲烏梅，曝乾藏密器中，爲白梅。

宋・王繼先《紹興本草》卷一三　梅實　紹興校定：梅實，性味主治已載《本經》，然種類不一，其性無異。唯一種黃大梅，以火熏之令乾，今烏梅是也。溫州等處多造之，治蟲、斷痢諸方多用。又入鹽，乾之為白梅，主治雖異，亦入于方。其梅或以生，或以乾，亦世之果品。然傷肺作痰頗驗，當云味酸、溫、無毒為定。又根葉、核仁，雖各分主療，皆未聞驗據。江南多産之。

宋・鄭樵《通志》卷七六《昆蟲草木略》　梅之類多。《爾雅》曰：梅，柟。又曰：時，英梅。梅類而實小，謂之雀梅。

宋・劉明之《圖經本草藥性總論》卷下　梅實　味酸，平，無毒。下氣，除熱煩滿，安心，肢體痛，偏枯不仁死肌，去青黑誌，止下痢，好唾口乾。《藥性論》云：梅核仁，可單用。能除煩熱。陳藏器：止渴，令人膈上熱。烏梅去痰，主瘧瘴，止渴，調中，除冷熱痢，止吐逆。日華子云：止渴，多痰，傷骨蝕脾胃。根葉，煎湯，治休息痢并霍亂。

宋・陳衍《寶慶本草折衷》卷一八　中品梅實核人附。　一名梅，一名梅子。○古詩云：一名青梅，其熟者名黃梅。生漢中川谷，及襄、蜀、江、湖、淮、嶺、郢州。○五月採。○服黃精人禁食。○附：核人，俗號梅人，一作仁。

味酸，平，暖，無毒。○主下氣，除煩滿，安心，肢體痛，偏枯不仁，去青黑誌疾。○《唐本註》云：利筋脉，去痹。○陳藏器云：止渴，令人膈上熱。○日華子云：多啖傷骨，蝕脾胃。○《圖經》曰：酢而損齒。發虛熱。○寇氏曰：食梅則津液泄。津液泄，故傷齒。腎屬水，外為齒故也。

附：核人。○味酸，無毒。除煩熱，明目，益氣。

新分烏梅　又云：一名黑梅。○所出與梅實同。○五月採黃實，煙熏之乾。

味酸，平，暖，無毒繆雲。○主大便不通，氣奔，去核杵，為丸如棗大，內下部即通。分前條孟詵說。○陳藏器云：去痰，主瘧瘴，止渴，調中，除冷熱痢，止吐逆。○日華子云：除勞，治骨蒸，去煩悶，澀腸，通而又澀。消酒毒，治偏枯麻痹，去黑點，令人得睡。又入建茶、乾薑為丸，止休息痢。○《圖經》曰：主傷寒，煩熱，霍亂躁渴，虛勞瘦羸，產婦氣痢。○《聖惠方》：主傷寒，下部䘌瘡，用烏梅肉炒燥杵末，蜜丸如梧子大，以石榴根皮煎湯，食前下拾丸。

新分白梅　所出亦與梅實同。○採梅實鹽殺，曝乾，藏密器中。

味酸、鹹繆雲，平，暖，無毒。○主莿在肉中，嚼封即出。同前分。○日華子云：治刀箭止血，研傅之。○《圖經》曰：入除痰藥中用，經久鹽化盡者，可用。

續說云：繆雲謂白梅主傷寒，痰厥，頭疼，折傷，下痢，腸垢。今嘔逆者，服之尤驗。

元・王好古《湯液本草》卷五　烏梅　氣平，味酸。酸温，陽也。無毒。《象》云：主下氣，除熱煩滿，安心調中，治痢止渴。以鹽為白梅，亦入除痰藥。去核用。《心》云：收肺氣。《本草》云：主肢體痛，偏枯不仁，死肌。去青黑痣，惡疾，止下痢，好唾口乾，去骨間熱。又方，治一切惡瘡肉出，以烏梅燒為灰，杵末，傅上，惡肉立盡。仲景治吐蛔下利，烏梅丸。

元・忽思慧《飲膳正要》卷三　梅實　味酸，平，無毒。主下氣，除煩熱，安心，止痢住渴。

元・尚從善《本草元命苞》卷八　烏梅　味酸，性暖，無毒。療偏枯，皮膚麻痺。治骨蒸勞熱虛煩。止赤白痢不息，去青黑誌惡疾。除煩滿，安心。醫口乾，好唾。定霍亂吐利，收肺氣喘急。手指腫痛，杵梅仁，苦酒漬之。消渴煩悶，炒梅肉，入豉煎服。痰嗽藥中為引，瘴瘧方內宜加。生食傷齒骨，又令發虛熱。產漢中川谷，今淮嶺江湖。五月採，火乾，多用煙熏黑。

元・佚名氏《珍珠囊・諸品藥性主治指掌》〔見《醫要集覽》〕　烏梅　味酸，平，性溫，無毒。可升可降，陰也。其用有二：收肺氣，除煩止渴；主泄痢，調胃和中。

元・徐彥純《本草發揮》卷三　烏梅　成聊攝云：肺主氣。肺欲收，急食酸以收之。烏梅之酸，以收陽也。東垣云：烏梅，味酸，溫。收肺氣，陽。海藏云：《鬼遺方》治一切瘡肉突出，以烏梅燒灰，杵末，傅上，惡肉立盡，極効。仲景有治吐蚘，下利，烏梅丸主之。

明・蘭茂撰，清・管暄校補《滇南本草》卷上　紅梅　味酸，寒。治一切瘟疫暑熱，頭痛發熱，服之神效。

明・王綸《本草集要》卷五　梅實烏梅也　味酸，氣平。陽也。無毒。火熏乾之為烏梅。曝乾，密器藏之為白梅。去核用。　主下氣，除熱煩滿，收肺氣，安心，肢體痛，偏枯不仁死肌，去青黑（誌）〔痣〕惡疾，止下痢，澀腸止洩，消酒毒，好睡，口乾，去痰，治瘧瘴，傷寒煩熱，及霍亂噪渴，虛勞骨蒸。入建茶、乾薑，為丸，治休息痢大驗。燒灰，杵末，傅一切惡瘡肉出，惡肉立盡。○白梅，研傅刀箭止血。刺在肉中，嚼封之即出。乳癰腫毒，杵爛貼之，亦和藥點（誌）〔痣〕，（食）〔蝕〕惡肉。多食損齒傷骨。○葉，煮濃汁，服之止休息痢。

明・滕弘《神農本經會通》卷三　梅實　是今烏梅也。五月採。火黑乾，作烏梅。鹽殺之，為白梅。用須去核。一云：暖。

味酸，氣平，無毒。《湯》云：氣平，味酸。酸溫，陽也。東云：可升可降，陰也。收肺氣，除煩止渴，主泄痢，調胃和中。又云：治便血，瘧痢。《珍》云：收肺氣。《東》云：收肺氣，生津止渴及除煩，止泄痢，調胃，去熱在骨間。

《本經》云：主下氣，除熱煩滿，安心，肢體痛，偏枯不仁，死肌，去青黑誌，惡痰，止下痢，好唾，口乾。五月採，火乾。陶云：用當去核。傷寒煩熱，水漬飲汁。服黃精人，云禁食梅實。孟詵云：烏梅，多食損齒。又大便不通，氣奔欲死，以烏梅十顆，置湯中，須臾挼去核，杵為丸如棗大，內下部，少時即通。謹按：劈破水漬，以少蜜相和，止渴霍亂心腹不安，及赤痢。治瘧方多用之。陳藏器云：梅實本功外，止渴，令人膈上熱。烏梅去痰，調中，除冷熱痢，止吐逆。日華子云：梅子暖，止渴多痰，傷骨蝕脾胃，令人發熱。又云：烏梅，暖，無毒。治勞，治骨蒸，去煩悶，澀腸止痢，消酒毒。治偏枯，皮膚麻痺。去黑點，令人得睡。又入建茶、乾薑為丸，止休息痢，大驗也。《圖經》云：梅實酢而損齒傷骨，發虛熱，不宜多食之。服黃精人，尤不相宜。五月採其黃實，火黑乾，作烏梅。主傷寒煩熱，及霍亂躁渴，虛勞瘦羸，產婦氣痢等方中多用之。南方療勞瘧，劣者用烏梅十四枚，豆豉二合，桃、柳枝各一虎口握，甘草三寸長，生薑一塊，以童子小便二升，煎七合溫服。

《象》云：主下氣，除熱煩滿，安心調中，治痢治渴，以鹽為白梅，除痰，藥去核用。《心》云：收肺氣。又《鬼遺方》治一切惡瘡肉出，以烏梅燒為灰，杵末傅上，惡肉立盡。仲景治吐蚘下痢，烏梅丸。《別録》云：梅實，利筋脉，去痹。劊云：烏梅酸溫收肺氣，生津止渴更除煩。又安泄痢調和胃，去熱其來在骨間。《局》云：烏梅本草名梅實，下氣調中止口乾。治產治痰仍治痢，骨蒸勞熱用之安。烏梅，止嗽化痰，止下痢。

白梅　日華子云：暖，無毒。治刀箭，止血，研傅之。陶云：用白梅和藥以點誌，蝕惡肉。孟詵云：刺在肉中，嚼白梅封之，刺即出。《圖經》云：以鹽殺為白梅，亦入除痰藥中用。

梅葉根核　日華子云：根葉煎濃湯，治休息痢，并霍亂。《圖經》云：葉煮濃汁服之，止休息痢。陳藏器云：梅葉擣碎，湯，洗衣易脫也。嵩陽子云：清水揉梅葉，洗焦葛衣，經夏不脆。試之驗。《別録》云：梅根，療風痺。出土者，殺人。《圖經》同。《藥性論》云：梅核人可以單用，味酸，無毒。能除煩熱。蕭炳云：今人多用煙熏為烏梅。

明·劉文泰《本草品彙精要》卷三三　梅實無毒。附烏梅、白梅。　植生。

梅實出《神農本經》：**主下氣，除熱煩滿，安心，肢體痛，偏枯不仁，死肌，去青黑誌，惡疾。**以上朱字《神農本經》。止下痢，好唾，口乾。以上黑字名醫所錄。

〖苗〗謹按：木似杏而枝榦勁脆，春初時開白花，甚清馥，花將謝而葉始生。二月結實如豆，味酸美，人皆啖之。五月採將熟，大於杏者，以百草烟熏至黑色，爲烏梅；以鹽淹，暴乾者爲白梅也。〖地〗《圖經》曰：生漢中川谷，今襄漢、川蜀、江湖、淮嶺皆有之。〖道地〗郢州，今安吉爲勝。〖時〗生：春初開花，二月結實。採：五月取實。〖收〗火乾。〖用〗實。〖質〗類杏實。〖色〗生青，熟黃。〖味〗酸。〖性〗平，收。〖氣〗氣之薄者，陽中陰也。〖臭〗香。〖主〗生津止渴，除冷熱痢。〖製〗去核用。〖治〗療：《圖經》曰：葉煮汁，已休息痢。○根，除風痹。○烏梅，治傷寒煩熱及霍亂燥渴，虛勞瘦羸，產婦氣痢。陶隱居云：白梅，點痣，蝕惡肉。《唐本》注云：實，利筋脈，去痹。《藥性論》云：核，除煩熱。日華子云：實，止渴。○葉，止霍亂。○白梅，傅刀箭所傷及刺在肉中。○烏梅，除勞及骨蒸，去煩悶，澀腸，消酒毒并偏枯，皮膚麻痹，去黑點，令人得睡。陳藏器云：烏梅，消痰，祛瘧瘴，調中，止吐逆。孟詵云：大便不通，氣奔欲死，烏梅湯泡挼去核，杵丸如棗大，內下部即通。《湯液本草》云：烏梅燒灰，傅一切瘡肉及蚘蟲。〖合治〗烏梅合建茶、乾薑爲丸，止休息痢。○合蜜爲丸，石榴皮根湯下，治傷寒，下部生䘌瘡。〖禁〗服黃精，不宜食。○多啖，傷骨，蝕脾胃，發熱，損齒。○梅根出土者不用。○生食，令人膈上熱。

明·盧和、汪穎《食物本草》卷二果類　梅　味酸，平，無毒。生食之，止渴，損齒，傷骨。一云：利筋骨，蝕肺胃，令人膈發虛熱。服黃精人，尤不可食。烏梅，暖，無毒。主下氣，除煩熱，收肺氣，安心，止痢澀腸，消酒毒，去痰，治瘧瘴麻痹，霍亂，虛勞骨蒸。多食不宜。白梅，醃暴乾者。《本草》只用烏梅。白梅研傅刀箭傷，止血。刺在肉中，嚼封之即出。乳癰腫毒，杵爛貼佳。又和藥點痣。《書》曰若作和羹，爾惟鹽梅者是也。

明·盧和、汪穎《食物本草》卷四味類　梅仁　味酸，無毒，能除煩熱。

明·葉文齡《醫學統旨》卷八　烏梅　氣平，味酸。無毒。陽也。治久痢、久嗽、吐蚘，生津止渴，下氣除熱煩滿，收肺氣，消痰澀腸，止洩祛瘧，虛勞骨蒸，安心，消酒毒；偏枯皮膚麻痺，去黑䵟；燒灰杵末，傅一切惡瘡出惡肉立盡。

明·許希周《藥性粗評》卷三　烏梅收肺氣之浮。

烏梅梅子已□□□□乾者。梅先春開白花，次乃生葉結子，五月實熟。江南山谷處處有之，熟時採摘完者，則拌草灰、米飲，拌之置烟上薰乾，為烏梅。如作白梅，只□日暴乾，收貯甆器而已。服黃精人不可食，性味相反。餘說《本草》不載。味酸，性溫、平，無毒。入手太陰肺經。主治傷寒煩熱滿悶，風痹偏枯，肢體疼痛，霍亂痢疾，骨蒸癆病，痰厥頭痛，調中止渴，收肺中浮氣。成聊攝云：肺欲收，急食酸以收之。烏梅之酸，以收陽氣。日華子云：梅子暖，止渴，多食傷骨蝕脾胃，令人發熱。

單方：久痢：凡患久痢休息，下積不差，腸垢已出者，烏梅二十枚，水一盞，煎取六分，去滓，分為二服，效。如無烏梅，取葉濃煎汁飲之，亦可。　積痰：凡患傷寒四五日，頭痛壯熱，胸中煩痛，知有痰積，或但患痰厥者，烏梅十個，去核，鹽二錢，酒一鍾盞，煎至七分，去滓，非時溫服，得吐即佳。或用十四個，鹽五合，水一升，煎取一半，去滓服，吐之，亦良法也。　刺在肉中：嚼白梅肉封之，須臾即出。　瘡肉努出：凡患惡瘡爛肉努出者，取烏梅肉和蜜，杵作餅子，如錢許大，厚封其口，再易，而大愈。或取烏梅肉燒灰杵末，傅上，一二次惡肉立盡，累試有驗。

明・鄭寧《藥性要略大全》卷六　烏梅　收肺熱，除煩滿，止渴。治瀉痢，好唾口乾，去骨間熱，調胃和中。　賦曰：　主便血瘧痢。《證類》云：　主肢體痛，偏枯不仁，死肌。去黑痣。　仲景云：　治吐蚘，下痢。能安蟲，蓋蟲聞酸則安。　味酸、甘，平，性溫。無毒。可升可降也。

白鹽梅　治傷損諸瘡，止血生肌，無瘢痕。神聖之妙藥也。　性味與烏梅同。火熏乾者為烏梅，晒乾密器藏之者為白梅。去核用。

明・陳嘉謨《本草蒙筌》卷七　梅實　味酸，氣平。可升可降，陽也。無毒。處處栽植，夏月摘收。火熏乾者色烏，日曝乾者色白。因製有二，故名不同。凡欲用之，俱宜去核。烏梅收斂肺氣，解渴除煩。因澁大腸，禁痢止瀉。卻傷寒溫瘧，逐虛勞骨蒸。同建茶乾薑為丸，治休息久痢尤驗。黑痣可脫，蟲痛能安。白梅杵爛成膏，敷攻惡毒。治婦人乳癰最効，拔肉中箭鏃如神。中風緊閉牙關，急宜將肉摩擦。葉煮汁服，久痢亦除。

明・方穀《本草纂要》卷五　梅實　即烏梅也。味酸，氣平，陽也，無毒。主溫中暖胃，下氣除煩，斂汗澁精，止血治痢之聖藥也。大抵此劑心氣虛而可實，肺氣耗而可斂，脾氣散而可收，腎氣虧而可補，腸胃膀胱亦然，乃中和至美之藥也。但風寒初起不可用，恐滯寒邪也；　氣實喘欬不可用，恐助氣上盛也；　胸悶鬱痞不可用，恐滯氣不散也。是則酸收之劑，治氣血之虛最美。

明・寧源《食鑒本草》卷下　梅子　味酸，平，無毒。生津液，止焦渴。多食傷骨損齒，發熱，蝕脾胃。小兒、產婦、病者忌食之。　烏梅　味酸，平。治煩熱作渴，袪瘴瘧，止痢疾，下痰飲，除煩滿，及四肢偏枯不主，男女骨蒸勞熱。　《鬼遺方》：　治瘡瘍新努肉，取烏梅肉杵爛，入蜜少許，量大小貼之，惡肉即入，神效。　《肘後方》：　治久痢不止，腹瘴痛。用烏梅十枚槌碎，煎取一升，入白蜜二兩，頻頻飲之。　《神秘方》：　治蛔蟲上行口鼻，以烏梅噙之或煎湯飲。

明・王文潔《太乙仙製本草藥性大全》卷四《本草精義》　梅實　生漢中川谷，今襄漢、川蜀、江湖、淮嶺皆有之。其生實酸而損齒傷骨，發虛熱，不宜多食之，服黃精人尤不相宜。其葉煮濃汁服之已休息痢。根主風痹，出土者不可用。五月採其黃實，火熏乾作烏梅，主傷寒煩熱及霍亂躁渴，虛勞瘦羸，產婦氣痢等方中多用之。南方療勞瘧劣弱者，用烏梅十四枚，豆豉二合，桃柳枝各一虎口握，甘草三寸長，生薑一塊，以童子小便二升，煎七合，溫服。其餘藥使用之尤多。又以鹽殺爲白梅，亦入除痰藥中用。

明・王文潔《太乙仙製本草藥性大全》卷四《仙製藥性》　梅實使　味酸，氣平，可升可降，陽也，無毒。　主治：　烏梅安心，肢體痛，偏枯不仁，去死肌惡疾。收斂肺氣，解渴除煩。因澀大腸，禁痢止瀉。却傷寒溫瘧，逐虛勞骨蒸。同建茶、乾薑爲丸，治休息久痢尤驗。燒存性搗研爲末，傅惡瘡，出惡肉立盡。黑痣可脫，蟲痛能安。　補註：　治傷寒下部生䘌瘡，用烏梅肉三兩，炒令燥，爲末，煉蜜丸如梧仁大，以石榴根皮煎湯下，食前下十丸。治傷寒四五日，頭痛壯熱，胸中煩痛，烏梅十四枚，鹽五合，水一升，煎半，服吐之。〇治消渴，止煩悶，以肉二兩，微炒爲末，每服二錢，水煎去滓，入豉二百粒。〇手指忽腫痛，名爲代指，以烏梅仁，杵，苦酒和，以指漬之，須臾差。治心腹俱脹痛，短氣欲死或已絕，烏梅二七枚，水五升，煮一沸，內大錢二七枚，煮取二升半，強人可頓服，羸人可分之再服。治馬汗入肉，用烏梅和核爛杵爲末，以頭醋和爲膏，先將瘡口以針刺破，但出紫血，有紅血出，用帛拭乾，以膏傅上，以帛繫定。治痔漏腸風下血極效，以凈肉四兩，梔子仁四兩，新瓦盛鹽同封固，鐵釘三個(盛)〔承〕上，下火，打三炷香，存性爲末，黃蠟二兩溶化，爲丸麻仁大，每三十丸，好酒送下。　白梅　味酸，氣暖，無毒。　主治：　杵爛成膏，敷攻惡毒。治婦人乳癰最效。拔肉中箭鐵如神。中風緊閉牙關，急宜將肉摩擦。多食損齒，又能傷骨。　補註：　刀箭止血及刺入肉中，以梅肉研搗成膏傅之。治乳癰腫毒，杵爛貼之。〇點痣，蝕惡肉，用之和藥點之。治痰厥頭痛，以十個取肉，鹽一錢，酒一盞，合煎至七分，去滓溫服。治痢下，積久不差，腸垢已出，以二十個，水煎去滓，食前服。治瘡中新努肉出，杵肉以蜜和，捻作餅子如錢大，厚貼瘡差。治赤白痢，下部疼重，以二十枚，打碎，水煮頓服。治折傷，以五斤，去核，飴五升，合煮食之，漸漸自消。治傷寒，以三十枚，去核，以豉一升，苦酒三升，煮取一升半，去滓服。　梅根　療風痹。出土者殺人。　梅實　利筋脉，去痹，止渴。令人膈上熱。　子核　止渴，明目益氣，不飢。多啖傷骨，蝕脾胃，令人發熱。　葉　煮汁治休息痢并霍亂。揉葉洗蕉葛衣，經夏不脆，搗碎洗衣易脫。　補註：　治下部蟲䘌，杵梅、桃葉一斛，蒸之令極熱，內小器中，大布上坐，蟲死。

明・皇甫嵩《本草發明》卷四　梅實中品。味酸，平。可升可降，陽也。無毒。

發明曰：烏梅，酸能斂肺氣，下氣除煩熱解渴，澁腸禁痢止瀉。療肢躰痛，偏枯不仁死肌，去青黑痣，去痰，卻傷寒溫瘧，霍亂吐逆，虚勞骨蒸。同建茶、乾薑為丸，治休息久痢及吐蚘下痢。燒灰杵末，傅惡肉立盡。〇白梅，亦除痰藥。擦中風牙関緊急，杵爛，傅惡毒，婦人乳癰，拔肉中簇。去核用。〇清水揉梅葉，洗蕉葛衣，經夏不脆。又用葉煮濃汁服，止休息痢。

明・李時珍《本草綱目》卷二九果部・五果類

梅《本經》中品

【釋名】時珍曰：梅，古文作呆，象子在木上之形。梅乃杏類，故反杏爲呆。書家訛爲甘木。後作梅，從每，諧聲也。或云：梅者媒也。媒合衆味。故《書》云：若作和羹，爾惟鹽梅。而梅字亦從某也。陸佃《埤雅》言梅入北方變爲杏，郭璞註《爾雅》以柟爲梅，皆誤矣。柟即柟木，荆人呼爲梅，見陸璣《草木疏》。

【集解】《別録》曰：梅實生漢中山谷。五月采實，火乾。頌曰：今襄漢、川蜀、江湖、淮嶺皆有之。時珍曰：按陸璣《詩疏》云：梅，杏類也。樹、葉皆略似杏。葉有長尖，先衆木而花。其實酢，曝乾爲脯，入羹臛齏中，又含之可以香口。子赤者材堅，子白者材脆。范成大《梅譜》云：江梅，野生者，不經栽接。花小而香，子小而硬。消梅，實圓鬆脆，多液無滓，惟可生噉，不入煎造。緑萼梅，枝跗皆緑。重葉梅，花葉重疊，結實多雙。紅梅，花色如杏。杏梅，色淡紅，實扁而斑，味全似杏。鴛鴦梅，即多葉紅梅也。一蔕雙實。一云：苦楝接梅，則花帶黑色。《譚子化書》云：李接桃而本强者其實毛，梅接杏而本强者其實甘。梅實采半黄者，以烟熏之爲烏梅；青者鹽淹曝乾爲白梅。亦可蜜煎、糖藏，以充果飣。熟者笮汁晒收爲梅醬。惟烏梅、白梅可入藥。梅醬夏月可調渴水飲之。

實　【氣味】酸，平，無毒。大明曰：多食損齒傷筋，蝕脾胃，令人發膈上痰熱。服黄精人忌食之。食梅齒齼者，嚼胡桃肉解之。〇《物類相感志》云：梅子同韶粉食，則不酸、不軟牙。

【發明】宗奭曰：食梅則津液泄者，水生木也。津液泄則傷腎，腎屬水，外爲齒故也。時珍曰：梅，花開於冬而實熟於夏，得木之全氣，故其味最酸，所謂曲直作酸也。肝爲乙木，膽爲甲木。人之舌下有四竅，兩竅通膽液，故食梅則津生者，類相感應也。故《素問》云：味過於酸，肝氣以津。又云：酸走筋，筋病無多食酸。不然，物之味酸者多矣，何獨梅能生津耶？

烏梅　【修治】弘景曰：用須去核，微炒之。時珍曰：造法：取青梅籃盛，於突上熏黑。若以稻灰淋汁潤濕蒸過，則肥澤不蠹。　【氣味】酸，温、平，濇，無毒。杲曰：寒。忌猪肉。　【主治】下氣，除熱煩滿，安心，止肢體痛，偏枯不仁，死肌，去青黑痣，蝕惡肉《本經》。去痹，利筋脉，止下痢，好唾口乾《別録》。水漬汁飲，治傷寒煩熱弘景。止渴調中，去痰治瘧瘴，止吐逆霍亂，除冷熱痢藏器。治虚勞骨蒸，消酒毒，令人得睡。和建茶、乾薑爲丸服，止休息痢，大驗大明。斂肺澀腸，止久嗽瀉痢，反胃噎膈，蚘厥吐利，消腫涌痰，殺蟲，解魚毒、馬汗毒、硫黄毒時珍。

白梅　【釋名】鹽梅　霜梅　【修治】取大青梅以鹽汁漬之，日晒夜漬，十日成矣。久乃上霜。　【氣味】酸、鹹，平，無毒。　【主治】和藥點痣，蝕惡肉弘景。刺在肉中者，嚼傅之即出孟詵。治刀箭傷，止血，研爛傅之大明。乳癰腫毒，杵爛貼之佳汪穎。除痰蘇頌。治中風驚癇，喉痹痰厥僵仆，牙關緊閉者，取梅肉指擦牙齦，涎出即開。又治瀉痢煩渴，霍亂吐下，下血血崩，功同烏梅時珍。

【發明】弘景曰：生梅、烏梅、白梅，功應相似。好古曰：烏梅，脾、肺二經血分藥也。能收肺氣，治燥嗽。肺欲收，急食酸以收之。時珍曰：烏梅、白梅所主諸病，皆取其酸收之義。惟張仲景治蚘厥烏梅丸及蟲䘌方中用者，取蟲得酸即止之義，稍有不同耳。《醫説》載：曾魯公痢血百餘日，國醫不能療。陳應之用鹽水梅肉一枚研爛，合臘茶，入醋服之，一啜而安。大丞梁莊肅公亦痢血，應之用烏梅、胡黄連、竈下土等分爲末，茶調服，亦效。蓋血得酸則斂，得寒則止，得苦則濇故也。其蝕惡瘡弩肉，雖是酸收，却有物理之妙。説出《本經》。其法載於《劉涓子鬼遺方》用烏梅肉燒存性研，傅惡肉上，一夜立盡。《聖惠》用烏梅和蜜作餅貼者，其力緩。按楊起《簡便方》云：起臂生一疽，膿潰百日方愈，中有惡肉突起，如蠶豆大，月餘不消，醫治不效。因閲《本草》得此方，試之，一日夜去其大半，再上一日而平。乃知世有奇方如此，遂留心搜刻諸方，始基於此方也。

【附方】舊十三，新二十。　諸瘡弩肉：方見上。　癰疽瘡腫：已潰未潰皆可用。鹽白梅燒存性爲末，入輕粉少許，香油調，塗四圍。王氏《簡易方》。　喉痹乳蛾：冰梅丸：用青梅二十枚，鹽十二兩，淹五日，取梅汁，入明礬三兩，桔梗、白芷、防風各二兩，猪牙皂角三十條，俱爲細末，拌汁和梅入瓶收之。每用一枚，噙嚥津液。凡中風痰厥，牙關不開，用此擦之尤佳。〇《總録》用白梅包生礬末作丸含嚥，或納吞之。　消渴煩悶：烏梅肉二兩，微炒爲末。每服二錢，水二盞，煎一盞，去滓，入豉二百粒，煎至半盞，温服。《簡要濟衆方》。　泄痢口渴：烏梅煎湯，日飲代茶。《扶壽精方》。　産後痢渴：烏梅肉二十個，麥門冬十二分，每以一升，煮七合，細呷之。《必效方》。　赤痢腹痛：《直指》用陳白梅同真茶、蜜水各半，煎飲之。〇《聖惠》用烏梅肉炒、黄連各四兩，爲末，煉蜜丸梧子大。每米飲服二十丸，日三服。　便痢膿血：烏梅一兩去核，燒過爲末。每服二錢，米飲下，立止。《聖濟總録》。　久痢不止：腸垢已出。《肘後》用烏梅肉二十個，水一盞，煎六分，食前分二服。〇《袖珍》用烏梅肉、白梅肉各七個搗爛，入乳香末少許，杵丸梧桐子大。每服二三十丸，茶湯下，日三。　大便下血：及酒痢、久痢不止。用烏梅三兩，燒存性爲末，醋煮米糊和，丸梧子大。每空心米飲服二十丸，日三。《濟生方》。　小便尿血：烏梅燒存性研末，醋糊丸梧子大。每服四十丸，酒下。　血崩不止：烏梅肉七枚，燒存性研末。米飲服之，日二。　大便不通：氣奔欲死者。烏梅十顆，湯浸去核，丸棗大。納入下部，少時即通。《食療本草》。　霍亂吐利：鹽梅煎湯，細細飲之。《如宜方》。

蚘蟲上行：出於口鼻。烏梅煎湯頻飲，并含之，即安。《食鑒本草》。　水氣滿急：烏梅、大棗各三枚，水四升，煮二升。納蜜和勻，含嚥之。《聖濟總録》。　梅核膈氣：取半青半黄梅子，每個用鹽一兩淹一日夜，晒乾又浸又晒，至水盡乃止。用青錢三個，夾二梅，麻線縛定，通裝磁罐内封埋地下，百日取出。每用一枚，含之嚥汁，入喉即消。收一年者治一人，二年者治二人，其妙絶倫。龔氏《經驗方》。　心腹脹痛：短氣欲絶者。烏梅二七枚，水五升，煮一沸，納大錢二七枚，煮二升半，頓服之。《肘後》。　勞瘧劣弱：烏梅十四枚，豆豉二合，桃、柳枝各一虎口，甘草三寸，生薑一塊，以童子小便二升，煎一半，温服即止。《圖經本草》。　久欬不已：烏梅肉微炒，罌粟殻去筋膜蜜炒，等分爲末。每服二錢，睡時蜜湯調下。　痰厥頭痛：如破者。烏梅肉三十個，鹽三撮，酒三升，煮一升，頓服取吐即愈。《肘後方》。　傷寒頭痛：壯熱，胸中煩痛，四五日不解。烏梅十四枚，鹽五合，水一升，煎半升，温服取吐。吐後避風良。《梅師方》。　折傷金瘡：乾梅燒存性傅之，一宿瘥。《千金方》。　馬汗入瘡：作痛。用烏梅連核擣爛，以頭醋和傅。仍先刺瘡，出去紫血，乃傅之繫定。《經驗方》。　猘犬傷毒：烏梅末，酒服二錢。《千金》。

指頭腫毒：痛甚者。烏梅肉和魚鮓擣，封之妙。李樓《奇方》。　傷寒䘌瘡：生下部者。烏梅肉三兩炒爲末，煉蜜丸梧子大。以石榴根皮煎湯，食前下三十丸。《聖惠方》。

小兒頭瘡：烏梅燒末，生油調塗。《聖濟録》。　香口去臭：曝乾梅脯，常時含之。

硫黄毒發：令人背膊疼悶，目暗漠漠。烏梅肉焙一兩，沙糖半兩，漿水一大盞，煎七分，呷之。《總録》。

核仁　【氣味】酸，平，無毒。　【主治】明目，益氣，不飢吴普。除煩熱孟詵。治代指忽然腫痛，擣爛，和醋浸之。時珍。《肘後方》。

花　【氣味】微酸，濇，無毒。　【發明】時珍曰：白梅花古方未見用者。近時有梅花湯：用半開花，溶蠟封花口，投蜜罐中，過時以一兩朵同蜜一匙點沸湯服。又有蜜漬梅花法：用白梅肉少許，浸雪水，潤花，露一宿，蜜浸薦酒。又梅花粥法：用落英入熟米粥再煮食之。故楊誠齋有蜜點梅花帶露餐及脱蕊收將熬粥喫之句，皆取其助雅致、清神思而已。

葉　【氣味】酸，平，無毒。　【主治】休息痢及霍亂，煮濃汁飲之大明。藏器曰：嵩陽子言：清水揉梅葉，洗蕉葛衣，經夏不脆。有驗。時珍曰：夏衣生黴點，梅葉煎湯洗之即去，甚妙。

【附方】舊一，新二。　中水毒病：初起頭痛惡寒，心煩拘急，旦醒暮劇。梅葉擣汁三升飲之良。《肘後》。　下部蟲䘌：梅葉、桃葉一斛，杵爛蒸極熱，内小器中，隔布坐蒸之，蟲盡死也。《外臺祕要》。　月水不止：梅葉焙，椶櫚皮灰，各等分爲末。每服二錢，酒調下。《聖濟總録》。

根　【主治】風痹。《別録》。出土者殺人。初生小兒，取根同桃、李根煮湯浴之，無瘡熱之患《崔氏纂要》。煎湯飲，治霍亂，止休息痢大明。

題明・薛己《本草約言》卷二《藥性本草》　烏梅　味酸，氣平，無毒。陰也，降也。收上奔之肺氣，澁不禁之下痢，除邪氣之煩熱，療津虚之渴疾。入手太陰肺、足少陰腎。○熏乾為烏梅，以鹽為白梅，亦入除痰藥，去核用。○烏梅酸能斂肺氣，主安蚘止便血。瘧痢未久者，又未可以此收斂也。白梅亦除痰藥，擦中風牙關緊急。　又方：治一切惡瘡肉出，以烏梅燒為灰末傅上，惡肉立盡。

明・梅得春《藥性會元》卷中　烏梅　味酸，氣平，陽也，無毒。反黄精，不可並食。　主治便血瘧痢及久嗽久痢，化痰下氣，止渴調中，療骨蒸勞熱，吐蚘蟲，生津液，除煩滿邪熱，收肺氣，澁腸止洩，祛瘧，補虚勞，安心，消酒毒，偏枯麻痹不仁，去黑䵟。燒灰研末，傅一切惡瘡，出惡肉立盡。

明・杜文燮《藥鑒》卷二　烏梅　氣平，味酸，無毒。收斂肺氣，掃除煩熱。安心調中，治痢截瘧。生津止渴，消痰益精。如惡瘡肉出，燒灰敷上，惡肉立盡。仲景治吐蚘下痢，用烏梅丸極驗。同建茶、乾薑為丸，治休息痢疾甚效。

明・王肯堂《傷寒證治準繩》卷八　烏梅　氣溫，平，味酸，濇，無毒。海：烏梅，脾肺二經血分藥也。能收肺氣，治燥嗽。肺欲收，急食酸以收之。珍：烏梅、白梅，所主諸病，皆取其酸收之義。惟仲景治蚘厥，烏梅丸及蟲䘌中用者，取蟲得酸即止之義，稍有不同耳。梅花開於冬，而實熟於夏，得木之全氣，故其味最酸，所謂曲直作酸也。肝為乙木，膽為甲木，人之舌下有四竅，兩竅通膽液，故食梅則津生者，類相感應也。故《素問》云：味過於酸，肝氣以津。又云：酸走筋，筋病無多食酸。不然，物之味酸者多矣，何獨梅能生津耶？修治：去核，微炒用。忌猪肉。

明・穆世錫《食物輯要》卷六　梅　味酸，甘，平，無毒。解酒，開胃生津。多食，損齒傷筋，蝕脾胃，令人膈上痰熱。服黄精人忌食。喫梅齒齼者，嚼胡桃肉解之。又云：梅子同韶粉食，不酸，不軟牙。

烏梅　性溫，無毒。解硫黄、馬汗、諸魚毒，殺蟲醒酒，解渴止嘔，安心神，收肺氣，和脾胃，治瘧痢虚熱失血。

白梅　與烏梅同功。凡中風驚癇喉痹，痰厥僵仆，牙關緊者，以梅肉揩牙齦，令涎出，即開。梅仁味酸，平，無毒。明目益氣，除煩熱。一云：清水揉梅葉，洗蕉葛衣，經夏不脆。煎湯洗黴衣，即去。

明・李中立《本草原始》卷七　梅實　始生漢中川谷，今襄漢、川蜀、江湖、淮嶺皆有之。按陸璣《詩疏》云：梅，杏類也。樹、葉皆略似杏，葉有長尖，先衆木而花，隨便結實。采青者，鹽淹曝乾為白梅；采半黄者，以煙薰〔蒸〕黑，為烏梅。惟白梅、烏梅可入藥。李時珍曰：梅，古文作呆，象子在木上之形。梅乃杏類，故反杏為呆。書家訛為甘木。後作梅，從每，諧聲也。或云：梅者，媒也，媒合衆味。故《書》云：若作和羹，爾惟鹽梅。而梅字亦從某也。

白梅：修治：取大青梅，以鹽汁漬之，日晒夜漬，十日成矣。久乃生霜。一名鹽梅，一名霜梅。氣味：酸、鹹，平，無毒。主治：和藥點誌，蝕惡肉。○刺在肉中者，嚼傅之即出。○治刀箭傷，止血，研傅之。○乳癰腫毒，杵爛貼之佳。○除痰。

烏梅：修治：取青梅籃盛，於突上熏黑用，去核，微炒之。氣味：酸，溫，平，濇，無毒。主治：下氣，除熱煩滿，安心，止肢體痛，偏枯不仁，死肌，去青黑誌，蝕惡肉。○去痹，利筋脉，止下利，好睡口乾。○水漬汁飲，治傷寒煩熱。○止渴調中，去痰治瘧瘴，止吐逆霍亂，除冷熱痢。治虚勞骨蒸，消酒毒，令人得睡。和建茶、乾薑為丸服，止休息痢，大驗。○斂肺澀腸，止久嗽瀉痢，反胃噎膈，蚘厥吐利，消腫祛痰。殺蟲，解魚毒、馬汗毒、硫黄毒。

梅實，《本經》中品。【圖略】《别錄》曰：五月采實，火乾。

杲曰：寒，忌豬肉。弘景曰：生梅、烏梅、白梅功應相似。好古曰：烏梅，脾肺二經血分藥也。大明曰：梅多食則損齒傷筋，蝕脾胃，令人發膈上痰熱。服黄精人忌食之。食梅齒齼者，嚼胡桃肉以解之。《物類相感志》云：梅子同韶粉食之則不酸，亦不軟牙。

《聖濟總錄》：治下痢膿血，烏梅一兩，去核燒過，為末，每服二錢，米飲下立止。

明・羅周彦《醫宗粹言》卷四　造烏梅法　四月間取青梅或一石，或五斗，微拌烟煤，盦一二日，稍軟，磚炕上用柴或草燒薰二晝夜，乾濕得所，收起鋪摺，上冷，向日中曝乾，即成烏梅。其物怕水怕濕，即發熱如火而焚焦枯，惟光核而已。如有一簍，若着半盃水，則一簍俱焚而無用矣。緣烏梅之在藥，有生津止渴、止嗽、收汗、止瀉、止痢之功，或不可以無焉。

明・張懋辰《本草便》卷二　梅實烏梅也　味鹹，氣平，陽也，無毒。主下諸氣，除熱煩滿，收肺氣，安心，肢體痛，偏枯不仁，死肌，去青黑痣，惡疾，止下痢，澀腸止洩，消酒毒，好唾口乾，去痰，治瘧瘴，傷寒煩熱，及霍亂燥渴，虚勞骨蒸。

明・吴文炳《藥性全備食物本草》卷二　梅　味酸、甘，平，無毒。解酒，開胃生津。多食損齒傷筋，蝕脾胃，令人膈上痰熱。服黄精者忌食。喫梅齒齼者，嚼胡桃肉解之。又云梅子同韶粉食不酸不軟牙。

烏梅　五月採黄色梅子，用早稻稈燒灰和米飲拌之，火熏乾為烏梅，味酸，平，無毒，可升可降，陰也。收肺氣者生津止渴，除煩熱煩滿，下氣止嗽，消痰及痰厥頭痛，調胃脾，治瘴瘧，久痢便血，久瀉澁腸，解煩毒，消酒毒，定霍亂，吐蚘心腹脹痛，短氣欲死。東垣云：凡酸味收補元氣，諸虚勞骨蒸羸瘦，久嗽少睡必用之。又療肢體偏痛，皮膚麻痺等症，古方和細茶、乾薑為丸，治休息痢，燒灰傅一切惡瘡努肉立驗。入藥溫酒或水洗去核用。

白梅　以鹽水浸，曝乾，藏密器中，臨用去核。性緩無毒，亦入除痰藥中。又搗爛傅刀箭傷止血及刺入肉中，乳癰腫毒；亦和藥點青黑痣，蝕惡肉。凡中風驚癇，喉痺痰厥，僵仆牙關緊者，以梅肉揩牙齦令涎出即開。

根　療風痺，出土者殺人。

葉　煮濃汁服，治休息痢并霍亂；洗葛衣令潔淨，經夏不脆。

梅核仁　亦可單用，除煩熱，如手指(勿)〔忽〕腫痛，以烏梅仁和苦酒搗(恙)〔膏〕，以指漬之立驗。

花　味酸，無毒，明目益氣，除煩熱。一云清水揉梅花，洗焦葛衣經夏不脆，煎湯洗黴衣即去。

明・趙南星《上醫本草》卷二　梅　酸，平，無毒。大明曰：多食損齒，傷筋，蝕脾胃，令人發膈上痰熱。服黃精人，忌食之。食梅齒齼者，嚼胡桃肉解之。

明・李中梓《藥性解》卷一　烏梅　味酸，性溫，無毒，入肺、腎二經。主生津液，解煩熱，止吐逆，陰瘧瘴，止久痢，消酒毒，又主皮膚黑點，麻痹不仁，去核用。按：烏梅入肺者，《經》所謂肺欲收，急食酸以收之是也。腎則其所生者也，宜并入之。多食最能損齒。風寒初起，瘧疾未久者，不可驟以此收斂也。

明・繆希雍《本草經疏》卷二三　梅實　味酸，平，無毒。主下氣，除熱煩滿，安心，肢體痛，偏枯不仁，死肌，去青黑痣，惡疾，止下痢，好唾口乾。

【疏】梅實，即今之烏梅也。梅得木氣之全，故其味最酸，所謂曲直作酸是也。《經》曰：熱傷氣。邪客於胸中，則氣上逆而煩滿，心為之不安。烏梅味酸，能斂浮熱，能吸氣歸元，故主下氣，除熱煩滿及安心也。下痢者，大腸虛脫也。好唾口乾者，虛火上炎，津液不足也。酸能斂虛火，化津液，固腸脫，所以主之也。其主肢體痛，偏枯不仁者，蓋因濕氣侵於經絡，則筋脈弛縱，或疼痛不仁。肝主筋，酸入肝而養筋，肝得所養，則骨正筋柔，機關通利，而前證除矣。其主去死肌、青黑痣、惡肉者，白梅之功也。白梅味鹹，鹹能軟堅故也。又能消痰，醒睡，止霍亂，解酒毒。弘景云：生梅、烏梅、白梅功用大約相似，第烏梅較良，資用更多。【主治參互】烏梅同川黃連、白芍藥、滑石、甘草、蓮肉、白藊豆、葛根、升麻、紅麴、橘紅作丸，治滯下如神。　一味作湯，代茶飲，治火炎頭痛。　仲景烏梅丸，治蚘厥，蚘上入膈，故煩，須臾復止，得食而嘔，又煩者，蚘聞食即出故耳。用烏梅三百箇，細辛、附子、人參、桔梗、黃檗各六兩，當歸、蜀椒各四兩，黃連一斤，乾薑十兩，搗烏梅肉和丸桐子大。先食飲服十丸，日三服。　《劉涓子鬼遺方》蝕惡瘡努肉，用烏梅肉燒為灰，傅上，惡肉立盡。　《聖惠方》赤痢腹痛，烏梅肉、黃連各四兩，煉蜜丸梧子大。每米飲下二十丸，日三服。　《圖經本草》治勞瘧，用烏梅十四枚，豆豉二合，甘草三寸，生薑一塊，以童便二升，煎去一半，溫服即止。　治暑氣霍亂，白梅一箇，和仁搗碎，入絲瓜葉一葉，或藊豆葉，再搗爛，用新汲水調，灌下即解。　【簡誤】《素問》云：味過於酸，肝氣以津。又云：酸走筋，筋病無多食酸。以肝主筋，性喜升發，酸味斂束，是違其性之所喜也。梅實過酸，不宜多食。齒痛及病當發散者，咸忌之。

明・應慶《食治廣要》卷四　梅　氣味：酸，平，無毒。多食損齒傷筋，發膈上痰熱。服黃精者忌之。

烏梅　氣味：酸，溫、平，濇，無毒。主治：下氣，除熱煩滿，安心，止下痢、好唾口乾。治傷寒煩熱，止渴調中，祛瘧。

鹽霜梅　氣味：酸、鹹，平，無毒。主治：蝕惡肉，和藥點痣。擦中風牙關緊閉。陶弘景曰：生梅、烏梅、霜梅，功用大同小異。

明・姚可成《食物本草》卷八果部・五果類　梅梅，杏類也。樹、葉皆略相似。先眾木而花。其實酢，曝乾為脯，入羹〔臛〕齏中。范成大《梅譜》云：江梅，野生者，不經栽〔接〕，花小而香，子小而硬。消梅，實圓鬆脆，多液〔無〕滓，生噉最佳，不入煎造。綠萼梅，枝跗皆綠。重葉梅，花葉重疊，結實多雙。紅梅，花色如杏。杏梅，色淡紅，實扁而斑，味全似杏。鴛鴦梅，即多葉紅梅也，一蒂雙實。梅實采半黃者，以煙熏之為烏梅；青者鹽醃為白梅。亦可蜜煎、糖藏，以充果飣。熟者笮汁晒收為梅醬。烏梅、白梅可以入藥，可以適口。梅醬夏月調水解暑濟渴，能殺水中蟲毒。〇今之梅林，莫盛於吳洞庭、具區之間，玄墓、鄧尉之下。每遇臘盡春初，清香數百里。曳屐者裹糧以遊，呼盧浮白，吟咏著述，動以經旬而不能返，頗為吳中之勝。此中最佳者，地曰觀淳，尤稱妙絕。結實形大如杯，正圓如彈，青同翡翠，潔比無瑕。嚼之則津液倍生，墜地則殆無完璧，大江南北為第一云。

梅實　味酸，平，無毒。生食之，止渴。多食，損齒傷筋，蝕脾胃，令人發膈上痰熱。服黃精人忌食之。食梅齒齼者，嚼胡桃肉解之。

烏梅造法：取青梅籃盛，於竈突上熏黑。若以稻灰淋汁潤濕蒸過，則肥澤不蠹。味酸，溫，乾澀，無毒。主下氣，除熱煩滿，安心，止肢體痛，偏枯不仁，死肌，去青黑誌，蝕惡肉，去痹，利筋脉，止下利，好唾口乾。水漬汁飲，治傷寒煩熱，止渴調中，去痰治瘧瘴，止吐逆霍亂，除冷熱痢。治虛勞骨蒸，消酒毒，令人得睡。和建茶、乾薑為丸服，止休息痢，大驗。斂肺澀腸，止久嗽，反胃噎膈，蚘厥吐利，消腫涌痰。殺蟲，解魚毒、馬汗毒、硫黃毒。

白梅即霜梅。又名鹽梅。《書》曰若作和羹，爾惟鹽梅者是也。〇造法：取大青梅以鹽汁漬之，日晒夜漬，十日成矣。久乃上霜。　味酸、鹹，平，無毒。主和藥點誌，蝕惡肉。刺在肉中者，嚼傅之即出。治刀箭傷，止血，研爛傅之。乳癰腫毒，杵爛貼之。治中風驚癇，喉痹痰厥僵仆，牙關緊閉者，取梅肉揩擦牙齦，涎出即開。又治瀉痢煩渴，霍亂吐下，下血血崩，功同烏梅。

核仁　味酸，平，無毒。主明目，益氣，不飢。除煩熱。

花　味酸，澀，無毒。梅花湯：用半開花，溶蠟封花口，投蜜罐中，過時以一兩朵同蜜一匙以沸湯點服。又梅花粥法：用落英入熟米粥再煮食之。故楊誠齋有蜜點梅花帶露餐及脫蕊收將熬粥喫之句，皆取其助雅致，清神思而已。

葉　味酸，平，無毒。主休息痢及霍亂，煮濃汁飲之。清水揉梅葉，洗蕉葛衣，經夏不脆，有驗。夏衣生黴點，梅葉煎湯洗之即去，甚妙。

根　主風痺。初生小兒，取根同桃、李根煮湯浴之，無瘡熱之患。煎湯飲，治霍亂，止休息痢。梅根出土者殺人。

附方：治喉痺乳蛾。冰梅丸：用青梅二十个，鹽十二兩，醃五日，取梅汁，入明礬三兩，桔梗、白芷、防風各二兩，猪牙皂莢三十條，俱為細末，拌汁和梅入瓶收之。每用一个，噙嚥津液。凡中風牙關不開，用此擦之尤妙。

治久痢不止。烏梅二十个，水一盞，煎六分服。又方：烏梅、白梅各七个搗爛，入麝少許，丸桐子大。每二三十丸，白湯下，日三。　治大便下血及女子血崩，小便尿血。用烏梅肉燒存性為末，醋煮，米糊丸梧子大。每空心米飲下二十丸，日三。　治霍亂吐痢。鹽梅煎湯，細細飲之。　治蛔蟲上行，出於口鼻。用烏梅煎湯，頻飲并含。　治膈氣，喉中如有一核噎住者，名梅核膈。取半青半黄梅子，每个用鹽一兩醃一日夜，晒乾又浸又晒，至鹵盡乃止。後將梅每二个用銅青錢三个夾住，麻線縛定。入磁礶內封埋地下，百日取出。每用一枚，含之嚥汁，入喉即消，其妙絕倫。　楊起《簡便方》云：起臂生一疽，膿潰百日方愈。中有惡肉，突出如蠶豆大，月餘不消，醫治不效。因閱本艸得一方：用烏梅肉燒存性，研傅惡肉上。試之，一日夜去其大半，再上一日而平。乃知世有奇方如此。遂留心搜刻諸方，始基於此方也。

明・顧逢柏《分部本草妙用》卷四肺部・溫補　烏梅　酸，溫、平、澀，無毒。忌猪肉。　主治：除熱煩滿，好唾，口乾，水漬汁飲。治傷寒煩熱，止吐逆霍亂，治虛損骨蒸。消酒毒，斂肺澀腸，止久嗽，噎膈反胃，久痢，消痰，殺蟲，魚、馬汗、硫黄諸毒。　烏梅，收斂肺氣太過之物，即右諸症，非久而虛者，不可如驟發遽用，斂之太早，變症愈凶矣。宜收而收，神應異常。

明・顧逢柏《分部本草妙用》卷九果部　梅　酸，平，無毒。　主治：爽神開胃。多食損肝，軟齒傷筋，發膈上痰熱。　烏梅　酸，濇，斂肺澀腸，止久嗽瀉痢，反胃吐痢，殺蟲，解魚、馬、硫黄毒。

明・孟筌《養生要括・果部》　烏梅　味酸，溫，無毒。下氣，除熱煩滿，安心，止肢體痛，偏枯不仁，死肌，去青黑痣，蝕惡肉去痹。利筋脉，止下痢，好睡口乾。水漬汁飲，治傷寒煩熱。止渴，調中去痰，治瘧瘴，止吐逆霍亂，除冷熱痢。治虛勞骨蒸，消酒毒。和建茶、乾薑為丸服，止休息痢，大驗。斂肺澀腸，止久嗽瀉痢，反胃噎膈，蚘厥吐利，消腫殺蟲，解魚毒、馬汗毒、硫黄毒。〔小便尿紅：烏梅燒存性，研末，醋糊丸梧子大，每服四十丸，酒下。便痢膿血：烏梅一兩去核，燒過為末，服二錢，米飲下立止。痰厥頭痛如破者，烏梅肉三十個，鹽三撮，酒三升，煮一升頓服，取吐即愈。蚘蟲上行，出於口鼻，烏梅煎湯頻飲并含之，立效。〕

白梅　味酸，鹹，平，無毒。和藥點痣，蝕惡肉。刺在肉中者，嚼傅之即出。治刀箭傷，止血，研爛傅之。乳癰腫毒，杵爛貼之，佳。治中風驚癇，喉痺痰厥，僵仆牙關緊閉者，取梅肉揩擦牙齦，涎出即開。又治瀉痢煩渴，霍亂吐下，下血，血崩，功同烏梅。

核仁　明目，益氣不飢，除煩熱。治代指忽然腫痛，搗爛和醋浸之。

根　治風痺。初生小兒，取根同桃、李根煮湯浴之，無瘡熱之患。煎湯飲治霍亂，止休息痢。

明・李中梓《醫宗必讀・本草徵要下》　烏梅味酸，平，無毒。入肺、脾二經。定嗽定渴，皆由斂肺之勳；止血止利，儘是固腸之力。清音去痰涎，安蚘理煩熱，蝕惡肉而至速，消酒毒以清神。白梅即霜梅也。牙關緊閉，擦齦涎出便能開；刀箭傷膚，研爛傅之血即止。烏梅、白梅，皆以酸收為功，疽愈後有肉突起，烏梅燒傅，一日減半，兩日而平，真奇方也。夫梅生於春，曲直作酸，病有當發散者，大忌酸收，悮食必為害。若過食而齒齼，嚼胡桃肉解之。

明・鄭二陽《仁壽堂藥鏡》卷五　烏梅　氣平，味酸。酸，溫，陽也。無毒。

《象》云：主下氣，除熱煩滿，安心調中，治痢，止渴。以鹽為白梅，亦入除痰藥，去核用。　《心》云：收肺氣。　《本草》云：主肢體痛，偏枯不仁，死肌。去青黑痣，惡疾。止下痢，好唾，口乾。去骨間熱。又方：治一切惡瘡肉出，以烏梅燒為灰，杵末傅上，惡肉立盡。仲景治吐蚘下利，烏梅丸。

孟詵云：烏梅多食損齒。　陳藏器云：去痰，治瘧疾。

明・蔣儀《藥鏡》卷一溫部　烏梅　暖胃調中，安蚘斂肺。收攝浮熱，故生津液而解心躁心煩。吸氣歸元，故止吐逆而除久瘧久痢。煎湯代茶，火炎頭上之疼立效。燒灰去核，黑痣之與死肌漸消。白梅味鹹，功力少次，消痰霍亂兼止，醒睡酒毒亦消。

明・李中梓《頤生微論》卷三　烏梅　味酸，性平，無毒。入肺、脾二經。定嗽止渴，清音去痰，止血止利，安蚘退熱，消酒毒，蝕惡肉。按：梅生於春，曲直作酸，其用以收斂為功。病有當發散者，悮食必為害。若過食而齒齼者，嚼胡桃肉解之。瘡疽愈後，有肉突起，烏梅燒傅，一日減半，兩日而平。

明・張景岳《景岳全書》卷四九《本草正》　烏梅　味酸、澁，性溫，平。下氣，除煩熱，止消渴吐逆，反胃霍亂，治虛勞骨蒸，解酒毒，斂肺癰肺痿，欬嗽喘急，消癰疽瘡毒，喉痹乳蛾，澁腸止冷熱瀉痢，便血尿血，崩淋帶濁，遺精夢泄。殺蟲伏蚘，解蟲、魚、馬汗、硫黃毒。和紫蘇煎湯，解傷寒時氣瘴瘧，大能作汗。取肉燒存性，研末，傅金瘡惡瘡，去腐肉弩肉死肌，一夜立盡，亦奇方也。

明・賈九如《藥品化義》卷六肺藥　烏梅　屬陰，體潤，色製黑，氣和，味酸，性寒，能升能降，力收肺澀腸，性氣與味俱重而濁，入肺胃大腸三經。烏梅味酸主斂，肺性所喜，用入肺經，治久嗽熱嘔，夜間煩渴，口無津液，皆能斂之功也。其大腸為肺之外腑，以此同補脾藥，止久瀉，固結元氣，其壯神之力也。又能安蛔蟲腹痛，蓋蟲遇酸則靜耳。若咳嗽初起，氣實喘促，胸膈痞悶，恐酸以束邪氣，戒之。

明・施永圖《本草醫旨・食物類》卷三　梅半黃者，以烟薰之為烏梅。青者，鹽淹曝乾為白梅。　實　味：甘、酸，平，無毒。多食損齒，傷筋，蝕脾胃，令人發膈上痰熱，服黃精人忌食之。食梅齒齼者，嚼胡桃肉解之。〇食梅則津液泄者，水生木也。津液泄則傷腎，腎屬水，外為齒故也。梅花開於冬，而實熟於夏，得木之全氣，故其味最酸，所謂曲直作酸也。肝為乙木，膽為甲木，人之舌下有四竅，四竅通膽液，故食梅則津生者，類相感也。　烏梅用須去核，微炒之。　味：　酸，溫，平，濇，無毒。寒，忌猪肉。　治：　下氣，除熱煩滿，安心，止肢體痛，偏枯不仁，死肌，去青黑(誌)〔痣〕，蝕惡肉，去痹，利筋脉，止下痢。好唾口乾，水漬汁飲。治傷寒煩熱，止渴，調中，去痰，治瘧瘴，止吐逆霍亂，除冷熱痢。治虛勞骨蒸，消酒毒，令人得睡。和建茶、乾薑為丸服，止休息痢，大驗。斂肺澀腸，止久嗽，瀉痢，反胃，噎膈，蚘厥吐利，消腫涌痰，殺蟲，解魚毒、馬汗毒、硫黃毒。　白梅　名鹽梅、霜梅。取大青梅，以鹽汁漬之，日晒夜漬，十日成矣，久乃上霜。　味：　酸、鹹，平，無毒。治：　和藥點痣，蝕惡肉。刺在肉中者，嚼傅之即出。治刀箭傷，止血，研爛傅之。乳癰腫毒，杵爛貼之佳。除痰，治中風驚癇，喉痹，痰厥僵仆，牙關緊閉者，取梅指擦牙齦，涎出即開。又治瀉痢煩渴，吐痢，霍亂吐下，下血血崩，功同烏梅。烏梅脾肺二經血分藥也，能收肺氣，治燥嗽，肺欲收，急食酸以收之。烏梅、白梅所主諸病，皆取其酸收之義。

附方　癰疽瘡腫：已潰未潰皆可用，鹽白梅燒存性，為末，入輕粉少許，香油調，塗四圍。消渴煩悶：烏梅肉二兩，微炒為末，每服二錢，水二盞，煎一盞，去滓，入豉二百粒，煎至半盞，溫服。泄痢口渴：烏梅煎湯，日飲代茶。産後痢渴：烏梅肉二十個，麥門冬十二分，每以一升煮七合，細呷之。赤痢腹痛：用陳白梅同真茶、蜜水各半，煎飲之。便痢膿血：烏梅一兩，去核，燒過為末。每服二錢，米飲下，立止。久痢不止：用烏梅肉二十個，水一盞，煎六分，食前分二服飲。大便下血：及酒痢，久痢不止，用烏梅三兩，燒存性，為末，醋煮米糊，和丸梧子大。每服空心米飲下二十丸，日三。小便尿血：烏梅燒存性，為末，醋糊丸梧子大。每服四十丸，酒下。血崩不止：烏梅肉七枚，燒存性，研末，米飲服之，日二。大便不通：氣奔欲死，烏梅十顆，湯浸去核，丸棗大，納入下部，少時即通。霍亂吐痢：鹽梅煎飲，細細飲之。蚘蟲上行：出於口鼻，烏梅煎湯，頻飲并吞之，即安。水氣滿急：烏梅、大棗各三枚，水四升，煮二升，納蜜和勻，含嚥之。心腹脹痛：短氣欲絶者，烏梅二七枚，水五升，煮沸，納大錢二七枚，煮二升半，頓服之。久欬不已：烏梅肉微炒，罌粟殼去筋膜，蜜炒，等分為末。每服二錢，睡時蜜湯調下。痰厥頭痛：如破者，烏梅肉三十個，鹽三撮，酒三升，煮一升，頓服取吐即愈。傷寒頭痛：壯熱，胸中煩痛，四五日不解，烏梅十四枚，鹽五合，水一升，煎半升，溫服，取吐，吐後避風良。折傷金瘡：乾梅燒存性，傅之一宿瘥。猘犬傷毒：烏梅末，酒服二錢。指頭腫毒：痛甚者，烏梅肉和魚鮓，擣封之妙。小兒頭瘡：烏梅燒灰，生油調塗。香口去臭：暴乾梅脯，常時含之。硫黃毒發：令人背膊疼悶，目暗漠漠，烏梅肉焙一兩，砂糖半兩，漿水一大盞，煎七分，呷之。

核仁　味：酸，平，無毒。治：明目益氣，不飢，除煩熱，治代指忽然腫痛，擣爛和醋浸之。　花　味：酸、濇，無毒。　葉　味：酸，平，無毒。治：休息痢及霍亂。煮濃汁飲之。清水揉梅葉，洗焦葛衣，經夏不脫，有驗。夏衣生黴點，梅葉煎湯洗之即去，甚妙。

附方　中水毒病：初起頭痛惡寒，心煩拘急，旦醒暮劇。梅葉擣汁三升，飲之良。下部蟲䘌：梅葉、桃葉一斛，杵爛，蒸極熱，內小器中，膈布坐蒸之，蟲盡死也。月水不止：梅葉焙，棕櫚皮灰，各等分，為末。每服二錢，酒調下。

根　治風痹。出土者殺人。初生小兒，取根同桃、李樹根煮湯浴之，無瘡熱之患。煎湯飲，治霍亂，止休息痢。

明·盧之頤《本草乘雅半偈》帙五　梅實《本經》中品　氣味：酸，平，無毒。

主治：主下氣，除熱煩滿，安心，止肢體痛，偏枯不仁，死肌，去〔青〕黑痣，惡肉。

覈曰：梅葉皆似杏，葉端有尖，先春而花，淩霜傲雪，清芬襲人。其子青赤者，其材堅；其子青白者，其材脆。品類極繁，江梅遺核野生，不經栽接者，名直脚梅，凡山谷水濱，及荒凉迴絕之處，皆此本也。花小而疎瘦有韵，香烈實小而硬。早梅冬至前開，故得早名，要非風土之正。消梅其實圓小多液，惟堪青噉。古梅枝幹樛曲，蒼蘚鱗封，苔鬚綴枝，幾長數寸，綠絲風颺，飄飄拂人。重葉梅，花瓣數層，如小白蓮，花房獨出，結實多雙，尤為瑰異。又綠萼梅、朱梅、百葉緗梅、鴛鴦梅、檀香、玉蝶諸品，皆堪清玩。若大庾嶺梅，南枝已落，北枝方開，寒燠異土，遲早頓殊。入藥以野生，及未經就接者為貴。修事烏梅，取青梅籃盛，置于突上熏黑。若以稻灰淋汁潤蒸，則肥澤不蠹。白梅，取青梅鹽汁漬之，日晒夜浸，十日成矣，久乃生霜。

參曰：梅，味也。爽旦微明，春生之象也。先春而華，吸冰雪以自濡。色青味酸，入厥陰肝，肝色青，肝味酸故也。故主吮泄胥液，以潤筋膜。《經》云味過于酸，肝氣已津，譚說酢梅，口中酸出，吮泄之力可徵矣。是以對待水液焦涸，致熱煩滿悶，及上氣令心不安，與偏枯不仁、致肢體痛，及死肌惡肉，青黑痣者，咸可濡以潤之，藉子母更相生耳。

明·李中梓《本草通玄》卷下　烏梅　酸，濇。　主斂肺濇腸，生津化痰。安蚘清熱，截瘧止痢，消酒定嗽。　白梅即霜梅。　主中風牙關緊閉，擦牙齦，涎出即開。止瀉治渴，止下血崩帶，功彷烏梅。

清·顧元交《本草彙箋》卷六　烏梅合白梅。　梅花開于冬，實熟于夏，得木氣之全，故味酸爲最。肝爲乙木，膽爲甲木，人舌下有四竅，兩竅通膽，故食梅則津生，類相感應。《經》云，味過於酸，肝氣以津是也。然又云：酸走筋，筋病無多食酸。蓋木喜升發，酸味收斂，違其性也。至若用入肺經，治久嗽熱嘔，夜間煩渴等症，肺性喜斂故耳。初嗽不宜，恐束邪氣。其大腸爲肺之外府，以此合補脾藥同用，能止久洩，而固虛脫。白梅治症功同烏梅。而白梅則又兼鹽軟之義，故凡去死肌，青黑痣惡肉者，宜用白梅。烏梅采半黄者，筐盛於突上熏黑。白梅取青者，鹽塗曝乾。凡食梅齒齼，嚼胡桃肉解之。　繆仲淳滯下方，以烏梅同川連、白芍、滑石、甘草、蓮肉、白藊豆、葛根、升麻、紅麯、橘紅，加減作湯丸，爲治痢之准。　古方治痢血不止，以烏梅、黄連、伏龍肝等分，爲末，茶清調服。蓋酸能收，寒能止，苦能濇也。　發背腳散秘方，用白梅、皂角同燒存性，爲末，不發熱者，米醋調圍，數換即不走散，加薑汁同醋尤妙。若發熱，以茶清調。　蜜漬梅花法：以白梅肉少許，浸雪水潤花，露一宿，蜜漬罐中，過時點湯，香色不變。又梅花粥法：用落英入熟米粥，再煮食之。楊誠齋有蜜點梅花帶露餐，脫蕊收將熬粥喫之句，錄此助雅。

清·穆石匏《本草洞詮》卷六　梅梅實、烏梅、白梅　梅者，媒也。媒合眾味，故書以鹽梅為和羹也。梅花開於冬，而實熟於夏，得木之全氣，故其味最酸。肝為乙木，膽為甲木，人之舌下有四竅，兩竅通膽液，故食梅則津生者，氣相感應也。《素問》云：味過於酸，肝氣以津，而腎屬水，外為齒，津液泄則腎氣傷矣。梅實，氣味酸平，無毒。多食損齒，傷筋，蝕脾胃，令人發膈上痰熱。取半黄梅以烟薰之為烏梅，取青梅鹽漬曝乾為白梅。烏梅酸溫平濇，斂肺澀腸，下氣，除煩熱，利筋脉，止久嗽、瀉痢、反胃，蚘厥，消腫涌痰，殺蟲解毒。白梅酸鹹平，治中風驚癇，喉痺痰厥，牙關緊閉者，擦牙齦，涎出即開。止血，治刀箭傷，蝕惡肉。烏梅、白梅所主諸病，皆取酸收之義。惟仲景治蚘厥烏梅丸，取蟲得酸則止之義耳。昔曾魯公痢血百餘日，陳應之用鹽水梅肉一枚，研爛，合臘茶，入醋服之，一啜而安。蓋血得酸則斂，得寒則止，得苦則濇故也。用烏梅肉燒存性，研傅惡肉上，一夜立盡。楊起云：起臂生一疽，愈後惡肉突起，如蠶豆大，月餘不消，因閱《本草》得此方，試之，越日而平。乃知世有奇方，如此遂留心搜刻諸方也。

清·丁其譽《壽世秘典》卷三　梅范成大《梅譜》云：江梅野生者，不經栽接，花小而香，子小而硬。消梅實圓，鬆脆多液無滓，惟可生噉，不入煎造。綠萼梅，枝跗皆綠。重葉梅，花葉重叠，結實多雙。紅梅，花色如杏。杏梅，色淡且實扁而斑，味全似杏。鴛鴦梅，即多葉紅梅也，一蒂雙實。一云：苦楝接梅則花帶黑色。取青梅，籃盛于突上熏黑，為烏梅。鹽淹曝乾，為白梅。久乃上霜，又名霜梅。熟者笮汁，晒乾為梅醬，夏月可調水飲之。　氣味　酸，平，無毒。　主生津止渴，清神下氣，消酒。

烏梅　氣味：　酸，溫，無毒。主止渴調中，去痰，治瘧瘴，止吐逆霍亂，除冷熱痢《本草拾遺》。斂肺澀腸，止久嗽瀉痢，反胃噎膈，蚘厥吐利，消腫涌痰，殺蟲，解魚毒、馬汗毒、硫黃毒時珍《綱目》。

白梅：　氣味：　酸、鹹，平，無毒。治中風驚癇喉痹，痰厥僵仆。牙關緊閉者，取梅肉指擦牙齦，涎出即開。又治瀉痢煩渴，霍亂吐下，下血血崩。

發明日華子曰：　生梅多食，損齒傷筋，蝕脾胃，令人發膈上痰熱。服黃精人，忌食之。食梅齒齼者，嚼胡桃肉解之。　王好古曰：　烏梅，脾肺二經血分藥也，能收肺氣，治燥嗽。肺欲收，急食酸以收之。忌猪肉。

清・劉雲密《本草述》卷一六　梅入藥以野生及未經就接者為貴。　實　氣味：　酸，平，無毒。　時珍曰：　梅花開於冬，而實熟於夏，得木之全氣，故其味最酸，所謂曲直作酸也。肝為乙木，膽為甲木。人之舌下有四竅，兩竅通膽液，故食梅則津生者，類相感應也。不然，物之味酸者多矣，何獨梅能生津耶？

愚按：　《經》云：　味過於酸，肝氣以津。言過於食酸，則肝氣盛而津泄。故曰脾氣乃絕，如梅實一食便津，此時珍謂得木氣之全也。

烏梅　氣味：　酸，溫，平，濇，無毒。　主治：　下氣，除煩滿熱，止肢體痛，偏枯不仁，蝕惡瘡、努肉《本經》。去痹，利筋脈，止下痢，好唾口乾《別錄》。調中去痰，治瘧瘴，止吐逆霍乱，除冷熱痢藏器。止休息痢日華子。療久嗽，治蛔厥時珍。　方書主治：　暑證咳嗽，痰飲，嘔吐霍亂，瘧，諸見血證，溲血下血，自汗，不能食，口燥咽乾，泄瀉滯下，痔。　好古曰：　烏梅，脾肺二經血分藥也。能收肺氣，治燥嗽。肺欲收，急食酸以收之。　時珍曰：　烏梅、白梅治病皆取其酸收之義，惟仲景治蚘厥烏梅片，及蟲䘌方中用者，取蟲得酸即止之義，稍有不同耳。《醫說》載曾魯公痢血百餘日，國醫束手。陳應之用鹽水梅肉一枚，研爛，合臘茶，入醋服之，一啜而安。梁莊肅公亦痢血，應之用烏梅、胡黃連、竈下土等分，為末，茶調服，亦效。蓋血得酸則斂，得寒則止，得苦則濇故也。其蝕惡瘡努肉，雖是酸收，却有物理之妙。說出《本經》。其法載於《劉涓子鬼遺方》，用烏梅肉燒存性，研傅惡瘡上，一夜立盡。按楊起《簡便方》云：　起臂生一疽，膿潰百日方愈，中有惡肉突起，如蠶豆大，月餘不消，醫治不效。因閱《本草》得此方，試之，一日夜去其大半，再上，一日而平，乃知世有奇方如此，遂留搜刻諸方也。　之頤曰：　先春而華，吸水雪以自濡，色青味酸，入厥陰肝，肝色青，肝味酸故也。故主吮泄腎液以潤筋膜。《經》云：　味過於酸，肝氣已津。談說酢梅，口中酸出。吮泄之力可徵矣。是以對待水液焦涸，致熱煩滿悶及上氣，令心不安，與偏枯不仁致肢體痛，及死肌惡肉，青黑痣者，咸可濡以潤之，藉子母更相生耳。　時珍止言其收，之頤專指其行，蓋各有所蔽也。　希雍曰：　梅得木氣之全，故其味最酸，所謂曲直作酸是也。烏梅多用之治痢。

同川黃連、白芍藥、滑石、甘草、蓮肉、白扁豆、葛根、升麻、紅麴、橘紅作丸，治滯下如神。　一味作湯代茶飲，治火炎頭痛。

愚按：　烏梅之用，類以為酸收已耳。後學下一註脚，以為得木氣之全。二說非不似也。第以《本經》所主治，首言下氣，及止肢體痛偏枯不仁，死肌等證，而《別錄》去痹，利筋脈，可謂酸收之功。如是乎即木氣之全一語，為酸收註脚，亦大牽合矣。蓋木氣之全，則樂於宣瀉，如梅實之熟於夏者，賦木氣之全，而得宣於大火之流津，故告成功於實。應夏乃熟，是以梅實生津，獨異於他味之酸者。由其木氣全而起宣瀉，母盛樂趨於子也。況直大火以為子，而淖溢之氣夏有異乎？即以人身之津而言，《本經》謂其腠理發泄，汗出溱溱，是謂津不可舉，似以推其義歟。或曰：　是則酸收盡非乎？曰：　豈其然？蓋茲味就收而能致其行之用，就行而不離於收之體。夫行在收中，則收之功神，收在行中，則行之元裕。若止謂其酸收而已，是見其半，而失其全者也。可乎更思其先春獨華，乃獨稟寒水之精氣，以先秀於風木之秀質，故犯霜雪而揚清芬，是其歷春而夏，所為聚精毓英者，故不離於水化，由水化而達於火化，是即所謂收即有行，行不離收者也。豈可謂其木氣之全，具體而不適用乎？如梅實者，飽孕乎未達之陰，而急趨乎欲透之陽，是其孕而儲者，陰原具有陽也。其透而泄者，陽亦未離於陰也。斂其陰中之陽，以達其陽中之陰，即其溱溱而津溢，可以思矣。方書所治諸證，其除煩渴，消暑毒，及霍亂後煩渴。又治口乾舌燥，其化溼痰積結，如瘧如瘴，及停飲以病於諸證。又療痰嗽而上逆者，調血病如上行諸證用之雖少，而溲血下血奏效良多。凡此三者，總原於津液之化。夫肝膽同為津液府也，痰飲者，即液之不能化血，而滯為痰飲也。血固水液之所化，而肝木乃血臟也，是皆不外於斂陰中之陽，以達陽中之陰也。若然，則茲味治下痢，較治諸證為多，亦得以前義槩之乎？曰：　夫津液痰飲血化，豈止以肝為用哉？　蓋此味具有肝之體用，而肝又以肺為主，脾為用，海藏已云為肺脾二經血分藥矣。既為二經血分藥，肝原血臟，何以不言肝乎？　遺其主而言輔可乎？　蓋一陰為獨使，《經》言之矣。如痢之病於熱傷血者，徒血分而和之養之，或兼清之，固未能舍氣分之劑以治血也。至如久痢，斷後以濇藥為君，或佐之益胃健脾，滲溼分水，又或少佐之收氣歸元，然亦未能專致於氣，而絕不根於血者也。如休息痢，由元陽虛而致脾虛有積，補元陽行積滯，或加參、苓，似乎難同於血藥用矣。然亦未有離於陰氣以益陽者，又如休息痢、氣痢膿血不止，由血分有餘熱，致氣不能還，其一降一收之元者，故清熱和血，尤必斂其陰，不使血傷，因導其陽而俾氣暢，乃為得當耳。若烏梅者，舉此下痢證，胥能合之以奏功。蓋所謂收陰中之陽，并陽之邪，陽之虛而皆收之，其達陽中之陰，舉陰之滯，陰之虛而皆和矣。更如霍亂後利不止，冷汗出，腹脇痛，是脾之元陽虛而濁陰不化，故冷汗出，腹脇痛，宜大補元陽，而兼化陰以益氣，並之和血清熱，乃入收後之劑，此非能斂陰中之陽，而使陰清，遂導陽中之陰，而使陽化，如烏梅者不可也。再如霍亂後下焦熱結，或利下膿血，煩痛，此由下焦陰虛而結熱，熱結而化溼，溼熱合則化膿血而煩痛，故宜從下焦之陰以收，而即能化陽，并升舉其陽之結氣，更燥溼守中養胃，佐以清煩熱而散痛，俾中焦和而下焦益清，是非如烏梅能收陰中之陽，即導陽中之陰者，未易幾其獲效也。蓋收陰中之陽，則陰不受陽傷，導陽中之陰，則陽不為陰圍，其守中養胃，正所以調天氣地氣之樞也。由陰完而陽乃得紓，陽紓而陰乃得化，故此味總為血分之藥。《本經》首言下氣者，正其調血之功耳。蓋肝肺脾各有遞為君之時，而烏梅具肝體而全肺脾之用，乃得四應，故收即寓行，行不離收，有如是耳。請再以其專為收專為行之證治，相提而論之。如治自汗之安胃湯，因於心虛風虛，邪入以成偏風證，方治先除其汗，慓悍之氣，按而收之，此為專於收者也。如下痢之黑丸子，因脾胃怯弱，飲食過傷，留滯不化，遂成下痢，此丸推導之，斟酌病情，期於滯盡，徐而議補，此所謂專於行者也。更治嘔吐之紫沉丸，治中焦吐食，由食積與寒氣相格，故吐而作痛，其治以溫行為主者也。蓋未有一物而收行頓異，惟其收中有行，行不離收者，亦有主劑以為合應分應之權輿，有如斯也。或曰：　然則《本經》《別錄》何以絕不及收耶？　曰：　祇就其功用處言耳。然其體已具於其中，試就方書所療諸證，以通於《本經》《別錄》之主治，可得其體用俱全者，幾為能察物理，不為憒憒者之襲陳說也歟。

附方並論　大便下血及酒痢、久痢不止，用烏梅三兩，燒存性，為末，醋煮米糊，和丸梧子大，每空心米飲服二十丸，日三。　小便尿血，烏梅燒存性，研末，醋糊丸梧子大，每服四十丸，酒下。　血崩不止，烏梅肉七枚，燒存性，研末，米飲服之，日二。　大便不通，氣奔欲死者，烏梅十顆，湯浸去核，丸棗大，納入下部，少時即通。

愚按：　烏梅之治血，在下行者為多，何以故？　蓋《本經》首云下氣，夫血隨於氣者也。苐氣下而隨能止血者，又何以故？　蓋血本於陰而化於陽，茲味由水而歸木，故能收陰，收陰并陰中之陽亦收之。茲味又由木而趨火，故能化陽，化陽即并陽中之陰而化之，蓋因收得化，是即下氣以為固脫，原非止濇之劑也。若為止濇之劑，何以大便不通者，納之下部乃反得通哉？　愚故聚錄四方於一處，令覽者衆悟焉。更茲味治蛔，亦類以為得酸即收之義，詎知他味之酸收者不少矣，何不取以伏蛔耶？　蓋蟲由風化以生，而溼化以成，唯此味之酸收者，收其陰而化於陽，此所以有專功也。如蝕惡肉者，皆其收而能化之故耳，請以質之高明。

白梅釋名鹽梅、霜梅。　氣味：　酸、鹹，平，無毒。　主治：　喉痹痰厥，僵仆，牙關緊閉者，取梅肉指擦牙根，涎出即開。他治與烏梅彷彿一二時珍。蓋烏梅較良，資用更多。

愚按：　烏梅、白梅，類以為其功應同，殊不知其氣味已有不同者。蓋烏梅因製以達火氣，所謂收而能化，與白梅同鹽汁漬者，水火區以別矣。試取治下痢有茶梅丸，細求其分別之故，乃知其同而異也。且方書中有烏、白同用者，既謂其功不殊，又何以取此贅耶？　試一思之。

附方　茶梅丸，喉痹乳蛾，冰梅丸用青梅二十枚，鹽十二兩，淹五日，取梅汁，入明礬三兩，桔梗、白芷、防風各二兩，豬牙皂角三十條，俱為細末，拌汁，和梅入瓶收之，每用一枚，噙咽津液。凡中風痰厥，牙關不開，用此擦之尤佳。　梅核膈氣，取半青半黃梅子，每個用鹽一兩，淹一日夜，曬乾，又浸又曬，至水盡乃止。用青錢三個，夾二梅，麻線縛定，通裝磁罐內，封埋地下百日，取出，每用一枚，含之咽汁，入喉即消。收一年者治一人，二年者治二人，其妙絕倫。　暑氣霍亂，白梅一個，和仁搗碎，入絲瓜葉一片，或藊豆葉，再搗爛，用新汲水調，灌下即解。

中梓曰：風寒初起，瘧痢未久者，不可以此收斂也。

修治　造烏梅法，取青梅藍盛於突上，熏黑，若以稻灰淋汁，潤溼蒸過，則肥澤不蠹。　造白梅，取大青梅以鹽汁漬之，日曬夜漬，十日成矣，久乃上霜。

清·郭章宜《本草匯》卷一四　烏梅　酸濇，溫平，陰也，降也，入手足太陰、足少陰經。定嗽定渴，皆由斂肺之勳。止吐止痢，盡是固腸之力。化痰生津，安蚘清熱。蝕惡肉而至速，消酒毒以清神。《本經》主下氣、除煩熱、安心者，《經》曰熱傷氣，邪客于胸中，則氣逆而煩滿，心亦為之不安。此能斂浮熱，而吸氣歸元，故能安諸症也。大腸虛脫，則下痢，虛火上炎，則津液不足，而口乾好唾，酸能斂虛火，化津液，固腸脫，所以主之也。

按：烏梅得木氣之全，故其味最酸，脾肺二經血分藥也。斂肺扶脾，調虛止痢，取其和胃之功。仲景云：生薑，嘔家聖藥。熱燥者，烏梅代之。多見其有和胃止嘔，治躁渴之功。脉緩虛者，必神氣散脫，取其收斂，以酸收之法也。若病未久，有當發者，又未可便以此收也，悮食必為害。同川連、白芍、滑石、甘草、蓮肉、扁豆、葛根、升麻、橘紅作丸，治下痢如神。血痢不愈，用烏梅、胡黃連、竈下土，等分為末，茶調服，甚驗。蓋血得酸則斂，得寒則止，得苦則濇故也。諸瘡努肉，用梅肉燒存性，研傅惡肉上，一夜立盡。久嗽不已，烏梅肉微炒，罌粟去筋膜炒，等分為末，每服二錢，睡時蜜湯下。

去核，微炒。若過食而齒齼音楚，齒病。者，嚼胡桃肉解之。忌豬肉。

白梅　味酸、鹹，平，入手太陰、足太陰經。中風牙閉，擦齦，涎出便能開。乳腫癰毒，杵爛傅之惡即止。

按：白梅，即霜梅也。功與烏梅相似，所主諸病，皆取其收斂之義。惟仲景治蚘厥烏梅丸，及虫𧏾方中用者，取虫得酸即止之義，稍有不同耳。宗奭云：食梅則津液泄者，水生木也。津液泄則傷腎，腎外為齒故也。肝為乙木，膽為甲木，人之舌下有四竅，兩竅通膽液，故食梅則生津者，類相感也。《素問》曰：味過于酸，肝氣以津。又云：酸走筋，筋病無多食酸。不然，物之味酸者多矣，何獨梅能生津耶？

取大青梅，以鹽汁漬之，日晒夜漬，十日成矣。久乃上霜。以葉搗濃汁，飲之，治休息痢。夏衣生黴點，梅葉湯洗即無。葛衣洗之，經夏不脆。月水不止，梅葉焙，棕櫚皮灰，等分為末，服二錢，酒下。初生小兒，取根，同桃李根煑湯浴之，無瘡熱之患。

清·尤乘《食鑒本草·果類》　梅　生津止渴。多食損齒，損筋。烏梅安蚘止利，斂肺。白梅即鹹梅，名霜梅，喉痺痰厥。牙關緊閉者，取梅指擦，涎出即開。又治瀉利霍亂，下血，功同烏梅。

清·朱本中《飲食須知·果類》　梅子烏梅　味酸，性平。多食損齒傷筋，蝕脾胃，令人膈上痰熱。服黃精人忌之。不可與猪羊肉、麞、鹿、麞肉同食。食梅齼齼者，嚼胡桃肉解之。梅子同韶粉食不酸、不軟牙。烏梅，性溫，忌猪肉。白梅與烏梅同功。暗香湯：取半開梅花，溶蠟封花口，投蜜罐中，每取一二朵，同蜜一匙，點滾水服。清水揉梅葉洗蕉葛衣，經夏不脆。梅葉煎湯，洗黴衣即去，甚妙。

清·何其言《養生食鑒》卷上　梅　味酸、甘，性平，無毒。解酒開胃，生津。多食損齒傷根，蝕脾胃，令人膈上痰熱。服黃精人忌食。喫梅齒齼者，嚼胡桃肉解之。

采半黃者，以烟薰之為烏梅。性溫，無毒。解硫磺、馬汗、諸魚毒，醒酒殺蟲，解渴止嘔，安心神，收肺氣，和脾胃，治瘧痢、虛熱火而忌猪肉。

青者，鹽淹晒乾為白梅，一名霜梅，與烏梅同功。凡中風驚癇，喉痹痰厥，僵仆牙關緊者，以梅肉揩牙齦，令涎出即開。蛾喉腫痛，用蓬砂一錢為末，同梅肉和為丸，綿裹，含嚥津液可愈。

熟者笮汁晒，收為梅醬，夏月可調水飲，解渴。

梅仁　味酸，無毒。明目，益氣，除煩熱。治代指忽然腫痛，搗爛，和醋浸之，效。

梅葉清水揉洗蕉葛衣，經夏不脆。夏衣生黴點，煎水洗之即去。

清·蔣居祉《本草擇要綱目·寒性藥品》　烏梅　氣味：酸，溫，平，濇，無毒。入脾、肺二經血分。　主治：止渴調中，去痰治瘧，斂肺濇腸，噎膈蚘厥，蝕惡肉。仲景治蚘厥烏梅丸，及蟲𧏾方中用者，取蟲得酸而即止之義也。

清·王翃《握靈本草》卷七　梅曝乾者為白梅，熏乾者為烏梅。　主治：烏梅，酸，溫，平，濇，無毒。主下氣，除熱，止下痢，斂肺澁腸，止嗽，反胃噎膈，蚘厥。　主治：白梅，酸、鹹，平，無毒。治中風驚癇，喉痺，牙關緊急，下痢煩渴。餘功同烏梅。

清・汪昂《本草備要》卷三　烏梅濇腸，斂肺。　酸濇而溫。脾肺血分之果，斂肺肺欲收，急食酸以收之。濇腸，涌痰消腫，清熱解毒，生津止渴，醒酒殺蟲。治久咳瀉痢，梁莊肅公血痢，陳應之用烏梅、胡黄連、竈下土，等分爲末，茶調服而愈。曾魯公血痢百餘日，國醫不能療，應之用鹽梅肉研爛，合臘茶入醋服，一啜而安。瘴瘧諸症初起者，皆忌用。霍亂，吐逆反胃，勞熱骨蒸，皆取其酸收。安蛔厥，蛔蟲上攻而眩仆。蟲得酸則伏，仲景有蛔厥烏梅丸。去黑痣，蝕惡肉。癰瘡後生惡肉，燒梅存性，研末敷之。多食損齒傷筋。《經》曰：酸走筋，筋病無多食酸。　白梅功用略同。治痰厥僵仆，牙關緊閉，取肉揩擦牙齦，涎出即開。蓋酸先入筋，齒軟則易開。若用鐵器攪開，恐傷其齒。驚癇喉痹，敷乳癰腫毒，刺入肉中。嚼爛罨之即出。瘡中努肉，搗餅貼之即收。　青梅熏黑爲烏梅，稻灰汁淋蒸則不蠹。孟詵云：烏梅十顆，湯煮去核，納肛中，通大便。鹽漬爲白梅。時珍曰：梅，花于冬而實于夏，得木之全氣，故最酸。膽爲甲木，肝爲乙木。人舌下有四竅，兩通膽液，故食酸則津生。食梅齒齼者，嚼胡桃即解。衣生黴點者，黴，音梅。梅葉煎湯洗之。搗洗葛衣亦佳。

清・王逊《藥性纂要》卷三　白梅花　臘月取初開半含蘂，晒乾，密收待用。

味微酸，濇，氣清涼而芳香。能助胃中生發之氣，清肝經鬱結之熱。東圃按：羅周彥《醫宗粹言》：至寶丹用梅花，主小兒諸症皆宜。先慎安徵君治男婦諸疾，寬胸散鬱，行氣消食，應手獲效，大能開通關竅，比之蘇合丸功用相符，而不燥不熱。久為家秘，予不忍私，願與世共之。

至寶丹：白滑石，研飛，丹皮水煑六兩。甘草，一兩，熬成膏。香附米，一兩，童便浸煑。梅花一兩，砂仁五錢，甘松五錢，莪术，五錢，醋煑。益智三錢，山藥三錢，茯神二錢五分，遠志，二錢五分，甘草湯泡去骨。茯苓二錢，黄耆二錢，人參一錢，木香五分，麝香三分，俱為末，甘草膏同煉，蜜和丸龍眼大，硃砂為衣，滚湯化下。

東圃按：時珍《綱目》云：白梅花古方未見用者，近時有梅花湯，用半開梅花投蜜罐中，溶蠟封罐口，過時以一兩朵，同蜜一匙，點沸湯服。又蜜漬梅花法，用白梅肉少許，浸雪水，潤花露一宿，蜜浸煎酒。又梅花粥法，用落英入熟米粥，再煑食之。皆取其助雅致，清神思而已。李氏未載治病方法，余故補之。

清・陳士鐸《本草新編》卷五　烏梅　味酸，氣平，可升可降，陽也，無毒。收斂肝氣，固澁大腸，止血痢，安蟲痛。乃止脫之藥，備之以斂滑脫可也。

按：烏梅止痢斷瘧，每有速效。然效速者，取快于一時，往往有變成久病而不能愈，不可不慎也。世有夏日將烏梅作湯以止渴者，腹中無暑邪者，可以斂肺而止渴。倘有暑邪未散，而結閉于腸胃之中，及至秋天，不變為痢，必變為瘧矣。

烏梅治蚘，厥蚘上入膈，故煩而嘔，用之即定。

清・顧靖遠《顧氏醫鏡》卷八　烏梅酸，平。入肺脾二經。解馬汗毒、硫黄毒。主赤痢而治便血崩中，酸能斂血，酸能固腸。止久嗽而能下氣除煩。酸能收肺氣而治久嗽，酸能吸氣歸元而下氣逆，酸能斂浮熱而除煩滿。安蚘厥，蚘得酸則伏。治口乾。酸能化津液。療火痰頭痛，酸能斂虛火下降，故口糜唇瘡亦用之。蝕諸瘡努肉。瘡疽愈後，有肉突起，燒研敷之。白梅即霜梅。止霍亂，治傷暑霍亂，和仁搗碎，以仁能除煩熱，入絲瓜葉、扁豆葉，再搗爛，新汲水調敷，立愈。解酒毒。擦牙齦口噤便開，塗刀傷血出立止。刺在肉中者，嚼塗即出。病當發散者，大忌。

清・李熙和《醫經允中》卷一八　烏梅　忌猪肉。過食齒齼者，嚼胡桃肉可解。殺蟲、魚、馬汁、硫黄諸毒。　酸，溫，平，濇，無毒。主治清熱安蚘，生津解渴，斂肺濇腸，止久嗽久痢；收斂太過之劑，即前諸症，非久而欲脫者不可用也，如遽用太早，變症愈凶矣。《必讀》云：疽愈後有肉突起，烏梅燒敷，一日減半，兩日而平，真奇方也。

清・李熙和《醫經允中》卷二二　梅　食之齒齼者，嚼胡桃肉解之。酸，平，無毒。主爽神開胃。多食損肝，軟齒傷筋，發膈上痰熱。烏梅酸濇，斂肺澁腸，止久嗽瀉痢，反胃，殺蟲，解魚、馬、硫黄毒。惡瘡胬肉，燒灰研傅自消。女子脚上鷄眼，蒸爛，和醋塗，一夕即去。日曝乾名白梅，杵爛成膏，治婦人乳癰，拔肉中箭鏃神効。中風牙關緊閉，擦牙根，涎出即開。

清・馮兆張《馮氏錦囊秘錄・雜症痘疹藥性主治合參》卷八　烏梅花發於冬，成實於夏，得木氣之全，故味最酸，所謂曲直作酸是也。膽為甲木，肝為乙木。舌下有四竅，兩通膽液，故食酸則津生也。《經》曰：熱傷氣，邪客於胸中，則氣上逆而煩滿，心為之不安。烏梅味酸，能斂浮熱，吸氣歸元，故主下氣，除熱煩滿及安心也。下痢者，大腸虛脫也。好唾口乾者，虛火上炎，津液不足也。酸能斂虛火，化津液，固腸脫，所以主之。其主肢體痛，偏枯不仁者，蓋濕氣侵於經絡，則筋脉弛縱，或疼痛不仁，肝主筋，酸入肝而養筋，肝得所養，則骨正筋柔，機關通利，而前證除矣。其主去死肌，青黑痣惡肉者，白梅之功也。白梅味鹹，鹹能軟堅故也。又能消痰醒睡，止霍亂，解酒毒。弘景云：生梅、烏梅、白梅功用相似，第烏梅較良，資用更多。然木性喜升發，酸味斂束，是違其性之所喜也。《經》云：酸走筋，筋病無多食酸。及病當發散者，咸忌之。【略】　烏梅，收斂肺氣，生津止嗽，解渴除煩，澁腸止瀉，傷寒溫瘧，休息久痢，便血血痢。安蚘厥而止蟲痛，去黑痣而蝕惡肉。白梅，搗敷惡毒，治婦人乳癰最效。痰厥僵仆，擦牙關緊閉即開。葉，煮汁服，久痢亦除。

主治痘疹合參：　梅花，味甘、微酸，氣平，無毒。能發痘解毒，以其先得萬物生發氣也。

清・张璐《本經逢原》卷三　梅榔梅。　酸，平，無毒。《本經》主下氣，除熱煩滿，安心。止肢體痛，偏枯不仁，死肌，〔去〕青黑痣，蝕惡肉。　發明：梅花開於冬，而實熟於夏，得木之全氣，故其味最酸。人舌下有四竅，兩竅通膽液，故食則津生，類相感應也。所主之病，皆取酸收之義。梅之種類最多，惟榔梅最勝。相傳是真武折梅枝插榔樹株而誓曰：吾道若成，花開果實。其種從均州太和山來，榔即榆樹中之一種，其梅如杏而鬆脆異常，故近世謂之消梅。食之開胃生津，清神安睡，乃榔之本性也。《本經》下氣除熱煩滿安心，止肢體痛，皆指陳藏者而言。若青梅則凝濇滯氣，決非偏枯不仁者所宜。凡穀食菜果皆爾，不獨青梅為然。烏梅酸收，益津開胃，同建茶、乾薑治休息痢，能斂肺濇腸，止嘔斂汗，定喘安蚘。仲景治蚘厥烏梅丸用之，蟲得酸即止，用丸不用湯者，欲留有形之物入於蟲口也。今治血痢必用之，中風驚痰喉痹腫痛，痰厥僵仆，牙關緊閉者，取烏梅擦牙齦即開。血痢不止，以烏梅燒存性，米湯服之漸止。惡瘡胬肉亦燒灰研傅，惡肉自消，此即《本經》去死肌惡肉之驗。又《丹方》治女人腳上雞眼，烏梅肉飯上蒸爛，和米醋研如糊，塗上一宿即去。白梅鹹酸，主中風牙關緊閉，擦牙根涎出即開。去胬肉方多用之，竹木鍼刺在肉中者，嚼敷即出。〇梅核仁明目益氣，除煩熱，能治婦人子藏中風氣積滯，《千金》承澤丸用之。梅葉煮汁治休息痢及乾霍亂效。以之漬水洗葛則不脆。洗夏衣生黴點即去有驗。

清・汪啟賢等《食物須知・諸果》　梅實　味酸，氣平，可升可降，無毒。處處栽植，夏月摘收。火熏乾者色烏，日曝乾者色白。因製有二，故名不同。凡欲用之，俱宜去核。

烏梅　收斂肺氣，解渴除煩，固澀大腸，禁痢止瀉。卻傷寒溫瘧，逐虛勞骨蒸。

清・浦士貞《夕庵讀本草快編》卷四　梅《本經》　梅者，媒也，媒合眾味。《書》云：若作和羹，爾惟鹽梅。蓋梅字當從某也。梅實時采半黃者，以烟薰之成烏梅，青者鹽淹曝乾為白梅，俱可入藥。若糖浸蜜煎，祇供飣餖，笮汁為醬，飲水亦佳。　梅花開於冬而實熟於夏，得木之全氣，故其味最酸，所謂曲直作酸也。肝為乙木，膽為甲木，人之舌下有四竅，兩竅通於膽液。食梅而津液生者，類相感耳。《素問》云：味過於酸，肝氣以津。又云：酸走筋，筋病無多食酸。不然。物之味酸者甚多，何獨望梅有生津止渴之驗耶？入藥之功有白梅、烏梅之別。烏者專走脾肺二經血分，故能斂肺止嗽，安胃澁腸，除熱治瘧，蝕惡去努。仲景治蛔厥有烏梅丸，陳應之治血痢有臈茶煎是也。若中風驚涎，喉痺痰厥，僵仆牙關噤急者，用白反勝，皆取其能收斂而不耗越耳。若收花，可以蜜浸，亦可煮粥。故楊誠齋詩蜜點梅花帶露餐及脫蕊收將熬粥吃之句，不但助雅致，清神思，亦可悅顏駐色也。故摽梅咏自風人，落梅歌成樂府。馮涓嗽梅，四座流涎；蘇躭蒔梅，沉疴頓愈。自花而實，自咏而玩，皆有益於人爾。

清・張志聰、高世栻《本草崇原》卷中　烏梅　氣味酸，溫，平，澀，無毒。主治下氣，除熱，煩滿，安心，止肢體痛，偏枯不仁，死肌，去青黑志，蝕惡肉。志，痣同。　梅實將熟時，采微黃者，籃盛於突上熏黑，若以稻灰淋汁，潤濕蒸過，則肥澤不蛀。　梅花放於冬，而實熟於夏，獨得先春之氣，故其味酸，其氣溫平而澀，澀附於酸也。主下氣者，得春生肝木之味，生氣上升，則逆氣自下矣。除熱煩滿者，稟冬令水陰之精，水精上滋，則煩熱除而胸膈不滿矣。安心者，謂煩熱除而胸膈不滿，則心氣亦安。肢體痛，偏枯不仁，死肌，皆陽氣虛微，不能熏膚充身澤毛，若霧露之溉。梅實結於春而熟於夏，主敷布陽氣於肌腠，故止肢體痛，及偏枯不仁之死肌。陽氣充達，則其顏光，其色鮮，故去面上之青黑痣，及身體蟲蝕之惡肉。　愚按：烏梅味酸，得東方之木味，放花於冬，成熟於夏，是稟冬令之水精而得春生之上達也。後人不體經義，不窮物理，但以烏梅為酸斂收濇之藥，而春生上達之義未之講也，惜哉！

清・姚球《本草經解要》卷三　烏梅　氣平，味酸，無毒。主下氣，除熱煩滿，安心，止肢體痛，偏枯不仁，死肌，去青黑痣，蝕惡肉。　烏梅氣平，稟天秋收之金氣，入手太陰肺經。味酸無毒，得地東方之木味，入足厥陰肝經。

氣味俱降，陰也。肺主氣，氣平則降，所以下氣。肝屬木，木枯火炎逆於胸中，則熱而煩滿。烏梅味酸，能收浮熱，吸氣下行，所以止煩滿也。心者，火也，木之子也。味酸氣平，能平肝木，木和心自安也。肢體屬脾，脾為土，肝木尅土則痛。味酸則斂，所以止痛。肝藏血，血枯則偏枯不仁死肌矣。味酸益肝血，血和則潤，不仁死肌愈也。去青黑痣及蝕惡肉，酸收之味，外治能消痣與肉也。　製方：烏梅作湯，治火炎頭痛。同豆豉、甘草、生薑、童便，治勞瘧。同川連丸，治赤痢。專燒灰，敷治胬肉。

清·葉盛《古今治驗食物單方》　梅子　消渴，烏梅肉二兩，微炒為末，每服二錢，水煎去渣，入豉二百粒，煎至半盞服。　血崩不止，烏梅肉七個，燒存性研末，米飲服。　霍亂吐痢，烏梅湯飲之。　痰厥頭痛，烏梅肉三十個，鹽三撮，酒三碗，煮一碗，薑服取吐即愈。

清·王子接《得宜本草·中品藥》　烏梅　味酸，濇。功專斂肺，固腸解渴止吐。得建茶、乾薑治休息利。

清·黃元御《長沙藥解》卷二　烏梅　味酸，性濇。入足厥陰肝經。下衝氣而止嘔，斂風木而殺蚘。　傷寒烏梅丸，烏梅三百個，乾薑十兩，細辛六兩，人參六兩，桂枝六兩，當歸四兩，川椒四兩，附子六兩，黃連一斤，黃柏六兩。治厥陰病，氣上衝心，心中疼熱，消渴，食即煩生，而吐蚘者。以水寒土濕，木氣鬱遏，則生蚘蟲。木鬱風動，肺津傷耗，則病消渴。木鬱為熱，衝擊心君，則生疼熱。臟腑下寒，蚘移膈上，則生煩嘔，嘔而氣逆，衝動蚘蟲，則病吐蚘。烏梅、薑、辛殺蚘，止嘔而降衝氣。人參、桂、歸補中，疏木而潤風燥。椒、附暖水而溫下寒，連、柏泄火而清上熱也。　烏梅酸濇收斂，泄風木而降衝擊，止嘔吐而殺蚘蟲，善醫蚘厥之證。其諸主治，止咳嗽，住泄利，消腫痛，湧痰涎，泄煩滿，潤燥渴，散乳癰，通喉痺，點黑痣，蝕瘀肉，收便尿，下血，止刀箭流血，鬆霍亂轉筋，開痰厥牙閉。　醋浸一宿，去核，米蒸。

清·尤氏《尤氏喉科秘書》　製梅礬法　取大青梅，圓嫩而脆者，先切下殼蓋，好好去核，再研細白礬末，捺入在內，仍用蓋覆之，以竹針竿好，過一宿，明早用炭火煅之。不用其礬，輕白如膩粉，味至半酸，收貯聽用。

清·吳儀洛《本草從新》卷四　烏梅〔濇腸斂肺。〕　酸濇而溫脾肺。血分之果。　濇腸斂肺，肺欲收，急食酸以收之。止血湧痰，消腫解毒，生津止渴，時珍曰：梅，花於冬而實於夏，得木之全氣，故最酸。膽為甲木，肝為乙木，人舌下有四竅，兩通膽液，故食酸則津生。　醒酒殺蟲。　治久嗽瀉痢，血痢尤良。梁莊肅公血痢，陳應之用烏梅、胡黃連、竈心土等分為末，茶調服而愈。曾魯公血痢百餘日，國醫不能療，應之用鹽梅肉一枚，研爛，合臘茶入醋服，一啜而安。　瘴瘧霍亂，吐逆反胃，下血血崩。　安蚘厥，蚘蟲上攻而眩仆，蟲得酸則伏。　去黑痣，蝕惡肉。疽愈後有肉突起，燒存性，研末敷之，一日減半，兩日而平。　病有當發表者，大忌酸收，誤食必為害。　青梅熏黑為烏梅。稻灰汁淋蒸，則肥澤不蠹。大便不通，氣奔欲死者，烏梅十顆，湯浸去核，丸棗大，納入下部，少時即通。　去核微炒。　附：白梅　酸，濇，鹹，平。功用略同烏梅。　治痰厥僵仆，牙關緊閉。取肉指擦牙齦，涎出即開。蓋酸先入筋，齒軟即易開。若用鐵器撬開，恐傷其齒。　驚癇喉痺，梅核膈氣。取半青半黃梅子，每個用鹽一兩，淹一日夜，曬者，又浸又曬，至水盡乃止，用青錢三個夾二梅，麻綫縛定，通裝磁罐內，封埋地下，百日取出。每用一枚含之，咽汁入喉即消。收一年者治一人，收二年者治二人，神效。　敷乳癰腫毒，刺入肉中，搗爛罨之即出。瘡中弩肉，搗餅貼之即收。　刀箭傷膚。搗敷，血即止。　多食損齒傷筋。《經》曰：酸走筋，筋病無多食酸，若過食而齒齼者，嚼胡桃肉以解之。　鹽漬為白梅。取大青梅以鹽汁漬之，日曬夜漬，十日成矣。久乃上霜，故又名鹽梅。衣生黴點者，梅葉煎湯，洗之即去。清水揉梅葉，洗蕉葛衣，經夏不脆，有驗。

清·汪紱《醫林纂要探源》卷二　梅　酸，溫。冬花夏實，味正酸。　得木氣之全而能瀉木斂肺，去瘀生津。木能吸水氣以上行，故生津。　多食發瘡。斂之過，又使血熱也。　烏梅　酸，鹹，溫。小便浸青梅，置火上煙熏成，故有鹹味。　斂肺，濇大腸。治久嗽肺虛，久瘧陰虛，火動肺傷，至成吐血及骨蒸者，皆斂補之功也。　和脾，瀉肝火，治血瘀而霍亂吐逆，瀉肝之功也。色黑能入血分。　解熱毒，治腸澼血痢熱瀉，濇腸解熱之功也。　安蛔，蛔得酸則伏。　去惡肉。煨傅。　白梅　酸，鹹，溫。鹽醃乾之。　略同烏梅，兼能補斂心神，醒睡解酒，袪痰。　開猝厥牙關，擦之。〇吸津使上行，則牙開矣。　鎮驚癇，酸能拔取其痰，且收心之散。　治口瘡喉痺癰毒，去瘀而已。　拔矢陷肉中。以吸取之效。　多食傷筋。

清·嚴潔等《得配本草》卷六　白梅名鹽梅、霜梅。梅葉、梅花、烏梅。　酸、鹹，平。　治瀉痢煩渴，療霍亂嘔吐。　配輕粉、香油，塗癰疽。配生礬末，為丸含嚥，治喉痹乳蛾。　同皂角燒炭，敷發背。發熱茶清調，不發熱醋調。　取大青梅以鹽汁漬之，日曬夜漬，十日成矣，久乃上霜。　梅葉　酸，平。治休息痢及霍亂，煎濃汁飲之。　夏衣生黴點，煎湯洗之即去。　配棕櫚炭，治月水不止。　梅花　甘、酸，平。發痘解毒。　烏梅　忌豬肉。　酸、濇，溫。入手足太陰經氣分，兼入足厥陰經血分。斂肺澀腸，生津止渴。治久嗽瀉痢，反胃噎膈，虛勞骨蒸，霍亂勞瘧，蛔厥吐利，止血湧痰，醒酒殺蟲。去黑痣，蝕惡肉。解魚毒、硫黃毒。得川連，治赤痢腸痛。配建茶、乾薑，治休息痢。佐麥冬，治產後痢渴。入補脾藥，止久泄虛脫。湯浸去核，搗丸如棗大，納入穀道，導大便不通。去核煅炭，敷瘡蝕惡肉，立效。其核中仁，能清婦人子臟風氣積滯。病宜發散、瘧痢初起者，禁用。怪症：下頦忽落，用烏梅口銜一枚，外用南星末，薑汁調塗兩頰，一夜即上。

題清・徐大椿《藥性切用》卷六　烏梅肉　味酸濇溫，入厥陰而兼入太陰。澁腸斂肺，醒酒殺蟲，為吐痢，收斂虛脫之耑藥。白梅，即鹽梅。酸澁鹹平，軟筋斂液，功近烏梅。而不經薰黑，無殺蟲收脫之功。梅葉，治霍亂，搗汁飲之。

清・黄宮繡《本草求真》卷二　烏梅入肝斂氣濇腸。　烏梅耑入肺腸，兼入肝膽。酸濇而溫，似有類於木瓜，但此入肺則收，成無己曰：肺欲收，急食酸以收之。入腸則濇。腸垢已出，《肘後》用烏梅肉二十個，水一盞，煎六分，食前服。血崩不止，用烏梅肉七枚，燒存性研末，米飲服之，日二次。莊肅公痢血，用烏梅、胡黃連竈下土等分為末，茶調服亦效。蓋血得酸則斂，得寒則止，得苦則濇故也。入筋與骨則軟，酸入筋。入蟲則伏，蟲得酸則伏。入於死肌、惡肉、惡痣則除，《鬼遺方》用烏梅肉燒存性，研敷惡肉上，一夜立盡。《聖惠》用烏梅和蜜作餅貼者，其力緩。《簡便方》云：起臂生一疽，膿潰百日方愈，中有惡肉突起，用此方試之，一日夜去其大半，再上一日而平，乃知世有奇方。刺入肉中則拔。故於久瀉久痢，氣逆煩滿，反胃骨蒸，無不因其收濇之性，而使下脫上逆皆治。且於癰毒可敷，已潰未潰，可用此燒灰存性為末，入輕粉少許，香油調塗四圍。中風牙關緊閉可開，取肉擦牙齦，涎出即開，以酸能入筋骨以軟。蚘蟲上攻眩仆可治，仲景有烏梅治蚘上攻眩仆。口渴可止。時珍曰：人之舌下有四竅，兩竅通膽液，故食梅則津生者，類相感應也。《素問》云：味過於酸，肝氣以津。又云：酸走筋，筋病無多食酸，不然，物之味酸者多矣，何獨梅能生津耶？寧不為酸濇收斂之一驗乎！不似木瓜功耑疎泄脾胃，筋骨濕熱，收斂脾肺耗散之元，而於他症則不及也。白梅由於鹽漬，味鹹則能軟堅。通大便亦用。若牙關緊閉，白梅尤良。死肉黑痣，白梅用之更捷。食梅齒齼者，嚼胡桃即解。衣有黴點者，梅葉煎湯洗之，搗洗葛衣亦佳。但肝喜散惡收，久服酸味，亦伐生氣，生氣者，陽氣也。且於諸症初起切忌。

清・黄宮繡《本草求真》卷九　青梅開胃通膽，生津止渴。　青梅耑入肝、膽、胃。花開於冬而熟於夏。張璐謂此得木全氣，故其味最酸而入膽耳。人之舌下有四竅，兩竅可通膽液，食則通膽，使液外出，類相感也。酸主收，故治皆主酸收之病。如《本經》所言下氣除熱煩滿，安心止肢體痛是已。然惟藏久則佳，若青梅則凝濇滯氣，非偏枯不仁等症所宜用也。梅之種類甚多，惟榔梅最勝。相傳真武折梅枝插榔樹株而誓曰，吾道若成，花開果實。其種從均州太和山來，即榆樹中之一種。其梅如杏，而鬆脆異常，故近世謂之消梅。食之開胃生津，清神安睡，乃榔樹之本性也。然多食亦能凝血滯氣，當細審食可耳。

清・李文培《食物小錄》卷上　梅　酸，平，無毒。多食損齒傷筋，蝕脾胃，令人發膈上痰熱。服黄精人忌食。食梅齒齼者，嚼胡桃肉解之。同韶粉食，則牙不軟。　烏梅　酸，溫、平、澀，無毒。止渴調中，去痰，消酒毒，令人得睡。　白梅即鹽梅。　酸，鹹，平，無毒。除痰，止消渴，散煩悶。醒酒功同烏梅

清・羅國綱《羅氏會約醫鏡》卷一七菓部　烏梅味酸澁，氣溫平，入肺脾二經。　脾肺血分之菓也。治肺虛久嗽，初嗽忌用。生津止渴酸也，止瀉痢、初起勿塞。便血、崩淋、遺精、夢洩酸澁，截瘧，方載瘧門。安蚘厥蚘畏酸，蝕惡肉。疽愈後，有肉突起，烏梅燒敷二日愈，神方也。

白梅　功用略同烏梅，治痰厥牙緊，取肉擦牙齦即開。搗敷乳癰。

青梅　熏為烏梅，塩漬為白梅。《經》云：筋病無多食酸，及病當發散者，咸忌之。

清・陳修園《神農本草經讀》卷三中品　烏梅　氣味酸，溫，平，澀，無毒。主下氣，除熱，煩滿，安心，止肢體痛，偏枯不仁，死肌，去青黑痣，蝕惡肉。

陳修園曰：烏梅氣平，稟金氣而入肺。氣溫，稟木氣而入肝。味酸無毒，得木味而入肝；味澀即酸之變味也。味勝於氣，以味為主。梅得東方之味，放花於冬，成熟於夏，是稟冬令之水精，而得春生之氣而上達也。主下氣者，生氣上達，則逆氣自下矣。熱煩躁，心不安，《傷寒論》厥陰症，以氣上撞心，心疼熱等字(該)〔概〕之，能下其氣，而諸病皆愈矣。脾主四肢，木氣克土，則肢體痛；肝主藏血，血不灌溉，則偏枯不仁而為死肌，烏梅能和肝氣，養肝血，所以主之。去青黑痣及蝕惡肉者，酸收之味，外治能消痣與肉也。

張隱庵云：後人不體經義，不窮物理，但以烏梅為酸斂收澀之藥，而春生上達之性未之講也。惜哉！

清・趙學敏《本草綱目拾遺》卷一水部 梅子水 《秋泉祕錄》有造梅子水法：用大梅子三五十個，搗碎，入有嘴瓶內，加鹽三兩，入河水浸過二指，日取蜒蚰投入，多多益善，經年更佳，凡毒將水搽之即消。治諸毒惡瘡。

清・黃凱鈞《藥籠小品》 烏梅 酸濇之品，入肺脾血分，治久嗽久痢，久瘧安蚘厥病。有當發表者大忌。更有留邪未靖，用之亦有害。

清・章穆《調疾飲食辯》卷一下 梅汁 古作槑，又作臬，又作某，象子在木上之形。後人作梅。然《書》之鹽梅，《詩》之標梅，皆從木、每，則其來亦古矣。《爾雅》曰：梅，柟。孫炎《正義》曰：荊州曰梅，揚州曰柟。《綱目》曰：梅實酢，可以媒合眾味，故名梅。《書》曰：若作和羹，爾維鹽梅。《埤雅》曰：梅入北方變為杏。故《詩疏》曰：杏類也。此說殊不然。橘踰淮而為枳，形既相似，花、實又復同時，謂之同類則可。梅、杏形既不似，花、實早晚更極相懸。杏花在開桃花之殿，梅花早者初冬即放。宋人句曰十月先開嶺上梅，遲亦不過冬至前後。杜工部《(冬)〔小〕至》詩曰：岸容待臘將舒柳，山意衝寒欲放梅。惟其受氣各殊，故榮枯節候各異。徒以其變杏謂為同類，則物之易地、易時而變者，多不可以理測，如雀、蛤、雉、蜃、鼠、鴽之屬，皆可云同類乎？至因梅字，謂反梅為杏，反杏為梅，尤為拘泥。范石湖《梅譜》曰：江梅不經栽接，花小而香，子小而硬；消梅多液無渣；綠萼梅枝跗皆綠；重葉梅枝葉重疊，結實多雙；紅梅花紅如杏；杏梅色淡，實扁而斑；鴛鴦梅一蒂雙實。雖種類甚多，惟白花、單瓣者結子最繁。至於花色，俗競繁華，惟紅梅是豔。不知白花五出者，玉骨冰肌，寒香冷豔，其品尤絕高也。高青邱詩曰：瓊姿只合在瑤臺，誰向江南處處栽。雪滿山中高士臥，月明林下美人來。林和靖詩曰：疏影橫斜水清淺，暗香浮動月黃昏。逸韻孤芳，復乎不可尚已。其子充果，可以香口，然味太酸，極不益人。《日華本草》曰：多食損齒傷筋，《素問》曰：酸走筋。(鐲)〔蝕〕胃，梅能消肉，《本經》曰：去死肌，(鐲)〔蝕〕惡肉。脾主肌肉，故外消肌肉者，必內傷脾胃。發膈上痰熱，酸則聚飲，故發痰。酸為木味，木生火，故發熱。蜜餞、餹藏皆不為美。熱病及表病人切忌。作飲代茶，不可過酸。《拾遺》曰：能收斂肺氣，凡久嗽、久痢宜之。同乾薑止冷痢，同黃連止熱痢。又生津止渴，凡霍亂吐下，心煩，及受暑吐瀉、汗出但渴者，皆津液受傷也，無不宜之。同粳米或糯米煮汁，米熟為度。病止即停，不宜過飲。惟暑月力作，及注夏人汗常大洩，不拘粥飲。茶湯內用數枚同煮，微帶酸味，長飲極佳。入藥：煙熏為烏梅，鹽醃為白梅。能制蟲，仲景治蚘厥，《食鑒本草》治蚘蟲上行，皆用之。又《拾遺》用止吐逆，濃汁頻飲一匕。又涌吐去涎。《聖濟總錄》用治喉痹乳蛾：白梅去核，包白礬半分，含汁。甚者加炒鹽、牙皂末各少許，搗為丸，噙汁嚥。又(鐲)〔蝕〕瘡瘍久爛，死肌惡肉，《劉涓子鬼遺方》用烏梅燒存性，研敷。又止血，《聖惠方》治血痢腹痛：烏梅肉、黃連末同搗為丸，米飲下。《食療本草》治血崩不止：烏梅肉燒存性，研，米飲下。又治小便溺血，方同上，酒下。又解魚毒、硫黃毒。水煎濃汁。又《圖經》治乳癰腫毒，《食物本草》治刀傷血出，均用白鹽梅搗敷。又刺在肉中，搗敷即出。深不能出，亦不作膿。出《食療本草》。又解馬汗入瘡毒，刺破，擠去紫血，烏梅和醋搗敷。出《經驗方》。又開牙關緊閉，凡中風、驚癇、喉痹、痰厥等症，牙關不開，藥不能入，梅肉擦牙齦，涎出即開。其葉，夏月衣生黴點，煎湯洗即去。並出《綱目》。春夏山水暴漲，飲之令人吐瀉，頭痛惡寒，心煩拘急，日輕夜重，梅葉搗汁，和開水頻飲。出《肘後方》。

清・王龍《本草纂要稿・菓部》 烏梅 氣味酸平。收斂肺氣，解渴除煩。固澁大腸，禁痢止瀉。却傷寒瘟瘧，逐虛勞骨蒸。安蛔蟲，脫黑痣。

清・張德裕《本草正義》卷下 烏梅 酸，澁，性溫。除煩熱，止消渴，澁腸，止冷熱瀉痢，便血尿血，帶濁遺精，伏蚘蟲。燒存性，敷惡瘡、腐肉、弩肉。和紫蘇煎服，大能發汗，可解傷寒、瘴瘧。

清・楊時泰《本草述鉤元》卷一六 梅實 入藥以野生及未經就接者為貴。

味酸，氣平。花開於冬，而實熟於夏，得木之全氣，故其味最酸。瀕湖。《經》云味過於酸，肝氣以津，言肝氣盛而津泄，故脾氣乃絕也。

烏梅：味酸濇，氣溫，平。入厥陰肝及脾肺二經血分。主治下氣，除煩熱滿悶，止肢體痛，偏枯不仁。去死肌惡肉、青黑痣，蝕惡瘡、胬肉。此收而能化之故。去痺利筋脈。能吮腎液以潤筋膜。除冷熱痢，止休息痢。調中去痰，治瘧瘴。止吐逆霍亂，好唾口乾，療久嗽。能收肺氣，治燥欬。治蛔厥。非得酸即收之義，蓋蟲由風化以生，濕化以成，用此收其陰而化於陽，所以有專功。方書治暑證諸見血證，洩血下血，奏效最多。自汗不能食，咽乾、泄瀉痔。一味作湯代茶，治火炎頭痛。痢血日久，用鹽水梅肉一枚，研爛，合臘茶，入醋服之，一啜而安。或用烏梅、胡黃連、竈下土等分，為末，茶調服亦效。蓋血得酸則斂，得寒則止，得苦則濇故也。蝕惡瘡胬肉，烏梅肉燒存性，研傅瘡上，一夜立盡。同黃連、白芍、滑石、甘草、蓮肉、扁豆、葛根、升麻、紅麴、橘紅作丸，治滯下如神。便血及酒痢，久痢不止，用烏梅三兩，燒存性為末，醋煮米糊和丸梧子大，每空心米飲服二十丸，日三。尿血，烏梅燒存性，研末，醋糊丸梧子大，每服四十丸，酒下。血崩不止，烏梅肉七枚，燒存性，研末，米飲服之，日二。大便不通，氣奔欲死者，烏梅十顆，湯浸去核，丸棗大，納入下部，少時即通。按烏梅治血，大約下行者為多，《本經》首云下氣，知血固隨於氣也。第氣下而即能止血，又何以故？蓋本於陰而化於陽，茲味由水而歸木，故能收陰，收陰并陰中之陽而收之。又由木而趨火，故能化陽，化陽即并陽中之陰而化之，因收得化，是即下氣以為固脱，原非止濇之劑也。若為止濇之劑，何以大便不通者納之下部，乃反得通哉？

論：世俗類以烏梅為酸收耳，觀《本經》首主下氣，次及肢體痛，偏枯不仁，死肌胬肉等證，而《別錄》去痺利筋脈，此豈酸收之功乎？夫梅自春前獨華，歷木氣之全，得宣於大火之流津，始告成功於果熟，是以梅實生津，獨異於他味之酸者。膽甲開竅於舌下，同氣相感而液應。由其本木氣而宣瀉，母盛樂趨於子也，然則謂為酸收者非乎。曰：茲味就酸收而能致其行之用，就行津而不離於收之體，行在收中，則收之功神，收在行中，則行之元裕，若止謂為酸收，是見其半，而失其全也。且梅華吸霜雪以自濡，獨稟寒水之精氣，歷春而夏，所為聚精毓英者，不離於水化，由水化而達於火化，是其收即有行，行不離收者。夫豈有木氣之全，具體而不適用者乎？至如梅實，飽孕乎未達之陰，急趨乎欲透之陽，其孕而儲者，陰原具有陽也，其透而泄者，陽未離於陰也，斂陰中之陽，以達其陽中之陰，即其溱溱而津溢，可以思矣。方書所治諸證，如除煩渴，霍亂後乾燥同。消暑毒，化痰結，調血病，總原於津液之化。以肝膽同為津液府，而肝木更為血臟，血固水液之所化，痰即液之不能化血者，是其治皆不外於斂陰中之陽，以達陽中之陰也。至用烏梅治痢，較治諸證為多，亦得以前義槩之乎？曰：此味具有肝之體用，而肝又以肺為主，脾為用，海藏已指為脾肺二經血分藥矣，今痢之病於熱傷血者，從血分和之養之，或兼清之，固未能舍氣分之劑以治血也。至久痢斷後，用濇藥為君，佐以益胃腱脾，滲濕分水，又少佐以收氣歸元，亦未能專致於氣，而絕不根於血也。再如休息痢，由元陽虛而致有脾積，補元陽，行積滯，或加參、苓，似難同於血藥用矣，然亦未有離於陰氣以益陽者。又如休息痢、氣痢，下濃血不止，血分有餘熱，致氣不能還其一降一收之元。則宜清熱和血，尤必斂其陰，不使血傷，因導其陽而俾氣暢，乃為得當。若烏梅者，胥能合之以奏功，蓋所謂收陰中之陽，並陽之邪陽之虛而皆收之，其達陽中之陰，舉陰之滯陰之虛而皆和矣。更如霍亂後痢不止，冷汗出，腹脇痛，是脾陽虛而濁陰不化，宜大補元陽化陰以益氣，並入和血清熱於收後之劑，此非烏梅不能斂陰中之陽，而使陰清，遂導陽中之陰而使陽化也。再如霍亂後，痢下膿血煩痛，此由下焦陰虛而熱結化濕，濕熱合則化膿血而煩痛，宜收下焦之陰以化陽，并升舉其陽之結氣，佐以清熱散其煩痛，而燥濕守中養胃之劑兼之。俾中焦和而下焦益清，此非烏梅能收陰中之陽，即導陽中之陰者，未易獲效也。蓋收陰中之陽，則陰不受陽傷，導陽中之陰，則陽不為陰圉，其守中養胃，正所以調天氣地氣之樞也。由陰完而陽乃得紓，陽紓而陰乃得化，故此味總為血分之藥。《本經》首言下氣者，正其調血之功耳。大抵肝肺脾各有遞為君之時，惟烏梅具肝體，而全肺脾之用，乃能四應。但有主劑以為合應分應之權輿爾。世未有一物而收行頓異，如是其收即寓行，行不離收者，至《本經》《別錄》所主治多不及收，衹就其功用處言耳。

白梅：又名鹽梅、霜梅。氣味酸鹹平。主喉痺，他治與烏梅彷彿一二，而烏梅較良，資用更多。痰厥僵仆，牙關緊閉者，取白梅肉(指)[揩]擦牙根，涎出即開。喉痺乳蛾，冰梅丸，用青梅二十枚，鹽十二兩，淹五日，取梅汁，入明礬三兩，桔梗、白芷、防風各二兩，牙皂三十條，俱為細末，拌汁和梅，入瓶收之。每用一枚，噙咽津液。凡中風、痰厥，牙關不開，用此擦之，尤佳。梅核膈氣，取半青半黃梅子，每個用鹽一兩，淹一日夜，曬乾，又浸又曬，至水盡乃止。用青錢三個夾二梅，麻綿縛定，通裝磁罐內，封埋地下，百日取出。每用一枚含之，咽汁入喉，即消。收一年者，治一人，二年者，治二人，其妙絕倫。暑氣霍亂，白梅一個，和仁搗碎，入絲瓜葉一片，或扁豆葉，再搗爛，用新汲水調，灌下即解。

論：烏梅、白梅，氣味致有不同，烏梅因製以達火氣，所以收而能化，白梅同鹽汁漬，則其水火區以別矣，試取治痢有茶梅丸，細求分別之故，乃知其同而異也。方書故有烏白同用者。風寒初起，瘧痢未久者，弗遽用士材。

修治：造烏梅法：取青梅籃盛，於突上熏黑，若以稻灰淋汁潤濕蒸過，則肥澤不蠹。造白梅：取大青梅以鹽汁漬之，日曬夜漬，十日成矣，久乃上霜。

清・葉桂《本草再新》卷五 烏梅味酸、苦，性平，無毒。入肝、肺二經。治氣血，斂肺氣，平肝，解熱止渴，生津消腫，化痰止欬嗽，治瀉痢。

清・吴其濬《植物名實圖考》卷三二 梅 《本經》中品。烏梅以突烟薰造，白梅以鹽汁漬晒，皆入藥，核仁、根、葉，亦皆主治。

清・趙其光《本草求原》卷一二果部 烏梅 梅放花於冬，實熟於夏，禀冬令之水精，而得春夏木火之氣，以宣達肺陰，故氣平。金氣入肺。温，木氣入肝。味酸澀，無毒。澀即酸之變味。《經》曰：曲直作酸。由曲而直，是陰趨乎欲透之陽也。梅得木之全氣，故味酸倍於他物。主下氣，生氣上達，逆氣自下。除熱煩滿，肝氣上沖則心疼熱，梅飽陰精以透泄，能斂陰中之陽以達陽中之陰，則津液化而煩熱除。安心，火氣宣泄則安。止肢體痛，肝克土則痛，本水化以達火化，則肝和而不鬱於土中。偏枯不仁、死肌，血不灌溉所致，達津以化血，則肝血足而病已。去青黑痣，蝕惡肉，燒灰研敷。腳上雞眼，蒸，和米醋研如糊塗。生津開胃，《經》曰：肝氣以津過食酸，則肝氣盛而津泄，脾胃乃絕。又曰：汁出溱溱是謂津。梅以收為行，則肝膽條達，而津液自化。去痹，利筋脈，調中去痰，止吐逆霍亂，久嗽，瘧瘴，溲血、下血諸血症，自汗、口乾、咽燥，皆化津以生血之效。收肺氣，和脾胃，醒酒，冷熱下痢，下焦陰虚而熱結化濕。濕熱合則為膿血，宜升陽燥濕。方中加此收陰以導陽。止休息痢，同建茶、乾薑用。治蛔厥，蟲由風化以生，濕化以成，津化則濕化，而風亦化。但謂蟲得酸則伏者，淺甚。解硫黄各藥毒。

按：烏梅治在下部。如大便下血及酒痢血多、久血痢，或燒灰醋煮，米糊丸，米飲下；或合鹽研，以臘茶、醋和服；或合胡連、灶心土為末，茶調下，立效。又燒為末，醋糊丸，酒下，止尿血；米飲下，治血崩。蓋血本於陰而化於陽，此味由水而趨木火，能收陰達陽，是以收為化，以斂為行，是即下氣以為固脱，非徒收澀已也。如止能收澀，何以大便不通，氣奔欲死，用烏梅肉納入下部即通；又中風牙關緊閉，用烏梅擦牙齦即開乎？今人但知其酸收，而不知其有春生上達之性，徒謂酸走筋，筋病無多食酸，而不知其有利筋脈之用，惜哉！

造烏梅法：取青梅，籃盛於突上，熏黑；再以稻灰淋汁潤濕蒸過，則肥澤不蠹。

白梅一名霜梅。鹽汁漬而成，與烏梅火熏而達火氣者不同。故鹹酸而主收斂。治痰厥，喉痛，喉閉，乳蛾，仙梅方用鹽一斤、梅一百腌五日，入明礬六兩，牙皂三十條，芒硝、半夏、防風、桔梗、白芷、羌活各二兩為末，拌勻收之，每用一枚含咽。亦治中風牙閉，以此擦之。梅核膈氣。每青梅一個，用鹽一兩，腌曬至水盡；以青錢二隻夾之，線紮定，埋地百日，含咽之即消，妙極。取肉，同硼砂為丸含咽，治蛾喉腫痛，去弩肉，竹木針刺入肉中。嚼敷即出。其性凝澀滯氣，決非偏枯不仁與痢疾所宜。

梅核仁 明目，益氣，除煩熱，清婦人子藏風氣積滯，千金承澤丸用之。治暑氣霍亂。同絲瓜葉或扁豆葉搗爛，新汲水調灌即解。和醋浸，代脂腫痛。

梅葉 煮汁，治休息痢，乾霍亂，殺豬腹內生蟲。同米煮喂之。以之漬水洗葛則不脆，衣生黴點，洗之即去。食梅牙軟，嚼胡桃即解。

清・葉志詵《神農本草經贊》卷二 梅實 味酸，平。主下氣，除熱煩滿，安心肢體痛，偏枯不仁，死肌，去青黑志，惡疾。生川谷。

迎雨搖風，著枝疊累。捩齒津回，顰眉渴止。膾獸多春，和羹具美。酸點百人，升盤桃李。

《風土記》：夏至前為迎梅雨。《風俗通》：五月為落梅風信。雷思霈詩：半點微酸已著枝。《漢書・傳》：嘉瑞疊累。陸游詩：村醪捩齒酸。《峨眉山志》：纍纍梅實，可以回津。黄庭堅詩：北客未嘗眉自顰。羅隱詩：曾與將軍止渴來。《禮》：膾獸用梅。又：春多酸。《書》：若作和羹，爾為鹽梅。《南史・傳》：柳惲可謂具美。《淮南子》：百梅足以為百人酸。黄庭堅詩：得升桃李盤。

清・文晟《新編六書》卷六《藥性摘錄》 青梅 味最酸，斂肝開胃，通膽生津，止渴。藏久者佳。多食則凝血滯氣。○烏梅詳藥部。

清・文晟《新編六書》卷六《藥性摘錄》 烏梅 伏蟲。見收斂。

清・文晟《新編六書》卷六《藥性摘錄》 烏梅 酸澀而温。入肝斂氣，入腸則濇，入蟲則伏。治久瀉久痢，氣逆煩滿，反胃骨蒸，開牙關，止口渴，除死肌，惡痣腫毒，拔刺。○久服則伐生氣，且于諸症初起切忌。○白梅，由於鹽漬，通大便，除死肉惡痣更捷。

清・張仁錫《藥性蒙求・果部》 烏梅白梅二分、青梅三分 烏梅酸温，斂肺濇腸。和脾止利，下血宜商。脾肺血分之果。醒酒止渴，治久嗽瀉痢，安蚘殺蟲，得酸則伏也。〇白梅酸濇鹹平，功用略同。烏梅治痰厥僵仆，牙關緊閉，取肉揩擦牙齦，涎出即開。〇青梅薰黑為烏梅，又名鹽梅。

清・王孟英《隨息居飲食譜・果食類》　梅　酸，溫。生時宜蘸鹽食。溫膽，生津。孕婦多嗜之。以小滿前肥脃而不帶苦者佳。食梅齒齼，嚼胡桃肉解之。多食損齒、生痰、助熱。凡痰嗽、疳膨、痞積脹滿、外感未清、女子天癸未行及婦女汛期前後、産後、痧痘後，竝忌之。青者鹽醃，曝乾為白梅。亦可蜜漬糖收法製，以充方物。半黃者烟熏為烏梅，入藥及染色用之。極(熱)〔熟〕者榨汁，曬收為梅醬，古人用以調饌，故《書》曰：若作和羹，爾惟鹽梅也。　喉痹乳蛾，青梅二十枚，鹽十二兩，醃五日，取梅汁，入明礬三兩、桔梗、白芷、防風各二兩、牙皂三十條，俱研細末。拌汁，和梅入缾收之。每用一枚，噙嚥。凡中風痰厥，牙關不開，以此擦之亦妙。　梅核膈氣，半黃梅子，每箇用鹽一兩，醃一日夜，曬乾，又浸又曬，至水盡乃止，用青錢三箇，夾二梅，麻線縛定，通裝瓷罐內封，埋土中百日，取出，每用一枚，含之嚥汁，入喉立愈。刺在肉中，白梅肉嚼傳。亦治刀箭傷出血。　乳癰腫毒，白梅煅存性，研，入輕粉少許，麻油和圍，初起、已潰皆可用。　諸瘡努肉，烏梅肉燒存性，研，傅。　久崩久痢，便血日久，烏梅燒存性，研，米飯下二錢。　蚘蟲上行，蚘結腹痛，烏梅煎湯飲。　指頭腫痛，烏梅肉和魚鮮擣，封。

梅花　半開時收藏，或蜜漬，或點茶，或蒸露，或熬粥，均妙。以綠萼白梅為佳。入藥舒肝解鬱，清火稀痘。

梅葉　解水毒。洗葛衣則去黴點而不脃。

清・劉善述、劉士季《草木便方》卷二木部　梅子樹　梅根酸平療頑風，小兒初生洗有功。霍亂久痢同葉飲，仁能明目消脂癰。鹽梅、烏梅。果名白梅。

清・田綿淮《本草省常・果性類》　梅　有數種，其味俱酸，其性俱溫。濇腸斂肺，消腫解毒，生津止渴，醒酒殺蟲。多食傷筋損齒，發膈上痰熱。同豬羊肉及脂食傷人。服黃精者忌之。

清・戴葆元《本草綱目易知錄》卷三　烏梅　酸，濇，溫，平。脾肺血分之果。斂肺濇腸，涌痰消腫，調中下氣，安蚘殺蟲，清熱除煩，生津止渴，利筋脈，消酒毒，療瘴瘧，止吐逆霍亂，反胃噎膈。治傷寒煩熱，久嗽瀉痢，肢體痹痛，偏枯不仁，虛勞骨蒸，蚘厥吐利。去黑痣，蝕惡肉。解魚毒、馬汗毒、硫黃毒。和建茶、乾薑丸服，止休息痢。忌猪肉。凡嗽痢及傷寒初起，俱忌用。

【略】

實　酸，平。生津止渴。勿多食。

清・黃光霽《本草衍句》　烏梅　酸收肺氣，澀固大腸。斂浮熱吸氣歸元，下氣止嗽通膽腋。生津清熱，解渴除煩。止反胃瘴瘧久痢，諸症初起忌用。涌痰殺蟲；　傅惡瘡努肉死肌，牙緊喉痺。得建茶、乾薑，治休息利。冰梅丸用青梅二十枚，鹽十二兩，淹五日，取梅汁，入明礬三兩，桔梗、白芷、防風各二兩，猪牙皂角三十條，俱為細末，拌汁和梅，入瓶收之。每用一枚，噙嚥津液，治喉痺乳蛾，及中風痰厥，牙關不開，用此擦之尤佳。　莊肅公病痢血，陳應之用烏梅、黃連、灶心土，等分為末，調茶服效。　蓋血得酸則斂，得寒則止，得苦則濇故也。　蝕惡瘡努肉，用烏梅肉燒灰存性，研敷惡肉上，一夜立盡。用烏梅和蜜作餅，貼之，其力緩。

清・陳其瑞《本草撮要》卷三　烏梅　味酸濇溫，入手足厥陰、太陰經，功專斂肺固腸，解渴止吐。得建麯、乾薑治休息痢，得黃連、竈下土等分為末，茶調服治血痢。若大便不通，氣奔欲死，以烏梅數顆，湯浸去核，丸棗大，納入下部，少時即通。疽愈後有肉突起。燒灰存性，研末敷之即平。若痰厥僵仆，牙關緊閉，取肉揩牙齦，涎出即開。若過食酸梅齒齼者，嚼胡桃肉即解。衣生黴點者，梅葉煎湯洗之即去。清水揉梅葉洗蕉葛衣，經夏不脆。

清・李桂庭《藥性詩解》　賦得烏梅主便血瘧痢之用得梅字。田春芳。

瘧疾從何起，原由濕熱來。降痰宜白菓，便血用烏梅。　瘧疾雖非盡由濕熱，然亦多居大半，用陪甚恰。惟未知烏梅本性之治，誠屬為歉。余考《本經》載烏梅性味酸濇，溫脾肺血分之菓。生津止渴，醒酒殺蟲，止血涌痰，療崩治痢。非若白菓甘苦收濇，溫肺益氣，定痰哮，斂喘嗽，縮小便，止帶濁，亦能解酒，消毒殺蟲。多食則收，過食則壅氣致脹，較烏梅酸斂之重也。

清・吳汝紀《每日食物却病考》卷下　梅子附烏梅　酸，平，無毒。生食之，止渴損齒，服黃精人忌之。　烏梅，暖，無毒。下氣，除煩熱，收肺氣，安心，止痢澁腸，消酒毒，去痰治瘧。白梅，鹽醃晒乾者，只用研傅刀箭傷，止血。刺在肉中，嚼封之即出。功用不及烏梅。

清・仲昴庭《本草崇原集說》卷中　烏梅　【略】〔批〕烏梅丸所以為治厥陰首方。【略】〔批〕或謂修園每以《崇原》

之言為己言，如烏梅之類皆是，文必己出，錄舊何為？曰：錄舊則下文得解，非比製藝，須忌雷同也。

清・鄭奮揚著，曹炳章注《增訂僞藥條辨》卷三　烏梅　造烏梅法：係取青梅籃盛於竈突上熏黑，若以稻灰淋潤濕，蒸過，則肥澤不蠹。近有以小李僞造充售，則無益而有害矣。　炳章按：烏梅，杭州出者，肉厚核小，色黑，性潮潤者佳。紹興楓橋出者，性燥，核大肉薄，色黑微黃者，略次。別處亦出，總要肉厚色黑，性糯為佳。

清・周巖《本草思辨錄》卷三　烏梅　梅花苞於盛冬，梅實成於初夏。得木氣之全而味酸，謂為肝藥，夫何待言。然非專入肝，不兼走他經也。其氣平屬金，其味酸中有澀，澀為辛酸之變亦屬金。實熟則色黃而味帶甘，烏梅乃半黃時所熏，則亦入脾胃。瀕湖謂舌下有四竅，兩竅通膽液，故食梅則津生。不知膽液上潮，口中必苦。觀《素問》味過於酸，肝氣以津。可知津生是生於肝不生於膽，津生亦不是肝升。譬之手巾，用熱湯浸過，絞之則熱氣四出，巾已就斂。酸斂之能生津，理亦如是。肝何至升，且得之而復其下行之常矣，夫膽主動主升，肝主靜主降。梅實熏黑，味酸而苦，雖是由肝歸腎，然能激肝中之津以止渴，不能壯腎中之水以滅火。《素問》酸苦湧泄為陰。核之於梅，湧即津生之謂；泄則氣為之下，熱煩滿為之除，氣下熱煩滿除而心以安。《本經》固貼切之至。至止肢體痛，偏枯不仁、死肌。鄒氏謂古今方書無用梅治肢體痛、偏枯不仁之方，宜連下死肌讀為治此等之死肌。竊謂止字疑有誤。或即下文去字而復出一字耳。肢體痛、偏枯不仁，不過血絡凝瘀，雖死肌尚有可為，故與青黑痣並足以去之也。諸家之論，有與愚相反者焉，有可以印證者焉。試臚舉之：張隱庵云：其味酸，其氣溫平而澀，澀附於酸。主下氣者，得春生肝木之味，生氣上升，則逆氣自下。除熱煩滿者，稟冬令水陰之精，水精上滋，則煩熱除而胸膈不滿。烏梅無生木氣起腎陰之能，上已言之。張氏執是以用烏梅，必有為所誤者，其弊在溫平酸澀之用，全置不講，而徒以空談為超妙也。陳修園拾張之唾餘，別無所見。盧子繇則以《本經》主治，一歸之生津，至謂吮腎液以潤筋膜。鄒氏所見又與盧同，以生津為吸寒水以制火。不知《本經》之除熱，是泄熱非制熱。葉氏亦云烏梅泄熱，見《臨證指南》。酸苦湧泄之義不明，便無處不窒。其論烏梅丸治蛔厥也，曰吐蛔為陽氣爍津，致蛔無所吸受而上出，則梅生津於上，豈是養蛔於上，腎陰虛不能上濟者，不得用梅，則蛔本在下，何以有腎陰而不知吸，此既窒滯鮮通矣。又謂蛔厥非臟寒，即氣上撞心，心中疼熱之現據，不知厥陰病多陰陽錯雜。沈堯封云厥陰於卦為震，一陽居二陰之下，病則陽泛於上，陰伏於下，而下寒上熱之證作。蛔上入膈，是下寒之據。消渴心中疼熱，是上熱之據。凡吐蛔氣上撞心，皆是厥陰過升之病，治宜下降其逆上之陽。烏梅丸，無論黃連，烏梅、黃蘗為苦酸鹹純陰下降之藥，即附子直達命門，亦何非下降，可謂精審之至矣。鄒氏於厥非臟寒句，自注云從《醫宗金鑒》。不知《金鑒》於林氏主臟寒之論，仍列於下，並未刪駁。又尤在涇解心中疼熱，食則吐蛔，統謂之邪熱，姑無論於烏梅丸之治不合，即厥陰病之陰陽錯雜，亦似有未察者。惟唐容川以西人空氣冷熱發明厥陰之道，足以上契聖心，下迪學者。空氣非愚所知，不具述。其析疼熱吐蛔為下寒上熱也，曰消渴、氣上撞心、心中疼熱飢句，為厥陰包絡挾心火之熱發動於上；不欲食、食則吐蛔、下之利不止，為厥陰肝氣挾寒水之寒相應而起。夫吐蛔一也，知此條非純熱，即知彼條亦非純寒。烏梅丸所以寒熱並進，而非臟寒蛔不上而入膈，尚何疑乎。

蒲利蔃

清・何諫《生草藥性備要》卷上　蒲利蔃　味苦，性平，無毒。治疥癩，洗之即愈，煲肉食亦可。治癬，為末猪油搽。葉似梅葉，根梗皮俱黑。心黃者正。

榔梅

明・李時珍《本草綱目》卷二九果部・五果類　榔梅《綱目》

【集解】時珍曰：榔梅出均州太和山。相傳真武折梅枝插於榔樹，誓曰：吾道若成，花開果結。後果如其言。今樹尚在五龍宮北，榔木梅實，杏形桃核。道士每歲采而蜜煎，以充貢獻焉。榔乃榆樹也。

實　【氣味】甘、酸，平，無毒。　【主治】生津止渴，清神下氣，消酒時珍。

明・施永圖《本草醫旨・食物類》卷三　榔梅　實：味：甘、酸，平，無毒。治：生津止渴，清神下氣，消酒。

清・王道純《本草品彙精要續集》卷九　榔梅無毒

榔梅：主生津止渴，清神下氣，消酒《本草綱目》。【地】李時珍曰：榔梅，出均州太和山，相傳真武折梅枝插於榔樹，誓曰吾道若成，花開果結，後果如其言。今樹尚在五龍宮北，榔木梅實杏形桃核，道士每歲採而蜜煎，以充貢獻焉，榔乃榆樹也。〔味〕甘，酸。〔性〕平。

清・田綿淮《本草省常・果性類》 榔梅 性平。生津生渴，下氣清神。

梅花

清・趙學敏《本草綱目拾遺》卷七花部 梅花梅梗 《綱目》載梅花無治方，止言點湯煮粥助雅致而已。

《食物宜忌》云：梅花味酸濇，性平，並無主治。殆亦不知梅花之用，入藥最廣，而功效亦最大。

《百草鏡》：梅花冬蕊春開，其花不畏霜雪，花後發葉，得先天氣最足，故能解先天胎毒，有紅、白、綠萼，千葉、單葉之分，惟單葉綠萼入藥尤良。採能不犯人手更佳。含苞者力勝。性寒，或曰平，味酸濇清香，開胃散鬱，煮粥食，助清陽之氣上升；蒸露點茶，止渴生津，解暑滌煩。

《談撰》：卉木皆感春氣而生，獨梅開以冬，蓋東方動以風，風生木，故曲直作酸，則酸者木之性，惟梅之味最酸，乃得氣之正。北方水為之母，以生之則易感，故梅先眾木而華。

《癸辛雜識》梅花無仰開者，蓋亦自能巧避風雪耳，驗之信然。

《粵志》：惟嶺南梅花最早，冬至雷動地中，則梅開地上，蓋其時火之氣不足於地，而發其最初之精華，故梅開。水之氣上足於天，而施其最初之滋潤，故雪落。雪洩也，從肅殺之中，洩其一陽之精，以為來春之生生者也。雪深則水氣足，梅早則火氣足，火氣足而為天地陽生之始，陰殺之終，使萬物皆復其元。梅之德所以為大，天地一陽之復不可見，見之於梅，又其得氣之先也。韶州梅，長至已花，臘月復開尤盛，有於舊蒂而作新花者，其地屬嶺北，故梅以臘以正月開，氣盛則開而又開。瓊州梅有六出者，予謂梅五出者也。五，陽數也，冬至一陽始復，梅吐花得陽之先者，今六出，乃得陰數矣。蓋以地氣而變，苦於嚴寒，故不用五而用六，同於雪花也，以梅為體，以雪花為用，人見其六而不見其五，藏五在於六之中，猶河圖之五在十中也。河圖之一生水，梅得水氣之先，故花於冬至，與雪同時。雪者，水氣所凝；梅者，水形所結，卦皆屬坎，水在天而凝雪，水在地而發梅，水之數六，寒極則雪花與梅皆六出，應其數也。

花微酸濇無毒，清頭目，利肺氣，去痰壅滯上熱《本草原始》，安神定魂，解先天痘毒，凡中一切毒。

治瘰癧：雞蛋開一孔，入綠萼梅花將開者七朵，封口，飯上蒸熟，去梅花，食蛋，每日一枚，七日全愈。

唇上生瘡：《赤水玄珠》：白梅瓣貼之，神效，如開裂出血者，即止。

紫金錠：宜端午日製，合飛硃砂、紅芽大戟、處州山慈菇、千金霜、川文蛤、淨粉草、河車，以上六味各二兩，珍珠、琥珀、明雄黃、冰片、陳金墨各五錢，梅花蕊、西牛黃各一兩，川麝香四錢。右各藥為末，乳篩極細，以糯米粉糊杵為丸，研用。

稀痘神方：白梅花蕊三錢，採飽綻者，須預備曬乾，生地黃三錢，當歸三錢，生甘草一錢，臍帶，小兒自己落下時，去灰或礬，用新瓦炙存性，研末極細，同煎濃汁，濾清熬膏，作一日喫完，小兒永不出痘。《萬病回春》載尹蓬頭混元丹，治小兒諸虛百損，用梅花合混元衣，注梅花解痘先天之毒。

九仙奪命丹：《集聽》云：又名十聖丹，治七十二般無名腫毒惡瘡，流注火痹等症，硃砂三錢，雄黃、乳香、沒藥、冰片、血竭各二錢，石膽礬、銅青、麝香、枯礬、熊膽、飛過黃丹各一錢五分，蜈蚣、蚯蚓、殭蠶各二條，微炒黃色，去嘴，梅花一升，寒水石、牛黃、蟾酥、白官粉、硼砂各一錢，全蠍九個，蝸牛七條，以上廿三味為末，研極細，以硃砂一錢五分為衣。其修合之法：先將蟾酥用乳汁化開，共為丸，如丸不起，略加麵糊，如桐子大，每服一丸，令病人口嚼生葱一根咽下，又嚼一根極爛，吐在手心上，裹藥，用滾熱老酒吞下，量冷暖時候，蓋被出汗。如病人不能嚼，人代嚼之亦可，如無汗，再服一丸自愈。凡諸毒醫遲，毒走攻心，必不可救。若汗來遲，以熱酒催之。不可以手摸摩患處，如癢，以舊木梳梳之自止。

稀痘：《集聽》用綠萼梅花七朵，須預養於花瓶內，春分日摘花半開者，只用淨瓣搗爛，白糖三匙，滾水服之，毒即全消，免出痘矣。小兒滿月後即可服。

梅花點舌丹：《集驗》：治一切疔毒及惡瘡初起，天行瘟毒，咽喉腫痛等症，輕者二粒，重者四粒，先用無根水送下，次取一粒噙於舌下化之。乳香去油二兩，珍珠豆腐煮過、麝香水飛、熊膽各六分，沒藥去油，京牛黃、苦葶藶、硃砂、硼砂、蟾酥人乳泡、血竭、雄黃水飛各二錢，片腦一錢，另研沉香一錢，白梅花陰乾一錢二分，共為細末，用人乳汁化蟾酥，丸黍米大，金箔為衣。

預稀痘疹：《不藥良方》：每年臘月清晨摘帶露綠萼梅蕊一百，加上白糖，搗成小餅，令食之。

三花丹：《赤水玄珠》：將出痘之時，用此能稀痘，梅花、桃花、梨花，取已開、未開、盛開者，陰乾為末，等分，兔腦為丸，雄黃為衣，用赤小豆、菉豆、黑大豆湯送下。

梅桃丹：《赤水玄珠》治痘已出未出，不起不發，隱在皮膚，並治麻症斑症。用梅花一兩，桃仁、辰砂、甘草各二錢，絲瓜五錢，為末，每服五分，參蘇湯下。

痘不問前後，凡黑陷咬牙寒戰，用梅花六錢，穿山甲一兩，仙靈脾五分，麝香一錢，為末，每服三五分。咬牙寒戰，加人牙二三釐，內托散送下。

青梅散：錫山衣德堂《稀痘良方》：用生青果核七個，打碎去仁，曬乾，研極細末，不宜火焙，又不宜沾生水，再用玉蝶梅花二十一朵，去蒂，共白蜜兩茶匙，搗濃，恰交春分時，與小兒服，永不出痘，即出亦不過三粒。此方傳自江甯王培德家，已九世，無痘殤之兒，真異方也。

二氣丸：新安汪衛公先生傳其家親友，凡小兒服此丸，永不出痘。其方即前稀痘神方，臍帶曰坎氣，梅花先天之氣，故名二氣丸。

七仙丹：張琰《種痘新書》：治痘氣血兩虛，灰白水泡癢塌等症。黃芪二兩，人參一兩，甘草五錢，紫河車一兩，梅花一兩五錢，鹿茸一兩，天靈蓋一個，共為末，每服八九分，用內托散煎湯送下。氣實者加山查、陳皮各五錢。應昌按：天靈蓋即或有益，亦不可用，況二方功效全不在此乎。

二花散：《種痘新書》云：能起五陷，黃蠟梅花，素心者尤良，陰乾，不拘多少，去毛殼罐盛聽用。桃花陰乾，山查去核，炒為末，小絲瓜陰乾為末，陳皮去白，人參，黃芪炙，甘草炙，硃砂，紫河車酒洗去筋蒸焙乾，鹿茸酒酥炙，穿山甲取首尾四足者炒，仙靈脾去四弦刺酒焙，人牙火煅，韭汁淬七次，天靈蓋洗淨去酥，各為末用。

按：《綱目》梅花條下，並無主治，而於蠟梅花下亦僅言解暑生津而已，不知蠟梅亦並非梅種，其主治亦廣，不僅治痘也。

龍腦骨：《種痘新書》云：治痘出未透，心狂見鬼，陷伏等症，用梅花不拘多少，曬乾為末，加冰片少許，共研為末，以豬心血和勻為丸，狂譫者燈心湯引，紫陷者以紫草煎湯調之，加酒數茶匙化下。

絕痘：楊春涯《驗方》：用南方綠萼梅蕊未放，採藏風乾，逢四時八節，節前一日，用雞蛋一個，打孔入蕊，紙糊好，飯上蒸熟，喫數次，永不出痘。即出，亦不過數粒。

解痘毒：《劉氏得效方》：立春前後三日，採紅梅蕊半含半開者一鍾，去蒂，仍安鍾內，磁碟蓋住，一週時足，氣汁升上，用新擂盆未經五辛者，搗研如泥，捏成餅樣，加明硃砂水飛一錢，勻摻於上，緩緩研勻，再加白蜜少許，丸如彈子，曬半乾，金箔為衣，遇四絕日，每服一丸，甘草湯下。忌鐵器葷腥。服過一丸後，當日晚間微微發熱，次日遍身發出細瘰，是其驗也。

《種福堂方》梅花丸，治痘疹有起死回生之功。又換痘丹中，梅蕊、犀角、麻黃膏並用。

朱禹功《仙傳稀痘方》：赤豆、黑豆、菉豆各一兩，研末，入新竹筒中，削皮留節，鑿孔入藥，杉木塞緊，用蠟封固，臘月浸廁中一月，取出風乾，每藥配梅花片三錢。每服一錢，以經霜絲瓜藤筋煎湯下，神效。

千里梅花丸，途中備用：《醫學指南》用枇杷葉、乾葛末、百藥煎、烏梅肉、臘梅花、甘草各等分為末，用蠟化開，投蜜，每蠟一兩，加白蜜二錢，和藥末，搗二三百下，丸如雞頭實大。夏月長途含化一丸，津液頓生，寒香滿腹，妙不可言。

梅梗　諸梅樹皆可用，以綠萼者佳。凡梅有氣，條青翠色，此條無葉，止光梗出枝罅，薛徵君生白曾言用以通上下隔氣有效，此氣條而非梗也，用梗以帶葉成枝者入藥。《綱目》梅部載梅實及核仁根葉，獨不及梗。

保產神效方：《道德集》云：凡婦人三月久慣小產，百藥不效者，以梅梗三五條煎濃湯飲之，復飲龍眼湯，無有不保者。

清·葉桂《本草再新》卷四　春梅花味甘、苦，性涼，無毒。入肝、肺二經。治癰瘻瘡痘，敗毒發斑，生津涼血。○寒火有滯者，忌之。

清·張仁錫《藥性蒙求·木部》　綠萼梅錢半、三錢　梅名綠萼，善解胎毒。利肺安神，更清頭目。性寒，一曰平，味酸，濇。清香開胃，散鬱。蒸露點茶，止渴生津，解暑滌煩，及解中一切毒。

石梅

明·蘭茂撰，清·管暄校補《滇南本草》卷上　石梅　味酸，無毒。此草非山梅，家梅也。山梅樹大，石梅樹小，僅高尺餘，葉黃色，梗硬黑色，子甚小。採葉為末，每服三錢，用苦連翹湯下，治一切大麻瘋痕癩疾，神效。採子食之，治九種氣疼。採花止血，敷傷處皆效。

桃

唐·孫思邈《千金要方》卷二六《食治·果實》　桃核人　味苦、甘、辛，平，無毒。破瘀血、血閉瘕、邪氣，殺小蟲，治欬逆上氣，消心下鞕，除卒暴聲血，破癥瘕，通月水，止心痛。七月採，凡一切果核中有兩人者並害人，不在用。其實味酸，無毒，多食令人有熱。黄帝云：飽食桃人水浴，成淋病。

宋·李昉《太平御覽》卷九六七　桃　《抱朴子》曰：桃膠，以桑木灰漬，服之百病愈，久服身有光，在晦夜之地，如月出也。多服之，則可以斷穀矣。《神異經》曰：東北有樹焉，高五十丈，其葉長八尺，廣四五尺，名曰桃。其子徑三尺二寸，小狹桃。食之，令人壽。核中人，可以治嗽。今之桃也。《嶺表録異》曰：偏核桃出占卑國，肉不堪食，胡人多收其核，遺漢宮以稱珍異。其形薄而尖，頭偏如雀觜，破之食其桃仁，味酷似新羅松子，性熱，入藥，分與北地桃仁無異。《太清諸卉木方》曰：酒漬桃花而飲之，除百病，好容色。

附：日·丹波康賴《醫心方》卷三〇　桃實　《本草》云：味酸。多食令人有勢。其核味苦甘，平，無毒。主瘀血閉瘕邪氣，殺小蟲，欬逆，消心下堅。陶〔弘〕景注云：仙家方言：服三樹桃花盡，則面色如桃花，人亦無試之者。《神農經》曰：飽食桃，人水浴，成淋病。孟詵云：溫。桃能發諸丹石，不可食之，生食尤損人。《七卷經》云：桃兩人者，有毒，不可食。崔禹〔錫〕云：食之令下利，益面色，養肝氣。今食桃人忌朮，非之。俗中用無害。又陳子皇噉朮入霍山，霍山桃多食之，續氣駐色，至三百歲還來，面色美澤，氣力如壯時。

宋·唐慎微《證類本草》卷二三果部下品〔《本經·別録》〕　**桃核人　味苦、甘，平**，無毒。**主瘀血，血閉，瘕邪氣，殺小蟲**，止欬逆上氣，消心下堅，除卒暴擊血，破癥瘕，通月水，止痛。七月採取人，陰乾。

桃花　殺疰惡鬼，令人好顏色。味苦，平，無毒。主除水氣，破石淋，利大小便，下三蟲，悦澤人面。三月三日採，陰乾。

桃梟　味苦，**微溫**。**主殺百鬼精物**，療中惡腹痛，殺精魅，五毒不祥。一名桃奴，一名梟景。是實著樹不落，實中者，正月採之。

桃毛　主下血瘕，寒熱，積聚，無子，帶下諸疾，破堅閉，刮取毛用之。

〔宋·掌禹錫《嘉祐本草》〕按：《本經》月閉通用藥云：桃毛，平。

桃蠹　殺鬼邪惡不祥。食桃樹蟲也。

莖白皮　味苦、辛，無毒。除邪鬼中惡腹痛，去胃中熱。

葉　味苦、辛，平，無毒。主除尸蟲，出瘡中蟲。

膠　鍊之，主保中不飢，忍風寒。

實　味酸，多食令人有熱。生太山川谷。

〔梁·陶弘景《本草經集注》〕云：今處處有，京口者亦好，當取解核種之爲佳。又有山桃，其人不堪用。桃人作酪，乃言冷。桃膠入仙家用。三月三日採花，亦供丹方所須。《方言》：服三樹桃花盡，則面色如桃花。人亦無試之者。服朮人云：禁食桃也。

〔唐·蘇敬《唐本草》〕注云：桃膠，味苦，平，無毒。主下石淋，破血，中惡疰忤。花，主下惡氣，消腫滿，利大小腸。

〔宋·掌禹錫《嘉祐本草》〕按：《藥性論》云：桃人，使。桃符，主中惡。孟詵云：桃人，溫。殺三蟲，止心痛。又女人陰中生瘡。如蟲齩、疼痛者，可生擣葉，綿裹内陰中，日三四易，差。又，三月三日收花曬乾，杵末，以水服二錢匕。小兒半錢，治心腹痛。又，禿瘡，收未開花，陰乾，與桑椹赤者，等分作末，以猪脂和。先用灰汁洗去瘡痂，即塗藥。又云：桃能發丹石，不可食之，生者尤損人。又，白毛，主惡鬼邪氣。膠亦然。又，桃符及奴，主精魅邪氣。符，煮汁飲之。奴者，丸、散服之。桃人，每夜嚼一顆，和蜜塗手、面良。日華子云：桃，熱，微毒。益色，多食令人生熱。樹上自乾者，治肺氣腰痛，除鬼精邪氣，破血，治心痛，酒摩，暖服之。又云：桃葉，暖。治惡氣，小兒寒熱客忤。桃毛，療崩中，破癖氣。桃蠹，食之肥，悦人顏色也。

〔宋·蘇頌《本草圖經》〕曰：桃核人并花、實等，生泰山，今處處皆有之。京東、陝西出者尤大而美。大都佳果多是圃人以他木接根上栽之，遂至肥美，殊失本性。此等藥中不可用之，當以一生者爲佳。七月採核，破之取人，陰乾。今都下市賈多取炒貨之，云食之亦益人。然亦多雜接實之核，爲不堪也。《千金方》：桃人煎，療婦人産後百病，諸氣。取桃人一千二百枚，去雙人、尖、皮，熬擣令極細，以清酒十斗半，研如麥粥法，以極細爲佳。内小項瓷瓶中，密以麪封之，内湯中煮一伏時，藥成。溫酒和服一匙，日再。其花三月三日採，陰乾。《太清卉木方》云：酒漬桃花飲之，除百疾，益顏色。崔元亮《海上方》：治面上瘡，黄水出，并眼瘡。一百五日收取桃花，不計多少，細末之，食後以水半盞，調服方寸匕，日三，甚良。其實已乾著木上，經冬不落者，名桃梟。正月採之，以中實者良。胡洽治中惡毒氣，蠱疰，有桃奴湯，是此也。其實上毛刮取之，以治女子崩中。食桃木蟲名桃蠹，食之悦人顏色。莖白皮，中惡方用之。葉多用作湯導藥，標嫩者名桃心，尤勝。張文仲治天行，有支太醫桃葉湯熏身法：水一石，煮桃葉，取七斗，以爲鋪席，自圍衣被蓋上，安桃湯於牀簀下，乘熱自熏，停少時，當雨汗，汗遍去湯，待歇，速粉之，并灸大椎，則愈。陳廪丘《蒸法經》云：連發汗，汗不出者死，可蒸之，如中風法。以問張苗，苗曾有疲極汗出，卧單簟，中冷，但苦寒倦。四日凡八過發汗，汗不出。燒地桃葉蒸之，則得大汗，被中傅粉極燥，便差。後用此發汗得出，蒸發者，燒地良久，掃除去火，可以水小洒，取蠶沙，若桃葉、柏葉、糠及麥麩皆可。取用易得者，牛、馬糞亦可用，但臭耳。取桃葉欲落時，可益收乾之。以此等物著火處，令厚二三寸，布席坐上，溫覆。用此汗出，若過熱，當審細消息。大熱者重席，汗出周身便止。溫粉粉之，勿令過。此法舊云出阮河南也。桃皮亦主病，《集驗》：肺熱悶不止，胸中喘急，悸，客熱往來欲死，不堪服藥。泄胸中喘氣，用桃皮、芫花各一升，二物以水四升，煮取一升五合，去滓，以故布手巾內汁中，薄胸，溫四肢，不盈數刻即歇。又，《必效方》：主蠱毒，用大戟、桃白皮東引者，以大火烘之，斑猫去足翅熬，三物等分，擣篩爲散。以冷水服半方寸匕，其毒即出。不出更一服，蠱並出。此李饒州法，云奇效。若以酒中得，則以酒服；以食中得，以飲服之。桃膠，入服食藥，仙方著其法：取膠二十斤，絹袋盛，櫟木灰汁一石中煮三五沸，并袋出，掛高處，候乾再煮。如此三度止，暴乾篩末，蜜和，空腹酒下梧桐子大二十丸。久服當仙去。又主石淋，《古今録驗》著其方云：取桃木膠如棗大，夏以冷水三合，冬以湯三合，和爲一服，日三，當下石，石盡即止。其實亦不可多食，喜令人熱發。

〔宋·唐慎微《證類本草》〕雷公云：凡使，須擇去皮，渾用白术、烏豆二味，和桃人同於坩堝子中煮一伏時後，漉出，用手擘作兩片，其心黃如金色任用之。花，勿使千葉者，能使人鼻衄不止，目黃。凡用，揀令淨，以絹袋盛，於檐下懸令乾，去塵了，用鬼髑髏，勿使乾桃子。其鬼髑髏，只是千葉桃花結子在樹上不落者乾。然於十一月內採得，可爲神妙。凡修事，以酒拌蒸，從巳至未，焙乾，以銅刀切，焙取肉用。《聖惠方》：補心虛，治健忘，令耳目聰明。用戊子日，取東引桃枝二寸枕之，《千金翼》同。又方：治伏梁氣在心下，結聚不散。用桃奴三兩爲末，空心溫酒調二錢匕。又方：治小兒中蠱毒。令腹內堅痛，面目青黃，淋露骨立。病變無常方：以桃樹寄生二兩末，如茶點服，日四五服。《外臺秘要》：治霍亂腹痛吐痢。取桃葉三升切，以水五升，煮取一升三合，分溫二服。又方：治虛熱渴，桃膠如彈丸，含之佳。又方：治骨蒸。桃人一百二十枚，去皮、雙人，留尖，杵和爲丸，平旦井花水頓服。令盡服訖，量性飲酒令醉，仍須喫水，能多最精。隔日又服一劑。百日不得食肉。又方：治偏風，半身不遂及癖疰方：桃人一千七百枚，去雙人、尖、皮，以好酒一斗三升浸，經二十一日出，日乾，杵令細，作丸。每服二十丸，還將桃酒服之。又方：治三蟲，絞葉取汁一升飲。又方：酒漬桃花飲之，除百病，好容色。又桃人服之長生。《千金方》：治風，項强不得顧視。穿地作坑，燒令通赤，以水洒之令冷，內生桃葉鋪其席下。卧之，令項在藥上，以衣着項邊，令氣上蒸，病人汗出，良久差。又方：治喉閉，煮桃皮汁三升服之。又方：治産後遍身如粟粒，熱如火者。以桃人研，臘月猪脂調傅上。日易。又方：治少小聤耳。桃人熟末，以穀裹塞耳。又方：人有食桃病，時已晚，無復校，就桃樹間得梟桃燒服之，暫吐，病即愈。《千金翼》：延年去風，令光潤。桃人五合去皮，用粳米飯漿研之令細，以漿水杵取汁，令桃人盡即休，微溫，用洗面，極妙。又方：以五月五日取東向桃枝，日未出時，作三寸木人，着衣帶中，令人不忘。《肘後方》：尸注鬼注病者。葛云：即是五尸之一注，又挾諸鬼邪爲祟。其病變動及有三十六種至九十九種。大略使人寒淋瀝，沉沉默默，不的知其所苦，而無處不惡。累年積月，漸就頓滯，以至於死，死後復傳傍人，乃至滅門。覺如此候者，便宜急治。桃人五十枚碎研，以水煮，取四升，一服盡當吐。吐病不盡，三兩日不吐，再服也。又方：卒心痛。東引桃枝一把切，以酒一升，煎取半升，頓服，大效。又方：治卒心痛。桃人七枚，去皮、尖，熟研，水一合，頓服，良。亦可治三十年患。又方：治卒得欬嗽。桃人三升去皮杵，着器中密封之，蒸一次，日乾，絹袋盛，以內二斗酒中，六七日可飲四五合，稍增至一升。葛氏：卒中瘑瘡，瘑瘡常對在兩脚。杵桃葉，以苦酒和傅。皮亦得。又方：治小兒卵癩，杵桃人傅之。亦治婦人陰腫瘙痒。又方：治腸痔，大腸常血。杵桃葉一斛蒸之，內小口器中，以下部搨上坐，蟲自出。又方：治胎下血不出。取桃樹上乾不落桃子燒作灰，和水服，差。又産後陰腫痛，燒桃人傅之。又方：下部瘡已決洞者。桃皮、葉杵，水漬令濃，去滓，着盆中漬之，有蟲出。《梅師方》：治諸蟲入耳。取桃葉熟挼塞兩耳，出。又方：治熱病後下部生瘡。濃煮桃白皮如稀餳，內少許熊膽研，以綿蘸藥內下部瘡上。又方：治狂狗咬人。取桃白皮一握，水三升，煎取一升服。孫真人：桃，味辛，肺病宜食。又桃味酸，無毒。多食令人有熱。又方：主大小腸並不通。桃葉取汁，和服半升。冬用桃樹皮。又方：主卒患瘰癧子，不痛方：取樹皮貼上，灸二七壯。又方：主卒得惡瘡不識者。取桃皮作屑，內瘡中。又方：凡人好魘。桃人熬去皮、尖三七枚，以小便下之。又方：《備急》鬼疰心痛。桃人一合，爛研煎湯喫。《食醫心鏡》：主上氣咳嗽，胸隔痞滿，氣喘。桃人三兩去皮、尖，以水一升研取汁，和粳米二合，煮粥食之。又方：主傳尸鬼氣，咳嗽痃癖注氣，血氣不通，日漸消瘦。桃人一兩去皮、尖，杵碎，以水一升半煮汁，着米煮粥，空心食之。又方：凡風勞毒，腫疼攣痛或牽引小腹及腰痛。桃人一升去尖、皮者，熬令黑煙出，熱研擣如脂膏，以酒三升，攪令相和，一服取汗。不過三差。《傷寒類要》：治黃疸。身眼皆如金色，不可使婦人、雞、犬見，取東引桃根，切細如筯，若釵股以下者一握，以水一大升，煎取一小升，適溫，空腹頓服。後三五日，其黃離離如薄雲散，唯服最後差，百日方平復。身黃散後，可時時飲一盞清酒，則眼中易散，不飲則散遲。忌食熱麵、猪、魚等肉。此是徐之才家秘方。又方：治天行䘌，下部生瘡。濃煎桃枝如糖，以通下部中。若口中生瘡，含之。又方：治瘟病，令不相染方：桃樹蟲矢末，水服方寸匕。又方：凡天時疫癘者。常以東行桃枝細剉煮，浴，佳。又方：小兒傷寒，若得時氣。桃葉三兩杵，和水五升，煮十沸取汁，日五六遍淋之。後燒雄鼠糞二枚服，妙。《子母秘録》：治陰腫，桃人擣傳之。又方：小兒瘡初起，膘漿似火瘡，一名爛瘡，杵桃人面脂傳上。又方：小兒濕癬。桃樹青皮爲末，和醋傳上。崔氏：主鬼疰，心腹痛不可忍。取東引桃枝，削去蒼皮，取白皮一握，水二升，煮取半升，服令盡，差。如未定，再服。《脩真秘旨》：食桃訖，入水浴，令人成淋病。《抱朴子》：桃膠以桑灰漬之服，百病愈。又服之身輕，有光明在晦夜之地，數月斷穀。《荆楚歲時記》：謝道通登羅浮山，見數童子以朱書桃板貼戶上，道通還，以紙寫之貼戶上，鬼見畏之。宋王微：桃飴，越地通天液，首化玉體貌；定仙人知喝，日胡不癈年。宋齊丘《化書》：李接桃而本强者，其實毛。《周禮》：戎右掌戎車之兵革使，詔贊王鼓，傳王命於陳中，會同充革車，盟則以王敦辟盟，遂役之，贊牛耳。桃茢，注鬼所畏也。茢，苕帚，所以掃不祥。《毛詩》：園有桃，其實之殽。今深山大谷之民，熟以爲飯。《典術》曰：桃者，五木之精也。今之作桃符着門上，厭邪氣，此仙木也。《家語》：孔子侍坐於哀公，賜之桃與黍焉。哀公曰：請用。孔子先黍而後食桃，左右皆掩口而笑。公曰：黍者，所以雪桃，非爲食之也。《東京賦》云：度朔作梗，守以曹鬱壘。神荼副焉，對操索葦。注：上古有神荼與鬱壘兄弟二人，桃樹下閱百鬼無道理者，縛以葦索而飼虎。今人作桃符板，云左神荼，右鬱壘者，以此。《治瘧》：用桃人一百個去皮、尖，於乳鉢中細研成膏，不得犯生水，候成膏入黄丹三錢，丸如梧桐子大。每服三丸，當發日面北用溫酒吞下，如不飲酒，井花水亦得。五月五日午時合，忌雞、犬、婦人見。

宋・寇宗奭《本草衍義》卷一八　桃核仁　桃品亦多，京畿有油桃，光，小於衆桃，不益脾。有赤點斑而光如塗油。山中一種，正是《月令》中桃始華者。但花多子少，不堪啖，惟堪取仁。《唐文選》謂山桃發紅萼者是矣。又太原有金桃，色深黄。西京有崑崙桃，肉深紫紅色。此二種尤甘。又餅子桃，如今之香餅子。如此數種，入藥惟以山中自生者爲正。蓋取走泄爲用，不取肥好者。如傷寒八九日間，發熱如狂不解，小腹滿痛，有瘀血，用桃仁三十個，湯去皮、尖，麩炒赤色，别研，虻蟲三十枚，去翅，水蛭二十枚，各炒，川大黄一兩，同爲末，再與桃仁同擣，令勻，煉蜜丸如小豆大，每服二十丸，桃仁湯下，利下瘀血惡物，便愈，未利，再服。

宋・王繼先《紹興本草》卷一三　桃核仁　紹興校定：桃核仁，《本經》已具主治，及古今諸方時亦用之，但佐他藥破血為用。當從《本經》味苦甘、平、無毒是矣。又桃花、桃梟、桃毛、桃蠹及莖白皮、葉膠等，並各分主治。雖諸方間亦用之，皆未聞獨取效之驗，及有相違治者亦衆。且如引《外臺》治霍亂吐利，以桃葉為療；又云虛熱渴，將桃膠如彈含之，如此等用，顯非所宜多矣。唯桃實一種，世之果品，多食粘滑腸胃頗驗，當云味甘酸、平、無毒是也。處處產之，唯北地者佳。

宋・鄭樵《通志》卷七六《昆蟲草木略》　桃之類多。《爾雅》曰：旄，冬桃。今謂之旄桃，藤生，出山谷。或言即寒桃也。十月熟，故謂之冬桃。又曰：榹桃，山桃。今野出之桃也，味酸苦，不解核。桃之實乾而不落，其中實者，曰桃梟，曰梟景。《本草》云：主殺百鬼精物。上古有神荼與鬱壘兄弟二人，桃樹之下，閱百鬼無理者，縛以葦索飼虎。今人本此而作桃符。

宋・王介《履巉巖本草》卷中　山御桃　性溫，無毒。治咯血吐血疾，不以多少，爲末，每服壹錢至貳錢，冷水調服。

宋・張杲《醫説》卷八　桃膠愈百病　桃膠以桑灰汁漬服之，百病愈，久服之，身輕有光明，在晦夜之地，如月出也。多服之則可以辟穀《抱朴子》。

宋・陳衍《寶慶本草折衷》卷一八　下品桃核人使。花、莖、葉、膠附。○杖、符、枝續附。

一名桃人。一作仁。生太山川谷，及京東、陝西、京畿、太原。今處處有之。○七月採核取人，陰乾。○附：花，三月採，曬乾。○又附：葉，其標嫩者名桃心。○又附：膠，乃木壯有脂液迸溢而堅凝也。○其木，一名仙木。

味苦、甘，平，溫，無毒。○主瘀血，血閉瘕邪氣，殺小蟲，止欬逆上氣，消心下堅，除卒暴擊血，破癥瘕，通月水。○孟詵云：止心痛。○《圖經》曰：炒食益人，接實之核，不堪也。療產後諸氣，去雙人為佳。○寇氏曰：桃品亦多，惟以山中自生者為正，取走泄為用，不取肥好者。湯去皮尖，麩炒赤色。

附：花。○味苦，平，無毒。殺疰，除水氣，破石淋，利大小便，下三蟲，悅澤人面，下惡氣，消腫滿。

附：莖白皮。○味苦、辛，無毒。除邪鬼，中惡腹痛，去胃中熱。

附：葉。○味苦，平，暖，無毒。除尸蟲，出瘡中蟲。女人陰瘡疼痛，生擣葉，綿裹内陰中，日三四易。又治惡氣，小兒寒熱，客忤。

附：膠。○味苦，平，無毒。下石淋，破血。治中惡，疰忤。鍊之，保中，入服食藥。

續説云：張松謂桃人又治膀胱小腸氣疾，故《局方》取之合安腎元也，并於杏人後續辨形色矣。然桃為五木之精，艾原甫稱其方春而生，未秋而熟，全備正陽之氣。今折條以作杖，解板以書符，及摘枝以煎膏者，皆借正陽而斥陰邪也。又有桃，至秋杪而實熟者，其時陽氣已虧，則核人之類功效差劣，亦宜知焉。

新分桃梟諸桃實附。　一名桃奴，一名梟景，乃小桃在木上乾枯不落者。○所出與桃核人同。○正月採。○附：諸桃實，一名桃。服术人禁食。

味苦，微溫。○主中惡腹痛。自前條分。○日華子云：治肺氣，腰痛，除邪氣，破血。治心痛，酒摩溫服之。○《圖經》曰：中實者良。治中惡毒氣蠱疰。

附：　諸桃實。○味酸，甘，熱，微毒。多食令人熱，發丹石，不益脾，生者尤損人。然桃品亦多。有油桃，小於衆桃，赤班點，光如油塗；又金桃，深黃色；又崑崙桃，肉深紫紅色；而餅子桃，如香餅狀。○並可製乾為果。

元·王好古《湯液本草》卷五　桃仁　氣溫，味苦，甘，性平，苦重於甘，陰中陽也。無毒。　入手足厥陰經。《象》云：治大便血結、血秘、血燥，通潤大便。七宣丸中，專治血結，破血。以湯浸，去皮尖，研如泥用。《心》云：苦以泄滯血，甘以生新血，故凝血須用。又去血中之熱。《本草》云：主瘀血血閉，癥瘕邪氣。殺小蟲，止欬逆上氣，消心下堅。除卒暴擊血，通月水，止痛破血。入手足厥陰。《衍義》云：老人虚秘，與栢子仁、大麻仁、松子仁，等分同研，溶白蠟，和丸如桐子大，以少黃丹湯下。仲景治中焦畜血用之。

元·忽思慧《飲膳正要》卷三　桃　味辛甘，無毒。利肺氣，止欬逆上氣，消心下堅積，除卒暴擊血，破癥瘕，通月水，止痛。桃仁止心痛。

元·尚從善《本草元命苞》卷八　桃核仁　為使。苦，甘，平，無毒。通月水瘀血血閉，破癥瘕蓄血血結。潤大腸便難，消心下堅積。除卒暴擊血，止欬逆上氣。行手足厥陰經，定心腹卒急痛。七月採取，用仁，陰乾。桃花，苦，平，無毒，消腫通淋下，大利大小便，殺鬼惡氣，悦澤人面，美好顏色，三月三日採花，陰乾。桃毛，下血瘕，療崩中帶下。桃蠹，殺鬼魅，辟邪惡不祥。桃蠹，食桃樹蠹也。桃葉，除尸蟲，治小兒寒熱客忤。桃梟，殺百鬼，療中惡腹痛心疼。桃梟，著木上，淩冬乃實已乾，不凋落者是。用花不使千葉，用核當去雙仁。

元·吴瑞《日用本草》卷六　桃　桃者，五木之精也。今之作符着門上，辟邪氣。　味甘，酸，熱，無毒。生者損人，多食滑腸，令人熱。服丹石及服术，忌食。同鱉食，患心氣痛。　主益顏色，充飢。　桃仁　味苦，甘，性平，無毒。　主瘀血，血閉，破癥瘕，却邪氣，殺三蟲，止咳逆上氣，消心下堅，通月水，療婦人産後百病。　桃花　味苦，辛，無毒。　主除水氣，破石淋，利大小便，下三蟲，殺尸疰惡鬼。令人好顏色。　桃梟　一名桃奴。即樹上經冬不落，自乾者。正月採之良。　味苦，微溫，無毒。　主療中惡，殺百鬼精魅，五毒不祥。　桃葉　味苦，甘，平，無毒。　主頭風強，不得顧視。穿地作坑，燒令通赤，以水洒之令冷，内生桃葉，鋪其席下，以患人卧之，令項在藥上，以衣着項邊，令氣上蒸，病人汗出良。

元·朱震亨《本草衍義補遺·新增補》　桃仁　苦重於甘。陰中陽也。治大便血結、血秘、血燥，通潤大便，破血不可無。《心》云：苦以泄滯血，甘以生新血，故凝血須用。又去血中之堅及通月經。老人虚秘，與栢子仁、火麻仁、松子仁等分，同研，鎔白蠟和丸如桐子大，以黄丹湯下。仲景治中焦畜血用之。

元·佚名氏《珍珠囊·諸品藥性主治指掌》〔見《醫要集覽》〕　桃仁　味苦，甘，平，性寒，無毒。降也，陰也。其用有二：潤大腸血閉之便難，破大腸久蓄之血結。

元·徐彦純《本草發揮》卷三　桃核仁　成無己云：甘以緩之。少腹急結，緩以桃仁之甘。　潔古云：治大便血結，血秘，血燥，通潤大腸。七宣丸中用之，專治血結破血。以湯退去皮尖，研如泥用。又云：破滯血，須用桃仁、蘇木。　東垣云：桃仁，味苦、甘，性平。苦重於甘，陰中陽也。苦以去滯血，甘以生新血，故破凝血者須用之。又能去血中之熱。又云：桃仁性微寒，味苦。氣薄味厚，沉而降，陰也。其用有四：治熱入血室，一也；去腹中滯血，二也；皮膚血熱燥痒，三也；皮膚凝聚之血，四也。

海藏云：桃仁破血，手足厥陰經藥也。《衍義》云：老人虛秘，與柏子仁、大麻仁、松子仁等分，同研，鎔蠟和丸如梧子大，黄丹湯下。張仲景治中焦畜血用之。

明・朱橚《救荒本草》卷下之後　桃樹　《本草》有桃核人。生太山川谷，河南、陝西出者尤大而美，今處處有之。樹高丈餘，葉狀似柳葉而闊大，又多紋脉，開花紅色，結實品類甚多。其油桃光小，金桃色深黄，崑崙桃肉深紫紅色。又有餅子桃、麵桃、鷹嘴桃、鴈過紅桃、凍桃之類，名多不能盡載。山中有一種桃，正是《月令》中桃，始華者謂山桃，不堪食啗，但中入藥。桃核人味苦、甘，性平，無毒。　救飢：採嫩葉煠熟，水浸作成黄色，换水淘淨，油鹽調食。桃實熟軟時摘取食之。其結硬未熟時，亦可煮食，或切作片晒乾為糁，收藏備用。　治病：文具《本草》果部桃核人條下。

明・蘭茂原撰，范洪等抄補《滇南本草圖説》卷九　桃子　味甘、酸，性溫，微毒。能解邪氣，美顏色。多食動脾助熱，令人膨脹，發瘡癤。服术不可食之。又不可與鼈同食，能發丹石毒。食桃浴水，令人瀉。此物有損無益，故五菓列桃為下品。○桃仁，味苦、甘，平，無毒。主治：風痹骨蒸，肝瘧寒熱，破血，殺蟲，通潤大腸。○一治卒然心痛，桃仁七枚，去皮尖，研爛，和滚水服之，即止。○桃葉，熬水洗眼，可除尸氣沖着。

明・蘭茂撰，清・管暄校補《滇南本草》卷上　桃　各處俱有，獨滇中生大黄桃，乃西竺種也，食之輕身。又有小金利核桃，尖嘴桃，治血。金彈子，生，治血痢。毛桃敷湯火傷。實，味辛，酸，治蟲積，通月經，潤大腸，消心下積。仁，治血痰。皮，燒灰為末，搽黄水瘡。葉，洗瘡(出)〔除〕風。大黄桃，形似香緣，食之過目成誦，神清氣爽，延年烏鬚。此桃人多不得食，若能得者，亦仙緣也。

明・王綸《本草集要》卷五　桃核仁使　味苦甘，氣平。苦重於甘，陰中陽也。無毒。入手足厥陰經。取仁，陰乾。湯浸去皮尖，研如泥用。　主瘀血血閉，血結血燥，癥瘕邪氣。殺小蟲，涌潤大便，除卒暴擊血，通月水，止痛苦，以破滯血，甘以生新血。○花，味苦。三月三日採，陰乾。殺疰惡鬼，令人好顏色。除水腫石淋，利大小便，下三蟲。酒漬服之，除百病。○桃梟，味苦，氣微溫。著樹上，自乾不落，實中者，正月採之用。主殺百鬼精物，五毒不祥，中惡腹痛，破血。有人吐血，諸藥不效，取此燒灰存性，米湯調服，立愈。○桃蠹，食桃樹蟲也。殺鬼邪惡不祥。○葉，味苦辛。主除尸蟲，出瘡中蟲。○桃膠，下石淋，破血中惡。鍊之，主保中，不飢輕身。○桃符，主精魅邪氣，煮汁飲之。桃者，五木之精，今人作符着門上，厭邪氣，鬼所畏也。

明・滕弘《神農本經會通》卷三　桃核人　使也。七月採，取人陰乾。湯浸去皮尖，研如泥用。山桃人不堪用。《局》云：炒赤用。

味苦、甘，氣平，無毒。《湯》云：氣溫，味苦、甘，性平。苦重於甘，陰中陽也。入手足厥陰經。東云：降也，陰也。潤大腸血閉之便難，破大腸久蓄之血結。又云：破瘀血，治腰疼。《珍》云：去血中熱，治腹中滯血，或凝皮膚，或燥痒，并治之。《疌》云：潤便難，破蓄血，去滯生新，治血乾。

《本經》云：主瘀血，血閉瘕，邪氣，殺小蟲，止欬逆上氣，消心下堅，除卒暴擊血，破癥瘕，通月水，止痛。陶云：桃人作酪，乃言冷，服术人大禁食桃。《藥性論》云：桃人，使。孟詵云：桃人，溫。殺三蟲，止心痛。又云：桃能發丹石，不可食之，生者尤損人。每夜嚼一(夥)〔顆〕，和蜜塗手面良。日華子云：桃熱，微毒。益色。多食令人生熱。《圖經》云：《千金方》桃人煎，療婦人產後百病諸氣。《象》云：治大便血結，氣秘血燥，通潤大便。七宣丸中專治血結，破血。以湯浸去皮尖，研如泥用。《心》云：苦以泄滯血，甘以生新血，故凝血須用。又去血中之熱。《衍義》云：老人虛秘，與栢子仁、大麻仁、松子仁等分，同研，鎔白蠟和丸如桐子大，以少黄丹湯下。仲景治中焦蓄血用之。丹云：苦重於甘，陰中陽也。治大便血結，血秘血燥通用。大便結血不可無。又去血中之堅，及通月經，老人虛秘。餘同《心》云、《衍》云。劊云：桃仁甘苦性還寒，潤大腸經之秘難。破經久蓄之陳血，去滯生新治血乾。《局》云：桃核中仁能破血，主行月水破癥瘕。除邪止欬攻腰痛，若要宣通即用花。桃仁，通經，破癥結，止腰疼。花，主下痢膿血。

桃花　三月三日採，陰乾。勿使千葉。　味苦，氣平，無毒。　《本經》云：殺疰惡鬼，令人好顏色。主除水氣，破石淋，利大小便，下三蟲，悦澤人面。陶云：桃花，丹方所須。方言服三樹桃花盡，則面色如桃花。人亦無試之者。《唐本》注云：花主下惡氣，消腫滿，利大小腸。孟詵云：女人陰中生瘡如蟲咬痛疼者，可生擣華，綿裹，内陰中，日三四易，差。又三月三日，收花晒乾，杵末，以水服二錢匕，小兒半錢，治心腹痛。又秃瘡，收天開花，陰乾，與桑椹赤者等分，杵末，以猪脂和，先用灰汁洗去瘡痂，即塗藥。《圖經》云：酒漬桃花飲之，除百病，益顏色。《海上方》治面上瘡，黃水出，并眼瘡，一百五日收取桃花，不計多少，細末之，食後以水半盞調服方寸匕，日三，甚良。

桃梟　實中者，正月採之。　味苦，氣微溫。　《本經》云：主殺百鬼精物，療中惡腹痛，殺精魅，五毒不祥。一名桃奴。是實著樹不落。日華子云：樹上自乾者，治肺氣，腰痛，除鬼精邪氣，破血，治心痛，酒摩，暖服之。《圖經》云：其實已乾，著木經冬不落者，名桃梟。正月採之。以中實者良。胡(治)〔治〕中惡毒氣蠱疰，有桃奴湯，是此也。《集》云：有人吐血，諸藥不効，取此燒灰存性，米湯調服，立愈。

桃毛　《本經》云：主下血瘕，寒熱積聚，無子，帶下諸疾，破堅閉。刮取毛用之。孟詵云：毛，主惡鬼邪氣。膠亦然。日華子云：毛療崩中，破癖氣。《圖經》云：其實上毛，刮取之，以治女子崩中。

桃蠹　《本經》云：殺鬼，辟邪惡不祥。食桃樹蟲也。日華子云：食之，肥悅人顏色。

桃莖白皮　味苦、辛，無毒。　《本經》云：除邪鬼中惡腹痛，去胃中熱。《圖經》云：中惡方用之。

桃葉　味苦，氣平，無毒。　《本經》云：主除尸蟲，出瘡中蟲。日華子云：桃葉暖，治惡氣，小兒寒熱客忤。

桃膠　《本經》云：鍊之，主保中不飢，忍風寒。陶云：桃膠入仙家用，亦丹方所須。《唐本》注云：味苦，平，無毒。主下石淋，破血中惡，疰忤。《圖經》云：主石淋。《古今録驗》著其方云：取桃木膠如棗大，夏以冷水三合，冬以湯三合，和為一服，日三，當下石，石盡即止。

桃實　味酸。　《本經》云：多食令人有熱。《圖經》云：其實亦不可多食，善令人熱發。

桃符　《藥性論》云：主中惡。孟詵云：桃符及奴，精魅邪氣，符煮汁飲之。奴者，丸散服之。

明・劉文泰《本草品彙精要》卷三四　桃核仁無毒　植生。

桃核仁出《神農本經》：**主瘀血，血閉，癥瘕，邪氣，殺小蟲。○桃花，殺疰惡鬼，令人好顏色。○桃梟，微溫，主殺百鬼精物。○桃毛，主下血瘕，寒熱，積聚無子。○桃蠹，殺鬼邪惡，不祥。**以上朱字《神農本經》。桃核仁，止欬逆上氣，消心下堅，除卒暴擊血，破癥瘕，通月水，止痛。○桃花，味苦，平，無毒，主除水氣，破石淋，利大小便，下三蟲，悅澤人面。○桃梟，味苦，療中惡，腹痛，殺精魅五毒，不祥。○桃毛，平，帶下諸疾，破堅閉，刮取毛用之。○桃蠹，食桃樹蟲也。○莖白皮，味苦，辛，無毒，除邪鬼，中惡，腹痛，去胃中熱。○葉，味苦，辛平，無毒，主除尸蟲，出瘡中蟲。○膠，鍊之，主保中不飢，忍風寒。以上黑字名醫所錄。

【名】崑崙桃、油桃、山桃、金桃、餅子桃。桃(鳧)〔梟〕：桃奴、梟景。　【用】《圖經》曰：木高丈餘，三月開紅花，有深淺二色，漸敷青葉如柳葉而大，花謝始結實，漸大如杏，六七月成熟。圃人欲其肥美詭異，多以他木接之，殊失本性，此種不宜用也。入藥當以自然生成而不經接者，則不失本性，而治療有功也。其實已乾着木上，經冬不落，此名桃(鳧)〔梟〕，又名桃奴。正月採之，以中實者良。《衍義》曰：桃核仁，桃品亦多，京畿有油桃，光，小於衆桃，不益脾。有小點斑而光如塗油，山中一種，正是《月令》中桃始華者，但花多子少，不堪啗，惟堪取仁。《唐文選》謂山桃發紅萼者是矣。又太原有金桃，色深黃；西京有崑崙桃，深紫紅色。此二種尤甘。又餅子桃，如今之香餅子，如此數種入藥，惟以山中自生者爲正。蓋取走泄爲用，不取肥好者。《雷公》云：用鬼髑髏，勿用乾桃子。其鬼髑髏只是千葉桃花結子在樹上乾不落者，於十一月内採得可爲神妙。《東京賦》云：上古有神荼與鬱壘兄弟二人，桃樹下閲百鬼無道理者，縛以葦索而飼虎，今人作桃符板，云左神荼，右鬱壘者是也。　【地】《圖經》曰：生泰山川谷，今處處有之。【道地】東京及陝西出者佳。　【時】生：三月開花。採：正月取(鳧)〔梟〕，三月三日取花，秋取仁。　【收】陰乾。　【用】仁、花、(鳧)〔梟〕、毛、蠹、莖、葉、膠、實及白皮。　【質】類杏仁而大。　【色】皮黃，肉白。

【味】苦，甘。　【性】平，洩，緩。　【氣】味厚於氣，陰中之陽。　【臭】微香。　【主】破血，殺蟲。　【行】手厥陰經，足厥陰經。　【製】《雷公》云：凡使，須擇去皮，用白术、烏豆二味，和桃仁於坩堝子中煮一伏時，後漉出，用手擘作兩片，其心黃如金色，任用。　【治】療：《圖經》曰：桃花，貼面上瘡，黃水出，并眼瘡。○桃(鳧)〔梟〕，除中惡，毒氣，蠱疰。○實上毛，刮取之，治女子崩中。《唐本》注云：桃膠，主下石淋，破血，中惡，疰忤。○花，主下惡氣，消腫滿，利大小腸。《藥性論》云：桃符，主中惡。孟詵云：桃仁，殺三蟲，止心痛。○葉，治女人陰中生瘡，如蟲齩，疼痛者，可生擣綿裹內陰中，日三四易，瘥。○花，曬乾，杵末，以水服二錢匕，小兒半錢，治心腹痛。○白毛及膠，主惡鬼，邪氣。○桃符及奴，主精魅邪氣。日華子云：樹上自乾桃實，治肺氣，腰痛，除鬼精邪氣，破血○葉，治惡氣，小兒寒熱客忤。《別錄》云：桃膠，如彈丸，含之，治虛熱渴。○桃葉，治腸痔，大腸常下血，杵取一斛蒸之，內小口器中，以下部搨上坐，蟲自出。○桃枝上乾不落桃子，燒灰水服，療胎下血不出。○桃葉，治諸蟲入耳，熟挼塞兩耳，即出。○桃白皮，治狂狗咬人，以一握水煎服。○桃樹蟲屎，治瘟病令不相染，爲末，水服方寸匕。○東行桃枝，煮湯浴，治天行時疫癘者。○東引桃枝白皮一握，水煮服半升，主鬼疰，心腹痛不可忍。○燒桃仁，傅治產後陰腫痛。補：日華子云：桃益色。○桃蠹，食之肥，悅人顏色。《別錄》云：戊子日，取東引桃枝二寸，枕之，補心虛，治健忘，令耳目聰明。【合治】桃花，漬酒飲之，除百病，益顏色。○桃仁，去皮尖，合粳米煮粥食之，主上氣咳嗽，胸膈痞滿，氣喘。○桃仁，去皮尖，杵碎，煮汁煮粥，空心食之，主尸疰，鬼氣，咳嗽，痃癖，注氣，血氣不通，日漸消瘦。○桃仁一升，去皮尖，炒令煙出，熱研如脂膏，合酒三升，攪令相和，一服取汗，療風勞，毒腫痛，攣痛，或牽引小腹及腰痛，不過三瘥。○桃仁三十枚，別研合宝蟲三十枚，去翅，水蛭二十枚，各炒，以大黃一兩，同爲末，再與桃仁同擣令勻，煉蜜丸如小豆大，桃仁湯下，療傷寒八九日，間發熱如狂不解，小腹滿痛，有瘀血者，利下瘀血惡物，便愈，未利再服。○收未開花陰乾，與桑椹紫者等分作末，以猪脂和，先取灰汁，洗去瘡痂，即塗藥，治痜瘡。【禁】實味酸，多食令人有熱。

明・盧和、汪穎《食物本草》卷二果類　桃　味甘酸，熱，微毒。益色辟邪，發丹石毒。多食令人有熱，服术人忌食。又不可與鱉同食。食之浴水，成淋病。其類甚多。仁，味苦甘，氣平，苦重於甘，陰中陽也，無毒，入手、足厥陰經。主瘀血血閉，血結血燥，癥瘕邪氣，殺小蟲，通潤大便，除卒暴擊血，通月水，止痛。苦以破滯血，甘以生新血。花，味苦，殺疰惡鬼，令人好顏色，除水腫石淋，利大小便，殺三蟲，酒浸服之除百病。桃梟，即桃實著樹不落實中者，正月採之。主殺百鬼精物，五毒不祥，療中惡腹痛，破血。有人吐血，諸藥不効，取此燒灰存性，米湯調服，立愈。桃蟲，殺鬼邪惡不祥。葉，味苦，主除尸蟲，出瘡中蟲。桃膠，下石淋，破血。鍊之，保中不飢，輕身，忍風寒。莖與皮，味苦辛，除邪鬼中惡腹痛，去胃中熱。蓋桃乃五木之精，仙木也，少則華盛，實甘且大。蟠桃之說有自來矣。

明・葉文齡《醫學統旨》卷八　桃仁　氣平，味苦、甘。無毒。沉而降，陰也。入手足厥陰經。湯浸去皮尖，炒研如泥用。　治瘀血，血閉、血結、血燥，癥瘕邪氣，殺小蟲，通潤大便；　除卒暴擊血，通月水，止痛，定疝痛；　去皮膚血熱燥痒；　苦以破滯血，甘以生新血。

明・許希周《藥性粗評》卷三　桃仁　桃核仁也。此種甚多，但以二三月開花，五六月實熟，不係他木所接者為真。南北山谷園圃處處有之，取仁并製法俱與杏仁同。餘說《本草》不載。　味苦、甘，性平、微寒，無毒。其氣亦沉而降，入手厥陰心包絡、足厥陰肝經。　主治血瘀、血閉、血瘕，欬逆上氣，心下堅滿，行血破積，潤腸滑燥，通月水，利大便，殺小蟲，辟邪氣。　東垣云：　杏仁下喘用治氣也，桃仁止狂用治血也。杏、桃仁俱治大便秘，亦當以氣血分之，晝則難便，行陽氣也用杏仁；　夜則難便，行陰血也用桃仁。　年高虛人大腸燥秘，不可過泄者，脉浮在氣，杏仁、陳皮；　脉沉在血，桃仁、陳皮。　所以俱用陳皮者，以其手陽明病大腸與手太陰肺俱為表裏，賁門上主往來，魄門下主收閉，故王氏《脉經》言：肺與大腸為通道者此也。

桃花　味苦，性平，無毒。　主除水氣，利大小便，令人好顏色。

單方：　【略】　黃疸尸瘵：　凡患黃疸，身眼如金，及尸疰瘵病，傳染不一者，如不急治，禍不可言，桃仁五十枚，去皮研爛，水三升，煮取二，待溫頓服，須臾當吐，吐病不盡，次日再服。或取東引桃根，如筋大者一束，剉碎，勿令婦人、雞、犬見之，以水二升，煎取一升，待溫空腹頓服，二三日其漸漸泄出，病既散後，可時飲清酒一二杯，忌食魚、麵、猪、犬等肉，病再作。　延壽去風：　凡欲面目光潤，去風延年者，桃仁五合，去皮，米湯調濕，研爛，復入漿水，杵取汁，令桃仁盡即休，每溫一合洗面，極有殊益。　駐顏除病：　桃花開時，摘取紅盛者，漬酒飲之，亦有殊效。　半身不遂：　凡患偏風，半身不遂及癖疰諸病，桃仁一千七百枚，去皮尖并雙仁者，好酒一斗三升，浸經二十一日，取出暴乾，杵末作丸，如梧桐子大，每服二十丸，還以原浸酒溫過送下，日二三，有效。　時疫相傳：　凡時疫天行欲其不染者，取東引桃枝一束，剉碎，煮湯浴身，甚佳。

明・鄭寧《藥性要略大全》卷五　桃仁　破血，治腰疼。○消瘀血，破癥瘕，通經，生新血。　《經》云：　治大便血結，血秘血燥，通潤大便。　專治血結，破血。　殺小蟲，止咳逆上氣，消心下堅，除卒暴擊血，通月水，止痛。　七潭云：苦以泄滯血，甘以生新血，故凝血必用也。又去血中之熱。　味苦、甘，氣平、溫，無毒。入足厥陰肝。取仁，湯浸去皮尖，研碎入藥。雙仁者有毒，切忌用。　東垣云：杏仁療喘用，治氣也；桃仁療狂用，治血也。桃仁、杏仁，俱治大便秘，當以氣血分之。晝難便，行陽氣也；夜難便，行陰血也。

桃梟　破血，殺百鬼精祟及五毒不祥等物。又止吐血。　樹上桃子，自乾不落、實中者，正月收之。即樹上刀桃子也。

桃膠　下石淋，破血中惡。煉之，主保中、輕身不飢。　味淡，氣平，無毒。　桃上及樹上津液也。

明・賀岳《醫經大旨》卷一《本草要略》　桃仁　《衍義補遺》詳矣。但血閉血結，不分虛實何也？又云治血燥，此又大不宜。彼既言其破血，血燥者又可用哉？血閉血結實者，固可虛者亦不可也。但用滋血補血之劑，自是其濡潤而無閉結之患矣。

明・陳嘉謨《本草蒙筌》卷七　桃核仁使　味苦、甘，氣平。苦重於甘，陰中陽也。無毒。遠近鄉落，處處有之。山谷自生者為佳，雜木相接者勿用。如李接桃之類，實雖肥美，殊失本性。七月採實，劈核取仁。泡去皮尖，研皮泥爛。古方謂桃仁泥。入手厥陰包絡，及足厥陰肝經。潤大腸血燥難便，去小腹血凝成塊。逐瘀血止痛，生新血通經。蓋苦以破氣，甘能生新血故也。《衍義》云：柏子仁、火麻仁、松子仁等分同研，熔蠟和圓。治老人虛閉殊功，療中焦蓄血立効。花收益顏色，敺水腫石淋，漬酒嘗仍卻百病；葉煮熏頭風，殺鬼疰精物，鋪席臥又辟不詳。枝枕睡不忘，開聰明於耳目。載《聖惠方》。用戊子日。取東引桃枝或着衣帶中亦効。實恣啖作熱，發丹石於心胸。肺病宜食，生者損人，食訖入水浴成淋。人食桃致病，收桃梟燒灰服，暫吐即愈。桃梟係自乾桃奴，着樹不落者是。春初採取，辟惡殺邪。吐血用之燒灰，米湯調服立止。桃膠乃樹中流汁，凝如琥珀者奇。秋後刮之，下淋破血。中惡鍊之日服，誠能保中不飢。桃蠹食皮長蟲，亦殺鬼惡；桃毛桃上毛羽，更破癥堅。樹白皮治䘌生齒間。桃寄生療蠱中腹內。

謨按：桃者，五木之精，故能辟惡。凡患屍疰鬼疰，一切染祟之病，採枝擊體，亦能殺邪。正猶新春，家家門上用作符板，無非厭其邪氣，使鬼畏也。

明・方穀《本草纂要》卷五　桃仁　味苦、甘，氣平，苦厚於甘，陰中之陽也，無毒。入手足厥陰經，血分之藥也。血之閉者可以開之，血之聚者可以散之，血之實者可以破之，血之瘀者可以行之，血之積者可以除之，血之燥者可以潤之，血之結者可以通之，血之損者可以和之，以爲治血有餘之藥也。又曰：桃仁能治燥，因性潤而可以治燥也；桃仁能潤腸，因味厚而可以潤腸也；桃仁能殺蟲，因破血而有以殺蟲也。大抵桃之一物，仁性潤，故入血；花性美，駐顏色；葉性烈，破惡氣；膠性流，通淋瀝。

明・寧源《食鑒本草》卷上　桃子　味甘、酸，有小毒。除鬼祟，益顏色，多食生熱。　花　味苦，平，無毒。殺鬼邪，治石淋，利大小便，下三尸蟲，悅人容面，好顏色。　仁　味苦、甘，平，無毒。破血癥、血瘕，化瘀血，通經水，止腹痛。　《孟詵方》：治女人陰戶內生瘡，如蟲咬痛痒者。用桃仁、桃葉相等搗爛，絲綿裹，納陰戶內，日三四次易之，差。　《千金方》：治卒心疼不止，取桃仁七箇，去皮尖，炒熟研細，用水一合相和，頓服，效。亦可治三十年患。

明・王文潔《太乙仙製本草藥性大全》卷四《本草精義》　桃、枝、葉、花核、仁、花、實等　生泰州，今皆處處有之，京東、陝西出者尤大而美。大都佳果，多是圃人以他木接根上栽之，遂至肥美，殊失本性，此等藥中不可用之，當以一生者爲佳。七月採核破之取仁，陰乾。今都不市賈，多取炒貨之，云食之亦益人。然亦多雜接實之核，爲不堪也。《千金方》桃仁煎，其實已乾著木上，經冬不落者，名桃梟，一名桃(蟲)〔奴〕，正月採之，以中實者良。胡洽治中惡毒氣蠱疰，有桃奴湯是此也。其實上毛刮取之，以治女子崩中。食桃木蟲，名桃蠹，食之悅人顏色。莖白皮，中惡方用之。葉，多用作湯導藥。標嫩者名桃心尤勝。張文仲治天行，有支太醫桃葉湯熏身法：用水二石，煮桃葉，取七斗，以爲鋪席，自圍衣被蓋上，安桃湯於床簀下，乘熱自熏，停少時當雨汗，汗遍去湯待歇，速粉之，并灸大椎則愈。陳廩丘《蒸法經》云：連發汗，汗不出者死，可蒸之，如中風法。以問張苗言：曾有疲極汗出，臥單簟中冷，但苦寒倦，四日凡八過發汗，汗不出，燒地桃葉之，則得大汗，被中傅粉極燥便差。後用此發汗得出蒸發者，燒地良久，掃除去火，可以水小洒取蠶沙，若桃葉、柏葉、糠及麥麩皆可(趣)〔取〕用。易得者牛馬糞亦可用，但臭耳。取桃葉欲落時，可益收乾之，以此等物著火處，令厚二三寸，布席上坐，溫覆，用此出汗。若過熱，當審細消息。大熱者重席汗出周身便止，溫粉粉之，勿令過，此法舊云出阮河南也。桃皮亦主病，《集驗》：肺熱悶不止，胸中喘急悸，客熱往來欲死，不堪服藥，泄胸中喘氣，用桃皮、芫花各一升，二物以水四升，煮取一升五合，去滓，以故布手巾內汁中，薄胸，溫四肢，不盈數刻即歇。又《必效方》：主蠱毒，用大戟、桃白皮東引者，以大火烘之，斑猫去足翅，熬三物等分，搗篩爲散，以冷水服半方寸匕，其毒即出，不出，更一服，蠱並出，此李饒州法，云奇效。若以酒中得則以酒服，以食中得則以飲服之。桃膠入服食藥，仙方著其法：取膠二十斤，絹袋盛櫟木灰汁一石中，煮三五沸，并袋出掛高處候乾，再煮，如此三度止，暴乾篩末蜜和，空腹酒下梧桐子大二十丸，久服當仙去。又主石淋，《古今録驗》著其方云：取桃木膠如棗大，夏以冷水三合，冬以湯三合，和爲一服，日三，當下石，石盡即止。其實亦不可多食，善令人熱發。

按：桃者，五木之精，故能辟惡。凡患尸疰鬼疰，一切染祟之病，採枝擊體，亦能殺邪，正猶新春家家門上用作符板，無非厭其邪氣，使鬼畏也。

明・王文潔《太乙仙製本草藥性大全》卷四《仙製藥性》

桃核仁　味苦、甘，氣平，苦重於甘，降也，陰中之陽也，無毒。　主治：潤大腸血燥難便，去小腹血凝成塊。消瘀血，破癥瘕血結堅癖。治腰疼，止咳逆上氣，殺蟲止痛。生新血通經，蓋苦以破滯氣，甘能生新血故也。《衍義》又云：與柏子仁、火麻仁、松子仁等分同研，熔蠟和丸，治老人虛閉殊功，療中焦蓄血立效。　補註：婦人產後百病諸氣，取仁一千二百枚，去雙仁、尖、皮，熬搗令極細，以清酒一斗半，研如麥粥法，以極細爲佳，入小甆瓶中密以麪封之，內湯中煮一伏時藥成，溫酒和服一匙，日再服。○骨蒸，以仁一百二十枚，去皮、雙仁，留尖，杵和爲丸，平旦井花水頓服，令盡，量性飲酒令醉，仍須喫水，能多最精。隔日又服，百日不得食肉。凡人好魘，以仁熬，去皮尖三、七枚以小便下之。○半身不遂及癖疰，以仁二千七百枚，去雙仁、尖、皮，以好酒一斗三升浸，經二十一日出，日乾杵細作丸，每服二十丸，還將原酒服之。○佈急鬼疰心痛，以仁一合，爛研，煎湯喫。○延年去風，令光潤，以仁五合，去皮，用粳米飯漿研令細，以漿水杵取汁，令桃仁盡即休，微溫用洗面極妙。○產後遍身如粟粒，熱如火者，以桃仁研，臈月猪脂調傅上，日易之。○上氣咳嗽，胸膈痞滿氣喘，以仁三兩，去皮尖，以水一升，研取汁和粳米二合煮粥食之。○傳尸鬼氣，咳嗽痃癖注氣，血氣不通，日漸消瘦，以仁一兩去皮、尖，杵碎，以水一升半，煮汁，着米煮粥，空心食之。○小兒瘡初起膘漿，似火瘡，名爛瘡，及陰腫，皆以仁搗傅之。○卒心痛，以仁七枚，去皮、尖，熟研，水一合，頓服良。治卒得欬嗽，以仁三升，去皮，杵着器中，密封之，蒸一次日乾，絹袋盛，以酒二斗浸六七日，可飲四、五合，稍增至一升。○風勞腫疼攣痛，或牽引小腹及腰痛，以仁一升，去尖、皮者，熬令黑煙出，熱研搗如脂膏，以酒三升，攪令相和，一服取汗。治小兒卵癀，杵仁傅之，亦治婦人陰中瘙癢。

桃花　味苦，氣平，無毒。　主治：益顏色，去水腫、石淋，下三蟲，殺惡鬼疰，利大小便，悅澤人面。　補註：三月三日採花陰乾。《太清方》云：酒漬桃花飲之，除百疾，益顏色。治面上瘡，黃水出，并眼瘡，一百五日收取桃花，不計多少，細末之，食後以水半盞調服。○心腹痛及禿瘡，於三月三日採花，曬乾杵末，以水服二錢匕，小兒半錢。又與桑椹赤者等分作末，以猪脂和，先取灰汁洗去瘡痂，即塗藥。

桃葉　味辛、苦，氣平，無毒。　主治：煮汁熏頭風，殺鬼疰精物。搗爛鋪蓆臥，以辟不祥。止小兒寒熱，治惡氣客忤。　補註：女人陰中生瘡如蟲嚙疼痛者，可生搗葉，綿裹入陰中，日三四易差。○〔治〕風項強不得顧視，穿地作坑，燒令通赤，以水洒之令冷，內生桃葉鋪其席下臥之，令項在藥上，以衣著項邊，令氣上蒸病人汗出，良久差。治卒瘑瘡，瘑瘡常對在兩脚，杵桃葉，以苦酒和傅，皮亦得。○霍亂腹痛，吐痢，取葉三升，切，以水五升，煮取一升三合，分溫二服。治三蟲，絞葉取汁一升飲。○腸痔，大腸常血，杵葉一斛，蒸之內小口器中，以下部榻上坐，蟲自出。○諸蟲入耳，取葉熟挼塞兩耳，出。治大小腸並不通，以葉取汁和服半升，冬用桃樹皮。○小兒傷寒，若得時氣，桃葉三兩，杵和水五升煮十沸，取汁，日五六遍淋之，後燒雄鼠糞二枚服妙。

桃枝　味苦，無毒。枕睡不忘，開聰明於耳目。三月三日取東向嫩枝或著衣帶中亦效。　補註：以五月五日取東向桃枝，日未出時作三寸木人，著衣帶中，令人不忘。治卒心痛，取東引桃枝一把，剉，以酒一升，煎取半升，頓服大效。○天行䘌，下部生瘡，濃煎桃枝如糖，以通下部中。若口中生瘡，含之。○補心虛，治健忘，令耳目聰明，用戊日取東引桃枝二寸，枕之效。凡天行疫癘者，常以東行桃枝細剉煮浴佳。○鬼疰心腹痛不可忍，取東引桃枝，削去蒼皮，取白皮一握，水二升，煮取半升，服令盡差，而未定再服。

桃實　味酸、甘，無毒。　主治：恣啖作熱，發丹石於心胸。　補註：　桃味辛，肺病宜食。　又桃酸，無毒令人有熱。　食桃訖，入水浴成淋病。○人有食桃病，時已晚，無復校，就桃樹間得梟桃燒服之，暫吐病即愈。　桃梟　係日乾桃奴，着樹不落者是。春初採取，辟惡殺邪。吐血用之，燒灰，米湯調服立止。　補註：　治伏梁氣在心下結聚不散，用桃奴三兩，爲末，空心溫酒調二錢。○胎下血不出，取桃樹上乾不落桃子，燒作灰，和水服差。○產後陰腫痛，燒桃仁傅之效。　桃膠　乃樹中流汁，凝如琥珀者奇。秋後刮之，下淋破血中惡。鍊之，日服誠能保中不飢。　補註：　治虛熱渴，以桃膠如彈丸含之佳。○桃膠以桑灰漬之服，百病愈。又服之身輕，有光明在晦夜之地，數月斷穀。　桃蠹　食皮長蟲。亦殺鬼惡。

補註：　治溫病令不相染方：　以桃樹蟲矢末，水服方寸匕。　桃白皮：　治䘌生齒間。　桃毛　桃上毛羽，更破癥堅。　補註：　小兒濕癬，以桃樹青皮爲末，和醋傅上。○喉閉，煮桃皮汁三升服之。○卒患瘰癧子不痛方：　取樹皮貼上，灸二七壯。治狂狗咬人，取桃白皮一握，水三升，煎取一升服。○卒得惡瘡不識者，取桃皮作屑內瘡中。○熱病後下部生瘡，濃煮，桃白皮如稀餳，內少許熊膽，研，以綿蘸藥內下部瘡上。　桃寄生　療蠱中腹內。

補註：　治小兒中蠱毒，令腹內堅痛，面目青黃，淋露骨立，病變無常方：以桃樹寄生二兩，末，如茶點服，日四服。　太乙曰：　凡使須擇去皮，渾用白朮、烏豆二味和桃仁同於坩堝子中煮一伏時，漉出，用手擘作兩片，其心黃如金色，任用之。花勿使千葉者，能使人鼻衄不止，目黃，凡用揀令净，以絹袋盛於檐下懸令乾，去塵了，用鬼髑髏，勿使乾桃子，其鬼髑髏，是千葉桃花結子在樹上不落者乾，然於十一月內採得，可爲神妙。凡修事以酒拌蒸，從巳至未，焙乾，以銅刀切，焙取肉用。

明・皇甫嵩《本草發明》卷四

桃仁下品。味苦、甘，平。苦重于甘，陰中陽也。無毒。入手足厥陰經。　發明曰：　桃仁，苦以破滯血，甘以生新血，苦重于甘，用破血為專也。故《本草》主瘀血血閉，大便血結血秘血燥，通潤大便。又去血中之熱，破血癥瘕，殺小蟲邪氣，止咳逆上氣，消心下堅痞。心下痞，皆瘀血。除卒暴擊血，通月水止痛。凡此，皆所以破血滯，何為又生血？　蓋去滯，正所以生新也。推陳致新之義也，當意得之。《衍義》云：　老人虛秘，與柏仁、麻仁、松子仁同研，鎔白蜜蠟丸，以少許黃丹湯下。用之去皮尖，研如泥用。○花，三月三採，陰乾。殺惡鬼疰，利大小便，除水腫，下三蟲，好顏色。酒浸服，除百病。○葉，主尸蟲，瘡中蟲，取汁飲。諸蟲入耳，取葉挼熟，塞兩耳即出。女子陰中瘡疼，生擣，綿裹內陰中，日三四易瘥。○桃枝，患卒心痛，取東向一把，切碎，酒一升，煎半升，頓服效。端午清晨取東向枝，作三寸木人着衣帶，令人不忘。天行疫癘，以東向枝細剉，煮浴佳。○桃梟，是實自乾着樹上不落者。春正採之，辟惡殺邪，吐血。用之燒灰，米湯調服。○桃膠，秋後樹上刮取，下淋，破血中惡。鍊之，日服，主保中不飢。○桃上毛羽，更破堅癥。○樹上白皮，主治齒䘌，東引桃白皮，同大戟主解蠱毒。方見《證類本草》。

按：　桃乃五木之精，故能辟惡。凡患尸疰鬼疰，一切染祟，採枝擊躲，能殺邪氣。新春家家門上作符板，乃辟邪氣。

明・李時珍《本草綱目》卷二九果部・五果類

桃《本經》下品。校正：　木部有《拾遺》桃橛，今併入此。

【釋名】時珍曰：　桃性早花，易植而子繁，故字從木、兆。十億曰兆，言其多也。或云從兆諧聲也。

【集解】《別録》曰：　桃生太山川谷。　弘景曰：　今處處有之。核仁入藥，當取解核者種之爲佳，山桃仁不堪用。　頌曰：　汴東、陝西者尤大而美。大抵佳果肥美者，皆圃人以他木接成，殊失本性。入藥當用本生者爲佳。今市肆賣者，多雜接核之仁，爲不堪也。　宗奭曰：　山中一種桃，正合《月令》桃始華者，花多子少，不堪啗，惟堪取仁入藥。汴中有油桃，小於衆桃，光如塗油，不益脾胃。太原有金桃，色深黃。洛中有崑崙桃，肉深紅紫色。又有餅子桃，狀如香餅子。其味皆甘。　時珍曰：　桃品甚多，易於栽種，且早結實。五年宜以刀劙其皮，出其脂液，則多延數年。其花有紅、紫、白、千葉、二色之殊，其實有紅桃、緋桃、碧桃、緗桃、白桃、烏桃、金桃、銀桃、胭脂桃，皆以色名者也。有綿桃、油桃、御桃、方桃、匾桃、偏核桃，皆以形名者也。有五月早桃、十月冬桃、秋桃、霜桃，皆以時名者也。並可供食。惟山中毛桃，即《爾雅》所謂褫桃者，小而多毛，核粘味惡。其仁充滿多脂，可入藥用，蓋外不足者內有餘也。冬桃一名西王母桃，一名仙人桃，即崑崙桃，形如栝樓，表裏徹赤，得霜始熟。方桃形微方。匾桃出南番，形匾肉澀，核狀如盒，其仁甘美。番人珍之，名波淡樹，樹甚高大。偏核桃出波斯，形薄而尖，頭偏，狀如半月，其仁酷似新羅松子，可食，性熱。又楊維楨、宋濂集中並載元朝御庫蟠桃，核大如盌，以爲神異。按王子年《拾遺記》載漢明帝時，常山獻巨核桃，霜下始花，隆暑方熟。《玄中記》載積石之桃，大如斗斛器。《酉陽雜俎》載九疑有桃核，半扇可容米一升；　及蜀後主有桃核杯，半扇容水五升，良久如酒味可飲。此皆桃之極大者。昔人謂桃爲仙果，殆此類歟？　生桃切片瀹過，曝乾爲脯，可充果食。又桃酢法：　取爛熟桃納甕中，蓋口七日，漉去皮核，密封二七日酢成，香美可食。《種樹書》云：　柿接桃則爲金桃，李接桃則爲李桃，梅接桃則脆。　桃樹生蟲，煮猪頭汁澆之即止。皆物性之微妙也。

實　【氣味】辛、酸、甘，熱，微毒。多食令人有熱。　詵曰：　能發丹石毒，生者尤損人。思邈曰：《黄帝書》云：食桃飽，入水浴，令人成淋及寒熱病。時珍曰：生桃多食，令人膨脹及生癰癤，有損無益。五果列桃爲下以此。瑞曰：桃與鱉同食，患心痛。服术人忌食之。

〔主治〕作脯食，益顔色大明。肺之果，肺病宜食之思邈。冬桃，食之解勞熱。時珍。○出《爾雅註》。

核仁　〔修治〕《别録》曰：七月采，取仁陰乾。斆曰：凡使須去皮，用白术、烏豆二味，同於坩鍋中煮二伏時，漉出劈開，心黄如金色乃用。時珍曰：桃仁行血，宜連皮、尖生用。潤燥活血，宜湯浸去皮、尖炒黄用。或麥麩同炒，或燒存性，各隨本方。雙仁者有毒，不可食，説見杏仁下。

〔氣味〕苦、甘，平，無毒。思邈曰：苦、甘、辛，平。詵曰：温。弘景曰：桃仁作酪，性冷。○香附爲之使。

〔主治〕瘀血血閉，癥瘕邪氣，殺小蟲《本經》。止欬逆上氣，消心下堅硬，除卒暴擊血，通月水，止心腹痛《别録》。治血結、血祕、血燥，通潤大便，破畜血元素。殺三蟲，又每夜嚼一枚和蜜，塗手、面良孟詵。主血滯風痹骨蒸，肝瘧寒熱，鬼注疼痛，産後血病時珍。

〔發明〕杲曰：桃仁苦重於甘，氣薄味厚，沉而降，陰中之陽，手、足厥陰經血分藥也。苦以泄滯血，甘以生新血，故破凝血者用之。其功有四：治熱入血室，一也；泄腹中滯血，二也；除皮膚血熱燥痒，三也；行皮膚凝聚之血，四也。成無己曰：肝者血之源，血聚則肝氣燥，肝苦急，急食甘以緩之。桃仁之甘以緩肝散血，故張仲景抵當湯用之，以治傷寒八九日，内有畜血，發熱如狂，小腹滿痛，小便自利者，又有當汗失汗，熱毒深入，吐血及血結胸，煩燥讝語者，亦以此湯主之。與虻蟲、水蛭、大黄同用。

〔附方〕舊十九，新十二。

延年去風：令人光潤。用桃仁五合去皮，用粳米飯漿同研，絞汁令盡，温温洗面極妙。《千金翼》。　偏風不遂：及癖疾。用桃仁二千七百枚，去皮、尖、雙仁，以好酒一斗三升，浸二十一日，取出晒乾杵細，作丸如梧子大。每服二十丸，以原酒吞之。《外臺秘要》。　風勞毒腫：攣痛，或牽引小腹及腰痛。桃仁一升去皮尖，熬令黑烟出，熱研如脂膏，以酒三升攪和服，暖卧取汗。不過三度瘥。《食醫心鏡》。　瘧疾寒熱：桃仁一百枚去皮尖，乳鉢内研成膏，不得犯生水，入黄丹三錢。丸梧子大。每服三丸，當發日面北温酒吞下。五月五日午時合之，忌鷄、犬、婦人。見唐慎微《本草》。　骨蒸作熱：桃仁一百二十枚，留尖去皮及雙仁，杵爲丸，平旦井花水頓服之。令盡量飲酒至醉，仍須任意喫水。隔日一劑。百日不得食肉。《外臺秘要》。　上氣喘急：方見杏仁。　上氣欬嗽：胸滿氣喘。桃仁三兩去皮尖，以水一大升研汁，和粳米二合煮粥食之。《心鏡》。　卒得欬嗽：桃仁三升去皮杵，着器中密封，蒸熟日乾，絹袋盛，浸二斗酒中，七日可飲，日飲四五合。　尸疰鬼疰：乃五尸之一，又挾鬼邪爲祟。其病變動，有三十六種至九十九種。大略使人寒熱淋瀝，沉沉默默，不知所苦而無處不惡。累年積月，以至於死。死後復傳傍人。急以桃仁五十枚研泥，水煮取四升，服之取吐。吐不盡，三四日再吐。《肘後方》。　傳尸鬼氣：咳嗽痃癖注氣，血氣不通，日漸消瘦。桃仁一兩去皮尖杵碎，水一升半煮汁，入米作粥，空心食之。　鬼疰心痛：桃仁一合爛研，煎湯服之。《急救方》。　卒然心痛：桃仁七枚去皮尖研爛，水一合服之。《肘後方》。　人好魘寐：桃仁熬去皮尖三七枚，以小便服之。《千金方》。　下部蟲䘌：病人齒(齦)無色，舌上白，喜睡憒憒不知痛痒處。或下痢，乃下部生蟲食肛也。桃仁十五枚，苦酒二升。鹽一合，煮六合服之。《肘後方》。　崩中漏下：不止者。桃核燒存性研細，酒服方寸匕，日三。《千金》。　婦人難産：數日不出。桃仁一個劈開，一片書可字，一片書出字，吞之即生。《删繁方》。　産後百病：千金桃仁煎：治婦人産後百病諸氣。取桃仁一千二百枚，去皮、尖、雙仁，熬擣極細，以清酒一斗半，研如麥粥，納小瓶中，麪封，入湯中煮一伏時。每服一匙，温酒和服，日再。《圖經本草》。　産後身熱：如火，皮如粟粒者，桃仁研泥，同臘猪脂傅之。日日易之。《千金方》。　産後血閉：桃仁二十枚去皮尖，藕一塊，水煎服之良。唐瑶《經驗方》。　産後陰腫：桃仁燒研傅之。　婦人陰癢：桃仁杵爛，綿裹塞之。《肘後方》。　男子陰腫：作癢。用桃仁炒香爲末，酒服方寸匕。日二。仍擣傅之。《外臺》。　小兒卵癩：方同上。　小兒爛瘡：初起腫漿似火瘡，桃仁研爛傅之。《秘録》。　小兒聤耳：桃仁炒研綿裹，日日塞之。《千金方》。　風蟲牙痛：針刺桃仁，燈上燒烟出吹滅。安痛齒上咬之。不過五六次愈。《衛生家寶方》。　唇乾裂痛：桃仁擣和猪脂傅。《海上》。　大便不快：裏急後重。用桃仁三兩去皮，吴茱萸二兩，食鹽一兩，同炒熟，去鹽、茱，每嚼桃仁五七粒。《總録》。　急勞欬嗽：煩熱。用桃仁三兩去皮尖，猪肝一枚，童子小便五升，同煮乾，於木臼内擣爛，入蒸餅和，丸梧子大。每温水下三十丸。《聖惠方》。　冷勞減食：漸至黑瘦。用桃仁五百顆，吴茱萸三兩，同入鐵鐺中，微火炒一炊久，將桃仁去皮，微黄色即漸加火，待微烟出，即乘熱收入新瓶内，厚紙封住，勿令洩氣。每日空心取桃仁二十粒去皮嚼之，以温酒下。至重者服五百粒愈。《聖惠方》。　預辟瘴癘：桃仁一斤，吴茱萸、青鹽各四兩，同炒熟，以新瓶密封一七，取出揀去茱、鹽，將桃仁去皮尖，每嚼一二十枚。山居尤宜之。余居士《選奇方》。

桃毛毛桃實上毛也，刮取用之。　〔氣味〕辛，平，微毒。　〔主治〕破血閉，下血瘕，寒熱積聚，無子，帶下諸疾《别録》。療崩中，破癖氣大明。治惡鬼邪氣孟詵。

桃梟　〔釋名〕桃奴《别録》　桃景同上　神桃《别録》曰：此是桃實着樹經冬不落者，正月采之，中實者良。時珍曰：桃子乾懸如梟首磔木之狀，故名。奴者，言其不能成實也。《家寶方》謂之神桃，言其辟惡也。千葉桃花結子在樹不落者，名鬼髑髏。雷斆《炮炙論》有修治之法，而方書未見用者。斆曰：鬼髑髏十一月采得，以酒拌蒸之，從巳至未，焙乾，以銅刀切，焙取肉用。

【氣味】苦，微温，有小毒。【主治】殺百鬼精物《本經》。殺精魅五毒不祥，療中惡腹痛《別録》。頌曰：胡洽治中惡毒氣、蠱疰有桃梟湯。治肺氣腰痛，破血，療心痛，酒磨暖服之大明。主吐血諸藥不效，燒存性，研末，米湯調服，有驗汪穎。治小兒虛汗，婦人妊娠下血，破伏梁結氣，止邪瘧。燒烟熏痔瘡。燒黑油調，傅小兒頭上肥瘡軟癤時珍。

【附方】舊三，新五。伏梁結氣：在心下不散。桃奴三兩爲末，空心温酒，每服二錢。《聖惠》。鬼瘧寒熱：樹上自乾桃子二七枚爲末，滴水丸梧子大，朱砂爲衣。每服一丸，侵晨面東井華水下，良。《聖濟總録》。五種瘧疾：家寶通神丸：用神桃即桃奴十四枚，巴豆七粒，黑豆一兩，研勻，以冷水和，丸梧子大，朱砂爲衣。發日五更念藥王菩薩七遍，井華水下一丸，立瘥。不過二次，妙不可言。王隱君《養生主論》。妊娠下血：不止。用桃梟燒存性研，水服取瘥。《葛洪方》。盜汗不止：樹上乾桃子一個，霜梅二個，葱根七個，燈心二莖，陳皮一錢，稻根、大麥芽各一撮，水二鍾，煎服。《經驗方》。白禿頭瘡：乾桃一兩，黑豆一合。爲末，臘猪脂調搽。《聖惠》。小兒頭瘡：樹上乾桃燒研，入膩粉，麻油調搽。《聖惠》。食桃成病：桃梟燒灰二錢，水服取吐即愈。陸光禄説有人食桃不消化作病時，於林間得槁桃燒服，登時吐出即愈，此以類相攻也。張文仲《備急方》。

花 【修治】《別録》曰：三月三日采，陰乾之。斆曰：桃花勿用千葉者，令人鼻衄不止，目黄。收花揀净，以絹袋盛，懸檐下令乾用。

【氣味】苦，平，無毒。【主治】殺疰惡鬼，令人好顔色《本經》。悦澤人面，除水氣，破石淋，利大小便，下三蟲《別録》。消腫滿，下惡氣蘇恭。治心腹痛及禿瘡孟詵。利宿水痰飲積滯，治風狂。研末，傅頭上肥瘡，手足瘑瘡時珍。

【發明】弘景曰：《肘後方》言服三樹桃花盡，則面色紅潤悦澤如桃花也。頌曰：《太清草木方》言：酒漬桃花飲之，除百疾，益顔色。時珍曰：按歐陽詢《初學記》，載北齊崔氏以桃花、白雪與兒靧面，云令面妍華光悦，蓋得《本草》令人好顔色、悦澤人面之義；而陶、蘇二氏乃引服桃花法，則因《本草》之言而謬用者也。桃花性走泄下降，利大腸甚快，用以治氣實人病水飲腫滿積滯、大小便閉塞者，則有功無害。若久服，即耗人陰血，損元氣，豈能悦澤顔色耶。按張從正《儒門事親》載：一婦滑瀉數年，百治不效。或言：此傷飲有積也。桃花落時，以棘針刺取數十萼，勿犯人手。以麪和作餅，煨熟食之，米飲送下。不一二時，瀉下如傾。六七日，行至數百行，昏困，惟飲凉水而平。觀此，則桃花之峻利可徵矣。又蘇鶚《杜陽編》載：范純佑女喪夫發狂，閉之室中，夜斷窗欞，登桃樹上食桃花幾盡。及旦，家人接下，自是遂愈也。珍按：此亦驚怒傷肝，痰夾敗血，遂致發狂。偶得桃花利痰飲、散滯血之功，與張仲景治積熱發狂用承氣湯，畜血發狂用桃仁承氣湯之意相同。而陳藏器乃言桃花食之患淋，何耶？

【附方】舊三，新十三。大便艱難：桃花爲末，水服方寸匕，即通。《千金》。産後祕塞：大小便不通。用桃花、葵子、滑石、檳榔等分，爲末。每空心葱白湯服二錢，即利。《集驗方》。心腹積痛：三月三日采桃花，晒乾杵末，以水服二錢匕，良。孟詵《食療本草》。瘧疾不已：桃花爲末，酒服方寸匕，良。《梅師方》。痰飲宿水：桃花散：收桃花陰乾爲末，温酒服一合，取利。覺虛，食少粥。不似轉下藥也。崔行功《纂要方》。脚氣腫痛：桃花一升，陰乾爲末。每温酒細呷之，一宿即消。《外臺秘要》。腰脊作痛：三月三日取桃花一斗一升，井華水三斗，麴六升，米六斗，炊熟，如常釀酒。每服一升，日三服。神良。《千金》。膿瘻不止：桃花爲末，猪脂和傅之，日二。《千金》。頭上禿瘡：三月三日收未開桃花陰乾，與桑椹赤者等分作末，以猪脂和。先取灰汁洗去痂，即塗之。《食療》。頭上肥瘡：一百五日、寒食節，收桃花爲末。食後以水半盞調服方寸匕，日三，甚良。崔元亮《海上方》。黄水面瘡：方同上。足上瘑瘡：桃花、食鹽等分杵勻，醋和傅之。《肘後方》。雀卵面皰：桃花、冬瓜仁研末等分，蜜調傅之。《聖惠》。乾糞塞腸：脹痛不通。用毛桃花濕者一兩，和麪三兩，作餛飩煮熟，空心食之。日午腹鳴如雷，當下惡物也。《聖惠方》。面上粉刺：癗子如米粉。用桃花、丹砂各三兩爲末。每服一錢，空心井水下。日三服。十日知，二十日小便當出黑汁，面色瑩白也。《聖惠方》。令面光華：三月三日收桃花，七月七日收鷄血，和塗面上。三二日後脱下，則光華顔色也。《聖濟總録》。

葉 頌曰：采嫩者名桃心，入藥尤勝。【氣味】苦，平，無毒。【主治】除尸蟲，出瘡中小蟲《別録》。治惡氣，小兒寒熱客忤大明。療傷寒、時氣、風痹無汗，治頭風，通大小便，止霍亂腹痛時珍。

【發明】頌曰：桃葉蒸汗法：張文仲《備急方》治天行病，有支太醫桃葉湯熏法：用水二石煮桃葉，取七斗，安床簀下，厚被蓋卧床上，乘熱熏之。少時當雨汗，汗遍去湯，速粉之，并灸大椎穴，則愈。又陳廩丘《小品方》，有阮河南桃葉蒸法云：連發汗，汗不出者死，可蒸之，如中風法。燒地令熱，去火，以少水洒之，布乾桃葉於上厚二三寸，安席葉上卧之，温覆得大汗，被中傅粉極燥，便瘥也。凡柏葉、麥麩、蠶沙皆可如此法用。張苗言：曾有人疲極汗出，臥簟受冷，但苦寒倦，四日凡八發汗，汗不出，用此法而瘥也。時珍曰：按許叔微《本事方》云：傷寒病，醫者須顧表裏，循次第。昔范雲爲梁武帝屬官，得時疫熱疾，召徐文伯診之。是時武帝有九錫之命，期在旦夕。雲恐不預，求速愈。文伯曰：此甚易，政恐二年後不復起爾。雲曰：朝聞道，夕死可矣，况二年乎？文伯乃以火煅地，布桃、柏葉於上，令雲臥之。少頃汗出粉之，翌日遂愈。後二年雲果卒。取汗先期，尚能促壽；况不顧表裏時日，便欲速愈者乎？夫桃葉發汗妙法也，猶有此戒，可不慎與？

【附方】舊十，新一。　風襲項强：不得顧視。穿地作坑，煅赤，以水洒之令冷，鋪生桃葉於内。卧席上，以項着坑上，蒸至汗出，良久即瘥。《千金方》。　小兒傷寒：時氣。用桃葉三兩，水五升，煮十沸取汁，日五六遍淋之。後燒雄鼠糞二枚服之，妙。《傷寒類要》。　二便不通：桃葉杵汁半升服。冬用榆皮。《孫真人方》。　霍亂腹痛：桃葉三升切，水五升，煮一升，分二服。《外臺》。　除三尸蟲：桃葉杵汁，服一升。《外臺秘要》。　腸痔出血：桃葉一斛杵。納小口器中坐，蒸之，有蟲自出。《肘後方》。　女人陰瘡：如蟲咬痒痛者。生擣桃葉，綿裹納之，日三四易。《食療本草》。　足上瘑瘡：桃葉擣，和苦酒傳之。《肘後方》。　鼻内生瘡：桃葉嫩心杵爛塞之。無葉用枝。《簡便方》。　身面癬瘡：日午擣桃葉，取汁搽之。《千金》。　諸蟲入耳：桃葉挼熟塞之。或擣汁滴之。或作枕，枕之一夕自出。《梅師方》。

莖及白皮　【修治】時珍曰：樹皮、根皮皆可，用根皮尤良。並取東行者，刮去粗皮，取白皮入藥。　【氣味】苦，平，無毒。　【主治】除邪鬼中惡腹痛，去胃中熱《别録》。治疰忤心腹痛，解蠱毒，辟疫癘，療黄疸身目如金，殺諸瘡蟲時珍。

【附方】舊十四，新五。　天行疫癘：常以東行桃枝煎熬湯浴之，佳。《類要》。　黄疸如金：晴明時，清晨勿令鷄、犬、婦人見，取東引桃根細如筯、若釵股者一握，切細，以水一大升，煎一小升，空腹頓服。後三五日，其黄離離如薄雲散開，百日方平復也。黄散後，可時時飲清酒一盃，則眼中易散，否則散遲。忌食熱麪、猪、魚等物。此是徐之才家祕方也。初虞世《必效方》。　肺熱喘急：《集驗》治肺熱悶喘急，客熱往來。欲死，不堪服藥者。用桃皮、芫花各一升，以水四升，煮取一升，以故布納汁中，取薄胸口，温四肢，盈數刻即止。《圖經》。　喉痹塞痛：桃皮煮汁三升服。《千金翼》。　心虚健忘：令耳目聰明。用戊子日，取東引桃枝二寸枕之。○又方：五月五日日未出時，取東引桃枝刻作三寸木人，着衣領帶中佩之。《千金翼》。　卒得心痛：東引桃枝一把切，以酒一升，煎半升，頓服大效。《肘後方》。　鬼疰心痛：東引桃枝一握，去粗皮切，水二升，煎半升。頻服。崔氏。　解中蠱毒：用東引桃白皮烘乾、大戟、斑蝥去足翅熬，三物等分爲末。以冷水服半方寸匕，即出。不出更服。或因酒得以酒服，因食得以食服。初虞世云：此乃李饒州法也。亦可以米泔丸服。蘇頌《圖經》。　卒得惡瘡：人不識者。取桃皮作屑納之。《孫真人方》。　卒患瘰癧：不痛者。取桃樹白皮貼瘡上，灸二七壯良。《孫真人方》。　熱病口瘡：成䘌，桃枝煎濃汁含之。下部有瘡，納入之。《類要》。　下部䘌瘡：桃白皮煮取濃汁如稀餳，入熊膽少許，以綿蘸藥納入下部瘡上。《梅師》。　五痔作痛：桃根，水煎汁浸洗之，當有蟲出。　小兒濕癬：桃樹青皮爲末，和醋頻傳之。《子母秘録》。　狂狗咬傷：桃白皮一握，水三升，煎一升服。《梅師方》。　水腫尿短：桃皮三斤去内外皮，秫米一斗，女麴一升，以水二斗煮桃皮，取汁一斗，以一半漬麴，一半漬秫飯，如常釀成酒。每服一合，日三次，以體中有熱爲候。小便多是病去。忌生冷、一切毒物。《聖濟總録》。　婦人經閉：數年不通，面色萎黄，唇口青白，腹内成塊，肚上筋起，腿脛或腫，桃根煎主之。用桃樹根、牛蒡根、馬鞭草根、牛膝、蓬虆各一斤剉，以水三斗，煎一斗去滓，更以慢火煎如餳狀收之。每以熱酒調服一匙。《聖惠》。　牙疼頰腫：桃白皮、柳白皮、槐白皮等分，煎酒熱漱。冷則吐之。《聖惠方》。　小兒白禿：桃皮五兩煎汁，入白麪沐之。并服。同上。

桃膠　【修治】時珍曰：桃茂盛時，以刀割樹皮，久則膠溢出，采收，以桑灰湯浸過，曝乾用。如服食，當依本方修鍊。　【氣味】苦，平，無毒。　【主治】鍊服，保中不飢，忍風寒《别録》。下石淋，破血，治中惡疰忤蘇恭。主惡鬼邪氣孟詵。和血益氣，治下痢，止痛時珍。

【發明】頌曰：《本草》言桃膠鍊服，保中不飢。按《仙方》服膠法：取膠二十斤，絹袋盛，於櫟木灰汁一石中，煮三五沸，取掛高處，候乾再煮，如此三度，曝乾研篩，蜜和丸梧子大，每空腹酒服二十丸。久服身輕不老。時珍曰：按《抱朴子》云：桃膠以桑灰汁漬過服之，除百病，數月斷穀，久則晦夜有光如月。又《列仙傳》云：高丘公服桃膠得仙。古方以桃膠爲仙藥，而後人不復用之，豈其功亦未必如是之殊耶？

【附方】舊二，新三。　虚熱作渴：桃膠如彈丸大，含之佳。《外臺》。　石淋作痛：桃木膠如棗大，夏以冷水三合，冬以湯三合，和服，日三服。當下石，石盡即止。《古今録驗》。　血淋作痛：桃膠炒、木通、石膏各一錢，水一盞，煎七分，食後服。《楊氏家藏方》。　産後下痢：赤白，裏急後重，疞痛。用桃膠焙乾、沉香、蒲黄炒各等分，爲末。每服二錢，食前米飲下。《婦人良方》。　痘靨發搐：黑陷者。用桃膠煎湯飲之。或水熬成膏，酒化服之，大效。《總微論》。

桃符　【主治】中惡，精魅邪氣，水煮汁服之孟詵。　【發明】時珍曰：《典術》云：桃乃西方之木，五木之精，仙木也。味辛氣惡，故能厭伏邪氣，制百鬼。今人門上用桃符以此。《玉燭寶典》云：户上着桃板辟邪，取《山海經》神荼、鬱壘居東海蟠桃樹下，主領衆鬼之義。許慎云：羿死於桃棓，棓，杖也。故鬼畏桃，而今人用桃梗作杙橛以辟鬼也。《禮記》云：王弔則巫祝以桃茢前引，以辟不祥。茢者，桃枝作帚也。《博物志》云：桃根爲印，可以召鬼。《甄異傳》云：鬼但畏東南枝爾。據此諸說，則《本草》桃之枝、葉、根、核、桃梟、桃橛，皆辟鬼祟産忤，蓋有由來矣。錢乙《小兒方》，疎取積熱及結胸，用巴豆、硇、汞之藥，以桃符煎湯下，亦是厭之之義也。

桃橛《拾遺》。時珍曰：橛音掘，即杙也。人多釘於地上，以鎮家宅，三載者良。

［主治］卒心腹痛，鬼疰，破血，辟邪惡氣脹滿，煮汁服之，與桃符同功藏器。

［附方］新一。風蟲牙痛：門下桃橛燒取汁，少少納孔中，以蠟固之。《聖惠方》。

桃寄生見木部。　桃蠹蟲移入蟲部。

題明・薛己《本草約言》卷二《藥性本草》　桃仁　味苦、甘，氣平，無毒。陰中之陽，可升可降，入手、足厥陰經。苦以破滯血，療諸經久畜之血結；甘以生新血，潤大腸血秘之便難。以湯退去尖、皮，研如泥用。○桃仁苦重于甘，用破血為專也。然治血閉、血結，須分虛實，實者宜，虛者亦不可也，但用滋血補血之劑，則自濡潤而無閉結之患矣。《衍義》云：老人虛秘，與栢子仁、火麻仁、松子仁等分同研，鎔白蠟和丸如桐子大，以少黃丹湯下。

明・梅得春《藥性會元》卷中　桃仁　味苦、甘，性平。沉而降，陰中陽也。無毒。入手陽明大腸、足太陽膀胱、足厥陰肝經藥。　主潤大腸血秘之便難，破大腸久蓄之血結。治腰疼，通經脉，破癥結，療疝氣，止膀胱氣痛。治大腸破血，通用不缺。以其苦以泄滯血，甘以生新血，故凝血須用。又去血中之堅積，及通月經，老人虛秘，殺小蟲，除臟瘕邪氣，並卒暴擊血，止經行時滯血作痛，逐皮膚血熱燥痒，咳逆上氣，消心下堅，治痢下墜，異常中有紫血而又痛者，此為死血。細研與滑石行之。　桃花　味苦，氣平，無毒。主治鬼疰，除水氣，破石淋，利大小便，令人好顏色，下三蟲。三月三日採，陰乾。千葉者不用，能令人鼻衄不止及目黃。　黃桃梟　微溫，主殺百鬼精物，療中惡腹痛，辟怪魅五毒不祥，一名桃奴，又名梟景，是實着樹不落，實中者。正月採之。　桃毛　主下血瘕，寒熱積聚，無子、帶下諸疾，破堅閉亂，取毛用之。　桃蠹　殺鬼邪惡不祥。食桃樹之蟲也。　莖白皮　味苦、辛，無毒。除邪鬼中惡腹痛，去胃中熱。　葉　味同。主治尸蟲出瘡中。　蟲膠　錬之，主保中不飢，耐風寒。　實　味酸，多食令人有熱及傷胃。

明・杜文燮《藥鑒》卷二　桃仁　氣寒，味苦帶甘。氣薄味厚，降也，陰也。入手厥陰胞絡及足厥陰肝經藥也。潤大腸血燥難便，去小腹血凝成塊。多用逐瘀血而止痛，少用生新血而通經。蓋多則苦勝，破滯氣也。少則甘奪，生新血也。然惟實症可用，若遇血枯之症，必須以滋血補血之藥為主，再以此劑佐之，自是其濡潤而無閉結之患矣。孕婦所禁。

明・王肯堂《傷寒證治準繩》卷八　桃仁　氣平，味苦甘辛，無毒。垣：桃仁，苦重於甘，氣薄味厚，沉而降，陰中之陽。手足厥陰經血分藥也。苦以泄滯血，甘以生新血，故破凝血者用之。其功有四：治熱入血室，一也；泄腹中滯血，二也；除皮膚血熱燥痒，三也；行皮膚凝聚之血，四也。成：肝者，血之源，血聚則肝氣燥。肝苦急，急食甘以緩之。桃仁之甘以緩肝散血，故張仲景抵當湯用之，以治傷寒八九日，內有蓄血，發熱如狂，小腹滿痛，小便自利者。又有當汗失汗，熱毒深入，吐血及血結，胸煩躁譫語者，亦以此湯主之，與䖟蟲、水蛭、大黃同用。修治：行血連皮尖，潤燥活血去皮尖，麩炒，俱擣細用。

明・穆世錫《食物輯要》卷六　桃　味甘、酸，性溫，微毒。肺之果。辟邪氣，美顏色。多食，動脾助熱，令膨脹，發瘡癤。同鱉肉食，患心痛。食桃浴水，令泄瀉，成淋病。桃仁味苦、甘，平，無毒。主風痹骨蒸，肝瘧寒熱，破血殺蟲。雙仁者有毒，去之。

明・李中立《本草原始》卷七　桃　生太山，今處處有之，汴東、陝西者尤大而美。大抵佳果肥美者，皆圃人以他木接成，殊失本性。入藥當以一生者為佳。七月取核破之，取仁陰乾。《醫學入門》曰：桃，逃也，能令鬼邪逃遁，故謂之桃。

實：氣味：辛、酸、甘，熱，微毒。多食令人有熱。主治：作脯食，益顏色。○肺之果，肺病宜食之。○冬桃食之，解勞熱。

核仁：氣味：苦、甘，平，無毒。主治：瘀血血閉，癥瘕邪氣，殺小蟲。○止欬逆上氣，消心下堅硬，除卒暴擊血。通月水，止心腹痛。○治血結、血祕、血燥，通潤大便，破畜血。○殺三蟲，又每夜嚼一枚，和蜜塗手面良。○主血滯風痹，骨蒸，溫瘧寒熱，鬼疰疼痛，産後血病。

《本經》下品。使。【圖略】修治：時珍曰：桃仁行血，宜連皮尖。生用潤燥活血，宜湯浸去皮尖，炒黃用。或麥麩同炒，或燒存性，各隨本方。雙仁者不可用。香附為之使。

杲曰：桃仁苦重于甘，氣薄味厚，沉而降，陰中之陽。手足厥陰經血分藥也。桃仁比杏仁大而扁。《梅師方》：治諸蟲入耳，取桃葉熟挼塞兩耳，出。或作枕枕之。

桃梟：係桃實着樹，經冬不落者。正月采之。中實者良。一名桃奴。氣味：苦，微溫，有小毒。主治：殺精魅五毒不祥，療中惡腹痛。○治肺氣腰痛，破血。療心痛，酒磨暖服之。○主吐血諸藥不效，燒存性，研末，米湯調服有驗。

明·張懋辰《本草便》卷二 桃仁使 味苦、甘，氣平，苦重於甘，陰中陽也，無毒。入手、足厥陰經。主瘀血癥瘕邪氣，殺小蟲，通潤大便，又通月水，止痛。苦以破滯血，甘以生新血。花除水腫，石淋，利大小便，下三蟲；酒漬服之，除百病。○桃梟主中惡腹痛，破血吐血諸藥不效，燒灰存性，米湯調服立愈。○葉主瘡中蟲。○桃膠下石淋，破血中惡。○桃符主精魅邪氣。桃爲五木之精，所以厭邪氣，鬼所畏也。

明·吴文炳《藥性全備食物本草》卷二 桃 味甘癇、酸，性溫，無毒。肺之果，辟邪氣，美顔色。多食動脾，助熱令膨脹，發瘡癤。同鱉魚食患心痛。食桃浴水，令泄瀉成淋病。桃者，逃也，能令鬼邪逃遁，五木之精也。

桃仁 味苦、甘，平，沉而降，陰也，入手、足厥陰經。主瘀血、血閉、血結、血熱、血癥、血瘕及卒暴擊血，心痛骨蒸，偏風半身不遂，潤大腸，通月水，兼主上氣咳嗽喘急，胸膈痞滿，止疝痛腰疼，殺蟲及尸疰邪祟。又小兒癩卵，婦人陰痒，擣泥敷之。一云苦以瀉滯血，甘以生新血，血結實者可用，血燥虚者慎之。凡使湯泡去皮尖，炒赤，研如泥用。雙仁者有毒，去之。

桃花 除百病，悦顔色，治水腫、石淋，利大小便。三月採，陰乾。千葉者不用。

桃枝 戊子日取作枕，治心虚健忘，耳目聰明。煎膏塗口瘡及下部䘌瘡，煎湯洗天行疫癘。

桃葉 出瘡中蟲，治霍亂腹痛，大小腸不通，小兒寒熱客忤，多用作湯導藥。

桃奴 即乾實著樹上經冬不落者，微溫，治伏梁，氣在心下結聚不散，燒灰存性；治肺氣吐血，諸藥不止及胎下血不止。正月採，酒拌蒸軟，銅刀切取肉，焙乾用。

莖白皮 除中惡，去胃中熱。

桃膠 主保中不飢，忍風寒，下石淋，破血，愈百病。桑灰汁煮三次，陰乾用。

桃寄生 主小兒中蠱毒，令腹内堅痛，面目青黄，淋露骨立，病變無常。

花葉枝莖等 俱能辟不祥，殺邪魅，療中惡蠱疰，今人用桃作符着門上者，亦取其厭邪也。

明·趙南星《上醫本草》卷二 桃 楊維禎、宋濂集中並載元朝御庫蟠桃，核大如盌，以為神異。按王子年《拾遺記》載，漢明帝時，常山獻巨核桃，霜下始花，隆暑方熟。《玄中記》載，積石之桃，大如斗斛器。《酉陽雜俎》載，九疑有桃核，半扇可容米一升。及蜀後主有桃核杯，半扇容水五升，良久如酒味，可飲。此皆桃之極大者。昔人謂桃為仙果，殆此類歟。生桃切片，瀹過曝乾，為脯，可充果食。又桃酢法：取爛熟桃納甕中，蓋口七日，漉去皮核，密封二七日，酢成，香美可食。《種樹書》云：柿接桃則為金桃，李接桃則為李桃，梅接桃則脆。桃樹生蟲，煮豬頭汁澆之即止。皆物性之微妙也。多辛、酸、甘，熱，微毒。主治：作脯食益顔色。肺之果，肺病宜食之。多食令人有熱。詵曰：能發丹石毒，生者尤損人。時珍曰：生桃多食，令人膨脹及生癰癤，有損無益。五果列桃為下以此。

核仁 苦、甘，平，無毒。主治：血結、血秘、血燥。通潤大便，破畜血，殺三蟲。又每夜嚼一枚，和蜜塗手面，良。

附方 延年去風，令人光潤：用桃仁五合，去皮，用粳米飯漿同研，絞汁令盡，溫溫洗面極妙。大便不快，裏急後重：用桃仁三兩，去皮，吴茱萸二兩，食鹽一兩，同炒熟，去鹽、茱，每嚼桃仁五七粒。

花 《别録》曰：三月三日采，揀淨以絹袋盛，懸檐下令乾用。苦，平，無毒。主治：殺疰惡鬼，除水氣，破石淋，利大小便，下三蟲，令人好顔色。斅曰：勿用千葉者，令人鼻衄不止，目黄。

附方 大便艱難：桃花為末，水服方寸匕，即通。頭上禿瘡：三月三日，收未開桃花，陰乾，與桑椹赤者等分，作末，以豬脂和。先取灰汁洗去痂，即塗之。

葉 按許叔微《本事方》云：傷寒病，醫者須顧表裏，循次第。昔范雲為梁武帝屬官，得時疫熱疾，召徐文伯診之。是時，武帝有九錫之命，期在旦夕。雲恐不預，求速愈。文伯曰：此甚易，政恐二年後不坐起爾。雲曰：朝聞道，夕死可矣，況二年乎？文伯乃以火煆地，布桃、柏葉於上，令雲臥之。少頃汗出，粉之，翌日遂愈。後二年，雲果卒。取汗先期，尚能促壽，況不顧表裏時日，便欲速愈者乎？夫桃葉，發汗妙法也。猶有此戒，可不慎歟？

附方　二便不通：桃葉杵汁半升，服。冬用桃皮。卒得心痛：東引桃枝一把，切，以酒一升，煎半升，頓服，大效。

明・李中梓《藥性解》卷一　桃仁　味苦、甘，性平，無毒，入肝、大腸二經，主瘀血血閉，癥瘕鬼邪，血燥便結，殺三蟲，止心痛。沸湯炮去皮尖炒用。花，主殺鬼疰，悅顏色，利二便，下諸蟲。勿用千葉者，令人鼻衄。毛，主血瘕積聚崩帶諸疾。桃蟲，主殺精鬼邪惡不祥。葉，主惡氣客忤，陰戶生蟲痛痒及瘡中蟲。桃實，多食令人發熱。按：桃仁行血，宜入肝經，性潤，宜入大腸。《典術》云：桃為五木之精，故花仁子葉，俱能壓邪殺鬼。

明・鮑山《野菜博錄》卷三　桃樹　《本草》有桃核仁。處處有之。高丈餘，葉似柳葉闊大，多紋脈。開花紅色，結實。桃核仁味苦甘，性平，無毒。

食法：採嫩葉煠熟，水浸作成黃色，換水淘淨，油鹽調食。

明・繆希雍《本草經疏》卷二三　桃核仁　味苦、甘，平，無毒。主瘀血血閉瘕，邪氣，殺小蟲，止欬逆上氣，消心下堅，除卒暴擊血，破癥瘕，通月水，止痛。

〔疏〕桃核仁稟地二之氣，兼得天五之氣以生，故其味苦重、甘微，氣平，無毒。思邈言辛，孟詵言溫，皆有之矣。氣薄味厚，陽中之陰，降也。入手、足厥陰經。夫血者，陰也，有形者也。周流乎一身者也。一有凝滯，則為癥瘕，瘀血血閉，或婦人月水不通，或擊撲傷損積血，及心下宿血堅痛，皆從足厥陰受病，以其為藏血之臟也。苦能泄滯，辛能散結，甘溫通行而緩肝，故主如上等證也。心下宿血去則氣自下，欬逆自止。桃為五木之精，能鎮辟不祥，故主邪氣。味苦而辛，故又能殺小蟲也。〔主治參互〕仲景桃仁承氣湯，治傷寒濕熱在內，小便利而大便黑，為畜血，用桃仁五十粒，桂枝二兩，大黃四兩，朴硝二兩，甘草一兩，以水七升，煮取二升半，去滓，內芒硝，更上火微沸，空心溫服五合，日三，當微利。入抵當湯，治太陽病六七日，表證仍在，脈微而沉，反不結胸，其人如狂者，以熱在下焦，少腹當硬滿，小便自利，下血乃愈。用桃仁二十粒，水蛭三十箇熬，虻蟲三十箇去翅足熬，大黃三兩酒浸，以水五升，煮取三升，溫服一升，不下再服。同當歸、芍藥、澤蘭、延胡索、蘇木、五靈脂、紅花、牛膝、生地黃、益母草，治產後瘀血，結塊作痛，並治壯盛婦人經閉不通。同當歸、麻仁、地黃、麥門冬、芍藥、黃芩、肉蓯蓉、甘草，治大腸血燥，便結不通。同番降香、川通草、山查、穿山甲、乳香、沒藥、紅花、續斷、當歸，治上部內傷，瘀血作痛。

《聖濟總錄》大便不快，裏急後重：用桃仁三兩去皮，以吳茱萸二兩，食鹽一兩，同炒熟，去二物，每嚼桃仁五七粒，效。兼可預辟瘴癘。《刪繁方》婦人難產，數日不出。桃仁一箇劈開，用硃砂書一片可字，一片出字，吞之即生。《肘後方》婦人陰癢，桃仁杵爛，綿裹塞之。杏仁亦可用。

〔簡誤〕桃仁性善破血，凡血結、血秘、血燥、瘀血、留血、畜血、血痛、血瘕等證，用之立通。第散而不收，瀉而無補，過用之及用之不得其當，能使血下不止。損傷真陰，為害非細。故凡經閉不通由於血枯，而不由於瘀滯；產後腹痛由於血虛，而不由於留血結塊；大便不通由於津液不足，而不由於血燥閉結，法竝忌之。

桃梟　味苦微溫。主殺百鬼精物，療中惡腹痛，殺精魅五毒不祥。一名桃奴。

〔疏〕桃梟是桃實著樹經冬不落者，正月采之。桃為五木之精，仙木也，最能辟邪。今道家禁咒鎮魘之術，猶有用桃木者。《本經》以桃梟主殺諸精鬼不詳，亦此意耳。況著於樹上最久，得氣尤全，苦溫之性，又能通滯散邪者乎？治血之功，與桃仁同。〔主治參互〕桃梟煆存性，同椶皮灰、蒲黃、朱砂、京墨，為末，臨臥以童便調服三錢，小便解，色漸淡為度。治內傷吐血神效。同番降香、辰砂，治鬼擊吐血。《聖惠方》伏梁結氣在心下不散，桃奴三兩為末，空心溫酒下，每服二錢。簡誤同桃仁。

明・倪朱謨《本草彙言》卷一五　桃仁　味苦、微甘，氣溫，無毒。氣薄味厚，沉而降，陰中之陽。入手足厥陰經血分。

李氏曰：桃品甚多，華艷稱最，不培而蕃，且早結實，世遂以凡品目之。然有黃色者，絳色者，垂絲者，龍鱗者，餅子者，牡丹者，亦凡中之異卉矣。若漢上林苑之緗桃、紫紋桃、金城桃、霜桃。常山巨核桃，淩霜花灼，後暑實賁，是又仙凡迥別，不可得也。又《桃譜》云：其花有紅、紫、黃、白、千葉、單葉之殊，其實有紅桃、碧桃、緗桃、白桃、烏桃、金桃、銀桃、胭脂桃，皆以色名者也。有綿桃、御桃、方桃、匾桃、偏核桃，皆以形名者也。有五月早桃、十月冬桃、秋桃、霜桃，皆以時名者也。又汴中有油桃，小于衆桃，光如塗油。太原有金桃，色深黄。洛中有崑崙桃，肉紅紫色。又有餅子桃，狀如香餅子，其味皆甘，幷可供食用。惟山中毛桃，即《爾雅》所謂褫桃者，小而多毛，其仁充滿多脂，可入藥用。修治：以滾湯泡去皮，晒乾用。

桃仁：日華子行血活血之藥也。李氏瀕湖曰：桃性早花，易植而子繁，長於發生，善行善逐，其仁多油而直行血分。故前古主瘀血血閉，血結血聚，積滯不行；或産婦惡露留難，心腹脹痛，或跌撲傷損，心腹瘀滯；或傷寒太陽隨經瘀熱在裏，血蓄成狂；或風暑不調，飲食停結，寒熱爲瘧；或婦人經行未盡，偶感寒熱邪氣，熱入血室，譫語見鬼，皆從足厥陰肝經受病。肝爲藏血之藏，此藥苦能泄滯血，辛能散結血，甘溫能行一身血絡，凡一切血敗血阻爲病，專主之也。又桃爲金木之精，故又能鎮辟不祥，袪除邪魅惡氣。繆氏仲淳曰：此劑性善破血，凡血結血秘，血瘀血燥，留血畜血，血痛血瘕等證，用此立通。第散而不收，利而無補，如過用之及用之不得其當，能使血行不止，損壞真陰，爲害非細。故凡經閉不通，由於血枯而不由於血滯者，産後腹痛由於血虛而不由於留血結塊者；大便不通由於津液不足，而不由於血燥血閉結者，幷忌用之。

盧子繇先生曰：世但知主留者行，不知主行者留，非留行安能好色有子？非行留安能去瘀逐閉？然則色之不好，子之無有，亦即瘀閉之爲咎乎？〇又云：欲盡物性，先察物情。如杏爲心果，心主脉，杏有脉絡，專精于脉矣。桃爲肺果，肺主毛，桃有膚毛，專精于毛矣。顧精之所專，即情之所鍾；情之所鍾，即性之所生，人苦不知性耳。

沈孔庭先生曰：杏爲心果，而又主肺氣之欬逆，是心藥而主肺用也。桃爲肺果而又主血脉之瘀閉，是氣藥而主血用也。宋人寵安常，嘗以二藥相兼用，有理也。

集方：《方脉正宗》治産後惡露留難，心腹脹痛，或嘔逆發熱者。用桃仁二錢搗如泥，當歸、乾薑、川芎、玄胡索醋炒各一錢五分，麻黄、細辛各一錢，水煎服。〇楊氏《保命集》治跌撲傷損，心腹瘀滯。用桃仁二錢搗如泥，當歸尾、紅花、蘇木、大黄各一錢五分，白附子一錢，水煎服。〇仲景方治傷寒太陽隨經瘀熱在裏，血畜成狂，以抵當湯。用桃核仁去皮三十個，水蛭炒、蜚虻去翅足炒各二十個，大黄一兩酒洗，水二升，煮取一升，去渣溫服。〇仲景方治太陽外邪已解，熱結膀胱，其人如狂，血自下，下者愈，以桃仁承氣湯。用桃核仁十四個搗如泥，桂枝、芒硝各五錢，甘草三錢，大黄六錢，水二升，煮取一升，去渣熱服。得利下，止後服。〇治風暑不調，飲食停結，寒熱如瘧，日久不愈，内有畜血，以桃朮湯。用桃仁三錢搗如泥，柴胡、半夏、檳榔、鼈甲、乾薑各二錢，白朮四錢，水煎服。〇《産寶方》治婦人經行未盡，或經將行而偶感寒熱邪氣，熱入血室，譫語見鬼，以柴胡湯。用桃仁五錢搗如泥，柴胡三錢，半夏、黄芩各二錢，牡丹皮、紅花、當歸各一錢八分，水煎服。

續補集方：《外臺秘要》治偏風不遂及癖疾因瘀血者。用桃核仁千七百枚，去皮尖及雙仁，以好酒一斗五升，浸二十一日，取出晒乾杵細，神麴打糊作丸，梧子大。每服五十丸，以原酒呑下。〇治瘧疾寒熱。用桃核仁百枚，湯泡去皮研如泥，入黄丹三錢，米糊和丸如龍眼核大。每服一丸，白湯送下。〇《外臺秘要》治無病人骨蒸夜熱。用桃核仁三十枚，去皮及雙仁，杵爲膏，平旦白湯調，頓服之。間日一服，半月愈。〇《肘後方》治尸疰鬼疰，乃五尸之一。其病變動，有數十種，大略使人寒熱、淋瀝，沉沉默默，不知所苦，累年積月，漸至於死，死後復傳他人。急以桃核仁五十枚，連皮研如泥，煮水一升，取五合服之取吐。如吐不盡，三四日後再服。〇同前治傳尸鬼疰，痃癖咳嗽，血氣不通，日漸消瘦。用桃核仁一百粒，連皮研如泥，煮水二升，取一升，去渣，入白米三合，煮粥飲之。〇治人多魘寐。用桃核仁二十一個，去皮，研如泥，以白湯調服。〇治卒然心胃痛。用桃核仁七個，去皮研爛，白湯調服。〇《濟生家寶》治風蟲牙痛。用桃核仁鍼刺，燈上燒烟出，吹滅，乘熱安痛牙齒上，咬定，不過五六次愈。

桃毛　味辛，氣平，無毒。入手足厥陰經。此係毛桃實上毛也。

桃毛　《産寶》破婦人血閉血瘕，《別錄》積聚寒熱之藥也。

桃梟　味苦，氣平，有小毒。入手足厥陰經。此係桃實在樹，乾枯經久不落。

桃梟　《産寶》破婦人血閉血瘕，日華心腹血痛之藥也。

桃葉　味苦，氣平，無毒。

桃葉　《産寶》破婦人血閉血瘕，日華定小兒客忤寒熱，驚邪鬼氣。《別錄》去風殺蟲之藥也。

桃膠　味苦，氣平，無毒。桃樹茂盛時，以刀劃開樹皮，久則膠溢出，收采，以熱湯洗過用。

桃膠　《産寶》破婦人血閉血瘕，時珍産後下痢赤白，蘇氏療男子石淋溺澀之藥也。

桃花　味苦，氣平，無毒。入手少陰，足厥陰經。

桃花　《産寶》破婦人血閉血瘕，血風癲狂之藥也。李時珍曰：按蘇氏云：一婦因喪夫悲哀，後遂發狂奔走，閉之室中，夜破窗欞，登桃樹上，食桃花幾盡，及旦遂愈。此亦屬驚怒傷肝，痰夾瘀血，遂致發狂。偶得桃花利痰飲、散滯血之力，與張仲景治熱證以致畜血發狂，用桃仁承氣湯之意相同。

明・應慶《食治廣要》卷四　桃　氣味：辛，酸，甘，熱，微毒。多食令人有熱。作脯食，益顏色。肺之果，肺病人宜食之。與鱉同食，患心腹痛。服术人忌之。《爾雅註》云：冬桃，食之解勞熱。

明・姚可成《食物本草》卷八果部・五果類　桃桃品甚多，易於栽種，且早結實。五年宜以刀劙其皮，出其脂液，則多延數年。其花有紅、紫、白、千葉、單瓣之殊，其實有紅桃、緋桃、碧桃、緗桃、白桃、烏桃、金桃、銀桃、胭脂桃，皆以色名者也。有綿桃、油桃、御桃、方桃、匾桃、偏核桃、脫核桃、毛桃、李光桃、半斤桃，皆以形名者也。有五月早桃、十月冬桃、秋桃、霜桃，皆以時名者也。竝可供食。惟山中毛桃小而多毛，核粘味惡。其仁充滿多脂，可入藥用。冬桃，一名西王母桃，一名仙人桃，即崑崙桃，形如栝樓，表裏皆赤，得霜始熟。方桃形微方。匾桃出南番，形匾肉澀，核狀如盒，其仁甘美。番人珍之，名波淡樹，樹甚高大。偏核桃出波斯國，形薄而尖，頭偏，狀如半月，其仁酷似新羅榛子，可食，性熱。元朝御庫蟠桃，核大如盌，以為神異。漢明帝時，常山獻巨核桃，霜下始花，隆暑方熟。《玄中記》載積石之桃，大如斗斛。九疑有桃核，半扇可容米一升。及蜀後主有桃核杯，半扇容水五升，良久如酒味，可飲。此皆桃之極大者。昔人謂桃為仙果，殆此類歟？○生桃切片瀹過，曝乾為脯，可充果食。又桃酢法：取爛桃納甕中，蓋口七日，漉去皮核，密封二七日酢成，香美可食。《種樹書》云：柿接桃則為金桃，李接桃則為李桃，梅接桃則脆。桃樹生蟲，煮猪頭汁澆之即止。皆物性之微妙也。

桃實　味辛、酸、甘，熱，微毒。〔作〕脯食，益顏色。肺之果，肺病宜食之。食桃飽，入水浴，令人成淋及寒熱病。生桃多食，令人發熱膨脹，發丹石毒及生癰癤，有損無益，五果列桃為下以此。桃與鼈同食，患心痛。服朮人忌食之。

冬桃　食之解勞熱。

桃核仁　味苦、甘，平，無毒。主瘀血血閉，癥瘕邪氣，殺小蟲，止欬逆上氣，消心下堅硬，除卒暴擊血，通月水，止心腹痛，治血結、血秘、血燥，通潤大便，破畜血，殺三蟲。每夜嚼一枚和蜜，塗手、面良。主血滯風痹骨蒸，肝瘧寒熱，鬼注疼痛，産後血病。

桃毛　味辛，平，微毒。主破血閉，下血瘕，寒熱積聚，無子，帶下諸疾。療崩中，破癖氣，治惡鬼邪氣。

桃梟一名桃奴。此是桃實着樹經冬不落者，正月采之。　味苦，微溫，有小毒。主殺百鬼精物，五毒不祥。療中惡腹痛，治肺氣腰痛，破血，療心痛，酒磨暖服之。治吐血諸藥不效，燒存性，研末，米湯調服，立效。又治小兒虛汗，婦人妊娠下血，破伏梁結氣，止邪瘧。燒煙熏痔瘡。燒黑油調，傅小兒頭上肥瘡軟癤。

花　味苦，平，無毒。殺疰惡鬼，令人好顏色，悅澤人面，除水氣，破石〔淋〕，利大小便，下三蟲，消腫滿，下惡氣。治心腹痛及禿瘡。利宿水痰飲積滯，治風狂。研末，傅頭上肥瘡，手足瘑瘡。

葉　味苦，平，無毒。除尸蟲，出瘡中小蟲。治惡氣，小兒寒熱客忤，療傷寒、時氣、風痹無汗，治頭風，通大小便，止霍亂腹痛。

莖及根白皮　味苦，平，無毒。除邪鬼中惡腹痛，去胃中熱，治疰忤心腹痛，解蠱毒，辟疫癘，療黄疸身目如金，殺諸瘡蟲。

桃膠桃茂盛時，以刀割樹皮，久則膠溢出，采收，以桑灰湯浸過，曝乾用。如服食，當依本方修煉乃妙。　味苦，平，無毒。鍊服，保中不飢，忍風寒，下石淋，破血，治中惡疰忤，主惡鬼邪氣，和血益氣，治下痢，〔止〕痛。

桃符　主中惡，精魅邪氣，水煮汁服之。

桃橛音掘，即杙也。人多釘於地上，以鎮家宅，三載者良。　治卒心腹痛，鬼疰，破血，辟邪惡氣脹滿，煮汁服之，與桃符同功。

附方：　治人好魘寐。桃仁炒去皮尖三七枚，臨臥時，以小便向東服之。

婦人産難。用桃仁一个劈開，一片書可字，一片書出字，吞之即生。　治尸疰鬼疰，乃五尸之一，又挾鬼邪為祟。其病變動有三十六種至九十九種。大略使人寒熱淋瀝，沉沉默默，不知所苦而無處不惡。積月累年，以至於死，死後復傳傍人。急以桃仁五十枚研泥，水煮取四升，服之取吐，尸蟲乃出。○又方：用桃仁一兩去皮尖杵泥，水一升半煮汁，入米作粥，每旦空心食之。　治卒心痛。桃仁七枚去皮尖研泥，水服之。　治血崩不止者。桃核燒存性研細，酒服方寸匕。　治產後百病。桃仁一千二百枚，去皮尖及雙仁者，熬搗極細，以清酒一斗半，研如粥，納小瓶中，麪封，入湯中煮一伏時。每服一匙，溫酒和服，日再。　治產後陰腫，桃仁燒研傅之；婦人陰痒，桃仁研泥，塞之。　治男子玉莖腫作痒。桃仁炒為末，酒服方寸匕。　辟除瘴癘。桃仁一斤，吳茱萸、青鹽各四兩，同炒熟，密封一七，取出，揀去茱、鹽，將桃仁去皮尖，每嚼一二十枚。山居尤宜之。　治產後秘澀，大小便不通。用桃花、葵子、滑石、檳榔等分，為末。每空心葱白湯服二錢。　治腰痛。三月三日，取桃花一斗一升，井華水三斗，麴六升，米六斗，炊熟，如常釀酒。每日空心任意飲之。　治大腸閉結，乾糞不出，脹痛呻吟。用毛桃花一兩新鮮者，和麪二兩，作餛飩煮熟，空心食之。日午腹鳴如雷，當下惡物也。　治面生粉刺癗子如米粉。桃花、丹砂等分，為末。每服一錢，井水下，日三服。二十日小便當出黑汁，面色瑩白也。〇三月三日收桃花，七月七日收雞血，和塗面上。三二日後脱下，則光華顏色也。　治疞腸沙。桃葉水煎服。　治女人陰中生瘡，如蟲咬痒痛者。桃葉搗爛，綿裹納之。　治黃疸。晴明時清晨，勿令雞、犬、婦人見，取東引桃根細如筯若釵股者一握，切細。以水一大盞，煎八分，空心服。三五日後，其黃自退。百日平復。　治食桃太多成病。桃梟燒灰二錢，水服取吐即愈。　煉服桃膠法：　取膠十斤，絹袋盛，於櫟木灰汁五斗中，煮三五沸，取掛高處，候乾再煮，如此三度。曝乾研篩，蜜和丸梧子大，每空心酒下二十丸。久服輕身不老，百病涓消，數月斷穀，久則晦夜有光如月。其妙不可盡述。

明・顧逢柏《分部本草妙用》卷一肝部・溫瀉　桃仁　苦，甘，溫，無毒。香附為使。　主治：　癥瘕邪氣，殺蟲，心下堅硬，通月水，治血結、血秘、血燥，通大便，去畜血，產後諸血症，肝瘧寒熱。　東垣曰：　苦以泄滯血，甘以生新血。故破凝血者，用桃仁。其功有四：　治熱入血室，腹中滯血，皮膚血熱燥痒，行皮膚凝聚之血。大抵破血之物，血聚則肝燥。肝苦急，急食甘以緩之。緩肝散血，功莫大焉。傷寒畜血，發熱如狂，小腹滿痛，小便自利者，用抵當湯。又有當汗失汗，吐血血結，煩燥譫語者，亦以主之。

明・顧逢柏《分部本草妙用》卷九果部　桃　辛、酸，甘，熱，微毒。　多食膨脹，發熱。作脯食益顏色。肺之果，肺病宜食。仁毛俱破血。過冬不落，中實者名桃梟。

明・孟笨《養生要括・果部》　桃　味辛、酸，甘，熱，微毒。作脯食。益顏色，肺之菓，肺病宜食之。〔生桃多食，令人膨脹及生癰癤。食飽入水，令人成淋及寒熱病。能發丹石毒。〕

核仁　苦，甘，平，無毒。治瘀血血閉，癥瘕邪氣。殺小蟲，止欬逆上氣，消心下堅硬，除卒暴擊血，通月水，止心腹痛，治血結、血秘、血燥，通潤大便，破畜血。又每夜嚼一枚，和蜜塗手面，良。主血滯、風痹骨蒸、肝瘧寒熱、鬼注疼痛、產後血病。〔桃仁行血，宜連皮尖生用。潤燥活血，宜湯浸，去皮尖，炒黃用，或麥麩同炒，或燒存性，各隨本方。雙仁者有毒，不可用。產後血閉，桃仁二十枚，去皮尖，藕一塊，水煎服之，良。〕

桃梟　殺百鬼精物，殺精魅五毒不祥，療中惡腹痛，治肺氣腰痛。療心痛，酒磨暖服之。主吐血，諸藥不效，燒存性，研末，米湯調服有驗。治小兒虛汗，婦人妊娠下血，破伏梁結氣，止邪瘧。燒烟，熏痔瘡。燒黑油調，傅小兒頭上肥瘡軟癤。

花　殺諸惡鬼，令人好顏色。除水氣，破石淋，利大小便，下三蟲，消腫滿，下惡氣，治風狂。

明・李中梓《醫宗必讀・本草徵要下》　桃仁〔味苦，甘，平，無毒。入肝、大腸二經。香附為使，泡去皮尖，炒，勿用雙仁者。〕　破諸經之血瘀，潤大腸之血燥。肌有血凝而燥痒堪除，熱入血室而譫言可止。苦重於甘，氣薄味厚，沉而下降，為陰中之陽。苦以推陳，甘以生新，故血疾恒需之。桃為五木之精，故能辟邪殺鬼，亦可殺蟲。桃梟是桃實在樹，經冬不落者，正月採之，主辟邪祛祟。

按：　桃仁破血，血瘀者相宜，若用之不當，大傷陰氣。

明・鄭二陽《仁壽堂藥鏡》卷五　桃仁　氣溫，味苦、甘，性平。苦重於甘，陰中陽也。無毒。　入手足厥陰經。　《象》云：　治大便血結、血祕、血燥。通潤大便。七宣丸中專治血結，破血。以湯浸去皮、尖，研如泥用。《心》云：　苦以泄滯血，甘以生新血。故凝血須用。又去血中之熱。《本草》云：　主瘀血血閉，癥瘕邪氣。殺小蟲，止欬逆上氣，消心下堅。除卒暴擊血，通月水，止痛。　《衍義》云：　老人虛秘，與柏子仁、大麻仁、松子仁等分，同研，鎔白蠟和丸如桐子大，以少黃丹湯下。仲景治中焦蓄血用。　《典術》曰：　桃者，五木之精也。今之作桃符着門上，厭邪氣，此仙木也。　花味苦。陰乾，殺勞疰，除水腫、石淋，利大小二便。　治瘧，用桃仁一百枚去皮尖，於五月五日午時，細研成膏，入黄丹三錢，丸如梧桐子大，每服三丸，當發日，面北用溫酒吞下。如不飲酒，井花水服。

明・蔣儀《藥鏡》卷三平部　桃仁　治血熱之皮膚燥癢，調血滯之月水後先。至于大腸血秘便難，搗加輒甯。小腹血凝作痛，劑此頓平。多用則苦勝，破所滯也。少加則甘奪，緩肝急也。苦夫桃梟之為物，療中惡腹疼，殺精魅五毒，蓋其通滯散血，功有同于桃仁者矣。惟葉主客忤，陰戶蟲癢。花性美，駐顏色。膠性流，通淋瀝。

明・李中梓《頤生微論》卷三　桃仁　味苦、甘，性平，無毒。入肝、大腸二經。香附為使。湯泡去皮尖，炒透。雙仁者勿用。主瘀血血閉，心下堅，心腹痛，潤大腸，辟邪殺鬼。

按：桃仁苦重于甘，氣薄味厚，沉而下降，苦以行滯，甘以生新。成氏曰：肝者，血之源，血聚則肝燥，肝苦急，急食甘以緩之，桃仁之甘，緩肝散血，故抵當湯用之。傷寒八九日，内有畜血，發熱如狂，少腹滿痛，小便自利；又有當汗失汗，熱毒深入，吐血，血結煩躁讝語，俱用此湯。

明・張景岳《景岳全書》卷四九《本草正》　桃仁　味苦、辛、微甘，氣平。陰中有陽。入手足厥陰經。去皮尖用。善治瘀血血閉，血結血燥，通血隔，破血癥，殺三蟲，潤大便，逐鬱滯，止鬼疰血逆疼痛膨脹。療跌撲損傷。若血枯經閉者，不可妄用。

明・賈九如《藥品化義》卷二血藥　桃仁　屬陰中有微陽，體潤，色肉白皮赤，氣和，味苦重微甘，性寒，能降，力行血潤腸，性氣輕而味濁，入肝大腸二經。　桃仁味苦能瀉血熱，體潤能滋腸燥，若連皮研碎多用，藉其赤色以走肝經，主破蓄血，逐月水，及遍身疼痛，四肢木痹，左半身不遂，左足痛甚者，以其舒經活血行血，有去瘀生新之功。若去皮搗爛少用，取其純白以入大腸，治血枯便閉，血燥便難，以其濡潤涼血和血，有開結通滯之力。

明・蕭京《軒岐救正論》卷三　桃葉　許學士《本事方》云：傷寒病，醫者須顧表裏，循次第。昔范雲為梁武帝屬官，得時疫熱疾。召徐文伯診之。是時武帝有九錫之命，期在旦夕。雲恐不預求速愈。文伯曰：此甚易，但恐二年後不起。雲曰：朝聞道夕死可矣，況二年乎？文伯乃以火煅地，布桃栢葉於上，令雲臥之。少頃汗出，粉之，翌日遂愈。後二年雲果卒。取汗先期，尚能促壽，況不顧表裏時日，便欲速愈乎？夫桃葉發汗，亦良法也，尚有此戒，可不慎歟。愚按：《傷寒論》汗吐下三法未始不善，雖曰西北形氣病氣俱實者，用之相宜，但今亦須斟酌耳。設若東南風氣巽弱，稟賦不實者，雖有可汗可吐可下之症，宜從清解，超繩墨規矩之外，而獲不汗不吐不下之妙。且以完其氤氳清純之元氣，不至浪劑潛促天年，保全綦大矣。而人多不知也。《經》曰：邪氣盛則實，精氣奪則虛。大凡病之實者，皆氣之虛也。知治其實，昧救其虛，則虛者益虛，致實者益實，病斯殆矣。故《經》曰：不能治其虛，安問其餘？夫汗固以解表邪，而表邪未甚，輕汗之，衛氣不幾虧歟。吐固以宣中積，而中積未滿，輕吐之，胃氣不幾虧歟。下固以洩裏實，而裏實未堅，妄下之，營氣不幾虧歟。虧衛氣、胃氣、營氣，便虧元氣矣。元氣一傷，老者絕，少者不復矣。然不特此也，每見時師不拘何病，概以麥芽、山查、神麯、橘紅、半夏為健脾之物，以青皮、枳殼、枳實、厚朴、檳榔、香附為調氣之物，乃曰脾得健則食進，氣獲調則病瘥。夫此輩之所謂健脾者，政敗脾也。所謂調氣者，乃損氣也。粗工既惜費而售賤藥，愚人喜便宜而甘隱戮，其失等耳，此人亦多不知也。予因歎范雲之殉虛榮而喪實命，若過赤松釣臺不識，當作何如想乎。

明・施永圖《本草醫旨・食物類》卷三　桃　實　味：辛、酸、甘，熱，微毒。多食令人有熱。能發丹石毒，生者尤損人。食桃飽，入水浴，令人成淋及寒熱病。生桃多食，令人膨脹及生癰癤，有損無益。五果列桃為下以此。桃與鼈同食，患心痛。服朮人忌食之。　治：作脯食，益顏色。肺之果，肺病宜食之。　冬桃　食之解勞熱。

核仁七月採，取仁陰乾，凡使須去皮，用白朮、烏豆二味，同於地鍋中煮二伏時，漉出，劈開心，黄如金色乃用。桃仁行血，宜連皮尖生用。潤燥活血，宜湯浸去皮尖，炒黄用。或麥麩同炒，或燒存性，各隨本方。雙仁者有毒，不可食。　味：苦、甘，平，無毒。　治瘀血，血閉，癥瘕邪氣，殺小蟲，止欬逆上氣，消心下堅硬，除卒暴擊血，通月水，止心腹痛。治血結、血秘、血燥，通潤大便，破畜血，殺三蟲。又每夜嚼一枚，和蜜塗手面良。主血滯，風痹，骨蒸，肝瘧寒熱，鬼注疼痛，產後血病。桃仁苦重於甘，氣薄味厚，沉而降，陰中之陽，手足厥陰經血分藥也。苦以泄滯血，甘以生新血，故破凝血者用之。其功有四：治熱入血室一也，泄腹中滯血二也，除皮膚血熱燥痒三也，行皮膚凝聚之血四也。肝者，血之源。血聚則肝氣燥，肝苦急，急食甘以緩之。桃仁之甘，以緩肝散血，故張仲景抵當湯用之以治傷寒。

附方　延年去風：用桃仁五合，去皮，用粳米飯漿同研，絞汁令盡，溫溫洗面，極妙。風勞毒腫：用桃仁一升，去皮尖，熬令黑烟出，熱研如脂膏，以酒三升，攪和服，暖臥取汗，不過三度瘥。骨蒸作熱：桃仁一百二十枚，留尖去皮及雙仁，杵為丸。平旦井花水頓服之令盡。量飲酒至醉，仍須任意吃水，隔日一劑，百日不得食肉。上氣喘急：方見杏仁。上氣欬嗽：胸滿氣喘，桃仁三兩，去皮尖，以水一大升，研汁，和粳米二合，煮粥食之。卒得欬嗽：桃仁三升，去皮，杵，着器中，蜜封蒸熟，晒乾，絹袋盛，浸二斗酒中，七日可飲，日飲四五合。卒然心痛：桃仁七枚，去皮尖，研爛，水一合服之。人好魘寐：桃仁熬去皮尖，三七枚，以小便服之。崩中漏下：桃核燒存性，研細，酒服方寸匕，日三。婦人難產：用桃仁一個，劈開，一片書可字，一片書出字，吞之即生。產後身熱：如火，皮如粟粒者，桃仁研泥，同臘猪脂傅之，日一易之。產後血閉：桃仁二十枚，去皮尖，藕一塊，水煎服之良。產後陰腫：桃仁燒研，傅之。男子陰腫：作癢，用桃仁炒香為末，酒服方寸匕，日二，仍擣傅之。小兒卵癩：方同上。小兒爛瘡：初起膿漿似火瘡，桃仁研爛，傅之。小兒聤耳：桃仁炒，研，綿裹，日日塞之。風蟲牙痛：針刺桃仁，燈上燒，烟出吹滅，安痛齒上咬之，不過五六次即愈。唇乾裂痛：桃仁擣，和猪脂傅。大便不快：用桃仁三兩，去皮尖，吳茱萸二兩，食鹽一兩，同炒熟，去鹽、茱，每嚼桃仁五七粒。

桃毛毛，桃實上毛也。刮取用之。　味：辛，平，微毒。治：破血閉，下血瘕，寒熱積聚，無子，帶下諸疾。療崩中，破癖氣，治惡鬼邪氣。　桃梟此是桃實着樹，經冬不落者。正月采之，中實者良。　味：苦，微溫，有小毒。治：殺百鬼精物，殺精魅五毒不祥。療中惡腹痛，治肺氣，腰痛，破血。療心痛，酒磨暖服之。主吐血，諸藥不效，燒存性，研末，米湯調服有驗。治小兒虛汗，婦人妊娠下血，破伏梁結氣，止邪瘧。燒烟，熏痔瘡。燒黑，油調傅小兒頭上肥瘡軟癤。　花三月三日採，陰乾之。桃花勿用千葉者，令人鼻衄不止、目黃。收花揀淨，以絹袋盛，懸檐下令乾用。　味：苦，平，無毒。治：殺疰惡鬼，令人好顏色，悅澤人面，除水氣，破石淋，利大小便，下三蟲，消腫滿，下惡氣。治心腹痛及禿瘡，利宿水、痰飲積滯，治風狂。研末，傅頭上肥瘡，手足瘑瘡。　葉采嫩者名桃心，入藥尤勝。　味：苦，平，無毒。治：除尸蟲，出瘡中小蟲，治惡氣，小兒寒熱客忤。療傷寒時氣，風痹無汗，治頭風，通大小便，止霍亂腹痛。　莖及白皮樹皮、根皮皆可用，根皮尤良，並取東行者，刮去青皮取白皮入藥。　味：苦，平，無毒。治：除邪鬼中惡腹痛，去胃中熱，治疰忤心腹痛，解蠱毒，辟疫癘，黃疸身目如金，殺諸瘡蟲。　桃膠　味：苦，平，無毒。治：鍊服，保中不飢，忍風寒，下石淋，破血。治中惡，疰忤，主惡鬼邪氣，和血益氣，治下痢，止痛。

明・盧之頤《本草乘雅半偈》帙四

桃核仁《本經》中品　氣味：苦，平，無毒。主治：主瘀血，血閉，癥瘕，邪氣，殺小蟲。花，殺疰惡鬼，令人好顏色。桃梟，氣微溫，主殺百鬼精物。桃毛，主下血瘕，寒熱積聚，無子。蠹，辟邪惡不祥。

覈曰：桃品甚多，華豔稱最，不培而蕃，且早結實，世遂以凡品目之。然有黃者、絳色垂絲者、龍鱗者、餅子者、牡丹者，亦凡中之異矣。若漢上林苑之緗桃、紫紋桃、金城桃、霜桃，嘗山所獻巨核桃，凌霜花灼，後暑實蕡，是又仙凡迴別，不可得也。惟山中毛桃，即《爾雅》所謂褫桃者，小而多毛，其仁充滿多脂，可入藥用。修事：去皮，用白术、烏豆，于坩鍋中，煮二伏時，漉出，劈開，中心黃如金色，乃用。《埤雅》云：桃，有花之盛者，其性早花。又花于仲春，故《周南》以典女之年時恰當。桃生三歲即花果，故首雖已白，其花子之利可待也。《周南》取少桃以興，所謂桃之夭夭是也。首章曰灼灼其華者，言其花之紅而麗也。言女以盛時而嫁也。二章曰有蕡其實。蕡，大貌，蓋桃性更七八年便老，老則子細，此言少桃也。言非但華色，又嫁而有子，夫婦之道成焉。三章曰其葉蓁蓁，蓁蓁盛也。言能成其家，又以芘其所類也。且桃性華葉齊生，至于有蕡其實，然後其葉蓁蓁，蓋其序如此。張正見賦曰：萬株成錦，千林如翼，苔畫波文，花然樹色，發秦源而逸氣，飄漢綬而芳流，譬蘭缸之夜炷，似明鏡之朝粧。皮日休賦曰：厥花伊何，其美實多；臺隸衆芳，緣飾陽和；開破嫩萼，壓低柔柯；其色則不淡不深，若素練輕茜，玉顏半酡，若夫美景妍時，春含曉滋；密如不幹，繁若無枝；妦妦婉婉，夭夭怡怡，或俛者若想，或閑者如痴，或向者若步，或倚者如疲，或溫香而可薰，或而婑嫿莫持，或幽柔而傍午，或撦冶而倒披，或翹矣如望，或凝然若思，或奕偞以作態，或窈窕而騁姿。日將明兮似喜，天將慘兮若悲，近榆錢兮粧翠靨，映楊柳兮顰翠眉。輕紅拖裳，動則裊香，宛若鄭袖初見吳王，夜涼皎潔，閴然秀發。又若嫦娥欲奔明月，蝶散蜂寂，當闈脈脈。又若妲己未聞裂帛，或開故楚，艷艷春曙。又若息嬀含情不語，或臨金塘，或交綺井。又若西子浣紗見影，玉露眙浥，妖紅墜濕。又若驪姬將譖而泣，或在水濱，或臨江浦。又若神女見鄭交甫，或臨廣筵，或當高會。又若韓娥將歌斂態，微動輕風，娑娑暖紅。又若飛燕舞于掌中，半露斜吹，或動或止。又若文姬將賦而思，豐茸旖旎，互立遞倚。又若麗華侍宴初醉，狂風猛雨，一陣紅去。又若褒姒初試戎虜，滿地春色，堦前砌側。又若戚姬死于鞠域，花品之中，此花最異。其花可以暢君之心目，其實可以充君之口腹。匪乎茲花，他則碌碌。

先人云：术以勸之，豆以培之，火以變之。色黃，則氣淳矣。

参曰：桃為肺果，五木之金也。金氣清肅，故伏邪氣，去三蟲，除不祥。

實乾木上曰梟，主殺百鬼精物，以懸實木上，故曰梟也。莖葉毛蠹，皆可去邪，生陽所以異于死陰也。其華令好色，榮于花，優于色故也。《埤雅》云：桃生三歲，便放花實，故《周南》曰夭桃蕡實也。仁主下瘀血血閉，癥瘕邪氣者。桃，肺果，精專尤在仁，故司肺氣，為營血之師帥，則留者行，行者留矣。故《千金方》以桃仁燒灰，酒調服方寸匕，止崩中漏下。然則血之不行不濡，即氣之不決不運。氣如槖籥，血如波瀾故也。桃毛功力似勝，肺主皮毛，入肺更相親爾。世但知主留者行，不知主行者留。非留行，安能好色有子，非行留，安能去瘀逐閉。然則色之不好，子之無有，亦即瘀閉之為咎乎。

明·李中梓《本草通玄》卷下 桃仁 甘、辛，微溫。主血結瘀閉癥瘕，潤腸殺蟲。苦重於甘，氣薄味厚，厥陰血分藥也。凡行血連皮尖，生用活血潤燥。去皮尖炒用。

清·顧元交《本草彙箋》卷六 桃仁 苦能泄滯，辛能散結，甘以生新，故破瘀血者用之。蓄血者，有形之物，周流一身，一有凝滯，則爲血結、血秘、血燥、瘀血、畜血、血痛、血瘕諸症，用之立通。然使不得其當，使血下不止，大損真陰。如經閉不通，由於血枯，而不由於瘀滯。產後腹痛，由於血虛，而不由於留血結塊。大便不通，由於津液不足，而不由於血燥閉結。粗工不辨，耑以破血殺人，可勝道哉？

製法：行血宜連皮尖，生研多用，活血宜去皮尖，焙黃搗，少用。留皮藉其赤色，以走肝經。去皮取其純白，以入大腸。

清·穆石匏《本草洞詮》卷六 桃桃實、桃仁、桃花、桃葉、桃符 桃性易植而子繁。十億曰兆，言其多也。五果列桃為下。《酉陽襍俎》載：九疑有桃核半扇，容米一升，蜀後主有桃核杯，半扇容水五升，良久如酒味。昔人謂桃為仙果，殆此類歟。桃實，味辛酸甘，氣熱，微毒。作脯食益顏色，肺病宜食之。多食令人膨脹。桃仁，味苦甘，氣平，無毒。桃品甚多，惟毛桃小而多毛，其仁充滿多脂，蓋外不足者內有餘也。入手足厥陰經血分藥。苦以泄滯血，甘以生新血。其功有三，治熱入血室，一也；泄腹中滯血，二也；除皮膚血熱燥痒，三也。肝者，血之源，血聚則肝氣燥。肝苦急，急食甘以緩之。桃仁之甘，以緩肝散血，故抵當湯用之，以治傷寒畜血，發熱如狂，小腹滿痛，小便自利者。凡用桃仁，連皮尖生用則行血，或湯浸去皮尖，炒黃用，或燒存性用，則活血潤燥也。桃花，苦平，無毒。除水氣，破石淋，利大小便，殺三蟲。《肘後方》言服三樹桃花盡，則面色紅潤如桃花也。北齊崔氏以桃花、白雪與兒靧面，蓋得《本經》令人好顏色之義。陶蘇二氏有服桃花法，則誤矣。桃花性走泄下降，利大腸，用以治氣，實人水腫積滯則有功，若久服則耗陰血，損元氣，豈能悅澤顏色耶？一女喪夫發狂，閉之室中，夜斷窗櫺，登桃樹上，食桃花幾盡，及旦遂愈。此亦驚怒傷肝，痰夾敗血，遂致發狂，偶得桃花，利痰飲，散滯血之功耳。桃葉，苦平，無毒。治惡氣，療傷寒時氣，風痺無汗，出瘡中小蟲。桃葉蒸汗法：用水二石煮桃葉，取七斗，安床簀下，厚被蓋臥床上，乘熱薰之，少時當雨汗，汗遍，去湯速粉之。又法：燒地令熱，去火，以少水灑之，布乾桃葉於上，厚二三寸，安席葉上，臥之，溫覆得大汗，被中傅粉，極燥便瘥也。凡柏葉、蠶沙，皆可照此法用。昔范雲為梁武帝屬官，得時疫熱疾，召徐文伯診之，是時武帝有九錫之命，雲恐不預，求速愈。文伯曰：此甚易，政恐二年後不坐起耳。雲曰：朝聞道夕死可矣，況二年乎。文伯乃以火煅地，布桃、栢葉於上，令雲臥之，少頃汗出，粉之，翌日遂愈。後二年雲果卒。凡醫傷寒，當顧表裏，循次序。夫桃葉發汗，良法也。欲求速愈，而促夭年，可不懼哉？桃符治中惡，精魅邪氣，煮汁服之。蓋桃乃五木之精，味辛氣惡，故能壓伏邪氣，制百鬼。今門上用桃符以此也。《禮》云：王弔則巫祝以桃茢前引，辟不祥。《博物志》云：桃根為印，可以召鬼。《玉燭寶典》云：戶上着桃板辟邪，取《山海經》神荼、鬱壘，居東海蟠桃樹下，主領眾鬼之義。據此，則桃之枝、葉、根、核、桃梟、桃橛，皆辟鬼祟，有由來矣。

清·丁其譽《壽世秘典》卷三 桃桃品甚多，易于栽種，且早結實。五年，宜以刀劃其皮出其脂液，則多延數年。桃樹生蟲，煮猪頭汁澆之，即止。其花有紅、紫、白、千葉之殊，其實有紅桃、緋桃、碧桃、緗桃、金桃、銀桃、胭脂桃之名。生桃切片，瀹過，曝乾為脯，可充果食。取爛熟桃，納甕中，蓋口。七日，漉去皮核。密封二七日，成酢，香美可食。 氣味：甘、酸，熱，微毒。主益色，辟邪。多食令人有熱。

核仁 氣味：苦、甘，平，無毒。治血結，血秘血燥，通潤大便，破畜血元素。治血滯，風痹，骨蒸，肝瘧寒熱，鬼疰疼痛，產後血病。

發明《黃帝書》云：食桃飽人，水浴令人成淋及寒熱病。吳瑞曰：桃與鼈同食患心痛，服术人忌食。李時珍曰：多食令人膨脹及生癰癤，能發丹石毒。生者，尤損人。桃實着樹，經冬不落者，名桃梟，又名桃奴，《家寶方》謂之神桃，言其辟惡也，主殺百鬼精物，止邪瘧。《典術》云：桃乃五木之精，仙木也。味辛氣惡，故能厭伏邪氣，制百鬼，今人門上用桃符以此。

清・劉雲密《本草述》卷一六　桃仁　氣味：苦，甘，平，無毒。　思邈曰：苦、甘、辛，平。　詵曰：溫。

主治：血結、血秘、血燥，通潤大便，破蓄血潔古。療血滯風痹，肝瘧寒熱時珍。止咳逆上氣，消心下堅硬，女子通月水《別錄》。治產後諸病時珍。

東垣曰：桃仁苦重於甘，氣薄味厚，沉而降，陰中之陽，手足厥陰經血分藥也，破凝血者用之。其功有四，治熱入血室，一也；泄腹中滯血，二也；除皮膚血熱燥癢，三也；行皮膚凝滯之血，四也。　無己曰：肝藏血，血聚則肝氣燥，桃仁入肝散血，故仲景抵當湯主之，以治傷寒八九日，內有畜血發熱如狂，小腹滿痛，小便自利者。又有當汗失汗，熱毒深入，吐血及血結胸，煩燥讝語者，亦以此湯主之。與虻蟲、水蛭、大黃同用。　希雍曰：桃仁稟地二之氣，兼得天五之氣以生，故其味苦重甘微，氣平無毒。思邈言辛，孟詵言溫，皆有之矣。氣薄味厚，陽中之陰，降也，入手足厥陰經。夫二經為血臟，苦能泄滯，辛能散結，甘溫通行而緩肝，故主如上等證。

同當歸、芍藥、澤蘭、延胡索、蘇木、五靈脂、紅花、牛膝、生地黃、益母草，治產後瘀血結塊作痛，并治壯盛婦人經閉不通。　同當歸、麻仁、地黃、麥門冬、芍藥、黃芩、肉蓯蓉、甘草，治大腸血燥，便結不通。　同番降香、川通草、山查、穿山甲、乳香、沒藥、紅花、續斷、當歸，治上部內傷，瘀血作痛。

愚按：昔哲曰：血滯所宜者，桃仁、紅花、丹皮、蘇木、血竭之屬是也。第紅花、蘇木、血竭色紅，丹皮色紫，唯桃仁屬血藥而色乃白，固的知其為肺果，是即肺以致血之用者也。之頤曰：桃為肺果，精專在仁，故司肺氣為營血之師帥。凡血之不行不濡，即氣之不決不運，氣如槖籥，血如波瀾故也。所說可謂中肯，所以紅花、丹皮、蘇木、血竭，本赤紫色而入血分，各有所入，唯桃仁本白色，而能和血，故上下中無不行也。然則先哲所云入手足厥陰者，云何？曰：包絡為化血之元，肝為納血之臟，肺氣下降入心生血，手厥陰受之以行其化，而足厥陰又即受之以歸於經矣。抑成氏止言肝者，云何？曰：肝為陰中之陽，達陽而至之肺，以際於極上，肺為陽中之陰，達陰而至之肝以抵於極下，此《經》所云金木者，生成之終始也。抑司氣之劑多矣，何以獨桃仁若是？曰：心主血，肺主氣，原相馭而行者也。毋論他藥之司氣者，未能由氣而致血之用，即能入血諸味，亦多未能致氣於血以為用也。如桃為肺果，而却能奏功於血，猶杏為心果，而能奏功於氣者也，是桃仁之用在血，而用之體乃在肺，物理之妙有如此，故治血病者，於心肺相馭之微，豈得不審察以投劑乎？蓋治病固有標本，况血證又豈得不究其本？氣為血之先者，本也。即茲味可以類推矣。抑桃仁治血而謂其能療風者，何居？曰：肝為血臟，固風木也，以是謂爲陰中之陽，類知血虛生風，而不知血滯亦能生風。舊血不化，則新血不生，因之風虛鼓焰，蓋化者生之機也。故知桃仁能療血滯之風，則知其由氣入血者，即所謂金能媾木之義也。第茲味由肺氣而和肝血，故用之當最能奏捷。若不當則為害亦不小，此繆氏於諸行血藥中，切切致慎於誤用桃仁者也。　又按：桃仁之用，醫粗知其破滯血，消癥塊而已。不審血之為病，如風勞便秘，血燥也。瘧疾寒熱，骨蒸作熱，急勞咳嗽血結也。寧直癥塊之為血病乎哉？錄數方以俟類推。

風勞毒腫攣痛，或牽引小腹及腰痛，桃仁一升，去皮尖，熬令黑烟出，熱研如脂膏，以酒三升，攪和服，暖卧取汗，不過三度瘥。　大便不快，裏急後重，用桃仁三兩，去皮，吳茱萸二兩，食鹽一兩，同炒熟，去鹽、茱，每嚼桃仁五七粒。　瘧疾寒熱，桃仁一百枚，去皮尖，乳鉢內研成膏，不得犯生水，入黃丹三錢，丸梧子大，每服三丸，當發日面北溫酒吞下。五月五日午時合之，忌雞、犬、婦人見。　骨蒸作熱，桃仁一百二十枚，留尖去皮及雙仁，杵為丸，平旦井花水頓服之令盡，量飲酒至醉，仍須任意喫水，隔日一劑。百日不得食肉。　急勞咳嗽，煩熱，用桃仁三兩，去皮尖，豬肝一枚，童子小便五升，同煮乾，於木臼內搗爛，入蒸餅和丸梧子大，每溫水下三十丸。

希雍曰：桃仁性善破血，凡血結、血秘、血燥，瘀血、留血、畜血、血痛、血瘕等證，用之立通。第散而不收，瀉而無補，過用之及用之不得其當，能使血下不止，損傷真陰，為害非細。故凡經閉不通，由於血枯而不由於瘀滯，產後腹痛由於血虛，而不由於留血結塊，大便不通，由於津液不足，而不由於血燥閉結，法並忌之。

修治　時珍曰：桃仁行血，宜連皮尖。生用潤燥活血，宜湯浸去皮尖，炒黃，或用麥麩同炒，或燒存性，各隨本方。雙仁者有毒，不可食。

花　時珍曰：性走泄，下降，利大腸甚快。張從正《儒門事親》載一婦滑泄數年，百治不效。或言此傷飲，有積也。桃花落時以棘鍼刺取數十萼，勿犯人手，以麨和作餅，煨熟食之，米飲送下，不一二時，瀉下如傾，六七日行至數百行，昏困，惟飲凉水而平。觀此則桃花之峻利可徵矣。又蘇鶚《杜陽編》載：范純佑女喪夫，發狂，閉之室中，夜斷窗櫺，登桃樹上，食桃花幾盡，及旦，家人接下，自是遂愈也。珍按：此亦驚怒傷肝，痰夾敗血，遂至發狂。偶得桃花利痰飲，散滯血之功歟。

附方　產後閉塞，大小便不通，用桃花、葵子、滑石、檳榔，等分，為末，每空心葱白湯服二錢，即利。痰飲宿水，收桃花陰乾，為末，溫酒服一合，取利。覺虛食少粥，不似轉下藥也。

桃花勿用千葉者，令人鼻衄不止。

莖及白皮　附方　水腫尿短，桃皮三斤，去外粗皮，秫米一斗，女麴二升，以水一升，煮桃皮取汁一斗，以一半漬麴，一半漬秫，飯如常釀成酒，每服一合，日三次，以體中有熱為候，小便多，是病去。忌生冷、一切毒物。

婦人經閉，數年不通，面赤萎黄，唇口青白，腹内成塊，肚上筋起，腿脛或腫，桃根煎煮之，用桃樹根、牛蒡根、馬鞭草根、牛膝、蓬虆各一斤，剉，以水三斗，煎一斗，去滓，更以慢火煎如餳狀，收之，每以熱酒調服一匙。

桃膠　血淋作痛，桃膠炒，木通、石膏各一錢，水煎，食遠服。產後下痢赤白，裏急後重，腹痛，用桃膠焙乾，沉香、蒲黄炒，各等分，為末，每服二錢，食前米飲下。

修治　花揀淨，收入絹袋，懸簷下陰乾。根之皮更良，取東行者，刮粗皮，取白皮用。膠於桃茂時，以刀割皮，久則膠出，以桑灰湯浸過，曬乾用。

清・郭章宜《本草匯》卷一四　桃仁　苦、辛、甘，溫，氣薄味厚，陰中之陽，可升可降，入手足厥陰血分，亦入手陽明經。破諸經之血瘀，潤大腸之血燥。肌有血凝而燥痒堪去，心腹結痛而堅物可平。殺三虫，治陰𧏾。《本經》治癥瘕瘀積者，血有形而屬陰，周流乎一身者也。一有凝滯，即為瘀閉等病，或婦人月水不通，及心腹宿血堅痛，皆從足厥陰受病，肝為藏血之臟也。苦可以泄滯，辛可以散結，甘溫通行而緩肝，故諸症自無。

按：桃仁禀地二之氣，兼得天五之氣以生，苦重于甘，故破凝血用之。其功有四：一治熱入血室，一泄腹中滯血，一除皮膚血熱燥痒，一行皮膚凝滯之血。成無己曰：肝者血之原，血聚則肝氣燥。肝苦急，急食甘以緩之。桃仁雖專治結，亦須分虛實。實者宜之，虛者亦不可也。但用滋補血之劑，則自濡潤，而無閉結之患矣。若經閉由于血枯，腹痛由于血虛，便塞由于津液不足者，並不可服。如用之不當，能使下血不止，損傷陰真，為害非淺。同歸、芍、澤蘭、延胡、蘇子、五靈脂、紅花、牛膝、生地、益母，治產後瘀血作痛，亦治經閉。同歸、地、麥冬、芍、芩、甘草、肉蓯、麻仁，治大腸血燥不通。婦人難產者，桃仁一個，劈開，一片書可字，一片書出字，吞之即生。

行血，連皮尖生用；活血潤燥，湯浸去皮尖，炒用。雙仁有毒，不用。

桃樹生虫，煮豬頭汁澆之，即止。香附為之使。附桃梟：苦，溫，小毒。治伏梁結氣，中惡腹痛。盗汗不止者，用乾桃子一個，霜梅二個，葱根七個，燈心二莖，陳皮一錢，稻根、大麥芽各一撮，水二鍾煎服，驗。食桃成病，用以燒灰，取吐，以類相攻也。此是桃實着樹，經冬不落，如梟首磔木之狀，故名。酒拌蒸之，焙乾，取肉用。

桃花　苦，平。利宿水痰飲積滯，通二便艱澀石淋。禿瘡三月三日收未開桃花，陰乾，與桑椹赤者，等分為末，以猪脂和，先取灰汁洗去痂，然後塗之。妙。肥瘡可治，脚氣腫痛能消。

按：桃花，性走泄下降，利大腸甚快，用以治實氣閉塞者有功。若久服即耗人陰血，損元氣。乾糞塞腸，脹痛不通，用毛桃花濕者一兩，和麵三兩，作餛飩，煮熟，空心食之，午，腹鳴如雷，當下惡物也。三月三日採花揀盡，陰乾用。千葉者不用。

桃葉　苦，平。治傷寒無汗，療風襲項强。不得顧視，穿地作坑，煅赤，以水洒之令冷，鋪生桃葉于內，卧席上，以項着坑，蒸至汗出，良久即瘥。

按：桃葉蒸汗，古有是法。凡受寒冷，連發汗汗不出者，燒地令熱，去火，以少水洒之，布桃葉于上，厚二三寸，安席上卧之，溫覆得大汗，被中傅粉，及燥，便瘥也。然須顧表裏時日，凡栢葉、麥麩，皆可如此。附桃根皮：除邪鬼中惡腹痛，解蠱毒疫癘瘡蟲。天行疫癘，以東行桃枝，煎湯浴之。黄疸如金。晴明時清晨，勿令雞犬、婦人見，取東引桃根極細者一握，切細，以水煎，空腹服。後三五日，其黄離離如薄雲散開，百日方平復也。黄散後，可時時飲清酒一盃，則眼中易散。忌熱麵、豬、魚。刮去粗皮，取白皮入藥。

清・尤乘《食鑒本草・果類》　桃　多食令人熱，作脯食益顔色，肺病宜食之。

清・朱本中《飲食須知・果類》 桃子桃仁　味甘、酸，性溫，微毒。多食損脾助熱，令膨脹，發瘡癤。同鼈肉食，患心痛。食桃浴水，令泄瀉成淋及寒熱病，能發丹石毒。生桃尤損人，食之有損無益。五果列桃為下，服术人忌之。

桃仁　味甘、苦，性平。雙仁者有毒，宜去之。桃花，勿用千葉者，令人目黃鼻衄不止。

清・何其言《養生食鑒》卷上　桃　味甘、酸，性溫，微毒。辟邪氣，美顏色。多食動脾助熱，令膨脹，發瘡癤。服术人忌食。又不可與鱉同食，能發丹石毒。食桃浴水，令人泄瀉、淋病。此物有損無益，五菓列桃為下以此。

桃仁　味苦、甘，性平，無毒。主風痹、骨蒸、肝瘧寒熱，破血，殺蟲，通潤大便。治卒心痛，用仁七枚，去皮、尖，研爛，和滚水服下，即止。

清・蔣居祉《本草擇要綱目・寒性藥品》　桃仁　氣味：苦、甘，平，無毒。沉而降，陰中之陽。入手足厥陰經血分。　主治：熱入血室，泄腹中滯血。除皮膚血熱燥痒，行皮膚凝聚之血。傷寒八九日，內有蓄血，發熱如狂，小腹滿，小便自利者，又有當汗失汗，熱毒深入，吐血及血結胸煩燥譫語者，仲景俱以抵當湯主之，與虻蟲、水蛭、大黃同用。總以桃仁之苦可以泄滯，破血以生新血也。

清・閔鉞《本草詳節》卷八　桃核仁　【略】按：桃仁，苦以瀉滯血，甘以生新血。其功有四：治熱入血室，一也；泄腹中滯血，二也；除皮膚血熱燥癢，三也；行皮膚凝滯之血，四也。無已云：肝者，血之源，血聚則肝氣燥，肝苦急，急食甘以緩之，桃仁甘，故緩肝散血。仲景抵當湯，治傷寒八九日，內有畜血，發熱如狂，小腹滿痛，小便自利者。又有當汗失汗，熱毒深入，吐血及血結胸，煩燥讝語者，亦以此湯主之。深得桃仁瀉滯生新之用也。

清・王翃《握靈本草》卷七　桃仁泡去皮尖，炒用。雙仁者不用。　主治：桃仁，苦、甘，平，無毒。主瘀血，癥瘕血結，血秘血燥，潤大便，寒熱鬼疰。

清・汪昂《本草備要》卷三　桃仁瀉，破血，潤燥。　苦重于甘。思邈：辛。孟詵：溫。孫思邈，著《千金方》。孟詵，著《食療本草》。厥陰心胞、肝血分藥。苦以泄血滯，甘以緩肝氣而生新血。成無己曰：肝者血之源，血聚則肝氣燥。肝苦急，宜急食甘以緩之。通大腸血秘。治熱入血室，衝脈。血燥血痞，損傷積血，血痢經閉，咳逆上氣，血和則氣降。皮膚血熱，燥癢蓄血，發熱如狂。仲景治膀胱蓄血，有桃仁承氣湯，即調胃承氣湯加桃仁、桂枝。又抵當湯，用桃仁、大黃、虻蟲、水蛭。水蛭，即馬蟥蛭，食血之蟲，能通肝經聚血，性最難死，雖炙爲末，得水即活。若入腹中，生子爲患，田泥和水飲下之。虻蟲即蚊蟲。因其食血，故用以治血。血不足者禁用。　行血連皮、尖生用，潤燥去皮、尖炒用，俱研碎，或燒存性用。雙仁者有毒，不可食。香附爲使。　桃花　苦，平。下宿水，除痰飲，消積聚，利二便，療風狂。范純佑女，喪夫發狂，夜斷窗櫺，登桃樹食花幾盡，自是遂愈。以能瀉痰飲滯血也。　桃葉　能發汗。凡傷寒風痹，發汗不出，以火煅地，用水灑之，乾桃葉厚二三寸，席臥，溫覆，取大汗，敷粉極燥，即瘥。麥麩、蠶沙，皆可如此法用。○桃爲五木之精，其枝葉花仁，幷能辟邪。《食醫心鏡》桃仁煮粥，治鬼疰咳嗽。生桃食多生癰癤。

清・吴楚《寶命真詮》卷三　桃仁　【略】破諸經血瘀，潤大腸血燥。肌有血凝而燥癢堪除，熱入血室而譫言可止。　苦重於甘，氣薄味厚，厥陰血分之藥。苦以推陳，甘以生新，故血疾恒需之。桃為五木之精，故辟邪殺鬼，亦可殺蟲。

清・陳士鐸《本草新編》卷五　桃核仁　味苦、甘，氣平，苦重于甘，陰中陽也，無毒。入手足厥陰經。主瘀血血閉，血結血燥，癥瘕邪氣，殺小蟲，除卒暴，通潤大便，活血通經止痛。苦以破滯血，甘以生新血。花味苦，三月三日採，陰乾者佳，然亦不必拘泥。總以布單盛之，自落者俱可用，花摘者，轉無功效也。殺鬼疰，令人好顏色，除水腫石淋，利大小便，下三蟲。漬酒服之，能除百病。

桃仁，即桃花所結之子，而攻補實殊，其故何也？蓋桃花，仙種也。仙者陽之極，鬼乃陰象，陽能辟陰，故能却鬼。桃花得仙人之氣而生，隨風飄墮，其氣發揚，故利益之功多。桃仁則不然，花瓣已謝，其氣已盡，樹中津液全注精于桃肉，所存之仁，無非陰氣。即少有微陽，僅可自守以傳種，又何能變攻為補乎，故一本而彼此不同。從來《本草》不言，而余獨發異議者，實本之岐天師之教我也。

桃花瓣自落者佳，然製之不得法，亦徒然也。布單盛貯，須于日下晒乾。然而一日不能乾也，必須夜間用扇煽乾為佳。蓋花瓣得風則香，得火則死，故不可火焙。若夜間天自有風，不必扇煽，第二日再晒，無不乾者。乾則用砂瓶盛貯，俟泡酒時入之佳絕。

或問：桃仁用之于承氣湯中，瀉腸中之血乎，抑瀉脾中之邪也？顧桃仁瀉血，何待問哉。但謂瀉血而不瀉邪，則又又不可。夫血之所以瘀者，邪瘀之也。血之所以結者，邪結之也。瀉血即所以瀉邪，瀉邪即所以瀉血，原不可分視之也。況用之于承氣湯中，純是散邪之藥，謂其散血而不散邪，得乎？獨是桃仁長于散血，而短于散邪，用之于承氣湯中，畢竟散瘀結之血是其專功也。

或疑桃仁散血而不散邪，何以邪結之症用之，奏功如響？不知瘀血之症，邪結之也。桃仁攻堅而散血，則邪無巢穴，何以能聚，故血散而邪亦散。其實，桃仁散血而不能散邪也。

清・顧靖遠《顧氏醫鏡》卷八 桃仁甘、苦，溫。入肝大腸二經。泡去皮尖，研。勿用雙仁者。 破諸經之瘀血，性善破血，故治一切蓄血為病。潤大腸之血燥。若由津液不足而閉結者，忌之。肌有血凝，而燥癢堪除。能行皮膚凝聚之血，能除皮膚血熱燥癢之患。熱入血室，而譫言可止。兼能辟邪，桃為五木之精也。亦可殺蟲。用之不當，大傷陰血，無瘀滯者勿服。孕婦亦忌。

清・李熙和《醫經允中》卷一七 桃仁 香附為使。行血連皮尖生用；活血潤燥去皮炒用。雙仁者有毒，不可用。 苦、甘，溫，無毒。主治通月經，潤大便，行腹中滯血，傷寒熱入血室蓄血，產後瘀血作痛。按：桃仁苦重于甘，故破滯血之功居多。若經閉由于血枯，腹痛由于血虛者，服之即下血不止，傷損真陰矣。

清・李熙和《醫經允中》卷二二 桃 辛、酸、甘，熱，微毒。多食膨脹發熱。作脯食益顏色。肺之菓，肺病宜食。仁毛俱破血。過冬不落，中實者名桃梟，破血墮胎尤猛。天行疫癘，常以東行桃枝細剉，煮浴佳。桃葉治傳屍，以桃葉一斗，艾葉、厚朴各二兩，分二囊盛貯，火酒數斤，煮沸，更迭煮藥，熨患人背脊，酒盡為度，如此七次，癆蟲可絕。

清・馮兆張《馮氏錦囊秘錄・雜症痘疹藥性主治合參》卷八 桃仁稟地二之氣，兼得天五之氣以生。故其味苦重甘微，氣平，無毒。思邈言辛，孟詵言溫，亦皆有之。入手足厥陰經。夫血者，陰也，有形者也，周流乎一身，一有凝滯則為癥瘕，瘀血血閉，或婦人月水不通，或擊撲傷損積血，及心下宿血堅痛，皆從足厥陰受病，以其為藏血之臟也。苦能洩滯，辛能散結，甘溫通行而緩肝，故並主之，所以為蓄血症必需之藥。且桃為五木之精，能鎮辟不祥，故主邪氣，味苦而辛，故能殺小蟲。雖云苦能去滯，甘能生新，但苦重甘微，氣薄味厚，沉而下降，故瀉多補少，散而不收，用之不當，及過用多用，使血下不止，損傷真陰，不可不慎。桃梟，一名桃奴，是桃實着樹經冬不落者，得氣尤全。正月採用。蓋桃為仙木，五木之精也，最能辟邪，故用殺諸精鬼，中惡腹痛，五毒不祥。其苦溫之性，又能通滯散邪，故治血之功，與桃仁同，鬼擊吐血，以為必需。

桃仁 主瘀血血閉，血結血燥，通潤大便。行月水，止痛，及癥瘕邪氣，殺蟲辟邪，苦以破滯血，甘以主新血。花，味苦，三月三日採，陰乾，殺鬼疰，美顏色，除水腫石淋，利二便，下三蟲。酒漬服，除百病。然性走泄下降，利大腸甚快。乾糞塞腸，脹痛不通，用毛桃花濕者一兩，和麵三兩，作餛飩煮熟，空心食之，午間腹鳴如雷，當下惡物也。葉，味苦、辛。出瘡中蟲并尸蟲，并取汁飲。諸蟲入耳，女人陰瘡，蟲咬疼痛，并將裹塞。枝煎酒飲，治卒心痛； 煮湯浴，不染時瘟。實，恣啖作熱。桃梟，辟惡殺邪，吐血用之，燒灰米湯調服立止。桃膠，乃樹中流汁，下淋，破血中惡，鍊服。桃中蠹，亦殺鬼惡。桃上毛，更破癥堅。樹白皮，治䘌生齒間。桃寄生，療蠱中腹內。

主治痘疹合參： 桃仁，宜擇去雙仁者，以湯浸，去皮尖，研用。此與杏仁潤大腸功同，但杏仁治氣秘，桃仁治血秘。雖云苦以去滯，甘以生新，然究竟破血之功多，而益血之力少。但走血分而性滑潤，佐麻仁、當歸以治燥結如神耳。露桃花，味苦辟邪，除百毒，併痘毒氣斑瘡，宜清晨帶露摘取，飯上蒸熟，焙乾用。不宜多用，用多則瀉。古方用治痘，一二日焦紫及丹，蓋以其性陰而和陽也。

清・张璐《本經逢原》卷三 桃仁 苦、甘，平，無毒。去皮尖。生用即和血，連皮尖炒用即破血。同乾漆拌炒，大破宿血。雙仁者有毒，勿用。《本經》主瘀血血閉，癥瘕邪氣，殺三蟲。 發明：桃仁入手、足厥陰血分，為血瘀、血閉之專藥。苦以泄滯血，甘以生新血，畢竟破血之功居多。觀《本經》主治，可知仲景桃核承氣抵當湯，皆取破血之用。又治熱入血室，瘀積癥瘕，經閉瘧母，心腹痛，大腸秘結，亦取散肝經之血結。熬香治癩疝痛癢，《千金》法也。○桃實甘酸，多食令人腹熱作瀉。○桃奴殺百鬼精物，療中惡腹痛，瘀血癥堅，破血，酒磨服； 止血，燒灰服。○桃樹上膠最通津液，能治血淋、石淋、痘瘡黑陷，必勝膏用之。○桃葉治傳屍，有水炙法，方用桃葉一斗，艾葉、厚朴各二兩，分二囊盛，置以火酒數觔煮沸，更迭煮藥，熨患人背脊，酒盡為度，不過三次，瘵蟲永絕。又瘡中小蟲，擣爛塗之。

清・汪啟賢等《食物須知・諸果》 桃　味甘，氣平，入手足厥陰經。以他木成者，形雖肥美，殊失本性。恣啖作熱，發丹石於心胸。肺病宜食。生者損人，食訖入水浴成淋。人食桃致病，收桃梟燒灰服，暫吐即愈。

桃梟，係自乾桃，取着樹不落者，春初採取，辟惡殺邪。

清・浦士貞《夕庵讀本草快編》卷四　桃《本經》　桃性早花，易植子繁，故字從木從兆。按十億曰兆，言其多也。　桃之始華，方春鬭艷，灼灼如錦。武陵源藉以避時，天台山香稱異境。其實為肺之果，可以解渴延齡，可以千年一熟，故王母授之武帝，良有旨也。其仁則苦勝於甘，沈而且降，為手足厥陰血分之藥。夫味之苦者可以破凝結，甘之緩者可以致生新。其功有四：治熱入血室一也，泄腹中滯血二也，除皮膚血熱燥痒三也，行皮膚凝聚積血四也。成無己曰：　肝者血之源，血聚則肝燥。肝苦急，急食甘以緩之，桃仁之甘是也。凡傷寒八九日，內有畜血，發熱如狂，小腹滿痛，小便自利者，又有當汗，失汗，熱毒深入，血結於胸，煩躁譫妄者，俱用抵當湯或核桃承氣湯，推陳致新，皆神劑也。若其實經冬在樹，名曰桃梟，能殺精魅而壓不祥。末之除心腹惡痛而消伏梁結氣，燒灰能止吐血危頓，及姙娠下血。若皮汁外溢，號曰桃膠，能和血益氣，治痢止痛，石淋中惡，用之立効。製而久服，保中不飢，輕身辟穀。《列仙傳》高丘公賴此成仙。何今世棄而不用耶？　若其花塗面，可以悅顏，令生光華。末服則走泄二便，利宿水痰飲，積滯風狂之症。藏器言其服致人淋，悮矣！　至於葉可發邪汗而起癱瘓，排風疲而殺諸虫。昔支太醫治時行傷寒用桃葉煎熏，取汗立愈。其符可以辟鬼惡而伏邪氣。《禮記》云：　王弔則巫祝以桃符前引，以辟不祥，則知桃枝為鬼所畏，明矣。

清・張志聰、高世栻《本草崇原》卷中　桃仁　氣味苦、甘，平，無毒。主治瘀血血閉，癥瘕邪氣，殺小蟲。　桃種類頗多，唯山中野毛桃，即《爾雅》所謂榹桃者，小而多毛，核粘味惡，其仁充滿多脂，可入藥用。　桃仁、杏仁味俱甘苦，杏仁苦勝，故曰甘苦，桃仁甘勝，故曰苦甘。桃色先青後紫，其味甘酸，稟木氣也，其仁亦主疏肝，主治瘀血血閉，疏肝氣也。癥瘕邪氣乃血與寒汁沫，留聚於腸胃之外，凝結而為癥瘕，肝氣和平，則癥瘕邪氣自散矣。殺小蟲者，厥陰風勝則生蟲，肝氣疏通而蟲自殺矣。　《素問》五果所屬，以桃屬金，為肺之果，後人有桃為肺果，其仁治肝之說。　愚按：　桃味酸甘，其色生青熟紫，並無金體，竊疑《素問》之桃，乃胡桃也，俗名核桃，外殼內白，庶幾似之。若謂桃，則唯毛桃仁之桃，皮色白有毛，餘俱無矣。生時肉青白，熟則紫矣。若以外核內仁當之，則杏梅未始不如是，獻疑於此，俟後賢正之。

桃膠附　氣味苦，平，無毒。煉服保中不飢，忍風寒《別錄》附。　桃茂盛時，以刀割樹皮，久則膠溢出，採收以桑灰湯浸過曬乾用。

清・姚球《本草經解要》卷三　桃仁　氣平，味苦，甘，無毒。主瘀血，血閉癥瘕邪氣，殺小蟲。雙仁者大毒。　桃仁氣平，稟天秋收之金氣，入手太陰肺經。味苦甘無毒，得地中南火土之味，入手少陰心經、足太陰脾經。氣味降多於升，陰也。心主血，脾統血。血者，陰也，有形者也，周流乎一身，灌溉乎五藏者也。一有凝滯，非瘀即閉矣。至有形可徵即成癥，假物成形則成瘕。蓋皆心脾不運故也。桃仁甘以和血，苦以散結，則瘀者化，閉者通，而積者消矣。桃為五木之精，能鎮辟不祥，所以主邪氣。稟火之苦味，所以殺小蟲也。　製方：　桃仁同大黃、朴硝、甘草、桂枝，名桃仁承氣湯，治蓄血。

清・葉盛《古今治驗食物單方》　桃子　尸疰、鬼疰，桃仁五十枚，研泥，水煮，取四盞服之，取吐，吐不盡再吐。　卒然心痛，桃仁七枚，去皮、尖，研爛，水一合服之。　人好魘寐，桃仁二十一枚，研，以小便服之。　婦人難產，桃仁一個，劈開，一片書可字，一片書出字，吞之即生。　產後血閉，桃仁二十枚，去皮、尖，藕一塊，水煎服。　婦人陰痒，桃仁杵爛，綿裹塞之；男子陰腫，以此塗之。　唇乾裂痛，桃仁搗，和猪脂敷。　大便不快、裏急後重，桃仁三兩去皮，吳茱萸二兩，食鹽一兩，同炒熟，去鹽、茱，每嚼桃仁五七枚。　凡小兒頭瘡，樹上乾桃燒研，入輕粉、麻油調敷。　大便難，桃花研末服。　腰脊痛，桃花一斗一升，井華水三斗，麯米六斗，炊熟，如常釀酒，每服一碗。　天行疫癘，常以東行桃枝，煎湯洗浴，妙。　卒患瘰癧不痛者，桃樹白皮貼瘡上，灸二七壯，良。　五痔作痛，桃根煎水浸洗之，當有蟲出。　小兒濕癬，桃樹青皮為末，醋調敷之。

清・王子接《得宜本草・下品藥》　桃仁　味苦、甘。功專破瘀血，潤腸，止心腹痛。得吳茱萸治冷勞減食，得延胡索、川楝子治肝厥胃脘痛。

清・徐大椿《神農本草經百種錄》下品　桃核仁　味苦，甘，平。主瘀血，血閉瘕，邪氣，凡血滯之疾皆除之。殺小蟲。敗血所生之蟲。　桃得三月春和之氣以生，而花色最鮮明似血，故凡血鬱血結之疾，不能調和暢達者，此能入于其中而和之、散之。然其生血之功少，而去瘀之功多者，何也？　蓋桃核本非血類，故不能有所補益。若瘀瘕皆已敗之血，非生氣不能流通，桃之生氣，皆在于仁，而味苦又能開洩，故能逐舊而不傷新也。

清・黃元御《長沙藥解》卷二　桃仁　味甘苦辛，入足厥陰肝經。通經而行瘀澀，破血而化癥瘕。《傷寒》桃核承氣湯，桃仁五十枚，甘草、桂枝、芒硝各一兩，大黃四兩。治太陽傷寒，熱結膀胱，其人如狂，外證已解，但小腹急結者。太陽為膀胱之經，膀胱為太陽之府，太陽表證不解，經熱內傳，結於膀胱之府，血室瘀蒸，其人如狂，是宜攻下。若外證未解，不可遽下，俟其表熱汗散，但只小腹急結者，乃用下法。甘草補其中氣，桂枝、桃仁行經脈而破凝瘀，芒硝、大黃泄鬱熱而下積血也。　抵當湯方在大黃用之治血結膀胱，少腹鞕滿。《金匱》鱉甲煎丸方在鱉甲用之治久瘧不愈，結為癥瘕。大黃䗪蟲丸方在大黃用之治虛勞腹滿，內有乾血。桂枝茯苓丸方在桂枝用之治宿有癥病，胎動下血。下瘀血湯方在大黃用之治產婦腹痛，中有瘀血。大黃丹皮湯方在大黃用之治腸癰膿成，其脈洪數，以其破癥瘀而行膿血也。　桃仁辛苦滑利，通經行血，善潤結燥，而破癥瘀。其諸主治，止咳逆，平喘息，斷崩漏，殺蟲䘌，療心痛，醫腹痛，通經閉，潤便燥，消心下堅積，止陰中腫癢，縮小兒癩疝，掃男子牙血。

泡去皮尖。

清・吳儀洛《本草從新》卷四　桃仁〔瀉，破血潤燥。〕　苦，平，微甘。苦以泄血滯，甘以緩肝氣而生新血，無己曰：肝者，血之源，血聚則肝氣燥。肝苦急，急食甘以緩之。通大腸血秘。治熱入血室衝脈。血燥血痞，損傷積血，血痢經閉，咳逆上氣，血和則氣降。皮膚燥癢，肌有血凝。發熱如狂。若小腹滿痛，小便自利者，為畜血。若非血瘀而誤用之，大傷陰氣。泡去皮尖，炒，研碎。雙仁者有毒，不可用。香附為使。　附：　桃花〔通，大瀉。〕　苦，平。下宿水，除痰飲，消積聚，利二便，療風狂。《杜陽編》〔謝鶚《杜陽編》。〕載：范純佑女，喪夫發狂，閉之室中，夜斷窗櫺，登桃樹，食花幾盡，自是遂愈。以能瀉痰飲滯血也。《儒門事親》載：一婦滑瀉數年，百治不效。或言此傷飲有積也。桃花落時，以棘針取數十萼，勿犯人手，以麵和作餅，煨熟食之，米飲送下，不一二時，瀉下如傾，六日行至數百行，昏困，唯飲涼水而平。以攻決為用，但可施於氣實有餘之證。若無故而因除百病、美顏色諸謬說而服之，為害不小。三月三日，采花揀淨，以絹袋盛，懸檐下陰乾。千葉者勿用。

附：　桃葉　苦，平。殺蟲發汗。凡傷寒風痺，發汗不出，以火燒地，用水灑之，布乾桃葉於上，厚二三寸，席臥溫覆，取大汗，被中敷粉極燥便瘥。凡麥麩、蠶沙皆可如此法用。采嫩者，名桃心，入藥尤勝。　附：　桃子　辛，酸，甘，熱，微毒。多食令人有熱，生癰癤。有損無益，五果列桃為下，以此與鱉同食患心痛，服白朮尤忌之。　桃梟，是桃子在樹經冬不落者。正月采之。苦，微溫，有小毒。闢邪祛祟。

清・汪紱《醫林纂要探源》卷二　桃　甘，辛，溫。種不一。夏熟者多酸，秋冬熟者微有辛味。屬金。養肺瀉肺，體有毛者，多入肺。辟邪。金肅。多食瀉泄，生瘡。　桃梟　治魅病鬼瘧。在樹經冬不落者。　桃仁　苦，甘，辛，平。用冬桃者。瀉心燥脾，能去瘀血。補肝和脾，緩肝。能生新血。苦味多於辛甘，故尤去瘀。治熱入血室，損傷積血，經閉，血痢。炒用則甘多而緩，能潤。去皮尖，研，治血熱，皮膚燥癢。生用則苦辛而行，善攻。連皮尖搗泥，治血痢，燥糞，血塊，發狂，血秘。入血分。杏屬心，而仁行氣分。桃屬肺，而仁行血分，何也？曰內外每異用也，氣血相唱隨也。○血虛及雙仁者勿用。　花　苦，平。燥濕除痰，悅顏色，泄肺逆。　葉　辟邪，發汗。

清・嚴潔等《得配本草》卷六　桃桃梟、桃仁、桃花、桃膠、桃葉、桃枝、桃蠹、桃樹根白皮。

桃梟即桃實著着經冬不落者。又名桃奴。　苦，微溫，有小毒。殺鬼精，療中惡，破伏梁，止邪瘧。　炒炭米飲下，治吐血。　酒拌蒸，去核焙乾用。

桃仁　香附為之使。　甘、苦，平。入手足厥陰經血分。去滯生新，緩肝潤燥。治血結畜血，瘀血癥瘕，血滯風痹，血痢經閉，熱入血室，產後血病，心腹諸痛。辟鬼疰，殺三蟲，潤大便，止瘧疾。　配元胡、川楝子，治肝厥胃痛。入小柴胡湯，治熱入血室。　行血，連皮尖生用。潤燥活血，浸去皮尖炒用，或麩皮同炒研用。雙仁者有毒，不可用。　一切血虛致經閉、便閉等症，俱禁用。

桃花　苦，平。入足陽明經。散滯血，破石淋，逐痰飲，療積痛，殺三蟲，化痘毒。痘出二三日，焦紫及丹者，此可治之。　得溫酒，治痰飲宿水及腳氣腫痛。和麵服，下燥糞。搗豬脂，敷膿瘻。　清晨帶露摘取，飯上蒸熟，焙乾用，或揀淨以絹袋盛懸檐下令乾用。　千葉者令人鼻衄不止，不可用。多用則瀉。

桃膠　苦，平。和血益氣。治下痢，止痛。　配通草、石膏，治血淋作痛。配沉香、蒲黃，治產後下痢。亦治血痢腹痛。　和水熬成膏，酒化服，治痘靨發搐。　樹汁溢出成膠，以桑灰湯浸過，曬乾用。如服食，當依法修煉。

桃葉　苦、辛。一切瘡蟲尸蟲。諸蟲入耳，蟲蝕陰戶，裹葉塞之自除。采嫩者，名桃心，入藥尤勝。　桃枝　酒煎飲，治卒心痛。煮湯浴，不染天行疫癘。　桃蠹即樹中蛀蟲。　殺鬼惡。　桃樹根白皮　治齒䘌。

題清・徐大椿《藥性切用》卷六　桃仁　苦平微甘，入厥陰而調經，破瘀潤燥通腸。去皮尖，研如泥用。腸滑者忌。桃花，苦平，入血分而消積下滯，利水除痰，為痰飲滯血耑藥。誤服瀉人。桃葉，苦平，殺蟲發汗。桃子，辛酸甘熱，多食壅熱生瘍。正月採桃名梟，辟邪祟。桃乾，在樹名殭桃，縮邪汗。

清・黃宮繡《本草求真》卷八　桃仁入心胞、肝，破血通瘀。　桃仁耑入心胞、肝。辛苦甘溫，為厥陰心胞、肝血分主藥。夫血者陰也，有形者也。周流乎一身，一有凝滯，則為癥瘕瘀血血閉，或婦人月水不通，或跌撲損傷積血，及心下宿血堅痛，皆從足厥陰受病。以其為藏血之臟也。苦能泄滯，辛能散結，甘溫通行而緩肝，故並主之。所以為蓄血必需之藥。成無已曰：肝者血之源，血聚則肝氣燥，肝苦急，急食甘以緩之，桃仁之甘以緩肝，以散血。故張仲景抵當湯用之以治傷寒八九日，內有蓄血，發熱如狂，小腹滿痛，小便自利者。又有當汗失汗，熱毒深入吐血，及血結胸煩躁譫語者，亦以此湯主之。與蝱蟲、水蛭、大黃同用。且桃為五木之精，能鎮辟不祥，故主辟邪。味苦而辛，故能殺小蟲。雖云苦能去滯，甘能生辛，但苦重甘微，氣薄味厚，沉而下降，故瀉多補少，散而不收，用之不當，及過用多用，使血下不止，損傷真陰，不可不慎。張璐曰：大抵氣血喜溫而惡寒，寒則泣不能流，溫則消而去之，此軒岐密旨，但世之名於醫者，一見血症，每以寒涼濟陰為務，其始非不應手而取效於一時，屢發屢折，而既病之虛陽愈衰，必致嘔逆喘乏，奪食泄瀉，尚以藥力未逮，猛進苦寒，有陰不濟陽而上溢者，尚為戈戟。況陽不統陰而亡脫者，尤為砒鴆。蓋因陽藥性暴，稍有不順，下咽立見其害，不若陰柔之性，至死不知其誤而免人之譏謗也。噫！醫之弊，僅可為知己道，難為俗人言耳！　行血連皮尖生用，潤燥去皮尖炒用，俱研碎，或燒存性用，雙仁者有毒不可食。香附為使。詵曰：能發丹石毒，生者尤損人。瑞曰：桃與鱉同食，患心腹痛，服术人忌之。

清・黃宮繡《本草求真》卷九　青桃生熱發毒。　青桃耑入肺。肺家果耳，然卻列此為下，以桃味甘而酸，性熱微毒。故書皆載食則使人發熱生癰作瀉，膨脹成淋，及發丹石之毒，與鱉同食，則使人心痛不休。與服白术人則忌。究其主治，止有作脯可益顏色一語，他無有及，則知桃性固熱，生食而桃不化，其熱益甚，安得有利無害，而不見有滿脹發熱發毒生瘡之病乎？　冬桃差勝，可解癆熱。

清・李文培《食物小錄》卷上　桃　辛、酸、甘，熱，微毒。作脯食益顏色，肺病宜食之。多食令人有熱，能發丹石毒。食桃飽入水浴，令人成淋及寒熱病；多食生桃令人膨脹，生癰癤。服术人忌食。五果桃為下。桃有數種，其名不一，然性味皆同。

清・楊璿《傷寒溫疫條辨》卷六消劑類　桃仁　味甘苦，氣平，陰中有陽。入心包、肝。甘緩肝氣而生新血，苦瀉血滯而破瘀血。生研用行血，治血瘀血閉血結，通血膈，破血癥，逐血疼，皮膚血熱燥癢，畜血發熱如狂。仲景桃仁承氣湯悉治之。炒研用和血，治熱入血室。小柴胡湯加生地、丹皮、紅花、桃仁。潤秘結大腸。血枯不可妄用，雙仁有毒難當。《尊生書》曰：桃仁不可去皮尖，以皮紅，取其入血，尖取利氣而行瘀也。

花　治陽狂。

清・羅國綱《羅氏會約醫鏡》卷一七菓部　桃仁味苦微甘，入心包、肝二經。血者陰也，周流一身，一有凝滯，為病不少。桃仁苦以去滯，甘以生新，治諸經之瘀血、經閉、血膈、血癥，熱入血室衝脉而譫語，血燥大腸而閉結，及蓄血發熱如狂、血痞血痢，味苦能散。療撲傷有瘀血，殺蟲苦辛，血熱膚癢潤也，辟邪殺鬼。桃為五木之精。若血不足，及經枯血閉者，禁用。行血連皮尖生用，潤燥去皮尖炒用。雙仁有毒勿用。

桃花　帶露採取陰乾，殺鬼疰，療風狂，下大腸糞乾脹痛。用桃花濕者一兩，和麪二兩，作餅蒸熟，空心食之，自腹鳴而下惡物也。

葉　能發汗。凡傷寒風痹，發汗不出，以火煅地，用水洒之，鋪桃葉三寸厚，席臥溫覆，自大汗出而瘥。

枝　煎湯浴，不染時疫。凡中邪癲狂，最畏桃條鞭打。

清・陳修園《神農本草經讀》卷四下品　桃仁　氣味苦、甘，平，無毒。主瘀血，血閉，癥瘕邪氣，殺小蟲。雙仁者大毒。

陳修園曰：桃仁氣平為金氣，味苦為火味，味甘為土味。所以瀉多而補少者，以氣平主降，味苦主泄，甘味之少，不能與之為敵也。

徐靈胎曰：桃得三月春和之氣以生，而花色鮮明似血，故凡血鬱血結之疾，不能調和暢達者，此能入於其中而和之散之。然其生血之功少而去瘀之功多者，何也？蓋桃核本非血類，故不能有所補益。若瘀瘕皆已敗之血，非生氣不能流通。桃之生氣皆在於仁，而味苦又能開泄，故能逐舊而不傷新也。

清・黃凱鈞《藥籠小品》　桃仁　能治一切血瘀、血積、血痞、血秘，皮膚燥痒，肌有凝血。發熱如狂。蓄血在小腹。若非瘀滯而誤用之，大傷陰氣。泡去皮尖炒研。

清・章穆《調疾飲食辯》卷四　桃　《綱目》曰：　桃易種實早，類甚多，花有紅、白、紫、碧、千瓣、單瓣之殊，諸桃花總皆豔冶，因其開早，寂寞春光藉以點綴，故詩人吟詠多及之。大抵實早者花必遲，實遲者花反早。又視乎其地，白香山詩曰：城中二月芳菲盡，山寺桃花始半開。惟白桃、碧桃獨標雅淡，惜不免繁縟，且無香耳。實有大、小、方、扁、有毛、無毛、酸、甘、苦之別。扁桃味甘，油桃無毛，味亦甘。其餘諸桃，毛厚者必酸苦，毛稀者必甘甜。時有夏、秋、冬熟之異冬桃一名仙人桃，一名西王母桃，一名崑崙桃，因其實大而色赤，極美觀，故命以美名也。色有紅、緋、紺、碧、金、銀、臙脂諸品。惟一種毛桃，即《爾雅》之褫桃，多毛味惡，其仁充滿。《爾雅》注云：食者必去毛，故名褫。然諸桃皆須去毛。《內則》云：桃曰膽之。楊鐵崖、宋景濂集，並載元朝御庫蟠桃核大如盌。《拾遺記》載漢明帝時，常山巨桃霜後始花，次年夏乃熟。《元中記》載積石之桃，大如斗斛。《酉陽雜俎》載九嶷桃核，半扇可容一升。蜀後主桃核，半扇可容五升，貯水則變為酒。悉屬幻談。昔人謂桃為仙果，然性不佳，多食令人膨脹，生癰癤。

按：《綱目》之言極是。且又難尅化，傷脾胃，生腹中長蟲，瘧、痢人食之加倍難愈。《素問》列為五果，云肺病宜食，切不可從。至《爾雅》注，謂冬桃能解勞熱，尤不可信。惟核中仁，能破瘀血，開血閉，消癥瘕，潤大腸，破畜血。仲景治傷寒畜血如狂抵當湯，婦人傷寒熱入血室桃仁承氣湯，皆用之。

其實着樹乾枯，經冬不落者，名桃梟，懸掛為梟，故罪人懸首示衆曰梟首。又名桃奴，又名桃景，又名神桃，又名鬼髑髏。《本經》謂能殺百鬼精魅，《聖濟總錄》用治鬼瘧，均不驗。蓋此物小時不成則墜，大時不成則反不墜，性本如此。非有異也。

惟桃花《本經》謂能殺疰鬼，《杜陽雜編》謂能治肝傷血閉之風狂，極可信。有此病者，宜廣收用之，或為末，或和米麪作餅，或輔以他藥為丸。緣花乃精華所發，不比桃奴，為未成之實。

況此木性專辟惡，《山海經》神荼、鬱壘居東海度索山蟠桃樹下，主領衆鬼之說，雖不足深信，而古人懸桃板於戶以辟邪，後人或作桃梗、桃杙、桃橛、桃符，歲終則更換，有新桃換舊符之句。溯厥由來，在周、秦以上。《戰國策》中已有其語，故知在周、秦以上。故《禮》曰：王弔則巫祝以桃茢前引，而辟不祥。

其葉可蒸汗，凡天行熱病，暨傷寒連發汗而汗不出者，死症也，《備急方》用水二石，煎桃葉取汁，置床簀下，厚被覆蓋，蒸之，少時汗出遍身至兩足，漸去其覆。《小品方》用炭數十斤，燒地令熱，以少水灑之，布乾桃葉於上，厚三四寸，安薦葉上，溫覆臥之。此二法蒸得汗，皆就被中粉之，汗收盡始可去覆。後法更佳。無桃葉，栢葉、麥麩皆可代。而《綱目》引《梁書》徐文伯蒸范雲，謂其二年後當不起，至期果死之事，謂不俟汗出時日，先期刼病，貽害無窮，似不可信。蓋傷寒得汗，惟恐不早，有何時日可俟。且此法原治屢發汗而汗不出之危症，非可以服藥發汗而求速效也。桃枝、桃根、桃膠，古方並用均不驗，不錄。

清・王龍《本草纂要稿・菓部》　桃仁　氣味甘苦而平。主瘀血血閉血結，潤燥血止痛通經。苦以破滯血，甘以生新血，入手足厥陰經。

清・張德裕《本草正義》卷上　桃仁　苦辛，平。入肝、心包。善治血瘀、血閉、血結、血隔血癥，功惟破血。亦潤大腸。若血虛經閉，投之則危。

清・楊時泰《本草述鉤元》卷一六　桃仁　雙仁者有毒，不可食。

氣味苦辛甘溫。苦能泄滯重，辛能散結，甘溫通行。氣薄味厚，陽中之陰，降也。入手足厥陰血分。主治血結血秘血滯血燥，通潤大便，破蓄血，治熱入血室。療風痺及皮膚血熱燥癢，肝瘧寒熱，止咳逆上氣，消心下堅硬，通女子月水，治產後諸病。泄腹中滯血，兼行皮膚凝滯之血東垣。肝藏血，血聚則肝氣燥，桃仁入肝散血，故仲景抵當湯同虻、蛭、大黃用。主之治畜血，吐血及血結胸等證。同紅花、歸、芎、延胡、蘇木、五靈脂、牛膝、生地、澤蘭、益母草，治產後瘀血，結塊作痛，并壯盛婦人經閉不通。同歸、芎、地、麥、麻仁、蓯蓉、黃芩、甘草，治大腸血燥，便結不通。同番降香、川通草、穿山甲、乳香、沒藥、楂肉、當歸、紅花、續斷，治上部內傷瘀血作痛。按桃仁之用，粗者知其破滯血消癥塊而已，不知血之為病，如風勞便秘，血燥也。瘧疾寒熱，骨蒸作熱，急勞欬嗽，血結也，豈直癥塊之為血病乎？錄數方以俟類推。風勞毒腫攣痛，或牽引小腹及腰痛，桃仁一升，去皮尖，熬令黑煙出，熱研如脂，以酒三升攪和服，暖臥取汗，不過三度瘥。大便不快，裏急後重，用桃仁三兩去皮，吳茱二兩，食鹽一兩，同炒熟，去鹽茱，每嚼桃仁五七粒。瘧疾寒熱，桃仁一百枚，去皮尖，置缽內，研成膏，不得犯生水，入黃丹三錢，丸梧子大，每服三丸，當發日，面北溫酒吞下，端午日午時合之。忌雞犬婦人見。骨蒸作熱，桃仁百二十枚，留尖去皮，杵為丸，平旦，井花水頓服之，令盡量飲酒至醉，仍須任意喫水，隔日一劑，百日不得食肉。急勞欬嗽煩熱，用桃仁三兩去皮尖，豬肝一枚，童便五升，同煮乾，木臼搗爛，入蒸餅和丸梧子大，每溫水下三十丸。

論：昔賢謂血滯所宜者，桃仁、紅花、丹皮、蘇木、血竭之屬。夫紅花、蘇木、血竭色紅，丹皮色紫，而桃仁治血其色獨白。之頤曰：桃為肺果，精專在仁，能司肺氣，為營血之師帥，凡血之不行不濡，即氣之不決不運，氣如橐籥，血如波瀾故也。諸紫赤色藥歸血分，各有所入，惟桃仁色白而和血，上下中無不行。所云入手足厥陰者，因包絡為化血之原，肝為納血之臟，肝氣下降，入心而生血，手厥陰受之以行其化，足厥陰又即受之以歸於經也。抑司氣之劑多矣，何獨桃仁若是，蓋他藥之司氣者，未能由氣而致血之用，即入血諸味，亦多未能致氣於血以為用也。如桃仁之用在血，而用之體乃在肺，故治血病者，於心肺相馭之微可深究乎。氣為血先之本矣，能治血即能療風，人第知血虛生風，而不知血滯亦能生風，蓋化者生之機，舊血不化，則新血不生，因之風虛鼓焰，知桃仁能療血滯之風，則知其由氣入血者，即金能媾木之義爾。第由肺氣而和肝血，用之當，則滯血立通，一不當，則血下不止，損傷真陰，為害非小，繆氏故切切致慎於誤用者焉。

性善破血，散而不收，瀉而無補，用之不當，及當而或過，能使血下不止，慎之仲淳。

修治：行血，宜連皮尖生用。潤燥活血，宜湯浸去皮尖，炒黃，或用麥麩同炒，或燒存性，各隨本方。

桃花　弗用千葉者，令人鼻衄不止。性走泄，下降利大腸甚快。一婦滑泄數年，百治不效，或言此傷飲有積也，桃花落時，以棘針刺取數十萼，弗犯人手。麪和作餅，煨熟食之，米飲送下，不一二時，瀉下如傾，六七日至數百行，昏困，惟飲涼水而平。觀此，則花之峻利可徵。驚怒傷肝，痰夾敗血，遂至發狂，食桃花利痰飲，散滯血則愈。產後大小便不通，用桃花、葵子、滑石、檳榔等分，為末，每空心葱白湯服二錢。痰飲宿水，收桃花陰乾為末，溫酒服一合取利，覺虛食少粥，不似轉下藥也。

修治：揀淨，收入絹袋，懸檐下陰乾。

桃莖及白皮　水腫尿短，桃皮三斤，去外粗皮，秫米一斗，女麴二升，以水二斗，煮桃皮，取汁一斗以半漬麴，半漬秫飯，如常釀成，每服一合，日三次，以體中有熱為候，小便多是病去。忌生冷一切毒物。婦人經閉數年，面色萎黃，唇口青白，腹內成塊，肝上筋起，腿脛或腫，桃根煎主之，用桃樹根、牛蒡根、馬鞭草根、牛膝、蓬虆各一斤，剉，以水三斗，煎一斗去渣，更以慢火煎如錫狀收之，每熱酒調服一匙。

修治：根之皮更良，取東行者，刮粗皮，取白皮用。

桃膠　血淋作痛，桃膠炒木通、石膏各一錢，水煎，食遠服。產後下痢赤白，裏急後重腹痛，用桃膠焙乾，沉香、蒲黃炒各等分，為末，每服二錢，食前米飲下。

修治：於桃茂時，以刀割皮，久則膠出，以桑灰湯浸過，曬乾用。

清·鄒澍《本經疏證》卷一二　桃核仁、杏核仁　【略】盧子繇謂杏為心果。心主脈，故杏有脈絡。桃為肺果。肺主毛，故桃有膚毛。此言解杏與桃是矣。第果之與仁，終應有異。且杏仁、桃仁，《本經》主治，仲景用法，皆不謂杏主脈，桃主毛也。然則將奚從？愚按：《素問·五常政》等論論運氣太過不及，而約以穀食所宜，當有彼此取舍之殊。蓋氣有偏旺偏衰。穀食所主，亦有彼此肥瘠耳。要而言之，則藏氣法時論所謂五穀為養，五果為助，原為平人察藏氣之偏，而衰多益寡，稱物平施，以底於無過不及，非為治病立論也。是故杏有脈絡，則以之助心。桃有膚毛，則以之助肺。然果是一物造就之功能，仁是一物所鍾之生氣，凡物惟不偏不倚，相制相援，生理乃具。使杏有脈絡，仁遂助脈絡，桃有膚毛，仁亦助膚毛，偏倚極矣，無相制相援之妙，又何得為生理所鍾哉？夫血無氣不流，氣無血不澤，血不流則脈絡阻而氣先湧逆，氣不澤則腠理塞而血遂壅淤。故杏主助脈絡，仁即主通脈絡之氣。桃主助膚腠，仁即主疏膚腠之血。是杏之生氣鍾於金，成於火。桃之生氣鍾於木，就於金。金必鍛冶乃能為物，木必斲削始克成材。實理如是，非附會也。是故論治病者，但取其杏有脈絡，仁則主降氣。桃有膚毛，仁則主疏瘀。斯降氣為降何等之氣，疏瘀為疏何等之瘀，皆可瞭然。不必牽連杏為心果，桃為肺果矣。《本經》桃仁所主瘀血，是通血之物，皆能治者也。血閉而成瘕，且雜邪氣，則非尋常血閉，為因氣不行血遂阻滯者矣。杏仁所主欬逆，上氣賁豚，是下氣之物皆能治者也。雷鳴由於喉痺，且當下氣，則可知其非尋常上氣為血絡不通，氣被壅逆者矣。更推以仲景之用桃仁，無不與是脗合者。

《本經》云：桃仁主瘀血血閉瘕邪氣，似乎凡由血閉而成瘕，其無邪氣者不足當之矣。乃仲景用桃仁承氣湯、抵當湯丸、鼈甲煎丸、大黄牡丹湯，所治證誠因邪氣而致。若大黄䗪蟲丸、桂枝茯苓丸、下瘀血湯，亦可謂因邪氣而致者乎？愚以為是亦皆因邪氣而致者也。夫五勞虛極羸瘦，至腹滿不能飲食，肌膚甲錯，兩目黯黑，非積年累月不能成。而推原其本，曰食傷飲，傷飢，傷勞，傷經絡，榮衛氣傷，無不由於外因，非本實之先撥也。惟憂傷房室傷為七情內因之咎。然能至積年累月，不過腹滿不能飲食，肌膚甲錯，兩目黯黑，則亦未免因憂因房室致外感耳。若夫內有宿癥，苟一身之生氣皆為血阻，則不應有孕。有癥仍能得孕，非因邪氣之入內與血結僅阻於一處，不害生氣之流行闔闢耶。至產婦腹痛，其因惡血未盡，與枳實芍藥散而必可瘳。其不瘳而血反瘀於臍下焉。若不由邪入，斷無此病。細探而力索之，則仲景之用桃仁，與《本經》之所主，有不爽銖黍者矣。蓋桃仁以今日所鍾生氣而言，氣薄則泄，味厚則發。以他日所造就而言，花色紅潤，實有膚毛，其泄且發，遂為內自血分，外達肌腠矣。前聖之因物品能，後聖之開來繼往，息息相貫，心心相印，有如此者。

然桃仁所主血閉瘕邪氣，皆內證也。其外候云何？然此可考覈而知者也。仲景書並《千金》附方，用桃仁者凡九，其方中同用之物，既因大黄、芒硝、虻蟲、水蛭，可知其為附於裏證矣。不可因瓜瓣、丹皮、桂枝、芍藥，而可知其為附於表證耶。是故用桃仁證之外候有三，曰表證未罷，曰少腹有故，曰身中甲錯。何以言之？蓋桃仁承氣湯證曰：太陽病不解。抵當湯證曰：表證仍在。抵當丸證曰：傷寒有熱。葦莖湯證曰：欬而有微熱。鼈甲煎丸證曰：瘧一月不解。大黄牡丹皮湯證曰：時時發熱，自汗出，復惡寒，以是知其必由表證來也。桃仁承氣湯證曰：少腹急結。抵當湯證曰：少腹鞕滿。抵當丸證曰：少腹滿。大黄䗪蟲丸證曰：腹滿不能飲食。大黄牡丹皮湯證曰：少腹腫痞。下瘀血湯證曰：腹中有瘀血著臍下。以是知其少腹必有故也。大黄䗪蟲丸證曰：皮膚甲錯。葦莖湯證曰：胸中甲錯。大黄牡丹皮湯證之前條曰：腸癰之為證，其身甲錯。以是知其身中必有甲錯處也。雖然，風寒為病，皆有表證。畜水停痰，皆能腹滿。腸癰並不用桃仁，用桃仁者乃腫癰，是三者果可為確據耶。夫固有辨矣，曰太陽病六七日，表證仍在，脈微而沉，其人發狂者，以熱在下焦，少腹當鞕滿，小便自利者，下血乃愈。曰傷寒有熱，少腹滿，應小便不利，今反利者，為有血也。是知表證未罷，必少腹滿，乃得窺桃仁證之一斑，少腹滿矣，必小便利，乃得為桃仁證之確據。腸癰雖不用桃仁，然前條起首云腸癰之為病，明係發凡起例之詞。下條起首云腫癰者，明謂腫癰，即腸癰之別，腸癰可該腫癰，則腫癰亦可有甲錯矣。況三者謂不必比連而見，得其二即用桃仁可也。若三者一件不見，竟用桃仁，則必無之事矣。循是而求桃仁之所當用，又豈有他歧之惑哉。

麻黄湯、大青龍湯、麻黄杏仁甘草石膏湯、麻黄加朮湯、麻黄杏仁薏苡甘草湯、厚朴麻黄湯、文蛤湯，皆麻黄、杏仁並用。蓋麻黄主開散，其力悉在毛竅，非藉杏仁伸其血絡中氣，則其行反濡緩而有所傷，則可謂麻黄之於杏仁，猶桂枝之於芍藥，水母之於蝦矣。然用麻黄者，不必盡用杏仁，在《傷寒》《金匱》兩書可案也。惟喘家作桂枝湯加厚朴杏子湯佳。凡麻黄湯證多兼喘，則凡用杏仁，皆可謂為喘設矣。乃小青龍湯偏以喘去麻黄加杏仁，其故何歟？此其義蓋見於《金匱・痰飲篇》，夫支飲冒而嘔，既以服桂苓五味甘草去桂加薑辛半夏湯，水去嘔止矣。則不應腫，腫而無水，即所謂無水虛腫為氣水也。氣水發其汗即已，詎得用麻黄，乃不用麻黄而用杏仁，云以其人血虛，則其故有在矣。然則杏仁遂為補血之劑歟，斯殆非也。夫杏仁外苞血絡，內韞生機，無水虛腫為氣水，分明氣乘血絡之虛，襲而入之遂為腫也。得杏仁致生氣於血絡，推而行之，於以化腫氣為生氣，於以除壅遏而得節宣，腫遂愈矣。喘者腫之根，腫者喘之漸。治腫以是，治喘即以是，猶不可知杏仁之所治，乃氣入血絡，壅腫而不得外達之喘耶。曰太陽病下之後，其氣上衝者，可與桂枝湯。若不上衝，則不得與。又曰：太陽病下之微喘者，表未解也，桂枝加厚朴杏仁湯主之。汗能傷陰，下後氣上衝，雖是邪還陽分，然欲由外解，必經血絡而後及於肌膚，多恐血絡既虛，則邪入之，遂生壅腫，故加厚朴、杏仁，一從直道下降，一從血絡外出，仍與治腫同一理也。雖然，麻黄協杏仁，所治之證多有不喘者。蓋亦皆以血絡壅遏，不能外達用之。玩麻黄連軺赤小豆湯證，所謂傷寒瘀熱在裏，身必發黄條，只一瘀字，其關於血絡可知矣。

然則大陷胸丸、麻仁丸、茯苓杏仁甘草湯、礬石丸之用杏仁，心以其能行血絡之氣耶。蓋亦有之而稍異。夫旁通直降，杏仁之性。兩者兼備，是以合麻、桂而播其先聲，協硝、黄而壯其後勁。且大陷胸湯證猛於大陷胸丸證，麻仁丸證劣於小承氣湯證。大陷胸丸中全有，大陷胸湯不必杏仁、葶藶而可通。麻仁丸中全有，小承氣湯不必麻仁、杏仁、芍藥乃能降。所以然者，大陷胸湯所主，無心已上證。小承氣所主，無不足證。假使大陷胸丸證用大陷胸湯，則結胸縱解，項強如柔痓難除。麻仁丸證用小承氣湯，則脈浮雖愈，枯澀難澤延於下，後能保其在上與不足之餘患不幻為他變耶。是故項強如柔痓者，結胸餘威，乘血絡虛而溢於上也。脈濇者，大便鞕，小便自利之消耗，既使胃中液乏，復能吸傷血絡也。是杏仁在大陷胸丸，為葶藶引導以勦捕餘黨，在麻仁丸則為麻仁引導以安貼反側，均為善後起見耳。觸類而長之，則產乳既傷其內，金瘡復傷其外，血液内外交洩，脈絡勢將中絕之候，不可知杏仁乃添補血液劑中，開通内外之使耶。胸痺，胸中氣塞短氣，是飲閉於上。經水閉不利，臟堅癖不止，中有乾血，下白物，是濕閉於下。飲閉於上，能使水液皆化痰涎。濕閉於下，能使血液皆成白物。在上者宜利之，利之而横溢者，不能全去也。在下者宜卻之，卻之而方來者，猶將化也。故茯苓杏仁甘草湯中用杏仁，乃為茯苓旁搜溢入之飲。礬石丸中用杏仁，乃為礬石直通血脈之氣。其一横一直之間，已足見杏仁在直劑中能横，在横劑中能直。已引而伸之，則欬逆為由下而上逆，喉痺為由横而阻中，以至金瘡賁豚，無非一横一直，亦無非自下而上，不又可見杏仁原一線直達之物，而善帶曳横阻之邪以出，本非能横行者耶。

或問《傷寒》《金匱》兩書，何以獨大黄䗪蟲丸一方桃仁、杏仁並用？曰夫仁生氣之鍾於極内者也。核，其骨也。果，其肉也。温分肉，澤筋骨，斷藉仁中之生氣。至理所在，毋可易也。然其氣之於外，而温澤分肉筋骨，必先剛而後柔。乃桃則肉白而骨赤，杏則肉黄赤而骨白，於此可見桃仁入血分而通氣，杏仁入氣分而通血脈矣。乾血之為物，非氣血並堅癖不能成。若氣煦血濡，有一件足自立，必不致血之乾。且阻氣之行，而至虛極羸瘦，腹滿不能食矣。大黄䗪蟲丸澤血通血，搜血消血，既皆有其物，非桃仁之入阻血中行氣，杏仁之入阻氣中行血，又何以使兩者成和，而化乾物為潤物，起死物為生物耶。觀礬石丸所主，曰婦人經水閉不利，藏堅癖不止，中有乾血，下白物。盡血病也，偏用杏仁。《千金》葦莖湯所主欬有微熱，煩滿，胸中甲錯，盡氣病也，偏用桃仁，其故亦可思矣。

清・葉桂《本草再新》卷五　桃仁味苦、酸，性温，無毒。入肝、肺二經。　歛汗潤肺，止欬化痰，散邪發汗。

桃葉味苦，性平，無毒。入心、肺二經。　發汗除痰，消濕殺蟲。味苦，故能殺蟲。

清・吴其濬《植物名實圖考》卷三二　桃　《本經》下品。桃花、桃葉、莖皮、核仁、桃毛皆入藥。實在樹經冬不落者為桃梟，一曰桃奴。汁流出為桃膠，以木為橛為符，皆辟鬼氣。

清・趙其光《本草求原》卷一二果部　桃仁　氣平，主降。味苦多、甘少，故泄多、補少。無毒。主瘀血、血閉、癥瘕，桃花似血，得三月之生氣以生。已敗出血非生氣不能通達。桃之生氣皆在於仁，味苦又能開泄，故逐瘀而不傷新。其不能補血者，以核非血類也。通潤大腸血秘。治熱入血室，皮膚衝任血燥而癢，血痢、血滯而咳，氣以血為家，血和則氣下。脇痛，肝血燥則急，甘以緩之。肝瘧寒熱，心下堅痛，皆血滯所致。殺三蟲，癩疝痛癢，熬香用。療血滯之風痹。血滯則肝鬱而化風。紅花、蘇木、丹皮、血竭色紅，入血宜也。桃為肺果，仁又色白，何以治血？蓋肺氣入心生血，包絡乃受之以行其化，肝乃受之以歸經，是氣為血帥也。倘血病而不由於肺氣，又不得誤用。

熬令黑煙出，研膏，酒下取汁，治風勞毒腫攣痛，或牽引小腹；　再加黄丹，治瘧疾。童便、豬肝同煮為丸，水、酒任下，治骨蒸勞熱咳嗽。以吴萸、食鹽同炒，去鹽、茱嚼食，治便難裹急後重。血虛、血枯人勿用。行血，連皮尖生用；　潤燥，去皮尖炒用，或麥麩炒，或燒存性用。雙仁者有毒，勿用。其果肉則有損無益。

桃花　苦，平。利二便，治飲積下痢，以針取之，不犯人手。用麵和作餅，煨熟食，大利而止。驚怒傷肝、致痰飲滯血而發狂，是利痰飲，散滯血，有專功。產後二便不通，同葵子、滑石、檳榔為末，葱湯下。下宿水痰飲積聚。陰乾為末，酒下。千葉者無用，令人鼻衄。

桃葉　發汗，凡外感，以火煅地，布葉於上，温覆取汗即愈。治傳尸蟲，同艾葉、厚朴酒煮，布包熨背脊數次，瘵蟲永絕。瘡中小蟲。擣塗之。

桃奴樹上乾子。　殺百鬼精物，治中惡腸痛。酒磨，破瘀血癥堅；　燒灰，止血。桃為五木之精，其枝、葉、花、仁俱能辟邪。故桃仁煮粥，治鬼疰、咳嗽。

桃根白皮　治水腫尿短，煮取汁，一半漬麯，一半漬秫飯，釀成酒飲之，以體熱小便長為度。經閉黄瘦、腹内成塊。同牛蒡根、馬鞭草根、牛膝、蓬蘽煮水熬膏，酒調下。

桃膠桃茂時，以刀割皮，久則膠出，以桑灰湯浸過，曬乾用。　治產後下痢赤白，同沉香、蒲黃炒為末，米飯下。血淋作痛。同木通、石膏煎服。

桃實　甘、酸，多食令人腹熱作瀉，生癰癤。

清・葉志詵《神農本草經贊》卷三　桃核仁　味苦，平。主瘀血，血閉，瘕邪，殺小蟲。桃花，殺注惡鬼，令人好顏色。桃(鳧)〔梟〕，微溫。主殺百鬼精物。桃毛，主下血瘕，寒熱積寒，無子。桃蠹，殺鬼邪惡不祥。生川谷。

練精五木，靈藥遼東。壤藏仁白，牆覆花紅。枝留果碩，膽拭毛茸。竹槃梢挂，允彼飛蟲。

《典術》：桃者，五木之精。章孝標詩：求師飽靈藥，他日訪遼東。孔平仲詩：食桃棄其核，下與糞壤藏。劉克莊詩：歲歲春風花覆牆。《易》：碩果不食。《禮疏》：桃曰膽之，拭治去毛，令色青滑如膽也。《種樹書》：桃生小蟲，以多年竹燈，槃掛樹梢，即自落。《詩》：允彼桃蟲。

清・文晟《新編六書》卷六《藥性摘錄》　青桃　甘酸，性熱，微毒。發熱生癰，作瀉膨脹，或淋。惟作脯，可益顏色。冬桃差勝，可解癆熱。○桃仁，詳藥部下血。

桃仁　辛苦甘，溫。入心包、肝血分。○破血通瘀。○治癥瘕、瘀血血閉。○婦人經閉。○或跌打損傷積血，及心下宿血堅痛。○但不可過用，血虛尤忌。○行血連皮尖，生研。潤燥去皮尖，炒研。香附為使。○雙仁者有毒，不可食。

清・張仁錫《藥性蒙求・果部》　桃仁五分、一錢　桃仁平苦，潤燥通腸。損傷經閉，瘀阻皆良。苦，平，微甘。苦以泄血滯，甘以緩肝氣。通大腸血秘，治熱入血室。○行血連皮尖生用，潤燥去皮尖炒用，俱研。

清・陸以湉《冷廬醫話》卷五　藥品　桃仁最易發脹，震澤某氏子甫十餘歲，食之過多脹死，棺殮即殯之郊，逾年啟棺焚葬，其尸覆臥棺中，手足皆作撐抵勢，蓋桃仁之性既過而甦，棺甚脆薄，得不悶死，轉側其身以求出，力微，卒不能破棺而死耳。

清・王孟英《隨息居飲食譜・果食類》　桃　甘、酸，溫。熟透啖之，補心，活血，解渴充飢。以晚熟大而甘鮮者勝。多食生熱，發癰瘡，瘧痢，蟲疳諸患。可作脯，製醬，造醋。凡食桃不消，即以桃梟燒灰，白湯下二錢，吐出即愈。別有一種水蜜桃，熟時吸食，味如甘露，生津滌熱，洵是仙桃，北產者良。深州最勝，太倉、上海亦產，較遜。

桃梟桃實在樹，經冬不落，正月采收，中實者佳。煎湯服，止盜汗，已痁瘧。

桃仁　治產後陰腫，炒研傅。婦人陰瘡。杵爛，綿裹塞。

清・劉善述、劉士季《草木便方》卷二木部　桃子樹　桃皮苦平殺瘡蟲，心腹疼痛蟲毒通。葉塗蟲瘡風寒濕，利便發汗頭目風。霍亂腹痛兒客忤，油下石淋鬼邪空。

清・田綿淮《本草省常・果性類》　桃　性溫，宜煮食。益顏色。多食作濕熱，生食傷脾胃。未長熟者，食之令人膨脹、生癰疽。同鼈食，令人心痛。服丹石、蒼白术者忌之。

清・戴葆元《本草綱目易知錄》卷三　桃仁　苦、甘、辛，平。入手足厥陰血分。苦以瀉滯血而去瘀血，甘以緩肝氣而生新血。殺小蟲，通月水，治血結，血躁，血秘，癥瘕。熱入血室，損傷積血，欬逆上氣。消心下堅硬，除卒暴擊血，皮膚血熱躁癢，蓄血發熱如狂，血滯風痹骨蒸，肝瘧寒熱鬼疰痛及產後血病。行血連皮，潤躁去皮用。血不足者禁。【略】

花　苦，平。性走泄下降，利大腸甚快。治氣實人病宿水痰飲腫滿，下積滯殊功。定風狂，下惡氣，破石淋，下三蟲，除心腹痛，利大小便。為末，傅頭禿肥瘡，手足瘑瘡。久服，耗陰血，損元氣。

清・黃光霽《本草衍句》　桃仁　苦泄滯血，兼入厥陰。心胞、肝血分藥。甘生新血，能緩肝氣。炒用則甘多而緩，能潤；生則苦辛，而行善攻。除皮膚血熱燥痒，通大腸凝滯血秘。能潤血燥。心下堅痛，瘀秘癥瘕。血瘀、血秘。畜血如狂，損傷赤痢。月經不通，熱入血室。殺敗血所生之蟲，能暢達鬱結之疾。血鬱血結者宜。得茱萸治冷勞減食，得元胡索、川楝子治肝厥胃脘痛。下部蟲䘌，病人齒無色，舌上白，喜睡，憒憒不知痛痒，或下痢，乃下部生蟲食肛也。桃仁十五枚，苦酒二升，鹽一合，煮服。產後陰腫，桃仁燒灰，敷之。伏梁結氣，在心下不散，桃奴三兩，為末，空心溫酒服二錢。桃留樹上，過冬不落者，名桃奴。

清・陳其瑞《本草撮要》卷三　桃仁　味苦甘辛，入手足厥陰經血分，功專破瘀潤腸，止心腹痛。得吳茱萸治冷勞減食，得延胡索、川楝子治肝厥胃脘痛。婦人陰痒，杵桃仁綿裹塞之。陰腫敷之立效。瘧疾寒熱，以桃仁一百枚，去皮尖，置鉢內研成膏，不得犯生水，入黃丹三錢，丸梧子大，每服三丸，當發日面北溫酒下，合此丸須端午午時，忌婦人雞犬見。

清・吴汝紀《每日食物却病考》卷下　桃子附桃葉　味甘，酸，熱，微毒。益顔色，辟邪。多食令人發熱，服术者忌之，又不可與鱉同食。若食之浴，令人成淋。生者，多食腹脹生癰，有損無益之物。其種甚多，惟毛桃小而多毛，味惡而仁充滿，可入藥，蓋外不足者内有餘也。實乾着樹不落者，名桃梟，殺百鬼精物。吐血，燒灰存性，米湯調服，立効。樹生蟲，以猪頭汁澆之即止。

清・仲昴庭《本草崇原集説》卷中　桃仁　【略】仲氏曰：《素問》以敷和、升明、備化、審平、静順為五紀，李、杏、棗、桃、栗為五果。胡桃古亦名桃，小者野生，大者家種。若《素問》之桃，隱菴集注以毛桃作解，玆復疑為胡桃似甚有理。惟《本經》桃仁及經方桃核承氣之類，所用皆毛桃仁，非胡桃也。胡核經方所無，時方始有。又曰：《經讀》桃仁在下品。《本經》與杏仁同列中品，杏仁利氣，桃仁去瘀。皆為《論》《略》方中所常用。且杏仁冷利，有小毒，桃仁並無小毒，故位置仍仿《本經》。

清・周巖《本草思辨録》卷三　桃仁　桃有膚毛，為肺果，仁則主攻瘀血而為肝藥，兼疏膚腠之瘀。惟其為肝藥，故桃核承氣湯、抵當湯、抵當丸治在少腹，鱉甲煎丸治在脇下，大黄牡丹湯治在大腸，桂枝茯苓丸治在癥痼，下瘀血湯治在臍下。惟其為肺果兼疏膚腠之瘀，故大黄䗪蟲丸治肌膚甲錯，《千金》葦莖湯治胸中甲錯，王海藏以桂枝紅花湯加海蛤、桃仁治婦人血結胸，桃仁之用盡於是矣。

《本經》桃仁主瘀血血閉癥瘕邪氣。鄒氏《本經疏證》無癥字。張隱庵以邪氣單頂癥瘕，謂血與寒汁沫留聚於腸胃之外，凝結為癥瘕。鄒氏則連上主瘀血血閉為句，如釋以他處文法，如紫葳主癥瘕血閉之寒熱，非主癥瘕血閉等例有所不可，特變其説，以邪氣為瘀血、血閉瘕受病之因。噫！鄒氏之不知闕疑亦甚矣。其援仲聖方以自解也，曰：用桃仁之外候有三：一表證未罷，一少腹有故，一身中甲錯。若三者一件不見，必無用桃仁之事。夫少腹有故，身中甲錯，是著其證非溯其因，於邪氣何與。至表證未罷，如桃核承氣湯、抵當湯、抵當丸，則以表證雖未罷，而傷寒至熱結膀胱，則不當解表惟當攻裏，其方豈半治裏半治表哉。桃仁若與桂枝解表，則抵當何以無桂枝哉。仲聖用藥殊有分寸，抵當治瘀血之已結，故純用血藥峻攻；桃核承氣治瘀血之將結，已結將結説本洄溪。故兼以桂枝、甘草化氣。桂枝茯苓丸，下癥之方也。血病非得氣藥不化，故逐瘀止丹皮、桃仁，而以苓、芍藥、桂枝入病所，為下癥之前導，何嘗有一毫表證？鄒氏於藥用方義，往往得其偏端，謬為穿鑿，實足誤人，學者不可不察也。

《綱目》引《典术》云：桃乃西方之木，五木之精，味辛氣惡，能辟邪氣制百鬼。《本草》中如孟詵於桃膠，則云主惡鬼邪氣。陳藏器於桃橛，則云辟邪惡氣。即桃仁能治屍疰鬼疰，亦見於《肘後》諸方。然則《本經》此處邪氣二字或指邪鬼氣言之，未可知也。

風亰

明・周履靖《茹草編》卷一　風亰　風亰風亰抱樹生，纍纍鳳卵枝頭横。凝酥滴乳化水晶，霜腸雪腑冰骨清。吐為語言妙入神，羅浮仙子時逢迎。入冬採，裂開有子。熟者水洗去皮，加水少許，攪汁入磁器内，片時凝晶，切碎，醬醯入胡椒少許同食。

氣桃

清・劉善述、劉士季《草木便方》卷二木部　氣桃　氣桃苦溫薰痔瘡，腰腹心痛磨酒湯。妊娠下血止吐血，肥瘡軟癬油塗光。花治心腹三蟲痛，白秃肥瘡風痰方。

赤陽子

明・蘭茂原撰，范洪等抄補《滇南本草圖説》卷九　赤陽子　生大川平野間，墳園多以為牆，今處處有之。枝大有刺，結細子，色赤甚繁。一名救軍糧，一名火把菓。主治：婦人產後百病淹纏，或瘀血成塊，血崩等症，服之如神。

明・蘭茂撰，清・管暄校補《滇南本草》卷上　赤陽子一名救軍糧，一名赤菓，一名純陽子，一名火把菓。　味甘、酸。治胸中痞塊食積，消蟲，明目，瀉肝經之火，止婦人崩漏，皆效。

栗

唐・孫思邈《千金要方》卷二六《食治・果實》　栗子　味鹹，溫，無毒。益氣，厚腸胃，補腎氣，令人耐飢。生食之，甚治腰脚不遂。

宋・李昉《太平御覽》卷九六四　栗　《華山記》曰：西山麓中有栗林，藝植以來，蕭森繁茂。

附：日・丹波康賴《醫心方》卷三〇　栗子　《本草》云：味鹹，溫，無毒。主益氣，厚腸胃，補腎氣，令人忍飢。陶［弘］景注云：有人患脚弱，往栗樹下食數升，便能起行，此是補腎之義也。然應生噉之。蘇敬云：作粉勝於菱、芰。嚼生者塗病，療筋骨折碎，疼痛腫，瘀血，有効。餌孩兒，令齒不生。崔禹〔錫〕云：食之益氣力。《神農經》云：食療腰腳煩，炊食之令氣擁，患風水人尤不宜食。孟詵云：今有所食生栗，可於熱灰中煨之。令纔汗出即噉之，甚破氣。不得使通熟，熟即壅氣。兼名苑云。一名撰子，一名掩子。

宋・唐慎微《證類本草》卷二三果部上品〔《別錄》〕　栗　味鹹，溫，無毒。主益氣，厚腸胃，補腎氣，令人耐飢。生山陰，九月採。

〔梁・陶弘景《本草經集注》〕云：今會稽最豐，諸暨音既栗形大，皮厚不美。剡時冉切及始豐，皮薄而甜。相傳有人患脚弱，往栗樹下食數升，便能起行，此是補腎之義，然應生噉之。若餌服，故宜蒸暴之。

〔唐・蘇敬《唐本草》〕注云：栗作粉，勝於菱芡音儉。嚼生者塗瘡上，療筋骨斷音段碎，疼痛腫瘀血，有效。其皮名扶，擣爲散，蜜和塗肉，令急縮。毛殼，療火丹，療毒腫。實飼孩兒，令齒不生。樹白皮水煮汁，主溪毒。

〔宋・掌禹錫《嘉祐本草》〕按：《蜀本圖經》云：樹高二三丈，葉似櫟，花青黃色，似胡桃花。實大者如拳，小如桃李。又有板栗、佳栗，二樹皆大。又有茅栗，似板栗而細。其樹雖小，然葉與諸栗不殊，惟春生、夏花、秋實、冬枯。今所在有之。孟詵云：栗子，生食治腰脚。蒸炒食之，令氣擁，患風水氣，不宜食。又，樹皮，主癉瘡毒。謹按：宜日中暴乾，食即下氣補益。不爾猶有木氣，不補益。就中吳栗大，無味，不如北栗也。其上薄皮，研，和蜜塗面，展皺。又，殼，煮汁飲之，止反胃，消渴。今所食生栗，可於熱灰中煨令汗出，食之良。不得通熱，熱則擁氣。生即發氣。故火煨殺其木氣耳。陳士良云：栗有數種，其性一類，三顆一毬。其中者，栗榍也，理筋骨風痛。日華子云：栗榍，生食，破冷痃癖，日生喫七個。又生嚼罯，可出箭頭，亦罯惡刺，并傅瘰癧、腫毒痛。樹皮煎汁，治沙蝨，溪毒。殼煮治瀉血。

〔宋・蘇頌《本草圖經》〕曰：栗，舊不著所出州土，但云生山陰，今處處有之，而兗州、宣州者最勝。木極類櫟，花青黃色，似胡桃花。實有房，彙若拳，中子三五，小者若桃李，中子惟一二，將熟則罅拆子出。凡栗之種類亦多。《詩》云：樹之莘音榛栗。陸璣疏云：栗，五方皆有之，周、秦、吳、揚特饒，吳越被城表裏皆栗，惟濮陽及范陽栗，甜美味長，他方者悉不及也。倭、韓國諸島上，栗大如雞子，亦短味不美。桂陽有莘而叢生，實大如杏子中人，皮、子形色與栗無異也。但差小耳。又有奥栗，皆與栗同，子圓而細，或云即莘也。今此色惟江湖有之。又有茅栗、佳栗，其實更小，而木與栗不殊，但春生、夏花、秋實、冬枯爲異耳。栗房當心一子，謂之栗楔，治血尤效。今衡山合活血丹用之。果中，栗最有益。治腰脚宜生食之，仍略暴乾，去其木氣。惟患風水氣不宜食，以其味鹹故也。殼煮汁飲，止反胃及消渴。木皮主瘡毒，醫家多用。

〔宋・唐慎微《證類本草》〕《外臺秘要》：治小兒疳瘡，栗子嚼傅之。《肘後方》：丹者，惡毒之瘡，五色無常。治之，煮栗皮有刺者，洗之佳。又方：治熊、虎爪甲所傷，嚼栗傅之。《經驗後方》：治腎虛，腰脚無力。生栗袋盛，懸乾。每日平明喫十餘顆，次喫猪腎粥。孫真人云：栗，味鹹，腎病宜食。《勝金方》：治馬汗入肉血瘡，用栗肉嚼傅之。

宋・寇宗奭《本草衍義》卷一八　栗　欲乾莫如曝，欲生收莫如潤，沙中藏至春末夏初，尚如初收摘。小兒不可多食，生者難化，熟即滯氣，隔食，生蟲，往往致小兒病，人亦不知。所謂補腎氣者，以其味鹹，又滯其氣爾。湖北路有一種栗，頂圓末尖，謂之旋栗。《圖經》引《詩》言莘音榛栗者，謂其象形也。

宋・王繼先《紹興本草》卷一三　栗子　紹興校定：栗，性味、主治已載《本經》，乃世之常食果品。若恃此起疾者，即未聞驗據。然多食澀氣有之，當云味甘、平、無毒是矣。處處皆產之。

宋・陳衍《寶慶本草折衷》卷一八　栗諸栗及粉在內。○榍附。　一名栗子，一名板栗。生山陰，屬會稽。○及吳中、濮陽、范陽、倭、韓、江、湖，兗、宣州，諸島上。○又云：生中山。今處處有之。○九月採。欲乾則暴，及袋盛掛之；欲生則藏潤沙中。○附：榍，一名栗楔，即栗房內當中褊薄栗也。○濮，博木切；倭，烏禾切。榍、楔，並先結切。

味鹹、甜，溫，無毒。○主益氣，厚腸胃，補腎氣。○《唐本》註云：栗作粉，勝於菱芡音儉。嚼生者塗瘡，療筋骨斷音段碎，痛腫瘀血。飼孩兒令齒不生。○孟詵云：食生栗可於熱灰火中煨，令汗出，不得通熱，熱即擁氣，生即發氣。故煨殺其木氣耳。○《圖經》曰：兗、宣州者最勝。凡栗種多，有大如雞子，又有茅栗、佳栗更小。今果中栗最有益，惟患風水氣不宜食。○《經驗後方》：治腎虛脚無力。生栗乾，每日平明喫拾餘顆，次喫猪腎粥。○寇氏曰：小兒不可多食，生者難化，熟即滯氣隔食，生蟲病疳。湖北路有一種栗，頂圓末尖，謂之旋栗。

附：榍。○理筋骨風痛。生食破冷痃癖。又生嚼罯，可出箭頭、惡莿，并傅瘰癧腫毒，治血尤效，衡山活血丹用之。

宋・周密《志雅堂雜鈔》卷上　治金創及刀斧創，用獨殼大栗，研為乾末，傅之立出。或倉卒用生栗敷之，亦得。

元・忽思慧《飲膳正要》卷三　栗　味鹹，溫，無毒。主益氣，厚腸胃，補腎虛。炒食，壅人氣。

元・尚從善《本草元命苞》卷八　栗　味鹹，溫，無毒。少陰腎經宜餌。生則難消，熟則滯氣。《聖濟經》云：果有栗，熟食則氣壅。栗者，其性堅而實，熟食滯氣而不利，致胸膈不清快，故熟食則氣必壅也。厚腸胃，令人耐飢。續筋骨兼除腳氣。舊不著所出，今宣州者佳。殼煮汁，治反胃消渴。生嚼，罯可出箭頭。

明・蘭茂原撰，范洪等抄補《滇南本草圖說》卷九　栗子　味甘、鹹，性溫，無毒。主治：補中益氣，厚腸胃，補腎氣，腰脚無力。生則發氣，熟則滯氣。須日暴或灰中煨，令汗出，或以潤沙藏之，或袋盛當風懸之，並令〔去〕其水氣，最良。此果最益人，其中扁者，名栗楔，尤好。患風疾及水腫者，不宜食。小兒多食，則難消化，成病。生嚼，塗筋骨斷碎，腫痛瘀血，最效。亦治反胃，人口咬傷，搗敷最良。

明・蘭茂撰，清・管暄校補《滇南本草》卷上　栗子　味甘，平。治山嵐嶂氣，瘧疾，或水瀉不止，或紅白痢疾，用火煆為末，每服三錢，薑湯下。生食，胃中氣橫。葉，治喉疔火毒，煎服神效。皮，敷打傷，燒灰治癩瘡。子上殼刺，燒灰，吹鼻中，治中風不語，吹之即醒；或中痰邪，亦吹即應。

明・蘭茂撰，清・管暄校補《滇南本草》卷中　栗子花、栗果　性微溫，味苦，澁。治日久赤白痢疾，大腸下血。又栗果性溫，味甜。生吃止吐血、衄血、便血，一切血症俱可用。

明・蘭茂《滇南本草》〔叢本〕卷中　栗子花　味苦，濇，性微溫。止日久赤白帶，下痢疾休息，止大腸下血。栗子性溫，味甜，生吃止吐血，血衄、便血，一切血症。

明・王綸《本草集要》卷五　栗　味鹹，氣寒，無毒。主益氣，厚腸胃，令人耐飢，灰火中煨令汗出，食之。勿多食，滯氣隔食。若袋盛懸，微乾生食，補腎氣，治腰腳無力。生嚼，罯，可出箭頭惡刺，并傅瘰癧腫毒。小兒(甘)〔疳〕瘡，患風水氣人不宜食，以鹹故也。〇殼，煮汁飲之，止反胃消渴。

明・滕弘《神農本經會通》卷三　栗　味鹹，氣溫，無毒。《本經》云：主益氣，厚腸胃，補腎氣，令人耐飢。陶云：患脚弱人，食栗數升便能起行，此是補腎之義。然應生噉之，若餌服，宜蒸暴之。《唐本》注云：嚼生者塗瘡上，療筋骨斷碎疼痛腫，瘀血，有効。實飼孩兒，令齒不生。孟詵云：栗子生食，治脚弱。蒸炒食之，令氣壅，患風水氣不宜食，以其味鹹故也。謹按：日中暴乾食，即下氣補益，不爾猶有木氣，不補。今所食生栗，可於熱灰火中煨，令汗出，食之良。不得通熱，熱即擁氣，生即發氣，故火煨殺其木氣耳。日華子云：栗生食，破冷痃癖。又生嚼，可出箭頭，亦署惡刺，五痔，瘰癧腫毒痛。《經驗方》治腎虛腰脚無力。生栗袋盛，懸乾，每日平明喫十餘顆。孫真人云：栗，味鹹。腎病宜食之。丹溪云：屬水與土。陳者難化。《衍義》云：生者難化，熟者滯氣，隔食生蟲。所謂補腎者，以其味鹹故也。

栗殼皮　《唐本》注云：毛殼，療火丹毒腫。孟詵云：殼，煮汁飲之，止反胃，消渴。日華子云：殼，煮，治瀉血。《肘後方》：丹者惡毒之瘡，五色無常，治之，煮栗皮有刺者，洗之佳。《唐本》注云：其皮擣為散，蜜和塗肉，令急縮。又樹白皮，煮汁，主溪毒。孟詵云：樹皮，主瘴瘡毒，其上薄皮，研和蜜，塗面展皺。

明・劉文泰《本草品彙精要》卷三二　栗子無毒　植生。

栗子：主益氣，厚腸胃，補腎氣，令人耐飢。名醫所錄。　〖名〗皮：扶。　〖苗〗《圖經》曰：樹高二三丈，極類櫟，花青黃色，似胡桃花。實有房彙，其彙大若拳者，中子三五枚；小若桃李者，中子惟一二，將熟則罅折子出。栗之種類亦多，陸璣《疏》云：栗，五方皆有之，周、秦、吳、揚特饒，吳越被城表裏皆栗，惟濮陽及范陽栗甜美味長，他方者悉不及也。倭韓國諸島上栗，大如雞子，亦短味不美。桂陽有莘而叢生，實大如杏，子中仁、皮、子形色與栗無異也，但差小耳。又有奧栗，皆與栗同，子圓而細，或云即莘也。今此色惟江湖有之。又有茅栗、隹音錐栗，其實更小，而木與栗不殊，但春生夏花，秋實冬枯爲異爾。栗房當心一子，謂之栗楔，治血尤效。陶隱居云：今會稽最豐，諸暨音既栗形大，皮厚不美，剡時冉切及豐，皮薄而甜。相傳有人患脚弱，往栗樹下食數升，便能起行，此是補腎之義，然應生噉之。若餌服，則宜蒸暴也。　〖地〗《圖經》曰：舊本不著所出州土，今山陰處處有之。〖道地〗兗州、宣州者最勝。　〖時〗生：春生葉，夏開花，秋結實。採：九月取實。　〖收〗暴乾。　〖用〗實。　〖色〗殼紫，肉黃白。　〖味〗鹹。〖性〗溫，輭。　〖氣〗氣厚於味，陽中之陰。　〖臭〗微香。　〖主〗腎虛脚弱。

〔製〕去殼。　〔治〕療：《圖經》曰：殼，止反胃及消渴。○木皮，消瘡毒。《唐本》注云：栗作粉，塗瘡上及筋骨斷碎，疼痛腫，瘀血。○毛殼，除火丹毒腫。○樹白皮，療溪毒。日華子云：生栗，破冷痃癖，生嚼署惡刺，箭頭不出者，并傅瘰癧，腫毒痛。○殼，止瀉血。補：孟詵云：栗，日中暴乾食，下氣補益。　〔合治〕栗上薄皮，合蜜塗面，展皺。　〔禁〕小兒不可多食，生者難化，熟即滯氣，隔食生蟲，往往致病。○實，飼孩兒，令齒不生。○患風水氣不宜食。

明·盧和、汪穎《食物本草》卷二果類　栗　味鹹，氣溫，無毒。主益氣，厚腸胃，補腎氣，腰腳無力，破痃癖，治血，大效。生則發氣，熟則滯氣。或日暴乾，或灰火中煨令汗出，或以潤砂藏之，或袋盛當風懸之，並令去其木氣，食之良。此乃果中最有益者。當中一子，名栗楔，尤好，治血更效。宣州及北地所產小者為勝。餘雖有數種，實一類也。小兒不宜多食，難化。患風水病者不宜食，以其味鹹也，戒之。殼煮汁飲之，止反胃消渴。

明·陳嘉謨《本草蒙筌》卷七　栗　味鹹，氣溫。屬水與土。無毒。濮陽范陽者最奇，兗州宣州者尤勝。他處雖產，總味不佳。秋採收藏，乾生任意。欲乾收日曝，水氣全消；袋盛，風處吹乾尤美。欲生收沙藏，新鮮常在。蒸熟食滯氣戀膈，生者食發氣生蟲。曝乾食之，下氣補益。小兒多食，令齒不生。專走腎經，堪治腎病。健腰足助力，厚腸胃耐飢。生嚼塗筋骨碎疼，折傷斷者。消腫去瘀血神効。患風水氣，切忌沾唇。栗楇係內三顆者為然，劈開取中一粒子纔是。敷瘰癧腫散血，理筋骨風止疼。毛殼療腫毒火丹，燒灰敷；赤殼止反胃消渴，煮汁飲。研近肉薄皮和蜜，塗面冷急縮亦奇。樹白皮煮濃，主沙蝨溪毒。數種小者，亦附其名。真栗江湖多，子圓似豌豆粒。莘栗桂陽出，實大如杏子仁。《詩》云樹之莘栗是也。茅栗遍生江南，似栗圓細。○旋栗惟產江北，頂圓末尖。鉤栗俗以甜櫧呼，又名巢鉤子。厚腸胃肥體。櫧栗人每苦櫧喚，止瀉痢健行。造粉亦佳，涼心益胃。皮葉入水煎汁，產血不止可嘗。

明·方穀《本草纂要》卷五　栗　味甘、鹹，氣寒，無毒。主益氣，力專腸胃，健脾和中，令人耐飢之藥也。大抵栗之爲物，生用入腎而補腎，熟則入脾而助脾。若袋懸微乾，可以補心；火煨出汗，可以健胃。但勿多食，使人滯氣噎膈之症生矣。又栗殼煮汗飲之，亦止翻胃消渴。

明·寧源《食鑒本草》卷上　栗子　味鹹，溫，無毒。厚腸胃，補腎氣，亦不宜多食。生者難化，生蟲。熟者隔食滯氣，病人忌之。陳士良云：栗有數種，其性一類。一毬三顆，其中心一枚乃栗楔也，治筋骨風痛。孫真人云：腎病宜食之。《經驗方》：治腎虛腰膝無力。以栗楔風乾，每日空心食七枚，再食猪腎粥。《奇效方》：治惡刺及箭頭入肉不出，生嚼傅之即出。古方：治瘰癧瘡痛，生嚼傅之，效。刺殼及樹皮煎湯洗諸瘡，效。

明·王文潔《太乙仙製本草藥性大全》卷四《本草精義》　栗　舊不著所出州土，但云生山陰，今處處有之。其樹高二三丈，葉似櫟，花青黃色，似胡桃花，實大者如拳，小者如桃李。又有板栗、茅栗二樹皆大。又有茅栗似板栗而細，其樹雖小，然葉與諸栗不殊，今所在有之。凡栗之種類亦多，《詩》云樹之莘栗是也。陸璣《疏》云：栗五方皆有之。周、秦、吳、揚特饒，吳越被城表裏皆栗，惟濮陽者最可，兗州、宣州者尤勝，他處雖産，其味不佳。秋採收藏，乾生任意，欲乾收，日暴水氣全消；欲生收，沙藏新鮮常在。又倭韓國諸島上栗大如鷄子，亦短，味不美。桂陽有莘而叢生，實大如杏子，中仁皮子形色與栗無異，但差小耳。又有奧栗，皆與栗同，子圓細，或云即莘也，今此惟江湖有之。又有茅栗、佳栗，其實小而木與栗不殊，但春生夏花秋實冬枯爲異耳。栗房當心一子，謂之栗楔，治血尤效，今衡山合活血丹用之。果中栗最有益。治腰腳宜生食，仍略暴乾，去木氣，惟患水氣不宜食，以其味鹹故也。

明·王文潔《太乙仙製本草藥性大全》卷四《仙製藥性》　栗　味鹹，氣溫，屬水與土，無毒。　主治：蒸熟食滯氣戀膈，生者食發氣生蟲，曝乾食之下氣補益。小兒多食，令齒不生。專走腎經，堪治腎虛。健腰足助力，厚腸胃耐飢。嚼生塗筋骨碎疼，消腫去瘀血神效。患風水氣切忌沾唇。栗楔係內三顆者爲然，劈開取中一粒子纔是。敷瘰癧腫散血，理筋骨風止疼。樹毛殼療腫毒火丹。赤殼止反胃消渴。研近肉薄皮和蜜塗面冷急縮亦奇。樹白皮煮濃主沙蝨溪毒。數種小者亦附其名：奠栗，江湖多，子圓似豌豆粒；莘栗，桂陽出，實大如杏子仁；茅栗，遍生江南，似栗圓細；旋栗，惟生産江北，頂圓末尖；鈎栗，俗以甜櫧呼，厚腸胃肥體；櫧栗，人每苦櫧喚，止瀉痢健行，造粉亦佳，涼心益胃。皮葉入水煎汁，産血不止可嘗。補

註：丹者，惡毒之瘡，五色無常，治之煮栗皮有刺者洗之佳。〇小兒疳瘡，栗子嚼傅之。〇熊虎爪甲所傷，及馬汗入肉血瘡，並嚼傅之。治腎虛腰脚無力，生栗袋盛懸乾，每日平明喫十餘顆，次喫猪腎粥。

明・皇甫嵩《本草發明》卷四　栗上品。味鹹，溫，無毒。　發明曰：栗，味鹹，屬水與土，專走腎而補益腎氣，故治腎病，健腰助力。厚腸胃，耐飢。筋折傷痛，嚼之生塗，消腫去瘀血。暴乾，去其木氣，食之下氣，補益。風乾更妙。蒸熟滯氣戀膈。生食發氣，患風水人不宜多食，味鹹故也。且生蟲。〇栗（楔）〔楔〕係內三顆者，劈開取中一粒是。敷瘰癧腫，散血，理筋骨，止痛。〇毛殼，燒灰，療腫毒火丹。〇赤殼，煮汁，止反胃，消渴。〇近肉薄衣，和蜜，塗面冷急縮。〇樹白皮，煮汁，主沙虱溪毒。數種小者，俱不入藥。〇鉤栗，俗呼甜櫧。厚腸胃肥躰。〇櫧栗，欲呼苦櫧。止瀉健步。造粉亦佳，涼心益胃。皮葉，入水煎汁，療產血不止。

明・李時珍《本草綱目》卷二九果部・五果類　栗《別録》上品

〔釋名〕時珍曰：栗，《說文》作㮚，從卤，音條，象花實下垂之狀也。梵書名篤迦。

〔集解〕《別録》曰：栗生山陰，九月采。弘景曰：今會稽諸暨栗，形大皮厚，不美；剡及始豐栗，皮薄而甜，乃佳。頌曰：栗處處有之，而兖州、宣州者最勝。木高二三丈，葉極類櫟。四月開花青黃色，長條似胡桃花。實有房彙，大者若拳，中子三四；小者若桃李，中子惟一二。將熟則罅拆子出。栗類亦多。按陸璣《詩疏》云：栗，五方皆有之，周、秦、吳、揚特饒。惟濮陽及范陽栗甜美味長，他方者不及也。倭、韓國諸島上栗大如鷄子，味短不美。桂陽有莘栗，叢生，實大如杏仁，皮、子形色與栗無異，但小耳。又有奥栗，皆與栗同，子圓而細，惟江湖有之，或云即莘也。莘音榛，《詩》云樹之莘栗是矣。恭曰：板栗、錐栗二樹皆大。茅栗似板栗而細如橡子，其樹雖小，葉亦不殊，但春生夏花、秋實冬枯爲異耳。宗奭曰：湖北一種旋栗，頂圓末尖，即榛栗，象榛子形也。栗欲乾收，莫如曝之；欲生收，莫如潤沙藏之，至夏初尚如新也。時珍曰：栗但可種成，不可移栽。按《事類合璧》云：栗木高二三丈，苞生多刺如蝟毛，每枝不下四五個苞，有青、黃、赤三色。中子或單或雙，或三或四。其殼生黃熟紫，殼內有膜裹仁，九月霜降乃熟。其苞自裂而子墜者，乃可久藏，苞未裂者易腐也。其花作條，大如筯頭，長四五寸，可以點燈。栗之大者爲板栗，中心扁子爲栗楔。稍小者爲山栗。山栗之圓而末尖者爲錐栗。圓小如橡子者爲莘栗。小如指頂者爲茅栗，即《爾雅》所謂栭栗也，一名栵栗，可炒食之。劉恂《嶺表録》云：廣中無栗。惟靳州山中有石栗，一年方熟，圓如彈子，皮厚而味如胡桃。得非栗乃水果，不宜於炎方耶？

實　〔氣味〕鹹，溫，無毒。詵曰：吳栗雖大味短，不如北栗。凡栗日中曝乾食，即下氣補益；不爾猶有木氣，不補益也。火煨去汗，亦殺木氣。生食則發氣，蒸炒熱食則壅氣。凡患風水人不宜食，味鹹生水也。恭曰：栗作粉食，勝於菱、芡；但以飼孩兒，令齒不生。宗奭曰：小兒不可多食。生則難化，熟則滯氣，膈食生蟲，往往致病。〔主治〕益氣，厚腸胃，補腎氣，令人耐飢《別録》。生食，治腰脚不遂思邈。療筋骨斷碎，腫痛瘀血，生嚼塗之，有效蘇恭。

栗楔音屑。時珍曰：一毬三顆，其中扁者栗楔也。〔主治〕筋骨風痛士良。活血尤效。頌曰：今衡山合活血丹用之。每日生食七枚，破冷痃癖。又生嚼，罯惡刺，出箭頭，傅瘰癧腫毒痛大明。

〔發明〕思邈曰：栗，腎之果也。腎病宜食之。弘景曰：相傳有人患腰脚弱，往栗樹下食數升，便能起行。此是補腎之義，然應生噉。若服餌則宜蒸曝之。宗奭曰：栗之補腎，爲其味鹹，又滯其氣也。時珍曰：栗於五果屬水。水潦之年則栗不熟，類相應也。有人內寒，暴洩泄如注，令食煨栗二三十枚，頓愈。腎主大便，栗能通腎，於此可驗。《經驗方》治腎虛腰脚無力，以袋盛生栗懸乾，每旦喫十餘顆，次喫猪腎粥助之，久必强健。蓋風乾之栗，勝於日曝，而火煨油炒，勝於煮蒸。乃須細嚼，連液吞嚥，則有益。若頓食至飽，反致傷脾矣。按蘇子由詩云：老去自添腰脚病，山翁服栗舊傳方。客來爲說晨興晚，三咽徐收白玉漿。此得食栗之訣也。王禎《農書》云：《史記》載秦飢，應侯請發五苑棗、栗。則《本草》栗厚腸胃、補腎氣、令人耐飢之說，殆非虛語矣。

〔附方〕舊三，新五。　小兒疳瘡：生嚼栗子傅之。《外臺》。　葦刺入肉：方同上。　馬汗入肉：成瘡者。方同上。《勝金方》。　馬咬成瘡：獨顆栗子燒研傅之。《醫說》。　熊虎爪傷：方同上。　小兒口瘡：大栗煮熟，日日與食之，甚效。《普濟》。　衄血不止：宣州大栗七枚刺破，連皮燒存性，出火毒，入麝香少許研勻。每服二錢，溫水下。《聖濟總録》。　金刃斧傷：用獨殼大栗研傅，或倉卒嚼傅亦可。《集簡方》。

栗荴音孚。恭曰：栗內薄皮也。　〔氣味〕甘，平，濇，無毒。　〔主治〕擣散，和蜜塗面，令光急去皺文蘇恭。

〔附方〕新一。　骨鯁在咽：栗子內薄皮燒存性，研末，吹入咽中即下。〇《聖濟總録》用栗子肉上皮半兩爲末，鮎魚肝一個，乳香二錢半，同擣，丸梧子大。看鯁遠近，以線繫綿裹一丸，水潤吞之，提線釣出也。

栗殼栗之黑殼也。　〔氣味〕同荴。　〔主治〕反胃消渴，煮汁飲之孟詵。煮汁飲，止瀉血大明。

〔附方〕新一。　鼻衄不止：累醫不效。栗殼燒存性，研末，粥飲服二錢。《聖惠方》。

毛毬栗外刺包也。　【主治】煮汁，洗火丹毒腫蘇恭。

花　【主治】瘰癧吴瑞。

樹皮　【主治】煮汁，洗沙蝨、溪毒蘇恭。療瘡毒蘇頌。治丹毒五色無常。剥皮有刺者，煎水洗之。孟詵。出《肘後方》。

根　【主治】偏腎氣，酒煎服之汪穎。

明·梅得春《藥性會元》卷中　栗子　味鹹，氣溫，無毒。　主益氣，厚腸胃，補腎氣，令人耐飢。《衍義》云：　生者難化，熟者滯氣，膈食生蟲。所謂補腎者，以其味鹹也。

明·穆世錫《食物輯要》卷六　栗　味甘、鹹，性溫，無毒。腎之菓。生則發氣，熟則滯氣。須曝過風乾，去木氣者良。以風過者炒熟食之，不甚滯氣，味尤佳。同橄欖食，有梅花香。中扁者，名栗楔，補腎益氣。患風疾者、水腫者，不可多食。小兒食多，難消成病。又炒栗法：　密取一栗，咬破，蘸香油和眾栗炒，俱不發爆。

明·李中立《本草原始》卷七　栗　處處有之，而兖州、宣州者最勝。木高二三丈，葉極類櫟。花青黄色，實有莱蝟自彙，大者如拳，中子三四；　小者若桃李，中子一二。熟則罅拆子出。栗，《説文》作𠧪，從鹵，音條，象花實下垂之狀也。梵書名篤迦。栗，《别録》上品。【圖略】

實：　氣味：　鹹，溫，無毒。主治：　益氣厚腸胃，補腎氣，令人耐飢。○生食治腰腳不遂。○療筋骨斷碎，腫痛瘀血，生嚼塗之有效。

栗殼：　主治：　反胃消渴，瀉血，煮汁飲之。又治鼻衄不止。

栗楔：　主治：　筋骨風痛。○治血尤效。○每日生食七枚，破冷痃癖。又生嚼罯惡刺，出箭頭，傅瘰癧、腫毒痛。

毛毬：　主治：　煮汁洗火丹毒腫。

宗奭曰：　栗欲乾收，莫如曝之；　欲生收，莫如潤沙藏之，至夏初尚如新也。小兒不可多食，生者難化，熟即滯氣隔食、生蟲。　思邈曰：　栗，腎之果也，腎病宜食之。　弘景曰：　有人患腰腳弱，往栗樹下食數升，便能起行。此是補腎之義。然應生啖，若服餌則宜蒸曝之。《醫説》：　治馬咬成瘡，獨顆栗子，燒研傅之。

明·張懋辰《本草便》卷二　栗　味鹹，氣寒，無毒。　主益氣，厚腸胃，令人耐飢，灰火中煨，令汗出食之；　多食滯氣；　微乾補腎氣，治腰脚無力。凡損傷處，以生栗嚼碎敷之，極效。

明·吴文炳《藥性全備食物本草》卷二　栗　味甘、鹹，性溫，無毒。《本草》云：　栗，立也。人有脚弱，啖栗數升遂能行立，此補腎之義也。主益氣，厚腸胃，令人耐飢。凡食栗於灰火中煨令汗出，食之下氣補益。熱則壅氣，生則發氣。若袋盛風乾食之補腎氣，治腰脚無力，破冷痃癖。又生嚼罯惡刺，出箭頭，及斷筋骨碎，瘀血腫痛，瘰癧腫毒，小兒疳瘡，熊虎爪傷，馬汗毒瘡皆効。孫真人云：　味鹹，腎病宜食，惟小兒不可多食，生者難化，熟者滯氣，隔食生蟲，往往致病。又患風水氣人不宜食者，味鹹故也。

殼　煮汁飲之，止反胃消渴，瀉血，療火丹毒腫。肉同橄欖食有梅花香。

栗楔　凡栗一毬三顆，其中心一枚乃楔也。治腎虚腰背無力，筋骨風痛。

鉤栗　味甘，平，主不飢，厚腸胃，令人肥健。

苦櫧　味苦澁，止洩痢口渴，破惡血，食之不飢，令健行；　造粉亦佳，涼心益胃。其皮葉煮汁與産婦飲之止血。

茅栗　味甘，平，生江南，似栗圓細。

明·趙南星《上醫本草》卷二　栗　詵曰：　吴栗雖大，味短不如北栗。凡栗，日中曝乾食，即下氣補益。不爾，猶有木氣，不補益也。　鹹，溫，無毒。

宗奭曰：　小兒不可多食，生則難化，熟則滯氣膈食，生蟲，往往致病。

明·應慶《食治廣要》卷四　栗　氣味：　鹹，溫，無毒。主治：　令人耐飢。生食，治腰腳不遂。孫真人曰：　腎之果也，腎病宜食之。中滿腫脹者最忌。

明·姚可成《食物本草》卷八果部·五果類　栗梵書名篤迦。栗處處有之，而兖州、宣州者最勝。木高二三丈，葉極類櫟。四月開花青黄色，長條，似胡桃花。實有房彙，大者若拳，中子三四；　小者若桃李，中子惟一二。將熟則罅拆〔子〕出。但可種成，不可移栽。○《事類合璧》云：　栗木高二三丈，苞生多刺如蝟毛，每枝不下四五箇，苞有青、黄、赤三色。中子或單或雙，或三或四。其殼生黄熟紫，殼内有膜裹，至九月霜降乃熟。其苞自裂而子墜者，乃可久藏，苞未裂者易腐也。其花作條，大如筯頭，長四五寸，可以點燈。栗之大者為板栗，中心扁子為栗楔。稍小者為山栗。山栗之圓而末尖者為錐栗。圓小如橡子者為莘栗。小如指頂者為茅栗。栗欲乾收，莫如曝之。欲生收，莫如潤沙藏之，至夏初尚如新也。○劉恂《嶺表録》云：　廣中無栗，惟蘄州山中有石栗，一年方熟，圓如彈子，皮厚而味如胡桃。

得非栗乃水果，不宜於炎方耶？

栗實　味鹹，溫，無毒。主益氣，厚腸胃，補腎氣，令人耐飢。生食，治腰脚不遂。療筋骨斷碎，腫痛瘀血，生嚼塗之，立效。吳栗雖大，味短，不如北栗。凡栗日中曝乾食，即下氣補益；不爾猶有木氣，不補益也。火煨去汗，亦殺木氣。生食則發氣。蒸炒熟食則壅氣。凡患風水人不宜食，味鹹生水也。栗作粉食，勝於菱、芡；但以飼小兒，令齒不生。小兒不可多食。生則難化，熟則滯氣，膈食生蟲，往往致病。○孫真人曰：栗，腎之果也。腎病宜食之。陶弘景曰：相傳有人患腰脚弱，往栗樹下任意食之，如是者數日，便能步履。此是補腎之義，然應生噉。若服餌則宜蒸曝之。寇宗奭曰：栗之補腎，為其味鹹，又滯其氣也。李時珍曰：栗於五穀屬水。水潦之年則栗不熟，類相應也。有人內寒，暴洩如注，令食煨栗二三十枚，頓愈。腎主大便，栗能通腎，於此可驗。《經驗方》治腎虛腰脚無力，以袋盛生栗懸乾。每旦喫十餘顆，次喫猪腎粥助之，久必強健。蓋風乾之栗，勝於日曝，而火煨油炒，勝於煮蒸。仍須細嚼，連液吞嚥，則有益。若頓食至飽，反致傷脾矣。蘇子由詩云：老去自添腰脚病，山翁服栗舊傳方。客來為說晨興晚，三咽徐收白玉漿。此得食栗之訣也。王禎《農書》云：《史記》載秦饑，應侯請發五苑棗栗，則本艸栗厚腸胃、補腎氣、令人耐飢之說，殆非虛語矣。

栗楔音屑。一毬三顆，其中扁者栗楔也。　主筋骨風痛。活血尤效。每日生食七枚，破冷痃癖。又生嚼，罯惡刺，出箭頭，傅瘰癧腫毒痛。

栗荴音孚。栗內薄皮也。　味甘，平，濇，無毒。擣散，和蜜塗面，令光急去皺紋。

栗殼栗之黑殼也。　氣味同荴。主反胃消渴，煮汁飲之。又止瀉血。

毛毬栗外刺包也。　煮汁，洗火丹毒腫。

花　治瘰癧。

樹皮　治丹毒五色無常。剝皮有刺者，煎水洗之。

根　治偏腎氣，酒煎服之。

附方：　治骨鯁在咽。用栗子內薄皮燒存性，研末，吹入咽中即下。○釣鯁丸：用栗子肉上皮半兩為末，鮎魚肝一个，乳香二錢半，同搗，丸梧子大。看鯁遠近，以線繫綿裹一丸，水潤吞之，提線釣出也。　治小兒疳瘡。生嚼栗子傅之。　蘆刺入肉方仝上。　治被馬咬。獨顆栗子燒研傅〔之〕。野獸爪傷方仝上。　治小兒口中生瘡。大栗煮熟，日日與之食，甚效。　治衄血不止。宣州大栗七枚刺破，連皮燒存性，出火毒，入麝香少許研勻。每服二錢，溫水下。或用栗子殼炭研末，粥飲下。　治刀斧傷。大栗子打爛傅之。　治老人腎虛腰痛。用栗子同牡狗腰子、葱、鹽煮食，一月即瘥。　治小兒脚弱無力，三四歲尚不能行步。日以生栗與食。　治跌撲鬬毆傷。生嚼栗子塗之，良。　治栗子頸，用栗蓬內隔斷薄衣嚼傅之。　治膈氣。用栗子黑殼煅，同舂米槌上糠，等分，蜜丸桐子大。每空心下三十丸。　治眼赤疼痛，火氣上升，白睛上血絲。用栗子七个，同黑魚煮作羹食，佳。　治瘰癧久不愈。采栗花同貝母為末，每日酒下一錢。

明·顧逢柏《分部本草妙用》卷九果部　栗　鹹，溫，無毒。主治：益氣，厚腸胃，補腎氣，耐飢。生食治腰腳不遂，療筋骨斷碎腫痛，瘀血，生嚼，塗之有効。小兒不可多食，生則難化，熱則滯氣，膈食生蟲，往往致病。腎之菓也，腎病宜食之，能起腰腳軟弱。

明·孟筌《養生要括·果部》　栗〔栗，乃腎之果，腎病宜食之。〕　味鹹，溫，無毒。益氣，厚腸胃，補腎氣，令人耐飢。生食，治腰腳不遂。療筋骨斷碎，腫痛瘀血，生嚼塗之有效。〔腎主大便，人有寒洩如注，令食煨栗二三十枚，即愈。〕

栗楔一毬三顆，其中扁者為栗楔。　治筋骨風痛，活血尤效。

栗殼　治反胃，止瀉血、消渴，煮汁飲之。

明·施永圖《本草醫旨·食物類》卷三　栗　實　味：鹹，溫，無毒。吳栗雖大，味短，不如北栗。凡栗日中暴乾食，即下氣補益，不爾猶有木氣，不補益也。火煨去汗，亦殺木氣。生食則發氣，蒸炒熱食則壅氣。凡患風水人，不宜食。味鹹，生水也。○栗作粉食，勝於菱、芡。但以飼孩兒，令齒不生。○小兒不可多食，生則難化，熟則滯氣，膈食生蟲，往往致病。　治：益氣，厚腸胃，補腎氣，令人耐飢。生食，治腰脚不遂。療筋骨斷碎，腫痛瘀血，生嚼塗之有效。　栗楔　音屑。○一毬三顆，其中扁者，栗楔也。　治：筋骨風痛，活血尤效。每日生食七枚，破冷痃癖，又生嚼，罯惡刺，出箭頭，傅瘰癧腫毒痛。栗，腎之果也。腎病宜食之。○相傳有人患腰脚弱，往栗樹下食數升，便能起行，此是補腎之義。然應生噉，若服餌則宜蒸曝之。○有人內寒暴洩如注，令食煨栗二三十枚，頓愈。腎主大便，栗能通腎，於此可驗。

附方　小兒疳瘡：嚼栗子傅之。　葦刺入肉：方同上。　馬汗入肉：成瘡者，方同上。　馬咬成瘡：獨顆栗子燒研，傅之。　小兒口瘡：大栗煮熟，日日與食之，甚效。金刃斧傷：用獨殼大栗研傅，或倉卒嚼傅亦可。

栗荴音孚。○栗內薄皮也。 味：甘，平，澀，無毒。 治：擣散和蜜塗面，令光，急去皺文。

附方 骨鯁在咽：栗子內薄皮燒存性，研末，吹入咽中即下。○用栗子肉上皮半兩，為末，鮎魚肝一箇，乳香二錢半，共搗丸梧子大。看鯁遠近，以線繫，綿裹一丸，水潤吞之，提線釣出也。

栗殼栗之黑殼也。 味：同荴。 治：反胃，消渴，煮汁飲之。 煮汁飲，止瀉血。

附方 鼻衄不止：累醫不效，栗殼燒存性，研末，粥飲服二錢。

毛毬栗外刺包也。 治：煮汁，洗火丹毒腫。 花 治瘰癧。 樹皮 治：煮汁洗沙蝨溪毒，療瘡毒，治丹毒五色無常。 剝皮有刺者，煎水洗之。 根 治偏腎氣，酒煎服之。

清・顧元交《本草彙箋》卷六 栗 栗不入藥，以其服食有益，亦能治腎家之病，故節存之。 相傳有患腰腳軟弱，啖生栗數升，便能起行。 若服餌，則宜蒸曝。 栗之補腎，爲其味鹹。 又滯其氣也，有人內寒暴注，食煨栗二三十枚，頓愈。 腎主大便，栗能通腎，又一驗也。

古方治腎虛腰軟無力，每旦食風乾栗十餘顆，次食猪腎粥助之，久必強健。蓋風乾之栗，勝於日曝。 而火煨油炒，勝於煮蒸。

清・穆石匏《本草洞詮》卷六 栗 於五果屬水，水潦之年，則栗不熟，類相應也。 吳栗雖大，味短，不如北栗。 廣中無栗，水果不宜於炎方也。 味鹹，氣溫，無毒。 主益氣，厚腸胃，治腰腳不遂。 蓋栗腎之果也，腎病宜食之。一人患腰腳弱，往栗樹下食數升，即便起行。 一人內寒，暴洩如注，食煨栗二三十枚，頓愈。《經驗方》治腎虛腰腳無力，以袋盛栗，懸乾，每旦喫十餘顆，次喫猪腎粥助之，久必強健。 仍須細嚼，連液吞嚥則有益，若頓食致飽，反傷脾矣。 蘇子由云：老去自添腰腳病，山翁服栗舊傳方，客來為說晨興晚，三嚥徐收白玉漿。 此得食栗之訣者也。《史記》載：秦饑，應侯請發五苑棗、栗。 則《本經》令人耐飢之語匪虛。 第生食則發氣，熟食則壅氣，乾食則益人，風乾之栗勝於日曝，栗作粉食勝於菱芡。 患風水人不宜食，鹹能生水也。以飼嬰兒，令齒不生，壅氣故也。

清・丁其譽《壽世秘典》卷三 栗栗類亦多。大者為板栗，中心扁，子為栗楔。稍小者為山栗。山栗之圓而末尖者為錐栗，圓小如橡子者為莘栗，小如指頂者為茅栗。吳栗雖大，味短不如北栗。栗欲乾收，莫如曝之。欲生收，莫如潤沙藏之，至夏初尚如新也。

氣味：鹹，溫，無毒。 主益氣，厚腸胃，補腎氣，令人耐飢。

發明孫思邈曰：栗，腎之果也，腎病宜食之。李時珍曰：有人內寒，暴泄如注，令食煨栗二三十枚，頓愈。腎主大便，栗能通腎，于此可驗。《經驗方》治腎虛腰腳無力，以袋盛生栗懸乾，每旦喫十餘枚，次喫猪腎粥助之，久必強健。蓋風乾之栗勝于日曝，而火煨、油炒勝于煮蒸，仍須細嚼，連液吞嚥則有益。若頓食至飽，反致傷脾。按：蘇子由詩老去自添腰腳病，山翁服栗舊傳方。客來為說晨興晚，三咽徐收白玉漿。此得食栗之訣也。凡栗，日中曝乾食即下氣，補益不爾，猶有木氣不補益也。火煨去汗亦殺木氣，生食發氣，熟食壅氣。小兒不可多食，生則難化，熟則滯氣，膈中生蟲，往往致病，且令齒不生。

殼 煮汁飲之，治反胃，消渴。

清・尤乘《食鑒本草・果類》 栗 生食難消，熟食滯氣。 日暴火煨，令出汗，殺其木氣。 或炒食乃可。 患風氣人忌之。 相傳有人腰脚病，往栗樹下，食數升便可起行，此是補腎之功，然應生啖。 若服餌，則宜蒸暴。 栗與核桃俱腎家之果，筋骨傷碎及金瘡，倉卒生嚼塗之有効。 又有一毬三顆，其中有扁者名栗楔音屑，主活血，治痛尤効。 食羊肉過多，食栗子兩三枚即消。

清・朱本中《飲食須知・果類》 栗子 味甘，鹹，性溫。 生食則發氣，蒸炒熟食則壅氣。 風過者，生熟咸宜。 再經日晒，作油灰氣。 同橄欖食，有梅花香。 中扁者，名栗楔，栗作粉食，勝於菱芡。 但飼小兒，令齒不生。 患風疾及水腫者，並不宜食。 小兒不可多食，生則難化，熟則滯氣，膈熱生蟲，往往致病。 勿同牛肉食。 密取一栗咬破，蘸香油和眾栗炒，俱不發爆。 取苞中自裂出栗子，以潤沙密藏，夏初尚如新也。 如苞未裂，非樹上自墜者，不能久藏，且易腐。

清・何其言《養生食鑒》卷上 栗 味甘、鹹，性溫，無毒。 益氣，厚腸胃，補腎氣，腰脚無力。 生則發氣，熟則滯氣。 須日晒，或灰火中煨令汗出，或以潤沙藏之，或袋盛，當風懸之，並令去其水氣良。 果者最有益者。 中扁者，名栗楔，尤好。 患風者及水腫者，不宜食。 小兒食多難消成病。 生嚼，塗筋骨斷、腫痛，辟瘀血，有效。 又炒栗法，蜜取一栗，咬破，醮香油和之，栗炒俱不發爆。 同橄欖食，有梅花香。

殼 煮汁飲之，止反胃、消渴。

清·汪昂《本草備要》卷三　栗補腎。　鹹，溫。厚腸胃，補腎氣。寇宗奭曰：小兒不可多食。生則難化，熟則滯氣。能解羊羶。

清·李熙和《醫經允中》卷二二　栗　鹹，溫，無毒。主益氣，厚腸胃，耐飢。小兒不可多食。生則生蟲，熟則滯氣，往往致病。腎之菓也，腎病宜食。能起腰脚軟弱。生嚼罨去惡刺，出箭頭。肉上薄皮，燒存性，治骨鯁，吹喉可下，并犬咬嚼塗。

清·馮兆張《馮氏錦囊秘錄·雜症痘疹藥性主治合參》卷八　栗　煮食滯氣戀膈，生食發氣生蟲。晒乾食之，下氣補益，專走腎經，堪治腎病。健腰足助力，厚腸胃耐飢。生嚼塗筋骨碎疼，消腫祛瘀血神效。患風水氣，切忌沾口。小兒多食，令齒不生。栗楔，係內三顆者，劈開取中一粒，敷瘰癧腫散血，理筋骨風止疼。毛殼燒灰，敷療腫毒火丹。赤殼煮汁飲，止反胃消渴。樹白皮煮濃，主沙虱溪毒。

主治痘疹合參：痘中，煮熟，少食則補益乃可，多食則窒滯不宜，且宜於灌漿時食之。

清·张璐《本經逢原》卷三　栗　鹹，溫，無毒。　發明：栗，腎之果也，腎病宜。風乾者食之。若脾腎虛寒暴注，須煨熟食之。栗楔一球三顆，中扁者，療筋骨風痛，又能破冷痃癖。生嚼罨惡刺出箭頭，栗荴肉上薄皮也，燒存性，治骨鯁在喉，吹入即下。栗殼煮汁治反胃消渴。毛毬外刺包也，煮汁洗火丹毒腫。栗花治瘰癧。栗樹皮煮汁洗沙蝨溪毒，并丹毒、瘡毒，根治偏墜腎氣，酒煎服之。

清·汪啟賢等《食物須知·諸果》　栗　味鹹，氣溫，屬水與土，無毒。濮陽、范陽者最奇，充州、宣州者尤勝。他處雖產，總味不佳。秋採收藏，乾生任意。欲乾收日曝，水氣全消。若以袋盛，風處乾尤美。欲生收沙藏，新鮮常在。蒸熟食，滯氣戀膈。生者食，發氣生蟲。曝乾食之，下氣補益。小兒多食，令齒不生。專走腎經，堪治腎病。健腰足助力，厚腸胃耐飢。生嚼塗筋骨碎疼，消腫去瘀血神效。患風水氣，切忌沾唇。　真栗　江湖多，子圓似豌豆粒。　茅栗　通生江南，似栗圓細。　鉤栗　俗以甜櫧呼，又名巢鉤子，厚腸胃肥體。

清·葉盛《古今治驗食物單方》　栗子　骨鯁咽喉，栗子內薄皮燒存性，研末，吹入咽中，即下。　腎虛，日啖生栗愈。

清·黃元御《玉楸藥解》卷四　栗子　味甘、鹹，氣平。入足太陰脾、足少陰腎經。補中培土，養胃益脾。《素問·藏氣法時論》：脾色黃，食鹽、大豆、豕肉、栗藿皆鹹，戊土降於丁火，得離中之陰精；己土升於癸水，得坎水之陽氣，故苦則入胃，鹹則歸脾。栗子鹹甘入脾，補中助氣，充虛益餒，培土實脾，諸物莫逮。但多食則氣滯難消，少啖則氣達易尅耳。生食治腰腿不遂，生嚼塗筋骨碎斷。又消腫痛，行瘀血，破痃癖，去惡刺，出箭頭，止鼻衄，斂泄利。風乾者佳。殼止便血，殼內薄皮治骨鯁。

清·吴儀洛《本草從新》卷四　栗〔補腎。〕　鹹，溫。厚腸胃，補腎氣。能解羊羶。小兒不可多食。生則難化，熟則滯氣。

清·汪紱《醫林纂要探源》卷二　栗　甘，鹹，平。生食補心，散血，清肺瀉腎。鹹味多。熟食厚脾胃，益氣充飢。甘味厚。○古云一毬三枚，居中者名栗楔，尤養血，治腰痛。亦未必也。多食滯氣。凡實粉多者，能滯氣。　枝皮　煎水，洗口疳口爛。　茅音序栗　甘，鹹，平。小栗也。一名栭栗，俗訛茅栗。又曰茶子栗。

清·嚴潔等《得配本草》卷六　栗子栗楔、毛毬、黑殼。　鹹，溫。入足太陰、少陰經氣分。厚腸胃，健腰足。生嚼，塗筋骨斷碎腫痛，及金刃傷、小兒口瘡。或風乾，或火煨用。　多食滯脾戀膈，風濕病者禁用。　栗楔鹹，平。入足少陰經氣分。大有補腎之功，治筋骨風痛，活血尤效。一毬三顆，其中扁者，栗楔也。　毛毬即栗外刺包。　煮汁，洗火丹毒腫，燒灰敷亦效。　黑殼　煮汁飲，止反胃消渴，并止瀉血。

題清·徐大椿《藥性切用》卷六　栗子　味甘微醎，生平（熱）〔熟〕溫。入腎而補腎厚腸。生則難化，（熱）〔熟〕則滯氣。小兒不可多啖。

清·黃宮繡《本草求真》卷九　栗溫腎固胃寬腸。　栗耑入腎，兼入腸胃。腎之菓也，味鹹性溫，體重而實，故能入腎而補氣。凡人胃氣虧損，而見腰腳軟弱，並胃氣不充，而見腸鳴泄瀉，服此治無不效。弘景曰：相傳有人患腰腳弱，往栗樹下食數升，便能起行，此是補腎之義。然須風乾，連液吞咽為佳。時珍曰：風乾之栗，勝於日曝，而火煨油炒，勝於蒸煮。作粉為食，勝於菱芡。若使栗不風乾，或生水氣未除，食則助濕發氣生蟲，蒸煮炒熟，食則壅氣滯膈，而於風水之人尤忌。小兒多食，令齒不生，栗楔係栗中瓣，能療筋骨風痛，冷積疾癖，生嚼可罨惡刺。出箭頭，敷瘰癧腫毒痛。栗荴即肉上薄皮。燒灰存性，能治骨鯁在喉，吹入即下。栗殼煮汁，能治反胃消渴。栗毬即外刺包。煮汁，洗火丹毒腫，栗花能治瘰癧，栗樹皮煮汁，可洗沙蝨溪毒，並丹毒瘡毒。栗根酒煎，能治偏墜腎氣，皆以取其下氣解毒之功耳。

清・李文培《食物小錄》卷上　栗　甘，溫，無毒。益氣，厚腸胃，補腎氣，耐飢。生食發氣，小兒不可多食，性堅難尅化。熟則滯氣膈生蟲，往往致病。

清・趙學敏《本草綱目拾遺》卷八果部下　栗殼　《綱目》載其治反胃、消渴、瀉血，此外無他，不知其能解參之力，勝於萊菔，故急錄之。　楊春崖《驗方》：解人參，栗子殼煎湯服之，良。

清・章穆《調疾飲食辯》卷四　栗　《綱目》曰：《說文》作㮚，象花實下垂之狀。木高二三丈。花作條如箸，可點燈。子苞生，多刺如蝟毛，有青、黃、赤色。九月苞裂子出，大者為板栗，中心扁者為栗楔。《圖經》曰：所在皆有，兖州、宣州為勝。葉似橡櫟。《詩疏》曰：雖五方皆有，周、秦、吳、揚特饒。濮陽、范陽者甜美，他方不及也。《衍義》曰：栗欲乾收，宜曝或風乾。欲生收，宜潤沙藏，至夏猶新。生食質硬難化，極不宜人。惟能活血，治腰脚病，古跌撲方用之。《綱目》曰：食生栗須細嚼乃有益。蘇子由詩曰：老去自添腰脚病，山翁食栗舊傳方。客來為說晨興晚，三咽彼收白玉漿。熟食補脾腎，厚腸胃，耐飢。昔有患內寒暴泄如注者，食煨栗二三十枚，頓愈。栗於五果屬水，水潦之年，則栗不熟，故《素問》以為腎之果。然其味甘多鹹少，畢竟補脾胃之力為優，故能厚腸胃、耐飢。《農書》云：《史記》載，秦饑，應侯請發五苑棗、栗賑之。

按：栗誠佳果，而生食難化困脾，熟食壅氣，亦不免困脾，食之總不宜過多。若脾虛不運飲食難化人忌生，氣滯中滿人忌熟。惟心懸善飢，及脾腎兩虛常病滑泄，乃為宜食之物。其木至數十年將老，勿俟其枯，鋸之，留本一二尺，則復發新枝，不數年，居然大樹，又可結子數十年。復鋸復生。故古者宗廟神主，以栗木為之名栗主者，取其一本相傳，生生不已也。樹既可久，結實又多，故《國策》蘇秦說燕王曰：燕北有棗、栗，民雖不田作而足食。《史記》曰：燕、秦千樹栗，其人與千戶侯等。栗楔、栗荴殼內薄皮及毬殼、根皮悉入藥用，均不甚驗，方概不錄。

清・張德裕《本草正義》卷上　栗子　甘，平。益氣，厚腸胃，補腎氣，活血，耐飢。生搗敷，可拔刺及瘰癧腫毒。栗乃腎果，性滯，多食傷脾。

清・葉桂《本草再新》卷五　栗味甘，性溫，無毒。入脾、腎二經。健脾開胃，益氣補腎。味甘而潤，故能補腎。

清・吳其濬《植物名實圖考》卷三二　栗　《別錄》上品。一梂三顆，中扁者為栗楔，栗內薄皮為栗荴，花為栗線。樹皮、根、殼、梂彙皆入藥。

清・趙其光《本草求原》卷一二果部　栗子　甘、鹹，溫，無毒。益氣，厚腸胃，補腎氣，壯腰腳。但生則發氣，煮熟則滯，宜曬乾或潤沙藏乾，或懸於當風去其水氣。食時，灰火中煨，令出汁，或蘸香油炒。同橄欖食，有梅花香。殼煎汁飲，止反胃、消渴。栗楔，一球三顆，中扁者，治筋骨風痛，破冷痃癖，敷惡刺，出箭頭。生嚼敷。栗肉上薄皮，存性，下骨鯁。吹之。殼內毛，煮汁洗火丹毒。花，治瘰癧。樹皮，洗沙虱、溪毒、丹毒、瘡毒。根，治偏墜腎氣。酒煎。

清・文晟《新編六書》卷六《藥性摘錄》　栗　甘鹹，溫。固胃溫腎，寬腸，治腎氣虧損，而見腰腳軟弱，及腸鳴泄瀉。以風乾勝於日曝，而火煨、油炒勝於蒸煮。生者水氣未除，助濕發氣生蟲，炒熟食，壅氣滯膈，小兒多食令齒不生。〇栗楔、栗花、栗殼、栗球、樹皮、栗根，俱詳藥部。

清・張仁錫《藥性蒙求・果部》　栗殼　栗味鹹溫，厚腸及胃。腎氣若虛，食之頗美。生食治腰脚不遂，療筋骨斷碎腫痛瘀血，生嚼塗之有效。〇栗殼，解服人參作脹，勝于萊菔子。

清・王孟英《隨息居飲食譜・果食類》　栗　甘，平。補腎，益氣，厚腸止瀉，耐飢，最利腰腳，解羊肉毒，辟穀濟荒。生熟皆佳，點肴竝用。嫩時嚼之作桂花香，老者風乾，則甜而嫩。同橄欖食，風味尤美。以錢塘產者良。凡食均須細嚼，連液吞嚥則有益，若頓食至飽，反壅氣傷脾。其外感未去、痞滿疳積、瘧痢、瘰癧、產後、小兒、病人不飢、便祕者，竝忌之，以生極難化，熟最滯氣也。

清・劉善述、劉士季《草木便方》卷二木部　毛栗　板栗根皮味甘溫，丹毒瘡毒腎氣平。煎熬服洗須斟酌，花消瘰癧效如神。

清・田綿淮《本草省常・果性類》　栗　性溫，宜熟食。益氣補腎，厚腸胃，耐飢。多食困脾滯氣，生食難消化。同牛肉食傷人。水病人忌之。

清・戴葆元《本草綱目易知錄》卷三　栗　鹹，溫。屬水，益氣。腎之果也。厚腸胃，補腎氣。煨熟食，止內寒暴瀉。生食，療腰脚不遂。治筋骨斷碎，腫痛瘀血，生嚼塗之良。【略】《纂要》云：一種茅栗，茅，音序，小栗也。功同。俗名茅栗，字訛傳。

清·陳其瑞《本草撮要》卷三　栗　味甘鹹，溫，入足太陰、少陰經，功專厚腸胃，補腎氣，多食閉氣。小兒疳瘡，生嚼敷之良，並止鼻衄。塗筋骨碎斷，消腫痛，行瘀血。風乾者佳。殼止便血，殼內薄皮治骨鯁，俱燒灰存性用。

清·吳汝紀《每日食物却病考》卷下　栗子　鹹，溫，無毒。益氣，厚腸胃，補腎脊腰脚無力，破痃癖，治血，甚效。生則發氣，熟則滯氣，故小兒更不可多食。日晒乾，或火煨出汗，或懸當風，令去其木氣，食之良。此菓中之最有益者，當中一子，名栗楔，更好。南方浙、宣所產者，大而味稍淡；北地燕、薊產者，小而味更佳。雖其類有大小、尖圓之不同，其功用則相似。此腎之菓也，腎病人宜食之。

茅栗

清·吳其濬《植物名實圖考》卷三二　茅栗　野生山中。《爾雅》：栵，栭。注：樹似槲樕而卑小，子如細栗可食。今江東亦呼為栭栗。《詩》：其灌其栵。陸璣《疏》木理堅韌而赤，可為車轅，即此。

錐栗

清·吳其濬《植物名實圖考》卷三二　錐栗　長沙山岡多有之。大樹，葉細而厚，面綠有光，背黃白而澀；結實作梂，數十梂攢聚一枝，一梂一實，似栗而圓，大如芡實，內仁兩瓣，味淡微澀。

按《本草拾遺》，鉤栗生江南山谷，大木數圍，冬月不凋；其子似栗而圓小。又有雀子相似而圓黑，久食不飢，蓋即此種。與栗相類，非櫧類也。葉擣汁可成膠，油雨傘者用之。又一種栗，大如橡栗，味甘，燭食尤美，蓋即鉤栗。其小如芡實者，當即雀子。湖南通呼錐栗，一類有大小耳。

榛

宋·唐慎微《證類本草》卷二三果部下品〔宋·馬志《開寶本草》〕　榛子　味甘，平，無毒。主益氣力，寬腸胃，令人不飢，健行。生遼東山谷。樹高丈許，子如小栗，軍行食之當糧，中土亦有。鄭注《禮》云：榛似栗而小，關中鄜坊甚多今附。

〔宋·掌禹錫《嘉祐本草》〕按：日華子云：新羅榛子肥白人，止飢，調中開胃甚驗。

〔宋·唐慎微《證類本草》〕《圖經》：文具栗條下。

附：日·丹波康賴《醫心方》卷三〇　榛子　《七卷經》云：味甘，平。食之無損益，多食令人頭痛。崔禹〔錫〕云：食之明目，去三蟲。味甘，小澀，冷，無毒。久食輕身耐老。樹似杏，而實如櫟子，蒸乾噉之，益人氣。

宋·王繼先《紹興本草》卷一三　榛子　紹興校定：榛子，性味、主治已載《本經》，乃世之果品，即非起疾之物。當從味甘、平、無毒是矣。遼東及河東皆產之。

宋·鄭樵《通志》卷七六《昆蟲草木略》　榛有三四種，栗類也。似栗而小，正圓。

宋·陳衍《寶慶本草折衷》卷一八　榛子　又云：一名莘，一名奧栗，乃栗類也。○莘，與榛音同。生遼東山谷，及關中、新羅及鄜坊州。○又云：生桂陽江湖。

味甘，平，無毒。○主益氣力，寬腸胃，似栗而小。○日華子云：調中。

元·忽思慧《飲膳正要》卷三　榛子　味甘，平，無毒。益氣力，寬腸胃，健行，令人不飢。

元·尚從善《本草元命苞》卷八　榛子　味甘，性平，無毒。益氣力，調中，寬腸胃止飢。生遼東山谷。其樹高丈餘，似栗而小。軍行當糧。

元·吳瑞《日用本草》卷六　榛子　似栗而圓小，亦充糧食之。生遼東山谷。多食令人臚脹。久病人不宜食。味甘，性平，無毒。新羅榛子肥白人，止飢調中，開脾胃，甚効。主益氣力，寬腸胃，令人不飢，健行。

明·王綸《本草集要》卷五　榛子　味甘，氣平，無毒。主益氣力，寬腸胃，令人不飢健行。

明·滕弘《神農本經會通》卷三　榛子　生遼東山谷。子如小栗，軍行食之當糧。中土亦有。

味甘，氣平，無毒。《本經》云：主益氣力，寬腸胃，令人不飢，健行。日華子云：新羅榛子，肥白人，止飢調中開胃，甚驗。

明·劉文泰《本草品彙精要》卷三四　榛子無毒　叢生。

榛子：主益氣力，寬腸胃，令人不飢，健行。名醫所錄。〖苗〗《圖經》曰：樹高丈許，子如小栗。軍行食之當糧，中土亦有。鄭注《禮》云：榛，似栗而小，關中、鄜坊甚多。桂陽一種莘音榛，叢生，實大如杏子中仁，皮、子形色與栗無異也，但差小耳。〖地〗《圖經》曰：生遼東山谷，及桂陽、新羅、關中、鄜坊皆有之。〖時〗生：春。採：秋取實。〖收〗暴乾。〖用〗仁。〖色〗殼褐，肉白。〖味〗甘。〖性〗平，緩。〖氣〗氣厚於味，陽中之陰。〖臭〗香。〖主〗和胃寬中。〖製〗去皮殼。〖治〗療：日華子云：止飢，調中開胃。

明·盧和、汪穎《食物本草》卷二果類　榛子　味甘，平，無毒。益氣力，實腸胃，調中不飢，健行，甚驗。

明·寧源《食鑒本草》卷上　榛子　味甘，平，無毒。益氣力，寬腸胃，肥白人。

明·王文潔《太乙仙製本草藥性大全》卷四《本草精義》　榛子　生遼東山谷。樹高丈許，子如小栗，軍行食之當糧。中土亦有。鄭注《禮》云：榛似栗而小，其肉肥白。關中鄜坊甚多。

明·王文潔《太乙仙製本草藥性大全》卷四《仙製藥性》　榛子　味甘，氣平，無毒。主治：止飢調中，助脾開胃，寬腸胃。令人不飢，益氣力，致人肥健。

明·李時珍《本草綱目》卷三〇果部·山果類　榛宋《開寶》

〖釋名〗亲古榛字。時珍曰：案羅氏《爾雅翼》云：《禮記》鄭玄註云：關中甚多此果。關中，秦地也。榛之從秦，蓋取此意。《左傳》云：女贄不過榛、栗、棗、修，以告虔也。則榛有臻至之義，以其名告己之虔也。古作亲，從辛，從木。俗作莘，誤矣。莘音詵。〖集解〗志曰：榛生遼東山谷。樹高丈許。子如小栗，軍行食之當糧。中土亦有。鄭玄云：關中、坊甚多。頌曰：桂陽有亲而叢生，實大如杏子中仁，皮子形色與栗無異，但小耳。大明曰：新羅榛子肥白，最良。時珍曰：榛樹低小如荆，叢生。冬末開花如櫟花，成條下垂，長二三寸。二月生葉如初生櫻桃葉，多皺文而有細齒及尖。其實作苞，三五相粘，一苞一實。實如櫟實，下壯上鋭，生青熟褐，其殼厚而堅，其仁白而圓，大如杏仁，亦有皮尖。然多空者，故諺云十榛九空。按陸璣《詩疏》云：榛有兩種：一種大小枝葉皮樹皆如栗，而子小，形如橡子，味亦如栗，枝莖可以爲燭，《詩》所謂樹之榛、栗者也；一種高丈餘，枝葉如木蓼，子作胡桃味，遼、代、上黨甚多，久留亦易油壞者也。

仁　〖氣味〗甘，平，無毒。〖主治〗益氣力，實腸胃，令人不飢健行《開寶》。止飢，調中開胃，甚驗大明。

明·穆世錫《食物輯要》卷六　榛子　味甘，平，無毒。開胃益氣，實大腸，令人不飢，能健行，新羅者尤良。收藏榛、松子、瓜仁類，以燈心剪碎，和入罐內，放燥處，不(熾)〔油〕。

明·吴文炳《藥性全備食物本草》卷二　榛子　味甘，平，無毒。榛，盛也。一云從秦，生於秦地也。主益氣力，寬腸胃，調中開胃，令人不飢健行，軍行食之以當糧。

明·趙南星《上醫本草》卷二　榛　一名亲古榛字。　仁　甘，平，無毒。主治：益氣力，實腸胃，令人不肌健行，調中開胃，甚驗。

明·應慶《食治廣要》卷四　榛子　氣味：甘，平，無毒。主治：益氣力，實腸胃，止飢渴，調中。

明·姚可成《食物本草》卷八果部·山果類　榛榛樹低小如荊，産〔閩〕廣間，叢生。冬末開花如櫟花，成條下垂，長〔二〕三寸。二月生葉如初生櫻桃葉，多皺紋〔而有〕細齒及尖，其實作苞，三五相粘，一苞一〔實〕。實如櫟實，下壯上鋭，生青熟褐，其殼厚而〔堅〕，其實白而圓，大如杏仁，亦有皮尖。然多空〔者〕，故諺云十榛九空。案陸璣《詩疏》云：榛有兩〔種〕：一種大小枝葉皮樹皆如栗，而子小，形如橡子，味亦如栗，枝莖可以為燭，《詩》所謂樹之榛栗者也。一種高丈餘，枝葉如木蓼，子作胡桃味，遼、代、上黨甚多，久留亦易油壞〔者也〕。

榛　味甘，平，無毒。主益氣力，實腸胃，令人不飢健行。

明·顧逢柏《分部本草妙用》卷九果部　榛　苦，平，無毒。主益氣力，實腸胃，令人不飢，調中開胃。

明·孟笨《養生要括·果部》　榛子　味甘，平，無毒。益氣力，實腸胃，令人不飢，健行，止飢，調中開胃，甚驗。

清·丁其譽《壽世秘典》卷三　榛子殼厚而堅，仁白而圓，大如杏仁，亦有皮尖然多空者，故諺云，十榛九空。遼、代、上黨甚多。久留易油壞。　氣味：甘，平，無毒。主益氣，厚腸胃，令人不飢，健行。

清·尤乘《食鑒本草·果類》　榛仁　益氣力，寔腸胃，調中開胃，健行止飢。

清·朱本中《飲食須知·果類》　榛子　味甘，性平。凡收藏榛、松、瓜仁類，以燈心剪碎，和入礶內，放燥處不油。

清·何其言《養生食鑒》卷上　榛子其形如栗而小，俗名槌子。　味甘，性平，無毒。開胃益氣，實大腸，令人不飢，能健行。新羅出者尤良。炒食，頗熱。收藏榛、松子、瓜仁類，以燈心剪碎，和入鑼內，放燥處不(熾)[油]。

清・李熙和《醫經允中》卷二二　榛　甘，平，無毒。主實腸胃，令人不飢。

清・吴儀洛《本草從新》卷四　榛(補中益氣。)　甘，平。調中開胃，益氣力，實腸胃，令人不飢健行。久留最易油壞。

清・汪紱《醫林纂要探源》卷二　榛　甘，鹹，平。大者似栗，而殼薄，小者形如雞心，俗曰雞心栗。補心散血。以似心也。

題清・徐大椿《藥性切用》卷六　榛子　性味甘平，調中益氣，充胃實腸，令人不飢，兼能殺蟲。油壞勿用。

清・李文培《食物小録》卷上　榛　甘，平，無毒。益氣力，實腸胃，令人不飢，健步調中，開胃。

清・章穆《調疾飲食辯》卷四　榛　《綱目》曰：《爾雅翼》云：鄭康成注《禮記》榛、栗、棗、脩，言關中鄜、坊甚多。關中，秦地，故字從秦。一名山栗。圓而末尖者為錐栗，小如指頂者為茅栗，即《爾雅》之檽栗。又名栵栗，《詩・皇矣》：其灌其栵。又名栭栗，《禮・內則》：芝，栭，蔆，椇。《圖經》曰：桂陽有亲栗，樹低小，叢生，實大如杏仁處處皆有，不獨桂陽。又有奧栗，子亦小。或云即亲也。《詩》：樹之亲栗。今《楚邱》篇作榛栗。《陸疏》曰：榛有兩種：一種枝葉、毬實皆如栗而子小，樹亦低小；一種高丈餘，子如胡桃，久留易油壞。此另是一物，陸疏誤也，榛無油，與胡桃迥別。性與大栗彷彿，而生食較大栗稍易消，熟食稍不壅氣。《開寶本草》曰：益氣力，實腸胃，耐飢健行。《日華本草》曰：調中補胃。皆言熟食之功也。而同破故紙、山茱萸、杜仲、懷牛膝等為丸久服，實能益腎，脚弱人最宜。其功勝於大栗。

清・吴其濬《植物名實圖考》卷三一　榛　《開寶本草》始著録。《禮記》：女贄榛栗。《説文》作亲，《詩義疏》謂有二種，遼東、上黨皆饒。鄭注《禮》云：關中鄜坊甚多。今直隸東北所産極多，販市天下。《山西志》：出長治、壺關、潞城，而大同屬之。廣靈與宣化界産尤美。太原山阜間叢生，樹高丈餘，俱如李時珍所述。其實周匝有圓葉，似畫家作雲托日狀，殼甚堅，多不實，十榛九空，非虚語也。《爾雅翼》以鄜坊多産，遂謂其字從秦以此，不知。《説文》本作亲，假借作榛，而燕、晉皆饒，何獨秦也。北人謂有鼠如鼦，聚榛為糧，貯之穴中，山氓多掘取之，其即鼠果之類歟？

清・趙其光《本草求原》卷一二果部　槌子即榛子。如栗而小，甘，平，無毒。開胃益氣，實大腸，令人不飢。炒食，頗熱。

清・文晟《新編六書》卷六《藥性摘録》　榛子　甘，平。生用開胃益氣，實大腸，令人不饑，能健行。出新羅者佳。以燈心剪碎，同收不(熾)[油]。

清・王孟英《隨息居飲食譜・果食類》　榛　甘，平。補氣開胃，耐飢長力，厚腸，虚人宜食。仁粗大而不油者佳。亦可磨點成腐，與杏仁腐皆為素饌所珍。

清・田綿淮《本草省常・果性類》　榛子　古作亲。性平。補中益氣，實腸胃。久食令人不飢健行。

清・戴葆元《本草綱目易知録》卷三　榛仁　甘，平。調中開胃，止飢健行，益氣力，實腸胃，令人不飢。【略】《纂要》云：形似雞心，俗名雞心栗。一種高丈餘，枝葉如水蓼子，作胡桃味。遼、代、上黨甚多，久留亦易油壞。我婺亦有。

清・吴汝紀《每日食物却病考》卷下　榛子　味甘，平，無毒。益氣力，調中，開胃，令人不飢健行。關中、遼、代、上黨多生之。有大、小二種，性味相同也。

鉤栗

宋・唐慎微《證類本草》卷二三果部下品〔唐・陳藏器《本草拾遺》〕　鉤栗　味甘，平。主不飢，厚腸胃，令人肥健。子似栗而圓小。生江南山谷。樹大數圍，冬月不凋。一名巢鉤子。又有雀子，小圓，黑，味甘。久食不飢。生高山。子小圓黑。又有櫧音諸子，小於橡子，味苦，澀。止洩痢，破血，食之不飢，令健行。木皮、葉煮取汁，與産婦飲之，止血。皮樹如栗，冬月不凋。生江南。子能除惡血，止渴也。

宋・陳衍《寶慶本草折衷》卷一八　鉤栗櫧子、雀子附。〇櫧粉續附。　一名巢鉤子。生江南山谷。附：櫧子，生江南。〇又附：雀子，生高山。〇續附：櫧粉，以櫧子烈日曬拆，撻去殼，取肉擣細，水浸，拔去苦澀而味轉甘，就新水中揉擺，澄凝脂液，曝乾作粉。〇櫧，音株；雀，音悄。

味甘，平，無毒。兼用榛子云。〇主厚腸胃，肥健，似栗而圓小。

附：櫧子。〇味苦、澀。止洩痢，除惡血，止渴。小於橡子。

附：雀子。〇味甘。圓小而黑。果過用，亦動氣，不可過食。

續説云：春櫧肉以澄粉，甘紫滑韌。其固精縮小便之功倍常矣。

明・王文潔《太乙仙製本草藥性大全》卷四《本草精義》 鉤栗 一名巢鉤子。生江南山谷。樹大數圍，冬月不凋，生子似栗而圓小。八九月採之，收藏爲用。

明・王文潔《太乙仙製本草藥性大全》卷四《仙製藥性》 鉤栗 味甘，氣平，無毒。主不飢，厚腸，令人肥健。 雀子 久食不飢。

明・李時珍《本草綱目》卷三〇果部・山果類 鉤栗《拾遺》

【釋名】巢鉤子《拾遺》 甜櫧子瑞曰：鉤栗即甜櫧子。時珍曰：鉤、櫧二字，方音相近。其狀如櫟，當作鉤櫟。 【集解】藏器曰：鉤栗生江南山谷。木大數圍，冬月不凋，其子似栗而圓小。又有雀子，相似而圓黑，久食不飢。詳櫧子下。

仁 【氣味】甘，平，無毒。 【主治】食之不飢，厚腸胃，令人肥健藏器。

明・應麐《食治廣要》卷四 鉤栗 氣味：甘，平，無毒。食之不飢，厚腸胃，令人肥健。其形似栗而圓小，又如雀卵相似，但略帶圓黑耳。

明・姚可成《食物本草》卷八果部・山果類 鉤栗即甜櫧子。生江南山谷。木大數圍，冬月不凋，其子似栗而圓小。又有雀子，相似而圓黑者。 鉤栗，味甘，平，無毒。食之不飢，厚腸胃，令人肥健。

明・施永圖《本草醫旨・食物類》卷三 鉤栗名甜櫧子。 味甘，平，無毒。治：食之不飢，厚腸胃，令人肥健。

清・汪紱《醫林纂要探源》卷二 槠子 苦，甘，鹹，平。亦名鉤栗。 功同榛。

清・李文培《食物小錄》卷上 鉤栗即茅栗 甘，平，無毒。食之不飢，厚腸胃，令人肥健。

清・章穆《調疾飲食辯》卷四 甜櫧子 一名鉤栗。《拾遺》名巢鉤子。冬月不凋，子圓而小。又有雀子，形相似而圓黑。

按：甜櫧子殼光黑而硬，大如小豌豆，有尖。一名鐵櫧。味較橡、槲、櫧稍甘，亦不免澀性。亦僅澀腸止泄，故《拾遺》云食之不飢，厚腸胃，澀故也。木條直易長，數十年可長三四丈，圍五六尺，松杉雖一二百年不及也。又子落地自生。一種不煩再種，取大者為梁棟，小者轉盼又復成林。材木之利，莫過於此。吾鄉惟兵田彭姓戚家有之，高樓大廈，綿亘數百間，胥此木所造。他處則彌望荒山，絕無種者，不可解也。而彭姓亦僅原有之三處，此外絕不補種一山，尤不可解也。

附：**日・丹波康賴《醫心方》卷三〇** 椎子 《七卷經》云：味甘，平。食之補益人，耐飢。去甲作屑，並食之，斷穀。勝橡子。崔禹〔錫〕云：味甘，小溫，無毒。主補五藏，安中。又有櫪子相似，而大於椎音焦。

元・忽思慧《飲膳正要》卷三 株子 味酸甘，平，無毒，性微寒，不可多食。

明・劉文泰《本草品彙精要》卷三四 株子無毒 植生。

株子：不可多食。出《飲膳正要》。 【苗】謹按：株子樹，高三五尺，枝、葉類橘而小，冬月不凋，春復繁茂，四月開小白花。其實有三種，小而圓者謂之金豆；大如彈丸者謂之金橘；銳而長者謂之牛奶金柑，即株子也。生青熟黃，人家庭院多植而翫之。九月採食，其清香經日不歇，或蜜漬作湯果寄遠，人貴重之，稀入藥用。 【地】生南山川谷，及江浙、荊襄、湖嶺皆有之。 【時】生：四月開花。採：九月、十月取實。 【用】實。 【色】生青，熟黃。 【味】酸，甘。 【性】平，微寒。 【氣】氣薄味厚，陰中之陽。【臭】香。

明・盧和、汪穎《食物本草》卷二果類 櫧子 味苦澁。止洩痢，破除惡血，止渴，食之不飢，健行。有甜、苦二種，製作粉食、糕食甚佳。

明・王文潔《太乙仙製本草藥性大全》卷四《本草精義》 省子 生高山。子小圓黑。〇櫧子小於橡子，樹皮如栗，冬月不凋。亦生江南。

明・王文潔《太乙仙製本草藥性大全》卷四《仙製藥性》 櫧子 味苦澁。止泄痢，破血，令健行不飢。葉煮汁產婦飲之止血。服仁能除惡血，生津。

明・李時珍《本草綱目》卷三〇果部・山果類 櫧子《拾遺》。校正：原附鉤栗，今析出。

【集解】藏器曰：櫧子生江南。皮、樹如栗，冬月不凋，子小于橡子。穎曰：櫧子有苦、甜二種，治作粉食，餻食，褐色甚佳。時珍曰：櫧子處處山谷有之。其木大者數抱，高二三丈。葉長大如栗，葉稍尖而厚堅光澤，鋸齒峭利，凌冬不凋。三四月開白花成穗，如栗花。結實大如槲子，外有小苞，霜後苞裂子墜。子圓褐而有尖，大如菩提子。內仁如杏仁，生食苦澀，煮、炒乃帶甘，亦可磨粉。甜櫧子粒小，木文細白，俗名麪櫧。苦櫧子粒大，木文粗赤，俗名血櫧。其色黑者名鐵櫧。案《山海經》云：前山有木，其名曰櫧。郭璞註曰：櫧子似柞子可食，冬月采之。木作屋柱、棺材，難腐也。

仁　〖氣味〗甘，澀，平，無毒。時珍曰：案《正要》云：酸、甘，微寒。不可多食。

〖主治〗食之不飢，令人健行，止洩痢，破惡血，止渴藏器。

皮　葉　〖主治〗煮汁飲，止產婦血藏器。

嫩葉　貼臁瘡，一日三換，良吳瑞。

明·佚名氏《醫方藥性·草藥便覽》　苦株皮　其性熱。寬氣，去惡，止吐。

明·應麐《食治廣要》卷四　櫧子　氣味：苦、澁，平，無毒。食之不飢，令人健行，又止洩痢，破惡血，止渴。生食苦澁，換水浸，煮炒，乃帶甜爾。亦可磨粉作腐。外形如菩提子，內仁如杏仁者是矣。

明·姚可成《食物本草》卷八果部·山果類　櫧子生江南。皮、樹如栗，冬月不凋，子小於橡子。有苦、甜二種，治作粉食、糕食，甚佳。○李時珍曰：櫧子處處山谷有之。其木大者數抱，高二三丈。葉長大如栗，葉梢尖而厚堅光澤，鋸齒峭利，淩冬不凋。三四月開白花成穗，如栗花。結實大如槲子，外有小苞，霜後苞裂子墜。子圓褐而有尖，大如菩提子。內仁如杏仁，生食苦澀，煮、炒乃帶甘，亦可磨粉。甜櫧子粒小，木文細白，俗名麪櫧。苦櫧子粒大，木文粗赤，俗名血櫧。其色黑者名鐵櫧。案《山海經》云：前山有木，其名曰櫧。郭璞注曰：櫧子似柞子，可食，冬月采之。木作屋柱、棺材，難腐也。

櫧子　味甘、苦，澀，平，無毒。食之不飢，令人健行，止洩痢，破惡血，止渴。

皮、葉　煮汁飲，治產婦血。

嫩葉　貼臁瘡，一日三換，良。

明·顧逢柏《分部本草妙用》卷九果部　櫧子　苦，澀，平，無毒。食之不飢，健行，止洩痢，破惡血，止渴。

明·施永圖《本草醫旨·食物類》卷三　櫧子生江南，皮樹如栗，有苦、甜二種。治作粉食，糕食，褐色甚佳。　仁　味：苦、澀，平，無毒。酸，甘，微寒，不可多食。　治：食之不飢，令人健行，止洩痢，破惡血，止渴。　皮葉　治：煮汁飲，止產婦血。嫩葉貼臁瘡，一日三換良。

清·汪紱《醫林纂要探源》卷二　苦櫧　苦，鹹，平。可濟飢，亦可澄治作粉。　甜櫧　甘，鹹，平。一名栲櫧。

清·李文培《食物小錄》卷上　櫧子即苦櫧子。　苦，濇、平，無毒。食之不飢，令人健行。

附：琉球·吳繼志《質問本草》外篇卷四　櫪櫧樹　甲辰清舶漂到，採此種問之。　櫪有二種，一名黃土櫪，一名白櫪。盛煥文。

清·章穆《調疾飲食辯》卷四　苦櫧子　《綱目》曰：樹全似栗，但淩冬不凋。結實圓而有尖，褐色，外有綠苞，霜後苞裂子出。生食苦澀，煮、炒乃稍甘。亦可搗粉充果、菜食。性亦澀腸止泄，虛滑者宜，有邪者切忌。嫩葉用新鮮猪油炒熟，冷水浸，貼臁瘡久爛，一日數易出《日用本草》。木極耐腐濕。郭注《山海經》云可作屋柱、棺材。又極難爐，不可為薪。用作門扇，可禦火災。

清·吳其濬《植物名實圖考》卷三二　苦櫧子　《本草拾遺》始著錄。苦者實圓葉寬。　雩婁農曰：櫧之名見《山海經》。余過章貢間，聞輿人之誦曰：苦櫧豆腐，配鹽幽菽豆豉也。皆俗所嗜尚者。得其腐而烹之，至舌而澀，至咽而饜，津津焉有味回於齒頰。蓋不肉食之氓，得苦甘者而咀吮之，不似淡食同嚼蠟矣。《郭注》謂：櫧似柞。夫柞一物而數名：栩也、杼也、櫟也、櫪也、橡也、樣也，其實曰梂，曰斗。櫧之葉醜栗，實醜橡，固橡屬也，與橡實同而長者，別名槲，又曰樸樕。其不結實而中繭絲者為青棡；青棡亦有數種，飼蠶者能辨之。《陸疏》：徐州人謂櫟為杼，秦人謂柞櫟為櫟，《說文》：以樣為栩實。小學家展轉訓詁，但指其類耳。《上林賦》沙棠櫟櫧。沙棠為一物，櫟櫧亦應為一物，櫧、杼聲音輕重，鴇羽所集，其此實耶？長沙秋時傾筐入市，浸浸以腐供賓筵。北地不聞此製也，汝南有一種黃栗樹，與櫟頗類而中棟梁，非不材之木。櫧木為柱不腐，亦有紅、白二種，白者理疎，紅者理密，中什器，誠非橡槲伍，其亦如櫄、樗之別乎？

麪櫧　與苦櫧同，葉長而狹，實尖。

清·王孟英《隨息居飲食譜·果食類》　櫧子　有甜苦二種。苦者，煑炒令熟，味亦帶甘，竝可食，亦可磨粉充糧，耐飢止瀉。氣實腸燥者勿食。患酒膈者，苦櫧煑熟，細嚼頻食，自愈。

清·田綿淮《本草省常·果性類》　櫧子　性平。止瀉痢，破惡氣。久食令人不飢健行。　甜櫧子　一名巢鉤子，一名鉤栗。性平。厚腸胃。久食令人肥健。

橡實

宋·唐慎微《證類本草》卷一四木部下品〔唐·蘇敬《唐本草》〕 橡實 味苦，微溫，無毒。主下痢，厚腸胃，肥健人。其殼爲散及煮汁服，亦主痢，并堪染用。一名杼斗。槲、櫟皆有斗，以櫟爲勝。所在山谷中皆有。《唐本》先附。

〔宋·掌禹錫《嘉祐本草》〕按：《爾雅》云：栩，杼。釋曰：栩，一名杼。郭云：柞樹。《詩·唐風》云：集于苞栩。陸璣云：今柞櫟也。徐州人謂櫟爲杼，或謂爲栩。其子爲皂，或言皂斗。其殼爲汁，可以染皂。今京洛及河内言杼斗，謂櫟爲杼。五方通語也。日華子云：櫟樹皮，平，無毒。治水痢，消瘰癧，除惡瘡。橡斗子，澁腸止瀉。煮食，可止飢，禦歉歲。殼止腸風，崩中帶下，冷熱瀉痢，并染鬚髮，入藥並擣炒焦用。

〔宋·蘇頌《本草圖經》〕曰：橡實，櫟木子也。《本經》不載所出州土，云所在山谷皆有，今亦然。木高二三丈。三四月開黄花，八九月結實。其實爲皂斗，槲、櫟皆有斗，而以櫟爲勝。不拘時採。其皮并實用。《爾雅》云：櫟，其實梂。釋曰：櫟，似樗之木也。梂，盛實之房也。其實橡也，有梂匯自裹。《詩·秦風》云：山有苞櫟。陸璣云：秦人謂柞櫟爲櫟。又《唐風》云：集于苞栩。陸璣云：今柞櫟也。徐州人謂櫟爲杼，或謂之栩。今京洛及河内謂櫟亦爲杼。五方通語也。然則，柞櫟也，杼也，栩也，皆橡櫟之通名也。

〔宋·唐慎微《證類本草》〕雷公云：凡使，去麁皮一重，取橡實蒸，從巳至未出，剉作五片用之。《食療》云：主止痢，不宜多食。孫真人：《枕中記》云：橡子非果非穀而最益人，服食未能斷穀，啖之尤佳。無氣而受氣，無味而受味，消食止痢，令人强健不極。

宋·唐慎微《證類本草》卷一三木部中品〔唐·陳藏器《本草拾遺》〕 櫟木皮 味苦，平，無毒。根皮主惡瘡，中風犯毒露者。取煎汁洗瘡，當令膿血盡止，亦治痢。南北總有作柴，亦云櫪，音同也。

〔宋·唐慎微《證類本草》〕《千金方》：治諸瘡因風致腫。以根皮三十斤，剉，以水三斛，濃煮，内鹽一把，漬瘡當出膿血，日日爲之，差止。

附：日·丹波康賴《醫心方》卷三〇 橡實 《本草》云：味苦，微溫，無毒。主下利，厚腸胃，肥健人。《七卷經》云：味澀，無毒。非藥非穀，而最益人。服之者，未能斷穀。《養性要集》云：啖橡為勝，無氣而受氣，無味而受味，消食而止利，令人强健。

宋·寇宗奭《本草衍義》卷一五 橡實 櫟木子也。葉如栗葉，在處有。但堅而不堪充材，亦木之性也。山中以(捨)〔舂〕仁爲糧，然澀腸。木善爲炭，他木皆不及。其殼堪染皂。若曾經雨水者，其色淡；不若不經雨水者。槲亦有殼，但少而不及櫟木所實者。

宋·鄭樵《通志》卷七六《昆蟲草木略》 櫟 曰橡，亦曰槲。其實作梂，曰皂斗，曰橡斗。然有二種，南土多槲，北土多櫟。《爾雅·釋木》云：櫟，其實梂。《詩·秦風》云：山有苞櫟。並此也。其《釋木》云栩杼與《唐風》云集于苞栩，並是柞木，而陸璣誤謂是此耳。橡實之類極多，大體皆栗屬也，可食。有似栗而圓者，大小有三四種。《周禮》籩人所謂榛實是也。二三實作一梂，正似栗而小者。大小有三四種。《爾雅》所謂栵，栭是也。注云：子如細栗。江東人亦呼為栭栗，今俗謂之為芧栗，猴栗、柯栗皆其類也。或曰，槲之實，似櫟而小，不可食。

宋·陳衍《寶慶本草折衷》卷一四 橡實殼附。 一名橡斗子，一名杼斗，一名皂斗，乃櫟木之子也。○其木名柞櫟，一名栩。○杼，食汝切。栩，況禹切。生京洛山谷，及河内，徐、鄆州。今所在有之。○八、九月採實。

味苦，微溫，無毒。○主下痢，厚腸胃。○日華子云：澀腸止瀉。○《圖經》曰：槲、櫟皆有斗，而以櫟為勝。

附：殼○止腸風、崩中帶下，冷熱瀉痢，並染鬚髮，入藥並擣，炒焦用。

明·朱橚《救荒本草》卷下之前 橡子樹 《本草》橡實，櫟音歷木子也。其殼一名杼上與切斗。所在山谷有之。木高二三丈，葉似栗葉而大，開黄花，其實，橡也。有梂彙音胃自裹其殼，即橡斗也。橡實味苦澁，性微溫，無毒。其殼斗可染皂。救飢：取子換水浸煮十五次，淘去澁味，蒸極熟食之。厚腸胃，肥健人，不飢。治病：文具《本草》木部橡實條下。

明·滕弘《神農本經會通》卷二 橡實 櫟木子也。入藥並擣，炒焦。味甘，氣微溫，無毒。《本經》云：主下痢，厚腸胃，肥健人。其殼為散，及煑服，亦主痢，并堪染。日華子云：櫟樹皮，平，無毒。治水痢，消瘰癧，并惡瘡。橡斗子，澁腸止瀉，煑可止飢。殼，止腸風，崩中帶下，冷熱瀉痢，并染鬚髮。《局》云：橡實元來名櫟子，大能止痢厚人腸。崩中便血偏宜殼，并染髭鬚髮鬢良。

明·劉文泰《本草品彙精要》卷二〇 橡實無毒。附實皮殼。 橡實：主下痢，厚腸胃，肥健人。其殼爲散及煮汁服，亦主痢。並堪染用。名醫所錄。

【名】杼斗。 【苗】《圖經》曰：橡槲櫟皆有斗，以櫟爲勝。

實，櫟木子也。木高四五丈，葉如栗葉，三四月開黄花，八九月結實，其實爲皂斗，槲、櫟皆有斗，而以櫟爲勝。《爾雅》云：櫟其實梂。釋曰：櫟，似樗之木也；梂，盛實之房也。其實橡也，有梂彙自裹。《詩・秦風》云：山有苞櫟。陸璣云：秦人謂柞櫟爲櫟。《唐風》云：集於苞栩。陸璣云：今柞櫟也，徐州人謂櫟爲杼，或謂之栩。今京洛及河内謂櫟亦爲杼，五方通語也。然則柞櫟也，杼也，栩也，皆橡櫟之通名也。《衍義》曰：木堅而不堪充材，亦木之性也。其實山中以椿仁爲糧，木善爲炭，他木皆不及。其殼堪染皂，若曾經雨水者，其色淡不若不經雨水者。槲亦有殼，但小而不及櫟木所實者。【地】《圖經》曰：所在山谷中皆有之。【時】生：三四月開花，八九月結實。採：十月取實，不拘時取皮。【收】暴乾。【用】實、皮、殼。【質】類榛子，皮薄而光大。【色】淡黄。【味】苦。【性】微溫，泄。【氣】氣厚于味，陽中之陰。【臭】微香。【主】澀腸，止痢。【製】《雷公》云：凡使，去粗皮一重，取橡實，蒸從巳至未，剉片用殼，搗炒焦用。【治】療：日華子云：皮，治水痢，消瘰癧，除惡瘡。○殼，止腸風，崩中，帶下，冷熱，瀉痢，並染鬚髮。《別錄》云：消食。補：日華子云：煮食可止飢，禦歉歲。《別錄》云：非果非殼，最益人，服食亦能斷穀，無氣而受氣，無味而受味，令人強健。【禁】不宜多食。

明・許希周《藥性粗評》卷二　中土治安，橡實數枚之濟。

橡實，櫟樹子也。俗名櫟斗，一名杼斗。《詩》謂之枹栩，亦謂之苞櫟。□□其葉如栗，高二三丈，三四月開黄白花，八九月結實，其殼為汁可以染皂。江南山谷處處有之。冬□□□，陰乾。凡用去殼取肉，作片，以水浸去苦水，可□□食之。入藥炒搗。餘說《本草》不載。味苦，性微溫，無毒。主治瀉痢腸風，崩中，瘰癧惡瘡，厚腸胃，令人肥健。荒歲可以充飢，其殼可染髭髮。孫真人《枕中記》曰：橡子非果非穀而最益人。

明・王文潔《太乙仙製本草藥性大全》卷三《本草精義》　橡實　即櫟木子也。一名栩杼，一名杼斗。《本經》不載所出州土，所在山谷皆有，今亦然。木高二三丈，三四月開黄花，八九月結實，其實爲皂斗，槲、櫟皆有斗，而以櫟爲勝。不拘時採其皮實用。

明・王文潔《太乙仙製本草藥性大全》卷三《仙製藥性》　櫟木皮　味苦，氣平，無毒。主治：主惡瘡，諸瘡中風。治痢疾犯毒露者。補註：諸瘡因風致腫，取根皮三十斤，剉，以水三斛濃煮，入鹽一匙，漬瘡，當出膿血立差。○惡瘡中風犯毒露者，取煎汁洗瘡，當盡膿血愈。

明・王文潔《太乙仙製本草藥性大全》卷三《仙製藥性》　橡實　味苦，氣微溫，無毒。主治：主下痢厚腸胃有前準，散瘰癧除惡瘡尤靈。澁腸止瀉，治帶療崩。煮食可禦飢荒，炒焦可染髮鬢。其斗殼熬汁染皂尤良。太乙曰：凡使去麄皮一重，取橡實蒸從巳至未出，剉作五片用之。按：孫真人《枕中記》云：橡子非果非穀，而最益人，服食未能斷穀，啖之尤佳。無氣而受氣，無味而受味，消食止痢，令人強健不極。《爾雅》云：櫟，其實梂。釋曰：櫟，似樗之木也。梂，盛實之房也。其實橡也，有梂彙自裹。其子爲皂，或言皂斗，其殼爲汁，可以染皂。

明・皇甫嵩《本草發明》卷四　橡實下品。氣微溫，味苦，無毒。主下痢，厚腸胃，肥健人。其殼為散及煮汁服，亦主痢。堪染色用。一名杼斗。俗呼醬豆子。蒸三個時辰，剉作五片用之。

明・李時珍《本草綱目》卷三〇果部・山果類　橡實音象。《唐本草》。校正自木部移入。

【釋名】橡斗《說文》　皂斗同　櫟梂音歷求。　柞子音作。　芧杼同，序、署二音。　栩音許。禹錫曰：案《爾雅》云：栩，杼也。又曰：櫟，其實梂。孫炎註云：栩，一名杼也。櫟，似樗之木也。梂，盛實之房也。其實名橡，有梂彙自裹之。《詩・唐風》云：集于苞栩。《秦風》云：山有苞櫟。陸璣註云：即柞櫟也。秦人謂之櫟，徐人謂之杼，或謂之栩。其子謂之皂，亦曰皂斗。其殼煮汁可染皂也。今京洛、河内亦謂之杼。蓋五方通語，皆一物也。時珍曰：櫟，柞木也。實名橡斗、皂斗，謂其斗刓剜象斗，可以染皂也。南人呼皂如柞，音相近也。

【集解】頌曰：橡實，櫟木子也。所在山谷皆有。木高二三丈。三四月開花黄色，八九月結實。其實爲皂斗，槲、櫟皆有斗，而以櫟爲勝。宗奭曰：櫟葉如栗葉，所在有之。木堅而不堪充材，亦木之性也。爲炭則他木皆不及。其殼雖可染皂，若曾經雨水者，其色淡，槲亦有殼，但小而不及櫟也。時珍曰：櫟有二種：一種不結實者，其名曰棫，其木心赤，《詩》云瑟彼柞棫是也。一種結實者，其名曰栩，其實爲橡。二者樹小則聳枝，大則偃蹇。其葉如櫧葉，而文理皆斜勾。四五月開花如栗花，黄色。結實如荔枝核而有尖。其蔕有斗，包其半截。其仁如老蓮肉，山人儉歲采以爲飯，或擣浸取粉食，豐年可以肥猪。北人亦種之。其木高二三丈，堅實而重，有斑文點點。大者可作柱棟，小者可爲薪炭。《周禮・職方氏》山林宜皂物，柞、栗之屬即此也。其嫩葉可煎飲代茶。

實　【修治】雷曰：霜後收采，去殼蒸之，從巳至未，剉作五片，日乾用。周定王曰：

取子換水，浸十五次，淘去澀味，蒸極熟食之，可以濟飢。

【氣味】苦，微温，無毒。　【主治】下痢，厚腸胃，肥健人蘇恭。　澀湯止瀉。　煮食，止飢，禦歉歲大明。

【發明】思邈曰：橡子非果非穀而最益人，服食未能斷穀，啖之尤佳。無氣而受氣，無味而受味，消食止痢，令人强健不飢。時珍曰：木實爲果，橡蓋果也。儉歲，人皆取以禦飢，昔摯虞入南山，飢甚拾橡實而食；唐杜甫客秦州，采橡、栗自給，是矣。

【附方】新五。　水穀下痢：日夜百餘行者。橡實二兩，楮葉炙一兩，爲末。每服一錢，食前烏梅湯調下。《聖惠方》。　血痢不止：上方加縮砂仁半兩。　下痢脱肛：橡斗子燒存性研末，猪脂和傅。《直指方》。　痔瘡出血：橡子粉、糯米粉各一升，炒黄，滚水調作果子，飯上蒸熟食之。不過四五次效。李樓《奇方》。　石癰堅硬：如石，不作膿。用橡子一枚，以醋于青石上磨汁塗之。乾則易，不過十度即平。《千金方》。

斗殼　【修治】大明曰：入藥並宜擣細，炒焦或燒存性研用。　【氣味】澀，温，無毒。

【主治】爲散及煮汁服，止下痢。并可染皂恭。　止腸風崩中帶下，冷熱瀉痢。并染鬚髮大明。

【附方】新四。　下痢脱肛：橡斗殼燒存性，研末。猪脂和搽，并煎汁洗之。《直指方》。　腸風下血：橡斗子殼，用白梅肉填滿，兩個合定，鐵綫扎住，煅存性，研末。每服二錢，米飲下。一方：用硫黄填滿，煅研酒服。余居士《選奇方》。　走馬牙疳：橡斗殼入鹽填滿，合定燒透，出火毒，研末，入麝香少許。先以米泔漱過，搽之。《全幼心鑑》。　風蟲牙痛：橡斗五個入鹽在内，皂莢一條入鹽在内，同煅過研末，日擦三五次，荆芥湯漱之，良。《經驗良方》。

木皮、根皮《拾遺》　【氣味】苦，平，無毒。　【主治】惡瘡，因風犯露致腫者，煎汁日洗，令膿血盡乃止。亦治痢藏器。　止水痢，消瘰癧大明。

【附方】新一。　蝕爛癰腫：及疣贅瘤痣。柞櫟木灰四斗，桑柴灰四斗，石灰一斗五升，以沸湯調濕，甑中蒸一日，取釜中沸湯七斗，合甑灰淋之取汁，再熬至一升，投亂頭髮一鷄子大消盡，又剪五色綵投入消盡，缾盛密收。每以少許，挑破點之。煎時勿令鷄、犬、婦人、小兒見。《普濟方》。

明・鮑山《野菜博錄》卷三　橡子樹　《本草》橡實，櫪子也。生山野間。樹高大，葉似果葉大，開黄花，結實有梂裹其實。味苦澁，性微溫，無毒。食法：取子，換水浸煑數次，淘去澁味，蒸極熟食之。厚腸胃，肥健人，不飢。

明・繆希雍《本草經疏》卷一四　橡實　味苦，微溫，無毒。主下痢，厚腸胃，肥健人。其殼為散及煮汁服，亦主痢。并堪染用。

【疏】橡實感天地微陽之氣，兼得秋時收斂之性，故其味苦，氣微溫，性無毒，氣薄味厚，陽中陰也。入手、足陽明，足太陰、少陰經。夫脾胃為五臟根本，一身之最要，喜溫暖而惡寒濕，寒濕則違其性，故宜急食苦以燥之。此藥味苦能除其所惡，氣溫能遂其所喜，故主厚腸胃，肥健人也。得收斂之性，故又主下痢，及日華子濇腸止瀉諸治，兼能濇精。煮食復能止飢禦歉歲。　殼　氣味與實相同，而濇則過於實。故亦主下痢。并堪染皂也。

【主治參互】《聖惠方》水穀下痢，日夜百餘行者。橡實二兩，楮葉炙一兩，為末。每服一錢，食前烏梅湯調下。　《直指方》下痢脫肛，橡斗子，燒存性，研末，猪脂和傅。

【簡誤】濕熱作痢者不宜用。

明・倪朱謨《本草彙言》卷一五　橡斗實　味苦，氣溫，無毒。

李氏曰：橡實，櫟木子也。櫟有二種，一種不結實者，其名曰棫，其木心赤。《詩》云瑟彼柞棫是也。一種結實者，其名曰栩，其實爲橡。二者樹小則聳枝，大則偃蹇。其葉如櫧葉而文理皆斜向。四五月開花黄色，結實如栗而圓，其蒂有斗，包其半截。其仁如老蓮肉。山人儉歲采肉，浸去苦味，搗粉蒸食，可以充飢。豐年煮熟，可以肥猪。北人亦種植，其木高二三丈，堅實而重，有斑文點點。大者可以作棟柱，小者可以作薪炭。《周禮・職方氏》山林宜皂物柞栗之屬即此也。霜後收采，其嫩葉泡湯，可以充茶。

橡斗實：厚腸胃，蘇恭止下痢之藥也。邢元璧曰：此藥味濇而苦，能泄能收。大氏方煮熟食，能禁久痢久瀉。歉歲又可代糧充飢。故孫思邈亦云：非果非穀而最益人服食也。

集方：《聖惠方》治水穀下利，日夜百餘行者。橡斗實炒二兩，楮葉炙一兩，共爲末。每服二錢，食前烏梅湯下。○《千金方》治石癰堅硬如石，不作膿。用橡斗實一枚，以米醋于青石上磨汁塗之，乾即易，不過十次即平。○《方脉正宗》治腸風崩中帶下。用橡斗實生搗爲末，炒焦黑。每早服二錢，烏梅湯調服。

橡斗殼：味苦濇，氣溫，無毒。

集方：《全幼心鑒》治走馬牙疳。用橡斗殼不拘多少，燒透存性，出火毒，研細末，入麝香少許，以苦茶嗽口，搽之。○治風狗咬方：先用苧麻，紥住患處兩頭，以衆人小便洗，捻去惡血水幷齒垢，患上用橡斗殼半個，以熱人糞填滿殼內，蓋患處，殼上用艾火灸八九壯。

明・應麐《食治廣要》卷四　橡子　氣味：苦，微溫，無毒。主治：下痢。厚腸胃，止瀉。煮食，止飢禦歉歲。孫真人曰：橡子非果非穀，而最益人。服食未能斷穀者，啖之尤佳。無氣而受氣，無味而受味，消食止痢，強健不飢。

周定王《救荒書》曰：橡子換水浸十五次，淘去澁味，蒸極熟，食之，可以濟飢。

明・姚可成《食物本草》卷八果部・山果類　橡實一名橡斗子，一名柞子，即櫟木子也。所在山谷皆有。木堅而不堪充材，亦木之性也。為炭則他木皆不及。〇李時珍曰：櫟有二種：一種不結實者，其名曰棫；一種結實者，其名曰栩，其實為橡。二者樹小則聳枝，大則偃蹇。其葉如櫧葉，而文理皆斜勾。四五月開花如栗花，黃色。結實如荔枝核而有尖。其蒂有斗，包其半截。其仁如老蓮肉，山人儉歲采以為飯，或擣浸取粉食，豐年可以肥猪。北人亦種之。其木高二三丈，堅實而重，有斑文點點。大者可為柱棟，小者可為薪炭。其嫩葉可煎飲代茶。

橡實　味苦，微溫，無毒。主下痢，厚腸胃，肥健人。淘去澀味，蒸熟食之，可以濟飢。孫思邈曰：橡子非果非穀而最益人，服食未能斷穀，啖之尤佳。無氣而受氣，無味而受味，消食止痢，令人強健不極。李時珍曰：木實為果，橡蓋果也。儉歲，人皆取以禦飢。昔摯虞入南山，飢甚，拾橡實而食；唐杜甫客秦州，采橡、栗自給，是矣。

斗殼　味澀，溫，無毒。止腸風下痢，崩中帶下。并可染皂及染鬚髮。

木皮　味苦，平，無毒。治惡瘡，因風犯露致腫者，煎汁日洗，令膿血盡乃止。又止痢，消瘰癧。

附方：治下痢脫肛。橡斗子燒存性，研末，用猪脂和傅。

明・李中梓《醫宗必讀・本草徵要下》　橡斗子味苦，溫，無毒。入脾、胃二經。

固精頗效，止痢稱奇。按：新痢起濕熱甚者忌服。

明・施永圖《本草醫旨・食物類》卷三　橡實名象斗。其殼煮汁，可染皂也。實治：霜後收采，去殼蒸之，從巳至未，剉作五片，日乾，取子換水浸十五次，淘去澀味，蒸極熟食之，可以充飢。　味：苦，微溫，無毒。　治：下痢，厚腸胃，肥健人，澀腸止瀉，煮食止飢，禦歉歲。橡子非果非穀而最益人，服食未能斷穀，啖之尤佳。無氣而受氣，無味而受味，消食止痢，令人強健不倦。

附方　水穀下痢：日夜百餘行者，橡實二兩，楮葉炙，一兩，為末。每服一錢，食前烏梅湯調下。血痢不止：上方加縮砂仁半兩。下痢脫肛：橡斗子燒存性，研末，猪脂和傅。痔瘡出血：橡子粉、糯米粉各一升，炒黃，滾水調作果子，飯上蒸熟食之，不過四五次效。

斗殼治：入藥並宜搗細炒焦，或燒存性，研用。　味：澀，溫，無毒。治：為散及煮汁服，止下痢，并可染皂，止腸風，崩中帶下，冷熱瀉痢，並染鬚髮。

附方　下痢脫肛：橡斗殼燒存性，研末，猪脂和搽，并煎汁洗之。腸風下血：橡斗子殼，用白梅肉填滿，兩個合定，鐵線扎住，煅存性，研末。每服二錢，米飲下。一方用硫黃填滿，煅研，酒服。走馬牙疳：橡斗殼，入鹽滿，合定燒透，出火毒，研末，入麝香少許，先以米泔漱過，搽之。風蟲牙痛：橡斗五個，入鹽在內，皂莢一條，入鹽在內，同煅過，研末。日搽三五次，荊芥湯漱之，良。

木皮、根皮　味：苦，平，無毒。治：惡瘡，因犯露致腫者，煎汁日洗，令膿血盡乃止。亦治痢，止水痢，消瘰癧。

清・穆石匏《本草洞詮》卷六　橡　橡寔，味苦，氣微溫，無毒。主益氣力，實腸胃，煮食止飢，可禦歉歲。夫橡子非果非穀，無氣而受氣，無味而受味，令人強健。昔摯虞入南山拾橡寔而食，唐杜甫客秦州采橡栗自給，橡之可以充飢明矣。

清・丁其譽《壽世秘典》卷三　橡實一名橡斗，又名皂斗，謂其斗刓剜象斗，煮汁可以染皂也。其仁如老蓮肉。山人儉歲采以為飯或搗浸取粉食，豐年可以肥豬。其木高二三丈，葉如栗葉，木堅實而重，有斑文點點，不堪充材，為薪炭則他木皆不及，《周禮・職方氏》山林宜皂物，柞栗之屬即此也。《詩經・秦風》云：山有苞櫟。陸璣注云：即柞櫟也。其嫩葉可煎飲代茶。

氣味：苦，微溫，無毒。主澀腸止瀉，蒸熟食，止飢，禦歉歲。

斗殼：氣味：澀，溫，無毒。主止腸風，崩中帶下，冷熱瀉痢，並染鬚髮。

清・郭章宜《本草匯》卷一四　橡斗子　苦，温，入足太陰、陽明經。固精頗効，止痢稱奇。消石癰，如石不作膿，以斗子醋磨塗之，不過數次。傅脫肛。按：斗子非果非穀，而最益人。無氣而受氣，無味而受味，消食止痢，令人強健不（肌）〔飢〕。若新痢，濕熱甚者，病齒䘌及火病人，忌之。　去殼，水浸去澀味，蒸極熟，焙用。

清・李熙和《醫經允中》卷二一　橡實　苦，温，無毒。主治止痢，厚腸胃，治石癰堅硬不作膿，以橡實蘸醋磨汁塗之，十餘度即平。

清・張璐《本經逢原》卷三　橡實　苦，温，無毒。　發明：　橡實消穀止痢，厚腸胃，令人強健，且能治痔漏脱肛。《千金方》治石癰堅硬如石不作膿，用橡子一枚蘸醋，於石上磨汁塗之，乾則易，不過十度即平。共殼為散及煮汁服，止下痢并染鬚髮。

清・黄元御《玉楸藥解》卷四　橡子　味苦澀，氣平。入足太陰脾、手陽明大陽經。健脾消穀，澀腸止痢。橡子苦澀，收斂暖胃，固腸消食，止泄。治泄利脱肛，斷痔瘻失血，磨塗癰疽堅硬不消。殼止下痢便血，帶下崩中，烏鬚染皂，性最斂澀。

清・汪紱《醫林纂要探源》卷二　柞子　苦，澀，平。一名櫟子，樹或大或小，僅高尺許。作粉濟荒，能澀腸，止水瀉。

清・趙學敏《本草綱目拾遺》卷六木部　麻櫪果　治胎疝：　毛世洪《經驗集》：　凡小兒初生發疝，止見啼哭，不見病形，延至一周兩歲，始知是疝，諸醫不效，用麻櫪樹上之鴛鴦果一對，其果連樹枝取下，可辨真假，一對果可治三人，荔枝核七枚杵碎，平地木三錢，同煎飲即瘥，亦不復發。

清・章穆《調疾飲食辯》卷四　橡子　《嘉祐本草》曰：　《爾雅》云：　栩，杼。又作芧。又曰櫟。其實梂。《詩・唐風》云：　集于苞栩。《秦風》云：　山有苞櫟。《陸疏》曰：　柞櫟也。子名皂，亦曰皂斗，可染皂也。《説文》作橡斗。《綱目》曰有二種：　一種不結實者名棫，《詩》曰：　瑟彼柞棫。一種結實者名栩，葉如櫧。文理皆斜，實如荔枝核有尖，蒂有斗，包其半截，故曰橡斗、皂斗。山人取實，搗浸為粉，去其澀味，曝乾，可久留充果菜。木堅實，有斑文點點。《周禮・職方氏》山林宜皂物，柞栗之屬是也。《唐本草》曰：　橡實止下利，厚腸胃。《日華本草》曰：　澀腸止瀉，可以禦飢。

按：　橡實性微温，味苦而極澀，凡内有食滯或氣滯，大便不快者忌食。其入藥用，必實實脾虚滑脱，如水穀下利，日夜數十行，或久痢、脱肛者始可。非此則塞住邪氣，為害不小。《千金方》治石癰堅硬如石，用橡子蘸醋，青石上磨汁塗，勿計次數，不内消即成膿潰，妙方也。同醋搗爛厚敷亦可。

《衍義》曰：　櫟木高大而堅，不堪充材，但為炭最佳。不知櫟炭固佳，而其木性堅而韌，極難斷折，大用可為棟梁，小用或鋸為扁挑，足以擔荷重任。或作車杠又名車手，足以行地無疆；南方獨推車，其力全在兩杠。或作牛曳之水車，且足以補救天工。非橡、槲等難折之木，孰克勝其任乎。而古云枯樗散櫟為不材，枯樗則實不材，櫟也者不愧長材，無嫌短馭。謂之不材，冤乎哉。

清・吴其濬《植物名實圖考》卷三二　橡實　《唐本草》始著録。即橡栗也。曰柞、曰櫟、曰芧、曰栩，皆異名同物，其實曰皂斗，以染皂。《説文》：　栩，柔也，其實皂，一曰様。又様，栩實。《繫傳》云：　今俗書作橡。狙公賦之，鴇雛集之，山人饑歲拾以為糧。或云：　葉之柔可代茗飲，然則染之、食之、飲之、薪之，橡之為用大矣。

清・陸以湉《冷廬醫話》卷五　藥品　藥中所用橡實，其木之名稱，《詩經》曰櫟、曰栩、曰柞、曰棫，不結實者名棫。《爾雅》又曰杼。橡實，一名皂斗，俗稱野栗子，澀腸止痢，功勝罌粟。杭州學廨傍有一大株，夏日陰濃，藉以避暑，深秋結實繁茂，涼風吹墮，撲檐拋屋，終夜有聲，頗耐清聽。

清・王孟英《隨息居飲食譜・果食類》　橡實櫟樹子也。其殼可染皂，故一名皂斗。　苦，温。須浸透，去其澀味，蒸煮極熟食之。補脾胃，益氣力，止瀉，耐飢。性似栗櫧，可禦凶年。杜工部客秦州，嘗采以自給。其嫩葉亦可煎飲代茶。　癰堅如石，不作膿，橡斗子用醋於青石上磨汁，塗，乾則易，自平。

槲若

宋・唐慎微《證類本草》卷一四木部下品〔唐・蘇敬《唐本草》〕　槲音斛若　味甘、苦，平，無毒。主痔，止血，療血痢，止渴。取脉炙用之。

皮　味苦。水煎濃汁，除蠱及瘻，俗用甚效。《唐本》先附。

〔宋・掌禹錫《嘉祐本草》〕按：　《藥性論》云：　斛皮亦可單用。主治惡瘡，煎湯洗之良。日華子云：　槲皮，味澁。能吐瘰癧，澁五藏。

〔宋・蘇頌《本草圖經》〕曰：　槲若，《本經》不載所出州土，今處處山林多有之。木高丈餘，若即葉也，與櫟相類，亦有斗，但小不中用耳。不拘時採。其葉并皮用。葛洪洗諸敗爛瘡、乳瘡，并用此皮切三升，水一斗，煮五升，春夏冷用，秋冬温用，洗瘡，洗畢乃傳諸膏，謂之赤龍皮湯。又治毒攻下部生瘡者，槲皮合櫸，煮汁如飴糖，以導之。《千金翼方》療蠱毒，以槲木北陰白皮一大握，長五寸，以水三升，煮取一升，空腹分服，即吐蠱出也。

〔宋・唐慎微《證類本草》〕《聖惠方》：　治冷淋，小腸不利，莖中急痛。用斛葉擣末，每服三錢，水一盞，葱白七寸，煎六分，去滓，食前温服。又方：　治螻蛄瘻。用斛葉燒灰細研，以泔別浸斛葉，取洗瘡拭之，内少許灰於瘡中。《孫真人備急方》：　孩子淋疾。槲葉三片，煎湯服一雞子，小便當時下。《簡要濟衆》：治吐血。槲葉不拘多少擣末，每服二錢，水一盞，煎取五七分，和滓服。又方：治鼻中外查瘤膿血。槲葉灰，先以泔清煮榆葉取汁洗，拭乾，内灰瘡中，良。《子母秘録》：治小兒及大人赤白痢。新槲皮一斤，去黑皮，細切，以水一斗，煎取五升，去滓，更煎如膏，和酒服，立愈。

附：日・丹波康賴《醫心方》卷三〇　（蔛）〔槲〕　崔禹〔錫〕云：食之厚腸胃，益氣力，止飢。味苦，小甘，無毒，小溫。駐面色，勝於麥豆，燒蒸充糧。

宋・寇宗奭《本草衍義》卷一五　槲若　亦有斗，但不及櫟木，雖堅而不堪充材。葉微炙，炒槐花減槲葉之半，同爲末，米飲調服，治初得腸風及血痔，熱多者尤佳。亦堪爲炭，但不及櫟木。

宋・王繼先《紹興本草》卷一六　槲若　紹興校定：槲若即槲葉也。其皮亦入藥，性味俱一矣。主治已載《本經》。但外用與服餌諸方頗用之，俱當云味甘、苦、平、無毒為定。今處處山林多産之。

宋・陳衍《寶慶本草折衷》卷一四　槲音斛。若灰在内。　一名槲葉。○《究原方》用者名虎爪葉。生處處山林有之。不拘時採葉。

味甘、苦，平，無毒。○主痔，止血，療血痢，止渴。取脉灸用。○《聖惠方》：治冷淋，小腸不利。用槲葉擣末，每服叁錢，水壹盞，葱白柒寸，煎陸分，去滓服。○《簡要濟衆》：治吐血。槲葉擣末，每服貳錢，水壹盞，煎伍柒分，和滓服。○又方：鼻中外查瘤膿血。槲葉灰，先以泔清煮榆葉汁，洗拭乾，内灰瘡中。○寇氏曰：槲葉微炙炒，槐花減槲葉之半，同為末，米飲調服。治初得腸風及血痔，熱者尤佳。

明・劉文泰《本草品彙精要》卷二〇　槲若無毒。附皮。　植生。

槲音斛若：主痔，止血，療血痢，止渴，取服炙用之。○皮，味苦，水煎濃汁，除蠱及瘻，俗用甚效。名醫所錄。　〖苗〗《圖經》曰：木高丈餘，若即葉也，與櫟相類，亦有斗，但小不中用爾。　〖地〗《圖經》曰：舊本不載所出州土，今處處山林多有之。　〖時〗生：春生葉。採：不拘時取葉。〖收〗日乾。　〖用〗葉、皮。　〖質〗類櫟葉。　〖色〗青。　〖味〗甘，苦。〖性〗平，泄。　〖氣〗氣之薄者，陽中之陰。　〖臭〗朽。　〖主〗諸痔，血痢。

〖製〗摘去梗微炙，剉碎或搗末用之。　〖治〗療：《别録》云：小兒小便淋，煎湯服。《藥性論》云：皮，洗諸惡瘡。日華子云：皮，能吐瘰癧，澀五臟。

〖合治〗合葱白煎服，療冷淋，小腸不利，莖中急痛。○皮，合欅煮汁如飴，治毒攻下部生瘡。

明・王文潔《太乙仙製本草藥性大全》卷三《本草精義》　槲若　《本經》不載所出州土，今處處山林多有之。木高丈餘，若即葉也，與櫟木相類，亦有斗，但小，不中用耳。不拘時採其葉并皮用。

明・王文潔《太乙仙製本草藥性大全》卷三《仙製藥性》　槲若　味甘、苦，氣平，無毒。　主治：葉，主痔瘻，止血瘡、血痢，止渴，取脉炙用之良。皮，味苦、澁，主瘰癧，治惡瘡，澁五臟，除蠱瘻，煎濃汁，吐之效。　補註：洗諸般爛瘡、乳瘡，用皮剉，水煮，春夏冷用，秋冬溫用，洗之，乃傅諸膏，謂之赤龍皮湯。○毒攻下部生瘡者，皮合欅煮粥如飴糖以導之。○療蠱毒，以北陰白皮一大握，長五寸，水煮空心服，即吐蠱出。　治小兒、大人赤白痢，新皮一斤，去黑皮，剉細，以水一斗，煎取五升，去滓，更煎如膏，和酒服。○治冷淋，小便不利，莖中急痛，用葉搗末，每服三錢，水一盞，葱白七寸，煎至八分，去滓，食前溫服。　若鼻中外皶瘤膿血及螻蛄，用葉燒灰細研，以泔别浸槲葉，取洗瘡，拭之，内少許灰於瘡中。○孩兒淋疾，用葉三片，煎湯服一雞子殼，小便當時下。　治吐血，以葉不拘多少搗末，每服二錢，水一盞煎至七分，和滓服。　按：《衍義》云：槲若亦有斗，但不及櫟木，雖堅而不堪充材。葉微炙，炒槐花減槲葉之半，同爲水，米飲調服，治初得腸風及血痔，熱多者尤佳，亦堪爲炭，但不及櫟木。

明・李時珍《本草綱目》卷三〇果部・山果類　槲實音斛。《唐本草》。校正自木部移附此。

〖釋名〗槲樕音速。　樸樕並《爾雅》　大葉櫟俗　櫟橿子時珍曰：槲樕猶觳觫也。栗子綻縣，有顫慄之象，故謂之栗；槲葉摇動，有觳觫之態，故曰槲樕也。樸樕者，婆娑、蓬然之貌。其樹偃蹇，其葉芃芃故也。俗稱衣物不整者爲樸樕，本此。其實木彊，故俗謂之櫟橿子。史言武后挂赦書于槲樹，人遂呼爲金鷄樹云。　〖集解〗頌曰：槲，處處山林有之。木高丈餘，與櫟相類。亦有斗，但小不中用耳。不拘時采。其皮、葉入藥。宗奭曰：槲亦有斗，木雖堅而不堪充材，止宜作柴，爲炭不及櫟木。時珍曰：槲有二種：一種叢生小者名枹，音孚，見《爾雅》；一種高者名大葉櫟。樹、葉俱似栗，長大粗厚，冬月凋落。三四月開花亦如栗，八九月結實似橡子而稍短小，其蒂亦有斗。其實僵澀味惡，荒歲人亦食之。其木理粗不及橡木，所謂樗櫟之材者指此。

仁　〖氣味〗苦，澀，平，無毒。　〖主治〗蒸煮作粉，澀腸止痢，功同橡子時珍。

槲若　【修治】頌曰：若即葉之名也。入藥須微炙令焦。　【氣味】甘、苦，平，無毒。　【主治】療痔，止血及血痢，止渴恭。　活血，利小便，除面上皶赤時珍。

【附方】舊五，新三。　卒然吐血：槲葉爲末，每服二錢，水一盞，煎七分，和滓服。《簡要濟衆》。　鼻衄不止：槲葉擣汁一小盞，頓服即止。《聖惠方》。　腸風血痔：熱多者尤佳。槲葉微炙研末一錢，槐花炒研末一錢，米飲調服。未止再服。寇氏《衍義》。　冷淋莖痛：槲葉研末，每服三錢，水一盞，葱白七寸，煎六分，去滓，食前温服。日二。　孩子淋疾：槲葉三片，煎湯服一鷄子殼，小便即時下也。《孫真人方》。　螻蛄漏疾：槲葉燒存性研，以米泔別浸槲葉，取汁洗瘡後，乃納灰少許于瘡中。《聖惠方》。　鼻上皶皰：出膿血者。以泔水煮槲葉，取汁洗之，拭乾，納槲葉灰少許于中，良。《聖惠》。　腋下胡臭：槲若三升切，水煮濃汁，洗畢，即以甘苦瓠殼煙熏之。後用辛夷、細辛、杜衡末，醋浸一夜，傅之。《千金方》。

木皮俗名赤龍皮。　【氣味】苦，澀，無毒。　【主治】煎服，除蟲及漏，甚效恭。　煎湯，洗惡瘡良權。　能吐瘰癧，澀五臟大明。　止赤白痢，腸風下血時珍。

【附方】舊四，新五。　赤龍皮湯：治諸敗爛瘡、乳瘡。用槲皮切三升，水一斗，煮五升，春夏冷用，秋冬温用，洗之。洗畢乃傅諸膏。《肘後》。　附骨疽瘡：槲皮燒研，米飲每服方寸匕。《千金方》。　下部生瘡：槲皮、櫸皮煮汁，熬如飴餹，以導下部。《肘後方》。　一切瘻疾：《千金》用槲樹北陰白皮三十斤剉，以水一石，煮一斗，去滓煎如飴，又取通都厠上雄鼠屎、雌鼠屎各十四枚，燒汁盡研和之，納温酒一升和匀。瘦人食五合，當有蟲出也。○《崔氏纂要》用槲白皮切五升，水八升煮令泣盡，去滓，再煎成膏。日服棗許，并塗瘡上。宜食苜蓿、鹽、飰以助之。以瘥爲度。　小兒瘰癧：槲樹皮去粗皮切，煎湯頻洗之。《聖惠方》。　蠱毒下血：槲木北陰白皮一大握，長五寸，以水三升，煮取一升，空腹分服，即吐毒出也。　赤白久痢：不拘大人、小兒。用新槲皮一斤，去黑皮切，以水一斗，煎取五升，去滓煎膏，和酒服。　久痢不止：槲白皮薑汁炙五度一兩，乾薑炮半兩，爲末。每服二錢，米飲酒調下。《聖濟總録》。　久瘡不已：槲木皮一尺，闊六寸，切，以水一斗，煮取五升，入白沙餹十挺，煎取一升，分三服，即吐而愈。《肘後方》。

明・鮑山《野菜博錄》卷三　槲若　一名槲木，一名斗樹。生山谷中。樹頗高大，葉似桑樹葉。其味甘，性平，無毒。　食法：採嫩葉煠熟，油鹽調食。

明・姚可成《食物本草》卷八果部・山果類　槲實槲，處處山林有之。木高丈餘，與櫟相類，亦有斗。其木雖堅，而不堪充材，止宜作柴為炭。○李時珍曰：槲有二種：一種叢生小者名枹，一種高者名大葉櫟。樹、葉俱似栗，長大粗厚，冬月凋落。三四月開花亦如栗，八九月結實似橡子而稍短小，其蒂亦有斗。其實僵澀味惡，荒歲人亦食之。其木理粗，不及〔橡〕木，所謂樗櫟之材者指此。　槲實，味苦、〔澀，平〕，無毒。　蒸煮作粉，澀腸止痢，功同橡子。　有小便〔淋瀝者〕，不宜食之。

明・顧逢柏《分部本草妙用》卷九果部　槲實　苦，澀，平，無毒。　主治：蒸煮作粉，澀腸去痢，功同橡子。　木皮，煎湯，洗惡瘡良。　能吐瘰癧，止赤白痢，腸風下血。　煎服，除蟲及漏甚効。

明・施永圖《本草醫旨・食物類》卷三　槲實俗謂之櫟橿子。　仁　味：苦，澀，平，無毒。　治：蒸煮作粉，澀腸止痢，功同橡子。　槲葉　治須微炙，令焦。　味：甘、苦，平，無毒。　治：療痔止血及血痢，止渴，活血，利小便，除面上皶赤。　木皮俗名赤龍皮。　味：苦，澀，無毒。　治：煎服，除蟲及漏，甚效。　煎湯，洗惡瘡，良。　能吐瘰癧，澀五臟，止赤白痢，腸風下血。

清・丁其譽《壽世秘典》卷三　槲實《爾雅》謂之樸樕。樸樕者，婆娑蓬然之貌。其樹偃蹇，其葉蓬蓬故也，俗稱衣物不整者為樸樕，本此。其實似橡子而稍短小，其蒂亦有斗，其實僵澀味惡，荒歲人亦食之。其木雖堅而不堪充材，止宜作柴為炭，不及櫟木，所謂樗櫟之材者，指此。　氣味：苦，澀，平，無毒。　主澀腸止痢，功同橡子。

清・张璐《本經逢原》卷三　槲皮一名赤龍皮。　苦，濇，無毒。　發明：槲皮煎服除蟲及漏惡瘡甚效。　能治赤白痢，腸風下血。《肘後方》治下部敗爛瘡，赤龍皮散以之為君。《千金方》治附骨疽瘻疾及蠱毒多用之，皆取苦濇化毒也。

清・章穆《調疾飲食辯》卷四　槲子　《綱目》曰：槲亦有二種，一種小者叢生，名枹；吾郡鄱陽、樂平、浮梁，遍山皆是。此種因其與柞櫟同類，名曰柞柴。隔歲斫伐，售於景德鎮，故瓷器有柴窑、柞窑之別。　一種大者，名大葉櫟。　又名櫟橿子，又名槲樕，又名樸樕，並見《爾雅》。　八九月滿樹皆黃，足為秋山點綴。　劉禹錫詩云：楓葉初丹槲葉黃，河陽愁鬢恰新霜。　實之性味與櫟無異。槲，吾鄉呼櫟子。上條之櫟，吾鄉呼為楮子，大誤。楮乃穀樹所結之實，其葉花歧而有毛，皮可造紙。斫之內有白汁，畫家用以粘金箔。

清・吴其濬《植物名實圖考》卷三一　槲實　《唐本草》始著錄。　似橡栗而圓，斗亦小，其葉為槲若。

石岡橡

明・朱橚《救荒本草》卷下之前 石岡橡 生汜水西茶店山谷中。其木高丈許，葉似橡櫟葉，極小而薄，邊有鋸齒而少花叉，開黃花，結實如橡斗而極小，味澁微苦。 救飢： 採實換水煮五七水，令極熟食之。

青岡樹

明・朱橚《救荒本草》卷下之前 青岡樹 舊不載所出州土，今處處有之。其木大而結橡斗者為橡櫟音歷，小而不結橡斗者為青岡。其青岡樹、枝、葉、條、幹皆類橡櫟，但葉色頗青而少花叉，味苦，性平，無毒。 救飢：採嫩葉煠熟，以水浸漬音自，作成黃色，換水淘洗淨，油鹽調食。

清・吳其濬《植物名實圖考》卷三七 青岡樹 《救荒本草》。按青岡樹與橡櫟雜生岡阜，蓋一類而無花實者。其梢頭往往結一綠毬，細如椶絲頗硬。貴州土綢即此樹蠶繭也，其利溥矣。桑有葚，橡有栗，皆不宜蠶，一理耳。今以《橡譜》附於後。湖南俚醫呼為白栗毬； 又呼矮腳栗，以其絲毬至秋圓白，如去殼之栗。用治紅痢白濁。

橡繭識語 雩婁農曰： 黔山瘠民，草服不給。陳府君被以綈綺而有嬴焉，俎豆報之，宜也。原標橡繭，鄭君譜之。《易》曰樗，一字之師辨矣。然非以通俗。夫蟲食樹吐絲以為巢，必樹美者絲美。桑葉沃若，繭之上也； 柘汁黃，豫之商城、荊之荊門、辰谿，其土絹皆柘汁也； 贛之信豐、安遠，以烏臼飼蠶則絲暗，以蠟樹飼蠶則絲鮮； 嘉應之程鄉，畦樹而蠶，食某葉者為某繭； 瓊之文章，蠶食山栗，服之不敝，新興繭亦然； 楝之絲，湖人以織裹巾； 楓之絲，粵人以為緣，且絃琴瑟； 樟之絲，湘人以為釣緡。徐元扈曰： 樹皆可蠶，其信然歟。然槐蠶大如蟻，榆之蛾如蚱蜢，繭皆如蛛網，弗任織。樗之蠖，以少絲糾數木葉為穴而跧焉，摘而擲之，曳其穴以行，是蠢蠢者，烏能為此裊裊也？ 橡之樹堅，其色褐，葉勁而澤，其無實者曰青岡，葉愈厚且大，柘之次也。蠶食焉而肖，故絲勁而色亦褐。陸元恪曰： 山樗與下田樗無異，不以為栲。其釋栲也，曰似櫟，不以為樗。若宗陸說，則宜曰栲而後可。

石栗

晉・嵇含《南方草木狀》卷下果類 石栗 樹與栗同。但生於山石罅間，花開三年方結實，其殼厚而肉少，其味似胡桃仁，熟時，或為群鸚鵡至啄食略盡，故彼人多珍貴之。出日南。

明・李時珍《本草綱目》卷三三果部 甘劍子又曰： 范成大《桂海志》云： 狀似巴欖子，仁附肉，有白靨，不可食，發人病。北人呼爲海胡桃是也。

明・姚可成《食物本草》卷九果部・異果類 甘劒子范成大《桂海志》云： 狀似巴欖子，仁附肉，有白靨，不可食，發人病。北人呼為海胡桃。 甘劒子，味甘，氣烈。治脾胃虛寒，食少洩利。不可多食，發宿病。

附方： 治痢疾久不止，形體尫羸，洩下虛脫，百方不效。用甘劒子七箇連殼煆為末，空心酒下，主服即止。再用調理藥。

秋風子

清・吳其濬《植物名實圖考》卷三一 秋風子 《桂海虞衡志》： 秋風子色狀俱似楝子，今廣東多有之。其葉本青，經霜則紅。果似梨而小，先青後黃，味酸澀，熟乃可食。

天師栗

明・李時珍《本草綱目》卷二九果部・五果類 天師栗《綱目》

【集解】時珍曰： 按宋祁《益(州)〔部〕方物記》云： 天師栗，惟西蜀青城山中有之，他處無有也。云張天師學道於此所遺，故名。似栗而味美，惟獨房若橡爲異耳。今武當山所賣娑羅子，恐即此物也。

【氣味】甘，温，無毒。 【主治】久食，已風攣。時珍。〇出《益州記》。

明・施永圖《本草醫旨・食物類》卷三 天師栗今武當山所賣娑羅子，恐即此物也。 味： 甘，溫，無毒。治： 久食已風攣。

清・趙學敏《本草綱目拾遺》卷七果部上 天師栗即娑羅子。 一名娑羅子，治胃痛最驗。《綱目》於主治下失載。〇《通雅》： 娑羅，外國之交讓木也。葉似柟，皮似玉蘭，色葱白，最潔。鳥不棲，蟲不生，子能下氣。

《益部方物記》： 生峨嵋山中，類枇杷。數葩合房，春開，葉在表，花在中，或言根不可徙。 《吳船錄》： 木葉如海桐，又似楊梅，花紅白色，春夏間開。 《長安客話》： 臥佛寺內娑羅樹二株，子如橡栗，可療心疾。 《宸垣識略》： 娑羅花苞大如拳，葉如枇杷，凡二十餘葉相沓捧。苞類桐花，一簇三十餘朵，經月方謝。 《留青日札》： 娑羅樹出西番海中，予在潯州時，官圃一株甚巨，每枝生葉七片，有花穗甚長，而黃如栗花，秋後結實如栗，可食，正所謂七葉樹也。 《藥性考》： 娑羅子，一枝七葉九葉，苞如人面，花似牡丹，香白。

肉味苦，微凉，寬中下氣，治胃脘肝膈膨脹，疳積瘧痢，吐血勞傷，平胃通絡。用陰陽瓦炙灰，或酒煨食俱效。單用不入他藥，或稱天師栗，非也。《葛祖遺方》：味甘，溫，無毒，治心胃寒痛蟲痛，性溫殺蟲。

胃痛：《百草鏡》用娑婆子，即娑羅子也。以一枚去殼，擣碎煎服，能令蟲從大便出，三服除根。九種心痛：楊春涯《驗方》：娑羅子即武吉，燒灰沖酒服。

清・葉桂《本草再新》卷二 娑羅子味辛、苦，性平，無毒。入脾、肺二經。滑腸利濕，通小便，治痰癧。

清・吳其濬《植物名實圖考》卷三一 天師栗 《益部方物記》載之。李時珍以為武當山所産娑羅子即此。《通志》從之。湖北園圃有種植者，亦呼娑羅果。

清・田綿淮《本草省常・果性類》 仙栗 一名天師栗。世傳張真人所遺，故名。性溫。補腎益氣。久食令人不飢。

清・周學海《讀醫隨筆》卷五 娑羅果 近有以娑羅果治心胃痛甚效。其形如栗，外有麤皮，故俗或名天師栗。此物來自西域，古方少用，本草不載，惟近人趙恕軒《本草綱目拾遺》載之，亦僅言治胃痛心疾而已。嗣讀《肘後方》藥子一物方，所言形象、制法、主治，一一皆與娑羅果合，且言婆羅門胡名那疏樹子，是字音正相近矣。其主治於心腹痛外，更治宿食不消，癰疽丁腫，毒箭蛇螫，射工諸毒入腹，難産及惡露不止、不下，帶下，齲齒各證，外敷內服，均無不效。中國謂之藥子，去外麤皮，取中仁，研細末用。《千金方》第九卷，治瘟疫，以藥子二枚，研末，水服。是皆前人之所未攷也。娑羅樹，今京都西山臥佛寺有之。

寶樹

清・吳其濬《植物名實圖考》卷三七 寶樹 生廬山佛寺，亭亭直立，葉如松杉而有歧枝。相傳明時開一花如蓮。考《酉陽雜俎》，巴陵僧房忽生一木，外國僧見曰：此娑羅也。元嘉初開一花如蓮，或即此類。《華夷花木考》婆羅樹每枝生葉七片，有花穗甚長，而黃如栗花。秋後結實如栗，可食。此乃天師栗，非婆羅樹。李時珍亦云然。

棗

唐・孫思邈《千金要方》卷二六《食治・果實》 大棗 味甘、辛，熱，滑，無毒。主心腹邪氣，安中養脾氣，助十二經，平胃氣，通九竅。補少氣、津液、身中不足，大驚，四肢重。可和百藥，補中益氣，強志，除煩悶，心下懸。治腸澼。久服輕身，長年不飢，神仙。

生棗 味甘、辛。多食令人熱渴，氣脹。若寒熱羸瘦者，彌不可食，傷人。

宋・李昉《太平御覽》卷九六五 棗 《劉根別傳》曰：有道之士不可識，往者有陳孜，如癡人，江夏袁仲陽知事之，孜謂仲陽曰：今年春當有疾，可服棗核中仁十七枚。後果大病。又曰：能常服棗核中仁，百邪病不復干也。仲陽服之，有效。《馮明生別傳》曰：明生為縣吏，捕賊，為賊所傷殆死。道間見女人年可十六七，姿容絕世，以肘後管中一丸如小豆，與服即愈。隨神女還岱宗，見安期生，曰：昔與女郎遊於安息西母之際，食棗異美，此間棗小，不及憶此棗，未久已二千年矣。神女云：昔與君共食一枚，乃不盡，此間小棗，郇可相比也。《水經注》曰：酸棗縣，故城南古韓國。昔天子建國名都，或以山林。故豫章以樹氏邦，酸棗以棘名邦，故曰酸棗也。《本草》曰：凡棗九月採，日乾。補中益氣，久服神仙。《神異經》曰：北方荒中有棗林焉，其高五尺，子長六七寸，圍過其長。熟赤如朱，乾之不縮。氣味甘潤，殊於常棗，食之可以安軀體，益氣力。《異苑》曰：鄭鮮之女，脚患攣癖。就王濮陽請水澆之，餘灌庭中枯棗樹，棗樹既生，女脚亦差。

附：日・丹波康賴《醫心方》卷三〇 乾棗 《本草》云：味甘，平，無毒。主心腹邪氣，安中養脾，助十二經脉，平胃氣，通九竅，補少氣少津，身中不足，大驚，四支重，和百藥，調中益氣強力，除煩，心下懸，腸澼。久服輕身，長年神仙。又：三載陳核中人，腹痛惡氣卒疰。又療耳聾鼻塞。《七卷經》云：食之輕身，和百藥。孟詵云：養脾氣，強志。崔禹〔錫〕云：食之益氣力，去煩。又有猗棗，甚甘美，大如鷄子，能益人面色。出猗氏縣，故以名。朱思簡曰：味甘。令熱虛冷，人食之補益。

生棗 《本草》云：味辛。令人熱，寒熱羸瘦者不可食。陶〔弘〕景注云：大棗，殺烏頭毒。崔禹〔錫〕云：食生大棗者，令發人胃中熱渴。並煮乾食之益人。《膳夫經》云：不可多食。《七卷經》云：常服棗核中人，百邪不干也。孟詵云：　生棗食之過多，令人腹脹，並煮食之，補腸胃肌中，益氣。

宋・唐慎微《證類本草》卷二三果部上品〔《本經・別錄・藥對》〕　**大棗　味甘，平，**無毒。**主心腹邪氣，安中養脾，助十二經，平胃氣，通九竅，補少氣，少津液，身中不足，大驚，四肢重，和百藥，**補中益氣，强力，除煩悶。療心下懸，腸澼。**久服輕身長年，**不飢神仙。一名乾棗，一名美棗，一名良棗。八月採，暴乾。

三歲陳核中人燔音煩之，味苦。主腹痛，邪氣。

生棗　味甘、辛。多食令人多寒熱，羸瘦者，不可食。

葉　覆麻黄，能令出汗。生河東平澤。殺烏頭毒。

〔梁・陶弘景《本草經集注》〕云：　舊云河東猗氏縣棗特異，今青州出者，形大，核細，多膏，甚甜。鬱州互市亦得之，而鬱州者亦好，小不及爾。江東臨沂金城棗，形大而虛，少脂，好者亦可用。南棗大惡，殆不堪噉。道家方藥以棗爲佳餌。其皮利，肉補虛，所以合湯皆擘之也。

〔唐・蘇敬《唐本草》〕注云：　《别録》云，棗葉散服使人瘦，久即嘔吐。揩熱疿瘡良。

〔宋・掌禹錫《嘉祐本草》〕按：　孟詵云：　乾棗，溫。主補津液，强志。三年陳者核中人，主惡氣，卒疰忤。又，療耳聾、鼻塞，不聞音聲、香臭者，取大棗十五枚，去皮核，蓖麻子三百顆，去皮，二味和擣，綿裹塞耳鼻。日一度易，三十餘日聞聲及香臭。先治耳，後治鼻，不可並塞之。又方：　巴豆十粒，去殼生用。松脂同擣，綿裹塞耳。又云：　洗心腹邪氣，和百藥毒。通九竅，補不足氣。生者食之過多，令人腹脹。蒸煮食，補腸胃，肥中益氣。第一青州，次蒲州者好。諸處不堪入藥。小兒患秋痢，與蟲棗食，良。日華子云：　乾棗，潤心肺，止嗽，補五藏，治虛勞損，除腸胃癖氣，和光粉燒，治疳痢。牙齒有病人切忌啖之。凡棗亦不宜合生葱食。又云：　棗葉，溫，無毒。治小兒壯熱，煎湯浴，和葛粉裛疿子佳，及治熱瘤也。

〔宋・蘇頌《本草圖經》〕曰：　大棗，乾棗也。生棗並生河東，今近北州郡皆有，而青、晉、絳州者特佳。江南出者，堅燥少脂。謹按：　棗之類最多。郭璞注《爾雅》：　棗，壺棗。云：　今江東呼棗大而鋭上者爲壺，壺猶瓠也。邊，腰棗。云：　子細腰，今謂之鹿盧棗。櫅子兮切，白棗。云：　即今棗子，白乃熟。樲，酸棗。云：　木小實酢者。遵，羊棗。云：　實小而圓，紫黑色，今俗呼之爲羊矢棗。洗，大棗。云：　今河東猗氏縣出大棗，子如雞卵。蹶泄，苦棗。云：　子味苦者。晳，無實棗。云：　不著子者。還味，稔而審切棗。云：　還味，短味也。而酸棗自見别條，其餘種類非一，今園圃皆種蒔之，亦不能盡别其名。又其極美者，則有水菱棗、御棗之類，皆不堪入藥。蓋肌實輕虛，暴服之則枯敗。惟青州之種特佳，雖晉、絳大實，亦不及青州者之肉厚也。并八月採，暴乾。南郡人煮而後暴，及乾，皮薄而皺，味更甘於它棗，謂之天蒸棗，然不堪入藥。又有仲思棗，大而長，有一二寸者，正紫色，細文小核，味甘重。北齊時有仙人仲思得之，因以爲名。隋大業中，信都郡嘗獻數顆，近世稀復有之。又廣州有一種波斯棗，木無傍枝，直聳三四丈，至巔四向，共生十餘枝，葉如椶櫚。彼土亦呼爲海椶木。三五年一著子，都類北棗，但差小耳。舶商亦有攜本國生者至南海，與此地人食之，云味極甘，似此中天蒸棗之類，然其核全别，兩頭不尖，雙卷而圓，如小塊紫礦。種之不生，疑亦蒸熟者。近亦少有將來者。

〔宋・唐慎微《證類本草》〕《食療》云：　棗和桂心、白瓜人、松樹皮爲丸，久服香身，并衣亦香。軟棗，溫。多食動風，發冷風并咳嗽。《聖惠方》：　令髮易長。東行棗根三尺，横安甑上蒸之，兩頭汗出，收之傅髮即長。又方：　治傷中筋脈急，上氣欬嗽。用棗二十枚去核，以酥四兩微火煎，入棗肉中泣盡酥。常含一枚，微微嚥之。《外臺秘要》：　痔發疼痛。肥大棗一枚剝去皮，取水銀，掌中以唾研令極熟，傅棗瓤上，内下部差。《肘後方》：　主下部蟲痒。蒸大棗取膏，以水銀和捻，長三寸，以綿裹，宿内下部中，明日蟲皆出。梅師：　治妊娠四、五月，忽腹絞痛。以棗十四枚，燒令焦爲末，以小便服。孫真人云：　脾病宜食。又方：　生棗食之，令人氣滿脹，作寒熱。《服氣精義》云：　常含棗核受氣，令口行津液，佳。令人受氣生津液。何晏《九州論》曰：　安平好棗，中山好栗，魏郡好杏，河内好稻，真定好梨。《吴氏本草》：　棗，主調中，益脾氣，令人好顏色，美志氣。《神異經》曰：　北方荒中，有棗林焉，其高五丈，敷張枝條一里餘，子長六七寸，圍過其長，熟赤如朱，乾之不縮，氣味甘潤，殊於常棗，食之可以安軀，益氣力。

宋・寇宗奭《本草衍義》卷一八　大棗　今先青州，次晉州，此二等可曬曝入藥，益脾胃，爲佳，餘止可充食用。又御棗甘美輕脆，後衆棗熟。以其甘，故多生蟲。今人所謂撲落酥者是。又有牙棗，先衆棗熟，亦甘美，但微酸，尖長。此二等，止堪啖，不堪收曝。今人將乾棗去核，於鐺鍋中微火緩逼，乾爲末，量多少，入生薑末爲湯，點服，調和胃氣。又將煮棗肉，和治脾胃丸藥尤佳。又青州棗去皮核，焙乾爲棗圈，達都下，爲奇果。

宋・鄭樵《通志》卷七六《昆蟲草木略》　棗之類多。《爾雅》曰：　棗，壺棗。郭曰：　棗大而鋭上者為壺。又曰：　邊，要棗。郭云：　細腰者，今謂鹿盧棗。又曰：　櫅，白棗。郭云：　即今棗子，白熟。又曰：　樲，酸棗。今藥家所用酸棗仁，孟子所謂養其樲棘是也。又曰：　楊徹，齊棗。未詳。又曰：　遵，羊棗。郭云：　實小而圓，紫黑色，俗呼為羊矢棗，孟子所謂曾晳嗜羊棗是也。又曰：洗，大棗。郭云：今河東猗氏縣出大棗，如雞卵。本草云：一名良棗，一名美棗，一名乾棗。謂大棗也。《爾雅》又曰：煮，填棗。未詳。又曰：蹶泄，苦棗。其子味苦。皙，無實棗。不著子者。還味，棯棗。郭云：還味，短味。

金・張元素《潔古珍珠囊》〔見元・杜思敬《濟生拔粹》卷五〕　大棗甘純陽。溫胃。

宋・劉明之《圖經本草藥性總論》卷下　大棗　味甘，平，無毒。主心腹邪氣，安中養脾，助十二經，平胃，通九竅，補少氣少津液，身中不足，大驚，四肢重，和百藥，補中益氣，強力除煩悶。療心下懸，腸澼。孟詵云：乾棗，溫。主補津液。三年陳者，核中仁主惡氣卒忤，又療耳聾鼻塞。又云：洗心腹邪氣。和百藥毒，小兒患秋痢。日華子云：潤心肺止嗽，補五臟，治勞損，除腸胃癖氣，和光粉燒，治疳痢。牙齒有病人勿啖，亦不宜合生葱食。葉，治小兒壯熱。

宋・陳衍《寶慶本草折衷》卷一八　大棗皮在內。〇核人及諸生棗、天蒸棗及葉附。

一名乾赤棗，一名棗，一名棗子。並衆方云。〇一名乾棗，一名美棗，一名良棗。〇其邊腰棗，一名鹿盧棗。其遵羊棗，一名羊矢棗，一名洗大棗。〇其去皮核者，名棗圈。生河東平澤，及江南、江東、臨沂、金城、信都、安平、近北州郡，及青、晉、絳、鬱、蒲州園圃種之。〇八月採，暴乾。〇殺烏頭毒，忌生葱。〇附：天蒸棗，以諸生棗蒸或煮之，暴乾，亦可焙。多出於南都。

味甘，平，溫，無毒。〇主心腹邪氣，養脾，助十二經，平胃氣，通九竅，補少氣少津液，身驚，四肢重。和百藥，補中，強力，除煩悶，腸澼。〇陶隱居云：其皮利肉補虛。〇孟詵云：療耳聾，鼻塞。小兒患秋痢，與蟲棗食良。〇日華子云：潤心肺。其赤皮搭肺，小兒當去皮食之。止嗽，補五藏，治虛勞損。〇《圖經》曰：青、晉、絳州者特佳。江南出者，堅燥少脂。河東出，大如雞卵。雖晉、絳大實，不及青州者肉厚也。〇寇氏曰：乾棗去核，於鍋中微火緩逼乾，為末，量入生薑末，為湯點服，調和胃氣。又煮棗肉，和治脾胃丸藥尤佳。

附：陳核人。〇味苦。主腹痛邪氣，燔之用，及惡氣卒疰忤。

附：諸生棗。〇味甘，辛。補腸胃，肥中，益氣。蒸、煮食之。生食，多令人寒熱，腹脹，凡羸瘦及齒痛人不可食之。棗類最多，其極美者，則有水菱棗、御棗；其大而銳上者，為壺棗；其細腰者，為邊腰棗；其白者，為擠白棗；其酢而小圓紫黑者，為遵羊棗；其大長正紫者，為仲思棗；其尖長者，為牙棗。又廣州有一種波斯棗，其核兩頭不尖。〇擠，子兮切。內仲思棗元條刪訖。

附：天蒸棗。按天字其義未明也。〇味更甘於他棗，蒸煮暴乾，則皮薄而皺，不堪入藥。

附：葉。〇溫，無毒。治熱疿音沸及熱瘡。和葛粉裛之。又小兒壯熱，煎湯浴，若服之則嘔。

元・王好古《湯液本草》卷五　大棗　氣溫，味甘，氣厚，陽也。無毒。《珍》云：味甘，補經不足，以緩陰血。《液》云：主養脾氣，補津液，強志。三年陳者，核中仁，主腹痛，惡氣卒疰忤，治心懸。《經》云：助十二經脈，治心腹邪氣，和百藥，通九竅，補不足氣。生者多食，令人腹脹注泄。蒸熟食，補腸胃，肥中益氣。中滿者勿食甘，甘者令人中滿，故大建中湯，心下痞者，減飴、棗，與甘草同例。

生棗　味甘，辛。多食，令人多寒熱，羸瘦者不可食。葉，覆麻黃能令出汗。生河東平澤，殺烏頭毒。

元・忽思慧《飲膳正要》卷三　棗　味甘，無毒。主心腹邪氣，安中養脾，助經脉，生津液。

元・尚從善《本草元命苞》卷八　大棗　甘，溫，無毒。安中，調和百藥。忌生葱同食。殺烏頭毒。性養脾胃，助諸經不足。潤心肺，補五臟勞傷，補少氣少津液，能強力強精神。除煩悶，療心下懸。治腸澼，止肺中嗽。生河東平澤，惟青州最妙。八月採，暴乾。生食之氣脹。

元・吳瑞《日用本草》卷六　大棗　日晒為乾棗，又名美棗、良棗、牙棗。蒸熟為膠棗。　味甘，溫，平，無毒。殺烏頭毒。同生葱、蜜食，令人五臟不和。同白魚食，患腰痛。牙齒有病忌之。生食令人腹脹，滑腸寒熱；蒸熟食，充飢，補腸胃，肥中益氣。　主心腹邪氣，安中益氣，養脾胃，生津液，除煩悶，潤心肺，止嗽，和百藥。小兒患秋痢。

元・朱震亨《本草衍義補遺》　棗　屬土而有火，味甘，性緩。《經》曰：甘先入脾。《衍義》乃言益脾。脾，土也。《經》言補脾，未嘗用甘。今得此味多者，惟脾受病。習俗移人，《衍義》亦或不免。〇小兒患秋痢與蟲，食之良。

元・佚名氏《珍珠囊・諸品藥性主治指掌》〔見《醫要集覽》〕　大棗　味甘，平，性溫，無毒。降也，陽也。其用有二：助脈強神，大和脾胃。

元・徐彥純《本草發揮》卷三　大棗　成聊攝云：甘者，脾之味也。大棗之甘，益上而勝水。又云：大棗、人參之甘，以緩脾。又云：邪在半表，則榮衛爭之，辛甘解之，薑、棗以和榮衛。潔古云：純陽。溫胃。東垣云：大棗，味甘，溫。氣厚，陽也。甘以補脾經不足，溫以緩陰血。又云：和陰陽，調榮衛，生津液。海藏云：中滿者勿食。甘令人中滿，故大建中、湯心下痞者，減飴、棗與甘草同例。

明・朱橚《救荒本草》卷下之後　棗樹　《本草》有大棗、乾棗也。一名美棗，一名良棗。生棗出河東平澤及近北州郡，青、晉、絳、蒲州者特佳。江南出者堅燥少肉。樹高一二丈，葉似酸棗葉而大，比皂角葉亦大，尖艄光澤，葉間開青黃色小花，結實種數甚多。《爾雅》云壺棗，江東呼棗大而銳上者為壺。壺，猶瓠也。邊，腰棗，云子細腰。又謂轆轤棗。櫅音賫，白棗，即今棗子，白乃熟。遵，羊棗，實小而圓，紫黑色，俗又呼為羊矢棗。洗，太棗，河東猗氏縣出大棗如雞卵。蹶泄，苦棗，云子味苦。皙，無實棗，云不著子者。還味，稔棗，云還味短味也。又有水菱棗、御棗，即撲落蘇也。又有牙棗，皆味甘美。其餘不能盡別其名。大棗味甘，性平，無毒。殺烏頭毒。牙齒有病者人切忌食。生棗味甘、辛，多食令人寒熱腹脹，羸瘦人不可食。蒸煮食補腸胃，肥中益氣。不宜合葱食。　救飢：採嫩葉煠熟，水浸作成黃色，淘淨，油鹽調食。其棗紅熟時，摘取食之。其結生硬未紅時，煮食亦可。　治病：文具《本草》果部大棗條下。

明・蘭茂原撰，范洪等抄補《滇南本草圖說》卷九　康棗　氣味甘酸平。主治：補五臟，清六腑，解四時溫瘧暑症。久服令人開胃健脾，輕身延年。採刺葉煎服，可治呃症。

明・蘭茂撰，清・管暄校補《滇南本草》卷上　赤小棗　味甘，平。小而赤色，有刺，四月生葉，五月開小白花，七八〔月〕摘取，肥大甘美。治心腸邪氣，安中養脾，平胃通竅，生津液，久服輕身延年。解一切百毒。枝葉，敷打傷神效。

明・寇平《全幼心鑒》卷一　棗　棗味甘，平，無毒。助人身十二經，調和百藥。去核入藥同煎，不去令人煩悶。

明・王綸《本草集要》卷五　大棗　味甘，氣平，溫。氣厚，陽也。無毒。殺烏頭毒。不宜合生蔥食。入藥用劈去核。　主心腹邪氣，安中養脾，助十二經，平胃氣，通九竅，補少氣、少津液、身中不足，大驚，四肢重，和百藥。久服輕身長年。中滿者勿食，牙齒有病人忌啖之。

明・滕弘《神農本經會通》卷三　大棗　殺烏頭毒。不宜合生葱食。入藥劈去核。八月採，暴乾。

味甘，氣平，無毒。《湯》云：氣溫，味甘。氣厚，陽也。東云：降也，陽也。助脉強神，大和脾胃。又云：和藥性，開脾。《疌》云：壯神助脉，大和脾胃，能安中脘。中滿者忌。《珍》云：補胃。

《本經》云：主心腹邪氣，安中養脾，助十二經。平胃氣，通九竅。補少氣少津液，身中不足，大驚，四肢重。和百藥，補中益氣，強力，除煩悶。療心下懸，腸澼。久服輕身，長年不飢。三歲陳核中人，燔之，味苦。主腹痛邪氣。陶云：南棗大惡，殆不堪噉。道家方藥以棗為佳餌，其皮利，肉補虛，所以合湯皆擘之也。孟詵云：乾棗，溫。主補津液，強志。三年陳者，核中人主惡氣，卒疰忤，又療耳聾鼻塞，不聞音聲香臭，大棗十五枚，去皮核，（萆）〔蓖〕麻子三百顆，去皮，二味和擣，綿裹塞耳鼻，日一度易，三十餘日聞聲及香臭。先治耳，後治鼻，不可并塞之。又云：洗心腹邪氣，和百藥毒，通九竅，補不足。生者食之過多，令人腹脹。蒸煮食，補腸胃，肥中益氣。第一青州，次蒲者好。諸處不堪入藥。小兒患秋痢與蟲，棗食良。日華子云：乾棗潤心肺，止嗽，補五臟，治虛勞損，除腸胃癖氣。和光粉燒，治疳痢。牙齒有病人，切忌啖之。凡棗亦不宜合生葱食。《圖經》云：又有仲思棗，大而長有一二寸者，正紫色，細文小核，味甘重。比齊時，有仙人仲思得之，因以為名，近世稀復有之。《珍》云：味甘，補經不足，以緩陰血。《液》云：主養脾氣，補津液，強志。三年陳者，核中人主腹痛，惡氣，卒疰忤，治心懸。《經》云：助十二經脉，治心腹邪氣，和百藥，通九竅，補不足氣。生者多食，令人腹脹，注泄。蒸熟食，補腸胃，補中益氣。中滿者勿食甘，甘者令人中滿，故大建中湯。心下痞者，減飴棗，與甘草同例。丹溪云：屬土而有火，味甘性緩。《經》曰：甘先入脾。《衍義》乃言益脾。脾，土也。《經》言補脾，未嘗用甘。今得此味多者，惟脾受病，習俗移人，《衍義》亦或不免。劊云：大棗甘溫可壯神，又能助脉健天真。大和脾胃安中脘，中滿之時忌入唇。《局》云：河東大棗味甘平，能助人身十二經。正胃養脾能益氣，調和百藥有功成。大棗，養脾扶胃，助藥成功，又可補氣調脉。

生棗　味甘、辛。《本經》云：多食令人多寒熱，羸瘦者不可食。孟詵云：食之過多，令人腹脹。

棗葉　日華子云：溫，無毒。《本經》云：葉覆麻黃，能令出汗。日華子云：治小兒壯熱，煎湯浴，和葛粉裛痱子佳，及治熱瘤。

明・劉文泰《本草品彙精要》卷三一　大棗無毒　植生。

大棗出《神農本經》。**主心腹邪氣，安中養脾，助十二經，平胃氣，通九竅，補少氣、少津液，身中不足，大驚，四肢重，和百藥。久服輕身長年。○葉，溫，無毒。覆麻黃，能令出汗。**以上朱字《神農本經》。補中益氣，強力，除煩悶，療心下懸，腸澼，不飢，神仙。○三歲陳核中仁，燔音煩之，味苦，主腹痛，邪氣。以上黑字名醫所錄。【名】御棗、良棗、遵羊棗、轆轤棗、美棗、牙棗、水菱棗、波斯棗、乾棗、壺棗、洗大棗、羊矢棗、邊腰棗、皙無實棗、蹶洩苦棗、𣚍白棗、天蒸棗、撲落酥。【苗】《圖經》曰：大棗，乃乾棗也。其木高三五丈，枝上多刺如鍼。四月發萌，漸生葉，至五月開花，黃白色，七八月結實，熟則紫赤。郭璞注《爾雅》云：壺棗者，由其大而銳上者爲壺，壺猶瓠也。邊大而腰細者爲邊腰棗，亦謂之轆轤棗。棗白熟者謂之𣚍。實小而圓紫黑色者謂之遵，俗呼爲羊矢棗是也，出河東猗氏縣。如雞卵最大者，謂之洗。味苦者謂之蹶洩。不著子者謂之皙。還味，棯棗，謂其味之短者也。南人蒸熟暴乾，皮薄而皺，味更甘美於他者，謂之天蒸棗。然其種類，圃人亦不能別其名。入藥以青州者最佳，雖晉、絳大實，亦不及青州者之肉厚也。又廣州一種波斯棗，木無傍枝，直聳三四丈至巔，四向共生十餘枝，葉如椶櫚，彼土人呼爲海椶木，三五年一著子，都類北棗，味極甘而差小，然其核兩頭不尖，雙卷而圓爲異也。又有水菱棗、御棗之類，其味甚美，但肌實輕虛，暴服之則枯敗，及江南出者堅燥少脂，皆不堪入藥也。【地】《圖經》曰：生河東平澤，今近北州郡及江南、廣州皆有之。陶隱居云：出鬱州及東臨沂金城。【道地】青州、晉州、絳州爲佳。【時】生：四月生葉。採：八月取實。【收】暴乾。【用】實、葉、仁。【色】紅。【味】甘。【性】平。【氣】氣之厚者，陽也。【臭】香。【主】和中益氣。【製】蒸熟，去皮、核用。【治】療：《唐本》注云：葉，揩熱痱瘡。日華子云：乾棗，潤心肺，止嗽，除腸胃癖氣。○葉，小兒壯熱，煎湯浴。孟詵云：乾棗，治心腹邪氣，通九竅。○核中仁，袪惡氣，卒疰忤。補：日華子云：乾棗，補五臟虛，勞損。孟詵云：乾棗，補虛，強志，補不足氣，助陽胃，肥中。《別錄》云：調中益脾氣，令人好顏色，美志氣。【合治】合光粉燒，療疳痢。○葉，合葛粉揩痱子及熱瘡。【禁】中滿，牙齒痛者勿食，亦不宜合生葱食。○葉，服之使人瘦，久即嘔吐。○生棗，味甘、辛，多食令人多寒熱。羸瘦者不可食。【解】和百藥毒，殺烏頭毒。

明・盧和、汪穎《食物本草》卷二果類　棗　生者味甘，平，無毒。多食令人寒熱腹脹，滑腸難化，羸瘦人尤不可食。熟者味甘，溫，無毒。主心腹邪氣，安中補虛，益氣養脾，助十二經，平胃氣，通九竅，潤心肺，止嗽，補少氣，少津液，身中不足，大驚，四肢重，和百藥。久服輕身延年。一云：多食動風動嗽。三年陳者核中仁，主腹痛惡氣。棗類甚多，大抵以青州所出者肉厚為最。不可同生葱食。中滿者與牙痛者，俱不可食。小兒多食，生疳損齒。丹溪云：棗屬土而有火，味甘性緩。《經》云：甘先入脾。又謂：補脾未嘗用甘。今人食甘多者，惟脾受病。小兒若患秋痢與蟲，食之良。

明・葉文齡《醫學統旨》卷八菓部　大棗　氣平，溫，味甘。無毒。陽也。殺烏頭毒。不宜合生葱食，用藥去核。治心腹邪氣，安中養脾，助十二經，平胃氣，通九竅，補少氣少津液，身中不足，大驚，四肢重，和百藥。心下痞，中滿嘔吐者勿食；齒病忌之。

明・許希周《藥性粗評》卷二　脾胃欠溫，喜調和於大棗。

大棗乾紅棗也，與生者不同。樹高一二丈餘，枝梗麄皺，有刺，春生新葉如柳葉，大圓短不銳，夏開碎花青白色，結實如橄欖大，內核尖長。南北州郡皆有之。此有數種，以河北及青兗等州出者為佳。八月採，暴乾。有蒸熟為膠棗者，亦並入藥。又殺烏頭毒，忌生葱，餘說《本草》不載。味甘，性溫，無毒。入足陽明胃、太陰脾經。主治內冷腸澼，煩悶虛怯，津液短少，溫中益氣，養脾胃，調榮衛，助十二經，和百藥，久服不飢延年。成聊攝云：大棗之甘，以益土勝水。又云：邪在半表，則榮衛爭之，辛甘解之，薑棗以和榮衛。海藏云：中滿者勿食甘，故大建中湯心下痞者，減飴、棗與甘草同例。

單方：上氣咳嗽：以二十枚去核，和酥四兩，入鍋中微火煎滾，以棗吸盡酥為度，取出，每以一枚含之，嚥其津液，自差。　內部蟲行：　腹中有蟲不拘三部作痒攻痛者，取肉和水銀，搗成團，捻為長條三寸許，以綿裹之，臨臥納入穀道中，明日其蟲皆出。　鼻塞耳聾：　年久不聞音聲香臭者，以大者十五枚，去皮核，取肉，蓖麻子三百粒，去皮，二味和搗，每取一丸如孔大者，綿裹塞之，先治耳，後治鼻，不可並塞，日一易之，三十餘日自開。　生津養氣：　不時以一二枚咀嚼，留核含之，嚥其津液。　長髮：　棗根東行者，取三尺，橫於甑上蒸之，兩頭液出，取搽頭上，其髮自生。　安胎：　妊娠四五月後，忽腹絞痛者，以棗十四枚，燒令焦，為末，童子便調下。

明·鄭寧《藥性要略大全》卷六　大棗　和藥性，開脾胃。《賦》曰：助脈，強神，大和脾胃。《十書》云：養脾氣，和百藥，通九竅，補不足之氣。　伊訓云：　極養脾氣，補精氣，生津液，助十二經脈，治心腹邪氣，和腸胃，肥中補氣。中滿者禁服。多食生棗，令人腹脹泄瀉，多寒熱，羸瘦。《經》云：　中滿者勿食甘。甘極助滿。大建中湯中治心下痞滿者，去飴糖、大棗、甘草同例。　味甘，平，性溫，無毒。降也，陽也。殺烏頭毒，忌合生葱同食。凡入藥，去核，否則令人煩。

明·陳嘉謨《本草蒙筌》卷七　大棗　味甘，氣平溫。氣厚，屬土有火，陽也，降也。無毒。北郡俱生，青州屬山東。獨勝。末秋摘取，微火烘乾。多膏甚甜，形大核細。覓斯入藥，不負所名。諸菓只載其名，惟棗獨加大字故云。忌生葱，殺烏毒。烏頭毒也。劈除內核，服免人煩。通九竅略亞菖蒲，和百藥不讓甘草。養脾胃益氣，潤心肺生津。助諸經，補五臟。中滿及熱疾忌食，齒疼併風疾禁嘗。生棗食多，脹臍腹作痢；　蒸棗旋啖，益腸胃肥中。苦棗大寒，係棗中味苦者便是；　寒邪外感，致熱伏臟腑者能醫。通大小二便，去狂蕩煩滿。煮研代蜜，丸藥彌佳。棗核以口常含，受氣自生津液。陳年核中仁，燔之味苦；　三歲者良。中惡腹內痛，服即効臻。葉覆麻黃，能令出汗。餘產因州土不一，各各且形狀亦殊。出廣州。〇御棗水菱棗極甘美。出安邑。〇天蒸棗皮薄而皺。出江南州，蒸熟火烘。〇羊矢棗實小而圓。各處俱出。〇鹿轤棗邊大而腰細似匏。一名邊腰棗，出江東。〇東海棗頭圓而形大類盞。此棗五年一實，形甚大者。並充食用，不入藥煎。

明·方穀《本草纂要》卷五　大棗　味甘，氣平、大溫，氣味俱厚，陽也，無毒。入太陰脾經，助脾健胃；　入少陰心經，壯心定志。故凡驚悸恐怖，精神不守，志意昏亂，此皆心家之症，非大棗不能養其心；　脾胃虛敗，中氣不和，天真失守，此皆脾家之症，非大棗不能健其脾。又如溫補之劑佐宜辛甘，必用大棗可也。厚腸之藥，如用生薑，亦須大棗佐也。吾觀此劑安中養脾，助十二經之藥，建達天真，利九竅之□。但甘主緩，如中滿之症，氣之緩者不可用之。又若驚悸之症，氣之虛者，多用之可也。

明·寧源《食鑒本草》卷上　膠棗　味甘，溫、平，無毒。治心腹邪氣。補中益氣，養脾平胃，助十二經，通九竅，除煩悶，生津液，安驚恐，強筋力，久服輕身長年。　孫真人云：　調和百藥不可無，齒牙有病人忌啖之。　新增三年陳核中仁燔之味苦，主腹病邪氣。　生棗　動濕熱人，宜少食之。羸弱有疾者勿食，恐生寒熱。

明·王文潔《太乙仙製本草藥性大全》卷四《本草精義》　大棗　一名乾棗，一名美棗，一名良棗。生棗並生河東，今近北州郡皆有。而青、晉、絳州者特佳，江南出者堅燥少脂。秋末摘取微火烘乾，多膏甚甜，形大核細，覓斯入藥，不負所名。忌生葱，殺烏頭毒。劈除內核服，免人煩。謹按：　棗之類最多，今江東呼棗大而銳上者爲壺，壺猶瓠也。邊，腰棗。云：　子細腰，今謂之轆轤棗。櫅子兮切白棗。云：　即今棗子，白乃熟。樲，酸棗。云：　木小實酢者。遵，羊棗。云：　實小而紫黑色，今俗呼之爲羊矢棗。洗，大棗。云：　今河東猗氏縣出，大棗子如雞卵。蹶泄，苦棗。云：　子味苦者。晳，無實棗。云：　不著子者。還味，稔而審切棗。云：　還味，短味也。而酸棗自見別條，其餘種類非一，今園圃皆種蒔之，亦不能盡別其名。又其極美者，則有水菱棗、御棗之類，皆不堪入藥。蓋肌實輕虛，暴服之則枯敗，惟青州之種特佳，雖晉、絳大實亦不及青州者之肉厚也。並八月採，暴乾。南郡人煮而後暴，及乾，皮薄而皺，味更甘於它棗，謂之天蒸棗，然不堪入藥。又廣州有一種波斯棗，木無傍枝，直聳三四丈，至巔四向共生十餘枝，葉如椶櫚，彼土亦呼为海椶木，三五年一著子，都類北棗，但差小耳。舶商亦有攜本國生者至南海，與此地人食之，云味極甘，似此中天蒸棗之類。然其核全別，兩頭不尖，雙卷而圓，如小塊紫礦，種之不生，疑亦蒸熟者，近亦少有將來者。

明·王文潔《太乙仙製本草藥性大全》卷四《仙製藥性》　大棗　味甘，氣平、溫，氣厚，屬土，有火，陽也，降也，無毒。　主治：　療心腹中邪氣，補精氣少津液。通九竅略亞菖蒲，和百藥不讓甘草。養脾胃益氣，潤心肺生津。助諸經補五臟，強筋力除煩悶。治身中不足大驚，療心下懸悶腸澼。久服輕身長年，不飢神仙。中滿及熱疾忌食，齒痛併風疾禁嘗。　生棗　食多脹臍腹，作痢。　蒸棗　旋啖益腸胃，肥中。　苦棗　大寒，係棗中味苦者便是。寒邪外感致熱伏臟腑者能醫，通大小二便，去狂蕩煩滿，煮研代蜜丸藥彌佳。　棗核　以口常含，受氣自生津液。　核中仁　燔之味苦，三歲者良。中惡腹內痛，服即效臻。　葉　溫，無毒。覆麻黃能令出汗。餘産因州土不一，各各且形狀亦殊。　牙棗、波斯棗　略尖長。出廣州。　御棗　極甘美。出安邑。　天蒸棗　皮薄而皺。出江南州，蒸熟火烘。　羊矢棗　實小而圓。各處俱出。　轆轤棗　邊大而腰細似匏。一名邊腰棗，出江東。　東海棗　頭圓而形大類盞。此棗五年一實，形甚大者。　並充食用，不入藥煎。　補註：令髮易長，東行棗根三尺，橫安甑上蒸之，兩頭汗出收之，傅髮即長。　治小兒壯熱，以葉煎湯浴，和葛粉裛痱甚佳妙。○（熱瘤）治傷中筋脉急，上氣咳嗽，用棗二十枚，去核，以酥四兩微火煎，入棗肉中泣盡酥，常含一枚，微微嚥之。○痔發疼痛，肥大棗一枚，剝去皮，取水銀，掌中以唾研令極熟，傅棗瓤上，內下部差。治下部䘌痒，蒸大棗取膏，以水銀和捻長三寸，以綿裹，宿內下部中，明日蟲皆出。○妊娠四五月忽腹絞痛，以棗十四枚，燒令焦，爲末，以小便服。○耳聾鼻塞，不聞音聲香臭，取大棗十五枚，去皮核，蓖麻子三百顆，去皮，二味和擣，綿裹塞耳鼻，日一度易，三十餘日聞聲及香臭，先耳後治鼻，不可並塞之。又方：巴豆十粒，去殼生用，松脂同擣，綿裹塞耳及鼻。《食療》云：棗和桂心、白瓜仁、松樹皮爲丸，久服香身，並衣亦香軟。棗溫，多食動風，發冷風并欬嗽。　仲思棗　味甘，氣溫，無毒。　主治：療補虛益氣，潤五臟，去痰止咳嗽，治冷氣。久服令人肥健，好顏色，神仙不飢。

明·皇甫嵩《本草發明》卷四　大棗上品。氣溫，味甘，平。氣厚，屬土有火，陽也。無毒。即乾棗。　發明曰：大棗，甘溫能補，故主安中，養脾平胃益氣，助十二經，治心腹邪，和百藥，通九竅，少氣少津液，身中不足，大驚，四肢重強力，除煩悶，療心下懸腸澼。又云：乾棗潤心肺，止潄，除腸胃癖氣，補五藏，治虛勞，緩陰血。但中滿及熱疾齒痛者俱忌，食以能滋濕助火耳。○生棗，多食令人腹脹注瀉。多寒熱羸瘦者，不可食。蒸熟食，補腸胃，肥中益氣。○苦棗，乃棗中味苦者。治寒邪外感，通二便，去狂蕩煩滿，煮研，代蜜丸藥更佳。○棗仁，燔用，主中惡腹內痛，疰忤心懸。三年者良。○棗葉，治小兒壯熱，煎湯浴，和葛粉裛痱子佳及治熱瘤。

明·李時珍《本草綱目》卷二九果部·五果類　棗《本經》上品

【釋名】時珍曰：按陸佃《埤雅》云：大曰棗，小曰棘。棘，酸棗也。棗性高，故重束；棘性低，故並束。束音次。棗、棘皆有刺鍼，會意也。　【集解】《別録》曰：棗生河東平澤。弘景曰：世傳河東猗氏縣棗特異。今青州出者形大而核細，多膏甚甜。鬱州互市者亦好，小不及耳。江東臨沂、金城棗形大而虛，少脂，好者亦可用之。南棗大惡，不堪啖。頌曰：近北州郡皆出棗，惟青州之種特佳。晉州、絳州者雖大，而不及青州肉厚也。江南出者，堅燥少脂。今園圃種蒔者，其種甚多。美者有水菱棗、御棗之類，皆不堪入藥，蓋肌肉輕虛故也。南郡人煮而曝乾，皮薄而皺，味更甘於他棗，謂之天蒸棗，亦不入藥。按郭璞註《爾雅》云：壺棗大而銳，壺猶瓠也。邊，腰棗也，細腰，今謂之轆轤棗。櫅，白棗也，子白乃熟。洗，大棗也，出河東猗氏縣，大如鷄卵。遵，羊棗也，實小紫黑，俗名羊矢棗。樲，酸棗也，木小而實酢。還味，棯棗也，其味短。蹶泄，苦棗也，其味苦。晰，無實棗也。宗奭曰：大棗先青州，次晉州，皆可晒曝入藥，益脾胃。餘者止可充食用耳。青州人以棗去皮核，焙乾爲棗圈，以爲奇果。有御棗，甘美輕脆，後衆棗熟而易生蟲，今人所謂撲落酥者是也。又有牙棗，先衆棗熟，亦甘美，微酸而尖長。二棗皆可噉，不堪收曝。時珍曰：棗木赤心有刺。四月生小葉，尖觥光澤。五月開小花，白色微青。南北皆有，惟青、晉所出者肥大甘美，入藥爲良。其類甚繁，《爾雅》所載之外，郭義恭《廣志》有狗牙、鷄心、牛頭、羊角、獮猴、細腰、赤心、三星、駢白之名，又有木棗、氐棗、桂棗、夕棗、灌棗、墟棗、蒸棗、白棗、丹棗、棠棗，及安邑、信都諸棗。穀城紫棗長二寸，羊角棗長三寸。密雲所出小棗，脆潤核細，味亦甘美，皆可充果食，不堪入藥。入藥須用青州及晉地晒乾大棗爲良。按賈思勰《齊民要術》云：凡棗全赤時，日日撼而收曝，則紅皺若半赤收者，肉未充滿，乾即色黃，赤收者，味亦不佳。《食經》作乾棗法：須治净地，鋪菰箔之類承棗，日晒夜露，擇去胖爛，曝乾收之。切而晒乾者爲棗脯。煮熟榨出者爲棗膏，亦曰棗瓤。蒸熟者爲膠棗，加以糖、蜜拌蒸則更甜；以麻油葉同蒸，則色更潤澤。擣棗膠晒乾者爲棗油，其法取紅軟乾棗入釜，以水僅淹平，煮沸漉出，砂盆研細，生布絞取汁，塗盤上晒乾，其形如油，以手摩刮爲末收之。每以一匙，投湯盌中，酸甜味足，即成美漿，用和米麨，最止飢渴、益脾胃也。盧諶《祭法》云：春祀用棗油。即此。

生棗　【氣味】甘、辛，熱，無毒。多食令人寒熱。凡羸瘦者不可食。思邈曰：多食令人熱渴膨脹，動臟腑，損脾元，助濕熱。

大棗　【釋名】乾棗《別録》　美棗《別録》　良棗《別録》曰：八月采，曝乾。瑞曰：此即晒乾大棗也。味最良美，故宜入藥。今人亦有用膠棗之肥大者。　【氣味】甘，平，無毒。思邈曰：甘、辛，熱，滑，無毒。杲曰：溫。大明曰：有齒病、疳病、蟲䘌人不宜啖棗，小兒尤不宜食。又忌與葱同食，令人五臟不和；與魚同食，令人腰腹痛。時珍曰：今人蒸棗多用糖、蜜拌過，久食最損脾、助濕熱也。啖棗多，令人齒黃生䘌，故嵇康《養生論》

云：齒處晉而黄，蝨處頭而黑。

〖主治〗心腹邪氣，安中，養脾氣，平胃氣，通九竅，助十二經，補少氣、少津液、身中不足，大驚四肢重，和百藥。久服輕身延年《本經》。宗奭曰：煮取肉，和脾胃藥甚佳。補中益氣，堅志强力，除煩悶，療心下懸，除腸澼。久服不飢神仙《别録》。潤心肺，止嗽，補五臟，治虚損，除腸胃癖氣。和光粉燒，治疳痢大明。小兒患秋痢，與蛀棗食之良孟詵。殺烏頭、附子、天雄毒之才。和陰陽，調榮衛，生津液李杲。

〖發明〗弘景曰：道家方藥，以棗爲佳餌。其皮利，肉補虚，所以合湯皆擘之也。杲曰：大棗氣味俱厚，陽也。温以補不足，甘以緩陰血。成無己曰：邪在榮衛者，辛甘以解之。故用薑、棗以和榮衛，生發脾胃升騰之氣。張仲景治奔豚，用大棗滋脾土以平腎氣也。治水飲脇痛有十棗湯，益土而勝水也。震亨曰：棗屬土而有火，味甘性緩。甘先入脾，補脾者未嘗用甘。故今人食甘多者，脾必受病也。時珍曰：《素問》言棗爲脾之果，脾病宜食之。謂治病和藥，棗爲脾經血分藥也。若無故頻食，則生蟲損齒，貽害多矣。按王好古云：中滿者勿食甘，甘令人滿。故張仲景建中湯心下痞者，減餳、棗，與甘草同例，此得用棗之方矣。又按許叔微《本事方》云：一婦病臟燥悲泣不止，祈禱備至。予憶古方治此證用大棗湯，遂治與服，盡劑而愈。古人識病治方，妙絶如此。又陳自明《婦人良方》云：程虎卿内人妊娠四五個月，遇晝則慘戚悲傷，淚下數欠，如有所憑，醫巫兼治皆無益。管伯周説：先人曾語此，治須大棗湯乃愈。虎卿借方治藥，一投而愈。方見下條。又《摘玄方》治此證，用紅棗燒存性，酒服三錢，亦大棗湯變法也。

〖附方〗舊七，新十二。　調和胃氣：以乾棗去核，緩火逼燥爲末。量多少入少生薑末，白湯點服。調和胃氣甚良。《衍義》。　反胃吐食：大棗一枚去核，用斑蝥一枚去頭翅，入在内，煨熟去蝥，空心食之，白湯下良。　小腸氣痛：大棗一枚去核，用斑蝥一枚去頭翅，入棗内，紙包煨熟，去蝥食棗，以桂心、畢澄茄湯下。《直指》。　傷寒熱病：後，口乾咽痛，喜唾。大棗二十枚，烏梅十枚，搗入蜜丸。含一杏仁，嚥汁甚效。《千金方》。　婦人臟燥：悲傷欲哭，象若神靈，數欠者，大棗湯主之。大棗十枚，小麥一升，甘草二兩，每服一兩，水煎服之。亦補脾氣。　妊娠腹痛：大紅棗十四枚，燒焦爲末，以小便服之。《梅師》。　大便燥塞：大棗一枚去核，入輕粉半錢縛定，煨熟食之，仍以棗湯送下。《直指》。　呪棗治瘧：執棗一枚，呪曰：吾有棗一枚，一心歸大道。優他或優降，或劈火燒之。念七遍，吹棗上，與病人食之，即愈。《岣嶁神書》。　煩悶不眠：大棗十四枚，葱白七莖，水三升，煮一升，頓服。《千金》。　上氣欬嗽：治傷中筋脉急，上氣欬嗽者。用棗二十枚去核，以酥四兩微火煎，入棗肉中泣盡酥，取收之。常含一枚，微微嚥之取瘥。《聖惠方》。　肺疽吐血：因啖辛辣、熱物致傷者。用紅棗連核燒存性，百藥煎煅過，等分爲末。每服二錢，米飲下。《三因》。　耳聾鼻塞：不聞音聲、香臭者。取大棗十五枚去皮核，蓖麻子三百枚去皮，和擣。綿裹塞耳、鼻，日一度。三十餘日，聞聲及香臭也。先治耳，後治鼻，不可並塞。孟詵《食療》。　久服香身：用大棗肉和桂心、白瓜仁、松樹皮爲丸，久服之。《食療本草》。　走馬牙疳：新棗肉一枚，同黄蘗燒焦爲末，油和傅之。若加砒少許更妙。王氏《博濟》。　諸瘡久壞：不愈者。棗膏三升，煎水頻洗，取愈。《千金》。　痔瘡疼痛：大肥棗一枚剥去皮，取水銀掌中，以唾研令極熟，傅棗瓤上，納入下部良。《外臺》。　下部蟲癢：蒸大棗取膏，以水銀和捻，長三寸，以綿裹，夜納下部中，明日蟲皆出也。《肘後》。　卒急心疼：《海上方訣》云：一個烏梅二個棗，七個仁一處搗。男酒女醋送下之，不害心疼直到老。　食椒閉氣：京棗食之即解也。《百一選方》。

三歲陳棗核中仁　〖氣味〗燔之，苦，平，無毒。　〖主治〗腹痛邪氣《别録》。惡氣卒疰忤孟詵。核燒研，摻脛瘡良時珍。

〖發明〗時珍曰：按《劉根别傳》云：道士陳孜如痴人，江夏袁仲陽敬事之。孜曰：今春當有疾，可服棗核中仁二十七枚。後果大病，服之而愈。又云：常服棗仁，百邪不復干也。仲陽服之有效，則棗果有治邪之説矣。又《道書》云：常含棗核治氣，令口行津液，嚥之佳。謝承《後漢書》亦云：孟節能含棗核，不食可至十年也。此皆藉棗以生津受氣，而嚥之又能達黄宫，以交離坎之義耳。

葉　〖氣味〗甘，温，微毒。《别録》曰：散服使人瘦，久則嘔吐。　〖主治〗覆麻黄，能令出汗《本經》。和葛粉，揩熱痱瘡良《别録》。治小兒壯熱，煎湯浴之大明。

〖附方〗新二。　小兒傷寒：五日已後熱不退。用棗葉半握，麻黄半兩，葱白、豆豉各一合，童子小便二鍾，煎一鍾，分二服，取汗。《總録》。　反胃嘔噦：乾棗葉一兩，藿香半兩，丁香二錢半，每服二錢，薑三片，水一盞煎服。《聖惠方》。

木心　〖氣味〗甘，濇，温，有小毒。　〖主治〗中蠱腹痛，面目青黄，淋露骨立。剉取一斛，水淹三寸，煮至二斗澄清，煎五升，旦服五合，取吐即愈。又煎紅水服之，能通經脉。時珍。出《小品方》。

根　〖主治〗小兒赤丹從脚趺起，煎湯頻浴之。時珍。〇出《千金》。

〖附方〗舊一。　令髮易長：取東行棗根三尺，横安甑上蒸之，兩頭汗出，收取傅髮，即易長。《聖惠方》。

皮　〖主治〗同老桑樹皮，並取北向者，等分，燒研。每用一合，井水煎，澄取清，洗目。一月三洗，昏者復明。忌葷、酒、房事時珍。

題明・薛己《本草約言》卷二《藥性本草》　大棗　味甘，氣溫，平，無毒。陽也，可升可降，入足太陰經。養脾胃而益氣，助十二經脈而生津。○通九竅略亞菖蒲，和百藥不讓甘草。殺烏頭毒。中滿及牙病忌之，亦不宜合生葱食。入藥擘去核。

明・梅得春《藥性會元》卷中　大棗　味甘，平，性溫。陽也。無毒。殺烏頭毒，與生葱相刑，不宜同食。入藥去核。　主助脉強神，大和脾胃，養脾開胃，助藥成功。治心腹之邪，安中，助十二經脉，能通九竅，補氣添津，益身強力，除煩悶，療心懸，定大驚，補不足。若心下痞滿及嘔吐者勿食服。齒唇有疾忌之。

明・王肯堂《傷寒證治準繩》卷八　大棗　氣平，味甘，無毒。氣味俱厚，陽也。溫以補不足，甘以緩陰血。成：邪在榮衛者，辛甘以解之，故用薑、棗以和榮衛，生發脾胃升騰之氣。張仲景治奔豚，用大棗滋脾土，以平腎氣也。治水飲脇痛，有十棗湯，益土而勝水也。珍：《素問》言：棗為脾之果，脾病宜食之。謂治病和藥，棗為脾經血分藥也。若無故頻食，則生蟲損齒，為害多矣。按王好古云：中滿者勿食甘，甘令人滿。故仲景建中湯心下痞者減餳、棗，與甘草同例，此得用棗之方矣。陶：道家方藥，以棗為佳餌，其皮利肉補虛，所以合湯皆擘之也。

明・穆世錫《食物輯要》卷六　棗　味甘，平，無毒。生性寒。止渴。多食動脾，發瀉助脹，患寒熱胃弱人勿食。同蜜食，損五臟。熟者性溫。殺天雄、附子毒。和胃養脾，助十二經氣，和百藥。多食，傷齒，發嗽。小兒食多，生疳。同諸魚食，令腰腹痛。同葱食，令五臟不和。中滿者勿食，以其味甘，能緩中也。忌鱉。

明・李中立《本草原始》卷七　大棗　乾棗也。生河東，今近北州郡皆有之。木赤心，有刺。四月生葉，尖觥光澤。五月開小白花，色微青，結實生青熟紅。八月採取，晒乾。入藥須用青州及晉地肥大甘美者為良，故曰大棗。按陸佃《埤雅》云：大曰棗，小曰棘。棘，酸棗也。棗性高，故重朿；棘性低，故並朿。朿音刺。棗、棘皆有刺鍼，會意也。

大棗，此即晒乾大棗也。氣味：甘，平，無毒。主治：心腹邪氣，安中養脾氣，平胃氣，通九竅，助十二經，補少氣、少津液、身中不足，大驚，四肢重，和百藥。久服輕身延年。○補中益氣，堅志強力，除煩悶，療心下懸，腸澼。久服不飢神仙。○潤心肺止嗽，補五勞，治虛損，除腸胃癖氣，和光粉燒，治疳痢。○小兒患秋痢，與蛀棗食之良。○殺烏頭、附子、天雄毒。和陰陽，調榮衛，生津液。

生棗：氣味：甘、辛，熱，無毒。多食令人寒熱，羸瘦者不可食。　生棗，《本經》上品。【圖略】氣味俱厚，陽也。

葉：氣味：甘，溫，微毒。主治：覆麻黄能令出汗。和葛粉揩熱痱瘡良。治小兒壯熱，煎湯浴之。

三歲陳核中仁，燔之味苦，主腹痛邪氣。

大明曰：有齒病、疳病、蟲䘌人不宜啖棗。小兒尤不宜食〔之〕。又忌與葱同食，令人五臟不和。與魚同食，令人腰腹痛。《百一選方》：治食椒閉氣，京棗食之即解。

明・張懋辰《本草便》卷二　大棗　味甘，氣平、溫，氣厚，陽也，無毒。殺烏頭毒。不宜合生葱食。　主心腹邪氣，安中養脾，助十二經，平胃氣，通九竅，補少氣少津液，身中不足，大驚，四肢重。中滿者勿食，牙齒有病人忌啖之。

明・吴文炳《藥性全備食物本草》卷二　大棗　味甘溫，氣厚，屬土，有火陽也，降也，無毒。療心腹中邪氣，補精氣少津液，通九竅，略亞菖蒲。和百藥，不讓甘草。養脾胃，益氣，潤心肺，生津，助諸經，補五臟，強筋力，除煩悶，治身中不足，大驚，療心下懸悶腸澼，久服輕身長年，不飢神仙。中滿及熱疾忌食，齒痛併風疾禁嘗。忌生葱，殺烏頭毒。劈除內核服免人煩。忌與鱉食。

生棗　助濕熱，多食令人氣滿脹，多寒熱注泄。羸瘦者勿食。

苦棗　大寒，係棗中味苦者便是。寒邪外感，致熱伏臟腑者，通大小二便，去狂蕩煩滿。

棗核　以口常含，受氣自生津液。

核中仁　燔之味苦，三歲者良。主腹痛，邪氣惡氣疰忤，小兒患秋痢與蟲棗食之良。

棗葉　性覆麻黄，能令出汗，散服使人瘦，久服嘔吐。搗爛揩熱痱瘡，煎湯浴小兒壯熱。

牙棗、波斯棗　略尖長。出廣州。

御棗　極甘美。出安邑。

天蒸棗　皮薄而皺。出江南州，蒸熟火烘。

羊矢棗　實小而圓。各處俱出。

鹿轤棗　邊大而腰細似匏。一名邊腰棗，出江東。

東海棗　頭圓而形大類盞，此棗五年一實，形甚大者。並充食用，不入藥煎。

仲思棗　味甘，氣溫，無毒。補虛益氣，潤五臟，去痰止咳嗽，治冷氣，久服令人肥健，好顏色，神仙不飢。北齊時有仙人仲思得此棗，故名。形如大棗，長一二寸，正紫色，細紋小核。《食療》云：棗和桂心、白瓜仁、松樹皮為丸，久服香身，并衣亦香。

明·趙南星《上醫本草》卷二　棗　生棗，甘、辛，熱，無毒。多食，令人寒熱。凡羸瘦者不可食。思邈曰：多食令人熱渴，膨脹動臟腑，損脾元，助濕熱。

大棗　一名乾棗。《別錄》曰：八月采曝乾。瑞曰：此即晒乾大棗也，味最良美，故宜入藥。今人亦有用膠棗之肥大者。甘，平，無毒。主治：心腹邪氣，安中，養脾氣，平胃氣，通九竅，助十二經，補少氣、少津液、身中不足。思邈曰：甘，辛，熱，滑，無毒。大明曰：有齒病、疳病、蟲𧏾人，不宜啖棗。小兒尤不宜食。又忌與葱同食，令人五臟不和；與魚同食，令人腰腹痛。時珍曰：今人蒸棗，多用糖蜜拌過，久食最損脾，助濕熱也。啖棗多，令人齒黃生𧏾，故嵇康《養生論》云：齒處晉而黃，蝨處頭而黑。

附方　調和胃氣：以乾棗去核，緩火逼燥，為末。量多少入少生薑末，白湯點服。調和胃氣甚良。　呪棗治瘧：執棗一枚，呪曰：吾有棗一枚，一心歸大道。優他或優降，或劈火燒之。念七遍，吹棗上，與病人食之，即愈。　煩悶不眠：大棗十四枚，葱白七莖，水三升，煮一升，頓服。　卒急心疼：《海上方訣》云：一個烏梅二個棗，七個杏仁一處搗。男酒女醋送下之，不害心疼直到老。　食椒閉氣：京棗食之，即解也。

明·李中梓《藥性解》卷一　大棗　味甘，性平，無毒，入心、脾二經。主和百藥，益五臟，潤心肺，養脾胃，補精氣，生津液，通九竅，強筋骨，祛邪氣，悅顏色。去核用，殺烏豆毒，忌生葱。按：棗之入脾者，《經》所謂五味入口，甘先歸脾是也。心則生脾者也，宜並入之。多服能壅脾作脹，而中滿及齒痛風疾者，咸非所宜。

明·鮑山《野菜博錄》卷三　棗樹　《本草》有大棗。樹高一二丈，葉似酸棗葉大，光澤，葉間開青黄色小花，結棗味甘美。性平，無毒。　食法：採嫩葉煠熟，水浸作成黃色，淘淨，油鹽調食。

明·繆希雍《本草經疏》卷二三　大棗　味甘，平，無毒。主心腹邪氣，安中養脾，助十二經，平胃氣，通九竅，補少氣、少津液、身中不足，大驚，四肢重，和百藥。補中益氣強力，除煩悶，療心下懸，腸澼。久服輕身延年，不飢神仙。

【疏】大棗純得土之沖氣，兼感天之微陽以生。《本經》味甘，氣平，無毒。東垣、孟詵言溫。氣味俱厚，陽也。入足太陰、陽明經。《經》曰：裏不足者，以甘補之。又曰：形不足者，溫之以氣。甘能補中，溫能益氣，甘溫能補脾胃而生津液，則十二經脈自通，九竅利，四肢和也。正氣足則神自安，故主心腹邪氣及大驚。中得緩則煩悶除，故療心下懸急及少氣。脾得補則氣力強，腸胃清，故主身中不足及腸澼。甘能解毒，故主和百藥。脾胃足，氣血充，後天生氣借此而盈溢，故久服輕身長年，不飢神仙也。然亦指辟穀修煉者言之，非恒人所能耳。　【主治參互】大棗甘溫，能和陰陽，調榮衛，生津液。凡邪在榮衛者，辛甘以解之，故仲景桂枝湯，用薑、棗以和榮衛，助脾胃，生津液，令出汗也。仲景治傷寒水飲脇痛，咳而乾嘔者，有十棗湯，取其益土而勝水也。又方，發汗後，小便利，其人臍下悸，欲作奔豚者，茯苓桂枝甘草大棗湯主之。茯苓能伐腎邪，桂枝泄奔豚，甘草、大棗之甘，滋助脾土，以平腎氣。許叔微《本事方》治婦人臟躁，悲傷欲哭，象若神憑，數欠者，大棗湯。大棗十枚，小麥一升，甘草二兩，每服一兩，水煎服之。　【簡誤】棗雖能補脾胃、益氣，然而味過於甘，中滿者忌之。小兒疳病不宜食，齒痛及患痰熱者不宜食。生者尤不利人，多食致寒熱。

明·倪朱謨《本草彙言》卷一五　大棗　味甘，氣溫，無毒。氣味俱厚，可升可降，陽也。入手少陰、太陰經。

陶氏曰：世傳河東猗氏縣大棗特異。今青州出者形大而核細多膏，甚甜。鬱州互市者亦佳，少不及耳。江東臨沂金城棗，形大而虛，但少膏脂。

蘇氏曰：今近北州郡皆出棗，惟青州者特佳，木心絳赤，枝間有刺，四月生小葉尖澤，五月開花色青白，作蘭香氣，七八月菓熟。南北皆有，不及青州肉厚多脂。種類甚多，如御棗、水菱棗，味雖美，不堪入藥。按《齊民要術》云：凡棗全赤時，日日撼而收曝則紅皺。若半赤收者，肉未充滿，乾即色黄，味亦不佳也。《食經》作乾棗法，須用淨地鋪菰箔之類，取棗日曝夜露，擇去胖爛，曝乾收之。切而曝乾者爲棗脯。煮熟榨出者爲棗膏。蒸熟者爲膠棗，加以糖蜜拌蒸，味更甜。搗棗膠曝乾者爲棗油，其法：取紅軟乾棗入釜，以水僅淹平，煮百餘沸，漉出，砂盆研細，淨布絞取汁，塗磁盤上，曝乾，其形如油，以匙刮爲膏收之。每以一匙，調滾湯一鍾，酸甜味如美漿。用和麥麨糯粉蒸食，止飢渴，益脾胃也。盧諶《祭法》云春祀用棗油即此。

大棗　補中益氣，壯心神，助脾胃，養肝血，保肺氣，調營衛，東垣生津液之藥也。沈氏孔庭曰：此藥得天地沖和之氣，甘潤膏凝，善補陰陽、氣血、津液、脉絡、筋俞、骨髓，一切虚損，無不宜之。如龍潭方治驚悸怔忡，健忘恍惚，志意昏迷，精神不守；或中氣不和，飲食無味，四體懶重，肌肉羸瘦，此屬心脾二藏元神虧損之證，必用大棗治之。如仲景治奔豚有奔豚湯，水飲脇痛有十棗湯。傷寒衛受風邪，自汗惡風，有桂枝湯，俱用大棗爲君，益土氣而制水，和營衛而去風邪也。配合生薑，主發脾胃升達之氣，佐用陳皮，調暢中脘虚滯之痰。雖能補脾益氣，然而味過于甘，如中滿者，齒痛者，痰火者，胃疼氣閉者，小兒熱疳腹大者，蚘結腹痛及一切諸蟲爲病者，咸忌之。

王紹隆先生曰：味甘，氣溫而性平，中不足者，以溫充之；形不足者，以甘輔之。後天生氣，藉此盈溢于內外矣。

集方：《方脉正宗》治心神虚怯。用大棗三十枚，帶核槌碎，遠志、酸棗仁、茯神、白朮、人參各二錢，水四碗，煎二碗服。〇治脾胃虚弱。用大棗二十枚，帶核槌碎，生薑十片，人參、白朮、茯苓、陳皮、半夏各一錢五分，甘草六分，水三碗，煎一碗服。〇治肝虚血少。用大棗三十枚，帶核槌碎，當歸、白芍藥、懷熟地各二錢，川芎一錢，枸杞子五錢，麥門冬三錢，石斛一錢五分，鼈甲三片，湯泡，淨水四碗，煎二碗，溫和服。〇治肺氣虚耗。用大棗二十枚，帶核槌碎，人參、黄耆、麥門冬各二錢，北五味子五分。〇《濟生》歸脾湯治驚悸怔忡，健忘恍惚，志意昏迷，精神不守。用大棗十枚，帶核槌碎，人參、茯苓、白朮、當歸身、遠志肉、黄耆、酸棗仁炒各二錢五分，木香、甘草各五分，龍眼肉七個去殼核，水煎服。一方，加製半夏一錢二分。〇《局方》調中湯治中氣不和，食飲無味，四體懶重，肌肉羸瘦。用大棗二十枚，帶核槌碎，白朮三錢土拌炒，當歸、茯苓、半夏各二錢，陳皮、麥芽、穀芽、人參、白芍藥各一錢五分，厚朴、陳皮各八分，水煎服。〇《金匱要略》治小腹奔豚氣上衝胸腹痛，往來寒熱。用大棗十二枚，帶核槌碎，甘草、當歸、川芎、葛根、黄芩、白芍藥、吴茱萸各二錢，半夏、生薑各五錢，甘李根白皮一合，共十一味，以水二升，煮取五合，溫和服，渣再煎。〇仲景方治傷寒表解、裏未和，心下痞鞕而滿，兩脇下痛，乾嘔短氣。用大棗十二枚，帶核槌碎，芫花炒、甘遂、大戟三味各二錢，俱搗細，以水一升二合，先煮大棗取八合，取出棗，入三味末子，煮百餘沸。强實人全服，羸弱人半服，得快下後，宜稀米湯飲之。〇仲景方治太陽病，頭痛發熱，汗出惡風，鼻鳴乾嘔者，宜桂枝湯。用大棗十二枚，帶核槌碎，桂枝、白芍藥各一兩，甘草二錢五分，生薑一兩，右五味以水三升，微火煮至一升，徐服。

門人羅一經曰：方書用大棗入藥者衆，今特舉歸脾、調中、奔豚、桂枝四湯者，引前人立方用大棗，明其培土制水，去風木之意。經讀本草《神農經》云：大棗安中和百藥，則藥藥皆可入用。又不獨歸脾等四湯已也。

續補集方：《直指方》治小腸氣痛。用大棗一枚去核，以斑蝥一個，納入棗內，濕紙包煨熟，去斑蝥，以棗食之，以肉桂、蓽澄茄各二錢煎湯下。〇《千金方》治妊娠腹痛。用大紅棗十四枚，燒焦爲細末，白湯調下。〇《眼科方》治風沿爛眼。用大黑棗二十個去核，明礬末五分，和棗肉搗成膏，濕紙包，火内煨二刻，取出去紙，水二碗，將棗膏煎湯去渣，將湯洗眼。〇《直指方》治卒急心胃痛。用大棗二個，烏梅一個，俱去核，杏仁七粒去皮，共搗如泥，白湯調服。

明·應麐《食治廣要》卷四

生棗　氣味：甘、辛，熱，無毒。多食令人寒熱。羸瘦者不可食。孫真人曰：多食令人熱渴膨脹，動藏府，損脾元，助濕氣。

大棗即大紅棗也。　氣味：甘，平，無毒。主治：心腹邪氣，安中，養脾，平胃，通九竅，助十二經，和百藥，補氣生津，和陰陽，調榮衛。為脾之果，脾病宜食之。若無故頻食，則有生蟲、損齒之患。中滿者忌之。

明·姚可成《食物本草》卷八果部·五果類

南棗產浙之浦江縣。大於拇指，味甘而肉厚，核小而肌細。今人通稱南棗。棗類極多，獨擅他種，人亦甚重之。凡聘姻奠雁及申獻吉禮者，無不用之，誠果中之佳品，補益之奇珍。　南棗，味甘，溫，無毒。主補中益氣，養精神，和胃弱，通調血脉，安和臟腑，止脾虛瀉痢，傷寒陰邪沉困。久食延年不飢。○欲拭真偽，搖之有聲淅淅然是也。

紅棗出北地。較黑棗差小，皮色正赤，內肉微紅，肌理粗而帶鬆，投水多浮水面，味亦甘美。紅棗，味甘，平，無毒。主補脾胃，益元氣，生津液，令人不飽。小兒痘後，宜多食之。

明・姚可成《食物本草》卷八果部・五果類　棗近北州郡皆出棗，惟青州之種特佳。晉州、絳州者雖大，而不及青州肉厚也。江南出者，堅燥少脂。今園圃種蒔者，其種甚多。美者有水菱棗、御棗之類，南人煮而曝乾，皮薄而皺，味更甘於他棗，謂之天蒸棗。羊角棗長三寸。密雲所出小棗，脆潤核細，味亦甘美，皆可充果食。作乾棗法：須治淨地，鋪菰箔之類承棗，日晒夜露，擇去胖爛，曝乾收之。切而晒乾者為棗脯。煮熟榨出者為棗膏。蒸熟者為膠棗，加以糖、蜜拌蒸則更甜；以麻油葉同蒸，則色更潤澤。搗棗膠晒乾者為棗油，其法：取紅軟乾棗入釜，以水僅淹平，煮沸漉出，砂盆研細，生布絞取汁，塗盤上晒乾，其形如油，以手摩刮為末收之。每以一匙，投湯盌中，酸甜味足，即成美漿，用和米麨，最止飢渴、益脾胃也。

生棗　味甘、辛，熱，無毒。多食令人寒熱，腹脹滑腸，損脾元。羸瘦人尤不可食。

大棗即晒乾大棗也。　味甘，平，無毒。主心腹邪氣，安中，養脾氣，平胃氣，通九竅，助十二經，補少氣、少津液、身中不足，大驚，四肢重，和百藥。久服輕身延年。有齒病、疳病、蟲䘌人不宜食，中滿者不宜食。小兒不宜多食。又忌與葱同食，令人五臟不和。與魚同食，令人腰腹痛。○李時珍曰：今人蒸棗多用糖、蜜拌過，久食最損脾、助溼熱也。又啖棗多，令人齒黃生蟲。○棗為脾之果，脾病宜食之。若無故頻食，則生蟲損齒，貽害多矣。

核仁三年者佳。　主腹痛邪氣，惡氣卒疰忤。

核　燒研，摻脛瘡良。

葉　味甘，溫，微毒。覆麻黃，能令出汗。和葛粉，揩熱痱瘡，良。

木心　味甘，濇，溫，有小毒。治中蠱腹痛，面目青黃，淋露骨立。剉取一斛，水淹三寸，煮至二斗澄清，煎五升。旦服五合，取吐即愈。又煎紅水服之，能通經脉。

根　治小兒赤丹從脚趺起，煎湯頻浴之。

皮　同老桑樹皮，竝取北向者，等分，燒研。每用一合，井水煎，澄清，洗目。一月三洗，昏者復明。忌葷、酒、房事。

附方：調和胃氣。以乾棗肉烘燥為末，量多少入生薑末，白湯點服，良。

明・姚可成《食物本草》卷八果部・五果類　樂氏棗生山東青州府。長肥〔香〕細，多膏味美，為天下第一。相傳樂毅破齊時，從燕地齎棗於此植之，後得其種，故名。

樂氏棗，味甘，溫，無毒。主補元氣，益中州，生津液，止燥渴。

明・顧逢柏《分部本草妙用》卷三脾部・性平　大棗　甘，平，無毒。主治：安中養脾，平胃通竅，補少氣，滋津液，潤心肺，及五臟虛損，和陰陽，調榮衛。《素問》言：棗為脾之果。為脾經血分藥。脾虛者宜之，中滿者忌之。頻食，脾必受病。

明・顧逢柏《分部本草妙用》卷九果部　生棗　甘、辛，熱，無毒。多食令人寒熱，肌羸瘦者不可食。思邈曰：多食令人熱渴，膨脹，動臟腑，損脾元，助濕熱。惟乾棗可以補脾，入藥用。

明・孟筌《養生要括・果部》　棗　生者味甘、辛，熱，無毒。多食令人熱渴膨脹，動臟腑，損脾元，助濕熱。乾者味甘，平，無毒。治心腹邪氣，平胃氣，通九竅，助十二經，生津液，久服輕身延年。補中益氣，堅志強力，除煩悶，潤心肺止嗽，補五臟。治虛損，除腸胃癖氣。小兒患秋痢，與蛀棗食之，良。殺烏頭、附子、天雄毒。〔卒急心痛訣云：一個烏梅一個棗，七個杏仁一處搗，男酒女醋送下之，不害心疼直到老。傷寒熱病後，口乾咽痛，大棗二十枚，烏梅十枚，搗，入蜜丸，含一杏仁，(熱)〔咽〕汁甚效。反胃吐食：大棗一枚去核，同斑蝥一枚，去頭翅，入在內煨熟，去蝥，空心食之，白湯下，良。〕

核中仁　治腹痛邪氣。

核　燒研摻脛瘡，良。

棗皮　與老桑樹皮，並取北向者，等分燒研，每用一合井水煎澄，取清洗目，一月三洗，昏者復明，忌葷酒房事。

明・李中梓《醫宗必讀・本草徵要下》　大棗味甘，平，無毒。入脾經。堅實肥大者佳。　調和脾胃，具生津止瀉之功；潤養肺經，操助脉強神之用。《經》言：棗為脾菓，脾病宜食之。又曰：脾病人毋多食甘，毋乃相戾耶？不知言宜食者，指不足之脾也，如脾虛泄瀉之類；毋多食者，指有餘之脾也，如中滿腫脹之類。凡用藥者，能隨其虛實而變通之，雖尋常品味，必獲神功；苟執而泥之，雖有良劑，莫展其長，故學者以格致為亟也。按：棗雖補中，然味過於甘，中滿者忌之。小兒疳病及齒痛痰熱之人，俱不宜食，生者尤為不利。紅棗功用相倣，差不及耳。

明・鄭二陽《仁壽堂藥鏡》卷五　大棗　氣溫，味甘。氣厚，陽也。無毒。

聊攝云：甘者，脾之味也。大棗之甘，益土而勝水。東垣云：甘以補脾經不足，溫以緩陰血。又云：和陰陽，調榮衛，生津液。《液》云：主養脾氣，補津液，強志。三年陳者核中仁，主腹痛惡氣，卒疰忤，治心懸。《經》云：助十二經脉，治心腹邪氣，和百藥，通九竅，補不足氣。生者多食，令人腹脹注泄。蒸熟食，補腸胃，肥中益氣。中滿者勿食甘。甘者令人中滿。故大建中湯心下痞者，減飴、棗，與甘草同例。日華子云：棗不宜合生葱食。生棗　味甘，辛。多食令人多寒熱。羸瘦者不可食。葉覆麻黃，能令出汗。生河東平澤。殺烏頭毒。

明・李中梓《頤生微論》卷三　大棗　味甘，性平，無毒。入脾經。忌生葱，解烏附毒。主養脾生津，潤肺止嗽，定驚，和百藥。

按：《素問》言棗為脾之菓，又言脾病毋多食甘。仲景建中湯心下痞者，減飴棗。然則脾不足者可用，而有餘者不可復增其氣以致偏勝耳。《素問》所謂脾病，非不足，蓋有餘也。田氏曰：齒病、蟲病、疳病，不宜啖棗。《補遺》曰：婦人臟燥，悲傷欲哭，狀若神靈。東垣曰：溫以補不足，甘以緩陰血。仲景治奔豚，用大棗扶土以平腎也。水飲脇痛，有十棗湯益土而勝水也。《岣嶁神書》曰：執棗一枚，呪云：我有棗一枚，一心歸大道，優他或優降，或劈火燒之。念七遍，與瘧者食，即截，每試必效，亦神異也。紅棗功相倣，力少薄耳。

明・賈九如《藥品化義》卷三肝藥　大黑棗　屬陽中有陰，體粘潤，色肉紫皮黑，氣微香，味甘甜，性溫，能沉，力養肝補血，性氣與味俱厚，入肝脾腎三經。　大黑棗味甘甜體粘潤，故助陰補血，氣味厚色紫黑，故入肝走腎。主治虛勞，善滋二便。凡補肝腎藥中如滋陰降火湯、茯苓補心湯、產後芎歸調血飲、保胎丸、養榮丸、四神丸，俱宜為佐使，因性味甘溫，尤能快脾養胃耳。且大棗之甘，與生薑之辛，二味配合，《經》云辛甘發散為陽也，故發表疏散劑中必用之。若中滿、氣喘、嘔吐、牙痛、疳積、蟲病皆忌用。　取肉厚而長大者佳。去核入藥。小棗味酸，不可用。

明・施永圖《本草醫旨・食物類》卷三　棗　生棗：味：甘、辛，熱，無毒。多食令人寒熱。凡羸瘦者，不可食。多食令人熱渴，膨脹，動臟腑，損脾元，助濕熱。

大棗　八月采，曝乾。〇此即晒乾大棗也。味最良美，故宜入藥，今人亦有用膠棗之肥大者。　味：甘，平，無毒。有齒病、疳病、蟲䘌人，不宜啖棗。小兒尤不宜食。又忌與葱同食，令人五臟不和；與魚同食，令人腰腹痛。今人蒸棗，多用糖蜜拌過，久食最損脾，助濕熱也。啖棗多，令人齒黃生䘌。　治：心腹邪氣，安中，養脾氣，平胃氣，通九竅，助十二經，補少氣、少津液、身中不足。大驚，四肢重。和百藥，久服輕身延年。煮取肉，和脾胃藥甚佳。　補中益氣，堅志強力，除煩悶，療心下懸，除腸澼。久服不飢，神仙。潤心肺，止嗽，補五臟。治：虛損，腸胃癖氣，和光粉燒。治疳痢，小兒患秋痢，與蛀棗食之良。殺烏頭、附子、天雄毒。和陰陽，調榮衛，生津液。大棗氣味俱厚，陽也。溫以補不足，甘以緩陰血。〇邪在榮衛者，辛甘以解之，故用薑棗以和榮衛，生發脾胃升騰之氣。〇棗屬土而有火。味甘，性緩，甘先入脾。補脾者，未嘗用甘，故今人食甘多者，脾必受病也。〇棗為脾之果，脾病宜食之，謂治病和藥。棗為脾經血分藥也，若無故頻食，則生蟲損齒，貽害多矣。

附方　調和胃氣：以乾棗去核，緩火逼燥，為末，量多少入少生薑末，白湯點服，調和胃氣甚良。　反胃吐食：大棗一枚，去核，用班蝥一枚去頭翅，入在內，煨熟去蝥，空心食之，白湯下良。　小腸氣痛：大棗一枚，去核，用班蝥一枚，去頭翅，入棗內，紙包煨熟，去蝥食棗，以桂心、畢澄茄湯下。　傷寒熱病：後口乾咽痛，喜唾，大棗三十枚，烏梅十枚，搗，入蜜丸，含一杏仁，嚥汁甚效。　婦人臟燥：大棗湯煮之，大棗十枚，小麥一升，甘草二兩。每服一兩，水煎服之，亦補脾氣。　妊娠腹痛：大紅棗十四枚，燒焦為末，以小便服之。　大便燥塞：大棗一枚，去核，入輕粉半錢，縛定煨熟，食之。仍以棗湯送之。　煩悶不眠：大棗十四枚，葱白七莖，水三升，煮一升，頓服。　肺疽吐血：因啖辛辣熱物致傷者，用紅棗連核燒存性，百藥煎煅過，等分為末，每服一錢，米飲下。　久服香身：用大棗肉和桂心、白瓜仁、松樹皮為丸，久服之。　走馬牙疳：新棗肉一枚，同黃蘗燒焦為末，油和傅之，若加砒少許，更妙。　諸瘡久壞：不愈者，棗膏三升，煎水頻洗，取愈。　痔瘡疼痛：大肥棗一枚，剝去皮，取水銀掌中，以唾研令極熟，傅棗瓤上，納入下部良。　下部蟲癢：蒸大棗取膏，以水銀和，捻長三寸，以綿裹，夜納下部中，明日蟲皆出也。　卒急心疼：《海上方》訣云：一箇烏梅二箇棗，七箇杏仁一處搗，男酒女醋送下之，不害心疼直到老。　食椒閉氣：京棗食之即解也。

三歲陳棗核中仁　味：燔之苦，平，無毒。　治：腹痛邪氣，惡氣卒疰忤。　核　燒研，摻脛瘡良。　葉　味：甘，溫，微毒。散服使人瘦，久即嘔吐。治：覆麻黃，能令出汗。和葛粉，指熱疿瘡良。治小兒壯熱，煎湯浴之。　木心　味：甘、濇，溫，有小毒。治：中蠱腹痛，面目青黃，淋露骨立，剉取一斛，水淹三寸，煮至二斗澄清，煎五升，旦服五合，取吐即愈。又煎紅水服之，能通經脉。　根　治：小兒赤丹從脚趺起，煎湯頻浴之。

皮　主治同老桑樹皮。並取北向者，等分燒研，每用一合，井水煎，澄取清，洗目，一月三洗，昏者復明。忌葷、酒、房事。

明・盧之頤《本草乘雅半偈》帙二　大棗《本經》上品　氣味：甘，平，無毒。　主治：主心腹邪氣，安中，養脾氣，平胃氣，通九竅，助十二經，補少氣、少津液，身中不足，大驚，四肢重，和百藥。久服輕身延年。葉覆麻黃，能令出汗。

覈曰：近北州郡皆出，青州者特佳。木心絳赤，枝間有刺。四月生小葉尖澤，五月開小花青白，作蘭香，七八月果熟，南北皆有，不及青州者肉厚多脂，種類甚多，如御棗、水菱棗，味雖美不堪入藥，有齒疾疳病，及蟲䘌人，不宜啖，小兒尤不宜食。與葱同食，令五藏不和。與魚同食，令腰腹痛。多啖令齒黃生䘌。嵇康有云　齒處晉而黃是矣。　紹隆王先生云：味甘氣溫而性平，中不足者，以溫充之，形不足者，以甘輔之。後天生氣，藉此盈溢于內外矣。

条曰：甘平多肉，為脾之果，從兩束，以束脾與胃之陽氣，腐化水穀，設散漫不羈，便無醖釀宣布之力。唯其束束，方能數數腐化耳。其心赤，故主邪氣之在心腹，以致中宮不安。中安，則養脾和胃矣。十二經絡，莫不資始于脾，脾屬太陰，太陰開，故開通九竅，而助十二經脈也。補少氣者，補中氣之少，補津液者，津液咸從脾運，脾強則津液足，身中有餘，若中氣上逆，成大驚者，亦得仗庇，旋歸本位，脾主四肢，虛則四肢重，強則四肢輕。和百藥者，甘平無毒，赤心之投也。脾資後天，故輕身延年，脾虛當服，實則不任用之。葉覆麻黃，則揚液成汗，以能宣通津液，假麻黃張大之力耳。合麥門冬条看，則知資始資生，兩有異同處，更合黿、鹿、蚱蟬、白殭蠶、狗脊、萆薢而推廣之。其法不可勝用矣。唯其束束，則不散漫不羈矣。唯其不散漫不羈，乃得赤心之投矣。《爾雅註》云：有壺棗。壺，猶瓠也。自大而鋭上者是也。有細腰者，為轆轤棗，其實小而圓紫黑色者，為羊棗。潘岳賦云：棗下纂纂，朱實離離。《清異錄》云：百益一損者棗。《漢武內傳》云：老子西游，省太真玉母，共食玉門之棗，其實如瓶。《爾雅翼》云：棗者束木，棘束相重，棗束相連。又云：大而鋭上曰壺；細腰曰邊；白熟曰樆；樹小實酢曰膩；實小而圓，紫黑曰遵；大如雞卵曰洗；苦味曰蹶泄；不著子曰晳；味短苦曰還味。棗有十一名，郭氏得九焉。後世有紫棗、玄棗、西王母棗、東海蒸棗、洛陽夏內，與夫鷄心、牛頭、羊矢、獼猴，其名不可勝載。　古者八月剝棗。《大戴禮》云：剝者，取也，其修治則曰新之，疐之，以為饋食之籩。

明・李中梓《本草通玄》卷下　大棗　甘，平，脾之菓也。補脾益氣，潤肺止嗽，殺附子毒。　東垣曰：和陰陽，調榮衛，生津液。　仲景治奔豚，用大棗者，滋脾土以平腎氣也。治水飲脇痛有十棗湯，益脾土而勝妄水也。

棗能調臟腑，和百藥，為切要佳品。若食之太多則損齒生蟲。　好古云：中滿者勿食甘，甘令人滿。故仲景建中湯心下痞者，減餳、棗，與甘草同例。

食蛀棗，止秋痢。　紅棗，主治相同，功力稍遜。止瀉藥用以作丸。

清・顧元交《本草彙箋》卷六　大棗　大棗爲脾家果，脾病宜食之。蓋指不足之脾，如脾虛泄瀉之類。又云：脾病毋多食甘，蓋指有餘之脾，如中滿腫脹之類。其色紫黑，兼入肝腎。主治虛勞，善滋二便。凡補肝腎藥中，必用以爲佐使。

棗屬土而有火，若無故頻食，生蟲損齒，貽害頗多。小兒疳病，尤宜禁食。

清・穆石匏《本草洞詮》卷六　棗棗實、棗仁　生棗氣味甘辛熱，乾棗甘平，並無毒。入足太陰經。生棗助濕熱，動臟腑。乾棗潤心肺，和陰陽，補虛損，除腸澼。道家以棗為佳餌。皮利肉補，宜擘之。仲景治奔豚用大棗，滋脾土以平腎氣也。治水飲脇痛有十棗湯，益土而勝水也。邪在榮衛者，辛甘以解之，薑、棗配合，以和榮衛，生發脾胃升騰之氣也。《素問》言棗為脾之果，脾病宜食之。丹溪謂棗屬土而有火，補脾者未嘗用甘，食甘多者，脾必受病，相反何也？蓋棗之溫以補不足，甘以緩陰血，若脾氣虛寒者，宜以甘溫補之，故益脾。若濕熱自甚者，再以甘溫益之，則助濕生熱，故病脾也。日華子謂齒病、疳病、蟲䘌人不宜啖者，以甘能生蟲也。又謂小兒不宜食者，以小兒腎水未充，食棗以助脾，則土勝而水受克也。棗與葱同食，令人五臟不和；與魚同食，令人腰腹痛。棗仁苦平，無毒。治腹痛，邪氣疰忤，以三歲陳棗核中者佳。昔袁仲陽敬事道士陳孜，孜曰：今春當有疾，可服棗核中仁二十七枚。後果大病，服之而愈。又云：常服棗仁，百邪不復干也。道書云：常含棗核，令口行津液，嚥之。《後漢書》云：孟節能含棗核，不食可至十年。此皆藉棗以生津，受氣而嚥之，能達黃宮以交坎離也。

清・丁其譽《壽世秘典》卷三　棗南北皆有，其類甚繁。青州出者，形大而核細、肉厚、多膏。密雲所出小棗，甘潤核細，止可充果食。入藥須用青州及晉地晒乾大棗為良，亦有用膠棗之肥大者。凡棗切而晒乾者為棗脯，煮熟榨出者為棗膏，蒸熟者為膠棗，搗棗膠晒乾者為棗油。其法：取紅軟乾棗入釜，以水僅淹平，煮沸，漉出，沙盆研細，生布絞取汁，塗盤上晒乾，其形如油，以手摩刮為末，收之。每以一匙投湯盌中，酸甜味足，即成美漿。用和米麨能止飢渴，益脾胃也。〇河東猗氏縣出大棗，子如雞卵。

生棗　氣味：甘，熱，無毒。多食令人寒熱，腹脹滑腸，損脾，羸瘦者尤不可食。

乾棗即晒乾大棗也。　氣味：甘，溫，無毒。主安中，養脾氣，平胃氣，通九竅，助十二經，除腸澼，和百藥，調榮衛，生津液。

發明日華子曰：有齒病、疳病、蟲䘌人，不宜食。忌與葱同食，令人五臟不和。與魚同食，令人腰腹痛。李時珍曰：《素問》言棗為脾之果，脾病宜食之，謂治病和藥，棗為脾經血分藥也。若無故頻食則生蟲、損齒，貽害多矣。繆希雍曰：棗雖甘溫，能補脾胃而生津液，然味過于甘，中滿者忌之。小兒疳病不宜食，齒痛及患痰熱者不宜食，生者尤不利人。

清・張志聰《侶山堂類辯》卷下　大棗　棗色黃，味甘，脾家果也。夫木末之實，而為心家果者，生化之道也。木末之實，而為脾家果者，制化之道也。蓋天地所生之萬物，咸感五運六氣之生化，明乎陰陽生尅之理，則凡物之性可用之，而生化于五藏六府矣。〇元如曰：桃為肺之果，核主利肝血；杏為心之果，核主利肺氣。亦制化之理然與。

清・劉雲密《本草述》卷一六　大棗　即曬乾大棗，宜入藥。今人亦有用膠棗之大者。　氣味：甘，平，無毒。　思邈曰：甘、辛，熱，滑，無毒。

東垣曰：溫。

上治溫胃益脾，和陰陽，調營衛，生津液，助十二經，療心下懸少氣。和光粉燒，治疳痢。小兒患秋痢，與蛀棗食之良。殺烏頭、附子、天雄毒。東垣曰：大棗氣味俱厚，陽也。溫以補不足，甘以緩陰血。《經》云：味甘，補經不足以緩陰血，血緩則脈生，故能助十二經脈。無己曰：大棗、人參之甘以緩脾。又云：邪在半表，則營衛爭之，辛甘解之，薑、棗以和營衛。又曰：張仲景治奔豚用大棗，滋脾土以平腎氣也。治水飲脇痛有十棗湯，益土而勝水也。丹溪曰：棗屬土而有火，味甘性緩，甘先入脾，補脾者未常用甘，故今人食甘多者，脾必受病也。時珍曰：《素問》言棗為脾之果，脾病宜食之。謂治病和藥，棗為脾經血分藥也。若無故頻食，則生蟲損齒，胎病多矣。按王好古云，中滿者勿食甘，甘令人滿。故張仲景建中湯心下痞者，減餳、棗與甘草同例，此得用棗之方矣。希雍曰：大棗純得土之冲氣，兼感天之微陽以生。《本經》味甘，氣平，無毒。東垣、孟詵言溫，氣味俱厚，陽也，入足太陰、陽明經。《經》曰：裏不足者，以甘補之。又曰：形不足者，溫之以氣。甘能補中，溫能益氣。

附方　調和胃氣，以乾棗去核，緩火逼燥，為末，量多少入少生薑末，白湯點服，調和胃氣甚良。　婦人臟燥，悲傷欲哭，象若神靈數欠者，大棗湯主之，大棗十枚，小麥一升，甘草二兩，每服一兩，水煎服之，亦補脾氣。　許叔微《本事方》云：一婦病臟燥，悲泣不止，祈禱備至。予憶古方治此證，用大棗湯，遂治與服，盡劑而愈。古人識病治方，妙絕如此。又陳自明《婦人良方》云：程虎卿內人妊娠四五個月，遇晝則慘戚悲傷，淚下數欠，如有所憑，醫巫兼治皆無益。管伯周說先人曾語此，治須大棗湯乃愈。虎卿借方治藥，一投而愈。

愚按：朱丹溪先生云，補脾者不常用甘，誠精詣語。蓋脾土合四氣，豈得常執一甘以補之？且甘為五味之主，諸藥味但兼有甘者，便有隨甘引入各經之妙。蓋胃行氣於三陰三陽，而脾更有胃行之者也，又安得執甘以胃止於益脾哉？

希雍曰：棗雖能補脾胃益氣，然而味過於甘，中滿者忌之。小兒疳病不宜食。齒痛及患痰熱者不宜食。生者尤不利人，多食致寒熱。

修治　入藥須用青州及晉地曬乾大棗良。

清・郭章宜《本草匯》卷一四　大棗　甘，溫，氣味俱厚，陽也，可升可降，入足太陰、陽明經。補脾胃而益氣，具生津止瀉之功。潤心肺而強脉，益五臟虛損之羸。《經》曰：裏不足者，以甘補之。又曰：形不足者，溫之以氣。甘能補中，溫能益氣，甘溫能補脾胃而生津液。故《本經》治通九竅，利四肢□。

按：大棗屬土而有火，味甘性緩，為脾之菓，血分藥也。脾病宜食之。又曰脾病人毋多食甘，毋乃相戾耶？不知言宜食者，指不足之脾也，如脾虛泄瀉之類。毋多食者，指有餘之脾也，如中滿腫脹之類，若無故頻食，則生虫損齒，貽害多矣。成無己曰：邪在榮衛者，甘辛以解之，故用薑、棗以和榮衛，生發脾胃升騰之氣。仲景治奔豚用大棗，滋脾土以平腎氣也。治水飲脇痛有十棗湯，益脾土而勝妄水也。好古曰：　中滿者勿食甘，甘令人滿。故令人食甘多者，脾必受病。是以凡用藥者，能隨其虛實而變用之，雖尋常品味，必獲奇功。苟執而泥之，即有良劑，莫展其長，學者當以格致為亟也。小兒患秋痢，蛀棗與食能止。府病及齒痛痰熱之人，俱不宜食。生者尤不利人。紅□□□相倣，差不及耳。

堅實肥大者佳。忌與葱、魚同食。殺烏頭、附毒。入藥劈去核。

清・尤乘《食鑒本草・果類》　棗　生食損脾作瀉，與蜜食損五藏，蒸食和諸藥補脾。齒病、疳病、中滿皆忌。小兒尤忌。同葱食令藏府不知，同魚食令腹腰痛。其味甘溫，方中加薑、棗為引，取辛甘之味，生發中氣。若無過頻食，生蟲損齒，貽害多矣。

清・朱本中《飲食須知・果類》　棗子　味甘，生性熱，熟性平。生食多令人熱渴膨脹，動臟腑，損脾元，助濕熱。患寒熱、胃弱羸瘦人不可食。同蜜食，損五臟。熟棗多食，令人齒黄生䘌。同葱食，令五臟不和。同諸魚食，令腰腹痛。勿與鼈、蟹同食。久食最損脾，助濕熱。患齒病、疳病、蟲䘌及中滿者，勿食。小兒食多生疳。棗葉微毒，服之使人瘦，久即嘔吐。

清・何其言《養生食鑒》卷上　棗　味甘，性平，無毒。和百藥，益五臟，潤心肺，養脾胃，殺天雄、附子毒。多食傷齒，發嗽。小兒食多生疳。同諸魚食，令腰腹痛。同葱食，令五臟不和。中滿者勿食，以其味甘能緩中也。忌鱉。紅者，功用頗同，然入心經，性不甚滯而有益。生者，性寒能止渴。多食動脾，發瀉痢。患寒熱胃弱人，勿食。同蜜食，損五臟。

清・蔣居祉《本草擇要綱目・平性藥品》　大棗　氣味：　甘，平，無毒。主治：　屬土而有火。味甘性緩，甘先入脾，為脾經血分之藥。仲景治奔豚用大棗湯，滋脾土以平腎氣也。治水飲脇痛有十棗湯，益土而勝水也。方藥中用薑、棗作引，溫以補不足，甘以緩陰血也。有齒病疳病人，不宜啖棗。小兒尤不宜食，令齒黄生䘌。與葱同食，令人五臟不和。與魚同食，令人腰腹痛。

清・閔鉞《本草詳節》卷八　大棗　【略】按：　大棗辛甘，邪在榮衛者用以和之，生發脾胃升騰之氣。仲景用治奔豚，滋脾土以平腎氣也。治水飲脇痛有十棗湯，益土而勝水也。惟中滿者勿食，甘令人滿，故建中湯治心痞者，減餳、棗與甘草同例。至齒痛風疾，亦宜戒之。許叔微云：　一婦病臟燥，悲泣不止。予憶古方治此證，用大棗湯，遂治與服，盡劑而愈。補脾氣也。

清・王翃《握靈本草》卷七　大棗近北諸郡皆出棗。晒乾者入藥。　主治：　大棗，　甘，平，無毒。主心腹邪氣，安中，養脾氣，平胃氣，通九竅，助十二(種)〔經〕，補氣補津。和百藥，調榮衛。

清・汪昂《本草備要》卷三　大棗補脾胃，潤心肺，和百藥。　甘，溫。脾經血分藥。補中益氣，滋脾土，潤心肺，調營衛，緩陰血，生津液，悅顏色，通九竅，助十二經，和百藥。傷寒及補劑加用之，以發脾胃升騰之氣。多食損齒，齒屬腎，土剋水。中滿症忌之。甘令人滿。大建中湯心下痞者，減餳、棗，與甘草同例。成無己曰：　仲景治奔豚用大棗者，滋脾土以平腎氣也。治水飲脇痛，有十棗湯，益脾土以勝妄水也。　北産肥潤者良。昂按：　今華南棗，更勝于北。徽寧所産，亦有佳者。殺烏、附毒。忌葱、魚同食。

清・陳士鐸《本草新編》卷五　大棗　味甘，氣溫，無毒，陽也，降也。入五臟。通九竅，和百藥，養脾胃，益氣，潤心肺，生津，助諸經，補五臟。惟中滿及熱疾忌食，齒疼并風疾禁嘗。乃調和之品，非補益之味。《本經》言其補者，亦因其調和之故也。

按：　大棗，乃仙人遺種，故其味獨異于凡棗，善能調和五臟之氣也。雖非補益，要亦無損。吾浙諸暨，往往棗實有大如雞蛋者，真仙種也。得其鮮者食之，實能益算，惜不可多得耳。

清・顧靖遠《顧氏醫鏡》卷八　大棗甘，平。入脾胃二經。　補脾胃而益氣強力，脾得補而氣益力強。潤肺金而生津止咳。故虛家宜之。治洩瀉，補脾之力。調榮衛。邪在榮衛者，辛甘以解之，故同生薑和榮衛，生發脾胃升騰之氣。中滿者忌之。小兒疳病及齒痛痰熱之人，俱不宜食。生者尤爲不利。紅棗，功用力稍遜。

清・李熙和《醫經允中》卷一八　大棗　殺烏附毒。忌葱、魚同食。甘，平，無毒。主治養脾胃，益氣，潤心肺，生津。脾經血分藥，脾虛者宜之。中滿及熱病忌食，齒疼併風疾禁嘗。

清・李熙和《醫經允中》卷二二　生棗　小兒疳病，大人齒痛，痰熱之人不宜食。　甘，辛，熱，無毒。多食令人寒熱。羸瘦者不可食。令人膨脹，動臟腑，損脾元，助濕熱。惟乾棗可補脾，入藥用。

清・馮兆張《馮氏錦囊秘錄・雜症痘疹藥性主治合參》卷八　大棗純得土之沖氣，兼感天之微陽以生。味甘，氣溫，無毒。入足太陰、陽明經。《經》曰：　裏不足者，以甘補之；形不足者，溫之以氣。甘能補中，溫能益氣，甘溫能補脾胃，而生津液，則十二經脉自通，九竅利，四肢和也。正氣足，則神自安。故主心腹邪氣，心下懸急。脾得補則氣力強，腸胃清，故主身中不足及腸澼。甘能解毒，故主和百藥。脾胃足，氣血充，後天生氣借此而盈溢，故曰久服輕身也。

大棗，善和百藥，補助諸經。味厚甘溫，專走脾經血分，為補中益氣之所必需也。滋脾土，潤心肺，調榮衛，緩陰血，悅顏色，通九竅。調和脾胃，具生津止瀉之功。潤養肺經，操助脉強神之用。凡補五臟藥，用肉搗丸。中滿症忌服。

主治痘疹合參：安中，養脾胃，助十二經脉，通九竅，平胃氣，補少氣，生津液，暢榮衛，和藥性。灌漿時宜之。但小兒多食成疳，蓋過食甘乃傷脾也。久食傷齒，牙乃腎餘，土尅水也。每同生薑並用者，專行脾胃之津液，而和榮衛，兼以發脾胃升騰之氣以散邪也。紅棗功用相倣，但力差不及耳。

清・张璐《本經逢原》卷三　大棗　甘，平，無毒，入藥取大紅棗，擘去核用。多食令齒生䘌。《本經》主心腹邪氣，安中養脾氣，平胃氣，通九竅，助十二經，補少氣少津液，身中不足，大驚，四肢重，和百藥。　發明：棗屬土而有火，為脾經血分藥。甘先入脾，故用薑棗之辛甘，以和營衛也。仲景治奔豚用㬎脾土、平腎氣也。十棗湯用以益土勝邪水也。而中滿者勿食。故仲景建中湯心下痞者減飴、棗與甘草同例，此得用棗之法矣。《金匱》治婦人藏燥、悲愁欲哭，有甘麥大棗湯，亦取其助肝脾肺三經之津液，以滋其燥耳。《本經》主心腹邪氣，亦是和營衛邪之義。平胃氣者，以其甘溫健運，善平胃中敦阜之氣也。《素問》以棗為脾家之果。故《本經》又主身中不足，大驚，四肢重，用此補益脾津而神氣自寧，肢體自捷矣。古方中用大棗皆是紅棗，取生能散表也。入補脾藥，宜用南棗，取甘能益津也。其黑棗助㬎中火，損齒生蟲，入藥非宜。生棗多食，令人熱渴氣脹，瘦人多火者，彌不可食。

清・汪啟賢等《食物須知・諸果》　大棗　味甘，氣平、溫。氣厚，屬土有火，陽也，降也。無毒。北郡俱生，青州獨勝。末秋摘取，微火烘乾。多膏，甚甜。形大核細，覓此纔佳。忌生葱。殺烏頭毒。去除內核。通九竅，略亞菖蒲；和百藥，不讓甘草。養脾胃益氣，潤心肺生津。助諸經，補五臟。中滿及熱疾忌食，齒疼並風疾禁嘗。生棗，食多脹，臍腹作痢。蒸棗，旋啖，益腸胃肥中。　苦棗　大寒，係棗中味苦者便是。寒邪外感，致熱伏臟腑者能醫。通大小二便，去狂蕩煩滿。　牙棗、波斯棗　略尖長，出廣州；御棗、水菱棗極甘美，出安邑。　天蒸棗　皮薄而皺，出江南。　羊矢棗　實小而圓，各處俱出。　鹿轤棗　邊大腰細似匏，出江東。　東海棗　頭圓而形大類盞，此棗五年一實，形甚大焉。

清・浦士貞《夕庵讀本草快編》卷四　棗《本經》　《埤雅》云：大曰棗，小曰棘。棘，酸棗也。棗性高，故重朿；棘性低，故並朿。朿音次，謂棗棘皆有刺，會意也。　大棗屬土，而有火味，性甘緩，脾之果也。夫甘以緩陰血，溫以補不足，故能潤心肺而通九竅，除煩悶而和陰陽。成無己曰：邪在榮衛者，辛甘以解之，用薑棗以和榮衛而生發脾胃升騰之氣，蓋此義也。又仲景治奔豚，用大棗以溫脾土而平腎氣；治水飲脇痛有十棗湯，亦益土而勝水。雖然棗屬足太陰血分之藥，若過食多食，則脾反受戕，兼能齲齒生䘌，且中滿者尤忌，即古人補脾未嘗用甘之意也。更有滄州之棗，其大如瓜；又如袁玉門之棗，其巨如瓶。安期生食一枚而不飢，王德仲啖一囊而起創。又如袁仲陽敬事陳孜，令其服陳棗核而却大病。《後漢書》載孟節含棗核以生津液，遂十年不飢。以此觀之，不獨棗為仙家所重，其核亦可達黃宮，媾坎離也。

清・張志聰、高世栻《本草崇原》卷上　大棗　氣味甘，平，無毒。主心腹邪氣，安中，養脾氣，平胃氣，通九竅，助十二經，補少氣，少津液，身中不足，大驚，四肢重，和百藥。久服輕身延年《本經》。　棗始出河東平澤，今近北州郡及江南皆有，唯青州、晉州所生者肥大甘美。五月開白花，八九月果熟黃赤色，烘曝則黑，入藥為良。其南方所產者，謂之南棗，北方所產不肥大者，謂之小棗，烘曝不黑者，謂之紅棗，只充果食，俱不入藥。　大棗氣味甘平，脾之果也。開小白花，生青熟黃，熟極則赤，烘曝則黑，稟土氣之專精，具五行之色性。《經》云：脾為孤臟，中央土，以灌四旁。主治心腹邪氣，安中者，謂大棗安中，凡邪氣上干於心，下干於腹，皆可治也。養脾氣，平胃氣，通九竅，助十二經者，謂大棗養脾則胃氣自平，從脾胃而行於上下，則通九竅。從脾胃而行於內外，則助十二經。補少氣、少津液、身中不足者，謂大棗補身中之不足，故補少氣而助無形，補少津液而資有形。大驚、四肢重、和百藥者，謂大棗味甘多脂，調和百藥，故大驚而心主之神氣虛於內，四肢重而心主之神氣虛於外，皆可治也。四肢者，兩手兩足，皆機關之室，神氣之所暢達者也。久服則五臟調和，血氣充足，故輕身延年。

清・姚球《本草經解要》卷三　大棗　氣平，味甘，無毒。主心腹邪氣，安中，養脾氣，平胃氣，通九竅，助十二經，補少氣少津液，身中不足，大驚，四肢重，和百藥。久服輕身延年。　大棗氣平，稟天秋收之金氣，入手太陰肺經。味甘無毒，得地中正之土味，入足太陰脾經。氣味升多於降，陽也。心腹者，太陰經行之地也。邪之所湊，其氣必虛。陰陽形氣不足者，宜調以甘藥。大棗味甘，可以調不足，故主心腹邪氣，外為陽，內為陰，陰和則中安。甘平益陰，所以安中。脾者，陰氣之原也。胃者，陽氣之原也。甘平益陰，故養脾氣。陰和則陽平，故平胃氣。中氣不足，則九竅不通。甘能滿中，中氣足，九竅通也。十二經者，三陰三陽也。脾胃者，陰陽之原也。大棗養脾氣，平胃氣，則十二經無不助矣。肺主氣而生津液，氣平益肺，所以主少氣少津液也。肺主一身之氣，脾統一身之血。甘平益脾肺，身中氣血和，自無不足之症矣。血氣足，則神安，所以定大驚。脾主四肢，味甘益脾，脾氣充，四肢自輕。甘平解毒，故和百藥。肺氣充，脾血足，所以輕身延年也。　製方：大棗同小麥、甘草，名甘草小麥湯，治婦人藏燥，無故悲啼。

清·楊友敬《本草經解要附餘·考證》　大棗　即北地晒乾赤棗，肉厚多脂，宜用入藥。其蒸熟色黑，是為膠棗，亦有用者。至南棗，以糖蜜拌蒸，更甘而潤，食多損脾，動濕熱，未堪用也。棗仁陳久者彌良。

清·周垣綜《頤生秘旨》卷八　大棗　養脾平胃，益氣安中之藥也。乾棗潤心，實五藏。生棗多食令人腹脹注瀉。

清·葉盛《古今治驗食物單方》　棗子　婦人臟燥，悲傷欲哭，象若神靈，數欠者，大棗十枚，小麥一升，甘草二兩，每服一兩，水煎，名大棗湯。肺疽吐血，因啖辛辣熱物致傷者，紅棗連核燒存性，百藥煎煅過，等分為末，每服二錢，米飲下。　卒急心疼，《海上方》云：一個烏梅二個棗，七個杏仁一處搗，男酒女醋送下之，不害心疼直到老。

清·王子接《得宜本草·上品藥》　大棗　味甘。主治和營。得生薑則兼和衛，得小麥治臟燥悲傷。

清·徐大椿《神農本草經百種錄》上品　大棗　味甘，平。主心腹邪氣，安中養脾，建立中氣，則邪氣自除。助十二經，平胃氣，十二經皆受津液于脾胃，脾胃盛則十二經皆充也。通九竅，補而不滯。補少氣、少津液，身中不足，周身氣血無不補也。大驚，甘能緩急。四肢重，脾虛則重，旺則輕也。和百藥。百藥氣味不齊而甘能調之。久服輕身長年。皆補益後天之功。　棗味甘，而肉厚色赤，得火之色，土之味，故能建立中焦，溫養脾胃，為後天之本。萬物生于土，土氣充盈，諸經自皆受益矣。

清·黃元御《長沙藥解》卷一　大棗　味甘、微苦、微辛、微酸、微鹹，氣香，入足太陰脾、足陽明胃經。補太陰己土之精，化陽明戊土之氣，生津潤肺而除燥，養血滋肝而息風，療脾胃衰損，調經脈虛芤。　《金匱》十棗湯，甘遂、芫花、大戟等分為散，大棗十枚。煎服一錢匕。治中風表解，內有水氣，下利嘔逆，頭痛，心下痞鞕滿，引脇下痛，汗出不惡寒者。以土敗不能制水，水邪泛濫，中氣鬱阻，肝脾下陷而為泄利，膽胃上逆而作嘔吐。戊土迫於甲木，是以心痞脇痛。相火升而衛泄，是以汗出。表證既解，故不惡寒。芫、遂、大戟，決其積水，大棗補其脾精也。　《傷寒》苓桂甘棗湯方在茯苓用之治傷寒汗後，臍下悸動，欲作奔豚，以汗泄肝脾精氣，木枯風動，鬱勃衝擊，土敗而風木升騰，是為奔豘，大棗補脾精而滋風木也。《金匱》甘麥大棗湯方在小麥用之治婦人臟燥，悲傷欲哭，以木枯風盛，肺津被耗，大棗補脾精而潤風燥也。　《傷寒》小柴胡湯方在柴胡治少陽傷寒，脇下痞鞕者，去大棗，加牡蠣，咳者，去人參、大棗、生薑，加五味、乾薑，《金匱》黃耆建中湯方在膠飴治虛勞裏急，諸不足，腹滿者，去大棗，加茯苓一兩，以其補而不行，益滯而助壅也。　木宜直升，曲則作酸，金宜從降，革則作辛，水宜上行，潤下則鹹，火宜下濟，炎上則苦。酸則木病，故宜辛散，辛則金病，故宜酸收，鹹則水病，故宜苦溫，苦則心病，故宜鹹寒。金木不遂其性則病生，水火各遂其性則病作，治宜對宮之味，所以反逆而為順也。土居四象之中，得五味之和，五氣之正，不酸、不辛、不苦、不鹹，其味曰甘，不腥、不臊、不焦、不腐，其氣曰香。味為陰而氣為陽，陽性動而陰性靜，以其味甘，則陰靜而降，以其氣香，則陽動而升。升則己土左旋而水木不陷，降則戊土右轉而火金不逆。四象之病而生四味者，土氣之弱也。大棗純和凝重，具土德之全，氣味甘香，直走中宮，而入脾胃，其甘宜胃，其香宜脾。而香甘之外，則四象之味俱備，其辛宜肝，其酸宜肺，其苦宜腎，其鹹宜心。補中宮而養諸子，既左右之咸宜，亦四達而不悖，真天下之佳果，人間之良藥。　其味濃而質厚，則長於補血而短於補氣。人參之補土、補氣以生血也，大棗之補土、補血以化氣也，是以偏入己土，補脾精而養肝血。凡內傷肝脾之病，土虛木燥，風動血耗者，非此不可，而尤宜於外感發表之際。蓋汗血一也。肺主衛氣而司皮毛，肝主營血而司經絡。營行脈中，為衛之根，衛行脈外，為營之葉，非衛則營不生，非營則衛不化。醞於衛而藏於營，則爲血釀，於營而泄，於衛則爲汗，雖異名而實同出，故曰奪汗者勿血，奪血者勿汗，太陽中風，衛氣外斂，營鬱而生內熱，義詳桂枝，麻黃。桂枝湯方在桂枝開經絡而泄營鬱，不以大棗補其營陰，則汗出血亡外感去而內傷來矣。故仲景於中風桂枝諸方皆用之，補泄並行之法也。十棗湯、葶藶大棗數方，悉是此意。惟傷寒營閉衛鬱，義在泄衛，不在泄營，故麻黃湯方在麻黃不用也。其甘多而香少，則動少而靜多，與薑桂同用，調其凝重之氣，使之游溢於臟腑，灑陳於經絡。以精專之體，改而為流利之性，此先聖之化裁也。桂枝為內外感傷之原，遇沉、遲、結、代之脈，一變而為新加，再變而為炙甘草方在甘草，總不離桂枝之法。而當歸四逆方在當歸治厥陰脈微欲絕，則倍用大棗以滋肝血，方用大棗二十五枚。擴桂枝之義以宏大棗之功，而大棗之能事始盡。其偉績殊效，備見於仲景諸方矣。　新製大棗法：選堅實肥大者，煮去苦水，換水煮爛，去皮核，淨肉半斤，加生薑汁八兩，入原湯煮化，連汁曬乾。

清・吳儀洛《本草從新》卷四　大棗〔補脾胃，潤心肺，調營衛，和百藥。〕　甘，溫。補中益氣，滋脾土，潤心肺，調營衛，緩陰血，生津液，悅顏色，通九竅，助十二經，和百藥。傷寒及補劑中加用之，以發脾胃升騰之氣。須與薑并行。紅棗功用相仿，差不及爾。雖補中而味過於甘，中滿者忌之。甘令人滿。大建中湯，心下痞者減餳、棗，與甘草同例。《經》言：棗為脾果，脾病宜食之。又曰：脾病人毋多食甘，毋乃相戾耶。不知言宜食者，指不足之脾也。如脾虛泄瀉之類。毋多食者，指有餘之脾也，如實滿腫脹之類，凡用藥者，能隨其虛實而變通之，雖尋常品味，必獲神功。苟執而泥之，雖有良劑，莫展其長，故學者以格致為亟也。凡風疾痰熱及齒痛，俱非所宜，小兒疳病亦禁，生者尤為不利。北產者肥潤堅實者佳。金華南棗及徽寧所產，皮薄而皺，花紋甚細而可愛，味雖甘美而微帶酸，且脂少於北棗，止可充食用，皆不堪入藥。弘景曰：南棗大惡，不堪啖。蘇頌曰：江南出者堅燥少脂，不可入藥。殺烏、附毒。忌葱、魚同食。

清・汪紱《醫林纂要探源》卷二　棗　甘，溫。種不一。大而黑者佳。蒸熟乾之，乃益人。功專脾土，以純甘肉厚也。補脾則能兼補五臟，通和十二經脈，故補表藥中皆加入。惟中滿及濕證忌，以甘味緩脾，過緩則反生濕也。〇入上焦血分，或用紅棗。入中，下必用黑棗。

清・嚴潔等《得配本草》卷六　大棗　忌與葱同食。　甘，溫。入足太陰經血分。補中益氣，生津液，和百藥，益五臟，潤心肺，調營衛。殺烏頭、附子、天雄毒。　得生薑，和營衛。佐小麥、炙甘草，治臟躁。無故悲泣。　治卒心痛訣云：一個烏梅二個棗，七枚杏仁一處搗，男酒女醋送下之，不害心疼直到老。　入藥須用青州及晉地曬乾大棗為良，亦有用膠棗之肥大者。蒸熟者為膠棗。去核煮，治脾虛作脹。　多服生蟲損齒，壅脾作脹。生者更不宜食。　齒病、疳病、蟲病、風疾、痰熱、中滿，皆禁用。　紅棗　功用與大棗相仿，差不及爾。

題清・徐大椿《藥性切用》卷六　大棗　性味甘溫，補益中氣，滋養心脾。佐以生薑，為調和營衛耑藥。中滿忌之。紅棗，甘而不滯，耑入心脾。佐以浮麥，為止自汗盜汗耑藥。

清・黃宮繡《本草求真》卷一　大棗補脾胃中氣血。　大棗耑入脾胃。味甘氣溫，色赤肉潤，為補脾胃要藥。《經》曰：裏不足者，以甘補之；形不足者，溫之以氣。大棗甘能補中，溫能益氣，脾胃既補，則十二經脉自通，九竅利。九竅：口、耳、鼻、目、前後二陰。四肢和也，正氣足則神自安，故凡心腹邪氣心下懸急者，得此則調，得補則氣力強，腸胃清，身中不足及病見腸澼者，用此則安。甘能解毒，故於百藥中，得甘則協，且於補藥中風寒發散，內用為向導，則能於脾助其升發之氣。仲景治奔豚，用大棗滋土以平腎，治水飲脇痛，用十棗益土以勝水。不似白朮性燥不潤，耑於脾氣則補，山藥性平不燥，專於脾陰有益之為異耳，但多食損齒。齒屬腎，土燥尅水。及氣實中滿切忌。甘令中滿，大建中湯減餳棗，與甘草同例。北產肥潤者良，華南棗亦佳。殺烏附，忌葱魚同食。

清・李文培《食物小錄》卷上　棗生棗即木棗　甘、辛，熱，無毒。多食令人寒熱，羸瘦人不可食。多食令人熱渴，膨脹，動臟腑，損脾元，助濕熱。

大棗即晒乾紅棗　甘，平、溫，無毒。治心腹邪氣，安中，養脾氣，平胃氣，補中益氣，堅志強力，潤肺，補五臟虛損。久服輕身，延年不飢。脾病人宜服。

膠棗即黑棗　甘，平，微苦而酸，無毒。補脾陰，養心腎，安神志。多食填中。

蜜棗　甘，平，溫，微酸，無毒。助脾胃，潤肺氣。多食滯膈。

清・許豫和《許氏幼科七種・怡堂散記》卷下　薑棗　所以和營衛，薑能宣通陽氣，棗能致津液。二味並行，無汗能發，有汗能止，古方多用之。大棗，北棗也，沉重味厚，長於補脾。和營衛之功，小棗為上。小棗入水，輕浮，合之生薑，辛甘升陽，能至病所。予邇來所用，皆小紅棗也。

清·羅國綱《羅氏會約醫鏡》卷一七菓部　大棗味甘溫，入脾胃二經。甘能補中，溫能益氣。後天生氣，借此充溢，久服可輕身也。調榮衛氣血，生津液，止泄瀉，補脾和胃。助血脉，安神志，潤養心脾。和百藥甘也，悅顔色。脾經血足。同生薑發脾胃升騰之氣。傷寒表藥，凡補陽分藥俱用之。《經》曰：脾病宜食。又曰脾病無多食，毋乃相反邪？不知宜食者，以脾虚泄瀉而言也；毋多食者，以脾實中滿腫脹之類也。凡用藥者，當因其虚實而變通之，乃獲神功。

按：棗雖補脾，然味過甘，中滿者、小兒疳病者、痰熱者、齒痛者，齒乃腎餘，土尅水也。俱忌之。北産肥潤者良，紅棗差，不及耳。

清·吴瑭《醫醫病書》　大棗論　大棗，木之至堅，而棗肉則果肉中之至密者也。色赤黑，味甘微酸，取其以補脾經血分之陰。去核，使不走下焦。配以生薑，補胃中氣分之陽，一陰一陽之謂道，為中焦調和營衛之要品。而今人多用紅棗，《本草綱目》中謂紅棗理疏，不入藥，豈未之見耶？

清·陳修園《神農本草經讀》卷二上品　大棗　氣味甘，平，無毒。主心腹邪氣，安中，養脾氣，平胃氣，通九竅，助十二經，補少氣少津液，身中不足，大驚，四肢重，和百藥。久服輕身延年。

陳修園曰：大棗氣平入肺，味甘入脾。肺主一身之氣，脾主一身之血，氣血調和，故有以上諸效。

清·趙學敏《本草綱目拾遺》卷七果部上　南棗山棗、藏棗　(山)〔出〕金華東陽縣茶場。以透明如血，七枚長一尺者佳，陳者入藥。

《宦遊筆記》：金華東陽縣茶場出棗，其大如拳，核尖細如黍，決之即脫，清甘香脆，以此名聞天下。明中葉尚存數柯，今此種已絶矣。惟東南諸鄉於高阜地種之。雖不及茶場，亦美甲於他處。其製法不一，未熟輒擊，以湯沃之使變色，謂之湯紅，乾則其色紫。已熟者，名樹頭紅，乾則其色丹。過熟者，以所煮餘汁煮之，色味似庶糖，謂之糖棗，此則以時食為美，不作乾也。又有一種棘，差小而圓，味殊勝棗。《物理小識》：南棗出蘭溪，搖而知之，其肉離核。

味甘微酸，性溫補，赤入心，酸斂肝。

《博記單方》：眼疾中有一種名紅線鎖目乾治法，取南棗核二十一粒，將核截兩斷，去仁淨，以銅綠塞孔中，仍將棗核合上，以紙貼封一起，放爐中燒紅，取出，以盌蓋存性。每日只用七個，研極細末，調生男母乳水抹，三日立效。腸紅下血：南棗五枚，同黄芪二錢，煎湯，五更服，神效。又方，《不藥良方》：南棗十枚，槐米一兩，同煎，去米食棗，日三次即愈。痔瘡：《救生苦海》：南棗一枚去核，鼈頭骨一個搗碎，銅青裝滿棗肉，紮緊，火煅烟盡，伏土存性，研細。用秋海棠煎洗，然後用藥和水敷之，三日消。除壁蝨：《集聽》：大南棗去核，入水銀，火煨熏。走馬牙疳：《不藥良方》：陳年南棗核，燒灰，研末摻之。棗參丸：《醒園錄》：用大南棗十枚，蒸軟去皮核，配人參一錢，布包，藏飯鍋内蒸爛，搗勻為丸，如彈子大，收貯用之，補氣最捷。仙果不飢方：《醒園錄》：大南棗一觔，好柿餅十塊，芝麻半觔，去皮炒，糯米粉半觔炒，將芝麻研成細末，棗、柿同入飯中，蒸熟取出，去皮核子蒂，搗極爛，和麻、米二粉，再搗勻為丸，曬乾收貯，加參更妙。

《本經逢原》云：古方中用大棗皆是紅棗，取生能散表也。入補脾藥宜用南棗，取甘能益津也。其黑棗助溼中火、損齒生蟲，入藥非宜。

清·趙學敏《本草綱目拾遺》卷七果部上　山棗　出廣西肇慶府。葉如梅，果似荔枝。九月熟可食。柳貫《打棗譜》：山棗狀如棗而圓，色青黄而味甘酸。出廣州。甘，溫，無毒，生和脾胃，益血壯神。

清·王學權《重慶堂隨筆》卷下　黑棗　肉腴味厚，紅棗色赤氣香，均以大而堅者為良。入藥各有所宜，隨證分別而用可也。南棗香味皆遜於北棗，徒以形貌取悅於人者。宜供食品，入藥力薄。《備要》之言，不可從也。

清·黄凱鈞《藥籠小品》　大棗　甘，溫，補中益脾，同老薑和營衛，利百藥。惟嫌助火，胃熱齒痛所忌。

清·章穆《調疾飲食辯》卷一下　棗汁　《綱目》曰：《埤雅》云大曰棗，小曰棘。棘，酸棗也。棗樹高，故重朿；棘樹低，故並朿。朿音刺，如芒刺之刺，非約束之束。二木皆有刺，六書所謂會意也。古有巧對云：棗棘為薪，切斷劈開成四朿。命意雖巧，而識字未真。《圖經》云：棗處處皆有，青州者特佳，晉絳者雖大而味不及，江南所出，堅燥無脂。其種甚多。郭注《爾雅》云：壺棗大而鋭，壺猶瓠也。邊，要棗，細腰，今謂轆轤棗。櫅，白棗，子白乃熟。洗，大棗，出河東猗氏縣，大如雞卵。遵，羊棗，實小紫黑，俗名羊屎棗。即曾皙所嗜，味不甚佳。故孟子曰：羊棗所獨也。樲，酸棗，木小而實酢。還味，棯棗，其味短。㮕泄，苦棗，其味苦。晳，無實棗。楊徹，齊棗。煮、填棗，俱未詳。棗木四月生葉，五月開小白花微青。《爾雅》所載之外，郭義恭《廣志》有狗牙、雞心、牛頭、羊角、獼猴、細腰、赤心、三星、駢白之名，又有木棗、氐棗、桂棗、夕棗、灌棗、墟棗、蒸棗、白棗、丹棗、棠棗、及安邑、信都諸棗。穀城紫棗，長二寸。密雲小棗，核細味甘。《齊民要術》云：收棗須待全赤，日日曝而撼之，則紅皺肉厚味長。半赤者，乾即色黃，輕虛味短。

按：棗產處既多，種又各異，收藏之法又復不同，其性必不能畫一。而其安中養脾胃之大致，則不甚相懸。諸本草謂入藥必須青州所出，未免拘泥。大抵肉厚味長者力厚，肉虛味短者力薄，隨症隨方損益之，以適其宜可矣。其養脾胃，補氣，生津液，主大驚，凡卒遇大驚，令人神氣蕭縮，氣血分離，用數十枚煎湯飲。或乾食，或和龍眼煎更佳，得睡即安。四肢重。脾主四肢，棗能健脾。《別錄》曰：除煩悶，療心懸。《日華本草》曰：潤脾肺，止虛嗽。《用藥法象》曰：和陰陽，調榮衛。婦人臟燥，悲傷哭泣，狀若鬼神，數欠者呵欠，大棗十枚，似乎太少，當用二三十枚。小麥一升，甘草二兩，水煎服。又解誤食或多食花椒毒，令人氣閉不能呼吸，但食棗即愈。出王璆《百一選方》。又小兒患秋痢，脾胃素虛者，與蛀棗食之。出《食療本草》。其為果餌也，《左傳》曰：女贄不過榛、栗、棗、脩，以告虔也。用以代茶，百病脾胃不足，津液短少者均宜，每日以棗一二十枚煎汁飲，心脾二家虛弱無火者，同龍眼煎尤妙。然味過於甘，性偏於壅，多食助脹、生蟲、損齒、滯膈，凡中滿、蟲病、齒病切忌之。生棗未經蒸煮，性尤劣。孫氏曰：多食令人熱渴膨脹，動臟腑，損脾元，助濕熱，凡羸瘦人切勿食之。其木與梨木同，可鋟字印書，有功文教，較他木之為棟梁棺槨者用尤大矣。

清・王龍《本草纂要稿・菓部》 大棗 氣味甘平。養脾胃益氣，潤心肺生津。助諸經，補五臟。中滿熱疾忌食，齒痛風痰常禁。

清・張德裕《本草正義》卷上 元棗一名蘤棗。甘，平。脾之果也。善治消飢，益五臟，補虛損，和陰陽，調營衛，生津液。胃寒佐薑，調補脾胃尤佳。

清・楊時泰《本草述鉤元》卷一六 大棗 味甘，氣溫。氣味俱厚，陽也。入足太陰陽明經。主治溫胃益脾和陰陽，調營衛，生津液，助十二經。甘緩陰血，血緩則脈生。療心下懸少氣，殺烏頭、附子、天雄毒。和光粉燒，治疳痢。小兒患秋痢，與蛀棗食之良。棗屬土而有火，味甘性緩，甘先入脾，脾經血分藥丹溪。《經》曰：裏不足者，以甘補之。又曰：形不足者，溫之以氣。大棗甘能補中，溫能益氣仲淳。和人參之甘以緩脾，邪在半表則營衛爭之，辛甘解之，薑、棗以和營衛成無己。調和胃氣，乾棗去核，緩火逼燥為末，量多少入生薑末，白湯點服。婦人臟燥，悲傷欲哭，象若神靈數欠者，大棗湯主之，大棗十枚，小麥一升，甘草二兩，每服一兩，水煎服之，亦補脾氣。

論：《素問》言棗為脾果，脾病宜食之，指治病和藥說。若無故頻食，則生蟲損齒。丹溪云：補脾者不常用甘，食甘多，脾必受病，蓋脾合四氣，豈得常執一甘以補之？且甘為五味主，諸藥味但兼有甘者，便有隨甘引入各經之妙，以胃行氣於三陰三陽，而脾更為胃行之也。

中滿者，忌之，小兒疳病，不宜食，齒痛及患痰熱者，不宜食。生者尤不利人，多食致寒熱仲淳。

修治：用青州及晉地者，曬乾入藥。

清・鄒澍《本經疏證》卷五 大棗 【略】大棗木紅生刺，實熟必丹。詎非全稟火德，而味甘性緩臭香。又純乎屬土，以是確為以火生土之物。夫火之生土，豈以凡火遇物輒令灰燼成土類哉！亦良以氣相嬗耳。蓋棗本聯木火之德成，合火土之用者也。夫以味甘性緩臭香之物，苟無火氣運用其間，則能滯物，而不能動物。惟有火氣運用，則以補中遂能托心腹之邪，以安中遂能行十二經之氣，以平胃遂能通九竅之出納矣。是何也？寒邪著人，中氣不足以逐之，緣少氣也。桂枝湯、小茈胡湯之類。熱邪著人，中氣不足以逐之，緣少津液也。黃芩湯、越婢湯之類。脈結代，心動悸，十二經之氣不足也。炙甘草湯、麥虋冬湯。推安中之極功，能使氣之亂者收，則除大驚矣。推助十二經之極功，能使經氣嬗代者無留滯，則除四肢重矣。入散劑以安中養脾平胃，入補劑以助經氣際邪氣，則謂之和百藥也。實與甘草之解百藥毒殊，又與石蜜之和百藥異矣。或曰：火土相合，則土燥而非生物之土矣。曰此則言火土之相爍，而非相合也。日，火之最盛，地，土之最盛，而土潤溽暑，大雨時行，偏係日在北陸，與地對衝時，其時也萬物暢茂，草木森蔚，可謂土燥不生萬物乎？棗肉厚含津，津液緊帖於肉，不能擠泌而分，非如他物可壓而取汁也，不似土之潤耶？即投於火而燔之，則液隨火消而成燼，不似溽暑之濕在熱中耶？而其時之氣，雲龍升降也，風雷激盪也，以愈閟而愈伸，不似棗之質滯膩而性疏通耶？則《別錄》所謂有益氣強力，除煩悶，心下懸者，亦已得其最奥之旨矣。腸澼者，津液敗而流不緊帖土中也，故亦能治之。

《傷寒論》《金匱要略》兩書，用棗者五十八方，其不與薑同用者十一方而已。大率薑與棗聯，為和營衛之主劑。薑以主衛，棗以主營。故四十七方中，其受桂枝湯節制者二十四，受小茈胡湯節制者六。所以然者，桂枝、小茈胡，俱調營衛之劑也。桂枝湯治邪之軒輊於營衛，小茈胡湯治邪之出入於營衛。曰病常自汗出者，此為營氣和，營氣和者外不諧，以衛氣不共營氣和諧故爾。復發其汗，營衛和則愈，非邪之軒輊耶。曰：本茈胡證，反下之，茈胡證仍在者，復與茈胡湯。此雖已下之，不為逆，必蒸蒸而振，卻發熱汗出而解，非邪之出入耶。邪之軒輊，彼此輕重之謂也。邪之出入，則無彼此輕重。第不能禦而阻之，任其欲來則來，欲往則往爾。其可同用薑棗，何也？蓋營者，榮養也。衛者，捍衛也。榮養者非能禦而阻之，欲其禦而阻之，不望捍衛者而誰望，病常自汗出者，視其外似衛盛而營虛，究其實則營和而衛疎。故再進一步，則曰發汗後，身疼痛，脈沉遲，則加生薑矣。蒸蒸而振者，淺窺之似營強而能託，深揣之則衛壯而能振。故再退一步，則曰脇下痞鞕，則去大棗矣。是何也？以邪在營衛之間，固欲其出不欲其入也。然薑棗之和營衛，薑優而棗劣歟，則又非矣。觀夫不同薑用之方，若當歸四逆湯、茯苓桂枝甘草大棗湯，同薑用之方，若炙甘草湯、橘皮竹茹湯，皆用棗，較之茈胡、桂枝為重，則以能安中故爾。夫中不安，則營烏能和，衛烏能振？且衛之振，正以營和之力，此實用薑棗之界畫。棗之安中和營，尚不可見耶。果如是，則與薑同用之十七方，不受桂、茈節制者，遂無與於營衛歟。此蓋有二焉，皆有涉於營衛，一者營衛之氣為邪阻於外，欲開而出之，又恐其散之猛也。則麻黄劑中，加用之以防其太過。大青龍、麻黄連軺赤小豆、越婢、桂甘薑棗、麻辛附子、文蛤等方。一者營衛之氣為邪阻於內，欲補而達之，又恐其補之壅也。則人參劑中，加用之以助其不及。生薑瀉心、旋覆代赭、吳茱萸、橘皮竹茹、炙甘草等方。防之於外者，欲其力勻稱，故分數仍桂枝、茈胡之法。助之於內者，欲其和裏之力優，而後外達能鋭，故棗重於薑。此實用薑棗之權輿。棗之功能，尤於是足見者也。其他雖癰膿之在腠理，疼痛之在腹內，似誠無與於營衛矣。而欲排而出之，調而達之，則仍不能不藉營衛之通行。排膿小建中等方。可曰用薑棗者，無涉於營衛哉。然則離薑論棗，當無涉於營衛矣。豈知轉有以帖切於營氣者，棗之為木，肌理膩致，體質堅嫩，宜為至靜之物矣。乃令節元辰，偏宜斧斤椎擊之，非至靜偏喜動耶。其花青白幽潔，繁茂星布，宜為至密之物矣。乃開放盛時，偏宜杖竹振而落之，非至密偏喜疏耶。故其實皮寬肉厚，味甘性緩氣平，俱應乎靜。偏能主病之動者，營之為氣亦靜矣。然其自中焦受氣變赤以來，首於胸中，行手太陰，以次而手陽明、足陽明，遞至手足厥陰，復轉於手太陰，潛行暗轉，內偏臟腑，外徹骨節，無一息暫停，可謂與靜而喜動有合否。其不宜盛，不宜衰，須恰當其可。倘過盛，則壅為癰膿，溢為吐衄，墜為崩漏，甚至結為癥瘕，滯為臌脹，可謂與密而喜疏有合否。津液之為物，周徹上下，偏敷內外，實與營氣通連，是故崩漏吐衄，或至盈盆成桶而未止，人之血不若是之多也。其所以然者，則曳津液皆為血耳。人之汗出，或至衣被透濕，接連時日而未止，人之津液不若是之多也。其所以然者，則曳血皆為津液耳。夫棗配薑而論，則治血者也。離薑而論，則治津液者也。何也？夫血主於心，津液稟於腹，棗固主心腹不正之氣者也。欲其外行，恐其太洩越，則以棗輔散發之物，使循經由軌，潛行暗達，無一往無前之決裂。欲其內守，恐其太凝滯，則以棗輔補益之品，使展布灑陳，不遺不濫，無壅淤泛濫之積弊。此棗之所以為棗，與他緩中補益之藥不同者也。雖然，棗之為棗，其功遂盡於此哉。上吐下利，倉皇奔迫，得此則守其津液之外馳。半夏瀉心湯、甘草瀉心湯。水飲壅淤，勢宜峻逐，得此則抑藥性之太過，固元氣之遺餘，十棗湯、葶藶大棗瀉肺湯。水不化津，液不澤槁，下氣上逆，得此則緩其迫促，調其沖激。苓桂甘棗湯、麥虋冬湯。邪氣內橫，欲越不達，欲洩不利，得此則馴其急躁，消其衝突。黄連湯、黄芩湯。其他聯補藥散藥之不和，薯蕷丸。通病情治法之相梗，附子粳米湯。具涵育性情之標韻。甘麥大棗湯。其功偉矣，即反而溯其所以治營衛津血之故，又豈有他致哉！

小茈胡湯證，若脇下痞鞕者，去大棗，加牡蠣。甘草瀉心湯、生薑瀉心湯、旋覆花代赭石湯證，皆心下痞鞕，而用大棗，何也？夫《本經》固曰主心腹邪氣，不曰主脇下邪氣，正可見《本經》字字不苟，仲景絲絲入簆耳。且主心腹邪氣者，豈謂泛主心腹間邪停氣滯哉？必心腹間因邪氣而中不安，脾失養，方是大棗所主。今三證之痞鞕，特於甘草瀉心條注云此非結熱，但以胃中虛，客氣上逆，故使鞕。是豈特於安中養脾有合，不又於平胃氣有合耶？然則痞鞕與痞滿何別？小茈胡證，多有脇下痞，脇下滿，而不去大棗者，又何故？夫痞滿，陽邪也。痞鞕，陰邪也。是故大黄黄連瀉心湯之痞，曰按之濡。生薑甘草兩瀉心湯之痞，曰痞鞕。胸中，陽位也。脇下，陰位也。陰邪踞陽位，自必以體陰性動者，輔正以袪邪。陰邪踞陰位，則當以體陽性靜者治之矣。牡蠣有牡片而無牝片，是為純陽，而其體質如石，又為陰。若夫陽邪踞陰位，則猶之乎陰邪踞陽位也。是故脇下痞，脇下滿，非以棗治之也。特不如脇下痞鞕之忌棗耳，棗之治自在中，《本經》之訓可案也。然則火逆上氣，非氣之有餘耶。懸飲內痛，非津液之有餘耶。而麥虋冬湯、十棗湯，偏用大棗，何也？夫氣不下歸而上逆，津液不宣布而懸結，猶得為有餘哉？惟其不足，故至是耳。且此兩者，猶有不同處，未可一律論也。麥虋冬湯，是養脾氣不足，平胃氣上逆，欲使其由營氣而流轉一身。十棗湯是用藥過峻，恐不特洩去其飲，將盡人之津液胥洩之，故以棗約束營氣而存津液也。物之性豈拘拘於一偏，明者用之，自當任材器使，而不局不濫，斯可矣。

《金匱要略》曰：病有賁豚，有吐膿，有驚怖，有火邪，此四部病，皆從驚發得之。據《本經》大棗主大驚，宜無不可用矣，而不必悉用何哉？夫《本經》固言之矣。曰身中不足大驚，不可截去身中不足。僅以大驚二字概之也。其有非身中本不足而用棗者，必緣誤治。其義只在《傷寒論》曰：少陽不可吐下，吐下則悸而驚。是故茈胡加龍骨牡蠣湯，下後證也。桂枝加桂湯，發汗及燒鍼後證也。茯苓桂枝甘草大棗湯，發汗後證也。賁豚湯證，則未經誤治，故獨不用棗。若夫《千金》風虛驚悸二十三方，用棗十一方，其方有用獨活、細辛、羌活、白鮮皮、銀屑、大黄、石膏、蜀椒、菖蒲、防己、鐵精、麻黄者，即不用棗。於此見棗治驚，但治實中之虛，虛中之虛，而虛中有實者，則其所不能任，若實中之實，又所不待言矣。

清・葉桂《本草再新》卷五 大棗味甘，性溫，無毒。入心、腎二經。補中益氣，滋腎暖胃，治陰虛。

紅棗味甘，性溫，無毒。入心、脾二經。補中益氣，止心腹冷痛，胃寒作嘔。

清・吴其濬《植物名實圖考》卷三二 棗 《本經》上品。《爾雅》詳列數種，乾者為大棗，入藥。核中仁、木心、葉、根、樹皮皆有主治。

清・趙其光《本草求原》卷一二果部 大棗 氣平，入肺補氣。味甘，入脾緩血。無毒。主心腹邪氣，安中，養脾氣，滋肺潤脾，則氣血升騰。平胃氣，棗肉用緩火迫乾為末，加生薑末少許，白湯下，則甘溫健運，可平胃中敦阜之氣。通九竅，助十二經，氣充血緩則脈生。補少氣、少津液，身中不足。《經》曰：裏不足者以甘補之，形不足者溫之以氣。以物甘而兼溫，故補中益氣。大驚，臟燥悲粒數欠，若有神靈，潤脾津之效。四肢重。脾充則身輕。和百藥，調營衛，邪在半表，則營衛爭，合生薑之甘辛以和之。治心下懸，脾津足則耐飢而神安。治奔豚，水飲脇痛。益土以勝水也。和光粉燒，治疳痢；小兒秋痢，與蛀棗食之良。但太甘，多食反滯脾，故中滿者勿食。仲景建中湯心下痞者，減飴棗與甘草同例。

葉 洗痱痔疔爛腳結毒。枝熬膏，消毒。

紅棗 土中有火，入脾血以和營衛。南棗，專於生津。散劑宜大紅棗，補脾宜南棗。其黑棗助濕火，損齒生蟲，不堪入藥。生棗，多食令人熱渴氣脹，齒痛痰熱人尤忌。

殺烏附毒。忌與魚、葱同食。

清・葉志詵《神農本草經贊》卷一 大棗 味甘，平。主心腹邪氣，安中，養脾肋十二經，平胃氣，通九竅，補少氣少津液，身中不足，大驚四肢重，和百藥。久服輕身長年。葉覆麻黄，能令出汗。生平澤。

早遂修虔，剝乘豳侯。百益陳功，千迴急就。染齒黄蒸，投心紅皺。萬歲嘉名，參肴觴壽。

《魏書・傳》：棗者早遂朕意。《左傳》：女贄不過榛栗棗脩，以告虔也。《詩》：八月剝棗。《清異錄》：百益一損者棗。杜甫詩：一日上樹能千迴。《史記・傳》：今怠而不急就。嵇康論齒居晉而黄，謂棗故也。《魏書・傳》注：黄侔蒸栗。《南史・傳》：投臣以赤心。孟郊聯句：紅皺曬檐瓦。《宋書・傳》：三佛齊貢萬歲棗。王安石詩：廣庭觴聖壽，以此參肴蔌。

清・文晟《新編六書》卷六《藥性摘錄》 大棗 甘，溫。補脾中氣血。多食損齒。餘詳藥部溫中。

清・文晟《新編六書》卷六《藥性摘錄》 大棗 甘，溫。補脾胃中氣血，通經脈，利九竅，治腸痺。多食損齒，氣實中滿者切忌。北產肥潤者良。金華南棗亦佳。忌葱與魚。

清・張仁錫《藥性蒙求・果部》 大棗紅棗四個、南棗八個 大棗味甘，補中益氣。營衛能調，更滋心肺。甘，溫。傷寒及補劑中用之，以發脾胃升騰之氣，須與薑併行。〇紅棗功用相倣，差不及耳。〇中滿者忌之。〇南棗味甘，微酸，性溫補。赤入心，酸斂肺。陳者入藥。出金華東陽縣茶場，以透明如血，七枚長一尺者佳。

清・陸以湉《冷廬醫話》卷五　藥品　張叔承《本草選》謂方書所用大棗，不分黑白，細詳之，乃是紅棗之大者，若黑棗則加蜜蒸過者。又謂今人蒸棗多用糖蜜拌過，久食最損脾胃，助濕熱也。竊意紅棗力薄，和胃則宜，黑棗味厚，補中當用，似不得混同施治。至助濕熱之說，理不可易，是以多食則齒生蟲而致損也。

清・王孟英《隨息居飲食譜・果食類》　棗　鮮者甘涼。利腸胃，助濕熱。多食患脹瀉熱渴，最不益人，小兒尤忌。乾者甘溫。補脾養胃，滋營充液，潤肺安神，食之耐飢。亦可浸酒，取瓤作餡，葷素皆宜。殺烏頭、附子、天雄、川椒毒。臥時口含一枚，可解悶香。以北產大而堅實肉厚者，補力最勝，名膠棗，亦曰黑大棗。色赤者名紅棗，氣香味較清醕，開胃養心，醒脾補血，亦以大而堅實者勝。可取瓤和粉作餻餌，焚之辟邪穢。歉歲均可充糧。義烏所產為南棗，功力遠遜，僅供食品。徽人所製蜜棗，尤為膩滯。多食皆能生蟲助熱，損齒生痰。凡小兒、產後，及溫熱、暑濕諸病前後，黃疸腫脹、疳積痰滯，竝忌之。

清・劉善述、劉士季《草木便方》卷二木部　棗子樹　棗子木心甘濇溫，中蠱腹痛服滿平。面目金黃通經脉，皮同桑皮洗眼清。

清・田綿淮《本草省常・果性類》　棗　性溫，宜熟食。補中益氣，堅志強力，健脾胃，潤心肺，生津液，悅顏色，通九竅，和百藥。多食損齒，令人中滿。生食傷中氣，令人嘈雜。同葱食，令人臟腑不和；同魚食，令人腰腹作痛。服元參、白薇者忌之。

清・趙晴初《存存齋醫話稿》卷一　大棗氣溫味甘，滋脾土而益氣強力，潤肺金而生津止咳，調榮衛，治泄瀉。近世醫家，多用紅棗。惟鞠通吳氏獨持異議，謂大棗色赤黑，味甘微酸，取其以補脾經血分之陰，去核使不走下焦，配以生薑，補胃中氣分之陽，一陰一陽之謂道，為中焦調和榮衛之要品。而今人多用紅棗，《本草綱目》謂紅棗理疏不入藥，豈未之見耶？　圭按：　黑棗味厚，補脾專長，紅棗力薄，和胃最宜。佐參、芪以建中州，宜投黑棗；　合生薑以和榮衛，當用紅棗。且久餌黑棗，有助濕熱之弊，而紅棗則否。　細核二者功用，大同之中，不無小異，爰為分析如此。

清・戴葆元《本草綱目易知錄》卷三　大棗曬乾大棗　甘，溫。脾經血分藥。補中益氣，堅志強力，益脾平胃。補五臟，通九竅，和陰陽，調營衛，潤心肺，止咳嗽，除煩悶。助十二經，和百藥，補少氣少津液。傷寒及補劑加用之，生發脾胃升騰之氣。療心下懸及大驚，四肢重。治虛損，除腸胃癖氣。和光粉燒，治疳痢。小兒患秋痢，與蛀棗食之良。殺烏頭、附子毒。多食損齒。中滿症忌之。【略】《纂要》云：　一種羊屎棗，甘，濇，溫。補腎固精。其樹小葉細繁，蜜實圓小。葆按：　此即鄉俗名米棗也。五月結實，處暑後收采。鄉人蒸曬陳久，煮食，治小兒久瀉秋痢。試之屢驗。蟲蛀者，煎水食亦良。又按：　南棗產旌德縣，其核內雙仁，名玉棗。補益功勝效符參朮，俗又名人參棗。【略】呪棗治瘧。執棗一枚，向呪曰：　吾有棗一枚，一心歸大道，優他或優降，或劈火燒之，念七遍，吹棗上，與病人食之即愈。葆按：　此臨發早一時用效。

清・黃光霽《本草衍句》　大棗　溫以補不足，甘以緩陰血。滋脾土，潤心肺，益氣補中。調榮衛，生津液，升騰脾胃。生發脾胃升騰之氣。通九竅，兼助十二經。和百藥，主心腹邪氣。中滿症忌用。仲景治奔豚，用大棗滋脾土，以平腎氣也。治水飲脇痛，有十棗湯，益土而勝水也。得生薑和榮衛。　婦人藏燥，悲傷欲哭，象若神靈數欠者，大棗湯主之。大棗十枚，小麥一升，甘草二兩，每服一兩，水煎服，亦補脾氣。

清・陳其瑞《本草撮要》卷三　大棗　味甘微苦辛酸鹹，氣香，入足太陰、陽明經，功專和營。得生薑則和衛治瘧疾，得小麥、甘草治臟燥悲傷。諸瘡久壞不愈，以棗膏煎洗效。食棗閉氣，食椒即解。中滿及風疾痰熱齒痛，小兒疳病均忌。殺烏附毒。忌與葱、魚同食。

清・李桂庭《藥性詩解》　賦得大棗和藥性以開脾得和字。田春芳。　大棗調諸氣，甘溫性最和。養心能有益，開脾以無訛。按：　大棗性味甘溫而和，滋助脾胃，養益肺心，緩陰血，悅顏色，助十二經，和百種藥，補劑中加用之，以發脾胃生騰之氣。須與薑並行。味過於甘，中滿及齒疼者，俱非所宜。忌葱、魚同食。

清・吳汝紀《每日食物却病考》卷下　棗子　生者，味甘，平，無毒。多食，令人寒熱腹脹，滑腸難化，羸瘦人尤不宜食。熟者，甘，溫，無毒。治心腹邪氣，安中，養脾，平胃，補虛益氣，助十二經絡，通九竅，和百脉，潤心肺。棗類甚多，惟青州所出大棗肉厚，入藥為良。又有浙之南棗更佳，然不多產也。

凡棗，不可同葱食，令人五臟不和。凡中滿者、牙痛者，宜忌之。小兒多食，生疳損齒。

清・周巖《本草思辨錄》卷三　大棗　大棗色赤味甘，為火土合德，甘中帶辛，其木多刺，則微兼乎金，故能安中潤液而通九竅。通九竅之效，非如細辛、木通速而易見，以火金之用為土德所掩也。

生薑味辛色黄，由陽明入衛。大棗味甘色赤，由太陰入營。其能入營，由於甘中有辛，惟甘守之用多，得生薑乃不至過守。生薑辛通之用多，得大棗乃不至過通。二物並用，所以為和營衛之主劑。

太陰濕土貴乎濕潤，濕潤太過則宜白术，濕潤不及則宜大棗。大棗肉厚含津，不能擠泌而分，正有似乎濕土，故《本經》主安中養脾少津液。然其甘壅之弊亦伏於是，故腹滿最忌，胸滿心滿不忌。脇下者，少陽、厥陰往來之路，而肝血脾實統之。棗補脾而性膩，亦能滯肝，故脇下至於痞鞕亦忌之，但滿不忌。

鞕在心下，非脇下比矣。然脾之支脈從胃注心，棗不能無忌，而較脇下則次之。仲聖法，和營衛以生薑三兩、大棗十二枚為相當之數，生薑瀉心湯、旋覆代赭湯、大柴胡湯，皆心下鞕也，棗如常數而生薑用至四兩五兩，以鞕不在脇下，故棗不去；棗之弊宜杜，故生薑加多也。

然則甘草瀉心湯，何以心下鞕而生薑且無之？是則有故也，下利日數十行，穀不化，腹中雷鳴，脾之虛甚矣。棗乃脾家專藥，脾虛自捷趨於脾，何至上悖其心，此與半夏瀉心湯皆病屬下後，非若生薑瀉心、旋覆代赭之為汗後，大柴胡之有往來寒熱，宜和營衛而生薑必不可去也。

腹滿必不宜棗，然亦間有用者。厚朴七物湯之腹滿是實滿，實則當下，棗尤大忌。不知病不止腹滿也，發熱十日脈浮數，表亦有邪，治兼表裏，故合小承氣、桂枝兩湯而微變之。厚朴治腹滿專藥，既以為君，又加生薑至五兩，減棗為十枚，何患乎棗之甘壅。仲聖所以不去之者，桂枝湯為解肌和營衛之劑，解肌不能無桂枝，和營衛不能有薑無棗。芍藥所以去之者，病本無汗，不當斂其衛氣，況有小承氣更加芍藥，則是脾約之治法，桂枝、生薑，尚何望其解肌。是則腹滿之有棗，為與生薑和營衛，又有層層顧慮之精心，寓乎其間，非苟焉者也。

有和營衛而薑棗之數加多者，竹葉湯是也。風之中人，每帶嚴寒肅殺之氣而來，適逢產後陽虛，遂至發熱頭痛面赤而喘，是邪發太陽兼真陽上越之證。喘非衛實，故只以桂枝、桔、防開太陽而不用麻、杏。若面赤而頭項亦強，則為邪入陽明，將欲作痙，故以葛根起陰氣而柔筋，附子用大，與甘草安中，驅寒而回陽，此表裏之法已備矣。面赤雖爲陽越，亦由風邪化熱所致。在上之風熱，惟竹葉能散之，故以竹葉標方名，明非他中風之比。藥具陰陽，故又加人參以和之。且參能偕葛根生津，協附、草固裏也。然則薑、棗之加多何為，產後本已汗出表虛，此復取汗以解邪，豈尋常和營衛之數，能勝其任者哉。

有和營衛而薑、棗之數加少者，柴胡桂枝湯是也。柴胡、桂枝兩方，皆取微似汗。此合兩方為一方，不在取汗而在化太少兩經之邪，使藥力微偏於裏，故雖和營衛而薑、棗特減其數也。

有薑、棗並用，而數不相當即非和營衛者，一為吴茱萸湯。嘔加生薑，寒多加生薑，內有久寒加吴茱萸、生薑，仲聖固恒言之矣。蓋吴茱萸辟厥陰之寒邪，生薑散陽明之嘔逆。生薑治寒，是散而上之；吴茱萸治寒，是辟而下之。吴茱萸湯二物並用，所治皆寒證之重者，故生薑用至六兩。胃受肝邪，其虛已甚，故以棗與人參大補其中，非與生薑和營衛也。一為當歸四逆加吴茱萸生薑湯。當歸四逆之用棗，説具於下。此加茱、薑，因內有久寒，非茱、薑不足以除之。其數更多於吴茱萸湯者，以此兼脈細欲絶之血寒也。一為橘皮竹茹湯。橘、薑並用之方，有橘枳生薑湯，有橘皮湯。胸中氣塞短氣，只肺胃之氣結。乾嘔噦手足厥，明係噦由乾嘔而作，視單嘔者輕。乾嘔而噦，故氣不行於四肢，亦只須利脾肺之氣，宣陽明之陽。蓋以橘皮辛溫而苦，能利水穀，為脾肺之散藥泄藥。生薑辛而微溫，為肺胃之散藥升藥。二物有相須之益，故常並用。此噦逆而用橘、薑，意亦如是。徐氏以橘皮與竹茹、一寒一溫為對待釋之，失其旨矣。夫胃逆總由於肝逆膽逆：肝逆則寒，以吴茱萸逐肝寒；膽逆則熱，以竹茹泄膽熱。此天然對待之藥。方用竹茹，是為膽逆而噦。惟橘皮用至二斤，生薑用至半斤，熱除氣平而中亦憊矣。大棗、參、草，所以補中而善後也。一為黄芪桂枝五物湯。桂枝湯，外證得之為解肌和營衛，內證得之為化氣調陰陽。徐忠可語。此治血痹陰陽俱微，故於桂枝湯中重加生薑以宣陽，加黄芪以開痹。棗得芍藥則化陰，得桂枝則化陽，雖安中而仍能走表。若再加甘草，則守之太過，故大棗不可無而甘草必去之。一為射干麻黃湯。證屬肺家邪實，用生薑是與麻黃同泄肺邪，肺泄則傷，即宜安中生金而杜後患，故入大棗為隨剿隨撫之策。以無桂枝、杏仁，故麻黃、生薑俱用至四兩，大棗只緣麻、薑多而佐之，故減為七枚。一為炙甘草湯。病至脈結代、心動悸，不止營衛之不和矣，治以益營補中，則脈復而悸平。生薑與參、桂、麻、麥、膠、地、清酒並施，所以益營而通脈。營出中焦，中不治則血不生，故用棗、草以補中，而數較生薑為多也。

有薑、棗並用，而數相當亦非和營衛者，黃芩加半夏生薑湯是也。黃芩湯之用棗，說具於下。此加夏、薑，專為治嘔。薑不加多者，多則於自利有妨也。薑、棗之數相當者，適然之事也。桂枝湯內外證皆治，小建中湯即桂枝湯加飴餹，故不以薑、棗之數相當，列入此條。

試更舉有棗無薑之方，疏之以畢其義。一為當歸四逆湯。厥陰血虛中寒，用桂枝湯內四物加當歸、細辛、通草，所以溫血散寒而通脈。散不宜過，故生薑去之。棗加多者，以能補中而隨當歸輩生血液也。一為黃芩湯。太陽少陽合病下利，與太陽陽明合病下利，何以治法迥異？蓋太陽去陽明最近，雖下利而太陽之邪在表者，曾不少衰，故以葛根從陽明達太陽之藥，協麻、桂解之於表。加芍藥者，約三物峻發之性而使之迴旋兩經也。太陽去少陽較遠，既下利則熱氣內淫，不能挽少陽之邪，轉從太陽而出。故以黃芩清少陽之藥，專治其利。加芍藥者，恐病邪猶戀太陽而不使之合也。或曰：葛根湯發汗必虛其表，不可無薑、棗和營衛。黃芩湯之不用薑，固其宜矣，獨棗何以不去耶？曰：此正治少陽下利法也。利在太陰少陰，宜燥宜溫。此為少陽熱耗其液，非清不治，何敢再犯溫燥。惟利則脾虛，補脾而復能潤液者，舍大棗莫屬。況變柴胡湯而仍用和法，棗與甘草皆不得無之。若陽明下利之宜大小承氣者，棗、草又大忌矣。一為黃連湯。凡病但有熱無寒，據脈證一二，可斷為少陽者，如嘔而發熱者，小柴胡湯主之。傷寒脈弦細頭痛發熱者屬少陽。所謂有柴胡證，但見一證便是，不必悉具也。如寒熱兼有之少陽病，在表者為往來寒熱，在裏者為喜嘔為腹中痛，其有表無寒熱而但裏有寒熱者，如黃連湯。腹中痛者寒也，欲嘔吐者熱也。寒在脾，熱在胃，乃不曰脾胃病，而以為少陽病者何也？方中行條辨列少陽篇，《金鑒》亦依之。蓋少陽居半表半裏，出表挾陽而犯胃，則欲嘔吐；入裏化陰而侮脾，則腹中痛。胃即熱則胸不能獨寒。胸中有熱，胃中有邪氣二句，謂胸中有熱，由胃中有邪氣也。胃中之邪，即少陽之邪也。病屬少陽，自當以小柴胡湯增減治之。表無寒熱，故去柴胡。腹中痛，故去黃芩。治欲嘔之胃熱，故以黃連佐半夏。治腹痛之脾寒，故以乾薑佐人參。胃治則降，脾治則升。脾升胃降，少陽可不治而自治矣。而猶有慮焉者，藥兼寒熱，不和其在裏之陰陽，則少陽之氣，未必肯抑然而自下，故又加桂枝協甘草以化氣而和之。有桂枝若不去生薑，則桂枝趨重於表，用之何益。且表無寒熱，營衛無待於和。棗則補中而能滋熱耗之液，故生薑不可有，而大棗不可無也。一為甘麥大棗湯。臟燥或主五臟，或主心臟，或主肺臟，或主子臟。竊於數說中衡之，似以子臟為當。子臟即子宮。悲傷欲哭諸端，雖見於心肺腎三經，而總由於子宮燥氣乘之而致。子宮之燥，則由胃家陰液不足以滋之也。略參唐容川說。甘麥甘涼，所以益陰清熱。大棗甘而微溫，復呴其中宮之氣。藏陰之受蔭者大矣。治在滋燥而屏血藥不用，豈血虛勞損者比乎。一為十棗湯。芫花、甘遂、大戟皆毒藥，而並用之以逐飲，且不下不止。飲隨下去，則脾傷而液虧矣。藥之足以補脾潤液而禦毒者，無過大棗。若云培土以制水，則峻逐之際，何藉於制。夫三物走駃而大棗遲重，相反而適相濟。蓋與和營衛之偶生薑，瀉肺滿之偶葶藶，又初無二致也。一為茯苓桂枝甘草大棗湯。發汗後，仲聖每以薑、棗和營衛，此發汗後而臍下悸欲作奔豚，則腎氣正思上乘，不得兼顧其表矣。茯苓桂枝，所以泄腎水驅腎寒。不用薑者，慮其與桂枝升表也。甘草大棗，則補中宮以禦之。一為附子粳米湯。說具飴餹。

羊矢枣

明・盧和、汪穎《食物本草》卷二果類　羊棗　實小黑而圓，又謂之羊矢棗。

清・吳其濬《植物名實圖考》卷三一　羊矢果　生廣東山野間。味微酸，人鮮食之，唯以飼羊，故名。

按《桂海虞衡志》，羊矢子色狀全似羊矢，味亦不佳。形不甚肖，或乾時黑如羊矢耶？又《南越筆記》，羊齒子一曰羊矢，如石蓮而小，色青味甘，當即此。

仲思枣

宋・唐慎微《證類本草》卷二三果部上品〔宋・馬志《開寶本草》〕　仲思棗　味甘，溫，無毒。主補虛益氣，潤五藏，去痰嗽，冷氣。久服令人肥健，好顏色，神仙不飢。形如大棗，長一二寸，正紫色，細文，小核。味甘重。北齊時有仙人仲思得此棗，因以爲名。隋大業中，信都郡獻數顆。又有千年棗，生波斯國，亦稍溫補，非此之儔也。今附。

〔宋・掌禹錫《嘉祐本草》〕按：爾雅云：棗，壺棗；邊，要棗；櫅，白棗；樲，酸棗；楊徹，齊棗；遵，羊棗；洗，大棗；煮，填棗；蹶泄，苦棗；晳，無實棗；還味，稔棗。釋曰：壺棗者，棗形似壺也。郭云：今江東呼棗大而銳上者爲壺。壺猶瓠也。邊大而腰細者，名邊要棗。郭云：子細腰，今謂之鹿盧棗。棗子白熟者名櫅。實小而味酢者名樲棗。遵，一名羊棗。郭云：實小而員，紫黑色，今俗呼之爲羊矢棗。洗，最大之棗名也。郭云：今河東猗氏縣出大棗，子如雞卵。蹶泄者，味苦之棗名也。晳者，無實之棗名也。還味者，短味也。徹、煮，並未詳。陳士良云：苦棗，大寒，無毒。棗中苦者是也。人多不食，主傷寒熱伏在藏府，狂蕩煩滿，大小便秘澀，取肉煮研爲蜜丸藥佳。今處處有。

明・劉文泰《本草品彙精要》卷三二 仲思棗無毒。

仲思棗：主補虛益氣，潤五臟，去痰嗽，冷氣。久服令人肥健，好顏色，神仙不飢。名醫所錄。〔苗〕《圖經》曰：形如大棗，長一二寸，正紫色，細文，小核，味甘重。北齊時有仙人仲思得此棗，因以爲名。隋大業中，信都郡嘗獻數顆，近世稀復有之。又有千年棗，生波斯國，亦稍溫補，非此之儔也。〔地〕《圖經》曰：出信都郡。〔收〕暴乾。〔用〕實。〔質〕形如大棗。〔色〕紫。〔味〕甘。〔性〕溫，緩。〔氣〕氣之厚者，陽也。〔臭〕香。〔主〕補虛益氣。

明・王文潔《太乙仙製本草藥性大全》卷四《本草精義》 仲思棗 形如大棗，長一二寸，正紫色，細文，小核。味甘重，北齊時有仙人仲思得此棗，因以爲名。隋大業中信都郡獻數顆。又有千年棗，生波斯國，亦稍溫補，非此之儔也，近世稀復有之。

明・李時珍《本草綱目》卷二九果部・五果類 仲思棗宋《開寶》

〔釋名〕仙棗志曰：北齊時有仙人仲思得此棗種之，因以爲名。〔集解〕志曰：仲思棗形如大棗，長二寸，正紫色，細文小核，味甘。今亦少有。時珍曰：按杜寶《大業拾遺記》云：隋時信都郡獻仲思棗，長四寸，圍五寸，肉肥核小有味，勝於青州棗，亦名仙棗。觀此，則《廣志》之西王母棗、穀城紫棗，皆此類也。

〔氣味〕甘，溫，無毒。〔主治〕補虛益氣，潤五臟，去痰嗽冷氣。久服令人肥健，好顏色，神仙不飢《開寶》。

明・施永圖《本草醫旨・食物類》卷三 仲思棗 味：甘，溫，無毒。治：補虛益氣，潤五臟，去痰嗽冷氣。久服令人肥健，好顏色，神仙，不飢。

清・田綿淮《本草省常・果性類》 南棗 一名仙棗，一名仲思棗。北齊時，有仙人仲思得此棗種之，故名。性溫。補中益氣，潤五臟，和百藥，除痰嗽冷氣。久食令人肥健，好顏色。

苦棗

明・李時珍《本草綱目》卷二九果部・五果類 苦棗《食性》

〔釋名〕蹶泄《爾雅》。○名義未詳。〔集解〕士良曰：苦棗處處有之。色青而小，味苦不堪，人多不食。

實 〔氣味〕苦，大寒，無毒。〔主治〕傷寒熱伏在臟腑，狂蕩煩滿，大小便閉澀。取肉煮研，和蜜丸服士良。

四味果

明・李時珍《本草綱目》卷三三果部・附録 四味果又曰：段成式《酉陽雜俎》云：出祁連山。木生如棗。剖以竹刀則甘，鐵刀則苦，木刀則酸，蘆刀則辛。行旅得之，能止飢渴。

明・姚可成《食物本草》卷九果部・異果類 四味果段成式《酉陽雜俎》云：**【略】** 四味果，味甘、苦、酸、辛，無毒。主明目養肝，寧神定志，和胃進食，下氣止欬。

附方：治腎虛腰痛，不能反側。用四味果同狗腰子煮熟同食，每日一次。一月愈。

清・趙學敏《本草綱目拾遺》卷八果部下 四味果 **【略】**

敏按：東方朔《神異經》云：南方大荒，有樹名如何，結子味如飴，有核形如棗子，長五尺，圍如長，金刀剖之則酸，蘆刀剖之則辛。食之者地仙，不畏水火白刃。又《啟蒙記》：如何隨刀而改味。或曰：此即仙經所謂大棗。據此二說，即今四味果也。

清・田綿淮《本草省常・果性類》 四味果 剖以竹刀則甘，鐵刀則苦，木刀則酸，蘆刀則辛，故名。性平。安神定志，和胃進食，養肝明目，下氣止嗽。行旅得之，能止飢渴。

都念子

宋・唐慎微《證類本草》卷二三果部下品〔唐・陳藏器《本草拾遺》〕 石

都念子　味酸，小溫，無毒。主痰嗽，噦氣。生嶺南。樹高丈餘，葉如白楊，花如蜀葵，正赤，子如小棗，蜜漬爲粉，甘美益人，隋朝植於西苑也。

明・李時珍《本草綱目》卷三一果部・夷果類　都念子《拾遺》

〔釋名〕倒捻子詳下文。　〔集解〕藏器曰：杜寶《拾遺録》云：都念子生嶺南。隋煬帝時進百株，植于西苑。樹高丈餘，葉如白楊，枝柯長細。花心金色，花赤如蜀葵而大。子如小棗，蜜漬食之，甘美益人。時珍曰：按劉恂《嶺表録》云：倒捻子窠叢不大，葉如苦李。花似蜀葵，小而深紫，南中婦女多用染色。子如軟柹，外紫内赤，無核，頭上有四葉如柹蔕。食之必捻其蔕，故謂之倒捻子，訛而爲都念子也。味甚甘軟。

實　〔氣味〕甘、酸，小温，無毒。　〔主治〕痰嗽噦氣藏器。暖腹臟，益肌肉時珍。《嶺表録》。

明・施永圖《本草醫旨・食物類》卷三　都念子子如小棗，蜜漬食之，甘美益人，生嶺南。　實　味：甘、酸，小溫，無毒。治：痰嗽噦氣，暖腹臟，益肌肉。

清・趙學敏《本草綱目拾遺》卷八果部下　倒捻子　《綱目》：都念子，即倒捻子，僅言其治痰嗽噦氣，暖腹臟，益肌肉而已。時珍曰：食之必倒捻其蔕，故謂之倒捻子，訛為都念子也。味甚甘軟。《粵語》：都念子，樸樕叢生，花如芍藥而小，春時開有紅、白二種。子如軟柹，外紫内赤，亦小，有四葉承之。子汁可染，若胭脂。花可為酒，葉可麴，皮漬之得膠以代柹。蘇子瞻名為海漆，非漆而曰漆，以其得乙木之液，凝而為血，可補人之血，與漆同功，功逾青黏，故名。以其為用甚眾，食治皆需，故名都念。產羅浮者，高丈許，子尤美。嶺南酒有以花為釀而雜以諸果者，花則以檳榔花為最，果則以倒捻子為最。倒捻子，又名黏子，花於暮春，實於盛夏，諺曰：六月六，黏子熟。熟以為酒，色紅味甘，人與猿猴爭食之，所在皆然。《東坡雜記》：吾謫居南海，以五月出陸至滕州，自滕至儋，野花夾道，如芍藥而小，紅鮮可愛，樸樕叢生，土人云，倒黏子花也，至儋則已結子，爛紫可食，殊甘美，中有細核，嚼之瑟瑟有聲，亦頗苦沁。兒童食之，使大便難。野人夏秋下痢，食葉輒已。

子　活血、補血，研濾為膏餌之，又止腸滑。

清・吴其濬《植物名實圖考》卷三二　石都念子　《本草拾遺》始著錄。即倒捻子。東坡名為海漆，亦名胭脂子。

梨

唐・孫思邈《千金要方》卷二六《食治・果實》　梨　味甘、微酸，寒，濇，有毒。除客熱氣，止心煩。不可多食，令人寒中。金瘡、產婦勿食，令人萎困、寒中。

附：日・丹波康賴《醫心方》卷三〇　梨子　《本草》云：味苦，寒。令人寒中。金創、婦人尤不可食。陶〔弘〕景注云：梨種殊多，並皆冷利。俗人以為快菓，不入藥用，食之損人。蘇敬云：梨削貼湯火瘡不爛，止痛易差。又主熱嗽止渴。《通玄經》云：梨雖為五藏之刀斧，足為傷寒之妙藥。崔禹〔錫〕云：食之除傷寒時行，為妙藥。但不可多食。《神農經》云：味甘，無毒。不可多食，令人委困。孟詵云：胸中否塞熱結者，可多食生梨便通。又云：寒除客熱，止心煩。又云：卒瘖失音不語者，擣梨汁一合，頓服之。又云：卒咳，凍梨一顆，刺作五十孔，每孔中納一粒椒，以麵裹於熱灰，燒令極熟出，停冷食之。又云：去皮，割梨内於蘇中煎，冷食之。朱思簡曰：食發宿病。又凡用梨治咳嗽，皆須待冷，候喘息，寒定食之。今愚夫以椒梨木衝氣熱食之，反成嗽，不可拔救也。兼名菀雲，一名紫實，一名紫條，一名縹蔕，一名六俗，一名含須。

宋・唐慎微《證類本草》卷二三果部下品　梨　味甘、微酸，寒。多食令人寒中，金瘡，乳婦尤不可食。

〔梁・陶弘景《本草經集注》〕云：梨種復殊多，並皆冷利，俗人以爲快果，不入藥用，食之多損人也。

〔唐・蘇敬《唐本草》〕注云：梨削貼湯火瘡，不爛，止痛，易差。又主熱嗽，止渴。葉，主霍亂，吐痢不止，煮汁服之。

〔宋・馬志《開寶本草》〕按：別本注云：梨有數種，其消梨，味甘，寒，無毒。主客熱，中風不語，又療傷寒熱發，解石熱氣，驚邪，嗽，消渴，利大小便。又有青梨、茅梨等，並不任用。又有桑梨，惟堪蜜煮食。主口乾，生食不益人，冷中，不可多食。

〔宋・掌禹錫《嘉祐本草》〕按：孟詵云：梨除客熱，止心煩，不可多食。又卒欬嗽，以一顆刺作五十孔，每孔内以椒一粒，以麵裹，於熱火灰中，煨令熟，出停冷，去椒食之。又方：去核内酥蜜，麵裹，燒令熟，食之。又取梨肉内酥中煎，停冷食之。又擣汁一升，酥一兩，蜜一兩，地黃汁一升，緩火煎，細細含咽。凡治嗽，皆須待冷，喘息定後方食。熱食之，反傷矣，令嗽更極不可救。如此者，可作羊肉湯餅飽食之，便卧少時。又胸中痞塞熱結者，可多食好生梨，即通。卒闇風失音，不語者，生擣汁一合，頓服之，日再服止。日華子云： 梨，冷，無毒。消風，療欬嗽，氣喘，熱狂，又除賊風，胸中熱結，作漿吐風痰。

〔宋·蘇頌《本草圖經》〕曰： 梨，舊不著所出州土，今處處皆有。而種類殊別，醫家相承用乳梨、鵝梨。乳梨出宣城，皮厚而肉實，其味極長。鵝梨出近京州郡及北都，皮薄而漿多，味差短於乳梨。其香則過之。欬嗽，熱風，痰實藥多用之。其餘水梨、消梨、紫煤梨、赤梨、甘棠禦兒梨之類甚多。俱不聞入藥也。梨葉亦主霍亂吐下，煮汁服，亦可作煎治風。《徐王效驗方》主小兒腹痛，大汗出，名曰寒疝。濃煮梨葉七合，以意消息，可作三四服飲之，大良。崔元亮《海上方》療嗽單驗方： 取好梨去核，擣汁一茶椀，著椒四十粒，煎一沸去滓，即內黑餳一大兩，消訖，細細含嚥立定。又治卒患赤目，弩肉，坐卧痛者，取好梨一顆，擣絞取汁，黄連三枝碎之，以綿裹，漬令色變，仰卧注目中。又有紫花梨，療心熱。唐武宗有此疾，百醫不效，青城山邢道人以此梨絞汁而進，帝疾遂愈。後復求之，苦無此梨。常山忽有一株，因緘實以進，帝多食之，解煩躁殊效，歲久木枯，不復有種者，今人不得而用之。又，江寧府信州出一種小梨，名鹿梨。葉如茶，根如小拇指，彼處人取其皮，治瘡癬及疥癩，云甚效。八月採。近處亦有，但採其實作乾，不聞入藥。

〔宋·唐慎微《證類本草》〕《食療》云： 金瘡及産婦不可食，大忌。《聖惠方》：治小兒心藏風熱，昏懵躁悶，不能食。用梨三枚切，以水二升，煮取汁一升，去滓，入粳米一合，煮粥食之。《梅師方》： 治霍亂，心痛利，無汗方： 取梨葉枝一大握，水一升，煎取一升服。又云： 正月、二月勿食梨。錢相公： 療蠼螋尿瘡，黄水出。嚼梨汁傅之，乾即易。又方： 小兒寒疝腹痛，大汗出。濃煮梨葉汁七合，頓服，以意消息，可作三四度飲之。又方： 治中水毒。取梨葉一把熟杵，以酒一盞攪服之。《北夢瑣言》： 有一朝士，見梁奉御，診之曰： 風疾已深，請速歸去。朝士復見鄜州馬醫趙鄂者，復診之，言疾危，與梁所説同矣。曰： 只有一法，請官人試喫消梨，不限多少，咀齕不及，絞汁而飲。到家旬日，唯喫消梨，頓爽矣。《莊子》： 譬猶樝梨橘柚耶，其味相反，而皆可於口。魏文詔曰： 真定郡梨，甘若蜜，脆若菱，可以解煩渴。

宋·寇宗奭《本草衍義》卷一八 梨 多食則動脾，少則不及病，用梨之意須當斟酌。惟病酒煩渴人，食之甚佳，終不能却疾。

宋·王繼先《紹興本草》卷一三 梨 紹興校定： 梨隨土地所産，形色種類不同，性寒一矣。《本經》不云主治，但稱寒中，及云金瘡、乳婦不可食之，此極驗矣。其乳婦未滿百日，切不可食，若食之生疾，而必使不起，當宜謹畏之也。其療病之驗未聞。當云味酸、寒、無毒是矣。處處産之。

宋·鄭樵《通志》卷七六《昆蟲草木略》 棃之類多。《爾雅》曰： 檖，蘿。山棃也。又曰： 棃，山樆。野出之棃，小而酢者。又曰： 杜，甘棠。《詩》所謂蔽芾甘棠也，謂之棠棃。其花謂之海棠花，其實謂之海紅子。又曰： 杜，赤棠。白者，棠。此别棠棃赤、白之異也。

宋·陳鵠《西塘集耆舊續聞》卷七 湖南一士人過泗州，有解太素脈者，診之云： 公來年有官，然有病也。士子竦然曰： 當得何病？曰： 有癰疽病。士留五日，求為處一方，脈者竟不能為之，乃指京師某人者，俾訪之。士子到京，來年，果登第。求診脈於醫。醫問君所嗜何物，答曰： 物物皆喫。醫曰： 喫果子否？ 梨正熟。有某梨者，買二百許，每日食畢，恣啖之。一兩旬，復謁醫。醫問啖多少梨，答云： 二百許。醫曰： 可喜，今君無事矣，然須生瘡。既而三四日間，徧身患大瘡，以藥調和其内，尋愈。出京過泗州，見向診脈者。問君得官又安樂，醫以何藥療君病。答云： 某不病，但生瘡爾。醫者詰之，乃以食梨事對。脈者呼其子設香案，望京師拜曰： 不可謂世間無人，乃誌其方。蓋以梨發散其癰疽之氣，變作渾身瘡爾。士子及太素脈者，忘其姓名，唯記京師醫者，是大馬劉家。

宋·陳衍《寶慶本草折衷》卷一八 梨諸梨及汁在内。 肉實者名乳梨，漿多者名鵝梨。今入藥但用此二種。生宣城，及北都、真定，及近京州郡。今處處種有之。〇八月採。

味甘、微酸，寒，無毒。〇削貼湯火瘡，不爛，止痛，易差。又主熱嗽，止渴。述本條《唐本註》。〇别本註云： 主客熱，中風不語。又療傷寒熱，解石熱氣，驚邪，利大小便。又有青梨、茅梨、桑梨，惟堪蜜煮食，生食不益人。冷，不可多食。〇孟詵云： 止心煩。〇日華子云： 消風，療嗽喘，熱狂。除賊風，胸中熱結。作漿吐風痰。〇《圖經》曰： 梨種類殊别，醫家相承用乳梨，皮厚肉實味極長。鵝梨皮薄漿多，味差短。其餘水梨、消梨、紫煤梨、赤梨、甘棠禦兒梨之類，俱不入藥。治赤目痛，取好梨擣絞汁，黄連碎之，以綿裹漬，令色變，仰卧，注目中。又有紫花梨，療心熱，解煩躁。又小梨，名鹿梨。〇《北夢瑣言》云： 有一朝士，見梁奉御，診之曰： 風疾已深，請速歸去。朝士復見趙鄂診之，言疾危，只喫消梨不限多少。到家旬日，頓爽矣。〇寇氏曰： 多食動脾，治疾不論其多。惟病酒煩渴人食之佳。諸梨並可製乾為果。

續説云： 張杲舉《類編》曰： 昔有人厭厭若病，謁楊吉老，吉老謂其熱已極，氣血銷鑠欲盡，三年後患背疽。斯人不樂而退。繼聞茅山道士精於醫，詣山拜投。道士為診曰：宜即下山，日噉好梨壹顆，或取乾梨湯泡飲之，仍食其滓，病當自痊。悉遵其喻。經歲餘，吉老偶見其色貌腴澤，脉息平和，乃云：君必有異遇。而士人以實告吉老，即焚香望茅山而拜，自咎學之未至也。夫醫如楊吉老之儔亦造妙矣，猶未能處藥以去病。然有超其妙者，用梨而愈之，信乎？醫道幽微，後學視病，儻或未達，烏可安己見為自足，而不復資諸上工耶？

元·忽思慧《飲膳正要》卷三　梨　味甘，寒，無毒。主熱嗽，止渴，踈風，利小便。多食寒中。

元·尚從善《本草元命苞》卷八　梨　味甘，寒，微酸，無毒。主闇風失音不語，治客熱消渴心煩。除胸中熱結，止咳嗽喘乏，金瘡。乳婦不可食。昏憒躁悶，煮汁飲。梨削，貼湯火瘡毒不爛。梨葉，止霍亂吐利無休。梨皮，擦疥癬。梨汁，吐風痰。入藥用乳梨、鵞梨。不堪者，甘棠、楔、赤。甘棠、紫楔、赤梨，皆梨類也。

元·吴瑞《日用本草》卷六　梨　搗汁服，解中菌毒。治心經留熱，用紫花梨搗絞取汁服即愈。　主霍亂，吐痢不止，煮汁服之。湯火瘡，不爛，止痛，削梨貼之。

元·朱震亨《本草衍義補遺》　梨　味甘。渴者甚宜之。梨者，利也，流利下行之謂也。《食療》謂產婦、金瘡人忌之。血虛戒之。〇《衍義》謂多食動脾。惟病酒煩渴人食之佳。

元·徐彦純《本草發揮》卷三　梨　丹溪云：梨，渴者宜之。梨者，利也，流利下行之謂也。《食療》謂產婦、金瘡人忌之，蓋血虛也。戒之。

明·朱橚《救荒本草》卷下之後　梨樹　出鄭州及宣城，今處處有。其樹葉似棠葉而大，色青，開花白色，結實形樣甚多。鵝梨出鄭州，極大，味香美而漿多；乳梨出宣城，皮厚而肉實，味極長；水梨出北都，皮薄而漿多，味差短。又有消梨、紫楔梨、赤梨、甘棠〔梨〕、禦兒梨、紫花梨、青梨、茅梨、桑梨之類，不能盡具其名。梨實味甘，微酸，性寒，無毒。　救飢：其梨結硬未熟時摘取煮食，已經霜熟，摘取生食，或蒸食亦佳。或削其皮，晒作梨糝，收而備用亦可。　治病：文具《本草》果部條下。

明·蘭茂原撰，范洪等抄補《滇南本草圖説》卷九　梨　滇中有數種。味甘、酸，平，寒，無毒。麻梨治腹痛，雪梨治吐血，清水梨治小便不通，雀梨治定喘化痰，長蒂梨利小便及便中帶血，桑梨婦人虛症，麫梨補中。寶珠寺内玉兒梨，久服輕身延年，化痰止嗽，生津止渴。老梨主治瘧疾，暑症。

明·蘭茂撰，清·管暄校補《滇南本草》卷上　梨　滇南處處皆有，種類殊別，皮有厚薄。乳梨，味香，治中風。消梨，花梨，桑梨，治吐血。棠梨，潤肺止咳。禦兒梨，治肝火目痛。茅梨，治胃寒。蜜梨，治小兒吼。赤梨，治大瘡，敷患處。雪梨。治熱嗽，止渴。實，味甘微酸。梨者，利也，其性下行流利也。切片，治湯火傷處，貼之如神。亦能治中風不語，寒症熱疾，大小便不通，或胃中痞塊，食積，霍亂吐瀉，小兒偏墜疼痛即止。但味甘，不可多食。取汁服之，定喘止咳。夷人以青梨治癆傷，腰疼。葉敷瘡，皮敷發背疔瘡。

明·王綸《本草集要》卷五　梨　味甘微酸，氣寒。除客熱心煩，肺熱咳嗽，消渴。梨者，利也，流利下行之謂也。酒病煩渴人宜之。勿多食，令人寒中。金瘡、乳婦尤不可食。

明·滕弘《神農本經會通》卷三　梨　味甘、微酸，氣寒。日華子云：梨，冷，無毒。

《本經》云：多食令人寒中，金瘡、乳婦尤不可食。《唐本》注云：削梨貼湯火瘡，不爛，止痛，易差。又主熱嗽，止渴。葉，主霍亂吐不止，煮汁服之。《别注》云：主客熱，中風不語。又療傷寒熱，解石熱氣，驚邪，嗽，消渴，利大小便。孟詵云：梨，除客熱，止心煩。不可多食。又胸中痞，寒熱結者，可多食好生梨，即通。卒闇風，失音不語者，生擣汁一合，頓服之，日再服，止。日華子云：梨，冷，無毒。消風，療欬嗽氣喘，熱狂，又除賊風，胸中熱結。作漿，吐風痰。《圖經》云：乳梨，出宣城，皮厚而肉實。鵞梨，出北部，皮薄而漿多，味差短於乳梨，其香則過之。欬嗽，熱風痰實藥多用之。其餘水梨、消梨等甚多，俱不聞入藥。小兒腹痛，大汗出，名曰寒疝，濃煎梨葉七合，以意消息，可作三四服，飲之大良。丹溪云：味甘，渴者宜之。梨者，利也，流利下行之謂也。《食療》云：產婦、金瘡人忌之。血虛也，戒之。《衍義》謂多食動脾，惟病酒煩渴人食之。《局》云：梨果食多令冷痢，金瘡乳婦不宜嘗。解煩止嗽除消渴，若吐風痰可作漿。梨實，除煩引飲。漿，可吐風痰。乳婦、金瘡不可食。

明·劉文泰《本草品彙精要》卷三四　梨無毒　植生。

梨：多食令人寒中，金瘡，乳婦尤不可食。名醫所錄。【名】乳梨、鵝梨、水梨、紫煤梨、茅梨、桑梨、鹿梨、紫花梨、消梨、青梨、甘棠禦兒梨。

【苗】《圖經》曰：梨之種類殊別，醫家相承用乳梨、鵝梨。乳梨出宣城，皮厚而肉實，其味極長；鵝梨出近京州郡及北都，皮薄而漿多，味差短於乳梨，惟香則過之；其餘水梨、消梨、紫煤梨、赤梨、甘棠禦兒梨之類甚多，俱不聞入藥也。又有青梨、茅梨並不任用。又有桑梨，惟堪蜜煮食之，生食不益人，冷中不可多食。又有紫花梨，療心熱。唐武宗有此疾，百醫不效，青城山邢道人以此梨絞汁而進，帝疾遂愈，後復求之，苦無此梨。常山忽有一株，因緘實以進，帝多食之，解煩燥殊效，歲久木枯，不復有種者，今人不得而用之。又有江寧府信州出一種小梨，名鹿梨，葉如茶，根如小拇指，彼處人取其皮治瘡癬及疥癩，甚效。近處亦有，但採其實作乾，不聞入藥也。【地】《圖經》曰：出宣城及近京州郡、北都，今處處有之。【時】生：春生葉。採：八月、九月取實。【用】實。【色】黃。【味】甘，微酸。【性】寒，緩。【氣】氣薄味厚，陰中之陽。【臭】香。【主】除熱嗽，止煩渴。【製】去皮核，笮汁用。【治】療：《圖經》曰：鵝梨，除咳嗽，熱風，痰實。〇紫花梨，療心熱。〇鹿梨根皮，治瘡癬疥癩甚效。〇梨葉，主霍亂吐下，煮汁服，亦可作煎，治風。《唐本》注云：梨，削貼湯火瘡，不爛，止痛，妊婦臨月食之，易產。〇消梨，主客熱，中風不語，並傷寒發熱，祛邪，止驚，咳嗽，消渴，亦利大小便。日華子云：梨，消風，療咳嗽，氣喘，熱狂，又除賊風，胸中熱結。〇作漿吐風痰。孟詵云：梨，止心煩，又胸中痞塞熱結者，可多食生梨即通。卒闇風，失音不語者，生搗汁一合，頓服之，日再服止。《衍義》曰：病酒煩渴人食之，甚佳。《別錄》云：小兒寒疝，腹痛，大汗出，濃煮梨葉汁七合，頓服，以意消息，可作三四度飲之。〇嚼梨汁，傅蠼螋尿瘡，黃水出，乾即易之。【合治】梨一顆，刺作五十孔，每孔內川椒一粒，以麪裹，於熱火灰中，煨令熟出，停冷，去椒食之，療卒咳嗽，或去核內酥蜜，麪裹燒，令熟食之。〇搗汁一升，合酥一兩，蜜一兩，地黃汁一升，緩火煎，細細含咽，凡治嗽，皆須待冷，喘息定，然後方食，如熱食之，反傷矣。〇梨一顆，搗絞取汁，合黃連三枝，碎之，綿裹漬，令色變，仰臥注目中，療卒患赤目胬肉，坐臥痛。〇梨三枚，用水二升，煮汁一升，去滓，合粳米一合，煮粥食之，療小兒心臟風熱，昏懵，躁悶不能食。【禁】多食動脾氣，金瘡，及產婦不可食。【解】丹石熱氣。

明・盧和、汪穎《食物本草》卷二果類

梨　味甘，微酸，氣寒。主熱嗽，止渴，利大小便，除客熱，止心煩，通胃中痞塞，熱結。多食令人寒中。金瘡、乳婦尤不可食，以血虛也。又食則動脾，惟病酒煩渴，食之甚佳，亦不能卻疾。種類甚多，此則乳梨，鵝梨、消梨近是矣，〔乳梨〕出宣城，皮厚肉實味長。鵝梨，出西北州郡，皮薄漿多，味差而香則過之。消梨，甘，南北各處所出，有味甚美而大至一二斤者。餘如水梨、紫糜梨、赤梨、青梨、棠梨、禦兒梨、花梨、茅梨之類，未聞入藥。丹溪云：梨者，利也，流利下行之謂也。

明・葉文齡《醫學統旨》卷八

梨　氣寒，味甘、微酸。治心煩肺熱，咳嗽消渴，降痰，除客熱。梨者，利也，流利下行之謂也。酒病、消渴人宜之。勿多食，令人寒中。金瘡、產婦並血虛者戒之。

明・許希周《藥性粗評》卷三　從流下而忘反，可遠梨乎。

梨梨果，其種不一，形之大小，味之甘酢，熟之先後皆雜。然歲時大叚。出山東、河北等處，可啖，且稍益病，餘皆不及。要之假以降火，此外不可多食。餘說《本草》不載。味甘、酸，性寒，無毒。流利下行，降火除熱，去而不反。主治風痰煩熱，欬嗽消渴，霍亂吐痢，驚邪酒毒，利大小便。多食令人寒中，金瘡產婦尤宜戒之，性冷恐停血致他疾。

單方：水毒：偶中水毒濕氣浮腫者，取梨葉一把，杵爛，以酒一二盞漬之，絞服□。眼疼：凡患赤眼胬肉瘡不可忍者，取好梨一枚，切碎，搗絞汁，將黃連二三條，剉，綿裹浸於汁內，候汁黃，仰臥，以錢點目中，神效。客熱潛生：凡五內久覺客熱潛生，尚未見病者，可將好梨日啖數枚，其火自退。小兒疝痛：小兒寒疝腹痛，大汗出者，梨葉一把，煮汁候濃，取出，隨意乘熱啜也，自定。

明・鄭寧《藥性要略大全》卷六

梨木皮　療湯火之傷。味甘、淡，氣寒，無毒。採取陰乾為末，入敷藥，不入湯丸。處處有之。

梨實　除煩熱，止嗽，可吐風痰。〇不宜多食，成冷痢。產婦及金瘡尤不可食。味甘、微酸，氣寒，無毒。

明・陳嘉謨《本草蒙筌》卷七

梨　味甘、微酸，氣寒。無毒。遠近俱生，種類殊別。〇鵝梨出京郡，皮薄漿多，香最佳而味差短；乳梨今呼雪梨出宣城，屬南直隸。皮厚肉實，香不及而味極長。醫家相承，二者為勝。並解酒病除渴，咸止欬嗽消痰。去客熱心經，毆煩熱肺臟。〇消梨蕭縣屬山東產，搗汁主中風失音；鹿梨信州屬山西。生，取皮治瘡癬疥癩。〇桑梨皮蜜煮，潤乾燥咽喉；　紫花梨啖生，卻結熱胸膈。○其他青皮梨、香水梨、棠梨、茅梨，種雖多品，未聞能入藥焉。勿恣啖之，令人寒中。產婦切忌，金瘡弗宜。並屬血虛，故莫悮犯。葉煮可治霍亂，亦堪作餞療風。

謨按：　梨性冷利，食不益人。酒病彌佳，故稱快菓。食少難卻病，食多則動脾。凡百用之，須當斟酌。丹溪曰：　梨者利也，流利下行之謂也。

明・方穀《本草纂要》卷五　梨　味甘、微酸，氣寒，無毒。除客熱心煩，肺熱咳嗽，腎熱消渴，脾熱生痰，是皆蘊熱之症，惟此劑清凉潤燥之治可也。設若脾虛者勿用，用之反生痰濕也。胃虛勿用，用之反生嘔逆也。傷寒表症未解不可用，用之反表不解也。內寒氣鬱之症不可用，用之反寒鬱盛也。餘症皆然，亦可倣此而例推乎。大抵梨者，利也，流利下行之謂也，又居生冷之中，非蘊熱之至不可食也。然而外科、產科、正骨科俱宜忌。

明・寧源《食鑒本草》卷上　梨　味甘、酸，平。梨者利也，流利下行之謂也。解熱止渴，利大小腸。治火嗽熱喘。多食發金瘡，成冷痢。產婦、乳母忌食之。《廣利方》：　治湯火傷，搗碎傅之，止痛不爛，神效。《梅師方》：　治小兒心經風熱，昏懵燥悶，不能進食。用梨三箇，切碎，以水二升，煎取一升，去柤，入粳米一合，煮粥食之，效。

明・王文潔《太乙仙製本草藥性大全》卷四《本草精義》　梨　舊不著所出州土。今在處有之，遠近俱生，種類殊別。○鵝梨出京郡，皮薄漿多，香最佳，而味差短。○乳梨出宣城，皮薄肉實，香不及，而味極長。醫家相承二者爲勝，其餘水梨、消梨、桀煤梨、赤梨、甘棠梨、禦兒梨之類甚多，俱不聞入藥也。梨葉亦主霍亂吐下，煮汁服，亦可作煎，治卒患赤目努肉，坐臥痛者，取好梨一顆，搗絞取汁，黃連三枚，碎之，以綿裹漬令色變，仰臥注目中。又有紫花梨療心熱，唐武宗有此疾，百醫不效，青城山邢道人以此梨絞汁而進，帝疾遂愈，後復求之，苦無此梨。又江寧府信州出一種小梨，名鹿梨，葉如茶，根如小拇指，彼處人取其皮治瘡癬及疥癩效。八月採。近處亦有，但採其實作乾不聞入藥。

按：　梨性冷利，食不益人，酒病彌佳，故稱快菓。食少難卻病，食多則動脾。凡百用之，須當斟酌。丹溪曰：　梨者，利也，流利下行之謂也。

明・王文潔《太乙仙製本草藥性大全》卷四《仙製藥性》　梨　味甘、微酸，氣寒，無毒。　主治：　消風定燥，逐熱除煩。並解酒病除渴，咸止欬嗽消痰。去客熱心經，毆煩熱補臟。　消梨　蕭縣屬山東產，搗汁主中風失音。　鹿梨　信州生，取皮治瘡癬疥癩。　桑梨皮　蜜煮，潤乾燥咽喉。　紫梨花　啖生卻結熱胸膈。○其他青皮梨、香水梨、棠梨、藻梨，種雖多品，未聞入藥焉。勿恣啖之，令人寒中，產婦切忌，金瘡弗宜，並屬血虛，故莫悮犯。葉煮可治霍亂，亦堪作餞療風。　補註：　治霍亂心痛，利無止，取葉枝一大握，水貳升，煎取一升服；　又云：　正月、二月勿食梨。○小兒寒疝腹痛，大汗出，濃煮梨葉汁七合頓服，以意稍息，可作三四度飲之。○小兒心臟風熱，昏懵躁悶，不能食，用三枚，切以水二升，煮取汁一升，去滓，入粳米一合煮服。○蠼螋尿瘡，黃水出，嚼梨汁傅之，乾即易。○中水毒，取葉一把，熟杵，以酒一盞攪服之。○卒欬嗽，以一顆，刺作五十孔，每孔內以椒一粒，以麵裹，於熱火灰中煨令熱，出待冷去椒食之。又方：　去核，內酥蜜麵裹，燒令熟食之。又取梨肉，內酥中煎，停冷食，搗汁一升，酥一兩，蜜一兩，地黃汁一升，緩火煎，細細含咽。凡治嗽，皆須待冷，喘息後方食，熱食反傷矣，令嗽更極不可救。如此者，可作羊肉湯餅飽食之，使臥少時。胸中痞塞熱結者，可多食好生梨即通。○卒闇風，失音不語者，生搗取汁一合頓服之，日再服止。

明・皇甫嵩《本草發明》卷四　棃下品。味甘，寒，微酸，無毒。　發明曰：　棃者，利也。性冷利，流利下行也。所賴以滋益者，味甘寒能潤心肺耳。故解酒病，除渴，消痰止嗽，去熱客心經，肺臟煩熱。凡棃類，多啖令人寒中。產婦與金瘡並屬血虛，與脾虛者忌之。○鵝棃，出東郡。皮薄漿多而香，味差短。○乳棃，名雪棃，南直出。皮厚肉實，香不及而味長。二棃俱勝，咳嗽熱風痰多用之。○消棃，出山東。味酸、甘，寒。主客熱，中風失音，傷寒發熱，解石熱驚邪，咳嗽，消渴，利二便。○鹿棃，出信州，取皮，治瘡癬疥癩。○紫花棃，除胸膈熱結。其他青皮棃者、香水棃、棠棃並不入藥。

明・李時珍《本草綱目》卷三〇果部・山果類　梨《別録》下品

【釋名】快果　果宗　玉乳　蜜父震亨曰：　梨者，利也。其性下行流利也。弘景曰：　梨種殊多，並皆冷利，多食損人，故俗人謂之快果，不入藥用。　【集解】頌曰：　梨處處皆有，而種類殊別。醫方相承，用乳梨、鵝梨。乳梨出宣城，皮厚而肉實，其味極長。鵝梨河之南北州郡皆有之，皮薄而漿多，味差短，其香則過之。其餘水梨、消梨、紫糜梨、赤梨、青梨、茅梨、甘棠梨、禦兒梨之類甚多，俱不入藥也。一種桑梨，惟堪蜜煮食之，止口乾，生食不益人，冷中。又有紫花梨，療心熱。唐武宗有此疾，百藥不效。青城山邢道人以此梨絞汁進之，帝疾遂愈。復求之，不可得。常山郡忽有一株，因緘封以進。帝多食之，解煩燥殊效。歲久木枯，不復有種，今人不得而用之矣。時珍曰：梨樹高二三丈，尖葉光膩有細齒，二月開白花如雪六出。上巳無風則結實必佳。故古語云：上巳有風梨有蠹，中秋無月蚌無胎。賈思勰言梨核每顆有十餘子，種之惟一二子生梨，餘皆生杜，此亦一異也。杜即棠梨也。梨品甚多，必須棠梨、桑樹接過者，則結子早而佳。梨有青、黄、紅、紫四色。乳梨即雪梨，鵝梨即綿梨，消梨即香水梨也。俱爲上品，可以治病。禦兒梨即玉乳梨之訛。或云禦兒一作語兒，地名也，在蘇州嘉興縣，見《漢書註》。其他青皮、早穀、半斤、沙糜諸梨，皆粗澀不堪，止可蒸煮及切烘爲脯爾。一種醋梨，易水煮熟，則甜美不損人也。昔人言梨，皆以常山真定、山陽鉅野、梁國睢陽、齊國臨淄、鉅鹿、弘農、京兆、鄴都、洛陽爲稱。蓋好梨多産於北土，南方惟宣城者爲勝。故司馬遷《史記》云：淮北、滎南、河濟之間，千株梨其人與千户侯等也。又魏文帝詔云：真定御梨大如拳，甘如蜜，脆如菱，可以解煩釋悁。辛氏《三秦記》云：含消梨大如五升器，墜地則破，須以囊承取之。漢武帝嘗種於上苑。此又梨之奇品也。《物類相感志》言：梨與蘿蔔相間收藏，或削梨蒂種於蘿蔔上藏之，皆可經年不爛。今北人每於樹上包裹，過冬乃摘，亦妙。

實　【氣味】甘、微酸，寒，無毒。多食令人寒中萎困。金瘡、乳婦、血虛者，尤不可食。志曰：《别本》云：梨：甘寒，多食成冷痢。桑梨：生食冷中，不益人。

【主治】熱嗽，止渴。切片貼湯火傷，止痛不爛蘇恭。治客熱，中風不語，治傷寒熱發，解丹石熱氣、驚邪，利大小便《開寶》。除賊風，止心煩氣喘熱狂。作漿，吐風痰大明。卒暗風不語者，生擣汁頻服。胸中痞塞熱結者，宜多食之孟詵。潤肺涼心，消痰降火，解瘡毒、酒毒時珍。

【發明】宗奭曰：梨多食動脾，少則不及病，用梨者當斟酌之。惟病酒煩渴人食之甚佳，終不能却疾。慎微曰：孫光憲《北夢瑣言》云：有一朝士見奉御梁新診之，曰：風疾已深，請速歸去。復見鄜州馬醫趙鄂診之，言與梁同，但請多喫消梨，咀齕不及，絞汁而飲。到家旬日，唯喫消梨頓爽也。時珍曰：《别録》著梨，止言其害，不著其功。陶隱居言梨不入藥。蓋古人論病多主風寒，用藥皆是桂、附，故不知梨有治風熱、潤肺涼心、消痰降火、解毒之功也。今人痰病、火病，十居六七。梨之有益，蓋不爲少，但不宜過食爾。按《類編》云：一士人狀若有疾，厭厭無聊，往謁楊吉老診之。楊曰：君熱證已極，氣血消鑠，此去三年，當以疽死。士人不樂而去。聞茅山有道士醫術通神，而不欲自鳴。乃衣僕衣，詣山拜之，願執薪水之役。道士留置弟子中。久之以實白道士。道士診之，笑曰：汝便下山，但日日喫好梨一顆。如生梨已盡，則取乾者泡湯，食滓飲汁，疾自當平。士人如其戒，經一歲復見吉老。見其顔貌腴澤，脉息和平，驚曰：君必遇異人，不然豈有痊理？士人備告吉老。吉老具衣冠望茅山設拜，自咎其學之未至。此與《瑣言》之説彷彿。觀夫二條，則梨之功豈小補哉？然惟乳梨、鵝梨、消梨可食，餘梨則亦不能去病也。

【附方】舊六，新三。

消渴飲水：用香水梨、或鵝梨、或江南雪梨皆可，取汁以蜜湯熬成瓶收。無時以熱水或冷水調服，愈乃止。《普濟方》。　卒得咳嗽：頌曰：崔元亮《海上方》用好梨去核，擣汁一椀，入椒四十粒，煎一沸去滓，納黑餳一大兩，消訖，細細含嚥立定。詵曰：用梨一顆，刺五十孔，每孔納椒一粒，麪裹灰火煨熟，停冷去椒食之。又方：去核納酥、蜜，麪裹燒熟，冷食。又方：切片，酥煎食之。又方：擣汁一升，入酥、蜜各一兩，地黄汁一升，煎成含嚥。凡治嗽須喘急定時冷食之。若熱食反傷肺，令嗽更劇，不可救也。若反，可作羊肉湯餅飽食之，即佳。　痰喘氣急：梨剜空，納小黑豆令滿，留蓋合住紮定，糠火煨熟，擣作餅。每日食之，至效。《摘玄》。　暗風失音：生梨擣汁一盞飲之，日再服。《食療本草》。　小兒風熱：昏懵躁悶，不能食。用消梨三枚切破，以水二升，煮取汁一升，入粳米一合，煮粥食之。《聖惠方》。　赤目弩肉：日夜痛者。取好梨一顆擣絞汁，以綿裹黄連片一錢浸汁，仰卧點之。《圖經》。　赤眼腫痛：鵝梨一枚擣汁，黄連末半兩，膩粉一字，和勻綿裹浸梨汁中，日日點之。《聖惠》。　反胃轉食：藥物不下。用大雪梨一個，以丁香十五粒刺入梨内，濕紙包四五重，煨熟食之。《總録》。

花　【主治】去面黑粉滓時珍。方見李花下。

葉　【主治】霍亂吐利不止，煮汁服。作煎，治風蘇恭。治小兒寒疝蘇頌。擣汁服，解中菌毒吴瑞。

【附方】舊三，新一。

小兒寒疝：腹痛大汗出。用梨葉濃煎七合，分作數服，飲之大良。此徐王《經驗方》也。《圖經本草》。　中水毒病：初起頭痛惡寒，拘急心煩。用梨葉一把擣爛，以酒一盞攪飲。《篋中方》。　蠼螋尿瘡：出黄水。用梨葉汁塗之。乾即易。《篋中方》。　食梨過傷：梨葉煎汁解之。《黄記》。

木皮　【主治】解傷寒時氣時珍。

【附方】新四。

傷寒温疫：已發未發。用梨木皮、大甘草各一兩，黄秫穀一合，爲末，鍋底煤一錢。每服三錢，白湯下，日二服，取愈。此蔡醫博方也。黎居士《簡易方》。　霍亂吐利：梨枝煮汁飲。《聖惠》。　氣積鬱冒：人有氣從臍左右起上衝，胸滿氣促，鬱冒厥者。用梨木灰、伏出鷄卵殼中白皮、紫(苑)〔菀〕、麻黄去節，等分爲末，糊丸梧子大。每服十丸，酒下。亦可爲末服方寸匕，或煮湯服。《總録》。　結氣欬逆：三十年者服之亦瘥。方同上。

題明·薛己《本草約言》卷二《藥性本草》　梨　梨者，利也。性冷利，流利下行也。所賴以滋益者，味甘寒能潤心肺耳。故除渴消痰止嗽，多啖令人寒中。産後與金瘡並屬血虛，與脾虛者忌之。

明·梅得春《藥性會元》卷中　梨　味甘，微酸，氣寒，無毒。　主治心煩，肺熱咳嗽，消渴，降痰，除客熱。梨者利也，能流利下行，消酒。多食令人寒中。若乳婦、金瘡忌之，血虛人宜少用。

明·穆世錫《食物輯要》卷六　水梨　味甘、微酸，性寒，無毒。解惡瘡毒，潤肺涼心，消痰止嗽，解酒渴，利二便。多食，令人寒中動脾。產後血虛者、金瘡者、冷瀉者，勿食。《延壽書》云：一梨大如斗，達之朝貴，食者皆死，因樹下聚毒蛇，熱極而生者。凡奇異之物，忌食。

明·李中立《本草原始》卷七　梨　今處處皆有，而種類殊別。乳梨出宣城，皮厚而肉實，其味極長。鵝梨出近京州郡及北都，皮薄而漿多，味差短於乳梨，其香過之。醫家相承，二者為勝。其餘消梨、水梨、鹿梨、紫花梨、赤梨、桑梨、青梨、香水梨、棠梨、茅梨、禦兒梨之類，並不入藥。震亨曰：梨者，利也，其性下行流利也。　實：　氣味：甘、微酸，寒，無毒。多食令人寒中，金瘡、乳婦尤不可食。主治：熱嗽，止渴。切片貼湯火傷，止痛不爛。○治客熱，中風不語。治傷寒熱發，解丹石熱氣驚邪，利大小便。○除賊風，止心煩氣喘熱狂。作漿，吐風痰。○卒暗風不語者，生擣汁頻服。胸中痞塞熱結者，宜多食之。○潤肺涼心，消痰降火，解瘡毒、酒毒。　葉：　主治：霍亂吐利不止，煮汁服。作煎治風。○治小兒寒疝。○擣汁服，解中菌毒。

《別錄》云：梨，甘，寒。多食成冷痢。桑梨，生食冷中，不益人。梨，《別錄》下品。【圖略】乳梨、鵝梨重六七兩者佳。皮上有小斑點。《物類相感志》言：梨與蘿蔔相間收藏，或削梨蒂種於蘿蔔上藏之，皆可經年不爛。【略】

明·張懋辰《本草便》卷二　梨　味甘、微酸，氣寒。除客熱心煩，肺熱咳嗽，消渴。梨者，利也，流利下行之謂也。酒病煩渴人宜之。勿多食，令人寒中。金瘡、乳婦尤不可食。

明·吳文炳《藥性全備食物本草》卷二　梨　味甘、微酸，性寒，無毒。丹溪云：梨者，利也，流利下行之謂也。酒病煩渴者宜。多食動脾，令人中寒下利。產婦、金瘡並血虛者戒之。消風定燥，逐熱除煩，並解酒病，除渴，咸止咳嗽，消痰，去客熱心經，敺煩熱肺臟。

消梨　出山東蕭縣，擣汁主中風失音。　鹿梨　出信州，取皮治瘡癬疥癩。　桑梨皮　蜜煮潤乾燥咽喉。　紫梨花　生啖卻熱結胸膈。　又有青皮梨、香水梨、棠梨、桑梨皆不入藥，勿多啖，令人寒中，孕婦臨月食之易產。

葉　主霍亂吐利不止，煮汁飲之；　亦治小兒寒疝腹痛汗出。

樹皮　治瘡癬疥癩，取一束煎湯浴之甚効。《延壽書》云：一梨大如斗，達之朝貴，食者皆死，因樹下聚毒蛇，熱極而生者，凡奇異之物忌食。

海棠梨　味酸、甘，平，無毒，止瀉痢。花似紫綿色者為正，餘皆棠梨。

明·趙南星《上醫本草》卷二　梨　一名快果，一名玉乳。震亨曰：梨者，利也。其性下行流利也。紫花梨療心熱。唐武宗有此疾，百藥不效。青城山邢道人以此梨絞汁進之，帝疾遂愈，復求之不可得。常山郡忽有一株，因緘封以進帝。多食之，解煩燥，殊效。歲久木枯，不復有種，今人不得而用之矣。魏文帝詔云：直定御梨大如拳，甘如蜜，脆如菱，可以解煩釋悁。辛氏《三秦記》云：含消梨大如五升器，墜地則破，須以囊承取之，漢武帝嘗種於上苑。此又梨之奇品也。《物類相感志》言：梨與蘿蔔相間收藏，或削梨蒂種於蘿蔔上藏之，皆可經年不爛。今北人每於樹上包裹，過冬乃摘，亦妙。【略】然惟乳梨、鵝梨、消梨可食，餘梨則亦不能去病也。　甘、微酸，寒，無毒。主治：　熱嗽，止渴。切片貼湯火傷，止痛不爛。　多食，令人寒中萎困。金瘡、乳婦、血虛者尤不可食。志曰：《別本》云，梨甘寒，多食成冷痢。桑梨生食，冷中不益人。

附方　消渴飲水：　用香水梨，或鵝梨，或江南雪梨皆可，取汁，以蜜湯熬成，瓶收。無時以熱水或冷水調服，愈乃止。　卒得欬嗽：　頌曰：　崔元亮《海上方》用好梨去核，擣汁一椀，入椒四十粒，煎一沸，去滓，納黑餳一大兩，消訖，細細含嚥，立定。詵曰：　用梨一顆，刺五十孔，每孔納椒一粒，麪裹，灰火煨熟，停冷，去椒，食之。　虛損風疾：　接命丹，治男婦氣血衰弱，痰火上升，虛損之證。又治中風不語，左癱右緩，手足疼痛，動履不便，飲食少進。諸證用人乳二盃，香甜白者為佳，以好梨汁一盃，和勻，銀石器內頓滾，每日五更一服，能消痰補虛，生血延壽。此乃以人補人，其妙無加。

明·李中梓《藥性解》卷一　梨　味甘，性寒，無毒，入心、肺二經，主心經客熱，肺臟煩熱，止嗽消痰，清喉降火，解渴除煩，消風潤燥。　按：　梨之入心經，所謂以甘瀉之是也。火清而金不受爍，故亦入肺經。性冷而利，多食損脾。丹溪曰：　梨者利也，流利下行之謂也。乳婦及金瘡忌用。

明·繆希雍《本草經疏》卷二三　梨　味甘、微酸，寒。多食令人寒中。

金瘡、乳婦尤不可食。

〖疏〗梨成於秋，花實皆白，其得西方之陰氣者乎！ 味甘微酸，氣寒無毒。入手太陰，兼入足陽明經。《別錄》著梨，止言其害，不敘其功。陶隱居言梨不入藥。蓋古人論病，多主於風寒外邪，以溫熱為補，藥多桂、附。凡冷利之物，輟而不用也。不知時運迭降，稟受遞殊。今時之人，火病、熱病、痰病，往往皆是。梨能潤肺消痰，降火除熱，故蘇恭主熱嗽，止渴，貼湯火傷，治客熱，中風不語，傷寒寒熱，解丹石熱氣，驚邪，利大小便。大明主賊風，心煩，氣喘，熱狂。孟詵主胸中痞塞熱結等，誠不可闕者也。本經言多食令人寒中者，以其過於冷利也。乳婦、金瘡不可食者，以血得寒則凝而成瘀為病也。凡人有痛處，脈數無力，或發渴，此癰疽將成之候，惟晝夜食梨，可轉重為輕。膏粱之家，厚味釀酒，縱恣無節，必多痰火卒中。癰疽之病，數食梨，可變危為安。功難盡述。 〖主治參互〗梨汁，同霞天膏、竹瀝、童便，治中風痰熱。 同人乳、蔗漿、蘆根汁、童便、竹瀝，治血液衰少，漸成噎膈。 《普濟方》消渴飲水，用香水梨，或鵝梨、雪梨皆可，取汁以蜜和熬成膏，瓶收。不時白湯調服一二匙。 崔元亮《海上方》卒得咳嗽，用上好梨去核，搗汁一椀，入椒四十粒，煎一沸，去滓，納黑餳一大兩，消訖，細細含嚥，立定。 《食療本草》暗風失音，搗梨汁一盞飲之，日再服。 《聖惠方》小兒風熱，昏懵躁悶，不能食。用消梨三枚切破，以水二升，煮取汁一升，入粳米一合，煮粥食之。 治小兒內熱，痰壅喉間吐不出，或因驚熱生痰，或因風熱生痰。取梨汁時時與之，加牛黃分許，神效。 《圖經》赤目努肉，日夜痛者，取好梨一顆搗絞汁，以黃連切片一錢浸汁內，取汁，仰臥點之。 《聖濟總錄》反胃轉食，藥物不下。用大雪梨一箇，以丁香十五粒，刺入梨內，濕紙包四五重，煨熟，去丁香，食之。 〖簡誤〗肺寒欬嗽，脾家泄瀉，腹痛冷積，寒痰痰飲，婦人產後，小兒痘後，胃冷嘔吐及西北真中風證，法咸忌之。

明・倪朱謨《本草彙言》卷一五 梨 味甘、酸，氣寒，無毒。陰也，沉也，降也。 李氏曰： 梨樹高二三丈，尖葉、光膩有細齒。二月開白花如雪，六出。上巳日無風則結實必佳。故古語云： 上巳有風梨有蠹，中秋無月蚌無胎。梨核每顆有十餘子，種之惟一二子生梨，餘皆生杜，亦一異也。杜，即棠梨也。梨品甚多，必須棠梨、桑樹接過，則結子佳。梨有青、黃、紅三色，有雪梨，綿梨，消梨三種爲上品，可以治病。第一雪梨，出蘇州幷嘉興。其他青皮、早穀、半觔、沙糜諸梨，皆麤澀不堪，止可蒸煮及切烘爲脯。一種醋梨，極酸，換水煮熟則甜美可食。昔人言梨皆以常山真定、山陽巨野、梁國睢陽、齊國臨淄、鉅鹿、弘農、京兆、鄴都、洛陽諸處，然好梨多產北土，南方惟宣城者爲勝。凡存梨，北人於樹上包裹，過冬乃摘尤玅。司馬遷《史記》云： 淮北、滎南、河濟之間，千株梨，其家與千戶侯等也。又真定御梨，大如拳，甘如蜜，脆嫩如鮮菱，食之可以解煩釋悁。又《三秦記》云： 漢武帝上苑含消梨，大如五升器，墜地則破，須以囊承取之，此又梨之奇品也。入藥惟以雪梨、綿梨、消梨可用，餘色梨則亦不能治病也。

雪梨： 潤肺凉心，時珍消痰降火之藥也。《開寶》方： 治積熱中風不語，解傷寒裏熱枯燥，煩喘不寧，雜證熱結，二便不利，搗汁飲之立驗。如中酒病，及丹石、煙火、煤火，併一切熱藥作患者，啖之立解。此果中之甘露子，藥中之聖醍醐也。李氏曰： 《別錄》著梨，止言其害，不言其功。醫書有執法偏拗者，大都如此。蓋古人論病，多主風寒，用藥皆是桂附故爾。今人痰病、火病十居六七，梨能潤肺凉心，消痰降火，大有解熱毒之功，滋益于人，豈淺小哉？ 陶隱居棄之，竟不入藥，此賢哲之一失也。朱氏東生曰： 梨者，利也，其性下行流利也。如產婦、金瘡、痢疾人，切不可食，食之多致危殆。如胃寒腸滑不實者，肺冷寒痰作嗽者，腹中有久病冷積氣塊者，小兒痘後患吐瀉者，法咸忌之。

集方： 《普濟方》治心肺鬱熱，消渴飲水。用雪梨五十枚搗汁，慢火熬成膏，以煉白蜜減半收之，貯瓶中，不時以熱湯調服十餘茶匙。○《方脉正宗》治內熱卒中不語。以雪梨汁半盞，和薑汁半盞調灌。○《食性本草》治火鬱咳嗽。用雪梨生啖，一二個即止。又不可多食。○《聖濟總錄》治反胃吐食，藥物不下。用大雪梨，以囫圇丁香七粒，刺入梨內，濕紙包四五重，火內煨熟，去丁香，只食梨。○《方脉正宗》治小兒內熱，痰壅喉間吐不出，或因驚熱生痰，或因風熱生痰，取雪梨汁時時與之，或加牛黃數釐更玅。○治食梨過傷，以梨葉煎汁飲即解。

玄霜雪梨膏： 治咯血吐血，咳血嗽血，及勞心動火，勞嗽吐痰久不愈者。此膏生津止渴，化痰止嗽，清血潤燥。用甜雪梨六十個去心，味酸者勿用，白蘿蔔五觔，百合、茅根、嫩藕、鮮生地黃各二觔，鮮枇杷葉二百片刷去毛，白果肉一百個，共八味，俱入石臼內搗爛取汁，重濾去渣，將清汁入鍋內，慢火煎煉將稠，十減去七，再入砂鍋，慢火熬，十減去九，入煉過白蜜十二兩，飴糖四兩，再慢熬如稀糊，則成膏矣。每日不拘，挑數茶匙，米湯調服。

明・應麐《食治廣要》卷四 梨 氣味：甘，微酸，寒，無毒。治熱嗽，止渴。解傷寒熱渴、丹石毒氣，潤肺涼心，消痰降火。切片貼湯火傷，止痛不爛。多食令人寒中萎困。金瘡、乳婦、血虛者，尤不可食。陶弘景曰：種類殊多，並皆冷利，多食損人，俚俗謂之快果，不入藥用。丹溪曰：梨者，利也。其性下行流利也。

明・姚可成《食物本草》卷八果部・山果類 梨梨處處有之，而種類殊別。宣城出者曰乳梨，皮厚而肉實，其味極美。一曰鵝梨者，南北州郡皆有，皮薄而漿多，味差短，其香則過之。其餘水梨、消梨、紫糜梨、赤梨、青梨、茅梨、甘棠梨、禦兒梨之類甚多。一種桑梨，惟堪蜜煮食之，止口乾，生食不益人，冷中。又有紫花梨，療心熱。唐武宗有此疾，百藥不效。青城山邢道人以此梨進，絞汁服之，帝疾遂愈。復求之，不可得。常山郡忽有一株，因緘封以進。帝多食之，解煩燥殊效。歲久木枯，不復有種，今人不得而用之矣。〇李時珍曰：梨樹高二三丈，尖葉光膩有細齒，二月開白花六出。上巳無風則結實必佳。故古語云：上巳有風梨有蠹，中秋無月蚌無胎。梨核每顆有十餘子，種之惟一二子生梨，餘皆生杜，此亦一異也。杜即棠梨也。梨品甚多，必須棠梨、桑樹接過者，則結子早而佳。梨有青、黃、紅、紫四色。乳梨即雪梨，鵝梨即綿梨，消梨即香水梨也。俱為上品，可以治病。其他青皮、早穀、半斤、沙糜諸梨，皆粗澀不堪，止可蒸煮及切烘為脯爾。一種醋梨，易水煮熟，則甜美不損人也。昔人言好梨多產於北土，南方惟宣城者為勝。又魏文帝詔云：真定御梨大如拳，甘如蜜，脆如菱，可以解煩釋悁。《三秦記》云：含消梨大如五升器，墜地則破，須以囊承取之。漢武帝嘗種於上苑。此又梨之奇品也。《物類相感志》言：梨與蘿蔔相間收藏，或削梨蒂種於蘿蔔上藏之，皆可經年不爛。今北人每於樹上包裹，過冬乃摘，亦妙。

梨實 味甘，微酸，寒，無毒。治熱嗽，止渴。客熱，中風不語，治傷寒熱發，解丹石熱氣、驚邪。利大小便，除賊風，止心煩氣喘熱狂。潤肺涼心，消痰降火，解瘡毒酒毒。卒暗風不語，生擣汁頻服。胸中痞塞熱結者，宜多食之。作漿，吐風痰。切片貼湯火傷，止痛不爛。多食令人寒中。金瘡、乳婦尤不可食。〇孫光憲《北夢瑣言》云：有一朝士見奉御梁新，診之，曰：風疾已深，請速歸去。復見鄜州馬醫趙鄂診之，言與梁同，但〔請多〕喫消梨，咀齕不及，絞汁而飲。到家旬日，唯喫消梨，頓爽也。〇李時珍曰：《別錄》著梨，止言其害，不著其功。蓋古人論病多主風寒，用藥皆是桂、附，故不知梨有治風熱、潤肺涼心、消痰降火、解毒之功也。今人痰病、火病，十居六七。梨之有益，蓋不為少，但不宜過食爾。按《類編》云：一士人狀若有疾，厭厭無聊，往謁楊吉老診之。楊曰：君熱證已極，氣血消爍，此去三年，當以疽死。士人不樂而去，聞茅山有道士醫術通神，而不欲自鳴。乃衣僕衣，詣山拜之，願執〔薪水〕之役。道士留置弟子中。久之以實白道士。道士診之，笑曰：汝便下山，但一日喫好梨一顆。如生梨已盡，則取乾者泡湯，食滓飲汁，一年自平。士人如其戒，經一歲復見吉老。見其顏貌腴澤，脉息和平，驚曰：君必遇異人，不然豈有痊理？士人備告吉老。吉老具衣冠望茅山設拜，自咎其學之未至。此與《瑣言》之說彷彿。觀夫二條，則梨之功豈小補哉？然惟乳梨、鵝梨、消梨可食，餘梨則亦不能去病也。

花 去面黑粉滓。

葉 擣汁服，解菌毒。治小兒疝。

附方：治消渴飲水。用香水梨、或鵝梨、或江南雪梨皆可，取汁以蜜湯熬成瓶收。不拘時以白湯調服。治反胃吐食，藥物不下。用大雪梨一箇，以丁香十五粒刺入梨內，溼紙包四五重，煨熟食之。治痰火欬嗽，年久不愈。用好梨去核，搗汁一椀，入椒四十粒，煎一沸去滓，納黑餳一兩，細細含嚥即愈。〇又方：用梨一顆，刺五十孔，每孔納椒一粒，麪裹灰火煨熟，停冷去椒食之。〇又方：用梨去核納酥、蜜〔各一兩〕，麪裹燒熟，冷食。〇又方：以梨切片，酥煎食之。〇又方：搗汁一升，入酥、蜜各一兩，地黃汁一升，煎成含嚥。治赤眼腫痛。鵝梨一枚搗汁，黃連末半兩，膩粉一字，和匀，綿裹浸梨汁中，日日點之。治中風失音。生梨搗汁一盞飲之，日再服。

明・顧逢柏《分部本草妙用》卷九果部 梨 甘，微酸，寒，無毒。多食令人寒中萎困。金瘡、乳婦、血瘀者尤不可食。主治：熱嗽，止渴，傷寒煩熱，利大小便，止心煩氣喘熱狂，吐風痰，胸中痞塞。卒暗風不語者，搗汁頻服。時珍謂潤肺涼心，消痰降火，解瘡酒毒。梨多食則動脾，少食可也。惟病酒煩渴者宜之，痰火亦用。

明・孟笨《養生要括・果部》 梨 味甘、微酸，寒，無毒。治熱止渴。切片，貼湯火傷不爛。治客熱中風不語，治傷寒熱發，解丹石熱氣驚邪，利大小便，除賊風，止心煩、氣喘、熱狂。作漿，吐風痰，潤肺涼心，消痰除火，解瘡毒、酒毒。〔反胃轉食：用大雪梨一個，以丁香十五粒，刺入梨內，濕紙包四五重，煨熟，食之。〕痰喘氣急，梨剜空，納小黑〔豆〕令滿，留蓋繫定糠火煨熟，搗作餅，每日食之至效。用梨一顆，刺五十孔，每孔納椒一粒，麪裹，灰火煨熟，停冷去椒食，治嗽。

明・李中梓《醫宗必讀・本草徵要下》 梨味甘、酸，寒，無毒。入心、肝、脾三經。 外宣風氣，內滌狂煩。消痰有靈，醒酒最驗。人知其清火消痰，不知其散風之妙。生之可清六腑之熱，熟之可滋五臟之陰。按：丹溪云：梨者，利也，流利下行之謂也，脾虛泄瀉者禁之。

明・鄭二陽《仁壽堂藥鏡》卷五 梨 《本草》云：梨：味甘、微酸，寒。出宣城。 丹溪云：梨，渴者宜之。梨者，利也。流利下行之謂也。《食療》謂産婦金瘡人忌之。蓋血虛也，戒之！ 孟詵云：梨除客熱，止心煩。 解酒病，止火嗽，消痰。

明・蔣儀《藥鏡》卷四寒部 梨 降心火而涼喉利膈，清肺熱而蕩嗽滌痰。黃連漬彼汁中，點目努之赤痛。(下)〔丁〕香包煨紙裹，墮反胃之食〔轉〕。

明・施永圖《本草醫旨・食物類》卷三 梨梨種殊多，並皆冷利，多食損人，故俗人謂之快果，不入藥用。 味：甘、微酸，寒，無毒。多食令人寒中萎困。金瘡，乳婦、血虛者，尤不可食。多食成冷痢。 治：熱嗽，止渴。切片貼湯火傷，止痛不爛。治客熱中風不語，治傷寒熱發，解丹石熱氣驚邪，利大小便，除賊風，止心煩，氣喘，熱狂。作漿，吐風痰。卒暗風不語者，生擣汁頻服。胸中痞塞熱結者，宜多食之。潤肺涼心，消痰降火，解瘡毒、酒毒。

附方 痰喘氣急：梨剜空，納小黑豆令滿，留蓋合住，紮定，糠火煨熟，搗作餅，每日食之，至效。暗風失音：生梨擣汁一盞，飲之，日再服。小兒風熱：昏懵躁悶不能食，用消梨三枚，切破，以水二升，煮取汁一升，入粳米二合，煮粥食之。赤目努肉：日夜痛者，取好梨一顆，搗汁，以綿裹黃連片一錢，浸汁，仰臥點之。赤眼腫痛：鵝梨一枚，搗汁，黃連末半兩，膩粉一字，和勻綿裹，浸梨汁中，日日點之。反胃轉食：用大雪梨一箇，以丁香十五粒，刺入梨內，濕紙包四五重，煨熟食之。

花 治：去面黑粉滓。 葉 治：霍亂吐利不止，煮汁服。作煎，治風，治小兒寒疝。擣汁服，解中菌毒。

附方 小兒寒疝：用梨葉濃煎七合，分作數服，飲之大良。中水毒病：用梨葉一把，搗爛，以酒一盞，攪飲。蚘螋尿瘡：出黃水，用梨葉汁塗之，乾即易。食梨過傷：梨葉煎汁，解之。

木皮 治：解傷寒時氣。

明・李中梓《本草通玄》卷下 梨 味甘，寒。 潤肺涼心，消痰降火，止嗽除渴。生者清六腑之熱，熟者滋五臟之陰。 梨者，利也，流利下行之謂也。多食令人寒中發瀉，脾虛者猶禁。

清・顧元交《本草彙箋》卷六 梨 梨者，利也，其性下行流利。凡火熱痰症，用以潤肺涼心，消痰降火，并解瘡毒酒毒、丹石之毒。若脾虛泄瀉腹痛，冷積寒痰，及婦人産後，小兒痘後，胃冷嘔吐，宜忌食之。

梨成於秋，花實皆白，其得西方之陰氣者乎？花後上巳無風，則結實必佳。古語云：上巳有風梨者蠹，中秋無月蚌無胎。 血液衰少，漸成噎膈者，以梨汁同人乳、蔗漿、蘆根汁、童便、竹瀝治之。

清・穆石匏《本草洞詮》卷六 梨 梨者，利也。其性流利下行也。上巳無風乃佳。語云：上巳有風梨有蠹，中秋無月蚌無胎。梨核每顆有十餘子，種之惟一二子生梨，餘皆生杜，亦一異也。杜，即棠梨也。梨樹開白花如雪，六出，好梨多產北土。《史記》云：淮北滎南河濟之間，千株梨，其人與千戶侯等也。則梨與雪同性，北方寒潦，故地氣相宜耳。味甘微酸，氣寒，無毒。主潤肺涼心，消痰降火，解瘡毒、酒毒。《別錄》止言其害。蓋古人論病，多主風寒，用藥皆是桂、附故爾。今人痰病、火病，十居六七，梨之有益不少。

《類編》云：【略】

清・丁其譽《壽世秘典》卷三 梨種類甚多，必須棠梨、桑樹接過者，則結子早而佳。有青、黃、紅、紫四色。乳梨即雪梨，鵝梨即綿梨，消梨即香水梨，俱為上品。其他青梨、赤梨、紫糜梨，皆粗澀不堪。別有野梨名山梨，實大如杏。棠梨如小楝子大，霜後可食，味皆酸澀。《物類相感志》言，梨與蘿蔔相間收藏，可經年不爛。楊升庵云：梨花有二種，瓣圓而舒者，其果必甘；缺而綴者，其果必酸。

氣味：甘、微酸，寒，無毒。主除煩止渴，通胸中痞塞熱結，潤肺涼心，消痰降火，利大小便，解丹石熱毒、酒毒。多食令人寒中，金瘡、乳婦尤不可食。

發明朱震亨曰：梨者利也，其性流利下行也。李時珍曰：《別錄》著梨止言其害，不著其功。陶隱居言梨不入藥。蓋古人論病多主風寒，用藥皆是桂附，故不知梨有治風熱、潤肺涼心、消痰降火、解毒之功也。今人痰病、火病十居六七，梨之有益，蓋不為少，但不宜過食爾。繆希雍曰：《本經》言多食令人寒中者，以其過于冷利也。辛寅遜詩嚼處春冰敲齒冷，嚥時雪液沃心寒是也。凡癰疽將成之候，惟晝夜食梨，可轉重為輕。膏粱之家，厚味釅酒，縱恣無節，必中痰火卒中、癱疽之病，數食梨，可變危為安。如生梨已盡，則取乾者泡湯，食滓，飲汁。胃冷嘔吐者，忌之。

清・劉雲密《本草述》卷一七　梨　時珍曰：惟乳梨、鵝梨、消梨可食，餘梨則亦不能去病也。乳梨即雪梨，鵝梨即綿梨，消梨即香水梨也。

實　氣味：甘、微酸，寒，無毒。

主治：卒暗風不語，生搗汁頻服。解丹石熱氣驚邪，除賊風，吐風痰，止心煩，氣喘熱狂，散胸中痞塞熱結，治熱嗽，止渴潤肺，涼心消痰，降火，解酒毒。《北夢瑣言》曰：【略】《類編》云：【略】《類明》曰：丹溪云中風語濇，聲音不出，用生梨汁，無梨時月用條燒瀝。夫語言不出，熱傷於絡也。梨瀝寒滑，能解絡熱，以其滲灌深入絡中也。小兒科中有梨漿飲以治瘖熱，亦取其寒潤之功。　希雍曰：梨成於秋，花實皆白，其得西方之陰氣者乎。味甘微酸，氣寒，無毒。入手太陰，兼入足陽明經。如諸本草所云，治卒暗風不語，解丹石熱氣驚邪，吐風痰，止心煩，氣喘熱狂，解胸中痞寒熱結，療熱嗽，止渴等證，良不謬也。凡人有痛處，脈數無力，或發渴，此癰疽將成之候，惟晝夜食梨，可轉重為輕。膏粱之家，厚味釅酒，縱恣無節，必多痰火，卒中癱疽之病，數食梨可變危為安。功難盡述。

梨汁同霞天膏、竹瀝、童便，治中風痰熱。　同人乳、蔗漿、蘆根汁、童便、竹瀝，治血液衰少，漸成噎膈。　治小兒內熱痰壅喉間，吐不出，或因驚熱生痰，或因風熱生痰，取梨汁時時與之，加牛黃分許，神效。　痰喘氣急，梨剜空，納小黑豆令滿，留蓋合住，繫定，糠火煨熟，搗作餅，每日食之，至效。

愚按：梨之佳者，多產於北土。而實又結於秋，其華色白而如雪之六出，謂其氣寒也。豈曰不然？第以二月吐華，其色白而片六出，是固稟金氣以吐至陰之秀，即在風木司令之時，而已巋然矣。乃歷夏而秋，復歸金氣以結實，則所以孕育至陰者更厚也。乃前哲不能明其功，而後學頗誦言之。然未有若暗風不語之一證，足以闡其功而廣其用也。夫《經》之言，不語者多屬心腎之虛，是固然矣，但有曰搏陰則為瘖，又曰陽氣重上，有餘於上，炙之則陽氣入陰，入則瘖。若然，則所謂搏陰者，即陽邪之相搏也。《脈要精微論》曰：心脈搏堅而長，當病舌卷不能言。夫心脈搏堅而長者，肝邪乘心也。搏謂弦強，搏擊於手也。統而參之，則所云陽搏陰，當以肝邪為首矣。抑此味何以遽能奏績於茲證哉？曰：心腎雖水火互宅，然每每患於不交，以陰不至於陽也。如陽中有陰，為離中之坎母，則手太陰肺是已。茲味稟金氣以厚育真陰。則陽火不致因風鼓焰。且金氣獨稟，巋然於風木乘權之候，舉風木陽邪，亦且帖然，故陽不能搏陰，而心之主舌者，得司其職，皆此之由也。在孟詵云卒暗風不語，生搗汁頓服之，又《開寶本草》亦云治客熱中風不語，孟詵云治胸中痞塞熱結，而日華子亦曰除賊風，止心煩，氣喘熱狂，即《開寶》亦云解熱氣驚邪，合觀之，則何非陽邪之搏陰，而肝風之為患也哉？故即此一證以思其功，則可以推而盡其用矣。如《瑣言》之云治風，《類編》之言治熱結，不有明徵也乎，是入手太陰及手少陰經？而時珍所謂潤肺涼心，消痰解熱毒，誠不妄也。每簡類中風證亦多用之，豈可以為尋常食品而置之，唯購難得之藥哉？

希雍曰：肺寒咳嗽，脾家泄瀉，腹痛冷積，寒痰痰飲，婦人產後，小兒痘後，胃冷嘔吐，及西北真中風證，法咸忌之。

修治　《物類相感志》言：梨與蘿蔔相間收藏，或削梨蒂種於蘿蔔上藏之，皆可經年不爛。今北人每於樹上包裹，過冬乃摘亦妙。

清・郭章宜《本草匯》卷一四　雪梨　甘，寒，入手太陰、少陰、足陽明、厥陰經。涼心潤肺，降火消痰。痞塞結胸者熱結為宜。擣汁飲，醒酒狂煩者滌之良。生清六腑之熱，熟滋五臟之陰。

按：梨成于秋，花實皆白，其得西方之陰氣者乎。《別錄》止言其害，不著其功。陶隱居言梨不入藥。蓋古人論病多主風寒外邪，用藥以溫熱為補，而不知梨有散風熱，潤肺涼心，消痰降火解毒之功也。雖其性下行流利，然時運迭降，稟受遞殊，今人火熱痰病十居六七，梨皆能潤，其益不少。但不可過食耳。尤宜于病酒煩渴，然多食令人寒中。若脾虛泄洩，寒疾嘔吐，及西北真中風證，法咸忌之。餘梨不去病。

清・尤乘《食鑒本草・果類》　梨　種不一，性俱冷利。多食有損，金瘡、乳婦、血虛人尤忌。治熱嗽煩渴，中風不語，傷寒發熱，解丹石毒、酒毒、瘡毒。切片貼湯火傷，止痛不爛。汁吐風痰，暗風不語。生搗汁頻服，胸中熱結痞塞者亦宜之。

清・朱本中《飲食須知・果類》　梨　味甘、微酸，性寒。多食令人寒中，損脾萎困。金瘡、乳婦、產後血虛者，勿食。生食多成冷痢。梨與蘿蔔相間收藏，或削梨蒂，種於蘿蔔上藏之，皆可經年不爛。今北人每於樹上包裹，過冬乃摘，亦妙。

清·何其言《養生食鑒》卷上 梨種類甚多，用冬月山東來者及粵中夏月出味不苦澁者，為可入藥。 味甘、微酸，性寒，無毒。解惡瘡毒，潤肺涼心，消痰止嗽，解酒渴，利大小便，除客熱，止心煩，通胃中痞塞熱結。多食令人寒中動脾。產後血虛者、金瘡者、冷瀉者，忌食。

清·王翃《握靈本草》卷七 梨梨種殊多，乳梨、鵝梨出宣城及河之南北，餘不入藥。 主治：梨，甘、微酸，寒，無毒。主潤肺，涼心，消痰降火，解瘡毒、酒毒。

清·汪昂《本草備要》卷三 梨潤腸，瀉火清熱。 甘、微酸，寒。潤肺涼心，消痰降火，止渴解酒，利大小腸。治傷寒發熱，熱嗽痰喘，中風失音。搗汁頻服。《聖惠方》梨汁煮粥，治小兒心藏風熱昏躁。切片，貼湯火傷。多食冷利，脾虛泄瀉及乳婦血虛人忌之。生者清六府之熱，熟者滋五藏之陰。實火宜生，虛火宜熟。《泊宅編》：有仕宦病消渴，醫謂不過三十日死，亟棄官歸。途遇一醫，令致北梨二擔，食盡則瘥。宦如其言，食及五六十枚而病愈。楊吉老介醫術甚著，一士有疾，厭厭不聊，往謁之。楊曰：汝症熱已極，氣血全消，三年當以疽死，不可爲也。士不樂而退。聞茅山一道士，醫術通神，但不肯以技自名。乃衣僮仆之服，詣山拜之，願執役席下。道士喜留，祗事左右。歷兩月久，覺其與常隸別，扣所從來，再拜謝過，始以實告。道士笑曰：世間那有醫不得的病？試診脉，又笑曰：吾亦無藥與汝，便可下山買好梨，日食一顆。梨盡，取乾者泡湯，和滓食之，疾自當平。士人如戒。經一歲，復見吉老，顏貌腴澤，脉息和平。驚曰：君必遇異人！士人以告。楊衣冠焚香，望茅山設拜。蓋自咎其學之未至也。 搗汁用，熬膏亦良。加薑汁、蜂蜜佳，清痰止嗽。與萊菔相間收藏則不爛，或削梨蒂扦萊菔上。

清·顧靖遠《顧氏醫鏡》卷八 梨甘，寒。入心脾肝三經。生用清熱，熟用滋陰。不酸者良。 潤肺涼心，降火消痰。定咳嗽而止氣喘，潤肺降火，消痰之功。除心煩而療熱狂。涼心降火之力。去胸熱痞塞，去胸中之熱結而痞塞除。治胃火嘔吐。降胃家之火，而嘔吐遂安。止消渴而利大腸，其性流利下行，故能利大便。解酒毒而貼火傷。亦能解瘡毒，金石熱氣，切片貼湯火之傷，止痛不爛。治大人暗風失音不語，內熱生風，所謂內虛暗風是也。痰火壅塞上竅，故失音。療小兒風熱昏蒙躁悶。由風熱生痰，熱痰壅塞，故昏迷躁悶。若因驚熱生痰，亦用之。預食而防癰疽之將發，凡人有痛處，口渴脉數，此癰疽將成之候，惟晝夜食梨，可轉重為輕。膏粱之家，厚味釀酒，縱恣無節，必多痰火，卒中癰疽之病，常食梨可免。頻食而救噎膈之垂成。血液衰少，漸成噎膈者，同人乳、蔗漿、蘆根汁、竹瀝、童便飲之。 時珍云：古人論病，多主風寒，用藥皆是桂、附，故不著其功。令人痰病十居六七，梨之能潤肺涼心，降火消痰，解毒治風熱，誠為今時之要品，不可闕者也。脾虛溏瀉者，勿用。

清·李熙和《醫經允中》卷二二 梨 多食令人寒中。金瘡產婦血瘀者，尤不可食。 甘、微酸，寒，無毒。主治熱嗽消渴，傷寒煩熱，利大小便，潤肺涼心，消痰降火，解酒毒。多食則動脾，寒中發瀉。惟病酒煩熱者宜之，火痰亦用。

清·馮兆張《馮氏錦囊秘錄·雜症痘疹藥性主治合參》卷八 梨梨成於秋，花實皆白，得西方之陰氣者乎。味甘、微酸，氣寒，無毒。與萊菔相間收藏，則不朽爛。入手太陰、足陽明經。主胸中痞塞熱結，治客熱中風不語，解丹石熱氣驚邪。利大小便，止渴。貼湯火傷瘡，止熱嗽痰欬，潤肺消痰，降火除熱。膏粱之家，厚味釀酒，縱恣無節，必多痰火癰疽。卒中之患，惟數食梨，能轉重為輕，可消靡於無事。但多食寒中，以其過於冷利也。乳婦血瘀不可食者，以血得寒則凝，而成瘀為病也。同人乳、蔗漿、蘆根汁、童便、竹瀝，治血液衰少，漸成噎膈。【略】

梨，外宣風氣，內滌狂煩。生之可清六腑之熱，熟之可滋五臟之陰。解酒病，除渴止咳嗽，消痰去客熱心經。除煩熱肺臟，潤乾燥咽喉，却結熱胸膈。但性流利氣寒，多食動脾，令人寒中下利。產婦、虛人，並宜切忌。

主治痘疹合參：除客熱心煩，肺熱消渴，流利下行。

清·张璐《本經逢原》卷三 梨 甘微酸，寒，無毒。 發明：《別錄》著梨，止言其害，不錄其功。蓋古人論病，多主傷寒客邪，若消痰降火，除客熱，止心煩，梨之有益，蓋亦不少。近有一人患消中善飢，諸治罔效，因煩渴不已，恣啖梨不輟，不藥而瘳。一婦鬱抑成勞，欬嗽吐血，右側不得貼席者半年，或令以梨汁頓熱服盞許，即時吐稠痰結塊半盂，是夜便能向右而臥，明日復飲半盞，吐痰如前，已後飲食漸增。雖尋常食品，單刀直入可以立破沉疴。而梨之種類最多，惟乳梨、鵝梨、消梨可以療病。然須審大便實者方可與食。元氣虛者，不慎而悞啖之，往往成寒中之患，豈可概謂食之有益乎？

清·汪啟賢等《食物須知·諸果》 梨 味甘、微酸，氣寒，無毒。遠近俱生，種類殊別。 鵝梨 出京郡，皮薄漿多，香最佳而味差短。 乳梨 今呼為雪梨，出宣城，屬南直隸。皮厚肉實，香不及而味極長。醫家相承，二者為勝。並解酒病除渴，咸止咳嗽消痰。 去熱心經，驅煩熱肺臟。 消梨 蕭縣產，搗汁，主中風失音。 桑皮梨 蜜煮，潤乾燥咽喉。 梨名雖多，勿恣啖之，令人寒中。產婦切忌，金瘡弗宜。並屬血虛，故莫誤犯。按：梨性冷利，食不益人。酒病彌佳，故稱快菓。食少難卻病，食多則動脾。凡百用之，須當斟酌。丹溪曰：梨者，利也，流利下行之謂也。

清・浦士貞《夕庵讀本草快編》卷四　梨《別録》、玉乳　梨者，利也。玉乳，美其形味。梨稱快果，甘寒流利之物也。潤心肺而清痰火，化胸熱而解諸瘡，火眼卒中，消渴酒毒者，宜之。生可以清六府之熱，熟可以滋五藏之陰。昔唐武宗曾患心熱，飲梨汁而痊。馬醫趙鄂治一朝士風痰，令食消梨而愈。二者驗之，未嘗無補於治也。《別録》不著其功，弘景不收入藥，亦欠審矣。況今人風痢火病，十居八九用梨治之，深為對症，豈昧於古而利於今耶？但脾胃素弱，產後血虛，榮怯體衰，似有假熱者宜忌。

清・葉盛《古今治驗食物單方》　秋梨　消渴，取梨汁同蜜熬膏，點服之。　火咳嗽，傷肺失血、吐痰，每日以梨一枚或二枚，埋于馬料荳鍋中煮熟，不時切片含咽，不過半月全愈。　又梨汁一碗，入椒四十九粒，煎一滾去渣，入飴糖一兩化訖，細細含咽，可治因寒咳嗽。　反胃，大梨一個，丁香十五粒，刺入梨內，濕紙包，煨熟而引，能使食也。

清・王子接《得宜本草・下品藥》　梨　味甘、微酸。主治熱嗽止渴，潤肺涼心。得黑穭豆治痰喘氣急，得丁香治反胃轉食。

清・黃元御《玉楸藥解》卷四　青梨　味甘、酸。入手太陰肺經。清心涼肺，止渴消痰。青梨甘寒清利，涼心肺煩熱，滋藏府燥渴，洗滌涎痰，疏通鬱塞，滋木清風，泄火敗毒。治風淫熱鬱欲作癱瘓、癰疽之病。陰旺土濕者忌之。泄胃滑腸，不可恣食。上熱者取汁溫服。點眼病赤腫胬肉。

清・吳儀洛《本草從新》卷四　梨〔涼心潤肺，利大小腸。〕以下山果類。　甘，寒，微酸。涼心潤肺，利大小腸，丹溪曰：梨者利也，流利下行之謂也。止嗽消痰，清喉降火，生之可清六腑之熱，熟之可滋五臟之陰。實火宜生，虛火宜熟。除煩解渴，潤燥消風，人知其清火消痰，不知其散風之妙。醒酒解毒。《經疏》曰：膏粱之家，厚味釃酒，縱肆無節，必多痰火、癰疽、卒中之患，唯數食梨，能轉重為輕，變危為安。治傷寒發熱，熱嗽痰喘，中風失音。搗汁頻服。《聖惠方》梨汁煮粥，治小兒心臟風熱昏躁。切片，貼湯火傷。脾虛泄瀉、乳婦及金瘡忌用。搗汁用，熬膏亦良。加薑汁、蜂蜜佳。清痰止嗽。與萊菔相間收藏則不爛。

清・汪紱《醫林纂要探源》卷二　梨　甘，酸，寒。類不一。潤肺收心，利大小腸。能止熱嗽，消痰去喘，止渴除煩，解酒，通水，瀉淤，宜生用，恐過寒。熟之亦效，非生清六腑，熟滋五臟之說。若山樆，多澀則宜熟。多食寒泄。脾虛血虛有積冷者，皆忌。

清・嚴潔等《得配本草》卷六　梨　甘、微酸，寒。潤心肺，利二便。治煩渴，除痰嗽，祛賊風，解酒毒。　配母丁香，治反胃。將丁香入梨內，紙包煨熟，去丁香食之。和小黑豆，治痰喘。和白蜜、薑汁，治痰嗽。和水搗取汁，入粳米煮粥，治小兒心臟風熱昏躁。取汁，以綿裹黃連浸汁，頻點熱眼。　生用，消六腑之熱。熟用，滋五臟之陰。實火，生用。虛火，蒸熟用。湯火傷，搗爛敷之。

梨與萊菔相間收藏，則不爛。　乳婦血虛、脾虛泄瀉，二者禁用。

題清・徐大椿《藥性切用》卷六　水梨　甘寒，清心潤肺，消風利腸。生則可清六府之熱，熟則能滋五藏之陰。瀉火搗汁，滋陰熬膏。生嚼尤能舒泄邪熱。草梨，瀉熱殊少益陰之效，其性尤滑，脾虛泄瀉切忌。

清・黃宮繡《本草求真》卷六　梨瀉胃肺熱結。　梨耑入肺胃。成於秋，花皆白，得西方金氣之最。味苦微酸，氣寒無毒，功耑入肺與胃。凡胸中熱結熱嗽，痰咳便秘，狂煩咽乾喉痛。中風因熱反胃不食。反胃有因熱成，有因寒致，不可不辨。並湯火傷瘡、癰疽目障，丹石熱氣，一切屬於熱成者，惟食梨數枚，即能轉重為輕，消弭於無事。《總録》反胃轉食，藥物不下，用大雪梨一個，以丁香十五粒，刺入梨內，紙裹煨熟。《聖惠方》治小兒風熱，昏懵燥悶不能食。用消梨三枚切破。同粳米煮粥以食。時珍曰：按《類編》云：一士人狀若有疾，厭厭無聊，往謁楊吉老。診之曰：君熱症已極，氣血消爍，此去三年，當以疽死。士人不樂而去，聞茅山有道士，醫術通神，而不欲自鳴。乃衣僕衣，詣山拜之，願執薪水之役，道士留置弟子中，久之，以實白道士。道士診之笑曰：汝便下山，但日日喫好梨一顆，如生梨已盡，則取乾者泡湯，食滓飲汁，疾自當平。士人如其戒，經一歲復見吉老，見其顏貌腴澤，脉息和平。驚曰：君必遇異人，不然豈有痊理。士人備告吉老，吉老具衣冠，望茅山設拜，自咎其學之未至，此與瑣言之說彷彿。觀夫二條，則梨之功，豈小補哉。然惟乳梨、鵝梨、消梨可食，餘梨則亦不能去病也。然必元氣素實，大便素堅，方可與食。宗奭曰：梨多食動脾，少則不及病，用梨者當斟酌之。惟病酒煩渴人，食之甚佳，終不能却疾。若使元氣虛弱，誤啖多致寒中。蓋梨是冷利之物，服之中益寒冷，金瘡乳婦，亦忌投服，恐血得寒益凝，豈可概謂能食而不審而別之乎？搗汁熬膏良，薑汁蜜製，清痰止嗽，用萊菔與梨相間收藏，則不爛。

清・李文培《食物小錄》卷上　梨　甘，平，微酸，寒，無毒。潤涼心肺，消痰降火，解瘡毒、酒毒。　時珍曰：《別錄》著梨祇言其害不著其功，《陶隱居》言梨不入藥。蓋古人論病多主風寒，用藥皆是桂附，故不知梨治風熱，潤肺涼心，消痰降火，解毒之功也。今人痰病，火病十居六七，梨之有益蓋不為少，但不宜過食耳。《類編》云：【略】

清·羅國綱《羅氏會約醫鏡》卷一七菓部　梨　味甘酸，寒，入心、肝、脾三經。

潤肺消痰，降火除熱，外可散風，人知清熱，不知散風之妙。內可滌煩。生用，清六腑之熱；熟食，滋五臟之陰。解渴止嗽，潤咽喉乾燥，却心肺煩熱，利二便，療痰喘、中風失音。搗汁頻服。以上皆客熱之患。切片，貼湯火傷。但產婦及脾虛泄瀉者禁之，以其過於冷利也。與萊菔收藏，相間則不爛，或削梨蒂插萊菔上。搗汁熬膏亦良。加薑汁、蜂蜜佳，清痰止嗽。

清·王學權《重慶堂隨筆》卷下　梨　亦以北產者良，南產以義烏之插花梨為最。徽州雪梨，皮色甚佳而味帶酸，不可入藥。蓋梨不論形色，總以心小肉細，嚼之無渣而味純甘者為佳。凡丹石、煙火、煤火、酒毒，一切熱藥為患者，啖之立解；濕熱燥病及陰虛火熾津液燔涸者，搗汁飲之立效。此果中之甘露子，藥中之聖醍醐也。瀕湖發明，詳著其功矣。

清·黃凱鈞《藥籠小品》　梨汁　涼心潤肺，除煩解渴，熬膏代蜜丸。一切治肺之藥最妙。

清·章穆《調疾飲食辯》卷一下　梨汁　《爾雅》曰：梨，山樆。疏曰：人植之曰梨，野生曰樆。《圖經》曰：處處皆有，種類殊多。乳梨，皮厚肉實，味極長。鵝梨，皮薄漿多，味差短，香則過之。其餘水梨、消梨、紫糜梨、赤梨、青梨、茅梨、甘棠梨、禦兒梨之類，俱不入藥。一種桑梨，惟堪蒸煮食之。《綱目》曰：梨樹，高二三丈，尖葉滑膩有細齒，二月開白花，六出如雪。上巳無風則結實佳。故古諺曰：上巳有風梨有蠹，中秋無月蚌無胎。《齊民要術》云：梨每顆十餘子，種之惟一二生梨，餘皆生杜。杜，棠梨也，花葉似梨而小。梨品甚多，必棠梨或桑樹接者，子乃早而佳。有青、黃、紅、紫四色。乳梨即雪梨，鵝梨即綿梨，消梨即香水梨也，俱為上品。禦兒梨一作語兒，地名也，在蘇州嘉興縣，見《漢書》注今嘉興縣不隸蘇州。其他青皮、早穀、半斤、沙糜諸品，皆粗澀不堪，只可蒸煮。一種醋梨，必換水煮熟則稍甘。昔人言梨，皆以常山、真定、山陽、鉅野、睢陽、臨淄、鉅鹿、宏農、京兆、鄴都、洛陽為美。蓋梨性宜北土，南方僅宣城稍佳耳。吾鄉南安、贛州一種瓜梨，皮厚必削去始可食，味則甘美不亞北產。若徽歙所出，則極淡不堪啖。故《史記》云：淮北、滎南、河濟之間千樹梨，其人與千戶侯等。

按：冬至陽生，而後自梅為始，凡花多五出，陽數也；梨花獨六出，其得陰氣可知，故梨性寒。而豔陽天氣，麗紫嫣紅，爭妍鬥巧，[而]梨花獨全白，其稟金氣可知，故梨性清肅下行而降肺火。凡秋後熱痢口乾，生梨汁同萊菔汁頻飲。時行熱病，噤口熱痢，癰疽熱渴，生梨汁和生蔗汁飲。熱嗽心煩，喉腥帶血，咽喉熱痛，生飲梨汁，或和煉熟蜜少許，或切片同煉熟蜜蒸半熟食。皆有起死之功，較一切苦寒敗胃之藥驗而且穩。觀《類編》所載宋時有病慨慨無聊者，楊吉老斷其三年當以疽死。後遇高僧教其多食消梨，梨盡則預儲乾者泡湯飲汁食渣，期年顏貌腴澤，脈息和平。益陰退熱，夫豈小補云乎哉？《食療本草》曰：熱結胸中滯澀者最宜。《普濟方》曰：消渴飲水梨汁和熟蜜熬熱甚者不必熬，熱水或冷水不時調服。《圖經》謂其不入藥用，《衍義》謂其不能却疾，非確論也。惟《開寶本草》云：多食令人寒中萎困，金瘡、乳婦、血虛者，尤不宜食。則持平之論。肺虛寒嗽痰清，小便白色，大便溏滑，背心畏寒，及脾虛飲食不化，腹痛嘔泄諸症，更不宜食。蓋有一利必有一害，何物可以肆食，何物不對病，可以悞食乎？若味微酸或澀者，即為劣物，病人切忌。一種極澀，多渣無液，皮生黑點者，俗名糠頭梨，澀腸難化，更不可食。

葉煮汁飲，止霍亂吐瀉。木鋸為版片，可以鋟字，與棗木同，古今載籍，藉以流傳，為用更大。杏雲生平癖嗜讀書，於曆算、岐黃二家之學尤喜鑽研，間有管窺，悉已命筆。今此書已付梓人。此外，醫學有《四診述古》、《傷寒則例》、《醫家三法》，曆學、算學諸藁亦稍其梗概，未知何日得謀剞劂。其為壽之梨棗乎，抑災梨禍棗乎？昔司馬長卿慕人千載以前，鄙意乃竊效揚子雲，慕人千載以後矣。梨乎，棗乎，其於我有緣乎。

清·張德裕《本草正義》卷上　梨頭　甘，寒。善滋陰制火，解渴除煩，傷寒邪熱鑠陰，陰虛火熾。亦療溫瘧，尤能清肺降火，解瘡毒酒毒。假熱勿用。

清·楊時泰《本草述鉤元》卷一七　梨　惟乳梨即雪梨、鵝梨即綿梨、消梨即香水梨可食，餘亦不能去病。

味甘，微酸，氣寒。入手太陰，兼入足陽明經。潤肺涼心，消痰降火。治卒喑中風不語，生搗汁頻服。解丹石熱氣，除賊風驚邪，吐風痰，療熱狂，止煩渴喘嗽，散胸中痞塞熱結，解酒毒。風疾已深，將致不救，但多喫消梨，咀齕不及，則絞汁而飲，旬日頓爽。熱證已極，氣血消鑠，後當以疽死，但日喫好梨一顆，如生梨已盡，則取乾者，泡湯食滓飲汁，疾自平。中風語澀，聲音不出，用生梨汁，無梨時，用條燒瀝。夫語言不出，熱傷於絡也，梨瀝寒滑，能解絡熱。兒科有梨漿飲以治疳熱，亦取寒潤之功。凡人有痛處，脉數無力，或發渴，此癰疽將成之候，惟晝夜食梨，可轉重為輕。膏粱之家，厚味釅酒，縱恣無節，必多痰火卒中癰疽之病，數食梨，可變危為安。絞汁同霞天膏、竹瀝、童便，治中風痰熱。同人乳、蔗漿、蘆根汁、竹瀝、童便，治血液衰少，漸成噎膈。小兒內熱，痰壅喉間，吐不出，或因驚生痰，或因風生痰，取梨汁時時與之，加牛黃分許，神效。痰喘氣急，梨剜空，納小黑豆令滿，留蓋合住，繫定，糠火煨熟，搗作餅，每日食之，至效。

論：　佳梨多產於北土，而實又結於秋，其花色白，如雪之六出，稟金氣以吐至陰之秀，而花於二月，是在風木司令，時已巋然獨著矣。迨歷夏而秋，復歸金氣以結實，則所以孕育至陰者更厚。觀於卒喑不語之治，即一證足以闡其功。夫《經》之言不語者，多屬心腎之虛，是固然矣，更有曰搏陰則為喑者。所謂搏陰，乃陽邪之相搏也。《脉要精微論》曰：心脉搏堅而長，當病舌卷不能言，夫搏堅而長，肝邪乘心也。所云陽搏陰，當以肝邪為首矣。人身心腎，雖水火互宅，然每每患於不交，以陰不至於陽也。其陽中有陰，為離中坎母者，屬手太陰肺脉。茲物稟金氣以厚育真陰，使陽火不致因風鼓焰，且巋然於風木乘權之候，舉風木陽邪，亦且帖然，故陽不能搏陰，而心之主舌者，得司其職。統閱諸治，何莫非肝風為患，而此物之治風熱，因有明徵乎。

肺寒欬嗽，脾家泄瀉、腹痛，及婦人產後，小兒痘後，咸忌仲淳。

修治：　與蘿蔔相間收藏，或削梨蒂，種於蘿蔔上藏之，皆可經年不爛。

清·葉桂《本草再新》卷五　梨味甘，性微寒，無毒。入心、肝、肺三經。涼心潤肺，利大小腸，和胃健脾，止欬化痰，生津解渴，治酒毒、火毒。○梨皮，能清心降火，滋腎益陰，生津止渴，除煩去濕。

清·吳其濬《植物名實圖考》卷三一　梨　《別錄》下品。《北夢瑣言》著其治風疾之功。今亦以為膏治咳，北地宜之。

淡水梨　產廣東淡水鄉。色青黑，與奉天所產香水梨相類。南方梨絕少佳品。土人云：此梨可匹北產。姑繪以備考。

清·趙其光《本草求原》卷一二果部　梨　氣寒，味甘，微酸。其潤肺，涼心，消熱痰，解酒毒、丹石熱氣、驚邪，止心煩，皆心為火擾。氣喘、熱狂，散胸中痞塞熱結。治熱嗽，止渴，消中善飢，鬱火成勞，咳嗽吐血。取汁燉熱服。人皆知其寒潤能勝熱矣，然方書又謂其治風熱、中風卒喑，生搗汁頓服。除賊風，吐風痰，何居？蓋言出於心，心脈弦長堅搏，則舌卷難言，此因腎陰不至肺，肺陰不能下降入心，則肝陽乘心鼓動而為風，所謂陽搏陰則為喑也。此物春花秋實，本風木之氣，而歸結於金氣，故能裕肺陰以平風木之陽邪。丹溪但謂熱傷絡則喑，此物解絡熱，猶未盡其妙也。但必大便實方可用；多食冷利，肺脾虛及產婦血虛人忌之。

梨汁煮粥，治小兒疳熱及風熱昏躁。切片，貼湯火傷。梨汁同霞天膏、竹瀝、童便，治中風痰熱。同人乳、蔗汁、蘆根汁、童便、竹瀝，治血液衰少，漸成噎膈。汁和牛黃，治急驚風熱痰壅。剜空入黑豆煨食，治痰喘氣急。凡人有痛處，脈數無力，或發渴，此氣血被風熱銷灼已極，為癰疽將成之候，惟晝夜食梨，或泡乾梨汁食滓，可轉重為輕。膏粱之家，厚味縱欲，每多痰火卒中、癰疽之病，數食梨，亦可變危為安。梨與萊菔相間收藏，或削蒂種於萊菔上，則久而不爛。加薑汁、白蜜，清痰止咳愈效。

搗汁用，熬膏亦良。

清·文晟《新編六書》卷六《藥性摘錄》　梨　味甘微酸，氣寒。瀉胃肺熱結。○治熱嗽痰咳，便秘狂煩，咽乾喉痛，中風因熱，反胃因熱不食。並湯火傷瘡癰疽，目瘴，丹石熱毒，一切屬於熱成者，宜食。○若元氣虛弱，及金瘡乳婦，俱忌。○搗汁，熬膏良。○薑汁和蜜製，消痰止咳。○梨與萊菔相間收藏，不壞。

清·文晟《新編六書》卷六《藥性摘錄》　梨　甘，微酸。解毒，開肺涼心，消痰止嗽，除客熱心煩，通胃中痞塞熱結。多食寒中，產後及金瘡與冷泄者，勿食。詳藥部瀉熱。

清·張仁錫《藥性蒙求·果部》　梨汁　梨味甘寒，消痰止嗽。降火清咽，渴煩功奏。甘，寒，微酸。涼心潤肺，利大小腸，治傷寒化熱，熱嗽痰喘。生者可清六腑之熱，熟者可滋五臟之陰。實火宜生，虛火宜熟。○搗汁用，熬膏亦良。○脾虛泄瀉、乳婦及金瘡忌用。

清・王孟英《隨息居飲食譜・果食類》 梨 甘，涼。潤肺，清胃涼心，滌熱息風，化痰已嗽，養陰濡燥，散結通腸，消癰疽，止煩渴，解丹石、烟煤、炙煿、膏粱、麴櫱諸毒。治中風不語，痰熱驚狂，溫暑等痾，竝絞汁服，名天生甘露飲。以皮薄、心小、肉細無渣、略無酸味者良。北產尤佳。切片貼湯火傷，止痛，不爛。中虛寒瀉，乳婦、金瘡忌之。新產及病後，須蒸熟食之。與蘆菔相間收藏則不爛。可擣汁熬膏，亦可醬食。

清・劉善述、劉士季《草木便方》卷二木部 梨樹 梨葉酸濇解菌毒，小兒寒疝袪風速。霍亂嘔吐痢即止，消渴利便清熱服。

清・田綿淮《本草省常・果性類》 梨 一名快果，一名果宗，一名玉乳，一名蜜父。性寒，宜熟食。清心潤肺，降火消痰，止渴醒酒，利大小腸。生食寒中作瀉。血虛人不宜食，產婦忌之。

清・戴葆元《本草綱目易知錄》卷三 梨 甘、微酸，寒。潤肺涼心，清痰降火，止渴，利大小便。治傷寒熱發，熱嗽反胃。解丹石熱氣驚邪。止心煩氣喘，狂熱煩躁津枯，神昏譫語。頻飲漿沃之葆元。解酒毒瘡毒，清蘊熱肺癰。切片，貼湯火傷，止痛不爛。多食，令人寒中冷痢。金瘡、乳婦、血虛人忌。葆按：梨產處多。山東梨為最。近處唯歙縣梨，其味甘淡，清薄不酸。他處者，味帶酸澁，只可充果食，不堪入藥。先嚴年登八旬，每至季冬，痰喘氣壅，臥不安枕。以開水送米糕數塊，稍寐，片時又作，又進糕。待至春後方平。葆以梨汁熬膏，進半匙，和參耆膏一匙，沖水食糕，漸安枕而寐。按：梨性潤肺，清痰涼心降火。凡人寐則肺氣歸腎，藉水而養。水枯肺失所養則受火刑，是致氣喘難臥。梨性寒，經火熬去其寒，又和參耆扶其氣，是以奏效。後以是法，年老服之俱驗。

清・黃光霽《本草衍句》 梨 味甘微酸，涼心潤肺。氣寒無毒，除火消痰。外宣風熱，內滌狂煩。生清六府之熱，燥嗽氣喘；熟滋五臟之陰，中風語難。治中風不語。除消渴，通利二便；貼火傷，止痛不爛。解酒毒煩渴。痰喘氣急，梨剜空，納小黑豆令滿，留蓋合住，繫定，糠火煨熟，擣作餅，每日食之，立效。反胃轉食，藥物不下，用梨一個，以丁香十五粒，刺入梨內，濕紙包四重，煨熟食之。

清・陳其瑞《本草撮要》卷三 梨 味甘微酸，寒，入手太陰經，功專清熱嗽止渴，潤肺涼心。得黑穭豆治痰喘氣急，得丁香治反胃。切片貼湯火傷。脾虛而瀉者忌。乳婦及金瘡勿食。擣汁熬膏良，加薑汁、蜜尤佳，清痰止嗽。與萊菔相間收藏則不爛。取汁點眼，消赤腫努肉神效。

清・吳汝紀《每日食物却病考》卷下 梨 味甘、微酸，寒，無毒。治熱嗽，止渴，潤肺，消痰，利大小便，除客熱，止心煩，通胃中痞寒熱結，解酒毒。種類甚多，惟乳梨、鵝梨、消梨益人。佳者多產北土，南方惟宣州者勝，但皮厚肉實。鵝梨，出西北州郡，皮薄漿多而香。消梨，南北俱出，味甘美而大至觔餘者。餘皆不足以療疾。切片貼湯火傷止痛，不爛。昔有士人，患熱症已極，氣血消爍，甚危。聞一道士醫極神而自秘，乃百計往來，始與診之。曰：汝但每日食好梨一個，自當平。士人如其言，一年顏貌腴澤，血脉和平。其功效可驗矣。但血虛者不可多食，恐寒中也。

刺梨

清・劉善述、劉士季《草木便方》卷二木部 刺梨 刺梨甘酸澀止痢，根治牙痛崩帶易。紅花甘平洩痢止，葉療疥癰金瘡利。

桪子

宋・唐慎微《證類本草》卷二三果部下品〔唐・陳藏器《本草拾遺》〕 桪子 味甘、澁，平，無毒。生食主水痢，熟者和蜜食之去嗽。子似梨，生江南。《吳都賦》云：桪榴禦霜是也。

明・李時珍《本草綱目》卷三一果部・夷果類 桪子音蟾。《拾遺》。

【集解】藏器曰：桪子似梨，生江南，左思《吳都賦》桪、留禦霜是也。時珍曰：桪、留，二果名。按薛瑩《荆陽異物志》云：桪子樹，南越、丹陽諸郡山中皆有之。其實如梨，冬熟味酢。劉子樹生交廣、武平、興古諸郡山中。三月着花，結實如梨，七八月熟，色黃，味甘、酢，而核甚堅。

實 【氣味】甘，澀，平，無毒。 【主治】生食之，止水痢。熟和蜜食之，去嗽藏器。

明・施永圖《本草醫旨・食物類》卷三 桪子音蟾。○實如梨，七八月熟，色黃味甘酢而核甚堅。 實 味甘，澀，無毒。治：生食之，止水痢。熟和蜜食之，去嗽。

清・吳其濬《植物名實圖考》卷三二 桪子 《本草拾遺》始著錄。《甕牖閑評》以為梨類。

櫻額

清・趙學敏《本草綱目拾遺》卷七果部上 櫻額 果屬也，產關東烏喇口外，其樹叢生，果形如野黑蒲萄而稍小，鮮實甚美，曬乾為末，可以致遠。《盛京志》：一名稠梨子，實黑而澀，土人珍之，間以作麪，暑月調水服之，可止瀉。按《宦遊筆記》：郁李即棠棣，結子如櫻桃，南產者酸澀不堪食，盛京出者又名櫻額，味甘鮮，曬乾為末，更佳。　味甘澀，性溫暖，補脾止洩瀉。

鹿梨

明・李時珍《本草綱目》卷三〇果部・山果類　鹿梨《圖經》。校正：原附梨下，今分出。

【釋名】鼠梨《詩疏》　山梨《毛詩》　陽檖《爾雅》　羅時珍曰：《爾雅》云：檖，羅也。其木有紋如羅，故名。《詩》云：隰有樹檖。毛萇注云：檖一名赤羅。一名山梨，一名樹梨。今人謂之楊檖。陸璣《詩疏》云：檖即鹿梨也，一名鼠梨。【集解】頌曰：江寧府信州一種小梨名鹿梨，葉如茶，根如小拇指。彼人取皮治瘡，八月采之。近處亦有，但采實作乾，不知入藥也。時珍曰：山梨，野梨也。處處有之。梨大如杏，可食。其木文細密，赤者文急，白者文緩。按陸璣云：鹿梨，齊郡堯山、魯國、河內皆有，人亦種之。實似梨而酢，亦有美脆者。

實【氣味】酸，濇，寒，無毒。【主治】煨食治痢蘇頌。

根皮【氣味】同實。【主治】瘡疥，煎汁洗之蘇頌。

【附方】新二。一切瘡：鹿梨散：用鹿梨根、蛇牀子各半斤，真剪草四兩，硫黃三錢，輕粉一錢，爲末，麻油調傅之。小兒，塗于絹衣上着之，七日不解，自愈。《仁存方》。一切癬：鹿梨根刮皮搗爛，醋和麻布包擦之。乾者爲末，以水和搗。唐瑶《經驗方》。

明・應慶《食治廣要》卷四　鹿梨即野梨。釋名鼠梨，又名山梨。　氣味：酸，濇，寒，無毒。煨食治痢。又有一種棠梨，亦野梨也。處處山林有之，功用大同。

明・姚可成《食物本草》卷八果部・山果類　鹿梨一名山梨。江寧府信州一種小梨名鹿梨，葉如茶，根如小拇指。彼人取皮治瘡，八月采之。○李時珍曰：山梨，即野梨也，處處有之。梨大如杏，可食。其木文細密，赤者文急，白者文緩。按陸璣云：鹿梨，齊郡堯山、魯國、河內皆有，人亦種之。實似梨而酢，亦有美脆味甘者。　鹿梨，味酸、澀，寒，無毒。煨食治痢。

明・施永圖《本草醫旨・食物類》卷三　鹿梨　味：酸，濇，寒，無毒。治：煨食治痢。　根皮　味：同實。治：瘡疥，煎汁洗之。

附方　一切瘡：鹿梨散：用鹿梨根、蛇牀子各半斤，真剪草四兩，硫黃三錢，輕粉一錢，為末，麻油調，傅之。小兒塗于絹衣上着之，七日不解，自愈。一切癬：鹿梨根刮皮，搗爛，醋和，麻布包擦之。乾者為末，以水和搗之。

清・田綿淮《本草省常・果性類》　山梨　一名鹿梨，一名鼠梨，一名檖羅，一名陽檖。性寒。煨食止痢。

倒吊果

清・趙學敏《本草綱目拾遺》卷七果部上　倒弔果　《御製幾暇格物編》：俗名弔搭果，形似山梨而小，體微長，味酢，肉多沙，長蒂。諸果始生時皆向上，此果花實皆下垂，故名。生時堅澀，熟乃沙。樹枝葉俱如梨，為秦中物產，今遵化沿邊有之。而考之書籍草木諸譜，皆不載倒弔之名，惟《上林賦》云：答遝離支。答遝音近打拉。張揖註云：答遝果名。按梅堯臣《牡丹詩》，用打拉二字，北人方言以欹垂為打拉，是答遝名果，或因其下垂也。《說文》、《海篇》俱作榙櫏果，今名吊搭，或是答遝音之轉耳。

性暖，利胸膈，健脾消食。

棠梨

明・朱橚《救荒本草》卷下之前　棠梨樹　今處處有之，生荒野中。葉似蒼术葉，亦有團葉者，有三叉葉者，葉邊皆有鋸齒，又似女兒茶葉，其葉色頗黲白，開白花，結棠梨如小楝子大，味甘，酸。花、葉味微苦。　救飢：採花煠熟食，或晒乾磨麪，作燒餅食亦可。及採嫩葉煠熟，水浸淘淨，油鹽調食；或蒸晒作茶亦可。其棠棃經霜熟時，摘食甚美。

明・李時珍《本草綱目》卷三〇果部・山果類　棠梨《綱目》

【釋名】甘棠時珍曰：《爾雅》云：杜，甘棠也。赤者杜，白者棠。或云：牝曰杜，牡曰棠。或云：澀者杜，甘者棠。杜者澀也，棠者餹也。三説俱通，末説近是。【集解】時珍曰：棠梨，野梨也。處處山林有之。樹似梨而小。葉似蒼术葉，亦有團者，三叉者，葉邊皆有鋸齒，色頗黲白。二月開白花，結實如小楝子大，霜後可食。其樹接梨甚嘉。有甘、酢，赤、白二種。按陸璣《詩疏》云：白棠，甘棠也，子多酸美而滑。赤棠子澀而酢，木理亦赤，可作弓材。《救荒本草》云：其葉味微苦，嫩時煠熟，水浸淘净，油、鹽調食，或蒸曬代茶。其花亦可煠食，或晒乾磨麪作燒餅食以濟飢。又楊慎《丹鉛録》言：尹伯奇采楟花以濟飢。註者言楟即山梨，乃今棠梨也。未知是否。

實【氣味】酸、甘，濇，寒，無毒。【主治】燒食，止滑痢時珍。

枝葉【氣味】同實。【主治】霍亂吐瀉不止，轉筋腹痛，取一握，同木瓜二兩煎汁，細呷之。時珍。〇《聖惠方》。　【附方】新一。　反胃吐食：棠梨葉油炒去刺，爲末，每旦酒服一錢。《山居四要》。

明·姚可成《食物本草》卷八果部·山果類　棠梨《爾雅》云：杜，甘棠也。赤者曰杜，白者曰棠。或云：牝曰杜，牡曰棠。或云：澀者杜，甘者棠。杜者，澀也；棠者，糖也。未說近是。〇李時珍曰：棠梨，野梨也。處處山林有之。樹似梨而小，葉似蒼朮葉，亦有團者、三叉者，葉邊皆有鋸齒，色頗黲白。二月開白花，結實如小楝子大，霜後可食。其樹接梨甚嘉。有甘、酢，赤、白二種。按陸璣《詩疏》云：白棠，甘棠也，子多甘美而滑。赤棠，子澀而酢，木理亦赤，可作弓材。《救荒本草》云：其葉味微苦，嫩時煠熟，水浸淘淨，油、鹽調食，或蒸晒代茶。其花亦可煠食，或晒乾磨麪作燒餅食以濟飢。又《丹鉛錄》言：尹伯奇采楟花以濟飢。楟即山梨，乃今棠梨也。

棠梨實　味酸、甘、澀，寒，無毒。燒食，止滑痢。

枝葉　治霍亂吐瀉不止，轉筋腹痛，取一握，同木瓜二兩煎汁，細呷之。

明·施永圖《本草醫旨·食物類》卷三　棠梨即甘棠。　味：酸、甘、濇，寒，無毒。治：燒食，止滑痢。　枝葉　味：同實。治：霍亂吐瀉不止，轉筋腹痛。取一握，同木瓜二兩煎汁，細呷之。

附方　反胃吐食：棠梨葉油炒，去刺，為末，每旦酒服一錢。

清·黄元御《玉楸藥解》卷四　棠梨　味酸，性濇，微寒。入手太陰肺、足厥陰肝經。收腸斂肺，止泄除嘔。棠梨酸濇，功同木瓜。治霍亂吐瀉，腹痛轉筋。燒食止泄痢。

清·嚴潔等《得配本草》卷六　棠梨枝葉　酸、甘、澀，寒。治霍亂吐瀉，轉筋腹痛，同木瓜煎汁細呷之。

清·葉桂《本草再新》卷四　白海棠味苦，性涼，無毒。入肺經。　清肺熱，潤肺氣，止欬嗽吐血，療癰瘘。

清·吴其濬《植物名實圖考》卷三一　棠梨　《爾雅》：杜，赤棠。白者棠。《本草綱目》始收入果部。《救荒本草》：葉花皆可食。

清·文晟《新編六書》卷六《藥性摘錄》　棠棃　杜甘棠也。酸甘，澀，寒。燒食，止滑痢。勿過食。

清·田綿淮《本草省常·果性類》　棠梨　性平。生食止嘔，熟食止瀉。

麂目

宋·唐慎微《證類本草》卷一一草部下品〔唐·陳藏器《本草拾遺》〕　麂目　豆蔻注陶云：麂目小冷。按麂目云：出嶺南，如麂目，食之發冷痰，餘別無功。

明·李時珍《本草綱目》卷三一果部·夷果類　麂目《拾遺》。校正：自木部移入此。

【釋名】鬼目藏器曰：此出嶺南，狀如麂目，故名。陶氏註荳蔻引麂目小冷，即此也。後人訛爲鬼目。　【集解】時珍曰：鬼目有草木三種：此乃木生者，其草鬼目別見草部白英下，又羊蹄菜亦名鬼目，並物異名同也。按劉欣期《交州記》云：鬼目出交趾、九真、武平、興古諸處。樹高大似棠梨，葉似楮而皮白，二月生花，仍連着子，大者如木瓜，小者如梅李，而小斜不周正。七八月熟，色黄味酸，以蜜浸食之佳。

【氣味】酸、甘，小冷，無毒。多食，發冷痰藏器。

明·姚可成《食物本草》卷九果部·夷果類　麂目出交趾、九真、武平、興古諸處。樹高大似棠梨，葉似楮而皮白，二月生花，仍連着子，大者如木瓜，小者如梅李。七八月熟，色黄味酸，以蜜浸食之佳。

麂目，味酸、甘，寒，無毒。多食生痰。

明·施永圖《本草醫旨·食物類》卷三　麂目大者如木瓜，小者如梅李，而小斜不周正。七八月熟，色黄味酸，以蜜浸食之佳。　味酸甘，小冷，無毒。多食發冷痰。

雞𪏭目

附：琉球·吴繼志《質問本草》外篇卷四　雞𪏭目雞麻　木高三四尺，春開花結實，秋熟。　土名雞𪏭目。壬寅，潘貞蔚、石家辰。

海紅

元·忽思慧《飲膳正要》卷三　海紅　味酸、甘，平，無毒。治洩痢。

明·李時珍《本草綱目》卷三〇果部·山果類　海紅《綱目》

【釋名】海棠梨時珍曰：按李德裕《花木記》云：凡花木名海者，皆從海外來，如海棠之類是也。又李白詩註云：海紅乃花名，出新羅國甚多。則海棠之自海外有據矣。

【集解】時珍曰：《飲膳正要》果類有海紅，不知出處，此即海棠梨之實也。狀如木瓜而小，二月開紅花，實至八月乃熟。鄭樵《通志》云：海棠子名海紅，即《爾雅》赤棠也。沈立《海棠譜》云：棠有甘棠、沙棠、棠梨，皆非海棠也。海棠盛於蜀中。其出江南者名南海棠，大抵相類，而花差小。棠性多類梨。其核生者長慢，數十年乃花。以枝接梨及木瓜者易茂。其根色黄而盤勁。且木堅而多節，外白中赤。其枝葉密而條暢。其葉類杜，大者縹緑色，小者淺紫色。二月開花五出，初如臙脂點點然，開則漸成纈暈，落則有若宿妝淡粉。其蔕長寸餘，淡紫色，或三萼、五萼成叢。其蕊如金粟，中有紫鬚。其實狀如梨，大如櫻桃，至秋可食，味甘酸。大抵海棠花以紫綿色者爲正，餘皆棠梨耳。海棠花不香，惟蜀之嘉州者有香而木大。有黃海棠，花黃。貼榦海棠，花小而鮮。垂絲海棠，花粉紅向下。皆無子，非真海棠也。

子　【氣味】酸、甘，平，無毒。【主治】洩痢。時珍。○出《正要》。

明・穆世錫《食物輯要》卷六　海棠梨　子，味酸、甘，平，無毒。止瀉痢。花，似紫錦色者為正，餘皆棠梨。

明・姚可成《食物本草》卷八果部・山果類　海紅一名海棠梨，今通稱棠蒸梨。狀如木瓜而小，二月開紅花，實至八月乃熟。盛於蜀中。其出江南者名南海棠，大抵相類，而花差小。棠性多類梨。其核生者長慢，數十年乃花。以枝接梨及木瓜者易茂。其根色黃而盤勁，且木堅而多節，外白中赤。其枝葉密而條暢。其葉類杜，大者縹綠色，小者淺紫色。二月開花五出，初如胭脂點點然，開則漸成纈暈，落則有若宿妝淡粉。其蒂長寸餘，淡紫色，或三萼、五萼成叢。其蕊如金粟，中有紫鬚。其實狀如梨，大如櫻桃，味甘酸，至秋可食。

海紅，味酸、甘，平，無毒。食之，能治洩痢。

明・施永圖《本草醫旨・食物類》卷三　海紅又名海棠梨。　子：味：酸、甘，平，無毒。治：洩痢。

清・嚴潔等《得配本草》卷六　海棠梨　酸、甘，平。止瀉痢。

清・章穆《調疾飲食辯》卷四　海紅　一名海棠梨，一名西府海棠。《綱目》曰：鄭樵《通志》云：海棠之子名海紅，即《爾雅》赤棠也。沈立《海棠譜》云：蜀中最盛，江南者花差小。木類梨，堅而多節。二月開花五出，初若臙脂點點，大放則漸成纈暈。有紫鬚，三萼、五萼成簇。落則有若宿妝淡粉，不香。惟蜀之嘉州者有香。一種垂絲海棠，樹小，枝幹柔弱，花皆向下。一種貼梗海棠，附幹作花，花皆無跗。此二種因花相似，故名海棠，實非同類。其甘棠、沙棠二種，雖同類而各種。海棠木通身是節，不堪鋸版作器。沙棠則為美材，作舟尤美。李青蓮詩曰：木蘭之枻沙棠舟，玉簫金管坐兩頭。

按：海棠古人皆曰無香，故彭淵材以為三恨：一鰣魚多刺，二海棠無香，三曾子固不能詩。恐亦文人遊戲，未足據為定論。予家舊有一株，高三四丈，花開蜂蝶紛然滿樹，不若桃李之過門不入。日晏露晞，不覺其香。使至其下，則清芬撲鼻，始知蘇長公詩：東風嫋嫋泛崇光，香霧空濛月轉廊。香霧俗本誤作花霧，則與第三句重一花字，近體詩此等字斷不可重，說見唐太宗御製詩集。蘇公博學大儒，豈猶不知而犯此病乎。只恐夜深花睡去，故燒高燭照紅妝。古人蓋實有所見，非泛為花月閒評也。然則海棠不必嘉州，處處皆香。點綴春光，與桃杏堪稱鼎足。而桃則妖淫，杏亦繁縟，惟海棠於繁華富麗中，獨標雅韻。陸放翁詩云：走馬碧雞坊裏去，被人喚作海棠顛。良有以也。子大如櫻桃，味酸澀不宜食。《飲膳正要》云能止泄痢，澀故也。

清・吳其濬《植物名實圖考》卷三一　海紅　即海棠花實。《本草綱目》始收入果部。京師以糖裹食之。

清・田綿淮《本草省常・果性類》　海棠梨　一名海紅。性平，燒食止痢。

沙棠果

明・李時珍《本草綱目》卷三一果部・夷果類　沙棠果《綱目》

【集解】時珍曰：按《呂氏春秋》云：果之美者，沙棠之實。今嶺外寧鄉、瀧水、羅浮山中皆有之。木狀如棠，黃花赤實，其味如李而無核。

實　【氣味】甘，平，無毒。【主治】食之，却水病。時珍。《山海經》。

明・施永圖《本草醫旨・食物類》卷三　沙棠果狀如棠，黃花赤實，其味如李而無核。　實：味：甘，平，無毒。治：食之却水病。

清・王道純《本草品彙精要續集》卷九　沙棠果無毒　沙棠果《本草綱目》：主食之卻水病出《山海經》。【地】李時珍曰：按《呂氏春秋》云：果之美者，沙棠之實。今嶺外甯鄉瀧水羅浮山中皆有之，木狀如棠，黃花赤實。其味如李而無核。【味】甘。【性】平。

清・文晟《新編六書》卷六《藥性摘錄》　沙棠果　甘，平。木似棠，黃花赤實，味如李而無核，食之卻水病。

清・田綿淮《本草省常・果性類》　沙棠果　《呂氏春秋》云果之美者，沙棠之實是也。性平，却水病。

木瓜

唐・孫思邈《千金要方》卷二六《食治・果實》　木瓜實　味酸、鹹，溫，濇，無毒。主濕痹氣，霍亂大吐下後脚轉筋不止。其生樹皮無毒，亦可煮用。

唐・孟詵、張鼎《食療本草》卷子本　木瓜溫　右主治霍亂澁痹風氣。又，頑痹人若吐逆下〔利〕，病轉筋不止者，取枝葉煮湯飲之愈。亦去風氣，消痰。每欲霍亂時，但呼其名字。亦不可多食，損齒。又，臍下絞痛，可以木瓜一片，桑葉七枚炙，大棗三個中破，以水二大升，煮取半大升，頓服之即〔差〕。

宋・唐慎微《證類本草》卷二三果部中品〔《別錄》〕　木瓜實：味酸，

溫，無毒。主濕痹邪氣，霍亂大吐下，轉筋不止。其枝亦可煮用。

〔梁・陶弘景《本草經集注》〕云：山陰蘭亭尤多，彼人以爲良果，最療轉筋。如轉筋時，但呼其名及書上作木瓜字，皆愈，亦不可解。俗人柱木瓜杖，云利筋脛。又有榠音冥樝音摣，大而黄，可進酒去痰。又，樝子，澀，斷痢。《禮》云：樝梨曰欑之。鄭公不識樝，乃云是梨之不臧者。然古亦以樝爲果，今則不入例爾。

〔宋・掌禹錫《嘉祐本草》〕按：《蜀本》注：其樹枝狀如柰，花作房生，子形似栝樓，火乾甚香。《爾雅》云：楙，木瓜。注云：實如小瓜，酢可食，然多食亦不益人。又《爾雅》注：樝似梨而酢澀。陳藏器云：木瓜本功外，下冷氣，强筋骨，消食，止水痢後渴不止，作飲服之。又，脚氣衝心，取一顆去子，煎服之，嫩者更佳。又止嘔逆，心膈痰唾。又云：按榠樝，一名蠻樝。本功外，食之去惡心。其氣辛香，致衣箱中殺蟲魚。食之止心中酸水，水痢。樝子本功外，食之去惡心、酸咽，止酒痰黄水。小於榅桲而相似。北土無之，中都有。鄭注《禮》云：樝梨之不臧者，爲無功也。孟詵云：木瓜，謹按：枝葉煮之飲，亦治霍亂。不可多食，損齒及骨。又，臍下絞痛，木瓜一兩片，桑葉七片，大棗三枚，碎之，以水二升，煮取半升，頓服之，差。又云：樝子，平。損齒及筋，不可食。亦主霍亂轉筋，煮汁食之，與木瓜功稍等，餘無有益人處。江外常爲果食。日華子云：木瓜，止吐瀉、賁豘及脚氣、水腫，冷熱痢，心腹痛，療渴，嘔逆，痰唾等。根，治脚氣。又云：榠樝，平，無毒。消痰，解酒毒及治咽酸。煨食止痢。浸油梳頭，治髮赤并白。

〔宋・蘇頌《本草圖經》〕曰：木瓜，舊不著所出州土。陶隱居云：山陰蘭亭尤多，今處處有之，而宣城者爲佳。其木狀若柰，花生於春末而深紅色。其實大者如瓜，小者如拳。《爾雅》謂之楙。郭璞云：實如小瓜，酢，可食，不可多，亦不益人。宣州人種蒔尤謹，遍滿山谷。始實成，則鏃紙花薄其上，夜露日暴，漸而變紅，花文如生。本州以充上貢焉。又有一種榠樝，木、葉、花、實，酷類木瓜。陶云大而黄，可進酒去痰者是也。欲辨之，看蒂間，別有重蒂如乳者爲木瓜，無此者爲榠樝也。木瓜大枝可作杖策之，云利筋脈。根、葉者湯淋足脛，可以已蹶。又，截其木，乾之作桶以濯足，尤益。道家以榠樝生壓汁，合和甘松、玄參末，作濕香，云甚爽神。

〔宋・唐慎微《證類本草》〕雷公云：凡使，勿誤用和圓子、蔓子、土伏子，其色樣外形真似木瓜，只氣味效并向裏子各不同。若木瓜，皮薄，微赤黄，香，甘、酸，不澁。調榮衛，助穀氣。向裏子頭尖一面，方是真木瓜。若和圓子，色微黄，蒂、核麄，子小圓，味澁、微鹹，傷人氣。蔓子顆小，亦似木瓜，味絕澁，不堪用。土伏子似木瓜，味絕澁，子如大樣油麻，又苦澁，不堪用。若餌之，令人目澁、目赤，多赤筋痛。凡使木瓜，勿令犯鐵。用銅刀削去硬皮并子，薄切，於日中曬。却用黄牛乳汁拌蒸，從巳至未，其木瓜如膏煎，却於日中薄攤，曬乾用也。《食療》云：主嘔啘風氣。又吐後轉筋，煮汁飲之甚良。脚膝筋急痛，煮木瓜令爛，研作漿粥樣，用裹痛處。冷即易，一宿三五度，熱裹便差。煮木瓜時，入一半酒同煮之。《毛詩》：投我以木瓜，報之以瓊琚。注云：木瓜，楙木也，可食之木。

宋・寇宗奭《本草衍義》卷一八 木瓜 得木之正，故入筋。以鉛霜塗之，則失醋味，受金之制，故如是。今人多取西京大木瓜爲佳，其味和美，至熟止，青白色，入藥，絕有功。勝、宣州者味淡。此物入肝，故益筋與血病、腰腎脚膝無力，此物不可闕也。

宋・王繼先《紹興本草》卷一三 木瓜實 紹興校定：木瓜實，性味、主治已載《本經》，然理脚膝諸方多用。蓋佐他藥，亦非專恃此而起疾，唯收澀之性多矣。世作果品，《本經》云味酸、溫、無毒是也。枝葉雖亦具主治，俱未聞方家用據。所在皆產之，宣州者佳。

宋・鄭樵《通志》卷七六《昆蟲草木略》 木瓜 《爾雅》曰：楙，木瓜。

宋・劉明之《圖經本草藥性總論》卷下 木瓜 味酸，溫，無毒。主濕痹邪氣，霍亂大吐下，轉筋不止。其枝葉亦可煮用。陳藏器云：下冷氣，强筋骨，消食，止水痢後渴不止。又脚氣衝心，又止嘔逆，心膈痰唾。日華子云：止吐瀉，賁豘及脚氣水腫，冷熱痢，心腹痛，療渴，嘔逆痰唾。根，治脚氣。

宋・陳衍《寶慶本草折衷》卷一八 木瓜 一名木瓜實，一名楙。○楙，音茂。生山陰蘭亭，及西京、蜀州。今處處種有之。生宣城即宣州。者，名宣木瓜。見眾方。○今並以秋後實熟摘之，亦有待其自落而收者，並用銅刀及竹刀薄割片子，攤曬，亦可穿掛晾乾，或成顆並油麻藏密器中。○忌鐵。

味酸、甘，平張松，溫，無毒。○主濕痹邪氣，霍亂，大吐轉筋。○陳藏器云：下冷氣，强筋骨，消食，止渴，脚氣衝心。又止嘔逆，心膈痰唾。○日華子云：止吐瀉，賁豘，水腫，冷熱痢，心腹痛。○《圖經》曰：宣城者佳，大者如瓜，小者如拳。酢可食，不可多，亦不益人。宣州人種，始實成，鏃紙花薄其上，夜露日暴，漸而變紅，花文如生。又蒂間別有重蒂如乳。○雷公云：木瓜黄香，甘酸不澀，調榮衛，助穀氣。凡使勿令犯鐵。○《是齋方》云：木瓜見鐵即不作效。今以去皮核蒸爛熟，於木石臼中研如糊，宜以元補腰膝諸藥也。○寇氏曰：西京大木瓜，味和美，至熟，止青白皮色入藥，絕有功。此物入肝，故益筋與血，病腰腎脚膝無力，不可闕也。

元・王好古《湯液本草》卷五 木瓜 氣溫，味酸。入手足太陰經。

《本草》云：治腳氣濕痹，邪氣霍亂，大吐下，轉筋不止。益肺而去濕，和胃而滋脾。《衍義》云：木瓜得木之正，故入筋。以鉛白霜塗之，則失酸味，受金制也。此物入肝，故益筋與血。病腰腎腳膝無力，此物不可缺也。《東垣》云：氣脫則能收，氣滯則能和。《雷公》云：調榮衛，助穀氣是也。

元・忽思慧《飲膳正要》卷三　木瓜　味酸，溫，無毒。主濕痹邪氣，霍亂吐下，轉筋不止。

元・尚從善《本草元命苞》卷八　木瓜，味酸，性溫，無毒。益肺停濕，和胃滋脾。氣脫則收，氣滯能利。調榮衛，助穀氣，除濕痺，止霍亂。治腳氣水腫奔豚，解酒毒消痰散熱。得木正氣而生，故能入筋。鈆霜塗之失醋，乃受金制。生山陰蘭亭，惟宣城絶勝。木若柰，花作房，結實形似栝樓，木瓜重蒂如乳，榠樝酢澁似梨，榠樝，音冥楂。浸油，治白髮。煨食，止痢疾。

元・徐彥純《本草發揮》卷三　木瓜　海藏云：益氣停濕，和胃滋脾。《衍義》云：木瓜得木之正，故入筋以鉛霜塗之，則失醋味，受金之制故也。此物入肝，故益筋與血。病腰腎腳膝無力，不可缺也。東垣云：氣脫則能收，氣滯則能和。入手足太陰經。雷公云：調榮衛，助穀氣是也。

明・朱橚《救荒本草》卷下之後　木瓜　生蜀中并山陰蘭葶，而宣州者佳，今處處有之。其樹枝狀似柰，花深紅色，葉又似柿葉，微小而厚。《爾雅》謂之楙音茂，其實形如小瓜，又似栝樓而小，兩頭尖長，淡黃色，味酸，性溫，無毒。救飢：採成熟木瓜食之。多食亦不益人。治病：文具《本草》果部條下。

明・王綸《本草集要》卷五　木瓜實　味酸，氣溫，無毒。入手足太陰經。凡用勿犯鐵。主腳氣水腫，濕痹邪氣，霍亂吐下，轉筋不止。治冷熱痢，心腹痛，止渴，降痰唾。此物入肝，故益筋與血，腰腎腳膝無力，不可缺也。

明・滕弘《神農本經會通》卷三　木瓜實　宣城者為佳。蒂間有重如乳者，為木瓜，無此者為榠樝也。凡使勿犯鐵。皮簿，微赤黃，香，甘、酸，不澁，方是真木瓜。

味酸，氣溫，無毒。《湯》云：氣溫，味酸。入手足太陰經。東云：入肝，療脚氣并水腫。《圭》云：滋渴止嘔，消痰，治濕痺，霍亂轉筋，吐瀉，奔豚并脚氣。

《本經》云：主濕痺邪氣，霍亂大吐下，轉筋不止。其枝，亦可煮用。陳藏器云：木瓜本功外，下冷氣，強筋骨，消食，止水痢後渴不止，作飲服之。又脚氣衝心，取一(夥)〔顆〕，去子，煎服之。嫩者更佳。又止嘔逆，膈痰唾。孟詵云：謹按枝葉，煮之飲，亦治霍亂。不可多食，損齒及骨。又臍下絞痛，木瓜一兩片，桑葉七片，大棗三枚，碎之，以水二升，煮取半升，頓服之，差。日華子云：止吐瀉賁㹠，及脚氣水腫，冷熱痛，心腹痛，療渴，嘔逆，痰唾等。根，治脚氣。《湯》云：益肺而去濕，和胃而滋脾。《衍義》云：木瓜得木之正，故入筋。以鉛白霜塗之，則失酸味，受金制也。此物入肝，故益筋與血病，腰腎脚膝無力，此物不可缺也。東垣云：氣脫則能收，氣滯則能和。雷公云：調榮衛，助穀氣是也。《局》云：木瓜消腫強筋骨，止渴仍攻濕痺侵。又治轉筋成霍亂，更除脚氣上衝心。宣木瓜，治霍亂轉筋，理脚氣濕痺，伸舒。

明・劉文泰《本草品彙精要》卷三三　木瓜無毒。附榠樝。　植生。

木瓜實：主濕痹邪氣，霍亂大吐下，轉筋不止。其枝亦可煮用。名醫所錄。

〖名〗楙。〖苗〗《圖經》曰：其木狀若柰，花生於春末而深紅色，其實大者如瓜，小者如拳，味酢可食，《爾雅》謂之楙。宣州人種蒔尤謹，遍滿山谷。始實成，則鏃紙花薄其上，夜露日暴，漸而變紅，花文如生。本州以充上貢焉。又有一種榠樝，一名蠻樝，木、葉、花、實酷類木瓜。陶云：欲辨之，看蒂間別有重蒂如乳者，爲木瓜；無此者，爲榠樝也。木瓜大枝可作杖策，利筋脈。又截其木，乾之作桶以濯足，尤益。陶隱居云：彼人以爲果，最療轉筋，如轉筋時，但默呼其名及書木瓜字於患處即愈。〖地〗《圖經》曰：舊不著所出州土，今山陰蘭亭尤多，處處有之。〖道地〗宣城爲佳。〖時〗生：春末開花。採：秋取實。〖收〗暴乾。〖用〗實。〖質〗類榠樝子而葉有別。〖色〗赤、黃。〖味〗酸。〖性〗溫，收。〖氣〗氣厚於味，陽中之陰。〖臭〗香。〖主〗除脚氣，去濕痹。〖行〗手足太陰經。〖製〗《雷公》云：凡使，勿令犯鐵，用銅刀削去硬皮并子，薄切，於日曬，卻，用黃牛乳汁拌蒸，從巳至未，其木瓜如膏煎，卻，於日薄攤，曬乾用。〖治〗療：《圖經》曰：實，侑酒去痰。○根及葉煮湯，淋足脛，止蹶。陶隱居云：凡轉筋，呼木瓜及書二字於患處即愈。日華子云：木瓜，止吐瀉，賁㹠及水腫，冷熱痢，心腹痛，消渴，嘔逆，心膈痰唾。○根及實，除脚氣。○榠樝，消痰，解酒毒及咽酸。浸油梳頭，治髮赤并白。陳藏器云：木瓜，下冷氣，強筋骨，消食，止水痢後渴不止。〇榠樝，去惡心，止心中酸水，水痢，止酒痰水。《衍義》曰：木瓜，入肝，故益筋與血病，腰腎脚膝無力不可缺。〔合治〕合酒煮木瓜爛，研，裹膝筋急痛。〔禁〕榠樝不可多食，損齒及骨。〔解〕榠樝，解酒毒。〔贋〕和圓子、蔓子、土伏子爲僞。

明・盧和、汪穎《食物本草》卷二果類 木瓜 味酸，溫，無毒。主濕痹脚氣，霍亂吐下，轉筋不止。稟得木之正，故入肝，利筋骨及血病，腰腿無力，調榮衛，助穀氣，驅濕滋脾，益肺。辛香，去惡心嘔逆，膈痰，心中酸水。多食酸能損齒。以蜜作煎作糕，供湯食佳。凡用勿犯刀鐵。

明・葉文齡《醫學統旨》卷八 木瓜 氣溫，味酸。無毒。入手足太陰經。治脚氣，水腫濕痺，邪氣霍亂吐下，轉筋不止；冷熱痢，心腹痛，止渴，降痰唾。此物入肝，故益筋與血，腰腎脚膝無力不可缺也。氣脫能收，氣滯能和，調榮衛，助穀氣。

明・許希周《藥性粗評》卷三 木瓜成劑，筋力庶幾保和。

木瓜，一名楙。《詩》曰：投之以木瓜。朱子注曰：楙，木也。樹狀若柰，春末開花，深紅色，結實，自房中生，形如栝樓差大。出蜀漢山陰、宣城等山谷，以宣城者為佳。五六月採實，用銅刀切去硬皮并子，薄切，日中晒乾，蜜拌蒸熟，亦可作煎，若入藥，只乾收聽用。餘說《本草》不載。味甘、酸，性溫，無毒。入手太陰肺、足太陰脾、厥陰肝經。主治浮腫濕痹，筋力痿弱，脚膝不利，霍亂嘔逆轉筋，賁豚，痰唾消渴，化食止痢，益氣養血，和脾胃，暖腰膝，壯筋骨。海藏云：木瓜得人之正，故入筋，腰腎脚膝無力，不可缺也。

單方：兩脚轉筋：凡兩脚冷動轉筋急痛者，煮木瓜令爛，撈出，和酒少許攪溶，封痛處，乾即易之，三四度差。又禳法：凡夜睡兩脚轉筋，或一脚者，但於上寫木瓜字，且呼木瓜數聲，即止。臍下絞痛：凡乾霍亂，臍下絞痛難忍者，木瓜兩片，桑葉七片，大棗三枚，剉，水二升，煮取一升，頓服之差。

明・鄭寧《藥性要略大全》卷四 木瓜 《珠囊》云：入肝，療脚氣濕痹，水腫。治脚氣攻心，止霍亂轉筋，益肺去濕，調榮衛，助穀氣，和脾胃。《經》云：止吐瀉奔豘及脚氣水腫，冷熱痢，心腹〔痛〕，止渴、嘔逆痰唾。腰脚無力，不可缺此。《衍義》云：入肝，故益筋與血。病腰腎脚膝之要藥也。東垣云：氣脫則能收，氣滯則能和。〇極治水腫脚氣。味酸，性溫，無毒。入手、足太陰脾、肺二經。忌犯鐵。

明・陳嘉謨《本草蒙筌》卷七 木瓜實 味酸，氣溫。無毒。各處俱產，宣州獨良。經入手足太陰，用之勿犯鐵器。氣脫能固，氣滯能和。平胃以滋脾，益肺而去濕。助穀氣，調榮衛，除霍亂，止轉筋。凡轉筋時，但呼其名及書木瓜字于病處皆愈，莫曉其義。脚氣能毆，水痢可禁。《衍義》云：木瓜得木之正，故入肝益筋與血。腰背脚膝無力，不可缺也。以鉛霜塗之，則失酸味，受金之制故爾。枝大者可作策杖，木乾者堪造桶盆。取根葉煎湯，淋足脛已蹷。

明・方穀《本草纂要》卷五 木瓜 味酸，氣寒，無毒。入少陰腎經。雖酸能斂水，而有生津之妙，酸能固氣，而有壯神之功。是以腰腎之虛，非此不補；足脛之酸，非此不去。吾見香薷飲加人參、木瓜，因其元虛津液不足，或熱煩作渴，足膝酸疼，治無不驗。又有元虛之人，自汗乍來而精神失守，或步履艱難而煩渴引飲，用補中益氣湯加木瓜，治驗如神。亦有脚氣之症，腿足紅腫，小便少而大便澁，用檳蘇散加牛膝、木瓜，妙亦難窮。此用木瓜之大法也。

明・寧源《食鑒本草》卷上 木瓜 味酸，無毒。主濕痹邪氣，大吐下、霍亂，轉筋不止。又治脚氣上攻，腿膝疼痛，止渴消腫。新增雷公云：凡用，勿悞用蔓子、土伏子，其色形真似木瓜，只氣味向裏子不同。木瓜皮薄，微赤黃，香，其酸不澁，調榮衛，助穀氣。向裏子頭尖，一面方是真木瓜，若和圓，子色微黃，蒂核麄，子小圓，味澁鹹，傷人氣。蔓子顆小似木瓜，味絕澁不堪用。土伏子似木瓜，味絕澁，子如大油麻様，又苦澁，不堪用。凡使木瓜勿令犯鐵，用銅刀刮去硬皮并子，薄切，於日中曬，卻用黃牛乳汁拌蒸，從巳至未，其木瓜如膏煎，却於日中薄攤，曬乾用也。

明・王文潔《太乙仙製本草藥性大全》卷四《本草精義》 木瓜 舊不著所出州土。隱居云：山陰、蘭亭尤多。今處處有之，而宣城者爲佳。其木狀若葵，花生於春末，而深紅色，其實大者如瓜，小者如拳。《爾雅》謂之楙。郭璞云：實如小瓜，酢可食，不可多，亦不益人。宣州人種蒔尤謹遍滿山谷。始實成則鏃紙花薄其上，夜露日暴，漸而變紅，花文如生，本州以充上貢焉。又有一種榠樝，木葉花實酷類木瓜。陶云：大而黃，可進酒去痰者是也。欲辨之，看蒂間別有重蒂如乳者爲木瓜，無此者爲榠樝也。木瓜大枝可作杖策之，云利筋脉；根葉煮湯，淋足脛可以已蹶；又截其木乾之作桶，以濯足尤益。道家以榠樝生壓汁，合和甘松、玄參末作濕香，云甚爽神。

明・王文潔《太乙仙製本草藥性大全》卷四《仙製藥性》　木瓜實　味酸，氣溫，無毒。　主治：氣脱能固，氣滯能和。平胃以滋脾，益肺而去濕。助穀氣，調榮衛。除霍亂，止轉筋。凡轉筋時但呼其名及書木瓜字於病處皆愈，莫曉其義。脚氣能敺，水痢可禁。《衍義》云：木瓜得木之正，故及肝益筋與血，腰背脚膝無力不可缺也。以鉛霜塗之則失酸味，受金之制故爾。枝大者可作策杖。木乾者堪造桶盆。取根葉煎湯，淋足脛已蹶。　補註：嘔啘風氣，又吐後轉筋，煮汁飲之甚良。脚膝筋急痛，煮木瓜令爛，研作漿粥樣，用裹痛處，冷即易，一宿三五度，熱裹便差。煮木瓜時入一半酒同煮之。治霍亂，以枝葉煮汁飲之。〇臍下絞痛，木瓜一兩片，桑葉七片，大棗三枚，搗碎，水煎頓服。　太乙曰：凡使勿誤用和圓子、蔓子、土伏子，其色樣外形真似木瓜，只氣味效并向裏子各不同。若木瓜皮薄，微赤黃，香甘酸不澁，調榮衛，助穀氣，向裏子頭尖一面，方是真木瓜。若和圓子色微黃，蒂核麁，子小圓，味澀微鹹，傷人氣。蔓子顆小，亦似木瓜，味絶澁，不堪用。土伏子似木瓜，味絶澁，子如大樣油麻，又苦澁，不堪用，若餌之令人目澀目赤，多(赤)筋〔骨〕痛。凡使木瓜勿令犯鐵，用銅刀削去硬皮并子，薄切於日中曬，却用黃牛乳汁拌蒸，從巳至未，其木瓜如膏煎，却於日中薄攤，曬乾用也。

明・皇甫嵩《本草發明》卷四　木瓜中品。味酸，溫，無毒。入手足太陰經。愚謂又入足厥陰經。　發明曰：木瓜，味得木之正，故行肝益筋與血。又風木能勝濕，故《本草》主濕痺邪氣，霍亂吐瀉轉筋，皆濕之為病也。濕邪傷筋，又濕熱傷肺，脾又惡濕，此能勝濕，則榮筋，和胃滋脾，而肺氣亦益，又何榮衛不調，穀氣不助哉？故云：入手足太陰經，腰腎脚膝無力，多因于濕，須此治脚氣要藥也。又氣脱則能收，氣滯則能和，良有以哉。宣州產者良。勿犯鐵器，以鉛霜塗之，則失酸味，受金制之故耳。根葉煎湯，淋足脛痿蹶。

明・李時珍《本草綱目》卷三〇果部・山果類　木瓜《別録》中品

〔釋名〕楙音茂。時珍曰：按《爾雅》云：楙，木瓜。郭璞註云：木實如小瓜，酢而可食。則木瓜之名，取此義也。或云：木瓜味酸，得木之正氣故名。亦通。楙從林、矛，諧聲也。

〔集解〕弘景曰：木瓜，山陰蘭亭尤多，彼人以爲良果。又有榠樝，大而黃。有樝子，小而濇。《禮》云：樝、梨鑽之。古亦以樝爲果，今則不也。保昇曰：其樹枝狀如柰，花作房生子，形似栝樓，火乾甚香。樝子似梨而酢，江外常爲果食。頌曰：木瓜處處有之，而宣城者爲佳。木狀如柰。春末開花，深紅色。其實大者如瓜，小者如拳，上黃似着粉。宣人種蒔尤謹，遍滿山谷。始實成則鏃紙花粘於上，夜露日烘，漸變紅，花色其文如生。本州以充土貢，故有宣城花木瓜之稱。榠樝酷類木瓜，但看蒂間別有重蒂如乳者爲木瓜，無者爲榠樝也。斅曰：真木瓜皮薄，色赤黃，香而甘酸不澀，其向裏子頭尖，一面方，食之益人。有和圓子，色微黃，蒂粗，其子小圓，味濇微酸，能傷人氣。有蔓子，顆小，味絶濇，不堪用。有土伏子，味絶苦濇不堪，子如大樣油麻，餌之令人目濇、多赤筋痛也。宗奭曰：西洛大木瓜，其味和美，至熟止青白色，入藥絶有功，勝宣州者，味淡。時珍曰：木瓜可種可接，可以枝壓。其葉光而厚，其實如小瓜而有鼻。津潤味不木者爲木瓜。圓小於木瓜，味木而酢濇者爲木桃。似木瓜而無鼻，大於木桃，味濇者爲木李，亦曰木梨，即榠樝及和圓子也。鼻乃花脱處，非臍蒂也。木瓜性脆，可蜜漬之爲果。去子蒸爛，搗泥入蜜與薑作煎，冬月飲尤佳。木桃、木李性堅，可蜜煎及作餻食之。木瓜燒灰散池中，可以毒魚，説出《淮南萬畢術》。又《廣志》云：木瓜枝，一尺有百二十節，可爲數號。

實

〔修治〕斅曰：凡使木瓜，勿犯鐵器，以銅刀削去硬皮并子，切片晒乾，以黃牛乳汁拌蒸，從巳至未，待如膏煎，乃晒用也。時珍曰：今人但切片晒乾入藥爾。按《大明會典》：宣州歲貢烏爛蟲蛀木瓜入御醫局。亦取其陳久無木氣，如栗子去木氣之義爾。

〔氣味〕酸，溫，無毒。思邈曰：酸、鹹，溫，濇。詵曰：不可多食，損齒及骨。

〔主治〕濕痹脚氣，霍亂大吐下，轉筋不止《別録》。治脚氣衝心，取嫩者一顆，去子煎服佳。强筋骨，下冷氣，止嘔逆，心膈痰唾，消食，止水利後渴不止，作飲服之藏器。止吐瀉奔豚，及水腫冷熱痢，心腹痛大明。調營衛，助穀氣雷斅。去濕和胃，滋脾益肺，治腹脹善噫，心下煩痞好古。

〔發明〕杲曰：木瓜入手、足太陰血分，氣脱能收，氣滯能和。弘景曰：木瓜最療轉筋。如轉筋時，但呼其名及書上作木瓜字皆愈，此理亦不可解。俗人拄木瓜杖，云利筋脉也。宗奭曰：木瓜得木之正，酸能入肝，故益筋與血。病腰腎脚膝無力，皆不可缺也。人以鉛霜或胡粉塗之，則失酢味，且無渣，蓋受金之制也。時珍曰：木瓜所主霍亂吐利轉筋脚氣，皆脾胃病，非肝病也。肝雖主筋，而轉筋則由濕熱、寒濕之邪襲傷脾胃所致，故筋轉必起於足腓。腓及宗筋皆屬陽明。木瓜治轉筋，非益筋也，理脾而伐肝也。土病則金衰而木盛，故用酸溫以收脾肺之耗散，而藉其走筋以平肝邪，乃土中瀉木以助金也。木平則土得令而金受蔭矣。《素問》云：酸走筋，筋病無多食酸。孟詵云：多食木瓜，損齒及骨。皆伐肝之明驗，而木瓜入手、足太陰爲脾、肺藥，非肝藥，益可徵矣。又《鍼經》云：多食酸，令人癃。酸入於胃，其氣濇以收，兩焦之氣不能出入，流入胃中，下去膀胱，胞薄以軟，得酸則縮卷，約而不通，故水道不利而癃濇也。羅天益《寶鑒》云：太保劉仲海日食蜜煎木瓜三五枚，同伴數人皆病淋疾，以問天益。天益曰：此食酸所致也，但奪食則已。陰之所生，本在五味。陰之所營，傷在五味。五味太過，皆能傷人，不獨酸也。又陸佃《埤雅》云：俗言梨百損一益，楙百益一損。故《詩》云投我以木瓜，取其有益也。

〖附方〗舊二，新十。　項强筋急：不可轉側，肝、腎二臟受風也。用宣州木瓜二個取蓋去瓤，没藥二兩，乳香二兩，乳香二錢半，二味入木瓜内縛定，飯上蒸三四次，爛研成膏。每用三錢，入生地黄汁半盞，無灰酒二盞，暖化温服。許叔微云：有人患此，自午後發，黄昏時定。予謂此必先從足起。少陰之筋自足至項。筋者肝之合。今日中至黄昏，陽中之陰，肺也。自離至兑，陰旺陽弱之時。故《靈寶畢法》云：離至乾，腎氣絶而肝氣弱。肝、腎二臟受邪，故發於此時。予授此及都梁丸服之而愈。《本事方》。　脚氣腫急：用木瓜切片，囊盛踏之。廣德顧安中，患脚氣筋急腿腫。因附舟以足閣一袋上，漸覺不痛。乃問舟子：袋中何物？曰：宣州木瓜也。及歸，製木瓜袋用之，頓愈。《名醫録》。　脚筋攣痛：用木瓜數枚，以酒、水各半，煮爛搗膏，乘熱貼于痛處，以帛裹之。冷即换，日三五度。《食療本草》。　臍下絞痛：木瓜三片，桑葉七片，大棗三枚，水三升，煮半升，頓服即愈。《食療》。　小兒洞痢：木瓜搗汁服之。《千金方》。　霍亂轉筋：木瓜一兩，酒一升，煎服。不飲酒者，煎湯服。仍煎湯浸青布裹其足。《聖惠》。　霍亂腹痛：木瓜五錢，桑葉三片，棗肉一枚，水煎服。《聖惠方》。　四蒸木瓜圓：治肝、腎、脾三經氣虚，爲風寒暑濕相搏，流注經絡。凡遇六化更變，七情不和，必至發動，或腫滿，或頑痹，憎寒壯熱，嘔吐自汗，霍亂吐利。用宣州大木瓜四個，切蓋剜空聽用。一個入黄芪、續斷末各半兩于内，一個入蒼术、橘皮各半兩于内，一個入烏藥、黄松節末各半兩于内，黄松節即茯神中心木也，一個入威靈仙、苦葶藶末各半兩於内。以原蓋簪定，用酒浸透，入甑内蒸熟晒，三浸、三蒸、三晒，搗末，以榆皮末、水和糊丸如梧子大。每服五十丸，温酒、鹽湯任下。《御藥院方》。　腎臟虚冷：氣攻腹脇，脹滿疼痛。用大木瓜三十枚，去皮、核，剜空，以甘菊花末、青鹽末各一斤填滿，置籠内蒸熟，搗成膏，入新艾茸二斤搜和，丸如梧子大。每米飲下三十丸，日二。《聖濟總録》。　髮槁不澤：木瓜浸油梳頭。《聖惠方》。　反花痔瘡：木瓜爲末，以鱓魚身上涎調，貼之，以紙護住。《醫林集要》。　辟除壁蝨：以木瓜切片，鋪于席下。《臞仙神隱》。

木瓜核　〖主治〗霍亂煩躁氣急，每嚼七粒，温水噍之。時珍。○出《聖惠》。

枝、葉、皮、根　〖氣味〗並酸，濇，温，無毒。　〖主治〗煮汁飲，並止霍亂吐下轉筋，療脚氣《别録》。枝作杖，利筋脉。根、葉煮湯淋足，可以已蹶。木材作桶濯足，甚益人蘇頌。枝、葉煮汁飲，治熱痢。時珍。○出《千金》。

花　〖主治〗面黑粉滓。方見李花。

題明・薛己《本草約言》卷二《藥性本草》　木瓜　味酸，氣温，無毒。陰中之陽，可升可降，入足太陰、厥陰經。養肝氣而益筋，和脾胃而去濕。脚氣濕腫得此能安，筋病轉急非此莫治。濕之為病。腰腎脚膝無力，不可缺也。凡用，勿犯鐵器，用石搗。香薷飲用之，專和脾胃，培植肺氣，除夏間之濕，生至微之金，脾胃和而肺金亦益。木瓜味得木之正，故行肝，益筋與血，又風木能勝濕。

明・佚名氏《醫方藥性・草藥便覽》　木瓜　其性酸。止渴，生津。其根舒筋，去風。

木瓜根　其性澁酸。止渴，止腳根風。

明・梅得春《藥性會元》卷中　宣木瓜　味酸，氣温，無毒。入手太陰肺，足太陰脾，足厥陰肝經。皮薄微赤黄，香、甘、酸、不澁者佳。　主治脚氣之水腫，治霍亂之轉筋；療大吐之不止，利濕痹之難伸；止冷熱之痢，定心腹之疼。最能消腫止渴，亦可壯骨强筋助血，且降痰唾，專理脚氣攻心。入肝經，又補腎腰、膝足之無力。調榮衛，助穀氣，導濕除邪。氣脱能收，氣滯能和，治腰脚不可缺也。　凡使，勿犯鐵器，用銅刀刮去粗皮。

明・穆世錫《食物輯要》卷六　木瓜　味酸、澀，性温，無毒。入肝，和脾胃，助穀氣，調營衛。治嘻噫霍亂腫脹，冷熱瀉痢腹痛。多食，傷齒骨。忌鐵。

明・李中立《本草原始》卷七　木瓜　山陰蘭亭尤多，今處處有之，而宣城者尤佳。木狀如柰，春末開花深紅色，其實如瓜而小。按《爾雅》云：楙，木瓜。郭璞註云：木實如小瓜，酢而可食，則木瓜之名，取此義也。或云：木瓜味酸，得木之正氣，故名。楙從林、矛，諧聲也。實：氣味：酸，温，無毒。主治：濕痹腳氣，霍亂大吐下利，轉筋不止。○治腳氣衝心，取嫩者一顆，去子煎服佳。强筋骨，下冷氣，止嘔逆，心膈痰唾，消食，止水利後渴不止。○調榮衛，助穀氣。○去濕和胃，滋脾益肺，治腹脹善噫，心下煩滿。○治水腫，冷熱痢，心腹痛。

木瓜，《别錄》中品。【圖略】木瓜如小瓜而有鼻，津潤，味不木者為木瓜，食之益人。圓小於木瓜，味木而酢濇者為木桃。似木瓜而無鼻，大於木桃，味濇者，為木李，亦曰木梨，食之傷氣。修治：木瓜，勿犯鐵器，以銅刀削去硬皮并子，切片晒乾用。

杲曰：木瓜，入手足太陰血分。氣脱能收，氣滯能和。陶隱居曰：如轉筋時，但呼其名，及書上作木瓜字皆愈。蓋梅望之而蠲渴，楙書之而緩筋。理有相感，不可得而詳也。《聖惠方》：治霍亂腹痛，木瓜五錢，桑葉三片，棗肉一枚，水煎服，效。

明・張懋辰《本草便》卷二　木瓜實　味酸，氣溫，無毒。入手、足太陰經。凡用勿犯鐵。　主脚氣水腫，濕痹邪氣，霍亂吐下，轉筋不止，治冷熱痢，心腹痛，止渴降痰唾。此物入肝，故益筋與血，腰腎脚膝無力，不可缺也。

明・吴文炳《藥性全備食物本草》卷二　木瓜　味酸，性溫，無毒。陶隱居云：山陰蘭亭產多，而宣城者為佳。其實大者如瓜，小者如拳，良果也。嫩者佳。枝亦可用，無毒，入手、足太陰經，消水腫濕痺，霍亂吐瀉轉筋不止，下氣消食最良；治奔豚脚氣，止渴，降痰唾，療冷熱痢，心腹痛。東垣云：氣脫則能收，氣滯則能和。《衍義》云：入肝益筋與血，病腰腎脚膝無力不可缺也。《本草》云：益肺而去濕，和胃而滋脾。雷公云：調榮衛，助穀氣，解酒毒。但單服多服損齒及骨。凡用忌鉛鐵，以銅刀削去皮子。用黃牛乳汁拌蒸三時，日乾。《食療》云：以鉛霜塗之則失酸味，受金之制故爾。

枝　益筋健骨，大者可作策杖。

木　乾之作桶。取根葉煎湯淋足脛，治躄足能伸。

又一種榠樝，木葉花實酷類木瓜。陶云大而黃，可進酒去痰者是也。欲辨之，看蒂間別有重蒂如乳者為木瓜，無此者為榠樝也。道家取榠樝生壓汁，合甘松、玄參末作濕香，云甚爽神。

明・焦竑《焦氏筆乘》　木瓜，性益下部，若腳膝筋骨有疾者必用焉，故方家號為鐵脚梨。

明・李中梓《藥性解》卷五　木瓜　味酸，性寒，無毒，入肺、脾、肝三經。主腳氣水腫，心腹冷熱痛及奔㹠，去濕氣，調榮衛，助穀氣，和脾胃，止吐瀉。忌犯銕器，石搗用。按：木瓜之入三經，何也？經所謂以酸補肺，以酸瀉肝，脾則受制於木，而孕育夫金者也，何弗入焉？東垣云：氣脫則能收，氣滯則能和，腰腎腳膝之要藥也。香薷飲用之，取其耑和脾胃，培植肺氣，除夏間之濕，以生至微之金爾。

明・鮑山《野菜博錄》卷三　木瓜　生山野中，處處有之。樹枝狀似奈，花深紅色，葉似柿葉微小厚。《爾雅》謂之楙。其實形如小瓜，似(枯)〔栝〕樓小，兩頭尖長，淡黃色。味酸，性溫，無毒。　食法：採熟木瓜食之。多食亦不益人。

明・繆希雍《本草經疏》卷二三　木瓜實　味酸，溫，無毒，主濕痹腳氣，霍亂大吐下，轉筋不止。

〔疏〕木瓜實得春生之氣，稟曲直之化，故其味酸，氣溫，性無毒。氣薄味厚，降多於升，陽中陰也。入足太陰、陽明，兼入足厥陰經。其主濕痹腳氣者，以脾主四肢，又主肌肉，性惡濕而喜燥，濕侵肌肉，則為濕痹，傷足絡則成腳氣。木瓜溫能通肌肉之滯，酸能斂濡滿之濕，則腳氣、濕痹自除也。霍亂大吐下，轉筋不止者，脾胃病也。夏月暑濕飲食之邪傷於脾胃，則揮霍撩亂，上吐下瀉，甚則肝木乘脾而筋為之轉也。酸溫能和脾胃，固虛脫，兼之入肝而養筋，所以能療肝脾所生之病也。藏器治腳氣衝心，強筋骨，下冷氣，止嘔逆。大明主吐瀉，水腫，心腹痛。好古治腹脹善噫，心下煩痞。無非取其去濕和胃，滋脾益肺，利筋骨，調榮衛，通行收斂，有竝行不悖之功也。　〔主治參互〕得白藊豆、藿香、白茯苓、橘皮、白梅、人參、白术、甘草、砂仁、香薷，治傷暑霍亂，吐瀉不止。加入石斛、雞舌香，治轉筋。

同當歸、石斛、牛膝、續斷、芍藥、橘皮，治血虛轉筋。　同薏苡仁、术、茯苓、五加皮、石斛、萆薢、黃蘗，治濕熱腳氣。　同人參、白茯苓、麥門冬、藿香、白豆蔻、竹茹、枇杷葉，治胃虛嘔吐。　一味末之，白湯吞三錢，日五服，治楊梅結毒有效。　入六和湯，治暑月霍亂。　《聖惠方》治霍亂轉筋，木瓜一兩，酒一升，煎服。不飲酒者，煎湯服。仍煎湯浸青布裹其足。

《御藥院方》四蒸木瓜丸，治肝腎脾三經氣虛，為風寒暑濕相搏，流注經絡。凡遇時令不和，七情怫鬱，必至發動，或腫滿，或頑痹，憎寒壯熱，嘔吐自汗，霍亂吐利，用宣州大木瓜四箇，切蓋剜空聽用。一箇入黃耆、續斷末各半兩於內，一箇入蒼术、橘皮末各半兩於內，一箇入烏藥、黃松節末各半兩於內，黃松節即茯神心中木也，一箇入威靈仙、苦葶藶末各半兩於內。以原蓋蓋好拴定，用酒浸透，入甑內蒸熟，曬乾，再浸蒸，如此三度，搗末，以榆皮末水和，糊丸如梧子大。每服五十丸，溫酒、鹽湯任下。　《醫林集要》翻花痔瘡，木瓜為末，以鱓魚身上涎，調貼之，以紙護住。　〔簡誤〕下部腰膝無力，由於精血虛，真陰不足者，不宜用。傷食，脾胃未虛，積滯多者，不宜用。入藥忌犯鐵器。

明・倪朱謨《本草彙言》卷一五　木瓜　味酸，氣溫，無毒。氣薄味厚，降多於升，陽中陰也。入足太陰、陽明，兼入足厥陰經。　蘇氏曰：木瓜處處有之。　寇氏曰：西洛者其味甘酸而美，最有功效。宣城者亦佳，味稍淡耳。　陶氏曰：今山陰蘭亭尤多。　李氏曰：此果可種、可接、可就，亦可枝壓，木類之易生者。陳氏曰：其枝狀如柰，花作房生子，形似栝蔞，火乾甚香，其材極堅。《廣志》云：枝一尺有百餘節，葉厚而光，春末開花深紅色，入夏綴實如小瓜而有鼻，乃花脱處如臍蒂也。色黄赤，皮薄，如着脂粉，味甘酸不濇，實中之子向裏，頭鋭而面方者，木瓜也；形圓而小，味不酸濇者，木桃也。大於木桃，似木瓜而無鼻，蒂麤，味苦濇者，木李，亦曰木梨，即榠樝及和圓子也。一種顆小微長，味極濇者，曰蔓子。一種實中之子如大麻，味絶苦濇者，名木伏子，餌之令人目赤筋痛，不可不辨。蘇氏曰：宣城人種蒔尤謹，始成實時，剪鏃紙花，粘貼其上，霜後摘取，花紋如生，以充土貢，因有花木瓜之稱焉。修治：以鐵刀削去硬皮并子，切片，晒乾用。李氏曰：按《大明會典》宣城歲貢烏爛蟲蛀木瓜，入御藥局，或取陳久無木氣耳。○一説：木瓜燒灰，散池中，可以毒魚。

木瓜：柔筋脉，《别録》健腰膝，斂腎氣，日華止滑泄之藥也。寇氏宗奭曰：木瓜味雖酸濇，得木氣之正，故酸能平木，而有柔養筋脉、健腰膝也。又酸能斂氣，而有收攝津液、除消渴而止滑泄也。所以滑氏伯仁方：治霍亂轉筋及濕痺脚氣，此木鬱而筋爲病也。腰腎虚弱，羸怯無力，此精衰而筋脉失所養也。觀乎濟陰湯用之以斂腎，羌活散用之以逐痺，香薷飲用之以解暑而止渴止瀉，檳蘇散用之以治脚氣攻冲而散腫結，活步履也。此藥平木養金，和土濟水，故薛氏新甫方治夏月氣虚内熱，喘喝氣短，嘔吐作瀉，筋骨攣痛等證，以木瓜、白朮各一兩，人參三錢，煎湯代茶飲之。

繆仲淳先生曰：木瓜味酸氣溫，得春生之氣，禀曲直之化，爲脾、胃、肝三經之體用藥也。通行互斂，有并行不悖之功，故主諸痹脚氣，濕傷於下者，取效甚捷。

集方：已下八方俱出《方脉正宗》治血氣兩虚，筋脉不柔轉動，以致腰膝堅强作痛。用木瓜五兩，當歸、白朮各三兩，川芎二兩，紅花一兩，甘草五錢，大棗三十個，帶核槌碎，分作十劑，水煎服。○治腎氣虚散，不時溏泄。用木瓜十兩，杜仲八兩，茯苓五兩，補骨脂三兩，吴茱萸二兩湯泡過，北五味子一兩，分作十劑，水煎服。○治腎氣虚乏，精元不固。用木瓜五兩，大懷熟地六兩酒煮，北五味子一兩二錢，酸棗仁二兩炒，菟絲子二兩四錢，白芍藥醋炒、杜仲鹽水炒各三兩，黄柏酒炒一兩，分作十劑，水煎服，名濟陰湯。○治風寒濕三氣合而爲痹，筋骨疼痛，四肢不舉。用木瓜三兩，羌活、防風、漢防己、酸棗仁、川芎各二兩，附子童便製過一兩，天麻、牛膝、茯苓、白朮、薏仁各三兩，共爲細末。每服三錢，早晚白湯調服，名羌活散子。○治感冒時行暑熱，口乾作瀉，四肢無力。用木瓜三兩，藊豆、陳皮、厚朴各一兩五錢，甘草一兩，香薷四兩，加生薑、黑棗各一兩，水三十大碗，煎減半，取出井中頓冷服，名香薷飲。○治脚氣攻沖，頭痛發熱，嘔逆，遍身筋骨作痛。用木瓜十兩，檳榔四兩，真紫蘇葉三兩，牛膝二兩，木通一兩，小茴香八錢，分作四劑，水煎服，名檳蘇散。○治暑月寒熱不調，霍亂轉筋吐瀉。用木瓜五錢，砂仁一錢，杏仁、半夏、茯苓、白藊豆、厚朴、藿香各一錢五分，香薷四錢，甘草五分，生薑二片，水煎冷服，名六和湯。治傷暑霍亂之兼有寒食者。○又方：用木瓜六錢，香薷五錢，甘草四錢，黄芩三錢，黄連二錢，滑石一錢五分，白水煎，冷服，名香薷芩連湯。治傷暑霍亂之有中熱者。

續補集方：已下四方俱出王三陽《得心集》治陰寒吐瀉轉筋。用木瓜一兩，白朮土炒五錢，乾薑四錢，人參三錢，附子童便製二錢，肉桂一錢，水煎冷服。○治絞腸痧瘴，腹痛傳筋。用木瓜五錢，蕎麥二兩，滑石四錢，生明礬一錢，葱頭十根，水煎冷服。以鐵針刺足三里出血，或手十指甲邊刺血出，愈。○治血虚轉筋。用木瓜一兩，當歸、葳蕤、牛膝、白芍藥、牡丹皮各四錢，川芎二錢，甘草一錢，水煎服。○治濕熱轉筋。用木瓜一兩，薏苡仁、白朮、茯苓、五加皮、石斛、萆薢、黄柏、蒼朮各五錢，水煎服。○《千金方》治小兒洞痢。用木瓜一兩，煎汁飲之。○《聖惠方》治髮稿不澤。用木瓜浸油梳頭。○同前治翻花痔瘡。用木瓜爲細末，以鱔魚身上涎調塗之，以紙護住。

倪朱謨曰：木瓜養筋藥也，脚氣病方中多用此。脚病多屬筋也，推而論之，如筋病若頭項、若臂膊、若腰膝遍體之病，屬筋者咸需之。又不專主脚氣也。故前古本草藥性俱稱統治筋骨痿痹，攣掣作痛，可知不專主在脚也。

明·應廖《食治廣要》卷四 木瓜 氣味：酸，溫，無毒。主治：濕痺腳氣，霍亂吐下轉筋。陸佃《埤雅》云：俗言梨百損一益，楙百益一損。

廖按：楙即木瓜也。《詩》云投我以木瓜，取其有益也。李時珍曰：又有所謂榠樝者，乃木瓜之大而黄色無重蒂者是也。又有所謂樝子者，乃木瓜之短小而味酢濇者是也。又有所謂榅桲者，亦樝之類，生于北土者是也。三物與木瓜皆一類各種，其形狀功用不甚相遠。但木瓜得木之正氣為可貴耳。

明・姚可成《食物本草》卷七菜部・蓏菜類　木瓜出南直青陽縣南山之塢。土人俟木瓜始生時，鏇紙為花薄其上，夜露日曝，及瓜成，色紅而花紋如本有也。　木瓜，味酸，無毒。主養筋脉，益肝血，理脚氣，止足膝痛。

明・姚可成《食物本草》卷八果部・山果類　木瓜木瓜處處有之，而宣城者為佳。木狀如柰。春末開花，深紅色。其實大者如瓜，小者如拳，上黄似着粉。宣人種蒔尤謹，遍滿山谷。始實成則鏇紙花粘於上，夜露日烘，漸變紅，花色其文如生。本州以充土貢，故有宣城花木瓜之稱。榠樝酷類木瓜，但看蒂間别有重蒂如乳者為木瓜，無者為榠樝也。○李時珍曰：木瓜可種可接，可以枝壓。其葉光而厚，其實如小瓜而有鼻。津潤味不大者為木瓜。圓小於木瓜，味木而酢澀者為木桃。似木瓜而無鼻，大於木桃，味澀者為木李。鼻乃花脱處，非臍蒂也。木瓜性脆，可蜜漬之為果。去子蒸爛，搗泥入蜜與薑作煎，冬月飲尤佳。木桃、木李性堅，可蜜煎及作餻食。

木瓜，味酸，溫，無毒。治溼痹脚氣，霍亂大吐下，轉筋不止。治脚氣衝心，取嫩者一顆，去子煎服。又強筋骨，下冷氣，止嘔逆，心膈痰唾，消食，止水利後渴不止，作飲服之。止吐瀉奔豚及水腫冷熱痢，心腹痛。調榮衛，助穀氣。去溼和胃，滋脾益肺，治腹脹善噫，心下煩痞。木瓜最療轉筋。如轉筋時，但呼其名及書上作木瓜字皆愈，此理亦不可解。木瓜得木之正，酸能入肝，故益筋與血。病腰〔腎〕脚膝無力，皆不可缺也。人以鉛霜或胡粉塗之，則失酢味，且無渣，蓋受金之制也。羅天益《寶鑑》云：太保劉仲海日食蜜煎木瓜三五枚，同伴數人皆病淋疾，以問天益。天益云：此食酸所致也，但奪食則已。陰之所生，本在五味；陰之所營，傷在五味。太過皆能傷人，不獨酸也。俗言梨百損一益，楙百益一損，楙，音茂。即木瓜也。故《詩》云投我以木瓜，取其有益也。

木瓜核　主霍亂煩躁氣急，每嚼七粒，溫水咽之。

枝葉皮根　竝酸、澀，溫，無毒。煮汁飲，竝止霍亂吐下轉筋，療脚氣。

枝　作杖，利筋脉。

根葉　煮湯淋足〔脛〕，可以已蹶。

木材　作桶濯足，甚益人。

花　治面黑粉滓。

附方：治霍亂轉筋。用木瓜一兩，酒一升，煎服。不飲酒者，水煎服，再煎湯以青布浸裹其足。　治臍下絞痛。用木瓜三片，桑葉七片，大棗三枚，水三升，煮半升，頓服即愈。　治翻花痔。木瓜為末，以鱓魚身上涎調，貼之，以紙護住。

明・顧逢柏《分部本草妙用》卷六兼經部・溫瀉　木瓜　酸，溫，無毒。入肺脾二經血分。　主治：濕痺脚氣，霍亂轉筋，強筋骨，下冷氣，止吐瀉及消腫，熱痢，心腹痛，去濕。和胃滋脾益肺。治腹脹，善噫，心下煩痞。按：木瓜，專理霍亂吐瀉，轉筋脚氣，皆脾胃病，非肝病也。肝雖主筋，而轉筋則由濕熱寒濕之邪襲傷脾胃所致，故轉筋必起于足腓，腓與宗筋，皆屬陽明。木瓜治轉筋，非益筋也，理脾而伐肝也。土病則金衰而木盛，故用酸溫以收脾肺之耗散，而藉其走筋以平肝邪，乃土中瀉水以助金也。木平，土得令，而金受蔭矣。《經》云：酸走筋，筋病無多食酸。多食木瓜損齒及骨，兼成癃澀，皆伐肝之明驗。而木瓜為脾肺藥，非肝經藥明矣。

明・孟笨《養生要括・果部》　木瓜〔木瓜入手、足太陰血分，氣脱能收，氣滯能和。〕　味酸，溫，無毒。治濕痹脚氣，霍亂大吐下，轉筋不止。治脚氣衝心，取嫩者一顆，去子煎服，佳。強筋骨，下冷氣，止嘔逆，心膈痰唾，消食。止水利後渴不止，作飲服之。止吐瀉奔豚及水腫、冷熱痢、心腹痛。調營衛，助穀氣，去濕和胃，滋脾益肺，治腹脹善噫，心下煩痞。

核　治霍亂煩躁氣急。

枝葉皮根　煮汁飲，並止霍亂轉筋，療脚氣，治熱痢。

明・李中梓《醫宗必讀・本草徵要下》　木瓜味酸，溫，無毒。入肝經。忌鐵，去穰。筋急者得之即舒，筋緩者遇之即利。濕痹可以兼攻，脚氣惟茲最要。轉筋時，但念木瓜二字數十聲，立效。東垣云：氣脱能收，氣滯能和，故於筋急筋緩，兩相宜耳。按：孟詵云：多食損齒及骨。《素問》所謂陰之所生，本在五味；陰之所營，傷在五味。五味太過，則有增勝之憂也。

明・鄭二陽《仁壽堂藥鏡》卷五　木瓜　隱居云：木瓜，山陰蘭亭尤多。　氣溫，味酸。　入手足太陰經。　《本草》云：治脚氣濕痹邪氣，霍亂大吐下，轉筋不止。益肺而去濕，和胃而滋脾。　《衍義》云：木瓜得木之正，故入筋。以鉛白霜塗之，則失酸味，受金制也。此物入肝，故益筋與血。病腰腎脚膝無力，此物不可缺也。　東垣云：氣脱則能收，氣滯則能和。　雷公云：調榮衛，助穀氣是也。霍亂轉筋時，但呼其名，及書土作木瓜字，皆愈。　叔微曰：　有患項強筋急，午後發，黃昏時定，先從足起少陰之筋，自足至項筋者，肝之合。日中至黃昏，陽中之陰，肺也。自離至兌，陰旺陽弱。《靈寶(秘)〔畢〕法》云：　離至乾，腎氣絕，肝氣弱。肝腎二藏受邪，故發於此時。用木瓜去瓤、沒藥二兩，乳香二錢半，入瓜內縛定，飯上蒸爛，研成膏，每用三錢，入生地黃汁半盞，無灰酒二盞，暖化溫服。好古曰：　去濕和胃，滋脾益肺。　按：　孟詵謂多食木瓜損齒及骨，伐肝之驗也。《埤雅》云：　梨百損一益，楙百益一損。《詩》曰：　投我以木瓜。取其益也。楙，木瓜別名。　日華子云：　木瓜止吐瀉，治奔豚及水腫腳氣。

明・蔣儀《藥鏡》卷一溫部　宣木瓜　行肝氣，主霍亂轉筋。和胃氣，止吐瀉腹痛。腰腎酸軟，腳膝無力宜施。消風水腫，清暑濕痺須用。從胃滲入膀胱，日久成淋，故曰氣脫能收。扶土以瀉肝木，脾胃肺健，故云氣滯能調。

明・李中梓《頤生微論》卷三　木瓜　味酸，性溫，無毒。入肝經。忌鐵。去穰。主一切筋病，濕痺腳氣。　按：　木瓜稟東方之酸，故職耑治筋，轉筋時但念木瓜二字，及書上作木瓜字，立效。東垣曰：　氣脫能收，氣滯能和，故筋急筋緩，無所不宜。孟詵謂多食木瓜損齒及骨。《經》曰：　陰之所生，本在五味；　陰之所營，傷在五味，五味太過，即有增勝之憂也。

明・張景岳《景岳全書》卷四九《本草正》　木瓜　味酸，氣溫。用此者，用其酸斂，酸能走筋，斂能固脫。入脾、肺、肝、腎四經，亦善和胃。得木味之正，故尤專入肝，益筋走血。療腰膝無力，腳氣引經所不可缺。氣滯能和，氣脫能固。以能平胃，故除嘔逆霍亂轉筋，降痰去濕行水。以其酸收，故可斂肺禁痢，止煩滿，止渴。

明・賈九如《藥品化義》卷三肝藥　木瓜　屬陰中有陽，體乾實，色紫，氣和鮮香，味酸，性涼，能升能降，力瀉肝收氣，性氣與味俱厚，入肝脾肺三經。　木瓜味酸，得肝木之本氣，入肝為血分之澀藥。蓋筋之不舒，氣之不固，皆因於濕(熟)〔熱〕，酸澀能斂熱收濕，主舒筋固氣良品。肝藏血，若濕熱傷肝，血為熱所迫，則筋轉而痛，多見於霍亂及腳氣紅腫，一切濕痹之症，以此酸斂其血熱而筋自舒，因能舒筋，故能益血脈也。肺主氣，若濕熱傷肺，氣為濕所滯，則筋緩而軟，多見於暑熱，四肢困倦神昏，腰背腳膝無力，以此酸收其脫散之氣而氣自固，因能固氣，故能生精液也。但肝喜疏散，此味酸重，多用瀉肝；　體質乾實而不濡潤，非若山茱萸可養肝耳。方書云醒筋骨之濕，莫如木瓜；　合筋骨之離，莫如杜仲。古人以此二味酒煎，治久痢，為滑則氣脫，澀能收之，所謂氣脫能收，氣滯能和也。

明・施永圖《本草醫旨・食物類》卷三　木瓜凡使木瓜，勿犯鐵器，以銅刀削去硬皮并子，切片晒乾，以黃牛乳汁拌蒸，從巳至未，待如膏煎，乃晒用也。　味：　酸，溫，無毒。不可多食，損齒及骨。　治：　濕痹腳氣，霍亂大吐下，轉筋不止。治腳氣衝心，取嫩者一顆，去子，煎服佳。強筋骨，下冷氣，止嘔逆，心膈痰唾，消食，止水利後渴不止。作飲服之，止吐瀉、奔豚及水腫、冷熱痢、心腹痛。調榮衛，助穀氣，去濕和胃，滋脾益肺。治腹脹善噫，心下煩痞。木瓜入手足太陰血分，氣脫能收，氣滯能和。〇木瓜得木之正，酸能入肝，故益筋與血，病腰腎腳膝無力，皆不可缺也。

附方　腳氣腫急：　用木瓜切片，囊盛踏之。　腳筋攣痛：　用木瓜數枚，以酒、水各半煮爛，搗膏，乘熱貼於痛處，以帛裹之，冷即換，日三五度。　臍下絞痛：　木瓜三片，桑葉七片，大棗三枚，水三升，煮半升，頓服即愈。　小兒洞痢：　木瓜搗汁服之。　霍亂轉筋：　木瓜一兩，酒一升，煎服，不飲酒者，煎湯服。仍煎湯浸青布，裹其足。　霍亂腹痛：　木瓜五錢，桑葉三片，棗肉一枚，水煎服。　髮槁不澤：　木瓜浸油。　反花痔瘡：　木瓜為末，以鱓魚身上涎貼之，以紙護住。　辟除壁虱：　以木瓜切片，鋪于席下。

木瓜核　治：　霍亂，煩躁氣急。每嚼七粒，溫水嚥之。　枝葉皮根　味：　並酸、濇，溫，無毒。治：　煮汁飲，並止霍亂吐下轉筋，療腳氣。枝作杖，利筋脈。根葉煮湯淋足，可以已躄。木材作桶，濯足甚益人。枝葉煮汁飲，治熱痢。花，治面黑粉滓。

明・盧之頤《本草乘雅半偈》帙九　木瓜《別錄》下品　氣味：　酸，溫，無毒。

主治：　主濕痹腳氣，霍亂大吐下，轉筋不止。

覈曰：　木瓜處處有之，西雒者最勝，宣城者亦佳，山陰蘭亭尤多也。可種可接可就，亦可枝壓，木類之易生者。狀似柰而材極堅。《廣志》云：　枝一尺有百二十節，可為數號。葉厚而光，春末開花深紅色。入夏綴實，如小瓜而有鼻，乃花脫處，非臍蒂也。黃赤薄皮，如著脂粉，香鬆津潤，甘酸不濇。實中之子，向裏頭銳而面方者，木瓜也。形圓而小，味木酸濇者，木桃也。大于木桃，似木瓜而無鼻，蒂粗味苦濇者木李，亦曰木梨，即榠樝及和圓子也。一種顆小微長，味極濇者曰蔓子。一種實中之子如大麻，味絕苦濇者曰土伏子，餌之令人目赤筋痛，不可不辨。故宣城人種蒔尤謹，始成實時，剪鏃紙花粘貼其上，霜後摘取，花紋如生，以充土貢，因有花木瓜之稱焉。修事：勿犯鐵器，銅刀削去硬皮并子，切片晒乾，黄牛乳汁拌蒸，從巳至未，俟如膏煎，乃晒用也。今唯切片晒乾，力少味不全矣。按《大明會典》，宣城歲貢烏爛蟲蛀木瓜，入御藥局。或取其陳久無木氣耳。

繆仲淳先生云：木瓜得春生之氣，禀曲直之化，味酸氣溫，氣薄味厚。降多于升，陽中之陰，爲足太陰陽明、足厥陰肝經之體用藥也。通行互斂，有並行不悖之功焉。

先人云：木實曰果，草實曰蓏，木瓜類蓏，禀草木之全氣者也。性專甲拆，而真氣從之，故主諸痺脚氣，濕傷于下者，取效甚捷。

条曰：木瓜，果蓏也。綴本之瓜曰蓏。蓏，小瓜也。《釋木》云：葉似柰，實似蓏，其枝可數，一尺百二十節，味酢，善療筋轉。陶隱居云：如轉筋時，但呼木瓜名，或指畫作木瓜字，病輒愈。《爾雅翼》云：枝堅可作杖策，頗利筋膝，根莖煎湯淋足脛，可以已蹶。蓋望說酢梅而燭渴，呼濯木瓜而緩筋，理固有相感，則心之所嚮，氣即交通矣。如磁運鐵，珀拾芥，雖凌空物障，猶互為噓煬，況無情及諸有情者乎。《經》云：東方生風，風生木，木生酸，酸生肝，肝生筋也。木瓜枝節比筋，酸津肝木，達春升之自下而上。行痹閉，下脚氣，定霍亂，止筋轉，為象形從治法也。《繫》云艮為山，為果蓏，其于木也，為堅多節。《爾雅》名楙。郭璞云：木實如小瓜，酢而可食。得木氣之正者，故名楙。從林從矛，諧聲也。繼本之瓜，亦曰瓞。《爾雅》云：其紹瓞。郭璞云：繼本曰紹，形小曰瓞，亦曰蓏。故近本之瓜嘗小，近末之瓜轉大也。

明·李中梓《本草通玄》卷下　木瓜　酸，溫，脾肝藥也。强筋舒筋，主脚氣，霍亂，轉筋。收攝脾土，去濕熱，止吐瀉，化痰食，理水脹。木瓜專主筋病，然皆脾病，非肝病也。肝雖主筋，而轉筋則由濕熱或寒濕之邪襲傷脾，故轉筋必起於足腓，腓及宗筋皆屬陽明。木瓜治轉筋，非益筋也，理脾以伐肝也。孟詵云：多食木瓜，損齒及骨。皆伐肝之明驗。陶弘景云：轉筋時，但呼木瓜名及書土作木瓜字皆愈，此理亦不可解。

清·顧元交《本草彙箋》卷六　木瓜　木瓜得東方之氣，禀曲直之化，能入厥陰治筋，非他藥所能儔匹。氣脫能收，氣滯能和，故於筋緩筋急，皆所必需。筋急者，濕熱傷肝，血爲熱所迫，則筋轉而痛，多見於霍亂，及脚氣紅腫足痺之證。以木瓜之酸涼，斂其血熱，而筋自舒。筋緩者，濕熱侵肺，氣爲濕所滯，則筋緩而軟。多見於暑熱，四肢困倦，神昏，腰背脚膝無力。以木瓜之酸斂，收其脫散，而氣自固。然其性主伐肝，有瀉無補。假使下部腰膝無力，由於精虛血虛，真陰不足者，則木瓜豈宜誤用乎？蓋其體質乾實而不濡潤，非若山茱萸可養肝耳。又《針經》云：多食酸，令人癃。蓋酸入胃中，其氣收濇，兩焦之氣不能出入，流于膀胱，胞薄以軟，得酸則縮，卷約而不通，水道不利，而癃濇也。故凡小水赤濇者，不宜食酸，非獨木瓜然也。方書云：醒筋骨之濕，莫如木瓜。合筋骨之離，莫如杜仲。古人以此二味酒煎治久痢，爲滑則氣脫，濇能收之之義。凡項强筋急，多自日中至黄昏時定，此必先從足起。蓋少陰之筋，自足至頂。筋者，肝之合，日中至黄昏，陽中之陰，肺也，自離至兑，陰旺陽弱之時，故《靈實畢法》云：離至乾，腎氣絕，而肝氣弱，肝腎二藏受邪，故發于此時。方用宣州木瓜二顆，取蓋去穰，入沒藥二兩，乳香二錢半，縛定，飯上蒸三四次，搗爛成膏，每用三錢，入生地黄汁半盞，無灰酒二盞，暖化溫服，并服都梁丸。凡溫熱脚氣病，用木瓜同苡仁、术、茯苓、五加皮、石斛、萆薢、黄柏之屬。

清·穆石匏《本草洞詮》卷六　木瓜　得木之正氣，故名。《埤雅》云：梨百損一益，楙百益一損。故《詩》謂投我以木瓜，取其益也。人以鉛霜或胡粉塗之，則失酢味，且無渣，蓋受金之制也。氣味酸溫，無毒。治濕痺脚氣，霍亂吐下轉筋。凡病轉筋，但聞其名，及書土作木瓜字，皆愈。今人柱木瓜杖以利筋脉也。一人患脚氣，筋急腿腫，因附舟，以足閣一袋上，漸覺不痛。乃問舟子袋中何物，曰：宣州木瓜也。及歸，製木瓜袋用之，頓愈。夫木瓜之驗如此，然其所主霍亂吐利，轉筋脚氣，皆脾胃病，非肝病也。肝雖主筋，而轉筋則由濕熱、寒濕之邪襲傷脾胃所致，故筋轉必起於足腓，腓及宗筋皆屬陽明，木瓜治轉筋非益筋也，理脾而伐肝也。土病則金衰而水盛，故用酸溫以收脾肺之耗散，而藉其走筋以平肝邪，乃土中瀉木以助金也。木平則土得令，而金取蔭矣。孟詵云：多食木瓜損齒及骨，為伐肝也。《經》云：多食酸，令人癃。劉仲海日食蜜煎木瓜，病淋，羅天益曰：此食酸所致也，但奪食則已。蓋膀胱得酸則縮，卷約而不通，故水道不利也。《會典》載：宣州歲貢烏爛蟲蛀木瓜，入御藥局，取其陳久無木氣，與乾栗子去木氣同義。

清·丁其譽《壽世秘典》卷三　木瓜　木瓜處處有之，而宣城者為佳。樹狀如柰，葉光而厚，春末開花深紅色，其實大者如瓜，小者如拳，皮薄色赤，黄蒂，間別有重蒂如乳香，而甘酸不澀。宣州人種木瓜，始成顆則簇紙花貼于上，日曝夜露而變紅，花紋如生可愛，用以充貢，故有宣城花木瓜之稱。李時珍謂：實如小瓜而有鼻，津潤味不木者，為木瓜。鼻乃花脫處，非臍蒂也。小于木瓜，色微黃，蒂核皆粗，核中之子小圓，味木而酸澀多渣者，為木桃，一名樝子，又名和圓子。似木瓜而無鼻，大于木桃而黃色無重蒂者，為木李，又名榠樝。二物與木瓜皆是一類，故其形狀功用相近，但木瓜得木之正氣為可貴耳。〇木瓜性脆，可蜜漬之為果。去子蒸爛，搗泥，入蜜與薑作湯，冬月飲，尤佳。木桃、木李性堅，亦可入蜜煮湯及作饍，食之氣皆香美。致衣箱中殺蠹蟲。以木瓜灰毒魚，皆死而浮出。

氣味：酸，溫，無毒。治濕痹腳氣，霍亂大吐下、轉筋不止《名醫別錄》。利筋骨，調榮衛雷斅《炮炙論》。去濕和胃，滋脾益肺，治腹脹，善噫，心下煩痞王好古《湯液》。

發明李杲曰：木瓜入手足太陰血分，氣脫能收，氣滯能和。孟詵曰：多食木瓜，損齒及骨。《鍼經》云：多食酸，令人癃，酸入于胃，其氣濇以收，兩焦之氣不能出入，流入胃中，下去膀胱，胞薄以軟，得酸則縮卷，約而不通，故水道不利而癃濇也。〇入藥忌犯鐵器。

清·劉雲密《本草述》卷一七

木瓜頌曰：榠樝絕類木瓜，惟蒂間別有重蒂似乳者，是木瓜。木瓜處處有之，而宣城者為佳。木狀如柰，春末開花，深紅色，入夏綴實，其實如小瓜而有鼻，鼻乃花脫處，非臍帶也。皮薄，色赤黃，香而甘酸，津潤而不木者為木瓜；圓小於木瓜，味木而酢濇者為木桃；似木瓜而無鼻，大於木桃，味濇者為木李，亦曰木梨，即榠樝及和圓子也。

氣味：酸，溫，無毒　思邈曰：酸、鹹，濇。木瓜，其味甘酸，甘三而酸七。然甘雖少，而居其先，酸乃繼之，是入中土，而效風木之用者也。故能和血行溼。孫以為帶濇，非也。濇者，乃木桃、木李也。

主治：霍亂大吐下，轉筋不止，並諸筋攣，治溼痹脚氣，脚氣衝心，下冷氣，止吐瀉，奔豚，心膈痰唾，治腹脹善臆，水腫，冷熱痢。水利後渴不止，作飲服之，其功調營衛，助穀氣，和胃滋脾，益肺，消暑毒。宗奭曰：木瓜得木之正，酸能入肝，故益筋與血。病腰腎，脚膝無力，皆不可缺也。人以鉛霜或胡粉塗之，則失酢味，且無渣，蓋受金之制也。東垣曰：木瓜入手足太陰血分，氣脫則能收，氣滯則能和。時珍曰：筋轉必起於足腓。腓及宗筋，皆屬陽明，土病則金衰而木盛，故用酸溫以收脾肺之耗散，而藉其走筋以平肝邪。時珍平肝邪語，大露醜態，故其說多不采。盧復曰：木實曰果，草實曰蓏。音魯。木瓜類蓏，稟草木之金氣者也。性專甲拆而真氣從之，故主諸痹脚氣溼傷於下者，取效甚捷。希雍曰：木瓜實得春生之氣，稟曲直之化，故其味酸，氣溫，性無毒。氣薄味厚，降多於升，陽中陰也，入足太陰、陽明，兼入足厥陰經。

得白藊豆、藿香、白茯苓、橘皮、白梅、人參、白朮、甘草、砂仁、香茹，治傷暑霍亂，吐瀉不止，加入石斛、雞舌香，治轉筋。同薏苡仁、朮、茯苓、五加皮、石斛、萆薢、黃檗，治溼熱脚氣。同人參、白茯苓、麥冬、藿香、白豆蔻、竹茹、枇杷葉，治胃虛嘔吐。一味末之，白湯吞三錢，日五服，治楊梅結毒有效。入六合湯治暑月霍亂。

愚按：《經》云：東方生風，風生木，木生酸，酸生肝，肝生筋。又云：得春之暖。然則木瓜之味酸而氣溫，繆氏所謂得春生之氣，稟曲直之化者是也。但酸溫之劑不少，何此獨療筋病乎？緣其味酸合有甘，是兼乎稼穡之氣化以和血，更津潤而味不木，合乎淖溢之溫氣以養筋。夫經脈與經筋是二是一，所以療筋病有專功也。請更悉之。蓋木瓜，木之實也，實固木之真種子也。其結於夏火而不離乎春木之氣，與味曰溫曰酸者，反其所自始也。但稟春氣者，却乘夏火以結實，其味先有甘，由受氣於火中之土也。其獨有津潤而迴，殊於他果，由取精於大氣之流津也。是則從中土而育肝之體，復從大火淖溢而致肝之用，則肝氣於何而不暢血臟，於何而不和，是所謂行溼而能達脾肺之氣者此也。即從脾肺氣達而能利肝腎之血者此也。種種所治，乃見一陰為獨使之義耳。或曰：若然是寇氏所謂入肝者良，然而入脾胃與肺之說，盡無據乎？曰：詎知效脾胃及肺之益者，還以歸其益於肝也。夫木瓜之用專在筋，在《經》不曰肝主筋乎？且茲味塗以鉛霜、胡粉則失酸味，為木受金制者，非其得木之正，而入肝之的據乎？如以此味能治霍亂轉筋，而霍亂固由於脾胃乎，不思霍亂之所因不一，即霍亂未至於轉筋，則木瓜猶非急須者也。至霍亂轉筋，昔哲論之詳矣。蓋謂陽明養宗筋，或內傷外淫，攻閉諸脈，陰陽之氣反戾，致暴吐下，津液頓亡，而宗筋失所榮養，遂為攣縮急痛。細味此論，則霍亂起於脾胃，即霍乱而轉筋，亦根於脾胃。然至於轉筋，始由脾胃以病肝，是則脾胃反受病於肝矣。於斯不急治肝，而猶欲專治脾胃乎？況不急治肝，則脾胃愈病乎？木瓜入肝而治轉筋，還以效脾肺之用者，蓋溫散以利凌戾之暴氣，酸津以潤耗散之脫氣，使筋有所榮養，而不使肝水增其燥急，以甚脾胃之疾也。或曰：如先哲所云，厥功不盡於療筋者，豈其功亦專在肝歟？曰：人身之氣血皆生化於脾胃，而土以木為用，《經》言之矣。《經》又曰：一陰為獨使，謂其下本陰中之陽以升，上承陽中之陰以降也，乃中土屬於氣交，有升其陰中之陽者，而胃之氣以升，升而至於天；有降其陽中之陰者，而胃之氣以降，降而至於地。如陰中之陽不升，是風鬱也，還以搏溼是病在氣分之陽，而營亦病。蓋陽不升，則陰亦不升也。如陽中之陰不降，是溼鬱也，還以化風，是病在血分之陰，而衛亦病。蓋陰不降，則陽亦不降也。若木瓜所云行溼而和血，即以化氣是謂陰降，而陽隨營機動，而衛氣亦暢。升降二義，正與前云。攻閉諸脈，陰陽之氣反戾，為對待治法，蓋升降之道窮，故曰反戾。試觀傷寒霍亂轉筋，脈弦者，為木克土，投建中湯而加柴胡、木瓜者，其義可思。木瓜何以能降，蓋血和則陰自降也。夫脾胃固氣血之海，而肝膽又氣血之先導，此雷斅所以謂其能調營衛，助穀氣也。若然，其宣經脈，調營衛者，即不病於轉筋，亦藉此氣血之先導者以益脾胃，而肝腎乃還受其益，如溼痹脚氣，非由胃陽不降，乃還病於肝腎乎？故知其功專於肝，即推之病於肝腎之他證，如藏器所云治脚氣衝心，下冷氣，止嘔逆，心痛痰唾，止水利後渴不止。又如日華子所云止吐瀉奔豚及水腫，冷熱痢，心腹痛。又如好古所云治腹脹善噫，心下煩痞。凡此皆得用斯味以盡其功於主輔矣。抑此味要領，固在去溼以和血中之滯歟。曰：是也。然又云：能療風者，何居？曰：溼固血分之病，血虛血熱，固皆生風，而血鬱化溼亦化風，前義豈不悉哉？然則有謂其為肝之用等於風水勝溼者，將無同歟。曰：非然也。諸風藥勝溼而燥血，木瓜和血而行溼，非勝之也。《經》曰：辛甘發散為陽，酸苦涌泄為陰。諸風藥多辛，陽也。木瓜正酸，陰也。本乎地者親下，此木瓜之所以治脚氣及水腫也。奈何與風藥並論哉？《經》言筋病熱則縱弛，寒則攣縮，理固然也。苐溼熱之為病，最能傷血，血傷則筋失所養，亦為攣縮，知此則木瓜之治轉筋也，似溼熱亦宜，但必黃連輩為主耳。就其酸味入肝者，亦有別焉。酸而寒者，若白芍則能斂肝之邪氣。酸而溫者，若木瓜則能和肝之生氣。故寇氏謂腰腎脚膝無力，皆不可缺者，正為是耳。如槩以酸為主收，彼春令之木主酸，何以其性為暄，其德為和，其用為動，其化為營，其政為散，其令宣發乎？即東璧氏亦以伐肝為言，猶乎執一之誤耳。先哲謂木瓜得木之正者，此也。《經》曰：多食酸，令人癃。是惡其過也。夫五味豈可偏勝耶？按：轉筋不由於霍亂者，劉河間論轉筋皆屬火，朱丹溪謂屬血熱，二說朱先生較勝。然亦有血虛筋失所養，則轉而急痛，不能舒也，宜養血為主。又或營血中素有留熱，更乘於風寒外束，致鬱熱之在血中者，勢益奮急，而筋亦為之轉動，此先散風寒，而次清營中之熱，二則皆不可少木瓜。然不等於霍乱轉筋其患為劇也。蓋霍亂轉筋，是脾病以及肝，而肝還病乎脾，其治由肝以療脾，不由霍乱轉筋，是其病止於肝，而未病乎脾，止治肝足矣。又有肝腎之病，不專患乎轉筋者，此必藉氣血生化之脾，而脾還藉肝以達之，更不似霍亂轉筋望其戡亂為功，唯資其調宣為先耳。是所謂功不盡於轉筋者也，知此三則，庶乎投之悉當矣。

附方　四蒸木瓜丸，治肝腎脾三經氣虛，為風寒暑溼相搏，流注經絡，凡遇時令不和，七情怫鬱，必至發動，或腫滿，或頑痹，憎寒壯熱，嘔吐自汗，霍亂吐利，用宣州大木瓜四個，切蓋，剜空聽用，一個入黃耆、續斷末各半兩於內，一個入蒼朮、橘皮末各半兩於內，一個入烏藥、黃松節末各半兩於內，黃松節即茯神心中木也。一個入威靈仙、苦葶藶末各半兩於內，以原蓋蓋好，拴定，用酒浸透，入甑內蒸熟，曬乾，再浸蒸，如此三度，搗末，以榆皮末水和糊丸如梧子大，每服五十丸，溫酒鹽湯任下。

項强筋急，不可轉側，肝腎二臟受風也。許叔微嘗治患斯證者，每自午後發，黃昏時定，許云此必先從足起少陰之筋，自足至項。筋者，肝之合，今日中至黃昏，陽中之陰，肺也，自離至兑，陰旺陽弱之時，故《靈寶畢法》云：離至乾，腎氣絕，而肝氣弱，肝腎二臟受邪，故發於此時。用木瓜二個，去瓤，入沒藥二兩，乳香二錢半於內，飯上蒸三四次，搗爛為膏，每用三錢，入生地汁半盞，無灰酒二盞，暖化溫服，及都梁丸服之而愈。都梁丸即香白芷一味，用沸湯泡，洗淨焙乾，蜜丸如彈子大。

愚按：木瓜所治在肝腎，肝腎居下，而病於前證，叔微謂為陽中之陰，肺也，為其受外之風邪，故舉肺而言也。粗者不察如此等證，遂以為入肺耳。詎知茲味本和經脈之藥，即不能外脾肺，而肺脈之所交者固交於肝也。《內經》之義甚明，雖肺司氣臟，肝司血藏，二臟交相為用，然未有經脈不和，而肺氣得理者，如之何不切於益肝腎乎？蓋衝脈者，經脈之海也，肝腎司之。故《本經》主治先及溼痹脚氣。

附方　腎臟虛冷，氣攻腹脇，脹滿疼痛，用大木瓜三十枚，去皮核，剜空，以甘菊花末、青鹽末各一斤，填滿，置籠內蒸熟，搗成膏，入新艾茸二斤，搜和丸如梧子大，每米飲下三十丸，日二。　臍下絞痛，木瓜三片，桑葉七片，大棗三枚，水三升，煮半升，頓服即愈。希雍曰：　下部腰膝無力，由於精血虛，真陰不足者，不宜用。傷食脾胃未虛，積滯多者，不宜用。　愚按：　真陰不足之病，非此味所能療，不謂其有害也，審之。

修治　忌犯鐵器，以銅刀削去硬皮并子，切片曬乾，入藥以陳久者良。

清·郭章宜《本草匯》卷一四　木瓜　味酸濇，氣溫，味薄氣厚，降多于升，陽中陰也，入手足太陰血分，兼入足厥陰經。氣脫能收，氣滯能和。筋急者得之即舒，濕腫者遇之即愈。滋脾益肺，善走股腨，循行肚腹，充達木鬱。霍亂吐瀉必須，濕浮脚氣最要。《本經》主濕痺脚氣者，脾主四肢肌肉，其性惡濕而喜燥。濕氣侵入，則為濕痺。濕傷足絡，則成脚氣。木瓜溫能通肌肉之滯，酸能歛濡滿之濕，故脚氣濕痺得之而自除也。又治霍亂轉筋不止者，脾胃病也。夏月暑濕飲食之邪，傷于脾胃，則揮霍撩亂，上吐下瀉，甚則木乘脾土，而筋為之轉也。酸溫能和脾胃，固虛脫，兼之入肝而養筋，所以能療肝脾所生之病也。

按：　木瓜禀東方之酸，得木之正，故入厥陰治筋，非他藥所能儔匹。吐利轉筋，皆脾胃病，非肝病也。肝雖主筋，而轉筋則由濕熱，或寒濕之邪襲傷脾胃，故轉筋必起于足腓，腓及宗筋，皆屬陽明。木瓜治轉筋，非益筋也，理脾以伐肝也。土病則金衰而木旺，故用酸溫以收脾肺之耗散，而藉其走筋以平肝邪，乃土中瀉木以助金也。木平則土得令而金受蔭矣。木瓜最療轉筋，如轉筋時，但呼其名，及書土作木瓜字，皆愈。　孟詵云：　多食木瓜損齒及骨，皆伐肝之明驗。

真者，皮薄色赤黃，香而甘酸不濇，去硬皮及子，臼中杵碎，晒乾。陳久者良。忌鐵器。以牛乳汁拌蒸，燒灰散池中，可以毒魚。

清·朱本中《飲食須知·果類》　木瓜　味酸，澁，性溫。忌鐵器。多食損齒傷骨，以鉛霜或胡粉塗之，則失酢味，且無渣。木瓜樹作桶濯足，甚益人。

清·何其言《養生食鑒》卷上　木瓜　味酸，性溫，無毒。治濕痹脚氣，霍亂吐下，轉筋不止。禀得木之正氣，故入肝，利筋骨及血病腰腿無力，調榮衛，助穀氣，去濕和胃，滋脾益肺。多食酸能損齒及骨。以蜜作煎、作糕，供湯食佳。凡用，勿犯鐵。

清·蔣居祉《本草擇要綱目·溫性藥品》　木瓜　氣味：　酸，溫，無毒。入手足太陰血分。　主治：　濕痺脚氣，霍亂大吐下，轉筋不止。調榮衛，助穀氣。去濕和胃，滋脾益肺。氣脫能收，氣滯能和。寇氏云：　木瓜得木之正氣，酸以入肝，故益筋與血，腰腎脚膝為病無力，皆不可缺也。或曰：　木瓜所主霍亂吐利，轉筋脚氣，皆脾胃病，而云肝病何也？　蓋寒濕之氣，襲傷脾胃而筋轉，必起於足腓，腓及宗筋皆屬陽明，用木瓜之酸溫，以收脾肺之耗散，而藉其走筋以平肝邪，乃土中瀉木以助金也，木平則土得令，而金受其蔭，得非因治肝以及脾胃乎。

清·閔鉞《本草詳節》卷八　木瓜　【略】按：　木瓜，治霍亂吐利轉筋，脚氣，皆脾胃病，非肝病也。肝雖主筋，而轉筋則由濕熱寒濕之邪襲傷脾胃所致，故轉筋必起於足腓，腓及宗筋，皆屬陽明。土病則金衰而木盛，故用其酸溫，收脾肺之耗散，藉其走筋而平肝邪，乃土中瀉木以助金也，木平則土得令，而金受蔭矣。多服單服，損齒及骨，皆伐肝之故。《鍼經》云：　多食酸，令人癃。酸入於胃，氣濇而收，兩焦之氣不能出入，流入胃中，下去膀胱，胞薄而軟，得酸則縮卷，約而不通，故水道癃濇也。

清·王翃《握靈本草》卷七　木瓜出宣州者良。凡使不犯鐵器。陳久者入御藥，無木氣也。　主治：　木瓜，　酸，溫，無毒。主濕痺脚氣，霍亂大吐下，轉筋不止。強筋骨，下冷氣。

清·汪昂《本草備要》卷三　木瓜補，和脾，舒筋；濇，斂肺。　酸濇而溫。入脾肺血分。斂肺和胃，理脾伐肝，化食酸能斂，斂則化，與山查同。　止渴酸能生津。　氣脫能收，氣滯能和，調營衛，利筋骨，去濕熱，消水脹。治霍亂轉筋，夏月暑濕，邪傷脾胃。陽不升，陰不降，則揮霍撩亂，上吐下瀉，甚則肝木乘脾，而筋爲之轉也。《食療》云：　煮汁飲良。時珍曰：　肝雖主筋，而轉筋則因風寒濕熱，襲傷脾胃所致。轉筋必起于足腓，腓，音肥，足肚也。腓及宗筋，皆屬陽明。木瓜治轉筋，取其理筋以伐肝也。土病則金衰而木盛，故用酸溫以收脾肺之耗散，而藉其走筋以平肝邪，乃土中瀉木以助金也。陶弘景曰：　凡轉筋呼木瓜名，寫木瓜字，皆愈。瀉痢脚氣，脾主四肢。或寒濕傷于足絡，或胃受濕熱之物，上輸于脾，下流至足，則成脚氣。惡寒發熱，狀類傷寒，第脛腫掣痛爲異耳。宜利濕清熱，忌用補劑及淋洗。昔有患足痹者趁舟，見舟中一袋，以足倚之，比及登岸，足已善步矣。詢袋中何物，乃木瓜也。　腰足無力。多食損齒、骨，病癃閉。酸收太甚。　鄭奠一曰：　木瓜乃酸濇之品，世用治水腫、腹脹，誤矣！有大僚舟過金陵，愛其芬馥，購數百顆置之舟中，舉舟人皆病溺不得出，醫以通利藥罔效。迎予視之，聞四面皆木瓜香，笑謂諸人曰：撤去此物，溺即出矣，不必用藥也。于是盡投江中，頃之，溺皆如舊。　陳者良。香薷飲用之，取其和脾去濕，補肺生金。　忌鐵。

清·陳士鐸《本草新編》卷五　木瓜　味酸，氣溫，無毒。入手太陰、足厥陰之經。氣脫能固，氣滯能和。平胃以滋脾，益肺而去濕，助穀氣，調榮衛，除霍亂，止轉筋，祛脚氣，禁水痢。但可臣、可佐使，而不可以為君。乃入肝益筋之品，養血衛脉之味，最宜與參、术同施，歸、熟並用，生者可以辟邪。

或疑木瓜可以為君，治霍亂轉筋實神。不知木瓜非君藥，霍亂，非香薷不能轉其逆，木瓜不過助香薷而回筋，不能助香薷而返氣。且香薷無參、术，則返逆之氣亦不能驟〔順〕也。誰謂木瓜是君藥哉。

或問：木瓜利氣，故能轉逆，然有用木瓜而不能定逆者，豈木瓜不能利氣乎？曰：木瓜未嘗不利氣也。因用之未當耳。木瓜無君主之藥，愈利氣而愈無成功。蓋木瓜宜于補中利氣，而不宜于散中利氣也。

清·顧靖遠《顧氏醫鏡》卷八　木瓜酸，溫。入脾胃肝三經。忌鐵器。　最療轉筋，以其入肝而養筋故也。　善治脚氣。疝病亦宜，有去濕之能。　嘔逆可止，和胃制肝之力。　傷食而嘔吐者，不宜用。

清·李熙和《醫經允中》卷二〇　木瓜　入脾肝二經血分。　酸，溫，無毒。　主治濕痺，脚氣霍亂，轉筋吐瀉，皆主脾胃病也。肝雖主筋，而轉筋則寒濕之邪襲傷脾胃所致，故轉筋必起于足腓，腓與宗筋皆屬陽明，木瓜非益筋也，理脾而伐肝也。《經》曰：筋病無多食酸，多食木瓜損齒及骨，兼成癃閉。

清·馮兆張《馮氏錦囊秘錄·雜症痘疹藥性主治合參》卷八　木瓜得春生之氣，稟曲直之化。味酸，氣溫，無毒。入足太陰陽明、足厥陰經。性惡濕而喜燥，溫能通行，酸能收斂，有並行不悖之功。所以能去濕和胃，滋脾益肺。利筋骨，調榮衛。治肝脾所生之病，如暑濕傷脾而霍亂，肝木乘脾而轉筋，及脚氣濕痹也。然足痹由於精血不足，吐瀉由於倍食傷胃者，勿用。然多食木瓜損齒及骨，以其伐肝也。忌犯鐵器。

木瓜實，氣脫能固，氣滯能和，平胃滋脾，益肺去濕。除霍亂轉筋，脚氣水痢。筋急能舒，筋緩能利，濕痹能攻，暑瀉能止。故曰：醒筋骨之濕者，莫如木瓜；合筋骨之離者，莫如杜仲。

按：木瓜稟東方之酸，故專入肝治筋，凡轉筋時，但呼其名，及書作木瓜字樣於其處則愈，可見神於治筋者矣。然多食損齒及骨，《經》云：陰之所生，本在五味；陰之所營，傷在五味。五味太過，即有增勝之憂也。

清·张璐《本經逢原》卷三　木瓜　酸，溫，無毒。　發明：木瓜酸收下降，所主霍亂轉筋吐利，腳氣，皆取收攝脾胃之濕熱，非肝病也。轉筋雖屬風木行脾，實由濕熱或寒濕之邪襲傷脾胃所致，用此理脾而伐肝也。多食木瓜損齒及骨，皆伐肝之明驗。患頭風人，以鮮者放枕邊，引散肝風，日久漸安。凡腰膝無力，由於精血虛陰不足者，及脾胃有積滯者，皆不利於酸收也。

清·姚球《本草經解要》卷三　木瓜　氣溫，味酸，無毒。主濕痹，脚氣，霍亂大吐下，轉筋不止。　木瓜氣溫，稟天春和之木氣。味酸無毒，得地東方之木味。氣溫升達，味酸收斂，一直一曲，曲直為木，入足厥陰肝經。氣味降多於升，陰也。肝主筋，濕傷筋，筋攣則痹。木瓜溫能散濕，酸能舒筋，故主濕痹。脚氣者，濕侵肝絡也。酸能滋肝，溫能散濕，故亦主之。霍亂大吐下，轉筋不止者，肝屬木，木邪乘土，上吐下洩。肝主筋，筋熱短縮，而為之轉也。木瓜入土以瀉木，木平筋自舒，所以主之也。　製方：木瓜同桑皮、大棗，治霍亂轉筋。同歸身、牛膝、石斛、續斷、白芍、陳皮，治血虛轉筋。同苡仁、白茯、白术、五加皮、石斛、萆薢、黄柏，治脚氣。專為末，治楊梅結毒。

清·葉盛《古今治驗食物單方》　木瓜　脚筋攣痛，木瓜數枚，以酒水各半煎膏，乘熱貼痛處，以帛裹，冷即易之。　霍亂轉筋，木瓜一兩，酒一碗煎服，不飲酒者，水煎服，仍將湯浸青布裹其足。

清·王子接《得宜本草·中品藥》　木瓜　味酸。入足太陰經。　主治濕痺腳氣，霍亂轉筋。

清·黄元御《玉楸藥解》卷四　木瓜　味酸，性濇，微寒。入手太陰肺、足厥陰肝經。　斂腸止泄，逐濕舒筋。　木瓜酸斂收濇，能斂肺固腸，燥土泄肝。治霍亂吐利，腹痛轉筋。療脚氣，治中風，筋攣骨痛。其主治諸病，總皆寒濕之邪。但用木瓜，終難成效。本草謂其性溫，止泄而搪積。瓜汁寒脾冷飲，立生泄利。雖能泄肝止痛，而土虛木賊，最忌酸收，功止治標，未能無弊，何如苓桂薑甘溫燥之品，效大而力捷也。　鮮者糖餞，斂肺止渴。

清·吳儀洛《本草從新》卷四　木瓜〔和脾舒筋。澀、斂肺。〕　酸澀而溫。和脾理胃，斂肺伐肝，化食酸能斂，斂則化，與山查同。止渴，酸能生津。氣脫能收，氣滯能和，調營衛，利筋骨，筋急者得之即舒，筋緩者遇之即利。去濕熱，消水脹。

治霍亂轉筋，邪傷脾胃，清濁不分，揮霍擾亂，上吐下瀉，甚則肝木乘脾，而筋為之轉也。時珍曰：肝雖主筋，而轉筋則因風寒濕熱襲傷脾胃所致。轉筋必起於足腓，腓及宗筋皆屬陽明。〔腓，足肱也。〕木瓜治轉筋，取其理脾以伐肝也。土病則金衰而木盛，故用酸溫以收脾肺之耗散，而借其走筋以平肝邪，乃土中瀉木以助金也。瀉痢脚氣，脾主四肢，或寒濕傷於足絡，或胃受濕熱之物，上輸於脾，下流至足，則成脚氣。惡寒發熱，狀類傷寒，第脛腫掣痛為異爾。宜利濕清熱，忌用補劑及淋洗。昔有患足痺者，趁舟，見舟中一袋。以足倚之，比及登岸，足已善步矣。詢袋中何物，乃木瓜也。腰足無力。多食損齒及骨，病癃閉。酸收太甚，奠一曰：木瓜乃酸澀之品，世用治水腫腹脹誤矣。有大寮，舟過金陵，愛其芬馥，購數百顆，置之舟中，舉舟人皆病溺不得出，醫以通利罔效。迎予視之，聞四面皆木瓜香，笑謂諸人曰：撤去此物，溺即出矣，不必用藥也。於是盡投江中，頃之，溺即如舊。陳者良。忌鐵。

清·汪紱《醫林纂要探源》卷二　木瓜　酸，溫。古曰楙，香者，榅桲，香瓜。有鼻者，木桃。又謂之樝，以圓長似瓜者為正。瀉肝和脾，柹輕而虛，功專於肺。梨脆而津，通徹上下。木瓜重而實，功在瀉肝，肝邪退，則脾土和矣。重實，故行下部。又酸能收濕，肝脾之脈皆行於足，肝氣平，脾土和，濕水去，故專治濕熱水腫腳氣。靖少陽火，膽及三焦皆少陽相火所行，膽與肝相表裏，三焦與心包相表裏，酸以瀉肝，則膽火平，酸收心散，則三焦火平，故能治霍亂轉筋，且調和氣血，是皆酸之為用，在下如此也。亦止渴。多食病癃。酸收之過。

清·嚴潔等《得配本草》卷六　木瓜枝、葉　酸、澀，溫。入手足太陰，兼足厥陰經血分。和胃理脾，伐肝斂肺。專治筋病，能療暑濕。血為熱迫，筋轉而痛。氣為濕滯，筋緩而軟。木瓜涼血收脫，故可並治。得桑葉，治霍亂腹痛。配檳榔，治腳氣衝心。配杜仲酒，治久痢。木瓜醒筋骨之濕，杜仲合筋骨之離，用以收之，痢疾自止。佐生地，加乳、沒，治項強筋急。肝腎受邪也。和青鹽、甘菊、艾茸，治腎臟虛冷，氣攻腹脇，脹滿疼痛。調鱔魚涎，貼反花痔瘡。宣州陳久者良。勿犯鐵器，以銅刀切片。多食損齒及骨，病癃閉。血虛脚軟者禁用。

題清·徐大椿《藥性切用》卷六　宣州木瓜　酸濇性溫，醒脾袪暑，和胃伐肝，為轉筋霍亂，痛痺脚氣耑藥。

枝、葉　酸、澀，溫。治熱痢。

清·黃宮繡《本草求真》卷二　木瓜醒脾胃、筋骨之濕，收脾肺耗散之氣。木瓜耑入脾肺，兼入肝。酸濇而溫，止屬收斂之品。何書備著其功，曰理脾舒筋斂肺，緣暑濕傷人，揮霍撩亂，吐瀉交作，未有不累脾胃而傷元氣，損營衛而敗筋骨，木瓜氣味酸濇，既於濕熱可疎，復於耗損可斂。時珍曰：木瓜所主吐利，轉筋腳氣，本皆脾胃，病非肝病也。肝雖主筋，而轉筋則由濕熱寒濕之邪襲傷脾胃所致，故轉筋必起於足腓，腓及宗筋，皆屬陽明。木瓜治轉筋，非益筋也。理脾而伐肝也，土病則金衰而木盛，故用酸溫以收脾肺之耗散，而藉其走筋以平肝邪，乃土中瀉木以助金也。木平則土得令，而金受蔭矣。故能於脾有補，於筋可舒，於肺可斂，豈真脾肺虛弱，可為常用之味哉？然使食之太過，則又損齒與骨及犯癃閉。《鍼經》云：多食酸，令人癃，酸入於胃，其氣濇以收，兩焦之氣，不能出入，流入胃中，下去膀胱，胞薄以軟，得酸則縮卷，約而不通，故水道不利而癃濇也。劉仲海曰：食蜜煎木瓜三五枚，同伴數人皆病淋疾，以問天益。天益曰：此食酸所致也，但奪食則已。陰之所生，本在五味；陰之所營，傷在五味；五味太過，皆能傷人，不獨酸也。鄭奠一曰：予治舉舟人病溺不得出，醫用通利藥罔效，迎予視之，聞四面皆木瓜香，笑謂諸人曰：撤去此物，溺即出矣。盡傾其物，溺如舊。以其收濇甚而伐肝極，奈人僅知理腳。濕熱傷於足者用此可理，如昔有患足痹者赴舟，見舟中一袋，以足倚之，比及登岸，足已善步，詢袋中何物，乃木瓜也。若寒濕傷於足者，用此酸濇，雖曰利濕，而於寒不克除，恐非利濕佳劑耳。而不審其虛實妄投，殊為可惜，陳者良。忌鐵。

清·沈金鰲《要藥分劑》卷九　木瓜　【略】鰲按：木瓜治轉筋。筋急者得之能舒，筋緩者得之能利。

清·楊璿《傷寒溫疫條辨》卷六濇劑類　木瓜　味酸濇，氣溫。斂肺平肝，理脾和胃，化食止渴。氣脫能收，氣滯能散，調榮衛，利筋骨，去風濕。治霍亂轉筋，脚氣瀉痢，肩臂腰足無力之證。木瓜酒方：治肩臂腰疼，並風濕痰氣，手足腿膝麻木疼。木瓜、川續斷、威靈仙、鉤籐鉤、防風三錢，鑽地風、金銀花、歸身五錢，紅花、桂枝、升麻一錢，煮黑紅穀酒四觔，早晚服。若腰以下疼木，去升麻，加杜仲、牛膝三錢，此和榮衛、利筋骨之要藥也。〔愚意腰腿疼屬腎虛，加熟地黃為妙。〕

清·羅國綱《羅氏會約醫鏡》卷一七　木瓜味酸溫，入脾、胃、肝三經。忌鉄，去穰。

稟東方之酸，故多入肝治筋。筋急能舒，溫能通行。筋緩能利。酸能收斂，並行而不悖也。理霍亂、暑濕傷脾，陽不升，陰不降，則揮霍撩亂，上吐下瀉，甚則肝木乘脾而筋為之轉也。此時呼木瓜名，寫木瓜字於患處則愈，可見神於治筋者矣。暑泄、去濕和胃。消渴、酸能生津。脚氣濕痹。故曰理筋骨之濕者莫如木瓜，合筋骨之離者莫如杜仲。

按：木瓜氣脫能固，氣滯能和，平胃滋脾，益肺去濕有功之品。但多食損齒傷骨，病癃閉。酸收太甚，世用治水腫腹脹，誤矣！

清・陳修園《神農本草經讀》附録　木瓜　氣味酸，溫，無毒。主濕痹脚氣，霍亂大吐下，轉筋不止《别録》。

清・王學權《重慶堂隨筆》卷下　木瓜　一味為末，治霉瘡結毒，惟《解要》載此方。

清・黄凱鈞《藥籠小品》　木瓜　酸濇而溫，調營衛，利筋骨，治霍亂轉筋。能理脾伐肝也。

清・章穆《調疾飲食辯》卷四　木瓜　《爾雅》曰：楙，木瓜。郭注云：實如小瓜，味酢可食。《綱目》曰：實有鼻，葉光而厚，味不木者為木瓜；圓小，味木而酢澀者為木桃；似木瓜而無鼻，大於木瓜，味澀者為木李。一類三種，故《詩》曰投我以木瓜、投我以木桃、投我以木李，此詩乃衛文公燬感齊侯驅狄城楚邱之德而作，孔子曰：吾於木瓜見苞苴之禮行焉。朱子注《詩》，以為不知所指，又作男女贈答之辭，未審何意。三種皆可蜜漬為果，或蒸爛同蜜搗，為煎點湯食，故古人用相贈答。《圖經》曰：處處皆有，宣城者特佳。實初成時，剪紙為花粘於上，久則其文如生，用充土貢，故有宣城花木瓜之號。其性，《别録》曰：主濕痹脚氣，霍亂吐下，轉筋不止。《拾遺》曰：脚氣衝心者，此症至險，不速治則死。取嫩木瓜一枚，勿犯鐵器性最忌鐵，去子煎服。胃寒嘔逆，同生薑煎服。水瀉後渴不止，作飲服。《日華本草》曰：治水腫及奔豚氣，心腹痛。《湯液本草》曰：去濕和脾胃，治腹脹善噫，心下煩痞均同蒼朮、草果服。陶隱居曰：轉筋，呼木瓜名，或書土作木瓜字，皆愈。此理殆不可曉。故《聖惠方》治霍亂轉筋，獨用木瓜一兩，酒一升，煎服。加白朮、草果、扁豆、生薑各三錢，更佳。不飲酒者，水煎加酒服，另用木瓜煎濃汁，浸青布，乘熱緊裹其足，立愈。《千金方》治小兒洞利大瀉也，木瓜煎濃汁服，加米，或陳皮，或薑，尤妙。大人亦可用。蓋其味酸氣馥。《衍義》以為得木之正，故能舒暢肝氣，調和脾胃。而酸能益筋益血，故凡腰腎脚膝無力，皆必用之。然多食不免有害，《食療本草》曰損齒傷骨更傷肉傷筋。《衛生寶鑒》曰太保劉仲海，日食蜜煎木瓜三五枚，忽病淋疾，以問羅天益，天益曰食酸所致，輟食自愈。《綱目》引經文釋之，曰多食酸令人癃閉也，酸入於胃，其氣澀以收，膀胱得酸則縮卷，約而不通，故水道不利。與《食療》之言，皆有至理，不可不知也。

清・王龍《本草纂要稿・菓部》　木瓜　氣味酸溫，固氣脱而和氣滯。平胃滋脾，助穀氣而調榮衛。益肺去濕，強腰背脚膝，脚氣能驅。除霍亂轉筋，水痢可禁。入肝益筋與血，入手足太陰經。

清・張德裕《本草正義》卷下　木瓜　酸，溫。入脾、肺、肝、腎。善和胃，尤專入肝，益筋養血，為腳氣引經之必用，霍亂轉筋之要藥。以其味酸，亦能固脱，止瀉痢。

清・楊時泰《本草述鉤元》卷一七　木瓜　惟蔕間别有重蔕似乳者，為木瓜，處處有之。出宣城者，皮薄，色赤黄，香而甘酸，津潤不木，勝於他處。其圓小於木瓜，味木而酸濇者，為木桃。似木瓜而無鼻，大於木桃味濇者，為木李，即榠樝及和圓子也。

味甘而酸，氣溫。氣薄味厚，降多於升，陽中陰也。入足厥陰及手足太陰血分。主治霍亂大吐下，轉筋不止，並諸筋攣。治濕痺、脚氣，脚氣衝心。濕傷於下者，取效甚捷。下冷氣、奔豚，心膈痰唾。治腹脹善噫，水腫冷熱痢，又水利後渴不止。作飲服之。其功調營衛，助穀氣，和胃滋脾，益肺，氣滯能和，氣脱能收，消暑毒，凡腰腎脚膝無力，皆不可缺。一味末之，白湯吞三錢，日五服，治楊梅結毒有效。入六合湯治暑月霍亂。得扁豆、藿香、茯苓、橘皮、白梅、人參、白朮、甘草、砂仁、香茹，治傷暑、霍亂吐瀉不止，加石斛、丁香治轉筋。同薏仁、朮、茯苓、五加皮、石斛、萆薢、黄檗，治濕熱脚氣。同人參、茯苓、麥冬、藿香、白蔻、竹茹、枇杷葉，治胃虛嘔吐。四蒸木瓜丸，治肝腎脾三陰氣虛，為風寒暑濕相搏，流注經絡。凡遇時令不和，七情怫鬱，必至發動，或腫滿，或頑痺，憎寒壯熱，嘔吐、自汗，霍亂吐利。用宣州大木瓜四個，切蓋剜空，一個入黄芪、續斷末各半兩，一個入蒼朮、橘皮末各半兩，一個入烏藥、黄松節即茯神心中木。末各半兩，一個入威靈仙、苦葶藶末各半兩，以原蓋蓋好，拴定，用酒浸透，入甑內蒸熟，曬乾，再浸蒸，如此三度，搗末，以榆皮末水和糊丸如梧子大，每服五十丸，溫酒、鹽湯任下。項強筋急不可轉側，肝腎二臟受風也。叔微嘗治患斯證者，每自午後發，黄昏時定。許云：此必先從足起，少陰之筋自足至項。筋者肝之合，今日中至黄昏，陽中之陰，肺也，自離至兑，陰旺陽弱。《靈寶畢法》云：離至乾，腎氣絕而肝氣弱。肝腎二臟受邪，故發於此時。用木瓜二個，去瓤，入沒藥二兩乳香二錢半於內，飯上蒸三四次，搗爛為膏，每用三錢，入生地汁半盞，無灰酒二盞，暖化溫服，及都梁丸用香白芷一味蜜丸。服之而愈。腎臟虛冷，氣攻腹脇，脹滿疼痛，用大木瓜三十枚，去皮核，剜空，以甘菊花末、青鹽末各一斤填滿，置籠內蒸熟，搗成膏，入新艾茸二斤搜和，丸如梧子大，每米飲下三十丸，日二。臍下絞痛，木瓜三片，桑葉七片，大棗三枚，水三升，煮半升頓服即愈。

論：木瓜味酸而氣溫，酸先有甘，甘三酸七，是兼稼穡之化以和血，更合津潤之氣以養筋，入中土而效風木之用，故療筋病有專功。其實結於夏火，而氣味不離春木，反其所自始也。酸先有甘者，受氣於火中之土也，津潤殊於他果者，取精於火氣之流津也。從中土以育肝之體，復從大火淖溢以致肝之用，則肝氣於何而不暢，臟血於何而不和，是其行濕而達脾肺之氣者，即從脾肺氣達而利肝腎之血，種種治效，總見一陰為獨使耳。夫其塗以鉛霜、胡粉，即失酸味，木受金制。可知此味，得木之正，為入肝的據，故霍亂病起於脾胃，而未至於轉筋，則木瓜猶非急須。轉筋之故，為陽明主養宗筋，或內傷外淫，攻閉諸脉，陰陽之氣反戾，致吐下暴亡津液，而宗筋失所榮養，遂為攣縮急痛。然則霍亂而至於轉筋，是始由脾胃以病肝者，繼則脾胃反受病於肝矣，不急治肝，脾胃不愈病乎。木瓜入肝，既以溫散紓淩戾之暴氣，復以酸津潤耗散之脫氣，使筋有所榮養，而弗增肝木之燥急以甚脾胃之疾也。或曰：木瓜功用，不盡於療筋，豈亦專在肝臟歟？曰：人身氣血，皆生化於脾胃，而脾胃土以木為主，所云一陰為獨使者，謂其下本陰中之陽以升，上承陽中之陰以降也，中土屬於氣交，有升其陰中之陽者，而胃氣以升至於天，有降其陽中之陰者，而胃氣以降至於地。如陰中之陽不升，是風鬱也，還以搏濕。病在氣分之陽，而營亦病，為陽不升，則陰亦不升也。如陽中之陰不降，是濕鬱也，還以化風。病在血分之陰，而衛亦病，為陰不降，則陽亦不降也。若木瓜所云行濕而和血，是降陰而陽隨，營機動而衛氣亦暢。木瓜何以能降，蓋血和則陰自降也，升降一義，正與前云攻閉諸脈，陰陽之氣反戾，為對待治法，觀傷寒、霍亂、轉筋脈弦者，為木剋土，投建中加柴胡、木瓜，其義可思。夫脾胃固氣血之海，而肝膽又氣血之先導，雷斅故謂其能調營衛，助穀氣也。經脈宣，營衛調，即不病於轉筋，再藉此氣血之先導者以益脾胃，而肝腎乃還受其益，如療濕痺、脚氣等，非由胃陽不降而還病於肝腎者乎。抑此味要領，固在去濕以和血中之滯矣，而又能療風者，以濕為血分病，血虛血熱，固皆生風，而血欝化濕，亦化風，前義豈不悉哉？至有謂其為肝之用，等於風木之勝濕者，不知諸風藥勝濕而燥血，木瓜和血而行濕，非勝之也。且辛甘發散為陽，酸苦涌泄為陰，諸風藥之辛，陽也，木瓜之酸，陰也，本乎地者親下，所以治脚氣及水腫也，奈何與風藥並論耶。《經》言筋病熱則縱弛，寒則攣縮，於理固然。苐濕熱之為病，最能傷血，血傷則筋失所養，亦為攣縮，知此則木瓜之治轉筋，似於濕熱亦宜，但必以黃連輩為主耳。又酸味入肝之品，亦有別焉，酸而寒者，若白芍，則能斂肝之邪氣，酸而溫者，若木瓜，則能和肝之生氣。寇氏謂腰腎脚膝無力，不可缺木瓜，正為是耳。如槩以酸為主收，彼春令之木主酸，何以其性為暄，其德為和，其用為動，其化為營，其政為散，其令宣發乎。轉筋有不由於霍亂者，或血虛筋失所養，則轉而急痛，宜養血，或營血中素有留熱，更乘以風寒外束，致欝熱之在血中者，勢益奮急，而筋亦為之轉動，宜先散風寒，次清營中之熱，二者皆不可少木瓜。又有肝腎之病，不專患乎轉筋者，此必藉氣血生化之脾，而脾還藉肝以達之，惟資其調宣為先。即所謂功不盡於轉筋者也。知此三則，庶乎投之悉當矣。

修治：忌犯鐵器。以銅刀削去硬皮并子，切片曬乾入藥用，陳久者良。

清·鄒澍《本經續疏》卷五 木瓜實 【略】木瓜發葉開花於春，成實於夏，其氣且溫，似全秉木火之化者。無如其味酸甘，其質津潤，其皮始青而終黃，其肉先白而後赤。是其用又全在血液，故兼覈其體用，為假木火之盛燄，行血液之柔滋。夫柔滋生於木火，則非陰膩可比。威燄宣於血液，又非固益能儔。用陽攝陰，使陰不得澌盡，以陰和陽，令陽迫逐流亡。木瓜功力大概具於是矣。雖然，濕痺無非邪氣，邪氣已為濕痺，而疊稱濕痺邪氣，何也？夫陽以陰痺而窮，陰以陽窮而痺，合之則似陰陽相膠，分之又似陰陽相軋。惟攝其陰以從陽，宣其陽以布陰，斯陰氣化而濕痺開，濕痺開而邪氣退，方足徵木瓜之功，見木瓜之用，而疊稱之不為無故矣。然則霍亂吐下間以大字，轉筋之下綴以不止，其故何歟？夫霍亂即是吐下，吐下便名霍亂，但小小吐下，未必遂致轉筋，霍亂大吐下，則中氣潰敗，血液暴亡，筋失所養而絞旋收引焉。若僅見於手足者，猶係血液不能遠及四末，如在四末，不急施治，則由外及中，病遂危殆，故轉筋入腹則死也。然曰轉筋不止，則又可見吐下止而轉筋不止，何者上文之稱大，正所以截吐下使成句。惟霍亂大吐下句與下文不屬，則不止者僅轉筋，非吐下亦不止矣。霍亂既止，血液當復，轉筋自應漸止，乃猶不止，始用木瓜。則以霍亂者其源，轉筋則其流耳。古人治病，貴求其本，故仲景於霍亂理中五苓、四逆加參、加豬膽汁，並料及過經傳外，且有桂枝小和諸法，亦不爲不備矣。而用木瓜者，以本未嘗言轉筋也。譬如應用理中五苓時，原不必有轉筋，即有轉筋，亦當急救其本，無暇泛及其標。倘至四逆桂枝時，又焉能必不有轉筋，有轉筋則四逆桂枝中，何妨加入木瓜耶。如入木瓜，所以收合血液之餘，宣布筋骸之養也，説者謂惟酸能集津液。而梅與木瓜為尤甚，故談梅可以已渴，呼木瓜名，書木瓜字，可以止轉筋，二者畢竟如何分別，不得互為用。蓋酸者，陽在陰中蠕蠕以動之義也。但氣平者靜而降，氣溫者柔而行。《生氣通天論》曰陽氣者，靜則養神，柔則養筋。惟其養神，故主安心下氣，除熱煩滿。惟其養筋，故主霍亂大吐下轉筋不止。神者，行於血脈，血脈不咸則為死肌。筋者，絡於骨節，骨節不利，則為濕痹。是其不得互相為用處。且梅究得春氣多，夏氣少；木瓜則得春氣少，夏氣多。春氣者，撮陰以榮陽；夏氣者，用陽以宣陰。撮陰以榮陽，故主自內而外出。用陽以宣陰，故主由中而旁推。此其分別矣。

清・葉桂《本草再新》卷五　木瓜味甘、酸，性溫，無毒。入肝、脾二經。斂肝，和脾胃，活血通經，宣陽去濕，止渴生津，利骨節，理脚氣，治霍亂瀉吐。

清・吴其濬《植物名實圖考》卷二七　貼梗海棠　叢生單葉，綴枝作花，磬口，深紅無香。新正即開，田塍間最宜種之。《花鏡》云：有四季花者。滇南結實與木瓜同，俗呼木瓜花。其瓜入藥用，春間漬以餹或鹽，以充果實，蓋取其酸澀，以資收斂也。

清・吴其濬《植物名實圖考》卷三二　木瓜　《別錄》中品。《爾雅》謂之楙。味不木者為木瓜，圓小味澀為木桃，一曰和圓子，大於木桃為木李，一曰榠樝，今皆蜜煎方可食，花入餹為醬尤美，歸德以上供。

清・趙其光《本草求原》卷一二果部　木瓜　酸，溫，無毒。得春生之氣化，而結實於夏，是合乎大火焯溢之用，以暢肝氣、和肝血而養筋。先哲謂其達肺脾以行濕者，肝為獨使之義也。主濕痹脚氣，利骨節，霍亂大吐下、轉筋不止。肝主筋，陽明養宗筋，肝乘脾胃則霍亂，津液頓亡，則筋失養而轉。此物溫通以利暴氣，酸津以潤耗散之脱氣，則肝和，而中土之升降不息，自無風鬱成濕、濕鬱化風之虞，故諸症悉除，非理脾伐肝之説。血和則陰降，陰降則陽隨，而衛氣亦暢，故濕因以行，如建中湯加柴、瓜治轉筋是也。下冷氣，止嘔逆、心痛、痰唾，止水利後渴不止、奔豚水腫、冷熱痢、心腹痛、腹脹善噫、心下煩痞。皆肝鬱而胃陽不降之病，木瓜去濕以和肝血之滯，故悉治之。止渴，酸能生津。患頭風人以鮮者放枕邊，可引肝風外出。血鬱化濕亦化風，故血虛血熱，其生濕生風，皆病於血。若以風藥勝濕，則血益燥，惟此和血以行濕，而風自平。寇宗奭謂其益血，為腰腎脚膝無力之要藥，正以其能和肝木之生氣也。時珍乃以為酸收伐肝。然則春木主酸，何以其性暄、其德和、其用動、其政散乎？白芍之伐肝，以其苦也，非以其酸也。彼多食酸，令人癃，惡其過勝耳，非酸斂之正解也。按：肝為三陰之使，先本陰中之陽以升，後承陽中之陰以降，脾胃居中州乃能轉運。若肝鬱而陽不升，則風鬱而搏為濕陰不降，則濕鬱而亦化為風；所謂升降息，氣孤立危，乃有霍亂等急病。筋熱則縱，筋寒則縮。然濕熱傷血筋亦縮；更有血虛筋轉，血熱風寒束之而急轉者，當以養血、清熱、驅風分其主治，而以此佐之，如濕熱用黃連、梔子、石斛、石膏為主之類是也。按：宣城木瓜，木狀如柰，實如小瓜，有鼻。鼻乃花脱處，非蒂也。色赤黄，香甘而酸。若蒂間無重蒂似乳者，為木桃，為木李，為榠樝，其味澀，非木瓜也。鄭奠一謂木瓜酸澀，水腫不可用；又謂舟中多貯木瓜，則舟人皆病溺不出。是誤以木桃、木李收澀者為木瓜者。

川瓜為末，白湯日下三錢，治楊梅結毒。木瓜剜空，以北芪、續斷、蒼术、橘皮、台烏、茯神、心中木、靈仙、苦葶藶等分末，入內紮好，用酒浸透，蒸三度為末，以榆皮末、水為丸，酒、鹽湯任下，治風寒暑濕襲入經絡，頑痹或腫滿寒熱嘔吐、自汗、霍亂吐利。木瓜去瓤，入乳、沒於內，飯上蒸三四次，搗為膏，加生地汁，酒下三錢，治先從足起、上至於項筋強急，此肝腎受風也。少陰之筋，自足至項。衝脈者，經脈之海，肝腎司之，經脈和則上焦之氣亦理，或再以白芷一味為丸繼服便愈。不知者乃謂其補肺，謬甚。又剜空入甘菊、青鹽末蒸熟，和艾茸為丸，米飲下，治腎冷，腹脇脹痛。精血虛而足膝無力者，非此所能治，宜以補陰為主。

清・文晟《新編六書》卷六《藥性摘錄》　木瓜　酸，溫。入肝。利筋骨及血病，腰腿無力，去濕。多食損齒及骨。以蜜煎作糕佳。勿犯鐵。並詳藥部。

清・文晟《新編六書》卷六《藥性摘錄》　木瓜　酸濇而溫，醒脾胃，筋絡之濕收，脾肺耗散之氣。理脾舒筋，斂肺平肝。治霍亂吐瀉交作，及轉筋足痹。過食損齒與胃，及犯癃閉。○若病傷寒濕者，勿用。○陳者良。忌鐵。

清・張仁錫《藥性蒙求・果部》　木瓜錢半　木瓜酸溫，斂肺舒筋。足軟腰弱，兼濕亦靈。和脾理胃，斂肺伐肝，氣脱能收，氣滯能和，調營衛，利筋骨，治霍亂轉筋。陳者良。○頭風用鮮者，放枕邊久效。

清・王孟英《隨息居飲食譜・果食類》 木瓜 酸，平。調氣和胃，養肝消脹，舒筋息風，去濕。蜜漬酒浸。多食患淋，以酸收太過也。專治轉筋，能健腰腳，故老人宜佩也。 腳氣筋攣，以木瓜切片，囊盛，日踐踏之。 霍亂轉筋，木瓜一兩，煎服，仍煎湯，浸青布裹其足。 辟臭蟲，木瓜片鋪席下。 反花痔，木瓜末，鱓魚身上涎，調塗。 黴瘡結毒，木瓜一味，研末，水法九日，以土茯苓湯下三錢。

清・屠道和《本草匯纂》卷一收斂 木瓜 耑入脾、肺，兼入肝。氣味酸濇而溫，無毒。疏脾胃筋骨之濕，收脾肺耗散之氣。調營(胃)〔衛〕，助穀氣。理脾舒筋，斂肺伐肝，疏濕熱，治吐利轉筋，脚氣。治脚氣衝心，取嫩者一顆，去子煎服，佳。強筋骨，下冷氣，止嘔逆，心膈痰唾，消食，止水利後渴不止，作飲服之。止奔豚及水腫，冷熱痢，心腹痛。食之太過，又損齒與骨及犯癃閉，且伐肝。即理脚氣，亦宜審其虛實，寒濕者宜，熱濕者忌。陳者良。忌鐵。

清・劉善述、劉士季《草木便方》卷二木部 木楙 木瓜根皮葉酸溫，霍亂吐瀉足轉筋。脚氣腫痛濕熱痢，茨梨根葉同服蒸。

清・田綿淮《本草省常・果性類》 木瓜 一名楙。忌鐵器。性溫。理脾斂肺，伐肝化食，舒筋活血，除濕熱，消水腫。多食損齒傷骨，令人病癃閉。

清・戴葆元《本草綱目易知錄》卷三《果部》 木瓜 酸，鹹，溫，濇。入脾肺血分。益肺和胃，滋脾伐肝，消食止渴。調營衛，助穀氣，強筋骨，下冷痢，治濕痹脚氣衝心，腹脹善噫，心下痞滿，霍亂吐下，轉筋不止。止嘔逆心膈痰唾，療吐瀉奔豚及水腫冷熱痢，心腹痛。多食損齒骨，病癃閉。

清・黃光霽《本草衍句》 木瓜 溫醒脾胃，筋骨之濕。酸收脾肺，耗散之氣。氣滯能和，理脾伐肝。氣脱能固，和胃斂肺。木瓜，烏梅，最收納胃氣，尤善瀉肝。肝邪退，則脾土和。利筋骨而止渴煩，調榮衛以助穀食。霍乱轉筋，水腫脚氣。瀉痢奔豚，腹脹善噫。多食損齒，令人淋閉。

清・陳其瑞《本草撮要》卷三 木瓜 味酸，入足太陰、厥陰經，功專去濕痹脚氣，霍亂轉筋，腰足無力。多食損齒，骨病癃閉。陳者良。木瓜切片鋪蓆上，可辟治壁蝨。為末以鱓魚身上涎，調貼反花痔瘡，甚效。

清・鄭奮揚著，曹炳章注《增訂偽藥條辨》卷三 木瓜 偽名洋木瓜。大粒長式，光皮黑色，不知何種果實偽充，萬不可用。按木瓜處處雖有，當以宣城產者為勝。陳久者良。氣味酸溫，皮薄色黃赤，味極芳香，能調榮衛，助穀氣，平下利腹痛，去濕和胃，及濕痺脚氣，霍亂轉筋等症。聞又有木桃、木李，形質頗相似，亦可偽充，用者當求真品也。 炳章按：木瓜為落葉灌木之植物，幹高五六尺，葉長橢圓形，至春先葉後花，其花分紅白兩種，頗美豔，秋季結實長圓形。產地首推浙江淳安縣，名淳木瓜，最佳。外皮似縐紗紋，色紫紅，體堅實，肉厚心小個勻。湖北宣城產者，名宣木瓜，體結色紫紋縐亦佳。其餘紫秋巴東、濟南等處所產，雖亦有佳種，然不及上兩處之美。四川綦江縣產者，名川木瓜，質鬆色黃，皮粗糙，無細紋，個大而肉薄，亦次。福建產者，色黃而大，味香，不入藥用。又一種紅梨，皮光肉結實者，亦偽充木瓜，不堪入藥。如鄭君所云，木桃、木李，或即此類，宜慎辨之。

清・周巖《本草思辨錄》卷三 木瓜 木瓜味酸氣溫而質津潤，皮始青而終黃，肉先白而後赤，為肺胃肝脾血分之藥。津潤之物，似濕證非宜。然風以勝之，土以制之，溫其氣以行之，濕之挾寒者，詎不能療。肝主風木，木得濕則盛。既卻濕而平木，故風亦自息。其味酸，能收而不能散，能下抑不能上升，故所主為筋轉筋弛之證。在下焦者多，在上中焦者少。用是物者，能於仲聖風濕寒濕諸方之所以不用，而轉求其可用，則思過半矣。

轉筋由於霍亂。霍亂而不轉筋者，非木瓜所司。其證有寒有熱，治法天淵，不得稍存偏見。至於轉筋，愚則謂縱屬熱證，亦必微兼冷氣。蓋筋屬肝，肝就濕而拒冷，亦就亦拒，斯足筋為轉。足腓屬陽明，木瓜入陽明筋轉之所以溫之潤之，兩適其性。若非溺秘，邪無出路，必無不愈之理。且木瓜溫而非熱，潤而非燥，雖熱證何至有害，要在製劑配合之有道耳。

考古方用木瓜之證，如腳氣、腳痿、腹脇脹滿，多與辛溫藥為伍。不外驅寒濕之邪，輯浮散之氣。雖功在降抑而終不離乎斂。故其治筋病於轉戾為宜，拘攣則非其所長。獨許叔微以木瓜治項強筋急，謂少陰之筋從足至項，為肝腎受邪所致。是病雖在上而因仍在下。其以乳香、沒藥為佐使，則其以伸筋任乳、沒，不以責木瓜，亦可見矣。

秋木瓜

明・蘭茂撰，清・管暄校補《滇南本草》卷下 秋木瓜 性微溫，味苦、辛、甘。主治筋骨疼痛，痰火脚軟。

櫨子

唐・孟詵、張鼎《食療本草》卷子本 櫨子平。 右多食損齒及損筋。唯治霍亂轉筋，煮汁飲之，與木瓜功相似，而小者不如也。昔孔安國不識，而謂之不藏。今驗其形小，況相似。江南將為果子，頓食之。其酸澁也，亦無所益。俗呼為榑梨也。

明・朱橚《救荒本草》卷下之後 櫨子樹 舊不著所出州土，今鞏縣趙峰山野中多有之。樹高丈許，葉似冬青樹葉，稍闊厚，背色微黄，葉形又類棠梨葉，但厚，結果似木瓜稍團。味酸甜，微澁，性平。 救飢： 果熟時採摘食之。多食損齒及筋。 治病： 文具《本草》果部木瓜條下。

明・李時珍《本草綱目》卷三〇果部・山果類 櫨子音渣。《食療》。校正： 原附木瓜下，今分出。

【釋名】木桃《埤雅》 和圓子時珍曰： 木瓜酸香而性脆，木桃酢澀而多渣，故謂之櫨，《雷公炮炙論》和圓子即此也。 【集解】藏器曰： 櫨子生中都，似榲桲而小，江外常爲果食，北土無之。頌曰： 處處有之，孟州特多。弘景曰：《禮》云： 櫨梨鑽之。 謂鑽去核也。鄭玄不識，以爲梨之不臧者。郭璞以爲似梨而酢澀。古以爲果，今不入例矣。時珍曰： 櫨子乃木瓜之酢澀者，小於木瓜，色微黄，蒂、核皆粗，核中之子小圓也。按王禎《農書》云： 櫨似小梨，西川、唐、鄧間多種之。味劣於梨與木瓜，而入蜜煮湯，則香美過之。《莊子》云： 樝、梨、橘、柚皆可於口。《淮南子》云： 樹櫨、梨、橘，食之則美，臭之則香。皆指此也。

【氣味】酸，濇，平，無毒。 詵曰： 多食傷氣，損齒及筋。 【主治】斷痢弘景。去惡心咽酸，止酒痰黄水藏器。 煮汁飲，治霍亂轉筋，功與木瓜相近孟詵。

明・姚可成《食物本草》卷八果部・山果類 櫨子櫨，音渣。一名木桃。乃木瓜之酢澀者，小於木瓜，色微黄，蒂、核皆粗，核中之子小圓也。按王禎《農書》云： 櫨似小梨，西川、唐、鄧間多種之。味劣於梨與木瓜，而入蜜湯，則香美過之。《莊子》云： 櫨、梨、橘、柚，皆可於口。《淮南子》云： 樹櫨、梨、橘，食之則美，嗅之則香。皆指此也。

櫨子，味酸、澀，平，無毒。主斷痢，去惡心咽酸，止酒痰黄水。煮汁飲，治霍亂轉筋，功與木瓜相近。多食傷氣，損齒及筋。

明・施永圖《本草醫旨・食物類》卷三 楂子音渣。名木桃。木瓜酸香而性脆，木桃酢澀而多滓，故謂之楂。 味： 酸、濇，平，無毒。多食傷氣，損齒及筋。治： 斷痢，去惡心咽酸，止酒痰黄水。煮汁飲，治霍亂轉筋，功與木瓜相近。

清・田綿淮《本草省常・果性類》 木桃 一名櫨子，一名和圓子。性平，與木瓜相近。開胃解酲，去惡心酸水。多食傷氣，損齒及筋。

鴉鵲梨

明・佚名氏《醫方藥性・草藥便覽》 鴉鵲梨 其性澁、溫。治利後瀉住。

榠櫨

宋・鄭樵《通志》卷七六《昆蟲草木略》 木瓜，短小者謂之榠櫨，亦曰蠻櫨，俗呼為木棃。《禮記》謂之櫨棃，鄭氏誤謂棃之不臧者。

宋・陳衍《寶慶本草折衷》卷一八 新分榠音冥。 櫨音查。 一名櫨子，一名櫨梨，一名蠻櫨。〇繒雲云： 一名木梨。〇櫨，《左氏傳》作柤，同音。 生江外。又云： 生孟州。今處處有之。

味酸繒雲、澀，平，無毒。〇主去惡心，殺蟲魚，止心中酸水，水痢，酸咽。分前條藏器說。〇孟詵云： 損齒，主霍亂轉筋。煮汁食之，與木瓜功稍等。〇日華子云： 消痰，解酒毒，煨食，浸油梳頭，治髮赤白。〇《圖經》曰： 榠櫨酷類木瓜，看蒂間有重蒂者，為木瓜； 無者，為榠櫨也。

元・吴瑞《日用本草》卷六 榠櫨 平，無毒。消痰，解酒毒，及治因酸。煨食，止痢。煮汁服，治霍亂轉筋。

明・李時珍《本草綱目》卷三〇果部・山果類 榠櫨音冥渣。宋《圖經》。校正原附木瓜下，今分出。

【釋名】蠻櫨《通志》 瘙櫨《拾遺》 木李《詩經》 木梨《埤雅》時珍曰： 木李生於吴越，故鄭樵《通志》謂之蠻櫨。云俗呼爲木梨，則榠櫨蓋蠻櫨之訛也。 【集解】頌曰： 榠櫨木、葉、花、實酷類木瓜，但比木瓜大而黄色。辨之惟看蒂間別有重蒂如乳者爲木瓜，無此則榠櫨也。可以進酒去痰。道家生壓取汁，和甘松、玄參末作濕香，云甚爽神也。詵曰： 榠櫨氣辛香，致衣箱中殺蠹蟲。時珍曰： 榠櫨乃木瓜之大而黄色無重蒂者也。櫨子乃木瓜之短小而味酢濇者也。榲桲則櫨類之生於北土者也。三物與木瓜皆是一類各種，故其形狀功用不甚相遠，但木瓜得木之正氣爲可貴耳。

【氣味】酸，平，無毒。 【主治】解酒去痰弘景。食之去惡心，止心中酸水藏器。煨食，止痢。浸油梳頭，治髮白、髮赤大明。煮汁服，治霍亂轉筋吴瑞。

明・姚可成《食物本草》卷八果部・山果類 榠櫨音冥渣。一名木李。乃木瓜之大而黄色無重蒂者也。櫨子乃木瓜之短小而味酢澀者也。榲桲則櫨類之生於北土者也。三物與木瓜皆是一類各種，故其形狀功用不甚相遠，但木瓜得木之正氣為可貴耳。

榠樝，味酸，平，無毒。主解酒去痰。食之，去惡心，止心中酸水。煨食，止痢。煮汁服，治霍亂轉筋。浸油梳頭，治髮白，髮赤。其氣辛香，置衣箱中辟蠹。

明·施永圖《本草醫旨·食物類》卷三　榠樝音冥渣。○俗呼為木梨。○氣辛香，置衣箱中殺蠹魚。○榠樝乃木瓜之大而黃色，無重蒂者也。樝子乃木瓜之短小而味酢澀者也。榅桲則樝類之生於北土者也。三物與木瓜皆是一類各種，故其形狀、功用，不甚相遠。　味酸，平，無毒。治：解酒去痰，食之去惡心，止心中酸水。煨食，止痢。浸油梳頭，治髮白髮赤。煮汁服，治霍亂轉筋。

清·田綿淮《本草省常·果性類》　木李　一名木梨，一名榠樝，一名蠻樝，一名瘙樝。性平，與木瓜相近。止濕渴，化酒痰，煨食止痢。多食損齒。

木葛

明·朱橚《救荒本草》卷下之前　木葛　生新鄭縣山野中。樹高丈餘，枝似杏枝，葉似杏葉而團，又似葛根葉而小。味微甜。救飢：採葉煠熟，水浸淘淨，油鹽調食。

榅桲

宋·唐慎微《證類本草》卷二三果部下品〔宋·馬志《開寶本草》〕　榅桲　味酸、甘，微溫，無毒。主溫中，下氣，消食，除心間醋水，去臭，辟衣魚。生北土，似樝子而小。今附。

〔宋·掌禹錫《嘉祐本草》〕按：陳士良云：發毒熱，秘大小腸，聚胸中痰壅。不宜多食，澁血脉。日華子云：除煩渴，治氣。

〔宋·蘇頌《本草圖經》〕曰：榅桲，舊不著所出州土，今關、陝有之，沙苑出者更佳。其實大抵類樝，但膚慢而多毛，味尤甘。治胸膈中積食，去醋水，下氣，止渴。欲卧，啖一兩枚而寢，生熟皆宜。樝子，處處有之，孟州特多。亦主霍亂轉筋，并煮汁飲之，可敵木瓜。常食之，亦去心間醋、痰。皮，擣末傅瘡，止黄水。實，初熟時，其氣氛馥，人將致衣笥中亦香。

〔宋·唐慎微《證類本草》〕陳藏器云：樹如林檎，花白綠色。

宋·寇宗奭《本草衍義》卷一八　榅桲　食之須淨去上浮毛，不爾損人肺。花亦香，白色，諸果中惟此多生蟲，少有不蚛者。《圖經》言，欲卧，啖一兩枚而寢。如此，恐太多痞塞胃脘。

宋·王繼先《紹興本草》卷一三　榅桲　紹興校定：榅桲多食澀氣，聚胸中疼固有之，然療病即未聞矣。西北地產之。《本經》云味酸甘、微溫、無毒是也。

宋·陳衍《寶慶本草折衷》卷一八　榅桲　生北土，及關陝、沙苑。　味酸、甘，微溫，無毒。○主溫中下氣，消食，除心間醋水，去臭。○陳士良云：發毒熱，秘大小腸，聚胸中痰壅。多食澀血脉。○日華子云：除煩渴，治氣。○《圖經》曰：沙苑出者更佳。大抵類樝，但膚慢而多毛。治胸膈中積食，下氣，生熟皆宜。○寇氏曰：榅桲須淨去浮毛，不爾損人肺。啖多，痞塞胃脘。

元·吳瑞《日用本草》卷六　榅桲　一名查子。綠色多毛且香。多生蟲，去臭，辟衣魚。生北土，似樝而小。味酸，甘，微溫，無毒。多食聚胸中痰壅，澁血脉，發毒熱，利大小腸。主溫中下氣，消食，除心胸間酸水，解煩渴。不可同車螯食，患大疝。

明·劉文泰《本草品彙精要》卷三四　榅桲無毒　植生。

榅桲　主溫中，下氣，消食，除心間醋水，去臭，辟衣魚。名醫所錄。

〔苗〕《圖經》曰：樹若林檎，花白綠色，有香。其實似樝子而小，但膚慢而多毛，初熟時其氣氛馥，人將致衣笥中亦香。諸果中惟此多生蟲，少有不蚛者。〔地〕《圖經》曰：生關、陝，今孟州皆有之。〔道地〕沙苑出者更佳。〔時〕生：春生葉。採：秋取實。〔收〕暴乾。〔用〕實。〔質〕類樝子而小。〔色〕淡黃。〔味〕酸，甘。〔性〕微溫，緩。〔氣〕氣厚味薄，陽中之陰。〔臭〕香。〔主〕下氣，消食。〔製〕拭去上浮毛用。〔治〕療：《圖經》曰：消胸膈中積食，去醋水，下氣，止渴，及主霍亂轉筋，並煮汁飲之。常食，亦能去心間醋痰。○皮，擣末，傅瘡上黃水。日華子云：除煩渴，治氣。〔禁〕食之不去毛，損人肺。多食，澀血脈。

明·盧和、汪穎《食物本草》卷二果類　榅桲　味酸、甘，微溫，無毒。主溫中。下氣消食，除心間醋水。食之，須去淨浮毛。否則損人肺，令嗽。

明·王文潔《太乙仙製本草藥性大全》卷四《本草精義》　榅桲　舊不著所出州土，今關陝有之，沙苑出者更佳。其實大抵類樝，但膚慢而多毛，味尤甘。治胸膈中積食，去醋水下氣，止渴，欲卧啖一兩枚而寢，生熟皆宜。生北土似樝子而小，處處有之，孟州特多。亦主霍亂轉筋，並煮汁飲之，可敵木瓜，常食之亦主心間醋痰，皮擣末傅瘡上黃水。實初無時，其氣氛馥，置於衣笥中亦香。

明・王文潔《太乙仙製本草藥性大全》卷四《仙製藥性》 榅桲　味酸、甘，氣微溫，無毒。　主治：　主溫中下氣，能消食除煩。發熱毒而秘大小二腸，澁血脉而聚胸中痰壅。除心間醋水，去臭辟衣魚。　按：《衍義》云：榅桲食之須净去上浮毛，不爾損人肺。花亦香白色，諸果中惟此多生蟲，少有不蚛者。《圖經》言欲臥噉一兩枚而寢，如此恐太多，痞塞胃脘。

明・李時珍《本草綱目》卷三〇果部・山果類　榅桲音温孛。宋《開寶》。

［釋名］時珍曰：榅桲性温而氣馞，故名。馞音孛，香氣也。　［集解］志曰：榅桲生北土，似樝子而小。頌曰：今關陜有之，沙苑出者更佳。其實大抵類樝，但膚慢而多毛，味尤甘。其氣芬馥，置衣笥中亦香。藏器曰：樹如林檎，花白緑色。宗奭曰：食之須净去浮毛，不爾損人肺。花白色，亦香。最多生蟲，少有不蛀者。時珍曰：榅桲蓋榠樝之類生於北土者，故其形狀功用皆相彷彿。李珣《南海藥録》言：關中謂林檎爲榅桲。按《述征記》云：林檎佳美。榅桲微大而狀醜有毛，其味香，關輔乃有，江南甚希。觀此則林檎、榅桲，蓋相似而二物也。李氏誤矣。

［氣味］酸、甘，微温，無毒。士良曰：發毒熱，秘大小腸，聚胸中痰，壅澀血脉，不宜多食。瑞曰：同車螯食，發疝氣。　［主治］温中，下氣消食，除心間酸水，去臭，辟衣魚《開寶》。去胸膈積食，止渴除煩。將卧時，噉一、兩枚，生、熟皆宜蘇頌。宗奭曰：卧時噉此太多，亦痞塞胃脘也。　主水瀉腸虛煩熱，散酒氣，並宜生食李珣。

木皮　［主治］搗末，傅瘡蘇頌。

明・穆世錫《食物輯要》卷六　榅桲　味酸、甘，性微溫，無毒。溫中下氣消食，散酒氣，止渴，除心間酸水。治腸虛水瀉，並宜生用。多食，澀血脉，聚胸膈痰。同車螯食，發疝氣。將卧食多，令胃脘痞塞。

明・吴文炳《藥性全備食物本草》卷二　榅桲　味酸、甘，性微溫，無毒。溫中下氣，消食，散酒氣，止渴，除心間酸水，治腸虛水瀉，並宜生用。多食澁血脉，聚胸膈痰。治吞酸，辟衣魚。《衍義》云：凡食須淨去上浮毛，不爾損人肺。花亦香，白色，諸果中惟此多生蟲，少有不蚛者。《圖經》言欲卧噉一兩枚而寢，如此恐太多痞塞胃脘。

明・姚可成《食物本草》卷八果部・山果類　榅桲音溫孛。生北土，似樝子而小。今關陝有之，沙苑出者更佳。其實大抵類樝，膚慢而多毛，味尤甘。其氣芬馥，置衣笥中亦香。食之須淨去浮毛，不爾損人肺。花白色，最多生蟲，鮮有不蛀者。○李時珍曰：榅桲蓋榠樝之類生於北土者，故其形狀功用皆相彷彿。　榅桲，味酸、甘，微溫，無毒。主溫中，下氣消食，除心間酸水，去臭，辟衣魚。去胸膈積食，止渴除煩。將卧時，噉一兩枚，生、熟皆宜。又主水瀉腸虛煩熱，散酒氣，竝宜生食。不宜多食，能發毒熱，秘大小腸，聚胸中痰，壅澀血脉。不宜與車螯同食，發疝氣。

明・施永圖《本草醫旨・食物類》卷三　榅桲音溫孛。○似楂子而小，置衣笥中亦香。　味：　酸、甘，微溫，無毒。發毒熱，秘大小腸，聚胸中痰，壅澀血脉。不宜多食。　治：　溫中下氣，消食，除心間酸水，去臭，辟衣魚，去胸膈積食，止渴除煩。將卧時噉一兩枚，生熟皆宜。主水瀉腸虛，煩熱，散酒氣，並宜生食。

木皮：　治：　搗末傅瘡。

清・丁其譽《壽世秘典》卷三　榅桲　榅桲，蓋榠樝之類，生于北土者、沙苑出者更佳。其實大抵類樝，但膚慢而多毛，味尤甘，其氣芬馥，置衣笥中亦香，最易生蟲，少有不蛀者。　氣味：　酸、甘，微溫，無毒。　主溫中，下氣消食，除心間酸水，去臭，辟衣魚。　發明陳士良曰：發毒熱，秘大小腸，聚胸中痰，壅澀血脉，多食痞塞胃脘。吴瑞曰：同車螯食，發疝氣。

清・朱本中《飲食須知・果類》　榅桲　味酸、甘，性微溫。形似木瓜而有毛，其氣甚香。多食發熱毒，澁血脉，聚胸膈痰。同車螯食，發疝氣。卧時生食，多令胃脘痞塞。

清・吴其濬《植物名實圖考》卷三一　榅桲　榅桲，《開寶本草》始著録。今惟產陝西。形似木瓜，又似梨，多以飣盤，有攜至京師者，取其香氣置盤笥中，以薰鼻煙，不復供食。

清・田綿淮《本草省常・果性類》　榅桲　性微溫。下氣消食，止渴解酒，去惡心酸水，除水瀉煩熱。多食聚痰，澀血脈，秘大小腸。

山楂

宋・唐慎微《證類本草》卷一四木部下品〔唐・蘇敬《唐本草》〕　赤爪側絞切木　味苦，寒，無毒。主水痢，風頭身癢。生平陸，所在有之。

實　味酸，冷，無毒。汁服，主水痢，沐頭及洗身上瘡痒。一名羊梂，一名鼠查。

〔唐・蘇敬《唐本草》〕注云：小樹生，高五六尺。葉似香葇，子似虎掌爪，大如小林檎，赤色。出山南申、安、隨等州。《唐本》先附。

〔宋・唐慎微《證燈本草》〕陳藏器云：陶注於松條中。鼠查一名羊梂，即赤爪也。煮汁洗漆瘡效。《爾雅》云：櫟，其實梂。有梂草，自裹其子房生爲梂。又朻木一名羊梂，一名鼠查梂，此乃名同耳。梂似小查而赤，人食之。生高原。

宋・唐慎微證類本草卷三〇外木蔓類〔宋・蘇頌《本草圖經》〕　棠毬子　生滁州。三月開白花，隨便結實，有味酢而澁，採無時。彼土人用治痢疾及腰疼，皆效。他處亦有，而不入藥用。

宋・王介《履巉巖本草》卷上　棠毬　味澀，採無時。治痢疾及腰疼，食之皆效。小兒呼爲山裹果子者是也。能消食。

宋・陳衍《寶慶本草折衷》卷二〇　棠毬子　《楊氏方》用者名山果子。〇《是齋方》用者名柹楂子。〇生滁州。〇採實無時。

味酢澀，甘，平，無毒張松。〇治痢疾及腰疼。開白花，隨便結實。他處亦有而不入藥。《是齋方》亦註云：惟取滁州者可入藥。

續說云：張松謂棠毬子治寒濕腰疼，小腸氣脹痛，婦人□血，消食快氣。小兒多食無害也。

元・吳瑞《日用本草》卷六　鼠楂子　又名茅楂子。　味酸，冷，無毒。小兒多食無害。發瘡疹。　主水痢，腰疼，小腸氣。制脾，消食，去積。

元・朱震亨《本草衍義補遺》　山查子　消食，行結氣，健胃，催瘡痛，治婦人兒枕痛。濃煎此藥汁，入沙糖調服，立效。

元・徐彥純《本草發揮》卷三　棠毬子　丹溪云：棠毬子，消食積，行結氣，建胃，催瘡疹。治婦人兒枕痛，濃煎此藥汁，入砂糖調服，立効。

明・朱橚《救荒本草》卷下之前　山裹果兒　一名山裹紅，又名映山紅果。生新鄭縣山野中。枝莖似初生桑條，上多小刺，葉似菊花，葉稍團，又似花桑葉，亦團，開白花，結紅果，大如櫻桃。味甜。　救飢：採樹熟果食之。

明・蘭茂撰，清・管暄校補《滇南本草》卷中　山查　性寒，味甜、酸。消肉積滯，下氣吞酸，積塊。

附方：　治胃積堅久，飽脹倒飽，嘈雜，吞酸，脇間積塊作痛。此方能消導進食。山查核，五錢，炒黃色，研。沙蒺藜，五錢，焙。雞內金，五錢，焙黃。共為細末，每服一錢，白滚水送下。忌生冷。

明・蘭茂《滇南本草》〔叢本〕卷中　山查　奇方：　治胃腕有堅久積滯，或寒膩胃，或飲食結滯，嘔吐酸水，胸膈飽悶，飲食不思，到飽嘈雜，吞吐酸水，兩脇間有積作痛，此藥有消積進食之功。山查核，五錢，炒黃色。沙苑蒺藜，五錢，微炒。雞肫皮，五錢，火焙黃色。共細末，每服一錢，滚水送下。忌生冷。加建麯五錢，焙。

明・王綸《本草集要》卷五　山查子　消食，行結氣，（建）〔健〕胃，消食積痰，益小兒。又催瘡痛，消滯血，治婦人兒枕痛，濃煎汁，入砂糖服，立效。

明・滕弘《神農本經會通》卷三《果部》　山查子　《本草》果部原不載，今查《本草發明》云：疑出草部別名，一名糖毬子，俗呼山裹紅，合以《本草》之味為據。

味甘，辛，鹹，平，無毒。　丹溪云：消食，行結氣，健胃，消食積痰，益小兒。又催瘡痛，消滯血，治婦人兒枕痛，濃煎汁，入沙糖服，立効。

明・劉文泰《本草品彙精要》卷二一　赤爪木無毒　植生。

赤爪側絞切木：　主水痢，風頭身癢。〇實，味酸冷，無毒，汁服，主水痢。沐頭及洗身上瘡癢。名醫所錄。　【名】子：羊梂，鼠查梂。【苗】《唐本》注云：樹小，高五六尺，葉似香葇，子似虎掌爪，木如小林檎，赤色。《爾雅》云：櫟，其實梂。有梂草自裹，其子房生爲梂。又朻木名羊梂、鼠查梂，此乃名同爾。梂似小查而赤，人食之也。【地】《圖經》曰：生平陸，所在有之。《唐本》注云：出山南，申、安、隨等州。陳藏器云：生高原。【時】生：春生葉。採：無時。【收】日乾。【用】木、實。【質】類小林檎。【色】赤。【味】苦。【性】寒，泄。【氣】氣薄味厚，陰也。【臭】朽。【主】水痢。【製】剉碎，煮汁用。【治】療：陳藏器云：洗漆瘡。

明・劉文泰《本草品彙精要》卷三四　棠毬子無毒　植生。

棠毬子：　治疾痢及腰疼，皆效。又能消食，行結氣，健胃，催瘡疹。名醫所錄。　【名】山查子、海紅、山裹果。【苗】《圖經》曰：樹高三五尺，葉似杏葉而長。三月開白花，隨便結實，如酸棗而差匾，至八九月色赤，山人採之以當果食。今藥中多用之，以其能消食而健脾也。【地】《圖經》曰：生滁州，今處處有之。【時】生：春生。採：八九月取。【收】日乾。【用】實。【色】紅。【味】甘。【主】消食健胃。

明・盧和、汪穎《食物本草》卷二果類　山查　味酸，無毒。健脾消食，去積，行結氣，催瘡痛。治兒枕痛，濃煎汁入沙糖調服，立効。小兒食之更宜。

明・葉文齡《醫學統旨》卷八　山查子　氣味平甘。無毒。　治食積，化宿滯，行結氣，健胃消食，積痰，益小兒；　又催瘡痛，消滯血，婦人兒枕痛，濃煎此藥汁，入砂糖調服立効。

明・許希周《藥性粗評》卷二　棠毬子健胃催瘡。

棠毬子【缺】　丹溪云：　消食積，行結氣，健胃，催瘡瘮。　單方：　婦人兒枕：　用棠毬子濃煎汁，入砂糖調服，立效。

明・鄭寧《藥性要略大全》卷四　山查　消食行氣健胃。○丹溪云：　即棠毬子。　催瘡疹。○消肉積。　味甘、酸，氣平，無毒。　青而未紅有力。

明・陳嘉謨《本草蒙筌》卷七　山查子　味甘、辛，氣平。　無毒。　一名糖毬子，俗呼山裏紅。　深谷沿生，立秋摘取。　蒸熟去核，曝乾收藏。　益小兒摩宿食積，扶產婦除兒枕疼。　消滯血，理瘡瘍。　行結氣，療癩疝。　脾胃可健，膨脹立敺。　煮肉少加，須臾即爛。

明・方穀《本草纂要》卷六　山查、神麴、麥蘖　三種其理雖一，而用則各別。　入太陰脾經，行氣健脾；　入陽明胃經，通腸健胃。　吾嘗推此三種，分條用治。　且如山查一劑，世嘗爲腐肉用以牝猪、牝鵝老而難食，用〔山〕查同煮，則易腐而易爛也。　豈不謂消肉食之物乎？　神麴一劑，世嘗以麴而作酒，能腐穀食；　今被五穀之所傷者用此，寧不謂消穀食之藥乎？　麥蘖一劑，能消麵食，麥之萌穀已出，發生之機已萌，今之麵食傷者，阻而不行，故將已發之物，而治未□之物，則未發隨已發敗也，孰謂麥蘖而非解麵食之傷乎？　又謂山查健脾行氣而消積，治諸積聚用之可也；　又山查子消陰子之作腫，蓋以核而消核也。　神麴健脾清濕熱而實大腸，乃小兒驚疳泄瀉之要藥也。　麥蘖之劑，但利而不能補，如腹之脹滿，膈之鬱結，或飲食之不納，痰涎之不利，以此發生之物，而利關膈之氣，則神不可測矣。　至若生冷傷脾，用此三種，皆不能療，須以吳茱萸配二陳湯，溫中可也；　油膩傷脾，用此三種亦不能治，須用半夏乾薑配平胃散，燥濕可也。　治者察之，不可概論，混施有傷元氣。

明・寧源《食鑒本草》卷下　山裏紅菓　即山查，味甘、酸，無毒。　化食積，行結氣，健胃寬膈，消血塊、氣塊。　《丹溪方》：　治產婦惡露不盡，腹中疼痛或兒枕作痛。　以山查百十箇，打碎，用水一升，煎八合，入沙糖一栗大，空心溫服。

明・王文潔《太乙仙製本草藥性大全》卷三《本草精義》　赤爪木　一名鼠查，一名羊梂。　生山南高原、平陸，所在皆有之。　其木小樹生，高五六尺，葉似香菜，子似虎掌爪，大如小林檎，赤色。　梂似小查而赤，人食之。

明・王文潔《太乙仙製本草藥性大全》卷四《本草精義》　山查子　一名糖毬子，俗名山裏紅，又名茅查。　生深山野塢，岩崖山谷。　其樹高二三尺，其葉似蓬蘽而大多皺紋，開花，其實似花，紅而小甚，七八月子紅，味甚美，深秋摘取蒸熟，去核晒乾收藏。

明・王文潔《太乙仙製本草藥性大全》卷三《仙製藥性》　赤爪木　味苦，氣寒，無毒。〔梂〕似小查而赤，人食之。　主治：　主水瀉痢疾要藥。　療風頭身癢捷方。　實：　味酸氣冷，無毒。　赤爪木。　主治：　主水痢及沐頭甚驗，洗身上瘡痒堪除。　補註：　漆瘡，取之煮汁洗之大效。

明・王文潔《太乙仙製本草藥性大全》卷四《仙製藥性》　山查子　味甘、辛，氣平，無毒。　主治：　益小兒，磨宿食積；　扶產婦，除兒枕疼。　消滯血，理瘡瘍，行結氣，療癩疝。　脾胃可健，膨脹堪敺。　煮肉少加，須臾即爛。

明・皇甫嵩《本草發明》卷四　山查子味甘、辛、鹹，無毒。　一名糖毬子。　俗呼山裏紅。《本草》菓〔部〕不載，疑出草部，別名耳。　發明曰：　山查，雖云疏胃健脾，然從木性。　味酸，亦疏肝氣。　故主消食，行結氣，去食積痰，小兒宿食積，主脾胃也。　消滯血，療癩疝及產婦兒枕疼，疏理肝氣也。　煮肉少加些須，肉即爛。　《本草外續集》一味棠毬子，味酸，澁。　用治痢疾及腰痛。　名同而功用異，併附以備參考。

明・李時珍《本草綱目》卷三〇果部・山果類　山樝音渣。《唐本草》。校正《唐本草》木部赤爪木，宋《圖經》外類棠毬子，《丹溪補遺》山樝，皆一物也。　今併于一，但以山樝標題。

〔釋名〕赤爪子側巧切。《唐本》。　鼠楂《唐本》　猴樝《危氏》　茅樝《日用》　朹子音求。　檕梅音計。○並《爾雅》。　羊梂《唐本》　棠梂子《圖經》　山裏果《食鑒》時珍曰：　山樝味似樝子，故亦名樝。　世俗皆作查字，誤矣。　查，音槎，乃水中浮木，與樝何關？　郭璞註《爾雅》云：　朹，音求，樹如梅。　其子大如指頭，赤色似小柰，可食。　此即山樝也，世俗作梂字亦誤矣。　梂乃櫟實，於朹何關。　樝、朹之名，見於《爾雅》。　自晉、宋以來，不知其原，但用查、梂耳。　此物生於山原茅林中，猴、鼠喜食之，故又有諸名也。《唐本草》赤爪木當作赤棗，蓋棗、爪音訛也，樝狀似赤棗故爾。　范成大《虞衡志》有赤棗子。　王璆《百一選方》云：　山裏紅果，俗名酸棗，又名鼻涕團。　正合此義矣。　〔集解〕恭曰：　赤爪木，赤樝也。　出山南、申、安、隨諸州。　小樹高五六尺，葉似香菜。　子似虎掌，大如小林檎，赤色。　藏器曰：　赤爪草，即鼠樝梂也。　生高原。　梂似小樝而赤，人食之。　頌曰：　棠梂子生滁州。　二月開白花，隨便結實，采無時。彼人用治下痢及腰疼有效。他處亦有，不入藥用。時珍曰：赤爪、棠梂、山樝，一物也。古方罕用，故《唐本》雖有赤爪，後人不知即此也。自丹溪朱氏始著山樝之功，而後遂爲要藥。其類有二種，皆生山中。一種小者，山人呼爲棠朹子、茅樝、猴樝，可入藥用。樹高數尺，葉有五尖，椏間有刺。三月開五出小白花。實有赤、黃二色，肥者如小林檎，小者如指頭，九月乃熟，小兒采而賣之。閩人取熟者去皮核，擣和糖、蜜，作爲樝糕，以充果物。其核狀如牽牛子，黑色甚堅。一種大者，山人呼爲羊朹子。樹高丈餘，花葉皆同，但實稍大而色黃綠，皮澀肉虛爲異爾。初甚酸澀，經霜乃可食。功應相同，而采藥者不收。

實 【修治】時珍曰：九月霜後取帶熟者，去核曝乾，或蒸熟去皮核，擣作餅子，日乾用。

【氣味】酸，冷，無毒。時珍曰：酸、甘，微溫。生食多令人嘈煩易飢，損齒，齒齲人尤不宜也。

【主治】煮汁服，止水痢。沐頭洗身，治瘡癢《唐本》。煮汁洗漆瘡，多瘥弘景。治腰痛有效蘇頌。消食積，補脾，治小腸疝氣，發小兒瘡疹吳瑞。健胃，行結氣。治婦人產後兒枕痛，惡露不盡，煎汁入沙糖服之，立效震亨。化飲食，消肉積癥瘕，痰飲痞滿吞酸，滯血痛脹時珍。化血塊氣塊，活血寧原。

【發明】震亨曰：山樝大能剋化飲食。若胃中無食積，脾虛不能運化，不思食者，多服之，則反剋伐脾胃生發之氣也。時珍曰：凡脾弱食物不剋化，胸腹酸刺脹悶者，於每食後嚼二三枚，絕佳。但不可多用，恐反剋伐也。按《物類相感志》言：煮老鷄、硬肉，入山樝數顆即易爛。則其消肉積之功，益可推矣。珍鄰家一小兒，因食積黃腫，腹脹如鼓。偶往羊朹樹下，取食之至飽。歸而大吐痰水，其病遂愈。羊朹乃山樝同類，醫家不用而有此效，則其功應相同矣。

【附方】新六。

偏墜疝氣：山棠梂肉、茴香炒各一兩爲末，糊丸梧子大。每服一百丸，空心白湯下。《衛生易簡方》。

老人腰痛：及腿痛。用棠梂子、鹿茸炙等分爲末，蜜丸梧子大。每服百丸，日二服。

腸風下血：用寒藥、熱藥及脾弱藥具不效者。獨用山裏果，俗名酸棗，又名鼻涕團，乾者爲末，艾湯調下，應手即愈。《百一選方》。

痘疹不快：乾山樝爲末，湯點服之，立出紅活。又法：猴樝五個，酒煎入水，溫服即出。《危氏得效方》。

痘瘡乾黑：危困者。用棠梂子爲末，紫草煎酒調服一錢。《全幼心鑑》。

食肉不消：山樝肉四兩，水煮食之，并飲其汁。《簡便方》。

核 【主治】吞之，化食磨積，治癩疝時珍。

【附方】新二。

難產：山樝核七七粒，百草霜爲衣，酒吞下。《海上方》。

陰腎癩腫：方見橄欖。

赤爪木 【氣味】苦，寒，無毒。 【主治】水痢，頭風身痒《唐本》。

根 【主治】消積，治反胃時珍。

莖葉 【主治】煮汁，洗漆瘡。時珍。○出《肘後》。

題明·薛己《本草約言》卷二《藥性本草》 山查 味甘，氣平，溫，無毒。陽也，可升可降。消食積，有開胃之功；化滯血，無推蕩之害。入足陽明、太陰經。泄利用之則止，已成之積、產科用之則除未去之疼，在小兒尤為要藥。青者尤為有力。 江云：山查消食，小兒多食無妨。《發明》云：山查雖云疏胃健脾，然從木性味酸，亦疏肝氣，故主消食行結氣，去食積痰，小兒宿食積，主脾胃也。消滯血，療癩疝及產婦兒枕痛，疏理肝氣也。

明·梅得春《藥性會元》卷中 山查 味甘，氣平，無毒。主化宿滯，能行結氣，健脾胃，破積消痰。消食，進飲食，又消食積之痰，益小兒，摧瘡痛。治產婦兒枕痛極，濃煎，入砂糖調服，立效。

明·杜文燮《藥鑒》卷二 山查 氣平，味酸澁帶甘辛，無毒。利痰消食，下積氣，散滯血。療癩疝，止腹疼，專治肉積。能開脾健胃，又能治婦人兒枕疼痛。濃煎汁，入砂糖少許，立效。理脾用之，膨脹立消。予嘗用平胃散，同山查煎汁浸晒烏藥，治諸般氣痛腹痛。痘家用之，行氣化痰，起脹解毒，又能破人參之滯氣，痘家不得已用參，多以此監之。

明·穆世錫《食物輯要》卷六 棠毬 味酸、甘，微溫，無毒。消食散血，行結氣，化痰涎。生食多，令嘈煩損齒。凡脾胃弱者，勿食。

明·李中立《本草原始》卷七 山樝 出山南、申、安、隨諸州。樹高數尺，葉似香薷。二月開白花，實有赤、黃二色。肥者如小林檎，小者如指頂。九月乃熟，味似樝子，故名樝。此物生於山原茅林中，猴鼠喜食之，故一名茅樝、猴樝、鼠樝，俗呼山查。實：氣〔味〕：酸，冷，無毒。主治：煮汁服止水痢。沐頭洗身，治瘡癢。○煮汁洗漆瘡，多瘥。○治腰痛有效。○消食積，補脾，治小腸疝氣，發小兒瘡疹。○健胃，行結氣。治婦人產後兒枕痛，惡露不盡，煎汁入沙糖服之，立效。○化飲食，消肉積癥瘕，痰飲痞滿，吞酸，滯血痛脹。○化血塊、氣塊，活血。震亨曰：山樝大能剋化飲食，若胃中無食積，脾虛不能運化，不思食者，多服之，則反剋伐脾胃生發之氣也。修治：山樝，九月霜後取帶熟者，去核曝乾，或蒸熟去核，擣作餅子，日乾用。山樝核：主治：吞之，化食磨積，治癩疝。莖葉煮汁，洗漆瘡。根：主消積，治反胃。

山樝，《唐本草》。【圖略】其核狀如牽牛子，白色，甚堅。

《危氏得效方》：治痘疹出不快，乾山樝為末，湯點服之，立出紅活。

明・羅周彥《醫宗粹言》卷四 造查糕法 用大山查蒸熟，杵去子，加白糖、米粉、沙糖，量加搗和成劑作餅子，不拘時任意當菓子食之，能去積消食，消痰飲。

明・張懋辰《本草便》卷二 山查子 消食，行結氣，健胃消食積痰，益小兒，又催瘡痛，消滯血；治婦人兒枕痛，濃煎汁，入砂糖服立效。

明・吳文炳《藥性全備食物本草》卷二 棠毬 味酸、甘，微溫，無毒。消食散血，行結氣，化痰涎。生食多令嘈煩，損齒。凡脾胃弱者勿食。山樝即山查，又名山裹紅。味甘、辛，氣平，無毒。益小兒，消宿食，扶產婦，除兒枕痛，消滯血，理瘡瘍，行結氣，療癩疝，健脾胃。煮肉入數顆同煮即爛。

明・李中梓《藥性解》卷一 山查 味甘、酸，性平，無毒，入脾經。主健脾消食，散結氣，行滯血，理瘡瘍。按：山楂之甘，宜歸脾臟，消食積而不傷於刻，行氣血而不傷於蕩。產科用之，療兒枕疼，小兒尤為要藥。

明・繆希雍《本草經疏》卷二三 赤爪木實 味酸，冷，無毒。汁服主水痢，沐頭及洗身上瘡痒。自木部移入。即今山查，一名棠梂。

〖疏〗山查禀木氣而生。本經云：味酸氣冷，然觀其能消食積，行瘀血，則其氣非冷矣。入足陽明、太陰經。二經有積滯，則成下痢。產後惡露不盡，畜於太陰經部分，則為兒枕痛。山查能入脾胃，消積滯，散宿血，故治水痢及產婦腹中塊痛也。大抵其功長於化飲食，健脾胃，行結氣，消瘀血，故小兒、產婦宜多食之。本經誤認為冷，故有洗瘡癢之用。〖主治參互〗同礬紅、黃連、紅麯，消肉積。同紅麯、麥芽、橘皮、白术、肉豆蔻、厚朴、砂仁，能消食健脾。同牛膝、生地黃、當歸、續斷、益母草、澤蘭、牡丹皮、蒲黃、芍藥，治產後兒枕作痛。《衛生易簡方》偏墜疝氣，山查肉、茴香炒各一兩，為末，糊丸梧子大。每服一百丸，空心白湯下。〖簡誤〗山查性能尅化飲食，若胃家無食積，及脾虛不能運化，不思食者，多食之反致尅伐脾胃生氣。如脾胃虛兼有積滯者，當與補藥同施，亦不宜過用也。《物類相感志》云：煮老雞硬肉，入山查數顆即易爛。其消食尅伐之力彰矣。

明・倪朱謨《本草彙言》卷一五 山樝 味酸、甘、微苦，氣溫，無毒。沉也，降也。入足陽明、太陰二經。陳氏曰：山樝，出南山高原，所在亦有。樹高數尺，古拙可愛。枝有叢刺，葉有五尖。三月開花五出，碎小色白。綴實似林檎而小，有黃赤二種，霜後乃熟。核似牽牛子，色褐而堅。一種實大而赤，甘酸可口，名曰棠球，唯供食料。修治：晒乾用，或用水潤濕，去核焙燥用。

山樝：疎脾氣，消瘀血，化食積之藥也。方氏龍潭曰：此藥味酸甘而體質鬆利，氣溫平而性專宣達，故《唐本草》主化宿滯，一切食積爲痞滿、爲癥瘕、爲下痢，加平胃散中，奏效甚捷。而廖氏方又能消瘀血結血，婦人產後一切聚血，如兒枕作塊，固結不行，惑惡露已行，旋止未盡，腹脹痛者，煎汁和沙糖服，即時化結行瘀，立見安定。然性雖化堅逐滯，而味兼甘酸，又能健運胃氣，去陳生新，非若檳、青、枳、朴，苦利剝削，專一破氣消尅，有倒脾胃生發之氣也。如蔡氏心吾方用山樝去核取肉，大麥肉、白秫米各一觔，微炒研爲粉，每早用一兩，入白糖少許，滾湯調食，大能開胃健脾，化痰進食，通利二便，於老人小兒更有益焉。

集方：方三則出《方脉正宗》治產後兒枕塊痛及惡露不行。用山樝五錢，益母草三錢，當歸、澤蘭葉、三稜、川芎各一錢五分，炮薑、玄胡索、五靈脂、牛膝、陳皮各一錢，水煎服。〇治男子、婦人、小兒，一切諸滯腹痛。以山樝一味煎湯飲。〇治疝瘕偏墜作痛。用山樝、小茴香各一兩爲末。每早用三錢，白湯調服。

明・應廑《食治廣要》卷四 山樝 氣味：酸，冷，無毒。《綱目》作甘、酸，微溫。主治：健脾，消食，化肉積，行結氣，除痞滿。丹溪曰：大能尅化飲食。若胃中無食積，脾虛不能運化，不思食者，服之反尅伐脾胃生發之氣也。煮老雞猪首，投數枚于中，即熟。

明・姚可成《食物本草》卷八果部・山果類 山樝音渣。一名棠梂。味似樝子，故亦名樝。世俗皆作查字，誤矣。查音槎，乃水中浮木，與樝何關？李時珍曰：山樝樹高數尺，葉有五尖，椏間有刺。三月開五出小白花。實有赤、黃二色，肥者如小林檎，小者如指頭，九月乃熟，小兒采而賣之。閩人取熟者去皮核，搗和糖、蜜，作為樝糕，以充果物。其核狀如牽牛子，黑色甚堅。一種大者，山人呼為羊杌子。樹高丈餘，花葉皆同，但實稍大而色黃綠，皮澀肉虛為異爾。初甚酸澀，經霜乃可食。功效大略相同。

山樝，味酸，冷，無毒。主消食積，補脾，治小腸疝〔氣，發〕小兒瘡疹。健胃，行結氣。治婦人產後兒枕痛，惡露不盡，煎汁入砂糖服之，立效。化飲食，消內積癥瘕，痰飲痞滿吞酸，滯血痛脹。化血塊氣塊，活血。煮汁服，止水痢。沐頭洗身，治瘡癢。洗漆瘡，多瘥。生食多令人嘈煩易飢，損齒，齒齲人尤不宜也。李時珍曰：凡脾弱食物不剋化，胸腹酸刺脹悶者，於每食後嚼二三枚，絕佳。但不可多用，恐反尅伐也。按《物類相感志》言：煮老雞、硬肉，入山樝數顆即易爛。則其消肉積之功，益可推矣。珍鄰家一小兒，因食積黃腫，腹脹如鼓。偶往羊杌樹下，取食之至飽。歸而大吐痰水，其病遂愈。羊杌乃山樝同類，其功效亦相同。博識之士，不可不知。

核　吞之，化食磨積，治癩疝。

根　消積，治反胃。

莖葉　煮汁，洗漆瘡。

明・顧逢柏《分部本草妙用》卷三脾部・溫瀉　山查　酸，溫，無毒。去核用。　主治：食積，小腸氣，產後兒枕痛，惡露不盡。　山查酸能勝腐，故專消油膩肉食積，與穀食不相干也。脾虛者服之，反伐生氣。小兒乳滯不化，尤為要藥。

明・孟笨《養生要括・果部》　山楂　味酸，冷，無毒。煮汁服，止水痢。沐頭洗身，治瘡癢。煮汁，洗漆瘡多瘥。治腰痛有效。消食積，補脾，治小腸疝氣，發小兒瘡疹。健胃，行結氣。治婦人產後兒枕痛，惡露不盡，煎汁，入沙糖服之。化血塊、氣塊，活血。

明・黃承昊《折肱漫録》卷三　山查消肉食，亦疏肝氣，亦去食積痰。然有積滯者宜食，無滯不可用。棠毬大於山查，其消食亦同，每見人造查膏及查丁以為食用之供。脾弱人不宜混食，傷脾。予中氣素弱，每傷肉食，用六君子湯加山查煎服，不覺其消，有時而暢，或胸中無食滯而悞服前劑，即覺中氣頓虛，乃知此藥亦非和緩之劑，故參朮不能勝其消尅也。

明・李中梓《醫宗必讀・本草徵要下》　山楂味酸，平，無毒。入脾、胃二經。去核。消肉食之積，行乳食之停。疝氣為殃，茴香佐之取效；兒枕作痛，砂糖調服成功。發小兒痘瘮，理下血腸風。善去腥膻油膩之積，與麥芽之消穀積者不同也。核主催生疝氣。按：胃中無積及脾虛惡食者忌服。

明・鄭二陽《仁壽堂藥鏡》卷五　山查　隱居云：山查，生蜀川。俗名山裏紅。　味甘、酸，氣微溫，無毒。色紅肉厚者佳。去核用。主健胃消食，行結氣滯血，除食積痰，催瘡疹，益小兒。又，婦人產後兒枕痛，濃煎汁，入砂糖服立效。　按：山查，酸勝腐，故專消油膩腥羶，與穀食不相干也。脾虛者服之，反伐生發之氣。小兒乳滯不化，尤為要藥，然不可過與。　東垣云：山查子，治諸痢疾，胸腹脹痞。

明・蔣儀《藥鏡》卷三平部　山樝　行氣血而不傷，產婦洩瘀通滯，故兒枕和平。消肉積而不刻，小兒理胃健脾，故瘮瘡起發。痘家不得已而用參，以此監之為穩。至若神麯消穀食，麥芽化麵停。生冷傷脾，法宜溫中，須以二陳、吳茱萸配。油膩傷脾，法宜燥濕，須以乾薑、半夏、平胃散裏。

明・李中梓《頤生微論》卷三　山查　味酸，性平，無毒。入脾、胃二經。去核。消肉積乳積，疝氣，兒枕痛，發小兒痘疹，理下血腸風。

按：山查善去腥羶油膩之積，與麥芽消穀積者不同。核主催生、疝氣。仲景治傷寒一百一十三方，未嘗用麥芽、山查，何也？為其性緩，如治世之良吏，非亂世之能臣，故但用大小承氣，不用山查、麥芽。近世不問有食無食，一概用之，以為穩當，真堪捧腹。

明・張景岳《景岳全書》卷四九《本草正》　山查　味甘、微酸，氣平。其性善於消滯。用此者，用其氣輕，故不甚耗真氣。善消宿食痰飲吞酸，去瘀血疼痛，行結滯，毆膨脹，潤腸胃，去積塊，亦祛癩疝。仍可健脾，小兒最宜。亦發瘡疹。婦人產後兒枕痛，惡露不盡者，煎汁入沙糖服之，立效。煮汁洗漆瘡亦佳。腸滑者少用之。

明・賈九如《藥品化義》卷五脾藥　山查　屬陰中有微陽，體乾，色赤，氣和，味酸帶甘，性平，能升能降，力消肉食，性氣薄而味厚，入脾肝二經。山查古方罕用，自朱丹溪始著其功，後遂為要藥。取其味酸屬甲，帶甘屬己，酸甘相合，甲己化土，以此入脾，助其運化，主消牲肉食積，油膩腥膻，果實痰飲，痞滿膨脹，飽悶吞酸，小兒乳滯，又因酸走肝，肝藏血，能化血塊，用治崩漏腸紅，產後惡露不盡，兒枕作痛，更善行痘瘡血滯，使血活起發止痛解毒，始末俱用。同蓬朮、三稜，攻一切積塊，自能化散。抑且色類於血，諸失血後氣血兩虧，以此佐人參，疏理肝脾最為良品。　傷生涼瓜果，用乾薑、青皮合二陳湯去寒。〇傷素食豆腐油膩，乾薑、半夏合平胃散燥濕。〇胃有邪熱不殺穀，用芩、連合神麴、麥芽除熱。〇傷素粉食積用杏仁。〇傷魚蟹用紫蘇。

明・施永圖《本草醫旨・食物類》卷三　山楂音渣。〇名棠梂子。有赤、黃二色，肥者如小林檎，小者如指頭。九月乃熟，小兒采而賣之。閩人取熟者，去皮核搗，和糖蜜，作為楂糕，以充果物。〇九月霜後，取帶熟者去核曝乾，或蒸熟去皮核，搗作餅子，日乾用。

味：酸，冷，無毒。生食多令人嘈煩，易飢，損齒。治：煮汁服，止水痢。沐頭洗身，治瘡癢。煮汁，洗漆瘡多瘥。治腰痛有效。消食積，補脾。治小腸疝氣，發小兒瘡疹，健胃，行結氣。治婦人產後兒枕痛，惡露不盡，煎汁入沙糖，服之立效。化飲食，消肉積，癥瘕痰飲，痞滿吞酸，滯血痛脹，化血塊氣塊，活血。山楂大能尅化飲食，若胃中無食積，脾虛不能運化，不思食者，多服之，則反尅伐脾胃生發之氣也。〇凡脾弱食物不尅化，胸腹酸刺脹悶者，於每食後嚼二三枚絕佳，但不可多用，恐反尅伐也。煮老雞硬肉，入山楂數顆即易爛，則其消肉積之功益可推矣。一小兒因食積黃腫，腹脹如鼓，偶往羊朹樹下，取食之至飽，歸而大吐痰水，其病遂愈。

附方　偏墜疝氣：山棠梂肉、茴香炒各一兩為末，糊丸梧子大。每服一百丸，空心白湯下。老人腰痛：及腿痛。用棠梂子、鹿茸炙等分為末，蜜丸梧子大。每服百丸，日二服。腸風下血：用寒藥、熱藥及脾弱藥，俱不效者，獨用山裹果子，俗名酸棗，又名鼻涕團，乾者為末，艾湯調下，應手即愈。痘疹不快：乾山楂為末，湯點服之，立出紅活。〇又法，山楂五箇，酒煎，入水溫服，即出。食肉不消：山楂肉四兩，水煮食之，并飲其汁。

核　治：吞之化食磨積，治㿗疝。

附方　難產：山楂核七七粒，百草霜為衣，酒吞下。

赤爪木　味：苦，寒，無毒。治：水痢，頭風身癢。〇根，主消積，治反胃。〇莖葉，煮汁洗漆瘡。

明・盧之頤《本草乘雅半偈》帙九　山樝《唐本草》　氣味：酸、苦、甘，微寒，無毒。主治：主瘻瘡，利小便，去痰熱，止渴，令人少睡，有力，悅志。

覈曰：出南山高原，所在亦有。樹高數尺，古拙可愛，枝有叢刺，葉有五尖。三月開花五出，碎小色白，綴實似林檎而小，有黃赤二種。霜後乃熟，核似牽牛子，色褐而堅。一種實大而赤，甘酸可口，名曰棠梂，唯供食料。修事：蒸過晒乾，臨用再蒸去核，焙燥，研細用。

先人云：味酸似甲，便能下行，故得止痢定疝，然去發陳未遠，激之立轉生榮。

条曰：宣氣散生曰山。虎之不柔，虎食剩殘曰樝。危氏曰猴樝，《唐本》曰赤爪。可名赤爪，亦可名虎掌，功用相符若探囊耳。各以功力形狀為名也。瘻瘡疹痘，痞滿癥瘕，血凝結固，皆血中痹，乃以柔承剛。飲澼食宿，狐癪疝蠱，氣壅留僻，皆氣中痹，乃以剛承柔。皆非所據而據之。第木實而酸，宜輔肝體，宣氣散生，則偏有餘于用矣。用行必氣上而忘返，令人不寐而常惺。《經》云：譚說醋梅，口中酸出，味過于酸，肝氣已津，需渴倍力，則志悅矣。

明・李中梓《本草通玄》卷下　山樝　酸，溫。消油膩肉食之積，化血瘀瘕癖之痾，祛小兒乳食停留，療女人兒枕作痛，理偏墜疝氣，發痘疹不快。

按：山樝味中和，消油垢之積，故幼科用之最多。若傷寒為重症，仲景於宿滯不化者，但用大、小承氣，一百一十三方中並不用山樝，為其性緩，不可以肩弘任巨耳。煮老雞硬肉，入山樝數枚即易爛，則消肉積之功，可推矣。核有功力，不可去。

清・顧元交《本草彙箋》卷六　山查　尅化脾土，善消肉積。凡癥瘕血滯，產後兒枕，皆血肉之屬也。故山查能治之。若胃無食積，脾虛不能運化，不思食者，多服之，則反尅伐脾土生發之氣。

凡傷于生冷瓜果，用乾薑、青皮，合二陳湯以去寒。傷於素食、荳腐、油膩，用乾薑、半夏，合平胃散以燥濕。胃有邪熱，不殺穀，用芩、連，合神麯、麥芽以除熱。傷于索粉食積，用杏仁。傷魚蟹，用紫蘇。唯肉積，乃用山查。偏墜疝氣，用山查肉、茴香炒，等分爲末，糊丸梧子大，每服百丸，白湯下。

清・穆石匏《本草洞詮》卷六　山樝　山樝澀而多渣，故名。氣味酸涼，無毒。主化飲食，消肉積癥瘕，痰飲痞滿，吞酸，滯血痛脹諸證。婦人產後兒枕痛，惡露不盡，煮汁入砂糖服之，立効。《相感志》言：煮老雞硬肉，入山樝數顆，即易爛。則其消食積之功可推矣。若胃中無食積，脾虛不能運化者，服之則反克伐脾胃生發之氣也。

清・丁其譽《壽世秘典》卷三　山樝音渣，世俗皆作查字，誤矣。俗呼山裏紅果，有二種，皆生山中。一種小者，山人呼為棠朹子。一種大者，山人呼為羊朹子。實有赤、黃二色，初甚酸澀，經霜乃可食。今人取熟者去皮核，搗和糖蜜作為樝餻，以充果物。氣味：酸、甘，微溫，無毒。健胃消食，行結氣，治小腸疝氣，發小兒痘疹。婦人產後兒枕痛，惡露不盡，煎汁入沙糖，服之立効丹溪。化飲食，消肉積癥瘕，痰飲痞滿，吞酸，滯血痛脹《本草綱目》。化血痞氣塊，活血甯原《食鑒》。

發明李時珍曰：凡脾弱，食物不尅化，胸腹脹悶者，每食後嚼二三枚，絕佳，但不可多用，恐反尅伐脾胃生發之氣也。黃承昊曰：山楂消肉食，疏肝氣，亦去食積。然有積滯者宜食，無滯不可用。脾弱人不宜，混食傷脾。

清・劉雲密《本草述》卷一七　山樝音渣　時珍曰：山樝其類有二種，皆生山中。一種小者，山人呼為棠朹子。朹，音求，方書中有糖毬，疑即棠朹也。可入藥用。樹高數尺，葉有五尖，椏間有刺，三月開五出小白花，實有赤黃二色，肥者如小林檎，小者如指頭，九月乃熟。一種大者，山人呼為羊朹子，樹高丈餘，花葉皆同，但實稍大，而色黃綠，皮澀肉虛為異爾。功應相同，而采藥者不收。

實　氣味：酸，冷，無毒。

時珍曰：酸，甘，微溫。

諸本草主治：健胃，消食積，行結氣並結聚，痰飲，痞滿吞酸，滯血痛脹，並療小腸疝氣及腰痛有效。女子產後兒枕痛，惡露不盡，煎汁入砂糖服之立效。更小兒痘疹不快，用山樝五個，酒煎，入水溫服，即出。又痘疹乾黑危困者，用棠梂子為末，紫草煎酒調服一錢。

方書主治：傷飲食，瘧鬱，水腫脹滿積聚，痰飲，溲血畜血，不能食，泄瀉，疝。

中梓曰：山查善去腥羶油膩之積，與麥芽消穀積者不同。核主催生，疝氣。仲景治傷寒一百一十三方，未嘗用麥芽、山查，何也？為其性緩，如治世之良吏，非亂世之能臣，故但用大、小承氣，不用山查、麥芽也。

希雍曰：山查稟木氣而生。《本經》云：味酸氣冷，然觀其能消食積，行瘀血，則其氣非冷矣。入足陽明、太陰經二經，其功長於化飲食，健脾胃，行結氣，消瘀血，故小兒、產婦宜多食之。

同礬紅、黃連、紅麴消肉積。　同紅麴、麥芽、橘皮、白朮、肉豆蔻、厚朴、砂仁，能消食健脾。　同牛膝、生地黃、當歸、續斷、益母草、澤蘭、牡丹皮、蒲黃、芍藥，治產後兒枕作痛。

愚按：山樝之味酸有甘，氣又微溫，甘味歸於氣之微溫，而本於酸以行之，是《經》所謂甘傷脾，酸勝甘。木固為土用，以行其生化，此其能消食積者也。若然，則行結氣，化滯血，義亦取諸此乎？曰：後天氣血皆生化於脾胃，乃甘酸合以為用，而熟待於深秋，是土得木之用，而木又受金之氣也。夫木氣至於金而氣化，金至於木而血化，皆不越於中土，固陰陽升降之玄機也。此味雖未化金味，而已稟金氣，此所以不獨行結氣，更能化滯血也。氣行血活，如所謂結聚痰飲，痞滿吞酸，又何不治乎？至療小腸疝氣及愈腰痛者，舉不外是畜氣血疏越。如在脾胃，彼小腸固為心肺胃行其氣化，即在氣中而行其血化者也。腰雖腎之腑，然亦為陽明經之所過，夫足陽明氣結血滯，皆能病於身半以下，況其本經之所過衝脈之所附乎？故此味在先哲一曰健胃，一曰補脾，豈可止以消食一節盡其功哉？抑木瓜亦曰甘酸也，何以入肝入胃之不同？蓋木瓜酸勝而兼乎甘者也，故入肝而效用於脾，山樝雖甘，不居其全，而猶勝乎酸者也，故入胃而藉用於肝。況一則氣溫結實於夏也，木得子氣而益宣，即酸有潤，如所謂材木流津者，以養筋脈而效陽明之功用；一則氣雖非冷，而亦非甚溫，其實熟於深秋也，土得子氣而益暢，甘不離酸，一似土藉木用者，又歸從革以宣中土之結滯。此二物主不同，有如斯矣。

附方　偏墜疝氣，山樝肉、茴香炒各一兩，為末，糊丸梧子大，每服百丸，空心白湯下。　老人腰痛及腿痛，用棠梂子、鹿茸炙等分，為末，蜜丸梧子大，每服百丸，日二服。　丹溪曰：山查大能剋化食積，然亦大不宜於脾弱，不思飲食者。　希雍曰：如脾胃虛兼有積滯者，當與補藥同施，亦不宜過用也。

時珍曰：生食多令人嘈煩易飢，損齒，齒齲人尤不宜也。

修治　時珍曰：九月霜後取帶熟者，去核，曝乾。或蒸熟去皮核，搗作餅子，日乾用。

清・郭章宜《本草匯》卷一四　山樝即山查　味酸，微溫，入足陽明、太陰經。消肉食之積，治痞滿滯脹。疝氣為殃，茴香佐之而取效。兒枕作痛，沙糖調服以成功。發小兒痘疹，化血塊痰積。《唐本》治水痢，震亨治產後惡露不盡者，蓄積滯不行，則成下痢，惡露畜于太陰部分，則為兒枕痛。山查能入脾胃，消積滯，散宿血，故治水痢及產婦腹中病也。

按：山查，善去腥羶油膩肉食之積，與麥芽之消穀積者不同，故幼科用之最多。老雞硬肉，入山查數枚，即易爛，可以推其消肉之功矣。若傷寒為重症，仲景于宿滯不化者，但用大小承氣，一百一十三方中，並不用山查，為其性緩，不可以肩弘任巨耳。若胃家無食積，及脾虛不能運化者，食之反致剋伐脾胃生氣。如脾虛兼有積滯者，當與補藥同施。同紅麯、麥芽、橘皮、白朮、肉豆蔻、厚朴、砂仁，能消食健脾。同牛膝、生地、當歸、續斷、益母、澤蘭、丹皮、蒲黃、芍藥，治兒枕作痛。

核有功力，不可去也。

清・朱本中《飲食須知・果類》 棠毬　味酸、甘，性微溫。生食多令人嘈煩易飢。脾胃弱者及齒齲人勿食。

清・何其言《養生食鑒》卷上 山查一名(裳)〔棠〕毬子，查字本草作楂。 味甘、酸，性平，無毒。爽脾消食，散血去積，行結氣，理瘡瘍。治婦人產後兒枕痛，惡露不盡，煎汁，入炒糖，服之立效。以糖和為糕，小兒服之，最宜。生食多，令人嘈煩易飢，損齒。凡脾胃虛弱者，勿食。即藥中，亦當慎之。

清・蔣居祉《本草擇要綱目・寒性藥品》 山楂　氣味：酸，冷，無毒。主治：消食積，補脾健胃，行結氣，消肉積滯血痛脹，化血塊氣塊。若胃中無食積，脾虛不能運化不思食，多服之則反尅伐脾胃生發之氣。

清・閔鉞《本草詳節》卷八 山樝子　【略】按：山樝，味中和，消食積而不過于刻，行氣血而不傷于蕩，故幼科多用之。仲景治傷寒一百一十三方中，並不用山樝，為其性緩，不能肩弘任巨耳。但不可多食，亦能尅伐脾胃生發之氣也。附：核主癩疝。

清・王翃《握靈本草》卷七 山查有二種，小者呼為糖梂，可入藥用，蒸熟，去皮核，擣作餅。生食損齒。 主治：山查，酸，冷，無毒。主消食，補脾，治疝氣，健胃，行結氣，治婦人產後兒枕痛，惡露不盡。煎汁入砂糖服，消肉積。脾虛久泄者，禁服。

清・汪昂《本草備要》卷三 山查山樝古字作樝。瀉，破氣，消積，散瘀，化痰。 酸、甘、鹹，溫。健脾行氣，散瘀化痰，消食磨積。消油膩腥羶之積，與麥芽消穀積者不同。凡煮老鷄硬肉，投數枚則易爛，其消肉積可知。 發小兒痘疹，止兒枕作痛。惡露積于太陰，少腹作痛，名兒枕痛。砂糖調服。 多食令人嘈煩易飢，反伐脾胃生發之氣。破泄太過，中氣受傷。凡服人參不相宜者，服山查即解。一補氣，一破氣也。 有大小二種，小者入藥。一名棠毬子。去皮、核用。一云核亦有力，化食磨積。

清・陳士鐸《本草新編》卷五 山查　味甘、辛，氣平，無毒。入脾、胃二經。消宿食，除兒枕痛，去滯血，理瘡瘍，行結氣，療癩疝，健脾胃，祛膨脹。煮肉少加，須臾即爛，故尤化肉食。此傷諸肉者，必用之藥也，佐使實良。

或問：山查止消肉食，併治兒枕作痛者神效，未聞他有功績也。曰：山查功用，實不止此。大約消食理滯，是其所長，祛膨脹、療癩疝，是其所短。

或疑山查有功有過，未可見是傷肉食而概用之也。曰：山查之功，全在于消肉物。使傷肉食者忌用，則又用何物以化之乎？夫山查之過，在于消肉之過傷，以消其臟腑之氣也。然能用山查于補氣、補血之中，不特善于消肉，更且善于利氣。是山查之功過，全在用之有方與無方耳。

或疑山查之功過甚輕，何必危言而戒。曰：山查之功用雖輕，然用于氣旺陽健之人，正不覺其損，而用之于氣餒血衰之子，實有見其傷也。

清・顧靖遠《顧氏醫鏡》卷八 山查酸，平。入肝胃二經。 消肉食之積，煮老鷄硬肉，入之易爛，其消食尅伐可知。 行瘀滯之血。產後兒枕作痛，加沙糖服之有效。 能療疝氣，行結氣滯血之功。 亦發痘疹。脾胃虛而兼有積滯者，當同補藥用。核，治痛癩疝，亦消食積。

清・李熙和《醫經允中》卷一八 山查　去核用。煮肉少加，須臾即爛。山查酸溫，無毒。主治產後兒枕痛，惡露不盡，小兒乳滯不化尤為要藥。山查酸能勝腐，故專消油膩菓肉積，與穀食不相干也。脾虛者服之恐伐生氣。

清・馮兆張《馮氏錦囊秘錄・雜症痘疹藥性主治合參》卷八 山查一名棠梂子。稟木氣而生，味酸，氣平。入足陽明、太陰經，為健脾胃，消積滯，行結氣之需。又能散宿血，化肉積，兒枕痛之用。然脾虛不能運化者，多服久服，愈傷脾胃生生之氣，益增其滯矣。宜同參、术兼施，則脾元不損，積滯自消。然山查即非戡亂之能臣，復非培元之良相，止堪暫為佐助，化食宿血之需，豈可用為君主，長服攝生之藥，何近世小兒藥中，動輒必投，何也！

山查，益幼稚，消食積聚。扶產婦，除兒枕痛。消滯血，理瘡瘍，行結氣，健脾胃，祛膨脹，消宿滯。用之者以味酸屬甲，甘則屬己，甲己化土，所以入補脾藥，助其運化也。消血塊肉積者，以酸能入肝，去其肝藏之血滯也。肉積者，亦血液之化類耳。核，主催生疝氣。

主治痘疹合參：解毒發痘，消食健胃，化痰，行結氣，催瘡瘍，消滯血。有制參、芪之功。痘疹用之者，以毒由血熱氣滯，藉酸味入肝，鎔化其血毒為膿水也。然性散血解結，多用則內虛。若氣虛便溏者切忌，宜去核用，蓋核仁能使作瀉耳。

按：山查，善去腥羶肉食之積，與麥芽消穀積者不同。仲景治傷寒一百十三方，未嘗用麥芽、山查，何也？為其性緩，非亂世之能臣，故但用大小承氣耳。近世不問肉食積滯有無，一概用之，以為穩當，恐無益即有小害也。

清・张璐《本經逢原》卷三　山樝即棠棣子，俗作山查。　甘、苦、微酸，溫，無毒，去核則不發熱。童便浸薑汁拌炒黑，去積血甚捷。　發明：山樝入足陽明、太陰、厥陰三經血分，大能尅化飲食。《本經》言其酸冷，然其功長於消肉積，行滯血，性溫可知。若胃中無食積，脾虛不能運化，不思飲食者服之，反尅伐脾胃生發之氣，良非所宜。炒黑治產後兒枕作痛，亦以其能消血也。今痢疾初起多積垢者，用薑汁炒。治偏墜疝氣為散酒服，不過半月效，用核尤捷。若外感風寒兼傷飲食，舉世以發表消導並進，中氣實者幸而獲痊，虛者表邪乘虛陷入於府而生內變者多矣。東魯棠棣子酒後嚼數顆良，與糖作膏，尤為精品。

清・汪啟賢等《食物須知・諸果》　山楂果　味甘、辛，氣平，無毒。一名糖球，俗呼山裏紅。深谷沿生，立秋摘取。蒸熟去核，曝乾收藏。益小兒，磨宿食積；扶產婦，止兒枕疼。消滯血，理瘡痍，行結氣，療㿉疝。脾胃可健，膨脹立驅。煮肉少加，須臾可爛。

清・姚球《本草經解要》卷三　山樝子　氣冷，味酸，無毒。煮汁服，止水痢。沐頭洗身，治瘡癢。　山樝氣冷，稟天秋涼之金氣，入手太陰肺經。味酸無毒，得地東方之木味，入足厥陰肝經。氣味俱降，陰也。飲食入胃，散精於肝，肝不散精，則滯而成痢。山樝味酸益肝，肝能散精，則滯下行。氣冷益肺，肺氣通調，則水穀分而痢止矣。沐頭者，山樝消滯能去垢也。皮毛者，肺之令也。瘡痒，肺熱也。氣冷清肺，所以洗之也。　製方：山樝同礬紅、川連、紅麯，消肉積。同紅麯、麥芽、陳皮、白朮、肉果、厚朴、砂仁，消食積。同小茴丸，治疝氣。

清・王子接《得宜本草・中品藥》　山樝　味酸。功專消食起痘。得茴香治偏墜疝氣，得紫草治痘疹乾黑。

清・黄元御《玉楸藥解》卷四　山查　味酸、甘，氣平。入足太陰脾、足厥陰肝經。消積破結，行血開瘀。山查消尅磨化一切宿肉停食，血癥氣塊皆除。

清・吳儀洛《本草從新》卷四　山查〔瀉，破氣消食，化痰散瘀。〕古字作樝。　酸，甘，微溫。健脾行氣，消食磨積，善去腥羶油膩之積，與麥芽消穀積者不同。凡煮老雞，硬肉，投數枚則易爛。其消肉積可知。散瘀化痰，發小兒痘疹，行乳食停留，止兒枕作痛，惡露積於太陰，少腹作痛，名兒枕痛。沙糖調服。療小腸疝氣。茴香佐之。多食令人嘈煩易飢，反伐脾胃生發之氣。凡服人參不相宜者，服山查即解。一補氣，一破氣也。胃中無積及脾虛惡食者忌服。有大小二種，小者入藥，一名棠毬子。去皮核。核亦有用，化食磨積，治疝，催生。

清・汪紱《醫林纂要探源》卷二　山楂　酸，甘，鹹，溫。大者曰棠棣子，不入藥。　輭堅，鹹故消肉食，化頑痰，磨宿積。去瘀。酸且鹹，故散瘀血，治產婦兒枕。多食令人嘈煩。消耗之過。

清・嚴潔等《得配本草》卷六　山楂一名棠棣子，一名山裏果。　酸、甘，微溫。入足太陰、陽明經。消積散瘀，破氣化痰。理瘡瘍，除兒枕，療疝氣，發痘疹。　得紫草煎酒調服，發痘疹。得茴香，治偏墜疝氣。配鹿茸，治老人腰痛。入艾湯調服，治腸風下血。　去核用。核能化食磨積，治疝，催生。研碎，化瘀。勿研，消食。童便浸，薑汁炒炭，去積血甚效。　氣虛便溏、脾虛不食，二者禁用。服人參者忌之。

題清・徐大椿《藥性切用》卷六　山查肉　一名棠毬子。酸甘微溫，消食化積，散瘀破癥。俱宜炒熟，生用能發痧班痘疹。

清・黃宮繡《本草求真》卷七　山楂消食磨肉，伐胃戕脾。　山楂耑入脾胃。甘酸鹹平，何書既言健脾。又曰能伐脾胃生化之氣，得非自相矛盾乎？使明其理以推，則知所謂健脾者，因其脾有食積，用此酸鹹之味，以為消磨。俾食行而痰消，氣破而泄化，謂之為健，止屬消導之健矣。如係冒昧之輩，便以補益為名，以為用藥進步，詎知實而用此輕平消導，得此則健，虛而用此。保無書云伐生之說乎？　按楂味酸與鹹，最能消化肉食。與麥芽消穀食者，絕不相同。凡煮老雞硬肉，但投楂肉數枚，則易爛。其消肉積之功可推。且人多食，則嘈煩易飢，服參太過，但用山楂即解，豈非戕脾伐生之驗歟？時珍曰：凡脾弱食物不化，胸腹酸利脹悶者，於每食後嚼二三枚絕佳，但不可多用，恐反尅伐也。至於兒枕作痛，力能以止，痘瘡不起，力能以發，猶見通瘀運化之速。兒枕痛猶於惡露積於太陰，故合沙糖調服，以行其瘀。有大小二種，小者入藥，去皮核。核亦能以化食磨積。搗作餅子，日乾用。時珍曰：生食多令人嘈煩易飢，損齒，齒齲人尤不宜也。出北地，大者良。

清・李文培《食物小錄》卷上　山楂　甘、酸，微溫。消堅積，補脾健胃，行結氣，化飲食，消肉積。生食令人增煩，易飢。損齒，齒齲人尤不宜也。大者名棠毬。

清·楊璿《傷寒溫疫條辨》卷六消劑類 山查 味甘酸，性消導，然其氣輕，故不耗真氣。解宿食，化痰滯，去瘀血，尅肉積，除(頹)〔癩〕疝，祛膨脹，發痘疹，潤腸胃，健脾土。保和丸：山查三兩，神麯、麥芽、半夏、茯苓一兩，陳皮、萊菔子、連翹五錢，蜜丸。此内傷氣未病者，但以平和之味，消而化之，不必攻補也。加白朮二兩，名大安丸，則兼補矣。

清·羅國綱《羅氏會約醫鏡》卷一七 山查味酸平，入脾胃二經。 健脾行氣，消肉積聚。與神麯消穀食者不同。凡煮老雞硬肉，投數枚則易爛，其化肉積可知。治兒枕作痛，產後惡露未淨，留腹作痛名兒枕痛。煎就，少加砂糖服，效。行結氣，散宿血，以酸入肝，去其肝臟之血滯也。理痘疹，毒由血熱氣滯，藉酸味入肝，熔化其血毒為膿水也。治疝佐茴香化痰補脾。核可催生，汁洗漆瘡。

按：胃中無積及脾虛惡食者，忌服。去核用肉。

清·陳修園《神農本草經讀》附録 山楂子 氣味酸，冷，無毒。煮汁服，止水痢。沐頭洗身，治瘡癢。

清·黃凱鈞《藥籠小品》 山查 健脾行氣，消食磨積，麥芽消穀食，山查消腥羶。散瘀化痰，發小兒痘疹，行乳積，止兒枕痛。惡露留於小腹，名兒枕痛。同茴香療小腸疝氣，去核炒。

清·章穆《調疾飲食辯》卷四 山樝 《綱目》曰：《爾雅》名杭子，又曰繫梅。《圖經》誤為棠梂子梂乃櫟子。《唐本草》誤為赤瓜子，乃赤棗之譌，《桂海虞衡志》有赤棗子。又曰鼠樝、羊梂。《得效方》曰猴樝。蓋此物野生，猴、鼠、羊喜食之也。《日用本草》曰茅樝。《食鑒本草》曰山裏果。《百一選方》曰山裏紅。俗作山查。查乃水中浮木，省文別字也。古方未見，惟陶隱居用以煎汁洗漆瘡。性善消肉積，煮諸肉，入數枚則易爛。然其汁如清水，全無滋味。攻堅破積，敗人津液，耗人腹内脂膏。病人雖有食積、血積，但脾胃虛弱者即禁用。今醫視為泛常，肆用無忌，兒科尤甚，且助之麥芽，雖曰殺人，而不知其致死之由。《日用本草》曰消食補脾。《本草補遺》曰健胃行氣，忽而又曰婦人產後兒枕痛，煎汁和沙餹服立下，則其為尅伐攻下之藥明矣。所以《食鑒本草》曰化血塊、氣塊，《綱目》曰消肉積、癥瘕痞滿、滯血脹痛。此而謂之為補，豈不謬極。獨其能發痘瘡出不快者：山樝五枚，煎酒服。出《得效方》。痘疹乾黑危困：紫草煎酒，調山樝末一錢。出《心鑒》。體虛者加補托藥，火甚者加清涼藥。其用餹蜜餞為果食，則性稍平，中洲有滯者宜之，脾胃虛弱者忌之。

又有一種樝子，又名和圓子，即《詩》之木桃；一種榠樝，又名蠻樝，又名蠻樝，又名木梨，即《詩》之木李，皆木瓜之同類異種。性亦與木瓜彷彿。古人亦充果食。《内則》樝梨鑽之者，此二種也。故木瓜章連類而及，名雖俱同樝字，實非山樝之類也。

清·王龍《本草纂要稿·菓部》 山查 氣味甘辛而平。益小兒磨食宿積，扶產婦除兒枕疼。行結氣，尤消滯血。療癩疝，更理瘡瘍。脾胃可健，膨脹立驅。

清·張德裕《本草正義》卷下 山查 甘，平，微酸。善於消滯消積，去瘀血，行結滯，潤大腸。發痘疹用其行滯透疎，而無辛香之耗。產後惡露不盡者，煎和沙糖服之，甚效。

清·楊時泰《本草述鉤元》卷一七 山樝 類有二種，一種小者呼棠杭音求子樹高數尺，三月開白花，實如小林檎，九月乃熟，可入藥用。

氣味酸、甘，微溫。入足太陰、陽明經。健脾胃，消飲食，善去腥羶油膩之積。行結氣，並積聚痰飲，痞滿吞酸，滯血痛脹，小兒痘疹不快。療小腸疝氣及腰痛。方書治瘧痢鬱，水腫脹滿，溲血、畜血，不能食泄瀉。核主催生，疝氣。產後兒枕痛，惡露不盡，山樝煎汁，入砂糖服之，立效。痘疹不快，用山樝五個，酒煎入水溫服即出。又痘疹乾黑危困者，用棠杭子為末，紫草煎酒，調服一錢。山樝稟木氣而生，同礬紅、黃連、紅麴，消肉積。同紅麴、麥芽、橘皮、肉蔻、白朮、砂仁、厚朴，能消食健脾。同生地、當歸、牛膝、續斷、益母草、澤蘭、丹皮、蒲黃、芍藥，治產後兒枕作痛。偏墜疝氣，樝肉、茴香炒各一兩，為末，糊丸梧子大，每服百丸，空心白湯下。老人腰痛及腿痛，用棠杭子、鹿茸炙等分，為末，蜜丸梧子大，每服百丸，日二服。

論：山樝味酸有甘，氣又微溫，甘味歸於氣之微溫，而本於酸以行之，是木為土主，以行其生化，所以能消食積。然則行結氣，化滯血，亦取諸此乎？曰：樝以酸甘，待熟於深秋，是土得木之用，而木又受金之氣者。夫木氣至於金而氣化，金氣至於木而血化，皆不越於中土，此品雖未化金味，而已稟金氣，故不獨行結氣，更化滯血也，氣行血活，又何結聚痰飲，痞滿吞酸之不治乎？其療小腸疝氣及腰痛，舉不外氣血之疏越，況小腸為心肺胃行其氣化，即在氣中行其血化者，腰雖腎之腑，然亦為陽明經脈之所過，陽明氣結血滯，皆能病於身半以下，矧本經之所過，衝脈之所附乎。先哲判此一曰健胃，一曰補脾，不可止以消食一節盡之矣。抑木瓜同此甘酸，何以入肝入胃之不同？蓋木瓜酸勝而兼乎甘者也。酸勝則入肝，而效用於脾，山楂雖甘，不居其全，而猶勝乎酸者也，勝乎酸則入胃，而藉用於肝。且一則氣溫，結實於夏，木得子氣而益宣，故以津潤者，養筋脉而效陽明之功用。一則氣雖非冷，而亦不甚溫，其實熟於深秋，土得子氣而益暢，一似土藉木用者，又歸從革以宣中土之結滯，此二物所以不同也。雖能尅化食積，却不宜於脾弱不思飲食者丹溪。故虛人兼有積滯，當與補藥同施，亦不宜過用仲淳。生食多，令人嘈雜易飢，損齒齲人，尤不宜瀕湖。

修治：霜後取帶熟者，去核曝乾，或蒸熟去皮核，搗作餅子日乾用。

清・葉桂《本草再新》卷五　山查味甘、酸，性溫，無毒。入肝、脾二經。治脾虛濕熱，消食磨積，利大小便，小兒乳滯，腹疼，治疝治瘡。疝氣，肝腎之病也。散其氣，則肝平。去濕熱，可治瘡。

清・吴其濬《植物名實圖考》卷三二　山樝　《唐本草》始著録。即赤爪子。李時珍以為《爾雅》杭，槊梅即此。北地大者味佳，製為糕；小者唯入藥用。《齊民要術》引《廣志》云：杭木易種，多種之為薪。又以肥田。郭注《山海經》亦云：杭可燒糞田。蓋此木與槲、栩同生山萊，落實取材，薪槱是賴。郭注《爾雅》但云可食，尚未標以為果而入藥，則盛於近世也。

清・趙其光《本草求原》卷一二果部　山楂　甘中帶酸，秋熟氣冷，能使肝木疏土，脾胃。而歸其氣於肺，以行其生化。故健脾，消肉積，與麥芽消穀積者不同。凡煮老雞、硬肉，投此則易爛。《經》曰：甘傷脾，酸勝甘。言土得木用而消化也。行結氣，化血滯，童便浸薑汁拌炒黑，去積血甚捷，木氣至金而氣化，金至於木而血化。然總不越中土之升降。治結聚痰飲，痞滿吞酸，皆氣血疏越之功。小腸疝氣，小腸為心、肺，胃行其氣化，即在氣中而行其血化，肝氣行則疝已，脾之濕熱運則瘡亦消。腰痛，腰為腎腑，為胃經所過，胃經氣結，血滯亦痛。快痘症，酒煎服則易出，乾黑者加紫草煎。產婦兒枕痛，血鬱於脾，則少腹痛，砂糖調服。瘧鬱。多食令人嘈煩飢易，反傷脾胃生發之氣。以其破氣太甚也，故食參者忌之。兼損齒。

有大、小二種：大者色黄緑，皮澀，功薄；小者色赤，或黄，可入藥，一名棠球，蒸去皮核用。核亦消食積，主催生，疝氣尤勝。同鹿茸為丸，治老人腰痛、腿痛。同茴香炒末，白湯下，治偏墜疝氣。脾胃虛而有食積者，當與補藥同用。木瓜，酸勝於甘，故入肝而效用於脾；山楂，甘勝於酸，故入胃而藉用於肝。

清・文晟《新編六書》卷六《藥性摘録》　山查子　甘酸，平。消積，治蟲治風。但不可多食。餘詳藥部平瀉。

清・文晟《新編六書》卷六《藥性摘録》　山楂　甘、酸、鹹，平。入脾、胃。消食，磨肉積，袪痰，亦伐胃戕脾。〇北產肥大者良。入藥去皮核。〇核，亦化食消積。〇多食則燥煩易飢損齒。〇產後兒枕痛，合紅砂糖調服，以行其瘀即止。

清・張仁錫《藥性蒙求・果部》　山查三錢　山查酸溫，磨消肉食。瘀滯能行，削除堅積。氣微溫。薄發小兒痘疹，行氣，乳食停留。止兒枕作痛，療小腸疝氣。入肝、脾、胃三經。去皮核，炒。無積勿服。

清・王孟英《隨息居飲食譜・果食類》　山樝亦作查，一名山裹果。北產者大，亦名棠球，俗名紅果。酸、甘，溫。醒脾氣，消肉食，破瘀血，散結消脹，解酒，化痰，除疳積，已瀉痢。大者去皮核，和糖蜜擣為餻，名樝餻，色味鮮美，可充方物。入藥以義烏產者勝。多食耗氣，損齒，易飢，空腹及羸弱人或虛病後忌之。

痘疹乾黑危困，山樝為末，紫草煎，酒調服一錢；輕者白湯下，即時紅活。

食肉不消，山樝四兩，水煮食，併飲其汁。

腸風下血，山樝為末，艾湯調服。

惡露不行腹痛，山樝煎湯，調沙糖服。

清・劉善述、劉士季《草木便方》卷二木部　棠棣　山查根皮味苦寒，水痢頭風身痒痊。反胃失音消積聚，葉塗漆瘡自然安。大小二種查肉。

清・田綿淮《本草省常・果性類》　山裹紅棠毬子　一名山裹果，一名鼻涕圓，一名槊梅，一名羊杭，俗作梂。性溫。行結氣，消肉積，活血化痰。多食損齒，令人嘈煩易飢。

小者入藥，名棠毬子，又名山樝、茅樝、鼠樝、猴樝。性平，而功用過之。煮老雞入數顆即爛，則其消肉積之功可知。

清・戴葆元《本草綱目易知録》卷三　山樝　猴樝、棠梂子。　酸、甘，微溫。活血消積，健胃補脾。行結氣，止水痢，治癥瘕痰飲，痞滿吞酸，滯血痛脹，小腸疝氣。發小兒痘疹，理老人腰痛，產後兒枕痛，惡露不盡。煎汁入砂糖服之，化血塊氣塊，消食積肉積。煮汁洗漆瘡，沐身治瘡癢。生者多食，令人嘈煩易飢，損齒。凡用蒸熟曝乾。

清・黄光霽《本草衍句》　山查　味酸氣平，脾胃經藥。能健脾胃，消積滯，行滯氣之需。并治痰飲，痞滿吞酸。為散宿血，化肉積，兒枕痛之物。產後瘀露積於少腹作痛，名兒枕痛。同砂糖服，立效。水痢疝氣能除，身頭瘡痒可沐。偏墮疝氣，山棠球肉、茴香炒，各一兩，為末，丸，空心白湯下。痘疹乾黑者，用棠球子為末，紫草煎調，服一錢。

清・陳其瑞《本草撮要》卷三 山查 味酸甘，微溫，入足太陰、厥陰經，功專消食起痘。得茴香治偏墜疝氣，得紫草治痘疹乾黑，得沙糖去惡露，治少腹痛。脾虛惡食者忌服。凡用人蔘不宜者，服山查即解。化肉積甚速。凍瘡塗之即愈。治疝催生用核良。

清・吳汝紀《每日食物却病考》卷下 山樝用查字誤。附棠梂。 又名山裏菓。味酸，微溫，無毒。健脾消食，去積，行結氣。治兒枕痛，連核搗，煎濃汁，入砂糖調服，立効。煎湯洗身，治瘡痒。若脾弱食不尅化，嚼二三枚，絕佳。但多食，則反尅伐脾胃也。蒸熟，去皮核，作膏，或作煎，甚佳。 又一種名棠梂子，大如小林檎，性味皆相似。

櫻桃

唐・孫思邈《千金要方》卷二六《食治・果實》 櫻桃 味甘，平，濇。調中益氣。可多食，令人好顏色，美志性。

宋・唐慎微《證類本草》卷二三果部上品〔《別錄》〕 櫻桃 味甘。主調中，益脾氣，令人好顏色，美志。

〔梁・陶弘景《本草經集注》〕云：此即今朱櫻，味甘、酸，可食，而所主又與前櫻桃相似。恐醫家濫載之，未必是今者爾。又，胡頹子淩冬不凋，子亦應益人。或云寒熱病不可食。

〔唐・蘇敬《唐本草》〕注云：葉擣傅蛇毒。絞葉汁服，防蛇毒內攻。

〔宋・掌禹錫《嘉祐本草》〕按：孟詵云：櫻桃，熱。益氣，多食無損。又云：此名櫻，非桃也。不可多食，令人發闇風。東行根，療寸白、蚘蟲。陳士良云：櫻桃，平，無毒。日華子云：櫻桃，微毒，多食令人吐。

〔宋・蘇頌《本草圖經》〕曰：櫻桃，舊不著所出州土，今處處有之，而洛中南都者最勝。其實熟時深紅色者，謂之朱櫻；正黃明者，謂之蠟櫻。極大者，有若彈丸，核細而肉厚，尤難得也。食之，調中益氣，美顏色。雖多無損，但發虛熱耳。惟有闇風人不可噉，噉之立發。其葉可擣傅蛇毒，亦絞汁服。東行根亦殺寸白、蚘蟲。其木多陰，最先百果而熟，故古多貴之。謹按：書傳引《吳普本草》曰：櫻桃，一名朱茱，一名麥甘酣。今《本草》無此名，乃知有脫漏多矣。又《爾雅》云：楔吉點切，荊桃。郭璞云：今之櫻桃。而孟詵以爲櫻非桃類，未知何據？

〔宋・唐慎微《證類本草》〕《食療》云：溫。多食有所損。令人好顏色，美志。此名櫻桃，俗名李桃，亦名奈桃者是也。甚補中益氣，主水穀痢，止泄精。東引根，治蚘蟲。司馬相如《賦》：山朱櫻，即櫻桃也。《禮記》：謂之含桃。《爾雅》：謂之荊桃。

宋・寇宗奭《本草衍義》卷一八 櫻桃 孟詵以爲櫻非桃類。然非桃類，蓋以其形肖桃，故曰櫻桃，又何疑焉？謂如木猴梨、胡桃之類，亦取其相似爾。古謂之含桃，可薦宗廟。《禮》云：先薦寢廟者是此。唐王維詩云：纔是寢園春薦〔後〕，非干御苑鳥銜殘。小兒食之，纔過多無不作熱。此果在三月末、四月初間熟，得正陽之氣，先諸果熟，性故熱。今西洛一種紫櫻，至熟時正紫色，皮裏間有細碎黃點，此最珍也。今亦上供朝廷，藥中不甚須。

宋・王繼先《紹興本草》卷一三 櫻桃 紹興校定：櫻桃，《本經》但云味甘，不云性有無毒。雖具主治而未聞起疾之據。然是果實，多食喜生客熱之疾，乃發暗風者有之。當云味甘酸、溫、無毒為定。處處產之。

宋・鄭樵《通志》卷七六《昆蟲草木略》 櫻桃 曰朱茱，曰麥甘酣，曰楔，曰含桃，曰荊桃，曰李桃，曰柰桃。《爾雅》云：楔，荊桃。《禮》，含桃先薦寢廟。

宋・陳衍《寶慶本草折衷》卷一八 櫻桃諸櫻在內。 一名朱櫻，一名山茱櫻，一名朱茱，一名李桃，一名奈桃，一名含桃，一名荊桃，一名麥甘酣。○俗號櫻珠。○茱，音如。生洛中，及南都。今處處有之。○三四月採。 味甘、酸，平，熱，微毒。○主調中，益脾氣。○《圖經》曰：洛中、南都者最勝。深紅色者，謂之朱櫻。正黃明者，謂之蠟櫻。極大者，若彈丸，核細而肉厚。食之多，發虛熱，惟闇風人不可噉。○寇氏曰：小兒食多，無不作熱。此果得正陽之氣，先諸果熟。今西洛一種紫櫻，正紫色，皮有細黃點。

元・忽思慧《飲膳正要》卷三 櫻桃 味甘。主調中，益脾氣，令人好顏色。暗風人忌食。

元・尚從善《本草元命苞》卷八 櫻桃 味甘，性平，無毒。好顏色美志，益脾氣調中。根，療寸白蟲。葉，傅毒蛇咬。發虛熱不多食，闇風證尤宜忌。《本經》不載所產，西洛南都最佳。夏初熟，先生於諸果，性故熱，感正陽之氣。

元・朱震亨《本草衍義補遺》 櫻桃 屬火而有土。性大熱而發濕。舊有《本草》調中益脾。日華子言令人吐。《衍義》發明其熱能致小兒之病。

熱病與嗽喘，得之立病，且有死者矣。○司馬相如賦云山朱櫻，即櫻桃也。又《禮記》謂之唅桃，可薦宗廟。又，王維詩云：纔是寢園春薦後，非干御苑鳥啣殘。

元・徐彥純《本草發揮》卷三　櫻桃　丹溪云：屬火而有土。性大熱而發渴。《衍義》發明其熱能致其小兒之病，將不能病壯者與老者歟。舊有熱病及嗽者喘者，得之病(無)甚，有致死者。

明・朱橚《救荒本草》卷下之後　櫻桃樹　處處有之。古謂之含桃。葉似桑葉而狹窄，微軟，開粉紅花，結桃似郁李子而小，紅色鮮明。味甘，性熱。

救飢：採葉紅熟者食之。　治病：文具《本草》果部條下。

明・蘭茂原撰，范洪等抄補《滇南本草圖説》卷九　櫻桃　味甘美，性熱，無毒。採葉敷瘡，最效。主治：和脾胃，美顏色，止洩瀉水穀，痢疾。多食令人作嘔，發暗風，動濕熱，傷筋骨。有寒火鬱熱及喘咳熱病者勿食，食之必劇。凡小兒勿多食，多食生熱發疳疾，以小兒乃純陽之體，服之熱症即生。惟痘症色白陷頂不升漿者，以核為末，敷之，可以升漿起長。若陽症，忌服。又云：核利於痘，以根能升陽散火也。

明・蘭茂撰，清・管暄校補《滇南本草》卷上　櫻桃　味甘、酸，微寒。治一切虛症，能大補元氣，滋潤皮膚，久服延年益壽。浸酒服之，治左癱右瘓，四肢不仁，風濕腰腿疼痛。採葉煎服，治吐血。梗，燒灰為末，治寒疼，胃氣疼，九種氣疼，用燒酒下。

明・滕弘《神農本經會通》卷三　櫻桃　味甘。士良云：平，無毒。日華子云：微毒。

《本經》云：主調中，益脾氣，令人好顏色，美志。孟詵云：不可多食，令人發闇風。東行根，療寸白蚘蟲。日華子云：微毒。多食令人吐。《圖經》云：雖多無損，但發壅熱耳。《唐本》注云：葉，擣傅蛇毒。絞葉汁服，防蛇毒內攻。丹溪云：屬火而有土，性大熱而發濕。《本草》言調中益脾。日華子言令人吐。《衍義》發明其熱，能致小兒之病，舊有熱病與嗽喘，得之立發，且有死者矣。

明・劉文泰《本草品彙精要》卷三二　櫻桃微毒　植生。

櫻桃：主調中，益脾氣，令人好顏色，美志。名醫所錄。　【名】朱菓、臘櫻、朱茱、荊桃、李桃、柰桃、含桃、紫桃、麥甘酣、山朱櫻。　【苗】《圖經》曰：其木多陰，最先百果而熟，故方多貴之。其實熟時深紅色者，謂之朱櫻。正黃明者，謂之臘櫻。其大若彈丸，核細而肉厚者，尤難得也。《衍義》曰：此即古謂之含桃，可薦宗廟。《禮記》云：先薦寢廟者是也。於四月初熟，得正陽之氣，先諸果而熟，其性故熱。今西洛一種紫櫻，至熟時正紫色，皮裏間有細碎紫黃點，此爲最珍，藥中不甚須也。　【地】《圖經》曰：處處有之。【道地】洛中南都者最勝。　【時】生：春生葉。採：四月取實。　【用】實。　【色】紅、紫。　【味】甘。　【性】熱，緩。　【氣】氣厚味薄，陽中之陰。【臭】香。　【主】調中益氣。　【治】療：《圖經》曰：美顏色。○東行根，殺寸白蚘蟲。《唐本》注云：葉，擣傅蛇咬。并絞汁服，防蛇毒內攻。《別錄》云：止水穀痢及洩精。　【禁】闇風人不可噉，噉之立發。小兒多食，發熱及嘔吐。

明・盧和、汪穎《食物本草》卷二果類　櫻桃　味甘，澀。主調中益脾，令人好顏色，止痢并洩精。多食發虛熱。丹溪言：大熱而發濕。日華子言：微毒，食多令人吐。《衍義》言：小兒食之過多，無不作熱。舊有熱病與嗽喘者，食之立病。

明・許希周《藥性粗評》卷三　櫻桃動素口之煩。凡煮諸肉，但入櫻桃葉同煮，其肉易爛。

櫻桃，一名朱茱，《禮記》謂之含桃，《爾雅》謂之荊桃。高五六尺，葉圓而尖，春初開小紅花，結子如雀卵大，先青後紅，三月而熟，最先諸果。江南園圃處處有之，以洛中者勝。餘説《本草》不載。味甘、酸，性澀，無毒。主治瀉痢，調中益脾，美顏色。多食令人動火，口乾煩渴，無益。昔白樂天有妾名樊素者，當時有櫻桃樊素口之句。愚故借其意而云云。《衍義》云：舊有熱病及嗽喘者，得之愈甚，有致死者，宜戒之。

單方：蛇毒：凡被蛇所傷，毒未入腹者，速取櫻桃葉，搗爛，傅其口，毒自消散。

明・寧源《食鑒本草》卷下　櫻桃　味甘，澀，性熱。調中氣，益脾氣，令人美顏色。此菓品味雖美，故喜食之。然而屬火，能生虛熱喘嗽之疾。小兒尤忌之。葉：治蛇咬傷，搗爛傅之，搗汁飲，防蛇毒入內。

明・王文潔《太乙仙製本草藥性大全》卷四《本草精義》　櫻桃　俗名李桃，一名小朱櫻，一名含桃，一名荊桃，一名朱茱，一名麥甘酣。舊不著所出州土，今處處有之，而洛中南都者最勝。其實熟時深紅色者謂之朱櫻，正黃明者謂之蠟櫻，極大者有若彈丸，核細而肉厚尤難得也。惟有闇風人不可嗽，嗽之立發。其木多陰，最先百果而熟，故古多貴之。

按：《衍義》云：櫻桃孟詵以爲櫻，非桃類，蓋以其形肖桃，故曰櫻桃，又何疑焉？謂如木猴梨、胡桃之類，亦取其形相似耳。古謂之含桃可薦宗廟。小兒食之，纔過多無不作熱。此果在三月末、四月初間熟，得正陽之氣，先諸果熟，性故熱。今西洛一種紫櫻，至熟時正紫色，皮裏間有細碎黃點，此最珍也，今亦上供朝廷，藥中不甚須。

明・王文潔《太乙仙製本草藥性大全》卷四《仙製藥性》　櫻桃　味甘、酸，氣平，無毒。　主治：　主調中而益脾氣，治瀉痢而止洩精。又能悦顏色，亦且美心志。殺蚘蟲有準，療蛇毒尤良。多食而無損，但發虛熱耳。

補註：　蛇咬毒，採葉搗爛傅之良。〇防蛇毒內攻，用葉搗絞汁服。〇殺寸白蚘蟲，取東行根搗爛，取汁服之。

明・皇甫嵩《本草發明》卷四　櫻桃上品。味甘。　主調中益氣，令人好顏色，美志。多食發虛熱，惟瘤風人不可食，立發病。葉，搗傅蛇毒，亦絞汁飲。東行枝，殺寸白蟲。

明・李時珍《本草綱目》卷三〇果部・山果類　櫻桃《別録》上品

【釋名】鸎桃《禮註》　含桃《月令》　荆桃宗奭曰：　孟詵《本草》言此乃櫻，非桃也。雖非桃類，以其形肖桃，故曰櫻桃，又何疑焉？　如沐猴梨、胡桃之類，皆取其形相似耳。《禮記》仲春，天子以含桃薦宗廟即此。故王維詩云纔是寢園春薦後，非干御苑鳥啣殘。藥中不甚用。時珍曰：　其顆如瓔珠，故謂之櫻。而許慎作鸎桃，云鸎所含食，故又曰含桃，亦通。案《爾雅》云：　楔，音戛，荆桃也。孫炎註云：　即今櫻桃。最大而甘者，謂之崖蜜。【集解】頌曰：　櫻桃處處有之，而洛中者最勝。其木多陰，先百果熟，故古人多貴之。其實熟時深紅色者，謂之朱櫻。紫色，皮裏有細黃點者，謂之紫櫻，味最珍重。又有正黃明者，謂之蠟櫻；　小而紅者，謂之櫻珠，味皆不及。極大者，有若彈丸，核細而肉厚，尤難得。時珍曰：　櫻桃樹不甚高。春初開白花，繁英如雪。葉團，有尖及細齒。結子一枝數十顆，三月熟時須守護，否則鳥食無遺也。鹽藏、蜜煎皆可，或同蜜擣作餻食，唐人以酪薦食之。林洪《山家清供》云：　櫻桃經雨則蟲自內生，人莫之見。用水浸良久，則蟲皆出，乃可食也。試之果然。

【氣味】甘，熱，濇，無毒。大明曰：　平，微毒。多食令人吐。詵曰：　食多無損，但發虛熱耳。有暗風人不可食，食之立發。李(廷)〔鵬〕飛曰：　傷筋骨，敗血氣。有寒熱病人不可食。　【主治】調中，益脾氣，令人好顏色，美志《別録》。止泄精、水穀痢孟詵。

【發明】宗奭曰：　小兒食之過多，無不作熱。此果三月末、四月初熟，得正陽之氣，先諸果熟，故性熱也。震亨曰：　櫻桃屬火，性大熱而發濕。舊有熱病及喘嗽者，得之立病，且有死者也。時珍曰：　案張子和《儒門事親》云：　舞水一富家有二子，好食紫櫻，每日啖一二升。半月後，長者發肺痿，幼者發肺癰，相繼而死。嗚呼！百果之生，所以養人，非欲害人。富貴之家，縱其嗜欲，取死是何？天耶命耶？邵堯夫詩云爽口物多終作疾，真格言哉。觀此，則寇、朱二氏之言，益可證矣。王維詩云：　飽食不須愁內熱，大官還有蔗漿寒。蓋謂寒物同食，猶可解其熱也。

葉　【氣味】甘，平，無毒。煮老鵝，易軟熟。　【主治】蛇咬，擣汁飲，并傅之頌。

東行根　【主治】煮汁服，立下寸白蚘蟲大明。

枝　【主治】雀卵斑鼾，同紫萍、牙皂、白梅肉研和，日用洗面時珍。

花　【主治】面黑粉滓。方見李花。

題明・薛己《本草約言》卷二《藥性本草》　櫻桃　屬火而有土。性大熱而發濕，有熱病與嗽喘者，得之立死。又能致小兒之病。予友因血虛內熱，多食此物，先發渴，後發腫，遂致不救。

明・梅得春《藥性會元》卷中　櫻桃　味甘，性熱。　主調中益氣，令人好顏色，美志。性大熱而發濕，日華子云：　令人吐。《衍義》發明其熱，能致小兒之病。舊有熱病與嗽喘者，食之立病，多至不救。余曾見食多者，鼻衄盆餘不止，可不慎戒？《禮記》云：　唅桃可薦宗廟；　又王維詩云：　纔是寢園春薦後，非干御苑鳥啣殘。

明・穆世錫《食物輯要》卷六　櫻桃　味甘、澀，性熱，無毒。和脾胃，美顏色，止洩精、水穀痢。多食，作嘔，發暗風，動濕熱，傷筋骨。有寒熱者勿食。喘嗽熱病者，食之必劇。

明・吳文炳《藥性全備食物本草》卷二　櫻桃　味甘、酸，性平，無毒。以其形肖桃，故名。三四月間最先百果而熟，得正陽之氣。主和中益氣，悦神美志，令人好顏色，止水穀痢洩精，回陽氣。丹溪云：　屬火而有土性，大熱而發濕。多食發虛熱吐痰，舊有熱病及闇風人忌之。

葉　搗傅蛇毒，絞汁服防蛇毒內攻。

東行根　殺寸白蟲及蚘蟲，搗爛取汁服之。

明・趙南星《上醫本草》卷二　櫻桃　一名鸎桃，一名含桃，一名荊桃。甘，熱，濇，無毒。主治：　調中，益脾氣，令人好顏色，美志。止洩精，水穀痢。此果三月末四月初熟，得正陽之氣，先諸果熟，故性熱也。　大明曰：　平，微毒。多食令人吐。　詵曰：　食多無損，但發虛熱耳。有暗風人不可食，食之立發。　李鵬飛曰：　傷筋骨，敗血氣，有寒熱病人不可食。　宗奭曰：　小兒食之過多，無不作熱。

明·應廛《食治廣要》卷四　櫻桃　氣味：　甘，熱，濇，無毒。　主治：　調中益脾，止洩精、水穀痢。好顏色，美志。多食發虛熱，傷筋骨。《儒門事親》載：　一富家有二子，嗜食紫櫻。半月後，發肺癰，相繼而死。可不慎哉？　中熱毒者，以甘蔗汁解之。　王摩詰詩云：　飽食不須愁內熱，大官還有蔗漿寒。

明·姚可成《食物本草》卷八果部·山果類　櫻桃一名鸎桃，一名含桃。《禮記》仲春，天子以含桃薦宗廟即此。故王維詩云：　纔是寢園春薦後，非干御苑鳥銜殘。○櫻桃處處有之，而洛中者最勝。其木多陰，先百果熟，故古人多珍貴之。其實熟時深紅色者，謂之朱櫻。紫色，皮裏有細黃點者，謂之紫櫻，味最甘美。又有正黃明者，謂之蠟櫻；　小而紅者，謂之櫻珠，味皆不及。極大者，有若彈丸，核細而肉厚，尤難得。○李時珍曰：　櫻桃樹不甚高。春初開白花，繁英如雪。葉團，有尖及細齒。結子一枝數十顆，三月熟時須守護，否則鳥食無遺也。鹽藏、蜜煎皆可，或同蜜擣作糕食，唐人以酪薦食之。林洪《山家清供》云：　櫻桃經雨則蟲自內生，人莫之見。用水浸良久，則蟲皆出，乃可食也。試之果然。

櫻桃，味甘，熱，濇，無毒。主調中，益脾氣，令人好顏色，美志。止洩精、水穀痢。食多發熱。有暗風人不可食，食之立發。又能傷筋骨，敗血氣。○寇宗奭曰：　小兒食之過多，無不作熱。此果三月盡、四月初熟，得正陽之氣，先諸果而成，故性熱也。○朱丹溪曰：　櫻桃屬火，性大熱而發溼。舊有熱病及喘嗽者，得之立病，且有死者也。○李時珍曰：　案張子和《儒門事親》云：　舞水一富家有二子，好食紫櫻，每日啖一二升。半月後，長者發肺瘻，幼者發肺癰，相繼而死。嗚呼！　百果之生，所以養人，非欲害人。富貴之家，縱其嗜欲取死，是何？　天耶命耶？　邵堯夫詩云：　爽口物多終作疾，快心事過必為殃。真格言哉。觀此，則寇、朱二氏之言，益可證矣。王維詩云：　飽食不須愁內熱，大官還有蔗漿寒。蓋謂寒物同食，猶可解其熱也。

葉　味甘，平，無毒。治蛇咬，擣汁飲，并傅之。又煮老鵝，用數片投釜中，易爛。

花　治面黑粉滓。

枝　治雀卵斑䵟，同紫萍、牙皂、白梅肉研和，日用洗面。

東行根　煮汁服，立下寸白蟲。

明·顧逢柏《分部本草妙用》卷九果部　櫻桃　甘，熱，濇，無毒。主治：　調中，益脾氣，令人好顏色，美志，止洩精、水穀痢。多食發虛熱，令人吐。有熱病喘嗽者，不宜食。

明·孟笨《養生要括·果部》　櫻桃　味甘，熱，濇，無毒。調中益脾氣，令人好顏色，美志。止洩精、水穀痢。〔多食傷筋骨，敗血氣，令人吐，有暗風，并寒熱病人不可食。〕

東行根　煮汁服，立下寸白蚘蟲。

花　治面黑粉滓。

葉　用以煮老鵝，易軟熟。

明·鄭二陽《仁壽堂藥鏡》卷五　櫻桃　味甘，微熱，有小毒。《圖經》云：　洛中南都者，最勝。其色深紅者，謂之朱櫻。正黃明者，謂之蠟櫻。《本草》云：　多食令人吐、鼻出血。　屬火而有土，性大熱而發濕。《本草》調中益脾。日華子云令人吐。《衍義》發明其熱，能致小兒之病。舊有熱病與嗽喘，得之立病，且有死者矣。司馬相如賦云：　山朱櫻即櫻桃也。又《禮記》謂之含桃，可薦宗廟。又王維詩云：　纔是寢園春薦後，非干御苑鳥啣殘。

清·穆石匏《本草洞詮》卷六　櫻桃　顆如瓔珠，故名。《禮記》天子以含桃薦宗廟，此也。氣味甘熱濇，無毒。主調中益脾，止洩精、水穀痢。此果熟於春末夏初，得正陽之氣，先諸果熟，故性熱屬火。小兒食多作熱，若舊有熱病及喘嗽者，得之立病，且有死者。張子和云：　一家有二子，好食紫櫻，日喫一二升，半月後一發肺瘻，一發肺癰，相繼而亡。邵堯夫詩爽口物多終作疾，真格言哉。王維詩：　飽食不須愁內熱，大官還有蔗漿寒。蓋謂寒物同食，猶可解其熱也。

清·丁其譽《壽世秘典》卷三　櫻桃一名含桃。《禮記》仲春天子以含桃薦宗廟，即此。先百果熟，故古人多貴之。其實熟時深紅色者，謂之朱櫻。紫色皮裏有細黃點者，謂之紫櫻，味最珍重。又有正黃明者，謂之蠟櫻。小而紅者，謂之櫻珠，味皆不及極大者。有若彈丸，核細而肉厚，尤難得。鹽藏、蜜煎，皆可。林洪《山家清供》云：　櫻桃經雨，則蟲自內生，人莫之見。水浸良久，則蟲皆出，乃可食。

氣味：甘，熱，無毒。主調中益脾，美顏色。發明孟詵曰：食多無損，但發虛熱耳，有暗風人不可食，食之立發，小兒尤忌。朱震亨曰：櫻桃屬火，性大熱而發濕。舊有熱病及喘嗽者，食之立病。王摩詰詩：飽食不須愁內熱，大官還有蔗漿寒，其性之熱可證矣。

葉　煮老鵝，易軟熟。毒蛇咬傷，搗爛，塗患處，並飲其汁，毒不攻內。

清・尤乘《食鑒本草・果類》　櫻桃　調中益氣，令人好顏色，止泄痢。不可多食，有暗風人不可食，食之立發。

清・朱本中《飲食須知・果類》　櫻桃　味甘、濇，性熱。多食令人嘔吐，立發暗風，傷筋骨，敗血氣，助虛熱。小兒食之過多，無不作熱。有寒熱病人不可食。宿有濕熱病及喘嗽者，食之加劇，且有死者。過食太多，發肺癰、肺痿。其葉同老鵝煮，易軟熟。

清・何其言《養生食鑒》卷上　櫻桃　味甘、澁，性熱，無毒。和脾胃，美顏色，止洩瀉水穀痢。多食作嘔，發暗風，動濕熱，傷筋骨。有寒熱者，勿食。喘嗽熱病者，食之必劇。小兒忌食。

清・李熙和《醫經允中》卷二二　櫻桃　多食發虛熱，令人吐。有熱病喘嗽不宜食。甘、酸，熱，濇，無毒。主調中益脾，令人好顏色，悅志，止泄精，水穀痢。毒蛇傷人，眼必昏花，急用櫻桃葉擣汁，配熱酒飲之，以葉渣敷傷處即愈。

清・张璐《本經逢原》卷三　櫻桃一名含桃。　甘，熱，小毒。　發明：櫻桃屬火而發濕熱，舊有熱病及喘嗽者得之立發。一種小者名山櫻桃，性味甘平而不發熱，能止腸澼滑精，豈以形之不材，而反食之無害耶？其核今人用以升發麻斑，力能助火，大非所宜，在春夏尤為切忌。

清・汪紱《醫林纂要探源》卷二　櫻桃　甘，溫。一名含桃。多食生內熱。

清・李文培《食物小錄》卷上　櫻桃　甘，熱、澀，無毒。調中益脾氣，令人好顏色，美志，止洩精。小兒食之過多，無不作熱。此果三月末、四月初熟，得正陽之氣，先諸果而熟，故性熱。其色赤屬火，性大熱而發濕。舊有熱病及喘嗽者，食之立病，且有死者。《儒門事親》云：舞水一官家有二子好食紫櫻，每日啖一二升，半月後長者發肺痿，幼者發肺癰，相繼而死。嗚呼！百果之生，所以養人，非欲害人。富貴之家，縱其嗜欲，不固生命是何理也。天耶？命耶？實自取之也。邵堯夫詩云爽口物多終作疾，真格也。願養生者戒慎其所好。

附：琉球・吴繼志《質問本草》外篇卷四　櫻桃　辛丑清舶漂到，採此種問之。鶯桃，此皮有用處。此有數種，此即在山之種鄭茂慶。　癸卯清舶漂舶，採此種問之。　櫻桃崔華年。　癸卯之冬又漂到，亦問之　櫻桃。櫻鶯音同。○徐瞻泰。　甲辰又漂到，亦問之　櫻樹，櫻桃樹，櫻花，櫻桃花，一種而有數種，花有各樣，淡紅白也。有結小子，有不結子盛煥文。　山中有之。木高數丈，春生葉，開五瓣白花，繁英如雪，其實生青熟紫，半熟者朱。其味甘酸，其皮有用，相傳曾自掖玖島來，稱之櫻桃。邦俗值之，賞其花，唯疑。王維《櫻桃》詩曰紫禁朱櫻。此種熟則紫色，抑與中國櫻桃異乎？抑明喻，如為非櫻桃，係同名？且中國稱山櫻桃者，與此種同類乎？併賜明喻。乙巳，問陸澍。　此是櫻桃，當其初熟之時，色帶淺紅，及其中熟之候，色則鮮紅，迨至末熟之際，色微紫矣。乙巳，陸澍。

清・趙學敏《本草綱目拾遺》卷一水部　櫻桃水　梁侯瀛《集驗良方》：春日鮮櫻桃收數斤，盛在磁瓶內，封口，放在涼處，發過成水，濾出渣，聽用。治凍瘃瘡神驗。將水搽在瘡上即愈。若預搽面，則不生凍瘃。　痧發不出，名曰悶痧。用櫻桃水一杯，略溫灌下，垂死者皆生《不藥良方》。

清・趙學敏《本草綱目拾遺》卷八果部下　櫻桃核　今人常用以洗痧瘄，服之亦發透瘄痘，以其得春氣早，而性熱善達表也。《綱目》不載，豈以發風熱故耶。《逢原》云：櫻桃核今人用以升發麻斑，力能助火，大非所宜，春夏時尤忌。入藥用山櫻桃核磨佳。

發麻疹瘄痘，滅斑痕凍瘃。

出痘喉啞：王永光方：用甜櫻桃核二十枚，砂鍋内焙黄色，煎湯服。

眼皮生瘤：《醫學指南》：櫻桃核磨水搽之，其瘤漸漸自消。

清・章穆《調疾飲食辯》卷四　櫻桃　《本草衍義》曰：一名含桃。《禮》：仲春，天子以含桃薦宗廟。故王右丞詩曰：纔是寢園春薦後，非關御苑鳥啣殘。《綱目》曰：顆如瓔珠，故名櫻。《說文》作罌。《爾雅》曰：楔，荊桃。郭注曰：即櫻桃也。味甘，又呼崖蜜。樹不甚高，春初開白花，葉圓而尖，有細齒。《山家清供》曰：熟時遇雨，則內生小蟲。必以水浸使蟲出，乃可食。性大熱，朱震亨云：患喘嗽人，食之立病，有死者。《儒門事親》云：舞水一富家，二子驕縱，日啖櫻桃一二升。半月後，長者發肺痿，少者發肺癰，俱死。受其熱者，惟多啖蔗汁可略解。右丞詩曰：飽食不須愁內熱，大官還有蔗漿寒。天子之庖，曰大官廚。其葉，《圖經》謂可治蛇咬，搗汁服，並敷之。

清·葉桂《本草再新》卷五 櫻桃葉味辛、苦，性溫，無毒。入肝、脾二經。養肝助火，健脾開胃。除胃脘之積寒。性煖而燥，故能除胃脘之積寒。消食破滯。○櫻桃核，可敗毒疽瘤。

清·吴其濬《植物名實圖考》卷三二 櫻桃 《別錄》上品。《爾雅》謂之楔，即含桃也。有紅、白數種，潁州以為脯。

清·趙其光《本草求原》卷一二果部 櫻桃 甘澀，熱，無毒。和脾胃，止泄瀉。但多食作嘔，發風動濕。小兒多食，生蟲成疳。喘嗽熱病人忌。花浸酒，美顔色。一名山合桃，須小的為良，固精。

清·文晟《新編六書》卷六《藥性摘録》 櫻桃 甘，澀，性熱。和脾胃，止泄瀉、水穀痢。多食作嘔，發暗風，動濕熱。有寒熱及喘嗽者忌之，小兒尤忌。

清·王孟英《隨息居飲食譜·果食類》 櫻桃 甘，熱。溫中。不宜多食，諸病皆忌，小兒遠之，酸者尤甚。青蔗漿能解其熱。

清·劉善述、劉士季《草木便方》卷二木部 櫻桃樹 櫻桃東根皮甘平，殺下寸白蚘蟲行。枝磨塗面去班點，葉汁擦蛇咬傷人。

清·田綿淮《本草省常·果性類》 櫻桃 一名鸎桃，一名含桃，一名荊桃。性熱。益脾胃，美顔色，堅志固精。多食生虛熱，發暗風。病人忌之。

清·戴葆元《本草綱目易知録》卷三 櫻桃 甘，熱，濇。調中，益脾氣，止洩精，水穀痢。多食傷筋骨，敗血氣。熱病、喘嗽暗風人尤忌。小兒多食，無不作熱病。【略】

核：煎服，治麻疹閉標不出及出復沒者，佐解表鬆肌藥服之，亦立出。

葆按：《本草》失載。原予弟芝田用此治麻疹，活人無算。而予試用亦驗。考究其果性，得正陽之氣。小兒多食，無不發熱。而疹出自心肺，以其核直達所出之處，鼓舞陽邪外解，內標不閉，疹自外出，可救治矣。

清·吴汝紀《每日食物却病考》卷下 櫻桃 味甘，熱，無毒。益脾調中，令人好顔色，止痢。多食，發虛熱。舊有熱病及喘嗽者，切宜忌之，病發難治。經雨，則蟲自內生，人莫之見，用水浸良久則蟲出，乃可食也。

山櫻桃

宋·唐慎微《證類本草》卷三〇有名未用〔《別録》〕 嬰桃 味辛，平，無毒。主止洩腸澼，除熱，調中，益脾氣，令人好色美志。一名牛桃，一名英豆。實大如麥，多毛。四月採，陰乾。

〔梁·陶弘景《本草經集注》〕云：此非今果實櫻桃，形乃相似，而實乖異，山間乃時有，方藥亦不復用爾。

附：日·丹波康賴《醫心方》卷三〇 山櫻桃 《七卷經》云：味甘，平，無毒。食之無損益。或云食補心氣，調中，令人好面色。此有二種，一者白櫻子，春早所榮，花白味苦，食令人頭痛也。一者黑櫻子，花紅白，味甜美也。伯涽人為良菓，皆云山菓美者，唯黑櫻子。

明·朱橚《救荒本草》卷下之後 野櫻桃 生鈞州山谷中。樹高五六尺，葉似李葉更尖，開白花似李子花，結實比櫻桃又小，熟則色鮮紅，味甘、微酸。

救飢：摘取其果紅熟者食之。

明·李時珍《本草綱目》卷三〇果部·山果類 山嬰桃《別録》上品。校正：《唐本》退入有名未用，今移入此。

〔釋名〕朱桃《別録》 麥櫻吴普 英豆《別録》 李桃詵曰：此嬰桃俗名李桃，又名柰桃。前櫻桃名櫻，非桃也。 〔集解〕《別録》曰：嬰桃實大如麥，多毛。四月采，陰乾。弘景曰：櫻桃即今朱櫻，可煮食者。嬰桃形相似而實乖異，山間時有之，方藥不用。時珍曰：樹如朱嬰，但葉長尖不團。子小而尖，生青熟黃赤，亦不光澤，而味惡不堪食。

實 〔氣味〕辛，平，無毒。 〔主治〕止洩，腸澼，除熱，調中益脾氣，令人好顔色，美志《別録》。止泄精孟詵。

明·施永圖《本草醫旨·食物類》卷三 山櫻桃 實：味：辛，平，無毒。治：止洩腸澼，除熱調中，益脾氣，令人好顔色，美志，止洩精。

清·趙學敏《本草綱目拾遺》卷八果部下 山櫻桃 有毛，與櫻桃別是一種。

辛平味劣，止瀉腸澼，除熱調中。

清·吴其濬《植物名實圖考》卷三二 山櫻桃 山櫻桃，《別錄》上品。野生子小不堪食。

清·吴其濬《植物名實圖考》卷三六 野櫻桃 生雲南。樹紋如桃；葉類朱櫻；春開長柄粉紅花，似垂絲海棠，瓣微長，多少無定，內淡外深，附幹攢開，朵朵下垂。田塍籬落，絳霞彌望。園丁種以接櫻桃。《滇志》云：

紅花者謂之苦櫻，或云此即山海棠。阮相國所謂富民縣多有者，俗以接櫻桃樹，故名。其苦櫻以小雪節開，諺云：櫻桃花開治年酒。蓋滇櫻以春初熟也。

清・田綿淮《本草省常・果性類》 山櫻桃 一名英豆。性平。調中益氣，美志悅色，濇精止瀉。

枇杷

唐・孫思邈《千金要方》卷二六《食治・果實》 枇杷葉 味苦，平，無毒。主啘不止，下氣正爾。削取生樹皮嚼之，少少咽汁，亦可煮汁冷服之，大佳。

附：日・丹波康賴《醫心方》卷三〇 枇杷 《本草》云：葉平。主卒啘不止，下氣。崔禹〔錫〕云：子，食之下氣，止噦嘔逆。味甘。生噉益人。《七卷經》云：味酸。食之安五藏。《膳夫經》云：益人。孟詵云：溫。利五藏。久食發熱黃。

宋・唐慎微《證類本草》卷二三果部中品〔《別錄》〕 枇杷葉： 味苦，平，無毒。主卒啘不止，下氣。

〔唐・蘇敬《唐本草》〕注云： 用葉須火炙，布拭去毛，不爾射人肺，令欬不已。又主欬逆，不下食。

〔梁・陶弘景《本草經集注》〕云： 其葉不暇煮，但嚼食亦差。人以作飲，則小冷。

〔宋・馬志《開寶本草》〕注： 實，味甘，寒，無毒。多食發痰熱。

〔宋・掌禹錫《嘉祐本草》〕按：《蜀本圖經》云： 樹高丈餘，葉大如驢耳，背有黃毛。子梂生如小李，黃色，味甘，酸。核大如小栗，皮肉薄。冬花春實，四月、五月熟，淩冬不凋。生江南、山南，今處處有。孟詵云： 枇杷，溫。利五藏，久食亦發熱黃。子，食之潤肺，熱上膲。若和熱炙肉及熱麵食之，令人患熱毒黃病。《藥性論》云： 枇杷葉，使，味甘。能主胃氣冷，嘔噦不止。日華子云： 枇杷子，平，無毒。治肺氣，潤五藏，下氣，止吐逆并渴疾。又云： 葉療婦人産後口乾。

〔宋・蘇頌《本草圖經》〕曰： 枇杷葉，舊不著所出州郡，今襄、漢、吴、蜀、閩、嶺皆有之。木高丈餘，葉作驢耳形，皆有毛。其木陰密婆娑可愛，四時不凋。盛冬開白花，至三、四月而成實。故謝瞻《枇杷賦》云： 稟金秋之青條，抱東陽之和氣，肇寒葩之結霜，成炎果乎纖露，是也。其實作梂如黃梅，皮肉甚薄，味甘，中核如小栗。四月採葉暴乾，治肺氣，主渴疾。用時須火炙，布拭去上黃毛。去之難盡，當用粟稈作刷刷之乃盡。人以作飲，則小冷。其木白皮，止吐逆，不下食。

〔宋・唐慎微《證類本草》〕雷公云： 凡使，採得後秤，濕者一葉重一兩，乾者三葉重一兩者是，氣足堪用。使麄布拭上毛令盡，用甘草湯洗一遍，却用綿再拭，令乾。每一兩以酥一分炙之，酥盡爲度。《食療》： 卒嘔啘不止，不欲食。又，煮汁飲之，止渴。偏理肺及肺風瘡，胸面上瘡。孫真人： 咳嗽，以葉去毛煎湯服之。

宋・寇宗奭《本草衍義》卷一八 枇杷葉 江東、西，湖南、北，二川皆有之。以其形如琵琶，故名之。治肺熱嗽有功。花白，最先春也。子大如彈丸，四五月熟，色若黃杏，微有毛，肉薄，性亦平，與葉不同。有婦人患肺熱，久嗽，身如炙，肌瘦將成肺勞。以枇杷葉、木通、欵冬花、紫菀、杏仁、桑白皮各等分，大黃減半，各如常製。治訖，同爲末，蜜丸如櫻桃大。食後、夜卧，各含化一丸，未終〔一〕劑而愈。

宋・王繼先《紹興本草》卷一三 枇杷葉 紹興校定： 枇杷葉，性味、主治已具《本經》。然調順中氣諸方，但佐他藥為用，亦非專恃起疾之藥。當從《本經》味苦、平、無毒是也。其枇杷子乃果品，未聞療病，但多食發痰熱固有之。江南多産之

宋・劉明之《圖經本草藥性總論》卷下 枇杷葉 味苦，平，無毒。主卒啘不止，下氣。《唐本》注云： 用葉須火炙，布拭去毛，不爾射人肺，令欬不已。又主欬逆，不下食。《藥性論》云： 使。能主胃氣冷，嘔噦不止。日華子云： 子，平，無毒。治肺氣，潤五臟下氣，止吐逆并渴。葉，療婦人産後口乾。

宋・陳衍《寶慶本草折衷》卷一八 枇杷葉使。實附。 生江南，及山南，湖南北，二川，襄漢，吴，蜀，閩，嶺，眉州。今處處有之。○四月採葉，暴乾。○附： 實，一名枇杷子。《太平廣記》云： 一名盧橘。四五月採。○忌炙肉，熱麪。

味苦，甘，平，無毒。○主卒啘下氣。○《唐本註》云： 主欬逆，不下食。○《藥性論》云： 主胃氣冷，嘔噦。○日華子云： 療産後口乾。○《圖經》曰： 葉作驢耳形。治肺氣，主渴疾。須火炙布拭，去黃毛盡。○毛射人肺，令欬不已。○《食療》云： 理肺風瘡，胸面上瘡。○孫真人云： 咳嗽，以葉去毛，煎湯服之。

附： 實。○味甘、酸，平，溫，無毒。利五藏，止渴疾。其皮肉甚薄，大如彈丸，色若黃杏，微有毛。久食發熱，又熱上膲，發痰熱。若和熱炙肉及熱

麫食之，令人患熱毒、黄病。

元・尚從善《本草元命苞》卷八 枇杷葉 為使。味苦，平，無毒。主下氣，卒啘不止。療胃冷，嘔噦不食。子，溫、平，無毒。潤五臟，止渴，除肺熱，在上焦，止吐逆於胸膈。舊不著所出州土，今襄、漢、吴、蜀有之。木高丈餘，葉作驢耳，陰密婆娑可愛，四時常盛不凋，稟金秋青條，抱東陽和氣，肇寒葩結霜成炎果，纖露冬花春實，肉白核大。四月採葉，暴乾，入藥火炙去毛。

元・吴瑞《日用本草》卷六 枇杷 味甘、酸，平，無毒。多食發痰熱，傷脾。和炙肉、(無)〔熱〕麵食，令人患熱毒發黄。 主治脚氣，潤肺下氣，止吐逆、渴疾，和五臟，療婦人產後口乾。

明・蘭茂撰，清・管暄校補《滇南本草》卷上 枇杷 味甘，平。治肺癆傷，吐血咳嗽，吐痰哮吼。又治小兒驚風發熱，神效。

明・蘭茂撰，清・管暄校補《滇南本草》卷中 枇杷葉凡用刮去背上細毛淨盡，著蜜火烘。若毛去不淨，反令人咳嗽不已。 性微寒，味苦、辛。入肺。止咳嗽，消痰定喘，日久咳嗽，喉中如曳鋸之聲，肺有頑痰結滯，肺中有痰，隨氣升降，故有吼喘。枇杷葉入肺，能斷痰絲，化頑痰，散吼喘，止氣促。

附方：治咳嗽，枇杷葉，去毛，蜜炙，水煨服。又方：治咳嗽，喉中有痰聲，枇杷葉五錢，川貝母一錢五分，八達杏仁二錢，廣陳皮二錢，共為末，每服一二錢，開水送下。

明・蘭茂《滇南本草》〔叢本〕卷中 枇杷葉 味苦、辛，性寒。入肺，止咳嗽，止喘(哫)〔促〕，消痰久咳，喉中如拽(据)〔鋸〕之聲，肺有頑痰，結在肺中，痰絲隨風氣升降，故有吼喘之聲。枇杷葉入肺，能斬斷頑痰絲，消散吼喘，氣(哫)〔促〕定止。單方：枇杷葉煨吃，治咳嗽即效。奇方：治吼喘咳嗽，喉中有痰聲。枇杷葉、五錢，去毛。川貝母、錢半，去心。巴(豆)〔旦〕杏仁、三個，去皮。陳皮一錢，共為末，每服一錢，滾水送下。

明・王綸《本草集要》卷五 枇杷葉使 味苦，氣平，無毒。火炙，布拭去毛用。 主卒嘔啘不止，不欲食，下氣，治肺熱久嗽，并渴疾。

明・滕弘《神農本經會通》卷三 枇杷葉 使也。火炙，布拭去毛用，不爾射人肺，令欬不已。

味苦，氣平，無毒。東云：下逆氣，治嘔噦。《本經》云：主卒啘不止，下氣。《唐本》注云：主欬逆，不下食。《藥性論》云：葉，使。味甘。主胃氣冷，嘔噦不止。日華子云：葉，療婦人產後口乾。《圖經》云：四月採葉，暴乾。治肺氣，主渴疾。人以作飲，則小冷。其木白皮，止吐逆，不下食。孫真人云：久嗽，以葉去毛，煎湯服之。《今注》云：實，味甘，寒，無毒。多食發痰熱。孟詵云：枇杷，溫。利五臟，久食亦發熱。黄子食之，潤肺熱上焦。若和熱炙肉及熱麪食之，令人發熱毒黄病。日華子云：枇杷子，平，無毒。治肺氣，潤五臟，下氣，止吐逆并渴疾。《局》云：枇杷葉主能和胃，止嘔元來是本功。煮汁飲之仍療渴，治瘡更理肺家風。枇杷葉，止嘔和胃，主肺風，療渴。《雜纂》云：枇杷葉、根，敷跌撲傷。一云：山枇杷。

明・劉文泰《本草品彙精要》卷三三 枇杷葉無毒 植生。

枇杷葉：主卒啘不止，下氣。名醫所錄。 〔苗〕《圖經》曰：木高丈餘，葉作驢耳形，背有毛。其木陰密，婆娑可愛，四時不凋，盛冬開白花，至四五月而成實。故謝瞻《枇杷賦》云：稟金秋之青條，抱東陽之和氣，肇寒葩之結霜，成炎果乎纖露，是也。其實作梂，如彈丸，黄色，微有毛，皮肉甚薄，中核如小栗，其性味與葉不同也。〔地〕《圖經》曰：襄、漢、吴、蜀、閩、嶺南北、二川皆有之。〔道地〕眉州、江南、西湖。〔時〕生：春生新葉。採：不拘時取葉。〔收〕暴乾。〔用〕葉、子、木上白皮。〔質〕類奔草，葉背有毛。〔色〕青、黄。〔味〕苦。〔性〕平，洩。〔氣〕氣薄味厚，陰也。〔臭〕香。〔主〕肺氣，渴疾。〔製〕《雷公》云：凡使，採得後秤，濕者一葉重一兩，乾者三葉重一兩。是氣足堪用，使麤布拭令毛盡，用甘草湯洗一遍，却，用綿再拭，令乾。每一兩以酥一分炙之，酥盡爲度。剉碎或煮汁用。〔治〕療：《藥性論》云：葉，和胃氣冷，嘔噦不止。日華子云：葉，止產婦口乾。○實，潤五臟。《別錄》云：葉，消肺風瘡，胸面上瘡。《圖經》曰：木白皮，止嘔逆，不下食。〔合治〕葉合木通、款冬花、紫菀、杏仁、桑白皮等分，大黄減半爲末，蜜丸含化，療肺熱久嗽，身如炙，肌瘦，將成肺勞。〔禁〕去毛不淨，射人肺，令欬不已。○實，久食發痰熱。○子，和熱炙肉及熱麵食，患熱毒黄病。

明・盧和、汪穎《食物本草》卷二果類 枇杷 味甘酸，寒，無毒。利五臟，潤肺下氣，止嘔止渴。多食發痰熱。不可與炙肉、麵同食，令人發黄病。葉，味苦，氣平，無毒。拂去毛用。主卒嘔啘不止，不下食，治肺熱久嗽并渴病，又療婦人產後口乾。其木白皮，亦主吐逆不下食。

明・許希周《藥性粗評》卷三　布拭枇杷之葉，清嘔欬於上焦。

枇杷葉，葉如驢耳，四時不凋，其實如金彈，可啖，多則生痰。惟葉入藥，四五月採。凡用以火炙過，用布拭去其毛，不爾射人肺，令欬不已；或以酥再炙亦妙。　味苦、甘，性平，無毒。　主治胃冷嘔噦，喘欬上氣，止渴清肺。

單方：　嘔噦：　凡患嘔噦不止，不下食者，以枇杷葉去毛，煮汁飲之。　欬嗽：　治法同上。

明・鄭寧《藥性要略大全》卷六　枇杷葉　下氣，止噦嘔、久嗽，療肺風熱，和胃止渴。　味苦，氣平，無毒。火炙，拭去毛用。否則其毛入肺，為久嗽不止。

明・陳嘉謨《本草蒙筌》卷七　枇杷葉　味苦，氣平。無毒。襄漢閩廣皆有，近道各處亦生。木高丈餘，四時不瘁。葉如驢耳，背有黃毛。凡入劑中，惟採葉用。以麄布拭去毛淨，搗薑汁浸炙微黃。剉碎煎湯，偏理肺臟。下氣除嘔噦不已，解渴治熱嗽無休。實味甘酸，滋潤五臟。少食止吐止渴，多食發熱發痰。木白皮亦入醫方，主吐逆不能下食。

明・寧源《食鑒本草》卷下　枇杷　味甘，平，無毒。利五臟。多食生痰熱，發黃病。　葉：　味苦，平。凡用，絕大者為佳，火炙去毛，拭淨，甘草湯洗，酥擦，炙用之。治嘔啘，噎食，下氣。　孫真人治咳嗽嘔痰，以葉拭去毛，煎湯飲之。　新增雷公云：　凡使，採得後稱，濕者葉重一兩、乾者三葉重一兩者，是氣足堪用。使麄布拭上毛令盡，用甘草洗一遍，却用綿再拭令乾。每一兩，以酥一分，炙酥盡為度。

明・王文潔《太乙仙製本草藥性大全》卷四《本草精義》　枇杷葉　舊本不著所出州郡，今襄、漢、吳、蜀、閩、嶺皆有之。木高丈餘，葉作驢耳形，皆有毛。其木陰密婆娑可愛，四時不凋，盛冬開白花，至三四月而成實，故謝瞻《枇杷賦》云稟金秋之青條，抱東陽之和氣，肇寒葩之結霜，成炎果乎纖露是也。其實作梂如黃梅，皮肉甚薄，味甘，中核如小栗。四月採葉曝乾，治肺氣，主渴疾。用時須火炙，布拭去上黃毛，去之難盡，當用粟捍作刷刷之乃盡，人以作飲則小冷。

明・王文潔《太乙仙製本草藥性大全》卷四《仙製藥性》　枇杷葉　味苦，氣平，無毒。　主治：　偏理肺臟下氣，除嘔噦不已解渴。治熱嗽無休。　實：　味甘酸，滋潤五臟，少食止吐止渴，多食發熱發疼。　木白皮：　亦入醫方，主嘔逆，不能下食。　補註：　婦人患肺熱久嗽，身如炙，肌瘦，將成肺癆，以枇杷葉、木通、欵冬花、紫菀、杏仁、桑白皮各等分，大黄減半，各如常製，治訖同爲末，蜜丸如櫻桃大，食後、夜臥各含化一丸，未終一劑而愈。○咳嗽以葉去毛，煎湯服之。○卒嘔逆不止，不欲食，又煮汁飲之。○止嘔逆，不下食，用木白皮煎湯服。　太乙曰：　凡使採得後，秤濕者一葉重一兩，乾者三葉重一兩者是氣足，堪用。使麄布拭上毛令盡，用甘草湯洗一遍，却用綿再拭之令乾，每一兩以酥一分，炙之酥盡爲度。

明・皇甫嵩《本草發明》卷四　枇杷葉中品。味苦、辛，平，無毒。　發明曰：　枇杷葉偏理肺藏，《本草》主下氣，噦嘔不止。主胃氣冷，又主肺風熱嗽有功。用葉，須火炙，布拭去毛，恐射入肺，令人咳不已。○肉，味酸、甘。　滋潤五藏。少食止吐血止渴，多食發熱發痰。

明・李時珍《本草綱目》卷三〇果部・山果類　枇杷《别録》中品

【釋名】宗奭曰：　其葉形似琵琶，故名。　【集解】頌曰：　枇杷舊不著所出州土，今襄、漢、吴、蜀、閩、嶺、江西南、湖南北皆有之。木高丈餘，肥枝長葉，大如驢耳，背有黄毛，陰密婆娑可愛，四時不凋。盛冬開白花，至三四月成實作梂，生大如彈丸，熟時色如黄杏，微有毛，皮肉甚薄，核大如茅栗，黄褐色。四月采葉，暴乾用。　時珍曰：　案郭義恭《廣志》云：　枇杷易種，葉微似栗，冬花春實。其子簇結有毛，四月熟，大者如鷄子，小者如龍眼，白者爲上，黄者次之。無核者名焦子，出廣州。又楊萬里詩云：　大葉聳長耳，一枝堪滿盤。荔支分與核，金橘却無酸。頗盡其狀。註《文選》者以枇杷爲盧橘，誤矣。詳金橘。

實　【氣味】甘、酸，平，無毒。志曰：　寒。詵曰：　温。多食發痰熱，傷脾。同炙肉及熱麪食，令人患熱黄疾。　【主治】止渴下氣，利肺氣，止吐逆，主上焦熱，潤五臟大明。

葉　【修治】恭曰：　凡用須火炙，以布拭去毛。不爾射人肺，令欬不已。或以粟秆作刷刷之，尤易潔淨。斅曰：　凡采得，秤濕葉重一兩，乾者三葉重一兩，乃爲氣足，堪用。粗布拭去毛，以甘草湯洗一遍，用綿再拭乾。每一兩以酥二錢半塗上，炙過用。　時珍曰：　治胃病以薑汁塗炙，治肺病以蜜水塗炙，乃良。

【氣味】苦，平，無毒。權曰：　甘，微辛。弘景曰：　煮汁飲之，則小冷。　【主治】卒啘不止，下氣，煮汁服《别録》。弘景曰：　若不暇煮，但嚼汁咽，亦瘥。治嘔噦不止，婦人産後口乾大明。　煮汁飲，主渴疾，治肺氣熱嗽，及肺風瘡，胸面上瘡詵。　和胃降氣，清熱解暑毒，療脚氣時珍。

【發明】時珍曰：　枇杷葉氣薄味厚，陽中之陰。治肺胃之病，大都取其下氣之功耳。

氣下則火降痰順，而逆者不逆，嘔者不嘔，渴者不渴，欬者不欬矣。宗奭曰：治肺熱嗽甚有功。一婦人患肺熱久嗽，身如火炙，肌瘦將成勞。以枇杷葉、木通、款冬花、紫菀、杏仁、桑白皮各等分，大黃減半，如常治訖，爲末，蜜丸櫻桃大。食後、夜卧各含化一丸，未終劑而愈矣。

【附方】新七。　温病發噦：因飲水多者。枇杷葉去毛炙香、茅根各半斤，水四升，煎二升，稍稍飲之。《龐安常方》。　反胃嘔噦：枇杷葉去毛炙、丁香各一兩，人參二兩，爲末。每服三錢，水一盞，薑三片，煎服。《聖惠》。　衄血不止：枇杷葉去毛，焙研末。茶服一二錢，日二。同上。　酒齇赤鼻：枇杷葉、巵子仁等分，爲末。每服二錢，温酒調下，日三服。《本事》。　面上風瘡：方同上。　痔瘡腫痛：枇杷葉蜜炙，烏梅肉焙，爲末。先以烏梅湯洗，貼之。《集要》。　痘瘡潰爛：枇杷葉煎湯洗之。《摘玄》。

花　【主治】頭風，鼻流清涕。辛夷等分，研末，酒服二錢，日二服時珍。

木白皮　【主治】生嚼咽汁，止吐逆不下食，煮汁冷服尤佳思邈。

題明・薛己《本草約言》卷二《藥性本草》　枇杷葉　味苦、甘，氣平，涼，無毒。陰中之陽，降也。下胃熱之氣逆，為嘔吐之奇方。入手太陰肺。○枇杷葉偏理肺臟，故主下氣噦嘔不止，主和胃止瀉，又主肺風熱嗽有功。用須刷去背毛，蜜炙入藥，不然反惹嗽也。肉味酸甘，滋潤五臟，少食止吐血止渴，多食發熱發痰。

明・梅得春《藥性會元》卷中　枇杷葉　味辛，氣平，無毒。主治卒啘不止，下氣。凡使，採得後秤，濕者一葉重一兩，乾者三葉重一兩，是氣足堪用。粗布拭去毛令盡，用甘草湯浸洗一遍，却用綿再拭乾，以酥炙用。

明・穆世錫《食物輯要》卷六　枇杷　味甘、酸，性微寒，無毒。潤五臟，清肺氣，止煩渴。多食動脾，發痰助濕。同麵食、同炙肉食，發黃病，壅濕熱氣。枇杷葉，味微苦，平，無毒。和胃清肺，下氣消痰，止嗽嘔噦。

明・李中立《本草原始》卷七　枇杷　今襄漢、吴蜀、閩嶺皆有之。木高丈餘，葉如驢耳，背有黃毛，陰密婆娑可愛，四時不凋。盛冬開白花，至三、四月成實作梂生，大如彈丸。熟時色如黃杏，微有毛，皮肉甚薄，核大如小栗，黃褐色。四月采葉，暴乾用。宗奭曰：其葉形似琵琶，故名。

實：氣味：甘、酸，平，無毒。主治：止渴下氣，利肺氣，止吐逆，主上焦熱，潤五臟。

葉：氣味：苦，平，無毒。主治：卒（碗）〔啘〕不（正）〔止〕，下氣，煮汁服。○治嘔噦不止，婦人產後口乾。○煮汁飲，主渴疾，治肺氣熱嗽，及肺風瘡，胸面上瘡。○和胃降氣，清熱解暑毒，療脚氣。

木白皮：主治：生嚼咽汁，止吐逆，不下食，煮汁冷服尤佳。

《別錄》中品。使。【圖略】修治：枇杷葉以水潤，布拭去毛，不爾射人肺，令欬不已。或以粟秆作刷刷之，尤易潔淨。治胃病，以薑汁塗炙。治肺病，以蜜水塗炙。

實，多食發痰熱，傷脾。同炙肉及熱麪食，令人患熱黃疾。龐安常方：治溫病發噦，因飲水多者，用枇杷葉去毛，炙香，茅根各半斤，水四升，煎二升，徐徐服之。氣薄味厚，陽中之陰。

明・張懋辰《本草便》卷二　枇杷葉使　味苦，氣平，無毒。布拭去毛用。主卒嘔啘不止，不欲食，下氣，治肺熱久嗽，并渴疾。

明・吴文炳《藥性全備食物本草》卷二　枇杷味甘、酸，性微寒，無毒。潤五臟，清肺氣，止煩渴。多食動脾發痰助濕。同麪食、同炙肉食發黃病，壅濕熱氣。

葉　形如枇杷，故名。治肺熱咳嗽氣逆，消渴，及久嗽身熱，肌瘦將成癆者。又治肺風瘡，胸面上瘡，及卒嘔啘不止，下氣。四月採，每葉重一兩者，以粗布拭去毛淨，甘草湯洗一遍，拭乾酥炙。其毛射入肺，令咳不可療。

明・李中梓《藥性解》卷一　枇杷葉　味苦，性平，無毒，入肺經，主除嘔和胃，解渴止嗽，下氣清痰。刷去黃毛，蜜炙用。枇杷，主潤五臟，止吐解渴。按：枇杷葉入肺，苦能泄氣故也，不去黃毛，射入肺中，發咳不已，枇杷多食，亦能發熱生痰。

明・繆希雍《本草經疏》卷二三　枇杷葉　味苦，平，無毒。主卒啘不止，下氣。

〔疏〕枇杷葉稟天地清寒之氣，四時不凋，其味苦，氣平，平即涼也，無毒。入手太陰、足陽明經。氣薄味厚，陽中之陰，降也。《經》曰：諸逆衝上，皆屬於火。火氣上炎，則為卒啘不止。啘者，噦也，其聲濁惡而長。經曰：樹枯者葉落，病深者聲噦。病者見此，是為危證。枇杷葉性涼，善下氣，氣下則火不上升，而胃自安，故卒啘止也。其治嘔吐不止，婦人產後口乾，男子消渴，肺熱咳嗽，喘息氣急，脚氣上衝，皆取其下氣之功。氣下則火降痰順，而嘔者不嘔，渴者不渴，咳者不咳，衝逆者不衝逆矣。又治婦人發熱咳嗽，經事先期，佐補陰清熱之藥，服之可使經期正而受孕。〔主治參互】同生地黄、麥門冬、白芍藥、炙甘草、枸杞子、桑根白皮、童便、茅根、天門冬、蘇子、五味子、栝樓根，治陰虚咳嗽吐血。　入噙化丸，治肺熱咳嗽。　同竹茹、木瓜、蘆根汁、石斛、麥門冬、人參、白茯苓，治胃熱嘔吐。加童便、人乳、竹瀝、蘇子、白芍藥、蔗漿，治噎膈反胃。　同白芍藥、生地黄、青蒿子、五味子、黄蘗、阿膠、枸杞子、杜仲、牡丹皮、鼈甲作丸，治婦人經行先期，發熱無孕。　同人參、白芍藥、茯苓、竹茹、橘紅、蘇子、麥門冬、木瓜，治妊娠惡阻。　同栝樓根、天門冬、枸杞子、五味子、石斛、白芍藥、黄連、甘草、蘆根汁、童便、竹葉，治消渴。　龐安常方，溫病發噦，因飲水多者，枇杷葉去毛炙香，茅根各半斤，水四升，煎二升，稍稍飲之。　《聖惠方》衄血不止，枇杷葉去毛，焙研末，茶服一二錢，日二服。　【簡誤】胃寒嘔吐及肺感風寒咳嗽者，法竝忌之。

明·倪朱謨《本草彙言》卷一五　枇杷葉　味苦、微辛，氣溫，無毒。氣薄味厚，陽中之陰。入手太陰，足陽明經。

蘇氏曰：　枇杷出襄、漢、吳、蜀、閩、浙、江西、湖南諸處。木高丈許，枝肥葉長，形如驢耳，背有黄毛，陰密婆娑可愛，四時不凋。盛冬開白花，至三四月成實，綴結連枝，形如彈丸。生時色青綠味酸，熟時色黄白味甘，皮上微有毛，皮肉甚薄，核大如茅栗，色黄黑。修治：　四月采葉，刷去毛淨。治胃病，以薑汁塗炙。治肺病，以蜜水塗炙。

枇杷葉　安胃氣，潤心肺，養肝腎之藥也。沈孔庭曰：　主嘔噦反胃而《别録》吐食不止。安胃氣也。或氣逆痰滯而甄權咳嗽靡寧，潤肺氣也。或虚火煩灼而日華子舌乾口燥，養腎氣也。或瘟疫暑暍而孟詵熱渴不解。凉心氣也。此果秋英冬花，春實夏熟，倍歷四氣，能使五藏咸調，六府清暢。他如《聖惠方》之治衄血不止，《本事方》之治酒瘡赤鼻諸證，總不外潤養氣道，清解熱血之疾也。李時珍又言：　此藥下氣之功特異，氣下則火降，痰順而逆者不逆、嘔者不嘔、渴者不渴、欬者不欬矣，於勞嗽諸方，可稱專劑。但性禀清肅而凉，如胃寒嘔噦及肺感風寒而咳嗽者，兩皆忌用。

集方：　已下五方出《方脉正宗》治雜病嘔噦，吐食不止。用枇杷葉十片刷去皮，薑汁塗炙，半夏、陳皮、茯苓各一錢五分，甘草五分，水煎服。〇治時病卒發嘔噦因熱者。用枇杷葉十片，刷去毛，製法如前。黄芩、竹茹、半夏、陳皮各一錢五分，甘草五分，水煎服。〇治肺氣抑逆，痰滯成咳，咳聲連發，努氣不轉，痰逆不出，俗名頓嗆。用枇杷葉十片，刷去毛，製法如前。前胡、防風、薄荷、杏仁、桑皮、蔞仁、桔梗各一錢五分，甘草、升麻各七分，水煎服。〇治陰虚内熱，舌乾口燥。用枇杷葉十片，刷去毛，蜜水炙，懷熟地、知母、白芍藥、黄柏、花粉、玄參、白朮、沙參各二錢，水煎服。〇治時行熱疫，煩渴躁亂，并中暑中暍，一切火證。用枇杷葉十片，刷去毛，製法如前。川黄連、麥門冬、天花粉、玄參、黑山梔、黄芩、柴胡、乾葛、連翹、薄荷各二錢，甘草七分，水煎服。〇《聖惠方》治衄血不止。枇杷葉刷去毛，焙燥研末。每服一錢，苦茶調服。〇《本事方》治酒瘡鼻赤。用枇杷葉三十片刷去毛，焙燥，山巵子仁二兩炒黑，共研末。每晚服三錢，白湯調服。〇《廣筆記》治痰飲，五更咳嗽，喉中有物，嚥之不下。用枇杷葉、火上炙去毛，白茯苓、川貝母、半夏麴、廣陳皮各三兩，天花粉、蘇子泥、山查肉、連翹、麥芽、麥門冬去心、薄荷葉各二兩，白豆仁八錢，硼砂七錢研如飛麵，共爲極細末，以山藥粉糊爲丸，如麻子大。每早晚白湯吞服三四錢。

明·應廑《食治廣要》卷四　枇杷　氣味：　甘、酸，平，無毒。主治：　止渴下氣，利肺氣，止吐逆，主上焦熱，潤五藏。多食發痰熱，傷脾。同炙肉及熱麪食，〔令人〕患濕熱黄病。

明·姚可成《食物本草》卷八果部·山果類　枇杷襄、漢、吳、蜀、閩、嶺、江西南、湖南北皆有之。木高丈餘，肥枝長葉，大如驢耳，背有黄毛，陰密婆娑可愛，四時不凋。盛冬開白花，至三四月成實作毬，生大如彈丸，熟時色如黄杏，微有毛，皮肉甚薄，核大如芋栗。楊萬里詩云：　大葉聳長耳，一枝堪滿盤。荔枝分與核，金橘却無酸。又古詩：　摘盡枇杷一樹金。　枇杷，味甘、酸，平，無毒。止渴下氣，利肺氣，止吐逆，凉上焦熱，潤五臟。多食發痰熱，傷脾。同炙肉及熱麪食，令人患黄病。

葉　味苦，平，無毒。主卒啘不止，下氣，煮汁服。嚼汁咽，亦瘥。治嘔噦不止，婦人產後口乾。又主渴疾，治肺氣熱嗽及肺風瘡，胸面上瘡。和胃降氣，清熱解暑毒，療脚氣。

花　治頭風，鼻流清涕。辛夷等分，研末，酒服二錢，日二服。

明·顧逢柏《分部本草妙用》卷九果部　枇杷　甘、酸，平，無毒。主治：　止渴，下氣，和肺氣，止吐逆，主上焦熱，潤五臟。多食發痰熱，傷脾。同肉麪食，患熱黄疾。

明·孟笨《養生要括·果部》　枇杷　味甘、酸，無毒。止渴，利氣，通肺氣，止吐逆，主上焦熱，潤五臟。

葉　治嘔噦不止，婦人産後口乾。煮汁飲，主渴疾。治肺氣熱嗽及肺風瘡、胸面上瘡，和胃降氣，清熱解暑毒，療腳氣。

花　治頭風。鼻流清涕，辛夷等分研末，酒服二錢，日二服。

木白皮　生嚼嚥汁，止吐逆，不下食，煮汁冷服，尤佳。

明・李中梓《醫宗必讀・本草徵要下》　枇杷葉味苦，平，無毒。入肺、胃二經。刷去背上毛。治胃病，薑汁塗炙，治肺病蜜水塗炙。走陽明則止嘔下氣，入太陰則定欬消痰。長於降氣，氣降則火清痰順。但去毛不淨，射入肺中，作欬難療。按：胃寒嘔吐及風寒欬嗽者忌之。

明・鄭二陽《仁壽堂藥鏡》卷五　枇杷葉　《衍義》云：枇杷葉：湖南北、二川皆有之。以其形如琵琶，故名之。潤五臟，療婦人産後口乾。味苦，氣平，無毒。刷去毛，蜜炙用。不爾射入肺。主卒嘔啘不止，不欲食。下逆氣，治肺熱久嗽，止渴疾。實　味甘、酸。滋潤五臟。少食止吐、止渴；多食發熱、發痰。

明・蔣儀《藥鏡》卷三平部　枇杷葉　暑嘔能和，大消燥渴，兼清肺熱，喘嗽立寧。痰火與麥冬並施，反胃與蘆根同用。偕以涼血保肺之劑，定噦聲惡濁而長。佐以補陰清火之湯，調經事先期發熱。

明・施永圖《本草醫旨・食物類》卷三　枇杷其葉似琵琶，故名。實：味：甘、酸，平，無毒。多食發痰熱，傷脾。同炙肉及熱麪食，令人患熱黄疾。治：止渴，下氣，利肺氣，止吐逆，主上焦熱，潤五臟。葉：凡用，須火炙，以布拭去毛，不爾射人肺，令欬不已。或以粟秆作刷刷之，尤易潔淨。凡采得，秤濕葉重一兩，乾者三葉重一兩，乃為氣足堪用。粗布拭去毛，以甘草湯洗一遍，用綿再拭乾，每一兩以酥二錢半塗上炙過。用治胃病，以薑汁塗炙。治肺病，以蜜水塗炙乃良。味：苦，平，無毒。煮汁飲之則小冷。治：卒啘不止，下氣，煮汁服。若不暇煮，但嚼汁咽亦瘥。治嘔噦不止，婦人産後口乾，煮汁飲。主渴疾，治肺氣熱嗽及肺風瘡，胸面上瘡。和胃降氣，清熱解暑毒，療脚氣。枇杷葉氣薄味厚，陽中之陰。治肺胃之病，大都取其下氣之功耳。氣下則火降痰順，而逆者不逆，嘔者不嘔，渴者不渴，欬者不欬矣。治肺熱嗽甚有功。一婦人患肺熱久嗽，身如火炙，肌瘦將成癆，以枇杷葉、木通、款冬花、紫菀、杏仁、桑白皮各等分，大黄減半，如常治乾為末，蜜丸櫻桃大。食後、夜臥各含化一丸，未終劑而愈矣。

附方　濕病發噦：因飲水多者，枇杷葉去毛炙香、茅根各半斤，水四升，煎二升，稍稍飲之。反胃嘔噦：枇杷葉去毛炙、丁香各一兩，人參二兩，每服三錢，水一盞，薑三片煎。衄血不止：枇杷葉去毛，焙，研細末，茶服一二錢，日三。酒查赤鼻：枇杷葉、梔子仁等分，為末，每服二錢，溫酒調下，日三。面上風瘡：方同上。痔瘡腫痛：枇杷葉蜜炙，烏梅肉焙爲末，先以烏梅湯洗貼之。疥瘡潰爛：枇杷葉煎湯洗之。花　治頭風，鼻流清涕，辛夷等分，研末，酒服二錢，日二服。

木白皮　治　生嚼咽汁，止吐逆不下食，煮汁冷服尤佳。

明・盧之頤《本草乘雅半偈》帙八　枇杷葉《別錄》上品　氣味：甘、苦，平，無毒。主治：主卒啘不止，下氣，煮汁服。

覈曰：襄、漢、吴、蜀、閩、浙江右，南北皆産。木高丈許，四時不凋，肥枝長葉，陰密青整，葉底白毛如茸，盛冬作花白色，仲夏綴實如彈。楊萬里詩云：大葉聳長耳，一枝堪滿盤；荔枝分與核，金橘却無酸。頗盡其狀。修治：每葉濕時重一兩者堪用，粗布拭去白毛，務令極淨，否則射人肺，令人欬。以甘草湯洗一遍，用綿再拭。俟乾，每一兩，用酥二錢半，塗上炙過用。治胃以薑汁塗炙，治肺以蜜水塗炙亦良。

先人云：枇杷核下地即生，亦易長，近十年開花結果。性喜高踈，最便山土，秋英冬花，春實夏熟，核多于肉，葉盛于枝，花繁成蓓。一叢約三五十枚，春半刪除十之七，則果大肉肥。否則無肉且小矣。青時有毛而酸，發白轉黄，甘滑可口，望夏布葉，末倍于本，雖並列園林，同登樽薦，而生榮成美，迥異時芳。處天地閉藏，獨露英華，值萬物蕃茂，陰森肥遯。世知葉充藥物，未知核仁兩瓣，即將成兩葉，木之胞胤也。然核與葉較，尤多醞畜，枝莖皮肉，各有所施，統體專精，他果所不及也。

条曰：收麥之器曰枇杷，倉廩之官曰胃府。象其能入能出也。麥冬茂夏實，枇杷亦冬花夏果，與璣衡冬入夏出反，謂其能闔能闢也。故入胃府，主卒啘嘔噦不止。兼走肺，療欬唾氣窒者，此即啘嘔噦濁之飲，從肺脈上至于肺，則肺膜肺脹，上下合邪，相擊成欬，而為唾為窒矣。固受盛屬胃，其腐化敷布，必藉肺氣之吸呼，互為關鍵終始故也。力主脚氣，即飲濁下流；瘡瘍，即飲濁外溢。種種因證，咸從胃生。至若肅肺金，資腎水，益脾土，清心，鎮肝，此即轉出為入。解暑暍，消熱煩，止消渴，除溫、辟疫，此即轉入為出。總不出者使之出，不入者使之入，不開闔者使之開闔，形氣咸調之良品也。《經》云：陰之五宮，生在五味，陰之五宮，傷在五味。然則枇杷不獨入胃與肺，并入心肝脾腎五府矣。以胃為五藏六府經氣之始，復為五藏六府經氣之終故爾。

明・李中梓《本草通玄》卷下　枇杷葉　苦、辛，平，肺胃藥也。　清肺則降火而除痰嗽，和胃則寬中而止嘔噦。　胃病以薑汁塗炙，肺病以蜜水塗炙。　肥厚而大者良。刷去毛淨，不爾令人欬。

清・顧元交《本草彙箋》卷六　枇杷葉　味苦氣涼，職司清降。《經》云：　諸逆衝上，皆屬於火。火氣上炎，則爲卒啘不止。啘者，噦也，其聲濁惡而長，病者見此，乃爲危症。枇杷葉性主下氣，氣下則火不上升，而胃自安，故卒啘止。其治嘔吐不止，及婦人產後口乾，男子消渴，咳嗽喘息，腳氣上衝等症，皆取其下氣之功耳。然但宜於火熱爲患，若嘔吐屬胃寒，咳嗽由肺冷者，豈其所宜？　葉必採其厚重而氣足者，治胃病以薑汁塗炙，治肺病以蜜水塗炙。

清・穆石匏《本草洞詮》卷六　枇杷　其葉形似琵琶，故名。實味甘酸，葉味苦，並氣平，無毒。實與葉並有下氣之功，而實不及葉，氣下則火降痰順，而逆者不逆，嘔者不嘔，渴者不渴，欬者不欬矣。治胃病以薑汁塗炙，治肺病以蜜水塗炙。雷敩云：　凡采得，濕葉重一兩，乾者三葉重一兩，乃為氣足，堪用。拭去毛，以甘草湯洗過，每一兩以酥二錢，炙過用。

清・丁其譽《壽世秘典》卷三　枇杷大者如雞子，小者如龍眼，白者為上，黄者次之，無核者名焦子。　氣味：　甘、酸，平，無毒。　主止渴下氣，利肺氣，止吐逆，涼上焦熱，潤五臟。

葉　氣味：　苦，平，無毒。　治嘔噦不止，肺熱咳嗽，和胃降氣，清熱解暑毒，療腳氣。

發明孟詵曰：　枇杷果多食，發痰熱，傷脾，同炙肉及熱麪食，令人患熱黄疾。

清・張志聰《侶山堂類辯》卷下　枇杷　四季長青，葉上多毛。凡草木之生毛者，皆主治肺；　多刺者，花開于秋者，皆得堅金之氣，而能制風。枇杷初秋結蕋，深秋放花，夏時果熟，又得冬令之氣，能引寒水以上滋，利肺氣以下降，故主治欬嗽卒啘，并下氣消痰。

清・劉雲密《本草述》卷一七　枇杷

葉　氣味：　苦，平，無毒。　權曰：　甘、微辛。

主治：　卒啘音抽不止，下氣，並噎膈反胃，及肺氣熱嗽，療渴疾，婦人產後口乾，和胃降氣，清熱解暑毒，治腳氣衝逆。

時珍曰：　枇杷葉氣薄味厚，陽中之陰，治肺胃之氣。大都取其下氣之功。　宗奭曰：　治肺熱嗽甚有功。一婦人患肺熱久嗽，身如火炙，肌瘦將成勞，以枇杷葉、木通、欵冬花、紫菀、杏仁、桑白皮各等分，大黄減半，治為末，蜜丸櫻桃大，食後、夜臥各含化一丸，未終劑而愈。　希雍曰：　枇杷葉稟天地清寒之氣，四時不凋，其味苦氣平，平即涼也，無毒。入手太陰、足陽明經，氣薄味厚，陽中之陰，降也。《經》曰：　諸逆衝上，皆屬於火。火氣上炎，則為卒啘不止。啘者，噦也。枇杷葉性涼，善下氣，氣下則火不上升，而胃自安，故卒啘止也。其治嘔吐不止，婦人產後口乾，男子消渴，肺熱咳嗽，喘息氣急，脚氣上衝，皆取其下氣之功。氣下則火降，痰順而嘔者不嘔，渴者不渴，咳者不咳，衝逆者不衝逆矣。又治婦人發熱咳嗽，經事先期，佐補陰清熱之藥服之，可使經期正而受孕。

同生地黄、麥門冬、白芍藥、炙甘草、枸杞子、桑根白皮、童便、茅根、天門冬、蘇子、五味子、栝樓根，治陰虛咳嗽，吐血。　入噙化丸治肺熱咳嗽。同竹茹、木瓜、蘆根汁、石斛、麥門冬、人參、白茯苓，治胃熱嘔吐，加童便、人乳、竹瀝、蘇子、白芍藥、蔗漿，治噎膈反胃。　同白芍藥、生地黄、青蒿子、五味子、黄蘗、阿膠、枸杞子、杜仲、牡丹皮、鱉甲，作丸，治婦人經行期發熱，無孕。　同人參、白芍藥、茯苓、竹茹、橘紅、蘇子、麥門冬、木瓜，治妊娠惡阻。同栝樓根、天门冬、枸杞子、五味子、石斛、白芍藥、黄連、甘草、蘆根汁、童便、竹葉，治消渴。

愚按：　冬氣閉藏，夏氣蕃秀，草木之氣，各應其時。乃枇杷於盛冬作花白色，仲夏綴實如彈，是陽藏於陰之候，反陽出之陰而吐華，陽出於陰之候，反陽投之陰而成實。蓋草木結實，乃陽氣含於陰質中，為生意之孕育也。盧氏所謂轉入為出，轉出為入者，亦近似之。雖然他果亦有熟於夏者矣，獨此於陰盛時能使陽舒，而陰微時能使陽蓄，即此以思其下氣，乃得乎氣之平，以平其亢陽之氣，不類於苦寒之直折，亦不與破耗之味例論也。夫有升有降，故《經》曰：　平氣，陽之亢者，升而不下，則病乎胃與肺矣。蓋氣生於胃，統於肺也。或由胃而上為卒啘，或上至於肺而不下為熱嗽，甚者在胃為噎膈，在肺為勞嗽，其為患也，豈其微哉？　盧氏曰：　肺胃互為關鍵終始，此語大合《經》義。此味初微辛而後苦，苦多而後有微甘，從肺而下氣，以至於胃，直治其生化之原也。如用之主輔得宜，其何不益？蓋值陰微陽盛之候，使能陽藏陰中，此何異炎歊猶熾，而頓轉商飈之清涼乎？繆仲淳所云平即涼者亦不妄，故治勞嗽槩用之，以其患於陰微而陽亢也。

附方　衄血不止，枇杷葉去毛，焙研末，茶服一二錢，日二服。　希雍曰：胃寒嘔吐，及肺感風寒咳嗽者，法並忌之。

修治　凡使采得後，秤溼者一葉重一兩，乾者三葉重一兩，是氣足，堪用。以麄布拭去毛令盡，用甘草湯洗一遍，却用綿再拭極淨，治肺病以蜜水塗炙，治胃病以薑汁塗炙。此味治咳嗽如去毛不盡，反令人嗽也。

清・郭章宜《本草匯》卷一四　枇杷葉　苦、甘、辛，平，氣薄味厚，陽中之陰，降也，入手太陰、足陽明經。下氣清熱，定咳消痰。清肺則降火而除痰嗽，和胃則寬中而止嘔噦。《別錄》治卒啘不止者。啘者，噦也，其聲濁惡而長。《經》曰：樹枯者葉落，病深者聲噦。病者見此，是為危證。枇杷葉善下氣，氣下則火不上升，而胃自安，故卒啘止也。

按：枇杷葉偏理肺臟，故主肺風熱嗽有功，長于降氣，氣降則火清痰順。但去毛不淨，則射入肺中，作嗽難療。胃寒嘔吐，及肺感風寒咳嗽者，並忌之。肉，味酸、甘，滋潤五臟，少食止吐逆，止渴。多食發痰發熱，傷脾。同炙肉及熱麪食之，令人患熱黃疾。

溼葉重一兩，乾者三葉重一兩者，為氣足堪用。粗布拭去毛，或以粟杆作刷，以甘草洗過，塗酥炙用。治胃病以薑汁塗，治肺病以蜜汁塗炙，乃良。

清・尤乘《食鑒本草・果類》　枇杷　止渴下氣，止吐逆，利肺熱，潤五藏。忌同炙肉及麪食。

清・朱本中《飲食須知・果類》　枇杷　味甘、酸，性平。多食動脾，發痰助濕。同麪食及炙肉食，發黃病，壅濕熱氣。

清・何其言《養生食鑒》卷上　枇杷　味甘、酸，性微寒，無毒。潤五臟，清肺氣，止煩渴。多食動脾，發痰，助濕。同麪食、同炙肉食，發黃病，壅濕熱氣。

葉　味微苦，性平和，無毒。和胃清肺，下氣消痰，止嗽、嘔、噦。布拭淨毛，蜜炙用。

清・蔣居祉《本草擇要綱目・寒性藥品》　枇杷葉　氣味：苦，平，無毒。陽中陰也。凡用採其葉之極大者，其氣乃足。用粗布拭去毛，以甘草湯洗一遍，用綿再拭乾，以蜜塗炙過方用。　主治：嘔噦不止，婦人產後口乾。治肺氣熱嗽及肺風瘡，胸面上瘡。和胃降氣，清熱解暑。大都枇杷葉氣薄味厚，耑入肺胃二經。而治病者取其功能下氣，氣下則火降痰順，而逆者不逆，嘔者不嘔，渴者不渴，欬者不欬也。

清・王翃《握靈本草》卷七　枇杷葉凡用拭去毛，甘草湯洗，再拭。治胃病以薑汁炙，肺病以蜜水塗炙。其花並不治嗽，今人用代欵冬，可笑。　主治：枇杷葉，苦，平，無毒。主卒啘不止，下氣，渴疾，肺熱嗽，和胃，清熱解暑。

清・汪昂《本草備要》卷三　枇杷葉瀉肺，降火。　苦，平。清肺和胃而降氣，氣下則火降痰消。氣有餘便是火，火則生痰。治熱咳，嘔逆，口渴。時珍曰：火降痰順，則逆者不逆，嘔者不嘔，咳者不咳，渴者不渴矣。一婦肺熱久嗽，身如火炙，肌瘦將成勞。以枇杷葉、款冬花、紫菀、杏仁、桑皮、木通等分，大黃減半，蜜丸櫻桃大。食後、夜臥各含化一丸，未終劑而愈。　葉濕重一兩、乾重三錢者爲氣足。拭淨毛。毛射肺，令人咳。　治胃病，薑汁炙；治肺病，蜜炙。

清・陳士鐸《本草新編》卷五　枇杷葉　味苦，氣平，無毒。入肺經，止咳嗽，下氣，除嘔噦不已，亦解口渴。用時去毛，但止用之以止陰虛之咳嗽，他嗽不可用也。

枇杷葉淩冬不凋，自是益陰妙藥，但製之不得法，反動其嗽。蓋葉上最多毛，必須以水洗去，不可少帶一毫始妙。否則，毛入喉中，無益轉有害矣。

清・顧靖遠《顧氏醫鏡》卷八　枇杷葉苦，平。入肺胃二經。治肺病，蜜水炙。治胃病，薑汁炙。　濕葉重一兩者氣足，堪用。粗布拭去毛，不淨射肺，作咳難療。　走陽明則止嘔治呃，入太陰則定咳消痰。長於降氣，氣降則火清痰順，而嘔呃咳喘諸症自除。胃寒嘔吐，及風寒咳喘者，勿服。

清・李熙和《醫經允中》卷二二　枇杷　多食發痰熱，傷脾。同麪食患黃疸疾。　甘、酸，平，無毒。主治止渴，和肺氣，清上焦熱。葉除熱嗽，止嘔噦。

清・馮兆張《馮氏錦囊秘錄・雜症痘疹藥性主治合參》卷八　枇杷葉稟天地清寒之氣，四時不凋。味苦，氣平，平即涼也，無毒。入手太陰、足陽明經。以性涼而善下氣，故降火而清肺胃，以治嘔噦消渴，肺熱喘咳，脚氣上衝，及婦人發熱咳嗽，經事先期。總性涼清潤下氣之功也。宜刷去背上毛。治胃病，薑汁塗炙。治肺病，蜜水塗炙。去毛不淨，射入肺中，作欬難療。枇杷葉，清肺和胃下氣，除嘔逆不已，解渴治熱嗽無休。實，味甘酸，滋潤五臟。少食止吐止渴，多食生熱生痰。木白皮，亦入醫方，主吐逆不能下食。

清・张璐《本經逢原》卷三 枇杷葉 辛、苦，平，無毒，刷去毛，蜜炙用。發明：枇杷味甘色黄，為脾家果。然必極熟，乃有止渴下氣、潤五藏之功。若帶生味酸，力能助肝伐脾，食之令人中滿泄瀉。○其葉氣味俱薄，故入肺胃二經，治夏月傷暑氣逆最良。近世治勞嗽無不用之，蓋取其和胃下氣，氣下則火降痰消，胃和則嘔定噦止。然胃寒嘔吐及風寒欬嗽忌之。○其核大寒而伐肝脾，以之同落蘇入麩醬，則色青翠。同蟹入鍋煮則至熟不赤，性寒走肝可知。

清・汪啟賢等《食物須知・諸果》 枇杷 味甘、酸。襄漢閩廣皆有，近道各處亦生。木高丈餘，四時不瘁。滋潤五臟。少食止吐止渴，多食發熱發痰。

清・何諫《生草藥性備要》卷下 枇杷葉 味淡，性平。解熱和氣，止咳下痰。去淨毛，蜜炙，治呃逆之症，作茶飲，極有益。一名盧橘葉。

清・劉漢基《藥性通考》卷三 枇杷葉 味苦，氣平，無毒。入肺經。止咳嗽，下氣，除嘔噦不已，亦止口渴。用時去毛，但止可用以治陰虛之咳，他嗽不可用也。其葉凌冬不凋，自是益陰妙品。但製之不得其法，反動其嗽。蓋葉上最多毛，必須以水洗去，不可少帶一毫，否則毛入喉中，無益，轉有害矣。

清・姚球《本草經解要》卷三 枇杷葉 氣平，味苦，無毒。主卒啘不止，下氣。火炙，刷盡毛。 枇杷葉氣平，稟天秋收之金氣，入手太陰肺經。味苦無毒，得地南方之火味，入手少陰心經。氣味俱降，陰也。暴病屬火，火炎上逆，啘而不止。啘者，噦也。味苦清心火，所以主之。肺主氣，氣熱則上逆，氣平降肺氣，所以下氣也。 製方：枇杷葉同麥冬、五味、白芍、甘草，治卒啘不止。同蘇梗、前胡、丹皮、花粉、五味、木瓜，治氣逆不下。

清・王子接《得宜本草・中品藥》 枇杷葉 味苦。功專下氣，止嘔。得香茅根治瘟病發嘔，得山梔子治赤鼻面瘡，得丁香、人參治反胃嘔噦。

清・黃元御《玉楸藥解》卷四 枇杷 味酸、甘，氣平。入手太陰肺經。潤腸解渴，止嘔降逆。枇杷酸收降利，治肺胃衝逆，嘔噦煩渴。葉能治金下氣，甯嗽止吐，清涼泄肺，治標之品。去毛蜜炙止嗽，兼止嘔。

清・吴儀洛《本草從新》卷四 枇杷葉〔瀉肺下氣。〕 苦，平。清肺和胃而降氣，氣下則火降痰消。氣有餘，便是火，火則生痰。治熱咳嘔逆口渴。時珍曰：火降痰消則嘔者不嘔，逆者不逆，咳者不咳，渴者不渴矣。一婦肺熱久嗽，身如火燎，肌瘦，將成勞。以枇杷葉、款冬、紫菀、杏仁、桑皮、木通等分，大黄減半，蜜丸櫻桃大。食後、夜臥各含化一丸，未終劑而愈。 虛寒嘔吐、風寒咳嗽忌之。葉，濕重一兩，乾重三錢為氣足。拭淨毛。毛射肺，令人咳。 治胃病，薑汁塗，炙黄；治肺病，蜜水塗，炙黄。枇杷，甘，酸，平。止渴下氣，利肺氣，止吐逆，除上焦熱，潤五臟。多食發痰熱傷脾。同炙肉及熱麵食，令人患熱黄疾。

清・汪紱《醫林纂要探源》卷二 枇杷 酸，甘，溫。一名盧橘。 解渴生津。 葉：苦，酸，平。去毛淨，蜜炙。 清肺，泄逆氣。輕虛在上，有毛，故專入肺。酸以補肺之正，苦以泄肺之逆。又甘潤則能順氣降逆，消熱痰，治熱咳，療嘔逆矣。

清・嚴潔等《得配本草》卷六 枇杷葉 甘、酸，平。止渴下氣。利肺氣，止吐逆，除上焦熱，潤五臟。 多食發痰熱，傷脾。同炙肉及熱麵食，令人患熱黃疾。 葉 苦，平。入手太陰、足陽明經氣分。清肺和胃，降氣清火。消痰止嗽，及嘔噦口渴。下氣之功。 得茅根，治溫病發噦。得梔子，治赤鼻面瘡。配人參、丁香，治反胃嘔噦。 焙焦研末，茶服，止衄血。刷去毛，潔淨。毛射入肺，令咳不已。 胃病，薑汁塗炙。肺病，蜂蜜塗炙。 虛寒嘔吐、風寒咳嗽者，禁用。

題清・徐大椿《藥性切用》卷六 枇杷葉 性味苦辛，平肝清肺，降氣化痰，為欬逆吐逆、喘逆耑藥。刷淨毛，毛射肺，令人欬。止欬定喘，蜜水炙。止嘔定吐，薑汁炒。 枇杷葉，煎汁收膏，潤燥止欬。 枇杷葉，蒸熟，吊露清徹達邪。 枇杷肉，甘酸性平，潤肺定欬，止渴除煩。

清・黃宫繡《本草求真》卷九 枇杷潤肺下氣和脾。 枇杷耑入脾，兼入肝。脾家菓也，味甘而酸，色黃。據書載其極熟，則有止渴下氣潤五臟之功。生食則有助肝伐脾之力，食之令人中滿泄瀉，且指其性曰平曰溫，又指其性曰寒，皆屬有意。緣此稟受雖溫，而質多挾水濕，於熟時取食，則內水氣漸消，熱氣漸平，而有下氣潤臟之功。若使未至熟取而即用此為食，則物水氣未化而有寒中脹滿泄瀉之虞，與酸氣未收而有扶肝抑脾之害，此書之所謂既溫而又謂其性平性寒者是也。但於席品之中，用其極熟，佐此以解酒熱，最為得宜。若使中寒氣壅，雖曰佐以解酒，則又當知所忌耳！葉另詳於上篇。

清・黃宮繡《本草求真》卷六 枇杷葉瀉肺降氣。 枇杷葉嵩入肺。味苦氣平，諸書皆言瀉肺治嗽，緣嗽多由胃氣不和，肺氣不順，以致火氣痰塞，因而咳嗽不已。丹溪云：氣有餘便是火。火起則痰生，服此味苦而平，則肺金清肅，而氣不得上逆而順矣！氣順則痰與火皆順。痰氣火同為一類。而逆者不逆，嘔者不嘔，咳者不咳，渴者不渴，是以昔人用此。合以欵冬花、紫菀、杏仁、桑皮、木通等分，大黃減半，蜜丸，以治肺熱火嗽。身如火炎，令其食後夜臥含化一丸，劑未終而病即愈，則知此為清肺治火止嗽之要劑也。取葉、乾重三錢者為氣足，拭淨毛，以免射肺作咳。或薑炙，或蜜炙，各依方用。

清・李文培《食物小錄》卷上 枇杷 甘、酸，平，無毒。止渴下氣，利肺氣，潤五臟。多食發痰熱，傷脾。

清・楊璿《傷寒溫疫條辨》卷六寒劑類 枇杷葉去毛，蜜炙。 味苦，性平。清金和胃而下氣，氣下則火降痰消，而熱咳嘔逆煩渴之證悉平。訒菴曰：一婦肺熱久嗽，身如火炙，肌瘦成勞，用枇杷葉、欵冬、紫菀、桑白皮、杏仁、木通等分，大黃減半，煉蜜丸，早晚噙化一丸，未終劑而愈。

清・羅國綱《羅氏會約醫鏡》卷一七菓部 枇杷葉味苦平，入肺胃二經。去毛宜淨。治胃病，薑汁塗炙；治肺病，蜜水塗炙。 性涼而善下氣，氣下則火降痰消。氣有餘便是火，火則生痰。治熱欬、嘔逆、口渴。火降痰順，則欬、嘔、渴皆痊矣。

按：性降火，則肺清胃和而諸症自愈。若胃寒嘔逆，及風寒欬嗽者，忌之。

清・陳修園《神農本草經讀》附録 枇杷葉 氣味苦，平，無毒。主卒啘不止，下氣。刷去毛。《別錄》。

清・趙學敏《本草綱目拾遺》卷八果部下 枇杷核 《本經逢原》云：枇杷其核大寒，伐肝脾，以之同落蘇入麩醬，則色青翠；同蟹入鍋，則至熟不赤，性寒走肝可知。

敏按：石頑所說，以其核能駐色不變，斷為性寒，不知枇杷獨有先天四時之氣，其性溫平，其核能化一切毛羽，觀花圃人貯雞、鵝毛水以灌花者，患其難化，輒擣枇杷核數枚，投入缸水中，不三日，則雞、鵝毛皆爛化，知其直走厥陰，更捷利也。

治肝有餘諸症，氣實者可用。

敏按：祝士校游戲方，枇杷核煮蛤蜊能脫丁，則其性又善離。蓋枇杷具四時全氣，其實能令分者合，故肺嗽能斂。核能令合者離，故肝實可疎。一合一離，正見互為乘除之妙。

《物理小識》：枇杷核能去黴垢，故能化痰。

清・王學權《重慶堂隨筆》卷下 枇杷葉 毛多質勁，味苦氣涼，隆冬不凋，盛夏不萎，禀激濁揚清之性，抱忘炎耐冷之姿。靜而能宣，凡風溫、溫熱、暑燥諸邪在肺者，皆可用以保柔金而肅治節；香而不燥，凡濕溫、溫疫、穢毒之邪在胃者，皆可用以澄濁氣而廓中州。本草但云其下氣治嗽啘，則偉績未彰，故發明之。

〔王孟英〕刊：香巖先生嘗云：天氣鬱勃泛潮，宜以枇杷葉拭去毛，淨鍋炒香，泡湯常飲。清香不燥，能辟穢濁，可免夏秋時令之病。與此暗合。

清・黃凱鈞《藥籠小品》 枇杷葉 清肺和胃，降氣消痰，治熱欬嘔逆，拭淨毛蜜炙，可入肺寒之劑；去粗蒸用，手揉軟，可入肺熱之劑。

清・章穆《調疾飲食辯》卷四 枇杷 《衍義》云：葉形似琵琶，故名。昔有誤書枇杷作琵琶者，或誚之曰：枇杷不是此琵琶，只為當年識字差。若使琵琶能結果，滿城簫管盡開花。然如《衍義》所云，則枇杷作琵琶不為別字。而《六書正譌》以為枇杷本即樂器，不可別作琵琶。《爾雅》釋名則曰：批把，胡琴也。推手前曰批，却手後曰把。字從手不從木。批字同批寫之批，把字同把持之把。則書枇杷作琵琶，誤；書批把作枇杷，亦誤矣。性專入肺，能止渴下氣，利肺氣，止嘔逆，主上焦熱。出《日華本草》。久患肺嗽人宜之。而味兼酸則不純正。《食物本草》曰：同熱麪食，令人患熱黃。葉治肺熱久嗽，又治時行溫熱，呃逆，嘔吐，泡濃汁代茶飲。木皮煎汁冷飲，止吐逆不下食，能療百藥不能止者。出《千金方》。

清・王龍《本草纂要稿・菓部》 枇杷葉 氣味苦平。下氣，除嘔噦不已。解渴，治熱咳無休。拭淨皮毛，專理肺臟。

清・楊時泰《本草述鉤元》卷一七 枇杷葉 味微辛而苦，後有微甘。氣薄味厚，陽中之陰，降也。入手太陰、足陽明經。性善下氣，治卒啘不止，噎膈反胃及肺氣熱嗽，療渴疾，婦人產後口乾，和胃降氣，清熱解暑毒，治脚氣衝逆。禀天地清寒之氣，四時不凋，其味苦氣平，平即涼也，《經》曰：諸逆衝上，皆屬於火。火氣上炎，則為卒啘不止，此葉性善下氣，氣下則火降痰順，而嘔者不嘔，渴者不渴，欬者不欬，衝逆者不衝逆矣。一婦患肺熱久嗽，身如火炙，肌瘦將成勞，以枇杷葉、木通、欵冬花、紫菀、杏仁、桑白皮各等分，大黃減半，治為末，蜜丸櫻桃大，食後夜臥各含化一丸，未終劑而愈。同生地、麥冬、白芍、炙草、杞子、桑皮、茅根、天冬、蘇子、五味子、栝蔞根、童便，治陰虛欬嗽、吐血。同竹茹、木瓜、蘆根汁、石斛、麥冬、人參、茯苓，治胃熱嘔吐，加童便、人乳、竹瀝、蘇子、白芍、蔗漿，治噎膈反胃。同白芍、生地、青蒿子、五味子、黃蘗、阿膠、杞子、杜仲、丹皮、鼈甲作丸，治婦人經行先期，發熱無孕。同人參、白芍、茯苓、竹茹、橘紅、蘇子、麥冬、木瓜，治妊娠惡阻。同栝蔞根、天冬、杞子、五味子、石斛、白芍、黃連、甘草、蘆根汁、童便、竹葉，治消渴。衄血不止，枇杷葉去毛，焙研末，茶服一二錢，日二。

論：冬氣閉藏，夏氣蕃秀，草木之氣，各應其時，乃枇杷於盛冬作白花，仲夏綴黃實，是陽藏於陰之候，反出之陰而吐華，陽出於陰之候，反投之陰而成實。凡草木結實，乃陽氣含於陰質中，為生意之孕育。盧氏所謂轉入為出，轉出為入者近之。雖然他果亦有熟於夏者矣，獨此於陰盛時能使陽舒，而陰微時能使陽蓄。即此以思其下氣，乃得乎氣之平，以平亢陽之氣，不類於苦寒之直折，亦不與破耗之味例論也。夫有升有降，故《經》曰平氣，陽之亢者升而不下，則病乎胃與肺矣。氣生於胃統於肺。或由胃而上為卒啘，或上至於肺而不下為熱嗽，甚者在胃為噎膈，在肺為勞嗽，其為患也，豈其微哉。此(葉)(味)初微辛而後苦，苦多而後有微甘，從肺而下氣，以至於胃，直治其生化之原。蓋值陰微陽盛之候，能使陽藏陰中，此何異炎歊猶熾，而頓轉商飆之涼乎。昔人治勞嗽概用之，正以其患於陰微而陽亢也。胃寒嘔吐及風寒欬嗽，並忌仲淳。

修治：凡采得濕者一葉重一兩，乾者三葉一兩，為氣足，粗布拭盡毛，用甘草湯洗，再用綿拭極淨。不極淨反令人嗽。治肺病，蜜水塗炙；治胃病，薑汁塗炙。

清・鄒澍《本經續疏》卷五　枇杷葉　【略】劉潛江曰：冬氣閉藏，夏氣蕃秀，草木花實多應其時，惟枇杷於盛冬作花，仲夏綴實，是陽藏於陰之候，而反陽出於陰。陽出於陰之候，而反陽凝於陰。為陰盛時能使陽舒，陰微時能使陽畜。是其下氣乃和陽以就陰，其止啘乃暢陰以從陽。予謂啘於中，上云卒而下云不止，是來驟而去不速也。枇杷開花何妨稍遲，結實不嫌稍疾？乃竟於嚴厲閉密中吐英揚秀，一似有所促迫而不得遲者，有卒之義焉。既花已後，直俟六陽盡浮，一陰初姤時實方成熟，一似有所推挽而不得疾者，有不止之義焉。卒啘不止者，陰不和陽，陽不入陰也。取其花能陰和於陽，實能陽入於陰，以治有氣不下、啘不止者哉。雖然，其取義在花實，而所用在葉，何也？夫花仍有主頭風，鼻流清涕之功；實原有止渴下氣，利肺氣，止吐逆之效。但花不耐采，實不任藏，以其易浥爛也。獨葉堅厚青翠，四時不彫，隨用隨采，無須儲蓄，蓄亦甚易，且惟不彫，是以得氣充，為花實所係而效其靈，若花實則效靈於氣者也，又何可並。特不能如花之入極上，實之能潤燥耳？

清・葉桂《本草再新》卷五　枇杷肉味甘、酸，性平，無毒。入肺經。保肺養陰，止吐血欬嗽，降氣瀉火，止渴除煩。

枇杷葉味苦，性涼，無毒。入肺經。清肺氣，降肺火，止欬化痰，止吐血嗆血，治癰痿熱毒。〇枇杷核，專入腎經，治疝氣，消水腫，利骨節，治瘰癧。

清・吳其濬《植物名實圖考》卷三二　枇杷　《別錄》中品。葉為嗽藥，浙江產者實大核少。

清・趙其光《本草求原》卷一二果部　枇杷葉　冬令陽藏之時，透陽以吐花；夏天陰微陽越之時，反陽歸陰以結實，能使陽含蓄於陰中，故氣平即涼。清肺，味甘和胃，苦降下氣，凡肺胃陰微陽亢概用之。蓋氣下則火降痰消。氣有餘便是火，火則生痰。其治嘔噦反胃噎膈者，胃陽和也。治熱咳、勞嗽、失血、消渴、產婦口乾、傷暑氣逆、利水者，心肺之陽降也。又治腳氣上沖，氣下則不沖。婦人發熱咳嗽，經事先期，同地、芍、青蒿、五味、阿膠、黃柏、杞子、杜仲、丹皮、鱉甲，能正經期有孕。衄血。焙為末，茶下。胃寒嘔吐及風寒咳嗽忌之。葉，濕重一兩，乾重三錢者，為氣足，去毛用。毛射肺，令人咳。治胃，薑汁炙；治肺，蜜炙。同冬花、紫菀、桑白、木通、杏仁蜜丸，夜臥含化，治肺熱久嗽，身如火炙，肌瘦將成勞。

實　極熟黃色，則甘而止渴，下痰氣，潤五臟，止血。若生，味酸，則助肝伐脾，令人中滿泄瀉。

核　大寒，伐肝脾。利水，治疝。

清・文晟《新編六書》卷六《藥性摘錄》　枇杷　甘酸。下氣潤肺，利脾斂肝。生者有寒中脹滿之虞，熟者可解酒熱中寒。氣壅者禁用。勿與麪及炙肉同食。○葉，清肺，治咳嗽。去毛用。詳藥部。

清・文晟《新編六書》卷六《藥性摘錄》　枇杷葉　味苦，氣平。瀉肺降氣。○治火氣痰塞，咳嗽不已，口渴吐逆。○取幹葉拭淨毛，或蜜炙，或薑汁炙，依方用。

清・張仁錫《藥性蒙求・果部》　枇杷葉二張　枇杷葉苦，止嗽消痰。能清肺氣，解渴除煩。苦，平。和胃止嘔，治胃病，薑汁塗，炙黃。治肺病，蜜水塗，炙黃。拭淨毛，因毛射肺，反令人欬。因風寒者不用。老者佳。

清・王孟英《隨息居飲食譜・果食類》　枇杷　甘，平。潤肺，滌熱生津。以大而純甘獨核者良。多食助濕生痰，脾虛滑瀉者忌之。蜜餞糟收，可以藏久。

葉：　毛多質韌，味苦，氣平。隆冬不凋，盛夏不萎，稟激濁揚清之性，抱忘炎耐冷之姿，靜而能宣，比風溫、溫熱、暑燥諸邪在肺者，皆可藉以保，柔金而肅治節，香而不燥，凡濕溫、疫癘、穢毒之邪在胃者，皆可用以澄濁氣，而廓中州。《本草》但言其下氣止渴，專治嘔嗽噦噫，何其疎耶？宜以夏前采葉，刷毛洗淨，切碎，淨鍋炒燥，入缾密收。用以代茶常飲，可免時氣沾染，真妙法也。亦可蒸露。

清・劉善述、劉士季《草木便方》卷二木部　枇杷樹　枇杷葉苦平清肺，散鬱降氣能和胃。熱咳嘔逆口渴服，久嗽肺瘻痰又退。花治頭風鼻流涕，皮治火逆不食對。

清・田綿淮《本草省常・果性類》　枇杷　葉似琵琶故名。性平。下肺氣，止嘔逆，清上焦火，潤五臟。多食傷脾、發痰熱。同肉及麪飯食，令人患黃病。

清・戴葆元《本草綱目易知錄》卷三　枇杷葉　苦，平。氣薄味厚，陽中之陰。清肺和胃而降氣，氣下則火降痰消，咳逆自止而嘔渴平。治肺氣熱嗽，嘔噦不止，產後口乾，療肺風瘡，胸面風瘡，酒齇鼻赤。主渴疾，理脚氣，解暑毒，止鼻衄，拭去毛用。肺病，蜜炙。胃病，薑汁炒。

清・黃光霽《本草衍句》　枇杷葉　酸以補肺之正，苦以泄肺之逆。和胃降氣，清熱消痰。氣有餘便是火，氣降即火降而痰消。主嘔噦而不止，產後口乾。治熱嗽甚有功，解暑止渴。　肺熱久嗽，身如火炙，肌瘦將成勞，枇杷葉、木通、冬花、紫(苑)〔菀〕、杏仁、桑皮，等分，大黃減半，蜜丸，夜臥含化。

溫病發噦，因飲水多者，枇杷葉、茅根，水煎服。　反胃嘔噦，枇杷葉、丁香、人參煎服。　酒查赤鼻，面上風瘡，枇杷葉、梔子，為末，溫酒調下，神效。

清・陳其瑞《本草撮要》卷三　枇杷葉　味苦，入手太陰經，功專下氣止嘔。得茅根治瘟病發嘔，得山梔治赤鼻面瘡，得丁香、人參治反胃嘔噦。得款冬、紫菀、杏仁、桑皮、木通，少加大黃蜜丸，治肺熱久嗽，身如火燎，肌瘦將成勞。去毛用。治胃病薑汁塗炙黃，治肺病蜜水炙黃。　枇杷：　味甘酸，平，入手太陰經，功專止渴下氣，利肺氣，止吐逆，除上焦熱，潤五臟。多食發痰熱傷脾。同肉及熱麪食，令人患熱黃疾。

清・吴汝紀《每日食物却病考》卷下　枇杷　味甘、酸，平，無毒。潤肺，下氣，止渴，止嘔。多食，發痰熱。不可與炙肉、麪同食，令人患熱黃疾。秋蕊，冬花，春實，夏熟，得四時之氣。白者為上，黃者次之。無核者，名焦子，出廣州。

清・周巖《本草思辨錄》卷三　枇杷葉　枇杷葉背有黃毛，黃入胃而毛屬肺。其味苦平，故能和肺胃而降氣。《別錄》主卒啘不止。鄒氏不言啘為何病，而但以陰和陽，陽入陰釋之，似精而實泛矣。夫卒啘者呃逆之謂，不止者連續之謂，呃逆多卒發而連續。其所以主之者，何故？蓋胃為肝干則逆，胃逆而肺欲降則呃。枇杷葉青翠不雕，煮汁則冷，有抑肝陽之能，且使肺胃咸循其降納之職。陶隱居云：　若不暇煮，但嚼汁咽亦瘥。其效之速如是。然則柿蒂所以治冷呃，枇杷葉所以治熱呃。非天然對待之劑耶。　用枇杷葉者，於熱嗽熱嘔多有之，熱呃少見。但能認定枇杷葉為降氣治熱之物，則以之治嗽治呃，皆發無不中。

山枇杷

明・佚名氏《醫方藥性・草藥便覽》　山枇杷　其性溫。能箍疔背。其心止血。

清・劉善述、劉士季《草木便方》卷二木部　山枇杷　山枇杷根皮葉辛，蜜傳湯火形如新。清熱解毒消腫用，刀斧杖傷一齊生。

林檎

唐・孫思邈《千金要方》卷二六《食治・果實》　林檎　味酸、苦，平，濇，無毒。止渴、好唾。不可多食，令人百脉弱。

宋・唐慎微《證類本草》卷二三果部下品〔唐・陳藏器《本草拾遺》〕　文

林郎　味甘，無毒。主水痢，去煩熱，子如李，或如林檎。生渤海間，人食之。云：其樹從河中浮來，拾得人身，是文林郎。因以此爲名也。〔宋・唐慎微《證類本草》〕《海藥》云：又南山亦出，彼人呼榅桲是。味酸，香，微溫，無毒。主水瀉腸虛，煩熱，并宜生食，散酒氣也。

宋・唐慎微《證類本草》卷二三果部下品〔宋・馬志《開寶本草》〕　林檎　味酸、甘，溫。不可多食，發熱澀氣，令人好睡，發冷痰，生瘡癤，脉閉不行。其樹似柰樹，其形圓如柰。六月、七月熟，今在處有之今附。〔宋・掌禹錫《嘉祐本草》〕按：孟詵云：林檎，主止消渴。陳士良云：此有三種，大長者爲柰；圓者林檎，夏熟；小者味澀爲梣，秋熟。日華子云：林檎無毒，下氣，治霍亂肚痛，消痰。〔宋・蘇頌《本草圖經》〕曰：林檎，舊不著所出州土，今在處有之。或謂之來禽，木似柰，實比柰差圓，六、七月熟。亦有甘、酢二種。甘者早熟，而味脆美；酢者差晚，須熟爛乃堪噉。病消渴者，宜食之，亦不可多，反令人心中生冷痰，今俗間醫人亦乾之。入治傷寒藥，謂之林檎散。〔宋・唐慎微《證類本草》〕《食療》云：溫。主穀痢、洩精。東行根治白蟲、蚘蟲。消渴，好睡，不可多食。又，林檎味苦、澀，平，無毒。食之閉百脉。《食醫心鏡》：治水痢。以十枚半熟者，以水一升，煎取一升，和林檎，空心食。《子母秘録》：治小兒痢。林檎、構子杵取汁服，以意多與服之，差。又方：小兒閃癖，頭髮堅黃，瘰癧羸瘦。杵林檎末，以和醋傅上，癖和移處，就傅之。

宋・王繼先《紹興本草》卷一三　林檎　紹興校定：林檎有甘、有酸二種，但食之過多，喜作痰熱及發瘡瘍，若療疾即未聞。當云性溫、無毒是也。處處產之。

宋・陳衍《寶慶本草折衷》卷一八　林檎　一名來禽，小者名梣。○《廣志》云：一名黑禽。○生在處有之。○六七月熟採。亦切片日乾。○梣，昨今切。

味酸、甘、苦、澀、平，溫，無毒。○主止消渴。述本條孟詵説。○日華子云：下氣，治霍亂肚痛。○《圖經》曰：林檎比柰差圓，有二種。甘者，早熟，味脆美；酢者，差晚，熟爛乃堪噉。食多，令心中生冷痰。又云：發熱，澀氣，生瘡癤。亦乾之，入治傷寒藥，謂之林檎散。○《食療》云：主穀痢洩精。可製乾為果。

元・忽思慧《飲膳正要》卷三　林檎　味甘、酸，溫。不可多食，發熱澀氣，令人好睡。

元・尚從善《本草元命苞》卷八　林檎　味酸、甘，溫，無毒。一云味苦澁。食之閉百脉。樹似柰，形圓如柰，六、七月成熟採之。止霍亂肚痛，消痰，療穀痢，洩精下氣。多食令人好睡發冷，又生瘡癤。爛者止消渴，乾者治傷寒。

元・吳瑞《日用本草》卷六　林檎　其樹似柰樹，其形圓如柰。六、七月熟，乾之入藥用。味甘、酸，溫，無毒。早熟，味脆美；晚熟爛，乃堪噉。不可多食，令人發熱，澁氣。令人好睡，發冷痰，生瘡癤，脉閉不行。主下氣，消渴，霍亂腹痛，消痰。洩痢，煮汁服之。

明・朱橚《救荒本草》卷下之後　沙果子樹　一名花紅。南北皆有，今中牟崗野中亦有之。人家園圃中亦多栽種。樹高丈餘，葉似櫻桃葉而色深綠，又似急藦音梅子葉而大。開粉紅花，似桃花，瓣微長不尖，結實似李而甚大，味甘、微酸。救飢：摘取紅熟果食之。嫩葉亦可煠熟，油鹽調食。

明・蘭茂原撰，范洪等抄補《滇南本草圖説》卷九　花紅菓　氣味甘、酸，平，寒。主治：性走足陽明、厥陰二經。治婦人肝鬱，脾虛作脹。生食令人生痰，吐酸水黃痰。小兒勿多食。採葉煎服，治一切眼目青盲，或火眼膜翳最效。○用燒酒泡食，治足軟。過三十歲加蘋菓同食，可輕身。或筋骨疼痛，泡酒煮，每日飲三杯佳。忌同魚腥食。

明・蘭茂撰，清・管暄校補《滇南本草》卷上　花紅菓　味甘酸。治一切冷積痞塊，中氣不足，似瘧非瘧。化一切風痰氣滯。熬食令人延年。葉，治小兒瘡疥。梗，燒灰，小兒服之，止夜啼。

明・滕弘《神農本經會通》卷三　林檎　味酸、甘，氣溫。一云：味苦，澀，平，無毒。

《本經》云：不可多食，發熱澀氣，令人好睡，發冷痰，生瘡癤，脉閉不行。形如柰。孟詵云：止消渴。日華子云：無毒。下氣，治霍亂肚痛，消痰。《圖經》云：病消渴者宜食之。亦不可多，反令人心中生冷痰。今俗間醫人亦乾之，入治傷寒藥，謂之林檎散。《食療》云：溫。主穀痢洩精。東行根，治白蟲蚘蟲，消渴，好睡。不可多食。又味苦澁，平，無毒，食之閉百脉。

明・劉文泰《本草品彙精要》卷三四 林檎無毒 植生。

林檎：不可多食，令人發熱，澀氣，令人好睡，發冷痰，生瘡癤，脈閉不行。名醫所錄。 〖名〗來禽、花紅、沙果。 〖苗〗《圖經》曰：其樹似柰樹，實比柰差圓，六七月成熟。亦有甘酢二種，甘者早熟而味肥美；酢者差晚，須熟爛乃堪噉。陳士良云：此有三種，大長者爲柰；圓而夏熟者爲林檎；小而味澀秋熟者爲梣也。 〖地〗《圖經》曰：舊不著(取)〔所〕出州土，今在處有之。 〖收〗生：春生葉。採：六月、七月取實。 〖用〗實。 〖質〗如柰而差圓。 〖色〗淡黃。 〖味〗酸，甘。 〖性〗溫，收。 〖氣〗氣厚味薄，陽中之陰。 〖臭〗香。 〖主〗消渴，下氣。 〖製〗笮取汁用。 〖治〗療：日華子云：下氣，除霍亂，肚痛，消痰。孟詵云：止消渴。《別錄》云：止穀痢，洩精，並水痢，小兒痢。〇東行根，治白蟲，蚘蟲，消渴，好睡。〖合治〗爲末，合醋傅，療小兒閃癖，頭髮堅黃，瘰癧，羸瘦。 〖禁〗不可多食，令人心中生冷痰。

明・盧和、汪穎《食物本草》卷二果類 林檎 味酸甘，溫。發熱澁氣，令人好睡，發冷痰，生癰癤，脉閉不行。止洩痢遺精，霍亂肚痛，消食止渴。多食令人睡，發冷痰，生癰癤，脉閉不行。

明・寧源《食鑒本草》卷下 林檎 味酸、甘，溫，無毒。消渴下氣。多食發熱，生痰澁血，脈生瘡瘇，困神好睡。 《食醫心鏡》：治水痢不止，以半熟者十枚，槌碎，用水一升，煮八合，空心食之。

明・王文潔《太乙仙製本草藥性大全》卷四《本草精義》 林檎 一名來禽。舊本不著所出州土，今在處有之。其木似柰，其實比柰差圓。亦有甘酢二種，甘者早熟而味肥美，酢者差晚，須熟爛乃堪噉。病消渴者宜食之，亦不可多食，令人心中生冷痰。醫者治傷寒，謂之林檎散。

明・王文潔《太乙仙製本草藥性大全》卷四《仙製藥性》 林檎 味酸、甘，氣溫，無毒。 主治：主霍亂腹痛，能止渴消痰。多食發熱濕氣，令人好睡貪眠。發冷痰有準，生瘡癤隨來。能閉百脉，窒碍不行。補註：治水痢，以十枚半熟者，以水二升，煎取一升，和林檎空心服。〇小兒痢，林檎構子杵取汁服，以意多與服之差。〇小兒閃癖，頭髮竪黃，瘰癧，羸瘦，杵林檎末和醋傅上，癖和移處就傅之。

明・皇甫嵩《本草發明》卷四 林檎味醎、甘，溫。下品。 多食發熱泄氣，令人好睡，發冷痰，生瘡癤，脉閉不行。

明・李時珍《本草綱目》卷三〇果部・山果類 林檎宋《開寶》。校正：併入《拾遺》文林郎果。

〖釋名〗來禽《法帖》 文林郎果藏器曰：文林郎生渤海間。云其樹從河中浮來，有文林郎拾得種之，因以爲名。珣曰：文林郎，南人呼爲榅桲是矣。時珍曰：案洪玉父云：此果味甘，能來衆禽于林，故有林禽、來禽之名。又唐高宗時，紀王李謹得五色林檎似朱柰以貢。帝大悅，賜謹爲文林郎。人因呼林檎爲文林郎果。又《述征記》云：林檎實佳美。其榅桲微大而狀醜，有毛而香，關輔乃有，江南甚希。據此，則林檎是文林郎，非榅桲矣。

〖集解〗志曰：林檎在處有之。樹似柰，皆二月開粉紅花。子亦如柰而差圓，六月、七月熟。頌曰：亦有甘、酢二種：甘者早熟而味脆美；酢者差晚，須爛熟乃堪噉。今醫家乾之，入治傷寒藥，謂之林檎散。時珍曰：林檎即柰之小而圓者。其味酢者，即楸子也。其類有金林檎、紅林檎、水林檎、蜜林檎、黑林檎，皆以色味立名。黑者色似紫柰。有冬月再實者。林檎熟時，晒乾研末點湯服甚美，謂之林檎麨。僧贊寧《物類相感志》云：林檎樹生毛蟲，埋蠶蛾于下，或以洗魚水澆之即止。皆物性之妙也。

〖氣味〗酸、甘，温，無毒。思邈曰：酸、苦，平，濇，無毒。多食令人百脉弱。志曰：多食發熱及冷痰澀氣，令人好唾，或生瘡癤，閉百脉。其子食之，令人煩心。〖主治〗下氣消痰，治霍亂肚痛大明。消渴者，宜食之蘇頌。療水穀痢、洩精孟詵。小兒閃癖時珍。

〖附方〗舊三。 水痢不止：林檎半熟者十枚，水二升，煎一升，并林檎食之。《食醫心鏡》。 小兒下痢：林檎、構子同杵汁，任意服之。《子母秘録》。 小兒閃癖：頭髮竪黃，瘰瘰瘦弱者。乾林檎脯研末，和醋傅之。同上。

東行根 〖主治〗白蟲、蛔蟲，消渴好唾孟詵。

明・梅得春《藥性會元》卷中 林檎 味酸，甘溫，不可多食，能發熱澁，令人好睡，發冷痰，生瘡癤，脉閉不行。其形圓如柰，六七月熟。處處有之。

明・穆世錫《食物輯要》卷六 林檎 味酸、甘，性溫，無毒。消痰下氣，治霍亂腹痛，下痢洩精，小兒閃癖。多食，發熱，生痰，滯氣，閉百脉，令人好睡，發瘡癤。

明・應麐《食治廣要》卷四 林檎即柰之小而圓者。 氣味：酸、甘，溫，無毒。主治：下氣消痰，治霍亂肚痛。療水穀痢。消渴者宜食之。多食發熱或生瘡癤。

明・姚可成《食物本草》卷八果部・山果類 林檎一名文林郎果。此果味甘，能來眾禽于林，故名林檎。又唐高宗時，李謹得五色林檎以貢，帝大悅，賜謹為文林郎，人因呼之曰文林郎果。今處處有之。樹似柰，皆二月開粉紅花。子亦如柰而差圓。六月、七月熟。亦有甘、酢二種：甘者早熟而味脆美；酢者差晚，須爛熟乃堪啖。李時珍曰：林檎即柰之小而圓者。其味酢者，即楸子也。其類有金林檎、紅林檎、水林檎、蜜林檎、黑林檎，皆以色味立名。色似紫柰，有冬月再實者。林檎熟時，晒乾研末點湯甚美，謂之林檎麨。林檎樹生毛蟲，埋蠶蛾於下，或以洗魚水澆之即止。皆物性之妙也。

林檎，味酸、甘，溫，無毒。主下氣消痰，治霍亂腹痛。消渴者，宜食之。療水穀痢、洩精，小兒閃癖。多食發熱及生瘡癤，閉百脉。

東行根　治白蟲、蚘蟲，消渴好睡。

明・施永圖《本草醫旨・食物類》卷三　林檎　味：酸、甘，溫，無毒。多食令人百脉弱，○多食者發熱及冷痰澀氣，令人好唾，或生瘡癤，閉百脉。其子食之令人煩心。治：下氣消痰，治霍亂肚痛。消渴者宜食之，療水穀痢，洩精，小兒閃癖。

附方　水痢水止：林檎半熟者十枚，水二升，煎一升，并林檎食之。小兒下痢：林檎、楂子，同杵汁，任意服之。小兒閃癖：頭髮豎黃，瘰癧瘦弱者，乾林檎脯，研末，和醋傳之。

東行根　治：百蟲，蚘蟲，消渴，好唾。

清・穆石匏《本草洞詮》卷六　林檎　一名來禽。以味甘能集眾禽於林也。與柰一類二種，小而圓耳。氣味酸甘溫，無毒。主下氣止渴。多食發熱，閉百脉，生瘡癤。

清・丁其譽《壽世秘典》卷三　林檎俗呼花紅。即柰之小而圓者，其類有金林檎、紅林檎、水林檎、蜜林檎、黑林檎，皆以色味立名。黑者，色似紫柰。熟時晒乾，研末，點湯服，甚美。　氣味：甘、酸，溫，無毒。主下氣消痰，止渴，多食發熱。令人百脈弱，生瘡癤。

清・朱本中《飲食須知・果類》　林檎　味甘、酸，性溫。俗名花紅。多食令人百脉弱，發熱生痰滯氣，發瘡癤，令人好唾。其子食之，令人心煩。林檎樹生毛蟲，埋蠶蛾於下，或以洗魚水澆之，即止。

清・何其言《養生食鑒》卷上　林檎　味酸、甘，性溫，無毒。消痰下氣，治霍亂腹痛，下痢洩精，小兒閑癖。多食發熱生痰，滯氣，閉百脈，令人好睡，發瘡癤。

清・李熙和《醫經允中》卷二二　林檎　即花紅。　濇，溫，無毒。多食令人發熱，生痰欬逆。

清・张璐《本經逢原》卷三　林檎俗名花紅。　濇，溫，無毒。　發明：林檎雖不傷脾，多食令人發熱，以其味濇性溫也。病人每好食此，多致復發，或生痰涎而為欬逆，壅閉氣道使然。其核食之煩心助火可知。

清・黃元御《玉楸藥解》卷四　林檎　味酸、濇，氣平。入手太陰肺經。生津解渴，下氣消痰。林檎酸濇收斂，治肺熱消渴，療滑腸泄利。

清・汪紱《醫林纂要探源》卷二　林檎　甘，酸，鹹，溫。柰之小者。一名來禽，一名花紅，一名五色柰。止渴除煩，解暑去瘀。

題清・徐大椿《藥性切用》卷六　化紅　古名林檎。酸澀甘溫，生津止渴，治泄精久痢。小兒多食，能壅氣發熱。

清・李文培《食物小錄》卷上　花紅即沙果　甘，平，微酸，澀。清熱，解煩，和胃。

清・章穆《調疾飲食辯》卷四　林檎　一名來禽，一名文林郎果。《拾遺》曰：其樹從河中浮來，有文林郎拾得種之，故名。洪玉父曰：唐高宗時，誠王李謹得五色林檎以貢，帝悅，賜謹為文林郎。河中浮樹已屬荒唐，既為親王，又賜郎署，尤不可信。物名不可解者甚多，何必強為之說。《綱目》曰：林檎即柰之圓小者，味甘而帶酸澀，色有紅、紫、金、黑，又有水林檎、蜜林檎諸種。性總之無益，《開寶本草》云：多食弱人筋脈，生瘡癤，滯膈生痰，令人好唾。《圖經》曰能治消渴，為其酸也。《食療》曰主水穀痢，止泄精，為其澀也。然性既不佳，恐害多利少，他藥甚多，何必此也。

清・葉桂《本草再新》卷五　花紅味甘，濇，性涼，無毒。入心、肝、肺三經。平肝火，潤肺氣，涼血化熱，消暑除煩，生津止渴。

清・吳其濬《植物名實圖考》卷三一　林檎　《開寶本草》始著錄。即沙果，李時珍以為文林郎果，即此。

清・劉善述、劉士季《草木便方》卷二木部　林檎　林檎子酸甘性溫，下氣消痰治洩精，霍亂吐痢痛消渴，東根止飲殺蚘嗔。

清・劉善述、劉士季《草木便方》卷二木部　橉筋　橉筋木甘性微溫，忽然心腹卒痛疼，癥瘕堅滿消痃癖，煆磨酒浸飲汁靈。林檎子。

清・田綿淮《本草省常・果性類》　花紅　一名林禽，一名來禽，一名文林郎果。性溫。生津止渴，下氣消痰，美顏色。多食令人百脈弱。

清・吳汝紀《每日食物却病考》卷下　林檎　似柰而圓小，即今俗名花紅也。味甘，溫，無毒。澁氣，消食，止渴，治洩痢遺精，霍亂吐痛。多食，令人好睡，發冷痰，生瘡癤，閉百脈不行。

楸子

清·劉善述、劉士季《草木便方》卷二木部 酸林 酸林酸溫久痢瘥，痔漏下血殺蟲家，蚘疳心痛腹脹滿，黄瘦末酒服甚佳。

清·趙學敏《本草綱目拾遺》卷八果部下 楸子 《食物考》：甘、酸，小於沙果，色黄紅黑如櫻桃顆，產於代北，味頗清香，作脯點茶俱可。此與林檎同名異類，本草未分，故正之。多食濇氣，令人好睡。子宜去盡，食之煩心。

柰

唐·孫思邈《千金要方》卷二六《食治·果實》 柰子 味酸、苦，寒，濇，無毒。耐飢，益心氣。不可多食，令人臚脹。久病人食之，病尤甚。

宋·李昉《太平御覽》卷九七〇 榛 《本草經》曰：柰，味苦。令人臆脹，疾人不可多食。

附：日·丹波康賴《醫心方》卷三〇 柰 《本草》云：味苦，寒。多食令人臚脹，病人尤甚。崔禹〔錫〕云：除內熱。無毒。孟詵云：益心氣。賠玄子張云：補中焦諸不足。《廣志》云：柰有白、青、黄三種也。

宋·唐慎微《證類本草》卷二三果部下品〔《别錄》〕 柰 味苦，寒。多食令人臚音閭脹，病人尤甚。

〔梁·陶弘景《本草經集注》〕云：江南乃有，而北國最豐，皆作脯，不宜人。有林檎相似而小，亦恐非益人也。今注：有小毒，主耐飢，益心氣。

〔宋·掌禹錫《嘉祐本草》〕按：孟詵云：柰，主補中膲諸不足氣，和脾。卒患食後氣不通，生擣汁服之。日華子云：柰，冷，無毒。治飽食多肺壅氣脹。

〔宋·唐慎微《證類本草》〕《圖經》：文具林檎條下。《食醫心鏡》：柰子，味苦，寒澁，無毒。主忍飢，益心氣，多食虚脹。

宋·陳衍《寶慶本草折衷》卷一八 柰汁在內。《閑居賦》云：赤者名丹柰，白者名白柰。生江東，及北國。

味苦、澀，寒，有小毒。○主補中焦諸不足，和脾。卒患食後氣不通，生擣汁服。述本條孟詵說。○日華子云：食多，肺擁氣脹。又云：令人臚脹。病人尤甚。

元·忽思慧《飲膳正要》卷三 平波 味甘，無毒。止渴生津。置衣服篋笥中，香氣可愛。

元·忽思慧《飲膳正要》 卷三柰子 味苦，寒。多食令人腹服，病人不可食。

明·蘭茂原撰，范洪等抄補《滇南本草圖說》卷九 蘋菓 氣味甘、微酸，無毒。主治：脾虚火盛，補中益氣。同酒食，治筋骨疼痛。用蜜釀，久服，延年之品也。○小兒不可多食，多食發疳疾。搽瘡，紅暈可散。燒灰存性，治水中之毒，亦能醒脾清神，人多爽懷。亦種子結嗣，神驗。○採葉，貼火毒瘡。或湯火，燒灰調油擦之最良。○皮，能治反胃吐痰。

明·蘭茂撰，清·管暄校補《滇南本草》卷上 蘋果 一名超凡子，又名天然子。味甘香。正品仙菓，上古神仙採以熬膏，甘美，食之生津，久服輕身延年，黑髮，名玉容丹。通五臟六腑，走十二經絡，調營衛而通神明，解瘟疫而止寒熱。採葉，敷臍上，治陰症。又治產後血迷，經水不調，蒸熱發燒，服之神效。

明·滕弘《神農本經會通》卷三 （奈）〔柰〕 味苦，氣寒。一云：有小毒。一云：冷，無毒。

《本經》云：多食令人臚脹，病人尤甚。《今注》云：有小毒。主耐飢，益心氣。孟詵云：主補中膲，諸不足氣，和脾。卒患食後氣不通，生擣汁服之。日華子云：冷，無毒。治飽食多，肺擁氣脹。

明·劉文泰《本草品彙精要》卷三四 平波無毒 植生。

平波：止渴生津。出《飲膳正要》。〖苗〗樹高一二丈，葉如林檎葉而微圓，三月開淡紅花，六七月成實，亦似林檎而大，生青白，熟淡紅色，食之甚甘美。及置篋笥中，香氣可愛。〖地〗出北地。〖時〗生：四月。採：六月、七月取實。〖收〗暴乾。〖用〗實。〖色〗白、紅。〖味〗甘。〖性〗緩。〖氣〗氣之薄者，陽中之陰。〖臭〗香。

明·劉文泰《本草品彙精要》卷三四 柰無毒 植生。

柰：多食令人臚音閭脹，病人尤甚。名醫所錄。〖苗〗謹按：木高丈餘，葉似梨葉，二三月開紅白花，四月結實，漸大如林檎，六七月成熟。據陳士良云：此有三種，長大者爲柰；圓而夏熟者爲林檎；小而秋熟，味澀者爲梣也。〖地〗陶隱居云：江南乃有，北國最豐。〖時〗生：春生葉。

採：六月、七月取實。【收】日乾。【用】實。【質】類林檎而長。【色】紅、黃。【味】苦。【性】寒，洩。【氣】氣薄味厚，陰也。【臭】香。【主】益心氣，和脾胃。【治】療：日華子云：治飽食多肺壅氣脹。孟詵云：卒患食後氣不通，生擣汁服之。補：孟詵云：補中焦，諸不足氣。《別錄》云：耐飢。【禁】多食，令人脹。

明・盧和、汪穎《食物本草》卷二果類　柰子　味苦澁，寒，多食令人脹。又云：治飽食後肺壅氣脹。

明・王文潔《太乙仙製本草藥性大全》卷四《本草精義》　柰　舊本不著所出州土。陶隱居云：江南乃有，而北國最豐，皆作脯，不宜人。有林檎相似而小，亦恐非益人也。

明・王文潔《太乙仙製本草藥性大全》卷四《仙製藥性》　柰　味苦澁，氣寒，無毒。主治：補中焦不足，治飽食和脾。食後氣不通立解，益心氣耐飢即痊。多食肺壅氣脹，病者切宜忌之。補註：卒患食後氣不通，生擣汁服之良。多食令人虛脹病。

明・李時珍《本草綱目》卷三〇果部・山果類　柰《別録》下品

【釋名】頻婆音波。時珍曰：篆文柰字，象子綴于木之形。梵言謂之頻婆，今北人亦呼之，猶云端好也。【集解】弘景曰：柰，江南雖有，而北國最豐。作脯食之，不宜人。林檎相侶而小，俱不益人。士良曰：此有三種：大而長者爲柰，圓者爲林檎，皆夏熟；小者味澀爲梣，秋熟，一名楸子。時珍曰：柰與林檎，一類二種也。樹、實皆似林檎而大，西土最多，可栽可壓。有白、赤、青三色。白者爲素柰，赤者爲丹柰，亦曰朱柰，青者爲緑柰，皆夏熟。凉州有冬柰，冬熟，子帶碧色。《孔氏六帖》言：凉州白柰，大如兔頭。《西京雜記》言：上林苑紫柰，大如升，核紫花青。其汁如漆，著衣不可浣，名脂衣柰。此皆異種也。郭義恭《廣志》云：西方例多柰，家家收切，暴乾爲脯，數十百斛，以爲蓄積，謂之頻婆糧。亦取柰汁爲豉用。其法：取熟柰納瓮中，勿令蠅入。六七日待爛，以酒腌，痛拌令如粥狀，下水更拌，濾去皮子。良久去清汁，傾布上，以灰在下引汁盡，劃開日乾爲末，調物甘酸得所也。劉熙《釋名》載：柰油，以柰擣汁塗繒上，暴燥取下，色如油也。今關西人以赤柰、楸子取汁塗器中，暴乾名果單是矣。味甘酸，可以饋遠。杜恕《篤論》云：日給之花似柰，柰實而日給零落，虛僞與真實相似也。則日給乃柰之不實者。而《王羲之帖》云：來禽、日給，皆囊盛爲佳果。則又似指柰爲日給矣。木槿花亦名日及，或同名耳。

實　【氣味】苦，寒，有小毒。多食令人肺壅臚脹，有病人尤甚《別録》。思邈曰：酸、苦，寒，濇，無毒。時珍曰：案《正要》云：頻婆：甘，無毒。【主治】補中焦諸不足氣，和脾。治卒食飽氣壅不通者，擣汁服孟詵。益心氣，耐飢《千金》。生津止渴《正要》。

頻婆果：味甘，平，無毒。益心和脾，和津止渴。治卒食飽脹，氣壅不通，擣汁服之甚効。

明・穆世錫《食物輯要》卷六　柰　味苦、甘、酸、澀，性寒，微毒。雖有味甘脆可食者，不益人。多食，令肺壅臚脹。凡病人食之，尤甚。

明・穆世錫《食物輯要》卷六　頻婆果　味甘，平，無毒。益心和脾，生津止渴。治卒食飽脹，氣壅不通者，擣汁服良。

明・應麐《食治廣要》卷四　柰子　氣味：苦，寒，有小毒。孫真人曰：酸、苦，寒，濇，無毒。主治：氣壅不通，生津止渴。多食令人肺壅瞋脹，有病人尤甚。今關西人以赤柰、楸子取汁塗器中，曝乾，名果單。其味甘酸，可以饋遠。

明・姚可成《食物本草》卷八果部・山果類　柰一名頻婆，梵音。今北人亦呼之，猶云端好也。江南雖有，而北國最豐。○李時珍曰：柰與林檎，一類二種也。樹、實皆似林檎而大，西土最多，可栽可壓。有白、赤、青三色。白者為素柰，赤者為丹柰，青者為緑柰，皆夏熟。凉州有冬柰，冬熟，子帶碧色。《孔氏六帖》言：凉州白柰，大如兔頭。《西涼雜記》言：上林苑紫柰，大如升，核紫花青。其汁如漆，著衣不可浣，名脂衣柰。此皆異種也。西土多柰，家家收切，暴乾為脯，數十百斛，以為蓄積，謂之頻婆糧。　柰，味甘，寒，無毒。主補中焦諸不足氣，和脾。治卒食飽氣壅不通者，擣汁服。益心氣，耐飢，生津止渴。多食令人肺脹，有病人尤甚。

明・孟笨《養生要括・果部》　頻婆〔大而長者為柰，圓者為（淋）〔林〕檎，一類二種也。〕味甘，無毒。多食令人肺壅臚脹，病人尤忌。補中焦諸不足氣，和脾。治卒食飽，氣壅不通者，擣汁服。益心氣，耐飢，生津止渴。

明・施永圖《本草醫旨・食物類》卷三　柰名頻婆，此有三種。大而長者為柰，圓者為林檎，皆夏熟。小者味澀為梣，秋熟，一名楸子。味：苦，寒，有小毒。多食令人肺壅臚脹，有病人尤甚。治：補中焦諸不足氣，和脾。治卒食飽氣壅不通者，擣汁服。益心氣，耐飢，生津止渴。

清・穆石匏《本草洞詮》卷六　柰　梵言謂之頻婆。北人亦呼之。西方多柰，家家收切，曝乾為脯，謂之頻婆糧也。氣味甘寒，有小毒，一云無毒。主生津和脾。多食令人臚脹。

清・丁其譽《壽世秘典》卷三　平波按《本草》柰釋名頻婆。《通雅》云頻花紅于柰花，非一物，則今俗云平果，或即此也。　氣味：　甘，平，無毒。止渴生津。

清・丁其譽《壽世秘典》卷三　柰梵言謂之頻婆，北方亦呼之，猶云端好也。有白、赤、青三色，白者為素柰，赤者為朱柰，青者為綠奈，皆夏熟，與林檎一類二種。樹實似林檎而大。○《通雅》云：　時珍以頻婆為柰，頻花紅于柰花，非一物也。　氣味：　甘，寒，無毒。　主生津止渴。　多食令人肺脹，病人尤忌。

清・朱本中《飲食須知・果類》　柰子蘋果　味苦、甘、酸，澁，性寒，微毒。多食令人肺寒臚脹。凡病人食之尤甚。蘋果，味甘，性平，一名頻婆。比柰圓大，味更〔風〕〔豐〕美。

清・何其言《養生食鑒》卷上　頻婆子形如肥皂，長一二寸，皮紅色，熟時月開露子。　味甘，性平，無毒。煮食，益心和脾。生食，止渴生津。洩瀉者，忌之。

清・李熙和《醫經允中》卷二二　柰　即頻果。　甘，溫，無毒。和脾。多食令人肺壅臚脹。

清・张璐《本經逢原》卷三　柰俗名頻婆。　甘，溫，無毒。　發明：　柰生北地，與南方林檎同類異種，雖有和脾之能，多食令人肺壅臚脹，病人尤當忌食。

清・汪紱《醫林纂要探源》卷二　頻蔢果　甘，酸，鹹，溫。大奈也。北方佳果，南方少。　止渴除煩，解暑去瘀。

清・李文培《食物小錄》卷上　蘋果　甘，平，無毒。止渴，和中，醒酒。蒸食止痢。　多食滯膈。

清・章穆《調疾飲食辯》卷四　柰　一名頻婆，梵語也。《食性本草》曰有三種：　大而長者為柰，小而圓者為林檎，皆夏熟；　小而味澀者為梣，秋熟，故又名楸子。《綱目》曰有赤、白、青三色，夏熟至冬熟數種。《白孔六帖》言涼州白柰，大如兔頭。《西京雜記》言上林苑紫柰大如升，皆異種也。《廣志》曰西方最多，每冬曝乾為脯，至數十百斛，謂之頻婆糧，或取為豉。

按：　柰雖較林檎稍甘，亦未能全不酸澀。《別錄》謂食多令人肺壅臚脹，病人尤忌，極是。而《食療》云補中和脾，《千金方》云益心氣，耐飢，治食飽氣壅不通，則為大誤。蓋味澀者必難化，故耐飢，非益心也。酸澀之物，必不醇正，病人概不宜食，矧可入藥乎。

清・吴其濬《植物名實圖考》卷三一　柰　《別錄》下品，即頻果。

清・文晟《新編六書》卷六《藥性摘錄》　蘋果　產順天府。甘，平。潤肺。本草無考。

清・王孟英《隨息居飲食譜・果食類》　柰　南產實小，名林檎。一名來禽，一名花紅。其青時體鬆不澀者，一名柰果。甘、酸，溫。下氣，生津，和中止瀉。瀹湯代茗，味極清芬。均以大者勝。多食澀脈滯氣，發熱生痰。北產實大，名頻婆，俗呼蘋果，甘涼輕爽，別有色香。潤肺悅心，生津開胃，耐飢，醒酒，辟穀救荒，洵果中仙品也。

清・田綿淮《本草省常・果性類》　頻果　一名頻婆，一名奈子。性平。補中焦，益心氣，生津止渴。多食令人肺壅臚脹。病人忌之。

清・吳汝紀《每日食物却病考》卷下　柰子　即蘋婆也。味甘，無毒。補中，止渴，治食飽氣壅，擣汁服之。

刺梨

清・趙學敏《本草綱目拾遺》卷八果部下　刺梨　《宦遊筆記》：　刺梨形如棠梨，多芒刺不可觸，味甘而酸澀，漬其汁同蜜煎之，可作膏，正不減於楂梨也。花於夏，實於秋，花有單瓣、重臺之別，名為送春歸。蜜萼繁英，紅紫相間，植之園林，可供玩賞。獨黔中有之，移於他境則不生，殆亦類優曇花之獨見於南滇耶？　食之已悶消積滯《筆記》。

都咸子

宋・唐慎微《證類本草》卷一三木部中品〔唐・陳藏器《本草拾遺》〕　都咸子及皮、葉　味甘，平，無毒。主渴潤肺，去煩除痰，火乾作飲服之。生南方。樹如李，徐表《南州記》云：　都咸樹子大如指，取子及皮，作飲極香美。

〔宋・唐慎微《證類本草》〕《海藥》：　謹按徐表《南州記》云：　生廣南山谷。味甘，平，無毒。主煩躁，心悶痰鬲，傷寒清涕，欬逆上氣，宜煎服。子食之香，大小如半夏。

明・李時珍《本草綱目》卷三一果部・夷果類　都咸子《拾遺》。校正：　自木部移入此。

〔集解〕藏器曰：　都咸子生廣南山谷。按徐表《南州記》云：　其樹如李，子大如指。取子及皮、葉曝乾，作飲極香美也。時珍曰：　按嵇含《南方草木狀》云：　都咸樹出日南。三月生花，仍連着實，大如指，長三寸，七八月熟，其色正黑。

子及皮、葉　〔氣味〕甘，平，無毒。　〔主治〕火乾作飲，止渴潤肺，去煩除痰藏器。去傷寒清涕，欬逆上氣，宜煎服之李珣。

明·姚可成《食物本草》卷九果部·夷果類　都咸子都咸子生廣南山谷。其樹如李，子大如指。取子及皮、葉曝乾，作飲極香美也。《南方草木狀》云：都咸樹出日南。三月生花，仍連着實，大如指，長三寸，七八月熟，其色正黑。　都咸子，味甘，平，無毒。火乾作飲，止渴潤肺，去煩除痰。煎服之，去傷寒清涕，欬逆上氣。

明·施永圖《本草醫旨·食物類》卷三　都咸子其樹如李，子大如指，取子及皮、葉曝乾，作飲極香美也。　子、皮、葉：味：甘，平，無毒。治：火乾作飲，止渴潤肺，去煩除痰。去傷寒清涕，欬逆上氣，宜煎服之。

人面子

晉·嵇含《南方草木狀》卷下果類　人面子　樹似含桃，結子如桃實，無味。其核正如人面，故以為名。以蜜漬之，稍可食。以其核可玩，於席間飣餖禦客。出南海。

明·李時珍《本草綱目》卷三三果部·附録　人面子又曰：《草木狀》云：出南海。樹似含桃。子如桃實，無味，以蜜漬之可食。其核正如人面，可玩。祝穆《方輿勝覽》云：出廣中。大如梅李。春花、夏實、秋熟，蜜煎甘酸可食。其核兩邊似人面，口、目、鼻皆具。

明·姚可成《食物本草》卷九果部·異果類　人面子　味甘，平，無毒。主醒酒解毒，治風毒着人，遍身疙瘩成瘡，或痛或痒，食之即愈。

附方：　治難產不下。産母手握人面子一枚，單日右手握，雙日左手握，即下。治小兒驚癇邪氣，目上視，手足搐搦，角弓反張。用人面子核燒灰，服之，大效。

清·何其言《養生食鑒》卷上　人面子以其核類人面而名之也。　味酸，性寒，無毒。和羹，解酒，醒脾，生津，鹽、醋醃之，可充菓食，蜜（清）〔漬〕尤妙。患咳嗽瘡瘍者，忌之。

核中人　甘美，可噍茶，不宜多食。

清·趙學敏《本草綱目拾遺》卷八果部下　人面子　出海南，又出廣中，樹似含桃，子如桃實，春花夏實，至春方熟，蜜煎甘酸可食。其核兩邊俱似人面，耳目口鼻，無不畢具。《廣志》：人面子大如梅李，其核類人面，兩目口鼻皆具。肉甘酸，宜為蜜煎。仁絕美，以點茶如梅花片，光澤可愛，茶之色香亦不變。以增城水東所產為佳，其核中仁搖之即脱去，他產則否。此樹最宜沙土，沙土鬆易發，數歲即婆娑偃蓋，山民植之以為利。味甘，性平無毒，醒酒解毒，治風毒著人，遍身疙瘩成瘡，或痛或癢，食之即愈。難產不下，產母手握人面子一箇，單日右手握，雙日左手握，即下。《嶺南雜記》：人面子煮肉及鴨，必用搥爛熬膏，甘酸益津。

清·吴其濬《植物名實圖考》卷三一　人面子　見《南方草木狀》，紀載亦多及之。葉濃，果出枝頭，形如李大，凸凹不正，生青熟黃，味酸。一瓜五六枚、七八枚不等，核如人面，故名。內有仁三粒，必經鹽醋浸過，其仁方甘可食；又其核生則白，熟則色微黑，點茶如梅花片，光澤可愛。此樹最宜沙土，數歲即婆娑偃地。

清·趙其光《本草求原》卷一二果部　人面子　酸，寒，無毒。生津，醒酒，醒脾。蜜漬醋醃俱妙。孕婦腹痛宜食。咳嗽、瘡瘍人忌。

清·文晟《新編六書》卷六《藥性摘錄》　人面子　酸，寒。和羹，解酒醒脾，生津。蜜漬良。患咳嗽瘡瘍者，忌之。

菴羅果

宋·唐慎微《證類本草》卷二三果部下品〔宋·馬志《開寶本草》〕　菴羅果　味甘，溫。食之止渴，動風氣。天行病後及飽食後，俱不可食之。又，不可同大蒜辛物食，令人患黃病。樹生，狀若林檎而極大。今附。

〔宋·掌禹錫《嘉祐本草》〕按：陳士良云：微寒，無毒。主婦人經脉不通，丈夫營衛中血脉不行，久食令人不飢。葉似茶葉，可以作湯，療渴疾。

宋·寇宗奭《本草衍義》卷一八　菴羅果　西洛甚多，亦梨之類也。其狀亦梨，先諸梨熟，七夕前後已堪啖，色黄如鵝梨，纔熟便鬆軟，入藥，絕稀用。

宋·鄭樵《通志》卷七六《昆蟲草木略》　菴羅果　若林檎而極大，佛書多言之。

明·劉文泰《本草品彙精要》卷三四果部　菴羅果無毒　植生。

菴羅果：食之止渴，動風氣。名醫所錄。〔苗〕《圖經》曰：樹若林檎而極大，葉似茶葉。《衍義》曰：西洛甚多，亦梨之類也。其狀亦梨，先諸梨熟，七夕前後已堪啗，色黃如鵝梨，纔熟便鬆軟，入藥絕稀用。〔地〕《衍義》曰：西洛甚多。〔時〕生：春生葉。採：七夕前後取實。〔用〕實、葉。〔質〕類鵝梨。〔色〕黃。〔味〕甘。〔性〕溫，緩。〔氣〕氣之厚者，陽也。〔臭〕香。〔主〕止渴，生津。〔治〕療：《別錄》云：調婦人經脈不通，丈夫營衛中血脈不行。○葉，可作湯飲，療渴疾。補：《別錄》云：久服令人不飢。〔禁〕天行病後及飽食後，俱不可食之。又不可同大蒜辛物食，令人患黃病。

明·盧和、汪穎《食物本草》卷二果類　菴羅果　味甘，溫。食之止渴，動風氣，時症及飽食後不可食。又不可與大蒜辛物同食，令人患黃病。樹生，狀似林檎。

明·王文潔《太乙仙製本草藥性大全》卷四《本草精義》　菴羅果　西洛甚多。樹生狀若林檎而極大，亦梨之屬也。其形亦梨，先諸梨熟，七夕前後已堪啖，色黃如鵝梨，纔熟便鬆軟，入藥絕希。

明·王文潔《太乙仙製本草藥性大全》卷四《仙製藥性》　菴羅果　味甘，氣溫，無毒。　主治：　主婦人經脉不通，療丈夫血脉不行。理渴疾大效，動風氣神方。天行病、飽食後俱不可服。同大蒜辛物食令人患黃。

明·李時珍《本草綱目》卷三〇果部·山果類　菴羅果宋《開寶》

〔釋名〕閹摩羅迦果出佛書。　香蓋時珍曰：菴羅，梵音二合者也。菴摩羅，梵音三合者也。華言清淨是也。　〔集解〕志曰：菴羅果樹生，若林檎而極大。宗奭曰：西洛甚多，梨之類也。其狀亦梨，先諸梨熟，七夕前後已堪啖。色黃如鵝梨，纔熟便鬆軟，入藥亦希。時珍曰：按《一統志》云：菴羅果俗名香蓋，乃果中極品。種出西域，亦柰類也。葉似茶葉。實似北梨，五六月熟，多食亦無害。今安南諸番亦有之。

〔氣味〕甘，溫，無毒。士良曰：酸，微寒。志曰：動風疾。凡天行病及食飽後，俱不可食。同大蒜、辛物食，令人患黃病。　〔主治〕食之止渴《開寶》。　主婦人經脉不通，丈夫營衛中血脉不行。久食，令人不飢士良。

葉　〔主治〕渴疾，煎湯飲士良。

明·姚可成《食物本草》卷八果部·山果類　菴羅果一名菴摩羅迦果，皆梵音，華言清淨是也。其樹生若林檎而極大。西洛甚多，梨之類也。狀亦似梨，先諸梨熟，七夕前後已堪啖。色黃如鵝梨，纔熟便鬆軟。今準提大士右第五手所執羅迦果，即此是也。○李時珍曰：按《一統志》云：菴羅果俗名香蓋，乃果中極品。種出西域，亦柰類也。葉似茶葉，實似北梨，五六月熟，多食亦無害。今安南諸番有之。

菴羅果，味甘，溫，無毒。食之止渴。又主婦人經脉不通，丈夫營衛中血脉不行。久食，令人不飢。凡天行病及食飽後，俱不可食。同大蒜、辛物食，令人患黃病。

葉　煎湯服，已渴疾。

明·施永圖《本草醫旨·食物類》卷三　菴羅果西洛甚多。　味：甘，溫，無毒。動風疾，凡天行病及食飽後俱不可食。同大蒜辛物食，令人患黃病。　治：食之止渴，主婦人經脉不通，丈夫營衛中血脉不行，久食令人不飢。　葉：治渴疾，煎湯飲。

清·丁其譽《壽世秘典》卷三　菴羅果俗名香蓋，西洛甚多。其狀如梨，先諸梨熟，纔熟便鬆軟。　氣味：甘，微寒，無毒。主止渴。多食動風疾，患黃病。

清·朱本中《飲食須知·果類》　菴羅果　味甘，性溫。俗名香蓋，西洛甚多，多食動風疾。凡時疾後、食飽後，俱不可食。同大蒜辛物食，令人患黃病。

清·何其言《養生食鑒》卷上　菴羅菓樹生，狀似林檎者。　味甘，性溫，無毒。止消渴，動風疾，時症及飽食後不可食。又不可與大蒜辛物同食，犯之令人發黃病。

清·趙學敏《本草綱目拾遺》卷八果部下　蜜望　《粵志》：其子五月色黃，味甜酸，飄洋者兼金購之，有天桃與相類，六七月熟，大如木瓜，味甜，酢以羹魚尤善。凡渡海者，食之不嘔浪。《肇慶志》：蜜望子一名莽果，樹高數丈，花開極繁，蜜蜂望之而喜，故名。《交廣錄》：蜜望二月開花，五月子熟，色黃，一名望果。其類有天桃。五月開花，六七月子熟。年歲荒則結實愈多，粵謠云：米價高，食天桃。故廣人貴望果而賤天桃。貴之，故望之，蜂望其花，人望其果也。　止船暈：按：船暈，北人謂之苦船。苦音庫。此症多嘔吐不食，登岸則已，胃弱人多有之。蜜望果甘酸，能益胃氣，故能止嘔暈。

清·吳其濬《植物名實圖考》卷三一　檨果　生廣東，與蜜羅同而皮有黑斑，不光潤。此果花多實少。《方言》謂詫為檨，言少實也。猶北地謂瓜花之不結實者曰謊花耳。核最大，五月熟，色黃，味亦甜。

清·吳其濬《植物名實圖考》卷三一　菴羅果　《開寶本草》始著錄。蓋即今之沙果梨，色黃如梨，味如頻果而酥，為果中佳品。亦不能久留，殆以沙果與梨樹相接而成。

雩婁農曰：菴羅果，昔人皆謂產西洛，而李時珍獨引梵語為證，夫西方當天地之遒斂，少雨多風，故果碩而味雋。漢都長安，距玉門近，多致異域種。今則北達幽薊，南抵宛洛，數千里移植幾徧。蓋江淮以北，地脈同也。橘不踰淮，著於《考工記》，《禹貢》獨以橘柚為荊州厥包，一果實之微，前後聖人皆致意焉，此豈以奉口腹哉？蓋熟觀於天時地利，明著其土物之不宜，而杜後世侈心之萌也。夫麻麥荏菽，奏庶艱食，瓜蓏之屬，園圃所亟，惟橘柚有不可遷之性而能致遠。《書》曰厥包，明乎非黍、稷、萸、棗可以徙移種藝；而江南佳實，橘柚外殆皆未可包致矣。漢之上林、晉之華林，務求奇詭。道君艮嶽，乃僦南海荔支而花實之。蔡絛誇載於《叢談》，蓋深謂前人拙耳。嗚呼！一簞食，一千乘，雖愚者亦知其輕重，獨奈何置安盂於不顧，珍朵頤而營民力，致使高臺廣陛，蕪沒荊棘，豈不大可喟哉？昔人有射猿麛而投弓者，謂違物性必有大咎。草木無知，亦稟自然，彼陳唐之檜，一碎於雷，一汩於海，豈有感於盛衰之機，甘為枯槎泛梗，而不願與艮嶽之石相隨北去耶？噫，其違物性也亦甚矣。

柿

唐・孫思邈《千金要方》卷二六《食治・果實》　柿　味甘，寒，濇，無毒。通鼻、耳氣，主腸澼不足，及火瘡、金瘡止痛。

附：日・丹波康賴《醫心方》卷三〇　柿　《本草》云：　味甘，無毒，寒。主通鼻耳氣，腸澼不足。陶注云：　火熏者性熱，斷下。日乾者性冷，生柿彌冷。蘇敬注云：　火柿主殺毒、金火瘡，生肉止痛。軟熟柿解酒熱毒，止口乾，押胸間熱。《拾遺》云：　日乾者，溫補多食，去面皯，飲酒食紅柿，令心痛，直至死，亦令易醉。陶〔弘〕景注云：　解酒毒，誤也。崔禹〔錫〕云：　味甘，冷。主下痢，理癰腫，口焦舌爛。孟詵云：　柿，主通鼻耳氣，補虛勞。又：　乾柿，厚腸胃，溫中，消宿血。《膳夫經》云：　不可多食，令人腹痛下利。兼名苑云，一名錦葉，一名蜜丸，一名朱實。

宋・唐慎微《證類本草》卷二三果部中品〔《別錄》〕　柿　味甘，寒，無毒。主通鼻耳氣，腸澼不足。

〔梁・陶弘景《本草經集注》〕云：　柿有數種，云今烏柿，火熏者，性熱，斷下，又療狗齧瘡。火熇皮逼切者亦好，日乾者性冷。鹿心柿尤不可多食，令人腹痛。生柿彌冷。又有椑音卑，色青，惟堪生噉，性冷復甚於柿，散石熱家噉之，亦無嫌。不入藥用。

〔唐・蘇敬《唐本草》〕注云：　《別録》云：　火柿主殺毒，療金瘡、火瘡，生肉止痛。軟熟柿解酒熱毒，止口乾，壓胃間熱。

〔宋・掌禹錫《嘉祐本草》〕按：　孟詵云：　柿寒。主補虛勞不足。謹按：　乾柿厚腸胃，澁中，健脾胃氣，消宿血。又，紅柿補氣，續經脉氣。又，醋柿澁下焦，健脾胃氣，消宿血。作餅及糕與小兒食，治秋痢。又，研柿，先煮粥，欲熟即下柿，更三兩沸，與小兒飽食，并奶母喫亦良。又，乾柿二斤，酥一斤，蜜半升，先和酥蜜，鐺中消之。下柿煎十數沸，不津器貯之。每日空腹服三五枚，療男子、女人脾虛、腹肚薄，食不消化。面上黑點，久服甚良。陳藏器云：　柿本功外，日乾者溫補，多食去面皯，除腹中宿血。剡縣火乾者，名烏柿。人服藥口苦及欲吐逆，食少許立止。蔕煮服之，止噦氣。黄柿和米粉作糗，蒸與小兒食之，止下痢。飲酒食紅柿，令人心痛直至死。亦令易醉。陶云：　解酒毒，失矣。日華子云：　柿，冷。潤心肺，止渴，澁腸。療肺痿心熱嗽，消痰，開胃。亦治吐血。又云：　乾柿，平。潤聲喉，殺蟲。火柿，性暖，功用同前。

〔宋・蘇頌《本草圖經》〕曰：　柿，舊不著所出州土，今南北皆有之。柿之種亦多，黄柿生近京州郡。紅柿南北通有；朱柿出華山，似紅柿而皮薄，更甘珍；椑音卑柿出宣、歙、荆、襄、閩、廣諸州，但可生噉，不堪乾。諸柿食之皆美而益人，椑柿更壓丹石毒耳。其乾柿火乾者，謂之烏柿，出宣州、越州。性甚溫，人服藥口苦欲逆，食少許當止，兼可斷下。日乾者爲白柿，入藥微冷。又，黄柿可和米粉作糗，小兒食之止痢。又，以酥蜜煎乾柿食之，主脾虛，薄食。柿蔕煮飲，亦止噦。木皮主下血不止，暴乾更焙，篩末，米飲和二錢匕服之，不以上衝下脫，兩服可止。又有一種小柿，謂之軟棗。俚俗暴乾貨之，謂之牛奶柿。至冷，不可多食。凡食柿，不可與蟹同，令人腹痛大瀉。其枯葉至滑澤，古人取以臨書。俗傳柿有七絕：　一壽，二多陰，三無鳥巢，四無蟲蠹，五霜葉可翫，六嘉實，七落葉肥大。

〔宋・唐慎微《證類本草》〕《聖惠方》：　治耳聾鼻塞。以乾柿三枚細切，粳米三合，豉少許煮粥，空心食之。《産寶》：　治産後或患欬逆氣亂心煩。乾柿一個，碎之，以水十分煮，熱呷。

宋・寇宗奭《本草衍義》卷一八　柿　有着蓋柿，於蔕下別生一重。又牛心柿，如牛之心；　蒸餅柿，如今之市買蒸餅。華州有一等朱柿，比諸品中最小，深紅色。又一種塔柿，亦大於諸柿，性皆涼，不至大寒，食之引痰，極甘，故如是。去皮，掛大木株上，使風日中自乾，食之多動風火。乾者味不佳，生則澀，以溫水養之，需澀去可食，逮至自然紅爛，澀亦自去，乾則性平。

宋・王繼先《紹興本草》卷一三　柿　紹興校定：　柿，種類不一，其性亦無大異。然但澀氣、性冷多矣。注云健脾胃之說，顯不可為據。處處有之，但南北所産，形質各異。從《本經》味甘、寒、無毒是矣。柿蔕療氣逆，亦未聞諸方驗據。

宋・鄭樵《通志》卷七六《昆蟲草木略》 柿 烏者謂之椑。

宋・陳衍《寶慶本草折衷》卷一八 柹諸柹在內。○生柹、軟熟柹及蒂附。

一名醂柹。○其軟棗，一名牛奶柹。其牛心柹，細者名鹿心柹。○醂，盧感切。出華山。即華州。○及荊襄、閩廣、宣、歙、越州及近京州郡。今南北通有之。○秋採，以溫水浸醂，拔去澀漿，其味乃甘也。○忌蟹及酒。

味甘，經醂則甘。寒，無毒。○主通鼻耳氣。○日華子云：潤心肺，止渴，澀腸，療肺痿，心熱嗽，開胃，治吐血。○《圖經》曰：柹之種亦多，黃柹、紅柹、朱柹。又有小柹，謂之軟棗。凡柹不可與蟹同食，令人腹痛大瀉。○寇氏曰：柹有着蓋柹、牛心柹、蒸餅柹、塔柹，皆食之引痰。

附：生柹。乃新摘者。○餅餻在內。○味澀，寒，無毒。治小兒秋痢，和米粉作餅餻及糗，蒸食之。

附：軟熟柹。不醂自紅熟者。○味甘，寒，無毒。止口乾，壓胃間熱，飲酒而食，令人心痛。

附：柹蒂。諸柹通用。○止噦氣，煮服之。○餘功見丁香條。

新分烏柹柹霜續附。 曝乾者名乾柹，一名日柹，一名白柹，謂有霜白色也。火乾者名火柹。○所出與柹同。○並秋摘諸柹，去皮製成。

味甘。日乾者，平。火乾者，暖，無毒。○主腸澼不足。自前條分。方勺用乾柹燒灰，米飲調下，治腸澼最效。○陶隱居云：斷下，療狗齧瘡。○《唐本》註云：殺毒，療金瘡火瘡，生肉止痛。○孟詵云：厚腸胃，澀中，建脾胃氣，消宿血。○陳藏器云：溫補，去面皯。○日華子云：潤聲喉，殺蟲。○《圖經》曰：服藥口苦欲逆，食少許當止。○《產寶》：治產後咳逆，氣亂心煩，乾柹碎之，水煮熱呷。○寇氏曰：食之多動風。

續說云：烏柹肥厚柔韌者佳。上花如鹽，謂之柹霜，甘涼滋潤，生津止渴。《楊氏方》療咽喉腫痛，以柹霜入藥，含之最妙。枯燥者無霜。或以粉麪塗飾，味淡無效，不足任矣。

元・忽思慧《飲膳正要》卷三 柿 味甘，寒，無毒。通耳鼻氣，補虛勞，腸澼不足，厚脾胃。

元・尚從善《本草元命苞》卷八 柿，味甘，寒，無毒。能補虛勞不足，潤心肺止渴。通耳鼻氣窒，健脾虛胃弱。療心熱肺痿。煏柿，治金瘡，止痛生肌。熟柿，解酒毒，除煩滌熱。乾柿，溫，平，消痰開胃，厚腸澁中，殺蟲去皯，除腹中宿血，止欬逆心煩。柿蒂，醫客噫不止。木皮，主下血無常。今南北悉有。不與蟹同食。

元・朱震亨《本草衍義補遺》 柿 屬金而有土。為陰，有收之義焉。止血治嗽，亦可為助。○此物能除腹中宿血。又，乾餅治小兒痢尤佳。

元・徐彥純《本草發揮》卷三 乾柿 丹溪云：柿屬金而有土，陰也。有收斂之義。止血止嗽，亦可為助。

明・朱橚《救荒本草》卷下之後 柿樹 舊不載所出州土。今南北皆有之。然華山者皮薄而味甘珍，宣、歙、荊、襄、閩、廣諸州但生啖，不堪為乾椑。柿壓丹石毒，烏柿宣越者性溫。諸柿食之皆善而益人。其樹高一二丈，葉似軟棗葉，頗小而頭微團，結實種數甚多，有牛心柿、蒸餅柿。蓋柿、塔柿、蒲柿、紅柿、黃柿、朱柿、椑柿，其乾柿火乾者謂之烏柿。諸柿味甘，性寒，無毒。

救飢：摘取軟熟柿食之。其柿未軟者，摘取以溫水醂音攬熟食之。麄心柿不可多食，令人腹痛。生柿弥冷，尤不可多食。 治病：文具《本草》果部條下。

明・蘭茂原撰，范洪等抄補《滇南本草圖說》卷九 柹子音士，從柿，非。

味甘、澁，性溫，無毒。主治：和脾，潤心肺，通耳鼻。消痰漱，止渴，清火熱，止血。○用火煅作餅者，性溫，能止痢疾，亦能潤喉清音而殺蟲。○多食可去面上皯及腹中宿血。○外有黃柿、紅柿、醂柿、朱柿、牛奶柿，其性冷，不可多食。○綠柿，寒冷，去胃熱，利水。柿霜，消痰止嗽。忌同蟹食。

明・蘭茂撰，清・管暄校補《滇南本草》卷上 金柿 味甘。俗呼為牛心柿，上品仙菓也。採此菓千百枚，晒乾，火煅，煉蜜丸如彈子大，每服一丸，開水送下，久服輕身健脾，百病不生。

明・蘭茂撰，清・管暄校補《滇南本草》卷上 柿花 味甘，平。種類甚多。其性走脾肺二經。滋潤五臟，治一切嘔吐吞酸，流液。金柿，治反胃。米柿，治大腸下血。水柿，治咳嗽吐痰，或乾柿燒灰存性，蜜丸。滾水下。柿霜，治氣隔不通。柿蒂，治氣隔反胃。柿皮，貼疔瘡，無名腫毒。經霜葉，敷臁瘡。花，晒乾為末，治痘瘡破爛，搽之。樹皮，入(射)[麝]香一錢，包腹，治陰症。

明・王綸《本草集要》卷五 柿 味甘，氣寒。屬陰。無毒。不可與蟹同食，令腹痛。　主通耳鼻氣，腸澼不足，厚腸胃，澀中，(建)〔健〕胃氣，消宿血。

明·滕弘《神農本經會通》卷三　柿　生柿、火柿、紅柿、黄柿、醂柿、白柿日乾、鹿心柿、烏柿火燻、乾柿或日或火、椑柿音畢，不堪乾、軟熟柿、牛奶柿軟棗、朱柿似紅柿而皮薄。

味甘，氣寒，無毒。　《本經》云：　主通鼻耳氣，腸澼不足。陶云：　火熏烏柿，性熱。斷下日乾者，性冷。鹿心柿尤不可多食，令人腹痛。生柿彌冷。《別録》云：　火柿，主殺毒，療金療火瘡，生肉止痛。軟熟柿，解酒熱毒，止口乾，壓胃間熱。孟詵云：　柿，寒。主補虛勞不足，乾熬，厚腸胃，澁中，健脾胃氣，消宿血。又紅柿，補氣，續經脉氣。又醂柿，澁下(瞧)〔焦〕，健脾胃氣，消宿血。作餅及餻，與小兒食，治秋痢。又乾柿二斤，酥一斤，蜜半升，先和酥、蜜，鐺中消之，下柿煎十數沸，不津器貯之，每日空腹服三五枚，療男子女人脾腹肚薄，食不消化，面上黑點，久服甚良。陳藏器云：　柿本功外，日乾者溫補，多食去皮皯，除腹中宿血。剡縣火乾者名烏柿，人服藥口苦，及欲吐逆，食少許立止。黄柿，和米粉作糗，蒸與小兒食之，止下痢。飲酒，食紅柿，令人心痛，直至死。亦令易醉。陶云：　解酒毒，誤矣。蒂，煮服之，止噦氣。日華子云：　柿，冷，潤心肺，止渴澁腸，療肺痿，心熱嗽，消痰開胃，亦治吐血。又云：　乾柿，平。潤聲喉，殺蟲。火柿性緩，功用同前。《圖經》云：　諸柿食之，皆美而益人。木皮，主下血不止，暴乾，更焙篩末，米飲和二錢匕食之。又有一種小柿，謂之軟棗，俚俗暴乾貨之，謂之牛奶柿，至冷，不可多食。凡食柿，不可與蟹同，令人腹痛，大瀉。柿有七絶，一壽，二多陰，三無鳥巢，四無蟲蠹，五霜葉可翫，六嘉實，七落葉肥大。丹溪云：　屬金而有土，為陰，有收之義。止血治嗽，亦可為助。此物能除腹中宿血。又乾餅，治小兒痢尤佳。《局》云：　柿冷潤喉通耳鼻，火乾止痢澁人腸。消痰解酒仍除渴，止噦須知用蒂良。柿乾，止痢澁腸，生宜解酒渴。止噦，須教用蒂。

椑柿：　生江淮南，似柿而青黑。　味甘，氣寒，無毒。　《本經》云：　主壓石藥，發熱，利水，解酒熱。久食令人寒中，去胃中熱。日華子云：　止渴，潤心肺，除腹藏冷熱。作漆甚妙。不宜與蟹同食，令人腹痛，并大瀉矣。陶云：　色青，惟堪生噉，性冷，復甚于柿。散石家熱噉之，亦無嫌。不入藥用。

明·劉文泰《本草品彙精要》卷三三　柿無毒　植生。

柿：　主通鼻耳氣，腸澼不足。名醫所録。　〔名〕牛奶柿、紅柿、朱柿、牛心柿、蒸餅柿、烏柿、白柿、小柿、塔柿。　〔苗〕《圖經》曰：　其木高二三丈，春敷青，葉類梨葉而圓大，夏開青白花，其實結於花心，至秋漸大而熟。柿之種類甚多，黄柿生近京州郡；　紅柿南北通有；　朱柿出華山，似紅柿而皮薄，更甘珍；　椑音卑柿出宣、歙、荊、襄、閩、廣諸州，但可生噉，不堪乾也。諸柿食之，皆美而益人。其乾柿火乾者謂之烏柿，出宣州、越州，性甚溫。日乾者謂之白柿，入藥微冷。又有一種小柿，謂之㮕棗，俚俗暴乾貨之，謂之牛奶柿，其枯葉至滑澤，古人取以臨書。俗傳柿有七絶：　一壽，二多陰，三無鳥巢，四無蟲蠹，五霜葉可翫，六嘉實，七落葉肥大。《衍義》曰：　柿，有著蓋柿，於蒂下別生一種。又牛心柿，如牛之心。蒸餅柿，如今市賣之蒸餅。華州有一等朱柿，比諸品中最小，深紅色。又一種塔柿，亦大於諸柿，性皆涼，不至大寒，食之引痰，極甘故也。去皮，掛大木株上，使風日中自乾，食之動風火，乾者味不佳，生則澀，以溫水養之，需澀去可食，逮至自然紅爛，澀亦自去，乾則性平。　〔地〕《圖經》曰：　舊不著所出州土，今近京州郡及華山、宣州、越州，南北皆有之。　〔時〕生：　春生葉。採：　秋熟取實。　〔收〕暴乾、火乾。　〔用〕實。　〔色〕紅黄。　〔味〕甘。　〔性〕寒，緩。　〔氣〕氣薄味厚，陰中之陽。　〔臭〕香。　〔主〕止吐血，厚腸胃。　〔製〕火熏并暴乾用。　〔治〕療：　日華子云：　潤心肺，止渴，澀腸，療肺痿心熱嗽，消痰，開胃。○乾柿，潤聲喉，殺蟲。陳藏器云：　多食，去面皯，除腹中宿血。○蒂，止噦氣。《唐本》注云：　火柿，金瘡，火瘡，生肉止痛。○㮕熟柿，止口乾，壓胃間熱。孟詵云：　乾柿，消宿血。補：　孟詵云：　乾柿，虛勞不足，健脾胃氣。○紅柿，續經脈氣。　〔合治〕黄柿合米粉作糗食，小兒止痢。○乾柿合酥蜜煎食，治脾胃薄食。○木皮擣末，合米飲和服，治下血不止，亦止上衝下脫者。　〔禁〕牛奶柿，性冷，不可多食。○凡食柿，不可與蟹同食，令人腹痛，大瀉。　〔解〕酒毒。

明·盧和、汪穎《食物本草》卷二果類　柿　味甘，氣寒，無毒。屬陰，主通耳鼻氣，補勞，潤心肺，止渴，澁腸，療肺痿，心熱嗽，消痰開胃，治吐血。烏柿，火薰撚捻作餅者，溫，止痢及潤聲喉，殺蟲。乾柿，日暴乾者，微冷，厚腸胃，澁中健脾，潤聲喉，殺蟲，多食去面皯及腹中宿血。酥蜜煎食，益脾。若風中自乾者，亦動風。黄柿，將熟未熟者為黄柿，和米粉蒸作糕，小兒食之止痢。紅柿，樹上紅熟者，冷，解酒毒。一云：非也，止口渴，厭胃熱。飲酒食之，心痛直至死，且易醉。醂柿，水養者，入鹽，有毒，澁下焦，健脾胃，消宿血。朱柿，小而紅圓可愛者，甚甘美。牛奶柿，小而似牛奶者，至冷，不可多食，令人腹痛。火乾者，名柿花，貨之四方，多用以喂小兒，止瀉痢，益脾肺，蓋亦經火焙，性不冷矣。椑柿，即綠柿，惟堪生噉，性冷更甚，去胃熱，厭丹石藥，利水，解酒毒。久食令人寒中。丹溪云：柿屬金而有土，為陰而有收之意。止血治嗽，亦可為助。同蟹食，即腹痛大瀉。

明・許希周《藥性粗評》卷三　乾柿澁腸風之痢。

乾柿，柿子將熟，置烟土薰乾者。柿樹高數丈，其種不同，有黃柿、紅柿、朱柿、餅柿、塔柿、牛心柿，俱夏初開白花，結實至九月成熟。南北山谷處處有之，至將黃熟時採摘，□□烟火上逼乾入藥。餘説《本草》不載。味甘生澁熟甘，性寒，無毒。主治虛癆不足，腸澼瀉痢，嘔噦消渴，肺痿心熱，耳聾鼻塞，健脾開胃，消痰化食，解酒毒，涼大腸，去夙血，去面上瘢䵟。丹溪云：柿有收斂之義，止血止嗽，亦可為助。熟時生食，性寒損胃。

單方：　健脾消食：凡男女癆歎，脾胃虛弱，不能多食，及食後不化者，每乾柿二斤，酥一斤，蜜半斤，先將酥蜜相和，入鐺中溶化，次入柿煎十數沸，取出，用不津器貯入，每日空腹時食三五枚，甚有補，久久面上黑斑亦自消去。　鼻塞耳聾：凡患鼻塞不聞香臭，及耳聾，不拘久近，每用乾柿三枚，細切，去核，粳米三合，豉少許，煮粥，空心食之，數日有驗。　婦人產後虛煩：凡婦人產後欬逆，氣亂心煩者，乾柿一枚，切碎，以水一升，煮汁，乘熱呷之，效。　小兒秋來泄痢：凡小兒至秋泄痢不止，皆由夏間過食生冷所積，每用乾柿和粳米粉作餅或糕，日與食之，或和米煮粥，日與食之，皆妙。

明・鄭寧《藥性要略大全》卷六　柿乾　止痢澁腸。生宜解酒渴，止噦。最潤喉，通耳鼻，止血，治嗽。　味甘，氣寒，無毒。青州者良。○即柿餅也。

柿霜　清肺消痰。　味甘，氣寒，無毒。即柿乾上白粉也。

柿蒂　下氣止噦。　味苦、澁，氣微寒，無毒。

明・陳嘉謨《本草蒙筌》卷七　柿　味甘，氣寒。屬金有土，陰也。無毒。各處俱產，青州註前獨佳。雖多種類之名，並有收斂之義。屬金故也。潤心肺住嗽，開胃脘消痰。腹内宿血旋除，口中吐血易止。解渴補虛勞不足，澁腸禁熱痢頻來。耳鼻氣可通，但忌蟹同食。誤犯痛瀉，為害匪輕。○紅柿忌醇酒共嘗，易醉人且患心痛至死；　黃柿和米粉蒸糗，小兒啖堪塞腸澼便紅。○麄心柿略大微寒。○牛奶柿至小極冷。俱不宜多食，恐寒中腹疼。○乾柿氣平，久服有益。澁中厚腸胃，殺蟲潤咽喉。火乾烏不佳，日乾白最美。○醂柿亦消宿血健脾，仍澁下焦。○柿蒂療呃逆靈，柿霜治勞嗽効。枯葉滑澤，古取臨書。木皮下血能醫，研細米飲調服。俗傳柿有七絶：一壽，二多陰，三無鳥窠，四無蟲蝕，五霜葉可玩，六嘉實，七落葉肥（火）〔大〕也。

明・寧源《食鑒本草》卷下　紅柿　味甘，寒，無毒。或與螃蟹同食，成腹疼大瀉。潤肺涼心，除煩止渴，消痰定嗽，上通耳鼻之氣，下治腸澼不足。

餅：味甘，平。健脾胃，消宿血，澁腸止瀉，殺小蟲，潤喉音。治小兒痢，秋深不愈。《丹溪方》：治男、婦人、小兒勞嗽火嗽，痰中有血。以青州大柿餅，飯上蒸軟，每服一餅，臨臥蘸好青黛一錢食之，吃薄荷湯一二口嗽之。

明・王文潔《太乙仙製本草藥性大全》卷四《本草精義》　柿　舊不著所出州土，今南北皆有之。柿之種亦多，黃柿生近京州郡；　紅柿南北通有；　朱柿出華山，似紅柿而皮薄，更甘珎；　椑柿出宣歙、荊、襄、閩、廣諸州，但可生噉，不堪乾。諸柿食之皆美而益人，椑柿更壓丹石毒耳。其乾柿火乾者謂之烏柿，出宣州、越州，服甚溫人，服藥口苦欲逆，食少許當止，兼下；　日乾者爲白柿，入藥，微冷。又黃柿可和米粉作糗，小兒食之止痢。又以酥蜜煎乾柿食之，主脾虛薄食。柿蒂煮飲亦止噦。木皮主下血不止，暴乾更焙篩末，米飲和二錢匕服之，不以上衝下脱，兩服可止。又有一種小柿，謂之軟棗，俚俗暴乾貨之，謂之牛奶柿，至冷，不可多食。凡食柿不可與蟹同，令人腹痛大瀉。

明・王文潔《太乙仙製本草藥性大全》卷四《仙製藥性》　柿　味甘，氣寒，屬金有土，陰也，無毒。　主治：潤心肺住嗽，開胃脘消痰。腸内宿血旋除，口中吐血易止。解渴補虛勞不足，澁腸禁熱痢頻來。耳鼻氣可通，但忌蟹同食，誤犯痛瀉爲害匪輕。○紅柿忌醇酒共嘗，易醉人，且患心痛至死。

黃柿：和米粉蒸糗，小兒啖堪塞腸澼便紅。　麄心柿：略大，微寒。

牛奶柿：至小，極冷。俱不宜多食，恐寒中腸疼。　乾柿：氣平，久服有益，澁中厚腸胃，殺蟲，潤咽喉。火乾烏不佳，日乾白最美。　醂柿：亦消宿血，健脾，仍澁下焦。　柿蒂：療呃逆靈。　柿霜：治勞嗽效。　枝葉：滑澤，古取臨書。　木皮：下血能醫，研細，米飲調服。俗傳柿有七絶：一多壽，二多陰，三無鳥窠，四無蟲蝕，五霜葉可玩，六嘉賓，七落葉肥滑，可臨書也。　補註：　治耳聾，鼻塞，以乾柹三枚，細切，粳米三合，豉少許，煮粥空心食之。治産後或患欬逆，氣亂心煩，乾柹一枚，碎之，以水十分煮，熱呷。治秋痢，又用柹，先煮粥，欲熟即下柹三兩沸，與小兒飽食，并奶母喫亦良。治男子女人脾虚腹肚薄，食不消化，面上黑點，久服甚良，以乾柹三斤，酥一斤，蜜半升，先和酥蜜，鐺中消之，下柹煎十數沸，不津器貯之，每日空腹服三五枚。

明・皇甫嵩《本草發明》卷四　柹中品。味甘，寒。屬金有土，陰也。無毒。

發明曰：　柹屬金，有收斂之義，能潤肺。《本草》主通鼻耳氣，腸澼不足。又云：　柹冷，潤心肺，止嗽，開胃消痰，消宿血，止吐血，解渴，補虚勞，澁腸止熱痢。忌與蟹同食，犯之腹痛瀉。○紅柹，忌與醇酒飲，易醉人，且患心痛至死。○黄柹，和米粉蒸糗，能塞小兒腸澼便血。○粗心柹略大。微寒。○牛奶柹至小，極冷，俱不宜多食，恐中寒腹痛。○乾柹，氣平。久食有益，澁中厚腸胃，殺蟲，潤咽喉。日乾，白者佳；　火乾，烏者不美。○柹蒂，療呃逆。柹霜，治勞嗽。○柹木皮，研細，米飲調，療下血。○又種椑柹，似柹而青黑，味甘，寒。去胃中熱，壓石藥發熱，利水，解酒熱。久食令人寒中。

明・李時珍《本草綱目》卷三〇果部・山果類　柹音士。《別録》中品。

【釋名】時珍曰：　柹從𠂔，音滓，諧聲也。俗作柿，非矣。柹，音肺，削木片也。胡名鎮頭迦。

【集解】頌曰：　柹南北皆有之，其種亦多。紅柹所在皆有。黄柹生汴、洛諸州。朱柹出華山，似紅柹而圓小，皮薄可愛，味更甘珍。椑柹色青，可生啖。諸柹食之皆美而益人。又有一種小柹，謂之軟棗，俗呼爲牛奶柹。世傳柹有七絶：　一多壽，二多陰，三無鳥巢，四無蟲蠹，五霜葉可玩，六嘉賓，七落葉肥滑，可以臨書也。宗奭曰：　柹有數種：　著蓋柹，于蒂下別有一重。又有牛心柹，狀如牛心。蒸餅柹，狀如市賣蒸餅。華州朱柹，小而深紅。塔柹，大于諸柹。去皮掛木上，風日乾之佳。火乾者味不甚佳。其生者可以温水養去澀味也。時珍曰：　柹高樹大葉，圓而光澤。四月開小花，黄白色。結實青緑色，八九月乃熟。生柹置器中自紅者謂之烘柹，日乾者謂之白柹，火乾者謂之烏柹，水浸藏者謂之醂柹。其核形扁，狀如木鼈子仁而硬堅。其根甚固，謂之柹盤。案《事類合璧》云：　柹，朱果也。大者如楪，八稜稍扁，其次如拳，小或如鷄子、鴨子、牛心、鹿心之狀。一種小而如折二錢者，謂之猴棗。皆以核少者爲佳。

烘柹時珍曰：　烘柹，非謂火烘也。即青緑之柹，收置器中，自然紅熟如烘成，澀味盡去，其甘如蜜。歐陽修《歸田録》言襄、鄧人以榠樝或榅桲或橘葉于中則熟，亦不必。　【氣味】甘，寒，澀，無毒。弘景曰：　生柹性冷，鹿心柹尤不可食，令人腹痛。宗奭曰：　凡柹皆凉，不至大寒。食之引痰，爲其味甘也。日乾者食多動風。凡柹同蟹食，令人腹痛作瀉，二物俱寒也。時珍曰：　按王璆《百一選方》云：　一人食蟹，多食紅柹，至夜大吐，繼之以血，昏不省人。一道者云：　惟木香可解。乃磨汁灌之，即漸甦醒而愈也。　【主治】通耳鼻氣，治腸澼不足。解酒毒，壓胃間熱，止口乾《別録》。續經脉氣詵。

【發明】藏器曰：　飲酒食紅柹，令人易醉或心痛欲死。《別録》言解酒毒。失之矣。

白柹、柹霜　【修治】時珍曰：　白柹即乾柹生霜者。其法用大柹去皮捻扁，日晒夜露至乾，内瓮中，待生白霜乃取出。今人謂之柹餅，亦曰柹花。其霜謂之柹霜。

【氣味】甘，平，濇，無毒。弘景曰：　日乾者性冷，生柹彌冷。火熏者性熱。

【主治】補虚勞不足，消腹中宿血，濇中厚腸，健脾胃氣詵。開胃澀腸，消痰止渴，治吐血，潤心肺，療肺痿心熱欬嗽，潤聲喉，殺蟲大明。温補。多食，去面皯藏器。治反胃咯血，血淋腸澼，痔漏下血時珍。霜：　清上焦心肺熱，生津止渴，化痰寧嗽，治咽喉口舌瘡痛時珍。

【發明】震亨曰：　乾柹屬金而有土，屬陰而有收意。故止血治欬，亦可爲助也。時珍曰：　柹乃脾、肺血分之果也。其味甘而氣平，性濇而能收，故有健脾澀腸、治嗽止血之功。蓋大腸者，肺之合而胃之子也。真正柹霜，乃其精液，入肺病上焦藥尤佳。按方勺《泊宅編》云：　外兄劉掾云，病臓毒下血，凡半月，自分必死。得一方，只以乾柹燒灰，飲服二錢，遂愈。又王璆《百一方》云：　曾通判子病下血十年，亦用此方一服而愈。爲散、爲丸皆可，與《本草》治腸澼、消宿血、解熱毒之義相合。則柹爲太陰血分之藥，益可徵矣。又《經驗方》云：　有人三世死于反胃病，至孫得一方：　用乾柹餅同乾飯日日食之，絶不用水飲。如法食之，其病遂愈。此又一徵也。

【附方】舊四，新十。　腸風臓毒：　方説見上。　小便血淋：　葉氏：　用乾柹三枚燒存性，研末，陳米飲服。《經驗方》用白柹、烏豆、鹽花煎湯，入墨汁服之。　熱淋澀痛：　乾柹、燈心等分，水煎日飲。《朱氏方》。　小兒秋痢：　以粳米煮粥，熟時入乾柹末，再煮三兩沸食之。奶母亦食之。《食療》。　反胃吐食：　乾柹三枚，連蒂擣爛，酒服甚效。切勿以佗藥雜之。　腹薄食減：　凡男女脾虚腹薄，食不消化，面上黑點者。用乾柹三斤，酥一斤，蜜半斤，以酥、蜜煎勻，下柹煮十餘沸，用不津器貯之。每日空腹食三五枚，甚良。孟詵《食療》。　痰嗽帶血：　青州大柹餅，飯上蒸熟批開。每用一枚，摻真青黛一錢，卧時食之，薄荷湯下。《丹溪纂要》。　産後欬逆：　氣亂心煩。用乾柹切碎，水煮汁呷。《産寶》。　婦人蒜髮：　乾柹五枚，以茅香煮熟，枸杞子酒浸焙研，各等分，擣丸梧子大。每服五十丸，茅香湯下，日三。《普濟》。　面生皯䵳：　乾柹日日食之。《普濟方》。　耳聾鼻塞：　乾柹三枚細切，以粳鼻窒不通：　乾柹同粳米煮粥，日食。《聖濟》。

米三合，豆豉少許煮粥，日日空心食之。《聖惠》。　痘瘡入目：白柹日日食之良。　臁脛爛瘡：用柹霜、柹蔕等分燒研，傅之甚效。《筆峰雜興》。　解桐油毒：乾柹餅食之。《普濟》。

烏柹火熏乾者。　〖氣味〗甘，温，無毒。　〖主治〗殺蟲，療金瘡、火瘡，生肉止痛《別録》。治狗齧瘡，斷下痢弘景。服藥口苦及嘔逆者，食少許即止藏器。

醂柹音覽。　〖修治〗瑞曰：水藏者性冷，鹽藏者有毒。時珍曰：醂，藏柹也。水收、鹽浸之外，又有以熟柹用灰汁澡三四度，令汁盡着器中，經十餘日即可食，治病非宜。

〖主治〗澀下焦，健脾胃，消宿血詵。

柹餻　〖修治〗時珍曰：案《李氏食經》云：用糯米洗净一斗，大乾柹五十個，同搗粉蒸食。如乾，入煑棗泥和拌之。　〖主治〗作餅及餻與小兒食，治秋痢詵。黃柹和米粉作糗蒸，與小兒食，止下痢、下血有效藏器。

柹蔕　〖氣味〗澀，平，無毒。　〖主治〗欬逆噦氣，煮汁服詵。　〖發明〗震亨曰：人之陰氣，依胃爲養。土傷則木挾相火，直冲清道而上作欬逆。古人以爲胃寒，既用丁香、柹蔕，不知其孰爲補虛，孰爲降火？不能清氣利痰，惟有助火而已。時珍曰：欬逆者，氣自臍下衝脉直上至咽膈，作呃忒蹇逆之聲也。朱肱《南陽書》以噦爲欬逆，王履《溯洄集》以欬嗽爲欬逆，皆誤矣。噦者乾嘔有聲也。欬逆有傷寒吐下後，及久病産後，老人虛人，陰氣大虧，陽氣暴逆，自下焦逆至上焦而不能出者。有傷寒失下，及平人痰氣抑遏而然者。當視其虛實陰陽，或温或補，或泄熱，或降氣，或吐或下可也。古方單用柹蔕煮汁飲之，取其苦温能降逆氣也。濟生柹蔕散，加以丁香、生薑之辛熱，以開痰散鬱，蓋從治之法，而昔人亦常用之收效矣。至易水張氏又益以人參，治病後虛人欬逆，亦有功績。丹溪朱氏但執以寒治熱之理，而不及從治之法，矯枉之過矣。若陳氏《三因》又加以良薑之類，是真以爲胃寒而助其邪火者也。

〖附方〗新一。　欬逆不止：濟生柹蔕散：治欬逆胸滿。用柹蔕、丁香各二錢，生薑五片，水煎服。或爲末，白湯點服。○潔古加人參一錢，治虛人欬逆。○《三因》加良薑、甘草等分。《衛生寶鑒》加青皮、陳皮。○王氏《易簡》加半夏、生薑。

木皮　〖主治〗下血。晒焙研末，米飲服二錢，兩服可止頌。湯火瘡，燒灰，油調傅時珍。

根　〖主治〗血崩，血痢，下血時珍。

題明・薛己《本草約言》卷二《藥性本草》　柿　屬金而有土，有收之義。止血治嗽，亦可為助，又能除腹中宿血。乾餅治小兒痢尤佳。

明・梅得春《藥性會元》卷中　柿　味甘，氣寒，無毒。主通耳鼻氣，治腸澼不足，止血，止嗽，除腹中宿血。又乾餅：治小兒痢尤佳。

明・穆世錫《食物輯要》卷六　柿　味甘，性寒，無毒。潤心肺，解渴止血，治火嗽，通耳鼻。同酒食，易醉。黃柿和米粉蒸食，散腸澼臟毒。牛奶柿性冷。多食，令寒中腹痛。痰火人宜食。乾柿氣平，厚腸胃，潤咽喉，殺蟲。多食，去面皯、腹中宿血。火乾，灰色不佳；日乾，色白良。勿同鱉肉食，難消成積。柿霜味甘，性凉。生津清熱，消痰止嗽。凡紅柿未熟者，冷鹽湯浸，可經年許。

明・李中立《本草原始》卷七　柹音士　其樹高大，葉圓有尖而光澤。四月開小花，黃白色。結實青綠色，八九月乃熟紅色。《本草綱目》云：柹從𠂔，音滓，諧聲也。《說文》曰：赤實果也。《事類合璧》云：朱果也，俗呼為柹。

白柹、柹霜：白柹即乾柹生霜者。其法：用大柹去皮，捻扁，日〔曬夜露〕，納甕中，待生白霜乃取出，今人謂之柹餅。其霜謂之柹霜。氣味：甘，平，澀，無毒。主治：補虛勞不足，消腹中宿血，澀中厚腸，建脾胃氣。○開胃澀腸，消痰止渴，治吐血，潤心肺，療肺痿心熱欬嗽，潤聲喉，殺蟲。○溫補。多食去面皯。○治反胃咯血，血淋，腸澼，痔漏下血。○霜：清上焦心肺熱，生津止渴，化痰寧嗽。治咽喉口舌瘡痛。

柹大者如楪，八稜而扁。其次如拳，小者如鴨子、雞子、牛心、鹿心之狀。皆以核少者為佳。生柹置器中自紅者，謂之烘柹。日乾者謂之白柹。火乾者謂之烏柹。水浸藏者謂之醂柹。生柹性冷。同蟹食令人腹痛作瀉。同酒食，令人易醉或心痛欲死。柹，《別錄》中品。**【圖略】**實有大小方圓長扁不同。

柹蔕：氣味：澀，平，無毒。主治：欬逆噦氣，煮汁服。《爾雅翼》云：俗傳柿有七絕：一壽，二多陰，三無鳥巢，四無蟲蠹，五霜葉可翫，六嘉實，七落葉肥滑可以臨書也。王璆《百一選方》云：一人食蟹，多食紅柹，至夜大吐，繼之以血昏不省事。一道者曰：惟木香可解。乃磨汁灌之，漸醒而愈。

明・張懋辰《本草便》卷二　柿　味甘，氣寒，屬陰，無毒。忌與蟹同食。主通耳鼻氣，厚腸胃，澁中，健胃氣，消宿血。

明・吴文炳《藥性全備食物本草》卷二　柿　味甘，性寒，無毒。潤心肺，解渴止血，治火嗽，通耳鼻。同酒食易醉。黄柿和米粉蒸食，散腸癖臟毒。

牛奶柿　性冷，多食令寒中腹痛，痰火人宜食良。

紅柿　解酒毒，止口渴，除胃熱。與蟹同食令腹痛大瀉，蒸與小兒食患秋痢。

柿蒂　味澁，主呃逆嘔噦，單煮服之。一云：凡使須極小柿蒂，故謂之丁香柿蒂。

柿皮　甘，補脾厚胃澁腸。和米粉蒸糕與小兒食之妙。

柿乾　性平潤，清心熱，化痰止咳，止吐血，潤喉聲。丹溪云：屬金而有土，為陰，有收之義，止血治嗽可為助也。耳聾鼻塞者，乾柿三枚，和粳米、豆豉煮粥食之即通其氣。又健脾胃，消瘀澁中，治腸澼不足，止瀉止痢，殺腹中蟲。多食去面皯及金瘡火瘡，生肌止痛。單方，乾柿三斤，用蜜半斤，酥一斤，煎之，每日食三五枚，療男婦脾虚肚薄，食不消化。又產後欬逆氣亂，水煮熱呷之。火乾者性緩，功用大同。服藥口苦欲吐者，食少許立止。

一種椑，色青，性冷甚於柿，味甘，無毒，主壓丹石藥發熱，利水，解酒熱，去胃熱，止渴，潤心肺，除腹臟冷熱，久食寒中，不入藥用，惟油堪作漆。

諸柿勿同鱉同食，難消成積。

柿霜　味甘，性凉，生津清熱，消痰止嗽。

凡紅柿未熟者，冷鹽湯浸之，可留經年不壞。

明・趙南星《上醫本草》卷二　柿音士　世傳柿有七絶：一多壽；二多陰；三無鳥巢；四無蟲蠹；五霜葉可玩；六嘉賓；七落葉肥滑，可以臨書也。

烘柿　時珍曰：烘柿非謂火烘也。即青緑之柿，收置器中，自然紅熟如烘成，澀味盡去，其甘如蜜。　甘，寒，澀，無毒。　弘景曰：生柿性冷，鹿心柿尤不可食，令人腹痛。案王璆《百一選方》云：一人食蟹，多食紅柿，至夜大吐，繼之以血，昏不省人。一道者云：惟木香可解。乃磨汁灌之，即漸甦醒而愈也。

白柿　一名柿霜。時珍曰：白柿即乾柿生霜者。其法：用大柿去皮，捻扁，日晒夜露至乾，内瓮中，待生白霜乃取出。今人謂之柿餅，亦曰柿花。其霜，謂之柿霜。按方勺《泊宅編》云：外兄劉掾云：病臟毒下血，凡半月，自分必死。得一方，只以乾柿燒灰，飲服二錢，遂愈。又，王璆《百一方》云：曾通判子病下血十年，亦用此方，一服而愈。為散、為丸皆可，與《本草》治腸澼，消宿血，解熱毒之義相合，則柿為太陰血分之藥，益可徵矣。又《經驗方》云：有人三世死于反胃，病至孫，得一方，用乾柿餅同乾飯，日日食之，絶不用水飲。如法食之，其病遂愈。此又一徵也。　甘，平，澀，無毒。　主治：補虚勞不足，消腹中宿血，澀中厚腸，健脾胃氣。

弘景曰：日乾者性冷，生柿彌冷，火熏者性熱。

附方　小便血淋：葉氏用乾柿三枚，燒存性，研末，陳米飲服。《經驗方》：用白柿、烏豆、鹽花煎湯，入墨汁服之。　熱淋澀痛：乾柿、燈心等分，水煎日飲。　小兒秋痢：以粳米煮粥，熟時入乾柿末，再煮三兩沸，食之，奶母亦食之。　反胃吐食：乾柿三枚，連蒂擣爛，酒服，甚効。切勿以它藥襍之。

明・李中梓《藥性解》卷一　柿　味甘，澁，性寒，無毒，入心、肺、大腸三經，主潤心肺，通耳鼻，消痰嗽，清火熱，除渴解酒，祛腸内宿血，止口中吐血。忌同蟹食。柿乾潤喉降火，補虚殺蟲，厚腸止痢。柿蒂，主呃逆。　按：柿之色赤，宜歸心臟，性潤宜歸肺家。大腸則共肺為傳送者也，故亦入之。性冷傷脾，不宜多用。若同蟹食，令人腹痛大瀉，柿乾及蒂，總屬寒涼，都能清火。

明・繆希雍《本草經疏》卷二三　柿　味甘，寒，無毒。主通鼻耳氣，腸澼不足。

〔疏〕柿稟地中之陰氣以生，故味甘，氣寒，無毒。入手、足太陰經。鼻者，肺之竅也。耳者，腎之竅也。金水二臟最忌火熱，二臟有火上炎，則外竅閉而不通。得甘寒之氣，俾火熱下行，竅自清利矣。肺與大腸為表裏，濕熱傷血分，則為腸澼不足。甘能益血，寒能除熱，臟氣清而腑病亦除也。

乾柿：寒氣稍減，能厚腸胃，補不足，潤肺止渴，功同於前。　柿霜：清心肺間熱，生津止渴，化痰寧嗽，治喉舌口瘡。總之其功長於清肅上焦火邪，兼能益脾開胃，故二者所主雖不同，而其源皆歸於一義也。〔主治參互〕柿霜得桑根白皮、百部、天麥門冬、沙參、貝母、蘇子、枇杷葉、橘紅、栝樓根，作丸噙化，治肺經有火，咳嗽生痰。〔簡誤〕柿性寒，肺經無火，因客風寒作嗽者，忌之。冷痢滑洩，腸胃虛脱者，忌之。脾家素有寒積，及感寒腹痛、感寒嘔吐者，皆不得服。不宜與蟹同食，令人腹痛作瀉。

明・倪朱謨《本草彙言》卷一五 柿 味甘濇，氣寒，無毒。沉也，降也。入手太陰、陽明經。

蘇氏曰：柿子，南北皆有之。李氏曰：樹極高大，亦有小株者。接則易茂，本生者果稀、味濇，唯堪造漆。葉圓光澤，花小，黄白色。五月綴實，八月果熟，生時青緑，熟則丹紅。種類亦多，唯紅柿所在皆有。黄柿出汴雒，朱柿出華山，珍榫柿色青可生啖，著蓋柿，蒂下别有一重，如覆瓶之蓋。盧氏曰：更有鹿心、牛奶、鷄卵、猴棗、蒸餅、鏡面、丁香、福孫、多寶、團花及白柿、烏柿、绿柿、莊柿、碧柿、火柿、水柿之别。其蒂有方有圓，有薄有厚，有覆有仰。其核有正有側，有圓有匾，有長有短，有軟有堅；有本尖，有末鋭；有有稜，有無稜；有有核，有無核。核少者佳，無核者食之至美而益人者也。初采頗濇，或灰或米，或溫水養旬日，濇味去，甘滑可口矣。或置木瓜、酥梨、橘葉于中，更易熟而臭香，唯水浸可以久藏，謂之醂柿，乘半熟去皮，先熏後暴，或懸有風處，俟乾納器中，久之遍體生霜，均名柿餅。更有柿片、柿心、柿錘，此造製隨人力而賦形耳。《事類合璧》云：柿，朱果也。大者如楪，八稜稍匾。其次如拳、如卵、如心。一種小而如折二錢者，謂之猴棗。其根甚固，謂之柿盤。世傳柿有七德，一多壽，二多陰，三無鳥窠，四無蟲蠹，五霜葉可玩，六嘉實，七落葉肥滑，可以臨書也。

柿餅：潤心肺，養血藏之藥也。陳氏羽陵曰：此果味甘如蜜，質潤如酥，肉凝如膏，裂之有脂膜脉絡，味本酸澀而化甘，乃脾肺之用藥也。故孟氏詵方：和胃健脾，治火炎土燥，血澀便難，産婦無乳，蒸熟和飯嚼，喂兒能充乳食，且善長養。又《日華》方：潤肺補心，治吐血咯血，嗽血咳血及小便淋血，腸風瀉血，痔熱流血等證，大能益氣凉血，化痰寧嗽，止渴生津。大人虛勞，宜煎膏食之。入兒科方，可代乳、朮。入虛勞方，可代天麥二門冬、生熟兩地黄也。但味甘性潤而多滯氣，如胃冷有寒痰者，脾冷常溏泄者，肺寒多冷嗽者，俱忌用之。同蟹食令人腹痛泄瀉，同酒食令人易醉。

盧不遠先生曰：厚肉多絡，具經脉之形；味甘性滑，有養竅之利。晚熟禀秋金之化。又云：蒂有主義、吸義、降義、轉輸義、順行義，故可對待逆上之氣，呼出不能自主，亦非專主于降，力能專主于不逆也。

集方：黄雀岡方治内熱血燥，大便常艱。用柿餅，不時煮食。〇陳子開方治吐血咯血，嗽血咳血及小便淋血，腸風瀉血，痔熱流血等證。用柿餅一觔，青州出者。去蒂核，枇杷葉刷去毛、白果肉去衣、懷熟地各四兩，生薑皮一兩炒焦黑，百部五兩，天門冬、麥門冬俱去心各六兩，用水五十碗，熬至十碗，濾出渣，再如法煎共三次，取汁共三十碗，總和一處，入砂鍋内，慢火熬至五碗，加煉蜜六兩，收貯淨磁瓶内。每早午晚各服十餘茶匙，白湯調服。〇同上治腸風瀉血。用柿餅一觔切碎，生薑切片六兩，同炒焦黑，研爲末，飴糖爲丸梧子大。每早服五錢，米湯下。〇《食療》治小兒秋痢。用柿餅和白粳米煮粥食。〇《普濟方》解桐油毒。以柿餅食之。

柿蒂：味苦濇，氣溫，無毒。入手太陰肺經。

盧子繇先生曰：柿本濇而熟則甘，蒂則仍含本有之濇而不遷。濇者，酸收之甚耳，宜入太陰經。如肺所生病，爲煩心胸滿，上氣欬逆，其不足則病喘噦諸氣，寒則爲丁香使，熱則爲黄連使，兩得其用矣。沈則施先生曰：按丹溪翁謂：人之陰氣，依胃爲養，土傷則木挾相火，直沖清道而作欬逆，宜竹茹黄連柿蒂湯主之。此言熱呃也。《濟生論》謂：陽竭于下，孤陰獨存，陰氣亦將旋脱，故逆上而作呃，宜丁附人參柿蒂湯主之。此言寒呃也。又按：《準繩》論呃逆之證，有傷寒吐下後，久病産後，陰血大虧，陽氣暴逆，自下逆上而作呃者，非大溫中補中之劑不能治。又有平人，飲食痰氣抑遏而氣自臍下，衝脉直上咽膈而作呃忒蹇逆之聲，用平胃二陳湯加柿蒂數枚煎服，亦可止也。觀于柿蒂之苦濇，但可以散逆氣，而因寒、因熱、因虛、因滯者，則佐以丁、薑、茹、連、參、朮、平胃、二陳輩，在司業者當仔細斟酌，毋輕視也。

柿霜：味甘、微濇，氣平，無毒。入手少陰、太陰經。

李氏曰：取乾柿生霜者，其法用大柿去皮，捻扁，日曝夜，露至乾，内磁器中待生白霜。入舌上見津唾自化無滓者佳。

柿霜：清上焦虛火之藥也。朱寰宇抄李氏方：主心肺鬱熱燥熱，肺癰肺痿，吐血咳血諸證。蓋寒平滋潤，于虛勞方止嗽生津，化痰凉血。如病久畏藥味者，用此可作藥中果珍。每日蚤晚白湯調服數錢甚妙。〇治傷酒内熱人，多痰、多嗽、多喘，及老人痰火爲患。用柿霜、黄芩酒炒、天門冬去心酒煮搗膏、橘紅、瓜蔞霜各一兩，海石煅、桔梗、真青黛各五錢，風化硝三錢，除天門冬搗膏外，餘藥俱爲細末，和入天門冬膏，煉蜜丸彈子大。食後噙化一丸，化痰定喘如神。

明・應麐《食治廣要》卷四　柹音士，俗作柿者非。　氣味：甘，寒，濇，無毒。　壓胃間熱，止口乾。

白霜柹柹蒂附。即乾柹也。　氣味：甘，平，濇，無毒。　主治：補虚勞不足，消腹中宿血，濇中厚腸，健脾胃氣，開胃濇腸，消痰止渴，〔治吐血〕，潤心肺，療肺痿。

柹霜　清上焦心肺熱，生津止渴，化痰寧嗽，治咽喉口舌瘡痛。

柹蒂　氣味：濇，平，無毒。　主治：欬逆噦氣。　宜煮汁服。

明・姚可成《食物本草》卷八果部・山果類　柹俗作柿，非也。柹南北皆有，其種亦多。紅柹所在皆有。黄柹生汴、洛諸州。朱柹出華山，似紅柹而圓小，皮薄可愛，味更甘珍。椑柹色青，可生啖。諸柹食之皆美而益人。又有一種小柹，俗呼爲牛奶柹。世傳柹有七絶：一多壽，二多陰，三無鳥巢，四無蟲蠹，五霜葉可玩，六嘉賓，七落葉肥滑，可以臨書也。○李時珍曰：柹高樹大葉，圓而光澤。四月開小花，黄白色。結實青緑色，八九月乃熟。生柹置器中自紅者謂之烘柹，日乾者謂之白柹，火乾者謂之烏柹，水浸藏者謂之醂柹。其核形扁，狀如木鼈子仁而硬堅。其根甚固，謂之柹盤。

烘柹烘柹，非謂火烘也。即青緑之柹，收置器中，自然紅熟如烘成，澀味盡去，其甘如蜜。　味甘，寒，澀，無毒。　主通耳鼻氣，治腸胃不足，解酒毒，壓胃間熱，止口乾。　生柹性冷，不可同蟹食，令人腹痛作瀉。一人食蟹，多食紅柹，至夜大吐，繼之以血，昏不省人。一道者云：惟木香可解。乃磨汁灌之，即漸甦醒而愈也。

白柹、柹霜白柹，即乾柹生霜者。去皮捻扁，日晒夜露至乾，内瓮中，待生白霜乃取出。今人謂之柹餅，亦曰柹脯，又曰柹花。其霜謂之柹霜。　味甘，平，濇，無毒。　主補虚勞不足，消腹中宿血，濇中厚腸，健脾胃氣。　消痰止渴，治吐血，潤心肺，療肺痿心熱欬嗽，潤聲〔喉〕，殺蟲，溫補。　多食，去面皯。　治反胃咯血，血淋腸澼，痔漏下血。

霜　清上焦心肺熱，生津止渴，化痰寧嗽，治咽喉口舌瘡痛。

烏柹火熏乾者。　味甘，溫，無毒。　主殺蟲，療金瘡、火瘡，生肉止痛。　治狗齧瘡，斷下痢。　服藥口苦及嘔逆者，食少許即止。

醂柹音覽。醂，藏柹也。水收、鹽浸之外，又有以熟柹用灰汁澡三四度，令汁盡着器中，經十餘日即可食。　主澀下焦，健脾胃，消宿血。

柹糕用糯米同乾柹搗粉，蒸食之。　與小兒食，治秋痢，下血。

柹蒂　煮汁服，治欬逆噦氣。

木皮　治下血。　晒焙研末，米飲服二錢。　湯火瘡，燒灰，油調傅。

根　治血崩、血痢、下血。

附方：　解桐油毒。　乾柹餅食之，即愈。　治小兒秋痢。　以粳米煮粥，熟時入乾柹末，再煮兩三沸食之。乳母亦食之。　治小便血淋。　用乾柹三枚燒存性，研末，陳米飲服。　又方：　用白柹、烏豆、鹽花煎湯，入墨汁服之。

治小便熱淋澀痛。　乾柹、燈心等分，水煎飲之，良。　治脾虚洩痢，食不消化。　用乾柹三斤，酥一斤，蜜半斤，以酥、蜜煎匀，下柹煮十餘沸，用不津器貯之。每日空心食三五枚，良。　治欬出血絲血屑。　用青州大柹餅，飯上蒸熟批開。每用一枚，摻青黛一錢，臥時食之。　治婦人產後氣亂煩心。　用乾柹切碎，水煮汁呷之。　治小兒痘瘡〔入〕目。　白柹日日食之良。　治臁瘡久爛不痊。　用柹霜、柹蒂等分燒研，傅之立效。　治面生黑點。　乾柹日日食之。　治耳聾。　乾柹三枚細切，以粳米三合，豆豉少許煮粥，日日空心食之。　治欬逆不止。　用柹蒂、丁香各二錢，生薑五片，水煎服。○因胃寒，加良薑、甘草各等分。○因氣，加青皮、陳皮、半夏。○治虚人欬逆，加人參一錢。

明・顧逢柏《分部本草妙用》卷九果部　柿　紅，甘，寒，澀，無毒。　性冷，多食腹痛，更能引痰。同蟹食作瀉，血昏，木香解之。　主治：　通耳鼻氣，治腸〔澼〕不足，解酒毒，除胃熱，止口乾。　藏器言飲酒食紅柿，令人易醉，或心痛欲死。《別錄》言解酒毒，誤矣。余謂此總可無食。　白柿，甘，平，澀，無毒。　火熏者，性熱。　主治：　補虚，消宿血，濇腸，健脾胃，消痰止渴，潤心肺熱嗽，治吐血咯血，血淋痔漏下血。　霜，清上焦心肺熱，生津止渴，化痰寧嗽。　治咽喉，口舌痛瘡。　按：　柿為脾肺血分之菓也，其味甘而氣平，性濇而能收，故有健脾澀腸，治嗽止血之功。　其霜為柿之津液，入肺病上焦藥尤佳，最能清痰降火，熬膏精。

明・顧逢柏《分部本草妙用》卷四肺部・寒補　柿霜　甘，澀，微寒，無毒。　主治：　虚勞不足，消宿血，厚腸胃，開胃澀腸，消痰，止渴吐血。　潤心肺，肺痿心熱，欬嗽，潤聲喉。　殺蟲，反胃咯血，血淋，諸血症。　柿屬金而有土，屬陰而有收意，故有健脾治嗽止血之功。　潤肺，清上焦火，亦為有助。○

柿蒂，治傷寒發咳，亦清肺熱意也。

明・孟笨《養生要括・果部》 烏柿 火熏者殺蟲，療金瘡、火瘡，生肉止痛。治狗齧瘡，斷下痢。服藥口苦及嘔逆者，食少許即止。

黃柿〔日乾者性冷，生柿彌冷，火熏者性熱。〕和米粉作米糗，蒸與小兒食，止下痢、下血有効。作餅及糕與小兒食，治秋痢。 柿餅、柿花 補虛勞不足，消腹中宿血，濇中厚腸，健脾胃氣，開胃(濕)〔濇〕腸，消痰止渴。治吐血，潤心肺，療肺痿心熱、咳嗽，潤聲喉、殺蟲。溫補，多食去面皯。治反胃咯血，血淋腸澼，痔漏下血。

柿霜 清上焦心肺熱，生津止渴，化痰寧嗽，治咽喉、口舌瘡痛。〔脛腔爛瘡：用柿霜、柿蒂等分燒研傅之，甚效。〕

綠柿 利水，解酒毒，去胃中熱。止煩渴，潤心肺，除腹臟冷熱。

牛奶柿、丁香柿 止消渴，去煩熱，令人潤澤，鎮心，久服悅人顏色，令人輕健。

柿蒂 治嗽逆噦氣，煮汁服。〔反胃吐食，乾柿三枚，隨柿蒂搗爛，酒服甚妙。〕

明・黃承昊《折肱漫録》卷七 乙酉歲六月間予避亂，小船奔走冒暑而不覺，處暑前即患血痢。予年老不敢服下藥，但調之而已，凡七日而愈。然痢雖愈，而血未止，兼以大便燥結艱難為苦，治之半月無效。讀《玉機微義》，有柿乾燒灰末之，米飲調服一方。考之《本草綱目》亦載此方之效驗甚詳，因覓此藥服之，不及一兩即愈，可謂神方矣便血。

明・李中梓《醫宗必讀・本草徵要下》 柿味甘，寒，無毒。入肺、脾二經。潤肺止咳嗽，清胃理焦煩。乾柿能厚腸而止洩，主反胃與下血。柿霜清心而退熱生津，潤肺而化痰止嗽。三者主用大同小異，總之肅清上焦火邪，兼有益脾之功也。有人三世死於反胃，至孫得一方，用柿餅同乾飯食之，絕不用水，亦勿以他藥雜之，旬日而愈。按：柿性頗寒，肺經無火及風寒作嗽者，冷痢滑洩者忌之。與蟹同食，令人腹痛作瀉。

明・鄭二陽《仁壽堂藥鏡》卷五 乾柿 《本草》云：味甘、寒，無毒。主通鼻耳氣。腸澼不足。丹溪云：柿屬金而有土，陰也。有收斂之義。止血、止嗽，亦可為助。《圖經》云：凡食柿，不可與蟹同。令人腹痛大瀉。 柿蒂 療呃逆。柿霜：治勞嗽。

明・蔣儀《藥鏡》卷四寒部 柹 導火熱下行，則關竅利而鼻耳通。祛血分濕熱，則肺臟清而腑病却。潤喉燥者乾柹，降呃逆者蒂錢。噙花柹霜，利肺經，消痰火，止咳嗽。若乃乾柹，煅灰飲服二錢，腸紅之神劑也。乾柹乾飯，日日乾餐，反胃之仙方也。

明・施永圖《本草醫旨・食物類》卷三 柹音柿。俗作柹，非矣。〇其種亦多，紅柹所在皆有。

烘柹 味甘，寒，澀，無毒。生柹性冷，鹿心柹尤不可食，令人腹痛。〇凡柹皆涼，不至大寒，食之引痰，為其味甘也。〇口乾者，食多動風。凡柹同蟹食，令人腹痛作瀉，二物俱寒也。〇一人食蟹，多食紅柹，至夜大吐，繼之以血，昏不省人。一道者云：惟木香可解，乃磨汁灌之，即漸甦醒而愈也。治：通耳鼻氣，治腸澼不足，解酒毒，壓胃間熱，止口乾，續經脉氣。飲酒食紅柹，令人易醉，或心痛欲死，《別錄》言解酒毒，失之矣。

白柹、柹霜 白柹，即乾柹生霜者。其法：用大柹去皮，捻扁，日晒夜露至乾，內瓮中待生白霜，乃取出。今人謂之柹餅，亦曰柹花。其霜謂之柹霜。味：甘，平，濇，無毒。乾者性冷，生柹彌冷，火熏者性熱。治：補虛勞不足，消腹中宿血，濇中厚腸，健脾胃氣，開胃濇腸，消痰止渴，治吐血，潤心肺，療肺痿，心熱欬嗽，潤聲喉，殺蟲，溫補。多食去面皯。治反胃，咯血，血淋腸澼，痔漏下血。

霜 清上焦心肺熱，生津止渴，化痰寧嗽，治咽喉口舌瘡痛。乾柹屬金而有土，屬陰而有收意，故止血治欬亦可為助也。〇柹乃脾肺血分之果也，其味甘而氣平，性濇而能收，故有健脾濇腸，治嗽止血之功。蓋大腸者，肺之合而胃之子也，真正柹霜乃其精液，入肺病上焦藥尤佳。劉掾云：病臟毒下血凡半月，自分必死。得一方，只以乾柹燒灰，飲服二錢遂愈。又王璆《百一方》云：曾通判子病下血十年，亦用此方，一服而愈，為散、為丸皆可。與《本草》治腸澼，消宿血，解熱毒之義相合。則柹為太陰血分之藥，益可徵矣。有人三世死於反胃病，至孫得一方，用乾柹餅同乾飯，日日食之，絕不用水飲，如法食之，其病遂愈。

附方 腸風臟毒：方說見上。小便血淋：用乾柹三枚，燒存性，研末，陳米飲服。用白柹、烏豆、鹽花煎湯，入墨汁服之。熱淋澀痛：乾柹、燈心等分，水煎日飲。小兒秋痢：以粳米煮粥，熟時入乾柹末，再煮三兩沸食之，奶母亦食之。反胃吐食：乾柹三枚，連蒂擣爛，酒服，甚效。切勿以他藥雜之。痰嗽帶血：青州大柹餅，飯上蒸熟，批開，每用一枚摻真青黛一錢，臥時食之，薄荷湯下。產後欬逆：氣亂心煩，用乾柹切碎，水煮汁呷。婦人蒜髮：乾柹五枚，以茅香煮熟，枸杞子酒浸焙研，各等分，擣丸梧子大。每服五十丸，茅香湯下，日三。面生皯黵：乾柹，日日食之。鼻窒不通：乾柹同粳米煮粥日食。耳聾鼻塞：乾柹三枚，細切，以粳米三合，豆豉少許，煮粥，日日空心食之。痘瘡入目：白柹，日日食之，良。臁脛爛瘡：用柹霜、柹蒂等分，燒研，傅之甚效。解桐油毒：乾柹餅食之。

烏柹　火熏乾者。味甘，溫，無毒。治：殺蟲，療金瘡火瘡，生肉止痛。治狗齧瘡，斷下痢。服藥口苦及嘔逆者，食少許即止。　醂柹：音覽。○水藏者性冷，鹽藏者有毒。○醂，藏柹也。水收、鹽浸之外，又有以熟柹用灰汁澡三四度，令汁盡，着器中，經十餘日，即可食，治病非宜。治：濇下焦，健脾，消宿血。

柹餻　用糯米洗淨一斗，大乾柹五十箇，同擣粉，蒸食，如乾，入煮棗泥和拌之。治：作餅及餻，與小兒食，治秋痢。黄柹和米粉作糗，蒸與小兒食，止下痢、下血有效。

柹蒂　味濇，平，無毒。治欬逆噦氣，煮汁服。人之陰氣依胃為養，土傷則水挾相火直沖清道而上作欬逆。古人以為胃寒，既用丁香、柹蒂。不知其孰為補虛，孰為降火？不能清氣利痰，惟有助火而已。

附方　欬逆不止：用柹蒂、丁香各二錢，生薑五片，水煎服，或為末，白湯點服。

木皮　治下血，晒焙，研末，米飲服二錢，兩服可止。湯火瘡，燒灰，油調傅。

根　治血崩，血痢下血。

明・盧之頤《本草乘雅半偈》帙八　柿《別錄》中品　氣味：甘濇，寒，無毒。

主治：主安五藏。通耳鼻氣，治腸胃不足，解酒毒，壓胃間熱，止口乾。乾者尤良。蒂主噦逆久欬。

覈曰：南北皆有。樹極高大，亦有小株者。接則易茂，本生者，果稀味濇，唯堪造漆。葉圓光澤，花小黄白。五月綴實，八月果熟，生時青綠，熟則丹紅。種類亦多，唯紅柿所在皆有；黄柿出汴、雒；朱柿出華山；珍椑柿，色青可生啖；著蓋柿，蒂下別有一重，如覆瓶之蓋；更有鹿心、牛奶、雞卵、猴棗、蒸餅、鏡面、丁香、福孫、多寶、團花，及白柿、烏柿、球柿、莊柿、碧柿、火柿、水柿之別。其蒂有方、有元、有薄、有厚、有覆、有仰。其核有正、有側、有圓、有扁、有長、有短、有軟、有堅、有本尖、有末鋭、有有稜、有無稜、有有核、有無核。核少者佳，無核者，食之至美而益人者也。初采頗濇，或灰、或米、或溫水，覆養旬日，濇味去，甘滑可口矣。或置木瓜、酥梨、橘葉于中，更易熟而臭香。唯水浸可以久藏，謂之醂柿。乘半熟去皮，先熏後暴，或懸有風處，俟乾納器中，久之徧體生霜，均名曰柿餅。更有柿切、柿心，及禽魚鳥獸之名，此各隨賦形之小大，造製之相肖耳。《事類合璧》云：柿，朱果也，大者如楪，八稜稍扁，其次如拳，如卵，如心。一種小而如折二錢者，謂之猴棗。其根甚固，謂之柿盤。世傳柿有七絶：一多壽；二多陰；三無鳥窠；四無蟲蠹；五霜葉可玩；六嘉實；七落葉肥滑，可以臨書也。柿同蟹食，令人腹痛；飲酒食柿，令人易醉。

先人云：多肉多絡，具經脈之形；味甘性滑，有養竅之利。晚熟稟秋金之化，落葉得肥火之暄。又云：蒂有主義、吸義、降義、轉輸義、順行義，故可對待逆上之氣，呼出不得自主。亦非專主于降，力能專主于不逆也。

条曰：柿，赤實果也。青黑者椑，所謂梁侯烏椑之柿是也。《爾雅翼》云：柿于經乃復罕見，唯《內則》所加，庶羞三十一物中有之。其實利以作漆，蟹化之成水也。蟹以膏勝，漆以脂勝，膏釋脂凝，昭然可徵矣。柿本濇而熟則甘。蒂則仍含本有之濇而不遷。濇者，酸收之甚耳。宜入太陰肺，為肺經之體用藥也。如肺所生病，為上氣欬逆，煩心胸滿。其不足則病咣噦諸氣，緣體失從革之堅，致用失敵應之變，濇本從體，滑本從用，柿則兩得之矣。柿本甘而蒂濇，如瓜本甘而蒂苦，吮抽水液，抵當唯蒂，所以見中樞之別于開闔也。苦則湧洩以待濇，自下而上，還復自上而下以從開；濇則降肅以待脫，從上而下，更復從下而上以從闔。濇開脫闔，各宜體會，不獨盡二蒂之主治，并盡方劑之作用矣。

明・李中梓《本草通玄》卷下　乾柿　甘寒而澀。止胃熱口乾，潤心肺，消痰。治血淋，便血。霜治咽喉口舌之瘡。蒂療咳逆噦气。

清・顧元交《本草彙箋》卷六　柿合柿蒂、柿霜。　味甘氣寒，故入肺、脾二經。其能通耳鼻氣者，鼻爲肺竅，耳爲腎竅。金水二臟，最忌火熱，二臟有火上炎，則外竅閉而不通。得甘寒之氣，俾火熱下行，竅自清利。大腸者，柿之合，胃之子也。凡濕熱傷於血分，而爲腸澼不足，甘以益血，寒以除熱，臟氣清，而府病亦除也。

柿乾　寒氣稍減，潤肺止渴，功同於前。

柿霜　清肅上焦，生津解渴，化痰寧嗽，尤爲上品。

柿蒂　煮汁服，治欬逆噦氣。夫欬逆者，氣自臍下沖脈，直上至咽膈，作呃忒蹇逆之聲也。噦者，乾嘔有聲也。咳逆有傷寒吐下後，及久病、産後、老人、虛人，陰氣太虧，陽氣暴逆，自下焦逆至上焦，而不能出者；有傷寒未平，及平人痰氣抑遏而然者；當視其虛實陰陽，或溫，或補，或洩熱，或降氣，或吐，或下可也。古方單用柿蒂煮汁飲之，取其苦溫能降逆氣。濟生柿蒂散，加以丁香、生薑之辛熱，以開痰散鬱，蓋從治之法。潔古又益以人參，治病後虛人欬逆。丹溪但執以寒治熱之理，而不及從治之法。陳氏《三因》又加以良薑之類，是真以爲胃寒，而不免助火之弊矣。

人之陰氣依胃爲養，土傷則木挾相火，直沖清道而上，此欬逆之所由作也。古人以爲胃寒，既用丁香、柿蒂，不知其孰爲補虛，孰爲降火，不能清氣利痰，唯有助火而已。

清·穆石匏《本草洞詮》卷六　柹柹實、柹蒂　柹有六絕：一多壽，二多陰，三無鳥巢，四無蟲蠹，五霜葉可玩，六落葉肥滑可以臨書也。生柹氣味甘寒澀，無毒。主壓胃間熱，止口乾。乾柹甘平濇，無毒。消痰澀腸，療肺痿，心熱咳嗽，治吐血，血淋，腸澼。柹霜清上焦心肺熱，生津化痰，寧嗽，治咽喉口舌瘡痛。蓋柹乃脾肺二經血分之藥，屬金而有土，性濇而能收，故有健脾潤肺，清熱止血之功。一人病臟毒，下血十年，以乾柹燒灰，飲服二錢，遂愈。《經驗方》云：有人三世死於反胃病，至孫得一方，用乾柹餅同乾飯日日食之，絕不用水飲，如法食之，遂愈。柹蒂濇平，無毒。主治咳嗽噦氣。丹溪謂人之陰氣，依胃為養，土傷則木挾相火，直沖清道而作欬逆，古人以為胃寒，用丁香、柹蒂，不能清氣利痰，惟助火耳。此論是矣。按欬逆之證，有傷寒吐下後，久病產後陰血大虧，陽氣暴逆，自下逆上而不能出者，有傷寒失下，及平人痰氣抑遏者，故氣自臍下衝脉，直上咽膈而作呃忒蹇逆之聲，當視虛實陰陽，或溫，或補，或泄熱，或降氣，可也。古方單用柹蒂煮汁飲之，取其苦溫降逆氣也。《濟生方》加丁香、生薑以開痰散鬱，蓋從治之法。而潔古又加人參治虛人欬逆，用之往往有効。丹溪但執以寒治熱之理，而遺從治之法，矯枉過中矣。若《三因方》又加良薑之類，是真以為胃寒而助邪火者也。

清·丁其譽《壽世秘典》卷三　柹俗作柿。柹有七絕：一壽，二多陰，三無鳥巢，四無蟲，五霜葉可愛，六嘉實，七落葉肥大。有數種。紅柹所在皆有，黃柹生汴、洛諸州。朱柹出華山，圓小而深紅，皮薄可愛，味更甘珍。椑柹色青，可生啖。又有一種小柹，謂之軟棗，俗呼為牛奶柹。生柹置器中，自然紅熟如烘成，澀味盡去，其甘如蜜，謂之烘柹。日乾者，謂之白柹。火乾者，謂之烏柹。水浸藏者，謂之醂柹。皆以核少者為佳。醂藏柿也，水收鹽浸之外，又有以熟柿用灰汁澡三四度，令汁盡，着器中，經十餘日，即可食，治病非宜。

氣味：甘，寒，澀，無毒。主潤肺涼心，除煩止渴，壓胃間熱，通耳鼻氣，治腸澼不足。

白柹即乾柿生霜者。其法，用大柹去皮捻扁，日晒夜露至乾，納瓮中，待生白霜，乃取出。今人謂之柿餅，其霜謂之柹霜。　氣味：甘，平，無毒。主開胃澀腸，消痰止渴，治吐血，潤心肺，療肺痿、心熱欬嗽，潤喉聲，殺蟲，治反胃、咯血、血淋、腸澼痔漏下血《本草綱目》。

柹霜　清上焦心肺熱，生津止渴，化痰寧嗽，治咽喉、口舌瘡痛。

發明寇宗奭曰：凡柹同蟹食，即腹痛大瀉。王璆《百一選方》云：一人食蟹，多食紅柿，至夜大吐，繼之以血，昏不省人。一道者云：惟木香可解，乃磨汁灌之，即漸蘇醒而愈也。陳藏器云：飲酒食紅柹心痛，直至死，且令人易醉。《別錄》言解酒毒，失之矣。李時珍曰：柹乃脾肺血分之果也，乾柿味甘而氣平，性濇而能收，故有健脾澀腸、治嗽止血之功。蓋大腸者肺之合而胃之子也。真正柹霜乃其精液入肺，病上焦藥尤佳。樗棗，俗作軟棗，一名牛奶柹，其木類柹而葉長，但結實小而長，狀如牛奶，柹則紫黑色。一種小圓如指，頂大者名丁香柹，味尤美，以其形似故名，蓋一類二物。一名君遷子。司馬溫公名苑云：君遷子如馬奶，俗云牛奶柹是也。

清·劉雲密《本草述》卷一七　柹音士，俗作柿者，誤。柿音肺，削木片也。

按時珍曰：生柹置器中自紅者，謂之烘柹。日乾者，謂之白柹。火乾者，謂之烏柹。水浸藏者，謂之醂音覽。柹。又云：所謂烘柹，非火烘也。柹原青綠色，收置器中，自然紅熟如火烘也，唯此為生柹。如白柹，是用大柹去皮，捻音聶，指捻也。扁，日曬夜露至乾，內瓮中，待生白霜，取出，故謂之白柹，今人呼為柹餅是也。烏柹乃火熏乾者。醂柹用水收鹽浸之，或灰汁浸三四度，令汁盡，著器中，經十餘日，即可食。

愚按：此三種，一經日曬乾，一由火熏，一由水浸。水浸者時珍謂不宜治病，至火熏者隱居謂其大熱。雖未必爾，然亦失其療病之義，恐亦在所置也。唯以生柹與日乾者較之，生柹性冷，而日乾柹稍殺其冷性，酌於可以對待之證，庶幾投之能奏功耳。

白柹　氣味：甘，平，濇，無毒。　主治：開胃濇腸，消痰止渴，治吐血，潤心肺，療肺痿，心熱咳嗽，润聲喉日華子。治反胃咯血，腸澼痔漏下血時珍。

柹霜清上焦心肺熱，生津止渴，化痰寧嗽，治咽喉、口舌瘡痛時珍。《準繩·中風證》內失音不語，其治有加味轉舌膏中用柹霜，則為清肅上焦之劑可知。

丹溪曰：乾柹屬金而有土，屬陰而有收意，故止血治嗽，亦可為助也。

時珍曰：柹乃脾肺血分之果也，其味甘而氣平，性濇而能收，故有健脾濇腸，治嗽止血之功。蓋大腸者，肺之合，而胃之子也。真正柹霜，乃其精液，入肺病上焦藥尤佳。按方勺《泊宅編》云：外兄劉年掾云，病臟毒下血，凡半月，自分必死。得一方，只以乾柹燒灰，飲服二錢，遂愈。又王璆《百一方》云：曾通判子病下血十年，亦用此方，一服而愈。為散為丸，皆可，與《本草》治腸澼，消宿血，解熱毒之義相合。則柹為手足太陰血分之藥，益可徵矣。

希雍曰：柹稟地中之陰氣以生，故味甘氣寒無毒，入手足太陰經，能清金水二臟火熱。

乾柹寒氣稍減，能厚腸胃，補不足，而清熱不減於生柹。柹霜長於清肅上焦火邪，兼能益脾開胃。柹霜得桑根白皮、百部、天、麥門冬、（炒）〔沙〕參、貝母、蘇子、枇杷葉、橘杠、栝樓根，作丸噙化，治肺經有火，咳嗽生痰。

愚按：柹於四月開花，而結實至八九月乃熟，是其實固受金氣之專矣。丹溪所謂屬金而有土者，以其氣孕畜於土旺之後，而歸金以成也。又謂屬陰而有收意，亦本於是耳。隱居云：日乾者性冷，生柹彌冷，斯言確矣。第繹其主治似於肺及大腸之功為專，而謂其開胃，更言其健脾胃氣者，謂何？且性冷之味於脾胃，何以得當也？蓋《經》曰：氣之清者，上注於肺，濁者下走於胃，是以天氣、穀氣分清濁，即《經》所云受穀者濁，受氣者清也。似乎肺胃之所受有二，然《經》更云真氣者與穀氣並而充身也，是肺胃所受其氣，又合而一也。如茲味之性冷者，食之固先入胃矣。第上焦天表之陽，而陰生化於其中者，以有專金之母氣也。使上焦心肺有熱，致金氣生化為之虧，則《經》所謂肺之濁氣下注於經者，胃先受之，而胃此之所受，乃上焦亢陽之氣，令胃中津液由熱化痰，復由痰滋熱，惟取茲味稟金氣之專屬陰而有收者，乃可以對待之，是滋味固上焦痰熱之的對，而胃先受其甘冷之益者也。夫如是乃得開胃而健脾氣，謂開胃中痰熱之所結滯，而令脾氣得運行之常也。故即反胃可療，而消痰止渴胥有功也。胃得如是，則胃之清氣上至於肺，乃俾肺與大腸之一氣流貫者，得以循其天度，而還其陽中之陰，金氣不虧生化，則營衛和，此吐血、咯血、血淋、腸澼、痔漏下血之皆治，而止熱嗽，療肺痿，潤聲喉，尤其首及者也。夫除痰熱之味不少，而獨以專功歸之，茲者以其稟金氣之專屬陰而收為斯證之的對也。至於由肺而先清胃，即由胃而還清肺，又豈非真氣與穀氣並而充身者之明徵乎哉？

附方　反胃吐食，乾柹三枚，連蒂搗爛，酒服甚效。切勿以他藥雜之。男女脾虛腹薄，食不消化，面上黑點者，用乾柹三斤，酥一斤，蜜半斤，以酥、蜜煎勻，下柹煮十餘沸，用不津器貯之，每日空腹食三五枚，甚效。痰嗽帶血，青州大柹餅飯上蒸熟，批開，每用一枚，摻真青黛一錢，臥時食之，薄荷湯下。熱淋濇痛，乾柹、燈心等分，水煎日飲。小兒秋痢，以粳米煮粥，熟時入乾柹末，再煮三兩沸食之，乳母亦食之。

希雍曰：柹性寒，肺經無火，因客風寒作嗽者，忌之。冷痢滑泄，腸胃虛脱者，忌之。脾家素有寒積，及感寒腹痛，感寒嘔吐者，皆不得服。不宜與蟹同食，令人腹痛作瀉。

柹蒂　氣味：濇，平，無毒。　主治：咳逆噦氣，煮汁服詵。

愚按：《本草》以咳逆噦氣類言之，是以咳逆即噦氣也。然後學致辨以噦為呃逆，非咳逆。而咳逆即是咳嗽，引《内經·生氣通天論》云：秋傷於溼，上逆而咳。以此二語証咳逆之證，明屬咳嗽肺病，斷非胃氣之上而為呃也。且丹溪亦謂呃逆屬氣逆，更成無已言胃氣逆為噦。是則噦可與呃逆類言，而不可謂其與咳逆同病也。第就呃逆，證其所因，而逆者困不一矣。方書《六要》云：是證有痰、有火、有氣虛、有陰火、有胃寒、有氣鬱、有死血，就其所因而治其投劑，亦不一也。如柹蒂之治止寒之一因耳。在《準繩》云：潔古柹錢散、寶鑑丁香柹蒂散、羌活附子湯，皆熱劑，唯寒呃宜之。又戴復菴曰：寒用丁香柹蒂，熱用調胃承氣。然則柹蒂其可槩用乎哉？如疑柹蒂屬寒，詎知《本草》原謂濇平，不等於乾柹之寒也。將以為與乾柹同寒，如治反胃證，何以用乾柹，更用柹椿乎？蓋乾柹取其清熱，而蒂止取其助乾柹以下氣云爾。所以潔古之柹錢散，丁香、人參温寒補胃，更藉柹蒂下氣，蓋得金氣之專以收也。故《本草》云濇平，濇即收氣，而平即陽歸於陰，亦秋收之氣也。必如是而後明於用柹蒂之義，如時珍云云。於斯義尚多憒憒，故悉置之弗錄也。

清·郭章宜《本草匯》卷一四　乾柹　味甘濇，寒，入手足太陰血分。壓胃熱，止口乾。治血淋，潤心肺。消痰止渴，療嗽潤聲。《本草》治通耳鼻氣，腸胃不足者，鼻為肺之竅，耳為腎之竅，金水二臟，最忌火熱，二臟有火上炎，則外竅閉而不通。得甘寒之氣，使火熱下行，竅自清利矣。又肺與大腸表裏，濕熱傷血分，則為腸澼不足。甘能益血，寒能除熱，臟氣清而腑病亦除也。

按：柹禀地中之陰氣，屬金有土，屬陰有收，為脾肺血分之果。故有健脾澀腸，治嗽止血之功。酒後食之，令人易醉，或心痛欲死。《別錄》言解酒毒者，非也。凡血淋澀痛，臟毒下血，以乾柿燒灰，或散或丸，服之。不可與蟹同食，二物俱寒，令人腹痛作瀉。惟木香可解，磨汁灌之，即漸甦醒。不乾者，寒氣稍減。肺經無火，因客風寒作嗽，及感寒嘔吐者，有痰者，皆忌服。中桐油毒，可解。又柹霜，即柹上白霜也。真者甘平冷濇，入上焦藥。能清心肺之火，生津止渴，化痰寧嗽。又治咽喉口舌瘡痛。同桑白皮、百部、天麥冬、沙參、貝母、蘇子、枇杷葉、橘紅、栝樓根，作丸，治肺火咳嗽生痰，妙。

柹蒂　味濇苦，溫。療咳逆，治噦氣。

按：柹蒂苦溫，能降逆氣之物也。震亨曰：人之陰氣，依胃為養。土傷，則木挾相火，直冲清道而上作欬逆，古人以為胃寒用丁香、柹蒂，不知其孰為補虛，孰為降火，不能清氣利痰，惟有助火而已。時珍云：咳逆者，氣自臍下冲脉，直上至咽膈，作呃忒蹇逆之聲也。《南陽書》以噦為欬逆，《溯洄集》以欬嗽為欬逆，皆非也。噦者，乾嘔有聲也。欬逆者，有傷寒吐下後，及久病產後，陰氣大虧，陽氣暴逆，自下焦逆至上焦，而不能出者；有傷寒失下，及平人痰氣抑遏而然者；當視其虛實陰陽，或溫或補，或泄熱，或降氣，或吐或下，可也。古方單用柹蒂煮汁飲之，取其苦溫能降逆氣也。《濟生》柹蒂散，加以丁香、生薑之辛熱，以開痰散鬱，此從治之法也。

清·尤乘《食鑒本草·果類》　烘柹　其種亦多，所在皆有。通耳鼻氣，止渴，去胃火，止腸毒。飲酒同食則易醉，或令心痛欲死。《別録》云解酒，則失之矣。乾柿生霜者補虛勞不足，消宿血，開胃潤肺，止吐血，反胃腸澼，痔血，消痰，止火嗽及咽喉、口舌瘡痛。

清·朱本中《飲食須知·果類》　柿子鹿心柿　味甘，性寒。多食發痰。同酒食易醉，或心痛欲死。同蟹食，令腹痛作瀉，或嘔吐昏悶，惟木香磨汁灌之可解。鹿心柿尤不可食，令寒中腹痛。乾柿勿同鼈肉食，難消成積。凡紅柿未熟者，以冷鹽湯浸，可經年許。但鹽藏者微有毒。

清·何其言《養生食鑒》卷上　柹音士，從𠂇，非柿音肺。　味甘，性溫，無毒。潤心肺，通耳鼻，消痰嗽，止渴，清火熱。飲酒食紅柹，令人易醉。

烏柹　火熏捻作餅者。性溫，能止痢及潤聲喉，殺蟲，多食可去面皯及腹中宿血。酥蜜煎食，益脾。若風中自乾者，亦動風。

黃柹　將熟未熟者為黃柹。和米粉蒸作糕，小兒食之，止痢。

紅柹　樹上熟者。性冷，止口渴，壓胃熱，飲酒者不宜用之，能令人生病。

醂柹　水養者。入鹽，有毒。澁下焦，健脾胃，消宿血。

朱柹　小而紅圓可愛者，味甚甘，痰火人宜之。

牛奶柹　小而似牛奶者，至冷，不可多食，令人腹痛。火乾者，名柹花，貨之四方，多用以喂小兒，能止瀉痢，益脾肺，因經火焙，性不冷矣。

椑柹　即綠柹，惟堪生啗，性冷更甚。去胃熱，壓丹石藥，利水。久食令人寒中。

柹霜　乃乾柹皮上白凝者。味甘，性涼。生津清熱，消痰止嗽。

以上諸柹及餅、霜，諸忌蟹、鱉，食之令人腹痛大瀉。

清·王翃《握靈本草》卷七　乾柹青州者良。火烘乾者，曰乾柹。日晒夜露，內甕中生霜，曰柹霜。　主治：乾柹，甘，平，濇，無毒。主補虛勞，健脾胃，開胃澁腸，消痰止渴，肺痿心熱，吐血咯血血淋，腸澼痔漏下血。

清·汪昂《本草備要》卷三　柹乾潤肺，濇腸，寧嗽。　甘，平，性濇。生柹性寒。　脾肺血分之果。健脾濇腸，潤肺寧嗽而消宿血。治肺痿熱咳，咯血反胃，有人三世病反胃，得一方，柿乾同乾飯日日食，不飲水，遂愈。腸風痔漏。肺與大腸相表裏，藏清則府熱亦除。《泊宅編》：柿乾燒灰飲，服二錢，治下血。　柹霜乃其精液。生津化痰，清上焦心肺之熱爲尤佳。治咽喉口舌瘡痛。忌蟹。　柹蒂止呃逆。古方單用，取其苦溫降氣。《濟生》加丁香、生薑，取其開鬱散痰，亦從治之法。《產寶》云：產後呃逆煩亂，柿餅一個，煮汁熱飲。

清·顧靖遠《顧氏醫鏡》卷八　柹霜甘，平。真者佳。　潤肺而化痰止嗽，清心而退熱生津。　蒂苦，溫。能降逆氣，故治冷呃。

清·李熙和《醫經允中》卷一八　柹霜　甘，濇，微寒，無毒。主治消痰止嗽止渴，潤心肺咽喉。療肺痿吐血咯血，血淋症。柿蒂治傷寒發呃。

清・李熙和《醫經允中》卷二一　柿　性冷，多食腹痛，更能引痰。同蟹食作瀉腹痛，木香解之。　紅甘，寒，濇，無毒。主除胃熱，飲酒食紅柿，令人易醉，或心痛欲死。《別録》言解酒毒，誤矣！　白柿甘，平，濇，無毒。火熏者性熱，主治濇腸，健脾胃，潤心肺，吐血咯血。霜清上焦心肺熱，生津止渴，化痰寧嗽，治咽喉口舌痛瘡。柿蒂止呃逆。

清・馮兆張《馮氏錦囊秘錄・雜症痘疹藥性主治合參》卷八　柿稟地中之陰氣以生，故味甘，氣寒，無毒。入手足太陰經。故能清胃，復能潤肺。肺與大腸為表裏，所以上主化痰止渴寧嗽，下主腸澼來紅不(足)〔止〕。總甘能益血，寒能除熱之功也。乾柿功效相似，但寒氣稍減，更能厚腸胃，補不足，潤肺止渴。柿霜，色白，輕浮，清肅上焦，治心肺間之熱，生津止渴，化痰止嗽，喉舌口瘡之需。但嫌性寒，凡肺經無火者，感寒咳嗽者，臟腑腸胃虛冷者，忌之。

柿，屬金與土，種類雖不一，收斂義則同。潤心肺住嗽，開胃脘消痰。腹內瘀血旋除，口中吐血易止。解渴，補虛勞不足；澁腸，禁熱痢頻來。忌與蟹同食，誤犯痛瀉害深。紅柿，忌酒共嘗，易醉人，患心痛至死。黄柿，和米粉蒸，小兒啖可塞腸澼便紅。(粗)〔鹿〕心柿略大，微寒。牛奶柿，至小，極冷，不宜多食，寒中腹疼。乾柿，氣平，久服有益，澁中，厚腸胃，殺蟲，潤咽喉。日晒乾，白色者佳。柿蒂，療嘔逆如神。柿霜，清心退熱生津，潤肺化痰止嗽，故治勞嗽甚效。木皮，研細，米飲調服，下血能醫。古謂柿有七絶：一〔多〕壽，二多陰，三無鳥窠，四無蟲蝕，五霜葉可翫，六嘉賓，七落葉肥大也。

按：　柿種雖不一，總之清肅上焦火邪，兼有益脾之功。有三世死於反胃，其孫得一方，用柿餅同乾飯食之，絕不用水，亦勿以他藥雜之，旬日而愈。其清肅上焦益脾之功可見矣。但中寒者禁之。

清・张璐《本經逢原》卷三　柿蒂　濇，平，無毒。柿、蟹同食，則吐利腹痛，木香可解。　發明：　柿之生青，熟赤。生濇，熟甘。渾是陰內陽外之象。獨蒂之濇始終不改，故取以治陰內陽外之病。《濟生方》治呃逆，專取柿蒂之濇，以斂內藴之熱。丁香、生薑之辛以散外鬱之寒，深得寒熱兼濟之妙用。嘗攷古方中單用柿蒂以降逆氣者，是以丹溪但熱以寒治熱之理，而不及從治之法，矯枉過矣。至《三因方》又於《濟生方》中加良薑之類，是真為寒而反助其熱乎。○其乾柿白霜，專清肺胃之熱，在元氣未漓，可勝寒潤者，用之固宜。但虛勞煩嗽喘乏，得此鬱閉虛陽，病根日固，與埋薪灰燼何異。

清・汪啟賢等《食物須知・諸果》　柿　味甘，氣寒。屬金有土，陰也。無毒。各處俱產，青州獨佳。雖多種類之名，並有收斂之義，屬金故也。潤心肺住咳，開胃脘消痰。腹內宿血旋除，口中吐血易止。解渴，補虛勞不足，澀腸，禁熱利頻。耳鼻氣可通。但忌蟹同食，誤犯痛瀉，為害匪輕。倘若犯之，急食醬、生薑為要，宜多食之。　紅柿，不可與醇酒共嘗，易醉人且患心痛至死。　黄柿，和米粉蒸糗，小兒啖，堪塞腸澼便血。　麄心柿，略大微寒。　中乳柿，至小極冷。俱不宜多食，恐寒中腹疼。　乾柿，氣平，久服有益，澀中，厚腸胃，殺蟲，潤咽喉。火乾烏，不佳；　日乾白，最美。　醂柿，亦消宿血，健脾，仍澀下焦。

清・葉盛《古今治驗食物單方》　柿子　血淋，乾柿三枚，燒存性，研，米飲下。　反胃，乾柿三枚，連蒂搗爛，酒服甚效，切勿以他藥雜之。　腸風臟毒，下血不止，柿餅一觔切片，以猪苦胆一個拌晒，或烘乾，槐米四兩，共為末，蜜丸服，不論男、婦、大、小，俱得愈也。　痰嗽帶血，大柿餅飯上蒸熟，批開，每用一餅，摻真青黛一錢，臥時食之，薄荷湯下。　臁瘡，柿霜、柿蒂等分，燒研敷之。

清・王子接《得宜本草・中品藥》　栜蒂　味濇。主治咳逆噦氣。得丁香治呃逆不止。

清・修竹吾廬主人《得宜本草分類・上部病總輯》　柿餅：　治肺病咯血。得童便能治補肺劫勞。

清・黄元御《玉楸藥解》卷四　柿霜　味甘，性涼。入手太陰肺、手少陰心經。清金止渴，化痰甯嗽。柿霜清心肺煩熱，生津解渴，善治痰嗽，消咽喉口舌諸瘡腫痛。乾柿餅清肺濇腸，消痰止渴。治吐血淋血，痔瘻腸澼，肺痿心熱，欬嗽喑啞。

清・吴儀洛《本草從新》卷四　栜〔潤肺，寧嗽，澀腸。〕俗作柿。　生用甘冷，潤肺止咳嗽，清胃理焦煩，乾柿甘寒而澀，澀腸止泄，潤肺寧嗽，而消宿血。治肺痿熱咳。《產寶》〔昝殷《產寶》。〕云：　產後咳逆煩亂，乾柿水煮飲。　咯血反胃，有人三世病反胃，至孫以柿乾同飯常食，不飲水，愈。　腸風下血痔漏。肺與大腸相表裏，臟清則腑熱亦除。《泊宅編》〔方勺《泊宅編》。〕柿乾燒灰，飲服二錢，治下血。　柿霜，乃其津液，生津化痰，清上焦心肺之熱為尤佳。治咽喉口舌瘡痛。柿性頗寒，肺經無火及風寒作嗽、冷痢滑泄者忌之。不宜與蟹同食，令人腹痛作瀉。柿蒂，止呃逆。古方單用，取其苦濇降氣。《濟生》加丁香、生薑，取其開鬱散痰，亦從治之法。

清·汪紱《醫林纂要探源》卷二 柿 甘，濇，寒。有大小、圓長、尖扁、黃赤、青黑數種。最小者曰丁香柿，黑者曰椑，可榨汁作桼。肺家果也。濇用同酸。斂肺清金。多食腹寒痛。忌酒，忌蟹。柿乾： 潤肺去熱。能止熱嗽，治肺癰，療腸風痔瘻。大腸，肺之表也。和胃濇腸。治反胃，以寒潤可去火，而通三陽之結也。亦能止瀉。柿霜： 甘，寒。輕虛，尤清肺。精液所凝，色白輕浮，專入肺，并治口瘡。柿蒂： 苦，寒。止呃逆。胃火陵肺，而氣上逆也。蒂，象肺，故專入，而苦以泄之。或加丁香者，以胃火抑於寒，因之不和，故又用辛熱以散之，而呃治矣。今專以呃為寒，又以蒂為苦濇，皆失之矣。

清·嚴潔等《得配本草》卷六 烘柿即紅柿。柿乾、柿霜、柿蒂。 甘、澀，寒。入手足太陰經血分。止口乾，壓胃熱，通耳鼻。肺腎二臟之火上炎，則外竅閉而不通，火氣下降，外竅自清。 忌與酒同食。又忌蟹，恐致腹痛。多食引痰飲上升。 柿乾 甘、澀，平。入手足太陰經血分。潤肺寧嗽。療肺痿，去腸風。 得粳米、豆豉，治耳聾鼻塞。得青黛、竹茹，治痰血。 燒炭，治下血。同飯蒸食，治反胃。柿餅一個，煮汁熱飲，治產後咳逆。 柿霜 甘，涼。入手太陰經。生津止渴，化痰寧嗽，清心肺鬱熱。治咽喉口瘡，止勞傷吐血。配柿蒂炭，敷臁瘡。 柿蒂 煮汁服，治呃逆。加丁香、生薑，開痰散鬱，其功甚疾。 丁香柿蒂湯，治呃逆也。而不知有病後氣虛之呃。脾胃傷氣，水挾相火，直衝清道而呃。邪火遏抑，誤服參、术，閉於中焦而呃。虛人陰乏，陽氣暴逆於下，至上焦而不能出則呃。若概以柿蒂湯投之，其呃未有不甚者也。

題清·徐大椿《藥性切用》卷六 柿子 鮮柿甜冷，清潤肺胃，可除血痢。乾柿，甘寒涼，濇肺腸能止便紅。柿霜，即乾柿津液，清肺潤燥，治膈豁痰。虛寒滑腸均忌。柿，苦平降氣，配以丁香，為胃虛呃逆耑藥。

清·黃宮繡《本草求真》卷六 柿蒂斂內鬱熱起。 柿蒂耑入肺胃。 味苦氣平。時珍謂其苦濇，似非。 雖與丁香同為止呃之味，然一辛熱而一苦平，合用深得寒熱兼濟之妙。《醫通本草》謂《濟生方》治呃逆，專取柿蒂之濇以斂內蘊之熱，丁香、生薑之辛以散外鬱之寒。 如係有寒無熱，則丁香在所必用，不得固執從治，必當佐以柿蒂。有熱無寒，則柿蒂在所必需。不得泥以兼濟之必雜以丁香，是以古人用藥，有合數味而見效者，有單用一味而見效者。要使藥與病對，不致悖謬而枉施耳。竹茹、蘆根，則較柿蒂性涼。 柿霜耑清肺胃之熱，能治咽喉口舌瘡痛，腸風痔漏，然必元氣未離，始可投服。若虛煩喘嗽切忌，柿乾同於柿霜，但力少緩，俱忌蟹。

清·李文培《食物小錄》卷上 柿 甘，寒、澀，無毒。通耳鼻氣，治腸胃不足，解毒，壓胃間熱，止口乾。諸柿食之皆美，而益人以核少者為佳。世傳柿有七絕，一多壽，二多陰，三無鳥巢，四無蟲蠹，五霜葉可玩，六嘉賓，七落葉肥滑可以臨書。 白柿即柿餅 甘，平、澀，無毒。補虛勞，澀中厚腸，健脾胃氣，開胃消痰，止渴，潤心肺。柿不可與蟹同食，多食則吐。

清·羅國綱《羅氏會約醫鏡》卷一七菓部 柿味甘寒，入肺脾二經。 甘能益血，寒能除熱，雖種類不一，總之能清上焦火邪，兼有益脾之功。止渴療嗽潤肺，消痰開胃。有人三世死於反胃，後得一方，用柿餅同乾飯食之，不用水而愈。 治腸風、痔漏。肺清則大腸亦清。 柿霜乃其精液，生津化痰，善清上焦心肺之熱，故治勞嗽甚效。并解咽喉口舌瘡痛。忌蟹同食。

柿蒂 止呃逆。或單用，或加丁香、生薑，亦從治之法。 但中寒者禁之。

清·王學權《重慶堂隨筆》卷下 鮮柿以熟透不生核者良。味甘性寒，養肺胃之陰。宜於火燥津枯之體，脾氣虛寒者，啖之即瀉。乾柿以北產無核者良。本草已載其功，而滋補脾胃，最宜於小兒。凡小兒忌食香燥乾硬諸物，以疳者乾也，又疳字從甘，弗食甘酸果品雜物。惟柿樹不生蠹，故小兒初進穀食，宜用乾柿，飯上蒸熟，嚼飯喂之，自無疳蟲脹瀉諸病。此古人所未言也。

清·黃凱鈞《藥籠小品》 柿霜 乃肺之精液，北地用膏粱粉收者，清上焦心肺之熱。柿蒂止呃逆。《濟生方》加丁香、生薑尤妙。

清·章穆《調疾飲食辯》卷四 柹 俗作柿，非。柹音沛，削木屑也。《綱目》作柹，亦俗字也。《隋書》： 文帝將伐陳，造舟於水次，木柹蔽江而下。《晉書》王濬伐吳，亦有造舟河干，木柹蔽江事。《圖經》曰： 柹有多種： 紅柹，所在皆有； 朱柹，出華山，略圓小，味甘美； 黃柹，生汴、洛諸州； 椑柹，色青，可生噉。又有一種小者，謂之軟棗，俗呼牛奶柹。世傳柹有七絕： 一多壽，二多陰，三無鳥巢，四無蟲蠹，五霜葉可玩，六可款嘉賓，七落葉肥滑可以臨書。《綱目》曰：　柹大者如楪，八稜，稍扁，其次如拳，小或如雞子、牛心、鹿心。一種小如錢者，謂之猴棗。皆以核少為佳。生食，《別錄》謂治腸胃不足，除胃熱，止口乾，解酒毒。而《拾遺》云：　飲酒食柹，令人易醉。則解酒之言，誤矣。性冷，故陶隱居云：　多食令人腹痛。又不可同蟹食。乾柹性稍平，《日華本草》曰：　能健脾胃，澀腸，凡病大便滑泄者宜之，澀者忌食。止渴，治怔忡健忘、吐血、肺痿、欬嗽、血淋、腸澼。均煎汁久飲，生者亦可。其精華外溢，結而為霜，味尤甘美，能清上焦心肺之熱，生津止渴，寧嗽，治咽喉口舌瘡痛。方勺《泊宅編》曰：　臟毒下血，乾柹燒存性，研末米飲下，每服二錢。《經驗方》曰：　有人三世死於反胃，後得一方，以乾柹同飯食，絕不飲水，遂愈。《食療本草》曰：　擣和酒服更佳。又曰：　脾虛，腹皮澆薄，飲食不消，隨食隨出，時泄時止，用乾柹三斤，酥一斤無酥亦可，蜜半斤煉熟，同柹餅貯不津器中，每日空心食三五枚。又小兒秋痢脾虛，及大人脾腎不足常病滑泄　柹餅擣爛，同粳米煮粥食。又解桐油毒，乾食。蓋其味醇正甘美，故能補心、脾、肺之虛；　質滋潤多膏，故能入血；　味甘而澀，故能上止虛嗽，下止虛痢。然甘則生蟲助脹，澀則閉邪，中滿及蟲症，嗽、痢初起，邪氣未盡，大便燥結，皆不宜用。惟其甘而健脾胃，故饑年可以代糧。《明史》：　孫傳庭督秦師討賊，以士卒飢疲，主固守。楊嗣昌為本兵，一日發馬上紅旗六道督戰。公不得已，引兵出潼關，而兵以無餉而譁。時柹正熟，乃就食之，謂之柹園之役。蒂能止呃逆，煮汁飲。其木於皮外畫作花卉、人物、鳥獸形，以刀刻之，深一二分許，久之，內中紋理即如所刻，鋸板作器，甚美觀。

一種椑柹，《綱目》曰：　樹矮小，故謂之卑。他柹生青熟黃赤，此雖熟亦青黑，故又名綠柹、青柹、烏柹、花柹。浸汁可染罾網、摺扇，或染苧布，作衣頗爽汗，謂之柹漆，或曰柹油。其柹只可生噉，不能乾收。味極澀，性尤冷，凡有病人，概不宜食。

清・趙翼《簷曝雜記》卷六　治失血症方　取未熟青黃色大柿一枚，好酒煎至九沸，去酒取柿食之，奇效。

清・王龍《本草纂要稿・菓部》　柿　氣味甘寒。潤心肺寧嗽，開胃脘消痰。腹中宿血旋除，口中吐血易止。解渴，補虛勞不足。澁腸，禁熱痢頻來。　柿蒂：　療呃逆如神。柿霜：　治勞嗽甚捷。

清・吳鋼《類經證治本草・足陽明胃腑藥類》　乾柿　【略】誠齋曰：　最能清胃脘之血，胃經吐血者必需之。〇鮮柿：　甘寒，色赤入心。清心潤脾肺而止咳，清胃理焦煩。

清・楊時泰《本草述鉤元》卷一七　柹　原青綠色，收置器中，自然紅熟，為生柹。用大柹去皮捻扁，曬露至乾，納甕中，待生白霜，取出，謂之白柹，今人呼為柹餅，二種宜治病。生柹性冷，日乾作柹餅，稍殺其冷性，當酌於證以對待之。

味甘平，濇，性冷。入手足太陰血分。開胃治上焦痰熱，俾胃先受其甘冷之益。濇腸，消痰止渴，治吐血，潤心肺，療肺痿心熱欬嗽，潤聲喉，治反胃，咯血，腸澼痔漏下血。稟地中之陰氣以生，入手足太陰經，清金水二臟火熱仲淳。性濇而能收，故有健脾濇腸、治嗽止血之功瀕湖。乾柹屬金而有土，屬陰而有收意，故止血治嗽，亦可為助丹溪。乾柹寒氣稍減，能厚腸胃，補不足，而清熱不減於生柹。臟毒下血，乾柹燒灰，飲服二錢愈，下血十年者，用此亦愈，為散為丸皆可。反胃吐食，乾柹三枚，連蒂擣爛，酒服甚效，切勿以他藥雜之。男女脾虛腹薄，食不消化，面上黑點者，乾柹三斤，酥一斤，蜜半斤，以酥、蜜煎勻，下柹煮十餘沸，用不津器貯之，每日空腹食三五枚，甚效。痰嗽帶血，青州大柹餅飯上蒸熟，批開，每用一枚，摻真青黛一錢，臥時食之，薄荷湯下。熱淋濇痛，乾柹、燈心等分，水煎日飲。小兒秋痢，以粳米煮粥，熟時入乾柹末，再煮三兩沸食之，母乳亦食之。

柹霜：　清上焦心肺諸熱，生津止渴，寧嗽化痰。治咽喉口舌瘡痛。長於清肅上焦火邪，兼能益脾開胃。得桑白皮、百部、天麥冬、沙參、貝母、蘇子、枇杷葉、橘紅、栝蔞根，作丸噙化，治肺經有火欬嗽生痰。

論：　柹樹四月開花結實，至八九月乃熟，是固受金氣之專矣。丹溪謂其屬金而有土者，以孕畜於土旺之後，而歸金以成也，又謂屬陰而有收意，亦本此旨。繹其主治，似於肺大腸之功為專，乃又以開胃健脾屬諸性冷之味，於義何居？《經》曰：　氣之清者上注於肺，濁者下走於胃，是以天氣穀氣分清濁。似乎肺胃之所受有二，然更云真氣者，與穀氣並而充身，是肺胃所受，其氣又合而一也。茲味性冷，入胃後能令上焦天表之陽，因有專金母氣，而陰即生化於其中。使上焦心肺有熱，致金氣之生化有虧，則所謂肺之濁氣下注於經者，胃先受之，胃受亢陽之氣，則胃中津液由熱化痰，復由痰滋熱，惟柹稟金氣之專，屬陰而有收者，乃可以對待之。然則所謂開胃健脾者，為其開胃中痰熱之結滯，而令脾氣得運行之常也。故反胃可療，而消痰止渴胥有功。胃得甘冷之益，則胃中清氣上至於肺，乃俾肺與大腸之一氣流貫者，得循天度而還其陽中之陰，金氣不虧生化則營衛和，此吐咯下血淋澼痔漏之所以治。而止熱嗽，療肺痿，潤聲喉，尤其首及者也。至於由肺而先清胃，即由胃而還清肺，豈非真氣穀氣並而充身之明驗乎。風寒作嗽者，忌之，冷痢滑洩，腸胃虛脫者，忌之。不宜與蟹同食，令人腹痛作瀉仲淳。

柹蒂：　氣味濇平。孟詵主咳逆噦氣。

論：　柹蒂得金氣之專以收，功能下氣。《本草》云：　濇平，濇即收氣，而平即陽歸於陰，亦秋收降下之氣也。呃逆所因不一，有痰，有火，有陰火，有氣虛，有氣鬱，有胃寒，有死血，就所因而投治，其劑亦不一，如丁香、柹蒂之治也，止寒呃之一因耳。

清·鄒澍《本經續疏》卷五　柿　【略】柿生色青而味濇，熟色紅而味甘。色青味濇，象金木之相戛擊；　色紅味甘，象火土之相煎爍。木能與金戛擊，則病必在金，火乃與土為煎爍，則病必在土。曰通耳鼻氣，主腸澼不足，非肺與大腸病而何？　曰解酒熱毒，止口乾，壓胃間熱，非脾與胃病而何？　緣金本制木，木無所畏，乃金為熱壅，而令不行。火原生土，土不受生，係濕鬱成熱，遂反畏火也。所以然者，青則宜發而濇反收，紅則宜急而甘反緩，是謂色與味相軋，相軋則其物應消敗，乃生生之理，偏寓於相軋之中。斯病之因通而反塞，因塞而反通，應行而不行，不應行而行者，皆能使即相軋而化為相生矣。何則有肺熱形證，自應喘促，乃偏不喘促而塞於耳鼻？　大府不通，自應腹滿，乃偏不腹滿而為腸澼？　此之謂因通反塞，因塞反通。酒氣流行最速，乃偏聚熱成毒而為口乾。後穀而入，先穀而溺出，則其氣應下行，乃偏自胃而上湧。此之謂應行而不行，不應行而行。清肺熱而耳鼻通，壓胃熱而口乾止。其治在彼，其效在此，曰化相軋為相生，何不可也。火柿者，不由本分，以人力強青為赤，強濇為甘，斯其功用，自應較狹。然所謂療金瘡、火瘡、生肉止痛者，仍是治肺與胃，以金瘡、火瘡必係皮毛肌肉間病也。至其蒂，孟氏《食療》謂能主欬逆噦氣，其味濇而性平。仲景云：　傷寒大吐大下之，極虛復汗出者，其人外氣怫鬱，復與之水，以發其汗，因得噦，所以然者，胃中寒冷故也。夫已大吐大下汗出矣，表氣何因尚是怫鬱？　必其吐下，皆不合法，病在表而反治其內也。當其吐下時，表病原未嘗不內入，此為極虛矣。乃病終連於表，及吐下之威已殺，則仍勃然而發於外，表氣更自怫鬱。無如醫者，但見其外之熱，不究其中之虛，復與之水，冀其汗出。孰知反增其寒，於是外之熱欲內濟其寒而不能，內之寒欲外逐其熱而不得，寒熱相擊，遂呃作聲而噦作焉。柿之蒂當初夏即生，既於盛暑時能吸酷熱之氣，入柿以化為寒，又於三秋能吸清肅之氣，入柿以變赤，是其交通陰陽，轉旋寒熱之功為何如。抑可知其不治但寒之噦，亦不治但熱之噦，即欬逆亦可於是而得悟其治矣。

清·葉桂《本草再新》卷五　柿味甘，性涼，無毒。入心、肺二經。　清心，解肺熱，降肺氣，止欬嗽，涼血，止吐血、鼻血。

柿葉味清苦，性寒，無毒。專入肺經。　治欬嗽吐血，止渴生津。○柿霜，能生津化痰，清上焦之熱，潤肺清心，治咽喉口舌火瘡。

清·吴其濬《植物名實圖考》卷三二　柿　《別錄》中品。有烘柿、醂柿、白柿、柿霜、柿餻，皆以法製成。

清·趙其光《本草求原》卷一二果部　柿乾　氣平，入肺。味甘，入脾。性澀冷，金之收氣。肺脾血分之果。主開胃、消痰、止渴。潤心肺，治肺痿、心熱咳嗽，潤聲喉，皆上焦有熱，肺失肅降，而濁氣盡停於胃，致熱化痰，痰滋熱，惟平冷可以治之。澀腸，收澀之功。治腸澼，胃之清氣上歸於肺，則肺與大腸流通，而不失其度。吐血、咯血、血淋、痔瘻下血，肺主清氣，而陰生化於其中；　生化無虧，營衛乃和，而血止。此得金之專氣，屬陰而收，故治之。反胃。肺胃俱清，則穀氣得真氣消降，而濁氣不致停逆。同飯多食，不飲水，即愈。

柿餅燒灰，飲服二錢，治下血極妙。蜜半斤，酥一斤，同煮，人柿乾三斤，再煮食，治脾虛腹薄食水消。飯上蒸，摻青黛於內，臥時薄荷湯下，治痰嗽帶血。同燈心，治熱淋。同米煮粥，治小兒秋痢。柿、蟹同食，則吐利腹痛，木香可解。

按：　柿生澀，熟甘，苦澀腸者，甘主守也，非澀收也。如以為澀，何以又能潤心肺？

柿蒂　澀，平，止呃逆、咳嗽。呃屬胃病，咳嗽肺病。然呃亦有因痰、因火、因氣虛、因胃寒、因氣鬱、因死血之異。柿蒂澀能收，氣平能引陽歸陰，為下氣專品。熱呃，單用柿蒂；　產後呃，乾柿連蒂煮汁飲；　熱被寒鬱，用此斂內熱，加丁香、生薑從治，以開鬱散寒；　寒虛者，再加良薑、人參；　熱呃甚，用調胃承氣，又不得概用此矣。

柿霜　柿之精液，乃乾柿皮上白霜也。潤心肺，生津，清熱。專清肺胃熱，化痰，寧嗽，治咽喉、口舌瘡痛。得桑白、百部、二冬、參、貝、蘇子、橘、蔞、枇杷為丸，含化，治肺火生痰、咳嗽。惟元氣未漓，可勝寒潤者方宜用；若虛勞喘乏，以此鬱閉虛陽，則病益深矣。

柿葉　苦，寒。清心肺，止渴、生津、止血。

柿　甘，平，無毒。潤心肺，清火、止渴，消痰嗽，通耳鼻，飲酒食之則易醉。其將熟黃柿，止痢，和米粉蒸粒。在樹上紅熟者，性冷，止渴，清胃熱。

綠柿　止堪生食，性更冷，寒胃，壓丹石毒，利水。

柿餅　烏柿火熏而成，甘，溫。止痢，潤聲喉，去面皯及腹中宿血。酥蜜煎，益脾。存性，止血。若風中自乾者，動風。

牛奶柿　小而如牛奶者，至冷，多食令人腹痛。經火焙乾者，名柿花，益肺脾，止瀉痢。

朱柿　小而紅圓者，甘，平，去痰火。

各柿及餅霜，俱忌蟹、鱉，犯之令人腹痛大瀉。

清・文晟《新編六書》卷六《藥性摘錄》　柿　甘，微寒。潤心肺，消痰嗽，止渴，清火熱，止血。得熟色黃者佳。飲酒食之，易醉。〇柿餅，性溫。止痢，潤喉，殺蟲，去腹中宿痛。〇柿霜，甘，微寒。並詳藥部瀉熱。

柿蒂　味苦，氣平。入肺胃。內斂鬱熱起，治呃逆。如有熱無寒，只須用柿蒂。如有寒無熱，須用丁香。〇寒熱並濟，則丁香、柿蒂、生薑並用為妙。〇柿霜，清肺胃之熱，治咽喉口瘡舌瘡痛，腸風痔漏，元氣實者可服。〇或虛煩喘咳，切忌。〇柿餅，同于柿霜，但力少緩。俱忌蟹。

清・張仁錫《藥性蒙求・果部》　柿霜、蒂　柿濇甘寒，濇腸潤肺。清熱消液，腸風當擬。生用甘涼潤肺，止欬嗽，清胃理焦煩。乾柿甘寒而濇，濇湯止泄，潤肺止嗽而消宿血，治下血痔漏。無熱者忌之。〇柿霜：乃其津液，生津化痰，清上焦心肺之熱為尤佳。〔仁〕：治咽喉、口舌瘡痛。〇柿蒂：濇，平。治呃逆。一云：苦，溫。降氣。

清・王孟英《隨息居飲食譜・水飲類》　柹俗作柿鮮柹甘寒。養肺胃之陰，宜於火燥津枯之體。以大而無核，熟透不澀者良。或采青柹，以石灰水浸過，則澀味盡去，削皮噉之，甘脆如梨，名曰綠柹。凡中氣虛寒，痰濕內盛，外感風寒，胸腹痞悶，產後病後，瀉痢瘧疝，痧痘後，皆忌之。不可與蟹同食。

乾柹甘平。健脾補胃，潤肺，澀腸止血，充飢，殺疳療痔，治反胃，已腸風。老稚咸宜，果中聖品。以北產無核者勝。惟太柔膩，不堪藏久。柹餅、柹花功用相似，體堅耐久，並可充糧。　反胃便瀉，並以柹餅飯上蒸熟，日日同飯嚼食，能不飲水更妙。凡小兒初食飯時，亦如此嚼餵，甚良。　產後嗽逆，氣亂心煩，柹餅碎切，煮汁飲。　痰嗽帶血，大柹餅飯上蒸熟，每用一枚，批開，糝真青黛一錢，臥時食之，薄荷湯下。　瘡瘡入目，柹餅日日食之。　解桐油、銀黝毒，多食柹餅。　熱痢血淋，柹餅細切，同秔米煮粥食。

柹霜　乃柹之精液，甘涼。清肺，治吐血、咯血，勞嗽，上消咽喉，口舌諸病甚良。

柹蒂　下氣，治欬逆、噫噦，氣衝不納之證。

柹漆　另有一種小柹，雖熟而色不赤，名曰椑柹，亦曰漆柹。須於小暑前柹未生核時采，而擣爛其汁如漆，可以染罾葛、造扇，蓋性能却水也。亦可生啖，性尤冷利。

清・劉善述、劉士季《草木便方》卷二木部　柿子樹　柿皮葉濇平熱毒，下血焙磨米飲服。煅磨調油塗湯火，根治血崩血痢速。　野柿皮葉辛涼濇，湯火灼傷腫毒塗。

清・田綿淮《本草省常・果性類》　烘柿（醂柿、柿餅、柿餅霜）　性寒。清胃熱，潤心肺，解煩燥口乾。同蟹食，令人腹疼、洩瀉、嘔逆，難救。同羊肉食傷人，同酒食令人易醉。或云柿能解酒，非也。　醂柿，性冷。傷脾胃，濇下焦。　柿餅，性寒。濇腸寧嗽，補虛勞不足，消腹中宿血。多食難刻化。宜同核桃仁食之。　柿餅霜，性微寒。清熱化痰，生津止渴，治咽喉口舌諸瘡痛。

清・戴葆元《本草綱目易知錄》卷三　生柹烘柹　甘，寒。【略】

白柹乾柹　甘，平，澁。脾肺血分之果。開胃澁腸，消痰止渴，健脾胃氣，補虛勞不足。消腹中宿血，殺蟲厚腸，去面皯，潤聲喉。治吐血，潤心肺。治肺瘻心熱，咳嗽反胃，咯血血淋，腸澼痔漏下血。【略】葆按：嵩取柹霜法：將乾柹餅白霜收取，又復曬露，瓮收取霜。如此數次，其柹內汁盡吐出為霜，而甘味則大減矣。【略】

柹霜葆增　乃柹曬露，其津液盡洩於外，體輕氣浮。生津止渴，寧嗽化痰，能清上焦心肺客熱，治咽喉口舌瘡痛。

清・黃光霽《本草衍句》　柿　味甘氣平，性澀能收。健脾潤肺，治肺瘻而有功。清胃濇腸，補虚勞之不足。上能止渴，定嗽消痰；下主腸風，臟毒痔漏。消腹中之宿血，亦治吐血、咯血、血淋。反胃漸除；療心熱而潤聲，肺脾血藥；霜清上焦心肺，止嗽生津。口舌咽喉。蒂治相火上沖，欬逆噦氣。腸風臟毒，乾柿燒灰，飲服二錢，愈。熱淋澀痛，乾柿、燈心等分，日服，用水煎。反胃吐食，乾柿酒服，搗爛。下痰咳帶血，柿餅蒸熟，批開，每用一枚，摻真青黛一錢，臥時服之，薄荷湯下。

清・陳其瑞《本草撮要》卷三 柿 味甘，冷，入手太陰、少陰經，功專潤肺止嗽，清胃理煩。乾柿甘寒，濇腸止洩，消宿血，治熱欬，反胃。以之燒灰，每服二錢，治下血。柿霜生津化痰，治咽喉口舌痛。柿性頗寒，肺經無火及寒咳冷痢滑洩者忌之。若與蟹同食，腹痛作瀉。柿蒂得丁香、生薑，開鬱散痰，治呃逆不止，從治之法則然，試之頗驗。

清・吴汝紀《每日食物却病考》卷下 柿子 味甘、澁，寒，無毒。通耳鼻氣，潤心肺，止渴，解酒毒。火熏作餅者，溫，止痢，潤喉。日曝乾者，微冷，厚腸胃。若中風自乾者，亦動風。樹上紅者，冷，飲酒食之，寒熱相激，作心痛，多則致死，戒之。醂柿，以水入鹽去澁味者，有毒。朱柿，小而紅圓，甚甘美。又小而似牛奶者，名牛奶柿，至冷，不可多食。火乾貨之者，名柿花，止瀉痢，益脾肺，蓋經火焙，性不冷矣。凡柿同蠏食，則腹痛作瀉，磨木香汁飲之即解。柿霜，乃其精液，清上焦心肺熱，止渴，化痰寧嗽，療喉舌瘡，臟毒。凡下血不止，以乾柿燒灰，米飲服二錢，即愈，極驗。

小油柿

清・劉善述、劉士季《草木便方》卷二木部 黑丁香 小油柿甘皮濇寒，水氣濕腫喘滿痊。癧瘰內傷解酒毒，臟熱消腫治不難。

椑柿

宋・唐慎微《證類本草》卷二三果部中品〔宋・馬志《開寶本草》〕 椑音卑柿 味甘，寒，無毒。主壓石藥發熱，利水，解酒熱。久食令人寒中，去胃中熱。生江淮南。似柿而青黑。《閑居賦》云：梁侯烏椑之柿是也今附。

〔宋・掌禹錫《嘉祐本草》〕按：日華子云：椑柿，止渴，潤心肺，除腹藏冷熱，作漆甚妙。不宜與蟹同食，令人腹疼并大瀉矣。

〔宋・唐慎微《證類本草》〕《圖經》：文具柿條下。

宋・王繼先《紹興本草》卷一三 椑柿 紹興校定：椑柿乃柿之別一種矣，但形色頗異，其性一也。《本經》雖具主治，然多食致中寒之疾有之，其療病未聞。當從《本經》味甘、寒、無毒是矣。江南多産之。

宋・陳衍《寶慶本草折衷》卷一八 椑音卑 柹 一名梁侯烏椑之柹。○又云：一名椑。○俗號綠柹。生江、淮南。又云：出宣、歙、荊、襄、閩、廣諸州。今南北皆有之。○秋冬摘藏，待其熟，則澀除而自甘矣。○忌與蟹同食。

味甘，待熟則甘。寒，無毒。○主壓石藥發熱，利水，解酒熱。久食寒中，去胃中熱，似柹而青黑，熟則純黃。○陶隱居云：性冷復甚於柹。分柹條。○日華子云：止渴，潤心肺，除腹藏熱，不宜與蟹同食，令人腹痛大瀉。○《圖經》曰：但可生啖，不堪乾。○亦分柹條。

明・劉文泰《本草品彙精要》卷三三 椑柿無毒 植生。

椑音卑柿：主壓石藥，發熱，利水，解酒熱，久食令人寒中，去胃中熱。名醫所録。

〖苗〗《圖經》曰：似柿而青黑，《閑居賦》云：梁侯烏椑之柿是也。但可生啖，不堪乾用。諸柿食之，皆美而益人，惟椑柿更壓丹石毒爾。然其性冷，復甚於柿，故散石家熱啖之，亦無嫌，不入藥用，惟可作漆，甚妙。〖地〗《圖經》曰：生江淮南及宣、歙、荊、襄、閩、廣諸州。〖時〗生：春生葉。採：十月取實。〖用〗實。〖色〗青黑。〖味〗甘。〖性〗寒，緩。〖氣〗氣之薄者，陽中之陰。〖臭〗朽。〖主〗清胃熱，消酒毒。〖治〗療：日華子云：止渴，潤心肺，除腹臟冷熱。〖忌〗不宜與蟹同食，令人腹痛并大瀉。〖解〗壓丹石毒。

明・王文潔《太乙仙製本草藥性大全》卷四《本草精義》 椑柿 舊本不載所出州土。出宣、歙、荊、襄、閩、廣、江、淮南等諸州。其葉似柿而更大更厚，實有毛，開花黄白，結實似柿而青黑，而長大，狀似牛心。亦可作漆。《閑居賦》云梁侯烏椑之柿是也。

明・王文潔《太乙仙製本草藥性大全》卷四《仙製藥性》 椑柿 味甘，氣寒，無毒。主治：潤心肺止渴，除腹臟冷熱。壓石藥發熱大效，解酒熱利水爲先，能去胃中熱。良久食令人寒，不宜與蠏同食。

明・李時珍《本草綱目》卷三〇果部・山果類 椑柹音卑士。宋《開寶》。

〖釋名〗漆柹《日華》 綠柹《日用》 青椑《廣志》 烏椑《開寶》 花椑《日用》 赤棠椑時珍曰：椑乃柹之小而卑者，故謂之椑。他柹至熟則黄赤，惟此雖熟亦青黑色。

擣碎浸汁謂之柹漆，可以染罾、扇諸物，故有漆柹之名。　【集解】志曰：　椑柹生江淮以南，似柹而青黄。潘岳《閒居賦》所謂梁侯烏椑之柹是也。頌曰：　椑柹出宣、歙、荆、襄、閩、廣諸州。柹大如杏，惟堪生啖，不可爲乾也。

【氣味】甘，寒，濇，無毒。弘景曰：　椑生啖性冷，服石家宜之，不入藥用。不可與蟹同食。

【主治】壓丹石藥發熱，利水，解酒毒，去胃中熱。久食，令人寒中《開寶》。止煩渴，潤心肺，除腹臟冷熱《日華》。

明·應廙《食治廣要》卷四　椑柹即漆柹。釋名漆柹，又名緑柹。　氣味：甘，寒，澁，無毒。主治：　壓丹石藥發熱，利水，解酒毒，去胃中熱，止煩渴，潤心肺，除腹藏冷熱。

明·姚可成《食物本草》卷八果部·山果類　椑柹椑，音卑。一名漆柹。出宣、歙、荆、襄、閩、廣諸州。柹大如杏，惟堪生啖，不可為乾也。他柹至熟則黄赤，惟此雖熟亦青。搗碎浸汁謂之柹漆，可以染罾、扇。

椑柹，味甘，寒，澀，無毒。主壓丹石藥發熱，利水，解酒毒，去胃中熱，止煩渴，潤心肺。久食，令人寒中。不可與蟹同食。

明·施永圖《本草醫旨·食物類》卷三　椑柹音卑士。○名漆柹，擣碎浸汁謂之柹漆，可以染罾、扇諸物。○柹大如杏，惟堪生啖，不可為乾也。　味：　甘，寒，濇，無毒。椑生啖，性冷，服石家宜之，不入藥用，不可與蟹同食。治：　壓丹石藥發熱，利水，解酒毒，去胃中熱。久食令人寒中，止煩渴，潤心肺，除腹臟冷熱。

清·吴其濬《植物名實圖考》卷三一　椑柹　《開寶本草》始著録。色青，以作漆。

清·田綿淮《本草省常·果性類》　椑柹　一名漆柹。性寒。除煩熱，潤心肺，止渴解酒。多食寒中。食蟹者忌之。椑，音悲。

猴闥子

清·趙學敏《本草綱目拾遺》卷八果部下　猴闥子　《宦遊筆記》：出臨海深山茅草中，土名仙茅果，秋生冬實，樵人採食，并可磨粉，其性溫補，然城市亦無食之者。　《綱目》有猴騷子，形與此別。　又臨海出猴總子，一名土柿，每年九十月間生，形與紅柿同，皆非一物。　《臨海異物志》：　猴闥子如指頭大，味苦可食，他處所無。　性溫，暖丹田，益五臟，健脾，增氣力。

君遷子

唐·孫思邈《千金要方》卷二六《食治·果實》　軟棗　味苦，冷，濇，無毒。多食動宿病，益冷氣，發欬嗽。

宋·唐慎微《證類本草》卷二三果部下品〔唐·陳藏器《本草拾遺》〕　君遷子　味甘，平，無毒。主止渴，去煩熱，令人潤澤。生海南。樹高丈餘，子中有汁如乳汁。《吴都賦》云：　平，仲君遷。

〔宋·唐慎微《證類本草》〕《海藥》云：　謹按劉斯《交州記》云：　其實中有乳汁，甜美香好。微寒，無毒。主消渴煩熱，鎮心。久服輕身，亦得悦人顏色也。

唐·孟詵、張鼎《食療本草》卷子本　軟棗平。多食動風，令人病冷氣，發咳嗽。

明·朱橚《救荒本草》卷下之後　軟棗　一名丁香柹，又名牛乳柹，又呼羊矢棗。《爾雅》謂之梬音影。舊不載所出州土。今北土多有之。其樹、枝、葉、條、蘚皆類柹，而結實甚小。乾熟則紫黑色。味甘，性溫。一云微寒，無毒。多食動風，發冷風咳嗽。　救飢：　採取軟棗成熟者食之。其未熟結硬時摘取，以溫水漬養，醂盧感切去澁味，另以水煮熟食之。

明·李時珍《本草綱目》卷三〇果部·山果類　君遷子《拾遺》

【釋名】梬棗《千金》作軟棗。　梬棗《廣志》。音逞。　牛奶柹《名苑》　丁香柹《日用》　紅藍棗《齊民要術》時珍曰：　君遷之名，始見於左思《吴都賦》，而著其狀于劉欣期《交州記》，名義莫詳。梬棗，其形似棗而軟也。司馬光《名苑》云：　君遷子似馬奶，即今牛奶柹也，以形得名。崔豹《古今注》云：　牛奶柹即梬棗，葉如柹，子亦如柹而小。唐宋諸家，不知君遷、梬棗、牛奶柹皆一物，故詳證之。

【集解】藏器曰：　君遷子生海南。樹高丈餘。子中有汁，如乳汁甜美。《吴都賦》平仲君遷是也。時珍曰：　君遷即梬棗，其木類柹而葉長。但結實小而長，狀如牛奶，乾熟則紫黑色。一種小圓如指頂大者，名丁香柹，味尤美。《救荒本草》以爲羊矢棗，誤矣。其樹接大柹最佳。《廣志》云：　梬棗，小柹也。肌細而厚，少核，可以供御。即此。

【氣味】甘，濇，平，無毒。　【主治】止消渴，去煩熱，令人潤澤藏器。　鎮心。久服，悦人顏色，令人輕健珣。

明·鮑山《野菜博録》卷三　軟棗　一名丁香柹，又名牛乳柹，又呼羊矢棗。《爾雅》謂之梬。其樹枝葉皆類柹，結實甚小，乾熟則紫黑色。味甘，性溫，無毒。多食動風，發冷風咳嗽。　食法：　採取軟棗成熟者，食之。

明·應廙《食治廣要》卷四　梬棗即丁香柹。　氣味：　甘、〔澀〕，平，無毒。主治：　消渴，去煩熱，令人潤澤，悦人顏色，令人輕健。

明·姚可成《食物本草》卷八果部·山果類　君遷子一名牛奶柹。生南海。樹高丈餘。子中有汁，如乳汁甜美。《吳都賦》平仲君遷是也。〇李時珍曰：君遷即梬棗，其木類柹而葉長。但結實小而長，狀如牛奶，乾熟則紫黑色。一種小圓如指頂大者，名丁香柹，味尤美。《廣志》云：梬棗，小柹也。肌細而厚，少核，可以供御。

君遷子，味甘、澀，平，無毒。止消渴，去煩熱，令人潤澤，輕健，鎮心，悅人顏色。

明·施永圖《本草醫旨·食物類》卷三　君遷子名牛奶柹。　味：甘，濇，平，無毒。治：止消渴，去煩熱，令人潤澤，鎮心。久服悅人顏色，令人輕健。

清·章穆《調疾飲食辯》卷四　君遷子　《綱目》曰：即梬棗。《千金方》作輭棗。《齊民要術》名紅藍棗。《廣志》名梬棗。司馬溫公《名苑》名牛柹。木類柹，葉稍長，結實小而長，形似牛奶，熟則紫黑，味甘美。一種小如指頭者尤美。《日用本草》名丁香柹。《拾遺》曰：君遷之名，始見於左思《吳都賦》平仲君遷是也。子中有白漿如乳，性極益人，善止消渴，去煩熱，令人潤澤。《海藥本草》曰：令人輕健。《救荒本草》以為即羊屎棗，誤矣。羊屎乃棗類，此因其形圓長似棗，故名棗，實柹類也。

清·吳其濬《植物名實圖考》卷三一　軟棗　即牛奶柹。《救荒本草》以為即羊矢棗。段玉裁《說文解》從之。《名苑》云：即君遷子。《本草綱目》從之。引《本草拾遺》云：生海南。今嶺南有羊矢棗。《南越筆記》述之甚詳，蓋同名異物也。《禮記·內則》：芝栭蔆椇，疏引賀氏說，以栭為軟棗。《爾雅》注以栭為栭栗。釋經者多以郭說為長，郭注遵羊棗，云實小而圓，紫黑色，俗呼羊矢棗，狀與軟棗符。

清·田綿淮《本草省常·果性類》　梬棗　一作軟棗，一名梬棗，一名紅藍棗，一名牛奶柿，一名丁香柿，一名君遷子。性平。除煩止渴，潤肺鎮心。久食令人輕健，悅顏色。

安石榴

唐·孫思邈《千金要方》卷二六《食治·果實》　安石榴　味甘、酸，濇，無毒。止咽燥渴。不可多食，損人肺。

唐·孟詵、張鼎《食療本草》卷子本　〔石榴溫。實，主穀利、泄精。〕疣蟲白蟲。按經：久食損齒令黑。其皮炙令黃，搗為末，和棗肉為丸，日服卅丸，後以飯押。斷赤白痢。又，久患赤白痢，腸肚絞痛，以醋石榴一箇，搗令碎，布絞取汁，空腹頓服之，立止。又，其花葉陰乾，搗為末，和鐵丹服之。一年白髮盡黑，益面紅色。仙家重此，不盡書其方。

附：日·丹波康賴《醫心方》卷三〇　石榴　《本草》云：味甘、酸。損人，不可多食。根，療蚘蟲、寸白，殼療下痢，止漏精。崔禹〔錫〕云：不可多食，損人氣。世人云：石榴花赤，赤皈皈可愛，故多植以為延年花也。孟詵云：濕。實主穀利泄精。又云：損齒令黑。

宋·唐慎微《證類本草》卷二三果部下品〔《別錄》〕　安石榴　味甘、酸，無毒。主咽燥渴，損人肺，不可多食。酸實殼，療下痢，止漏精。東行根，療蚘蟲、寸白。

〔梁·陶弘景《本草經集注》〕云：石榴，以花赤可愛，故人多植之，尤爲外國所重。入藥惟根、殼而已。其味有甜、醋，藥家用醋者。子爲服食者所忌。

〔宋·掌禹錫《嘉祐本草》〕按：《蜀本圖經》云：子味甘、酸，其酸者尤能止痢。《藥性論》云：石榴皮，使，味酸，無毒。能治筋骨風，腰脚不遂，行步攣急，疼痛。主澁腸，止赤白下痢。一方：取汁止目淚下，治漏精。根青者，入染鬚方用。陳藏器云：石榴本功外，東引根及皮，主蚘蟲，煎服。子止渴。花、葉乾之爲末，和鐵丹服之，一年變毛髮色黑如漆。鐵丹：飛鐵爲丹，亦鐵粉之屬是也。孟詵云：石榴，溫。多食損齒令黑皮，炙令黃杵末，以棗肉爲丸，空腹三丸，日二服。治赤白痢腹痛者。取醋者一枚并子，擣汁頓服。段成式《酉陽雜俎》云：石榴甜者，謂之天漿，能理乳石毒。

〔宋·蘇頌《本草圖經》〕曰：安石榴，舊不著所出州土，或云本生西域。陸機與弟雲書云張騫爲漢使外國十八年，得塗林安石榴是也。今處處有之。一名丹若。《廣雅》謂之若榴。木不甚高大，枝柯附幹，自地便生，作叢，種極易息，折其條盤土中便生。花有黃、赤二色，實亦有甘、酢二種。甘者可飡，酢者入藥。多食其實，則損人肺。東行根并殼，入殺蟲及染鬚髮口齒等藥。其花百葉者，主心熱吐血及衄血等。乾之作末，吹鼻中立差。崔元亮《海上方》療金瘡，刀斧傷破血流。以石灰一升，石榴花半斤，擣末，取少許傅上，捺少時，血斷便差。又，治寸白蟲，取醋石榴根，切一升，東南引者良。水二升三合，煮取八合，去滓，著少米作稀粥，空腹食之，即蟲下。又一種山石榴，形頗相類而絕小，不作房，生青、齊間甚多，不入藥。但蜜漬以當果，或寄京下，甚美。

〔宋·唐慎微《證類本草》〕雷公云：凡使皮、葉、根，勿令犯鐵。若使石榴殼，不計乾濕，先用漿水浸一宿，至明漉出，其水如墨汁。若使枝、根、葉，并用漿水浸一宿，方可用。《肘後方》：治赤白痢，下水穀宿食不消者，爲寒，可療。酸石榴皮燒赤爲末，服方寸匕。《百一方》：治丁腫，以針刺四畔，用榴末着瘡上，以麪圍四畔灸，以痛爲度。內末傅上急裹，經宿連根自出。《經驗方》：治腸滑久痢，神妙無比。以石榴一個劈破，炭火簇燒令煙盡，急取出，不令作白灰，用甆椀蓋一宿出火毒，爲末。用醋石榴一瓣，水一盞，煎湯服二錢，瀉亦治。孫真人云：食之損肺。又方：治耳聾法：以八、九月取石榴一，開上作孔如毬子大，留靨子，內米醋滿石榴中，却以靨子蓋之，然後搜麪裹卻石榴，無令醋出，煻灰火中燒麪熟，藥成。入少黑李子、仙沼子末，取水滴點耳內，不得輒轉。腦中痛勿驚。如此三夜，又點別耳，依前法，佳。又方：糞前有血，令人面色黄。石榴皮杵末，茄子枝湯下。《斗門方》：治女子血脉不通。用根東生者取一握炙乾，濃煎一大盞，服之差。婦人赤白帶下同治。《廣利方》：治吐血，衄血。以百葉石榴花作末，吹在鼻中差。《十全方》：治寸白蟲。以醋石榴東引根一握，淨洗細剉，用水三升，煎取半椀已下，去滓，五更初溫服盡，至明取下蟲一大團，永絶根本。一日喫粥補。《古今録驗》：治冷熱不調，或下帶水，或赤白青黄者。酸石榴子五枚，合殼舂，絞取二升汁，每服五合，至二升盡，即斷。小兒以意服之二三合。

宋・寇宗奭《本草衍義》卷一八　安石榴　有酸、淡兩種，旋開單葉花，旋結實，實中子紅，孫枝甚多，秋後經雨則自坼裂。道家謂之三尸酒，云三尸得此果則醉。河陰縣最多。又有一種，子白，瑩澈如水晶者，味亦甘，謂之水晶石榴。惟酸石榴皮合斷下藥，仍須老木所結及收之陳久者，佳。微炙爲末，以燒粟米飯爲丸，梧〔桐〕子大，食前熱米飲下三十至五十丸，以知爲度。如寒滑，加附子、赤石脂各一倍。

宋・王繼先《紹興本草》卷一三　安石榴　紹興校定：安石榴採皮為用，惟酸實殼以醋熬之，斷泄痢頗驗。蓋取收澀之性多矣。當云溫、無毒是也。其實味有甘有酸者，乃世之果品。《本經》云多食損人肺，蓋為味酸及多食過其節矣。其主咽喉燥渴，顯非所宜。但根療蟲方亦間用。處處產之，唯西北地者佳。

宋・鄭樵《通志》卷七六《昆蟲草木略》　石榴　本草謂之安石榴。《爾雅》云：劉，劉杙。劉與榴通用故也。一名丹若，一名若榴。其甜者，又名天漿。入藥多用酸榴。

宋・劉明之《圖經本草藥性總論》卷下　石榴皮　味甘、酸，無毒。主咽燥渴。損人肺，不可多食。酸實殼，療下痢，止漏精。東行根，療蚘蟲寸白。《藥性論》云：使。能治筋骨風腰腳不遂，行步攣急疼痛。主澁腸，止赤白痢及漏精。《海上方》：療金瘡，刀斧傷，破血流，以石灰、石榴花為末，傅擦，少時血斷便差。

宋・張杲《醫説》卷五　苦寸白蟲　掘石榴東引根皮，洗曝擣細，不兼他味，隔宿虛其腹，凌晨溫酒調服妙。

宋・陳衍《寶慶本草折衷》卷一八果部三品　安石榴皮、根及花附。　一名石榴，一名安熟榴，一名若榴，一名丹若。其甜者名天漿。其子白者名水晶石榴。○俗號金罌。生西域及塗林，及安石國。元稹詩云：何年安石國，萬里貢榴花。故名安石榴也。今處處種有之。○秋採，須老木所結者。○附：皮及根，並忌鐵。

味甘、酸，溫，無毒。○主咽燥渴。○《蜀本》云：酸者尤止痢。○孟詵云：多食損齒令黑。○段成式云：甜者能理乳石毒。○《圖經》曰：甘者可飡，酢者入藥。多食損肺。又一種山石榴，形類相類而絕小，不作房，生青、齊間，不入藥，但蜜漬以當果。

附：酸榴皮使。○味酸，無毒。療下痢，澀腸，斷下，止漏精，止目淚。治筋骨風，腰脚不遂，攣急疼痛，收之陳久，微炙而用。

附：東行根。○療蚘蟲寸白。其青根入染鬚方。

附：榴花。○主心熱。吐血及衄血，乾末吹鼻中，差。療金瘡，以石灰壹升，榴花半斤，擣末，取少許傅擦，差。其花有黄赤二色，以百葉者良。

元・忽思慧《飲膳正要》卷三　石榴　味甘、酸，無毒。主咽渴。不可多食，損人肺。止漏精。

元・尚從善《本草元命苞》卷八　石榴皮　為使。味酸澁，無毒。治筋骨風腰腳不遂，療大腸滑下痢赤白。咽乾燥渴，子，甘酸，能除鼻衄吐血，花子葉能止。為細末，內藥鼻中，愈。東行根，主寸白蚘蟲。酸實殼，止漏精下痢。根青入藥，染髮。子酸，損人齒肺。

元・吴瑞《日用本草》卷六　安石榴　有甜、酸二種，甜者名天漿，能理乳石毒；酸者能止痢。子白，名水晶。　味甘、酸，無毒。多食損齒令黑。又損人肺腑，生痰涎。　主咽燥渴。皮酸者能治筋骨風，腰脚不遂，行步疼痛，澁腸，止赤白下痢，澁精。東行根：殺寸白、蚘蟲。

元・朱震亨《本草衍義補遺》　石榴　味酸，病人須戒之。性滯，其汁戀膈成痰。榴者，留也。○多食損肺。其酸皮止下痢，其東行根治蚘蟲、寸白。

又，其花白葉者，主心熱吐血及衄血等，乾之為末，吹鼻中立差。

元・徐彥純《本草發揮》卷三 安石榴 丹溪云：石榴，味酸。病人須戒之。以其性澁滯，而汁戀膈成痰。蓋榴者，留也。

明・朱橚《救荒本草》卷下之後 石榴 《本草》名安石榴。一名丹若。《廣雅》謂之若榴。舊云：漢張騫使西域得其種還，今處處有之。木不甚高大，枝柯附幹，自地便生，作叢。種極易成，折其枝條，盤土中便生。其葉似枸杞葉而長，微尖，葉綠帶紅色，花有黄、赤二色，實亦有甘、酸二種。甘者可食，酸者入藥。味甘、酸，性溫，無毒。又有一種：子白瑩澈如水晶者，味亦甘，謂之水晶石榴。 救飢：採嫩葉煠熟，油鹽調食。榴果熟時摘取食之。不可多食，損人肺及損齒令黑。 治病：文具《本草》果部條下。

明・蘭茂原撰，范洪等抄補《滇南本草圖說》卷九 石榴 味甘、酸、澁，性微溫，無毒。〇子白而大者，名水晶榴。味甘美，壓丹毒，殺三尸蟲。治咽喉燥渴。多食傷肺傷牙而生痰。〇酸者止痢，一治遺精。如服別藥，不可食之。採皮，同水金鳳熬水，盪洗周身兩膀，可強筋壯骨，力勝百人。《洗髓經》載此方。採葉煎洗癢風瘡，及一切風癩最良。

明・蘭茂撰，清・管暄校補《滇南本草》卷上 甜石榴 味酸澁。治筋骨疼痛，四肢無力。化蟲止痢，或咽喉疼痛腫脹，齒床出血。退膽熱，明目。仝蚊蛤為末，亦能烏鬚。葉，治跌打傷，敷患處。皮，仝馬兜鈴煎，治小兒疳蟲蠱毒，神效。亦洗膀胱。

明・蘭茂撰，清・管暄校補《滇南本草》卷中 石榴皮（根走經絡。） 性寒，味酸，澁。治日久水瀉，同沙糖煨服。又治痢膿血，大腸下血。 附案：一婦人產後痢症，諸藥不效日久。用石榴皮醋炒，香附等〔分〕，煮服甚效。

明・蘭茂《滇南本草》〔叢本〕卷中 柘榴花 味酸，性寒。治日久水瀉，煨砂糖吃。治久痢膿血，大腸下血。一婦人產後痢症，吃糖吃藥不效日久，後用柘榴皮，醋炒香附，等分，煎服即愈。

明・王綸《本草集要》卷五 安石榴 味甘酸，無毒。（凡使皮根，勿犯鐵。漿水浸一宿用。） 主咽燥渴。多食損人肺。榴者，留也，性滯，戀膈成痰。酸(實)〔石〕皮，澀腸，止下痢，止漏精。東行根，療蚘蟲寸白。〇花，百葉者，主心熱，吐血及衄血，乾之作末，吹鼻中，立差。金瘡、刀斧傷，破血流，和石灰擣末，傅上。

明・滕弘《神農本經會通》卷三 安石榴 使也。陶云：入藥惟根殼，其味有甜醋，藥家用醋者。子為服食者所忌。雷公云：凡使皮根，勿令犯鐵。先用漿水浸一宿，漉出方可用。

味甘、酸，無毒。《本經》云：主咽燥渴。損人肺，不可多食。酸實殼，療下痢，止漏精。東行根，療蚘蟲寸白。《藥性論》云：皮，使，味酸，無毒。能治筋骨風，腰脚不遂，行步攣急痛疼，主澁腸，止赤白下痢。一方：取汁，止目淚下，治漏精。根青者，入染鬚方用。陳藏器云：安石榴本功外，東引根及皮，主蚘蟲，煎服。子，止渴。花、葉乾之，為末，和鐵丹服之，三年變毛髮色黑如漆。鐵丹，飛鐵為丹，亦鐵粉之屬也。孟詵云：石榴，溫。多食損齒令黑。皮炙令黃，杵末，以棗肉為丸，空腹三十丸，三服，治赤白痢腹痛者，取醋者一枚，并子擣汁頓服。《雜俎》云：石榴甜者，謂之天漿，能理乳石毒。《圖經》云：花百葉者，主心熱，吐血衄血等，乾之，作末吹鼻中，立差。《海上方》療金瘡、刀斧傷，破血流，以石灰一升，石榴花半斤，擣末，取少許傅上，揉少時，血斷便差。丹溪云：味酸，病人須戒之。性滯，其汁戀膈成痰。榴者，留也。餘同《本經》、《圖經》。《局》云：石榴實殼能收痢，更治筋攣脚痛風。花合石灰為(捍)〔悍〕藥，根皮可去腹間蟲。石榴，舒筋，止痢，去腹中蟲。根皮，煎汁服。

明・劉文泰《本草品彙精要》卷三四 安石榴（無毒） 植生。

安石榴：主咽燥渴。〇酸實殼，療下痢，止漏精。〇東行根，療蚘蟲，寸白。（名醫所錄。）

【名】丹若。

【苗】《圖經》曰：木不甚高大，枝柯附榦，自地便能作叢，種極易息，折其條盤土中遂生。花有黄赤二色，實亦有甘酢二種，甘者可食，酢者入藥。陸機書云：張騫使西域，於塗林國所得者是也。又一種山石榴，形頗相類而絕小，不作房，生青齊間甚多，不入藥，但蜜漬以當果，或寄京下，甚美。《衍義》曰：安石榴，有酸淡兩種，旋開單葉花，旋結實，實中子紅，秋後經雨則自坼裂，道家謂之三尸酒，云三尸得此果則醉。又有一種，子白，瑩澈如水晶者，味亦甘，謂之水晶石榴。惟酸石榴皮合斷下藥，仍須老木所結及收之陳久者佳。

【地】《圖經》曰：本生西域，今處處有之。《衍義》曰：河陰縣最多。

【時】生：春生葉。採：五月取花，七月、八月取實。

【收】陰乾，陳久者佳。

【用】子、皮、花、根。

【色】黄、赤。

【味】甘，酸。

【性】溫，收。

【氣】氣厚味薄，陽中之陰。

【臭】

香。【主】止痢，解渴。【製】《雷公》云：凡使，石榴殼不計乾濕，先用漿水浸一宿，至明漉出，其水如黑汁，方可用。【治】療：《圖經》曰：東行根並殼，入殺蟲及染鬚髮、口齒等藥。○花百葉者，主心熱吐血及衄血等，乾之作末，吹鼻中，立瘥。《藥性論》云：皮，味酸，能除筋骨風，腰脚不遂，行步攣急疼痛，澀腸，止赤白下痢。○取汁，止目淚下並漏精。○根青者，入染鬚方。陳藏器云：石榴子，止渴。《別錄》云：酸石榴皮，燒赤爲末服，治赤白痢，下水穀，宿食不消。【合治】酸石榴皮，炙令黃，杵末，合棗肉爲丸，空腹三丸，日二服，治赤白痢，腹痛。○酸石榴皮末，合茄子枝湯調服，療糞前有血，令人面色黃。【禁】多食，損齒令黑及損人肺。【禁】忌鐵器。

明·盧和、汪穎《食物本草》卷二果類 石榴 味甘酸，無毒。主療咽燥渴，多食損人肺，齒令黑。酸者，止痢澁腸漏精。甜者，理乳壓丹石毒。有子白而大者，名水晶榴，味甘美。丹溪曰：榴者，留也。味酸性滯，戀膈成痰。東行根，療蚘蟲、寸白。花，百葉者，主心熱吐血及衄血，乾之作末，吹鼻中立差。金瘡刀斧，傷破流血，和石灰搗末，傅上即愈。

明·許希周《藥性粗評》卷一 性澁無功安石榴。

安石榴，即人間所種石榴也。《酉陽雜俎》云：甜者謂之天漿，折其枝插地中亦生。古人栽法，置其石於根下則生而繁茂，得名之由，豈謂是與。其樹不甚高大，葉有經冬不衰者，孫枝甚多，五月開花紅淡如火，有單葉，有百葉单葉者，結實大如拳，實中子紅色，光映如水晶，秋後經霜則自坼裂，道家謂之三尸酒，謂三尸得此則醉。江南處處有之，有甜酸二種，甜者可食，而酸者入藥。十月採實收貯。凡使皮葉與根勿犯鐵器，皆用漿水浸過二宿，至明漉出。所使并所畏惡，《本草》不載。味甘、酸，性溫、澁，無毒。主治腸滑久痢，糞前血紅，男子漏精，婦人赤白帶下。然性主收澁，中病即已，多食則味留胸膈，損肺生痰，亦損齒，殊非美果。丹溪云：病人須戒之，以其性澁滯，而汁戀膈成痰。蓋榴者，留也。

單方：白髮變黑：花葉並取暴乾為末，和鐵丹服之一年，白髮亦黑如漆。鐵丹者，飛鐵為丹，亦鐵粉之屬是也。鼻衄吐紅：百葉花取暴乾為末，吹入鼻中，立止。赤白痢：石榴皮炙乾，杵為細末，以一二錢，茄子枝煎湯送下。糞前紅黃色：石榴皮炙令黃，杵為末，棗肉為丸梧子大，空心溫水送下五十丸，再服，或以粟米飯為丸，熱米湯送下亦可。寸白蟲：以酸石榴東引根一握，洗淨，剉，水三升，煎取一升，去滓，入少米煮作稀粥，空腹食之，其蟲一團自下。疔瘡毒：以針刺四畔，用榴皮末着瘡上，四面以麵圍之，將艾炙其上，以痛為度，其毒自拔。

明·鄭寧《藥性要略大全》卷六 石榴皮 止漏精，澁腸，攻痢，治筋攣脚痛。味酸澁，無毒。忌鐵。漿水浸一宿，用酸者入藥佳。

明·陳嘉謨《本草蒙筌》卷七 安石榴 味甘、酸，無毒。原種本生西域，張騫為使得來。在處園林，栽為翫飾。花開紅者，結實味甘，可為菓饜酒；花開白者，實結酸味，堪入藥拯疴。子啖生津，大能解渴。過食損齒變黑，抑又損肺當防。殼亦單方，能禁精漏。治筋骨風住痛，及脚膝不能行步宜煎；療赤白痢澁腸，併眼目時流冷淚堪洗。尤染皓髮，仍理蟲牙。花瓣研吹鼻中，即止衄血神効。儻金瘡未愈，和石灰搗敷。又東行根，取皮煎濃，殺寸白蟲，蚘蟲極妙。謨按：丹溪云：榴者，留也。味酸，性滯。汁能戀膈成痰，病人固宜戒也。然觀損齒、損肺之說，雖尋常無病人食多，亦受其害，況病者乎？

明·方穀《本草纂要》卷五 安石榴 味甘、酸，氣溫，無毒。主清咽潤燥，止痢澁腸，實脾補漏，益腎生精之藥也。蓋榴者，留也，性滯而不行。有所留滯於臟腑，則生痰結氣滯之症。故不可多食，恐傷心肺者也。又花百葉者佳，吹入鼻中，止吐血、衄血。又根東行者良，煮汁飲之，療寸白蟲。

明·寧源《食鑒本草》卷上 石榴子 味甘、酸。潤咽喉燥熱渴，損人肺。《經》云：榴者，留也。其性滯，其汁戀膈而成痰，病人忌食之。其殼療下痢、止漏精。孫真人云：多食損肺傷齒。皮：味酸。治筋骨風邪，腰脚不遂，行步攣急疼痛。澀腸，止赤白不止，及下虛漏精。新增雷公云：凡使皮、葉、根勿令把鐵。若使石榴殼不(汁)〔計〕乾濕，先用漿水浸一宿，至明曬出其水如墨汁，方可用之。花：千葉者為佳。主心熱吐血及衄血。風乾作末吹鼻中，立差。《崔元亮方》：療金刃斧器傷破，出血不止。以石灰半斤、石榴花四兩，為細末傅上，少時血止便差，神效。

明·王文潔《太乙仙製本草藥性大全》卷四《本草精義》 安石榴 一名丹若，《廣雅》謂之若榴。舊本不著所出州土。原種本生西域，張騫爲使得來，在處園林栽爲翫飾。花開紅者結實味甘，可爲菓饜酒；花開白者實結酸味，堪入藥拯疴。不甚高大，枝柯附幹，自地便生，作叢，種極易息，折其條盤土中便生。花有黃赤二色，實亦有甘酢二種，甘者可食，酢者入藥。多食其實則損人肺。東行根并殼入殺蟲及染鬚髮、口齒等藥。其花百葉者主心熱吐血及衄血等，乾之作末吹鼻中立差。崔元亮療金瘡刀斧傷破血流，以石灰一升，石榴花半斤，擣末少許傅上，擦少時，血斷便差。石榴甜者謂之天漿，能理乳石毒。又一種山石榴，形頗相類而絕小，不作房，生青齊間甚多，不入藥，但蜜漬以當果，或寄京下，甚美。

明·王文潔《太乙仙製本草藥性大全》卷四《仙製藥性》　安石榴　味甘，酸，無毒。　主治：　子啖生津大能解渴。過食損齒變黑，抑又損肺當防。殼亦單方，能禁精漏。治筋骨風住痛，及脚膝不能行步宜煎；療赤白痢澁腸，併眼目時流冷淚堪洗。尤染皓髮，仍理蟲牙。花瓣研吹鼻中，即止衄血神效。倘金瘡未愈，和石灰擣敷。又東行根取皮，煎濃殺寸白蟲、蚘蟲極妙。　補註：　赤白痢下，水穀宿食不消者，以皮燒赤爲末，服方寸〔匕〕。治丁腫，以針刺四畔，用榴末著瘡上，以麵圍四畔，灸以痛爲度，內末傅上急裹，經宿連根自出。○腸滑久痢，用一個，劈破，炭火簇燒令煙盡急出存性，用甆碗蓋一宿出火毒，爲末，用石榴一瓣水煎湯，服一錢。治耳聾，於八九月〔取石榴〕一個，開上作孔如毬子大，留靨子，入米醋滿榴中，却以靨子蓋之，然後搜麵裹，却無令醋出，煻灰火中以麵熟藥成，入少黑李子、仙沼子末，取水滴點耳內，不得輒轉。腦中痛勿驚，如此三夜，又點別耳，依前法，佳。治糞前有血，令人面色黃，以皮杵爛爲末，茄子枝湯下。治女子血脉不通，及赤白帶下，用根東生者，以一握，炙乾，濃煎服之差。治吐血衄，以百葉石榴花作末，吹在鼻中差。治寸白蟲，以醋榴東引根一握，净洗細剉，水煎去滓，五更初溫服，至明取下蟲一大團絕根，喫粥補。○烏鬚黑髮，以花葉乾之爲末，和鐵丹服之，一年變毛髮色黑如漆。鐵丹，飛鐵爲丹，亦鐵粉之屬是也。孟詵云：　石榴，溫。多食損齒令黑。皮炙令黃，杵末，以棗肉爲丸，空腹三丸，日二服。治赤白痢腹痛者，取醋者一枚并子，擣汁頓服。治冷熱不調，或帶下赤白青黃者，醋石榴子五枚，合殼舂絞汁二升，每服五合，至二升盡即斷。小兒以意服之。　太乙曰：　凡使皮葉根，勿令犯鐵。若使石榴殼，不計乾濕，先用漿水浸一宿，至明漉出，其水如墨汁。若使枝根葉，並用漿水浸一宿方可用。　按：　丹溪云：　榴者，留也。味酸性滯，汁能戀膈成痰，病人固宜戒也。然觀損齒損肺之說，雖尋常無病人食多亦受其害，況病者乎！

明·皇甫嵩《本草發明》卷四　安石榴下品。味甘、酸，無毒。　發明曰：　榴者，留也。味酸性滯，能戀膈成痰。雖云子能生津解渴，過食損齒變黑，又損肺。無病人多食有害，況病者乎？○殼，澁腸止痢，禁精泄，治筋骨風痛，脚膝難行，攣急痛。并目時流冷淚。療牙蟲，殺寸白，染鬚髮尤宜。○花瓣千葉者，主心熱吐衄血，乾吹鼻中止衄極效。和陳石灰，能敷金瘡流血。○東行根，取皮，煎濃汁，(赤)〔亦〕殺寸白蚘蟲。陶隱居云：　入藥惟殼、根而已，勿犯鐵器。○愚謂榴子，明潤味甘，人之所好者多，食反致疾。榴殼粗惡苦澁，人之所惡者，而益人居多。人但(如)〔知〕好其子，而棄其殼，信哉好而知其惡，惡而知其美者，天下鮮矣。

明·李時珍《本草綱目》卷三〇果部·山果類　安石榴《別録》下品

〔釋名〕若榴《廣雅》　丹若《古今注》　金罌時珍曰：　榴者瘤也，丹實垂垂如贅瘤也。《博物志》云：　漢張騫出使西域，得塗林安石國榴種以歸，故名安石榴。又按《齊民要術》云：　凡植榴者須安僵石枯骨于根下，即花實繁茂。則安石之名義或取此也。若木乃扶桑之名，榴花丹頳似之，故亦有丹若之稱。傅玄《榴賦》所謂灼若旭日栖扶桑者是矣。《筆衡》云：　五代吴越王錢鏐改榴爲金罌。《酉陽雜俎》言榴甜者名天漿。道家書謂榴爲三尸酒，言三尸蟲得此果則醉也。故范成大詩云：　玉池咽清肥，三彭迹如掃。　〔集解〕弘景曰：　石榴花赤可愛，故人多植之，尤爲外國所重。有甜、酢二種，醫家惟用酢者之根、殼。榴子乃服食者所忌。頌曰：　安石榴本生西域，今處處有之。木不甚高大，枝柯附幹，自地便生作叢。種極易息，折其條盤土中便生也。花有黃、赤二色。實有甘、酢二種，甘者可食，酢者入藥。又一種山石榴，形頗相類而絕小，不作房生，青齊間甚多，不入藥，但蜜漬以當果甚美。宗奭曰：　石榴有酸、淡二種。旋開單葉花，旋結實，實中紅，孫枝甚多，秋後經霜，則自坼裂。一種子白，瑩澈如水晶者，味亦甘，謂之水晶石榴。惟酸石榴入藥，須老木所結，收留陳久者乃佳。時珍曰：　榴五月開花，有紅、黃、白三色。單葉者結實，千葉者不結實，或結亦無子也。實有甜、酸、苦三種。《抱朴子》言苦者出積石山，或云即山石榴也。《酉陽雜俎》言南詔石榴皮薄如帋。《瑣碎録》言河陰石榴名三十八者，其中只有三十八子也。又南中有四季榴，四時開花，秋月結實，實方綻，隨復開花。有火石榴赤色如火。海石榴高一二尺即結實。皆異種也。案《事類合璧》云：　榴大如盃，赤色有黑斑點，皮中如蜂窠，有黃膜隔之，子形如人齒，淡紅色，亦有潔白如雪者。又潘岳賦云：　榴者，天下之奇樹，九州之名果。千房同膜，千子如一。禦飢療渴，解醒止醉。

甘石榴　〔氣味〕甘、酸，温，澁，無毒。多食損人肺《別録》。詵曰：　多食損齒令黑。凡服食藥物人忌食之。震亨曰：　榴者留也。其汁酸性滯，戀〔膈〕成痰。　〔主治〕咽喉燥渴《別録》。能理乳石毒孟詵。制三尸蟲時珍。

酸石榴　〔氣味〕酸，温，澁，無毒。　〔主治〕赤白痢腹痛，連子擣汁，頓服一枚孟詵。止瀉痢崩中帶下時珍。

〔發明〕時珍曰：　榴受少陽之氣，而榮于四月，盛于五月，實于盛夏，熟于深秋。丹花赤實，其味甘酸，其氣温濇，具木火之象。故多食損肺、齒而生痰涎。酸者則兼收斂之氣，故入斷下、崩中之藥。或云白榴皮治白痢，紅榴皮治紅痢，亦通。

【附方】新五。　腸滑久痢：黑神散：用酸石榴一個煅煙盡，出火毒一夜，研末，仍以酸榴一塊煎湯服，神效無比。　久瀉不止：方同上。○並《普濟方》。　痢血五色：或膿或水，冷熱不調。酸石榴五枚，連子擣汁二升。每服五合，神妙。《聖濟》。　小便不禁：酸石榴燒存性，無則用枝燒灰代之，每服二錢，用柏白皮切焙四錢，煎湯一盞，入榴灰再煎至八分，空心温服，晚再服。《聖惠》。　撚鬚令黑：酸石榴結成時，就東南枝上揀大者一個，頂上開一孔，内水銀半兩于中，原皮封之，麻扎定，牛屎封護，待經霜摘下，傾出殼内水，以魚鰾籠指蘸水撚鬚，久久自黑也。《普濟方》。

酸榴皮　【修治】斅曰：凡使榴皮、葉、根勿犯鐵，並不計乾濕，皆以漿水浸一夜，取出用，其水如墨汁也。

【氣味】同實。　【主治】止下痢漏精《別録》。治筋骨風，腰脚不遂，行步攣急疼痛，澀腸。取汁點目，止泪下權。煎服，下蚘蟲藏器。止瀉痢，下血脱肛，崩中帶下時珍。

【附方】舊六，新四。　赤白痢下：腹痛，食不消化者。《食療本草》用醋榴皮炙黄爲末，棗肉或粟米飯和丸梧子大。每空腹米飲服三十丸，日三服，以知爲度。如寒滑，加附子、赤石脂各一倍。○《肘後方》用皮燒存性，爲末。每米飲服方寸匕，日三服，效乃止。　糞前有血：令人面黄。用酢石榴皮炙，研末。每服二錢，用茄子枝煎湯服。《孫真人方》。　腸滑久痢：神妙無比方也。用石榴一個劈破，炭火簇燒存性，出火毒，爲末。每服一錢，别以酸石榴一瓣，水一盞，煎湯調服。《經驗方》。　久痢久瀉：陳石榴皮酢者，焙研細末。每服二錢，米飲下。患二三年或二三月，百方不效者，服之便止，不可輕忽之也。《普濟方》。　小兒風癇：大生石榴一枚，割去頂，剜空，入全蠍五枚，黄泥固濟，煅存性爲末。每服半錢，乳汁調下。或防風湯下亦可。《聖濟録》。　卒病耳聾：八九月間，取石榴一個，上作孔如毬子大，内米醋令滿，以原皮蓋之，水和麪裹煨熟，取起去蓋，入少黑李子、仙沼子末，取水滴耳中勿動。腦中若痛，勿驚。如此三夜。再作必通。○案唐慎微《本草》收采此方，云出孫真人，而黑李子不知爲何物也。其仙沼子即預知子。　食榴損齒：石榴黑皮炙黄研末，棗肉和丸梧子大。每日空腹三丸，白湯下，日二服。《普濟》。　丁腫惡毒：以針刺四畔，用榴皮着瘡上，以麪圍四畔灸之，以痛爲度。仍内榴末傅上急裹，經宿連根自出也。《肘後》《百一方》。　脚肚生瘡：初起如粟，搔之漸開，黄水浸淫，痒痛潰爛，遂致遶脛而成瘑疾。用酸榴皮煎湯冷定，日日掃之，取愈乃止。《醫學正宗》。

酸榴東行根　【氣味】同皮。　【主治】蚘蟲、寸白《別録》。青者，入染鬚用權。治口齒病頌。止澀瀉痢、帶下，功與皮同時珍。

【附方】舊三，新二。　金蠶蠱毒：吮白礬味甘，嚼黑豆不腥者，即是中蠱也。石榴根皮煎濃汁服，即吐出活蟲，無不愈者。《丹溪摘玄方》。　寸白蚘蟲：酢石榴東引根一握洗剉，用水三升，煎取半盌，五更温服盡，至明取下蟲一大團，永絶根本，食粥補之。崔元亮《海上方》用榴皮煎水，煮米作粥食之，亦良。　女子經閉：不通。用酢榴根東生者一握炙乾，水二大盞，濃煎一盞，空心服之。未通再服。《斗門》。　赤白下痢：方同上。

榴花　【主治】陰乾爲末，和鐵丹服，一年變白髮如漆藏器。○鐵丹，飛鐵爲丹也，亦鐵粉之屬。千葉者，治心熱吐血。又研末吹鼻，止衄血立效。亦傅金瘡出血蘇頌。

【附方】舊一，新二。　金瘡出血：榴花半斤，石灰一升，擣和陰乾。每用少許傅之，立止。《崔元亮方》。　鼻出衄血：酢榴花二錢半，黄蜀葵花一錢，爲末。每服一錢，水一盞，煎服，效乃止。《聖濟録》。　九竅出血：石榴花揉，塞之取效。葉亦可。

明・佚名氏《醫方藥性・草藥便覽》　石榴根　其性温。治冷瀉腹痛。

明・梅得春《藥性會元》卷中　安石榴　味甘、酸，氣平，無毒。凡使皮、葉、根，勿令犯鐵。若使石榴殼，不計乾濕，先用漿水浸一宿，至明漉出，其水如黑汁。如用葉、根，亦如此製。病人戒食，其性滯，其汁惡而成痰。榴者留也。　主治咽乾燥渴，損人肺，不可多食。　殼：療下痢，止漏精。東行根：殺寸白蟲。　其花百葉者，主治心熱吐衄，乾末吹鼻立止。若中蠱毒，以石榴皮煎汁飲之，吐出活物立愈。

明・穆世錫《食物輯要》卷六　石榴　子，味甘、酸、澀，性微温，無毒。壓丹石毒，殺三尸蟲，治咽喉燥渴。多食，傷肺損齒，戀膈生痰。酸榴子，治痢，澀腸固精。子白而大者，名水晶榴，味甘美，益人。

明・李中立《本草原始》卷七　安石榴　本生西域，今處處有之。木不甚高大，枝柯附幹自地便生，作叢。種極易息，折其條盤土中便生也。五月開花，有紅、黄、白三色。實有甜、苦、酸三種。甘者可食，酸者入藥。《醫學入門》曰：榴，留也。其性留滯，戀膈生痰。《博物志》云：漢張騫出使西域，得塗林安石國榴種以歸，故名安石榴。又《齊民要術》云：凡植榴者，須安僵石枯骨于根下，即花實繁茂。則安石之名義或取此也。

甜石榴：氣味：甘、酸，温，濇，無毒。多食損人肺。主治：咽喉燥渴。○能理乳石毒。○制三尸蟲。

酸石榴：氣味：酸，溫，濇，無毒。主治：赤白痢腹痛，連子擣汁，頓服一枚。○止瀉痢、崩中帶下。

酸石榴皮：主治：止下痢，漏精。○治筋骨風，腰腳不遂，行步攣急疼痛，澀腸，取汁點目，止淚下。○煎服下蚘蟲。○止瀉痢下血，脫肛，崩中帶下。

酸石榴東行根：主治：蚘蟲，寸白。青者入染鬚用。○治口齒病，止澀瀉痢帶下，功與皮同。

安石榴，《別錄》下品。【圖略】詵曰：多食損齒令黑。凡服食藥物人，忌食之。修治：榴皮葉根勿犯鐵，並不計乾濕，皆以漿水浸一夜，取出用，其水如墨汁也。

《肘後方》：治赤白痢疾，用酸石榴皮燒存性，為末，每米飲服方寸匕，日三服，效乃止。

明・張懋辰《本草便》卷二 安石榴 味甘、酸，無毒。凡使皮根勿犯鐵。漿水浸一宿用。主咽燥渴，多食損人肺。榴者，留也，性滯戀膈成痰。酸實皮澁腸，止下痢，止漏精。根療蚘蟲、寸白。○花百葉者，治心熱吐血。

明・吴文炳《藥性全備食物本草》卷二 安石榴 安石國名，張騫使安石國得其種。丹溪云：榴者，留也。性滯戀膈成痰，病人須戒之。多食傷肺損齒，少食亦能潤咽止渴。有甘酸二種，甘者可食，酸者殼可入藥。

殼 酸，無毒。主澁腸，止赤白痢，收目淚，治漏精及糞前見血；又治筋骨風，腰脚不遂，行步攣急疼痛，陰乾微炒用之。

花 百葉者，主心熱，吐血及衄血等血〔症〕，陰乾吹鼻中立止。金瘡刀斧傷破流血，取半斤入石灰一升，為末傅之，少時血斷立差。

榴東行根皮 療蛔蟲、寸白蟲，治女子血脉不通，赤白帶下，炙乾濃煎服之。凡使根殼，先漿水浸一宿，微炒，陳久者良。

明・趙南星《上醫本草》卷二 安石榴 一名丹若，一名金罌。《博物志》云：漢張騫出使西域，得塗林安石國榴種以歸，故名安石榴。又案《齊民要術》云：凡植榴者，須安僵石枯骨于根下，即花實繁茂，則安石之名，義或取此也。若木乃扶桑之名，榴花丹赬似之，故亦有丹若之稱，傅玄《榴賦》所謂灼若旭日栖扶桑者是矣。《筆衡》云：五代吳越王錢鏐改榴為金罌。《酉陽雜俎》言：榴甜者名天漿，道家書謂榴為三尸酒，言三尸蟲得此果則醉也。故范成大詩云：玉池咽清肥，三彭跡如埽。

甘石榴 甘、酸，溫，濇，無毒。主治：咽喉燥渴。能理乳石毒。多食損人肺。詵曰：多食損齒令黑，凡服食藥物人忌食之。震亨曰：榴者，留也。其汁酸，性滯戀，成痰。

酸石榴 酸，溫，濇，無毒。主治：赤白痢，腹痛。連子擣汁，頓服一枚，止瀉痢，崩中帶下。

附方 腸滑久痢：黑神散，用酸石榴一箇，煅煙盡，出火毒一夜，研末，仍以酸榴一塊，煎湯服，神効無比。久瀉不止：方同上。痢血五色：或膿或水，冷熱不調，酸石榴五枚，連子擣汁二升，每服五合，神妙。

明・李中梓《藥性解》卷一 石榴皮 味酸、濇，性溫，無毒，入大腸、腎二經，主精漏下痢，筋骨風痛，腳膝難行，目流冷泪，腸風下血。殺牙蟲，染鬚髮。其子止渴。其花百葉者，主心熱，療吐血。為末吹鼻中，止衄血及金瘡血。按：腸滑則患血痢，腎滑則患遺泄。榴者留也，故入茲二經。然痢積未盡者，不可先以此澀之。多服能戀膈成痰，其子不宜過食，能損肺壞齒，其花色赤屬火，宜入心家而主血。

明・倪朱謨《本草彙言》卷一五 石榴皮 味酸濇，氣溫，性收斂，無毒。

蘇氏曰：《博物志》云：石榴本生西域，漢張騫出使外夷，于安石國得種以歸。今中國隨地可植，木不甚高，枝柯作叢，葉如細柳，折其條插土中便生。五月開花，色大紅或有黃白色者，單瓣者結實，千瓣者不結實。實如瘤，皮色紫黑有斑點，經霜自拆開，裏如蜂窠，有黃膜隔之。子形如人齒，色淡紅，如寶石有光，咬之有水，味甘酸。外有味酸苦不甘者，係野山積石中生，取皮亦可充藥用。

石榴皮：澀腸止痢之藥也。朱寰宇抄李氏方：能治久痢虛滑不禁，幷婦人血崩帶下諸疾。陳氏方又安蚘蟲，蓋取酸澀收斂下脱之意。與訶子肉、罌粟殼同義。

集方：《肘後方》治赤白下痢久不止。用石榴皮一兩切碎，炒焦爲末。每服一錢，人參湯下。此方兼治血崩幷帶下疾。○同上治小兒蚘蟲不時下，或十數百數，急以石榴皮一兩，煎湯飲之，五日即止。○同上治脚肚生瘡作痒，初起如粟，搔之黃水浸淫，痒痛潰爛，遂致繞脛而成痼疾。用酸石榴皮煎湯，日日洗之，一月自愈。續補集方：治痔瘡腫痛出水。以石榴皮一兩，黄柏五錢，煎湯洗過，以冰片一二釐，紝入痔瘡破爛處，立效。〇治凍瘡久爛不愈。用石榴皮、冬瓜皮、甘蔗皮三味，燒灰存性研末，敷上即愈

明・應廖《食治廣要》卷四　安石榴　氣味：甘、酸，溫，濇，無毒。主治：　咽喉燥渴。多食損人肺。丹溪曰：　榴者留也。其汁酸性滯，戀膈成痰。

明・姚可成《食物本草》卷八果部・山果類　安石榴一名若榴，一名丹若。漢張騫出使西域，得安石國榴種以歸，故名安石榴。《酉陽雜俎》言榴甜者名天漿。道家書謂榴為三尸酒，言三尸蟲得此果則醉也。故范成大詩云：　玉池咽清肥，三彭跡如埽。〇安石榴本生西域，今處處有之。木不甚高大，枝柯附幹，自地便生作叢。種極易息，折其條盤土中便生也。花有黄、赤二色。實有甘、酢二種。又一種山石榴，形頗類而小，不作房，青、齊間甚多，蜜漬以當果甚美。〇李時珍曰：　榴五月開花，有紅、黄、白三色。單葉者結實，千葉者不結實，或結亦無子也。實有甜、酸、苦三種。河陰石榴名三十八者，其中只有三十八子也。又南中有四季榴，四時開花，秋月結實，實方綻，隨復開花。有火石榴，赤色如火。海石榴，高一二尺即結實。皆異種也。按《事類合璧》云：　榴大如杯，赤色有黑斑點，皮中(有)〔如〕蜂窠，有黄膜隔之，子形如人齒，淡紅色，亦有潔白如雪者。潘岳賦云：　榴者，天下之奇樹，九州之名果。千房同膜，千子如一。禦飢療渴，解醒止醉。

安石榴，味甘、酸，溫，濇，無毒。甘者治咽喉燥渴，理乳石毒，制三尸蟲。酸者治赤白痢腹痛，連子擣汁，頓服一枚。又止瀉痢，崩中漏下。俱不可多食，損人肺，損人齒，令黑。凡服食藥物人忌之。丹溪曰：　榴者留也。其汁酸性滯，戀〔膈〕成痰。

酸榴皮　止下痢漏精。治筋骨風，腰脚不遂，行步攣急疼痛，澀腸。取汁點目，止泪下。煎服，下蚘蟲。止瀉痢，下血脫肛，崩中帶下之疾。

東行根　主蚘蟲，寸白。青者，入染鬚用。治口齒病。止澀瀉痢、帶下，功與皮同。

花　陰乾為末，和鐵丹服，一年變白髮如漆。鐵丹，飛鐵為丹也，亦鐵粉之屬。千葉者治心熱吐血。又研末吹鼻，止衄血立效。亦傅金瘡出血。

附方：　治滑腸久痢，黑神散：　用酸石榴一箇煅盡烟，出火毒一夜，研末，仍以酸榴一塊煎湯服，神效無比。　治衄血不止。酸石榴花三錢，黄蜀葵花一錢，為末。每服一錢，水一盞，煎服。

明・顧逢柏《分部本草妙用》卷九果部　榴　甘、酸，溫，濇，無毒。多食損肺生痰。　主治：　咽喉燥渴，制三尸蟲，能理乳石毒。酸榴擣汁，止瀉痢崩帶。皮性濇，功與酸榴同，治筋骨腰腳不遂，行步攣急。

明・孟笨《養生要括・果部》　安石榴　甘者，治咽喉燥渴。能理乳石毒，制三尸蟲。酸者，治赤白下痢、脫肛、腹痛，崩中帶下。〔腸滑久痢：　用酸榴一個，煅煙盡，出火毒一夜，研末。仍以酸榴一枚，煎湯服，神效無比。〕

酸榴皮　止下痢，漏精。治筋骨風，腳腰不遂。取汁點目，止淚下。

東行根　煎服，治蚘蟲，寸白，治口齒痛。

榴花　陰乾為末，和鐵丹服一年，變白髮如漆。千葉者，治心熱吐血，又研末吹鼻，止衄血立效，亦傅金瘡出血。〔九竅出血：　石榴花揉塞之取効，葉亦可。〕

明・李中梓《醫宗必讀・本草徵要下》　石榴皮味酸、澀，溫，無毒。入肝、脾、腎三經。　瀉痢久而腸虛，崩帶多而欲脫。水煎服而下蚘，汁點目而止淚。

按：　榴味酸澁，故入斷下崩中之劑。若服之太早，反為害也。

明・鄭二陽《仁壽堂藥鏡》卷五　安石榴　《圖經》云：　子味甘、酸。其酸者能止痢。　丹溪云：　石榴味酸，病人須戒之。以其性澁滯而汁戀膈成痰。　蓋榴者，留也。　《藥性論》云：　石榴皮：　味酸，澁，無毒。能治筋骨風腰脚重。入烏鬚方用。　花千瓣，研吹鼻中，即止衄血。金瘡未愈，和陳石灰擣敷。

明・施永圖《本草醫旨・食物類》卷三　安石榴　甘石榴：　味：　甘、酸，溫，濇，無毒。多食損人肺。多食損齒，令黑。凡服食藥物人，忌食之。〇榴者，留也。其汁酸，性滯戀成痰。治：　咽喉燥渴，能理乳石毒，制三尸蟲。　酸石榴：味：　酸，溫，濇，無毒。治：　赤白痢，腹痛，連子擣汁，頓服一枚。止瀉痢，崩中，帶下。

附方　腸滑久痢：　用酸石榴一箇，煅烟盡，出火毒一夜，研末，仍以酸榴一塊，煎湯服，神效無比。　久瀉不止：　方同上。　痢血五色：　或膿或水，冷熱不調，酸石榴五枚，連子擣汁二升，每服五合，神妙。　小便不禁：　酸石榴燒存性，無則用柏燒灰代之。每服二錢，用柏白皮切，焙，四錢，煎湯一盞，入榴灰再煎至八分，空心溫服，晚再服。　撚鬚令黑：　酸石榴結成時，就東南枝上揀大者一箇，頂上開一孔，入水銀半兩於中，原皮封之，麻扎定，牛屎封護，待經霜摘下，傾出殼內水，以魚鰾籠指蘸水撚鬚，久久自黑也。

酸榴皮凡使榴皮、葉、根，勿犯鐵，並不計乾濕，皆以漿水浸一夜，取出用，其水如墨汁也。　味：　同實。治：　止下痢，漏精，治筋骨風，腰脚不遂，行步攣急疼痛，澀腸。取汁點目，止淚下。煎服，下蚘蟲，止瀉痢，下血脫肛，崩中帶下。

附方　糞前有血：令人面黃，用酢石榴皮，炙，研末，每服二錢，用茄子枝煎湯服。腸滑久痢：用石榴一箇劈破，炭火簇燒存性，出火毒，為末。每服一錢，別以酸石榴一瓣，水一盞，煎湯調和服，神效異常。久瀉：陳石榴皮酢者，焙研細末。每服二錢，米飲下，患二三年，或二三月，百方不效者，服之便止，不可輕忽之也。小兒風癇：大生石榴一枚，割去頂，剜空，入全蠍五枚，黃泥固濟，煅存性，為末。每服半錢，乳汁調下，或防風湯下亦可。

酸榴東行根　味：同皮。治：蚘蟲寸白。青者，入染鬚用。治：口齒病，止澀，瀉痢，帶下，功與皮同。　榴花　治陰乾為末，和鐵丹服一年，變白髮如漆。鐵丹，飛鐵之丹也，亦鐵粉之屬。千葉者，治心熱吐血。又研末，吹鼻止衄血立效，亦傅金瘡出血。

附方　金瘡出血：榴花半斤，石灰一升，擣和陰乾，每用少許傅之，立止。鼻出衄血：酢榴花二錢半，黃蜀葵花一錢，為末，每服一錢，水一盞，煎服，乃止。九竅出血：石榴花揉塞之取效。葉亦可。

明·李中梓《本草通玄》卷下　石榴皮　止下痢泄精，腸風崩帶。性極酸澀，善于收攝，新病者勿早服也。不拘乾濕，勿犯鐵器。漿水浸一夜，取出用，其水如墨汁。

清·穆石匏《本草洞詮》卷六　石榴　張騫使西域得安石國榴種以歸，故名。安石榴，潘岳賦云：榴者，天下之奇樹，九州之名果。千房同膜，千子如一。禦飢療渴，解醒止醉。道書謂榴為三尸酒，言尸蟲得此果則醉也。氣味甘酸濇溫，無毒。甘者治咽喉燥渴，制尸蟲。酸者治赤白痢，連子擣汁，頓服一枚。夫榴受少陽之氣，榮於四月，盛於五月，寔於盛夏，熟於深秋，丹花赤寔，純具木火之象，故多食損肺齒，而生痰涎。酸者兼收斂之氣，故入滯下崩中之藥也。

清·丁其譽《壽世秘典》卷三　安石榴《博物志》云：漢，張騫使西域得安石國榴種以歸，故名安石榴。又《齊民要術》云：凡植榴者須安僵石、枯骨于根下，即花實繁茂，則安石之名義或取此也。花有紅、黃、白三色，單葉者結實，千葉者不結實或結亦無子也，實有甜、酸、苦三種。一種子潔白瑩徹如水晶者，謂之水晶石榴。又南中有四季榴，四時開花，秋月結實。海石榴，高一二尺即結實，皆異種也。　氣味：甘、酸，溫，濇，無毒。治咽喉燥渴，理乳石毒，多食損人肺。

酸榴皮　氣味同實，主止渴瀉痢，下血脫肛，崩中帶下。

發明蘇頌曰：石榴有甘、酸二種，甘者可食，酸者入藥。道家書謂榴為三尸酒。言三尸蟲得此果則醉也。范成大詩：玉池咽清肥，三彭跡如掃。孟詵曰：多食損齒，令黑，凡服食藥物人，忌之。朱震亨曰：榴者留也，其性澀，戀膈成痰，損肺氣，不宜食。

清·郭章宜《本草匯》卷一四　石榴皮　味酸濇，氣溫，入足厥陰、太陰、少陰經。治瀉痢腸虛，止崩帶欲脫。煎服而下蚘蟲，點汁止目淚。

按：榴受少陽之氣，而榮于四月，盛于五月，實于盛夏，熟于深秋。丹花赤實，具木火之象。故多食損肺齒，而生痰涎。其皮味酸濇，故入斷下崩中之劑，善于收攝。新病者，勿蚤服也。

不拘乾濕，勿犯鐵器。漿水浸一夜，取出用，其水如墨汁。

清·尤乘《食鑒本草·果類》　石榴　多食損肺，損齒。凡服餌人尤忌。皮止久痢崩帶。

清·朱本中《飲食須知·果類》　石榴　味甘、酸、澁，性溫。多食令人損肺，傷齒令黑，戀膈生痰。凡服食藥物人忌之。

清·何其言《養生食鑒》卷上　石榴有紅、白，甘、酸二種。甘者，可食；酸者，殼可入藥。　味甘、酸、澁，性微溫，無毒。子白而大者，名水晶榴。味甘美，壓丹石毒，殺三尸蟲，治咽喉燥渴。多食傷肺，損齒，戀膈生痰。酸者用殼，止痢澁腸，治漏精。凡服藥物人，忌食之。

花　百葉者，治心熱，療吐血。為末，吹鼻中，止衄血及金瘡血。

清·王翃《握靈本草》卷七　石榴出自西域，今處處有之，惟酸者入藥。收留陳久者良。其皮用漿水浸一宿，取出用。　主治：石榴，甘、酸，溫，濇，無毒。主下痢，崩中帶下。

清·汪昂《本草備要》卷三　石榴皮濇腸，外用染鬚。　酸濇而溫。能濇腸，止瀉痢下血，煅末服。崩帶脫肛。瀉痢至于脫肛者，以石榴皮、陳壁土加明礬少許，濃煎熏洗。再用五倍子炒研，敷托而止之。浸水，汁黑如墨。烏鬚方綠雲油中用之。　勿犯鐵器。《客座新聞》云：一人患腹脹，夏成診之曰：飲食如常，非水腫蠱脹，乃濕熱生蟲之象也。以石榴、椿樹東引根皮、檳榔各五錢，空心服，腹大痛，瀉蟲長丈餘，遂愈。

清·李熙和《醫經允中》卷二二　石榴　多食損肺，生痰壞齒。　甘、酸，溫，濇，無毒。主治咽喉渴，酸榴搗汁，止瀉痢崩帶。皮性濇，與酸榴同功。花瓣研，吹鼻中即止吐衄；和石灰敷，可愈金瘡。中金、蠶、蠱毒，濃煎石榴皮汁飲之，即吐出。

清・馮兆張《馮氏錦囊秘錄・雜症痘疹藥性主治合參》卷八　石榴皮味酸，澁，性溫，無毒。入肝、脾、腎三經。　石榴皮，能禁精漏，赤白帶下，久痢滑瀉，並堪收澁。洗眼止淚，煎服下蚘。子啖生津解渴。過食損肺及損齒變黑，戀膈成痰。

清・张璐《本經逢原》卷三　安石榴　子，甘、酸，皮，濇，溫，無毒。發明：　榴味甘酸，具木火之象，故多食傷肺損齒，而生痰涎，其皮濇溫，能治下痢滑脫。一種小者曰酸石榴，治痢尤捷。《千金》治痢方皆用之，酸兼收斂，故能止下痢、漏精、崩中下血。《丹方》以酸石榴連皮子搗汁入薑茶煎，治寒熱利。又久痢用榴皮燒灰，人參湯下，一錢屢驗。〇榴花曝乾研細，吹鼻止衄最速，千瓣者更良，功在山茶花之上。

清・汪啟賢等《食物須知・諸果》　安石榴　味甘、酸，無毒。原種本生西域，張騫為使得來。在處園林栽為玩飾。花開紅者，結實味甘，可為菓醱酒。花開白者，實結酸味，堪入藥，不入食品。啖子生津，大能解渴。過食損齒變黑，抑又損肺，當防。　按：　榴者留也，味酸性滯。汁能戀膈成痰，病人固宜戒也。損齒、肺，雖尋常人亦不可多食也。

清・劉漢基《藥性通考》卷六　石榴皮　味酸，濇，氣溫。能濇腸痢下血，煅末服。崩帶，脫肛瀉痢，至於脫肛者，以石榴皮、陳壁土，加明礬少許，濃煎薰洗，再用五倍子炒，敷托而上之。〇浸水，汁黑如墨，烏鬚方綠雲油中用之。勿犯鐵器。一人患腹脹，飲食如常，非水腫蠱脹，乃濕生蟲之象也。以石榴皮、椿樹東引根皮、檳榔各五錢，空心服，腹大痛，瀉蟲尺長餘，遂愈。

清・葉盛《古今治驗食物單方》　石榴　腸滑久痢，酸石榴一個，煅烟盡，出火毒，研末，仍以酸榴一塊，煎湯服，神效。　糞前下血，用酢石榴皮，炙，研末，每服二錢，用茄梗煎湯服。　久痢久瀉，陳石榴皮酢者，焙，研末，每服二錢，米飲下。　丁腫惡毒，以針刺四畔，用榴皮着瘡上，以麵圍四畔灸之，以痛為度，仍以榴末敷上，急裹經宿，連根自出也。

清・黃元御《玉楸藥解》卷四　石榴皮　味酸，性濇。入手陽明大腸、足厥陰肝經。斂腸固腎，濇精止血。石榴皮酸濇收斂，治下痢遺精、脫肛便血、崩中帶下之病。點眼止淚，塗瘡拔毒。

清・吳儀洛《本草從新》卷四　石榴皮〔澀腸，收脫肛；　外用染鬚。〕　酸澀而溫。能澀腸，止泄痢下血，煅末服。崩帶脫肛。以石榴皮、陳壁土加明礬少許，濃煎熏洗，再加川倍子，炒研末，敷而托上之。又能殺蟲。浸水，汁黑如墨。烏鬚方綠雲油中用之。能戀膈成痰，痢積未盡者，服之太早，反為害也。忌鐵器。酸石榴，治瀉痢崩中帶下。過食損肺壞齒。榴花千葉者，治心熱吐血。又研末吹鼻，止衄血立效。亦敷金瘡出血。

清・汪紱《醫林纂要探源》卷二　石榴　甘，酸，溫。多食生痰，作熱痢。色赤入心，收斂反鬱。　皮　酸，濇。止瀉收脫。勿輕用。

清・嚴潔等《得配本草》卷六　石榴皮千葉石榴花　酸、澀，溫。治痢攝精。療崩中帶下，止腸風下血，祛筋骨風痛，除目流冷淚，洗脚瘡濕爛。得茄梗，治腸血。血在糞前者效。配檳榔，殺蟲。　勿犯鐵。或煎用，或焙用，或燒炭存性用。　千葉石榴花　酸、澀，平。治心熱吐血。　得蜀葵，燒炭吹鼻，治衄血。同石灰，敷金瘡。

題清・徐大椿《藥性切用》卷六　石榴皮　酸濇性溫，澁腸。止久痢，醋炒用。浸汁，可染鬚。石榴肉，酸甘性濇，能止崩中久痢。多食損肺壞齒。石榴花，涼心止衄。千葉者良。

清・李文培《食物小錄》卷上　安石榴　甘、酸，溫、澀，無毒。多食損肺，損齒令黑。凡服藥物人忌食。

清・羅國綱《羅氏會約醫鏡》卷一七菓部　石榴皮味酸澁，溫，入肝、脾、腎三經。　性酸而澁，有斷下之功。止瀉痢、下血、煅末服。崩帶、脫肛、漏精。虛滑可用，若兼他證，及服之太早，反有害也。洗眼止淚，煎服下蚘。

子　味甘酸，生津止渴，過食傷肺損齒。

清・黃凱鈞《藥籠小品》　石榴皮　酸，濇，治久痢下血，煅存性為末沖服。崩漏脫肛，煎湯洗。若血痢留邪未盡忌之。

清・章穆《調疾飲食辯》卷四　安石榴　名義不可曉。《博物志》謂出塗林安石國，漢張騫使西域得來。《齊民要術》謂種榴必須安石塊枯骨於根下，則結實多，故名安石，皆附會之言。考張騫使西域事，出《史記・大宛列傳》，只有安息國，無安石國，云安息在大月氐西，其俗土著耕田，以銀為錢，錢如其王面，王死則更鑄，效王面焉。漢使至安息，其王發使隨漢使來獻大鳥卵如甕，未及安石榴。至使者得諸種於外國，亦只云自烏孫以西，俗嗜蒲陶酒，馬嗜苜蓿，漢使取其實來，於是天子始種蒲陶、苜蓿，此事亦在張騫卒後數年。亦未及安石榴。乃今草木穀果之來自外夷者，悉云張騫出使得種，恐西域不通舟楫，萬里馳驅，馬煩車殆，不能攜帶許多物件也。《綱目》曰：《廣雅》名苦榴。《古今注》名丹若。吳越王錢鏐改名金罂。《酉陽雜俎》名天漿。樹低小叢生。一種海石榴，僅長尺許即結實，可盆植為玩。花有紅、黃、白三色，千瓣、單瓣二種千瓣者不結實。實有甜、酸、苦三種，子有紅、白二類。白者名水晶石榴，味最甘，性亦稍平不熱。每顆分數房，有膜隔之，子滿其中。秋後皮裂子見，乃可食。

按：榴性大熱，極傷人肺，損人齒，發咽喉熱痛。《別錄》謂解咽喉燥渴，大誤。朱震亨謂戀滯成痰，更為謬極震亨無痰字不開口。皮極澀，止腸滑久痢。根能殺蟲。千葉不結實者，其花止吐血、衄血。

清·葉桂《本草再新》卷五　石榴皮味酸而濇，性溫，無毒。入腎經。　治崩帶，脫肛，行血止瀉。

清·吳其濬《植物名實圖考》卷三二　安石榴　《別錄》下品。實有甘、酸、紅、白、瑪瑙數種。

清·趙其光《本草求原》卷一二果部　石榴皮　酸澀，微溫。治榴子瘡，止瀉痢，漏精，崩血，脫肛，帶下，洗痃疥癩。白花者良。采白花浸酒，延壽，止衄。研末吹。連皮、子搗汁，入薑、茶煎，治寒熱痢；存性，參湯下，治久痢。

清·文晟《新編六書》卷六《藥性摘錄》　石榴子　甘酸，澀，性溫。壓丹石毒，殺蟲，治燥渴。多食傷肺損齒，戀膈生痰。○(穀)[殼]，性澀，止久痢，澀腸，治漏精。凡服藥物人忌之。○花，治心熱，療吐血。為末，吹鼻止衄，並止金瘡血。

清·張仁錫《藥性蒙求·果部》　石榴皮花　石榴皮酸，止痢收肛。花療吐衄，兼治金瘡。皮酸濇而溫，能濇腸，止泄痢下血，崩帶脫肛。邪未盡者，服早反為害也。忌鐵。○榴花：千葉者治心熱吐血。又研末，吹鼻，止衄血立效。敷金瘡出血亦效。

清·王孟英《隨息居飲食譜·果食類》　石榴　甘、酸，溫，澀。解渴析酲。多食損肺，傷齒，助火生痰，最不益人，但供觀美而已。皮可染皂。中蠱毒，石榴皮煎濃飲。　腿肚生瘡，初起如粟，搔之漸開，黃水浸淫，癢痛潰爛，遂致繞脛而成錮疾，酸榴皮煎濃汁，冷定頻埽。

花　治吐血，研末，吹鼻止衄血，亦傳金瘡出血，以千葉大紅者良。

按：諸花忌澆熱水，惟此花可以烈日中灌溉，併宜以葷濁熱湯澆之則益茂，但勿著鹹味耳。正月二十日分枝，則當年即花。物性之難測如此，余幼時見業師王烺中先生善養此花，而人罕知其法，故附識以傳於世。

清·劉善述、劉士季《草木便方》卷二木部　石榴樹　石榴子皮酸濇溫，崩帶瀉痢脫肛君。腰脚筋骨風痹痛，根殺蚘蟲瀉血淋。紅白分用。

清·田綿淮《本草省常·果性類》　安石榴(酸石榴)　一名若榴，一名丹若，一名金罂。忌鐵器。性溫。利咽喉，生津。多食傷肺、損齒、生痰，服藥人不可食。　酸石榴，性略同。止瀉痢、崩中、帶下。多食戀膈。

清·陳其瑞《本草撮要》卷三　石榴皮　味酸濇，溫，入手太陰、足少陰經，功專濇腸止痢。便血崩中帶下之病，合陳壁土，少加明礬煎洗脫肛，再以五倍子研末敷而託上之良。點眼止淚，塗瘡拔毒。

清·吳汝紀《每日食物却病考》卷下　石榴附酸榴　乃張騫使西域，得塗林安石國種以歸，故名安石榴。有紅、黃、白，單瓣、千瓣之異，又有甜、酸之不同。然甜者止供食，酸者入藥。治喉燥，赤白痢，腹痛，制三尸。久痢久瀉者，用酸石榴一枚，煆烟盡，出火毒一宿，研末。仍以酸榴一塊，煎湯服，神效。花千瓣者，作末吹鼻中，衄血立瘥；和石灰搗，傅刀斧傷即愈。多食損肺，令人齒黑。

地石榴

明·蘭茂原撰，范洪等抄補《滇南本草圖說》卷三　地石榴　氣味澁苦，平。耑治婦人白帶，男子白濁管痛，小腹疼痛，煎服。

明·蘭茂撰，清·管暄校補《滇南本草》卷下　地石榴　性溫涼，味苦，濇。治遺精滑精，用根，水煨，點水酒服。

玉蕊

附：琉球·吳繼志《質問本草》附錄　玉蘂大島土名　多生川澤，枝條頗作蔓，倒垂長四五尺，嫩條紫色，葉似枇杷而濶大，夏初出穗開花，花無瓣，止白鬚，黃蘂子，狀如橄欖，兩頭尖而黯赭色，有稜，邦人謂之佐和藤。按周文忠公《玉蘂辨證》跋語云：唐人甚重玉蘂，故唐昌觀、集賢院、翰林院皆有之，非凡境也。往因親舊，自鎮江招□來遠致一本，條蔓如荼蘼，冬凋春茂，柘葉紫莖，再歲著花，久當成樹，花苞初甚微，經月漸大，暮春出八鬚如冰絲，上綴金粟，花心復有碧筩，狀類膽瓶，其中別抽一英，出眾鬚上，散為十餘蘂，猶刻玉然，玉蘂之名，乃在於此，群芳所未有也。古人愛玩如此，而邦人不識，漫看過不顧，可嘆耳。

必思答

宋·唐慎微《證類本草》卷一二木部上品〔唐·陳藏器《本草拾遺》〕 阿月渾子　味辛，溫，澁，無毒。主諸痢，去冷氣。令人肥健。生西國諸蕃。云與胡榛子同樹。一歲榛子，二歲渾子也。

宋·唐慎微《證類本草》卷一二木部上品〔前蜀·李珣《海藥本草》〕 無名木皮　謹按徐表《南州記》云：生廣南山谷。大溫，無毒。主陰腎瘻弱，囊下濕癢。並宜煎取其汁小浴，極妙也。其實號無名子，波斯家呼爲阿月渾，狀若榛子。味辛，無毒。主腰冷，陰腎虛弱，房中術使用者衆，得木香、山茱萸良也。

元·忽思慧《飲膳正要》卷三　必思荅　味甘，無毒。調中順氣。其果出回回田地。

明·劉文泰《本草品彙精要》卷三四　必思荅無毒　植生。

必思荅：主調中順氣。出《飲膳正要》。〔苗〕謹按：必思荅，即必思忒也，出回回田中。樹高一二丈，葉如杏，其實如桃、李，去肉取核仁，作果食之，今亦入貢焉。〔收〕日乾。〔味〕甘。〔性〕緩。〔氣〕氣之薄者，陽中之陰。〔臭〕香。

明·李時珍《本草綱目》卷三〇果部·山果類　阿月渾子《拾遺》校正自木部移入此，併入《海藥》無名木皮。

〔釋名〕胡榛子《拾遺》　無名子《海藥》　〔集解〕藏器曰：阿月渾子生西國諸番，與胡榛子同樹，一歲胡榛子，二歲阿月渾子也。珣曰：按徐表《南州記》云：無名木生嶺南山谷，其實狀若榛子，號無名子，波斯家呼爲阿月渾子也。

仁　〔氣味〕辛，温，濇，無毒。〔主治〕諸痢，去冷氣，令人肥健藏器。治腰冷，陰腎虛瘻弱，房中術多用之，得木香、山茱萸良李珣。

無名木皮《海藥》　〔氣味〕辛，大温，無毒。〔主治〕陰腎萎弱，囊下濕痒，並煎汁小浴，極妙珣。

明·姚可成《食物本草》卷八果部·山果類　阿月渾子一名胡榛子，一名無名子。生西國諸番，與胡榛子同樹。一歲胡榛子，二歲阿月渾子也。案徐表《南州記》云：無名木生嶺南山谷，其實狀若榛子，號無名子，波斯家呼為阿月渾子也。

阿月渾子，味辛，溫，無毒。治諸痢，去冷氣，令人肥健，治腰冷陰，腎虛瘻弱，房中術多用之。

明·姚可成《食物本草》卷九果部·異果類　必思答忽（必烈）〔思慧〕《飲膳正要》云：味甘，無毒。調中順氣。出回回田地。

必思答，味甘，無毒。主調中順氣，滋肺金，定喘急。久食利人。

附方：治三日瘧，百藥不效。用必思答三枚，酒一盞，煎去半。飲之，即止。

治難產不下及子死腹中，或胞衣不出。必思答七枚，酒煎，服之即下。

明·施永圖《本草醫旨·食物類》卷三　阿月渾子名胡榛子。　仁　味辛，溫，濇，無毒。治諸痢，去冷氣，令人肥健，治腰冷，陰腎虛瘻弱，房中術多用之。得木香、山茱萸良。

明·施永圖《本草醫旨·食物類》卷三　無名木皮　味辛，大溫，無毒。治：陰腎萎弱，囊下濕痒，並煎汁浴，極妙。

清·趙學敏《本草綱目拾遺》卷七果部上　阿月渾子　與榛子同類，性更溫良，能止痢，暖腎，開胃，除腸穢積，得木香、山萸，能興陽。

清·趙學敏《本草綱目拾遺》卷八果部下　必思答　產回回國地，見忽必烈《飲膳正要》。　味甘無毒，治調中順氣，滋肺金，定喘急，久食利人。三陰瘧百藥不效，必思答三枚，酒一盞，煎半飲之，即止。　難產不下，或子死腹中，必思答七枚，酒煎服即下。　又治胞衣不下。

清·田綿淮《本草省常·果性類》　胡榛子　一名無名子，一名阿月渾子。性溫。止瀉痢，去冷氣。久食令人肥健。

橘

晉·嵇含《南方草木狀》卷下果類　橘　白華赤實，皮馨香，有美味。自漢武帝，交趾有橘官長一人，秩二百石，主貢御橘。吳黃武中，交趾太守士燮獻橘十七實同一蔕，以為瑞異，群臣畢賀。

唐·孫思邈《千金要方》卷二六《食治·果實》　橘柚　味辛，溫，無毒。主胸中瘕滿逆氣，利水穀，下氣，止嘔欬，除膀胱留熱停水，破五淋，利小便。治脾不能消穀，却胸中吐逆霍亂，止瀉利，去寸白。久服去口臭，下氣，通神，輕身長年。一名橘皮，陳久者良。

附：日·丹波康賴《醫心方》卷三〇　橘　《本草》云：味辛，溫，無毒。主胸中癥瘕，熱逆氣，利水穀，下氣，止欬，除膀胱留熱停水，五淋，利小便。脾不能消穀，氣充胸中，吐逆霍亂。止洩，去寸白，久服去臭，下氣通神，輕身長年。陶〔弘〕景注云：此是説其皮功耳。其肉，味甘、酸。食之令多痰，恐非益人也。崔禹〔錫〕云：食之利水穀，下氣。皮味辛苦。並可噉之。孟詵云：皮主胸中瘕氣熱逆。又云：下氣不如皮也，性雖溫，甚能止渴。《吳錄地志》曰：建安郡有橘。冬月樹覆之，至明年春夏，色變為青黑，味尤絶美。《上林賦》曰：盧橘夏熟者，色黑。朱思簡曰：橘皮食殺蟲魚毒，噉膾必須橘皮為齏用。

宋・方勺《泊宅編》卷八 橘皮寬鬲降氣，消痰逐冷有殊功。他藥多貴新，唯此種貴陳，須洞庭者最佳。外舅莫強中知豐城縣，得疾，凡食已，輒胸滿不下，百方治之不效。偶家人輩合橘紅湯，取嘗之，似有味，因連日飲之。一日，坐廳事，正操筆，覺胸中有物墜於腹，大驚目瞪，汗如雨，急扶歸。須臾，腹疼利下數塊，如鐵彈子，臭不可聞，自此胸次廓然。蓋脾之冷積也。抱病半年，所服藥餌凡幾種，不知功乃在一橘皮，世人之所忽，豈可不察哉！其方：橘皮去穰，取紅一斤，甘草、鹽各四兩，水五椀，慢火煮乾，焙擣為末點服。又古方，以橘紅四兩，炙甘草一兩，為末點湯，名曰二賢散，以治痰特有驗。蓋痰久為害，有不可勝言者。世醫惟知用半夏、南星、枳實、茯苓之屬，何足以語此。

宋・唐慎微《證類本草》卷二三果部上品〔《本經・別錄》〕 **橘柚** **味辛，溫**，無毒。**主胸中瘕熱逆氣，利水穀**，下氣，止嘔欬，除膀胱留熱，停水，五淋，利小便，主脾不能消穀，氣衝胸中，吐逆，霍亂，止洩，去寸白。**久服去臭，下氣通神**，輕身長年。**一名橘皮**。生南山川谷，生江南。十月採。

〔梁・陶弘景《本草經集注》〕云：此是説其皮功爾。以東橘爲好，西江亦有而不如。其皮小冷，療氣，乃言勝橘。北人亦用之，並以陳者爲良。其肉，味甘、酸，食之多痰，恐非益也。今此雖用皮，既是果類，所以猶宜相從。柚子皮乃可服，而不復入藥。用此應亦下氣。

〔唐・蘇敬《唐本草》〕注云：柚皮厚，味甘，不如橘皮味辛而苦。其肉亦如橘，有甘有酸，酸者名胡甘。今俗人或謂橙爲柚，非也。按《呂氏春秋》云：果之美者，有雲夢之柚。郭璞云：柚似橙，而大於橘。孔安國云：小曰橘，大曰柚。皆爲甘也。

〔宋・馬志《開寶本草》〕注：自木部今移。

〔宋・掌禹錫《嘉祐本草》〕按：《藥性論》云：橘皮，臣，味苦、辛。能治胸膈間氣，開胃，主氣痢，消痰涎，治上氣欬嗽。陳藏器云：橘、柚本功外，中實冷。酸者聚痰，甜者潤肺。皮堪入藥，子非宜人。其類有朱柑、乳柑、黄柑、石柑、沙柑。橘類有朱橘、乳橘、塌橘、山橘、黄淡子。此輩皮皆去氣調中，實總堪食。就中以乳柑爲上。《本經》：合入果部，宜加實字，入木部非也。嶺南有柚，大如冬瓜。孟詵云：橘，止泄痢。食之下食，開胸膈痰實結氣。下氣不如皮。穰不可多食，止氣。性雖溫，止渴。又，乾皮一斤，擣爲末，蜜爲丸。每食前酒下三十丸，治下焦冷氣。又，取陳皮一斤，和杏人五兩，去皮尖熬，加少蜜爲丸。每日食前飲下三十丸，下腹藏間虚冷氣。脚氣衝心，心下結硬，悉主之。日華子云：橘，味甘、酸。止消渴，開胃，除胸中隔氣。又云：皮，暖，消痰止嗽，破癥瘕痃癖。又云：核，治腰痛，膀胱氣，腎冷，炒去殼，酒服，良。橘囊上筋膜，治渴及吐酒。炒，煎湯飲，甚驗也。又云：柚子，無毒。治姙孕人喫食少并口淡，去胃中惡氣，消食，去腸胃氣。解酒毒，治飲酒人口氣。

〔宋・蘇頌《本草圖經》〕曰：橘、柚，生南山川谷及江南，今江浙、荆襄、湖嶺皆有之。木高一二丈，葉與枳無辨，刺出於莖間。夏初生白花，六月、七月而成實，至冬而黄熟，乃可噉。舊説小者爲橘，大者爲柚。又云：柚似橙而實酢，大於橘。孔安國注《尚書》：厥包橘柚。郭璞注《爾雅》柚條皆如此説。又閩中、嶺外、江南皆有柚，比橘黄白色而大；襄、唐間柚，色青而實小。皆味酢，皮厚，不堪入藥。今醫方乃用黄橘、青橘兩物，不言柚。豈青橘是柚之類乎？然黄橘味辛，青橘味苦，《本經》二物通云味辛。又云：一名橘皮。又云：十月採，都是今黄橘也。而今之青橘似黄橘而小，與舊説大小、苦辛不類，則別是一種耳。收之並去肉，暴乾。黄橘以陳久者入藥良，古今方書用之最多。亦有單服者，取陳皮擣末，蜜和丸，食前酒吞三十丸，梧子大，主下焦積冷。亦可并杏子人合丸，治腸間虚冷，脚氣衝心，心下結硬者，悉主之。而青橘主氣滯，下食，破積結及膈氣方用之，與黄橘全別。凡橘核皆治腰及膀胱腎氣，炒去皮，酒服之良。肉不宜多食，令人痰滯。又乳柑、橙子性皆冷，並其類也，多食亦不宜人。今人但取其核作塗面藥，餘亦稀用，故不悉載。又有一種枸音矩亦音鈎櫞音沿，如小瓜狀，皮若橙而光澤可愛，肉甚厚，切如蘿蔔，雖味短而香氛，大勝柑橘之類，置衣笥中，則數日香不歇。古作五和糝素感切所用。陶隱居云：性溫宜人。今閩、廣、江西皆有，彼人但謂之香櫞子，或將至都下，亦貴之。

〔宋・唐慎微《證類本草》〕雷公曰：凡使，勿用柚皮、皺子皮，其二件用不得。凡脩事，須去白膜一重，細剉，用鯉魚皮裹一宿，至明，出，用。其橘皮，年深者最妙。《肘後方》：治卒失聲，聲咽不出。橘皮五兩，水三升，煮取一升，去滓頓服。又方：治食魚中毒，濃煮橘皮飲汁。《經驗後方》：治膈下冷氣及酒食飽滿。常服青橘皮四兩，鹽一兩，分作四分，一分無用湯浸青橘皮一宿，漉出去穰，又用鹽三分，一處拌和勻，候良久，銚子内炒微焦，爲末。每服一錢半，茶末半錢，水一盞，煎至七分，放溫常服，不用入茶，煎沸湯點亦妙。又方：治婦人産後氣逆。以青橘皮爲末，葱白、童子小便煎服之。《食醫心鏡》云：主胸中大熱，下氣消痰，化食。橘皮半兩，微熬作末，如茶法，煎呷之。又方：治卒食噎。以陳皮一兩，湯浸去穰，焙爲末，以水一大盞，煎取半盞，熱服。又方：治吹奶，不痒不痛，腫硬如石。以青橘皮二兩，湯浸去穰，焙爲末。非時溫酒下，神驗。《孫尚藥方》：治諸吃噫。橘皮二兩，湯浸去瓤，剉，以水一升，煎之五合，通熱頓服。更加枳殼一兩，去瓤炒，同煎之服，效。《集驗方》：治腰痛不可忍。橘子人炒研爲末。每服一錢，酒一盞，煎至七分，和滓空心服。《列子》：吴楚有大木，名櫾碧樹，而冬生實，丹而味酸，食皮、汁，止憤厥之疾。《尚書》注：小曰橘，大曰柚，揚州者爲善，故錫貢也。

宋·蘇軾《格物粗談》卷下 青皮最能發汗，有汗者不可用，人罕知之。

宋·寇宗奭《本草衍義》卷一八 橘、柚 自是兩種，故曰一名橘皮，是元無柚字也。豈有兩等之物，而治療無一字別者，即知柚一字爲誤。後人不深求其意，謂柚字所惑，妄生分別，亦以過矣。且青橘與黃橘，治療尚別，矧柚爲別種也。郭璞云：柚似橙而大於橘，此即是識橘、柚者也。今若不如此言之，恐後世亦以柚皮爲橘皮，是貽無窮之患矣。去古既遠，後之賢者亦可以意逆之耳。橘惟用皮與核。皮，天下甚所須也，仍湯浸去穰，餘如《經》與注。核、皮二者須自收佳。有人患氣嗽將期，或教以橘皮、生薑焙乾，神麴等分爲末，丸桐子大，食後、夜卧，米飲服三五十丸。兼舊患膀胱緣服此皆愈。然亦取其陳皮入藥，此六陳中一陳也。腎疰、腰痛、膀胱氣痛，微炒核，去殼爲末，酒調服，愈。

宋·王繼先《紹興本草》卷一三 橘、柚 紹興校定：柚、橘總大小而名之也，柚大而不堪入藥，當取橘，採皮為用。性味、主治已載《本經》，大率除痰下氣功力多矣。當作味苦辛、溫、無毒是也。其瓤肉唯作果實食之，而復能致痰飲，故所以用皮而須净去其白也。又有青皮一種，與此橘全別，乃臭橘之類，亦取其皮用，其下氣功力尤倍於此也。二物江南多產之。唯橘皮以陳久者佳。

宋·韓彦直《橘録》卷上 按《開寶》中陳藏器補《神農本草》書，柑類則有朱柑、乳柑、黄柑、石柑、沙柑。今永嘉所産，實具數品，且增多其目，但名少異耳。凡圃之所植，柑比之橘纔十之一二。大抵柑之植立甚難，灌溉鋤治少失時，或歲寒霜雪頻作，柑之枝頭殆無生意，橘則猶故也，得非瓊盃玉斚自昔易闕邪。永嘉宰勾君燾有詩聲，其詩曰：只須霜一顆，壓盡橘千奴。則黄柑位在陸橘上，不待辨而知。

真柑 真柑，在品類中最貴可珍，其柯木與花實皆異凡木。木多婆娑，葉則纖長茂密，濃陰滿地，花時韻特清遠。逮結實，顆皆圓正，膚理如澤蠟，始霜之旦，園丁採以獻，風味照座，擘之則香霧噀人，北人未之識者，一見而知其為真柑矣。一名乳柑，謂其味之似乳酪。溫四邑之柑，推泥山為最。泥山地不彌一里，所産柑其大不七寸圍，皮薄而味珍，脈不黏瓣，食不留滓，一顆之核纔一二，間有全無者。南塘之柑，比年尤盛，太守燕賞為秋日盛事。前太守參政李公賞柑之詩曰：忘機白鳥衝船過，堆案黄柑噀手香。侍郎曾公之詞曰：滿樹葉繁枝重，綴青黄千百。皆佳句也。

生枝柑 生枝柑似真柑，色青而膚麤，形不圓，味似石榴，微酸。崔豹《古今注》曰：甘，實形如石榴者，為壺柑。疑此類是。鄉人以其耐久，留之枝間，俟其味變甘，帶葉而折，堆之盤俎，新美可愛，故命名生枝。

海紅柑 海紅柑，顆極大，有及尺以上圍者，皮厚而色紅，藏之久而味愈甘。木高二三尺，有生數十顆者，枝重委地，亦可愛。是柑可以致遠，今都下堆積道旁者，多此種。初因近海，故以海紅得名。

洞庭柑 洞庭柑，皮細而味美，比之他柑，韻稍不及。熟最早，藏之至来歲之春，其色如丹。鄉人謂其種自洞庭山来，故以得名。東坡《洞庭春色賦》有曰：命黄頭之千奴，卷震澤而與還。翠勺銀罌，紫絡青綸。物固唯所用，醞釀得宜。真足以佐騷人之清興耳。

朱柑 朱柑，類洞庭而大過之，色絶嫣紅，味多酸，以刀破之，漬以鹽，始可食。園丁云他柑必接，唯朱柑不用接而成。然鄉人不甚珍寵之，賓祭斥不用。

金柑 金柑，在他柑特小，其大者如錢，小者如龍目，色似金，肌理細瑩，圓丹可翫。噉者不削去金衣，若用以漬蜜尤佳。歐陽文忠公《歸田録》載其香清味美，置之樽俎間，光彩灼爍，如金彈丸，誠珍果也。都人初不甚貴，其後因溫成皇后好食之，由是價重京師。

木柑 木柑，類洞庭，少不慧耳。膚理堅頑，瓣大而乏膏液，外彊中乾，故得名以木。

甜柑 甜柑，類洞庭，高大過之，每顆必八瓣，不待霜而黄，比之他柑加甜。柑林未熟之日，是柑最先摘，置之席間，青黄照人，長者先嘗之，子弟懷以歸，為親庭壽焉。然是種不多見，治圃者植一株二株焉，故以少為貴。

橙子　橙子，木有刺，似朱欒而小。永嘉植之，不若古栝之盛。比年始競有之，經霜早黄，膚澤可愛，狀微有似真柑，但圓正細實非真柑。北人喜把翫之。香氣馥馥，可以熏袖，可以芼鮮，可以漬蜜，真嘉實也。若真柑，則無是二三者，人自珍之。得非瞭然在人耳目者，蓋真柑之細邪。

宋・韓彥直《橘録》卷中　牛僧孺《幽怪録》有生於橘者，摘剖之有四老人焉。其一曰，橘中之樂，不減商山，恨不能深根固蔕耳。由是有橘隱名。楚屈原作《離騷》，其《橘頌》一章有曰：后皇嘉樹，橘采服。受命不遷，生南國。宋謝惠連《橘賦》亦曰：園有嘉樹，橘柚煌煌。以是知橘實佳物，昔人所愛慕若此。孔安國曰：小曰橘，大曰柚。郭璞亦云：柚似橙而大於橘。溫無柚，而種橙者少，非土所宜也。《本草》載，橘、柚味辛，溫，無毒。主去胷中瘕熱，利水穀，止嘔欬，久服通神輕身長年。陶隱居云：此言橘皮之功效若此，其實之味甘酸，食之多痰，無益。其説為是。隱居不敢輕注《本草》，蓋此類也。陳藏器補《本草》，謂橘之類有朱橘、乳橘、塌橘、山橘、黄淡子，今類見之。

黄橘　黄橘，狀比之柑差褊小，而香霧多於柑。歲雨暘以時，則肌充而味甘，其圍四寸，色方青黄時，風味尤勝，過是則香氣少減。惟遇黄柑則避舍。置之海紅、生枝柑間，未知其孰後先。名之曰千奴，真屈稱也。

塌橘　塌橘，狀大而褊，其南枝之向陽者，外緑而心甚紅，經春味極甘美，瓣大而多液。其種不常有，特橘之次也。

包橘　包橘，取其纍纍然若包聚之義。是橘外薄内盈，隔皮脈瓣可數，有一枝而生五六顆者，懸之極可愛。然土膏而樹壯者多有之，不稱奇也。

綿橘　綿橘，微小，極軟美可愛，故以名。圃中間見一二樹，結子復稀，物以罕見為奇，此橘是也。

沙橘　沙橘，取細而甘美之稱，或曰種之沙洲之上，地虚而宜於橘，故其味特珍。然邦人稱物之小而甘美者必曰沙，如沙瓜、沙蜜、沙糖之類，特方言耳。

荔枝橘　荔枝橘，多出於横陽，膚理皺密，類荔子，故以取名。横陽與閩接軫，荔子稱奇于閩，黄橘擅美于溫，故慕而名之。有言橘踰淮為枳，植物豈能變哉？疑似之亂名多此類。

軟條穿橘　軟條穿橘，其幹弱而條遠，結實頗大，皮色光澤，滋味有餘。其心虚，有瓣如蓮子穿其中。蓋接橘之始，以枝之杪者為之，其體性終弱，不可以犯霜，不可以耐久，又名為女兒橘。

油橘　油橘，皮似以油飾之，中堅而外黑，蓋橘之若柤若柚者，譬之而不聞其香，食之而不可於口。是又橘之僕奴也。

緑橘　緑橘，比他柑微小，色紺碧可愛，不待霜食之味已珍，留之枝間色不盡變，隆冬採之，生意如新。横陽人家時有之，不常見也。

乳橘　乳橘，狀似乳柑，且極甘芳得名。又名漳橘，其種自漳浦來，皮堅穰多，味絶酸，不與常橘齒。鄉人以其頗魁梧，時置之客間，堪與飣座梨相值耳。他日有以乳橘為真柑者，特碔砆之似玉也。

金橘　金橘，生山逕間，比金柑更小，形色頗類。木高不及尺許，結實繁多，取者多至數升，肉瓣不可分，止一核，味不可食，惟宜植之欄檻中。園丁種之，以鬻於市，亦名山金柑。周美成詞有：露葉煙梢寒色重，攢星低映小珠簾。為是橘作。

自然橘　自然橘，謂以橘子下種，待其長歷十年始作花結實，味甚美，由其本性自然，不雜之人為，故其味全。蓋他柑與橘，必以柑淡子著土，俟其婆娑作樹，以枝接之，為柑為橘，為多種，俱非天也，故是橘以自然名之。然十年之計，種之以木，今之闢圃者，多不年歲間，爬其膚以驗其枯榮，糞其本以計其久近，誰能遲十年之久以收效耶？是橘名之曰自然當矣。接木之詳見於下篇。

早黄橘　早黄橘，著花結子，比其類獨早，秋始半其心已丹，千頭方酸而早黄橘之微甘已回齒頰矣。王右軍帖有曰：奉橘三百枚，霜未降未可多得。豈是類耶？

凍橘　凍橘，其顆如常橘之半，歲八月人目為小春，枝頭時作細白花，既而橘已黄，千林已盡，乃始傲然冰雪中，著子甚繁，春二三月始採之，亦可愛。前輩詩有曰：梅柳攙先桃李晚，東風元是一般春。此詩不獨詠桃李，物理皆然。

朱欒　朱欒，顆圓實，皮麤瓣堅，味酸惡，不可食。其大有至尺三四寸圍者。摘之置几案間，久則其臭如蘭。是品雖不足珍，然作花絶香。鄉人拾其英烝香，取其核為種，析其皮入藥，最有補於時。其詳具見下篇。

香欒　香欒，大於朱欒，形圓色紅，芳馨可翫。

香圓　香圓，木似朱欒，葉尖長，枝間有刺，植之近水乃生。其長如瓜，有及一尺四五寸者，清香襲人。橫陽多有之，土人置之明窗淨几間，頗可賞翫。酒闌并刀破之，蓋不減新橙也。葉可以藥病。藥疑作療。

枸橘　枸橘，色青氣烈，小者似枳實，大者似枳殼，能治逆氣，心胷痺痛，中風便血，醫家多用之。

宋・韓彦直《橘録》卷下　種治　柑橘宜斥鹵之地，四邑皆距江海不十里。凡圃之近塗泥者，實大而繁，味尤珍，耐久不損，名曰塗柑。販而遠適者，遇塗柑則爭售。方種時，高者畦壟，溝以泄水，每株相去七八尺，歲四𦓾之，薙盡草，冬月以河泥壅其根，夏時更溉以糞壤，其葉沃而實繁者，斯為園丁之良。

始栽　始取朱欒核，洗淨，下肥土中，一年而長，名曰柑淡。其根荄蔟蔟然，明年移而疎之，又一年木大如小兒之拳，遇春月乃接，取諸柑之佳與橘之美者，經年向陽之枝以為貼，去地尺餘，鎦鋸截之，剔其皮，兩枝對接，勿動摇其根，撥掬土實其中以防水，蒻護其外，麻束之，緩急高下俱得所，以候地氣之應。接樹之法，載之《四時纂要》中，是蓋老圃者能之，工之良者，揮斤之間，氣質隨異，無不活者。過時而不接，則花實復為朱欒，人力之有絫於造化每如此。

培植　樹高及二三尺許，翦其最下命根，以瓦片抵之，安於土，雜以肥泥，實築之，始發生，命根不斷，則根迸于土中，枝葉乃不茂盛。

去病　木之病有二，蘚與蠹是也。樹稍久，則枝幹之上，苔蘚生焉。一不去則蔓衍日滋，木之膏液蔭蘚而不及木，故枝幹老而枯。善圃者，用鐵器時刮去之，删其繁枝之不能華實者，以通風日，以長新枝。木間時有蛀屑流出，則有蟲蠹之，相視其穴，以物鉤索之，則蟲無所容，仍以真杉木作釘，窒其處。不然，則木心受病，日以枝葉自凋。異時作實，瓣間亦有蟲食，柑橘每先時而黄者，皆其受病於中，治之以早乃可。

澆灌　圃中貴雨暘以時，旱則堅枯而不長，雨則暴長而皮多拆，或瓣不實而味淡。園丁溝以泄水，俾無浸其根。方亢陽時，抱甕以潤之，糞壤以培之，則無枯瘁之患。

採摘　歲當重陽，色未黄，有採之者，名曰摘青。舟載之江浙間，青柑固人所樂得，然採之不待其熟，巧於商者間或然爾。及經霜二三夕纔盡翦，遇天氣晴霽，數十輩為羣，以小翦就枝間平蔕斷之，輕置筐筥中，護之必甚謹，懼其香霧之裂則易壞。霧之所漸者亦然，尤不便酒香，凡採者，竟日不敢飲。

收藏　採藏之日，先淨埽一室，密糊之，勿使風入，布稻藁其間，堆柑橘於地上，屏遠酒氣，旬日一翻揀之。遇微損，謂之點柑，即揀出。否則侵損附近者，屢汰去之，存而待賈者十之五六。人有掘地作坎，攀枝條之垂者，覆之以土，至明年盛夏時開取之，色味猶新。但傷動枝苗，次年不生耳。

製治　朱欒作花，比柑橘絶大而香，就樹採之，用箋香細作片，以錫為小甑，每入花一重，則實香一重，使花多於香，竅花甑之旁以溜汗液，用器盛之，炊畢徹甑去花，以液浸香，明日再蒸。凡三換花，始暴乾，入甆器密盛之，他時焚之，如在柑林中。柑橘并金柑皆可切瓣，勿離之，壓去核，漬之以蜜。金柑著蜜，尤勝他品。鄉人有用糖熬橘者，謂之藥橘。入翁之灰于鼎間，色乃黑，可以將遠。又橘微損，則去皮以肉瓣安竈間，用火熏之，曰熏柑。置之糖蜜中，味亦佳。

入藥　橘皮最有益於藥，去盡脈則為橘紅。青橘則為青皮。皆藥之所須者。大抵橘皮性溫平，下氣，止藴熱，攻痎瘧，服久輕身。至橘子，尤理腰膝。近時難得枳實，人多植枸橘于籬落間，收其實，剖乾之，以之和藥，味與商州之枳，幾逼真矣。枸橘，又未易多得，取朱欒之小者，半破之，日暴以為枳，異方醫者不能辨，用以治疾亦愈。藥貴於愈疾而已，孰辨其為真偽耶？

金・張元素《潔古珍珠囊》〔見元・杜思敬《濟生拔粹》卷五〕　青皮苦辛鹹陰中之陽。主氣滯，破積結。少陽經下藥也。陳皮治高，青皮治低。

金・張元素《潔古珍珠囊》〔見元・杜思敬《濟生拔粹》卷五〕　橘皮苦辛陰中之陽。利肺氣，有甘則補，無則瀉脾活人，治噦。

宋・劉明之《圖經本草藥性總論》卷下　橘皮　《藥性論》云：臣。苦、辛。能治胸膈間氣，開胃。主氣痢，消痰涎。治上氣欬嗽。日華子云：皮，暖。消痰止嗽，破癥瘕痃癖。核，治腰痛膀胱氣，腎冷。炒，去殼酒服良。橘囊上筋膜治渴及吐酒。炒，煎湯飲甚驗。一方治諸吃噎，加枳殼服之効。

宋・陳衍《寶慶本草折衷》卷一八　橘皮臣。諸橘及皮、汁在内。〇肉、核及枸櫞附。　一名陳皮，一名黄橘皮，一名陳橘皮。去白穰者，名橘紅。並見衆方。

○其諸橘，一名櫾。《江表傳》云：一名木奴。○《白氏帖》云：一名丹橘，一名朱實。○櫾，余舟切。生南山說見南藤條首註。川谷及洞庭。見續說。及江浙、荊襄、湖嶺、吳楚、揚州。○十月採，去肉，暴乾。○附：枸櫞，一名香櫞子，生閩、廣、江西。又云：生嶺南。○枸，音矩；櫞，音沿。

味辛、苦，溫，無毒。○主胸中瘕熱，逆氣，利水穀，下氣，止嘔欬，除膀胱留熱、停水、五淋。主脾不消穀，氣衝胸中，吐逆，霍亂。止泄，去寸白。○《藥性論》云：開胃，主氣痢，消痰涎，治上氣欬嗽。○陳藏器云：有朱橘、乳橘、塌橘、山橘、黃淡子。此輩皮皆去氣，調中。○孟詵云：治腹臟冷氣，脚氣。○日華子云：破癥瘕痃癖。○《圖經》曰：陳久者良。○《肘後方》：治卒失聲，水煮去滓服。○《列子》云：食皮汁，止憤厥疾，新皮多汁。○寇氏曰：須湯浸去穰，刮去皮裏白穰。今《局方》香蘇飲用者，不去白穰。自收為佳。有患嗽將期，以橘皮、生薑焙乾，神麴等分為末，丸梧桐子大，食後夜臥，米飲服叁拾丸，兼患膀胱皆愈。

附：肉。○味甘、酸，冷。止酒渴。酸者聚痰，甜者潤肺。○或成粒細嚼，或

附：核。○治腰痛，膀胱氣腎疼。炒，去殼，酒服。

碾羅為末。亦自收為佳。

附：枸櫞皮。甘橘屬也。○味辛、酸，溫。主去氣，除心頭痰水。見草豆蔻條。其肉甚厚，切之如蘿蔔而香，如小瓜之狀，皮若橙而光澤。

續說云：昔吳均謂好橘曰洞庭負霜之橘，則橘皮亦當以洞庭者為正。今皆以他處者通用。張松以橘皮壹兩，甘草減半，末之，沸湯點貳錢服，治中暑妙甚。夫暑喜中心，次傳入脾，令人昏熱吐瀉而退食，宜先施此，以調其脾，次餌消暑之劑。又《泊宅編》二賢散，用橘皮肆兩，炙甘草半兩，為末，亦以貳錢，沸湯點下，謂其治痰之效超乎南星、半夏、枳實、茯苓也。然橘之肉，動氣特甚，故患心腹諸冷氣疾者，最忌之。按經註所載，實橘皮之性用，而舊乃以橘柚立條，寇氏嘗訂柚字為誤矣。

新增青皮　又云：一名青橘皮。○所出與橘皮同。○七八月摘，十字剖開，去肉暴乾。

味苦，平，無毒。○治一切冷熱氣滯，胸膈滿悶，面目腹脹，四肢無力，酒積不食，乾嘔痰逆，食積骨瘦，噎痞吞酸，婦人脾血積氣。集張松說。○《圖經》曰：青橘主用與黃橘全別。分橘皮條。

續說云：橘本一也。以秋初綠時收皮暴者，為青橘皮；以霜後黃時收皮停久者，為陳橘皮。然性用亦稍異，青者力烈而銳於消積；其陳者力醇而更有消痰之效。故《局方》來復丹、紅元子之類，皆兼二皮而用之。青橘之肉，尤動脾而發瘧疾也。

元・王好古《湯液本草》卷五　陳皮　氣溫，味微苦，辛而苦，味厚，陰也。無毒。《象》云：能益氣，加青皮減半去滯氣，推陳致新。若補脾胃，不去白；若調理胸中肺氣，須去白。《心》云：導胸中滯氣，除客氣。有白朮，則補脾胃；無白朮，則瀉脾胃。然勿多用也。《珍》云：益氣利肺。有甘草，則補肺；無甘草，則瀉肺。《本草》云：主胸中痰熱逆氣，利水穀。下氣，止嘔欬。除膀胱留熱停水，五淋，利小便。主脾不能消穀，氣衝胸中，吐逆霍亂。止瀉，去寸白蟲。能除痰，解酒毒。海藏治酒毒，葛根陳皮茯苓甘草生薑湯。手太陰氣逆，上而不下，宜以此順之。陳皮、白檀為之使。其芳香之氣，清奇之味，可以奪橙也。

青皮　氣溫，味辛。苦而辛，性寒，氣厚，陰也。足厥陰經引經藥，又入手少陽經。《象》云：主氣滯，消食，破積結膈氣。去穰。《心》云：主氣滯，下食，破積結及膈氣。有滯氣則破滯氣，無滯氣則損真氣。《液》云：厥陰經引經藥也。有滯氣則破滯氣，無滯氣則損真氣。或云與陳皮一種。青皮小而未成熟，成熟而大者橘也，色紅故名紅皮，日久者佳，故名陳皮。如枳實、枳殼一種，實小而青，未穰；殼大而黃紫色，已穰。故殼高而治胸膈，實低而治心下。與陳皮治高，青皮治低同意。又云：陳皮、青皮二種，枳實、枳殼亦有二種。

元・忽思慧《飲膳正要》卷三　陳皮　味甘，平，無毒。止消渴，開胃氣，下痰，破冷積。

元・忽思慧《飲膳正要》卷三　橘子　味甘、酸，無毒，溫。止嘔，下氣，利水道，去胸中瘕熱。

元・尚從善《本草元命苞》卷八　橘皮　為臣。味辛、苦，溫，可升可降，為陽中之陰。利氣利膈，行太陰之經。留白和中補胃，去穰泄氣消痰。除膀胱留熱停水，止霍亂吐逆，調中，消穀氣，止洩痢，利小便，下五淋。療臟間虛冷，破癥瘕痃癖。南山、江南川谷，冬至黃熟，採之。甜潤肺，酸聚痰。子非宜人，皮堪入藥。陳久者良。厚大不爾。

青皮　味苦，性寒，無毒。橘小青而未熟採之，去穰，乾用。破滯氣不

行，削堅積不散。引諸藥至厥陰之令，下飲食入太陰之倉。

元・吴瑞《日用本草》卷六　橘　味甘、酸，溫，無毒。止消渴，開胃，除胸中膈氣。不可同螃蟹食，令人患軟癱。　皮　主寬胸膈，消痰止嗽，下氣，破癥瘕，止泄痢，嘔吐惡心、霍亂，開胃，進飲食。　核　治腰痛，膀胱氣，腎病疼。

元・朱震亨《本草衍義補遺・新增補》　青皮　苦、辛、鹹。陰中之陽。主氣滯，破積滯結氣，消食。少陽經下藥也。陳皮治高，青皮治低。氣虛弱少用。治脇痛須醋炒為佳。

元・朱震亨《本草衍義補遺》　橘、柚　屬木有土與水。《本草》於條下敘功用至五十餘字，皆言橘皮之能，非橘、柚之謂也。橘、柚并言穰有漿者而名。橘之大者曰柚，則厚於橘。《衍義》以柚為橘，有無窮之患，何至是之甚耶？〇其橘核炒去殼，為末，酒調服，治腎疰腰痛，膀胱氣痛甚良。

元・佚名氏《珍珠囊・諸品藥性主治指掌》〔見《醫要集覽》〕　陳皮　味辛，苦，性溫，無毒。可升可降，陽中之陰也。其用有二：　留白者補胃和中，去白者消痰泄氣。

青皮　味苦，性寒，無毒。沉也，陰也。其用有四：　破滯氣愈低而愈效，削堅積愈下而愈良，引諸藥至厥陰之分，下飲食入太陰之倉。

元・徐彦純《本草發揮》卷三　橘皮　潔古云：　紅橘皮能益氣，加青皮減半去滯氣，推陳致新。若補脾胃不去白，若理胸中滯氣去白。《主治秘訣》云：　性寒，味辛。氣薄味厚，浮而升，陽也。其用有三：　去胸中寒邪；　破滯氣；　少用同白朮則益脾胃，多用獨用則損脾胃。又云：　益肺利氣，有甘草則補脾胃，無則瀉脾。　海藏云：　治酒毒，用葛根、陳皮、茯苓、甘草、生薑湯。手太陰氣逆上而不下，宜以此順之。白檀為之使，其芳香之氣，清奇之味，可以奪橙也。《活人》治噦而有寒熱，竹茹、陳皮、乾薑等湯，主欬逆。其論竝見，此事難知。

青皮　潔古云：　青橘皮氣溫，味辛。主氣滯，下食，破積結膈氣，及小腹痛。《主治秘訣》云：　性寒，味苦。氣味俱厚，沉而降，陰也。其用有五：　足厥陰、少陽之分有病則用，一也；　破堅癖，二也；　散滯氣，三也；　去下焦濕，四也；　治左腎有積氣，五也。　東垣云：　足厥陰、少陽經之引經藥也。有滯氣則破滯氣，無滯氣則損真氣。又云：　破滯，削堅積，皆治在下者効。引藥至厥陰之分，下食入太陰之倉。　海藏云：　青皮，如橘皮一種，青皮小而未成熟者，成熟而大者，橘也。因色紅，故名紅皮，以藏日久者佳，故名陳皮。如枳實、枳殼一種，實則小而青色，未花殼則大而黄紫色，已花故殼高而治胸膈，實低而治心下。與陳皮治高，青皮治低之意同。或曰：　陳皮、青皮有二種，枳實、枳殼亦有二種。

明・蘭茂撰，清・管暄校補《滇南本草》卷中　橘子葉　性溫，味苦、辛。行氣消痰，降肝氣，治咳嗽，疝氣等症。

附方：　治咳嗽，橘子葉著蜜於背上，火焙乾，水煎服。　又方：　治疝氣，橘子葉十個，荔枝核，五個，焙。水煎服。

明・蘭茂《滇南本草》〔叢本〕卷下　橘子皮　味苦、辛，性溫。行氣消痰，降肝氣，治咳嗽，治疝氣，刮蜜在背上，火焙煨吃。治咳嗽、疝氣，橘子皮、葉十個，荔枝核五個。

明・王綸《本草集要》卷五　橘皮臣　味辛苦，氣溫。味厚，陰也。無毒。陳久者良。　主胸中瘕熱逆氣，利水穀，除膈間痰熱，導滯氣，止嘔咳吐逆，霍亂洩瀉，久服去臭，下氣通神。去白理肺氣降痰，留白理脾胃消食。〇青橘葉，導胸脇逆氣，行肝氣，乳腫痛及脇癰藥中用之以行經。〇橘核，治腰痛，膀胱氣痛，腎冷，炒去殼，研，酒調服。〇青皮，味苦辛，氣寒。足厥陰經引經藥，入手少陽經。主氣滯，消食，破積結膈氣，治小腹痛須用之。瀉肝氣，治脇痛，須醋炒用。勿多服，損人真氣。陳皮治高，青皮治低。

明・滕弘《神農本經會通》卷三　青皮　味辛，氣溫，無毒。《湯》云：　氣溫，味辛，苦而辛，性寒。味厚，陰也。足厥陰引經藥，又入手少陽經。東云：　沉也，陰也。破滯氣，愈低而愈効。削堅積，愈下而愈良。引諸藥至厥陰之分，下飲食，入太陰之倉。又云：　快膈除膨脹，且利脾胃。《珍》云：　破堅癖滯氣，左壁積氣，下焦濕氣。無氣用之，損元氣。厥陰、少陽有病，皆須用。臨病用時，尤當慎之。《聿》云：　削堅積，攻滯氣，安脾下食，厥陰經藥，治下尤良。《圖經》云：　主氣滯，下食，破積結及膈氣方用之，與黄橘全別。《象》云：　主氣滯，消食，破積結膈氣。去穰。《心》云：　厥陰經引經藥也。有滯氣則破滯氣，無滯氣則損真氣。《液》云：　主氣滯，下食，破積結及膈氣。或云：　與陳皮一種，青皮小而未成熟，成熟而大者橘也，色紅，故名紅皮，日久者佳，故名陳皮。如枳實、枳殼一種，實小而青未穰，殼大而黄紫色已穰，故殼高而治胸膈，實低而治心下，與陳皮治高，青皮治低同意。又云：陳皮、青皮二種，枳實、枳殼亦有二種。丹溪云：苦、辛、鹹，陰中之陽。主氣滯，破積結，少陽經下藥。又消食也。陳皮治高，青皮治低。氣虛弱者少用。治脇痛須醋炒為佳。治小腹痛須用之瀉肝氣，勿多服，損人真氣。劊云：青皮苦寒攻滯氣，削堅積治下宜良。厥陰經藥斯能引，下食安脾得此強。

明・滕弘《神農本經會通》卷三　橘皮　臣也。陳久者良。十月採。

味辛，氣溫，無毒。《湯》云：氣溫，味微苦辛。味厚，陰也。

東云：可升可降，陽中陰也。留白者補胃和中，去白者消痰泄氣。又云：開胃去痰，導壅滯逆氣。《珍》云：破滯，去寒邪，益肺，開胸膈。有草有朮，益脾胃，多用獨用損脾胃。《疌》云：寬膈快氣，消痰止嘔，治腰痛，膀胱腎氣，兼療嗽吁欬逆。《本經》云：主胸中痰熱逆氣，利水穀，下氣，止嘔欬，除停水，五淋，利小便。主脾不能消穀氣，衝胸中，吐逆霍亂，止洩，去寸白蟲。久服去臭，下氣通神，輕身長年。陶云：此是說其皮功爾，以陳者為良。其肉味甘酸，食之多痰，恐非益也。《藥性論》云：臣。味苦、辛。治胸膈間氣，開胃，主氣痢，消痰涎，治上氣欬嗽。孟詵云：、橘止泄痢，食之下食，開胸膈痰實結氣，下氣不如皮穰，不可多食。止氣，性雖溫，止渴。又乾皮一斤，擣為末，蜜為丸，每食前酒下三十丸，治下焦冷氣。取陳皮一斤，和杏仁五兩，去皮尖，熬，加少蜜為丸，每日食前飲下三十丸，下腹臟間虛冷氣，脚氣衝心，心下結硬，悉主之。日華子云：橘味甘、酸，止消渴，開胃，除胸中膈氣。又云：皮暖，消痰止嗽，破癥瘕痃癖。《圖經》云：古今方書用之最多。亦有單服者，取陳皮擣末，蜜和(元)〔丸〕，食前酒呑三十丸，梧桐子大，主下焦積冷。亦可并杏子人合丸，治腸間虛冷，脚氣衝心，心下結硬者，悉主之。《象》云：能益氣，加青皮減半，去滯氣，推陳致新。若補脾胃，不去白；若理胸中肺氣，須去白。《心》云：導胸中滯氣，除客氣。有白朮則補脾胃，無白朮則瀉脾胃。然勿多用也。《珍》云：益氣利肺，有甘草則補肺，無甘草則瀉脾。能除痰，解酒毒。海藏治酒毒，葛根陳皮茯苓甘草生薑湯。手太陰氣逆上而不下，宜以此順之。陳皮、白檀為之使，其芳香之氣，清奇之味，可以奪橙也。丹溪云：陳皮治高，青皮治低，氣虛弱者少用。治脇痛，須醋炒為佳。《集》云：去白，理肺氣消痰；留白，理脾胃消食。劊云：陳皮味苦性辛溫，留白和脾健胃經。去白消痰能泄氣，膈間痰熱氣須憑。《局》云：橘柚元來是橘皮，寬中下氣更溫脾。消痰以咳除煩嘔，青者須知破積宜。橘皮，則下氣寬中，消痰止嗽，更宜止吐定嘔，除膀胱留熱停水。

橘核　味苦、酸，無毒。又云：治腰疼疝氣。《圖經》云：凡橘核，皆治腰及膀胱腎氣。炒，去皮，酒服之良。肉不宜多食，令人痰滯。又乳柑、橙子，性皆冷，并其類也，多食亦不宜人。今人但取其核，作塗面藥，餘亦稀用，故不悉載。丹溪云：炒，去殼，為末，酒調服，治腎疰腰痛，膀胱氣痛，甚痛。日華子云：核治腰痛，膀胱腎氣疼，炒，去殼，酒服良。橘囊上筋膜，治渴及吐，酒炒，煎湯飲甚驗也。

青橘葉　《集》云：導胸脇逆氣，行肝氣，乳腫痛，及脇癰藥中用之以行經。

明・劉文泰《本草品彙精要》卷三二　青皮無毒　植生。

青皮：主氣滯，消食破積，結膈氣。名醫所錄。〔名〕乳橘。〔苗〕謹按：《本經》二橘通云味辛，又云一名橘皮，又云十月採，都是今之黃橘也。後人由其味辛、苦，其形大、小，遂以爲二種，今則各立其條，便於治用。蓋青皮即青橘皮也，實與黃橘同種，由其所採時月、生熟及體色、性味不同，故攻疾有異。其霜後採，黃大已穰而味辛者，謂之黃橘，則入脾胃，走肺氣。六七月未成熟時採，青小未穰而味苦者，謂之青皮，則入厥陰、少陽，疎肝氣。正如枳殼、枳實同種，枳殼治高，以其性詳而緩；枳實治低，以其性酷而烈之故也。〔地〕《圖經》曰：生南山川谷及江南，今江浙、荊襄、湖嶺皆有之。〔道地〕廣東。〔時〕生：春生新葉。採：六七月取實。〔收〕暴乾。〔用〕實，刀劃蓮花瓣者佳。〔色〕青黑。〔味〕苦，辛。〔性〕寒，洩。〔氣〕氣薄味厚，陰也。〔臭〕香。〔主〕消堅攻滯，下食安脾。〔行〕手少陽經，足厥陰經。〔製〕去穰，剉碎用。〔合治〕合葱白、童便煎服，治婦人產後氣逆，合酒調末服，治吹乳，不癢不痛，腫硬如石。〔禁〕多服則損真氣。

明・劉文泰《本草品彙精要》卷三二　橘無毒　植生。

橘出《神農本經》：主胸中瘕熱逆氣，利水穀。久服去臭，下氣通神。以上朱字《神農本經》。下氣，止嘔欬，除膀胱留熱，停水，五淋，利小便，主脾不能消穀，氣衝胸中，吐逆，霍亂，止洩，去寸白，輕身長年。以上黑字名醫所錄。

【名】橘皮、朱橘、塌橘、山橘。　【苗】《圖經》曰：木高丈餘，葉與枳無辨，刺出莖間，夏開白花，六七月成實，至冬黄熟，噉之甚甘美。

謹按：青橘、黄橘，青者味苦而小，六七月未成熟時採之，以刀劃開，暴乾者，謂之蓮花青皮。至十月霜降後已成熟者，味辛而黄大，謂之橘皮。醫家所用陳皮，即經久者是也。蓋二藥功用雖殊，實出一種。舊本橘、柚同條，然橘與柚自是二種，功用既殊，性味亦異，其柚故析條于左。　【地】《圖經》曰：生南山川谷及江南，今江浙、荊襄、湖嶺皆有之。【道地】廣東。　【時】生：春生新葉。採：十月取實。　【收】暴乾。　【用】肉、核、皮，陳久者良。　【質】類柚。　【色】黄。　【味】辛，苦。　【性】溫，散。　【氣】氣厚於味，陽中之陰。　【臭】香。　【主】留白者和胃調中，去白者消痰下氣。【行】手太陰經，足太陰經。　【助】白檀爲之使。　【製】去穰，細剉用。【治】療：《藥性論》云：皮，除胸膈間氣，開胃氣痢，消痰涎，止上氣欬嗽。日華子云：橘，止消渴，開胃，去胸中膈氣。〇皮，消痰止嗽，破癥瘕，痃癖。〇橘囊上筋膜，止渴及吐酒。陳藏器云：橘，止洩痢，下食開胃，膈痰，結氣。　【合治】合白朮，補脾胃。〇合甘草，補肺氣。〇合葛根、茯苓、甘草、生薑，治氣逆上而不下。〇核合酒服，治腰痛，膀胱、腎冷。　【解】皮：食魚中毒。　【贋】柚皮、皺子皮爲僞。

明・盧和、汪穎《食物本草》卷二果類　橘　味辛、苦，溫，無毒。主胸中瘕熱逆氣，利水穀，除膈間痰，導滯氣，止嘔欬吐逆，霍亂洩瀉。久服去臭，下氣通神，去寸白，理肺氣脾胃，降痰消食。青橘葉，導胸脇逆氣，行肝氣，乳腫痛及脇癰藥中用之，以行經。核，治腰痛，膀胱氣痛，腎冷。炒去殼，研，酒調服。青皮，味苦辛，氣寒，足厥陰經引經藥，入手少陽經。主氣滯，消食，破積結膈氣，治小腹痛。須用之瀉肝氣，治脇痛，須醋炒用。勿多服，損人真氣。陳皮治高，青皮治低。

明・葉文齡《醫學統旨》卷八　橘皮　氣溫，味辛、苦。無毒。浮而升，陽也。陳久者良。　治胸中痰熱逆氣，利水穀，下氣止嘔，欬逆，霍亂泄瀉；導滯氣，和脾胃，利膈化食，去寒邪。少用同白术則益脾胃；多用、獨用則損脾胃；有甘草補脾，無則瀉脾；去白消痰泄肺，理氣止嗽。

青皮　氣寒，味苦。無毒。沉而降，陰也。入手少陽經、厥陰引經藥。消積定痛用醋炒。　治脇痛、小腹痛、氣滯，消食，破積結膈氣，消疝伐肝氣。多服損人真氣。

明・許希周《藥性粗評》卷二　橘子脫皮，陳青紅而利氣。

橘子皮，橘，橙屬。大而皮皺者為橙，小而皮光者為橘也。樹高丈餘，莖綠色，有刺，葉尖圓而厚，夏初生白碎花，六七月結實，至冬而黄熟。江南園圃處處有之。其皮入藥，青時採之謂之青皮，黄時採之其黄變紅，謂之紅皮，年久者謂之陳皮。凡採獲去穰，刮去白膜，日乾收貯。餘說《本草》不載。　紅陳味辛，性溫，無毒。其氣浮而升。主治瘕熱膈氣，欬嗽嘔吐，水腫淋癃，瀉痢痃癖，開胃補脾，消食下氣，辟寒止洩，利小便。一說去白理胸中滯氣，留白補脾胃。《主治秘訣》云：有甘草則補脾，無則瀉脾。又云：少用，同白术則補脾胃，多用獨用則損脾胃。

青〔皮〕味辛、苦，性微寒，無毒。其氣沉而降，入足厥陰肝、少陽膽經。主治胸膈結氣，水穀不消，小腹疼痛，留血成塊，消積磨堅有功。《主治秘訣》云：足厥陰、少陽之分有病，則用之破堅癖，去下焦濕，治左臂有積氣。東垣云：足厥陰、少陽之引經藥也。引藥至厥陰之分，下食入太陰之倉，有滯氣則破滯氣，無滯氣則破真氣。潔古云：紅皮能益氣，加青皮減半。海藏云：如枳實、枳殼一種，殼高而治胸膈，實低而治心腹，與紅皮治高，青皮治低之意同。

單方：食噎：陳皮一兩，湯浸去穰，焙乾，剉，水一盞，煎取半盞，熱服。　腰疼：橘子仁炒，研為細末，每服一錢，酒一盞，煎至七分，和滓空心服。

明・鄭寧《藥性要略大全》卷三　陳皮　《珠囊》云：留白者補胃和中，去白者消痰泄氣。《賦》曰：導逆氣，去嘔痰，開胃，療霍亂，止瀉。去寸白蟲。《象》云：能益氣。加青皮減半，去滯氣，推陳致新。《心法》云：有白术則補脾胃，無白术則瀉脾。然勿多用。《機要》云：益氣利肺。有甘草則補肺，無甘草則瀉脾。　味辛、苦，性溫，無毒。可升可降，陽中陰也。陳久者良。　又云：大和脾胃，去痰，導擁滯逆氣。

青皮一名狗橘　破滯氣，愈低而愈效；削堅積，愈下而愈良。引諸藥至厥陰之分，下飲食入太陰之倉。《賦》曰：快膈除膨，利脾之劑。《湯液》云：有滯氣則破滯氣，無滯氣則損真氣。東垣云：足厥陰肝經引經藥也。治氣滯，消食，破積滯及膈氣。　味苦、辛，性溫。又云：寒，無毒。沉也，陰也。入手少陽三焦。凡用去穰。麩炒用。出河州。

明・鄭寧《藥性要略大全》卷六　橘子仁一名車下李。　治腰疼，疝氣，乳癰。　味辛、苦，氣溫，無毒。炒去殼，研用。

明・賀岳《醫經大旨》卷一《本草要略》　青皮　《衍義補遺》曰青皮苦辛鹹，陰中之陽。泄氣滯，破積結，消食積，少陽經下藥也。陳皮治高氣，青皮治低氣。弱者少用。治脇痛醋炒為佳。又伏膽家動火驚證。藥用二三分可也。

明・賀岳《醫經大旨》卷一《本草要略》　陳皮　隔年者方可用。去白者曰橘紅，性熱，能除寒發表。帶白者性溫，能理脾胃而和中；與白术、半夏同用，則滲濕而健脾胃；與甘草、白术同用則補脾胃；無甘草、白术而多用獨用，則有損脾胃；與蒼术、厚朴同用，能去中脘以上至胸膈之邪；再加葱白、麻黄之類，則能散肉分至皮表有餘之邪。

明・陳嘉謨《本草蒙筌》卷七　青橘皮　味辛、苦，氣寒。味厚，沉也，陰也，陰中之陽。無毒。浙郡俱生，廣州獨勝。本與橘紅同種，此未成熟落之。皮緊厚色則純青，頭破裂狀如蓮瓣。去穰咀薄，潤醋炒乾。《湯液》云：陳皮治高，青皮治低，亦以功力大小不同故爾。入少陽三焦膽腑，又厥陰肝臟引經。削堅癖小腹中，溫瘧熱盛者莫缺；患瘧熱盛，纏久不愈，必結癖塊，俗云瘧母。宜清脾湯多服，內有青皮疏利肝邪，則癖自不結也。破滯氣左脇下，鬱怒痛甚者須投。劫疝疏肝，消食寬胃。病已切勿過服，恐損真氣；先防老弱虛羸，尤當全戒。〇近冬赤熟，薄皮細紋。新採者名橘紅，氣味稍緩，胃虛氣弱用宜；久藏者名陳皮，氣味辛烈，痰實氣壅服妙。東垣又曰：留白則補胃和中，去白則消痰利滯。治雖分二，用不宜單。君白术則益脾，單則損脾；佐甘草則補肺，否則瀉肺。同竹茹，治呃逆因熱；同乾薑，治呃逆因寒。止腳氣衝心，除膀胱留熱。利小水，通五淋，解酒毒，去寸白。核研仁調醇酒飲，毆腰痛疝痛神丹；葉引經以肝氣行，散乳癰脇癰聖藥。橘囊上筋膜微炒，醉嘔吐發渴急煎。肉多食生痰，穰多食上氣。雖並止渴，未足益人。又種乳柑，圓大過橘。皮麄且厚，色赤兼黄。經霜甚甜，未經霜者味酸，故名柑子。其皮不任藥用，肉惟解酒良。多食臟寒，令人泄痢也。柑皮不甚苦，橘皮極苦，至熟亦苦。

謨按：青皮、陳皮一種，枳實、枳殼一種，因其遲早採收，特分老嫩而立名也。嫩者性酷治下，青皮枳實相同；老者性緩治高，陳皮枳殼無異。四藥主治並以導滯消痞為專，雖高下各行，其瀉氣則一。單服久服俱損真元，故必以甘補之藥為君，少加輔佐，使補中兼瀉，瀉則兼補，庶幾不致於偏勝也。陳皮欵下已詳發明，餘雖未言，舉一隅則可以三隅反矣。

明・方穀《本草纂要》卷三　青皮　味苦、酸，氣微寒。入厥陰肝經，伐肝平木，入太陰脾經，安脾助胃。主脇痛，嘔吐，腹痛急疾，疝痛弦氣，或肝火盛而目痛眼赤，或怒氣鬱而胸脇脹滿，或痰涎不利而七情內結。得此症者，皆由肝木之邪盛，皆土之氣衰，土被木尅，木來侮土之意也。必須藥用青皮之苦酸，以酸入肝，以苦治邪，又有微寒之氣止痛開結，而引入厥陰，以伐肝平木，又安有脾土之氣衰，肝木之邪盛，土被木尅之患乎？

明・方穀《本草纂要》卷五　陳橘皮　性辛、苦，氣溫，味厚，陰也，無毒。入太陰經，理氣之藥也。可以開鬱行痰，消癖寬中，健運腸胃，暢麗臟腑，爲脾經之聖藥。蓋霍亂嘔吐，氣之逆也，陳皮可以順之；泄瀉下痢，氣之寒也，陳皮可以溫之；關格積聚，氣之閉也，陳皮可以開之；風寒暑濕，氣之搏也，陳皮可以散之；七情六慾，氣之結也，陳皮可以舒之。又曰：去白開痰，留白和脾。殊不知性辛固能開氣行痰，氣溫亦可和脾健胃。夫人以脾胃爲主，而治病以調氣爲先。調氣健脾，陳皮之功也；辛不能守位，陳皮之質也。吾見亡液之症不可用，因其辛以散之也；自汗之症不可用，因其辛不能斂也；元虛之人不可用，因其辛不能守也；吐血之症不可用，因其錯經妄行也。大抵血症不可用氣藥，恐迫血妄行；氣病不可用血藥，恐滯氣不行也。治者詳之。

明・寧源《食鑒本草》卷上　橘皮　惟廣東出者最佳，餘皆次之，多年者尤好。治胸中瘕熱，下氣，止吐逆、嘔吐、霍亂，消痰飲，逐水化穀，克除膀胱停流熱水，順氣和中，快膈通神。　劉禹錫論：橘皮之功，當列諸藥之上。味辛苦甘平，能散，能瀉，能溫，能補，能和；益能消膈氣，化痰涎，和脾，止咳嗽，通五淋。及中酒嘔吐恶心，煎飲之，奇效。《百一選方》：治男子女人霍亂吐瀉不止，但一點胃氣存者，服之回生。廣陳皮白五錢，真藿香去土五錢。水二盞煎，去柤，時時溫服。《活人方》：治男子婦人傷寒，并一切雜病，嘔噦，手足逆冷。用橘紅一兩，生薑一兩，水二盞，煎至一盞，徐徐咽下，即效。《張氏方》：治婦人吹乳，結核腫痛不可忍者，用廣陳皮浸去白，曬乾，麵炒微黄，為末，入麝香少許再研，每服二錢，熱酒調下，揉散。

核　治小腸疝氣，偏墜，堅大疼痛，及理腰疼。炒，去殼，為末，空心溫酒調一錢、二錢服。

明・王文潔《太乙仙製本草藥性大全》卷四《本草精義》　柚橘皮　生南山川谷及江南，今江浙荊襄湖嶺皆有之。木高一二丈，葉與枳無辨，刺出於莖間，夏初生白花，六月、七月而成實，至冬而黃熟，乃可噉。舊說小者爲橘，大者爲柚。浙郡俱生，廣州獨勝。本與橘紅同種，此未成熟落之，皮緊厚，色則純青，頭破裂，狀如蓮瓣，去穰咀薄，潤醋炒乾。《湯液》云：陳皮治高，青〔皮治〕低，亦以功力大小不同故爾。入少陽之膽腑，又厥陰肝臟引經。又云：柚似橙，而實酢大於橘，閩中、嶺外、江南皆有。柚比橘黃白色而大，襄、唐間柚色青黃而實小，皆味酢皮厚，不堪入藥。今醫方乃用黃橘、青橘兩物，不言柚，豈青橘是柚之類乎？然黃橘味辛，青橘味苦。《本經》二物通云味辛。又云一名橘皮，又云十月採，都是今黃橘也。而今之青橘似黃橘而小，與舊說大小、苦辛不類，則別是一種耳。收之並去肉，暴乾。黃橘以陳皮者入藥良，古今方書用之最多，亦有單服者。而青橘主氣滯，下食，破積結及膈氣方用之，與黃橘全別。凡橘核皆治腰及膀胱腎氣，炒，去皮，酒服之良。肉不宜多食，令人痰滯。又有一種枸櫞，如小瓜狀，皮若橙而光澤可愛，肉甚厚，切如蘿蔔，雖味短而香氛大勝柑橘之類，置衣笥中，則數日香不歇，古作五和糝素感切所用。陶隱居云：性溫宜人。今閩廣、江西皆有，彼人但謂之香櫞子，或將至都下，亦貴之。

按：青皮、陳皮一種，枳實、枳殼一種，因其遲早採收，特分老嫩而立名也。嫩者性酷，治下，青皮、枳實相同；老者性緩，治高，陳皮枳殼無異。四藥主治並以導滯消痞爲專，雖高下各行，其瀉氣則一，單服久服俱損真元，故必以甘補之藥爲君，少加輔佐使，補中兼瀉，瀉則兼補，庶幾不致於偏勝也。陳皮款下已詳發明，餘雖未言，舉一隅則可以三隅反矣！

明・王文潔《太乙仙製本草藥性大全》卷四《仙製藥性》　青橘皮臣　味辛、苦，氣寒，味厚，沉也，陰也，陰中之陽，無毒。　主治：　肉，味甘酸，止消渴，開胃有準，除胸中膈熱尤良。除瀉痢下食，治痰實結氣。　青皮　味苦、辛，氣溫，又云寒，無毒。沉也，入手少陽三焦經。　主治：　破滯氣愈低而愈效，削堅積愈下而愈良。引諸藥至厥陰之分，下飲入太陰之倉，削癖小腹中，溫瘧熱甚者莫缺。患瘧熱盛，纏久不愈，必結癖塊，俗云瘧母，宜清脾湯多服。內有青皮疏利肝邪，則癖自不結也。破滯氣左脇下，鬱怒痛甚者須投。刼疝疏肝，消食寬胃。病已切勿過服，恐損真氣；先防老弱虛羸，尤當全戒。　陳皮　味辛、苦，氣溫，無毒。可升可降，陽中陰也。陳久者良。　主治：　痰實氣壅服妙，利肺益氣用良。東垣又曰：留白則補胃和中，去白則消痰利滯。治雖分二，用不宜單，君白朮則益脾，單則損脾；佐甘草則補肺，否則瀉肺。同竹茹治呃逆因熱，同乾薑治呃逆因寒。止脚氣衝心，除膀胱留熱。利小水通五淋，解酒毒去寸白。和脾胃祛痰，療霍亂吐瀉。　橘紅　近冬赤熟，薄皮細，故新採者名橘紅。氣味稍酸，胃虛氣弱用宜。核研仁調醇酒飲，敺腰痛疝痛神丹。葉引經以肝氣行，散乳癰脇癰聖藥。橘囊上筋膜微〔炒〕，醉嘔吐發渴急煎。肉多食生痰，穰多食上氣，雖並止渴，未足益人。又種乳柑，圓大過橘，皮麄且厚，色赤兼黃。經霜甚甜，未經霜者味酸，故名柑子。其皮不任藥用，其肉惟解酒良。多食臟寒，令人洩痢。柚子，無毒，治妊孕人喫食少并口淡，去胃中惡氣，消食，去腸胃氣，解酒毒，治飲酒人口氣。　補註：卒失聲，聲咽不出，以皮五兩，水三升，煮取一升，去滓溫服。治食魚中毒，濃煮汁飲。〇膈下冷氣及酒食飽滿，用青皮四兩，鹽一兩，分作四分，二分無鹽，湯浸青皮一兩，漉出去穰，又用鹽三分，一處拌和勻，候良久，銚內炒微焦，爲末。每服一錢半，茶末半錢，水一盞，煎至七分，放溫常服。〇下腹臍間虛冷氣，脚氣衝心，心下結硬，以乾皮一斤，擣爲末，蜜爲丸，每食前酒下三十丸。〇下焦冷氣，以陳皮一斤，和杏仁五兩，去皮尖，熬加少蜜爲丸，每日食前飲下三十丸。〇婦人產後氣逆，以青皮爲末，葱白、童便煎服之。〇胸中大熱，下氣消痰化食，以皮半兩，微熬作末如茶法，煎呷之。〇卒食噎，以陳皮一兩，湯浸去穰，焙乾爲末，以水一盞，煎取半盞，熱服。〇吹奶不痒不痛，腫硬如石，以青皮二兩，湯浸去穰，焙爲末，非時溫酒下。〇諸吃噫，以橘皮一兩，湯浸去瓤，剉，水一升煎至半升，通熱頓服，更加枳殼一兩，去瓤炒，同煎服效。〇腰痛不可忍，以子仁炒，研爲末，每服一錢，酒一盞，煎至七分，和滓空心服。　太乙曰：凡使勿用柚皮、皺子皮，其二件用不得。凡修事須去白膜一重，細剉，用鯉魚皮裹一宿，至明出用。其橘皮年深者最妙。

明・皇甫嵩《本草發明》卷四　橘皮上品。氣溫，味辛、苦。味厚，陰也。無毒。入藥用陳久者良，故名陳皮。　發明曰：陳皮，辛散苦泄而氣溫兼補，顧監用之藥何如。《本草》主除胸中痰熱，通氣衝胸，消穀，止嘔吐咳逆，霍亂，解酒毒，是其辛而能散也。利水穀，除膀胱留熱，停水五淋，利小便，下氣，去寸白，是其苦而能泄也。不去白，則補胃和中，兼白朮、甘草則補脾，佐甘草則補肺，與白朮、半夏同用則滲濕健胃，是皆溫而能補也。若去白，則消痰泄滯。又云：去白性熱，能除寒發表；與蒼朮、厚朴同用，去中脘以上至胸膈之邪，而平胃氣；加葱白、麻黄之類，能散肉分皮表有餘之邪。若無白朮、甘草而多用獨用，則泄肺損脾。加青皮減半去滯氣，推陳致新。大略能散能滯之用居多，同竹茹治呃逆因熱，同乾薑治呃逆因寒。○核，研仁，調酒除腰痛疝痛。○葉，引經，以行肝氣，散乳癰腹癰。○橘（囊）〔瓤〕上筋膜微炒，煎飲，除醉嘔吐發渴。○肉，多食生痰。○柚似橘而皮厚，不堪入藥，與柑子不同。

青皮上品。氣溫，味辛、苦，性寒。味厚，沉也，陰也，陰中之陽。無毒。足厥陰引經藥，又入手少陽經。

發明曰：青皮，破滯氣而消癖積，故主氣滯，下食，破積結及膈氣，溫瘧熱盛而結癖尤宜。厥陰肝經引經藥，故除小腹痛及疝氣痛，醋炒。治脇下痛，疎肝氣。又入少陽三焦膽腑，故伏膽家大驚症藥，用二三分可也。陳皮治高氣，青皮治低氣，有滯氣用之，中病即止。無滯氣及過服，損真氣也。氣虚弱者忌用。此與橘皮同種，此未成熟落之，皮緊厚，色青，去穰用。

明・李時珍《本草綱目》卷三〇果部・山果類　橘《本經》上品　校正志曰：自木部移入此。

〔釋名〕時珍曰：橘從矞，音鷸，諧聲也。又，雲五色爲慶，二色爲矞。矞雲外赤内黄，非煙非霧，郁郁紛紛之象。橘實外赤内黄，剖之香霧紛郁，有似乎矞雲。橘之從矞，又取此意也。

〔集解〕《別録》曰：橘柚生江南及山南山谷，十月采。恭曰：柚之皮厚味甘，不似橘皮味辛苦。其肉亦如橘，有甘有酸。酸者名胡柑。今俗謂橙爲柚，非矣。案郭璞云：柚似橙而實酢，大于橘。孔安國云：小曰橘，大曰柚，皆爲柑也。頌曰：橘柚今江浙、荆襄、湖嶺皆有之。木高一二丈，〔葉〕與枳無辨，刺出莖間。夏初生白花，六七月成實，至冬黄熟。舊説小爲橘，大爲柚。今醫家用乃用黄橘、青橘，不言柚。豈青橘是柚之類乎？宗奭曰：橘、柚自是兩種。《本草》云：一名橘皮。後人誤加柚字，妄生分別。且青橘、黄橘治療尚殊，況柚爲別種乎？惟郭璞所言，乃真識橘、柚者。若不如此分別，誤以柚皮爲橘皮，是貽無窮之患矣。時珍曰：橘、柚，蘇恭所説甚是。蘇頌不知青橘即橘之未黄者，乃以爲柚，誤矣。夫橘、柚、柑三者相類而不同。橘實小，其瓣味微酢，其皮薄而紅，味辛而苦。柑大于橘，其瓣味甘，其皮稍厚而黄，味辛而甘。柚大小皆如橙，其瓣味酢，其皮最厚而黄，味甘而不甚辛。如此分之，即不誤矣。按《事類合璧》云：橘樹高丈許，枝多生刺。其葉兩頭尖，緑色光面，大寸餘，長二寸許。四月著小白花，甚香。結實至冬黄熟，大者如盃，包中有瓣，瓣中有核也。宋韓彦直著《橘譜》三卷甚詳，其略云：柑橘出蘇州、台州，西出荆州，南出閩、廣、撫州，皆不如温州者爲上也。柑品有八，橘品十有四，多是接成。惟種成者，氣味尤勝。黄橘扁小而多香霧，乃橘之上品也。朱橘小而色赤如火。緑色紺碧可愛，不待霜後，色味已佳，隆冬采之，生意如新。乳橘狀似乳柑，皮堅瓤多，味絶酸芳。塌橘狀大而扁，外緑心紅，瓣巨多液，經春乃甘美。包橘外薄内盈，其脉瓣隔皮可數。綿橘微小，極軟美可愛，而不多結。沙橘細小甘美。油橘皮似油飾，中堅外黑，乃橘之下品也。早黄橘秋半已丹。凍橘八月開花，冬結春采。穿心橘實大皮光，而心虚可穿。荔枝橘出横陽，膚理皺密如荔子也。俗傳橘下埋鼠，則結實加倍。故《物類相感志》曰：橘見尸而實繁。《涅槃經》云：如橘見鼠，其果實多。《周禮》言橘踰淮而北變爲枳，地氣然也。餘見柑下。

橘實　〔氣味〕甘、酸，温，無毒。弘景曰：食之多痰，恐非益也。原曰：多食戀膈生痰，滯肺氣。瑞曰：同螃蟹食，令人患軟癱。　〔主治〕甘者潤肺，酸者聚痰藏器。止消渴，開胃，除胸中膈氣大明。

〔發明〕時珍曰：橘皮下氣消痰，其肉生痰聚飲，表裏之異如此，凡物皆然。今人以蜜煎橘充果食甚佳，亦可醬菹也。

黄橘皮　〔釋名〕紅皮《湯液》

陳皮《食療》弘景曰：橘皮療氣大勝。以東橘爲好，西江者不如。須陳久者爲良。好古曰：橘皮以色紅日久者爲佳，故曰紅皮、陳皮。去白者曰橘紅也。　〔修治〕斅曰：凡使勿用柚皮、皺子皮，二件用不得。凡修事，須去白膜一重，剉細，以鯉魚皮裹一宿，至明取用。宗奭曰：《本草》橘柚作一條，蓋傳誤也。後世不知，以柚皮爲橘皮，是貽無窮之患矣。此乃六陳之一，天下日用所須。今人又多以乳柑皮亂之，不可不擇也。柑皮不甚苦，橘皮極苦，至熟亦苦。或以皮之緊慢分別，又因方土不同，亦互有緊慢也。時珍曰：橘皮紋細色紅而薄，内多筋脉，其味苦辛。柑皮紋粗色黄而厚，内多白膜，其味辛甘。柚皮最厚而虚，紋更粗，色黄，内多膜無筋，其味甘多辛少。但以此別之，即不差矣。橘皮性温，柑、柚皮性冷，不可不知。今天下多以廣中來者爲勝，江西者次之。然亦多以柑皮雜之。柑皮猶可用，柚皮則懸絶矣。凡橘皮入和中理胃藥則留白，入下氣消痰藥則去白，其説出於《聖濟經》。去白者，以白湯入鹽洗潤透，刮去筋膜，晒乾用。亦有煮焙者，各隨本方。

〔氣味〕苦、辛，温，無毒。　〔主治〕胸中瘕熱逆氣，利水穀。久服去臭，下氣通神《本經》。下氣，止嘔欬，治氣衝胸中，吐逆霍亂，療脾不能消穀，止洩，除膀胱留熱停水，五淋，利小便，去寸白蟲《別録》。清痰涎，治上氣欬嗽，開胃，主氣痢，破癥瘕痃癖甄權。療嘔噦反胃嘈雜，時吐清水，痰痞痎瘧，大腸閟塞，婦人乳癰。入食料，解魚腥毒時珍。

〖發明〗杲曰：橘皮氣薄味厚，陽中之陰也。可升可降，爲脾、肺二經氣分藥。留白則補脾胃，去白則理肺氣。同白术則補脾胃，同甘草則補肺。獨用則瀉肺損脾。其體輕浮，一能導胸中寒邪，二破滯氣，三益脾胃。加青皮減半用之去滯氣，推陳致新。但多用久服，能損元氣也。原曰：橘皮能散能瀉，能温能補能和，化痰治嗽，順氣理中，調脾快膈，通五淋，療酒病，其功當在諸藥之上。時珍曰：橘皮，苦能泄能燥，辛能散，温能和。其治百病，總是取其理氣燥濕之功。同補藥則補，同瀉藥則瀉，同升藥則升，同降藥則降。脾乃元氣之母，肺乃攝氣之籥，故橘皮爲二經氣分之藥，但隨所配而補瀉升降也。潔古張氏云，陳皮、枳殼利其氣而痰自下，蓋此義也。同杏仁治大腸氣閟，同桃仁治大腸血閟，皆取其通滯也。詳見杏仁下。按方勺《泊宅編》云：橘皮寬膈降氣，消痰飲，極有殊功。他藥貴新，惟此貴陳。外舅莫强中令豐城時得疾，凡食已輒胸滿不下，百方不效。偶家人合橘紅湯，因取嘗之，似相宜，連日飲之。一日忽覺胸中有物墜下，大驚目瞪，自汗如雨。須臾腹痛，下數塊如鐵彈子，臭不可聞。自此胸次廓然，其疾頓愈，蓋脾之冷積也。其方：用橘皮去穰一斤，甘草、鹽花各四兩，水五椀，慢火煮乾，焙研爲末，白湯點服。名二賢散，治一切痰氣特驗。世醫徒知半夏、南星之屬，何足以語此哉？珍按：二賢散，丹溪變之爲潤下丸，用治痰氣有效。惟氣實人服之相宜，氣不足者不宜用之也。

〖附方〗舊七，新二十一。

潤下丸：治濕痰，因火泛上，停滯胸膈，欬唾稠粘。陳橘皮半斤，入砂鍋内，下鹽五錢，化水淹過煮乾，粉甘草二兩，去皮蜜炙，各取净末，蒸餅和丸梧桐子大。每服百丸，白湯下。《丹溪方》。

寬中丸：治脾氣不和，冷氣客於中，壅遏不通，是爲脹滿。用橘皮四兩，白术二兩，爲末，酒糊丸梧子大。每食前木香湯下三十丸，日三服。《是齋指迷方》。

橘皮湯：治男女傷寒并一切雜病嘔噦，手足逆冷者。用橘皮四兩，生薑一兩，水二升，煎一升，徐徐呷之即止。《仲景方》。

嘈雜吐水：真橘皮去白爲末，五更安五分於掌心舐之，即睡，三日必效。皮不真則不驗。《怪證奇方》。

霍亂吐瀉：不拘男女，但有一點胃氣存者，服之再生。廣陳皮去白五錢，真藿香五錢，水二盞，煎一盞，時時温服。出《百一選方》。〇《聖惠》用陳橘皮末二錢，湯點服。不省者灌之。仍燒磚沃醋，布裹磚，安心下熨之，便活。

反胃吐食：真橘皮，以日照西壁土炒香爲末。每服二錢，生薑三片，棗肉一枚，水二鍾，煎一鍾，温服。《直指方》。

卒然食噎：橘皮一兩，湯浸去穰，焙爲末。以水一大盞，煎半盞，熱服。《食醫心鏡》。

諸氣呃噫：橘皮二兩去穰，水一升，煎五合，頓服。或加枳殼尤良。孫尚藥方。

痰膈氣脹：陳皮三錢，水煎熱服。楊氏《簡便方》。

卒然失聲：橘皮半兩，水煎徐呷。《肘後方》。

經年氣嗽：橘皮、神麴、生薑焙乾等分，爲末，蒸餅和丸梧子大。每服三五十丸，食後、夜卧各一服。有人患此服之，兼舊患膀胱氣皆愈也。寇氏《衍義》。

化食消痰：胸中熱氣。用橘皮半兩微熬，爲末。水煎代茶，細呷。《心鏡》。

下焦冷氣：乾陳橘皮一斤爲末，蜜丸梧子大，每食前温酒下三十丸。《食療本草》。

脚氣衝心：或心下結硬，腹中虚冷。陳皮一斤和杏仁五兩去皮尖熬，少加蜜擣和，丸如梧桐子大，每日食前米飲下三十丸。《食療》。

老人氣閟：方同上。《濟生》。

大腸閟塞：陳皮連白，酒煮焙研末，每温酒服二錢。米飲下。《普濟》。

途中心痛：橘皮去白，煎湯飲之，甚良。《談埜翁方》。

食魚蟹毒：方同上。《肘後》。

風痰麻木：凡手及十指麻木，大風麻木，皆是濕痰死血。用橘紅一斤，逆流水五盌，煮爛去渣，再煮至一盌，頓服取吐，乃吐痰聖藥也。不吐，加瓜蒂末。《摘玄方》。

脾寒諸瘧：不拘老少孕婦，只兩服便止。真橘皮去白切，生薑自然汁浸過一指，銀器内重湯煮，焙乾研末。每服三錢，用隔年青州棗十個，水一盞，煎半盞，發前服，以棗下之。《適用方》。

小兒疳瘦：久服消食和氣，長肌肉。用陳橘皮一兩，黄連以米泔水浸一日，一兩半，研末，入麝三分，用猪膽盛藥，以漿水煮熟取出，用粟米飯和丸緑豆大。每服一二十丸，米飲下。錢氏《小兒方》。

産後尿閟：不通者。陳皮一兩去白爲末，每空心温酒服二錢，一服即通。此張不愚方也。《婦人良方》。

産後吹奶：陳皮一兩，甘草一錢，水煎服，即散。

婦人乳癰：未成者即散，已成者即潰，痛不可忍者即不疼，神驗不可云喻也。用真陳橘皮湯浸去白，晒，麪炒微黄，爲末。每服二錢，麝香調酒下。初發者一服見效。名橘香散。《張氏方》。

聤耳出汁：陳皮燒研一錢，麝香少許，爲末日摻。名立效散。

魚骨鯁咽：橘皮常含，咽汁即下。《聖惠方》。

嵌甲作痛：不能行履者。濃煎陳皮湯浸良久，甲肉自離，輕手剪去，以虎骨末傅之即安。《醫林集要》。

青橘皮

〖修治〗時珍曰：青橘皮乃橘之未黄而青色者，薄而光，其氣芳烈。今人多以小柑、小柚、小橙僞爲之，不可不慎辨之。入藥以湯浸去穰，切片醋拌，瓦炒過用。

〖氣味〗苦、辛，温，無毒。

〖主治〗氣滯，下食，破積結及膈氣頌。破堅癖，散滯氣，去下焦諸濕，治左脇肝經積氣元素。治胸膈氣逆，脇痛，小腹疝痛，消乳腫，疏肝膽，瀉肺氣時珍。

〖發明〗元素曰：青橘皮氣味俱厚，沉而降，陰也。入厥陰、少陽經，治肝膽之病。杲曰：青皮乃足厥陰引經之藥，能引食入太陰之倉。破滯削堅，皆治在下之病。有滯氣則破滯氣，無滯氣則損真氣。好古曰：陳皮治高，青皮治低，與枳殼治胸膈，枳實治心下同意。震亨曰：青皮乃肝膽二經氣分藥，故人多怒有滯氣，脇下有鬱積，或小腹疝疼，用之以疏通二經，行其氣也。若二經實者，當先補而後用之。又云：疏肝氣加青皮，炒黑則入血分也。時珍曰：青橘皮古無用者，至宋時醫家始用之。其色青氣烈，味苦而辛，治之以醋，所謂肝欲散，急食辛以散之，以酸泄之，以苦降之也。陳皮浮而升，入脾、肺氣分。青皮沉而降，入肝、膽氣分。一體二用，物理自然也。小兒消積多用青皮，最能發汗，有汗者不可用。此説出楊仁齋《直指方》，人罕知之。嘉謨曰：久瘧熱甚，必結癖塊，宜多服清脾湯。內有青皮疏利肝邪，則癖自不結也。

【附方】舊二，新七。　快膈湯：治冷膈氣及酒食後飽滿。用青橘皮一斤作四分：四兩用鹽湯浸，四兩用白沸湯浸，四兩用醋浸，四兩用酒浸。各三日取出，去白切絲，以鹽一兩炒微焦，研末。每用二錢，以茶末五分，水煎温服。亦可點服。　理脾快氣：青橘皮一斤日乾焙研末，甘草末一兩，檀香末半兩，和勻收之。每用一二錢，入鹽少許，白湯點服。　法制青皮：常服安神調氣，消食解酒益胃，不拘老人小兒。宋仁宗每食後咀數片，乃邢和璞真人所獻，名萬年草。劉跂改名延年草，仁宗以賜呂丞相。用青皮一斤浸去苦味，去穰煉净，白鹽花五兩，炙甘草六兩，舶茴香四兩，甜水一斗煮之。不住攪，勿令著底。候水盡慢火焙乾，勿令焦。去甘草、茴香，只取青皮密收用。王氏《易簡方》。　瘧疾寒熱：青皮一兩燒存性，研末。發前温酒服一錢，臨時再服。《聖惠方》。　傷寒呃逆：聲聞四鄰。四花青皮全者，研末。每服二錢，白湯下。《醫林集要》。　產後氣逆：青橘皮爲末，葱白、童子小便煎二錢服。《經驗後方》。　婦人乳嵒：因久積憂鬱，乳房內有核如指頭，不痛不痒，五七年成癰，名乳嵒，不可治也。用青皮四錢，水一盞半，煎一盞，徐徐服之，日一服。或用酒服。《丹溪方》。　聤耳出汁：青皮燒研末，綿包塞之。　唇燥生瘡：青皮燒研，猪脂調塗。

橘穰上筋膜　【主治】口渴、吐酒，炒熟煎湯飲，甚效大明

橘核　【修治】時珍曰：凡用須以新瓦焙香，去殼取仁，研碎入藥。　【氣味】苦，平，無毒。　【主治】腎疰腰痛，膀胱氣痛，腎冷。炒研，每温酒服一錢，或酒煎服之大明。治酒齄風鼻赤。炒研，每服一錢，胡桃肉一個，擂酒服，以知爲度宗奭。小腸疝氣及陰核腫痛。炒研五錢，老酒煎服，或酒糊丸服，甚效時珍。　【發明】時珍曰：橘核入足厥陰，與青皮同功，故治腰痛㿗疝在下之病，不獨取象于核也。《和劑局方》治諸疝痛及內㿗，卵腫偏墜，或硬如石，或腫至潰，有橘核丸，用之有效。品味頗多，詳見本方。

【附方】新一。　腰痛：橘核、杜仲各二兩炒，研末。每服二錢，鹽酒下。《簡便方》。

葉　【氣味】苦，平，無毒。　【主治】導胸膈逆氣，入厥陰，行肝氣，消腫散毒，乳癰脇痛，用之行經震亨。

【附方】新一。　肺癰：綠橘葉洗，擣絞汁一盞服之。吐出膿血即愈。《經驗良方》。

題明·薛己《本草約言》卷二《藥性本草》　陳皮　味辛、苦，氣溫，無毒。陽中之陰，可升可降。留白者補胃和中，去白者消痰泄氣。○辛散苦泄，而氣溫兼補，顧兼用之藥何如。與白术、半夏同用，則滲濕而健脾胃；與甘草、白术同用，則補脾胃；無甘草、白术而多用獨用，則泄肺損脾；與蒼术、厚朴同用，能去中脘以上至胸膈之邪，而平胃氣；再加葱白、麻黄之類，則能散肉分至皮表有餘之邪。　又云：君白术則益脾，單則損脾；佐甘草則補肺，否則瀉肺。同竹茹治飽逆因熱，同乾薑治飽逆因寒，加青皮減半去滯氣推陳致新，大抵能散能泄之用居多。入足陽明、太陰經，去白入手太陰經。鹽炒者最能降氣。如藥中多用人參，以此同入，定不飽脹。中燥之人少服。隔年者方可用。去白者曰橘紅，性熱，能除寒發表；帶白者性溫，能理脾胃而和中。

青皮　味苦、辛，氣寒，無毒。陰中之陽，入足厥陰經、手少陽經。破滯氣愈低而愈效，削堅積愈下而愈良。引諸藥至厥陰之分，下飲食入太陰之倉。與橘皮同種。○青皮疏利肝邪，故能削堅積而破滯氣也。堅積，即小腹中溫瘧熱盛，纏久不愈，必結癖塊者是也。滯氣即左肋下鬱怒痛甚者。○陳皮治高氣，青皮治低氣，虛弱者少用，治脇痛醋炒為佳。又伏膽家動火驚證藥，用二三分可也。○有滯氣則破滯氣，無滯氣則損真氣。肝經引經藥也，破肝氣使之下行，故柴胡疏上焦之肝氣，青皮理下焦之肝氣，下引飲食入脾，故清脾飲多用之，然久服則大損脾氣，老年之人忌之。

明·佚名氏《醫方藥性·草藥便覽》　陳皮　其性苦。破氣，止臍下痛，破積。

明·梅得春《藥性會元》卷中　青皮　味苦、辛、酸，性寒。沉也，陰中之陽也。無毒。入足少陽膽經，足厥陰肝經引經藥。　主破滯氣，愈低而愈效；削堅積，愈下而愈良。引諸藥至厥陰之分，下飲食入太陰之倉；快膈除膨，利脾之劑。傷肝怒氣，脇痛之癖。療少腹，乃厥陰之痛；踈肝氣，入少陽之經。陳皮治高，青皮治低。虛弱人少用。嗽而脇痛，同衆藥以踈肝氣。人多怒，而脇下有鬱氣積，故肋稍痛，是乃肝膽二經之藥，能泄滯氣以止其痛。二經氣不足者，先當補，少加青皮可也。消疝氣，又能消莖中之堅塊，宜佐以散風之藥，研末服之。此藥不宜多服，多服則損人真氣。　凡使醋煮，炒乾用。

明·梅得春《藥性會元》卷中　橘皮　味辛，氣溫。可升可降，陰中之陽也。無毒。陳久者良。留白者補胃和中，去白者消痰泄氣。　主導逆氣，定

嘔吐，逐停水，通五淋，開胃寬中下氣，健脾化食，散寒邪，消水穀，利胸中痰熱，止霍亂吐瀉，定咳嗽痰壅。同白术用則補脾胃，單用、多用則損脾胃；有甘草則補脾，無則瀉脾。刮去白為橘紅，消痰泄肺，理胸中之氣，止嗽，又能助陽氣上升及助諸甘辛為用。去穰留白者，和諸藥，升陽助胃導氣而益元氣。久服去臭氣。橘核仁　治腰疼疝氣。炒為末，酒調服，治腎疰腰疼，膀胱氣痛。

明·杜文燮《藥鑒》卷二　青皮　氣寒，味苦、辛，氣味俱厚，無毒。沉也，陰也。足厥陰引藥也。破滯氣愈低而愈效，削堅積愈下而愈良。引諸藥至厥陰之分，下飲食入太陽之倉。又少陰經下藥也。陳皮治高氣，青皮治低氣。佐柴胡能治兩脇刺痛，醋炒為佳。君芍藥又伏膽家動火，膽製為良。刧疝疎肝，消食寬胃，驚家諸藥用一二分為妙。

陳皮　氣溫，味辛、微苦，氣薄味厚，無毒。可升可降，陽中之陰也。必須年久者為美。去白性熱，能除寒發表。存白性溫，能補胃和中。與白术、半夏同用，則滲濕而健胃。與甘草、白术同用，則補脾而益胃，有白术則補脾胃，無白术則瀉脾胃。有甘草則補肺，無甘草則瀉肺。故補中湯用之以益氣，平胃散用之以消穀，二陳湯用之以除痰，乾葛湯用之以醒酒。予嘗用陳皮一斤，滾水泡去白，令極淨，烏梅、大草、青鹽各四兩，濃煎取汁，浸透晒半乾，再入白糖六兩，拌勻，用紫蘇葉、薄荷葉上盖，蒸一炷香，每用少許，不拘時常服治久嗽痰白，長服健胃和中，解酒毒。

明·穆世錫《食物輯要》卷六　橘　瓤，味甘、酸，性溫，無毒。甘者，潤肺止渴，和中快膈；酸者，戀膈生痰，滯肺氣。同螃蟹食，令人軟癱。橘皮，味苦、辛，性溫，無毒。解魚腥毒，和脾下氣，止吐多用，獨用損脾。入藥用，陳者良。去白為橘紅，理肺氣，清痰寬中，治咳嗽。核，味苦，平，無毒。治腎虛腰疼，小腸疝氣。橘筋，最難化。小兒食多，成積。葉，味苦，平，無毒。走肝經，治乳癤脇痛，導胸膈逆氣。一云：用松毛裹橘，留百日不乾。菉豆亦可。忌近酒米。柑橙亦然。

明·李中立《本草原始》卷七　橘　生江南及南山川谷，今江、浙、荆、襄、湖嶺皆有之。木高一二丈，葉與枳無辨，刺出莖間。夏月生白花，六月、七月而成實，至冬黃熟。大者如盃，包中有瓣，瓣中有核也。入藥用皮，去白者名橘紅，久藏者名陳皮。《本草綱目》曰：橘從矞，音鷸，諧聲也。又雲五色為慶，二色為矞。矞雲外赤內黃，非煙非霧，鬱鬱紛紛之象。橘實外赤內黃，剖之香霧紛鬱，有似乎矞雲。橘之從矞，又取此義也。

橘實：氣味：甘、酸，溫，無毒。主治：甘者潤肺，酸者聚痰。○止消渴，開胃，除胸中膈氣。

黃橘皮：氣味：苦、辛，溫，無毒。主治：胸中瘕熱逆氣，利水穀。久服去臭，下氣通神。○止嘔逆，治氣衝胸中，吐逆霍亂，療脾不能消穀，止洩，除膀胱留熱停水，五淋，利小便，去寸白蟲。○清痰涎，治上氣欬嗽，開胃，主氣痢，破癥瘕痃癖。○療嘔噦反胃嘈雜，時吐清水，痰痞痎瘧，大腸閟塞，婦人乳癰。

橘，《本經》上品。【圖略】黃橘皮：《湯液本草》名紅皮，《食療本草》名陳皮。凡果木樹生蟲，杉木釘釘孔中，絕。橘藏綠豆中不壞，橙、柑亦然。橘皮入食料，解魚腥毒。臣。

時珍曰：橘皮紋細，色紅而薄，內多筋脉，其味苦、辛。柑皮紋粗，色黃而厚，內多白膜，則其味辛、甘。柚皮最厚而虛，紋更粗，色黃，內多膜無筋，則味甘多辛少。但以此別之，即不差矣。橘皮性溫，柑、柚皮性冷，不可不知。今天下多以廣中來者為勝，江西者次之，然多以柑皮雜之，柑皮猶可用，柚皮則懸絕矣。凡橘皮入藥，和中理胃則留白，下氣消痰則去白。其說出於《聖濟經》。去白者，以白湯入鹽，洗潤令透，刮去筋膜，晒乾用。《百一選方》：治男婦霍亂吐瀉，但有一點胃氣存者，服之回生。廣陳皮去白五錢，真藿香五錢，水二盞，煎一盞，服之愈。

橘核：氣味：苦，平，無毒。主治：腎疰腰痛，膀胱氣痛，腎冷，炒研，每溫酒服一錢，或酒煎服之。○治酒齇風鼻赤，炒研，每服一錢，胡桃肉一個，擂酒服，以知為度。○小腸疝氣及陰核腫痛，炒研五錢，老酒煎服，或酒糊丸服，效。時珍曰：橘核須以新瓦焙香，去殼取仁，研碎入藥。

青皮：乃橘之未成熟，落之，頭破裂，狀如蓮瓣。其氣芳烈，皮薄而光，純青色，故名青皮。《本經》載名青橘皮。氣味：苦、辛，溫，無毒。主治：氣滯，下食，破積結及膈氣。○破堅癖，散滯氣，去下焦諸濕，治左脇肝經積氣。○治胸膈氣逆脇痛，小腹疝痛，消乳腫，疏肝膽，瀉肺氣。

《本經》上品。【圖略】青皮頭破裂者，俗呼四花青皮，凡用以此為勝。今人多以小柑、小柚、小橙偽為之，不可不辨。入藥以湯浸去穰，切片醋拌，瓦炒過用。

杲曰：　黄橘皮氣薄味厚，陽中之陰也，可升可降，爲脾肺二經氣分藥。

元素曰：　青橘皮氣味俱厚，沉而降，陰也，入厥陰、少陽經。治肝膽之病。

明・張懋辰《本草便》卷二　橘皮臣　味辛、苦，氣温，味厚，陰也，無毒。主胸中瘕熱逆氣，利水穀，除膈間痰熱，導滯氣，止嘔欬吐逆，霍亂洩瀉，久服去臭，下氣通神。去白理肺氣，降痰；　留白理脾胃，消食。　橘葉導胸脇逆氣，行肝氣，乳腫痛及脇癰。〇橘核治腰痛，膀胱氣痛，腎冷。〇青皮味苦、辛，氣寒，足厥陰經引經藥，入手少陽經，主氣滯，消食，破積結膈氣，治心腹痛須用之；　瀉肝氣，治脇痛，須醋炒用，勿多服，損人真氣。陳皮治高，青皮治低。

明・吳文炳《藥性全備食物本草》卷二　按：　橘屬，青皮、陳皮一種，枳實、枳殼一種，因其遲蚤採收，特分老嫩而立名也，嫩者性酷治下，青皮、枳實相同；　老者性緩治高，陳皮、枳殼無異。四藥主治，並以導滯消痞爲專，雖高下各行，其瀉氣則一。單服久服，俱損真元，故必以甘補之藥爲君，少加輔佐使，補中兼瀉，瀉則兼補，庶幾不致於偏勝也。

明・吳文炳《藥性全備食物本草》卷二　橘瓤　其味甘、酸，性温，無毒。甘者潤肺止渴，和中快膈；　酸者戀膈，生痰滯氣。同蟹食令人軟癱。

橘皮　味苦、辛，性温，無毒。解魚腥毒，和脾下氣，止吐多用。獨用損脾。入藥用陳者良。去白爲橘紅，理肺氣，清痰寬中，治咳嗽。

橘核　味苦、平，無毒。治腎虛腰疼，小腸疝氣。

橘筋　最難化，小兒食多成積。

橘葉　味苦平，無，毒，走肝經。治乳癰脇痛，導胸膈逆氣。一云用松毛裹橘，留百日不乾；　菉豆亦可。忌近酒米，柑橙亦然。

明・趙南星《上醫本草》卷一　陳皮　一名黄橘皮，又名紅皮。弘景曰：　橘皮療氣大勝，以東橘爲好，西江者不如，須陳久者爲良。好古曰：　橘皮以色紅日久者爲佳。故曰紅皮。陳皮去白者，曰橘紅也。　苦、辛，温，無毒。主治：　胸中瘕熱逆氣，利水穀，清痰涎，治上氣欬嗽。開胃，主氣痢，破癥瘕痃癖，解魚蟹毒。久服去臭，下氣，通神。

附方　橘皮湯：　治男女傷寒并一切雜病，嘔噦，手足逆冷者。用橘皮四兩，生薑一兩，水二升，煎一升，徐徐呷之，即止。　反胃吐食：　真橘皮，以日照西壁土炒香，爲末。每服三錢，生薑三片，棗肉一枚，水二鍾，煎一鍾，温服。　卒然食噎：　橘皮一兩，湯浸去瓤，焙，爲末。以水一大盞，煎半盞，熱服。　經年氣嗽：　橘皮、神麯、生薑，焙乾，等分，爲末，蒸餅和丸梧子大。每服三五十丸，食後夜臥各一服。有人患此服之，兼舊患膀胱氣皆愈也。　化食消痰，胸中熱氣：　用橘皮半兩，微熬，爲末。水煎代茶，細呷。　大腸閉塞：　陳皮連白，酒煮，焙，研末。每温酒服二錢。　小兒疳瘦：　久服，消食和氣，長肌肉。用陳橘皮一兩，黄連以米泔水浸一日一兩半，研末，入麝三分，用豬膽盛藥，以漿水煮〔熟〕取出，用粟米飯和丸綠豆大。每服一二十丸，米飲下。

明・趙南星《上醫本草》卷二　橘　實，甘、酸，温，無毒。主治：　甘者潤肺，酸者聚痰。止消渴，開胃，除胸中膈氣。

弘景曰：　食之多痰，恐非益也。原曰：　多食戀膈生痰，滯肺氣。　瑞曰：　同螃蟹食，令人患軟癱。

黄橘皮　一名紅皮，一名陳皮。　弘景曰：　橘皮療氣大勝，以東橘爲好，西江者不如，須陳久者爲良。好古曰：　橘皮以色紅日久者，爲佳，故曰紅皮。陳皮去白者，曰橘紅也。　苦、辛，温，無毒。主治：　胸中瘕熱，逆氣，利水穀，久服去臭，下氣通神。止嘔欬，治氣衝胸中、吐逆、霍亂。療脾不能消穀，止洩，除膀胱留熱停水、五淋，利小便，去寸白蟲，清痰涎。治上氣欬嗽，開胃，解魚蟹毒，主氣痢，破癥瘕痃癖。

附方　寬中丸：　治脾氣不和，冷氣客於中，壅遏不通，是爲脹滿。用橘皮四兩，白朮二兩，爲末，酒糊丸梧子大。每食前，木香湯下三十丸，日三服。

橘皮湯：　治男女傷寒，并一切雜病嘔噦。手足逆冷者，用橘皮四兩，生薑一兩，水二升，煎一升，徐徐呷之，即止。　反胃吐食：　真橘皮，以日照西壁土炒香，爲末。每服二錢，生薑三片，棗肉一枚，水二鍾，煎一鍾，温服。　卒然食噎：　橘皮一兩，湯浸去瓤，焙，爲末，以水一大盞，煎半盞，熱服。　卒然失聲：　橘皮半兩，水煎，徐呷。　經年氣嗽：　橘皮、神麴、生薑，焙乾等分。爲末，蒸餅和丸梧子大。每服三五十丸，食後、夜臥各一服。有人患此服之，兼舊患膀胱氣皆愈也。　化食消痰：　胸中熱氣，用橘皮半兩，微熬，爲末，水煎代茶，細呷。　大腸閟塞：　陳皮連白，酒煮，焙，研末，每温酒服二錢。〔一方〕米飲下。

明・李中梓《藥性解》卷一　陳皮　味辛、苦，性溫，無毒，入肺、肝、脾、胃四經。主下氣消食，化痰破結，止嘔欬，定霍亂，療吐瀉，利小便，通五淋，逐膀胱留熱，殺寸白諸蟲，核治腰痛疝痛，葉治乳癰脇癰，肉能止渴，多食令人氣逆生痰。去白者兼能除寒發表，留白者兼能補胃和中，微炒用，產廣中，陳久者良。按：陳皮辛苦之性，能泄肺部。金能制木，故入肝家，土不受侮，故入脾胃，採時性已極熱，如人至老成，則酷性漸減，收藏又復陳久，則多歷梅夏，而烈氣全消，溫中而無燥熱之患，行氣而無峻削之虞，中州之勝劑也。乃大全以為多用獨用，有損脾胃，師心之過耳。青皮　味苦、酸，性溫，無毒，入肝、脾二經。主破滯氣，愈低而愈效；削堅積，愈下而愈良。引諸藥至厥陰之分，下飲食入太陰之倉，消溫瘧熱甚結母，止左脇鬱怒作痛，去肉微炒用。按：青皮即橘之小者，酸能瀉水，宜走肝經，溫能輔導，宜歸脾部。其性峻削，多服傷脾虛羸，禁。

明・繆希雍《本草經疏》卷二三　橘皮　味辛，溫，無毒。主胸中瘕熱逆氣，利水穀，下氣止嘔欬，除膀胱留熱停水，五淋，利小便，主脾不能消穀，氣衝胸中，吐逆霍亂，止洩，去寸白。久服去臭，下氣通神，輕身長年。按：橘、柚實兩種，《本經》作一條，蓋傳誤也。今改正。

〔疏〕橘皮，花開於夏，實成於秋，得火氣少，金氣多，故味辛苦，氣溫，無毒。味薄氣厚，降多升少，陽中之陰也。入手足太陰、足陽明經。其主胸中瘕熱逆氣，氣衝胸中嘔欬者，以肺主氣，氣常則順，氣變則逆，逆則熱聚於胸中而成瘕。瘕者，假也。如痞滿鬱悶之類也。辛能散，苦能泄，溫能通行，則逆氣下，嘔欬止，胸中瘕熱消矣。脾為運動磨物之臟，氣滯則不能消化水穀，為吐逆霍亂，泄瀉等證，苦溫能燥脾家之濕，使滯氣運行，諸證自瘳矣。肺為水之上源，源竭則下流不利，熱結膀胱。肺得所養而津液貫輸，氣化運動，故膀胱留熱停水，五淋皆通也。去臭及寸白者，辛能散邪，苦能殺蟲也。通神輕身長年者，利脾肺之極功也。〔主治參互〕橘皮留白，補脾胃和中；去白，消痰理肺氣。同白朮則補脾，同甘草則補肺，同補氣藥則益氣，同泄氣藥則破氣，同消痰藥則能去痰，同消食藥則能化食，各從其類以為用也。同人參、何首烏、桂枝、當歸、薑皮，治三日瘧寒多。得白豆蔻、生薑、藿香、半夏，治胃家有寒痰，或偶感寒氣，傷冷食，嘔吐不止。同人參、白朮、白茯苓、甘草、山藥、白豆蔻、藿香、麥芽、山查、白藊豆，治脾胃虛，飲食不化，或不欲食，食亦無味。同蘇子、貝母、枇杷葉、麥門冬、桑根白皮、沙參、栝樓根、五味子、百部，治上氣欬嗽，能消痰下氣。同枳殼、烏藥、木香、草豆蔻、檳榔，治氣實人暴氣壅脹。同蒼朮、厚朴、甘草，為平胃散，治胸中脹滿。入二陳湯，治脾胃濕痰及寒痰痰飲。仲景方橘皮湯，治男女傷寒，并一切雜病嘔噦，手足逆冷者，用橘皮四兩，生薑一兩，水二升，煎一升，徐徐呷之即止。《百一選方》霍亂吐瀉，但有一點胃氣存者，服之即生。廣陳皮去白五錢，真藿香五錢，水二盞，煎一盞，時時溫服。《食療》治腳氣衝心，或心下結硬，腹中虛冷。陳皮一斤，和杏仁五兩去皮尖熬，少許蜜搗和，丸如梧桐子大，每日食前米飲下三十丸。《普濟方》大腸閟塞，陳皮連白，酒煮焙乾，研末。每服二錢，米飲下。《適用方》脾寒諸瘧，不拘老少孕婦，只兩服便止。真橘皮去白切，生薑自然汁浸過一指，銀石器內重湯煮乾，焙，研末，每服三錢，用隔年青州棗十箇，去核，水一盞，煎半盞，發前服，以棗下之。張氏方婦人乳癰，未成者即散，已成者即潰，痛極者不痛，神驗不可言。用真橘皮湯浸去白，曬乾，麪炒微黃，為末。每服一錢，麝香調酒下，初發一服見效。〔簡誤〕橘皮味辛氣溫，能耗散真氣，中氣虛，氣不歸元者，忌與耗氣藥同用。胃虛有火嘔吐，不宜與溫熱香燥藥同用。陰虛欬嗽生痰，不宜與半夏、南星等同用。瘧非寒甚者，亦勿施。

青橘即青皮　主氣滯，下食，破積結及膈氣。

〔疏〕青皮古方無用者，至宋時醫家始用之。其色青，其味極苦而辛，其氣溫而無毒。氣味俱厚，沉而降，陰也。入足厥陰、少陽。苦泄、辛散，性復刻削，所以主氣滯，下食，破結積及膈氣也。元素：破堅癖，散滯氣，治左脇肝經積氣。亦此意耳。〔主治參互〕青皮同人參、鼈甲，能消瘧母。同枳殼、肉桂、川芎，治左脇痛。同人參、白朮、三稜、蓬茂、阿魏、礬紅、山查、紅麴、木香，消痃癖氣塊及一切肉食堅積。〔簡誤〕青皮性最酷烈，削堅破滯是其所長。然誤服之，立損人真氣，為害不淺。凡欲使用，必與人參、朮、芍藥等補脾藥同用，庶免遺患，必不可單行也。肝脾氣虛者，概勿施用。

橘核　主腰痛，膀胱氣，腎冷。炒去殼，酒服良。

按：橘核出日華子，其味苦溫而下氣，所以能入腎與膀胱，除因寒所生之病也。疝氣方中多用。

橘葉　古今方書不載，能散陽明、厥陰經滯氣。婦人妬乳、內外吹、乳巖、乳癰用之皆效。以諸證皆二經所生之病也。

明・倪朱謨《本草彙言》卷一五　橘皮　味甘、辛、酸、苦，氣溫，無毒。味薄氣厚，降多升少，陽中陰也。入手足太陰，足陽明經。

《別錄》曰：橘柚生江南及山南山谷。

蘇氏曰：今江浙、荆襄、湖嶺皆有之。木高一二丈，枝莖間多生刺，其葉兩頭尖，色深綠，面背皆光，長寸許。四月開小白花，六七月成實，至冬黃熟。小者爲橘，大者爲柚。

李氏曰：夫橘一也，而外有柑、柚、橙、枳四者，相類而種不同。橘實小，其瓣甘微酸，其皮薄而紅，味辛而苦；柑大于橘，其瓣味甘，其皮厚而黃，味辛甘而不苦；柚大小皆如橙，其瓣味酸，其皮最厚而黃，味甘而不辛；橙大小皆如橘，其瓣味酸，其皮厚而有癗，味甘辛酸而不苦；若枳者即橘種，逾淮而北爲枳，其實大如橘，其瓣味酸苦，其皮厚，味酸辛而苦。如此分之，即不誤矣。

盧氏曰：橘柚通呼，以《本經》命名爲正。類有橙、柑、欒、枳之異，樹有高下小大，有刺無刺，有刻無刻之別。實有圓扁長鋭，大小光櫐之殊。大都色象深綠，凌冬不凋則一也。實皮布竅，色深于皮。皮裏有膜，囊上有脉，囊中裹瓤，瓤內裹汁以養核也。種數雖多，但以皮肉氣味互爲分析。橘皮苦不可食，肉甘可食；橙皮味甘可食，肉酸不可食；柑皮與肉，酸甘皆可食；欒枳皮肉味皆苦不可食；柚則形長，皮肉與橘同味。大段橘之美者皆接生，子種者不結實，縱結實亦形長而味不美。今人指此爲柚子，誤也。柚子不用接生，亦取本有色味，不從人力爲也。廣中柚子極大可食，永嘉呼之爲苞，此又似欒，名雖同柚，種則異矣。又韓彥直有《橘譜》，列十有四種，以溫州者稱爲上品。今衢州航埠沿溪三十里，夾岸樹橘，花朝香雪彌空，果熟金星綴碧，種有巨細，色有紅赭，約二十餘種，唯琭橘最美。仁和棲水産蜜橘，凡數十品，名金錢穿心者，秀色可觀。又不如一種佛肚臍，形小皮癩，甘美如蜜也。霜降後采取，氣足味足。密藏至春，剖皮抽脉，破囊吮汁，亦可振精醒神，爲得句破疑之助。若欲取皮用充藥餌，不若廣中者，皮薄辛香，愈陳則愈善也。〇再按《橘譜》：橘西出湖廣荆襄，南出閩廣撫州、衢州，皆不如浙西溫州爲上品也。黃橘扁小而多香霧；朱橘圓小而綠時紺碧可愛，霜後色赤如火；乳橘狀如乳柑，皮堅瓤多，味絶甘芳；塌橘形大而扁，外綠心紅，瓣巨多液，經春乃甘美；包橘外薄內盈，其脉瓣隔皮可數；綿橘微小極軟，香美可愛而不多結；沙橘細小甘美；油橘皮似油餙，中堅外黑，乃橘之下品也；早黃橘秋半已紅；凍橘八月開花，冬結春采；穿心橘，實大皮光，而心虛可貫繩；荔枝橘出橫陽，膚理皺密如荔枝也。俗傳橘下埋鼠，則結實加倍。又《相感志》云：橘見屍而易繁。《涅槃經》言：橘見鼠，其果實多。《周禮》言：踰淮而北變爲枳，地氣使然也。

寇氏曰：橘皮乃六陳之一，醫家日用所需。今市家以乳柑皮亂之，不可不辨也。凡橘皮極苦，柑皮不甚苦。或以皮之緊皺分別，有方土不同，亦互有緊皺也。

李氏曰：橘皮紋細、色紅而薄，內多筋脉，其味苦辛；柑皮紋粗、色黃而厚，內多白膜，其味辛甘；柚皮最厚而虛，紋更粗、色黃，內多膜無筋，其味甘多辛少，以此別之，即不差矣。又按：橘皮性溫，柑、柚皮性冷。今天下多以廣中橘皮爲勝，蓋因香辛而烈故也。江西者次之，台、衢者又次之。若以柑皮、柚皮僞充，則又懸絶矣。

橘皮　理氣散寒，寬中行滯，健運腸胃，暢利藏府，日華子爲脾胃之聖藥也。方龍潭抄顧朽匏曰：此藥總屬理氣之珍，若霍亂嘔吐，氣之逆也；泄瀉下利，氣之寒也；關格中滿，氣之閉也；食積痰涎，氣之滯也；風寒暑濕，氣之搏也；七情六鬱，氣之結也。橘皮統能治之。其去白開痰，留白和脾，蓋味辛善散，故能開氣；味苦善泄，故能行痰。其氣溫平，善于通達，故能止嘔止欬，健胃和脾者也。東垣曰：夫人以脾胃爲主，而治病以調氣爲先。如欲調氣健脾者，橘皮之功居其首焉。然君白朮則益脾，單則利脾；佐甘草則和氣，否則損氣；同竹茹、芩、連，治呃逆因熱也；同乾薑、桂、附，治呃逆因寒也。補中用之以益氣，二陳用之以除痰，乾葛用之以清胃解醒，平胃用之以消食去濕。同補劑則補，同瀉藥則瀉，同升藥則升，同降藥則降。脾乃元氣之母，肺乃攝氣之籥，故橘皮爲二經氣分之需，各隨所配而建功也。翁文獻而于他證有不宜用者，如亡液之證不可用，因其辛以散之也；自汗之證不可用，因其辛不能斂也；元虛之人不可用，因其辛不能守也；吐血之證不可用，因其辛散微燥，恐有錯經妄行也。

沈則施先生曰：　橘皮下氣消痰，橘肉滯氣生痰，一物之性，表裏各異如此。又他藥貴新，惟橘皮貴陳，入和中理胃藥則留白，入下氣消痰藥則去白。

集方：　治胃寒氣滯，胸腹滿脹，飲食少進者。用陳皮、乾薑各二錢，半夏、茯苓各一錢五分，砂仁、厚朴、於白朮各一錢，甘草五分，水煎服。○治霍亂嘔吐。用陳皮三錢，藿香二錢，因寒者配乾薑、砂仁各一錢五分，因熱者配黃連、黃芩、滑石各一錢五分，水煎服。○治泄瀉下痢。用陳皮三錢，藿香二錢，因虛者加白朮土炒三錢，茯苓二錢，甘草一錢，因實者加枳實麩炒三錢，厚朴二錢，木香一錢，水煎服。○治關隔中滿，病有寒、熱、虛、實四端。治法與前二方加減同，有兼氣證者加參、朮。有兼血證者，加歸、芎。○治食積痰涎。用陳皮三錢，配枳實、厚朴、麥芽、穀芽、紅麯、半夏、膽星各一錢，此實證用也。配白朮、人參、茯苓、當歸、厚朴、麥芽、穀芽各一錢，甘草五分，此虛證用也。○治風寒外感表證，頭痛發熱。用陳皮二錢，配紫蘇葉、乾葛、防風、杏仁、白芷各一錢，葱頭三箇，生薑三片，水煎服。冬月感寒無汗，諒加桂枝、麻黃數分。○治七情六鬱，中膈不和。用陳皮二錢，配半夏、膽星痰、黑山梔、黃芩火、香附、枳殼氣、山楂、紅麯食、當歸、川芎血、蒼朮、厚朴濕各一錢，黑棗三箇，生薑三片脾，水煎服。各隨見證加入。已上七方出越醫顧朽匏《暢心集》。

續補集方：　丹溪方治濕痰停滯胸膈，欬唾稠粘。用陳橘皮八兩，湯泡洗淨，食鹽五錢，水五碗，同煮乾晒燥，甘草一兩，俱炒燥研爲末，蒸餅打糊爲丸梧子大。每早晚各服二錢，白湯下。○《指迷方》治冷氣客于中脘，壅遏不通，是爲脹滿。用陳橘皮四兩，於白朮二兩，木香一兩，共爲末，酒糊丸梧子大。每食前吞二錢，白湯下，日三。○奇方治嘈雜吐水。用真陳廣橘皮去白二兩爲末，每日五更，取末藥五分，舐之即睡，三日必效。○孫十四方治諸氣呃噫。用陳橘皮二兩去白，水一升煎五合，頓服。加枳殼一兩尤佳。○《肘後方》治卒然失聲。用陳橘皮五錢，水煎徐呷。○《食醫心鏡》治胸中有熱兼停食生痰者。用陳橘皮五錢炒，水煎代茶飲。○《食療》治脚氣衝心，或心下結硬，腹中虛冷。用陳橘皮一觔炒，杏仁五兩去皮，俱研爲末，煉蜜和丸，如梧子大。每食前米湯下三錢。○治風痰死血，手足十指麻木。用陳橘皮一觔，水十大碗，煮爛至二碗，濾出，再用水十碗，煮至一碗，總和，頓服取吐痰。如不吐痰，加瓜蒂末一錢。○《摘玄方》治脾寒諸瘧，不拘老少孕婦。用陳橘皮三兩，生薑自然汁浸透，再用水二碗，煮乾晒燥研末。每服三錢，用黑棗湯調下。○趙氏方治小兒疳瘦。用陳橘皮二兩炒，川黃連三錢酒炒，共研末，入麝香二分研勻，粟米糊和爲丸，如綠豆大。每服一錢，米湯下。此藥大能消食，和脾氣。

明・應麐《食治廣要》卷四

橘　氣味：　甘、酸，溫，無毒。主治：　甘者潤肺，酸者聚痰。止消渴，開胃，除胸中膈氣。陶弘景曰：　食之多痰，恐無益也。吴瑞曰：　同螃蟹食，令人患脚癰。

明・姚可成《食物本草》卷一六味部・雜類

青鹽陳皮吴人以橘皮去白，用青鹽醃壓作脯。或用糖蜜拌者，乃不及青鹽為佳。

青鹽陳皮，味甘、鹹，平，無毒。食之主消痰止嗽，潤肺生津，利胸膈，化稠粘，去宿食，下逆氣。

明・姚可成《食物本草》卷八果部・山果類

橘江浙、荊襄、湖嶺皆有之。木高一二丈，刺出莖間。夏初生白花，六七月成實，至冬黃熟。內瓣甘潤香美，為果中之貴品者也。○《事類合璧》云：　橘樹高丈許，枝多生刺。其葉兩頭尖，綠色光面，大寸餘，長二寸許。四月著小花，色白甚香。結實至冬黃熟，大者如盃，包中有瓣，瓣中有核也。宋韓彥直著《橘譜》三卷甚詳，其略云：　柑、橘出蘇州、台州，西出荊州，南出閩、廣、撫州，皆不如溫州者為上也。柑品有八，橘品十有四，多是接成。惟種成者，氣味尤勝。黃橘扁小而多香霧，乃橘之上品也。朱橘小而色赤如火。綠(色)〔橘〕紺碧可愛，不待霜後，色味已佳，隆冬采之，生意如新。乳橘狀似乳柑，皮堅瓤多，味絕酸芳。塌橘狀大而扁，外綠心紅，瓣巨多液，經春乃甘美。包橘外薄內盈，其脉瓣隔皮可數。綿橘微小，極軟美可愛，而不多結。沙橘細小甘美。油橘皮似油飾，中堅外黑，乃橘之下品也。早黃橘秋半已丹。凍橘八月開花，冬結春采。穿心橘實大皮光，而心虛可穿。荔枝橘出橫陽，膚理皺密如荔子也。俗傳橘下埋鼠，則結實加倍。故《物類相感志》云：　橘見尸而實繁。《涅槃經》云：　如橘見鼠，其果實多。《周禮》言橘踰淮而(白)〔北〕變為枳，地氣使然也。

橘實　味甘、酸，溫，無毒。甘者潤肺。酸者止消渴，開胃，除胸中膈氣。皆不可多食，能戀膈生痰，滯肺氣。忌同蟹食，令人患軟癰。

黃橘皮　味苦、辛，溫，無毒。主胸中瘕熱逆氣，利水穀。下氣，治嘔欬，治氣衝胸中，吐逆霍亂，療脾不能消穀，止洩，除膀胱留熱停水，起淋，利小便，去寸白蟲。清痰涎，治上氣欬嗽，開胃，主氣痢，破癥瘕痃癖。療嘔噦反胃嘈雜，時吐清水，痰痞痎瘧，大腸秘澀，婦人乳癰。久服去臭，下氣通神。入食料，解魚腥毒。

青橘皮　味苦、辛，溫，無毒。主氣滯，下食，破積結及膈氣，去下焦諸濕，治左脇肝經積氣，小腹疝痛，消乳腫，疏肝膽，瀉肺氣。

橘瓤上筋膜　治口渴、吐酒。炒熟煎湯飲，甚效。

橘核　味苦，平，無毒。治腰痛，膀胱氣痛，腎冷，炒研，每溫酒服一錢，或酒煎服之。治酒齇風鼻赤。炒研，每服一錢，胡桃肉一箇，擂酒服，以知為度。

橘葉　味苦，平，無毒。導胸膈逆氣，入厥陰，行肝氣，消腫散毒，乳癰脇痛，用之行經。

附方：　治卒然心痛，或途中旅次，不便用藥。只以橘皮去白，煎湯飲之，甚良。治嵌甲作痛，不能行履者。濃煎陳皮湯浸良久，甲肉自離，輕手剪去，以虎骨末傅之，即安。治腎經氣滯腰痛。橘核、杜仲各一兩炒，研末。每服二錢，鹽酒下。治肺癰。綠橘葉洗，擣絞汁一盞服之。吐出膿血即愈。

明·顧逢柏《分部本草妙用》卷九果部　橘　甘、酸，溫，無毒。甘者潤肺，酸者聚痰，多食滯氣生痰。　主治：　消渴，開胃，除胸中膈氣。　橘皮下氣消痰。肉生痰聚飲。表裏之異如此。今人以蜜煎橘，充果食甚佳。其核主疝氣。葉，治乳癰。皆神品也。

明·顧逢柏《分部本草妙用》卷六兼經部·溫瀉　陳皮　苦、辛，溫，無毒。入肺脾二經。廣東陳久者佳。　主治：　瘕熱，消水穀，下氣嘔欬，霍亂，止洩清痰，開胃。(胃)留白理脾胃，去白理肺氣。可散可瀉，能溫能補能和，功在諸藥之上。　青皮即橘之小者。　主治：　破堅癖，走下焦，治肝氣怒氣鬱積，小腹痛。炒黑入血，止痛。　按：　青皮猛鋭，猶烈性少年，最能發洩，人罕知之，不可久用。橘皮如老年人，性已和緩，又復陳久，而躁氣全消，溫中而不燥，行氣而不峻，中州勝劑也。橘核與青皮同功，專治腰痛㿗疝，在下之病，故疝㿗卵腫偏墜，例用橘核丸。

明·孟笨《養生要括·果部》　橘〔橘肉食之，生痰滯肺氣。同螃蟹食，令人患軟癰。皮歸脾、肺二經氣分，留白則補脾胃，去白則理肺氣。〕　味甘者，潤肺。酸者，聚痰，止消渴，開胃，除胸中膈氣。

黄橘皮　苦、辛，溫，無毒。治胸中瘕熱逆氣，利水穀。久服，去臭，下氣，通神。止嘔咳，治氣衝胸中、吐逆霍亂，療脾不能消穀，止洩，除膀胱留熱，停水五淋，利小便，去寸白蟲。清痰涎，治上氣咳嗽，破癥瘕痃癖。療嘔噦反胃，嘈雜，時吐清水，痰痞痎瘧，大腸閉塞，婦人乳癰。入食料，解魚腥毒。

青橘皮　味苦、辛，溫，無毒。治氣滯下食，破積結及膈氣，破堅癖，去下焦濕，治左脇肝經積氣。治胸膈氣逆脇痛，小腹疝痛，消乳腫，疏肝膽，瀉肺氣。〔法制青皮用青皮一斤浸去苦味，去瓤，揀淨，白鹽花五兩，炙甘草六兩，茴香四兩，甜水一斗煮之，不住攪，勿令著底，候水重，慢火焙乾，勿令焦，去甘草、茴香，蜜收用，服之安神調氣，消食，解酒益胃，每食後嚼數片。乃真人獻宋仁宗妙方也。〕

橘核　治腎疰腰痛，膀胱氣痛，腎冷，炒研，每溫酒服一錢，或酒煎服之。治酒齇風鼻赤，炒研每服一錢，胡桃一個擂酒服，以知為度。小腸疝氣及陰核疼痛，炒研，五錢，老酒煎服，或酒糊丸服，甚效。

葉　導胸膈逆氣，入厥陰，行肝氣，消腫散毒，乳癰脇痛用之行經。

明·黄承昊《折肱漫録》卷三　橘皮下氣，脾虛人不宜常食。予常於中氣虛時，偶服一二片即覺氣虛不堪，以是知亦所宜忌。

明·李中梓《醫宗必讀·本草徵要下》　橘皮味辛，溫，無毒。入肺、脾二經。廣中者最佳，福建者力薄，浙產便惡劣矣。陳久愈佳，去蒂及浮膜，晒乾。　止嗽定嘔，頗有中和之妙；　清痰理氣，却無峻烈之嫌。留白者補胃偏宜，去白者疏通專掌。苦能泄氣，又能燥濕，辛能散氣，溫能和氣；　同補藥則補，同瀉藥則瀉，同升藥則升，同降藥則降。夫脾乃元氣之母，肺乃攝氣之籥，故獨入二經。氣雖中和，然單服久服，亦損真元。橘皮下氣消痰，橘肉生痰聚氣，一物也，而相反如此。青皮即橘之小者，麩炒。破滯氣愈陳愈效，削堅積愈下愈良。引諸藥至厥陰之分，下飲食入太陰之倉。青皮兼能發汗，性頗猛鋭，不宜多用。如人年少壯，未免躁暴，及長大而為橘皮，如人至老年，烈性漸減。經久而為陳皮，則多歷寒暑而躁氣全消也。核主膀胱疝氣，一味為末，酒服五錢。葉主肺癰、乳癰，絞汁飲之。

明·鄭二陽《仁壽堂藥鏡》卷五　陳皮　氣溫，味微苦。辛而苦，味厚，陰也。無毒。　《象》云：　能益氣，加青皮減半，去滯氣，推陳致新。若補脾胃，不去白；　若理胸中滯氣，須去白。　《心》云：　導胸中滯氣，除客氣。有白术則補脾胃，無白术則瀉脾胃。然勿多用也。　《珍》云：　益氣利肺。有甘草則補肺，無甘草則瀉肺。　《本草》云：　主胸中痰熱逆氣，利水穀。下氣，止嘔、欬。除膀胱留熱停水、五淋，利小便。主脾不能消穀、氣衝胸中，吐逆霍亂。止瀉，去寸白蟲。能除痰，解酒毒。海藏治酒毒，葛根陳皮茯苓甘草生薑湯。手太陰氣逆，上而不下，宜以此順之。白檀為之使。其芳香之氣，清奇之味，可以奪極也。　日華子云：皮，止嗽，破癥瘕痃癖，解飲酒人口氣。　同竹茹，治呃逆因熱；　同乾薑，治呃逆因寒。

青皮　氣溫，味辛。苦而辛，性寒，氣厚，陰也。　入手少陽經。《象》云：　主氣滯，消食，破積結膈氣，去穰。　《心》云：　足厥陰經引經藥也。有滯氣則破滯氣，無滯氣則損真氣。　《主治秘訣》云：　性寒，味苦。氣味俱厚，沉而降，陰也。其用有五：　足厥陰、少陽之分有病則用之，一也；　破堅癖，二也；　散滯氣，三也；　去下焦濕，四也；　治左腎有積氣，五也。破滯、削堅積，皆治在下者效。引藥至厥陰之分，下食入太陰之倉。　海藏云：　青皮與橘皮一種。青皮，小而未成熟者。成熟而大者，橘也。因色紅，故名紅皮。以藏日久者佳，故名陳皮。如枳實、枳殼一種：　實則小而青色，未花未穰；　殼大而黃紫色，已穰。故殼高而治胸膈，實低而治心下。與陳皮治高，青皮治低同意。　潔古曰：　破堅癖，走下焦，治肝氣。丹溪曰：　怒氣鬱積、小腹痛，炒黑則入血也。　按：　青皮猛鋭，不宜多用久用。最能發汗，人罕知之。橘皮採時色已紅熟，如人至老成，則烈性漸減。收藏又復陳久，則多歷梅夏，而燥氣全消。溫中而不燥，行氣而不峻，中州勝劑也。　禹錫云：　青皮醋妙，消積定痛。　氣短者全禁。

明・蔣儀《藥鏡》卷一溫部　陳皮　留白和胃補脾，去白消痰泄氣。利水穀以寬膚腫，迸寒邪以去腹疼。青鹽製則痰下嗽寧，白朮同則嘔除吐止。佐甘草而補肺，偕桑皮而瀉金。攜杏仁以疏大腸之氣滯，拉桃仁以通大腸之血閟。亡液自汗諸症，畏其辛散不守。核治腰痛疝痛，葉主乳癰肺癰。須知血症勿用氣藥，恐迫血妄行也。氣症勿用血藥，恐滯氣不行也。

青皮　行血積，散氣滯。鬆小腹之疼，摧痃癖之塊。引諸藥至厥陰之分，下飲食入太陰之倉。耑伐肝邪，能損真氣。消瘟瘧熱甚結母，須同鱉甲、人參。止左脇鬱怒作疼，佐以川芎、肉桂。臣茈胡能平兩脇刺痛，醋炒為佳。君芍藥又伏火動膽經，亦須膽製。助土平木，刦疝明眸，要治諸驚，略加更妙。嬰孩消積宜投，汗多汗過勿施。

明・李中梓《頤生微論》卷三　橘皮　味辛，性微溫，無毒。入肺、脾二經。產廣中者良，陳久者良。去蔕及膜用。開胃健脾，消痰理氣，止嗽定嘔，消食開鬱。小者名青皮，破氣達下焦，消痰治瘧，平肝去積，理小腹痛。按：　橘皮能溫能補，能散能和，其功當在諸藥之上。採時色已紅熟，如人至老成，則烈性漸減收藏。又復陳久則多歷霉夏，而躁氣全消，故稱中和之品，為脾胃重藥。青皮猛鋭，不宜多用。市中以小橘中空，易腐難蚪，多以小柑、小橙、小香橼之類偽之，此近來通弊，不可不察也。

明・張景岳《景岳全書》卷四九《本草正》　陳皮　味苦、辛，性溫。散氣實痰滯必用。留白者，微甘而性緩。去白者，用辛而性速。瀉脾胃痰濁，肺中滯氣，消食開胃，利水通便，吞酸噯腐，反胃嘈雜。呃逆脹滿堪除，嘔吐惡心皆效。通達上下，解酒除蟲，表裏俱宜，癰疽亦用。尤消婦人乳癰，并解魚肉諸毒。

青皮　味苦、辛、微酸，味厚，沉也，陰中之陽。苦能去滯，酸能入肝，又入少陽、三焦、膽府。削堅癖，除脇痛，解鬱怒，刦疝踈肝，破滯氣，寬胸消食。老弱虛羸，戒之勿用。

明・賈九如《藥品化義》卷一氣藥　青皮　屬陰中有陽，體乾而小，色青，氣香而羶，味苦辛，性涼而鋭，云溫云寒皆非。能浮能沉，力疏肝氣，性氣與味俱厚，入肝膽三焦三經。　青皮色青，味苦辛，專疏肝氣。因體質小則性鋭烈而直下，善導鬱滯，有推陳致新之力，故主下部以治氣分；　因味辛，重用之削堅，療小腹間積痛，治瘧疾散疝氣，理脇下痛，解鬱平怒，莫勝於此也。用三四分，入膽腑能伏驚氣，其氣味最厚，能發汗，若表虛禁用。　青皮即橘之小者，未能熟而自落。皮堅厚，破製四瓣者佳。醋炒治脇痛，炒黑入血分。

明・賈九如《藥品化義》卷一氣藥　陳皮　屬陽中有陰，(禮)〔體〕乾大而輕，色皮黃肉白，氣香細，味辛苦，性溫，能升能降，力理肺脾，性氣薄而味厚，入肺脾兼走諸經。　陳皮留白，取其色白入肺，氣香入脾，因體大而緩，緩則遲下，故主二部而和中；　味辛則散，散則分解，故泄逆氣而快膈，用治膈痰嘔逆，穀食酒毒，功在蘇梗枳殼之上，以其性溫，能補肺脾，須藉監制之藥用之。助參苓暖胃，佐白术健脾，和甘草益肺，同半夏滲濕，合青皮去滯，參竹茹治呃。且辛香洩氣，如目痛脇脹，盛怒動氣，俱宜用之。因至高之分，故曰陳皮治高氣，青皮治低氣，此言大略，然亦通用。　用廣產者佳。取其陳久，燥氣全消，溫中而不燥，行氣而不峻，故名陳皮。

明・賈九如《藥品化義》卷八腎藥　橘紅　屬陽中有微陰，體乾，色黃，氣雄微香，味辛帶苦，性溫，能升能降，力散結利氣，性氣重而味清，入肺脾二經。

橘紅味辛帶苦，辛能橫行散結，苦能直行下降，為利氣要藥。蓋治痰須理氣，氣利痰自愈。故用入肺脾，主一切痰病，功居諸痰藥之上。佐竹茹以療熱呃，助青皮以導滯氣，同蒼术、厚朴平胃中之實，合葱白、麻黃表寒濕之邪，消穀氣，解酒毒，止嘔吐，開胸膈痞塞，能推陳致新，皆辛散苦降之力也。

橘紅即廣陳皮去白，功用各別，取其力勝故也。

明·蕭京《軒岐救正論》卷三

陳皮、半夏　陰陽有造化升降消長者。生，主長，主升，主造，屬陽。息，主消，主降，主化，屬陰。陰化而陽造之，陰降而陽升之，至消則滅而無復長矣。又降其性沉，化其性緩，消則其性速也。化又有生生不息之機，曰生化，曰化生，曰化強化頑，曰風化德化，是皆由漸而致之。此物理之最微而最彰者也。陳皮理脾化氣，非補脾益氣也。留白為橘皮，尚能和中，以白性甘緩也。去白為橘紅，則專乎降氣消痰，為剝削之物矣。降因滯氣升，消因痰壅盛，惟升則降之，盛則消之，降之消之，有滯氣痰壅，則病受之，若夫脾虧作滯，脾虛生痰，便當君以參、术療本，恐概用橘紅、半夏二陳之屬，則徒耗損真氣。故先哲以六物必用陳者，政為新性暴烈洩真之故耳。至半夏性燥，久服亦能潛消脾之真氣，必惟因濕生熱，因熱生痰，用之則宜，亦只宜暫宜少。未有脾胃健，而濕熱能為患者也。奈何世之醫者，每以二陳舉為常用扶脾之品，竟不分脾陰脾陽，有濕無濕，屬虛屬實，且曰王道如此。甚至陰虛勞嗽，金水俱敗，尚亦妄用之。近歲鹺客連翔梧患前症，兩名醫俱投以欵冬、橘紅、麥冬、石斛、白芍之屬，喘嗽倍增，且兼嘔悶。乃支詞曰：正要嘔唾痰盡，便速愈耳。吁！昧病源，而投見病之劑，又矯本心之味，偽自己之異，其不殺人也者幾希？

明·施永圖《本草醫旨·食物類》卷三

橘小曰橘，大曰柚。自是兩種。若不分別，誤以柚皮為橘，是貽無窮之患矣。

橘實　味：甘、酸，溫，無毒。食之多痰，恐非益也。多食懸膈生痰，滯肺氣。○同螃蟹食，令人患軟癰。治：甘者潤肺，酸者聚痰，止消渴，開胃，除胸中膈氣。橘皮下氣消痰，其肉生痰聚飲，表裏之異如此，凡物皆然。今人以蜜煎橘充果食甚佳，亦可醬葅也。

黃橘皮　名陳皮。橘皮療氣大勝。以東橘為好，西江者不如，須陳久者為良。○以色紅日久者為佳，故陳皮去白者，曰橘紅也。○凡使，勿用柚皮、皺子皮二件。須去白膜一重，剉細。味：苦、辛，溫，無毒。治：胸中瘕熱逆氣，利水穀。久服去臭，順氣通神，下氣，止嘔欬。治氣衝胸中吐逆，霍亂。療脾不能消穀，止洩，除膀胱留熱，停水五淋，利小便，去寸白蟲，清痰涎，治上氣欬嗽，開胃，主氣痢，破癥瘕痃癖，療嘔噦反胃，嘈襍，時吐清水，痰痞痎瘧，大腸閟塞，婦人乳癰。入食料解魚腥毒。橘皮氣薄味厚，陽中之陰也。可升可降，為脾肺二經氣分藥。留白則補脾胃，去白則理肺氣，同白术則補脾胃，同甘草則補肺，獨用則瀉肺損脾。其體輕浮，一能導中寒邪，二破滯氣，三益脾胃。加青皮減半用之，去滯氣，推陳致新。但多用久服，能損元氣也。○橘皮能散能瀉，能濕能補能和，化痰治嗽，順氣理中，調脾快膈，通五淋，療酒病，其功當在諸藥之上。○橘皮，苦能泄能燥，辛能散，溫能和，其治百病，總是取其理氣燥濕之功，同補藥則補，同瀉藥則瀉，同升藥則升，同降藥則降。脾乃元氣之母，肺乃攝氣之籥，故橘皮為二經氣分之藥，但隨所配而補瀉升降也。陳皮、枳殼利其氣，而痰自下，蓋此義也。同杏仁治大腸氣閟，同桃仁治大腸血閟，皆取其通滯也。

附方　寬中丸：治脾氣不和，冷氣脹滿。用橘皮四兩，白术二兩，為末，酒糊丸梧子大。每食前木香湯下三十丸，日三服。橘皮湯：治男女傷寒，并一切襍病嘔噦，手足逆冷者，用橘皮四兩，生薑一兩，水二升，煎一升，徐徐呷之即止。嘈襍吐水：真橘皮去白，為末，五更安五分於掌心舐之即睡，三日，必效。皮不真則不驗。霍亂吐瀉：廣陳皮去白五錢，真藿香五錢，水二盞，煎一盞，時時溫服。○用陳橘皮末二錢，湯點服。不省者灌之，仍燒磚沃醋，布裹磚，安心下熨之，便活。反胃吐食：真橘皮，以日照西壁土炒香為末，每服二錢，生薑三片，棗肉一枚，水二鍾，煎一鍾，溫服。卒然食噎：橘皮一兩，湯浸去瓤，焙，為末，以水一大盞，煎半盞，熱服。諸氣呃噫：橘皮二兩，去瓤，水一升，煎五合，頓服，或加枳殼尤良。痰膈氣脹：陳皮三錢，水煎熱服。卒然失聲：橘皮半兩，水煎徐呷。經年氣嗽：橘皮、神麴、生薑焙乾，等分為末，蒸餅和丸梧子大，每服三五十丸，食後、夜臥各一服。化食消痰：胸中熱氣，用橘皮半兩，微熬為末，水煎代茶，細呷。下焦冷氣：乾陳橘皮一斤，為末，蜜丸梧子大，每食前溫酒下三十丸。大腸閟塞：陳皮連白，酒煮焙研末，每溫酒服二錢，米飲下可。途中心痛：橘皮去白，煎湯飲之甚良。食魚蟹毒：方同上。風痰麻木：用橘紅一斤，逆流水五盌，煮爛去滓，再煮至一盌，頓服，取吐。乃吐痰聖藥也。不吐，加瓜蒂末。產後尿閉：不通者，陳皮一兩去白為末，空心溫酒服二錢，一服即止。產後吹奶：陳皮一兩，甘草一錢，水煎服即散。婦人乳癰：用真橘皮，湯浸去白，晒，麵炒微黃，為末，每服二錢，麝香調酒下，初發者一服見效，名橘香散。魚骨鯁咽：橘皮常含，咽汁即下。

青橘皮乃橘之未黃而青色者，薄而光，其氣芳烈，今人多以小柑、小柚、小橙偽為之，不可不慎辨之。入藥以湯浸去瓤，切片，醋拌，瓦炒過用。　味：苦、辛，溫，無毒。治：氣滯，下食，破積結及膈氣逆，脇痛，小腹疝痛，消乳腫，疏肝膽，瀉肺氣。青皮乃足厥陰引經之藥，能引食入太陰之倉，破滯削堅，皆治在下之病，有滯氣則破滯氣，無滯氣則損真氣。青皮乃肝膽二經氣分藥，故人多怒有滯氣，脇下有鬱積，或小腹疝疼，用之以疏通二經，行其氣也。若二經實者，當先補而後用之。又云，疏肝氣加青皮，炒黑則入血分也。小兒消積多用青皮，最能發汗。有汗者不可用，久瘧熱甚，必結癖塊，宜多服。清脾湯內有青皮，疏利肝邪，則癖自不結也。

附方　理脾快氣：青橘皮一斤，日乾，焙研末，甘草末一兩，檀香末半兩，和勻收之，每用一二錢，入鹽少許，白湯點服。瘧疾寒熱：青皮一兩，燒存性，研末，發前溫酒服一錢，臨時再服。傷寒呃逆：四花青皮全者，研末，每服二錢，白湯下。產後氣逆：青橘皮為末，葱白、童子小便煎二錢，服。婦人乳嵒：因久積憂鬱，乳房內核如指頭，不痛不痒，五七年成癰，名乳嵒，不可治也。用青皮四錢，水一盞半，煎一盞，徐徐服之，日一服，或用酒服。聤耳出汁：青皮燒，研末，綿包塞之。唇燥生瘡：青皮燒研，猪脂調塗。

橘瓤上筋膜　治：口渴吐酒，炒熟煎湯飲，甚效。

橘核　凡用須以新瓦焙香，去殼，取仁，研碎入藥。味：苦，平，無毒。治：腎疰腰痛，膀胱氣痛，腎冷，炒研，每溫酒服一錢，或酒煎服之。治酒瘄風鼻赤，炒研，每服一錢，胡桃肉一個，擂酒服，以瘥為度。小腸疝氣及陰核腫痛，炒研五錢，老酒煎服，或酒糊丸服，甚效。橘核入足厥陰，與青皮同功，故治腰痛㿉疝在下之病，不獨取象于核也。《和劑局方》治諸疝痛及內㿉，卵腫偏墜，或硬如石，或腫至潰，有橘核丸，用之有效。品味頗多，詳見本方。

附方　腰痛：橘核、杜仲各二兩，炒研末，每服二錢，鹽酒下。

葉　味：苦，平，無毒。治：導胸膈逆氣，入厥陰，行肝氣，消腫散毒，乳癰脇痛，用之行經。

附方　肺癰：綠橘葉洗搗，絞汁一盞，服之，吐出膿血即愈。

明·盧之頤《本草乘雅半偈》帙三　橘柚《本經》上品　氣味：辛，溫，平，無毒。主治：主胸中瘕熱逆氣，利水穀。久服去臭，下氣，通神。

覈曰：橘柚生江南，及山南山谷，今以廣中者稱勝。素華丹實，皮既馨香，又有善味，尤生于洞庭之包山。過江北則無，故曰江南種橘，江北為枳。《考工記》云：踰淮而北為枳，則有異同矣。《橘頌》云：后皇嘉樹，橘徠服兮，受命不遷，生南國兮。屈原比之夷齊，願置以為像，取其貞介似有志也。《春秋運斗樞》云：璇星散為橘，弓人以橘為幹也。柚似橘而大，其味尤酸。孔安國云：小曰橘，大曰柚。郭璞云：柚似橙而大于橘，《禹貢》揚州，厥包橘柚錫貢。橘柚，皆不耐寒，故包裹而致之也。錫貢者，須錫命而獻之，言不嘗來也。《列子》云：吳楚之國，有大木焉，其名為櫾，碧木而冬生，實丹而味酸，食其皮汁，已憒厥之疾，齊州珍之，渡淮而北，化為枳焉，則是其類矣。《子虛賦》云：橘柚芬芳。《蜀都賦》云：家有鹽井之泉，戶有橘柚之園。《廣志》云：成都有柚，大如斗。《呂氏春秋》云：果之美者，江浦之橘，雲夢之柚。然則橘柚，類雖同而種則異。《本經》合稱之，功力無優劣矣。考古方書，用橘不用柚，今遵《本經》橘柚並用為正。修事橘柚，各去白膜剉細，鯉魚皮裹一宿，至明取用。

先人云：橘柚通呼，以《本經》命名為正。類有橙柑欒枳之異；樹有高下小大，有刺無刺，有刻無刻之別；實有圓扁長銳，大小光纍之殊。大都色象深綠，淩冬不彫則一也。實皮布竅，色深于皮，皮裹有膜，囊上有脈，囊中裹瓤，瓤內裹汁以養核也。種類雖多，但以皮肉氣味，互為分析。橘皮苦不可食，肉甘可食。橙皮甘可食，肉酸不可食。柑皮肉酸甘皆可食。欒枳皮肉皆不可食。柚則形長，皮肉與橘同味矣。大段橘之美者皆接生，子種者不結實。縱結實，亦形長而味不美。今人指此為柚子，此則橘柚合稱之本義。柚子不用接生，亦取本有色味，不從人力為也。廣中柚子極大可食，永嘉呼之為苞，此又似欒，名雖同柚，種則異矣。韓彥直有《橘譜》，列十有四種，以溫州者稱上品。近衢州航埠，沿溪三十里，夾岸樹橘，花朝香雪彌空，果熟金星綴碧，種有巨細，色有紅赭，約二十餘種。唯琭橘最美，武林棲水出蜜橘，凡數十品，名金錢穿心者，雖秀色可觀，又不如佛肚臍，形小皮癩，甘美可口也。霜降采取，氣足味足。密藏至春，剖皮抽脈，破囊吮汁，亦可振精醒神。為得句破疑之助，若欲擇皮，用充藥餌，不若廣中者，皮薄而香，愈陳則愈善也。

又云：橘矞從。矞者，錐有所穿，滿有所出，兼已出未出義。矞雲二色，黃赤郁紛，從矞取象者以此。專勝在皮，雖年深日久，不但芳辛不改，轉更清烈，他果萬不能及。此以木實之皮，秋成得辛，稟從革作金之用，故可存可久。誠肝藏之用分氣分藥也。蓋人水穀入胃，具升出降入之妙，而游溢精氣，先及皮毛，轉輸五藏，此正水穀變現春夏秋冬耳。合矞之已出未出，如穿如滿之象，真不待言語形容矣。《經》云：上焦開發，宣五穀味，薰膚充身澤毛，若霧露之溉，橘皮有焉。再讀《本經》，及諸家法，乃知橘義真實不虛。客曰：陳皮留白補胃和中，去白消痰泄氣。從古所稱，奉為律令，今以矞義合之，似覺未當。曰：此正證明八字義耳。果能達矞義而用之，的是橘皮四法。不知此義而用之，寧不溷他藥之四法乎。若果可混，性便移易，必非本有之真性矣。水穀入胃，具升出降入之妙。即東垣得悟法門，從此縱橫應變，莫不繇此貫通。可見讀書不貴博，只要實悟得古人一言一字，便終身受用無窮。

条曰：木命在皮，各有專精。以具全木之體，橘柚專精者實；實復專精者皮；皮布細竅，宛如人膚，即脈絡肉理，筋膜子核，各有屬焉。橘諧矞，與霱同。雲間五色曰慶，三色曰霱。橘間青黄丹色之如霱也。矞者錐有所穿，取象膚間竅也；及滿有所出，取象氣中機也。柚諧由，與由同。《書》云：若顛木之有由枿。徐云：已到之木，更生孫枝，象枝條華菡之形也。《經》云：垂枝布葉，皆下曲如鉤。又云：夏日在膚，泛泛乎萬物之有餘也，故橘柚力能轉入為升，轉升為出，即轉闔為開也。種種形證，悉從人從闔，致胸中瘕熱，水穀失宣，神明不通，氣逆及氣臭耳。下氣者，出已而降，玉衡機轉之妙用也。《經》云：秋日下膚，蟄蟲將去，其斯之謂歟。夏日在膚，泛泛乎萬物之有餘；秋日下膚，蟄蟲將去，即轉入為升，轉升為出，轉出為降之氣中機也。

明·李中梓《本草通玄》卷下　陳皮　苦辛而溫，入太陰經。健脾開胃，下氣消痰，消穀進食，定嘔止瀉。能補能消，能散能降，調中理氣，功在諸藥之上。辛宜於肺，香利於脾，肺為攝氣之籥，脾為元氣之母，陳皮理氣，故為二經要藥。同補藥即補，同瀉藥則瀉，同升藥則升，同降藥則降，故利用最弘。去白者理肺氣，留白者和胃氣。筋膜及蒂並去之，芳香之品，不見火，則力全也。青皮　小者為青皮。功用悉同，但性較猛耳。青皮，如人當年少，英烈之氣方剛；陳皮，如年至老成，則燥急之性已化。青皮入肝者以其色也，究竟主肺脾之症居多。瘧脉自弦，肝風之祟。青皮入肝散邪，入脾滌痰，故瘧家為必需之品。橘肉，甘者潤肺，酸者聚痰。核疎疝氣，葉散乳癰。

清·顧元交《本草彙箋》卷六　陳皮山果之五，合青皮、橘葉、橘核。陳皮理氣，取其無峻烈之嫌。脾爲元氣之母，肺爲攝氣之籥，故橘皮爲二經氣分之藥。但隨所配，而補瀉升降也。同杏仁治大腸氣閟，同桃仁治大腸血閟，同蘇子、貝母、枇杷葉、麥冬、桑皮、沙參、栝蔞根、五味子、百部，治上氣欬嗽，同枳殼、烏藥、木香、草豆蔻、檳榔，治氣實人暴氣壅脹，同蒼术、厚朴、甘草，治胸中脹滿。合青皮去滯，參竹茹治呃。其快利疏泄之能，殆無往而不奏效也。

青皮　乃橘之未黄而青色者。味苦而辛，宜醋拌，瓦焙用。而炒黑則又能入血分。所謂肝欲散，急食辛以散之，以酸泄之，以苦降之也。其氣烈性猛，如人年少壯，不免暴燥，及長大而爲橘皮，烈性漸減，經久而爲陳皮，則多歷寒暑，而躁氣全消矣。

橘核　入足厥陰，與青皮同功。其治腰痛㿉疝在下之病，不獨取象於核也。

橘葉　能散陽明、厥陰二經滯氣，其治婦人妬乳，內外吹乳，乳癰乳巖之症。蓋乳房屬陽明，乳頭屬厥陰故耳。

橘皮下氣消痰，橘肉生痰聚飲。又橘皮留白則和中理胃，去白則下氣消痰。橘肉甘者潤肺，酸者聚痰。橘皮以色紅日久者爲佳，其紋細色紅而薄，內多筋膜。其味苦辛者爲橘。紋粗色黄而厚，內多白膜，味辛甘者爲柑。皮最厚，而虛紋更粗，色黄多膜無筋，味甘多辛少者爲柚。柚皮斷不可用。柑、柚皮寒，橘皮溫，性相懸也。治左脇痛，以青皮合枳殼、肉桂、川芎。然其性最酷烈，削堅破滯，是其所長。若誤服之，損人真氣。小兒消積，多用青皮。然最能發汗，有汗者忌用。治腰痛，以橘核、杜仲各二兩，炒，研末，每服二錢，鹽酒下。治酒皶風鼻赤，橘核炒研，每服一錢，胡桃肉一枚，擂酒服，以效爲度。治肺癰，以綠橘葉，洗擣絞汁一盞，服之，吐出膿血即愈。

清·穆石匏《本草洞詮》卷六　橘橘實、陳皮、青皮、橘核　雲五色為慶，二色為矞。矞雲外赤內黄，鬱鬱紛紛。橘實外赤內黄，剖之香霧紛鬱，有似矞雲，故字從矞。橘實，氣味甘酸溫，無毒。甘者潤肺，酸者聚痰。陳橘皮苦辛溫，無毒。主破滯氣，導胸中寒邪。蓋辛能散，苦能泄能燥，溫能和。橘皮能治百病，凡煎劑中並不可少，總是理氣之功。同補藥則補，同瀉藥則瀉，同升藥則升，同降藥則降。脾乃元氣之母，肺乃攝氣之籥。橘皮為二經氣分之藥，各隨所配而見功也。一人凡食已輒胸滿，百方不效，合橘紅湯連日飲之，忽覺胸中有物墜下，自汗如雨，須臾腹痛，下數塊如鐵彈，自此胸次廓然，其疾頓愈。蓋脾之冷積也。其方用陳橘皮去穰一斤，甘草、鹽花各四兩，水五椀，慢火煮乾，焙研為末，白湯點服，名二賢散，丹溪變之為潤下丸，治一切痰氣甚効。潔古謂陳皮利其氣而痰自下。世醫徒知半夏、南星之屬，何足以語此哉？然氣實人服之相宜，氣不足者不宜用也。橘皮下氣消痰，其肉生痰聚飲，表裏之異如此。他藥貴新，惟橘皮貴陳。入和中理胃藥則留白，入下氣消痰藥則去白。此乃日用所須，今人多以柑柚皮亂之。橘皮氣溫，柑柚皮氣冷，柑皮猶可，柚皮則懸絕矣。青橘皮乃橘之未黄而青色者，苦、辛，溫，無毒。入足厥陰經。其氣芳烈，破滯削堅，治在下之病。人多怒氣滯，脇下有鬱積，或小腹疝疼，用青皮以疏通肝膽二經，行其氣也。陳皮治高，青皮治下。但有滯氣則破滯氣，無滯氣則損真氣。小兒食積多用青皮，最能發汗。有汗者不可用，人罕知之。久瘧熱甚，必結癖塊，宜多服清脾湯，内有青皮疏利肝邪，則癖自不結也。市中亦以小柑、小柚、小橙亂之，不可不辨。橘核苦平，無毒。入足厥陰經。治腰痛，膀胱氣痛在下之病，與青皮同功。其治小腸疝氣，陰核腫痛，取象於核于意也。

清・丁其譽《壽世秘典》卷三　橘橘、柚、柑三者相類而不同。橘實小，其瓣味微酸，其皮薄而紅，味辛而苦。柑大于橘，其瓣味甘，其皮稍厚而黄，味辛而甘。柚大小皆如橙，其瓣味酸，其皮最厚而黄，味甘而不甚辛。如此分之，方不誤矣。橘品類亦多。黄橘，扁小而多香霧，橘之上品；朱橘，小而色赤如火；綠〔橘〕色紺碧可愛，不待霜後，色味已佳；乳橘，狀似乳柑，皮堅瓤多，味絕酸芳；塌橘，狀大而扁，外綠心紅，瓣巨多液，經春乃甘美。餘者氣味俱同，形各有異。〇南方柑橘雖多，亦畏霜。每霜時，亦不甚收。惟洞庭，霜雖多，却不能損。土人云：洞庭四面皆水，水氣上騰，尤能閣霜，所以洞庭柑橘最佳。韋蘇州《寄橘書》云：書後欲題三百顆，洞庭須待滿林霜。　氣味：甘、酸，溫，無毒。甘者潤肺，酸者聚痰。

橘皮王好古曰：橘皮以色紅，陳久為良，故曰陳皮。以白湯入鹽，洗潤透，刮去筋膜，晒乾者，名橘紅。今以廣中者為勝，江西者次之，然多以柑皮相雜，不可不辨。　氣味：苦、辛，溫，無毒。主清痰涎，治上氣欬嗽，開胃，主氣痢，破癥瘕痃癖甄權《藥性論》。療嘔噦反胃，嘈雜，時吐清水，痰痞痎瘧，大腸閉塞，婦人乳癰。入食料，解魚腥毒《本草綱目》。

發明甯原曰：橘多食，戀膈生痰，滯肺氣。橘皮能散，能瀉，能溫，能補，能和，化痰治嗽，順氣理中，調脾快膈，通五淋，療酒病。但多用久服，能損元氣。李時珍曰：橘皮下氣消痰，其肉生痰聚飲，表裏之異如此，凡物皆然。橘皮苦能泄、能燥，辛能散，溫能和，其治諸病，總是取其理氣燥濕之功。同補藥則補，同瀉藥則瀉，同升藥則升，同降藥則降。脾乃元氣之母，肺乃攝氣之籥，故橘皮為二經氣分之藥，但隨所配而補、瀉、升、降也。潔古張氏云：陳皮、枳殼利其氣而痰自下，蓋此義也。同杏仁治大腸氣秘，同桃仁治大腸血秘，皆取其通滯也。吳瑞曰：橘同蟹食，令人患軟癰。

橘核　氣味：苦，平，無毒。治小腸疝氣及陰核腫痛，炒研，酒煎服，或酒糊丸服，甚效。凡用，須以新瓦焙香，去壳，取仁，研碎入藥。

清・張志聰《侶山堂類辯》卷下　橘皮　橘皮臭香色黄，味甘而帶辛。甘香黄主土，辛主金。夫胃土主脉絡。胃又屬陽明，秋金其色白。脾土主肌肉，肺金主皮毛。橘皮在内之白膜，如胃府所主之絡脉，皮内之白若肌肉，皮外之宗眼如毛孔，是從中達外，由脈而絡，絡而肌，肌而皮也。橘皮能宣發陽明之汗，解胃氣之逆呃。蓋能宣達胃氣，外出于皮毛。若夫皮腠之邪，逆于内而為喘急，膈上之痰結于上而為欬嗽，欲消痰降氣而從下解者，是又從肌而絡，絡而脉，脉而胃也。是邪正之氣，欲出欲入，而用橘皮為導引者，皆藉皮内之白膜，如去其膜白，則斷截出入之道路，故《本經》止曰橘皮，而並無留白去白之分。

清・劉雲密《本草述》卷一七　陳橘皮　橘樹與枳、橙皆有刺，但枳、橙葉有兩刻，俗所謂藥葫蘆是。而橘葉兩頭尖，並無兩刻耳。橘與柑葉無異，但柑樹無刺，至二實之味，辨於時珍，説見後。

氣味：苦、辛，温，無毒。　主治：開胃和中，利水穀，理氣消痰，治上氣咳嗽，定嘔噦嘈雜，時吐清水，及大腸閟塞並氣痢，除膀胱留熱停水。

東垣曰：橘皮氣薄味厚，陽中之陰也，可升可降，為脾肺二經氣分藥。留白則補脾胃，去白則理肺氣。同白术則補脾胃，同甘草則補肺，獨用則瀉肺損脾。　潔古曰：紅橘皮能益氣，加青皮減半去滯氣，推陳致新。　原曰橘皮能散能瀉，能溫能補，能和，化痰治嗽，順氣理中，調脾快膈，通五淋，療酒病，其功當在諸藥之上。　時珍曰：橘皮苦能泄能燥，辛能散溫能和，其治百病，總是取其理氣燥溼之功。同補藥則補，同瀉藥則瀉，同升藥則升，同降藥則降。脾乃元氣之母，肺乃攝氣之籥，故橘皮為二經氣分之藥，但隨所配而補瀉升降也。潔古張氏云：陳皮、枳殼利其氣，而痰自下。蓋此義也。同杏仁治大腸氣閟，同桃仁治大腸血閟，皆取其通滯也。　希雍曰：橘皮花開於夏，實成於秋，得火氣少，金氣多，故味辛苦氣温無毒，味薄氣厚，降多升少，陽中之陰也，入手足太陰、足陽明經。

同人参、何首烏、桂枝、當歸、薑皮，治三日瘧寒多。　得白豆蔻、生薑、藿香、半夏，治胃家有寒痰，或偶感寒氣，傷冷食，嘔吐不止。　同人參、白朮、白茯苓、甘草、山藥、白豆蔻、藿香、麥芽、山查、白藊豆，治脾胃虛，飲食不化，或不欲食，食亦無味。　同蘇子、貝母、枇杷葉、麥門冬、桑根白皮、沙參、栝樓根、五味子、百部，治上氣咳嗽，能消痰下氣。　同枳殼、烏藥、木香、草豆蔻、檳榔，治氣實人暴氣壅脹。　同蒼朮、厚朴、甘草，為平胃散，治胸中脹滿。　入二陳湯治脾胃溼痰，及寒痰痰飲。

愚按：　橘皮味苦而辛，辛苦適均而氣温，據其苦泄辛散温行，以為行滯氣之劑，幾與他散氣藥同矣，不知殊有不然者。《本經》於兹味獨謂其能利水穀，夫後天之氣，即水穀氣合於真氣以充身者也。　水穀利，則水穀之氣暢，以並於真氣。　盧氏曰：《經》云上焦開發，宣五穀味，薰膚，充身，澤毛，若霧露之溉，橘皮有焉，斯言近之矣。　想像此義，則所列治效，似偏從氣滯著脚。　而尚不能善用之者也，唯是昔哲所謂橘皮能散能瀉，能温能補，能和，又謂其同於群藥，以為補泄升降，並合寒熱以奏功者，大有理會也。　夫氣生化於脾，肺本以流行為無病。　然氣之寒者熱者，升者降者，補者泄者，一有不宜，皆能著滯以為病。　若謂橘皮專以泄滯氣為能，是求其行而反得滯也，唯能合諸治以為治，則可以思其所長也。　即如傷寒，治噦有橘皮竹茹湯以治熱，又有橘皮乾薑湯以治寒，不可槩見哉？　但東垣謂不宜單用，所宜三復，並致戒於多用久用者，誠慎之也。

附方　潤下丸治溼痰因火泛上，停滯胸膈，咳唾稠粘，陳橘皮半斤，入砂鍋内，鹽五錢，化水淹過，煮乾粉，甘草二兩，去皮蜜炙，各取淨末，蒸餅和丸梧桐子大，每服百丸，白湯下。　寬中丸治脾氣不和，冷氣客於中，壅遏不通，是為脹滿，用橘皮四兩，白朮二兩，為末，酒糊丸梧子大，每食前木香湯下三十丸，日三服。　經年氣嗽，橘皮、神麴、生薑焙乾，等分，為末，蒸餅和丸梧子大，每服三十五丸，食後、夜臥各一服。　有人患此，服之兼舊患膀胱氣皆愈也。　脚氣衝心，或心下結硬，腹中虛冷，陳皮一斤，和杏仁五兩去皮尖，熬，少加蜜，擣和丸如梧桐子大，每日食前米飲下三十丸。　小兒疳瘦，久服消食，和氣長肌肉，用陳橘皮一兩，黃連以米泔水浸一日，一兩半，研末，入麝三分，用豬膽盛藥，以漿水煮熟，取出，用粟米飯和丸綠豆大，每服一二十丸，米飲下。　按數方為温為補者同白朮，為涼為泄者同黃連、豬膽。　然亦須知其合於橘皮以用者，分兩之多少。　至於同神麴、生薑，或同杏仁，皆佐之行氣和氣者，須審其證之所宜。　又潤下丸入甘草、鹽花，以此治痰，真得潤下之義，明者粂之。

希雍曰：　橘皮味辛氣温，能耗散真氣，中氣虛，氣不歸元者，忌與耗氣藥同用。　胃虛有火嘔吐，不宜與温熱香燥藥同用。　陰虛咳嗽生痰，不宜與半夏、南星等同用。　瘧非寒甚者，亦勿施。

修治　時珍曰：　橘皮紋細色紅而薄，肉多筋膜，其味苦辛。　柑皮紋粗色黃而厚，内多白膜，其味辛甘。　柚皮最厚，而虛紋更粗，色黃，内多膜無筋，其味甘多辛少。　但以此別之，即不差矣。　橘皮性温，柑、柚皮性冷，不可不知。　今天下多以廣中來者為勝，江西者次之，然亦多以柑皮雜之，柑皮猶可用，柚皮則懸絶矣。　凡橘皮入和中理胃藥則留白，入下氣消痰藥則去白，其説出於《聖濟經》，去白者以白湯入鹽洗浸透，刮去筋膜，曬乾用。　亦有煮焙者，各隨本方。《類明》曰：　補胃不去白者，其白有甘之意；　消痰泄氣去白者，恐甘緩其辛也。　文清曰：　以陳者為佳，入下焦用鹽水浸，肺燥者童便浸曬。　真廣陳皮豬騌紋，香氣異常。　去白時不可浸於水中，止以滚湯手蘸三次，輕輕刮去白，要極淨。　蘸音站，以物淬水，謂以物内水中便出也，淬音萃。

青橘皮　氣味：　苦、辛，温，無毒。　主治：　疏肝膽，泄肺氣，治胸膈氣逆脇痛，治左脇肝經積氣，小腹疝氣，消乳腫，破積結，能消瘧母，去下焦諸溼。

《仙製本草》曰：　入手少陽三焦。　潔古曰：　青橘皮氣味俱厚，沉而降，陰也。　入厥陰、少陽經，治肝膽之病。　東垣曰：　青皮乃足厥陰引經之藥，能引食入太陰之倉，破滯削堅，皆治在下之病，有滯氣則破滯氣，無滯氣則損真氣。　好古曰：　陳皮治高，青皮治低。　與枳殼治胸膈，枳實治心腹同意。　丹溪曰：　青皮乃肝膽二經氣分藥，故人多怒有滯氣，脇下有鬱積，或小腹疝疼用之，以疏通二經，行其氣也。　若二經實者，當先補而後用之。　又云：　疏肝氣加青皮，炒黑則入血分也。　文清曰：　伏膽家動火驚證，用二三分可也。　時珍曰：　青、橘皮古無用者，至宋時醫家始用之。　其色青氣烈，味苦而辛，治之以醋，所謂肝欲散，急食辛以散之，以酸泄之，以苦降之也。　陳皮浮而升，入脾肺氣分；　青皮沉而降，入肝膽氣分，一體二用，物理自然也。　小兒消積多用青皮，最能發汗，有汗者不可用。　説出楊仁齋《直指方》，人罕知之。　嘉謨曰：　久瘧熱甚，必結癖塊，宜多服清脾湯，內有青皮，疏利肝邪，則癖自不結也。　希雍曰：　青皮其色青，其味極苦而辛，其氣溫而無毒，氣味俱厚，沉而降，陰也，入足厥陰、少陽。苦泄辛散，往復刻削，故其主治如此。　青皮同人參、鱉甲，能消瘧母。　同枳殼、肉桂、川芎，治左脇痛。　同人參、白朮、三稜、蓬莪、阿魏、礬紅、山查、紅麴、木香，消痃癖氣塊，及一切內食堅積。

愚按：　先哲有云：　陳皮、枳殼利其氣而痰自下，後人不深悉其用之有殊，蓋未細究於氣寒氣溫二者，大有思議也。夫枳子與橘紅皆苦，而寒溫不同，固也。但江南有橘亦有枳，而江北則有枳無橘。時賢又云：　江南雖有枳，不及江北者所氣全而力厚，是則天界南北，雖橘枳之樹形不其殊，然稟乎地氣以結而為實者，其懸殊若水火矣。《經》曰：　成之者地，皆稟乎金令之天氣，而各成於寒溫之地氣。其味其狀已異，可謂性味之主治同乎？　故成於氣之寒者，水氣也，金得水而泄；　成於氣之溫者，火氣也，金以火為用。　夫氣竭於泄而宣於用者也。　曰：　何謂以火為用則氣宣？　蓋此火即元氣，故氣不曰熱而曰溫，即《經》所謂少火也。《經》曰氣食少火，不可想見真氣宣揚之義歟。　或曰不獨此也，即橘皮之陳及青者，已大有差別，其義云何？　曰：　青皮在《本草》云入手少陽三焦，而後哲謂又入少陽膽，且為足厥陰肝引經。　夫手少陽相火，而足少陽為相火對化，厥陰肝又與命門通者也。　陳皮、青皮同一物，何以陳皮不入此數經耶？　蓋先天資始，後天資生，上焦心肺胃合而營諸陽，乃資生之地也。　有生者必有所始，上焦脾肺之元，固在三焦肝膽也。　但陳皮之宣揚元氣，偏歸臟腑。　而青皮之峻酷迅速，不及偏致，遂返其所始，故昔哲指其獨入此數經耳。　或曰：　手少陽三焦是矣，而肝膽亦徑入者，云何？　曰：　夫木達陰中之陽於上，以陽引陰而上也。　是木媾於金也，金達陽中之陰於下，以陰引陽而下，是金媾於木也。　木之氣不至於金，則陽鬱而陰不上，金之氣不下至於木，則陰鬱而陽不下，是即水不升，火不降之病機也。　故金氣徑先達於木，此青皮之峻酷者用之，破滯削堅，直至於下，不得謂與陳皮一物，而冀其猶有和氣益氣之功也。　即是熟思，肝膽為風升之氣，與元氣胃氣無二也。　以金欲至木之理悉之，肝膽有實邪，直用克泄之。　如虛則宜補，虛因乎下者，則宜補陰，使陽得升，化原在腎；　因乎上者，則宜益陽，使陰得降，化原在肺。寧能專任克泄哉？　加以虛為實，而槩投之，其不致誤戕厥生也有幾？

附方　法制青皮，用青皮一斤，浸去苦味，去瓤煉淨，白鹽花五兩，炙甘草六兩，舶茴香六兩，甜水一斗，煮之，不住攪，勿令著底，候水盡，慢火焙乾，勿令焦，去甘草、茴香，只取青皮，密收用。　常服安神，調氣消食，解酒益胃，不拘老人小兒。　宋仁宗每食後咀數片，乃邢和璞所獻，仁宗以賜呂丞相。

愚按：　青皮下氣最速，為不可舍之藥，得此數味製服，可以收其下氣之效，而不致破氣。　信乎！　可服也。

婦人乳嵒，因久積憂鬱，乳房內有核如指頭，不痛不癢，五七年成癰，名孔嵒，不可治也。　用青皮四錢，水一盞半，煎一盞，徐徐服之，日一服，或用酒服。

希雍曰：　青皮性最酷烈，削堅破滯，是其所長。　然誤服之，立損人真氣，為害不淺。　凡欲施用，必與人參、朮、芍藥等補脾藥同用，庶免遺患，必不可單行也。　肝脾氣虛者，槩勿用施。

修治　青橘皮乃橘之未黃而青色者，頭破裂，狀如蓮瓣，其氣芳烈，今人多以小柑、小柚、小橙偽為之，不可不慎辨之。　入藥以湯浸去瓤，切片，醋拌，瓦炒過用。　消積定痛，醋炒。

柑皮稍厚於橘，橙皮則最厚。

橘核橘實小，其瓣味微酢，柑大於橘，其瓣味甘，用核者須審之。　氣味：　苦，平，無毒。　主治：　腎疰音注，病也。　腰痛，膀胱氣痛日華子。　更治小腸疝氣，及陰核腫痛，炒研五錢，老酒煮服，或酒糊丸服，甚效。　時珍曰：　橘核入足厥陰，與青皮同功，故治腰痛，𤸷疝在下之病，不獨取象於核也。《和劑局方》治諸疝痛及內𤸷卵腫偏墜，或硬如石，或腫至潰，有橘核丸用之效。

附方　腰痛，橘核、杜仲各二兩，炒研末，每服二錢，鹽酒下。

愚按：　橘核取其成熟之實乃有核，青橘入藥，取其極小者，不得有核，以其稟金令初之氣耳。　若實已成熟，則其核之性味亦不可謂其止入肝經，故日華子有腎疰腰痛，膀胱氣痛之治。　後人治癩疝用之有效者，緣疝固肝病，亦因腎與膀胱之氣化鬱以病乎肝也。　所謂肝腎同一治，於此亦可条矣。

修治　凡用須以新瓦焙香，去殼取仁，研碎入藥。

橘葉橘葉與柑葉同，但莖間有刺耳。　氣味：　苦，平，無毒。　主治：　導胸膈逆氣入厥陰，行肝氣，消腫散毒，乳癰脇痛用之行經丹溪。　希雍曰：

橘葉能散陽明、厥陰經滯氣，婦人妒乳，內外吹乳巖，乳癰，用之皆效，以諸證皆二經所生之病也。

清·郭章宜《本草匯》卷一四 陳皮 味苦、辛，溫，氣薄味厚，陽中之陰，可升可降，入足陽明、太陰經。去白者，名橘紅，性熱，能除寒發表，入手太陰經。止嘔定衝，頗有中和之妙。清痰泄氣，却無峻烈之嫌。留白者和胃偏宜，去白者疏通耑掌。

按：陳皮體氣輕浮，能導胸中寒邪滯氣，功在諸藥之上。味辛宜肺，香利于脾。肺為攝氣之籥，脾為元氣之母，故為二經要藥。同補藥即補，同瀉藥即瀉，同升藥則升，同降藥則降。君白术則益脾胃，佐甘草則補肺，獨用則瀉肺損脾。加青皮去滯氣，推陳致新。與蒼朮、厚朴同用，能去中脘已上至胸膈之邪，而平胃氣。再加葱白、麻黃之類，則能發肉分至皮表有餘之邪。理氣燥濕，雖曰中和，然單服久服，亦能損真也。中氣虛，與氣不歸元者，忌與耗氣藥同用。陰虛欬嗽生痰，不宜與半夏、南星等藥同劑。

紋細色紅而薄，內多筋脉者，橘皮也，其味苦辛。紋粗色黃而厚，內多白膜者，柑皮也，其味辛甘。皮厚而虛，紋粗色黃，內多膜無筋者，柚皮也，其味甘多辛少。以此別之，即不差矣。橘皮性溫，柑、柚皮性冷，不可不知。鹽洗潤透，刮去筋膜，晒乾用，最能降氣。如藥中多用人參，以此同入，不作脹。中燥人少服，其肉生痰聚飲。甘者潤肺，酸者生痰，一物而表裏之異如此。

青皮 苦烈、辛，溫，氣味俱厚，沉而降，陰也，足厥陰引經之藥，兼入足少陽、太陰經。破滯氣，即左肋下鬱怒痛甚者。愈低而愈效。削堅積，即小腹中溫瘧，熱盛纏久不愈，必結癖塊者是也。愈下而愈良。引諸藥至厥陰之分，下飲食入太陰之倉。

按：青皮，乃橘之未黃而青色者是也。功用與陳皮悉同。但陳皮治高，青皮治低，性較猛耳。陳皮浮而升，入脾肺氣分。青皮沉而降，入肝膽氣分。與枳殼治胸膈，枳實治心下同意。疏利肝邪，有滯氣則破滯，無滯氣則損真，乃肝膽二經氣分藥也。炒黑則入血分矣。然入肝者，以其色也，究竟主脾肺之症居多。瘧脉自弦，肝風之祟，青皮入肝散邪，入脾滌痰，故瘧家多必需之品。破肝氣，使之下行，故柴胡疏上焦之肝氣，青皮理下焦之肝氣。今人有多怒鬱滯，或小腹疼疝，用以疏通肝膽，行其氣也。若二經虛者，必當先補而後用。嘉謨曰：久瘧熱甚，必結癖塊，宜多服清脾湯。亦疏利肝邪之意耳，最能發汗。凡有汗者，不可用也。說出楊仁齋。同人參、鼈甲，能消瘧母。同枳殼、肉桂、川芎，治左脇痛。凡欲施用，必與補劑同施，誤服立損真氣，為害不淺。脾肝氣虛者，切忌。老人禁之。

以湯浸去瓤，切片，醋拌，瓦炒過用。所以用醋者，肝欲散，急食辛以散之，以酸泄之，以苦降之也。其色青薄而光，芳烈氣猛。市多以小柑、小橙偽之，不可不慎辨也。核，入足厥陰。疏膀胱疝氣。一味炒去殼，酒服五錢。苦溫下氣，所以能入腎與膀胱，除因寒所生之病也。葉，主乳癰肺癰，絞汁飲之。二症皆屬陽明、厥陰，此能散二經滯氣，故用之而効。

清·尤乘《食鑒本草·果類》 橘 與柑同。酸者聚痰，甜者潤肺。亦不可多食。

清·朱本中《飲食須知·果類》 橘子陳皮 味甘、酸，性溫。多食戀膈生痰，滯肺氣。同螃蟹食，令患軟癱。同獺肉食，令惡心。勿與檳榔同食。橘皮乾者，名陳皮。味苦、辛，性溫。若多用久服，能損元氣。橘瓤上筋最難化，小兒食多成積。松毛裹橘，留百日不乾，綠豆亦可。忌近酒米、柑、橙亦然。橘下埋鼠，則結實加倍。

清·何其言《養生食鑒》卷上 橘即桔子，有紅、黃、大、小、甘、酸數種。未成熟而落者，即青皮；成熟而赤者，名橘紅；久藏者，名陳皮。化州一種橘紅，如小橘皮，其功尤大，乃橙之屬也。 味甘、酸，性溫，無毒。甘者，潤肺止渴，和中快膈。酸者，戀膈生痰，滯氣。同蟹食，令人軟癱，病冷中作泄者忌之。

橘皮 味苦、辛，性溫，無毒。解魚腥毒，和脾，下氣血。吐多用，獨用損脾，入藥用陳者良。去白為橘紅，理肺氣，清痰寬中，治咳嗽。

橘核 味苦，性平，無毒。治腎虛腰疼，小腸疝氣。

橘筋 最難化，小兒食多成積。

橘葉 味甘、苦，性平，無毒。走肝經，治乳癰脇痛，導胸膈逆氣。一云：用松毛裹橘，留百日不乾，求荳亦可。忌近酒米、柑、橙亦然。治肺癰，綠橘葉洗，搗，絞汁一盞，服之，吐出膿血，即愈。

清·蔣居祉《本草擇要綱目·寒性藥品》 青皮 氣味：苦、辛，溫，無毒。沉而降，陰也。入厥陰、少陽經，治肝膽之病。 主治：氣滯，下食，破積結，袪下焦諸濕。療左脇肝經積氣，小腹疝痛，消乳腫。青皮湯用之以治久瘧熱甚，致結癖塊之症，蓋疏利肝邪，削其堅實也。但有滯氣則破滯氣，無滯氣則損真氣，不可不慎擇而用之也。又曰青皮炒黑可入血分，青皮亦能發汗，有汗者不可用。

清・蔣居祉《本草擇要綱目・溫性藥品》 橘核仁凡用須以新瓦焙香，去殼取仁，研碎入藥。 氣味： 苦，平，無毒。 主治： 橘核入足厥陰，與青皮同功，故治腰痛，㿗疝在下之病，不獨取象于核。《和濟局方》治諸疝痛及內潰卵腫偏墜，或硬如石，或腫至潰，有橘核丸用之有效。

清・蔣居祉《本草擇要綱目・熱性藥品》 橘皮 氣味： 苦、辛，溫，無毒。又氣薄味厚，陽中之陰也，可升可降。 主治： 橘皮苦能瀉能燥，辛能散能溫，能補能和。化痰治嗽，順氣理中，調脾快膈。通五淋，療酒病。其功當在諸藥之上，皆是取其理氣燥濕之功。同補藥則補，同瀉藥則瀉，同升藥則升，同降藥則降。脾乃元氣之母，肺乃攝氣之籥，故橘皮為二經氣分之藥，但隨所配而補瀉升降也。故潔古張氏云陳皮、枳殼利其氣而痰自下，蓋此義也。同杏仁治大腸氣閟，同桃仁治大腸血閟，皆取其通滯也。

清・閔鉞《本草詳節》卷八 陳皮 【略】按： 橘皮，苦能泄能燥，辛能散，溫能和，其治百病，揔取其理氣燥濕之功，同補瀉升降藥，各臻其效。留白和中理胃，去白消淡下氣。中脘胸膈之邪，同蒼朮、厚朴用。表邪同生薑、葱白、羌、防之類用。大腸氣閟，同杏仁用。大腸血閟，同桃仁用。脾中冷積，合甘草、鹽花用。若中氣虛，氣不歸元者，忌與耗氣藥同用。陰虛有火，嘔吐，不宜與溫熱香燥藥同用。陰虛咳嗽，不宜與半夏、南星等同用。瘧疾寒甚者，亦勿施。

清・王翃《握靈本草》卷七 橘皮江廣皆有之，廣州者良。陳久者佳。去白者曰橘紅。 主治： 橘皮，苦、辛，溫，無毒。主胸中瘕熱，下氣，止嘔逆，霍亂，消穀止洩，清痰，止嘈雜，吐清水。

青皮即橘之未黃而青者，醋炒用。 主治： 青皮，苦、辛，溫，無毒。 主氣滯，下食，破積結膈氣，疏左脇肝經積氣，瀉肺氣。

清・汪昂《本草備要》卷三 青皮瀉肝，破氣，散積。 辛苦而溫，色青氣烈。入肝膽氣分。疏肝瀉肺，柴胡疏上焦肝氣，青皮平下焦肝氣。凡瀉氣藥，皆云瀉肺。破滯削堅，除痰消痞。治肝氣鬱積，脇痛多怒，久瘧結癖，入肝散邪，入脾除痰，瘧家必用之品，故清脾飲以之爲君。疝痛乳腫。丹溪曰： 乳房屬陽明，乳頭屬厥陰。乳母或因忿怒鬱悶，厚味醞積，致厥陰之氣不行，故竅不得出。陽明之血騰沸，故熱甚而化膿。亦因其子有滯痰膈熱，含乳而睡，噓氣致生結核者。初起便須忍痛揉軟，吮令汁透，自可消散。治法以青皮疏肝滯，石膏清胃熱，甘草節行濁血，瓜蔞消腫導毒。或加没藥、橘葉、金銀花、蒲公英、皂角刺、當歸，佐以少酒。若于腫處灸三五壯尤捷。久則凹陷，名乳癌，不可治矣。最能發汗，皮能達皮，辛善發散。有汗及氣虛人禁用。陳皮升浮，入脾肺治高；青皮沉降，入肝膽治低。炒之以醋，所謂肝欲散，急食辛以散之，以酸泄之，以苦降之也。

橘之青而未黃者。醋炒用。古方無用者，宋以後始與陳皮分用。

清・汪昂《本草備要》卷三 陳皮能燥能宣，有補有瀉，可升可降。 辛能散，苦能燥能瀉，溫能補能和。同補藥則補，瀉藥則瀉，升藥則升，降藥則降。爲脾、肺氣分之藥。脾爲氣母，肺爲氣籥。凡補藥濇藥，必佐陳皮以利氣。調中快膈，導滯消痰，大法治痰，以健脾順氣爲主。潔古曰： 陳皮、枳殼，利其氣而痰自下。利水破癥，宣通五藏，統治百病，皆取其理氣燥濕之功。人身以氣爲主，氣順濕除，則百病散。《金匱》云： 能解魚毒食毒。多服久服，損人元氣。入補養藥則留白，入下氣消痰藥則去白。《聖濟》云： 不去白，反生痰。 去白名橘紅，兼能除寒發表。皮能發散皮膚。核治疝痛，葉散乳癰。皆能入厥陰，行肝氣，消腫散毒。腰腎冷痛，橘核炒，酒服良。《十劑》曰： 宣可去壅，生薑、橘皮之屬是也。《泊宅編》曰： 莫強中食已輒胸滿不下，百治不效。偶家人合橘皮湯，嘗之似有味，連日飲之。一日坐廳事，覺胸中有物墜下，目瞪汗濡，大驚扶歸，腹疼痛，下數塊如鐵彈，臭不可聞，自此胸次廓然。蓋脾之冷積也。半年服藥不知，功乃在橘皮。方用橘紅一斤，甘草、鹽各四兩，煮乾點服，名二賢散。蒸餅丸，名潤下丸。治痰特有驗。世醫惟知半夏、南星、枳殼、茯苓之屬，何足語此哉！丹溪曰： 治痰，利藥過多則脾虛，痰易生而反多。又曰： 胃氣亦賴痰以養，不可攻盡，攻盡則虛而愈劇。廣中陳久者良，故名陳皮。陳則烈氣消，無燥散之患。半夏亦然，故同名二陳湯。 治痰咳，童便浸曬。治痰積，薑汁炒。治下焦，鹽水炒。核去皮炒用。

清・陳士鐸《本草新編》卷五 橘皮陳皮、青皮

橘皮 味辛、苦，氣溫，沉也，陰中之陽，無毒。陳皮治高，青皮治低，亦以功力大小不同也。入少陽三焦、膽腑，又入厥陰肝臟、太陰脾臟。

青皮 消堅癖，消瘟瘧，破滯氣，左脇下鬱怒痛甚者須投，刼疝疏肝，消食寬胃。橘紅名陳皮，氣味相同，而功用少緩，和中消痰，寬胸利膈，用之補，則佐補以健脾；用之攻，則尚攻以損肺。宜于補藥同行，忌于攻劑共用。倘欲一味出奇，未有不倒戈而自敗者也。

或問： 陳皮留白為補，去白為攻，然乎？ 此齊東之語也。陳皮與青皮，同為消痰利氣之藥，但青皮味厚于陳皮，不可謂陳皮是補而青皮是瀉也。

或問：　陳皮即橘紅也，子何以取陳皮而不取橘紅？　夫陳皮之妙，全在用白，用白則寬中消氣，若去白而用紅，與青皮何異哉，此世所以留白為補，去白為攻之說也。其實，留白非補，和解則有之耳。

或問：　世人競尚法製陳皮，不識吾子亦有奇方否？　曰：　陳皮製之得法，實可消痰，兼生津液，更能順氣以化飲食。市上貿易者非佳，惟姑蘇最勝。然又過于多制，惟取生津，而不能順氣。余有方更妙，用陳皮一觔，切，不可去白，清水淨洗，去其陳穢即取起。用生薑一兩，煎湯一碗，拌陳皮晒乾。又用白芥子一兩，煮湯一碗，拌陳皮晒乾，飯鍋蒸熟，又晒乾。又用甘草、薄荷一兩三錢，煎湯，拌陳皮，又晒乾，又蒸熟，晒乾。又用青鹽五錢、白礬二錢，滾水半碗拌勻，又蒸熟，晒乾。又用五味子三錢、百合一兩，煎湯一碗，拌勻又蒸晒。又用人參三錢，煎湯一碗，拌勻蒸〔熟〕晒乾。又用麥門冬、橄欖各一兩煎湯，照前蒸晒乾，收藏于磁器內。此方含在口中，津液自生，飲食自化，氣自平而痰自消，嗽咳頓除矣。修合時，切忌行經婦人。

或問：　陳皮用之于補中益氣湯中，前人雖有發明，然非定論，不識先生亦可一發其奇否？　夫補中益氣湯中之用陳皮也，實有妙義，非取其能寬中也。氣陷于至陰，得升麻、柴胡以提之矣。然提出于至陽之上，而參、芪、歸、朮，未免盡助其陽，而陽反不能遽受。得陳皮，以分消于其間，則補不純補，而氣轉獲益。東垣以益氣名湯者，謂陳皮而非謂參、芪、歸、朮也。

清・顧靖遠《顧氏醫鏡》卷八　橘皮辛、苦，溫。入肺脾胃三經。和中，補脾胃，留白用。消痰理肺氣，去白用。廣中者最佳，福建者次之，陳久愈良。去蒂及浮膜。　理氣通滯，寬胸快膈。能去胸中滯氣冷氣，皆理氣之功。　開胃進食，助脾消穀。香以醒之，溫以行之。　寧嗽消痰，氣利而嗽自止，痰自下，治溫痰，寒痰，痰飲尤為最宜。　止嘔定洩。和胃調脾，理氣通滯之效。　治大腸閉塞，人之一身，三焦相通，不過一氣，故氣閉脉浮，佐杏仁用。血閉脉浮，佐桃仁用。　療婦人乳癰。　同補氣藥則益氣，同洩氣藥則破氣，同消痰藥則去痰，同化食藥則化食，各從其類以為用。　中氣虛者，勿同耗氣藥用。　胃熱嘔者，勿同辛溫藥用。　陰虛痰嗽，勿同星、夏等藥用。　橘肉生痰聚氣，一物也，而相背如此。

橘葉苦，平。　治乳癰。能散陽明、厥陰經滯氣。

橘核苦，平。　療諸疝。下氣故也。

青皮即橘之小者。辛、苦，溫。入肝膽二經。麸炒。　破滯氣而消堅積，性沉而降，治在下之病如神。　治脇痛而理疝疼。能疏通肝膽二經滯氣故也。　止呃逆，性沉而降氣，實者可用。　消乳腫，引諸藥至厥陰之分。以其為肝家引經之藥。　下飲食，入太陰之倉。　性最苦酷烈，損人真氣，不宜多用。虛者勿投。

清・李熙和《醫經允中》卷二〇　陳皮　入肺脾二經。出廣東陳久者良。苦、辛，溫，無毒。主治消水穀，下氣咳嘔，霍亂，止泄清痰。健脾開胃留白；　補胃和中去白。　消痰利滯，可散可瀉，能溫能補能和，功在諸藥之上。去白名橘紅，主治除寒痰，發表，下氣消痰。《藥性解》云：　溫中而無燥熱之患，行氣而無浚削之虞，中州之勝劑也。《大全》以為多用獨用，有損脾胃，言之過矣。

青皮　即橘之小者。　辛苦而溫。　主治破滯削堅，除痰消痞，治肝氣鬱怒痛，瘧癖乳腫。炒黑入血止痛，性猛銳，不可多用。有滯破滯，無滯損真，老弱虛損、尫羸尤當全戒。　核治小腸疝氣。

清・李熙和《醫經允中》卷二二　橘　甘者潤肺，酸者聚痰。多食滯氣生痰。

甘、酸，溫，無毒。主治消渴，開胃，除胸中隔氣。橘皮下氣消痰，肉生痰聚飲，表裏之異如此。其核治疝氣，葉散乳癰。皆神品也。

清・馮兆張《馮氏錦囊秘錄・雜症痘疹藥性主治合參》卷八　青皮其色青，其味極苦而辛，其氣溫而無毒。氣味俱厚，沉而陰，降也。入足厥陰、少陽。苦泄辛散，性復克尅，所以主破堅癖結積，治左脇肝經積氣及膈氣也。同人參、鱉甲，能消瘧母；同人參、白朮、三稜、蓬茂、阿魏、礬紅、山查、紅麴、木香，消痃癖氣塊及肉食堅積；同枳殼、肉桂、川芎，治左脇痛。然性最酷烈，過服誤服立損真氣，為害不淺。

青皮，治氣至低，肝臟引經，破滯氣左脇下，平鬱怒，消瘧母。劫諸疝瘕脹疼，消積食之停滯，瀉肝氣之有餘。柴胡疏上焦肝氣，青皮理下焦肝氣。然峻削酷烈，甚非氣血所宜。即肝為東方生氣，豈可輕行尅伐，用者慎之。

主治痘疹合參：　能開膈行氣，凡痘肚腹膨脹，食傷而未得下者可用。一云此痘家必用之藥，能瀉肝，令不成水泡而作癢也。又起發遲者癢者，並不可缺。宜擇小而皮薄陳久者，水浸去白剉用。然痘假氣血以成功，疎肝破氣之藥，所當禁也。況水泡作癢者，皆氣虛所致，豈可復行尅削乎。

按：　青皮性頗猛銳，不宜多用。如人年少壯，未免躁暴，及長大而為橘皮，如人至老年，烈性漸減，經久而為陳皮，則多歷寒暑，而躁氣全消也。

核，主膀胱疝氣，一味為末，酒服五錢。葉，主肺癰、乳癰，絞汁飲之。

陳皮橘皮，花開於夏，實成於秋，得火氣少，金氣多。故味辛、苦，氣溫，無毒。味薄氣厚，降多升少，陽中之陰也。入手足太陰、足陽明經。其主胸中瘕熱逆氣，氣衝胸中嘔欬者。以肺主氣，氣常則順，氣變則逆，逆則熱聚於胸中而成瘕。瘕者，假也，假物象形，如痞滿鬱悶之類也。辛散苦泄，溫能通行，則氣利而瘕熱諸症消矣。脾為運動磨物之臟，氣滯則不能消化水穀，為吐逆霍亂泄瀉等證，苦溫能燥脾家之濕，使滯氣運行，霍亂諸證自平矣。肺為水之上源，肺得所養，津液貫輸，氣化運動，故膀胱留熱停水，五淋皆通也。去臭下氣及寸白者，辛能散邪，苦能殺蟲也。橘核，味苦溫而下氣，所以入腎與膀胱。除因寒所生之病，凡腰痛腎冷，膀胱氣疝，諸方中必用之藥。橘葉，能散陽明、厥陰經滯氣，故婦人妬乳，內外吹乳，巖乳癰用之皆效。一方治婦人乳癰，未成者即散，已成者即潰，痛極者不痛，神驗。用真橘皮湯，浸去白麵，炒微黃，為末，每服二錢，麝香油下，初發一服即效。總皆散結之功也。

陳皮，氣味辛烈，凡青皮治低，陳皮治高，痰實氣壅者服妙。然留白則補胃和中而理脾，去白則消痰利滯而理肺。脾為元氣之母，肺為攝氣之籥，故專調諸氣，不離二經。君白术則益脾，單則損脾。佐甘草則補肺，否則瀉肺。同竹茹治呃逆因熱，同乾薑治呃逆因寒。止脚氣衝心，除膀胱留熱。利水道，通五淋，消酒毒，去寸白。消食消痰，開胃下氣。霍亂吐瀉，能溫能補能和，功在諸藥之上。同補氣藥則益氣，同泄氣藥則破氣，同消痰藥則去痰，同消食藥則化食，各從其類以為用也。核，研調酒飲，腰痛疝痛神丹。葉，引經以肝氣行，散乳癰脇癰聖藥。肉，生痰聚氣。

主治痘疹合參：　健脾溫中，消食化痰，同參、芪散滯氣，痘始終俱用。但氣虛症候，兼在灌漿之時，不可過多。若自汗吐血氣弱，皆所禁用，以其辛散走洩也。

清·张璐《本經逢原》卷三

橘皮　苦、辛，溫，無毒。產粵東新會，陳久者良。陰虛乾欬，蜜水製用。婦人乳房壅癖，醋拌炒用。《本經》主胸中痰熱逆氣，利水穀，久服去口臭，下氣通神。　發明：　橘禀東南陽氣而生，故以閩粵者最勝。其踰淮而北則變為枳，此地氣使然，與人之鄉音習俗無異。橘之文采煥發於外，故其功用都在於皮，專行脾肺二經氣分。《本經》主治胸中痰熱逆氣，為消痰運食之要藥。留白則補脾胃，去白則理肺氣。同人參、白术則補脾胃。同人參、甘草則補肺。獨用則瀉肺損脾。其治百病，總是取其理氣燥濕之功。同補藥則補，同瀉藥則瀉，同升藥則升，同降藥則降。脾乃元氣之母，肺乃攝氣之籥，故為二經氣分藥，但隨所配而補瀉升降也。同生薑則止嘔，同半夏則豁痰，同杏仁治大腸氣秘，同桃仁治大腸血秘，皆取其通滯也。〇橘紅專主肺寒欬嗽多痰，虛損方多用之。然久嗽氣泄又非所宜。

按：　橘皮下氣消痰，其瓤生痰聚飲，一物而性之殊異如此。　青橘皮　辛，溫，無毒。醋炒用。劃去酸水作四界者，曰蓮花青皮。細如豆者，為青皮。子中有小橙，莫能辨別。發明：　青橘皮古方所無，至宋時醫家乃用之，入足太陰、厥陰。破滯氣，削堅積及小腹疝疼，用之以疎通二經行其氣也。小兒消積多用之。青皮最能發汗，多汗者勿用。久瘧熱甚必結癖塊，宜多服。清脾飲內有青皮疎利肝邪，則癖自不結也。中氣虛人禁用，以其伐肝太甚而傷生發之氣也。　橘核　苦，溫，無毒。去殼焙香，研碎用。細者為橘核，粗即橙核。　發明：　橘核沉降，入足厥陰，與青皮同功。故治腰痛㿗疝在下之病，不獨取象於核也。然惟實證為宜，虛者禁用，以其味苦，大傷胃中沖和之氣也。　橘葉　苦，平，無毒。　發明：　橘葉苦平，導胸膈逆氣，消乳癰。搗爛和麪熨傷寒胸膈痞滿。又治肺癰，絞汁一盞服，吐出膿血愈。

清·汪啟賢等《食物須知·諸果》

橘　氣寒，味厚，無毒。浙郡俱生，廣州獨勝。本與橘紅同種，多食生痰。

清·浦士貞《夕庵讀本草快編》卷四

橘《本經》、木奴　雲之五色為慶，二色為矞。矞雲外赤內黃，非烟非霧，鬱鬱紛紛之象。橘實外赤內黃，剖之香霧紛鬱，有似乎矞，故名。《相感志》云：　橘見尸而實繁。　橘稱霜實，圓扁各異。宋韓彥直《譜》，其品有一十四種，可謂詳矣。閩廣最佳，洞庭亦勝。剖多香霧者為上，瓤甘液滿者宜珍。故交趾設貢橘之官，越地編稅橘之戶，韋簇金盤之內，得充王几之前，是以朝廷頒賜於霜降之日，陸績為母懷於袁公之序也。其皮雖有青陳之別，不過嫩熟之分。陳者味厚氣薄，苦辛而溫，陽中之陰，為脾肺二經氣分之藥。故善能治嗽化痰，調中快膈，破滯通淋，散寒療洒，以其苦能泄能燥，辛能散能和，隨佐輔而成功，任補瀉而俱可。夫脾乃元氣之母，肺為攝氣之籥。此物專走二藏，則無往不利矣。潔古有云陳皮、枳殼利其氣而痰自下是也。至於青皮，雖橘一體，色味法木，沉降屬陰，又走肝膽二家，善於破滯削堅，消積治疝，痎瘧之邪，脇下之滿，非此不舒。蓋取其達木氣而疏利厥陰之邪，化食積而引入太陰之倉，但胃虛體瘠，多汗盜汗者，不宜與服。大抵陳皮治高，青皮治低，陳和而緩，青峻而削也。欲其功專上行，則陳當去白，青當去瓤。來復丹之用，可類推矣。若其核，雖與青皮同功，而治癩疝偏墜，以及腎疰腰痛，別有神也。至於葉，可導胸膈之逆氣，吐肺癰之膿血，散乳疽之腫硬，功亦不細爾。

清·張志聰、高世栻《本草崇原》卷上　橘皮　氣味苦、辛，溫，無毒。主治胸中瘕熱逆氣，利水穀。久服去臭，下氣，通神。　橘生江南及山南山谷，今江浙荊襄湖嶺皆有。枝多堅刺，葉色青翠，經冬不凋，結實青圓，秋冬始熟，或黃或赤，其臭辛香，肉味酸甜，皮兼辛苦。　橘實形圓色黃，臭香肉甘，脾之果也。其皮氣味苦辛，性主溫散，筋膜似絡脈，皮形若肌肉，宗眼如毛孔，乃從脾脈之大絡而外出於肌肉毛孔之藥也。胸中瘕熱逆氣者，謂胃上郛郭之間，濁氣留聚，則假氣成形，而為瘕熱逆氣之病。橘皮能達胃絡之氣，出於肌腠，故胸中之瘕熱逆氣可治也。利水穀者，水穀入胃，藉脾氣之散精，橘皮能達脾絡之氣，上通於胃，故水穀可利也。久服去臭者，去中焦腐穢之臭氣，而肅清脾胃也。下氣通神者，下肺主之氣，通心主之神，橘皮氣味辛苦，辛入肺，而苦入心也。　愚按：上古諸方，只曰橘皮個用不切，並無去白之說。李東垣不參經義，不體物性，承《雷斆炮製》謂：留白則理脾健胃，去白則消痰止嗽。後人習以為法，每用橘紅治虛勞咳嗽。夫咳嗽非只肺病，有肝氣上逆而咳嗽者，有胃氣壅滯而咳嗽者，有腎氣奔迫而咳嗽者，有心火上炎而咳嗽者，有皮毛閉拒而咳嗽者，有脾肺不和而咳嗽者。《經》云：五臟六腑皆令人咳，非獨肺也。橘皮裏有筋膜，外黃內白，其味先甘後辛，其性從絡脈而外達於肌肉、毛孔，以之治咳，有從內達外之義。若去其白，其味但辛，只行皮毛，風寒咳嗽似乎相宜，虛勞不足，益辛散矣。後人襲方書糟粕，不窮物性本原，無怪以訛傳訛，而莫之止。須知雷斆乃宋人，非黃帝時雷公也。業醫者當以上古方製為準繩，如《金匱要略》用橘皮湯治乾嘔噦，義可知矣。日華子謂：橘瓤上筋膜，治口渴吐酒，煎湯飲甚效。以其能行胸中之飲而行於皮膚也。夫橘皮從內達外，凡汗多裏虛，陽氣外浮者，宜禁用之。　青橘皮附　氣味苦辛，溫，無毒。主治氣滯，下食，破積結及膈氣。《圖經本草》附。

橘核附　氣味苦，平，無毒。主治腎疰腰痛，膀胱氣痛，腎冷。《日華本草》附。

橘葉附　氣味苦，平，無毒。主導胸膈逆氣，入厥陰。行肝氣，消腫散毒。乳癰脇痛，用之行經。《本草衍義補遺》附。

清·姚球《本草經解要》卷三　陳皮　氣溫，味苦辛，無毒。主胸中瘕熱逆氣，利水穀。久服去臭，下氣通神。　陳皮氣溫，稟天春升之木氣，入足厥陰肝經。味苦辛，無毒，得地南西火金之味，入手少陰心經、手太陰肺經。氣味升多於降，陽也。胸中者，肺之分也。肺主氣，氣常則順，氣變則滯，滯則一切有形血、食、痰、涎皆假滯氣而成瘕，瘕成則肺氣不降，而熱生焉。陳皮辛能散，苦能洩，可以破瘕清熱也。苦辛降氣，又主逆氣。飲食入胃，散精於肝，溫辛疎散，肝能散精，水穀自下也。肺主降，苦辛下洩，則肺金行下降之令，而下焦臭濁之氣無由上升，所以去臭而下氣也。心為君主，神明出焉。味苦清心，味辛能通，所以通神也。　製方：陳皮留白和中，去白消痰理氣。同朮補脾，同甘草補肺。同補氣藥補氣，同破氣藥破氣，同消痰藥去痰，同消食藥化食。各從其類以為用也。同人參、首烏、桂枝、歸身、薑皮，治三日瘧寒多。同白蔻、生薑、藿香、半夏，治寒痰。同白茯、甘草、半夏，名二陳湯，治痰症。同生薑，治噦。同藿香，治霍亂吐瀉。用薑汁焙末，同棗煎，治脾瘧。去白為末，麝香調酒下，治乳癰初發。鹽湯泡，刮去白，同甘草丸，治痰涎上泛。同白朮丸，名寬中丸，治脾虛脹滿，不思飲食。

青皮　氣溫，味辛、苦，無毒。主氣滯，下食，破積結及膈氣。　青皮氣溫，稟天春和之木氣，入足厥陰肝經。味辛苦無毒，得地西南金火之味，入手太陰肺經、手少陰心經。氣味升多於降，陽也。其主氣滯者，味辛入肺，肺主氣，而辛溫能通也。下食者，飲食入胃，散精於肝。氣溫入肝，肝能散精，食自下也。辛能散，溫能行，積者破而結者解矣。肝主升，肺主降，升而不降，氣膈於右，降而不升，氣膈於左。溫可達肝，辛苦洩肺，則升降如，而膈氣平矣。　製方：青皮同人參、鼈甲，治瘧母。同枳殼、肉桂、川芎，治左脇脹滿痛。

清·周垣綜《頤生秘旨》卷八　橘皮　溫補脾胃之藥也。留白溫胃和中，去白消痰泄氣。不宜單用，君白朮益脾，佐甘草補肺，否則損人。同竹茹用，治呃逆因熱。同乾薑用，治呃逆因寒。又云：除寒發表，推陳致新。

青皮　破滯氣，引肝經之藥也。泄肝氣不使上行。陳皮治高氣，青皮治低氣。過服損人真氣。

清·葉盛《古今治驗食物單方》　橘子　產後尿閉不通，橘紅擂末，空心酒送二錢。　產後吹奶，橘皮一兩，甘草一錢，水煎服立散。　乳癰，橘葉、紅麯炒微黃，每服二錢，麝香調酒下，一服見效。

清·王子接《得宜本草·上品藥》　廣橘皮　味苦辛。入足陽明、太陰經。功專利氣止嘔。得白朮則補脾，得甘草則補肺，得杏仁治大腸氣閟，亦治腳氣衝心，得桃仁治大腸血閟，得生薑治嘔噦厥冷，得神麯、生薑治經年氣嗽，得麝香治婦人乳癰。

清・徐大椿《神農本草經百種錄》上品　橘柚　味辛，溫。主胸中瘕熱逆氣，開達上焦之氣。利水穀。通利中焦之滯。久服去臭，下氣通神。芳香辛烈，自能辟穢邪而通正氣也。

橘柚通體皆香，而皮辛肉酸，乃肝脾通氣之藥也。故凡肝氣不舒，剋賊脾土之疾，皆能已之。○凡辛香之藥皆上升，橘柚實酸，酸主斂，故又能降氣，不專于散氣也。

清・黃元御《長沙藥解》卷三　橘皮　味辛苦，入手太陰肺經。降濁陰而止嘔噦，行滯氣而泄鬱滿。善開胸膈，最掃痰涎。《金匱》橘皮湯，橘皮四兩，生薑八兩。用以治乾嘔噦而手足厥者。以胃土上逆，濁氣熏衝，故生嘔噦，中氣堙鬱，不能四達，故手足厥冷。橘皮破壅塞而掃瘀濁，生薑降衝逆而行凝滯也。　橘皮竹茹湯，橘皮二斤，竹茹二斤，生薑半斤，甘草五兩，人參一兩，大棗三十枚。治噦逆者。以土衰胃逆，濁陰不降，甘、棗、人參補中氣以培土，橘、薑、竹茹降濁陰而行滯也。　橘枳生薑湯，橘皮一斤，生薑一斤，枳實三兩。治胸中痺塞，短氣。以胃土逆升，濁氣痞塞，肺無降路，是以短氣。橘、薑破壅塞而降濁陰，枳實瀉痞滿而掃瘀腐也。《外臺》茯苓散方在茯苓，既於橘枳生薑湯，雖參、朮、茯苓以治痰飲，補泄並行，可謂妙矣。　橘皮辛散之性，疏則通暢，長於降濁止嘔，行滯消痰，而和平條達，不至破氣而損正，行鬱理氣之佳藥也。其諸主治，療吹奶，調奶癰，除痎瘧，消癥瘕，行膠痰，磨宿穀，利小便，通大腸，理嘈雜，治淋痢，下魚骨鯁，殺寸白蟲，總緣善行滯氣也。

清・黃元御《玉楸藥解》卷四　黃橘　味甘、酸，微寒。入手太陰肺經。清金止渴，涼膈除煩。黃橘酸甘清利，治心肺煩渴。但生冷之性，滋濕敗土，聚斂生痰。陽虛濕旺者忌之。青皮破滯攻堅，伐肝泄肺。庸工最肯用之。

清・吳儀洛《本草從新》卷四　橘皮〔宣，理氣調中；瀉，燥濕消痰。〕辛能散，溫能和，苦能燥能瀉，為脾肺氣分之藥。脾為氣母，肺為氣籥。凡用補藥、澀藥，有宜佐陳皮以利氣者，調中快膈，導滯消痰，大法，治痰以健脾順氣為主。潔古曰：陳皮、枳殼利其氣而痰自下。定嘔止嗽，利水破癥，宣通五臟，統治百病，皆取其理氣燥濕之功。入和中藥則留白，入疏通藥則去白。去白名橘紅。兼能除寒發表。皮能發散皮膚。氣雖中和，亦損真元，無滯勿用。廣產為勝，皮厚不脆，有猪椶紋。福建產者，名建皮，力薄；浙江衢州出者，名衢皮，更惡劣矣。陳久者良，故又名陳皮。陳則烈氣消，無燥散之患。半夏亦然，故同用，名二陳湯。治痰咳，童便浸曬；治痰積，薑汁炒；入下焦，鹽水炒。化州陳皮，消痰甚靈，然消伐太峻，不宜輕用。況此物真者絕少。無非柚皮而已。　青皮〔瀉肝，破氣，散積。〕辛苦而溫，色青氣烈。入肝膽氣分。疏肝瀉肺，凡瀉氣藥皆瀉肺。引諸藥至厥陰之分，柴胡疏上焦肝氣，青皮平下焦肝氣。下飲食，入太陰之倉，破滯削堅，消痰散痞。治肝氣鬱積，脇痛多怒，久瘧結癖，入肝散邪，入脾除痰，故清脾飲以之為君。胸膈氣逆，疝痛乳腫。丹溪曰：乳房屬陽明，乳頭屬厥陰。乳母或因忿怒鬱悶，厚味醞積，致厥陰之氣不行，故竅不得出，陽明之血騰沸，故熱甚而化膿；或因其子有滯痰膈熱，含乳而睡，噓氣致生結核者。初起便須忍痛揉軟，吮令汁透，自可消散。治法俱宜以青皮疏肝滯為主，再加石膏清胃熱，瓜蔞消腫，甘草節解毒，餘如沒藥、橘葉、金銀花、蒲公英、皂角刺、當歸，皆可隨宜用之，少佐以酒。久則凹陷，名乳岩，不可治矣。最能發汗，皮能達皮，辛善發散。氣虛及有汗者忌用。性頗猛銳，如人年少壯，未免躁暴。及長大而為橘皮，如人至老年，烈性漸減。經久而為陳皮，則多歷寒暑，躁氣全消也。橘之青而未黃者。古方無用者，宋以後，始與陳皮分用。去瓤切片，醋拌炒。陳皮升浮入脾肺，治高；青皮沉降入肝膽，治低。炒之以醋，所謂肝欲散，急食辛以散之，以醋泄之，以苦降之也。葉，治乳癰、脇癰、肺癰。皆能入厥陰，行肝氣，消腫散毒。絞汁飲之。肉，生痰聚氣。時珍曰：橘皮下氣消痰，其肉生痰聚飲，表裏之異如此。核，治疝痛，腰腎冷痛。去皮炒。

清・汪紱《醫林纂要探源》卷二　橘　甘，酸，溫。皮赤，味辛苦。異柑。除煩，醒酒。多食生痰。　橘皮　辛，苦，溫。上則瀉肺邪，降逆氣。中則燥脾濕，和中氣。下則舒肝木，潤腎命。主於順氣，消痰去鬱。隨他藥偕行，非入補則補、入瀉則瀉之說。以陳久者為良。　橘紅　專入於肺，兼以發表。去皮內之白，更輕虛上浮，亦去肺邪耳。　橘核　苦，溫。潤腎，堅腎。治疝。　青皮　苦，辛，溫。補肝瀉肺。未熟時剝取，其色青，專入肝。氣重兼能上行入肺，發木之鬱，而助其升散，是以攻堅破滯，除痰消痞，治脇痛，療瘧疾，亦發汗。氣虛忌用。

清・嚴潔等《得配本草》卷六　橘子橘核、橘葉、陳皮、青皮。　生痰聚氣，病人不可食。若皮赤而味甘者，食之可化痰除熱。　橘核　苦，平。入足厥陰經。治癩疝。得杜仲，炒，研末鹽湯下，治腰脇痛。配荔枝、川楝、山楂、茴香諸核，治下焦積塊。以核治核也。去殼炒用。　橘葉　苦，平。入足厥陰經。行肝氣，導胸膈逆氣，消腫散毒。乳癰脇痛，用之引經。搗汁飲，治肺癰。吐出膿血即愈。搗爛，敷乳癰。　怪症：喉間生肉，層層疊起，不痛不痒，臭氣從竅而出，飲食日減，肌肉日瘦。煎橘葉湯連服之愈。

陳皮即黃橘皮，一名紅皮，年久者曰陳皮。產廣中者曰廣皮，尤良。 辛、苦，溫。入手足太陰經氣分。導滯消痰，調中快膈，運胃氣，利水穀。止嘔逆，通五淋，除膀胱留熱，去寸白蟲蠱。解魚腥毒。 得川連、豬膽，治小兒疳瘦。得麝香，治乳癰。研末酒下。配乾薑，治寒呃。配竹茹，治熱呃。配白朮，補脾。配人參，補肺。配花粉，治咳嗽。配炙甘草、鹽，治痰氣。配藿香，治霍亂。配檳榔，治氣脹。佐桃仁，治大腸血秘。佐杏仁，治大腸氣秘。合生薑、半夏，治嘔噦厥冷。去白名橘紅，消痰下氣，發表邪，理肺經血分之鬱。留白和中氣，理脾胃氣分之滯。 治痰，薑汁炒。下氣，童便炒。理下焦，鹽水炒。虛人氣滯，生甘草、烏梅汁煮炒。 汗家、血家、痘疹灌漿時，俱禁用。

青皮 辛、苦，溫。入足厥陰、少陽經氣分。破堅癖，散滯氣，消積食，除疝瘕。柴胡疏上焦肝氣，青皮理下焦肝氣。 配厚朴、檳榔，達膜原之邪。配枳殼、肉桂，治脇痛。佐人參、鱉甲，消瘧母。和酒服，治乳內結核。 橘未黃而青色者。 醋炒黑用，能入血分。最能發汗。皮能達表，辛能發散。 氣虛及有汗者禁用。

題清・徐大椿《藥性切用》卷六 新會皮 即新會縣橘皮。性味辛溫，微苦微燥，入脾胃而理氣化痰，和平快膈。久服亦能耗氣。橘白，即新會白，功耑和胃進食。橘紅，即新會紅，又名杜橘紅，力能利氣化痰，陳久者良。化州者勝，勿偽榴皮。會皮，古名陳皮，一種廣皮，單取外面薄皮，即名廣橘紅，功耑入肺理嗽散寒，連白功同陳皮，而性稍烈。陰虛，肺胃燥熱者，均忌。

小青皮 辛苦酸溫，色青氣烈，入肝而破氣削堅，為厥陰破氣平肝耑藥。醋炒用。

橘葉 消癰散滯。橘（囊）〔瓤〕，聚氣滑痰。橘核，散結消滯，為疝痛結核耑藥。炒用。

清・黃宮繡《本草求真》卷九 橘瓤生痰助氣解熱。 橘瓤耑入肺胃。與皮，共屬一物，而性懸殊。橘皮味辛而苦，而橘瓤則變味甘而酸也，皮有散痰開痰理氣之功，而瓤則更助痰作飲，及有滯氣之害也。進賢縣胥簡章之女秀英，忽氣喘促至極，眼翻手握，已有莫主之勢。繡診其脉，右關浮滑而弦，知有痰氣與寒內結，姑以老薑取汁先投，不踰時而胸即開，氣即平，後詢其故，知食橘瓤起也。 至書有言能治消渴開胃，並除胸中膈氣，此為內熱亢極，胃氣不寒者而言。若使水虧脾弱，發為咳嗽，而日用此恣啖，保無生痰助氣之弊乎？ 今之虛癆好食此物，類多受害，人特習而不察耳。但用蜜煎作菓佳。

清・黃宮繡《本草求真》卷四 橘皮宣肺氣，燥脾濕。 橘皮耑入脾肺，兼入大腸。味辛而溫，治雖耑主脾肺，時珍曰：脾乃元氣之母，肺乃攝氣之籥，故橘皮為二經氣分藥。調中快膈，導痰消滯，利水破癥，宣五臟理氣燥濕。汪昂曰：大法治痰以健脾順氣為主。潔古曰：陳皮、枳殼利其氣而痰自下。然同補劑則補，同瀉劑則瀉，同升劑則升，同降劑則降，各隨所配而得其宜。凡補藥、濇藥，必佐陳皮以利氣。且同生薑，則能止嘔。《十劑篇》云，宣可去壅，生薑、橘皮之屬是也。同半夏則豁痰，同杏仁則治大腸氣閉，同桃仁則治大腸血閉，至其利氣，雖有類於青皮，但此氣味辛溫，則入脾肺而宣壅。不如青皮耑入肝疎泄，而無入脾燥濕，入肺理氣之故也。諸濕皆屬於脾，諸氣皆屬於肺。然多服亦能損氣，胃氣亦賴痰養，不可用此盡攻。用補留白，下氣消痰除白。出《聖濟》。即書所名橘紅。今人有以色紅形小如枳實者代充，其破氣實甚。然亦寓有發表之意，以皮治皮意。核治疝痛偏墜。凡核多入腎，而橘核尤入囊核，亦物類相感意。時珍曰：橘核入足厥陰肝，與青皮同功，故治腰痛癀疝痛，及內癀卵腫偏墜，或硬如石，或腫至潰，有橘核丸，用之有效。葉散癰腫。莫強中為豐城令時得疾，凡食已，輒胸滿不下，百方不效，偶家人合橘紅湯，因取嘗之，似相宜，連日飲之。一日，忽覺胸中有物墜下，大驚目瞪，自汗如雨，須臾腹痛，下數塊如鐵彈子，臭不可聞，自此胸次廓然，其疾頓愈。蓋脾之冷積也，其方用橘皮去瓤一觔，甘草、鹽花各四兩，為末，煮乾點服，名二賢散。丹溪變為潤下丸，用治痰氣有效，惟氣實人服之相宜。氣不足者，不宜用之也。取廣陳久者良。陳則烈氣消散，故名陳皮。與半夏同用，名為二陳。治火痰童便製，寒痰薑汁製，治下焦鹽水製，核去皮炒用。

青皮行肝氣滯。 青皮耑入肝。本於橘生，其皮則一，何為因青而異。蓋猶人當少壯，則性燥暴而少柔。人當老年，則性漸減而不燥。青皮未經寒暑，燥氣不消，故其賦性最劣，其色青，青屬木，木主肝，故青獨於肝經則入。其味苦，故能入肝而下氣。杲曰：青皮乃足厥陰引經之藥，能引食入太陰之倉，破滯削堅，皆治在下之病。然仍兼有辛氣內存，故於下中仍兼宣泄。柴胡疎上焦肝氣，青皮平下焦肝氣，陳皮浮而上入脾肺氣分，青皮沉而降入肝膽氣分，氣味各別如此。是以書載力能發汗。時珍曰：小兒消積，多用青皮，最能發汗。破泄削堅，除痰消痞，並氣鬱久怒，久瘧結癖，嘉謨曰：久瘧熱甚，必結癖塊，宜多服青皮湯。內有青皮疏利肝邪，則癖自不結也。疝痛，疝痛有由足厥陰鬱氣。乳腫。丹溪曰：乳房屬陽明，乳頭屬厥陰，乳母或因忿怒鬱悶，厚味釀積，致厥陰之氣不行，故竅不得開，陽明之血騰沸，故熱甚而化膿，亦有其子有滯痰膈熱，含乳而搖嘘氣，致生結核者，初起便須忍痛揉軟，吮令汗透，自可消散。治法以青皮疎肝滯，石膏清胃熱，甘草節行濁血，栝蔞消腫導毒，或加沒藥、橘葉、金銀花、蒲公英、皂角、少酒。若於腫處灸三五壯尤佳，久則凹陷，名乳巖，不可治矣。無不奏效，但有汗氣虛切忌。時珍曰：有滯氣則破滯氣，無滯氣則損真氣。醋炒用。時珍曰：治之以醋，所謂肝欲散，急食辛以散之，以酸泄之，以苦降之也。

清·李文培《食物小錄》卷上　橘　甘、酸，溫，無毒。止消渴，開胃，除胸中膈氣。甘者潤肺，酸者聚痰。同螃蟹食令人患軟癱。蜜餞者名橘餅，閩漳者佳。

清·楊璿《傷寒溫疫條辨》卷六消劑類　青陳皮　皆橘子皮也。陳皮味苦，氣辛氣實，痰滯必用。留白味甘緩，去白味辛速。瀉脾胃濁痰，散心腹滯氣，飽逆脹滿堪除，嘔吐惡心皆效。解酒除煩，利水破積，通達上下，統治百病，皆理脾燥濕之功。丹溪曰：二陳湯能使大便潤而小便長，豈獨治痰一節乎。

橘核　治疝氣。

橘葉　散乳癰。橘葉七片，青皮二錢，石膏八錢，甘草節一錢八分，栝蔞實一枚，酒煎服。一方加蒲公英三錢，金銀花三錢，連翹二錢，川芎錢半，並治吹乳寒熱交錯者。

青皮　即橘之嫩小者，苦能去滯，辛能散氣，酸能入肝，又入三焦、膽。肝消堅癖，除脇疼，敺惡瘧，散乳癰，解鬱怒，刼疝疏肝，破滯氣，寬胸消痰。虛者忌之。蓋有滯氣則破滯氣，無滯氣則損真氣也。

清·許豫和《許氏幼科七種·怡堂散記》　陳皮　予師常論藥性云：藥先入胃，必胃和而後藥力行。陳皮一味，能補能散，可升可降，藥之取效，陳皮之力，居先須備。廣產二三年者為上，新者氣烈，半夏亦然。予遵其說，至老不易。

清·羅國綱《羅氏會約醫鏡》卷一七菓部　陳皮味苦辛溫，入肺脾二經。辛散苦泄，溫能通行。統治百病，由於理氣燥濕之功。氣順濕除，百病不生。調中快膈，導滯消痰，同枳殼用，利其氣而痰自下。利水破癥氣行，止嗽利肺除嘔，霍亂泄瀉。脾濕氣逆。凡補瀉升降等藥，俱能佐助成功。多服損元氣。留白補中，去白消痰。白反生痰。核治疝氣。酒調末五錢服。葉散乳癰。二者皆行肝氣，消腫散毒，腰背冷痛，橘核炒，酒服良。廣產陳久者良。去白，名橘紅，除寒發表。皮能及皮。治痰欬，童便浸炒；治痰積，薑汁炒；治下焦，塩水炒。核炒，去皮用。

青皮味苦辛，微酸，入肝膽二經。苦泄辛散，性復尅削，破堅癖結積。治左脇肝經積氣脹痛，柴胡疏上焦肝氣，青皮平下焦肝氣。同枳殼、肉桂、川芎用。瀉肺瀉肺即瀉氣。破滯，除痰消痞辛散，下飲食，截瘧疾。入肝散邪，入脾除痰，瘧家必用。然性峻削，大損元氣，即肝為東方生氣，豈可輕伐，用者慎之！

清·陳修園《神農本草經讀》附録　青橘皮　氣味苦、辛，溫，無毒。主氣滯，下食，破積結及膈氣。《圖經》。

清·陳修園《神農本草經讀》卷二上品　橘皮　氣味苦、辛，溫，無毒。主胸中瘕熱逆氣，利水穀。久服去臭，下氣通神。

陳修園曰：橘皮氣溫，稟春氣而入肝。味苦入心，味辛入肺。胸中為肺之部位，唯其入肺，所以主胸中之瘕熱逆氣。疏泄為肝之專長，唯其入肝，所以能利水穀。心為君主之官，唯其入心，則君火明而濁陰之臭氣自去。又推其所以得效之神者，皆其下氣之功也。總結上三句，古人多誤解。

又曰：橘皮筋膜似脈絡，皮形似肌肉，宗眼似毛孔。人之傷風咳嗽，不外肺經。肺主皮毛，風之傷人，先於皮毛，次入經絡而漸深。治以橘皮之苦以降氣，辛以發散，俾從脾胃之大絡，而外轉於肌肉毛孔之外，微微從汗而解也。若削去筋膜，只留外皮，名曰橘紅，意欲解肌止嗽，不知汗本由內而外，豈能離肌肉經絡而直走於外？雷斅去白、留白之分，東垣因之，何不通之甚也！至於以橘皮製造為醬，更屬無知妄作。查其製法：橘皮用水煮三次極爛，嚼之無辛苦味，曬乾，外用甘草、麥冬、青鹽、烏梅、元明粉、硼砂，熬濃汁，浸曬多次，以汁乾為度。又以人參、貝母研末拌勻，收貯數月後用之。據云能化痰療嗽，順氣止渴生津。而不知全失橘皮之功用。橘皮治嗽，妙在辛以散之，今以烏梅之酸收亂之；橘皮順氣，妙在苦以降之，今以麥冬、人參、甘草之甘壅亂之；橘皮妙在溫燥，故能去痰寬脹，今以麥冬、貝母、元明粉、硼砂、青鹽之鹹寒亂之。試問橘皮之本色何在乎？余嘗究俗人喜服之由，總由入口之時得甘酸之味，則滿口生津；得鹹寒之性，則堅痰暫化。一時有驗，彼此相傳，而陰被其害者不少也。法製半夏，亦用此藥浸造，罨發黃衣收貯，貽害則一。

清·趙學敏《本草綱目拾遺》卷七果部上　橘瓤上絲　金御乘云：橘絲專能宣通經絡滯氣，予屢用以治衛氣逆於肺之脈脹，甚有效。《綱目》橘瓤上筋膜，只引大明治口渴吐酒，而沒其專功，何耶？因仍其說以補之。通經絡滯氣脈脹，驅皮裏膜外積痰，活血。

糖橘紅　仁和塘棲鎮者佳。以皮去白，切小塊，用糖霜製。　味甘辛，性溫，理氣快膈，治嗽消痰《食物宜忌》。

橘餅　閩中漳泉者佳，名麥芽橘餅，圓徑四五寸，乃選大福橘蜜糖釀製而成，乾之面上有白霜，故名。肉厚味重，為天下第一。浙製者乃衢橘所作，圓徑不及三寸，且皮色黯黑而肉薄，味亦苦劣。出塘棲者為蜜橘餅，味差勝，然亦不及閩中者。又興化出金錢橘餅，乃取金橘製成，小如錢，明如琥珀，消食下氣，開膈，捷於砂仁、豆蔻，又可醒酒，醉後點茶，允為妙供。　味甘，性溫，下氣寬中，消痰運食《食物宜忌》。黃疸臌脹，除膈止消《經驗廣集》。

治諸色痢：《行篋檢祕》：橘餅一兩，圓眼肉五錢，冰糖五錢，水二盌，煎一盌，露一宿，溫服，不露亦可，至重者不過二三服，無不神驗。　治瀉：《梁氏集驗》：夏月喫瓜菓太多，以致洩瀉不休，用漳州好橘餅一枚，細切薄片，作二次放茶鍾內沖服。

橘餅湯　《經驗廣集》：治傷食生冷瓜菓，泄瀉不休。橘餅一個，切薄片，放盌內，以沸湯潑蓋住，泡汁出，即飲湯，連餅食，一餅可作數次服。

百菓酒　香櫞、佛手各二個，核桃肉、圓眼肉、蓮肉、橘餅各半觔，柏子仁四兩，松子三兩，紅棗二十兩，黑糖三觔，乾燒酒五十觔浸，此酒補虛益腎，乃河中李太守祕方。

藥製柑橘餅　《北硯食規》：用元明粉、半夏、青鹽、百藥草、天花粉、白茯苓各五錢，訶子、甘草、烏梅去核各二錢，硼砂、桔梗各三錢。以上俱用雪水煎半乾，去渣澄清取湯，煮柑橘，炭墼微火烘，日翻二次，每次輕輕細捻，使藥味盡入皮內，如捻破則不妙。能清火化痰，寬中降氣。

青鹽陳皮　《百草鏡》：製青鹽陳皮，即蘇州宋公祠遺法也。陳皮二觔，河水浸一日，竹刀輕刮去浮白，貯竹筐內，沸湯淋三四次，用冷河水洗淨，不苦為度。曬至半乾，可得淨皮一觔，初次用甘草、烏梅肉各四兩，煎濃汁拌曬，夜露，俟酥捻碎如豆大，再用川貝母去心四兩，青鹽三兩，研為細末，拌勻，曬露乾，收貯。　消痰降氣，生津開鬱，運脾調胃，解毒安神。

橘苓　橘樹上生，如木蕈，棗皮紅色。　治乳癰，煎酒服。

清・黃凱鈞《藥籠小品》　橘皮　脾肺腸胃之氣藥，舊有國老之稱，謂其於補於表於疏劑中皆能相助成功。同杏仁能治老人便閉，去白入肺達表，橘白和中止胃痛，《清異錄》名橘皮為貴老。取陳而紫色者佳。

清・章穆《調疾飲食辯》卷一下　橘餅汁　其性順氣和中快膈，凡喘嗽、脹滿、痰氣等症之屬實者，湯泡代茶最宜。如屬氣虛，慎不可用。佛手片、金橘、香圓條等，同此。

以上代茶之物，雖有多種，而因病制宜，見諸家木草者尚多，不能枚舉，明物理者臨症自有變通。一可助藥成功；其功實大於藥餌。一可緣此少飲茶汁，免其消伐。至若不論有病無病，可以長飲代茶者，性味皆極醇良，功能實非小補。安得舉世盡廢茶葉，而代以諸物，則却病長年之益，可坐而致矣。又古不專以茶作飲，故《爾雅》注疏但云可作羹飲，並代茶二字無之。由是以觀《茶經》、《茶錄》，明理人不屑掛諸齒頰矣。

清・章穆《調疾飲食辯》卷四　橘　《綱目》曰：橘與柑、柚，三者相類而實不同。橘實小，味微酢，皮薄而紅，味辛苦。柑稍大，味甘，皮厚而黃，味甘辛。柚大小如橙，味酢，皮最厚，味亦甘辛。宋韓彥直《橘譜》云：橘出蘇州、台州，西出荊州，南出閩、廣、撫州，皆不如溫州最勝。柑品有八，橘品十有四：黃橘扁小，多香霧，橘之上品也；朱橘色赤如火；綠橘紺碧可愛，霜前色味已佳；乳橘狀如乳柑，皮硬瓤多，味極酸；塌橘大而扁，外綠心紅，瓣大多液，經春乃甘美；包橘外薄內盈，其瓣隔皮可數；綿橘軟美可愛，而不多結；沙橘細小甘美；油橘皮極光滑，中堅外黑，橘之下品也；早黃橘秋半已丹；凍橘八月始花，冬實春采；穿心橘大而心虛可穿；荔枝橘膚理緻密，形如荔枝。前云橘品十四，所列只十三。橘下埋死鼠則結實多，故《物類相感志》云：橘藉屍榮。又《周禮》：橘踰淮而為枳，地氣使然也。

按：橘色赤而不黃，味甘而不酢。黃者、酢者，皆柑類也。橘皮氣味最薄，入藥者悉柑皮也。而自古《本草》皆曰陳橘皮，不聞呼柑皮，大抵柑、橘古人互稱，其性相似，亦可以互用，原無一定之區別也。但瓤味厚者，皮力薄；瓤味薄者，皮力厚。豐茲嗇彼，凡物皆然，匪獨一橘也。且今富貴家所尚橘紅，云化州所出名化紅，不知其皆橙皮所造，橘皮安得如許之大且厚耶。是則橙、橘亦可互稱，況柑、橘乎。不觀金章宗之《咏橘罇・生查子》曰：風流紫府郎，痛飲烏紗岸。柔輭九迴腸，冷怯玻瓈盌。纖纖白玉葱，分破黃金彈。借取洞庭春，飛上桃花面。橘罇之制，取皮面光滑之橙，刳去內瓤，俟稍乾，隨意捻成方圓，瓜瓣之形，可以為罇、罍、盒、盎。橘小而皮薄，不能也。然不曰橙鑮而曰橘鑮，亦橙、橘互稱之一證矣。其瓤充果食。《日華本草》曰止消渴，開胃，除胸中膈氣，極是。而陶隱居曰食之多痰，《綱目》曰橘皮下氣消痰，其肉聚飲生痰，皆誤也。《本草拾遺》曰酸者聚痰，此則或然。甘者和中開胃，止渴行氣，最為果中妙品，無生痰之理。且柑、橘、橙、柚俱走氣分，與痰無涉。自陶隱居倡之，《拾遺》《綱目》和之，後世遂誤以橘皮為消痰之藥。此說在《綱目》以前，如六君子、二陳等瞎方皆是，陶氏、陳氏不得辭其罪也。而所謂化紅者，無不詡為消痰上品，富貴家或藉以錦袱，或束以綵絲，或韜以沉、檀、金、玉之櫝，群相矜尚。不知其皆各處土產橙皮，去白久壓，以取平正，不即曝乾，失其本性，毫無功力。縱有功力，亦只行氣，斷不能消痰。貴耳賤目，徒為奸賈所愚而已。至東垣李杲，又創為異論，曰：留白則補脾胃，去白則理肺氣，同白朮則補脾胃，同甘草則補肺。一能導胸中寒邪，二破滯氣，三補脾胃，多服、久服能損人元氣。夫既補脾胃又補肺，是能益人，何以多服、久服又忽而損人。然則破滯氣之藥，必不能補，補脾、補肺之談，竟是夢中囈語。《綱目》既知其治百病總是取其理氣，而於此等自相矛盾之邪說，不知駁正，且復表章之，眶中尚有瞳子耶。

又添造一種青皮，亦在宋、元間，古方絕無用者。李杲云足厥陰肝引經之藥，朱震亨云肝膽二經氣分之藥，蓋以其色青屬木，故入肝膽。不知其色青者，由未黃先摘，非如青靛、青蒿、柴胡之類，始終青色，異於衆草，故入肝膽之經。醫家原有用色之理，如赤多入血，白多入氣，黑多入腎或止血，黃多入中洲，青多入肝膽，大概如此，而不可泥者甚多。信如所云青皮入肝膽，則天下萬草萬木秉水土之間色，水黑土黃，合二色則為青，故畫家以靛青、籐黃和合為綠。其始也無不色青，無不入肝膽乎？《綱目》又曰：青皮色青氣烈，能發汗，此楊士瀛之妙論，世人罕知。荒誕之言出於理外，世人誠不得而知也。若論其性，當如枳實之於枳殼，未曾黃熟，行氣之力較猛耳，與發汗何涉。然市肆所售，皆先時墜落不成之柑橘，內瓤尚不可食，皮豈有力。試思青皮、陳皮價值相等，陳皮瓤既可食，皮乃棄物，又復得錢，而未黃之先皮，雖可充青皮，瓤不可食，誰肯專為此皮棄其半價，預先采摘。此眼前易見之理，著書之人尚自不知，而紛紛議論，留許多夢話貽悞後人，可笑之至也。

清・王龍《本草纂要稿・菓部》 青皮　氣味苦辛。破滯氣於左脇之下，化飲食入太陰之倉，削堅積於小腹之內，治瘟瘧於熱甚之時。疏肝㽲疝，舒鬱寬中。入三焦、膽腑，為肝部引經。

清・王龍《本草纂要稿・菓部》 陳皮　氣味辛烈。留白補胃和中，去白消痰利滯。君白朮則益脾，佐甘草則補肺。同竹茹治呃逆因熱。配乾薑治呃逆因寒。治脚氣衝心，逐膀胱留熱。利小便，通五淋。解酒毒，化實痰。

橘紅　開胃去痰，導壅滯逆氣。橘核　驅腰痛疝痛如神。

清・吳鋼《類經證治本草・足厥陰肝臟藥類》 青皮　【略】誠齋曰：乳岩初起如棋子大，便以青皮、人參等分末之，每日以食後酒調服方寸匕，俟消止藥。或用加味逍遙散，入青皮末之，酒煮丸如小麥大，每夜臥時，溫水服七十丸，或百丸，皆驗。

清・張德裕《本草正義》卷上 陳皮　苦辛甘，溫。散氣消痰。留白甘而緩，去白辛而速。瀉脾胃痰滯，肺中滯氣，消食開胃，呃逆脹滿，惡心嘔吐，表裏咸宜，亦消乳癰。

青皮　苦辛，平。味厚，入肝、膽、三焦。削堅癖，除脇痛，解鬱疏肝，破氣行滯。亦能刧瘧。虛者酌之。

清・張德裕《本草正義》卷上 橘核　苦，微涼。理氣疏肝，治膀胱、小腸諸疝。

清・楊時泰《本草述鉤元》卷一七 陳橘皮　枳橙葉有兩刻，橘葉兩頭尖，無兩刻，柑葉與橘同，但柑樹獨無刺，橘枳橙皆有刺。橘皮紋細，色紅而薄，內多筋膜，其味苦辛。柑皮紋粗，色黃而厚，內多白膜，其味辛甘。柚皮最厚，而虛紋更粗，色黃，內多膜，無筋，其味甘多辛少，以此別之不差。橘皮性溫，柑柚皮性冷，今市肆貨橘皮，多以柑皮雜之，柑皮猶可用，柚皮則與橘懸殊矣。

味苦、辛，氣溫。氣味俱厚，可升可降，陽中之陰。入脾肺二經氣分及足陽明經。開胃和中，利水穀，理氣燥濕，快膈消痰，治上氣欬嗽，定嘔噦嘈雜，時吐清水及大腸閟塞並氣痢，除膀胱留熱停水，療酒病。留白則補脾胃，因白有甘意，去白則理肺氣。消痰泄氣，去白者，恐甘緩其辛也。橘皮花開於夏，實成於秋，得火氣少，金氣多仲淳。同補藥則補，同瀉藥則瀉，同升藥則升，同降藥則降，但隨所配而補瀉升降也瀕湖。獨用則瀉肺損脾，同白朮則補脾胃，同甘草則補肺。加青皮減半，去滯氣，推陳致新。同杏仁治大腸氣閟，同桃仁，治大腸血閟。同人參、首烏、桂枝、當歸、薑皮，治三日瘧寒多。得白蔻、生薑、藿香、半夏，治胃有寒痰，或感寒傷冷，嘔吐不止。同四君、山藥、扁豆、藿香、白蔻、山楂、麥芽，治脾胃虛飲食不化，或不欲食，食亦無味。同蘇子、貝母、枇杷葉、麥冬、沙參、桑白皮、栝蔞根、五味子、百部，治上氣欬嗽，能消痰下氣。同枳殼、烏藥、木香、檳榔、草蔻，治氣實人暴氣壅脹。潤下丸治濕痰，因火泛上，停滯胸膈，欬唾稠粘，陳橘皮半斤，入砂鍋內，鹽五錢，化水淹過，煮乾，粉甘草二兩，去皮蜜炙，各取淨末，蒸餅和丸梧子大，每服百丸，白湯下。寬中丸：治脾氣不和，冷氣客於中，壅遏不通，是為脹滿，用橘皮四兩，白术二兩，為末，酒糊丸梧子大，每食前，木香湯下三十丸，日三服。經年氣嗽，橘皮、神麴、生薑焙乾等分，為末，蒸餅和丸梧子大，每服三十五丸，食後夜各一服。有人服此，兼舊患膀胱氣皆愈。脚氣衝心，或心下結硬，腹中虛冷，陳皮一片，杏仁五兩去皮尖熬，少加蜜，搗和，丸梧子大，每食前，米飲下三十丸。小兒疳瘦，陳皮一兩，黃連米泔水浸一日。一兩半，研末，入麝三分，納猪膽內，漿水煮熟，取出，粟米飯和丸，綠豆大，每服一二十丸，米飲下，久服消食和氣，長肌肉。以上方溫補同白术，涼瀉同黃連、猪膽，又須合於他物分兩之多寡以參之。

論：橘皮味苦而辛，辛苦適均而氣溫，據其苦泄辛散溫行，以為行滯氣之劑，幾與散氣諸藥同矣。而有不然者。《本經》於茲味，獨謂其能利水穀。夫後天之氣即水穀氣，合於真氣以充身者也，水穀利，則水穀之氣暢，以並於真氣。《經》云：上焦開發，宣五穀味，熏膚充身澤毛，若霧露之溉，橘皮有焉。然則偏從氣滯言治者，尚非善用橘皮者也，惟所謂能散能瀉能補能和，同於群藥以為升降，又並寒熱以奏功，庶幾近之。夫氣生化於脾肺，本以流行為無病，然氣之寒者、熱者、升者、降者、補者、瀉者，一有不宜，皆能滯著而為病。若謂橘皮專以泄滯氣為能，是求其行而反得滯也，惟合諸治以為治，則可思其所長矣。東垣謂不宜單用，並致戒於多用久用者允當，三復斯言。

能耗散真氣，中氣虛，氣不歸元者，忌與耗氣藥同用。胃虛有火嘔吐，不宜與溫熱香燥藥同用。陰虛欬嗽生痰，不宜與半夏、南星等同用。瘧非寒甚者，亦勿施仲淳。

修治：入和中理胃藥則留白，入下氣消痰藥則去白。去白者以鹽湯洗浸，刮去筋膜，曬乾用。自廣州來、陳久者佳，真廣陳皮猪鬃紋香氣異常，去白時不可浸於水中，止以滾湯水蘸三次，輕輕刮淨。入下焦須用鹽水浸，肺燥則用童便浸，曬。

青橘皮　橘之未黃而青色者，橙皮最厚，柑皮猶厚於橘，此青橘頭上破裂，狀如蓮瓣，其氣芳烈，今人多以小柑小柚小橙偽為之，不可不辨。

極苦而辛，氣溫。氣味俱厚，沉而降，陰也。入三焦肝膽氣分，炒黑則入血分。疏肝膽，瀉肺氣，治胸膈氣逆脇痛，左脇肝經積氣，小腹疝氣。因多怒而脇下有鬱積，或小腹疝疼，用以疏通。最能發汗。汗多者不可用。消乳腫，破積結，除瘧母。疎利肝邪，則癖自不結。去下焦諸濕。足厥陰引經藥，能引食入太陰之倉，破滯削堅，有滯氣則破滯氣，無滯氣則損真氣東垣。陳皮治高，青皮治低，與枳殼、枳實同好古。若肝膽二經虛者，當先補而後用之丹溪。伏膽家動火驚證，用一二三分文清。

小兒消積，多用青皮，最能發汗。陳皮浮而升，入脾肺氣分，青皮沉而降，入肝膽氣分，一體二用，物理自然也瀕湖。同人參、鼈甲，能消瘧母。同枳殼、肉桂、川芎，治左脇痛。同人參、白术、三稜、蓬茂、阿魏、礬紅、山楂、紅麴、木香，消痃癖氣塊及一切肉食堅積。法製青皮：用青皮一斤，浸去苦味，去瓤，煉淨鹽花五兩，炙甘草六兩，舶茴香六兩，用甜水一斗煮之，常攪弗令着底，候水盡，慢火焙乾，勿令焦，去甘草、茴香，只取青皮，密收用，每食後，咀數片，安神調氣，消食解酒，益胃。不拘老人小兒，皆可常服。按青皮下氣最速，得數味製服，可以收下氣之效，而不致破氣。婦人久積憂鬱，乳房內有核如指頭，不痛不癢，五七年成癰，名乳嵒，便不可治，用青皮四錢，水一盞半，煎一盞，徐徐服之，日一服，或用酒服。

論：夫枳子與橘紅皆苦，而寒溫不同，在江南有橘有枳，江北則有枳無橘，江南之枳，又不及江北者氣全而力厚。蓋枳橘雖同稟乎金令之天氣，而各成於寒溫之地氣。其成於氣之寒者，水氣也，金得水而泄；成於氣之溫者，火氣也，金得火而用。夫氣竭於泄，而宣於用者也，以火為用則氣宣，此火即元氣，《經》所謂少火也，不可想見真氣宣揚之義歟。抑不獨枳橘有水火之殊，即橘皮之陳及青者，亦大有差別。《本草》言青皮入手少陽三焦，而後賢又謂入足少陽膽且為足厥陰肝引經藥，手少陽相火，足少陽為相火對化，厥陰肝又與命門通。何以陳皮與青皮同一物，而不入此數經？蓋先天資始，後天資生，有生者必有所始，上焦脾肺之元，固在三焦肝膽也。陳皮之宣揚元氣，偏歸臟腑，青皮則峻酷迅速，不及偏致，遂返其所始，故昔人謂獨入此數經耳。或曰：青皮入三焦是矣，而肝膽亦徑入者，云何？曰：夫木達陰中之陽於上，以陽引陰而上，是木媾於金也；金達陽中之陰於下，以陰引陽而下，是金媾於木也。木之氣不至於金，則陽鬱而陰不上，金之氣不至於木，則陰鬱而陽不下，是即水不升，火不降之病機。故金氣徑先達於木，乃青皮之峻酷破滯削堅而直至於下者，不得謂與陳皮一物，猶冀其有和氣益氣之功也。惟肝膽有實邪，可直用克泄之，如病涉於虛，虛因乎下者，則宜補陰，使陽得升化，原在腎虛，因乎上者，則宜益陽，使陰得降，化原在肺，豈可專任克泄哉？

性最酷烈，往返刻削，是其所長。凡用必與參、术、芍補脾等藥同施，肝脾氣虛者勿予，若誤投之，立損真氣仲淳。　修治：湯浸，去瓤，切片，醋拌，瓦上炒過用。消積定痛，醋炒。

橘核　橘實小，其味微酸，柑大於橘，其味甘，用核者審之。　氣味苦平。入足厥陰經。治腎疰、腰痛，膀胱氣痛，小腸疝氣及陰核腫痛。炒研五錢，酒煮服，或酒糊丸服。腰痛，橘核、杜仲各二兩，炒研末，每服二錢，鹽酒下。

論：橘必成熟之實乃有核，青橘稟金令之初氣，取其極小者入藥，不得有核，然則核之性味，不可謂其止入肝經，日華子故有腎疰、腰痛、膀胱氣痛之治，後人用治㿗疝者，緣疝固肝病，亦因腎與膀胱之氣化鬱以病乎肝也。

修治：以新瓦焙香，去殼取仁，研用。

橘葉　與柑葉同形，但橘樹有刺，柑樹無。　氣味苦平。入足厥陰經。主導胸膈逆氣，行肝氣消腫散毒，乳癰脇痛，用之行經丹溪。散陽明厥陰經滯氣，婦人妒乳，內外吹乳嵒、乳癰，用之皆效。

清·葉桂《本草再新》卷五　橘皮味辛、苦，性溫，無毒。入脾、肺二經。　和中健脾，化痰理氣，止吐止欬，利水消腫，通經活血。

青皮味辛苦，性溫，無毒。入肝、肺二經。　瀉肝火，舒肝氣，化痰破滯，消食寬中，發汗散邪，治痞塊，散結氣。

清·葉桂《本草再新》卷五　橘絡味辛，性溫，無毒。入肝、脾二經。　舒氣化痰，燥胃去穢，和血脈，通經絡。

清·吴其濬《植物名實圖考》卷三二　橘　橘柚，《本經》上品。《別錄》諸說，皆合橘柚為一類。《本草衍義》以為柚字誤衍。考橘皮用甚廣，《本經》又云，一名橘皮。寇說為的。今以橘入《本經》，而以柚別為一條附後。

清·趙其光《本草求原》卷一二果部　陳柑皮各本草俱以色紅而小、皮薄者為橘，是以柑為橘矣，今正之。　氣溫，入肝。味苦，入心。辛，入肺。微甘，無毒。主胸中瘕熱逆氣，胸為肺之部位，苦泄、溫行、辛通，故專行肺氣。利水穀，肝主疏泄，肝氣行則水穀之氣暢。且《經》云：上焦開發，宣五穀味，熏膚充身澤毛，若霧露之溉。行上焦滯則然。久服去臭。入心以通君火，則陰濁之臭氣自去。下氣通神。此句總結，言其所以得效之神，皆下氣之功也。開胃和中，導滯消痰，治痰以健脾順氣為主。定嘔噦嘈雜，時吐清水，及便秘、氣痢、膀胱留熱停水，肺氣降則治節行，而水道通調。通淋、療酒。辛能散，苦能瀉、能燥，溫能補、能和，分配補泄寒熱、升降，可治百病，皆取其理氣燥濕之功。人身以氣為主，氣生化於肺，氣行濕除則無病。又解魚毒、食毒。

陳修園曰：陳皮筋膜似脈絡，皮形似肌膚，宗眼似毛孔。人之傷風咳嗽，不外肺經。肺主皮毛，風傷人，先入皮毛，次入經絡。惟此苦瀉辛散，俾從胃之大絡而外轉入內，乃從內之外，微微從汗而解也。若去白筋膜，只留空皮，斷難解肌止嗽。蓋汗由內而外，不能離肌肉、經絡而直走於外也。俗說謂留白則甘緩，補養；去白則辛勝，去痰泄氣，似是而非。

又：法製陳皮以水煮爛，嚼之無辛苦味，曬乾，外用甘草，麥冬、青鹽、烏梅、元明粉、硼砂熬濃汁，浸曬至汁盡；又用人參、貝母末拌勻收用，以為化痰、止嗽、止渴、順氣，不知全失陳皮之功用。陳皮治嗽在辛散，順氣在苦降，去痰寬脹在溫燥。若以酸制辛，則甘壅制苦，以鹹寒制溫燥，試問陳皮之本性安在乎？雖甘酸入口，似乎生津；鹹寒入口，堅痰亦暫化，然總非陳皮之正治也。法製半夏，亦用此等藥浸造，罨發黃衣貯用，其謬妄一也。或曰鹽水浸入下焦，童便浸治肺燥，亦謬。總之，新則主散，舊則行而不泄，故二陳湯以陳者為佳。按枳殼、陳皮皆利氣行痰，但枳殼寒，水氣也，金得水而泄也；陳皮溫，少火之元氣也，金得少火，而真氣宣揚也。

青柑皮舊名青橘皮。　氣溫，疏肝膽滯。味苦、辛，泄心肺。無毒。破滯削堅，除痰消痞，治胸膈氣逆，心肺之病。肝氣鬱積，脇痛多怒，久瘧結癖，散肝邪，去脾痰，為瘧要藥，故青皮飲以之為君。下焦諸濕疝痛、乳腫，乳房屬胃，乳頭屬肝，肝鬱竅阻，則胃汁沸騰，化而為膿；亦有子滯痰熱，含乳而睡，噓氣致生結核者。初起宜忍痛揉軟，吮令汁透，自可消散。治法以青皮化肝滯，石膏清胃熱，甘節行濁血，瓜蔞消腫、導毒；或加沒藥、橘葉、銀花、蒲公英、皂刺、當歸，少加酒。若於腫處灸三五壯尤捷。久則成乳巖，難治。破痞積，最發汗。皮能達皮，辛能散。有汗及氣虛人禁用。醋炒用，消積定痛。肝欲散，急食辛以散之，以酸泄之，以苦降之也。炒黑，則入血分。膽家伏火驚症，用二三分妙甚。

此即陳皮之未黃者，同一物而氣味不異。但陳皮辛溫更勝，故升而浮，能使肝引下焦之陽於上，以宣肺氣；青皮則苦勝，故沉而降，能使肺陰直至於下，以疏肝。故陽鬱於陰而不上者，宜陳皮和氣益氣以宣之；陰鬱於陽而不下者，宜青皮破之、泄之。古方無用者，宋以後始與陳皮分用。

青皮一斤，浸去苦味，用鹽五兩，炙甘六兩，小茴六兩，同煮，不住攪，候水乾盡，焙乾用，能消食解酒，取其調氣而不破氣也。同人參、鱉甲，消瘧母。同枳殼、玉桂、川芎，治左脇痛。同參、术、稜、莪、阿魏、楂、麯、木香，消痃癖氣塊、一切食積。

柑核　苦，溫，入心肝。無毒。主腎疰，音注，病也。腰痛，膀胱氣痛，小腸疝氣，卵腫偏墜。功同青皮，而核象腎，功專在下。以上諸病，皆腎與膀胱之氣化鬱以病於肝也。此味肝腎同治，故功專。但實症為宜，虛者禁用，以味苦，大傷胃氣也。焙香、去殼，研細用。同杜仲等分炒研，鹽、酒下，治腎冷腰痛。

柑葉古名橘葉，謂柑大、橘小，誤也。苦，入心。平，入胃兼平肝。無毒。治胸膈逆氣，行肝胃滯氣，消腫散毒，消乳癰、乳吹、乳巖、脇痛，用之行經，治肺癰，絞汁一盞服，吐出膿血愈。熨傷寒胸痞。搗爛，和麵熨。

橘紅皮　氣微寒，水氣也，金得水而泄也。味苦辛，辛升苦降，以神肺氣。無毒。與柑皮同為下氣之品。然辛寒以解熱滯，並無溫燥傷氣之虞；且味帶微甘，有沖和之氣，故兼補。《千金方》中名甘皮者，是俗書以甘誤作柑。《開寶》謂其利腸中熱毒，解丹石，止暴渴，利小便。

形如柚而色紅，故名紅，以別於柚之黃也。出化州，紋細而內多筋膜者良。柚有膜無筋，且橘紅宗眼中更有白毫，對日觀之自見。諸本草謂陳皮去白名橘紅，又曰橘小、柑大，皆誤。

清・趙其光《本草求原》卷一二果部　橘絡即柑皮內之白膜。辛，溫，無毒。通經絡，舒氣化痰，燥胃去穢，和血脈。橙、柚膜，功亦近，而性寒，且不能通絡。

清・葉志詵《神農本草經贊》卷一　橘柚　味辛，溫。主胸中瘕熱，逆氣，利水穀，久服去臭下氣，通神。一名橘皮。生山谷。

識小識大，相保歲寒。珠胎毓鬱，鐳斗霜攢。貞心榮麗，仁崽甘酸。璇樞散采，雲夢翘觀。

《書傳》：小曰橘，大曰柚。《論語》：賢者識其大者，不賢者識其小者。白居易詩：應能保歲寒。劉克莊詩：淡月珠胎明璀璨。李時珍曰：橘從毓。內赤外黃，香霧紛鬱，有似乎毓雲。《廣州記》：鐳柚實大如斗。方回詩：滿頣霜雪攢。李紳詩：不隨寒暑換貞心。虞羲詩：榮麗在中州。《群芳譜》：名仁崽者，柚類也。黃庭堅詩：如食橘柚知甘酸。《春秋運斗樞》：璇樞星散為橘。《呂氏春秋》：果之美者，有雲夢之柚。

清・文晟《新編六書》卷六《藥性摘錄》　橘皮　味辛而溫，入脾肺兼入大腸。宣肺氣，燥脾濕，調中快膈，豁痰消滯，利水，破癥結。補瀉升降之劑，隨其所佐使。且同生薑則止嘔，同半夏則豁痰，同杏仁則治大腸氣閉，同桃仁則治大腸血閉。然多服亦能損氣。〇入補劑留白，下氣消痰去白。〇廣產，陳久者良。〇治火痰，童便制。寒痰，薑汁制。治下焦，鹽水炒。〇葉，散癰腫，搗敷。　橘核　入肝。治腰痛，𤸇疝痛，卵丸偏墜。去皮，鹽、酒炒，打碎用。〇此與青皮同功，可為引導之藥耳。　青皮　辛苦，燥，入肝。下氣，力能發汗破堅，除痰消痞，治氣欝，久怒久瘧，結癖疝痛，乳癰，醋炒用。〇但有汗氣虛者，切忌。

清・文晟《新編六書》卷六《藥性摘錄》　橘穰　皮則開痰理氣。詳藥部。穰則生痰膈氣。惟內熱亢極者，服此可解熱氣，除消渴。若脾弱者切禁。

清・張仁錫《藥性蒙求・果部》　橘皮橘紅、橘白錢半，橘核、橘絡二錢　橘皮辛溫，調中寬膈。和胃用全，消痰去白。入肺、脾二經。統治百病，皆取其理氣燥濕之功。入和中藥則留白，入疏通消痰藥則去白，名橘紅。去紅名橘白，能和胃。得白朮則補脾，得杏仁治大腸氣秘，得桃仁治大腸血秘。〇治痰欬，童便浸晒；治痰積，薑汁炒。入下焦，鹽水炒。氣雖中和，亦損真元，無滯勿服。廣產為勝，皮厚不脆，有猪棕紋，陳久者良，故又名陳皮。此物化州者絕少。《拾遺》云：紋細色紅，潤而皮薄，多有筋脈，味苦辛，入口芳香者，乃真化州橘紅也，入藥以此種為貴。然其性竣削，消痰雖捷，破氣損人，不可輕用。〇橘核：入肝經。治小腸氣、膀胱氣，疝氣及睪丸腫痛，為治下部之品。炒用。橘囊上筋名橘絡，宣通經絡氣滯血滯，及皮裏膜外積痰。〇橘葉：導胸中逆氣，行肝氣。　青皮一錢、錢半：　青皮辛苦，瀉氣疏肝。　消痰散痞，瘧欝均安。　性溫，入肝胆氣分。引諸藥至厥陰之分，又能發汗。故氣虛及有汗者勿用。醋拌炒。橘皮治高，愈高愈妙。青皮治低，愈低愈良。〇橘之青而未黃。

清・王孟英《隨息居飲食譜・果食類》　橘　甘，平。潤肺，析醒解渴。閩產者名福橘。黃巖所產皮薄色黃者，名蜜橘。俱無酸味而少核，皆為佳品。然多食生痰聚飲，風寒欬嗽及有痰飲者勿食。味酸者戀膈滯肺，尤不益人。竝可糖醃作脯，名曰橘餅，以其連皮造成，故甘辛而溫，和中開膈，溫肺散寒，治嗽化痰，醒酒消食。

橘皮　解魚蟹毒，化痰下氣，治欬逆嘔噦，噫噎脹悶，霍亂，疳瘧，瀉痢，便祕，脚氣諸病，皆效。去白者名橘紅，陳久愈良。福橘皮為勝。或瀹茗時入一片亦妙。惟化州無橘，俗尚化州橘紅，其色不紅，皆柚皮也。　產後溺閉不通，橘紅二錢，為末，空心溫酒下。　乳吹，橘皮一兩，甘草一錢，水煎服。　魚骨鯁，橘皮常含，嚥汁。　嵌甲痛不能行，橘皮煎濃湯，浸良久，甲肉自離，輕手翦去，以虎骨末傅之。

橘核　治疝氣、乳癰。

樹葉　消癰腫，治乳癖。

清・屠道和《本草匯纂》卷二平散　橘皮　耑入脾、肺，兼入大腸。苦、辛，氣溫，無毒。辛能散，苦能燥，溫能和。宣肺氣，燥脾濕，為脾肺氣分之藥。治胸中瘕熱，逆氣上衝胸中，吐逆霍亂，嘔噦反胃嘈雜，時吐清水，痰痞痎瘧，脾不消穀。快膈調中，開胃止洩。除膀胱留熱停水，通淋利小便。祛大腸祕塞。婦人乳癰，去寸白蟲。破癥瘕痃癖。入食料，解魚腥毒。宣通五臟，統治百病，皆取其理氣燥濕之功。入和中藥則留白，入疏通藥則去白，名橘紅，兼能除寒發表。但氣雖中和，過服亦損真元，故無滯而氣虛者，宜慎之。廣產為勝，皮厚不脆，有猪棕紋。陳久者良，故又名陳皮。治痰核，童便浸曬；　治痰積，薑汁炒；　治頑痰，白礬炒；　入下焦，鹽水炒。　橘核，治疝痛偏墜，或硬如石，有橘核丸。

清・田綿淮《本草省常・果性類》　橘子　性溫。甘者潤肺開胃，酸者聚氣生痰。多食戀膈。同兔食令人心痛，同蟹食令人患軟癰。

清・戴葆元《本草綱目易知錄》卷三　陳皮黃橘皮　辛能散，苦能燥能瀉，溫能補能和，為脾肺二經氣分藥。以脾為元氣之母，肺乃攝氣之籥。故能從補瀉，升(除)〔降〕藥而隨其所用。調中快膈，下氣止嘔，導滯消痰。利水穀，清痰涎，利小便，去寸白蟲，開胃，主氣痢，破癥瘕痃癖。治上氣咳嗽，氣沖胸中，吐逆霍亂，反胃嘈雜，時吐清水，痰痞痎瘧，大腸閉塞，膀胱留熱，停水患淋，及婦人乳癰。能宣通五臟，統治百病，皆取其燥濕理氣之功。入食料，解魚腥毒。多食，單服，亦損元氣。留白，和中理胃。去白，下氣消痰。

【略】

雲紅皮　去皮陳皮。葆增。　苦、辛，平。發表寬胸，消痰行氣。治大人腹寒積痛，嬰孩客忤胎風。　產後尿閉不通，雲紅末，每空心溫酒服二錢，即通。未通再服。〇婦人乳癰，未成即消，已成即潰。雲紅皮，麩炒香，去麩，末，每服二錢，香附酒下，初起一服效。葆按：　驗方：　一少年體弱，由病後患腹疼，在膈下臍上，諸藥不效。有教食建龍眼肉，痛稍緩，教吸煙數口，即痛止，漸要多吸方可。彼愛體面，懇予擬方，名烏梅丸。雲紅二兩，九香蟲八錢，烏梅、雷丸各四錢，蜜丸，每服四十丸。常服可保不痛。但積冷蟲，固難以除根。又嬰孩百日內病及初生開口，俱可服。雲紅、蟲退尾各三分，防風、荊芥、鉤藤各五分，薄荷二分，水頓熱服。

青皮青橘皮　辛苦而溫。色青氣烈，入肝膽氣分。瀉肺氣，疏肝氣，散滯氣，破堅癖。治傷寒瘧疾，胸膈氣逆，左脇肝經積氣及多怒脇疼，腹痛疝氣，消乳腫乳岩，去下焦諸濕。最能發汗，汗多及無滯氣者勿用。【略】

橘核　苦，平。入足厥陰經，與青皮同功。治腎疰腰疼，膀胱氣痛，小腸疝氣，陰核內𤸷，腫硬至潰，鹽酒煎服。治酒查風鼻赤，炒末，每用一錢，胡桃肉一箇，仝擂酒服。

清・黃光霽《本草衍句》　陳皮苦、辛，溫。　能散能瀉，導滯消痰。能和能補，順氣理中。破癥利水，快膈寬胸。宣通五臟，霍亂反胃並投；　統治百病，理氣燥濕為功。膀胱留熱停水，心下嘔咳氣沖。大腸秘塞，婦人乳癰。得白术補脾，得甘草補肺，得杏仁治大腸氣秘，亦治脚氣沖心，得桃仁治大腸血閉。　寬中丸治脾氣不和，冷氣客於中，壅遏不通，是為脹滿。用橘皮四兩，白术二兩，為末，糊丸，木香湯下。　橘皮湯，治男女傷寒，并一切雜病嘔噦，手足逆冷者，用橘皮四兩，生薑一兩，水煎，徐徐呷之，即止。　經年氣嗽，橘皮生焙乾，為末，蒸餅和丸，舊患膀胱氣，皆愈也。　婦人乳癰，未成者即散，已成者即潰，橘皮炒，為末，麝香調下，名橘香散。　青皮　苦辛瀉肺，青色入肝。發水鬱而助其升散，發汗最能。疎肝氣而入於下焦，疝瘕並用。攻堅破滯，消痞除痰。能療脇痛瘧母，善平鬱怒乳巖。橘核腎冷腰疼，諸疝腫痛。　婦人乳巖，因久積憂鬱，乳房內有核如指頭，不痛不痒，五七年成癰，名乳巖，不可治也。用青皮四兩，水煎，徐徐服之，或用酒服。

清・陳其瑞《本草撮要》卷三　橘皮　味苦辛，入足陽明、太陰經，功專利氣止嘔。得白朮補脾，得甘草補肺，得杏仁治大腸氣閉，亦治脚氣衝心，得桃仁治大腸血閉，得生薑治嘔噦厥冷，得神麯、生薑治經年氣嗽，得麝香治婦人乳癰，得半夏治濕痰。童便浸治痰欬，薑汁炒治痰積寒痰，鹽水炒入下焦，蜜炙入中焦。　橘核　味苦，入足厥陰經，功專行肝氣，消腫散毒，腰腎疼痛。得茘核治疝。酒炒良。　葉散乳癰。　橘絡　味淡微苦，入足少陰經，功專通經絡滯氣脈脹，驅皮裏膜外積痰。　青皮　味辛苦，溫，色青氣烈，入足厥陰經，功專疏肝瀉肺，治肝氣鬱積，脇痛多怒，久瘧結癖，疝痛乳腫，發汗。有汗及氣虛人禁用。醋炒用。　葉治胸膈氣逆，消腫散毒，婦人妒乳，內外吹乳岩乳癰，用之皆效。

清・李桂庭《藥性詩解》　賦得青皮快膈除膨脹得皮字。田春芳。　苦辛能瀉氣，最燥是青皮。快膈開胸效，消膨去脹宜。　按：　青皮本橘之青而未黃者也，性最燥，如人之年少而多暴躁。長大為橘皮，如人至老年，烈性漸減。經久為陳皮，則多歷寒暑，燥氣全消也。用須切片，去瓤，醋拌炒。

前題李慶霖　入肝兼入脾，氣烈是青皮。快膈消痰應，除膨破滯宜。

按：　青皮辛苦而溫，色青氣烈，故入肝膽氣分，又入太陰之倉，而下飲食，破滯消痰，快膈除膨。治肝氣欝積，脇痛多怒，久瘧結癖。性頗猛鋭，氣虛有汗者當戒。

清・吴汝紀《每日食物却病考》卷下　橘　菓之有橘、柑、橙、柚，皆相類而不同，皆江浙、荊嶺南方之木，而北地所絶無，以愛暖而畏寒也。即四者之中，皆各有數種之多。橘，實小而微酸，其皮薄而紅，辛而苦。柑，大於橘，味甘，其皮稍厚而黄，辛而甘。柚，似橙，味甚酸，其皮最厚而黄，甘而不甚辛。橘柑之葉，皆兩頭尖，大寸許，長二寸許。橘枝多刺，柑枝刺少，橙柚之葉中缺如兩段。橙葉大如橘，而柚葉更大。此四種之别也。即橘之中，亦有數種之異，而味亦不同。大抵甘、酸，溫，無毒。止渴開胃，除胸中膈氣。甘者潤肺，酸者聚痰。其皮為陳皮，未黄而青色者為青皮。入藥各有功用，陳皮治上，青皮治下也。

清・仲昴庭《本草崇原集説》卷一　橘皮　【略】〔批〕雷斅著《雷公炮製》，確係有意冒名以愚後世，非比張子和本名從正，人疑其為仲景也。冒者，自冒之最可羞。疑者，人疑之何足怪。

清・鄭奮揚著，曹炳章注《增訂偽藥條辨》卷三　橘絡　即橘瓤上筋膜。日華子謂口渴吐酒，煎湯飲之甚效。張隱菴云：　能行胸中之飲，而行於皮膚，故又能疏達絡氣。貨缺之時，聞價值甚昂，射利之徒，用白萊菔細切如絲晒乾，以橘皮煎濃汁浸潤，再晒偽充，橘絡色香，幾無以辨。巧則巧矣，如斲喪天良何？　炳章按：　金禦乘云：　橘絡能宣通經絡滯氣。予屢用治衝氣逆於肺之脉脹，甚有效。趙恕軒云通經絡氣滯脉脹，驅皮裏膜外積痰，活血，此其效用之實驗也。其產地亦有多種，如出廣東者，名廣橘絡，色白條細蒂少。出浙江衢州，名衢橘絡，色白絡細長，皆佳。出四川者，色白黄，絡粗，略次。出台州者，名台橘絡，絡細，少帶蒂，為最次。

內製陳皮　蘇州宋公祠創製陳皮醬，為理嗽化痰妙藥，馳名天下。近上海多有偽品，尤而效之。即福州亦有偽製假充，味辛辣，雖甜不潤，其色粗淡，不堪入藥，誤服之反見咳嗽，勿用為是。　炳章按：　《百草鏡》製青鹽陳皮，即蘇州宋公祠之遺法也。能消痰降氣，生津開鬱，運脾調胃，解毒安神。方用陳皮二斤，河水浸一日，竹刀輕刮去渣白，貯竹筐內，沸湯淋三四次，用冷水洗淨，不苦為度，晒之半乾，可得淨皮一斤，初次用甘草、烏梅肉各四兩，煎濃汁拌，日晒夜露，俟酥，捻碎如豆大，再用川貝母去心四兩，青鹽三兩，研為細末，拌勻，再晒露，候乾收貯。或名參貝陳皮，亦同此法。

山金橘

明・佚名氏《醫方藥性・草藥便覽》　山金（桔）〔橘〕　其性辛。止嗽，化痰，寬氣。

乳柑

晉・嵇含《南方草木狀》卷下果類　柑　乃橘之屬，滋味甘美特異者也。有黄者，有赬者，赬者謂之壺柑，交趾人以席囊貯蟻鬻於市者，其窠如薄絮，囊皆連枝葉，蟻在其中，並窠而賣。蟻，赤黄色，大於常蟻。南方柑樹若無此蟻，則其實皆為群蠹所傷，無復一完者矣。今華林園有柑二株，遇結實，上命群臣宴飲於旁，摘而分賜焉。

宋・唐慎微《證類本草》卷二三果部中品〔宋・馬志《開寶本草》〕 乳柑子　味甘，大寒。主利腸胃中熱毒，解丹石，止暴渴，利小便。多食令人脾冷，發痼癖、大腸泄。又有沙柑、青柑、山柑，體性相類，惟山柑皮療咽喉痛，效；餘者皮不堪用。其樹若橘樹，其形似橘而圓大，皮色生青，熟黄赤。未經霜時尤酸，霜後甚甜，故名柑子。生嶺南及江南。今附。

〔宋・掌禹錫《嘉祐本草》〕按：蕭炳云：出西戎者佳。日華子云：冷，無毒。皮炙作湯，可解酒毒及酒渴，多食發陰汗。

〔宋・唐慎微《證類本草》〕《圖經》：文具橘柚條下。陳藏器：産後肌浮，柑皮爲末，酒下。《聖惠方》：治酒毒，或醉昏悶、煩渴。要易醒方：取柑皮二兩，焙乾爲末，以三錢匕，水一中盞，煎三五沸，入鹽，如茶法服，妙。《食療》：寒。堪食之。其皮不任藥用，食多令人肺燥、冷中、發痃癖。《經驗後方》：獨醒湯：柑子皮去瓤，不計多少，焙乾爲末，入鹽點半錢。

附：日・丹波康賴《醫心方》卷三〇 柑子　《七卷食經》云：味甘酸，其皮小冷。治氣勝於橘皮，去積痰。崔禹〔錫〕云：食之下氣，味甘酸，小冷，無毒。主胸熱煩滿，皮主上氣煩滿。孟詵云：性寒堪食之。皮不任藥用。初未霜時亦酸，及得霜後方即甜美，故名之曰甘。和腸胃熱毒，下丹石渴。食多令人肺燥，冷中，發流癖病也。馬琬曰：食之勝橘，去積痰，兼名菀雲，一名金實。

宋・寇宗奭《本草衍義》卷一八 乳柑子　今人多作橘皮售於人，不可不擇也。柑皮不甚苦，橘皮極苦，至熟亦苦。若以皮緊慢分別橘與柑，又緣方宜各不同，亦互有緊慢者，脾腎冷人食其肉，多致藏寒或洩利。

宋・王繼先《紹興本草》卷一三 乳柑子　紹興校定：乳柑子種類不一，其性無異。《本經》雖具主治，亦非起疾之物，唯作果品。其未經霜者味頗酸，善作痰涎；已經霜冬臨者味甜。當云味甘、微寒、無毒是矣，即非大寒之物。江南多産之。

宋・陳衍《寶慶本草折衷》卷一八 乳柑子諸柑在内。○皮附。　一名乳柑。生嶺南，及江南、西戎。○霜後摘。　味甘、酸，大寒，無毒。○主利腸胃中熱毒，解丹石，止暴渴，利小便，多食令人脾冷，發固癖，大腸泄。又有沙柑、青柑、山柑，體性相類。形似橘而圓大，生青熟黄。○陳藏器云：其類有朱柑、黄柑、石柑，以乳柑為上。○分橘皮條。○寇氏曰：脾腎冷人食多，致藏寒洩利。

附：皮。○解酒毒及酒渴，炙作湯服。治産後肌浮，為末酒下。多食發陰汗。又山柑皮，惟療咽喉痛，餘者皮不堪。今人以柑皮作橘皮售於人，柑皮不甚苦，橘皮極苦，若以皮緊慢分別橘與柑，緣方宜不同，亦互有緊慢者。

元・忽思慧《飲膳正要》卷三 柑子　味甘，寒。去腸胃熱，利小便，止渴。多食發痼疾。

元・吴瑞《日用本草》卷六 柑　樹若橘形，亦似橘而圓大。色生青熟黄赤。皮厚似橘皮。味甘甜，炙炮作湯，可解酒毒。味甘，大寒，無毒。多食令人脾冷，發痼疾，大腸洩，致痰。主利腸胃中熱毒，解丹石，止暴渴，利小便。

明・劉文泰《本草品彙精要》卷三三 乳柑子無毒　植生。

乳柑子：主利腸胃中熱毒，止暴渴，利小便。名醫所錄。〔苗〕《圖經》曰：樹若橘樹，其實亦類橘而圓大，皮色生青熟黄赤，未經霜時尤酸，霜後甚甜，故名柑子。又有沙柑、青柑、山柑，體性相類，惟山柑皮療咽痛，餘者不甚用。《衍義》曰：乳柑子，今人多作橘皮售於人，不可不擇也。柑皮不甚苦，橘皮極苦，至熟亦苦。若以皮緊慢分別橘與柑，又緣方宜各不同，亦互有緊慢者也。〔地〕《圖經》曰：生嶺南，及江南有之，出西戎者佳。〔時〕生：四月葉脱復生。採：十月取實。〔收〕暴乾。〔用〕皮。〔質〕類橘而圓大。〔色〕生青，熟黄赤。〔味〕甘。〔性〕大寒，緩。〔氣〕氣之薄者，陽中之陰。〔臭〕香。〔主〕清胃熱，止煩渴。〔治〕療：《圖經》曰：核，作塗面藥。日華子云：皮，作湯，消酒渴。〔合治〕皮末合酒服，療産後肌浮。○皮末合鹽水煎服，治酒毒或醉昏悶，煩渴。〔禁〕多食令人脾冷，發痼癖，大腸泄。多食令人肺躁冷，中發痃癖。脾腎冷人食其肉，多致臟寒或洩利，發陰汗。〔解〕丹石毒。

明・盧和、汪穎《食物本草》卷二果類 柑　味甘，大寒。主利腸胃中毒熱，解丹石，止暴渴，利小便。多食令人脾冷，發痼癖，大腸洩。山柑皮，療喉痛，餘不堪。

明・寧源《食鑒本草》卷上 柑子瓤　味甘、酸，平。考諸本草云：大者曰橘柚，并言瓤有漿者而名之柚，大而皮厚於橘。《衍義》以柚為橘有無窮之患。何至是之甚耶？　蜜陀柑、木柑、黄柑、乳柑、石柑、沙柑、青柑、山柑，體性相類，惟山柑皮療喉咽痛效，餘者皮不可用。朱橘、乳橘、山橘、金橘之類，大同小異，瓤皆甘酸而可食，止渴潤燥生津。多則戀膈生痰，滯肺氣，病者忌之。　按《呂氏春秋》云：果之美者，有雲夢之柚是也。

明・王文潔《太乙仙製本草藥性大全》卷四《本草精義》　乳柑子　舊不載所出州土。生嶺南、江南，今處處有之。其樹若橘樹，其形似橘而圓大，皮色生青熟黄赤。未經霜時尤酸，霜後甚甜，故名柑子，寒堪食之，其皮不任藥用。食多令人肺燥冷中發痃癖。

明・王文潔《太乙仙製本草藥性大全》卷四《仙製藥性》　乳柑子　味甘，氣大寒，無毒。　主治：主腸胃中熱毒，解丹石，止暴渴。利小水尤靈，發痼癖有準。作湯可解酒毒酒渴。多食令脾冷，大腸洩。又有沙柑、青柑、山柑體性相類，惟山柑皮療咽喉痛，餘者皮不堪用。　補註：治酒毒或醉，昏悶煩渴，取柑皮二兩，焙乾爲末，以三錢，水一盞，煎三五沸，入鹽如茶法，服妙。○獨醒湯：以柑子皮，去瓤，不計多少，焙乾爲末，入鹽點半錢。○產後肌浮，以皮爲末，酒下。

明・皇甫嵩《本草發明》卷四　乳柑大寒，味甘。　止利，腸胃中熱毒，解丹石，止暴渴，利小便。多食令脾冷，發痼癖，大腸洩。又解酒毒酒渴，發陰汗。有沙柑、青柑、山柑，體惟相類。惟山柑皮療咽喉痛，餘皮不堪用。

明・李時珍《本草綱目》卷三〇果部・山果類　柑宋《開寶》

【釋名】木奴志曰：柑未經霜時猶酸，霜後甚甜，故名柑子。時珍曰：漢李衡種柑于武陵洲上，號爲木奴焉。

【集解】頌曰：乳柑出西戎者佳。志曰：柑生嶺南及江南。樹似橘，實亦似橘而圓大，皮色生青熟黄。惟乳柑皮入藥，山柑皮療咽痛，餘皆不堪用。又有沙柑、青柑，體性相類。藏器曰：柑有朱柑、黄柑、乳柑、石柑、沙柑。橘有朱橘、乳橘、塌橘、山橘、黄淡子。此輩皮皆去氣調中，實俱堪食，就中以乳柑爲上也。時珍曰：柑，南方果也，而閩、廣、温、台、蘇、撫、荆州爲盛，川蜀雖有，不及之。其樹無異于橘，但刺少耳。柑皮比橘色黄而稍厚，理稍粗而味不苦。橘可久留，柑易腐敗。柑樹畏冰雪，橘樹略可。此柑、橘之異也。柑、橘皮今人多混用，不可不辨，詳見橘下。案韓彦直《橘譜》云：乳柑，出温州諸邑，惟泥山者爲最，以其味似乳酪故名。彼人呼爲真柑，似以佗柑爲假矣。其木婆娑，其葉纖長，其花香韻，其實圓正，膚理如澤蠟，其大六七寸，其皮薄而味珍，脉不粘瓣，食不留滓，一顆僅二三核，亦有全無者，擘之香霧噀人，爲柑中絶品也。生枝柑，形不圓，色青膚粗，味帶微酸，留之枝間，可耐久也，俟味變甘，乃帶葉折，故名。海紅柑，樹小而顆極大，有圍及尺者，皮厚色紅，可久藏，今獅頭柑亦是其類也。洞庭柑，種出洞庭山，皮細味美，其熟最早也。甜柑，類洞庭而大，每顆必八瓣，不待霜而黄也。木柑，類洞庭，膚粗頑，瓣大而少液，故謂之木也。朱柑，類洞庭而大，色絶嫣紅，其味酸，人不重之。饅頭柑，近蒂起如饅頭尖，味香美也。

【氣味】甘，大寒，無毒。頌曰：冷。志曰：多食令人肺冷生痰，脾冷發痼癖，大腸瀉利，發陰汗。

【主治】利腸胃中熱毒，解丹石，止暴渴，利小便《開寶》。

【附方】新一。　難産：柑橘穰陰乾、燒存性，研末，温酒服二錢。《集效》。

皮　【氣味】辛，甘，寒，無毒。時珍曰：橘皮苦辛温，柑皮辛甘寒。外形雖似，而氣味不同。詵曰：多食令肺燥。　【主治】下氣調中藏器。解酒毒及酒渴，去白焙研末，點湯入鹽飲之大明。治産後肌浮，爲末酒服雷斆。傷寒飲食勞復者，濃煎汁服時珍。山柑皮：治咽喉痛效《開寶》。

核　【主治】作塗面藥蘇頌。

葉　【主治】聤耳流水或膿血。取嫩頭七個，入水數滴，杵取汁滴之，即愈藺氏。

明・穆世錫《食物輯要》卷六　柑子　味甘，性寒，無毒。解丹石毒，去腸胃熱氣，止暴渴，利小水。多食，令脾寒成癖及肺寒咳嗽。發陰汗瀉痢，即用柑皮煎湯飲，或飲鹽湯亦可解。皮，味甘、辛，性寒，無毒。解酒，調中下氣。多食發肺燥。

山柑　皮，治喉疼，効。

明・應慶《食治廣要》卷四　柑　氣味：甘，大寒，無毒。主利腸胃中熱毒，解丹石毒，止暴渴，利小便。馬志曰：多食令人肺冷生痰，脾冷發痼癖，大腸泄利，發陰汗。

明・姚可成《食物本草》卷八果部・山果類　柑　柑，南方果也，而閩、廣、溫、台、蘇、撫、荊州為盛，川蜀雖有，不及之。其樹無異於橘，但刺少耳。柑皮比橘色黄而稍厚，理稍粗而味不苦。橘可久留，柑易腐敗。柑樹畏冰雪，橘樹略可。此柑、橘之異也。韓彦直《橘譜》云：乳柑，出溫州諸邑，惟泥山者為最，以其味似乳酪故名。彼人呼為真柑，似以它柑為假矣。其木婆娑，其葉纖長，其花香韻，其實圓正，膚理如澤蠟，其大六七寸，其皮薄而味珍，脉不粘瓣，實不留(津)〔滓〕，一顆僅二三核，亦有全無者，擘之香霧噀人，為柑中絶品也。生枝柑，形不圓，色青膚粗，味帶微酸，留之枝間，可耐久也。俟味變甘，乃帶葉折，故名。海紅柑，樹小而顆極大，有圍及尺者，皮厚色紅，可久藏，今獅頭柑亦似其類也。洞庭柑，種出洞庭山，皮細味美，其熟最早也。甜柑，類洞庭而大，每顆必八瓣，不待霜而黄也。木柑，類洞庭，膚粗頑，瓣大而少液，故謂之木也。朱柑，類洞庭而大，色絶嫣紅，其味酸，人不重之。饅頭柑，近蒂起如饅頭尖，味香美也。

柑　味甘，大寒，無毒。利腸胃中熱毒，解丹石，止暴渴，利小便。

皮　味辛、甘，寒，無毒。主下氣調中。解酒毒及酒渴，去白焙，研末，點湯入鹽飲之。治產後肌浮，為末酒服。傷寒飲食勞復者，濃煎汁服。

山柑皮　治咽喉痛效。

核　作塗面藥。

葉　治聤耳流水或膿血。取嫩頭七个，入水數滴，杵取汁，滴入耳孔中，即愈。

附方：　治婦人難產。柑瓤陰乾，燒存性，研末，溫酒服二錢。

明・顧逢柏《分部本草妙用》卷九果部　柑　甘，大寒，無毒。主治：腸胃中熱，解丹石毒，止暴渴，利小便。多食，肺冷生痰，脾冷發痼癖，大腸瀉痢，發陰汗。

明・孟笨《養生要括・果部》　柑　味甘，大寒，無毒。利腸胃中熱毒，解丹石，止暴渴，利小便。

皮　甘，寒，無毒。下氣調中，解酒毒及酒渴。去白焙，研末點湯，入鹽飲之。治產後肌浮，為末酒服。傷寒飲食勞復者，濃煎汁服。

山柑皮　治咽喉痛，效。

葉　治聤耳流水或膿血，取嫩頭七個，入水數滴，杵汁滴之效。

明・施永圖《本草醫旨・食物類》卷三　柑　味：甘，大寒，無毒。多食令人肺冷生痰，脾冷發痼癖，大腸瀉痢，發陰汗。治：利腸胃中熱毒，解丹石，止暴渴，利小便。附方　難產：柑橘瓤，陰乾，燒存性，研末，溫酒服二錢。

皮　味辛、甘，寒，無毒。橘皮苦、辛，溫；柑皮辛、甘，寒。外形雖似而氣味不同，多食令肺燥。治：下氣調中，解酒毒及酒渴，去白焙研末，點湯入鹽飲之。治產後肌浮，為末，酒服。傷寒飲食勞復者，濃煎汁服。山柑皮，治咽喉痛，效。

核　治：作塗面藥。　葉　治：聤耳流水或膿血，取嫩頭七個，入水數滴，杵，取汁滴之，即愈。

清・穆石匏《本草洞詮》卷六　柑　亦橘類，而畏霜雪，南方果也。柑實，味甘，氣大寒，無毒。利腸胃中熱毒，止暴渴，利小便。柑皮辛甘寒，無毒。下氣調中，傷寒飲食勞復者，濃煎汁服。

清・丁其譽《壽世秘典》卷三　柑柑有朱柑、黃柑、乳柑、沙柑、青柑、石柑、山柑，柑皮比橘色黃而少厚，理稍粗而味不苦。橘可久留，柑易腐敗。柑樹畏冰雪，橘樹略可，此柑、橘之異也。乳柑出溫州諸邑，以其味似乳酪故名，其皮薄而味珍，脉不粘瓣，實不留滓，擘之香霧噀人，為柑中絶品。朱柑色絶嫣紅，其味酸，人不重之。餘俱體性相類。山柑皮療咽痛，餘皆不堪用。

氣味：　甘、酸，大寒，無毒。主利腸胃中熱毒，解丹石，止暴渴，利小便。多食令人肺冷生痰，脾冷發痼癖。大腸洩痢病人忌食。

柑皮　氣味：　辛、甘，寒，無毒。主下氣調中，解酒毒及酒渴。傷寒飲食勞復者，濃煎汁服。

發明李時珍曰：　橘皮溫，柑皮寒。橘皮紋細，色紅而薄，內多筋脉，其味苦辛，至熟亦苦；　柑皮紋粗，色黃而厚，內多白膜，其味辛甘，不甚苦。外形雖似，而氣味不同。曾茶山《和曾宏父餉柑》詩，莫向君家樊素口，瓠犀微齴遠山顰。孟詵曰：　多食令肺燥。

清・朱本中《飲食須知・果類》　柑子　味甘，性寒。多食令脾寒成癖，及肺寒咳嗽，生痰，發陰汗，令大腸瀉痢。即用柑皮煎湯，或飲鹽湯可解。多食柑皮，令肺燥。

清・何其言《養生食鑒》卷上　柑有大、小、甘、酸數種。酸者聚痰，不宜用。味甘，性寒，無毒。解丹石毒，去腸胃熱氣，止暴渴，利小水。多食令脾寒成癖，腹痛瀉痢，即用柑皮煎湯飲，或飲鹽湯，可解。

柑皮　味甘、辛，性寒，無毒。解酒，調中下氣，多食發肺燥。

清・李熙和《醫經允中》卷二二　柑　多食肺冷生痰，脾冷發痼疾，瀉痢陰汗。甘，大寒，無毒。主治腸胃中熱，解丹毒，止渴，利小便。

清・张璐《本經逢原》卷三　柑　辛、苦，微寒，無毒。發明：　柑皮產廣東化州者最勝。與橘皮雖同為下氣之品，然性之溫寒各異。故《開寶》取利腸中熱毒，解丹石、止暴渴、利小便，皆取辛寒以散熱滯也。世罕知用，惟《千金方》中用之，云柑皮者即此。

清・汪啟賢等《食物須知・諸果》　山柑　體性相類，惟山柑皮療咽喉痛效，餘者，皮不堪用。其樹若橘樹，其形似橘而圓，皮色生青，熟黃赤。未經霜時猶酸，霜後甚甜，故名柑子。生嶺南江南。冷，無毒。皮炙作湯，可解酒毒及酒渴，多食發陰汗。

乳柑子　味甘，大寒。主利腸胃中熱毒，解丹石毒，止渴，利小便。多食令人脾冷發癖，大腸洩。又有沙柑、青柑，俱與柑子同。

清・汪紱《醫林纂要探源》卷二　柑　酸，甘，寒。皮黃。味酸苦甘，而酸較多。除煩醒酒。多食生寒痰。皮無用。

清・李文培《食物小錄》卷上　柑　甘、辛、酸，大寒，無毒。利腸胃中熱，解丹石、酒毒，止暴渴，利小便。廣産者佳。多食令人肺冷生痰，脾冷發痼癖，大腸瀉利，發陰汗。

清・章穆《調疾飲食辯》卷四　柑　《開寶本草》曰：柑霜前酸，霜後甜，故字從甘。終不及橘。《綱目》曰：漢李衡種柑於武陵洲上，號千頭木奴。《橘譜》云：乳柑出溫州，泥山為最，味如乳酪，彼人呼真柑。木婆娑，葉纖長，實圓正，膚理如澤，大六寸，皮薄不粘瓣，食之無滓，子甚少，一顆僅二三枚，亦有全無者，擘之香霧噴人，柑中絕品也。生枝柑微酸，必久留枝間，味乃變甘。海紅柑，樹小而顆大，有圍及尺者，皮厚色紅，可久藏，今獅頭柑是也。洞庭柑，出洞庭山，皮細味美，熟最早。甜柑，類洞庭而大，每顆必八瓣。木柑皮粗瓣大少液。朱柑，色紅瓣大味酸。饅頭柑，近蒂起一包如饅頭尖，味香美。

按：韓《譜》名橘，而柑亦載其中，其無大分別可知。瓤性與橘同，而不能如橘之醇正。《開寶本草》曰：解腸胃熱毒，止渴，利小便。又云：多食令人肺冷生痰，發癖疾，泄大腸，發陰汗。今食者並無此害，蓋柑、橘、橙、柚，不拘味甘、酸、苦，皆帶微辛，故總皆理氣，無助冷生痰之理。《集效方》曰：柑橘瓣陰乾燒存性，研末，溫酒服二錢，可催生。恐此物漿多滓少，既陰乾又燒之，失其性矣。素患難產人，不如預先食之，蓋能利氣，又利小便。

核又治疝氣，則其性專走前陰，催生之言可信。葉不拘柑、橘。和酒搗飲，治肺癰膿血。出《經驗良方》。其刺和葉煮豆腐食，治風熱牙疼，呼吸畏風。熱甚加石膏末煮。煎酒服，治乳癰初起，濃煎，盡量飲，未消再作。出《必效方》。

清・吴其濬《植物名實圖考》卷三一　柑　《開寶本草》始著録。南方種類極多，其獅頭柑則唯皮可啖，皮、核、葉皆入藥。

清・文晟《新編六書》卷六《藥性摘錄》　柑　甘，寒。去腸胃熱毒，止暴渴，利小水。多食脾寒成癖，腹痛瀉痢，以柑皮或鹽湯解之。〇皮，解酒調中，下氣。多食肺燥。

清・王孟英《隨息居飲食譜・果食類》　柑　甘，寒。清熱，止渴析酲。以永嘉所產者，名甌柑，核少無滓，最勝。京師呼為春橘。多食滑腸，停飲傷肺，寒中。凡氣虚脾弱，風寒為病，產婦、小兒及諸病後忌之。種類甚多，大小不一，海紅柑樹小，而結實甚大，皮厚肉紅，可久藏，俗呼文旦，生枝柑形不圓，色青膚粗，味微酸，留之枝間，大可耐久，俟味變甘，乃帶葉折，故名。俗呼蜜羅。

柑皮　辛、甘，涼。下氣調中，解酒，殺魚腥氣。可以入茗，或去白，焙研末，點湯入鹽飲。亦有用湯淪過，以之煨肉者。

清・劉善述、劉士季《草木便方》卷二木部　柑子樹　柑皮辛平和補中，升降痰氣百藥宗。葉治痰咳乳癰腫，核消疝氣腹痛功。

清・田綿淮《本草省常・果性類》　柑子　一名木奴。性寒。止暴渴，利小便，清腸胃中熱毒。多食令人脾冷作瀉、肺冷生痰。

清・吴汝紀《每日食物却病考》卷下　柑　其樹甚類於橘，但刺少，皮色黃而稍厚，理稍粗。橘可久留，而柑易敗。橘畏冰雪，而柑略可。獅頭柑稍可久留。柑亦有數種，大抵味甘，大寒，無毒。利腸胃間熱毒，解丹石，止暴渴，利小便。多食，令人脾冷，生痰，發痼疾。

橙

宋・唐慎微《證類本草》卷二三果部上品〔宋・馬志《開寶本草》〕　橙子皮　味苦、辛，溫。作醬醋香美。散腸胃惡氣，消食，去胃中浮風氣。其瓤味酸，去惡心，不可多食，傷肝氣。又，以瓤洗去酸汁，細切，和鹽，蜜煎成煎，食之去胃中浮風。其樹亦似橘樹而葉大，其形圓，大於橘而香，皮厚而皺。八月熟。今附。

〔宋・掌禹錫《嘉祐本草》〕按：陳士良云：橙子，暖，無毒。行風氣，發虚熱，療瘻氣，發瘰癧，殺魚蟲毒。不與獱肉同食，發頭旋，惡心。

〔宋・唐慎微《證類本草》〕《圖經》：文具橘柚條下。

《食療》：溫。去惡心，胃風。取其皮和鹽貯之。又，瓤，去惡氣。和鹽、蜜細細食之。

宋・寇宗奭《本草衍義》卷一八　橙子皮　今人止以爲果，或取皮合湯待賓，未見入藥。宿酒未醒，食之速醒。

宋・王繼先《紹興本草》卷一三　橙皮　紹興校定：橙皮，性味主治雖具《本經》，然與皮、與瓤性亦無異。但世之多取其氣香新為果品，蓋作痰飲甚驗，而起疾未聞。當味苦辛酸，溫、無毒是矣。江南多產之。

宋・陳衍《寶慶本草折衷》卷一八　橙或作棖。子皮醬醋及瓤附。　一名盧橘。見《海錄碎事》。○《蜀都賦》云：一名穰橙，一名鄧橙。○縉雲云：生處處有之。○八月採。○忌檳榔。

味苦、辛，溫，無毒。○散腸胃惡氣，消食，去胃中浮風氣。其形大於橘而香，皮厚而皺。○陳士良云：行風氣，發虛熱，療癭氣，發瘰癧，殺魚蟲毒。不與檳榔同食，發頭旋惡心。○寇氏曰：宿酒未醒，食之速醒。

附：醬醋。○香而美，研橙皮和醬醋可殺魚肉腥氣。

附：瓤。橙肉也。○味酸。去惡心，去胃中浮風，洗去酸汁，細切，和鹽蜜煎食之。多食傷肝氣。

元・忽思慧《飲膳正要》卷三　橙子　味甘、酸，無毒。去噁心。多食傷肝氣。皮甚香美。

元・吳瑞《日用本草》卷六　橙　其形圓如大橘。　味苦、酸，無毒。多食傷肝氣，作痰飲，發瘰癧。同檳榔食，發頭風、惡心。　主行風氣，止惡心，療癭氣，殺蟲魚毒。

明・蘭茂《滇南本草》〔叢本〕卷下　橙子　味辛、苦，性溫。入厥陰肝經，陰也。行厥陰滯塞之氣，止肝氣左肋疼痛，下氣消膨脹，行陽明乳汁不通。

明・滕弘《神農本經會通》卷三　橙子皮　樹似橘樹而葉大，其形圓，大於橘而香，皮厚而皺。八月熟。

味苦、辛，氣溫。《本經》云：作醬醋香美，散腸胃惡氣，消食，去胃中浮風氣。其瓤味酸。去惡心。不可多食，傷肝氣。又以瓤洗去酸汁，細切，和鹽蜜煎，成煎食之，去胃中浮風。士良云：暖，無毒。行風氣，發虛熱，療癭氣瘰癧，殺魚蟲毒。

明・劉文泰《本草品彙精要》卷三二　橙子皮無毒　植生。

橙子皮　作醬、醋香美。散腸胃惡氣，消食，去胃中浮風氣。○瓤，味酸，去惡心，不可多食，傷肝氣。名醫所錄。　〖苗〗《圖經》曰：樹似橘而葉大，實亦類橘，但皮厚皺而尤香耳。八月熟採食之。《衍義》曰：橙子皮，今人止以爲果，或取皮合湯待賓，未見入藥也。　〖地〗《圖經》曰：生南山川谷及江南，今江浙、荊襄、湖嶺皆有之。　〖時〗生：夏開花。採：八九月取實。〖收〗暴乾。〖用〗皮瓤。〖質〗類橘，皮厚多皺。〖色〗黃。〖味〗苦，辛。〖性〗溫，散。〖氣〗氣厚味薄，陽中之陰。〖臭〗香。〖主〗消食理氣。〖治〗療：《別錄》云：散癭氣及瘰癧。〖合治〗合鹽、蜜食，去惡氣，惡心，胃風。〖禁〗多食發虛熱及瘰癧，與獱肉同食，發旋，惡心。〖解〗殺魚、蟲毒。

明・盧和、汪穎《食物本草》卷二果類　橙皮　味苦辛，溫。散腸胃惡氣，消食，去惡心及胃中浮風氣，醒宿酒。或單食，或和鹽及蜜食，或作醬醋，及和五味入魚肉菜中食，甚香美，且殺蟲魚毒。其瓤，挼去酸水，細切，鹽、蜜煎食，去胃中惡氣浮風。有大小二種，皮厚皺者佳。

明・寧源《食鑒本草》卷上　橙子瓤　味酸。止惡心，損肝氣。　皮味辛，甘，平，香美。散腸胃中惡氣，順氣止惡心，除胃中浮風氣，消食。造醋、醬甚香烈。吳人以之薰茶尤妙。

明・王文潔《太乙仙製本草藥性大全》卷四《本草精義》　橙子　生園圃、山谷，今處處有之。其樹比橘樹尤高，其葉似橘葉更大，其形圓，大於橘而香，皮厚而皺。八月熟採收，取皮用。《食療》云：溫去惡心胃風，取其皮和鹽貯之。又瓤去惡氣，和鹽蜜，細細食之。《衍義》云：橙子皮，今人〔以〕此爲果，或取皮合湯待賓，未見入藥。宿酒未醒，食之速醒。

明・王文潔《太乙仙製本草藥性大全》卷四《仙製藥性》　橙子皮　味苦、辛，氣溫，無毒。主治：行風氣，發虛熱，療癭氣，發瘰癧。作醬醋香美，散腸胃惡氣。消食殺魚蟲毒，去胃中浮風氣。不與獱油同食，發頭旋惡心。瓤，味酸，去惡心，多食傷肝氣。瓤洗去酸汁，切和鹽蜜，成煎食之，去胃中浮風。

明・皇甫嵩《本草發明》卷四　橙子皮，氣溫，味苦、辛。　散腸胃中惡氣，消食，去胃中浮風氣。其瓤味酸，去惡心。洗去酸汁，細切，和鹽、蜜煎成食之，去胃中浮風。多食傷肝氣。陳士良云：橙子行風氣，發虛熱，療癭氣，發瘰癧，殺魚蟲毒，解宿酒。不可與(猪)〔獱〕肉食，發頭旋惡心。

明・李時珍《本草綱目》卷三〇果部・山果類　橙宋《開寶》

〖釋名〗金毬　鵠殼時珍曰：案陸佃《埤雅》云：橙，柚屬也。可登而成之，故字從登。又諧聲也。　〖集解〗志曰：橙，樹似橘而葉大，其形圓，大于橘而香，皮厚而皺，八月熟。時珍曰：橙產南土，其實似柚而香，葉有兩刻缺如兩段，亦有一種氣臭者。柚乃柑屬之大者，早黃難留；　橙乃橘屬之大者，晚熟耐久。皆有大小二種。案《事類合璧》云：　橙樹高枝，葉不甚類橘，亦有刺。其實大者如盌，頗似朱欒，經霜早熟，色黃皮厚，蹙衄如沸，香氣馥郁。其皮可以熏衣，可以芼鮮，可以和葅醢，可以爲醬虀，可以蜜煎，可以糖製爲橙丁，可以蜜製爲橙膏。嗅之則香，食之則美，誠佳果也。宗奭曰：　橙皮今止以爲果，或合湯待賓，未見入藥。宿酒未解者，食之速醒。

【氣味】酸，寒，無毒。士良曰：　暖。多食傷肝氣，發虚熱。與猨肉同食，發頭旋惡心。時珍曰：　猨乃水獺之屬也。諸家本草皆作檳榔，誤矣。【主治】洗去酸汁，切和鹽、蜜，煎成貯食，止惡心，能去胃中浮風惡氣《開寶》。行風氣，療瘦氣，發瘰癧，殺魚、蟹毒士良。

皮　【氣味】苦、辛，温，無毒。【主治】作醬、醋香美，散腸胃惡氣，消食下氣，去胃中浮風氣《開寶》。和鹽貯食，止惡心，解酒病孟詵。糖作橙丁，甘美，消痰下氣，利膈寬中，解酒時珍。

【附方】新二。　香橙湯：　寬中快氣，消酒。用橙皮二斤切片，生薑五兩切焙擂爛，入炙甘草末一兩，檀香末半兩，和作小餅。每嚼一餅，沸湯入鹽送下。《奇效良方》。痔瘡腫痛：　隔年風乾橙子，桶内燒煙熏之，神效。《醫方摘要》。

核　【主治】面䵟粉刺，濕研，夜夜塗之時珍。

【附方】新一。　閃挫腰痛：　橙子核炒研，酒服三錢即愈。《攝生方》。

明·梅得春《藥性會元》卷中　橙子皮　味苦、辛，氣溫，無毒。　主散腸胃之惡氣，逐脾胃之浮風。又能消食。其瓤味酸，去惡心。不可多食，傷肝氣。其形大於橘，皮厚而皺。

明·穆世錫《食物輯要》卷六　橙　皮，味甘、辛，性溫，無毒。下氣消痰，寬中。多食，反動氣。和白糖作丁，甘美。飲酒者、瘧疾者勿食。和鹽貯食，止惡心，解酒病。作醬、醋，香美。散腸胃惡氣，及浮風氣。瓤，味酸，性寒，無毒。殺魚鱉毒。多食，傷肝氣，發虚熱。同猨肉食，發頭旋惡心。洗去酸汁，和鹽、蜜煎食，止惡心。

明·吴文炳《藥性全備食物本草》卷二　橙皮　味甘、辛，性溫，無毒。下氣，消痰寬中。多食反動氣。和白糖作片甘美。飲酒者、瘧疾者勿食。和鹽貯食，止惡心，解酒病。作醬醋香美，散腸胃惡氣及浮風氣。

橙瓤　味酸，性寒，無毒。殺魚鱉毒。多食傷肝氣，發虚熱。同（猪）〔猨〕肉食發頭旋惡心。洗去酸汁，和鹽蜜煎食止惡心。

明·應廖《食治廣要》卷四　橙　氣味：　酸，寒，無毒。止惡心，能去胃中浮風惡氣，殺魚、蟹毒。《綱目》曰：　橘、柚、柑三種相類而不同。橘實小，其瓣味微酢，其皮薄而紅，味辛而苦。柑大于橘，其瓣味甘，其皮稍厚而黃，味辛而甘。柚大小皆如橙，其瓣味酢，其皮最厚而黃，味甘而不甚辛。如此分別，即不悞矣。

明·姚可成《食物本草》卷八果部·山果類　橙橙產南土，其實似柚而香，葉有兩刻缺如兩段，亦有一種氣臭者。柚乃柑屬之大者，早黃難留；　橙乃橘屬之大者，晚熟耐久。皆有大小二種。〇橙樹高枝，葉不甚類橘，亦有刺。其實大者如盌，經霜早熟，色黃皮厚，蹙衄如沸，香氣馥郁。可以和葅醢，可以為醬虀，可以為蜜煎，可以糖製為橙丁，可以蜜製為橙膏。嗅之則香，食之則美，誠佳果也。或合湯待賓。宿酒未醒者，食之即解。

橙實　味酸，寒，無毒。行風氣，療瘰癧瘿氣，殺魚、蟹毒。洗去酸水，切，和鹽蜜，煎成貯食，止惡心，去胃中浮風惡氣。多食傷肝氣，發虚熱。與猨肉同食，發頭旋惡心。猨，乃水獺之屬也。

橙皮　味苦、辛，溫，無毒。作醬、醋香美，散腸胃惡氣，消食下氣，去胃中浮風氣，和鹽貯食，止惡心，解酒病。糖作橙丁，甘美，消痰下氣，利膈寬中，解酒。

核　主面䵟粉刺，溼研，夜夜塗之。

附方：　治閃挫腰痛不可忍。用橙核三錢炒研，酒下即愈。

明·顧逢柏《分部本草妙用》卷九果部　橙　酸，寒，無毒。洗去酸汁，切和鹽、蜜煎成，貯食。止惡心，去胃中浮風惡氣，行風氣，療瘦。傷肝氣，發虚熱。與檳榔同食，發頭旋惡心。

明·孟笨《養生要括·果部》　橙　味酸，寒，無毒。洗去酸汁，切，和鹽、蜜，煎成貯食。止噁心，能去胃中浮風惡氣。行風氣，療瘦氣，發瘰癧，解魚蟹毒。〔多食傷肝氣，發虚熱。痔瘡腫痛，隔年風乾橙，於桶内燒煙熏之，神效。〕

皮　作醬醋香美，散腸胃惡氣，消食下氣，去胃中浮風氣，和鹽貯食，去噁心，解酒病，糖作橙丁汁美，消痰下氣，利膈寬中。〔閃傷腰痛：　用橙子核，炒研酒服三錢，即愈。〕

明·施永圖《本草醫旨·食物類》卷三　橙　味：　酸，寒，無毒。暖，多食傷肝氣，發虚熱。與猨肉同食，發頭旋惡心。治：　洗去酸汁，切，和鹽、蜜煎成貯食，止惡心，能去胃中浮風惡氣，行風氣，療瘦氣，發瘰癧，殺魚蟹毒。

皮　味：苦、辛，溫，無毒。治：作醬醋香美，散腸胃惡氣，消食下氣，去胃中浮風氣。和鹽貯食，去惡心，解酒病。糖作橙丁，甘美，消痰下氣，利膈寬中，解酒。

附方　香橙湯：寬中快氣，消酒。用橙皮二斤，切片，生薑五兩，切焙，擂爛，入炙甘草末一兩，檀香末半兩，和作小餅。每嚼一餅，沸湯入鹽送下。痔瘡腫痛：隔年風乾橙子，桶內燒烟熏之，神效。

核　治：面䵟粉刺，濕研，夜塗之。

附方　閃挫腰痛：橙子核炒研，酒服三錢，即愈。

清・穆石匏《本草洞詮》卷六　橙　橙實，氣味酸寒，無毒。止惡心，去胃中浮風惡氣。多食傷肝氣，發虛熱。橙皮苦辛溫，無毒。消食下氣，散腸胃惡氣。作醬，醋香美，糖作橙丁，消痰下氣，利膈寬中。

清・丁其譽《壽世秘典》卷三　橙大者如盌，經霜早熟，色黃皮厚，香氣馥郁，可以薰衣，可以芼鮮，可以糖製為橙丁，可以蜜制為橙膏，宿酒未解者，食之速醒。氣味：　酸，溫，無毒。洗去酸汁，切，和鹽蜜煎成貯食，止惡心，能去胃中浮風惡氣。多食傷肝氣，發虛熱。

皮　氣味：　辛，溫，無毒。主散腸胃惡氣，消食下氣，去胃中浮風氣。糖作橙丁甘美，消痰下氣，利膈寬中，解酒。

清・尤乘《食鑒本草・果類》　橙　多食傷肝氣，切和鹹、蜜煮成丁食，止惡心，去胃中浮風惡氣。發瘰癧，殺魚蟹毒。皮能醒酒。

清・朱本中《飲食須知・果類》　橙子橙皮　味甘，性寒。多食傷肝氣，發虛熱。同獱肉食，發頭旋惡心。橙皮，味苦、辛，性溫。宿酒未解，食之速醒，食多反動氣。勿同檳榔食。

清・何其言《養生食鑒》卷上　橙圓大于橘，皮厚而皺，亦有大、小，甘、酸二種。味甘，酸，性寒，無毒。止渴生津，醒酒寬胸。多食傷肝氣，發虛熱。洗去酸汁，連皮切，和蜜并白糖，煎成，貯食。止惡心，能去胃中浮風惡氣。

橙皮　味甘，辛，性溫，無毒。下氣消痰，寬中。多食反動氣。和白糖作橙丁，甘美，能解酒。瘧疾者，勿食。今人以柚皮作丁，性頗同也。

清・李熙和《醫經允中》卷二二　橙　酸，寒，無毒。蜜煎成止惡心。與檳榔同食發頭旋惡心，傷肝氣，發虛熱，總有損無益也。皮醒宿酒，入魚肉菜中食甚香美，且殺魚蟲毒。

清・張璐《本經逢原》卷三　橙　酸，寒，無毒。發明：橙性酸寒，方藥少用。其鮮者惟殺魚蟹毒。和鹽貯食，止惡心，解酒病。痁瘧寒熱禁食，以其酸寒能滯邪氣也。其核治閃挫腰痛，炒研酒服三錢即愈。

清・黃元御《玉楸藥解》卷四　香橙　味酸。入手太陰肺經。寬胸利氣，解酒消瘻。香橙善降逆氣，止惡心，消瘰癧瘻瘤。

清・汪紱《醫林纂要探源》卷二　橙　辛，苦，溫。似橘而大，糖製其皮為橙丁，香美，肉劣。寬中順氣。

清・趙學敏《本草綱目拾遺》卷八果部下　橙餅　《同壽錄》有製橙餅法方：擇半黃無傷損橙子，太青者性硬難酥，將小刀劃成棱，入淨水浸去酸澀水一二天，每日須換水，待軟取起，擠去核，再浸一二天取起，將簪脚插入每縫，觸碎內瓤，然後入鍋用清水煮之，勿令焦，約有七八分爛，取出，拌上潔白洋糖，須乘熱即拌，即日曬之，待糖喫進，再摻再曬，令糖喫足，將乾糖再塞入橙肚內，略壓扁，入瓶貯用，亦可點湯服。　消頑痰，降氣，和中開胃，寬膈健脾，解魚蟹毒，醒酒。若氣虛瘰癧者勿服。

清・章穆《調疾飲食辯》卷四　香橙皮　橙味酸苦，其皮餹餞為果，頗可食，名香圓條。鄰邑都昌所出，味美無渣。然氣味最厚，氣滯者則宜，虛人則忌。鹽醃力稍平，虛病人總不宜食也。

清・章穆《調疾飲食辯》卷四　橙　《綱目》曰：一名金毬，一名鵠殼。《埤雅》曰：柚屬也。葉有兩刻缺，如兩段。亦有氣臭者。大小有各種。色黃皮厚，多痞癟。可芼鮮，可為葅醢，可作醬虀，可蜜餞、餹藏。性能降氣利膈寬中。《衍義》曰：宿酒未解，食之速醒。

按：橙味酢而苦，惟廣南者味甘。一種金錢橙，遶臍起圓暈如錢，氣清芬，肉酸苦。此物性猛烈，走泄真氣，不比柑、橘之和平。凡氣虛人不宜食，氣虛有火人尤不宜食也。

清・吳其濬《植物名實圖考》卷三一　橙　《開寶本草》始著錄。今以產廣東新會者為天下冠。湖南有數種，味甘酸不同。

清・趙其光《本草求原》卷一二果部　橙　酸，寒，無毒。殺魚、蟹毒。和鹽貯食，止惡心，解酒病。痁瘧寒熱禁食。酸寒滯邪。

皮　亦下熱氣、消痰。

核　治閃挫腰痛，炒研，酒服三錢立愈。更治疝氣、諸淋、血淋。

清·文晟《新編六書》卷六《藥性摘錄》　橙　甘酸，性寒。止渴生津，解酒寬胸。多食傷肝氣。○皮，甘辛，溫。下氣消痰。多食動氣。以白糖作橙丁，能解酒。有瘧勿食。○產新會者佳。

清·王孟英《隨息居飲食譜·果食類》　橙皮　甘，辛。利膈辟惡，化痰消食，析酲止嘔，醒胃，殺魚蟹毒。可以為菹，可以伴齏，可以為醬、糖製，宜餡蜜制成膏，嗅之則香，咀之則美，洵佳果也。肉不堪食，惟廣東產者，可與福橘爭勝。　香橙餅，橙皮二斤，切片，白沙糖四兩，烏梅肉二兩，同研爛，入甘草末一兩，檀香末五錢，擣成小餅，收乾藏之，每噙口中，生津舒鬱，辟臭解酲，化濁痰，禦嵐瘴，調和肝胃，定痛止嘔，湯瀹代茶，亦可供客。

清·田綿淮《本草省常·果性類》　橙子　一名金毬，一名鵠殼。性寒。下氣寬中，利膈解酒，殺魚蟹毒。多食傷肝氣，發虛熱。

清·戴葆元《本草綱目易知錄》卷三　橙　酸，寒。洗去酸汁，切。和鹽蜜煎，藏食，止惡心，能去胃中浮風惡氣，行風氣，消癭氣瘰癧，殺魚蟹毒。生多食，傷肝氣，發虛熱。

皮　苦、辛，溫。消食下氣，散腸胃中惡氣，去胃中浮風氣。作醬醋香美，和鹽藏食，止惡心，解酒病。糖作橙丁，甘美，消痰下氣，利膈寬中。宿酒未解，食之速醒。【略】葆驗：治年老痰喘。橙皮、陳皮、甘草、乾薑，等分，同搗，布包，揉洗去汁，用渣研細末，每早晚用末和白糖各一匙，開水服。

清·吳汝紀《每日食物却病考》卷下　橙　枝葉不甚類橘，亦有刺。其實大，早熟。味酸，寒，無毒。其皮厚香馥，消食下氣。可以薰衣，可以和菹，可為醬齏，可為蜜煎，可醒宿酒。餘詳橘下。

新會橙

清·吳其濬《植物名實圖考》卷三一　新會橙　廣東新會縣橙為嶺南佳品，皮薄緊，味甜如蜜，走數千里不變形狀，與他亦稍異。食橙而不及此，蓋不知橙味。

楗子

清·吳其濬《植物名實圖考》卷三一　楗子　楗子產廣州。亦柑橘之類。陳皮本以柑皮製者為最，市間亦有以楗皮為之者，質稍薄，而味亦遜。

山橙

清·吳其濬《植物名實圖考》卷三一　山橙　山橙生廣東山野間。實堅如鐵，不可食。土醫治膈證，煎其皮作飲服之，良效。販藥者多蓄之。

藥果

清·趙學敏《本草綱目拾遺》卷八果部下　藥果　關涵《嶺南隨筆》：藥果似橙而味酸，可染紅。　治噦。

柚

附：日·丹波康賴《醫心方》卷三〇　柚　《本草》云：味辛，溫，無毒。主胸中癥瘕熱逆氣，利水穀下氣，止嘔欬，除膀胱留熱停水，五淋，霍亂，止洩，去寸白，去臭，通神長年。蘇敬注云：柚皮味甘。今俗人謂橙為柚，非。《呂氏春秋》曰：菓之美者，有雲夢之柚。崔禹〔錫〕云：多食之，令人有痰。孟詵云：味酸。不能食，可以起盤。按《七卷經》云：味酢，皮乃可食，不入藥用。

宋·沈括《夢溪筆談》卷二六《藥議》　《本草》注橘皮味苦，柚皮味甘，此誤也。柚皮極苦，不可向口。皮甘者，乃橙耳。

宋·鄭樵《通志》卷七六《昆蟲草木略》　橘柚之類多。《爾雅》曰：櫠，椵。即大柚也，其大如杅，皮瓤極厚。又曰：柚，條。今謂之柚，似橘而大，皮瓤稍厚。然皆不可口。或言櫠即枳。蓋江北無橘，所以《爾雅》只載枳柚。江南所產，有柑，有橘，有橙，人所常食。三者之間，而有數品。又有枸櫞，生於南方，土人謂之香櫞，如瓜，以瓤厚者為美。

宋·陳衍《寶慶本草折衷》卷一八　新分柚子皮今從陶隱居綴以皮字。　肉酸者名胡甘。生雲夢，及閩中、嶺南、嶺外、江南及襄、唐、揚州。

味甘、苦沈存中，無毒。○治妊孕人食少口淡，去胃中惡氣，消食，解酒毒，治飲酒人口氣。分前條日華說。○寇氏曰：柚似橙而大於橘。分橘皮條。

元·吳瑞《日用本草》卷六　柚　似橙而大，不如橘味。皮不入藥。能解酒毒。　酸者聚痰，甜者潤肺。　味甘、酸，溫，平，無毒。治孕婦喫食少，口淡，去胃中惡氣。

明·滕弘《神農本經會通》卷三　柚　味辛，氣溫，無毒。

陶云：柚子皮，乃可服，而不復入藥用，此應亦下氣。《唐本》注云：柚皮厚，味甘，不如橘皮味辛而苦，其肉亦如橘，有甘有酸，酸者名胡甘。今俗人或謂橙為柚，非也。陳藏器云：橘柚本功外，中實橙，酸者聚痰，甜者潤肺。皮堪入藥，子非宜人。其類有味柑、乳柑、黃柑、石柑、沙柑；橘類有朱橘、乳橘、榻橘、山橘、黄淡子。此輩皮皆去氣調中，實總堪食，就中以乳柑為上。日華子云：柚子無毒，治姙孕人喫食少，并口淡，去胃中惡氣，消食，去腸胃氣，解酒毒，治飲酒人口氣。《圖經》云：閩中、嶺外、江南皆有柚，比橘黄白色而大。襄唐間柚色青黄而實小，皆味酸，皮厚，不堪入藥。今醫方乃用黄橘、青橘兩物，不言柚，豈青橘是柚之類乎？然黄橘味辛，青橘味苦，《本經》二物通云味辛。又云：一名橘皮。又云：十月採。都是今黄橘也。而今之青橘，似黄橘而小，與舊說大小苦辛不類，則別是一種耳。收之，并去肉，暴乾。黄橘以陳久者為良，古今方書用之最多。丹溪云：橘、柚屬木而有土與水，《本草》於條下敘功用至五十餘字，皆言橘皮之能，非橘、柚之謂也。橘、柚并有穰有漿者而名之，大者曰柚，則厚於橘。《衍義》以柚為橘，有無窮之患，何至是之甚耶？

明・劉文泰《本草品彙精要》卷三二　柚子無毒　植生。

柚子：主妊孕人喫食少，并口淡，去胃中惡氣，消食，去腸胃氣，解酒毒，治飲酒人口氣。名醫所錄。〔苗〕《圖經》曰：木高丈許，葉與枳無辨，刺生莖間，夏初開白花，六七月成實，至冬黄，熟時亦可噉。其實似橙，而酢大於橘，但皮厚，不堪入藥。《衍義》曰：橘、柚自是兩種，一名橘皮，是元無柚字，豈有兩物而治療無一字別者，即知柚之一字爲誤，後人不深求其意，爲柚字所惑，妄生分別，且青橘與黄橘治療尚別，矧柚爲別種也。郭璞云：柚似橙而大於橘，且柚皮極苦，乃不堪嘗，皮甘者乃橙耳。人以柚爲橘者，誤矣。原本橘、柚同條，混淆欠明，今則分爲二種矣。〔地〕《圖經》曰：生南山山谷及江南，今江浙、荊襄、湖嶺皆有之。〔時〕生：春生葉。採：十月取實。〔收〕去肉，暴乾。〔用〕皮。〔質〕類香橙而大。〔色〕黄。〔味〕甘，酢。〔性〕寒，緩。〔氣〕味厚於氣，陰中之陽。〔臭〕香。〔主〕消食和胃。〔治〕療：陶隱居云：下氣。〔解〕酒毒。

明・盧和、汪穎《食物本草》卷二果類　柚橘類　《本草》謂：橘、柚一物。考之郭璞曰：柚佀橙而大於橘。《呂氏春秋》曰：果之美者，有江浦之橘，雲夢之柚。《楚辭》亦然。日華子云：柚子無毒，治姙孕人喫食少并口淡，去胃中惡氣，消食，去腸胃氣，解酒毒，治飲酒人口氣。柚、橘二物分矣，附之以俟知者擇焉。

明・李時珍《本草綱目》卷三〇果部・山果類　柚音又。《日華》。

〔釋名〕櫾與柚同。　條《爾雅》　壺柑《唐本》　臭橙《食性》　朱欒時珍曰：柚色油然，其狀如卣，故名。壺亦象形。今人呼其黄而小者爲蜜筩，正此意也。其大者謂之朱欒，亦取團欒之象。最大者謂之香欒。《爾雅》謂之櫠，音廢，又曰椵，音賈。《廣雅》謂之鐳柚，鐳亦壺也。《桂海志》謂之臭柚，皆一物。但以大小古今方言稱呼不同耳。〔集解〕恭曰：柚皮厚味甘，不似橘皮薄味辛而苦。其肉亦如橘，有甘有酸，酸者名壺柑。今俗人謂橙爲柚，非矣。案《呂氏春秋》云：果之美者，江浦之橘，雲夢之柚。郭璞云：柚出江南，似橙而實酢，大如橘。《禹貢》云：揚州厥包橘、柚。孔安國云：小曰橘，大曰柚，皆爲柑也。頌曰：閩中、嶺外、江南皆有柚，比橘黄白色而大。襄、唐間柚，色青黄而實小。其味皆酢，皮厚，不堪入藥。時珍曰：柚，樹、葉皆似橙。其實有大、小二種：小者如柑如橙，大者如瓜如升，有圍及尺餘者，亦橙之類也。今人呼爲朱欒，形色圓正，都類柑、橙。但皮厚而粗，其味甘，其氣臭，其瓣堅而酸惡不可食，其花甚香。南人種其核，長成以接柑、橘，云甚良也。蓋橙乃橘屬，故其皮皺厚而香，味苦而辛；柚乃柑屬，故其皮粗厚而臭，味甘而辛。如此分柚與橙、橘自明矣。郭璞云：櫠，大柚也。實大如盞，皮厚二三寸，子似枳，食之少味。范成大云：廣南臭柚大如瓜，可食，其皮甚厚，染墨打碑，可代氈刷，且不損帋也。《列子》云：吳越之間有木焉，其名爲櫾。碧樹而冬青，實丹而味酸。食其皮汁，已憤厥之疾。渡淮而北，化而爲枳。此言地氣之不同如此。

〔氣味〕酸，寒，無毒。〔主治〕消食，解酒毒，治飲酒人口氣，去腸胃中惡氣，療妊婦不思食口淡大明。

皮　〔氣味〕甘、辛，平，無毒。〔正誤〕時珍曰：案沈括《筆談》云：《本草》言橘皮苦，柚皮甘，誤矣。柚皮極苦，不可入口，甘者乃橙也。此說似與今柚不同，乃沈氏自誤也。不可爲據。〔主治〕下氣。宜食，不入藥弘景。消食快膈，散憤懣之氣，化痰時珍。

〔附方〕新一。　痰氣咳嗽：用香欒去核切，砂缾内浸酒，封固一夜，煮爛，蜜拌勻，時時含咽。

葉　〔主治〕頭風痛，同葱白擣，貼太陽穴時珍。

花　〔主治〕蒸麻油作香澤面脂，長髮潤燥時珍。

明・穆世錫《食物輯要》卷六　柚　味酸，性寒，無毒。解酒消食，去口臭，滌腸胃惡氣。姙婦惡食口淡者，宜食。皮味苦、辛，平，無毒。消食化痰，散胸膈憤懣之氣。

明・應麐《食治廣要》卷四　柚　氣味：酸，寒，無毒。主治：消食，解酒毒。又治飲酒人口氣，去腸胃中惡氣。

明・姚可成《食物本草》卷八果部・山果類　柚音又。皮厚味甘，不似橘皮薄。味辛而苦。其肉亦如橘，有甘有酸，酸者名壺柑。今人謂橙為柚，非矣。《楚辭》云：果之美者，江浦之橘，雲夢之柚。郭璞云：柚出江南，似橙而實酢，大如橘。〇李時珍曰：柚，樹、葉皆似橙。其實有大、小二種：小者如柑如橙，大者如瓜如升，有圍及(赤)〔尺〕餘者。亦橙之類也。今人呼為朱欒，形色圓正，都類柑、橙。但皮厚而粗，其味甘，其氣臭，其瓣堅而酸惡不可食，其花甚香。南人種其核，長成以接柑、橘，云甚良也。蓋橙乃橘屬，故其皮皺厚而香，味苦而辛；柚乃柑屬，故其皮粗厚而臭，味甘而辛。如此分，柚與橙、橘自明矣。〇廣南臭柚大如瓜，可食，其皮甚厚，染墨打碑，可代氈刷，且不損紙也。〇《列子》云：吳越之間有木焉，其名為櫾。碧樹而冬青，實丹而味酸。食其皮汁，已憤厥之疾。渡淮而北，化而為枳。此言地氣之不同如此。

柚　味酸，寒，無毒。主消食，解酒毒，治飲酒人口氣，去腸胃中惡氣，療妊婦不思食，口淡。

皮　味甘，辛，平，無毒。主下氣，消食快膈，散憤懣之氣，化痰。

葉　治頭風痛，同葱白擣，貼太陽穴。

花　蒸麻油作香澤面脂，長髮潤燥。

明・孟笨《養生要括・果部》　柚　味酸，寒，無毒。消食，解酒毒，治飲酒人口氣，去腸胃中惡氣。療妊婦不思食，口淡。

皮　下氣消食，快膈，散憤懣之氣，化痰。

明・施永圖《本草醫旨・食物類》卷三　柚　味酸，寒，無毒。治：消食，解酒毒。治飲酒人口氣，去腸胃中惡氣，療妊婦不思食，口淡。皮　味甘、辛，平，無毒。治：下氣。宜食，不入藥。消食快膈，散憤懣之氣，化痰。

清・穆石匏《本草洞詮》卷六　柚　《禹貢》云：揚州厥包橘、柚。《呂氏春秋》云：果之美者，江浦之橘，雲夢之柚。蓋橙乃橘屬，柑乃柚屬也。江南之柚，渡淮而北，化而為枳，地氣之不同也。柚實，氣味鹹寒，無毒。主消食，解酒毒。柚皮甘辛平，無毒。主消食快膈，宜食，不入藥餌。

清・丁其譽《壽世秘典》卷三　柚一呼朱欒，最大者謂之香欒，《桂海志》謂之臭柚，皆一物也。皮厚味甘，不似橘皮薄，味辛而苦，其肉亦如橘有甘，有酸，俗謂橙為柚，非矣。李時珍曰：柚樹葉皆似橙，其實有大、小二種，形色圓正都類柑橙，但皮厚而粗，其味甘，其氣臭，其瓣堅而酸惡不可食，其花甚香。蓋橙乃橘屬，故其皮皺厚而香，味苦而辛，柚乃柑屬，故其皮粗厚而臭，味甘而辛，如此分柚與橙、橘自明矣。

氣味：酸，溫，無毒。主消食，解酒毒，治飲酒人口氣，去腸胃中惡氣，療妊婦不思食，口淡。

皮　氣味：甘、辛，平，無毒。主消食快膈，散憤滿之氣，化痰。

清・何其言《養生食鑒》卷上　柚有大、小、細、白、甘、酸，數種，白而甘者為上。味甘、酸，性寒，無毒。消食，解酒毒，治飲酒人口氣，去腸胃中惡氣，療妊婦不思食口淡。難化之物，小兒忌食。

柚皮　化氣消食，快膈化痰，白者良。燒灰調粥食，治氣鼓腹脹。煮水，洗腫脚可消。

柚葉　治頭風痛，同葱白搗，貼太陽穴。

柚花　蒸麻油，搽髮長黑，作香澤面脂潤燥。

清・李熙和《醫經允中》卷二二　柚　酸，寒。皮甘、辛，無毒。柚能解酒，皮能下氣化痰，寬胸開胃。

清・张璐《本經逢原》卷三　柚　酸，寒，皮甘、辛，無毒。發明：柚能解酒，辟飲酒人口氣。皮能下氣化痰，與金橘性相類。但金橘甘酸，下氣尤捷。

清・何諫《生草藥性備要》卷上　柚葉　味辛，性溫，無毒。消風腫，除穢氣不和。

清・汪紱《醫林纂要探源》卷二　柚　辛，酸，平。似柑而大如瓜，又曰壺柑。瓤亦正酸。

清・章穆《調疾飲食辯》卷四　柚　《綱目》曰：《爾雅》作櫠，又曰椵，又曰條，又曰櫾。《食性本草》曰朱欒，又曰臭橙。《廣雅》作鐳柚。《唐本草》作壺柑。其大有圍一二尺者，形之圓長，皮之光皺，亦有多種。橙屬皮皺而香，瓤味辛苦。柚屬皮粗而臭，瓤味甘。

按：古人之分橙、柚如此。然《禹貢》：揚州厥包橘、柚。孔安國注云：小者橘，大者柚，皆柑屬也。是則諸物本可互稱，其性柑、橘和平，橙、柚猛烈，故《本草衍義》辯其皮謂不可混用。後世以柚皮為橘皮，貽無窮之害。蓋病有虛實，體有強弱，一猛一平，誠不可混用。彼矜尚化紅者，可廢然反矣化紅皆柚皮、橙皮所造。

清・吳其濬《植物名實圖考》卷三二　柚附　《爾雅》：櫾條。日華子始著其功用。主治消食，解酒毒，治飲酒人口氣，去腸胃中惡氣，療妊婦不思食、口淡。南方極多，以紅囊者為佳。李時珍以朱欒、蜜筩併為一種，殊未的。又《爾雅》：櫠，椵。注：柚屬，大如盂。《正義》謂范成大所謂廣南臭柚大如瓜，其皮甚厚者。按此即閩中所謂泡子，味極酢，亦有可食者，多以為盤供，與紅囊柚一類二種。

清·趙其光《本草求原》卷一二果部　柚大而身高名柚，小如彈丸名金橘。肉酸，寒。解酒。皮苦辛，下氣化痰，快膈止渴。但性竄少補，功在陳皮之下。　柚葉　辛，溫。消風腫，辟穢。

清·文晟《新編六書》卷六《藥性摘錄》　柚　甘酸，寒。解酒毒，去腸胃中惡氣。然生痰難化，小兒忌食。〇皮，化痰消食，快膈。白者良。燒灰，調粥食，治氣膨脹。煮水，洗腫腳效。〇廣東東安縣腰古汎有無花柚，皮陳久者可代化橘，其穰甘酸，淡紅色，核如細粟。

清·王孟英《隨息居飲食譜·果食類》　柚一名朱欒，一名香欒。俗作香櫞者，非。　酸，寒。辟臭，消食解酲。多食之，弊更甚於柑。種類甚繁，大小不一，俗呼大者為香脬，小者為香圓。

柚皮　辛、苦而甘。消食化痰，散憤懣之氣，陳久者良。

清·劉善述、劉士季《草木便方》卷二木部　金毬　橧子酸寒去胃風，瘿瘤瘰癧結氣通。皮苦下氣消酒食，核治面皯夜塗工。

清·田綿淮《本草省常·果性類》　柚子　一名條。性寒。消食解酒，去飲酒人口氣，除腸胃中惡氣。多食滯氣戀膈。

清·吳汝紀《每日食物却病考》卷下　柚　樹、葉皆似橙。其實有大小不同，小者如柑、如橙，大者如瓜、如升，有圍尺餘者。其瓣酸甚不堪食，其花極香，其皮有苦者，甘者，有厚二三寸者。有黃而小如橙者，名蜜筩，皮甘可食。然皆不堪入藥。

文旦

附：琉球·吳繼志《質問本草》附錄　文旦　枝幹扶疎，花葉與香欒無別，子大，徑五六寸，皮外黃，內淡紅，膚稍滑，而味甘酸美于香欒。初得種於湘江之舶，今處處蕃植矣。朱佩章《偶紀》云：福建福州出文旦，而美柚也者，即是也。

香欒

清·吳儀洛《本草從新》卷四　香欒〔下氣消食，快膈化痰。〕　苦甘酸辛而平。下氣消食，快膈化痰，解酒毒。治飲酒人口氣，去腸胃中惡氣，散憤懣之氣，療妊婦不思食、口淡，愈痰氣咳嗽。用香欒去核切，砂瓶內浸酒，封固一夜，煮爛，蜜拌勻，時時含咽。能去濁惡之氣，無滯而虛者禁之，孕婦氣虛者勿與。此柚之屬也，其黃而小者為蜜筩，其大者謂之朱欒，最大者謂之香欒。今人誤稱爲香圓，不知香圓即佛手柑也。香欒夏初生白花，六月成實，至冬黃熟。今人於六七月間采其小實曬乾，至十月偽枳實、枳殼而售。花，蒸麻油作香澤面脂，長髮潤燥。葉，治頭風痛。同葱白搗，貼太陽穴。

清·陳其瑞《本草撮要》卷三　香欒　味甘酸辛，平，入手足太陰、陽明經，功專下氣消食，快膈化痰，解酒毒。治飲酒人口氣，去腸胃中惡氣，散憤懣之氣，能療妊婦不思食。虛而無滯者禁，孕婦氣虛勿與。

橘紅

明·倪朱謨《本草彙言》卷一五　橘紅　味苦、辛，氣溫，無毒。入手足太陽、太陰、陽明十二經。　劉氏曰：橘紅即陳橘皮，刮去白膜，以廣中者更勝。

橘紅　下氣化痰之藥也。濟南醫黑天霞抄李東垣曰：橘皮留白，調胃和中。橘紅去白，消痰降氣，較之橘皮，性稍烈耳。

橘核　味苦，氣溫，無毒。入足厥陰肝經氣分。　李氏曰：橘核修治，須以新瓦焙燥，揉去殼，研碎入藥用。

橘核　疎肝散逆氣，下寒疝之藥也。張侍峰稿此藥外白內青，體具金木，而內含春氣發陳之用。味苦而腥，又得降下疎泄之力，故日華子主膀胱浮氣，陰疝腫疼，或囊子冷如冰、硬如石，下墜如數十觔之重。取橘核數兩作末，每早午晚各服一次，每次用藥末一錢，食前酒調下。蓋取象以核而治核之意也。又婦人瘕疝，小腹攻疼，腰胯重滯，氣逆淋帶等疾，以一兩白水煎服，立定。蓋取苦溫入肝，而疎逆氣之功也。古方有橘核丸，治證頗多，詳見《證治準繩》。

橘葉　味苦、辛，氣溫，無毒。可升可散，陰中陽也。入足厥陰肝經氣分。　李氏曰：取橘葉，以新嫩無破損、完片者佳。

橘葉　疎肝散逆氣，《開寶》定脇痛之藥也。沈志所抄按丹溪老人言：此藥其味苦濇，其氣辛香，其性溫散。凡病血結氣結，痰逆火逆，病爲脇痛，爲乳癰，爲脚氣，爲腫毒，爲胸膈逆氣等疾，或搗汁飲，或取渣敷貼，無不應手獲效。

青橘皮　味苦、辛，氣溫，無毒。氣味俱厚，沉而降，陰也。入手足厥陰，手足少陽經。　李氏曰：青橘皮乃橘之未黄，而外皮青色，内瓤堅實者。晒乾堅硬如石子。其氣芳烈，入藥以湯泡軟，剖開去瓤，切片醋拌炒用。今市家多以小柑、小橙、小柚，堅實未黄者僞充，不可不辨。

青橘皮　破滯氣，削堅積之藥也。張侍峰稿 凡病鬱怒氣逆而脇肋刺痛，或疝氣沖築而小腹牽弦，二者乃肝氣不和之病也。或溫瘧痞悶而寒熱不清，或下痢痛甚而小腹脹滿，或小兒食疳諸積而肚大肢瘦，三者乃脾氣不和之病也。此劑苦能泄，辛能散，芳香能辟邪消瘴，運行水穀，誠專功也。所以東垣云：破滯氣愈久愈效，去堅積愈深愈良。徑行直達，立行無阻。製炒以醋，所謂肝欲散，急食辛以散之，苦以降之，酸以泄之也。陳橘皮，浮而升，入脾肺氣分；青橘皮，沉而降，入肝膽氣分。一體二性，物理之有不同如此。但有滯氣則破滯氣，有堅積則去堅積，否則大損正氣。善治者當斟酌行之。

集方：已下五方出《方脉正宗》治肝氣不和，脇肋刺痛，其痛如擊如裂者。用青橘皮八兩酒炒，白芥子、蘇子各四兩，龍膽草、當歸尾各三兩，共爲末。每早晚各服三錢，韭菜煎湯調下。○治疝氣沖築，小便牽强作痛。用青橘皮八兩醋炒，胡盧巴二兩，當歸、川芎、小茴香各一兩，俱酒洗炒，研爲末。每早服三錢，白湯調下。○治溫瘧痞悶而寒熱不清。用青橘皮、檳榔、厚朴、草菓、柴胡各一錢五分，知母、半夏、白芍藥、茯苓各一錢，生薑二片，水煎服。○治痢疾痛甚，小腹脹滿。用青橘皮、柴胡、乾葛、當歸、白芍藥、木香、川黄連、枳殼各一錢二分，甘草七分，水煎服。○治小兒食疳諸積，腹大肢瘦。用青橘皮、於白朮、山楂肉、麥芽、穀芽各二兩，半夏、升麻各八錢，俱微炒，研爲末。每早服三錢，白湯調下。○治心胃久痛不愈，得飲食米湯即痛極者。用青皮五錢，玄胡索三錢，俱醋拌炒，甘草一錢，大棗三個，水煎服。○治黄病有積。用青皮、蒼朮、厚朴、麥芽、穀芽、檳榔、茯苓各二兩，甘草六錢，俱炒燥，研細末，綠礬二兩火煆紅，研細，共和勻，紅棗煮去皮、核，搗爛爲丸，梧桐子大。每服一錢，白湯送下，每蚤午晚各食前服一次。○治脚氣久腫不消，或脹墜疼痛。用青皮一二兩，紅棗肉二兩同煮。每日空心食棗肉十餘枚，漸消。○治婦人無故經水不行，腹脹如臌，非病非孕，飲食如常，精神亦平者，此名氣分。用青皮四兩，白朮六兩，砂仁一兩，共爲末，飴糖爲丸梧桐子大。每早空心服五錢，酒送，服藥完即愈。○治老人停食腹脹。用青皮、生薑、紫蘇各二兩，煎湯，令病者乘熱臥湯中，以帛揉心胃肚腹，脹消食自化。

清・吴震方《嶺南雜記》　化州仙橘【略】其實非橘，皮厚肉酸，不中食。其皮釐為五片、七片，不可成雙。治痰症如神。每片真者，可值一金。【略】故化皮贋者多，真者甚難得。

清・趙學敏《本草綱目拾遺》卷七果部上　化州橘紅橘瓤上絲、糖橘紅、橘餅、藥製柑橘餅、青鹽陳皮、橘苓　《嶺南雜記》：化州仙橘，相傳仙人羅辨種橘於石龍之腹，至今猶存，惟此一株，在蘇澤堂者為最，清風樓次之，紅樹又次之。其實非橘，皮厚肉酸，不中食。其皮釐為五片七片，不可成雙，每片真者可值一金。每年所結，循例具文，報明上臺，屆期督撫差親隨跟同採摘批製，官斯土者，亦不多得。彼土人云，凡近州始聞譙樓更鼓者，其皮亦佳，故化皮贋者多，真者甚難得。

關涵《嶺南隨筆》：化州署橘樹，一月生一子，以其皮入藥，痰立解。後為風折，即其地補種，氣味便殊。今稱化州橘紅者，皆以增城香柚皮偽代之，能化物而不能自化。

《粵語》：化州有橘一株，在署中，月生一子，以其皮為橘紅，瀹湯飲之，痰立消。曩亦進御。今為大風所拔，新種一株，味不及。化州故多橘紅，售於嶺内，而產署中者獨異。

《本草乘雅》云：橘柚專精者實，實復專精者皮。皮布細竅，宛如人膚，即脈絡、肉理、筋膜、子核，各有屬焉，故力能轉入為升，轉升為合，即轉合為開也。種種形證，悉從入從合，故胸中瘕熱，水穀失宣，神明不通，氣逆及氣臭耳下氣者出已而降，玉衡機轉之妙用也。

《識藥辨微》云：化橘紅近日廣中來者，皆單片成束，作象眼塊，或三十五十片，兩頭以紅繩紮之，成一把，外皮淡紅色，内腹皮白色，周身亦有豬鬃皮，此種皆柚皮，亦能消痰。又有一種為世所重，每個五片如爪，中用化州印，名五爪橘紅，亦柚皮所製，較掌片為佳。究之真者遠甚也。真化州橘紅煎之作甜香，取其汁一點入痰盂内，痰皆變為水，此為上品。

梁氏家藏蘇澤堂化州橘紅，每一個七破，反摺作七歧，曬乾，氣甚香烈。有《橘紅歌》云：石龍靈異不可測，首向青霄尾潛澤，有時聲吼洪如鵝，有時噴沙白似雪，鳴或宰相應期生，鳴或科甲蟬聯翼。由來州牧履其常，惟恐怪奇駭愚俗，亭碑鼓吹鎮其頭，重鑊纍石填其穴，天生靈異無可憑，離奇屈曲化為橘。橘之為性溫且平，能愈傷寒兼積食，消痰止嗽功更奇，誰先辨此真龍脈，價值黃金不易求，寄語人間休浪擲。

治痰症如神，消油膩穀食積，醒酒寬中。氣虛者忌服。解蟹毒。《慈惠編》：食蟹中毒，橘紅煎湯服。

辰砂五香丸：治翻胃、噎膈、嘔吐。

張氏《祕效方》：用血竭、乳香、沒藥、辰砂各一錢五分，元胡一錢，化州橘紅一錢，共為末，每三分酒服。

羊癲瘋：《良方集要》：雄黃、天竺黃、川貝母各五錢，真琥珀一錢，麝香一錢，陳膽星一兩，以上各另研；全蠍十四個去足酒洗，遠志肉甘草汁製，鉤藤、防風、化州橘紅、薑衣、羌活、茯苓、天麻、石菖蒲各五錢，以上不可見火，曬乾；蟬蛻三十個，白附子六錢，共為末，煉蜜為丸，如龍眼大，每服一丸，開水下。

按：《百草鏡》：廣東高州府化州出陳皮，去白者名橘紅，今亦罕得。土人以柚皮代之，出售外方，價亦不貴。辨別之法，須先看皮色筋味，如皮皺粗色黃而厚，內多白膜，味反甜帶辛者，乃乳柑皮也，只堪點茶，不堪入藥；皮極厚而泡鬆，紋極細而色黃，內多膜無筋，味甜多辛少者，乃柚子皮也，性忌冷服；紋細，色紅潤而皮薄，多有筋脈，味苦辛，入口芳香者，乃真化州橘紅也，入藥以此種為貴，然其性酸削，能伐生氣，消痰雖捷，破氣損人，不宜輕用。近日有一種產仁和塘棲鎮，蜜橘皮所製，曰甜橘紅，清香入肺醒脾，消痰之功，不下化產，而性不峻削，名為香金板，南人體弱者宜之。

《本草乘雅》：武林棲水出蜜橘，凡數十品，名金錢穿心者，雖秀色可觀，又不如佛肚臍。形小皮癩，甘美可口，霜降采取，氣足味足，密藏至春，剖皮抽脈，破囊吮汁，亦可振醒精神，為得句破疑之助。

清·吴其濬《植物名實圖考》卷三一 橘紅 產廣東化州。大如柚，肉甜，刮製其皮為橘紅。以城內產者為佳。然真者極難得。俗謂化州出滑石，樹生石間，故化痰有殊功。贋者皆以柚皮就化州作之。昔人謂陳皮必須橘皮，橙尚可用，柚則性味皆異，而化州所產則形狀殊非橘也。

附：《掔經堂·化州橘記》，按志，橘紅出化州者佳。化州四鄉多橘，以城內者為佳；城內多橘矣，以及聞州衙譙鼓者為致佳；及聞鼓之橘多矣，以衙內蘇澤堂前者為致佳。蘇澤堂，堂秖兩樹矣，尤推賴氏園中老樹一株為致佳。老樹久枯，其根下生新樹，今數十年，高丈許，故復稱老樹。賴氏守此世為業，買者就樹摘之，以示其真。花多實少之年，一枚享千錢。雖官不能攫之。園中近老樹者數十株，亦佳，然惟老樹皮紅，有白毛戟手，香烈而味辛，識者入手能辯之。夫蘇澤堂橘，官物也。徵之者多則州牧不暇給。長官若買之，則官不受價，否則攫而已。予於庚辰十一月過州，知賴園之橘可買也，命僕人入園訪老樹。賴叟曰：老橘賣已盡，惟零丁數枚矣，即以數千錢摘之。賴叟其古橘中人歟？或云化城多蒙石，蘇澤堂當石上，而賴園老樹根下，蒙石之力或更巨，物性所秉，或亦然歟。

清·王孟英《歸硯錄》卷一 梁晉竹云：世傳化州橘樹乃仙人羅辨種於石龍腹上，共九株，各相去數武，以近龍井略偏一株為最，井在州署大堂左廊下。龍口相近者次之，城內又次之，城外則臭味迥殊矣。廣西江樹玉孝廉著《橘紅辨》，謂橘小皮薄，柚大皮厚，橘熟由青轉黃，柚熟透才轉黃。閑嘗坐樹下，細驗其枝葉香味，明明柚也，而混呼之曰橘，且飾其皮曰紅，實好奇之過云。又范呂男《粵中見聞》云：今售於外省之橘紅，俱是增城香柚皮偽為之。其柚皮薄小而尖長，甚芬鬱，不同別處所產，故可紿人。愚謂世人貴耳賤目，喜以重價購偽藥，橘、柚易辨尚爾，況罕見之物乎！

清·陳其瑞《本草撮要》卷三 花紅 味酸濇甘，溫，入手足太陰、陽明經，功專生津，治消渴，洩精水痢，小兒閃癖。為末和醋敷瘰癧良。多吃發熱，閉百脈。

清·鄭奮揚著，曹炳章注《增訂偽藥條辨》卷三 化橘紅 按《嶺南雜記》：化州仙橘，相傳仙人羅辨種橘於石龍之腹，惟此一株，在蘇澤堂，為最。故梁氏家藏蘇澤堂化州橘皮，著有《橘紅歌》，歌長不錄。產清風樓者次之，紅樹者又次之。其實非橘，皮厚肉酸不可食。其皮釐為五片，或七片，不可成雙，每片真者可值一金。前朝每年所產，循例具文報明上臺，屆期督撫差親隨跟同採摘批製，官斯土者，亦不多得。彼土人云凡近化州得聞譙樓更鼓者，其皮亦佳。故化皮贋者多，真者難得。關涵《嶺南隨筆》有云：化州署橘樹，一月生一子，以其皮入藥，痰立解。後為大風所折，即其地補種，氣味更殊。今稱化州橘紅者，率以增城各處所出香柚皮偽代之，氣味辛溫而烈，氣虛及有火者，萬不可服，服之即有害。昔豐順丁中丞撫閩時，贈化州橘皮一個計五片，皮薄色黯黃，微有毛孔，氣香味甘。且語先君云：此予官化州學時，署中檻前一株，每年只產數枚，朝夕調護，寶而藏之。且云近化州得聞署中更鼓者，尚可用，舍此皆贋物也。今肆中辦有一種皮厚色綠者，皆柚皮偽充，醫者處方，幸勿輕率頻疏綠毛化及化州皮等名，徒服偽藥，於病鮮濟，不如只用陳久橘皮，較為穩當，願與同志商之。炳章按：梁紹壬云：化州橘樹，乃仙人羅辨，種於石龍腹上，共九株，各相去數武，以近龍井略偏一株為最。井在署大堂左廊下，龍口相近者次之。城以外，則臭味迴殊矣。廣西孝廉江樹玉著《橘紅辨》，謂橘小皮薄，柚大皮厚，橘熟由青轉黃，柚熟透綠轉黃，間常坐臥樹下，細驗枝葉香味，明明柚也，而混呼之曰橘，且飾其皮曰紅，實好奇之過云。或有云近龍井下有礞石，礞石能化痰，橘樹得礞石之氣，故化痰力更勝。《識藥辨微》云：化橘紅近日廣中來者，皆單片成束，作象眼塊，或三十、五十斤，兩頭以紅繩紮成一把，外皮綠黃色，內腹皮白色，週身有猪鬃皮。此種皆柚皮，亦能消痰，此近今名白毛紅。又一種為世所重，每紮十片如爪，用化州印，名五爪橘紅，亦柚皮所製，較掌片略佳，究之較真者遠甚也。真化州橘紅，煎之作甜香，取其汁一點入痰盂內，痰變為水，此為上品。如梁氏家藏蘇澤堂橘紅，每一個七破，反摺作七歧，晒乾，氣甚香烈，此亦上品也。近今通行有黃色、綠色兩種，均七歧對摺，質薄有毛，黃色較綠色尤貴。雖非真品，皆屬柚皮之類，然用於寒痰濕痰病尚效。凡屬陰火熱痰，及肝火爍肺涎痰，皆忌，誤用之反增劇，甚則咳血，不可不知也。

枸櫞

晉・嵇含《南方草木狀》卷下果類　鉤緣子　形如瓜，皮似橙而金色，胡人重之。極芬香，肉甚厚白，如蘆菔。女工競雕鏤花鳥，漬以蜂蜜，點燕檀，巧麗妙絕，無與為比。泰康五年，大秦貢十缶，帝以三缶賜王愷，助其珍味，誇示於石崇。

元・忽思慧《飲膳正要》卷三　香圓　味酸、甘，平，無毒。下氣，開胸膈。

明・蘭茂原撰，范洪等抄補《滇南本草圖說》卷九　香櫞　氣味辛溫，無毒。主治：下氣，除心頭痰水痰氣，咳嗽。煎湯，治下氣痛。按：香櫞，河南、湖、廣、浙、閩咸有之，其實如橘柚而大，至滇中則形銳益大，有尺許長者。主治較佛手柑稍遜了。《本草》但有佛手柑名香櫞，本名枸櫞，無此香櫞也。豈此與佛手柑氣味相類，而置此不論耶？

佛手柑　氣味辛甘平，無毒。治一切年久老痰，結於胸中不散，煎此久服，可化痰清火，延年。《本草》謂之枸櫞，又謂之香櫞。俗名香圓，又謂之佛手柑。

明・蘭茂撰，清・管暄校補《滇南本草》卷中　香緣葉　性微寒，味苦、辛。治咳嗽消痰，傷寒咳嗽良效。

明・蘭茂《滇南本草》〔叢本〕卷中　佛手柑　味甘、微辛，性溫。入肝胃二經。補肝暖胃，止嘔吐，消胃家寒痰，治胃氣疼，止面寒疼，和中行氣。單方：治面寒疼，胃氣疼。佛手柑，新瓦焙，為末，黃色，燒酒服。

明・蘭茂《滇南本草》〔叢本〕卷中　香元葉刮上蜜，火上治。用根，功甚捷，蜜治。味辛、苦，性寒。治咳嗽消痰，肺寒咳嗽良效。

明・滕弘《神農本經會通》卷三　香櫞子　《圖經》云：又有一種枸音鉤櫞音沿，如小瓜狀，皮若橙而光澤可愛，肉甚厚，切之如蘿蔔，雖味短而香氛大勝甘橘之類，置之衣笥中，則清香馥馥，數日不歇，古作五和椂素感切所用。陶隱居云：性溫宜人。今閩、廣、江西皆有，彼人但謂之香櫞子，或將至都下亦甚貴之。

明・劉文泰《本草品彙精要》卷三四　香圓無毒　植生。

香圓：主下氣，開胸膈。○皮，去氣，除心頭痰水。名醫所錄。【名】枸櫞、香櫞子。【苗】《圖經》曰：樹似橘而葉大，其實狀如小瓜，皮若橙而光澤可愛，肉甚厚，味雖短而香氛，大勝於柑、橘之類。置衣笥中，則數日香不歇。今南方有之，謂之香櫞子。或將至都下，人亦貴之。【地】《圖經》曰：生閩、廣、江西，今南方多有之。【時】生：四月開花。採：九月、十月取實。【收】陰乾。【用】實。【色】皮黃，肉白。【味】辛，酸。【性】溫。【氣】氣厚味薄，陽中之陰。【臭】香。

明・李時珍《本草綱目》卷三〇果部・山果類　枸櫞音矩員。宋《圖經》。校正原附荳蔻下，今分出。

【釋名】香櫞俗作圓。　佛手柑時珍曰：義未詳。佛手，取象也。【集解】藏器曰：枸櫞生嶺南，柑、橘之屬也。其葉大，其實大如盞，味辛酸。頌曰：今閩廣、江西皆有之，彼人呼爲香櫞子。形長如小瓜狀，其皮若橙而光澤可愛，肉甚厚，白如蘿蔔而鬆虛。雖味短而香芬大勝，置衣笥中，則數日香不歇。寄至北方，人甚貴重。古作五和糝用之。時珍曰：枸櫞產閩廣間。木似朱欒而葉尖長，枝間有刺。植之近水乃生。其實狀如人手，有指，俗呼爲佛手柑。有長一尺四五寸者。皮如橙柚而厚，皺而光澤。其色如瓜，生綠熟黃。其核細。其味不甚佳而清香襲人。南人雕鏤花鳥，作蜜煎果食。置之几案，可供玩賞。若安芋片于蒂而以濕帋圍護，經久不瘺。或擣蒜罨其蒂上，則香更充溢。《異物志》云：浸汁浣葛紵，勝似酸漿也。

皮穰　【氣味】辛、酸，無毒。弘景曰：性溫。恭曰：性冷。陶説誤矣。藏器曰：性溫不冷。【主治】下氣，除心頭痰水藏器。煮酒飲，治痰氣欬嗽。煎湯，治心下氣痛時珍。

根葉　【主治】同皮《橘譜》。

明・穆世錫《食物輯要》卷六　香櫞　味辛、酸，性溫，無毒。下氣消痰止嗽，去心下痰水氣痛。

明・李中立《本草原始》卷七　枸櫞矩員　生嶺南。柑橘、香櫞之屬也。今閩、廣、江西皆有之。木似朱欒而葉尖長，枝間有刺。植之近水乃生。其實狀如人手有指，俗呼佛手柑，象形也。　枸櫞皮穰：　氣味：辛、酸，無毒。陶弘景曰：性溫。主治：下氣，除心頭痰水。〇煮酒飲，治痰氣欬嗽。煎湯治心下氣痛。

根葉：　主治：同皮。

枸櫞實大如盞，生綠熟黃，其核細，其味不甚佳，而清香襲人。南人彫鏤花鳥，作沙糖煎、蜜煎果食。置之几案，可供玩賞。擣蒜罨其蒂上，則香更充溢。【圖略】　枸櫞形長如小瓜狀，其皮若橙、柚，而光澤可愛。肉甚厚，色白而鬆虛。雖味短，而香芬大勝。置衣笥中，則數日香不歇。寄至北方，人甚貴重。《異物志》云：浸汁浣葛紵，勝似酸漿也。〇枸櫞今人呼為佛手柑。

明・吴文炳《藥性全備食物本草》卷二　香櫞　味辛、酸，性溫，無毒。下氣，消痰止嗽，去心下痰〔火〕〔水〕氣痛。

明・應廖《食治廣要》卷四　枸櫞音矩員。《釋名》：香櫞，又名佛手柑。　氣味：辛、酸，無毒。主治：下氣，除心頭痰水。煮酒飲，治痰氣欬嗽。煎湯，治心下氣痛。

按香櫞形圓，佛手如人手，二物迥別，諸書皆歸于一，何哉？姑識之，以俟博物者考焉。又，收香櫞法：擣蒜封蒂，則香更充溢。

明・姚可成《食物本草》卷八果部・山果類　枸櫞音矩員。一名佛手柑。生嶺南，柑、橘之屬也。今閩廣、江西皆有之。形長如小瓜狀，其皮若橙而光澤可愛，肉甚厚，白如蘿蔔而鬆虛。雖味短而香芬大勝，置衣笥中，則數日香不歇。寄至北方，人甚貴重。〇李時珍曰：枸櫞產閩廣間。木似朱欒而葉尖長，枝間有刺。植之近水乃生。〔其〕實狀如人手，有指，俗呼為佛手柑。有長一尺四五寸者。皮如橙柚而厚，皺而光澤。其色如瓜，生綠熟黃。味甘帶辛，清香襲人。南人雕鏤花鳥，作蜜煎果食。置之几案，可供玩賞。

枸櫞　味辛、甘，無毒。主下氣，除心頭痰水。煮酒飲，治痰氣欬嗽。煎湯，治心下氣痛。

明・李中梓《醫宗必讀・本草徵要下》　香櫞味苦，溫，無毒。入肺、脾二經，年久者良，去白炒。　理上焦之氣，止嘔宜求；進中州之食，健脾宜簡。性雖中和，單用多用亦損正氣，脾虛者須與參朮同行，乃有相成之益耳。

明・施永圖《本草醫旨・食物類》卷三　枸櫞名香櫞、佛手柑。　皮瓤味：辛、酸，無毒。治下氣，除心頭痰水。煮酒飲，治痰氣欬嗽。煎湯，治心下氣痛。　根葉　治：同皮。

明・李中梓《本草通玄》卷下　香櫞　苦、酸、辛，溫。　理上焦之氣，止嘔逆，進食健脾。　按：香櫞性中和，單用、多用亦損正氣，與參、朮同行，則無弊也。

清・穆石匏《本草洞詮》卷六　香櫞　俗作圓，味不甚佳，而清香襲人。《異物志》云：浸汁浣葛紵，勝酸漿也。氣味辛酸溫，無毒。主下氣，除心頭痰水，蜜漬藏，久食之，寬中和脾。

清・丁其譽《壽世秘典》卷三　香櫞俗作圓、佛手柑一名枸櫞，味雖短而香芬大勝，可置衣笥中。一種狀如人手有指，俗呼為佛手柑。皮如橙、柚而厚，皺而光澤，生緣熟黃，其核細，其味不甚佳，而清香襲人。若安一片于蒂而以濕紙圍護，經久不瘺。　皮瓤：氣味：酸，溫，無毒。治痰氣欬嗽。煎湯，治心氣痛。

清・郭章宜《本草匯》卷一四　香櫞　苦、酸、辛，溫，入手、足太陰經。理上焦之氣，止嘔宜求。進中州之食，健脾宜簡。按：香櫞性雖中和，單用多用，亦損正氣，脾虛者，須與參、朮並行，乃有相成之益耳。

陳久者良。去白炒。

清・尤乘《食鑒本草・果類》　香圓、佛手柑　並下氣，除胸痰，水煮酒飲。

清・朱本中《飲食須知・果類》 香櫞佛手柑 味辛、酸，性溫。擣蒜罨其蒂上，則香更充溢。浸汁浣葛紵，勝似酸漿也。佛手柑，味辛、甘，性平。與香櫞功用相同。

清・何其言《養生食鑒》卷上 香櫞 味辛、甘，性溫，無毒。下氣和中，除心頭痰水。煮酒飲，治痰氣咳嗽。煎湯，治心下氣痛。一種狀如人手有指，名為佛手柑，其功用同。和白沙糖作丁，尤佳。

清・顧靖遠《顧氏醫鏡》卷八 香櫞辛、苦，溫。入脾經。陳久者良。去白，炒。治心下之氣痛，助脾家之健運。性雖中和，單用多用，亦損正氣。

清・李熙和《醫經允中》卷二二 香櫞 辛、苦、甘，溫，無毒。治下痢後重，破滯氣，利痰。取陳者去穰核用，庶無酸收之患。丹方治鼓脹，用陳香櫞一枚連穰，胡桃二枚連皮，砂仁一錢去殼，各煅存性，為末，空心，砂糖調服，水從臍出愈。

清・馮兆張《馮氏錦囊秘錄・雜症痘疹藥性主治合參》卷八 香櫞味苦，溫，無毒。入肺、脾二經。年久者良，去白用。 香櫞，理氣止嘔，健脾進食。性雖中和，單用多用，亦損正氣。脾虛者，須與參、术並行，乃有相成之益耳。

清・张璐《本經逢原》卷三 柑櫞柑櫞舊作枸櫞，字形相似之悞。 辛、苦、甘，溫，無毒。 發明：柑櫞乃佛手、香櫞兩種，性味相類，故《綱目》混論不分。蓋柑者，佛手也，專破滯氣。今人治痢下後重，取陳年者用之。但痢久氣虛，非其所宜。櫞者，香櫞也，兼破痰水。近世治欬嗽氣壅，亦取陳者，除去瓤核用之，庶無酸收之患。《丹方》治鼓脹諸藥不效，用陳香櫞一枚連瓤、大核桃肉二枚連皮、縮砂仁二錢去膜，各煅存性為散，砂糖拌調，空腹頓服。服後水從臍出，屢驗。

清・黃元御《玉楸藥解》卷四 香櫞 味苦、酸，微涼。入手太陰肺經。清金下氣，止嗽除痰。香櫞長於行氣。

清・吴儀洛《本草從新》卷四 香櫞〔理氣止嘔，健脾進食。〕俗作圓，一名佛手柑，古名枸櫞，音矩員。 辛，苦，酸，溫。入肺、脾二經。理上焦之氣而止嘔，進中州之食而健脾，除心頭痰水。治痰氣咳嗽，煮酒飲。心下氣痛。性雖中和，單用多用，亦損正氣，須與參、术并行，乃有相成之益爾。陳久者良。根葉功用略同。

清・汪紱《醫林纂要探源》卷二 香櫞 辛，溫。似橙尤香。乾久，治胃脘痛，寬中順氣開鬱。 蜜羅 辛，甘，溫。功用同上。 佛手 辛，苦，溫。功用同上。

清・嚴潔等《得配本草》卷六 枸櫞一名佛手柑。 辛、酸，溫。除心頭痰水，治心下氣痛。煮酒飲，治痰氣咳嗽。

清・李文培《食物小錄》卷上 枸櫞即佛手 辛、苦，無毒。下氣，除心頭痰水。煮酒飲，治痰氣咳嗽；煎湯，治心下氣痛。切片糖餞，晒乾，名佛手片。

清・葉桂《本草再新》卷五 香櫞味苦、辛，性溫，無毒。入肝、脾、肺三經。 平肝舒鬱，理肺氣，健脾開胃，止吐化痰，通經利水，治腰脚氣。

清・吴其濬《植物名實圖考》卷三一 枸櫞 詳《草木狀》，宋《圖經》始著錄。即佛手柑。

清・文晟《新編六書》卷六《藥性摘錄》 香櫞 辛甘，性溫。下氣和中。水酒煮飲，治痰氣喘嗽。煎湯，治心下氣痛。〇佛手柑，功用相同。和白糖作丁，尤佳。

蜜羅

清・吴其濬《植物名實圖考》卷三一 蜜羅即蜜筩。 生閩、廣、南安、施南亦有之。與佛手柑同類無指爪，廣東又有[illegible]果，形差類。

雩婁農曰：吾少時侍先大夫於楚北，學使署中有幕客自施南回，攜一果見啖，如橘柚而形不正圓，肉白柔厚如佛手柑，以為即佛手柑不具指爪者。越廿餘年，儤直南齋，歲臘賜果一筩，題曰蜜羅。蓋閩中畺吏所進，時大寒，瓤作堅冰，以溫水漬之，剖置茶甌，一室盡香，亦內臣所授也。尋使湖北，按試施州，筵之核，盤之供，皆是物也。竊以形味都非珍品，而厥包作貢，因為賦詩，有方朔老醜待詔金門之誚。後使豫章，至贛南，於市中粥一果，形正同而瓤如橘，味殊酢。又以為朱欒之異種。及蒞滇，則園中植之樹與花皆佛手柑也，土人名曰香櫞。始知有指爪者為枸櫞，無指爪者為香櫞；又或一枝之上兩者俱擎。古人有以香櫞為佛手柑者，洵非耳食。按《黔書》蜜筩柑，或曰即南海之紫羅橘，蓄之樹以浹歲，薦之槃以彌月。滇曰蜜筩，黔曰香櫞，誠一物矣。而《興義府志》，紫羅橘出安南，俗名蜜筩，香色似蜜羅而小，皮薄有穰。《思南府志》：香櫞即蜜羅柑，氣芬肉厚，點茶釀酒俱宜。然則蜜羅、蜜筩為二物，而余在贛南所啖者乃蜜筩也。《黔書》述之未晰。《貴州志》有謂作藤生者，亦誤矣。夫一物不知，以為深恥。余非仰叨恩澤，屢使南中，亦僅嘗遠方之殊味，考傳紀之異名，烏能覩其根葉，薰其花實，而一一辨別之哉？

佛桃

清·吴其濬《植物名實圖考》卷三一　佛桃　湖南圃中間有之，木葉俱如佛手柑，實如橙而長，色尤鮮潤，瓤如橙，極酢，不可入口，而香氣勝於佛手柑。

金橘

明·李時珍《本草綱目》卷三〇果部·山果類　金橘《綱目》

【釋名】金柑《橘譜》　盧橘《漢書》　夏橘《廣州志》　山橘《北户録》　給客橙《魏王花木志》時珍曰：此橘生時青盧色，黄熟則如金，故有金橘、盧橘之名。盧，黑色也。或云，盧，酒器之名，其形肖之故也。註《文選》者以枇杷爲盧橘，誤矣。案司馬相如《上林賦》云：盧橘夏熟，枇杷橪柹。以二物並列，則非一物明矣。此橘夏冬相繼，故云夏熟，而裴淵《廣州志》謂之夏橘。給客橙者，其芳香如橙，可供給客也。【集解】時珍曰：金橘生吴粤、江浙、川廣間。或言出營道者爲冠，而江浙者皮甘肉酸，次之。其樹似橘，不甚高大。五月開白花結實，秋冬黄熟，大者徑寸，小者如指頭，形長而皮堅，肌理細瑩，生則深緑色，熟乃黄如金。其味酸甘，而芳香可愛，糖造、蜜煎皆佳。案《魏王花木志》云：蜀之成都、臨邛、江源諸處，有給客橙，一名盧橘。似橘而非，若柚而香。夏冬花實常相繼，或如彈丸，或如櫻桃，通歲食之。又劉恂《嶺表録》云：山橘子大如土瓜，次如彈丸，小樹緑葉，夏結冬熟，金色薄皮而味酸，偏能破氣。容、廣人連枝藏之，入膾醋尤加香美。韓彦直《橘譜》云：金柑出江西，北人不識。景祐中始至汴都，因温成皇后嗜之，價遂貴重。藏緑豆中可經時不變，蓋橘性熱、豆性凉也。又有山金柑，一名山金橘，俗名金豆。木高尺許，實如櫻桃，内止一核。俱可蜜漬，香味清美。已上諸説，皆指今之金橘，但有一類數種之異耳。

【氣味】酸、甘，無毒。【主治】下氣快膈，止渴解醒，辟臭。皮尤佳時珍。

明·穆世錫《食物輯要》卷六　金柑　味甘鹹，性溫，無毒。下氣快膈，止渴解酒，辟臭。蜜漬食，味亦香美。

明·應麐《食治廣要》卷四　金橘　氣味：酸、甘，溫，無毒。主治：下氣快膈，止渴解醒，辟臭。

明·姚可成《食物本草》卷八果部·山果類　金橘一名金柑。生吴粤、江浙、川廣間。其樹似橘，不甚高大。五月開白花結實，秋冬黄熟，大者徑寸，小者如指頭，形長而皮堅，肌理細瑩，生則深緑色，熟乃黄如金。其味酸甘，而芳香可愛，糖造、蜜煎皆佳。案《魏王花木志》云：蜀之成都、臨邛、江源諸處，有金柑。似橘而非，若柚而香。夏冬花實常相繼，或如彈丸，或如櫻桃，通歲食之。又劉恂《嶺表錄》云：山橘子大如土瓜，次如彈丸，小樹緑葉，夏結冬（實）〔熟〕，金色薄皮而味酸，偏能破氣。容、廣人連枝藏之，入膾醋尤加香美。韓彦直《橘譜》云：金柑出江西，北人不識。景祐中始至汴都，因溫成皇后嗜之，價遂貴重。藏緑豆中可經時不變。又有山金柑，一名山金橘，俗名金豆。木高尺許，實如櫻挑，内止一核。俱可蜜漬，香味清美。已上諸說，皆指今之金橘，但有一類數種之異耳。　金橘，味酸、甘，溫，無毒。主下氣快膈，止渴解醒，辟臭。　皮，尤佳。

明·顧逢柏《分部本草妙用》卷九果部　金橘即金柑　酸、甘，溫，無毒。主下氣快膈，止渴，解酒毒，辟臭。

明·孟笨《養生要括·果部》　金橘　味酸、甘，溫，無毒。下氣快膈，解醒辟臭，皮尤佳。

清·丁其譽《壽世秘典》卷三　金橘生則深緑色，熟乃黄如金，故有金橘之名。其味酸甘而芳香可愛，糖造、蜜煎皆佳，藏緑豆中，可經時不變。蓋橘性熱，豆性涼也。又有山金橘，俗名金豆，實如櫻桃，内止一核，俱可蜜漬，香清味美。王岐公詩，黄欺晚菊垂金砌，圓並明珠落翠盤。　氣味：酸、甘，溫，無毒。主下氣快膈，止渴，解醒，辟臭。

清·尤乘《食鑒本草·果類》　金柑　下氣伏膈也。〔止〕渴解醒，辟臭，皮尤佳。

清·朱本中《飲食須知·果類》　金柑　味甘、酸，性溫。藏緑豆中，經時不變。

清·何其言《養生食鑒》卷上　金橘粤中有四季莖者，花實相繼。　皮甜，核苦，味酸，性溫，無毒。下氣快膈，止渴解醒，辟臭氣。蜜漬尤妙。藏菉豆中，可經時不變。

清·李熙和《醫經允中》卷二二　金橘　酸、甘，溫，無毒。主止渴，解酒毒，辟臭。

清·张璐《本經逢原》卷三　金橘一名金柑　酸、甘，溫，無毒。　發明：金橘形如彈丸，金柑形如牛奶，一皆酸甘香竄，並能下氣，快膈止渴、解醒，而圓者尤佳。

清·黄元御《玉楸藥解》卷四　金棗　味酸甘，微涼。入手太陰肺經。下氣寬胸，解醒止渴。金棗酸涼清肺，降胸膈逆氣，治上熱煩渴。金棗亦名橘，似橘小而皮光，大如胡桃，夏青冬黄，在樹至三五年。樹高數尺，霜雪不凋，實隨年長，形如雞卵，歲青黄如初年也。

清・汪紱《醫林纂要探源》卷二　金橘　辛，甘，溫。又曰金豆。開鬱順氣，和脾醒酒。最芬芳。　金柑　酸，甘，辛，溫。小而長，又曰枕頭柑。肉酸澀劣，皮甘香佳。亦能醒酒。

清・嚴潔等《得配本草》卷六　金橘皮一名金柑。　酸，甘，溫。下氣快膈，止渴解醒，辟臭。

清・李文培《食物小録》卷上　金橘　酸、甘，溫，無毒。下氣快膈，止渴，解醒辟臭。皮，味甘尤佳。餹餞者名金錢餅。

清・章穆《調疾飲食辯》卷四　金柑　《綱目》曰：《橘譜》名金橘，《漢書》名盧橘，《廣州志》名夏橘，《北戶録》名山橘，《魏王花木志》名給客橙。《文選》注以枇杷為盧橘，司馬相如《上林賦》盧橘、枇杷並列，則非一物明矣。其樹不甚高大。結實大者徑寸，小者如指頭，形圓長不一。味酸甘而氣芳馥，生食不佳，蜜餞餹藏則美。一種山金柑，小如豆，俗名金豆，一枚只有一核。亦可餹蜜漬為果，性與柑、橘彷彿。一種形圓長如牛乳，過冬不摘，至春復青，次秋則又與新生者同時黄熟。歲歲如此，可歷數年不墜，愈久則味愈佳，名長生果。返老還童，真草木中之仙品矣。

橘餅　閩之福、漳、汀、泉等州，以全橘壓扁，餹霜餞之為橘餅，漳州者為最，甘香可口，數十年前，惟有大者。近乃群尚小者，名金錢橘餅，其氣味遠遜大者。蓋此乃黄落不成之橘，巧立金錢之號以欺人，而人遂受其欺，亦可見俗情之愚矣。大者行氣和中快膈之功，較佛手金柑稍猛。

清・葉桂《本草再新》卷五　金橘葉味辛、苦，性微寒，無毒。入肝、脾、肺三經。　舒肝鬱肝氣，開胃氣散肺氣。治膈噎，瘰癧。多用散氣。

金橘核味酸辛，性平，無毒。入肝、肺二經。　治目疾喉痺，消瘰癧，結核。

清・吴其濬《植物名實圖考》卷三一　金橘　《歸田録》云：産於江西，今江南亦多有之。唯寧都産者瓤甜如柑，冬時色黄，經春復青，或即以為盧橘；又一種小者為金豆，味烈，贛南糖煎之。《本草綱目》收入果部。《辰谿志》：橘小而長者為牛奶橘，四季可花，隨花隨實，皮甘可食，即此。

清・趙其光《本草求原》卷一二果部　金橘一名金柑。　金橘，形如彈丸；金柑，形如牛奶。一皆酸，甘，香，竄。下氣，快膈，止渴，解醒。

清・文晟《新編六書》卷六《藥性摘録》　金橘　甘甜，核苦，穰酸。下氣快膈，止渴解酒，辟臭氣。蜜漬尤妙。藏茶豆中，經時不變。

清・王孟英《隨息居飲食譜・果食類》　金橘《廣州志》名夏橘，《上林賦》曰盧橘。　甘溫。醒脾下氣，辟穢，化痰止渴，消食解醒。其美在皮，以黄巖所産，形大而圓，皮肉皆甘，而少核者勝。一名金蛋，亦可糖腌壓餅。

清・劉善述、劉士季《草木便方》卷二木部　金橘　香陽果甘酸微溫，利氣快膈行逆停。止渴解醒辟臭氣，根皮葉浸酒益人。

清・田綿淮《本草省常・果性類》　金橘　一名山橘，一名盧橘，一名夏橘，一名金柑，一名給客橙。性溫。下氣快膈，醒酒辟臭。

清・戴葆元《本草綱目易知録》卷三　金橘　酸甘，溫：下氣快膈，止渴解醒，辟臭食，皮尤佳。葆按：俗名金棗，皮香美，肉酸澁，人多食皮去肉。其皮漂淨，糖淹藏，曬乾作茶點，名橘餅。福建造者為最。我婺又有山橘，俗名金豆，如櫻桃大，肉厚，只一核。水漂淨，微煮，少加銅緑作色，曬微乾，糖漬曝乾，食美，性同。

公孫桔

清・吴其濬《植物名實圖考》卷三一　公孫桔　産粤東。樹高丈餘，枝葉繁茂，花果層次駢綴，自下熟上，由紅至青；尖頂尚花，下已紅熟，香甜適口，味帶微酸。皮可化痰，經冬不凋。辰州諸屬橘類有公引孫，即此。附金橘後，以備一種。

檸檬

清・何其言《養生食鑒》卷上　林槽子其形如橙，有大、小兩種，一名槽，以其味酸，雞食，只可槽兒。　味酸，性寒，無毒。汁堪代醋，能解諸魚餒敗之毒，用鹽、醋蒸熟，可以久藏至二三年者，能開胃氣者。噯噦滯痰，不宜多食。

清・何諫《生草藥性備要》卷下　檸檬葉　味辛，性溫。退熱、止咳、化痰、開胃。切魚生用些，辟腥甚佳。

清・趙其光《本草求原》卷一五菜部　檸檬葉　辛，甘，溫。止咳、消痰、順氣。

清・文晟《新編六書》卷六《藥性摘録》　林槽子　酸，寒。解諸餒敗之毒，用鹽醋蒸熟，可藏二三年。惟噯噦滯痰不宜食。

黎檬子

清・吴震方《嶺南雜記》　宜母果　似橘而酸，腌食甚下氣和胃，婦人懷姙不安，食之良，故有宜母之名。又名宜濛子。製以為漿，甘酸辟暑，名解渴水。

清・何諫《生草藥性備要》卷下 番檸檬 味酸香。與檸檬相同。敷瘡散毒，理跌打。無子。

清・趙學敏《本草綱目拾遺》卷七果部上 宜母果 《嶺南雜記》：似橘而酸，又名宜濛子。〇元吳萊有宜濛（熱）〔渴〕水歌。 《粵語》：宜男子似橙而小，二三月熟，黄色，味極酸，孕婦肝虚嗜之，故曰宜母。元時於廣州荔支灣作御果園，栽種里木樹，大小八百株，以作渴水。里木即宜母子也，一名黎濛子。吳萊詩：廣州園官進渴水，天風夏熱宜濛子。百花醞作甘露漿，南園烹成赤龍髓。蓋以里木子榨水煎糖也。蒙古以為舍里別，即渴水也，一名藥果。當熟時，人家競買，以多藏而經歲久為尚。汁可代醋，染大紅，以其汁調乃上。 《藥性考》：黎朦子大如梅，形似橘，孕婦宜食，能辟暑，即宜濛子。孕婦食之能安胎，故又名宜母。 醃食，下氣和胃，懷孕不安食之良。製為漿，辟酷暑，又能解渴。〇宜母子以鹽醃，歲久色黑，可治傷寒痰火《粵語》。

清・吴其濬《植物名實圖考》卷三一 黎檬子 詳《嶺外代答》，一名宜母子，味酸，婦子懷姙食之良，故名。 又名宜濛子。廣州下茅香檬，蓋元時栽種者，尤香馥云。

清・趙其光《本草求原》卷二芳草部 香芙蓉 即假白薇。 又名番檸檬，無子，味香，功同檸檬，敷瘡，散毒，理跌打。

清・趙其光《本草求原》卷三隰草部 番檸檬 無子，味香，與檸檬同。敷瘡散毒，理跌打。

佛手柑

明・蘭茂撰，清・管暄校補《滇南本草》卷下 佛手柑 性溫，味甘、微辛。入肝胃二經。補肝暖胃，止嘔吐，消胃寒痰，治胃氣疼痛，止面寒疼，和中行氣。佛手柑，新瓦焙乾，黄色，為末，燒酒送下三錢。

明・穆世錫《食物輯要》卷六 佛手柑 味甘、辛，平，無毒。和中下氣，醒脾。和白沙糖作丁，尤佳。

明・孟笨《養生要括・果部》 佛手柑 味辛、酸，無毒。下氣，除心頭痰水。煮酒飲，治痰氣咳嗽。煎湯，治心下氣痛。

清・王翃《握靈本草》補遺 佛手柑本草名枸櫞。 辛，溫。主下氣，除心頭淡水，心下氣痛。

題清・徐大椿《藥性切用》卷六 佛手柑 辛苦酸溫，入肺而理氣止嗽，化滯定痛。根葉，散滯同功。

陳香橼 古名香欒。苦甘酸辛，性平而下氣快膈，化食消痰，為中脘氣滯實痛耑藥。

清・章穆《調疾飲食辯》卷四 佛手柑 《圖經》曰枸櫞，一名香櫞，今俗誤以橙為香櫞。閩、廣、江南皆有之。性最畏寒，惟閩、廣及虔、吉、寧、贛諸州可種，他處僅盆植，冬月移置暖室，亦不能耐久。葉如橙，結實皮肉相連，味短而香芬絶勝。《綱目》曰：其樹必近水乃生，實如人手有指，故名佛手。亦有僅分數稜，無指如人手之握者，俗呼佛拳。置之几案，清香襲人。若以蒂插芋上，可經久不癟。擣蒜罨其蒂，則香更充溢。切作薄片，或雕鏤花鳥，餹蜜藏之，香味頗勝。其性行氣和中快膈，與橙、橘無異耳。

清・葉桂《本草再新》卷五 佛手味甘、辛，性温，無毒。入肝、脾、胃三經。治氣，舒肝和胃，化痰破積，治噎膈反胃，消癥瘕瘰癧。

清・趙其光《本草求原》卷一二果部 佛手、香櫞是兩種。 俱辛、苦、甘，溫，無毒。佛手形如指掌，專破滯氣，治痢下後重。功專於下，痢久氣虚勿用。香櫞無指，甘香尤勝，兼破痰水，治咳嗽氣壅，除鼓脹，諸藥不效，用櫞一枚，胡桃肉二枚，連皮砂仁二錢，各煅存性，砂糖調服，水從臍出，屢驗。久哮。同白砒入雞内，煅製用，功兼上下。

俱以陳久為良，《綱目》混為一物，人罕能分。凡用，去瓤核之酸收。鼓脹，連瓤用。兼取其收也。

清・張仁錫《藥性蒙求・果部》 佛手柑佛手八分、香櫞 佛手柑辛，平肝理氣。進食健脾，除痰可議。即香櫞。辛、苦、酸，溫。入肺、脾二經。除心頭痰水，心下氣痛。性雖中和，多用單用，亦損正氣。須同參、术用為有益。〇陳久者良。〇張路玉云：佛手香櫞兩種，性味相類，《綱目》混論不分。蓋佛手專破滯氣，香櫞兼破痰水，俱用陳者。

清・王孟英《隨息居飲食譜・果食類》 佛手柑《圖經》名枸櫞，亦名香櫞。今人誤以柚之小者為香櫞，蓋失考也。 辛，溫。下氣醒胃，豁痰辟惡，解酲消食，止痛。多食耗氣，虚人忌之。金華產者勝。味不可口，而清香襲人，置之案頭，可供玩賞。置芋片於葉，而以濕紙圍護，經久不癟。擣蒜罨其葉，則香更充溢。浸汁浣葛紵最妙。亦可蜜漬收藏。入藥以陳久者良，蒸露尤妙。其花功用略同。

清・劉善述、劉士季《草木便方》卷二木部　佛手柑　佛手柑辛味平酸，心腹疼痛逆氣簽。痰水咳嗽喘下氣，根皮葉同用酒煎。

清・田綿淮《本草省常・果性類》　佛手柑　本名香橼，古名枸橼。性溫。理氣止嘔，除心頭痰火，心下氣疼。橼，音緣。　香圓　本名香欒，小者名朱欒，再小者名蜜筩。性平。下氣消食，化痰解酒，散憤滿之氣，除惡濁之氣。

清・陳其瑞《本草撮要》卷三　佛手柑　味苦酸，溫，入手足太陰經，功專理上焦氣而止嘔，進中州食而健脾，除心頭痰水，治痰氣欬嗽，心下氣痛。獨用損氣，宜與參朮並行。陳久者良。一名香橼，古名枸橼。

黄皮果

明・蘭茂撰，清・管暄校補《滇南本草》卷下　黄果皮即理陳皮。　性溫，味辛，微苦。入脾肺二經。主降氣，寬中，破老痰結痰固如膠者效。化痰定喘，止咳嗽，下氣消痰，功甚於廣陳皮。補胃和中，力不及廣陳皮。昔李姓男子，得梅核氣，如痰結於咽喉之中，與梅核相似，喉中有礙，吐咯不出，咽之不下。

按：此症因肝氣不舒，憂思鬱結成梅核氣，偶著氣動怒，得此病十餘年，服藥不效。後得此方服之，立效。理陳皮二錢，去白。土白芍二錢，蘇子二錢，桔梗一錢，引用竹葉，煎湯服。

明・蘭茂《滇南本草》〔叢本〕卷下　理皮即黄果皮。　味辛、苦，性溫。入脾、肺、肝三經。主降氣寬中，破老痰，結痰如膠者效。化痰定喘，止咳下氣，功甚于廣皮。補胃和中，力不及廣皮。昔李姓男子，患積痰結核于咽喉中，與梅核相似，喉中有礙，吐咯不出，嚥之不下，似有似無，有時阻滯。註補：此因肝氣不舒，憂思氣欲結成梅核，着氣動怒即發。李姓患此十餘年，用藥不效。後得此方治好。理皮、土白芍、蘇子、桔梗、竹葉二十個，水煎服效。

明・李時珍《本草綱目》卷三三果部・附録　黄皮果又曰：《海槎録》云：出廣西横州。狀如楝子及小棗而味酸。

明・姚可成《食物本草》卷九果部・異果類　黄皮果《海槎録》云：〔出〕廣西横州。狀如楝子及〔小棗〕而味酸。　黄皮果，味酸，平，無毒。主嘔逆痰水，胸膈滿痛，蚘蟲上攻，心下痛。

清・何其言《養生食鑑》卷上　黄皮菓一名金彈子。　味酸、甘，性寒，無毒。多食動肺火，生瘡癬。嫩者鹽醃，晒乾，醒酒開胃。

核　治小兒頭上瘡癬，磨井花水塗上，即消。

葉　煮水洗浴，能解污穢。

清・何諫《生草藥性備要》卷上　黄皮　消風腫，去疳癩，散熱積。煲酒服，通小便，解污穢。核治疝氣。

附：琉球・吴繼志《質問本草》附録　黄枇　樹高七八尺，夏結子，狀似雞蛋，而大如金橘，至六七月熟，其味酸、甘。福州人好食之，人家園圃內間植之。

清・趙學敏《本草綱目拾遺》卷八果部下　黄皮果　《廣志》：黄皮果狀如金彈，六月熟，其漿酸甘，似葡萄。與荔支並進，荔支饜飫，以黄皮果解之。諺曰：飢食荔支，飽食黄皮。《綱目》於果部附諸果條下，僅引《海槎録》云：出廣西横州，狀如楝子及小棗，味酸。至其功用並未之及焉，今依《廣志》補之。

消食順氣，除暑熱《廣志》。　酸平無毒，主嘔逆痰水，胸膈滿痛，蚘蟲上攻心下痛《食物本草》。

敏按：《廣東瑣語》載果中有白蠟子，與黄皮果絕相似，而味尤勝。諺有云：黄皮白蠟，甜酸相雜，想功效亦不甚遠也。

《廣東通志》：黄皮果大如龍眼，又名黄彈子，皮黄白，有微毛，瓤白如肪，有青核數枚，甚酸澀。食荔支太多，用黄皮果解之。

清・吴其濬《植物名實圖考》卷三一　黄皮果　詳《嶺外代答》。能消食。桂林以為醬，其漿酸甘似葡萄，食荔支饜飫，以此解之。諺曰：飢食荔支，飽食黄皮。又有白蠟與相似，諺曰：黄皮白蠟，酸甘相雜。

清・趙其光《本草求原》卷一二果部　黄皮果即金彈子。　酸、甘，寒，無毒。行氣，多食動火，發瘡癬。嫩者，醃曬乾，醒酒，開胃。果核，塗小兒頭上瘡癬。井花水磨。

清・趙其光《本草求原》卷一二果部　黄皮樹皮　辛苦，溫。消風腫，去疳積，散熱積，通小便。煎酒飲。葉，解穢除垢；蔃，退黄腫。子，消食核，治疝氣。

清・文晟《新編六書》卷六《藥性摘録》 黄皮果　酸甘，性寒。多食動肺火，生瘡癤。嫩者鹽醃，曬乾，醒酒開胃。○核，井華水磨汁，塗小兒瘡癤，甚效。

楊梅

晉・嵇含《南方草木狀》卷下果類 楊梅　其子如彈丸，正赤五月中熟，熟時似梅，其味甜酸。陸賈《南越行紀》曰：羅浮山頂有胡楊梅、山桃繞其際，海人時登採拾，止得於上飽啖，不得持下。東方朔《林邑記》曰：林邑山楊梅，其大如杯碗，青時極酸，既紅味如崖蜜，以醞酒，號梅香酎，非貴人重客，不得飲之。

唐・孟詵、張鼎《食療本草》卷子本 羊梅溫。　右主〔和〕藏腑，調腹胃，除煩（潰）〔憒〕，消惡氣，去痰實。〔亦〕不可多食，損人〔齒及〕筋〔也〕，然〔甚能〕斷下痢。又，燒為灰，斷下痢。其味酸美，小有勝白梅。又，取乾者常含一枚，咽其液，亦通利五藏，下少氣。若多食，損人筋骨。甚酸之物，是土地使然。若南人北，杏亦不食；北人南，梅亦不噉。皆是地氣鬱蒸，令煩（潰）〔憒〕，好食斯物也。

宋・唐慎微《證類本草》卷二三果部下品〔宋・馬志《開寶本草》〕 楊梅　味酸，溫，無毒。主去痰，止嘔噦，消食，下酒，乾作屑，臨飲酒時服方寸匕，止吐酒。多食令人發熱。其樹若荔枝樹，而葉細陰青。其形似水楊子，而生青熟紅。肉在核上，無皮殼。生江南、嶺南山谷。四月、五月採。今附。

〔宋・掌禹錫《嘉祐本草》〕按：孟詵云：楊梅，和五藏，能滌腸胃，除煩憒惡氣，切不可多食。甚能損齒及筋，亦能治痢。燒灰服之。日華子云：楊梅，熱，微毒。療嘔逆吐酒，皮、根煎湯。洗惡瘡疥癩。忌生葱。

〔宋・唐慎微《證類本草》〕《圖經》：文具梅實條下。陳藏器：止渴。張司空云：地瘴無不生楊梅者。信然矣。《食療》：溫。和五藏腹胃，除煩憒惡氣，去痰實。亦不可久食，損齒及筋也，甚能斷下痢。又，燒爲灰，亦斷下痢。甚酸美，小有勝白梅。又，白梅未乾者，常含一枚，嚥其液，亦通利五藏，下少氣。若多食之，損人筋骨。其酸醋之物，自是土使然。若南方人北居，杏亦不食；北地人南住，梅乃噉多。豈不是地氣鬱蒸，令人煩憒，好食斯物也。《經驗後方》：主一切傷損不可者瘡，止血生肌，無瘢痕，絕妙。和鹽核杵之如泥，成挺子，竹筒中收。遇破即填，小可即傅之，此藥之功神聖。宋齊丘《化書》：梅接杏而本强者，其實甘。

宋・李昉《太平御覽》卷九七二 楊梅　《食經》曰：藏楊梅法，取完者一斛，鹽漬之，曝乾，別取杭皮二斤，煑汁，鹽漬之，不加〔蜜漬〕。梅色如初美好，可留數月。《臨海異物志》曰：楊梅，其子如彈丸，正赤，五月中熟，熟時似梅，其味甜酸。

宋・王繼先《紹興本草》卷一三 楊梅　紹興校定：楊梅，《本經》云去痰，止嘔噦，顯非所宜。然食之發熱致痰及喜生瘡瘍者固有之，（及）〔即〕非療疾之物。江南產之。《本經》云味酸、溫、無毒是矣。

宋・陳衍《寶慶本草折衷》卷一八 楊梅灰在內。○皮、根附。○核仁續附。　軟甜者，俗號糯米楊梅；硬酸者，俗號秈米楊梅。生江南山谷，及嶺南。○四五月採，或鹽淹曝乾。○附：皮、根，忌生葱。

味酸，熱，微毒。○主去痰，嘔噦，消食，下酒。乾作屑，臨飲酒服，止吐酒。多食發熱。○孟詵云：和五藏，滌腸胃，除煩憒惡氣，多食損齒及筋。亦治痢，燒灰服之。○《圖經》曰：其實生青熟紅，肉在核上，無皮殼，淹藏為果。分梅實條。楊梅亦有至熟而黃白者，其體味亦不一。

附：皮、根。○治惡瘡疥癩，煎湯洗。

續說云：楊梅有生有乾，若去痰嘔而治痢疾，此乾者益也；若發熱病而損齒筋，此生者之患也。又《揮塵餘話》云：或言楊梅核仁可以療脚氣，然脚氣諸方未嘗用此以入藥，必脚氣人宜食耳。

元・忽思慧《飲膳正要》卷三 楊梅　味酸、甘，溫，無毒。主去痰止嘔，消食下酒。

元・尚從善《本草元命苞》卷八 楊梅　酸溫，無毒。去痰消食，止嘔，和五臟，滌腸胃，除煩燥，醫吐酒。多食之發熱，損齒骨，傷筋。暴乾。燒灰，止下痢赤白。皮根，水煮，洗惡瘡疥癩。若荔枝樹，葉細陰厚如水楊。子生青熟紅，無皮殼，肉生核上。產江南嶺南山谷。五月採摘。服忌生葱。

元・吴瑞《日用本草》卷六 楊梅　有紅、紫、白三色。會稽楊梅為天下之奇。味甘、酸，無毒。熟熱，微毒。多食損齒及筋骨，發瘡致痰。忌生葱。乾亦可作糖梅。主去痰止嘔噦，消食下酒，止吐酒惡心。和五臟，除煩憒。燒灰服之止痢。

明・滕弘《神農本經會通》卷三 楊梅　味酸，氣温，無毒。一云：熱，微毒。

《本經》云：主去痰，止嘔噦，消食，下酒。乾作屑，臨飲酒時，服方寸匕，止吐酒。多食令人發熱。孟詵云：和五臟，能滌腸胃，除煩燥惡氣。切不可多食，甚能損齒及筋。亦能治痢，燒灰服之。日華子云：熱，微毒。療嘔逆，吐酒。皮根，煎湯洗惡瘡疥癩。忌生葱。

明・劉文泰《本草品彙精要》卷三四　楊梅無毒　植生。

楊梅：主去痰，止嘔噦，消食，下酒。乾作屑，臨飲酒時服方寸匕，止吐酒。名醫所錄。【名】聖生梅、白蒂梅。【苗】《圖經》曰：樹若荔枝樹，葉細陰青，形似水楊。其實生青熟紅紫，肉在核上而無皮殼，南人以蜜漬或淹藏，可以寄遠。誠果品中之珍味也，今醫方鮮用。【地】《圖經》曰：生江南，及嶺南山谷皆有之。【時】生：四月生。採：五月、六月取實。【用】實。【色】生青，熟紫。【味】酸，甘。【性】溫，緩。【氣】氣厚味薄，陽中之陰。【臭】香。【主】止渴，消痰。【治】療：日華子云：止嘔逆，吐酒。〇皮、根煎湯，洗惡瘡，疥癬。孟詵云：和五臟，滌腸胃，除煩憒惡氣。燒灰服，亦能止痢。陳藏器云：止渴。《別錄》云：去痰實。【合治】用鹽藏楊梅合核，杵之如泥，成挺子，以竹筒中收之，治一切傷損。止血生肌，無瘢痕，絕妙。遇破處，用少許填之。此藥之功神驗。【禁】多食，令人發熱，甚能損齒及筋。【忌】生葱。

明・盧和、汪穎《食物本草》卷二果類　楊梅　味酸，溫，無毒。去痰去嘔，消食下酒，和五臟，除煩憒惡氣，甚能止痢。多食令人發熱，亦能損齒及筋骨也。

明・寧源《食鑒本草》卷下　楊梅　味酸、甘，溫，無毒。去痰止嘔，消食下酒，除煩躁。多食令人發熱，病者忌之。《魯般方》：一切傷損瘡不可者，止血生肌無瘢痕，絕妙。鹽楊梅不拘數，連核杵如泥，成挺子收竹筒中，遇損填補之，此藥神效。

明・王文潔《太乙仙製本草藥性大全》卷四《本草精義》　楊梅　舊本不著所出州土，今在處有之。生江南嶺南山谷。其樹若荔枝樹而葉細陰青，子其形似水楊（梅）子，而生青熟紅，肉在核上，無皮殼，南人腌藏爲果，寄至北方甚多。五月採。

《食療》云：溫和五臟腹胃，除煩憒惡氣，去痰。實亦不可久食，損齒及筋也。甚能斷下痢。又燒爲灰，亦斷下痢。甚酸美，小有勝白梅。又白梅未乾者勝，含一枚噙其液，亦通利五臟，下少氣。若多食之，損人筋骨，其酸酣之物，自是土使然。若南方人北居，杏亦不食；北地人南在，梅分噉多。豈不是地氣鬱蒸，令人煩憒，好食斯物也。

明・王文潔《太乙仙製本草藥性大全》卷四《仙製藥性》　楊梅　味酸，氣溫，無毒。主治：祛痰止嘔噦妙方，除煩憒惡聖藥。和五臟，胃下吐酒消食。令人發熱，久食損齒及筋。補註：主一切傷損不可忍者瘡，止血生肌，無瘢痕絕妙，和鹽、核杵之如泥，成挺子，竹筒中收，遇破即填，小可即傅之。〇洗惡瘡疥癬，皮根煎湯洗之。〇治痢疾燒灰服之效。

明・皇甫嵩《本草發明》卷四　楊梅，味酸，溫。主去痰，止嘔噦，消食下酒。乾作屑，飲酒時服方寸匕，止吐酒。

明・李時珍《本草綱目》卷三〇果部・山果類　楊梅宋《開寶》。

【釋名】杌子音求。志曰：其形如水楊子而味似梅，故名。段氏《北户録》名杌子。揚州人呼白楊梅爲聖僧。

【集解】志曰：楊梅生江南、嶺南山谷。樹若荔枝樹，而葉細陰青。子形似水楊子，而生青熟紅，肉在核上，無皮殼。四月、五月采之。南人醃藏爲果，寄至北方。時珍曰：楊梅樹葉如龍眼及紫瑞香，冬月不凋。二月開花結實，形如楮實子，五月熟，有紅、白、紫三種，紅勝于白，紫勝于紅，顆大則核細，鹽藏、蜜漬、餹收皆佳。東方朔《林邑記》云：邑有楊梅，其大如盃盌，青時極酸，熟則如蜜。用以釀酒，號爲梅香酎，甚珍重之。贊寧《物類相感志》云：桑上接楊梅則不酸。楊梅樹生癩，以甘草釘釘之則無。皆物理之妙也。藏器曰：張華《博物志》言地瘴處多生楊梅，驗之信然。

實【氣味】酸、甘，温，無毒。詵曰：熱，微毒。久食令人發熱，損齒及筋。忌生葱同食。瑞曰：發瘡致痰。【主治】鹽藏食，去痰止嘔噦，消食下酒。乾作屑，臨飲酒時服方寸匕，止吐酒《開寶》。止渴，和五臟，能滌腸胃，除煩憒惡氣。燒灰服，斷下痢甚驗。鹽者常含一枚，咽汁，利五臟下氣詵。

【附方】舊一，新三。

下痢不止：楊梅燒研，每米飲服二錢，日二服。《普濟》。

頭痛不止：楊梅爲末，以少許嗃鼻取嚏妙。

頭風作痛：楊梅爲末，每食後薄荷茶服二錢。或以消風散同煎服。或同擣末，以白梅肉和，丸彈子大，每食後葱茶嚼下一丸。《朱氏集驗》。

一切損傷：止血生肌，令無瘢痕。用鹽藏楊梅和核擣如泥，做成挺子，以竹筒收之。凡遇破傷，研末傅之，神聖絕妙。《經驗方》。

核仁【主治】脚氣。時珍曰：案王性之《揮麈録》云：會稽楊梅爲天下冠。童貫苦脚氣，或云楊梅仁可治之。郡守王嶷饋五十石，貫用之而愈。取仁法：以柹漆拌核暴之，則自裂出也。

樹皮及根　〔主治〕煎湯，洗惡瘡疥癬大明。煎水，漱牙痛。服之，解砒毒。燒灰油調，塗湯火傷時珍。

〔附方〕新二。　中砒毒：心腹絞痛，欲吐不吐，面青肢冷。用楊梅樹皮煎湯二三盌，服之即愈。王碩《易簡方》。　風蟲牙痛：《普濟方》用楊梅根皮厚者焙一兩，川芎藭五錢，麝香少許，研末。每用半錢，鼻內嗜之，口中含水，涎出痛止。〇《摘要方》用楊梅根皮、韭菜根、厨案上油泥，等分擣勻，貼于兩腮上，半時辰，其蟲從眼角出也。屢用有效之方。

明・佚名氏《醫方藥性・草藥便覽》　楊梅皮　其性苦。止血，去風。

明・梅得春《藥性會元》卷中　楊梅　味酸，氣溫，無毒。　主去痰，止嘔噦，消食下酒。乾作屑，臨飲酒時服方寸匕，止吐酒。多食令人發熱。

明・穆世錫《食物輯要》卷六　楊梅　味甘、酸，性溫，無毒。和五臟，消食下酒，解渴止嘔。多食，發瘡助熱生痰，損齒筋骨。有火熱病者，勿食。忌葱。核仁，治腳氣。以柿漆拌核，曝之，仁自裂出。

明・吴文炳《藥性全備食物本草》卷二　楊梅　味甘酸，性溫，無毒。生者酸甚，聚痰發熱，損齒及筋。乾作屑，臨飲酒服方寸匕，止吐酒，消宿食，化痰，和五臟，蕩滌腸胃，煩憒惡氣。燒灰服能斷下痢。魯班方治一切刀斧傷損疼不可忍者，用鹽楊梅不拘數，連核杵如泥，捏成餅子，收竹筒中，遇損破即填補之，止血生肌，無瘢痕，絕神。

核仁　治脚氣，以柿漆伴核曝之。仁自裂出。

根皮　煎湯洗惡瘡疥癬。忌生葱。

明・應麐《食治廣要》卷四　楊梅　氣味：酸、甘，溫，無毒。鹽藏食，去痰止嘔，消食下氣，止渴。孟詵曰：熱，微毒。久食令人發熱，損齒傷筋，發瘡致痰。不可與生葱同食。

明・姚可成《食物本草》卷八果部・山果類　楊梅生江南、嶺南山谷。樹若荔枝樹，而葉細陰青。子形似水楊子，而生青熟紅，肉在核上，無皮殼。五月采之。南人醃藏為果，寄至北方。〇李時珍曰：楊梅樹葉如龍眼及紫瑞香，冬月不凋。二月開花結實，形如楮實子。五月熟，有紅、白、紫三種，紅勝于白，紫勝于紅，顆大而核細，鹽藏、蜜漬、糖收皆佳。東方朔《林邑記》云：邑有楊梅，其大如杯盌，青時極酸，熟則如蜜。用以釀酒，號為梅香酎，甚珍重之。贊寧《物類相感志》云：桑上接楊梅則不酸。楊梅樹生癩，以甘艸釘釘之則無。皆物理之妙也。

楊梅　味酸、甘，溫，無毒。止渴，和五臟，能滌腸胃，除煩憒惡氣。燒灰服，斷下痢。鹽藏食，去痰止嘔噦，消食下酒。常含一枚，咽汁，利五臟下氣。乾作屑，臨飲酒時服方寸匕，止吐酒。

核仁　治脚氣。李時珍曰：案王性之《揮麈錄》云：會稽楊梅為天下冠。童貫苦脚氣，或云楊梅仁可治之。郡守王嶷餽五十石，貫用之而愈。取仁法：以柿漆拌核曝之，則自裂出也。

樹皮及根　煎湯，洗惡瘡疥癬。煎水，（嗽）〔漱〕牙痛。服之，解砒毒。燒灰油調，塗湯火傷。

附方：治中砒毒，心腹絞痛，欲吐不吐，面青肢冷。用楊梅樹皮煎湯二三盌，服之即愈。

明・顧逢柏《分部本草妙用》卷九果部　楊梅　酸、甘，溫，無毒。主治：鹽摻食，去痰止嘔噦，消食下酒。乾作屑食，止酒吐，止渴除煩。燒灰服，止痢。多食發熱損齒及筋。忌食葱。核，治腳氣。

明・孟笨《養生要括・果部》　楊梅　味酸、甘，溫，無毒。鹽藏食，去痰止嘔噦，消食下酒。乾作屑，臨飲酒時服方寸匕，止吐酒，止渴，和五臟，能滌腸胃，除煩憒惡氣。燒灰服，斷下痢甚驗。鹽者常含一枚，咽汁，利五臟，下氣。〔多食令人發熱，損齒及筋。〕

核仁　治腳氣。

樹皮及根　煎湯洗惡瘡、疥癬。煎水，漱牙痛。服之，解砒毒。燒灰，油調塗湯火傷。

明・施永圖《本草醫旨・食物類》卷三　楊梅　實：味酸、甘，溫，無毒。熱，微毒。久食令人發熱，損齒及筋。忌生葱同食，發瘡致痰。治：鹽藏食，去痰，止嘔噦，消食下酒。乾作屑，臨飲酒時服方寸匕，止吐酒，止渴，和五臟，能滌腸胃，除煩憒惡氣。燒灰服，斷下痢甚驗。鹽者，常含一枚，咽汁，利五臟，下氣。

附方　下利不止：楊梅燒，研，每米飲服二錢，日二服。頭痛不止：楊梅為末，以少許嗜鼻取嚏妙。頭風作痛：楊梅為末，每食後薄荷茶服二錢，或以消風散同煎服，或同搗末，以白梅肉和丸彈子大，每食後葱茶嚼下一丸。　核仁：治脚氣。　樹皮及根　治：煎湯，洗惡瘡疥癬。煎水，漱牙痛；服之，解砒毒。燒灰油調，塗湯火傷。

附方　中砒毒：心腹絞痛，或吐不吐，面青肢冷，用楊梅樹皮煎湯二三盌，服之。

清·穆石匏《本草洞詮》卷六 楊梅 楊梅寔，氣味酸甘溫，無毒。生者久食發熱，鹽藏食去痰消食，止嘔噦。和核搗如泥，以竹筒收，凡遇破損，研末傅之，止血生肌，令無瘢痕。

清·丁其譽《壽世秘典》卷三 楊梅有紅、白、紫三種，紅勝于白，紫勝于紅，顆大而核細，鹽藏、蜜漬、餹收皆佳。青時極酸，熟則如蜜，用以釀酒，號為梅香酎。

氣味：酸、甘，溫，無毒。去痰止嘔，消食下酒，和五臟，滌腸胃，除煩悶惡氣。

發明孟詵曰：久食令人發熱，損齒及筋骨，忌生葱同食。有疝氣人，不可與燒酒同食，食則即時舉發。核中有仁，以點茶甘香可愛。取仁法，以柹漆拌核曝之，則自裂出也。

樹皮及根 主煎湯，洗惡瘡疥癬；煎水，漱牙痛；服之，解砒毒；燒灰，油調，塗湯火傷。

清·尤乘《食鑒本草·果類》 楊梅 多食令人發熱，損齒及筋。鹹藏食去痰止嘔，消食。燒灰服止痢甚驗。忌同生葱食。

清·朱本中《飲食須知·果類》 楊梅 味酸、甘，性溫。多食發瘡助熱生痰，損齒傷筋。有火病者勿食，忌與生葱同食。以柹漆拌核曝之，仁自裂出。

清·何其言《養生食鑒》卷上 楊梅 味甘、酸，性溫，無毒。和五臟，消食下酒，解渴止嘔。多食發瘡，助熱生痰，損齒及筋骨。有火熱病者，勿食。忌葱。治一切刀斧傷損瘡不可者，用塩與楊梅等分，不拘多寡，連核搗如泥，捏成餅子，收竹筒中，遇損破即填補之，止血生肌，且無瘢痕。

清·李熙和《醫經允中》卷二二 楊梅 多食發熱，損齒及筋。忌食葱。

酸、甘，溫，無毒。鹽摻食，去痰，消食下酒。乾止酒吐。核治脚氣。

清·张璐《本經逢原》卷三 楊梅 甘、酸，溫，無毒。 發明：楊梅為心家血分之果，兼入肝脾心包，能止渴除煩，燒灰則斷痢，鹽藏則止噦嘔消酒。但血熱火旺人不宜多食，恐動經絡之血而致衄也。其性雖熱，而能從治熱鬱解毒。其根皮煎湯能解砒毒，燒灰油調塗湯火傷。核仁療腳氣，然須多食，以柹漆拌核暴之即自裂也。

清·葉盛《古今治驗食物單方》 楊梅 下痢不止，楊梅燒研，米飲服二錢。頭風痛，楊梅為末，食後薄荷湯下。一切損傷，鹽楊梅和核搗如泥，成挺子，填竹筒內密收，凡遇破傷，研末敷之，神效之極。

清·黃元御《玉楸藥解》卷四 楊梅 味酸、甘，微溫。入手太陰肺經。除痰止嘔，解渴斷痢。楊梅酸濇降斂，治心肺煩鬱，止嘔食吐酒。療痢疾損傷，止血衄。核仁能治脚氣。楊梅生瘴癘之鄉，其味酸甘，多食損齒傷筋。惟桑土者不酸。林邑生者，實如盃盎，青時極酸，熟則如蜜，釀酒號梅香，䣽土人珍重之。

清·吴儀洛《本草從新》卷四 楊梅〔和利五臟，生津。〕 酸，甘，溫。去痰止嘔，消食下氣，生津，和利五臟，能滌腸胃，除煩憒惡氣。燒灰服，斷下痢甚驗。多食令人發熱衄血，損齒及筋。忌生葱同食，發瘡致痰。杭州、蘇州最美，青時酸，紅後變紫，味如蜜。鹽藏、蜜漬、糖收、火酒浸俱佳。樹生癩，以甘草釘釘之即除。

清·汪紱《醫林纂要探源》卷二 楊梅 酸，熱。多得濕熱蒸鬱之氣。

清·嚴潔等《得配本草》卷六 楊梅 酸、甘，溫。生津止渴，能滌腸胃，除煩憒惡氣。燒灰服，斷下痢甚驗。其核仁治脚氣。取仁法：以柹漆拌核暴之，則自出裂也。多食發熱、衄血，損齒及筋。忌生葱同食。發瘡致痰。

題清·徐大椿《藥性切用》卷六 楊梅 酸甘性溫，止渴生津，濇腸治痢。火酒浸良。

清·黃宮繡《本草求真》卷九 楊梅收飲心中虛刺。 楊梅耑入心，兼入肝、脾、心胞。體赤入心，味酸入肝，及甘入脾。故書載為心家血分之菓。兼入肝、脾、心胞。又載性溫而熱。張璐曰溫，銑曰熱。能治心煩口渴，消熱解毒，且於鹽藏，則能止嘔除吐，燒灰則能斷痢。若或多食，則有損傷動血致衄之虞，緣人陰虛熱浮，氣血不歸。清之固屬不能，表之更屬不得，惟借此為酸收，則於浮熱可除，煩渴可解，並或因其過食而致，見有損傷動血之變矣。設使熱從實致，則食此味必不能效，熱氣出於清涼可解，則食此味必不見燥。又曷為而有燥熱損傷之戒乎？性熱之說，於此可徵。根皮煎湯，能解砒毒。燒灰油調，塗湯火傷。核仁療腳氣，然須多食。以柹漆拌核，爆即自裂也。

清·李文培《食物小錄》卷上 楊梅 甘，熱，大酸，無毒。鹽藏食，去痰，消食止渴，和五臟，能滌腸胃，除煩憒惡氣，下酒。作屑，臨飲止吐酒。久食，令人發熱，損齒及筋骨。忌與生葱同食。塩者，常含一枚咽汁，利五臟，下氣。

清·章穆《調疾飲食辯》卷四 楊梅 一名杌子。《綱目》曰：水楊子名杭，此實似之，故名。葉似瑞香。冬月不凋，二月開花、結實，五月熟。有紅、白、紫三色，紅勝於白，紫勝於紅。性雖較櫻桃稍平，能止胃寒嘔噦，消食解渴出《開寶本草》。然助熱傷筋、發瘡、損齒之害，亦不能無。《博物志》云瘴地多產，豈佳物乎。而錢鶴灘詩曰：西州一璲蒲桃釀，南國千頭荔子香。又曰：華清妃子如相見，添得紅塵一倍忙。比之蒲桃、荔枝，文人遊戲之筆也。

清・葉桂《本草再新》卷五　楊梅味甘，酸，性溫，無毒。入脾、胃二經。化痰止嘔，消濕下氣，利臟腑，除煩止渴。

清・吳其濬《植物名實圖考》卷三一　楊梅　《開寶本草》始著錄。吳中產者佳，可為粽，即醬也。廣信以釀酒。《汀州志》：鹽藏可治傷破。

清・趙其光《本草求原》卷一二果部　楊梅　心家血分之果。甘、酸，溫，無毒，兼入肝、脾、心包。止煩渴，止痢，燒灰。止嘔噦，鹽藏。消酒。但血熱火旺人多食，則動筋絡之血而致衄。又生痰、損齒。其性雖熱，而能從治熱鬱，解毒。連核，同鹽等分，搗如泥，收入竹筒中，治刀斧傷損，生肌止血，且無瘢痕。根皮，解砒毒，煎飲。塗湯火傷，燒灰油調。其核，以柿漆拌，爆烈取仁，治腳氣。須多食。

清・文晟《新編六書》卷六《藥性摘錄》　楊梅　性溫，熱。收斂心虛熱，治心煩口渴，消熱解毒。且鹽藏，則止嘔。燒灰，可斷痢。多食，則動血致衄。○核中仁，療腳氣。然須多食，以桶滾拌，核爆即自裂。○根皮，煎湯能鮮砒毒。燒灰，油調，塗湯火傷。

清・王孟英《隨息居飲食譜・果食類》　楊梅　甘，酸，溫。宜蘸鹽少許，食析酲，(丘)[止]渴，活血，消痰，滌腸胃，除煩濾惡氣。鹽藏、蜜漬、酒浸、糖收，為脯為乾，消食止痢。大而純甜者勝。多食動血，酸者尤甚。諸病挾熱者忌之。　樹皮煎湯洗惡瘡、疥癬，漱牙痛；　澄冷服，解砒毒；　研末，燒酒調傳，治遠近攣筋；　燒灰油調，傳湯火傷。

清・田綿淮《本草省常・果性類》　楊梅　一名杭子。性溫。下氣止渴，滌腸胃，除煩憒，惡氣。多食傷筋損齒，發瘡生痰。同葱食傷人。

清・陳其瑞《本草撮要》卷三　楊梅　味酸甘，溫，入手足太陰、厥陰經，功專去痰止嘔生津。燒灰服斷下痢。多食發熱衄血。忌與生葱同食。

清・吳汝紀《每日食物却病考》卷下　楊梅　味甘、酸，溫，無毒。止嘔，去痰，消食，下酒，能止痢。花作屑，臨飲酒先服方寸匕，止吐酒。燒灰服，斷痢。多食，發熱損齒及筋骨。

銀杏

宋・王繼先《紹興本草》卷一三　銀杏　世之果實。味苦、甘，平，無毒。唯炒或煮食之，生食戟人。諸處皆產之，唯宣州形大者佳。七月八月採實暴乾。以其色如銀，形似小杏，故以名之。乃葉如鴨脚而又謂之鴨脚子。生採取皮上肉塗䵟黯，世用頗驗。詳《本草》不載，今附果部。紹興新添。

元・忽思慧《飲膳正要》卷三　銀杏　味甘苦，無毒。炒食煮食皆可，生食發病。

元・吳瑞《日用本草》卷六　銀杏　土人呼為白果，又名鴨脚。味甘、苦，平，無毒。多食生痰動風，同鰻鱺食，患軟風。惟炒或煮食之，生則戟人喉。小兒食之發驚。

明・蘭茂原撰，范洪等抄補《滇南本草圖說》卷九　白菓　味甘、苦，性溫，有小毒。生食引疳，熟食溫肺，定咳嗽，縮小便。多食壅氣，發脹而動風。小兒多食，昏迷發驚，引疳疾蟲出。同魚腥食，發軟。○《延壽經》云：白菓食滿一千則死。昔有凶年，飢者以白菓同飯食飽，次日則死。○採葉搗爛，搽雀斑甚妙。○採樹皮燒灰，調油，擦牛皮銅錢癬，最效。此方出土司處。

明・蘭茂撰，清・管暄校補《滇南本草》卷上　白菓　味甘，平，性寒。乃陰氣而生，故夜間開花。不可多食，若食千枚，其人必死。採葉，陰乾，治小兒生火。以菜油調搽皮面上風血，或大瘡不出頭者。白菓肉仝糯米蒸，合蜜丸，與核桃搗爛為膏，服之，治噎食反胃，又治白濁冷淋。又白菓肉搗爛，敷太陽穴，止頭風眼疼。用汁點喉內，治咽喉十八症。採菓搗爛，敷無名腫毒。

明・劉文泰《本草品彙精要》卷三四　銀杏無毒　植生。

銀杏：炒食、煮食皆可，生食發病。出《飲膳正要》。〔名〕鴨脚、白果。

〔苗〕謹按：樹高五六丈，徑三四尺，葉似鴨脚，五六月結實如李，八九月熟則青黃色。採之，浸爛去皮，取核爲果，亦名鴨脚。梅聖俞《詩》云：鴨脚類綠李，其名因葉高，是也。〔地〕出宣(域)[城]郡，及江南皆有之。

〔時〕生：五六月生。採：八月、九月取實。〔收〕暴乾。〔用〕核中肉。

〔色〕殼白，肉青黃。〔味〕甘，苦。〔性〕緩，洩。〔氣〕味厚於氣，陰中之陽。〔臭〕腥。〔製〕火煨，去殼用。〔治〕療：煨熟食之，止小便頻數。〔合治〕葉爲末，和麪作餅，煨熟食之，止瀉痢。〔禁〕生食有小毒，發病。

明・盧和、汪穎《食物本草》卷二果類　銀杏　味甘苦，平，無毒。主痰動風氣，與鰻魚同食令人軟風，小兒食之發驚。

明・陳嘉謨《本草蒙筌》卷七　白菓一名銀杏，俗呼鴨脚。　在處俱產，樹大而高。二更開花，三更結實。秋熟擊落，殼白肉青。生食戟人喉，炒食味甘苦。少食堪點茶醼酒，多食則動風作痰。食滿一千，令人少死。陰毒之菓，不可不防。古方取其所能，僅治白濁獲効。小兒勿食，極易發驚。

明・王文潔《太乙仙製本草藥性大全》卷四《本草精義》　白果　一名銀杏，一名鴨腳。《圖經》《本草》俱未載，今在處有之，生山谷田野園圃。樹高二三丈，葉似鴨腳而色黃，樹皮光滑，春二三月二更開花，三更結實，形似柰實而色青。七八月實熟而黃，打落去皮，殼白肉青，秋熟採收。

明・王文潔《太乙仙製本草藥性大全》卷四《仙製藥性》　白菓　味甘，氣溫，有小毒。　主治：生食戟人喉，炒食味甘苦。少食堪點茶醼酒，多食則動風作痰。食滿一千，令人少死。陰毒之菓，不可不防。古方取其所能，僅治白濁獲效。小兒勿食，極易發驚。

明・皇甫嵩《本草發明》卷四　白菓一名銀杏。　生則辛澁，戟人喉。炒食味甘苦，宜少用，堪點茶，壓酒。僅治白濁。多食動風作痰，小兒食之易發驚。如食一千，令人少亡，陰菓之毒，可不慎歟。

明・李時珍《本草綱目》卷三〇果部・山果類　銀杏《日用》

〔釋名〕白果《日用》　鴨脚子時珍曰：原生江南，葉似鴨掌，因名鴨脚。宋初始入貢，改呼銀杏，因其形似小杏而核色白也。今名白果。梅堯臣詩：鴨脚類緑李，其名因葉高。歐陽修詩絳囊初入貢，銀杏貴中州是矣。　〔集解〕時珍曰：銀杏生江南，以宣城者爲勝。樹高二三丈。葉薄縱理，儼如鴨掌形，有刻缺，面緑背淡。二月開花成簇，青白色，二更開花，隨即卸落，人罕見之。一枝結子百十，狀如楝子，經霜乃熟爛，去肉取核爲果。其核兩頭尖，三稜爲雄，二稜爲雌。其仁嫩時緑色，久則黃。須雌雄同種，其樹相望，乃結實；或雌樹臨水亦可；或鑿一孔，内雄木一塊泥之亦結。陰陽相感之妙如此。其樹耐久，肌理白膩。術家取刻符印，云能召使也。《文選・吴都賦》註：平仲果，其實如銀。未知即此果否？

核仁　〔氣味〕甘、苦，平，濇，無毒。時珍曰：熟食，小苦微甘，性温有小毒。多食令人臚脹。瑞曰：多食壅氣動風。小兒食多昏霍，發驚引疳。同鰻鱺魚食，患軟風。

〔主治〕生食引疳解酒，熟食益人李鵬飛。　熟食温肺益氣，定喘嗽，縮小便，止白濁。生食降痰，消毒殺蟲。嚼漿塗鼻面手足，去皶皰䵟黵皴皺，及疥癬疳䘌陰蝨時珍。

〔發明〕時珍曰：銀杏宋初始著名，而修《本草》者不收。近時方藥亦時用之。其氣薄味厚，性濇而收，色白屬金。故能入肺經，益肺氣，定喘嗽，縮小便。生擣能浣油膩，則其去痰濁之功，可類推矣。其花夜開，人不得見，蓋陰毒之物，故又能殺蟲消毒。然食多則收令太過，令人氣壅臚脹昏頓。故《物類相感志》言銀杏能醉人，而《三元延壽書》言白果食滿千個者死。又云：昔有飢者，同以白果代飯食飽，次日皆死也。

〔附方〕新十七。　寒嗽痰喘：白果七個煨熟，以熟艾作七丸，每果入艾作一丸，帋包再煨香，去艾喫。《秘韞方》。　哮喘痰嗽：鴨掌散：用銀杏五個，麻黃二錢半，甘草炙二錢，水一鍾半，煎八分，卧時服。〇又金陵一鋪治哮喘，白果定喘湯，服之無不效者，其人以此起家。其方：用白果二十一個炒黃，麻黃三錢，蘇子二錢，款冬花、法制半夏、桑白皮蜜炙各二錢，杏仁去皮尖、黃芩微炒各一錢半，甘草一錢，水三鍾，煎二鍾，隨時分作二服。不用薑。並《攝生方》。　欬嗽失聲：白果仁四兩，白茯苓、桑白皮二兩，烏豆半升炒，蜜半斤，煮熟日乾爲末，以乳汁半盌拌濕，九蒸九晒，丸如緑豆大。每服三五十丸，白湯下，神效。《余居士方》。　小便頻數：白果十四枚，七生七煨，食之，取效止。　小便白濁：生白果仁十枚，擂水飲，日一服。取效止。　赤白帶下：下元虛憊。白果、蓮肉、江米各五錢，胡椒一錢半，爲末。用烏骨鷄一隻，去腸盛藥，瓦器煮爛，空心食之。《集簡方》。　腸風下血：銀杏煨熟，出火氣，食之，米飲下。　腸風臟毒：銀杏四十九枚，去殼生研，入百藥煎末和丸彈子大。每服二三丸，空心細嚼，米飲送下。戴原禮《證治要訣》。　牙齒蟲䘌：生銀杏，每食後嚼一二個，良。《永類鈐方》。　手足皴裂：生白果嚼爛，夜夜塗之。　鼻面酒皶：銀杏、酒醇糟同嚼爛，夜塗旦洗。《醫林集要》。　頭面癬瘡：生白果仁切斷，頻擦取效。《邵氏經驗方》。　下部疳瘡：生白果杵，塗之。趙原陽。　陰虱作痒：陰毛際肉中生蟲如虱，或紅或白，痒不可忍者。白果仁嚼細，頻擦之，取效。《劉長春方》。　狗咬成瘡：白果仁嚼細塗之。　乳癰潰爛：銀杏半斤，以四兩研酒服之，以四兩研傅之。《救急易方》。　水疔暗疔：水疔色黃，麻木不痛；暗疔瘡凸色紅，使人昏狂，並先刺四畔，後用銀杏去殼浸油中年久者，擣盦之。《普濟方》。

明・穆世錫《食物輯要》卷六　白菓　味甘、苦、澀，性溫，有小毒。生食引疳，熟食溫肺，定喘嗽，縮小便。多食壅氣，發脹動風。小兒食多，昏霍發驚引疳。同鰻鱺食，患軟風。《延壽書》云：銀杏能醉人，有食滿及千者死。三稜者有毒。炒白菓法：臨炒時，密取一菓，手握，炒不發爆。

明・李中立《本草原始》卷七　銀杏　生江南，以宣城者為勝。樹高二三丈，葉薄縱理，儼如鴨掌形，有刻缺，面綠背淡。二月開花成簇，青白色。二更開花，隨即卸落，人罕見之。一枝結子百十，狀如楝子，經霜乃熟爛，去肉取核為果。其核兩頭尖，三稜為雄，二稜為雌。其仁嫩綠色，久則黃。雌雄同種，其樹相望乃結實。實一名鴨腳子，因葉形似鴨腳也。宋初始入貢，改呼銀杏，因子形似小杏而核色白也。今呼白果。　核仁：　氣味：甘、苦，平，濇，無毒。主治：生食引疳解酒，熟食益人。○熟食溫肺，益氣，定喘嗽，縮小便，止白濁。生食降痰，消毒殺蟲。嚼漿塗鼻面手足，去皶皰䵟黵皴皺，及疥癬疳䘌，陰蝨。

白果，新增。【圖略】銀杏，宋初始著名，而修本草者不載，近時方藥亦時用之。其氣薄味厚，性濇而收。色白屬金，故能入肺經，益肺氣，定喘嗽，縮小便。生擣能浣油膩，則其去穢濁之功可類推矣。其花夜開，人不得見，蓋陰毒之物，故又能殺蟲消毒。然食多則收斂太過，令人氣壅臚脹昏憒。故《物類相感志》云：銀杏能醉人。而《三元延壽書》言：白果食滿千箇者死。又云：昔有饑者，同以白果代飯食飽，次日皆死也。

治小便頻數方：白果十四枚，七生七煨，食之取效則止。

明・吴文炳《藥性全備食物本草》卷二　白果一名銀杏。　葉如鴨脚，味甘，氣溫，有小毒。生食戟人喉，炒食味甘苦。少食堪點茶、饜酒。多食則動風作痰，食滿一千，令人少死，陰毒之果不可不防。古方取其所能，僅治白濁獲効。小兒勿食，極易發驚。同鰻鱺魚食患軟風。《延壽書》云：銀杏能醉人，有食滿一千者死。三稜者有毒。炒白果法：臨炒時密取一果，手握炒不發爆。

明・趙南星《上醫本草》卷二　銀杏　一名白果，一名鴨脚子。　核仁：甘、苦，平，濇，無毒。　時珍曰：熟食小苦、微甘，性溫，有小毒。多食令人臚脹。瑞曰：多食壅氣動風。小兒食多昏霍，發驚引疳。同鰻鱺魚食，患軟風。

明・倪朱謨《本草彙言》卷一五　銀杏　味甘、微苦濇，氣寒平，有毒。氣薄味厚，性濇而收。入手太陰、太陽經。

李氏曰：銀杏生江南，以宣城者爲勝。樹高四五丈，葉薄縱理，儼如鴨掌，形有刻缺，面綠背淡。三月開花成簇，青白色，二更開花，隨即卸落，人罕見之。一枝結子百餘枚，如楝子，經霜乃熟。爛去肉，取核爲果，其核兩頭尖，三稜爲雄，二稜爲雌。其仁嫩時綠色，久則色黃。須雌雄同種，其樹相望乃結實倍多，陰陽相感之妙如此。其樹耐久，肌理白膩，術家取刻符印，云能召使也。

銀杏：潤肺消痰，利小便，日華子解淋濁之藥也。倪九陽曰：色白屬金，肉柔而多汁液，寒滑而潤，故李氏方治肺熱燥咳，喘悶無痰者；或小便淋澀，塞閉帶濁者；或好飲過多，昏醉如死者。又生擣爛，能浣油膩，則其去痰利濁之功可類推矣。其花夜開，人不得見，蓋陰毒之物，故多食令人氣壅，臚脹昏頓。又《相感志》言：銀杏能醉人。而《延壽書》言：銀杏食滿千個者死。凶歲有飢者，以白果煮熟代飯，食飽，數日後皆死也。

集方：已下六方詳見《方脉正宗》治肺熱燥欬，喘悶無痰。用銀杏五十個去殼拌衣擣汁，天麥二冬、款冬花各三錢，水煎，臨服時和銀杏汁。○治小便淋澀，白帶白濁，欲通不通者。用銀杏五十個去殼，拌衣擣汁，瞿麥、木通、滑石、車前、金沸草各三錢，茯苓三錢，水煎，臨服時和銀杏汁。○治酒醉昏閉不醒。用銀杏肉百個擣汁，和童便少許，灌之立甦。○治手足皴裂。用銀杏肉擣爛，夜夜裹之。○治下部疳瘡。用銀杏肉擣爛裹之。○治狗咬成瘡。用銀杏肉擣爛裹之。

明・應麐《食治廣要》卷四　銀杏釋名白果。　氣味：甘、苦，平，濇，無毒。生食，解酒，降痰，消毒，殺蟲；熟食，溫肺，益氣，定喘嗽，縮小便，止白濁。多食壅氣動風。小兒食發驚引疳。又不可與鰻鱺魚同食。

明・姚可成《食物本草》卷八果部・山果類　銀杏一名白果，一名鴨脚子。原生江南，葉似鴨掌，因名鴨脚。宋初始入貢，改呼銀杏，因其形似小杏而核色白也。今名白果。〔梅堯臣〕詩：鴨脚類綠李，其名因葉高。歐陽修詩：絳囊初入貢，銀杏貴中州。是矣。○銀杏生江南。樹高二三丈。葉薄縱理，儼如鴨掌形，有刻缺，面綠背淡。二月開花成簇，青白色，二更開花，隨即卸落，人罕見之。一枝結子百十，狀如楝子，經霜乃熟，爛去肉取核為果。其核兩頭尖，三稜為雄，二稜為雌。其仁嫩時綠色，久則黃。須雌雄同種，其樹相望，乃結實；或雌樹臨水亦可；或鑿一孔，內雄木一塊泥之亦結。陰陽相感之妙如此。其樹耐久，肌理白膩。術家取刻符印，云能召使鬼神。

銀杏，味甘、苦，平，澀，有小毒。生食引疳解酒。熟食益人，溫肺益氣，定喘嗽，縮小便，止白濁。生食降痰，消毒殺蟲。嚼漿塗鼻面手足皶皰䵟䵳皴皺及疥癬疳䘌陰蝨。同鰻鱺魚食，患軟風。昔有飢者，以白果代飯食飽，次日皆死也。《三元延壽書》亦云：白果食滿千箇者死。小兒尤不可多食，多食立死。或遇其毒，連飲冷白酒幾盞，吐出則生，不吐則死。

附方：治小便白濁。用生白果十枚，擂水飲，日一服，取效乃止。治赤白帶下，下元虛憊。白果、蓮肉、紅米各半兩，胡椒一錢半，為末。用烏骨雞一隻，去腸盛藥，瓦器煮爛，空心食之。治陰蝨作痒，陰毛際肉中生蟲如蝨，或紅或白，痒不可忍者。生白果嚼細，頻頻擦之。治手足皴裂。生白果嚼爛，夜夜塗之。治狗咬，白果生嚼塗之。治水疔暗疔，水疔色黃，麻木不痛；暗疔瘡凸色紅，使人昏狂。竝先刺四畔，後用銀杏去殼浸油中年久者，擣盦之。

明・顧逢柏《分部本草妙用》卷九果部 銀杏即白(杏)(果) 甘、苦，平，濇，無毒。多食令人臚脹，壅氣動風。小兒多食，昏霍發驚引疳，不可即食鰻鱺。主治：生食引疳，解酒。熟食溫肺，定喘嗽，止白濁。嚼漿可去疥疳陰等蟲，塗面手，皶皰䵟䵳。按：銀杏入肺經，能治前諸疾。洗油膩，去痰濁之功可推已。其花夜開，乃陰毒之物，故殺諸蟲。多食則氣壅臚脹，諸疾發矣。

明・孟笨《養生要括・果部》 銀杏 味甘、苦，性溫，有小毒。熟食，溫肺益氣，定喘嗽，縮小便，止白濁。生食降痰消毒，殺蟲解酒。嚼漿塗鼻面手足去皶皰、䵟䵳、皴皺及疥癬、疳䘌、陰蝨。〔多食令人氣壅，臚脹，昏頓。小兒多食，發驚引疳。食滿千枚者死。三稜為雄，一稜為雌。取汁作麵糊漿裹衣，蝨蟲遺類。〕

明・黃承昊《折肱漫録》卷三 人陰毛中生蝨，名八角子。貼伏毛根，最癢惱人。相傳此蝨不醫，延及頭髮眉毛，其人當死。治法以生銀杏擣爛，敷合毛上隔宿，其蝨盡死。予少年曾患此，用此法神效。有友為予言生此蝨者，運會將否之兆。予患此之後，抱病十餘年，備嘗苦楚，其言果驗。

明・施永圖《本草醫旨・食物類》卷三 銀杏名白果。 核仁 味：甘、苦，平，濇，無毒。多食令人臚脹，壅氣動風。小兒食多昏霍，發驚引疳。同鰻鱺魚食，患軟風。治：生食引疳，解酒。熟食益人。熟食，溫肺益氣，定喘嗽，縮小便，止白濁。生食，降痰，消毒殺蟲。嚼漿塗鼻面手足，去皶皰䵟䵳皴皺及疥癬、疳䘌、陰蝨。能入肺經，益肺氣，定喘嗽，縮小便。生擣能浣油膩，則其去穢濁之功可類推矣。其花夜開，人不得見。蓋陰毒之物，故又能殺蟲消毒，然食多，則收令太過，令人氣壅臚脹，昏憒，故(物類相感)〔三元延壽書〕：白果食滿千個者死。

附方 寒嗽痰喘：白果七個，煨熟，以熟艾作七丸，每果入艾一丸，紙包，再煨香，去艾喫。小便頻數：白果十四枚，七生七煨，食之取效止。小便白濁：生白果仁十枚，擂水飲，日一服，取效止。赤白帶下：下元虛憊，白果、蓮肉、江米各五錢，胡椒一錢半，為末。用烏骨雞一隻去腸，盛藥，瓦器煮爛，空心食之。腸風下血：銀杏煨熟，出火氣，食之，米飲下。腸風臟毒：銀杏四十九枚，去殼，生研，入百藥煎末和丸彈子大。每服二三丸，空心細嚼，米飲送下。牙齒蟲䘌：生銀杏，每食後嚼一二個，良。手足皴裂：生白果嚼爛，夜夜塗之。鼻面酒皶：銀杏、酒酻糟同嚼爛，夜塗旦洗。頭面癬瘡：生白果仁，切斷，頻擦之效。下部疳瘡：生白果，杵，塗之。陰蝨作痒：陰毛際肉中生蟲如蝨，或紅或白，痒不可忍者，白果仁嚼細，頻擦之取效。狗咬成瘡：白果仁嚼細，塗之。乳癰潰爛：銀杏半斤，以四兩研酒服之，以四兩研傅之。水疔暗疔：水疔色黃，麻木不痛，暗疔瘡凸色紅，使人昏狂，並先刺四畔，後用銀杏去殼浸油中年久者，搗盦之。

明・李中梓《本草通玄》卷下 白菓 甘，平。熟食溫肺益氣，定喘嗽，縮小便，止白濁，除白帶。生食降痰消毒殺蟲。嚼漿塗面，去皶皰及疥癬疳䘌陰蝨。

清・顧元交《本草彙箋》卷六 銀杏 性濇而收，色白屬金，故能益肺氣而定喘嗽，縮小便。其花夜開，人不得見，蓋陰毒之物，故又能殺蟲消毒。然食多則收令太過，令人氣壅昏頓，小兒尤宜禁之。

清・穆石匏《本草洞詮》卷六 銀杏 一名白果。氣味甘苦平濇，無毒，一云有小毒。生食引疳解酒。熟食溫肺益氣，縮小便，止白濁。宋初始入貢，近時方藥用之。色白屬金，性濇而收，故能益肺氣，止遺數。生擣能浣油膩，則其去痰濁之功，可類推矣。其花夜開，人不得見，蓋陰毒之物，故能殺蟲消毒。然食多則收令太過，令人氣壅臚脹，故《相感志》言：銀杏能醉人。《三元延壽書》言：白果食滿千箇者死。昔有飢者，以白果代飯飽，次日皆死也。

清・丁其譽《壽世秘典》卷三 銀杏一名平仲，唐，沈雲卿詩：芳春平仲綠，清夜子規啼。今名白果。葉似鴨掌，又名鴨腳。宋初，始著名，改呼銀杏。其花夜開，隨即卸落，人罕見之，蓋陰毒之物。其核兩頭尖，三稜為雄，二稜為雌。其仁嫩時綠色，久則黃。須雌、雄同種，其樹相望乃結實，或雌樹臨水亦可，或鑿一孔納雄木一塊泥之亦結，陰陽相感之妙如此。

氣味：　甘、苦，平，濇，無毒。熟食，溫肺益氣，定喘嗽，縮小便，止白濁。生食，降痰，消毒殺蟲；　嚼漿塗鼻面手足，去皶皰䵟䵳、皴瘃及疥癬、疳䘌、陰虱。

發明吴瑞曰：　多食壅氣，動風作痰。小兒多食發驚，立死。同鰻鱺魚食，令人風軟。李時珍曰：　熟食小苦微甘，性溫，有小毒。多食令人氣壅，臚脹昏頓，故《物類相感志》言：銀杏能醉人。而《三元延壽書》云：　白果食滿千箇者死，或遇其毒，飲冷白酒數杯，吐出則生，不吐則死。

清・劉雲密《本草述》卷一七　銀杏　按銀杏二月開花成簇，青白色，二更開花，隨即卸落，人罕見之。一枝結子百十，狀如楝子，經霜乃熟爛。去肉取核為果，其核兩頭尖，三稜為雄，二稜為雌。其仁嫩時綠色，久則黃。須雌雄同種，其樹相望乃結。

或雌樹臨水亦可，或鑿一孔，内雄木一塊，泥之，亦結。陰陽相感之妙如此。

核仁　氣味：　甘、苦，平濇，無毒。　主治：　熱食溫肺益氣，定喘嗽，縮小便，止白濁。生食降痰，消毒殺蟲時珍。

東璧氏曰：　銀杏氣薄味厚，性濇而收，色白屬金，故能入肺經，益肺氣，定喘嗽，縮小便。生搗能浣油膩，則其去痰濁之功，可類推矣。其消毒殺蟲，得勿以收令之太過，而氣血變眚，或凝於熱而成毒，或淫為風而化蟲者，胥緣收者療之歟。至多食則氣壅臚脹，固亦由此矣。

愚按：　銀杏在方書用之以療喘證，葢治其哮者也。是證先哲所說極明，謂緣胸中之痰隨氣上升，粘結於喉嚨，及於會厭懸雍，故氣出入不得快利，與痰引逆相擊而作聲也。是痰得之食味鹹酸太過，因積成熱，由来遠矣。第再繹丹溪云：　哮主於痰，宜吐法。治哮必用薄滋味，不可純作凉藥，必帶表散。此說甚有意味。及閱治哮三方，未有不用表散者，即三方不必盡同，然皆未能舍麻黄者也。斯果必經霜乃熟，是其稟收降之氣最專，故氣血之凝滯而為痰為濁者，以是摧之，而能陷堅也。然必合於諸表散之味，使其氣能疏越，血能宣暢，而後摧之陷之者，乃得收其全功焉。此先哲處方之微義也。

清・尤乘《食鑒本草・果類》　銀杏　即白果。多食令人臚脹，壅氣動風。小兒食多，霍亂發瀉，引疳。同鰻魚食患軟風。生食降痰，解酒，殺蟲。嚼漿塗面及手足，去䶌皰䵳皴皺，及疥癬疳䘌、陰虱。能入肺經，益肺氣，定喘嗽，縮小便。生搗能浣油膩，則其去穢之功可類推矣。但其性主收，多則氣壅，食滿千枚者死。

清・朱本中《飲食須知・果類》　銀杏　味甘、苦、濇，性溫，有小毒。即白果。生食引疳，熟食多令人臚脹壅氣，動風。小兒食多，昏霍發驚，引疳。同鰻鱺食，患軟風。妊婦食之，滑胎。銀杏能醉人，食滿及千者死。三稜者有毒。臨炒時，密取一枚手握，炒不發爆。生搗能澣衣帛油膩。

清・何其言《養生食鑒》卷上　白菓即銀杏。　味甘、苦，性溫，有小毒。生食，引疳。熟食，溫肺，定喘嗽，縮小便。多食壅氣，發脹，動風。小兒食多，昏霍，發驚，引疳。同鰻鱺食，令人軟風。《延壽書》云：　白菓食滿者，死。昔有飢者，同以白菓代飯，食飽，次日皆死。云：　炒白菓，密取一菓手握，炒不發爆。

清・汪昂《本草備要》卷三　白果一名銀杏。濇，斂肺，去痰。　甘苦而溫。性濇而收。熟食溫肺益氣，色白屬金，故入肺。定痰哮，斂喘嗽，縮小便，止帶濁。生食降痰解酒，消毒殺蟲。花夜開，人不得見。性陰，有小毒，故能消毒殺蟲。多食則收令太過，令人壅氣臚脹，小兒發驚動疳。食千枚者死。　漿　澤手面，浣油膩。時珍曰：　去痰濁之功，可以類推。

清・陳士鐸《本草新編》卷五　白果　味甘、少澁，氣微寒。入心經，通任、督之脉，至于唇口。有毒，多食至千者死。治白濁，清心，性不能烏鬚髮，然烏鬚髮必須用之，引烏黑之汁至于唇口之間以變白也。此從來《本經》之所未言。

白果不可多用，然小兒又最宜食之。蓋小兒過餐水果，必傷任督之脉，五日内，與十枚熟食，永無飽傷之苦，併不生口疳之病。

或疑白果有損無益，先生謂能補任督之脉，此從前註《本草》者並未言及，何說之創乎？　嗟乎！　神農嘗百草，安能盡嘗，則註《本草》者，何能盡註，所望于後人之闡發者實多。況白果補任督，又鐸聞之于純陽呂祖之教，以治舍弟選之之子丙郎，而親效者乎。蓋丙郎多餐水果，胃脾兩困，越中兒科治之不效。適呂祖鸞降，訓鐸用六君子湯加白果十枚治之，不旬日全愈。

請問用白果之故。呂祖曰：丙郎乃傷任督脉也，非白果不效，故用之耳。誌之以見鐸之立論，非無本之學也。

或謂白果小兒最不宜食，有食之口吐清水而死者。曰：凡物不宜多服，何獨咎于白果，白果少用則益于任督，多用則損于包絡。口吐清水者，過清其心也。包絡為心之相臣，包絡損而心亦損矣。然必心氣原虚，而又食白果至數百枚者，始有此禍，非食數十枚，便致如此也。

或疑白果清心，多食則過于清心矣，安得而不傷乎？然而心不畏清也，仍是過清包絡耳。倘包絡火旺者，食數百枚，正復相宜。惟包絡素虚寒者，實宜戒耳。白果，方中所用極少，惟治哮喘方有用白果者，取其能滌胃中飲食之積也。

清·李熙和《醫經允中》卷二二 銀杏 多食臚脹氣壅動風，小兒昏亂，發驚引疳，急以鵝翎蘸香油，探吐得解。 甘、苦，平，濇，無毒。主治殺諸蟲，止白濁。嚼塗面手皶音相。皰。音砲。皯干，去聲。䵳音贈。不可與鰻魚同食。

清·馮兆張《馮氏錦囊秘錄·雜症痘疹藥性主治合參》卷八 白菓 二更開花，三更結實。生食戟人喉，炒食味甘苦。少食點茶壓酒，多食動風發痰。食滿一千，令人立死。陰毒之菓，不可不防。古方取其僅治白濁獲效，小兒初食極易發驚。

清·张璐《本經逢原》卷三 銀杏俗名白果 甘、苦，平，濇，無毒。 發明：銀杏定喘方用之。生嚼止白濁降痰，消毒殺蟲。塗鼻面手足，去皶疱疱皯䵳。生搗能浣油膩，同水搗漿衣殺蟲蝨，去痰滌垢之功可例推矣。熟則壅遏閉氣，多食令人臚脹昏悶。昔有飢者，薄暮食此過多，次日脹悶欲死，急以鵝翎蘸香油探吐，方可得生。糞清灌之亦生，取其能降泄也。

清·汪啟賢等《食物須知·諸果》 白果 一名銀杏，在處俱產，樹大而高。二更開花，三更結實。秋熟擊落，殼白肉青。生食戟人喉，炒食味甘苦。少食，堪點茶壓酒；多食，則動風作痰。食滿一千，令人少死。陰毒之菓，不可不防。古方取其所能，僅治白濁獲效。小兒勿食，極驚。

清·葉盛《古今治驗食物單方》 白菓 哮喘痰嗽，白菓二十一個，炒黄，麻黄三錢，蘇子二錢，冬花、製半夏、製桑皮各二錢，杏仁、製黄芩炒各一錢半，甘草一錢，水三鍾，煎二鍾服。 白濁，生白菓十枚，日服取效，婦人白帶亦治。 牙蟲，白菓每食後嚼二枚。 手足開鋒，白菓嚼塗。 酒皶鼻，白菓、酒糟同嚼，夜塗旦洗。 癬，白菓擦。 下部疳瘡，白果汁塗。 陰虱，白菓擦。 乳癰，白菓半觔。四兩研，酒服；四兩研，敷之。

清·黄元御《玉楸藥解》卷四 銀杏 味苦、甘，性濇，氣平。入手太陰肺經。降痰下氣，甯嗽止喘。銀杏苦濇斂肺，降痰涎，止喘嗽，縮小便，除白濁，收帶下。更去皶皰皯䵳，平手足皺裂。療頭面癬疥，殺蟲去風皆效。銀杏即白果，熟食益人。葉辟諸蟲。

清·吴儀洛《本草從新》卷四 銀杏〔澀，斂肺，去濁痰。〕一名白果。 甘，苦。收澀。熟食溫肺益氣，色白屬金，故入肺。定痰哮，斂喘嗽，縮小便，止帶濁。帶濁赤者，熱傷血分，從心小腸來；白者，濕傷氣分，從肺大腸來；并有寒熱二證。亦有因痰而帶濁者，宜二陳加升、柴、二术。生食，降濁痰，解酒消毒，殺蟲。花夜開，人不得見。性陰，有小毒，故能消毒殺蟲。漿澤手面，浣油膩、時珍曰：去濁痰之功可以類推。多食則收令太過，令人壅氣臚脹，小兒發驚動疳。

清·汪紱《醫林纂要探源》卷二 白果 甘，苦，濇，溫。一名銀杏，外形似也。一名鴨腳，葉似也。炒食補肺，泄逆氣，固腎，除邪濕。潤肺，治寒熱哮喘，色白入肺也。縮便，止白濁白帶，仁性入腎也。生食消痰，殺蟲毒。以濇。多食壅氣，小兒食之發驚。花夜放即收，罕見，稟陰性多。仁熟色綠，入肝，是以金伐木，不利於膽，故魂不安而發驚。 生搗漿，澤手面，浣油膩。亦苦濇收斂之故。

清·嚴潔等《得配本草》卷六 銀杏一名白果。 甘、苦、澀，有小毒。入手太陰經。熟用益肺氣，定喘嗽，縮小便，止帶濁。生用降痰，消毒殺蟲。配百藥煎，治腸風。配麻黄、甘草，治哮喘。 多食壅氣動風，發驚暴厥。白鯗湯可解。

題清·徐大椿《藥性切用》卷六 白果 一名銀杏。甘苦性濇。生則豁痰，清肺可止帶濁。熟則溫肺定哮，能縮小便。多食令人壅氣。

清·黄宫繡《本草求真》卷五 白菓山果生用滌痰除垢，熟則脹悶欲絕。 白果耑入肺。雖屬一物，而生熟攸分，不可不辨。如生食則能降痰解酒，消毒殺蟲。以漿塗鼻面手足，則去皶皰皯䵳油膩，及同汞浣衣，則死蟲虱。其花夜開，人不得見，性陰，有小毒，故能消毒殺蟲。何其力銳氣勝，而能使痰與垢之悉除也！至其熟用，則竟不相同，如稍食則可。再食則令人氣壅，多食則即令人臚脹昏悶，昔已有服此過多而竟脹悶欲死者。食千枚者死。然究其實，則生苦未經火革，而性得肆其才而不窒，熟則經火煅制，而氣因爾不伸。要皆各有至理，並非空為妄談已也。

清・李文培《食物小錄》卷上　銀杏即白果　甘，平，苦，澀，無毒。生食，引疳解酒；熟食，溫肺益氣，定喘。多食壅氣動風，小兒多食昏霍發驚。同鰻鱺食，患軟風。同甘蔗食，則蔗無滓。

清・羅國綱《羅氏會約醫鏡》卷一七菓部　白菓　味甘苦，入肺經。熟食溫肺益氣，色白屬金。定痰哮，斂喘嗽，縮小便，止帶濁。生食，降痰，解酒，消毒，殺蟲。花夜開，人不得見，陰毒之菓，食千枚者死。用者勿得過多，小兒更忌，發驚動疳。

清・吳鋼《類經證治本草・手太陽小腸腑藥類》　白菓　【略】誠齋曰：其心有毒，用須去心。

清・張德裕《本草正義》卷上　銀杏一名白果　甘，平。益氣，定喘嗽，縮小便，止帶濁。生食降痰，消毒殺蟲。塗面可去皺皰皯點，及癬疥疳䘌。多食令人發脹。

清・楊時泰《本草述鉤元》卷一七　銀杏　花於二月，每二更時開，隨即卸落，人罕見之。一枝結子百十，經霜乃熟，爛去肉，取核為果，三稜為雄，二稜為雌。須雌雄同種，其樹相望乃結，或雌樹臨水亦結，或鑿孔，內雄木一塊，泥之亦結，陰陽相感之妙如此。

仁　氣味甘苦澀平。入手太陰經。熟食溫肺益氣，定喘嗽，縮小便，止白濁。生食降痰，消毒殺蟲。生搗能浣油膩，其去痰濁之功可知。多食則氣壅臚脹，稟收令太過也。

論：　方書用銀杏治喘，蓋治喘之哮者，是證緣胸中之痰，隨氣上升，粘結於喉嚨以及會厭懸雍，致氣出入不得快利，與痰引逆相擊而作聲，是痰得之食味鹹酸太過，因積成熱。故丹溪云：　治哮必薄滋味，必帶表散，而治哮三方，未有能舍麻黃者也。此果經霜乃熟，稟收降之氣最專，故氣血之凝滯而為痰為濁者，以是摧之陷之，然必合於散劑，使氣能踈越，血能宣暢，而後摧之陷之者，乃得收其全功焉。至於消毒殺蟲，毋亦以收令太過，俾氣血變眚之凝於熱而成毒，淫為風而化蟲者，胥緣收者療之歟。

清・葉桂《本草再新》卷五　白果味苦、甘，性涼，無毒。入心、肺、腎三經。補氣養心，益腎滋陰，止欬除煩，生肌長肉，排膿拔毒，消瘡疥疽瘤。

清・吳其濬《植物名實圖考》卷三一　銀杏　《日用本草》始著錄。即白果，一名鴨腳子，或云即平仲。木理堅重，製器不裂，匠人重之。

清・趙其光《本草求原》卷一二果部　銀杏　即白果。　經霜乃熟，氣平，味甘、苦，性收澀。熟食，益肺氣，定痰哮，厚味積熱成痰，粘於胸喉會厭，與氣相擊成聲，則為哮，宜收降以摧其凝滯。但必合麻黃之表散，而後氣達而血暢。止喘嗽，縮小便，止濁帶。生食降痰、解酒、消毒、殺蟲。熱凝則成毒，風淫則化蟲，惟降收可以治之。生搗，浣油膩；其去痰滌垢之功可推。塗面，去皻疱皯黯。同汞搗漿衣，殺蝨虱。熟而多食，令人壅氣、脹悶欲死，小兒發驚動疳。急以鵝翎蘸油探吐，或糞清灌以泄之。

清・文晟《新編六書》卷六《藥性摘錄》　白果　甘苦，性溫，有小毒。生食引疳。熟食溫肺，定喘嗽，縮小便。多食壅氣，發脹動風。食千枚者死，小兒尤不可多食。同鰻鱺食，身軟。並詳藥部。

白果　味苦，入肺。生用除痰祛垢，解酒消毒，殺蟲。〇以漿塗鼻面手足，則去皺皰皯黯、油膩。〇熟用則不同，偶食稍可，多食令人氣壅臚脹，食至千枚者死。〇同鰻鱺食身軟。

清・張仁錫《藥性蒙求・果部》　銀杏　銀杏甘苦，喘嗽痰哮。熟者溫肺，降濁生敲。甘苦收濇。一名白果。生食降濁痰，解酒消毒。〇多食者收濇太過，令人壅氣，小兒發驚動疳。

清・陸以湉《冷廬醫話》卷五　藥品　方書言白果食滿千枚者死，以其壅氣也。由此推之，凡菱、芋、南瓜等滯氣之物，俱不可多食，病人尤忌。

清・王孟英《隨息居飲食譜・果食類》　銀杏一名白果。　生苦，平澀。消毒，殺蟲滌垢，化痰，擦面去皺皰、皯黯、皴皺，及疥癬疳䘌、陰蝨。熟甘苦溫。暖肺益氣，定喘嗽，止帶濁，縮小便。多食壅氣動風，小兒發驚動疳。中其毒者，昏暈如醉，白果殼或白鯗頭煎湯解之。食或太多，甚至不救，慎生者不可不知也。　小便頻數，腸風下血，赤白帶下，竝以白果煨熟，去火氣，細嚼，米飯下。　手足皴裂，下疳陰蝨，頭面癬瘡，竝用生白果，杵爛，塗擦。　鍼刺入肉，瓷鋒嵌腳，水疔暗疔，竝將白果肉浸菜油中，年久愈佳，擣傅患處。

清・田綿淮《本草省常・果性類》　白果　一名銀杏，一名鴨脚子。性微寒，解酒殺蟲。熟微溫，益氣潤肺，止嗽定喘。多食動風壅氣。小兒多食發驚搐。同無鱗魚食，令人患軟風。

清・戴葆元《本草綱目易知錄》卷三　銀杏白菓　甘苦而溫，性濇而收，色白屬金而入肺經。潤肺定喘。生食，降痰解酒，消毒殺蟲。熟食，溫肺益氣，定痰哮，寧喘嗽，止帶濁，縮小便。多食則收令太過，令人壅氣，臚脹動風。小兒昏霍發驚引疳，嚼漿塗面鼻手足，去皶皰䵟黯及疥癬陰蝨疳蝕。

清・陳其瑞《本草撮要》卷三　銀杏　味甘苦，入手太陰經，功專收濇。熟食溫肺益氣，定痰哮，斂喘嗽，縮小便，止帶濁，殺蟲去虱。麻黄一錢，銀杏十枚，治喘效。多食壅氣。一名白果。葉辟諸蟲。

清・吴汝紀《每日食物却病考》卷下　銀杏　味甘、苦，平，有小毒。生食，降痰，解酒，引疳；　熟食，溫肺，益氣，定喘，縮小便，止白濁。二月間，二更時開花成簇，青白色，隨即卸落，故人罕見之。其菓三稜為雄，二稜為雌，須雌雄同種，其樹相望，乃結實。或兩樹接生乃結。或鑿一孔，内雄木一塊，泥封之，亦結。陰陽相感之妙如此。多食，令人氣壅作脹。小兒多食，發驚引疳。《三元延壽書》曰：　白菓食滿千個者死。昔有飢者，同以白菓代飯食飽，次日皆死。慎之。

胡桃

唐・孫思邈《千金要方》卷二六《食治・果實》　胡桃　味甘，冷，滑，無毒。不可多食，動痰飲，令人惡心，吐水吐食。

唐・孟詵、張鼎《食療本草》卷子本　胡桃平。　右〔卒〕不可多食，動痰〔飲〕。案經：　除去風，潤脂肉，令人能食。不得多食之，計日月，漸漸服食。通經絡氣，〔潤〕血脉，黑人髭髮，毛落再生也。又，燒至煙盡，研為泥，和胡粉為膏。拔去白髮，傅之即黑毛髮生。又，仙家壓油，和詹香塗黃髮，便黑如漆，光潤。初服日一顆，後隨日加一顆。至廿顆，定得骨細肉潤。又方，〔能差〕一切痔病。案經：　動風，益氣，發痼疾。多喫不宜。

宋・唐慎微《證類本草》卷二三果部下品〔宋・馬志《開寶本草》〕　胡桃　味甘，平，無毒。食之令人肥健，潤肌，黑髮。取瓤燒令黑，末，斷煙，和松脂研，傅瘰癧瘡。又，和胡粉爲泥，拔白鬚髮，以内孔中，其毛皆黑。多食利小便，能脱人眉，動風故也。去五痔。外青皮染髭及帛皆黑。其樹皮止水痢，可染褐。仙方取青皮壓油，和詹糖香塗毛髮，色如漆。生北土。云張騫從西域將來。其木，春斫皮，中出水，承取沐頭至黑。今附。

〔宋・掌禹錫《嘉祐本草》〕按：　孟詵云：　胡桃，不可多食，動痰飲，除風，令人能食，不得并，漸漸食之，通經脉，潤血脉，黑鬢髮。又，服法：　初日一顆，五日加一顆，至二十顆止之。常服，骨肉細膩光潤，能養一切老痔疾。日華子云：　潤肌肉，益髮，食酸齒齼，細嚼解之。

〔宋・蘇頌《本草圖經》〕曰：　胡桃，生北土，今陝、洛間多有之。大株厚葉多陰。實亦有房，秋冬熟時採之。性熱，不可多食，補下方亦用之。取肉合破故帋擣篩，蜜丸。朝服梧桐子大三十丸。又療壓撲損傷。擣肉和酒，溫頓服便差。崔元亮《海上方》：　療石淋，便中有石子者。胡桃肉一升，細米煮漿粥一升，相和頓服即差。實上青皮，染髮及帛皆黑。其木皮中水，春斫取沐頭，至黑。此果本出羌胡，漢張騫使西域還，始得其種，植之秦中，後漸生東土。故曰陳倉胡桃，薄皮多肌。陰平胡桃，大而皮脆，急捉則碎，江表亦嘗有之。梁《沈約集》有《謝賜樂遊園胡桃啟》，乃其事也。今京東亦有其種，而實不佳。南方則無。

〔宋・唐慎微《證類本草》〕孫真人：　食，動疾吐水。《梅師方》：　治火燒瘡。取胡桃穰，燒令黑，杵如脂，傅瘡上。

附：　日・丹波康賴《醫心方》卷三〇　胡桃人　《七卷經》云：　味甘，溫。食之去積氣。《博物志》云：　張騫使西域，還得胡桃，故名之。崔禹〔錫〕云：　食之下氣。味甘，小冷，無毒。主喉痹，殺白蟲，令人痰動。孟詵云：　卒不可多食，動痰飲。計日月漸服食，通經絡，黑人鬢髮，毛生能差一切痔病。《千金方》云：　不可多食，令人惡心。《拾遺》云：　味甘，平，無毒。食之令人肥健，潤膚黑髮，去野鷄病。

宋・寇宗奭《本草衍義》卷一八　胡桃　發風。陝、洛之間甚多，外有青皮包之，胡桃乃核也。核中穰爲胡桃肉。雖如此說，用時須以湯剝去肉上薄皮，過夏至，則不堪食。有人患酒𪗾風，鼻上赤，將橘子核，微炒爲末，每用一錢匕，研，胡桃肉一個，同以溫酒調服，以知爲度。

宋・王繼先《紹興本草》卷一三　胡桃　紹興校定：　胡桃取實中仁為用。性味、主治已載《本經》。然諸方各分所宜，服餌外用，亦作果品。多食喜作風熱疾。當云味甘、溫、無毒是矣。所産不一，惟北地者佳。

宋・陳衍《寶慶本草折衷》卷一八　胡桃皮膜續附。　一名胡桃肉。生北土，及西域、陝洛、京東種之。○秋冬採。○續附：　皮膜，乃着肉軟薄衣也。

味甘，平，熱，無毒。○潤肌，黑髮，取瓤燒黑，和松脂研，傅瘰癧瘡，去五痔。○孟詵云：　多食動痰飲，令人能食。通經脉，潤血脉。○《圖經》曰：　補下用之，取肉合破故紙擣篩蜜丸服。療壓撲損傷，擣和酒服。療石淋，細米煮漿粥相和服。〇《梅師方》：治火燒瘡，取燒令黑，杵如脂傅。〇寇氏曰：發風。外有青皮包之，胡桃乃核也。核中穰為胡桃肉，須以湯剝去肉上薄皮，過夏至則不堪食。患酒楂風鼻赤，將橘核微炒為末，每用壹錢匕，研胡桃肉壹箇，同以溫酒調服。

續說云：胡桃肉雖當去皮，惟《夷堅志》療小兒痰喘疾，乃以帶皮膜胡桃肉壹枚，新羅人參壹寸，同剉煎濃湯，量灌壹呷，喘即定，再進得睡而瘳。然人參定喘，而胡桃肉帶皮膜者能斂肺，全在皮膜收功，揭去則無效矣。

宋・周密《志雅堂雜鈔》卷上　汪龍溪一帖云，去年得下血疾，年半有餘，今春誤食胡桃，復嘔血升餘。若然，則胡桃不可食。

元・忽思慧《飲膳正要》卷三　胡桃　味甘，無毒。食之令人肥健，潤肌黑髮。多食動風。

元・尚從善《本草元命苞》卷八　胡桃　甘，平，無毒。餌之令人肥健，潤肌膚，黑髮，和血脉，通經。外青皮，染髭髮。樹身皮，止水痢。燒灰合松脂同研，傅瘰癧如神。細搗，和漿水煮粥，治石淋尤妙。多食利小水動風，脫人眉。生北土，陝、洛州郡。樹大株，葉厚多陰，實亦作房，秋冬熟採。補下藥多用，筋骨損尤佳。

元・朱震亨《本草衍義補遺》　胡桃　屬土而有火。性熱。《本草》言其平，是無熱也。下文云能脫人眉，動風，非熱何傷肺乎？〇《衍義》云：過夏至不堪食。又其肉煮漿粥，下石淋良。

元・徐彥純《本草發揮》卷三　胡桃　丹溪云：胡桃，屬土而有火。性熱。《本草》言甘，平。是無熱也。能脫人眉，動風也，非熱大腸、肺也。

明・朱橚《救荒本草》卷下之後　胡桃樹　一名核桃。生北土。舊云張騫從西域將來。陝洛間多有之。今鈞鄭間亦有。其樹大株，葉厚而多陰，開花成穗，花色蒼黃，結實外有青皮包之，狀似梨，大熟時漚去青皮，取其核是胡桃。味甘，性平。一云性熱，無毒。救飢：採核桃漚去青皮，取瓤食之，令人肥健。治病：文具《本草》果部條下。

明・王綸《本草集要》卷五　胡桃　味甘，氣溫，無毒。食之令人肥健，潤黑髮。補下元亦用之。不可多食，動風生痰，助腎火。取肉燒令黑，未斷煙，和松脂研，傅瘰癧瘡。又和胡粉為泥，拔白鬚髮，以內孔中，其毛皆黑。

明・滕弘《神農本經會通》卷三　胡桃　味甘，氣平，無毒。《本經》云：食之令人肥健，潤肌黑髮。取瓤燒令黑，末，斷煙，和松脂研，傅瘰癧瘡。又和胡粉為泥，拔白鬚髮，以內孔中，其毛皆黑。多食利小便，能脫人眉，動風故也。去五痔。外青皮染髭及帛皆黑。其樹皮，止水痢，可染褐。孟詵云：不可多食，動痰飲。除風，令人能食，不得(併)〔病〕。漸漸食之，通經脉，潤血脉，黑鬢髮。《圖經》云：性熱，不可多食。補下方亦用之，取肉合破故紙，擣篩，棗丸梧子大，朝服三十丸。又療壓撲傷損，搗肉和酒，溫頓服，便差。《海上方》療石淋，便中有石子者，胡桃肉一升，細米煮漿粥一升，相和頓服，即差。丹溪云：屬土而有火，性熱。《本經》言甘平，是無熱也。下文云能脫人眉，動風，非熱，何傷肺乎？《衍義》云：過夏至不堪食。又其肉煮漿粥，下石淋良。《集》云：補下元亦用之。多食動風生痰，助腎火。《局》云：胡桃塗髮能令黑，去痔仍消瘰癧瘡。多食人肥肌肉潤，撲傷和酒細研嘗。胡桃肉，肥肌潤肉，和酒研服，主撲傷。

明・劉文泰《本草品彙精要》卷三四　胡桃無毒　植生。

胡桃　食之令人肥健，潤肌，黑髮。取瓤燒令黑，末，斷煙，和松脂研，傅瘰癧瘡。又和胡粉爲泥，拔白鬚髮，以內孔中，其毛皆黑。多食利小便，能脫人眉，動風故也。去五痔，外青皮染髭及帛皆黑。〇樹皮，止水痢，可染褐。仙方取青皮壓油，和詹糖香塗毛髮，色如漆。其木，春斫皮，中出水，承取沐頭，至黑。名醫所錄。〖苗〗《圖經》曰：大株厚葉多陰。實亦有房，秋冬乃熟，外有青皮包之。胡桃乃核也，核中穰爲胡桃肉。此果本出羌胡，漢張騫使西域還，始得其種。植之秦中，後漸生東土，故曰陳倉胡桃，薄皮多肌。陰平胡桃，大而皮脆，擊之易碎，江表亦嘗有之。梁《沈約集》有《謝賜樂遊園胡桃啟》，乃其事也。今京東亦有其種而實不佳，南方則無。〖地〗《圖經》曰：生陝、洛，及江表間亦多有之。〖道地〗北土者佳。〖時〗生：四五月生。採：秋冬取實。〖收〗暴乾。〖用〗肉、皮。〖色〗肉白，皮青。〖味〗甘。〖性〗平，緩。〖氣〗氣之薄者，陽中之陰。〖臭〗微香。〖主〗潤肌，黑髮。〖製〗凡使，去殼，湯浸，剝去肉上薄皮用。〖治〗療：日華子云：潤肌肉，益髮。孟詵云：除風冷，令人能食，不得併，漸漸食之，通經脈，潤血脈，黑鬢髮。又服法：初一日一顆，五日加一顆，至二十顆止之，常服，骨肉細膩光潤，能療一切痔。《別錄》云：穰，燒令黑，杵如脂，傅火燒瘡。〖合治〗肉合破故紙，搗篩，蜜丸如梧桐子大，朝服三十丸，補下元。〇肉搗，和酒，溫頓服，療壓撲損傷。〇肉和細米各等分煮粥，頓服，療石淋，便中有石子。〇肉一筒，合炒橘核爲末一錢匕，溫酒調服，以知爲度，療患酒齄風，鼻上赤。　〔禁〕多食，動痰飲及發風。過夏至，則不堪食。

〔解〕食酸齒齼初舉切，細嚼此解之。

明・盧和、汪穎《食物本草》卷二果類　胡桃　味甘，平，氣溫，無毒。食之令人肥健，潤肌，黑髮。補下元亦用之。多食利小便，動風生痰，助腎火。又云：　去五痔，通血脉，食酸齒齼者，細嚼解之。丹溪云：　屬土而有火，性熱。《本草》言甘平，是無熱也。又云脫眉動風，非熱何以傷肺？

明・葉文齡《醫學統旨》卷八　胡桃　氣溫，味甘。無毒。去殼皮用。治腰痛，補下元，潤肌黑髮，令人肥健。不可多食，動風生痰，能脫人眉。

明・許希周《藥性粗評》卷三　肌長胡桃之潤。

胡桃，一名核桃。樹高數丈，葉厚而大，夏開花，結實外軟，青皮一層，內硬，殼一層，殼內乃有肉焉，白色，秋冬而熟。南北山圃處處有之，說者謂漢張騫使西域帶來，此特世說耳。凡用肉取肥潤者，溫水浸濕，剝去麄皮，夏至後其肉便焦。餘說《本草》不載。味苦、甘，性平、微溫，無毒。主治五痔瘰癧惡瘡，折傷撲損，通經潤肺，利血脉，長肌肉，黑髭髮，利小便，久食令人肥健。然不可過多，多則動風。脫眉鬚，稍稍食之如初食一枚，每五日加一枚，至二十枚止。

單方：　石淋：　凡患淋證，小便中出石子，痛不可忍者，胡桃肉一升，去麄皮，搗爛，以白米煮清粥一升，相和，待飢時頓服，其石自消。　火炮：　凡被火燒成瘡者，取胡桃肉燒令黑，杵如脂，傅瘡上，易，差。　髮白變黑：　凡鬚髮斑白，欲變黑者，胡桃肉和胡粉，搗為泥，拔去白者，以藥一點納孔中，復生黑物。　鼻風成楂：　凡患鼻風酒楂，赤色游衍者，先將橘子核二兩，微炒，研末，每用一錢，和胡桃肉一個，相研，溫酒調服，日再，以差為度。

明・鄭寧《藥性要略大全》卷六　胡桃肉　肥肌，潤顏色。〇去痔，消瘰癧。　味甘，平，無毒。〇和酒研，入藥服，療撲傷。

明・陳嘉謨《本草蒙筌》卷七　胡桃肉　味甘，氣溫。無毒。地土俱生，陝洛尤盛。株大葉厚，結實有房。近冬採收，碎殼取肉。頻食健身生髮，兼補下元；　多食動風生痰，且助腎火。燒擂細末，合松脂敷瘰癧易差；　人拔白鬚，同胡粉納孔中即黑。傷損和醇酒熱服，石淋攙碎米煮嘗。經脉堪通，血脉能潤。食酸齒齼，細嚼立除。外包青皮壓油，染髭塗髮如漆。樹皮亦止水痢，又染褐色尤奇。

明・寧源《食鑑本草》卷上　胡桃　味甘，平、溫。潤肌膚，黑鬢髮。《本草》止言甘平，不言性熱。又云：　動風能脫人眉毛，非熱而傷肺乎？　外青皮　搗爛取汁可染鬚鬢。又，取青皮壓油，和詹糖香塗毛髮，（急）〔色如〕漆。

明・王文潔《太乙仙製本草藥性大全》卷四《本草精義》　胡桃肉　生北土，今陝、洛間多有之。大株厚葉多陰，實亦有房，秋冬熟時採之。性熱不可多食。補下虛取肉合破故紙搗篩蜜丸，朝服梧桐子大三十丸。〇療石淋便中有石子者，胡桃肉一升，細米煮漿粥一升，相和頓服即差。實上青皮，染髮及帛皆黑。其木皮中水，春斫取沐頭至黑。此果本出羌胡，漢張騫使西域還，始得其種植之秦中，後漸生東土，故曰陳倉胡桃，薄皮多肌。陰平胡桃大而皮肥，急捉則碎。江表亦嘗有之。梁《沈約集》有《謝賜樂遊園胡桃啓》，乃其事也。今京東亦自其種，而實不佳，南方則無。

明・王文潔《太乙仙製本草藥性大全》卷四《仙製藥性》　胡桃肉　味甘，氣溫，無毒。　主治：　頻食健身生髮，兼補下元。多食動風生痰，且助腎火。燒擂細末，合松脂敷瘰癧易差。人拔白鬚，同胡粉納孔中即黑。傷損和醇酒熱服。石淋攙碎米煮嘗。經脉堪通，血脉能潤。食酸齒齼，細嚼立除。外包青皮壓油染髭塗髮如漆。樹皮亦止水痢，又染褐色尤奇。　補註：　治火燒瘡，取胡桃穰燒令黑，杵如脂傅瘡上。〇患酒皶風，鼻上赤，捋橘子核微炒，爲末，每用一錢匕，研胡桃肉一個，同以溫酒調服，以知爲度。〇通經脉，潤血脉，黑鬚髮。又服法：　初日一顆，五日加一顆，至二十顆止之。常服，骨肉細膩光潤，能養一切老疾。潤肌肉，黑髮。食酸齒齼，細嚼解之。

明・皇甫嵩《本草發明》卷四　胡桃肉下品。味甘，溫，無毒。　發明曰：　胡桃肉，甘溫能補。亦動風痰，助腎火，服之令人肥健，潤肌黑髮，通經脉，潤血脉，甘溫故也。多食利小便，脫人眉，動風生痰。蓋積溫成熱也。合青娥丸治腰痛，以助腎也。擂細，合松脂，敷瘰癧。同胡粉和之，拔白鬚，內孔中，出毛皆黑。和醇酒服，療傷損。攙細米煮，治石淋。食酸物齒齼，細嚼之即除。〇外包青皮，壓油，染鬚塗髮如（添）〔漆〕。〇樹皮，止水痢，又染（偈）〔褐〕色。

明・李時珍《本草綱目》卷三〇果部・山果類

胡桃宋《開寶》

【釋名】羌桃《名物志》　核桃頌曰：此果本出羌胡，漢時張騫使西域始得種還，植之秦中，漸及東土，故名之。時珍曰：此果外有青皮肉包之，其形如桃，胡桃乃其核也。羌音呼核如胡，名或以此。或作〔核桃〕。梵書名播羅師。

【集解】頌曰：胡桃生北土，今陝、洛間甚多。大株厚葉多陰。實亦有房，秋冬熟時采之。出陳倉者薄皮多肌。出陰平者大而皮脆，急捉則碎。汴州雖有而實不佳。江表亦時有之，南方則無。時珍曰：胡桃樹高丈許。春初生葉，長四五寸，微似大青葉，兩兩相對，頗作惡氣。三月開花如栗花，穗蒼黄色。結實至秋如青桃狀，熟時漚爛皮肉，取核爲果。人多以櫸柳接之。案劉恂《嶺表録》云：南方有山胡桃，底平如檳榔，皮厚而大堅，多肉少穰。其殼甚厚，須椎之方破。然則南方亦有，但不佳耳。

核仁　【氣味】甘，平、温，無毒。頌曰：性熱，不可多食。思邈曰：甘冷滑。多食動痰飲，令人惡心、吐水、吐食物。志曰：多食動風，脱人眉。同酒食，多令人咯血。穎曰：多食生痰，動腎火。

【發明】震亨曰：胡桃屬土而有火，性熱。《本草》云甘平，是無熱矣。然又云動風脱人眉，非熱何以傷肺耶。時珍曰：胡桃仁味甘氣熱，皮澀肉潤。孫真人言其冷滑，誤矣。近世醫方用治痰氣喘嗽醋心及癘風諸病，而酒家往往醉後嗜之。則食多吐水吐食脱眉，及酒同食咯血之説，亦未必盡然也。但胡桃性熱，能入腎肺，惟虚寒者宜之。而痰火積熱者，不宜多食耳。

【主治】食之令人肥健，潤肌，黑鬚髮。多食利小便，去五痔。擣和胡粉，拔白鬚髮，内孔中，則生黑毛。燒存性，和松脂研，傅瘰癧瘡《開寶》。食之令人能食，通潤血脉，骨肉細膩。詵。○方見下。治損傷、石淋。同破故紙蜜丸服，補下焦頌。補氣養血，潤燥化痰，益命門，利三焦，温肺潤腸，治虚寒喘嗽，腰脚重痛，心腹疝痛，血痢腸風，散腫毒，發痘瘡，制銅毒時珍。

油胡桃　【氣味】辛，熱，有毒。　【主治】殺蟲攻毒，治癰腫、癘風、疥癬、楊梅、白禿諸瘡，潤鬚髮時珍。

【發明】韓懋曰：破故紙屬火，能使心包與命門之火相通。胡桃屬水，主潤血養血，血屬陰，陰惡燥，故油以潤之。佐破故帋，有木火相生之妙。故古有云：黄蘗無知母，破故紙無胡桃，猶水母之無鰕也。時珍曰：三焦者，元氣之别使。命門者，三焦之本原。蓋一原一委也。命門指所居之府而名，爲藏精繫胞之物。三焦指分治之部而名，爲出納腐熟之司。蓋一以體名，一以用名。其體非脂非肉，白膜裹之，在七節之旁，兩腎之間。二繫著脊，下通二腎，上通心肺，貫屬于腦。爲生命之原，相火之主，精氣之府。人物皆有之，生人生物，皆由此出。《靈樞・本臟論》已著其厚薄緩結之狀。而扁鵲《難經》不知原委體用之分，以右腎爲命門，謂三焦有名無狀。而高陽生僞譔《脉訣》，承其謬説，以誤後人。至朱肱《南陽活人書》、陳言《三因方論》、戴起宗《脉訣刊誤》，始著説闢之，而知之者尚尠。胡桃仁頗類其狀，而外皮水汁皆青黑。故能入北方，通命門，利三焦，益氣養血，與破故紙同爲補下焦腎命之藥。夫命門氣與腎通，藏精血而惡燥。若腎、命不燥，精氣内充，則飲食自健，肌膚光澤，腸腑潤而血脉通。此胡桃佐補藥，有令人肥健能食，潤肌黑髮固精，治燥調血之功也。命門既通則三焦利，故上通于肺而虚寒喘嗽者宜之，下通于腎而腰脚虚痛者宜之，内而心腹諸痛可止，外而瘡腫之毒可散矣。洪氏《夷堅志》止言胡桃治痰嗽能斂肺，蓋不知其爲命門三焦之藥也。油胡桃有毒，傷人咽肺，而瘡科取之，用其毒也。胡桃制銅，此又物理之不可曉者。洪邁云：邁有痰疾，因晚對，上遣使諭令以胡桃肉三顆，生薑三片，卧時嚼服，即飲湯兩三呷，又再嚼桃、薑如前數，即静卧，必愈。邁還玉堂，如旨服之，及旦而痰消嗽止。又溧陽洪輯幼子，病痰喘，凡五晝夜不乳食。醫以危告。其妻夜夢觀音授方，令服人參胡桃湯。輯急取新羅人參寸許，胡桃肉一枚，煎湯一蜆殼許，灌之，喘即定。明日以湯剥去胡桃皮用之，喘復作。仍連皮用，信宿而瘳。此方不載書册，蓋人參定喘，胡桃連皮能斂肺故也。

【附方】舊五，新二十八。

服胡桃法：詵曰：凡服胡桃不得併食，須漸漸食之。初日服一顆，每五日加一顆，至二十顆止，周而復始。常服令人能食，骨肉細膩光潤，鬚髮黑澤，血脉通潤，養一切老痔。

青娥丸：方見草部補骨脂。

胡桃丸：益血補髓，强筋壯骨，延年明目，悦心潤肌，能除百病。用胡桃仁四兩擣膏，入破故紙、杜仲、萆薢末各四兩杵匀，丸梧子大。每空心温酒、鹽湯任下五十丸。《御藥院方》。

消腎溢精：胡桃丸：治消腎病，因房慾無節，及服丹石，或失志傷腎，遂致水弱火强，口舌乾，精自溢出，或小便赤黄，大便燥實，或小便大利而不甚渴。用胡桃肉、白茯苓各四兩，附子一枚去皮切片，薑汁、蛤粉同焙爲末，蜜丸梧子大。每服三十丸，米飲下。《普濟方》。

小便頻數：胡桃煨熟，卧時嚼之，温酒下。

石淋痛楚：便中有石子者。胡桃肉一升，細米煮漿粥一升，相和頓服即瘥。崔元亮《海上方》。

風寒無汗：發熱頭痛。核桃肉、葱白、細茶、生薑等分，擣爛，水一鍾，煎七分，熱服。覆衣取汗。《談埜翁方》。

痰喘欬嗽：方見發明。

老人喘嗽：氣促，睡卧不得，服此立定。胡桃肉去皮、杏仁去皮尖、生薑各一兩，研膏，入煉蜜少許和丸彈子大。每卧時嚼一丸，薑湯下。《普濟方》。

產後氣喘：胡桃肉、人參各二錢，水一盞，煎七分，頓服。

久嗽不止：核桃仁五十個煮熟去皮，人參五兩，杏仁三百五十個麸炒湯浸去皮，研匀，入煉蜜，丸梧子大。每空心細嚼一丸，人參湯下。臨卧再服。《蕭大尹方》。

食物醋心：胡桃爛嚼，以生薑湯下，立止。《傳信適用方》。

食酸齒齼：細嚼胡桃即解。《日華子本草》。

誤吞銅錢：多食胡桃，自化出也。胡桃與銅錢共食，即成粉，可證矣。《李樓方》。

指齒烏鬚：胡桃仁燒過、貝母各等分，爲散，日用之。《聖惠》。

眼目暗昏：四月内取風落小胡桃，每日午時食飽，以無根水吞下，偃卧，覺鼻孔中有泥腥氣爲度。《衛生易簡方》。　赤痢不止：胡桃仁、枳殼各七個，皂角不蛀者一挺，新瓦上燒存性，研爲細末，分作八服。每臨卧時一服，二更一服，五更一服，荆芥茶下。《總録》。　血崩不止：胡桃肉十五枚，燈上燒存性，研作一服，空心温酒調下，神效。　急心氣痛：核桃一個，棗子一枚，去核夾桃，紙裹煨熟，以生薑湯一鍾，細嚼送下。永久不發，名盞落湯。《趙氏經驗》。　小腸氣痛：胡桃一枚，燒炭研末，熱酒服之。《奇效良方》。　便毒初起：子和《儒門事親》用胡桃七個，燒研酒服，不過三服，見效。《楊氏經驗》用胡桃三枚，夾銅錢一個，食之即愈。　魚口毒瘡：端午日午時，取樹上青胡桃筐内陰乾，臨時全燒爲末，黄酒服。少行一二次，有膿自大便出，無膿即消，二三服平。楊誠《經驗》。　一切癰腫：背癰、附骨疽，未成膿者。胡桃十個煨熟去殼，槐花一兩研末，杵勻，熱酒調服。《古今録驗》。　疔瘡惡腫：胡桃一個平破，取仁嚼爛，安殼内，合在瘡上，頻換甚效。《普濟》。　痘瘡倒陷：胡桃肉一枚燒存性，乾胭脂半錢，研勻，胡荽煎酒調服。《儒門事親》。　小兒頭瘡：久不愈。胡桃和皮，燈上燒存性，盌蓋出火毒，入輕粉少許，生油調塗，一二次愈。《保幼大全》。　酒皶鼻赤：方見橘核。　聤耳出汁：胡桃仁燒研，狗膽汁和作挺子，綿裹塞之。《普濟方》。　傷耳成瘡：出汁者。用胡桃杵取油内入。同上。　火燒成瘡：胡桃仁燒黑研傅。　壓撲傷損：胡桃仁擣，和温酒頓服便瘥。《圖經本草》。　疥瘡瘙痒：油核桃一個，雄黄一錢，艾葉杵熟一錢，擣勻綿包，夜卧裹陰囊，歷效。勿洗。《集簡方》。

胡桃青皮　【氣味】甘，濇，無毒。　【主治】染髭及帛，皆黑。志曰：《仙方》取青皮壓油，和詹糖香，塗毛髮，色如漆也。

【附方】新四。　烏髭髮：胡桃皮、蝌蚪等分，搗泥塗之，一染即黑。○《總録》用青胡桃三枚和皮擣細，入乳汁三盞，于銀石器内調勻，搽鬚髮三五次，每日用胡桃油潤之，良。　癧瘍風：青胡桃皮擣泥，入醬清少許、硇砂少許令勻。先以泔洗，後傅之。《外臺》。　白癜風：青胡桃皮一個，硫黄一皂子大，研勻。日日摻之，取效。　嵌甲：胡桃皮燒灰貼。

樹皮　【主治】止水痢。春月斫皮汁，沐頭至黑。煎水，可染褐《開寶》。

【附方】新一。　染鬚髮：胡桃根皮一秤，蓮子草十斤，切，以瓮盛之，入水五斗，浸一月去滓，熬至五升，入芸薹子油一斗，慢火煎取五升收之。凡用，先以炭灰汁洗，用油塗之，外以牛蒡葉包住，絹裹一夜洗去，用七日即黑也。《總録》。

殼　【主治】燒存性，入下血、崩中藥時珍。

明·梅得春《藥性會元》卷中　胡桃　味甘，氣溫，無毒。即核桃也。取瓤燒令黑，凡使，去殼、皮用。　主治腰痛，補下元，潤肌黑髮，令人肥健。取瓤燒令黑，未斷烟，和松脂研傅瘰癧瘡。又和胡粉為泥，拔白鬚髮，以塞孔中，復生黑者。多食利小便，動風，生痰，能脱人眉，傷肺，去五痔。　外青皮　厚染髭及帛皆黑。其樹皮上水，可染褐。仙方取青皮壓油，和詹糖香塗毛髮，色如漆。生北地，云張騫從西域將來。其樹春斫，皮中出水，取汁沐頭髮至黑。其肉煮漿粥，下石淋良。

明·穆世錫《食物輯要》卷六　胡桃　肉，味甘，衣澀，性溫，無毒。制銅毒。潤肌膚，通血脈，利小水，助腎火，發痘瘡。多食，生痰涎，動風氣，脱眉髮。同酒食多，令咯血。連衣食，斂肺氣。取衣法：凡用胡桃一斤，以甘蔗節五六段，和湯煮透，經一宿，次早略煮，取去殼，衣隨脱。

明·李中立《本草原始》卷七　胡桃　樹高丈許，春初生葉，長四五寸，兩兩相對。三月開花如栗花，穗蒼黄色。結實至秋如青桃。此種原出羌胡，漢時張騫使西域，始得種還。植之秦中，漸及東土，故名胡桃，一名羌桃。漚爛青皮肉，取核為果，故俗呼核桃。

核仁：氣味：甘，平、溫，無毒。主治：食之令人肥健，潤肌，黑鬚髮。多食利小便，去五痔。擣和胡粉，拔白鬚髮，内孔中，則生黑髮。燒存性，和松脂研，傅瘰癧瘡。○食之令人能食，通潤血脉，骨肉細膩。○治損傷，石淋，同破故紙蜜丸服，補下焦。○補氣養血，潤燥化痰，益命門，利三焦，溫肺潤腸。治虚寒喘嗽，腰腳重痛，心腹疝痛，血痢腸風，散腫毒，發痘瘡，制銅毒。

胡桃，宋《開寶》。【圖略】外皮綠，有白點。

油胡桃：氣味：辛，熱，有毒。主治：殺蟲攻毒，治癰腫，癘風疥癬，楊梅、白禿諸瘡。潤鬚髮。頌曰：性熱，多食生痰，動腎火。

戲術：嚼錢如粉：預置胡桃肉一塊口內，將銅錢嚼之即碎。誤吞銅錢，多食胡桃自化出也。胡桃、銅錢共嚼成粉可證矣。

明·張懋辰《本草便》卷二　胡桃　味甘，氣溫，無毒。食之令人肥健，潤黑髮，補下元亦用之。不可多食，動風生痰，助腎火。

明·吴文炳《藥性全備食物本草》卷二　胡桃　出羌胡，生時外有青皮，形如桃也。味甘，溫，無毒。制銅毒，潤肌膚，通血脉，利小水，助腎火，發痘瘡。多食生痰涎，動風氣，脱眉髮。同酒食多令咯血，連衣食斂肺氣。取衣法：凡用胡桃一斤，以甘蔗節五六段，和湯煮透，經一宿，次早略煮，取去殼，衣隨脫。夏至後不堪食。單方治瘰癧，取肉燒存性，和松脂研傅立瘥。

明·趙南星《上醫本草》卷二　胡桃　一名羌桃，一名核桃。時珍曰：胡桃仁味甘氣熱，皮澀肉潤。孫真人言其冷滑，誤矣。近世醫方用治痰氣喘嗽、醋心及癘風諸病，而酒家往往醉後嗜之。則食多吐水吐食，脫眉及酒同食咯血之說，亦未必盡然也。但胡桃性熱，能入腎肺，惟虛寒者宜之。而痰火積熱者，不宜多食耳。

核仁　甘，平，溫，無毒。主治：　食之令人肥健，潤肌，黑鬚髮。多食利小便，去五痔。

附方　胡桃丸：　益血補髓，強筋壯骨，延年明目，悅心潤肌，能除百病。每用胡桃仁四兩，擣膏，入破故紙、杜仲、萆薢末各四兩。杵勻，丸梧子大。每空心，溫酒、鹽湯任下五十丸。

明·李中梓《藥性解》卷一　胡桃　味甘，性平，無毒，入肺、肝、腎三經。主通血脉，潤肌膚，補下元。同松脂可敷瘰，同熱酒能理撲傷。去衣用，過食動風生痰。按：　胡桃入肺，故主肌膚，入肝故主血脉。其性屬火，能補相火，故亦入腎經。火能尅金，多食則傷肺，故能動風生痰。瀉痢及感冒風寒者忌用。

明·繆希雍《本草經疏》卷二三　胡桃　味甘，平，無毒。食之令人肥健，潤肌，黑髮。取瓤燒令黑，未斷煙，和松脂研傅瘰癧瘡。又和胡粉為泥，拔白鬚髮，以内孔中，其毛皆黑。多食利小便，能脫人眉，動風故也。去五痔。外青皮染髭。

〔疏〕胡桃稟火土之氣以生。本經雖云甘平，然其氣多熱而性潤，益血脈，補命門之藥也。血不充，則消瘦，肌膚不澤及鬚髮易白，益血故令人肥健，潤肌，黑鬚髮也。多食利小便者，以其能入腎固精，令水竅常通也。傅瘰癧者，甘熱能解毒散結。去五痔，取其潤腸除濕之功也。能脫人眉者，熱極則生風，風甚則萬物搖落之象也。青皮性澀，故能染髭。　〔主治參互〕一味勿去黃皮，空腹食之，最能固精。　同補骨脂、蒺藜、蓮鬚、鹿茸、麥門冬、巴戟天、覆盆子、山茱萸、五味子、魚膠，益命門，種子，最效。　入青娥丸，能黑鬚髮，補右腎，方見補骨脂條。　《御藥院方》胡桃丸，益血補髓，強筋壯骨，延年明目，悅心潤肌，能除百病。用胡桃肉四兩擣膏，入補骨脂、杜仲、萆薢末各四兩，杵勻，丸梧子大。每空心溫酒、鹽湯任下五十丸。　《普濟方》產後氣喘，胡桃肉、人參各二錢，水一盞，煎七分，頓服。　李樓方誤吞銅錢，多食胡桃，自化出也。　《聖惠方》揩齒烏鬚，胡桃仁燒過、貝母等分，為散，日日用之。　《聖濟總錄》血崩不止，胡桃肉十五枚，燒存性，研作一服，空心溫酒調下，神效。　子和《儒門事親》便毒初起，用胡桃七箇，燒研，酒服，不過三服效。　楊試《經驗方》魚口便毒，端五日午時，取樹上青胡桃，筐内陰乾，臨時全燒為末，酒服。少行一二次，有膿自大便出，無膿即消，二三服平。上二方，應加全蝎、穿山甲尤妙。　《圖經本草》壓撲損傷，胡桃肉擣，和溫酒頓服，便瘥。　〔簡誤〕胡桃，前人多言其有害不可食。孫思邈云：　多食動痰飲，令人惡心吐水。蘇頌云：　性熱不可多食。馬志云：　多食動風，脫人眉。同酒食，多令人咯血。汪穎曰：　多食生痰動腎火。然而近世醫方用治痰氣喘嗽，和傷，補命門，潤血脈，大腸及癘風諸病，而酒家往往以之佐酒，則多食吐水、咯血、脫眉，動火之說，亦未盡然也。但性本熱，惟虛寒者宜之。如肺家有痰熱，命門火熾，陰虛吐衄等證，皆不得施。

明·倪朱謨《本草彙言》卷一五　胡桃　味甘，氣熱，性滯，無毒。

蘇氏曰：　胡桃其形如桃。漢張騫出使西域得種還，植之秦中，漸及東土，故名。　李氏曰：　胡桃樹高丈許，春初生葉長四五寸，微似大青葉，兩兩相對，頗作惡氣。三月開花如栗，花穗蒼黃色。結實至秋，如青桃狀。熟時皮肉腐爛，取核爲果。人多以欅柳接之。出陳倉者，皮薄肉多；出陰平者，大而皮厚，急捉則碎。汴州雖有，而實不佳，江表亦時有之。

胡桃肉：　潤肺活血，李時珍暖腎壯精之藥也。邢公甫曰：　此藥質潤多油，性味甘澀，滯而多熱。李氏方稱其補命門，益三焦，壯精髓，潤肺消痰，發痘攻瘡，凡一切虛寒爲病，内藏寒結者，服之大有奇功。如肺家有痰熱，命門有相火，一切陰虛吐衄，火燥諸證，悞服取咎匪淺。今據繆氏仲淳云：　前人多言其有害不可食，孫思邈云：　多食動痰飲，令人惡心吐水。蘇頌云：　性熱不可多食。馬志云：　多食動風，脫人眉。同酒食，令人咯血。汪穎曰：　多食生痰動腎火。然而近世酒家往往以之佐酒，則多食吐水、咯血、脫眉、動火，屢見其蒙禍也。但性本熱，惟虛寒者宜之，故李氏有補命門、益三焦、壯精髓等句云。

梅青子曰：　據《御藥院方》，言胡桃益血補髓，强筋壯骨，故古方有治寒疝脚氣，腰脊脇痛諸疾。虚而血冷有寒涎者，食之立見功效。如佐補骨脂，有溫養命門，活血氣，生精髓之玅。久食能明目清心，潤肌黑髮，延年益壽。然止宜少食，漸食爲佳。如多食，頓食，未嘗不取發燥動火生痰之咎也。

集方：《簡便方》治血寒瘀滯不行，筋骨疼痛。以胡桃肉三十枚，浸酒飲之。如不飲酒者，以胡桃肉蚤晚各食二枚，白湯過下，七日愈。○同前治老人痰嗽不止，每臥時嚼胡桃肉二枚，呷白湯過下，七日愈。○同前治小兒痰喘。用胡桃肉一個去殼，不去皮搗碎煎湯，徐徐以匙挑入口內，半日即止。○談氏方治感寒發熱，頭痛無汗。用胡桃肉三個，葱白五條，生薑五片，細茶貳錢，共搗爛，水二大鍾，煎八分，熱服，覆衣取汗。○《傳信方》治食物醋心。用胡桃肉二個嚼爛，以生薑五片，泡湯過下，立止。○《日華子本草》治食酸齒齼。用胡桃肉三個，細嚼即解。○趙氏《經驗方》治血崩不止。用胡桃肉十五個，燈上燒存性，研作一處，空心白湯調服。○同前治急心痛。用胡桃肉一個，黑棗一枚去核，濕紙裹，火煨熟，細嚼，以生薑三片泡湯下，永久不發。○楊氏《經驗方》治便毒魚口毒，端午日取樹上青胡桃陰乾，燒存性爲末。每服三錢，白酒調下。少行一二次，未成膿即消，有膿自大便出也，三四服即平。

胡桃青皮：味苦澀，氣溫，無毒。《開寶》方止水痢之藥也。陳氏化雨曰：此藥色青易黑，味濇性收，《聖濟錄》染鬚髮而止水痢，其義一耳。

集方：《聖濟總錄》染鬚髮即黑。用胡桃皮、蝌蚪各等分，共搗如泥，加白糖十分之一，再搗勻，塗鬚髮即黑如漆。○《方脉正宗》治水痢不止。用青胡桃皮一兩搗碎，鐵鍋內微炒，再搗細。每早服三錢，白湯下立止。

明・應慶《食治廣要》卷四　胡桃釋名核桃。　氣味：甘，平，溫，無毒。

主治：補氣養血，潤燥化痰，益命門，利三焦，溫肺潤腸，治虚寒喘嗽，腰脚重痛。馬志曰：多食動風，脱人眉。同酒食，多令人咯血。痰火積熱者，不宜多食。

明・姚可成《食物本草》卷八果部・山果類　胡桃一名羌桃，一名核桃。此果本出羌胡，漢時張騫使西域始得種還，植之秦中，漸及東土，故名之。今陝、洛間甚多。大株厚葉多陰。實亦有房，秋冬熟時采之。○李時珍曰：胡桃樹高丈許。春初生葉，長四五寸，微似大青葉，兩兩相對，頗作惡氣。三月開花如栗花，穗蒼黃色。結實至秋如青桃狀，熟時漚爛皮肉，取核為果。劉恂《嶺表錄》云：南方有山胡桃，底平如檳榔，皮厚而大堅，多肉少穰。其殼甚厚，須椎之方破。然則南方亦有，但不佳耳。今按胡桃出閩廣者，大而殼厚，味澀，或肉嵌穰隔間，徒具美觀，短於適口。産荊襄者，小而殼薄，味甘，內肉細膩，脱穰充果最佳。

胡桃　味甘，平，溫，無毒。食之令人肥健，潤肌，黑鬚髮。多食利小便，去五痔。擣和胡粉，拔白鬚髮，內孔中，則生黑毛。燒存性，和松脂研，傅瘰癧瘡。又食之令人能食，通潤血脉，骨肉細膩。補氣養血，潤燥化痰，益命門，利三焦，溫肺潤腸，治虚寒喘嗽，腰脚重痛，心腹疝痛，血痢腸風，散腫毒，發痘瘡，制銅毒。同破故紙蜜丸服，補下焦。治損傷、石淋。食酸齒齼者，細嚼胡桃解之。小兒痧疹後不可食，須忌半年。犯之刮腸，痢不止。多食動痰飲，令人惡心、吐水、吐食物。又動風，脱人眉。同酒食多，令人咯血。

油胡桃　味辛，熱，有毒。主殺蟲攻毒，治癰腫、癘風、疥癬、楊梅、白禿諸瘡，潤鬚髮。

胡桃青皮　味苦，澀，無毒。主染髭及帛，皆黑。

木皮　主水痢。春月斫皮汁，沐頭至黑。煎水，可染褐。

殼　燒存性，入下血、崩中藥。

附方：服胡桃法：凡服胡桃不得併食，須漸漸食之。初日服一顆，每五日加一顆，至二十顆止，周而復始。常服令人能食，肌肉細膩光潤，鬚髮黑澤，血脉流通，延年不老。　治石淋疼痛，便中有石子者。胡桃肉一升，細米煮漿粥一升，相和頓服即瘥。　治小兒誤吞銅錢。多食胡桃，自化出也。胡桃與銅錢共食，即成粉，可證矣。　治女子血崩不止。用胡桃肉十五个，燈上燒存性，研作一服，空心溫酒調下，神效。　治一切癰腫，背癰，附骨疽未成膿者。胡桃肉十个煨熟去殼，槐花一兩，研末杵勻，熱酒調服。　治白癜風。用胡桃殼外青皮一枚，硫黃一皂莢子大，研勻。日日傅之。

明・顧逢柏《分部本草妙用》卷五腎部・溫補　胡桃　甘，溫，無毒。

主治：損傷石淋，同破故紙補下焦，補氣養血，潤燥化痰，益命門，利三焦，溫肺潤腸。治虚寒咳嗽，腰脚重痛，心腹疝氣。悦顔色，令人肥健。○油者有毒，殺蟲，攻癰毒疥瘡，潤鬚髮。　胡桃皮能斂肺，故虚寒嗽者宜之。同破故紙則有水火相生之妙，而有養血生精之功。青蛾用之，滋肺以生腎也，妙哉。

明・孟笨《養生要括・果部》　胡桃　味甘，平，溫，無毒。食之令人肥健，潤肌，黑鬚髮。多食，利小便，去五痔。擣和胡粉，拔白鬚髮，內孔中則生黑毛。燒存性，和松脂研，傅瘰癧瘡。食之令人能食，通潤血脉，骨肉細膩。治損傷石淋，同破故紙蜜丸服。補下焦，補氣養血，潤燥化痰，益命門，利三焦，溫肺潤腸，治虛寒喘嗽，腰腳重痛，心腹疝痛，血痢腸風，散腫毒，發痘瘡，制銅毒。油者，殺蟲攻毒，治癰腫，癘風疥癬，楊梅白禿諸瘡，潤鬚髮。〔多食生痰，動腎火，動風，脫人眉。便毒初起：胡桃七個燒研，酒服三服見效。〕胡桃四兩搗膏，入破紙、杜仲、萆薢各四兩，拌均，丸梧子大，每空心溫酒、鹽湯下五十丸，益血補髓，強筋壯骨，延年明目，悅心潤肌，能除百病。小腸氣痛，胡桃一枚燒灰，研末溫酒服之效。

明・李中梓《醫宗必讀・本草徵要下》　胡桃味甘，平。無毒。入肺、腎二經。

佐補骨而治痿強陰，兼胡粉而拔白變黑。久服潤腸胃，恒用悅肌膚。三焦者，元氣之別使；命門者，三焦之本原，蓋一原一委也。命門指所居之腑而名，乃藏精係胞之物，三焦指分治之部而名，乃出納熟腐之司。一以體名，一以用名。在兩腎之間，上通心肺，為生命之原，相火之主。《靈樞》已詳言，而扁鵲不知原委體用之分，以右腎為命門，以三焦為有名無狀，承訛至今，莫能正也。胡桃仁頗類其狀，而外之皮汁皆黑，故入北方，通命門，命門既通，則三焦利，故上通於肺耳。一幼兒痰喘，五日不乳，其母夢觀音，令服人參、胡桃湯數口，喘即定。明日去胡桃衣，喘復作，仍連皮服，遂愈。蓋皮有斂肺之功也。但用一味，空腹時連皮食之，最能固精。按：肺有痰熱，命門火熾者勿服。

明・鄭二陽《仁壽堂藥鏡》卷五　胡桃　《本草》云：胡桃　味甘，性平，無毒。食之令人肥健，潤肌黑髮。丹溪云：胡桃屬土而有火。性熱。《本草》言甘平，是無熱也。脫人眉，動風也，非熱何傷肺乎？

明・蔣儀《藥鏡》卷一溫部　胡桃　通血脉，潤肌膚，食積刊，命門補。同胡粉，可納髮孔而黑重。同松脂，可敷瘰癧以散結。生蜜搗，與破故紙同，能益精延壽。帶青採，而全煆酒服，治魚口便瘡。須知胡桃、故紙，合幫腎命，蓋十二經之根本，全在命門，兩腎育精血而惡燥。若腎命不燥，精氣內充，則飲食自健，肌膚光澤，臟腑潤而血脉暢矣。夫命門既通，則三焦利，故上達于肺，而虛寒喘嗽寧。下治乎腎，而腰脚虛痛平，內而心腹諸痛，外而瘡腫諸毒俱安耳。

明・李中梓《頤生微論》卷三　胡桃　味甘，性平，無毒。入肺、腎二經。潤腸悅顏，斂肺補腎。同補骨，治痿強陰；同胡粉，拔白變黑。新補。

按：胡桃達命門之品也。夫三焦者，元氣之別使；命門者，三焦之本源。蓋一源一委也。命門指所居之府而名，乃藏精係胞之物；三焦指分治之部而名，乃出納熟腐之司。一以體名，一以用名。在兩腎之間，上通心肺，為生命之原，相火之主。《靈樞》已詳言，而扁鵲不知原委體用之分，以右腎為命門，以三焦為有名無狀，承訛至今，莫之能正。胡桃仁頗類其狀，而外之皮汁皆黑，故入北方通命門，命門既通，則三焦利，故上通於肺耳。昔幼兒痰喘，五日不乳，夢大士授方，令服人參胡桃湯數口，喘即定，明日去胡桃衣，喘復作，仍連皮服，遂愈。蓋皮有斂肺之功也。空腹時連皮食七枚，能固精。命門火熾者勿服。

明・施永圖《本草醫旨・食物類》卷三　胡桃名核桃，又名羌桃。　核仁

味：甘，平，無毒。性熱不可多食，多食動痰飲，令人惡心吐水，動風氣，脫人眉。同酒食，多令人咯血，生痰，動火。胡桃屬土而有火性熱。《本草》云甘平，是無熱矣。然又云動風，脫人眉，非熱何以傷肺耶！　治：食之令人肥健，潤肌，黑鬚髮。多食利小便，去五痔。擣和胡粉，拔白鬚髮，內孔中，則生黑毛。燒存性，和生脂研，傅瘰癧瘡。食之令人能食，通潤血脉，骨肉細膩。治損傷，石淋。同破故紙，蜜丸服，補下焦，補氣養血，潤燥化痰，益命門，利三焦。溫肺，潤腸，治虛寒喘嗽，腰脚重痛，心腹疝痛，血痢腸風，散腫毒，發痘瘡，制銅毒。　油胡桃

味：辛，熱，有毒。治：殺蟲攻毒，治癰腫，癘風，疥癬，楊梅，白禿諸瘡，潤鬚髮。破故紙屬火，能使心包與命門之火相通。胡桃屬水，主潤血養血。血屬陰，陰惡燥，故油以潤之，佐破故紙，有水火相生之妙。故古有云：黃檗無知母，破故紙無胡桃，猶水母之無蝦也。油胡桃有毒，傷人咽肺，而瘡科取之，用其毒也。

附方　小便頻數：胡桃煨熟，臥時嚼之，溫酒下。石淋痛楚：便中有石子者，胡桃肉一升，細米煮漿粥一升，相和頓服，即瘥。風寒無汗：發熱頭痛，核桃肉、葱白、細茶、生薑等分，搗爛，水一鍾煎七分，熱服，覆衣取汗。產後氣喘：胡桃肉、人參各二錢，水一盞煎七分，頓服。久嗽不止：核桃仁五十個，煮熟，去皮，人參五兩，杏仁三百五十個，麩炒，湯浸去皮，研勻，入煉蜜丸梧子大。每空心細嚼一丸，人參湯下，臨臥再服。食物醋心：胡桃爛嚼，以生薑湯下，立止。食酸齒齼：細嚼胡桃即解。誤吞銅錢：多食胡桃，自化出也。胡桃與銅錢共食即成粉，可證矣。揩齒烏鬚：胡桃仁燒過、貝母各等分，為散，日用之。眼目暗昏：四月內，取風落小胡桃，每日午時食飽，以無根水吞下，偃臥，覺鼻孔中有泥腥氣為度。赤痢不止：胡桃仁、枳殼各七個，皂角不蛀者一挺，新瓦上

燒存性，研為細末，分作八服，每臨臥時一服，二更一服，五更一服，荊芥茶下。血崩不止：胡桃肉十五枚，燈上燒存性，研作一服，空心溫酒調下，神效。急心氣痛：核桃一個，棗子一枚，去核，夾桃紙裹煨熟，以生薑湯一鍾，細嚼送下，永久不發，名盞落湯。小腸氣痛：胡桃一枚，燒灰研末，熱酒服之。便毒初起：用胡桃七個，燒研酒服，不過三服見效。魚口毒瘡：端午日午時，取樹上青胡桃，筐內陰乾，臨時取燒為末，黃酒服，少行一二次，有膿自大便出，無膿即消，二三服平。一切癰腫：背癰、附骨疽，未成膿者，胡桃十個，煨熟去殼，槐花一兩，研末，杵勻，熱酒調服。疔瘡惡腫：胡桃一個，平破取仁，嚼爛，安殼內，合在瘡上，頻換甚效。痘瘡倒陷：胡桃肉一枚，燒存性，乾胭脂半錢，研勻，胡荽煎酒調服。小兒頭瘡：久不愈，胡桃和皮，燈上燒存性，盌蓋出火毒，入輕粉少許，生油調塗，一二次愈。酒皶鼻赤：方見橘核。聤耳出汁：胡桃仁燒研，狗膽汁和，作挺子，綿裹塞之。傷耳成瘡：出汁者，用胡桃杵取油，內入。火燒成瘡：胡桃仁燒黑，研傅。壓撲傷損：胡桃仁擣和，溫酒頓服，便瘥。疥瘡瘙癢：油核桃一個，雄黃一錢，艾葉杵熟一錢，擣勻綿包，夜臥裹陰囊，歷效，勿洗。

胡桃青皮　味：苦、濇，無毒。治：染髭及帛皆黑。仙方取青皮壓油，和詹糖香塗毛髮，色如漆也。

附方　烏髭髮：胡桃皮、蝌蚪等分，擣泥塗之，一染即黑。用青胡桃三枚，和皮擣細，入乳汁三盞，于銀石器內調勻，搽鬚髮三五次，每日用胡桃油潤之良。癧瘍風：青胡桃皮擣泥，入醬清少許，令勻，先以泔洗後，傅之。白癜風：青胡桃皮一個，硫黃一皂子大，研勻，日日摻之取效。嵌甲：胡桃皮燒灰，貼之。

皮　治：止水痢。春月斫皮汁，沐頭至黑，煎水可染褐。　殼　治燒存性，入下血崩中藥。

明・李中梓《本草通玄》卷下　胡桃　甘，溫。　溫肺止嗽，養血潤腸，利三焦氣，益命門火。　時珍曰：夫三焦者，元氣之別使。命門者，三焦之本原。蓋一原一委也。命門指所居之府而名，為藏精係胞之物。三焦指分治之部而名，為出納熟腐之司。命門在七節之旁，兩腎之間，下通二腎，上通心肺，貫屬于腦。為生命之原，相火之主，精氣之府。《靈樞》已著其厚薄緩急之狀，而《難經》不知原委之分，以右腎為命門，謂三焦有名無狀。高陽偽訣，承其謬說，以誤後人。至朱肱、陳言、戴起宗始闢之，而知者尚少。胡桃仁頗類其狀，故入北方，通命門，利三焦，為腎命之藥。夫命門與腎相通，藏精血而惡燥。　若腎命不燥，精氣內充，則飲食自健，腸腑潤而血脉通。命門既通，三焦自利，故上通于肺而止虛寒喘嗽，下通於腎而止腰腳虛痛，內而腹痛可已，外而瘡毒可散，其利溥哉。

清・顧元交《本草彙箋》卷六　胡桃　多食生痰，動腎火者，蓋指痰火積熱而言。若肺腎虛寒，則爲大益之物。夫三焦者，元氣之別使。命門者，三焦之本原。命門指所居之府，而名爲藏精繫胞之處。三焦指分治之部，而名爲出納腐熟之司。一以體名，一以用名。其體非脂非肉，白膜裹之，在七節之旁，兩腎之間，二繫著脊，下通二腎，上通心肺，貫屬於腦，爲生命之原，相火之主，精氣之府。人物皆有之，生人生物，皆由此出。扁鵲、《難經》妄以右腎爲命門，謂三焦有名無狀。高陽生僞誤，《脈訣》承其謬說，以誤後人。至朱肱《活人書》言《三因方》論戴起宗《脈訣》刊誤，始著說闢之。胡桃仁頗類其狀，而外皮水汁皆青黑，故能入北方，通命門，利三焦，益氣養血，與補骨脂同爲補下焦腎命之藥。夫命門氣與腎通，藏精血而惡燥。若腎命不燥，精氣內充，則飲食自健，肌肉光澤，腸腑潤而血脈調也。且命門既通，則三焦利，能上通於肺，爲虛寒喘嗽者所宜。下通於腎，爲腰腳虛痛之要藥。《夷堅志》止言胡桃治痰嗽，能斂肺，蓋不知爲命門三焦之藥也。但其性本熱，宜於虛寒，如肺家有痰熱，命門火熾者，不得混施。

胡桃多食令人脫眉，蓋熱極則生風，風甚則萬物搖落之象也。

有幼子病痰喘，凡五晝夜不乳食。醫以危告其母。夜夢觀音授方，令服人參胡桃湯。即取人參寸許，桃肉一枚，煎湯一蜆殼許，灌之，喘即定。明日以剝去胡桃皮用之，喘復作。仍連皮用，信宿而瘳。蓋人參定喘，胡桃連皮能斂肺故也。

清・穆石匏《本草洞詮》卷六　胡桃　其形如桃。漢張騫使西域得種，植之秦中，漸及東土，故名。氣味甘平溫，無毒。主補氣，養血潤燥，益命門，利三焦，散腫毒，發痘瘡，制銅毒。古有青娥丸方，用破故紙合胡桃肉為丸，破故紙屬火，能使心包與命門之火相通；胡桃仁屬木，主潤血養血，血屬陰，陰惡燥，故油以潤之，二物有木火相生之妙。故云黃蘗無知母，破故紙無胡桃，猶水母之無鰕也。夫三焦者，元氣之別使。命門者，三焦之本原。蓋一原一委也。命門指所居之府而名，為藏精繫胞之物。三焦指分治之部而名，為出納腐熟之司，其體非脂非肉，白膜裹之，在七節之旁，兩腎之間，二繫着脊，下通二腎，上通心肺，貫屬于腦，為生命之原，相火之主，精氣之府，生人生物，皆由此出。胡桃仁頗類其狀，而外皮水汁皆青黑，故能入北方，通腎氣，與破故紙同為補下焦命門之藥。腎命得補，三焦通利，則飲食自健，精氣內充，臟腑潤而血脉通，故上通于肺，而虛寒喘嗽者宜之；下通于腎，而腰腳虛痛者宜之；內而心腹諸痛可止，外而瘡腫之毒可散矣。然惟虛寒者服之相宜，若痰火積熱者非所宜也。洪邁云：邁有痰疾，因晚對，上遣使諭令以胡桃仁三顆，生薑三片，臥時嚼服，即飲湯兩三呷，又再嚼桃薑如前數，即靜臥，必愈。邁還玉堂，如旨服之，及旦而痰消嗽止。一小兒病痰喘，凡五晝夜不乳食，其母夢神授方，令服人參胡桃湯，服之喘即定。明日剝去皮用之，喘復作，仍連皮用，信宿而瘳。蓋人參定喘，胡桃仁連皮能斂肺故也。然止言其斂肺治痰嗽之功，尚未知其為命門三焦之藥耳。油胡桃辛熱，有毒，戟人咽肺。瘡科取之，用其毒也。

清・丁其譽《壽世秘典》卷三　胡桃一名羌桃。漢時，張騫使西域，始得種，遠植之秦中，漸及東土，故名之。又名核桃。　氣味：甘，溫，無毒。主潤肌膚，黑鬚髮，補氣養血，潤燥化痰，益命門，利三焦，溫肺潤腸，治虛寒喘嗽，腰腳重痛，心腹疝痛，血痢腸風，散腫毒，發痘瘡，制銅毒。

油核桃　氣味：辛，熱，有毒。主殺蟲，攻毒，治癰腫癘風、疥癬、楊梅、白禿諸瘡。

發明李時珍曰：胡桃仁味甘氣熱，皮澀肉潤。孫真人言其冷滑，誤矣。近世醫方，用治痰氣喘嗽、醋心及癘風諸病，而酒家往往醉後嗜之。則《本草》諸書言食多吐水吐食，動風痰，助腎火，及酒同食，咯血之說亦未盡然也。但性熱，能入腎肺，惟虛寒者宜之，而痰火積熱者不宜多食耳。蘇頌曰：同破故紙研末，蜜丸服，為補下焦腎命之藥。連皮空腹食之，最能固精。孟詵云：和胡粉研如泥，拔白髮，納孔中，其毛皆黑，青皮性澀，又能染髭。

清・劉雲密《本草述》卷一七　胡桃　核仁：氣味：甘，平，溫，無毒。

中梓曰：入肺腎二經。

主治：滋肺，利三焦，潤血脈，補腎益命門，治虛寒喘嗽，化痰，利小便，亦止小便頻數。頌曰：治損傷，石淋。同破故紙蜜丸服，補下焦。韓悉曰：破故紙屬火，能使心包與命門之火相通。胡桃屬木，主潤血養血，血屬陰，陰惡燥，故油以润之。佐破故紙有木火相生之妙，故古有云黃櫱無知母，破故紙無胡桃，猶水母之無鰕也。時珍曰：洪邁有云：邁有痰疾，因晚對上遺使，諭令以胡桃肉三顆，生薑三片，臥時嚼服，即飲湯兩三呷，又再嚼桃、薑如前數，即靜臥，必愈。邁還玉堂，如旨服之，及旦而痰消嗽止。溧陽洪輯幼子病痰喘，凡五晝夜不乳食，醫以危告其妻。夜夢觀音授方，令服人參胡桃湯，輯急取新羅人參寸許，胡桃肉一枚，煎湯一蜆殼許，灌之，喘即定，明日以湯剝去胡桃皮用之，喘復作，仍連皮用，信宿而瘳。此方不載書册。蓋人參定喘，胡桃連皮能斂肺故也。希雍曰：胡桃性潤，益血脈，補命門之藥也。一味勿去黃皮，空腹食之，最能固精。同補骨脂、蒺藜、蓮鬚、鹿茸、麥門冬、巴戟天、覆盆子、山茱萸、五味子、魚膠，益命門，種子有效。

愚按：胡桃仁之性，昔人言其冷者誤，後人言其熱者亦誤。總不如《本草》所言甘平溫之為確也。如以為或冷或熱，而服之致疾，豈其然乎？昔人不察而言此味有損，乃時珍謂其狀有類命門，遂矜異其功能，則亦過矣。但所云外皮水汁皆青黑，能入北方通命門，殊有意義。夫命門上通於肺者，本陰中之陽，而肺氣下歸於命門者，本陽中之陰，固上下相召也。此仁熟於秋，的主肺，宜於陽中有陰之藏，正由肺而通命門者也，故能通潤血脈，益腎，此所以上能止虛寒喘嗽，下能利小便，又能止小便頻數，及治石淋證也。時珍曰：洪氏《夷堅志》止言胡桃治痰嗽，能斂肺，蓋不知其為命門三焦之藥也。此語頗為中肯。苐細繹茲味，其同故紙而補髓者，與通潤血脈之義，正自關切。蓋宜於陽中之陰，有合於肺陰下降入心而生血者也，是血之化原在茲，故能令血脈通潤，血脈通潤，則陽中之陰先降，而陽即隨之以下歸，所歸者命門也。然豈徒歸陽哉？而陰已先歸矣，此所謂同故紙而補髓者之義也。且故紙但能令包絡與命門之火相通，而茲味則由肺而致包絡與命門之用，其由肺而合於包絡者，由陽而育陰也，以包絡主血也。其由包絡而歸命門者，更由陰而裕陽也，以命門主氣也。其由陽而乃育陰，且由陰而即裕陽，故與故紙同歸命門，不可止曰補陽，而更謂之補髓也。再四尋繹，似其同故紙以補髓者，茲味功尤居其强半矣。《內經》曰：精成而腦髓生。蓋精者，陽中之陰所生，以其從血而變化也。又陰中之陽所成，以其從氣而搏捖也。在修真家所謂氣盛則精盈者，非離於陰之陽以言氣也。所以又曰精盈則氣盛，是精氣互根而互益者，不可不明於斯義，而後知胡桃同故紙以補髓者，固非止於補陽，並故紙無胡桃，猶水母之無鰕其語，的的足據也。按：青娥丸原方，破故紙十兩，而胡桃瓤倍之，乃二十兩，則可知此丸補髓，其功屬何味居其勝矣。

附方　消腎溢精，胡桃丸治消腎病，因房慾無節，及服丹石，或失志傷腎，遂致水弱火強，口舌乾，精自溢出，或小便赤黃，大便燥實，或小便大利而不甚渴，用胡桃肉、白茯苓各四兩，附子一枚，去皮切片，薑汁、蛤粉同焙為末，蜜丸梧子大，每服三十丸，米飲下。　老人喘嗽氣促，睡卧不得，服此立定。胡桃肉去皮、杏仁去皮尖、生薑各一兩，研膏，入煉蜜少許，和丸彈子大，每卧時嚼一丸，薑湯下。　產後氣喘，胡桃肉、人參各一錢，水一盞，煎七分，頓服。　久嗽不止，核桃仁五十個，煮熟去皮，人參五兩，杏仁三百五十個，麸炒，湯浸去皮，研勻，入煉蜜丸梧子大，每空心細嚼一丸，人參湯下，臨卧再服。　石淋痛楚，便中有石子者，胡桃肉一升，細米煮漿粥一升，相和，頓服即瘥。　便毒初起，用胡桃七個，燒研，酒服，不過三服，效。　魚口便毒，端五日午時取樹上青胡桃，筐內陰乾，臨時全燒為末，酒服，少行一二次，有膿自大便出，無膿即消，二三服平。

希雍曰：　上二方應加全蝎、穿山甲尤妙。　門曰：　和橘核研，酒服之，補腎，治腰痛。

清·郭章宜《本草匯》卷一四　胡桃　味甘，氣熱，入手太陰、足少陰經。養血潤腸，斂肺治喘。利三焦氣，益命門火。生補骨而治痿強陰，兼胡粉而拔白變黑。銅物可鎔，齒齼能解。

按：　胡桃達命門之品也，禀火土之氣。《本經》雖云甘平，然其氣多熱。而孫真人言其冷滑者，誤也。時珍云：　三焦者，元氣之別使。命門者，三焦之本原。蓋一原一委也。命門指所居之府而名，為藏精係胞之物。三焦指分治之部而名，為出納熟腐之司。一以體名，一以用名。在七節之傍，兩腎之間，上通心肺，下通二腎，貫屬于腦，為生命之原，相火之主，精氣之府。《靈樞》言之已詳，而扁鵲《難經》不知原委體用之分，以右腎為命門，以三焦為有名無狀，承訛至今，莫之能正。至朱肱、陳言、戴起宗，始著說闢之，而知者尚少。胡桃仁頗類其狀，而外之皮汁皆青黑，故能入北方，通命門，利三焦，為補腎命之藥。夫命門，氣與腎通，藏精血而惡燥。若腎命不燥，精氣內充，則飲食自健，肌膚光澤，腸腑潤而血脉通，命門既通，三焦自利，故上通于肺，而止虛寒喘嗽，下通于腎，而止腰脚虛疼，佐以破故紙，有水木相生之妙。破故紙屬火，能使心包與命門之火相通。胡桃屬水，主潤血養血，血屬陰，陰惡燥故也。昔有兒病痰喘，五晝夜不乳食，夜夢觀音授方，令服人參胡桃湯，灌之即定。明日去胡桃皮，喘復作，仍連皮用而愈。蓋人參定喘，胡桃能斂肺，故也。胡桃同生薑嚼服亦妙。一味連皮空腹食之，最能固精，虛寒人服之相宜。若肺有熱痰，命門火熾者，勿用。擣和胡粉，拔白鬚髮，內孔中，則生黑毛。殼外青皮，壓油塗髮，色如漆也。

油者，辛熱有毒，傷人咽肺。而瘡科取之，正用其毒也。

清·尤乘《食鑒本草·果類》　胡桃即核桃。　性熱，不可多食，多則生痰動火，令人咯血，肺病尤忌。惟虛寒喘嗽同人參煎服甚良。又益命門，補下焦。同補骨脂蜜丸服，理腰脚痛。油者殺蟲攻毒，潤鬚髮。

清·朱本中《飲食須知·果類》　胡桃肉　味甘，衣濇，性溫。多食生痰涎，動風氣，脫眉髮，令人惡心吐水。同酒食多，令咯血動腎火。連衣食，斂肺氣。不可合雉肉、野鴨同食。胡桃肉與銅錢共食，即成粉。食酸齒齼，細嚼桃肉即解。去衣法：　凡胡桃一觔，用甘蔗節五六段和湯煮透，經一宿，次早略煮，取去殼，衣隨脫。油胡桃有毒，傷人咽肺。

清·何其言《養生食鑒》卷上　胡桃即核桃。　味甘、平，性溫，無毒。制銅毒，潤肌膚，通血脈，利小水，助腎火，潤腸燥，去五痔。多食生痰涎，動風氣。不宜同酒食。連皮食，斂肺氣。同生薑煎湯，治氣喘。取衣法：　凡用胡桃一斤，以其蔗節五六段，和湯煮透，經一宿，次旦略煮，取去殼，衣隨脫。

清·王翃《握靈本草》卷七　胡桃始出羌胡，今山東、陝、洛皆有之。　主治：　胡桃，甘，平，溫，無毒。一云：　熱。不可多食。主補氣，養血潤燥，化痰，益命門，利三焦。黑鬚髮，溫肺潤腸。

清·汪昂《本草備要》卷三　胡桃補命門。肉潤，皮濇。　味甘，氣熱。皮濇，皮斂肺定喘，固腎濇精。今藥中罕用，昂謂若用之，當勝金櫻、蓮鬚也。肉潤。皮汁青黑，屬水入腎。通命門，利三焦，溫肺潤腸，補氣養血。佐補骨脂，一木一火，大補下焦。胡桃屬木，破故紙屬火，有木火相生之妙。古云：　黄柏無知母，破故紙無胡桃，猶水母之無蝦也。時珍曰：　三焦者，元氣之別使；命門者，三焦之本原。命門指所居之府而言，爲藏精繫胞之物；三焦指分治之部而名，爲出納腐熟之司。一爲體，一爲用也。其體非脂非肉，白膜裹之，在脊骨第七節兩腎中央，繫著于脊，下通二腎，上通心肺、貫腦，爲生命之原。相火之主，精氣之府，人物皆有之。生人生物，皆由此出。《内經》所謂七節之旁，中有小心是也。《難經》誤以右腎爲命門。高陽生承謬撰《脉訣》，至朱肱、陳言、戴起宗始辟之。夫腎、命相通，藏精而惡燥，胡桃頗類其狀。汁青黑，故入北方，佐破故紙潤燥而調血，使精氣內充，血脉通利，諸疾自除矣。男女交媾，皆禀此命火而結胎。人之窮通壽夭，皆根于此。三焦通利，故上而虛寒喘嗽，能溫肺化痰。洪邁有痰疾，晚對，上諭以胡桃三枚，薑三片，臥時嚼服，即飲湯，復嚼桃、薑如前數，靜臥必愈。邁如旨服，旦而痰消嗽止。洪輯幼子病痰喘，夢觀音令服人參胡桃湯，服之而愈。明日剝去皮，喘復作，仍連皮用，信宿而瘳。蓋皮能斂肺也。胡桃、葱白、薑、茶等分搗煎，能散寒發汗。下而腰脚虛痛，能補腎。內而心腹諸痛，外而瘡腫之毒，能調中和營。皆可除也。然動風痰，助腎火。連皮同燒酒細嚼三枚，能久戰。有痰火積熱者少服。油者有毒，故殺蟲治瘡。殼外青皮，壓油烏髭髮。潤燥養血去皮用，斂濇連皮用。

清・吳楚《寶命真詮》卷三　胡桃　【略】溫肺止嗽，治痿強陰，養血潤腸胃，久服悅肌膚。利三焦，益命門之火。命門在兩腎之間，下通二腎，上通心肺，貫屬于腦，為生命之原，相火之主，精氣之府。胡桃仁頗類其狀，而外之皮色皆黑，故入北方，通命門，命門既通，則三焦利，故上通於肺而止虛寒喘嗽，下通於腎而止腰膝虛冷，其利溥哉。

清・陳士鐸《本草新編》卷五　胡桃肉　味甘，氣溫，無毒。入腎經。潤能生精，澁能止精，更益腎火，兼烏鬚髮，愈石淋，實溫補命門之藥，不必佐之破故紙始愈腰疼。尤善安氣逆，佐人參、熟地、山藥、麥冬、牛膝之類，定喘實神。世人但知為食物，而不知用入于補劑其成功更奇也。

胡桃補腎，盡人知之，但多食亦能生蟲，世人不識也。或謂胡桃殺蟲，子反謂生蟲，得毋誤耶？夫胡桃殺蟲，乃胡桃之油者也。凡蟲得油即死，故油胡桃殺蟲。〔若胡桃〕未油者，烏能殺蟲。古人取胡桃加硼砂，以治痞瘕者，非取其殺蟲也，乃取其引入于下焦至陰之處耳。若與補藥同施，則不能生蟲，而反得其大益矣。

清・顧靖遠《顧氏醫鏡》卷八　胡桃甘，濇，熱。入肺腎二經。　益腎固精，益命門之藥，空腹食之，最能固精。養血潤燥。故有烏鬚髮，潤肌膚之力。最治損傷，通潤血脉之力，搗和酒服。善治銅毒。與銅錢共食，即成粉，故悞吞銅物，多食自化。或同荸薺食更佳。肺有痰熱，陰虛吐衄等症，勿用。

清・李熙和《醫經允中》卷一九　胡桃　多食動氣生痰。　甘，溫，無毒。主治同破故紙，補下焦，益命門，利三焦，溫肺潤腸，治虛寒咳嗽。連皮空腹食之，最能固精。同熱酒能理撲損。油者有毒，殺蟲疥瘡，潤鬚髮。

清・馮兆張《馮氏錦囊秘錄・雜症痘疹藥性主治合參》卷八　胡桃肉稟火土之氣以生，味甘，氣熱，無毒。以性潤而多熱，故為益血補命門之藥。令人肥健，潤肌膚，黑鬚髮，固精氣，強陰起陽也。小兒產婦氣喘，用帶衣胡桃，同人參煎服乃愈者，取人參定喘，胡桃潤肺，皮更有斂肺之功也。多食利小便者，以其能入腎固精，令水竅常通也。傅瘰癧者，甘熱能解毒散結也。去五痔者，取其潤腸除濕之功也。誤吞銅錢，多食胡桃化出者，物性之畏也。久食能脫人眉者，熱極則生風，風甚則萬物搖落之象也。其青皮性澁，故為染髭之用。同補骨脂、蒺藜、蓮鬚、鹿茸、麥冬、巴戟、覆盆、山萸、五味、魚膠，益命門種子最效。【略】

胡桃肉，頻食健身生髮，兼補下元。多食動風生痰，且助腎火。燒擂細末，合松脂敷瘰癧易瘥。人拔白鬚，同胡粉納孔中即黑。傷損和醇酒熱服，石淋攙碎米煮嘗，經脉甚通，血脉能潤。食酸齒齼，細嚼立除。味甘氣熱，養血潤腸，斂肺治喘，壯痿強陰。止腰脚虛疼，令肌膚光澤。上以利三焦之氣，下以益命門之火。佐以補骨脂，有水木相生之妙。

主治痘疹合參：　初起則宜食，灌漿時宜少食。洩瀉虛滑者禁之。

按：　胡桃，達命門之品也。夫三焦者，元氣之別使。命門者，三焦之本源。蓋一源一委也。命門指所居之府而名，乃藏精繫胞之物。三焦指分治之部而名，乃出納熟腐之司。一以體名，一以用名。在兩腎之間，上通心肺，為生命之源，相火之主。《靈樞》已詳言，而扁鵲不知源委體用之分，以右腎為命，以三焦為有名無狀，承訛至今，莫之能正。胡桃仁，頗類其狀，外之皮汁皆黑，故入北方，通命門，命門即通，則三焦利，故止通於肺耳。昔幼兒痰喘，五日不乳，其母夢大士授方，令人參、胡桃煎湯，灌之即愈。次日，胡桃去衣服之，其喘復作，仍連皮煎服仍效。蓋人參定喘，胡桃潤肺，皮有斂肺之功也。空腹時連皮食七枚，大能固精壯陽。但命門火熾者勿服。

清・张璐《本經逢原》卷三　胡桃一名核桃，又名羌桃。　甘，平，溫，無毒。入藥連皮用。　發明：　補骨脂屬火，能使心包與命門之火相通。胡桃屬水，潤燥養血，佐補骨脂有水火相生之妙。胡桃肉類三焦，而外皮水汁皆青黑，故能通命門，助相火。同補骨脂、杜仲、青鹽，名青蛾丸，治腎虛腰痛，以其能補腎也。同人參名應夢散，治肺寒喘嗽，以其能斂肺也。同生薑咀嚼亦治寒痰喘嗽。若多食動風，脫人眉毛，詳其同錢細嚼即與銅俱化，與甘蔗同嚼則蔗查消融，其消肺爍肝可知。《丹方》用其瓤燒令黑，和松脂傅瘰癧有效。又以連皮胡桃肉同貝母、全蠍枚數相等蜜丸，治鼠瘻痰核，總取以通鬱結也。但肺有痰熱，命門火熾者勿食。其殼燒灰存性治乳癰，取灰末二錢，酒調服之，未腫即消，已潰漸斂。但不可以其烟薰衣，衣即易毀，青胡桃皮塗髭髮皆黑。

清・汪啟賢等《食物須知・諸果》 胡桃 味甘，氣溫，無毒。地土俱生，陝洛尤盛。株大葉厚，結實有房。近冬採收，碎殼取肉。頻食健身生髮，兼補下元；多食動風生痰，且助腎火。經脈堪通，血脈能潤。食酸齒齼，細嚼立除。

清・浦士貞《夕庵讀本草快編》卷四 羌桃宋《開寶》、〔胡桃〕 本產羌中，張騫使西域始得種還，植於秦中，漸及東土。外有皮，肉似桃，故名。用取其核仁入藥。 胡桃屬土，而核屬木，味甘氣熱，走腎溫肺之藥也。喜與故紙同行，而為三焦命門之要劑。本草言其無熱，思邈註其冷滑，皆失之爾。韓悉云當取其油者以潤陰燥，則又誤矣。夫三焦者，元氣之別使；命門者，三焦之本原，蓋一原一委也。命門指所居之府，為藏精繫胞之所，以體名也；三焦指分治之部，為出納熟腐之司，以用名也。其體非脂、非肉，白膜裹之，在七節之旁，兩腎之間，二絲著脊，下通二腎，上通心肺，貫屬於腦，為生命之原，相火之主，精氣之府，人物皆有之。生人生物皆由此出。《靈樞・本藏》篇已著其厚薄緩結之形，知者甚少。胡桃仁，頗類其狀，外皮汁青黑，故能入北方，通命門，利三焦，益氣養血，與補骨脂同為補下之藥。況命門氣與腎通，藏精血而惡燥，若腎命不燥則精氣內充，飲食自健，肌膚光澤，腸腑潤而血脉通。故胡桃配補劑令人肥健飲食，固精調血，蓋此義也。命門既通則三焦自利，故上通於肺，而虛寒喘嗽者宜之；下通於腎，而腰脚虛痛者宜之。內而心腹諸痛可止，外而瘡腫之毒能除矣。惜乎！扁鵲不知原委之分，以右腎誤為命門，以三焦為有名無狀，而高陽生承其臆說，譔為《脉訣》，世受其害，不可拔矣。雖有朱肱《活人》之書、陳言《三因》之方，戴起宗之《刊誤》，李言聞之辨說，士材師之闢忘，終不盡挽頹波，拯人燃溺也。

清・葉盛《古今治驗食物單方》 胡桃 石淋痛甚者，胡桃肉一升，細米煮漿粥一升，相和頓服，即瘥。 老人喘嗽，氣促，睡臥不得，服此立定，胡桃肉去皮，杏仁去皮、尖，生薑各一兩，研膏，入熟蜜少許，和丸彈子大，每臥時嚼一丸，薑湯下。 產後喘，人參、胡桃各二錢，水煎服。 醋心，胡桃爛嚼，薑湯送，立止。 食酸齒倒，細嚼胡桃即解。 悞吞銅錢，嚼胡桃化之。 血崩不止，胡桃肉十五指齒烏鬚，胡桃仁燒灰，貝母各等分為末，日用之。 血崩不止，胡桃肉十五枝，燒存性，研，作一服，空心溫酒下，神效。 急心痛，核桃一個，棗子一個，去核，以紙共裹，煨熟，生薑湯一鍾送下，永久不發，名盞落湯。 小兒頭瘡久不愈，核桃燈上燒存性，出火毒，入輕粉少許，共研末，生油調敷，一二次愈。 聤耳汁出，胡桃仁燒研，狗胆汁和作挺子，綿裹塞之。 亦治傷耳成瘡，胡桃汁滴之。 烏鬚，用青胡桃三枚，和皮搗爛，入乳三盞，于銀石器內調勻，搽鬚上三五次即黑。 每日用胡桃油潤之。 白癜風，青胡桃皮一枚，硫黃一皂子大，研勻，日日擦之取效。

清・王子接《得宜本草・上品藥》 胡桃 味甘。入足少陰經。功專補命門，暖丹田。得杏人治喘嗽，得骨脂補下焦陽虛。

清・黃元御《玉楸藥解》卷四 胡桃 味甘、濇，氣平。入足陽明胃、手太陰肺經。甯嗽止喘，利水下食。胡桃核斂濇滋潤，能進飲食，止喘嗽，潤腸胃，通淋濇，除崩漏，消癰腫，敷瘰癧，塗疥癬，療頭瘡、鼻䶑、聤耳、便血、吞銅，遺精失溺，澤膚潤腸，黑鬚烏髮。治腰疼腹痛、寒疝、紅痢、醋心之類。魚口便毒，火燒打損，疔瘡之屬。油胡核治癰腫疥癬、楊梅禿瘡，潤澤鬚髮。青皮染髭鬚白瘕。

清・吳儀洛《本草從新》卷四 胡桃〔補命門，利三焦。〕 味甘，性熱，肉潤皮澀。皮斂肺定喘，固腎澀精。今藥中罕用，若用之，當勝金櫻、蓮鬚也通命門，利三焦，潤腸胃，悅肌膚，溫肺補腎，治痿強陰。佐補骨脂，一木一火，大補下焦。胡桃屬木，破骨紙屬火，有木火相生之妙。古云：黃檗無知母，破骨紙無胡桃，猶水母之無蝦也。時珍曰：三焦者，元氣之別使；命門者，三焦之本原。命門指所居之府而言，為藏精繫胞之物；三焦指分治之部而名，為出納腐熟之司；一為體，一為用也。其體非脂非肉，白膜裹之，在脊骨第七節兩腎中央，繫着於脊，下通二腎，上通心肺，貫腦，為生命之原，相火之主，精氣之府，人、物皆有之。生人生物，皆由此出。《內經》所謂七節之旁，中有小心是也。《難經》誤以右腎為命門，高陽生承謬譔《脈訣》〔戴起宗《脈訣刊誤》。〕，至朱肱、陳言、戴起宗始闢之。腎命相通，藏精而惡燥。胡桃頗類其狀，皮汁青黑，故入北方。佐破故紙潤燥而調血，使精氣內充，血脈通利，諸證自除矣。三焦通利，故上而虛寒喘嗽，洪邁有痰疾，晚對上諭以胡桃三枚，薑三片，臥時嚼服，即飲湯，復嚼桃薑如前數，靜臥必愈。邁如旨服，旦而痰消嗽止。洪輯幼子病痰喘，夢觀音令服人參胡桃湯，服之愈。明日去皮，喘復作，仍連皮用，信宿而瘳。蓋皮能斂肺也。同葱白、薑、茶搗煎，發汗散寒。下而腰脚虛痛，內而心腹諸痛，外而瘡腫諸毒，皆可除也。動風痰，助腎火，肺有痰熱、命門火熾者勿服。

潤燥養血去皮，斂澀連皮。油者有毒，故殺蟲治瘡。殼外青皮，壓油，烏髭髮。

清・汪紱《醫林纂要探源》卷二　核桃　甘，辛，濇，溫。一名胡桃。此取食核中仁也。甘而微辛，連皮濇。補腎，甘潤。潤命門，辛溫。固精，黑白味濇。瀉肺，去清邪，療寒嗽。補肺，甘潤。潤大腸。通熱祕，止寒瀉，虛瀉。○昔人云：留皮則入腎命，去皮則入肺。愚按：凡仁皆潤，而多入心。所謂仁入心也，下行則入命門。仁為生生之本也。核桃仁，有腎命之形，色黑肉白，則補潤腎命，其固然也。腎命得補，精氣堅固，則陽氣自行於三焦，以上達膻中，肺自得其溫潤，而寒嗽除矣。不必以留皮去皮分上下。但連皮則能固能補，去皮則止於能行能潤耳。曰仁皆兩片，何獨此曰此卻似四片，分兩片，中又連屬之，極似兩腎命門，又似坎卦。古人合補骨脂用，然此自能溫固下焦根本，非必藉補骨脂力也。○風火邪熱嗽，非所宜。油壞者，可殺蟲，傅瘡。尤辛，螫人喉吻，故殺蟲，且行毒氣。

清・嚴潔等《得配本草》卷六　胡桃一名羌桃，一名核桃。制銅毒。甘，溫。肉潤皮澀。入足少陰經。補命門，利三焦，溫肺潤腸。治虛寒喘嗽，腰脚重痛，心腹疝痛，止血痢，發痘瘡。得全蠍，燒研酒服，治便毒。得溫酒，治損傷。得生薑，治痰嗽。并治食物醋心。得杏仁，治喘嗽。配破故紙、杜仲、萆薢，為丸，溫酒鹽湯任下，強筋壯骨。潤燥，去皮用。斂澀，連皮用。食酸齒齼，細嚼胡桃肉即解。肺有痰熱，命門火盛，泄瀉不已者，禁用。

題清・徐大椿《藥性切用》卷六　胡桃肉　味甘性溫，肉潤皮濇，入命門而溫肺，補腎養血潤燥。油者有毒，殺蟲治瘡。殼外青皮，壓油，可染鬚髮。

清・黃宮繡《本草求真》卷二　胡桃肉溫補命門，澀精固氣。胡桃耑入命門，兼入肺、大腸。味甘氣熱，皮濇肉潤汁黑，諸書皆言能通命火，助相火，利三焦，溫肺潤腸，補氣養血，斂氣定喘，濇精固腎，與補骨脂一水一火，大補下焦，有同氣相生之妙。韓懋曰：破故紙屬火，能使心胞之火相通，胡桃屬水，主潤血養血，血屬陰惡燥，故油以潤之。佐破故紙有木火相生之妙，故古有云黃蘗無知母，破故紙無胡桃，猶水母之無鰕也。時珍曰：命門氣與腎通，藏精血而惡燥，若腎命不燥，精氣內充，則飲食自健，肌膚光澤，腸膚潤而血脉通，此胡桃佐補藥，有令人肥健能食，潤肌黑髮，固精治燥調血之功也。命門既通，則三焦利，故上通於肺，而虛寒喘嗽者宜之。下通於腎，而腰腳虛痛者宜之。內而心腹諸痛可止，外而瘡腫之毒可散矣！洪氏《夷堅〔志〕》止言胡桃治痰嗽，能斂肺，蓋不知其為命門三焦之藥也。若使多食，則能動風脫人眉毛。志曰：多食動風脫人眉。穎曰：多食生痰，動腎火。同錢細嚼，則即與銅俱化；與甘蔗同嚼，則蔗渣消融，蓋因味甘，則三焦可利；汁黑則能入腎通命，皮濇則氣可斂而喘可定，肉潤則肺得滋而腸可補，氣熱則食不敢多而有動風脫毛、火鑠消融、化銅之弊耳。是以瘡腫鼠瘻痰核，取其用能通鬱解結。惟肺有熱痰，暨命門火熾者切忌。時珍曰：胡桃性熱，能入腎肺，惟虛寒者宜之。而痰火積熱者不宜多食耳。殼燒灰存性，治乳癰，皮塗鬚髮皆黑。志曰：仙方取青皮壓油，和詹糖香塗毛髮，色如漆也。養血去皮用，斂濇連皮用。

清・李文培《食物小錄》卷上　胡桃即核桃　甘，平、溫、微澀，無毒。食之令人肥健，潤肌黑髮，能食，通潤血脈，骨肉細膩，補氣養血，潤燥化痰，益命門火不足，利三焦，溫肺潤腸。

清・楊璿《傷寒溫疫條辨》卷六補劑類　胡桃仁　味甘氣平，肉潤皮濇，其汁青黑。入肺、肝、腎、命門、三焦。溫肺潤腸，固精秘氣，養血滋陰。佐故紙減半，治腎虛腰疼，有木火相生之妙。上而虛榮喘嗽，中而遺精滑泄，下而腰脚痿躄，內而心腹之痛，外而癰瘍之毒，皆可除也。加味青蛾丸：治腎虛腰疼，並外邪所侵腰腿筋骨疼。胡桃仁八兩，破故紙鹽水炒、杜仲薑汁炒、牛膝酒炒、黃柏鹽水炒四兩，知母鹽水炒三兩，萆薢四兩，分四分，鹽、酒、童便、米泔各浸炒一分，晒乾為末，春夏米粥為丸，秋冬煉蜜為丸，任下。

清・羅國綱《羅氏會約醫鏡》卷一七菓部　胡桃味甘平，入肺腎二經。性潤而熱。上利三焦之氣，下補命門之火。命門者，三焦之本源也。在兩腎中間，脊骨第七節中一點小心，下通兩腎，上通心肺，為生命之源，相火之主。治虛寒喘嗽、溫肺化痰。腰脚虛痛補腎、心腹諸痛、諸瘡腫毒。調中和榮。服之令人肥健，過食脫眉，熱極則生風也。潤肌膚，烏鬚髮，固精氣。強陰起陽。佐補骨脂，大補下焦而廣嗣育。胡桃屬木，骨脂屬火，有木火相生之妙。加以杜仲蜜丸，名青蛾丸，大補腎虛無嗣。去皮，養血潤燥；連皮，斂肺濇精。男女交媾，皆稟此命火而結胎，火衰者，精滑易洩，所以不結。夜間，用酒連皮細嚼三枚，能補陽固腎。

按：肺家有痰、相火易熾者勿服。

清・趙學敏《本草綱目拾遺》卷七果部上　核桃油　好者補火，若壞核桃榨取者，有毒味劣，不宜食。

清・黃凱鈞《藥籠小品》　胡桃肉　潤，皮濇，同補骨脂治虛寒腰痛。胡桃人參湯，觀音夢傳於洪輯子，治痰喘。去皮無效，連皮有功，蓋皮能斂肺也。一切筋骨痛皆可除。

清・章穆《調疾飲食辯》卷四 胡桃 《名物志》名羌桃，俗呼核桃。《綱目》曰：其葉長四五寸，似大青葉，對生，頗作惡氣。三月開花，如栗花。結實如桃，熟時漚爛皮肉，取核為果，故名核桃。

按：胡桃性熱，其殼外皮肉，可染帛作緇，又能黑髮，故入腎而治虛寒。外皮並殼內薄皮，味俱極澀，故能上收久嗽痰喘之肺氣，下收精寒滑洩之腎氣。又有油，故能潤肺而治無痰之乾欬。古有黃柏無知母，破故紙無胡桃，猶水母無蝦之說，蓋破故紙溫補腎陽，胡桃亦補腎陽，相須為用，治腎氣虛寒，不為大謬。乃自明以來，劈空造出命門之說，云居兩腎之中，為人身生命之源，相火之主。《難經》而後，已有左為腎，右為命門之說，至明又變為此說。立青娥丸、胡桃丸等方，皆用胡桃。《綱目》備著其說，謂命門非脂非肉，形如胡桃仁，故用胡桃，全然杜撰。其流弊遂有薛己、張景岳、趙養葵諸子，妄立真陰、真陽、先天、太極名色。甚且謂孔門一貫儒、釋、道三教之傳，皆在此命門之內。如講學家一味空談，全無實際。國朝自呂留良焚骨後，禁絕其書，不獨儒者知務真脩，即醫者亦覘實學。趙養葵醫書，即呂留良評點，名天蓋樓《醫貫》。未奉嚴禁時，曾及見之，全部盲辭瞎辯，高談性命。人胸中一無知識，於此可以概見。今例禁其書，既不許行世。又有喻嘉言，周禹載、徐靈胎、汪苓友、葉天士諸先生，出而闡明軒岐之學，故元、明一切浮泛無根之談，至本朝而熄。不知命門二字，本出《內經・靈樞・根結篇》，曰：太陽根於至陰，穴名，在足小指甲後。結於命門。命門者，目也。經文明白如此，造作空言者，豈未之見乎？抑欺後人之必不見乎？至胡桃之充果食，肺燥、腎寒者宜之，潤肺宜去衣，溫腎宜留衣。肺腎有熱者忌之。《食物本草》謂多食動腎火，則是。《開寶本草》謂多食動風，脫人眉，同酒食多，令人吐血，亦理之所有。孫氏則謂其性冷滑，大誤。蓋有油故滑大腸，非冷也。

清・吳鋼《類經證治本草・手少陽三焦藥類》 胡桃 【略】誠齋曰：胡桃肉二兩，破故紙一兩，搗末，青鹽湯丸梧子大，每日空心鹽湯送下五六十丸，大治陰痿不起。又方：治痰嗽，胡桃三枚，炮去皮，生薑一錢，臥時嚼服。或用人參胡桃湯服之，皆愈。又方：胡桃肉三兩，不去衣，燒酒搗為丸，小豆大，空心鹽湯下二三十丸，便以美饍壓之，能助陽氣，入房久戰不洩。此等方原為下部陽虛，莖痿不起而無嗣者設，若常人用為房室取淫，鮮有不喪其身者矣。潤燥養血，去皮用。斂濇，連皮用。

清・張德裕《本草正義》卷上 胡桃肉 肉甘皮澁，性平而潤。能益氣養血，潤五臟，美顏色。治咳嗽，化燥痰，止腰痛。為補陰潤品。同破故紙為丸，溫命門下元。

清・楊時泰《本草述鉤元》卷一七 胡桃

仁 氣味甘平溫。入肺腎二經。主治滋肺，利三焦，潤血脉，補腎益命門，治虛寒喘嗽化痰，利小便，亦止小便頻數，療損傷石淋。一味勿去皮，空腹食之，最能固精。同破故紙蜜丸服，補下焦，以胡桃屬木，故紙屬火，二味合用，有木火相生之妙韓丞，洪輯幼子痰喘，五書夜不乳食，其妻夢觀音授方，令服人參胡桃湯，煎一蜆殼許，灌之喘定，明日，以胡桃去皮用之，喘復作，仍連皮用，信宿而瘳。消痰止嗽，用胡桃肉三顆，生薑三片，臥時嚼服，呷湯兩三口，再嚼桃、薑如前數，即靜臥，必愈。同補骨脂、蒺藜、蓮鬚、鹿茸、麥冬、巴戟、山萸、五味、覆盆子、魚膠，益命門，種子最效。胡桃丸：治消腎溢精，凡由房慾無節及服丹石，或失志傷腎，遂致水弱火強，口舌乾，精自溢出，或小便赤黃，大便燥實，或小便大利而不甚渴，用胡桃肉、白茯苓各四兩，附子一枚去皮切片，薑汁、蛤粉同焙為末，蜜丸梧子大，每服三十丸，米飲下。老人喘嗽，氣促睡臥不得，服此立定，胡桃肉去皮、杏仁去皮尖、生薑各一兩，研膏，入煉蜜少許，和丸彈子大，每臥時嚼一丸，薑湯下。產後氣喘，胡桃肉、人參各一錢，水一盞，煎七分，頓服。久嗽不止，胡桃肉五十個，煮熟去皮，人參五兩，杏仁三百五十個，麩炒，湯浸去皮，研勻入煉蜜丸梧子大，每空心細嚼一丸，人參湯下，臨臥再服。石淋痛楚，便中有石子者，胡桃肉一升，細米煮漿粥一升，相和頓服，即瘥。便毒初起，胡桃七個，燒研酒服，不過三服效。魚口便毒，端午日午時，取樹上青胡桃，筐內陰乾，臨時全燒為末，酒服，少行一二次，有膿自大便出，無膿即消，二三服平。上二方，加全蝎、穿山甲用，尤妙。和橘核研酒服之，補腎治腰痛。

論：胡桃仁狀類命門，外皮水汁皆青黑，能入北方通命門。夫命門本陰中之陽，上通於肺，肺氣本陽中之陰，下歸於命門，上下固相召也。此仁熟於秋，的主肺，宜於陽中有陰之臟，正由肺而通命門者，故能潤血脈，益腎，上以止虛寒喘嗽，下利小便，又止小便頻及治石淋也。《夷堅志》言胡桃治痰嗽，緣能斂肺，蓋不知其為命門三焦之藥爾。其同故紙而補髓，正與通潤血脈之義相合，以肺陰下降入心而生血，血脈潤則陽中之陰先降，而陽即隨之以下歸，歸陽而陰已先歸，此所謂補髓者也。且故紙但令包絡與命門之火相通，茲味則由肺而致包絡與命門之用，其由肺而合於包絡者，由陽而育陰也，以包絡主血也，由包絡而歸命門者，更由陰而裕陽也，以命門主氣也，由陽而育陰，即由陰而裕陽，故不可止曰補陽，而必謂之補髓矣。大約同故紙以補髓，茲味之功，當居其強半。青蛾丸用故紙十兩，而有桃肉倍之，可知此丸補髓，其功屬何味居勝矣。《經》曰：精成而腦髓生。蓋精者陽中之陰所生，從血而變化，又陰中之陽所成，從氣而搏（捖）〔垸〕。修真家所謂氣盛則精盈者，非離於陰之陽以言氣也。故又曰：精盈則氣盛，精與氣互根而互益，所以故紙無胡桃，猶水母之無鰕耳。

清・葉桂《本草再新》卷五　胡桃味甘，濇，性平，無毒。入肺、腎二經。通命門，利三焦，潤腸補腎，止嗽益氣。

胡桃衣味苦，濇，性平，無毒。入脾、腎二經。健脾固腎。取其濇也。

清・吴其濬《植物名實圖考》卷三一　胡桃《開寶本草》始著錄。北方多有之，唯永平府所産皮薄，謂之露穰核桃。木堅，作器物良。

清・趙其光《本草求原》卷一二果部　胡桃即核桃。秋熟，氣平，補肺陽中之陰。味甘，入脾。溫，入肝。皮澀，斂肺定喘，固腎澀精。肉潤，養血。汁青黑，入腎通命門。能使肺陰入心生血，以下歸於命門三焦，故通潤三焦血脈，補腎，上治虛寒喘嗽、化痰；下利小便，亦止尿數，肺腎相通之效。腰腳虛痛。補腎故。佐破故紙，則益下焦以補髓。《經》曰：精成則髓生。蓋精者，肺陽中之陰所生，以其從血而變也。又命門陰中之陽所成，以其從氣而搏脘也。故紙補命門之氣以上通於肺，此裕肺陰生血，以下歸命門，使上下相召，精氣互根而互益，故不但補陽，而且補髓。舊解未明。潤燥養血，去皮用；斂澀，連皮用。

胡桃倍於故紙、杜仲，加青鹽，名青娥丸，治腎虛腰痛，可知補髓全在此味。同生薑，臥時嚼服，止嗽，化寒痰。同人參，定寒喘。同酒細嚼，固精。同故紙、沙苑、蓮鬚、巴戟、盆子、魚鰾、麥冬、萸肉、五味，益命門種子最效。同茯苓、附子、蛤粉、薑汁，治房勞丹石傷腎，水虧火炎，口乾精自溢，尿黃糞燥。同米煮粥，治石淋。同酒研服，治便毒初起；燒為末，酒服，魚口便毒有膿，亦從大便出；或加山甲、全蠍尤妙。同柑核酒服，補腎，治腰痛。同川貝、全蠍蜜丸，治鼠瘻痰核。其瓤燒黑，如松香，敷瘰癧。其殼，燒灰酒服，治乳壅即消，已潰即斂；或加血竭更妙，皆取其通鬱結也。與錢同嚼，即與銅俱化。多食即消肺爍肝、動風脫眉毛。肺熱命門有火勿服。

清・梁章鉅《浪跡叢談》卷八　服核桃　核桃補下焦之火，亦能扶上焦之脾，但服之各有其法。舊聞曾賓谷先生每晨起必噉核桃一枚，配以高粱燒酒一小杯，酒須分作百口呷盡，核桃亦須分作百口嚼盡，蓋取其細咀緩嚼，以漸收滋潤之功，然性急之人往往不能耐此。余在廣西，有人教以服核桃法，自冬至日起。每夜嚼核桃一枚，數至第七夜止；又於次夜如前嚼，亦數至第七夜止，如是周流，直至立春日止。余服此已五閱年所，頗能益氣健脾，有同余服此者，其效正同。聞此方初傳自西域，今中土亦漸多試服者，不甚費錢，又不甚費力，是可取也。

清・文晟《新編六書》卷六《藥性摘錄》　胡桃肉　味甘，氣熱。皮濇，肉潤，汁黑。溫補命門，濇精固氣，潤大腸，補氣養血，斂氣定喘。與補骨脂同用，大補下焦，有水火相生之妙。○多食動風，脫人皮毛。肺有熱痰，及命門火熾，尤忌。○養血，去皮。斂精，連皮用。○殼，燒灰存性，治乳癰。○皮，壓油，塗毛髮皆黑。

胡桃　即核桃。甘，熱。皮濇肉潤，補命門，濇精固氣。惟肺有熱痰，及命門火熾者忌用。詳藥部。

清・張仁錫《藥性蒙求・果部》　胡桃二個　胡桃平熱，皮濇肉潤。補火滑腸，和傷止痛。補命門，利三焦，補腎溫肺。治瘻益陰，佐補骨脂大補下焦。○潤燥養血，去皮；斂濇連皮。肺胃有痰熱，相火盛勿服。

清・王孟英《隨息居飲食譜・果食類》　胡桃一名核桃。甘，溫。潤肺益腎，利腸，化虛痰，止虛痛，健腰腳，散風寒，助痘漿，已勞喘，通血脈，補産虛，澤肌膚，暖水藏，制銅毒，療諸癰，殺羊羶，解齒齼。以殼薄、肉厚、味甜者良。宜餡宜肴，果中能品。惟助火生痰，非虛寒者勿多食也。

風寒感冒，頭痛身熱，胡桃肉、葱白、細茶、生薑，共杵爛，水煎熱服，汗出而痊。內熱者，去薑，加白沙糖。　小便頻數，胡桃肉臥時嚼之，溫酒下。　石淋痛楚，胡桃肉一斤，同細米煑漿粥，日日食之。　小陽氣痛，便毒初起，竝以胡桃煅，研，溫酒下。　背癰，附骨疽未成膿者，胡桃十箇，煨熟，去殼，槐花一兩，同研，熱酒調下。　疔瘡惡瘡，胡桃破開，取肉嚼爛，仍安殼內，合瘡上，頻換。　壓撲損傷，胡桃肉，杵爛，溫酒頓服。

清・劉善述、劉士季《草木便方》卷二木部　胡桃樹　油核桃辛熱有毒，殺蟲攻毒癰腫塗。癘風疥癬秃楊梅，殼煆下血崩中服。好仁治疝心腹痛，血痢腸風補益速。

清・田綿淮《本草省常・果性類》　核桃　一名羌桃，一名胡桃。性熱。補氣養血，消食化痰，益命門，潤三焦，除虚寒喘嗽。多食助邪火，動風氣，脱人眉。同酒食，令人咯血。孕婦忌之。新者良，陳者熱甚。油仁者有毒，不可食。

清・戴葆元《本草綱目易知録》卷三　胡桃仁　味甘氣熱，皮澀肉潤。益命門，利三焦，溫肺潤腸，補氣養血，潤躁化痰，通潤血脉，骨肉細膩。治虚寒咳嗽，腰脚重痛，心腹疝痛，血痢腸風，石淋五痔。同故紙蜜丸服，一水一火，為補下焦腎命之藥。利小便，散腫毒，發痘瘡，制銅毒。燒灰，和松脂研，傅瘰癧。其性熱能入肺腎，惟虚寒者宜之，而痰火積熱者，勿多食。【略】傷耳成瘡出汁。胡桃杵取油，納入。葆按：取油法：胡桃杵碎，綢片裹，以手指捻之，其油自出，器盛，加片腦末少許，尤效。

清・黄光霽《本草衍句》　胡桃　氣熱味甘，皮澀肉潤。補氣養血，潤燥化痰。益命門，固精氣。利三焦，潤大腸。上通於肺，虚寒喘嗽相宜；風火邪熱嗽不可用。下通於腎，腰脚虚痛必用。内止心腹諸痛，外散瘡腫之毒。肥健肌膚，烏鬚黑髮。得補骨脂補下焦之陽虚。食酸齒齼，細嚼胡桃即解。悞吞銅錢，多食胡桃自出也。　痰疾，胡桃三個，生薑三片，臥時嚼服。　小兒痰喘，晝夜不乳食，胡桃、人參煎服。　胡桃丸益血補髓，強筋壯骨延年，明目悦心潤肌，能除百病，用胡桃四兩，擣膏，入破故紙、杜仲、萆薢，各四兩，杵匀，丸，空心溫酒、鹽湯任下。　老人喘嗽氣促，睡臥不得，胡桃、杏仁、生薑，蜜丸，臥嚼。　食物醋心，嚼胡桃，薑湯下。

清・陳其瑞《本草撮要》卷三　胡桃　味甘，入足陽明、手太陰經，功專補命門，暖丹田。得杏仁治喘嗽，得骨脂補下焦陽虚。與薑同嚼嚥，治寒嗆。同葱薑茶搗煎，發汗散寒。肺熱火熾者忌。潤燥去皮，斂澀連皮。油者殺蟲。以油調冰片少許滴耳中，治耳内生耳聤。殼外青皮烏鬚。

清・徐士鑾《醫方叢話》卷二　服核桃　核桃補下焦之火，亦能扶上焦之脾。但服之各有其法。舊聞曾賓谷先生每晨起必噉核桃一枚，配以高粱燒酒一小杯，須分作百口呷盡，核桃亦須分作百口嚼盡。蓋取其細咀緩嚼，以漸收滋潤之功。然性急之人，往往不能耐此。余在廣西，有人教以服核桃法，自冬至日起，每夜嚼核桃一枚，數至第七夜止，又於次夜如前嚼，亦數至第七夜止。如是周流，直至立春日止。余服此已五閲年所，頗能益氣健脾。有同余服此者，其效正同。聞此方初傳自西域，今中土亦漸多試，服者不甚費錢，又不甚費力，是可取也。

清・吴汝紀《每日食物却病考》卷下　胡桃　即核桃也。張騫使西域得種還植之，故名胡桃。外有青皮肉，此其核也，故曰核桃。味甘，溫，無毒。潤肌，黑鬚髮，令人肥健，補下元。多食，動風生痰，助腎火。其性能入肺、腎。丹溪云：屬土而有火。故虚寒者宜之，而痰火積熱者不宜多食。

酒杯藤子

明・李時珍《本草綱目》卷三三果部　酒杯藤子又曰：崔豹《古今註》云：出西域。藤大如臂。花堅硬，可以酌酒，文章映澈。實大如指，味如豆蔻，食之消酒。張騫得其種于大宛。

明・姚可成《食物本草》卷九果部・異果類　酒杯藤子崔豹《古今注》云：出西域。藤大如臂。花堅硬，可以酌酒，文章映澈。實大如指，味如豆蔻，食之消酒。張騫得其種於大宛。

酒杯藤子，味甘、辛，平，無毒。消食下氣，消酒止渴，辟邪瘧，消癰腫，殺蚘蟲。治尸疰勞瘵，蟲蠱瘰癧，瘿瘤結核，癰疽潰爛。

附方：治食傷諸果成積。用酒杯藤子燒灰糖拌，服下五七錢，大效。

治飲酒過量，沉醉不醒，或積久成病。用酒杯藤子煎服，極驗。

南果分部

綜述

千歲子

晉・嵇含《南方草木狀》卷下果類　千歲子　有藤蔓出土，子在根下，鬚綠色，交加如織。其子一苞恒二百餘顆，皮殼青黄色，殼中有肉如栗，味亦如之。乾者殼肉相離，撼之有聲，似肉豆蔻。出交趾。

明・李時珍《本草綱目》卷三三果部　千歲子又曰：《草木狀》云：出交趾。蔓生。子在根下，鬚綠色，交加如織。一苞恒二百餘顆，皮殼青黃色。殼中有肉如栗，味亦如之。乾則殼肉相離，撼之有聲。《桂海志》云：狀似青黃李，味甘。

明・姚可成《食物本草》卷九果部・異果類　千歲子《草木志》云：出交趾。蔓生。子在根下，鬚綠色，交加如織。一苞恒二百餘顆，皮殼青黃色。殼中有肉如栗，味亦如之。乾則殼、肉相離，撼之有聲。《桂海志》云：狀似青黃李，味甘。　千歲子，味甘，平。主和中益胃，利肺除熱，止渴解酒，涼暑氣。

附方：　治小便秘塞不通。用千歲子十數枚，打碎，水煎汁飲下，即通。治發背惡瘡。用千歲子不拘多少，舂爛如泥，以醋調塗之，三次見效。

清・趙學敏《本草綱目拾遺》卷八果部下　千歲子　《南方草木狀》：出交趾，蔓生，子在根下，鬚綠色，交加如織，一苞恒二百餘顆，皮殼青黃色，殼中有實如栗，味亦如之，乾則殼肉相離，撼之有聲，如肉荳蔻。　關涵《嶺南隨筆》：　千歲子多子根鬚，乾則殼肉相離，撼之有聲。

味甘平，主和中益胃，利肺，除熱止渴，醒酒解暑。

小便閉塞，千歲子十數枚，打碎水煎，清飲下，即通利。　發背惡瘡，千歲子不拘多少，擣爛如泥，調塗三次見效。

荔枝

晉・嵇含《南方草木狀》卷下　荔枝　樹高五六丈餘，如桂樹，綠葉蓬蓬，冬夏榮茂，青華朱實。實大如雞子，核黃黑似熟蓮，實白如肪，甘而多汁，似安石榴。有甜酢者，至日將中，翕然俱赤，則可食也，一樹下子百斛。《三輔黄圖》曰：　漢武帝元鼎六年，破南越，建扶荔宫。扶荔者，以荔枝得名也。自交趾移植百株於庭，無一生者，連年移植不息，後數歲，偶一株稍茂，然終無華實，帝亦珍惜之。一旦，忽萎死，守吏坐誅，死者數十，遂不復茂矣。其實則歲貢焉，郵傳者疲斃於道，極為生民之患。

宋・唐慎微《證類本草》卷二三果部中品〔宋・馬志《開寶本草》〕　荔枝子　味甘，平，無毒。止渴，益人顏色。生嶺南及巴中。其樹高一二丈，葉青陰，淩冬不凋。形如松子大，殼朱若紅羅紋，肉青白若水精，甘美如蜜。四、五月熟，百鳥食之，皆肥矣今附。

〔宋・蘇頌《本草圖經》〕曰：　荔枝子，生嶺南及巴中，今泉、福、漳、嘉、蜀、渝、涪州、興化軍及二廣州郡皆有之。其品閩中第一，蜀川次之，嶺南爲下。《扶南記》云：　此木以荔枝爲名者，以其結實時枝弱而蔕牢，不可摘取，以刀斧劙音利取其枝，故以爲名耳。其木高二三丈，自徑尺至于合抱，頗類桂木、冬青之屬。葉蓬蓬然，四時榮茂不凋。其木性至堅勁，工人取其根作阮咸槽及彈棋局。木之大者，子至百斛。其花青白，狀若冠之蕤緌，實如松花之初生者。殼若羅文，初青漸紅，肉淡白如肪玉，味甘而多汁。五、六月盛熟時，彼方皆燕會其下以賞之，賓主極量取噉，雖多亦不傷人。小過度，則飲蜜漿一盃便解。荔枝始傳於漢世，初惟出嶺南，後出蜀中。《蜀都賦》所云：　旁挺龍目，側生荔枝是也。蜀中之品，在唐尤盛。白居易圖序論之詳矣。今閩中四郡所出特奇，而種類僅至三十餘品，肌肉甚厚，甘香瑩白，非廣、蜀之比也。福唐歲貢白暴荔枝并蜜煎荔枝肉，俱爲上方之珍果。白暴須佳實乃堪，其市貨者，多用雜色荔枝入鹽、梅暴之成，而皮深紅，味亦少酸，殊失本真。凡經暴皆可經歲，好者寄至都下及關、陝，河外諸處，味猶不歇。百果流布之盛，皆不及此。又有焦核荔枝，味更甜美，或云是木生背陽，結實不完就者，白暴之尤佳。又有綠色、蠟色，皆其品之奇者，本土亦自難得。其蜀嶺荔枝，初生亦小酢，肉薄不堪暴。花及根亦入藥。崔元亮《海上方》治喉痹腫痛，以荔枝花并根，共十二分，以水三升煮，去滓，含，細細嚥之，差止。

〔宋・唐慎微《證類本草》〕陳藏器：　味酸，子如卵。《廣州記》云：　荔枝精者，子如雞卵大，殼朱肉白，核如雞舌香。《廣志》曰：　荔枝冬青，實如雞子，核黃黑似熟蓮子，實白如肪脂，甘而多汁，美極，益人也。《海藥》云：　謹按《廣州記》云：　生嶺南及波斯國。樹似青木香。味甘、酸。主煩渴，頭重，心躁，背膊勞悶，並宜食之。嘉州已下渝州並有。其實熱，甘美。荔枝熟，人未採，則百蟲不敢近。人纔採之，烏鳥、蝙蝠之類，無不殘傷。故採荔枝者，日中而衆採之。荔枝子，一日色變，二日味變，三日色味俱變。古詩云：色味不踰三日變。員安宇《荔枝詩》云：　香味三日變。今瀘、渝人食之多，則發熱瘡。《食療》：　微溫。食之通神益智，健氣及顏色，多食則發熱。

宋・寇宗奭《本草衍義》卷一八　荔枝　藥品中今未見用，惟崔元亮方中收之。果實中爲上品，多食，亦令人發虛熱。此物喜雙實，尤可愛。本朝有蔡君謨《荔枝譜》，其說甚詳。唐杜牧詩云：　一騎紅塵妃子笑，無人知是荔枝來。此是川蜀荔枝，亦可生置之長安也。以核熳火中燒存性，爲末，新酒調，一枚，末服，治心痛及小腸氣。

宋・王繼先《紹興本草》卷一三　荔枝子　紹興校定：　荔枝子，《本經》已載性味，然云止渴顯非所宜。但世之唯作果品，生食或乾食之。過多喜作熱疾，當云味甘、溫、無毒是矣。閩蜀交廣皆產之。

宋・鄭樵《通志》卷七六《昆蟲草木略》　荔支　亦曰離支。始傳於漢世，初出嶺南，後出蜀中，故《蜀都賦》云：　旁挺龍目，側生荔枝。《南海藥譜》云：荔枝熟，人未採，則百蟲不敢近。才採之，則烏鳥蝙蝠之類無不殘傷。然亦不必荔枝，諸果皆然。《東觀漢記》云：南海舊獻荔枝、龍眼，十里一置，五里一堠，奔馳險阻，道路為患。孝和時，唐羌上書言狀，帝詔太官勿復受獻。蓋此物易變，一日色變，二日味變，三日色味俱變。古詩云：色味不踰三日變。舊時採貢，以蠟封其枝，或蜜漬之。而近代奸幸之徒，連株以進，南人苦之。不知土地所產之異，而輒為人患，何也？無乃尤物者歟！

宋·陳衍《寶慶本草折衷》卷一八　荔枝子核附。○殼續附。　一名荔枝，一名旁挺，一名龍目，一名側生。○王逸賦云：一名甘液。○劉霽詩云：一名含滋。生閩中，及嶺南、巴中、二廣、川蜀、關陝、河外、波斯，及泉、福、漳、嘉、瀘、渝、涪州、興化軍。○四、五、六月採，暴乾。○畏蜜漿。

味甘，酸，平，微溫，無毒。○止渴，益顏色。○《圖經》曰：殼若羅文，初青漸紅。肉淡白如肪玉，多汁。啖過度，飲蜜漿便解。今閩中四郡所出特奇，種類僅至三十餘品。○乾則肉枯裳。○《廣州記》云：食多發熱瘡。

附：核。○治心痛及小腸氣痛，每服壹枚，慢火燒存性，為末，調酒服。

續說云：張松謂荔枝核燒灰，療血刺痛，和香附子末減半，每服貳錢，米飲調下。又《全嬰方》以荔枝殼炒為末，名輕紅散，治小兒下痢赤白，腹痛退食，三歲以米飲調半錢服。

元·忽思慧《飲膳正要》卷三　荔枝　味甘，平，無毒。止渴生津，益人顏色。

元·尚從善《本草元命苞》卷八　荔枝　味甘，性平，無毒。止渴，益人顏色。通神，健氣和脾。生嶺南巴郡，今福建漳、泉。樹高一二丈，葉青陰，凌冬不凋，形如松子大，羅紋殼，初青漸紅，味甘美如飴蜜，肉青白若水精，五六月盛熱採之。多食則令人發熱。

元·吳瑞《日用本草》卷六　荔枝　葉青陰，凌冬不凋。形如松子大，殼朱若紅羅紋。肉青白若水精。味甘，溫，平，無毒。甘美如蜜，四、五月熟。如喫太多，生蜜一匙，新汲水化飲之。主止渴，益人顏色。食多發疾。

元·朱震亨《本草衍義補遺》　荔子肉　屬陽。主散無形質之滯氣，故消瘤癭赤腫者用之。苟不明者，則錯用之而不應。

元·徐彥純《本草發揮》卷三　荔枝子　丹溪云：荔枝子屬土而有金與木。多食，發熱。《衍義》謂發虛熱。蓋小試爾，其核屬金，性燥熱。又云：荔枝肉屬陽。主散，無形質之滯氣，故消瘤贅赤腫者用之。知之苟不明則錯，用之而不應。

明·蘭茂原撰，范洪等抄補《滇南本草圖說》卷九　荔枝　味甘微酸，性溫，無毒。止煩渴，美顏色，通神健氣。鮮者極甘美，食之令人不厭，雖多亦不傷人，惟食之過飽，魚湯尤良，即減。乾者經火焙過，多食發虛熱，動血，令牙痛口疼，火病人尤忌之。一治呃逆不止，荔枝七個，連皮核燒存性，為末，白湯調下，立止。○核，用慢火燒存性，為末，酒服，治心痛，即小腸疝氣。腰痛，服二錢亦愈。食荔枝過度，用蜜漿解之，此蘇頌之說也。《本草綱目》載之，至魚湯尤良。余未敢信，或傳寫之誤。即余按：閩中食荔枝過度，有用其殼浸水飲者，有以殼燒存性浸水飲者，有醬油一杯飲者。

明·王綸《本草集要》卷五　荔枝子核　慢火燒存性，為末，酒調服，治心痛及小腸氣。

明·滕弘《神農本經會通》卷三　荔枝子　味甘，氣平，無毒。

《本經》云：止渴，益人顏色。《圖經》云：《海上方》治喉痺腫痛，以荔枝并根，共十二分，以水三升，煮，去滓，含，細細嚥之，差止。又云：其品閩中第一，蜀川次之，嶺南為下。食小過度，則飲蜜漿一盃便解。《食療》云：多食則發熱。丹溪云：荔子肉屬陽，主散無形質之滯氣，故消瘤癭赤腫者用之。苟不明者，則錯用之而不應。《衍義》云：荔枝子核，慢火燒存性，為末，酒調服，治心痛及小腸氣。

明·劉文泰《本草品彙精要》卷三三　荔枝子無毒　植生。

荔枝子：主止渴，益人顏色。名醫所錄。　【苗】《圖經》曰：木高二三丈，自徑尺至於合抱，頗類桂木、冬青之屬。葉蓬蓬然，四時榮茂不凋，二三月開青白花，狀若冠之緌纓，三四月結實，如松花之初生者，殼若羅文，初青漸紅，肉淡白如肪玉，味甘而多汁，五六月成熟。其木大者，子至百斛。白暴荔枝，並蜜煎荔枝肉，俱爲上方之珍果。白暴者不失真味。其市者多用雜色荔枝，入鹽、梅暴之，而皮深紅，味亦少酸，殊失本真。又有焦核荔枝，味更甜美，或云是木生背陽，結實不完就者，白暴之尤佳。又有綠色、蠟色，皆其品之奇者，本土亦自難得。其蜀嶺荔枝，初生亦小酢，肉薄不堪暴，花及根亦入藥，此木以荔枝爲名者，以其結實時枝弱而蔕牢，不可摘取，以刀斧劙音利其枝，故以爲名耳。蔡君謨《荔枝譜》，其說甚詳。　【地】《圖經》曰：生嶺南及巴中，今蜀、渝、涪州、興化軍及二廣川郡皆有之。〔道地〕閩中者佳。〔時〕生：冬。採：五月、六月取。〔收〕暴乾。〔用〕實、核、花、根。〔色〕赤。〔味〕甘。〔性〕平，緩。〔氣〕氣厚於味，陽中之陰。〔臭〕香。〔主〕生津止渴，益氣駐顏。〔治〕療：《別錄》云：消煩渴，頭重心躁，背膊勞悶。《圖經》曰：花并根，喉痹腫痛，水煮含差。補：《別錄》云：通神益智，健氣，悅顏色。〔合治〕核，火煅末，合酒服，止心痛及小腸氣。〔禁〕多食，發熱瘡。〔解〕食過多發熱者，以蜜漿解之。

明·盧和、汪穎《食物本草》卷二果類 荔枝 味甘，微酸，溫，無毒。止煩渴，美顏色，通神健氣，極甘美，益人，食之不厭。然太多亦發虛熱，飲蜜漿一盃即解。丹溪言：此果肉屬陽，主散無形質之滯氣，故能消瘤贅赤腫。以核慢火中燒存性為末，酒調服，治心痛及小腸氣。

明·葉文齡《醫學統旨》卷八菓部 荔枝核 氣平，味甘。無毒。炒用。治心痛及小腸氣囊濕，疝氣。

明·許希周《藥性粗評》卷三 良霄為厲，荔枝一獻以皈依。荔枝子，樹高二三丈，大至合抱，類桂木，冬青之屬，葉蓬蓬然，四時榮茂不凋，春初開花，青白色，狀如冠之緌纓，三月結實如松花之初生者，殼若羅文，初青漸紅，肉淡白色如肪玉，亦如雞子，核紅黑色，如棗大，五六月成熟。木之大者多至百斛，且枝雖軟，而葉甚牢，採須刀□其枝方可得，故有荔枝之名。生閩、廣及巴蜀、交阯、海邊州郡，好事者當熟時宴會其下，摘而賞之，今以閩中者為上，果品中甘美補人者，亦此為勝。但過食亦發虛熱。餘說《本草》不載。味甘、微酸，性平，無毒。主治虛羸消渴，散滯氣，祛妖迷，辟鬼祟。如昔良霄為厲者，宜服此焉。調中養氣，通神益智，消瘤腫。

單方：喉腫：凡患喉痹腫痛，荔枝花并根，剉，共一把，水三升，煮取二升，去滓，待溫細細呷而嚥之。須臾自消。心疼：凡患心氣疼及小腸氣者，荔枝核一枚，燒存性，為末，新酒調下，當差，不差再服。

明·鄭寧《藥性要略大全》卷六 荔枝 安魂定魄，益智和中。味甘、微酸，氣平，無毒。〇荔枝核：治心痛。

明·陳嘉謨《本草蒙筌》卷七 荔枝肉 味甘、微酸，氣溫。升也，陽也。無毒。木大連抱，葉茂不凋。結實綴枝，多滿百斛。五月盡間盛熟，百鳥食之皆肥。因其枝弱蒂牢，人難摘取；必以鋒刃利斧，劙音利斷其枝，故以荔枝名也。巴蜀嶺南俱有，閩地產者獨佳。殼若新羅紋，狀類雞卵；肉如白肪玉，味勝蜜糖。核小與雞舌同，曝乾留一年久。咸稱珍菓，甘美益人。悅顏容毆煩止渴，益智慧健氣通神。丹溪又言：此屬陽，主散無形質滯氣。瘤贅赤腫，多啖能消。過度虛熱亦生，飲下蜜漿即解。花併根前嚥，喉痹痛神方。核煅存性酒調，治卒心痛疝痛。殼燒解穢，種痘宜求。木鋸作梳，色赤堅勁。

明·寧源《食鑒本草》卷上 荔枝 味甘，平，無毒。健氣生津，通神益智，和顏悅色，散無形質之滯氣。多食亦能生熱，以其屬陽故也。核 《朱丹溪方》：治諸疝舉作疼痛不可忍者，服之速效。荔核炒，青皮子炒，山梔子炒，山梔子炒，各一錢，茱萸十四粒，炒。各為細末，每服二錢，長流水煎一滾，空心服，效。

明·王文潔《太乙仙製本草藥性大全》卷四《本草精義》 荔枝 生嶺南及巴中，今泉、福、漳、嘉、蜀、渝、涪州、興化軍及二廣州郡皆有之。其品閩中第一，蜀川次之，嶺南爲下。《扶南記》云：此木以荔枝爲名者，以其結實時枝弱而蒂牢，不可摘取，以刀斧劙取其枝，故以爲名耳。其木高二三丈，自徑尺至于合抱，頗類桂木、冬青之屬，葉蓬蓬然，四時榮茂不凋，其木性至堅勁，土人取其根，作阮咸槽及彈棋局。木之大者，子至百斛。其花青白，狀若冠之緌纓，實如松花之初生者，殼若羅文，初青漸紅，肉淡白如肪玉，味甘而多汁，五六月成熟时，彼方皆燕會其下以賞之，賓主極量取啖，雖多亦不傷人，少過度則飲蜜漿一盃便解。荔枝始傳于漢世，初惟出嶺南，後出蜀中。四郡所出特奇，而種類僅至三十餘品，肌肉甚厚，甘香瑩白，非廣蜀之比也。又有無核荔枝，味更甜美，或云是木生背陽，結實不完就者，白暴之尤佳。又有綠色、蠟色，皆其品之奇者，本土亦自難得。其蜀嶺荔枝初生亦小酢，肉薄不堪暴，花及根亦入藥。

明·王文潔《太乙仙製本草藥性大全》卷四《仙製藥性》 荔枝 味甘、微酸，氣溫，升也，陽也，無毒。主治：悅顏容，毆寒止渴。益智慧，健氣通神。丹溪又言，此屬陽，主散無形質滯氣。瘤贅赤腫多啖能消。過度虛熱亦生，飲下蜜漿即解。花併根煎嚥，喉痹痛神方。核煅存性酒調，治卒心痛疝痛。殼燒解穢，種痘宜求。木鋸作梳，色赤堅勁。補註：喉痹腫痛，以荔枝花并根，共十二分，以水三升，煮去滓，含，細細嚥之差止。〇心痛及小腸氣，以核慢火中燒存性，爲末，新酒調一枚末服。謹按：《廣州記》云生嶺南及波斯國，樹似青木香。味甘酸，主煩渴，頭重，心躁，背膊勞悶並宜食之。嘉州已下，渝州並有。其實熟甘美。荔枝熟，人未採，則百蟲不敢近，人纔採之，烏鳥、蝙蝠之類無不殘傷，故採荔枝者，日中而衆採之。荔枝子，一日色變，二日味變，三日色味俱變。古有詩云：色味不渝三日變。安宇《荔枝詩》云：香味三日變。今瀘、渝人食之若多，則發熱瘡也。

明·皇甫嵩《本草發明》卷四　荔枝中品。味甘、微酸，溫，無毒。升也，陽也。

發明曰：荔枝，甘溫，屬陽，主散無形質滯氣，瘤贅，多啖能消。故《本草》云止煩渴，益人容顏。《食療》云：食之益智慧，健氣通神。多食亦生虛熱，飲蜜漿能解。○并根，喉痺痛，煎服立效。○核，煅存性，酒調，治卒心痛，疝痛。○殼，燒，〔療〕痘疹，解穢氣。

明·李時珍《本草綱目》卷三一果部·夷果類　荔枝宋《開寶》

〔釋名〕離枝《綱目》　丹荔頌曰：按朱應《扶南記》云：此木結實時，枝弱而蔕牢，不可摘取，必以刀斧劙取其枝，故以爲名。劙，音利，與劦同。時珍曰：司馬相如《上林賦》作離支。按白居易云：若離本枝，一日色變，三日味變。則離支之名，又或取此義也。

〔集解〕頌曰：荔枝生嶺南及巴中。今閩之泉、福、漳州、興化軍，蜀之嘉、蜀、渝、涪州，及二廣州郡皆有之。其品以閩中爲第一，蜀州次之，嶺南爲下。其木高二三丈，自徑尺至于合抱，類桂木、冬青之屬。綠葉蓬蓬然，四時榮茂不凋。其木性至堅勁，土人取其根，作阮咸槽及彈棋局。其花青白，狀若冠之蕤緌。其子喜雙實，狀如初生松毬。殼有皺紋如羅，初青漸紅。肉色淡白如肪玉，味甘而多汁。夏至將中，則子翕然俱赤，乃可食也。大樹下子至百斛，五六月盛熟時，彼方皆燕會其下以賞之，極量取啖，雖多亦不傷人，少過則飲蜜漿便解。荔枝始傳於漢世，初惟出嶺南，後出蜀中。故左思《蜀都賦》云：旁挺龍目，側生荔枝。唐白居易《圖序》論之詳矣。今閩中四郡所出特奇，蔡襄譜其種類至三十餘品，肌肉甚厚，甘香瑩白，非廣、蜀之比也。福唐歲貢白曝荔枝、蜜煎荔枝肉，俱爲上方珍果。白曝須嘉實乃堪，其市貨者，多用雜色荔枝入鹽、梅曝成，皮色深紅，味亦少酸，殊失本真。經曝則可經歲，商販流布，遍及華夏，味猶不歇，百果之盛，皆不及此。又有焦核荔枝，核如鷄舌香，味更甜美。或云是木生背陽，結實不完就者。又有綠色、蠟色，皆其品之奇者，本土亦自難得。其蜀、嶺荔枝，初生小酢，肉薄核大，不堪白曝。花及根亦入藥。藏器曰：顧微《廣州記》云：荔枝冬夏常青，其實大如鷄卵，殼朱肉白，核黃黑色，似半熟蓮子，精者核如鷄舌香，甘美多汁，極益人也。時珍曰：荔枝炎方之果，性最畏寒，易種而根浮。其木甚耐久，有經數百年猶結實者。其實生時肉白，乾時肉紅。日晒火烘，鹵浸蜜煎，皆可致遠。成朵晒乾者謂之荔錦。按白居易《荔枝圖序》云：荔枝生巴、峽間。樹形團團如帷蓋，葉如冬青。花如橘而春榮，實如丹而夏熟。朵如蒲桃，核如枇杷。殼如紅繒，膜如紫綃。瓤肉潔白如冰雪，漿液甘酸如醴酪。大略如彼，其實過之。若離本枝，一日而色變，二日而香變，三日而味變，四五日外，色香味盡去矣。又蔡襄《荔枝譜》云：廣、蜀所出，早熟而肉薄，味甘酸，不及閩中下等者。閩中惟四郡有之，福州最多，興化最奇，泉、漳次之。福州延亘原野，一家甚至萬株。興化上品，大徑寸餘，香氣清遠，色紫殼薄，瓤厚膜紅，核如丁香母。剥之如水精，食之如絳雪。荔枝以甘爲味，雖百千樹莫有同者，過甘與淡，皆失於中。若夫厚皮尖刺，肌理黃色，附核而赤，食之有渣，食已而澀，雖無酢味，亦自下等矣。最忌麝香，觸之花、實盡落也。又洪邁《夷堅志》云：莆田荔枝名品，皆出天成，雖以其核種之，亦失本體，形狀百出，不可以理求也。沈括《筆談》謂焦核荔枝，乃土人去其大根，燔焦種成者，大不然也。珣曰：荔枝樹似青木香。熟時人未采，則百蟲不敢近。人纔采之，烏鳥、蝙蝠之類，無不傷殘之也。故采荔枝者，必日中而衆采之。一日色變，二日味變，三日色味俱變。故古詩云，色味不踰三日變也。

實　〔氣味〕甘，平，無毒。珣曰：甘、酸，熱。多食令人發虛熱。李〔廷〕〔鵬〕飛曰：生荔枝多食，發熱煩渴，口乾衄血。頌曰：多食不傷人。如少過度，飲蜜漿一杯便解也。時珍曰：荔枝氣味純陽，其性畏熱。鮮者食多，即齦腫口痛，或衄血也。病齒𧏾及火病人尤忌之。《開寶本草》言其性平，蘇氏謂多食無傷，皆謬説也。按《物類相感志》云：食荔枝多則醉，以殼浸水飲之即解。此即食物不消，還以本物消之之意。　〔主治〕止渴，益人顏色《開寶》。食之止煩渴，頭重心躁，背膊勞悶李珣。通神，益智，健氣孟詵。治瘰癧瘤贅，赤腫疔腫，發小兒痘瘡時珍。　〔發明〕震亨曰：荔枝屬陽，主散無形質之滯氣，故〔消〕瘤贅赤腫者用之。苟不明此，雖用之無應。

〔附方〕新六。　痘瘡不發：荔枝肉浸酒飲，并食之。忌生冷。聞人規《痘疹論》。　疔瘡惡腫：《普濟方》用荔枝五個或三個，不用雙數，以狗糞中米淘净爲末，與糯米粥同研成膏，攤紙上貼之。留一孔出毒氣。○《濟生秘覽》用荔枝肉、白梅各三個，擣作餅子，貼于瘡上，根即出也。　風牙疼痛：《普濟》用荔枝連殼燒存性，研末，擦牙即止。乃治諸藥不效仙方也。○孫氏《集效方》用大荔枝一個，剔開填鹽滿殼。煅研，搽之即愈。　呃逆不止：荔枝七個，連皮核燒存性，爲末。白湯調下，立止。楊拱《醫方摘要》。

核　〔氣味〕甘，溫，濇，無毒。　〔主治〕心痛、小腸氣痛，以一枚煨存性，研末，新酒調服宗奭。治㿗疝氣痛，婦人血氣刺痛時珍。　〔發明〕時珍曰：荔枝核入厥陰，行散滯氣，其實雙結而核肖睾丸，故其治㿗疝卵腫，有述類象形之義。

〔附方〕新六。　脾痛不止：荔枝核爲末，醋服二錢。數服即愈。《衛生易簡方》。　婦人血氣：刺痛。用荔枝核燒存性半兩，香附子炒一兩，爲末。每服二錢，鹽湯、米飲任下。名蠲痛散。《婦人良方》。　疝氣㿗腫：孫氏用荔枝核炒黑色、大茴香炒等分，爲末。每服一錢，溫酒下。○《皆效方》：玉環來笑丹：用荔枝核四十九個，陳皮連白九錢，硫黃四錢，爲末，鹽水打麪糊丸綠豆大。遇痛時，空心酒服九丸，良久再服。不過三服，甚效如神。亦治諸氣痛。　陰腎腫痛：　荔枝核燒研，酒服二錢。　腎腫如斗：　荔枝核、青橘皮、茴香等分，各炒研。酒服二錢，日三。

殼　〔主治〕痘瘡出不爽快，煎湯飲之。又解荔枝熱，浸水飲時珍。

〔附方〕新一。　赤白痢：　荔枝殼、橡斗殼炒、石榴皮炒、甘草炙，各等分。每以半兩，水一盞半，煎七分，溫服，日二服。《普濟方》。

花及皮根　〔主治〕喉痹腫痛，用水煮汁。細細含嚥，取瘥止蘇頌。〇出崔元亮《海上方》。

題明・薛己《本草約言》卷二《藥性本草》　荔枝核　煅存性，酒調，治卒心痛，疝痛。〇殼燒，痘疹解穢氣。

明・梅得春《藥性會元》卷中　荔枝核　味甘，氣平，無毒。凡使，炒過為末用良。　主治心痛，小腸氣，陰囊濕，疝氣，能散無形質之滯氣，故消瘤贅赤腫。　其肉止渴，益人顏色。生嶺南及巴閩。其果熟，百鳥食之皆肥。

明・穆世錫《食物輯要》卷六　荔枝　味甘，性溫，無毒。益智壯氣，解煩渴。治頭重心躁，背膊勞悶，消瘰癧、瘤贅、疔腫，以其能散無形質之滯氣也。多食，助熱動血，令牙腫口痛，鮮者尤甚。《相感志》云：　食鮮荔多，能醉人。以殼浸水，飲可解。核，味甘、澀，性溫，無毒。止胃脘疼及小腸氣，女人血氣刺痛。用法：　以針刺荔殼數孔，蜜水浸磁碗內，隔湯蒸透，肉滿甘美。

明・李中立《本草原始》卷七　荔枝　生嶺南及巴中，今泉、福、漳、嘉、蜀、渝、涪州，興化軍及二廣州郡皆有之。其品閩中第一，蜀川次之，嶺南為下。《扶南記》云：　此木以荔枝為名者，以其結實時枝弱而蒂牢，不可摘取，以刀斧劙取其枝，故以為名耳。按白居易《荔枝圖序》云：　荔枝生巴峽間，樹形團團如帷蓋，葉如冬青。花如橘而春榮，實如丹而夏熟。朵如蒲桃，核如枇杷，殼如紅繒，膜如紫綃。瓤肉潔白如冰霜，漿液甘酸如醴酪。大略如彼，其實過之。若離本枝，一日而色變，二日而香變，三日而味變，四五日外色香味盡去矣。故李時珍《本草綱目》名離枝。司馬相如《上林賦》作離支。

實：　氣味：　甘，平，無毒。主治：　止渴，益人顏色。〇食之止渴，頭重心燥，背膊勞悶。〇通神益智，健氣。〇治瘰癧瘤贅，赤腫疔腫，發小兒痘瘡。

核：　氣味：　甘，溫，濇，無毒。主治：　心痛，小腸氣痛，以一枚煨存性，研末，新酒調服。〇治癩疝氣痛，婦人血氣刺痛。

殼：　主治：　痘瘡出不〔爽〕快，煎湯飲之。

治疝氣癩腫，荔枝核四十九箇，陳皮九錢，硫黄四錢，為末，鹽水打麪糊丸綠豆大，痛時空心酒服九丸，不過三服，甚效。荔枝，宋《開寶》。【圖略】

明・張懋辰《本草便》卷一　荔枝核　燒灰存性，爲末，酒服，治心痛及小腸氣。

明・吴文炳《藥性全備食物本草》卷一　荔枝　結實時枝柔而蒂牢，不可摘取，以刀利取其枝，故名。又云其實離本枝一日而色變，二日而香變，三日而味變，離枝之名本此。味甘，平，無毒，屬陽。主散無形質之滯氣，故治背膊勞悶，瘿瘤赤腫者亦用之；　更止心燥煩渴，頭重，健氣生津，通神益智，和悅顏色。多食亦能發虛熱熱瘡，亦以其屬陽而近火故也，飲蜜漿一杯即解。《相感志》云：　食鮮荔多能醉人，以殼浸水飲可解。

核　味甘澁，性溫，無毒。止胃脘痛及小腸氣，女人血氣刺痛。食用法：　以針刺荔殼數孔，蜜水浸磁碗內，隔湯蒸透，肉滿甘美。

明・趙南星《上醫本草》卷二　荔枝　一名離枝，又名丹荔。洪邁《夷堅志》云：　莆田荔枝名品，皆出天成，雖以其核種之，亦失本體，形狀百出，不可以理求也。珣曰：　荔枝樹似青木香。熟時，人未采則百蟲不敢近，人纔采之，烏鳥蝙蝠之類無不傷殘之也。故采荔枝者，必日中而衆采之。一日色變，二日味變，三日色味俱變。故古詩云色味不踰三日，變也。　實　甘，平，無毒。主治：　止渴，益人顏色。　珣曰：　甘、酸，熱。　多食令人發虛熱。李鵬飛曰：　生荔枝多食發熱，煩渴，口乾，衄血。

附方　痘瘡不發：　荔枝肉浸酒，飲并食之。忌生冷。　牙疼痛：　〔用〕荔枝連殼，燒存性，研末，擦牙即止。乃治諸藥不効仙方也。又方：　用大荔枝一箇，剔開，填鹽滿殼，煅，研，搽之即愈。　呃逆不止：　荔枝七箇，連皮核燒存性，為末。白湯調下，立止。　核　甘，溫，濇，無毒。主治：　心痛，小腸氣痛。以一枚煨存性，研末，新酒調服。

明・繆希雍《本草經疏》卷二三　荔枝子　味甘，平，無毒。止渴，益人顏色。

〔疏〕荔枝子，南方果也。感天之陽氣，得地之甘味。本經雖云平，而其氣實溫也。鮮時味極甘美，多津液，故能止渴。甘溫益血，助榮氣，故能益人顔色也。多食令人發熱，或衄血、齒痛者，以其生於炎方，熟於夏月，故善助火發熱耳。入藥甚稀，無主治、簡誤。

核　味甘，溫。主心痛，小腸氣痛，癩疝，婦人血氣刺痛。以一枚煨存性，研末，酒調服。蓋其氣溫而通行，入肝腎，散滯氣，辟寒邪，所以能療如上諸證也。

〖主治參互〗荔枝核同牛膝、補骨脂、延胡索、合歡子、茴香、木瓜、杜仲、橘核、萆薢，治疝氣。虛熱者加黃蘗，虛寒加桂。　孫氏方：治疝氣癩腫，荔枝核炒黑色，大茴香炒，等分為末。每服一錢，溫酒下。　又方，腎腫如斗，荔枝核、青橘皮、茴香等分，各炒研。酒服二錢，日三。　除疝氣外無他用，故不著簡誤。

明・倪朱謨《本草彙言》卷一五　荔枝核　味甘，氣溫，性澀，無毒。入足厥陰經。

蘇氏曰：　荔枝出嶺南及巴蜀，今閩之泉、福、漳州、興化，蜀之嘉、渝、涪州，及二廣州郡皆有之。其品以閩中爲第一，蜀中次之，嶺南又次之。其木高二三丈，自徑尺至于合抱。類桂木、冬青之屬。綠葉蓬蓬，四時榮茂不彫。其性至堅勁，土人取其根，作槽盆棋局最耐久用。其花色青白，狀如冠之葳綏。其子喜雙實，狀如初生松毬。殼有皺紋如羅。秋初青漸紅，肉色淡白如肪玉，味甘而多汁，夏至後其子翕然俱赤，乃可食也。其核形如小茄子，其色紫。

荔枝核寇宗奭疏肝鬱，行滯氣之藥也。鍾春吾曰：　故時珍方治癩疝腫痛及小腸氣痛，婦人血逆氣刺痛等證，以一枚煨存性爲末，酒調服立效。有述類象形之義云。

集方：《方脉正宗》治疝氣一切堅痛。用荔枝核、牛膝、補骨脂、玄胡索、茴香、木瓜、杜仲、橘核、萆薢、黃柏、肉桂各一兩，俱酒炒研末。每服二錢，空心白湯調服。

明・應麐《食治廣要》卷四　荔枝　氣味：　甘，平，無毒。食之，止煩渴，頭重心躁，背膊勞悶，通神益智，悅顔色，消瘰癧瘤贅，赤腫疔毒。多食發虛熱。

核　煨存性，酒調服，治小腸疝氣痛，婦人血氣刺痛。

明・姚可成《食物本草》卷九果部・夷果類　荔枝一名丹荔，一名離枝。李時珍曰：　司馬相如《上林賦》作離枝。又按白居易云：　若離本枝，一日色變，三日味變。則離枝之名，或取此義。荔枝生嶺南及巴中。今閩之泉、福、漳州、興化軍，蜀之嘉、蜀、渝、涪州，及兩廣州郡皆有之。其品以閩中為第一，蜀州次之，嶺南為下。其木高二三丈，自徑尺至於合抱。類桂木、冬青之屬，綠葉蓬蓬，四時榮茂不凋。其木性至堅勁，其花青白。結子喜雙實，狀如初生松毬。殼有皺紋如羅，初青漸紅。肉色淡白如肪玉，味甘而多汁。夏至將中，則子翕然俱赤，乃可食也。大樹下子至百斛，五六月盛熟時，彼方皆燕會其下以為翫賞，極量取啖，雖多亦不傷人，少過則飲蜜漿便解。荔枝始傳於漢世，初惟出嶺南，後出蜀中。故左思《蜀都賦》云：　旁挺龍目，側生荔枝。白居易論之甚詳。今閩中四郡所出特奇，蔡襄譜其種類至三十餘品，肌肉甚厚，甘香瑩白，非廣、蜀之比也。福唐歲貢白曝荔枝、蜜煎荔枝，俱為上方珍果。白曝須嘉實乃堪，其市貨者，多用襍色荔枝入鹽梅曝成，皮色深紅，味亦少酸，殊失本真。經曝則可經歲，商販流布，徧及華夏，味猶不歇。百果之盛，皆不及此。○李時珍曰：　荔枝炎方之果。〔其〕木耐久。其實生時肉白，乾時肉紅。日晒火烘，鹵浸蜜煎，皆可致遠。成朵晒乾者謂之荔錦。白樂天《荔枝圖序》云：　荔枝生巴、峽間。樹形團團如帷蓋，葉如冬青。花如橘而春榮，實如丹而夏熟。朵如蒲桃，核如枇杷。殼如紅繒，膜如紫綃。瓤肉潔白如冰雪，漿液甘酸如醴酪。大略如彼，其實過之。若離本枝，一日而色變，二日而香變，三日而味變，四五日外，色香味盡去矣。又蔡襄《荔枝譜》云：　廣、蜀所出，早熟而肉薄，味甘酸，不及閩中下等者。閩中惟四郡有之，福州最多，興化最奇，漳、泉次之。福州延亙原野，一家甚至萬株。興化上品，大徑寸餘，香氣清遠，色紫殼薄，瓤厚膜紅，核如丁香母。剝之如水晶，食之如絳雪。荔枝以甘為味，雖百千樹莫有同者，過甘與淡，皆失於中。若夫皮厚尖斜，肌理黃色，附核而赤，食之有渣，食已而澀，雖無酢味，亦自下等矣。最忌麝香，觸之，花、實盡落也。又《夷堅志》云：　莆田荔枝，名品皆出天成，雖以其核種之，亦失本體，形狀百出，不可以理求也。○荔枝熟時，人未采，則百蟲不敢近；人纔采之，烏鳥、蝙蝠之類，無不傷殘之也。故采荔枝者，必以日中而眾采之。

荔枝　味甘，平，無毒。止渴，益人顔色，通神益智。治頭重心躁，背膊勞悶，瘰癧瘤贅，赤腫疔腫，發小兒痘瘡。食荔枝過多，飲蜜漿一杯即解。李時珍曰：　荔枝氣味純陽，鮮者多食，即齦腫口痛，或衄血也。病齒䘌及火病人尤忌之。

核　味甘，溫、澀，無毒。治心痛、小腸氣痛，婦人血氣刺痛，以一枚煨存性，研末，酒調服。

殼　治痘出不爽快，煎湯飲之。又解荔枝熱，浸水飲之。

花及皮、根　主喉痹腫痛，用水煮汁，細細含嚥，取瘥止。

附方：　治痘不起發。荔枝肉浸酒飲，并食之。忌生冷。　治疔瘡惡腫。用荔枝五箇或三箇，不用雙數，以狗糞中米淘淨為末，與糯米粥同研成膏，攤紙上貼之。留一孔出毒氣。又方：用荔枝肉、白霜梅各三枚，擣作餅子。貼於瘡上，根即出也。治呃逆不止。用荔枝七箇，連皮核燒存性，為末。白湯調下，立止。　治疝氣如斗。荔枝核、青橘皮、茴香各等分，炒研。酒服二錢，日三次。　治婦人血氣刺疼，心痛，腹脇腰背痛。用荔枝核燒存性半兩，香附子炒一兩，為末。每服二錢，鹽湯、米飲任下。名蠲痛散。

《物類相感志》云：食荔枝多則醉，以殼浸水飲之即解。此即食物不消，還以本物消之之意。

治赤白痢。荔枝殼、橡斗殼、石榴皮、甘艸各炒，煎服。

明・顧逢柏《分部本草妙用》卷九果部　荔枝　苦平，無毒。　主治：止渴，益顏色，通神益智，健氣，心躁勞悶。發小兒痘瘡。　按：荔枝屬陽，主散無形質之滯氣，故瘤贅赤腫者用之。病齒䘌及火病人忌之。核入厥陰，行散滯氣。其實雙結，而核消睪丸，其治癩疝卵腫，有述類象形之義。方以核煨存性，為末，酒調服。

明・孟笨《養生要括・果部》　荔枝　味甘，平，無毒。止渴，益人顏色。止頭重心躁、背膊勞悶，通神益智，健氣。治瘰癧瘤贅、赤腫疔腫，發小兒痘瘡。

核　治心痛、小腸氣痛、婦人血氣刺痛，以一枚煨存性研末，新酒調服。治癩疝氣痛。〔呃逆者：荔枝七枚，連皮、核，燒存性，為末，白湯調服即止。〕

明・鄭二陽《仁壽堂藥鏡》卷五　荔枝子　《本草》云：味甘，無毒。止渴，益人顏色。　丹溪云：荔枝子，屬土而有金與木。多食發熱。《衍義》謂發虛熱，蓋小試爾。其核屬金，性燥熱。又云：荔枝肉，屬陽，主散無形質之滯氣，故消瘤贅赤腫者用之。知之茍不明，則錯用之而不應。《衍義》云：核，慢火中燒存性，為末，酒調一枚末服，治心痛及小腸氣。

明・蔣儀《藥鏡》卷一温部　荔枝子　能益血養榮，然助火發熱。其核入腎肝，散滯氣，主心痛，辟寒邪。熱疝以黃栢同，寒疝以肉桂配。

明・施永圖《本草醫旨・食物類》卷三　荔枝生嶺南及巴中。　實　味：甘，平，無毒。多食令人發虛熱。○生荔枝多食發熱煩渴，口乾，衄血，如過度，飲蜜漿一盃便解。○荔枝氣味純陽，其性畏熱。鮮者食多即齦腫口痛，或衄血也，病齒䘌及火病人尤忌之。○食荔枝多則醉，以殼浸水飲之即解。　治：止渴，益人顏色，食之止煩渴、頭重心躁、背膊勞悶。通神益智，健氣。治瘰癧瘤贅、赤腫疔腫，發小兒痘瘡。荔枝屬陽，主散無形質之滯氣，故瘤贅赤腫者用之，茍不明此，雖用之無應。

附方　痘瘡不發：荔枝肉浸酒飲，并食之，忌生冷。　疔瘡惡腫：用荔枝五箇或三箇，不用雙數，以狗糞中米淘淨為末，與糯米粥同研成膏，攤紙上貼之，留一孔出毒氣。○用荔枝肉、白梅各三箇，擣作餅子，貼於瘡上，根即出也。　風牙疼痛：用荔枝連殼燒存性，研末，擦牙即止，乃治諸藥不效仙方也。○用大荔枝一箇，剔開填鹽滿殼，煅研，搽之即愈。　呃逆不止：荔枝七箇，連皮核燒存性，為末，白湯調下立止。

核　味：甘，温，澀，無毒。　治：心痛，小腸氣痛，以一枚煨存性，研末，新酒調服。治癩疝氣痛，婦人血氣刺痛。

附方　脾痛不止：荔枝核為末，醋服二錢，數服即愈。　婦人血氣：刺痛，用荔枝核燒存性半兩，香附子炒一兩，為末。每服一錢，鹽湯、米飲任下。　疝氣癩腫：用荔枝核炒黑色，大茴香炒，等分為末，每服一錢，溫酒下。　陰腎腫痛：荔枝核燒研，酒服二錢。腎腫如斗：荔枝核、青橘皮、茴香等分，各炒，研，酒服二錢，日三。

殼　治：痘瘡出不爽快，煎湯飲之。又解荔枝熱，浸水飲。

附方　赤白痢：荔枝殼、橡斗殼炒、石榴皮炒、甘草炙，各等分，每以半兩，水一盞半煎七分，溫服，日二服。

花及皮根　治：喉痹腫痛，用水煮汁，細細含嚥，取瘥止。

明・盧之頤《本草乘雅半偈》帙一〇　荔枝宋《開寶》　氣味：甘，平，無毒。

主治：主止渴，益人顏色。

覈曰：荔枝，一名離枝、丹荔。始傳于漢世，初出嶺南，後生巴蜀，今稱閩中者為第一。廣蜀者早熟而肉薄，味甘酸，不及閩之下等者。閩惟四郡有，福州最多，興化最奇，漳泉次之，延亘原野，一家甚至萬株，大者子盈百斛，夏至將中，則翕然丹赤可食矣。以甘為味，雖千百樹，莫有同者。性稟畏寒，偏生暖地，易植根浮，材堅理密，自徑尺至合抱，經數百年，猶結實纍纍。結實時，枝弱而蒂牢不可摘，採必以刀斧劙取其枝。白樂天《圖序》云：形狀團團如帷蓋，葉如桂，冬青，花如橘，春榮，實如丹，夏熟，朵如葡桃，核如軫，殼如紅繒，膜如紫綃，瓤肉潔白如冰雪，漿液甘酸如醴酪，大略如彼，其實過之，如離本枝，一日色變，二日香變，三日味變，四五日外，色香味盡去也。歐陽詞云：絳紗囊裹水晶丸。曾吉甫六言二首：其一：蕉子定成噲伍，梅丸應愧盧前，金谷危樓魂斷，白州舊井名傳。其二：紅皺解羅襦處，清香開玉肌時，繡嶺堪憐妃子，苧蘿不數西施。沐繼軒詩云：建水夫何如，厥土早而熱，鑾花開佛桑，候禽罷鵶鴂，莽雲覆溟濛，梅雨滋霧翳，接地茂緗枝，遮空舒黛葉，翠保霞焜煌，錦握風掀揭，香麝忌經過，飛鼺防盜竊，勁雛赤膚脫，肥奢瓊瓤凸，明璫怪可餐，冰丸訝許嚙，真珠堆綠雲，玳瑁乘綵纈，鳳爪天下奇，龍牙衆中傑，飽食慙素餐，長吟望林樾。曾子固《荔枝狀》有中元紅、孟家紅、法石白、釵頭顆、一品紅、狀元紅、陳紫、方紅、綠竹、丁香、牛心、虎皮、玳瑁、龍牙、蚶殼、真珠、雙髻、朱柿、葡萄、十八娘等，凡三十四種。十八娘，深紅而細長，以閩王女好食此而得名；或云物之少美者，為十八娘，閩人語也。故元人詩，有青銅三百一斗酒，荔枝十八誰家娘之句。蔡君謨《荔枝譜》：陳紫，出興化軍，秘書省著作佐郎陳琦家，于品為第一，其樹晚熟，其實廣上而圓下，大可徑寸有五分，香氣清遠，色澤鮮紫，殼薄而平，瓤厚而瑩，膜如桃花紅，核如丁香母，剝之凝如水晶，食之消如絳雪，其味之至，不可得而狀也。江綠，出福州，類陳紫而差大，獨香薄而味少淡。方紅，出興化軍，尚書屯田郎方蓁家，可徑二寸，色味俱美，荔枝之大無出此者，歲生一二百顆而已。游家紅，種出陳紫，實大過之。宋公荔枝，實如陳紫而小，甘美無異，出興化軍，宋氏世傳，其木已三百歲。藍家紅，泉州為第一，出尚書都官員外郎藍丞家。周家紅，初于興化軍稱第一，及陳紫方紅出，而周家紅為次。何家紅，出漳州何氏家。法石白，出泉州法石院，色青白，其大次于藍家紅。綠核，出福州，頗類江綠，色紅而小，凡荔枝皆紫核，此以綠見異。圓丁香，荔蔕皆旁大而下銳，此獨圓而味尤勝。虎皮，色紅絕大，繞腹有青斑如虎文。牛心，以狀名，長二寸餘，皮厚肉澀。玳瑁，實間黑點如玳瑁。琉璜，色正黃，刺微紅。朱柿，色如柿。蒲萄，穗生朵集。蚶殼，形相似也。蜜荔枝，味過于甘。水荔枝，漿多而淡。雙髻，每朵數十枚，並蒂而雙實。真珠，剖之純瓤，圓白如珠，故莆田荔枝名品，皆出天成，雖以其核種之，終與其本不相肖。宋香之後無宋香，所存者孫枝耳。陳紫之後無陳紫，過牆則為小陳紫矣。《筆談》謂焦核荔枝，有言取其根，火燔令焦，復植于土，以石壓之，令勿生旁根，其核自小，里人謂不然，此果形狀變態，不可以理求，或似龍牙，或似鳳爪。釵頭紅之可簪，綠珠子之旁綴，是豈人力所能為哉。方紅之始作也，欲重其名，以一二百顆饋蔡忠惠公，詰以嘗歲所產僅此。公曰：方紅特異，宜著于譜，此後華實雖極繁，迨至成熟，所存未嘗越二百，遂成定讖。宋福清翁，昭文先儒亢從子也。圃中非時生荔枝，其母曰：豈有嘉客踵門耶？頃之，莆田林光朝至，因名嘉客紅。王十朋為泉州守，有荔枝詩八章，曰陳紫，曰江綠，曰皺玉，曰大將軍，曰玉堂紅，曰奪先紅，曰七夕紅，曰白蜜。《福州志》稱一品紅為極品。又有狀元紅，顆極大，味甘清。顆極小，肉厚核細，味極甘，亦稱狀元紅。桂林，皮粗厚，大如雞卵而味甘。中冠，體圓核小，皮光薄，味清甘。金鐘，形如鐘，皮略粗厚，色如硃砂。勝畫，皮厚刺尖，味甘肉豐。雞母，引子朵數十枚，大小錯生。鳳池超，實圓味甘。駝蹏，長大甘柔。金櫻，上銳下方，有金線界錯其中。鑛玉，皮粗厚，味甘濃。紅綉鞋，實小而尖，形如角黍，味極香美。龍牙，色紅，長二寸許，上下俱方。滿林香，甘香倍于衆品。鵝卵，皮光無刺，色正紅。蜜丸，味甘肉厚而顆圓。白蜜，皮色粉紅，其甘如蜜。雞肝，實扁味甘，色紅無核。綠珠，一名結綠，俗呼綠荔枝，實如山榛，其味至清，熟時實與葉無辨。天柱，樹高挺直如柱也。其中品，有饅頭、磨盤、醋甕、馬先白、柏葉蒿、將軍帽、星毬紅。近時徐興公譜，復載有洞中紅、淨江瓶、陳山栗、玉勝、江萍。興化有皺玉郎、官紅、游丁香、紫璚、百步蘭、壽香、西紫、黃香、瑞堂紅、麝囊紅、百步香、黃玉、玉堂紅、綠紗、青甜、蠟色、霞墩、黃石、紅水、留松蕾。泉州有張官人、馬家綠、火煙、柳櫻、綠衣郎。漳州有大綠、小綠、余家綠、冰團、陳紅、黑葉等名。變遷速計，因象賦名，百果之盛，皆不及此。

粲曰：實綴枝頭，牢不可摘，荔力在枝，因名荔枝。去寒就溫，丹實成夏，垂枝布葉，離火之象。又名離枝，又名丹荔，色力咸勝，體陰用陽，駐顏久視之異果也。合入手足少陰厥陰，宣風木，輔君火，若經，若府，若藏，體用形氣，是動所生，靡不相應。

明·李中梓《本草通玄》卷下　荔枝核　甘溫而澀。　治疝氣癩腫，療腎陰如斗。按：荔枝性熱，主散無形質之滯氣，其核溫通行肝腎，其結實必雙而核肖睪丸，故治癩疝卵腫，類象形之意也。　卒心痛，以一枚煅存性，研末酒服。　痘瘡出不快，荔殼煎湯飲。

清·顧元交《本草彙箋》卷六　荔枝　屬陽，主散，無形質之滯氣。其核形肖睪丸，故疝家用之。　凡疔腫，以荔枝肉、白梅各三枚，擣作餅，貼瘡上，其根即出。　呃逆不止，以荔枝七枚，連皮核燒存性，爲末，白湯調服。　荔枝核，同牛膝、補骨脂、延胡索、合歡子、茴香、木瓜、杜仲、橘核、萆薢，治疝氣。虛熱加黃柏，虛寒加肉桂。又方：治疝氣癩腫，荔枝核炒黑色，大茴炒，等分，每服一錢，溫酒下。又腎腫如斗者，荔枝核、青橘皮、茴香等分，各炒研，酒服二錢，日三服。

清·穆石匏《本草洞詮》卷六　荔枝　《上林賦》作離支。白香山云：若離本支，一日色變，二日香變，三日味變，四五日色香味盡去矣。則離枝之義，或取諸此。麝香觸之，花實盡落。熟時人未采則百蟲不敢近，人纔采之，烏鳥、蝙蝠之類，皆啄食也。味甘氣平，一云熱，無毒。通神益智，健氣止渴。蓋荔枝屬陽，主散無形質之滯氣，故治瘤贅赤腫，發痘瘡。《普濟方》治風牙疼痛，用荔枝連殼燒存性，研末，擦牙即止。荔枝核入厥陰經。散滯，因其核肖睪丸，故治癩疝卵腫，述類象形之義也。

清·丁其譽《壽世秘典》卷三　荔枝生嶺南及巴中，今閩之泉、福、漳、興皆有之。其品以閩中為第一，肌肉甚厚，甘香瑩白，非廣蜀比。廣蜀所出早熟，初生小酸、肉薄、核大不堪。又有焦核荔枝，核如雞舌，香味更甜美。凡實生時肉白，乾時肉紅。日晒、火烘、鹵浸、蜜煎皆可致遠。成朵晒乾者，謂之荔錦。白樂天《荔枝圓序》：荔枝樹形團團如帷，蓋葉如冬青，花如橘而春榮，實如丹而夏熟，朵如蒲桃，核如枇杷，殼如紅繒，膜如紫綃，瓤肉潔白如冰雪，漿液甘酸如醴酪。若離本枝，一日而色變，二日而香變，三日而味變，四五日外，色香味盡去矣。

氣味：甘，溫，無毒。止煩渴，益顏色，通神健氣，治瘰癧瘤贅、赤腫疔腫，發小兒痘瘡。

發明李時珍曰：荔枝氣味純陽，其性熱。鮮者，食多即齦腫齒痛或衄血也，病齒䘌及火病人，尤忌之。《開寶本草》言其性平。蘇頌《圖經》謂多食無傷，皆謬說也。按《物類相感志》云：食荔枝多則醉，以殼浸水，飲之即解，此即食物不消，還以本物消之之意。一云：飲蜜漿一杯，便解。繆希雍曰：荔枝鮮時，味極甘美，多津液，故能止渴；甘溫益血，助榮氣，故能益人顏色也。多食令人發熱，或衄血、齒痛者，以其生于炎方，熟于夏月，故善助火發熱耳，除疝氣外無他用。《雜誌》云：荔枝殼不可燒，其香引尸蟲。

核：氣味：甘，溫，濇，無毒。治癩疝氣痛，婦人血氣刺痛。

清·劉雲密《本草述》卷一八　荔枝　實：氣味：甘，平，無毒。時珍曰：荔枝氣味純陽，其性最熱。希雍曰：荔枝子，南方果也。感天之陽氣，得地之甘味。《本經》雖云平，而其氣實溫也。

主治：通神益智脾主治。健氣敺寒，止渴，益顏色，治瘰癧瘤贅，赤腫疔腫，發小兒痘瘡。丹溪曰：荔枝屬陽，主散無形質之滯氣，故瘤贅赤腫者用之。苟不明此，雖用之無應。希雍曰：甘溫益血，助營氣，故能益人顏色也。之頤曰：性稟胃寒，偏生暖地，且丹實成熟於夏，離火之象，色力咸勝，體陰用陽，駐顏久視之異果也。合入手足少陰、厥陰，宣風木輔君火，若經若腑若臟，體用形氣，是動所生，靡不相應。

附方：痘瘡不發，荔枝肉浸酒，飲并食之。忌生冷。　疔瘡惡腫，用荔枝肉、白梅各三個，搗作餅子，貼於瘡上，根即出也。

核　氣味：甘，温，濇，無毒。

主治：心痛，小腸氣痛，癩疝，婦人血氣刺痛。時珍曰：荔枝核利厥陰，行散滯氣。其實雙結而核，肖睪丸，故其治癩疝卵腫，有述類象形之義。希雍曰：荔技核同牛膝、補骨脂、延胡索、合歡子、茴香、木瓜、杜仲、橘核、萆薢治疝氣，虛熱者加黃蘗，虛寒者加桂。

附方　婦人血氣刺痛，用荔枝核燒存性，半兩，香附子炒一兩，為末，每服二錢，鹽湯米飲任下。　疝氣癩腫，用荔枝核四十九個，陳皮連白九錢，硫黃四錢，為末，鹽水打麪糊丸綠豆大，遇痛時空心酒服九丸，良久再服，不過三服，甚效如神。亦治諸氣痛。　腎腫如斗，荔枝核、青橘皮、茴香等分，各炒研，酒服二錢，日三。治心痛，小腸氣痛，以核一枚，煨存性，研末，新酒調服。

愚按：荔枝生於炎方，熟於夏月，朱丹溪先生謂屬陽者是。第南方之果，以夏熟者，寧止是物，而可槩論乎？之頤所云體陰用陽，其說亦有意味。蓋其冬青春榮夏熟也固為陽，但其夏至將中，則翕然丹赤，夫丹赤者陽氣之所化，翕然丹赤，乃在夏至將中者，陽氣之用遇陰將進而圓成，有如時雨化之者，若然，則謂茲物為純陽而離於陰也，其可乎？夫得陰以成其陽之化，即入陰而達其陽之用，《本草》所謂健氣敺寒者，正入陰而達陽之一的證也。得陰二語，精義入神。因其得陰而陽乃化，故謂其能入陰以達陽。此處正宜理會，不識此義，則漫同於散滯氣諸味耳，用之不得一當也。丹溪所云主散無形質之滯氣，即就氣分而言，然亦非泛言散滯氣也，蓋就其入陰而散陽之受滯於陰者也。如所謂治瘰癧瘤贅，赤腫疔腫等證，固皆陰之圉陽，以為此等證也。之頤又言其宣風木，輔心火者，即入陰而達陽之義。厥陰風木，乃心火之母，脾土之用，是所謂通神益智健氣者也。然方書之用核以治癩疝，即時珍亦止言核入厥陰行散滯氣者，豈實與核之性味大殊？但述類象形，其義取之核耳，彼入肝腎治癩腫，又非入陰而達陽之用者乎？况核之治心痛及小腸痛，亦治陽虛而陰乘之以為痛，非能治陽盛而陰微之痛。況心與小腸固氣中之血也，茲味正入血以化氣耳。識此則所云散無形滯氣者，固不可以他辛散之味例視矣。《經》曰氣虛者，寒也。又曰長氣於陽，此以陽之能化者益陽之虛，而更即入陰以化之，是謂之歐寒乃為此味之散滯也。然則與補氣者類乎？曰：氣者，陽之化也。此陽之能化者，即為補氣之虛。然亦不能等於參、芪之補也。予於癸巳春，因老人氣虛，而春每有暴寒，時或冒之，欲疎散而氣益虛，遽投參、芪，而微寒更不去，將補益與疎散酌用，又未能恰中，用荔枝肉肥厚者五枚，煮酒一鍾，屢服之，頗效。壬寅年冬，癸卯初春，予時因微寒，胸膈稍滯，或鼻塞不暢，用此味浸酒，每飲一杯，入蘇葉、陳皮湯十分之二，服之及數杯，無不捷效。是則丹溪所謂能散無形質之滯氣，誠不妄也。蓋其益陽者，似與辛熱之味同。其入陰以散氣分之寒，大不與純補陽者類，是茲味之所獨擅也。若然，《本草》既言止渴，而有云生者多食發熱煩渴，是不有相戾歟？蓋所謂止渴者，亦陽虛而不能化陰，則津液不生，故能止之。猶止泄渴以白术健胃生津也。若陽盛而渴者用之，則為倒施矣。大抵入陰而達陽之用，繆希雍謂其甘溫益血，助營氣，已為不及精察，如時珍遂指為純陽者，將無與辛熱之味例視乎，則亦鹵莽矣。

清・郭章宜《本草匯》卷一四　荔枝核　味甘，溫濇，入厥陰經。治疝氣癩腫，療腎陰如斗。

按：荔枝屬陽，性熱，主散無形質之滯氣。其核溫，通行肝腎，散滯辟邪。其實雙結，而核肖睪丸，故治癩疝卵腫，類象形之意也。卒心痛，以一枚煅存性，研末，酒服。痘瘡出不爽快，煎湯飲之。焚殼，亦解穢氣。同青皮、茴香等分，炒研酒服，治腎腫。荔枝殼、橡斗殼炒，石榴皮炒，甘草各等分，以五錢水煎服，治赤白痢。

其性畏熱，鮮者食多即齦腫口痛，或衄血也。食荔枝多則醉，以殼浸水飲之即解。此即食物不消，還以本物消之之意。

清・尤乘《食鑒本草・果類》　荔枝　多食令人發熱，能止渴，益人顏色，發痘瘡。

清・朱本中《飲食須知・果類》　荔枝　味甘，性熱。多食發熱、煩渴、口乾、衄血，鮮者尤甚，令即齦腫口痛。患火病及齒䘌人，尤忌之。食荔多則醉，以殼浸水飲之即解。荔枝熟時，人未采，則百蟲不敢近，人纔采動，烏鳥、蝙蝠、蟲類無不傷殘之也。故采荔枝者，必日中眾采。一日色變，二日味變，三日色味俱變。若麝香觸之，花實盡落也。以針刺荔殼數孔，蜜水浸磁碗內，隔湯蒸透，肉滿甘美。

清・何其言《養生食鑒》卷上　荔枝　味甘，微酸，性溫，無毒。止煩渴，美顏色，通神健氣，解暑。極甘美，食之令人不厭，雖多亦不傷人。過飽，食蜜醬一盃即解，鹽魚湯尤良。乾者經火焙，多食發虛熱，動血，令牙痛，口痛。火病人尤忌之。治呃逆不止，荔枝七個，連皮、核燒存性，為末，白湯調下，立止。

核　慢火燒存性，為末，酒服，治心痛及小腸氣；或用一錢二錢，俱可。

清・王翃《握靈本草》卷七　荔枝閩、廣皆有之。　主治：荔枝，甘，平，無毒。主止渴，益人顏色。

清・汪昂《本草備要》卷三　荔枝核宣，散寒濕。　甘濇而溫。入肝腎。散滯氣，辟寒邪。治胃脘痛，婦人血氣痛。煅存性五錢，香附一兩，爲末，每服二錢，鹽湯或米飲下，名蠲痛散。單服醋湯下亦效。其實雙結，核似睪丸，睪音皋，腎子也。故治癩疝卵腫，有述類象形之義。煅存性，酒調服，加茴香、青皮，各炒爲末，酒服亦良。

殼　發痘瘡。燒存性用。荔枝連殼煅研，止呃逆。生荔枝多食則醉，以殼浸水解之。此即食物不消，還以本物解之之義。

清・顧靖遠《顧氏醫鏡》卷八　荔枝核　甘，溫。入肝腎二經。研碎，焙。治癩疝卵腫作痛，療婦人血氣刺疼。皆行散滯氣之功也。

清・李熙和《醫經允中》卷二一　荔枝　病齒䘌及火病人忌之。多食發虛熱，飲蜜漿一杯即解。　甘、平，無毒。主治悅顏色，益智氣，發小兒痘瘡。核入厥陰行散滯氣，治癩疝卵腫，以核煨存性，為末，酒調服。

清・馮兆張《馮氏錦囊秘錄・雜症痘疹藥性主治合參》卷八　荔枝肉感天之陽氣，得地之甘味。《本經》雖云氣平，其實氣溫也。鮮時味極甘美，多津液，故能止渴。甘溫益血助榮，故能益人顏色。多食令人發熱，或衄血齒痛者，以其生於炎方，熟於夏月，故善助火發熱耳。核，味甘，溫。專入肝腎。火燒存性，研末酒服，散滯氣，辟寒邪，止心痛、小腸氣痛，癩疝，婦人血氣刺痛，皆溫能通行之力也。

荔枝肉，悅容顏，祛煩止渴。益智慧，健氣通神。能散無形滯氣，癭瘤赤腫，多啖能消。但過度亦生虛熱。花併根煎嗽，喉痹痛神方。核，煅存性酒調，治卒心痛疝痛。殼燒解穢，種痘宜求。

主治痘疹合參：荔枝肉，治痘虛作瀉，陷伏不起，用此養脾發毒，但多食發熱發癢，戒之。殼，煎湯，北人用以發痘。

清·张璐《本經逢原》卷三　荔枝　肉，甘，溫；　核，澀。無毒。治疝。取建產闊肩之核良。　發明：荔枝實氣味純陽，能散無形之滯氣，瘤贅赤腫宜之。多食發熱煩渴口乾衄血。而核入厥陰經，行散滯氣。其實雙結，而核似睾丸，故治癩疝囊腫，有連類象形之義。時珍治癩疝氣刺痛，婦人血氣刺痛。小而肉似龍眼，其核尖小，僅堪醋磨療癬，治疝無效。

清·汪啟賢等《食物須知·諸果》　荔枝肉　味甘，微酸。氣溫，升也陽也。無毒。木大連抱，葉茂不凋，結實綴枝，多滿百斛。五月盡間盛熟，百鳥食之皆肥。因其枝弱蒂牢，人難摘取，必以鋒刀利斧劙斷其枝，故以荔枝名也。巴蜀嶺南俱有，閩地產者獨佳。殼若新羅，紋收類雞卵，肉如白舫玉，味勝蜜糖，核小與雞舌同。曝乾留一年久。咸稱珍菓，甘美益人。悅顏容，驅煩止渴，益智慧，健氣通神。丹溪又言：此屬陽，主散無形質滯氣。瘤贅赤腫，多啖能消。過度虛熱益生，飲下蜜漿即解。

清·何諫《生草藥性備要》卷下　火山荔　味甜、香，性辛。用鹽徼肥肉，貼火疔瘡最妙。葉，浸水數日，貼爛腳。核，治小腸氣發。梗、殼共加膽礬，存性，治牙痛。

清·劉漢基《藥性通考》卷六　荔枝　味甘，濇，微酸，氣溫。入肝腎。散滯氣，辟寒邪。治胃脘痛，婦人血氣痛，煅存性五錢，香附一兩，為末，每服二錢，鹽湯或米飲下，名蠲痛散。單服，醋湯下亦妙。其實雙結核，似睾丸，故治癩疝卵腫，有述類象形之義，煅存性，酒調服，加茴香、青皮，各炒為末，酒調服亦良。殻發痘瘡，燒存性用。荔枝連殼煅，研，止呃逆。生荔枝多食則醉，以殼浸水解之。此即食物不消，還以本物解之之義也。

清·葉盛《古今治驗食物單方》　荔枝　痘瘡不發，荔枝酒浸飲之，忌生冷。　疔瘡，用荔枝肉、白梅各三兩，搗作餅子，貼疔上拔根。　蟲牙痛，荔枝連殼炒存性，研末擦之。　呃逆不止，荔枝七個，帶殼燒存性，為末，白湯調下，立止。　婦人血氣刺痛，荔枝核燒存性五錢，香附炒一兩，為末，每服二錢，鹽湯、米湯化下。　疝氣痛，荔枝核炒黑色，大茴香炒等分，為末，每服二錢。

清·黃元御《玉楸藥解》卷四　荔枝　味甘，性溫。入足太陰脾、足厥陰肝經。暖補脾精，溫滋肝血。荔枝甘溫滋潤，最益脾肝，精血之中，溫氣化火生神，人身之至寶。溫氣虧損，陽敗血寒，最宜此味，功與龍眼相同。但血熱宜龍眼，血寒宜荔枝。木鬱血熱，火泄金燔者，食之則齦腫鼻衄，非所當服。乾者味減，不如鮮者。而氣質和平，補益無損，不至助火生熱，則大勝鮮者。其功生津止渴，悅色益顏，發痘消瘡，治腫疔瘰癧、贅瘤之類。核治癩疝囊腫。

清·吳儀洛《本草從新》卷四　荔枝核（宣，散寒濕。）以下夷果類。　甘澀而溫。散滯氣，闢寒邪。治胃脘痛，婦人血氣痛。煅存性五錢，香附一兩為末，每服二錢，鹽湯或米飲下，名蠲痛散。單服醋湯下亦效。其實雙結，而核肖睾丸，腎子也。故治癩疝卵腫，有述類象形之義。煅存性，酒調服。加茴香、青皮各炒為末，酒服亦良。無寒濕滯氣者勿服。燒存性。荔枝，甘，酸，熱。解煩渴，止呃逆。荔枝七個，連皮核燒存性，為末，白湯調下立止。多食令人發熱煩渴，齦腫衄血。病齒及火病人尤忌之。殼，發痘瘡，又解荔枝熱。生荔枝多食則醉，以殼浸水解之。此即食物不消，還以本物消之之意。

清·汪紱《醫林纂要探源》卷二　荔枝　甘，酸，溫。補肺寧心，和脾開胃。宜乾者。生食多則生熱。煎殼核湯可解。核：甘，濇，溫，微鹹。抑肝之過散，固腎之閉藏，而能破積寒，和氣血。產南方。色赤，夏至熟，得火之正，生必雙，殼如陰囊，核實黑如睾丸。甘能補，濇能收，鹹能瀉，是能入命門，而保其陽氣以生物也，故治癩疝，散滯氣，破沉寒，斂精固本，亦治胃脘寒痛，氣血滯痛。○置核硯池不冰，可知補命門之意矣。

清·嚴潔等《得配本草》卷六　荔枝殼、核、花、根　甘，酸，溫。入足厥陰經。散無形質之滯氣。治瘤贅赤腫，發小兒痘瘡。燒炭，治呃逆不止，擦風牙疼痛。　配白梅，貼疔腫。　鮮者多食即發熱，煩渴，齦腫，衄血，發痘癢。以殼浸水飲之，或飲蜜水一杯，便解。　病齒䘌及火病人尤忌之。　殼　煎湯，發痘。燒煙，解痘穢。　核　甘、澀，溫。入足厥陰、少陰經。散滯氣，辟寒邪。治癩疝，療心痛。　得醋，治脾痛不止。配青皮、茴香，酒下，治腎腫如斗。調香附，米飲下，治血氣攻痛。和木香，治胃脘寒疼。　煅炭存性，研末用。

花、根　煎湯含嚥，治喉痹立愈。

題清·徐大椿《藥性切用》卷六　荔枝核　甘濇性溫，散寒行滯，為癩疝囊腫耑藥。荔枝肉，甘酸性熱，止呃除煩。多食令人熱。殼，發痘瘡。花皮根汁，能治喉痺。

清・黃宮繡《本草求真》卷一　荔枝入脾助氣，入肝益血養營。　荔枝耑入肝脾。味甘而酸，氣溫，故能入脾助氣。甘入脾。入肝益血養營，酸入肝。然於血虛火衰則宜，若使病非虛弱及素火盛服之，反致助火發熱，而有衄血齒痛之病矣。李時珍曰：荔枝氣味純陽，其性畏熱，鮮者食多，即齦腫口痛或衄血也。病齒䘌及火病人尤忌之。《開寶本草》言其性平，蘇氏謂多食無傷，皆謬說也。按《物類相感志》云：食荔枝多則醉，以殼浸水飲之即解，此即食物不消還以本物消之之意。至核味甘氣溫，專入肝腎，散滯辟寒，雙核形似睾丸，尤治㿗疝卵腫，以其形類相似有感而通之義也。治疝氣如斗，用荔枝炒黑與茴香、青皮各炒為末，用酒送下。痘瘡不起，用殼煎湯以服，蓋取殼性溫補內托之意。然要皆屬性燥，用當酌症所宜，非若龍眼性主溫和而資益甚多也！出建產者良。

清・李文培《食物小錄》卷上　荔枝　甘、酸，熱。　時珍曰：氣味純陽。通神益智，健氣。鮮者多食則醉，以殼浸水飲之即解。火甚人忌服。

附：琉球・吳繼志《質問本草》附錄　荔枝　樹高一二丈，葉似冬青，排生，四時不凋，春發穗，開細花青白色，花後結子，六七月之交熟，大徑寸許，十數攢生，形不正圓，殼如初生松毬，初表漸紅，去殼而食瓤，潔白如凝脂，味甘香而多液，實果之最美者也。聞出閩中者有三十餘品，其名稱亦各異矣。然本土所產者，才不過一二種。大抵果採取，經二日則色味俱變，此果殊甚矣。故收之者，連本枝劙取之，核大於蓮子而褐色，下之易生。

清・羅國綱《羅氏會約醫鏡》卷一七菓部　荔枝味甘酸，氣溫，入肝腎二經。益血助榮甘溫。止煩渴，酸生津液。長智慧，美容顏血足。過食，助火生熱。生於南方，熟於夏月。

核　甘濇而溫。長治㿗疝卵腫，煅研酒服，或加茴香、青皮，各炒為末。婦人血氣痛。煅研，醋湯下，或加香附末，或鹽湯、米湯下。　殼，發痘瘡。

清・趙學敏《本草綱目拾遺》卷八果部下　諸荔殼　陳定九《荔枝譜》：有奇荔，能治病，經兵燹後，亦僅有存者，今錄之於左以備用。《粵語》：南方離火之所出，荔支得離火多，故一名離枝，亦曰麗枝。麗，離也。文從兩日，天地之數，水一而火二，故麗從兩日。日為五行之華，月為六氣之精，日麗乎支，猶之乎日出於扶桑也。麗枝乃震木之大者，震木以扶桑為宗子，而麗支其支子，故曰麗支。日出於離，離盡午中，故麗支以夏至熟。離為坤之中，其色黃，故曰黃離。麗支之核，外赤內黃，則黃離之美也。坤之中其味甘，故曰甘節。麗支之肉少酸多甘，則甘節之吉也。荔枝以臘而萼，以春而華，夏至而翕然，子赤，生於木而成於火也。皮紅肉白，而核復純丹，火包其外，復孕其中也。肉白為金，金為內外火所煉，故味醇和而甘。其液乃金水之精，甘又屬土，備五行之粹美，而以火為主者也。粵以火德王，凡花多朱色，皆火花；實多朱實，皆火實，太陽烈氣之所結。火實之屬凡百種，而荔支為長，火為母，荔枝則火之長子也。荔枝多食，未嘗傷人，飲蜜一杯即解。或以青鹽調白火酒飲，或飲荔支酒過醉，則以荔支殼浸水飲之。又荔支多露，有過食者味爽，就樹間先吸其露，次嚥其香，使氤氳若醉，五內清涼，則可以消肺氣，滋真陰，却老還童。荔支歲初而蕾，二月而花發，發時多雹則花落實小，多雨則花腐，少雨則花液相膠而不實。估計者，視其花以知其實多少而判之。藏荔支法：就樹摘完好者，留蒂寸許蠟封之，乃翦去蒂，以蠟封翦口，以蜜水滿浸，經數月，味色不變。

保和枝　產泉郡北陳巖山蓮花峰，實大色黃，可消胸膈煩悶，調逆氣，導營衛。其核燒灰酒下，可已痢，止腹痛。

回春果　產漳郡康仙祠，葉大如掌，色翠，與眾荔殊。其實味苦澀酸辣，不可口，采以浸酒，能已風去癘，治癩如神，葉亦然。以上閩產。

紫玉環　產四川瀘州，曝乾，啖一枚，可去瘴癘，即早行大霧中，嵐氣不得侵也。以上川產。

玉露霜　產廣東新會崖門山，白殼丹肉，不摘，經冬不落，其味甘酸，啖之止嗽，降肺火，療怯症。

妃子笑　產佛山。色如琥珀，大如鵝卵，核小如豆，漿滑如乳，啖之能除口氣，使齒牙經宿猶香。

牟尼光　產潮州大浦山中，味如乳，飲之功同參苓。以上廣東產。

墨荔　產廣西平樂萬山中，皮肉俱黑如墨，味臭而苦辣，不可啖；或曰，出賀縣山中；或曰，荔浦、脩仁二邑山中多有之，味臭，有大毒。誤食之，必心腐腸爛而死。

按：荔支名品最多，有綠皮者、綠核者、有黃皮者、白皮者，三月、四月、七月熟者，然其性大約相同，惟此數品，治療各異，故類及之。

殼　痘出無漿，心不爽快，以荔支殼煎湯飲《不藥良方》。

王聖俞云：荔殼能理血透發分標，凡一切疹瘖不能透達，痘出模糊一片者，非此不能解表成漿。

血崩：《同壽錄》：用荔支殼燒灰存性研末，好酒空心調服，每服二錢，輕者一服即止，至重者，三服愈。

清·黃凱鈞《藥籠小品》 荔枝核 治睾丸脹痛，取象形之義，須配入平肝祛風濕劑中，燒存性，研沖。

清·章穆《調疾飲食辯》卷四 荔枝 《圖經》曰：荔，劦也，與劙同。其實未熟時，枝雖弱，蒂牢不可脫，采取者必劙斷其枝，故名。司馬相如《上林賦》作離枝。其品以閩中為第一，蔡君謨譜其種至三十餘品。蜀中次之，嶺南為下。結子甚繁，大樹可至百斛。種始傳於漢世，初出嶺南，後至蜀。故左思《蜀都賦》云：旁挺龍目，側生荔枝。《綱目》曰：荔枝炎方之果，性最畏寒，易種而根浮，然能耐久，有數百年猶結實者。生時肉白，乾則紅，日曬、火烘、鹵浸、蜜餞，皆可致遠。白香山《圖序》云：荔枝生巴峽，樹團團如蓋，葉如冬青，花如橘而春榮，實如丹而夏熟，朵如葡萄，實如枇杷，殼如紅繒，膜如紫綃，肉白如冰雪，液甘如醴酪。大略如彼，其實過之。若離本枝，一日色變，二日香變，三日味變，四五日色、香、味盡去矣。蔡《譜》云：荔枝以甘為味，然千百樹莫有同者，奇品也。若麝香觸之，則花、實盡落。《海藥本草》曰：荔枝人未采時，百蟲不敢近。人纔采，則鳥雀、蝙蝠之類無不傷殘。故必合衆手，日中采盡。

按：今廣南荔枝絶佳，而諸書皆云閩為上，蜀次之，廣為下。或者閩中得蔡君謨之《譜》，蜀中得白香山之《圖》，一經品題，便作佳士，物以人重，未可知也。惟其色、香、味易變，故唐時以馬遞上供。杜牧之詩曰：一騎紅塵妃子笑，無人知是荔枝來。其性少食則止煩渴，多則令人醺然如醉，且反發煩渴口乾、鼻血，出《延壽書》。齦腫口痛。凡病齒䘌及肺熱人，皆不可食。出《綱目》。乾者雖稍平，然助熱生蟲，損齒傷肺亦同。入藥治病痘瘡出不快，或顏色灰白，或漿汁不滿，或為穢氣所觸，出而復收：連殼剝開，酒煎溫飲，並食其肉。出聞人規《痘疹論》。呃逆不止：用七枚，連皮、核，燒存性，研末，白湯下，立止。出《醫方摘要》。或同硫黃、乳香，燒煙吸之。疔瘡惡腫：和白鹽梅各三枚，搗貼疔上，根即出。出《濟生方》。風熱牙疼：擘開殼，入鹽少許，煨，研，擦之。出《集效方》。或不用鹽，單用荔枝煨、研，亦可。出《普濟方》。荔枝性熱本傷齒，反用以治齒，火鬱發之之義，乃服寒涼藥不效之妙方。俗醫謂其酸斂，蓋不明物理之言也。其核醋炒為末，治心脾氣痛，每熱酒服二錢。出《易簡方》。同香附子等分醋炒為末，治婦人血滯作痛。出《婦人良方》。又治癩疝腫痛：同茴香各醋炒，加木香勿炒，研末，每服二錢，日三服。寒甚者加桂、附，虛者加破故紙。出《必效方》。蓋荔枝每結必雙，皮紅皺，似人之腎囊，核圓長似腎子，而煨炒則氣香，故入氣分治癩疝也。

清·張德裕《本草正義》卷上 荔枝核 甘，溫。療一切疝氣，婦人血氣刺痛。與木香等分，為末，清湯吞服，可治心胸痛疼。製用火煨熟。

清·楊時泰《本草述鉤元》卷一八 荔枝 肉：味甘，氣溫。入手足少陰、厥陰經。通神益智，健氣敺寒，止渴，益顏色。治瘰癧瘤贅，赤腫疔腫，發小兒痘瘡。荔枝屬陽，主散無形質之滯氣，故瘤贅赤腫者用之丹溪。性稟畏寒，偏生暖地，且丹實成熟於夏，離火之象，色力咸勝，體陰用陽，能宣風木，輔君火之頤。甘溫益血，助營氣仲淳。老人氣虛，胃有暴寒，欲踈散則氣益虛，遽投參、芪則微寒更不去，惟用荔枝肉肥厚者五枚，煮酒一鍾，屢服之，頗效。又或因微寒而胸膈稍滯，鼻塞不暢，用荔枝浸酒，每一盃入蘇葉、陳皮湯十之二，服數盃，無不捷效。痘瘡不發，荔枝肉浸酒飲，并食之，忌生冷。疔瘡惡腫，用荔枝肉、白梅各三個，搗作餅子，貼於瘡上，根即出。

荔枝核：氣味甘濇溫。利厥陰，行散滯氣，治心痛、小腸氣痛，癩疝，婦人血氣刺痛。其實雙結，而核肖睾丸，故其治癩疝卵腫，有述類象形之義瀕湖。同故紙、牛膝、延胡、茴香、木瓜、杜仲、橘核、萆薢、合歡子，治疝氣。虛熱者加黃蘗，虛寒加桂。疝氣癩腫，荔枝四十九個，陳皮九錢，硫黃四錢，為末，鹽水打麪糊丸綠豆大，遇痛時，空心酒服九丸，良久再服，不過三服神效。亦治諸氣痛。腎腫如斗，荔枝核、青皮、茴香等分，各炒研，酒服二錢，日三。心痛、小腸氣痛，荔枝核一枚，煨存性，研末，新酒調服。婦人血氣刺痛，荔枝核燒存性五錢，香附炒一兩，為末，每二錢，鹽湯米飲任下。

論：荔枝生於炎方，冬青春榮，迨夏至將中，則翕然丹赤。夫丹赤為陽氣之所化，乃在夏至將中時者，陽氣之用，遇陰將進而圓成也。夫得陰以成其陽之化，即能入陰而達其陽之用。《本草》所謂健氣敺寒，正入陰達陽之的證。丹溪主散無形質之滯氣，乃入陰而散陽之受滯於陰者，如瘰癧贅疣，赤腫疔腫，固皆陰之圉陽，以為此證也。之頤又言宣風木，輔心火，亦即入陰而達陽之義。至述類象形，義取諸核能入肝腎治癩腫，非又入陰而達陽之用者乎。其治心痛及小腸痛，乃陽虛而陰乘之痛，非陽盛而陰微之痛，況心小腸屬氣中之血，茲味正入血以化氣耳。《經》曰：氣虛者寒也。又曰：長氣於陽。此以陽之能化者，益陽之虛，而更即入陰以化之，是之謂敺寒，是之謂散滯，固不可以他味之辛散例視矣。其益陽似與辛熱之味同，其入陰以散氣分之寒，大不與純補陽者相類，是所獨擅。《本草》既言止渴，又云生者多食發熱煩渴，可知止渴亦惟陽虛不能化陰，而津液不生者宜之，若用之陽盛而渴者，則為倒施矣。

清·葉桂《本草再新》卷五　荔枝核味甘、酸，性溫，無毒。入肝經。解寒邪，消濕熱，和血破血，治串氣，通經絡。

清·吴其濬《植物名實圖考》卷三一　荔支　《開寶本草》始著錄。以閩產者佳，江西贛州所屬定南等處，與粵接界，亦有之。其核入藥。

雩婁農曰：吾至滇，閱《元江志》，有荔支。適粵中門生權牧其地，訪之，則曰：邑舊產此果，以誅求為吏民累，並其樹刈之，今無矣。余謂之曰：粵人聞人言荔支，輒津津作大嚼狀。今元江物土既宜，足下何不致南海嘉種，令民以法種之，俟其實而嘗焉？其日曝火烘者，走黔、湘以博利，浸假而為安邑棗、武陵橘，非勸民樹藝之一端乎？則應曰：元江地熱瘴甚，牧以三年代，率不及期而請病。其僕傔以熱往，以櫬歸者相繼也，亦何暇作十年計乎？且滇亦大矣，他郡皆無，此郡獨有，園成而賦什一，民即不病，而筐篚之費，馱負之費，供億饋問無虛日，不厲民將焉取之，余怳然曰：一騎紅塵，詩人刺焉，為民上者，乃以一味之甘，致令草木不得遂其生乎！噫！

清·趙其光《本草求原》卷一二果部　荔枝　生於南方，陽也。遇夏至陰，進而丹赤。味甘，氣溫，是得陰以成其陽化，故能入陰達陽。生多食，發熱、煩渴；濕勝故也。乾食，止渴、陽虛不能化陰生津之渴。健氣，散陰中無形之滯氣以敺寒。凡老人氣虛，遇微寒即鼻塞胸滯，皆陽滯陰中也，補氣辛散不可施。止宜此稍加蘇葉、陳皮浸酒飲之，即愈。治瘰癧、瘤贅赤腫、疔腫。皆陰圉陽之病。宣風木，輔心火，通神益智，木，心之母，脾之用也。治痘不起發，取肉浸酒飲，並食之；其殼燒灰，調酒飲亦可。同白梅搗，貼疔腫、惡瘡根即出。益顏色。陽達則血活也。希雍謂其益血，時珍謂其純陽，皆屬鹵莽。

核　甘澀而溫，亦入肝腎陰中，辟寒以散陽滯，活血，通經絡，破血。主心痛，胃脘痛，小腸氣痛，煨存性，酒下。婦人血氣痛，燒存性，焙香附為末，鹽湯或米飯下二錢，名蠲痛散，單服、醋下亦效。癩疝，卵腫如斗，存性，加青皮、茴香各炒為末，酒下；或同陳皮、硫黃、鹽水為丸，酒下；或同牛膝、故紙、延胡、茴香、萆薢、川瓜、杜仲；有熱加黃柏，寒加桂。皆陽虛陰乘之病也。心與小腸皆氣中之血，此味入血以化氣，皆達陽之功，故治肝腎癩疝有專能，不但以核類卵也。若陽盛陰微之病忌之。連殼煆，止呃逆，生食過多，以殼浸水解之，此即食物不消，還以本物解之之義。核小而尖者，醋磨治癬，不堪治疝。

清·文晟《新編六書》卷六《藥性摘錄》　荔枝　甘，微酸。入脾助氣，入肝補血。火盛者忌之。○核，入肝腎，散滯澼，治疝氣。○殼，可托痘。建產者良。並詳藥部溫中。

荔枝　甘、酸。入脾助氣，入肝補血。若非虛弱，及平素火盛者忌之。○核，甘，溫。入脾腎，散滯辟寒，治癩疝卵腫，雙核尤佳。去殼，打碎，炒黑，與茴香、青皮為末，酒送下，效。○殼，煎湯，可托痘不起。血燥者不宜。○建產者良。

清·張仁錫《藥性蒙求·果部》　荔枝核六個、十個　荔枝核溫，散滯辟寒。能除胃痛，疝與睾丸。甘濇而溫，入肝經。治癩疝囊腫，有述類象形之義。又治婦人血氣刺痛。○燒存性。

清·王孟英《隨息居飲食譜·果食類》　荔枝　甘溫而香。通神益智，填精充液，辟臭，止疼，滋心營，養肝血。果中美品，鮮者尤佳。以核小、肉厚而純甜者勝。多食發熱，動血，損齒。凡上焦有火者忌之。食之而醉者，即以其殼煎湯，或蜜湯解之。痘瘡不發，荔枝肉浸酒飲，併食之。忌生冷。

諸疔，荔枝肉、白梅肉各三箇，擣餅貼之，根即出。

清·田綿淮《本草省常·果性類》　荔枝　一名離枝，一名丹荔。性溫。益智通神，壯氣血，美顏色。多食令人煩熱口乾、齦腫衄血。齒病人忌之。

清·戴葆元《本草綱目易知錄》卷三　荔枝　實，甘，平。益智通神，健氣，止呃逆，止煩渴。治頭重心躁，背膊勞悶，瘰癧瘤贅，赤腫疔腫，發小兒痘瘡。其性純陽，生者多食則發熱煩渴，齦腫口痛，衄血，火病人尤忌之。【略】

核　甘濇而溫。入厥陰經。行散滯氣。治心氣痛，小腸氣、疝氣痛，及婦人血氣刺疼，燒研酒服。其實雙結而核似睪丸，故治癩疝卵腫，述類象形之義。

清・黄光霽《本草衍句》　荔枝核甘，溫，澀。　抑肝之過散，固腎之閉藏。和氣血而止小腸之痛，破沉寒耑治癩腫疝殃。得大茴香治疝氣癩腫，得青皮、茴香治腎腫如斗。　呃逆不止，荔枝七個，連殼核燒灰存性，為末，白湯下。婦人血氣刺痛，炒香附，燒荔枝核，為末，米飲、鹽湯任下，名蠲痛散。

清・陳其瑞《本草撮要》卷三　荔枝核　味甘溫濇，入足太陰、厥陰經，功專散滯氣，辟寒邪。得香附治胃脘痛，婦人血氣痛。得茴香、青皮治癩疝卵腫，加酒服尤妙。無寒濕滯氣者勿服。燒存性用。荔枝甘酸熱，連皮核燒存性為末，白湯調下，治呃逆。殼發痘瘡，並解荔枝熱。荔核多吃損齒。有火者忌。

清・吴汝紀《每日食物却病考》卷下　荔枝　生於暖地而畏寒，故吴越燕齊等處絕無也。其屬閩中為最，蜀中次之，嶺南為下。味甘，溫，無毒。止煩渴，美顏色，通神，健氣，食之益人。屬陽，主散無形質之滯氣，故能消瘤贅赤腫，及發小兒痘瘡。味甚甘美，食之不厭。但太多則發虛熱，飲蜜漿一盃即解。其核，燒灰存性，酒服，治心痛及小腸氣。

龍眼

晉・嵇含《南方草木狀》卷下　龍眼　樹如荔枝，但枝葉稍小，殼青黄色，形圓如彈丸，核如木梡子而不堅，肉白而帶漿，其甘如蜜。一朵五六十顆，作穗如葡萄。然荔枝過，即龍眼熟，故謂之荔枝奴，言常隨其後也。《東觀漢記》曰：　單于來朝，賜橙、橘、龍眼、荔枝。魏文帝詔群臣曰：　南方果之珍異者，有龍眼、荔枝，令歲貢焉。出九真、交趾。

宋・李昉《太平御覽》卷九七三　龍眼　《廣雅》曰：　益智，龍眼也。《廣志》曰：　龍眼樹，葉似荔支，蔓延緣木生，子大如酸棗，色異，純甜無酸。《吴氏本草》曰：　龍眼，一名比目。　《嶺表録異》曰：　龍眼子樹如荔枝，葉小，殼青黄色，形圓如彈丸大，核如木槵子而不堅，肉白帶漿，其甘如蜜。一朵恒三二十顆。荔枝方過，龍眼即熟，南人謂之荔支奴。以其常隨後也。

宋・唐慎微《證類本草》卷一三木部中品〔《本經・別録》〕　**龍眼**　**味甘，平，無毒。主五藏邪氣，安志厭食，**除蠱去毒。**久服强魂聰明，輕身不老，通神明。一名益智。**其大者似檳榔。生南海山谷。

〔梁・陶弘景《本草經集注》〕云：　廣州别有龍眼，似荔枝而小，非益智，恐彼人别名，今者爲益智爾。食之並利人。

〔唐・蘇敬《唐本草》〕注云：　益智似連翹子頭未開者。味甘，辛。殊不似檳榔。其苗、葉、花、根，與豆蔻無別，惟子小爾。龍眼一名益智，而益智非龍眼也。其龍眼樹似荔枝，葉若林檎，花白色。子如檳榔，有鱗甲，大如雀卵。味甘，酸也。

〔宋・馬志《開寶本草》〕按：　此樹高二丈餘，枝葉凌冬不凋。花白色。七月始熟。一名亞荔枝。大者形似檳榔而小，有鱗甲，其肉薄於荔枝，而甘美堪食。《本經》云一名益智者。蓋甘味歸脾而能益智，非今益智子爾。

〔宋・掌禹錫《嘉祐本草》〕按：　《蜀本》：　龍眼，除蠱毒，去三蟲。

〔宋・蘇頌《本草圖經》〕曰：　龍眼，生南海山谷，今閩、廣、蜀道出荔枝處皆有之。木高二丈許，似荔枝而葉微小，凌冬不凋。春末夏初，生細白花。七月而實成，殼青黄色，文作鱗甲，形圓如彈丸，核若無患而不堅，肉白有漿，甚甘美。其實極繁，每枝常三二十枚。荔枝纔過，龍眼即熟，故南人目爲荔枝奴。一名益智，以其味甘歸脾而能益智耳。下品自有益智子，非此物也。《東觀漢記》云：　南海舊獻龍眼、荔枝，十里一置，五里一候，奔馳險阻，道路爲患。孝和時，汝南唐羌爲臨武長，縣接南海，上書言狀。帝下詔太官，勿復受獻，由是而止。其爲世所貴重久矣。今人亦甚珍之，暴乾。寄遠，北中以爲佳果，亞於荔枝。

宋・寇宗奭《本草衍義》卷一四　龍眼　《經》曰：　一名益智。今專爲果，未見入藥。《補注》不言。《神農本草》編入木部中品，果部中復不曾收入。今除爲果之外，别無龍眼。若謂爲益智子，則專調諸氣，今爲果者，復不能也。矧自有益智條，遠不相當。故知木部龍眼，即便是今爲果者。按《今注》云：　甘味歸脾，而能益智。此説甚當。

宋・王繼先《紹興本草》卷一三　龍眼　紹興校定：　龍眼，出産、形質、主治雖具《本經》，但作果實食之，罕入于方而療疾。當從《本經》味甘、平、無毒者是矣。

宋・鄭樵《通志》卷七六《昆蟲草木略》　龍眼　曰益智，曰龍目，曰亞荔枝，曰荔枝奴。其味清甜。荔枝纔過，即食龍眼。

宋・陳衍《寶慶本草折衷》卷一三　龍眼　一名益智，一名亞荔枝，一名荔枝奴。○俗號龍眸。生南海即廣地山谷及閩蜀。○七月採實，暴乾。

味甘、酸，平，無毒。○主五藏邪氣安志。○《蜀本》云：　除蠱毒，去三蟲。○《圖經》曰：　殼青黄，文作鱗甲，圓如彈丸，肉白有漿，甘美。乾則枯黑而無漿矣。一名益智，以其味甘，甘多酸少，歸脾，能益智耳。下品自有益智子，非此物也。　寇氏曰：　今專為果，未見入藥。

元·忽思慧《飲膳正要》卷三　龍眼　味甘，平，無毒。主五藏邪氣，安志厭食，除蟲去毒。

元·吳瑞《日用本草》卷六　龍眼　其實似檳榔而小，肉薄於荔枝，甘美堪食。　味甘，平，無毒。其味歸脾而能益志。　主五臟邪氣，安志，除蠱毒，去三蟲。

明·蘭茂原撰，范洪等抄補《滇南本草圖說》卷九　龍眼　主治：養血安神，長智斂汗，解蠱毒，去五臟邪氣，開胃益脾。小兒未斷乳者，忌食。○採殼為末，作刀傷藥，收口最速。採葉，晒乾為末，敷搽小兒七星處，出痘瘡時只出數點，而又解胎毒。又與小兒服葉八枚，最良。採核為末，治瘿疾可散。

明·滕弘《神農本經會通》卷二　龍眼　味甘，氣平，無毒。《本經》云：主五臟邪氣，安志，厭食，除蟲，去毒，久服強魂，聰明，輕身不老，通神明。一名益智。《今注》云：七月始熟。《本經》云：一名益智者，蓋甘味歸脾，而能益智，非今益智子爾。《蜀本》云：除蠱毒，去三蟲。

明·劉文泰《本草品彙精要》卷三四　龍眼無毒　植生。

龍眼出《神農本經》：**主五臟邪氣，安志，厭食。久服強魂，聰明，輕身不老，通神明。**以上朱字《神農本經》。除蟲，去毒。以上黑字名醫所錄。〔名〕益智。〔苗〕《圖經》曰：木高二丈許，似荔枝而葉微小，淩冬不凋，春末夏初生細白花。七月而實成，殼青黃色，形圓如彈丸，核若無患子而不堅，肉白有漿，甚甘美。其實極繁，每枝常二三十枚，荔枝纔過，龍眼即熟，故南人目爲荔枝奴，一名益智，以其味甘歸脾而能益智耳。草部自有益智子，非此物也。〔地〕《圖經》曰：生南海山谷，今閩、廣、蜀道皆有之。〔時〕生：春末夏初開花。採：八月取實。〔收〕暴乾。〔用〕實。〔質〕形圓如彈丸。〔色〕殼青黃，肉白。〔味〕甘。〔性〕平，緩。〔氣〕氣厚於味，陽也。〔臭〕香。〔主〕益脾，安志。〔治〕療：《蜀本》注云：除蠱毒，去三蟲。

明·盧和、汪穎《食物本草》卷二果類　圓眼　味甘，平，無毒。主五臟邪氣，安志，壓食。故醫方歸脾湯用之。除蠱毒，久服輕身不老，通神明。一名益智。閩中出者，味勝，生食不及荔枝，故曰荔奴。

明·鄭寧《藥性要略大全》卷六　龍眼　主五臟邪氣，安志，厭食。除蠱毒。久服強魂，聰明通神，輕身。味甘，氣平，無毒。

明·陳嘉謨《本草蒙筌》卷七　龍眼肉　味甘，氣平。無毒。樹頗大，葉微小淩冬常青；實極圓，殼淡黃紋作鱗甲。肉甘甚薄，名亞荔枝。亦產閩嶺南，荔枝過後纔熟。土人鄙之，又呼荔枝奴也。取肉入藥，因甘歸脾。古方歸脾湯中，功與人參並奏。《本經》一名益智，裨益脾之所藏。脾藏智故云。解毒去蟲，安志厭食。養肌肉，美顔色，除健志，卻怔忡。多服強魂聰明，久服輕身不老。

明·寧源《食鑒本草》卷上　龍眼　味甘，平，無毒。主五臟邪氣，益智寧心，除蠱通神。

明·王文潔《太乙仙製本草藥性大全》卷四《本草精義》　龍眼　一名益智。生南海山谷，今閩廣蜀道出荔枝處皆有之。木高二丈，蜀道出荔枝而葉微小，淩冬不凋，春末夏初生細白花，七月而實成殼青黃色，文作鱗甲，形圓如彈丸，核若無患而不堅，肉白有漿，甚甘美，其實極繁，每枝常三二十枚。荔枝纔過，龍眼即熟，故南人目爲荔枝奴。取肉入藥，以其味甘歸脾而能益智耳。下品自有益智子，非此物也。《東觀漢記》云：南海舊獻龍眼、荔枝，十里一置，五里一候，奔馳險阻，道路爲患。

明·王文潔《太乙仙製本草藥性大全》卷四《仙製藥性》　龍眼肉　味甘，氣平，無毒。　主治：主五臟邪氣，除蠱毒去蟲。古方歸脾湯中，功與人參並奏。《本經》一名益智，裨益脾之所藏。脾藏智故云。解毒去蟲，安志厭食。養肌肉，美顔色，除健忘，却怔忡。多服強魂聰明，久服輕身不老。按：《衍義》云：龍眼，《經》曰一名益智，今專爲果，未見入藥，補註不言。《神農本草》編入木部中品，果部中復不曾收入。今除爲果之外，別無龍眼。若謂爲益智子，則專調諸氣，今爲果者，復不能也。矧自有益智條，遠不相當，故知木部龍眼，即便是今爲果者。今註云：甘味歸脾，而能益智，此說甚當。

明·皇甫嵩《本草發明》卷四　龍眼肉味甘，平，無毒。原在木部中品，今移附菓部。　發明曰：龍眼肉補益心脾，故歸脾湯用之，功與人參。並主五藏邪氣，安志，除健忘怔忡、厭食，解毒去蟲，養肌肉。多服強魂聰明，美顔色，久服輕身。一名益智，以益脾藏故耳。

明·李時珍《本草綱目》卷三一果部·夷果類　龍眼《別録》中品。校正：

自木部移入此。宗奭曰：龍眼專爲果，未見入藥。《本草》編入木部，非矣。

【釋名】龍目吳普　圓眼俗名　益智《別録》　亞荔枝《開寶》　荔枝奴　驪珠　燕卵　蜜脾　鮫淚　川彈子《南方草木狀》時珍曰：龍眼、龍目，象形也。《吳普本草》謂之龍目，又曰比目。曹憲《博雅》謂之益智。弘景曰：廣州有龍眼，非益智也，恐彼人別名耳。志曰：甘味歸脾，能益人智，故名益智，非今之益智子也。頌曰：荔枝纔過，龍眼即熟，故南人目爲荔枝奴。又名木彈。晒乾寄遠，北人以爲佳果，目爲亞荔枝。【集解】《別録》曰：龍眼生南海山谷。一名益智。其大者似檳榔。恭曰：龍眼樹似荔枝，葉若林檎，花白色。子如檳榔，有鱗甲，大如雀卵。頌曰：今閩、廣、蜀道出荔枝處皆有之。嵇含《南方草木狀》云：木高一二丈，似荔枝而枝葉微小，淩冬不凋。春末夏初，開細白花。七月實熟，殼青黄色，文作鱗甲，形圓，大如彈丸，核若木梡子而不堅，肉薄于荔枝，白而有漿，其甘如蜜。實極繁，每枝三二十顆，作穗如蒲桃。漢時南海常貢之，大爲民害。臨武長唐羌上書言狀。和帝感其言，下詔止之。時珍曰：龍眼正圓，《別録》、蘇恭比之檳榔，殊不類也。其木性畏寒，白露後方可采摘，晒焙令乾，成朵乾者名龍眼錦。按范成大《桂海志》有山龍眼，出廣中，色青，肉如龍眼，夏月實熟可噉，此亦龍眼之野生者與。

實【氣味】甘，平，無毒。恭曰：甘，酸，溫。李鵬飛曰：生者沸湯瀹過食，不動脾。【主治】五臟邪氣，安志厭食。除蠱毒，去三蟲。久服强魂聰明，輕身不老，通神明《別録》。開胃益脾，補虚長智時珍。

【發明】時珍曰：食品以荔枝爲貴，而資益則龍眼爲良。蓋荔枝性熱，而龍眼性和平也。嚴用和《濟生方》治思慮勞傷心脾有歸脾湯，取甘味歸脾、能益人智之義。

【附方】新一。　歸脾湯：治思慮過度，勞傷心脾，健忘怔忡，虚煩不眠，自汗驚悸。用龍眼肉、酸棗仁炒、黄芪炙、白朮焙、茯神各一兩，木香半兩，炙甘草二錢半，㕮咀。每服五錢，薑三片，棗一枚，水二鍾，煎一鍾。溫服。《濟生方》。

核【主治】胡臭。六枚，同胡椒二七枚研，遇汗出即擦之時珍。

題明・薛己《本草約言》卷二《藥性本草》　龍眼肉　補益心脾，故歸脾湯、補心丹多用之，功與人參並。若膈食、膈氣之症，與大棗同用，則䐜脹反增，蓋甘溫能作脹也。

明・穆世錫《食物輯要》卷六　龍眼　肉，味甘，平，無毒。解蠱毒，去五臟邪氣，養血安神，長智斂汗。用沸湯瀹過，食不動脾。蔡襄云：生用，不若荔枝。

明・李中立《本草原始》卷七　龍眼　今閩、廣、蜀道出荔枝處皆有之。嵇含《南方草木狀》云：木高一二丈，似荔枝而枝葉微小，凌冬不凋。春末夏初開細白花。七月實熟，殼青黄色，文作鱗甲，形圓大如彈丸，核若木梡子，肉薄于荔枝，白而有漿，其甘如蜜。實極繁，每枝二三十顆，作穗如蒲桃。《別錄》名龍眼。《吳普》名龍目，俗呼圓眼，象形也。荔枝纔過，龍眼即熟，故南人目為荔枝奴。《開寶》名為亞荔枝。

實：氣味：甘，平，無毒。主治：五臟邪氣，安志厭食。除蠱毒，去三蟲。久服聰明，輕身不老，通神明。○開胃益脾，補虚長智。

核：主治：胡臭。六枚，同胡椒二七枚研，遇汗出即擦之。

時珍曰：食品以荔枝為貴，而資益則龍眼為良。蓋荔枝性熱，而龍眼性和平也。嚴用和《濟生方》，治思慮勞傷心脾有歸脾湯，取其甘味歸脾，能益人智之義。

龍眼，《別錄》中品。【圖略】

恭曰：甘、酸，溫。李(廷)〔鵬〕飛曰：生者沸湯瀹過食，不動脾。肉浸白酒飲。

明・吴文炳《藥性全備食物本草》卷二　龍眼　味甘，平，無毒。形如龍之眼也。味甘歸脾而能益智寧心，去五臟邪氣，厭食，蠱毒，去三蟲。久服聰明通神。用沸湯瀹過食不動脾。蔡襄云生用不若荔枝。

核　燒煙熏鼻，治流涕不止。

明・趙南星《上醫本草》卷二　龍眼　一名圓眼，又名益智，亦名蜜脾。志曰：甘味歸脾，能益人智，故名益智。非今之益智子也。　實　甘，平，無毒。恭曰：甘、酸，溫。李鵬飛曰：生者，飛湯瀹過食，不動脾。主治：五臟邪氣，安志。厭食，開胃益脾，補虚長智，除蠱毒，去三蟲。久服強魂，聰明，輕身不老，通神明。

明・李中梓《藥性解》卷一　龍眼　味甘，性溫，無毒，入心、脾二經。主補血氣，養肌肉，益虚氣，美顏色，除健忘，治怔忡，增智慧，明耳目，久服延年。　按：龍眼甘溫之品，脾家所悅。心者脾之母也，母無顧子之憂，則心血可葆，故入茲二經，然甘能作脹，凡中滿氣隔之症，均宜遠之。

明・繆希雍《本草經疏》卷二三　龍眼　味甘，平，無毒。主五藏邪氣，安志厭食，除蟲去毒。久服強魂，聰明，輕身不老，通神明。自木部移入。

【疏】龍眼稟稼穡之化，故其味甘，氣平，無毒。入足太陰、手少陰經。少陰為君主之官，藏神而主血，甘能益血補心，則君主強，神明通，五藏邪氣俱除矣。甘味補脾，脾得補則食自寡而飫。心得補則火下降而坎離交，故能安志。肝藏魄，主納血，心家血滿，則肝有所受而魂強。甘能解毒，故主去毒。久服聰明耳目，輕身不老，總之補益心脾之驗也。至於除蟲，非其所能，略之可也。

〔主治參互〕同生地黄、天麥門冬、丹參、栢子仁、遠志、蓮實、五味子、茯神、人參，能補心保神，益氣強志。　嚴用和《濟生方》歸脾湯，治思慮過度，勞傷心脾，健忘怔忡，虛煩不眠，自汗驚悸，用龍眼肉、酸棗仁、炒黄耆、炙白术、焙茯神各一兩，木香半兩，炙甘草二錢半，㕮咀，每服五錢，薑三片，棗一枚，水二鍾，煎一鍾，溫服。

明・倪朱謨《本草彙言》卷一五　龍眼　味甘，氣溫，無毒。入足太陰、手少陰經。　《別錄》曰：龍眼，別名益志，又名圓眼，以形相似也。生海南山谷。　蘇氏曰：今閩、廣、蜀道出荔枝處皆有之。性畏寒，故與荔枝并生暖地。俗言荔枝纔過，龍眼即熟。木高一二丈，似荔枝而枝葉微小，淩冬不凋。春末夏初，開花細白似林檎，生極繁衍。七月果熟，每枝三四十顆，作穗如葡萄，殼色青黄，紋如鱗甲，形如彈丸，核若木梡子而不堅。肉白有汁，味甘如蜜。白露采摘，晒焙令乾，黄土拌染，色鮮黄可目也。

龍眼肉：補血氣，壯精神之藥也。李時珍曰：食品以荔枝爲貴，而藥品則龍眼爲良。蓋荔枝性熱而龍眼性和平也。夫心爲君主之官，藏神而主血，此藥甘溫而潤，能補血氣。補血氣則君主强而精神壯，精神壯則神明可通。故前古有久服養魂魄，聰明智慧之説，而嚴用和《濟生方》入歸脾湯，治思慮傷心脾，爲驚悸，爲怔忡，爲健忘，爲失心喪志之疾者，屢用獲效。特取甘味歸脾，能安益心智之義耳。但甘溫而潤，恐有滯氣，如胃熱有痰、有火者，肺受風熱，咳嗽有痰有血者，又非所宜也。

集方：《濟生方》治思慮過度，勞傷心脾，爲怔忡健忘，虛煩不寐，自汗驚悸。用龍眼肉、酸棗仁炒、黄耆、白朮、茯神各一兩，木香三錢，甘草五錢，分作五劑，每劑加生薑三片，大棗三枚，水煎服。

明・應麐《食治廣要》卷四　龍眼　氣味：甘，平，無毒。主治：開胃益脾，安神定志。久食通神明，長智慧，輕身不老。

按范成大《桂海志》載：一種龍荔，味甘，有小毒。生食令人發癇，或見鬼物。出嶺南，狀如小荔枝而肉味如龍眼，其木之身、葉亦似二果，故曰龍荔云。

明・姚可成《食物本草》卷九果部・夷果類　龍眼一名圓眼。今閩、廣、蜀道出荔枝處皆有之。木高二三丈，似荔枝而枝葉微小，淩冬不凋。春末夏初，開細白花。七月實熟，殼青〔黄〕色，文作鱗甲。形圓，大如彈丸。核若無患子而不堅，肉薄於荔枝，白而有漿，其甘如蜜。其實甚繁，每枝三二十顆，作穗如蒲桃。

龍眼　味甘，平，無毒。主五臟邪氣，安志厭食，除蠱毒，去三蟲。久服強魂聰明，輕身不老，通神明，開胃益脾，補虛長智。生者沸湯淪過食，不動脾。李時珍曰：食品以荔枝為貴，而資益則龍眼為良。蓋荔枝性熱，而龍眼和平也。治思慮勞傷心脾，有歸脾湯用之，取甘味歸脾，能益人智之義。

核　治胡臭。用六枚，同胡椒二七枚研，遇汗出即擦之。

明・顧逢柏《分部本草妙用》卷三脾部・性平　龍眼　甘，平，無毒。主治：安志強魄，開胃益脾，補虛長智。　嚴用和《濟生方》治思慮勞傷心脾，有歸脾湯，取甘味歸脾，能益人智之義。

明・孟笨《養生要括・果部》　龍眼　味甘，平，無毒。治五臟邪氣，安志，厭食，除蠱毒，去三蟲。久服強魂聰明，輕身不老，通神明。開胃益脾，補虛長志。食品以荔枝為貴，而資益則龍眼為良，蓋荔枝性熱，而龍眼性和平也。

明・黄承昊《折肱漫録》卷三　龍眼肉　《本草》言其能補心脾，功與人參。並若患心血少，以龍眼煎膏收貯，任意酒飲之。予少時思慮傷神，後來每遇勞心輒覺心中枯燥，幾有心火自焚之象，服此膏屢效。

明・李中梓《醫宗必讀・本草徵要下》　龍眼味甘，平，無毒。入心、脾二經。補心虛而長智，悅胃氣以培脾。除健忘與怔忡。能安神而熟寐。不熱不寒，和平可貴，別名益智者，為其助心生智也。歸脾湯用為向導者，五味入口，甘先歸脾也。道家用龍眼肉細嚼千餘，待滿口津生，和津汩汩而嚥，此即服玉泉之法也。

明・鄭二陽《仁壽堂藥鏡》卷五　龍眼肉　味甘，氣平，無毒。肥白而綠者佳。去核用，主安神養血，補中歸脾，益智強魂，令人不忘。　《本草》云：主五臟邪氣。久服強魂聰明。今出閩、廣。

明・蔣儀《藥鏡》卷三平部　龍眼　補心，主君神旺，脾子蒙休，故榮衛充。又能益血，心家血滿，肝母納福，故神魂妥。

明・李中梓《頤生微論》卷三　龍眼　味甘，性平，無毒。入心、脾二經。肥大而綠色者佳。補心益脾，安志強魂，聰明長智。

按：　方外服龍眼法：　五更將不見水乾龍眼，以舌在齒上取肉去核，即是舌攪華池之法，細細嚼至查細膏，連口中津汩汩然嚥下，如嚥甚硬物畢。又如前法，食第二枚，共服九枚，約一時許，服畢方起。辰巳二時又服九枚，未申二時又服九枚，臨臥服九枚，一日四次，却有半日之工。服龍眼則氣和心靜，且漱津納咽，是取坎填離之法。勞症者，勤行一月，無不愈者。方士大秘，余表之以公同人。

明·賈九如《藥品化義》卷五脾藥　桂圓肉　屬陽有土火與水，體潤，色熟紫鮮淡黃，氣熟香，味甘，性溫，能沉，力補血，性氣與味俱厚，入肝心脾三經。

桂圓味甘而鮮，氣香而和，用入脾經，功勝於棗。色紫類血，體潤味厚，大補陰血。凡上部失血之後，入歸脾湯，同蓮肉芡實以補脾陰，使脾旺統血歸經。如神思勞倦，心經血少，以此助生地麥冬補養心血；　又筋骨過勞，肝臟空虛，以此佐熟地當歸，滋補肝血。但甘甜助火，亦能作痛，若心肺火盛，中滿嘔吐，及氣膈鬱結，皆宜忌用。　圓果多種，獨桂圓味甘而鮮，餘者不堪用。　痘後產後老年及脾虛不可多啖，以體韌故也。

明·施永圖《本草醫旨·食物類》卷三　龍眼名圓眼。　實　味：　甘，平，無毒。生者沸湯瀹過，食不動脾。　治：　五臟邪氣，安志厭食，除蠱毒，去三蟲。久服強魂聰明，輕身不老，通神明，開胃益脾，補虛長智。食品以荔枝為貴，而資益則龍眼為良，蓋荔枝性熱，而龍眼性和平也。

附方　歸脾湯：　治思慮過度，勞傷心脾，健忘怔忡，虛煩不眠，自汗驚悸。用龍眼肉、酸棗仁炒、黃芪炙、白术焙、茯神各一兩，木香半兩，炙甘草二錢半，㕮咀，每服五錢，薑三片，棗一枚，水二鍾煎。

核　治：　胡臭。六枚同胡椒二七枚研，遇汗出即擦之。

明·盧之頤《本草乘雅半偈》帙八　龍眼《別錄》中品　氣味：　甘，平，無毒。　主治：　主五藏邪氣，安志，厭食。除蠱毒，去三蟲。久服強魂，聰明，輕身不老，通神明。

覈曰：　龍眼，別名益志。又名龍目、比目、驪珠、燕卵、鮫淚、蜜脾、川彈子、亞荔枝、荔枝奴，俗名圓眼，皆形相似也。生海南山谷，今閩、廣、蜀道，出荔枝處皆有。性畏寒，故與荔枝並生暖地。《蜀都賦》云：　旁挺龍目，側生荔枝。蘇頌云：　荔枝纔過，龍眼即熟。木高一二丈，似荔枝而枝葉微小，凌冬不凋。春末夏初，開花細白，似林檎，七月果熟，果極繁，每枝三四十顆，作穗類葡萄，殼色青黃，文成鱗甲，形如彈丸，核若木梡子而不堅，肉白有漿，味甘如蜜。白露采摘，晒焙令乾，黃土拌挹，鮮黃可觀也。

条曰：　鱗蟲木屬為龍，肝木根竅為眼。久服強魂。魂者，肝藏之神識也。魂強，肝木之體具；　體具，肝木之用行；　用行，升出中降入之五氣。行各有次而五志安，五邪治，三蟲去，蟲毒除，身輕根淨，皆得所欲。　心藏神，脾藏意與志。志為脾土之專藏矣。四氣調神：　春三月，以使志生；　夏三月，無怒其志；　秋三月，無外其志；　冬三月，使志若伏，若匿，若有私意，若已有得，則藏各有志，神亦不專心所藏矣。

明·李中梓《本草通玄》卷下　龍眼　甘，溫。　養心益智，開胃益脾，潤肺止欬。

清·顧元交《本草彙箋》卷六　龍眼　別名益智，爲其助心生智也。食品以荔枝爲貴，而資益則龍眼爲良。蓋荔枝性熱，而龍眼性和平也。亦名荔奴，乃心、脾二經之果。脾得補，則食自飫而甘。心得補，則火下降，而坎離交。歸脾湯用之，爲入脾之向導，治思慮過度，勞傷心脾，健忘怔忡，虛煩不眠，自汗驚悸諸症。其中滿氣膈等病，則不宜用，恐甘能作脹也。　狐臭，以龍眼核六枚，同胡椒二七粒，研，遇汗出即擦之。

清·穆石匏《本草洞詮》卷六　龍眼　象形也。味甘，氣平，無毒。治五臟邪氣，除蠱毒，去三蟲，久服強魂輕身，通神明。食品以荔枝為貴，而資益則龍眼為良。嚴用和《濟生方》治思慮勞傷心脾有歸脾湯，取甘味歸脾，能益人智之義。

清·丁其譽《壽世秘典》卷三　龍眼一名亞荔枝，樹如荔枝，但枝葉稍小，殼青黃色，形圓如彈丸大，核如木槵子而不堅，肉白帶漿，俗名圓眼。《博雅》謂之益智，甘味歸脾，能益人智，故名，非藥中之益智子也。　氣味：　甘，平，無毒。主開胃益脾，補虛長智。

發明李時珍曰：　食品以荔枝為貴，而資益則龍眼為良，蓋荔枝性熱，而龍眼性和平也。嚴用和《濟生方》治思慮勞傷心脾，有歸脾湯，取甘味歸脾，能益人智之義。華亭陸平泉年幾及百，平日常食龍眼不輟口，言其補益心脾，功與人參並也。

清·劉雲密《本草述》卷一八　龍眼　實：　氣味：　甘，平，無毒。　主治：　開胃益脾，寧心安志，除健忘，卻（正仲）〔怔忡〕。

時珍曰：荔枝性熱，而龍眼性和平。《濟生方》治思慮勞傷心脾有歸脾湯，取甘味歸脾，能益人智之義。嘉謨曰：歸脾湯中用之，功與人參並奏。希雍曰：龍眼稟稼穡之化，故其味甘氣平，入足太陰、手少陰經。甘先入脾以為補，由統血者以益主血之臟，是其功也。同生地黃、天麥門冬、丹參、柏子仁、遠志、蓮實、五味子、茯神、人參，能補心保神，益氣强志。中梓曰：按方外服龍眼法：五更將不見水乾龍眼，以舌在齒上取肉去核，即是舌攪華池之法，細細嚼至渣如膏，連口中津汨汨然咽下，如咽甚硬物，畢又如前法食第二枚，其服九枚，約有一時許，服畢方起，辰巳二時至未申二時及臨卧，一日四次服龍眼，其服時自氣和心静，且漱津納咽，是取坎填離之法，勞證者勤行一月，自愈也。

愚按：龍眼與荔枝，其味皆甘，而氣有温平之殊。氣為味之主，故即温平，而味亦如其氣以致用也。昔哲云荔枝纔過，龍眼即熟。南人呼為荔枝奴，雖其木性畏寒，然白露後方可采摘，是味至白露後其氣未圓成也。則視荔枝之翕然熟於夏至中者，為何如哉？況其色青黄，與丹赤之實殊乎？故甘之入脾者不少，而歸脾湯獨取之以為脾益者，葢取其歸脾之血也。取其歸脾之血者，取其思慮傷心，心為血之主，受傷，心為脾母，母傷，自不能不取救於子，以致脾亦傷也。茲味采摘於白露後，得由金趨水之氣居多，是為血之化原者，强居其半矣。既為血之化原，而又甘先入脾，統血者得其益，自能由子以益母。況脾脈偕腎脈以入心，更有捷得之效乎？所以謂其開胃益脾，而又藉其寧心安志云云也。其又謂志屬腎，而更能安之者，繆氏所謂心得血而補，則火下降，坎離自交，故志得安也。然則遠志原為益志，而入腎即上以補心者，抑亦可交濟矣。

清・郭章宜《本草匯》卷一四　龍眼　味甘，温平，入手少陰、足太陰經。補心虚而長智，悦胃氣以培脾。除健忘與怔忡，能安神而熟寐。

按：龍眼性禀和平，不熱不寒，能助心益智，故有益智之名。歸脾湯用為向導，甘先入脾也。道家有服龍眼法，五更將不見水乾龍眼，齒肉去核，即用舌攪華池之法，細細嚼至查成膏，連口中津汨汨然嚥下；又如前法食第二枚，共服九枚。未申二時，又服九枚。臨卧又服，一日四次。則氣和心静，且嗽津納咽，是取坎填離之法，勞症者勤行一月，無不愈者。若中滿者忌之。核，治胡臭，以六枚，同胡椒二七粒，研，遇汗出，即擦之。

食品以荔枝為貴，而資益則龍眼為良。蓋荔枝性熱，而龍眼和平也。

清・尤乘《食鑒本草・果類》　龍眼　安神補血，益志和脾。小兒不可多食。

清・朱本中《飲食須知・果類》　龍眼　味甘，性平。生者，用沸湯淪過食，不動脾。

清・何其言《養生食鑒》卷上　龍眼　味甘，性平，無毒。養血，安神，長智，斂汗，解蠱毒，去五臟邪氣，開胃益脾。乾者良。生者，用沸湯淪過食，不動脾。飲乳兒食生，成喘病。

清・蔣居祉《本草擇要綱目・平性藥品》　龍眼肉　氣味：甘，平，無毒。主治：五臟邪氣，安志，除蠱毒，去三尸蟲。久服强魄聰明，開胃益脾。性味和平，嚴用和歸脾湯，治思慮勞傷，用龍眼肉，取甘味歸脾，能益人之智，通神明也。

清・王翃《握靈本草》卷七　龍眼閩、廣皆有之，出桂林者最良。　主治：龍眼，甘，平，無毒。主五臟邪氣，安志，開胃益脾，補虚長智。

清・汪昂《本草備要》卷三　龍眼肉補心脾。甘，温，歸脾。益脾長智，一名益智。養心葆血，心爲脾母。故歸脾湯用之。治思慮勞傷心脾，及腸風下血。心生血，脾統血。思慮過多，則心脾傷而血耗，致有健忘、怔忡、驚悸諸病。歸脾湯能引血歸脾而生補之。腸風亦由血不歸脾而妄行。

清・吴楚《寶命真詮》卷三　龍眼　【略】養心益智，開胃益脾，潤肺止欬，安神熟寐，除健忘怔忡。

清・陳士鐸《本草新編》卷五　龍眼肉　味甘，氣平，無毒。入脾、心二經。解毒去蟲，安志定神，養肌肉，美顔色，除健忘，却怔忡。多服强魂聰明，久服輕身不老。此物果中之最益人者。入藥，不過引入脾、心二臟。若泡酒服，大有補滋之益。同補氣、補血之藥，泡酒為佳。

或問：龍眼〔肉〕煎湯服之宜，食其肉，恐有滑腸之損？不知龍眼非滑腸也。但戒多食，多食未免大腸欠實耳。

或問：龍眼肉何以用之于歸脾湯内，豈以其補脾也？夫歸脾湯何物，非健脾之藥，而必藉龍眼肉哉。龍眼肉實能調和諸藥，使之分送于心、肝、脾、胃之中，不但專入心、肝也。

清・顧靖遠《顧氏醫鏡》卷八　龍眼甘，平。入心脾二經。補心虚而長智，為其能益血，補心長智，故別名益智。悅胃氣以培脾。甘先入脾胃也。除健忘與怔忡，能安神而熟寐。皆益血補心之效。

清・李熙和《醫經允中》卷一八　龍眼　甘，平，無毒。主治安志強魂，養心長智，益脾補虛，久服長肌肉，美顏色。中滿者弗服。

清・馮兆張《馮氏錦囊秘錄・雜症痘疹藥性主治合參》卷八　龍眼稟稼穡之化，故味甘，氣平，無毒。入足太陰、手少陰經。少陰為君主之官，藏神而主血。甘能益血補心，則君主強，神明通，五臟安矣。且甘能補脾，脾得補則中氣充足，化源不竭，五臟更安，百邪俱辟，心樂神怡，耳目聰明，輕身耐老也。　龍眼取肉入藥者，甘先入脾也。古方歸脾湯中，功與人參並奏。《本經》一名益智，裨益脾之所藏，補心虛而長智，悅胃氣以培脾，除健忘與怔忡，能安神而熟寐，不熱不寒，和平可貴，養肌肉，美容顏，多服強志聰明，久服輕身不老。若腸滑中滿者，忌之。核，治狐臭，以六枚同胡椒二七粒同研，遇汗出即擦之。

主治痘疹合參：　灌漿時，可入大補托劑中。但洩利腸滑者，宜少用之。

按：　方外服龍眼法：　五更將不見水乾龍眼，以舌在齒上取肉去核，即是舌攪華池之法，細細嚼至渣細成膏，連口中津，汩汩然嚥下；　如嚥甚硬物畢，又如前法，食第二枚，共服九枚。約有一時許，服畢方起；　辰巳二時，又服九枚；　未申二時，又服九枚；　臨臥又服九枚；　一日四次，却有半日之工。服龍眼則氣和心淨，且漱津納嚥，是取坎填離之法。勞症者勤行一月，無不愈者。方士秘之。

清・张璐《本經逢原》卷三　龍眼俗名圓眼。　甘，平，無毒。桂產者佳，粵東者性熱，不堪入藥。　發明：　龍眼補血益肝，同枸杞熬膏，專補心脾之血。歸脾湯用之，治思慮傷心脾，皆取甘味歸脾，能益人智之義。然中滿家、嘔家勿食，為其氣壅也。師尼寡婦勿用，以其能助心包之火，與三焦之火相煽也。

清・汪啟賢等《食物須知・諸果》　龍眼肉　味甘，氣平，無毒。樹頗大，葉微小，淩冬常青。實極圓，殼淡黃，紋作鱗甲，肉甘甚薄，名亞荔枝。亦產蜀、嶺南。荔枝過後纔熟，土人鄙之，又呼荔枝奴也。解毒去蟲，安志厭食。養肌肉，美顏色，除健忘，卻怔忡。多服強魂聰明，久服輕身不老。

清・何諫《生草藥性備要》卷下　圓眼蒁　味香甜，性溫。治疳疔，殺蟲。作茶飲，明目。其朝東嫩蒁蒸聖水，加冰片，搽眼眩爛。

清・姚球《本草經解要》卷三　龍眼肉　氣平，味甘，無毒。主五藏邪氣，安志厭食，除蠱毒，去三蟲。久服強魂聰明，輕身不老，通神明。　圓肉氣平，稟天秋平之金氣，入手太陰肺經。味甘無毒，得地中正之土味，入足太陰脾經。氣味降中有升，陰也。脾者，五藏之原也。邪之所湊，其氣必虛。圓肉味甘益脾，脾健運則五藏皆充，而邪氣不能容矣。腎藏志，腎者，水藏也。圓肉氣平益肺，肺金生腎水，水滋而志安。味甘益脾，脾補則食自進。甘能解毒，故除蠱。三蟲，濕熱所化也。氣平益肺，肺金藏也，肺益則清肅之令行，水道通，濕熱下逐，而蟲去矣。久服氣平益肺，味甘益脾，脾主一身之血，肺主一身之氣，氣足生精，則陰氣獨強，心肝腎俱滋矣。肝藏魂，肝滋血藏，故魂強而目明。腎滋水旺，則身輕而耳聰。心滋血潤，血色華面，所以不老，心靈通達，所以神明也。　製方：　圓肉同生地、天冬、麥冬、丹參、栢仁、遠志、蓮肉、五味、茯神、人參，補心安神。

清・楊友敬《本草經解要附餘・考證》　龍眼　《本草》主治云：　安志厭食。厭，平聲，飽也。《綱目》稱其開胃益脾，補虛長智，即安志厭食之謂也。

清・黃元御《玉楸藥解》卷四　龍眼　味甘，微溫。入足太陰脾、足厥陰肝經。補脾養血，滋肝生精。龍眼甘能益脾，潤可生精。滋肝木而清風燥，降心火而消熱煩。補陰生血而不至滋濕伐陽，傷中敗土，至佳之品，勝歸地諸藥遠矣。以有益智之名，本草謂其甯神益智。神歸於血，智生於神，此亦固有之理也。至於驚悸不寐，根因濕旺胃逆，陽泄不藏。嚴氏歸脾，以為血虛而用龍眼，則難效矣。

清・吳儀洛《本草從新》卷四　龍眼肉〔補心脾。〕　甘，平，潤。補心長智，一名益智。悅胃培脾。療健忘與怔忡，能安神而熟寐，一切思慮過度，勞傷心脾及血不歸脾諸證。歸脾湯用為向導者，五味入口，甘先歸脾也。凡心脾傷而血耗，致有健忘怔忡驚悸及吐血血崩，腸風下血等證，歸脾湯能引血歸脾而生補之。道家用龍眼肉細嚼，待津液生，和津汩汩而咽，此即服玉泉之法也。

清・汪紱《醫林纂要探源》卷二　龍眼　甘，溫。補中益氣，和脾生血，交心腎於黃庭。乾始益人。味全性純也。甘專補脾和胃，胃和則氣益，脾補則血生，肉黑而滋潤入腎，汁紅入心，是又能交心腎。凡憂思傷脾，實本於心，故能治盜汗自汗，怔忡健忘驚悸。然多食亦生熱。

清・嚴潔等《得配本草》卷六　龍眼一名圓眼。核。　甘，平，潤。入手少陰、足太陰經血分。益脾胃，葆心血，潤五臟，治怔忡。　蒸熟細嚼，生津。膈滿者禁用。　過食潤腸不助脾。　核　研末，敷金瘡出血。同胡椒研末，汗出時擦之，治狐臭。

題清・徐大椿《藥性切用》卷六　桂圓肉　一名龍眼肉。味甘微溫，入心脾而養血潤燥，益智安神。　去殼、核用。

清・黃宮繡《本草求真》卷一　龍眼補心脾氣血。　龍眼專入心脾。　氣味甘溫，多有似於大棗，但此甘味更重，潤氣尤多。於補氣之中，溫則補氣。又更存有補血之力。潤則補血。　故書載能益脾長智，脾益則智長。　養心葆血，血葆則心養。　為心脾要藥。　是以心思勞傷而見健忘怔忡驚悸，暨腸風下血，便血症不一端，然大要血清而色鮮，另作一派，濺出遠射，四散如篩，其腹不痛，是為腸風無疑。便血而見腹痛，則為熱毒下注，不痛則為濕毒下注，痛而喜手謹按，則為寒毒下注，並血而見鮮紅為熱，瘀淡為寒，瘀晦為積，鮮紫為燥為結，血如雞肝爛肉絞痛為蠱。與夫症見面色痿黃，大便不實，聲短氣息，惡心嘔吐，六脉沉遲，浮大無力為虛。神氣不爽，脉數能食，腸紅下泄，腹痛便秘為實。而究不越氣失所統，陰不隨陽，而血自不歸附耳。　俱可用此為治。　蓋血雖屬心生，而亦賴脾以統，思慮而氣既耗，則非甘者不能以補，思慮而神更損，則非潤者不能以濟。　龍眼甘潤兼有，既能補脾固氣，復能保血不耗，則神氣自爾長養，而無驚悸健忘之病矣！　按古歸脾湯有用龍眼肉以治心脾傷損，義實基此。　非若大棗力專補脾，氣味雖甘，其性稍燥，而無甘潤和柔，以至於極之妙也。　至書有言久服令人輕身不老，百邪俱辟，止是神智長養之謂。　蠱毒可除，三蟲可殺，止是氣血充足而蟲不食之謂。　但此味甘體潤，凡中滿氣壅，腸滑泄利，為大忌耳。　桂產者佳，粵東者性熱，不堪入藥。

清・李文培《食物小錄》卷上　龍眼　甘，溫、平，微酸，無毒。　久服強魂聰明，輕身不老，通神明，開胃益脾，補虛長智。　火甚人忌食。

附：　琉球・吳繼志《質問本草》附錄　龍眼　葉如荔枝，亦經冬不凋，樹頗高聳，初夏梢上開細黃白花，七月子熟，每朵十四五顆，作穗，形正圓大如彈丸，殼青黃色，瓤薄，于荔枝而白色，有漿，甘如蜜，核似枇杷，堅實。　採子焙乾，塗鬱金末，可以餉遠。　謂之龍眼錦，產本土者，比閩廣者肉薄，香味亦少劣矣。　凡果之美者荔枝，亞之為龍眼，故有荔枝奴、亞荔枝等名也。　性畏寒，往年天甚寒，大降霜，諸家園樹為之咸枯，其明年根際萌蘖，今則鬱鬱暢茂，暑月清陰，圃人多由焉。

清・羅國綱《羅氏會約醫鏡》卷一七菓部　龍眼味甘溫，平，入心脾二經。　養心葆血。甘能益血，君主強矣。　治怔忡健忘，安神長智，且甘能補脾，治思慮勞傷心脾，脾得補則中氣足而化源裕，五臟悉安矣。　并療腸風下血。血不歸脾。

按：　龍眼不寒不熱，養肌肉，美容顏，久服輕身不老。　人能用肉細嚼，待滿口津生，和津汩汩嚥下，此即服龍泉法也。　勞症者於五更時、辰巳時、未甲時、臨臥時，每日四次，每次用九枚作九口服，服時則氣和心靜，且漱津納咽，是取坎制離之法。　勤行一月，無有不愈，可勝服藥千千矣。　勿輕視之！

清・陳修園《神農本草經讀》附録　龍眼肉　氣味甘、平，無毒。　主五臟邪氣，安志，厭食，除蠱毒，去三蟲。　久服強魂聰明，輕身不老，通神明《別錄》。

清・趙學敏《本草綱目拾遺》卷八果部下　龍眼核殼附。　《綱目》龍眼核主治，多言其肉，至其核之功用最廣，止載其能治胡臭，他皆未之及，又不及其殼，今悉採他本補之。

腦漏：　《黃氏醫抄》用廣東圓眼核，入銅爐內燒烟起，將筒熏入患鼻孔內，數次即愈。　一切瘡疥：　高只元《傳世方》：　用龍眼核煅存性，麻油調敷即愈。　治癬：　《祝氏效方》：　圓眼核兩個，去外黑皮搥碎，雄黃、硫黃、〔密〕陀僧、枯礬、川椒末，各三分，共為細末，以生薑蘸擦患處即愈。　《集聽》方：　患癬，用龍眼核去外黑殼，用內核，米醋磨搽。　滅斑生髮：　張覲齋云：　桂圓核仁，凡人家有小子女者，不可不備，遇面上或磕傷及金刃傷，以此敷之，定疼、止血、生肌，愈後無瘢；　若傷鬢髮際，愈後更能生髮，不比他藥，愈後不長髮也。　小腸疝氣：　《不藥良方》：　荔支核、龍眼核各七枚，俱燒灰，大茴二粒炒，共為末，好酒調下。　外用生薑搗爛敷腎，即消。　《經驗廣集》：　治疝氣偏墜小腸氣痛，神效。　荔支核炒，龍眼核炒，小茴香炒，各等分，為細末。　空心服一錢，以升麻一錢，水酒煮送下。　念珠丸：　張氏《必效方》：　治陰疝偏腫，囊中疼痛難忍。　乳香去油淨二錢，圓眼核三錢，黃蠟二兩，和藥末，成丸彈子大，分為一百零八丸，蛤粉為衣，用線穿起，露一宿收貯。　遇症每服三丸，乳香湯下。　小便不通：　用龍眼核去外黑殼，打碎，水煎服。　如通後欲脫者，以圓肉湯飲之。　足指癢爛：　《藥鏡》：　用桂圓核燒灰摻之，立效。　無名腫毒：　《黃氏醫抄》：　桂圓核以水調塗，俱效，能止折傷出血，療金瘡滅斑。　烟筒傷喉：　萬近蓬云：　凡烟管誤戳傷喉，出血不止者，用桂圓核去外黑皮，惟取內核仁，焙擣為極細末，看喉中傷處，用筆管安末吹之，即定疼止血而愈，屢試果驗。　治刀傷出血：《殷仁趾傳方》：　以龍眼核炒擣，磨細敷之。　刀斧傷：　黃販翁《醫抄》：　桂圓核不拘多少，用火燒枯存性，研末摻患處，即愈。

按：　陳杰《回生集》大興李振祖西平云：　龍眼核末敷金刃傷，昔在西秦及巴里坤軍營，救愈多人，查《本草綱目》及《別集本草》，俱未紀載，可知世間有用之材，自古迄今淹沒者，不可勝計矣。

龍眼殼　乃龍眼外裹肉之殼，本黧黃色，閩人恐其易蛀，輒用薑黃末拌之令黃，且易悅目也。廣中桂圓多不用薑黃拌，故今廣圓猶存本色。入藥用殼，須洗去外色黃者。　敷湯泡傷：《行篋檢秘》：　用圓眼殼煅存性為末，桐油調塗患處，即止痛，愈後又無斑痕，真良方也。　《泉州府志》：　龍眼最小者呼鬼眼，龍眼是其中者，今不復識別。

清・王學權《重慶堂隨筆》卷下　龍眼肉　味純甘而溫，大補血液，蒸透者良。然濕盛者能生痰，脾弱者滑大便，不可不知也。其核研敷金瘡磕跌諸傷，立即止血止痛，愈後無瘢，名驪珠散，真妙藥也。其殼研細治湯火傷亦佳，若焚之可辟蛇。皆有用之物。凡啖龍眼者，何可輕棄耶？

清・黃凱鈞《藥籠小品》　龍眼　甘，溫，補心益智。惟嫌助火，故胃熱者服之，多作齒痛。

清・章穆《調疾飲食辯》卷一下　龍眼汁　荔枝以粵東為勝，閩中次之。龍眼則閩中者絕佳。福州所產，殼薄如紙，核小如豆，雖焙乾，肉尚能滿殼。《圖經》曰：　荔枝纔過，龍眼即生，故南人呼荔奴。《南方草木狀》名川彈子。又名驪珠，又名鮫淚，取其形之圓正如珠也。《蜀都賦》名龍目。《閩小紀》曰：　樹似荔枝，枝葉略小，淩冬不凋。然性極畏寒，惟嶺外無霜雪之地可種，嶺以北則絕無。結子甚繁。惟畏一種小蟲，生枝葉間，尖喙硬殼，鑽破其殼則墜落不成，彼人名曰石背蟲。周櫟園先生初至閩，廳事前龍眼一株，實離離滿樹。問書吏曰：　今年龍眼必熟？吏云：　石背多，恐不熟。曰：十倍多，反不熟乎？吏曰：　石背多。曰：　十倍多，猶不滿爾意，欲百倍、千倍乎？吏頓足，以手書空曰：　石背，非十倍。細詢之，始為捧腹。《綱目》曰：　食品以荔枝為美，滋益則龍眼為良。荔枝性熱，龍眼性平也。嚴用和《濟生方》歸脾湯用之，治思慮勞傷心脾，怔忡健忘，虛煩不眠，自汗驚悸，及久鬱傷脾，木來乘土，心痛等症，大有殊功。

按：　龍眼雖較荔枝稍為性平，然生於炎陬，秉亢陽之氣，畢竟性熱。若上文所列諸症，稍有火者，服之反能加劇。惟心脾血分虛而火不足者，宜服歸脾湯，宜食龍眼，宜煎汁代茶。若婦人憂鬱，小兒偶被大驚，致令神氣失守，尤亟宜煎湯飲，或食之也。

清・王龍《本草纂要稿・菓部》　龍眼肉　氣味甘平。解毒去蟲，安志厭食。養肌肉，美容顏，除健忘，却怔忡。多服強志益精，久服輕身不老。

清・張德裕《本草正義》卷上　龍眼肉　甘，平。柔而不膩，善補五臟，益氣養營，添精定魄，助胃安脾。若脾胃宜陽剛而補，及有寒濕者酌用。

清・楊時泰《本草述鉤元》卷一八　龍眼肉　荔枝纔過，龍眼即熟，即色青黃，南人呼為荔枝奴，本性畏寒，然白露後方可采摘。

氣味甘平。入足太陰、手少陰經。開胃益脾，寧心安志，除健忘，却怔忡。稟稼穡之化，故其味甘，甘入脾，由統血者以益主血之臟，是其功也。同生地、天麥冬、丹參、柏子、遠志、蓮子、人參、五味、茯神，能補心保神，益氣強志。方外服龍眼法，五更將不見水乾龍眼，以舌在齒上取肉去核，即舌攪華池法。細細嚼至渣如膏，連口中津，汩汩嚥之，如嚥甚硬物，畢，又如前法食第二枚，共服九枚，約一時許，服畢，方起。辰巳二時，未申及臨臥，一日服四次，服時氣和心靜，且漱津納嚥，是取坎納離之法。勞證勤行一月，自愈。

論：　龍眼與荔枝，其味皆甘，而氣有溫平之殊，氣為味主，故或溫或平，味即如其氣以致用也。龍眼采摘於白露後，得由金趨水之氣居多，是為血之化原者，居其強半矣。既為血之化原，而甘又先入脾，統血者得其益，自能由子以益母。況脾脈偕腎脈以入心，更有捷得之效乎。其功開胃益脾，寧心安志。夫志屬腎，而更能安之者。繆氏所謂心得血而補，則火下降，坎離自交，故志得安也。然則遠志益志，而入腎即以補心，抑亦可以交濟矣。

清・葉桂《本草再新》卷五　元眼肉味甘，性溫，無毒。入心、腎二經。　補中養氣，益智安神，治虛癆，寒冷水少血枯。

圓眼殼味甘，性溫，無毒。入肺經。　治心虛頭暈，散邪去風，補虛則無風矣。聰耳明目。○核，能治瘰癧，消腫，排膿拔毒，並治目疾。

清・吳其濬《植物名實圖考》卷三二　龍眼　《本經》中品。歸脾湯用之，今以為補心脾。

清・趙其光《本草求原》卷一二果部　龍眼即圓眼。　熟於白露後，氣平，味甘，是由金趨水以生血而歸脾。金水為血之化原，而甘又能入統血之脾。寧心，脾子血足，則心母受益。安志，志屬腎，心血足，則火下降以交腎，況脾偕腎脈入心，心腎之交，全賴脾為黄媒。治血枯虚勞，除健忘怔忡、驚悸，故歸脾湯用之，以治思慮太過而傷心脾之血者，取其歸脾之血，救子以益母之法也。及腸風下血，血不歸脾而妄行。同杞子熬膏，大補心脾之血。但中滿嘔家勿食，為其氣壅也。師尼、寡婦勿用，為其助心包相火也。

遠葉　殺蟲，洗疔痔、疳瘡、爛腳。

殼　補心，熄風，治心虚，頭暈。

核　治瘰癧、消腫、排膿、拔毒。

清・葉志詵《神農本草經贊》卷二　龍眼　味甘，平。主五藏邪氣，安志，厭食。久服強魂，聰明，輕身不老，通神明。一名益智。生山谷。

旁挺幽姿，莫如南土。金飾蜜脾，玉流膏乳。星結良宵，珠還合浦。益智策勳，呼奴誰侮。

劉子翬詩：幽姿旁挺綠婆娑。《詩》：莫如南土。宋珏詩：外裹黄金飾。《荔枝譜》：龍目叢生，玉露流晨。李商隱詩：紅露花房白蜜脾。蘇軾詩：平地走膏乳。《廣東志》：澄海縣，七夕酒集，多用龍眼，謂之結星。《風土記》：七日為良日。蘇軾詩：又恐珠還浦。名醫曰：一名益智。王象晉詩：况兼益智策勳殊。《南方草木狀》：一名荔枝奴。《孟子》：誰敢侮之。

清・文晟《新編六書》卷六《藥性摘錄》　龍眼肉　甘，溫。補心脾氣血，治健忘驚悸，益神智。凡中滿氣壅，痰喘滑泄者忌之。〇閩產、廣西產者良。

清・張仁錫《藥性蒙求・果部》　龍眼核六個，仁十個　龍眼甘溫，安神養血。補益心脾，健忘可納。同枸杞熬膏，專補心脾之血。歸脾湯用之，治思慮過度勞傷。〇粵東者性熱，不堪入藥。〇張觀察云：桂圓核仁，凡遇面上或磕傷、金刃傷，以此敷之，定痛止血生肌，愈後無瘢。若傷鬢髮際，愈後更能生髮。他藥愈，髮不出。

清・王孟英《隨息居飲食譜・果食類》　龍眼一名桂圓，俗呼圓眼。甘，溫。補心氣，定志安神，益脾陰，滋營充液。果中神品，老弱宜之。以核小、肉厚、味純甘者良。然不易化，宜煎汁飲。外感未清、內有鬱火、飲停氣滯、脹滿不飢諸候均忌。

玉靈膏　一名代參膏自剝好龍眼肉，盛竹筒式瓷椀內，每肉一兩，入白洋糖一錢，素體多火者，再入西洋參片如糖之數，椀口羃以絲緜一層，日日於飯鍋上蒸之，蒸至百次，凡衰羸老弱，別無痰火、便滑之病者，每以開水瀹服一匙，大補氣血，力勝參耆，產婦臨盆服之尤妙。

核　研末，名驪珠散，傅刀刃跌打諸傷，立能止血定痛，愈後無瘢。

殼　研細，治湯火傷，焚之辟蛇。

清・田綿淮《本草省常・果性類》　圓眼　一名龍眼，一名驪珠，一名燕卵，一名鮫淚，一名蜜脾，一名益智子，一名川彈子，一名亞荔枝，一名荔枝奴。性微溫。補心養血，長志益脾。久食令人聰明，輕健不老。

清・趙晴初《存存齋醫話稿》卷一　〔二十五〕《隨息居飲食譜》載：玉靈膏，一名代參膏，自剝好龍眼肉，盛竹筒式瓷碗內，每肉一兩，入白洋糖一錢，素體多火者，再入西洋參片如糖數，碗口羃以絲綿一層，日日於飯鍋上蒸之，蒸至百次。凡衰羸老弱，別無痰火便滑之病者，每以開水瀹服一匙，大補氣血，力勝參芪。產婦臨盆，服之尤妙。圭按：龍眼《本草》著其功用為定志安神，養心補血，列其主治為思慮勞傷心脾。譯以西說，此物實為大腦之滋養藥，對於神經衰弱，少寐善忘等症，照上述蒸膏之法，長服無間，確有殊效。惟王氏贊為大補氣血，力勝參芪，未免言實兩歧矣。

清・黄光霽《本草衍句》　龍眼肉甘，溫。　生血和脾，補中益氣。交心腎於黄庭，能安神而長智。

清・陳其瑞《本草撮要》卷三　龍眼肉　味甘，平潤，入足太陰、厥陰經，功專補心長智，悦胃培脾，療健忘與怔忡，能安神而熟寐，一切思慮過度，勞傷心脾，血不歸脾諸症。凡受風寒者忌。

清・吴汝紀《每日食物却病考》卷下　龍眼　味甘，平，無毒。治五臟邪氣，安志，壓食，開胃，益脾，通神明，除三蟲，久服輕身不老，補虚長智。亦出閩中者為最。生食，味品則讓荔枝，故有荔奴之稱，而資益則龍眼為勝也。蓋荔枝性熱，而龍眼和平。故治思慮勞傷心脾，古人製歸脾湯，取其甘歸脾，能益人智也。

清・毛祥麟《對山醫話》卷四　閩產桂圓，味甘肉厚，能悦胃養營，凡勞損心脾而血耗者宜食之。因其形如龍目，故又名龍眼。道家每取肉細嚼，待滿口生津，汩汩下嚥，名飲玉泉。余嘗試之，頗益。昔華亭陸平泉宗伯，享壽百齡，日惟食龍眼數千，顏色如少時。然其味過甘，多食令人中滿，有痰熱者，似亦不甚宜也。

初摘鮮蓮，氣清味美，能和中養心氣；煮粥食之，益人脾胃。昔人言生食須去心，否則恐患霍亂。按蓮子中青心，能清心去熱，霍亂之說，不知何據。惟今肆中所賣石蓮，產粵東樹上，其味大苦。曾見食之而作嘔者，今人每用以治痢，誤矣。

黃龍眼

宋・唐慎微《證類本草》卷一三木部中品〔唐・陳藏器《本草拾遺》〕 黃龍眼 味苦，溫，無毒。主解金藥、銀藥毒。以水研取半合，空心少服，經二十許日差。出嶺南，狀如龍眼，黃色也。

〔宋・唐慎微《證類本草》〕《海藥》： 功力勝解毒子也。

明・王文潔《太乙仙製本草藥性大全》卷三《仙製藥性》 黃龍眼 味苦，氣溫，無毒。出嶺南。狀如龍眼，黃色。 主治： 解金銀藥毒神驗。取以水研，空心少服，經二十日差。

龍荔

明・李時珍《本草綱目》卷三一果部・夷果類 龍荔《綱目》

【釋名】見下。 【集解】時珍曰： 按范成大《桂海志》云： 龍荔出嶺南。狀如小荔枝，而肉味如龍眼，其木之身、葉亦似二果，故名曰龍荔。三月開小白花，與荔枝同時熟，不可生噉，但可蒸食。

實 【主治】甘，熱，有小毒。生食令人發癇，或見鬼物。時珍。〇出《桂海志》。

明・施永圖《本草醫旨・食物類》卷三 龍荔出嶺南，狀如小荔枝，而肉味如龍眼，不可生噉，但可蒸食。 實 治： 甘，熱，有小毒。生食令人發癇，或見鬼物。

清・朱本中《飲食須知・果類》 龍荔 味甘，性熱，有小毒。狀如小荔枝，而肉味如龍眼。生食令人發癇，或見鬼物。

清・王道純《本草品彙精要續集》卷九 龍荔有小毒

龍荔： 生食令人發癇，或見鬼物《綱目》出《桂海志》。 【名】李時珍曰： 按范成大《桂海志》云，龍荔出嶺南，狀如小荔枝而肉味如龍眼，其木之身葉亦似二果，故名曰龍荔。 【時】三月開小白花，與荔枝同時，熟不可生啖，但可蒸食。 【味】甘。 【性】熱。

文光果

明・朱橚《救荒本草》卷下之前 文冠花 生鄭州南荒野間，陝西人呼為崖木瓜。樹高丈許，葉似榆樹葉而狹小，又似山茱萸葉，亦細短。開花彷彿似藤花而色白，穗長四五寸，結實狀似枳殼而三瓣，中有子二十餘顆，如肥皂角子，子中瓤如栗子，味微淡，又似米麵，味甘，可食。其花味甜，其葉味苦。 救飢： 採花煠熟，油鹽調食。或採葉煠熟，水浸淘去苦味，亦用油鹽調食。及摘實取子，煮熟食瓤。

明・李時珍《本草綱目》卷三一果部・夷果類 文光果出景州。形如無花果，肉味如栗，五月成熟。

清・田綿淮《本草省常・果性類》 文光果 性平。開胃止瀉，治五痔、咽喉疼。

韶子

宋・唐慎微《證類本草》卷二三果部下品〔唐・陳藏器《本草拾遺》〕 韶子 味甘，溫，無毒。主暴痢，心腹冷。生嶺南。子如栗，皮、肉、核如荔枝。《廣志》云： 韶葉似栗，有刺，斫皮，內白脂如豬，味甘、酸，亦云核如荔枝也。

明・李時珍《本草綱目》卷三一果部・夷果類 韶子《拾遺》

【集解】藏器曰： 韶子生嶺南。按裴淵《廣州志》云： 韶葉如栗，赤色。子大如栗，有棘刺。破其皮，內有肉如豬肪，着核不離，味甘酢，核如荔枝。時珍曰： 按范成大《虞衡志》云： 廣南有山韶子，夏熟，色紅，肉如荔枝。又有藤韶子，秋熟，大如鳧卵柹也。

實 【氣味】甘，溫，無毒。 【主治】暴痢，心腹冷氣藏器。

明・施永圖《本草醫旨・食物類》卷三 韶子生嶺南，子大如栗，有棘刺。

實 味： 甘，溫，無毒。 治： 暴痢，心腹冷氣。

清・吳其濬《植物名實圖考》卷三二 韶子 《本草拾遺》始著錄。《虞衡志》謂之山韶子，俗呼毛荔支。謂荔支子變種，味酸。

皮哨子

明・蘭茂原撰，范洪等抄補《滇南本草圖說》卷五 皮哨子 性微寒，味苦。 主治： 七疝肝症，氣狐疝，用茴香為使。水疝，用陳皮為使。餘者，引用橘核為使。燒灰，吹鼻，治諸蟲入腦立愈。圓者屬陽，治氣。尖者屬陰，治血。

明・蘭茂撰，清・管暄校補《滇南本草》卷下　皮哨子　性微寒，味苦。皮治膀胱疝氣疼痛。子殼殺蟲。昔一人飲水，將螞蝗一條吸入鼻中，頭長眩疼，鼻中長流血水，面黄形瘦。後得一人，以水一鐘，於鼻上聞，螞蝗見水，從鼻孔中伸出，動則縮入鼻中，將皮哨子殼為末，吹入鼻中，螞蝗自落下。

明・蘭茂《滇南本草》〔叢本〕卷中　將皮哨子　味苦，性微寒。皮，治膀胱疝氣。子殼，殺蟲。一方：將皮哨子殼為末，吹鼻中，有螞蝗自落出。

橄欖

晉・嵇含《南方草木狀》卷下果類　橄欖　樹身聳，枝皆高數丈。其子深秋方熟，味雖苦澀，咀之芬馥，勝含雞骨香。吳時歲貢，以賜近侍。本朝自泰康後亦如之。

宋・唐慎微《證類本草》卷二三〔宋・馬志《開寶本草》〕　橄音敢欖音覽　味酸、甘，溫，無毒。主消酒，療鯸音侯鮐音怡毒。人悮食此魚肝迷悶者，可煮汁服之，必解。其木作櫂撥，著魚皆浮出，故知物有相畏如此也。

核中人研傅脣吻燥痛。其樹似木槵子樹而高，端直，其形似生訶子，無稜瓣。生嶺南。八月、九月採。又有一種，名波斯橄欖，色類亦相似。其形、核作二瓣，可以蜜漬食之。生邕州今附。

〔宋・掌禹錫《嘉祐本草》〕按：孟詵云：橄棪，主鯸魚毒，汁服之。中此魚肝、子毒人，立死，惟此木能解。生嶺南山谷。樹大數圍，實長寸許。其子先生者向下，後生者漸高。八月熟，蜜藏極甜。日華子云：橄欖，開胃，下氣，止瀉。

〔宋・蘇頌《本草圖經》〕曰：橄欖，生嶺南，今閩、廣諸郡皆有之。木似木槵而高，且端直可愛，秋晚實成，南人尤重之。咀嚼之，滿口香久不歇，生噉及煮飲並解諸毒，人誤食鯸鮐肝，至迷悶者，飲其汁立差。山野中生者，子繁而木峻，不可梯緣，但刻其根下方寸許，内鹽於中一夕，子皆落，木亦無損。其枝節間，有脂膏如桃膠，南人採得，并其皮、葉煎之如黑錫，謂之欖糖，用膠船，著水益乾，牢於膠漆。邕州又有一種波斯橄欖，與此無異，但其核作三瓣，可蜜漬食之。

〔宋・唐慎微《證類本草》〕陳藏器云：樹大，圓實長寸許，南方人以爲果，生實味酸，《南州異物志》曰：橄欖子，緣海浦嶼間生，實大如軸頭，皆反垂向下，實先生者向下後生者漸高。《南方草木狀》曰：橄欖子，大如棗，八月熟，生交趾。《海藥》：謹按《異物志》云：生南海浦嶼間。樹高丈餘。其實如棗，二月有花，生至八月乃熟，甚香，橄欖木高大難採，以鹽擦木身，則其實自落。

宋・李昉《太平御覽》卷九七二　橄欖　《嶺表異録》曰：橄欖樹身聳枝，皆高數尺，其子深秋方熟。閩中尤重〔此〕味，云咀之香口，勝含鷄舌香。生喫及煮飲悉解酒毒。有野生者，子繁樹峻，不可梯緣。但刻其根下方寸許，内鹽於其中，一夕子皆自落。樹枝節上生脂膏如桃膠，南人採之，和其皮葉煎之，調如黑錫，謂之橄欖糖，用泥船損，乾後牢於膠漆，着水益堅耳。

宋・寇宗奭《本草衍義》卷一八　橄欖　味澀，食久則甘，嚼汁咽，治魚鯁。

宋・王繼先《紹興本草》卷一三　橄欖　紹興校定：橄欖，性味、主治已載《本經》，唯酒家喜食之，其云消酒是也。然多食亦傷喉咽，當云味酸、苦、甘、溫、無毒是矣。核中仁雖有主治，而未聞用驗。閩中、嶺南皆産之。

宋・鄭樵《通志》卷七六《昆蟲草木略》　橄欖　最療鯸鮐毒。其木作楫，撥著魚皆浮出，故知物〔有〕相畏者也。

宋・劉明之《圖經本草藥性總論》卷下　橄欖　味酸、甘，溫，無毒。主消酒。療鯸鮐毒人，悮食此魚，肝迷悶者，可煮汁服之，必解。其木作櫂，撥着魚皆浮出，故知物有相畏。日華子云：開胃下氣，止渴。《圖經》云：生噉及煮飲服之，並解諸毒。

宋・陳衍《寶慶本草折衷》卷一八　橄音敢。欖音覽。汁在內。○核人附。一名橄欖子。生嶺南山谷及南海。即廣地。○及交趾、閩中、泉州野中，或浦嶼間。○八、九月刻木根下方寸許，入鹽於中，一夕，子皆落，木亦無損。

味酸、甘、澀，溫，無毒。○主消酒，療鯸音侯鮐音怡毒。誤食此魚肝迷悶者，煮汁服必解。○孟詵云：主鯢一作規。魚毒，汁服之。○日華子云：開胃下氣止渴。○《圖經》曰：生噉及煮飲，並解諸毒。邕州又有一種波斯橄欖，其核作三瓣，可蜜漬食之。○陳藏器云：圓實長寸許。○寇氏曰：嚼汁嚥，治魚鯁。

附：核中人。○治脣燥痛，研傅之。

元・忽思慧《飲膳正要》卷三　橄欖　味酸、甘，溫，無毒。主消酒開胃，下氣止渴。

元・尚從善《本草元命苞》卷八　橄欖　味酸、甘，溫，無毒。開胃下氣。止渴消酒，煮汁飲。煎解諸毒，鯸鮐肝，立能取效。鯸鮐，音侯怡，人食鯸鮐魚肝迷悶者，煮汁服之立解。生嶺南、閩、廣諸郡。似木槵，高且端直，形似生訶子，秋晚結成實，先生向下，後生漸高，子繁木峻，難於收採。鹽擦木身，其實自落。

元・吴瑞《日用本草》卷六　橄欖　生嶺南、閩、廣、交趾、波斯。樹大數圍，實長寸許，八月熟，蜜藏，極甜。似訶子，無稜瓣。　味酸、甘，溫，無毒。多食傷喉。味雖澁，食久則甘。　主消酒開胃，下氣止渴。悮食鯸鮧、河豘及諸物毒，煮汁服之必解。核中仁，研傅唇吻燥痛。

元・朱震亨《本草衍義補遺》　橄欖　味澁而生甘。醉飽宜之。然其性熱，多食能致上壅。解魚毒。〇日華子云：開胃下氣，止瀉。

元・徐彦純《本草發揮》卷三　橄欖　丹溪云：味澁，而生甘。醉飽後宜之。然其性熱，多食能致上壅。解魚毒。

明・蘭茂撰，清・管暄校補《滇南本草》卷上　橄欖　味甘、酸，性平。治一切喉火上炎，大頭瘟症。能解濕熱春溫，生津止渴，利痰。解魚毒，酒積滯，神效。

明・滕弘《神農本經會通》卷三　橄欖　味酸、甘，氣溫，無毒。《本經》云：主消酒，療鯸鮐毒，人悮食此魚，肝迷悶者，可煮汁服之，必解。核中人，研傅唇吻燥痛。日華子云：開胃，下氣，止渴。丹溪云：味澁而生甘，醉飽宜之。然其性熱，多食能致上壅。解魚毒。《青囊》云：治疳瘡，一個全用，燒灰，油調搽。《局》云：泉州橄欖能消酒，止渴生津味可嘗。若是口唇乾燥痛，核仁研爛傅之良。橄欖，止渴生津，口唇乾燥，核仁研傅。

明・劉文泰《本草品彙精要》卷三四　橄欖無毒　植生。

橄音敢欖音覽：主消酒，療鯸音侯鮐音怡毒人。誤食此魚肝迷悶者，可煮汁服之，必解。其木作楫撥，著魚皆浮出，故知物有相畏如此也。〇核中仁，研，傅脣吻燥痛。名醫所錄。　【苗】《圖經》曰：其樹似木槵子樹而高，且端直可愛，春敷葉，二月開花，秋晚結實，其實長寸許，形似生訶子，無稜瓣，南人尤重之，咀嚼則滿口香，久不歇。山野中生者，子繁而木峻，不可梯緣，但刻其木下方寸許，内鹽於中，一夕，子皆落，木亦無損。蘇東坡詩云：紛紛青子落紅鹽，是也。其枝節間有脂膏如桃膠，南人採得，並其皮、葉煎之，如黑餳，謂之欖糖，用膠船，著水益乾，牢於膠漆。邕州又有一種波斯橄欖，色類相似，但其核作三瓣，可以蜜漬食之。　【地】《圖經》曰：生嶺南、交趾，及邕州、閩廣諸郡皆有之。【道地】泉州。　【時】生：春生葉。採：八月、九月取實。　【收】暴乾。　【用】實、核中仁。　【質】類生訶子而無稜瓣。　【色】青。　【味】酸，甘。　【性】溫，收。　【氣】氣厚味薄，陽中之陰。　【臭】香。　【主】止渴，消酒。　【製】去核用。　【治】療：日華子云：開胃下氣，止瀉。《衍義》曰：嚼汁嚥，治魚鯁。【解】諸毒及主鯢魚毒，以汁服之，此魚肝、子毒人立死，惟此木能解。及悮食鯸鮐肝，至迷悶者，飲其汁，立瘥。

明・盧和、汪穎《食物本草》卷二果類　橄欖　味酸澁甘，溫，無毒。主消酒開胃，下氣止洩，解魚毒，尤解鯸鮐魚毒。核中仁，去唇吻燥痛。丹溪云：味澁而生甘，醉飽宜之。然性熱，多食能致上壅。核分二瓣，蜜漬食佳。

明・許希周《藥性粗評》卷三　橄欖解化於中官。其木作楫，撥動魚皆浮出，物有相畏如此。

橄欖，樹似木槵子，高且端直可愛，二月開花，結實似棗，其核稍大，至八九月乃熟。出閩、廣州郡，彼人以樹高難採，用鹽搽其木身，其實自落。間有脂膏如桃膠，採得并其皮葉煎之如黑餳，謂之欖糖，可食。凡用以鹽淹之，收貯罈内，封固，時出之，不壞。餘說《本草》不載。味酸，回甘，性溫，無毒。主治膨脹泄洩，病酒中毒，寬中下氣，助脾胃以解化諸物。丹溪云：多食能致上壅。

單方：消酒醒：凡中酒難醒，□□不快者，生嚼橄欖一二枚，或煮汁飲之，皆可。解魚毒：凡食諸魚中毒滿悶者，煮橄欖汁飲之，□□□骨梗，飲其汁亦能解脱。

明・鄭寧《藥性要略大全》卷六　橄欖　止渴生津。　味酸、甘澁，氣溫，無毒。

明・陳嘉謨《本草蒙筌》卷七　橄欖　味酸、甘，氣溫。無毒。樹生閩廣，似木槵子樹。端直而高，實成晚秋。如生訶子狀，瓣稜絶少。採之咀嚼，滿口生香。開胃、消酒食甚佳，止渴解魚毒益妙。喉中魚鯁，汁嚥亦除。若煮飲之，並解諸毒。丹溪曰：味澁而生甘，醉飽後宜之。然性熱，多食致上壅，不可不知也。其木作檝撥着魚，魚悉從水面浮出。物性相畏，又如是焉。凡中河豚魚毒者，用此煎湯飲下即解。

明・寧源《食鑒本草》卷上　橄欖　味微酸、澁，甘，平，無毒。開胃下氣止渴。治泄消酒，能解諸魚之毒。其木楫撥著魚皆浮出，故知物有相類如此也。丹溪云：醉飽宜之。然其性熱，多食能致上壅。《急救方》：治魚骨鯁，含津嚥之自下。《奇選方》：治口唇燥裂，取橄欖核中仁，研爛傅之，效。新增又有一種，名斯橄欖，色類亦相似，可以蜜漬食之。

明·王文潔《太乙仙製本草藥性大全》卷四《本草精義》　橄欖　生嶺南，今閩廣諸郡皆有之。木似木槵而高，且端直可愛。秋脫實成，南人尤重之，咀嚼之滿口香久不歇。生噉及煮飲並解諸毒。山野中生者，子繁而林峻，不可梯緣，但刻其根下方寸許，內鹽於中一夕，乾自落，木亦無損。其根節間有脂膏如桃中，南人採得并其皮葉，煎之如黑餳，謂之欖糖，用膠船著水益乾，牢於膠漆。邕州又有一種波斯橄欖，與此無異，但其核作三瓣，可蜜漬食之，

明·王文潔《太乙仙製本草藥性大全》卷四《仙製藥性》　橄欖　味酸、甘，氣溫，無毒。　主治：開胃消酒食甚佳，止渴解魚毒益妙。喉中魚鯁，汁嚥亦除。若煮飲之，並解諸毒。丹溪曰：味澁，而生甘，醉飽後宜之。然性熱，多食欶上壅，不可不知也。其木作檝撥着魚，魚悉從水面浮出。物性相畏，又如是焉。　核中仁　唇吻燥痛，研傅立差。　補註：凡中河豚魚毒者，用煎湯飲下即解。〇人誤食鯸鮐肝至迷悶者，飲其汁立差。

明·皇甫嵩《本草發明》卷四　橄欖下品。味酸、甘，澁，無毒。　丹溪云：味澁而生甘，醉飽後宜之，故香味開胃，消酒止瀉，解魚毒、河豚毒。喉中魚鯁，嚥汁能除。核中仁，研，傅唇吻燥痛。其木檝撥着魚，魚悉從水面游出，物性相畏如是。

明·李時珍《本草綱目》卷三一果部·夷果類　橄欖宋《開寶》

〔釋名〕青果《梅聖俞集》　忠果《記事珠》　諫果出《農書》。時珍曰：橄欖名義未詳。此果雖熟，其色亦青，故俗呼青果。其有色黃者不堪，病物也。王禎云：其味苦澀，久之方回甘味。王元之作詩，比之忠言逆耳，世亂乃思之，故人名爲諫果。〔集解〕志曰：橄欖生嶺南。樹似木槵子樹而高，端直可愛。結子形如生訶子，無稜瓣，八月、九月采之。又有一種波斯橄欖，生邕州。色類相似，但核作兩瓣，蜜漬食之。詵曰：其樹大數圍。實長寸許，先生者向下，後生者漸高。熟時生食味酢，蜜漬極甜。珣曰：按《南州異物志》云：閩、廣諸郡及緣海浦嶼間皆有之。樹高丈餘，葉似櫸柳。二月開花，八月成實，狀如長棗，兩頭尖，青色。核亦兩頭尖而有稜，核內有三竅，竅中有仁，可食。頌曰：按劉恂《嶺表録異》云：橄欖樹枝皆高聳。其子深秋方熟，南人重之，生咀嚼之，味雖苦澀，而芬香勝於含鷄舌香也。有野生者，子繁而樹峻不可梯緣，但刻根下方寸許，納鹽入內。一夕子皆自落，木亦無損。其枝節間有脂膏如桃膠，南人采取和皮、葉煎汁，熬如黑餳，謂之欖糖，用泥船隙，牢如膠漆，着水益乾也。時珍曰：橄欖樹高，將熟時以木釘釘之，或納鹽少許於皮內，其實一夕自落，亦物理之妙也。其子生食甚佳，蜜漬、鹽藏皆可致遠。其木脂狀如黑膠者，土人采取，爇之清烈，謂之欖香。雜以牛皮膠者，即不佳矣。又有緑欖，色緑。烏欖，色青黑，肉爛而甘。取肉搥碎乾放，自有霜如白鹽，謂之欖醬。青欖核內仁乾小。惟烏欖仁最肥大，有文層疊如海螵蛸狀而味甘美，謂之欖仁。又有一種方欖，出廣西兩江峒中，似橄欖而有三角或四角，即是波斯橄欖之類也。

實　〔氣味〕酸、甘，温，無毒。宗奭曰：味澀，良久乃甘。震亨曰：味澀而甘，醉飽宜之。然性熱，多食能致上壅。時珍曰：橄欖鹽過則不苦澀，同栗子食甚香。按《延壽書》云：凡食橄欖必去兩頭，其性熱也。過白露摘食，庶不病痁。〔主治〕生食、煮飲，並消酒毒，解鯸鮐魚毒《開寶》。嚼汁嚥之，治魚鯁宗奭。生啖、煮汁，能解諸毒蘇頌。開胃下氣，止瀉大明。生津液，止煩渴，治咽喉痛。咀嚼嚥汁，能解一切魚、鼈毒時珍。

〔發明〕志曰：鯸鮐魚，即河豚也。人誤食其肝及子，必迷悶至死，惟橄欖及木煮汁能解之。其木作舟檝，撥着魚皆浮出，故知物有相畏如此者。時珍曰：按《名醫録》云：吴江一富人，食鱖魚被鯁，横在胸中，不上不下，痛聲動鄰里，半月餘幾死。忽遇漁人張九，令取橄欖與食。時無此果，以核研末，急流水調服，骨遂下而愈。張九云：我父老相傳，橄欖木作取魚棹篦，魚觸着即浮出，所以知魚畏橄欖也。今人煮河豚、團魚，皆用橄欖，乃知橄欖能治一切魚、鼈之毒也。

〔附方〕新四。　初生胎毒：小兒落地時，用橄欖一個燒研，朱砂末五分和匀，嚼生脂麻一口，吐唾和藥，絹包如棗核大，安兒口中，待咂一個時頃，方可與乳。此藥取下腸胃穢毒，令兒少疾，及出痘稀少也。孫氏《集效方》。　唇裂生瘡：橄欖炒研，猪脂和塗之。　牙齒風疳：膿血有蟲。用橄欖燒研，入麝香少許，貼之。《聖惠方》。　下部疳瘡：橄欖燒存性，研末，油調敷之。或加孩兒茶等分。《乾坤生意》。

欖仁　〔氣味〕甘，平，無毒。　〔主治〕唇吻燥痛，研爛傅之《開寶》。

核　〔氣味〕甘，濇，温，無毒。　〔主治〕磨汁服，治諸魚骨鯁，及食鱠成積，又治小兒痘瘡倒靨。燒研服之，治下血時珍。

〔附方〕新三。　腸風下血：橄欖核，燈上燒存性，研末。每服二錢，陳米飲調下。《仁齋直指方》。　陰腎癩腫：橄欖核、荔枝核、山楂核等分，燒存性，研末。每服二錢，空心茴香湯調下。　耳足凍瘡：橄欖核燒研，油調塗之。《乾坤生意》。

明·梅得春《藥性會元》卷中　橄欖　味酸、甘，溫，無毒。　主消酒，療鯸鮐毒。人誤食此魚肝、迷悶者，可煮汁飲之，必解。其木檝撥着魚皆浮出，故知物有相制如此也。　核中仁　研傅唇吻燥痛。日華子：開胃下氣，止

瀉。多食致上壅。

明・穆世錫《食物輯要》卷六 橄欖 味澀、甘，性溫，無毒。消酒，解魚鱉、河豚毒，開胃下氣，止瀉生津，治咽喉痛。多食，令氣上壅。時珍曰：橄欖，鹽過不苦澀，同栗子甚香。《延壽書》云：食橄欖，去兩頭，因性熱也。過白露摘食，不病瘧。核仁，味甘，平，無毒。益人。用錫盒收藏，紙封縫，置淨地上，至五六月不壞。

明・趙南星《上醫本草》卷二 橄欖 一名青果，又名忠果，亦名諫果。王禎云：其味苦澀，久之方回甘味。王元之作詩比之忠言逆耳，世亂乃思之，故人名為諫果。實 酸、甘，溫，無毒。宗奭曰：味澀，良久乃甘。主治：開胃下氣，止瀉。嚼汁嚥之，治魚鯁。生食煮飲，能解諸毒，並消酒毒，及解鯸鮐魚毒。鯸鮐魚，即河豚也。震亨曰：味澀而甘，醉飽宜之。然性熱，多食能致上壅。

明・李中梓《藥性解》卷一 橄欖 味甘、濇，性溫，無毒，入脾、胃二經。主開胃下氣，消食化酒，治渴止瀉，解諸魚毒，核中仁，可塗口唇燥裂。按：橄欖甘溫之性，宜職脾胃，然性熱能致上壅，亦不可多食。

明・繆希雍《本草經疏》卷二三 橄欖 味酸、甘，溫，無毒。主消酒，療鯸鮐毒。

〔疏〕橄欖，本經味酸、甘。今嘗之先澀而後甘。得土中之陽氣，氣溫無毒，肺胃家果也。能生津液，酒後嚼之不渴，故主消酒。甘能解毒，故療鯸鮐毒也。馬志云：鯸鮐即河豚也。人誤食此魚肝及子，必迷悶至死，惟橄欖汁煮服之，必解。其木作檝，撥著魚皆浮出，故知物有相畏如此，不特味甘解毒之義也。〔主治參互〕食諸魚被鯁，用橄欖嚼汁嚥之。無橄欖時，即覓核研末，急流水調服，亦效。手抓碎成瘡，用橄欖磨濃汁塗之，能滅瘢痕。《直指方》腸風下血，橄欖燒存性，研末。每服二錢，陳米飲調下。《乾坤生意》耳足凍瘡，橄欖核燒研，油調塗之。

明・倪朱謨《本草彙言》卷一五 橄欖 味甘濇，回味轉甘，氣溫，無毒。入手太陰，足陽明經。

李氏曰：橄欖，生嶺南閩、廣諸郡，及緣海浦嶼間皆有之。樹高丈餘，葉似櫸柳。三月開花，八月成實，狀如長棗，青色，兩頭尖。核亦相似而有稜。核內有三竅，竅中有仁可食。實熟時，以木釘釘之，或納食鹽少許於皮內，其實一夕自落。同栗子食則甚香美，生食甚佳，蜜浸、鹽淹皆可久遠。其木枝狀如黑膠者，土人采取爇之，清烈，謂之欖香。又有綠欖、黑欖，取肉槌碎，乾藏自生霜，如白鹽，謂之欖醬。黑欖核內有仁肥大，其文層叠如海螵蛸狀而味甘美，謂之欖仁。又有一種方欖，出廣西兩江峒中，似橄欖而有三角或四角，與波斯欖同類也。

橄欖肉：《開寶》消酒毒，李珣解一切諸魚鼈之毒之藥也。繆仲淳曰：此藥味苦濇而回味轉甘。苦能下氣，故消酒性之上升；澀能斂津，故能生津液而止渴；甘能和中，故能解魚鼈毒而幷化魚骨作鯁也。又按：李氏言取其木作舟楫，撥魚着之即浮起，故知物理有相畏如此。

集方：《方脉正宗》治食魚骨鯁。用橄欖嚼汁嚥之。如無橄欖，取核磨汁，白湯調服，亦效。〇治手抓碎成瘡。用橄欖磨汁塗之，能去瘢痕。〇《直指方》治腸風下血。用橄欖帶核燒存性研末。每服二錢，米湯調下。〇《乾坤生意》治耳足凍瘡。用橄欖核燒研末，油調塗之。〇治酒傷昏悶。用橄欖肉十個，煎湯飲。〇孫氏《集效方》治小兒胎毒。用橄欖一個燒存性，研末，硃砂水飛過五分，生芝麻一錢，俱研爲細末，煉蜜丸如龍眼核大。俟兒落地時，即取此藥，噙兒口內，漸漸化下。藥化完，方可與乳食。取下腸胃穢毒，令兒少疾。

餘甘子 味苦澀，回味轉甘，氣寒無毒。蘇氏曰：餘甘子，古名菴摩勒，與橄欖一物二種也。生嶺南交、廣、愛等州。今泉州山中亦有之。狀如川楝子，味類橄欖，亦可蜜漬鹽藏。其木可製器物，樹葉如夜合及槐葉，其枝如柘，其花黃。其子圓大如彈丸，色微黃，有文理，初入口，味甚苦澀，良久轉甘。其形較橄欖稍圓。其主治功用與橄欖同。如解金石毒，合鐵粉搗熟，染白鬚髮轉黑。又特異于橄欖也。出寇氏、陳氏方。

明・應廛《食治廣要》卷四 橄欖釋名青果。 氣味：酸、甘，溫，無毒。解酒毒，開胃下氣，止泄，生津止渴，解一切魚、鱉毒。并治魚骨鯁。《延壽書》云：凡食橄欖，必去兩頭，為其性熱也。丹溪曰：味澁而甘，醉飽宜之。然性熱，多食能致上壅。

欖仁 氣味：甘，平，無毒。唇吻燥痛，研爛敷之。

核 磨汁服，亦治諸魚骨鯁及食鱠成積。

明・姚可成《食物本草》卷九果部・夷果類 橄欖一名忠果，一名諫果。初食其味苦澀，久之方回甘味。王元之作詩，比之忠言逆耳，世亂乃思之，故人名為諫果。○橄欖生嶺南。樹似木槵子樹而高，端直可愛。結子形如生訶子，無稜瓣，八月、九月采之。又有一種波斯橄欖，生邕州，色類相似，但核作兩瓣，蜜漬食之。○按《南州異物志》云：閩、廣諸郡及緣海浦嶼間皆有之。樹高丈餘，葉似櫸柳。二月開花，八月成實，狀如長棗，兩頭尖，青色。核亦兩頭尖而有稜，核內有三竅，竅中有仁，可食。今人戲以核於燈上燒之，結焰宛似蘭花，而奇巧更勝。又按《嶺表錄異》云：橄欖樹枝皆高聳。其子深秋方熟，南人重之，生咀嚼之，味雖苦澀，而芬香勝於含雞舌香〔也。有〕野生者，子繁而樹峻，不可梯緣，但刻根下〔方寸〕許，納鹽入內，一夕子皆自落，木亦無損。其〔枝〕節間有脂液如桃膠，〔南人〕采取和皮、葉煎汁，熬〔如黑〕餳，謂之欖糖，〔用泥〕船隙，牢如膠漆，着水益乾也。○李時珍〔曰：橄〕欖樹高，將熟時以木釘釘之，或納鹽少〔許於〕皮內，其實一夕自落，亦物理之妙也。其〔子〕生食甚佳，蜜漬、鹽藏皆可致遠。其木枝狀如黑膠者，土〔人〕采取，爇之清烈，謂之欖香。又有綠欖，色綠；烏欖，色青黑，肉爛而甘。取肉搥碎乾放，自有霜如白鹽，謂之欖醬。青欖核內仁乾小，惟烏欖仁最肥大，有文層疊如海螵蛸狀而味甘美，謂之欖仁。又有一種方欖，出廣西兩江峒中，似橄欖而有三角或四角，即是波斯橄欖之類也。

〔橄欖〕　味酸、澀、甘，溫，無毒。生食、煮飲，竝消酒毒，解鯸鮐魚毒。嚼汁嚥之，治魚骨鯁。又主生津液，止〔煩〕渴，治咽喉痛。咀嚼嚥汁，能解一切魚、鼈毒。丹溪曰：味澀而甘，醉飽宜之。然性熱，多致上壅發悶。李時珍曰：橄欖鹽過則不苦澀，同栗子食甚香。按《延壽書》云：凡食橄欖必去兩頭，其性熱也。過白露摘食，庶不病痁。○鯸鮐魚，即河豚也。人誤食其肝及子，必迷悶至死，惟橄欖及木煮汁能解之。其木作舟檝，撥着魚皆浮出，故知物有相畏如此者。○按《名醫錄》云：吳江一富人，食鱖魚被鯁，横在胸中，不上不下，痛聲動鄰里，半月餘幾死。忽遇漁人張九，令取〔橄〕欖與食。時無此果，以核研末，急流水調服，骨遂下而愈。張九云：我父老相傳，橄欖木作取〔魚棹篦〕，魚觸着即浮出，所以知魚畏橄欖也。今人煮河豚、團魚，皆用橄欖，乃知橄欖能治〔一〕切魚、鼈之毒也。

欖仁　味甘，平，無毒。主唇吻燥痛，研爛傅〔之〕。

核　味甘、澀，溫，無毒。磨汁服，治諸魚骨鯁及食鱠成積，又治小兒痘瘡倒靨。燒研傅之。

附方：　治下部疳瘡。橄欖燒存性，研末，油調傅之。或〔加〕冰〔片、孩〕兒茶等分。

明·顧逢柏《分部本草妙用》卷九果部　橄欖　酸、甘，濇，無毒。主治：生食、煮飲，竝消酒毒，解鯸鮐魚毒。汁，治魚鯁，開胃下氣，止瀉，生津止渴，治咽喉痛。鯸鮐魚，即河豚也。毒死，以橄欖或木煮汁解之。其木作舟，着魚即浮出，故以此相制耳。亦開化骨鯁，時無橄欖及木，即核磨水下，亦妙。小兒初生落地，橄一枚燒研，硃砂五分，和勻，生脂麻一口嚼和，絹包如棗核大，安兒口中，則穢毒痘疹稀出矣。

明·孟笨《養生要括·果部》　橄欖　味酸、甘，溫，無毒。生食煮飲，並消酒毒，解河豚魚毒，嚼汁嚥之，治魚鯁。生啖煮汁，能解諸毒。開胃，下氣止瀉，生津液，止煩渴，治咽喉痛。

核　治小兒痘瘡倒靨。燒研，服之，治下血。

明·李中梓《醫宗必讀·本草徵要下》　橄欖味酸、澁、甘，平，無毒。入胃經。清咽喉而止渴，厚腸胃而止瀉。消酒稱奇，解毒更異。跡其主用，約與訶黎勒同。誤中河豚毒，惟橄欖煮汁可解；諸魚骨鯁，嚼橄欖汁嚥之，如無，以核研末，急流水調服亦效。

明·鄭二陽《仁壽堂藥鏡》卷五　橄欖　《本草》云：味甘、酸，氣溫，無毒。開胃，下氣，止瀉。丹溪云：味澁而生甘。醉飽後宜之。然其性熱，多食能致上壅。解魚毒。喉中魚鯁，用此汁嚥。

明·蔣儀《藥鏡》卷一溫部　橄欖　開胃氣，酒後細嚼相宜。化鯁喉，抓破汁塗痕滅。能解河豚之毒，青沁醪傍。核醫凍瘃之瘡，煅灰油傅。

明·施永圖《本草醫旨·食物類》卷三　橄欖名青果。實：味：酸、甘，溫，無毒。味澀而甘，醉飽宜之，然性熱，多食能致上壅。○橄欖鹽過則不苦澀，同栗子食甚香。○凡食橄欖，必去兩頭，其性熱也。過白露摘食，庶不病痁。治：生食、煮飲，並消酒毒，解鯸鮐魚毒。嚼汁嚥之，治魚鯁。生啖、煮汁，能解諸毒，開胃下氣，止瀉，生津液，止煩渴，治咽喉痛。咀嚼嚥汁，能解一切魚鼈毒。鯸鮐魚即河豚也，人誤食其肝及子，必迷悶至死，惟橄欖及木煮汁能解之，其木作舟檝，撥着魚皆浮出，故知物有相畏如此者。○一富人食鱖魚，被鯁横在胸中，不上不下，痛幾死。忽遇漁人張九，令取橄欖與食，時無此果，以核研末，急流水調服，骨遂下而愈。○今人煮河豚、團魚，皆用橄欖，乃知橄欖能治一切魚鼈之毒也。

附方　初生胎毒：小兒落地時，用橄欖一箇，燒研，朱砂末五分，和勻，嚼生芝麻一口，吐唾和藥，絹包如棗核大，安兒口中，待咂一箇時頃，方可與乳。此藥取下腸胃穢毒，令兒少疾及出痘稀少也。唇裂生瘡：橄欖炒研，猪脂和塗之。牙齒風疳：膿血有蟲，用橄欖燒研，入麝香少許，貼之。下部疳瘡：橄欖燒存性，研末，油調敷之，或加孩兒茶等分。

欖仁　味甘，平，無毒。治：脣吻燥痛，研爛傅之。

核　味甘、濇，溫，無毒。治：磨汁服，治諸魚骨鯁及食鱠成積。又治小兒痘瘡倒靨，燒研服之，治下血。

附方　腸風下血：橄欖核，燈上燒存性，研末。每服二錢，陳米飲調下。陰腎癩腫：橄欖核、荔枝核、山楂核等分，燒存性，研末。每服二錢，空心茴香湯調下。耳足凍瘡：橄欖核燒研，油調塗之。

明・李中梓《本草通玄》卷下　橄欖　澀而甘平。生精止渴，清咽止欬，開胃下氣，止瀉固精，解一切魚毒及酒毒。

清・顧元交《本草彙箋》卷六　橄欖　開胃下氣，消食化酒，善解一切魚鱉之毒，嚼汁嚥之。并治魚鯁。或用核，研末，急流水調服亦效。王楨云：其味苦澀，久之方回甘味。王元之作詩，比之忠言逆耳，世亂乃思之，故釋名忠果，又名諫果。

中鯸鮐魚毒者，亦用此解之。人誤食其肝及子，必逆悶至死，惟橄欖汁及其木煮汁可解。其木作舟楫，魚着之皆浮出，故知其相畏也。鯸鮐，即河豚。

凡面上生瘡，或損破後，以橄欖核研水，塗之，可去斑翳。

曾見有患陰腎癩腫者，以橄欖核燒灰，研末，湯調服之，竟愈。而舊方亦有用橄欖核、荔枝核、山查核，等分燒研，每服二錢，空心茴香湯調服。

清・穆石逌《本草洞詮》卷六　橄欖　初入口味苦澀，久之方回甘味，此之忠言逆耳，世亂乃思之，故名諫果。氣味酸甘溫，無毒。主生津液，治咽喉痛，解一切魚鱉毒。一人食鱖魚被鯁，痛聲動鄰里。遇漁人取橄欖核，研末調服，骨遂下。漁人云：橄欖木作取魚掉篦，魚觸着即浮出，所以知魚畏橄欖也。今人煮河豚、鱉魚，用橄欖則易爛。中河豚毒者，橄欖煮汁解之。橄欖樹高，熟時以木釘釘之，納鹽少許于皮內，其寔一夕自落。橄欖鹽過則不苦澀，同栗子食則甚香，皆物理之妙也。

清・丁其譽《壽世秘典》卷三　橄欖此果雖熟，其色亦青，故俗呼青果。其有色黃者病物也，不堪食。王禎云：其味苦澀，久之方回甘味，故又名為諫果。深秋方熟，咀之香口，勝含雞舌。李時珍云：橄欖樹高，將熟時以木釘釘之，或納鹽少許于皮內，其實一夕自落。生咀嚼之，味雖苦澀而芬香，蜜漬、鹽藏皆可致遠。又有綠欖色綠，烏欖色青黑，肉爛而甘，取肉搥碎，乾放，自有霜如白鹽謂之欖醬。青欖核內仁乾小，惟烏欖仁最肥大，有文層疊如海螵蛸狀而味甘美，謂之欖仁。又有一種波斯橄欖，生邕州，色類相似，但核作兩瓣，蜜漬食之。樹枝節上生脂膏如桃膠，南人採之和皮葉煎之，調如黑錫，謂之橄欖糖，用濯船損，乾後牢于膠漆，着水益乾堅耳。《通雅》云：何子元稱青子自閩來者，小而香，入沸水中，色淡碧。餘者如法泡之，色黃味不香乃和，皆餘甘子、木威之種也。

氣味：酸，澀，甘，溫，無毒。主開胃下氣，生津液，止煩渴，解酒毒，治咽喉痛，解一切魚、鼈毒，尤解鯸鮐魚毒。

發明馬志曰：鯸鮐魚即河豚也，人悞食其肝及子，必迷悶至死，惟欖煮汁能解之。其木作舟檝，撥着魚皆浮出，誤落橄欖在池中，魚盡斃，故知物有相畏如此。朱震亨曰：味澀而甘，醉飽宜之。然性熱，多食能致上壅。李時珍曰：橄欖鹽過則不苦澀，同栗子食甚香。寇宗奭曰：核磨汁服，治諸魚骨鯁。脣吻燥痛，欖仁研爛敷之。

清・郭章宜《本草匯》卷一四　橄欖　味澀甘，平，入足陽明。清咽喉而止渴，解胎毒而敷疳。小兒落地，用橄欖一箇燒，研硃砂末一二分，和勻，嚼生芝麻和藥，絹包與咂，取下穢毒，出痘稀少。消酒稱奇，殺毒更異。

按：橄欖味濇性熱，肺胃家果也。醉飽宜之。多食能致上壅。其主用與訶黎勒相同。中鯸鮐即河豚魚毒，煮汁服解。亦解諸魚骨鯁。如無橄欖，以核研末，急水調服。脣吻燥痛，取仁研傅妙。

凡用截去兩頭，以其性熱也。

清・尤乘《食鑒本草・果類》　橄欖即青果。生食解酒毒，消魚毒，開胃下氣，止瀉，生津液，治咽疼。然性熱，多食能致上壅。

欖仁　治脣吻燥疼，研爛塗之。核磨汁服，治諸魚鯁。

清・朱本中《飲食須知・果類》　橄欖　味濇、甘，性溫。多食令氣上壅，過白露摘食，不病瘧。食橄欖去兩頭，其性熱也。得鹽不苦濇，同栗子食甚香。用錫盒收藏，以紙封固，置淨地上，至五六月不壞。橄欖樹高難採，將熟時以木釘釘之，或納鹽少許於根皮內，其實一夕自落。其枝節間有脂膏如桃膠，採取和皮葉煎汁，熬如黑錫，謂之欖糖。用粘船隙，牢如膠漆，著水益乾。其木作舟楫，撥着魚皆浮出，故橄欖能解一切魚毒。

清・何其言《養生食鑒》卷上　橄欖有青、烏二種。味酸、澁、甘，性溫，無毒。青者，消酒，解魚鱉、河豚毒，開胃下氣，止渴生津，治咽喉痛。多食令氣上壅。痘疹後，忌食。烏者，功用頗同，以鹽醃作豉，可充菜用。青者亦可醃之，魚鯁嚼含嚥津，立下。

核中仁　味甘，平，無毒。益人，多食能令喉痛聲嘶。研爛，敷唇吻燥痛，良。用錫盒收藏，紙封縫，置淨地上，至五六月不壞。

清・王翃《握靈本草》卷七　橄欖閩產。　主治：橄欖，酸、甘，溫，無毒。主消酒毒，解諸魚毒。生津液，止煩渴。及一切魚鱉毒，治魚鯁。核亦效。

清・汪昂《本草備要》卷三　橄欖宣，清肺。　甘濇而溫。肺胃之果，清咽生津，除煩醒酒，解河豚毒，投入煮佳。及魚骨鯁。如無橄欖，以核磨水服。橄欖木作舟楫，魚撥着即浮出。物之相畏有如此者。　核燒灰，傅蛀疳良。

清・陳士鐸《本草新編》卷五　橄欖　味酸、甘，氣溫，無毒。入肺、胃、脾三經。生津開胃，消酒，解魚毒，化魚鯁，亦備急之需，藥籠中不可無也。連肉敲碎核，煎湯用之。

〔或問：夢中有神告曰：橄欖能治哮病。可信乎？不可信乎？　余亦夢內父鄂仍張公告予曰：橄欖治哮病最有效，但用新鮮者搗汁，飲半甌，其哮立定，乾者不能取汁，煎湯飲之，則無益矣。余試之神效，後一人患哮症，無生橄欖，取乾者煎湯服，果無功，亦一奇也。因附載之。〕

清・李熙和《醫經允中》卷二二　橄欖　性澁。多食致氣上壅。酸、甘，濇，無毒。主治消酒毒，解河豚毒，汁治魚鯁。其木作舟，着魚即浮出，時無橄欖及木，即核磨水下亦妙。小兒初生落地，橄欖一枚燒灰，研硃砂五分，和勻，生芝麻嚼和，絹包如棗核大，安兒口中，則穢毒去，痘稀出矣。

清・馮兆張《馮氏錦囊秘錄・雜症痘疹藥性主治合參》卷八　橄欖得土中之陽氣，味先酸澁而後甘，氣溫，無毒。肺胃家果也。能生津液，酒後嚼之不渴，故主消酒解酒毒也。亦解鯸鮐毒。鯸鮐，即河豚魚也，人誤食此魚肝及子，必迷悶至死，惟橄欖汁煮服之，必解。蓋其木作櫂，撥着其魚，魚皆浮出，物之相畏如此。故食諸魚被鯁，用橄欖嚼汁嚥之。無橄欖時，即覓核研末，急流水調服亦效。其治手抓碎成瘡，用橄欖磨濃汁，塗之，能滅瘢痕。【略】　橄欖，利咽喉，止煩渴。開胃，消酒食甚佳。止瀉，解魚毒益妙。喉中魚鯁，汁嚥能除。若煮飲之，尤解諸毒。然性多熱，多食能致上壅。

清・张璐《本經逢原》卷三　橄欖一名青果　濇，甘，溫，無毒。　發明：橄欖先濇後甘，生津止渴，開胃消痰，醉飽後及寒痰結嗽宜之。熱嗽不可誤食。病人多食，令氣上壅，以其性溫而濇，聚火氣於胃也。又能消酒、解鯸鮐、河豚諸魚鼈毒，觀朱魚食橄欖查即斃，能解魚毒可知。故嚼汁嚥之，能治魚骨鯁，有效。患痘瘡者宜多食，以其解毒而助胃中溫和之氣，令痘起發也。又核燒灰蜜丸，同黃獨服能稀痘。但性專搜滌胎毒，過服令人嘔瀉。嬰兒初生，胡桃肉連皮三枚，橄欖核燒灰一枚，硃砂、雄黃各一分，研細，和甘草汁、生白蜜絞，去滓，於乳前頓熱服之，可代化毒丹。但化毒丹治胎熱面赤，此治胎寒面白，不可混也。又灰末敷金瘡無瘢。生核磨水搽瘢漸滅。

清・汪啟賢等《食物須知・諸果》　橄欖　味酸、甘，氣溫，無毒。樹生閩廣，端直而高。實成晚秋，如生柯子狀，瓣棱絕少。採之咀嚼，滿口生香。開胃，消酒食甚佳；止瀉，解魚毒益妙。喉中魚鯁，汁嚥亦除。若煮飲之，並解諸毒。丹溪曰：味澀而生甘，醉飽後宜之。然性熱，多食致上壅，不可不知也。

清・葉盛《古今治驗食物單方》　橄欖　唇裂燥痛，橄欖炒研，猪油塗之。　下疳，橄欖燒存性，研末油敷。　腸風下血，橄欖核，燈上燒存性，研末，米湯下二錢。　凍瘡，橄欖核燒研末，油敷。　稀荳丹：橄欖核，擇水閉日，瓦上焙為末，每歲一枚，黑糖調服。

清・黃元御《玉楸藥解》卷四　橄欖　味酸、濇，氣平。入手太陰肺經。生津止渴，下氣除煩。橄欖酸濇收斂，能降逆氣，開胃口，生津液，止煩渴，消酒醒，化魚鯁，收泄利。療咽喉腫痛，解魚鼈諸毒，平脣裂牙疳。果與木核皆靈。核治癩疝。

清・吴儀洛《本草從新》卷四　橄欖〔宣，清肺。〕　甘，澀，微平。清肺開胃，下氣除煩，生津解酒，利咽喉，解諸毒、河豚毒，投入煮，佳。及魚骨哽。煮汁。核，主治與橄欖同。凡解河豚毒及治諸魚骨哽，如無橄欖，即以核磨汁，或研末，急流水調服亦效。　仁，甘平而潤。唇吻燥痛，研爛敷之。

清・汪紱《醫林纂要探源》卷二　橄欖　甘，酸，溫。斂肺瀉肝。一名青果。圓而白者曰圓白，薄劣寡味者曰餘甘木欖。能除煩，清咽，解酒。酒辛助肝怒，灼肺金，故青果之甘酸能解之。　核　消魚骨鯁。磨服。敷疰疳。燒灰。　仁　甘，淡。潤肺，解酒，解魚蟲毒。果色青，核有三仁，木高喬上聳，味酸澀，是得木性之全，而曲直作酸，則反能補肺而瀉肝，仁白而輕，則專入肺。

清・嚴潔等《得配本草》卷六　橄欖一名青果。　甘、酸、澀，溫。入手太陰、足陽明經。下氣生津，消食開胃，解酒止瀉。治咽喉痛及骨鯁，解諸毒，止下血。燒研米飲下，血自止。　配兒茶，麻油調敷下疳。配荔枝核、山楂核、橄欖核，等分，燒存性研末，茴香湯下，治陰腎㿗腫。　小兒落地時，用橄欖一個炒研，朱砂末和勻，嚼生脂麻一口，吐唾和末，絹包，與兒吮咂一時辰，預解痘毒。解魚毒，煮汁服。魚骨鯁，嚼汁嚥。核炒研末，調豬脂，塗唇裂。燒研油調，塗凍瘡。　多服聚火氣於胃。去兩頭，不熱。

題清・徐大椿《藥性切用》卷六　橄欖　甘濇酸平，生津清肺，解毒醒酒。核可代用。橄欖仁，味甘平，潤唇吻燥痛，研爛敷之。

清・黃宮繡《本草求真》卷九　橄欖入肺胃生津止渴，解酒魚諸毒。　橄欖耑入肺胃。稟受土陽，其味先酸後甘，氣溫無毒，肺胃家菓也。性能生津止渴，酒後嚼之最宜。故書載能以解酒毒，人服河豚魚肝及子迷悶至死，取此煮汁即解。故書又載能解諸魚之毒。魚食橄欖渣即斃。又用橄欖木作楫，其魚撥着，即皆得出。及治魚骨之鯁，橄欖嚼汁即下，無橄欖用核研末，急流水調下亦效。至於痘瘡不起，並痘抓碎成瘡，煮食托瘡解毒，磨汁塗滅瘡痕。腸風下血，橄欖燒灰，存性研末，每服二錢，米飲調下。耳足凍瘡，橄欖木研末，油調以塗。初生胎毒，《集效方》小兒落地時，用橄欖二個燒研，硃砂五分，和勻，嚼生脂麻一口，吐唾和藥，絹包如棗核大，安兒口中，待咂一個時辰，方可與乳。此藥取下腸胃穢毒，令兒少疾，及出痘稀少也。　唇裂生瘡，橄欖炒研，豬脂和塗。牙齒風疳，膿血有蟲，用橄欖研，入麝香少許，貼之。下部疳瘡，用橄欖燒存性研末，油調敷之。或加孩兒茶等分。　陰腎㿗腫等症，橄欖核、荔枝核、山楂核等分，燒存性，研末，每服二錢，空心，茴香湯送下。　無不用此皆效，以其具有溫行酸斂之性耳，但此性專搜滌胎毒，過服則有嘔吐泄瀉之虞，性專聚火濇氣，寒嗽用之得宜，熱嗽則不免有熱氣上蒸之弊也。

清・沈金鰲《要藥分劑》卷二　橄欖　【略】鰲按：　橄欖之熱在乎兩頭，切去之，但用中段便不熱，以少塩醃之，便不上壅。

清・李文培《食物小錄》卷上　橄欖小者名青果　甘、酸，澀，無毒。生津液，止煩渴，治喉痛。咀嚼嚥汁，解一切魚鱉毒。其味先澀而後甘。醉飽宜之，然性溫，多食能致上壅。

附：　琉球・吳繼志《質問本草》附錄　橄欖　樹似無槵子樹，而枝條高聳，葉六七排生，翠綠可愛，二月開細黃花，八月結實，狀如長棗，兩頭尖，已熟青色，核亦兩頭尖而有稜。味苦酸澀，有微香，蜜漬者頗甜美。又鹽藏，皆可以致遠。生食或煮汁飲之，能消毒，殊解鯸鮐及一切魚鼈毒。

清・羅國綱《羅氏會約醫鏡》卷一七菓部　橄欖味酸，澁，甘，入胃經。　味先酸而後甘，肺胃之果也。清咽喉，止消渴，厚腸胃，除泄瀉，清肺補脾。　消酒傷，解鯸鮐毒。即河豚魚也。人誤食肝與子，必迷悶，惟橄欖煮汁服，或用核研末，急流水調服，能解。凡魚骨鯁喉，亦如此治。蓋其木作櫂，撥着其魚，魚皆浮出，物之相畏如此。

清・章穆《調疾飲食辯》卷一下　橄欖汁　《綱目》曰：　橄欖雖熟，其色亦青，故《梅聖俞集》名青果。初食苦澀，回味乃甘，故王禎《農書》名諫果，《記事珠》名忠果，比之忠言逆耳，久乃利於行也。一種方橄欖，出廣西、西江峒中，有三角，或四角。《開寶本草》曰：　樹甚高，端直可愛，結子如訶子，無稜瓣。《食療本草》曰：　《南州異物志》云閩、廣諸郡沿海浦嶼間皆有。葉如櫸柳。二月開花，八月成實。兩頭尖，核亦兩頭尖而有稜。核內有三竅，竅中有仁可食。《圖經》曰：　其樹高峻，不可梯緣。采取者，但刻根下方寸許，納鹽於中，一夕子皆自落，樹亦無損。枝節間有脂膏如桃膠，南人采取和枝、葉煎汁，可以歛船，堅如油漆。性善消酒毒，解一切魚鼈毒。生者最佳，無生者則用鹽醃者，須加數倍。凡鯸鮧魚河豚、鮎魚、黃魞等，此皆有毒之魚。　入五七枚同煮，最妙。中魚、鼈毒，急嚼食，或搗汁煎飲出《開寶本草》。又治魚骨鯁咽，久不下出《衍義》。又解百毒出《圖經本草》。作飲代茶，能生津液，止煩渴，治咽喉痛出《綱目》。《集效方》云：　小兒初生，用橄欖一枚，燒存性，和硃砂一分，研末，另嚼生脂麻一口，唾和為丸如棗核大，絹包，安兒口中。待咂一個時辰，取下腸胃穢毒，令兒少疾，出痘亦稀。此方不用硃砂，以二三年好徽墨代之，尤妙。蓋墨乃油烟，色黑，善解血熱。兒有胎毒，母血熱也。能一月之內，每日用之，其功更大。以上諸方，無橄欖，均可以核代之。又核磨汁點目，可去瞖。

按：　橄欖能解魚毒，而諸書皆云其木作楫，撥着魚背即浮出，則是江邊漁子，可無須罾釣矣。恐無此理。又《延壽書》云：　食橄欖，必過白露，始不發痁瘧也。是此物能發瘧，患瘧人不食為是。

清・吳鋼《類經證治本草・手陽明大腸腑藥類》　橄欖　【略】誠齋曰：　解初生小兒胎毒，青菓汁，以軟棉醮，時時揩其唇口。下部疳瘡，搗汁擦之。

清・張德裕《本草正義》卷上　橄欖一名青果。　微甘酸，澁，性平。能清咽，生津止渴，解魚毒，治一切魚骨骾喉。亦療喉痹。和白礬食，可除癲癇。核磨汁服，消諸魚骨骾。燒灰服，可除腸風下血，敷凍瘡。

清・葉桂《本草再新》卷五 橄欖味甘，濇，性寒，無毒。入肝、脾、肺三經。平肝開胃，潤肺滋陰，消痰理氣，止欬嗽，治吐血，生津除煩。○核，可治肝胃氣，疝氣，消疽瘤。

清・吴其濬《植物名實圖考》卷三一 橄欖 《開寶本草》始著錄。湖南及江西建昌府亦間有之，有尖圓各種。

清・趙其光《本草求原》卷一二果部 橄欖 生者名青欖、白欖，熟者名黄欖。錫器藏置地上，五六月不壞。鹽醃，名鹹欖，氣平，味甘澀，無毒。皆生津、止渴、開胃、止嗽、止血、消痰、解醒。熱嗽忌，恐斂火也。殺河豚、諸魚鱉、洋煙毒。能止引。治魚骨鯁，嚼汁咽之。咽喉痛，牙痛。煅灰常擦之。患痘瘡者宜多食。解毒，兼收胃中溫和之氣也。痘後勿食。非痘多食，防其太斂，反聚火而傷胃。鹹欖去核，以鮮明人中黄入滿，用濕紙及泥包好煅透，滚水調下，立止心、胃脘痛，屢驗。

核 燒灰治疝，消疽瘤，解胎毒，初生胎寒、面白者宜之。一枚同胡桃肉連衣三枚，朱砂、雄黄各三分，研末，以甘草汁、蜜、乳調，溫灌之。若面赤、胎熱，則宜化毒丹。生核磨水搽滅瘢，核中仁敷唇燥痛。

清・文晟《新編六書》卷六《藥性摘錄》 橄欖 先酸後甘，氣溫。入肺胃。生津止渴，解酒毒、魚毒，魚骨骾，治腸風下血，手足凍瘡唇裂，齒疳，下部疳瘡，陰腎癲腫等症。寒嗽用之亦宜，熱嗽勿用。過服有嘔吐泄瀉之患。

清・張仁錫《藥性蒙求・果部》 橄欖核 橄欖甘酸，生津解毒。醒酒消痰，利咽功速。《從新》曰清肺，丹溪謂性熱。沉金鰲曰：橄欖之熱，在於兩頭，切去之，但用中段，便不熱。核與橄欖同，解毒、骨(梗)〔骾〕。

清・王孟英《隨息居飲食譜・果食類》 橄欖一名青果。 酸、甘，平。開胃生津，化痰滌濁，除煩止渴，涼膽息驚，清利咽喉，解魚、酒、野蕈毒。鹽藏、藥製功用良多，點茶亦佳，以香嫩多汁者勝。 河豚魚鱉諸毒、諸魚骨鯁，橄欖擣汁，或煎濃湯飲； 無橄欖以核研末，或磨汁服。 下疳，橄欖燒存性，研，油調，傅。兼治耳足凍瘡。 稀痘，橄欖核常磨，濃如糊，頻與小兒服之。

欖仁 甘，平。潤肺，解毒殺蟲，稀痘，制魚鯁，塗脣吻燥痛。小兒及病後宜以為果餌。

清・田綿淮《本草省常・果性類》 青果 一名忠果，一名諫果，一名橄欖。性溫。宜點茶，開胃下氣，醒酒除煩，生津止渴，解諸魚毒。

清・陳其瑞《本草撮要》卷三 橄欖 味甘濇，平，入手太陰經，功專清肺開胃，下氣除煩，生津解酒，利咽喉，解河豚毒。每日以核兩個，磨汁拌沙糖吃，兩年之後，永不出痘，奇驗。磨核汁治魚骨骾，仁研塗脣燥裂。

清・吴汝紀《每日食物却病考》卷下 橄欖 味酸、澁、甘，溫，無毒。消酒，開胃，下氣，止洩，解魚腥毒。丹溪云：味澁而生甘，醉飽宜之。然性熱，多食能致上壅。核中仁，去唇吻燥痛。蜜漬食佳。

木威子

宋・唐慎微《證類本草》卷二三果部下品〔唐・陳藏器《本草拾遺》〕 木威子 味酸，平，無毒。主心中惡水，水氣。生嶺南山谷。樹葉似楝，子如橄欖而堅，亦似棗也。

明・李時珍《本草綱目》卷三一果部・夷果類 木威子《拾遺》

【釋名】未詳。 【集解】藏器曰：木威生嶺南山谷。樹高丈餘，葉似楝葉。子如橄欖而堅，亦似棗，削去皮可爲粽食。時珍曰：木威子，橄欖之類也。陳氏説出顧微《廣州記》中。而梁元帝《金樓子》云：橄欖樹之南向者爲橄欖，東向者爲木威。此亦傳聞謬説也。

實 【氣味】酸、辛，無毒。時珍曰：按《廣州記》云：苦，澀。 【主治】心中惡水，水氣藏器。

明・姚可成《食物本草》卷九果部・夷果類 木威子木威子生嶺南山谷。樹高丈餘，葉似楝葉，子如橄欖而堅。亦似棗，削去皮可為〔糉食〕。〔木威子，味酸、辛〕，無毒。治心中惡水，水氣。

明・施永圖《本草醫旨・食物類》卷三 木威子 實： 味酸，辛，無毒。治： 心中惡水，水氣。

清・何諫《生草藥性備要》卷上 烏欖葉 專洗癍毒如神。其子存性，能止血。

清・趙學敏《本草綱目拾遺》卷八果部下 烏欖仁 出廣東。今果肆皆有市者，皮黄黑色，肉白，有文層疊如海螵蛸狀，酒筵中以為豆籩食品。《綱目》集解下云：烏欖青黑，肉爛而甘，取肉搥碎放乾，自有霜如白鹽，謂之欖醬。其子仁肥大，名欖仁。而主治所載，悉言白欖，即今常食之青果。又所載欖仁治吻燥者，亦指青果核中仁而言，非指烏欖仁也，今采《嶺南果錄》中補其遺。

按《粵志・木語》：橄欖有青、烏二種，閩人以白者名青果，粵中止名白欖，不曰青果也。白欖利微，人少種焉。烏欖，下番禺諸鄉皆種之，種至二年，其秧長八九尺，必攑之乃結實，攑至三年而子小收，十年而大收矣。其樹本高而端直，多獨幹，至頂乃布枝柯，有雌有雄，雄為主，雌為客，猶婦之歸於夫也。予如棗大，長寸許，光無棱瓣，先生者下同，後生者上向，八九月熟，梯子擊以長竿。或刻其幹束寸許，納以紅鹽，則其幹束子落，刻其幹西或南北亦然，古詩所云紛紛青子落紅鹽也。烏欖子大肉厚，其性溫，故味濇甘。以溫水泡軟，俟紫脂浮起溢出，乃可食，水冷則生膠，熱則肌膚反實，故必溫水之和，乃醖其性，亦有婉諫之道焉。總二欖論之，白欖雄而烏欖雌，白屬陽而烏屬陰，陽故色白而行氣，陰故色紅而補血。惟烏者陰，故有仁可食；白者陽，故仁小而不成，此其別也。

仁味甘淡，潤肺下氣補血，殺諸魚毒。

清·吴其濬《植物名實圖考》卷三一　烏欖　嶺南種之。其核中仁長寸許，味如松子，亦多油。過嶺以鹽糖炒食，甚香。《嶺南雜記》以為即木威子，從之。《廣東志》：粤中多種烏欖，其利多；白欖種者少，號曰青子。番禺婦女，多以斲烏欖核為務，核以炊，仁以油，及為禮果。

清·趙其光《本草求原》卷一二果部　烏欖子　澀，平。存性，止血。其葉洗癍毒妙。子之功近柵欖。

番荔枝

清·吴其濬《植物名實圖考》卷三一　番荔枝　產粤東。樹高丈餘，葉碧，菓如棃式，色綠，外膚磥砢如佛髻，一果內有數十包，每包有一小子如黑豆大，味甘美。花微白。按麻姑山亦有番荔枝，據寺僧所述，亦甚相類，惟未見其結實，而僧言實不可食。故附繪備考。

雩婁農曰：余使粤時，尚未聞有番荔支。頃有粤人官湘中者，為余畫荔支圖，而并及之。夫似荔者有山韶子，一曰毛荔支；又有龍荔，介乎二果之間，其形與味，皆有微類者。若此果則但以磥砢目之耳。麻姑山之樹，未見其實，而綠心突起，已具全形。及至滇，乃知其為雞嗉子。《滇志》以入果品，而人不甚食，其膚亦肖荔也。昔人作同名錄，大抵皆慕古人之人，而以其名為名；有名其名而類其人者，有絕不類其人者。志同名者，蓋深求其同、不同，而恐人之誤於同也。若斯果及雞嗉子之微相肖者，雖欲附端明諸公之譜，以幸存其名，烏可得耶？

鳳梨

附：琉球·吴繼志《質問本草》附錄　鳳梨　一名黃梨。徐氏謂之阿咀呢。樹高丈許，枝條扶疎，皮灰白色，有横紋，葉似萬年青而長，周邊及葉心一道有刺，每梢頂輒三葉攢生，參差如鳳尾，花白若蓮瓣，長數寸，實類甜瓜，淡黃膚，起釘頭紋，皆六稜，擘之食，味甘、酸，清芬襲人。凡木有雌雄，雄者有花而無子，雌者無花而有子。子著心之處，有粗毫可以代筆用。福州俗呼做木生毫根，鬚可綯索。

清·吴其濬《植物名實圖考》卷三一　露兜子　產廣東，一名波羅，生山野間。實如蘿蔔，上生葉一簇，尖長深齒，味色香俱佳，性熱。

按《嶺南雜記》番荔支大如桃，色青，皮似荔支殼而非殼也；頭上有葉一宗，擘開白穰黑子，味似波羅蜜即此也；又名番婁子。形如蘭，葉密長大，抽莖結子，其葉去皮存筋，即波羅麻布也。果熟金黃色，皮堅如魚鱗狀，去皮食肉，香甜無渣。六月熟。

甘蕉

晉·嵇含《南方草木狀》卷上草類　甘蕉　望之如樹，株大者一圍餘。葉長一丈，或七八尺，廣尺餘二尺許。花大如酒杯，形色如芙蓉。著莖末百餘。子大，名為房，相連累，甜美，亦可蜜藏。根如芋魁，大者如車轂。實隨華，每華一闔，各有六子，先後相次，子不俱生，花不俱落。一名芭蕉，或曰巴苴。剥其子上皮，色黃白，味似葡萄甜而脆，亦療飢。此有三種：子大如拇指，長而銳，有類羊角，名羊角蕉。味最甘好。一種子大如雞卵，有類牛乳，名牛乳蕉。微減羊角。一種大如藕，子長六七寸，形正方，少甘，最下也。其莖解散如絲，以灰練之，可紡績為絺綌，謂之蕉葛，雖脆而好，黃白不如葛赤色也。交、廣俱有之。《三輔黃圖》曰：漢武帝元鼎六年，破南越建扶荔宮，以植所得奇草異木，有甘蕉二本。

宋·李昉《太平御覽》卷九七五　甘蕉　《廣志》曰》芭蕉葅，或曰甘蕉。莖如荷芋，重皮相裹，大如盂升，葉廣二尺，長一丈，子有角，子長六七寸，或三四寸，生為行列，兩兩共對，若相抱形，剥其上皮，色黃白，味似葡萄，甜而飽人。其根大如芋魁，大一石，青色，其莖解散如絲，織以為葛，謂之蕉葛，雖脆而好，色黃白，不如葛色。出交阯建安。

《南州異物志》曰：甘蕉，草類。望之如樹，株大者一圍餘，葉長一丈或七八尺，廣尺餘二尺許，花大如酒杯，形色如芙蓉，著莖末百餘子，大名為房。根似芋塊，大者如車轂。實隨華，每華一闔，各有六子，先後相次，子不俱生，花不俱落。此蕉有三種，一種子大如拇指，長而銳，有似羊角，名羊角蕉，味最甘好。一種子大如雞卵，有似牛乳，味微減羊角蕉。一種大如藕子，長六七寸，形正方，少甘味，最弱。其莖如芋，取以灰練之，可以紡績。

《異物志》曰：芭蕉，葉大如筵席，其莖如芋，取鑊煮之，為絲可紡績，女工以為絺綌。今交阯葛也。其內心如蒜鵠頭生，大如合柈，因為實房，一房有數十枚，其實皮赤如火，剖之中黑，剥其皮，食其肉，如蜜甚美，食之四五枚可飽，而餘滋味猶在齒牙間。一名甘蕉。

宋·唐慎微《證類本草》卷一一草部下品〔《別錄》〕　甘蕉根　大寒。主癰腫結熱。

〔梁·陶弘景《本草經集注》〕云：本出廣州，今都下、東間並有。根、葉無異，惟子不堪食爾，根擣傅熱腫甚良。又有五葉莓，生人籬援間，作藤，俗人呼爲籠草。取其根擣傅癰癤亦效。

〔唐·蘇敬《唐本草》〕注云：五葉即烏蘞草也。其甘蕉根，味甘，寒，無毒。擣汁服，主産後血脹悶，傅腫，去熱毒亦效。嶺南者子大，味甘，冷，不益人。北間但有花汁無實。

〔宋·馬志《開寶本草》〕按：此藥本出廣州。然有數種，其子性冷，不益人，故不備載。按此花葉，與芭蕉相似而極大，子形圓長及生青熟黄。南人皆食之，而多動氣疾。其根擣傅熱腫尤良。

〔宋·掌禹錫《嘉祐本草》〕按：《蜀本圖經》云：俗爲芭蕉，多生江南，葉長丈許，闊二尺餘，莖虛軟，根可生用，不入方藥。《藥性論》云：甘蕉，君。擣傅一切癰腫上，乾即更上，無不差者。日華子云：生芭蕉根，治天行熱狂，煩悶消渴，患癰毒并金石發熱悶口乾人。並絞汁服，及梳頭長益髮，腫毒，遊風，風瘮，頭痛，并研罯傅。又云：芭蕉油，冷，無毒。治頭風熱并女人髮落，止煩渴及湯火瘡。

〔宋·蘇頌《本草圖經》〕曰：甘蕉根，舊不著所出州郡，陶隱居云：本出廣州，江東並有。根、葉無異，惟子不堪食。今出二廣、閩中、川蜀者有花，閩、廣者實極美，可噉。他處雖多，而作花者亦少，近歲都下，往往種之甚盛，皆芭蕉也。蕉類亦多，此云甘蕉，乃是有子者，葉大抵與芭蕉相類，但其卷心中抽幹作花，初生大萼，如倒垂菡萏，有十數層，層皆作瓣，漸大則花出瓣中，極繁盛。紅者如火炬，謂之紅蕉。白者如蠟色，謂之水蕉。其花大類象牙，故謂之牙蕉。其實亦有青、黄之別，品類亦多，食之大甘美。亦可暴乾寄遠，北土得之，以爲珍果。閩人灰理其皮，令錫滑績，以爲布，如古之錫衰焉。其根極冷，擣汁以傅腫毒，蓐婦血妨，亦可飲之。又芭蕉根，性亦相類，俚醫以治時疾，狂熱及消渴，金石發動躁熱，並可飲其汁。又芭蕉油治暗風癇病，涎作暈悶欲倒者，飲之得吐便差，極有奇效。取之用竹筒插皮中，如取漆法。

〔宋·唐慎微《證類本草》〕《食療》：主黄疸。子，生食大寒。止渴潤肺，發冷病。蒸熟暴之令口開，春取人食之。性寒，通血脉，填骨髓。《百一方》：發背欲死，芭蕉擣根塗上。《子母秘録》：治小兒赤遊，行於上下，至心即死。擣芭蕉根汁煎，塗之。

宋·寇宗奭《本草衍義》卷一二　芭蕉　三年已上，即有花自心中出，一莖止一花，全如蓮花。葉亦相似，但其色微黄緑，從下脱葉。花心但向上生，常如蓮樣，然未嘗見其花心，剖而視之亦無蘂，悉是葉，但花頭常下垂。每一朵，自中夏開，直到中秋後方盡。凡三葉開則三葉脱落。北地惜其種，人故少用。縷其苗爲布。取汁，婦人塗髮令黑。餘說如《經》。

宋·劉明之《圖經本草藥性總論》卷上　甘蕉根　大寒。主癰腫結熱。《藥性論》云：君。搗傅一切癰腫，上乾即更上，無不差者。日華子云：治天行熱狂煩悶，消渴，患癰毒，并金石發熱悶口乾，治遊風風瘮，頭痛，并研，着傅。又云：芭蕉油，冷，無毒。治頭風熱，止煩渴，及湯火瘡。

宋·陳衍《寶慶本草折衷》卷一一　甘蕉根君。汁及紅蕉等實并核在內。○芭蕉根及油附。一名甘蕉。出廣州，及二廣嶺南，都下東間、江東、川蜀、閩中及南恩州。○附：芭蕉根出江南。○又附：芭蕉油，用竹筒插入皮中取之。

味甘，寒，無毒。○主癰腫結熱。○《唐本》註云：擣汁服，主産後血脹悶。傅腫熱毒。○《圖經》曰：甘蕉，閩廣者實極美，可噉。他處雖多，而作花者亦少。花紅者謂之紅蕉，白者謂之水蕉。其花大類象牙，故謂之牙蕉。其實青黄，品類亦多。可暴乾寄遠。其根極冷。按諸蕉實與根，其功亦同。

附：芭蕉根汁在內。○味甘，寒，無毒張松。治天行熱狂煩悶，消渴癰毒，金石發，熱悶口乾，並生絞汁服之。又梳頭長益髮，及腫毒，遊風風瘮，頭痛，並研罨傅。又治小兒赤遊，行於上下，擣汁煎，塗。

附：芭蕉油。○味甘冷，無毒。治頭風熱，止煩渴。又治暗風，癇病涎作暈悶，飲之得吐便差。傅女人髮落及湯火瘡。

續說云：《究原方》治巴豆毒人，用芭蕉根煎湯服以解之。夫芭蕉、甘蕉，其種雖殊，要之性用亦無甚異也。此縉雲及艾原甫所以統二蕉與油、汁為說焉。

元・吴瑞《日用本草》卷六 甘蕉 即芭蕉根也。 味甘，大寒冷，無毒。南人多食動氣疾。生者破血，合金瘡，解酒毒。乾者解肌熱煩渴。

明・王綸《本草集要》卷二 甘蕉根君 味甘，氣大寒，無毒。 主癰腫結熱，發背諸毒，小兒赤遊，擣敷之，乾即易。産後血脹悶，天行狂熱煩悶，及消渴，金石發動躁熱，絞汁服。○蕉油，治暗風癇病，涎作暈悶欲倒者，得吐便差，有奇效。又婦人塗髮令黑及不落。用竹筒插皮中，取之如取漆法。

明・滕弘《神農本經會通》卷一 甘蕉根 芭蕉花，君也。根可生用，不入方。 氣大寒。一云味甘，寒，無毒。

《本經》云：主癰腫結熱。陶云：惟根擣爛，傅熱腫甚良。《唐本》注云：甘蕉根，味甘，寒，無毒。擣汁服，主産後血脹悶，傅腫去熱毒亦効。嶺南者，子大，味甘，冷，不益人。比間但有花汁，無實。《今注》云：按此花葉與芭蕉相似而極大，子形員長，及生青熟黄，南人皆食之，而多動氣疾。其根擣傅熱腫尤良。《藥性論》云：甘蕉，君。擣傅一切癰腫上，乾即更上，無不差者。日華子云：生芭蕉根，治天行熱狂煩悶，消渴，患癰毒，并金石發熱悶。口乾人，並絞汁服。及梳頭，長益髮。腫毒遊風，風瘮，頭痛，并研罯傅。《圖經》云：甘蕉，乃是有子者，葉大抵與芭蕉相類，但花出瓣中，極繁紅者，如火炬，謂之紅蕉。白者如蠟色，謂之水蕉。其花大，類象牙，故謂之牙蕉，其實亦有青黄之别，品類亦多，食之大甘美。亦可暴乾寄遠，北土得之，以為珍果。閩人灰理其皮，令錫偕績以為布，如古之錫(衰)〔縗〕焉。其根極冷，擣汁以傅腫毒，蓐婦血妨，亦可飲之。又芭蕉根，性亦相類，俚醫以治時疾狂熱，及消渴，金石發動躁熱，並可飲其汁。

芭蕉油 日華子云：冷，無毒。治頭風熱，并婦人髮落，止煩渴，及湯火瘡。《圖經》云：治暗風癇病，涎作暈悶欲倒者，飲之得吐，便差，極有奇効。取之用竹筒插皮中，如取漆法

明・劉文泰《本草品彙精要》卷一四 甘蕉根無毒。附芭蕉油。 植生。

甘蕉根：主癰腫，結熱。名醫所錄。 【名】紅蕉、水蕉、牙蕉。 【苗】《圖經》曰：春生苗，葉與芭蕉相類，初夏卷心中抽幹作花。初生大萼如倒垂菡萏，有十數層，層皆作瓣，漸大則花出，瓣中極繁盛，紅者如火炬，謂之紅蕉；白者如蠟色，謂之水蕉；其花大類象牙，謂之象蕉。其色亦有青黄之别，品類亦多，食之大甘美者是也。然作花成實而甘者，謂之甘蕉；不作花實者，乃芭蕉也。《衍義》曰：此種三年已上，即有花自心中出，一莖止一花，全如蓮花瓣，亦相似。但其色微黄緑，從下脱葉，花心但向上生，常如蓮樣，然未嘗見其花心，剖而視之，亦無蕊，悉是瓣，但花頭常下垂。每一朵自中夏開直至中秋後方盡，凡三葉開則三葉脱落。北地惜其種，人故少用，縷其苗爲布，取汁，婦人塗髮令黑，餘説如《經》。 【地】《圖經》曰：舊不著所出州郡，今二廣、閩中、川蜀、江東皆有之。【道地】南恩州。 【時】生：春生苗。採：秋取實，不拘時取根。 【收】子暴乾用，取油，以竹筒插皮中，如取漆用。 【用】根、實、油。 【色】青。 【味】甘。 【性】大寒。 【氣】氣之薄者，陽中之陰。 【臭】朽。 【主】傅癰腫，去熱毒。 【製】根，擣汁用。 【治】療：《圖經》曰：芭蕉根汁，治時疾，狂熱及消渴，金石發動躁熱，並飲之。○油，主暗風，癇病，涎作，暈悶欲倒者，飲之，得吐便瘥。《唐本》注云：甘蕉根，擣汁服，主産後血脹悶，並傅腫，去熱毒。日華子云：生芭蕉根，治天行熱狂，煩悶，患癰毒人，並絞汁服，及梳頭長益髮，遊風，風瘮，頭痛，並研罯傅之。○油，治頭風熱，並女人髮落，止消渴，及療湯火瘡。《食療》云：根，主黄疸。○子，生食止渴，潤肺。蒸熟，暴之，令口開，春取仁食之，通血脈。《别錄》云：發背欲死者，擣芭蕉根塗上，瘥。○小兒赤游，行於上下至心即死，擣芭蕉根汁煎塗之。補：《食療》云：子，蒸熟取仁食，填骨髓。 【禁】子，生食，發冷病，多動風疾。

明・鄭寧《藥性要略大全》卷七 甘蕉君 根大寒，味甘，無毒。主癰腫結熱。擣傅癰腫良。 子：甘美可食。○與芭蕉同類而異種耳。

明・陳嘉謨《本草蒙筌》卷二 甘蕉根 味甘，氣大寒。無毒。種類不一，地産亦殊。川蜀者作花，大萼堪觀；卷葉中抽幹作花，初生大萼，如倒垂菡萏。閩廣者結實，極美可啖。他處雖有，花實俱無。近歲都下往往種之，並係芭蕉莖葉頗同，實非其一種也。此指有子者為是，須待立秋後採根。絞汁服，主天行狂熱悶煩、悞服金石燥渴、産後脹悶，奇効悉臻；擣爛敷，去小兒赤遊丹毒、大人發背癰疽、風瘮頭瘡，神功立應。蕉油在於皮内，竹筒插入吸來。如取漆法。煩渴飲差，鬚髮塗黑。暗風癇悶暈欲倒，急飲下一吐便甦。子生青、熟黄，可曝乾，寄遠北地，以為珍菓。食每蒸熟取仁，潤心肺生津，通

血脈填髓。〇芭蕉根性雖相類，醫方內不載拯疴。但吸其油，亦能黑髮。

明·王文潔《太乙仙製本草藥性大全》卷一《本草精義》 甘蕉根 舊不著所出州郡，陶隱居云本出廣州江東，並有根葉無異，惟於不堪食。今出二廣、閩中、川蜀者有花，閩廣者實極美，可噉，他處雖多，而作花者亦少，近歲都下往往種之甚盛，皆芭蕉也。蕉類亦多，此云甘蕉，乃是有子者，葉大抵與芭蕉相類，但其卷心中抽蘚作花，初生大萼如倒垂菡萏，有十數層，層皆作瓣漸大，則花出瓣中，極繁盛。紅者如火炬，謂之紅蕉；白者如蠟色，謂之水蕉；其花大類象牙，故謂之牙蕉。其實亦有青黃之別，品類亦多，食之大甘美。閩人灰理其皮，令錫滑績以爲布，如古之錫衰焉。

明·王文潔《太乙仙製本草藥性大全》卷一《仙製藥性》 甘蕉根君 味甘，氣大寒，無毒。主治： 主天行狂熱悶煩，悞服金石燥渴，產後脹悶奇效。悉臻搗爛敷，去小兒赤遊丹毒，大人發背癰疽、風瘮頭瘡，神功立應。蕉油 在於皮內，竹筒抻入吸來如取漆法，煩渴飲差，鬚髮塗黑。暗風癇悶暈欲倒，急飲下，一吐便甦。子 生青熟黃，可晒乾寄遠北地，以爲珍菓，食每蒸熟取仁。潤心肺，生津，通血脉，填髓。巴蕉根 性雖相類，醫方內不載，拯疴但吸其油，亦能黑髮。補註： 發背欲死，以根搗爛塗上。〇小兒赤遊行於上，下至心即死，搗根汁煎塗之。〇治時疾狂熱及消渴，金石發動燥熱，並用根搗汁飲之，效。〇治暗風癇病涎作暈悶欲倒者，以芭蕉油飲之，得吐便差，極有奇功，取之用竹筒插皮中，如取漆法。

明·皇甫嵩《本草發明》卷三 甘蕉根下品下。氣大寒，味甘，無毒。有花有實者勝。發明曰： 甘蕉根甘寒，能解毒。故《本草》主癰腫結熱，天熱行狂熱煩悶，消渴，患癰毒。誤服金石燥渴，並取汁服。又產後血脹悶，小兒赤遊丹，大人癰疽，風疹腫毒頭瘡，並取汁敷。〇蕉油，性冷，皮內竹筒插入吸之，解煩渴，黑髮鬚，暗風癇悶病涎，暈欲倒，急飲之，吐立甦。〇蕉子，性冷，不益人。生青熟黃，可晒乾食。蒸熟，取仁，潤心肺，生津，通血脉，填髓。

明·李時珍《本草綱目》卷一五草部·隰草類上 甘蕉《別録》下品

【釋名】芭蕉《衍義》 天苴《史記注》 芭苴時珍曰： 按陸佃《埤雅》云： 蕉不落葉，一葉舒則一葉焦，故謂之蕉。俗謂乾物爲巴，巴亦蕉意也。《稽聖賦》云： 竹布實而根苦，蕉舒花而株槁。芭苴乃蕉之音轉也。蜀人謂之天苴。曹叔雅《異物志》云： 芭蕉結實，其皮赤如火，其肉甜如蜜，四五枚可飽人，而滋味常在牙齒間，故名甘蕉。

【集解】弘景曰： 甘蕉本出廣州。今江東並有，根葉無異，惟子不堪食耳。恭曰： 甘蕉出嶺南者，子大味甘； 北間者，但有花無實。頌曰： 今二廣、閩中、川蜀皆有，而閩廣者實極甘美可啖，他處雖多，而作花者亦少，近時中州種之甚盛，皆芭蕉也。其類亦多。有子者名甘蕉，卷心中抽幹作花。初生大萼，似倒垂菡萏，有十數層，層皆作瓣，漸大則花出瓣中，極繁盛。紅者如火炬，謂之紅蕉。白者如蠟色，謂之水蕉。其花大類象牙，故謂之牙蕉。其實亦有青黃之別，品類亦多，最甘美，曝乾可寄遠，北土得之以爲珍果。其莖解散如絲，閩人以灰湯練治，紡績爲布，謂之蕉葛。宗奭曰： 芭蕉三年已上即有花，自心中抽出，一莖止一花，全如蓮花，瓣亦相似，但色微黃綠，中心無蕊，悉是花葉也。花頭常下垂，每一朵自中夏開，直至中秋後方盡，凡三葉開則三葉脱落也。時珍曰： 按萬震《南州異物志》云： 甘蕉即芭蕉，乃草類也。望之如樹株，大者一圍餘。葉長丈許，廣尺餘至二尺。其莖虛軟如芋，皆重皮相裹。根如芋魁，青色，大者如車轂。花着莖末，大如酒杯，形色如蓮花。子各爲房，實隨花長，每花一闔，各有六子，先後相次，子不俱生，花不俱落也。蕉子凡三種，未熟時皆苦澀，熟時皆甜而脆，味如葡萄，可以療飢。一種子大如拇指，長六七寸，鋭似羊角，兩兩相抱者，名羊角蕉，剥其皮黃白色，味最甘美。一種子大如鷄卵，有類牛乳者，名牛乳蕉，味微減。一種子大如蓮子，長四五寸，形正方者，味最弱也。並可蜜藏爲果。又顧玠《海槎録》云： 海南芭蕉常年開花結實，有二種，板蕉大而味淡，佛手蕉小而味甜。通呼爲蕉子。不似江南者，花而不實。又范成大《虞衡志》云： 南中芭蕉有數種，極大者凌冬不凋，中抽一條，長數尺，節節有花，花褪葉根有實，去皮取肉，軟爛如綠柹，味極甘冷，四季恒實。土人以飼小兒，云〔性涼〕，去客熱，謂之蕉子，又名牛蕉子。以梅汁漬，曝〔乾〕壓扁，味甘酸有微霜，名芭蕉乾。一種鷄蕉子，小於牛蕉，亦四季實。一種牙蕉子，小於鷄蕉，尤香嫩甘美，惟秋初結子。一種紅蕉，葉瘦，類蘆箬，花色正紅，如榴花，日拆一兩葉，其端各有一點鮮綠可愛，春開至秋盡猶芳，俗名美人蕉。一種膽瓶蕉，根出土時肥飽，狀如膽瓶也。又費信《星槎勝覽》云： 南番阿魯諸國，無米穀，惟種芭蕉、椰子，取實代糧也。

【氣味】甘，大寒，無毒。恭曰： 性冷，不益人。多食動冷氣。 【主治】生食，止渴潤肺。蒸熟曬裂，舂取仁食，通血脈，填骨髓孟詵。生食，破血，合金瘡，解酒毒。乾者，解肌熱煩渴吳瑞。除小兒客熱，壓丹石毒時珍。

根 【氣味】甘，大寒，無毒。恭曰： 寒。頌曰： 甘蕉、芭蕉，性相同也。 【主治】癰腫結熱《別録》。搗爛傅腫，去熱毒。搗汁服，治產後血脹悶蘇恭。主黃疸孟詵。治天行熱狂，煩悶消渴，患癰毒並金石發動，躁熱口乾，並絞汁服之。又治頭風游風大明。

【附方】舊四，新六。 發背欲死： 芭蕉根搗爛塗之。《肘後方》。 一切腫毒： 方同上。 赤游風疹： 方同上。 風熱頭痛： 方同上。 風蟲牙痛：

芭蕉自然汁一碗，煎熱含漱。《普濟》。　天行熱狂：芭蕉根搗汁飲之。《日華子本草》。　消渴飲水：骨節煩熱。用生芭蕉根搗汁，時飲一二合。《聖惠方》。　血淋澀痛：芭蕉根、旱蓮草各等分，水煎服，日二。《聖惠方》。　產後血脹：搗芭蕉根絞汁，溫服二三合。　瘡口不合：芭蕉根取汁，抹之良。《直指方》。

蕉油以竹筒插入皮中，取出，瓶盛之。【氣味】甘，冷，無毒。【主治】頭風熱，止煩渴，及湯火傷。梳頭，止女人髮落，令長而黑大明。暗風癇病，涎作運悶欲倒者，飲之取吐，極有奇效蘇頌。

【附方】新一　小兒截驚：以芭蕉汁、薄荷汁煎勻，塗頭頂，留顖門，塗四肢，留手足心勿塗，甚效。《鄧筆峰雜興》。

葉　【主治】腫毒初發，研末，和生薑汁塗之。時珍。○《聖惠方》。

【附方】新一　岐毒初起：芭蕉葉，熨斗內燒存性，入輕粉，麻油調塗，一日三上，或消或破，皆無痕也。《仁齋直指方》。

花　【主治】心痹痛。燒存性研，鹽湯點服二錢日華。

明・梅得春《藥性會元》卷上　甘蕉根　味甘，寒，無毒。　主治癰腫結熱。即芭蕉，但有花汁，無實。今言花甘露，味甘冷，不益人。

明・繆希雍《本草經疏》卷一一　甘蕉根　大寒。主癰腫結熱。

【疏】甘蕉稟地中至陰之氣以生，其味應甘，氣大寒，性無毒。入足陽明經。膏粱之變，發為癰腫。甘寒解陽明之結熱，則癰腫自除。蘇恭搗傅癰腫，去熱毒。搗汁服，治產後血脹悶。大明治天行熱狂、煩悶消渴，患癰毒，并金石發動，燥熱口乾，并絞汁服之。又治頭風遊風等證，皆取其甘寒涼血除熱之功也。【主治參互】《肘後方》發背欲死，芭蕉根搗爛傅之。《子母秘錄》小兒赤游，行於上下，至心即死，搗芭蕉汁，煎塗之。《聖惠方》血淋澀痛，芭蕉根、旱蓮草各等分，水煎服，日二。【簡誤】蕉性大寒，癰腫陰證，不焮腫，不發熱者，忌之。天行病非陽明熱甚者，忌之。產後血脹悶，當以行血補血為主，蕉雖味甘，然性大寒，尤非所宜。

明・姚可成《食物本草》卷一八草部・隰草類　甘蕉一名芭蕉。《異物志》云：芭蕉結實，其皮赤如火，其肉甜如蜜，四五枚可飽人，而滋味常在牙頰間，故名甘蕉。○蘇頌曰：甘蕉，今二廣、閩中、川蜀皆有，而閩廣者實極甘美可啖。他處雖多，而作花者亦少。近時中州種之甚盛，皆芭蕉也。其類亦多，有子者名甘蕉，卷心中抽幹作花。初生大萼，似倒垂菡萏，有十數層，層皆作瓣，漸大則花出瓣中，極繁盛。紅者如火炬，謂之紅蕉；白者如蠟色，謂之水蕉；其花大類象牙，謂之牙蕉。其實亦有青黃之別，品類最多，味甚甘美，曝乾可以寄遠。北土得之，以為珍果。其莖散解如絲，閩人以灰湯練治，紡績為布，謂之蕉葛。○李時珍曰：按《異物志》云：甘蕉，即芭蕉，乃草類也。望之如樹，株大者一圍餘。葉長丈許，廣尺餘至二尺。其莖虛軟如芋，皆重皮相裹。根如芋魁，青色，大者如車轂，花着莖末，大如酒盃，形色如蓮花。子各為房，實隨花長，每花一闔，各有六子，先後相次，子不俱生，花不俱落也。蕉子凡三種，未熟時皆苦澀，熟時皆甜而脆，味如葡萄，可以療飢止渴。一種子大如拇指，長六七寸，銳似羊角，兩兩相抱者，名羊角蕉。剝其皮黃白色，味最甘美。一種子大如雞卵，有類牛乳者，名牛乳蕉，味微減。一種子大如蓮子，長四五寸，形正方者，味最弱也。竝可蜜藏為果。又《海槎錄》云：海南芭蕉，常年開花結實。有二種：板蕉大而味淡，佛手蕉小而味甜，通呼為蕉子，不似江南者花而不實。又《虞衡志》云：南中芭蕉有數種：極大者淩冬不凋，中抽一條，長數尺，節節有花，花褪葉根有實，去皮取肉，軟爛如綠柿，味極甘冷，四季恒實。土人以飼小兒，云去客熱，謂之蕉子，又名牛蕉子。以梅汁漬曝壓扁，味甘酸，有微霜，名芭蕉乾。一種雞蕉子，小於牛蕉，亦四季實。一種牙蕉子，小於雞蕉，尤香嫩甘美，惟秋初結子。一種紅蕉，葉瘦類蘆箬，花色正紅如榴花，日拆一兩葉，其端有一點鮮綠可愛。春開至秋盡猶芳，俗名美人蕉。一種膽瓶蕉，根〔出土時〕肥飽，狀如膽瓶也。又費信《星槎勝覽》云：南番阿魯諸國，無米穀，惟種芭蕉、椰〔子，取〕實代糧也。

甘蕉　味甘，大寒，無毒。生食止〔渴〕潤肺，破血，合金瘡，解酒毒。乾者，解肌熱煩渴，除小兒客熱，壓丹石毒。蒸熟晒裂，春取仁食，通血脈，填骨髓。蘇頌曰：性冷不益人，多食凍冷氣。

根　味甘，大寒，無毒。主癰腫結熱。擣爛傅腫，去熱毒。擣汁服，治產後血脹悶。又治黃疸及天行熱狂，煩悶消渴，患癰毒并金石發動，躁熱口乾，并絞汁服之。又治頭風遊風。

蕉油以竹筒插入皮中，取出，瓶盛之。　味甘，冷，無毒。治頭中風熱，止煩渴及湯火傷。梳頭，止女人髮落，令長而黑。暗風癇病涎作，運悶欲倒者，飲之取吐，極效。

葉　治腫毒初發，研末和生薑汁塗之。

花　治心痹痛，燒存性研，鹽湯點服二錢。

附方：　治發背欲死。芭蕉根擣爛塗之。亦能合瘡口。　治小兒驚風。以芭蕉汁、薄荷汁煎勻。塗頭頂，留顖門；塗四肢，留手足心勿塗。甚效。　治消渴飲水。用芭蕉根搗汁，時飲一二合。　治傷寒發狂。芭蕉根搗汁飲之。　治小便血淋澀痛。芭蕉根、旱蓮根各等分，水煎服，日二。　治產後血脹。搗芭蕉根絞汁，溫服二三合。　治瘡口不合。芭蕉根取汁，抹之良。

清·顧元交《本草彙箋》卷三　甘蕉　稟至陰之氣，味甘，入足陽明，而氣大寒。膏粱之變，發爲癰腫。甘寒解陽明之結熱，故用蕉根擣傅。熱毒擣汁服之。亦治產後血脹，及天行熱狂，躁悶消渴等症。凡瘡口不合，係血熱太甚者，亦以蕉根取汁抹之。　蕉葉亦治腫毒初發，研末，和薑汁塗之。

清·穆石匏《本草洞詮》卷九　芭蕉　蕉不落葉，一葉舒則一葉焦，故謂之蕉。其莖解散如絲，閩人以灰湯練治，紡績為布，謂之蕉葛。《星槎勝覽》云：南番阿魯諸國無米穀，惟種芭蕉、椰子，取實代糧也。氣味甘，大寒，無毒。治天行熱狂，黃疸。生食止渴潤肺，蒸熟晒裂，舂取仁食，通血脈，填骨髓。多食動冷氣。

清·何其言《養生食鑒》卷上　蕉類亦多，如青蕉、牙蕉、香蕉等，名雖異，性頗同也。　味甘，性寒，無毒。生食止渴、潤肺、解酒毒。除小兒客熱，用嚼飯以飼之。蒸熟曝乾，尤妙。能久藏而寄遠，亦可療飢。

蕉根　治一切腫痛。發背欲死者，搗爛塗之。血淋澁痛，用蕉根、旱蓮草各等分，水煎服，日三次，即愈。

清·王翃《握靈本草》卷四　芭蕉江東多有。　主治：芭蕉根汁，大寒。主黃疸，消渴，天行熱狂，血淋澁痛。　發明：蕉皮汁，甘，冷，但主除頭風，止煩渴，療火傷，長頭髮。皮汁，曰蕉油。

清·王翃《握靈本草》補遺　芭蕉　甘，大寒，無毒。主癰腫結熱，搗汁塗之。天行熱狂，煩悶消渴，搗汁飲之。

清·顧靖遠《顧氏醫鏡》卷七　甘蕉根甘，大寒。入胃經。宜搗汁入藥用。治時疾熱狂煩悶，甘寒清解陽明邪熱之功。療小便血淋澁痛。涼血除熱之效。止消渴而除黃疸，亦取其甘寒清胃也。消腫毒而塗赤遊。同硝、黃塗一切癰腫，小兒赤遊，其效如神。　癰腫陰症，不焮腫，不發熱者，忌用。

清·李熙和《醫經允中》卷二一　甘蕉根　甘，大寒，無毒。主治天行狂熱煩悶，悮服金石燥渴，小兒赤遊丹毒，大人發背癰疽。

清·馮兆張《馮氏錦囊秘錄·雜症痘疹藥性主治合參》卷三　甘焦根稟地中至陰之氣以生，故味甘，氣大寒，無毒。入足陽明經。凡膏粱之變，發為癰腫，令甘寒解陽明之結熱，所以赤丹背疽狂熱有餘之症，皆能奏功。若邪實正虛，或胃強脾弱，及陰分腫毒，則大寒之性亦宜慎之。　甘蕉根，出川蜀、閩廣，結子者是，非近處芭蕉也。絞汁服，主天行狂熱悶煩。誤服金石燥渴，產後脹悶，奇效悉臻。搗爛敷，去小兒赤遊丹毒，大人發背癰疽，風瘮頭瘡，神功立應。蕉油，煩渴飲瘥，鬚髮塗黑，暗風癇悶暈欲倒，急飲下，一吐便甦。子可作菓食，每蒸熱取仁，潤心肺生律，通血脉填髓。芭蕉根性雖相類，醫方不載拯疴，但吸其油亦能黑髮。

清·张璐《本經逢原》卷二　甘蕉即芭蕉。　甘，大寒，無毒。　發明：甘蕉性寒，治天行狂熱，解消渴煩悶，利小便。治濕熱黃癉，和酒服療癰腫，并以滓塗腫處良。小兒遊風，臥蕉葉上即愈。治火燙以箸插入，出筋瓶盛，取油塗之。《別錄》治癰疽結熱。《肘後》治發背腫毒。《聖惠》治血淋濇痛，蘇頌治風癇欲倒，飲之取吐效，惟陰疽不赤腫者禁用。

清·汪紱《醫林纂要探源》卷二　芭蕉根　甘，大寒。赤白二色，可蒸作茹。靖火清金。白治天行狂熱，除煩解渴。赤治產後血脹血逆。搗汁服。外傅癰疽疔毒。

甘露　甘，寒。抽莖作大花如蓮蕊，色黃，每清晨開瓣，瓣中盛露，其甘如飴。清心養肺。凡甘寒多汁者，皆清心而養肺，以火謝而土生金也。　蕉牙　甘，寒，微濇。花謝後，附莖結實，排列如牙，色青，剝去青皮，中肉黃白。兩廣乃有之，可當果，中原罕結實者。止渴清熱，去瘀解毒。

清·嚴潔等《得配本草》卷三　甘蕉根即芭蕉。　甘，大寒。入足陽明經。治天行熱狂，除煩悶消渴，解結熱癰痛，療產後血脹。血熱而脹。　得旱蓮草，治血淋澀痛。　搗敷丹毒。霜降後尤佳，取汁用。　多服動冷氣。胃弱脾弱，腫毒係陰分者，禁用。

清·趙學敏《本草綱目拾遺》卷五草部下　香蕉　《皇華紀聞》：粵地溼熱，人多染麻瘋，所居室人不敢處，必種香蕉木本結實者於院中，一二年後，其毒盡入樹中，乃敢居。　兩廣雜志：蕉種甚多，子皆甘美，以香牙蕉為第一，名龍奶奶者，乳也。言若龍之乳，不可多得，然食之寒氣沁心，頗有邪甜之目。　其葉有硃砂斑點，植必以木夾之，否則結實時風必吹折，故又名折腰娘。　凡蕉葉必三，三開則三落，落不至地，但懸挂莖間，乾之可以作書。花出於心，每一心輒抽一莖作花，聞雷而坼，坼者如倒垂菡萏，層層作卷瓣，瓣中無蕊，悉是瓣。　漸大則花出瓣中，每一花開，必三四月乃闔，一花闔成十餘子，十花闔成百餘子，小大各為房，隨花而長，長至五六寸許，先後相次，兩兩相抱，其子不俱生，花不俱落，終年花實相代謝，雖歷歲寒不彫。　子經三四月始熟，粵人嬰兒乳少，輒熟蕉子飼之。又以浸酒，味甚美，其蕉心嫩白，可為葅。《綱目》芭蕉條下所載各類，於香蕉獨未明晰，今依《粵志》補之。 收麻瘋毒。 《五雜俎》： 鳳尾蕉其本麤巨，葉長四五尺，密比如魚刺，然高者亦丈餘。又有番蕉，似鳳尾而小，相傳從琉球來者，云種之能辟火患，是水精也。枯時以鐵屑糞之，或以鐵釘釘其根上，則復活。蓋金能生水也，植盆中不甚長，一年纔落下一葉，計長不能以寸，亦不甚作花，予種之三十年，僅見兩度花，其花亦似芭蕉。而色黃不實。

清・王學權《重慶堂隨筆》卷下 〔王昇〕校： 甘露子，蕉實也。生津解渴，潤燥除煩，更勝於梨。乃果中之仙品，惜不易結耳。

清・吳其濬《植物名實圖考》卷一四 甘蕉 《別錄》下品。生嶺北者開花，花苞有露極甘，通呼甘露。生嶺南者有實，通呼蕉子，種類不一，具詳《桂海虞衡志》諸書。李時珍以甘露為蘘荷，說本楊慎，殊不確。

清・趙其光《本草求原》卷一二果部 蕉果 有青蕉、香蕉、牙蕉之殊，而甘、寒則同。止渴、潤肺、解酒、清脾、滑腸。脾火盛者食之，反能止瀉止痢。治小兒客熱，同飯嚼飼之。蒸熱曬乾尤妙。

根 治一切腫痛，發背欲死，搗塗。血淋澀痛。同旱蓮草煎，日三服。

清・文晟《新編六書》卷六《藥性摘錄》 蕉子 甘，寒。生食止渴，開肺解酒，除小兒客熱。

清・戴葆元《本草綱目易知錄》卷一 芭蕉 甘，大寒。生食止渴，潤肺破血，合金瘡，解酒毒。乾者，解肌熱煩渴，除小兒客熱，壓丹石毒。蒸熟曬裂，舂取仁食，通血脈，填骨髓。性冷不益人，多食動冷氣。【略】《異物志》云： 甘蕉，即芭蕉株大者，一圍長丈許，其莖虛軟如芋，皆重皮相裹，根如芋魁，花着莖末，形色如蓮花子，各為房實，隨花長子。凡三種，未熟時苦澀，熟時甜脆。一種大如拇指，長四五寸，銳似羊角，兩兩相抱，名羊角蕉； 一種大如雞卵，有類牛乳，名牛奶蕉，味減； 一種大如蓮子，長四五寸，形正方，味最弱，並可蜜藏菓食。葆承粵友送羊角蕉，味美，故附載，仍有數種不錄，但江南者花而不實也。《星槎勝覽》云： 南番阿魯諸國無米穀，惟種芭蕉、椰子，取實代糧也。

根 甘，大寒。治天行熱狂，煩悶消渴，黃疸牙疼，頭風遊風，產後血脹悶。癰腫結熱，患癰毒，並金石藥發動，燥熱口乾，並絞汁服。擣爛，傅腫，去熱毒。【略】

蕉油 甘，冷。止煩渴，清頭風熱及湯火傷。暗風癇病涎作，昏悶欲倒者，飲之取痰，奇效。用梳頭，止女人髮落，令長而黑。【略】瘡口不合，芭蕉取汁抹之。〇風邪熱毒，頭面項腫，芭蕉汁塗。葆驗方。

芭蕉

明・蘭茂撰，清・管暄校補《滇南本草》卷下 芭蕉花 性溫，味酸、鹹。主治寒痰停胃，嘔吐惡心，吞酸吐酸，反胃吐呃，飲食飽脹，嘔吐酸痰，胸膈脹滿飽悶，胃口肚腹疼痛，暖胃散痰。鹹能軟堅。

附方： 治反胃吐呃，飲食酸痰，胃口肚腹疼痛，胸膈飽脹。芭蕉花二錢，水煎，點水酒服。忌魚、羊、生冷、蛋、蒜。

明・蘭茂《滇南本草》〔叢本〕卷上 芭蕉花 味微鹹，性溫。主治寒痰停胃，嘔吐惡心，吞酸吐酸，飲食飽脹，嘔吐酸痰，胸膈脹滿，胃口飽悶，腹痛，暖胃散痰。鹹能耎堅。單方： 治翻胃嘔吐，飲食酸痰，胃口肚腹疼痛，胸隔飲飽用。芭蕉花二錢，煨湯，點燒酒服。忌魚、羊、生冷。

明・許希周《藥性粗評》卷三 霜凋蕉氏葉，惡退諸瘡。

芭蕉葉，《本草》作甘蕉。用根。江南園圃處處有之。其葉經霜凋者入藥，十月採葉并根，陰乾。味苦、甘，性寒，無毒。其根性味亦同。并主癰腫結熱，諸瘡惡毒。

單方： 暗風癇病： 以竹筒插入芭蕉皮中，如取漆法，瀝去其油，服之，吐出風涎即愈，不吐再服。 小兒赤游： 搗芭蕉根取汁，煎塗之，如赤遊到心即死，便不可醫。

明・鄭寧《藥性要略大全》卷七 芭蕉 多生江南。葉長丈許，闊二尺餘。莖軟，根可生用，不入群方。根性相類，用生根治天行熱症，發狂煩悶。治消渴癰毒，併服金石發熱悶亂口乾，並絞汁服，及梳頭長髮，消腫，遊風風疹頭痛，並研罯傅之。

芭蕉油 性冷，無毒。治頭風熱，併女人髮落。止煩渴及湯火瘡。治暗風癇疾。 取油法： 用竹筒削尖，刺入皮中，如取漆法。 此物有數種，花極大，類象牙色者，實大甘美可食，名曰牙蕉，即甘蕉也。其卷心中抽幹作花，生大萼，如倒垂菡萏，十數層瓣，漸大則花開。瓣中繁盛、紅如火者，為之紅蕉； 白如蠟色，為之水蕉。

明・周履靖《茹草編》卷二 蕉根 有庭之蕉，其葉翹翹。冬雪捶根，食我簞瓢。不知我者，謂我士也驕。 蕉根，即芭蕉取根，水滌生食，其味勝蔗之甘。

明・佚名氏《醫方藥性・草藥便覽》 芭蕉花：　其性涼。治痞氣痛。

明・鮑山《野菜博錄》卷二 芭蕉　一名芭苴，一名天苴。有二種，取根粘者可食，葉長大，重皮包裹，根如芋頭，開花起莖稍間，結蓬纍纍如連瓣形，每開一瓣中，有水味如蜜。性甘，大寒，無毒。　食法：　取根肉切片，灰汁煮熟，去汁再煮，油鹽調食。

明・姚可成《食物本草・救荒野譜補遺・草類》 芭蕉食根。一名蘘荷。處處有之。根似薑，可食救荒。　芭蕉綠，紗牕曉，太湖石畔春波渺。玉饌珍殽貴客侈，誰識窮途多餓殍。歲凶荒，收穫少，流離一似傾巢鳥。不給饔飧已浹旬，蕉根斗大猶嫌小。

清・汪昂《本草備要》卷二 芭蕉根瀉熱。　味甘，大寒。治天行熱狂，煩悶消渴，產後血脹，幷搗汁服。塗癰腫結熱。爲末，油調敷。霜後者佳。

清・劉漢基《藥性通考》卷五 芭蕉根　味甘，氣大寒。治天行熱狂煩悶，消渴，產後血脹，並搗汁服。塗癰腫結熱，為末，油調敷之。

題清・徐大椿《藥性切用》卷三 芭蕉根　味甘大寒，瀉熱解毒，寬脹消癰。搗汁用。

清・葉桂《本草再新》卷二 芭蕉葉味甘、苦，性大寒，無毒。入心、肝二經。治心火作燒，肝熱生風，除煩解暑。

清・趙其光《本草求原》卷三隰草部 芭蕉根　寒甘，治天行熱狂，煩悶消渴，產後血脹，並搗汁服。塗癰腫結熱，為末油調。霜後者佳。　熱病髮禿，取汁搽之即生。牙痛，含汁。浸疳妙。　蕉葉，清心火、肝熱生風，除煩解暑。

清・趙其光《本草求原》卷一二果部 小芭蕉根　澀，寒。敷熱毒、惡瘡。其子初出，連包取汁，治難產及胎衣不下。花紅者良。又詳隰草九。

清・陸以湉《冷盧醫話》卷五 藥品　芭蕉根汁，治疔走黃甚效。震澤鈕某患疔，食猪肉走黃腫甚，其妻向余室人求方，令取芭蕉根搗汁一宮碗灌之，即腫消而痊，次日入市逍遙矣。且不獨可治疔，凡熱毒甚者，亦能療之。妹壻周心泉家之嫗唐姓，夏患熱癤，至秋未已，自頭至足，連生不斷，令飲汁一茶鍾，熱毒漸消而愈。

清・劉善述、劉士季《草木便方》卷一草部 芭蕉　芭蕉花治心痹痛，葉消腫毒遊風中。根寒頭風療產運，油甘消渴湯火用。草土蓯蓉。

清・陳其瑞《本草撮要》卷一 芭蕉根　味甘，大寒，入足太陰、厥陰經，功專治一切腫毒發背欲死，赤遊風疹熱頭痛，擣爛塗之。產後血脹，擣汁溫服二三合。渴熱發狂，生擣汁，時飲一二合。得旱蓮草治血淋澀痛。又方以汁塗瘡口即結疤。

水芭蕉

明・蘭茂撰，清・管暄校補《滇南本草》卷上 水芭蕉　有大毒。生水內，短小無花，形似山芭蕉。此蕉祇高尺餘，所以不同。採為末，若逢刀剮瘡，或遇蛇毒，或着夷人之毒，或中見血封喉之毒箭，剮患處，先用此藥搽上，用刀剮之不疼，此乃麻藥之神也。

山芭蕉

明・蘭茂原撰，范洪等抄補《滇南本草圖說》卷一〇 山芭蕉　高尺許。氣味辛苦，有毒。不可妄服，只可作外科敷瘡散毒，脫管生肌。或未出頭者，圍邊，留心中，以備出頭。若膿血流出，用此為末，圍未破之處，可托內瘡毒之管。其根最良。

菴摩勒

晉・嵇含《南方草木狀》卷下果類 庵摩勒　樹葉細，似合昏，花黃，實似李，青黃色，核圓，作六七棱。食之先苦後甘。術士以變白鬚髮有驗。出九真。

宋・唐慎微《證類本草》卷一三木部中品〔唐・蘇敬《唐本草》〕 菴音諳摩勒　味苦，甘，寒，無毒。主風虛熱氣。一名餘甘。生嶺南交、廣、愛等州。

〔唐・蘇敬《唐本草》〕注云：　樹葉細似合歡。花黃，子似李、柰，青黃色，核圓作六七稜，其中人亦入藥用。

〔宋・馬志《開寶本草》〕按：《陳藏器本草》云：　菴摩勒，主補益，強氣力。合鐵粉用一斤，變白不老。取子壓取汁，和油塗頭，生髮去風痒，初塗髮脫，後生如漆。人食其子，先苦後甘，故曰餘甘。《唐本》先附。

〔宋・蘇頌《本草圖經》〕曰：　菴摩勒，餘甘子也。生嶺南交、廣、愛等州，今二廣諸郡及西川蠻界山谷中皆有之。木高一二丈，枝條甚軟。葉青細密，朝開暮斂如夜合，而葉微小，春生冬凋。三月有花，著條而生，如粟粒，微黃。隨即結實作莢，每條三兩，子至冬而熟，如李子狀，青白色，連核作五六瓣，乾即并核皆裂，其俗亦作果子啖之。初覺味苦，良久更甘，故以名也。

〔宋・唐慎微《證類本草》〕《海藥》：　生西國。大小如枳橘子狀。梵云：　菴摩勒果是也。　味苦，酸，甘，微寒，無毒。主丹石傷肺，上氣欬嗽。久服輕身，延年長生。凡服乳石之人，常宜服也。

宋・李昉《太平御覽》卷九七三　餘甘　《雲南記》曰：濾水南岸有餘甘子樹，子如彈丸許，色微黃，味酸苦，核有五稜。其樹枝如柘枝，葉如小夜合葉。　陳祈暢《異物志》曰：　餘甘大小如彈丸大，視之理如定陶瓜片，初入口如苦，忽咽口中，乃更甜美，鹽而蒸之尤美，可多食之。

宋・寇宗奭《本草衍義》卷一四　菴摩勒　餘甘子也。解金石毒，爲末，作湯點服。佛經中所謂菴摩勒果者是此，蓋西方亦有之。

宋・王繼先《紹興本草》卷一三　庵摩勒　紹興校定：　庵摩勒即餘甘子是也。出產、主治已具《經》注，但今人多作果實食之，以解酒毒。其《經》注所載性味小異，今當從《本經》味苦甘、寒、無毒是矣。

宋・鄭樵《通志》卷七六《昆蟲草木略》　菴摩勒　即餘甘也。梵名之異耳。

宋・陳衍《寶慶本草折衷》卷一三　菴音諳。摩勒汁附。　一名菴摩勒果，一名餘甘，一名餘甘子。生嶺南及西川、西川蠻界，交、廣、愛、戎州山谷。○冬採。○附：　汁，壓取之。

味苦、甘、酸，微寒，無毒。○主風虛熱氣。○陳藏器云：　主補，強氣力。○《圖經》曰：　結實亦作果子噉，初覺味苦，良久更甘。○《海藥》云：　大小如枳橘子狀。　主丹石傷肺，上氣欬嗽。○寇氏曰：　解金石毒，為末湯點服之。

附：　汁。○和油塗頭生髮，去風痒，初塗髮脫，後生如漆。

明・劉文泰《本草品彙精要》卷一九　庵摩勒無毒　植生。

庵音諳摩勒：　主風虛，熱氣。名醫所錄。　〔名〕餘甘子。　〔苗〕《圖經》曰：　木高一二丈，枝條甚軟，葉青細密，朝開暮斂，如夜合而葉微小，春生冬凋，三月有花，着條而生，如粟粒，微黃，隨即作莢，每莢三兩子，至冬成熟，狀如李柰而青白色，核圓，作五六瓣，乾即並核皆裂。其俗亦作果，啖之初覺味苦，良久更甘，故名餘甘也。《衍義》曰：　庵摩勒，餘甘子也。大小狀如枳橘，即《經》中所謂庵摩勒果者是也。　〔地〕《圖經》曰：　生嶺南交、廣、愛等州，及西川蠻界山谷中皆有之。〔道地〕戎州。　〔時〕生：　春生葉。採：　十月取。　〔收〕暴乾。　〔用〕實及核中仁。　〔質〕類李柰而小。　〔色〕青白。　〔味〕苦，甘。　〔性〕寒，泄。　〔氣〕氣薄味厚，陰中之陽。　〔臭〕朽。　〔主〕益氣，強力。　〔治〕療：　《別錄》云：　治丹石傷肺，上氣欬嗽。補：　《別錄》云：　久服輕身延年，長生。　〔合治〕子汁合油塗髮，去風癢，脫後複生如漆黑。

明・王文潔《太乙仙製本草藥性大全》卷三《本草精義》　菴摩勒　一名餘甘子。　生嶺南交、廣、愛等州，今二廣都郡及西川蠻界山谷中皆有之。木高一二丈，枝條甚軟，葉青細密，朝開暮歛，如夜合而葉微小，春生冬凋，三月有花着條而生，如粟粒微黃。　隨即結實作莛，每條三兩子，至冬而熟，如李子狀，青白色，連核作五六瓣，乾即并核皆裂，其俗亦作果子，噉之初覺味苦，良久更甘，故以名也。

明・王文潔《太乙仙製本草藥性大全》卷三《仙製藥性》　菴摩勒　味苦、甘，又云苦、酸、甘，氣寒，無毒。　主治：　主風虛熱氣，解丹石傷肺。上氣咳嗽，治之尤靈。　補益強氣，服如捷徑。　久服延年，長生輕身。取汁和油塗頭去風痒，生髮鬒，初塗髮脫，復生如漆。　補註：　用子壓汁，合鐵粉一斤，和油搽頭，髮白變黑，不老長生，且生髮去風痒。○解金石毒，爲末作湯，點服，乳石之人常宜服也。

明・李時珍《本草綱目》卷三一果部・夷果類　菴摩勒《唐本》校正自木部移入此。

〔釋名〕餘甘子《唐本》　庵摩落迦果藏器曰：　梵書名菴摩勒，又名摩勒落迦果。其味初食苦澀，良久更甘，故曰餘甘。

〔集解〕恭曰：　菴摩勒生嶺南交、廣、愛等州。樹葉細似合昏。其花黃。實似李、柰，青黃色，核圓有稜，或六或七，其中仁亦入藥用。珣曰：　生西國者，大小如枳橘子狀。頌曰：　餘甘子，今二廣諸郡及西川、戎、瀘、蠻界山谷皆有之。木高一二丈，枝條甚軟。葉青細密，朝開暮斂如夜合，而葉微小，春生冬凋。三月有花，着條而生，如粟粒，微黃。隨即結實作莛，每條三兩子，至冬而熟，如李子狀，青白色，連核作五六瓣，乾即並核皆裂，俗作果子噉之。時珍曰：　餘甘，泉州山中亦有之。狀如川楝子，味類橄欖，亦可蜜漬、鹽藏。其木可製器物。按陳祈暢《異物志》云：　餘甘樹葉如夜合及槐葉，其枝如柘，其花黃。其子圓，大如彈丸，色微黃，有文理如定陶瓜，核有五六稜，初入口苦澀，良久飲水更甘，鹽而蒸之尤美。其説與兩蘇所言相合。而《臨海異物志》云：　餘甘子如梭形，大如梅子，其核兩頭鋭，與橄欖一物異名也。然橄欖形長〔頭〕尖，餘甘形圓，稍有不同，葉形亦異，蓋二物也。又蘇恭言其仁可入藥，而未見主治何病，豈亦與果同功耶。

實　〔氣味〕甘，寒，無毒。珣曰：　苦、酸、甘，微寒，濇。　〔主治〕風虛熱氣《唐本》。補益强氣。合鐵粉一斤用，變白不老。取子壓汁，和油塗頭，生髮去風癢，令髮生如漆黑也藏器。主丹石傷肺，上氣欬嗽。久服，輕身延年長生。服乳石人，宜常食之李珣。爲末點湯服，解金石毒宗奭。解硫黄毒。時珍。○出《益部方物圖》。【發明】宗奭曰：黄金得餘甘則體柔，亦物類相感相伏也，故能解金石之毒云。仁【缺】

明·吴文炳《藥性全備食物本草》卷四　菴摩勒一名餘甘子。生嶺南交、廣、愛等州，今二廣都郡及西川蠻界皆有之。木高一二丈，枝條甚軟，葉青細密，朝開暮斂如夜合，而葉微小，春生冬凋，三月有花，着條而生如粟粒，微黄，隨即結實作筵，每條三兩子，至冬而熟，如李子狀，青白色，連核，作五六瓣，乾即并核皆裂，食之初覺味苦，良久更甘，故以名也。

明·鮑山《野菜博錄》卷三　菴摩勒　一名餘耳。生山谷中。其樹高大，枝條甚軟。葉青細密，朝開暮合。花着條而生，如粟粒大。味苦，性寒，無毒。食法：採嫩葉煠熟，水浸去苦味，油鹽調食。

明·姚可成《食物本草》卷九果部·夷果類　菴摩勒一名菴摩落迦果，一名餘甘子。菴摩□□□名，皆梵音。其味初食苦澀，良久更甘，故〔名〕餘甘。今兩廣諸郡及西川、戎、瀘、蠻界山谷皆有之。木高一二丈，枝條甚軟。葉青細密，朝開暮斂如夜合，而葉微小，春生冬凋。三月有〔花〕着條而生，如粟粒，微黄。隨即結實作莛，每條三兩子，至冬而熟，如李子狀，青白色，連核作五六瓣，乾即竝核皆裂，俗作果子噉之。李時珍曰：餘甘，泉州山中有之。狀如川楝子，味類橄欖，亦可蜜漬、鹽藏，以充方物致遠。菴摩勒，味甘，寒，無毒。主風虚熱氣，補益強氣。合鐵粉一斤用，變白不老。取子壓汁，和油塗頭，生髮去風癢，令髮生如漆黑也。又主丹石傷肺，上氣欬嗽。久服輕身，延年長生。服乳石人，宜常食之。為末點湯服，解金石毒，解硫黄毒。

明·施永圖《本草醫旨·食物類》卷三　菴摩勒名餘甘子。味初食苦澀，良久更甘。仁亦入藥用。○如枳橘子狀，俗作果子噉之。○核有五六稜，鹽而蒸之尤美。實　味：甘，寒，無毒。治：風虚熱氣，補益強氣。合鐵粉一斤，用變白不老。取子壓汁，和油塗頭，生髮去風癢，令髮生如漆黑也。主丹石傷肺，上氣欬嗽。久服輕身，延年長生，服乳石人宜常食之。為末，點湯服，解金石毒，解硫黄毒。

清·穆石匏《本草洞詮》卷六　餘甘子　一名菴摩勒，梵言也。二廣、西川、戎盧間有之。味類橄欖，亦可蜜漬、鹽藏。黄金得餘甘則體柔，物理相制也。氣味甘苦酸濇寒，無毒。治風虚熱氣，解金石、硫黄毒。取子壓汁，和油塗髮，去風癢，令髮如漆黑。

清·吴其濬《植物名實圖考》卷三二　菴摩勒　《唐本》附即餘甘子，生閩、粵及四川。

清·田綿淮《本草省常·果性類》　菴羅果　一名菴摩羅迦果，一名香蓋。性溫。止渴生津，動風疾。同一切辣物食，令人患黄病。

毗梨勒

宋·唐慎微《證類本草》卷一三木部中品〔唐·蘇敬《唐本草》〕　毗梨勒　味苦，寒，無毒。功用與菴摩勒同。出西域及嶺南交、愛等州，戎人謂之三果。

〔唐·蘇敬《唐本草》〕注云：樹似胡桃，子形亦似胡桃。核似訶梨勒，而圓短無稜，用亦同法。《唐本》先附。

〔宋·掌禹錫《嘉祐本草》〕按：《藥性論》云：毗梨勒，使。能溫暖腸腹，兼去一切冷氣，蕃中人以此作漿甚熱。能染鬚髮變黑色。日華子云：下氣，止瀉痢。

〔宋·唐慎微《證類本草》〕《海藥》：謹按《唐志》云：生南海諸國。樹不與訶梨子相似，即圓而毗也。味苦帶澁，微溫，無毒。主烏髭髮，燒灰乾立效。

明·劉文泰《本草品彙精要》卷一九　毗黎勒無毒　植生。

毗梨勒：主溫暖腸腹，去一切冷氣。名醫所錄。【名】三果。【苗】《唐本》注云：樹似胡桃，子形亦似胡桃，核似訶梨勒而圓短無稜。戎人謂之三果。《藥性論》云：番中人以此作漿，甚熱，能染鬚髮變黑色。《海藥》云：樹不與訶梨勒同，子相似，但圓乃毗爾。【地】《圖經》曰：出西域及嶺南交、愛等州。《海藥》云：生南海諸國。【時】生：春生葉。採：冬月取。【收】暴乾。【用】實。【質】類胡桃。【色】青白。【味】苦，澀。【性】寒。《海藥》云：微溫。【氣】氣薄味厚，陰也。【臭】朽。【主】下氣，止瀉痢。【製】剉碎用。

明·王文潔《太乙仙製本草藥性大全》卷三《本草精義》　毗梨勒　出西域及嶺南交、愛等州，戎人謂之三果。樹似胡桃，子形亦似胡桃，核似訶梨勒而圓短，無稜，用亦同法。《唐志》云：出南海諸國，樹不與訶梨勒同，即圓而毗也。

明·王文潔《太乙仙製本草藥性大全》卷三《仙製藥性》　毗梨勒使　味苦，氣寒，無毒。主治：能溫暖腸腹，去一切冷氣。下氣最靈，瀉痢即止。

燒灰熬汁，能染鬚髮。

明·李時珍《本草綱目》卷三一果部·夷果類　毗梨勒《唐本草》校正自木部移入此。

〔釋名〕三果珣曰：木似訶梨勒，而子亦相似，但圓而毗，故以名之。毗即臍也。

〔集解〕恭曰：毗梨勒出西域及南海諸國，嶺南交、愛等州，戎人謂之三果。樹似胡桃，子形亦似胡桃。核似訶梨勒，而圓短無稜，用亦同法。番人以此作漿甚熱。

實〔氣味〕苦，寒，無毒。珣曰：味苦帶澀，微温無毒。作漿性熱。〔主治〕風虛熱氣，功同菴摩勒《唐本》。暖腸腹，去一切冷氣。作漿染鬚髮，變黑色甄權。下氣，止瀉痢大明。燒灰，乾血有效李珣。〔發明〕時珍曰：毗梨勒古方罕用，惟《千金方》補腎鹿角丸用三果漿吞之，云無則以酒代之。則此果亦餘甘之類，而性稍温濇也。

〔附方〕新一。　大風髮脱：毗梨勒燒灰，頻擦有效。《聖惠方》。

明·姚可成《食物本草》卷九果部·夷果類　毗梨勒毗梨勒出西域及南海諸國，嶺南交、愛等州。樹似胡桃，子形亦似胡桃。核似訶梨勒，而圓短無稜，用亦同法。番人以此作漿，甚熱。　毗梨勒，味苦，寒，無毒。主風虛熱氣，功同菴摩勒。又暖腸腹，去一切冷氣。作漿染鬚髮，變黑色。

附方：　治大風髮脱。用毗梨勒燒灰，頻擦之效。

明·施永圖《本草醫旨·食物類》卷三　毗梨勒出西域及南海諸國，謂之三果。

實　味：　苦，寒，無毒。作漿性熱。治：　風虛熱氣，功同菴摩勒，暖腸腹，去一切冷氣，作漿染鬚髮變黑色，下氣止瀉痢，燒灰，乾血有效。

附方　大風髮脱：　毗梨勒燒灰，頻擦有效。

清·吴其濬《植物名實圖考》卷三五　毗黎勒　《唐本草》始著録。生嶺南交、愛諸州，核似訶黎勒而圓短無棱。苦，寒，主治風虛熱氣，功用同菴摩勒。李時珍以為餘甘之類。按滇南有松橄欖，與餘甘同而圓無棱，以治喉痛，與《唐本》合《海藥》云，同訶黎勒，性温，疑又一種。

沒離梨

宋·唐慎微《證類本草》卷一四木部下品〔唐·陳藏器《本草拾遺》〕　沒離梨　味辛，平，無毒。主上氣，下食。生西南諸國，似毗梨勒，上有毛少許也。

〔宋·唐慎微《證類本草》〕《海藥》云：微温。主消食，澀腸，下氣及上氣咳嗽，並宜入面藥。

明·王文潔《太乙仙製本草藥性大全》卷三《仙製藥性》　沒離梨　味辛，氣平，又云微温，無毒。生西南諸國，似毗梨勒，上有毛少許。主治：主上氣消食甚良，治咳嗽澀腸殊功。

榧

宋·唐慎微《證類本草》卷三〇有名未用〔《別録》〕　彼子　味甘，温，有毒。主腹中邪氣，去三蟲，蛇螫，蠱毒，鬼疰，伏尸。生永昌山谷。

〔梁·陶弘景《本草經集注》〕云：方家從來無用此者，古今諸醫及藥家，了不復識。又一名羆子，不知其形何類也。

〔唐·蘇敬《唐本草》〕注云：此彼字，當木傍作皮。柀，仍音披，木實也，誤入蟲部。《爾雅》云：柀，一名杉。葉似杉，木如柏，肌軟，子名榧子，陶於木部出之，此條宜在果部中也。

〔宋·馬志《開寶本草》〕注：陶隱居不識，唐本注以爲榧實。今據木部下品，自有榧實一條。而彼子又在蟲魚部中，雖同出永昌，而主療稍別。古今未辨，兩注不明，今移入於此卷末，以俟識者。

宋·唐慎微《證類本草》卷三〇有名未用·草木〔《別録》〕　棑華　味苦。主水氣，去赤蟲，令人好色。不可久服。春生乃採。

〔宋·掌禹錫《嘉祐本草》〕按：陳藏器云：棑音斐樹似杉，子如檳榔，食之肥美。主痔，殺蟲。春華，並與《本經》相會。《本經》蟲部云：彼子。蘇注云：彼字合從木。《爾雅》云：彼，一名棑。陶復於果部重出棑，此即是其華也。

唐·孫思邈《千金要方》卷二六《食治·果實》　榧實　味甘，平，濇，無毒。主五痔，去三蟲，殺蠱毒、鬼疰、惡毒。

唐·孟詵、張鼎《食療本草》卷子本　榧子　平。右主治五種痔，去三蟲，殺鬼毒惡疰。又，患寸白蟲人，日食七顆，經七日滿，其蟲盡消作水，即差。按經：多食，三升、二升佳，不發病。令人消食，助筋骨，安榮衛，補中益氣，明目輕身。

附：日·丹波康賴《醫心方》卷三〇　榧實　《本草》云：味甘。主五痔，去三蟲、蠱毒、鬼注。陶〔弘〕景注云：食其子，乃言療寸白，不復有餘用，不入藥方。《七卷經》云：食之輕身，去腹中蟲。馬琬曰：常食之者，三蟲不生也。

宋·唐慎微《證類本草》卷一四木部下品〔《別録》〕　榧音匪實　味甘，

無毒。主五痔，去三蟲蠱毒，鬼疰。生永昌。

〔梁・陶弘景《本草經集注》〕云：今出東陽諸郡，食其子，療寸白蟲。

〔唐・蘇敬《唐本草》〕注云：此物是蟲部中彼子也。《爾雅》云：柀，杉也。其樹大連抱，高數仞。葉似杉，其木如柏，作松理，肌細軟，堪爲器用也。

〔宋・馬志《開寶本草》〕注：彼子與此殊類，既未知所用，退入有名無用。

〔宋・掌禹錫《嘉祐本草》〕按：孟詵云：平。多食一二升，佳。不發病，令人能食消穀，助筋骨，行榮衛，明目輕身。

〔宋・唐慎微《證類本草》〕《食療》云：治寸白蟲，日食七顆，七日滿，其蟲皆化爲水。《外臺秘要》：治白蟲。榧子一百枚，去皮，只然啖之，能食盡佳。不然，啖五十枚亦得。經宿蟲消下。

宋・寇宗奭《本草衍義》卷一五　榧實　大如橄欖，殼色紫褐而脆，其中子有一重麤黑衣，其仁黄白色，嚼久漸甘美。五痔人常如果食之，愈。過多則滑腸。

宋・王繼先《紹興本草》卷一三　榧實　紹興校定：榧實，取實中仁為用。出產、性味、主治已具《本經》，但療痔頗驗。當云味甘、平、無毒是矣。今多作果食之。

宋・陳衍《寶慶本草折衷》卷一四　榧實　一名榧子。○焙乾者，俗號火榧。生永昌，及東陽諸郡。○今取焙乾。

味甘，平，澀艾氏，無毒。○主五痔，去三蟲，蟲毒鬼疰。○陶隱居云：療寸白蟲。○孟詵云：消穀，助筋骨，行榮衛，明目。○寇氏曰：大如橄欖，殼色紫褐而脆，其中子有黑衣。其人黄白色，食多則滑腸。

續說云：榧實細者益佳。欲以療寸白諸蟲者，惟新摘生榧則可收效，經火即無力，止堪供果筵耳。艾原甫言觀其皮子甚澀，不知又曰滑腸，何也？

元・忽思慧《飲膳正要》卷三　榧子　味甘，無毒。主五痔，去三蟲、蠱毒、鬼疰。

元・吴瑞《日用本草》卷六　榧　土人呼〔之〕為赤果，又名玉榧。味甘，平，無毒。多食不發病，令腸滑。同鵝肉食，生段節風，上壅人，忌食，有火氣。

主五痔，去三蟲，鬼疰。消穀殺蟲。

元・朱震亨《本草衍義補遺》　榧實　屬土與金，非火不可，多啖則熱矣。肺家果也，引火入肺，則大腸受傷。識家宜詳。○其子治寸白蟲。又：五痔人常如果食之愈。過多則滑腸。

明・王綸《本草集要》卷四　榧實　味甘，無毒。主五痔，去三蟲蠱毒，食其子良。此肺家果也。不可多啖，引火入肺，滑大腸。

明・滕弘《神農本經會通》卷二　榧實　一名榧子。味甘，無毒，一云：平。《本經》云：主五痔，去三蟲，蟲毒鬼疰。孟詵云：平。多食一二升佳，不發病，令人能食，消穀，助筋骨，行榮衛，明目輕身。《食療》云：治寸白蟲，日食七顆，其蟲化為水。《衍義》云：五痔人食之愈，過多則滑腸。

明・滕弘《神農本經會通》卷三　植實　味〔缺〕　丹溪云：屬土與金，非火不可食，多啖則熱矣。肺家果也，引火入肺，則大腸受傷，識者宜詳。其子治寸白蟲。又五痔人常如果食之愈，過多則滑腸。按植字，似誤，查《本草發明》，係榧字。一名赤果，味甘，屬土與金，無毒。果部原不載，今當以榧子為是。合前卷木部内榧子證之，即明。

明・劉文泰《本草品彙精要》卷三四　榧實無毒　植生。

榧音匪實：主五痔，去三蟲，蠱毒，鬼疰。名醫所錄。〔苗〕《唐本》注云：其樹大連抱，高數仞，葉似杉。其木如柏，作松理，肌細軟，堪爲器用。即《爾雅》所謂披杉也。《衍義》曰：榧實，大如橄欖，殼色紫褐而脆。其中子有一重麤黑衣，其仁黄白色，嚼久味漸甘美也。〔地〕《圖經》曰：生永昌。陶隱居云：東陽諸郡亦有之。〔時〕生：春。採：秋取實。〔收〕暴乾。〔用〕仁。〔質〕類橄欖。〔色〕殼紫褐，仁黄白。〔味〕甘。〔性〕平、緩。〔氣〕氣厚於味，陽中之陰。〔臭〕香。〔主〕消宿食，行營衛。〔製〕去殼用。〔治〕療：陶隱居云：除寸白蟲。孟詵云：多食令人不發病，能食消穀。補：孟詵云：助筋骨，明目輕身。〔禁〕《衍義》曰：食之過多則滑腸。

明・盧和、汪穎《食物本草》卷二果類　榧子　味甘，無毒。主五痔，去三蟲，蠱毒鬼疰，令人能食，消穀，助筋骨，行榮衛，明目輕身。有患寸白蟲者，化蟲為水。多食不發病。又云：五痔人常食之則愈。過多則滑腸。麄榧，其木相似，但理麄色赤，其子稍肥大，僅圓不尖。《本草》有彼子味温，有毒，主腹中邪氣，去三蟲，蛇螫蠱毒，鬼疰伏尸。又《爾雅》云：彼當作柀，木佀栢子，名榧。蓋柀子即麄榧也。丹溪云：榧，肺家果也。火炒食之，香酥甘美，但引火入肺，大腸受傷。

明・鄭寧《藥性要略大全》卷六 榧實 味甘，無毒。治五痔，殺蟲蠱毒。消穀進食，助筋骨，行榮〔衛〕，明目輕身。

明・陳嘉謨《本草蒙筌》卷七 榧一名赤菓。味甘。屬土與金。無毒。多生永昌，屬雲南。亦產各處。樹大連抱，葉密類杉。實生與橄欖同形，秋熟色紫褐而脆。摘以文火烘燥，嚼甚甘美馨香。丹溪云：此肺家菓也。非火不可啖，經火則熱；生食不宜多，引火入肺。大腸受損，滑瀉難當。主五痔能使去根，殺三蟲旋化為水。助筋骨健，調榮衛行。忌同鵝肉食之，生（瘕）〔段〕節風上壅。木紋細軟，器皿堪為。

明・寧源《食鑒本草》卷上 榧子 味平，無毒。殺腹間大小蟲。小兒瘦黃有蟲積者可食之。蘇東坡詩：謳除三彭蟲，已我腹中疾。

明・王文潔《太乙仙製本草藥性大全》卷四《本草精義》 榧 一名赤菓。舊本不著所出州土。生永昌山谷，今出東陽諸郡，一名彼杉也。其樹大連抱，高數仞，葉如杉，其木如栢，作松理，肌細嫩，堪爲器皿也。實生與橄欖同形，秋熟，色紫褐而脆。摘以文火烘燥，嚼甚甘美馨香。丹溪云：此肺家菓也。

明・王文潔《太乙仙製本草藥性大全》卷四《仙製藥性》 榧 味甘，屬土與金，無毒。主治：非火不可啖，經火則熱；生食不宜多，引火入肺。大腸受損，滑瀉難當。療五痔能使去根，殺三蟲旋化爲水。助筋骨健，調榮衛行。忌同鵝肉食之，生（瘕）〔段〕節風上壅。木紋細軟，器皿堪爲。補註：殺寸白蟲，日食七顆，七日滿，其蟲皆化爲水。治白蟲，榧子一百枚，去皮，火燃啖之，能食盡佳。不然，啖五十枚亦得，經宿蟲消下。按：《衍義》云：榧實大如橄欖，殼色紫褐而脆，其中子有一重麄黑衣，其仁黃白色，嚼久漸甘美。五痔人常如菓食之，愈多則滑腸。

明・皇甫嵩《本草發明》卷四 榧，名赤菓。味甘，屬土與金，無毒。菓部原不載。此肺家菓也。非火不可食，經火則熱，生食不宜，多引火入肺，大腸受損滑泄。主五痔，殺三蟲，助筋骨，調榮衛。忌同鵝肉食生，段節風上壅。

明・李時珍《本草綱目》卷三一果部・夷果類 榧實《別録》下品 校正時珍曰：《別録》木部有榧實，又有棑華。《神農本草》魚蟲部有彼子，宋《開寶本草》退彼子入有名未用。今據蘇恭之説，合併于下。

【釋名】柀子音彼。神農。赤果《日用》 玉榧《日用》 玉山果時珍曰：榧亦作棑，其木名文木，斐然章采，故謂之榧。信州玉山縣者爲佳。故蘇東坡詩云：彼美玉山果，粲爲金盤實。柀子見下。瑞曰：土人呼爲赤果，亦曰玉榧。【集解】《別録》曰：榧實生永昌。彼子生永昌山谷。弘景曰：彼子亦名羆子，從來無用者，古今諸醫不復識之。榧實出東陽諸郡。恭曰：彼子當從木作柀子。誤入蟲部也。《爾雅》彼亦名煔。其葉似杉，木如柏而微軟。子名榧子，宜入果部。又註榧實云：即蟲部彼子也。其木大連抱，高數仞，其葉似杉，其木如柏，其理似松，肌細軟，堪爲器用。宗奭曰：榧實大如橄欖，殼色紫褐而脆，其中子有一重黑粗衣，其仁黃白色，嚼久漸甘美也。藏器曰：棑華即榧子之華也。棑與榧同。榧樹似杉，子如長檳榔，食之肥美。《本經》蟲部有彼子，陶氏復于木部出榧實、棑華，皆一物也。穎曰：榧有一種粗榧。其木與榧相似，但理粗色赤耳。其子稍肥大，僅圓不尖。《神農本草》彼子即粗榧也。時珍曰：榧生深山中，人呼爲野杉。按羅願《爾雅翼》云：柀似杉而異于杉。彼有美實而木有文采，其木似桐而葉似杉，絶難長。木有牝牡，牡者華而牝者實。冬月開黃圓花，結實大小如棗。其核長如橄欖核，有尖者、不尖者，無稜而殼薄，黃白色。其仁可生啖，亦可焙收。以小而心實者爲佳，一樹不下數十斛。陶氏不識柀子，惟蘇恭能辨爲一物也。

榧實《別録》 【氣味】甘，平，濇，無毒。瑞曰：性熱，同鵝肉食，生斷節風，又上壅人，忌火氣。時珍曰：按《物類相感志》云：榧煮素羹，味更甜美。猪脂炒榧，黑皮自脱。榧子同甘蔗食，其渣自軟。又云：榧子皮反菉豆，能殺人也。【主治】常食，治五痔，去三蟲蠱毒，鬼疰惡毒《別録》。食之，療寸白蟲弘景。消穀，助筋骨，行營衛，明目輕身，令人能食。多食一二升，亦不發病孟詵。多食滑腸，五痔人宜之宗奭。治欬嗽白濁，助陽道《生生編》。

柀子《本經》。○舊作彼。【氣味】甘，温，有毒。【主治】腹中邪氣，去三蟲，蛇螫蠱毒，鬼疰伏尸《本經》。

【發明】震亨曰：榧子，肺家果也。火炒食之，香酥甘美。但多食則引火入肺，大腸受傷爾。原曰：榧子殺腹間大小蟲，小兒黃瘦有蟲積者宜食之。蘇東坡詩云驅除三彭蟲，已我心腹疾是矣。時珍曰：榧實、柀子，治療相同，當爲一物無疑。但《本經》柀子有毒，似有不同，亦因其能殺蟲蠱爾。汪穎以粗榧爲柀子，終是一類，不甚相遠也。

【附方】舊一，新五。 寸白蟲：詵曰：日食榧子七顆，滿七日，蟲皆化爲水也。○《外臺秘要》用榧子一百枚，去皮火燃，啖之，經宿蟲消下也。胃弱者啖五十枚。 好食茶葉：面黃者。每日食榧子七枚，以愈爲度。楊起《簡便方》。 令髮不落：榧子三個，胡桃二個，側柏葉一兩，擣浸雪水梳頭，髮永不落且潤也。《聖惠方》。 卒吐血出：

先食蒸餅兩三個，以榧子爲末，白湯服三錢，日三服。《聖濟總録》。　尸咽痛痒：語言不出。榧實半兩，蕪荑一兩，杏仁、桂各半兩，爲末，蜜丸彈子大，含嚥。《聖濟總録》。

棑華《別録》。春月生采之。　藏器曰：即榧子華也。　〔氣味〕苦。　〔主治〕水氣，去赤蟲，令人好色，不可久服《別録》。

題明・薛己《本草約言》卷二《藥性本草》　榧實　屬土與金，有火。不可多啖，多則熱矣。肺家果也，引火入肺，則大腸受傷。治寸白蟲及五痔，食之愈。又過多滑腸。

明・穆世錫《食物輯要》卷六　榧子　味甘、澀，性熱，無毒。肺之果。炒食。去三蟲，消穀食，行營衛，助陽道，治白濁。同鵝肉食，患斷節風，又令氣上壅。《相感志》云：用猪脂炒過，黑皮自脫。又云：榧子皮，反菉豆，殺人。

明・張懋辰《本草便》卷二　榧實　味甘，無毒。此肺家果也。多啖則引火入肺，滑人腸。

明・吴文炳《藥性全備食物本草》卷二　榧實　榧，文木也。《爾雅翼》云：有美實而材光，文彩如栢，斐然成章也。味甘，平，無毒。主消穀，令人能食，行榮衛，助筋骨，明目輕身，五痔人常如果食之愈。東坡詩云：驅除三彭蟲，已我心腹疾。治寸白蟲，日食七顆，七日滿，其蟲皆化為水；兼治蠱毒鬼疰。丹溪云：屬土與金而有火，多啖引火入肺，大腸受傷作泄。用猪脂炒過，黑皮自脫。又云榧子皮反菉豆，殺人。

明・繆希雍《本草經疏》卷二三　榧實　味甘，無毒。主五痔，去三蟲，蠱毒，鬼疰。木部移入。

〔疏〕榧實稟土氣以生。本經味甘無毒。然嘗其味多帶微澀，詳其用應是有苦，氣應微寒。氣薄味厚，陰也，降也。入手太陰、陽明經。五痔、三蟲皆大腸濕熱所致，苦寒能瀉濕熱，則大腸清寧，而二證愈矣。其主蠱毒鬼疰者，以其甘能解毒，而苦寒能滌除腸胃邪惡氣耳。　〔主治參互〕孟詵《食療》治寸白蟲，日食榧子七顆，滿七日，蟲皆化為水也。　《簡便方》好食茶葉，面黃者，每日食榧子七枚，以愈為度。

明・應𢙣《食治廣要》卷四　榧實　氣味：甘，平，澁，無毒。常食，去五痔，殺三蟲，消穀，壯筋骨，行榮衛，令人能食，明目輕身。吳瑞曰：榧性熱，同鵝肉食，生斷節風。

按《物類相感志》云：榧煮素羹，味更甜美。猪脂炒榧，黑皮自脫。同甘蔗食，其渣自軟。又云：榧子皮反菉豆，同食能殺人〔也〕。

明・姚可成《食物本草》卷九果部・夷果類　榧實榧生深山中。其〔木〕似桐而葉似杉，有牝牡，牡者華而牝者實。冬月開黃圓花，結實大小如棗。其核長如橄欖核，有尖者、不尖者，無稜而殼薄，黃色。其仁可生啖，亦可焙收。以小而心實者為佳，一樹纔及數十斛。

〔榧實　味〕甘，平，澀，無毒。治五痔，去三蟲蠱毒，鬼疰惡毒。〔消穀〕，助筋骨，行榮衛，明目輕身。令人〔能〕食。不可同〔鵝肉〕食，生斷節風，又上壅人。丹溪曰：榧子，肺家果也。火炒食之，香酥甘美。但多食則引火入肺，大腸受傷爾。○榧子殺腹間大小蟲，小兒黃〔瘦〕有蟲積者宜食之。蘇東坡詩云驅除三彭蟲，已我心腹疾是矣。○《物類相感〔志〕》云：榧煮素羹，味更甜美。榧子同甘蔗食，其渣自軟。豬脂炒榧，黑皮自脫。又云：榧子皮反菉豆，能殺人也。

榧華　味苦。治水氣，去赤蟲，令人好色，不可久服。

附方：治好食茶葉，面黃生蟲。每日食榧子七枚，自愈。

明・顧逢柏《分部本草妙用》卷九果部　榧實　甘，平，無毒。主治：常食治五痔，去三蟲，療寸白蟲，消穀，助筋骨，行榮衛，明目輕身。多食滑腸。治嗽，白濁，助陽道。　柀子　甘溫，治腹中邪氣，去蟲、蛇螫、蠱毒、鬼疰伏屍。　按：榧子，肺家果也。火炒食甘美。多食引火入肺，大腸受傷。榧實、柀子，治療相同，一物無疑。

明・孟笨《養生要括・果部》　榧實　味甘，平，濇，無毒。常食治五痔，去三蟲蠱毒、鬼疰惡毒，療寸白蟲。消穀，助筋骨，行營衛，明目輕身，令人能食。多食一二升，亦不發病。多食滑腸，五痔人宜之。治咳嗽、白濁，助陽道。〔多食引火入肺，大腸受傷。〕

明・李中梓《醫宗必讀・本草徵要下》　榧子味甘，平，無毒。入肺經。反菉豆。　殺百種之蟲，手到而痊；療五般之痔，頻嘗則愈。消穀食而治咳，助筋骨而壯陽。東坡詩云：驅除三彭蟲，已我心腹疾。指其殺蟲也。不問何蟲，但空腹食榧子二十一枚，七日而蟲下，輕者兩日即下矣。按：丹溪云：榧子肺家果也，多食則引火入肺，大腸受傷。

明・鄭二陽《仁壽堂藥鏡》卷五　榧　《衍義》云：榧實，生永昌。大如橄欖，殼色紫褐而脆。其中子有一重粗黑衣。其仁黃白色，嚼久漸甘美，過食多則滑腸。　丹溪曰：　實屬土與金，非火不可，多啖則熱矣。肺家果也。引火入肺，則大腸受傷。識者宜詳。其子治寸白蟲。　又，五痔人常如果食之，愈。過多則滑腸。

明·施永圖《本草醫旨·食物類》卷三　榧實　味：　甘，平，濇，無毒。性熱，同鵝肉食，生斷節風，又上壅人，忌火氣。○榧煮素羹，味更甜美。豬脂炒榧，黑皮自脫。榧子同甘蔗食，其渣自軟。又云，榧子皮反菉豆，能殺人也。治：　常食治五痔，去三蟲蠱毒，鬼疰惡毒。食之療寸白蟲，消穀，助筋骨，行營衛，明目輕身，令人能食。多食一二升亦不發病，多食滑腸。五痔人宜之。治欬嗽、白濁，助陽道。　柀子　味：　甘，溫，有毒。治：　腹中邪氣，去三蟲，蛇螫蠱毒，鬼疰伏尸。榧子，肺家果也，火炒食之，香酥甘美，但多食則引火入肺，大腸受傷爾。○榧子殺腹間大小蟲，小兒黃瘦有蟲積者，宜食之。

附方　寸白蟲：　日食榧子七顆，滿七日，蟲皆化為水也。○用榧子一百枚，去皮，火燃啖之，經宿蟲消下也。胃弱者啖五十枚。好食茶葉：　每日食榧子七枚，以愈為度。令髮不落：　榧子三箇，胡桃二箇，側栢葉一兩，擣，浸雪水，梳頭髮，永不落且潤也。卒吐血出：　先食蒸餅兩三箇，以榧子為末，白湯服三錢，日三服。

棑華春月生采之，即榧子華也。　味。治：　水氣，去赤蟲，令人好色。不可久服。

明·李中梓《本草通玄》卷下　榧子　消穀進食，殺蟲化積，止嗽助陽，療痔止濁。

清·顧元交《本草彙箋》卷六　榧實　殺腹間大小蟲，小兒黃瘦有蟲積者，食之能令蟲化爲水。東坡《詩》云驅除三彭蟲，已我心腹疾，是矣。　榧子皮反菉豆，能殺人。

清·穆石匏《本草洞詮》卷六　榧　榧木，一名文木，斐然章采，故謂之榧。實氣味甘濇平，無毒。肺之果也。治五痔，去三蟲，小兒黃瘦有蟲積者，宜食之。東坡云驅除三彭蟲，已我心腹疾是矣。孟詵謂：　日食榧子七顆，滿七日，寸白蟲皆化為水也。《相感志》云：　榧子同甘蔗食，其渣自軟。

清·丁其譽《壽世秘典》卷三　榧子榧亦作棑，以小而心實者為佳。其木名文木，斐然章采，故謂之榧，信州玉山縣者為佳。土人呼為赤果，亦曰玉榧。有一種粗榧，其木與榧相似，但理粗色赤耳，其子稍肥大，僅圓不尖。《神農本草》柀子即粗榧也。陶氏不識柀子，惟蘇恭能辨為一物也。

氣味：　甘，平，濇，無毒。治五痔，去三蟲蠱毒、鬼疰惡毒《名醫別錄》。治欬嗽、白濁，助陽道《生生編》。

發明朱震亨曰：　榧子，肺家果也。火炒食之，香酥甘美，但多食則引火入肺，大腸受傷爾。甯原曰：　榧子殺腹間大小蟲，小兒黃瘦有蟲積者宜食之。蘇東坡詩驅除三彭蟲，已我心腹疾是矣。汪瑞曰：　性熱，同鵝肉食，生斷節風。又上壅人，忌火氣。《物類相感志》云：　榧煮素羹，味更甜美。豬脂炒榧，黑皮自脫，榧子同甘蔗食，其渣自軟。榧子皮反綠豆，能殺人。

清·郭章宜《本草匯》卷一四　榧子　味濇甘，平，一云熱。味厚氣薄，降也，入手太陰、陽明經。殺百種之蟲，手到而痊。療五般之痔，頻嘗則愈。消穀食而治咳，助筋骨而壯陽。

按：　榧子，肺家果也。善殺腹間大小蟲。小兒有蟲積者，宜食之。東坡詩云：　驅除三彭蟲，已我心腹疾。蓋指其殺蟲也。空腹食二十一枚，七日蟲皆下。多食則引火入肺，大腸受傷。同鵝肉食，生斷節風。猪脂拌炒，黑皮自脫。同甘蔗食，其渣自軟。好食茶葉者，每日食七枚，以愈為度。髮易落者，榧子三箇，胡桃二箇，側栢葉一兩，擣浸雪水，梳頭髮，取不落且潤也。

榧子皮，反菉豆，能殺人。

清·尤乘《食鑒本草·果類》　榧子　性熱，煮素羹味甘美。猪脂炒黑，皮自脫。同鵝肉食生斷節風。榧皮反菉豆，能殺人。療五痔，殺寸白蟲，消穀，助陽道，咳嗽、白濁皆治。久食滑腸。同甘蔗食，其查自軟。

清·朱本中《飲食須知·果類》　榧子　味甘、濇，性熱。同鵝肉食，患斷節風，又令氣上壅。反綠豆，能殺人。猪脂炒榧，黑皮自脫。同甘蔗食，其渣自軟。榧煮素羹，味更甜美。多食引火入肺，大腸受傷也。

清·何其言《養生食鑒》卷上　榧子　味甘、澁，性熱，無毒。炒食，去三蟲，消穀食，行榮衛，助陽道，治白濁。同鵝肉食，患斷節風，又令氣上壅。《相感志》云：　榧子皮反菉豆，犯之殺人。

清·閔鉞《本草詳節》卷八　榧實　【略】按：　榧子，肺果也。火炒則香酥甘美，多啖則引火入肺，大腸受傷作泄。

清·汪昂《本草備要》卷三　榧實潤肺。　甘濇。潤肺，《本草》未嘗言潤，然潤劑也。故寇氏云：多食潤腸。殺蟲。有蟲積者，宜上旬日日食之。食一觔，蟲乃絶。

清・陳士鐸《本草新編》卷五　榧子　味甘、少澁，氣溫。入胃、脾、大腸之經，又入肺。主五痔，殺三蟲，堅筋骨，調營衛。藥籠中斷不可缺之品。殺蛔蟲，而又不損氣血，用之實能奏功。惟有火病腸滑者不宜，然暫服一二次，亦復何害。

按：榧子殺蟲最勝，但從未有用入湯藥者，切片用之至妙。此物吳越最多。余用入湯劑，蟲痛者立時安定。親試屢驗，故敢告人共用也。

或疑榧子過于殺蟲，未有殺蟲之品而不耗氣血者。吾謂凡殺蟲之物，多傷氣血，惟榧子不然。以榧子殺蟲于無形也。無形之味，殺寓于生之中，蟲不知其殺，而貪食喪生，蟲自死耳，于臟腑正無傷也。臟腑既無所傷，氣血又何傷之有。

清・顧靖遠《顧氏醫鏡》卷八　榧子甘，濇，平。入肺大腸二經。反菉豆。善殺諸蟲，不問何蟲，小兒空服食七枚，大人食二十一枚，七日蟲皆死而出矣。能療五痔。頻食自愈。

清・李熙和《醫經允中》卷二二　榧實　忌同鵝肉，食之生(瘕)〔段〕節風，〔氣〕上壅。榧子皮忌菉豆，能殺人。　甘，平，無毒。主治五痔，療寸白蟲，肺家菓也。炒食甘美。多食引火入肺、大腸受傷。榧實皮子治療相同。

清・馮兆張《馮氏錦囊秘錄・雜症痘疹藥性主治合參》卷八　榧稟土氣以生，味甘，澁，兼苦，微寒，無毒。炒食甘美，經火則熱。多食引火入肺，大腸受損。入手太陰、陽明經。苦寒能瀉濕熱，為肺家之菓，所以上除寸白，下療腸痔，肺臟腑所受溫熱之病，悉治之矣。治寸白蟲，日食榧子七顆，滿七日，蟲皆化為水也。【略】　榧，主五痔，能使去根。殺三蟲，旋化為水。助筋骨健而壯陽，調榮衛行而止咳。忌同鵝肉食。榧子皮反菉豆，能殺人。

清・张璐《本經逢原》卷三　榧子　甘，濇，溫，有毒。《本經》主腹中邪氣，去三蟲，蛇螫蠱毒，鬼疰伏尸。　發明：榧實，肺家果也。性溫散氣，故能去腹中邪氣。三蟲諸疾，火炒食之。引火入肺，多食則大腸受傷。小兒黃瘦有蟲積者宜食，與使君子同功。觀《本經》主治可知。

清・汪啟賢等《食物須知・諸果》　榧一名赤果，味甘，屬土與金，無毒。多生永昌，亦產各處。樹大連抱，葉密類杉，實生與橄欖同形。秋熟，實紫褐而脆，摘以文火烘燥，嚼甚甘美馨香。丹溪云：此肺家果也。非火不可啖，經火則熟，生食不宜。多食火入肺，大腸受損，滑瀉難當。主五痔，能使去根；殺三蟲，旋化為水。助筋骨健，調榮衛。忌同鵝肉食之，生(瘕)〔段〕癤風，〔氣〕上壅。

清・葉盛《古今治驗食物單方》　榧子　殺小兒寸白蟲，日食榧子七個，蟲化為水。　好食茶葉，以榧子食之，愈。　令髮不落，榧子三個，胡桃二個，側栢葉一兩，搗浸雪水梳頭髮，永不落也。

清・吳儀洛《本草從新》卷四　榧子〔殺蟲。〕　甘澀而平。殺蟲。小兒黃瘦有蟲積者，宜食之。療痔消積。丹溪曰：此肺家果也。多食引火入肺，大腸受傷。反綠豆。

清・汪紱《醫林纂要探源》卷二　榧　甘，濇，樹似杉，文理斐然，故名榧。濇用同酸。而溫。屬火。潤肺寧心。屬火而能潤肺，何也？曰：金須得火以溫之，方不一味清燥。治寒嗽，殺尸蟲。甘而能殺，氣嚴正也。

清・嚴潔等《得配本草》卷六　榧實　反綠豆，能殺人。　甘、澀，平。入手太陰經氣分。助筋骨，行營衛，潤肺氣，助陽道，去蟲蠱，消穀食。配蕪荑、杏仁、肉桂，蜜丸含嚥，治口咽痛癢。　去殼衣蒸用，生嚼亦可。　多食引火入肺，大腸受傷。忌同鵝肉食。生斷節風。

題清・徐大椿《藥性切用》卷六　榧子　甘濇性平，功耑殺蟲消積。

清・黃宮繡《本草求真》卷八　榧實潤肺殺蟲化水。　榧實耑入肺。甘濇微苦，體潤而滑，性平無毒。按據諸書有言，氣味苦寒，能瀉濕熱，為肺家之菓。又云性溫散氣，能去腹中邪氣，及殺諸蟲，皆無定論。余按榧實甘潤，是其本質。凡肺不潤而燥者，得此則宜，故有解燥除熱之功。非書所云能除濕熱之意乎？又其燥熱內擾，則蟲自爾見蝕，而五痔腹脹等症自爾悉形，服此燥氣悉除，腸胃頓清，其氣自爾不結。非書所謂溫能散氣之意乎？又書有載有毒無毒，在人食既無病，又能以此療病，毒何由見。非書所云無毒之說乎？又其苦濇兼備，既能清燥潤肺，復於蟲蝕性味不合，令其即化為水，非書所云有毒之說乎？究之止屬潤肺解熱殺蟲之品，其言有毒，止是毒蟲之毒，而非毒人之毒也。其言無毒，因非毒人之毒，而為毒蟲之毒也。故凡一切肺燥而見咳嗽不寧，腹中不和，五痔惡毒，並小兒黃瘦便秘不解等症，服之無不奏效。好食茶葉面黃，每日食榧子七枚，以愈為度。治寸白蟲，日食榧子七枚，滿七日，蟲皆化為水。昔東坡詩云：驅除三彭蟲，愈我心腹疾，義正是矣。但多食則有滑腸之虛，炒食味即香酥甘美，更有引火入肺、大腸受傷之慮，不可不細察耳。忌鵝肉。反菉豆。能殺人。《物類相感志》云：榧煮素羹，味更甜美，猪脂炒榧，黑皮自脱。榧子同甘蔗食，其渣自軟。

清・李文培《食物小錄》卷上 榧子 甘，平，澀，無毒。治肺病，消穀，助筋骨，明目，輕身，令人能食。同鵝肉食，生斷節風。五痔人宜之。同甘蔗食，其滓自軟。又云：皮反綠豆，能殺人。

清・羅國綱《羅氏會約醫鏡》卷一七菓部 榧子味苦平，寒，入肺胃二經。苦寒能瀉濕熱，為肺家之菓。除五痔去根，殺諸蟲化水，悉肺臟腑濕熱之病。亦壯筋骨，除咳嗽瀉肺熱。榧子反菉豆，能殺人。炒食甘美，但經火則熱，多食引火入肺，大腸受損。

清・章穆《調疾飲食辯》卷四 榧子 《綱目》曰：《本經》蟲部有彼子。《爾雅》：柀，亦名煔。葉似杉，木如栢。《唐本草》曰：彼當從木作柀，《本經》誤入蟲部。《別錄》有榧實。又名棑華。《拾遺》曰：棑與榧同，即《本經》之柀子也，棑華即榧子之花。《爾雅翼》曰：柀似杉木，有文采，絕難長。有牝牡，牡者華，牝者實。大如棗核，有尖者，有不尖者，無稜，殼薄，黃白色仁可生噉，炒食更香美。性能殺蟲，又有油能潤肺，凡蟲病及乾欬無痰者可食。然性甚熱，脾肺有熱者忌之。《日用本草》曰：同鵝肉食，令人生斷節風。《物類相感志》曰其皮反綠豆，同食殺人，皆不可不知也。

清・張德裕《本草正義》卷下 榧肉 甘，澀。香澁。能消食理脾，殺寸白諸蟲。多食滑腸。

清・葉桂《本草再新》卷五 榧子味甘、苦，性寒，平，無毒。入脾、肺二經。治肺火，健脾土，補氣化痰，止欬嗽，定呵喘，去瘀生新。

清・吴其濬《植物名實圖考》卷三二 榧實 《別錄》下品。樹似杉，實青時如橄欖，老則黑。玉山與浙江交界處多種之。

清・趙其光《本草求原》卷一二果部 榧子 肺之果也。甘、澀，溫，微毒。去腹中邪氣，溫能散。火炒食健脾、化痰、消穀食、行營衛、助陽道、去三蟲，功同使君子。治蛇螫、蠱毒，鬼疰、伏尸。但多食則引火入肺，大腸受傷，令氣上壅。忌豬肉、綠豆。一說化痰、化瘀、生新、定喘嗽。

清・葉志詵《神農本草經贊》卷三 彼子 味甘，溫。主腹中邪氣，去三蟲，蛇螫蠱毒，鬼注伏尸。生山谷。彼，當作柀即榧實。

裴然成章，霜松雪柏。牡壯騰華，牝虛孕核。想像蜂黃，驅除蟲白。外澤中貞，金盤薦席。

李時珍曰：柀亦作棑。木名文，木裴然成章，故謂之榧。《宋史・傳》：張栻曰：李仁甫如霜松雪柏。蘇恭曰：其木如柏，其理似松。《爾雅翼》：木有牝牡，牡者華而牝者實。葉適歌：坐對蜂兒還想像。孟詵曰：治寸白蟲，日食七枚，七日蟲化為水。劉子翬詩：外澤中貞期是似。蘇軾詩：粲為金盤實。

清・文晟《新編六書》卷六《藥性摘錄》 榧子 甘，溫，性熱。炒食去三蟲，消穀食，助陽道，治白濁。同（猪）〔鵝〕肉食，令氣壅，患斷節風。○榧子皮，反綠豆，犯之殺人。詳藥部。

榧實 甘，濇，微苦，體潤而滑，性平。潤肺，殺蟲化水。○凡肺燥而見咳嗽不寧，腹中不和，五痔腹脹，惡毒，並小兒黃瘦，便秘不解等症，服之皆効。○治寸白蟲，每朝食榧子七枚，滿七日，蟲化為水。但多食恐滑腸。○忌鵝肉。○與綠豆同食，殺人。

清・張仁錫《藥性蒙求・果部》 榧子十粒 榧子甘平，殺蟲百種。五痔皆療，無蟲勿用。丹溪曰：此肺家果也。多食引火入肺，大腸受傷。小兒黃瘦，有蟲積者宜食。與使君子同功。

清・王孟英《隨息居飲食譜・果食類》 榧 甘，溫。潤肺，止嗽化痰，開胃，殺蟲，滑腸消穀。可生啖，可入素羹。猪脂炒，皮自脱。以細而殼薄者佳。多食助火，熱嗽非宜。 腸胃諸蟲患，每晨食榧肉七枚，以愈為度。

清・田綿淮《本草省常・果性類》 榧子 一名玉榧，一名玉山果，一名赤果。性平。消穀殺蟲，潤肺止嗽。同甘蔗食，其渣自軟。多食傷大腸。同鵝肉食，生斷節風。皮反綠豆，犯之殺人。

清・戴葆元《本草綱目易知錄》卷三 榧實 甘，平，濇。肺之果也。潤肺滑腸，明目輕身，令人能食。行營衛，助筋骨，壯陽道，治咳嗽白濁。常食療五痔，去三蟲寸白蠱毒，鬼疰惡毒。多食滑腸，五痔人宜之。炒食香美。久食引火入肺，大腸受傷。其皮反菉豆。

清・陳其瑞《本草撮要》卷三 榧子 味甘濇，平，入手足陽明經，功專殺蟲消積。多食引火入肺，反綠豆。寇氏云多食潤腸。

清・吴汝紀《每日食物却病考》卷下 榧子 味甘，平，濇，無毒。治五痔，去三蟲、蠱毒、鬼疰，消穀，令人能食，助筋骨，行榮衛，明目，輕身。有患寸白蟲者，化蟲為水。多食不發病。五痔人常食之則愈。又一種粗榧，其木相似，但理粗，子稍大，僅圓不尖。《本草》有云：彼子，味溫，有毒。又《爾雅》云：彼當作柀，木似柏子，名榧。即粗榧也，此種不益人。丹溪云：榧，肺家菓也。火炒食之，香酥甘美，但引火入肺，大腸受傷。又云：食過多，滑腸。同猪油炒，黑皮自脫。

五斂子

晉・嵇含《南方草木狀》卷下果類　五歛子　大如木瓜，黃色，皮肉脆軟，味極酸，上有五稜，如刻出。南人呼稜為歛，故以為名。以蜜漬之，甘酢而美。出南海。

明・李時珍《本草綱目》卷三一果部・夷果類　五斂子《綱目》

〖釋名〗五稜子《桂海志》　陽桃時珍曰：按嵇含《草木狀》云：南人呼稜爲斂，故以爲名。

〖集解〗時珍曰：五斂子出嶺南及閩中，閩人呼爲陽桃。其大如拳，其色青黃潤緑，形甚詭異，狀如田家碌碡，上有五稜如刻起，作劍脊形。皮肉脆軟，其味初酸久甘，其核如柰。五月熟，一樹可得數石，十月再熟。以蜜漬之，甘酢而美，俗亦晒乾以充果食。又有三廉子，蓋亦此類也。陳祈暢《異物志》云：三廉出熙安諸郡。南人呼稜爲廉，雖名三廉，或有五六稜者，食之多汁，味甘且酸，尤宜與衆果參食。

實〖氣味〗酸、甘，濇，平，無毒。〖主治〗風熱，生津止渴時珍。

明・施永圖《本草醫旨・食物類》卷三　五斂子食之多汁，味甘且酸，尤宜與衆果參食。　實　味酸、甘、濇，平，無毒。治：風熱，生津止渴。

清・何其言《養生食鑒》卷上　五斂子俗名楊桃，又名三斂。　味酸、甘、澁，性平，無毒。治風熱，生津止渴，或蜜漬，或晒乾，以充果食。能辟嵐瘴之氣。中蠱毒，大渴不止，搗取自然汁，多飲則毒隨吐出而解。因食水土不宜，作發冷病者，取牛肉同炒食之，即愈。

清・王道純《本草品彙精要續集》卷九　五斂子無毒

五斂子：主風熱，生津止渴《本草綱目》。〖名〗五稜子、陽桃。李時珍曰：按嵇含《草木狀》云：南人呼稜爲斂，故以爲名。〖地〗李時珍曰：五斂子出嶺南及閩中，閩人呼爲陽桃。其大如拳，形甚詭異，狀如田家碌碡，上有五稜如刻起作劍脊形，皮肉脆軟。其味初酸久甘，其核如柰，以蜜漬之，甘酢而美，俗亦曬乾，以充果食。又有三廉子，蓋亦此類也。陳祈暢《異物志》云：三廉出熙安諸郡，南人呼稜爲廉，雖名三廉，或有五六稜者，食之多汁。味甘且酸，尤宜與衆果參食。〖時〗五月熟，一樹可得數石，十月再熟。〖色〗色青黃潤緑(形)。〖味〗酸，甘，澀。〖性〗平。

清・何諫《生草藥性備要》卷下　楊桃葉　味劫，性寒。利小水，治撞紅，用大頭魚頭，勿放油、鹽煮湯食，候小便太急大放，其毒隨小便而出，即效。用楊桃更妙。一名三苳。

清・李文培《食物小錄》卷上　五斂子即陽桃　甘，平，酸，微澀，無毒。生津止渴。蜜餞者良。

清・趙學敏《本草綱目拾遺》卷八果部下　羊桃　《粵語》：其種來自大洋，一曰洋桃，高五六丈，大者數圍，花紅色，一蒂數子，七八月間熟，色如蠟，一名三斂子，亦曰山斂。斂，棱也。俗語誤棱為斂也，亦以其味酸能斂顏色也。有五棱者，名五斂。以糯米水澆則甜，名糯羊桃，廣人以為蔬。《綱目》：五斂子，即羊桃。惟言其主治風熱，生津止渴，他功效皆未及，今依《粵語》補之。《爾雅》：長楚銚芅，註：今羊桃也。或曰，鬼桃葉似桃花，白子如小麥，亦似桃。陸璣疏云：葉長而狹，花紫赤色，其枝莖弱，過一尺引蔓於草上。鄭氏曰：藤生子赤，狀如鼠糞，故亦名鼠矢。兒童食之，一名羊腸，一名御弋。蜀本《圖經》：子細如棗核，苗長弱蔓生，不能為樹，今呼為細子，根似牡丹。《群芳譜》：羊桃，福州產，其花五瓣，色青黃。《詩・檜風》：隰有萇楚，猗儺其枝。即指此也。

酸，甘、濇、平、無毒，久食能辟嵐瘴之毒。中蠱者，搗自然汁飲，毒即吐出。脯之或白蜜漬之，持至北方，不服水土與瘧者，皆可治。

《嶺南雜記》：有食豬肉咽喉腫痛，食羊桃即解。《藥性考》：羊桃生時極酸，不可食。熟則帶甘。過食寒中，内熱者宜之。多食冷脾胃、動洩澼，可曬乾。歌曰：獼猴桃寒，酸甘止渴。調中下氣，解煩除熱。骨節風痛，能壓丹石。通淋療痔，瓢可煎食。

清・吴其濬《植物名實圖考》卷三一　五斂子　即楊桃，詳《草木狀》。《本草綱目》始收入果部。能消猪肉毒。其味酸淡，或謂以糯米澆之則甜，又可以蜜漬之。蘇長公詩恣傾白蜜收五棱也。廣人以為蔬，能辟嵐瘴，其汁能吐蠱毒。

清・趙其光《本草求原》卷一二果部　楊桃葉　澀，寒。利水行瘀，治撞紅。同鱗魚煮湯，淡食多飲，得尿利為效。花，解鴉片毒。

楊桃子即五斂子。　酸、甘澀，平，無毒。生津止渴，治風熱。若曬乾，或蜜漬，能辟嵐瘴。又解毒、吐蠱毒，消熱積渴不止，搗汁飲。治不服水土。同牛肉炒。

清・文晟《新編六書》卷六《藥性摘錄》　楊桃　酸甘，性平。治風熱，生津止渴。或蜜漬，或曬乾，能辟嵐瘴蠱毒，大渴，搗汁多飲，毒隨解。

清・田綿淮《本草省常・果性類》　五斂子　一名五稜子，一名陽桃。性平。祛風熱，止渴生津。

海松子

晉・嵇含《南方草木狀》卷下果類　海松子　樹與中國松同，但結實絕大，形如小栗，三角，肥甘香美，亦樽俎間佳果也。出林邑。

宋・唐慎微《證類本草》卷二三果部下品〔宋・馬志《開寶本草》〕　海松子　味甘，小溫，無毒。主骨節風，頭眩，去死肌，變白，散水氣，潤五藏，不飢。生新羅。如小栗，三角，其中人香美，東夷食之當果，與中土松子不同今附。

〔宋・掌禹錫《嘉祐本草》〕按：日華子云：松子，逐風痹寒氣，虛羸少氣，補不足，潤皮膚，肥五藏，東人以代麻腐食用。

〔宋・唐慎微《證類本草》〕《海藥》云：去皮食之，甚香美，與雲南松子不同，雲南松子似巴豆，其味不厚，多湌發熱毒。松子，味甘美，大溫，無毒。主諸風，溫腸胃。久服輕身，延年不老。味與卑占國偏桃人相似，其偏桃人，用與北桃人無異是也。

宋・陳衍《寶慶本草折衷》卷一八　海松子木部松脂條附實，一名松子，自是各種，其名近似爾。　生新羅，及東夷。　味甘，小溫，無毒。○主骨節風，頭眩，散水氣，潤五藏。如小栗，三角。○日華子云：逐風痹寒氣，虛羸少氣，補不足，潤皮膚。東人以代麻腐食用。○《海藥》云：去皮食之，甚香美。與雲南松子不同。雲南松子似巴豆，其味不厚，多食發熱毒。

元・忽思慧《飲膳正要》卷三　松子　味甘，溫，無毒。治諸風頭眩，散水氣，潤五藏，延年。

明・滕弘《神農本經會通》卷三　海松子　生新羅，如小栗，三角，其中人香美，東夷食之當果，與中土松子不同。　味甘，氣小溫，無毒。一云：味甘美，大溫，無毒。　《本經》云：主骨節風，頭眩，去死肌，髮白，散水氣，不飢。日華子云：逐風痺，風氣，虛羸少氣不足，潤皮膚，肥五臟。東人以代麻腐用。《海藥》云：去皮食之，甚香美。與雲南松子不同，雲南松子似巴豆，其味不美，多食發熱毒。松子味甘美，大溫，無毒。主諸風，溫腸胃，久服輕身，延年不老。

明・劉文泰《本草品彙精要》卷三四　海松子無毒　植生。

海松子：主骨節風，頭眩，去死肌，變白，散水氣，潤五臟，不飢。名醫所錄。

〔苗〕《圖經》曰：如小栗，三角，其中仁香美，東夷食之當果，與中土松子不同。《海藥》云：食之甚甘美，味與卑占國偏桃仁相似，與雲南松子不同。雲南松子似巴豆，其味不厚，多食發熱毒。〔地〕《圖經》曰：生新羅。〔時〕生：春。採：秋取。〔收〕暴乾。〔用〕仁。〔質〕如小栗，三角。〔色〕白。〔味〕甘。〔性〕小溫，緩。〔氣〕氣厚於味，陽也。〔臭〕香。〔主〕祛諸風，溫腸胃。〔製〕去皮，取仁。〔治〕療：日華子云：逐風痹寒氣。補：日華子云：虛羸少氣，補不足，潤皮膚，肥五臟。《海藥》云：久服輕身，延年不老。

明・盧和、汪穎《食物本草》卷二果類　松子　味甘，溫，無毒。主風寒氣，虛羸少氣，補不足。服食有法，《列仙傳》言，偓（佺）〔佺〕好食松子，能飛走及奔馬。一種海松子，主骨節風，頭眩，去死肌白髮，散水氣，潤五臟，不飢。

明・寧源《食鑒本草》卷上　松子　去諸風，逐邪氣，滑肌膚，實腸胃，長食延人年。

明・王文潔《太乙仙製本草藥性大全》卷四《本草精義》　海松子　舊不著所出州土。生新羅，如小栗三角，其中仁去皮食之甚香美，東夷食之當果，與中土松子不同。雲南松子，似巴豆，其味不厚，多食發熱毒。松子，味甘美，大溫，無毒。主諸風，溫腸胃，久服輕身延年不老。味與卑古國偏桃〔仁〕相似，其偏桃仁用與北桃仁無異是也。

明・王文潔《太乙仙製本草藥性大全》卷四《仙製藥性》　海松子　味甘，氣小溫，無毒。　主治：主骨節風頭眩，逐風濕痹寒氣。去死肌，而變白髮；　潤皮膚，而調五臟。散水氣妙劑，補虛羸秘旨。溫腸胃不飢神效，補不足少氣尤良。

明・皇甫嵩《本草發明》卷四　海松子味甘，溫。　主骨節風、頭眩，去死肌，變白，散水氣，潤五藏，不飢。生新羅。如小栗，三角，其中仁香美，東夷食之，與雲南松子不同。雲南松子似巴豆樣，味不厚，多食發熱毒。

明・李時珍《本草綱目》卷三一果部・夷果類　海松子宋《開寶》

【釋名】新羅松子　【集解】志曰：海松子，狀如小栗，三角。其中仁香美，東夷當果食之，亦代麻腐食之，與中國松子不同。炳曰：五粒松一叢五葉如釵，道家服食絶粒，子如巴豆，新羅往往進之。頌曰：五粒字當作五鬣，音傳訛也。五鬣爲一叢，或有兩鬣、七鬣者。松歲久則實繁。中原雖有，小而不及塞上者佳好也。瑞曰：松子有南松、北松。華陰松形小殼薄，有斑極香；新羅者肉甚香美。時珍曰：海松子出遼東及雲南，其樹與中國松樹同，惟五葉一叢者，毬内結子，大如巴豆而有三稜，一頭尖爾，久收亦油。馬志謂似小栗，殊失本體。中國松子大如柏子，亦可入藥，不堪果食，詳見木部松下。按段成式《酉陽雜俎》云：予種五鬣松二株，根大如碗，結實與新羅、南詔者無別。其三鬣者，俗呼孔雀松。亦有七鬣者。或云：三鍼者爲栝子松，五鍼者爲松子松。

仁　【氣味】甘，小温，無毒。珣曰：新羅松子甘美大温，去皮食之甚香，與雲南松子不同。雲南松子似巴豆，其味不及。與卑占國偏桃仁相似。多食發熱毒。時珍曰：按《醫説》云：食胡羊肉不可食松子。而《物類相感志》云：凡雜色羊肉入松子則無毒。其説不同，何哉。　【主治】骨節風，頭眩，去死肌，變白，散水氣，潤五臟，不飢《開寶》。逐風痹寒氣，虛羸少氣，補不足，潤皮膚。肥五臟《别録》。主諸風，温腸胃。久服，輕身延年不老李珣。潤肺，治燥結欬嗽時珍。同柏子仁，治虛秘宗奭。

【發明】時珍曰：服食家用松子皆海松子，曰：中國松子，肌細力薄，只可入藥耳。按《列仙傳》云：偓佺好食松實，體毛數寸，走及奔馬。又犢子少在黑山食松子、茯苓，壽數百歲。又赤松子好食松實、天門冬、石脂，齒落更生，髮落更出，莫知所終。皆指此松子也。

【附方】舊一，新三。　服松子法：七月取松實，過時即落難收也。去木皮，擣如膏收之。每服鷄子大，酒調下，日三服。百日身輕，三百日行五百里，絶穀，久服神仙。渴即飲水。亦可以鍊過松脂同服之。《聖惠方》。　肺燥欬嗽：蘇遊鳳髓湯：用松子仁一兩，胡桃仁二兩，研膏，和熟蜜半兩收之。每服二錢，食後沸湯點服。《外臺秘要》。　小兒寒嗽：或作壅喘。用松子仁五個，百部炒、麻黄各三分，杏仁四十個，去皮尖，以少水略煮三五沸，化白砂糖丸芡子大。每食後含化十丸，大妙。錢乙《小兒方》。　大便虛祕：松子仁、柏子仁、麻子仁等分，研泥，溶白蠟和丸梧子大。每服五十丸，黄芪湯下。寇宗奭。

明・梅得春《藥性會元》卷中　海松子　味甘，小溫，無毒。　主治骨節風，頭眩，去死肌，變白，散水氣，潤五臟，不飢。生新羅，今改暹羅。如小棗，三角，其中仁香美。東夷食之當果，與土松子不同。即今之松子是也。

明・穆世錫《食物輯要》卷六　松子　味甘，性溫，無毒。補氣虛，散風寒。多食，生痰涎，發虛熱。一種梅松子，性味相同，潤五臟，散水氣，治頭眩骨節風，去死肌白髮。凡松子之類，將油熾者，攤竹紙上焙，還好。

明・吴文炳《藥性全備食物本草》卷二　海松子　味甘，性小溫，無毒。生新羅，如小栗三角，其中仁去皮食之甚香美。與中土松子不同。但南松子似巴豆，其味不厚，多食發熱毒。海松子主骨節風，頭眩，逐風濕痺寒氣，去死肌，黑髮潤皮膚，調五臟，散水氣，補虛羸，溫腸胃，久服輕身延年。將油熾者攤竹紙上，焙，還好。

明・趙南星《上醫本草》卷二　海松子　一名新羅松子。志曰：海松子狀如小栗，三角，其中仁香美。東夷當果食之，亦代麻腐食之，與中國松子不同。　仁　甘，小溫，無毒。主治：骨節風，頭眩，去死肌，變白，散水氣，潤五臟，不飢。

附方　肺燥欬嗽：蘇遊鳳髓湯，用松子仁一兩，胡桃仁二兩，研膏，和熟蜜半兩收之。每服二錢，食後沸湯點服。　大便虛秘：松子仁、柏子仁、麻子仁等分，研泥，溶白蠟，和丸梧子大。每服五十丸，黄芪湯下。

明・繆希雍《本草經疏》卷二三　海松子　味甘，小溫，無毒。主骨節風，頭眩，去死肌，髮白，散水氣，潤五藏，不飢。生新羅。

【疏】海松子氣味香美，甘溫。甘溫助陽氣而通經，則骨節中風水氣，及因風頭眩、死肌自除矣。氣溫屬陽，味甘補血，血氣充足，則五臟自潤，髮白，不飢所由來矣。仙方服食，多餌此物，故能延年輕身不老也。

明・應麐《食治廣要》卷四　海松子　氣味：甘，小溫，無毒。主治：逐風痹，去死肌，變白，散水氣，潤五藏，補不足，潤肺，治燥結欬嗽，虛秘。按《列仙傳》云：偓佺好食松實，體毛數寸，走及奔馬。〔又，〕犢子少在黑山食松子、茯苓，壽數百歲。又，赤松子好食松子、天門冬、石脂，齒落更生，髮落更出。皆是物也。

明・姚可成《食物本草》卷九果部・夷果類　海松子出新羅國，香美殊勝，番人當果食之。中原雖有，小而不及塞上者佳好也。○松子有南松、北松。華陰松形小殼薄，有斑極香；新羅者，肉甚香美。○李時珍曰：海松子，出遼東及雲南，其樹與中國松樹同，惟五葉一叢者，毬内結子，大如巴豆而有三稜，一頭尖爾。久收亦油。中國松子大如栢子，只可入藥，不堪果食。海松子，味甘，小溫，無毒。治骨節風，頭眩，去死肌，變白，散水氣，潤五臟，不飢。逐風痹寒氣，虛羸少氣，補不足，潤皮膚。久服，輕身延年不老。潤肺，治燥結欬嗽。食胡羊肉不可食松子。〇李時珍曰：服食家用松子皆海松子。曰：中國松子，肌細力薄，只可入藥耳。按《列仙傳》云：偓佺好食松實，體毛數寸，走及奔馬。又犢子少在黑山食松子、茯苓，壽數百歲。又赤松子好食松實、天門冬、石脂，齒落更生，髮落更出，莫知所終。皆指此松子也。

附方：服食松子法：七月取松實，過時即落難收也。去殼，擣如膏收貯。每服雞子大，酒調下，日三服。百日輕身，二百日行五百里，絕穀，久服通仙。治大便虛秘：松子仁、栢子仁、麻子仁等分，研細服。

明·顧逢柏《分部本草妙用》卷九果部 松子 甘，小溫，無毒。主治：骨節風，頭眩，去死肌，散水氣，潤五臟，逐風痺，主諸風，溫腸胃，久服輕身延年。潤肺治燥結欬嗽。同栢子仁治虛秘。中國松子力薄，只可入藥。惟海松子為服食妙品。

明·施永圖《本草醫旨·食物類》卷三 海松子名新羅松子。狀如小栗，三角，其中仁香美，東夷當果食之。仁 味甘，小溫，無毒。新羅松子甘美，大溫，去皮食之甚香，與雲南松子不同。食胡羊肉不可食松子。治：骨節風，頭眩，去死肌，變白，散水氣，潤五臟，不飢，逐風痹寒氣，虛羸少氣。補不足，潤皮膚，肥五臟。主諸風，溫腸胃。久服輕身，延年不老。潤肺，治燥結欬嗽。同柏子仁，治虛秘。

附方 肺燥欬嗽：用松子仁一兩，胡桃仁二兩，研膏，和熟蜜半兩，收之，每服二錢，食後沸湯點服。大便虛秘：松子仁、柏子仁等分研泥，溶白蠟和丸梧子大。每服五十丸，黃芪湯下。

清·穆石匏《本草洞詮》卷六 松子 氣味甘，小溫，無毒。主諸風，治燥嗽，潤五臟，不飢，久服延年。按《列仙傳》云：偓佺好食松寔，體毛數寸，行及奔馬。赤松子食松實，莫知所終。則松子洵服食之佳珍也。

清·丁其譽《壽世秘典》卷三 松子 松子有南松、北松、華陰松，形小殼薄有斑，極香。海松子又名新羅松子，出遼東及雲南，與松樹同。惟五葉一叢者，毬內結子，大如巴豆而有三稜，一頭尖爾，肉甚香美，久收亦油。氣味：甘，微溫，無毒。主去諸風，逐邪氣，滑肌膚，實腸胃，潤肺，治燥結欬嗽。

清·郭章宜《本草匯》卷一四 松子 甘，溫。逐風痺，溫腸胃。治燥結，潤皮膚。

按：松子，甘美大溫，中和之品也。善理肺燥欬嗽，故鳳髓湯中用松子仁一兩，胡桃仁二兩，研膏，和熟蜜半兩，食後沸湯點服。又大便虛秘者，用松子仁、栢子仁、麻子仁，等分研泥，溶白蠟和丸，黃芪湯下。陰虛多燥者，珍為神丹。

清·尤乘《食鑒本草·果類》 松子 潤燥結，同栢子仁治虛秘，補不足。

清·朱本中《飲食須知·果類》 松子 味甘，性溫。多食生痰涎，發虛熱。不可同胡羊肉食。凡松子細果將油者，攤竹紙焙之，還好。

清·何其言《養生食鑒》卷上 松子 味甘，性溫，無毒。補氣虛，散風寒。多食生痰涎，發虛熱。一種海松子，性味相同。潤五臟，散水氣，治頭眩，骨節風，去死（饑）〔肌〕、白髮。凡松子之類，將油熾者，攤竹紙上焙，還好。

清·王翃《握靈本草》卷七 松子 松子出遼東及雲南，五葉一叢者子大。主治：松子，甘，小溫，無毒。潤肺，治燥結欬嗽。

清·汪昂《本草備要》卷三 海松子 潤燥。甘，溫。潤肺溫胃，散水除風。治咳嗽，松子一兩，胡桃二兩，煉蜜和服，治肺燥咳嗽。虛秘。同柏子仁、麻仁，溶蠟爲丸，名三仁丸。出遼東、雲南。松鬚五鬣。

清·顧靖遠《顧氏醫鏡》卷八 松子甘，微溫。甘能益血，潤大便。溫能和氣，主風虛。甘溫助陽氣而通經，故有治骨節中風，及因風頭眩，去死肌，散水氣之功。久服有裨。

清·李熙和《醫經允中》卷二二 松子 中國者力薄，只可入藥，海松子服食為佳。甘，小溫，無毒。主治骨節風，頭眩，去死肌，潤五臟，逐風痺，久服輕身延年。治燥結。同栢子仁治虛秘。

清·馮兆張《馮氏錦囊秘錄·雜症痘疹藥性主治合參》卷八 海松子 氣味香美甘溫。氣溫能助陽而通經，味甘能補血而潤澤。經通血潤，五臟自和，所以主骨節中風及因風頭眩。去死肌，散水氣，潤五臟，變髮白。仙方服食，多用此物，亦以能延年輕身不老也。

按：松子甘美大溫，中和之品也。

清・张璐《本經逢原》卷三　松子　甘，溫，無毒。　發明：　海松子甘潤，益肺清心，止嗽潤腸，兼栢仁、麻仁之功，溫中益陰之效。心肺燥痰乾欬之良藥也。

清・葉盛《古今治驗食物單方》　松子　肺燥欬嗽，松子仁一兩，胡桃仁二兩，研膏，和蜜半兩收之，每服三錢，沸湯點飲，名鳳髓湯。　大便虛閉，松子仁、栢子仁、麻仁等分，研如泥，溶白蠟為丸桐子大，每服五十丸，黄芪湯送下。

清・吴儀洛《本草從新》卷四　海松子〔潤燥。〕　甘溫而香。　潤肺開胃，散水氣，除諸風。　治肺燥咳嗽，松子一兩，胡桃仁二兩，研膏，和熟蜜半兩收之。　大便虛秘。同柏子仁、麻子仁等分研泥，溶白蠟和丸，黄耆湯下。　便溏精滑者勿與，有濕痰者亦禁。

清・汪紱《醫林纂要探源》卷二　松子　甘，辛，溫。樹生毬子，在毬甲中。近處老松亦有之，而子粃小，惟遼東、雲南粒大仁肥。松子既為果，故松節等亦自木部移入。　潤心肺，瀉肺行水。去清燥之邪，治寒嗽乾咳。　潤腸通閉。潤心肺，即潤二腸矣。　松節　苦，辛，溫。　治骨節風濕。苦收濕，辛補肝，行水袪風。性又堅悍，能通骨節，須浸酒用之。　松脂　苦，甘，辛，溫。　熬膏，傅癤毒。除風濕，化毒，殺蟲，生肌止痛。　松葉　煎湯浴身。治腳氣，療蟲瘡。

清・嚴潔等《得配本草》卷六　松子仁即海松子。一名羅松子。　甘，溫。　潤心肺，益陰氣。　配胡桃肉、蜜，治肺燥咳嗽。配百部、杏仁，治寒嗽。配柏子仁、麻仁，治虛秘。

題清・徐大椿《藥性切用》卷六　松子仁　甘溫氣香，醒脾開胃，解鬱潤腸，為芳香解鬱潤燥良藥。　其油可通津枯腸結，無火最宜。

清・李文培《食物小録》卷上　海松子　味甘，氣香，微溫，無毒。　久服輕身，延年潤肺，治燥結欬嗽。

清・羅國綱《羅氏會約醫鏡》卷一七菓部　海松子　味甘，氣溫，入肺胃二經。　溫能助陽而通經，甘能補血而潤燥。治骨節中風、因風頭眩、血足風滅。肺燥咳嗽、松子一兩，胡桃二兩，煉蜜丸服，或研膏，食後沸湯點服。　大便虛秘。　同柏子、麻子仁等分，溶白蠟和丸，黄芪湯下。　散水氣，潤五臟，養肺溫胃，烏鬚黑髮。　仙方餌食，以能輕身而延年也。

清・黄凱鈞《藥籠小品》　松子　潤腸開胃，悦肌膚，散風止嗽，治大便虛閉。

清・章穆《調疾飲食辯》卷四　海松子　一名新羅松子。《綱目》曰：　出遼東及雲南，一鬣五葉，毬內子大如巴豆。有三稜，一頭尖，炒食甘香，久留易油壞。　性能潤肺，治諸燥結欬嗽。《開寶本草》云：　主骨節間風，頭眩，去死肌，潤五臟。《外臺》治乾欬無痰：　松子仁一兩，胡桃二兩，去衣研膏，和熟蜜半兩，每食後開水服二錢。《錢乙小兒方》治肺寒久嗽：　松子仁五十個，百部炒三錢，麻黄二錢，杏仁去衣四十個，同白餹杵為丸，每含化數丸。如果肺寒，宜略加乾薑。《衍義》治大便虛秘：　松子、柏子、麻子同研膏，蜜丸梧子大，每黄耆湯下五十丸宜當歸黄耆湯。《海藥本草》曰：　松子味雖美，多食發熱毒。《列仙傳》謂偓佺、赤松子皆服此得仙，幻談也。

清・吴鋼《類經證治本草・手陽明大腸腑藥類》　海松子　【略】誠齋曰：　松子專治血虛之風。出遼東新羅，與中國松樹相同，惟五葉一叢，毬內結子，大如巴豆而有三稜，一頭尖，食之香美。今雲南中國亦有之。

清・葉桂《本草再新》卷五　海松子味甘，性溫，無毒。入脾、肺二經。　潤肺健脾，斂欬嗽，止吐血。

清・吴其濬《植物名實圖考》卷三一　海松子　《開寶本草》始著録。　生關東及永平等府。　樹碧實大，凌冬不凋。

清・趙其光《本草求原》卷一二果部　松子　甘，溫，無毒。　補氣，散風寒。　一種海松子，甘潤，益肺清心，止嗽行水，潤腸藏，去頭眩、骨節風，活死肌。　功兼柏仁、麻仁溫中益陰之效，心肺燥痰乾咳之良藥也。

清・文晟《新編六書》卷六《藥性摘録》　海松子　甘，微溫。　潤五臟，散水氣，治頭痃骨節風，去死肌白髮。　此類將油熾，攤竹帋上，焙還好。

清・張仁錫《藥性蒙求・果部》　松子三錢　松子甘溫，香能啟胃。　肺燥欬頻，潤腸甚對。　張路玉云：　益肺清心，止嗽潤腸，兼麻仁、柏仁之功，溫中益陰之效，心肺燥痰乾欬之良藥也。

清・王孟英《隨息居飲食譜・果食類》　海松子　甘，平。　潤燥補氣，充飢，養液息風，耐飢溫胃，通腸辟濁，下氣香身。　最益老人，果中仙品，宜肴宜餡，服食所珍。

清・田綿淮《本草省常・果性類》　梅松子　一名新羅松子。　性溫。　潤燥止嗽，明目除風。　久食令人輕身，延年不老。　食羊肉者忌之，便溏精滑者忌之。

清·陳其瑞《本草撮要》卷三 海松子 味甘，溫香，入手太陰、陽明經，功專潤肺開胃，散水氣，除諸風。得胡桃加倍煉蜜為丸或同服，治肺燥咳嗽。得柏子仁、麻仁熔蠟為丸，名三仁丸，治虛秘，黃耆湯下。有濕痰及便溏精滑者忌。

清·吳汝紀《每日食物却病考》卷下 松子 味甘，溫，無毒。逐風痹寒氣，補虛羸不足，潤五臟滋味，治燥結欬嗽，久服輕身延年，服食家所用也。中國松，子生。栝子松，三鬣者，子如栢子大，力薄。出塞上五鬣者，子似巴豆大，甚佳。其新羅、南詔者更佳。七月取松實，過時即落矣。僊家服食法，用新者，去皮，搗如膏，每服鷄子大，酒調下，久服絕穀。《列仙傳》云：偓佺好食松實，體毛數寸，走及奔馬。松仁同栢子仁、蔴子仁，蠟丸服，治大便虛秘。又，松仁一兩，胡桃仁二兩，熟蜜五錢收之，食後沸湯點服二錢，治肺燥欬嗽，極效。

檳榔

晉·嵇含《南方草木狀》卷下果類 檳榔 樹高十餘丈，皮似青桐，節如桂竹，下本不大，上枝不小，調直亭亭，千萬若一，森秀無柯，端頂有葉，葉似甘蕉，條派開破。仰望眇眇，如插叢蕉於竹杪，風至獨動，似舉羽扇之掃天。葉下繫數房，房綴數十實，實大如桃李，天生棘重累其下，所以禦衛其室也。味苦澁，剖其皮，鬻其膚，熟如貫之，堅如乾棗，以扶留藤、古賁灰並食則滑美，下氣消穀。出林邑。彼人以為貴，婚族客必先進。若邂逅不設，用相嫌恨。一名賓門藥餞。

唐·孫思邈《千金要方》卷二六《食治·果實》 檳榔 味辛，溫，濇，無毒。消穀逐水，除痰澼，殺三蟲，去伏尸，治寸白。

宋·李昉《太平御覽》卷九七一 檳榔 《嶺表録異》曰：檳榔，交廣生者，非舶檳榔，皆大腹子也，彼中悉呼為檳榔。交阯豪士，皆家園植之。其樹莖葉根幹，與桄榔、椰子小異也。安南人自嫩及老，採實啖之，以不婁藤兼之屋瓦子灰，競咀嚼之，自云交州地溫，不食此無以祛其瘴癘。廣州亦噉檳榔，然不甚於安南也，府郭內亦無檳榔樹。 李當之《藥録》曰：檳榔，一名賓門。

宋·唐慎微《證類本草》卷一三木部中品〔《別錄》〕 檳榔 味辛，溫，無毒。主消穀逐水，除痰澼，殺三蟲、伏尸，療寸白。生南海。

〔梁·陶弘景《本草經集注》〕云：此有三四種。出交州，形小而味甘。廣州以南者，形大而味澁。核亦有大者，名猪檳榔。作藥皆用之。又小者，南人名蒳子，俗人呼爲檳榔孫，亦可食。

〔唐·蘇敬《唐本草》〕注云：檳榔生者極大，停數日便爛。今入北來者，皆先灰汁煮熟，仍火熏使乾，始堪停久。其中人主腹脹，生擣末服，利水穀道。傅瘡，生肌肉止痛。燒爲灰，主口吻白瘡。生交州、愛州及崑崙。

〔宋·掌禹錫《嘉祐本草》〕按：《藥性論》云：白檳榔，君，味甘，大寒。能主宣利五藏六腑擁滯，破堅滿氣，下水腫，治心痛，風血積聚。《廣志》云：木實白檳榔樹無枝略如柱，其顛生檖而秀，生棘針，重疊其下，彼方珍之，以爲口實。陳藏器云：蒳子，小檳榔也。生收火乾，中無人者，功劣於檳榔。顧徵《廣州記》云：山檳榔，形小而㼜細。蒳子，土人呼爲檳榔孫。日華子云：檳榔，味澁。除一切風，下一切氣，通關節，利九竅，補五勞七傷，健脾調中，除煩，破癥結，下五膈氣。《南海藥論》云：檳榔人，赤者味苦。殺蟲兼補。

〔宋·蘇頌《本草圖經》〕曰：檳榔，生南海。今嶺外州郡皆有之。大如桄榔，而高五七丈，正直無枝，皮似青桐，節如桂竹。葉生木巔，大如楯頭，又似甘蕉葉。其實作房，從葉中出，傍有刺若棘針，重疊其下。一房數百實，如雞子狀，皆有皮殼。肉滿殼中，正白。味苦澁，得扶留藤與瓦屋子灰同咀嚼之，則柔滑而甘美。嶺南人噉之以當果實。其俗云：南方地溫，不食此無以祛瘴癘。其實春生，至夏乃熟。然其肉極易爛。欲收之，皆先以灰汁煮熟，仍火焙熏乾，始堪停久。此有三四種，有小而味甘者，名山檳榔。有大而味澁核亦大者，名猪檳榔。最小者名蒳子。其功用不說有別。又云：尖長而有紫文者名檳，圓而矮者名榔，檳力小，榔力大。今醫家不復細分，但取作雞心狀、有坐正穩心不虛、破之作錦文者爲佳。其大腹所出，與檳榔相似，但莖、葉、根、幹小異，并皮收之，謂之大腹檳榔。或云：檳榔難得真者，今賈人貨者，多大腹也。

〔宋·唐慎微《證類本草》〕《海藥》謹按《廣志》云：生東海諸國。樹、莖、葉、根、幹與大腹小異耳。又云：如椶櫚也。葉茜似芭蕉狀。陶弘景云：向陽曰檳榔，向陰曰大腹。味澁，溫，無毒。主賁豘諸氣，五鬲氣，風冷氣，宿食不消。《脚氣論》云：以沙牛尿一盞，磨一枚，空心暖服，治脚氣壅毒，水腫浮氣。秦醫云：檳榔二枚，一生一熟，擣末。酒煎服之，善治膀胱諸氣也。《食療》：多食發熱，南人生食，閩中名橄欖子。所來北者，煮熟，熏乾將來。雷公云：凡使，取好存坐穩、心堅文如流水，碎破內文如錦文者妙。半白半黑并心虛者，不入藥用。凡使須別檳與榔，頭圓身形矮毗者是榔，身形尖紫文麄者是檳。檳力小，榔力大。欲使先以刀刮去底，細切。勿經火，恐無力效。若熟使不如不用。《聖惠方》：治口吻生白瘡。用二枚燒灰細研，傅之妙。又方：治胎動腰痛搶心，或有血下。用一兩爲末，非時水煮葱白濃汁，調下一錢匕。《外臺秘要》：若脚氣，非冷非熱，老人、弱人脹滿者。檳榔人爲末，以檳榔殼汁或茶飲、或豉汁中調服方寸匕，甚利。《經驗方》：治金瘡。白檳榔、黄連少許爲末，傅之即差。《梅師方》：治醋心。檳榔四兩，橘皮二兩，細擣爲散。空心生蜜湯下方寸匕。《孫真人食忌》：治嘔吐。以白檳榔一顆，煨，橘皮一分，炙爲末。水一盞，煎半盞服。《斗門方》：治腰重痛。用檳榔爲末，酒下一錢。又方：治本藏氣。以雞心檳榔，小便濃磨半個服。或用熱酒調一錢匕，效。《簡要濟衆》：治諸蟲在藏腑久不差。檳榔半兩炮，擣爲末。每服一錢至二錢，葱、蜜煎湯調下，空心服。又方：治脚氣衝心。白檳榔一個，雞心大者爲末，用童子小便，生薑汁，溫酒共半盞調，只作一服，無時服。《廣利方》：治脚氣衝心，致悶亂不識人。白檳榔十二分，爲末。分三服。空心暖小便五大合調服，日再服。《御藥院》：治痰涎。檳榔爲末，白湯點一錢。《齊民要術》：檳榔下氣及宿食，白蟲，消穀，痰飲。

宋·寇宗奭《本草衍義》卷一四 檳榔 二書所説甚詳。今人又取尖長者入藥，言其快鋭速效。屢嘗試之，果如其説。

宋·江少虞《宋朝事實類苑》卷六〇 胸中痞滯 南海地氣暑濕，人多患胸中痞滯，故常啖檳榔，日數十口。

金·張元素《潔古珍珠囊》〔見元·杜思敬《濟生拔粹》卷五〕 檳榔辛純陽。破氣滯，泄胸中至高之氣。

宋·劉明之《圖經本草藥性總論》卷下 檳榔 味辛，溫，無毒。主消穀，逐水，除痰癖，殺三蟲伏尸，療寸白。《藥性論》云：君。主宣利五臟六腑擁滯，破堅滿氣，下水腫，治心痛風血積聚。日華子云：味澀。除一切風，下一切氣，通關節，利九竅，補五勞七傷，健脾調中，除煩，破癥結，下五膈氣。《南海藥譜》云：赤者味苦，殺蟲兼補。生海南。

宋·陳衍《寶慶本草折衷》卷一三 檳榔君。灰在内。一名白檳榔，大者名猪檳榔，小者名檳榔孫。一名山檳榔，一名蒳子。李當之云：一名檳門。生南海即廣地。及東海、崑崙、嶺外，交、愛州。○夏取灰煮，熏乾。

味辛、甘、苦、澀，溫，無毒。○主消穀，逐水，除痰癖，殺三蟲，療寸白。○《唐本》註云：主腹脹，利水穀道，傅瘡生肌，止痛。燒灰，主口吻白瘡。○《藥性論》：宣利藏腑擁滯，破堅滿氣，下水腫，治心痛，風血積聚。○日華子云：除風下氣，通關利竅，建脾調中，除煩，破癥結，下五膈氣。○《圖經》曰：南方地溫，不食此，無以袪音□瘴癘。但鷄心狀，存坐正穩，心不虛，破之作錦文者佳。難得真者，今貨者多大腹也。○《廣志》云：主賁豚，脚氣壅毒，膀胱諸氣。○《聖惠方》：治胎動腰痛搶心、血下，用□末，水煮葱白濃汁，調下壹錢匕。○孫真人云：治嘔吐。以檳榔壹顆，煨橘皮壹分炙為末，水壹盞，煎半盞服。○寇氏曰：尖長者入藥，快鋭速效。

續説云：《圖經》及寇氏論形色已明，惟麻逸國出者，功力倍勝。其狀肥偉尖鋭，其色紫赤油澤，世稱為麻逸檳榔。必陶隱居所謂猪檳榔者是也。大抵生則有力，採人既曾煮焙，其力已微，今用者更不可見火，亦不宜久煎，則力愈耗，故雷公云熟使不如不用。凡和諸湯劑，當煎衆藥，臨熟澄藥汁磨檳榔，如分兩投之，同煎，小沸，然後服餌。或欲燒者，却從本方。其外皮功用與大腹之皮，亦不相遠。

元·王好古《湯液本草》卷五 檳榔 氣温，味辛、苦，味厚氣輕，陰中陽也。純陽，無毒。《象》云：治後重如神。性如鐵石之沉重，能墜諸藥至於下極。杵細用。《心》云：苦以破滯，辛以散邪，專破滯氣下行。《珍》云：破滯氣，泄胸中至高之氣。《本草》云：主消穀逐水，除痰癖，下三蟲，去伏尸，療寸白蟲。

元·尚從善《本草元命苞》卷六 檳榔 為君。辛，溫，無毒。一云味酸、甘，寒。宣泄胸中滯氣，通關節，利九竅。健脾氣，除痰癖，溫中消穀。破堅滿癥結之積，逐水除煩，殺伏尸、寸白之蟲。生南海、嶺外州郡，如椶櫚，葉似芭蕉，實作房，一房數百，雞子狀，皆有皮殼，肉滿殼中，正白苦澁，取雞心，存坐正穩，用尖長破之，錦紋赤者，味苦兼補，殺蟲。向陽曰檳榔，向陰曰大腹。

元·吴瑞《日用本草》卷六 檳榔 嶺南人以為果味，食之謂能辟疫氣。狀如雞心，尖長端正，中有紫紋者為真。味辛，溫，無毒。主消穀逐水，除痰癖，殺三蟲、伏尸，療寸白蟲，能宣五臟六腑壅滯，破堅滿，下膈氣，治水腫，心痛，風血積聚。一方：治痰涎，檳榔為末，白湯點服。又治胎動腰痛搶心，或有血下，用一兩為末，濃煮葱白汁，調下一錢。

元·朱震亨《本草衍義補遺·新增補》 檳榔 純陽。破氣滯，泄胸中至高之氣。《象》云：治後重如神。性如鐵石之沉重，墜諸藥於至下。

元·佚名氏《珍珠囊·諸品藥性主治指掌》〔見《醫要集覽》〕 檳榔 味苦、辛，氣溫，無毒。降也，陰也。其用有二： 墜諸藥性如鐵石，治後重驗如奔馬。

元·徐彥純《本草發揮》卷三 檳榔 潔古云： 治後重如神。性如鐵石之沉重，能墜諸藥至於下。《主治秘訣》云： 性溫，味苦。氣薄味厚，沉而降，陰中陽也。破滯氣，下行，泄胸中至高之氣。 東垣云： 檳榔，辛而苦，性溫。味厚氣輕，陰中陽也。苦以泄滯氣，辛以散風邪。專破滯氣下行。

明·王綸《本草集要》卷四 檳榔君 味辛苦，氣溫。味厚氣輕，陰中陽也。無毒。狀若雞心，正穩尖長，心不虛，中有錦紋者良。 主消穀，逐水，除痰癖，治心痛，殺三蟲，伏尸寸白。治後重如神，墜諸藥至於極下，破滯氣，泄胸中至高之氣。南方人食之，以祛障厲。又腳氣衝心，大者一個，為末，童便、薑汁、溫酒共半盞，調。

明·滕弘《神農本經會通》卷二 檳榔 君也。尖長而有紫文者，名檳。圓而矮者，名榔。今醫家不復細分，但取鷄心狀，存坐正穩，心不虛，破之作錦文者為佳。心虛者，不入藥用。勿經火。

味辛，氣溫，無毒。《湯》云： 氣溫，味辛、苦。味厚氣輕，陰中陽也，純陽，無毒。東云： 降也，陰也，墜諸藥，性若鐵石，治後重驗如奔馬。又云： 豁痰逐水，殺寸白蟲。《珍》云： 破滯氣，下行。《疌》云： 消食，除痰，并逐水下氣，開胸健脾，治後重，諸風諸積。

《本經》云： 主消穀，逐水，除痰癖，殺三蟲，伏尸，療寸白。《唐本》注云： 其中人，主腹脹，生搗末服。利水穀道，傅瘡，生肌肉，止痛。燒為灰，主口吻白瘡。《藥性論》云： 白檳榔，君。味甘，大寒。能主宣利五臟六腑擁滯，破堅滿氣，下水腫，治心痛風，血積聚。日華子云： 味澁。除一切風，下一切氣，通關節，利九竅，補五勞七傷，健脾調中，除煩，破癥結，下五隔氣。《藥譜》云： 檳榔人，赤者味苦，殺蟲兼補。《圖經》云： 白，味苦，澁。得扶留藤、南瓦屋子灰，同咀嚼之，則柔滑而甘美。嶺南人啾之以當果實，其俗云： 南方地濕，不食此無以祛瘴癘。其大腹所出，與檳榔相似，但莖葉根幹小異。并皮收之，謂之大腹檳榔。《海藥》云： 陶弘景云向陽曰檳榔，向陰曰大腹。味澁，溫，無毒，主賁㹠諸氣，五鬲氣，風冷氣，宿食不消。《脚氣論》云： 以沙牛尿一盞，磨一枚，空心暖服，治脚壅毒，水腫浮氣。《象》云： 治後重如神。性如鐵石之沉重，能墜諸藥至於下。極杵細用。《心》云： 苦以破滯，辛以散邪，專破滯氣下行。《珍》云： 破滯氣，泄胸中至高之氣。丹溪同《象》云、《珍》云。剷云： 檳榔苦辛氣性溫，滯氣攻開又殺蟲。墜諸藥性若鐵石，治後重時如馬奔。《局》云： 檳榔下氣更除風，宣利能令臟腑通。逐水消痰破癥結，更攻脚氣殺三蟲。梹榔攻脚氣，殺三蟲，宣通臟腑。

明·劉文泰《本草品彙精要》卷一八 檳榔無毒 植生。

檳榔： 主消穀，逐水，除痰癖，殺三蟲，伏屍，療寸白。名醫所錄。

〔名〕山檳榔、豬檳榔、蒳子。 〔苗〕《圖經》曰： 木大如桄榔，高五七丈，正直無枝，皮似青銅，節如桂竹，葉生木巔，大如楯頭，又似芭蕉葉，其實春生，至夏乃熟作房，從葉中出，傍有刺，若棘針重疊。其下一枝數百實，狀如雞子，皆有皮殼，肉滿，殼中正白，味苦澀。得扶留藤與瓦屋子灰同咀嚼之，則柔滑而甘美。嶺南人當果啖之，由其地溫，不食此無以祛瘴癘。然有三四種，有小而味甘者，名山檳榔； 有大而味澀，核亦大者，名豬檳榔； 最小者名蒳子。其功用不言有別。又云： 尖長而有紫文者，名檳； 圓而矮者，名榔。檳力小，榔力大。其大腹所出與檳榔相似，但莖、葉、根、幹小異，連皮收之，謂之大腹檳榔，而功用差別爾。 〔地〕《圖經》曰： 生南海，今嶺外州郡皆有之。《唐本》注云： 交州、愛州、崑崙。《海藥》云： 東海諸國。〔道地〕廣州。 〔時〕生： 春生葉。採： 夏取實。 〔收〕生者易爛，須用灰汁煮熟，仍大焙熏乾，始堪停久。 〔用〕實。 〔質〕狀如雞子。 〔色〕土褐。 〔味〕辛，苦。 〔性〕溫，泄。 〔氣〕氣輕味厚，陰中陽也。丹溪云： 純陽。 〔臭〕朽。 〔主〕破氣，殺蟲。 〔製〕《雷公》云： 凡使，先以刀刮去底，細切勿經火，恐無力效。若熟使，不如不用。 〔治〕療：《唐本》注云： 消腹脹，搗末服，利水穀道，傅瘡，生肌肉，止痛。燒爲灰，傅口吻白瘡。《藥性論》云： 利五臟六腑壅滯，破堅滿氣，下水腫，治心痛，風血積聚。日華子云： 除一切風，下一切氣，通關節利九竅，健脾調中，除煩，破癥結，下五膈氣。《南海藥譜》云： 殺蟲，兼補。《別錄》云： 主賁豚諸氣，風冷氣，五膈氣。宿食不消及腳氣。日華子云： 五勞七傷。 〔合治〕合沙牛尿一盞，磨一枚，空心暖服，療腳氣，壅毒，水腫，浮氣。○以二枚一生一熟搗末，酒煎服，善治膀胱諸氣。○用一兩爲末，合水煮葱白濃汁調下一錢匕，療胎動，腰痛或下血不止。○以半兩炮搗爲末，合葱、蜜煎湯，每服二錢，空心調服，治諸蟲在臟腑久不瘥者。

明・盧和、汪穎《食物本草》卷二果類 檳榔 味辛，溫，無毒。消穀逐水，除痰癖洩滿，下氣，宣臟腑壅滯，墜諸藥下行，殺三蟲及寸白。多食傷真氣。閩廣人取蒟醬葉裹檳榔，食之辛香，膈間爽快，加蜆灰更佳，但吐紅不雅。一名扶留，所謂檳榔為命雜扶留是也。

明・葉文齡《醫學統旨》卷八 檳榔 氣溫，味辛、苦。無毒。沉而降，陰中陽也。如雞心，正穩大長，心不虛，中有錦紋者佳。治痰癖，下氣消穀，逐水破滯氣；殺三蟲伏尸、寸白；療心痛，除後重如神；墜諸藥至於極下，袪瘴瘧脚氣衝心，泄胸中至高之氣。

明・許希周《藥性粗評》卷二 檳榔墜諸氣之浮。大腹皮另有本條。

檳榔，此與大腹子同類。樹高五七丈，如柱，無枝，柱梢抽葉似芭蕉，春結實作房，從葉中出，傍有刺，房數百實如雞子狀，皆有皮殼，肉滿殼中，白色，至夏而熟。此有三四種，尖長而有紫文者為檳圓，而矮者名榔，又向陽生者為檳榔，向陰生者為大腹子，平坐如饅頭，其衣為大腹皮，功力皆劣於檳榔。俱生南海交州，今嶺南州郡亦皆有之。彼處及兩廣以檳榔不啻美果，朝夕噉之不置，謂能闢瘴，每同扶留藤，與瓦屋子灰同嚼之，謂柔滑而不澁。六七月採實，即以灰淋水煮熟，仍用火焙乾收之，庶不浥爛。入藥以形如雞心，存坐正穩，內實不虛，破之作錦文者為佳。所使并所畏惡，《本草》不載。味辛，性溫，無毒。其氣下行。主治痰癖積聚，風氣水腫，嵐瘴膨脹，心痛胸滿，寬中下氣，殺三蟲，消導飲食，宣通臟腑。潔古云：性如鐵石沉重，治後重如神，能墜諸藥至於下部。《主治秘訣》云：破滯氣下行，泄胸中至高之氣。愚謂此亦不可無故常噉。

單方：口吻生白瘡：以一枚燒灰，研末，傅之妙。胎動搶心痛：不拘腰痛及或血下者，以一兩，剉為細末，濃煮葱白湯，調下一錢匕。脚氣：不拘老弱，非冷非熱，而脚脛腫滿者，不拘多少，為細末，或茶飲，或豉汁調下方寸匕，甚利。醋心：以四兩同陳皮一兩，研為細末，空心生蜜湯調下方寸匕。痰涎：每以細末，白湯點服。腰痛：或腰重者以細末，每服一錢，酒下。

明・鄭寧《藥性要略大全》卷五 檳榔君 墜諸藥性，若鐵石。治後重，驗如奔馬。《賦》曰：豁痰逐水，消穀，消山嵐瘴氣，瘧疾，下三蟲，去伏尸，殺寸白蟲。《十書》云：檳榔，苦以破滯，辛以散邪。專破滯氣下行，泄胸中至高之氣。亦治疥瘡。味苦、辛，氣溫，無毒。降也，陰也。一云純陽。形若雞心，正穩尖長，心不虛、不油者佳。

明・賀岳《醫經大旨》卷一《本草要略》 檳榔 味苦澁而微帶辛，其性沉如鐵石，東垣所謂降也、陰也是矣。故能墜諸藥下行逐水，攻脚氣。諸藥性所謂治裏急後重如神，取其墜也，非取其破氣也。故兼木香用之，然後可耳。《衍義補遺》所謂純陽破滯氣，泄胸中至高之氣何也？蓋由其性沉重，墜氣下行，則鬱滯之氣散，而至高之氣下矣。一云能殺寸白蟲。非殺蟲也，以其性下墜，能逐蟲下行也。廣閩多服之者，蓋以地暖淫蒸氣多，居民感之氣亦上盛，服此以降之耳。

明・陳嘉謨《本草蒙筌》卷四 檳榔 味辛、苦，氣溫。味厚氣薄，降也，陰中陽也。無毒。嶺南州郡，俱各有生。形類鷄心尖長，性如鐵石沉重。存坐正穩，中實不虛。破有錦紋，此品方妙。逐水穀，陰痰澼，止心痛，殺三蟲。治後重如神，墜諸氣極下。專破滯氣下行，若服過多，又瀉胸中至高氣也。

謨按：檳榔服之，苦以破滯氣，辛以散邪氣。久服則損真氣，多服則瀉至高之氣。較諸枳殼、青皮，此尤甚也。夫何嶺南煙瘴之地，平居無病之人，朝夕如常猛噬？云：可辟除山嵐瘴氣之疾。習以成俗，至今為然。吾儒有仕於彼者，亦隨其俗而噬之，使一身沖和胃氣，竟常被其耗折矣。正所謂非徒無益而反害之，因習之弊，死而無悔者焉！羅謙甫曰：無病服藥，如壁裏安鼠，誠哉是言也！嘗聞用藥如用兵，朝廷不得已而行之，以禦寇爾。若無寇可平，而無故發兵，不惟空費糧餉，抑且害及無辜。戒之！戒之！

明・方穀《本草纂要》卷四 檳榔 味辛、苦，氣溫，味厚氣輕，陰中陽也，無毒。主治諸氣，逐水氣，破滯氣，袪瘴氣，解惡氣，除毒氣，開鬱氣，墜痰氣，去積氣，消穀氣，散癭氣，治脚氣，殺蟲氣，通上氣，寬中氣，泄下氣；又如巔頂至高之氣不清，下焦後重之氣不利，檳榔並皆治之。雖然此劑治氣甚妙，而亦多傷元氣。是以有餘之氣可用，而不足之氣禁止，必須臨治之際，斟酌用之可也。

明・王文潔《太乙仙製本草藥性大全》卷三《本草精義》 檳榔 生南海，今嶺外州郡皆有之。大如桄榔而高五七丈，正直無枝，皮似青桐，節如桂枝，葉生木顛，大如楯頭，又似芭蕉葉，其實作房從葉中出，傍有刺若棘針，重疊其下，一房數百，實如雞子狀，皆有皮殼，肉滿殼中，色白，味苦澁，得扶留藤與瓦屋子灰同咀嚼之，則柔滑而甘美。嶺南人噉之以當果實，其俗云南方地濕不食此無以袪瘴癘。其實春生，至夏乃熟，然其肉極易爛，欲收之，皆先以灰汁煮熟，仍火焙熏乾始堪停久。此有三四種，有小而味甘者，名山檳榔，有大而味澁，核亦大者，名猪檳榔。最小者名蒳子，其功用不說有別。又云尖長而有紫文者名檳，圓而矮者名榔，檳力小，榔力大，今醫家不復細分，但取作雞心狀，存坐正穩心不虛，破之作錦文者爲佳。其大腹所出，與檳榔相似，但莖葉根幹小異，并皮收之，謂之大腹檳榔。或云檳榔難得真者，今賈人貨者多大腹也。

明・王文潔《太乙仙製本草藥性大全》卷三《仙製藥性》 檳榔 味辛、苦，氣溫，味厚氣薄，降也，陰中陽也，無毒。 主治： 苦以破滯，辛以散邪。墜諸藥性若鐵石。治瘧瘴氣似撥雲。逐水穀除痰澼。止心痛，殺三蟲。治後重如神，墜諸氣拯下。專破滯氣下行，若服過多，又瀉胸中至高氣也。

補註： 口吻生白瘡，用二枚燒灰，細研傅之妙。治腰重痛，用研爲末，酒下一錢。治胎動腰痛，搶心，或有血下，用一兩，爲末，非時，水煮葱白濃汁調下一錢匕。治痰涎，用檳榔爲末，白湯點一錢。治脚氣非冷非熱，若老人脹滿者，以仁爲末，以殼汁或茶飲，或豉汁，調服方寸匕甚利。治本臟氣，以雞心檳榔濃磨半个，或用熱酒調一錢匕效。治諸蟲在臟腑久不差，用半兩炮，擣爲末，每服一錢或二錢，葱蜜煎湯調下，空心服。治脚氣衝心，白雞心，檳榔爲末，童便、薑汁、溫酒共半盞，調作一服。治脚氣衝心致悶亂不識人，白檳榔十二分爲末，分二服，空心暖小便半升調服。治金瘡及醋心，並用白檳榔四兩，橘皮一兩，細擣爲散，空心生蜜湯下。 太乙曰： 凡使好取存坐穩、心堅、文如流水碎破，内文如錦文者妙。半白半黑并心虛者不入藥用。凡使須別檳與榔，頭圓身形矮毗者是榔，身形尖紫文麄者是檳，檳力小，榔力大。欲使先以刀刮去底，細切，勿經火，恐無力效，若熟使，不如不用。

明・皇甫嵩《本草發明》卷四 檳榔中品，臣。氣溫，味辛、苦，溫。味厚氣輕，降也，純陽，陰中之陽也。無毒。 發明曰： 檳榔性沈，能墜氣下行，盡其用矣。故《本草》主逐水消穀，除痰癖，下三蟲寸白，去伏尸，治心痛風，血積聚，破滯氣下行，裏急後重。墜諸藥於下極，亦取其墜也，非取其破氣也。兼木香用之，然後可耳。又云： 通關節，利九竅，除煩，破癥結，下五膈氣。要之苦以破降，辛以散邪。久服損真氣，多服瀉至高之氣，較之青皮、枳實尤甚。閩廣人多服之，以其壓瘴耳。苟非其地，若效而多服，冲和胃氣竟為耗折，可不戒哉。〇脚氣衝心，取大者一枚，為末，童便、薑汁、溫酒半盞，調服。形類雞心，尖長，中實不虛，存生正穩，破有錦文方妙。若圓矮，是大腹。又云： 向陰生為大腹，向陽生為檳榔。種相似，莖果復幹小異，今市家多以大腹代檳榔，不可不辨。

明・李時珍《本草綱目》卷三一果部・夷果類 檳榔《別録》中品校正自木部移入此。

【釋名】賓門李當之《藥對》 仁頻音賓。 洗瘴丹時珍曰： 賓與郎皆貴客之稱。嵇含《南方草木狀》言： 交廣人凡貴勝族客，必先呈此果。若邂逅不設，用相嫌恨。則檳榔名義，蓋取于此。雷斅《炮炙論》謂尖者爲檳，圓者爲榔，亦似强說。又顔師古註《上林賦》云： 仁頻即檳榔也。詵曰： 閩中呼爲橄欖子。 【集解】《別録》曰： 檳榔生南海。弘景曰： 此有三四種。出交州者，形小味甘。廣州以南者，形大味澀。又有大者名猪檳榔，皆可作藥。小者名蒳子，俗呼爲檳榔孫，亦可食。恭曰： 生交州、愛州及崑崙。頌曰： 今嶺外州郡皆有之。木大如桄榔，而高五七丈，正直無枝，皮似青桐，節似桂枝。葉生木顛，大如楯頭，又似芭蕉葉。其實作房，從葉中出，旁有刺若棘針，重叠其下。一房數百實，如鷄子狀，皆有皮殼。其實春生，至夏乃熟，肉滿殼中，色正白。蘇恭言其肉極易爛，不經數日。今入北者，皆先以灰煮熟，焙熏令乾，始可留久也。小而味甘者，名山檳榔。大而味澀核亦大者，名猪檳榔。最小者名蒳子。雷氏言尖長而有紫文者名檳，圓大而矮者名榔，榔力大而檳力小。今醫家亦不細分，但以作鷄心狀、正穩心不虛、破之作錦文者爲佳爾。嶺南人噉之以當果食，言南方地濕，不食此無以祛瘴癘也。生食其味苦澀，得扶留藤與瓦屋子灰同咀嚼之，則柔滑甘美也。劉恂《嶺表録》云： 真檳榔來自舶上，今交廣生者皆大腹子也，彼中悉呼爲檳榔。或云： 檳榔難得真者，今賈人所貨者，皆是大腹檳榔也，與檳榔相似，但莖、葉、幹小異爾，連皮收之。時珍曰： 檳榔樹初生若筍竿積硬，引莖直上。莖幹頗似桄榔、椰子而有節，旁無枝柯，條從心生。端頂有葉如甘蕉，條派開破，風至則如羽扇掃天之狀。三月葉中腫起一房，因自拆裂，出穗凡數百顆，大如桃李。又生刺重累于下，以護衛其實。五月成熟，剥去其皮，煮其肉而乾之。皮皆筋絲，與大腹皮同也。按漢喻益期《與韓康伯牋》云： 檳榔，子既非常，木亦特異。大者三圍，高者九丈。葉聚樹端，房結葉下。華秀房中，子結房外。其擢穗似黍，其綴實似穀。其皮似桐而厚，其節似竹而穊。其内空，其外勁。其屈如伏虹，其申如縋繩。本不大，末不小。上不傾，下不斜。調直亭亭，千百如一。步其林則寥朗，芘其陰則蕭條。信可長吟遠想。但性不耐霜，不得北植。必當遐樹海南，遼然萬里。弗遇長者之目，令人恨深也。又竺法真《羅山疏》云： 山檳榔一名蒳子，生日南，樹似栟櫚而小，與檳榔同狀。一叢十餘幹，一幹十餘房，一房數百子。子長寸餘，五月采之，味近苦甘。觀此，則山檳榔即蒳子，猪檳榔即大腹子也。蘇頌以味甘者爲山檳榔，澀者爲猪檳榔，似欠分明。

檳榔子 【修治】斅曰： 頭圓矮毗者爲榔，形尖紫文者爲檳。檳力小，榔力大。凡使用白檳及存坐穩正、心堅有錦文者爲妙。半白半黑并心虛者，不入藥用。以刀刮去底，細切之。勿令經火，恐無力。若熟使，不如不用。時珍曰： 近時方藥亦有以火煨焙用者。然初生白檳榔，須本境可得。若他處者，必經煮熏，安得生者耶？又檳榔生食，必以扶留藤、古賁灰爲使，相合嚼之。吐去紅水一口，乃滑美不澀，下氣消食。此三物相去甚遠，爲物各異，而相成相合如此，亦爲異矣。俗謂檳榔爲命賴扶留以此。古賁灰即蠣蚌灰也。賁乃蚌字之訛。瓦屋子灰亦可用。

【氣味】苦、辛，温，澀，無毒。甄權曰：味甘，大寒。大明曰：味澀。弘景曰：交州者味甘，廣州者味澀。珣曰：白者味甘，赤者味苦。元素曰：味辛而苦，純陽也。無毒。詵曰：多食亦發熱。　【主治】消穀逐水，除痰澼，殺三蟲、伏尸、寸白《别録》。治腹脹，生擣末服，利水穀道。傅瘡，生肌肉止痛。燒灰，傅口吻白瘡蘇恭。宣利五臟六腑壅滯，破胸中氣，下水腫，治心痛積聚甄權。除一切風，下一切氣，通關節，利九竅，補五勞七傷，健脾調中，除煩，破癥結大明。主賁豚膀胱諸氣，五膈氣，風冷氣，脚氣，宿食不消李珣。治衝脉爲病，氣逆裏急好古。治瀉痢後重，心腹諸痛，大小便氣祕，痰氣喘急，療諸瘧，禦瘴癘時珍。

【發明】元素曰：檳榔味厚氣輕，沉而降，陰中陽也。苦以破滯，辛以散邪，泄胸中至高之氣，使之下行，性如鐵石之沉重，能墜諸藥至於下極，故治諸氣、後重如神也。時珍曰：按羅大經《鶴林玉露》云：嶺南人以檳榔代茶禦瘴，其功有四：一曰醒能使之醉，蓋食之久，則熏然頰赤，若飲酒然，蘇東坡所謂紅潮登頰醉檳榔也。二曰醉能使之醒，蓋酒後嚼之，則寬氣下痰，餘酲頓解，朱晦菴所謂檳榔收得爲祛痰也。三曰飢能使之飽。四曰飽能使之飢。蓋空腹食之，則充然氣盛如飽；飽後食之，則飲食快然易消。又且賦性疏通而不泄氣，稟味嚴正而更有餘甘，有是德故有是功也。又按吴興章傑《瘴説》云：嶺表之俗，多食檳榔，日至十數。夫瘴癘之作，率因飲食過度，氣痞積結，而檳榔最能下氣消食去痰，故人狃于近利，而闇于遠患也。夫嶠南地熱，四時出汗，人多黄瘠，食之則臟器踈洩，一旦病瘴，不敢發散攻下，豈盡氣候所致，檳榔蓋亦爲患，殆未思爾。又東陽盧和云：閩廣人常服檳榔，云能祛瘴。有瘴服之可也，無瘴而服之，寧不損正氣而有開門延寇之禍乎？南人喜食此果，故備考諸説以見其功過焉。又朱晦菴《檳榔詩》云：憶昔南遊日，初嘗面發紅。藥囊知有用，茗盌詎能同？蠲疾收殊效，修真録異功。三彭如不避，糜爛七非中。亦與其治疾殺蟲之功，而不滿其代茶之俗也。

【附方】舊十三，新十四。

痰涎爲害：檳榔爲末，白湯每服一錢。《御藥院方》。

嘔吐痰水：白檳榔一顆，烘熱，橘皮二錢半炙，爲末。水一盞，煎半盞，温服。《千金》。

醋心吐水：檳榔四兩，橘皮一兩，爲末。每服方寸匕，空心生蜜湯調下。《梅師方》。

傷寒痞滿：陰病下早成痞，按之虚軟而不痛。檳榔、枳實等分，爲末。每服二錢，黄連煎湯下。《宣明方》。

傷寒結胸：已經汗、下後者。檳榔二兩，酒二盞，煎一盞，分二服。龐安時《傷寒論》。

蚘厥腹痛：方同上。

心脾作痛：鷄心檳榔、高良薑各一錢半，陳米百粒，同以水煎，服之。《直指》。

膀胱諸氣：檳榔十二枚，一生一熟，爲末。酒煎服之，良。此太醫秦鳴鶴方也。《海藥本草》。

本臟氣痛：鷄心檳榔，以小便磨半個服。或用熱酒調末一錢服之。《斗門方》。

腰重作痛：檳榔爲末，酒服一錢。《斗門方》。

脚氣壅痛：以沙牛尿一盞，磨檳榔一枚，空心暖服。《梅師脚氣論》。

脚氣衝心：悶亂不識人。用白檳榔十二分，爲末，分二服，空心暖小便五合調下，日二服。或入薑汁、温酒同服。《廣利》。

脚氣脹滿：非冷非熱，或老人、弱人病此。用檳榔仁爲末，以檳榔殼煎汁或茶飲、蘇湯或豉汁調服二錢，甚利。《外臺秘要》。

乾霍亂病：心腹脹痛，不吐不利，煩悶欲死。用檳榔末五錢，童子小便半盞，水一盞，煎服。《聖濟總録》。

大腸濕閟：腸胃有濕，大便秘塞。大檳榔一枚，麥門冬煎湯磨汁温服。或以蜜湯調末二錢服亦可。《普濟》。

大小便閟：檳榔爲末，蜜湯調服二錢。或以童子小便、葱白同煎，服之亦良。《普濟方》。

小便淋痛：麪煨檳榔、赤芍藥各半兩，爲末。每服三錢，入燈心，水煎，空心服，日二服。《十便良方》。

血淋作痛：檳榔一枚，以麥門冬煎湯，細磨濃汁一盞，頓熱，空心服，日二服。

蟲痔裏急：檳榔爲末，每日空心以白湯調服二錢。

寸白蟲病：檳榔二七枚，爲末。先以水二升半，煮檳榔皮，取一升，空心調末方寸匕服之，經日蟲盡出。未盡再服，以盡爲度。《千金方》。

諸蟲在臟：久不瘥者。檳榔半兩炮，爲末，每服二錢，以葱蜜煎湯調服一錢。《聖惠》。

金瘡惡心：白檳榔四兩，橘皮一兩，爲末。每空心生蜜湯服二錢。《聖惠方》。

丹從臍起：檳榔末，醋調傅之。《本事方》。

小兒頭瘡：水磨檳榔，晒取粉，和生油塗之。《聖惠方》。

聤耳出膿：檳榔末吹之。《鮑氏方》。

口吻生瘡：檳榔燒研，入輕粉末，傅之良。

題明·薛己《本草約言》卷二《藥性本草》　檳榔　味辛、苦，氣温，無毒。陽中之陰，降也。入胸腹，破滯氣而不停；入腸胃，逐痰癖而直下。故墜諸藥，性如鐵石，而治後重，驗如馬奔。入手足陽明經。味苦澀而微帶辛，其性沉如鐵石，故能調諸藥下行逐水。攻脚氣治裏急後重如神，取其墜也，非取其破氣也，故兼木香用之，然後可耳。又謂其能破滯氣，泄胸中至高之氣，何也？亦以其性沉重，墜氣下行則鬱滯之氣散，而至高之氣下矣。○一云能殺寸白蟲，非殺蟲也，以其性下墜，能逐蟲下行也。廣閩多服之者，亦以地暖淫蒸，居民氣多上盛，故服此以降之耳。久服損真氣，多服瀉至高之氣，較之青皮、枳實尤甚。

明·梅得春《藥性會元》卷中　檳榔　味苦、辛，氣温。沉而降，純陽。無毒。主墜諸藥，性如鐵石。治後重，驗如奔馬。豁痰逐水，更且殺蟲，攻脚氣衝心，宣通臟腑，下氣除風，宣利破結，散滯氣，消水穀，泄胃中至高之氣，祛瘴氣，止瘧疾，墜諸藥至下部。丹溪云：嘗見閩廣人，以此治瘴〔氣〕，終世食之。夫此固有破滯之功，無瘴病而食之者，寧不損元氣乎？乃有開門延寇之患，人所不知。《經》曰：邪之所湊，其氣必虚。生海南、向日者，名檳榔，向陰者名大腹子。形如雞心，正穩大長不空，心中有錦紋者佳。

明·杜文燮《藥鑒》卷二 檳榔 氣溫，味苦、辛，無毒。降也，陰也。墜諸藥下行，故治裏急後重如神，取其墜也。必兼木香用之。《補遺》謂破滯氣，泄胸中至高之氣，由其性沉重，墜氣下行，則拂鬱之氣散，至高之氣下矣。又曰能殺寸白蟲者，非能殺蟲也，以其性下墜，故能逐蟲下行也。

明·李中立《本草原始》卷七 檳榔 生南海，今嶺外州郡皆有之。木大如桄榔，而高五七丈，正直無枝，皮似青桐，節似桂枝，葉生木顛，大如楯頭。又似芭蕉葉。其實作房，從葉中出，旁有刺若棘針，重疊其下。一房數百實，如雞子狀，皆有皮殼。其實春生，至夏乃熟，肉滿殼中，色正白。蘇恭言：其肉易爛，不經數日。今入北貨者，皆先以灰煮熟，焙熏令乾，始可久留也。小而味甘者名山檳榔，大而味澀，核亦大者名豬檳榔，最小者名蒳子。雷氏言：尖長而有紫文者名檳，圓大而矮者名榔。榔力大而檳力小。今醫家亦不細分，但以作雞心狀，正穩、心不虛，破之作錦文者為佳爾。嶺南人噉之以當果食。言南方地濕，不食此無以祛瘴癘也。生食，其味苦澀，得扶留藤與瓦屋子灰同咀嚼之，則柔滑甘美也。《本草綱目》曰：賓與郎，皆貴客之稱。嵇含《草木狀》言：交廣人凡貴勝族客，必先呈此果。若邂逅不設，用相嫌恨。則檳榔名義，蓋取于此。檳榔子：氣味：苦、辛，澀，溫，無毒。 主治：消穀逐水，除痰澼，殺三蟲、伏尸、寸白。○治腹脹。生擣末服，利水穀道。傅瘡生肌肉，止痛。燒灰，傅口吻白瘡。○宣利五臟六腑壅滯，破胸中氣，下水腫，治心痛積聚。○除一切風，下一切氣，通關節，利九竅，補五勞七傷，健脾調中，除煩，破癥結。○主賁豚膀胱諸氣，五膈氣，風冷氣，腳氣，宿食不消。○治衝脉為病，氣逆裏急。○治瀉痢後重，心腹諸痛，大小便氣祕，痰氣喘急。療諸瘧，禦瘴癘。

檳榔，《別錄》中品。【圖略】尖小者俗呼公檳榔。圓大者俗呼母檳榔。自木部移入此。 修治：檳榔，揀存坐穩正，心堅有錦文者，以刀刮去底，細切用。近時亦有火煨焙用者。若用白檳榔，必本境初生。鮮者販他處，必經煮熏，安得白者耶？

元素曰：味厚氣輕，沉而降，陰中陽也。 治口吻生瘡，檳榔燒研，入輕粉末傅之良。檳榔：君。

明·張懋辰《本草便》卷二 檳榔君 味辛、苦，氣溫，味厚氣輕，陰中陽也，無毒。 主消穀，逐水除痰澼，治心痛，殺三蟲，治後重；墜諸藥至於極下，破滯氣，泄胸中至高之氣； 南方人食之以祛瘴癘，又脚氣衝心。

明·李中梓《藥性解》卷五 檳榔 味辛、甘、濇，性溫，無毒，入胃、大腸二經。 主消穀逐水，宣利臟腑，攻堅行滯，除痰澼，殺三蟲，卻伏尸，療寸白，攻腳氣，解諸蟲。墜藥性如鐵石，治厚重如奔馬，見火無功。 按：檳榔甘溫之品，宜於胃家，沉陰之性，宜於大腸。攷諸功驗，取其下墜，非取其破氣，廣閩多服之者，蓋以地暖濕蒸，居民感之，氣亦上盛，故服此以降之爾。尖長者，快銳速效。

明·繆希雍《本草經疏》卷一三 檳榔 味辛，溫，無毒。 主消穀，逐水，除痰澼，殺三蟲，伏尸，療寸白。

〖疏〗檳榔得天之陽氣，地之金味，故味辛氣溫無毒。大明言澀，元素言苦，以其感盛夏之火氣耳。氣薄味厚，陽中微陰，降也。入手、足陽明經。夫足陽明為水穀之海，手陽明為傳道之官，二經相為貫輸，以運化精微者也。二經病則水穀不能以時消化，羈留而成痰澼，或濕熱停久則變生諸蟲。此藥辛能散結破滯，苦能下泄殺蟲，故主如上諸證也。甄權：宣利五臟六腑壅滯，破胸中氣，下水腫，治心痛積聚。日華子：下一切氣，通關節，利九竅，健脾調中，破癥結。李珣：主賁豚氣，五膈氣，風冷氣，腳氣，宿食不消。皆取其辛溫走散，破氣墜積，能下腸胃有形之物耳。〖主治參互〗同草果、枳實、橘皮，治食瘧。加三稜、蓬茂、礬紅、紅麯、山查、麥蘗，消一切堅硬肉食，及諸米麪、生冷、食積成塊作痛。 同黃連、穭豆、蓮肉、橘紅、白芍藥、紅麯、烏梅、葛根、枳殼，治滯下後重。 同雷丸、使君子、白蕪荑、蘆薈、肉豆蔻、胡黃連，治小兒疳蚘。 同楝根、鶴蝨、錫灰、薏苡根、貫眾、烏梅，治一切寸白蟲。 同蒼术、草果、青皮、甘草，治山嵐瘴氣發瘧。

《直指方》心脾作痛，雞心檳榔、高良薑各一錢半，陳米百粒，同以水煎，服之。 《廣利方》腳氣衝心，悶亂不識人：用白檳榔十二分，為末，分二服，空心暖小便調下，日二服。 《十便良方》蟲痔裏急，檳榔為末，每日空心以白湯調二錢。《千金方》寸白蟲病，檳榔二七枚，爲末。先以水二升半煮檳榔片，取一升，空心調末方寸匕服之，經日蟲盡出。未盡再服，以盡爲度。［簡誤］檳榔性能墜諸氣，至於下極，病屬氣虛者忌之。脾胃虛，雖有積滯者不宜用。下利，非後重者不宜用。心腹痛，無留結及非蟲攻咬者不宜用。瘧非山嵐瘴氣者不宜用。凡病屬陰陽兩虛，中氣不足，而非腸胃壅滯，宿食脹滿者，悉在所忌。

明・倪朱謨《本草彙言》卷一五　檳榔　味甘、辛、濇，氣溫，無毒。味厚氣輕，沉而降，陰中陽也。入手太陰、陽明，足陽明經。《別錄》曰：檳榔生南海。　蘇氏曰：今交州、愛州、廣州及崑崙并嶺外州郡皆有。　李氏曰：子狀非凡，木亦特異。初生似笋，漸積老成。引莖直上，旁無枝柯。莖幹頗似桄榔、椰子，其中虛，其外堅，皮似青桐，節似菌竹。大者三圍，高者九丈。葉生木端，似甘蕉、栟櫚輩，條分歧破，風至則如羽扇掃天之狀。三月葉中起房，蝟刺若棘，遂自拆裂。發穗綴實凡數百枚，大似桃李，至夏乃熟。連殼收貯。入北者灰煮焙乾，否則易于腐敗。《真羅山疏》云：一種山檳榔，名蒳子，生日南，木似栟櫚而小，與檳榔同狀。一叢十餘幹，一幹十餘房，一房數百子。子長寸許，五月采之，味近甘苦。一種豬檳榔，大而味濇，核亦大，即大腹子也。修事：用白檳榔，其形正穩如鷄心，其中心堅，其色如錦文者佳。刮去底，細切之，經火則無力。　雷公云：生用爲良，熟使絶無用矣。《南方草木狀》云：交廣人凡貴勝族客，必先呈此果，用無留藤、古賁灰相合嚼之，吐去紅水一口，方滑美不濇。言能去瘴也。

檳榔：主治諸氣，祛瘴氣，破滯氣，開鬱氣，蘇恭下痰氣，去積氣，解蠱氣，甄權消穀氣，逐水氣，散脚氣，殺蟲氣，通上氣，寬中氣，李珣泄下氣之藥也。方龍潭曰：如巔頂至高之氣不清而爲頭痛寒熱，下焦後重之氣不利而爲積痢腸澼；或胸痛引背，兩脇胠滿而喘逆不通；或氣痞痰結，水穀不運而關格填脹；或水壅皮浮，肢體腫脹而行動即喘。如奔豚脚氣之下而上升，如五膈五噎之上而不下，或伏尸寸白，蟲結於腸胃之中；或瘡痍癬癩，流延於肌膜之外。種種病因，因於水穀不能以时消化，羈留而致疾者，此藥宣行通達，使氣可散，血可行，食可消，痰可流，水可化，積可解矣。如日華子謂：檳榔能散膜膈無形之氣，能下腸胃有形之物。二句盡其用矣。然治氣甚效，而多用大傷元氣。繆氏曰：此藥性能墜諸氣，至於下病屬氣虛者，腹中有積滯而脾胃素虛者，下痢積滯而不後重者，心腹痛內無留結及非蟲攻咬者，瘧疾非山嵐瘴氣，或久病氣血兩虛者，凡脹滿非腸胃宿食積滯，而關陰陽兩虛、中氣不足者，俱宜忌用。

集方：已下諸方俱出《方脉正宗》治瘧疾寒熱頭痛，從山谷中受嵐瘴，爲一切病腹脹嘔吐，不欲食等證。用檳榔如鷄心者切片五錢，蒼朮三錢，厚朴二錢，甘草一錢，俱薑汁炒，葱頭三個，生薑五片，水煎服。○治心腹結滯，氣逆不順，飲食不進。用檳榔三錢，枳殼二錢，茯苓一錢，甘草五分，生薑三片，水煎服。○治五鬱六結，氣脉不舒。用檳榔三錢，枳殼二錢，川芎、黑山梔、廣陳皮各一錢，甘草五分，俱用酒炒，水煎服。○治食積滿悶，成痰涎嘔吐者。用檳榔、半夏、砂仁、蘿蔔子、麥芽、乾薑、白朮各二錢，水煎服。○治脾虛中氣不足，强食生冷、油膩、麵食，成諸積聚，腹中或脹或痛或瀉。用檳榔、砂仁、枳實、白朮各五錢，俱用麩皮拌炒，山查肉、白牽牛、厚朴、乾薑各四錢，甘草三錢，俱用薑汁拌炒，共爲末，紅麯爲末，燒酒打糊爲丸菉豆大。每空心服二錢，生薑泡湯吞下。○治蠱毒內攻。用檳榔一兩，明雄黃五錢，共爲極細末，菖蒲八兩搗汁，打生半夏末五錢，作糊爲丸如菉豆大。每早服三錢，生薑泡湯吞下。○治脾胃兩虛，水穀不能以時消化，腹中爲脹滿痛者。用檳榔二兩，白朮三兩，麥芽二兩，砂仁一兩，俱炒燥爲末。每早服三錢，白湯調服。○治脾肺腎三藏受傷，水氣不化，積爲腫滿，漸成喘急，不能偃臥者。用檳榔三錢，白芍藥炒、茯苓、猪苓、澤瀉、車前子各二錢，肉桂一錢，水煎服，十劑愈。○治脚氣腫痛，或寒熱頭痛，嘔逆胸脹，甚至衝心悶亂，不知人事。用檳榔一兩，真紫蘇葉、橘核、小茴香、吴茱萸各五錢，肉桂八錢，共爲極細末。每服五錢，乾薑泡湯調下。○治伏尸寸白諸蟲，攻心咬痛；或嘔吐涎水，湯藥不入者。用檳榔五錢，花椒二錢，烏梅三個，葱頭五莖，水煎服。

續補集方：《宣明方》治傷寒陰病，下早成痞，按之虛軟而不痛。用檳榔、枳實各三錢，川黄連一錢，共爲末。每服二錢，白湯下。○《直指方》治心脾作痛。用檳榔、高良薑各三錢，水煎服。○《海藥本草》治膀胱諸氣及瘕疝奔豚諸病。用檳榔十二枚切片，胡椒十二粒，共爲末。每服二錢，白湯調服。○同上治遍身癬瘡。用檳榔一個，硫黄一錢，米醋磨搽，三四次愈。

大腹子　味辛、苦，澀，氣溫，無毒。李氏曰：主治與檳榔同功，茲不復贅。

治男婦脚氣累發，漸成木腫不消。用大腹子滾湯磨汁半盞，食前服，日二次，服二月竟消。　防痘傷目方：　用雌雄檳榔各一枚，用清水以粗碗上磨一百轉，隨將痘兒目閉者，以軟絹溫湯潤開，用鷄毛蘸檳榔水拖兩眼稍三四次，其痂即落，永不傷目。《廣筆記》。

明·應廖《食治廣要》卷四　檳榔　氣味：　苦、辛，溫，澁，無毒。主治：　消穀逐水，除痰澼，殺三蟲，治腹脹，利水道，療瘧痢，禦瘴癘。按《鶴林玉露》云：　嶺南人以檳榔代茶禦瘴，其功有四。一曰醒能使之醉。蓋食之久，則熏然頰赤，若飲酒然。蘇東坡所謂紅潮登頰醉檳榔也。二曰醉能使之醒。蓋酒後嚼之，則寬氣下痰，餘酲頓解，朱文公所謂檳榔收得為祛痰也。三曰飢能使之飽。四曰飽能使之飢。蓋空腹食之，則充然氣盛如飽；　飽後食之，則飲食快然易消。又且賦性疏通而不洩氣，禀味嚴正而更有餘甘，有是德故有是功也。又東陽盧和云：　嶺南閩廣人常服檳榔，云能祛瘴。有瘴服之可也，無瘴而服之，寧不損正氣而有開門延寇之禍乎？　南人喜食此果，故備考諸說，以見其功過焉。

明·姚可成《食物本草》卷九果部·夷果類　檳榔李時珍曰：　賓與郎乃貴客之稱。《南方草木狀》言：　貴勝族客，必先呈此果。若邂逅不設，用相嫌恨。則檳榔名義，蓋取於此。○檳榔樹初生若筍竿積硬，引莖直上。莖榦頗似桄榔、椰子而有節，旁無枝柯，條從心生。端頂有葉如甘蕉，條派開破，風至則如羽扇掃天之狀。三月葉中腫起一房，因自拆裂，出穗凡數百顆，大如桃李。又生刺，重累於下，以護衛其實。五月成熟，剝去其皮，煮其肉而乾之。皮皆筋絲，與大腹皮同也。嶺南人啖之以當果食，言南方地濕，不食此無以祛瘴癘也。生食其味苦澀，得扶留藤與(屋)瓦〔屋〕子灰同咀嚼之，則柔滑甘美也。○喻益期云：　檳榔，子既非常，木亦特異。大者三圍，高者九丈。葉叢樹端，房結葉下。華秀房中，子結房外。其擢穗似黍，其綴〔實〕似穀。其皮似桐而厚，其節似竹而概。其內空，其外勁。其屈如伏虹，其伸如緪繩。本不大，末不小。上不傾，下不斜。調直亭亭，千百如一。步其林則廖朗，庇其陰則蕭條。信可長吟遠想。但性不耐霜，不得北植。必當遐樹海南，遼然萬里。弗遇長者之目，令人恨深也。

檳榔，味苦、辛，溫，澀，無毒。主消穀逐水，除痰澼，殺三蟲、伏尸、寸白。除一切風，下一切氣，通關節，利九竅，除煩，破癥結；　賁豚膀胱諸氣，五膈氣，風冷氣，脚氣，水〔腫〕，心痛，積聚。瀉痢後重，心腹諸痛，〔大〕小便氣秘，痰〔氣〕喘急，療諸瘧，禦瘴癘。○李時珍曰：　檳榔生食，必〔以扶〕留藤、蚶子灰相合嚼之，吐去紅水一口，乃滑〔美不澀〕，下氣消食。此三物相去甚遠，為物各異，而相成相合如此，亦為異矣。俗謂檳榔為命賴扶留。以此能傷真氣，不可多食。按羅大經《鶴林玉露》云：　嶺南人以檳榔代茶禦瘴，其功有四：　一曰醒能使之醉，蓋食之久，則熏然頰赤，若飲酒然，蘇東坡所謂紅潮登頰醉檳榔是也。二曰醉能使之醒，蓋酒後嚼之，則寬痰下氣，餘酲頓解，朱晦菴所謂檳榔收得為祛痰是也。三曰飢能使之飽。四曰飽能使之飢。蓋空腹食之，則充然氣盛如飽；　飽後食之，則飲食快然易消。又且賦性疏通而不洩氣，禀味嚴正而更有餘甘，有是德故有是功也。又按吳興章傑《瘴說》云：　嶺表之俗，多食檳榔，日至十數。夫瘴癘之作，率因飲食過度，氣痞積結，而檳榔最能下氣消食去痰，故人狃於近利，而闇於遠患也。夫嶠南地熱，四時出汗，人多黃瘠，食之則臟氣疎洩，一旦病瘴，不敢發散攻下，豈盡氣候所致，檳榔蓋亦為患，殆未思爾。又東陽盧和云：　閩廣人常服檳榔，云能祛瘴。有瘴服之可也，無瘴而服之，甯不損正氣而有開門延寇之禍乎？　南人喜食此果，故備攷諸說以見其功過焉。又朱晦菴《檳榔》詩云：　憶昔南遊日，初嘗面發紅。藥囊知有用，茗盌詎能同？　蠲疾收時效，脩真錄異功。三彭如不避，糜爛七非中。亦與其治疾殺蟲之功，而不滿其代茶之俗也。

附方：　治蚘蟲攻痛。用檳榔二兩，酒二盞，煎一盞，匀二次服。

明·顧逢柏《分部本草妙用》卷六兼經部·溫瀉　檳榔　苦、辛、澀，溫，無毒。入肺、大腸二經。　主治：　消穀，逐水除痰。殺蟲，宣滯破氣，心痛賁豚，腳氣，消宿食。治後重，療諸瘧，禦瘴癘，一切氣，一切風。　檳榔苦能破滯，辛能散邪，泄至高之氣下行。性如鐵石，能墜諸藥，故治諸氣後重如神。時珍以其治氣喘，諸瘧瘴癘，醒酒解毒。又曰其功有四：　醒能使之醉，多食則頰紅；　醉能使之醒，酒後能解毒；　飢能使之飽，空腹食之，氣反充滿；　飽能使之飢，食後用之，飲食即下。然而疎泄太真，不無多食成禍也。元虛者，量用之。

明·孟笨《養生要括·果部》　檳榔〔味厚氣輕，沉而降，陰中陽也。多食亦發熱。〕　味苦、辛，溫，澀，無毒。消穀逐水，除痰癖，殺三蟲，伏尸、寸白，治腹脹。生擣，末服，利水穀道。傅瘡生肌肉，止痛。燒灰，傅口吻白瘡，宣利五臟六腑壅滯，破胸中氣，下水腫，治心頭積聚。除一切風，下一切氣，通關節，利九竅，補五勞七傷，健脾調中，除煩，破癥結。主賁豚、膀胱諸氣，五膈氣，風冷氣，腳氣，宿食不消。治衝脉為病，氣逆裏急，治瀉痢後重，心腹諸痛，大小便氣秘，痰氣喘急，療諸瘧，禦瘴癘。

明・李中梓《醫宗必讀・本草徵要下》 檳榔味辛，溫，無毒。入胃、大腸二經。忌見火。　降至高之氣，似石投水；疏後重之急，如驥追風。瘧疾與痰癖偕收，腳氣與殺蟲並選。足陽明為水穀之海，手陽明為傳道之官，二經相為貫輸，以運化精微者也，二經病則痰癖蟲積生焉。辛能破滯，苦能殺蟲，故主治如上。按：檳榔墜諸氣至於下極，氣虛下陷者，忌。

明・鄭二陽《仁壽堂藥鏡》卷二 檳榔　陶隱居云：出交州，形小而味甘。廣州以南者形大而味澁。　氣溫，味辛、甘。味厚氣輕，陰中陽也。純陽。無毒。　《象》云：治後重如神。性如鐵石之沉重，能墜諸藥至於下極。杵細用。　《心》云：苦以破滯，辛以散邪，專破滯氣下行。　《珍》云：破滯氣，泄胸中至高之氣。　《本草》云：主消穀逐水，除痰癖，下三蟲，去伏尸，療寸白蟲。　《圖經》云：嶺南人噉之，以當果實。得扶留藤與瓦屋子灰同咀嚼之，則柔滑甘美。今不復細分，但取雞心狀，存坐正穩，心不虛破，錦紋者為佳。

明・蔣儀《藥鏡》卷一温部 檳榔　走後重，殺三蟲。化宿食而墜痰，破滯氣而逐水。絕山嵐瘴瘧之戰汗，杜濕熱脚氣之冲心。

明・李中梓《頤生微論》卷三 檳榔　味苦，性寒，無毒。入胃、大腸二經。下氣性如鐵石，治後重如神，消穀逐水，除痰殺蟲，解毒醒酒，諸瘧瘴癘。按：嶺表多食檳榔，瘴癘之作，率因食積，此能消食下氣故也。南方地溫，腠府不密，久食檳榔，臟腑踈泄，一旦病瘴，至不可救，豈非伐氣之禍歟？氣虛下陷者，所當遠避。

明・張景岳《景岳全書》卷四九《本草正》 檳榔　味辛、澁，微苦、微甘，氣微溫。味厚氣薄，降中有升，陰中陽也。能消宿食，解酒毒，除痰癖，宣壅滯，溫中快氣。治腹脹積聚，心腹疼痛喘急，通關節，利九竅，逐五鬲奔豚，膀胱諸氣。殺三蟲，除脚氣，療諸瘧瘴癘濕邪。《本草》言其治後重如馬奔，此亦因其性溫行滯而然。若氣虛下陷者，乃非所宜。又言其破氣極速，較枳殼、青皮尤甚。若然，則廣南之人，朝夕笑噬而無傷，又豈破氣極速者？總之，此物性溫而辛，故能醒脾利氣，味甘兼澁，故能固脾壯氣，是誠行中有留之劑。觀《鶴林玉露》云：飢能使之飽，飽能使之飢，醉能使之醒，醒能使之醉。於此四句詳之，可得其性矣。○其服食之法，小者氣烈，俱以入藥。廣中人惟用其大而扁者，以米泔水浸而待用，每一枚切四片，每服一片。外用細石灰以水調如稀糊，亦預製待用。用時以蔞葉一片，抹石灰一二分，入檳榔一片，裹而嚼服。蓋檳榔得石灰則滑而不澁，石灰、蔞葉得檳榔則甘而不辣。服後必身面俱暖，微汗微醉，而胸腹豁然。善解吞酸，消宿食，辟嵐瘴，化痰醒酒下氣，健脾開胃潤腸，殺蟲消脹，固大便，止瀉痢。○又，服法：如無蔞葉，即以肉桂，或大茴香，或陳皮俱可代用，少抹石灰，夾而食之。然此三味之功，多在石灰、蔞葉，以其能燥脾溫胃也，然必得檳榔為助，其功始見。此物理相成之妙，若有不可意測者。○一大約此物與烟性略同，但烟性峻勇，用以散表逐寒，則烟勝於此；檳榔稍緩，用以和中暖胃，則此勝於烟。二者皆壯氣辟邪之要藥，故滇廣中人一日不可少也。○又習俗之異，在廣西用老檳榔，滇中人用清嫩檳榔，廣東人多在連殼醃檳榔，亦各得其宜耳。

明・賈九如《藥品化義》卷一氣藥 檳榔　屬陽中有陰，體圓實，色紫花紋，氣和，味辛苦，性溫，能沉，力破結滯，性氣輕而味厚，入肺大腸二經。檳榔體重而實，味厚而沉。沉實主降，專墜諸藥，以導中焦下焦結滯之氣也，故能逐水氣，消穀食，除痰癖，削積塊，追諸蟲，攻脚氣，通痢疾後重。數症之功，性如鐵石，力如奔馬，東垣言之詳矣。但瀉至高之氣，較枳實青皮尤甚，不可過食。　頂尖狀如雞心，體堅者佳。閩粵人常服以祛壓瘴氣。同類頂平者另名大腹子。

明・施永圖《本草醫旨・食物類》卷三 檳榔尖者為檳，圓者榔。檳榔生南海，嶺南人噉之，以當果食。言南方地濕，不食此無以祛瘴癘也。生食其味苦澀，得扶留藤與瓦屋子灰同咀嚼之，則柔滑甘美。　檳榔子凡使，用白檳及存坐穩正心堅有錦文者為妙，半白半黑并心虛者，不入藥用。以刀刮去底，細切之，勿令經火，恐無力。若熟使，不如不用。　味苦、辛，溫，澀，無毒。交州者味甘，廣州者味澀，白者味甘，赤者味苦。味辛而苦，純陽也，無毒，多食亦發熱。　治：消穀逐水，除痰澼，殺三蟲、伏尸、寸白。治腹脹，生擣末服，利水穀道。傅瘡，生肌肉，止痛。燒灰，傅口吻白瘡。宣利五臟六腑壅滯，破胸中氣，下水腫，治心痛積聚，除一切風，下一切氣，通關節，利九竅，補五勞七傷，健脾調中，除煩，破癥結。主賁豚膀胱諸氣、五膈氣、風冷氣、脚氣，宿食不消。治衝脉為病，氣逆裏急。治瀉痢後重，心腹諸痛，大小便氣祕，痰氣喘急。療諸瘧，禦瘴癘。味厚氣輕，沉而降，陰中陽也。苦以破滯，辛以散邪，泄胸中至高之氣，使之下行，性如鐵石之沉重，能墜諸藥至於下極，故治諸氣後重如神也。嶺南人以檳榔代茶禦瘴，其功有四。一曰醒能使之醉，蓋食之久則熏然頰赤，若飲酒然，蘇東坡所謂紅潮登頰醉檳榔也。二曰醉能使之醒，蓋酒後嚼之，則寬氣下痰，餘酲頓解，朱晦庵所謂檳榔收得為祛痰也。三曰飢能使之飽。四曰飽能使之飢。蓋空腹食之則充然氣盛如飽，飽後食之則飲食快然易消，又且賦性疏通而不泄氣，稟味嚴正而更有餘甘，有是德故有是功也。

附方　痰涎為害：檳榔為末，白湯每服一錢。嘔吐痰水：白檳榔一顆，烘熱，橘皮二錢半，炙，為末。水一盞煎半盞，溫服。醋心吐水：檳榔四兩，橘皮一兩，為末。每服方寸匕，空心生蜜湯調下。傷寒痞滿：陰病下早成痞，按之虛軟而不痛。檳榔、枳實等分為末，每服二錢，黃連煎湯下。傷寒結胸：汗下後者，檳榔二兩，酒一盞，煎一盞，分二服。蚘厥腹痛：方同上。心脾作痛：雞心檳榔、高良薑各一錢半，陳米百粒，同以水煎服之。膀胱諸氣：檳榔十二枚，一生一熟，為末。酒煎服之良。本臟氣痛：雞心檳榔，以小便磨半箇服，或用熱酒調末一錢，服之。腰重作痛：檳榔為末，酒服一錢。脚氣壅痛：以沙牛尿一盞，磨檳榔一枚，空心暖服。乾霍亂病：心腹脹痛，不吐不利，煩悶欲死，用檳榔末五錢，童子小便半盞，水一盞，煎服。大腸濕閟：大檳榔一枚，麥門冬煎湯磨汁，溫服，或以蜜湯調末二錢服亦可。大小便閟：檳榔為末，蜜湯調服二錢，或以童子小便、葱白同煎服之。小便淋痛：麪煨檳榔、赤芍藥各半兩，為末。每服三錢，入燈心水煎，空心服，日二服。血淋作痛：檳榔一枚，以麥門冬煎湯，細磨濃汁一盞，頓熱空心服，日二服。蟲痔裏急：檳榔為末，每日空心以白湯調服二錢。諸蟲在臟：久不瘥者，檳榔半兩，炮，為末。每服二錢，以葱、蜜煎湯，調服一錢。金瘡惡心：白檳榔四兩，橘皮一兩，為末。每空心生蜜湯服二錢。丹從臍起：檳榔末，醋調傅之。小兒頭瘡：水磨檳榔，晒取粉，和生油塗之。口吻生瘡：檳榔燒研，入輕粉末，傅之良。聤耳出膿：檳榔末吹之。

明·盧之頤《本草乘雅半偈》帙八

檳榔《別錄》中品　氣味：苦、辛、澀，溫，無毒。主治：主消穀逐水，除痰澼，殺三蟲、伏尸，〔療〕寸白。

覈曰：出南海、交州、廣州，及崑崙，今嶺外州郡皆有。子狀非凡，木亦特異。初生似笋，漸積老成，引莖直上，旁無枝柯，本末若一，其中虛，其外堅，皮似青桐而厚，節似菌竹而概。大者三圍，高者九丈。葉生木端，似甘蕉栟櫚輩。條分歧破，三月葉中起房，蝟刺若棘，遂自折裂。擢穗綴實，凡數百枚，大似桃李，至夏乃熟，連殼收貯，入北者，灰煮焙乾，否則易于腐敗。真《羅山疏》云：一種山檳榔，名蒳子，生日南，木似栟櫚而小，與檳榔同狀。一叢十餘幹，一幹十餘房，一房數百子。子長寸許。五月採之，味近甘苦。一種豬檳榔，大而味澀，核亦大，即大腹子也。修事：用白檳，存坐穩正，心堅錦文者最佳。刮去底，細切之，經火則無力。雷公云：生用為良，熟使絕無用矣。《南方草木狀》云：交廣人，凡貴勝族客，必先呈此果，用扶留藤、古賁灰，相合嚼之，吐去紅水一口，方滑美不澀，言能洗瘴也。

先人云：無枝直上，此從甲而乙，從乙而丙，生長炎方，色白味澀，謂有金氣雜之，西南偏隅故也。故其氣前往，有右遷之象焉。右遷環位，檳榔兩得之矣。又云：氣勝機速，四氣咸宜。然于脾土為最親切，運用迭行，尸蟲何地安立耶？又云：性與物反，上者能使之下，下者能使之上；又不是徑上，亦不是徑下。歲次玄枵，月旅蕤賓，五月律也。

条曰：《說文》云：向陽者檳，向陰者榔。雷公云：頭圓矮毗者榔，形尖紫文者檳。則檳與榔，各以其形而為向道矣。蓋檳諧賓。《書》云：寅賓日出，道陽使麗養萬物也。《志》云：蕤賓律名，道陰使續養萬物也。是檳獨為升陽之兆，升陰之始矣。而榔諧郎，郎者亭署，言華秀房中，子結房外，其擢穗似黍，其綴實似穀，亭亭若署列之猶郎耳。顧本大者三圍，椆高者九丈，末不小，本不大，下不倚，上不傾，幹直概節，外勁中空，葉叢木上，房係葉下，步其林則寥朗，芘其陰則蕭踈，與竟直上行者不同類。謂其概節如侯，漸積而成允升者也。故高者抑之，如奔豚之上逆，脚氣之沖心，忽忽眩冒而巔疾也。下者舉之，如瀉利之後重，清氣之下沉，胸痛引背，下則兩脇胠滿也。有餘者平之，如水飲之留癖，癥瘕之堅積，胸腹痞滿燥實也。不足者輔之，如藏形之勞極，三焦之闔闢，脾土萎黃，飲食不能為肌膚也。闔者開之，如府藏之壅滯，竅節之窒塞，五膈反胃，水穀不納也。開者闔之，如飧泄之腸澼，吐嘔之湧逆，霍亂自汗，煩悶欲死也。醉者醒之，惺然頓釋也。醒者醉之，熏然頰赤也。飢者飽之，充然氣盛也。飽者飢之，豁然氣散也。乃若殺三蟲，驅伏尸，滅寸白，逐諸蟲伏匿百骸，致病久不瘥，變生驚奇形證者，道以麗繼萬物之生陽，反乎嚮晦幽深之死陰耳。

明·李中梓《本草通玄》卷下

檳榔　苦、辛，微溫。下氣消脹，逐水除痰，殺蟲治痢，消食破積，止瘧療疝，腳氣瘴癘。按：檳榔泄至高之氣，能墜諸藥達于下極，故治痢家後重如神。閩廣多瘴癘，嗜之以為上珍。苟無瘴而食之，寧無損正之憂乎？去空心者括去臍皮，見火無功。

清·顧元交《本草彙箋》卷六　檳榔　入手足陽明經。足陽明爲水穀之海，手陽明爲傳道之官，二經相爲貫輸，以運化精微。二經病，則水穀不能以時消化，羈留而成痰癖，或濕熱停久，則變生諸蟲。此藥辛能散結破滯，苦能下洩殺蟲，且其體重而實，能洩胸中至高之氣，使之下行。性如鐵石之沈重，能墜諸藥至於下極，故治諸氣後重如神。

頂尖狀如雞心，體堅者佳。閩粵人常服，以祛壓瘴氣。昔有人授予截瘧方，專用檳榔一味，半生半熟，爲末，飯丸，以爲神秘，不知非瘴瘧不可用也。不讀《藥性》，皆坐此病。同類頂平者，另名大腹子。

修治法云：檳榔熟使，不如不用。然初生白檳，須本境可得。若他處者，必經煮熏，安得生者？

清·穆石匏《本草洞詮》卷六　檳榔　賓與郎皆貴客之稱。稽含《草木狀》言：交廣人凡貴勝客，先呈此果，若邂逅不設，用相嫌恨。則檳榔名義，蓋取諸此。氣味苦辛濇溫，無毒。消穀逐水，除痰澼，殺三蟲，治泄痢後重，禦瘴癘。蓋檳榔苦以破滯，辛以散邪，泄胸中至高之氣，使之下行，性如鐵石之沉，能墜諸藥至下極也。嶺南人檳榔代茶，以禦瘴癘。夫瘴癘之作，率因飲食過度，氣痞痰結，而檳榔能下氣，消食去痰，遂為日用所不廢。然嶠南地熱，四時出汗，人多黃瘠，食之則臟氣疎洩，一旦病瘴，不敢發散攻下，豈盡氣候所致，檳榔蓋亦為患。盧和謂檳榔祛瘴，有瘴服之可以，無瘴而服之，寧不損正氣，而有開門延寇之禍乎。朱晦菴《檳榔詩》云：藥囊知有用，茗碗詎能同。蓋與其治疾殺蟲之功，而不滿其代茶之俗也。

清·丁其譽《壽世秘典》卷三　檳榔賓與郎皆貴客之稱，交廣人凡貴勝族客必先呈此果，檳榔名義，蓋取于此。又名洗瘴丹，言南方地氣暑濕，人多患胸中痞滯，食此以祛瘴癘也。生食，其味苦澀，得扶留藤與瓦屋子灰，同咀嚼之，則柔滑甘美。雷斅言：尖長而有紫文者，名檳。圓大而矮者，名榔。亦似強說。今醫家亦不細分，但以存坐穩正，作雞心狀，破之有錦文者為佳。一種大腹子，腹大形扁而味澀，不似檳榔尖長味良，所謂猪檳榔者是矣，彼中悉呼為檳榔。自嫩及老采實啖之，以祛瘴癘，但力比檳榔，稍少力耳。

氣味：苦、辛，溫，澀，無毒。主消穀，逐水，除痰澼，殺三蟲《名醫別錄》。宣利五臟六腑壅滯，破胸中氣下水腫，治心痛積聚甄權《藥性論》。治瀉痢後重，心腹諸痛，大小便氣秘，痰氣喘急，療諸瘧，禦瘴癘《本草綱目》。

發明張元素曰：檳榔味厚氣輕，沉而降，陰中陽也，苦以破滯，辛以散邪，泄胸中至高之氣，使之下行。性如鐵石之沉，重墜諸藥至于下極。故治諸氣後重，如神也。

清·劉雲密《本草述》卷一八　檳榔子其實春生，至夏乃熟，肉滿殼中，色正白。

時珍曰：檳榔樹初生若筍竿積硬，引莖直上，莖幹頗似桄榔、椰子而有節，旁無枝柯，條從心生，端頂有葉如甘蕉，條派開破，風至則如羽扇掃天之狀。三月葉中腫起一房，因自折裂，出穗凡數百顆，大如桃李，又生刺重累於下，以護衛其實。五月成熟，剝去其皮，煮其肉而乾之，皮皆筋絲，與大腹皮同也。又一種與檳榔同狀而小，味近苦甘，為山檳榔，即所謂蒳子。又一種似檳榔大而味濇，核亦大，即大腹子也。

氣味：苦、辛，温濇，無毒。權曰：味甘。弘景曰：交州者味甘，廣州者味濇。珣曰：白者味甘，赤者味苦。潔古曰：味辛而苦，純陽也，無毒。主治：破滯氣下行，除痰癖，破癥結，治水穀下水腫，祛嵐瘴膨脹，治瀉痢後重，及大小便氣秘，並主賁豚膀胱諸氣，脚氣諸病，療諸瘧，更殺諸蟲。潔古曰：檳榔味厚氣輕，沉而降，陰中陽也。苦以破滯，辛以散邪，泄胸中至高之氣，使之下行。性如鐵石之沉重，能墜諸藥至於下極，故治諸氣後重如神也。盧復曰：無枝直上，此從甲而乙，從乙而丙，生長炎方，色白味濇，謂有金氣雜之，西南偏隅故也，故其氣前往有右遷之象焉。又云：氣迅機速，四氣咸宜。然於脾土最為親切。希雍曰：檳榔《本經》不載，見於《別錄》。其主治消穀逐水，除痰澼，殺蟲。茲物得天之陽氣，地之金味，故味辛氣温，無毒。潔古言苦，以其感盛夏之火氣耳。氣薄味厚，陽中微陰，降也，入手足陽明經。二經病則水穀不能以時消化，羈留而成痰癖，或濕熱停久則變生諸蟲。此藥辛能散結破滯，苦能下泄殺蟲，故主如上諸證也。

同草果、枳實、橘皮治食瘧，加三稜、蓬茂、礬紅、紅麴、山查、麥蘖，消一切堅硬肉食，及諸米麪、生冷食積成塊作痛。同黃連、藊豆、蓮肉、橘紅、白芍藥、紅麴、烏梅、葛根、枳殼，治滯下後重。同雷丸、使君子、白蕪荑、蘆薈、肉豆蔻、胡黃連，治小兒疳蚘。同楝根、鶴蝨、錫灰、薏苡根、貫眾、烏梅，治一切寸白蟲。同蒼朮、草果、青皮、甘草，治山嵐瘴氣發瘧。

愚按：檳榔瀉氣，世謂其視枳實、青皮尤甚。第枳實味苦兼酸，亦有辛，固與檳榔之辛温者不同。至於青皮本與之同一辛溫也，何以茲種瀉氣更甚乎？蓋檳榔子入口便濇，次苦，又次辛，最後微微有甘，唯濇者不敵苦，而苦者又不敵辛，是物以濇始之，辛終之，是全乎金者也，固稟降令之厚矣。然木產於南土，而實熟於仲夏，則金之用全。蓋五臟以勝己者為主，《經》言甚明也。夫厚稟降令，更乘乎火土之用，固宜專於氣分以下行矣。雖然，火為金用者，在他藥亦不少，何以茲味之下行極也？曰：檳榔木亭亭直上，旁無枝柯，此降氣至極者，即《經》所謂上行極而下也，是唯茲物所獨擅耳。若夫升者降之本，萬物莫不皆然矣。抑金為氣之主，火為氣之靈，雖曰以勝己者為主，而金之本乃在火，所謂有升而後行降，火升金降。氣化固如斯也，故用茲味。如泄痢之後重，小便之淋痛，下而不達，如奔豚之逆行，脚氣之衝心，上而不下，他如水穀之不消化，痰癖之為久稽，心痛之有積聚，膈氣之為壅滯，二便之為氣閟，諸蟲之為粉聚，必審其病於升者大過，降者不及，則用茲味之金以和火可也。倘病於升之不及，降之大過，又須益火以培金之元，借金以全火之用，乃為巧心，蓋此固虛實之分，未可紊也。所云補火，即陽者其精奉於上，不外於補中土，益中氣，所謂借金以全火之用，即借檳榔輩於補中行其壅滯也。然盧復謂其於脾土最切，希雍定其所入在手足陽明二經，亦以為氣化之所本，更金氣之所司也。蓋肺與大腸屬金，胃土本金氣之升降以為施化，所以亦曰陽明燥金耳。良工致慎於此，勿為厲階可也。

附諸方　乾霍亂病，心腹脹痛，不吐不利，煩悶欲死，用檳榔末五錢，童子小便半盞，水一盞，煎服。　腸胃有溼，大便秘塞，大檳榔一枚，麥門冬煎湯，磨汁温服，或以蜜湯調末二錢服亦可。　脚氣衝心，悶亂不識人，用白檳榔十二枚，為末，分二服，空心暖小便五合調下，日二服。或入薑汁、温酒同服。脚氣脹滿，非冷非熱，或老人、弱人病此，用檳榔仁為末，以檳榔殼煎汁，或茶飲、蘇湯，或豉汁調服二錢，甚利。　丹從臍起，檳榔末醋調傅之。

希雍曰：　檳榔性能墜諸氣至於下極，病屬氣虛者忌之。脾胃虛，雖有積滯者，不宜用。下痢非後重者不宜用。心腹痛無留結，及非蟲攻咬者，不宜用。瘧非山嵐瘴氣者不宜用。凡病屬陰陽兩虛，中氣不足，而非腸胃壅滯宿食脹滿者，悉在所忌。簡閱青木香丸用檳榔，將酸粟米煮飯，裹此於灰火中煨之，其義極善。蓋不令其大破瀉胷氣也，勝於微炒及醋煮者矣。檳榔用酸粟米飯裹，溼紙包，火中煨，令紙焦，去飯。

修治　檳榔白者味辛，多散氣。赤者味苦濇，殺蟲。生時其大易爛，用灰汁煮熟，焙乾，始堪停久。尖長有紫紋者名檳，力小；圓而矮者名榔，力大。今不復分，但取雞心正穩中實如錦紋者佳。刀刮去底，細切，急治生用，經火則無力，緩。治略炒，或醋煮過。

愚按：　此味經火則無力，是為得金味之厚者，更的矣。

清・郭章宜《本草匯》卷一四　檳榔　味苦、辛，濇，微溫。味厚氣輕，沉而降，陰中陽也。入手足陽明經。入胸腹破滯積而不停，入腸胃逐痰癖而直下。降至高之氣，疏後重之急。瘧疾與瘴癘偕收，脚氣與殺蟲並選。

按：　檳榔，性沉如鐵石，能泄至高之氣，墜諸藥于下極，故治痢家後重如神。夫足陽明為水穀之海，手陽明為傳道之官，二經相為貫輸，以運化精微者也。二經病，則水穀不化，或濕熱停久，變生痰癖、蟲積，此藥辛能散結，苦能殺蟲，故可以除諸症。閩廣地暖淫蒸，多瘴癘之氣，皆珍為上品。苟無瘴氣，寧無損正之憂乎？同黃連、扁豆、蓮肉、橘紅、白芍、紅麯、烏梅、葛根、枳殼，治滯下後重。一味檳榔半兩，為末，以葱蜜湯服一錢，治諸蟲在臟。凡病屬陰陽兩虛，中氣不足，無宿食者，悉在所忌。

去空心者，刮去臍皮，見火無功。

清・朱本中《飲食須知・果類》　檳榔　味苦、辛、濇，性溫。頭圓矮平者為榔，形尖紫文者為檳。檳力小，榔力大。勿經火，若熟使，不如不用。鳩鳥多集檳榔樹上，其外皮即大腹皮也。宜依法洗製，方可用之。檳榔得扶留藤、瓦屋子灰同咀嚼之，吐去紅水一口，則柔滑甘美。多食亦發熱，勿同橙、橘食。

清・何其言《養生食鑒》卷上　檳榔老者以鹽水拌叔，為鹹檳榔。去殼，焙乾，為乾檳榔。嫩者，連青皮生食，為檳榔青。焙乾，為大腹子。　味辛，性溫，無毒。消穀逐水，除痰癖，治瀉痢、心腹諸痛。宣臟腑壅滯，墜諸藥不行，殺伏尸、寸白、三蟲。多食傷真氣。閩、廣人取扶留藤葉，即青蔞葉，同石灰相合食之，其性熟，代茶禦瘴。其功有四：一曰醒能使之醉；二曰醉能使之醒；三曰飢能使之飽；四曰飽能使之飢。亦能固齒。人慣食者，醉暈汗出，飲冷水一二口即解。多食令喉痛目紅。患腸風下血者，忌之。

清・蔣居祉《本草擇要綱目・溫性藥品》　檳榔　氣味：苦、辛，溫，濇，無毒。沉而降，陰中陽也。　主治：消穀逐水，除痰澼，逐三尸寸白。治腹脹，利水道。療瀉痢後重，心腹諸痛，大小便閉，禦瘴癘。大抵苦以破滯，辛以散邪，檳榔能瀉胸中至高之氣，使之下行，如鐵石之沉重，能墜諸藥至於下極，故治諸氣後重如神也。嶺表之俗，多食檳榔，取其能祛瘴癘。但有瘴則宜服之，南方人亦相習而食，寧不損正氣而有開門延寇之禍乎？凡入藥亦宜慎重，不可僭用。

清・王翃《握靈本草》卷七　檳榔出嶺南。括去底，細切之。勿令經火。主治：　檳榔，味辛，溫，澁，無毒。消穀逐水，除痰澼，殺三蟲伏尸、寸白，宣利臟腑，破氣下水，治瀉痢後重，禦瘴癘。

清・汪昂《本草備要》卷三　檳榔瀉氣，行水，破脹，攻堅。　苦溫破滯，辛溫散邪。瀉胸中至高之氣，使之下行。性如鐵石，能墜諸藥至于下極。攻堅去脹，消食行痰，下水除風，殺蟲醒酒。治痰癖癥結，瘴癘瘧痢，水腫脚氣，脚氣衝心，尤須用之，童便、薑汁、溫酒調服。大小便氣秘，裏急後重。同木香用。木香能利氣。過服則損真氣。嶺南多瘴，以檳榔代茶，其功有四：　醒能使醉，醉能使醒，飢能使飽，飽能使飢。然泄藏氣，無瘴之地忌用。　雞心尖長，破之作錦紋者良。程星海曰：陰毛生蝨，世鮮良方。以檳榔煎水洗即除。又方，以心紅擦之亦好。亦用行散藥。

清・吴楚《寶命真詮》卷三　檳榔　【略】胃與大腸相為貫輸，以運化精微者也。二經病，則痰癖蟲積生焉。辛能破滯，苦能殺蟲，故主治在上。○能損正氣，氣虛下陷者當避。

清・陳士鐸《本草新編》卷四　檳榔　味辛、苦，氣溫，降也，陰中陽也，無毒。入脾、胃、大腸、肺四經。逐水穀，除痰癖，止心痛，殺三蟲，治後重如神，墜諸氣極下，專破滯氣下行。若服之過多，反瀉胸中至高之氣。善消瘴氣，兩粵人至今噬之如飴。古人疑其耗損真氣，勸人調胃，而戒食檳榔。此亦有見之言，然而非通論也。嶺南烟瘴之地，其蛇蟲毒氣，借炎蒸勢氛，吞吐于山巔水涘，而山嵐水瘴之氣，合而侵人，有立時而飽悶暈眩者。非檳榔口噬，又何以迅解乎。天地之道，有一毒，必生一物以相救。檳榔感天地至正之氣，即生于兩粵之間，原所以救兩粵之人也。況此物降而不升，雖能散氣，亦不甚升，但散邪而不散正，此兩粵之人所以長服而無傷。至身離粵地，即不宜長服，無邪可散，自必損傷正氣矣。

或問：　檳榔乃消瘴之物，似宜止治瘴氣，何以治痢必須？曰：　檳榔雖可治痢，亦止宜于初起，而不宜于久痢也。痢無止法，用檳榔，所以下其積穢也，故初起之痢斷須用之。痢久則腸中無積穢之存，若仍如初痢之治法，則虛者益虛，而痢者益痢矣，是久痢斷不可用檳榔也。然吾以為初痢亦不可純用檳榔，用當歸、白芍為君，而佐之檳榔，則痢疾易痊，而正氣又復不損，實可為治痢之權衡也。

或疑檳榔去積滯，即宜獨用之，何以反佐之以當歸？當歸雖補猶滑，以助其攻也。何以更用白芍之酸收，偏能奏效哉。不知檳榔必得補以行其攻也。夫積滯之不行也。由于氣血之乾枯。倘徒用檳榔以攻其積滯，則氣血愈傷，而瘀穢愈阻而不通，故必須當歸以生氣血，則大腸自潤，有可通之機。然而，肝木尅脾，木旺則火旺，火旺必爍乾氣血。當歸所生，不足以濟其所尅，故必須益之芍藥以平肝，則肝不尅脾，而芍藥酸中又能生血，以助當歸之潤，故同群共濟，以成檳榔之功，然則收之，正所以善其攻也。

清・顧靖遠《顧氏醫鏡》卷八　檳榔辛、苦，溫。入胃大腸二經。見火無功。宣臟腑壅滯，療心腹疼痛。辛溫能散結破滯故也。若無壅滯，又非因蟲痛者，勿用。降至高之氣，似水投石。譬降氣下行之速也。故結胸滿亦用之。疏後重之急，如驥追風。瘧疾與痰癖皆收，瘧無痰食不成，最能下氣消食去痰，故二症皆用。脚氣與殺蟲並選。能墜諸藥至於下極，專破滯氣下行，故治脚氣冲心。亦主奔豚，膀胱諸氣之病，以其味苦，又能殺蟲。　氣虛下陷者，忌用。

清・李熙和《醫經允中》卷二〇　檳榔　入肺、大腸二經。苦、辛，濇，溫，無毒。主治殺蟲，宣滯，破氣墜痰，消宿食，逐水氣。療諸瘧，禦瘴癘，泄至高之氣下行，如鐵石能墜諸氣，後重必兼木香用之方可。然疎泄太重，不無多食成禍也，元虛者量用之。

清・馮兆張《馮氏錦囊秘錄・雜症痘疹藥性主治合參》卷四　檳榔得天地之陽氣，地之金味。故味辛苦，氣溫，無毒。入手足陽明經。故能消化羈留，而下腸胃有形之物耳。夫足陽明為水穀之海，手陽明為傳道之官，二經相為貫輸，以運化精微者也。二經病，則痰癖蟲積生焉。辛能破滯，苦能殺蟲，故主治如神耳。氣虛諸症，所切忌焉。　檳榔，逐水穀，除痰癖。止心疼，殺三蟲。破積滯，辟瘴瘧。墮諸氣，治後重。專破滯氣下行，泄胸中至高之氣。苦辛氣溫，性最重墮，善破有形之結滯。易傷元氣，而伐真陰，故即瘧疾腸澼，非初起有餘者，不可輕用。　主治痘疹合參：　痘家利藥中暫用，以能墜諸藥，至於極下，故脚氣門用之也。然似痢非痢，貫膿、痘後虛症忌之。

按：　檳榔下氣，性如鐵石，故破滯而治後重如神。嶺表多食檳榔，蓋瘴癘之作，率因食積，此能消食下氣故也。南方地溫，腠膚不密，食之臟腑疎泄，一旦病瘴，而不可救，豈非伐氣之禍歟！若氣虛下陷，似痢非痢者，尤禁之。

清·张璐《本經逢原》卷三 檳榔 苦辛，溫，無毒。 發明：檳榔泄胸中至高之氣，使之下行。性如鐵石之沉重，能墜諸藥至於下極。故治衝脈為病，逆氣裏急，及治諸氣壅腹脹後重如神。胸腹蟲食積滯作痛，同木香為必用之藥。其功專於下氣消脹，逐水除痰，殺蟲治痢，攻食破積，止瘧療疝，脚氣瘴癘。若氣虛下陷人及膈上有稠痰結氣者得之，其痞滿昏塞愈甚。又凡瀉後、瘧後、虛痢切不可用也。閩廣瘴毒之鄉人常食此，必以蒟葉裹嚼之。所云飽能使之飢，醉能使之醒者，以其能下氣也。云飢能使之飽，醒能使之醉者，以蒟葉辛溫能開發中外之氣，以散瘴癘之邪也。

清·姚球《本草經解要》卷三 檳榔 氣溫，味苦、辛、澁，無毒。主消穀，逐水，除痰澼，殺三蟲伏尸，療寸白。 檳榔氣溫，稟天春升之木氣，入足厥陰肝經。味苦辛、澁，無毒，得地南火西金之燥味，入手少陰心經、足陽明燥金胃經、手陽明燥金大腸經。氣味降多於升，陰也。足陽明為水穀之海，氣溫則行，味辛則散，故主消穀逐水。手陽明為傳導之官，消化不盡，則水穀留滯，變成痰澼。檳榔溫辛具消穀之才，苦洩有下降之德，所以主之也。三蟲伏尸、寸白，皆濕熱所化之蟲也。辛則散，澁則燥，苦則殺蟲，故主以上諸蟲也。 製方：檳榔同川連、扁豆、蓮肉、橘紅、紅麯、白芍、烏梅、葛根、枳殼，治痢下後重。同雷丸、使君子、白蕪荑、蘆薈、肉蔻、胡黃連，治小兒疳蚘。同楝根、鶴虱、錫灰、苡仁根、貫仲、烏梅，治一切寸白蟲。同茅术、草果、青皮、甘草，治瘴瘧。

清·周垣綜《頤生秘旨》卷八 檳榔 性沉，能墜氣下行之藥也。閩廣之人，以此壓制瘴氣，非其地而多服之，未有不耗折冲和之氣焉。其瀉至高之氣，較之青皮、枳實尤甚。

清·葉盛《古今治驗食物單方》 檳榔 胃脘痛，檳榔、良薑各錢半，陳米百粒，水煎服。 腰痛，檳榔為末，酒呑之。

清·王子接《得宜本草·中品藥》 檳榔 味苦、辛。功專宣利藏腑壅滯。得枳實治傷寒痞滿，得木瓜治脚氣衝心，得橘皮治金瘡惡心。

清·黃元御《玉楸藥解》卷二 檳榔 味苦、辛、濇，氣溫。入足太陰脾、足陽明胃經。降濁下氣，破鬱消滿。化水穀之陳宿，行痰飲之停留。治心腹痛楚，療山水瘴癘。檳榔辛溫下氣破滯，磨堅行瘀，敗陳宿之氣，亦有用之良材。若氣虛作滿，則損正益邪，不能奏效矣。

清·吴儀洛《本草從新》卷四 檳榔〔瀉氣行水，破脹攻堅。〕 苦溫破滯，辛溫散邪，瀉胸中至高之氣使之下行，性如鐵石，能墜諸藥至於下極，攻堅去脹，消食行痰，下水除風，醒酒殺蟲。治痰癖癥結，瘴癘瘧痢，水腫脚氣，脚氣冲心者尤須用之，童便、薑汁、溫酒調服。大小便氣秘，裏急後重。或同木香調氣，或同黃芩、枳殼寬腸。墜諸氣至於下極，氣虛下陷者所當遠避。嶺南多瘴，以檳榔代茶，損泄真氣，所以居人多病少壽。鷄心尖長，破之作錦紋者良。陰毛生蝨，煎水洗之即除。忌火。

清·汪紱《醫林纂要探源》卷三 檳榔 苦，濇，溫。生閩廣瀕海之地。樹似椶櫚，葉聚巔頂，如翣，抽莖作包生檳榔，下垂纍纍然，堅實而色紅黑，形如雞心，破之中有赤白錦文。嶺南人嗜之，合浮留藤葉及蜃灰嚼之，苦濇而美，少頃則回甘味，以之代茶奉客。然多食則醉人。功專泄降，去瘴除痰，亦斂陰氣。降泄肺氣，下行以墜於下極，消食行痰，攻堅去積，燥濕去瘀，治二便氣秘，裏急後重，及脚氣上攻諸證。又能殺蟲，醒酒，辟瘴毒。○全無辛味，惟合浮留藤葉及蜃灰嚼之，則有辛味。《本草》言味辛，誤矣。又入口甚濇，濇與酸同，實有補肺斂氣之功。人第知其下氣破氣，而不知其順氣斂氣，逐邪乃以安正也。又回味甚甘，則亦能和能補矣。

清·嚴潔等《得配本草》卷六 檳榔 苦、辛，溫。入手足陽明經氣分。泄胃中至高之氣，墜諸藥至於下極，達膜原而散疫邪。治瀉痢，破滯氣，攻堅積，止諸痛，消痰癖，殺三蟲，除水脹，療瘴瘧。 得童便，治脚氣上衝。或入薑汁。得橘皮，治金瘡嘔惡。配良薑，治心脾作痛。配麥冬，治大便秘及血淋。配枳實、黃連，治傷寒痞滿。 雞心狀正穩心不虛，破之作錦紋者為佳。勿見火，煎湯，洗毛髮生虱。瘧非瘴氣、氣虛下陷、似痢非痢者，禁用。

題清·徐大椿《藥性切用》卷六 檳榔 苦辛性溫，破滯消脹，磨積攻堅，能墜藥力至下極之分成功。虛人忌之。惟嶺南瘴氣之鄉，常啖檳榔不輟。

清·黃宫繡《本草求真》卷四 檳榔治胸膈瘴癘膨脹。 檳榔耑入腸胃。辛苦而溫，書何言其至高之氣，彼獨能瀉，使之下行以至於極。以其味苦主降，性如鐵石之重，故爾有墜下之力耳。是以無堅不破，無脹不消，無食不化，無痰不行，無水不下，無氣不除，無蟲不殺。如陰毛住虱，用此煎水以洗。無便不開，凡開二便藥內，多有用此。故凡裏急後重，同木香用。嵐瘴癘瘧，如達原飲治疫用此。並水腫腳氣，酒醉不醒，無不因其苦溫辛澁之性，以為開泄行氣破滯之地耳！至書所云飽能使之飢，醉能使之醒者，以其能下氣也。飢能使之飽，醒能使之醉者，以檳榔必用蒟葉裹嚼，蒟葉氣味辛溫，得此能除中外之氣，以散瘴癘之邪也。嶺南瘴地，多以檳榔代茶。然非瘴之地，不可常服，恐其能洩真氣耳！雞心尖長，劈之作錦紋者良。時珍曰：嶠南地熱，四時出汗，人多黃瘠，食之則臟氣疎洩，一旦病瘴，不敢發散攻下，豈盡氣候所致？檳榔蓋亦為患，殆未思耳。又朱晦庵《檳榔詩》云：憶昔游南日，初嘗面發紅。藥囊知有用，茗碗詎能同，蠲疾收殊效，修真錄異功。三彭如不避，糜爛七非中。亦以其治疾殺蟲之功，而不滿其代茶之俗也。

清・李文培《食物小録》卷上 檳榔 苦、辛，溫、澀，無毒。消宿食，禦瘴癘，嶺南人以之代茶。其功有四：一曰醒能使醉，蓋食之久則熏然頰赤若飲酒然，蘇東坡所謂紅潮登頰，醉檳榔也；二曰醉能使醒，蓋酒後嚼之則寬氣下痰，餘醒頓解，朱晦庵所謂檳榔收得為祛痰也；三曰飢能使飽；四曰飽能使飢，蓋空腹食之則充然氣盛如飽，飽後食之，則後食快然易消。又且賦性疏通而不洩氣，稟味嚴正而更有餘甘，有是德故有是功也。又有大檳榔同功。

清・楊璿《傷寒溫疫條辨》卷六消劑類 檳榔海南子佳，今所用者皆大腹子。味辛濇，微苦，氣微溫，味厚氣薄，降也，陰中陽也。攻堅去脹，逐水除痰，消食醒酒，溫中快氣，療瘴癘瘧痢，脚氣沖心。童便、薑汁、溫酒調檳榔末二錢，連服。殺三蟲，開停滯，止心疼，墜胸中至高之氣至於下極。按：《本草》言治後重如奔馬。夫後重，乃毒聚大腸而氣陷所致。此物性降，氣必愈降，味濇，毒必不散，恐非後重所宜。《本草》又言洩氣極速，較枳殼、青皮尤甚。而廣南之人終年朝夕啖噬，似非洩氣極速者。兩說極言其效，皆未盡其妙。蓋此物辛溫而燥，故能解毒利氣，逐脹導滯。然其味濇，故行中有留，氣薄，故降中有升，雖洩氣散毒而不傷氣，故治後重，長啖噬皆無妨也。《林玉露》曰：飽能使之飢，飢能使之飽，醉能使之醒，醒能使之醉。詳味斯言，可得其性味矣。

清・羅國綱《羅氏會約醫鏡》卷一七竹木部 檳榔味苦辛，氣溫，入胃大腸二經。忌見火。辛破滯，苦伏蟲，溫散邪，墜氣至於極下。攻堅，去脹，消食，殺蟲，下水，截瘧。治痰癖、癥結、瘴癘、痢疾、水腫、大小便氣秘、裏急後重。悉辛溫之功。形如雞心，破之作錦紋者良。嶺南多瘴氣，以檳榔代茶可解。若地無瘴氣及氣虛下陷者，所當避之。

清・陳修園《神農本草經讀》附録 檳榔 氣味苦、辛，澀、溫，無毒。主消穀逐水，除痰癖，殺三蟲，伏尸，療寸白《別錄》。

清・趙學敏《本草綱目拾遺》卷七果部上 豆蔻檳榔 此即《綱目》檳榔注內所云蒳子是也。形如雞心，一頭尖，一頭圓，僅如小指大，外有殼包之。殼白色如荳蔻形，尖如橄欖，長不及半寸。藥肆每於豆蔻中檢出，每豆蔻一觔，不過數粒，價亦倍。廣南檳榔亦無有專貨之者，或云此種始為雞心檳榔。廣南所市者，皆山檳榔，及大腹子而已。時珍循竺氏說，以山檳榔為蒳子，恐悮。

治反胃噎膈，餘功與廣檳榔同。

按：《百草鏡》：檳榔今藥肆所市者，形扁而圓大，乃大腹子，俗名雌檳榔。廣東文昌縣出者，名文昌子，尖小者，名主賜檳榔，又名喫子。其形長尖，狀如雞心，內有錦紋，又名雞心檳榔，即雄檳榔也。另有一種雞心檳榔，來自洋舶，從白荳蔻內揀出，極罕有，形亦長尖，極小，外有殼，儼如棗核，故又呼棗核檳榔，入藥最勝。

耳聾灸法：《經驗廣集》：用雞心檳榔一個，將臍內挖一窩如錢眼大，實以麝香，坐於患耳內，以艾炷灸之，不過三四次，即效。小兒疳積：胡開甫方：史君子五個生、五個熟，荳蔻內檳榔用薑湯磨汁，空心蘸史君子肉，食一二次即愈。聤耳出膿：豆蔻檳榔為末，吹入立愈《救生苦海》。口瘡：荳蔻內檳榔煅存性，加輕粉敷之《廣果録》。

清・黃凱鈞《藥籠小品》 檳榔 尖長如雞心者，苦辛，溫，能破滯散邪，瀉胸中至高之氣，使之下行，攻堅去積，消食行痰，逐水殺蟲，墮諸氣至於下極。氣虛下陷者，所當遠避。雖能辟瘴，耗損真氣，多食少壽。更有花紋者，只可行滯消食。陰囊生虱，煎湯洗之即除。

清・章穆《調疾飲食辯》卷一下 檳榔汁 《綱目》曰：齊徐之才《藥對》名賓門。司馬相如《上林賦》曰仁頻。顏師古注曰：即檳榔，又名洗瘴丹。有數種，尖圓如雞心者為檳榔；圓而小者為山檳榔，又名蒳子；圓長而大者為豬檳榔，又名大腹子。《圖經》以味甘者為山檳榔，澀者為豬檳榔。《炮炙論》以尖者為檳，圓者為榔。性能下氣，利臟腑，禦瘴。治裏急後重，除心腹脹滿。南人用當果食，無日不噉，必以扶留葉、又名盧都葉。古賁或瓦屋子灰同噉，皆蚌名，見魚蟲類。吐出紅水如鮮血，乃滑美不澀。羅大經《鶴林玉露》甚言其功，吴興章傑《瘴說》又言久噉必有害。東陽盧和曰：檳榔本以祛瘴，有瘴誠不可缺，無瘴而食之，能無開門延寇之禍乎。

按：檳榔，閩粤人用以當茶，非當果也。凡客至，可不設茶，先出此為敬。而世俗女子受聘，謂之喫茶，以盤盒中有茶葉也。閩粤則概用檳榔，不用茶葉，非當茶乎？蠻烟瘴雨之地，誠不可少也。又《嶺表錄》云：檳榔出自舶上，難得真者。交、廣所生，皆大腹子也。然食者不甚分別，並有益無損，是其品類雖多，功用等耳。

清·王龍《本草纂要稿·木部》 檳榔　氣味辛苦而溫。逐水穀，尤除痰癖。止心疼，兼殺三蟲。治後重如神，墜諸氣亟下。專破滯氣下行，若服過多，恐泄胸中至高之氣。

清·張德裕《本草正義》卷上 槟榔　辛，澁，甘苦，氣溫。味厚。除痰癖，宣壅滯，消宿食，解酒毒，溫脾快氣，濕邪諸瘧，山嵐瘴穢。乃和中暖胃，消滯辟邪之品。

清·楊時泰《本草述鉤元》卷一八 檳榔子　檳榔樹初生，引莖直上，旁無枝柯，條從心生，頂端有葉如甘蕉。其實春生，出穗凡數百顆，五月成熟，剝去其皮，煮其肉而乾之。皮皆筋絲，與大腹皮同。交州者甘，廣州者濇。一種與檳榔同狀而小，味近苦甘，為山檳榔即蒳子。又一種似檳榔而大，味濇，核亦大，即大腹子也。

味濇苦而辛，微甘，氣溫。氣薄味厚，陽中微陰，降也。入手足陽明經。白者辛多散氣，赤者苦濇殺蟲。主下滯氣，除痰癖，破癥結，消穀逐水，袪嵐瘴膨脹，治瀉痢後重及大小便氣秘。並主賁豚膀胱諸氣，脚氣諸病，瘵瘴瘧，殺諸蟲，泄胸中至高之氣，使之下行。性如鐵石之沉重，能墜諸藥至於下極。亭亭直上，旁無枝柯，所以降氣至極者，即《經》所謂上行極而下也，金之主在火，有升而後有降，氣化如斯。無枝直上，此從甲而乙，從乙而丙，生長炎方，色白味濇，謂有金氣，故其氣前往，有右遷之象焉。又云：氣迅機速，四氣咸宜，然於脾土最為親切不遠。檳榔得天之陽氣，地之金味，故味辛氣溫，潔古言苦，以其感盛夏之火氣耳仲淳。同草果、枳實、橘皮，治食瘧；加三稜、蓬莪、礬紅、紅麴、山楂、麥芽，消一切堅硬肉食及米麪生冷諸積成塊作痛。同黄連、白芍、烏梅、紅麴、扁豆、蓮肉、葛根、枳殼、橘紅，治滯下後重。同雷丸、蕪荑、蘆薈、肉蔻、胡連、使君子，治小兒疳蚘。同楝根、鶴虱、錫灰、貫仲、烏梅、薏苡根，治寸白蟲。同蒼术、草果、青皮、甘草，治嵐瘴發瘧。乾霍亂心腹脹痛，煩悶欲死，用檳榔末五錢，童便半盞，水一盞，煎服。腸胃有濕，大便秘塞，大檳榔一枚，麥冬煎湯磨汁溫服，或以蜜湯調末二錢服。脚氣衝心，悶亂不識人，用白檳榔十二枚為末，平分，每空心用暖小便五合調下，日二，或入薑汁溫調同服。脚氣脹滿，非冷非熱，或老人弱人病此，用檳榔為末，即以其殼煎汁或茶飲，蘇湯、豉汁調服二錢，甚利。丹從臍起，檳榔末醋調傅之。

論：檳榔入口便濇，次苦，又次辛，最後微微有甘，雖濇不敵苦，而苦又不敵辛，以濇始而以辛終，是全乎金，而稟降令之厚者也。其木產於南，其實熟於夏，火為金用，固宜專於氣分以下行。用茲味者，如泄痢之後重，小便之淋痛，下而不達，如奔豚之逆行，脚氣之衝心，上而不下，他如水穀不化，痰癖久稽，心痛積聚，膈氣壅滯及二便諸蟲之為病，必審其由於升者太過，降者不及，則用茲味之金以和火可也。倘病於升之不及，降之太過，又須益火以培金之元，借金以全火之用，此固虛實之未可或紊者。所云補火，不外於補中土，益中氣，所云借金以全火之用，即借檳榔輩於補中行其壅滯也。

氣虛者，忌之，下痢非後重不用，瘧非山嵐瘴氣不用，凡病屬陰陽兩虛，若非腸胃壅滯，宿食脹滿者，悉忌仲淳。

辨治：尖長有紫紋者名檳，力小；圓而矮者名榔，力大。取雞心正穩中實如錦紋者佳。急治生用，經火則無力。金畏火也。緩治醋煮，或略炒，用酸粟米飯裹，濕紙包，灰火中煨令紙焦，去飯，勝於微炒及醋煮者。

清·鄒澍《本經續疏》卷五 檳榔　【略】草木有節，必因中空，中不空必因有枝，不中空又無枝蘖而有節者，則惟檳榔。草木之葉叢生者，必由地起，不由地起亦必有枝蘖，既非地起，又無枝蘖，而發於木杪者，亦惟檳榔。是其葉間所生之果，上行極而下者，非特行於內無或留阻，即行於外，縱有留阻之跡，亦不礙其流轉之氣。然檳榔之通行節間無復留礙，而主消穀逐水，何竟與甘遂之有節中實，除留飲宿食，破癥瘕積聚，利水穀道者同其理？蓋根是生發所攸繫，故主升。實為退藏所歸著，故主降。甘遂草根，檳榔木實。甘遂既可因味苦氣寒而下趨，檳榔又何不可因味辛氣溫而上出？況一株直上，旁無歧互，至五七丈方得發葉，是其氣之坌湧上出甚烈，但以歸根復命，其升甚者降亦必甚，故其實為下行。特既沾水土，旋可上生，則降之後仍復能升，本不必以其味辛氣溫也。是故消穀者，引穀下行，及抵土中使之消磨，還能令氣上出。逐水者，導水下行，俾及通調之道，還能令精微上奉，是其行中道之功。除痰癖者，搜剔之，疏通之，不使隱處遐僻，是其行旁側之力，水穀通調，氣機流鬯，自無邪氣敢干其間，生蟲作祟。若一如降而總為破洩，有如甘遂，則人之比於果實，終日咀嚼，何不見猝有大害耶？可以知其故矣。

清・王世鍾《家藏蒙筌》卷一六《本草》 檳榔 味辛澁微苦甘，氣微溫。味厚氣薄，降中有升，陰中陽也。逐水穀，除痰癖，解酒毒，療腹疼，殺三蟲，破積聚，（癖）〔辟〕瘴瘧，墜諸氣，治（厚）〔後〕重，宣壅滯，散脚氣。功專下行，泄胸中至高之氣。性如鐵石，能破有形之物。若氣虛下陷者，忌之。如雞心尖長，破之作錦紋者良。程星海曰：陰毛內生虱，世鮮良方，以檳榔煎水，洗之即除。

清・葉桂《本草再新》卷五 （梹）〔檳〕榔味苦，性溫，無毒。入肝、肺二經。舒肝散氣，破積辟邪，化痰消食，利水通经，治膈噎氣蠱。

清・吴其濬《植物名實圖考》卷三二 檳榔 《別錄》中品；大腹子，《開寶本草》始著錄。皆一類，而大腹皮入藥。又山檳榔一名蒳子，瓊州有之，葉可績為布，亦可為席。

清・趙其光《本草求原》卷一二果部 檳榔 苦，破滯；辛，散邪；溫升澀降。辛澀屬金，主降。其樹一幹直上，先升以為降之木，物理皆然。其子如石沉重，故能上行致高，以瀉胸中之氣，使之行於極下，入胃、大腸，二經皆屬金。攻堅去脹，消食行痰，食留則成。下水腫，除風，殺蟲。濕熱停久所生。醒酒，治癥結，奔豚逆氣，脚氣沖心，以童便，薑汁酒調。通經，治膈噎，氣蠱，心痛，積聚，膈氣壅滯，二便秘悶，皆上而不下之病。小便淋痛，泄痢後重，同木香用，皆欲下不下。瘴癘瘧疾，疝氣。開發中外之氣。凡衝脈病，逆氣裏急必用。但太泄真氣，氣虛下陷及內無積結者忌之。若氣虛挾滯，宜主以補中之品。除陰毛生虱。名肉虱，嚼而塗之。

白者，辛勝，散氣；赤者，苦澀，主降氣、殺蟲。形如雞心、尖長、破之作錦紋者，主血分，腹滿多火者宜之；形扁大而味更澀者，為大腹子，入氣分，濕盛者宜之。生磨用，經火則力緩，金性忌火。緩治宜略炒，或醋煮過，或以酸粟米煮飯，包於灰火中煨之尤妙。為末，醋調敷丹從臍起。同童便水煎，治乾霍亂。肺氣喘促及水腫膈酸，用大腹子尤捷，取其泄肺以殺水之源也。兼治胎氣惡阻脹悶。

清・文晟《新編六書》卷六《藥性摘錄》 檳榔 辛苦而溫。入腸胃，治胸膈瘴癘膨脹，裏急後重，消痰食，殺蟲。〇非瘴癘地，勿常食。〇虛脹忌之。〇得蒟葉同嚼良。

清・劉東孟傳《本草明覽》卷三 檳榔 【略】按：檳榔苦以破滯氣，辛以散邪氣，較諸枳殼、青皮，此尤甚也。嶺南烟瘴，朝夕噬之，習俗使然，氣與之俱化耳。仕于彼者，亦隨其俗，竊恐冲和之氣，寧有不被其所耗者哉。

清・張仁錫《藥性蒙求・果部》 （梹）〔檳〕榔錢半、三錢 （梹）〔檳〕榔瀉氣，破積殺蟲。除痰逐水，痢滯能攻。苦辛而溫。瀉肺中至高之氣，使之下行。治痰癖癥結，瘴癘瘧痢，大小便氣秘。〇張路玉云：性如鐵石之沉重，能墜諸藥至於下極，兼治衝脈為痛，逆氣裏急，痢症之後重如神。得木瓜治脚氣衝心。

清・陸以湉《冷廬醫話・補編》 檳榔 醫書檳榔治瘴，川廣人皆喜食之，近則他處亦皆效尤，不知其性沉降，破洩真氣，耗損既久，一旦病作不治，莫識受害之由。嗜之者，終無所警也。余按：宋周去非《嶺外代答》有云：川廣人皆食檳榔，食久，頃刻不可無之，無則口舌無味，氣乃穢濁。嘗與一醫論其故，曰：檳榔能降氣，亦能耗氣，肺為氣府，居膈上，為華蓋，以掩腹中之穢，久食檳榔，則肺縮不能掩，故穢氣升聞於輔頰之間，常欲啖檳榔以降氣，實無益於瘴，彼病瘴紛然，非不食檳榔也。此論檳榔之害，最為切要，知非特無瘴之地不可食也。嗜檳榔者其鑒之。

炳章按：檳榔種類甚多，有大（白）〔腹〕檳榔、海南檳榔、雞心檳榔、棗兒檳榔，閩粵人所嗜食檳榔，乃棗兒檳榔，或鮮檳榔。其味澀，其性消滯殺蟲，如小兒腹內有蟲，用檳榔煮黑棗食之，則蟲瀉下，然此消補並施法也。

清・陸以湉《冷廬醫話》卷五 藥品 粵人喜啖檳榔，謂可辟瘴，而不知其益少損多。吳人喜啖蓖麻子，往往種之成林，採曝炒食，此尤當戒。蓋其性辛熱，瀉人元氣，隱受其害者多矣。此藥本草列毒草門，且食此者一生不得食炒豆，犯之即脹死。鄉愚無知，食之每習以為常，可慨也！葱蜜同食殺人，世皆知之，韭與蜜糖同食，亦能殺人，則知之者鮮矣。見黃闇齋《折肱漫錄》。

清・王孟英《隨息居飲食譜・果食類》 檳榔 苦，甘，溫澀。下氣消痰，辟瘴殺蟲，析酲化食，除脹泄滿，宣滯破堅定痛，和中，通腸逐水。制肥甘之毒，膏粱家宜之。尖長、質較耎、色紫而香，俗呼棗兒檳榔者良，且能堅齒，解口氣。惟虛弱人及澹泊家忌食。

清・屠道和《本草匯纂》卷二平散 檳榔 耑入腸、胃。辛溫苦澀，治胸膈瘴癘膨脹。通關節，利九竅，除一切風。破胸中氣，治心痛積聚。能瀉至高之氣使下行，以至於極。性如鐵石，故有墜下之力。破堅消脹，化食行痰下水。治痰氣喘急，瀉痢後重，心腹諸痛，大小便氣祕，裹急後重。療諸瘧，禦瘴癘，水腫脚氣，酒醉不解，膀胱諸氣，衝脈為病，氣逆裹急。殺蟲，如陰毛蛀虱，用此煎洗。治腹脹，搗末服。燒灰，傅口吻白瘡。但非煙瘴之地，常服恐洩真氣。鷄心尖長錦紋者良。

清・戴葆元《本草綱目易知錄》卷三 檳榔 苦溫破滯，辛溫散邪。通關節，利九竅，宣利五臟六腑壅滯。能瀉胸中至高逆氣，使之下行。性如鐵石，又能墜諸藥至於下極。攻堅去脹，消食行痰，健脾調中。除一切風，下一切氣，殺三蟲，伏尸寸白，破癥結，除痰癖，治痰氣喘急，心痛積聚，瘴癘諸瘧，水腫脚氣，腹痛賁豚，膀胱諸氣，五膈、氣風冷氣，大小便氣秘。衝脈為病，氣逆裹急，瀉痢後重。過服損真氣，傅瘡生肌止瘧。燒灰，傅口吻瘡。

清・黄光霽《本草衍句》 檳榔 辛溫散邪，苦澀降逆。降滯氣。破滯除痰，攻堅去積。瀉胸中至高之氣，墜諸藥至於下極。裹急後重，諸瘧腸癖。平水腫心腹諸痛，脚氣上冲；主膀胱冷氣奔豚，二便閉塞。尤善殺蟲，兼療衝脈。衝脈為病，氣逆裹急。宣導臟府壅滯，通利關節九竅。得橘皮治金瘡惡心，得木香治裹急後重，得木瓜治脚氣衝心。醋心吐水，檳榔、橘皮為末，方寸（七）〔匕〕，空心生蜜湯調服。嘔吐痰水，檳榔、橘皮炙，煎服。傷寒痞滿，陰病下早而成痞，按之虛軟而不痛，檳榔、枳實為末，黄連湯下。脚氣衝心，悶亂不知人，檳榔為末，童便調下；或入薑汁、溫酒同服。蚘厥腹痛，用檳榔為末，空心調服效。寸白蟲病，方用同上。

清・陳其瑞《本草撮要》卷二 檳榔 味苦辛，入手足陽明經，功專宣利臟腑壅滯。得枳實治傷寒痞滿，得木瓜治脚氣衝心，得橘皮治金瘡惡心，得木香調氣，得黄芩、枳殼寬腸。聤耳出膿為末吹之。遊丹從臍起者以醋調末塗之。陰毛生虱，煎水洗即效。氣虛下陷者勿服。

清・李桂庭《藥性詩解》 賦得檳榔豁痰而逐水得痰字。田春芳。 欲識檳榔性，辛溫治瘴嵐。殺蟲尤逐水，破積且除痰。按：檳榔味本辛苦而溫，功專殺蟲而散。治瘴痢水腫，除痰癖氣滯，攻堅去脹，消食醒酒，治大小便氣秘，並裹急後重。性最速下，降諸氣分，氣虛下者當以深戒。

前題李慶霖 溫苦攻堅品，檳榔性最酣。功雖能逐水，力更可除痰。檳榔本行痰逐水、消食去脹之藥。性如鐵石，能墜諸藥至於下極。形如雞心尖長，剖之有錦紋者良。

大腹

宋・唐慎微《證類本草》卷一三木部中品〔宋・馬志《開寶本草》〕 大腹 微溫，無毒。主冷熱氣攻心腹，大腸壅毒，痰膈，醋心，並以薑鹽同煎，入疏氣藥良。所出與檳榔相似，莖、葉、根、幹小異。生南海諸國。今附。

〔宋・掌禹錫《嘉祐本草》〕按：日華子云：下一切氣，止霍亂，通大小腸，健脾開胃調中。

〔宋・唐慎微《證類本草》〕《圖經》：文具檳榔條下。孫真人云：檳榔皮，鴆鳥多棲此樹上，宜先酒洗，仍以大豆汁洗，方可用。

宋・劉明之《圖經本草藥性總論》卷下 大腹 微溫，無毒。主冷熱氣攻心腹，大腸壅毒，痰膈醋心。日華子云：下一切氣，止霍亂，通大小腸，健脾開胃，調中。生南海諸國。

宋・陳衍《寶慶本草折衷》卷一三 大腹〇皮續附。生南海諸國，又云并皮收之。味辛、甘、苦、澀用檳榔云，微溫，無毒。〇主冷熱氣攻心腹，大腸壅毒，痰膈醋心。入疏氣藥良。〇日華子云：下氣，止霍亂，通大小腸，調中。

續說云：艾原甫論大腹與檳榔有毫氂之辨，但檳榔尖長而力勁，大腹混平而力緩爾。然大腹之皮，其毛如白氈。張松謂此皮去腫利水氣，今疏導湯劑多須之。檳榔皮亦可通用，恐為毒物沾漬，故孫真人以酒及大豆汁洗之也

元・王好古《湯液本草》卷五 大腹子 氣微温，味辛，無毒。《本草》云：主冷熱氣攻心腹，大腸壅毒，痰膈醋心，並以薑、鹽同煎。《時習》謂是氣藥也。孫真人云：先酒洗，後大豆汁洗。仲景用。日華子云：下一切氣，止霍亂，通大小腸，健脾、開胃、調中。

明・王綸《本草集要》卷四 大腹 味辛，氣微溫，無毒。鴆鳥多棲此樹上，宜先酒洗，仍以大豆汁洗，方可用。主冷熱氣攻心腹，大腸壅毒，痰膈醋心，並以

薑、鹽同煎，入踈氣藥良。下一切氣，健脾開胃。

明·滕弘《神農本經會通》卷二 大腹 檳榔皮。鳩鳥多棲此樹上，宜先酒洗，仍以大豉汁洗，方可用。 氣微溫，無毒。一云：味辛。東云：治水腫之泛溢。《疌》云：下氣，冷熱攻心腹，健脾安胃更通腸。《本經》云：主冷熱氣攻心腹，大腸壅毒，痰膈醋心，並以薑鹽同煎，入踈氣藥良。日華子云：下一切氣，止霍亂，通大小腸，健脾開胃調中。劄云：大腹皮功專下氣，健脾開胃更通腸。氣因冷熱攻心腹，煎用薑鹽入藥良。即《局方》大腹皮，通腸，健胃開脾。

大腹子 《湯》云：氣微溫，味辛，無毒。東云：去膨下氣，亦令胃和。《湯》云：《本草》云主冷熱氣攻心腹，大腸壅毒，痰膈醋心，並以薑鹽同煎，時習謂是氣藥也。孫真人云：先酒洗，後大豆汁洗，仲景用。日華子云：下一切氣，止霍亂，通大小腸，健脾開胃，調中。

明·劉文泰《本草品彙精要》卷一九 大腹無毒 植生。

大腹：主冷熱氣攻心腹，大腸壅毒，痰膈醋心。並以薑、鹽同煎，入疏氣藥良。名醫所錄。 【苗】《圖經》曰：所出與檳榔相似，但莖、葉、根、榦小異。其實爲大腹子，皮爲大腹皮，連皮收之謂之大腹檳榔。或云：狀如雞心者爲檳榔，其平塌者大腹子也。【地】《圖經》曰：生南海諸國，今嶺外州郡皆有之。【時】生：春生。採：夏月取。【收】暴乾。【用】皮及子。【色】蒼。【味】辛。【性】微溫，散。【氣】氣之厚者，陽也。【臭】朽。【主】除膨脹，利水腫。【製】孫真人云：鳩鳥多栖此樹上，凡使，宜先酒洗，仍以大豆汁洗，方可用。【治】療：日華子云：下一切氣，止霍亂，通大小腸，健脾開胃，調中。

明·葉文齡《醫學統旨》卷八 大腹皮 氣微溫，味辛。無毒。鳩鳥多棲此樹上，宜先酒洗，仍以大豆汁洗，方可用。 治冷熱攻心，大腸壅毒，痰膈醋心，並以薑鹽同煎，入踈氣藥良。下一切氣，健脾開胃(之喘)，消腫寬脹。

明·許希周《藥性粗評》卷二 水消氾濫，在開大腹之皮。

大腹子大腹子衣也。此與檳榔同類。或曰向日生，形尖如雞心者為檳榔。向陰生，平坐如饅頭者，為大腹子。今觀如雞心者內必緊紅，如饅頭者內必虛白，此可以為二者之別矣。大略見檳榔條下。凡用衣須以酒洗，火上炙赤，以防鳩毒。餘說《本草》不載。 味辛，性微溫，無毒。主治冷氣攻痛，大腸壅毒，痰膈醋心，一身水氣浮腫，止霍亂，健脾開胃，通腸下氣。

單方：冷氣攻心：以大腹皮入薑鹽同煎，服之。

明·鄭寧《藥性要略大全》卷五 大腹子 去膨下氣，亦令胃和。治癰毒痰隔，止霍亂。〇通大小腸，健脾開胃，調中。《時習》云：是氣藥也。味辛，氣平、微溫，無毒。與檳榔一種。尖長小大者為檳榔，大而偏者大腹子也。

大腹皮 治水腫之殷溢，助脾胃，斂氣寬中。 味辛，氣平、微溫，無毒。鳩鳥多棲此樹上，宜先酒洗，仍以烏豆汁洗之，方可用也。

明·賀岳《醫經大旨》卷一《本草要略》 大腹皮 性溫。疏脾胃有餘之氣，腹脹滿者用之。氣虛者不可用。

明·陳嘉謨《本草蒙筌》卷四 大腹 味苦、辛，氣微溫。降也。無毒。樹與檳榔小殊，同生南海諸國。傳曰：向陰生者曰大腹，向陽生者曰檳榔。檳榔尖長，大腹圓矮。一說：檳榔難得真者，今市所貨，並此代之。以薑鹽同煎，入踈氣藥妙。主冷熱諸氣，通大小二腸。止霍亂痰隔醋心，攻心腹大腸擁毒。〇裏外粗殼，名大腹皮。此樹鳩鳥多棲，糞毒最能為害。先浸醇酒，後洗豆湯。下隔氣亦佳，消浮腫尤捷。

明·方穀《本草纂要》卷四 大腹皮 味辛，氣微溫，無毒。寬中利氣之藥也。主一切冷熱之氣上攻心腹，或大腸壅滯之氣，大便不利，或關格痰飲之氣，阻塞不通，夫惟此藥能踈通下泄，爲暢麗腸胃之劑也。又曰有安胎之說。然腹皮既爲暢麗之藥，而有損氣之論，又何以能安其胎乎？殊不知氣勝則胎不安，腹皮有下氣之功，氣下則胎自寬，所以能安胎也。又謂腹皮有健脾開胃之理，夫腹皮既爲下氣之藥，又何有益於脾胃也？抑不知有餘之氣，下則中氣自寬，飲食可用，乃謂下氣之藥，而有健脾開胃之效也。若夫損氣之論，爲腹皮之常道也，元虛之人還宜忌之。

明·王文潔《太乙仙製本草藥性大全》卷三《本草精義》 大腹皮 生南海諸國，今嶺外州郡皆有之。樹高五七丈，正直無枝，皮似青桐，節如桂枝，葉生木顛，大如楯頭，又如芭蕉葉。其實作房從葉下出，傍有棘刺，重疊其下，一房數百實，如雞子狀，皆有皮殼，肉滿殼中。傳曰向陰生者曰大腹，向陽生者曰檳榔，檳榔尖長，大腹圓矮。一說檳榔難得真者，今市所貨，並此代之。

明·王文潔《太乙仙製本草藥性大全》卷三《仙製藥性》 大腹 味苦、辛，氣微溫，降也，無毒。樹與檳榔小殊。 主治： 以薑鹽同煎入踈氣〔藥〕妙。主冷熱諸氣，〔通〕大小二腸，止霍亂痰膈醋心，攻心腹大腸癰毒。 大腹皮 裹大腹子外面粗殼。此樹鳩鳥多棲，糞毒最能爲害。先浸醇酒，後洗豆湯。下膈氣亦佳，消浮腫尤捷。

明·皇甫嵩《本草發明》卷四 大腹子中品，臣。氣溫，味辛、苦。降也。 發明曰： 大腹子入踈氣藥，下一切氣。故《本草》主冷熱氣攻心腹，此能下之。通大小腸及大腸癰毒，此能宣之。痰膈醋心，此能導之。又止霍亂吐逆，下氣故也。並以薑、鹽同煎。此疏泄氣之藥，虛者禁用。又云： 能健脾開胃調中者，得非邪氣散壅滯去，則胸中氣調，胃氣開，而脾氣亦健歟。要之，非真補劑也。

大腹皮，性溫，乃裹于外粗殼皮。下氣，疏脾胃有餘之氣，消腹脹滿及浮腫氣。虛者不可用。謂樹鳩鳥多棲，糞最毒。青皮殼須先以酒洗後，以豆湯洗之，方可用。

明·李時珍《本草綱目》卷三一果部·夷果類 大腹子宋《開寶》校正自木部移入此。

〔釋名〕大腹檳榔《圖經》 猪檳榔時珍曰： 大腹以形名，所以别鷄心檳榔也。

〔集解〕志曰： 大腹生南海諸國，所出與檳榔相似，莖、葉、根、幹小異耳。弘景曰： 向陽者爲檳榔，向陰者爲大腹。時珍曰： 大腹子出嶺表、滇南，即檳榔中一種腹大形扁而味澀者，不似檳榔尖長味良耳，所謂猪檳榔者是矣。蓋亦土産之異，今人不甚分别。陶氏分陰陽之說，亦是臆見。按劉恂《嶺表録》云： 交廣生者，非舶上檳榔，皆大腹子也，彼中悉呼爲檳榔。自嫩及老，采實啖之。以扶留藤、瓦屋灰同食之，以祛瘴癘。收其皮入藥，皮外黑色，皮内皆筋絲如椰子皮。又《雲南記》云： 大腹檳榔每枝有三二百顆，青時剖之，以一片蔞葉及蛤粉卷和食之，即減澀味。觀此二說，則大腹子與檳榔皆可通用，但力比檳榔稍劣耳。

大腹子 〔氣味〕辛，澀，温，無毒。 〔主治〕與檳榔同功時珍。

大腹皮 〔修治〕思邈曰： 鳩鳥多集檳榔樹上。凡用檳榔皮，宜先以酒洗，後以大豆汁再洗過，晒乾入灰火燒煨，切用。 〔氣味〕辛，微温，無毒。 〔主治〕冷熱氣攻心腹，大腸蠱毒，痰膈醋心，並以薑、鹽同煎，入疏氣藥用之，良《開寶》。下一切氣，止霍亂，通大小腸，健脾開胃調中大明。降逆氣，消肌膚中水氣浮腫，脚氣壅逆，瘴瘧痞滿，胎氣惡阻脹悶時珍。

〔附方〕新二。 漏瘡惡穢： 大腹皮煎湯洗之。《直指》。 烏癩風瘡： 大腹子生者或乾者，連全皮勿傷動，以酒一升浸之，慢火熬乾爲末，臘猪脂和傅。《聖濟總録》。

題明·薛己《本草約言》卷二《藥性本草》 大腹皮 味辛，氣溫，無毒。陽也，可升可降。疏臓氣之壅滯，消水氣之虛浮。下氣疏脾胃有餘之氣，故腹脹滿及浮腫者用之，氣虛者不可用。入足太陰、陽明經。寬胸理氣之要藥也。子即大腹子，比檳榔大而扁，通大小腸，健脾開胃。俱要酒洗，後又以烏豆汁洗淨方可用。 《發明》云： 乃疏泄氣之藥，虛者禁服。其云健脾開胃調中者，得非邪氣散，壅滯去，則胸中氣調，胃氣開而脾氣亦健歟。要之，非真補劑也。

明·梅得春《藥性會元》卷中 大腹皮 味辛，氣微溫，無毒。即向陰檳榔、大腹子之皮也。 主寬膨下氣，冷熱氣攻心腹，大腸壅毒，痰膈醋心。以薑、鹽同煎，入踈氣藥良。健脾開胃，定喘消腫，能治水腫之殷溢。大腹子去膨下氣，亦令胃和。 孫真人云： 鳩鳥多棲此樹。凡使，先以酒洗，仍以烏頭汁洗，方入藥。今人多不依此製。嘗見婦人服之，即下血而死，其可忽諸？

明·杜文燮《藥鑒》卷二 大腹皮 氣微溫，味辛，無毒。踈脾胃有餘之氣，定霍亂吐瀉之疾。脹滿者用之，氣虛則忌。

明·李中立《本草原始》卷七 大腹子 志曰： 生南海諸國，所出與檳榔相似，莖、葉、根、幹小異耳。李時珍曰： 出嶺表、滇南，即檳榔中一種。腹大、形扁而味澀者，所謂豬檳榔是矣。名曰大腹子，象形也。大腹子： 氣味： 辛，澁，溫，無毒。主治： 與檳榔同功。大腹皮： 氣味： 辛，微溫，無毒。主治： 冷熱氣攻心腹大腸，蠱毒，痰膈醋心，並以薑鹽同煎，入疏氣藥用之良。〇下一切氣，止霍亂，通大小腸，健脾開胃調下。〇降逆氣，消肌膚中水氣浮腫，腳氣壅逆，瘴瘧痞滿。〔治〕胎氣惡阻脹悶。

大腹子，宋《開寶》。【圖略】大腹子與檳榔相似，但形扁大。皮外黑色，皮内筋絲如椰子皮。木部移此。修治： 大腹皮，先以酒洗後，以大豆汁再洗過，晒乾，入灰火燒煨，切用。今惟以酒洗切用。

《直指方》： 治漏瘡惡穢，大腹皮煎湯洗之。

明·張懋辰《本草便》卷二 大腹 味辛，氣微溫，無毒。 主冷熱氣攻心腹，大腸壅毒，痰膈醋心，竝以薑、鹽同煎，入踈氣藥良。下一切氣，健脾開胃。

明·李中梓《藥性解》卷五 大腹皮 味苦、辛，性微溫，無毒，入肺、脾二經。主冷熱氣攻心腹，疏通關格，除脹滿，袪壅滯，消浮腫，酒洗去沙，復以大豆汁洗用。 按： 大腹辛宜瀉肺，溫宜健脾，然宣泄太過，氣虛者勿用，樹上栖鴆鳥，污染糞毒，最能為害，故必多洗，方堪用爾。

明・繆希雍《本草經疏》卷一三 大腹 微溫，無毒。主冷熱氣攻心腹，大腸壅毒，痰膈醋心。竝以薑、鹽同煎，入疏氣藥良。

【疏】大腹皮，即檳榔皮也。其氣味所主，與檳榔大略相同。第檳榔性烈，破氣最捷，腹皮性緩，下氣稍遲。入足陽明、太陰經。二經虛則寒熱不調，逆氣攻走，或痰滯中焦，結成膈證，或濕熱鬱積，酸味醋心。辛溫暖胃，豁痰通行下氣，則諸證除矣。大腸壅毒，以其辛散破氣而走陽明。故亦主之也。 【主治參互】同白术、茯苓、車前子、木瓜、桑白皮、五加皮、猪苓、澤瀉、薏苡仁、蠡魚，治水腫有效，虛者加人參。 【簡誤】鴆鳥多集檳榔樹上，凡用檳榔皮，宜先洗去黑水，復以酒洗，後以大豆汁再洗過，曬乾，入灰火煨用。性與檳榔相似。病涉虛弱者，概勿施用。

明・倪朱謨《本草彙言》卷一五 大腹皮 味辛、苦，氣溫，無毒。可升可降。入足陽明、太陰經。 繆氏曰： 大腹皮，即檳榔之皮也。鴆鳥多毒，常棲檳榔樹上。凡用大腹皮，宜先洗去黑水，再以酒洗，晒乾用。

大腹皮：《開寶》寬中利氣之捷藥也。方龍潭曰： 主一切冷熱之氣，上攻心腹；消上下水腫之氣，四體虛浮；下大腸壅滯之氣，二便不利；開關格痰飲之氣，阻塞不通。能疏通下泄，爲暢達藏府之劑。按： 宋人又有安胎之說，然此藥既爲利氣之藥，又何以安其胎乎？ 如氣勝而胎不安者，使之氣下則胎自寬矣。又謂此藥有健胃之理，夫既爲下氣之藥，又何以益其胃乎？ 如有餘之氣壅塞不通，使之氣下則中氣自寬，食飲可進矣。若損氣，爲大腹皮之常性也，元虛氣少者，概勿施用。 朱正泉曰： 大腹皮疏氣之功，大略與檳榔、大腹子相同，第檳榔、大腹子性烈而下氣最速，大腹皮性稍緩而下氣稍遲，故《斗門方》配六君子湯，治中氣虛滯而成腹脹者，服之即通。則安胎健胃之理，不外是矣。

集方： 按大腹皮同人參、白朮、茯苓各一錢，甘草五分，半夏、陳皮各八分。 治逆氣上攻心腹，加木香七分； 治水腫氣浮，加車前子一錢； 治大腸氣滯，二便不利，加玄胡索一錢； 治痰飲關格、阻塞不通，加白芥子、膽星各二錢； 治胎脹痛不安，加砂仁殼一錢； 治胃口飲食不思，加白豆仁一錢，俱用水煎服。

明・姚可成《食物本草》卷九果部・夷果類 大腹子一名大腹檳榔，一名豬檳榔。出嶺表、滇南，即檳榔中一種腹大形扁而味澀者是矣。彼中啖之，以扶留藤、蚶子殼灰拌和食之，以辟除瘴癘。

大腹子 味辛、澀，溫，無毒。與檳榔同功。

大腹皮 味辛，微溫，無毒。治冷熱氣攻心腹，大腸蠱毒，痰膈醋心，下一切氣，止霍亂，通大小腸，健脾開胃，降逆氣，消肌膚中水氣浮腫，脚氣壅逆，瘴瘧痞滿不舒，胎孕惡阻脹悶。

明・顧逢柏《分部本草妙用》卷六兼經部・溫瀉 大腹皮 辛，溫，無毒。入肺脾二經。酒洗炒。 主治： 氣攻心腹膨脹，大腸蠱毒，痰膈醋心，下氣，通大小腸，水腫脹滿。 腹皮為寬膨消腫神劑，要善于佐使，不致為害。久服多服，必成禍階。以其樹上多栖鴆鳥，染汙糞毒故也，故必多洗為妙。

明・李中梓《醫宗必讀・本草徵要下》 大腹皮味苦，微溫，無毒。入脾、胃二經。 開心腹之氣，逐皮膚之水。主用與檳榔相倣，但力稍緩耳。鴆鳥多集大腹樹上，宜以大豆汁多洗，令黑汁去盡，火焙用。按： 病涉虛者勿用。

明・鄭二陽《仁壽堂藥鏡》卷二 大腹子 《本草》云： 生南海諸國。氣微溫，味辛，無毒。 《本草》云： 主冷熱氣攻心腹，大腸壅毒，痰膈醋心，並以薑、鹽同煎。《時習》謂是氣藥也。 孫真人云： 先酒洗，後大豆汁洗。 日華子云： 下一切氣。止霍亂，通大小腸，健脾開胃，調中。 按：《博異詩》云： 曾聞大腹偏陰向，堪異叢花秀在房。羽扇掃天從史載，綸巾覆地見青囊。斬關驍騎無恩澤，薄伐昭威擬雪霜。前征未捷即先殞，坐使英雄淚滿堂。此甚言其尅伐之禍也。樹上多棲鴆鳥，染汙糞毒，必多洗之。

明・蔣儀《藥鏡》卷一溫部 大腹皮 疎胎氣之有餘，定霍亂之吐瀉。能下氣，氣下則脹自寬。善行水，水行則腫自退。致中土舒暢，故云開胃健脾。消痰飲喘嗽，不讓葶藶、蘇子。然其性品非屬循良，涉虛者亦忌用也。

明・李中梓《頤生微論》卷三 大腹皮 味辛，性溫，無毒。入肺、脾二經。豆汁洗去沙淨，微炒。主攻心腹水腫悶脹，通大小腸，去蠱毒。 按： 大腹皮去水下氣之劑，病虛者勿用。即用須以補劑監制。大腹樹上多棲鴆鳥，宜以大豆汁多洗，令黑汁去盡，方可用也。

明・張景岳《景岳全書》卷四九《本草正》 大腹皮 味微辛，性微溫。主冷熱邪氣，下一切逆氣滯氣攻衝心腹大腸，消痰氣吞酸痞滿，止霍亂，逐水氣浮腫，脚氣瘴瘧，及婦人胎氣惡阻脹悶，並宜加薑鹽同煎。凡用時，必須酒洗炒過，恐其有鴆鳥毒也。

明・賈九如《藥品化義》卷一氣藥 大腹皮 屬陰，體輕枯，色蒼，氣和，味微鹹云苦辛非，性涼云溫云寒皆非，能升能降，力消脹腫，性氣與味俱淡而薄，入肺脾胃大小腸五經。 腹皮皮主走表，故能寬脹；味鹹軟物，故能消腫； 體質輕枯，輕可去實，用此疏通脾肺之鬱； 氣味淡薄，淡主滲泄，用此暢利腸胃之滯氣。若皮膚浮腫，若脚氣脹痛，胎氣腫滿，若鼓脹之陰陽不能升降，獨此為良劑，丹溪常用之。或疑為有毒，或輕為賤物，皆非其意矣。腹皮樹多棲鴆鳥，恐染鴆毒，宜以酒洗，或以鹽湯淨曬乾用。

明・施永圖《本草醫旨・食物類》卷三 大腹子向陽者為檳榔，向陰者為大腹。 大腹子： 味辛、澀，溫，無毒。治： 與檳榔同功。 大腹皮鳩鳥多集檳榔樹上。凡用檳榔皮，宜先以酒洗，後以大豆汁再洗過，晒乾，入灰火燒煨，切用。 味辛，微溫，無毒。 治： 冷熱氣攻心腹，大腸蠱毒，痰膈醋心，並以薑、鹽同煎，入疏氣藥用之良。下一切氣，止霍亂，通大小腸，健脾開胃，調下，降逆氣，消肌膚中水氣浮腫，脚氣壅逆，瘴瘧痞滿，胎氣惡阻，脹悶。

附方 漏瘡惡穢： 大腹皮煎湯洗之。 烏癩風瘡： 大腹子生者或乾者，連全皮，勿傷動，以酒一升浸之，慢火熬乾，為末，臘豬脂和傅。

明・李中梓《本草通玄》卷下 大腹皮 辛，溫。 主水氣浮腫，腳氣壅逆，胎氣惡阻。 大腹子與檳榔同功。 大腹樹多集鳩鳥，用其皮者，豆汁洗淨。

清・顧元交《本草彙箋》卷六 大腹皮 皮主走表，故能寬脹。味酸斂物，故能消腫。 體質輕枯，輕可去實。用此疏通脾肺之鬱氣，味淡薄，淡主滲洩，用此暢利腸胃之滯。 若皮膚浮腫，若腳氣脹痛，若胎氣腫滿，若鼓脹之陰陽不能升降，獨此爲良劑。

大腹檳榔，即檳榔中一種，腹大形扁而味澀，不似檳榔尖長味良耳。 鳩鳥多集檳榔樹上，凡用檳榔皮，先以酒洗，後以大豆汁再洗，晒乾，入灰火燒煨，切用。 其氣味所主，與檳榔大略相同。 第檳榔性烈，破氣最捷。 腹皮性緩，下氣稍遲。

清・穆石匏《本草洞詮》卷六 大腹皮 大腹與檳榔，一類二種也。皮氣味辛微溫，無毒。 除逆氣，止霍亂，健脾開胃，通大小腸，消肌膚中水氣，浮腫腳氣，瘴逆痞滿，胎氣，惡疽脹悶諸病。

清・劉雲密《本草述》卷一八 大腹子 時珍曰： 即檳榔中一種腹大形扁而味濇者，不似檳榔尖長味良耳。所謂豬檳榔者，是矣。

氣味： 辛，濇，温，無毒。 主治： 與檳榔子同功時珍。 皮： 氣味辛，微温，無毒。 主治： 冷熱氣攻心腹，大腸蠱毒，痰膈醋心。並以薑鹽同煎，入疏氣藥用之《開寶》。下一切氣，止霍亂，通大小腸日華子。降逆氣，消肌膚中水氣浮腫，脚氣壅逆，胎氣惡阻脹悶時珍。 嘉謨曰： 下膈氣亦佳，消浮腫尤捷。 又云： 攻心腹，大腸壅毒。 《類明》曰： 丹溪常用之以治肺氣喘促，及水腫藥中又多用之。 葢亦取其泄肺以殺水之源也。 希雍曰： 大腹皮與檳榔所主治大略相同。 第腹皮下氣稍遲，入足陽明、太陰經。同白朮、茯苓、車前子、木瓜、桑白皮、五加皮、豬苓、澤瀉、薏苡仁、蠡魚，治水腫有效。 虛者加人參。

愚按： 劉珣《嶺表錄》云： 交廣生者，非舶上檳榔，皆大腹子也。 彼中悉呼為檳榔，自嫩及老，采實啖之以祛瘴。 收其皮入藥，皮外黑色，皮内皆筋絲如椰子皮。 若然，則希雍所謂大腹皮即檳榔皮者，固本此也。 檳榔子既得金味之厚，而其皮何獨不然？ 但在實氣味凝厚，而皮則輕揚，故其疏壅氣之性同，而下墜迅速則不侔也，氣虛弱者固不宜矣。 然見治虛腫者，用大補氣之味，而亦少入腹皮，又見有治痰火者，常以此味少少入健脾之劑，或皆取其能導壅順氣而不甚酷烈乎？ 用者審之。

修治

鴆鳥多棲此樹上，細分開，先以酒挼洗去濁，仍以大豆汁洗之，曬乾用。

清・郭章宜《本草匯》卷一五 大腹皮 味辛，微溫，陽也，可升可降，入足太陰、陽明經。 疏臟氣之壅，逐皮膚之水。 痰滯結膈，薑鹽煎飲。 濕鬱醋心，辛溫可通。

按： 大腹皮，即檳榔外皮也。 其氣味所主，與檳榔大約相同。 第檳榔性烈，破氣最捷。 腹皮性緩，下氣稍遲。 乃疏泄之藥也。 凡病涉虛者，勿用。 其樹多集鴆鳥，宜先以酒洗，令黑汁去盡，火焙用。

清・何其言《養生食鑑》卷上 大腹子 其功力相同，皮入藥。 下一切水氣浮腫，除脚氣壅逆，瘴瘧，痞滿。胎氣惡阻脹悶，以黑豆水洗淨，晒乾用之。

清・蔣居祉《本草擇要綱目・平性藥品》 大腹子 氣味：辛，澀，溫，無毒。 主治：與檳榔同功。 皮鳩鳥多集檳榔樹上，凡用檳榔皮，宜先以酒洗，後以大豆汁再洗過，晒乾，入灰火燒煨切用。 氣味：辛，微溫，無毒。 主治：冷熱氣攻心腹大腸，蠱毒，痰膈醋心，並以薑鹽同煎，入疏氣藥用之良。下一切氣，止霍亂，通大小腸，健脾開胃，調中，降逆氣，消(饑)〔肌〕膚中水氣浮腫，脚氣壅逆，瘴瘧痞滿，胎氣惡阻脹悶。

清・王翃《握靈本草》卷七 大腹皮凡使先以酒洗，再以黑豆汁洗，煨用。 主治：大腹皮，辛，微溫，無毒。降逆氣，止霍亂，健脾開胃，消肌膚中水氣，浮腫脚氣，胎氣惡阻，脹悶。

清・汪昂《本草備要》卷三 大腹皮瀉，下氣；通，行水。 辛泄肺，溫和脾。下氣行水，通大小腸。治水腫脚氣，痞脹痰膈，瘴瘧霍亂。氣虛者忌用。 子 似檳榔，腹大形扁。故與檳榔同功。取皮，酒洗，黑豆湯再洗，煨用。鳩鳥多栖其樹，故宜洗淨。

清・吳楚《寶命真詮》卷三 大腹皮 【略】主水氣浮腫，脚氣壅逆，胎氣惡阻，開心腹逆滿。〇涉虛者勿用。

清・陳士鐸《本草新編》卷四 大腹皮 味辛、苦，氣微溫，降也，無毒。入肺、脾、胃三經。主冷熱諸氣，通大、小二腸，止霍亂痰隔醋心，攻心腹大腸擁毒，消浮腫。亦佐使之藥。若望其一味以攻邪，則單寒力薄，必至覆亡矣。

或問：大腹皮，即檳榔之外皮也，繆仲醇謂氣味所主與檳榔同。而實不同也，大腹皮之功，尤專消腫，然亦必與白朮、薏仁、茯苓、車前、桑白皮、人參同用，始有功耳。

清・顧靖遠《顧氏醫鏡》卷八 大腹皮辛、苦，微溫。入脾胃二經。即大腹子皮也。子與檳榔同功。鳩鳥多集此樹，宜溫水洗淨，再用大豆汁洗，晒乾。 降逆氣，消水腫。善消肌膚中水氣。 虛人勿用。

清・李熙和《醫經允中》卷二〇 大腹皮 入脾肺二經。先以黑荳汁洗淨，酒炒用。 辛，溫，無毒。 主治氣攻心腹膨脹，通大小腸水腫脹滿。 總破氣泄真之劑，多服必生禍階，病涉虛者弗用。

清・馮兆張《馮氏錦囊秘錄・雜症痘疹藥性主治合參》卷四 大腹皮即檳榔皮也。其氣味所主，與檳榔大略相同。但檳榔性烈，破氣最捷。腹皮性緩，下氣稍遲。味苦，辛，微溫，無毒。入足陽明、太陰經。辛溫之氣，為通行下氣，濕熱鬱積，水腫膨脹之藥。鳩鳥多集檳榔樹上，凡用宜先洗去黑水，復以酒洗後，以大豆汁再洗，晒乾方用。 大腹皮，下膈氣實佳，消浮腫甚捷。寬膨脹，去水氣之要藥也。然病虛者勿用。 子，疎冷熱諸氣，通大小二腸，止霍亂，痰膈醋心，攻心腹大腸蠱毒，實症相宜，虛症亦忌。凡形如饅頭者，為大腹子，形如雞心者，為檳榔。

主治痘疹合參： 消腹脹，除浮腫，散毒氣。 體輕而浮，味鹹而斂，故以走表消腫，導水疏氣為用。然脾虛水泛者，禁之。

清・张璐《本經逢原》卷三 大腹子即大腹檳榔 辛，澀，溫，無毒。此味與檳榔皆性堅難切，須用滚水泡漬切之。若以水浸濁滿，不但失其性味，反有傷於胃氣也。 發明： 大腹子偏入氣分，體豐濕盛者宜之。夫檳榔偏主血分，腹滿多火者宜之。時珍謂大腹與檳榔同功，似未體此。 大腹皮 辛，濇，溫，有毒。鳩鳥多集其樹上。宜酒洗後，再以菉豆湯洗過用。其內粗者耗氣，宜摘去之。 發明： 檳榔性沉重，泄有形之積滯。腹皮性輕浮，散無形之滯氣，故痞滿膨脹，水氣浮腫，脚氣壅逆者宜之。惟虛脹禁用，以其能泄真氣也。

清・周垣綜《頤生秘旨》卷八 大腹皮 疎氣之藥也。冷氣攻心，痰水脹滿，脾胃有餘之氣，皆所須者。此樹鳩鳥多棲，糞其上，毒能殺人。先以酒洗，再以豆湯洗之，方可用。或用薑湯洗。

清・黃元御《玉楸藥解》卷二 大腹子 味辛、苦，濇，氣溫。入足太陰脾，足陽明胃經。下氣寬胸，行鬱散濁。大腹子即檳榔之別產而大腹者，性既相同，效亦不殊。大腹皮專治皮膚，腫脹亦甚。不宜虛家。腫脹有根本，皮膚是腫脹之處所，非腫脹之根本也，庸工不知根本，但於皮膚求之，非徒無益，而又害之。

清・吳儀洛《本草從新》卷四 大腹皮〔瀉，下氣；通，行水。〕 辛泄肺，溫和脾。下氣寬胸，行水，通大小腸。治水腫脚氣，痞脹痰膈，瘴瘧霍亂。稍涉虛者勿用。取皮酒洗，黑豆湯再洗，鳩鳥多棲其樹，故宜洗淨。 煨用。 子，辛，澀，溫。與檳榔同功而稍緩。形亦與檳榔相似，腹大而扁。故又名大腹檳榔。

清・汪紱《醫林纂要探源》卷三 大腹子 苦，濇，溫。亦檳榔也。但稍散垂而穗生，作大包以裹子，形圓而肥扁，味苦澀，不堪嚼食，小異檳榔耳。今藥肆不甚分別。

昔人謂向陽者為檳榔，向陰者為大腹，亦非也。功用同。形不下尖，則下降之功恐不速。味不回甘，則中和之氣恐不足。然大概相同耳。　大腹毛　苦，溫。苦而淡，亦不辛，此其外包也。色黃白，形如敗氈亂毛。〇鴆鳥好止此木，須酒或黑豆、甘草湯頻洗而後用之。下氣，開胸膈。燥濕，平霍亂。亦能逐水腫，治腳氣，去痰涎，治瘴瘧，通利大小腸。

清・嚴潔等《得配本草》卷六　大腹皮即大腹檳榔皮。　辛，微溫。入手足太陰經氣分。降逆氣以除脹，利腸胃以去滯。一切膜原冷熱之氣，致陰陽不能升降，鼓脹浮腫等症，此為良劑。　檳榔泄有形之積滯，腹皮散無形之氣滯。　水洗去黑水，用酒再洗，更以大豆汁洗淨，曬乾用，或入火煨用。　氣虛者禁用。

題清・徐大椿《藥性切用》卷六　大腹皮　性味辛溫，入脾肺而寬中下水，泄肺利脾，為水腫初起耑藥。虛者忌之。子似檳榔，腹大形扁，故名大腹檳榔，辛濇性溫，功用相近檳榔，而力稍緩。

清・黃宮繡《本草求真》卷四　大腹皮散無形胸膈膨脹。　腹皮耑入腸胃。時珍曰：大腹以形名，所以別雞心檳榔。弘景曰：向陽者為檳榔，向陰者為大腹也。辛熱性溫，比之檳榔大有不同，蓋檳榔性苦沉重，能泄有形之滯積。腹皮其性輕浮，故能入腹。能散無形之積滯，故痞滿膨脹，水氣浮腫，腳氣壅逆者宜之。惟虛脹禁用，以其能泄真氣也。子似檳榔，腹大形扁。治功與檳榔同。取皮酒洗後，以豆汁洗過，晒乾煨切用。思邈曰：鴆鳥多栖其樹，故宜洗淨。

清・沈金鰲《要藥分劑》卷六　大腹皮　【略】鰲按：腹皮下氣，亦與檳榔同，不獨子也。但檳榔破氣最捷，其性為烈。腹皮下氣稍遲，其性較緩耳。

清・楊璿《傷寒溫疫條辨》卷六消劑類　大腹皮　大腹子皮也。搥碎，黑豆湯洗。辛瀉肺，溫和脾，下氣行水，通大小腸。治瘴瘧霍亂，痞脹痰膈，水腫腳氣。氣虛者忌。

清・羅國綱《羅氏會約醫鏡》卷一七竹木部　大腹皮即茯毛。味苦，微溫，入脾、胃二經。　開心腹氣脹，逐皮膚水腫，通大小便，理脚氣胎氣。氣虛者忌用，佐調補藥用之，亦可成功。子似檳榔，腹大形扁，故與檳榔同功，但破氣之力為少緩耳。鳩鳥多集樹上，恐遺涎有毒，宜以大豆汁多洗，火焙用，去外黑皮及內粗硬者為妙。

清・趙學敏《本草綱目拾遺》正誤　大腹子乃大腹檳榔，與檳榔形似而性異。《逢原》云：大腹子偏入氣分，體豐濕盛者宜之。檳榔偏主血分，腹滿多火者宜之。《綱目》大腹子主治云與檳榔同功，何昧於分別乃爾。至今日藥肆中所用檳榔，半多以大腹子代用，率由瀕湖一言之誤也。

清・王學權《重慶堂隨筆》卷下　大腹子　乃大腹檳榔，與檳榔形似而性稍異。《綱目》謂其功用無殊，故藥肆中多以大腹子代檳榔，率由李氏之言而誤也。《逢源》辨之是矣。

清・黃凱鈞《藥籠小品》　大腹皮　辛，溫，泄肺運脾，寬胸利水，為諸腹腫脹之首。惟鳩鳥多棲其樹，故須泡用。

清・王龍《本草纂要稿・木部》　大腹皮　下隔氣甚佳，消浮腫亦捷。

清・張德裕《本草正義》卷上　大腹皮　微辛，微溫。除一切逆氣滯氣，逐水氣浮腫。若胎氣惡阻脹悶，宜佐薑、鹽同用。須酒洗炒者，防其有鳩毒也。

清・楊時泰《本草述鉤元》卷一八　大腹子　即檳榔中一種腹大形扁而味濇者，不似檳榔尖長味良。氣味辛濇溫。主治與檳榔同。

大腹皮：味辛，氣微溫。入足陽明太陰經。主冷熱氣攻心腹，大腸蠱毒，痰膈醋心。並以薑、鹽同煎，入疎氣藥用之。下一切氣，止霍亂，通大小腸，消肌膚中水氣浮腫，脚氣壅逆，治胎氣惡阻脹悶。下膈氣亦佳，攻心腹大腸壅毒嘉謨。丹溪常用以治肺氣喘促。水腫藥多用之，取其瀉肺以殺水之源也《類明》。與檳榔主治略同，第腹皮下氣稍遲仲淳。同白术、茯苓、車前子、桑白皮、五加皮、猪苓、澤瀉、薏仁、木瓜、蠡魚，治水腫，虛者加人參。

論：檳榔得金味之厚，其皮何獨不然，但在實氣味凝厚，而皮則輕揚，故疎壅氣之性同而下墜迅速，誠不侔也。觀夫治虛腫，大補其氣，而少入腹皮，治痰火者，亦微用此於鍵脾之劑，或皆取其導壅順氣而不甚酷烈歟。

修治：鳩鳥多棲此樹上，須先以酒淨洗去濁，仍以大豆汁洗之，曬乾用。

清・葉桂《本草再新》卷五　大腹皮味辛、苦，性寒，平，無毒。入脾、肺二經。瀉肺火，和胃氣，利濕追風，寬腸消腫，理腰腳氣，治瘧疾痢瀉。

清・趙其光《本草求原》卷一二果部　大腹皮即檳榔皮。　辛澀，泄肺；溫，和脾。檳榔性沉重，泄有形之積滯；腹皮性輕浮，散無形之滯氣。故通大小腸，下氣，治痞滿膨脹，腰腳氣壅逆，瘧疾，痢瀉心酸，薑、鹽同煎。惡阻脹悶。寬大腸壅毒，喘促，與腹子檳榔同。而治水氣浮腫之功尤勝，以皮行皮，而無下墜迅速之慮也。故虛腫、虛脹、痰火，主以補氣健脾，而少佐之，則導壅順氣而不烈。同术、苓、豬、澤、車前、桑白、木瓜、苡仁、五加，治水腫；虛者加參。

鴆鳥多棲此樹，宜酒洗，再以黑豆湯洗，曬用。內粗筋耗氣，宜摘去之。

清・文晟《新編六書》卷六《藥性摘錄》 大腹皮 辛，熱，性溫。入腸胃。散胸膈無形之積滯。治痞滿膨脹，水氣浮腫，脚氣壅逆。惟虛脹忌用。○子似檳榔，腹大形扁，治功與檳榔同。取皮，酒洗後，以豆汁洗過，晒乾，煨切用。

清・張仁錫《藥性蒙求・果部》 大腹皮錢半、三錢 大腹皮溫，寬胸下氣。行水通腸，涉虛亦忌。辛，溫。(梹)〔檳〕榔性沉重，泄有形之積滯。腹皮性輕浮，散無形之滯氣。故痞滿膨脹，水氣浮腫，脚氣壅逆者宜之。○虛脹禁用，以其能泄真氣也。○取皮，酒洗，黑豆湯再洗，因鴆鳥多棲其樹，故宜洗淨用也。

清・戴葆元《本草綱目易知錄》卷三 大腹皮 辛，微溫。健脾，下氣行水，止霍亂，降逆氣，治冷熱氣攻心腹大腸，痰膈酸心，通大小腸，下一切氣。消肌膚中水氣浮腫，脚氣壅逆。瘴瘧蠱毒，胎氣惡阻，痞滿脹悶。凡用，洗曬乾。

清・黃光霽《本草衍句》 大腹皮氣味主治，略同檳榔。 腹皮性緩，下氣稍遲。檳榔性烈，下氣最疾。開胃健脾，走表泄肺。能祛瘴瘧痰涎，耑逐水腫脚氣。除痰膈醋心胸，消肌膚中水氣。止霍亂而通大小腸，寬膨脹於惡阻胎氣。

清・陳其瑞《本草撮要》卷二 大腹皮 味辛，溫，入足陽明、太陰經，功專泄肺和脾，下氣行水，通大小腸。主治水腫脚氣，痞脹痰膈，瘴瘧霍亂。氣虛者忌用。

清・李桂庭《藥性詩解》 賦得大腹子去膨下氣亦令胃和得和字。李慶霖。 大腹子溫濇，除痰力弗過。去膨胸自爽，下氣胃堪和。 按：大腹所出，與檳榔相似。子辛濇，皮微溫。和脾開胃，下氣寬胸。治痰膈醋心，浮腫脹滿。止霍亂，通大小腸；行水氣，逐瘴瘧邪。子與檳榔同功，而力稍緩。形亦與檳榔相似，腹大而平者名大腹子，腹尖者名檳榔。鴆鳥多棲此樹上，凡用皮，先以酒洗，或以黑豆汁洗，焙乾方可用。

清・李桂庭《藥性詩解》 賦得大腹子去膨下氣得和字。田春芳。 去膨尤破滯，大腹治無訛。下氣通腸效，行痰令胃和。 按：大腹子辛濇性溫，與檳榔同功，而力稍緩。形與檳榔亦若相似，因其腹大而扁，故名大腹子也。亦謂大腹檳榔。

前題李慶霖 大腹通行水，辛溫令胃和。去膨胸利爽，下氣食消磨。大腹子《本經》謂其辛泄氣，溫和脾，有去膨消食之效，寬胸下氣之速。性下行，墜諸氣至於下極，氣虛下陷者當遠避。

桄榔

晉・嵇含《南方草木狀》卷中木類 桄榔 樹似栟櫚實，其皮可作綆，得水則柔韌，胡人以此聯木為舟。皮中有屑如麵，多者至數斛，食之與常麵無異。木性如竹，紫黑色，有文理，工人解之，以製弈枰。出九真、交趾。

宋・唐慎微《證類本草》卷一四木部下品〔宋・馬志《開寶本草》〕 桄音光榔音郎子 味苦，平，無毒。主宿血。其木似栟櫚堅硬。斫其內有麪，大者至數斛，食之不飢。其皮堪作綆。生嶺南山谷今附。

〔宋・蘇頌《本草圖經》〕曰：桄榔，生嶺南山谷，今二廣州郡皆有之，人家亦植於庭除間。其木似栟櫚而堅硬，斫其間有麪，大者至數石，食之不飢。其皮至柔，堅韌可以作綆。其子作穗生木端，不拘時月採之。《嶺表録異》云：桄榔木，枝葉並茂，與棗、檳榔等小異。然葉下有鬚如麄馬尾，廣人採之以織巾子；其鬚尤宜鹹水浸漬，即麄脹而韌，故人以此縛舶，不用釘線。木性如竹，紫黑色，有文理，工人解之，以制博弈局。又其木剛，作鋑鋤，利如鐵，中石更利，惟中蕉椰致敗耳。

〔宋・唐慎微《證類本草》〕陳藏器云：《華陽國志》云：郡少穀，取桄榔麪，以牛酪食之。《臨海志》曰：桄榔木作鋑鋤，利如鐵，中石更利，惟中蕉根破之，物之相伏如此。其中有似米粉，中作餅餌食之得飽。有櫂木，皮中亦有白粉如白米，乾擣之，水淋屑者，可作麪餅。《吳都賦》云：方穰根檑是也。又有莎木麪，溫補，久服不飢長生。嶺南山谷，大者四五圍，麪數斛，土人取次爲餅。《蜀志》曰：莎木高大，生山膚嶺南中。《八郡志》曰：莎木皮出麪，大者百斛，色黃，鳩人部落食之。《廣志》曰：樹多枝，葉如鳥翼，其麪色白，樹收麪不過一斛，擣篩如麪，則不磨屑爲飯。《海藥》云：謹按《嶺表録》云：生廣南山谷。樹身、皮、葉與蕃棗、檳榔等小異。然葉下有髮如麄馬尾，廣人用織巾子木皮內有麪，食之極有補益，虛羸乏損，腰脚無力，久服輕身辟穀。《録異》云：桄榔蓋以此也。

明・劉文泰《本草品彙精要》卷二〇 桄榔子無毒 植生。

桄榔子：主宿血。名醫所錄。 〔苗〕《圖經》曰：其木似椶櫚而堅硬，斫其間有麪，大者至數斛，食之不飢。其皮至柔堅韌可作綆，其子作穗生木端。《嶺表錄異》云：桄榔木，枝葉並茂，與棗、檳榔等小異。然葉下有鬚如粗馬尾，廣人採之，以織巾子，其鬚尤宜。鹹水浸漬即粗服而柔韌，故人以此縛舶，不用釘線。木性如竹，紫黑色，有紋理，工人解之，以製博弈局。其木作鈹營歷切鋤，利如鐵，中石更利，惟中（焦）〔蕉〕椰乃致敗耳。〔地〕《圖經》曰：生嶺南山谷，今二廣州郡皆有之。〔時〕生：春生葉。採：無時。〔收〕日乾。〔用〕麪子。〔質〕類檳榔而小。〔色〕紫紅。〔味〕苦。〔性〕平，泄。〔氣〕味厚于氣，陰中之陽。〔臭〕朽。〔主〕宿血。〔製〕剉碎用。〔治〕補：《別錄》云：麪，益虛羸乏損，腰腳無力。久服輕身，辟穀。

明・李時珍《本草綱目》卷三一果部・夷果類 桄榔子宋《開寶》校正自木部移入此。

〔釋名〕木名姑榔木《臨海異物志》 麪木《伽藍記》 董椶楊慎《巵言》 鐵木時珍曰：其木似檳榔而光利，故名桄榔。姑榔，其音訛也。麪言其粉也，鐵言其堅也。

〔集解〕頌曰：桄榔木，嶺南二廣州郡皆有之，人家亦植之庭院間。其木似栟櫚而堅硬，斫其內取麪，大者至數石，食之不飢。其皮至柔，堅韌可以作綆。其子作穗生木端，不拘時月采之。按劉恂《嶺表録》云：桄榔木枝葉並蕃茂，與檳榔小異。然葉下有鬚如粗馬尾，廣人采之以織巾子；得鹹水浸，即粗脹而韌，彼人以縛海舶，不用釘線。木性如竹，紫黑色，有文理而堅，工人解之，以製博奕局。其樹皮中有屑如麪，可作餅食。藏器曰：按《臨海異物志》云：姑榔木生牂牁山谷。外皮有毛如棕櫚而散生。其木剛利如鐵，可作釤鋤，中濕更利，惟中（焦）〔蕉〕則易敗爾，物之相伏如此。皮中有白粉，似稻米粉及麥麪，可作餅餌食，名桄榔麪。彼土少穀，常以牛酪食之。時珍曰：桄榔，二廣、交、蜀皆有之。按郭義恭《廣志》云：木大者四五圍，高五六丈，拱直無旁枝。巔頂生葉數十，破似棕葉，其木肌堅，斫入數寸，得粉赤黃色，可食。又顧玠《海槎録》云：桄榔木身直如杉，又如棕櫚、椰子、檳榔、波斯棗、古散諸樹而稍異，有節似大竹。樹杪挺出數枝，開花成穗，綠色。結子如青珠，每條不下百顆，一樹近百餘條，團團懸掛若傘，極可愛。其木最重，色類花梨而多紋，番舶用代鐵鎗，鋒鋩甚利。○古散亦木名，可爲杖，又名虎散。

子 〔氣味〕苦，平，無毒。〔主治〕破宿血《開寶》。

麪 〔氣味〕甘，平，無毒。〔主治〕作餅炙食腴美，令人不飢，補益虛羸損乏，腰脚無力。久服輕身辟穀李珣。

明・梅得春《藥性會元》卷中 桄榔子 味苦，平，無毒。主治宿血。其木似栟櫚。硬斫其內，有麪，大者至數斛，食之不飢。其皮可作綆。生嶺南。栟櫚，一名椶櫚。千歲不爛，昔有人開塚得之，索已生根。此木類，嶺南有虎〔散〕、桄榔、冬葉、蒲葵、椰子、檳榔、多羅等，皆相似，各有所用。

明・倪朱謨《本草彙言》卷一五 桄榔子 味苦，氣溫，無毒。李氏曰：桄榔，二廣、交、蜀皆有之。木大者四五圍，高五六丈，拱直無旁枝，有節如竹，巔頂生葉數十，破裂似棕櫚葉。其木肌堅，斫入數寸，得粉黃赤色，可食。開花成穗，綠色。結子如青珠，每條不下百顆，一樹近百餘條，團團懸挂若傘，極可愛。其木最重，色類花梨而多紋，可作器皿棋局。番舶用代鐵鎗，鋒芒甚利。

桄榔子：《開寶》破宿食積血之藥也。丘南暘曰：西人以此藥磨汁，治婦人產後兒枕血瘕諸疼及心胃寒疼有驗。

桄榔麪作餅炙之，甘美可食，令人不飢。不惟可代穀食，更有補虛羸損乏，最健補腰脚無力者。出李珣方。

明・孟筌《養生要括・果部》 桄榔子 味苦，平，無毒。破宿血。麪作餅，炙食腴美，令人不飢，補益虛羸損乏，腳腰無力，久服輕身辟穀。

明・施永圖《本草醫旨・食物類》卷三 桄榔子其木似檳榔而光利，故名。

子 味苦，平，無毒。治：破宿血。 麪 味甘，平，無毒。治：作餅炙食，腴美，令人不飢，補益虛羸損乏，腰脚無力，久服輕身辟穀。

清・丁其譽《壽世秘典》卷三 桄榔子嶺南，二廣州郡皆有之。其木似棕櫚而堅硬，斫入數寸得麪，大者至數石，赤黃色可食。其皮至柔堅韌，可以作綆。其子作穗如青珠，每條不下百顆，團團懸掛若傘，極可愛。其木最重，色類花梨而多紋，用代鐵鎗，鋒芒甚利。一名麪木，又名鐵木。一種莎木，生嶺南山谷，大者皮內有白麪石許，色黃白，擣篩作餅或磨屑作飯食之，補益虛冷，消食。彼人呼為莎麪，輕滑美好，勝于桄榔麪也。

子：氣味：苦，平，無毒。主破宿血。

麪：氣味：甘，平，無毒。作餅炙食腴美，補益虛羸損乏、腰腳無力，久服輕身辟穀。

清・何其言《養生食鑒》卷上 桄榔子形如檳榔，故名。 味苦，性平，無毒。生取紅熟者，連瓤食之，頗甜。但見風，則棘喉，飲醋即解。煮熟可食。主破宿血。

桄榔麪 即樹皮中白粉，作餅，炙食，腴美，令人不飢。能補虛羸損之腰脚無力，久服輕身云。

附：琉球・吴繼志《質問本草》附録　桄榔　山谷徧生，高丈餘，無枝莖，最長大，四布，其狀夾莖，葉排列如鳥翼，質似椶葉而堅韌，幹有黑毛，較椶毛頗剛勁，可以為索，得鹹水更愈韌矣，是以巨舶皆用之。春樹頭生穗著花，色淡黄，團團類魚子，後結子，大如川楝子，黯褐色，每穗不下數百顆。材堅硬而有文理。

清・趙學敏《本草綱目拾遺》卷八果部下　夫編子　《南方草木狀》：出交趾武平山谷中，三月開花，連著子，五六月熟。入雞、魚、豬、鴨羹中，味最美，亦可鹽食。

味甘，性平，主甯心志，養血脈，解暑渴，利水道，生津液，止逆氣喘急，除煩清熱，潤肺，滋命門，益元氣。骨蒸勞熱、四肢瘦削如枯柴，用夫編子同白鴨爛煮，不用鹽醬，日日啖之，喫鴨三頭見效。

清・章穆《調疾飲食辯》卷四　桄榔麪　《綱目》曰桄榔木，《臨海異物志》名姑郎，《洛陽伽藍記》名麪木，楊升庵《巵言》名董椶，又名鐵木。《海槎録》云：其身直如椶櫚、椰子，樹杪挺出數枝，開花成穗，緑色。結子如青珠，每條百餘顆，一樹百餘條，團團懸掛若傘。《圖經本草》曰：嶺南州郡皆有之。其木堅硬，斫其皮，內有細麪，大者至數石，食之不飢。皮柔韌可作綆。葉下有鬚如馬尾，鹹水浸之，即粗脹而更韌。彼人用縛海舶，不用鐵釘。《拾遺》曰：其木剛利如鐵，可作釤鋤，遇濕更堅。《海藥本草》曰：粉味腴美，性能補益虚損，治腰脚無力，佳物也。

清・吴其濬《植物名實圖考》卷三一　桄榔子　《開寶本草》始著録。一名麪木。廣中有之，木為車轅不易折；以為箭鏃，中人則血沸。

清・文晟《新編六書》卷六《藥性摘録》　桄榔子　苦，平。煮熟可食，破宿血。○桄榔麪，即樹中白粉，作餅炙食，能補虚羸損乏，腰腳無力。

莏木麪

宋・唐慎微《證類本草》卷一二木部上品〔前蜀・李珣《海藥本草》〕　莏木　謹按《蜀記》云：生南中八郡。樹高數十餘丈，闊四五圍，葉似飛鳥翼，皮中亦有麪，彼人作餅食之。《廣志》云：作飯餌之，輕滑美好。白勝桄榔麪。味平，溫，無毒。主補虚冷，消食。彼人呼爲莏麪也。

明・李時珍《本草綱目》卷三一果部・夷果類　莏木麪莏音梭。《海藥》。

校正自木部移入此。

〔釋名〕欀木音襄。時珍曰：莏字韻書不載，惟孫愐《唐韻》莎字註云：樹似桄榔。則莏字當作莎衣之莎。其葉離披如莎衣之狀，故謂之莎也。張勃《吴録・地理志》言，交趾欀木，皮中有白粉如米屑，乾之搗末，以水淋過似麪，可作餅食者，即此木也。後人訛欀爲莎，音相近爾。楊慎《巵言》乃謂欀木即桄榔，誤矣。按左思《吴都賦》云：麪有桄榔。又曰：文、欀、楨、橿。既是一物，不應兩用矣。〔集解〕珣曰：按《蜀記》云：莏木生南中八郡。樹高十許丈，闊四五圍。峰頭生葉，兩邊行列如飛鳥翼。皮中有白麪石許，搗篩作餅，或磨屑作飯食之，彼人呼爲莏麪，輕滑美好，勝于桄榔麪也。藏器曰：莏木生嶺南山谷。大者木皮內出麪數斛，色黄白。時珍曰：按劉欣期《交州記》云：都勾樹似椶櫚，木中出屑如桄榔麪，可作餅餌。恐此即欀木也。

莏麪　〔氣味〕甘，平，温，無毒。〔主治〕補益虚冷，消食李珣。温補。久食不飢，長生藏器。

明・姚可成《食物本草》卷九果部・夷果類　莏木麪莏，音梭。按《蜀記》云：莏木生南中八郡。樹高十餘丈，闊四五圍。峰頭生葉，兩邊行列如飛鳥翼。皮中有白麪石許，搗篩作餅，或磨屑作飯食之，彼人呼為莏麪，輕滑美好，勝於桄榔麪也。　莏木麪，味甘，平，溫，無毒。主補益虚冷，消食、久食不飢，長生。

明・施永圖《本草醫旨・食物類》卷三　莏木麪莏，音梭。○皮中有白粉如米屑，乾之搗末，以水淋過，似麪，可作餅食者〔即此木也〕。　莏麪：味甘，平，溫，無毒。治：補益虚冷，消食溫補。久食不飢長生。

清・章穆《調疾飲食辯》卷四　莏木麪　《綱目》曰：《海藥本草》作莏木，此字韻書不載，惟孫愐《唐韻》莎字註云樹似桄榔，則莏當作莎，以其葉離披如莎衣也。又名欀木。張勃《吴録・地理志》云：皮中有白粉，可作餌食。《巵言》云欀木即桄榔，誤矣。左思《吴都賦》云：麪有桄榔。又有文、欀、楨、橿。既是一物，不應兩出。《海藥本草》曰：莏木生南中八郡，樹高十許丈，大四五圍，葉生其杪，兩邊行列如鳥翼。皮中有麪石許，滑美勝於桄榔。麪性溫，能補虚冷。又劉欣期《交州記》，云都勾樹亦有麪可食，《綱目》以為即欀木，未知果否，存考。

清・吴其濬《植物名實圖考》卷三五　莎木　《本草拾遺》始著録。木皮內出黄色麪，生嶺南。具詳《海藥》，字本作莏，李時珍據《唐韻》作莎，以為即欀木。又以《交州記》都句樹出屑如桄榔麪，可作餅餌，恐即此。欀木，今瓊州謂之南椰。

西國米

清・趙學敏《本草綱目拾遺》卷八諸穀部　西國米珠兒粉、竹米　《嶺南雜記》：出西洋西國，煮不化，而色紫柔滑者真，僞者以葛粉為之。《通雅》：今南楚兩粵專採葛根作粉食，其粉可作丸，曰葛粉丸，廣人以假西國米，能醒酒。　朱排山《柑園小識》：西國米來自閩廣洋艘，大如綠豆，以色紫煮不化者真，健脾運胃功最捷。久病虛乏者，煮粥食最宜。

益胃和脾，病起宜食。

珠兒粉　洋舶帶來，粵澳門、杭甯波、乍浦通舶市者皆有。形絕細，如蘇子，勻圓而白，云係外洋人採葛根及薇箕根或茹粉所造，煮之須滾水沖泡，粒粒分明如魚子樣，極柔滑，以糖霜和食，或淡食。

氣清香，味甘滑，明目，運脾開胃，解酒生津，久服尤能強腎。

《東西洋考》：大泥，即古浡泥，今隸暹邏，土產有西國米，亦名沙孤米。其樹名沙孤，身如蕉空心，取其裏皮削之，以水擣過，舂以為粉，細者為王米，最精，粗者民家食之，以此代穀。今賈舶慮為波濤所溼，只攜其粉歸，自和為丸。〇庚申十月，予在陳夔友家，見有胡西菽，盛以玻璨小筆管瓶內，菽白而細，與珠兒粉無別，云得自王撫軍署，可入藥，大能消痰。其甥女一夕患肺風痰喘，危極，兒醫多言不救，用此一錢調薑汁灌下，其效如神。

椰子

晉・嵇含《南方草木狀》卷下果類　椰　樹葉如栟櫚，高六七丈，無枝條。其實大如寒瓜，外有麤皮，次有殼，圓而且堅，剖之有白膚，厚半寸，味似胡桃而極肥美，有漿，飲之得醉，俗謂之越王頭。云昔林邑王與越王有故怨，遣俠客刺，得其首，懸之於樹，俄化為椰子。林邑王憤之，命剖以為飲器。南人至今效之。當刺時，越王大醉，故其漿猶如酒云。

宋・唐慎微《證類本草》卷一四木部下品〔宋・馬志《開寶本草》〕　椰子皮　味苦，平，無毒。止血，療鼻衄，吐逆霍亂，煮汁服之。殼中肉，益氣去風。

漿　服之主消渴，塗頭益髮令黑。生安南。樹如椶櫚，子殼可爲器。

《交州記》曰：椰子中有漿，飲之得醉。今附。

〔宋・掌禹錫《嘉祐本草》〕按：日華子云：皮入藥炙用。

〔宋・蘇頌《本草圖經》〕曰：椰子，出安南，今嶺南州郡皆有之。木似桄榔無枝條，高數丈。葉在木末如束蒲。實大如瓠，垂於枝間，如挂物。實外有麤皮，如椶包。次有殼，圓而且堅。裏有膚至白如豬肪，厚半寸許，味亦似胡桃。膚裏有漿四五合如乳，飲之冷而氛醺。人多取殼爲器，甚佳。不拘時月採，其根、皮用。南人取其肉，糖飴漬之，寄至北中作果，味甚佳也。

〔宋・唐慎微《證類本草》〕陳藏器：理水。《廣志》曰：汁有餘，清如水，美如蜜，可食之。《海藥》云：謹按《交州記》云：生南海，狀若海椶。實名椰子，大如椀許大，外有麤皮，如大腹子、豆蔻之類。內有漿似酒，飲之不醉。主消渴，吐血，水腫，去風熱。雲南者亦好。武侯討雲南時，並令將士剪除椰樹，不令小邦有此異物。多食動氣也。

宋・李昉《太平御覽》卷九七二　椰　《雲南記》曰：南詔遣使致南國諸果有椰子，狀如大牛心，破一重麤皮，刮盡，又有一重硬殼，有小孔，以筋穿之，內有漿二合餘，味甘色白。

《嶺表録異》曰：椰子樹亦類海椶，號椰子，大如甌盂，外有粗皮如火，腹次有硬殼，圓而且堅，厚二三分。有圓如卵者，即截開一頭，砂石摩之，去其皴皮，其爛班錦文，以白金裝之，以為水罐子，珍奇可愛。殼中有液數合，如乳，亦可飲之，冷而動氣。

宋・王闢之《澠水燕談錄》卷八　椰子生安南及海外諸國，【略】殼肉類羅菔，皮味苦，肉極甘脆，蠻人甚珍之。中有瀋，大者一二升，蠻人謂之椰子酒，飲之得醉，《交州記》以為漿者是也，治消渴，塗髭髮立黑。皮煮汁止血，療吐逆。肉益氣去風。

宋・寇宗奭《本草衍義》卷一五　椰子　開之有汁如乳，極甘香，自別是一種氣味。中又有一塊瓤，形如瓜蔞，上有細壟起，亦白色，但微虛。紋若婦人裙褶，其味如其汁。又，着殼一重白肉，剮取之，皆可與瓤、糖煎爲果汁，色如白酒，其味如瓤。然謂之酒者，好事者當日强名之。取其殼爲酒器，如酒中有毒，則酒沸起。今人皆漆其裏，則全失用椰子之意。

宋・王繼先《紹興本草》卷一三　椰子　紹興校定：椰子皮，謂實上皮也。並殼中肉乃漿，《本經》各分主療。詳殼中肉即果類，並皮稀見入方而療疾。又云漿主消渴，亦非的驗。當云皮苦，肉與漿甘，俱性平、無毒是也。嶺南多產之。

宋・陳衍《寶慶本草折衷》卷一四　椰子皮肉及漿附。　一名椰子。〇《文選》云：一名吳椰。出安南，及廣南、南海、雲南，及交州。〇採實，取皮殼。　味苦，平，無毒。○止血，療鼻衄。吐逆霍亂，煮汁服。○日華子云：　皮入藥，炙用。○《圖經》曰：　實外有麤皮包，次有殼，圓而堅。○寇氏曰：　殼為酒器，如酒中有毒，則酒沸起。今人漆其裏，則全失用椰子之意。

附：　肉。○味似胡桃，白如猪肪。音方，脂也。　益氣去風，其瓤白虛。　肉與瓤皆可糖煎為果，多食動氣。

附：　漿汁。○味甘，冷。　白如乳，清如水，美如蜜。　主消渴，吐血，水腫，去風熱，塗髮令黑。

元・吳瑞《日用本草》卷六　椰子漿　殼圓而堅，外有皮，可為酒器。　如酒中有毒，即酒沸起。　味甘，平，無毒。　椰子中有漿如乳，飲之得醉。　主消渴、吐血、水腫，去風熱。

元・朱震亨《本草衍義補遺》　椰子　屬土而有水。生海外極熱之地，土人賴此解夏月暍渴。天之生物，蓋可見矣。○多食動氣也。

明・王綸《本草集要》卷四　椰子皮　味苦，氣平，無毒。　止血，止鼻衄，吐逆霍亂，煮汁服之。○殼中肉益氣去風。○漿，服之主消渴，塗頭益髮，令黑。

明・滕弘《神農本經會通》卷二　椰子皮　皮入藥，炙用。　味苦，氣平，無毒。　《本經》云：　止血，療鼻衄吐逆，霍亂，煮汁服之。殼中肉，益氣，去風。漿服之，主消渴，塗頭益髮令黑。《海藥》云：　內有漿似酒，飲之不醉。主消渴，吐血，水腫，去風熱。丹溪云：　屬土而有水。生南海極熱之地，土人賴此解夏月暍渴，天之生物，蓋可見矣。《海藥》云：　多食動氣也。《衍義》云：　取其殼為酒器，如酒中有毒，則酒沸起，今人皆漆其裏，則全失用椰子之意。

明・劉文泰《本草品彙精要》卷三四　椰子皮無毒　植生。

椰子皮：　止血，療鼻衄，吐逆，霍亂，煮汁服之。○殼中肉，益氣，去風。○漿，主消渴，塗頭益髮令黑，飲之得醉。名醫所錄。　【苗】《圖經》曰：　木如椶櫚。亦似桄榔，無枝條，高數丈，葉在木末如束蒲。實大如瓠，垂於枝間如掛物，實外有麤皮如椶包，次有殼，圓而且堅，裏有膚至白如猪肪，厚半寸許，味似胡桃。膚裏有漿四五合，如乳，飲之冷而氛醺。人多取殼爲器，南人取肉糖蜜漬之，作果寄遠，甚佳。《衍義》曰：　椰子，開之有汁如乳，極甘香，別是一種氣味。中又有一塊瓤，形如瓜蔞，上有細壠起，亦白色，但微虛。紋若婦人裙褶，其味亦如汁。又著殼一重白肉，削取之，皆可與瓤、糖煎爲果汁，色如白酒，其味如瓤。然謂之酒者，好事者當日強名之。取其殼爲酒器，如酒中有毒，則酒沸起。今人皆漆其裏，則全失用椰子之意也。【地】《圖經》曰：　生安南，今嶺南州郡亦有之。《海藥》云：　南海、安南。　【時】生：　春生。採：　九月、十月取。　【收】陰乾。　【用】皮、根、肉、漿。【質】類大腹皮而極大。　【色】黃、白。　【味】苦。　【性】平，泄。　【氣】味厚於氣，陰中之陽。　【臭】朽。　【主】止血，吐逆。　【製】日華子云：　炙剉碎用。　【治】療：　《海藥》云：　椰子漿，止消渴，吐血，消水腫，去風。【禁】汁多食，動氣。

明・盧和、汪穎《食物本草》卷二果類　椰子　肉，益氣治風。漿侶酒，飲之不醉。主消渴、吐血、水腫，去風熱。塗頭，益髮令黑。丹溪云：　椰子生海外極熱之地，土人賴此解夏月毒渴。天之生物，各因其材。多食動氣。

明・鄭寧《藥性要略大全》卷六　椰子　益氣去風。○味似胡桃，又似殼為酒器，酒有毒則沸起。今人或漆或相，殊失其義。生椰子肉。用飴糖浸之甚佳。　椰漿治消渴，搽頭益髮令黑，飲之醺人，為之椰酒。　皮　味苦，平，無毒。止鼻衄，吐逆，霍亂，煮汁服。

明・陳嘉謨《本草蒙筌》卷七　椰子　味甘、苦，氣平。　無毒。　雖出嶺南，尤盛交趾。木高若桄榔，無枝幹旁生。實大類匏瓜，有麄皮外裹。葉在木杪，又似束蒲。秋月採收，各有取用。殼鋸開作器，任酌酒啜茶。有毒則沸起便知，勿漆庶靈性不失。今人多漆布之，則失其本意矣。　肉時啖，益中氣虛弱，且卻癱瘓偏風；　皮煮湯，止吐衄來紅，兼理霍亂吐逆。　漿如乳汁，氣亦醺人。　塗鬚髮轉烏，潤咽喉不渴。《交州記》曰椰子中有漿，飲之得醉是也。

明・王文潔《太乙仙製本草藥性大全》卷三《本草精義》　椰子皮　出安南，今嶺南州郡皆有之。木似桄榔無枝條，高數丈，葉在木末如束蒲，實大如瓠，垂於枝間如挂物。實外有麄皮如椶包，次有殼，圓而且堅，裏有膚至白如猪肪，厚半寸許，味亦〔似〕胡桃，膚裏有漿四五合，如乳，飲之冷而氣醺人，多取殼爲器甚佳。不拘時月採其根皮用。南人取其肉，糖飴漬之，寄至北中作果，味甚佳也。

明・王文潔《太乙仙製本草藥性大全》卷三《仙製藥性》　椰子皮　味

苦，氣平，無毒。　主治：止血，止鼻衄。正霍亂吐逆，煮汁作飲，服有神功。　椰殼　中肉大能益氣，兼又祛風。　椰漿：主消渴，吐血，水腫，搽頭益髮令烏，風熱能祛。多食動氣，飲之醺人，爲之椰酒。　按：《交州記》云：生南海，狀若海椶實，名椰子，大如椀許大，外有麄皮如大腹子、豆蔻之類，內有漿似酒，飲之。又《衍義》云：椰子開之有汁如乳，極其香，自別是一種氣味。中又有一塊瓤，形如瓜蔞，上有細壟起，亦白色，但微虛，文若婦人裙褶，其味亦如其汁。又着殼一重白肉，剮取之皆可與瓤糖煎爲果，汁色如白酒，其味如瓤。然謂之酒者，好事強名之也。

明·皇甫嵩《本草發明》卷四　椰子皮下品。氣平，味苦，無毒。　止血，療鼻衄，吐逆霍亂，煮汁服之。殼中肉益氣，去風。漿，服之主消渴，塗頭益髮令黑。飲漿能醉人。殼可為酒器，如酒中有毒，則酒沸。

明·李時珍《本草綱目》卷三一果部·夷果類　椰子宋《開寶》校正自木部移入此。

【釋名】越王頭《綱目》　胥餘時珍曰：按嵇含《南方草木狀》云：相傳林邑王與越王有怨，使刺客乘其醉，取其首，懸于樹，化爲椰子，其核猶有兩眼，故俗謂之越王頭，而其漿猶如酒也。此説雖謬，而俗傳以爲口實。南人稱其君長爲爺，則椰名蓋取于爺之義也。相如《上林賦》作胥餘，或作胥耶。

【集解】志曰：椰子生安南，樹如棕櫚，子中有漿，飲之得醉。頌曰：椰子嶺南州郡皆有之。郭義恭《廣志》云：木似桄榔無枝條，高數丈。葉在木末如束蒲。其實大如瓠，垂於枝間，如掛物然。實外有粗皮，如椶包。皮內有堅殼，圓而微長。殼內有膚，白如猪肪，厚半寸許，味如胡桃。膚內裹漿四五合如乳，飲之冷而動氣醺人。殼可爲器。肉可糖煎寄遠，作果甚佳。珣曰：按劉欣期《交州記》云：椰樹狀若海椶。實大如盌，外有粗皮，如大腹子、荳蔻之類。內有漿似酒，飲之不醉。生雲南者亦好。宗奭曰：椰子開之，有汁白色如乳，如酒極香，别是一種氣味，强名爲酒。中有白瓤，形圓如栝樓，上起細壠，亦白色而微虛，其紋若婦人裙褶，味亦如汁。與着殼一重白肉，皆可糖煎爲果。其殼可爲酒器，如酒中有毒，則酒沸起或裂破。今人漆其裏，即失用椰子之意。時珍曰：椰子乃果中之大者。其樹初栽時，用鹽置根下則易發。木至斗大方結實，大者三四圍，高五六丈，木似桄榔、檳榔之屬，通身無枝。其葉在木頂，長四五尺，直聳指天，狀如椶櫚，勢如鳳尾。二月着花成穗，出於葉間，長二三尺，大如五斗器。仍連着實，一穗數枚，小者如栝樓，大者如寒瓜，長七八寸，徑四五寸，懸着樹端。六七月熟，有粗皮包之。皮內有核，圓而黑潤，甚堅硬，厚二三分。殼內有白肉瓤如凝雪，味甘美如牛乳。瓤肉空處，有漿數合，鑽蒂傾出，清美如酒。若久者，則混濁不佳矣。其殼磨光，有斑纈點紋，横破之可作壺爵，縱破之可作瓢杓也。又《唐史》言番人以其花造酒，飲之亦醉也。類書有青田核、樹頭酒、嚴樹酒，皆椰酒、椰花之類，並附于下。

椰子瓤　【氣味】甘，平，無毒。　【主治】益氣《開寶》。治風汪穎。食之不飢，令人面澤。時珍。○出《異物志》。

椰子漿　【氣味】甘，温，無毒。珣曰：多食，冷而動氣。時珍曰：其性熱，故飲之者多昏如醉狀。《異物志》云：食其肉則不飢，飲其漿則增渴。　【主治】止消渴。塗頭，益髮令黑《開寶》。治吐血水腫，去風熱李珣。　【發明】震亨曰：椰子生海南極熱之地，土人賴此解夏月毒渴，天之生物，各因其材也。

椰子皮　【修治】頌曰：不拘時月采其根皮，入藥炙用。一云：其實皮亦可用。　【氣味】苦，平，無毒。　【主治】止血，療鼻衄，吐逆霍亂，煮汁飲之《開寶》。治卒心痛，燒存性，研，以新汲水服一錢，極驗。時珍。○出《襲氏方》。

殼　【主治】楊梅瘡筋骨痛。燒存性，臨時炒熱，以滚酒泡服二三錢，暖覆取汗，其痛即止，神驗時珍。

明·應麐《食治廣要》卷四　椰子　瓤：氣味：甘，平，無毒。主治：益氣治風。食之不飢，令人面澤。　漿：氣味：甘，温，無毒。主治：消渴。塗頭黑髮。並治吐血，水腫，風熱。

明·姚可成《食物本草》卷九果部·夷果類　椰子一名越王頭。按嵇含《南方草木狀》云：相傳林邑王與越王有怨，使刺客乘其醉，取其首，懸於樹，化為椰子，其核猶有兩眼，故俗謂之越王頭。而其漿猶如酒也。此説雖謬，而俗傳以為口實。南人稱其君長為爺，則椰名蓋取於爺義也。○椰子嶺南州郡皆有之。木似桄榔無枝條，高丈餘。葉在木末如束蒲。其實大如瓠，垂於枝間，如掛物然。實外有粗皮，如椶包。皮內有堅殼，圓而微長。殼內有膚，白如豬膚，厚半寸許，味如胡桃。膚內裹漿四五合如乳，飲之冷而動氣醺人。殼可為器。肉可糖煎寄遠，作果甚佳。○寇宗奭曰：椰子開之有汁，白色如乳，如酒極香，別是一種氣味，強名為酒。中有白瓤，形圓如栝樓，上起細壟，亦白色而微虛，其紋若婦人裙褶，味亦如汁。與着殼一重白肉，皆〔可〕糖煎為果。其殼可以為酒器，如酒中有毒，則酒沸起，或裂破。今人或漆或鑲，即失用椰子之義。○李時珍曰：椰子乃果中之大者。其樹初栽時，用鹽置根下則易發。木至斗大方結實，大者五六圍，高三四丈，木似桄榔、檳榔之屬，通身無枝。其葉在木頂，長四五尺，直聳指天，狀如〔椶〕櫚，勢如鳳尾。二月着花成穗，出於葉間，長二三尺，大如五斗器。仍連着實，一穗數枚，小者如栝樓，大者如寒瓜，長七八寸，徑四五寸，懸着樹端。六七月熟，有粗皮包之。皮內有核，圓而黑潤，甚堅硬，厚二三分。殼〔內〕有白肉瓤如凝雪，味甘美如牛乳。瓤肉空處，有漿數合，鑽蒂傾出，清美如酒。若久者，則混濁不佳矣。其殼磨光，有斑纈點紋，横破之可作壺爵，縱破之可作瓢杓也。又《唐史》言番人以其花造酒，飲之亦醉也。類書有青田核、樹頭酒、嚴樹酒，皆椰酒、椰花之類，竝附於後。

椰子瓤　味甘，平，無毒。主益氣，治風。食之不飢，令人面澤。

椰子漿　味甘，溫，無毒。止消渴，治吐血水腫，去風熱。丹溪曰：椰子生海南極熱之地，土人賴此解夏月毒渴。天之生物，各因其材也。

椰子皮　味苦，平，無〔毒。止〕血，〔療鼻〕衄，吐逆霍亂，煮汁飲之。治卒心痛，燒存性，研，以新汲水服一盞。

椰子殼　為酒器，酒有毒則沸起。又治楊梅瘡筋骨痛。燒存性，臨時炒熱，以滚酒泡服二三錢，暖覆取汗，其痛即止。

明・施永圖《本草醫旨・食物類》卷三　椰子中有漿，飲之得醉。　椰子瓤　味甘，平，無毒。治：益氣。治風，食之不飢，令人面澤。　椰子漿　味甘，溫，無毒。多食冷而動氣，其性熱，故飲之者多昏如醉狀。《異物志》云：食其肉則不飢，飲其漿則增渴。治：止消渴，塗頭益髮令黑。治吐血，水腫，去風熱。椰子生海南極熱之地，土人賴此解夏月毒渴，天之生物，各因其材也。　椰子皮　不拘時月采其根皮，入藥，炙用。一云，其實皮亦可用。　味苦，平，無毒。治：止血，療鼻衄。吐逆霍亂，煮汁飲之。治卒心痛，燒存性研，以新汲水服一錢，極驗。　殼　治：楊梅瘡，筋骨痛，燒存性，臨時炒熱，以滚酒泡服二三錢，暖覆取汗，其痛即止，神驗。

清・丁其譽《壽世秘典》卷三　椰子　嶺南州郡皆有之。其樹初栽時，用鹽置根下，則易發。木至斗大，方結實。大者三四圍，高五六丈，通身無枝葉，在木頂長四五尺，直聳指天，狀如棕櫚，勢如鳳尾。二月着花，成穗出于葉間，一穗數枚。小者如栝樓，大者如寒瓜，懸着樹端。六、七月熟，有粗皮包之，皮内有核圓而黑潤，甚堅硬，厚二三分。殼内有白肉瓤如凝雪，味甘如乳。瓤肉空處有漿，鑽蒂傾出，清美如酒，若久者則混濁不佳矣。其殼磨光有斑纈點紋，可為酒器。如酒中有毒，則酒沸起或裂破。今人或漆或鑲，殊失其義。

漿　氣味：甘，溫，無毒。主去風熱，祛暑氣。

瓤　氣味：與漿同，食之不飢，令人面澤。

發明　朱震亨曰：椰子生海南極熱之地，土人賴此解夏月毒渴，天之生物各因其材也。李時珍曰：其性熱，故飲之者，多昏如醉狀。李珣曰多食冷而動氣，恐未必然也。

殼　治楊梅瘡。筋骨痛，燒存性，以滚酒泡服二三錢，暖覆取汗，其痛即止，神驗。

清・朱本中《飲食須知・果類》　椰子漿　味甘，性溫。食之昏昏如醉。食其肉，則不飢。飲其漿，則增渴。

清・何其言《養生食鑒》卷上　椰子肉　味甘，性平，無毒。益氣治風，消疳積白蟲。小兒青瘦者，合蜜食之，最宜。但不可多，患瘡疥、喘咳者，忌食。

椰子漿　止消渴，治吐血、水腫、風熱。

椰子殼　可為酒器。如酒中有毒，則酒沸起，或裂破。今人漆其裏，則失用椰子之意。治楊梅瘡，筋骨痛，燒存性，臨時炒熟，以滚酒泡服二三錢，暖覆取汗，其痛即止。

椰子皮　止血，療鼻衄。吐逆霍亂，煮汁飲之。治卒心痛，燒存性，研，以新汲水服一錢，極驗。

清・馮兆張《馮氏錦囊秘錄・雜症痘疹藥性主治合參》卷八　椰子　大類匏瓜，其殼鋸開作器，遇毒沸起便知。肉，時啖益中氣虛弱，卻癱瘓偏風。漿如乳汁，飲之得醉。塗鬚髮轉烏，潤咽喉不渴。

清・汪啟賢等《食物須知・諸果》　椰子　味甘、苦，氣平，無毒。雖出嶺南，尤盛交趾。木高若桄榔，無枝餘旁生。實大類匏瓜，有麄皮外裹，葉在木梢，又似束蒲。秋月株收，各有取用。肉時啖，益中氣虛弱，且卻癱瘓偏風。漿如乳汁，氣亦醺人，塗鬚髮轉黑，潤咽喉不渴。《交州記》曰椰中有漿，飲之得醉是也。

清・王士禛《香祖筆記》卷八　椰杯見毒則裂，嶺南人多製為食器以辟蠱。

清・趙學敏《本草綱目拾遺》卷七果部上　椰油　椰中酒、椰膏、椰皮、椰肉　《臺灣使槎錄》云：可佐膏火，或云用火炙椰，其油自出。凡揀椰子以手搖之，聽水聲清亮，則心大而甜；其肉厚，水聲濁則否。《澠水燕談錄》：椰子生安南及海外諸國，木如椶櫚，大者高百餘尺，花白如千葉芙蓉，一本花不過三五顆，其大如斗至差小，外有黃毛，軟皮，中有殼，正類檳榔，殼上有二穴，牙出穴中，殼内類蘿菔，皮味苦，肉極甘脆，蠻人甚珍之。劉恂《嶺表錄異》：椰殼中有液數合如乳，亦可飲之，冷而動氣。《廣果錄》：椰樹高六七丈，直竦無枝，至木末乃有葉如束蒲，長二三尺，花如千葉芙蓉，白色，終歲不絕，葉間生實如瓠繫，房房連累，一房二十七八實，或三十實，大者如斗，有皮厚苞之，曰椰衣，皮中有核甚堅，與膚肉皆緊著，皮厚可半寸，白如雪，味脆而甘，膚中空虛，又有清漿升許，味美於蜜，微有酒氣曰椰酒。蘇軾詩：

美酒生林不待儀。言椰中有自然之酒，不待儀狄而作也。《廣東名勝志》：文昌縣玉陽山椰子最多，大三四圍，高二三丈，通身無枝，至百餘年纔有葉，三月花，連著實，房房三十或二十七八子，至六月熟，七月收。 療齒疾、凍瘡《粵志》、祛暑氣《華夷花木考》，治消渴，塗髭髮立黑《澠水燕談錄》。

椰中酒 《食物考》：緬甸有樹頭酒，即椰子中漿汁也。《華夷花木考》載林邑王與南越王有怨，遣刺客匕其首，梟之樹上，化為椰子樹。當刺時，王方大醉，故椰漿如酒，飲之醉人。

祛風：消水腫，止吐血，塗頭黑髮。然多食昏人，動氣增渴，性溫故也。久服可烏鬚《食物考》。

椰膏 粵載：椰子殼，土人取以熬膏，色黑如漆，塗癬良。

椰皮 煮汁止血，療吐逆《澠水燕談錄》。

椰肉 益氣生風《澠水燕談錄》。

楊梅下疳，筋骨疼痛。《不藥良方》：椰子殼燒存性，臨燒以滾酒泡服二三錢，暖臥取汗，其痛即止。

清・章穆《調疾飲食辯》卷四 椰子 《綱目》曰：司馬相如《上林賦》名胥餘，又作胥耶，果之最大者。其樹初栽，置鹽根下則易茂。大至如斗，方結實。高五六丈，直上無枝。葉長四五尺，在木杪。二月開花成穗，出於葉間，長二三尺，大如五斗器。實綴穗間，一穗數枚，六七月熟。有粗皮包之，皮內有核，甚堅硬，厚二三分。破之有白肉如凝雪，味甘美如牛乳。肉空處有漿數合，清美如酒。殼磨光有斑纈，橫破可作壺爵，縱破可作瓢杓。其內瓤能益氣出《開寶本草》，治風出《食物本草》。漿止消渴出《開寶本草》，治吐血、水腫，去風熱出《海藥本草》。殼治楊梅瘡筋骨痛，燒存性，臨服時再炒，研末，滾酒服二三錢，暖覆取汗，痛立止出《綱目》。為酒器，遇毒則沸起，或破裂出《衍義》。

按：椰子大如人頭，有兩眼。《南方草木狀》云：昔林邑王與越王有怨，使刺客乘醉取其首，懸樹間，化為此果，故呼越王頭，其漿猶帶酒氣。幻談也。《舊唐書》云番人取其花，造酒飲之亦醉。後人緣此，誤以為椰杯注水成酒，不知椰杯但能試毒，其變水為酒者，青田核也。《綱目》曰：《古今注》云：烏孫國有青田核，狀如桃核，大容數斗，注水則變為酒，味醇美，隨注隨成，但不可留久。此乃必無之理，但其說已久，詩賦中至用為典故，不足信也。

《寰宇志》云：緬甸有樹，高五六丈，結實如椰子，土人以罐盛曲懸實下，劃其汁，流罐中即成酒，名樹頭酒。或不用麴。取其汁可熬白餹。其樹即貝樹，葉可寫書。《一統志》云：瓊州有嚴樹，搗其皮葉，和米，或入石榴花葉，數日成酒。《梁書》云：頓遜國有酒樹，取花汁注杯中，數日成酒。此皆椰漿、椰花之類也。

清・吳其濬《植物名實圖考》卷三一 椰子 《開寶本草》始著錄。瓊州有之。羊城夏飲其汁，云能解暑，度嶺則汁漸乾，味變矣。

清・趙其光《本草求原》卷一二果部 椰子肉 甘，平，無毒。益氣治風，消疳積白蟲，小兒青瘦。合蜜食。患瘡疥、喘咳者忌。

漿 止渴，治吐血，水腫，風熱。

殼 存性，治楊梅瘡，筋骨痛，及夾陰風寒、寒熱。臨用炒熱，滾酒泡服二三錢，取汗。

皮 止血，治鼻衄，吐逆霍亂，及夾陰風寒邪熱，煮汁飲。心卒痛。存性，新汲水下。

清・文晟《新編六書》卷六《藥性摘錄》 椰子 甘，平。益氣，治風，消疳積、白蟲。小兒青瘦，合蜜食最宜。但不可多食，患瘡疥。喘嗽者忌之。○椰子漿，止消渴，治吐血，水腫風熱。○椰殼，治楊梅瘡，骨痛。○椰子皮，止血，療鼻衄，吐逆霍亂，並煮汁飲。治卒心痛，燒存性，研，新汲水調下一錢，效。

清・徐士鑾《醫方叢話》卷七 椰子漿 椰子生安南及海外諸國，木如椶櫚，大者高百餘尺，花白如千葉芙蓉，一本花只三五顆，其大如斗至差小，外有黃毛，輭皮中有殼，正類檳榔殼，內類蘿菔，皮味苦，肉極甘脆，蠻人甚珍之。中有汁，大者一二升，蠻人謂之椰子酒，飲之得醉。《交州記》以為漿者是也，治消渴，塗髭髮立黑。皮煮汁，止血，療吐逆，肉益氣生風《澠水燕談録》。

清・吳汝紀《每日食物却病考》卷下 椰子 肉，益氣治風。漿，止渴去風熱，塗頭黑髮，似酒而飲之不醉。多食，動氣。

青田核

明・李時珍《本草綱目》卷三一果部・夷果類 青田核 崔豹《古今注》云：烏孫國有青田核，狀如桃核，不知其樹。核大如數斗，剖之盛水，則變酒味，甚醇美。飲盡隨即注水，隨盡隨成。但不可久，久則苦澀爾。謂之青田酒，漢末蜀王劉璋曾得之。

樹頭酒

明・李時珍《本草綱目》卷三一果部・夷果類　樹頭酒《寰宇志》云：　緬甸在滇南，有樹類椶，高五六丈，結實如椰子。土人以罐盛麴，懸于實下，劃其實，汁流于罐中以成酒，名樹頭酒。或不用麴，惟取汁熬爲白糖。其樹即貝樹也，緬人取其葉寫書。

嚴樹酒

明・李時珍《本草綱目》卷三一果部・夷果類　嚴樹酒《一統志》云：　瓊州有嚴樹，搗其皮葉，浸以清水，和以粳釀，或入石榴花葉，數日成酒，能醉人。又《梁書》云：　頓遜國有酒樹，似安石榴，取花汁貯盃中，數日成酒。蓋此類也。又有文章草，可以成酒。

蒲葵

晉・嵇含《南方草木狀》卷上草類　蒲葵　如栟櫚而柔薄，可為葵笠。出龍川。

附：　琉球・吳繼志《質問本草》附録　蒲葵　隨地酷多，形狀一與栟櫚無別，止幹洪大直聳，葉長稍薄，其端倒垂而已。邦人採嫩葉，漚灰汁，製簑衣及扇笠，可以供清玩。

無漏子

晉・嵇含《南方草木狀》卷下果類　海棗　樹身無閑枝，直聳三四十丈，樹頂四面共生十餘枝，葉如栟櫚，五年一實。實甚大，如杯盌，核兩頭不尖，雙卷而圓，其味極甘美。安邑御棗無以加也。泰康五年，林邑獻百枚。昔李少君謂漢武帝曰：　臣嘗游海上，見安期生，食臣棗，大如瓜，非誕說也。

宋・唐慎微《證類本草》卷二三果部下品〔唐・陳藏器《本草拾遺》〕　無漏子　味甘，溫，無毒。主溫中益氣，除痰嗽，補虛損，好顏色，令人肥健。生波斯國，如棗。一云波斯棗。

〔宋・唐慎微《證類本草》〕《海藥》云：　樹若栗木，其實如橡子，有三角，消食，止欬嗽，虛羸，悅人。久服無損也。

明・李時珍《本草綱目》卷三一果部・夷果類　無漏子《拾遺》

【釋名】千年棗《開寶》　萬歲棗《一統志》　海棗《草木狀》　波斯棗《拾遺》　番棗《嶺表録〔異〕》　金果《輟耕録》　木名海椶《嶺表録〔異〕》　鳳尾蕉時珍曰：　無漏名義未詳。千年、萬歲，言其樹性耐久也。曰海，曰波斯，曰番，言其種自外國來也。金果，貴之也。曰椶，曰蕉，象其幹、葉之形也。番人名其木曰窟莽，名其實曰苦魯麻棗。苦麻、窟莽，皆番音相近也。　【集解】藏器曰：　無漏子即波斯棗，生波斯國，狀如棗。珣曰：　樹若栗木。其實若橡子，有三角。頌曰：　按劉恂《嶺表録》云：　廣州有一種波斯棗，木無旁枝，直聳三四丈，至巔四向，共生十餘枝，葉如椶櫚，彼土人呼爲海椶木。三五年一着子，每朵約三二十顆，都類北方青棗，但小爾。舶商亦有携本國者至中國，色類沙糖，皮肉軟爛，味極甘，似北地天蒸棗，而其核全別，兩頭不尖，雙卷而圓，如小塊紫礦，種之不生，蓋蒸熟者也。時珍曰：　千年棗雖有棗名，別是一物。南番諸國皆有之，即杜甫所賦海椶也。按段成式《酉陽雜俎》云：　波斯棗生波斯國，彼人呼爲窟莽。樹長三四丈，圍五六尺。葉似土藤，不凋。二月生花，狀如蕉花。有兩脚，漸漸開罅，中有十餘房。子長二寸，黄白色，狀如楝子，有核。六七月熟則子黑，狀類乾棗，食之味甘如飴也。又陶九成《輟耕録》云：　四川成都有金果樹六株，相傳漢時物也。高五六十丈，圍三四尋，挺直如矢，木無枝柯。頂上有葉如椶櫚，皮如龍鱗，葉如鳳尾，實如棗而大。每歲仲冬，有司具祭收采，令醫工以刀剥去青皮，石灰湯瀹過，入冷熟蜜浸換四次，瓶封進獻。不如此法，則生澀不可食。番人名爲苦魯麻棗，蓋鳳尾蕉也。一名萬歲棗，泉州有萬年棗，即此物也。又嵇含《草木狀》云：　海棗大如杯椀，以比安期海上如瓜之棗，似未得其詳也。巴旦杏亦名忽鹿麻，另是一物也。

實　【氣味】甘，溫，無毒。　【主治】補中益氣，除痰嗽，補虛損，好顏色，令人肥健藏器。消食止欬，治虛羸，悅人。久服無損李珣。

明・姚可成《食物本草》卷九果部・夷果類　無漏子一〔名千〕年棗，一名金果。生波斯國，狀如棗。《〔嶺〕表錄》云：　廣州有一種波斯棗，木無旁〔枝，直聳〕三四丈，至巔四向，其生十餘枝，葉如椶〔櫚，彼〕土人呼為海椶木。三五年一着子，每朵約〔三〕二十顆，都類北方青棗。舶商携至中原，色類砂糖，皮肉軟爛，味極甘，似北地天蒸〔棗〕，而其核全別，兩頭〔不〕尖，雙卷而圓，如小塊紫礦，種之不生，蓋蒸〔熟〕者也。○《酉陽雜俎》云：　波斯棗生波斯國，彼人呼為窟莽。樹長四五丈，圍五六尺。葉似土藤，不凋。二月生花，狀如(蒸)〔蕉〕花。有兩(脚)〔甲〕，漸漸〔開〕罅，中有十餘房。子長二寸，黄白色，狀如楝子，有核。六七月熟則(子)〔紫〕黑，狀類乾棗，食之〔味甘〕如飴也。又《輟耕錄》云：　四川成都有金果樹〔六株〕，相傳漢時物也。高五六十丈，圍三四尋，挺〔直如〕矢，木無枝柯。頂上有葉如椶櫚，皮如龍〔鱗〕，葉如鳳尾，實如棗而大。每歲仲冬，有司具祭收采，令醫工以刀剝去青皮，石灰湯瀹過，入冷熟蜜浸，換四次，瓶封進獻。不如此法，則生澀不可食。番人名為苦魯麻，即此物也。

無漏子，味甘，溫，無毒。補中益氣，除痰嗽，補虛損，好顏色，令人肥健。

明・孟笨《養生要括・果部》　鳳尾焦實　味甘，溫，無毒。補中益氣，除痰咳，補虛損，好顏色，令人肥健。消食，止嗽，治虛羸，悅人，久服無損。

明・施永圖《本草醫旨・食物類》卷三　無漏子即波斯棗，生波斯國，狀如棗。

實　味甘，溫，無毒。治：　補中益氣，除痰嗽，補虛損，好顏色，令人肥健。消食止欬，治虛羸，悅人，久服無損。

清・趙學敏《本草綱目拾遺》卷七果部上　無漏果　此即海棪，乃鳳尾蕉之子，或稱為棗，實非棗也。以刀剝去青皮，石灰湯淪之，蜜浸瓶封，可久藏寄遠不壞。　味甘美，性溫，消食寬中，除痰止嗽，益氣潤顏，久食令人肥美。

清・趙學敏《本草綱目拾遺》卷七果部上　藏棗　朱排山《柑園小識》：藏棗來自西藏，實產於天竺，大者長二寸許，形味絕似南棗，能補氣，功同人參，藏中亦不易得，其核似蠶蛹形，而無仁。

補虛勞，定神志，治怯如神。

清・吴其濬《植物名實圖考》卷三一　無漏子　《本草拾遺》始著錄。即海棗也。廣中有之。

清・田綿淮《本草省常・果性類》　海棗　一名番棗，一名波斯棗，一名千年棗，一名萬歲棗，一名金果，一名無漏子。性溫。益氣補中，消食止嗽。久食令人肥健，好顏色。

波羅蜜

明・蘭茂原撰，范洪等抄補《滇南本草圖說》卷五　波羅蜜　樹高五六丈，不花而實，結於枝間，有軟刺礧砢，大有餘斤，剝去外皮，內肉層疊如橘，食之香甜。味甘香，性平，無毒。○止渴，解酒不醉，益氣，令人悅澤。○核中仁煮炒食之，補中益氣，輕健不飢，久服烏鬚黑髮，延年固齒，老人服之步履如少，婦人服之生血和血。退骨蒸之燒，百病不生。

明・李時珍《本草綱目》卷三一果部・夷果類　波羅蜜《綱目》

〖釋名〗曩伽結時珍曰：波羅蜜，梵語也。因此果味甘，故借名之。安南人名曩伽結，波斯人名婆那娑，拂林人名阿薩嚲，皆一物也。　〖集解〗時珍曰：波羅蜜生交趾、南番諸國，今嶺南、滇南亦有之。樹高五六丈，樹類冬青而黑潤倍之。葉極光淨，冬夏不凋。樹至斗大方結實，不花而實，出於枝間，多者十數枚，少者五六枚，大如冬瓜，外有厚皮裹之，若栗毬，上有軟刺礧砢。五六月熟時，顆重五六斤，剝去外皮殼，內肉層疊如橘囊，食之味至甜美如蜜，香氣滿室。一實凡數百核，核大如棗。其中仁如栗黃，煮炒食之甚佳。果中之大者，惟此與椰子而已。

瓤　〖氣味〗甘、香、微酸，平，無毒。　〖主治〗止渴解煩，醒酒益氣，令人悅澤時珍。

核中仁　〖氣味〗同瓤。　〖主治〗補中益氣，令人不飢輕健時珍。

明・姚可成《食物本草》卷九果部・夷果類　波羅蜜波羅蜜，梵語也。因此果味甘，故借名之。生交趾、南番諸國，今嶺南、滇南亦有之。樹高五六丈，形類冬青而黑潤倍之。葉極光淨，冬夏不凋。樹至斗大方結實，不花而實，出於枝間，多者十數枚，少者五六枚，大如冬瓜，外有厚皮裹之，若栗毬，上有軟刺礧砢。五六月熟時，顆重五六斤，剝去外皮，殼內肉層疊如橘囊，食之味至甘美如蜜，香氣滿室。一實凡數百核，核大如棗。其中仁如栗黃，煮炒食之甚佳。果中之大者，惟此與椰子而已。

波羅蜜　味甘、香、〔微〕酸，平，無毒。　止渴解煩，醒酒益氣，令人悅澤。

核中仁　補中益氣，令人不飢輕健。

明・施永圖《本草醫旨・食物類》卷三　波羅蜜梵語也。因此果味甘，故借名之。

瓤　味甘、香、微酸，平，無毒。治：止渴，解煩，醒酒，益氣，令人悅澤。

核中仁　味同瓤。治：補中益氣，令人不飢輕健。

清・丁其譽《壽世秘典》卷三　波羅蜜生交趾南番諸國。今嶺南、滇南，亦有之。樹高五六丈，類冬青而黑潤倍之，葉極光淨，冬夏不凋，至斗大，方結實，不花而實，出于枝間，大如冬瓜，外有厚皮，裹之若栗毬，上有軟刺礧砢。五六月熟時，剝去外皮，殼內肉層疊如橘囊，味甘如蜜，香氣滿室。一實凡數百核，核大如棗，其中仁如栗黃，煮、炒食之甚佳。

氣味：甘，香，微酸，平，無毒。主止渴，解煩，醒酒，益氣，令人悅澤。

核中仁　氣味：同瓤，主補中益氣，令有不飢，輕健。

清・何其言《養生食鑒》卷上　波羅蜜樹高五六丈，不花而實出於枝間，有軟刺礧砢，大有十餘斤者，剝去外皮殼，內肉層疊如橘瓤，食之香甜。一實有數百核，炒其核食，甚佳。

味甘，香，性平，無毒。止渴，解煩，醒酒，益氣，令人悅澤。

核中仁　煮、炒食，補中益氣，令人輕健、不飢。

清・王道純《本草品彙精要續集》卷九　波羅蜜無毒

波羅蜜瓤：　主止渴解煩，醒酒益氣，令人悅澤《本草綱目》。　核中仁主補中益氣，令人不飢，輕健《本草綱目》。　〖名〗曩伽結。李時珍曰：波羅蜜，梵語也。因此果味甘，故借名之。安南人名曩伽結，波斯人名婆那娑，拂林人名阿薩嚲，皆一物也。　〖地〗李時珍曰：波羅蜜，生交趾、南番諸國，今嶺南、滇南亦有之。　〖苗〗樹高五六丈，樹類冬青而黑潤倍之。葉極光淨，冬夏不凋，樹至斗大方結實。不花而實出於枝間，多者數十枚，少者五六枚，大如冬瓜，外有厚皮裹之，若栗毬。上有軟刺礧砢，顆重五六斤，剝去外皮，殼內肉層疊如橘囊，食之味至甜美如蜜，香氣滿室。一實凡數百核，核大如棗，其中仁如栗黃，煮炒食之甚佳。果中之大者，惟此與椰子而已。　〖味〗

甘，香，微酸。〔性〕平。

清·李文培《食物小錄》卷上　波羅蜜　氣香，味甘，微酸，平，無毒。止渴，解煩，醒酒，益氣，令人悅澤。其核中之仁，補中益氣，令人不飢輕健。其核大如棗，內仁如栗黄，煮、炒食之甚佳。果中之大者惟此，其狀大如冬瓜。

清·吳其濬《植物名實圖考》卷三一　波羅蜜　詳《桂海虞衡志》。《本草綱目》始收入果部。不花而實，兩廣皆有之。核中仁如栗，亦可炒食。滇南元江州產之，三五日即腐，昆明僅得食其仁，其餘多同名異物。《粵志》謂無花結果，或生一花，花甚難得，即優缽曇花。可備一說。

清·文晟《新編六書》卷六《藥性摘錄》　波羅蜜　甘香，止渴解煩，醒酒益氣。〇核中仁者，炒食之，補中益氣。〇波羅樹常有蛇蟠其中，恐遺有毒涎，中其毒者，叫喊若狂，腹肚收削，須用沙帋燒灰，冲冷水一碗，服下即吐瀉交作，須臾毒解，頭面周身俱見浮腫，再用鹽蒲包浸水，洗浴方效。

清·田綿淮《本草省常·果性類》　波羅蜜　一名曩伽結。性平。止渴除煩，益氣醒酒。久食令人悅澤。

無花果

明·朱橚《救荒本草》卷下之前　無花果　生山野中。今人家園圃中亦栽。葉形如葡萄葉，頗長硬而厚，梢作三叉，枝葉間生果，初則青小，熟大狀如李子，色似紫茄色。味甜。　救飢：採果食之。　治病：今人傳說治心痛，用葉煎湯服甚効。

明·蘭茂原撰，范洪等抄補《滇南本草圖說》卷五　無花菓　味甘，平，無毒。主治：開胃健脾，止洩痢疾。亦治喉痛，熬水洗瘡最良。採葉，敷瘡神效。

明·蘭茂撰，清·管暄校補《滇南本草》卷上　無花果　味苦，有小毒。此花處處皆有。鐵梗，綠子，無花，一名天生子。敷一切無名腫毒，癰疽疥癩，癬瘡，黄水瘡，魚口便毒，乳結痘瘡破爛，調芝蔴油搽之，神效。切不可食，此外科之聖藥也。

明·盧和、汪穎《食物本草》卷二果類　無花果　味甘。開胃，止洩痢。色如青李而稍長。

明·李時珍《本草綱目》卷三一果部·夷果類　無花果《食物》

〔釋名〕映日果《便民圖纂》　優曇鉢《廣州志》　阿駔音楚。時珍曰：無花果凡數種，此乃映日果也。即廣中所謂優曇鉢，及波斯所謂阿駔也。　〔集解〕時珍曰：無花果出揚州及雲南，今吳、楚、閩、越人家，亦或折枝插成。枝柯如枇杷樹，三月發葉如花構葉。五月內不花而實，實出枝間，狀如木饅頭，其內虛軟。采以鹽漬，壓實令扁，日乾充果實。熟則紫色，軟爛甘味如柿而無核也。按《方輿志》云：廣西優曇鉢不花而實，狀如枇杷。又段成式《酉陽雜俎》云：阿駔出波斯，拂林人呼爲底珍樹。長丈餘，枝葉繁茂，有丫如蓖麻，無花而實，色赤類椑柹，一月而熟，味亦如柹。二書所說，皆即此果也。又有文光果、天仙果、古度子，皆無花之果，並附于下。

實　〔氣味〕甘，平，無毒。　〔主治〕開胃，止洩痢汪穎。治五痔，咽喉痛時珍。

葉　〔氣味〕甘，微辛，平，有小毒。　〔主治〕五痔腫痛，煎湯頻熏洗之，取效震亨。

明·倪朱謨《本草彙言》卷一五　無花果　味甘，氣平，無毒。入手足太陰、手陽明經。　李氏曰：無花果，出揚州及雲南，幷吳、楚、閩、越間。可折枝扦插，亦成柯枝，如枇杷樹。三月發葉，如蜀葵花葉。五月內枝丫中不花而實，狀如木饅頭，其內虛軟。采以鹽淹壓扁，日乾，充果食。熟則紫色，軟爛味甘如柿而無核也。

無花果：開胃止洩之藥也。

無花果葉：朱丹溪去濕熱，解瘡毒之藥也。鍾春吾曰：朱丹溪方主五痔腫痛，取葉煎湯，頻頻洗之漸效。

明·應麐《食治廣要》卷四　無花果　氣味：甘，平，無毒。主治：開胃，止洩痢。治五痔，咽喉痛。出雲南、閩越諸處。不花而實，實出枝間，狀如木饅頭。其肉虛軟如柹，但無核耳。

明·孟笨《養生要括·果部》　無花果　味甘，平，無毒。開胃，止洩痢。治五痔，咽喉痛。

葉　治五痔腫痛，煎湯頻熏洗之，取效。

明·施永圖《本草醫旨·食物類》卷三　無花果名映日果。　實　味甘，平，無毒。治：開胃，止洩痢，治五痔，咽喉痛。　葉：味甘，微辛，平，有小毒。治：五痔腫痛，煎湯頻熏洗之，取效。　附錄　文光果出景州，肉味如栗，五月成熟。　天仙果出四川，如櫻桃，其味至甘。　古度子出交廣諸州，子大如石榴，味(醋)〔酸〕，煮以為粽食之。

清·丁其譽《壽世秘典》卷三　無花果一名映日果，枝柯如枇杷樹，三月發葉如花構葉。五月內不花而實，實出枝間，狀如木饅頭，其內虛軟。采以鹽漬，壓實令扁，日乾充果食。熟則紫色，軟爛，甘味如柹而無核也。別有一種文光果，形如無花果，肉味如栗，五月成熟。

氣味：甘，平，無毒。主開胃，止洩痢，治五痔、咽喉痛。

清·郭章宜《本草匯》補遺　無花果　味甘、微辛，有小毒。葉可煎湯薰洗，消五痔之腫疼。實能開胃止洩，兼咽喉之卒痛。

按：無花果，即廣中所謂優曇鉢是也。不花而實，實出枝間，狀如木饅頭，其內虛軟，熟則紫色軟爛，甘如柹而無核。善治痔瘡腫痛，煎湯頻洗，極有効驗。余患此症，穀道脹塞，百藥不應，用之貼然，外此無足取者。

產揚州及雲南，今吳、楚、閩、越人家亦或有之。樹長丈餘，枝葉繁茂有丫，如蓖麻者是也。

清·张璐《本經逢原》卷三　無花果　實，甘，平；葉，微辛。無毒。

發明：無花果出雲南，揚州亦多有之。今吳楚閩越人家折枝插成。枝柯如枇杷樹，三月發葉，五月不花而實，實出枝間，狀如木饅頭，熟則紫色，軟爛，其味如柹而無核也。食之開胃止洩，治咽喉痛。葉主五痔腫痛，煎湯頻薰洗之。

清·王道純《本草品彙精要續集》卷九　無花果無毒

無花果《食物本草》：主開胃，止洩痢汪穎。治五痔腫痛，煎湯頻熏洗之，取效朱震亨。葉有小毒，主五痔腫痛，煎湯頻熏洗之，取效朱震亨。〔名〕映日果、優曇鉢、阿駔。李時珍曰：無花果，凡數種，此乃映日果也。即廣中所謂優曇鉢，及波斯所謂阿駔也。〔地〕李時珍曰：無花果，出揚州及雲南。今吳、楚、閩、越人家亦或折枝插成枝柯，如枇杷樹實出枝間。〔時〕三月發葉如花構葉，五月內不花而實。〔質〕狀如木饅頭，其內虛軟，採以鹽漬壓實，令扁，日乾，充果食，熟則紫色軟爛，甘味如柹而無核也。按《方輿志》云：廣西優曇鉢，不花而實，狀如枇杷。又段成式《酉陽雜俎》云：阿駔出波斯，拂林人呼爲底珍樹，長丈餘，枝葉繁茂有子，如蓖麻無花而實，色赤類椑柹，一月而熟，味亦如柹，二書所說，皆即此果也。又有文光果、天仙果、古度子，皆無花之果，並附於左。〔味〕甘。〔性〕平。

清·何諫《生草藥性備要》卷下　無花果　味淡、甜，性平。洗痔瘡。根，治火病。子，煲肉食，解百毒。蕊，下乳汁亦可。葉大，在一葉罅生一子是真的。今人以牛梆子亂之，其性頗合，其功甚少。

清·汪紱《醫林纂要探源》卷二　無花果　甘，溫。一名阿駔。樹葉粗大如南瓜葉，實如饅頭，無核。廣中無花而實者不止此，惟此入中土，故擅名。益肺，通乳。蒂摘有白汁，故通乳。

清·李文培《食物小錄》卷上　無花果　甘，平，無毒。開胃，止洩痢，治五痔，咽喉痛。

清·章穆《調疾飲食辯》卷四　無花果　《綱目》曰：《便民圖纂》名映日果，《廣州志》名優曇鉢，《酉陽雜俎》名阿駔。樹高五六尺，葉如花構，五月不花而實，似木饅頭而虛軟。味甘無子，能治五痔及咽喉痛。《食物本草》曰澀腸止泄利。但性寒，中寒者忌食。葉可熏洗痔瘡。

清·吴其濬《植物名實圖考》卷三一　無花果　《救荒本草》錄之。《本草綱目》引據頗晰。

清·趙其光《本草求原》卷一二果部　無花果　不花而實，實出枝間。甘淡而平。開胃、止泄、下乳，治咽喉痛、痔瘡，煎肉食。解百毒。葉，微辛，熏洗痔腫痛。根，清火熱。

清·文晟《新編六書》卷六《藥性摘錄》　無花果　甘，平。開胃，（正）〔止〕泄痢，喉痛。○葉，治五痔腫痛，煎湯頻熏洗之，效。

清·王孟英《隨息居飲食譜·果食類》　無花果　甘寒。清熱，療痔潤腸，上利咽喉。中寒忌食。

清·劉善述、劉士季《草木便方》卷二　文仙菓　無花果甘平開胃，令婦生子五痔退。咽喉腫痛止洩痢，葉辛薰洗痔漏對。

清·吴汝紀《每日食物却病考》卷下　無花菓　又名優曇鉢，味甘，開胃止瀉。今各處皆植蒔，折枝插，可成樹如枇杷。不花而實，實出枝間，如木饅頭，其內虛軟。采以鹽漬，壓實扁，日乾，充菓食。熟則紫爛，甜如柿而無核也。

天仙果

明·李時珍《本草綱目》卷三一果部·夷果類　天仙果出四川。樹高八九尺，葉似荔枝而小，無花而實，子如櫻桃，纍纍綴枝間，六七月熟，其味至甘。宋祁《方物贊》云：有子孫枝，不花而實。薄言采之，味埒蜂蜜。

明·姚可成《食物本草》卷九果部·夷果類　天仙果出四川。樹高八九尺，葉似荔枝而小，無花而實，子如櫻桃，纍纍綴枝間，六七月熟，其味至甘。宋祁《方物贊》云：有子孫枝，不花而實。薄言采之，味埒蜂蜜。

附：琉球·吴繼志《質問本草》外篇卷四　牛乳甫天仙菓　辛丑清舶漂到，採此種問之。牛乳甫。陳宜春。

都角子

宋·唐慎微《證類本草》卷二三果部下品〔唐·陳藏器《本草拾遺》〕　都角子　味酸，澁，平，無毒。久食益氣，止洩。生南方。樹高丈餘，子如卵。徐表《南方記》云：　都角樹，二月花，花連著實也。

〔宋·唐慎微《證類本草》〕《海藥》云：　謹按：徐表《南州記》云：　生廣南山谷。二月開花，至夏末結實如卵。主益氣，安神，遺洩，痔，溫腸。久服無所損也。

明·李時珍《本草綱目》卷三一果部·夷果類　都桷子《拾遺》

【釋名】構子時珍曰：　桷音角。《太平御覽》作桶子，音同上聲。蓋傳寫之訛也。亦與楮構之構名同實異。陳祈暢《異物志》贊云：　構子之樹，枝葉四布。名同種異，實味甜酢。果而無核，裏面如素。析酒止醒，更爲遺賂。　【集解】珣曰：　按徐表《南州記》云：　都桷子生廣南山谷。樹高丈餘，二月開花，連着實，大如鷄卵，七月熟。時珍曰：　按《魏王花木志》云：　都桷樹出九真、交趾，野生。二三月開花，赤色。子似木瓜，八九月熟，里民取食之，味酢，以鹽、酸漚食，或蜜藏皆可。一云狀如青梅。

實　【氣味】酸，澀，平，無毒。　【主治】久食，益氣止洩藏器。安神溫腸，治痔。久服無損李珣。解酒，止煩渴時珍。

明·姚可成《食物本草》卷九果部·夷果類　都桷子桷音角。一名構子。按《魏王花木志》云：　都桷樹出九真、交趾，野〔生〕。二三月開花，赤色。子似木瓜，八九月熟，里民取食之，味酢，以鹽、酸漚食，或蜜藏皆可。　都桷子，味酸、澀，平，無毒。益氣止洩，安神溫腸，治痔。解酒，止煩渴。久服無損。

明·施永圖《本草醫旨·食物類》卷三　都桷子味甜酢，果而無核，裏面如素。○味酢，以鹽、(酸)〔醋〕漚食，或蜜藏皆可。　實　味酸、澀，平，無毒。治：久食益氣，止洩安神，溫腸治痔。久服無損，解酒，止煩渴。

清·吴其濬《植物名實圖考》卷三二　都角子　《本草拾遺》始著錄。似木瓜味酢。

阿勒勃

宋·唐慎微《證類本草》卷一二木部上品〔唐·陳藏器《本草拾遺》〕　阿勒勃　味苦，大寒，無毒。主心膈間熱風，心黄，骨蒸寒熱，殺三蟲。生佛逝國，似皂莢圓長，味甜好喫，一名婆羅門皂莢也。

〔宋·唐慎微《證類本草》〕《海藥》云：　按《異域記》云：　主熱病及下痰，殺蟲，通經絡。子療小兒疳氣。凡用，先炙令黄用。

明·王文潔《太乙仙製本草藥性大全》卷三《仙製藥性》　阿勒勃一名婆羅門皂莢也。　味苦，氣大寒，無毒。　主治：　通經絡，治心膈熱風，療心黄，退骨蒸寒熱。殺三蟲而下痰，理小兒之疳氣。

明·李時珍《本草綱目》卷三一果部·夷果類　阿勃勒《拾遺》。校正：自木部移入此。

【釋名】婆羅門皂莢《拾遺》　波斯皂莢時珍曰：　婆羅門，西域國名；　波斯，西南夷國名也。　【集解】藏器曰：　阿勃勒生拂林國，狀似皂莢而圓長，味甘好喫。時珍曰：　此即波斯皂莢也。按段成式《酉陽雜俎》云：　波斯皂莢，彼人呼爲忽野檐，拂林人呼爲阿梨。樹長三四丈，圍四五尺。葉似枸櫞而短小，經寒不凋。不花而實，莢長二尺，中有隔。隔內各有一子，大如指頭，赤色至堅硬，中黑如墨，味甘如飴可食，亦入藥也。

子　【氣味】苦，大寒，無毒。　【主治】心膈間熱風，心黄，骨蒸寒熱，殺三蟲藏器。炙黄入藥，治熱病，下痰，通經絡，療小兒疳氣李珣。

明·姚可成《食物本草》卷九果部·夷果類　阿勃勒阿勃勒生拂林國。狀似皂莢而圓長，味甘好喫。○李時珍曰：　此即波斯皂莢也。按段成式《酉陽雜俎》云：　波斯皂莢，彼人呼為忽野檐，拂林〔人呼〕為阿梨〔去伐〕。樹長三四丈，圍四五尺。葉似枸櫞〔而〕短小，經寒不凋。不花而實，莢長二尺，中有隔。隔内各有一子，大如指頭，赤色至堅硬，中黑如墨，味甘如飴。　阿勃勒，味甘，寒，無毒。主心膈間熱，骨蒸寒熱，殺三蟲。炙黄入藥，治〔熱病〕，下痰，通經絡，療小兒疳氣。

明·施永圖《本草醫旨·食物類》卷三　阿勃勒生拂林國，狀似皂莢而圓長，味甘好喫，此即波斯皂莢也。　子　味苦，大寒，無毒。治：　心膈間熱風，心黄，骨蒸寒熱，殺三蟲。炙黄入藥，治熱病，下痰，通經絡，療小兒疳氣。　附錄羅望子：　出廣西，殼長數寸，如肥皂及刀豆，色〔正丹〕，煨食甘美。

落花生

明·蘭茂原撰，范洪等抄補《滇南本草圖說》卷六　落花生　味甘，寒，無毒。主治：　補中益氣。多則滯氣。鹽水煮食養肺，炒食動火，小兒多食則生疳疾。採葉，治毒瘡，其效如神。

清·管暄校補《滇南本草》卷上　落花參　味甘，熱，無毒。鹽水煮食，治肺癆。生用，水瀉。炒用，燥火行血。治一切腹内冷積肚疼，服之即效。

枝葉治跌打損傷，敷傷處。小兒不宜多食，生蟲變為疳疾，忌之。

明・盧和、汪穎《食物本草》卷二果類　落花生　藤蔓，莖葉佀匾豆，開花落地，一花就地結一果，大如桃。深秋取食之，味甘美異常，人所珍貴。

明・穆世錫《食物輯要》卷六　落花生　味甘，苦，平，無毒。經霜後煮食，味佳。和脾胃。小兒多食，滯氣難消。

明・應麐《食治廣要》卷三　落花生香芋附。　藤蔓莖葉一似扁豆，花開落地，一花就地結一果，大如桃，深秋取食，味甘美異常，人所珍貴。近時義興人家多蒔之。

又有一種香芋，大者如雞卵，小者如雀卵，外形黃白色，煮食甚香。其藤蔓微似山藥。本草皆失收。惟近時《食物本草》中載之。亦略于性味主治。姑闕之，以俟後之君子。

清・朱本中《飲食須知・果類》　落花生長生果　味甘，微苦，性平。形如香芋。小兒多食，滯氣難消。近出一種落花生，詭名長生果，味辛，苦，甘，性冷。形似豆荚，子如蓮肉，同生黃瓜及鴨蛋食，往往殺人。多食，令精寒陽痿。

清・汪昂《本草備要》卷三　落花生新增。補脾，潤肺。　辛能潤肺，香能舒脾。果中佳品。　出閩廣。藤生，花落地而結實，故名。按：落花生《本草》未收，本無當醫藥之用，然能益脾潤肺，實佳果也。因世人謗之者多，附見于此，明其有益無害也。炒食。同綠豆食，能殺人。

清・李熙和《醫經允中》卷二二　長生果　甘，溫，無毒。花落土中即出，從古無此，近始有之。味甘，氣香，能健脾開胃。

清・李熙和《醫經允中》卷二二　落花生　比土芋甚大。　甘，溫，無毒。辛能潤肺，香能舒脾，菓中佳品。

清・張璐《本經逢原》卷三　長生果一名落花生　甘，溫，無毒。　發明：　長生果產閩地，花落土中即生。從古無此，近始有之。味甘氣香，能健脾胃，飲食難消運者宜之。或云與黃瓜相反，予曾二者並食，未蒙其害，因表出之。

清・吳儀洛《本草從新》卷四　落花生〔潤肺補脾。〕　辛甘而香。潤肺補脾。和平可貴。出閩廣。藤生，花落地而結實，故名。炒用。

清・汪紱《醫林纂要探源》卷二　落花生　甘，辛，溫。一名長生果。細蔓，著沙地，開小花，長蒂垂沙上，結荚則鑽入沙中，故名。荚如蘿蔔子狀，中實如豆，皮紅肉黃白，可榨油。和脾醒酒，託痘毒。生食潤肺，炒食則惹欬。或云有利無害，不然也。忌黃瓜。

題清・徐大椿《藥性切用》卷六　落花生　辛甘氣香，醒脾（濕）〔潤〕肺。俗名長生果，果中佳品。炒熟用。腸滑者非宜。

清・黃宮繡《本草求真》卷九　花生舒脾潤肺。　花生耑入脾肺。味甘而辛，體潤氣香，性平無毒。按書言此香可舒脾，辛可潤肺，菓中佳品，誠佳品也。然云炒食無害，論亦未周，蓋此氣味雖純，既不等於胡桃肉之熱，復不類烏芋菱角之涼。食則清香可愛，適口助茗，最為得宜。第此體潤質滑，施於體燥堅實則可，施於體寒濕滯，中氣不運，恣啖不休，保無害脾滑腸之弊乎？仍當從其體氣以為辨別，則得之矣。

清・李文培《食物小錄》卷上　落花生　甘，平，微辛，無毒。炒食香溫，潤肺舒脾。多食生痰。

清・趙學敏《本草綱目拾遺》卷七果部上　落花生油　一名長生果。《福清縣志》：出外國，昔年無之，蔓生園中，花謝時，其中心有絲垂入地結實，故名。一房可二三粒，炒食味甚香美。康熙初年，僧應元往扶桑覓種寄回，亦可壓油。今閩省產者出興化為第一，名黃土，味甜而粒滿；出臺灣名白土，味澀而粒細，其油煎之不熟，食之令人瀉，一名土豆。《彙書》：近時有一種名落生花者，莖葉俱類荳，其花亦似荳花而色黃，枝上不結實，其花落地即結實於泥土中，亦奇物也。實亦似豆荚而稍堅硬，炒熟食之，作松子之味，此種皆自閩中來。《物理小識》：番豆名落花生、土露子，二三月種之，一畦不過數子。行枝如蕹菜虎耳藤，横枝取土壓之，藤上開花，絲落土成實，冬後掘土取之。殼有紋豆，黃白色，炒熟甘香似松子味。又云，番豆花透空入土結豆，當通潤臟腑。《酉陽雜俎》：又有一種形如香芋，蔓生，藝者架小棚使蔓之，花開亦落土，結子如香芋，亦名花生。《花鏡》：落花生一名香芋。引藤蔓而生，葉椏開小白花，花落於地，根即生實，連絲牽引，土中纍纍不斷，冬盡掘取煮食，香甜可口，南浙多產之。萬曆《仙居縣志》：落花生原出福建，近得其種植之。《嶺南隨筆》：花與葉不相見，為換錦花；荚與蒂不相見，為落花生。種法：以沙壓横枝則蔓生，花不生荚，其荚別在根莖間，亦稱落花生。《逢原》云：長生果產閩地，花落土中即生，從古無此，近始有之。味甘氣香，能健脾胃，飲食難消運者宜之。或云，與黄瓜相反，予曾二者並食，未蒙其害，因表出之。花生殼，韓柳生云，焙研極細末，著人身體，沾肉即生奇癢。

敏按：劉啟堂《經驗秘方》：長生果一名落花生，又名落地生，不可與黄熟瓜同喫，喫則立死。黄熟瓜即香瓜，非長而白色可以醃喫之黄瓜也，始知俗傳之誤。

雨蓑翁《食物便覽》：香芋一名落花生，久服多男。多食治翻胃。然其性能動火生痰，常人只宜少喫。《從新》云：辛甘而香，潤肺補脾，和平可貴。《食物宜忌》云：性平，味甘，舒脾。《廣志》云：暖胃。《藥性考》云：生研用，下痰；炒熟用，開胃醒脾滑腸。乾嗽者宜餐，滋燥潤火。

按：落花生，乃花謝落土，感土氣而成實，故有入脾和胃之功，又能通肺氣。曾見興化令王翁一子，酷嗜此物，後患軟癱，豈非動火生痰之明驗歟。近見人以花生入糖湯煮，浸醬油入素供，更為生痰，老人尤不宜多食。

俞友梁有烏鬚簡便方，止用落花生淨肉，炒極焦黑，研極細，撚鬚，一二日後，色黑如漆。四日兩頭瘧，即三陰瘧。安定臣云：昔曾患此，諸方莫療，有人教服炒熟花生，每日食一二兩，不半月而愈。玉神庵尼清慧言：花生，人云服之生痰，有一大家婦咳嗽痰多，醫束手不治，庵尼云上勸服花生，每日食二三兩，漸覺稀少，不半年，服花生二十餘斤，咳嗽與痰喘皆除，想亦從治之法也。童鹿葊言，花生本有滌痰之功，予家凡患咳嗽，止用生花生去殼膜，取淨肉沖湯服，咳嗽自安，豈非化痰之功，善於瓜蔞、貝母。世俗以火炒食，反能生痰。又凡被馬踢傷者，忌服花生，服之瘡愈增痛。

花生油　一名果油，色白，甘平氣腥，滑腸下積，膩膈生痰。

清・章穆《調疾飲食辯》卷四　落花生　此物不知始出何地，自古本草皆不載，近種者甚多，炒食甘香可口，又可榨油。惟其多油，故能潤燥，治乾欬無痰，與松子相近。而炒食則發癰膿，其害與炒豆亦相去不遠。凡瘡瘍、麻、痘，雖已全愈，未滿百日猶不宜食。又不宜與胡瓜同食。汪訒庵收入《本草備要》，甚言其功，未免過譽。又云開胃進食，更屬非是。有油之物皆敗脾胃也，所以食多令人口不知味。種法：二月下種，自四月至八九月，葉間接續開細黄花，跗長寸許，柔弱如絲。花落後，節間另出一小莖如棘刺，鑽入土中生子。有一節二節者，有三四節者。或離土遠，或遇天旱土乾，其刺不能入土，即不能結子。非花已落地，猶能不假母氣而生子也。然則落花生之名，蓋誤呼矣。

清・翁藻《醫鈔類編》卷二四　落花生　味甘而辛，體潤氣香。書言香可舒脾，辛可潤肺。食則清香可愛，適口助茗，最為得宜。但體潤質滑，施於燥寔之人則可，若體寒濕滯，中氣不運，多食亦有滑腸之弊。藤生，落花於土中而結寔，故名。炒食佳。

清・葉桂《本草再新》卷五　落花生味甘、辛，性平，無毒。入脾、肺二經。潤肺補脾。

清・吴其濬《植物名實圖考》卷三一　落花生　詳《本草從新》，處處沙地種之。《南城縣志》：俗呼番豆，又曰及地果。《贛州志》：落花生一名長生菓。花落時根下結實如豆，性與王瓜相反，不可同食。

清・趙其光《本草求原》卷一二果部　落花生即長生果。甘，溫而香，無毒。健脾胃，消食。或云反黄瓜者，非也。

清・文晟《新編六書》卷六《藥性摘錄》　花生　甘辛，體潤。舒脾潤肺。惟體寒濕滯，中氣不運者，勿多食。

清・王孟英《隨息居飲食譜・果食類》　落花生一名長生果。煑食甘平，潤肺，解毒化痰。炒食甘溫，養胃調氣，耐飢。入饌頗佳，榨油甚劣。以肥白香甘者良。有火者但宜煑食。

清・田綿淮《本草省常・果性類》　落花生　一名長生果。炒，性溫，健脾燥濕。煑，性平，和中潤肺。生食不宜人。入甜醬漬之，則佳。

清・陳其瑞《本草撮要》卷三　落花生　味辛甘香，入手太陰經，功專潤肺補脾，和平可貴，多食生痰。

齊墩果

唐・段成式《酉陽雜俎・前集》卷一八　阿勃參　出拂林國，長一丈餘，皮青白色，葉細，兩兩相對，花似蔓菁，正黄，子似胡椒，赤色。斫其枝，汁如油，以塗疥癬，無不瘥者。其油極貴，價重於金。

明・李時珍《本草綱目》卷三一果部・夷果類　齊墩果《酉陽雜俎》云：齊墩樹生波斯及拂林國。高二三丈，皮青白，花似柚極香。子似楊桃，五月熟，西域人壓爲油以煎餅果，如中國之用巨勝也。

清・趙學敏《本草綱目拾遺》卷四草部中　阿勃參　《程賦統會》云：

產拂秫國。《華夷花木考》：阿勃參出拂秫國，長一丈餘，皮色青白，葉細，兩兩相對，花似蔓菁，正黃。子似胡椒，赤色，斫其枝，汁如油，其油極貴，價重千金。　油塗疥癬即愈。

德慶果

明・李時珍《本草綱目》卷三一果部・夷果類　德慶果《一統志》云：廣之德慶州出之。其樹冬榮，子大如盃，炙而食之，味如猪肉也。

清・田綿淮《本草省常・果性類》　德慶果　性平。安神，養血益氣，生肌。久食令人輕健。

摩廚子

宋・唐慎微《證類本草》卷二三果部下品〔唐・陳藏器《本草拾遺》〕　摩廚子　味甘，香，平，無毒。主益氣，潤五藏，久服令人肥健。生西域及南海。子如瓜，可爲茹。《異物志》云：木有摩廚，生自斯調。厥汁肥潤，其澤如膏。馨香穓射，可以煎熬。彼州之人，仰以爲儲。斯調，國名也。

〔宋・唐慎微《證類本草》〕《海藥》云：謹按《異物志》云：生西域。二月開花，四月，五月結實如瓜許。益氣安神，養血生肌。久服健人也。

明・李時珍《本草綱目》卷三一果部・夷果類　摩廚子《拾遺》

【集解】藏器曰：摩廚子生西域及南海并斯調國。子如瓜，可爲茹。其汁香美，如中國用油。陳祈暢《異物志》贊云：木有摩廚，生自斯調。厥汁肥潤，其澤如膏。馨香馥郁，可以煎熬。彼州之人，以爲嘉肴。珣曰：摩廚二月開花，四五月結實，如瓜狀。時珍曰：又有齊墩果、德慶果，亦其類也，今附于下。

實【氣味】甘，香，平，無毒。【主治】益氣，潤五臟。久服令人肥健藏器。安神養血生肌，久服輕健李珣。

明・施永圖《本草醫旨・食物類》卷三　摩廚子生西域及南海。　實　味甘，香，平，無毒。治：益氣，潤五臟，久服令人肥健，安神養血，生肌，久服輕健。　附録　齊墩果　生波斯西域。人壓為油，以煎餅果。　德慶果　炙而食之，味如猪肉也。

櫓罟子

明・李時珍《本草綱目》卷三三果部・附録　櫓罟子又曰：《桂海志》云：大如半升盌，數十房攢聚成毬，每房有縫。冬生青，至夏紅。破其瓣食之，微甘。出廣西。

明・佚名氏《醫方藥性・草藥便覽》　鹿獨草　其性熱。退虛腫，發汗。

明・姚可成《食物本草》卷九果部・異果類　櫓罟子《桂海志》云：大如半升盌，數十房攢聚成毬，每房有（絳）〔縫〕。冬生青，至夏紅破，味甘。出廣西。　櫓罟子，味甘。主補脾胃，固元氣，制伏亢陽，扶持衰土，清神益血，寬痞消痰，能消酒毒，止酒後發渴，利頭目，開心益智。

附方：治婦人不孕。用櫓罟子入好酒內浸三日，日日飲之。百日後當懷胎。　治目生障翳，漸漸昏暗，視物不明。用櫓罟子浸白蜜內，每日連蜜啖一顆，一月即退。

清・趙學敏《本草綱目拾遺》卷八果部下　櫓罟子　《桂陽虞衡志》：出廣西，大如半升盌，數十房攢聚成毬，每房有縫，冬生青，至夏紅熟。味甘，補脾胃，固元氣，制伏亢陽，扶持衰土，壯精神，益血，寬痞消痰，解酒毒，止酒後發渴，利頭目，開心益志。婦人不孕，用櫓罟子浸好酒內三日，日日飲之，百日有孕。又目生翳障，漸漸昏暗，視物不明，櫓罟子浸白蜜內，每日連蜜啖一枚，一月即退。

海梧子

晉・嵇含《南方草木狀》卷下果類　海梧子　樹似梧桐，色白，葉似青桐，有子如大栗，肥甘可食。出林邑。

明・李時珍《本草綱目》卷三三果部・附録　羅晃子又曰：《桂海志》云：狀如橄欖，其皮七重。出廣西。顧玠《海槎録》云：横州出九層皮果，至九層方見肉也。夏熟，味如栗。

明・李時珍《本草綱目》卷三三果部　海梧子又曰：嵇含《南方草木狀》云：出林邑。樹似梧桐，色白。葉似青桐。其子如大栗，肥甘可食。

明・姚可成《食物本草》卷九果部・異果類　九層皮果出横州。其味如栗，〔夏〕月熟，人啖之，剥皮九層，方見肉也。　九層皮果，味甘。治小兒初生無皮，燒灰傅之。

海梧子嵇含《草木狀》云：出林邑。樹似梧桐，色白。葉似青桐。其子如大栗，肥甘可食。　海梧子，味甘，平，無毒。肥美適口，利大小腸，益志慧，開心，明耳目。

附方：治心下怔忡，夜多惡夢，易于忘失。每日空心食海梧子十數枚，月餘自愈。　治疝氣，囊大如斗。用海梧子七个燒灰，服之效。

羅晃子《桂海志》云：狀如橄欖，其皮七重。出廣西。《海槎錄》云：横州出九層皮果。至九層方見肉也。夏熟，味如栗。　羅晃子，味甘，溫。治臟腑生蟲及小兒食泥土腹痛，癖塊〔結〕硬。養肝胆，明目去瞖，止欬退熱，解利風邪，消煩降火。

附方：　治翻胃吐食，食下即出，或朝食暮吐，暮食朝吐。用羅晃子七枚煅存性，每日酒調下方寸匕，服完為度。　治腹中蚘蟲上攻，心下大痛欲死，面有白斑。用羅晃子、牽牛子各七枚，水煎服，蟲自下。　治疝痛極凶者。用羅晃子七个，酒煎服，大效。

清・何諫《生草藥性備要》卷下　潘安果　味甘，性平。治小兒生天婆究，存性，開油搽。消熱氣，煲肉食。一名鳳眼果。有一種服的，殼更紅，子幼，肉腥悶。

清・趙學敏《本草綱目拾遺》卷八果部下　海梧子　出林邑，樹似梧桐，色白，葉似青桐，子如栗，肥甘可食。　《南方草木狀》：占城即林邑，產海梧子，與中國松子同，但結實肥大，形如小栗，三角肥甘，樽俎間佳果也。

味平無毒，利大腸、小腸，益智慧，開心胸，明耳目。　心下怔忡，夜多惡夢，健忘，每日空心食海梧子十數枚，月餘自愈。　疝氣囊大如斗，海梧子七個，燒灰服之，即愈。

清・趙學敏《本草綱目拾遺》卷八果部下　羅晃子　出廣西，夏熟，味如栗，狀如橄欖，其皮七層，出橫州者皮九層，剝至九層方見肉，故又名九層皮果。　《思恩府志》：羅晃子，俗名九層皮，形類蠶豆，可茹，味如煨栗，外有黑殼，連肉有皮九層，故名。產於山樹中。

味甘性溫，治臟腑生蟲，及小兒食泥土腹痛，癖痞積硬。

養肝膽，明目去翳，止渴退熱，解利風邪，消煩降火。　翻胃吐食，或食下即吐，或朝食暮吐、暮食朝吐，用羅晃子七枚，煅存性，每日酒調下方寸匕，服完為度，即愈。　腹中蚘蟲上攻，心下痛欲死，面有白斑，用羅晃子、牽牛子各七枚，水煎服，蟲自下。

清・吳其濬《植物名實圖考》卷三一　蘋婆　詳《嶺外代答》，如皂莢子皮黑肉白，味如栗，俗呼鳳眼果。

清・趙其光《本草求原》卷一二果部　貧婆果　甘，溫。治小兒顛婆疢。煎肉食，並存性，開油搽。　解熱毒。又一種子小的，殼更鮮紅，亦可搽顛婆疢。但味腥悶，不堪服食。大者，益心和脾，煮食。生食止渴、生津。泄瀉者忌。

清・文晟《新編六書》卷六《藥性摘錄》　頻婆子　甘，平。煮食益心脾，生津止渴。瀉者忌之。

馬檳榔

明・劉文泰《本草品彙精要》卷三四　馬檳榔無毒　植生。

馬檳榔：　主催生，若難產臨死者，用仁細嚼，井花水送下，須臾立出。或產母兩手各握二枚，而惡水自下。名醫所錄。　〔苗〕樹高一二丈，葉似楝葉，兩兩相對，三月藥生枝端，開淡紅白花，五出。隨結實，如連皮核桃，而有三五稜瓣，至秋漸大如梨，熟則皮黑。析之每瓣有子三四枚，如龍眼核，其仁甘美，故北人當果食之。　〔地〕生北地。〔道地〕雲南。　〔時〕生：春生葉。採：八月、九月取實。　〔收〕暴乾。　〔用〕實。　〔質〕狀如梨而有稜。　〔色〕皮黑，仁白。　〔味〕苦，甘。　〔性〕寒，洩。　〔氣〕氣薄味厚，陰中之陽。　〔臭〕香。　〔製〕去皮殼，取仁用。　〔治〕療：《別錄》云：生產繁者，用二枚細嚼，以井花水吞下，其水味甜如蜜，久服則子宮冷，自然絕矣。常食之，亦不傷人。

明・俞弁《續醫說》卷一〇　馬檳榔　出自雲南元江軍民府。形如松子，一名馬金囊，又名馬金南。味如白荳蔻，嚼之多飲冷水則無傷，蓋熱物（色）也。按丹溪《本草》云：治妊婦產難，將坐蓐時以此藥去殼，新汲水下二枚，須臾兒生下，兩手各握一粒而出。余嘗考《雲南志》云：馬檳榔，下宿水，得解諸毒。細嚼，可以塗惡瘡。但油者不堪用，肥白者為佳。

明・李時珍《本草綱目》卷三一果部・夷果類　馬檳榔《會編》

〔釋名〕馬金囊《雲南志》　馬金南《記事珠》　紫檳榔《綱目》　〔集解〕時珍曰：馬檳榔生滇南金齒、沅江諸夷地，蔓生。結實大如葡萄，紫色味甘。內有核，頗似大楓子而殼稍薄，團長斜扁不等。核內有仁，亦甜。

實　〔氣味〕甘，寒，無毒。

核仁　〔氣味〕苦，甘，寒，無毒。機曰：凡嚼之者，以冷水一口送下，其甜如蜜，亦不傷人也。

〔主治〕產難，臨時細嚼數枚，井華水送下，須臾立產。再以四枚去殼，兩手各握二枚，惡水自下也。欲斷產者，常嚼二枚，水下。久則子宮冷，自不孕矣汪機。傷寒熱病，食數枚，冷水下。又治惡瘡腫毒，內食一枚，冷水下；外嚼塗之，即無所傷時珍。

明・穆世錫《食物輯要》卷六　馬檳榔　味澀、甘，性微寒，無毒。生津止渴，下氣消痰。細嚼，以冷水嚥下，甘如蜜。孕婦臨產嚼數枚，熟水下，易產。產後忌食，冷子宮也。

明・倪朱謨《本草彙言》卷一五　馬檳榔　味甘，氣平，無毒。　李氏曰：馬檳榔，又名馬金囊。生滇南金齒、沅江諸夷地。蔓生結實，大如葡萄，色紫味甘，内有核，頗似大楓子而殼稍薄，圓長、斜扁不等。核内有仁，味亦甘。夏月嚼化過凉水，味甘如蜜，解暑渴，不傷元氣。

馬檳榔：汪機凉血熱，降火鬱之藥也。鍾春吾曰：按汪氏方治産難，臨時以馬檳榔數枚，細嚼化，白湯送下，須臾立産。産後再嚼數枚，溫酒送下，惡水瘀穢亦自行也。又李氏方治惡瘡腫毒，頻食數枚，白湯送下，立時熱散毒解。

明・應廖《食治廣要》卷四　馬檳榔　氣味：甘，寒，無毒。

核仁　苦，甘，寒，無毒。臨産細嚼數枚，井花水下，須臾立産。再以四枚去殼，兩手各握二枚，惡水立下。欲斷産者，常嚼二枚，水下，久則子宮冷而自不孕矣。傷寒熱病，惡瘡腫毒，内食外嚼塗之，亦佳。

清・丁其譽《壽世秘典》卷三　馬金囊一名馬檳榔，生滇南諸地，蔓生。結實大如葡萄，紫色味甘，内有核，頗似大楓子而殼稍薄，團長斜扁不等。核内有仁，亦甜。　氣味：苦、甘，寒，無毒。治傷寒熱病，食數枚，冷水下。惡瘡腫毒，内食一枚，冷水下。外嚼塗之，即無所傷。

發明汪機曰：凡嚼之者，以冷水一口送下，其甜如蜜，亦不傷人也。産難，臨時細嚼數枚，井華水送下，須臾，立産。再以四枚去殼，兩手各握二枚，惡水自下也。欲斷産者，常嚼二枚水下，久則子宮冷，自不孕矣。

清・朱本中《飲食須知・果類》　馬檳榔　味甘、苦，性大寒。又名馬金囊。産婦忌食。女人多食，令子宮冷，絶孕。

清・何其言《養生食鑒》卷上　馬檳榔　味澁、甘，性寒，無毒。生津止渴，下氣消痰，細嚼以冷水嚥下，甘如蜜。治熱病最效。一切惡瘡腫毒，内食一枚，冷水送下，外嚼塗之，即無所傷。産難，嚼數枚，熟水送吞，立下。女人忌食，能令子宮冷而不孕。

清・张璐《本經逢原》卷三　馬檳榔　苦、甘，寒，無毒。　發明：馬檳榔生滇南夷地，不入湯藥。熱病食數枚，冷水下之。腫毒惡瘡，嚼一枚并塗腫處。産難臨時細嚼數枚，井花水送下，須臾立産。再以四枚去殼，兩手各握二枚，惡水自下。欲斷産，常嚼二枚，久則子宮冷，自不孕矣。

枳椇

宋・唐慎微《證類本草》卷一二木部上品〔唐・陳藏器《本草拾遺》〕　木蜜　味甘，平，無毒。止渴除煩，潤五藏，利大小便，去膈上熱。功用如蜜。樹生。南方枝、葉俱可噉。亦煎食如飴，今人呼白石木蜜。子名枳椇，味甜。《本經》云：木蜜，非此，中汁如蜜也。崔豹《古今注》云：木蜜生南方，合體甜軟可噉，味如蜜，老枝煎取倍甜，止渴也。

宋・唐慎微《證類本草》卷一四木部下品〔唐・蘇敬《唐本草》〕　枳音止椇音矩　味甘，平，無毒。主頭風，小腹拘急。一名木蜜。其木皮，溫，無毒。主五痔，和五藏。以木爲屋，屋中酒則味薄，此亦奇物。

〔唐・蘇敬《唐本草》〕注云：其樹徑尺，木名白石，葉如桑柘。其子作房似珊瑚，核在其端，人皆食之。《唐本》先附。

〔宋・掌禹錫《嘉祐本草》〕按：《蜀本》云：字或單作枸音矩。云木名，出蜀，近酒能薄酒味，江南人呼謂之木蜜也。

〔宋・唐慎微《證類本草》〕《圖經》：文具接骨木條下。

《食療》云：多食發蛔蟲。昔有南人修舍用此，悮有一片落在酒甕中，其酒化爲水味。

《荆楚歲時記》云：《詩》有椇羞。《廣雅》枳椇實如珊瑚，十一月採，是白石木子，山中多有之。鹽荷裹一冬儲備，又以辟蟲毒。

宋・李昉《太平御覽》卷九七四　枳椇　《廣志》曰：枳椇，葉似柳，子似珊瑚，其味如蜜，十一月熟。樹乾者益美。出南方。大如指頭。　崔豹《古今注》曰：枳椇子，一名樹蜜，一名木餳，實形拳曲，核在實外，味甜美如餳蜜。一名白石，一名木石，一名枳椇也。

宋・鄭樵《通志》卷七六《昆蟲草木略》　枳椇　曰木蜜。蜀人謂之枸。《小雅》南山有枸是也。陸璣云：似白楊，其子大如指，長數寸，噉之如飴，故曰木蜜。

宋・陳衍《寶慶本草折衷》卷一四　枳音止。椇音矩。　一名枸，一名木蜜，一名白石木子。○又云：一名枝枸。○其木一名白石。○枸，音矩。出蜀山中，及江南。○又云：所在皆有。○十一月採。○又云：八、九月熟。

味甘，平，無毒。○主頭風，小腹拘急。○《圖經》曰：子作房，似珊瑚，核在其端，甘美如飴。分接骨木條。○《食療》云：多食發蛔蟲。其木最奪酒味。

元·吴瑞《日用本草》卷六 枳椇 名枝枸子，語訛為雞枸子，又名木蜜。 味甘，平，無毒。 以木造屋，屋中之酒則味淡薄。 主五痔，和五臟，頭風，小腹拘急，醒酒。

明·朱橚《救荒本草》卷下之前 拐棗上古買切 生密縣梁家衝山谷中。葉似楮葉而無花叉，却更尖䩍，面多紋脉，邊有細鋸齒，開淡黃花，結實狀似生薑拐叉而細短，深茶褐色，故名拐棗。味甜。 救飢： 摘取拐棗成熟者食之。

明·蘭茂原撰，范洪等抄補《滇南本草圖説》卷九 拐棗 味甘，平，無毒。主治： 補中益氣，痰火閉結於胸中，或酒毒結痛，用此可解。治遠年近日痰火，濕氣流痰，泡酒常服，自可痊愈。小兒名疳疾者，可常常食之。

明·蘭茂撰，清·管暄校補《滇南本草》卷上 拐棗 味甘，微溫，無毒。一名天籐，一名還陽籐。治一切左癱右瘓，風濕麻木，能解酒毒。或泡酒服之，亦能舒筋絡。久服輕身延年。小兒服之化蟲養脾，其效如神。俗人不以此棗為然，而又不知用處。

明·劉文泰《本草品彙精要》卷二〇 枳椇無毒 植生。

枳音止椇音矩： 主頭風，小腹拘急。其木皮溫，無毒。主五痔，和五臟。名醫所錄。 【名】實： 木蜜。木： 白石。 【苗】《圖經》曰： 木大徑尺，葉如桑柘葉。其子作房似珊瑚，核在其端，人多食之。即《詩·小雅》所謂南山有枸是也。 陸璣云： 枸，枝枸也，木似白楊。枝枸不直，其實八九月熟，啖之甘美如飴，謂之木蜜。本從南方來，其木能敗酒。若以木爲屋，屋中酒則味薄，此亦奇物也。 【地】《圖經》曰： 生江南，所在山中皆有之。【時】生： 春生葉。採： 八九月取實，不拘時取皮。 【收】蘆荷裹一冬儲備。 【用】實。 【質】類珊瑚子。 【色】紅。 【味】甘。 【性】平，緩。 【氣】氣之薄者，陽中之陰。 【臭】朽。 【製】搗碎用。 【忌】多食，發蛔蟲。

明·盧和、汪穎《食物本草》卷二 金鷄爪 味甘，平，無毒。 主五痔頭風，小腹拘急，和五臟，醒酒。 其木造屋，則屋中酒味皆淡。

明·俞弁《續醫説》卷一〇 雞矩子 《丹溪藥按或問》一書，門人趙良仁編集。余見其發熱論中，用雞矩子治中酒人發熱初不解。雞矩子為何物？《蘇沈良方》云： 雞矩子，俗謂之癩漢指頭，嚼之如牛乳。亦欠明白。後閱僧贊寧《物類相感志》云： 枳枸一名枝枸子，俗訛為雞矩子。又名木蜜，味甘，平，無毒。樹形似白楊，其子着枝端如小指，長數寸，屈曲相連，啖之如餳美，八、九月熟。以此木作屋柱，令一室之酒味皆淡薄。其功能解酒毒，療消渴之聖藥。古人單方治酒積甚良。江南謂之白石樹。《詩》所謂南山有枸是也。

明·王文潔《太乙仙製本草藥性大全》卷三《本草精義》 枳椇 一名木蜜，其木至尺，木名白石。葉如桑柘，其子作房似珊瑚，核在其端，人多食之。即《詩》所謂南山有枸是也。陸璣云枸枝，枸也。木似白楊，所在山中皆有，枝枸不直，啾之甘美如飴。八九月熟，謂之木蜜。

明·王文潔《太乙仙製本草藥性大全》卷三《仙製藥性》 枳椇 味甘，氣平，無毒。 主治： 主頭風疼痛，治小腹拘急。皮，氣溫，無毒，主五痔如神，和五臟大效。以木爲屋，屋中酒則味薄，此亦奇方。木從南方來。《食療》云： 此木若多食即發蛔蟲。昔有南人修舍用此木，悮有一片落在甕中，其酒化爲水味。

明·李時珍《本草綱目》卷三一果部·夷果類 枳椇音止距。《唐本草》。

校正自木部移入此，併入《拾遺》木蜜。

【釋名】蜜樍櫛音止距。 蜜屈律《廣記》 木蜜《拾遺》 木餳同上 木珊瑚《廣志》 鷄距子蘇文 鷄爪子俗名 木名白石木《唐註》 金鈎木地志 枅栱音鷄拱。 交加枝時珍曰： 枳椇，徐鍇註《説文》作樍櫛，又作枳枸，皆屈曲不伸之意。此樹多枝而曲，其子亦卷曲，故以名之。曰蜜、曰餳，因其味也。曰珊瑚、曰鷄距、曰鷄爪，象其形也。曰交加、曰枅栱，言其實之紐屈也。枅栱，枋梁之名。按《雷公炮炙》序云： 弊箄淡鹵，如酒霑交。註云： 交加枝，即蜜樍櫛也。又《詩話》云： 子生枝端，横折歧出，狀若枅栱，故土人謂之枅栱也。珍謂枅栱及俗稱鷄距，蜀人之稱桔枸、棘枸，滇人之稱鷄橘子，巴人之稱金鈎，廣人之稱結留子，散見書記者，皆枳椇、鷄距之字，方音轉異爾。俗又訛鷄爪爲曹公爪，或謂之梨棗樹，或謂之癩漢指頭，崔豹《古今注》一名樹蜜，一名木石，皆一物也。 【集解】恭曰： 枳椇子其樹徑尺，木名白石，葉如桑柘。其子作房似珊瑚，核在其端，人皆食之。頌曰： 此《詩·小雅》所謂南山有枸也。陸璣《疏義》云： 樍枸樹高大如白楊，所在皆有，枝柯不直。子着枝端，啾之甘美如飴，八九月熟，江南特美之，謂之木蜜。能敗酒味，若以其木爲柱，則屋中之酒皆薄也。詵曰： 昔有南人脩舍用此木，誤落一片入酒甕中，酒化爲水也。藏器曰： 木蜜樹生南方，人呼白石木，枝葉俱甜。嫩葉可生啾，味如蜜。老枝細破，煎汁成蜜，倍甜，止渴解煩也。時珍曰：枳椇木高三四丈，葉圓大如桑柘，夏月開花。枝頭結實，如雞爪形，長寸許，紐曲，開作二三歧，儼若雞之足距。嫩時青色，經霜乃黄。嚼之味甘如蜜。每開歧盡處，結一二小子，狀如蔓荆子，内有扁核赤色，如酸棗仁形。飛鳥喜巢其上，故宋玉賦云：枳枸來巢。《曲禮》云：婦人之贄，椇、榛、脯脩。即此也。鹽藏荷裹，可以備冬儲。

實　【氣味】甘，平，無毒。詵曰：多食發蚘蟲。　【主治】頭風，小腹拘急《唐本》。止渴除煩，去膈上熱，潤五臟，利大小便，功用同蜂蜜。枝、葉煎膏亦同藏器。止嘔逆，解酒毒，辟蟲毒時珍。

【發明】震亨曰：一男子年三十餘，因飲酒發熱，又兼房勞虚乏。乃服補氣血之藥，加葛根以解酒毒。微汗出，人反懈怠，熱如故。此乃氣血虚，不禁葛根之散也。必須雞距子解其毒，遂煎藥中加而服之，乃愈。時珍曰：枳椇，《本草》止言木能敗酒，而丹溪朱氏治酒病往往用其實，其功當亦同也。按《蘇東坡集》云：眉山揭穎臣病消渴，日飲水數斗，飯亦倍常，小便頻數。服消渴藥逾年，疾日甚。自度必死。予令延蜀醫張肱診之。笑曰：君幾誤死。乃取麝香當門子以酒濡濕，作十許丸，用棘枸子煎湯吞之，遂愈。問其故，肱曰：消渴消中皆脾弱腎敗，土不制水而成疾。今穎臣脾脉極熱而腎氣不衰，當由果實、酒物過度，積熱在脾，所以食多而飲水。水飲既多，溺不得不多，非消非渴也。麝香能制酒果花木。棘枸亦勝酒，屋外有此木，屋内醲酒多不佳。故以此二物爲藥，以去其酒果之毒也。棘枸實如雞距，故俗謂之雞距，亦曰癩漢指頭。食之如牛乳，《本草》名枳椇，小兒喜食之。吁！古人重格物，若肱蓋得此理矣，醫云乎哉。

木汁　【氣味】同枳椇。

【附方】新一。　腋下狐氣：用桔枸樹鑿孔，取汁一二碗，用青木香、東桃、西柳、七姓婦人乳，一處煎一二沸。就熱，於五月五日雞叫時洗了，將水放在十字路口，速回勿顧，即愈。只是他人先遇者，必帶去也。桔枸樹即梨棗樹也。胡濙《衛生易簡方》。

木皮　【氣味】甘，温，無毒。　【主治】五痔，和五臟《唐本》。

明·趙南星《上醫本草》卷二　枳椇音止矩　蜜橨檄音止矩，蜜屈律，一名木蜜，又名雞距子。頌曰：此《詩·小雅》所謂南山有枸也。陸璣《疏義》云：橨枸樹高大如白楊，所在皆有，枝柯不直，子著枝端，噉之，甘美如飴。八九月熟，江南特美之，謂之木蜜。能敗酒味，若以其木為柱，則屋中之酒皆腐也。震亨曰：一男子年三十餘，因飲酒發熱，又兼房勞虚乏，乃服補氣血之藥，加葛根以解酒毒，微汗出，人反懈怠，熱如故，此乃氣血虚，不禁葛根之散也。必須雞距子解其毒，遂煎藥中加而服之，乃愈。　實　甘，平，無毒，詵曰：多食發蚘蟲。

明·倪朱謨《本草彙言》卷一五　枳椇子　味甘，氣平，無毒。沈氏曰：枳椇，謂之木蜜，以其子甘美如蜜也。《小雅》所謂南山有枸，楚人稱雞距，巴人稱金鈎，蜀人稱棘枸，滇人稱雞橘子，廣人稱結留子，皆指枳椇也。李氏曰：木高三四丈，葉圓大如桑、柘。夏月開花，枝頭結實，如雞爪形，長寸許，紐曲，開作二三歧，儼若雞之足距。嫩時青色，經霜乃黄，嚼之味甘如蜜。每開歧盡處，結一二小子，狀如蔓荆子，内有扁核，赤色如酸棗仁形。飛鳥喜巢其上，故宋玉賦云：枳枸來巢。《曲禮》云婦人之贄，椇榛脯修，即此也。鹽藏可以備冬儲。

枳椇子：李時珍解酒毒，辟蟲積之藥也。張侍峰曰：按《東坡集》云：眉山揭穎臣病消渴，日飲水數斗，飯亦倍常，小便頻數，服消渴藥逾年，疾日甚，自度必死。予延蜀醫張肱診之，肱取麝香當門子，以酒濡濕，作十許丸，用棘枸子煎湯吞之，遂愈。問其故，肱曰：消渴消中，屬脾弱腎敗，土不制水而成，今診得穎臣脾脉熱極，腎脉不衰，當由果實酒物過度，積熱在脾，所以倍食而多飲水也。水飲既多，溺不得不多也，非消非渴也。麝香能殺酒果花木，棘枸能散酒氣，故以此二物專去酒果之毒也。吁！古人重格物，肱殆庶幾矣。醫云乎哉！

明·應廖《食治廣要》卷四　枳椇音止矩。一名雞距子，一名木蜜。蜀人稱棘枸，滇人稱雞橘子，巴人稱金鈎，廣人稱結留子，皆是物也。　實：氣味：甘，平，無毒。主頭風，小腹拘急，止渴除煩，去膈上熱，潤五藏，利大小便。陳藏器曰：功用同蜂蜜。枝葉煎膏亦同，能治嘔逆，解酒毒，辟蟲毒。

按枳椇木高三四丈，夏月開花，枝頭結實如雞爪形，長寸許，紐曲，開作二三歧，儼若雞之足距。經霜色黄，味甘如蜜。故曰雞距、木蜜云。丹溪治一人，因飲酒發熱，又兼房勞虚乏，以補氣血藥中加雞距子而愈。又《蘇東坡集》云：眉山揭穎臣病消渴，日飲水數斗，飯亦倍常，小便頻數。服消渴藥逾年不効，自度必死。予令延蜀醫張肱診之。笑曰：君幾誤死。乃取麝香當門子以酒濡濕，作十許丸，用棘枸子煎湯吞之，遂愈。問其故，肱曰：消渴、消中，皆脾弱腎敗，土不制水而致此。今穎臣脾脈極熱而腎氣不衰，當由果食、酒物過度，積熱在脾，所以食多而飲水。水飲既多，溺不得不多，非消非渴也。麝香能制酒果花木，棘枸亦勝酒，屋外有此木，屋内釀酒多不佳。故令以此物為藥，以去其酒果之毒也。格物如肱醫云乎哉。近時嗜酒為病者頗多，以此物能神，故備考諸說焉。

明・姚可成《食物本草》卷九果部・夷果類 枳椇音止矩。一名木蜜，一名雞距子。樹高大如白楊，枝柯不直。子着枝端，啖之甘美如飴，八九月熟，江南特美之，謂之木蜜。能敗酒味，若以其木為柱，則屋中之酒皆薄也。昔有南人脩舍用此木，誤落一片入酒甕中，酒化為水。○陳藏器曰：木蜜樹生南方，人呼白石木，枝、葉俱甜。嫩葉可生啖，味如蜜。老枝細破，煎汁成蜜，倍甜，止渴解煩也。○李時珍曰：枳椇木高三四丈，葉圓大如桑柘，夏月開花。枝頭結實，如雞爪形，長寸許，紐曲，開作二三歧，儼若雞之足距。嫩時青色，經霜乃黃，嚼之味甘如蜜。每開歧盡處，結一二小子，狀如蔓荊子，內有扁核色赤，如酸棗仁。飛鳥喜巢其上，故宋玉賦〔云〕：枳枸來巢。《曲禮》云：婦人之贄，椇、榛、脯脩。即此也。鹽藏荷裹，可以備冬儲。 枳椇，味甘，平，無毒。主頭風，小腹拘急。止渴除煩，去膈上熱，潤五臟，利大小便，解酒毒，止嘔逆，辟蟲毒。丹溪曰：一男子年三十餘，因飲酒發熱，又兼房勞虛乏。乃服補氣血之藥，加葛根以解酒毒。微汗出，人反懈怠，熱如故。此乃氣血虛，不禁葛根之散也。必須雞距子解其毒，遂煎藥中加而用之，乃愈。○東坡《眉山集》云：揭穎臣病消渴，日飲水數斗，飯亦倍常，小便頻數。服消渴藥逾年，疾日甚，自度必死。予令延蜀醫張肱診之。笑曰：君幾誤死。乃取麝香當門子以酒濡潤，作十許丸，用枳椇子煎湯吞之，遂愈。問其故。肱曰：消渴消中，皆脾弱腎敗，土不制水而成斯疾。今穎臣脾脉極熱而腎氣不衰，當由果實、酒物過度，積熱在脾，所以食多而飲水。水飲既多，溺不得不多，非消非渴也。麝香能制酒果花木；枳椇亦勝酒，屋外有此木，屋內釀酒多不佳。故以此二物為藥，以去其酒果之毒也。

附方：治腋下狐臭。枳椇樹上鑿孔，取汁一二碗，用青木香、東桃、西柳、七姓婦人乳，一處煎一二沸。就熱，於五月五日雞鳴時洗了，將水放在十字路口，速回勿顧，即愈。只是他人先遇者，必纏去也。 治死胎不出。用枳椇樹上葉十四片，水、酒各一盞，煎八分服，效。 治人面目卒得赤黑丹如疥狀，不急治，延及遍身則死。枳椇樹東行根一段，煎汁服，立效。 治鼻孔生瘡。喫木蜜子，極妙。

明・黃承昊《折肱漫録》卷二 立齋治好飲酒而致脾虛濕熱者，用六君子加葛根、神麯、山梔。蓋葛根、葛花能解散酒，神麯能消酒積，山梔能瀉火。然葛根、葛花解肌疎腠理，神麯伐脾敗血，山梔性寒，體弱人亦宜審用。王宇泰先生《準繩》中載有飲酒發熱人，治以補劑加乾葛，猶不禁其散，而極言治酒病者，無如枝矩子之妙。此物一名枳椇，一名木密，俗呼癩漢指頭，北人名曰爛瓜，江南謂之白石樹，杭州貨賣名密屈立，《詩》所謂南山有枸是也。樹形似白楊，其子着枝端，如小指，長數寸，屈曲相連，春生秋熟，經霜後取食如飴美。以此木作屋柱，令一室之酒味皆淡薄。趙以德治酒人發熱，用枝矩子而愈即此也。又曰：此物蘇州亦有，呼為密六曲，徽州最多，呼為金鈎子，九月有之。予留意徧訪，尚未得見也。

明・施永圖《本草醫旨・食物類》卷二 金雞爪 味甘，平，無毒。主：五痔，頭風，小腹拘急，和五臟，醒酒。其木造屋，則屋中酒味皆淡。

明・施永圖《本草醫旨・食物類》卷三 枳椇音止矩。 實 味甘，平，無毒。多食發蚘蟲。治：頭風，小腹拘急，止渴除煩，去膈上熱，潤五臟，利大小便，功用同蜂蜜。枝葉煎膏亦同。止嘔逆，解酒毒，辟蟲毒。一男子年三十餘，因飲酒發熱，又兼房勞虛乏，乃服補氣血之藥，加葛根以解酒毒，微汗出，人反懈怠，熱如故，此乃氣血虛，不禁葛根之散也。必須雞距子解其毒，遂煎藥中加而服之，乃愈。 木皮 味甘，溫，無毒。治：五痔，和五臟。

清・穆石匏《本草洞詮》卷六 枳椇 謂之木蜜，以子甘美如蜜也。《小雅》所謂南山有枸。楚人稱雞距，巴人稱金鉤，蜀人稱桔枸、棘枸，滇人稱雞橘子，廣人稱結留子，皆枳椇也。實氣味甘平，無毒。主止渴除煩，去膈上熱，利大小腸，解酒毒。枝葉煎膏亦同。昔有人修舍，落枳椇木一片入酒甕中，酒化為水。則其解酒可知。丹溪云：一人因飲酒發熱，兼房勞虛乏，乃服補氣血之藥，加葛根以解酒，微汗出，人反懈怠，熱如故。乃氣血虛，不禁葛根之散也。於煎藥中加枳椇子，服之而愈。《東坡集》云：揭穎臣病消渴，日飲水數斗，飯亦倍進，小便頻數，服消渴藥日甚。張肱取麝香當門子以酒濡濕，作十許丸，用棘枸子煎湯吞之，遂愈。問其故，肱曰：消渴消中，皆脾弱腎敗，土不制水而成。今穎臣脾脉極熱，腎脉不衰，當由果寔酒物過度，積熱在脾，所以食多而飲水，水飲既多，溺不得不多，非消非渴也。麝香能制酒果花木，屋外有棘枸樹，屋內釀酒不熟，故以此二物，去其酒果之毒也。吁！古人重格物，肱殆庶幾矣，醫云乎哉！

清・丁其譽《壽世秘典》卷三 枳椇徐鍇注《說文》作檳榔，又作枳椇，皆屈曲不伸之意。此樹多枝而曲，其子亦卷曲，故以名之。又《詩話》云：子生枝端，橫折歧出狀如雞距，故俗謂之雞距子，或謂之懶漢指頭。李時珍曰：枳椇所在皆有，木高三四丈，葉圓大如桑柘。夏月開花，枝頭結實，如雞爪形，長寸許，紐曲開作二三歧，儼若雞之足距。嫩時青色，經霜乃黄，嚼之味甘如蜜。每開歧盡處，結一二小子，内有扁核，赤色，似酸棗仁形，飛鳥喜巢其上。故《宋玉賦》云：枳枸來巢。《月令廣義》云：樹果構結，狀如珊瑚，其味甜，即雞距子，一名木珊瑚，中州名拐棗，最能醒酒。凡酒肆棟宇，若以其木為柱，則屋中之酒皆薄，併製什物中有此木，造酒必薄。俗又名金鉤木。　氣味：甘，平，無毒。主止渴除煩，去膈上熱，潤五臟，利大小便，功用同蜂蜜。枝葉煎膏亦同《本草拾遺》。止嘔逆，解酒毒，辟蟲毒，多食發蚘蟲。

清・劉雲密《本草述》卷一八　雞距子其樹枳椇，音止矩。　時珍曰：枳椇木高三四丈，葉圓大如桑柘，夏月開花，枝頭結實如雞爪形，長寸許，紐曲，開作二三歧，儼如雞之足距，嫩時青色，經霜乃黄，嚼之味甘如蜜。

實　氣味：甘，平，無毒。　主治：止渴除煩，去膈上熱，潤五臟，利大小便，功用同蜂蜜。枝葉煎膏亦同藏器。止嘔逆，解酒毒，辟蟲毒時珍。

丹溪曰：一男子年三十餘，因飲酒發熱，又兼房勞虚乏，乃服補氣血之藥，加葛根以解酒毒，微汗出，人反懈怠，熱如故。此乃氣血虚，不禁葛根之散也，必須雞距子解其毒。遂煎藥中加而服之，乃愈。《蘇東坡集》云：眉山楊顥臣病消渴，日飲水數斗，飯亦倍常，小便頻數。服消渴藥逾年，疾日甚。乃進蜀醫張肱診之，笑曰：君幾誤死。乃取麝香當門子以酒濡溼，作十許丸，用棘枸子煎湯吞之，遂愈。問其故，肱曰：消渴、消中，皆脾弱腎敗，土不制水而成疾。今顥臣脾脈極熱，而腎氣不衰，當由果實酒物過度，積熱在脾，所以食多而飲水，水飲既多，溺不得不多，非消非渴也。麝香能制酒果花木，棘枸亦勝酒，屋外有此木，屋内釀酒多不佳，故以此二物為藥，以去其酒果之毒也。

愚按：雞距子之用，在方書消癉一方，即論中枳椇子二錢，麝香一錢，是也。又黄疸一方，乃戴原禮治酒毒熏肺，肺更移病於脾，脾肺合治，而藿枇飲是也。藿香、枇杷葉、桑白皮、陳皮、乾葛、白茯苓、雞距子各等分，是也。以上味水煎，下酒煮黄連丸，合上二證之治，大都能療酒毒溼熱，較之他味有專功。如張肱積熱在脾四字，可尋繹也。似非兹味不能中病以除所患耳。

清・王翃《握靈本草》卷七　鷄距子原名枳椇，又名木蜜。形如雞距，江南特美之。　主治：鷄距子，甘，平，無毒。止渴除煩，去膈上熱，潤五臟，利大小便，功用同蜂蜜。枝葉煎膏，亦同。解酒毒。

清・汪昂《本草備要》卷三　枳椇子一名木蜜。潤，解酒。　甘，平。止渴除煩，潤五藏，解酒毒。葛根解酒毒而發散不如枳椇。屋外有枳椇樹，屋内釀酒多不佳。趙以德治酒毒房勞病熱者，加葛根于補氣血藥中，一貼微汗，反懈怠，熱如故，知氣血虚，不禁葛根之散也，必得枳椇方可。偶得乾者，加入即愈。《東坡集》云：揭穎臣病消渴，日飲水數斗，飯亦倍進，小便頻數，服消渴藥日甚。延張肱診之，笑曰：君幾誤死！取麝香當門子，以酒濡作十許丸，棘枸子煎湯吞之，遂愈。問其故，肱曰：消渴消中，皆脾弱腎敗，土不制水而成。今穎臣脾脉極熱，腎脉不衰，當由酒果過度，積熱在脾，所以多食多飲。飲多，溲不得不多，非消非渴也。麝香壞酒果，棘枸能勝酒，故假二物以去其酒果之毒也。雷斆曰：凡使麝香，用當門子尤妙。　俗名鷄距，以實拳曲如鷄距。蜀呼爲棘枸。經霜黄赤，甚甘。其葉入酒，酒化爲水。

清・张璐《本經逢原》卷三　枳椇一名雞距子，俗名蜜屈律。　甘，平，無毒。

發明：枳椇，金鉤樹之子也。《本草》止言木能敗酒，屋外有此木，屋内釀酒皆不佳。丹溪治酒病往往用其實。又能止渴除煩，去膈上熱，潤五藏，利大小便。多服發蚘蟲，以其大甘助濕熱之所化也。

清・何諫《生草藥性備要》卷上　枳椇花　味甘，性平。治傷病，煲肉食。擅紅，取根搥打擂食。牛生疔亦可用之。

清・劉漢基《藥性通考》卷六　枳椇子　味甘，氣平。止渴除煩，潤五臟，解酒毒。俗名雞距，以實拳曲如雞距。蜀呼為棘枸，經霜黄赤，甚甘，其葉入酒，酒化為水。〇葛根解酒，而發散不如枳椇。〇屋外有枳椇樹，屋内釀多不佳。〇趙以德治酒毒、房勞、病熱者，加葛根於補氣血藥中，一貼微汗，反懈怠如故，知氣血虚，不禁葛根之散也。必得枳椇方可，偶得乾者，加入即愈。《東坡集》云：揭穎臣病煩渴，日飲水數斗，(飲)〔飯〕亦倍進，小便頻數，服消渴藥日甚。延張肱診之，笑曰：君幾誤死。取麝香當門子，以酒濡作十許丸，棘枸子煎湯吞之，遂愈。問其故。肱曰：消渴消中，皆脾弱腎敗，土不制水而成。今穎臣脾脉極熱，腎脉不衰，當由酒果過度，積熱在脾，所以多食多飲，飲多溲不得不多，非消非渴也。麝香壞酒菓，棘枸能勝酒，故假二物，以去其酒果之毒也。

清・王子接《得宜本草・中品藥》　枳椇　俗謂雞距子。味甘，平。功專止渴除煩。得(射)〔麝〕香能解酒毒。

清・吴儀洛《本草從新》卷四 枳椇子〔潤，解酒。〕一名木蜜，一名木餳。甘，平。止渴除煩，潤五臟，解酒毒。葛根解酒而發散，不如枳椇。震亨曰：一男子因飲酒發熱，又兼房勞，加葛根於補氣血藥中，一貼微汗，反倦怠，熱如故，知氣血虚，不宜葛根之散也，必得枳椇方可，覓而加入即愈。多食發蚘蟲。實拳曲如鷄距，故俗名鷄距。經霜黄赤甚甘。

清・汪紱《醫林纂要探源》卷二 枳椇 甘，平。樹高大如白楊，及葉落而嫩枝腫脹，中含水汁，似癩者指頭，別有子，黄黑圓扁光澤，垂指端，並可食，故名癩漢指頭。一曰雞距，一曰金鉤，一曰木蜜，一曰白石棗。解酒止渴。甘而皂莢氣多，其去垢惡之性疑亦同。植舍旁則造酒不成，葉入酒則化水。

清・嚴潔等《得配本草》卷六 枳椇子一名雞距子。反烏頭。甘，平。止渴除煩。利二便，解酒毒。葛根解酒而發散，枳椇解酒則不散。多食發蛔蟲。脾胃虚寒者禁用。

題清・徐大椿《藥性切用》卷六 枳椇子 即金鉤子，一名朮蜜，一名木餳，俗名鷄距子。甘平性潤，解酒除煩。木皮，煎汁，可洗五痔。

清・楊璿《傷寒溫疫條辨》卷六潤劑類 枳椇子 味甘，氣平。潤五藏，解酒毒，除煩渴。趙以德治酒毒房勞而病熱者，於補氣血藥中加葛根，反汗出懈怠，不禁葛根之散也，得枳椇子加入即愈。

清・章穆《調疾飲食辯》卷四 枳椇子：《綱目》曰：徐鍇注《說文》云：枳枸，又作枅欑欆，其枝虬曲，故《廣志》名木珊瑚，又名交加枝，又名枅枳。其子形如雞脚，故大蘇文集名雞距子，又名雞爪子，又名棘枸子。實味甘，故《廣記》名蜜欑欆，又名蜜屈律。《拾遺》名木蜜、木餳。《曲禮》云：婦人之贄，枳榛脩脯。《唐本草》曰：其樹名白石木，葉如桑柘，子作房似珊瑚，核在其端，甘美可食。《圖經》曰：即《小雅》南山有枸也。《陸疏》曰：欑欆，樹高大如白楊，所在皆有。

按：枳椇，古以為婦人之贄，然大樹絕少，吾鄱惟義城邨劉姓宅後一株，高數丈。性能止渴除煩，去膈熱，潤五臟。又解酒毒。枝葉前膏，味亦甜美。《食療本草》曰：屋外有此樹，屋內釀酒多不佳。造屋用此木為梁柱，則屋內釀酒不成。詢諸義城村人，曰信然。

清・楊時泰《本草述鉤元》卷一八 雞距子 其樹枳椇，夏月開花，枝頭結實，如雞爪形，嫩時青色，經霜乃黄，嚼之味甘如蜜。

氣味甘平。止渴除煩，去膈上熱，潤五臟，利大小便，止嘔逆，解酒毒，辟蟲毒。功用同蜂蜜，枝葉煎膏亦同藏器。解虚人酒毒，不禁葛根之散，用雞距子丹溪。果實酒物過度，積熱在脾，食多而飲水，飲水多溺亦遂多，此非消渴，取當門子，以酒濡濕，作十許丸，用棘枸子煎湯吞之。濕熱黄疸，藿枇飲：此乃酒毒熏肺，肺移病於脾，當脾肺合治，用藿香、枇杷葉、桑白皮、陳皮、乾葛、白茯苓、雞距子各等分，水煎，下酒煮黄連丸。

清・葉桂《本草再新》卷五 枳椇子味甘、酸，性平，無毒。入心、脾二經。除煩止渴，利臟腑，解酒毒。

清・吴其濬《植物名實圖考》卷三二 枳椇 《唐本草》始著錄。即枸也。詳《詩疏》。能敗酒。俗呼雞距，亦名拐棗。山中皆有之。《本草拾遺》木蜜即此。

清・趙其光《本草求原》卷一二果部 枳椇子一名雞距子。屋外有此樹，屋內釀酒不佳。故古人治酒、濕熱毒在脾，往往用之，以其辛平，止渴除煩，去膈熱，潤五臟，利大小便，功用同蜂蜜。止嘔逆也。枝葉煎膏亦同。其葉入酒，酒化為水。

葛根解酒，而發散不若枳椇。趙以德治酒毒、房勞病熱者，加葛根於補氣血藥中，一貼微汗，反懈怠，熱如故，以虚不禁散也，前方加枳椇即愈。一人病消渴，日飲數斗，飯亦倍常，小便頻數，服消渴藥日甚。張肱診之曰：消渴消中，皆脾弱腎敗，土不勝水而成。今脾脈極熱，腎脈不衰，當由酒果過度，積熱在脾，所以多食多飲而溲自多，非消非渴也。以當門麝一錢，酒為丸，以枳椇湯下而愈。麝壞酒果，枳椇亦勝酒，以解其毒也。同枇杷、藿香、桑白、陳皮、茯苓合酒煮，黄連為丸，治酒毒熏肺，移熱於脾而成黄疸。多服發蛔蟲，以其太甘，助濕熱所化也。

清・文晟《新編六書》卷六《藥性摘錄》 枳椇子 一名雞距子。甘，平。治頭風，小腹拘急。止渴，除煩熱，止嘔解酒，辟蟲毒。

清・張仁錫《藥性蒙求・果部》 枳椇子三錢 枳椇子平，味甘潤臟。酒毒解除，渴煩皆當。一名木蜜，一名木錫，俗作鷄距。〇《綱目》主治去隔止熱，利小便。

清・王孟英《隨息居飲食譜・果食類》 枳椇一名雞距子 甘，平。潤燥，止渴除煩，利大小腸，專解酒毒。多食發蚘蟲。

清・劉善述、劉士季《草木便方》卷二木部　木蜜　拐爪木皮澹溫甘，調和五瘡五臟安，爪甘消渴除煩熱，能解酒菓毒熱遷。子名枳椇。

清・田綿淮《本草省常・果性類》　枳椇子　一名蜜棱櫢，一名蜜屈律，一名木蜜，一名木餳，一名木珊瑚，一名雞爪子。性平。止渴除煩，潤五臟，解酒毒。多食損齒生蚘蟲。餳，徐盈切。

清・陳其瑞《本草撮要》卷三　枳椇　味甘，平，入手太陰經，功專止渴除煩。得麝香解酒毒。多食發蚘蟲。一名木蜜，俗名雞距。入酒酒化為水。

清・毛祥麟《對山醫話》卷四　王宇泰云：病酒者，當服枳椇。按枳椇一名木（密）〔蜜〕，又名金鉤，樹似白楊，其子著枝端，長纔盈寸，駢生如指，屈曲相連，春生秋熟，霜後味甘如飴。昔人有造酒庫而以枳椇木架屋者，其後一室之酒皆淡薄無味。余少時曾傷酒發熱，取汁服之，反覺中滿，是或味甘所致耳。

蜜雜雜

明・蘭茂原撰，范洪等抄補《滇南本草圖說》卷四　蜜唖唖　一名醉仙草，一名救疾草。產滇中。性溫，味甘。入足陽明。厚腸，止水瀉、赤白痢疾，糖炒，服之神效。昔滇中傳染腸瘟，個個痢疾。後有醫士范文公，用此草同糖炒服，救萬民。

明・蘭茂撰，清・管暄校補《滇南本草》卷中　蜜雜雜　性微溫，味甘甜。入胃腸，止水瀉日久，赤白痢，用沙糖，同煨服。

明・蘭茂《滇南本草》〔叢本〕卷中　密離離又作蜜雜雜。　味甘、甜，性溫。入胃厚腸，止日久水瀉，治日久赤白痢，煨糖吃。

蒲桃

附：琉球・吳繼志《質問本草》附錄　蒲桃　樹高丈餘，花如冠蕤實內虛，核當處處，其味甘香。蓋《閩書南產志》所謂菩提菓者，亦或乃是歟。往有浙江人漂到者，指之曰名高梨甫。

清・趙學敏《本草綱目拾遺》卷八果部下　蒲桃殼　止呃忒如神。

清・趙學敏《本草綱目拾遺》卷八果部下　蒲桃樹　《羅浮志》：蒲桃樹高二三丈，其葉如桂，四時有花，叢鬚無瓣，如翦出絲毬，長寸許，色兼黃綠。結實如蘋果，殼厚半指，絕香甜。核與殼不相連屬，搖之作響。羅浮澗中多有之，猿鳥合啄之，餘隨流而出，山人阻水取之，動盈數斛。以之釀酒，曰蒲桃春，經歲香不減，作膏尤美。

甘蔗

晉・嵇含《南方草木狀》卷上草類　諸蔗　一曰甘蔗。交趾所生者，圍數寸，長丈餘，頗似竹。斷而食之，甚甘。笮取其汁，曝數日成飴，入口消釋，彼人謂之石蜜。吳孫亮使黃門先銀碗並蓋就，中藏吏取交州所獻甘蔗餳。黃門先恨藏吏，以鼠屎投餳中，啓言吏不謹。亮呼吏持餳器入。問曰：此器既蓋之，且有油覆，無緣有此，黃門將有恨汝？吏叩頭曰：嘗從臣求莞席，臣以席有數，不敢與。亮曰：必是此。問之具服。南人云甘蔗可消酒。又名干蔗。司馬相如《樂歌》曰太尊蔗漿折朝酲，是其義也。泰康六年，扶南國貢諸蔗，一丈三節。

唐・孫思邈《千金要方》卷二六《食治・果實》　甘蔗　味甘，平，濇，無毒。下氣和中，補脾氣，利大腸，止渴去煩，解酒毒。

宋・李昉《太平御覽》卷九七四　甘蔗　《廣志》曰：甘蔗，其餳為石蜜。《異物志》曰：甘蔗遠近皆有，交阯所產特醇好，本末無薄厚，其味甘，圍數寸，長丈餘，頗似竹。斷而食之既甘，生取汁為飴餳益珍，煎而暴之，凝如冰。

附：日・丹波康賴《醫心方》卷三〇　甘蔗　《本草》云：味甘，平，無毒。主下氣和中，補脾氣，利大腸。崔禹〔錫〕云：食之下氣，小冷。廣州大種，經二三年乃生，高大如竹，而過於二三丈。取其汁以為沙糖，甚理風痹，益面色。

宋・唐慎微《證類本草》卷二三果部中品〔《別錄》〕　甘蔗音柘　味甘，平，無毒。主下氣和中，助脾氣，利大腸。

〔梁・陶弘景《本草經集注》〕云：今出江東爲勝，廬陵亦有好者。廣州一種，數年生，皆如大竹，長丈餘，取汁以爲沙糖，甚益人。又有荻蔗，節踈而細，亦可噉也。

〔宋・馬志《開寶本草》〕按：別本注云：蔗有兩種，赤色名崑崙蔗，白色名荻蔗。出蜀及嶺南爲勝，並煎爲沙糖。今江東甚多，而劣於蜀者，亦甚甘美，時用煎爲稀沙糖也。今會稽作乳糖，殆勝於蜀。去煩，止渴，解酒毒。

〔宋・掌禹錫《嘉祐本草》〕按：《蜀本圖經》云：葉似荻，高丈許，有竹、荻二蔗。竹蔗莖麄，出江南；荻蔗莖細，出江北。霜下後收莖，笮其汁爲沙糖。鍊沙糖和牛乳爲石蜜並好。日華子云：冷。利大小腸，下氣痢，補脾，消痰，止渴，除心煩熱。作沙糖，潤心肺，殺蟲，解酒毒。臘月窖糞坑中，患天行熱狂人，絞汁服，甚良也。

〔宋・蘇頌《本草圖經》〕曰：甘蔗，舊不著所出州土。陶隱居云：今江東者爲勝。廬陵亦有好者。廣州一種，數年生，皆如大竹，長丈餘。今江、浙、閩、廣、蜀川所生大者，亦高丈許。葉有二種，一種似荻，節踈而細短，謂之荻蔗；一種似竹，麄長，笮其汁以爲沙糖，皆用竹蔗。泉、福、吉、廣州多作之。鍊沙糖和牛乳爲石蜜即乳糖也，惟蜀川作之。荻蔗但堪噉，或云亦可煎稀糖，商人販貨至都下者，荻蔗多而竹蔗少也。

〔宋・唐慎微《證類本草》〕《食療》：主補氣，兼下氣。不可共酒食，發痰。《外臺秘要》：主發熱口乾，小便澀。取甘蔗去皮盡，令喫之咽汁。若口痛，擣取汁服之。《肘後方》：主卒乾嘔不息。甘蔗汁溫令熱，服半升，日三。又以生薑汁一升服，並差。《梅師方》：主胃反，朝食暮吐，暮食朝吐，旋旋吐者。以甘蔗汁七升，生薑汁一升，二味相和，分爲三服。《食醫心鏡》：理正氣，止煩渴，和中補脾，利大腸，解酒毒。削甘蔗去皮，食後喫之。張協《都蔗賦》云：挫斯蔗而療渴，若漱醴而含蜜。

宋・寇宗奭《本草衍義》卷一八 甘蔗 今川、廣、湖南北、二浙、江東西皆有，自八九月已堪食，收至三、四月方酸壞。石蜜、沙糖、糖霜，皆自此出，惟川、浙者爲勝。

宋・王繼先《紹興本草》卷一四 甘蔗 紹興校定：甘蔗，《本經》雖具主治，然利大腸固有之，其和中助脾，即未聞驗據，顯非起疾之物。但于果品，味甘美，解煩可矣。今當作味甘、微寒、無毒是也。江南閩蜀皆產。

宋・鄭樵《通志》卷七六《昆蟲草木略》 甘蔗 有三種：赤色者，曰崑崙蔗；白色者，亦曰竹蔗，亦曰蠟蔗；小而燥者，曰荻蔗。

宋・劉明之《圖經本草藥性總論》卷下 甘蔗 味甘，平，無毒。主下氣和中，助脾氣，利大小腸。日華子云：冷。利小腸下氣痢，補脾，消痰止渴，除心煩熱。作砂糖，潤心肺，殺蟲，又解酒毒。

宋・陳衍《寶慶本草折衷》卷一八 甘蔗音柘。汁在內。 一名都蔗。其赤者，名崑崙蔗；白而節踈細短者，名荻蔗；麄長者，名竹蔗。出江東，及廬陵、浙中、閩廣、蜀川、湖嶺。○霜後取莖。○忌酒。

味甘，平，冷，無毒。○主下氣，和中，利大腸。○別本註云：去煩，止渴，解酒毒。○日華子云：利小腸，下氣痢，消痰，除心熱，患天行熱狂，飲汁服。○《食療》云：不可共酒食，發痰。

元・尚從善《本草元命苞》卷八 甘蔗 味甘，性平，無毒。利大腸下氣，助脾胃和中。止渴消痰，除煩滌熱。以江東為勝，今廬陵次之。形似竹，麄大。笮其汁為糖，味甘寒，性冷利。潤心肺，殺蟲，解酒毒，止渴。多食消肌肉，損齒，發疳䘌。竹筍同食成癥瘕，鯽魚共餌作疳蟲。

明・蘭茂原撰，范洪等抄補《滇南本草圖説》卷九 甘蔗 氣味甘，性微寒，無毒。主治：下氣和中，助脾氣，利大腸、小腸，止渴解酒，治嘔吐反胃。同薑汁服之，可解河豚毒；同酒食之，生痰。不可多食，多食發虛熱之症。

明・蘭茂撰，清・管暄校補《滇南本草》卷上 甘蔗 味甘，酸。治一切百毒，諸瘡，癰疽發背，搗爛敷之。汁，治心中恍惚，神魂不定，中風失音，頭發黑暈，目見鬼神，沖開水下。又熬餳食，和胃更佳。

明・滕弘《神農本經會通》卷三 甘蔗 有赤白二種，竹、荻二蔗。煎沙糖，皆用竹蔗。鍊沙糖，和牛乳為石蜜。 味甘，氣平，無毒。《本經》云：主下氣，和中，助脾氣，利大腸。日華子云：冷，利小腸，下氣痢，補脾，消痰止渴，除心煩熱。作沙糖，潤心肺，解酒毒。臘月窖糞坑中，患天行熱狂人，絞汁服甚良。

沙糖 味甘，氣寒，無毒。《本經》云：功體與石蜜同，而冷利過之。笮甘蔗汁，煎作。孟詵云：沙糖，多食令人心痛。與鯽魚同食成疳蟲，與葵同食生流澼，與筍同食，筍不消，成癥。丹溪云：能生胃之火，此損齒之因也。非土製水，乃濕土生火熱也。食棗多者，齒病齲，亦此意也。《集》云：小兒多食損齒，發疳蟲，生蟯蟲。

石蜜 乳糖也。用牛乳和沙糖煎之，并作餅，堅重。 味甘，氣寒，無毒。《本經》云：主心腹熱脹，口乾渴，性冷利。孟詵云：治目中熱膜，明目。蜀中、波斯者良，東吳亦有，并不如兩處者。和棗肉及巨勝末丸，每食後含一兩丸，潤肺氣，助五臟津。丹溪云：甘喜入脾，其多之害，必生於脾。西北地高多燥，人得之有益，東南地下多濕，人得之未有不病者，亦氣之厚薄不同耳。

明・劉文泰《本草品彙精要》卷三三 甘蔗無毒 叢生。

甘蔗：主下氣和中，助脾氣，利大腸。名醫所錄。 〔名〕崑崙蔗、荻蔗、竹蔗。 〔苗〕《圖經》曰：此有二種，一種似荻，節疎而細短者，謂之荻蔗；一種似竹麤長者，謂之竹蔗。又廣州出一種，數年生，皆如大竹，長丈餘。今江(澤)〔浙〕、閩廣、蜀川所生，大者亦高丈許，人取笮汁以爲沙糖是也。陶隱居云：蔗有兩種，赤色名崑崙蔗，白色名荻蔗，出蜀及嶺南爲勝。並煎爲沙糖，今江東甚多而劣於蜀者，味亦甘美。〔地〕《圖經》曰：出江東爲勝，廬陵亦有好者，今江浙、閩廣、蜀川皆有之。〔時〕生：春生苗。採：八月、九月取莖。〔用〕莖。〔色〕赤、白。〔味〕甘。〔性〕平，緩。〔氣〕氣厚於味，陽中之陰。〔臭〕香。〔主〕除熱，止渴。〔治〕療：日華子云：利大小腸，下氣痢，消痰，除心煩熱。《別錄》云：擣汁服，主發熱，口乾，小便澀。補：日華子云：補脾益氣。〔合治〕擣汁七升，合生薑汁一升，相和，爲三服，主胃反，朝食暮吐，暮食朝吐，或旋旋吐者。〔禁〕不可共酒食，令人發痰。〔解〕酒毒。

明・盧和、汪穎《食物本草》卷二果類　甘蔗　味甘，平，無毒。主下氣和中，助脾氣，利大腸。病反胃，取擣汁和薑汁服之愈。又云：療發熱口乾，小便澁。

明・陳嘉謨《本草蒙筌》卷七　甘蔗　味甘，氣平。無毒。多生閩蜀，種有二般。一種似竹麄長，名曰竹蔗；一種類荻細短，荻蔗為云。凡入藥中，擣碎絞汁。丹溪醫案，每每用之。助脾氣和中，解酒毒止渴。利大小腸益氣，敺天行熱定狂。臘月窖諸糞坑，夏取汁服尤妙。勿共酒食，令人發痰。〇又有沙糖，係汁熬出。殺疳蟲潤肺，除寒熱涼心。共笋食則成血癥，同葵食則生沉澼。小兒多食，損齒消肌。

明・寧源《食鑒本草》卷下　甘蔗　味甘，平，無毒。下氣和中，助脾氣，利大腸，止虛熱煩渴，解酒毒。《梅師方》：治反胃吐食。取甘蔗汁二升，入生薑汁二合，溫熱作五六次服。《外臺秘要》：治發熱口乾，小便不利，以甘蔗食之。《食醫心鏡》：治中酒毒，乾嘔，削去皮，擣汁飲。

明・王文潔《太乙仙製本草藥性大全》卷四《本草精義》　甘蔗　舊不著所出州土。陶隱居云：今江東者爲勝。廬陵亦有好者。廣州一種數年生，皆如大竹，長丈餘。今江浙、閩廣蜀川所生，大者亦高丈許。葉有二種，一種似荻，節踈而細短，謂之荻柘；一種似竹麄長，笮其汁以爲沙糖，皆用竹蔗。

明・王文潔《太乙仙製本草藥性大全》卷四《仙製藥性》　甘蔗　味甘，氣平，無毒。主治：下氣和中，消痰止渴。補助脾氣而利大腸，除心煩熱而下氣痢。補註：發熱口乾，小便澁，取甘蔗去皮盡，令喫之咽汁。若口痛，擣取汁服之。〇卒乾嘔不息，甘蔗汁溫令熱服半升，日三。又以生薑汁一升服並差。〇胃反，朝食暮吐，暮食朝吐，旋旋吐者，以汁七升，生薑汁一升，二味相和，分爲三服。〇理正氣，止煩渴，和中補脾，利人腸，解酒毒，削甘蔗去皮，食後喫之。

明・皇甫嵩《本草發明》卷四　甘蔗味甘，平，無毒。　發明曰：甘蔗味甘，助脾氣，和中，主下氣，利大小腸，解酒毒，止渴，除心煩熱及天行熱，定狂。絞汁服，甚涼。臘月窖諸糞坑，夏取汁服尤妙。共酒食，發痰。

明・李時珍《本草綱目》卷三三果部・蓏類　甘蔗音柘。《別録》中品。

〔釋名〕竿蔗《草木狀》　藷音遮。時珍曰：按《野史》云：吕惠卿言：凡草皆正生嫡出，惟蔗側種，根上庶出，故字從庶也。嵇含作竿蔗，謂其莖如竹竿也。《離騷》、《漢書》皆作柘，字通用也。藷字出許慎《說文》，蓋蔗音之轉也。

〔集解〕弘景曰：蔗出江東爲勝，廬陵亦有好者。廣州一種，數年生皆大如竹，長丈餘，取汁爲沙糖，甚益人。又有荻蔗，節踈而細，亦可噉也。頌曰：今江浙、閩廣、湖南、蜀川所生，大者亦高丈許，其葉似荻，有二種：荻蔗莖細短而節踈，但堪生噉，亦可煎稀糖；竹蔗莖粗而長，可笮汁爲沙糖，泉、福、吉、廣諸州多作之。鍊沙糖和牛乳爲乳糖，惟蜀川作之。南人販至北地者，荻蔗多而竹蔗少也。詵曰：蔗有赤色者名崑崙蔗，白色者名荻蔗。竹蔗以蜀及嶺南者爲勝，江東雖有而劣于蜀產。會稽所作乳糖，殆勝于蜀。時珍曰：蔗皆畦種，叢生，最困地力。莖似竹而內實，大者圍數寸，長六七尺，根下節密，以漸而踈。抽葉如蘆葉而大，長三四尺，扶踈四垂。八九月收莖，可留過春充果食。按王灼《糖霜譜》云：蔗有四色：曰杜蔗，即竹蔗也，緑嫩薄皮，味極醇厚，專用作霜；曰西蔗，作霜色淺；曰艻蔗，亦名蠟蔗，即荻蔗也，亦可作沙糖；曰紅蔗，亦名紫蔗，即崑崙蔗也，止可生啖，不堪作糖。凡蔗榨漿飲固佳，又不若咀嚼之，味雋永也。

蔗　〔氣味〕甘，平，濇，無毒。大明曰：冷。詵曰：共酒食，發痰。瑞曰：多食，發虛熱，動衄血。〇《相感志》云：同榧子食，則渣軟。〔主治〕下氣和中，助脾氣，利大腸《別録》。利大小腸，消痰止渴，除心胸煩熱，解酒毒大明。止嘔噦反胃，寬胸膈時珍。

〔發明〕時珍曰：蔗，脾之果也。其漿甘寒，能瀉火熱，《素問》所謂甘溫除大熱之意。煎鍊成糖，則甘溫而助濕熱，所謂積溫成熱也。蔗漿消渴解酒，自古稱之。故《漢書・郊祀歌》云：百味旨酒布蘭生，泰尊柘漿析朝酲。唐王維《櫻桃詩》云　飽食不須愁內熱，大官還有蔗漿寒是矣。而孟詵乃謂共酒食發痰者，豈不知其有解酒除熱之功耶？日華子大明又謂沙糖能解酒毒，則不知既經煎鍊，便能助酒爲熱，與生漿之性異矣。按晁氏《客話》云：甘草遇火則熱，麻油遇火則冷，甘蔗煎飴則熱，水成湯則冷。此物性之異，醫者可不知乎。又《野史》云：盧絳中病痁疾疲瘵，忽夢白衣婦人云：食蔗可愈。及旦買蔗數挺食之，翌日疾愈。此亦助脾和中之驗與？

〔附方〕舊三，新五。

發熱口乾：小便赤澀。取甘蔗去皮，嚼汁嚥之。飲漿亦可。《外臺秘要》。痰喘氣急：方見山藥。反胃吐食：朝食暮吐，暮食朝吐，旋旋吐者。用甘蔗汁七升，生薑汁一升，和勻，日日細呷之。《梅師方》。乾嘔不息：蔗汁溫服半升，日三次。入薑汁更佳。《肘後方》。痁瘧疲瘵：見前。眼暴赤腫：磣澀疼痛。甘蔗汁二合，黃連半兩，入銅器內慢火養濃，去滓，點之。《普濟》。虛熱欬嗽：口乾涕唾。用甘蔗汁一升半，青粱米四合，煮粥。日食二次，極潤心肺。《董氏方》。

小兒口疳：蔗皮燒研，摻之。《簡便方》。

滓〔主治〕燒存性，研末，烏桕油調，塗小兒頭瘡白秃，頻塗取瘥。燒烟勿令入人目，能使暗明時珍。

明・梅得春《藥性會元》卷中 甘蔗 味甘，氣平，無毒。主下氣和中，助脾氣，推大腸。

明・穆世錫《食物輯要》卷六 甘蔗 味甘，性微寒，無毒。脾之果。和中下氣，止渴，解酒，解河豚毒。治嘔噦反胃，利大小腸。多食，發虛熱，動衄血。同酒過食，發痰。同榧子食，則渣軟。凡燒蔗渣，烟最昏目，避之。

明・李中立《本草原始》卷七 甘蔗 今川、廣、湖南北、二浙、江東西皆有。畦種叢生，莖似竹而內實，大者圍數寸，長六七尺，根節密，以漸而疏。抽葉如蘆葉而大，長三四尺，扶疏四垂。八九月收莖，可留過春，充果食。按《野史》云：呂惠卿言：凡草皆正生嫡出，惟蔗側種，根上庶出，故字從庶也。嵇含作竿蔗，謂其莖如竹竿也。

蔗：氣味：甘，平，濇，無毒。主治：下氣和中，助脾氣，利大腸。○消痰止渴，除心胸煩熱，解酒毒，利大小腸。○止嘔噦反胃，寬胸膈。《別錄》中品。【圖略】詵曰：蔗共酒食發痰。瑞曰：多食發虛熱，動衄血。《相感志》云：同榧子食，則渣軟。

紫沙糖：係蔗汁過樟木槽，取而煎成者，俗呼黑沙糖。氣味：甘，寒，無毒。主治：心腹熱脹，口乾渴。○潤心肺、大小腸熱，解酒毒。臘月瓶封，窖糞坑中，患天行熱狂者，絞汁服甚良。○和中助脾，緩肝氣。詵曰：性溫，多服令人心痛，生長蟲，消肌肉，損齒髮疳䘌。與鯽魚同食生疳蟲，與葵同食生流澼，與笋同食，不消成癥，身重不能行。

白沙糖：乃甘蔗汁煎而曝之，凝作餅塊、色白者。氣味：甘，寒，冷利，無毒。主治：心腹熱脹，口乾渴。○治目中熱膜，明目。和棗肉、巨勝末為丸，噙之潤肺氣，助五臟，生津。○潤心肺燥熱，治嗽消痰，解酒和中，助脾氣，緩肝氣。

明・吳文炳《藥性全備食物本草》卷二 甘蔗 味甘，性微寒，無毒。脾之果，和中下氣，止渴解酒，解河豚毒，治嘔噦反胃，利大小腸。多食發虛熱，動衄血。同酒過食發痰。同榧子食則渣軟。凡燒蔗渣煙最昏目，避之。

明・趙南星《上醫本草》卷二 甘蔗音柘 竿蔗，一名藷音遮。時珍曰：按《野史》云，呂惠卿言：凡草皆正生嫡出，惟蔗側種，根上庶出，故字從庶也。嵇含作竿蔗，謂其莖如竹竿也。按王灼《餹霜譜》云：蔗有四色。曰杜蔗，即竹蔗也，綠嫩薄皮，味極醇厚，專用作霜。曰西蔗，作霜，色淺。曰芀蔗，亦名蠟蔗，即荻蔗也，亦可作沙餹。曰紅蔗，亦名紫蔗，即崑崙蔗也，止可生啖，不可作餹。凡蔗，榨漿飲固佳，又不若咀嚼之味雋永也。《相感志》曰：同榧子食則渣軟。

蔗 甘，平，濇，無毒。主治：下氣和中，助脾氣，利大小腸，消痰止渴，止嘔噦反胃，寬胸膈，除心胸煩熱，解酒毒。大明曰：冷。詵曰：共酒食發痰。瑞曰：多食發虛熱，動衄血。

明・繆希雍《本草經疏》卷二三 甘蔗 味甘，平，無毒。主下氣，和中，助脾氣，利大腸。

〔疏〕甘蔗稟地中之沖氣，故味甘氣平無毒。日華子云：冷。氣薄味厚，陽中之陰，降也。入手足太陰、足陽明經。甘為稼穡之化，其味先入脾，故能助脾氣。脾主中州，故主和中。甘寒除熱潤燥，故主下氣，利大腸也。大明為其消痰止渴，除心胸煩熱，解酒毒。今人用以治噎膈反胃嘔吐，大便燥結。皆取其除熱生津潤燥之功耳。〔主治參互〕蔗漿一味單服，能潤大便，下燥結。同蘆根汁、梨汁、藕汁、人乳、童便、竹瀝，和勻。時時飲之，治胃脘乾枯，噎食嘔吐。《梅師方》反胃吐食，蔗漿七升，薑汁半升，和勻，日日細呷。〔簡誤〕甘蔗，世人皆以其性熱，不敢多食，不知乃是甘寒之物，能瀉火熱，潤枯燥。唐王摩詰《櫻桃詩》云飽食不須愁內熱，大官還有蔗漿寒，可為證矣。惟胃寒嘔吐，中滿滑洩者，忌之。

明・倪朱謨《本草彙言》卷一五 甘蔗 味甘、微濇，氣寒，性熱，無毒。

入足陽明太陰經。

李氏曰：蔗皆畦種叢生，最困地力。莖似竹，內實，大者圍數寸，長六七尺。根下節密，以漸而疎。抽葉如蘆葉而大，長三四尺，扶疎四垂。八九月收采，莖可過春充果食。其皮有紫、綠、白三色。蘇氏曰：江、浙、閩、廣、湖南、蜀中俱有之。蘆蔗莖細短而節疎，但堪生噉，煎糖稍稀。竹蔗莖粗而長，可榨汁煎沙糖甚稠，福、泉、吉、廣諸州多作之。煉時和牛乳、猪脂者更佳，惟蜀中作之。南人販至北地，蘆蔗多、竹蔗少也。凡草皆正生嫡出，惟蔗横段側生，故從庶也。

甘蔗：和中養胃，生津止渴之藥也。陳一齋曰：按李氏發明云：蔗，脾之果也，其漿甘寒，能降火熱，知其氣寒明矣。日華子言：能消痰止渴，安煩解酒，此言一時煩熱少安，多食未有不發濕中之火，爲病痰脹、嘔嗽之疾。詩言飽食不須愁內熱，大官還有蔗漿寒者，此文人樂其甘寒爽口，爲酒後一時止渴之需，作興賦此。時人執此二句，信爲寒涼之品。不知多食久食，善發濕火，爲病痰脹、嘔嗽之疾。司醫者，可不深察乎？

明・應麐《食治廣要》卷四 甘蔗 氣味：甘，平，濇，無毒。主治：下氣和中，助脾氣，利大小腸，消痰止渴，除心胸煩熱，解毒，止嘔噦反胃，寬胸膈。多食，發虛熱，動衄血。

按蔗乃脾之果也。其漿甘寒，能瀉火熱，《素問》所謂甘溫除大熱之意。而煎煉成餹，則甘溫而助濕熱，所謂積溫成熱也。其漿消渴解酒，自古稱之。故《漢書・郊祀歌》云百味旨酒布蘭生，泰尊柘漿析朝醒是矣。

明・姚可成《食物本草》卷九果部・蓏果類 甘蔗音柘。李時珍曰：蔗皆畦種，叢生，最困地力。莖似竹而內實，大者圍數寸，長六七尺，根下節密，以漸而疎。抽葉如蘆葉而大，長三四尺，扶疎四垂。八九月收莖，可留過春，充果食。按王灼《糖霜譜》云：蔗有四色：曰杜蔗，即竹蔗也，綠嫩薄皮，味極醇厚，專用作霜；曰西蔗，作霜色淺；曰艻蔗，亦名蠟蔗，即荻蔗也，亦可作沙糖；曰紅蔗，亦名紫蔗，即崑崙蔗也，止可生啖，不堪作糖。凡蔗榨漿飲固佳，又不若咀嚼之味，尤為雋永也。 甘蔗，味甘、平、澀，無毒。主下氣和中，助脾氣，利大腸，消痰止渴，除心胸煩熱，解酒毒。止嘔噦反胃，寬胸膈。共酒食，生痰。多食，發虛熱，動衄血。《相感志》云：同榧子食，則渣軟。○李時珍曰：蔗，脾之果也。其漿甘寒，能瀉火熱。煎煉成糖，則甘溫而助溼熱。蔗漿消渴解酒，自古稱之。故《漢書・郊祀歌》云：百味旨酒布蘭生，泰(和)〔尊〕蔗漿析朝醒。唐王維《櫻桃》詩云飽食不須愁內熱，大官還有蔗漿寒是矣。而前人乃謂共酒食生痰者，豈不知其有解酒除熱之功耶？又謂沙糖能解酒毒，則不知既經煎煉，便能助酒為熱，與生漿之性異矣。按鼂氏《客話》云：甘草遇火則熱，麻油遇火則冷，甘蔗煎糖則熱，水成湯則冷。此物性之異，衛生者不可不知。又《野史》云：盧絳中病痁疾疲瘵，忽夢白衣婦人云：食蔗可愈。及旦買蔗數挺食之，翌日疾愈。此亦助中和脾之驗歟？

甘蔗渣 燒存性，研末，烏桕油調，塗小兒頭瘡白秃，頻塗取瘥。燒烟勿令入人目，能使暗明。

附方：治反胃。用甘蔗汁七升，生薑汁一升，和勻，日日細呷之。 治小兒口疳。用甘蔗皮燒研，傅之。

明・顧逢柏《分部本草妙用》卷九果部 甘蔗 甘，平，濇，無毒。共酒食發痰。多食發虛熱，動衄血。 主治：下氣和中，助脾，利大小腸，消痰止嗽，除心煩，解酒毒，止嘔寬膈。 蔗，脾之菓也。其漿甘寒，能瀉火熱。《素問》謂甘溫除大熱之意。成餹則助濕熱，所謂積溫成熱也。故漿能解酒毒，而餹反助之，不可不知。

明・孟筌《養生要括・果部》 甘蔗〔甘蔗，脾之果。多食發虛熱，動衄血。煎飴則熱，水成湯則冷。〕 味甘，平，濇，無毒。下氣，和中助脾。利大小腸，消痰止渴，除心胸煩熱，解酒毒，止嘔反胃，寬胸膈。

明・李中梓《醫宗必讀・本草徵要下》 甘蔗味甘，平，無毒。入肺、胃二經。 和中而下逆氣，助脾而利大腸。稟地之沖氣，故味甘性平。甘為稼穡之化，故和中助脾，亦能除熱止渴，治噎膈，解酒毒。按：世人誤以蔗為性熱，不知其甘寒瀉火。王摩詰詩云：飽食不須愁內熱，大官還有蔗漿寒。蓋詳於本草者耶。惟胃寒嘔吐，中滿滑泄者忌之。

明・施永圖《本草醫旨・食物類》卷三 甘蔗 蔗 味甘，平，濇，無毒。共酒食，發痰。多食發虛熱，動衄血。同榧子食則渣軟。治：下氣和中，助脾氣，利大腸。利大小腸，消痰止渴，除心胸煩熱，解酒毒，止嘔噦反胃，寬胸膈。蔗，脾之果也，其漿甘寒，能瀉火熱。《素問》所謂甘溫除大熱之意。煎鍊成糖，則甘溫而助濕熱，所謂積溫成熱也。蔗漿消渴解酒，自古稱之。○甘草遇火則熱，麻油遇火則冷，甘蔗煎飴則熱，水成湯則冷，此物性之異，醫者可不知乎？

附方　發熱口乾：小便赤澀，取甘蔗去皮，嚼汁嚥之，飲漿亦可。反胃吐食：朝食暮吐，暮食朝吐，旋旋吐者，用甘蔗汁七升，生薑汁一升，和勻，日日細呷之。乾嘔不息：蔗汁溫服半升，日三次，入薑汁更佳。眼暴赤腫：礠澀疼痛，甘蔗汁二合，黃連半兩，入銅器內慢火養濃，去滓點之。虛熱欬嗽：口乾涕唾，用甘蔗汁一升半，青粱米四合，煮粥，日食二次，極潤心肺。小兒口疳：蔗皮燒研，摻之。滓治：燒存性，研末，烏桕油調，塗小兒頭瘡白秃，頻塗取瘥。燒烟勿令入人目，能使暗明。

明·李中梓《本草通玄》卷下　甘蔗　甘平。和中而下逆氣，乾嘔不息，蔗浆、薑汁同温服。小儿口疳，用皮燒末吹之。

清·顧元交《本草彙箋》卷六　甘蔗合沙糖、石蜜。蔗漿甘寒，能瀉火熱。煎煉成糖，則甘溫而助濕熱，所謂積溫成熱也。世人以蔗漿爲性熱，則安得有消渴解酒之功？《漢書·郊祀歌》云：百味旨酒布蘭生，泰尊杯漿析朝酲。王維《櫻桃詩》云：飽食不須愁內熱，大官還有蔗漿寒。則性熱之說，誤矣。至謂沙糖能解酒毒，則又謬。既經煎煉，便能助酒爲熱，與生漿之性殊矣。石蜜、糖霜、冰糖，比之紫沙糖性稍平，功用利害大約相似。凡草皆正生嫡出，惟蔗側種，根上庶出，故字從庶。沙糖者，笮其漿，煎成紫色。石蜜，即白沙糖凝結作餅塊如石者，爲石蜜。輕白如霜者，爲糖霜。堅白如冰者，爲冰糖。皆一物而有精粗之異也。蔗漿，一味單服，能潤大便，下燥結。治胃脘乾枯，噎食嘔吐，以蔗漿同蘆根汁、梨汁、藕汁、人乳、童便、竹瀝，和勻，時時飲之。又方以蔗漿七升，薑汁半升，和勻，日日細呷，治反胃吐食。眼暴赤腫，以甘蔗汁二合，黃連半兩，銅器慢火煮濃，去滓點之。小兒口疳，蔗皮燒灰，摻之。

清·穆石匏《本草洞詮》卷六　甘蔗蔗漿、沙糖　凡草皆正生嫡出，惟蔗側種，根上庶出，故字從庶。氣味甘平，無毒。脾之果也。主下氣和中，除心胸煩熱，利大小腸，解酒毒。一人病痁疾疲瘵，忽夢白衣人云：食蔗可愈。後果驗。此亦清熱和中之効矣。沙餹乃蔗汁煎成者，法出西域，唐太宗遣人傳其法入中國。清者為蔗餳，凝者如沙者為沙餹，造成如石、如霜、如冰者，為石蜜、為糖霜、為冰糖也。沙糖甘溫，無毒。主和中助脾，緩肝氣，治產後惡露不盡，解煙毒。西北地高多燥，得之有益。東南地下多濕，食之助熱。小兒多食則損齒生蟲者，土制水，倮蟲屬土，得甘即生也。夫蔗漿甘寒，能瀉火熱，消渴解酒，自古稱之。而孟詵乃謂其酒食發痰，似不然也。煎鍊成餹，則甘溫而助濕熱。日華子又謂沙餹解酒毒，亦不然也。甘草遇火則熱，麻油遇火則冷，甘蔗煎飴則熱，此物理之常，醫者可不知乎？

清·丁其譽《壽世秘典》卷三　甘蔗嵇含作竿蔗，謂其莖如竹竿也。《神異經》名杆摭。《離騷》、《漢書》皆作柘字，通用。有二種。荻蔗，莖細短而節疎，但堪生噉，亦可煎稀餹。竹蔗，莖粗而長，色白，可榨汁為沙餹。一種赤色者，名崑崙蔗，一曰紅蔗，亦名紫蔗，止可生噉，不堪作餹。　氣味：甘，平，無毒。主下氣和中，助脾氣，利大小腸，消痰止渴，除心胸煩熱，解酒毒《名醫別錄》。止嘔噦反胃，寬胸膈《本草綱目》。

發明李時珍曰：蔗，脾之果也。其漿甘寒，能瀉火熱。《素問》所謂甘溫除大熱之意。煎鍊成餹，則甘溫而助濕熱，所謂積溫成熱也。蔗漿消渴、解酒自古稱之。《漢書·郊祀歌》百味旨酒布蘭生，泰尊柘漿折朝酲；又元稹詩，甘蔗消殘醉；唐王維《櫻桃詩》飽食不須愁內熱，大官還有蔗漿寒是矣。而孟詵乃謂，其酒食發熱生痰，亦傷脾者，豈不知其有解酒除熱之功耶。《日華子本草》又謂，沙餹能解酒毒，則不知既經煎鍊，便能助酒為熱，與生漿之性不同。物性之異如此，不可不知。《紫桃軒雜綴》云：甘蔗最宜兒食，人腹中蚘蛔，名消穀蟲，多則傷人，少則穀不消，蚘適其中，則兒無病。甘蔗能減多益少。

滓　燒煙，勿令入目，能使暗明。

清·劉雲密《本草述》卷二〇　甘蔗　氣味：甘，平，濇，無毒。主治：助脾氣，利大腸，止渴並嘔穢，寬胸膈。

時珍曰：蔗，脾之果也。其漿甘寒，能瀉火熱。《素問》所謂甘温除大熱之意。煎煉成餹，則甘温而助濕熱，所謂積温成熱也。嘉謨曰：丹溪醫案每用之助脾氣，和中，解酒毒，止渴，利大小腸，益氣。臘月窖糞坑中，患天行熱狂人，絞汁服甚良。希雍曰：蔗禀地中之冲氣，故味甘氣平，無毒。氣薄味厚，陽中之陰，降也。入手足太陰、足陽明經。諸主治皆取其除熱生津潤燥之功耳。

附方　蔗漿單服，能潤大腸，下燥結。同蘆根汁、梨汁、藕汁、人乳、童便、竹瀝，和勻，時時飲之，治胃脘乾枯，噎食嘔吐。反胃吐食，朝食暮吐，暮食朝吐，旋旋吐者，用甘蔗汁七升，生薑汁一升，和勻，日日細呷之。愚聞吾師孔相國文忠公，述其同年嘉興高玄期先生道素，嘗言甘蔗最宜小兒食。凡人腹中蚘蛔，名消穀蟲，多則傷人，少則穀不消，蔗能節蚘蛔，多者減之，少者益之，蚘蛔適其中，則小兒無病矣。不多食，亦不發虛熱，動衄血，如吳瑞所云也。此世醫所鮮能知，從來方書亦未之及，特表而出之。

愚按：大抵此味助脾氣、潤枯燥之益為多。其治嘔噦反食，蓋治陰中之陽不足者，如此等證，原不專屬有熱也。若然，謂其甘溫則可，若言其甘寒，如時珍、希雍引王摩詰之詩為證，恐文人之筆未可據以療病也。且先輩有謂共酒食發痰者，又有謂多食發虛熱動衄血者，余在閩中亦不喜食之，而小子女使輩多食，果動衄血，是則以甘寒目之可乎？既發虛熱，則共酒食發痰，豈不然哉？時珍乃嘵嘵闢前二說者，其亦未免鹵莽歟。

清・郭章宜《本草匯》卷一四　甘蔗　味甘平，冷，氣薄味厚，陽中之陰，降也，入手足太陰、足陽明經。和中而下逆氣，助脾而利大腸。乾嘔不息，蔗漿薑汁同溫服。小兒疳口，用皮燒末摻之良。

按：甘蔗，脾之果也。其漿甘寒，能瀉火熱。《素問》所謂甘溫除大熱之意。若煎鍊成餹，則甘溫而助濕熱，所謂積溫成熱也。其消渴解酒，自古稱之。而孟詵乃謂其共酒食發痰者，豈不知其有解酒除熱之功耶？今人皆以蔗漿為性熱，獨不觀王摩詰詩云飽食不須愁內熱，大官還有蔗漿寒，蓋詳于《本草》者耶。惟胃寒嘔吐，中滿滑瀉者，忌之。

多食發虛熱，動衄血。同榧子食，則渣軟。

清・尤乘《食鑒本草・果類》　甘蔗　同酒食發痰，多食發熱，動衄血。與榧子食則查軟。和中下氣，利二便，止反胃嘔逆，寬胸。

清・朱本中《飲食須知・果類》　甘蔗　味甘，性微寒。多食發虛熱，動衄血。同酒過食，發痰。同榧子食，則渣軟。燒蔗渣烟最昏目，宜避之。

清・何其言《養生食鑒》卷上　甘蔗有紅、白兩種，白者良。　味甘，性微寒，無毒。下氣和中，助脾氣，利大小腸，止渴解酒，解河豚毒。治嘔吐反胃，搗取汁，和薑汁，服之愈。多食發虛熱，動衄血。同酒食，發痰。同榧子食，則渣軟。凡燒蔗渣烟最昏目，須避之。

清・閔鉞《本草詳節》卷八　甘蔗　【略】按：蔗，脾之果也。有除熱生津潤燥之功。其漿甘寒，能瀉火熱，所謂甘溫除大熱之意。煎鍊成糖，則甘溫而助濕熱，所謂積溫成熱也。晁氏云：甘草遇火則熱，麻油遇火則冷，甘蔗煎飴則熱，水成湯則冷，此物性之異也。臘月窖諸糞坑，夏取汁服，尤妙。

清・王翃《握靈本草》卷七　甘蔗出江東。　主治：甘蔗，甘，平，濇，無毒。主下氣和中，助脾氣，利大小腸，消痰止渴。

清・汪昂《本草備要》卷三　甘蔗補脾，潤燥。　甘，寒。和中助脾，除熱潤燥，止渴治消渴。消痰，解酒毒，利二便。《外臺方》：嚼嚥或搗汁，治發熱口乾便濇。治嘔噦反胃，《梅師方》：蔗汁、薑汁和服。大便燥結。蔗汁熬之，名石蜜，即白霜糖。唐大曆間，有鄒和尚始傳造法。性味甘溫，補脾緩肝，潤肺和中，消痰治嗽，多食助熱，損齒生蟲。紫砂糖功用略同。

清・吳楚《寶命真詮》卷三　甘蔗　【略】和中，下逆氣，助脾利大腸，除熱止渴，治噎膈，解酒毒。

清・陳士鐸《本草新編》卷五　甘蔗砂糖　味甘，氣平，無毒。入脾、肺、大小腸。絞汁入藥，養脾和中，解酒毒，止渴，利大小腸，益氣，敺天行熱，定狂。砂糖，殺疳蟲，潤肺，除寒熱，涼心。多食傷齒。二味不可入諸藥中。惟蔗可用者，取其生氣以止熱，自易生津耳。

蔗漿　止渴，亦權宜之法，多飲又不相宜，恐過多生痰耳。

甘蔗　世人皆以為性熱，不敢多食。不知甘蔗甘平而兼微寒，能瀉火熱，潤燥之妙品也。

清・顧靖遠《顧氏醫鏡》卷八　甘蔗甘，寒。入肺脾胃三經。入藥搗爛絞汁。　止乾嘔而治吐治噎，以其有和中助脾，下逆氣，瀉火熱之能。消熱痰而止咳止渴。亦下氣除熱，生津潤燥之功。除煩熱而寬胸膈，胸膈煩熱既除，則自寬舒，甘寒瀉火之力也。解酒毒而利大腸。故潤大便，下燥結如神。胃寒嘔吐，中滿滑洩者，忌之。

清・李熙和《醫經允中》卷二二　甘蔗　共酒食發痰。多食發濕熱，動衄血。甘，平，濇，無毒。主治和中助脾，利大小腸，消痰止嗽，除心煩，解酒毒。蔗，脾之菓也，其漿甘寒，能瀉火熱。《素問》言甘能除大熱之意，成糖則助濕熱，所謂積溫成熱也。故漿能解酒毒，而糖反助之，不可不知也。胃寒嘔吐，中滿泄瀉者忌之。

清・张璐《本經逢原》卷三　甘蔗　甘，平，無毒。　發明：蔗，脾之果也。其漿甘寒，能瀉火熱，煎煉成糖，則甘溫而助濕熱也。蔗漿消渴解酒，自古稱之。而孟詵乃為共酒食發痰者，豈不知其有解酒除熱之功耶？日華子又為砂糖能解酒毒，則不知既經煎煉便能助酒為熱，與蔗之性異矣。即如甘草遇火則熱，麻油遇火則冷，此物性之異，醫者當知。近世用以搗汁治痢，服之有效，以其甘寒養胃而清濕熱也。

清・汪啟賢等《食物須知・諸果》　甘蔗　味甘，氣平，無毒。多生閩蜀，種有二般。一種似竹麄長，名曰竹蔗；一種類荻細短，為荻蔗。助脾氣和中，解酒毒止渴。利大小腸益氣，驅天行熱定狂。勿共酒食，令人發痰。

清・葉盛《古今治驗食物單方》　甘蔗　熱渴，小便赤澀，嚼甘蔗則解。朝食暮吐，暮食朝吐，蔗漿七鍾，薑汁一錢，飲之。亦治乾嘔。　小兒口疳，蔗皮燒灰摻之。

清・王子接《得宜本草・中品藥》　甘蔗　味甘。入足太陰經。功專潤肺生津。得薑汁治胃反，得麥冬、生地治春溫液涸。

清・黃元御《玉楸藥解》卷四　甘蔗　味甘，微寒。入足太陰脾、足陽明胃經。泄熱除煩。蔗漿甘寒，解酒清肺，故《漢書》有蔗漿折朝醒，王維有大官還有蔗漿寒之語。土燥者最宜，陽衰濕旺者服之，亦能寒中下利。本草謂其下氣止嘔，則雖屬甘緩，亦頗疏利不壅。與白沙糖性平，功用相仿。

清・吳儀洛《本草從新》卷四　甘蔗〔和中潤燥。〕　甘，微寒。和中助脾，除熱潤燥，消痰止渴，解酒毒，利二便。治嘔噦噎膈反胃，和薑汁服。大便燥結。《外臺》方，嚼咽或搗汁，治發熱口乾便澀。胃寒嘔吐，中滿滑瀉勿食。搗汁。

清・汪紱《醫林纂要探源》卷二　蔗　甘，寒。有紫、白、荻數種。形如蘆，截老蔗橫埋土而生。和中益脾，清熱止渴，解酒，消痰利水。甘入脾，汁和薑治反胃，及寒熱痰欬，兼和五臟。

清・嚴潔等《得配本草》卷六　甘蔗一名竿蔗。　甘，寒。入足太陰經。潤燥生津，和中助脾。除熱止渴，解酒消痰，止嘔噦，利二便。配生地、麥冬，治春溫液涸。和生薑汁，治反胃乾嘔。和蘆根汁、藕汁、人乳、童便、竹瀝，治胃脘乾枯。

題清・徐大椿《藥性切用》卷六　甘蔗　性味甘寒，清熱潤燥，和中止渴。生嚼可以發越熱邪，搗汁能止火逆嘔噦。若陰虛火炎，氣分無熱者，非宜。青皮蔗，性更清烈，功力不甚相遠，而有入肝之用。

清・李文培《食物小錄》卷上　甘蔗　甘，熱，無毒。下氣和中，助脾氣，除心腦煩熱，解酒，寬胸膈。同銀杏食，其滓自軟，同榧子食亦然。多食，發虛熱，動衄血。

清・羅國綱《羅氏會約醫鏡》卷一七菓部　甘蔗味甘平，入肺胃二經。　甘寒瀉火。搗汁入藥，能和中助脾，止渴消痰，除心胸煩熱、大便燥結、嘔噦反胃，蔗汁、薑汁和服。天行時熱。皆除熱生津潤燥之功。

按：胃寒中滿者勿用。忌用酒食。

清・趙學敏《本草綱目拾遺》卷八果部下　甘蔗滓皮　《綱目》甘蔗條，瀕湖特補蔗滓，言其治小兒白禿，燒烟入目令目暗，其他未能悉，今復廣之。

《救生苦海》：收口長肉，背疽惡瘡，用之屢效。收甘蔗滓曬燥，煆存性，研極細，以小竹管如瘡口大者一箇，以細夏布紮緊於上，篩藥填滿瘡孔內，膏藥蓋住，自能收口。《醫鏈》云：對口，一名臭疽，用甘蔗滓焙燥為末，白色狗屎焙末，和勻，將竹管一箇，稀絹包竹管頭，入藥篩膏藥上貼之，垂死者亦生。

痘疔：《經驗單方》：用甘蔗滓曬乾，真香油點燈燒成灰，以津液調勻，銀簪挑破點上，立效。一方加珍珠油胭脂調塗，更效。

敏按：蔗有數種，紫皮者，名崑崙蔗；青皮者，乃扶風蔗也。

黃海若云：凡痘疹不出，及悶痘不發，毒盛脹滿者，此痘屬急症，宜青皮甘蔗榨汁與食，不時頻進，則痘立起。其寒散解毒之功，過於蚯蚓白鴿，惜人不知其功用。入藥如用滓，亦宜以青皮蔗滓為上。

蔗皮　《綱目》止載治口疳，而不知其皮可入香料，《海外三珠》有四葉香餅，乃用蔗皮。又乾者墊臥，可去鬱熱。《本草匯》有接氣沐龍湯，亦用其皮，故為補其說。

臘梨初起：《百草鏡》：紫甘蔗皮煆存性，香油調搽。

接氣沐龍湯：專治陽衰久痿滑精，不用內服，惟主外治。大約患此者或由稟弱，或由縱慾，或憂鬱所致，或心腎不交，用此最妙。紫稍花、甘草、甘遂、良薑、文蛤、母丁香、巴戟天、川烏、附子、吳茱萸、川椒、細辛、淫羊藿、蛇牀子、楝樹子、甘松各一兩，鎖陽、蓯蓉、官桂、羊皮、紅蔗皮、滿山紅、罌粟殼水泡去筋，各二兩，紅豆七十粒。須擇酒藥內所用辣者，白頸蚯蚓七條炙，倭鉛八兩切薄片，勻七劑，每日一劑，瓦鍋內煎湯，先熏後洗，以冷為度，晚重溫藥湯再洗，如此七日內禁房事。

坐板瘡：甘蔗皮燒存性，香油調塗《家寶方》。

竹衣乖：《經驗廣集》：此藥治竹衣乖，并無皮膚，膿血淋漓，赤剝楊梅，一切胎毒。用爐甘石煆淬入黃連汁三次，童便四次。一兩，黃蘗、豬膽塗炙七次。紫甘蔗皮燒存性、孩兒茶、赤石脂各五錢，菉豆粉炒七分，冰片五分，為末，先用麻油將雞蛋黃煎黑，去黃候冷，調塗即愈。

清・王學權《重慶堂隨筆》卷下　甘蔗　以青皮者良，名竹蔗。台州所產，長大如竹。甘涼清熱充津。俞文起先生云：一名接腸草，昔有腸斷者，頻飲此汁而愈。

清・黃凱鈞《藥籠小品》 蔗漿 甘，微寒，和中潤燥，治嘔噦噎膈翻胃，和薑汁服。大便燥結，取漿須備器榨之。

清・章穆《調疾飲食辯》卷四 甘蔗 《綱目》曰：《南方草木狀》作竿蔗，《離騷》《漢書》皆作甘柘。畦種，每節庶出一苗。故字從庶，説見《野史》。莖似竹而內實，大者圍數寸，長六七尺，葉如蘆。王灼《餹霜譜》云：蔗有四種：一曰杜蔗，莖瘦皮硬，汁極甘醇，專用作餹。一曰西蔗，一曰蠟蔗，又名荻蔗，皮稍鬆，可生啖，亦可作餹。一曰紅蔗，又名紫蔗，又名崑崙蔗，皮肉鬆脆，味差淡，只可生啖，不堪作餹。其性，秋時新出者熱，至冬稍平，春時更平，不寒不熱。《日華本草》曰：性冷除煩熱。《綱目》引王右丞大官還有蔗漿寒之句，以為性寒能瀉火，皆誤也。《別錄》曰：甘和中，助脾氣。《日用本草》曰：多食發虛熱，動衄血。新蔗實然，可知性必不寒矣。梢頭數節，味極淡，近中則汁多味厚，至根汁雖少，而味愈厚，故凡喻後勝於前者，謂之倒啖蔗，漸入佳境。《梅師方》治胃寒吐食：蔗汁七升，薑汁一合，細呷之。胃熱者不宜用。《肘後方》治乾嘔不息，即上方。此皆《別錄》和中之理，不然甘者嘔家所忌也。《外臺方》治傷寒發熱口乾，甘蔗任啖不禁，此蓋藉其冷汁以折熱。不能去熱能折熱，不必用開水泡。且緣此少飲茶水，可免傷脾，惜乎暑熱病發時，此物即紅腐無汁，故其救病之功絕少。蔗渣燒煙能損目，目疾人宜遠之。

清・王龍《本草纂要稿・菓部》 甘蔗 氣味甘平。益氣利大小腸，定狂驅天行熱。助脾氣，和中止渴，解酒毒。

清・張德裕《本草正義》卷上 甘蔗 甘，平。益陰氣，除心膈煩熱，止渴，解酒毒。和薑汁療嘔噦反胃。亦能寬中潤腸。

清・楊時泰《本草述鉤元》卷二〇 甘蔗 味甘平濇。氣薄味厚，陽中之陰，降也。入手足太陰、足陽明經。主治助脾氣，利大腸，止渴並嘔噦，寬胸膈。蔗，脾之果也，其漿甘寒，能瀉火熱，煎煉成餹，則甘溫而助濕熱瀕湖。丹溪每用以助脾氣，和中解酒毒，止渴利大小腸，益氣。臘月置窖糞坑中，患天行熱狂人，絞汁服甚良嘉謨。最宜小兒食，能節蚘蟲，不多食亦不發虛熱動衄血，如吳瑞所云也。蔗漿單服，潤大腸，下燥結。同蘆根汁、梨汁、藕汁、人乳、童便、竹瀝和勻，時時飲之，治胃脘乾枯，噎食嘔吐。反胃吐食，朝暮旋旋吐者，蔗汁七升，薑汁一升，和勻，日細呷之。

論：甘蔗助脾，潤燥之益為多，性殆甘溫，其治嘔噦反食，或係陰中之陽不足，以此證原不專屬於熱也。先輩有謂共酒食發痰者，又有謂多食發虛熱動衄血者，然則遽以甘寒定之可乎。

清・葉桂《本草再新》卷五 甘蔗味甘，性微寒，無毒。入肝、脾二經。和中清火，平肝健脾，生津止渴，利小便，寬大腸，治吐瀉瘧痢，解瘡火諸毒。吐瀉瘧痢不一種，有肝火作吐，有寒涼作吐，有暑作瀉，有寒涼作瀉，久瀉則為痢。瘧有虛寒，又有痰食，更有寒熱夾邪而成瘧症。大凡寒涼、濕痰皆忌用。

清・吳其濬《植物名實圖考》卷三二 甘蔗 《別錄》中品。《糖霜譜》博核，錄以資考。

雩婁農曰：甘蔗，南産也。閩、粵河畔，沙礫不穀，種之彌望，行者拔以療渴，不較也。章貢間閩人僑居者業之，就其地置竈與磨，以煎餹，必主人先芟刈，而後里鄰得取其遺，秉滯穗焉，否則罰，利重故稍吝之矣。而邑人亦以擅其邑利為嫉。余嘗以訊其邑子，皆以不善植為詞，頗詫之。頃過汝南郾、許，時見薄冰，而原野有青葱林立如叢篁密篠，滿畦被隴者，就視之乃蔗也。衣稍赤，味甘而多汁，不似橘枳，畫淮為限也。魏太武至鼓城，遣人求蔗於武陵王；唐代宗賜郭汾陽王甘蔗二十條。昔時異物見重，今則與柤、梨、棗、栗同為河洛華實之毛，豈地氣漸移，抑趨利多致其種與法，而人力獨至耶？但閩、粵植於棄地，中原植於良田。紅藍偏畦，昔賢所唏；棄本逐末，開其源尤當節其流也。

清・趙其光《本草求原》卷一二果部 甘蔗 味甘，和中助脾；氣平，清潤肺、胃、大腸燥結，利水止渴，治熱瘧、痢瀉、消痰，解酒毒。取汁服。治嘔噦、反胃，取汁和薑汁服。寬胸膈，少食則節蛔；蛔多傷人，少則食不化，而此能節之。多食則發虛熱，動衄血。近有用蔗汁治痢而效者。甘平養胃清濕熱之功也。

清・文晟《新編六書》卷六《藥性摘錄》 甘蔗 甘，寒。下氣和中，利大小腸，止渴解酒，治嘔吐反胃，搗汁和薑汁服，愈。多食發熱動衄血。同酒食生痰。燒蔗煙，能昏目。蔗糖，甘，溫。詳藥部。

清・張仁錫《藥性蒙求・果部》 甘蔗 甘蔗甘寒，生津化熱。潤燥通腸，和中治噎。得麥冬、生地治溫邪化熱，津液受傷，搗汁飲之，甚效。〇中滿，或吐或利，勿食。

清·王孟英《隨息居飲食譜·果食類》 甘蔗 甘，涼。清熱，和胃潤腸，解酒節蚘，化痰充液，治瘴瘧暑痢，止熱嗽虛嘔，利咽喉，強筋骨，息風養血，大補脾陰。榨漿名天生復脈湯。以皮青、圍大、節稀，而形如竹竿者勝，故一名竹蔗，亦作竿蔗。與榧仁同嚼，則渣耎。皮紫者性溫，功遜。

蔗飴蔗汁煎成，如飴色黑，今人呼曰砂糖。 甘，溫。和中，活血止痛，舒筋。越人產後輒服之。然多食助熱生痰，傷營滯胃，凡內熱或血不阻者忌之。

赤沙糖出處不一，品色甚多，有青糖、紅糖、球糖、緜糖等名。 甘，溫。暖胃緩肝，散寒活血，舒筋止痛，制亞片烟。吳人產後用以行瘀。多食損齒生蟲。其弊如右，以上二種，味不帶酸苦者佳。

白沙糖即白洋糖，亦曰白糖。古名石蜜。此乃竹蔗煎成。堅白如冰者為冰糖，輕白如霜者為糖霜。几霜一瓮，其中品色亦自不同，故有冰花，上白，次白等名也。 甘，平。潤肺，和中緩肝，生液化痰，止嗽解渴，析醒，殺魚蟹醒，制猪肉毒，辟韭蒜臭，降濁怡神。辛苦潛移，酸寒頓改，調元贊化，變理功優。冰糖、糖霜均以最白者為良。多食久食，亦有損齒生蟲之弊。痞滿嘔吐，濕熱不清，諸糖竝忌。 中虛解鹽鹵毒，糖霜多食。 小兒未能穀食，久瘧不瘳，濃煎冰糖湯服。 中虛脘痛，痘不落痂，食魚蟹而不舒，啖蒜韭而口臭，竝以糖霜點濃湯飲。 噤口痢，冰糖五錢，烏梅一箇，煎濃頻呷。 汪謝城曰：諸糖時邪、痧疹、霍亂，皆大忌。余見誤服致危者，不一其人，即夏月產後，用以行瘀，亦宜慎也。吾叔苦志力，學自垂髫以來，憂勤惕厲，垂四十餘年，雖經世變，身超物外，得以隨處而息焉游焉，乃飲水思源，《譜》是。書以寓意，故以水始，次穀食，而以胡麻冠於調和，抑鹽於油後者。蓋土產百物，天之所以養人，不欲官與其事也。次蔬果而以蔗糖殿者。將及肉食，豫伏制猪肉毒之糖霜於前也，伏讀至此，不但經綸，足以濟世，烈且以知叔之晚境如飴，更有甘蔗旁生之兆焉，宗侄承烈，拜識於滬寓。

清·劉善述、劉士季《草木便方》卷一草部 甘蔗 甘蔗甘寒助脾胃，潤燥除熱痰渴退。解酒利便生津液，嘔噦反胃和中貴。胎產氣痛用黃糖，冰沙糖治勞嗽對。

清·田綿淮《本草省常·果性類》 甘蔗 一作竿蔗，一名藷。性寒。除心胸煩熱，止渴消痰，潤燥利濕，益脾和中。多食發虛熱。胃寒者忌之。

清·戴葆元《本草綱目易知錄》卷三 甘蔗 甘，平，濇。脾之果也。下氣和中，消痰止渴，利大小腸，除心胸煩熱，止嘔噦反胃，和脾氣，寬胸膈，解酒毒，通大腸。多食發虛熱，動衄血。共酒食生痰。同榧子食，則渣軟。【略】酒病腹疼，大便閉。甘蔗取乾者，煎湯，頻飲便通痛止。葆驗方。○發熱口乾，小便赤澁。甘蔗去皮，嚼汁嚥嚥。飲漿亦可。○店瘧疲瘵。蔗汁頻飲，自愈。○眼暴赤腫。甘蔗汁二合，黃連半兩，入銅器內，慢火熬濃汁點之。按：《晁氏客語》云甘草遇火則熱，麻油遇火則冷，甘蔗煎飴則熱，泡湯則冷。此物性之異，醫者可不知乎！

滓 燒炭，研末，烏桕油調，傅小兒頭痛瘡白禿。燒煙，勿令入目，能使目暗。葆驗方，治奔走遠路，足背腫，足板心痛。甘蔗滓燒煙，頻熏，效。又草鞋走路押破。蔗滓燒炭末，油調傅。

清·黃光霽《本草衍句》 甘蔗 甘寒下氣，潤肺生津。和中助脾，清熱利水。除胸中煩熱，解酒消痰；利大小二腸，嘔噦反胃。得麥冬、生地治春溫液涸，得薑汁治乾嘔。 虛熱咳嗽，口乾涕吐，蔗汁、（梁）〔粱〕米煮粥食之。 小兒口疳，蔗皮燒研，搽之。 反胃吐食，朝食暮吐，暮食朝吐，漸漸吐者，蔗汁、薑少許，和服。

清·陳其瑞《本草撮要》卷三 甘蔗 味甘，入足太陰、陽明經，功專潤肺生津。得薑汁治反胃，得麥冬、生地治春溫液涸。以皮晒乾生研，麻油調塗禿瘡良。中滿滑瀉者勿食。

清·吳汝紀《每日食物却病考》卷下 甘蔗 味甘，平，無毒。下氣和中，助脾，利大小腸，消痰，止渴，除心胸煩熱，解酒毒，乃脾之菓也。其漿甘寒，能瀉火。《素問》乃謂甘溫生大熱者，蓋煎煉成糖，則甘溫助濕熱，所謂積溫成熱也。王維《櫻桃詩》云：飽食不須愁內熱，大官還有蔗漿寒。晁氏云：甘草遇火則熱，麻油遇火則冷，甘蔗煎飴則熱，榨漿作湯則冷。物性之異如此。反胃，取搗汁，和薑汁服之，愈。

雜錄

五子實

明·李時珍《本草綱目》卷三一果部·夷果類 五子實《綱目》

〔集解〕時珍曰：五子樹今潮州有之。按裴淵《廣州記》云：五子實，大如梨而內有五核，故名。

實 〖氣味〗甘，溫，無毒。 〖主治〗霍亂金瘡，宜食之。時珍。○《潮州志》。

明・施永圖《本草醫旨・食物類》卷三 五子實大如梨而內有五核，故名。

實 味甘，溫，無毒。治： 霍亂、金瘡宜食之。

清・王道純《本草品彙精要續集》卷九 五子實無毒

五子實： 主霍亂、金瘡宜食之出《潮州志》。 〖名〗李時珍曰： 五子樹，今潮州有之。按裴淵《廣記》云： 五子實，大如梨而內有五核，故名。 〖味〗甘。 〖性〗溫。

清・田綿淮《本草省常・果性類》 五子果 內有五核故名。 性平。 止霍亂，愈金瘡。

金連子

附： 琉球・吳繼志《質問本草》附錄 金連子 枝幹若柹，高丈許，而皮粗厚，有裂紋，春生葉，形似莢蒾，葉面綠色，少糙澀，背連莖，有白茸毛，四月梢上擢穗，簇攢小白花，其狀筒瓣，五出，心有鬚，鬚端各具黃蘂苞，將綻微帶淡黃色，既開則純白，秋結實，大如指頭，數顆連綴，生青熟赭黃，材似欅而堅美也。曩清舶來中有識之者，嘗目之曰金連子。亦有一種，止葉薄而尖，其他皆不差。

津符子

唐・孫思邈《千金要方》卷二六《食治・果實》 津符子 味苦，平，滑。多食令人口爽，不知五味。

明・姚可成《食物本草》卷九果部・異果類 津符子產緬甸州。孫思邈《千金方》云： 味苦，平，滑。多食令人口爽，不知五味。 津符子，味苦，平，滑。主益心血，養肺金，止渴生津液。多食口爽，失滋味。又治洩痢不止，安和五臟。久食輕身，明目。

附方： 治男子婦人虛勞欬嗽，吐唾膿血，肺癰肺痿，聲啞欲死之症。每日啖津符子十枚，一月勿間斷即愈。 極驗。

清・趙學敏《本草綱目拾遺》卷八果部下 津符子 產緬甸，見《千金方》。 味苦平，性滑，主益心血，養肺金，止渴生津液，多食口爽，失滋味，安和五臟，久食輕身明目。 治瀉痢不止，男女虛勞，咳嗽吐膿血，肺癰肺痿，聲啞欲死者，每日啖十枚，一月不間斷即愈。

楊搖子

明・李時珍《本草綱目》卷三三果部 楊搖子又曰： 沈瑩《臨海異物志》云： 生閩越。其子生樹皮中，其體有脊，形甚異而味甘無奇，色青黃，長四五寸。

明・姚可成《食物本草》卷九果部・異果類 楊搖子沈瑩《異物志》云： 生閩越。其子生樹皮中，身體有脊，形甚異而味甘無奇，色青，長五寸。 楊搖子，味甘，溫，無毒。主和中益氣，潤肌膚，好顏色，通百脉，強筋骨。

清・趙學敏《本草綱目拾遺》卷八果部下 揚搖子 生閩越，其子生樹皮中，體有脊形甚異，長四五寸，味甘無毒。通百脈，強筋骨，和中益氣，潤肌膚，好顏色。 《花鏡》： 此果長五寸，色青無核。 《臨海異物志》： 揚搖有七脊，子生樹皮中，其體雖異，味則無奇，長四五寸，色青黃，味甘。

楏子

明・李時珍《本草綱目》卷三三果部 楏子又曰： 徐表《南州記》云： 出九真、交趾。樹生子如桃實，長寸餘。二月開花，連着子，五月熟，色黃。鹽藏食之，味酸似梅。

明・姚可成《食物本草》卷九果部・異果類 楏子《南州記》云： 出九真、交趾。樹生子如桃實，長寸餘。二月開花，連着子，五月熟，色黃。鹽藏食之，味酸似梅。 〔楏子，味〕酸，平，涼。 主清心潤肺，止渴生津，制亢極之陽〔光，解〕炎蒸之暑氣，又降三焦實火，治鼻中出血及〔胃火〕牙宣。

〔附〕方： 〔治齒痛〕及牙齦出血不止。 用楏子核連仁燒存性，〔為末摻之〕，大效。

清・趙學敏《本草綱目拾遺》卷八果部下 楏子 出九真交趾，子如桃實，長寸餘，二月開花，連著子，五月熟，色黃。鹽藏食之，味酸如梅。 性涼平，清心潤肺，止渴生津，制亢極之陽光，消炎蒸之暑氣，又降三焦實火。治鼻中出血，又牙宣牙齦出血，用楏子核連仁，燒存性，調水含咽即止。

夫編子

明・李時珍《本草綱目》卷三三果部・附録 夫編子又曰： 《南州記》云： 樹生交趾山谷。三月開花，仍連着子，五六月熟。入鷄、魚、猪、鴨羹中，味美，亦可鹽藏。

明・姚可成《食物本草》卷九果部・異果類 夫編子《〔南〕州記》云： 樹生交趾山谷。三月開花，仍連着子，五六月熟。入雞、魚、猪、鴨羹中，〔味美，亦可鹽藏〕。 〔夫編子，味甘〕。主寧心志，養血脉，解暑渴，利水〔道，生〕津〔液，欬嗽上〕氣喘急，止渴除煩，清熱潤肺，滋命門，益〔五臟〕。

〔附方〕：〔治骨〕蒸勞熱，四肢瘦削如枯柴。用夫編子同白鴨〔煮爛〕，不用鹽、醬。日日啖之，喫鴨三頭，見效。

白緣子

明・李時珍《本草綱目》卷三三果部 白緣子又曰：劉欣期《交州記》云：出交趾。樹高丈餘，實味甘美如胡桃。

明・姚可成《食物本草》卷九果部・異果類 白緣子劉欣期《交州記》云：出交趾。樹高丈餘，(其)〔實〕味甘美如胡桃。〔白緣〕子，味甘，平。主潤肺，止渴，清熱。祛風暑溼氣，治瘡癬。治山嵐瘴氣所侵，變成痎瘧，寒熱往來，頭痛痰逆。

附方：治寒濕邪氣，足膝屈弱，不能步履。用白緣子一斤，舂爛浸酒。日飲一次，月餘即愈。

清・趙學敏《本草綱目拾遺》卷八果部下 白緣子 出交趾，樹高丈餘，味甘美如胡桃。 味甘平，主潤肺，止渴清熱消食，祛風暑溼氣。治疥癬及山嵐瘴氣所侵，變成痎瘧，寒熱往來，頭痛痰逆。 足膝屈弱難行，寒溼邪氣所侵，用白緣子一斤，舂爛浸酒，日飲一次，月餘全愈。

蕳子

明・李時珍《本草綱目》卷三三果部・附録 蕳音間子又曰：賈思勰《齊民要術》云：藤，生交趾、合浦。緣樹木，正二月花，四五月熟，如梨，赤如鷄冠。核如魚鱗。生食，味淡泊。

明・姚可成《食物本草》卷九果部・異果類 蕳子蕳，音間。賈〔思勰《齊〕民要術》云：藤生交趾、合浦。緣樹木，正(二)月花，四五月熟，如梨，赤如雞冠，核如魚鱗。味甘。 蕳，味甘，平，無毒。主中惡氣，飛尸邪蠱，心腹卒痛，狂邪鬼神，鬼疫溫瘧，夢寐邪惡氣，心神顛倒不寧，昏冒如癡。

附方：治驚癇恍忽，語言不倫，歌笑不徹。用蕳子核七枚燒末，入硃砂少許，薑湯下方寸匕。

黑食子

明・蘭茂撰，清・管暄校補《滇南本草》卷上 黑食子 味甘、酸。滇南甚多，秋季風吹子落，夷人呼為噓噓菓。食之元氣不散，多睡，能調心腎交接，久服令人目清延年，其功不可詳述。

味果分部

綜述

秦椒

宋・唐慎微《證類本草》卷一三木部中品〔《本經・別錄・藥對》〕 秦椒 味辛，溫，生溫，熟寒，有毒。**主風邪氣，溫中除寒痹，堅齒髮，明目，**療喉痹，吐逆，疝瘕，去老血，產後餘疾腹痛，出汗，利五藏。**久服輕身，好顏色，耐老增年通神。** 生太山川谷及秦嶺上，或琅邪。八月、九月採實。惡栝樓、防葵，畏雌黃。

〔梁・陶弘景《本草經集注》〕云：今從西來。形似椒而大，色黄黑，味亦頗有椒氣。或呼爲大椒。又云：即今樛居虯切樹。而樛子是猪椒，恐謬。

〔唐・蘇敬《唐本草》〕注云：秦椒樹，葉及莖、子都似蜀椒，但味短實細。藍田南、秦嶺間大有也。

〔宋・掌禹錫《嘉祐本草》〕按：范子計然云：蜀椒出武都，赤色者善；秦椒出天水隴西，細者善。《藥性論》云：秦椒，君，味苦、辛。能治惡風遍身，四肢㿏痹，口齒浮腫搖動，主女人月閉不通，治產後惡血痢，多年痢，主生髮，療腹中冷痛。孟詵云：秦椒，溫。滅瘢，長毛，去血。若齒痛，醋煎含之。又損瘡中風者，以麪作餛飩，灰中燒之使熱，斷使口開，封其瘡上，冷即易之。又法：去閉口者水洗，麪拌煮作粥。空腹吞之，以飦壓之，重者可再服，以差爲度。

〔宋・蘇頌《本草圖經》〕曰：秦椒，生泰山川谷及秦嶺上或琅邪，今秦、鳳及明、越、金、商州皆有之。初秋生花，秋末結實，九月、十月採。陶隱居云：似椒而大，色黃黑，或呼大椒。蘇恭云：葉及莖、子都似蜀椒，但實細味短。《爾雅》云：檓，大椒。郭璞云：椒叢生，生實大者名爲檓。《詩・唐風》云：椒聊且。陸璣疏云：椒似茱萸，有針刺。莖葉堅而滑。蜀人作茶，吳人作茗，皆合煮其葉以爲香。今成皋諸山謂之竹葉椒，其木亦如蜀椒，少毒熱，不中合藥，可著飲食中。又用蒸雞、豚最佳。東海諸島上亦有椒，枝、葉皆相似。子長而不圓，甚香，其味似橘皮。島上麞、鹿食其葉，其肉自然作椒、橘香。而今南北所生一種椒，其實大於蜀椒。與陶及郭、陸之說正相合，當以實大者爲秦椒。其云蜀、吳作茶、茗，皆煮其葉，今不復如此。蓋古人所食，與今異者多矣。故苦榝與茶同條云，作飲加茱萸、葱、薑等良是也。相傳椒可以來水銀。又云椒氣好下，言餌之益下，不上衝也。服食藥當用蜀椒。

〔宋・唐慎微《證類本草》〕《肘後方》：手足心風腫。椒、鹽末等分，醋和傅之，良。《傷寒類要》：治膏瘴，其人飲少小便多方：秦椒一分出汗，瓜蒂二分末。水服方寸匕，日三服。《續十全方》：治蟲入耳。椒末一錢，醋半盞浸良久，少少灌耳，蟲自耳出。

宋・寇宗奭《本草衍義》卷一四 秦椒 此秦地所實者，故言秦椒。大率椒株皆相似，秦椒但葉差大，椒粒亦大而紋低，不若蜀椒皺紋高爲異也。然秦地亦有蜀種椒。如此區別。

宋・鄭樵《通志》卷七六《昆蟲草木略》 秦椒 曰榝。田野人呼為樛子。《爾雅》云：榝，大椒。

宋・劉明之《圖經本草藥性總論》卷下 秦椒 味辛，溫，生溫熟寒，有毒。主風邪氣，溫中除寒痺，堅齒髮，明目，療喉痺吐逆，疝瘕，去老血，產後餘疾，腹痛出汗，利五藏。《藥性論》云：君。味苦、辛。能治惡風遍身，四肢㾜痺，口齒浮腫搖動，主女人月閉不通，治產後惡血痢，多年痢，療腹中冷痛。惡栝樓、防葵。畏雌黃。

宋・陳衍《寶慶本草折衷》卷一三 秦椒君。 一名大椒，一名竹葉椒，一名樛，一名榝。○樛，若虯切。生太山川谷及秦嶺、藍田、天水、隴西、琅邪、成皋山，秦、鳳、明、越、金、商、歸州。○八、九、十月採實。○惡栝樓、防葵，畏雌黃。

味辛、苦，生溫，熟寒，有毒。○主風邪氣，溫中，除寒痹，堅齒髮，明目，療喉痹，吐逆，疝瘕。去老血，產後餘疾，腹痛，出汗，利五藏。○《藥性論》云：治惡風遍身，四肢㾜痹，女人月閉，產後血痢，多年痢，腹冷痛。○孟詵云：滅瘢，長毛。若齒痛，醋煎含之。○《圖經》曰：生花結實，色黃黑，似蜀椒。以實大者為秦椒。○寇氏曰：此秦地椒，粒大而紋低，不若蜀椒皺紋高。然秦地亦有蜀種椒。

元・尚從善《本草元命苞》卷七 秦椒 味辛，溫，生溫，熟性寒。雖為君，有毒。形似椒，黃黑，莖葉悉若蜀椒，其惟實細，味短。主風邪寒痺，溫中堅齒髮。滅瘢，明目。療喉痺吐逆，去老血疝瘕。治產後餘疾，腹痛。醫口齒浮腫動搖，利五臟出汗。療月閉不通。生太山川谷，及秦嶺、琅琊、天水郡，隴西最善。八九月採實收之。畏雌黃。惡栝樓、防葵。秋生花，末秋結子。或云大椒，即今樛子。樛，居虯切。《爾雅》曰：榝，叢生，實大者曰榝。郭璞言椒。

元・朱震亨《本草衍義補遺》 秦椒 屬火而有水與金。有下達之能，所以其子名(者)椒目，正行滲，不行穀道。世人服椒者，無不被其毒，以其久則火自水中起，誰能禦之？能下水腫濕。○凡使，以蜀椒為佳。子謂椒目。治盜汗尤功。又能行水。

明・王綸《本草集要》卷四 秦椒君 味苦辛，氣溫，有毒。惡栝樓、防葵，畏雌黃。去閉口者。主風邪氣，溫中，除寒痹，堅齒髮，明目，除雲膜。女人月閉不通，產後惡血痢，多年痢，腹中冷痛，出汗。利五臟。久服輕身，好顏色，耐老增年，通神。

明・滕弘《神農本經會通》卷二 秦椒 君也。惡栝(蔞)〔樓〕、防葵，畏雌黃。八九月採實，去閉口者。一云：蜀椒出武都，赤色者善。秦椒出天水隴西，細者善。一云：當以實大者為秦椒。

味辛，氣溫，生溫熟寒，有毒。一云：味苦、辛。東云：攻痛，治風。

《本經》云：主風邪氣，溫中，除寒痺，堅齒髮，明目，療喉痺，吐逆，疝瘕，去老血，產後餘疾，腫痛，出汗，利五臟，久服輕身，好顏色，耐老增年，通神。《藥性論》云：君。味苦、辛。治惡風遍身，四肢㾜痺，口齒浮腫搖動。主女人月閉不通，治產後惡血痢，多年痢。主生髮，療腹中冷痛。孟詵云：溫。滅瘢，長毛，去血。若齒痛，醋煎含之。《圖經》云：椒氣好下，言餌之，益下不上衝也。服食藥當用蜀椒。丹溪云：屬火而有水與金，所以有下達之能，所以其子名為椒目，正行滲不行穀道。世人服椒者，無不被其毒，以其久則火自水中起，能下水腫濕。凡使，以蜀椒為佳。子謂椒目，治盜汗有功，又能行水。《局》云：秦椒主治風邪氣，除痺溫中有大功。明目通喉攻腹痛，醋煎灌嗽治牙疼。秦椒，主明目，通喉，溫中下氣，兼風痺。

明・劉文泰《本草品彙精要》卷一八 秦椒有毒 植生。

秦椒出《神農本經》：**主風邪氣，溫中，除寒痹，堅齒髮，明目。久服輕身，好顏色，耐老，增年，通神。**以上朱字《神農本經》。療喉痹，吐逆，疝瘕，去老血，產後餘疾，腹痛，出汗，利五臟。以上黑字名醫所錄。【名】大椒、榝欣詭切。

【苗】《圖經》曰：初秋生花，秋末結實，葉及莖、子都似蜀椒，但實細味短，形似茱萸，有針刺，莖、葉堅而滑。又云：南北所生一種，其實大於蜀椒，當以實大者爲秦椒。觀此二說不同，恐用者狐疑不決，不可不辯考之。《衍義》曰：秦椒，此秦地所產者，故言秦椒。大率椒株皆相似，秦椒但葉差大，椒粒亦大，而紋低，不若蜀椒皺紋高爲異也。【地】《圖經》曰：生泰山川谷，及琅琊、秦、鳳、明、越、金、商州皆有之。《別錄》云：天水、隴西、藍田。【道地】秦嶺、歸州。【時】生：春生葉。採：九月、十月取實。【收】陰乾。【用】實。【質】類茱萸而赤。【色】紅。【味】辛。【性】生溫，熟寒。【氣】氣之厚者，陽也。【臭】香。【主】溫中，堅齒。【反】畏雌黃，惡栝樓、防葵。【製】去莖目及閉口者，焙出汗用。【治】療：《藥性論》云：祛惡風遍身，四肢𤸷痹，口齒浮腫搖動，女人月閉不通，產後惡血痢，多年痢，能生髮及腹中冷痛。孟詵云：滅瘢，長毛，去血。【合治】合醋煎含，療齒痛。○合麪作餺飩，灰中燒令開口，治損瘡，中風者，封瘡口上。○合鹽醋和，傅手足心風腫。○合瓜蒂，水調寸匕，治膏瘴，其病飲少小便多者。

明・盧和、汪穎《食物本草》卷四味類 秦椒 味苦辛，溫，有毒。主風邪氣，溫中，除寒痹，堅齒髮，明目，去雲膜，女人月閉，產後惡血，久痢，腹冷痛，利五臟。此椒味劣，不及川椒。一種野椒，採之炒鷄、鴨之類，香美殊勝。

明・許希周《藥性粗評》卷三 秦椒闢牙痛之求。

秦椒出秦嶺。似茱萸，有針刺者真。惡栝蔞、防葵，畏雌黃。味辛，性生溫，熟寒，有毒。入太陰肺、足陽明胃經。主治風寒濕痹，腹痛牙疼，溫中，明目，利咽喉。

單方：風蟲牙痛：凡患牙痛，不拘風蟲，以秦椒一撮，醋煎，口含漱而吐之，再含。

手足風腫：秦椒入鹽，搗末，和醋調敷之。

明・鄭寧《藥性要略大全》卷四 秦椒君。一名竹葉椒。 去遍身風痹，吐逆，利五臟，止腹冷痛。溫中，堅齒髮，明目，出汗，破癥瘕老血，通月經，治產後餘疾，腫痛血痢。 味苦、辛，性溫、熱，有小毒。黃色，似川椒而大，赤者良。惡栝蔞、防葵，畏雄黃。去閉口及目不用。治功同上。

明・寧源《食鑑本草》卷下 花椒 味辛，溫，有毒。逐臟腑寒氣，出痹，消水腫，暖腰腹，益精氣，通關節，調血脈，牢牙齒。

明・王文潔《太乙仙製本草藥性大全》卷三《本草精義》 秦椒 生泰山川谷及秦嶺上，或琅琊，今秦、鳳及明、越、金、商州皆有之。初秋生花，秋末結實，九月、十月採。陶云：似椒而大，色黃黑，或呼大椒。蘇云：葉及莖子都似蜀椒，但實細味短。郭云：椒叢生，生實大者名爲椴。陸璣云：椒〔似〕茱萸，有針刺。莖葉堅而滑，蜀人作茶，吳人作茗，皆合煮其葉以爲香。今成臯諸山謂之竹葉椒，其木亦如蜀椒，少毒熱，不中合藥，可煮飲食中，又用蒸雞豚最佳。

明・王文潔《太乙仙製本草藥性大全》卷三《仙製藥性》 秦椒君 味苦、辛，氣溫，有毒。 主治：主風邪氣，溫中，除目雲翳，明目。止血痢，腹中冷痛；利五臟，出汗開關。祛遍身惡風，散四肢𤸷痹。滅瘢生髮，悅色通神。治口齒浮腫動搖，併喉痹吐逆。調產後腹痛餘疾及經閉不通。久服輕身耐老，增壽延年。世相傳此椒可制水銀，凡悮餌成毒者，服即愈也。 補註：手足心風腫，椒、鹽末等分，醋和傅之良。治膏瘴，其人飲少小便多方：秦椒二分出汗，瓜蒂二分，末，水服方寸匕，日三服。治蟲入耳，椒末一錢，醋半盞，浸良久，少少灌耳，蟲自耳出。

明・皇甫嵩《本草發明》卷四 秦椒氣溫，味苦、辛。生溫熟寒，有毒。 主風邪氣，溫中，除四肢寒痺，堅齒明目。療喉痺吐逆，消癥瘕，去老血，調產後餘疾，腹痛，通月閉，滅瘢，出汗，利五藏。久服悅顏輕身。牙疼醋調，漱口。解水銀毒。泰山川谷、秦嶺、瑯琊、明越皆有。似蜀椒而大，色黃黑，味亦有椒氣，或呼為大椒。用之去閉口者。

明・李時珍《本草綱目》卷三二果部・味類 秦椒《本經》中品校正自木部移入此。

【釋名】大椒《爾雅》 椴毀 花椒 【集解】《別録》曰：秦椒生泰山山谷及秦嶺上，或琅琊。八月、九月采實。弘景曰：今從西來。形似椒而大，色黃黑，味亦頗有椒氣。或云即今樛樹子。樛乃猪椒，恐謬。恭曰：秦椒樹、葉及莖、子都似蜀椒，但味短實細爾。藍田、秦嶺間大有之。頌曰：今秦、鳳、明、越、金、商州皆有之。初秋生花，秋末結實，九月、十月采之。《爾雅》云：椴，大椒。郭璞注云：椒叢生，實大者爲椴也。《詩・唐風》云：椒聊之實，繁衍盈升。陸璣《疏義》云：椒樹似茱萸，有針刺。〔莖〕葉堅而滑澤，味亦辛香。蜀人作茶，吳人作茗，皆以其葉合煮爲香。今成臯諸山有竹葉椒，其木亦如蜀椒，小毒熱，不中合藥也，可入飲食中及蒸鷄、豚用。東海諸島上亦有椒，枝、葉皆相似。子長而不圓，甚香，其味似橘皮。島上獐、鹿食其葉，其肉自然作椒、橘香。今南北所生一種椒，其實大於蜀椒，與陶氏及郭、陸之說正相合，當以實大者爲秦椒也。宗奭曰：此秦地所產者，故言秦椒。大率椒株皆相似，但秦椒葉差大，粒亦大而紋低，不若蜀椒皺紋爲高異也。然秦地亦有蜀椒種。時珍曰：秦椒，花椒也。始産于秦，今處處可種，最易蕃衍。其葉對生，尖而有刺。四月生細花。五月結實，生青熟紅，大于蜀椒，其目亦不及蜀椒目光黑也。《范子計然》云：蜀椒出武都，赤色者善；秦椒出隴西天水，粒細者善。蘇頌謂其秋初生花，蓋不然也。

【修治】：同蜀椒。

椒紅 【氣味】辛，温，有毒。《别録》曰：生温、熟寒，有毒。權曰：苦、辛。之才曰：惡栝樓、防葵，畏雌黄。【主治】除風邪氣，温中，去寒痹，堅齒髮，明目。久服，輕身好顔色，耐老增年通神《本經》。療喉痹吐逆疝瘕，去老血，産後餘疾腹痛，出汗，利五臟《别録》。上氣欬嗽，久風濕痹孟詵。治惡風遍身，四肢𤸷痹，口齒浮腫摇動，女人月閉不通，産後惡血痢，多年痢，療腹中冷痛，生毛髮，滅瘢甄權。能下腫濕氣震亨。

【附方】舊六。膏痹尿多：其人飲少。用秦椒二分出汗，瓜蒂二分，爲末。水服方寸匕，日三服。《傷寒類要》。手足心腫：乃風也。椒、鹽末等分，醋和傅之，良。《肘後方》。損瘡中風：以麪作餛飩，包秦椒，于灰中燒之令熱，斷開口，封于瘡上，冷即易之。孟詵《食療》。久患口瘡：大椒去閉口者，水洗麪拌，煮作粥，空腹呑之，以飯壓下。重者可再服，以瘥爲度。《食療本草》。牙齒風痛：秦椒煎醋含漱。孟詵《食療》。百蟲入耳：椒末一錢，醋半盞浸良久，少少滴入，自出。《續十全方》。

明・周履靖《茹草編》卷二 椒芽 山之巍巍，有椒蘽蘽。薄言採掇，調氣和脾。彼君子兮嘉賓，式讌綏之。取芽，湯焯過，鹽、醯和食。

明・梅得春《藥性會元》卷中 秦椒 味辛，氣溫。生溫、熟寒。有毒。惡栝蔞、防葵。畏雄黄。主攻痛而治風，能通喉而明目；除風邪寒濕之痹，療吐逆疝瘕之病。可溫中而堅齒，長髮，利五臟而悦色壯顔，去老血而療産後腹痛、出汗等疾。有下達之能。其子名椒目，止行滲道，不行穀道。世人服椒者，無不被其毒。服久則火自水中起，誰能禦之？能下水腫濕。

明・穆世錫《食物輯要》卷八 花椒 味苦、辛，性溫，有毒。功用與川椒同。孟詵云：椒氣善達下。治腎氣上逆，以椒引之，則歸經而安。須微炒出汗可用。椒目，味苦，性寒，無毒。其氣下行，善行滲道，不行穀道，燥濕定喘斂汗，治腎虚耳聾。誤食閉口椒，能害人，急飲涼水、蔴仁漿，可解。

明・趙南星《上醫本草》卷一 花椒 《爾雅》云：椴，大椒。郭璞注云：椒，叢生，實大者為椴也。《詩・唐風》云：椒聊之實，繁衍盈升。陸璣《疏義》云：椒樹似茱萸，有針刺，葉堅而滑澤，味亦辛香，蜀人作茶，吴人作茗，皆以其葉合煮為香。今成皋諸山有竹葉椒，其木亦如蜀椒，小毒，熱，不中合藥也。可入飲食中，及蒸雞、豚用。辛，溫，有毒。主治：除風邪氣，溫中，去寒痹，上氣欬嗽，久風濕痹，堅齒髮，明目。久服輕身，好顔色，耐老，增年，通神。

胡椒 恭曰：胡椒生西戎，形如鼠李子，調食用之，味甚辛辣。辛，大溫，無毒。主治：下氣，溫中，去痰，除臟腑中風冷，去胃口虚冷氣，宿食不消，霍亂氣逆，心腹卒痛，冷氣上衝。調五臟，壯腎氣，治冷痢，殺一切魚肉、鼈、蕈毒。多食損肺，令人吐血。及走氣，助火昏目，發瘡熱，病人尤宜忌之。惟緑豆制椒毒也。

附方 赤白下痢：胡椒、緑豆各一歲一粒，為末，糊丸梧子大。紅用生薑，白用米湯下。

明・趙南星《上醫本草》卷二 秦椒 一名大椒，一名椴音毁，一名花椒。《爾雅》云：椴，大椒。郭璞注云：椒叢生，實大者為椴也。《詩・唐風》云：椒聊之實，繁衍盈升。陸璣《疏義》云：椒樹似茱萸，有針刺，葉堅而滑澤，味亦辛香，蜀人作茶，吴人作茗，皆以其葉合煮為香。今成皋諸山有竹葉椒，其木亦如蜀椒。小毒，熱，不中合藥也。可入飲食中，及蒸雞豚用。

椒紅 辛，溫，有毒。主治：上氣欬嗽，久風濕痹，除風邪氣，溫中去寒痹，堅齒髮，明目。久服輕身，好顔色，耐老，增年通神。《别錄》曰：生溫，熟寒，有毒。之才曰：惡(苦)〔栝〕蔞、防葵，畏雌黄。

明・倪朱謨《本草彙言》卷一五 秦椒 味辛，氣熱，有小毒。可升，可降。入手足太陰，足陽明經。李氏曰：秦椒，花椒也。始産於秦，今處處可種，最易繁衍。其葉對生，尖而有刺。四月生細花，五月結青實，熟則紅赤，大於蜀椒。其目不及蜀椒之光且黑也。

椒紅：溫中暖腎，神農散痹明目，東垣利氣逐寒之藥也。韋芷生曰：椒性辛烈香散，故前古通治一切寒閉，一切熱鬱，一切氣滯，一切血凝，一切痰風諸證，用此無不流通。如《别錄》之治産後老血腹痛及疝瘕蛔結，孟詵之治上氣咳嗽及齒浮腫痛，甄氏之治經年瘧痢，腹中冷脹冷痛及寒濕痞滿等疾，總不外辛香熱散之用也。倘屬内熱血虚，陰火欬嗽者，咸宜忌之。

明・應譽《食治廣要》卷四 秦椒即花椒。釋名大椒、花椒。氣味：辛，溫，有毒。主治：除風邪氣，溫中，去寒痹，堅齒髮，明目。《別録》曰：生溫，熟寒，有毒。惡苦蔞、防葵，畏雄黃。蜀椒出四川，功用亦同。又有一種野椒，辛熱，無毒。宋《圖經》作崖椒。不甚香，而子灰色不黑，無光。野人用炒雞、鴨食。又有一種蔓椒，生山林間，枝軟如蔓，子葉皆似椒，苦，溫，無毒。山人亦食之。《爾雅》云椒椴醜荥，謂其子叢生也。

明・姚可成《食物本草》卷一六味部・調飪類

秦椒即花椒。生泰山、秦嶺上，或瑯琊。八月九月采之。樹似茱萸有針刺，葉堅而滑澤，味亦辛香。蜀人作茶，吳人作茗，皆以其葉合煮為香。今成皋諸山有竹葉椒，其木亦如蜀椒，可入飲食中及蒸雞、豚用。東海諸島上亦有椒，枝葉皆相似，子長而不圓，甚香，其味似橘皮。島上麞、鹿食其葉，其肉自然作椒橘香。〇寇宗奭曰：此秦地所產者，故言秦椒。大率椒株皆相似，但秦椒葉差大，粒亦大而紋低，不若蜀椒皺紋（為）高〔為〕異也。然秦地亦有蜀椒種。〇李時珍曰：秦椒，花椒也。始產於秦，今處處可種，最易蕃衍。其葉對生，尖而有刺，四月生細花，五月結實，生青熟紅，大於蜀椒，其目亦不及蜀椒目光黑也。蜀椒出武都，赤色而大；秦椒出隴西天水，粒細者善。

秦椒，味辛，溫，有毒。治風邪氣，溫中去寒痹，堅齒髮，明目。久服輕身，好顏色，耐老增年通神。療喉痹，吐逆疝瘕。去老血，產後餘疾腹痛。出汗，利五臟，上氣欬嗽，久風溼痹。治惡風遍身，四肢瘴痹，口齒浮腫搖動。月閉不通，產後惡血痢，多年痢，治腹中冷痛，生毛髮，滅疤痕。能下腫溼氣。

附方：治久患口瘡。用花椒去閉口者，水洗麪拌，煮作粥，空腹吞之，以飯壓下。重者可再服，以瘥為度。治風入牙齒疼痛。用花椒煎醋含漱。

明・施永圖《本草醫旨・食物類》卷三

秦椒名花椒。秦地所產者，故言秦椒。八九月采實。椒紅 味辛，溫，有毒。惡栝樓、防葵，畏雌黃。治：除風邪氣，溫中，去寒痹，堅齒髮，明目。久服輕身，好顏色，耐老增年，通神。療喉痹，吐逆，疝瘕，去老血，產後餘疾，腹痛出汗，利五臟，上氣欬嗽，久風濕痹。治惡風遍身，四肢瘻痹，口齒浮腫搖動。女人月閉不通，產後惡血痢，多年痢。療腹中冷痛。生毛髮，滅瘢，能下腫濕氣。

附方 膏痹尿多：其人飲少，用秦椒二分，出汗，去蒂二分，為末，水服方寸匕，日三服。手足心腫：乃風也。椒、鹽末等分，醋和傅之，良。損瘡中風：以麪作餛飩，包秦椒，於灰中燒之令熱，斷開口，封於瘡上，冷即易之。久患口瘡：大椒去閉口者，水洗，麪拌，煮作粥，空腹吞之，以飯壓下。重者可再服，以瘥為度。牙齒風痛：秦椒煎醋，含漱。百蟲入耳：椒末一錢，醋半錢，浸良久，少少滴入，自出。

明・盧之頤《本草乘雅半偈》帙五

秦椒《本經》中品 氣味：辛，溫，無毒。主治：主除風邪氣，溫中，去寒痹，堅齒髮，明目。久服輕身，好顏色，耐老，增年，通神。

覈曰：秦椒，花椒也。始產于秦，今處處有之，極易繁衍。其葉對生，尖而有刺。四月生細花。五月結青實，熟則紅赤，大于蜀椒，其目不及蜀椒之光且黑也。惡栝蔞、防葵，畏雄黃。

条曰：椒分秦、蜀者，不惟方域異。大小牝牡有別也。秦地者，開花結實，實大于牡；蜀地者，無花作實，實小于牝。其色馨氣味，精勝實膚，與溫中通痹，主司形氣則一也。但無花者，性深邃，力從內骨。橫偏膚表，主益氣而歸肺。有花者，性舒徐，力從中藏，橫偏皮毛，明目竅，堅骨餘，主通神而歸心為別異耳。蓋中藏通乎神，故久服輕身，好顏色，耐老增年，通神也。含蓄者，自然醖藉；發露者，自然淺薄。

清・丁其譽《壽世秘典》卷四

花椒秦地所產者，名秦椒。樹似茱萸而小，有針刺，葉堅而滑澤，味亦辛香。四月生細花，五月結實，顆如小豆而圓，生青熟紅，大于蜀椒，味短，其目亦不及蜀椒目光黑也。生蜀中者名川椒，生漢中者名漢椒。點椒莖葉都相類，但蜀椒肉厚皮皺，腹裏白，氣味濃，其子光黑如人之瞳人，故謂之椒目，他椒子雖光黑亦不似之，若土椒則子無光彩矣。寇宗奭曰：凡用秦椒、蜀椒，須去目及閉口者，炒熱隔紙鋪地上，以椀覆，待冷，碾取紅用。〇皇后稱椒房，取其實蔓延繁多。以椒塗室，亦取其溫暖。

氣味：辛，溫，有毒。主除風邪氣，溫中散寒，除濕，解鬱結，消宿食，通三焦，溫脾胃，堅齒明目，補右腎命門，殺蚘蟲，止泄瀉。

發明《名醫別錄》云：大熱，多食令人乏氣喘促。口閉者殺人。久食令人失明，傷血脉。丹溪朱氏云：椒屬火，純陽之物，有下達之能，服之既久，則火自水中生。故服椒者，無不被其毒也。〇得鹽味佳，中其毒者，涼水、麻仁漿解之。

清・何其言《養生食鑒》卷下

花椒即秦椒，處處可種，粵中亦有之。味辛，性溫，有毒。除風邪氣，溫中去寒，止吐逆，解諸毒。功用與川椒同。其葉以之調食品，香美殊勝。風弦爛眼，搗爛，敷之良。

清・蔣居祉《本草擇要綱目・熱性藥品》

秦椒 氣味：辛，溫，有毒。主治：除風邪氣，溫中，去寒痹，堅齒髮，明目。久服輕身，好顏色，耐老增年，通神。療喉痹吐逆，疝瘕。去老血，產後餘疾腹痛。出汗，利五臟，上氣欬嗽，久風濕痹。治惡風遍身四肢瘴痹，口齒浮腫搖動。女人月閉不通，產後惡血痢，多年痢，療腹中冷痛，生毛髮，滅瘢，能下腫濕氣。惡：（苦）

〔栝〕蔞、防葵。畏：雌黃。

清・王翃《握靈本草》卷七 椒產秦者為秦椒，產蜀者為川椒，川產旁有耳者真。閉口者殺人。微炒汗出用。去附紅黃殼者為椒紅。 主治：椒 辛，溫，有毒。主邪氣欬逆，溫中，去寒濕痺，除六腑寒冷，傷寒溫瘧，大風汗不出。療鬼疰蠱毒，破一切陰毒，堅齒髮，明目，久服耐老通神。

清・张璐《本經逢原》卷三 秦椒 辛，溫，有毒。去目，炒去汗，取紅用。其葉九瓣者，秦椒也。閉口者有毒，誤食之戟入咽喉，氣欲絕。或吐下白沫，身體痺冷，肉桂煎汁飲之。多飲冷水一二升，或食蒜，或飲地漿，或濃煎豆豉飲之並解。 《本經》除風邪氣，溫中去寒痹，堅齒髮明目。 發明：秦椒味辛氣烈，過於蜀椒，其溫中去痹，除風邪氣，治吐逆疝瘕，下腫濕氣，皆取辛烈，以散鬱熱，乃從治之法也。不宜多服。令鬚髮易白，以其氣辛，非蜀椒之比。臭毒瘡毒腹痛，冷水下一握效。其能通三焦，引正氣下惡氣可知也。

清・汪啟賢等《食物須知・諸葷饌》 秦椒 乃出秦嶺，氣味俱苦，生溫，熟寒，製法與蜀椒相同，顆粒較蜀椒略大。所惡有三藥：防葵、雌黃、栝蔞。主遍身惡風，散四肢瘻痹。滅瘢生髮，悅色通神。治牙齒浮腫動搖，併喉痹吐逆；調產後腹痛餘疾，及經閉不通。世相傳此椒可制水銀，凡誤餌成毒者，服此即愈也。

清・葉盛《古今治驗食物單方》 花椒 心腹冷痛，以布裹椒，安兩處，用熨斗熨令椒出汗，即止。 呃逆不止，川椒四兩炒，研，麵糊為丸，醋湯下三錢。 寒濕脚氣，川椒二三升，粗布袋盛之，日以踏脚。 手足皸裂，椒四合，水煮去渣，漬之，令燥，再漬候乾，塗猪、羊腦髓，妙。 漆瘡，以川椒煎湯浴。 婦人禿鬢，川椒四兩，酒浸，日日搽之，自長。 痔漏脫肛，每日空心嚼川椒一錢，涼水送下，三五次愈。 腎上風，川椒、杏仁研膏，塗掌心，合陰囊而臥，甚效。

清・吴儀洛《本草從新》卷四 秦椒〔宣，散寒，燥濕溫中。〕俗名花椒。 辛，苦，溫，有毒。溫中散寒，燥濕除風，下氣殺蟲。治上氣咳嗽吐逆，疝瘕，風濕寒痺。利五臟，去老血。療久痢，月閉，腹中冷痛，產後餘疾，惡血痢腹痛。禁忌修治俱同川椒。比川椒味短、紋低。惡苦蔞、防葵。畏雄黃。

清・汪紱《醫林纂要探源》卷三 椒 辛，熱。俗曰花椒，以別於胡椒。秦產曰秦椒，實大而薄。蜀產曰川椒，肉厚而皮多縐者，最佳。閉口者有毒。微炒去汗，搗去裏面黃殼，取紅肉用。 補肝，潤命門。氣味重沉，色紫赤，入肝及命門。用鹽引下行，治衝任寒氣上逆，及陰汗洩精，破血分寒阻經閉癥瘕。又能堅齒牙，治目之火衰而不明者。 煖胃，燥脾濕。命火常溫，則脾不濕，而胃能化食矣。能除脹滿，及腹中寒氣冷痛，吐瀉冷痢，寒痰，去飲食毒。若胃氣素熱者忌。 瀉肺，開閉塞。體質輕虛，生用能上行入肺，宣達寒淫，發汗行濕，治傷風寒咳嗽。 斬尸殺疰。雷火之氣也。 椒目 苦，辛。椒中黑子也。 堅腎，潤命門，行淫水，安相火。黑色專入腎，行水道，治腎虛耳鳴。 葉 殺蟲。合松葉、金銀花煎浴，治疥瘡血瘡。

清・章穆《調疾飲食辯》卷一下 花椒末 《爾雅》曰：檓，大椒。郭注云：椒樹叢生實大者為檓。《詩》：椒聊之實，繁衍盈升。陸疏云：樹似茱萸，有鍼刺，葉堅而滑澤。蜀人作茶，吳人作茗，皆合煮以為香。成臯諸山，有竹葉椒，樹如蜀椒，熱毒不宜入藥，惟堪入食料，蒸雞、豚，辛香可食。然不益人。《綱目》曰：秦椒，花椒也。始產於秦，今處處有之。葉對生，尖而有刺。四月開細花。五月結實，生青熟紅，椒以色紅者為上，故《本草》曰：椒紅俗呼大紅袍。粒大，其目雖黑而不甚光。椒外面皮肉作兩瓣，包核於內，老則綻開，皮紅，核黑似人目內黑睛，故名椒目。不開者為閉口椒，有大毒，能殺人，藥中、食中均宜揀去。中其毒者，食棗解之。蜀產者名川椒，粒差小，皮紅，目極光黑，氣味亦佳。

按：椒性熱而有毒，《本經》謂除風治寒痹，下氣溫中則是。又云久服輕身耐老，令人頭不白，延年通神，則大不可信。《別錄》云：治吐逆、疝瘕，去老血，發汗，殺魚蟲毒。《食療本草》曰：主上氣咳嗽，久風濕痹。《藥性本草》曰：治惡風，遍身四肢瘰痹，女人月閉不通行血藥內加此助之，腹中冷痛。《日華本草》曰：暖腰膝，縮小便，療陰汗，去下焦肝腎沉寒。皆不可謂無功。然中病即止，不宜過服，過服則令人氣閉，與閉口椒同。或發一切熱病，如吐血、衄血、溲血、便血及瘡瘍、癰毒等症。其入食料，雖辛香有味，又解食毒，而熱毒之害則同，不宜多食、久食。素患陰虛內熱，及傷寒、熱病、癰家、痘家、血家、渴家、汗家、女人崩漏、孕家，皆禁食。《上清訣》曰：凡喫飯過飽，心腦痞悶，水吞生椒一二十枚即消。一切肉食及粢糕之類同治。俗醫不知溫中消食之理，專用山查、麥芽、神麯傷其脾胃，致令愈消愈脹。近又創造焦查，將山查炒成炭，尤可笑可惡。《證治要訣》曰：凡嘔吐服藥不納者，必有蚘在膈間，但於藥中加川椒少許，即蟲伏而藥可受胃熱者同黃連用，辛苦皆蟲所畏也。《本事方》曰：上逆作喘，或呃噎者，宜於補腎藥中微加川椒，引之歸下。蓋川椒善溫下焦，故《千金方》治冷氣入陰囊，陰莖縮，疼痛欲死：川椒一二升，熱水濕之，布裹置囊下及小腹，蒸之，冷即易。更宜內服溫補肝腎之藥，亦不可無川椒。如卒急不得川椒，用胡椒或葱、薑、韭和麥麩炒熱俱可。又治久冷下痢：川椒醋浸，焙，研末，小麥麩炒黃色，下水煎粥，入椒末一匕食。《斗門方》治腹內虛冷，令人不思飲食，或食而難化，或時作微痛，或溏泄不止：川椒漿水浸一宿，每新汲水吞十數枚。此大誤也，豈有飲冷水治冷疾之理。宜用開水，米飲更佳。又不如同白朮、甘草、酒炒芍藥研末，米飲下更佳。又治虛冷少氣：呼吸微弱無力也，乃下元氣海虛寒所致。川椒一兩，酒三升，浸三日，隨量飲數盃。更宜速進脾腎二家補藥。《獨行方》治諸瘡中風，令人口噤頭搖，四肢搐搦，角弓反張，如破腦傷風狀：椒末一升，酒拌濕，以麪餅裹椒末如餡，勿令漏氣，分二裹，灰火內煨熟，取出刺作孔，對瘡口罨之，使椒氣射入，冷即易。須臾瘡中水出，偏身冷汗，立瘥。仍宜內服祛風托裏酒藥，如羌、獨、荊、防、白芷、甘草、歸、耆、乳、沒、蜈蚣、山甲、珠、蟬蛻等。破腦傷風亦宜此法。《物類相感志》曰：凡生漆瘡者，令人身腫潰爛，寒熱，甚者眉髮俱落，但以川椒末唾調塗鼻孔內外，即不生。已生者，煎湯浴之。椒目性能利水。《千金方》治水腫脹滿，椒目略炒，勿太熟，研末，每酒服方寸匕。

清·楊時泰《本草述鉤元》卷一九　秦椒　即俗所謂花椒。主治與蜀椒不甚異，然色黃味短，不及蜀椒。

肺胃素有火熱者，忌之，一切陰虛陽盛諸證，法所咸忌仲淳。

修治：收椒，須用紙包，入瓷器中，再封，勿令見風，蓋專取其氣以補命門也。凡使去目及閉口者，微炒出汗，乘熱入竹筒中，以杵舂去附紅黃殼。

清·吳其濬《植物名實圖考》卷三三　秦椒、蜀椒　秦椒，《本經》中品。《爾雅》：椴，大椒。又蜀椒，《本經》中品。今處處有之。以蜀產赤色者佳。川中用絲結為念珠等物，是也。

清·趙其光《本草求原》卷一三果之味部　秦椒　即花椒。主治與川椒略同，止吐逆。而辛烈太過，多服鬚髮易白，不及川椒。

花椒葉　敷寒濕腳腫，風眩爛眼，調食品香美。

花椒子　光黑如瞳人，故名椒目。苦辛，專行水道，不行穀道。燥濕、消水蠱、妊娠水腫、水喘及腎虛耳鳴。同巴豆、菖蒲為末，以松香、黃蠟溶和為挺，納耳中，一日一易。

清·葉志詵《神農本草經贊》卷二　秦椒　味辛，溫。主風邪氣，溫中，除寒痹，堅齒髮，明目。久服輕身，好顏色，耐老增年，通神。生川谷。

五行五義，光散衡星。通神禦濕，貽我懷馨。調漿介壽，塗屋蕃丁。月正元日，作頌鐫銘。

東坡詩注：吳真君服椒歌，其椒應五行，其仁通五義。《春秋運斗樞》：玉衡星散為椒。《孝經援神契》：椒薑禦濕。《詩》：貽我握椒。《宋書·傳》：臧燾幽蘭懷馨。僧宗林詩：調漿美著。《騷經上》：成公綏銘，永介眉壽。《漢官儀》：椒房取其實蔓延。《四民月令》：正月之旦，子孫各上椒酒。劉臻妻《有元日獻椒花頌》。

清·王孟英《隨息居飲食譜·水飲類》　花椒木名秦椒，一名檓。　辛，溫。調中下氣，除濕，殺蟲，止痛行瘀，解魚腥毒。

清·田綿淮《本草省常·氣味類》　秦椒　一名大椒。性熱。逐風散寒，溫中燥濕，破血通經，下氣殺蟲。多食損肺，生邪火，牙疼目昏。

清·戴葆元《本草綱目易知錄》卷三　秦椒花椒、土椒。　辛，溫，有毒。除風邪，去寒痹，能下腫濕氣惡風，四肢瘰痹。口齒浮腫搖動，疝痛久痢，腹中冷痛。女人月事不通，產後惡血血痢。生毛髮，滅瘢痕，煎洗疥癬諸瘡，腳氣浮腫，囊癰囊風。葆元增。時珍曰：○秦椒，花椒也。始產於秦，今處處種之，最易蕃衍。生青熟淡紅，其目不及蜀椒目，光黑也。○手足心腫，乃風也。花椒、鹽等分，末，醋和，傳之。○牙齒風痛。花椒醋煎，含漱。

清·李桂庭《藥性詩解》　賦得秦椒主攻痛而風得椒字。李慶霖。　驅寒兼逐冷，辛苦是秦椒。止逆殺蟲驗，除風使氣調。按：秦椒性溫而味辛苦，有小毒。療腹中冷痛，治上氣咳嗽。殺蟲下氣，除風燥濕，吐逆疝瘕，風濕寒痺，久痢月閉，產後餘疾。出秦地，故名秦椒。出四川，謂之蜀椒、川椒。出門陝，謂之秦椒。但味短，實細，色黃黑為異耳。

蜀椒

唐·孫思邈《千金要方》卷二六《食治·菜蔬》　蜀椒　味辛，大熱，有毒。主邪氣，溫中下氣，留飲宿食。能使痛者癢，癢者痛。久食令人乏氣，失明。主欬逆，逐皮膚中寒冷，去死肌，濕痹痛、心下冷氣，除五藏六腑寒，百骨節中積冷，溫瘧大風汗自出者，止下利，散風邪。合口者害人。其中黑子有小毒，下水。仲景云：熬用之。黄帝云：十月勿食椒，損人心，傷血脉。

宋·李昉《太平御覽》卷九五八　椒　《援神契》曰：椒薑禦溫，菖蒲益聰。　陸璣《毛詩疏義》曰：椒聊，聊，語助也。椒樹似茱萸，有針刺，葉堅而滑澤，蜀人作茶，吴人作茗，皆煮其葉，以為香。今成皋諸近山間，謂竹葉椒樹，亦如蜀椒，小毒，熱，不中合藥也，可着飲食中用，蒸雞豚佳香。東海諸島上椒樹枝葉皆相似，子長而不圓，甚香，其味似橘皮，島上麞鹿食此椒葉，其肉自然作橘香也。　《續漢書》曰：天竺國出石蜜、胡椒、黑鹽。　應劭《漢官儀》曰：皇后稱椒房，取其實，蔓延盈升，以椒塗屋，取其温暖。　《范子計然》曰：蜀椒出武都，赤色者善。秦椒出隴西，天水細者善。　《風土記》曰：三香：椒、欓、薑。　《離騷》曰：雜申椒與菌桂，播芳兮成堂。布椒於堂上。　晉成公綏《椒花銘》曰：嘉哉芳椒，載繁其實，厥味惟珍，蠲除百疾，肇惟歲首，月正元日，以介眉壽，祈以初吉。

附：日·丹波康賴《醫心方》卷三〇　蜀椒　《本草》云：味辛，大熱，有毒。主邪氣欬逆，溫中下氣，逐骨節皮膚肌寒溫痹痛，除五藏六府寒冷，心腹留飲宿食，腸澼下利，瘕結水腫，黄疸，鬼注蠱毒，殺蟲魚。久服頭不白，輕身增年，堅齒髮，耐寒暑。崔禹〔錫〕云：食之溫中，五藏六府冷風。　孟詵云：除客熱，不可久食，鈍人性靈。《養生要集》云：椒，閉口及色白者，食并殺人。

宋·唐慎微《證類本草》卷一四木部下品〔《本經·別錄·藥對》〕　蜀椒

味辛，溫、大熱，有毒。**主邪氣欬逆，溫中，逐骨節皮膚死肌，寒濕痹痛，下氣**，除六腑寒冷，傷寒溫瘧，大風汗不出，心腹留飲宿食，腸澼下痢，洩精，女子字乳餘疾，散風邪瘕結，水腫黄疸，鬼疰蠱毒，殺蟲、魚毒。**久服之頭不白，輕身增年**。開腠理，通血脉，堅齒髮，調關節，耐寒暑，可作膏藥。多食令人乏氣，口閉者殺人。一名巴椒，一名蓎音唐藙音毅。生武都川谷及巴郡。八月採實，陰乾。杏人爲之使，畏款冬。

〔梁·陶弘景《本草經集注》〕云：出蜀都北部，人家種之。皮肉厚，腹裏白，氣味濃。江陽、晉原及建平間亦有而細赤，辛而不香，力勢不如巴郡。巴椒有毒不可服，而此爲一名，恐不爾。又有秦椒，黑色，在中品中，凡用椒，皆火微熬之令汗出，謂爲汗椒。令有勢力。椒目，冷。別入藥用。不得相雜。

〔唐·蘇敬《唐本草》〕注云：椒目，味苦，寒，無毒。主水腹脹滿，利小便。今椒出金州西城者最善。

〔宋·掌禹錫《嘉祐本草》〕按：《爾雅》疏云：椴者，大椒之別名。郭云：今椒樹叢生實大者，名爲椴。《詩·唐風》云：椒聊且。陸璣云：椒樹似茱萸，有針刺。葉堅而滑，蜀人作茶，吴人作茗，皆合煮其葉以爲香。今成皋諸山間有椒，謂之竹葉椒。其樹亦如蜀椒，少毒，熱，不中合藥也。可著飲食中，又用蒸雞、豚最佳香。東海諸島上亦有椒樹，枝、葉皆相似，子長不圓，甚香，其味似橘皮，島上獐、鹿食此椒葉，其肉自然作椒、橘香。《藥性論》云：蜀椒，使，畏雄黄。又名陸撥，有小毒。能治冷風頑頭風，下淚，腰脚不遂，虚損留結，破血，下諸石水，能治嗽，主腹内冷而痛，除齒痛。又云：椒目，使，治十二種水氣。味苦、辛，有小毒。主和巴豆、菖蒲、松脂以蠟溶爲筒子，内耳中，抽腎氣虚，耳中如風水鳴，或如打鐘磬之聲，卒暴聾，一日一易，若神驗。日華子云：漢椒，破癥結，開胃，治天行時氣温疾，産後宿血，治心腹氣，壯陽，療陰汗，暖腰膝，縮小便。椒目主膀胱急。又云：椒葉，熱，無毒。治賁豘，伏梁氣及内外腎釣，并霍亂轉筋。和艾及葱研，以醋湯拌罯並得。

〔宋·蘇頌《本草圖經》〕曰：蜀椒，生武都川谷及巴郡，今歸、峽及蜀川、陝洛間人家多作園圃種之。高四五尺，似茱萸而小，有針刺。葉堅而滑，可煮飲食，甚辛香。四月結子，無花，但生於葉間，如小豆顆而圓，皮紫赤色，八月採實，焙乾。此椒，江淮及北土皆有之，莖、實都相類，但不及蜀中者，皮肉厚，腹裏白，氣味濃烈耳。服食方單服椒紅補下，宜用蜀椒也。韋宙《獨行方》：治諸瘡，中風者。生蜀椒一升，取少麪合溲裹椒，勿令漏氣，分作兩裹，於煻灰火中燒熟，及熱出之，刺頭作孔，當瘡上罯著，使椒氣射入瘡中，冷則易之。須臾瘡中出水，及遍體出汗，即差。施州又有一種崖椒，彼土人四季採皮入藥，云味辛，性熱，無毒。主肺氣上喘兼欬嗽，并野薑篩末，酒服錢匕，甚效。忌鹽下。又有蔓椒條云：生雲中川谷及丘冢間。採莖根煮釀酒。陶隱居云：俗呼爲樛，似椒欓音黨小，不香耳。今亦無復分別，或云即金椒是也。欓子出閩中、江東，其木似樗，莖間有刺，子辛辣如椒。主遊蠱，飛尸及腹冷。南人淹藏以作果品，或以寄遠。《吴越春秋》云：越以甘蜜丸欓與黨同報吴，增封之禮，然則欓之相贈尚矣。

〔宋·唐慎微《證類本草》〕雷公云：一名南椒。凡使，須去目及閉口者不用，其椒子先須酒拌令濕蒸，從巳至午，放冷密蓋，除向下火四畔，無氣後取出，便入甏器中盛，勿令傷風用也。《食療》云：溫。粒大者，主上氣咳嗽，久風濕痹。又，患齒痛，醋煎含之。又，傷損成瘡中風，以麪裹作餛飩，灰中炮之，使熟斷開口，封其瘡上，冷易熱者，三五度易之。亦治傷損成弓風。又，去久患口瘡，去閉口者，以水洗之，以麪拌煮作粥，空心吞之三五匙，飯壓之。再服，差。又椒，溫，辛，有毒。主風邪腹痛，痹寒，溫中，去齒痛，堅齒髮，明目，止嘔逆，滅瘢，生毛髮，出汗，下氣，通神，去老，益血，利五藏。治生産後諸疾，下乳汁。

久服令人氣喘促。十月勿食，及閉口者大忌，子細黑者是。秦椒白色也。《聖惠方》：治因熱取涼睡，有虵入口中挽不出。用刀破虵尾，内生椒三二粒，裹著，須臾即出。《外臺秘要》：治瘡腫。生椒末、麵、釜下土末之，以大醋和傅之。《千金方》：有人陰冷，漸漸冷氣入陰囊腫滿，恐死，日夜疼悶不得眠。取生椒擇之令淨，以布帛裹著丸囊，令厚半寸，須臾熱氣大通，日再易之，取消差。《肘後方》：治金瘡中風。蜀椒量瘡口大小，用麵作餛飩，煻火中炮令熟，開一孔，當瘡上掩之引風出，可作數枚，以差替換之，妙。又方：虵毒。以閉口椒并葉擣，傅之止。孫真人云：十月勿食椒，食之損氣傷心，令人多忘。又方：治心腹俱痛。以布裹椒薄注上火，熨令椒汗出，良。《斗門方》：治腹内虛冷，久服駐顏。用生椒擇去不拆者，除其黑子，用四十粒，以漿水浸經一宿，盡令口合，空心新汲水下。去積年冷，暖藏腑，久服則能駐顏，黑髮，明目，令人思飲食，妙。《勝金方》：治好食生茶。用椒末不限多少，以糊丸如梧子大，茶下十丸。《深師方》：治手足皴裂。椒四合，水煮之，去滓漬之，半食頃，出令燥，須臾復浸，乾，塗羊、猪髓腦，極妙。姚和衆：治小兒水瀉、奶疳。椒一分，去目爲末，酥調之，少少傅腦上，日可三度。《譚氏》：治小兒水瀉椒紅散，及人年五十已上患瀉。用椒二兩，醋二升，煮醋盡，慢火焙乾爲末，甆器貯之。每服二錢匕，酒或米飲下之。又方：治漆瘡。漢椒湯洗之，即愈。《援神契》：椒、薑禦瘟，補益聰明。

題宋・蘇軾《物類相感志》　人有見漆，多為漆氣上騰着人而生漆瘡。用川椒三四十粒，搗碎塗口鼻上，則不為漆所害。

宋・寇宗奭《本草衍義》卷一五　蜀椒　須微炒使汗出，又須去附紅黃殼。去殼之法：先微炒，乘熱入竹筒中，以梗舂之。播取紅，如未盡，更揀，更舂，以盡爲度。凡用椒須如此。其中子謂之椒目，治盜汗尤功。將目微炒，擣爲極細末，用半錢匕，以生猪上唇煎湯一合，調，臨睡服，無不效。蓋椒目能行水，又治水蠱。

宋・王繼先《紹興本草》卷一三　蜀椒　紹興校定：蜀椒，出產、性味主療已載《經》注。大率助陽散寒，諸方用之頗驗。取肉厚色赤、氣味烈者佳。雖產處不一，唯蜀川者正可入方。今當作味辛、熱、有毒為定。又云多食令人乏氣，蓋多食致氣盛，而氣喜作喘有之，非為損氣故也。又椒目能行水，然在諸方時用，亦未聞獨恃此而取效矣。

宋・鄭樵《通志》卷七六《昆蟲草木略》　椒　曰蓎藙，曰陸撥，曰南椒。生於漢中者曰漢椒，蜀中者曰蜀椒，巴中曰巴椒。

金・張元素《潔古珍珠囊》〔見元・杜思敬《濟生拔粹》卷五〕　蜀椒辛純陽。明目，又溫中，止精洩。

宋・劉明之《圖經本草藥性總論》卷下　蜀椒　味辛，溫，大熱，有毒。主邪氣欬逆，溫中，逐骨節皮膚死肌，寒溫痺痛下氣，除六腑寒冷，傷寒溫瘧，大風汗不出，心腹畱飲，宿食腸澼，下痢洩精，女子字乳飲疾，散風邪瘕結，水腫黃疸，鬼疰蠱毒，殺蟲魚毒。久服之頭不白，輕身增年，開腠理，通血脈，堅齒髮，調關節，耐寒暑。《藥性論》云：使。有小毒。治冷風，頑頭風下淚，腰腳不遂，虛損畱結，破血，下諸石水。能治嗽，主腹内冷而痛，除齒痛。又云：椒目，使。治十二種水氣。味苦、辛，有小毒。主和巴豆、菖蒲、松脂，以蠟鎔為筒子，内耳中，抽腎氣虛，耳中如風水鳴，或如打鍾磬之聲，卒暴聾，一日一易，若神驗。日華子云：破瘕結，開胃，治天行時氣溫疾，產後宿血，治心腹氣，壯陽療陰汗，暖腰膝，縮小便。椒目，主膀胱急。又云：葉，熱，無毒。治賁㹠伏梁氣，内外腎釣，霍亂轉筋。和艾及葱，研醋湯拌下，並得。杏仁為之使。畏欵冬、雄黃。

宋・陳衍《寶慶本草折衷》卷一四　蜀椒使。○目及葉附。　一名巴椒，一名南椒，一名蓎藙，一名陸撥。○又云：一名川椒。○衆方用去黃殼者，名椒紅。艾氏亦取椒紅為勝也。○蓎，音唐；藙，音毅。生武都川谷及蜀郡，及巴郡、江陽、晉原、建平、江淮、北土，陝、洛、歸、峽、金、施州園圃種之。○八月採實，陰乾，亦焙乾。○杏仁為使，畏款冬、雄黃。○序例云：畏橐吾、附子、防風。○附：目，即椒腹中黑子也。

味辛，熱，有毒。○主邪氣欬逆，溫中，逐骨節皮膚寒濕痹痛，下氣，除寒冷溫瘧，心腹留飲宿食，腸澼下痢，洩精，女子字乳餘疾，散風邪瘕結，水腫黃疸，鬼疰蠱毒，殺蟲魚毒，開腠理、通血脉，堅齒髮，調關節。○《藥性論》云：治冷風、頑頭風下淚，腰脚不遂，虛損留結，下諸石水，治嗽，主腹冷痛除齒痛。○《圖經》曰：蜀椒結子無花，如小豆顆而圓，皮紫赤色，肉厚，腹裏白，氣味濃烈。○《食療》云：主傷損瘡中風，以麵裹炮熟，斷開，封瘡上。冷易熱者。又主明目。○孫真人云：十月勿食椒，損氣，傷心，多忘。○姚和衆：治小兒水瀉奶疳。椒去眼為末，酥調，少少傅腦上，日三。○寇氏曰：微炒使汗出，須去附紅黃殼炒，乘熱入竹筒中，以梗椿之，播取紅，如未盡，更揀更椿。

附：椒目。使。○味苦、辛，寒，有小毒。主水腹脹滿，利小便，治十二種水氣膀胱急。又治盜汗，椒目微炒搗末，用半錢匕，以生猪上脣煎湯壹合調，臨睡服效。

附：葉。○熱，無毒。治賁豚伏梁氣，及內外腎釣，霍亂轉筋，和艾及葱研，以醋湯拌署。其葉堅滑。

續說云：《圖經》嘗曰：蜀椒氣好下，餌者有益下之功，《博濟方》稱吳君久服而致長生。諸方載其服而成效者甚衆。惟艾原甫乃言服之未有不冲眼者，多食則氣乏，久服則氣喘。欲服者宜知之。

新分漢椒○椒囊法續附。所出與蜀椒同。又生漢州。

味辛，熱，有毒。用蜀椒云。○破癥結，開胃，治天行時氣、溫疾，產後宿血，治心腹氣，壯陽，療陰汗，暖腰膝，縮小便。分前條日華說。○《譚氏方》：治漆瘡，漢椒湯洗之愈。

續說云：蜀椒、漢椒，本一種也，各隨所產之地以命名，功用亦稍差殊。前有秦椒，雖曰同類，主治又異矣。《經驗方》椒囊法：以踈布為囊，入蜀椒或漢椒貳參斤，置火踏上，跣足踏之，治脚氣之患。惟是寒濕所襲，血氣因寒凝結者，固宜施此，辟而散之。儻有風熱之證，則非所宜矣。然諸方不用閉口椒者，以其蘊熱不吐及子核無由得去，故為世所棄耳。正條舊稱能殺人者，何太過耶？天然而生，不以他木接者最良。或雜以儻椒、野椒，色淡氣惡，皆非所取。

元·王好古《湯液本草》卷五　川椒　氣熱溫，味大辛。辛溫，大熱，有毒。《象》云：主邪氣，溫中，除寒痹，堅齒髮，明目，利五臟。須炒去汗。《心》云：去汗，辛熱，以潤心寒。《本草》云：主邪氣欬逆，溫中，逐骨節皮膚死肌，寒濕痹痛，下氣，除六腑寒冷，傷寒溫瘧，大風汗不出，心腹留飲，宿食，腸澼下痢，泄精，女子字乳餘疾，散風邪瘕結水腫，黃疸，鬼疰蠱毒，耐寒暑，開腠理。閉口者，殺人。惡栝蔞、防、葵。畏雌黃。

元·忽思慧《飲膳正要》卷三　小椒　味辛，熱，有毒。主邪氣欬逆，溫中，下冷氣，除濕痹。

元·尚從善《本草元命苞》卷七　蜀椒　為使。辛，溫，大熱，有毒。多食乏氣。不去閉口，殺人。畏欵冬、雄黃。以杏人為使。主邪氣欬逆，溫中，逐骨節皮膚寒濕。除六腑寒熱，止腸澼下痢。丈夫洩清陰汗，女子字乳餘疾。字者，孳也。孳乳而生，按《易》女子貞十年，不字乳也。療傷寒溫瘧，汗不出。治心腹留飲，食不消。開腠理，通血脈，堅齒髮，利關節。久服頭不白，多餌耐寒暑。能殺魚毒，亦醫黃疸。《爾雅》云：椴葉可作茗。生武都、巴郡川谷，今歸、峽、蜀川皆有。樹無花，結子類茱萸，形小，比秦椒皮紫，赤色，有針刺，葉堅而滑，八月採實，陰乾入藥。去目出汗。椒目為使，苦，辛，有毒，能泄水腫，善利小便。

元·吳瑞《日用本草》卷八　漢椒　蜀中出，名蜀椒。淮地出，名淮椒。味辛，溫，大熱，有毒。用之炒去汗。多食令人乏氣。口閉者殺人。能殺蟲魚一切肉毒。主邪氣咳逆，溫中，逐去骨節皮膚死肌，寒濕痹痛，下氣，除六腑寒冷，傷寒溫瘧，大風汗不出，心腹留飲，宿食腸澼下痢，泄精，散風邪，黃疸，鬼疰，殺蟲魚毒。久服頭不白，開腠理，通血脉。

元·佚名氏《珍珠囊·諸品藥性主治指掌》〔見《醫要集覽》〕　川椒　味辛，性大熱，有毒。浮也，陽中陽也。其用有二：用之於上，退兩目之翳膜；用之於下，除六腑之沉寒。

元·徐彥純《本草發揮》卷三　蜀椒　潔古云：氣溫，味辛。主邪氣，溫中，除寒痺。堅齒髮，明目。利五臟。凡須用炒，去汗及合口者。東垣云：蜀椒，味辛，溫，大熱，純陽。溫中，明目，逐骨節皮膚死肌，寒濕痺痛。又云：蜀椒去汗，辛熱。以潤心寒。丹溪云：紅椒屬火而有水與金。有下達之能，所以其子名曰椒目。止行滲道，不行穀道，能下水燥濕。世人服椒者，無不被其毒，以其久則火自水中起，誰能御之。

明·朱橚《救荒本草》卷下之前　椒樹　《本草》蜀椒，一名南椒，一名巴椒，一名蓎藙音唐毅。生武都川谷及巴郡歸峽，蜀川、陝洛間人家園圃多種之。高四五尺，似茱萸而小，有針刺，葉似刺蘗葉微小，葉堅而滑，可煮食，甚辛香。結實無花，但生於葉間，如豆顆而圓，皮紫赤。此椒江淮及北土皆有之，莖實皆相類。但不及蜀中者皮肉厚，腹裏白，氣味濃烈耳。又云：出金州西城者佳。味辛，性溫，大熱，有小毒。多食令人乏氣。口閉者殺人。十月勿食椒，損氣傷心，令人多忘。杏仁為之使。畏欵冬花。救飢：採嫩葉煠熟，換水浸淘淨，油鹽調食。椒顆調和，百味香美。治病：文具《本草》木部蜀椒條下。

明·王綸《本草集要》卷四　蜀椒使　味辛，氣溫，大熱，有毒。杏仁為之使。畏款冬、雄黃。陰乾。用須微炒，使出汗，取紅，去黃殼，去目。　主邪氣咳逆，溫中，逐骨節、皮膚死肌，寒濕痹痛，下氣，除六腑寒冷，傷寒溫瘧大風，汗不出，心腹冷氣痛，除齒痛。壯陽，療陰汗，縮小便，開腠理，通血脈，堅齒髮，明目。殺鬼疰蠱毒，蟲魚蛇毒。久服之頭不白，輕身增年。又云：　多食令人乏氣。又十月勿食之。口閉者殺人。〇椒目，味苦辛，有小毒。能行水，治水蠱，又治盜汗尤功。將目微炒，搗為極細末，用半錢匕，以生猪上唇煎湯一合，調，臨睡服效。　蛇入口中不得出，用刀破蛇尾，納生椒三二粒，裹著，須臾即出。　漆瘡，煎湯洗之。　齒痛，醋煎含之。　有大陰冷，漸漸冷氣入陰囊，腫滿，日夜疼悶。　揀淨椒，以布帛裹着丸囊，令厚半寸，須臾熱氣大通，日再易之，取消差。

明・滕弘《神農本經會通》卷二　蜀椒　即川椒。使也。杏仁為之使。畏欵冬、雄黃，惡栝（蔞）〔樓〕、防葵。八月採實，陰乾。用須微炒，令出汗。取紅去黃殼，去白。口閉者殺人。《衍》云：　去殼之法，先微炒，乘熱入竹筒中，以梗椿之，播取紅，如未盡，更揀更椿，以盡為度。凡用椒，須如此。

味辛，氣溫，大熱，有毒。《湯》云：　氣熱，溫。味大辛。辛溫大熱，有毒。東云：　浮也，陽中陽也。用之於上，退兩目之翳膜。用之於下，除六腑之沉寒。又云：　達下。《珍》云：　溫中，潤心寒，明目，去汗，逐骨節皮膚死肌，寒濕痺痛。《疌》云：　溫中，去冷，上除兩目雲翳，下治六腑沉寒。

《本經》云：　主邪氣欬逆，溫中，逐骨節皮膚死肌，寒濕痺痛，下氣，除六腑寒冷，傷寒溫瘧大風，汗不出，心腹留飲，宿食，腸澼下痢，洩精，女子字乳餘疾，散風邪，瘕結，水腫黃疸，鬼疰蠱毒，殺蟲魚毒。久服之，頭不白，輕身增年。開腠理，通血脈，堅齒髮，調關節，耐寒暑。可作膏藥。多食令人乏氣。《藥性論》云：　蜀椒，使。有小毒。治冷風，頭風下淚，腰脚不遂，虛損留結，破血，下諸石水，能治嗽，主腹內冷而痛，除齒痛。日華子云：　漢椒，破癥結，開胃，治天行時氣，溫疾，產後宿血，治心腹氣，壯陽，療陰汗，暖腰膝，縮小便。《食療》云：　溫，辛，有毒，主風邪，腹痛，痺寒，溫中，去齒痛，堅齒髮，明目，止嘔逆，滅瘢，生毛髮，出汗，下氣通神，不老，益血，利五臟。治生產後諸疾，下乳汁。久服令人氣喘促。十月勿食，及閉口者大忌。子細黑者是，秦椒白色也。《象》云：　主邪氣，溫中，除寒痺，堅齒髮，明目，利五臟。須炒去汗。《心》云：　去汗。辛熱以潤心寒。丹云：　凡使，以蜀椒為佳。《衍》同。劊云：　川椒味辛熱有毒，溫中去冷服之安。上除兩目之雲膜，下治六腑之沉寒。《局》云：　蜀椒辛熱除寒痺，下氣溫中散冷風。并治洩精腸澼痢，子名椒目水能通。蜀椒，主澁精，止澼，溫中下氣，兼風痺。

椒目　使也。《唐本》注云：　味苦，寒，無毒。陶云：　冷。《藥性論》云：　味苦、辛，有小毒。陶云：　椒目，別入藥用，不得相雜。《唐本》注云：　主水腹脹滿，利小便。《藥性論》云：　椒目，使。治十二種水氣，味苦、辛，有小毒。主和巴豆、菖蒲、松脂，以蠟溶為筒子，內耳中，抽腎氣，虛耳中，如風水鳴，或如打鍾磬之聲，卒暴聾，一日一易，若神驗。日華子云：　主膀胱急。丹溪云：　治盜汗有功，又能行水。

椒葉　日華子云：　熱，無毒。治賁豘伏梁氣，內外腎釣，並霍亂轉筋，和艾及葱，研以醋伴下，並得。

明・劉文泰《本草品彙精要》卷二〇　蜀椒　有毒。附崖椒、目、葉。叢生。

蜀椒出《神農本經》：　**主邪氣欬逆，溫中，逐骨節皮膚死肌，寒濕痹痛，下氣。久服之頭不白，輕身增年。**以上朱字《神農本經》。除六腑寒冷，傷寒，溫瘧，大風，汗不出，心腹留飲，宿食，腸澼下痢，泄精，女子字乳餘疾。散風邪瘕結，水腫，黃疸，鬼疰，蠱毒，殺蟲魚毒，開腠理，通血脈，堅齒髮，調關節，耐寒暑，可作膏藥。多食令人乏氣。以上黑字名醫所錄。【名】巴椒蓎音唐、藙音毅、崖椒、漢椒、南椒。　【苗】《圖經》曰：　樹高四五尺，似茱萸而小，有針刺，葉堅而滑，四月結子無花，但生於葉間，如小豆顆而圓，皮紫赤色，此椒江淮及北土皆有之，莖、實都相類，但不及蜀中者。皮肉厚，腹裏白，氣味濃烈爾。又有一種崖椒，彼土人四季採皮入藥。《爾雅疏》云：　椴，大椒之別名。郭云：　今椒樹叢生，實大者名爲椴。陸璣云：　蜀人作茶，吴人作茗，皆合煮，其葉以爲香。今成皋諸山間有椒，謂之竹葉椒，其樹亦如蜀椒，小毒熱，不中合藥也。可煮飲食中用，蒸雞豚最佳。　謹按：　蜀椒由蜀地所產者，故言蜀椒。大率椒株皆相似，但蜀椒皺紋高，非比他椒皺紋低而爲別也。以上云江淮北土、成皋諸山所出者，概類蜀椒，故附於此。　【地】《圖經》曰：　生武都川谷及巴郡，今歸、峽及陝、洛間人家園圃多種之。【道地】蜀川、金州、西域、施州。　【時】生：　春生葉。採：　八月取實。　【收】陰乾。【用】實、目、葉、皮。　【質】類小豆顆而圓，開口有皺文。　【色】紫赤。【味】辛。　【性】溫，大熱。　【氣】氣之厚者，陽也。　【臭】香。　【主】腹內冷痛，溫中下氣。　〔助〕杏仁爲之使。　〔反〕畏款冬花、雄黃、附子、防風。

〔製〕《雷公》云：凡使，去目及閉口者，先須酒拌令濕，蒸，從巳至午，放冷密蓋，除向下火，四畔無氣後取出，便入瓷器中盛，勿令傷風用。或微炒出汗，去梗用。　〔治〕療：《藥性論》云：蜀椒，治風頑，頭風下淚，腰腳不遂，留結破血，下諸石水，止嗽，除齒痛。○目，主十二種水氣。日華子云：漢椒，破癥結，開胃及天行時氣，溫疫，產後宿血，及心腹氣，療陰汗，縮小便。○目，主膀胱急。　補：《藥性論》云：蜀椒，補虛損。日華子云：漢椒，壯陽，暖腰膝。　〔合治〕目合巴豆、菖蒲、松脂、鎔蠟爲筒子，內耳中，療腎氣虛，耳中如風水等聲，及卒暴耳聾。○葉合葱、艾研醋拌罯，治奔豚，伏梁氣，及內外腎釣，霍亂轉筋。　〔禁〕閉口者殺人。六月、十月食之損氣傷心，令人多忘。　〔贗〕竹葉椒爲僞。

明・盧和、汪穎《食物本草》〔一樂堂本〕卷四味類　川椒　味辛，氣溫，大熱，有毒。主邪氣欬逆，溫中，明目，逐骨節皮膚死肌、寒濕痹痛，下氣，除六腑寒冷，傷寒溫瘧，大風汗不出，心腹冷氣痛，除齒痛，壯陽，療陰汗，縮小便，開腠理，通血脉，堅齒髮，殺鬼疰、蠱毒、蟲魚蛇毒。久服之，頭不白，輕身，增年。多食，令人乏氣。凡用，須擇去閉口者及目盡，微炒，令出汗，捲之，取紅末用。目，味苦、辛，有小毒，能行水治水蠱。又，治盜汗尤切，炒為細末，以生猪上唇煎湯調半錢匕，臨睡服，効。

明・盧和、汪穎、汪穎《食物本草》〔胡文煥本〕　蜀椒　一名巴椒，一名蓎藙。武都巴郡生山谷間者佳。八月採實，陰乾。大熱，有毒。除六腑冷氣，治傷寒溫瘧，大風汗不出，心腹留飲，宿食，腸【氵十辟】下痢，洩精，女子字乳餘疾，散風邪，瘕結，水腫，黄疸，鬼疰，殺癆蟲，諸魚蟲毒。久服之，頭不白，輕身延年，開腠理，通血脈，堅齒髮，耐寒。可作膏藥。暑多食，令人乏氣。閉口者能殺人。椒目，味苦，寒，無毒。主水腹脹滿，利小便。

明・葉文齡《醫學統旨》卷八　川椒　氣溫、大熱，味辛。純陽。有毒。杏仁為使；畏欵冬、雄黃。凡用微炒出汗，取紅去黄殼、去目及合口者。　治邪氣欬逆溫中，明目；逐骨節皮膚死肌，寒濕痺痛；下氣，除六腑寒冷，傷寒溫瘧，大風汗不出，心腹冷氣痛，除齒痛；壯陽，療陰汗，縮小便，開腠理，通血脉，堅齒髮，安蛔蟲，殺鬼疰蠱毒及魚蛇毒。多食令人乏氣。

椒目　氣溫，味苦、辛。有小毒。微炒，不宜久服。　治盜汗，水蠱，有下達之能，行水之速。止行滲道，不行穀道，所以能下水燥濕也。

明・許希周《藥性粗評》卷二　蜀椒　一名川椒。椒有數種，此特以出之川蜀者言耳。樹高四五尺，似茱萸而小，有刺，葉堅而滑，四月結子，無花，但生於葉間，如小豆顆而圓，皮紫赤色，內目黑色，八月採實，焙乾收貯。此椒江淮、湘楚皆有之，莖實相類，但不及蜀中者皮厚，裏白，味更濃烈，入藥為有力耳。凡用擇去目并閉目者，微炒出汗，以碗覆於地下少頃，以去火毒。杏仁為之使，畏欵冬花及雄黃。　味辛，性大溫，有小毒。主治傷寒溫瘧，邪氣欬逆，內冷濕痹，留飲宿食，腸澼下痢，癥結水腫，黄疸，鬼疰蠱毒，頭風下淚，腰脚不利，齒痛虛汗，溫中下氣，明目固齒，壯陽溢精，散血消腫，開腠理，通血脉，養鬚髮，調關節，耐寒暑。東垣云：辛熱以潤心寒，逐骨節皮膚死肌。丹溪云：紅椒有下達之能，其子名椒目，能下水燥濕，行滲道，不行穀道，世人服椒目者，無不被其毒，以其久久則火自水中起，誰能禦之。

單方：　牙疼：不拘風蟲，以川椒去目，醋煎含之，吐去再含。　水瀉：不拘大人小兒，水瀉不止者，川椒二兩，揀淨，以好醋二碗，煮之，以醋盡為度，取出焙乾為末，甆器貯之，每服二錢，或酒或米飲調下。　臟腑積冷：選淨川椒，不拘多少，以漿水浸經一宿，盡令口合，每旦空心新汲水調下四十枚，久服又能令人駐顏黑髮明目。　金瘡中風：凡患金瘡腫痛者，取淨川椒為末，絞麵作餅，煨熟，開一口，當瘡上掩之，引出風愈，常作數餅，以愈為度。

明・鄭寧《藥性要略大全》卷四　川椒使　《經》云：主邪氣咳逆，溫中。逐骨節皮〔膚〕死肌，寒濕痹痛，下氣，除六腑寒冷，傷寒溫瘧，大風汗不出，心腹留飲宿食，腸澼下痢，泄精，女人乳餘諸疾，散風邪瘕結，水腫，黄疸，鬼疰蠱毒。耐寒，閉腠理。　味辛，性熱，有小毒。浮也，陽中陽也。杏仁為之使。畏欵冬、雄黃。採取陰乾，微炒使出汗。取紅入藥，去黄殼及目。不用閉口者，有大毒，能傷人。

明・陳嘉謨《本草蒙筌》卷四　蜀椒　味辛，氣溫、大熱。屬火，有金與水，浮也，陽中之陽。有毒。產自蜀川，八月收採。顆紅者為貴，閉口者殺人。製須炒出汗來，去目及(去)黄殼。凡用，先擇去目及閉口者，微炒汗出則有勢力。炒畢，竟投竹筒內。以杵舂之，播去附紅黄殼，只取外紅皮，旋舂旋播，以盡為度。　宜杏仁為使，畏欵冬雄黃。卻心腹冷疼及寒濕痹疼並効，殺鬼疰蠱毒併蟲魚蛇毒尤靈。除骨節皮膚死肌，療傷寒溫瘧不汗。上退兩目瞖膜，下敺六腑沉寒。通氣脉，開鬼門，仍調關節；　堅齒髮，暖腰膝，尤縮小便。理風邪，禁欬逆之邪；　治噫氣，養中和之氣。消水腫黄疸，止腸澼痢紅。多食乏氣失明，久服黑髮耐老。十月勿食，傷心健忘。椒目味苦兼辛，行水而治水蠱。定痰喘劫藥，斂盜汗捷方。並宜炒之，研末調服。葉和艾葱搗爛，少加釅醋拌匀。罯內外瞖吊痛殊功，敷癀㾬伏梁氣極驗。亦堪煮飲，氣甚辛香。〇又種秦椒，乃出秦嶺。氣味俱苦，生溫熟寒。製法與蜀椒相同，顆粒較蜀椒略大。所惡又有三藥，防葵、雌黄、栝蔞。主遍身惡風，散四肢瘰痹。滅瘢生髮，悅色通神。治口齒浮腫動搖併喉痹吐逆，調產後腹痛餘疾及經閉不通。世相傳此椒可制水銀，凡悮餌成毒者，服即愈也。〇崖椒施州出，上氣喘嗽者須求。〇蔓椒雲中生，賊風攣急者宜服。

明·方穀《本草纂要》卷四　川椒　味苦、辛，氣温，性大熱，有毒。主溫中益氣，去濕散寒，除風止痛，解毒驅邪，行水實脾，縮陰壯陽之神藥也。吾觀此劑，世俗俱以食物之內用椒拌之，取其香辣可食，殊不知椒有殺毒驅惡之功，食物之內有毒無毒，因宜而治之。又有日用之間，偏食奇物，或動風聚濕，或生寒發氣，或起痰動火，或積聚鬱結，或閉塞腠理，或驟行血脉等物，惟知一時可口，孰知病因而作，故古人以椒日用，非惟香辣爲佳，而實有益於臟腑之留結，又殺百物之邪穢，而使百病之不生也耶。

明·王文潔《太乙仙製本草藥性大全》卷三《本草精義》　蜀椒　一名巴椒，一名蓎藙，一名川椒。生武都川谷及巴郡，今歸峽及蜀川、陝洛間人家多作園圃種之。高四五尺，似茱萸而小，有針刺，葉堅而滑，可煮飲食，甚辛香。四月結子，無花，但生於葉間，如小豆顆而圓，皮紫赤色。八月採實，焙乾。此椒江淮及北土皆有之。莖實都相類，但不及蜀中者皮肉厚腹裏白，氣味濃烈耳。畏款冬、雄黄。服食方單服椒紅補下，宜用蜀椒也。

取椒孔法：　蜀椒須微炒，使出汗。又須去附紅黄殼。去殼之法：　先微炒，乘熱入竹筒中，以杵舂之，播取紅，如未盡，更陳更舂，以盡爲度。凡用椒，須如此。

明·王文潔《太乙仙製本草藥性大全》卷三《仙製藥性》　蜀椒　味辛，氣溫，大熱，屬火，有金與水，浮也，陽中之陽，有毒。杏仁爲之使。　主治：開腠理，散風邪瘕結乳疾。耐寒暑，理留食宿食洩精。却心腹冷疼，及寒濕痹疼並效。殺鬼疰蠱毒，併蟲魚蛇毒尤靈。除骨節皮膚死肌，療傷寒溫瘧不汗。上退兩目瞖膜，下敺六腑沉寒。通氣脉，開鬼門，仍調關節。堅齒髮，暖腰膝，尤縮小便。理風邪，禁欬逆之邪；　治噫氣，養中和之氣。消水腫黄疸，止腸澼痢紅。多食乏氣失明，久服黑髮耐老。十月勿食，傷心健忘。閉口者能殺人。　補註：　有人陰冷，漸漸冷氣入陰囊，腫滿恐死，日夜疼悶，不得眠。取生椒，擇之令淨，以布帛裹住陰囊，令厚半寸，須臾熱氣大通，日再易之，取消差。治瘡腫，生椒末、麪、釜下土末之，以大醋和傅之。治金瘡中風，蜀椒量瘡口大小，用麪作餛飩，煻火中炮令熟，開一孔，當瘡上掩之，引風出，可作數枚，以差替換之妙。治心腹俱痛，以布裹椒，薄注上火熨，令椒汗出良。蛇毒，以閉口椒并葉，擣傅之止。〇腹內虛冷，久服駐顏，用生椒，擇去不折者，除椒黑子，用四十粒，以漿水浸，經一宿，盡令口合，空心新汲水下。積年冷暖臟腑，久服則能駐顏黑髮明目，令人思飲食妙。治好食生茶，用椒末，不限多少，以糊丸如梧子大，茶下十丸。治手足皴裂，以椒四合，水煮之，去滓，漬之，半食頃出令燥，須臾復浸，乾，塗羊猪髓腦極妙。治小兒水瀉奶疳，椒一分，去目爲末，酥調之，少少傅腦上，日可三度。治小兒水瀉，椒紅散，及人年五十已上患瀉，用椒二兩，醋二升，煮醋盡，慢火焙乾，爲末，甆器貯之，每服二錢匕，酒或米飲下之。治漆瘡，漢椒湯洗之，即愈。　椒目　味苦兼辛，行水而治水蠱。定痰喘却藥，斂盜汗捷方，並宜炒之，研末調服。

補註：　治盜汗尤功，將椒目微炒，擣爲極細末，用半錢，以生猪上脣煎湯一合調，臨睡服，無不效，蓋椒目能行水又治水蠱。　葉　和艾、葱擣爛，少加釅醋，拌匀，罯內外瞖吊痛殊功，敷癀㾬伏梁氣極驗。亦堪煮飲，氣甚辛香。　太乙曰：　一名南椒。凡使須去目及閉口者不用。其椒子先須酒拌令濕，蒸從巳至午，放冷，密蓋，除向下火，皿畔無氣後取出，便入甆器中盛，勿令傷風用也。

明·皇甫嵩《本草發明》卷四　蜀椒下品，佐使。氣溫，味辛，大熱，有毒。屬火有金與水，浮也，陽中之陽。　發明曰：　蜀椒，辛能潤肺腎，而散寒邪熱，以助心陽而溫胃除濕，故《本草》主邪氣欬逆，除六府寒冷，傷寒溫瘧。大風汗不出，開腠理，通血脉，逐骨節皮膚死肌，寒濕(脾)〔痺〕痛，下氣，除齒痛，堅齒明目，女子自乳餘疾。又云：　治冷風，頑頭風下淚，腰脚不遂，腹內冷痛。療陰汗，縮小便泄，其潤腎散寒邪槩見矣。又主心腹留飲，宿食瘕結噫氣，腸澼下痢，水腫黄疸，鬼疰蠱毒，魚蛇毒，其助心陽溫胃除濕可知矣。多食乏氣，十月勿食之，傷心，以其辛散故也。杏仁為之使。畏款花、雄黄。出西蜀。鮮紅者良，閉口者殺人。凡用，去椒目及閉口者。炒微汗出，舂去内殼，取外紅皮用。

椒目味苦兼辛。　行水，利小便，治水蠱脹滿，定痰喘，斂盗汗。炒之研末，調服。○椒葉，和艾、葱搗爛，少加釅醋，拌勻，罯内外腎弔痛，敷奔豚伏梁氣，俱(斂)〔驗〕。亦堪煮飲，味辛香。有人陰冷，漸漸冷氣入陰囊腫滿，日夜痛悶，以淨椒帛裹，着丸囊令厚半寸，須臾熱氣大通，日再易之，取消。

明・李時珍《本草綱目》卷三二果部・味類

蜀椒《本經》下品校正自木部移入此。

【釋名】巴椒《别録》　漢椒《日華》　川椒《綱目》　南椒《炮炙論》　蓎藙唐毅　點椒時珍曰：蜀，古國名。漢，水名。今川西成都、廣漢、潼川諸處是矣。巴亦國名，又水名。今川東重慶、夔州、順慶、閬中諸處是矣。川則巴蜀之總稱，因岷、沱、黑、白四大水，分東、西、南、北爲四川也。

【集解】《别録》曰：蜀椒生武都山谷及巴郡。八月采實，陰乾。弘景曰：蜀郡北部人家種之。皮肉厚，腹裏白，氣味濃。江陽、晉康及建平間亦有而細赤，辛而不香，力勢不如巴郡者。恭曰：今出金州西域者最佳。頌曰：今歸、峽及蜀川、陝洛間人家多作園圃種之。木高四五尺，似茱萸而小，有針刺。葉堅而滑，可煮飲食。四月結子無花，但生于枝葉間，顆如小豆而圓，皮紫赤色，八月采實，焙乾。江淮、北土亦有之，莖葉都相類，但不及蜀中者良而皮厚、裏白、味烈也。時珍曰：蜀椒肉厚皮皺，其子光黑，如人之瞳人，故謂之椒目。他椒子雖光黑，亦不似之。若土椒，則子無光彩矣。

【修治】斆曰：凡使南椒須去目及閉口者，以酒拌濕蒸，從巳至午，放冷密蓋，無氣後取出，便入甆器中，勿令傷風也。宗奭曰：凡用秦椒、蜀椒，並微炒使出汗，乘熱入竹筒中，以梗搗去裏面黄殼，取紅用，未盡再搗。或只炒熱，隔紙鋪地上，以椀覆，待冷碾取紅用。

椒紅　【氣味】辛，温，有毒。《别録》曰：大熱。多食，令人乏氣喘促。口閉者殺人。詵曰：五月食椒，損氣傷心，令人多忘。李鵬飛曰：久食，令人失明，傷血脉。之才曰：杏仁爲之使，得鹽味佳，畏款冬花、防風、附子、雄黄。可收水銀。中其毒者，凉水、麻仁漿解之。

【主治】邪氣欬逆，温中，逐骨節皮膚死肌，寒熱痹痛，下氣。久服頭不白，輕身增年《本經》。除六腑寒冷，傷寒温瘧大風汗不出，心腹留飲宿食，腸澼下痢，洩精，女子字乳餘疾，散風邪瘕結，水腫黄疸，鬼疰蠱毒，殺蟲、魚毒。久服開腠理，通血脉，堅齒髮，明目，調關節，耐寒暑，可作膏藥《别録》。治頭風下淚，腰脚不遂，虚損留結，破血，下諸石水，治欬嗽，腹内冷痛，除齒痛甄權。破癥結開胸，治天行時氣，産後宿血，壯陽，療陰汗，暖腰膝，縮小便，止嘔逆大明。通神去老，益血，利五臟，下乳汁，滅瘢，生毛髮孟詵。散寒除濕，解鬱結，消宿食，通三焦，温脾胃，補右腎命門，殺蚘蟲，止泄瀉時珍。

【發明】頌曰：服食方，單服椒紅補下，宜用蜀椒乃佳。段成式言椒氣下達，餌之益下，不上衝也。時珍曰：椒純陽之物，乃手足太陰、右腎命門氣分之藥。其味辛而麻，其氣温以熱。稟南方之陽，受西方之陰。故能入肺散寒，治欬嗽；入脾除濕，治風寒濕痹，水腫瀉痢；入右腎補火，治陽衰溲數，足弱久痢諸證。一婦年七十餘，病瀉五年，百藥不效。予以感應丸五十丸投之，大便二日不行。再以平胃散加椒紅、茴香，棗肉爲丸與服，遂瘳。每因怒食舉發，服之即止。此除濕消食，温脾補腎之驗也。按《歲時記》言：歲旦飲椒柏酒以辟疫癘。椒乃玉衡星精，服之令人體健耐老。柏乃百木之精，爲仙藥，能伏邪鬼故也。吴猛真人《服椒訣》云：椒稟五行之氣而生，葉青、皮紅、花黄、膜白、子黑。其氣馨香，其性下行，能使火熱下達，不致上薰，芳草之中，功皆不及。其方見下。時珍竊謂椒紅丸雖云補腎，不分水火，未免誤人。大抵此方惟脾胃及命門虚寒有濕鬱者相宜。若肺胃素熱者，大宜遠之。故丹溪朱氏云：椒屬火，有下達之能。服之既久，則火自水中生。故世人服椒者，無不被其毒也。又《上清訣》云：凡人喫飯傷飽，覺氣上衝，心胸痞悶者，以水吞生椒一二十顆即散。取其能通三焦，引正氣，下惡氣，消宿食也。又戴原禮云：凡人嘔吐，服藥不納者，必有蚘在膈間。蚘聞藥則動，動則藥出而蚘不出。但於嘔吐藥中，加炒川椒十粒良，蓋蚘見椒則頭伏也。觀此，則張仲景治蚘厥烏梅丸中用蜀椒，亦此義也。許叔微云：大凡腎氣上逆，須以川椒引之歸經則安。

【附方】舊十二，新二十三。

椒紅丸：治元臟傷憊，目暗耳聾。服此百日，覺身輕少睡，足有力，是其效也。服及三年，心智爽悟，目明倍常，面色紅悦，髭髮光黑。用蜀椒去目及合口者，炒出汗，曝乾，擣取紅一斤。以生地黄擣自然汁，入銅器中煎至一升，候稀稠得所，和椒末丸梧子大。每空心暖酒下三十丸。合藥時勿令婦人、鷄、犬見。詩云：其椒應五行，其仁通六義。欲知先有功，夜見無夢寐。四時去煩勞，五臟調元氣。明目腰不痛，身輕心健記。别更有異能，三年精自祕。回老返嬰童，康强不思睡。九蟲頓消亡，三尸自逃避。若能久餌之，神仙應可冀。

補益心腎：仙方椒苓丸：補益心腎，明目駐顔，順氣祛風延年。真川椒一斤炒去汗，白茯苓十兩去皮，爲末，煉蜜丸梧子大。每服五十丸，空心鹽湯下。忌鐵器。邵真人《經驗方》。

虚冷短氣：川椒三兩，去目并合口者，以生絹袋盛，浸無灰酒五升中三日，隨性飲之。

腹内虚冷：用生椒擇去不拆者，用四十粒，以漿水浸一宿，令合口，空心新汲水吞下。久服暖臟腑，駐顔黑髮明目，令人思飲食。《斗門方》。

心腹冷痛：以布裹椒安痛處，用熨斗熨令椒出汗，即止。《孫真人方》。

冷蟲心痛：川椒四兩，炒出汗，酒一椀淋之，服酒。《壽域神方》。

陰冷入腹：有人陰冷，漸漸冷氣入陰囊腫滿，日夜疼悶欲死。以布裹椒包囊下，熱氣大通，日再易之，以消爲度。《千金》。

呃噫不止：川椒四兩炒研，麪糊丸梧子大。每服十丸，醋湯下，神效。邵以正《經驗方》。

傳尸勞疰：最殺勞蟲。用真川椒紅色者，去子及合口，以黄草紙二重隔之，炒出汗，取放地上，以砂盆蓋定，以火灰密遮四旁，約一時許，爲細末，去殼，以老酒浸白糕和，丸梧子大。每服四十丸，食前鹽湯下。服至一斤，其疾自愈。此藥兼治諸痹，用肉桂煎湯下；腰痛，用茴香湯下；腎冷，用鹽湯下。昔有一人病此，遇異人授是方，服至二斤，吐出一蟲如蛇而安，遂名神授丸。陳言《三因方》。

歷節風痛：白虎歷節風痛甚，肉理枯虛，生蟲遊走痒痛，兼治痹疾，半身不遂。即上治勞疰神授丸方。

寒濕脚氣：川椒二三升，踈布囊盛之，日以踏脚。貴人所用。《大全良方》。

諸瘡中風：生蜀椒一升，以少麪和搜裹椒，勿令漏氣，分作兩裹，于煻灰火中燒熟，刺頭作孔，當瘡上罨之，使椒氣射入瘡中，冷即易之。須臾瘡中出水，及遍體出冷汗，即瘥也。韋宙《獨行方》。

瘡腫作痛：生椒末、釜下土、蕎麥粉等分研，醋和傅之。《外臺秘要》。

囊瘡痛痒：紅椒七粒，葱頭七個，煮水洗之。一人途中苦此，湘山寺僧授此方，數日愈，名驅風散。《經驗方》。

手足皴裂：椒四合，以水煮之，去渣漬之，半食頃，出令燥，須臾再浸，候乾，塗猪羊腦髓，極妙。《勝金方》。

漆瘡作癢：《譚氏方》用漢椒煎湯洗之。○《相感志》云：凡至漆所，嚼川椒塗鼻上，不生漆瘡。

夏月濕瀉：川椒炒取紅：肉荳蔻煨各一兩，爲末，粳米飯丸梧子大。每量人米飲服百丸。

飧瀉不化：及久痢。小椒一兩炒，蒼术二兩土炒，碾末，醋糊丸梧子大。每米飲服五十丸。《普濟》。

久冷下痢：或不痢，腰腹苦冷。用蜀椒三升，酢漬一宿，麴三升，同椒一升，拌作粥食，不過三升瘥。《千金方》。

老小洩瀉：小兒水瀉，及人年五十以上患瀉。用椒二兩，醋二升，煮醋盡，慢火焙乾碾末，甆器貯之。每服二錢匕，酒及米飲下。《譚氏》。

水瀉奶疳：椒一分，去目碾末，酥調，少少塗腦上，日三度。姚和仲《延齡方》。

食茶面黄：川椒紅，炒碾末，糊丸梧子大。每服十丸，茶湯下。《簡便方》。

傷寒齒衄：傷寒嘔血，繼而齒縫出血不止。用開口川椒四十九粒，入醋一盞，同煎熟，入白礬少許服之。《直指方》。

風蟲牙痛：《總録》用川椒紅末，水和白麪丸皂子大，燒熱咬之，數度愈。○一方：花椒四錢，牙皂七七個，醋一椀煎，漱之。

頭上白禿：花椒末，猪脂調傅，三五度便愈。《普濟方》。

婦人禿鬢：漢椒四兩，酒浸，密室内日日搽之，自然長也。《聖惠方》。

蠍螫作痛：川椒嚼細塗之，微麻即止。《杏林摘要》。

百蟲入耳：川椒碾細，浸醋灌之，自出。《危氏方》。

毒蛇咬螫：以閉口椒及葉擣，封之良。《肘後方》。

蛇入人口：因熱取凉，卧地下，有蛇入口，不得出者。用刀破蛇尾，納生椒二三粒，裹定，須臾即自退出也。《聖惠方》。

小兒暴驚：啼哭絶死。蜀椒、左顧牡蠣各六銖，以酢漿水一升，煮五合。每灌一合。《千金方》。

舌蹇語吃：川椒，以生麪包丸。每服十粒，醋湯送下。《救急方》。

痔漏脱肛：每日空心嚼川椒一錢，凉水送下，三五次即收。同上。

腎風囊痒：川椒、杏仁研膏，塗掌心，合陰囊而卧，甚效。《直指方》。

椒目　【氣味】苦，寒，無毒。權曰：苦、辛，有小毒。【主治】水腹脹滿，利小便蘇恭。治十二種水氣，及腎虛耳卒鳴聾，膀胱急甄權。止氣喘震亨。

【發明】權曰：椒氣下達，故椒目能治腎虛耳鳴。用巴豆、菖蒲同碾細，以松脂、黄蠟溶和爲挺，納耳中抽之。治腎氣虛，耳中如風水鳴，或如打鐘磬之聲，卒暴聾者。一日一易，神驗。宗奭曰：椒目治盜汗有功。將目微炒碾細，用半錢，以生猪上唇煎湯一合，睡時調服，無不效。蓋椒目能行水，又治水蠱也。震亨曰：諸喘不止，用椒目炒碾二錢，白湯調服二三服以上劫之，後乃隨痰、火用藥。時珍曰：椒目下達，能行滲道，不行穀道，所以能下水燥濕、定喘消蠱也。

【附方】新五。

水氣腫滿：椒目炒，搗如膏，每酒服方寸匕。《千金方》。

留飲腹痛：椒目二兩，巴豆一兩去皮心，熬搗，以棗膏和，丸麻子大。每服二丸，吞下其痛即止。又方：椒目十四枚，巴豆一枚，豉十六枚，合搗爲二丸。服之，取吐利。《肘後方》。

痔漏腫痛：椒目一撮，碾細。空心水服三錢，如神。《海上方》。

崩中帶下：椒目炒碾細，每温酒服一勺。《金匱鉤玄》。

眼生黑花：年久不可治者。椒目炒一兩，蒼术炒一兩，爲末，醋糊丸梧子大。每服二十丸，醋湯下。《本事方》。

葉　【氣味】辛，熱，無毒。【主治】奔豚、伏梁氣，及内外腎釣，并霍亂轉筋，和艾及葱碾，以醋拌罨之大明。殺蟲，洗脚氣及漆瘡時珍。

根　【氣味】辛，熱，微毒。【主治】腎與膀胱虛冷，血淋色瘀者，煎湯細飲。色鮮者勿服時珍。○出《證治要訣》。

題明・薛己《本草約言》卷二《藥性本草》　川椒　味辛，大熱，有毒。浮也，陽中之陽也。其用有二：用之於上，退兩目之翳膜；用之於下，除六腑之沉寒。蜀椒辛能潤肺腎而散寒邪，熱以助心陽而溫胃除濕。多食乏氣，十月食之傷心，以其辛散故也。杏仁為之使，畏欵冬、雄黄。去殼及目，取紅入藥。

明・梅得春《藥性會元》卷中　川椒　味辛，性大熱。浮也，陽中之陽也。有毒。杏仁為使。畏欵冬花。主用之於上，退兩目之翳膜；用之於下，除六腑之沉寒。溫中下氣，治邪氣欬逆，明目，逐骨節皮膚寒濕痹痛及死肌，傷寒溫瘧，大風汗不出，心腹冷氣，除風蟲牙，壯陽，止陰汗，縮小便，開腠理，通血脉，堅齒髮，安蛔蟲，殺蠱毒鬼疰及魚蛇毒，逐風冷。多食令人乏氣，令人入調和。　核名椒目，微炒利水道，治疝氣，主盜汗，有下達之能。行水甚速，止行滲道，不行穀道，故能下水燥濕也。不宜久服、多服。　製法：凡使，微炒去汗，揀去目並合口者，能殺人。

明・王肯堂《傷寒證治準繩》卷八　蜀椒　氣溫，味辛，有毒。主邪氣，溫中，除寒痹，堅齒髮，明目，利五藏。戴：凡人嘔吐，服藥不納者，必有蚘在膈間，蚘聞藥則動，動則藥出而蚘不出，但於嘔吐藥中加炒川椒十粒良，蓋蚘見椒則頭伏也。觀此，則仲景治蚘厥烏梅丸中，用蜀椒亦此義也。許學士云：大凡腎氣上逆，須以川椒引之歸經則安。去目及閉口者，炒去汗，手搓細用。

明・穆世錫《食物輯要》卷八　川椒　味辛，性熱，有毒。殺癆蟲鬼疰蠱毒，解諸魚、蛇毒，調五臟，通三焦，消宿食癥結，寬胸止嘔，除六腑寒邪，利關節，開腠理，補命門真火，壯陽道，縮小便。久食，令人乏氣，傷血脉。有實熱喘嗽，及暴赤火眼者，勿食。

明・李中立《本草原始》卷四　蜀椒　始生武都川谷及巴郡，今歸、峽及蜀川、陝洛間人家多作園圃種之。高四五尺，似茱萸而小，有針刺。葉堅而滑，可煮飲，食甚辛香。四月結子如小豆顆而圓，生青，熟紫赤色。八月采實，陰乾。此椒江淮及北土皆有之，莖實都相似，但不及蜀中者皮肉厚，腹裏白，氣味濃烈耳。故《本經》惟曰蜀椒，俗呼川椒。其子光黑如人瞳子，謂之椒目。

椒紅：　氣味：　辛，溫，有毒。主治：　邪氣欬逆，溫中，逐骨節皮膚死肌，寒熱痹痛，下氣。久服頭不白，輕身增年。〇除六腑寒冷，傷寒溫瘧，大風汗不出，心腹留飲宿食，腸澼下痢，洩精，女子字乳餘疾，散風邪瘕結，水腫黃疸，鬼疰蠱毒，殺蟲魚毒。久服開腠理，通血脉，堅齒髮，明目，調關節，耐寒暑，可作膏藥。〇治頭風下淚，腰腳不遂，虛損留結，破血，下諸石水。治欬嗽，腹內冷痛，除齒痛。〇破癥結，開胸，治天行時氣，產後宿血，壯陽，療陰汗，暖腰膝，縮小便，止嘔逆。〇通神去老，益血利五臟，下乳汁，滅瘢，生毛髮。〇散寒除濕，解鬱結，消宿食，通三焦，溫脾胃，補右腎命門。殺蚘蟲，止泄瀉。

《本經》下品。【圖略】他處出者俗呼花椒，不及蜀椒功力。修治：　蜀椒去目及閉口者，炒熱，隔紙鋪地上，以椀覆待冷，碾取紅用。

《別錄》曰：　多食令人乏氣。口閉者殺人。詵曰：　五月食椒，損氣傷心，令人多忘。李(廷)〔鵬〕飛曰：　久食令失明，傷血脉。　杏仁為之使，畏款冬、防風、附子、雄黃。可收水銀。中其毒者，涼水、麻仁漿解之。《大全良方》：　治寒濕腳氣，川椒二三斤，踈布囊盛之，日以踏腳。貴人所用。蜀椒，使。

椒目：　氣味：　苦，寒，無毒。主治：　水腹脹滿，利小便，治十二種水氣及腎虛，耳卒鳴聾，膀胱急，止氣喘。《海上方》：　治痔漏腫痛，椒目一撮，碾細，空心水服三錢，如神。〔椒目〕：　使。

明・張懋辰《本草便》卷二　蜀椒使　味辛，氣溫，大熱，有毒。畏欵冬、雄黃。　主邪氣欬逆，溫中，逐骨節皮膚死肌，寒濕痹痛，下氣，除六腑寒冷，傷寒溫瘧，大風汗不出，心腹冷氣痛，牙齒痛，壯陽，療陰汗，縮小便，開腠理，通血脉，堅齒髮。

明・趙南星《上醫本草》卷二　蜀椒　一名漢椒，一名川椒。

椒紅　辛，溫，有毒。主治：　邪氣欬逆，溫中，逐骨節皮膚死肌，寒熱痹痛，下氣。久服頭不白，輕身增年。《別錄》曰：　大熱，多食令人乏氣喘促。口閉者殺人。詵曰：　五月食椒，損氣傷心，令人多忘。李鵬飛曰：　久食令人失明，傷血脉。

附方　補益心腎：　《仙方》椒苓丸，補益心腎，明目駐顏，順氣，祛風，延年。真川椒一斤炒去汗，白茯苓十兩，去皮，為末，煉蜜丸梧子大。每服五十丸，空心，鹽湯下。忌鐵器。　蠍螫作痛：　川椒嚼細塗之，微麻即止。

明・李中梓《藥性解》卷五　蜀椒　味辛，性熱，有毒，入肺、脾二經。主冷氣欬逆，心腹邪氣，風寒濕痹，癥瘕積聚霍亂轉筋，留飲宿食，開腠理，通血脉，堅齒髮，調關節，堪辟瘟疫，可洗漆瘡。微炒能出汗。去黃殼用。　按：蜀椒辛宜肺部，熱宜脾家，故並入之。症屬寒凝，誠為要劑。然過于行散，多服令人乏氣，且發熱疾，閉口者能殺人，不可不慎。

明・鮑山《野菜博錄》卷三　椒樹　一名川椒，《本草》名蜀椒。生蜀郡川谷間。高四五尺，枝莖有刺，葉似薔蘼葉，堅硬，結實，無花，葉間如豆顆，皮紫赤色，中有小黑子。味辛，性溫，大熱，有小毒。　食法：　採葉煠熟，換水浸淘淨，油鹽調食。

明・繆希雍《本草經疏》卷一四 蜀椒 味辛，溫，大熱，有毒。主邪氣欬逆，溫中，逐骨節皮膚死肌，寒濕痹痛，下氣，除六腑寒冷，傷寒，溫瘧，大風汗不出，心腹留飲宿食，腸澼下痢，洩精，女子字乳餘疾，散風邪，瘕結水腫，黄疸，鬼疰蠱毒，殺蟲、魚毒。久服頭不白，輕身增年。開腠理，通血脈，堅齒髮，調關節，耐寒暑。可作膏藥。多食令人乏氣。口閉者殺人。

【疏】蜀椒稟火金之氣，得南方之陽，受西方之陰。《本經》味辛氣溫。《別錄》大熱有毒。氣味俱厚，陽也。入手、足太陰，兼入手厥陰經。其主邪氣欬逆，皮膚死肌，寒濕痹痛，心腹留飲宿食，腸澼下痢，黄疸，水腫者，皆脾肺二經受病。肺出氣，主皮毛。脾運化，主肌肉。肺虚則外邪客之，為欬逆上氣。脾虚則不能運化水穀，為留飲宿食，腸澼下痢，水腫，黄疸。二經俱受風寒濕邪，則為痛痹，或成死肌，或致傷寒溫瘧。辛溫能發汗，開腠理，則外邪從皮膚而出。辛溫能暖腸胃，散結滯，則六腑之寒冷除，腸胃得溫則中焦治，而留飲、宿食、腸澼下痢、水腫、黄疸，諸證悉愈矣。其主女子字乳餘疾者，亦指風寒外侵，生冷內停而言。洩精、瘕結，由下焦虚寒所致。此藥能入右腎命門，補相火元陽，則精自固而結瘕消矣。療鬼疰蠱毒，殺蟲、魚毒者，以其得陽氣之正，能破一切幽暗陰毒之物也。外邪散則關節調，內病除則血脈通。佐補陰涼血之藥，則頭不白，齒髮堅，耐寒暑，輕身增年所自來矣。

【主治參互】同女貞子、牛膝、地黄、何首烏、旱蓮草、枸杞子、沒食子、桑椹子、黄蘗、人參、南燭子，能烏鬚黑髮，悅色駐顏。空心單服，能收輕粉、水銀毒。椒紅丸，治元臟傷憊，目暗耳聾。服此百日，覺身輕少睡，足有力，是其效也。服及三年，心智爽悟，目明倍常，面色紅悅，髭髮光黑。用蜀椒去目及閉口者，炒出汗，曝乾，擣取紅一斤，以生地黄擣自然汁，入砂器中煎至一升，候稀稠得所，和椒末丸梧子大。每空心暖酒下三十丸。合藥時勿令婦人、雞犬見。 孫真人方心腹冷痛，以布裹椒安痛處，用熨斗熨令椒出汗，即止。 《普濟方》餐泄不化及久利，小椒一兩炒，蒼术二兩土炒，研末，醋糊丸梧子大。每五十丸，米飲下。 《經驗方》囊瘡痛痒，紅椒七粒，葱頭七箇，煎水洗之。 《大全良方》寒濕腳氣，川椒二三升，疎布囊盛之，日以踏腳。 入仲景烏梅丸，治蚘厥。 宗奭方治盜汗，將椒目微炒，研細，用半錢，以生猪上唇煎湯一合，睡時調服，無不效。 甄權方治腎虚耳中如風水鳴，或如鐘磬之聲，卒暴聾者，用椒目、巴豆、菖蒲，同研細，以松脂、黄蠟溶和為挺，納耳中抽之。一日一易，神驗。 《千金方》水氣腫滿，椒目炒擣細，每酒服方寸匕。

【簡誤】椒稟純陽之氣，乃除寒濕，散風邪，溫脾胃，暖命門之聖藥。然而肺胃素有火熱，或欬嗽生痰，或嘈雜醋心、嘔吐酸水，或大腸積熱下血，咸不宜用。凡泄瀉由於火熱暴注，而非積寒虚冷者忌之。陰痿腳弱，由於精血耗竭而非命門火衰虚寒所致者，不宜入下焦藥用。欬逆非風寒外邪壅塞用，不宜用。字乳餘疾，由於本氣自病者，不宜用。水腫、黄疸，因於脾虚而無風濕邪氣者，不宜用。一切陰虚陽盛，火熱上衝，頭目腫痛，齒浮，口瘡，衄血，耳聾，咽痛，舌赤，消渴，肺痿咳嗽，咯血吐血等證，法所咸忌。

明・倪朱謨《本草彙言》卷一五 蜀椒 味辛，氣熱，有毒。入手足太陰及右腎命門氣分，兼入足厥陰血分。 《別錄》曰：蜀椒，出武都山谷及巴郡。 蘇氏曰：近以全州西域者稱最。今江夏及晉康、建平者次之。木高五六尺，似茱萸而小，有針刺，葉堅滑。無花結實，但生於枝葉間，顆如小豆而圓實，子光黑，宛如人瞳，謂之椒目。八月采實，肉肥皮皺，氣味濃厚芳烈也。 修治：去目及閉口者。其性能收水銀，有中椒毒者，以涼水、麻仁漿解之。

椒紅：暖五藏，通三焦，散瘀血，攻冷積，逐留飲，化癥癖，解蛔結，消宿食，龔雲林殺魚腥水毒之藥也。顧朽匏曰：按李時珍言：椒乃純陽之物，其味辛以麻，其氣溫以熱，稟南方之陽精，受西方之陰氣，故入肺散寒而治欬嗽，入腎暖水而治陽衰足冷，入肝通滯而治疝瘕奔豚，癥痞蠱毒，入脾溫中而治瀉利水腫、嘔吐疸脹，入心壯氣而通神明，發陽鬱，開腠理，達九竅也。他如老人目昏膝軟，泄瀉少食，合參、耆、苓、朮、歸、杞輩同用，正取溫陽氣，生陰血，培後天調養之功也。又按吳猛《服椒訣》云：椒稟五行之氣而生，葉青、皮紅、花黄、膜白、子黑，其氣馨香，其性下行，能使火熱下達，不致上衝。凡病腎氣上逆，須以蜀椒引之歸經自安。芳草之中，皆不及椒。又按戴元禮云：凡嘔吐服藥不納者，必有蛔在膈間。蛔聞藥氣則動，須於嘔吐藥中，加炒川椒二三十粒，蛔見椒則頭伏。此仲景治蛔厥烏梅丸中用蜀椒，正此義也。又按張三丰詩云：椒肉應五行，椒仁通六義。欲知先有功，夜間無夢寐。四時去煩勞，五藏調元氣。目明腰脊健，身輕心竅利。健忘驚悸寧，更奇精自秘。回老返嬰童，康强不思睡。九蟲頓消亡，三尸自逃避。若能久餌之，神仙應可冀。竊謂椒紅丸雖云補腎，不分水火，惟脾胃命門虛寒有濕熱者相宜。若肺胃素有火熱者，非所宜也。又吳猛方：取蜀椒去目一兩，合口者，炒去汗，搗取紅，以生地黄自然汁煎成膏，和椒紅末爲丸，空心酒下三十丸，其功不可盡述。〇治心腹冷痛，囊冷入腹，呃噫不止，寒濕脚氣，水氣腫滿，食瀉不化，久冷下痢，老幼泄瀉，食茶面黄，腎囊風汗，蛔結上攻等證。

外有蔓椒、崖椒、北椒等，味雖辛而微帶苦，不甚香，僅堪煮雞鴨鵝羊猪魚肉等，殺諸腥氣，不入藥用。

明·姚可成《食物本草》卷一六味部·調飪類　蜀椒即川椒，一名南椒，一名漢椒。生武都山谷及巴郡，陝、洛間人家多作園圃種之。木高四五尺，似茱萸而小，有針刺，葉堅而滑，可煮飲食。四月結子無花，但生於枝葉間，顆如小豆而圓，皮紫赤色，八月采焙乾。江、淮、北土亦有之，莖葉都相似，但不及蜀中者良而皮厚裏白味烈也。〇李時珍曰：蜀椒肉厚皮皺，其子光黑，如人之瞳人，故謂之椒目。他椒子雖光黑，亦不似之，若土椒則子無光彩矣。今民間烹煮食物，蔬素、雞魚、猪肉等味，俱不可缺，去腥除臭，調和香美，惟煮鰻、鱓等類大忌之。

蜀椒，味辛，溫，有小毒。主邪氣欬逆，溫中，逐骨節皮膚死肌，寒濕痹痛下氣。久服頭不白，輕身延年。除六腑寒冷，傷寒溫瘧大風，汗不出，心腹留飲，宿食腸澼下痢，洩精，女子字乳餘疾，散風邪瘕結，水腫黄疸，鬼疰蠱毒，殺蟲、魚毒。久服開腠理，通血脉，堅齒髮，明目，調關節，耐寒暑。治頭風下淚，腰脚不遂，虛損留結，破血，下諸石水。治欬嗽，腹内冷痛，除齒痛，破癥結，開胸。治天行時氣，産後宿血，壯陽，療陰汗，暖腰膝，縮小便，止嘔逆。通神去老，益血，利五臟，下乳汁，滅瘢，生毛髮。散寒除溼，解鬱結，消宿食，通三焦，溫脾胃，補右腎命門，殺蚘蟲，止泄瀉。多食，令人乏氣喘促；閉口者殺人；五月食椒，損氣傷心，令人多忘；久食令人失明，傷血脉。中其毒者，涼水麻仁漿解之。〇蘇頌曰：服食方，單服椒紅補下，宜用蜀椒乃佳，其氣下達，餌之益下不上衝也。〇李時珍曰：椒，純陽之物，乃手足太陰、右腎命門氣分之藥。其味辛而麻，其氣溫以熱。稟南方之陽，受西方之陰，故能入肺散寒，治欬嗽；入脾除溼，治風寒溼痹，水腫瀉痢；入右腎補火，治陽衰溲數，足弱久痢諸症。一婦年七十餘，病瀉五年，百藥不效。予以感應丸五十丸投之，大便二日不行。再以平胃散加椒紅、茴香，棗肉為丸，與服遂瘳。每因怒食舉發，服之即止。此除溼消食、溫脾補腎之驗也。按《歲時記》言：元旦飲椒柏酒以辟疫癘，椒乃玉衡星精，服之令人體健耐老。柏乃百木之精，為仙藥，能伏邪鬼故也。吳猛真人《服椒訣》云：椒稟五行之氣而生，葉青、皮紅、花黄、膜白、子黑，其氣馨香，其性下行，能使火熱下達，不致上薰，芳草之中，功皆不及，其方見下。時珍竊謂椒紅丸雖云補腎，不分水火，未免偏於太熱。大抵此方，惟脾胃及命門虛寒有溼鬱者相宜。若肺胃素熱者，大宜遠之。故丹溪朱氏云：椒屬火，有下達之能，服之既久，則火自水中生，故世人服椒者，無不被其毒也。又《上清訣》云：凡人喫飯傷飽，覺氣上衝，心胸痞悶者，以水呑生椒一二十顆即散。取其能通三焦，引正氣、下惡氣、消宿食也。又戴原禮云：凡人嘔吐，服藥不納者，必有蚘在膈間。蚘聞藥動，動則藥出而蚘不出。但於嘔吐藥中，加炒川椒十粒良。蓋蚘見椒則頭伏也。張仲景治蚘厥烏梅丸中用蜀椒，亦此義也。許叔微云：大凡腎氣上逆，須以川椒引之歸經則安。

椒目　味苦，寒，無毒。治水腫脹滿，利小便。治十二種水氣及腎虛耳卒鳴聾，膀胱急，止氣喘。

葉　味辛，熱，無毒。治賁豚，伏梁氣及内外腎釣，并霍亂轉筋，和艾及葱碾，以醋拌罯之。殺蟲，洗脚氣及漆瘡。

根　味辛，熱，微毒。治腎與膀胱虛冷。血淋色瘀者，煎湯細飲；色鮮者，勿服。

附方：椒紅丸，治元臟傷憊，目暗耳聾。服此百日，覺身輕少睡，足膝有力，是其效也。服及三年，心智爽悟，目明倍常，面色紅悦，髭髮光黑。用蜀椒去目及合口者，炒出汗，曝乾，搗取紅一斤。以生地黄搗自然汁，入瓦器中煎一升，候稀稠得所，和椒末丸梧子大，每空心暖酒下三十丸。修合時，勿令婦人、雞、犬見。詩曰：其椒應五行，其仁通六義。欲知先有功，夜見無夢寐。四時去煩勞，五臟調元氣。明目腰不疼，身輕心健記。別更有異能，三年精自秘。回老返嬰童，康強不思睡。九蟲頓消亡，三尸自逃避。若能久餌之，神仙應可冀。　補益心腎椒苓丸，明目駐顔，延年耐老，祛風除溼，壯骨強筋。用真川椒一斤，炒去汗，白茯苓十兩，去皮為末，煉蜜丸梧子大。每服五十丸，空心時淡鹽湯下。忌犯鐵器。　治心腹冷痛。以布裹椒，安痛處，用熨斗熨令椒出汗即止。　治傳尸勞疰，最殺勞蟲。用真川椒去子及閉口者，以草紙二重隔之，炒出汗，取放地上，以砂盆蓋定，以火灰密遮四旁，約一時許，為細末，去白膜，以老酒浸白糕，和丸梧子大。每服四十丸，食前鹽湯下。服至一斤，其疾自愈。此藥兼治諸痹，用肉桂煎湯下；腰痛，茴香湯下；腎冷，鹽湯下。昔有一人病此，遇異人授是方，服至二斤，吐出一蟲如蛇而安，遂名神授丸。　治蛇入人口，因熱取涼臥地下，有蛇入口，不得出者，用刀破蛇尾，納生川椒二三粒裹定，須臾即自退出也。

明・顧逢柏《分部本草妙用》卷六兼經部・溫瀉　蜀椒　辛，溫，無毒。杏仁為使，得鹽味佳。畏欵冬花、防風、附子、雄黃。可收水銀。中毒者，涼水麻仁漿解之。入手、足太陰、右腎三經氣分。閉口者殺人。微炒出汗，去內黃殼。　主治：邪氣，溫中，除六腑寒，下痢洩精，殺蟲散寒，除濕解鬱結，消宿食，通三焦，溫脾胃，補右腎。　椒稟南方之陽，受西方之陰，故能入肺散寒，治欬嗽，和脾除濕，及風寒濕痹，水腫瀉痢。入右腎補火，治陽衰溲數，足弱久痢諸症。故感應丸治久痢，能使火熱下達，不致上熏。惟脾胃命門虛寒，有濕鬱者相宜。肺胃素熱者遠之。久服必中其毒。凡有病服藥不納者，必有蚘在膈間，用川椒數粒，研末，以藥下，蚘見椒而頭伏。張仲景治蚘厥，烏梅丸中用蜀椒，正此義也。若腎氣上逆，必椒引之歸經則安。

明・孟笨《養生要括・果部》　川椒　味辛，溫，有毒。治邪氣咳逆，溫中，逐骨節皮膚死肌，寒熱痹痛，下氣，久服頭永不白，輕身增年。除六腑寒冷，傷寒溫瘧，大風汗不出，心腹留飲宿食，腸澼下痢，洩精，女子字乳餘疾，散風邪水腫，黃疸鬼疰蠱毒，殺蟲（余）〔魚〕毒。久服開腠理，通血脈，堅齒髮，明目，調關節，耐寒暑。治頭風下淚，腰腳不遂虛損，留結破血，下諸石水，治咳嗽，腹內冷痛，除齒痛。破癥結開胸，治天行時氣，產後宿血，壯陽，療陰汗，暖腰（腊）〔膝〕，縮小便，止嘔逆。通神去老，益血利五臟，下乳汁，滅瘢，生毛髮，散寒除濕，解鬱結，消宿食，通三焦，溫脾胃，補腎命門，殺蚘蟲，止瀉痢。〔多食令人乏氣喘促，口閉者殺人。五月食椒，損氣傷心，令人多忘，久食失明，傷血脈。〕〔腎風囊瘡：川椒、杏仁調膏，塗掌心，合陰囊而臥，甚效。〕

椒目　治水腹脹滿，利小便，治十二種水氣及腎虛、耳卒鳴聾、膀胱急，止氣喘。

明・李中梓《醫宗必讀・本草徵要下》　蜀椒味辛，性熱，有毒。入肺、脾、腎三經。杏仁為使，畏欵冬花、防風、附子、雄黃。閉口者害人。　溫脾土而擊三焦之冷滯，補元陽而蕩六腑之沉寒。飲澼氣癥和水腫，累建奇功；殺蟲止嘔及腸虛，恒收速效。通血脈則痿痹消除，行肢節則機關健運。椒目善消水腫，可塞耳聾。椒稟純陽之氣，乃除寒濕、散風邪、溫脾胃、暖命門之聖藥。按：命門火衰，中氣寒冷者宜之。若陰虛火旺之人，在所大忌。

明・鄭二陽《仁壽堂藥鏡》卷二　川椒　《圖經》云：椒生武都川谷。如小豆顆，皮紫赤色而圓。　氣熱，溫，味大辛。辛，溫，大熱，有毒。《象》云：主邪氣，溫中，除寒痹，堅齒髮，明目，利五臟。須炒去汗。《心》云：去汗。辛熱，以潤心寒。　《本草》云：止邪氣欬逆，溫中，逐骨節皮膚死肌，寒濕痹痛，下氣，除六腑寒冷，傷寒溫瘧，大風汗不出，心腹留飲，宿食，腸澼下痢，泄精，女子字乳餘疾，散風邪，瘕結，水腫，黃疸，鬼疰蠱毒。耐寒暑，開腠理。閉口者殺人。惡栝蔞、防葵。畏雌黃。　丹溪云：紅椒屬火而有水與金，有下達之能，所以其子名曰椒目。止行滲道，不行穀道。能下水燥濕。世人服椒者，無不被其毒。以其久久則火自水中起，誰能禦之？《聖惠方》：治毒蛇入口中，拔不出，用刀破蛇尾，內生椒三二粒，裹著，須臾即出。

明・蔣儀《藥鏡》卷二熱部　川椒　散風邪，除六腑之寒濕。脾胃暖，補相火于命門。烏鬚烏髮，聰耳明眸。君以補陰涼血之藥，心腹冷疼，脚氣寒濕，用彼布包火熨之方。單服於空心，收輕粉水銀之毒。同煎於葱白，浴囊瘡疥癢之蟲。蚘動吐嘔，炒加則頭伏。腎氣上逆，引用則歸經。消傷飽停食之成痞，下感觸楊梅之流禍。食物拌擂，毒除辟穢。椒目下行滲道，不行穀道，故能瀉水燥濕，定喘消蠱。炒研酒下，腎虛耳鳴，崩帶腫滿，均可治也。

明・張景岳《景岳全書》卷四九《本草正》　川椒　味辛，性熱，有小毒。本純陽之物，其性下行，陽中有陰也。主溫中下氣，開通腠理，散肌表寒邪，除藏府冷痛，去胸腹留飲，停痰宿食，解鬱結，溫脾胃，止欬逆嘔吐，逐寒濕風痛，療傷寒溫瘧，水腫濕疸，除齒痛。暖腰膝，收陰汗，縮小便，溫命門，止泄瀉下痢，遺精脫肛。殺蚘蟲、鬼疰蠱毒、蛇蟲諸毒。久服之能通神明，實腠理，和血脈，堅齒牙，生鬚髮，明耳目，調關節，耐寒暑。若中其毒，惟冷水、麻仁漿可以解之。

明・施永圖《本草醫旨・食物類》卷三　蜀椒名川椒。生武都山谷及巴郡。八月采實，陰乾。凡使南椒，須去目及閉口者，以酒拌濕蒸，從巳至午，放冷密蓋，無氣後取出，便入瓷器中，勿令傷風也。○凡用秦椒、蜀椒，並微炒使出汗，乘熱入竹筒中，以梗搗去裏面黃殼，取紅用。未盡再搗，或只炒熱，隔紙鋪地上，以椀覆，待冷，碾取紅用。　椒紅：味辛，溫，有毒。大熱，多食令人乏氣喘促。口閉者殺人。五月食椒，損氣傷心，令人多忘。久食令人失明，傷血脈。杏仁為之使，得鹽味佳。畏款冬花、防風、附子、雄黃，可收水銀。中其毒者，涼水、麻仁漿解之。治：　邪氣欬逆，溫中，逐骨節皮膚死肌，寒熱痹痛，下氣。久服頭不白，輕身增年，除六腑寒冷，傷寒溫瘧，大風汗不出，心腹留飲，宿食腸澼，下痢洩精，女子字乳餘疾。散風邪瘕結，水腫，黃疸，鬼疰，蠱毒，殺蟲魚毒。久服開腠理，通血脈，堅齒髮，明目，調關節，耐寒暑，可作膏藥。治頭風下淚，腰脚不遂，虛損留結，破血，下諸石水。治欬嗽，腹內冷痛。除齒痛，破癥結，開胸。治天行時氣，產後宿血，壯陽，療陰汗，暖腰膝，縮小便，止嘔逆。通神，去老，益血，利五臟，下乳汁，滅瘢，生毛髮。散寒除濕，解鬱結，消宿食，通三焦，溫脾胃，補右腎命門，殺蚘蟲，止泄瀉。椒純陽之物，乃手足太陰、右腎命門氣分之藥。其味辛而麻，其氣濕以熱，稟南方之陽，受西方之陰，故能入肺散寒，治欬嗽。入脾除濕，治風寒濕痹，水腫瀉痢。入右腎，補火，治陽衰溲數，足弱久痢諸證。○一婦年七十餘，病瀉五年，百藥不效。予以感應丸五十丸投之，大便二日不行，再以平胃散加椒紅、茴香，棗肉為丸，與服，遂瘳。每因怒食舉發，服之即止。此除濕消食、溫脾補腎之驗也。○凡人嘔吐，服藥不納者，必有蚘在膈間，蚘聞藥則動，動則藥出而蚘不出。但於嘔吐藥中加炒川椒十粒良，蓋蚘見椒則頭伏也。大凡腎氣上逆，須以川椒引之歸經，則安。

附方　椒紅丸：　用蜀椒去目及合口者，炒出汗，曝乾，擣取紅一斤，以生地黃擣自然汁，入銅器中煎至一升，候稀稠得所，和椒末丸梧子大。每空心暖酒下三十丸。合藥時，勿令婦人、雞、犬見。補益心腎：　真川椒一斤，炒去汗，白茯苓十兩，去皮，為末，煉蜜丸梧子大。每服五十丸，空心鹽湯下，忌鐵器。虛冷短氣：　川椒三兩，去目并合口者，以生絹袋盛，浸無灰酒五升中三日，隨性飲之。腹內虛冷：　用生椒擇去不拆者，用四十粒，以漿水浸一宿，令合口，空心新汲水吞下。久服暖臟腑，駐顏黑髮，明目，令人思飲食。心腹冷痛：　以布裹椒，安痛處，用熨斗熨，令椒出汗即止。冷蟲心痛：　川椒四兩，炒出汗，酒二椀淋之，服酒。陰冷入腹：　有人陰冷，漸漸冷氣入陰囊，腫滿，日夜疼悶欲死，以布裹椒包囊下，熱氣大通，日再易之，以消為度。呃噫不止：　川椒四兩，炒，研，麪糊丸梧子大。每服十丸，醋湯下，神效。寒濕脚氣：　川椒二三升，疎布囊盛之，日以踏脚，煎湯洗足即愈。瘡腫作痛：　生椒末、釜下土、蕎麥粉等分，研，醋和傅之。囊瘡痛痒：　紅椒七粒，葱頭七箇，煮水洗之。一人途中苦此，湘山寺僧授此方，數日愈，名驅風散。手足皴裂：　椒四合，以水煮之，去渣漬之，半食頃，出令燥，須臾再浸，候乾，塗猪羊腦髓，極妙。漆瘡作癢：　用漢椒煎湯洗之。○嚼川椒塗鼻上，不生漆瘡。夏月濕瀉：　川椒炒取紅，肉荳蔻煨，各一兩為末，粳米飯丸梧子大。每量人米飯服百丸。飧瀉不化：　及久痢，小椒一兩炒，蒼术二兩，土炒，碾末，醋糊丸梧子大。每米飲服五十丸。久冷下痢：　用蜀椒三升，酢漬一宿，麴三升，同椒一升，拌作粥食，不過三升瘥。水瀉奶疳：　椒一分，去目，碾末酥調，少少塗腦上，日三度。食茶面黃：　川椒紅炒，碾末糊丸，梧子大。每服十丸，茶湯下。風蟲牙痛：　用川椒紅末，水和白麪丸皂子大。燒熱咬之，數度愈。○一方，花椒四錢，牙皂七七箇，醋一盌，煎漱之。頭上白秃：　花椒末，猪脂調傅，三五度便愈。婦人秃鬢：　椒四兩，酒浸密室內，日日搽之，自然長也。蠍螫作痛：　川椒，嚼細塗之，微麻即止。百蟲入耳：　川椒，碾細，浸醋，灌之自出。毒蛇咬螫：　以閉口椒及葉擣，封之良。小兒暴驚：　啼哭絕死，蜀椒、左顧牡蠣各六銖，以酢漿水一升，煮五合，每灌一合。舌蹇語喫：　川椒，以生麪包丸，每服十粒，醋湯送下。痔漏脫肛：　每日空心嚼川椒一錢，涼水送下，三五次即收。腎風囊癢：　川椒、杏仁研膏，塗掌心，合陰囊而臥，甚效。　椒目

味苦，寒，無毒。治：　水腹脹滿，利小便，治十二種水氣及腎虛耳卒鳴聾，膀胱急，止氣喘。椒氣下達，故椒目能治腎虛耳鳴。用巴豆、菖蒲同碾細，以松脂、黃蠟溶和為挺，納耳中抽之。治腎氣虛，耳中如風木鳴，或如打鐘磬之聲。卒暴聾者，一日一易，神驗。○治盜汗有功，椒目微炒，碾細，用半錢，以生猪上唇煎湯一合，睡時調服，無不效。蓋椒目能行水，又治水蠱也。○諸喘不止，用椒目炒，碾，二錢，白湯調服，二三服以上刼之，後乃隨痰、火用藥。

附方　水氣腫滿：　椒目炒搗如膏，每酒服方寸匕。留飲腹痛：　椒目二兩，巴豆一兩，去皮心，熬，搗，以棗膏和丸麻子大。每服二丸，吞下，其痛即止。痔漏腫病：　椒目一撮，碾細，空心水服三錢，如神。崩中帶下：　椒目炒，碾細，每溫酒服一勺。眼生黑花：　年久不可治者，椒目炒一兩，蒼术炒一兩，為末，醋糊丸梧子大。每服二十丸，醋湯下。

葉　味辛，熱，無毒。治：　奔豚，伏梁氣及內腎釣，并霍亂轉筋，和艾及葱碾，以醋拌罨之。殺蟲，洗脚氣及漆瘡。　根　味辛，熱，微毒。治：　腎與膀胱虛冷。血淋色瘀者，煎湯細飲，色鮮者勿服。

明・盧之頤《本草乘雅半偈》帙七　蜀椒《本經》下品　氣味：　辛，溫，有毒。

主治：　主邪氣欬逆，溫中，逐骨節皮膚死肌，寒熱痹痛，下氣。久服頭不白，輕身增年。

覈曰：　出武都山谷，及巴郡。近以全州西域者稱最，江陽及晉康、建平者次之。木高五六尺似茱萸而小，有針刺。葉堅滑，無花結實，但生于枝葉

間，顆如小豆而圓，實子光黑，宛如人瞳，謂之椒目。八月採實，肉肥皮皺，氣味濃厚芳烈也。修事：去目及閉口者，好酒拌潤，蒸之，從巳至午，以盆覆蓋，俟冷無氣，乃可取出，即入磁器中封固無傷風也。杏仁為之使，得鹽味佳，畏欵冬花、防風、附子、雄黃。可收水銀。有中椒毒者，涼水、麻仁漿水解之。

条曰：色香氣味，精勝在膚，獨無花而實，所含蓄力，幽且深矣。故主溫中，自下而上，從內而外，宣達橫偏者也。對待寒中，致令形氣受病也。氣則欬逆上氣之因邪薄，形則骨節肌膚之因痹閉。久服形氣咸調，故頭不白，輕身增年耳。

明·李中梓《本草通玄》卷下　川椒　辛，熱。通三焦，補命門。散寒除濕，解鬱消食，理脾止瀉，壯腰膝，縮溺頻，除寒嗽，消水腫，袪痰飲，破癥結，伏蚘蟲。按：椒性下達命門，益下不上沖，蓋導火歸元也。味辛應西方之氣，故入脾而奏止嗽下氣之功。性溫稟南方之氣，故入腎而奏扶陽益火之效。乃玉衡星之精，善辟疫伏邪，此歲旦有椒栢酒也。凡空心朝起，以沸湯送生椒二十顆有治熱治冷之妙，有消食散寒之奇，久服則永不受風寒濕，大能溫補下焦，亦神異之品也。邵武府張伯安，腰痛痰喘，足冷如冰，面赤如緋，六脉洪大，按之則軟，服八味無功。用椒紅、茯苓蜜丸，鹽湯下，甫二十日而安。　去核及閉口者，微炒使出汗，擣去黃殼，取紅用。　椒核利小便，治水腫痰飲，耳聾盜汗。

清·顧元交《本草彙箋》卷六　蜀椒　味辛而麻，氣溫。以熱稟南方之陽，受西方之陰，故能入肺散寒，治咳嗽。入脾除濕，治風寒濕痺，水腫瀉痢。入右腎補火，治陽衰溲數，足弱久痢諸證。

蜀椒皮皺肉厚，其子光黑如瞳人。他椒子雖光黑，亦不能似土椒，則子無光彩矣。　昔有婦年七十餘，病瀉五年，諸藥不效。以平胃散加椒紅、茴香，棗肉爲丸，服之遂瘳。　凡人嘔吐，服藥不納者，必有蚘在膈間。蚘聞藥則動，動則藥出，而蚘不出。但於嘔吐藥中，加炒川椒十粒，則蚘見椒，其頭即伏。　觀此，則仲景治蚘厥烏梅丸中用蜀椒，亦此義也。　詳叔微方，大凡腎氣上逆，須以川椒引之歸經則安。　痔漏脫肛，每日空心嚼川椒一錢，涼水送下三五次即收。　椒目，亦下達，能行滲道，不行穀道，所以能下水，燥濕定喘，消蟲。　治盜汗，以椒目微炒，碾細半錢，用生豬上唇煎湯一合，睡時調服，無不效。

清·穆石匏《本草洞詮》卷六　椒椒紅、椒目　椒秉純陽之性，具五行之氣。葉青、皮紅、花黃、膜白、子黑。《歲時記》言：元旦飲椒柏酒，椒乃玉衡星精，柏乃百木之精，能伏邪鬼也。秦椒粒大，蜀椒粒小，江淮皆有之，不及蜀中者良。氣味辛溫，有毒。乃手足太陰、命門氣分之藥。入肺散寒，治咳嗽。入脾除濕治風寒濕痺，水腫瀉痢。入右腎補火，治陽衰溲數，足溺久痢諸病。蓋椒之氣馨香，而性下行，能使火熱下達，不致上衝。凡腎氣上逆，須以蜀椒引之歸經則安。《上清訣》云：凡喫飯傷飽，覺氣上逆痞悶者，以水呑生椒一二十粒，即散。取其通三焦，下惡氣，消宿食甚効。戴原禮云：凡嘔吐服藥不納者，必有蛔在膈間，蚘聞藥則動，須於嘔吐藥中加炒川椒十粒，蚘見椒則頭伏，此仲景治蚘厥烏梅丸中用蜀椒也。吳猛真人椒紅丸方云：芳草之中，皆不及椒。用蜀椒去目及合口者，炒去汁，曝乾擣取紅，以生地黃擣自然汁，煎至稀稠得所，和椒末為丸，空心酒下三十丸。詩云：其椒應五行，其仁通六義。欲知先有功，夜見無夢寐。四時去煩勞，五臟調元氣。明目腰不痛，身輕心健記。別更有異能，三年精自秘。回老返嬰童，康強不思睡。九蟲頓消亡，三尸自逃避，若能久餌之，神仙應可覔。竊謂椒紅丸雖云補腎不分水火，惟脾胃命門虛寒有濕鬱者相宜。若肺胃素熱者非所宜也。凡服椒，久則火生於水中，多被其毒，戒之。椒目苦寒，無毒。蜀椒肉厚紋皺，其子光黑如人瞳子，故名椒目。土椒則子無光也。止氣喘，腎虛耳鳴，並十二種水氣，盜汗，水蠱。蓋椒目下達，能行滲道，不行穀道，故能下水燥濕，定喘消蠱也。

清·劉雲密《本草述》卷一九　蜀椒　頌曰：今歸、峽及蜀川、陝洛間人家多作園圃種之。木高四五尺，似茱萸而小，有針刺，葉堅而滑，可煮飲食。四月結子，無花，但生枝葉間，顆顆如小豆而圓，皮紫赤色。八月采實，焙乾。江淮北土亦有之，莖葉都相類，但不及蜀中者良，而皮厚裏白，味烈也。

氣味：辛，溫，有毒。《別錄》曰：大熱。主治：通三焦，下氣，補右腎命門，明目，溫中，除虛冷腹痛，散氣，劫溼鬱，消留飲宿食，治頭風下淚，冷嗽，及寒溼泄瀉，餐瀉不化，寒溼痹痛，水腫黃疸，暖腰臍，縮小便，殺蚘蟲。

頌曰：服食方，單服椒紅補下，宜用蜀椒乃佳。段成式言椒氣下達，餌之益下，不上衝也。時珍曰：椒，純陽之物，乃手足太陰右腎命門氣分之藥。其味辛而麻，其氣温以熱，稟南方之陽，受西方之陰，故能入肺治寒，散咳嗽；入脾除溼，治風寒溼痹，水腫瀉痢；入右腎補火，治陽衰溲數，足弱久痢諸證。一婦年七十餘，病瀉五年，百藥不效。予以感應丸五十丸，投之，大便二日不行，再以平胃散加椒紅、茴香，棗肉為丸，與服遂瘳。每因怒食舉發，服之即止。此除溼消食，温脾補腎之驗也。然惟脾胃及命門虚寒有溼鬱者相宜。若肺胃素熱者，大宜遠也。許叔微云：大凡腎氣上逆，須以川椒引之歸經則安。東垣曰：蜀椒去汗，辛熱以潤心寒。玩李東垣先生語意，本於《内經》。云氣虚者，寒也。益命門之火，即以養心氣之虚，故曰潤也。《上清訣》云：凡人喫飯傷飽，覺氣上衝心胸痞悶者，以水吞生椒一二十顆即散。取其能通三焦，引正氣，下惡氣，消宿食也。《難經》曰：三焦者，水穀之道路，氣之所終始也。又曰：三焦者，命門元氣之别使也。原禮曰：凡人嘔吐，服藥不納者，必有蚘在膈間，蚘聞藥則動，動則藥出，而蚘不出，但於嘔吐藥中加炒川椒十粒良。蓋蚘見椒則頭伏也。觀此，則張景治蚘厥烏梅丸中，用蜀椒亦此義也。

按：蟲生於風木，蜀椒稟金氣以下達，故蟲頭伏。

丹溪曰：紅椒屬火而有水，與金有下達之能。然服之既久，則火自水中生，故世人服椒者，無不被其毒也。須知川椒純陽，如元陽虚憊者用之適宜，乃為益少火也。如病於陰虚而服之，與服之適宜，久久習以為常者，是又助壯火以食氣也。朱丹溪先生尚未發明。希雍曰：蜀椒稟火金之氣，得南方之陽，受西方之陰。《本經》味辛氣溫，《别錄》大熱有毒，氣味俱厚，陽也，入手足太陰，兼入手厥陰經。

附方　椒苓丸補益心腎，明目駐顔，順氣祛風，延年真川椒一斤，炒去汗，白茯苓十兩，去皮，為末，煉蜜丸梧子大，每服五十丸，空心鹽湯下。忌鐵器。　餐瀉不化及久痢，小椒一兩，炒，蒼朮二兩，土炒，碾末，醋糊丸梧子大，每米飲服五十丸。　老小洩瀉，小兒水瀉，及人年五十以上患瀉，用椒二兩，醋二升，煮醋盡，慢火焙乾，碾末，甆器貯之，每服二錢匕，酒及米飲下。

愚按：蜀椒結實於孟夏，正大火司令之時，故其氣熱。然采實必以八月，且其味絕無苦，但辛而麻，是火之用反在金也。火炎上而歸於金之降，故由肺而直達命門。椒必用蜀者，誠如東璧氏所云，稟南方之陽，受西方之陰也。故火為金用，不然與胡椒何别？先哲謂其有下達之能，又云引腎氣歸經者，良然觀其以杏仁為使，則其由肺而達命門也，固可思矣。愚按：先哲謂川椒能收水銀即此，可以明於椒之能歸命門以為補也，其義益明。蓋水銀出於丹砂中，本為陽中之陰，而陽中之陰原根於陰中之陽，夫命門原為陰中之陽，故椒能歸命門以為補，能令陽中之永得其所歸而自收也。豈非陰陽合一之妙，在物理亦有然者乎？何況於人身之坎離相含，而水火自能相交者乎，有志修真者，即是亦可以大悟矣。抑何以能潤心寒？蓋氣者，火之靈。心者，火之主。火效金之用，則金之所能達，即火之所能達也。夫三焦少火自下而上，乃肺之合於心者，自上而下，直通命門，心其首至者也，是即所以潤心寒。《經》曰：氣虚者，寒也。中而脾胃，下而肝腎，亦莫不由是以達之，此潤心寒者，正與肺冷脾溼之義相關，肺冷固屬氣怯，所謂脾溼者，非與燥對，乃火不勝水，化原不足，如《經》所云中氣之溼耳，不可例以燥去溼論也。肺脾之氣下達，則肝腎胥益。昔哲所謂補下宜用蜀椒者，固謂其由肺而達命門。肝腎之氣即命門之真陽也。雖然，此味以除寒溼為功，將與烏、附同其性質歟？曰：不也。人之生始於天之水，水火金，皆氣先合而後形成。壬為陽水，合於丁之陰火而生丙，是壬召丁，丙即隨丁也。而後水中有火，命門以成。蓋火原生於水也，乃奉水之主，以至於火，而生心，坎離位矣。丙為陽火，合於辛之陰金而生庚，是丙召辛，庚即隨辛也。而後火中有水，心以成，蓋水又孕於金也。乃即火之主，以合於金而生肺。肺有二十空，貫心脈以行呼吸，且心系系於肺，正可參丙合於辛，而金火合德也。然後了然於肺氣歸命門之義。如附子之用，仍由火而歸水，以致其火之精，蓋以丁應壬，返其所自始也。蜀椒之用，仍由金而歸火，以致其金之精，蓋以辛應丙，亦返其所自始也。火返於水者，即水而致火之氣，火光於水中，必達水之蒙晦而後已。其除寒溼也，氣猛而不徐，金返於火者，即火而致金之氣，金返於火，故歸命門而補之，乃有專功。金明於火中，必極火之宣揚而後已，其除寒溼也，氣昌而不峻。若然，則其性質固有間矣，所以烏、附能奏奇效，而蜀椒不能與之等，即蜀椒以久服為害，亦不如烏、附之誤投貽禍為烈也。以是審二味之所宜，或亦不至卤莽矣。

秦椒即俗所謂花椒，其主治與蜀椒不甚異。然色黄，其味短，不及蜀椒。

修治　收椒須用紙包，入甆器中，再封，勿令見風。蓋專取其氣以補命門也。凡使，去目及閉口者。微炒，出汗，乘熱入竹筒中，以杵舂去附紅黃殼。

椒目　時珍曰：蜀椒肉厚皮皺，其子光黑如人之瞳人，故謂之椒目。他椒子雖光黑，亦不似之。若土椒則子無光彩矣。　氣味：苦，寒，無毒。權曰：苦、辛，有小毒。　主治：水氣及腎虛，耳卒鳴聾，並止氣喘。權曰：椒氣下達，故椒目能治腎虛耳鳴。用巴豆、菖蒲同碾細，以松脂、黃蠟溶和為挺，納耳中，抽之，治腎氣虛，耳中如風水鳴，或如打鐘磬之聲，卒暴聾者，一日一易，神驗。　震亨曰：諸喘不止，用椒目炒碾二錢，白湯調服，二三服以上劫之後，乃隨痰火用藥。　時珍曰：椒目下達，能行滲道，不行穀道，所以能下水燥溼，定喘消蠱也。愚按：椒目治喘，似於水氣之喘更為得宜。如他相火上逆之喘，反為禁藥。蓋其補命門之陽，與椒諒無大異也。

希雍曰：椒稟純陽之氣，乃除寒濕，散風邪，溫脾胃，暖命門之聖藥。然而肺胃素有火熱，或咳嗽生痰，或嘈雜醋心，嘔吐酸水，或大腸積熱，下血，咸不宜用。凡泄瀉由於火熱暴注，而非積寒虛冷者，忌之。陰痿脚弱，由於精血耗竭，而非命門火衰虛寒所致者，不宜入下焦藥用。水腫黃疸，固於脾虛而無風溼邪氣者，不宜用。一切陰虛陽盛，火熱上衝，頭目腫痛，齒浮口瘡，衄血耳聾，咽痛舌赤，消渴肺痿，咳嗽咯血吐血等證，法所咸忌。

修治　入藥微妙。

清·郭章宜《本草匯》卷一四　川椒　辛熱，有毒，氣味俱厚，陽也，入手足太陰、右腎命門氣分，兼入手厥陰經。溫脾土而擊三焦之冷滯，補元陽而蕩六腑之沉寒。飲癖氣癥和水腫，累建奇功。殺蟲止嘔及腸虛，恆收速效。通血脉，則痿痺消除。行肢節，則機關健運。解欝結，療陰汗。絕傳尸勞疰，治食茶面黃。

按：川椒稟火金之氣，性下達命門，益下不冲上，蓋導火歸元，除濕消食，溫脾補腎之劑也。稟南方之陽，故入腎而奏扶陽益火之効。受西方之陰，故入肺而奏止嗽下氣之功。乃玉衡星之精，善辟疫伏邪。此歲旦有椒栢酒也，《上清訣》云：凡喫飯傷飽，覺氣上冲痞悶，以水吞生椒一二十顆即散，取其能通三焦，下惡氣也。若空心朝起，以沸湯送二十顆，有治寒祛冷之妙，有消食散寒之奇。久服則永不受風寒濕，大能溫補下焦，亦神異之品也。戴元禮云：凡人嘔吐，服藥不納，加川椒十粒，便止。蓋嘔吐必有蚘在膈間，蚘見椒則伏也。然其功，雖芳草所不及，若服之既久，未免火自水中生。所以服椒者，往往有被其毒也。宜于命門虛寒，中氣虛寒，有濕欝者。若陰虛火旺之人，在所大忌。

椒目，苦、辛，能行滲道，不行穀道，善消水腫，定喘燥濕有功，又能治腎虛耳聾，如風水鐘磬聲者，用巴豆、菖蒲，同碾細，以松脂、黃蠟溶和為挺，納耳中抽之，一日一易，神驗。

去核及閉口者，微炒出汗，乘熱入竹筒中，搗去裏面黃殼，取紅用。杏仁為使。畏欵冬、防風、附子、雄黃。中其毒者，涼水、麻仁漿解之。五月勿食椒。

清·尤乘《食鑒本草·果類》　川椒　大熱，多食令人乏氣喘促。閉口者有毒。治邪氣咳逆，溫中下氣，除六府寒冷，心腹留飲，宿食，下利洩精，散風邪瘕結，水腫，黃疸，殺蟲魚毒。久服通血脈，堅齒髮，明目，調關節，腰脚不遂，可作膏藥。補命門，殺疣蟲，縮小便。

清·朱本中《飲食須知·味類》　川椒　味辛，性熱，有毒。多食令人乏氣，傷血脉。有實熱喘嗽及暴赤火眼者，勿食。五月食椒，損氣傷心，令人多忘。閉口者殺人，中其毒者，涼水麻仁漿解之。川椒肉厚皮皺，其子光黑如人瞳。他椒子雖黑而無神，土椒子則無光矣。花椒，性味相同，但力差薄耳。

清·何其言《養生食鑒》卷下　川椒即蜀椒。肉厚皮皺，如實益彤紅色，子光黑。

味辛，性熱，有毒。殺勞蟲，鬼疰蠱毒，解諸魚鱉毒，散寒除濕，解欝結，消宿食，通三焦，溫脾胃，補右腎命門，殺蚘蟲，止泄瀉。久食令人乏氣，傷血脈。有實熱咳嗽及暴赤眼者，勿食。口閉者，揀去，不宜用。

清·蔣居祉《本草擇要綱目·熱性藥品》　蜀椒即川椒。　氣味：辛，溫，有毒。椒乃純陽之物。入手足太陰、右腎命門氣分之藥。　主治：邪氣欬逆，溫中。逐骨節皮膚死肌，寒熱痹痛。下氣，除六腑寒冷。傷寒溫瘧，大風汗不出，宿食腸澼，下痢洩精。治水腫黃疸。殺蟲魚毒。久服開腠理，通血脈，堅齒髮，明目。調關節，耐寒暑，可作膏藥。治頭風下淚，腰脚不遂，虛損留結，破血。治欬嗽腹內冷痛，除齒痛，破癥結開胸。治天行時氣。產後宿血，壯陽。療陰汗，暖腰膝，縮小便，止嘔逆，通神。去老益血，利五臟，下乳汁，滅瘢，生毛髮。散寒除濕，解鬱結，消宿食，通三焦。溫脾胃，補右腎命門。殺蚘蟲，止泄瀉。但椒紅其味辛而麻，其氣溫以熱，稟南方之陽，受西方之陰，故能入肺散寒也。

清・汪昂《本草備要》卷三 川椒宣，散寒濕；燥，補火。 辛，熱，純陽。入肺，發汗散寒，治風寒咳嗽。入脾，暖胃燥濕，消食除脹，治心腹冷痛，吐瀉澼痢，痰飲水腫。《千金方》：有人冷氣入陰囊腫滿，生椒擇淨，帛裹着丸囊，厚半寸，須臾熱氣大通，日再易，取消瘥。梅師用桂末塗亦良。入右腎命門補火，治腎氣上逆，能下行導火歸元。每日吞二十粒，大能溫補下焦。陽衰溲數，陰汗泄精。下焦虛寒。堅齒明目，破血通經，除癥安蛔。蟲見椒則伏。仲景蛔厥烏梅丸用之。凡蟲嚙腹痛者，面白唇紅，時發時止。殺鬼疰、蟲魚毒。最殺勞蟲。危氏神授丸：川椒炒出汗，爲末，米飲下三錢。有人病傳尸勞，遇異人傳此方，服至二斤，吐出蟲如蛇而安。肺、胃素熱者忌服。丹溪曰：食椒既久，則火自水中生，多被其毒也。 秦産名秦椒，俗名花椒，實稍大；蜀産肉厚皮皺爲川椒。閉口者殺人。微炒去汗，擣，去裏面黄殼，取紅用。名椒紅。得鹽良，入腎。使杏仁，畏款冬、防風、附子、雄黄、麻仁、凉水。椒乃玉衡星之精，辟疫伏邪，故歲旦飲椒柏酒。 子名椒目，苦、辛。耑行水道，不行穀道。能治水臌，除脹定喘，及腎虛耳鳴。

清・陳士鐸《本草新編》卷四 蜀椒 味辛，氣溫、大熱，浮也，陽中之陽，有毒。入心、脾、腎之經。却心腹冷疼及寒濕痹疼，殺鬼疰蠱毒併蟲魚蛇毒，除皮膚骨節死肌，療傷寒溫瘧，退兩目翳膜，毆六腑沉寒，通氣脉，開鬼門，仍調關節，堅齒髮，暖腰膝，尤縮小便，理風邪，禁欬逆之邪，治噫氣，養中和之氣，消水腫、黄疸，止腸澼、痢紅。多食乏氣失明，久服黑髮耐老。功用實多，不止書上所載。然少用則益，多用則轉損。入于補陰之藥，可以久服；入于補陽之劑，未可常施也。

按：蜀椒功用實勝于近處所産，以蜀椒味輕，轉有益也。土産之椒，其辛香倍于蜀産，雖功用少薄，未嘗不可用也。大約蜀椒用一兩者，土産必須一兩二錢，何必專覓蜀椒哉。

或問：蜀椒可以烏鬚，而烏鬚之方似可用之也？夫蜀椒未能烏鬚也，取其引烏鬚之藥，入于任、督之路耳，大約烏鬚藥多寒，而蜀椒性熱，相伴同用，尤能制陰寒之氣，所以易于奏功，而變黑甚速也。但熱藥宜少用，不可多用耳。

清・顧靖遠《顧氏醫鏡》卷八 蜀椒辛，熱，有毒。入脾腎二經。閉口者殺人。殺蚘蟲，蚘見椒則頭伏。止洩瀉。溫脾胃，暖命門，則虛寒之瀉可除。又能散風祛寒除濕。 椒目苦、辛。利小便，消水腫。非命門火衰，中氣寒冷者，大忌。

清・李熙和《醫經允中》卷二〇 蜀椒 杏仁為使。得鹽味佳。閉口者殺人。可收水銀，中毒者，凉水、麻仁漿解之。入手足太陰、右腎三經氣分。微炒出汗，去内黄殼用。 辛，溫，無毒。主治辟瘟疫邪氣，祛心腹痛，溫中散寒，止嘔止痢，除濕殺蟲，解鬱結，伏蚘厥，解魚蟲蛇毒。稟南方之陽，受西方之陰，故能入肺散寒，入脾除濕，入右腎補相火。病有服藥不納者，必有蚘在膈間，用川椒數粒，研末彈煎藥内，服即納，治蛔厥欲死者如神。若腎氣上逆，必椒引之歸經則安。多食乏氣失明。十月弗食，傷心健忘。葉如艾葱，擣敷賁肫，伏梁氣極驗。又種秦椒，可製水銀，悮餌成毒，服之即愈。秦椒辛溫有毒，主溫中散邪，吐逆疝瘕。味辛氣烈過于蜀椒，不宜多服。

清・馮兆張《馮氏錦囊秘錄・雜症痘疹藥性主治合參》卷四 蜀椒稟火金之氣，得南方之陽，受西方之陰，故味辛，溫、大熱，有毒。氣味俱厚，陽也。入手足太陰，兼入手厥陰經。故其主治皆脾、肺二經。外而肌肉皮毛，内而腸胃結滯，得此辛溫，内外俱解矣。其瘕結乳疾者，以能入右腎命門，補元陽相火，則癥結自消。療鬼疰蠱毒，殺蟲魚蛇毒者，以其得陽氣之正，能破一切幽暗陰毒也。外邪散則關節調，内病除則血脉通矣。去核及閉口者，微炒出汗，乘熱入竹筒中，擣去裏面黄殼，取紅用。

蜀椒，殺鬼疰蠱毒，蟲魚蛇毒，寒濕痹痛，溫中下氣，心腹留飲，宿食瘕結，字乳餘疾。耐寒暑，通腠理。除骨節皮膚死肌，療傷寒溫瘧不止。上退兩目瞖膜，下毆六腑沉寒。通血脉，開鬼門。仍調關節，堅齒髮，暖腰膝。尤縮小便，理風邪，禁欬逆之邪。治噫氣，養中和之氣。消水腫黄疸，止腸澼痢紅。不可多食，乏氣失明。口閉者殺人。椒目能行滲道，不行穀道，行水治水腫，定痰喘刦藥，斂汗捷方。葉，和艾、葱醋擣爛，罨内外腎吊痛，敷賁豘氣伏梁。又種秦椒，主遍身惡風，散四肢痿痹。治口齒浮腫動搖，喉痹吐逆。調産後腹痛餘疾，經閉不通。

按：川椒，稟火金之氣，性下達命門，益下不沖上，蓋導火歸元。除濕消食，溫脾補腎之劑也。稟南方之陽，故入腎而扶陽益火。受西方之陰，故入肺而止嗽下氣。乃玉衡星之精，善辟疫伏邪，此歲旦有椒栢酒也。若陰虛火旺之人，在所大忌。

清・张璐《本經逢原・味部》卷三 椒目 苦，平，無毒。 發明：椒目黑，水能制火，故專瀉水降火，治腎氣逆上喘急。又妊娠水腫喘逆，用椒仁丸能引諸藥下行滲道，所以定喘下水。治腎虛耳鳴，同巴豆、菖蒲碾細，以松脂、黃蠟溶和為挺，納耳中擂之，一日一易效。

清・张璐《本經逢原・味部》卷三　蜀椒　辛，溫，小毒。去目，須炒用。蜀產者微辛不辣，色黃者氣味微辛，散心包之火最勝。色紅者氣味辛辣，壯命門之火最強。形如鵪鈴者真，以子種出，其葉十三瓣者蜀椒也。閉口者有毒，傷人，誤中其毒吐沫者，地漿水解之。《本經》主邪氣欬逆，溫中，逐骨節皮膚死肌，寒熱痹痛下氣，久服頭不白。　發明：　椒乃手足太陰、少陰、厥陰氣分之藥。稟五行之氣而生，葉青皮紅花黃，膜白子黑，其氣馨香，能使火氣下達命門。故《本經》謂之下氣，其主邪氣欬逆等證，皆是脾肺二經受病，肺虛則不能固密腠理，外邪客之，為欬逆。脾虛則不能溫暖肌肉，而為痛痹等證。其治嘔吐服藥不納者，必有蚘在膈間，但於嘔吐藥中加川椒數十粒，蓋蚘聞藥則動，遇椒則頭伏也。故仲景治蚘厥，烏梅丸用之。又能開痹濕，溫中氣，助心包命門之火。《本經》言久服頭不白者，辛溫上通腎氣之力可知。今烏鬚髮方用之。一人腰痛痰喘，足冷如冰，六脈洪大，按之却軟，服八味丸無功，用椒紅、茯苓蜜丸，鹽湯下，甫二十日而安。但其性辛溫氣竄，陰虛火旺人禁之。

清・汪啟賢等《食物須知・諸葷饌》　蜀椒　一名花椒。味辛，氣溫，大熱。屬火，有金與水，浮也，陽中之陽。有毒。產自蜀川，八月收採。顆紅者為貴，口閉者殺人。製須炒出汗，去目、去黃殼。凡用，擇去目及閉口者，微炒汗出，則有勢力。炒畢，竟投竹筒內，以杵舂之，播去附紅黃殼，只取外紅皮，旋舂旋播，以盡為度。卻心腹冷痛及寒濕痹疼，並效；殺鬼疰蠱毒併蟲魚蛇毒，尤靈。除骨節皮膚死肌，療傷寒溫瘧不汗。上退兩目翳膜，下驅六腑沉寒。通氣脈開鬼門，仍調關節，堅齒髮，暖腰膝。尤縮小便，理風邪，禁欬逆之邪。治噫氣，養中和之氣。消水腫黃疸，止腸澼痢紅。多食，乏氣失明，久服，黑髮耐老。十月勿食，傷心健忘。　椒目，味苦兼辛，行水而治水蠱。定痰喘，刼藥，歛盜汗捷方，並宜炒之，研末調服。　葉，和艾、葱搗爛，少加釅醋拌勻。罯內外腎吊痛殊功，敷獖㹠伏梁氣極驗。亦堪煮飲，氣甚馨香。

清・姚球《本草經解要》卷三　蜀椒　氣溫，味辛，有毒。主邪氣欬逆，溫中，逐骨節、皮膚死肌，寒濕痹痛，下氣。久服頭不白，輕身增年。　蜀椒，氣溫稟天春暖之木氣，入足厥陰肝經。味辛有毒，得地西方酷烈之金味，入手太陰肺經。氣味俱升，陽也。其主邪氣欬逆者，氣溫入肝，可以散邪，味辛入肺降氣，可以止欬逆也。中者，太陰脾也。蜀椒入肺，肺亦太陰，肺溫脾亦溫也。骨節、皮膚，肝肺之令也。蜀椒氣溫，可以散寒，味辛可以祛濕，所以主死肌痹痛也。肺主氣，肺溫則下降之令行，所以下氣。久服辛溫活血。髮者，血之餘，所以頭不白也。辛溫益陽，陽氣充盛，所以身輕增年也。　製方：　蜀椒炒去汗，擣取紅末一斤，生地取自然汁，煎至一升，和椒末丸，名椒紅丸，治元藏傷憊。同蒼朮醋糊丸，治餐(飧)洩不化。　椒目同巴豆、菖蒲、松脂、黃蠟為挺，納耳中，一日一易，治耳聾神效。

清・王子接《得宜本草・中品藥》　蜀椒　味辛。主治心腹冷痛，傳尸勞疰。得地黃汁調養真元，得白茯苓補益心腎。

清・黃元御《長沙藥解》卷一　蜀椒　味辛，性溫，入足陽明胃、足厥陰肝、足少陰腎、足太陰脾經。暖中宮而溫命門，驅寒濕而止疼痛，最治嘔吐，善醫泄利。　《金匱》大建中湯方在膠飴用之治心腹寒疼，以寒水而凌火土，蜀椒勝寒水而補火土也。烏頭赤石脂丸方在烏頭用之治心痛徹背，背痛徹心，以腎邪而賊心君，蜀椒益君火而逐陰邪也。升麻鼈甲湯方在鼈甲用之治陽毒，咽喉痛，吐膿血，以表邪而鬱肝火，蜀椒開腠理而泄毒汁也。王不留行散方在王不留行用之治病金瘡，以血亡而泄溫氣，蜀椒溫肝脾而暖血海也。《傷寒》烏梅丸方在烏梅用之治厥陰蚘厥，以蚘避寒濕而居膈上，蜀椒溫寒而驅蚘蟲也。《金匱》白朮散方在白朮用之治妊娠胎氣，以胎遇寒濕，則傷殞墜，蜀椒燥濕土而溫水也。　蜀椒辛溫下行，降衝逆而驅寒濕，暖水土而溫中下，消宿食停飲，化石水堅癥，開胸膈痹結，除心腹寒疼，止嘔吐泄利，療黃疸水腫。堅齒髮，暖腰膝，開腠理，通關節，行血脈，除腫痛，縮小便，下乳汁，破瘀血，殺蚘蟲。　去目及閉口者，炒去汗用。　椒目泄水消滿，《金匱》己椒藶黃丸方在防己用之治腸間有水氣，腹滿者，以其泄水而消脹也。　椒目下氣，善治耳鳴盜汗。

清・吳儀洛《本草從新》卷四　川椒〔宣，散寒濕；燥，補火。〕一名蜀椒。以下味類。　辛，大熱，有毒。入肺發汗散寒，治風寒咳嗽；入脾暖胃燥濕，消食除脹，治心腹冷痛，吐瀉澼痢，痰飲水腫；入右腎命門補火，治腎氣上逆，能下行，導火歸元。陽衰泄精，溲數陰汗。有人冷氣入陰囊，腫滿疼悶欲死，以布裹椒，厚半寸，包囊下，熱氣大通，日再易，以消為度。或以桂末塗亦良。破血通經，除癥安蚘，蟲聞椒則伏。凡蟲咬腹痛者，面白唇紅，時發時止。辟疫伏邪，殺鬼疰蠱魚毒，最殺勞蟲。通血脈，消瘻痺，行肢節，利機關。命門火衰，有寒濕者宜之，陰虛火旺之人，在所大忌。丹溪曰：食椒既久，則火自水中生，多被其毒也。蜀產，肉厚皮皺為川椒。比秦椒略小。去閉口者，能殺人。微炒去汗，搗去裏面黃殼，取紅用。名椒紅。得鹽良。入腎。杏仁為使。畏雄黃、附子、防風、款冬、涼水、麻仁。中其毒者，用涼水、麻仁漿解之。附：椒目〔通，行水。〕苦，辛，小毒。專行水道，不行穀道。消水蠱，除脹定喘。

清・嚴潔等《得配本草》卷六 蜀椒一名川椒。子、葉。得鹽良。杏仁為之使。畏款冬花、防風、附子、雄黃、冷水、麻仁漿。辛，熱，有毒。入手足太陰經，兼入命門氣分。通上焦君火之陽，達下焦命門之氣。開腠理，行血脈，散寒濕，化癥癖，止泄瀉，殺蛔蟲，療濕瘧，去痰飲。得醋煎熟，入白礬稍許服，治傷寒嘔衄。得生地自然汁煎稠和丸，治元臟傷憊。配烏梅，伐肝氣。配益智仁，縮小便。配茯苓，蜜丸，補益心腎。配茴香、棗肉丸，治久瀉。配蒼朮，醋丸，治飧泄不化。炒熱，布裹椒，包陰囊腫大，疼悶欲死。服藥嘔吐，加川椒。蛔見此自服。去核，微炒出汗，搗去裏面黃殼，取紅用。酒蒸，或鹽水炒，隨症製之。炒熱，熨冷濕諸痛。多用傷氣失明。肺脾有熱，陰火虛盛者，禁用。閉口者殺人。子名椒目。苦，寒。專行水道。治水蠱，定痰喘。得豬上唇，治盜汗。或生用，或微炒用。葉和蔥、艾、醋搗，罨內外腎吊，及霍亂轉筋。

題清・徐大椿《藥性切用》卷六 川椒 一名蜀椒。味辛性熱，入腎命而兼入脾肺。補火散寒，溫中殺蟲。揀去閉口，微炒出汗用。但取外皮，名椒紅，功用相同，而性更烈。核名椒目，苦辛微溫，利水消腫。椒根，辛熱殺蟲。

秦產名秦椒，俗名花椒。辛苦性溫，但能溫中散寒，燥濕殺蟲。不能直入命門，而有導火歸原之用。

清・黃宮繡《本草求真》卷四 川椒補火溫臟，除寒殺蟲。川椒耑入肺脾腎。辛熱純陽。時珍曰：其味辛而麻，其氣溫以熱，稟南方之陽，受西方之陰。無處不達，治能上入於肺發汗散寒，中入於脾暖胃燥濕消食，下入於命〔門〕，補火治氣上逆。冷氣上逆。凡因火衰寒痼，提出諸症根源。而見陰衰溲數，陰汗精洩，並齒動搖，目暗，經滯癥瘕，蚘痛鬼疰血毒者，服此辛熱純陽，無不奏效。《上清訣》云：凡人吃飯傷飽，覺氣上衝心胸痞悶者，水吞川椒即散，以其能通三焦，引正氣下惡氣，消宿食也。戴元禮云：凡人嘔吐服藥不納者，必有蚘在膈間，蚘聞藥則動，動則藥出而蚘不出，但於嘔吐藥中加川椒良。蓋蚘見椒則頭伏也，觀此，則仲景蚘厥烏梅丸中用椒，亦此義耳。按蚘蝕有腹痛，面白唇紅，時發時止等症可察。許叔微云：凡人腎氣上逆，須以川椒引之歸腎，危氏神授丸治傳屍勞，用川椒炒出汗。米飲送下二觔而愈。能所治皆應。此雖與胡椒同為一類，但胡椒則止溫胃除寒逐水。此則更兼入腎補火殺蟲，而於逐水不甚專也。出四川，肉厚皮皺者是。秦產名秦椒，味辛過烈，閉口者有毒殺人，微炒去汗，搗去裏面黃殼，取紅用，得鹽良。使杏仁，畏欵冬、防風、附子、雄黃、麻仁、涼水，子名椒目。苦辛，耑行水道，不行穀道。能治水蠱，除脹定喘，及腎虛耳鳴。

清・李文培《食物小錄》卷下 蜀椒 辛，溫，有毒。溫中。久服頭不白，輕身，增年，壯陽道，下氣，補右腎命門，利五臟，殺腥氣。秦產者名秦椒，蜀產者名蜀椒，今人並呼為花椒。閉口者，食之害人。

清・羅國綱《羅氏會約醫鏡》卷一七竹木部 川椒味辛性熱，有毒，入肺、脾、胃三經。閉口者殺人。稟純陽之氣，下達命門，益下而不沖上。蓋導火歸元，溫脾暖胃。治三焦沉寒冷痼，消食除脹。療心腹冷痛、泄瀉、嘔吐、水腫、痰飲。暖腰膝，縮小便，皆補火之效。陰汗、洩精，下焦虛寒。堅齒明目，能去翳膜。通血，安蚘，腎氣上逆，性能下行。溫補下焦，每日吞二十粒，最妙。最殺傳尸勞蟲。研為末，每日米飲下三錢，服至斤許蟲自吐出。去目微炒用。若陰虛火旺，肺胃熱者忌服。

椒目 即川椒子。味苦辛。耑行水道，不行穀道。治水蠱，除脹，定喘行水，斂汗。可塞耳療聾。

清・陳修園《神農本草經讀》附録 蜀椒 氣味辛，溫，有毒。主邪氣咳逆，溫中，逐骨節皮膚死肌，寒濕痹痛，下氣，久服頭不白，輕身增年。去閉口去目。椒目同巴豆、菖蒲、松脂、黃蠟為挺，納耳中，治聾。

清・黃凱鈞《藥籠小品》 川椒 熱，有毒，入肺，發汗散寒；入脾，暖胃燥濕。治心腹冷痛，腎寒水腫。若陰虛火旺者大忌。微炒去汗。椒目苦辛，行水消水蠱，除脹定喘。秦椒俗名花椒。主治與川椒相同。

清・王龍《本草纂要稿・木部》 蜀椒 氣味辛溫。却心腹冷痛，除寒濕痺痛。殺鬼疰蠱毒立效，治蟲蛇虺毒尤靈。除皮膚骨節死肌，療傷寒溫瘧不汗。退兩目翳膜，驅六腑沉寒。通氣脉，開鬼門，仍調關節。堅齒髮，暖腰膝，尤縮小便。理風邪，去咳逆之邪。治噫氣，養中和之氣。消水腫黃疸，止腸澼痢紅。多服乏氣失明，久服黑髮耐老。

清·吴鋼《類經證治本草·手少陽三焦藥類》　川椒　【略】誠齋曰：川椒能下行，導火歸元，下焦陽虛陰痿，每日空腹吞二十(立)〔粒〕。凡腎氣上逆，須用之，以引火歸經。《荊楚歲時記》：花椒、柏葉浸酒中，元旦飲之，一年不染瘟疫時氣。

清·張德裕《本草正義》卷下　川椒　辛，熱，純陽，有小毒。性下行，陽中陰。散肌表寒邪，除臟腑冷痛，胸腹留飲，停痰宿食。溫脾胃，止嘔吐，逐寒濕，除牙疼，暖腰膝，縮小便，止瀉痢，殺蚘蟲。中其毒者，冷水解之。閉口者，炒出汗，以去毒。

椒目　苦，溫。暖脾，治水腫，利小便，統療十二種水氣。

椒葉　辛，熱。殺蟲。可洗風濕瘡瘍、腳氣。亦療膝瘡。

清·楊時泰《本草述鉤元》卷一九　椒目　蜀椒肉厚皮皺，其子光黑，如人之瞳，人故謂之目。他椒子雖光黑，亦不似之，若土椒則子無光彩矣。

氣味苦，辛，有小毒。治水氣及腎虛耳卒鳴聾，並止氣喘。腎虛耳鳴，用巴豆、菖蒲同研細，以松脂、黃蠟溶和為挺，納耳中抽之，凡腎氣虛，耳中如風水鳴，或如打鐘磬之聲，卒暴聾者，一日一易，神驗權。諸喘不止，用椒目炒研二錢，白湯調服二三服以上，劫之。後乃隨痰火用藥丹溪。椒目下達，能行滲道，不行穀道，所以能下水燥濕定喘消蠱也瀕湖。按椒目治喘，似於水氣之喘更為得宜，如相火上逆之喘，反為禁藥，蓋其補命門之陽，與椒諒無大異也。

修治：　入藥微炒。

清·楊時泰《本草述鉤元》卷一九　蜀椒　今歸峽及蜀川、陝洛間多種之。四月結子枝葉間，如小豆而圓，無花，皮紫赤色，八月采實。江淮北土亦有之，不及蜀中者皮厚裏白味烈也頌。

味辛而麻，氣溫以熱，稟南方之陽，受西方之陰，故重蜀產。大熱，有毒。氣味俱厚，陽也。乃手足太陰、右腎命門氣分藥，兼入手厥陰經。主治通三焦，下氣，補右腎命門，明目，溫中，除虛冷腹痛，散氣，却濕鬱，消留飲宿食。治頭風下淚，冷嗽及寒濕泄瀉，餐泄不化，寒濕痺痛，水腫，黃疸，暖腰臍，縮小便，殺蚘蟲。純陽之物，能入肺治寒，入脾除濕，入右腎補火，主療如上諸證瀕湖。椒氣下達，餌之益下，不上衝也段成式。凡腎氣上逆，以川椒引之歸經則安叔微。蜀椒去汗，假辛熱以潤心寒東垣。《經》云：氣虛者寒也，益命門之火，即以養心氣之虛，故曰潤。凡人傷飽，覺氣上衝，心胸痞悶者，以水吞生椒一二十顆即散，取其能通三焦，引正氣，下惡氣，消宿食也《上清訣》。凡人嘔吐，服藥不納者，必有蚘在膈間，蚘聞藥則動，動則藥出，而蚘自不出。但於嘔吐藥中，加炒川椒十粒，良以蚘得椒則頭伏也。蟲生於風木，蜀椒稟金氣以下達，故見之頭伏。觀此，則仲景烏梅丸中用之義同《原禮》。紅椒屬火，而有水與金，有下達之能，如元陽虛憊者，用之適宜，乃為益火。如病於陰虛而久服之，是助壯火以食氣也。一老婦病瀉五年，百藥不效，投感應丸五十顆，大便二日不行，再以平胃散加椒紅、茴香、棗肉丸服，遂瘳，每因怒食舉發，服之即止。此除濕清食溫脾補之驗也，然惟虛寒有濕鬱者相宜，若肺胃素熱者宜遠瀕湖。單服椒紅補下，宜用蜀椒乃佳頌。椒苓丸：補益心腎，明目駐顏，順氣驅風延年，真川椒一斤炒去汗，白茯苓十兩去皮，為末，煉蜜丸梧子大，每服五十丸，空心鹽湯下。忌鐵器。餐泄不化及久痢，小椒一兩炒，蒼术二兩土炒，研末，醋糊丸梧子大，每米飲服五十丸。老小泄瀉，小兒水瀉及人年五十以上患瀉，用椒二兩，醋二升，煮醋盡，慢火焙乾，研末，瓷器貯之，每服二錢匕，酒及米飲下。

論：　蜀椒結實於大火司令時，故其氣熱，然采實必以八月，且其味絕無苦，但辛而麻，是火之用反在金也。火炎上而歸於金之降，故由肺而直達命門，丹溪云有下達之能，叔微云引腎氣歸經，良然。觀其以杏仁為使，則由肺而達命門之義著矣。觀其能收水銀，則歸命門以為補益明矣。水銀出於丹砂中，為陽中之陰，命門為陰中之陽，夫陽中之陰，原根於陰中之陽，椒入命門，能令陽中之汞得其所歸而自收也，陰陽合一之妙，物亦有然。抑何以能潤心寒？蓋氣者火之靈，心者火之主，益命門之火，即以養心氣之虛，且三焦少火，自下而上，肺之合於心者，自上而下，所謂通命門，心固其首至者也。《經》曰：氣虛者寒也。中而脾胃，下而肝腎，亦莫不由是以達之，故潤心寒者，正與肺冷脾濕之義相關。肺冷固屬氣怯，所謂脾濕者，非與燥對，乃火不勝水，化原不足，如《經》所云中氣之濕耳。肺脾之氣下達，則肝腎胥益以肝腎之氣，即命門之真陽也。至此味除寒濕，將與烏、附同其性質歟？曰：否也。人之生，始於天一之水。水火金皆氣先合而後形成。壬爲陽水，合於丁之陰火而生丙，是壬召丁，丙即隨丁而後水中有火，命門以成，蓋火原生於水也，乃奉水之主，以至於火而生心，坎離位矣。丙為陽火，合於辛之陰金而生庚，是丙召辛，庚即隨辛而後火中有水，心以成。蓋水又孕於金也，乃即火之主，以合於金而生肺。肺有二十空，貫心脈以行呼吸，且心系系於肺，正可參丙合於辛，而火金合德之義，即了然於肺氣歸命門之義。如附子之用由火歸水，以致其火之精，蓋以丁應壬，返其所自始也。蜀椒之用，由金歸火，以致其金之精，蓋以辛應丙，亦返其所自始也。火返於水者，即水而致火之氣，火光於水中，必達水之蒙晦而後已。其除寒濕也，氣猛而不徐，金返于火者，即火而致金之氣，金返于火，故歸命門，而補火乃有專功。金明於火中，必極火之宣揚而後已。其除寒濕也，氣昌而不峻，所以烏附能奏奇效，而蜀椒不能與之等，即蜀椒以久服為害，亦不如烏、附之誤投禍烈也。

清・姚衡《寒秀草堂筆記》卷四　鄉人善拳勇者，來閩告狀，為兵士所闌，以馬箠擊額上，流血不止。采樹根搗爛敷之，三日即結痂而愈。問之，則花椒樹根也。又言此藥不但治傷，兼能治多年風氣，以酒水煎服，其效如神，皆本艸所不載。

清・葉桂《本草再新》卷五　川椒味辛，性熱，有小毒。入肝、肺二經。　宣肺中之積寒，治肝經之鬱火，燥濕暖胃，溫中止瀉，能發汗，能散邪。

清・吳其濬《植物名實圖考》卷三三　崖椒　宋《圖經》收之。李時珍以為即椒之野生者。

清・趙其光《本草求原》卷一三果之味部　川椒　結實於夏而氣熱，生於西而味辛，是火炎上而歸於金之降，故能由肺直達命門三焦，引腎氣歸元。治肺感風寒咳逆，肺虛不能固腠理，辛熱以散之。溫中，逐骨節寒濕、皮膚死肌、寒濕痹痛、腹冷痛泄、瀉消留飲、宿食、水腫、黃疸，暖腰臍，縮小便，皆脾腎火虛，不能制水濕以溫肌肉。此味葉青，皮紅，花黃，膜白，子黑，備五行之氣，而功更在脾腎。益命門火，下氣。治飯後飽悶，氣上沖心，三焦者，命門之別使，水穀之道路，氣之所終始。此補火以通三焦，導火下達，則食消、氣歸元而不上沖。止陰汗、泄精，下焦寒。安蛔，定嘔，嘔而諸藥不納，蛔蟲動也。蟲生於風木，此稟金氣下降，故蟲得之而頭伏。殺鬼疰、蟲魚毒、蠱毒，古有人病傳尸勞，以此炒出汗為末，米飲下三錢，服至二斤，吐出如蛇而安。堅齒明目，同茯苓蜜丸，鹽湯下，忌鐵。破血通經，血溫則行。止心寒。火歸水中，則水不犯心而心安。肺陰入心，金火合德而生血，則血行。金明於火中，即水孕於金中，故齒固目明。按：川椒能收水銀，蓋水銀出於丹砂，為陽中之陰。而陽中之陰根於陰中之陽，椒補命門陰中之陽，故能合汞陽中之陰得其所歸。即此可知其直歸命門以為補也。久服頭不白。通腎氣之力。

川椒，肉厚，皮皺。凡用，去目及閉口者。閉口者有毒，殺人。誤中其毒吐沫者，地漿水解之。微炒出汗，乘熱搗去裏面黃殼，取紅用。名椒紅。收貯要封密，不見風，取其全氣以補火也。得鹽良。入腎。使杏仁。畏款冬、防風、附子、雄黃、麻仁、涼水。

椒能辟疫伏邪，故歲旦飲椒柏酒。同蒼术、醋糊丸，米飲下，治久痢及餐泄不化。醋煮，焙為末，酒或米飲下二錢，治水瀉。一人腰痛痰喘，足冷如冰，服八味丸無功，以川椒、茯苓蜜丸，鹽湯下而安。陰虛及肺胃熱忌之。

清・葉志詵《神農本草經贊》卷三　蜀椒　味辛，溫。主邪氣欬逆溫中，逐骨節皮膚死肌，寒濕痹痛下氣。久服之，頭不白，身輕增年。生川谷。

使者含丸，馨香下抑。葉疊滑堅，枝森刺棘。浮豔衣紅，搖光瞳黑。一合一開，茂州嘉植。

《清異錄》：一名含丸使者。服椒訣：其氣馨香，其性下行。蘇頌曰：本似茱萸而小，有針刺，葉堅而滑。寇宗奭曰：凡用蜀椒，去裏面黃殼，取紅用。李時珍曰：其子光黑，如人之瞳子，他椒不似之。《四川志》：各州俱有，以茂州出者為佳。其殼一開一合者最妙。孟郊詩：嘉植鮮危柯。

清・文晟《新編六書》卷六《藥性摘錄》　川椒　伏蟲。見溫散。

川椒　辛，熱。純陽，上入於肺，發汗散寒。中入於脾，暖胃燥濕。下入命門，補火，治氣上逆。○凡因火衰寒涸，而見陰衰溲數，陰汗精泄，並齒搖目暗，經帶癥瘕，蚘痛鬼(蛀)〔疰〕，服者皆効。○川產。肉厚皮縐者良。淡鹽水微炒去汗。閉口者殺人。○椒目，耑行水道，治水蠱，除脹定喘，及腎虛耳鳴。悮食閉口椒毒，吃大棗數枚，或黑豆冷汁，均効。

川椒　即蜀椒。辛，熱，有毒。解諸魚鱉毒，散寒除濕，解鬱結，消宿食，殺疣蟲，溫脾胃，補命門，止泄瀉。久食令人乏氣，傷血脈。有實熱咳嗽，及眼赤者，勿食。口閉者，揀去勿用。○花椒，即秦椒。與川椒性同。並詳藥部溫散。

清·張仁錫《藥性蒙求·果部》 川椒椒目三分、花椒五分 川椒辛熱，燥濕祛寒。命門補火，脹痛能蠲。一名蜀椒。味辛，大熱，入肺。發汗散寒，治風寒欬嗽。入脾，暖胃燥濕，消食除脹，治心腹冷痛，吐瀉水腫。補命門火，治腎氣上逆，陽衰溲數。凡嘔吐腹痛，服藥不納者，必有蚘在膈間，加川椒十粒，約一分，自不吐，蚘見椒則伏也。微炒去汗，搗去裏面黃殼，取紅用，名椒紅。得鹽良，入腎。川產肉厚，皮皺者為川椒，比秦椒略小。去閉口者。○椒目：苦、辛，專行水道，不行穀道，消水蠱，除脹定喘。○陰虛火旺之人大忌。○秦椒：俗名花椒。辛、苦，溫，有毒。溫中散寒，燥濕除風，下氣殺蟲，治吐逆，疝瘕，腹中冷痛。大都與川椒同。

清·王孟英《隨息居飲食譜·調和類》 川椒一名蜀椒，一名巴椒，一名漢椒。辛，熱。溫中下氣，暖腎祛寒，開胃，殺蟲，除濕，止瀉滌穢，舒鬱消食，辟邪，制魚腥、陰冷諸物毒，辟蠅蚋、蜈蚣、蚊蟻等蟲。多食動火墮胎，陰虛內熱者忌之。閉口者殺人。中其毒者，冷水解之。 漆瘡作癢，川椒煎湯洗。凡入漆所，嚼川椒塗鼻中，不患漆瘡。 併辟疫穢邪氣。 婦人禿鬢，川椒四兩，酒浸，密室內日日塗之。

清·劉善述、劉士季《草木便方》卷二木部 花椒樹 家椒葉辛大溫熱，霍亂轉筋腎氣滅。脚氣漆瘡殺蟲塗，根治腎冷淋瘀捷。皮去風濕殺蚘蠆，子消水腫腹脹烈。川、秦椒。

清·田綿淮《本草省常·氣味類》 花椒 一名川椒，一名蜀椒，一名漢椒，一名巴椒。性熱，有毒。暖胃燥濕，發汗祛風，消食散滿，破血通經，明目固齒，除癥安蚘，殺勞蟲並一切蟲魚毒。多食乏氣，喘促。服龍骨者忌之。閉口者毒大，不可食。中毒者，香油涼水解之。誤食閉口花椒，戟人咽喉，氣病欲死，或吐下白沫，身體痹冷，肉桂煎湯解之，或食大蒜解之。

清·戴葆元《本草綱目易知錄》卷三 川花椒蜀椒 辛，溫，有毒。純陽之品，乃脾肺命門氣分之藥。稟南方之陽，受西方之陰，故入肺散寒。開腠理，寬胸膈，解鬱結，消宿食，止嘔逆。治寒熱咳嗽，腹內冷痛，頭風下淚，溫瘧無汗，心胸留飲。入脾除濕，溫脾胃，通血脉，調關節，破癥結。殺蚘蟲，止泄瀉，逐骨節皮膚死肌，寒熱痹痛，水腫黃疸，下痢腸澼。入命門補火，壯陽痿，通三焦，暖腰膝，縮小便。除六腑寒冷，腰脚不遂，虛損留結，陰汗洩精，陽衰洩數，冷痛久痢，女子字乳餘疾，產後宿血。堅齒明目，破血通經，滅瘢下乳。殺蟲魚毒，鬼疰蠱毒。脾胃素熱者忌。【略】足上濕瘡痒極，搔之流水皮破，乃濕熱生蟲。川椒炒，甲珠、白芷各一錢，龍骨、黃草紙灰各二錢，末，先洗拭，以桐油掃瘡，搽藥。葆驗。

椒目 苦，寒。其性下達，能行滲道，不行穀道，所以能下水燥濕，治水蠱，利小便，止氣喘。主十二種水，療水腹脹滿，膀胱拘急，腎虛耳卒鳴聾。

清·黃光霽《本草衍句》 川椒 辛熱純陽，溫中下氣。入肺發汗散寒，入脾暖胃燥濕。逐骨節皮膚死肌，除腹中冷痛瀉痢。風寒咳嗽，痰飲宿食。補右腎命火元陽，能下行導火歸元，大能溫補下焦也。治衝任上逆寒氣。暖腰膝而縮小便，水腫膽黃；療陰汗而堅齒牙，寒濕痛痺。通血殺蟲，產寒餘疾。若陰虛火旺，肺胃素熱者，忌服。得地黃汁調養真元，得雲苓補益心腎。 陰冷入腹，有人陰冷，漸漸冷氣入陰囊腫滿，日夜疼痛欲死，以布裹川椒，包囊下，熱氣大通，呃噫不止，川椒炒研，麪糊丸，醋湯下。 傳尸勞瘵，最殺勞蟲，用川椒紅色者，去子及合口，炒出汗，為末，以老酒浸白羔和丸，食前鹽湯下。 囊瘡痛痒，用漢椒七粒，葱頭七個，煎水洗之。 凡至漆所，嚼椒塗鼻上，不生漆瘡。 腎氣囊瘡，川椒、杏仁研膏，塗掌心，合陰囊而卧，甚效。 椒目苦、辛，色黑，入腎行水。 能行水道，不行穀道。腹脹不腫，腎虛聾鳴。 定氣喘為刦藥，止盜汗有殊能。

清·陳其瑞《本草撮要》卷二 蜀椒 味辛，入足太陰、陽明經，功專療心腹冷痛，傳尸勞疰。得地黃汁調養真元，得白茯苓補益心腎，得烏梅治蚘。陰虛火旺之人忌服。閉口者殺人，宜去之。微炒去汗，搗去裏面黃殼，取紅用，名椒紅。得鹽良。杏仁為使，畏雄黃、附子、防風、款冬、涼水、麻仁，中其毒者用涼水麻仁漿解之。一名川椒。秦產俗名花椒，實稍大。子名椒目，味辛有小毒，專行水道，不行穀道，消水蠱，除脹定喘，及腎虛耳鳴。根辛熱，殺蟲煎湯，洗脚氣及濕瘡。

清·李桂庭《藥性詩解》 賦得川椒達下得椒字。湯克家。 達下緣溫腎，純陽是蜀椒。驅寒能補火，利濕且強腰。 按：川椒辛溫大熱。入肺發汗散寒，入脾暖胃燥濕。消食除脹，破血通經。入右腎補命門真火，治腎氣上逆，陽衰洩精，溲數陰汗。一名蜀椒。凡陰虛火旺者，宜深避之。

清·吳汝紀《每日食物却病考》卷下 花椒 有秦椒、蜀椒之分。秦椒生秦地，今處處可種。蜀椒生川中，即川椒也，肉厚皮皺，裏白，子光黑，味烈勝于秦者。調和及入藥，俱以蜀為良，秦椒稍溫而不及之。凡用，去目及閉口者，微炒。　研去裏，取紅用，謂之椒紅。辛，大熱，有毒。除風邪氣，溫中，明目，壯陽，堅齒髮，開腠理，通血脉，發汗，殺鬼疰、蟲毒及魚蛇毒，療腹中冷痛，治天行時氣。多食乏氣。口閉者，殺人。　又一種野椒，子微灰色，氣味亦相似，而香不及之，亦可用以調和食品。

清・鄭奮揚著，曹炳章注《增訂偽藥條辨》卷三　川椒　《本經》名蜀椒，列於中品。產於巴蜀，顆如小豆而圓，皮紫赤色，皮厚而裏白，味極辛烈而香。凡閉口者去之。近有土椒，色黑無味，又安能溫中散寒乎？　炳章按：花椒山野自出，幹高五六尺至丈餘，梗生小刺，葉為對生羽狀複葉，春日開小花黃綠色，初夏結實圓小，始色青綠，熟則變赤，裂開香氣甚烈，即《本草》所謂之椒紅也。產地首推中州，名曰南椒，顆粒大，外紫裏白，氣味濃厚，椒多目少最佳，江浙間釀酒家皆需此。產於蜀者，名川椒。產於秦嶺者名秦椒，顆粒略小，尚佳。產於山東即墨縣名東椒，又名女姑椒，色紅黑，氣味較薄為次。江淮間產者，名土椒，色青黑，粒小味淡，更次。

清・周巖《本草思辨錄》卷三　蜀椒　蜀椒為足太陰及右腎氣分之藥。祛脾腎之寒濕，而不治風寒風濕。若但寒無濕，亦有不宜。治寒濕無分脾腎，而補火則獨在腎。何以言之？性溫燥而下行，足以祛寒濕而不足以祛風。皮紅膜白，間以黃肉，極裏之子則黑，為由肺歷脾入腎之象。故能使水中泛出之火，仍歸水中。熱則肺病宜不相涉矣，而何以亦兼隸之。肺有寒飲無寒濕，寒飲之病，從不以椒治。但寒之病，亦未嘗以椒治。惟脾腎之寒濕上沖，而為肺病挾火者，以椒引而下之，始為恰當。脾腎病在本臟，肺病則由脾腎連及，所治雖同而本末攸異。此愚所以不以手太陰藥並提之也。

椒既由肺抵腎，勢不中停，自當以溫腎為首功。故他物溫脾寒除脾濕，效惟在脾而已；椒則歸宿在腎，不第供職於脾。雖然脾居中宮，不能飛渡。有腎病脾不病，而可以椒治者乎？　則試取仲聖方核之：烏頭赤石脂丸，邪在上焦，而用烏、附、乾薑、石脂中下焦之藥，非脾腎有寒濕不爾；更佐以蜀椒，非引火下歸不爾。白术散，尤氏謂治寒濕之劑，术、芎與椒、牡並施，意自在於溫下。他如大建中湯、烏梅丸，一為嘔痛腹滿，一為蛔厥嘔煩。皆病在脾腎而陰中有陽，而其用蜀椒也，又豈有二道哉。

崖椒

明・王文潔《太乙仙製本草藥性大全》卷三《仙製藥性》　崖椒　味辛，性熱，無毒。出施州。　主治：主肺氣上喘，咳嗽者堪求。用與野薑搗末，好酒調服方靈。但要忌鹽，屢經神驗。

明・李時珍《本草綱目》卷三二果部・味類　崖椒宋《圖經》

【釋名】野椒　【集解】頌曰：施州一種崖椒，葉大於蜀椒，彼土人四季采皮入藥。時珍曰：此即俗名野椒也。不甚香，而子灰色不黑，無光。野人用炒鷄、鴨食。

椒紅　【氣味】辛，熱，無毒忌鹽。時珍曰：有毒。　【主治】肺氣上喘，兼咳嗽。并野薑爲末，酒服一錢匕蘇頌。

黎椒

清・趙學敏《本草綱目拾遺》卷六木部　黎椒白胡椒、山胡椒、馬思荅吉。

《邊州見聞錄》：川椒故有名，產自黎大所城隅者尤香冽，大小必雙，肉理細密，罅裂而子不墮，俗呼抱娃子椒。《四川志》：各州縣多出椒，惟茂州出者最佳，其殼一開一合者尤妙。性同川椒，入藥尤效。

按：黎椒近日亦罕有真者，外方所得，俱屬彼土人以他產偽充，其功效亦僅與川椒相埒。據劉少府挹清云：真者含一二粒口中，可辟瘴毒，解魚蝦食毒，更可為導淫具，彼土中有一種生惡瘡妓女，人不敢近，惟吞黎椒三粒與之接，則無害。次日便出椒，內盡包其毒，不入人臟腑也，故真者彼土亦珍貴之，罕有出售於外者。

蔓椒

宋・唐慎微《證類本草》卷一四木部下品〔《本經》・《別錄》〕　蔓椒　味**苦，溫**，無毒。**主風寒濕痹，歷節疼，除四肢厥氣，膝痛。一名豕椒**，一名豬椒，一名彘椒，一名狗椒。生雲中川谷及丘冢間。採莖、根，煮釀酒。

〔梁・陶弘景《本草經集注》〕云：山野處處有，俗呼爲樛，似椒、薰，音黨，小不香爾。一名豨椒。可以蒸病出汗也。

〔宋・唐慎微《證類本草》〕《圖經》：文具蜀椒條下。　《食療》：主賊風攣急。

宋・鄭樵《通志》卷七六《昆蟲草木略》　蔓椒　曰豕椒，曰猪椒，曰彘椒，曰狗椒，以其作狗彘之氣。又曰地椒，言生於地上。

宋・陳衍《寶慶本草折衷》卷一四　蔓椒莖根在內。　一名豕椒，一名猪椒，一名彘椒，一名狗椒，一名豨椒，一名樛。○樧，一作椒。生雲中川谷，今處處山野有之。

味苦，溫，無毒。○主風寒濕痹，歷節疼，除四肢厥氣膝痛，採莖根煮，釀酒。酒亦去風。○陶隱居云：　似椒䕡，小，不香。蒸病出汗。○《食療》云：　主賊風攣急。

明·劉文泰《本草品彙精要》卷二一　蔓椒無毒　植生。

蔓椒：　主風寒濕痹，歷節疼，除四肢厥氣，膝痛。《神農本經》。　【名】豕椒、豬椒、彘椒、狗椒、豨椒、樛。　【苗】《圖經》曰：　其木似樗，莖間有刺，子辛辣如椒，南人淹藏以作果品，俗呼爲樛，似椒、䕡音黨小，但不香耳。　採莖根煮，釀酒用之，或云金椒是也。　【地】《圖經》曰：　生雲中川谷及丘冢間，閩中、江東皆有之。　【時】生：　春生葉。　採：　秋取子，不拘時取莖根。　【收】暴乾。　【用】子、莖、根。　【質】木類樗，子如椒。　【色】淡紅。　【味】苦。　【性】溫，泄。　【氣】氣厚于味，陽中之陰。　【臭】朽。　【主】賊風，攣急。　【製】莖根洗去土，剉碎用。　【治】療：　陶隱居云：　能蒸病出汗。

明·王文潔《太乙仙製本草藥性大全》卷三《本草精義》　蔓椒　一名豕椒，一名猪椒，一名彘椒，一名狗椒，一名豨椒。生雲中山谷及坵塚間，山野在處有之。俗呼爲樛，似椒、䕡小，不香爾。或云金椒是也。其樹木莖葉與蜀椒大同小異。採根莖煮，釀酒妙。

按：《食療》云：　溫，粒大者主上氣，咳嗽，久風濕痹症。又患齒痛，醋煎含之。又傷損成瘡中風，以麪裹作餛飩，灰中炮之使熟，斷開口，封其瘡上，冷易熱者，三五度易之，下治傷損成弓風。又去久患口瘡，去閉口者，以水洗之，以麪拌煮作粥，空心吞之三五匙，飯壓之，再服差。又椒，溫辛，有毒，主風邪腹痛，痹寒溫中，去齒痛，堅齒髮，明目，止嘔逆，滅瘢生毛髮，出汗，下氣通神，去老益血，利五臟，治生產後諸疾，下乳汁。久服令人氣喘促。十月勿食。及閉口者大忌，子細黑者是。秦椒白色也。

明·王文潔《太乙仙製本草藥性大全》卷三《仙製藥性》　蔓椒　味苦，氣溫，無毒。　主治：　主風寒濕痹，除歷節痠疼。除四肢之厥氣，祛賊風之拘攣。可蒸病出汗，止脚痛膝疼。

明·李時珍《本草綱目》卷三二果部·味類　蔓椒《本經》下品校正自木部移入此。

【釋名】猪椒《別録》　豕椒《別録》　彘椒弘景　豨椒《別録》　狗椒《別録》　金椒《圖經》時珍曰：　此椒蔓生，氣臭如狗、彘，故得諸名。　【集解】《別録》曰：　蔓椒生雲中山谷及丘冢間。采莖根，煮釀酒。弘景曰：　山野處處有之，俗呼爲樛子。似椒、䕡而小，不香，一名豨椒，可以蒸病出汗。時珍曰：　蔓椒野生林箐間，枝軟如蔓，子、葉皆似椒，山人亦食之。《爾雅》云，椒、椴醜梂，謂其子叢生也。陶氏所謂樛子，當作梂子，諸椒之通稱，非獨蔓椒也。

實、根、莖　【氣味】苦、溫、無毒。　【主治】風寒濕痹，歷節疼，除四肢厥氣、膝痛，煎湯蒸浴，取汗《本經》。根主痔，燒末服，并煮汁浸之藏器。賊風攣急孟詵。通身水腫，用枝葉煎如汁，熬如餳狀，每空心服一匙，日三服。時珍。出《千金》。

明·姚可成《食物本草》卷一六味部·調飪類　蔓椒山野處處有之，生林箐間，枝軟如蔓，子、葉皆似椒，山人食之。　蔓椒，味苦，溫，無毒。治風寒溼痹、歷節疼，除四肢厥氣、膝痛。煎湯蒸浴取汗。

根　療痔，燒末服，并煮汁浸之。又治賊風攣急，通身水腫，用枝葉煎如汁，熬如餳，日三服。

清·张璐《本經逢原》卷三　豬椒根即蔓椒。　苦，溫，無毒。其葉七瓣者，豬椒也。　《本經》主風寒濕痹，歷節疼，除四肢厥氣膝痛，煎湯蒸浴取汗。　發明：　豬椒根蔓生氣臭，故能通經脈，去風毒濕痹。《千金》治肝虛勞損，關節骨疼痛，筋攣煩悶，虎骨酒用之。又取枝葉煎熬如飴，治通身水腫，每日空腹食之。

清·吴其濬《植物名實圖考》卷三三　蔓椒　《本經》下品。枝軟如蔓，葉上有刺，林麓中多有之。

清·吴其濬《植物名實圖考》卷三六　狗椒　狗椒生雲南。莖葉俱有細刺，高二三尺，結實如椒，味亦辛烈，殆彘椒之類。

馬椒　馬椒生雲南，如狗椒而長條對葉，如初生槐葉，結實作梂。

清·趙其光《本草求原》卷一山草部　入地金牛根　治痰火、癧核，並急喉痰閉危篤，去外皮，煎水飲。如喉閉，水飲不入，則擂爛同黃糖煮，做成彈子含化，其效如神。細葉者良。

清·葉志詵《神農本草經贊》卷三　蔓椒　味苦，溫。主風寒濕痹，歷節疼，除四肢厥氣，膝痛。一名家椒。生川谷，及邱塚間。

樛亦椒似，刺罥人衣。豢聞說彘，俗聽呼豨。臨風蔓弱，含露叢依。氣蒸湯浴，汗雨頻揮。

陶弘景曰：俗呼為樛子，似椒而小。裴迪詩：丹刺罥人衣。李時珍曰：此椒氣如豕，故有彘椒、豨椒諸名。枝軟如蔓，其子叢生。《莊子》：祝宗人說彘曰：吾將三月豢汝。《漢樂府》：妃呼豨。《爾雅疏》：鬱氣謂鬱蒸之氣也。《禮》：燂湯請浴。《國語》：揮汗成雨。陶弘景曰：可以蒸病出汗。

野花椒

清・劉善述、劉士季《草木便方》卷二木部 野花椒 野椒辛溫熱利氣，咳嗽止喘殺蚘蟨。根洗四肢痔瘻痛，葉療水腫賊風易。

吴茱萸

唐・孫思邈《千金要方》卷二六《食治・菜蔬》 食茱萸 味辛、苦，大溫，無毒。九月採，停陳久者良。其子閉口者有毒，不任用。止痛下氣，除欬逆，去五藏中寒冷，溫中，諸冷實不消。其生白皮：主中惡腹痛，止齒疼。其根細者：去三蟲、寸白。黃帝云：六月、七月勿食茱萸，傷神氣，令人起伏氣。咽喉不通徹，賊風中人，口僻不能語者，取茱萸一升，去黑子及合口者，好豉三升，二物以清酒和煮四五沸，取汁，冷服半升，日三，得小汗差。蠆螫人，嚼茱萸封上止。

宋・唐慎微《證類本草》卷一三木部中品〔唐・蘇敬《唐本草》〕 食茱萸 味辛、苦，大熱，無毒。功用與吴茱萸同。少爲劣爾。療水氣用之乃佳。〔唐・蘇敬《唐本草》〕注云：皮薄開口者是。雖名爲食茱萸，而不堪多噉之也。今按顆粒大，經久色黃黑，乃是食茱萸。顆粒緊小，久色青綠，即是吴茱萸。〔宋・馬志《開寶本草》〕按：《陳藏器本草》云：食茱萸，殺鬼魅及惡蟲毒，起陽，殺牙齒蟲痛。《唐本》先附。〔宋・掌禹錫《嘉祐本草》〕按：《藥性論》云：食茱萸，畏紫石英。治冷痹，腰脚軟弱，通身刺痛，腸風，痔疾，殺腸中三蟲，去虛冷。陳藏器云：樹皮殺牙齒蟲，止痛。《本經》已有吴茱萸，云是口折者。且茱萸南北總有，以吴地爲好，所以有吴之名。兩處俱堪入食，若充藥用，要取吴者，止可言漢之與吴，豈得云食與不食，其口拆者是日乾，口不拆者是陰乾。《本經》云：吴茱萸，又云生宛朐。宛朐既非吴地，以此爲食者耳。蘇重出一條。〔宋・蘇頌《本草圖經》〕曰：食茱萸，舊不載所出州土，云功用與吴茱萸同，或云即茱萸中顆粒大，經久色黃黑堪噉者是，今南北皆有之。其木亦甚高大，有長及百尺者。枝莖青黃，上有小白點。葉正類油麻，花黃。蜀人呼其子爲艾子，蓋《禮記》所謂藙者。藙、艾聲訛故云耳。宜入食羹中，能發辛香，然不可多食，多食衝眼，兼又脫髮，採無時。〔宋・唐慎微《證類本草》〕《食療》：溫。主心腹冷氣痛。中惡，除欬逆，去藏腑冷，能溫中，甚良。又齒痛，酒煎含之。又殺鬼毒，中賊風，口偏不語者。取子一升，美豉三升，以好酒五升，和煮四五沸。冷服半升，日三四服，得汗便差。又皮肉痒痛。酒二升，水五升，茱萸子半升，煎取三升，去滓，微暖洗之，立止。又魚骨在腹中刺痛。煮汁一盞，服之，其骨軟出。又脚氣衝心。和生薑煮汁，飲之。又魚骨刺入肉不出者。擣封之，其骨自爛而出。又閉目者，名欓子，不堪食。《孫真人食忌》云：六月、七月勿食，傷人氣，發瘡痍。《勝金方》：治蚰咬毒。茱萸一兩，爲末，冷水調。分爲三服，立差。

唐・孟詵、張鼎《食療本草》卷子本 吴茱萸溫。右主治心痛，下氣，除咳逆，去藏中冷。能溫脾氣消食。又方，生樹皮，上牙疼痛痒等，立止。又，〔患風瘙痒痛者，〕取茱萸一升，清酒五升，二味和煮，取半升去滓，以汁微暖洗。如中風賊風，口偏不能語者，取茱萸一升，美清酒四升，和煮四五沸，冷服之半升，日二服，得小汗為差。案經：殺鬼毒尤良。又方，夫人衝冷風欲行房，陰縮不怒者，可取二七粒，〔嚼〕之良久，咽下津液。并用唾塗玉莖頭即怒。又，閉目者名欓子，不宜食。又方，食魚骨在腹中，痛，煮汁一盞，服之即止。又，的魚骨刺在肉中不出，及蛇骨者，〔擣吴茱萸〕以封其上，骨即爛出。又，奔豚氣衝心，兼脚氣上者，可和生薑汁飲之，甚良。

宋・李昉《太平御覽》卷九六〇 茱萸 《說文》曰：椒似茱萸。出淮南揚州，有茱萸樹。《風土記》曰：茱萸，椒也。九月九日成熟，色赤，可採。世俗亦以此日折茱萸。費長房云：以插頭髻，云辟惡。《雜五行書》曰：舍東種楊、茱萸各三株，增年益壽，除患害。

宋・李昉《太平御覽》卷第九九一 茱萸 《西京雜記》曰：漢武帝宮人賈佩蘭云：在宮時九月九日，佩茱萸，飲菊花酒，令人長壽。《地理志》曰：九月九日為絲茱萸囊戴之臂上。《風土記》曰：俗上九月九日，謂為上九。茱萸到此日，氣烈熟色赤，可折茱萸囊房以插頭，云辟惡氣，禦冬。《續齊諧記》曰：汝南桓景，隨費長房遊學累年。房謂之曰：九月九日汝家有災厄，宜令急去，家人各作絳囊，盛茱萸以繫臂上，登高飲菊花酒，此禍可消。景如言，舉家登高山，夕還，見鷄犬牛羊，一時暴死。房聞之曰：此代矣。今世人每至此日，登高山飲酒，載茱萸囊是也。唐廣《古今五行記》曰：晉懷帝時，無錫縣有四株茱萸樹，生狀若連理。郭璞卜云延陵有匲鼠，後當有拔樹。儻有此，東南數百里有作逆者，及樹生而徐馥作亂。《本草經》曰：茱萸，一名藙音毅，味辛，溫。生川谷，開腠理。根去三蟲，久服輕身。生上谷。《晉宫閣名》曰：華林園，茱萸三十六株。《范子計然》曰：茱萸出三輔。

宋·唐慎微《證類本草》卷一二木部中品〔《本經·別錄·藥對》〕

吴茱萸　味辛，溫、大熱，有小毒。**主溫中下氣，止痛，欬逆寒熱，除濕血痹，逐風邪，開腠理**，去痰冷，腹内絞痛，諸冷實不消，中惡，心腹痛，逆氣，利五藏。**根　殺三蟲。**根白皮殺蟯蟲，治喉痹，欬逆，止洩注，食不消，女子經産餘血，療白癬。**一名藙。**生上谷川谷及冤句。九月九日採。陰乾。蓼實爲之使，惡丹參、消石、白堊，畏紫石英。

〔梁·陶弘景《本草經集注》〕云：《禮記》名藙，而俗中呼爲藙音殺子。當是不識，藙字似藙字，仍以相傳。其根南行、東行者爲勝。道家去三尸方亦用之。

〔唐·蘇敬《唐本草》〕注云：《爾雅·釋木》云：椒樧醜，梂。陸氏《草木疏》云：椒樧屬亦有樧名，陶誤也。

〔宋·掌禹錫《嘉祐本草》〕按：《藥性論》云：吴茱萸，味苦、辛，大熱，有毒。能主心腹疾，積冷，心下結氣疰，心痛，治霍亂轉筋，胃中冷氣，吐瀉腹痛不可勝忍者可愈，療遍身𤸷痹，冷食不消，利大腸擁氣。削皮能療漆瘡，主中惡，腹中刺痛，下痢不禁，治寸白蟲。《博雅》云：梳樧欓越椒，茱萸也。梳音考。孟詵云：茱萸，主心痛，下氣，除嘔逆，藏冷。又皮止齒痛。又患風瘙痒痛者。取茱萸一升，清酒五升，和煮，取一升半去滓，以汁暖洗。中賊風口偏不能語者。取茱萸一升，清酒一升，和煮四五沸。冷服之半升，日三服，得少汗差。謹按殺鬼疰氣。又開目者不堪食。又魚骨在人腹中刺痛。煮一盞汁服之止。又骨在肉中不出者，嚼封之，骨當爛出。脚氣衝心，可和生薑汁飲之，甚良。日華子云：建脾，通關節，治霍亂，瀉痢，消痰，破癥癖，逐風，治腹痛，腎氣，脚氣，水腫，下産後餘血。又云：茱萸葉，熱，無毒。治霍亂，下氣，止心腹痛，冷氣。内外腎釣痛，鹽研罯，神驗。乾即又浸復罯，霍亂脚轉筋，和艾以醋湯拌罯，妙也。陳藏器云：梂子根濃煮浸痔，有驗。燒末服亦主痔病。又《爾雅》云：櫟實，梂也。其子房生爲梂。又赤爪草一名羊梂，一名鼠查梂。此乃名同耳。梂似小柤而赤，人食之。生高原。

〔宋·蘇頌《本草圖經》〕曰：吴茱萸，生上谷川谷及冤句，今處處有之，江浙、蜀漢尤多。木高丈餘，皮青緑色。葉似椿而闊厚，紫色。三月開花紅紫色。七月、八月結實似椒子，嫩時微黄，至成熟則深紫。九月九日採，陰乾。《風土記》曰：俗尚九月九日謂爲上九，茱萸到此日，氣烈熟色赤，可折其房以插頭，云辟惡氣禦冬。又《續齊諧記》曰：汝南桓景，隨費長房學。長房謂曰：九月九日汝家有災厄，宜令急去家，各作絳囊盛茱萸以繫臂上，登高飲菊花酒，此禍可消。景如言，舉家登高山，夕還見雞、犬、牛、羊一時暴死。長房聞之曰：此代之矣。故世人每至此日，登高飲酒，戴茱萸囊，由此耳。世傳茱萸氣好上，言其衝膈，不可爲服食之藥也。張仲景治嘔而胸滿者，茱萸湯主之。吴茱萸一升，棗二十枚，生薑一大兩，人參一兩，以水五升，煎取三升。每服七合，日三，乾嘔吐涎沫而頭痛者亦主之。又其南行枝，主大小便卒關格不通。取之斷度如手第二指中節，含之立下。出姚僧垣方。根亦入藥用。《删繁方》療脾勞熱，有白蟲在脾中爲病，令人好嘔者。取東行茱萸根大者一尺，大麻子八升，橘皮二兩，凡三物㕮咀，以酒一斗浸一宿，微火上薄暖之，三下絞去滓。平旦空腹服一升，取盡，蟲便下出，或死或半爛，或下黄汁。凡作藥法，禁聲，勿語道作藥，蟲便下驗。

〔宋·唐慎微《證類本草》〕雷公云：凡使，先去葉、核并雜物了，用大盆一口，使鹽水洗一百轉，自然無涎，日乾，任入丸散中用。脩事十兩用鹽二兩，研作末，投東流水四斗中，分作一百度洗，别有大效。若用醋煮，即先沸醋三十餘沸，後入茱萸，待醋盡，曒乾。每用十兩，使醋一溢爲度。《食療》：微溫。主痢，止瀉，厚腸胃。肥健人不宜多食。《聖惠方》：治陰毒傷寒，四肢逆冷，宜熨。茱萸一升，酒和匀濕，絹袋二隻盛，蒸令極熱，熨脚心，候氣通暢，匀暖即停熨，累用驗。《外臺秘要》：集驗熨癥法：茱萸三升碎之，以酒和煮熟，布裹熨癥上。冷更炒，更番用之。癥移走，逐熨之，候消乃止也。又方：治癰疽發背及發乳房。茱萸一升，擣之，以苦酒和，帖癰上。又方：陰下濕痒。茱萸一升，水三升，煮三沸去滓，洗，痒差。《千金方》：治寸白蟲。茱萸根洗去土四兩，切，以水、酒各一升，漬一宿。平旦分再服。凡茱萸皆用細根，東北陰者良。若稍大如指已上者，皆不任用。又方：治心腹内外痛。茱萸一升，酒三升，煎取半升。空心頓服之。《千金翼》：産後虚羸盗汗，時嗇嗇惡寒。茱萸一雞子大，以酒三升，漬半日，煮服。又方：主大人、小兒風瘮。茱萸一升，酒五升，煮取一升，帛染拭之。又方：主頭風。沐頭：茱萸二升，水五升，煮取三升，以綿染拭髮根，良。《肘後方》：治中風不能語。豉、茱萸各一升，水五升，煮取二升，稍稍服之。又方：治腸痔、大便常血，下部痒痛如蟲咬者。掘地作坑燒令赤，酒沃中擣茱萸二升内中，乘熱扳開小孔，以下部榻上，冷乃下，不過三四度即差。《孫真人備急方》：赤痢，臍下痛。茱萸一合，黑豆湯吞之效。《經驗方》：治脾元氣發歇痛不可忍者。茱萸一兩，桃人一兩，和炒令茱萸憔黑後，去茱萸，取桃人去皮尖，研細，葱白三莖，煨熟，以酒浸，溫分三服。《經驗後方》：補水氣藥。赤茱萸二兩，米醋煮爛，細研爲膏，丸如梧桐子大，椒湯下七丸，空心服。《兵部手集》：治醋心，每醋氣上攻如釅醋。茱萸一合，水三盞，煎七分，頓服。縱濃亦須强服，近有人，心如蜇破，服此方後，二十年不發。又方：治中風腹痛，或子腸脱出。茱萸三升，酒五升，煎取二升，分溫三分。又方：小兒火灼瘡。一名瘭漿瘡，一名火爛瘡。用酒煎茱萸拭上。《楊氏産乳》：療中惡心痛。吴茱萸五合，以酒三升，煮三沸，分三服。

宋·唐慎微《證類本草》卷一四木部下品〔宋·掌禹錫《嘉祐本草》〕 欓子 味辛辣如椒。主遊蠱飛尸著喉口者，刺破，以子揩之令血出，當下涎沫。煮汁服之，去暴冷腹痛，食不消，殺腥物。木高大，莖有刺。新補。見陳藏器。

〔宋·唐慎微《證類本草》〕《圖經》：文具蜀椒條下。

宋·寇宗奭《本草衍義》卷一四 吴茱萸 須深湯中浸去苦烈汁，凡六七過，始可用。今文與注及注中藥法皆不言，亦漏落也。此物下氣最速，腸虚人服之愈甚。

宋·張世南《遊宦紀聞》卷五 沙隨先生在泰興時，有乳嫗，因食冷肉，心脾發痛，不可堪忍。知縣錢仁老名壽之，以藥與之，一服痛止，再服即無他。其藥以陳茱萸五六十粒，水一大盞，煎取汁，去滓，入官局平胃散三錢，再煎熱服。

錢云：高宗嘗以賜近臣。時有歸正官校尉，添差縣尉，後歸軍中，以是愈人疾甚多。其妻弟王得中，又以其藥歸昌國，亦多愈人疾，真奇方也。

宋·鄭樵《通志》卷七六《昆蟲草木略》 藙 曰吴茱萸，或謂之榝。《續齊諧記》云：汝南桓景隨費長房學。長房謂曰：九月九日，汝家有災，可急令家人縫絳囊，盛茱萸以繫臂上，登高飲菊花酒，此禍可消。景如其言，舉家登高山，夕還，見雞、犬、牛、羊一時暴死。長房聞之，曰：此代之矣。世人此日登高飲酒，帶茱萸囊，由此爾。又《風土記》曰：九日，折其房插頭，辟惡氣。今人多臨井植之，云飲其水，則無瘟疫。

宋·鄭樵《通志》卷七六《昆蟲草木略》 欓子 曰食茱萸，曰越〔椒〕。《博雅》云：欓越與吴茱萸，俱有藙名。《内則》云：三牲用藙。是欓子也。《爾雅》云：椒榝醜荥。

金·張元素《潔古珍珠囊》〔見元·杜思敬《濟生拔粹》卷五〕 吴茱萸辛陽中微陰。溫中下氣，腹痛，溫胃。與丹參、硝石、五石英相反。

宋·劉明之《圖經本草藥性總論》卷下 吴茱萸 味辛，溫、大熱，有小毒。主溫中下氣，止痛，欬逆寒熱，除濕血痺，逐風邪，開腠理，去痰冷腹内絞痛，諸冷實不消，中惡，心腹痛逆氣，利五藏。《藥性論》云：主心腹疾積冷，治霍亂轉筋，胃中冷氣，下痢不禁，治寸白蟲。日華子云：健脾，通關節，治霍亂瀉痢，消痰破癥癖，逐風，治腹痛，腎氣脚氣水腫，下産後餘血。又云：茱萸葉，熱，無毒。治霍亂下氣，止心腹痛冷氣，内外腎釣痛，鹽研署，神驗。蓼實為之使。惡丹參、消石、白堊。畏紫石英。

宋·劉明之《圖經本草藥性總論》卷下 食茱萸 味辛、苦，大熱，無毒。功用與吴茱萸同。療水氣。陳藏器云：殺鬼魅及惡蟲毒，起陽，殺牙齒蟲痛。《藥性論》云：治冷痺，腰脚軟弱，通身刺痛，腸風痔疾，殺腸中三蟲，去虚冷。《食療》云：主心腹冷痛，中惡，除欬逆，去臟腑冷。又齒痛，酒煎含之。又殺鬼毒，中賊風，口偏不語。又脚氣衝心，和生薑煮汁飲之。又魚骨刺入肉不出者，擣封之，其骨自爛而出。畏紫石英。

宋·陳衍《寶慶本草折衷》卷一三 吴茱萸根葉附。○入四物湯法再續附。一名茱萸，一名藙子，一名藙欓，一名椒榝，一名藙，一名越椒，一名醜梂，一名梲。○藙，音殺。梲，音考。生上谷川谷及冤句，江、浙、蜀、漢、越州、臨江軍。今處處有之。○九月採，陰乾。其粒大而赤。今粒細而緑者，乃七月收之也。○蓼實為使，惡丹參、消石、白堊，畏紫石英。

味辛、苦，烈，大熱，有小毒。○主溫中下氣，止痛，欬逆寒熱，除濕、血痹，逐風邪，去痰冷，腹内絞痛，冷實不消，中惡心腹痛，逆氣。○《藥性論》：主積冷，心下結氣疰，霍亂轉筋，胃冷吐瀉，遍身𤸷渠軍切痹，利大腸擁氣。○孟詵云：患風瘙痒痛，賊風，口偏不語，殺鬼疰氣。又魚骨在人腹中，刺痛，煮汁服，止。又骨在肉中，嚼封，骨當爛出。脚氣衝心，和生薑汁飲之。○日華子云：通關節，破癥癖，逐風，治腎氣，脚氣水腫，下産後餘血。○《圖經》曰：結實似椒子，嫩時微黄，成熟則深紫。俗尚九月九日為上九，茱萸到此日，氣烈，熟，色赤。折其房插頭，辟惡氣。又茱萸氣好上衝膈。○《食療》云：主痢止瀉，不宜多食。○《外臺秘要》：陰下濕痒，茱萸水煮沸，去滓洗。○寇氏曰：深湯中浸去苦烈汁，凡六七過，始可用。

附：根白皮灰在内。○殺蟯蟲，治喉痹欬逆，止洩注，消食，女子經産餘血。療白癬，主痔病，燒末服。

附：葉。○熱，無毒。治霍亂下氣，止心腹痛，冷氣，内外腎釣痛，鹽研署。又脚轉筋，和艾以醋湯并署。其葉似椿而闊厚。

續説云：吴茱萸佐藥，治膀胱寒疝急痛有功。然性燥烈，暑月過服，則心腹膨躁矣。《經驗方》治婦人諸病，以《局方》四物湯，每服肆錢，入洗淨吳茱萸叁拾粒，水壹盞半，同煎至八分，去滓，空腹熱服。若陽臟人，少使茱萸；如陰臟人，則增至伍拾粒。又《是齋方》治蜈蚣螫人，爛嚼茱萸，擦傳，甚效。舊俗，每旦以肆拾玖粒，浸於水中，全家日飲此水，可辟疫癘不祥之氣。欲得陳久者良。

宋・陳衍《寶慶本草折衷》卷一三　食茱萸　一名茱萸子，一名艾子，一名藙艾。○俗號杜茱萸。　生蜀州，今南北皆有之。○採無時，日乾則口拆，陰乾則不拆。○畏紫石英。

味辛、苦，熱，無毒。○療水氣。○《藥性論》云：　治冷痹，腰脚軟弱，通身刺痛，腸風痔疾，殺腹中三蟲，去虛冷。○《圖經》曰：　顆粒大，經久色黄黑，宜入食羹中，能發辛香。多食衝眼脱髮。○《食療》云：　主心腹冷氣痛，中惡，除欬逆，去臟腑冷。能溫中。又齒痛，酒煎含之。○孫真人云：　六七月勿食，傷人氣，發瘡痍。○《勝金方》：　治蛇咬毒，茱萸壹兩為末，冷水調，分三服。

續説云：　舊稱食茱萸功用與吳茱萸同。又言即茱萸中顆粒大者為食茱萸。所以縉雲、張松皆獨取吳茱萸而已。復考《圖經》，分紀二茱萸所生之木，枝幹花葉，各各不同，矧吳茱萸粒緊細而緑赤，食茱萸則粒強大而黄褐。其氣味雖皆辛烈，而治療自有差殊，不然古方茱萸内消元及三茱元，何以兼吳、食二茱萸而入藥歟？

宋・陳衍《寶慶本草折衷》卷一四　檔一作薔子。　又云：　一名椒當。出閩中及江東《圖經》。

味辛辣。○主遊蠱飛尸著喉口，刺破，以子揩，令血出，當下涎沫。煮汁服，去暴冷腹痛，食不消，殺腥物。○《圖經》曰：　南人淹藏作果。分蜀椒條。

元・王好古《湯液本草》卷五　吳茱萸　氣熱，味辛、苦，氣味俱厚，陽中陰也。辛溫大熱，有小毒。　入足太陰經、少陰經、厥陰經。《象》云：　食則令人口開目瞪，寒邪所隔，氣不得上下，此病不已，令人寒中，腹滿膨脹，下利寒氣，諸藥不可代也。洗去苦味，日乾，杵碎用。《心》云：　去胸中逆氣。不宜多用，辛熱恐損元氣。《珍》云：　溫中下氣，溫胃。《本草》云：　主溫中下氣，止痛，欬逆寒熱，除濕血痹，逐風邪，開腠理，去痰冷，腹内絞痛，諸冷實不消，中惡，心腹痛，逆氣，利五臟。入足太陰、少陰、厥陰，震坤合見，其色緑。　仲景云吳茱萸湯，當歸四逆湯，大温脾湯，及脾胃藥，皆用此也。《衍義》云：　此物下氣最速，腸虛人服之愈甚。蓼實為之使。惡丹參、硝石、白堊。畏紫石英。

元・尚從善《本草元命苞》卷六　吳茱萸　味辛，溫，大熱，有小毒。蓼實為之使。惡丹參、消石、白堊，入太陰、厥陰之經。足太陰脾經，足厥陰肝經。畏紫石英。慰陰毒證，下氣最速。腸虛愈甚，開心下結氣，治霍亂轉筋。溫中，止心腹絞痛。除濕，通關節逐風。開腠理，利五臟，健脾胃，消宿食。子療痔病，極殺三蟲。生上黨川谷、宛句，今江、浙、蜀、漢尤多。木高丈餘，皮青緑色，葉似椿濶厚，色紫，實若椒，嫩時微黄，九月九日採之，陰乾。用時沸湯泡洗，然後可入湯丸。陰下濕痒難禁，水煎淋洗。中惡心腹絞痛，酒煮溫服。陰毒，四肢厥冷，酒拌一升，蒸熨於腳心中熨之。產後虛羸，盜汗，酒漬半日，煎服。

元・吳瑞《日用本草》卷八　吳茱萸　味辛，溫、大熱，有小毒。　主溫中下氣，霍亂，欬逆去痰，中惡，腹内絞痛，諸冷食不消，心腹冷氣。

元・吳瑞《日用本草》卷八　欓子　味辛、辣，平。殺腥物。　主遊蠱飛尸，着喉口者，去暴冷腹痛，產後兒枕痛。

元・佚名氏《珍珠囊・諸品藥性主治指掌》〔見《醫要集覽》〕　吳茱萸　味苦、辛，氣熱，有小毒。可升可降，陽也。其用有四：　咽嗌寒氣噎塞而不通，胸中冷氣閉塞而不利，脾胃停冷腹痛而不任，心氣刺疼成陣而不止。

元・徐彥純《本草發揮》卷三　吳茱萸　成聊攝云：　寒淫於内，治以甘熱，佐以苦辛。吳茱萸、生薑之辛以溫胃。　潔古云：　治寒在咽，隘寒胸中。《經》云：　咽膈不通，食不可下，食則嘔，令人口閉目瞪。寒邪所結，氣不得上下，此病不已，令人寒中，腹滿膨脹，下利寒氣，用之如神，諸藥不可代也。《主治秘訣》云：　性熱，味辛。氣味俱厚，氣浮而味降，陰中陽也。其用有四：　去胸中滿，止心痛，治感寒腹痛，消宿酒。為白豆蔻之佐也。　東垣云：　治胸中氣逆。不宜多用，辛熱，恐損元氣。入足太陰脾經。又云：　心腹疼痛，溫中下氣，溫胃，去痰冷。　海藏云：　吳茱萸入足太陰、足厥陰、少陰。震坤合為其色。緣仲景吳茱萸湯，當歸四逆湯，大溫脾湯，及脾胃藥皆用此也。《衍義》云：　須(採)〔深〕湯中浸去苦烈，凡六七過，始可用。此物下氣最速，腸虛人服之愈甚。

明・王綸《本草集要》卷四　吳茱萸　味辛苦，氣溫，大熱。氣味俱厚，陽中陰也。有毒。入足太陰、少陰、厥陰經。蓼實為之使。惡丹參、消石，畏紫石英。九月九日採，陰乾。凡用先於湯中浸去苦汁，凡六七過，然後用。　主溫中，下氣止痛，咳逆寒熱，除濕血痹，逐風邪，開腠理，治寒邪所膈，氣不得上下，脾胃傷冷，冷氣閉胸，心腹絞痛不可忍，霍亂轉筋，嘔逆胸滿，及治下焦寒濕，疝痛寒氣，諸藥不可代也。腳氣衝心，可和生薑汁飲之良。下氣最速，腸虛人服之愈甚。〇根，殺三蟲，下寸白，東南行者良。〇南行枝，主大小便卒關格不通，取斷如手第二指半節，含之即下。

明・滕弘《神農本經會通》卷二　吳茱萸　蓼實為之使。惡丹參、消石、白堊，畏紫石英。九月九日採，陰乾。凡用，先于湯中浸去苦汁，凡六七過，然後用。

味辛，氣溫，大熱，有小毒。《湯》云：味辛苦，氣熱。氣味俱厚，陽中陰也。入足太陰經、少陰經、厥陰經。東云：可升可降，陽也。咽嗌寒氣，噎塞而不通；胸中冷氣，閉塞而不利；脾胃停冷，腹痛而不任；心氣刺痛，成陣而不止。又云：療小腹冷氣。《珍》云：溫中下氣，兼痰滿，腹痛心疼，及感寒。佐豆蔻能解宿酲。少用之不刑元氣。《疌》云：血痺風寒，并欬逆，興陽，殺鬼，又通關，兼治陰濕冷氣，腸風。

《本經》云：主溫中下氣，止痛，欬逆寒熱，除濕，血痺，逐風邪，開腠理，去痰，冷腹絞痛，諸冷實不消，中惡心腹痛，逆氣，利五臟。《藥性論》云：味苦、辛，大熱，有毒。主心腹疾，積冷，心下結氣，疰心痛，治霍亂轉筋，胃中冷氣吐瀉腹痛，不可勝任者，可愈。療遍身⿸疒帚痺，冷食不消，利大腸擁氣。孟詵云：主心痛下氣，除嘔逆，臟冷，又患風瘙痒痛者，茱萸清酒和煑，去滓，以汁暖洗。中賊風，口偏不能言者，茱萸清酒和煑四五沸，冷服之，日三，得少汗差。殺鬼疰氣，又鬪目者不堪食，又魚骨在人腹中刺痛，煑一盞汁服之，止。又骨在肉中不出者，嚼封之，骨當爛出。脚氣衝心，和生薑汁飲之，甚良。日華子云：健脾，通關節，治霍亂瀉痢，消痰，破癥癖，逐風，治腹痛，腎氣脚氣，下產後餘血。《圖經》云：《風俗記》曰俗尚九日，謂為上九，茱萸到此日，氣烈熟，色赤，可折其房以插頭，云辟惡氣，禦冬寒。世傳茱萸氣好上，言其衝膈，不可為服食之藥也。仲景治嘔而胸滿者，茱萸湯主之。吳茱萸、棗、生薑、人參四物，水煎服，日三。乾嘔，吐涎沫而頭痛者，亦主之。《象》云：食則令人口開目瞪，寒邪所隔，氣不得上下，此病不已，令人寒中，腹滿膨脹，下利寒氣，諸藥不可代也。洗去苦味，日乾，杵碎用。《心》云：去胸中逆氣。不宜多用，辛熱，恐損元氣。《珍》云：溫中下氣，溫胃，入足太陰、少陰、厥陰，震坤合見，其色綠。仲景云：吳茱萸湯、四逆湯、大溫脾湯，及脾胃藥，皆用此也。《衍義》云：此物下氣最速，腸虛人服之愈甚。剷云：吳茱萸味苦辛熱，除咽嗌塞寒氣噎。脾胃停冷冷閉胸，心腹作痛而不歇。《局》云：茱萸下氣消痰冷，脚氣穿心有大功。主療轉筋心腹痛，更除欬逆逐邪風。吳茱萸，下氣消痰，治轉筋霍亂。

茱萸根　南行、東行者為勝。《本經》云：殺三蟲。根白皮殺蟯蟲，治喉痺，咳逆，止洩泄，食不消，女子經產餘血，療白癬。《圖經》云：《刪繁方》療脾勞熱，有白蟲在脾中為病，令人好嘔者，取東行根大者一尺，天麻、橘皮三物，㕮咀，以酒浸一宿，微火上薄暖之，三下，絞去滓，平旦空腹服，取盡，蟲便下出。

茱萸皮　《藥性論》云：削皮，能療漆瘡。主中惡腹中刺痛，下痢不禁，治寸白蟲。孟詵云：皮，止齒痛。

茱萸葉　日華子云：熱，無毒。治霍亂下氣，止心腹冷氣，內外腎釣痛。鹽研罨，神驗。乾，即又浸，復罨。霍亂轉筋，和艾，以醋湯拌罨。

茱萸南行枝　《圖經》云：主大小便，卒關格不通，取之，斷度如手第二指中節，含之立下。

明・滕弘《神農本經會通》卷二　食茱萸　畏紫石英。顆粒經久色黃黑，乃是食茱萸。顆粒緊小，即是吳茱萸。

味辛、苦，氣大熱，無毒。《本經》云：功用與吳茱萸同，少為劣爾。療水氣用之尤佳。陳藏器云：殺鬼魅及惡蟲毒，起陽，殺牙齒蟲痛。《藥性論》云：治冷痺，腰脚軟弱，通身刺痛，腸風痔疾，殺腸中三蟲，去虛冷。陳又云：樹皮，殺牙齒蟲，止痛。《食療》云：溫。主心腹冷氣痛，中惡。又齒痛，酒煎含之。又殺鬼毒，中賊風，口偏不語，同豉、酒煎服差。又皮痒肉痛，酒水煎，去滓，微燒洗之，立止。又魚骨在腹中，刺痛，煎汁一盞服之，其骨軟出。又脚氣衝心，和生薑煑汁飲之。又閉目者，名欓子，不堪食。

明・劉文泰《本草品彙精要》卷一八　吳茱萸有小毒。附根、葉並梂子。植生。

吴茱萸出《神農本經》： **主溫中，下氣，止痛，欬逆，寒熱，除濕，血痹，逐風邪，開腠理。○根，殺三蟲。**以上朱字《神農本經》。 去痰冷，腹内絞痛，諸冷食不消，中惡，心腹痛，逆氣，利五臟。○根白皮，殺蟯蟲，治喉痹，欬逆，止泄注，食不消，女子經産餘血，療白癬。以上黑字名醫所錄。 〔名〕羊梂、鼠查梂。根： 藙。 〔苗〕《圖經》曰： 木高丈餘，皮青綠色，葉似椿而闊厚，紫色，三月開花紅紫色，七八月結實，似椒子，嫩時微黃，至成熟則深紫。《風土記》曰： 俗尚九月九日謂爲上九，茱萸到此日熟而色赤，氣亦烈，折其房以插頭，可辟惡氣，禦冬。又《續齊諧記》曰： 汝南桓景隨費長房學，長房謂曰： 九月九日汝家有災厄，汝宜急去家，各作絳囊盛茱萸以繫臂上，登高飲菊花酒，此禍可消。景如言，舉家登高山，夕還，見雞犬牛羊一時暴死。長房聞之曰： 此代之矣。故世人每至此日，登高飲酒，戴茱萸囊，由此爾。 〔地〕《圖經》曰： 生上谷川谷及冤句，江浙、蜀漢尤多，今處處有之。〔道地〕臨江軍、越州、吴地。 〔時〕生： 春生葉。 採： 九月九日取實。 〔收〕陰乾。 〔用〕子及根。 〔質〕類花椒，小而有瓣。 〔色〕紫赤。 〔味〕辛，苦。 〔性〕溫，大熱，散。 葉： 熱。 〔氣〕氣味俱厚，陽中之陰。 〔臭〕香。 〔主〕溫中，下氣。 〔行〕足太陰經、少陰經、厥陰經。 〔助〕蓼實爲之使。 〔反〕畏紫石英，惡丹參，硝石，白堊。 〔製〕《雷公》云： 去葉核，用鹽水洗一百轉，自然無涎，日乾用。 〔治〕療：《藥性論》云： 去心腹積冷，心下結氣，疰心痛，及霍亂轉筋，胃中冷氣，吐瀉，腹痛不可勝忍者，並遍身癢痹，冷食不消，大腸壅氣。○皮，能療漆瘡，及中惡，腹中刺痛，下痢不禁，治寸白蟲。日華子云： 健脾，通關節，治霍亂，瀉痢，消痰，破癥癖，逐風，止腹痛，腎氣，腳氣，水腫，下産後餘血。○葉，主霍亂，下氣，心腹痛，冷氣。孟詵云： 主除嘔逆，臟冷，心痛，下氣。○皮，止齒痛，及魚骨在人腹中，煮汁服，愈。骨在肉中不出者，嚼封之，骨當爛，出。《衍義》曰： 此物下氣最速，腸虚人服之愈甚。東垣云： 咽嗌寒氣噎塞而不通； 胸中冷氣閉塞而不利； 脾胃停冷，腹痛而不任； 心氣刺痛成陣而不止。《湯液本草》云： 主溫胃及寒邪所膈，氣不得上下。此病不已，令人寒中，腹滿膨脹，下利，寒氣，諸藥不可代也，及去胸中逆氣，溫胃。《別錄》云： 止瀉痢，厚腸胃。○梂子根，濃煮浸痔疾，燒末服亦良。 〔合治〕茱萸一升，合酒五升，煮取一升半，去滓，以汁暖洗，療風瘙癢痛。○合酒各一升，煮四五沸，冷服半升，日三服，治中賊風，口偏不能語者。○煮汁一盞和生薑汁飲之，治腳氣衝心。○合鹽研，署，治内外腎釣痛，神驗。○合艾以醋湯拌署，治伏暑，霍亂，腳轉筋。○以一升合大棗二枚，生薑一兩，人參一兩，水五升，煎三升，每服七合，日三，治嘔而胸滿，及乾嘔吐涎沫而頭痛者。○東行根大者一尺，大麻子八升，橘皮二兩，共爲咀，合酒一斗，浸一宿，微火暖之，三下絞去滓，空腹服一升，療脾勞熱，有白蟲在脾中，令人好嘔者，服之取盡，蟲便下出，或死或半爛或下黃汁。作藥時禁聲勿語。取蟲便驗。 〔禁〕肥健人不宜多食。

明・劉文泰《本草品彙精要》卷一八 食茱萸無毒 植生。

食茱萸 主水氣。名醫所錄。 〔苗〕《圖經》曰： 其木極高大，枝莖青黃，上有小白點，葉正類油麻花而黃，蜀人呼其子爲艾子。《禮記》所謂藙者。藙、艾聲訛故也。宜入羹中，能發辛香，然功用與吴茱萸同，但力少劣爾。《唐本》注云： 顆粒大而經久色黃黑者，是食茱萸。顆粒緊小，色青綠者，乃吴茱萸也。其閉目者，名欓子，不堪食。 〔地〕《圖經》曰： 今南北皆有之。〔道地〕蜀州、吴地者爲佳。 〔時〕生： 春生葉。 採： 九月取實。 〔收〕暴乾。 〔用〕實及皮。 〔質〕類花椒而有五六瓣。 〔色〕黃黑。 〔味〕辛，苦。 〔性〕大熱，散。 〔氣〕氣味俱厚，陽中之陰。 〔臭〕香。 〔主〕心腹冷痛。 〔反〕畏紫石英。 〔治〕療：《唐本》注云： 殺鬼魅及惡蟲毒，起陽，殺牙齒蟲痛。《藥性論》云： 治冷痹，腰腳弱，通身刺痛，腸風，痔疾，殺腸中三蟲，去虚冷。陳藏器云： 樹皮，殺牙齒蟲，止痛。《食療》云： 主心腹氣痛，中惡，除欬逆，去臟腑冷，能溫中，魚骨在腹中刺痛，煎汁服之，其骨軟出。如魚骨刺入肉中不出者，碎搗封之，亦自爛出。 〔合治〕合美豉酒煮服，殺鬼毒，中賊風，口偏不語者，得汗便瘥。○合酒煎，含之治齒痛。○合酒水煎，溫洗，去皮肉癢痛。 〔禁〕不可多食，多食衝眼，兼又脱髮，六七月勿食，傷人氣，發瘡痍。 〔解〕蛇咬毒，冷水調末服立瘥。

明・劉文泰《本草品彙精要》卷二一 欓子 植生。

欓子： 主遊蠱，飛屍著喉口者，刺破，以子揩之，令血出，當下涎沫。煮汁服之，去暴冷，腹痛，食不消，殺腥物。名醫所錄。 〔苗〕《圖經》曰： 其木高大似樗，莖間有刺，子辛辣如椒，南人淹藏以作果品，或以寄遠。《吴越春秋》云： 越以甘蜜丸欓，報吴增封之禮，然則欓之相贈尚矣。 〔地〕《圖經》曰： 出閩中江東。 〔時〕生： 春生葉。 採： 八九月取實。 〔收〕陰乾。

〖用〗實。〖色〗赤。〖味〗辛辣。〖性〗散。〖氣〗氣之厚者，陽也。〖臭〗香。〖主〗腹中冷痛。〖製〗煮汁用。

明・盧和、汪穎《食物本草》卷二果類　茱萸　味辛苦，大熱，無毒。又云：吳生者，味辛，溫，大熱，有小毒。主溫中下氣，止痛，欬逆，寒熱，除濕痹，逐風邪，開腠理，去痰冷，腹內絞痛，諸冷食不消，中惡心腹痛，逆氣，利五臟。又云：此物最下氣速，腸虛人服之愈甚。根，殺三蟲，治喉痹，止洩瀉食不消，療經產餘血并白癬。鄉人一時倉卒無藥，用此多愈，山間之至寶也。

明・葉文齡《醫學統旨》卷八　吳茱萸　氣熱，味辛。有毒。浮而降，陰中陽也。入足太陰、少陰、厥陰經。蓼實為使；惡丹參、消石；畏紫石英。凡用先於湯中浸去苦汁，六七十遍，然後用。治感寒心腹痛，欬逆厥冷，膀胱、小腸冷氣，霍亂嘔吐胸滿，吞酸吐酸；溫中下氣，除濕血痹；逐風邪，開腠理；脾胃傷冷，停滯宿食絞痛；下焦寒濕疝痛寒氣，諸藥不可代也；脚氣衝心，可和薑汁飲之良；下氣最速，腸虛人不宜用。

明・許希周《藥性粗評》卷一　吳茱萸乃寒家勍敵最宜，念其苦辛。茱萸《禮記》名藙，乃椒椴之類。樹高丈餘，皮青綠色，葉似椿而闊厚，三月開花紅紫色，七月結實如椒緊，小嫩時微黃，成熟時深紫色。本出吳中，故名。今江浙、荊楚、漢、閩、越處處有之，皆可入藥。與食茱萸不同，九月九日採，陰乾。凡用深湯中浸去苦烈汁，或鹽水洗數十遍亦可。蓼實為之使，惡丹參、硝石、白堊，畏紫石英。味辛、苦，性熱，有小毒。入足太陰脾、厥陰肝、少陰腎經。主治風寒濕痹，欬逆嘔吐，內冷絞痛，寒食不消，皮膚瘙癢，溫胃下氣，止痢除痛，開腠理，利五臟，通咽膈，卓為白豆蔻之佐。東垣云：去胸中逆氣，不宜多用，恐損元氣。海藏云：仲景吳茱萸湯、當歸四逆湯、大溫脾湯，及脾胃藥皆用此。《衍義》謂其下氣最速，陽虛人服之愈甚，此與東垣同意。又根白皮能殺三蟲。

單方：賊風口喎：以一合，清酒一升，煮四五沸，稍冷服之，取汗而愈。傷寒陰毒：手足逆冷者，以一升好酒，拌濕，絹袋二隻，分盛蒸令極熱，熨兩脚心，以回暖通暢為度。魚骨在腹：煮膿汁服之自化，又骨在肉中不出者，嚼爛封之，亦軟出。風瘮遍身：以一升，酒五升，煮取二升，絹帛浸濕，拭之。癰疽發背或乳癰：并以一升，搗末，好醋拌勻，封之，效。癥塊：以二三升，入好酒煮熟，布袋盛之，熨瘤上，冷復炒熱，又熨之，癥若移走，須逐熨之，候大消乃止。

明・鄭寧《藥性要略大全》卷四　吳茱萸一名食茱萸。散寒氣塞咽之不通，冷氣填胸之不利。治脾胃停寒之冷痛，止氣刺成陣之心痛。又療寒濕疝，止痛，及腹內絞痛。逐風邪，開腠理。東垣云：溫中下氣，止腹內冷痛，下氣最速。腸虛人服之愈甚。味苦、辛，性大熱，有小毒。入足三陰經。蓼實為之使。惡丹參、硝石，畏紫石英。凡以滾湯泡去苦汁三五次方用。《傷寒〔一〕提金》云：用此須以鹽水炒過入藥，有小毒。

明・陳嘉謨《本草蒙筌》卷四　吳茱萸　味辛、苦，氣溫、大熱。氣味俱厚，可升可降，陽中陰也。有小毒。所產吳地獨妙，故加吳字為名。重陽採收，依法精製。湯泡苦汁七次，烘乾杵碎纔煎。畏紫白石英，惡丹參硝石。用蓼實為使，入肝脾腎經。主咽嗌寒氣，噎塞不通。散胸膈冷氣，窒塞不利。驅脾胃停寒，臍腹成陣絞痛。逐膀胱受濕，陰囊作疝剜疼。開腠理，解風邪。止嘔逆，除霍亂。仍順折肝木之性，治吞吐酸水如神。厥陰頭疼，引經必用。氣猛不宜多食，令人目瞪口開。若久服之，亦損元氣。腸虛洩者，尤忌沾唇，為速下氣故爾。根殺寸白三蟲，煎服即出；枝療二便關格，啣口立通。並擇向在東南，取之方獲効驗。

明・方穀《本草纂要》卷三　吳茱萸　味辛、苦，性大熱，氣溫，氣味俱厚，陽中之陰也，有毒。入足太陰經，溫中快氣；入足少陰經，逐冷散寒；入足厥陰經，除下焦之濕，攻至陰之寒，性存而不走者也。是以大腹、小腹、少腹陰寒之痛，或嘔逆惡心而吞酸吐酸，或心脾鬱結而脹滿逆食，或疝瘕弦氣而攻引小腹，或泄瀉痢瘧而脾寒胃冷，或關格積聚而膈食膈氣，或呃噎短氣而逆食不下，或生冷傷脾而嘔吐厥逆，或脚氣冲心而嘔噦酸苦，或霍亂轉筋而心腹絞痛，是皆心脾肝經之症也，惟吳萸並皆治之。大抵此劑爲陰中之陽，治痛甚捷，但痛久而火動於中，必少加黃連爲妙。吾竊先賢之法，中脘痛者，非生薑不能治，臍腹痛者，非乾薑不能除，小腹少腹痛者，非吳茱萸不能療。可見吳萸陰經至陰之藥，如寒在肝脾，治不可缺。

明・王文潔《太乙仙製本草藥性大全》卷三《本草精義》　吳茱萸　一名藙。生上谷川谷及冤句，今處處有之，江浙、蜀漢尤多。惟吳地產者獨妙，故以吳字為名。木高丈餘，皮青綠色。葉似椿而闊厚，紫色。三月開花紅紫色。七月、八月結實似椒子，嫩時微黃，至成熟則深紫。九月重陽採收依法精製，湯泡苦汁七次，烘乾杵碎纔煎。畏紫、白石英，惡丹參、硝石。《風土記》曰：俗尚九月九日謂為上九，茱萸到此日氣烈熟色赤，可折其房以插頭，云辟惡氣禦冬。又《續齊諧記》曰：汝南桓景隨費長房學。長房謂曰：九月九日汝家有灾厄，宜令急去家，各作絳囊盛茱萸以繫臂上，登高飲菊花酒，此禍可消。景如言，舉家登高山，夕還見雞、犬、牛、牛一時暴死。長房聞之曰：此代之矣。故時人每至此日登高飲酒，戴茱萸囊，由此耳。世傳茱萸氣好上，言其衝膈，不可為服食之藥也。

按：《衍義》云：山茱萸與吳茱萸，其不相類。山茱萸色紅，大如枸杞子；吳茱萸如川椒，初結子時，其大小亦不過椒，色正青，得名則一。治療又不同，未審當日何緣如此命名？然山茱萸更補養腎臟，無不宜，《經》與注所說備矣。又云吳茱萸須深湯中浸去苦烈汁，凡六七遍，始可用，今文與注及注中藥法皆不言，亦漏落也。此物下氣最速，腸虛人服之愈甚。

明・王文潔《太乙仙製本草藥性大全》卷三《本草精義》 食茱萸　舊不載所出州土。云功用與吳茱萸同。或云食茱萸中顆粒大，經久色黃黑，堪噉者是。今南北皆有之。其木亦甚高大，有長及百尺者，枝莖青黃，上有小白點，葉正類油麻，花黃，蜀人呼其子爲文子。蓋《禮記》所謂藙者，藙、艾聲訛，故云耳。宜入食羹中，主發辛香，然不可多食，多食衝眼，兼又脫髮。採無時。

明・王文潔《太乙仙製本草藥性大全》卷三《本草精義》 欓子　出閩中、江東，其木似樗，莖間有刺，子辛辣如椒。主遊蠱飛尸及腹冷。南人淹藏以作果品，或以寄遠。《吳越春秋》云：越以甘蜜丸。欓與党同，報吳增封之禮。然則欓之相贈尚矣！

明・王文潔《太乙仙製本草藥性大全》卷三《仙製藥性》 食茱萸　味辛、苦，大熱，無毒。功用與吳茱萸同，少爲劣爾。　主治：主心腹冷氣痛，中惡除欬逆，去臟腑冷。能潤中尤良，療水氣用之乃佳。　補註：齒痛，酒熱含之。又殺鬼毒，中賊風口偏不語者，取子一升，薑豉三升，以好酒五升，和煮四五沸，冷服半升，日三四服，得汗便差。若皮肉痒痛，酒二升，水五升，茱萸子半升，煎取三升，去滓，微暖洗之立止。又魚骨在腹中刺痛，煮汁飲之。又魚骨刺入肉不出者，擣封之，其骨自爛而出。又閉目者，名欓子，不堪食。　治蛇咬毒，茱萸一兩爲末，以冷水調，分爲三服，立差。

明・王文潔《太乙仙製本草藥性大全》卷三《仙製藥性》 欓子　味辛辣如椒，無毒。其木高大，莖間有刺。　主治：主遊蠱飛尸着喉口，刺破以子揩之令血出，當下涎沫，煮汁服之良。去暴冷腹痛，食不消，殺腥物。

明・皇甫嵩《本草發明》卷四 吳茱萸中品，臣。氣溫、大熱，味辛、苦，有小毒。氣味俱厚，可升可降，陽中之陰也。入足太陰、厥陰經。　發明曰：吳茱萸辛熱氣猛，雖云溫中，然下氣甚速。《本草》云溫中下氣，此其大略。故云毆脾胃停寒，臍腹絞痛，胃中痰冷及寒溫血痺，逐風邪，開腠理，又治冷氣吐瀉，腹痛難忍，下痢不禁，霍亂轉筋，胃中逆冷等候，能溫中故也。胸膈冷氣，窒塞不利，止欬逆嘔逆，利五藏及疰心痛，治寸白，以下氣故也。惟溫中，故主太陰脾經。能下氣，又兼理肺氣。或云逐膀胱受濕，陰囊作疝痛，入厥陰少陰經也。故又能折肝水之性，而治吞吐酸水。厥陰風邪頭疼，用之為引。多食令人目瞪口開，久服耗損元氣。腸虛尤忌之。○脚氣衝心，可和生薑汁飲之良。吳茱萸根，殺三蟲。根白皮，殺蟯蟲，治喉痺，欬逆，止洩注，食不消，女子經產餘血，療白癬。○食茱萸功用與吳茱萸同，氣味為少劣耳。俗作辣糊者，產吳地，故以吳名。凡用，湯□去苦汁七次，烘乾，杵碎纔煎。惡紫石英、丹參、硝石。用蓼實為使。

明・李時珍《本草綱目》卷三二果部・味類 吳茱萸《本經》中品。校正：自木部移入此。

【釋名】藏器曰：茱萸南北總有，入藥以吳地者爲好，所以有吳之名也。時珍曰：茱萸二字義未詳。萸有俞、由二音。

【集解】《別録》曰：吳茱萸生上谷及冤句。九月九日采，陰乾。陳久者良。頌曰：今處處有之，江浙、蜀漢尤多。木高丈餘，皮青緑色。葉似椿而闊厚，紫色。三月開紅紫細花。七月、八月結實似椒子，嫩時微黃，至熟則深紫。或云：顆粒緊小，經久色青緑者，是吳茱萸；顆粒大，經久色黃黑者，是食茱萸。恐亦不然。按周處《風土記》云：俗尚九月九日謂之上九，茱萸到此日氣烈熟色赤，可折其房以插頭，云辟惡氣禦冬。又《續齊諧記》云：汝南桓景隨費長房學道。長房謂曰：九月九日汝家有灾厄，宜令急去，各作絳囊盛茱萸以繫臂上，登高飲菊花酒，此禍可消。景如其言，舉家登高山，夕還見鷄、犬、牛、羊一時暴死。長房聞之曰：此代之矣。故人至此日登高飲酒，戴茱萸囊，由此爾。時珍曰：茱萸枝柔而肥，葉長而皺，其實結於稍頭，纍纍成簇而無核，與椒不同。一種粒大，一種粒小，小者入藥爲勝。《淮南萬畢術》云：井上宜種茱萸，葉落井中，人飲其水，無瘟疫。懸其子於屋，辟鬼魅。《五行志》云：舍東種白楊、茱萸，增年除害。

【修治】斅曰：凡使去葉梗，每十兩以鹽二兩投東流水四斗中，分作一百度洗之，自然無涎，日乾入丸散用之。若用醋煮者，每十兩用醋一鎰，煮三十沸後，入茱萸熬乾用。宗奭曰：凡用吳茱萸，須深湯中浸去苦烈汁七次，始可焙用。

【氣味】辛，温，有小毒。權曰：辛、苦，大熱，有毒。好古曰：辛、苦，熱。氣味俱厚，陽中陰也。半浮半沉，入足太陰經血分，少陰、厥陰經氣分。思邈曰：陳久者良，閉口者有毒。多食傷神，令人起伏氣，咽喉不通。時珍曰：辛熱，走氣動火，昏目發瘡。之才曰：蓼實爲之使。惡丹參、消石、白堊，畏紫石英。

【主治】温中下氣，止痛，除濕血痹，逐風邪，開腠理，欬逆寒熱《本經》。利五臟，去痰冷逆氣，飲食不消，心腹諸冷絞痛，中惡心腹痛《别録》。霍亂轉筋，胃冷吐瀉腹痛，産後心痛，治遍身𤸷痹刺痛，腰脚軟弱，利大腸壅氣，腸風痔疾，殺三蟲甄權。殺惡蟲毒，牙齒蟲䘌，鬼魅疰氣藏器。下産後餘血，治腎氣、脚氣水腫，通關節，起陽健脾大明。主痢，止瀉，厚腸胃，肥健人孟詵。治痞滿塞胸，咽膈不通，潤肝燥脾好古。開鬱化滯，治吞酸，厥陰痰涎頭痛，陰毒腹痛，疝氣血痢，喉舌口瘡時珍。

【發明】頌曰：段成式言椒氣好下，茱萸氣好上。言其衝膈，不可爲服食之藥，故多食衝眼又脱髮也。宗奭曰：此物下氣最速，腸虚人服之愈甚。元素曰：氣味俱厚，浮而降，陽中陰也。其用有三：去胸中逆氣滿塞，止心腹感寒疞痛，消宿酒，爲白豆蔻之使也。杲曰：濁陰不降，厥氣上逆，咽膈不通，食則令人口開目瞪，陰寒隔塞，氣不得上下。此病不已，令人寒中，腹滿膨脹下利。宜以吳茱萸之苦熱，泄其逆氣，用之如神，諸藥不可代也。不宜多用，恐損元氣。好古曰：衝脉爲病，逆氣裏急，宜此主之。震、坤合見，其色緑。故仲景吳茱萸湯、當歸四逆湯方，治厥陰病及温脾胃，皆用此也。時珍曰：茱萸辛熱，能散能温；苦熱，能燥能堅。故其所治之症，皆取其散寒温中、燥濕解鬱之功而已。案《朱氏集驗方》云：中丞常子正苦痰飲，每食飽或陰晴節變率同，十日一發，頭疼背寒，嘔吐酸汁，即數日伏枕不食，服藥罔效。宣和初爲順昌司禄，于太守蔡達道席上，得吳仙丹方服之，遂不再作。每遇飲食過多腹滿，服五七十丸便已。少頃小便作茱萸氣，酒飲皆隨小水而去。前後痰藥甚衆，無及此者。用吳茱萸湯泡七次、茯苓等分，爲末，煉蜜丸梧子大。每熟水下五十丸。梅楊卿方：只用茱萸酒浸三宿，以茯苓末拌之，日乾。每吞百粒，温酒下。又咽喉口舌生瘡者，以茱萸末醋調貼兩足心，移夜便愈。其性雖熱，而能引熱下行，蓋亦從治之義。而謂茱萸之性上行不下者，似不然也。有人治小兒痘瘡口噤者，嚙茱萸一二粒，抹之即開，亦取其辛散耳。

【附方】舊二十五，新二十一。　風𤸷痒痹：茱萸一升，酒五升，煮取一升半，温洗之，立止。孟詵《食療》。　賊風口偏：不能語者。茱萸一升，薑豉三升，清酒五升，和煎五沸，待冷服半升，一日三服，得少汗即瘥。同上。　冬月感寒：吳茱萸五錢，煎湯服之，取汗。　頭風作痛：茱萸煎濃湯，以綿染，頻拭髮根良。《千金翼方》。　嘔涎頭痛：吳茱萸湯：用茱萸一升，棗二十枚，生薑一大兩，人參一兩，以水五升，煎取三升。每服七合，日三服。《仲景方》。　嘔而胸滿：方同上。　脚氣衝心：吳茱萸、生薑擂汁飲，甚良。《孟詵方》。　腎氣上噦：腎氣自腹中起，上築于咽喉，逆氣連屬而不能出，或至數十聲，上下不得喘息。此由寒傷胃脘，腎虚氣逆，上乘于胃，與氣相併。《難經》謂之噦。《素問》云：病深者，其聲噦。宜服此方。如不止，灸期門、關元、腎俞穴。用吳茱萸醋炒熱、橘皮、附子去皮各一兩，爲末，麪糊丸梧子大。每薑湯下七十丸。孫氏《仁存方》。　陰毒傷寒：四肢逆冷。用茱萸一升，酒拌濕，絹袋二個，包蒸極熱，更互熨足心。候氣透，痛亦即止，累有效。《聖惠方》。　中惡心痛：吳茱萸五合，酒三升，煮沸，分三服。《楊氏産乳》。　心腹冷痛：方同上。《千金》。　冷氣腹痛：吳茱萸二錢擂爛，以酒一鍾調之。用香油一杯，入鍋煎熱，傾茱酒入鍋，煎一滚，取服立止。唐瑶《經驗方》。　脾元氣痛：發歇不可忍。用茱萸一兩，桃仁一兩，和炒茱〔萸〕焦，去茱，取桃仁去皮尖研細，葱白三莖，煨熟，酒浸温服。《經驗方》。　寒疝往來：吳茱萸一兩，生薑半兩，清酒一升，煎温分服。《肘後方》。　小腸疝氣：奪命丹：治遠年近日，小腸疝氣，偏墜掣疼，臍下撮痛，以致悶亂，及外腎腫硬，日漸滋長，及陰間濕痒成瘡。用吳茱萸去梗一斤，分作四分：四兩酒浸，四兩醋浸，四兩湯浸，四兩童子小便浸一宿，同焙乾，澤瀉二兩，爲末，酒糊丸梧子大。每服五十丸，空心鹽湯或酒吞下。《如宜方》名星斗丸。《和劑局方》。　小兒腎縮：乃初生受寒所致。用吳茱萸、硫黄各半兩，同大蒜研，塗其腹。仍以蛇牀子煙熏之。《聖惠方》。　婦人陰寒：十年無子者。用吳茱萸、川椒各一升，爲末，煉蜜丸彈子大。綿裹内陰中，日再易之。但子宫開，即有子也。《經心録》。　子腸脱出：茱萸三升，酒五升，煎二升，分三服。《兵部手集》。　醋心上攻：如濃酸。用茱萸一合，水三盞，煎七分，頓服。近有人心如蜇破，服此，二十年不發也。累用有效。同上。　食已吞酸：胃氣虚冷者。吳茱萸湯泡七次焙、乾薑炮等分，爲末，湯服一錢。《聖惠方》。　轉筋入腹：茱萸炒二兩，酒二盞，煎一盞，分二服。得下即安。《聖濟録》。　霍亂乾嘔：不止。吳茱萸泡炒、乾薑炮等分，水煎服之。同上。　多年脾泄：老人多此，謂之水土同化。吳茱萸三錢泡過，入水煎汁，入鹽少許，通口服。蓋茱萸能暖膀胱，水道既清，大腸自固。他藥雖熱，不能分解清濁也。孫氏《仁存方》。　臟寒泄瀉：倦怠減食。吳茱萸湯泡過炒，猪臟半條，去脂洗净，裝滿紮定，文火煮熟，擣丸梧子大。每服五十丸，米飲下，日二服。《普濟》。　滑痢不止：方同上。　下痢水泄：吳茱萸泡炒、黄連炒各二錢，水煎服。未止再服。《聖惠方》。　赤白下痢：《和劑局方》：戊巳丸：治脾胃受濕，下痢腹痛，米穀不化。用吳茱萸、黄連、白芍藥各一兩，同炒爲末，蒸餅丸梧子大。每服二三十丸，米飲下。○《百一選方》：變通丸：治赤白痢日夜無度，及腸風下血。用川黄連二兩，吳茱萸二兩湯泡七次，同炒香，揀出各自爲末，粟米飯丸梧子大，另收。每服三十丸：赤痢，甘草湯下黄連丸；白痢，乾薑湯下茱萸丸；赤白痢，各用十五丸，米湯下。此乃浙西河山純老以傳蘇韜光者，救人甚效。〇鄧筆峰《雜興方》二色丸：治痢及水泄腸風。用吴茱萸二兩，黄連二兩，同炒香，各自爲末，以百草霜末二兩，同黄連作丸；以白芍藥末二兩，同茱萸作丸。各用飯丸梧子大，各收。每服五十丸：赤痢，烏梅湯下連霜；白痢，米飲下茱芍丸；赤白痢，各半服之。

赤痢臍痛：茱萸合黑豆湯吞之。《千金方》。　腸痔常血：下部痒痛如蟲咬者。掘地作坑燒赤，以酒沃之，擣茱萸二升入坑，乘熱坐有孔板熏之，冷乃下。不過三四度愈。《肘後方》。　腹中癥塊：茱萸三升擣，和酒煮熟，布裹熨癥上。冷更炒熱，更番熨之。癥移走，逐熨之，消乃止。姚僧坦《集驗方》。　産後盗汗：嗇嗇惡寒。茱萸一鷄子大，酒三升，漬半日，煮服。《千金翼》。　口瘡口疳：茱萸末，醋調塗足心，一夕愈。《集簡方》。　咽喉作痛：方同上。　牙齒疼痛：茱萸煎酒，含漱之。孟詵《本草》。小兒頭瘡：吴茱萸炒焦爲末，入汞粉少許，猪脂、醋調塗之。《聖惠方》。　小兒㾮瘡：一名火灼瘡，一名火爛瘡。茱萸煎酒，拭之良。《兵部手集》。　老小風疹：方同上。《千金》。　癰疽發背：及發乳諸毒。用吴茱萸一升，擣爲末，用苦酒調塗帛上，貼之。《外臺秘要》。　陰下濕痒：吴茱萸煎湯，頻洗取效。同上。　骨在肉中：不出者。咀茱萸封之，骨當腐出。孟詵《食療》。　魚骨入腹：刺痛不得出者。吴茱萸水煮一盞，温服，其骨必軟出。未出再服。同上。　蛇咬毒瘡：用吴茱萸一兩爲末，冷水和，作三服，立安。《勝金方》。　肩疽白秃：並用吴茱萸鹽淹過，炒研，醋和塗之。《活幼口議》。　寒熱怪病：寒熱不止數日四肢堅如石，擊之似鐘磬聲，日漸瘦惡。用茱萸、木香等分，煎湯飲之愈。《夏子益方》。

葉　【氣味】辛、苦，熱，無毒。　【主治】霍亂下氣，止心腹痛冷氣。内外腎釣痛，鹽碾罨之，神驗，乾即易。轉筋者同艾擣，以醋和罨之大明。治大寒犯腦，頭痛，以酒拌葉，袋盛蒸熟，更互枕熨之，痛止爲度時珍。

枝　【主治】大小便卒關格不通，取南行枝，如手第二指中節，含之立下。蘇頌。出姚僧坦《集驗方》。

根及白皮　【氣味】同葉。　【主治】殺三蟲《本經》。　蟯蟲。治喉痹欬逆，止洩注，食不消，女子經産餘血，療白癬《别録》。　殺牙齒蟲，止痛藏器。治中惡腹中刺痛，下痢不禁，療漆瘡甄權。

【附方】舊二，新二。　寸白蟲：茱萸東北陰細根大如指者勿〔用〕，洗去土，四寸切，以水、酒各一升漬一宿，平旦分再服，當取蟲下。《千金方》。　肝勞生蟲：眼中赤脉。吴茱萸根爲末一兩半，粳米半合，鷄子白三個，化蠟一兩半和丸，小豆大。每米湯下三十丸，當取蟲下。　脾勞發熱：有蟲在脾中爲病，令人好嘔者。取東行茱萸根大者一尺，大麻子八升，橘皮二兩，三物吹咀，以酒一斗，浸一宿，微火薄暖之，絞去滓。平旦空腹服一升，取蟲下，或死或半爛，或下黄汁。凡作藥時，切忌言語。《删繁方》。　腎熱肢腫：拘急。茱萸根一合半，桑白皮三合，酒二升，煮一升，日二服。《普濟方》。

明・李時珍《本草綱目》卷三二果部・味類　食茱萸《唐本草》校正自木部移入此，併入《拾遺》欓子。

【釋名】榝音殺。　藙音毅。　艾子《圖經》　越椒《博雅》　欓子《拾遺》　辣子弘景曰：《禮記》名藙，而俗中呼爲榝子，當是不識藙字也。恭曰：《爾雅》云：椒榝醜梂。陸璣《詩疏》云：椒，榝屬也。並有榝名，陶説誤矣。時珍曰：此即欓子也。蜀人呼爲艾子，楚人呼爲辣子，古人謂之藙及榝子。因其辛辣，蜇口慘腹，使人有殺毅黨然之狀，故有諸名。蘇恭謂茱萸之開口者爲食茱萸。孟詵謂茱萸之閉口者爲欓子。馬志謂粒大、色黄黑者爲食茱萸，粒緊小、色青緑者爲吴茱萸。陳藏器謂吴、食二茱萸是一物，入藥以吴地者爲良，不當重出此條，只可言漢與吴，不可言食與不食。時珍竊謂數説皆因茱萸二字相混致誤耳。不知吴茱、食茱乃一類二種。茱萸取吴地者入藥，故名吴茱萸。欓子則形味似茱萸，惟可食用，故名食茱萸也。陳藏器不知食茱萸即欓子，重出欓子一條，正自誤矣。按曹憲《博雅》云：欓子、越椒，茱萸也。鄭樵《通志》云：欓子一名食茱萸，以别吴茱萸。《禮記》三牲用藙，是食茱萸也。二説足正諸人之謬。　【集解】藏器曰：欓子出閩中、江東。其木高大似樗，莖間有刺。其子辛辣如椒，南人淹藏作果品，或以寄遠。《吴越春秋》云，越以甘蜜丸欓報吴增封之禮，則欓之相贈尚矣。頌曰：食茱萸南北皆有之。其木亦甚高大，有長及百尺者。枝莖青黄，上有小白點。葉類油麻，其花黄色。蜀人呼爲艾子，《禮記》所謂藙者是也。藙、艾，聲相近也。宜入食羹中，能發辛香。時珍曰：食茱萸、欓子、辣子，一物也。高木長葉，黄花緑子，叢簇枝上。味辛而苦，土人八月采，擣濾取汁，入石灰攪成，名曰艾油，亦曰辣米油，始辛辣蜇口，入食物中用。周處《風土記》以椒、欓、薑爲三香，則自古尚之矣，而今貴人罕用之。

實　【氣味】辛、苦，大熱，無毒。時珍曰：有小毒，動脾火，病目者忌之。潁曰：發瘡痔、浮腫、虚恚。之才曰：畏紫石英。　【主治】功同吴茱萸，力少劣爾。療水氣用之佳蘇恭。心腹冷氣痛，中惡，除欬逆，去臟腑冷，温中，甚良孟詵。療蠱毒飛尸着喉口者，刺破，以子揩之，令血出，當下涎沫。煮汁服之，去暴冷腹痛，食不消，殺腥物藏器。治冷痢帶下，暖胃燥濕時珍。

【附方】新二。　赤白帶下：欓子、石菖蒲等分，爲末。每旦鹽酒温服二錢。《經驗方》。　久瀉虚痢：腹痛者，欓子丸治之。欓子、肉豆蔻各一兩，陳米一兩半，以米一分同二味炒黄爲末，一分生碾爲末，粟米粥丸梧子大。每陳米飲下五十丸，日三服。《普濟方》。

題明・薛己《本草約言》卷二《藥性本草》　吴茱萸　味辛、苦，氣熱，有小毒。陽中之陰，可升可降。然下氣最速，亦長於降也。入足太陰、少陰、厥陰經。咽嗌寒氣，噎塞而不通；胸中冷氣，閉塞而不利；脾胃停冷，腹痛而不任；心氣刺痛，成陣而不止；寒中三陰，脚氣乘虛而上沖；冷結下焦，疝氣控睪而內迫。睪，音高，陰丸也。《本草》云：溫中，下氣。惟溫中，故主太陰脾經。能下氣，又兼理肺氣。或云：逐膀胱受濕，陰囊作疝痛。入厥陰、少陰經也，故又能折肝木之性，而治吞吐酸水。厥陰風邪頭痛，用之為引。凡用，先於湯中浸去苦烈，凡亦七過始可用。此物下氣最速，腸虛之人不宜多服，服之鳴腸愈甚。又辛熱，久服恐損元氣。又止赤白痢，香連丸是也。

明·佚名氏《醫方藥性·草藥便覽》　茱萸　其性苦。寬氣化痰，止冷痛。

明·梅得春《藥性會元》卷中　吳茱萸　味苦、辛，氣熱。可升可降，陽也。有小毒。蓼實為使。惡丹參、硝石。畏紫石英。入足太陰脾經、足少陰腎經，足厥陰肝經藥。　主治咽嗌寒氣，噎塞不通，胸中冷氣，閉塞不利，脾胃停冷，腹痛不任，心氣刺痛成陣而不止，療感寒心腹及膀胱、小腸之冷逆，治轉筋霍亂，並咳逆之風邪痰涎，穀食能消，痞滿、吞酸可去。溫中下氣，治疝祛寒，利膈氣，開腠理，去下焦寒濕，止頭痛嘔逆，理脚氣攻心；治厥陰頭痛項強，並唾痰沫厥逆，其脉浮緩，及祛寒，諸藥不可勝也。脚氣攻心，和薑汁飲之，下氣最速。腸虛人少服。根　殺三蟲。根白皮　殺蟯蟲。製法：凡用，先以滾湯泡五六十遍，然後方用。

明·杜文燮《藥鑒》卷二　吳茱萸　氣熱，味苦、辛，氣味俱厚，可升可降，陽也。主咽喉寒氣呃塞而不通，腦中冷氣閉塞而不利，脾胃停冷腹痛而不住，心氣刺痛苦悶而不仁。開腠理，消疝氣，止嘔逆，除霍亂。又能順折肝木之性，治吞吐酸水如神。厥陰頭疼，引經必用。更殺寸白三蟲，煎服即出。枝療二便關格，啣口立通。必向東南方取之方驗。大哉！茱萸乃驅陰之捷方，回陽之妙藥也。

明·王肯堂《傷寒證治準繩》卷八　吳茱萸　氣溫，味辛，有小毒。海：辛、苦，熱。氣味俱厚，陽中陰也，半浮半沉，入足太陰經血分，少陰、厥陰經氣分。潔：其用有三：去胸中逆氣滿塞，止心腹感寒疞痛，消宿酒。為白豆蔻之使也。垣：治寒在咽嗌，噎塞胸中。《經》言噎膈不通，食不下，食則嘔，令人口開目瞪，寒邪所結，氣不得上下，此病不已，令人寒中腹滿膨脹下利，宜以吳茱萸之苦熱，泄其逆氣，用之如神，諸藥不可代也。海：衝脉為病，逆氣裏急，宜此主之。震坤合見，其色綠，故仲景吳茱萸湯、當歸四逆湯方，治厥陰病及溫脾胃皆用此也。湯洗去苦味，晒乾搗用。

明·穆世錫《食物輯要》卷八　食茱萸　味辛、苦，性熱，無毒。殺腥物，暖胃燥濕。治心腹冷痛，欬逆瀉痢。多食，動脾火，發浮腫虛恚，發瘡痔。有目疾、火症者，忌食。

明·李中立《本草原始》卷四　吳茱萸　始生上谷及宛句，今江、淮、蜀、漢最多。木高丈餘，皮青綠色，葉似椿而闊厚，紫色。三月開紅紫細花，七月、八月結實似辣子，顆粒緊小。嫩時微黃，熟則色青綠。陳藏器曰：茱萸，南北總有，入藥以吳地者為好，所以有吳之名也。　氣味：辛，溫，有小毒。　主治：溫中下氣，止痛除濕，血痹，逐風邪，開腠理，欬逆寒熱。○利五臟，去痰冷逆氣，飲食不消，心腹諸冷絞痛，中惡心腹痛。○霍亂轉筋，胃冷吐瀉，腹痛，產後心痛，治遍身𤸷痹刺痛，腰脚軟弱，利大腸壅氣，腸風痔疾。○殺三蟲。○殺惡蟲毒，牙齒蟲䘌，鬼魅疰氣。○下產後餘血，治腎氣，脚氣水腫，通關節，起陽健脾。　主痢止瀉，厚腸胃，肥健人。○治痞滿塞胸，咽膈不通，潤肝燥脾。○開鬱化滯，治吞酸，厥陰痰涎頭痛，陰毒腹痛，疝氣血痢，喉舌口瘡。

《本經》中品。【圖略】陳久者良，閉口者有毒。如食茱萸而小黑色。修治：吳茱萸，須深湯中浸去苦烈汁七次，焙用。

好古曰：辛、苦，熱，氣味俱厚，陽中陰也，半浮半沉。入足太陰經血分，少陰、厥陰氣分。李時珍曰：辛，熱，走氣動火，昏目發瘡。之才曰：蓼實為之使，惡丹參、消石、白堊，畏紫石英。陰下濕痒，吳茱萸煎湯，頻洗取效。

明·張懋辰《本草便》卷二　吳茱萸　味辛、苦，氣溫，大熱，氣味俱厚，陽中陰也，有毒。入足太陰、少陰、厥陰經。惡丹參、消石，畏紫石英。凡用先以湯浸去辛味，凡六七次，然後可用。　主溫中下氣止痛，欬逆寒熱，除濕、血痹，逐風邪，開腠理，治寒邪所膈氣不得上下，脾胃傷冷，冷氣閉胸，心腹絞痛不可忍，霍亂轉筋，嘔逆胸滿，及治下焦寒濕，疝痛寒氣，諸藥不可代也。脚氣衝心，可和生薑汁飲之良。下氣最速。腸虛人服之愈甚。

明·李中梓《藥性解》卷五　吳茱萸　味苦、辛，性熱，有小毒，入肝、脾、胃、大腸、腎五經。主下氣消痰，寒氣噎塞，心腹刺痛，霍亂轉筋，腳氣攻心，止咳逆，逐風邪，消宿食，除血痹，鹽湯炮去毒用。參實為使，惡丹參、硝石、白堊，畏紫石英。　按：吳茱萸辛熱之劑，宜入五經，以理寒症。多食大損元氣，腸虛者忌之。

明·繆希雍《本草經疏》卷一三　吳茱萸　味辛，溫、大熱，有小毒。主溫中，下氣，止痛，欬逆寒熱，除濕血痹，逐風邪，開腠理，去痰冷，腹內絞痛，諸冷實不消，中惡心腹痛，逆氣，利五藏。

〔疏〕吳茱萸稟火氣以生，故其味辛氣溫，有小毒。甄權：辛苦大熱。氣味俱厚，陽也。入足陽明、太陰，兼入足少陰、厥陰經。凡脾胃之氣，喜溫而惡寒，寒則中氣不能運化，或為冷實不消，或為腹內絞痛，或寒痰停積，以致氣逆發欬，五臟不利。辛溫暖脾胃而散寒邪，則中自溫，氣自下，而諸證悉除。其主除濕血痹，逐風邪者，蓋以風寒濕之邪多從脾胃而入，脾胃主肌肉，為邪所侵，則腠理閉密而寒熱諸痹所從來矣。辛溫走散開發，故能使風寒濕之邪從腠理而出，中惡腹痛，亦邪惡之氣干犯脾胃所致，入脾散邪則腹痛自止矣。

〔主治參互〕仲景吳茱萸湯：治少陰病，吐利，手足逆冷，煩躁欲死者，吳茱萸一斤，人參二兩，生薑六兩，大棗十二枚劈，四味以水七升，煮二升，去滓溫服七合，日三服。厥陰乾嘔吐涎沫、頭痛者，同此方。　又，當歸四逆加吳茱萸湯，治厥陰證，手足厥冷，脈細欲絕，其人內有久寒者。當歸三兩，芍藥三兩，炙甘草二兩，通草二兩，桂枝三兩，細辛三兩，生薑半斤，吳茱萸二升，大棗二十五枚，以水六升，清酒六升，同煮取五升，去滓，分五服。　《食療》治冬月感寒，吳茱萸五錢，煎湯，服之取汗。　《聖惠方》治陰毒傷寒，四肢逆冷。用吳茱萸一升，酒拌濕，絹袋二個包，蒸極熱，更互熨足心。候氣透，痛亦即止，累有效。　《肘後方》治寒疝往來，吳茱萸一兩，生薑半兩，清酒一升煎，分溫服。　《聖惠方》治食已吞酸，胃虛冷者。吳茱萸湯泡七次，焙，乾薑等分，為末，湯服一錢。孫氏《仁存方》治多年脾泄，老人多此，謂之水土同化。吳茱萸三錢泡，入水煎汁，入鹽少許，通口服。蓋茱萸能暖膀胱，水道既清，大腸自固，他藥雖熱，不能分解清濁也。　《和劑局方》戊己丸，治脾胃受濕，下痢赤白，腹痛，米穀不化。用吳茱萸、黃連、白芍藥各一兩，同炒為末，蒸餅丸梧子大。每服二三十丸，米飲下。　〔簡誤〕陽厥似陰，手足雖逆冷，而口多渴，喜飲水，大小便秘結，小便或通亦赤澀短少，此火極似水，守真所謂禁慄如喪神守，皆屬於火之謂耳。此與桂、附、乾薑之類同忌。嘔吐吞酸，屬胃火者不宜用。欬逆上氣，非風寒外邪及冷痰宿水所致，不宜用。腹痛屬血虛有火者，不宜用。赤白下痢，病名滯下，因暑邪入於腸胃，而非酒食生冷，停滯積垢者，不宜用。小腸疝氣，非驟感寒邪，及初發一二次者，不宜用。霍亂轉筋，由於脾胃虛弱冒暑所致，而非寒濕生冷干犯腸胃者，不宜用。一切陰虛之證及五臟六腑有熱無寒之人，法所咸忌。

明·倪朱謨《本草彙言》卷一五　吳茱萸　味辛，氣溫，有小毒。氣味俱厚，陽中陰也。入足太陰經血分，少陰、厥陰經氣分。　蘇氏曰：吳茱萸處處有之，江淮蜀漢尤多，閩中最勝。吳地者亦佳，故名。木高丈許，皮色青綠，枝柔而肥，葉長而皺，似椿葉闊厚，色紫。三月梢頭開紅紫色花，七八月結實，纍纍成簇而無核，嫩時微黃，熟則深紅。一種粒大，一種粒小，小者入藥。　雷氏曰：修治：以吳茱萸一觔，食鹽一兩，滾湯一釜，泡浸一日，洗去涎，晒乾用。

吳茱萸：開鬱化滯，日華子逐冷降氣之藥也。方龍潭曰：凡患小腹少腹陰寒之病，或嘔逆惡心而吞酸吐酸，或關格痰聚而隔食隔氣，或脾胃停寒而泄瀉自利，或肝脾鬱結而脹滿逆食，或疝瘕弦氣而攻引小腹，或脚氣沖心而嘔噦酸苦，是皆肝脾腎經之證也，吳茱萸皆可治之。　李時珍曰：蓋此藥純陽之物，辛熱能散能行，苦熱能燥能下，爲陰中之陽，善入陰中至陰之分，治寒痛最捷。故古方有云：中脘痛者非生薑不止，臍腹痛者非乾薑不除，小腹少腹痛者，非吳茱萸不療。專治寒在肝、脾、腎三經，取其散寒溫中，燥濕解鬱而已。倘三經之病，有因火熱爲者，又當斟酌用之。如中病即止，不可多服，多服則走氣動火，發瘡昏目耳。

集方：《方脉正宗》治陰毒傷寒，四肢厥冷，臍腹疼痛，嘔逆吐蚘，寒戰呃逆，時嘔冷涎，自汗如水。用吳茱萸鹽湯泡三次、五錢，白朮炒、人參焙、附子童便製各六錢，甘草炙二錢，烏梅三個，花椒三十粒，水三大碗，煎一碗，放冷，徐徐服。〇《兵部手集》治吞酸吐酸，醋氣攻心。用吳茱萸三錢，製法同前。川黃連五分，酒洗同炒，水煎服。〇治隔食隔氣，飲食不納因胃寒者。用吳茱萸五錢，製法同前。白朮炒六錢，分作二劑，水煎飲。〇《普濟方》治藏寒頻泄。用吳茱萸一兩五錢，製法同前。黃耆、白朮各一兩，北五味、人參、乾薑各五錢，倶炒燥，研末，神麯糊爲丸，梧子大。每早服五錢，烏梅湯下。○孟氏方治寒疝衝心，幷脚氣衝心，時作嘔吐。幷用吳茱萸五錢，製法如前。生薑一兩，青皮三錢，水煎，溫和服。○楊氏方治冷氣腹痛，脾元氣痛，腹中痞痛，嘔涎頭痛四證。倶用吳茱萸六錢，製法同前。玄胡索酒炒五錢，半夏三錢，水煎服。○《和劑局方》治赤白下痢腹痛者。用吳茱萸、川黄連各二兩炒，白芍藥一兩五錢，木香一兩，酒煑大黄六錢，共爲末，煉蜜丸。每早晚各服二錢，白湯下。○《集簡方》治口瘡口疳及咽喉作痛。用吳茱萸一兩爲末，醋麪糊，調塗兩足心。○孟氏方治齒牙疼痛，不拘風火蟲痛。用吳茱萸一撮，煎湯汩漱。○《外臺秘要》治癰疽發背及發乳諸毒。用吳茱萸一兩爲末，熱酒調塗。此方幷治骨入肉中，塗之即腐出。治蛇咬塗之即安。

食茱萸，詳載《食物本草》。

明・應廖《食治廣要》卷四　食茱萸　氣味：辛，溫、大熱，無毒。主暴冷腹痛，暖胃，殺腥。多食動脾火，病目、病痔人忌之。

按此即欓子也，蜀呼艾子，楚呼辣子。古人謂之藙及椒子。因其辛辣，蜇口慘腹，使人有殺毅黨然之狀，故得諸名焉。

明・姚可成《食物本草》卷一六味部・調飪類　吳茱萸生上谷及冤句，九月九日采之。今處處皆產，江淮蜀漢猶多。木高丈餘，皮青綠色。葉似椿而闊厚，紫色。三月開紅紫細花，七月、八月結實似椒子，嫩時微黄，至熟則深紫。《風土記》云：九月九日，折茱萸戴首以辟惡氣。昔汝南桓景隨費長房學道。長房謂曰：九月九日汝家有災厄，宜令急去，各作絳囊盛茱萸以繫臂上，登高飲菊花酒，此禍可消。景如其言，舉家登高山。夕還，見雞犬牛羊，一時暴死。長房聞之曰：此代之矣。故人至此日，登高飲酒，首插茱萸，繇此爾。○李時珍曰：茱萸枝柔而肥，葉長而皺，其實結於梢頭，纍纍成簇而無核，與椒不同。《淮南萬畢術》云：井上宜種茱萸，葉落井中，人飲其水，無瘟疫。懸其子於屋，辟鬼魅。《五行志》云：舍東種白楊、茱萸，增年益壽，辟害除邪。

吳茱萸　味辛，溫，有小毒。主溫中下氣，止痛除濕，血痹。逐風邪，開腠理，欬逆寒熱。利五臟，去痰冷逆氣，飲食不消，心腹諸冷絞(毒)〔痛〕，中惡心腹痛，霍亂轉筋，胃冷，吐瀉腹痛，產後心痛。治遍身𤸷痹刺痛，腰脚軟弱，利大腸壅氣，腸風痔疾。殺三蟲，殺惡蟲毒，牙齒蟲䘌，鬼魅疰氣。下產後餘血，治腎氣、脚氣水腫，通關節，起陽健脾，開鬱化滯。治吞酸，厥陰痰涎頭痛，陰毒腹痛，疝氣。閉口者有毒。多食傷神動火，昏目發瘡。○李時珍曰：茱萸辛熱，能散能溫；苦熱，能燥能堅。故其所治之症，皆散寒溫中，燥濕解鬱而已。昔中丞常子正苦痰飲，每食飽或陰晴節變率同，十日一發，頭疼背寒，嘔吐酸汁，即數日伏枕不食，服藥罔效。宣和初為順昌司祿，於太守蔡達道席上，得吳仙丹方服之，遂不再作。每遇飲食過多腹滿，服五七十丸便已。少頃，小便作茱萸氣，酒飲皆〔隨小〕水而去。前後痰藥甚眾，無及此者。其方：用吳〔茱萸〕湯泡七次，茯苓等分為末，煉蜜丸梧子大。每〔熱〕水下五十丸。楊嵋川方：只用茱萸酒浸三宿，以茯苓末拌之，日乾。每吞百粒，溫酒下。又咽喉口舌生瘡者，以茱萸末醋調，貼兩足心，移夜便愈。其性雖熱而能引熱下行，蓋亦從治之義也。

明・姚可成《食物本草》卷一六味部・調飪類　食茱萸一名辣子，出閩中江東。其木高大似樗，莖間有刺。其子辛辣如椒，南人淹藏作果品，或以寄遠。○蘇頌曰：食茱萸，南北皆有之。其木亦甚高大，有長及百尺者。枝莖青黄，上有小白點。葉類油麻，其花黄色。宜入食羹中，能發辛香。○李時珍曰：辣子，高木長葉，黄花綠子，叢簇枝上。味辛而苦，土人八月采，搗濾取汁，入石灰攪成，名曰辣米油，入食物中，辛香蜇口。　食茱萸，味辛、苦，大熱，無毒。功同吳茱萸。主心腹冷氣痛，中惡，除欬逆，去臟腑冷，溫中，甚良。療蠱毒飛尸着喉口者，刺破，以子揩之，令血出，當下涎沫。煮汁服之，去暴冷腹痛，食不消，殺腥物。治冷痢帶下，暖胃燥濕。

明・顧逢柏《分部本草妙用》卷六兼經部・溫瀉　吳茱萸　辛溫，無毒。入足太陰血分、少陰厥陰氣分。蓼實為使，惡丹參，畏紫石英。鹽湯炮過用。

主治：溫中下氣，止痛除濕血痺，欬逆寒熱，去痰消食，心腹冷痛，霍亂轉筋吐瀉。產後心痛及餘血，遍身𤸷痺刺痛，大腸壅氣。殺三蟲鬼魅疰氣，腎氣脚氣水腫，起陽健脾，止瀉痢，厚腸胃。時珍曰：開胃化滯吞酸，厥陰痰涎頭痛，陰毒，腹痛疝氣，血痢，喉舌口痛。按：茱萸辛熱，能散能溫，苦熱能燥能堅，故所治症皆取散寒溫中，燥濕解鬱而已。東垣曰：濁陰不降，厥氣上逆，咽喉不通，令人寒中腹滿下利，用之如神。至于喉舌症，以酥調，貼兩足心，移夜便愈，引熱下行也。故傷寒陰厥，同人參煎灌，可代附子，更穩而無害，此予屢用而屢驗者。

明・孟笨《養生要括・果部》　吳茱萸〔陳久者良，閉口者有毒，多食傷神走氣，動火昏目發瘡，令人起伏氣，咽喉不通。〕　味辛，溫，有小毒。溫中下氣止痛，除濕血痹，逐風邪，開腠理，欬逆寒熱。利五臟，去痰冷逆氣，飲食不消，心腹諸冷絞痛，中惡心腹痛，治霍亂轉筋，胃冷吐瀉，產後心痛，治遍身𤸷痹刺痛，腰腳軟弱，利大腸壅氣，腸風痔疾。殺三蟲。殺惡蟲毒、牙齒蟲蠹、鬼魅疰氣。下產後餘血，治腎氣腳氣水腫，通關節，起陽健脾。主痢，止渴，厚腸胃，肥健人。治痞滿塞胸，咽膈不通，潤肝燥皮，開鬱化滯，治吞酸，厥陰痰涎頭痛，陰毒腹痛，疝氣血痢，喉舌口瘡。

明・黄承昊《折肱漫録》卷三　吳茱萸辛熱氣猛，下氣甚速，要知茱萸醬雖快口，亦不宜常服者。

明・李中梓《醫宗必讀・本草徵要下》　吳茱萸味辛，熱，有小毒。入脾、胃、肝三經。蓼實為使，惡丹參、滑石、白堊，畏紫石英。開口者良，鹽湯泡過，焙乾。　燥腸胃而止久滑之瀉，散陰寒而攻心腹之疼。祛冷脹為獨得，疎肝氣有偏長。疝疼腳氣相宜，開鬱殺蟲至效。辛散燥熱，獨入厥陰有功，脾胃其旁及者也。東垣云：濁陰不降，厥氣上逆，甚而脹滿，非茱萸不可治也，多用損元氣。寇氏曰：下氣最速，腸虛人服之愈甚。凡病非寒滯者勿用，即因寒滯者，亦當酌量虛實，適事為劾也。

明・鄭二陽《仁壽堂藥鏡》卷二　吳茱萸　《圖經》云：生上谷。今江浙有之。三月開花，紅紫色。七八月結子，嫩時微黄，成熟則深紫。九月九日採，陰乾。以鹽水洗百轉，日晒乾，存用之。　氣熱，味辛、甘。氣味俱厚，陽中陰也。　辛，溫，大熱，有小毒。　入足太陰經、少陰經、厥陰經。　《本草》云：主溫中下氣，止痛，咳逆寒熱，除濕血痹，逐風邪，開腠理，去痰冷，腹內絞痛，諸冷實不消，中惡心腹痛，逆氣。利五臟。入足太陰、少陰、厥陰。震，坤合見。其色綠。　《衍義》云：此物下氣最速，腸虛人服之愈甚。　蓼實為之使。惡丹參、消石、白堊。畏紫石英。　《心》云：去胸中逆氣。不宜多用，辛熱，恐損元氣。　《象》云：食則令人口開目瞪。寒邪所隔，氣不得上下，此病不已，令人寒中，腹滿膨脹，下利寒氣，諸藥不可代也。洗去苦味，日乾，杵碎用。　垣曰：濁陰不降，厥氣上逆，咽隔不通，令人寒中，腹滿下利，用之如神，無可代者。時珍曰：開鬱，治吞酸疝氣。　按：茱萸辛熱，能散能溫；苦熱，能燥能堅。故所治之症，皆取散寒溫中，燥濕解鬱而已。咽喉口舌生瘡，以茱萸末醋調，貼兩足心，移夜便愈。引熱下行也。

張仲景治嘔而胸滿者，茱萸湯主之。

明・蔣儀《藥鏡》卷二熱部　吳茱萸　通寒塞之咽喉，開胸中之冷閉。厥陰頭痛，用以引經。權用下濁氣之亂于心胸，少用攻膀胱腫疼之寒疝。吞酸嘔吐是火非宜，腹痛腸鳴屬寒堪劑。單煎熱服，發汗于冬月之感寒。少許加鹽，條分于脾泄之清濁。寸白三蟲作惡，煎服頓驅。枝療二便格閡，口啣立解。雖云治痛最捷，然痛在中脘者，生薑治之；痛在臍腹者，乾薑治之；惟小腹少腹痛者，須此陰經至陰之藥也。若痛久而火動于中，少添黄連為妙。

明・李中梓《頤生微論》卷三　吳茱萸　味辛、苦，性熱，有小毒。入肝、脾、腎三經。蓼實為使。惡丹參、硝石、白堊，畏紫石英。產松江，開口者佳，陳久者良。去梗，鹽湯泡半日，漉起曝乾用。溫中下氣，開鬱止瀉，去痰消食，除濕起陽，止吞酸、疝氣、水腫，治心腹冷痛如神，殺鬼去蟲。

按：吳茱萸辛散燥熱，入厥陰居多，脾腎其旁及也。寇氏曰：下氣最速，腸虛人服之愈甚。咽喉口舌生瘡，以茱萸末醋調，貼兩足心一夜便愈，引熱下行也。性極燥極急，非大寒者不可輕投；虛泄者必與參术同投，亦須少少用之，不爾損人。

明・張景岳《景岳全書》卷四九《本草正》　吳茱萸　味辛、苦，氣味俱厚，升少降多，有小毒。能助陽健脾，治胸膈停寒，脹滿痞塞，化滯消食，除吞酸嘔逆霍亂，心腹畜冷，中惡絞痛，寒痰逆氣。殺諸蟲鬼魅邪疰，及下焦肝、腎、膀胱寒疝，陰毒疼痛，止痛瀉血痢，厚腸胃，去濕氣腸風痔漏，腳氣水腫。然其性苦善降，若氣陷而元氣虛者，當以甘補諸藥制而用之。

明・盧之頤《本草乘雅半偈》帙五　吳茱萸《本經》中品　氣味：辛，溫，有小毒。　主治：主溫中，下氣，止痛，除濕血痹，逐風邪，開腠理，欬逆，寒熱，殺三蟲。

覈曰：所在有之，江浙、蜀漢尤多，閩中者最勝。木高丈許，皮色青綠，枝柔而肥，葉長而皺，似椿葉，闊厚色紫。三月梢頭開紅紫色花，七八月結實，纍纍成簇而無核，嫩時微黄，熟則深赤。一種粒大，一種粒小，小者入藥。修事：去葉梗，每十兩，用鹽二兩，投四斗東流水中，分作百度洗之，自然無涎，日乾之。入丸散者，每十兩，用醋一鎰，煮三十沸，後入茱萸，熬乾用。蓼實為之使。惡丹參、消石、白堊，畏紫石英。

条曰：茱者，火胎于木；萸者，乙胎于甲；吳，其產也。故主寒中，其進甚銳，除逐痹閉，其退甚速。開發上焦，宣五穀味，熏膚充身澤毛，若霧露之溉，陽生氣分之良劑也。故氣下者自上，欬逆者自平，痹閉成蟲者自殺矣。設中熱人所當避忌，形寒飲冷者，為効頗捷。佐以黃連，用治淡陰，兩得之矣。

明·李中梓《本草通玄》卷下 吳茱萸　辛，熱，脾、肝、腎三陰經藥也。溫中下氣，開鬱止痛，逐風除濕，定吐止瀉，理關格中滿，腳氣疝瘕，制肝燥脾。按：川椒善下，茱萸善上，故食茱萸者，有沖膈、沖眼、脫髮、咽痛、動火發瘡之害。　鹽湯浸去烈汁，焙乾用。　陳久者良，閉口者多毒。

清·顧元交《本草彙箋》卷六 吳茱萸　下氣最速，爲疏達肝氣之聖品。李士材云：吳茱萸獨入肝經，脾胃其旁及。蓋脾胃之氣喜溫而惡寒，寒則中氣不能運化，諸病生焉。如病陰寒膈塞，氣不升降，令人寒中腹滿，膨脹下利，宜以吳茱萸之苦熱泄其逆氣，用之如神，諸藥不可代也。多用亦損元氣，故慎齋先生每用不過七釐，或至一分，良有以也。

仲景吳茱萸湯治少陰病吐利，手足逆冷，煩燥欲死者，用吳萸、人參、薑、棗。厥陰乾嘔，吐涎沫，頭痛者，亦用此方。又當歸四逆加吳茱萸湯，治厥陰證，手足厥冷，脈細欲絕，其人內有久寒者，當歸、芍藥、炙甘草、通草、桂枝、細辛、吳茱萸、薑、棗，水酒煮服。然有陽厥似陰，手足逆冷，而口多渴，喜飲水，大小便秘結，小便或通亦赤澀短少，此火極似水，守真所謂禁慄如喪神守。皆屬於火之謂。則吳茱萸宜與桂、附、乾薑之類同忌。

多年脾泄，水土同化者，吳茱萸三錢，泡，入水煎汁，加鹽花少許，通口服。蓋吳茱萸能暖膀胱，水道既清，大腸自固。他藥雖熱，不能分解清濁也。

咽喉口舌生瘡者，以吳萸末醋調，貼兩足心，移夜即愈。蓋引熱下行也。

腹中癥塊，茱萸三升，擣和酒煮熟，袋盛，熨癥上，冷更炒熱熨之，癥移動，逐熨，消乃止。

清·穆石匏《本草洞詮》卷六 吳茱萸　以吳地者良，故名。氣味辛溫，有小毒。主溫中下氣，除濕血痹，逐風邪，開腠理，治心腹諸冷絞痛，衝脉為病，逆氣裏急，宜此主之。震坤合德，其色綠，故仲景吳茱萸湯、當歸四逆湯，治厥陰病及溫脾胃皆用之。段成式言：椒氣好下，茱萸氣好上，不可服食，恐衝眼且脫髮也。夫茱萸辛熱，能散能溫，苦熱能燥能堅，故其所治之證，皆取散寒溫中，燥濕解鬱之功。一人苦痰飲，每食飽或陰晴節變，率發頭疼背寒，嘔吐酸汁，得一方用吳茱萸泡過七次，茯苓等分，為末，煉蜜丸，每遇飲食過多腹滿，服五七十丸便已，少頃小便作茱萸氣，酒飲皆隨小水而去，前後痰藥甚眾，無及此者。又咽喉口舌生瘡，以茱萸末醋調，貼兩足心，移夜便愈。其性雖熱，而能引熱下行，蓋亦從治之義。而謂茱萸之性上行不下者，似不然也。但多服則走氣動火，昏目發瘡耳。

食茱萸　一名辣子。與吳茱萸一類二種，蓋吳地者入藥。辣子則形味似茱萸，惟可食用，不入藥也。氣味辛苦熱，無毒。暖胃燥濕，消食，療蠱毒，殺腥物。

清·劉雲密《本草述》卷一九 吳茱萸一種粒大，一種粒小。小者入藥，其色青綠。

氣味：辛，溫，有小毒。　權曰：辛、苦，大熱，有毒。　潔古曰：氣味俱厚，浮而沉，陽中陰也。　海藏曰：辛、苦，熱，氣味俱厚，陽中陰也，半浮半沉，入足太陰經血分，少陰厥陰經氣分。　中梓曰：吳茱萸辛散燥熱，入厥陰居多，脾腎其旁及也。

《本草》主治：溫中下氣，療痞滿塞胸，咽膈不利，去痰冷逆氣，飲食不消，胃冷吐瀉，腹痛霍亂轉筋，除溼血痹，療偏身𤸷痹刺痛，利五臟，通關節及大腸壅氣，治腳氣衝逆，潤肝燥脾，開鬱氣，治吞酸，厥陰痰涎頭痛，陰毒腹痛，疝氣，血痢。　方書主治：泄瀉，疝，腳氣脹滿積聚，嘔吐，鼻證，霍亂心痛，胃脘痛痹，發熱喘，齒痞水腫，痰飲，反胃噎咳嗽血頭痛腹痛，着痹，譫妄，不能食，嘈雜，大便不通，小便數，痘疹餘毒，耳證，蟲。　東垣曰：濁陰不降，厥氣上逆，咽膈不通，食則令人口開目瞪，陰寒隔塞，氣不得上下，此病不已，令人寒中腹滿，臌脹下利，宜於吳茱萸之苦熱泄其逆氣，用之如神，諸藥不可代也。不宜多用，恐損元氣。　好古曰：衝脈為病，逆氣裏急，宜此主之。震坤合見其色綠，故仲景吳茱萸湯、當歸四逆湯方，治厥陰病及溫脾胃，皆用此也。　朱瑞章《集驗方》云：中丞常子正苦痰飲，每食飽或陰晴節變率同，十日一發，頭疼背寒，嘔吐酸汁，即數日伏枕不食，服藥罔效。後為順昌司祿，於太守蔡達道席上得吳仙丹方，服之遂不再作。每遇飲食過多腹滿，服五七十丸便已。少頃小便作茱萸氣，酒飲皆隨小水而去。前後痰藥甚眾，無及此者。用吳茱萸湯泡七次，茯苓等分，為末，煉蜜丸梧子大，每熟水下五十丸。　希雍曰：吳茱萸稟火氣以生，故其味辛，氣溫，有小毒。甄權辛苦，大熱，氣味俱厚，陽也，入足陽明、太陰，兼入足少陰、厥陰經。《內經》曰：土木水參居，為脾肝腎，皆在鬲下，其氣脈相近而相和也。故繆氏謂其入足陽明、太陰，兼入足少陰、厥陰經者，良然。是則方書所治諸證而用茲味者，皆不越於茲義矣。

附方　腎氣上巇，腎氣自腹中起，上築於咽喉，逆氣連屬而不能出，或至數十聲，上下不得喘息，此由寒傷胃脘，腎虛氣逆，上乘於胃，與氣相併，《難經》謂之巇。《素問》云病深者其聲巇，宜服此方。如不止，灸期門、關元、腎俞穴。用吳茱萸醋炒熱，橘皮、附子去皮各一兩，為末，麪糊丸梧子大，每薑湯下七十丸。冷氣腹痛，吳茱萸二錢，擂爛，以酒一鍾調之，用香油一盃，入鍋煎熱，傾茱酒人鍋，煎一滾，取服立止。　脾元氣痛，發歇不可忍，用茱萸一兩，桃仁一兩，和炒茱焦，去茱取桃仁，去皮尖，研細，葱白三莖煨熟，酒浸溫服。　臟寒泄瀉，倦怠減食，吳茱萸湯泡過，炒豬臟半條，去脂洗淨，裝滿紮定，文火煮熟，搗丸梧子大，每服五十丸，米飲下，日二服。　多年脾泄，老人多此，謂之水土同化，吳茱萸三錢，炮過，入水煎汁，入鹽少許，通口服。蓋茱萸能暖膀胱，水道既清，大腸自固，他藥雖熱，不能分解清濁也。

愚按：　吳茱萸，其木皮綠色，先哲以為震坤合見，是則木為土用者也。三月開花紅紫色，七八月結實，至九月氣烈而熟可折，是本於春木之氣，而醞釀於長夏火土，至秋然後結實，深秋乃告成而氣烈，舉春溫夏熱之氣，盡歸秋燥之辛以宣之，其味則由苦而辛，辛後復有苦，固木昌於火，火歸於金，即就金而致其火之用，以暢厥陰風木之氣，故下泄濁陰為所必須。夫苦歸於辛，而火氣上宣，辛復納於苦，而火氣又下達，故辛熱之味多上行，而此能下泄，火金之氣最盛，故下行最速。夫厥陰之所宣者，本於至陰腎也。厥陰之達其氣以為用地者，用於太陰脾也。統味斯義，則此味所主本於厥陰，而暢水中之覆陽，降土中之滯陰者也，非泛泛下氣者比，以是思其功，可因證而奏效矣。此味治要，不越於氣血。然治氣在血之先，其所治之證，不越於溼寒熱，然寒在溼之先，而熱在溼之後，是所謂知其要者，一言而終也。

又按《本經》首言溫中下氣，即繼以除溼血痹，煞有可思。蓋言下氣本於溫中，其氣之不下，即海藏所謂痞滿塞胸，咽膈不通之謂也。其氣下本於溫中者，緣濁陰不降，而清陽不升，《經》所謂清氣在下則生餐泄，濁氣在上則生䐜脹者也。夫上焦本屬天表之陽，而濁陰反居清陽之位，由陰不得陽以生化也。故曰臟寒生滿病。故溫中則氣下，此所謂溫中，即日華子所云起陽健脾之謂也。陽起而脾健，則升降自合其宜，陰陽自正其位，如是，則陰得陽以化，陽即和陰以行，此所謂氣下，即日華子所云治痹滿塞胸，咽膈不通，即《別錄》所云利五臟，日華子所云通關節之謂也。如是之謂氣下，是不徒在胸膈之滯化矣，即是便可除溼，而血不病於痹矣。此所謂除溼血痹，即甄權所云治偏身瘰痹刺痛，腰脚軟弱，日華子所云治腎氣脚氣水腫之謂也。更諸本草，如甄權所云利大腸壅氣，即方書脹滿之治，沉香交泰丸，其證脹而秘結，又導氣丸，其證痞塞，關格不通，腹脹如鼓，而大便秘結。如二治者，是上脹而下壅也。又海藏所云潤肝燥脾，即方書脹滿之治，木香順氣湯，其證濁氣在上則生䐜脹，正陰氣在上而不能下也。又云兩脇刺痛，脈弦而細，正血滯於中土之脾，而不能潤肝，以致兩脇刺痛，其脈弦細也。夫陰滯於脾，則血自不能潤肝，而脾反患於溼，若血不滯於脾而潤肝，則脾自燥，此即下氣而除溼血痹之義耳。又時珍所云吞酸，即方書嘔吐之治，而有吐酸、吞酸者，皆飲食傷於中脘所致，或有熱者，投咽醋丸，吳萸、陳皮、黄芩各五錢，蒼术為臣，黄連一兩為君，是所謂溼熱之治也。又參萸丸治溼熱滯氣甚者，六一散七兩，吳萸二兩，為末，合服。此二證皆吳萸同於別味以除溼熱者也。然在方書中有止用吳萸以除虛寒之吞酸，有醋心上攻，若濃醋煎吳萸湯頓服者。有食已吞酸，將吳萸湯泡七次，焙乾，及薑炮等分，為末，湯服者。蓋是證固有溼熱、寒溼之殊，皆用此味，何以舉寒熱而皆宜耶？曰：　由於下氣除溼為其主要，如寒溼之治，治其因寒而成溼，溼在寒之後也。溼熱之治，治其因溼而化熱，熱在溼之後也。第其下氣除溼，不離氣血而言，不等於行水導溼之例也。更条此味之於瀉泄疝證，及脚氣諸患，和種種群劑而用者，則知所以用吳萸矣。按方書此味治瀉泄較多，然瀉泄有溼熱、寒溼之殊，而用之並用玆味也，云何？蓋此之溼熱，正所謂熱在溼之後也。其用黄連者，唯連能燥溼而并清熱也。更用此味以行中土之滯氣，俾溼先化而奏功也。至於寒溼之治，有云脾胃虛弱，或云虛寒，有云大腸虛冷，或云腸痹寒溼，有云下元虛寒，火不生土，即云腎泄，更滑泄而云寒者，以其類由於元陽之虛也。但既病於瀉泄，即腎泄寧得越於中土，正經所謂中氣之溼也。中氣不根於元陽乎？如吳萸之溫中下氣，未嘗不偕諸味以回元陽於無何有之鄉也。其主治以次及者，曰疝，曰脚氣。夫疝證亦有溼熱、寒熱之治，第此之寒，類從外受，不專責其虛於元陽也。因寒而陽不得化，陽不化而鬱於寒中，是為寒化溼，而溼因化熱，故丹溪有云疝證為寒也，熱也，溼也，皆宜於通，或疎散，或分利，或針灸，是通其由外而受者也。雖然，外邪固病因，而實病於腎中寒水之化，寒水之化不行，乃致風木鬱於所生之中，故小腹及外腎俱腎肝之部分，而見於病者不爽也。在至陰之地，而陰中之陽不能紓陰，故病於溼以圉陽，是非溼在熱先乎？愚按：所云溼熱者，不止於因寒而化溼，復因溼而化熱也。蓋有原本於真陽不足，即不能化陰，而陰隨化為溼也。如方書所治諸證，用茲味者，皆宜參酌於斯義以為治療也。如酷暑蒸溼，即傷人身之真陽，是不必因寒化溼之的證也。況於人身之元氣，有元稟於不足者乎？如茲味能逐隊以導陰而達陽，則溼自化而熱自行，亦不遠於下氣除溼血痹之義也。至如脚氣主治，亦有寒溼、風溼、溼熱以為病，苐求其本而責之，唯是陰不升而陽不降耳。蓋足為三陰所起之地，然此即三陽所歸之地，緣三陰有不足，不能上而召陽，則三陽無所歸，不能下而和陰，蓋陰為陽之原，不足，故不能召陽，而陽為陰之依，不歸，故不能和陰，陰下壅而陽上淫。壅者壅於極下之足，故統名曰脚氣也。雖然，前二證多因於陰邪之有餘，而脚氣病還病於真陰之不足，陰不足，故陽不歸。如吳茱萸之和諸劑以治者，似先能下陽之氣以歸陰，即能和陰之氣而起陽，此所謂治其本也。知責其本，則如寒溼、風溼、溼熱之異，苟隨其所勝而合宜以投劑，是其治標者仍歸之治本以奏效也。又次為脹滿積聚，在脹滿證正是氣不下而病於溼，為血痹也。如吳萸之逐隊以治者，有中滿分消湯，云治寒脹也，如廣茂潰堅湯，謂治中滿腹脹有積聚堅硬如石云云也。又半夏厚朴湯，謂服前藥中滿減半，止餘有積，投此湯以消積也。三方中有二方，是治病於脹滿而兼有積者也。吳萸之同諸劑以治，非由氣下而除溼血痹之義乎？又如沉香交泰丸，主治脹而大便燥結者，蓋陰結於上，不能化以下行，故痞滿塞胸，而大便反燥結也。是謂因溼而滯熱，故君大黃以除溼熱，而厚朴為臣，俾其溼行而熱散，更有佐之者，或療溼而健脾，或降氣而行之，或助之行溼，或助之行氣，或因溼行而助之滲利，或和血而助諸味以化血痹，是皆治陰之不降而胸脹，陽之不升而腸燥，以成其交泰者也。又如木香順氣湯，其主治濁氣在上則生䐜脹者，即陰氣在上而不下之義也。主治兩脇刺痛，脈弦而細者，即血滯於中土之脾，而不能潤肝，以病於兩脇刺痛，脈弦而細也。此湯以升、柴為君，令陽升而陰自降，有味之甘辛大熱者，消散中寒為臣，又藉辛苦大温者通順滯氣，更辛甘温者調和營衛，滋養中氣，若吳萸同諸味用之，可得其氣降而血暢矣。又導氣丸，其證似可彷彿於交泰丸以治之，然實有不同者，一為降陰氣而行溼之義多，一為補陽氣而通格之義勝，雖同是大便秘結，但陰降則陽升，陽升而佐以行氣則溼化；陽盛則陰降，陰降而佐以通利，則格消，此亦吳萸之能和他味而奏功者矣。又其次治在積聚，按積聚證，而吳萸於五積，止偕諸味以治肺脾二臟者，蓋茲味本溫中而下氣，由氣下而除溼血痹，故如肺之所主氣也，如胃行氣於三陰三陽，而脾為胃以行氣於三陰三陽也，焉得不以肺脾為主乎？即溫中下氣一語可參矣。如治肺積，雖其積在右脇下，為肺主氣，而病於所從出之道，然由氣而病於血痹，則如肝之主血，亦隨肺之氣以同病，故三因悉奔湯，有桂心與他味等分，可見氣不病於血不能成積也。又如脾積之痞氣丸，其用白朮、砂仁、乾薑、川烏、川椒、桂者，謂積多因於寒。《經》固曰氣虛者寒也，乃更用黃連、黃芩，而連且為諸藥之君者，為其積塊已堅，氣鬱已久，氣鬱化溼，溼聚化熱，溼熱相生，塊日益大也。是責其本在寒，治其標在溼熱耳。故有厚朴散結氣，吳萸下壅氣，茵蔯導溼，而合茯苓、澤瀉以滲之，是其不專主清熱者，不猶是不以熱先溼之義乎？此導氣丸之所以名也。又有加減痞氣丸，云孟秋則合此劑。蓋孟秋則金氣正旺，不為虛寒，惟在秋則溼勝滋熱，止用芩、連清熱，而厚朴散結氣為君，又吳萸、陳、青皮佐之，益智仁同附子行溼，而澤瀉、茯苓及廣茂、昆布佐之，歸尾、紅花活血，而熟地佐之，種種所用，不外調氣除溼，以化血痹之義也。又鼈甲丸，云治痞氣，當胃脘結聚如杯，積久不散云云，以鼈甲為君，而大黃為臣，鼈甲用其陰氣之專，以行溼而化熱，若大黃固除溼熱者也，但用附子行溼，木香升降諸氣而使行，用吳萸佐之，另有破結散瘀者。總之，溼熱固血分之病，而中土原主溼化，故此丸亦主於脾，猶是治溼為先，不外於下氣化血痹之義耳。至於治雜積之萬病紫(苑)〔菀〕丸，治九氣積聚之散聚湯，合於眾劑而奏績者，又寧外於下氣除溼血痹之治乎哉？其次治嘔吐證，一丁香吳茱萸湯，治嘔吐噦因於胃寒所致也，一吳茱萸湯，主嘔而胸滿者，其治引寒淫於內為言，是亦治其寒也。至於咽醋丸，其主治云吐酸、吞酸，皆飲食傷於中脘所致，此丸又是宜於有熱者，君以黃連，而蒼朮為臣，更濟以黃芩，蓋中脘屬胃，熱亦先從溼化，故木與連合，以除溼之化熱，而黃芩清氣，俾吳萸、陳皮得同類而行其溼滯之氣也。又參萸丸，方書云治溼熱，更云溼熱甚者用為向導，上可治吞酸，下可治自利，蓋君六一而臣吳萸，正是向導，俾其不與溼熱相拒，以致其用也。至霍亂證，如吳茱萸湯，言其治冒暑伏熱，腹痛作瀉等證，又云或冒寒或忍飢等傷於胃氣，致上吐下瀉，或頭旋眼暈，手脚轉筋，四肢逆冷，胥此治之，其處方止吳萸、木瓜、食鹽三味，各等分也。又木瓜湯，治吐瀉不已，轉筋擾悶，止木瓜、茴香、吳萸、甘草四味也。更木瓜散之治，但以生薑易茴香，去甘草而已。此二方又以木瓜為主，如諸味特佐之，蓋木瓜之行溼而和血，因以化氣，其所治在肝，雖吳萸不得與之齊功。茀其溫中下氣，以致除溼血痹，不為助木瓜而奏功乎？又其次治心痛、胃脘痛，有九痛丸，是治九種心痛之虛寒，而疏越其滯氣者也。又扶陽助胃湯，亦驅寒而補中土之虛者也。又草豆蔻丸之治，在方書主客寒犯胃，且言其熱，亦可用也。此三方者，其用吳萸之義易明也。再次，則痹三方，一腸痹，其二皆療脾痹。按諸痹因為風寒溼邪所中，閉其正氣，以故患於不仁。茀如腸痹者，邪中於腸。脾痹者，邪中於脾也。痹在腸，是六腑之受病，其治疏利而兼以補。痹在脾，是五臟之受病，補益而入以行。如吳萸者，或腑或臟，藉其行氣而暢血，皆不可少，槩不越於下氣除溼血痹之義也。統論吳萸之功，如以上數證，固不足以盡之，茀摘其主治較多之證，以悉其治療之義，而餘證可以類推耳。或曰：他味下氣者，多屬破泄，而此之下氣者，本於氣味辛溫，若《本經》首謂溫中下氣，繼以除溼血痹，非以辛溫之故乎？故方書於脹滿證有二方，蓋寒熱殊治，如吳萸唯用於治寒，於熱治固不與也。其有用於溼熱者，以溼在熱之先，其逐隊於連、芩輩，蓋不藉此味無以為先導，令溼行而苦寒得以奏清熱之功也。茀茲味之用，全取其氣，其由火土之氣以致於金，則氣之化原裕矣。更於九月九日乃氣烈而熟者，豈非火土之氣盡為金用，而金能達火土之氣以為氣之昌大，有是其烈也歟。是其化原本於夏之火土，其致用乃暢於三秋之金，正潔古、海藏所謂陽中陰也。唯為陽中之陰，故先哲謂其能分解清濁。《經》云陰陽如一者死，所謂清濁者，即陰陽之二氣，陰陽合而分，分而合，茲物得其玄機，乃如此，是又不徒以辛温為功也。故舉風毒、温毒，能和諸劑，無不以補益為和暢者，是此味之所獨具，不惟諸破決之劑，莫之與同，即他補益之味，亦難齊其運化之功矣。明者其善用之。

附方　醋心上攻甚，用茱萸一合，水三盞，煎七分服。有人心如蜇破，服此久不發。　食已吞酸，胃氣虛冷，服吳萸湯泡七次，焙乾，薑炮等分，為末，湯服一錢。此二證正治虛寒而吞酸者也。　腹中癥塊，茱萸三升，搗和，酒煮，熟布裹熨癥上，冷再炒熱，更番熨之，癥移走逐，熨之消乃止。　此外治法

希雍曰：陽厥似陰，手足雖逆冷，而口多渴喜飲水，大小便秘結，小便或通亦赤濇短少，此火極似水，守真所謂禁慄如喪神守，皆屬於火之謂耳。此與桂、附、乾薑之類同忌。嘔吐吞酸屬胃火者，不宜用。咳逆上氣，非風寒外邪及冷痰宿水所致，不宜用。腹痛屬血虛有火者，不宜用。赤白下痢，病多滯下，因暑邪入於腸胃，而非酒食生冷停滯積垢者，不宜用。小腸疝氣非驟感寒邪，及初發一二次者，不宜用。霍亂轉筋由於脾胃虛弱冒暑所致，而非寒溼生冷干犯腸胃者，不宜用。一切陰虛之證，及五臟六腑有熱無寒之人，法所咸忌。

修治　凡使，湯浸，去苦烈汁七次，然後焙用。

清・劉雲密《本草述》卷一九　食茱萸一名欓子。比吳茱顆差大，經久色黃皮黑。

時珍曰：吳茱、食茱，乃一類二種。茱萸取吳地者入藥，故名矣。茱萸、欓子則形味似茱萸，惟可食用，故名食茱萸也。予年七十有七，至秋冬時小腹痛，雖不甚，然綿綿不能止。蓋小便屬肝，而辛丑歲溼土司天，寒水在泉，且丙辛以化寒水，致風木鬱於下而不得暢，且老人真陽又虛，故患此也。用食萸二錢，烏藥一錢，酒香附加醋炒一錢，合煎湯，再加倍，清酒煮一時，於早粥後大飢時服之，前證頓愈。蓋食萸去厥陰寒溼；而烏藥氣溫，利肝氣；醋炒香附，又行肝氣；故爾奏效之捷也。時珍謂食萸僅於食治者，亦大莽矣，《本草》之說是也。

實　氣味：辛、苦，大熱，無毒。　時珍曰：有小毒。　主治：功同吳茱萸，力少劣爾。去暴冷腹痛，食不消，並治冷痢。蘇恭謂食茱萸功同吳茱萸，但力少劣爾。此語誠然。一女子於秋深病腹中氣痛甚，止多服食茱萸茶而愈。既能治病，乃曰僅可食用，不謂之莽不可也。

清・郭章宜《本草匯》卷一五　吳茱萸　辛、苦，大熱，小毒。氣味俱厚，半沉半浮，陽中陰也，入足太陰血分，又入少陰、厥陰經氣分。燥腸胃而止久滑之瀉，散陰寒而攻心腹之疼。祛冷脹而獨得，開鬱滯有偏長。寒中三陰，脚氣乘虛而上冲。冷結下焦，疝氣控睾而內迫。《本經》除濕血痺，逐風邪者，蓋風寒濕之邪，多從脾胃而入。脾胃主肌肉，為邪侵則腠理閉密，而寒邪諸痺所從來矣。辛溫走散開發，故能使風寒濕之邪，從腠理而出也。

按： 茱萸燥急之物也，能散能溫，能堅能燥，故所治之症，皆取其散寒溫中，燥濕解鬱而已，獨入厥陰有功，脾胃其旁及者也。東垣云： 濁陰不降，厥氣上逆，甚而脹滿，氣不得上下，非茱萸不可治也。段成式言： 椒氣好下，茱萸氣善上，故多食茱萸，有冲膈冲眼，脱髮咽痛，動火發瘡之害。梅楊卿方，用茱萸酒浸三宿，以茯苓末拌之，日乾，每吞百粒，溫酒下，能治痰飲嘔吐酸水。又咽喉口舌生瘡者，以茱萸末醋調貼兩足心，移夜便愈。其性雖熱，而能引熱下行，乃謂其性上行不下者，似不然也。若厥陰風邪頭痛，用為導引，極得。如衝脉為病，逆氣裏急者，亦宜以此主之。如症火極似水者，即守真所謂禁慄如喪神守，皆屬于火之謂也。此與桂、附、乾薑之類同忌，多用損元。寇氏言其下氣最速，腸虛之人不宜多服。凡病非寒滯者，勿用。即因寒，亦當斟量虛實，適事為效也。如一切陰虛，及五臟有熱無寒之人，法所大忌。寒傷胃脘，腎氣噦逆，宜醋炒茱萸，同陳皮、熟附為丸，薑湯下。

鹽湯洗去苦烈汁，焙乾用。開口者佳。蓼實為之使。惡丹參。畏紫石英。

清・朱本中《飲食須知・味類》 食茱萸 味辛、苦，性大熱。多食動脾火，發浮腫虛恚，發瘡痔。有目疾火症者，忌食。勿同慈菇食。

清・何其言《養生食鑒》卷下 食茱萸俗名欓子，名異茱萸。 味辛、苦，性熱，無毒。殺腥物，暖胃燥濕，療心腹冷痛氣逆，治冷痢帶下。多食動脾火。目病者忌之。不可與雞肉同食。

清・蔣居祉《本草擇要綱目・熱性藥品》 吳茱萸 氣味： 辛，溫，有小毒。陽中陰也，半浮半沉。入足太陰經血分，少陰、厥陰經氣分。主治： 溫中下氣，止心痛，諸冷絞痛，利痰暖胃，通關節，開鬱化滯。凡濁陰不降，厥陰上逆，咽膈不通，食則令人口開目瞪，陰寒膈塞，氣不得下，此病不已，卒致寒中腹滿膨脹下利，宜以吳茱萸之苦熱泄其逆氣也。故仲景吳茱萸湯、當歸四逆湯用之，治厥陰病及溫脾胃為對症之劑。然其為性，下氣最速，腸虛之人，服之愈甚。又氣上衝膈，多食衝眼，又脱人髮，不可不知。

清・閔鉞《本草詳節》卷五 吳茱萸 【略】按： 吳茱萸辛熱，能散能溫，苦熱能燥能堅，故所主皆散寒溫中，燥濕解鬱之功而已。古云： 川椒善下，吳茱萸善上。食茱萸者，有冲膈冲眼之害，何以咽喉口舌生瘡者，醋調末，貼兩足心，移夜便愈。宗奭云： 此物下氣最速，腸虛人服之愈甚，謂之上行不下，似不然也。

清・王翃《握靈本草》卷七 吳茱萸產吳地者良。滚湯泡七次，烘乾用。或用醋煮服。 主治： 吳茱萸，辛，溫，有小毒。主溫中下氣，止瀉痢，逐風邪，開腠理。治吞酸，厥陰痰涎頭痛，陰毒腹痛疝氣，喉瘡。

清・汪昂《本草備要》卷三 吳茱萸燥，去風寒濕；宣，下氣開鬱。 辛、苦，大熱，有小毒。入足太陰脾血分，少陰、厥陰腎、肝氣分。其氣燥，故耑入肝而旁及脾、腎。 潤肝燥脾，溫中下氣，除濕解鬱，去痰殺蟲，開腠理，逐風寒。治厥陰頭痛，仲景用吳茱萸湯。陰毒腹痛，痛在少腹。嘔逆吞酸，俗名醋心。亦有吐酸者，宜降火清痰，用吳茱作嚮導。蔡中丞苦痰飲，率十日一發，頭痛背寒，嘔酸不食。得一方，茯苓、吳萸湯泡七次，等分，蜜丸，名吳仙丹。前後痰方無及此者。痞滿噎膈胃冷。食積瀉痢，血痹陰疝，痔疾腸風，脚氣水腫，口舌生瘡，爲末，醋調貼足心，移夜便愈，能引熱下行。衝脉爲病，氣逆裏急。宜此主之。性雖熱，而能引熱下行，段成式言： 椒性善下，吳茱性上，似不盡然。寇宗奭曰： 此物下氣甚速。東垣曰： 濁陰不降，厥氣上逆，膈塞脹滿，非吳茱不可治也。昂按： 吳茱辛熱，故性上。氣味俱厚，故善降。利大腸壅氣，故治腸風痔痢。下產後餘血。故產後必用之。然走氣動火，昏目發瘡，血虛有火者禁用。陳者良。泡去苦烈汁用。須泡數次。止嘔，黃連水炒。治疝，鹽水炒。治血，醋炒。惡丹參、硝石。

清・吳楚《寶命真詮》卷三 吳茱萸 【略】溫中下氣，開鬱止痛，逐風除濕，定吐止瀉，散陰寒痛攻心腹，祛冷脹，疏肝氣，止疝痛，理脚氣。〇非寒滯者勿用。

清・陳士鐸《本草新編》卷四 吳茱萸 味辛、苦，氣溫，大熱，可升可降，陽中陰也，有小毒。入肝、脾、腎之經。主咽寒氣塞不通，散胞膈冷氣窒塞，驅脾胃停寒，臍腹成陣絞痛，逐膀胱受濕，陰囊作疝剜疼，開腠理，解風邪，止嘔逆，除霍亂。仍順折肝木之性，治吞吐酸水如神。厥陰頭疼，引經必用。氣猛，不宜多食，令人目瞪口開。久服亦損元氣，腸虛洩者尤忌。可逆用之以祛寒，復可順用之以解熱。大約祛寒可以多用，而解熱難以多投也。

按： 吳茱萸入四神丸中，以治腎泄，非用之以祛寒耶。然而，四神丸中用吳茱萸者，非盡祛寒也，亦借其性燥以去濕耳。夫腎惡燥，而瀉久則腎正苦濕也。吳茱萸正喜其燥，以投腎之歡，入諸腎臟之中逐其水而外走于膀胱，不走于大腸也。

或疑吴茱萸性熱祛寒，恐不可用之以解熱。不知從治之道，宜順而不宜逆。逆其性，致有相格之憂；順其性，始有相投之慶也。

清·顧靖遠《顧氏醫鏡》卷八　吴茱萸辛、苦，熱，有小毒。入脾胃肝三經。閉口者勿用。鹽湯泡透，焙乾。燥腸胃而止久滑之瀉，故四神丸用以治脾腎虚寒之滑瀉。散陰寒而治心腹之疼。屬火熱者不可悞投。祛冷脹為獨得，濁陰不降，胸中氣逆滿塞宜用。此苦熱以洩其逆氣，非他可代。疎肝氣有偏長。獨入厥陰有功。疝痛脚氣相宜，屬寒濕者宜之，若因濕熱者勿用。開鬱殺蟲至效。辛熱走散開發，故開鬱化滯多功；辛苦，故殺蟲。治吞酸必用，濕鬱則熱，熱鬱則酸，酸為肝味，故責之肝火，左金丸中引黄連入肝，而去其濕熱，此從治之義。去痰冷如神。寒痰冷飲停積，以致氣逆咳吐，胸膈如有冷物上塞，飲熱湯稍下者，用之如神。以其有溫中下氣之能也。凡病非寒滯者，大忌。

清·李熙和《醫經允中》卷二〇　吴茱萸　入足太陰血分，少陰、厥陰氣分。泡過用。　辛、苦，大熱，小毒。氣味俱厚，陽中陰也。主治心腹冷痛，化滯吞酸，厥陰痰涎頭痛，陰囊作疝剜疼。衝脉為病逆氣裏急，取其溫中散寒，燥濕解鬱。凡厥陰症可代附子更穩。東垣云：濁陰不降，厥氣上逆，膈塞脹滿，非吴萸不治也。然氣猛，不宜多服，令人目瞪口開。久食吴萸者，有髮脱咽痛，動火發瘡之害，故症非手足厥冷，脉非弦遲微細欲絶者不可用。喉舌症以酥調貼兩足心，移夜便愈，引熱下行也。

清·馮兆張《馮氏錦囊秘録·雜症痘疹藥性主治合參》卷四　吴茱萸稟火氣以生，故味辛、苦，大熱，有小毒。入足陽明太陰、足少陰厥陰四經。一切陰寒竝治。吴茱萸，大溫，散胸中脾胃寒冷，膀胱受濕，陰囊作疝，久滑冷瀉，陰寒小腹作疼。肝經氣分，脾經血分。然性燥急，陰虚火盛者，大非所宜。

主治痘疹合參：宜擇小者，去梗，以沸湯浸去苦汁六七次，晒乾，於瓦上慢火炒用。凡痘飲冷傷胃，嘔逆不止者宜之。士材曰：燥腸胃而止久滑之瀉，散陰寒而攻心腹之疼。祛冷脹為獨得，疎肝氣有偏長。疝疼脚氣相宜，開鬱殺蟲至效。

按：吴茱萸辛散燥熱，專入厥陰居多，其脾腎旁及者也。然下氣最速，腸虚人服之愈甚。東垣云：濁陰不降，厥陰上逆，甚而脹滿，非茱萸不可治也。多用損元氣，至如咽喉口舌生瘡，以茱萸末醋調，貼兩足心，一夜便愈者，引熱下行也。性極燥極急，非大寒者不可輕投，虛泄者必君參、朮方用，亦須少少投之，不爾損人。段成式曰：椒氣好下，茱氣善上。故多食茱萸，有沖膈沖眼、脱髮咽痛、動火發瘡之害。

清·张璐《本經逢原》卷三　吴茱萸　辛、苦，溫，小毒。揀去閉口者，否則令人躁悶。揀淨，以滾湯泡七次，去其濁氣，則清香扶胃，而無辛燥之患也。

《本經》溫中下氣止痛，除濕血痹，逐風邪，開腠理，欬逆寒熱。發明：吴茱萸氣味俱厚，陽中之陰，其性好上者，以其辛也。又善降逆氣者，以味厚也。辛散燥熱，而燥入肝行脾。《本經》主溫中下氣止痛，欬逆寒熱，專取辛溫散邪之力。又言除濕血痹，逐風邪，開腠理者，以風寒濕痹，靡不由脾胃而入，辛溫開發，表裏宣通，而無拒閉之患矣。至於定吐止瀉，理關格中滿，腳氣疝瘕，制肝燥脾風，厥氣上逆，陰寒膈塞，氣不得上下，腹脹下痢，及衝脈為病，逆氣裏急，並宜苦熱以泄之。東垣云，濁陰不降，厥氣上逆，甚而脹滿者，非吴茱萸不可治。仲景吴茱萸湯、當歸四逆加吴茱萸生薑湯，治厥陰病及溫脾皆用之。寇氏言，其下氣最速，腸虚人服之愈甚。凡病非寒滯者勿服。按：椒性善下，茱萸善上，故服茱萸者有衝膈、衝眼、脱髮、咽痛、動火、發瘡之害。其治暴注下重，嘔逆吐酸，肝脾火逆之證，必兼苦寒以降之。如左金丸治肝火痰運嘈雜最效。小兒痘瘡口噤，嚼吴茱萸抹之即開，亦取辛散之意。

清·张璐《本經逢原》卷三　食茱萸　辛、苦，大溫，有毒。《本經》主心下邪氣寒熱，溫中，逐寒濕痹，去三蟲，久服輕身。　發明：食茱萸與吴茱萸性味相類，功用彷彿。而《本經》之文向來錯簡在山茱萸條內。詳其主心下寒熱，即孟詵治心腹冷痛之謂。溫中逐寒濕痹，即中惡去藏府冷之謂。去三蟲即藏氣療蠱毒飛尸之謂。雖常食之品，辛香助陽，能辟濁陰之滯，故有輕身之喻。已上主治，豈山茱萸能之乎？其治帶下冷痢，暖胃燥濕，水氣浮腫用之，功同吴茱萸而力稍遜。多食動目火，目痛者忌之。

清·張志聰、高世栻《本草崇原》卷中　吴茱萸　氣味辛，溫，有小毒。主治溫中下氣，止痛，除濕血痹，逐風邪，開腠理，咳逆寒熱。　吴茱萸所在有之，江浙、蜀漢尤多。木高丈餘，葉似椿而闊厚，紫色，三月開紅紫細花，七八月結實纍纍成簇，似椒子而無核，嫩時微黄，熟則深紫，多生吴地，故名吴茱萸。九月九日采，陰乾，陳久者良，滾水泡一二次，去其毒用之。　山茱萸、吴茱萸咸稟木火之氣。稟火氣，故主溫中。稟木氣，故主下氣。中焦溫而逆氣下，則痛自止矣。濕血痹者，濕傷肌腠，致充膚熱肉之血凝泣為痹。少陽炎熱之氣，行於肌腠，肝主衝任之血，淡滲皮膚，則濕血痹可除矣。又曰：逐風邪者，言濕痹可除，而風邪亦可逐也。氣味辛溫，故開腠理。腠理開，則肺病之咳逆，皮膚之寒熱皆治矣。

清・姚球《本草經解要》卷三　吴茱萸　氣溫，味辛，有小毒。主溫中下氣，止痛，除濕血痹，逐風邪，開腠理，欬逆寒熱。泡，焙用。　吴萸氣溫，稟天春和之木氣，入足厥陰肝經。味辛有小毒，得地西方燥烈之金味，入手太陰肺經。氣味俱升，陽也。中者，脾也，太陰經也。肺主氣，亦太陰也。氣溫則肺令下行，而太陰亦暖，所以溫中下氣也。寒邪客於胸腹，則真氣不通而痛矣。辛溫則流行和散，所以止痛也。辛溫暖肺，肺氣通行，則水道通調，故又除濕。血泣則成痹，肝藏血，血溫則活，故主血痹。辛溫為陽，則能發散，故逐風邪。肺主皮毛而司腠理，辛溫疎散，腠理自開。形寒飲冷則傷肺，肺傷則氣不下降而火反上逆，欬逆寒熱之症生焉。吴萸辛溫暖肺，肺氣下降，而寒熱欬逆之症自平也。　製方：吴萸同人參、生薑、大棗，名吴萸湯，治嘔涎頭痛。同陳皮、附子，治腎氣上噦。同川連、白芍丸，治痢。同炮薑末，湯服一錢，治食已吞酸。同肉桂、炮薑丸，名和中丸，治寒腹脹。

清・周垣綜《頤生秘旨》卷八　吴茱萸　溫中下氣之藥也。脾胃中痰飲，敺之使去。腠理間風邪，開之使散。臍腹下絞痛，逐之使和。胸膈裏冷氣，〔溫〕之使通。然氣猛有小毒，多服耗損元氣。

清・王子接《得宜本草・中品藥》　吴茱萸　味辛苦。入足太陰、陽明、厥陰經。功專溫中下氣。得乾薑治吞酸，得黄連、白芍治赤白下利。

清・徐大椿《神農本草經百種錄》中品　吴茱萸　味辛，溫。主溫中下氣，風寒上逆。止痛，散寒濕之痛。欬逆寒熱，寒邪入肺。除濕血痹，辛能燥濕，溫能行血也。逐風邪，開腠理，辛香散風通竅。　吴茱萸味極辛，辛屬金，金平木，故為驅逐肝風之要藥。但肝風有二，一為挾寒之風，一為挾火之風。吴茱萸性溫，于挾寒之風為宜，此又不可不審也。

清・黄元御《長沙藥解》卷一　吴茱萸　味辛、苦，性溫，入足陽明胃、足太陰脾、足厥陰肝經。溫中泄濕，開鬱破凝，降濁陰而止嘔吐，升清陽而斷泄利。

《傷寒》吴茱萸湯，吴茱萸一升、人參三兩、生薑六兩、大棗十二枚。治陽明傷寒，食穀欲嘔者。胃氣順降，則納而不嘔，胃氣逆升，則嘔而不納。人參、大棗，培土而補中，吴茱萸、生薑，溫胃而降逆也。治厥陰病，乾嘔吐涎沫，頭痛者。以土虛木鬱，中其被賊，胃逆不降，濁氣上冲，是以頭痛乾嘔。濕氣凝瘀，是以常吐涎沫。人參、大棗，培土而補中，茱萸、生薑，降逆而疏木也。治少陰病，吐利，手足厥冷，煩躁欲死者。以寒水侮土，脾陷胃逆，則吐利兼作。中氣虧敗，四肢失溫，則手足厥冷。坎陽離根，散越無歸，則煩躁欲死。人參、大棗，培土而補中，茱萸、生薑，降逆而升陷也。《金匱》治嘔而胸滿者。以中虛胃逆，濁氣衝塞，故嘔而胸滿。人參、大棗，培土而補中，茱萸、生薑，降逆而泄滿也。　《傷寒》當歸四逆加吴萸生薑湯，當歸、芍藥、桂枝、通草各三兩，細辛、甘草各二兩，大棗十五枚，吴茱萸一升，生薑半斤。水六升，清酒六升，合煮，分三服。治厥陰病，手足厥冷，脈細欲絶，內有久寒者，以土主四肢，而手足之溫暖、經脈之充暢者，賴厥陰乙木之力，以乙木性溫，藏營血而孕君火，灌經絡而主肢節也。積寒內瘀，肝血冷濇，不能四運，故肢寒而脈細。當歸四逆補營血而通經脈，茱萸、生薑，溫寒凝而行陰滯也。　《金匱》溫經湯，當歸、阿膠、芍藥、川芎、桂枝、丹皮、人參、甘草、乾薑各二兩，半夏、麥冬各一升、吴茱萸三兩。水一斗，煮三升，分溫三服。亦主婦人少腹寒，久不受胎。兼崩中去血，或月水來過多，或至期不來。治婦人帶下，下利不止，暮即發熱，腹滿裏急，掌熱口乾。以曾半產，瘀血在腹，阻隔清陽升達之路，肝脾鬱陷，故腹滿裏急。風木疏泄，故帶下泄利。君火上逆，故手掌煩熱，唇口乾燥。暮而陽氣不藏，是以發熱。歸、阿、芍藥，養血而清風，丹、桂、芎藭，破瘀而疏木，半夏、麥冬，降逆而潤燥，甘草、人參，補中而培土，茱萸、乾薑，暖肝而溫經也。　吴茱萸辛燥之性，泄濕驅寒，溫中行滯，降胃逆而止嘔吐，升脾陷而除泄利，泄胸膈痞滿，消腳膝腫病，化寒痰冷飲，去噯腐吞酸，逐經脈閼節一切冷痹，平心腹胸首各種寒痛，熨脇腹諸癥，殺臟腑諸蟲，醫霍亂轉筋，療疝氣痛墜。　熱水洗數次用。

清・吴儀洛《本草從新》卷四　吴茱萸〔宣散風寒，燥濕，下氣疏肝。〕　辛，苦，大熱，有小毒。疏肝燥脾，温中下氣，除濕解鬱，去痰殺蟲，開腠理，逐風寒，治厥陰頭痛，陰毒腹痛，痛在少腹。嘔逆吞酸，俗名醋心。亦有吐酸者，宜降火清痰，用吴茱作向導。蔡中丞苦痰飲，十日一發，頭痛背寒，嘔酸不食。得一方名吴仙丹，吴茱湯泡七次，與茯苓等分，蜜丸，服之而愈。　痞滿噎膈，食積瀉痢，血痺陰疝，奔豚癥瘕，痔疾腸風，脚氣水腫，口舌生瘡，為末，醋調貼足心，過夜便愈，能引熱下行。　衝脈為病，氣逆裏急。宜此主之。　性雖熱而能引熱下行。　段成式〔段成式《酉陽雜俎》。〕言椒性善下，吳茱性上，似不盡然，宗奭曰：此物下氣甚速。東垣曰：濁陰不降，厥氣上逆，膈塞脹滿，非吳茱不可治也。利大腸壅氣，下產後餘血。損氣動火，昏目發瘡，病非寒滯有濕者勿用。即有寒濕者，亦宜酌量少用，開口陳久者良。滾湯泡去苦烈汁。止嘔黃連水炒，治疝鹽水炒，治血醋炒。惡丹參、硝石。畏紫石英。

清・汪紱《醫林纂要探源》卷三 吳茱萸 辛、苦，熱。可作苦辣醬，古人謂之藙。補肝燥脾，瀉肺降氣。有小毒。不及椒之嚴正，功用亦略同。可治厥陰頭痛，陰毒腹痛，寒嘔吞酸，冷氣痞滿，食積，瀉痢，寒疝，血痺，引熱下達，通大腸秘結，及腸風痔漏，行水，治腳氣水腫，降逆氣，祛積寒，治衝脈裹急上衝胸膈。〇滾湯泡去猛烈之性而後良。止嘔，黃連炒，或合黃連用。治疝，鹽水炒。下產後餘血，醋炒。

清・嚴潔等《得配本草》卷六 吳茱萸 蓼實為之使。畏紫石英。惡丹參、硝石、白堊。 辛、苦，熱，有毒。入足厥陰經血分，兼足太陰、少陰經氣分。疏肝燥脾，溫中下氣，開鬱化滯。除陰濕，逐風寒。治一切厥氣上逆，厥陰頭痛，嘔逆吞酸，痞滿咽塞，喉舌生瘡，腸風瀉痢，腳氣水腫，疝氣陰毒，心腹諸痛，蟲鬼疰，及產後餘血。 得硫黃、大蒜，研勻塗腹，治小兒腎縮。初生受寒所致，仍以蛇床子燒煙熏之。得茯苓，治痰飲。得鹽水，暖膀胱，治脾泄。他藥雖熱不能分解清濁。得乾薑，治乾嘔及吞酸。因火而酸勿用。配橘皮、附子，治腎氣上巇。配川連，治下痢水泄。醋調貼足心，治喉舌生瘡。性雖熱而能引熱下行。 陳久者良。閉口者有毒。揀淨，并去梗，泡去苦汁，曬乾炒用。止嘔，以黃連水炒。治疝，鹽水炒。治血，醋炒。散寒，酒炒。 生嚼數粒，擦痘瘡口噤。 多用傷神損元氣，動火昏目，發瘡咽痛。病非寒滯有濕者勿用。即有寒濕者，亦宜酌量少用。下氣最速，陽虛者禁用。 怪症：寒熱不止，數日，四肢堅如石，擊之似鍾磬聲，而形體日漸瘦削，此肝氣結也。合木香等分，疏其肝氣自愈。 吳茱萸得東方震氣，直入厥陰，招其垂絕不升之陽，以達上焦。仲景於少陰證手足厥冷、煩躁欲死者，用吳茱萸湯重固元陽於厥陰之中，良有以也。王又原曰：少陰厥陰，俱有煩躁。少陰之躁在水，由龍火不歸，薑、附得以回陽。厥陰之躁在木，乃雷火上逆，用薑、附則重其震烈矣。吳萸、薑、附，性俱大熱，而主治不同。錯用之，反傷元氣，元陽即旋消散，更何藥之可救。

題清・徐大椿《藥性切用》卷六 吳茱萸 辛苦大熱，入肝而疎逆，燥脾溫中開鬱，引熱下行，為厥陰頭痛嘔酸，陰疝奔豚之耑藥。止嘔，黃連水炒。治疝，鹽水炒。入肝治血，均醋湯泡，炒。

清・黃宮繡《本草求真》卷四 吳茱萸逐肝寒氣上逆。 吳茱萸耑入肝，兼入脾、胃、腎、膀胱。辛苦燥熱，微毒，耑入厥陰肝氣分，散寒除脹。東垣云：濁陰不降，厥氣上逆，甚而脹滿，非吳茱萸不可治也。多用損人元氣，故吞酸吐酸等症俱用。繡按：吞吐酸水，河間丹溪單指屬熱。景岳專指屬寒，斯症寒熱俱有。在醫於病所見，兼症與脉，及平昔臟氣偏純，審實明辨可耳，不可專祖一家治法。至如咽喉口舌生瘡，以茱萸末醋調，貼兩足心，一夜便愈者，以熱下行也。兼入脾胃以除胸中寒冷，又脾經血分濕痹，令其表裏宣通，而無拒閉之患矣！又兼入腎而治膀胱受濕，陰囊作疝，久滑冷瀉，陰寒小腹作疼，暨腳氣水腫，并口舌生瘡，除蠱殺蟲，諸症皆作陰寒論。要皆氣味辛燥所致。但走氣動火，久服令人目昏發瘡。以溫肝經燥血故。血虛有火者尤忌。陳者良，泡去苦烈汁用，止嘔黃連水炒，治疝鹽水炒。治血醋炒，惡丹參、硝石。

清・楊璿《傷寒溫疫條辨》卷六燥劑類 吳茱萸湯泡。 味辛苦，氣溫性燥。氣味俱厚，升少降多，有小毒。雖入脾、腎，實肝家主藥。胸膈停滯而為嘔逆吞酸。同白茯苓為末，煉蜜丸，名吳仙丹，吞酸醋心為嚮導。腸胃陰寒而為臍腹脹疼，及小腸、膀胱寒疝寒疼，少陰下利，厥陰頭疼，皆其所長。仲景有吳茱萸湯。東垣曰：濁陰不降，厥氣上逆，膈塞脹滿，非吳茱不可治也。其性雖熱，而能引熱下行。古方導氣湯：吳茱萸錢半，小茴二錢，木香三錢，川楝子四錢，荔核二個。長流水煎，治小腸、膀胱寒疝寒疼。 根殺寸白三蟲，煎服即出。枝療二便關格，入口立通，並向東南方取之方獲實效。《本草》曰：凡用樹根、樹枝，宜採向東南方者，凡採根皮，出土上者殺人。

清・羅國綱《羅氏會約醫鏡》卷一七竹木部 吳茱萸味辛苦，大熱，有小毒，入脾、胃、肝三經。塩湯泡數次用。 辛散燥熱，潤肝暖脾。治腸胃久瀉、心腹寒痛及小腹陰毒切痛、厥陰頭痛、嘔逆吞酸。亦有宜降火清痰，俱用此作嚮導。以上諸症，悉屬寒。療痞滿、食積噎膈胃冷、脚氣水腫苦澡濕、口舌生瘡。為末，醋調貼足心，引熱下行。陳者良。止嘔，黃連水炒。治疝，鹽水炒。治血醋炒。

清・陳修園《神農本草經讀》卷三中品 吳茱萸 氣味辛，溫，有小毒。主溫中，下氣，止痛，又除濕血痹，逐風邪，開腠理，咳逆，寒熱。泡用。

陳修園曰：吳萸氣溫，稟春氣而入肝。味辛有小毒，得金味而入肺。

氣溫能驅寒，而大辛之味，又能俾肺令之獨行而無所旁掣，故中寒可溫，氣逆可下，胸腹諸痛可止，皆肺令下行，坐鎮而無餘事。仲景取治陽明食穀欲嘔症，及乾嘔吐涎沫症，從《本經》而會悟於言外之旨也。肺喜溫而惡寒，一得吳萸之大溫大辛，則水道通調而濕去。肝藏血，血寒則滯而成痹，一得吳萸之大辛大溫，則血活而痹除。風邪傷人，則腠理閉而為寒熱咳逆諸症，吳萸大辛大溫，開而逐之，則咳逆寒熱諸症俱平矣。然猶有疑者，仲景用藥悉遵《本經》，而少陰病吐利，手足逆冷，煩躁欲死者，吳茱萸湯主之二十字，與《本經》不符。而不知少陰之臟，皆本陽明水穀以資生，而復交於中土。若陰陽之氣不歸中土，則上吐而下利；水火之氣不歸中土，則下燥而上煩；中土之氣內絕，則四肢逆冷而過肘膝，法在不治。仲景取吳茱萸大辛大溫之威烈，佐人參之沖和，以安中氣，薑、棗之和胃，以行四末，專求陽明，是得絕處逢生之妙。張隱庵、葉天士之解俱淺。

清・趙學敏《本草綱目拾遺》正誤　食茱萸　《本草述》云：大熱無毒，能去積陰寒濕。瀕湖於茱萸條內云：欓子形似茱萸，惟可食用，故名食茱萸，有小毒。些解食字之誤也。張石頑《本經逢原》云：食茱萸與吳茱萸性味相類，功用彷彿，而《本經》之文向來錯簡，在山茱萸條內。詳其主治心下寒熱，即孟詵治心腹冷痛之謂，溫中逐寒濕痹，即中惡去臟腑冷之謂。去三蟲，即藏器療蠱毒飛尸之謂。雖常食之品，辛香助陽，能辟濁陰之滯，故有輕身之喻。已上主治，豈山茱萸能之乎？其治帶下冷痢、暖胃燥濕、水氣浮腫，用之功同吳茱萸而力少遜。詳其主治如此之夥，豈專入食品之用者？劉雲密云：予年七十有七，至秋冬時，小腹痛，綿綿不能止。蓋小腹屬肝，辛丑歲濕土司天，寒水在泉，且丙辛以化寒水，致風木鬱於下而不得暢。且老人真陽又虛，故患此也。用食茱萸二錢，烏藥一錢，香附一錢，合煎湯。再加倍清酒煮一時，於早膳後大飢時服之，前症頓愈。蓋食茱萸去厥陰寒濕，而烏藥氣溫利肝氣，醋炒香附又能行肝氣，故爾奏效之捷也。又一女子於秋深病，腹中氣痛甚，只多服食茱萸茶而愈。時珍乃曰：僅可食用。不幾將一食字泥死句下哉！食茱萸一條，連氏所藏原本無之。應昌註。

清・王學權《重慶堂隨筆》卷下　食茱萸　即古人重九登高所佩者，種類不一；俗名辣椒、辣茄、辣虎，稱謂亦不一也。味極辛，性大熱。少食能疏風秘，故世人誤以為性涼，而陰受其禍者多矣。凡陰虛血熱之人，切不可食。

清・黃凱鈞《藥籠小品》　吳茱萸　辛苦，大熱，有小毒，疏肝燥脾，溫中下氣，除濕解鬱，治厥陰腹痛，嘔逆吞酸，善能降濁陰上僭，利大腸壅氣，病非寒滯有濕者勿用。滾湯泡去辛烈，止嘔黃連水炒，治血醋炒。

清・王龍《本草纂要稿・木部》　吳茱萸　味苦、辛，性溫、熱，有小毒。開腠理，能解風邪。止吐逆，更除霍亂。主咽噎寒氣，噎塞而不通。散胸膈冷氣，窒塞而不利。驅脾胃停冷，腹痛不任。止心氣刺痛，成陣不止。尤療膀胱受濕，陰囊作疝剜疼。順折肝經本性，吞吐酸水嘔逆。

清・吳鋼《類經證治本草・足厥陰肝臟藥類》　吳萸　【略】誠齋曰：研末敷骨疽出骨，又瘡口冒寒凸出，又寒瘡不斂，皆敷之有神功。毒蛇傷咬者，研末調酒服取醉，一宿傷處流水出，皆作萸酒氣，俟水乾，並以末敷之，即愈。陳久者良，湯泡數次，去苦烈汁用。止嘔，黃連水炒。治疝，鹽炒。治血，醋炒。

清・張德裕《本草正義》卷下　吳茱萸　大苦而熱，氣味俱厚，善降，有小毒。能助陽健脾，除寒濕，瀉痢嘔逆，吞酸，霍亂腹疼，小腹寒痛，中惡絞痛，鬼魅邪疰，殺蚘蟲，厚腸胃。性善降，若氣虛下陷者，須佐（舉）〔與〕補藥用之。

清・楊時泰《本草述鉤元》卷一九　吳茱萸　一種粒大，一種粒小，小者入藥，其色青綠。

苦、辛，大熱，有小毒。氣味俱厚，浮而沉，陽中陰也。入足太陰經血分，少陰厥陰經氣分。吳萸辛散燥熱，入厥陰居多，脾腎其旁及也士材。諸本草溫中下氣，潤肝燥脾，開鬱氣，治吞酸，療痞滿塞胸，咽膈不利，去痰冷逆氣，飲食不消，胃冷吐瀉腹痛，霍亂、轉筋，除濕血痺，療偏身𤸷痺刺痛，利五臟，通關節及大腸壅氣，治脚氣衝逆，厥陰痰涎頭痛，陰毒腹痛，疝氣，血痢。方書治脹滿積聚，嘔吐、鼻證、心痛、胃脘痛發熱喘，齒〔痞〕水腫、痰飲，反胃，噎，咳嗽血，着痺譫妄不能食，嘈雜大便不通，小便數，痘疹餘毒，耳證蟲。吳萸稟火氣以生，故其味苦辛，其氣温熱，氣味俱厚，陽也，入足陽明太陰，兼入足少陰厥陰經仲淳。按《經》言土木水參居為脾肝腎，皆在鬲下，其氣脈相近而相和也，繆氏謂入足陽明太陰，兼入足少陰厥陰經，良然。濁陰不降，厥氣上逆，咽膈不通，甚則令人口開目瞪，陰寒隔塞，氣不得上下，此病不已，令人寒中腹滿，臌脹下利，宜於吳萸之苦熱泄其逆氣，用之如神，諸藥不可代也，不宜多用，恐損元氣。東垣。　衝脈為病，逆氣裏急，宜此主之。好古。　震坤合見，其色綠，故仲景治厥陰病及溫脾胃，皆用此又。　痰飲十日一發，頭疼背寒，嘔吐酸汁，即數日伏枕不食，每食飽或陰晴節變率同，吳仙丹：　用吳萸湯泡七次，茯苓等分，為末，煉蜜丸梧子大，熟水每服五十丸，不再作。　遇飲食過多，腹滿，服五七十丸便已，少頃小便作茱萸氣，酒飲皆隨小水而去。　腎氣上噦，自腹中起，上築於咽喉，逆氣連屬而不能出，或至數十聲，上下不得喘息，此由寒傷胃脘，腎虛氣逆，上乘於胃，與氣相拼，宜服此方。　如不止，灸期門、關元、腎俞穴，用吳萸醋炒熱，橘皮、附子各一兩為末，麵糊丸梧子大，每薑湯下七十丸。　冷氣、腹痛，吳萸二錢擂爛，以酒一鍾調之，用香油一盃，入鍋煎熱，傾茱酒入鍋煎一滾，取服立止。　脾元氣痛，發歇不可忍，用吳萸一兩，桃仁一兩，和炒茱焦，去茱，取桃仁，去皮尖，研細，葱白三莖煨熟，酒浸溫服。　臟寒泄瀉，倦怠減食，吳萸湯泡過炒，猪臟半條，去脂洗淨，裝滿紮定，文火煮熟，搗丸梧子大，每服五十丸，米飲下，日二服。　多年脾泄，老人多此，謂之水土同化，吳萸三錢泡過，入水煮汁，入鹽少許，通口服。　蓋吳萸能暖膀胱，水道既清，大腸自固，他藥雖熱，不能分解清濁也。　醋心上攻甚，用吳萸一合，水三盞，煎七分服。　有人心如蜇破，服此久不發。　食已吞酸，胃氣虛冷，吳萸湯泡七次焙乾，炮薑等分，為末，湯服一錢。　此二證正治虛寒而吞酸者也。　腹中癥塊，吳萸三升搗和酒煮，熟布裹熨癥上，冷再炒熱，更番熨之，癥移走，逐熨之，消乃止，此外治法。

論：　吳萸震坤合見，其色青綠，木皮亦綠，是木為土用者也。　三月開花紅紫色，本春木之氣，醖釀於長夏火土。　至秋結實，告成於九月而氣乃烈。舉春溫夏熱之氣，盡歸秋燥之辛以宣之。　其味則由苦而辛，辛後復有苦。　木昌於火而歸於金，即就金而致其火之用，以暢厥陰風木之氣，故下泄濁陰，為所必須。　夫苦歸於辛而火氣上宣，辛復納於苦而火氣下達，所以辛熱之味多上行，而此能下泄，火金之氣最盛，下行最速也。　夫厥陰之所宣者，本於至陰腎，厥陰之達其氣以為用地者，用於太陰脾，此味所主，本於厥陰，大都暢水中之覆陽，降土中之滯陰，非尋常下氣者比也。　其治要不越於氣血，然治氣在血之先，所治之證，不越於濕寒熱，然寒在濕之先，而熱在濕之後，是所謂知其要者，一言而終也。　《本經》首言溫中下氣，繼以除濕血痺。　夫氣之不下，正海藏所謂痞滿塞胸，咽膈不通，由濁陰反居清陽之位，陰不得陽以生化也。　溫中則氣下，所謂溫中，即日華子起陽健脾之謂也。　陽起而脾健，則陰得陽以化，陽即和陰以行，即是便可除濕，而血不病於痺矣。　試摘其主治較多之證以悉之。　如甄權云利大腸壅氣，即方書脹滿，用沉香交泰此證陰結於上，不能化以下行，故痞滿而便燥，方中君大黃以除濕熱，而厚朴為臣，其佐之者或健脾，或降氣，或行濕而助之滲利，或和血而助化血痺，皆治陰之不降而胸脹，陽之不升而腸燥，以成交泰之功。　及導氣此與交泰丸不同，一降陰氣而行濕之義多，一補陽氣而通格之義勝，雖同是便秘，但陰降則陽升，陽升而佐以行氣，則濕化，陽盛則陰降，陰降而佐以通利，則格消，二者胥用吳萸和他味以奏功。　二丸，以治上脹而下秘也。　如海藏云：　潤肝燥脾，即脹滿之用木香順氣湯，以治濁氣在上而能下者。此湯以升、柴為君，臣以甘辛大熱者消散中寒，辛苦大溫者通順滯氣，而調和營衛滋養中氣之味次之。　又云兩脇刺痛，脈弦而細，正血滯於中土之脾而不能潤肝，以致脾患於濕，若血不滯則肝自潤，而脾自燥，此即下氣而除濕血痺之義也。　如瀕湖所云吞酸，即方書濕熱之治，有吐酸、吞酸者，投咽醋丸，用黃連為君，蒼、苓、陳、茱為輔也；　其濕熱滯氣甚者，投參茱丸，用六一散為君，吳萸為佐，合服也；　至治虛寒之吞酸，有醋心上攻，止用濃醋煎吳萸湯頓服者；　有食已吞酸，將吳萸、炮薑等分末服者。　蓋是證有濕熱寒濕之殊，惟此味下氣除濕，為其主要。　如寒濕之治，治其因寒而成濕，濕在寒之後也，濕熱之治，治其因濕而化熱，熱在濕之後也。　又此味之治泄瀉，亦有濕熱寒濕之殊。　其因濕化熱者，熱在濕之後，故用黃連燥之清之，更以此味行中土之滯，俾濕先化而奏功。　至於寒濕泄瀉，類由於元陽虛，正《經》所謂中氣之濕也，必如吳萸之溫中下氣，乃能偕諸味以回元陽於無何有之鄉爾。　再如疝證，亦有濕熱寒濕之治，其寒類從外受，不專責於元陽之虛也。　因寒而陽不得化，陽不化而鬱於寒中，是為寒化濕，而濕因化熱，故丹溪論治，惟宜於通，或疏散分利，或針灸，皆通其由外而受之邪也。　第外邪固屬病因，實則病於腎中寒水之化不行，致風木鬱於所生之中，而小腹及外腎，凡腎肝部分，見於病者不爽。　此所云濕熱，不止於因寒而化濕，復因濕而化熱也。　蓋有原本於真陽不足，即不能化陰，而陰隨化為濕者，正如酷暑蒸濕，即傷人身之真陽，是不必因寒化濕之的據，況於人身元氣，有原稟於不足者乎。　惟用此味導陰以達陽，則濕自化而熱自行。　又脚氣一證，更有寒濕風濕濕熱之因，求其本而責之，總歸於陰不升而陽不降耳。　蓋足為三陰所起之地，即為三陽所歸之地，三陰有不足，不能上而召陽，則三陽無所歸，不能下而和陰，陰下壅而陽上淫，壅者壅於極下之足，故統名脚氣也。苐瀉與疝，多因於陰邪之有餘，而脚氣還病於真陰之不足，陰不足故陽不歸，如吴萸之用，似能下陽氣以歸陰，即能和陰氣以起陽，所謂治其本也。知責其本，則如寒濕風濕濕熱之標，隨其所勝以投劑，仍歸之治本以奏效矣。其次治在積聚，惟吴萸本溫中而下氣，由氣下而除濕血痺，故五積中獨肺脾二積倚之，以肺主氣，而脾為胃行氣於陰陽也。肺積在右脇下，病於氣所從出之道，然由氣而病於血痺，則肝亦隨肺以同病，故息奔湯有桂心與他味等分，可見氣不病於血，不能成積也。又如脾積之痞氣丸，用白术、砂仁、薑、烏、椒、桂以治虚寒矣，乃更有連、芩為諸藥之君者，為積塊已堅，氣鬱已久，化濕化熱，塊日益大，責其本在寒，治其標在濕熱，再以厚朴散結，吴萸下壅，茵陳導濕，而合芩、澤以滲之，是其不專主清熱者，不猶是不以熱先濕之義乎。又有鱉甲丸治痞氣，當胃脘結聚如杯，積久不散者，以鱉甲為君，用其陰氣之專，以行濕而化熱。大黄為臣，除濕熱。更用附子行濕，木香升降諸氣，而吴萸佐之，另有破結散瘀者，總因濕熱屬血分病，而脾土主濕化，此丸亦猶是治濕為先，不外於下氣除血痺之義爾。其次治嘔吐證，有丁香吴萸湯以治寒，又有咽醋、參萸等丸以治濕熱。濕熱甚者用茱為導，上可治吞酸，下可治自利，蓋君六一而臣吴萸，正令其不與濕熱相拒以致用也。至於霍亂，則有吴茱萸湯，治冒暑伏熱，腹痛作瀉，或冒寒忍飢，傷胃吐瀉，甚則頭旋眼暈，轉筋逆冷，其處方止吴萸、木瓜、食鹽三味也。又木瓜湯治吐瀉轉筋擾悶，止木瓜、吴萸、茴香、甘草四味也，更有木瓜散，但以生薑易茴香去甘草而已。數方雖以木瓜為主，而非吴萸不足以助之。其次治心痛脘痛有九痛丸，是因虚寒而踈越其滯氣者。又扶陽助胃湯，是驅寒而補中土之虚者。又草豆蔻丸，是主客寒犯胃，即熱亦可用者。此其用吴萸之義易明也。又其次則治痺三方，一腸痺，一脾痺，諸痺因風寒濕邪閉其正氣，以故患於不仁。苐痺在腸，是六腑受病，其治踈利而兼以補；痺在脾，是五臟受病，其治補益而入以行。如吴萸者，或腑或臟，行氣暢血，皆不可少，槩不越於下氣除濕血痺之義也。以上苐摘夫主治較多之證以悉之，而餘證可以類推。總之，茲味之用，全取其氣，古人於九月九日插佩，豈非以火土之氣，至此盡為金用，有如是其烈也歟？化原本於火土，而致用乃暢於三秋之金用，潔古、海藏所以謂為陽中陰，惟為陽中之陰，故能分解清濁，《經》云陰陽如一者死，所謂清濁者即陰陽之二氣也，陰陽合而分，分而合。茲物得其元機乃如此，是不惟諸破決劑莫之與同，即諸補益味，亦難齊其運化之功矣，明者其善用之。

繆氏云：陽厥似陰，手足雖逆冷，而口多渴喜飲水，大小便秘結，小便或通亦赤濇短少，此火極似水，當與桂、附、乾薑之類同忌。嘔吐吞酸屬胃火者，不宜用。欬逆上氣，非冷痰宿水所致，不宜用。腹痛屬血虚有火者，不宜用。赤白下痢，非酒食生冷停滯積垢者，不宜用。小腸疝氣，非驟感寒邪及初發一二次者，不宜用。霍亂轉筋由於脾胃虚弱冒暑所致，而非寒濕生冷干犯腸胃者，不宜用。一切陰虚之證及五臟六腑有熱無寒之人，法所咸忌。

修治：滾湯浸去苦烈汁七次，焙用。

清・楊時泰《本草述鈎元》卷一九 食茱萸 本與吴萸一類二種，但取吴地者入藥，名吴萸耳。食萸顆粒差大，一名欓子，經久色黄皮黑。氣味苦、辛，大熱，有小毒。主治同吴萸，功力少劣，去暴冷腹痛食不消，並治冷痢。一女子於秋深病腹中氣痛甚，止多服食茱萸茶而愈。老人真陽虚，遇寒濕司氣，風木鬱於下而不得暢，至秋冬時，小腹痛綿綿不止，用食茱萸二錢、烏藥一錢、酒、香附加醋炒一錢，合煎，倍加清酒，煮一時，於大飢時服之，頓愈。

清・葉桂《本草再新》卷四 吴茱萸味辛，性熱，有小毒。入肝、脾、胃三經。疏肝燥脾，溫中下氣，除濕解鬱，去痰殺蟲，治厥陰頭痛。

清・吴其濬《植物名實圖考》卷三三 吴茱萸 《本經》中品。《爾雅》：椒樧，醜莍。《禮記》作藙。又食茱萸。《唐本草》始著録。宋《圖經》或云即茱萸粒大堪噉者。蜀人呼為艾子。《益部方物記》：藙、艾同字云，又名欓子。

清・趙其光《本草求原》卷一三果之味部 吴茱萸 氣溫，入肝。味辛，入肺。使火氣上宣；而辛又大苦，入心。使火氣下達，凡辛熱多上行，而此則苦辛，金火之氣最盛，故下行最速。有小毒。溫中下氣，溫達肝氣，則腎陽先暢，復得心肺下行之令而無旁掣，則中土之滯陰亦降。止胸腹諸痛，濁陰不降，則閉塞痞滿而痛；陰得陽化，則脾健陰行，而痛自止。除濕，肺喜溫而惡寒，辛溫燥濕，則水道通調。血痹，肝寒則血泣而成痹。逐風邪，開腠理，咳逆寒熱，風邪傷人則腠理閉，而為寒熱咳逆，辛溫能宣之。潤肝，燥脾，治兩脇刺痛，脈弦而細，陰滯於脾，則血鬱不能潤肝，而脾反患於濕，是即溫中除濕血痹之義。腎氣自腹上沖咽喉，噦逆連聲，醋炒，用附子、陳皮、麵糊丸，薑湯下。厥陰頭痛，仲景用吳茱萸湯。去痰嘔逆、吞吐酸，俗名醋心，皆飲食傷中所致，宜去痰濕。有濕同寒生者，湯泡七次，同茯苓等分蜜丸，滾水下；或加乾薑，或用醋煎亦可。若濕鬱成熱，則宜合六一散，或同芩、連、陳皮、蒼朮以降火，仍用此為引，導熱下行也。噎膈，腹痛，中寒也，為末酒調，和熱油再煎沸服。更有血滯於脾，腹痛不時起發者，同桃仁炒至茱焦，取桃仁去皮尖，和熱葱酒服。老人多年泄瀉，泡過，入豬腸內煮，為丸，米湯加鹽下，以其暖水道，分解清濁，而大腸自固。消腹中癥塊，酒煮熨之。陰疝，痔疾，腳氣水腫，衝脈為病，逆氣裏急，皆濁陰不降之病，故凡肝脾寒滯，非此不治。口舌生瘡，為末，醋調塗足心，引熱下行。利大腸壅氣，故治腸風痔痢，痹在臟者宜補而兼行，痹在腑者宜疏而兼補，皆須此行氣以暢血。下產後餘血，產後多用之。但走氣動火，昏目發瘡，血虛有火及虛寒無滯者忌之。凡肝脾火逆之症，心兼苦寒以降之，如用左金丸是。小兒痘瘡口噤，嚼此抹之即開，亦辛散之意。揀去閉口者，泡七次，去苦烈水焙用。止嘔，黃連水炒；治疝，鹽水炒；治血，醋炒。

吳萸是肝肺之氣味，何以又溫中？仲景治陽明食穀欲嘔，及乾嘔、吐涎沫悉用之。蓋肝寒化風，必犯中土，未有肝不安而能和胃者。且少陰病，吐痢、手足厥冷、煩躁欲死者，吳茱萸湯主之，蓋少陰皆本陽明水穀以資生，而後交會於中土。若陰陽水火之氣歸中土，則上吐下利，上煩下躁；中土之氣內絕，則逆冷過肘膝，所謂升降息，則氣孤立危，中土實升降之樞也。取此大熱之味，佐人參之中和以安中氣，薑、棗之和胃以行四末，專治陽陰，是絕處求生之法。

清·葉志詵《神農本草經贊》卷二　茱萸　味辛，溫。主溫中下氣，止痛欬逆，寒熱，除濕血痹，逐風邪，開腠理。根殺三蟲。一名藙。生山谷。

白藏節授，朱實紛敷。囊盛充佩，鈴繫含珠。高山九日，東舍三株。匹椒和菊，香滿杯盂。

孫楚賦：白藏授節。王維詩：朱實山下開。潘岳賦：華實紛敷離騷椴。茱萸別名。又欲充夫佩幃。《易洞林》：郭璞射覆曰：子如小鈴含元珠。按文言之，是茱萸。《續齊諧記》：今人九日登高飲酒，帶茱萸囊，始於桓景。《雜五行書》：舍東種茱萸三株，延年益壽。宋祁贊：椒桂之匹。徐鉉詩：長和菊花酒。《成都古今記》：蜀人進酒投艾子一粒，香滿盂醆。

清·文晟《新編六書》卷六《藥性摘錄》　吳茱萸　辛苦，燥熱，微毒。入肝，逐寒氣上逆脹滿，治吞酸吐酸寒症，久滑冷泄，小腹寒痛，腳氣水腫濕痹，除蠱殺蟲。〇多服久服，令人目昏發瘡。〇血虛火旺尤忌之。陳者良。泡去苦烈汁用。〇止嘔，黃連水炒。去疝，鹽水炒。治血，醋炒。〇咽喉口舌生瘡，以吳茱萸末，醋調，敷兩足心一夜，便愈。

清·文晟《新編六書》卷六《藥性摘錄》　食茱萸　俗名辣子，即吳茱萸。辛，溫。性熱詳藥部。　辣椒　辛熱。

清·張仁錫《藥性蒙求·果部》　吳茱萸二分、五分　吳茱萸熱，下氣疏肝。溫中解鬱，止痛祛寒。辛、苦，大熱，有小毒。東垣云：濁陰不降，厥氣上逆，甚而脹滿者，非吳萸不可治。性雖熱，而能引熱下行。止嘔，黃連水炒。治疝，鹽水炒。治血，則醋炒。〇開口、陳久者良。滾湯泡去苦烈汁。〇非寒滯有濕者勿用。

清·屠道和《本草匯纂》卷一溫散　吳茱萸　專入肝，兼入脾、胃、腎、膀胱。辛苦燥熱，微毒。耑入厥陰氣分，疏肝燥脾，溫中下氣，散寒除脹。止痛除濕，血痺，逐風邪，開腠理，欬逆寒熱。利五臟，去痰冷，逆氣吞酸，頭痛，喉舌口瘡。飲食不消，心腹諸冷絞痛，霍亂痞滿泄痢，腎氣腳氣水腫，大腸壅氣，腸風痔疾，囊濕疝氣，血痢，殺三蟲，鬼魅疰氣。治婦人產後餘血及心痛等症。按：吞吐酸水，河間、丹溪單指屬熱，景岳專指屬寒。然斯症寒熱俱有，在醫於病所見兼症與脈，及平昔臟氣偏純，審實明辨可耳。咽喉口舌生瘡，以吳茱萸末醋調，貼兩足心一夜便愈者，以其引熱下行也。但走氣動火，久服令人目昏發瘡。血虛有火者忌。味甘而細陳者良。泡去苦烈汁用。止嘔黃連水炒，治疝鹽水炒，治血醋炒。惡參、硝石。

清·劉善述、劉士季《草木便方》卷二木部　艾子　家吳萸辛苦大熱，心腹胃冷氣痛滅。帶下冷痢暖腎胃，殺蟲燥濕葉皮烈。藙子、隨又子。

清·劉善述、劉士季《草木便方》卷二木部　吳茱萸　吳萸根皮辛苦熱，喉痹牙痛三蟲絕。停食下痢療漆瘡，葉熨霍亂腎鈎捷。

清·戴葆元《本草綱目易知錄》卷三　吳茱萸　辛、苦，大熱，有小毒。入足太陰血分、少陰厥陰氣分。潤肝躁脾，溫中下氣，除濕開鬱。去痰殺蟲，開腠理，厚腸胃，通關節，逐風邪。治厥陰經痰涎，頭痛陰毒，腹痛疝氣，血痢嘔逆吞酸，痞滿塞胸，咽膈不通，去痰冷逆氣，食飲不消，心腹絞痛，中惡腹疼，胃冷吐瀉。產後心痛，遍身𤸷痹，腰脚軟弱，腸風痔疾。腎氣腳氣水腫，霍亂轉筋。喉舌口瘡，牙齒蟲䘌，鬼魅疰氣。性雖熱而能引熱下行，利大腸壅氣，下產後餘血。然走氣動火，昏目發瘡，血虛有火者禁用。

清・黃光霽《本草衍句》　吴茱萸　辛熱氣好上行，苦熱性善下降。潤肝燥脾，瀉肺降氣。溫中散寒，燥濕開鬱。消飲食而去冷痰，逐風邪而開腠理。耑主厥陰頭痛，陰寒小腹攻疼；兼治脾腎積寒，瀉痢疝瘕脚氣。耑入肝經氣分，旁及脾腎，仲景吴茱萸湯、當歸四逆湯，治厥陰之病，及溫脾胃，皆用此藥。嘔逆吞酸，痞滿膈噎。下產後餘血，利大腸壅閉。故治腸風痔漏。善疏肝氣，能引肝熱下行；衝脈為病，泄逆氣於裏急。東垣云：濁陰不降，厥氣上逆，隔塞不通，令人寒中，腹滿膨脹下利，宜吴茱萸之苦，泄其逆氣，用之如神。不宜多用，恐傷元氣。陰虛火盛者，大不可用。常患痰飲，十日一發，頭背寒，嘔吐酸汁，用吴茱萸、茯苓，蜜丸服。嘔涎頭痛，嘔吐胸滿，用吴茱萸、人參、薑、棗服。腎氣上噦，腎氣自腹中起，上築於咽喉，逆氣連屬而不能出，或至數十聲，上下不得喘息，此由寒傷胃脘，腎虛氣逆，上乘於胃，與氣相併。吴萸醋炒，橘皮、附子為丸，薑湯下。寒疝往來，脚氣衝心，用吴萸、生薑，煎服。食已吞酸，胃氣虛冷者，吴萸、乾薑等分，為末。赤白下痢，脾胃受濕，下痢腹痛，米穀不化，吴萸、黃連、白芍，為末，丸，米飲下，名戊己丸。寒熱怪病，寒熱不止數日，四肢堅如石，擊之似鐘磬，日漸瘦惡，吴萸、木香等分，煎湯飲之。陰下濕痒，吴萸煎湯洗之。咽喉口舌生瘡，吴萸醋調，貼二足心，移夜便愈。

清・陳其瑞《本草撮要》卷二　吴茱萸　味辛苦，入足太陰、陽明、厥陰經，功專溫中下氣。得乾薑治吞酸，得黃連、白芍治赤白下利，得茯苓治痰飲。惟損氣動火，昏目發瘡，病非寒滯有濕者勿用，即有寒濕者亦宜少用。開口陳久者良。滚湯泡去苦汁。止嘔黃連水炒，治疝鹽水炒，治血醋炒。惡丹參、硝石，畏紫石英。

清・李桂庭《藥性詩解》　賦得吴茱萸療心腹之冷痛得萸字。田春芳。苦辛堪逐冷，有毒是吴萸。熱下心酸解，寒除腹痛無。　按：吴(芋)〔萸〕辛苦大熱，有小毒。溫中逐寒，去痰解鬱，能引熱下行。古人治吞酸醋心，以降火清痰，用吴(芋)〔萸〕作向導，是以有吴仙丹，即吴(芋)〔萸〕湯泡七次，與茯苓等分，蜜丸服之而愈。東垣謂濁陰不降，厥氣上逆，膈塞脹滿，非吴(芋)〔萸〕不可治也。及陰毒腹痛，厥陰頭疼，陰疝奔豚，利大腸、塞氣，下產後餘血。病非寒滯，有寒濕者勿用，以其損氣動火故也。用須陳久，開口者良。泡去苦烈汁。

清・仲昴庭《本草崇原集說》卷中　吴茱萸　【略】〔批〕末句云：張隱菴、葉天士之解俱淺。按：二人但釋《本經》，一味並未及方。此《經讀》之訛，與《崇原》《經解》無涉，故削去。【略】仲氏曰：山茱萸、吴茱萸咸稟木火之氣，然一則酸平無毒，主治心下邪氣寒熱；一則辛溫有小毒，主治溫中下氣。此句是綱，下數句是目，未有綱異而目反同者，於稟氣而識其異中之同，又於主治而辨其同中之異則得矣！

又曰：陽明燥金不足，陰氣逆行，吴茱萸氣味辛溫，稟木火之氣，助燥金之用，所以溫中下氣。

又曰：泛言吴茱萸氣味，不論何經，皆說得通，微特肝與肺，肺屬上焦，居高而衛外，乃《本經》從溫中說起，則立論應主中焦矣。《崇原》隨經釋藥，《經藥》因藥論方，陽明篇、少陰篇皆有吴茱萸湯。《經讀》為少陰症出色寫照，而以張隱菴、葉天士之解俱淺一語作收，今刪去，以釋藥與論方不同也。

清・鄭奮揚著，曹炳章注《增訂偽藥條辨》卷三　吴茱萸　偽名洋吴萸，味較辛辣，顆粒又小，服之反有頭痛，貽害匪淺。按吴茱萸江浙蜀漢皆有，多生吴地，故名吴萸。味辛，溫，有小毒。木高丈餘，葉紫色，似椿而闊厚，開紅紫花，結實纍纍成簇，似椒子而無核，嫩時微黄，熟則深紫，形色可辨。幸勿用洋吴萸，而貽害不少也。　炳章按：吴茱萸，上春出新。湖南長沙、安化及廣西出者，粒大梗亦多，氣味觸鼻皆佳。浙江嚴州出者，粒細梗少，氣味略薄，亦佳。洋吴萸氣味皆淡，不入藥用，惟近年絕少到。

清・周巖《本草思辨錄》卷三　吴茱萸　樹高丈餘，皮青綠色，實結梢頭，其氣燥，故得木氣多而用在於肝。葉紫、花紫、實紫，紫乃水火相亂之色。實熟於秋季，氣味苦辛而溫，性且烈，是於水火相亂之中，操轉旋撥反之權，故能入肝伸陽戢陰而辟寒邪。味辛則升，苦則降；辛能散，苦能堅；亦升亦降，亦散亦堅。故上不至極上，下不至極下，第為辟肝中之寒邪而已。

嘔吐有寒有熱，不因少陽干胃，即屬厥陰干胃。少陽干胃，則如心煩喜嘔與嘔而發熱皆是；厥陰干胃，則如嘔而胸滿、與乾嘔吐涎沫、頭痛皆是。仲聖小柴胡湯、吴茱萸湯分主甚明。雖然有嘔吐主以吴茱萸湯，而曰陽明病少陰病者，人必謂於厥陰無與矣，而不知實厥陰病之見於陽明少陰也。何以言之？食穀欲嘔者，肝受寒邪，上攻其胃。不食穀則肝氣猶舒，食穀則肝不能容而欲嘔。與胃虛之有胃反迥殊，故非吴茱萸湯不治。夫肝邪上攻則胃病，為木乘土。下迫則腎病，為子傳母。迨子傳母，則吐利交作而不止一吐矣。少陰自病，下利已耳，未必兼吐；吐而利矣，未必兼逆冷煩躁；吐利而且手足逆冷煩躁欲死，非肝邪盛極而何。此時療之，舍吳茱萸湯亦無別法也。吳茱萸湯方義詳大棗。

愚既以吳茱萸為肝藥。夫血藏於肝，溫肝自當溫血；而不知吳茱萸能散血中之氣寒，非能溫血中之血寒也。厥陰病至於吐利，手足逆冷，煩躁欲死，若是血病，何得無當歸。當歸四逆湯脈細欲絕，血寒之證也，何以反無吳茱萸，及知有久寒而後加之。即其非胃藥腎藥亦有可證者，在陽明乃兩陽合明，寒不易受，仲聖言胃中虛冷者不一，無用吳茱萸之方。縱云吳茱萸兼治胃寒，夫豈不聞乾嘔吐涎沫頭痛之厥陰病，非吳茱萸不治乎？吳茱萸既為肝寒要藥，以移治胃寒肝不寒之病，寧能無誤。故仲聖恐人誤用，又申之曰得湯反劇者屬上焦。然則治上焦之藥何在？半夏乾薑散，正治乾嘔吐逆吐涎沫之胃寒也。他如甘草瀉心湯、黄連湯，中有乾薑，亦所以治胃寒。愚於此又悟乾薑、吳茱萸，與黄連、黄芩為對待矣。《本經》黄連主腸澼腹痛，黄芩主腸澼不主腹痛。故小柴胡湯腹痛去黄芩，而黄連湯腹痛則用黄連，同一寒藥，不能通用如是。豈有同一熱藥，可漫無區別。愚不以吳茱萸為腎藥者，蓋亦以別有腎藥，與吳茱萸分疆而治者也。溫腎者為附子，溫脾者為乾薑。太陰藏寒曰宜四逆輩，以四逆湯非溫脾之正方也，溫脾正方為理中丸。理中丸固有乾薑無附子，而四逆湯治腎有附子又有乾薑，則又何也？蓋腎寒必上侮其脾，乾薑在脾為中權，在腎為前茅，故薑、附不可缺一，吳茱萸豈其比乎。夫腎藏者真陽所寓，有扶陽以抑陰，無辟陰以傷陽。吳茱萸得廁名於少陰者，非能治腎寒也，治肝寒之流及於腎者也。就是數者反復核之，尚何疑吳茱萸之非血藥、非胃藥、非腎藥哉？

溫經湯有瘀血在少腹，而以吳茱萸為君，非以其能行瘀也。婦人年五十所而病非新得，宜緩圖不宜峻攻。故不用下瘀血湯、抵當湯，而以桂枝、芍藥、丹皮三味行瘀。即以三味協參、草、芎、歸、膠、麥、薑、夏，補中調氣，和血濡燥。為之綢繆者，已無微不至矣。更何需苦溫辛烈之吳茱萸哉？不知婦人之病，多因虛積冷結氣，瘀血在少腹不去，其為有久寒可知。衝任之血，肝實主之。肝中積結之氣，非吳茱萸詎能辟去。此實是證之樞紐，曰溫經者，紀其實也。

吳茱萸上不至極上，下不至極下。然吳茱萸湯之厥陰頭痛，溫經湯之瘀血在少腹，何非極上極下，要皆為辟肝寒之效所及，非能徑抵頭與少腹也。由是推之，吳茱萸之用，亦綦廣矣。胃主降，脾主升，脾之所以升，實得風木制化之益，故肝病者脾必病，吳茱萸能入肝驅邪，化陰凝為陽和，脾何能不溫，腹痛腹脹何能不治。其性苦過於辛，降多而升少，肝主疏泄，肝平則氣自下，此所以又利大腸壅氣治滯下也。

抑有用之為反佐者，古方左金丸，治肝藏火實左脇作痛，似非吳茱萸熱藥所宜。顧其方黄連多於吳茱萸五倍，肝實非吳茱萸不泄，連多茱少，則不至助熱，且足以解鬱滯之熱，肝脾兩獲其益。故腹痛用之，亦每有神驗。活法在人，未可為膠柱鼓瑟者道也。

辣火

明・姚可成《食物本草》卷一六味部・調飪類　辣火出吳興諸山。樹不甚高，葉似桑葉而小，結實如椒。入食物中，味甚辛香美好，浙中多尚之。入饌烹飪之際，不宜太早，早則味變矣。　辣火，味辛，溫，無毒。主調中開胃，消食去痰，殺魚肉、蔬菜、菌蕈一切毒。不可多食，能助火傷肺，令人咳嗽，目昏目赤。

樹腰子

清・吳其濬《植物名實圖考》卷三七　樹腰子　一名紅花樹，長沙山阜多有之。樹高丈餘，黑幹綠枝，對葉排生，葉如橘葉而寬亦柔，中紋一縷稍偏，夏開尖瓣銀褐花，攢密如穗；秋結紅實，如椒顆而小，三四顆共蒂，老則迸裂，子綴殼上，黑光亦如椒目，長而不圓，形微似豬腰子，故名。味辛，溫，土人以治心痛滯氣。

山椒

宋・王介《履巉巖本草》卷中　山椒　味辛，溫，有毒。主風邪氣，溫中，除寒痹，堅齒髮，明目，療喉痹，吐逆，疝瘕。久服輕身，好顏色，耐老增年，通神。

清・劉善述、劉士季《草木便方》卷二木部　狗屎椒　狗椒根葉臭苦溫，風寒濕痹入骨筋。四肢關節諸疼痛，水腫腹脹一齊清。

紅果草

清・趙學敏《本草綱目拾遺》卷四草部中　紅果草　《叢載》云：有二種，果大者葉略尖，不入藥用。又有果如小指頂者，葉圓邊花，梗有軟刺，入藥用。　治牙痛、酒刺。　龍柏《藥性考》：　紅果草出廣西，葉圓刺弱，味辛，煎湯漱牙疼。

地椒

宋·唐慎微《證類本草》卷一一草部下品〔宋·掌禹錫《嘉祐本草》〕　地椒　味辛，溫，有小毒。主淋。煠腫痛，可作殺蛀蟲藥。出上黨郡。其苗覆地蔓生，莖葉甚細，花作小朵，色紫白，因舊莖而生。新定。

明·劉文泰《本草品彙精要》卷一五　地椒有小毒　散生。

地椒：　主淋煠腫痛，可作殺蛀蟲藥。名醫所錄。　【苗】《圖經》曰：　其苗因舊莖覆地而生，莖葉甚細，花作小朵，紫白色。【地】《圖經》曰：　出上黨郡。　【時】生：　春生苗。採：　秋取實。　【收】日乾。　【用】實。【色】青。　【味】辛。　【性】溫，散。　【氣】氣之厚者，陽也。　【臭】香。【主】殺蟲。

明·王文潔《太乙仙製本草藥性大全》卷二《本草精義》　地椒　舊本不載所出州土，今在處有之。出上黨郡。其苗覆地蔓生，莖葉甚細，花作小朵，色紫白，因舊莖而生。採無時。

明·王文潔《太乙仙製本草藥性大全》卷二《仙製藥性》　地椒　味辛，氣溫，有小毒。　主治：　主淋滯腫痛仙方，殺蛀蟲等蟲妙法。

明·李時珍《本草綱目》卷三二果部·味類　地椒宋《嘉祐》。校正：　自草部移入此。

【集解】禹錫曰：　地椒出上黨郡。其苗覆地蔓生，莖、葉甚細，花作小朵，色紫白，因舊莖而生。時珍曰：　地椒出北地，即蔓椒之小者。貼地生葉，形小，味微辛。土人以煮羊肉食，香美。

實　【氣味】辛，温，有小毒。　【主治】淋渫腫痛。可作殺蛀蟲藥《嘉祐》。

【附方】新一。　牙痛：　地花椒、川芎藭尖等分，爲末，擦之。《海上名方》。

明·施永圖《本草醫旨·食物類》卷三　地椒出北地。即蔓椒之小者，貼地生，葉形小，味微辛，土人以煮羊肉食，香美。　實　味辛，溫，有小毒。治：　淋渫腫痛，可作殺蛀蟲藥。

附方　牙痛：　地花椒、川芎藭尖等分，為末擦之。

胡椒

宋·唐慎微《證類本草》卷一四木部下品〔唐·蘇敬《唐本草》〕　胡椒　味辛，大溫，無毒。主下氣溫中去痰，除藏腑中風冷。生西戎。形如鼠李子。調食用之，味甚辛辣。《唐本》先附。

〔宋·掌禹錫《嘉祐本草》〕按：　日華子云：　調五藏，止霍亂，心腹冷痛，壯腎氣，及主冷痢，殺一切魚、肉、鼈、蕈毒。

〔宋·唐慎微《證類本草》〕《海藥》云：　謹按徐表《南州記》：　生南海諸國。去胃口氣虛冷，宿食不消，霍亂氣逆，心腹卒痛，冷氣上衝。和氣，不宜多服，損肺。一云向陰者澄茄，向陽者胡椒也。　雷公云：　凡使，只用內無皺殼者，用力大。漢椒使殼，胡椒使子。每修煉了，於石槽中碾碎，成粉用。《食療》云：　治五藏風冷，冷氣心腹痛，吐清水，酒服之佳。亦宜湯服。若冷氣，吞三七枚。孫真人：　治霍亂。以胡椒三四十粒，以飲吞之。段成式《酉陽雜俎》云：　胡椒，出摩伽陁國，呼爲昧履支。其苗蔓生，莖極柔弱，長寸半。有細條與葉齊，條上結子，兩兩相對。其葉晨開暮合，合則裹其子於葉中。形似漢椒，至辛辣，六月採，今作胡盤肉食，皆用之也。

宋·寇宗奭《本草衍義》卷一五　胡椒　去胃中寒痰，吐水，食已即吐，甚驗。過劑則走氣。大腸寒滑亦用，須各以他藥佐之。

宋·劉明之《圖經本草藥性總論》卷下　胡椒　味辛，大溫，無毒。主下氣，溫中去痰，除臟腑中風冷。日華子云：　調五藏，止霍亂，心腹冷痛，壯腎氣，主冷痢，殺一切魚、肉、鼈、蕈毒。《海藥》云：　主胃口氣虛冷，宿食不消，霍亂氣逆，心腹撮痛，冷氣上衝，和氣。不宜多服，損肺。

宋·陳衍《寶慶本草折衷》卷一四　胡椒　一名昧履支。生西戎，及南海摩伽陀諸國。○六月採。

味辛辣，大溫，無毒。○主下氣，溫中，去痰，除藏腑中風冷，形如鼠李子。○日華子云：　調五藏，止霍亂心腹冷痛，壯腎氣，主冷痢，殺一切魚、肉、鼈、鱓、蕈等毒。○《南州記》云：　去虛冷，宿食不消，多服損肺。○寇氏曰：　去胃中寒痰吐水。食過劑則走氣。大腸寒滑亦用，須以他藥佐之。

元·王好古《湯液本草》卷五　胡椒　氣温，味辛，無毒。　《本草》云：主下氣溫中去痰，除臟腑中風冷。向陽者為胡椒，向陰者為蓽澄茄。胡椒多服損肺。味辛辣，力大於漢椒。　《衍義》云：　去胃中寒痰，吐水，食已即吐，甚驗。過劑則走氣。大腸寒滑亦用，須各以他藥佐之。

元·忽思慧《飲膳正要》卷三　胡椒　味辛，溫，無毒。主下氣，除藏府風冷，去痰，殺肉毒。

元・尚從善《本草元命苞》卷七　胡椒　味辛，大溫，無毒。主胃氣虛冷，宿食不消。除臟腑風冷，心腹卒痛。療霍亂氣逆，治冷氣上衝。壯腎氣，去痰，止冷痢，溫中。殺魚、肉、鱉、蕈毒。如多食，損人肺。生西戎、南海諸國。如鼠李，味極辛辣。

元・吴瑞《日用本草》卷八　胡椒　出摩伽陀國，呼為昧履〔支〕。味辛，大溫，無毒。多食損肺。用之味甚辛辣，殺一切魚肉鱉蕈毒。　主溫中下氣，去痰，除臟腑中風冷，止霍亂心腹冷痛，壯腎氣，療冷痢。

元・朱震亨《本草衍義補遺》　胡椒　屬火而有金。性燥。食之快膈，喜食者大傷脾、胃、肺氣，積久而大氣則傷。凡痛氣疾，大其禍也。○一云：向陰者澄茄，向陽者胡椒也。

元・徐彥純《本草發揮》卷三　胡椒　丹溪云：屬火而有金，性燥。食之快膈。喜食者眾。大傷脾胃肺氣，久則氣大傷。凡病氣疾人，蓋大其禍也。

明・王綸《本草集要》卷四　胡椒　味辛，氣大溫，無毒。屬火而有金，性燥。　主下氣，溫中，去寒痰，止霍亂心腹冷痛，及冷痢。調食用之，味甚辛辣，快膈。殺一切魚、肉、鱉、蕈毒。不可多服，大傷脾胃，肺氣積久而大〔傷〕。

明・滕弘《神農本經會通》卷二　胡椒　凡使，只用內無殼者，力大。漢椒使殼，胡椒使子，須石槽中碾碎成粉用。

味辛，氣大溫，無毒。《湯》同。東云：去痰除冷。《本經》云：主下氣溫中，去痰，除臟腑中風冷。調食用之，味甚辛辣。日華子云：調五臟，止霍亂心腹冷痛，壯腎氣，及主冷痢。殺一切魚、肉、鼈、蕈毒。《海藥》云：去胃口氣虛冷，宿食不消，霍亂氣逆，心腹卒痛，冷氣上衝，和氣。不宜多服，損肺。一云：向陰者澄茄，向陽者胡椒也。《食療》云：治五臟風冷，冷氣心腹痛，吐清水，服之佳。亦宜湯服。《衍義》云：去胃中寒痰，吐水，食已即吐，甚驗。過劑則走氣。大腸寒滑亦用，須各以他藥佐之。丹溪云：屬火而有金，性燥，食之快膈。喜食者大傷脾胃肺氣，積久而氣則傷，凡痛氣疾，大其禍也。《局》云：胡椒下氣除風冷，卒患心疼腹痛良。止痢去痰除霍亂，用之調食辣堪嘗。胡椒，下氣，逐風冷，除霍亂昏迷。

明・劉文泰《本草品彙精要》卷二〇木部　胡椒無毒　植生。

胡椒：主下氣，溫中，去痰，除臟腑中風冷。名醫所錄。〔名〕昧履支。〔苗〕段成式《酉陽雜俎》云：春夏生葉，青滑可愛，莖極柔弱，有細條與葉齊，條上結子如鼠李子，兩兩相對，葉晨開，暮合則裹其子于葉中。又似漢椒至辛辣，今作胡盤肉食皆用之。〔地〕《圖經》曰：生西戎。《海藥》云：出南海諸國。《別錄》云：摩伽陀國。〔時〕生：春生葉。採：六月取實。〔收〕日乾。〔用〕子。〔質〕類鼠李子。〔色〕黑褐。〔味〕辛。〔性〕大溫，散。〔氣〕氣之厚者，陽也。〔臭〕香。〔主〕霍亂，腹痛，冷氣上衝。〔製〕《雷公》云：凡使，揀淨，于石槽中碾碎成粉用。〔治〕療：日華子云：調五臟，止霍亂，心腹冷痛，多壯腎氣及冷痢。《別錄》云：去胃口氣虛冷，宿食不消，冷氣上衝，及胃中寒痰，食已即吐。〔禁〕多食損肺。〔解〕殺一切魚肉、鱉、蕈毒。

明・盧和、汪穎《食物本草》〔一槃堂本〕卷四味類　胡椒　味辛，大溫，無毒。屬火而有金，性燥，主下氣，去冷痰，溫中，除臟腑風冷，止霍亂及冷痢，殺一切魚、肉、鼈、蕈等毒。丹溪云：胡椒性燥，辛辣快膈，人喜食之。大傷肺氣，脾胃積久成病。凡氣痛而食之，愈是大禍也。

明・盧和、汪穎、汪穎《食物本草》〔胡文煥本〕　胡椒　生南海諸國，向陰者澄茄，向陽者胡椒也。味辛，大溫，無毒。下氣，溫中，去寒痰，消宿食。霍亂，氣逆，心腹卒痛，冷氣上沖，吞三、七粒皆可愈。殺一切魚、肉、鱉、蕈毒。不宜多服，損肺。

明・葉文齡《醫學統旨》卷八木部　胡椒　氣大溫，味辛。無毒。屬火而有金，性燥。　治霍亂心腹冷痛，陰寒厥冷；冷痢下氣溫中，去寒痰調食，用之味甚辛辣快膈；殺一切魚、肉、鼈、蕈毒。不可多服，大傷脾胃；肺氣積久而大氣疾者忌用。

明・許希周《藥性粗評》卷二　椒分胡蜀，胡快膈而蜀除寒。

胡椒胡地所產之椒也。其苗蔓生，莖極柔弱，長寸半，有細條，與葉齊條上結子，兩兩相對，其葉晨開暮合，合則裹其子於葉中，形似漢椒，出交趾，六月採，蒸過收貯，故來中國者不能為種。凡使去殼，用內無皺皮者。餘說《本草》不載。味辛，性大溫，無毒。主治心腹冷痛，霍亂嘔吐，胃口虛寒，冷氣刺痛，宿食不消，大腸寒滑。大能下氣快膈，凡用須以他藥佐之。丹溪云：性躁，大傷脾胃肺氣，凡病氣疾人，益大其禍也。

明・鄭寧《藥性要略大全》卷四　胡椒　《經》云：溫中，止心腹冷痛，及霍亂冷瀉。除臟腑風冷。《珠囊》云：止胃中寒痰吐水。味辛，性大熱，無毒。屬火而有金，性燥。殺一切魚肉鱉蕈毒。不可多服，能傷脾胃肺氣。積久能致大腸瀉痢。

明・陳嘉謨《本草蒙筌》卷二　胡椒　味辛，氣大溫。屬火有金。無毒。來從南廣，出自西戎。蔓生苗莖軟柔，長僅寸半；延發枝條細嫩，與葉相齊。子結條中，兩兩相對。其葉晨開暮合，合則將子裹藏。陰氣不沾，故甚辛熱。狀如鼠李，六月採收。番人呼為昧履支，中國稱曰胡椒子。殺一切魚肉菰蕈之毒，調諸般食饌湯飲之需。下氣去風痰，溫中止霍亂。腸胃冷痢可卻，心腹冷痛堪除。療產後血氣刺疼，治跌撲血滯腫痛。食勿過劑，損肺傷脾。　又蓽澄茄柄麄蒂圓，係嫩胡椒青時摘取。一云：向陽生者為胡椒，向陰生者為澄茄。化穀食，理逆氣多効；消痰癖，止嘔噦殊功。染鬚髮香身，逐鬼氣除脹。傷寒欬噫，亦每用之。　山胡椒所在俱生，顏色烏顆粒略大。止痛破滯，俗用亦靈。

明・寧源《食鑒本草》卷下　胡椒　味辛，熱，無毒。溫中下氣，治心腹冷積，解魚肉、野菌毒。　丹溪云：性燥而快膈。喜食必傷者心肺，燥腸胃，日久而成大禍也。

明・王文潔《太乙仙製本草藥性大全》卷三《本草精義》　胡椒　生南海諸國，今順乃國多出。按：嘉謨云：來從南廣，出自西戎。蔓生，苗莖軟柔，長僅寸半，延發枝條細嫩，與葉相齊，子結條中，兩兩相對。其葉晨開暮合，合則將子裹藏，陰氣不沾，故甚辛熱，狀如鼠李，六月採收。番人呼爲昧履支。中國稱曰胡椒。子殺一切魚、肉、鼈蕈之毒，調諸般食饌湯飲之需。

山胡椒　所在俱生，顏色烏，顆粒略大。止痛破滯，俗用不靈。

明・王文潔《太乙仙製本草藥性大全》卷三《仙製藥性》　胡椒　味辛，氣大溫，屬火，有金，性燥，無毒。向陽者胡椒，向陰者蓽澄茄。　主治：去胃口虛冷，宿食不消。主心腹卒痛，冷氣上衝。下氣去風痰，溫中止霍亂。腸胃冷痢可却，心腹冷痛堪除。療產後血氣刺痛，治打撲血滯腫痛。食勿過劑，損肺傷脾。　補註：　治五臟風冷，冷氣心腹痛，用清水酒服之佳。亦宜湯服，若冷氣吞三七枚。　治霍亂，以胡椒三四十粒，以飲吞之。　太乙曰：凡使只用內無皺殼者，用力大。漢椒使殼，胡椒使子，每服揀了於石槽中碾碎成粉用。

明・皇甫嵩《本草發明》卷四　胡椒下品，佐使。氣大熱，味〔辛〕，無毒。屬火有金。　發明曰：胡椒辛熱，逐寒利氣之用。故《本草》主下氣溫中，去痰，除臟府中風冷。又云：調五藏，壯腎氣，止霍亂，心腹冷痛冷痢。又去胃中寒痰吐水，食已即吐，甚驗。大腸寒滑，亦須以他藥佐之。多服損肺，走氣。調食用，五味辛辣快膈，殺一切魚、肉、鼈、蕈毒。

明・李時珍《本草綱目》卷三二果部・味類　胡椒《唐本草》校正自木部移入此。

〔釋名〕昧履支時珍曰：胡椒，因其辛辣似椒，故得椒名，實非椒也。　〔集解〕恭曰：胡椒生西戎。形如鼠李子，調食用之，味甚辛辣。慎微曰：按段成式《酉陽雜俎》云：胡椒出摩伽陁國，呼爲昧履支。其苗蔓生，莖極柔弱，葉長寸半。有細條與葉齊，條條結子，兩兩相對。其葉晨開暮合，合則裹其子于葉中。形似漢椒，至辛辣，六月采，今食料用之。時珍曰：胡椒，今南番諸國及交趾、滇南、海南諸地皆有之。蔓生附樹及作棚引之。葉如扁豆、山藥輩。正月開黄白花，結椒纍纍，纏藤而生，狀如梧桐子，亦無核，生青熟紅，青者更辣。四月熟，五月采收，曝乾乃皺。今遍中國食品，爲日用之物也。

實　〔氣味〕辛，大温，無毒。時珍曰：辛熱純陽，走氣助火，昏目發瘡。珣曰：多食損肺，令人吐血。　〔主治〕下氣温中去痰，除臟腑中風冷《唐本》。去胃口虚冷氣，宿食不消，霍亂氣逆，心腹卒痛，冷氣上衝李珣。調五臟，壯腎氣，治冷痢，殺一切魚、肉、鼈、蕈毒大明。去胃寒吐水，大腸寒滑宗奭。暖腸胃，除寒濕，反胃虚脹，冷積陰毒，牙齒浮熱作痛時珍。

〔發明〕宗奭曰：胡椒去胃中寒痰，食已則吐水甚驗。大腸寒滑亦可用，須以他藥佐之，過劑則走氣也。震亨曰：胡椒屬火而性燥，食之快膈，喜之者衆，積久則脾胃肺氣大傷。凡病氣疾人，益大其禍也。牙齒痛必用胡椒、蓽茇者，散其中浮熱也。時珍曰：胡椒大辛熱，純陽之物，腸胃寒濕者宜之。熱病人食之，動火傷氣，陰受其害。時珍自少嗜之，歲歲病目，而不疑及也。後漸知其弊，遂痛絶之，目病亦止。纔食一二粒，即便昏澀。此乃昔人所未試者。蓋辛走氣，熱助火，此物氣味俱厚故也。病咽喉口齒者，亦宜忌之。近醫每以綠豆同用，治病有效。蓋豆寒椒熱，陰陽配合得宜，且以豆制椒毒也。按張從正《儒門事親》云：噎膈之病，或因酒得，或因氣得，或因胃火。醫氏不察，火裏燒薑，湯中煮桂；丁香未已，豆蔻繼之；蓽茇未已，胡椒繼之。雖曰和胃，胃本不寒；雖曰補胃，胃本不虚。況三陽既結，食必上潮，止宜湯丸小小潤之可也。時珍竊謂此説雖是，然亦有食入反出、無火之證，又有痰氣鬱結，得辛熱暫開之證，不可執一也。

〔附方〕舊二，新二十一。　心腹冷痛：胡椒三七枚，清酒吞之。或云一歲一粒。

孟詵《食療》。　心下大痛：《壽域方》用椒四十九粒，乳香一錢，研勻。男用生薑、女用當歸酒下。○又方：用椒五分，没藥三錢，研細。分二服，温酒下。○又方：胡椒、緑豆各四十九粒研爛，酒下神效。　霍亂吐利：孫真人：用胡椒三十粒，以飲吞之。○《直指方》用胡椒四十九粒，緑豆一百四十九粒，研勻。木瓜湯服一錢。　反胃吐食：戴原禮方用胡椒醋浸，日乾，如此七次，爲末，酒糊丸梧子大。每服三四十丸，醋湯下。○《聖惠方》用胡椒七錢半，煨薑一兩，水煎，分二服。○《是齋百一方》用胡椒、半夏湯泡等分，爲末，薑汁糊丸梧子大。每薑湯下三十丸。　夏月冷瀉：及霍亂。用胡椒碾末，飯丸梧子大。每米飲下四十丸。《衛生易簡方》。　赤白下痢：胡椒、緑豆各一歲一粒，爲末，糊丸梧子大。紅用生薑、白用米湯下。《集簡方》。　大小便閉：關格不通，脹悶二三日則殺人。胡椒二十一粒，打碎，水一盞，煎六分，去滓，入芒硝半兩，煎化服。《總録》。　小兒虚脹：塌氣丸：用胡椒一兩，蠍尾半兩，爲末，麪糊丸粟米大。每服五七丸，陳米飲下。一加萊菔子半兩。《錢乙方》。　虚寒積癖：在背膜之外，流於兩脇，氣逆喘急，久則營衛凝滯，潰爲癰疽，多致不救。用胡椒二百五十粒，蠍尾四個，生木香二錢半，爲末，粟米飯丸緑豆大。每服二十丸，橘皮湯下。名磨積丸。《濟生〔方〕》。　房勞陰毒：胡椒七粒，葱心二寸半，麝香一分，擣爛，以黄蠟溶和，做成條子，插入陰内，少頃汗出即愈。孫氏《集效方》。　驚風内釣：胡椒、木鼈子仁等分，爲末，醋調黑豆末，和杵，丸緑豆大。每服三四十丸，荆芥湯下。《聖惠》。　發散寒邪：胡椒、丁香各七粒，碾碎，以葱白擣膏和，塗兩手心，合掌握定，夾於大腿内側，温覆取汗則愈。《傷寒蘊要》。　傷寒欬逆：日夜不止，寒氣攻胃也。胡椒三十粒打碎，麝香半錢，酒一鍾，煎半鍾，熱服。《聖惠方》。　風蟲牙痛：《衛生易簡方》用胡椒、蓽茇等分，爲末，蠟丸麻子大。每用一丸，塞蛀孔中。○《韓氏醫通》：治風、蟲、客寒，三般牙痛，呻吟不止。用胡椒九粒，緑豆十一粒，布裹搥碎，以絲綿包作一粒，患處咬定，涎出吐去，立愈。○《普濟方》用胡椒一錢半，以羊脂拌打四十丸，擦之追涎。　阿伽陁丸：治婦人血崩。用胡椒、紫檀香、鬱金、茜根、小蘗皮等分，爲末，水丸梧子大。每服二十丸，阿膠湯下。時珍曰：按《酉陽雜俎》：胡椒出摩伽陁國。此方之名，因此而訛者也。　沙石淋痛：胡椒、朴硝等分，爲末。每服用二錢，白湯下，日二。名二拗散。《普濟方》。　蜈蚣咬傷：胡椒嚼封之，即不痛。《多能鄙事》。

題明·薛己《本草約言》卷二《藥性本草》　胡椒　味辛，熱。逐寒利氣之用，久服大傷肺及大腸經，必致腸風臟毒。○蓽澄茄辛散快氣，乃胡椒之嫩者。胡椒逐腸胃之寒邪，用多耗血。

明·梅得春《藥性會元》卷中　胡椒　味辛、辣，性大溫，無毒。屬火而有金，性燥。食之快膈。一云向陰者澄茄，向陽者椒也。　主治霍亂昏迷，止痢，去痰厥冷氣，溫中，祛卒患心腹之冷痛，療陰冷臟腑之風寒，能治寒痰冷痢。調羹用之，殺一切魚肉鱉蕈毒。不宜多服，大傷脾胃肺氣，積久而火氣疾忌用。　凡使，石槽中研粉用。

明·穆世錫《食物輯要》卷八　胡椒　味辛，性大熱，有毒。殺魚、鱉、蕈毒，溫中下氣，治寒痰虚脹及反胃白痢。須以他藥佐之。多食，傷肺氣，令吐血。有實火人食之，助熱傷氣。

明·李中立《本草原始》卷二　胡椒　始出摩伽陁國，呼為昧履支，今南番諸國及交趾、滇南、海南諸地皆有之。其苗蔓生，莖極柔弱，葉長寸半，有細條與葉齊。其條上結子，兩兩相對。其葉晨開暮合，合則裹其子于葉中。形似漢椒，至辛辣，故得椒名。胡椒色深多皺，澄茄色淺皺少。胡椒：氣味：辛，大溫，無毒。主治：下氣溫中，去痰，除臟腑中風冷。去胃口虚冷氣，宿食不消，霍亂氣逆，心腹卒痛，冷氣上衝。調五臟，壯腎氣，治冷痢，殺一切魚、肉、鼈、蕈毒。去胃寒吐水，大腸寒滑。暖腸胃，除寒濕，反胃虚脹，冷積陰毒，牙齒浮熱作痛。

胡椒，《唐本草》木部移入此。色黑皮皺，味辣。【圖略】六月采。今食料用。

辛，熱，純陽。走氣助火，昏目發瘡，多食損肺傷脾，令人吐血。孟詵《食療》：治心腹冷痛，胡椒三七枚，清酒吞之。或云一歲一粒。

明·張懋辰《本草便》卷二　胡椒　味辛，氣大溫，無毒。屬火而有金，性燥。　主下氣溫中，去寒痰，止霍亂，心腹冷痛，及冷痢。調食用之，味甚辛辣，快膈。殺一切魚、肉、鼈、蕈毒。不可多服，大傷脾胃肺氣，積久而大。

明·趙南星《上醫本草》卷二　胡椒　恭曰：胡椒生西戎，形如鼠李子，調食用之，味甚辛辣。　辛，大溫，無毒。主治：下氣溫中，去痰，除臟腑中風冷，去胃口虚冷氣，宿食不消，霍亂氣逆，心腹卒痛，冷氣上衝，調五臟，壯腎氣。治冷痢，殺一切魚、肉、鼈、蕈毒。　珣曰：多食損肺，令人吐血。時珍曰：辛熱純陽，走氣助火，昏目發瘡。

附方　赤白下痢：胡椒、綠豆各一歲一粒，為末，糊丸梧子大。紅用生薑，白用米湯下。

明·繆希雍《本草經疏》卷一四　胡椒　味辛，大溫，無毒。主下氣，溫中，去痰，去臟腑中風冷。

〖疏〗胡椒稟天地純陽之氣以生，故其味辛、氣大溫。性雖無毒，然辛溫太甚，過服未免有害。氣味俱厚，陽中之陽也。入手、足陽明經。其主下氣，溫中，去痰，除臟腑中風冷者，總因腸胃為寒冷所乘，以致臟腑不調，痰氣逆上，辛溫暖腸胃而散風冷，則痰氣降，臟腑和，諸證悉瘳矣。〖主治參互〗《食療》治心腹冷痛，胡椒三七枚，清酒吞之。《衛生易簡方》夏月冷瀉及霍亂，用胡椒碾細，飯丸梧子大，每米飲下四十丸。〖簡誤〗胡椒，辛溫大熱純陽之藥也。凡胃冷嘔逆，宿食不消，或霍亂氣逆，心腹冷痛，或大腸虛寒，完穀不化，或寒痰冷積，四體如冰，兼殺一切魚、肉、鼈、蕈等毒，誠為要品。然而血分有熱，與夫陰虛發熱咳嗽，吐血，咽乾口渴，熱氣暴衝目昏，口臭，齒浮，鼻衄，腸風臟毒，痔漏洩澼等證，切勿輕餌。誤服之，能令諸病即時作劇。慎之！慎之！

明·倪朱謨《本草彙言》卷一五　胡椒　味辛，氣大熱，有小毒。氣味俱厚，可升，可降，陽也。入足太陰、少陰、厥陰經。　李氏曰：胡椒，生南番諸國，及交趾、滇南、海南諸地皆有之。蔓生附樹及作棚引之，葉如扁豆、山藥。二月開黃白花，結椒纍纍，纏藤而生，狀如梧桐子，亦無核，生青熟紅。青者味更辣。四月成實，五月采，曝乾乃皺而黑，碎之內肉白色。今遍中國食品中，爲日用必需物也。

胡椒：溫中下氣，去冷消食，化一切魚腥、水菓、菜蕈之藥也。西醫陳拜三抄朱丹溪曰：胡椒屬火，性燥，稟純陽之氣，食之快膈。其去胃中寒痰，食已即吐水甚驗。故《唐本草》主去寒痰，止嘔逆，禁久痢，散寒疝水瘕等證，蓋本溫中散寒之君劑也。然走氣助火，能耗真氣。又如脾、胃、肺、大腸有鬱熱者，不宜擅食也。又按：李瀕湖云：一人自少嗜此，歲歲病目而不疑及，後絕之，目病亦止。後偶食一二粒，即便昏澀，此昔人所未試者。又按：張子和云：噎膈之病，或因酒得，或因氣得，或因胃火。前人不察，屢投溫燥之藥，通經快膈，暫開一時，隨後復噎。胡椒未已，豆蔻繼之；丁香未已，華茇繼之。雖云和胃，胃本不寒；雖曰補胃，胃本不虛。況三陽既結，食必上潮，止宜溫平潤養湯丸治之，漸有進食之機。急投香燥，未有不速敗者。然他書亦有食入復出無火之證，又有痰氣鬱結，得辛熱始開之病，則胡椒、薑、桂、豆蔻、丁香，用所不廢，在醫者權變用之何如耳？

凡治已上諸證，每用胡椒五錢，綠豆五錢，共炒燥，磨末，每用一錢，米湯調服。或用神麯糊丸梧子大，每用一錢二分，米湯送下。

外有蓽澄茄一味，與胡椒一類二種也，主治病證與胡椒同，茲不再贅。

明·應嚳《食治廣要》卷四　胡椒　氣味：辛，大溫，無毒。主下氣溫中，去痰，除藏府中風冷，去胃口虛冷氣，宿食不消，霍亂氣逆，心腹卒痛，牙齒浮熱作痛，冷氣上沖。又殺一切魚、肉、鼈、蕈等毒。多食損肺，令人吐血。丹溪云：胡椒屬火而性燥，食之快膈，積久則脾肺受傷，為禍不淺。

明·姚可成《食物本草》卷一六味部·調飪類　胡椒生西戎，形如鼠李子。調食用之，味甚辛辣，比之秦、蜀等椒，更覺美好。○唐慎微曰：按《酉陽雜俎》云：胡椒，出摩伽陀國，彼人呼為昧履支。其苗蔓生，莖極柔弱，葉長寸半。有細條與葉齊，條條結子，兩兩相對。其葉晨開暮合，合則裹其子於葉中。形似漢椒，味至辛辣，六月采，今食料用之。○李時珍曰：胡椒，今南番諸國及交趾、滇南、海南諸地皆有之。蔓生附樹及作棚引之。葉如扁豆、山藥輩。正月開黃白花，結椒纍纍，纏藤而生，狀如梧桐子，亦無核，生青熟紅，青者更辣。四月熟，五月采收，曝乾乃皺。今遍中國食品，為日用之物也。

胡椒，味辛，大溫，無毒。主下氣溫中，去痰，除臟腑中風冷，去胃口虛冷氣，宿食不消，霍亂氣逆，心腹卒痛，冷氣上衝。調五臟，壯腎氣，治冷痢，殺一切魚、肉、鼈、蕈毒。治冷積陰毒，牙齒浮熱作痛。多食，昏目發瘡。損肺，令人吐血。丹溪曰：胡椒屬火而性燥，食之快膈，喜之者眾，積久，則脾胃肺氣大傷。凡病氣疾人，益大其禍也。○李時珍曰：胡椒大辛熱，純陽之物，腸胃寒濕者宜之。熱病人食之，動火傷氣，陰受其害。予自少嗜之，歲歲病目，而不疑及也。後漸知其弊，遂痛絕之，目病亦止。纔食一二粒，即便昏澀，此乃昔人所未試者。蓋辛走氣，熱助火，此物氣味俱厚故也。病咽喉口齒者，亦當忌之。

附方：治心腹冷痛。用胡椒三七枚，清酒吞之。治蜈蚣咬傷。用胡椒嚼封之。

明·顧逢柏《分部本草妙用》卷六兼經部·溫瀉　胡椒　專治胃中寒痰，食已吐水，大腸寒滑之症。多食即走氣。

明·孟笨《養生要括·果部》　胡椒〔純陽，走氣助火，昏目發瘡，多食損肺，令人吐血。〕味辛，大溫，無毒。下氣，溫中，去痰，除臟腑中風冷，去胃口虛冷氣，宿食不消，霍亂氣逆，心腹卒痛，冷氣上衝。調五臟，壯腎氣，治冷痢，殺一切魚肉毒，去胃寒吐水，大腸寒滑，暖腸胃，除冷濕，反胃虛脹，冷積陰毒，牙齒浮熱作痛。

明・李中梓《醫宗必讀・本草徵要下》 胡椒味辛，大熱，有毒。入胃、大腸二經。 下氣溫中，消風去痰。 忌用與川椒相同，蓽澄茄即胡椒之大者，乃一類兩種，亦易僭上。

明・鄭二陽《仁壽堂藥鏡》卷二 胡椒 日華子云：胡椒生西戎。主調五臟，止霍亂，心腹冷痛及冷痢，殺一切魚鼈毒。 氣溫，味辛，無毒。《本草》云：主下氣，溫中去痰，除臟腑中風冷。向陽者為胡椒，向陰者為蓽澄茄。胡椒多服損肺，味辛、辣，力大於漢椒。《衍義》云：去胃中寒痰吐水，食已即吐，甚驗。過劑則走氣。大腸寒滑亦用，須各以他藥佐之。

明・張景岳《景岳全書》卷四九《本草正》 胡椒 味辛，性大熱。純陽也。善走氣分。溫中下氣，暖腸胃，消宿食，辟臭惡，除寒濕寒痰，寒飲吐水。止反胃嘔吐霍亂，虛寒脹滿，心腹疼痛。去冷積陰毒，壯腎氣，治大腸寒滑冷痢。殺一切蟲、魚、鱉、蕈、諸藥、食陰凝之毒。若治風蟲牙痛，須同蓽茇為末，熔蠟為細丸，塞孔中即愈。

明・施永圖《本草醫旨・食物類》卷三 胡椒今遍中國食之，為日用之物也。

實 味辛，大溫，無毒。辛熱純陽，走氣助火，昏目發瘡，多食損肺，令人吐血。 治：下氣，溫中去痰，除臟腑中風冷，去胃口虛冷氣，宿食不消，霍亂氣逆，心腹卒痛，冷氣上衝。調五臟，壯腎氣，治冷痢，殺一切魚肉鱉蕈毒。去胃寒吐水，大腸寒滑，暖腸胃，除寒濕，反胃虛脹，冷積陰毒，牙齒浮熱作痛。胡椒去胃中寒痰，食已則吐水，甚驗。大腸寒滑亦可用。須以他藥佐之，過劑則走氣也。○胡椒屬火而性燥，食之快膈，喜之者眾，積久則脾胃肺氣大傷。凡病氣疾人，益大其禍也。牙齒痛，必用胡椒、蓽茇者，散其中浮熱也。○胡椒大辛熱，純陽之物，腸胃寒濕者宜之，熱病人食之動火傷氣，陰受其害。病咽喉口齒者，亦宜忌之。

附方 心腹冷痛：胡椒三七枚，清酒吞之，或云一歲一粒。 心下大痛：用椒四十九粒，乳香一錢，研勻，男用生薑，女用當歸酒下。○又方，用椒五分，沒藥三錢，研細，分二服，溫酒下。○又方，胡椒、綠豆各四十九粒，研爛，酒下神效。 霍亂吐利：用胡椒三十粒，以飲吞之。○用胡椒四十九粒，綠豆一百四十九粒，研勻，木瓜湯服一錢。 反胃吐食：用胡椒醋浸，日乾，如此七次，為末，酒糊丸梧子大。每服三四十丸，醋湯下。○用胡椒七錢半，煨薑一兩，水煎分二服。○用胡椒、半夏湯泡，等分為末，薑汁糊丸梧子大。每薑湯下三十丸。 夏月冷瀉：及霍亂，用胡椒碾末，飯丸梧子大。每米飲下四十丸。 赤白下痢：

胡椒、綠豆各一歲一粒，為末，糊丸梧子大。紅用生薑，白用米湯下。 大小便閉：胡椒二十一粒，打碎，水一盞，煎六分，去滓，入芒硝半兩，煎化服。 小兒虛脹：用胡椒一兩，蠍尾半兩，為末，麪糊丸粟米大。每服五七丸，陳米飲下。一加萊菔子半兩。 房勞陰毒：胡椒七粒，葱心二寸半，麝香一分，擣爛以黃蠟溶和，做成條子，插入陰內，少頃汗出即愈。 驚風內釣：胡椒、木鼈子仁等分，為末，醋調黑豆末，和杵丸綠豆大。每服三四十丸，荊芥湯下。 發散寒邪：胡椒、丁香各七粒，碾碎，以葱白擣膏，和塗兩手心，合掌握定，夾於大腿內側，溫覆取汗即愈。 傷寒欬逆：日夜不止，寒氣攻胃也。胡椒三十粒，打碎，麝香半錢，酒一鍾，煎半鍾，熱服。 風蟲牙痛：用胡椒、蓽茇等分，為末，蠟丸麻子大。每用一丸，塞蛀孔中。○治風、蟲、客寒三般牙痛，呻吟不止，用胡椒九粒，綠豆十一粒，布裹搥碎，以絲綿包作一粒，患處咬定，涎出吐去立愈。○又方，用胡椒一錢半，以羊脂拌打四十丸，擦之，追涎。 阿伽陁丸：治婦人血奔，用胡椒、紫檀香、鬱金、茜根、小蘗皮等分，為末，水丸梧子大。每服二十丸，阿膠湯下。 沙石淋痛：胡椒、朴硝等分，為末，每服用二錢，白湯下，日三。 蜈蚣咬傷：胡椒嚼封之，即不痛。 虛寒積癖：在背膜之外，流於兩脇，氣逆喘急，久則營衛凝滯，潰為癰疽，多致不救。用胡椒二百五十粒，蠍尾四箇，生木香二錢半，為末，粟米飯丸綠豆大，每服二十丸，橘皮湯下。

清・顧元交《本草彙箋》卷六 胡椒 辛溫大熱，純陽之藥也。凡胃冷嘔逆，及心腹冷痛，或大腸虛寒，或寒痰冷積，暨一切魚肉鱉蕈等毒，皆能殺之。然而血分有熱，及熱嗽吐衄，咽乾口渴，目昏口臭，齒浮，腸風痔漏諸症，若誤服之，能令諸病即時作劇。

清・穆石匏《本草洞詮》卷六 胡椒 非椒也。因其辛辣似椒，故名。味辛，氣大溫，無毒。主溫中下氣，去痰，治冷痢，牙齒浮熱作痛。蓋胡椒屬火而性燥，食之快膈，其去胃中寒痰，食已即吐水，甚驗。然走氣助火，脾胃肺氣必大傷也。李瀕湖云：時珍自少嗜之，歲歲病目而不疑，及後絕之，目病亦止。食一二粒即便昏澀，此昔人所未試者。張子和云：噎膈之病，或因酒得，或因氣得，或因胃火，醫氏不察，火裏燒薑，湯中煮桂，丁香未已，豆蔻繼之，蓽茇未已，胡椒繼之，雖曰和胃，胃本不寒，雖曰補胃，胃本不虛，況三陽既結，食必上潮。止宜湯丸，小小潤之可也。此誠篤論。然亦有食入復出無火之證，又有痰氣鬱結，得辛熱暫開之證，在醫者達權用之耳。

清・丁其譽《壽世秘典》卷四 胡椒李時珍云：胡椒因其辛辣似椒故得椒名，實非椒也。蔓生附樹，及作棚引之，葉如扁豆、山藥輩。正月開黃白花，結椒纍纍，纏藤而生，狀如梧桐子亦無核，生青熟紅，乾時乃皺，青者更辣。　氣味：　辛，熱，無毒。　主下氣溫中，去胃中寒痰，除臟腑中風冷，殺一切魚、肉、鱉、蕈毒《唐本》。　暖腸胃，除寒濕，反胃虛脹，冷積陰毒，牙齒浮熱作痛。

發明朱震亨曰：　胡椒屬火而性燥，食之快膈，積久則脾胃肺氣大傷。凡病氣疾人，益大其禍。牙齒痛，必用胡椒、蓽茇者，散其中浮熱也。李時珍曰：　胡椒辛熱，純陽之物，走氣助火，昏目發瘡，惟腸胃寒濕者宜之。熱病人食之動火傷氣，陰受其害。有目病者，食之即便昏澀。病咽喉、口齒者亦忌。陸璣云：　竹葉椒成臯山中，比蜀椒毒熱，可著飲食，子長而不圓。按：　此即今番椒。大如小指頭，上尖下平，正赤。嗣宗謂即胡椒，非也。

清·劉雲密《本草述》卷一九　胡椒殺一切魚、肉、鱉、蕈之毒，故食料多用之。　實：　氣味：　辛，大溫，無毒。　時珍曰：　辛，熱。純陽。　主治：　心腹冷痛，霍亂嘔吐，胃口虛寒，冷氣刺痛，宿食不消，大腸寒滑，大能下氣快膈。　宗奭曰：　胡椒去胃中寒痰，食已則吐水甚驗。大腸寒滑亦可用，須以他藥佐之，過劑則走氣也。　時珍曰：　胡椒大辛熱，純陽之物。辛走氣，熱助火，唯宜於腸胃寒溼者耳。　按張從正《儒門事親》論噎膈證，云此證或因酒得，或因氣得，或因胃火。醫氏不察，火裏燒薑，湯中煮桂；　丁香未已，豆蔻繼之；　蓽茇未已，胡椒繼之。　雖曰和胃，胃本不寒；　雖曰補胃，胃本不虛。況三陽既結，食必上潮，止宜湯丸，小小潤之可也。　時珍竊謂此說雖是，然亦有食入反出無火之證，又有痰氣鬱結得辛熱暫開之證。　不可執一也。

心下大痛，用椒五分，没藥三錢，研細，分二服，溫酒下。　此即胃脘當心而痛，非心痛也。

虛寒積癖在背膜之外，流於兩脇，氣逆喘急，久則營衛凝滯，潰為癰疽，多致不救，用胡椒二百五十粒，蠍尾四個，生木香二錢半，為末，粟米飯丸綠豆大，每服二十丸，橘皮湯下，名磨積丸。　希雍曰：　胡椒稟天地純陽之氣以生，故其味辛，氣大溫。　氣味俱厚，陽中之陽也。　入手足陽明經。

胡椒辛溫大熱，純陽之藥也。　凡胃冷嘔逆，宿食不消，或霍亂氣逆，心腹冷痛，或大腸虛寒，完穀不化，或寒痰冷積，四體如水，兼殺一切魚、肉、鱉、蕈等毒，誠為要品。　然而血分有熱，與夫陰虛發熱，咳嗽吐血，咽乾口渴，熱氣暴衝，目昏口臭，齒浮鼻衄，腸風藏毒，痔漏洩澼等證，切勿輕餌，誤服之能令諸病即時作劇。　慎之！　慎之！

《類明》曰：　或問烏、附、薑、桂之熱，尤甚於胡椒，用之藥中，豈不有傷五臟之氣乎？　曰：　烏、附、薑、桂用之於藥中，各有君臣佐使以相制，有此證用此藥，是有故無殞也。　非比胡椒，世人以之調治飲食，不分冬夏而常食之，故丹溪特舉其傷氣之禍，禁戒之意切矣。

愚按：　胡椒因其辛辣似椒，故得椒名，實非椒也。　亦結實於大火司令之時，但產於南荒，與蜀椒稟南方之陽，受西方之陰者迥異矣。　是純得乎火土之全，雖辛甚於蜀椒，而辛亦火中之烈氣，故謂其入胃與大腸也。　然辛熱實甚，食料最宜酌量。　至病屬腸胃之寒者治之，豈無善劑，又何必須此耶？

修治　凡使，內無皺殼者力大，石槽中研末用。

清·郭章宜《本草匯》卷一四　胡椒　辛、辣，大熱，氣味俱厚，陽也，入手足陽明經。　去胃口冷氣，除大腸寒滑。　消冷積陰毒，治反胃虛脹。

按：　胡椒，屬火而性燥，積寒久冷，食已不飢，吐利腥穢，澄徹清冷，此皆大寒之兆，用為得宜。　然走氣助火，久服大傷肺氣及大腸經，必致腸風臟毒，昏目吐血，牙齒痛。　用胡椒、蓽茇者，散其中浮熱也。

蓽澄茄　辛散快氣。　乃胡椒之嫩者。　向陰者為澄茄，向陽者為胡椒。茄柄而蒂圓，去柄及皺皮，酒蒸杵細，晒乾用。　忌同川椒。

清·朱本中《飲食須知·味類》　胡椒　味辛，性大熱，有毒。　多食損肺，令人吐血助火，昏目發瘡。　有實火及熱病人食之，動火傷氣，陰受其害。病咽喉口齒及腸紅痔漏者，忌之。　妊婦食之，令助胎熱，子生瘡疥。

清·何其言《養生食鑒》卷下　胡椒出于胡地，其球如椒故名。　味辛，大溫，無毒。　溫中下氣，治寒痰虛脹，除臟腑風冷，止霍亂及冷痢，殺一切魚、肉、鱉、蕈等毒。　多食傷肺氣。　有火病人忌之。

清·王翃《握靈本草》卷七　胡椒出西戎。　主治：　胡椒，辛，大溫，無毒。　主下氣溫中，去痰，消宿食，反胃虛脹，胃寒吐水，大腸寒滑，牙齒浮熱作痛，殺一切魚、肉、鱉、蕈毒。

清·汪昂《本草備要》卷三　胡椒燥。　辛，熱，純陽。　暖胃快膈，下氣消痰。　治寒痰食積，腸滑冷痢，陰毒腹痛，胃寒吐水，牙齒浮熱作痛，合蓽茇散之。殺一切魚肉鱉蕈音尋，上聲。毒。　食料宜之，嗜之者衆。　多食損肺，走氣動火，發瘡痔藏毒，齒痛目昏。　畢澄茄一類二種，主治略同。

清·李熙和《醫經允中》卷二〇　胡椒　入手足陽明經。　辛辣大熱，無毒。主治暖胃快膈，下氣消痰，殺一切魚肉鱉蕈毒。多食走氣，久服必致昏目，吐血，腸風臟毒。

清・馮兆張《馮氏錦囊秘録・雜症痘疹藥性主治合參》卷三 胡椒稟天地純陽之氣以生，故味辛，氣大溫，無毒。氣味俱厚，陽中之陽也。入手足陽明經。以辛溫之厚味，除臟腑之沉寒，勿令過劑，損肺傷陰。 胡椒，下氣去風痰，溫中止霍亂。腸胃冷痢可卻，心腹冷痛堪除。食勿過劑，損肺傷脾。華澄茄係胡椒青嫩之時摘取。一云向陽生者為胡椒，向陰生者為澄茄。化穀食，理逆氣，消痰癖，止嘔噦，傷寒欬噫，亦每用之。

清・张璐《本經逢原》卷三 胡椒 辛，大溫，小毒。發明：胡椒大辛大熱，純陽之物，走氣助火，昏目發瘡，多食損肺，令人吐血。心腹冷痛，反胃吐利，霍亂氣逆及魚鼈蕈毒宜之。嚴冬泡水磨墨，則硯不冰，勝於皂水火酒。傷筆易禿也。

清・汪啟賢等《食物須知・諸葷饌》 胡椒 味辛，氣大溫，屬火，有金，無毒。來從南廣，出自西戎。蔓生，苗莖軟柔，長僅寸半。梃發枝條，細嫩，與葉相齊。子結條中，兩兩相對。其葉晨開暮合，合則將子裹藏，陰氣不沾，故甚辛熱。狀如鼠李，六月採收。番人呼為昧履支，中國稱曰胡椒。子，殺一切魚肉鼈蕈之毒，調諸般食饌湯飲之需。下氣去風痰，溫中止霍亂。腸胃冷痢可卻，心腹冷痛堪除。療產後血氣刺痛，治跌撲血滯腫痛。食勿過劑，損肺傷脾。

清・葉盛《古今治驗食物單方》 胡椒 陰寒腹痛欲死，及疝氣上攻，胡椒四兩研末，冷米湯調敷，將臍眼用紙三層蔽之，以椒敷于臍之上下四圍，須與腹熱如火，即愈。 霍亂吐瀉，胡椒三十粒，米飲吞之。 反胃吐食，胡椒醋浸晒乾，如此七次為末，酒糊丸桐子大，每服三四十丸，醋湯下。 大小便閉，胡椒二十一粒，打碎，水一盞，煎六分，入芒硝五錢，煎化服。 驚風內釣，胡椒、木鱉子仁等分，為末，醋調黑荳末和，杵丸菉荳大，每服三四十丸，荊芥湯下。 發散寒邪，胡椒、丁香各七粒，碎，以葱白搗膏，塗兩手中，合掌握定，夾於大腿內側，溫覆取汗，則愈。 傷寒呃逆，胡椒三十粒，麝香五分，研，酒一盞，煎半盞服。 牙痛，胡椒、蓽撥、細辛，共研末，以綿裹之，塞于痛處，任流濁涎即愈。 沙石等淋，胡椒、朴硝等分為末，每服二錢，白湯下，名二拗散。 蜈蚣咬，胡椒嚼封之，即不痛。

清・吴儀洛《本草從新》卷四 胡椒〔燥，快膈消痰。〕 辛，大熱，有毒。溫中下氣，快膈消痰。治寒痰食積，腸滑冷痢，陰毒腹痛，胃寒吐水，牙齒浮熱作痛。合蓽茇散之。殺一切魚肉鱉蕈毒。《多能鄙事》〔劉伯溫《多能鄙事》。〕方，蜈蚣咬傷，胡椒嚼封之即不痛。世人因其快膈，嗜之者眾。然損肺走氣，動火動血，損齒昏目，發瘡痔臟毒，必陰氣至足者方可用。畢澄茄，即胡椒之大者，乃一類二種，主治略同。亦易僭上。

清・汪紱《醫林纂要探源》卷二 胡椒 辛，熱。蔓生，實成穗，似花椒而無核，垂葉間，葉還裹之。出南海及滇中。溫中去寒，殺毒，快氣。性非和純，今人嗜好，以供食料。然耗氣生火，發瘡痔，昏目，損齒。

清・嚴潔等《得配本草》卷六 胡椒 辛，熱，有毒。入足陽明經氣分。除寒濕，下膈氣。治一切風冷、積滯、痰飲、瀉痢諸痛，殺一切魚肉鱉蕈諸毒。得木香、蠍梢，治背膜寒癖。配綠豆，為末，治冷熱下痢。一歲各一粒。使芒硝，治大小便秘。入麝香，治傷寒呃逆。 多用動血傷氣，發瘡昏目。因熱致病者禁用。

題清・徐大椿《藥性切用》卷六 胡椒 味辛大熱，暖中快膈，燥濕除寒，為胃寒吐水，陰冷腹痛之耑藥。白胡椒耑定氣分而性更烈。

清・黃宮繡《本草求真》卷四 胡椒溫胃除寒逐水。 胡椒耑入胃。辛熱純陽，比之蜀椒，其熱更甚。凡因火衰寒入，痰食內滯，腸滑冷痢，及陰毒腹痛，胃寒吐水，牙齒浮熱作痛者。同鹽火煅擦齒良。治皆有效。以其寒氣既除而病自可愈也。但此止有除寒散邪之力，非同附桂，終有補火益元之妙。況走氣動火，陰熱氣薄，最其所忌。畢茄向陰所生，性遜胡椒，主治略同。

清・李文培《食物小録》卷下 胡椒 辛，大溫，無毒。下氣溫中，去痰，除臟腑中風冷，調五臟，收腎氣，暖腸胃，殺一切魚、肉、鱉、蕈毒。多食損肺，令人吐血。

清・羅國綱《羅氏會約醫鏡》卷一七竹木部 胡椒味辛大熱，有毒，入胃大腸二經。 辛熱純陽，暖胃快膈，善走氣分，溫中下氣。治寒痰、食積、腸滑冷痢、陰毒腹痛、吐酸水、嘔逆、脹滿。胃寒之患。殺一切魚肉毒。食料宜之。多食動火，發痔瘡臟毒，齒痛目昏。

畢澄茄 一類二種，主治略同。

又一種花椒，肉薄色黑，耑於殺蟲。治乾疥蟲癬。外科用之，不作湯服。

清・趙學敏《本草綱目拾遺》卷六木部　白胡椒　《通雅》云：廣舶胡椒，有一種玉椒，色白，味獨辛於他椒，今甯波洋貨店頗多，其色如雪，以内外通白者為上，皮白内黄者劣。解魚蝦毒，入房術用。　蓬萊李金什言：洋舶帶來白胡椒，據彼中人云，即用胡椒之嫩者，生去其皮，曬乾即如白玉色，非別有他種。　《物理小識》：胡椒出番國，亦是蔓生，有白色者，或曰即畢澄茄。

胃痛：《百草鏡》：用大紅棗去核七箇，每箇内入白胡椒七粒，線紮好，飯鍋上蒸七次，共擣為丸，如綠豆大，每服七丸，溫滚水下，如壯實者，用十丸。服後痛止，而胃中作熱作飢，以粥飯壓之，即安，此寒食痰飲皆治。治九種心疼：葉天士方：丁香去頂蓋、廣木香、雄黄、巴豆去油淨、白胡椒各三錢，枳殼、紅花、五靈脂各一兩，共為細末，好酒發為丸，如菜子大，候乾收貯瓶内，每服八釐，唾津送下，忌生冷油膩，半月除根。　白痧藥：《種福堂方》：白胡椒一兩，牙皂一錢。火消、檀香末、明礬、丁香、蟾酥各三錢，北細辛二錢，冰片、麝香各五分，金箔量加。

清・黄凱鈞《藥籠小品》　胡椒　辛，大熱，有毒，溫中下氣，快膈消痰，治寒痰冷痢，陰毒腹痛。胡椒走氣助火，最能損肺，莫以其快膈而嗜之。

清・章穆《調疾飲食辯》卷一下　胡椒　《證類本草》曰：《酉陽雜俎》云：胡椒出摩伽佗國，名昧履支，蔓生，極柔弱。葉長寸半，有細條與葉齊，條條結子，兩兩相對。其葉晝開夜合，合則裹子於内。《綱目》曰：今南方諸國，及滇南、海南皆有。蔓生，附樹或作柵引之。葉如蕪豆葉。正月開黄白花，結子纍纍，纏藤而生。生青熟紅，青者更辣。五月采曝，皮皺如梧桐子。偏中國食品皆用之。味極辛，性大熱，能走泄真氣，助火發瘡，傷目。《海藥本草》曰：多食損肺，令人吐血。

按：胡椒之熱較花椒尤甚，食料中些微用作調和，及不長用，尚無大害。若多而且久，其害不可勝言。平素陰虛内熱，及一切血疾、目疾、咽喉瘡瘍、瘟疫、傷寒等病，女子胎孕、崩漏，即分毫不宜入口。而嗜之者惟取一時之適口，不悟其禍乃在終身。蓋積熱傷陰，暫時不覺，積之既久，或血疾纏綿，或目成瞽廢，莫不以為病使之然，烏知致病者此也。獨傷寒暨時行瘟疫，誤食胡椒生薑、辣枝子同，内刼營陰，領邪深入。少則助熱留邪，久而不愈，愈後且有時熱時止，肌膚消削，盗汗不眠諸病，皆辛熱傷營之症。所以古昔經方原有竹葉石膏成法，此在秦漢間，世無胡椒、辣枝子之禍，且有此方，何況今日。乃今之聾瞽，全然不知，只識四君、六君、八珍、十全大補等方，愈補愈傷，則十人中死者又復五六，誠生民之大厄也。多則必成不起。然其死在當時者少，在一旬或二旬前後者多，醫者不知根究及此，病者更誰知歸咎於此也。尤可惡者，俗傳胡椒索麪之方，但有感冒，不論是寒是熱，皆肆食之，以為發散。如係寒邪，溫散固所當用，而胡椒只能溫中，不能發表，說在菜類葱，穀類小麥麪索二條。倘為熱病，反加以熱物，害更何如。數十年中，屢見食此過多，一二日即死者。未死時，必唇焦舌黑，津液全無。此《靈樞》所謂陰竭也。陰竭者，血死也。血既枯而死，更有何藥使之復生。又必昏冒無知，此華佗所謂胃爛也。胃俗名肚子，既為熱物蒸爛，更有何藥能令再生一肚。且死後必偏身青紫，與中砒毒無殊，可慘也。又有一可笑可惡之方，愚蠢之婦競傳胡椒炒雞可以調經，可以種子，豈經水不調與不孕，盡屬血寒？即使果寒，溫暖血室，雞已足矣，何必助之以椒。不寒而多食此，必致血枯經絕，俗名乾血勞。或熱漏、熱崩，虛而崩漏者可治，熱而崩漏者難為。或成熱勞吐血，性極傷肺故也。豈非無病求病，不死求死乎？胡椒之害，大概如此。至於一切寒病，本草載有多方，未必盡無功效，然其性太偏，不如花椒之穩，方概不錄。

清・王龍《本草纂要稿・草部》　胡椒　氣味辛溫。下氣去風痰，溫中止霍亂。腸胃冷痢可却，心腹冷痛堪驅。産後血氣刺疼，跌撲血滯腫痛。

清・張德裕《本草正義》卷下　胡椒　大辛，大熱。純陽，善走氣分。暖腸胃，辟臭惡，除寒濕、寒痰、寒飲，霍亂反胃，心腹脹疼，寒瀉冷痢，一切陰寒等證。

清・楊時泰《本草述鉤元》卷一九　胡椒　大辛，氣熱，純陽，無毒。氣味俱厚，陽中之物。入手足陽明經。下氣快膈，主心腹冷痛，霍亂、嘔吐，胃口虛寒，冷氣刺痛，宿食不消。大腸寒滑亦可用。須以他藥佐之，過劑則走氣。殺一切魚肉鱉蕈毒，故食料多用之。去胃中寒痰，食已則吐水或寒痰冷積，四體如冰。甚驗。辛走氣，熱助火，惟宜於腸胃寒濕之病瀕湖。噎膈證或因酒得，或因氣得，或因胃火，三陽既結，食必上潮，然亦有食入反出無火之證，又有痰氣鬱結得辛熱暫開之證，不必一例禁予胡椒又。心下大痛，此即胃脘當心而痛，非心痛也。胡椒五分，沒藥三錢，研細，溫酒下。磨積丸：治虛寒積癖，在背膜之外，流於兩脇，氣逆喘急，久則營衛凝滯，潰為癰疽，多致不救，用胡椒二百五十粒，蠍尾四個，生木香二錢半，為末，粟米飯丸綠豆大，每服二十丸，橘皮湯下。

論：胡椒，非椒也，因其辛辣似椒，故得椒名。產於南荒。亦結實於大火司令時，但與蜀椒稟南方之陽，受西方之陰者迥異，以純得乎火土之全，其辛熱止為火中烈氣也。凡陰虛血分有熱，欬嗽吐血，咽乾口渴，熱氣暴衝，目昏口臭，齒浮鼻衄，腸風臟毒，痔漏泄澼等證，誤服胡椒，能令病隨作劇，慎之仲淳。世人以之調治飲食，不分冬夏而常食之，傷氣之禍最烈《類明》。

修治：內無皺殼者力大，石槽中研末用。

清・葉桂《本草再新》卷四　胡椒味辛，性熱，有毒。入胃經。溫中下氣，快膈消痰，治寒痰食積，陰毒腹痛。

清・趙其光《本草求原》卷一三果之味部　胡椒　大辛，大熱，暖胃、大腸，快膈下氣，消寒痰食積，治心腹虛脹、風冷痛，焙沒藥為末酒下。反胃吐利、霍亂、氣逆冷痢、腸寒而滑，胃寒吐水，須佐他藥，過劑則走氣。牙齒浮熱作痛，合蓽茇散之。殺一切魚、肉、鱉、蕈毒。故食料宜之。但多食損肺走氣，動火發瘡痔臟毒，齒痛目昏。冬月泡水磨墨，則硯不冰。勝於火酒，易禿筆。

清・文晟《新編六書》卷六《藥性摘錄》　胡椒　辛，熱。純陽。甚于川椒。溫胃，除寒逐水。凡因火衰，寒入痰食，內滯腸滑冷痢，及陰毒腹痛，胃寒嘔水等症，治皆有効。〇惟陰熱氣薄者，禁用。〇胡椒只能除寒散邪，不及桂、附補火益元。〇蓽登茄性遜，故〔與〕椒主治畧同。

清・文晟《新編六書》卷六《藥性摘錄》　胡椒　味辛，大溫。溫中下氣，治寒痰虛脹，除臟腑風冷，殺一切魚、肉、鱉、蕈毒。多食傷肺，火病尤忌。並詳藥部溫散。

清・張仁錫《藥性蒙求・果部》　胡椒蓽澄三分、茄五分　胡椒大熱，心腹冷疼。消痰快膈，下氣功成。味辛。治寒痰食積，陰毒腹痛。〇損氣動血，必陰氣至足者，方可用。〇蓽澄茄即胡椒之大者，一類二種，主治同。

清・王孟英《歸硯錄》卷一　又云：感冒客邪，如係風寒，溫散故所當用，倘為溫熱初起，即宜清解。俗人不知，妄以胡椒、辣枚子即食茱萸，古人重九所佩者，俗名辣椒、辣茄、辣虎。之類肆啖，以為發散。不知此類止能溫中，不能散表。數十年中，屢見食此過多，一二日即死者。未死時必唇焦舌黑，津液全無，此《靈樞》所謂陰竭也。陰竭者，血死也。又必昏昏無知，此元化所謂胃爛也。死後必遍身青紫，與中砒毒無殊。凡誤死於熱藥者，皆然也。更可惡者，俗傳胡椒炒雞，可以調經種子。豈不調、不孕，盡屬血寒？即使果寒，溫暖血室，雞已足矣，何必助之以椒，遂致血枯經絕，即俗云乾血癆是也；或崩漏、吐衄，即血熱妄行也。無病求病，不死求死，良可憫也。愚謂俗傳調經種子等方，大抵皆溫熱之品，世人不察體氣病情，一概恣服，陰虛者必成乾血癆，血熱者必致妄行。章氏之言，允為名論。又凡婦女月信有妨於事，欲其暫緩者，先期以胡椒數粒，欲緩幾日，則用幾粒。冷水逐粒吞下，汛即緩行，別無他患。蓋月事將行，冷水能凝遏，使之不行，而胡椒極熱，囫圇吞下，則性不遽發，數日之後，椒性作而冷氣消，其汛始行也。逐粒吞者，一口冷水可緩汛期一日，而一粒胡椒能消一口冷水。觀嚴寒時，以胡椒水研墨，則硯不冰，則其性熱傷營可見矣。故孕婦食之墮胎，而陰虛內熱之人，一切辛烈之物皆當屏絕，舉此可例其餘也。

清・王孟英《隨息居飲食譜・水飲類》　胡椒　辛熱。溫中，除濕，化冷積，止冷痛，去寒痰，已寒瀉，殺一切魚肉鱉蕈，陰冷食毒。色白者勝。多食動火爍液，耗氣傷陰，破血墮胎，發瘡損目，故孕婦及陰虛內熱、血證痔患，或有咽喉、口齒、目疾者，皆忌之。綠豆能制其毒。發散寒邪，胡椒、丁香各七粒，碾碎，以蔥白杵膏，和塗，兩手心合掌握定，夾於大腿內側，溫覆取汗。

清・田綿淮《本草省常・氣味類》　胡椒　一名昧履支，俗名古月。性熱。暖胃燥濕，化寒痰，消冷積，殺魚鼈蝦蟹、諸肉、諸蕈毒。多食損肺走氣，發瘡動火，牙疼目昏。

清・戴葆元《本草綱目易知錄》卷三　胡椒　辛，熱。純陽。快膈下氣，溫中去痰，調五臟，壯腎氣，暖腸胃，去寒濕。除臟腑風冷，去胃中冷氣，宿食不消，霍亂氣逆，心腹卒痛，冷氣上衝。胃寒吐水，腸滑冷痢，反胃虛脹，冷積陰毒，牙齒浮熱作痛。殺一切魚肉鼈蕈毒。多食，助火損肺，昏目發瘡，令人吐血。

清・李桂庭《藥性詩解》　賦得胡椒主去痰而除冷得除字。李慶霖。　胡椒辛而熱，逐冷使痰除。下氣胸皆爽，溫中胃自舒。按：胡椒味辛，大熱，有毒。溫中下氣，快膈消痰。又治寒痰食積，腸滑冷痢，陰毒腹痛，胃寒吐水，殺一切魚肉毒。世人因其快膈，嗜之者眾。然損肺耗氣，動火動血，損齒昏目，發瘡痔臟毒，有燥熱者勿服。畢澄茄，即胡椒之大者，乃一類二種，主治略同。

清・吴汝紀《每日食物却病考》卷下 胡椒　生南番諸國。大溫，無毒。下氣溫中，去寒痰、風冷、宿食，療霍亂氣逆，心腹卒痛，壯腎，殺一切魚肉等毒。丹溪曰：多食，大傷肺氣及脾胃，積久成病。凡氣痛人忌之。且辛熱助火，昏目發瘡。

蓽澄茄

宋・唐慎微《證類本草》卷九草部中品〔宋・馬志《開寶本草》〕 蓽澄茄　味辛，溫，無毒。主下氣消食，皮膚風，心腹間氣脹，令人能食，療鬼氣。能染髮及香身。生佛誓國。似梧桐子及蔓荆子微大，亦名毗陵茄子。今附。

〔宋・掌禹錫《嘉祐本草》〕按：日華子云：治一切氣并霍亂，瀉肚腹痛，腎氣膀胱冷。

〔宋・蘇頌《本草圖經》〕曰：蓽澄茄，生佛誓國，今廣州亦有之。春夏生葉，青滑可愛，結實似梧桐子及蔓荆子微大。八月、九月採之。今醫方脾胃藥中多用。又治傷寒欬癔，日夜不定者。其方以蓽澄茄三分，高良薑三分，二物擣羅爲散，每服二錢，水六分煎十餘沸，入少許醋，攪勻和滓，如茶熱呷。

〔宋・唐慎微《證類本草》〕《海藥》云：謹按《廣志》云：生諸海。嫩胡椒也。青時就樹採摘造之，有柄麄而蔕圓是也。其味辛、苦，微溫，無毒。主心腹卒痛，霍亂吐瀉，痰癖冷氣。古方偏用染髮，不用治病也。雷公云：凡使，採得後去柄及皺皮了，用酒浸蒸，從巳至酉出，細杵，任用也。

宋・鄭樵《通志》卷七五《昆蟲草木略》 蓽澄茄　亦曰毘陵茄子。

元・王好古《湯液本草》卷三 蓽澄茄　氣温，味辛，無毒。《本草》云：主下氣消食，皮膚風，心腹間氣脹，令人能食。

元・忽思慧《飲膳正要》卷三 蓽澄茄　味辛，溫，無毒。消食下氣，去心腹脹，令人能食。

明・王綸《本草集要》卷三 蓽澄茄　味辛，氣溫，無毒。嫩胡椒青時採者。主下氣消食，腹間氣脹，心腹冷痛，霍亂吐瀉，腎氣膀胱冷。古方偏用染髮。

明・滕弘《神農本經會通》卷一 蓽澄茄　嫩胡椒，青時就樹採摘，造之有柄，粗而蔕負是也。凡使去柄及皺皮，用酒浸蒸。

味辛，氣溫，無毒。《湯》同。東云：散腎冷，助脾氣。《本經》云：主下氣，消食，皮膚風，心腹間氣脹，令人能食。療鬼氣。能染髮及香身。日華子云：治一切氣，并霍亂瀉，肚腹痛，腎氣膀胱冷。《海藥》云：主心腹卒痛，霍亂吐瀉，痰癖冷氣。古方偏用染髮，不用治病。《局》云：蓽澄茄子能消食，下氣寬膨用最良。不特多除脾胃病，亦能溫腎與膀胱。

明・劉文泰《本草品彙精要》卷一二 蓽澄茄無毒　植生。

蓽澄茄：主下氣，消食，皮膚風，心腹間氣脹，令人能食，療鬼氣，能染髮及香身。名醫所錄。〔名〕毗陵茄子。〔苗〕《圖經》曰：春夏生葉，青滑可愛，結實似梧桐子及蔓荊子而微大。〔地〕《圖經》曰：生佛誓國。〔道地〕廣州。〔時〕生：春夏生葉。採：八月、九月取實。〔用〕實。〔質〕類蔓荊子，有柄而蔕圓。〔色〕黑。〔味〕辛。〔性〕溫，散。〔氣〕氣之厚者，陽也。〔臭〕香。〔主〕胃寒，霍亂，腎氣，膀胱冷。〔製〕《雷公》云：去柄，酒拌，蒸從巳至酉，出，細杵，任用之。〔治〕療：日華子云：治諸氣，並霍亂吐瀉，腹痛。《海藥》云：主心腹卒痛，痰癖，冷氣。〔合治〕合高良薑各三分，爲末，每服二錢，水六分，煎十餘沸，入醋少許，攪勻，和滓服之，治傷寒欬逆，日夜不定者。

明・許希周《藥性粗評》卷三 烹茄於蓽澄，飽吃惠州之飯。

蓽澄茄一名毗陵茄子。與胡椒相似，本生佛誓國，今廣南州郡亦有之。八九月採實，陰乾。凡使擇去柄及皺皮子，酒浸蒸過。味辛，性溫，無毒。主治皮膚風氣，心腹脹滿，霍亂吐瀉，腰腎冷痹，寬中下氣，養胃消食，補精壯陽，暖水藏，年老相宜。

明・鄭寧《藥性要略大全》卷四 蓽澄茄　散冷，助脾胃，治心腹卒痛，霍亂吐瀉，痰癖，冷氣脹滿。潔古云：下氣消食，敺皮膚風，令人能食。又能染髮及香身。味辛，性熱，無毒。云即嫩胡椒帶青採取者也。

明・王文潔《太乙仙製本草藥性大全》卷二《本草精義》 蓽澄茄　一名毗陵茄子。生佛誓國，今廣州亦有之。春夏生葉，青滑可愛，結實如梧桐子及蔓荊子微大，八月、九月採收。《廣志》云：生諸海，嫩胡椒也，青時就樹採之，有柄麄而蔕圓是也。今醫方脾胃藥中多用之。

明・王文潔《太乙仙製本草藥性大全》卷二《仙製藥性》 蓽澄茄　味辛，氣溫，無毒。云即嫩胡椒，帶青採取者也。主治：祛皮膚中風，除心腹間氣。散冷助脾，下氣消食。止腹痛、吐瀉、霍亂。療痰癖脹滿，冷氣腎氣膀胱。令人能食，敺鬼疰，染髮香身。補註：傷寒咳逆，日夜不定，用三分，同高良薑三分，擣爲細末，每服二錢，水煎十餘沸，入醋少許，攪勻，和滓熱服，效。太乙曰：凡使採得後去柄及皺皮，以酒浸，蒸從巳至酉，取出細杵，任用也。

明・皇甫嵩《本草發明》卷四　蓽澄茄中品，臣。氣溫，味辛，無毒。原載草部中，因係椒類，故附木部。發明曰：蓽澄茄辛散快氣，故《本草》主下逆氣，消食，散皮膚風，心腹氣脹，消痰癖，止嘔噦，傷寒欬，療鬼疰。又能染髮及香身。係嫩胡椒，青時摘取。一云向陽生者胡椒，向陰生者為澄茄。○又山胡椒顏色黑，顆大，止痛，破滯氣，似梧桐子及蔓荊子微大。

明・李時珍《本草綱目》卷三二果部・味類　蓽澄茄宋《開寶》。校正：自草部移入此。

【釋名】毗陵茄子時珍曰：皆番語也。【集解】藏器曰：蓽澄茄生佛誓國。狀似梧桐子及蔓荊子而微大。珣曰：胡椒生南海諸國。向陰者爲澄茄，向陽者爲胡椒。按顧微《廣州志》云：澄茄生諸海國，乃嫩胡椒也。青時就樹采摘，柄粗而蒂圓。頌曰：今廣州亦有之。春夏生葉，青滑可愛。結實似梧桐子，微大，八月、九月采之。時珍曰：海南諸番皆有之。蔓生，春開白花，夏結黑實，與胡椒一類二種，正如大腹之與檳榔相近耳。

【修治】斅曰：凡采得，去柄及皺皮了，用酒浸蒸之，從巳至酉，杵細晒乾，入藥用。

實【氣味】辛，溫，無毒。珣曰：辛、苦，微溫。【主治】下氣消食，去皮膚風，心腹間氣脹，令人能食，療鬼氣。能染髮及香身藏器。治一切冷氣痰澼，並霍亂吐瀉，肚腹痛，腎氣膀胱冷大明。暖脾胃，止嘔吐噦逆時珍。

【附方】舊一，新五。脾胃虛弱：胸膈不快，不進飲食。用蓽澄茄爲末，薑汁打神麴糊，丸梧子大。每薑湯下七十丸，日二服。《濟生方》。噎食不納：蓽澄茄、白豆蔻等分，爲末。乾舐之。《壽域神方》。反胃吐食：吐出黑汁，治不愈者。用蓽澄茄爲末，米糊丸梧子大。每薑湯下三四十丸，日一服。愈後服平胃散三百帖。《永類鈐方》。傷寒欬逆：呃噫，日夜不定者。用蓽澄茄、高良薑各等分，爲末。每服二錢，水六分，煎十沸，入酢少許，服之。蘇頌《圖經》。痘瘡入目：羞明生瞖。蓽澄茄末，吹少許入鼻中，三五次效。《飛鴻集》。鼻塞不通：肺氣上攻而致者。蓽澄茄丸：用蓽澄茄半兩，薄荷葉三錢，荆芥穗一錢半，爲末，蜜丸芡子大。時時含嚥。《御藥院方》。

明・梅得春《藥性會元》卷上　蓽澄茄　味辛，性溫，無毒。似梧桐子。主散腎冷，溫脾健胃，消腹脹，下氣寬膨，逐皮膚之風，辟鬼邪之氣，令人能食。可染髮及香身。製法：去柄及皺皮，酒蒸，細杵用。

明・李中立《本草原始》卷二　蓽澄茄　始生佛誓國，今廣州亦有之。春夏生葉，青滑可愛，結實似梧桐子及蔓荊子微大，八月、九月採之。一名毗陵茄子，皆番語也。氣味：辛，溫，無毒。主治：下氣消食，去皮膚風，心腹間氣脹，令人能食。療鬼氣，能染髮及香身。○治一切冷氣，痰澼，并霍亂吐瀉，肚腹痛，腎氣膀胱冷，暖脾胃，止嘔吐噦逆。

【圖略】珣曰：胡椒生南海諸國。向陰者為澄茄，向陽者為胡椒。按《廣志》云：生諸海國，嫩胡椒也。青時就樹採摘造之。柄粗而蒂圓。修治：去柄酒浸，晒乾杵碎用。

《壽域神方》：蓽澄茄、白豆蔻等分，為末，乾舐之，治噎食不納，效。

明・張懋辰《本草便》卷一　蓽澄茄　味辛，氣溫，無毒。主下氣消食，心腹冷痛，霍亂吐瀉，腎氣膀胱冷。

明・顧逢柏《分部本草妙用》卷六兼經部・溫瀉　蓽澄茄　辛，溫，無毒。酒浸蒸之，杵晒用。主治：下氣消食，去皮膚風，心腹氣脹，冷氣痰澼，霍亂吐瀉，腎氣膀胱冷，暖脾止嘔。

明・施永圖《本草醫旨・食物類》卷三　蓽澄茄凡採得，去柄及皺皮了，用酒浸蒸之，從巳至酉，杵細，晒乾入藥用。實　味辛，溫，無毒。治：下氣消食，去皮膚風，心腹間氣脹，令人能食。療鬼氣，能染髮及香身。治一切冷氣痰澼并霍亂吐瀉，肚腹痛，腎氣膀胱冷。暖脾胃，止嘔吐噦逆。

附方　脾胃虛弱：胸膈不快，不進飲食，用蓽澄茄為末，薑汁打神麴和丸梧子大。每薑湯下七十丸，日二服。噎食不納：蓽澄茄、白豆蔻等分，為末，乾舐之。反胃吐食：吐出黑汁，治不愈者，用蓽澄茄為末，米糊丸梧子大。每薑湯下三四十丸，日一服。愈後，服平胃散三百帖。傷寒欬逆：用蓽澄茄、高良薑各等分，為末，每服二錢，水六分，煎十沸，入酢少許，服之良。痘瘡入目：蓽澄茄末，吹少許入鼻中，三五次效。鼻塞不通：用蓽澄茄半兩，薄荷葉三錢，荊芥穗一錢半，為蜜丸芡子大。時時含嚥。

明・施永圖《本草醫旨・食物類》卷三　櫻桃　味甘，熱，濇，無毒。多食令人吐。有暗風人不可食，食之立發。傷筋骨，敗血氣，有寒熱病人不可食。治：調中，益脾氣，令人好顏色，美志。止洩精，水穀痢。小兒食之過多，無不作熱，櫻桃屬火，性大熱而發濕，舊有熱病及喘嗽者，得之立病，且有死者也。葉　味甘，平，無毒。煮老鵝易軟熟。治蛇咬，擣汁飲，并傳之。東行根　治：煮汁服，立下寸白、蚘蟲。　枝　治：　雀卵斑䵟，同紫萍、牙皂、白梅肉研和，日用洗面。　花　治：　面黑粉滓。

清・穆石匏《本草洞詮》卷六　畢澄茄　亦胡椒類。氣味辛溫，無毒。暖脾胃，止嘔吐噦逆，能染髮及香身。

清・劉雲密《本草述》卷一九　畢澄茄　珣曰：　生南海諸國，向陰者為澄茄，向陽者為胡椒。　時珍曰：　海南諸番皆有之。蔓生，春開白花，夏結黑實，與胡椒一類二種，正如大腹之與檳榔相近耳。　結實似梧桐子，微大，柄粗而蒂圓。

實：　氣味：　辛，溫，無毒。　珣曰：　辛，苦，微溫。　主治：　下氣消食藏器。治一切冷氣，痰澼日華子。暖脾胃，止嘔吐，噦逆時珍。并霍亂吐瀉，腹痛，及腎氣膀胱冷日華子。　方書主治：　傷勞倦，暴嗽，瘻證，不能食，諸逆衝上及氣證，腹痛脹滿，消瘴喘，鼻塞。

附方　反胃吐食，吐出黑汁，治不愈者，用畢澄茄為末，米糊丸梧子大，每薑湯下三四十丸，日一服，愈後服平胃散三百帖。有一吐黑水，水中又有似綠草者，予以為腎肝陽虛極，而見本臟之色也。茲方以此味治吐黑水者，則予之言不妄也。傷寒呃逆，日夜不定者，用畢澄茄、高良薑各等分，為末，每服二錢，水六分，煎十沸，入酢少許，服之。

按：　此屬寒證陰盛呃逆，可投之。　如屬陽逆者，投之則危，須審之。　鼻塞不通，肺氣上攻而致者，畢澄茄丸用畢澄茄半兩，薄荷葉三錢，荊芥穗一錢半，為末，蜜丸芡子大，時時含咽。

愚按：　畢澄茄《類》言與胡椒同其主治，然其溫脾胃同，而療腎氣膀胱冷者少類於蜀椒；　下氣同，而治陰逆下氣塞者少類於吳萸。　投劑者亦宜知所用之。

又按：　此味在日華子言其治腎氣膀胱冷，而嚴用和《濟生方》治脾胃虛弱，胸膈不快，不進飲食，是則益脾胃令人能食者，其本在於能暖腎與膀胱之氣也。　雖然，暖腎氣之味，固上得而益中土，並及中土陽虛之病矣，然何以多治逆土諸證而氣能下也？　得母以其向陰者為澄茄，的如李珣之說乎？　果若是，似當以暖腎及膀胱氣為首功，何諸本草俱未澄敘至此耶？　然閱方書各證之用，是由下焦及中焦、上焦而直通天者，謂非根於極下，何能際於極上乎？　故温補而下氣，為此味兼長，然方書主治，皆因證而分用其所長也。有只用其補益，則逐隊於温補諸劑，如傷勞倦致腎氣虛，治以菟絲子丸是也。　又用此丸以療腎虛之暴嗽，是即以温補腎元而下氣者也。　又如足陽明胃虛，而宗筋無所養遂成痿者，治之以藿香養胃湯。　是亦同於溫補中土之劑以為功，而不及於下氣者也。　又如治不能食之育氣湯，用以通流百脈，調暢脾元，補中脘，益氣海，祛陰寒，止腹痛，進飲食，此逐隊於溫補諸味，而亦稍稍藉助於下氣者也。　又如諸逆衝上之證，氣急甚而不能眠卧者，沉附湯用附子為君，此味同於沉香、辣桂，以補陽而歸之，却少借香附助其下行，是亦同於以補為下氣者也。　至如青木香丸之治胸膈噎塞，氣滯不行，嘔噦痰逆，不思飲食，其責效在同於下氣之劑，但借此味助故紙以歸腎氣而行之，為諸下氣者之樞也。　雖然，此味之用，原取其以温為補者，故外傷於寒，及內虛為寒者，乃其的對，如麻黄草豆蔻丸之治腹痛，因於季秋客寒犯胃者，立方以透陽散寒，溫中理胃，升清降濁，以導逆滯，且少用活血之味，因於寒也，則入此味於內，其温補而又兼下氣者可知矣。又如中滿分消湯之治寒脹，以溫中下寒逆為君，以祛痰行氣為臣，而佐之辛熱以益腎氣，理中氣，却有升清降濁之味，導其氣之滯，且連、蘗攙入於內以瀉寒不即散，而鬱氣所化之熱，俾之從辛熱以消，是則用澄茄於此方中，葢不專取其溫補，而更藉其下氣矣。　第二證俱病於寒，俱病於中土，而投劑之異同，不可条乎？　更有生津甘露飲子，治膈消大渴，飲水無度，舌上赤裂，小便數，故方折熱補氣，以石膏之甘寒為君，以連、蘗、梔子、知母苦寒者瀉熱補水為臣，以當歸、杏仁、麥冬、全蝎、連翹、白葵花、蘭香甘寒和血潤燥為佐，升、柴苦平行陽明少陽二經，澄茄、白蔻、木香、藿香反佐以取之，即此方治熱，而用寒兼入熱劑，前方治寒，用温而兼入寒劑，然皆不舍澄茄，則此味雖曰温補，然其於氣分似大能行而利之，有妙於寒熱之先者矣。　至於治喘之見晛丸，由傷於鹹冷飲食而病者，唯同溫散及破滯之劑以為功，又非溫補及下氣之義也。　雖然，即治鼻塞之畢澄茄丸，以思此味，則其歸腎而溫之以及膀胱者，乃陽出地中之義，故能極於極上以通天也。然則斯亦氣中之善物乎。

修治　去柄及皺皮，酒浸蒸半日，細杵。

清・蔣居祉《本草擇要綱目・熱性藥品》　畢澄茄生南海諸國。向陰者為澄茄，向陽者為胡椒。凡采得，去柄及皺皮子用。酒浸蒸之，從巳至酉，杵細晒乾，入藥用。

氣味：辛，溫，無毒。主治：下氣消食，去皮膚風，心腹間氣脹，令人能食。療鬼氣，能染髮及香身。治一切冷氣痰癖，并霍亂吐瀉，肚腹痛。腎氣膀胱冷，暖脾胃，止嘔吐噦逆。

清·李熙和《醫經允中》卷二〇　畢澄茄　酒浸蒸，杵晒用。　辛，熱，無毒。主治去皮膚風，心腹冷氣，暖脾止嘔。

清·张璐《本經逢原》卷三　蓽澄茄　辛，溫，無毒。　發明：　時珍曰，蓽澄茄，海南諸番皆有之，與胡椒一類兩種，正如大腹之與檳榔耳。珣曰：向陰生者為澄茄，向陽生者為胡椒。主治與胡椒相類，而熱性稍遜。治反胃吐出黑汁，諸藥不效，用此一味為丸，薑湯服之。痘瘡入目，為末，以少許吹鼻中，三五次效。鼻塞不通，用此半兩，同薄荷葉三錢、荊芥穗二錢半，蜜丸芡實大，時時含嚥之。但陰虛血分有熱，發熱欬嗽禁用。

清·汪啟賢等《食物須知·諸葷饌》　又種，蓽澄茄，柄粗，蒂圓，係嫩胡椒摘下青收。一云，向陽生者胡椒，向陰生者為蓽澄茄。化穀食，理逆氣多效；消痰癖，止嘔噦殊功。染鬚髮香身，逐鬼氣除脹。傷寒欬噫，亦每用之。

清·王子接《得宜本草·中品藥》　蓽澄茄　味辛。主治膀胱冷氣。得白荳蔻治噎食不納，得高良薑治寒呃，得薄荷、荊芥治鼻塞不通。

清·黃元御《玉楸藥解》卷一　蓽澄茄　味辛，氣溫。入足太陰脾、足陽明胃經。溫燥脾胃，消納水穀，能止脹痛，善除嘔吐。溫燥之性，甚宜脾胃寒濕，下氣降濁，進食消穀，治霍亂吐泄，反胃噎膈之病。酒浸炒用，形似胡椒。

清·汪紱《醫林纂要探源》卷二　畢澄茄　氣味功用同。一類二種。或云即胡椒之未成熟者。

清·嚴潔等《得配本草》卷六　畢澄茄　辛，微溫。入足太陽經氣分。散膀胱冷氣，祛脾胃寒邪。得豆蔻仁，治噎食。寒氣去也。配荊芥、薄荷，治鼻塞。風寒在肺。佐良薑，治寒呃。去柄及皺皮用。酒浸蒸曬乾，或酒拌炒用。　虛熱者禁用。　麝香，治傷寒呃逆。

清·王龍《本草纂要稿·草部》　蓽澄茄　係嫩胡椒青時摘取。化穀食，理逆氣多效。消痰癖，止嘔噦殊功。

清·張德裕《本草正義》卷上　畢澄茄　辛，熱。治一切冷氣痰癖，霍亂吐瀉，肚腹痛疼，腎氣膀胱寒冷，暖脾胃，止嘔吐。

清·楊時泰《本草述鉤元》卷一九　蓽澄茄　與胡椒一類二種。海南諸番皆有之。蔓生，春開白花，夏結黑實，似梧子微大，柄粗而蒂圓。又一說，向陽者胡椒，向陰者為澄茄。

氣味辛、苦，微溫。下氣消食，治一切冷氣痰澼，暖脾胃，止嘔吐穢逆，并霍亂吐瀉腹痛及腎氣膀胱冷。方書治傷勞倦暴嗽，瘻證不能食，諸逆衝上，腹痛脹滿，消癉喘、鼻塞。反胃吐食，吐出黑汁，治不愈者，用畢澄茄為末，米糊丸梧子大，每薑湯下三四十丸，日一服。愈後，服平胃散三百帖。一證吐黑水，水中有似綠草者，此肝腎陽虛極，而見木臟之色也，即茲方之治，可參。傷寒呃逆，日夜不定者，用畢澄茄、良薑各等分，為末，每服二錢，水六分，煎十沸，入醋少許服之。此屬寒證，陰盛呃逆也，如屬陽逆，投之則危，須審之。鼻塞不通，由肺氣上攻而致者，畢澄茄五錢、薄荷葉三錢、荊芥穗一錢半為末，蜜丸芡子大，時時含咽。

論：畢澄茄療腎氣膀胱冷，少類於蜀椒，治陰逆下氣塞，少類於吳萸，以溫為補，洵屬外傷於寒及內虛為寒之對藥。至於溫益脾胃，令人能良，其本在暖補腎與膀胱之氣也。夫暖腎氣，固益中土陽虛矣，何以又治逆上諸證，而反能下氣，得毋以其向陰而生，如李珣所說乎？閱方書各證之用，大約由下焦及中焦上焦而直通於天，至溫補下氣，當為此味兼長。觀治鼻塞之畢澄茄丸，則其歸腎而溫及膀胱也，乃陽出地中，所謂根於極下、際於極上者。方書用畢澄茄溫補下氣，如菟絲子丸，治傷勞倦致腎氣虛，并以療腎虛之暴嗽也。如藿香養胃湯，治陽明胃虛，宗筋無所養，遂成瘻證。又如育氣湯，治不能食，用以通流百脈，調暢脾元，補中脘，益氣海，祛陰寒，止腹痛，進飲食，此溫補而亦藉其稍助於下氣者也。如沉附湯，治諸逆衝上，氣急甚不能眠臥者，用附子為君，沉香、辣桂、澄茄補陽而歸之，少借香附助其下行。又如青木香丸，治胸膈噎塞，氣滯不行，嘔噦痰逆，不思飲食，其責效在同於下氣之劑，但借澄茄助故紙以歸腎氣而行之，為諸下氣者之樞也。至於中滿分消之治寒脹，以溫中下寒逆為君，祛痰行氣為臣，佐辛熱以益腎氣，理中氣，却有升清降濁之味，導其氣之滯，且入連、檗於中，以瀉寒不散而鬱化之熱，俾之從辛熱以消，此不專取其溫補，而更藉其下氣者也。更有生津甘露飲，治膈消大渴飲水無度，舌上赤裂，小便數。方中折熱補氣，用石膏為君，連、檗、知、梔瀉熱補水為臣，歸、杏、麥、翹、全蠍、白葵花、蘭香，和血潤燥為佐，升、柴行經，澄茄、白蔻、木藿反佐以取之。此方治熱用寒，兼入熱劑，前方治寒用溫，兼入寒劑，一皆不舍澄茄，然則此味雖曰溫補，其於氣分，似能行而利之，有妙於寒熱之先者矣。

修治：去柄及皺皮酒浸，蒸半日，細杵。

清・吳其濬《植物名實圖考》卷二五 畢澄茄 《開寶本草》始著錄。《圖經》云廣東亦有之，葉青滑，子似梧桐子。《海藥》以為即胡椒之嫩者。《廣西志》有山胡椒，或謂即畢澄茄也。

清・趙其光《本草求原》卷一三果之味部 畢澄茄 胡椒向陽生，此向陰生，一類二種。主治略同。更治反胃，吐黑綠水，肝腎寒也。為末，米糊丸。薑湯下。痘瘡入目，為末吹鼻。鼻塞，同荊芥穗、薄荷蜜丸，含咽，則肺氣下降。傷寒陰盛呃逆，同良薑為末，滾水入酢少許下。皆取其溫脾、胃、膀胱、腎冷、下氣而兼達上焦之陰塞也。

清・陳其瑞《本草撮要》卷二 畢澄茄 味辛，大熱，有毒，入足太陰、陽明經，功專治膀胱冷氣。得白豆蔻治噎食不納，得高良薑治寒呃，得薄荷、荊芥治鼻塞不通，得蓽茇為末，擦牙治齒浮熱痛。若蜈蚣螫傷，畢澄茄嚼敷即愈。畢澄茄即胡椒之大者，一類二種。胡椒殺魚肉鱉蕈毒，食料宜之。多食損肺發瘡。

山胡椒

宋・唐慎微《證類本草》卷七草部上品〔《唐本餘》〕 山胡椒 味辛，大熱，無毒。主心腹痛，中冷，破滯。所在有之。似胡椒，顆粒大如黑豆，其色黑，俗用有效。

明・蘭茂原撰，范洪等抄補《滇南本草圖說》卷八 山胡椒 氣味辛，大溫，無毒。主治：下氣溫中，去瘀，除藏腑中風冷，去胃口虛冷氣。亦除寒濕霍亂，吐瀉轉筋，服之最良。

明・蘭茂原撰，范洪等抄補《滇南本草圖說》卷五 山胡椒 氣味溫苦辛。入足太陰、足少陰二經。面寒疼痛，暖腰腎而興陽道。縮陽服之最良，並解汞毒。

明・蘭茂撰，清・管暄校補《滇南本草》卷下 山胡椒 性溫，味苦、辛。入脾腎二經。泡酒吃，治面寒疼痛，暖腰膝，壯陽道，治陽痿。

明・蘭茂《滇南本草》〔叢本〕卷中 山胡椒 味苦、辛，性溫。入脾腎二經。治面寒，暖腰膝，興陽道，治陽痿，泡酒服。

明・劉文泰《本草品彙精要》卷九 山胡椒 味辛，大熱，無毒。主心腹痛，中冷，破滯。所在有之。似胡椒，顆粒大如黑豆，其色黑，俗用有效。

明・姚可成《食物本草》卷一六味部・調飪類 山胡椒所在有之，似胡椒，色黑，顆粒大如黑豆。山胡椒，味辛，大熱，無毒。主心腹冷痛，破滯氣。

清・汪啟賢等《食物須知・諸葷饌》 山胡椒 所在俱生，顏色烏，顆粒略大。止痛破滯，俗用亦靈。

清・趙學敏《本草綱目拾遺》卷六木部 山胡椒 《百草鏡》：雲南木邦土司，出一種山胡椒，色黑顆大，主止痛破瘀。

清・吳其濬《植物名實圖考》卷一〇 山胡椒 長沙山坡有之。高二三尺，黑莖細勁，葉大如茉莉花葉而不光潤，面青背白，赭紋細碎；九月間結實如椒。

清・劉善述、劉士季《草木便方》卷二木部 見風消 見風消葉苦性寒，搜風敗毒清腫痊。風濕麻木筋骨疼，腰膝止痛生肌全。

木橿子

清・趙學敏《本草綱目拾遺》卷八諸蔬部 川薑 出川中。屈曲如枯枝，味最辛辣，絕不類薑形，亦可入食料用。包汝楫《南中紀聞》云：扶叢鄉猺人，擣木薑土茶餉余，受其木薑，作羹，味如茱萸醬，即此物也。味辛，性熱，治胃寒，散冷積寒澼痰氣。

清・吳其濬《植物名實圖考》卷六 木橿子 生黔中。獨莖長葉，高二三尺，如初生野雞冠花，梢端作穗，開花如水蘇輩，色淡紅，結小黑子。味辛辣如胡椒。黔山人植於圃隙、山足，採為食料。

野胡椒

清・吳其濬《植物名實圖考》卷三七 野胡椒 湖南長沙山阜間有之。樹高丈餘，褐幹密葉，幹上發小短莖，大小葉排生如簇，葉微似橘，葉面綠，背青灰色，皆有細毛，捫之滑軟；附莖春開白花；結長柄小圓實如椒，攢簇葉間，青時氣已香馥。土人研以治氣痛，酒沖服。又一種枝幹全同，葉微小無實，俗呼見風消。

按《唐本草》，山胡椒所在有之。似胡椒色黑，顆粒大如黑豆。味辛，大熱，無毒。主心腹冷痛，破滯氣，俗用有效。《廣西通志》：山胡椒，夏月全州人以代茗飲，大能清暑益氣。或以為即畢澄茄。有一種野生不堪食。皆未述其形狀，未審是否一物。長沙別有一種山胡椒，大葉，秋深結實，與此異種。

酸角

明・蘭茂撰，清・管暄校補《滇南本草》卷上　酸餃　味苦、酸，平。治酒化為痰，隔於胃中。仝白糖煎膏，早晚服一錢，象最喜食，出夷人地者佳。

明・蘭茂撰，清・管暄校補《滇南本草》卷中　酸餃草　性寒，味酸，微澁。治久瀉，腸滑久痢，赤白休息，用沙糖同煎服。

明・蘭茂《滇南本草》〔叢本〕卷中　酸餕草　味酸，澀，性寒。止久瀉滑痢，赤白痢疾，或(體)〔休〕息痢。

明・李時珍《本草綱目》卷三二果部・味類　酸角雲南、臨安諸處有之。狀如猪牙皂莢，浸水和羹，酸美如醋。

明・姚可成《食物本草》卷一六味部・調飪類　酸角雲南臨安諸處有之。狀如猪牙皂莢，浸水和羹，酸美如醋。　酸角，味酸，平，無毒。主消毒，解腥穢氣，斂虛汗。

通血香

清・趙學敏《本草綱目拾遺》卷五草部下　通血香　出西洋，色如乾醬。治血症及肝血氣，入藥最良。

《百草鏡》云：出陝西，羊羢客帶至杭貨賣。

臌脹：《救生苦海》：通血香一錢，取亞腰葫蘆一個，不去子膜，入香於內，再入酒煮，仍以所開之蓋合縫封固，以陳酒安鍋內，懸葫蘆於酒中，挨定勿令傾倒。將鍋蓋密，煮三炷線香為度，煮時，其香透屋牆之外，煮完，取出葫蘆內子膜并藥，烘乾為末，每服一錢，空心時酒下，間五日再服一錢，服盡葫蘆內藥，服五六錢即愈。此方出《廣筆記》，云治脾虛有溼者。

瘰癧：《良朋彙集》有治瘰癧內消方：紫背天葵一兩五錢，海藻、海帶、昆布各一兩，海螵蛸五錢，貝母、桔梗各一兩，通血香三錢，右藥為細末，酒糊為丸，桐子大，每服七十丸，食後溫黃酒送下。

痔漏通腸：《海藥秘錄》胡連追毒方：專治痔漏，不拘遠年近日，有漏或通腸及污泥孔出者，先用此方追盡膿血，後服黃連閉管丸，取效最穩。用胡黃連八錢，切片，薑汁拌炒，刺蝟皮一個，切片，炒黃為末，通血香八分，須用真者，研末，麝香二分，共和勻，軟飯為丸，麻子大，每服一錢，食前酒下，服藥後膿水反多，乃藥之功，勿懼可也。

黃連閉管丸：胡黃連淨末八錢，甲片麻油內煠黃五錢，石決明煅過五錢，真通血香六分，不可少，槐花五錢，共為細末，蜜丸麻子大，每服一錢，空心清米湯下，早晚二服，重者二十一日收功，此方不用刀鍼挂線之苦，誠起廢之良方也。如漏邊有硬肉突起者，加蠶繭二十一個，炒末和入，此方及遍身諸漏並治，屢試屢效。

臟連丸：治痔漏無論新久，但舉發便下血作痛，肛門墜重者，膿血不止，腫痛難坐者，並治。胡黃連淨末八兩，通血香錢半，用雄豬大腸盡頭一段長一尺二寸，溫湯洗淨，將連末及通血香灌入腸內，兩頭以白絲線紮緊，煮酒二斤半，新砂鍋內煮酒將乾為度，取起腸藥，各搗如泥，倘藥爛，曬一時復搗，為丸桐子大，每服七十丸，空心溫酒送下，久服除根。又名白銀定子，治漏有孔者，只須半月見功，神效。

三品一條鎗：白砒淨末一兩，白礬淨末二兩，明雄黃二錢四分，通血香八分，乳香一錢二分，先將砒礬研極細末，鐵杓熔成餅，入炭火煅，烟淨取出，去火毒，為末，和入雄黃，血香，乳香細末作錠子，成條插入漏內，直透裏痛處為止。每日上三次，至七日為止，半月瘡結而愈。如痛未痊，用生肌散收口可也。

生肌散治諸痔，諸瘡、腫毒收口，神速大妙。乳香、沒藥、海螵蛸，用三黃湯煮過，寒水石煅過，輕粉，龍骨煅，赤石脂煅，冰片各等分，共研細末，摻患處，外貼膏藥。

羅望子

明・李時珍《本草綱目》卷三一果部・夷果類　羅望子時珍曰：按《桂海志》云：出廣西。殼長數寸，如肥皂及刀豆，色正丹，內有二三子，煨食甘美。

鹽麩子

宋・唐慎微《證類本草》卷一四木部下品〔宋・馬志《開寶本草》〕　鹽麩子　味酸，微寒，無毒。除痰飲瘴瘧，喉中熱結喉痺，止渴，解酒毒黃疸，飛尸蠱毒，天行寒熱，痰嗽，變白，生毛髮。取子乾擣爲末食之，嶺南人將以防瘴。

樹白皮　主破血，止血，蠱毒，血痢，殺蚘蟲。並煎服之。

根白皮　主酒疸。擣碎，米泔浸一宿，平旦空腹溫服一二升。

葉如椿，生吳、蜀山谷。子秋熟爲穗，粒如小豆。上有鹽似雪，食之酸鹹止渴。一名叛奴鹽今附。

〔宋・掌禹錫《嘉祐本草》〕按：陳藏器云：子主頭風白屑效。日華子云：鹽麩葉上毬子，治中蠱毒，毒藥，消酒毒。根用並同。

〔宋・唐慎微《證類本草》〕陳藏器云：蜀人爲之酸桶。《博物志》云：酸桶，七月出穗，蜀人謂之主音，穗上有鹽著，可爲羹，亦謂之酢桶矣，吳人謂之爲鹽也。

宋・莊綽《雞肋編》卷上　初虞世《必用方》載官片大臘茶與白礬二物解百毒，以為奇絕。《本草》：茶、茗、荈、樣皆一種，俱無治毒之功。後見劍川僧志堅云：向遊閩中，至建州坤口，見土人競採鹽麩木葉，蒸擣置模中，為大方片。問之，云作郊祀官中支賜茶也。更無茶與他木。然後知此茶乃五倍子葉耳，以之消毒，固宜有效。五倍子生鹽麩木葉下，故一名鹽麩桃。衢州開化又名僊人膽。陳藏器云：蜀人謂之酸桷，又名醋桷。吳人呼烏鹽。按《玉篇》：構字皮秘切。云木名，出蜀中，八月中吐穗如鹽，可食，味酸美。《本草》云出吳蜀山。余疑五倍子乃吳構子聲誤而然耳。

宋・鄭樵《通志》卷七六《昆蟲草木略》　鹽麩子　曰叛奴鹽。蜀人曰酸桶，吳人曰烏鹽。其實秋熟，為穗，著粒如小豆，其上有鹽如雪，可以調羹。戎人亦用此，謂之木鹽，故有叛奴鹽之名。

宋・王介《履巉巖本草》卷中　五倍子苗　性溫，無毒。治咽候疼，發聲不出，不以多少，曒乾爲細末，入百藥煎一處，冷水元如彈子大，每服一元，噙化。

宋・王介《履巉巖本草》卷中　麩鹽子　味酸，微寒。除痰飲，瘴瘧，喉中熱結，喉痹，止渴，解酒毒，黃疸變白，生毛髮。取子乾搗爲末食之。

宋・陳衍《寶慶本草折衷》卷一四　鹽麩子皮附。一名叛奴鹽，一名烏鹽，一名酸桶，一名酢桶，一名主音。生吳蜀山谷，及嶺南。○秋熟採。味酸、鹹，微寒，無毒。○除痰飲瘴瘧，喉中熱結痹，止渴，解酒毒黃疸，飛尸蠱毒，寒熱痰嗽，乾擣末食之。嶺南人將以防瘴。子為穗粒，如小豆，上有鹽似雪。○陳藏器云：主頭風白屑。

附：木白皮。○主破血止血，蠱毒血痢，殺蚘蟲，並煎服之。

明・劉文泰《本草品彙精要》卷二一　鹽麩子無毒　植生。

鹽麩子：主除痰飲，瘴瘧，喉中熱結，喉痹，止渴，解酒毒，黃疸，飛屍，蠱毒，天行寒熱，痰嗽，變白，生毛髮。○樹白皮，主破血，止血，蠱毒，血痢，殺蛔蟲，並煎服。○根白皮，主酒疸。名醫所錄。【名】叛奴鹽。【苗】《圖經》曰：葉如椿，其子秋熟作穗，粒如小豆，上有鹽似雪，食之酸鹹，止渴。陳藏器云：蜀人謂之酸桶。《博物志》云：酸桶，七月出穗，上有鹽著，可爲羹。亦謂之酢桶。吳人名爲烏鹽是也。【地】《圖經》曰：生吳蜀山谷。【時】生：春生葉。採：七八月取子。【收】日乾。【用】子、根、皮。【質】類小豆。【色】白。【味】酸。【性】微寒，收。【氣】氣薄味厚，陰也。【臭】朽。【主】痰飲，喉痹。【製】乾搗末用。【治】療：陳藏器云：除頭風白屑。【合治】根白皮，搗碎合米泔浸一宿，平旦溫服一二升，治酒疸。【解】蠱毒、藥毒、酒毒。

明・王文潔《太乙仙製本草藥性大全》卷三《本草精義》　鹽麩子　一名叛奴鹽，蜀人謂之酸桶。生吳蜀山谷。葉如椿，五六月開白花。子秋熟爲穗，粒如小豆，上有鹽如雪，食之酸鹹，止渴，可以作羹。亦謂之酢桶，吳人謂之鹽也。

明・王文潔《太乙仙製本草藥性大全》卷三《仙製藥性》　鹽麩子　味緩，氣微寒，無毒。主治：子，除痰飲、瘴瘧，解酒毒，止渴。喉中結熱喉痹立解，天行寒熱痰嗽能祛。治黃疸而防瘴、蠆，蠱毒與飛尸。變白髮而生毛髮，去白屑而治頭風，子搗末以食之。樹白皮：主破血止血，祛蠱毒血痢。若殺蛔蟲，并煎服之。根白皮：主酒疸。補註：治中蠱毒酒毒，麩葉上毬子及根白皮，洗净剉細，用米泔浸一宿及平旦，去滓，空心溫服甚效。

明・李時珍《本草綱目》卷三二果部・味類　鹽麩子《開寶》校正自木部移入此。

【釋名】五構音倍。　鹽膚子《綱目》　鹽梅子同　鹽梂子同　木鹽《通志》　天鹽《靈草篇》　叛奴鹽《拾遺》　酸桶《拾遺》藏器曰：蜀人謂之酸桶，亦曰酢桶。吳人謂之鹽麩。戎人謂之木鹽。時珍曰：其味酸、鹹，故有諸名。《山海經》云：橐山多構木，郭璞注云：構木出蜀中，七八月吐穗，成時如有鹽粉，可以酢羹。即此也。後人譌爲五倍矣。

【集解】藏器曰：鹽麩子生吳、蜀山谷。樹狀如椿。七月子成穗，粒如小豆。上有鹽似雪，可爲羹用。嶺南人取子爲末食之，酸鹹止渴，將以防瘴。時珍曰：膚木即構木，東南山原甚多。木狀如椿。其葉兩兩對生，長而有齒，面青背白，有細毛，味酸。正葉之下，節節兩邊，有直葉貼莖，如箭羽狀。五六月開花，青黄色成穗，一枝纍纍。七月結子，大如細豆而扁，生青，熟微紫色。其核淡緑，狀如腎形。核外薄皮上有薄鹽，小兒食之，滇、蜀人采爲木鹽。葉上有蟲，結成五倍子，八月取之。詳見蟲部。《後魏書》云：勿吉國，水氣鹹凝，鹽生樹上。即此物也。别有鹹平樹、鹹草、酸角，皆其類也。附見于左。

子 【氣味】酸、鹹，微寒，無毒。鹽霜制汞、硫。 【主治】除痰飲瘴瘧，喉中熱結喉痹，止渴，解酒毒黄疸，飛尸蠱毒，天行寒熱，咳嗽，變白，生毛髮，去頭上白屑，擣末服之藏器。 生津降火化痰，潤肺滋腎，消毒止痢收汗，治風濕眼病時珍。

【發明】時珍曰：鹽麩子氣寒味酸而鹹，陰中之陰也。鹹能耎而潤，故降火化痰消毒；酸能收而濇，故生津潤肺止痢。腎主五液：入肺爲痰，入脾爲涎，入心爲汗，入肝爲淚，自入爲唾，其本皆水也。鹽麩、五倍先走腎、肝，有救水之功。所以痰涎、盗汗、風濕、下淚、涕唾之證，皆宜用之。

樹白皮 【主治】破血止血，蠱毒血痢，殺蚘蟲，并煎服之《開寶》。

根白皮 【主治】酒疸，擣碎，米泔浸一宿，平旦空腹温服一二升《開寶》。 諸骨鯁，以醋煎濃汁，時呷之時珍。

【發明】時珍曰：按《本草集議》云：鹽麩子根能軟鷄骨。岑公云：有人被鷄骨骾，項腫可畏。用此根煎醋，啜至三椀，便吐出也。又彭醫官治骨骾，以此根擣爛，入鹽少許，綿裹，以線繫定吞之，牽引上下，亦鈎出骨也。

明・鮑山《野菜博錄》卷三 五倍子樹 一名文蛤，一名百蟲倉。生山谷中。葉似椿樹葉，無花，結實如拳，内多小蟲。其味苦酸，性平，無毒。

食法：採嫩葉煠熟，油鹽調食。

明・姚可成《食物本草》卷一六味部・調飪類 鹽麩子生吳、蜀山谷。樹狀如椿，七月子成穗，粒如小豆，上有鹽似雪，可調羹用。嶺南人取子為末食之，酸鹹止渴，將以防瘴。○李時珍曰：鹽麩子，東南山原甚多，木狀如椿，其葉兩兩對生，長而有齒，面青背白，有細毛，味酸。正葉之下，節節兩邊有直葉貼莖，如箭羽狀。五六月開花，青黄色成穗，一枝纍纍。七月結子，大如細豆而扁，生青，熟微紫色。其核淡緑，狀如腎形。核外薄皮上有薄鹽，小兒食之，滇、蜀人采為木鹽。葉上有蟲，結成五倍子，八月取之。《後魏書》云：勿吉國，水氣鹹凝，鹽生樹上。即此物也。别有（鹹）〔咸〕平樹、鹹草、酸角，皆其類也。詳見於左。

鹽麩子 味酸、鹹，微寒，無毒。主除痰飲瘴瘧，喉中熱結，喉痹，止渴，解酒毒，黄疸，飛尸蠱毒，天行寒熱欬嗽，變白生毛髮，去頭上白屑，擣末服之。生津降火，化痰潤肺，滋潤水臟，消毒治痢，收汗，治風溼眼病。

根白皮 治諸骨鯁，以醋煎濃汁時呷之。曾有人被雞骨鯁，用此法治之，啜至三椀，便吐出也。

明・顧逢柏《分部本草妙用》卷七兼經部・寒瀉 鹽麩子釋名五倍 酸、鹹，微寒，無毒。入肝腎二經。 主治：除痰飲瘴瘧，喉中熱結喉痺，止渴，解酒毒，天行寒熱欬嗽，生津降火，潤肺滋腎，消毒治痢，收汗，風濕，眼病諸疳。 鹽麩子氣寒，味酸鹹。鹹能軟而潤，故降火化痰，解毒。酸能收而澀，故生津潤肺，止痢。腎主五液，入肺為痰，入脾為涎，入心為汗，入肝為淚，自入為唾，其本皆水也。鹽麩五倍，先走腎肝，有救水之功，所以痰涎、盗汗、風濕之證，皆宜用之。

明・施永圖《本草醫旨・食物類》卷三 鹽麩子粒如小豆，上有鹽似雪，可為羹用。嶺南人取子為末，食之酸鹹止渴，將以防瘴。 子 味酸、鹹，微寒，無毒。治：除痰飲瘴瘧，喉中熱結，喉痹，止渴，解酒毒，黄疸，飛尸蠱毒，天行寒熱，咳嗽。變白生毛髮，去頭上白屑，擣末服之。生津降火，化痰潤肺，滋腎消毒，止痢收汗，治風濕眼病。氣寒味酸而鹹，陰中之陰也，鹹能耎而潤，故降火化痰消毒。酸能收而澀，故生津潤肺止痢。腎主五液，入肺為痰，入脾為涎，入心為汗，入肝為淚，自入為唾，其本皆水也。鹽麩、五倍先走腎肝，有救水之功，所以痰涎、盗汗、風濕、下淚涕唾之證，皆宜用之。 樹白皮 治：破血止血，蠱毒血痢，殺蚘蟲，并煎服之。

根白皮 治：酒疸，擣碎，米泔浸一宿，平旦空腹一二升。諸骨鯁，以醋煎濃汁，時呷之。有人被雞骨骾，項腫可畏，用此根煎醋，啜至三碗，便吐出也。又彭醫官治骨骾，以此根搗爛，入鹽少許，綿裹以線繫定吞之，牽引上下，亦鈎出骨也。

清・劉雲密《本草述》卷一九 鹽麩子 樹狀如椿子，七月結子，粒如小豆而扁，生青熟微紫色，其核淡綠，狀如腎形，核外薄皮上有薄鹽，小兒食之，滇蜀人采為木鹽。葉上有蟲結成五倍子。八月采之。

子 氣味：酸、鹹，微寒，無毒。 主治：生津降火，化痰潤肺，滋腎消毒，止痢收汗，治風溼眼病。時珍。

時珍曰：鹽麩子氣寒味酸而鹹，陰中之陰也。鹹能耎而潤，故降火化痰消毒。酸能收而濇，故生津潤肺止痢。腎主五液，入肺為痰，入脾為涎，入心為汗，入肝為淚，自入為唾，其本皆水也。鹽麩、五倍先走腎肝，有救水之功，所以痰涎、盗汗、風溼下淚、涕唾之證，皆宜用之。

未盡之義，詳五倍子、百藥煎。愚按下。

清・汪紱《醫林纂要探源》卷三 鹽麩子 鹹，酸，寒。鹽麩木略似桑，生子成穗如苧，子甚繁衍，色青而有白霜，小兒喜採而吮食之。功用略同。不能及五倍子之斂固。

清・楊時泰《本草述鉤元》卷一九 鹽麩子 此樹七月結子，粒如小豆而扁，生青熟微紫，其核淡綠，形狀如腎，核外薄皮上有薄鹽，滇蜀人采為木鹽。葉上有蟲，結成五倍子。八月采之。

氣味酸、鹹，微寒。陰中陰也。主治生津降火，化痰潤肺，滋腎消毒，止痢收汗，治風濕眼病。鹹能耎而潤。故降火化痰消毒。酸能收而濇。故生津潤肺止痢。腎主五液，入肺為痰，入脾為涎，入心為汗，入肝為淚，自入為唾，其本皆水也，鹽麩、五倍，先走腎肝，有救水之功，所以痰涎、盜汗、風濕、下淚、涕唾之證，皆宜用之瀕湖。未盡之義，詳五倍子、百藥煎條下。

清・吴其濬《植物名實圖考》卷三五 鹽麩子 《開寶本草》始著錄。江西、湖南山坡多有之。俗呼枯鹽萁。俚方習用其蟲，謂之五倍子。

清・劉善述、劉士季《草木便方》卷二木部 五棓樹 五棓白皮酸醎寒，破止血痢骨骾餐。子葉同功療喉痹，除痰瘴瘧殺蚘疳。酒疸止渴消蠱毒，風濕眼病咳嗽安。

清・戴葆元《本草綱目易知錄》卷三 鹽麩子 酸、鹹，微寒。生津降火，潤肺化痰，止唾滋腎，收汗止痢，止渴消毒。除痰飲瘴瘧，解酒毒，黄疸，飛絲，蠱毒。天行寒熱，咳嗽，喉中熱結喉痹，風濕眼疾。生毛髮，去頭白屑，擣末服之。

鹹草

明・李時珍《本草綱目》卷三二果部・味類 鹹草 扶桑東有女國，産鹹草。葉似邪蒿，而氣香味鹹，彼人食之。

明・姚可成《食物本草》卷一六味部・調飪類 鹹草扶桑之東有女國，産鹹草。葉似邪蒿而氣香味鹹，彼人食之。 鹹草，味鹹，平，無毒。食之，療癭瘤結塊。

鹹平樹

明・李時珍《本草綱目》卷三二果部・味類 鹹平樹 真臘國人，不能爲酸，但用鹹平樹葉及莢與子爲之。

明・姚可成《食物本草》卷一六味部・調飪類 鹹平樹出真臘國。彼人不能為酸，但用鹹平樹葉及莢與子入食物中，取其味也。 鹹平樹葉，味酸，平，無毒。主益腎利水，降肺氣。

醋林子

宋・唐慎微《證類本草》卷三〇外木蔓類〔宋・蘇頌《本草圖經》〕 醋林子 出邛州山野林箐中。其木高丈餘，枝條繁茂，三月開花色白，四出。九月、十月結子，纍纍數十枚成朵，生青熟赤，略類櫻桃而蒂短。味酸，性溫，無毒。善療蚘咬心痛及痔漏下血，并久痢不差。尤治小兒疳，蚘咬心，心腹脹滿，黄瘦，下寸白蟲。單擣爲末，酒調一錢匕，服之甚效。又土人多以鹽醋收藏，以充果子食之，生津液，醒酒，止渴。不可多食，令人口舌麄拆。及熟採之陰乾，和核同用。其葉味酸。夷獠人採得，入鹽和魚鱠食之，勝用醋也。

明・劉文泰《本草品彙精要》卷四一 醋林子無毒 植生。

醋林子： 療蚘咬心痛及痔漏下血，并久痢不瘥。尤治小兒疳，蚘咬心腹脹滿，黄瘦，下寸白蟲，單擣爲末，酒調一錢匕，服之甚效。出《圖經》。

〔苗〕《圖經》曰： 其木高丈餘，枝條紫茂，三月開花，色白，四出，九月、十月結子，累累數十枚成朵，生青熟赤，略類櫻桃而蒂短。彼土人多以鹽醋收藏以充果，食之生津液，醒酒，止渴。及熟採之，陰乾，和核用。其葉味酸，夷獠人採得，入鹽和魚鱠食之，勝用醋也。〔地〕《圖經》曰： 出邛州山野林菁中。〔時〕生： 春生葉。採： 無時取子。〔收〕陰乾。〔用〕子。〔色〕赤。〔味〕酸。〔性〕溫，收。〔氣〕氣厚於味，陽中之陰。〔禁〕不可多食，令人口舌麤折。

明・李時珍《本草綱目》卷三二果部・味類 醋林子《圖經》校正自外類移入此。

〔釋名〕時珍曰： 以味得名。 〔集解〕頌曰： 醋林子，生四川邛州山野林箐中。木高丈餘，枝葉繁茂。三月開白花，四出。九月、十月子熟，纍纍數十枚成朵，生青熟赤，略類櫻桃而蒂短。熟時采之陰乾，連核用。土人以鹽、醋收藏充果食。其葉味酸，夷獠人采得，入鹽和魚鱠食，云勝用醋也。

實 〔氣味〕酸，温，無毒。 〔主治〕久痢不瘥，及痔漏下血，蚘咬心痛，小兒疳蚘，心腹脹滿黄瘦，下寸白蟲，單擣爲末，酒服一錢匕甚效。鹽、醋藏者，食之生津液，醒酒止渴。多食，令人口舌粗拆也蘇頌。

明・施永圖《本草醫旨・食物類》卷三 醋林子生四川邛州山野，土人以鹽、醋收藏，充果食。其葉味酸，夷獠人采得，入鹽和魚食，〔云勝〕用醋也。 實 味酸，溫，無毒。治：久痢不瘥及痔漏下血，蚘咬心痛，小兒疳蚘，心痛脹滿，黄瘦，下寸白蟲，單擣為末，酒服一錢匕，甚效。鹽醋藏者，食之生津液，醒酒，止渴。多食令人口舌粗折也。

清·吴其濬《植物名實圖考》卷三五 醋林子 宋《圖經》收之。《廣西志》：似櫻桃而細。

茶

唐·孫思邈《千金要方》卷二六《食治·菜蔬》 茗葉 味苦、鹹、酸，冷，無毒。可久食，令人有力，悦志，微動氣。黄帝云：不可共韭食，令人身重。

宋·唐慎微《證類本草》卷一三木部中品〔唐·蘇敬《唐本草》〕 茗、苦𣘻 茗，味甘、苦，微寒，無毒。主瘻瘡，利小便，去痰熱，渴，令人少睡。春採之。

苦𣘻，主下氣，消宿食。作飲，加茱萸、葱、薑等良。

〔唐·蘇敬《唐本草》〕注云：《爾雅·釋木》云：檟，苦𣘻。注：樹小似梔子。冬生葉，可煮作羹飲。今呼早採者爲茶，晚取者爲茗，一名荈，蜀人名之苦荼。生山南漢中山谷。

〔宋·馬志《開寶本草》〕按：陳藏器《本草》云：茗，苦𣘻，寒。破熱氣，除瘴氣，利大小腸。食之宜熱，冷即聚痰。𣘻是茗嫩葉，擣成餅，並得火良。久食令人瘦，去人脂，使不睡。《唐本》先附。

〔宋·蘇頌《本草圖經》〕曰：茗、苦𣘻，舊不著所出州郡，今閩浙、蜀荆、江湖、淮南山中皆有之。《爾雅》所謂檟，苦𣘻。郭璞云：木小似梔子。冬生葉，可煮作羹飲。今呼早採者爲茶，晚取者爲茗。茗、荈，蜀人謂之苦荼是也。今通謂之茶。茶、荼聲近，故呼之。春中始生嫩葉，蒸焙去苦水，末之乃可飲。與古所食，殊不同也。《茶經》曰：茶者，南方佳木。自一尺、二尺至數十尺，其巴川峽山有兩人合抱者，伐而掇之。木如爪蘆，葉如梔子，花如白薔薇，實如栟櫚，蒂如丁香，根如胡桃。其名一曰茶，二曰檟，三曰蔎音設，四曰茗，五曰荈。又曰：茶之別者，有枳殼芽，枸杞芽，枇杷芽，皆治風疾。又有皂莢芽，槐芽、柳芽，乃上春摘其芽和茶作之。故今南人輸官茶，往往雜以衆葉。惟茅蘆，竹箬之類不可入，自餘山中草木芽葉，皆可和合，椿、柿尤奇。真茶性極冷，惟雅州蒙山出者，温而主疾。《茶譜》云：蒙山有五頂，頂有茶園，其中頂曰上清峰。昔有僧人病冷且久，遇一老父謂曰：蒙之中頂茶，當以春分之先後，多構人力，俟雷之發聲，并手採摘，三日而止。若獲一兩，以本處水煎服，即能祛宿疾；二兩當限前無疾；三兩可以換骨，四兩即爲地仙矣。其僧如說，獲一兩餘，服未盡而病差。其四頂茶園，採摘不廢。惟中峰草木繁密，雲霧蔽虧，鷙獸時出，故人跡不到矣。近歲稍貴此品，製作亦精於他處。其性似不甚冷，大都飲茶，少則醒神思，過多則致疾病。故《唐母景茶飲·序》云：釋滯消壅，一日之利暫佳；瘠氣侵精，終身之累斯大是也。

〔宋·唐慎微《證類本草》〕《食療》云：茗葉，利大腸，去熱解痰。煮取汁，用煮粥良。又，茶主下氣，除好睡，消宿食，當日成者良。蒸、擣經宿，用陳故者，即動風發氣。市人有用槐、柳初生嫩芽雜之。《外臺秘要》：治卒頭痛如破，非中冷，非中風，其病是胸膈有痰，厥氣上衝所致，名爲厥頭痛。吐之即差。單煮茗，作飲二三升，適冷暖，飲一二升，須臾吐，吐畢又飲，能如此數過，劇者須吐膽汁乃止，不損人，待渴即差。《食醫心鏡》：主赤白痢及熱毒痢。好茶一斤，炙擣末，濃煎一二盞喫，差。如久患痢，亦宜服。又主氣壅暨腰痛轉動不得。煎茶五合，投醋二合，頓服。《經驗方》：治陰囊上瘡。用蠟麵茶爲末，先以甘草煎水，洗後用貼，妙。《兵部手集》：治心痛不可忍，十年、五年者。煎湖州茶，以頭醋和，服之良。《勝金方》：治蠼螋尿人成瘡，初如糝粟，漸大如豆，更大如火烙漿疱，疼痛至甚。速用草茶并蠟茶俱可，以生油調傅上，其痛藥至立止，妙。

〔宋·陳承《重廣補注神農本草并圖經》〕別説云：謹按：《唐本》注引《爾雅》云：葉可作羹，恐非此也。其嫩者是今之茶芽，經年者又老鞕，二者安可作羹，是知恐非此。《圖經》：今閩浙、蜀荆、江湖、淮南山中皆有之，然則性類各異。近世蔡襄蜜學所述極備。閩中唯建州北苑數處産此，性味獨與諸方略不同。今亦獨名臘茶，研治作餅，曰得火愈良。其他者或爲芽、葉，或爲末收貯，微若見火便更，不可久收，其色味皆敗。唯鼎州一種芽茶，其性味略類建州，今京師及河北、京西等處磨爲末，亦冒臘茶名者是也。近人以建茶治傷暑，合醋治泄瀉，甚效。則餘者皆可比用信之。其不同者多矣。今建州上供品第，備見《茶經》。

宋·李昉《太平御覽》卷八六七 茗 《爾雅》曰：檟，苦茶。樹小似梔子，冬至生葉，可煮羹飯。今早採者為茶，晚採者為茗。一名荈。蜀人名為苦茶。《博物志》曰：飲真茶，令少眠睡。《神農食經》曰：茶茗宜久服，令人有力悦志。《本草》曰：茗，苦茶。味甘、苦，微寒，無毒。主瘻瘡，利小便，少睡，去痰渴，消宿食。冬生益州川谷，山陵道傍，凌冬不死。三月三日採，乾。

華佗《食論》曰：苦茶，久食益意思。壺居士《食忌》曰：苦茶，久食羽化。與韭同食，令人身重。陶弘景《新録》曰：茗茶，輕身換骨。丹丘子、黄山君服之。王浮《神異記》曰：餘姚人虞洪入山采茗，遇一道士牽三青牛，引洪至瀑布山，曰：吾丹丘子也，聞子善具飯，常思見惠，山中有大茗，可以相給，祈子他日有甌蟻之餘，不相遺也。因立奠祀，後令家人入山，獲大茗焉。《廣志》曰：茶叢生，直煮飲為茗茶。茱萸、檄子之屬，膏煎之，或以茱萸煮脯，冒汁為之，曰茶。有赤色者，亦米和膏煎，曰無酒茶。《坤元録》曰：辰州溆浦縣，山上多茶樹。《括地圖》曰：臨城縣東北一百四十里，有茶山茶溪。《天台記》曰：丹丘出大茗，服之生羽翼。《夷陵圖經》曰：黄木女觀望州等山，茶茗出焉。《桐君録》曰：西陽、武昌、晉陵皆出好茗，巴東别有真香茗，煎飲令人不眠。又曰：茶花状似梔子，其色稍白。《茶陵縣圖經》曰：茶陵者，謂陵谷生茶茗。《本草拾遺》曰：臯盧茗〔苦平〕，作飲止渴，除疫，不睡，利水道，明目。生南海諸山中，南人極重之。《廣州記》曰：酉平縣出臯盧，茗之别名，葉大而澁，南人以為飲。《南越志》曰：茗，苦，澁。亦謂之過羅。陸羽《茶經》曰：茶者，南方嘉木，自一尺二尺，至數十尺。其巴川峽山，有兩合抱者，伐而掇之，其樹如瓜蘆，葉如梔子，花如白薔薇，實如栟櫚，蒂如丁香，根如胡桃。其名一曰茶，二曰檟，三曰蔎，四曰茗，五曰荈。周公曰：檟，苦茶。楊执戴云：蜀西南人謂茶曰蔎。郭弘農云：早取為茶，晚取為茗，一曰荈。蔎，音設。荈，昌兖切。其上者生爛石，中者生礫壤，下者生黄土。凡藝而不茂，法如種苽，三歲可採。陽崖陰林，紫者上，緑者次。笋者上，牙者次。葉卷者上，葉舒者次。凡採茶，在二月、三月、四月之間。茶之笋者，生爛石沃土，長四五寸，若薇蕨，始抽陵露采焉。茶之牙發於蘩薄之上，有三枝、四枝、五枝者，選中枝穎拔者采焉。其日〔有〕雨不採，晴有雲不採。蒸拍焙，穿封乾矣。有千類萬狀，鹵莽而言之。如胡人鞾者，蹙縮然；犎牛臆者，廉襜然；浮雲出山者，輪囷然；輕颷拂水者，涵澹然。有如陶家之子，羅膏土以水澄泚之。又如新治田者，過暴雨流潦之。經此，皆茶之精腴也。有如竹擇者，枝幹堅實，難於蒸擣，故其形簏簁上音離，下音師。如霜荷者，莖葉凋twelve，易其狀貌，故其狀萎萃然。此皆茶之堉老也。自采至於封曰七經，自胡鞾至於霜荷八等。《唐新語》曰：右補闕〔綦〕毋景博學，有著述才，性不飲茶，著《代茶飲序》，其畧曰：釋滯消壅，一日之利蹔佳，瘠氣侵精，終身之累斯大，獲益則歸功茶力，貽患則不謂茶災，豈非福近易知，（福）〔祸〕遠難見者乎？魏王《花木志》曰：茶葉似梔子，可煮為飲。其老葉謂之荈，嫩葉謂之茗。

唐・歐陽詢《藝文類聚》卷八二　茗　《爾雅》曰：檟，苦茶。早採者為茶，晚採者為茗。《吴志》曰：孫皓每饗晏坐席無能否，每率以七升為限，雖不悉入口，皆澆灌取盡。韋曜飲酒不過二升，初見禮異，密賜茶茗以當酒。《吴興記》曰：烏程縣西有温山，出御荈。《續搜神記》曰：晉孝武帝世，宣城人秦精，嘗入武昌山中採茗，忽見一人身長一丈，通體皆毛。精見之大怖，毛人徑牽其臂，將至山曲大叢茗處，放之便去。須臾復来，乃探懷中橘與精。精甚怖，負茗而歸。《異苑》曰：剡縣陳務妻少寡，與二兒為居。宅中先有古墳，每日作茗摶飯，輒先以著墳上，二子患之曰：古墓何知，徒以勞意，欲掘除之。母苦禁，乃止，夜即夢見一人，自説没來三百餘年，謬蒙惠澤，賢二子恒欲見毁，相賴保護，雖潛壤與朽骨，敢忘翳桑之報。明日晨興，於外屋得錢十萬，似久埋者，而貫皆新。提還告其兒，並有慙色，自是設饌愈謹。

賦　晉杜育《荈賦》曰：靈山惟嶽，奇産所鍾。厥生荈草，彌谷被岡。承豐壤之滋潤，受甘靈之霄降。月惟初秋，農功少休。結偶同旅，是采是求。水則岷方之注，挹彼清流，器澤陶簡，出自東隅，酌之以匏，取式公劉。惟兹初成，沫沉華浮，煥如積雪，曄若春敷。

宋・寇宗奭《本草衍義》卷一四　茗、苦樣　今茶也。其文有陸羽《茶經》、丁謂《北苑茶録》、毛文錫《茶譜》、蔡宗顏《茶山節對》，其説甚詳。然古人謂其芽爲雀舌、麥顆，言其至嫩也。又有新牙一發，便長寸餘，微麤如針。惟牙長爲上品，其根幹、水土力皆有餘故也。如雀舌、麥顆又下品，前人未盡識，誤爲品題。唐人有言曰：釋滯消壅，一日之利暫佳。斯言甚當，飲茶者宜原其始終。又晉溫嶠上表，貢茶千斤，茗三百斤。郭璞曰：早採爲茶，晚採爲茗。茗或曰荈，尺充切。葉老者也。

宋・鄭樵《通志》卷七六《昆蟲草木略》　茶　曰檟，曰蔎，曰荈。其芽曰茗。《爾雅》曰：檟，苦茶。《本草》云：茗，苦樣，其品最有優劣。薛能詩云：鹽損添宜戒，薑宜著更誇。茶而入薑鹽，則下品也。想薛能未知滿甌香雪之興，故云。

宋・劉明之《圖經本草藥性總論》卷下　茗苦樣茗，味甘，微寒，無毒。主瘻瘡，利小便，去痰熱渴。苦樣，主下氣，消宿食，作飲。加茱萸、葱、薑等良。陳藏器云：寒破熱氣，除瘴氣，利大小腸。食之宜熱，冷即聚痰。得火良。久食令人瘦，去人脂，使不得睡。《食療》云：茗葉，利大腸，去熱解痰，主下氣，消宿食。

宋・王介《履巉巖本草》卷下　草茶　味苦、甘，微寒，無毒。利小便，去痰熱渴，令人少睡。和茶果乾嚼亦得。穀雨前採嫩葉，焙，味頗清新。比之建州、蒙頂等處，雖大不及，然與市人雜用槐柳初生嫩芽及他物僞真者，猶或庶幾焉。

宋・陳衍《寶慶本草折衷》卷一三　茗皂莢、槐、柳芽在內。○枳殼、枸杞、枇杷芽附。　一名荈，一名檟，一名蔎，一名草茶，乃老茶葉也。○所出與苦𣘻同。○晚春採，蒸焙乾。○得火良。○荈，尺兗切；蔎，音設；茶，除加切。

味甘、苦，微寒，無毒。○主瘻瘡，利小便，去痰熱渴，令人少睡。○《圖經》曰：冬生葉，晚採一作取者為茗。又有皂莢芽、槐芽、柳芽，春摘和茶作之。今茶往往雜以衆葉。

附：枳殼芽、枸杞芽、枇杷芽。○皆治風疾，又茶之別者也。

新分苦𣘻　一名茶。除加切，下同。乃嫩茶葉也。生山南山谷，及漢中、閩浙、巴蜀、荊淮、峽、河北、京西及湖、鼎州園中。生建州北苑者，名建茶。生江南諸郡者名江茶。○並早春採，蒸焙乾。碾製成餅者名蠟一作臘茶。○一名蠟面茶。○並得火良。

味甘、苦，冷，無毒。○主下氣，消宿食。作飲，加茱萸、葱、薑良。自前條分。○《圖經》曰：冬生葉，早採者為茶與𣘻同。性冷。惟雅州蒙山出者，溫而主疾，當春分之先後，多聚人力，俟雷發聲，並手採摘，三日而止。○《雅州圖志》云：蒙頂有茶，受陽氣全，故芳香，謂之甘露茶。○《經驗方》：治陰瘡，用蠟面茶末，先以甘草煎水洗，後用貼。○別說云：建茶治傷暑，合醋治泄瀉甚效。○寇氏曰：古人謂其芽為雀舌、麥顆，言其至嫩也。又有新芽，一發便長寸餘，如針，惟芽長為上品。如雀舌、麥顆，又下品也。

續說云：茗之與𣘻，同出一本，均為茶除加切耳。以茗老味澀，不及嫩𣘻之和美，故重𣘻而輕茗也。《楊氏方》治湯火傷瘡，研蠟茶末，用煮酒脚調傅。《謝公方》治盛夏初患純血赤熱痢，亦以此末和陳白梅肉，元如小彈子，以井華水化破調下。及暴感風邪頭痛項強，亦宜細茶入白梅，熱湯點服，俱有效焉。抑觀坡仙詠茶除加切，功敵千鍾，謂茶消酒昏醉者，啜之即爽快清醒。坡仙又言：茶除煩去膩，食肉滯於齒縫，漱之則消縮脫落。蓋嫩茶之真者然也。若夫破熱除瘴，利大小腸及生油調傅蠼螋尿人之瘡，則茗、茶通用。凡啜者，宜熱而少，不宜冷而多。故冷則停寒聚痰，多則消脂瘦體。

元・王好古《湯液本草》卷五　茗苦茶　氣微寒，味苦、甘，無毒。入手足厥陰經。《液》云：臘茶是也。清頭目，利小便，消熱渴，下氣消食，令人少睡。中風昏憒，多睡不醒宜用此。入手足厥陰。茗苦茶，苦甘，微寒，無毒。主瘻瘡，利小便，去痰熱渴，治陰證湯藥內，用此，去格拒之寒。及治伏陽，大意相似。茶苦，《經》云苦以泄之，其體下行，如何是清頭目。

元・尚從善《本草元命苞》卷六　茗、苦𣘻　茗甘、苦，微寒。主瘻瘡，利小便。除瘴氣，去痰熱滌渴，令人少睡。下氣兼消宿食。早採為茶，晚取曰茗。凡有五種，一曰茶，二曰檟，三曰蔎音設，四曰茗，五曰荈。採以春分。生山南漢中山谷，以蒙山頂上為真。

元・吴瑞《日用本草》卷八　茶　諸處皆有，惟建安、北苑、武夷數處產者，性味獨佳。若久食，令人瘦，肌膚消乏。春分以前採者為茗，已後採者為茶。凡飲者宜熱，冷則聚痰。主瘻瘡，去痰熱，止渴，令人少睡，除瘴氣，消宿食，利大小腸。○好茶炒煎飲之，治赤白痢及熱毒痢。○川芎、葱白，同茶煎服之，止頭痛。○茱萸、葱、薑同煎，能下氣消宿食。

元・徐彦純《本草發揮》卷三　茗　潔古云：茶苦，為陰中之陽，所以清頭目。海藏云：清頭目，利小便，消熱渴，下氣消食，令人少睡。中風昏憒，多睡不醒，宜用。此入手足厥陰經，治陰證湯藥內用此，與去格拒之寒，及治伏陽，大意相似。茗味苦。《經》云：苦以泄之。其體下行，如何是清頭目？

明・朱橚《救荒本草》卷下之前　茶樹　《本草》有茗、苦𣘻與茶字同。《圖經》云生山南漢中山谷，閩、浙、蜀、荊、江湖、淮南山中皆有之。惟建州北苑數處產者性味獨與諸方不同。今密縣梁家衝山谷間亦有之。其樹大小皆類梔子，春初生芽，為雀舌麥顆，又有新芽一發，便長寸餘，微麄如針，漸至環腳軟枝條之類，葉老則似水茶臼葉而長，又似初生青岡橡葉而小，光澤。又云：冬生葉，可作羹飲。世呼早採者為𣘻與茶字同，晚取者為茗，一名荈音喘，蜀人謂之苦𣘻，今通謂之茶。茶，荼，聲近，故呼之又有研治作餅，名為臘茶者。味甘、苦，性微寒，無毒。加茱萸、葱、薑等良。又別有一種，蒙山中頂上清峰茶，云春分前後多聚人力，候雷初發聲，併手齊採，若得四兩服之，即為地仙。　救飢：採嫩葉或冬生葉，可煮作羹食，或蒸焙作茶皆可。　治病：文具《本草》木部茗苦𣘻條下。

明・蘭茂原撰，范洪等抄補《滇南本草圖説》卷一〇 滇中茶葉 氣味微寒，平。主治：下氣消食，去痰除熱，解煩渴。並解大頭瘟，天行時症。此茶之鉅功，人每以其近而忽之。

明・王綸《本草集要》卷四 茗、苦𣗪今茶也。早採者為茶，晚採者為茗。味甘苦，氣微寒，無毒。入手足厥陰經。主瘻瘡，清頭目，利小便，去痰熱渴，下氣，消宿食，去人脂，令人少睡。作飲，加茱萸、葱、薑等良。《茶飲序》云：釋滯消壅，一日之利暫佳。瘠氣侵精，終身之累斯大。赤白痢，對和黄連半兩，生薑一兩，點服效。諸爛瘡及湯火瘡，細嚼傳貼，或為末，香油調傅妙。目熱赤澀痛。嚼爛，貼目兩角，痛即止。

明・滕弘《神農本經會通》卷二 茗苦茶 早採者為𣗪，晚採者為茗，今通謂之茶。《湯液》云：茗，苦茶。一名蠟茶。

味甘、苦，氣微寒，無毒。《湯》云：入手足厥陰經。《疌》云：消痰熱渴，并治頭疼，療瘻瘡，清心下氣，兼利小便，澄化氣。

《本經》云：茗，苦𣗪，味甘、苦，微寒，無毒。主瘻瘡，利小便，去痰熱渴，令人少睡。春採之。苦𣗪，主下氣，消宿食。作飲加茱萸、葱、薑等良。陳藏器云：寒。破熱氣，除瘴氣，利大小腸。食之宜熱，冷即聚痰。𣗪是茗嫩葉，擣成餅，並得火良。久食令人瘦，去人脂，使不睡。《圖經》云：真茶性極冷，惟雅州蒙山出者溫。大都飲茶，少則醒神思，過多則致疾病。故唐母景《茶飲序》云釋滯消壅，一日之利暫佳；瘠氣侵精，終身之累斯大，是也。《別説》云：蔡襄密學所述極備。閩中唯建州北苑數處產此，性味獨與諸方略不同。今亦獨名蠟茶，研治作餅，日得火愈良。近人以建茶治傷暑，合醋治泄瀉甚効。今建州上供，品第備見《茶經》。《液》云：茗，苦茶，臘茶是也。清頭目，利小便，消熱渴，下氣消食，令人少睡。中風昏(憒)〔憒〕，多睡不醒，宜用此。入手足厥陰經。茗、苦茶，苦、甘，微寒，無毒。主瘻瘡，利小便，去痰熱渴，治陰(訂)〔證〕湯藥內用此，去格拒之寒，及治伏陽，大意相似茶苦。《經》云：苦以泄之，其體下行，如何是清頭目？劍云：茶茗苦消痰熱渴，清神能治卒頭疼。瘻瘡可療兼下氣，利小便令化氣澂。《局》云：苦茶元來即苦茶，旗鎗芽發勝仙葩。除痰下氣攻頭痛，宿食能消痢更佳。苦菜，主頭疼，痢生腹痛，同薑服。

明・劉文泰《本草品彙精要》卷一八 茗苦𣗪無毒 植生。

茗苦𣗪：主瘻瘡，利小便，去痰熱渴，令人少睡。○苦𣗪主下氣，消宿食，作飲加茱萸、葱、薑等良。名醫所錄。〔名〕茶、檟、蔎、茗、荈。〔苗〕《圖經》曰：茶乃南方佳木，高一二三尺，經冬不凋。臘月已結蓓蕾，春中抽芽。《爾雅》所謂檟，苦茶。釋云：早採者爲茶，晚採者爲茗。蜀人謂之苦茶，今通謂之茶。蓋茶、茶字相似而誤也。一種自一尺以至於數十尺，巴峽亦有，兩人合抱者，伐而掇之，其木如瓜蘆，葉如梔子，花如白薔薇，實如栟櫚，蒂若丁香，根似胡桃，其名有五，今人或以枸杞、槐柳等嫩芽雜和作茶，實能亂真。以此治病，功用大不相侔。建州等處所產，性味與別品尤勝，獨名臘茶，唯鼎州性味略類建州者。今河北等處磨末，亦冒臘茶入藥，唯以建州爲勝。又有蒙山五頂，其中頂曰上清峰，峻險，人跡少到，雲霧蔽虧，鷙獸時出，草木繁密，所產與他頂不同，春分先後俟雷發聲採者爲佳。此品製作精於他處，人所貴重，爲其性不甚冷，而卻病延年爾。謹按：古無茶茗之文，在禹則無貢，《周禮》亦不載，《爾雅》雖有檟、苦茶之名，而秦漢史傳亦無所稽。至唐陸羽輩著《茶經》等説而茶品始備，故貴于唐而與鹽並榷于宋也。世之昏禮納採，非茶不行。蓋取其種莳不可移植，以喻無再盟之義。然飲少則醒神思，過多則能致疾，故《茶飲序》云釋滯消壅，一日之利暫佳；瘠氣侵精，終身之累斯大是也。〔地〕《圖經》曰：出閩浙、蜀荊、江湖、淮南、鼎州山中皆有之。〔道地〕雅州蒙山、建州。〔時〕生：春初發萌。採：春分先後取芽。〔收〕曬乾。〔用〕葉。〔色〕青褐。〔味〕甘，苦。〔性〕微寒。〔氣〕氣味俱輕，陰中之陽。〔臭〕香。〔主〕清頭目，消熱渴。〔行〕手足厥陰經。〔治〕療：《圖經》曰：祛宿疾，釋滯，消壅。陳藏器云：破熱氣，除瘴氣，利大小腸。《湯液本草》云：清頭目，消熱渴，中風昏憒，多睡不醒，及瘻瘡。《別録》云：除痰下氣，消宿食，痰厥，頭痛如破，赤白痢，熱毒痢。〔合治〕合生油傅蠼螋尿著人成瘡疼痛。○水煎合醋，療氣壅暨腰痛轉動不得。○煎合醋服，治傷暑泄瀉及心痛不可忍者。〔禁〕宜熱飲，若冷啜則聚痰。久食令人瘦，去人脂，使不睡。〔贋〕枸杞、槐、柳等芽爲僞。

明・盧和、汪穎《食物本草》卷四味類 茶 晚採麄者曰茗，味甘、苦，微寒，無毒。主瘻瘡，利小便，去痰熱渴，令人少睡。早採細者曰茶，主下氣消食。已上《本草》所載。後代諸家及《茶經》《茶譜》《茶録》等書論悉備矣。近世人所用蒙山茶，性溫治病，因以名顯。其它曰宜興茶、陸安茶、東白山茶、神華山茶、龍井茶、閩臘茶、蜀苦茶、寶慶茶、廬山雲霧茶，俱以味佳得名。品類土產，各有所宜，性味不能無少異。大抵茶能清熱止渴，下氣除痰，醒睡，消食解膩，清頭目，利小便。熱飲宜人，冷飲聚痰，久飲損人，去人脂，令人瘦。又嘗聞一人好食燒鵝，日常不缺，醫者謂其必生脾肺癰疽，後卒不病。訪知此人每夜必啜涼茶一碗，解之故也。茶能解炙炒之毒，於此可見。

明・葉文齡《醫學統旨》卷八　茗、苦茶　氣微寒，味甘、苦，無毒。入手足厥陰經。早採者為茶，晚採者為茗。　治痰熱煩渴，下氣消食，清頭目，利小便，令人少睡，中風昏憒，多睡不醒宜用此。久食令人瘦，去人脂。《茶飲序》云：釋滯消壅，一日之利暫佳；瘠氣侵精，終身之累斯大。

明・許希周《藥性粗評》卷三　茶有旗鎗常警，睡魔遠遁。

茶，一名。郭璞云：早採為茶，晚採為茗。今通謂之茶。茶之見重於古人久矣。陸羽有《茶經》，毛文錫有《茶譜》，丁謂有《北(菀)〔苑〕茶錄》，蔡宗顏有《茶山節對》，好之者則有北(菀)〔苑〕先春，東吳瑞草之號，製之者則有湯煎蟹眼，屑碾龍芽之名，不一而足。凡以釋滯消壅，朝夕不可闕故也。樹高四五尺，葉如梔子，厚而微銳，春分前後發芽時摘之，謂之雀舌，此最可重。結子如皂莢子大。荊湘、川蜀、江浙山谷處處有之，惟雅州蒙山頂上者性溫，尤能去疾。採後蒸熟，倒去苦水，焙乾，當日即成者佳。常在近火之處為良。依法或以為團，或以為餅不同。近惟以閩武夷山者為佳，多以進貢。凡作飲，加茱萸、薑、葱等同煎，以製之。味苦、甘，性微寒，無毒。入手厥陰心包絡、足厥陰肝經。主治傷寒熱毒，赤白痢疾，下氣消食，止渴解醒，清頭目，令人少睡。盧仝七碗，所謂破孤悶，通仙靈者，此也。海藏云：中風昏憒，多睡不醒宜用此。陰證湯藥內用此，與去格拒之寒及治伏湯大意相似。

單方：　醒睡：凡為睡魔所攻，晝夜昏懶者，以真茶一撮，新水一瓶，煎之乘熱啜服，自然神思清爽，不復睡矣。燈窻下不可不知。故古詩有云：飲酒宿醒方渴處，讀書春困欲昏時。雖然不可過多，性冷，亦能致疾。故《茶飲序》云釋滯消壅，一日之利暫佳；瘠氣侵精，終身之害斯大是也。　陰瘡：凡陰囊上生瘡燥癢者，用蠟茶為末，先用甘草，煎水洗過，後敷上最妙。　蠼螋尿：凡患蠼螋尿毒，生瘡如豆，痛不可忍者，茶為末，清油調塗，其痛立止，屢試甚驗。　赤白痢：凡患痢疾，不拘熱毒及赤白二色，用好茶二三兩，搗末，濃煎一盞，喫盡便愈。凡患腰痛者，亦濃煎好茶，投醋一合飲之，亦差。

明・鄭寧《藥性要略大全》卷六　苦茗即茶也　除痰下氣，消宿食，止痢，清頭目，利小便，消熱渴。《機要》云：解煎炒油毒，令人少睡。療中風昏憒，多睡不醒。《湯液》云：苦以瀉之，其體下行，何以能清頭目？　味苦、甘，微寒，無毒。入足厥陰肝經。

明・陳嘉謨《本草蒙筌》卷四　茶茗　味甘、苦，氣微寒。無毒。江淮閩浙俱有，蒙山中頂獨佳。《茶譜》云：雅州蒙山有五頂，頂上各有茶園。其四頂茶園採摘不廢，惟中頂草木繁密，雲霧遮蔽，鷙獸時出，人跡罕到。春分前後，多構人力，俟雷發聲，併步採摘，三日而止。若獲一兩，以本處水煎飲，即驅宿疾，二兩輕身，三兩換骨，四兩成地僊。予聞此言，初未全信，近見土人帶有真者，欲售，其價極貴，其狀與石蘚頗類似，非原摘嫩芽，疑必製造殊異。故爾少取煎飲，氣味果奇，始知前語不誣，無怪顯名而傳遠也。早採細者曰茶，芽如雀舌麥顆，雖甚細嫩，猶未稱善。又種新芽一發，便長寸餘，微精如針，是為上品，其根幹水土力皆有餘故也。晚採麄者曰茗。茶之粗者，多雜木葉，不可不擇。故經云：粗者損人，細者益人。一說：春分已前採者曰茗，以後採者曰茶。入二經絡，手足厥陰。專清頭目利小便，善逐痰涎解煩渴。下氣消宿食，除熱治瘻瘡。薑連生薑、黃連同煎，止赤白下痢；香油調末，敷湯火炮煨。眼目疼嚼貼兩眦，暑天瀉少加醋吞。熱服宜，冷服忌。冷則聚痰。多服少睡，久服消脂令人瘦。唐毋煚云：釋滯消壅，一日之利暫佳；瘠氣侵精，終身之累斯大。損多益少，觀此足徵。

謨按：茶茗所治，《本經》以清頭目為上，後醫堅執《素問》苦以泄之之說。乃云其體下行，如何頭目得清也？殊不知，頭目不清，多由熱氣上熏，用苦泄之，則熱降而上清矣！且茶體輕浮，採摘之時，芽(孽)〔蘖〕初萌，正得春生之氣，是以味雖苦而氣則薄，乃陰中之陽，可升可降者也。故云：清利頭目，有何悖乎？

明・方穀《本草纂要》卷四　茶茗　茶味苦，氣辛，輕清上升。茗味苦，氣寒，重濁下降，故凡頭目昏眩而氣塞不清，風濕上攻而精神不爽，或痰涎壅盛而躁悶不寧，或煩熱大渴而津液閉少，或上氣壅塞而關格不通，或下焦濕熱而小便不利，或痢疾噤口而見食惡心，或淋瀝癃閉而赤白帶濁，茶茗然雖可以治之，夫惟治症亦又各別。吾嘗《本經》考之，細者爲茶，大者爲茗；在上之病可用茶，茶所以取其輕清而上升也；在下之病可用茗，茗所以取其重濁而下降也。苟不分而類用，非惟清濁混雜，抑且上下失調，用治決不驗也，臨症可不辨諸？

明・寧源《食鑒本草》卷下　茶茗　味苦、甘、平、涼，無毒。清頭目，化痰飲，消穀食，除煩止渴，清神。啜多妨寐。

明・王文潔《太乙仙製本草藥性大全》卷三《仙製藥性》 茗苦𣗪 味甘、苦，氣微寒，無毒。入手足厥陰經。 主治：專清頭目利小便，善逐痰涎解煩渴。下氣消宿食，除熱治瘻瘡。薑連生薑、黄連同煎，止赤白下痢；熱服宜，香油調末，敷湯火炮煨。眼目疼，嚼貼兩眦；暑天瀉，少加醋吞。冷服忌冷則聚痰。多服少睡，久服消脂令人瘦。唐毋煚云：釋滯消壅，一日之利暫佳；瘠氣侵精，終身之累斯大。損多益少，觀此足徵。 補註：赤白痢，對和黄連半兩，生薑一兩，點服效。治諸爛瘡及湯火瘡，細嚼傅貼，或爲末，香油調傅妙。〇目熱赤澁痛，嚼爛，點目兩角，痛即止。〇卒頭疼如破，是胸膈有痰，厥氣上衝所致，吐之即瘥。治陰囊瘡，用蠟麵茶爲末，先以甘草煎水洗，後用貼妙。治心痛不可忍，十年五年者，煎湖州茶，以頭醋和服之良。治蠼螋尿人成瘡，初如糁粟，漸大如豆，更大如火烙漿疱，疼痛至甚。速用草茶，並蠟茶俱可，以生油調傅上，其痛立止。 苦茗𣗪 氣寒，無毒。 主治：主下氣消食。下氣加茱萸、葱白、生薑等分良。能破熱氣，除瘴。 補註：氣利大小腸，食之宜熱，冷則聚痰。𣗪是茗嫩葉擣成餅，並得火良。久食令人瘦，去人脂，使不睡。《唐本》先附。

明・皇甫嵩《本草發明》卷四 茶茗氣微寒，味苦、甘，無毒。入手足厥陰經。陰中之陽，可升可降。 發明曰：茶茗，苦、甘，微寒，專上清頭目。世醫證執《本草》，以苦泄下行之説如何頭目得清？殊不知頭目不清，由熱氣上薰，用苦以泄之，則熱下而上清矣。茶茗躰輕而氣浮，芽萌得春生之氣，味雖苦，而氣則薄，故《湯液》以清頭為主，解煩渴，利小水，逐痰涎熱，令人少睡。苦茶下氣，消宿食，除熱，治瘻瘡，皆苦以泄熱之由也。飲之宜熱，冷飲則聚痰。多飲則少睡，久服則消脂，苦泄之故也。不宜空腹飲，尤忌點鹽湯。序云釋滯消壅，一日之利暫佳；瘠氣侵精，終身之累斯大，此可謂一生嗜茶者戒也。〇同薑、連煎，治赤白下痢，目痛，嚼貼兩眦。香油調，敷湯火毒。今按：早採為茗，晚採粗者曰茶。《本草》註以早採為茶，晚採為茗。一名荈，蜀人名之苦𣗪。今通謂之茶。古人謂早採芽茶，為雀舌、麥顆，言其至嫩也。又有新芽一發便長寸許，此為上品，其根幹水土力皆有餘故也。其雀舌、麥顆又次之，前人未盡識，誤為品題耳。〇蒙山頂茶更佳。雅州蒙山有五頂，惟中頂人跡罕到，頂有茶園，俟春雷發聲，搆採之，三日而止，得一兩，以本處水煎飲，毆宿痰，二兩輕身，三兩換骨，四兩成地仙。斯言雖近迂，而其實奇妙。但今蒙山茶，俱是石蘚白衣，非茶芽類，意者別有種芽茶，而人不能得也。詳之。

明・李時珍《本草綱目》卷三二果部・味類 茗《唐本草》校正自木部移入此。

【釋名】苦𣗪搽、途二音。《唐本》。 檟《爾雅》 蔎音設。 荈音舛。頌曰：郭璞云：早采爲茶，晚采爲茗，一名荈，蜀人謂之苦茶。陸羽云：其名有五：一茶，二檟，三蔎，四茗，五荈。時珍曰：楊愼《丹鉛録》云：茶即古茶字，音途，《詩》云誰謂茶苦，其甘如薺是也。顔師古云：漢時茶陵，始轉途音爲宅加切，或言六經無茶字，未深攷耳。 【集解】《神農食經》曰：茶茗生益州及山陵道旁。凌冬不死，三月三日采乾。恭曰：茗生山南、漢中山谷，《爾雅》云：檟，苦茶。郭璞註云：樹小似卮子。冬生葉，可煮作羹飲。頌曰：今閩浙、蜀、江湖、淮南山中皆有之，通謂之茶。春中始生嫩葉，蒸焙去苦水，末之乃可飲。與古所食，殊不同也。陸羽《茶經》云：茶者，南方嘉木。自一尺二尺至數十尺，其巴川峽山有兩人合抱者，伐而掇之。木如瓜蘆，葉如卮子，花如白薔薇，實如栟櫚，蒂如丁香，根如胡桃。其上者生爛石，中者生櫟壤，下者生黄土。藝法如種瓜，三歲可采。陽岸陰林，紫者上，緑者次；筍者上，芽者次；葉卷者上，舒者次。在二月、三月、四月之間，茶之筍者，生于爛石之間，長四五寸，若蕨之始抽，凌露采之。茶之芽者，發于叢薄之上，有三枝、四枝、五枝，于枝顛采之。采得蒸焙封乾，有千類萬狀也。略而言之：如胡人靴者蹙縮然，如犎牛臆者廉襜然，〔浮雲〕出山者輪囷然，〔飄風〕拂水者涵澹然，皆茶之精好者也。如竹籜，如霜荷，皆茶之瘠老者也。其別者，有石楠芽、枸杞芽、枇杷葉，皆治風疾。又有皂莢芽、槐芽、柳芽，乃上春摘其芽和茶作之。故今南人輸官茶，往往雜以衆葉。惟茅蘆竹筍之類不可入，自餘山中草木芽葉，皆可和合，椿、柹尤奇。真茶性冷，惟雅州蒙山出者温而主疾。毛文錫《茶譜》云：蒙山有五頂，上有茶園，其中頂曰上清峰。昔有僧人病冷且久，遇一老父謂曰：蒙之中頂茶，當以春分之先後，多搆人力，俟雷發聲，併手采擇，三日而止。若獲一兩，以本處水煎服，即能祛宿疾，二兩當眼前無疾，三兩能固肌骨，四兩即爲地仙矣。其僧如説，獲一兩餘服之，未盡而疾瘳。其四頂茶園，采摘不廢。惟中峰草木繁密，雲霧蔽虧，鷙獸時出，故人足迹不到矣。近歲稍貴此品，製作亦精于他處。陳承曰：近世蔡襄述閩茶極備。惟建州北苑數處産者，性味與諸方略不同。今亦獨名蠟茶，上供御用。碾治作餅，日晒得火愈良。其他者或爲芽，或爲末收貯，若微見火便硬，不可久收，色味俱敗。惟鼎州一種芽茶，性味略類建茶，今汴中及河北、京西等處磨爲末，亦冒蠟茶者，是也。宗奭曰：苦茶即今茶也。陸羽有《茶經》，丁謂有《北苑茶録》，毛文錫有《茶譜》，蔡宗顔有《茶對》，皆甚詳。然古人謂茶爲雀舌、麥顆，言其至嫩也。又有新芽一發，便長寸餘，其粗如針，最爲上品。其根幹、水土力皆有餘故也。雀舌、麥顆又在下品，前人未知爾。時珍曰：茶有野生、種生，種者用子。其子大如指頂，正圓黑色。其仁入口，初甘後苦，最戟人喉，而閩人以榨油食用。二月下種，一坎須百顆乃生一株，蓋空殼者多故也。畏水與日，最宜坡地蔭處。清明前采者上，穀雨前者次之，此後皆老茗爾。采、蒸、揉、焙、修造皆有法，詳見《茶譜》。茶之税始于唐德宗，盛于宋、元，及于我朝，乃與西番互市易馬。夫茶一木爾，下爲民生日用之資，上爲朝廷賦税之助，其利博哉。昔賢所稱，大約謂唐人尚茶，茶品益衆。有雅州之蒙頂、石花、露芽、穀芽爲第一，建寧之北苑龍鳳團爲上供。蜀之茶，則有東川之神泉獸目，硤州之碧澗明月，夔州之真香，邛州之火井，思安黔陽之都濡，嘉定之峨眉，瀘州之納溪，玉壘之沙坪。楚之茶，則有荆州之仙人掌，湖南之白露，長沙之鐵色，蘄州蘄門之團面，壽州霍山之黄芽，廬州之六安英山，武昌之樊山，岳州之巴陵，辰州之溆浦，湖南之寶慶、茶陵。吴越之茶，則有湖州顧渚之紫筍，福州方山之生芽，洪州之白露，雙井之白毛，廬山之雲霧，常州之陽羡，池州之九華，丫山之陽坡，袁州之界橋，睦州之鳩坑，宣州之陽坑，金華之舉岩，會稽之日鑄。皆産茶有名者。其他猶多，而猥雜更甚。按陶隱居註苦茶云，酉陽、武昌、廬江、晋陵皆有好茗，飲之宜人。凡所飲物，有茗及木葉、天門冬苗、菝葜葉，皆益人。餘物並冷利。又巴東縣有真茶，火煏作卷結爲飲，亦令人不眠。俗中多煮檀葉及大皂李葉作茶飲，並冷利。南方有瓜蘆木，亦似茗也。今人采櫧、櫟、山礬、南燭、烏藥諸葉，皆可爲飲，以亂茶云。

葉　〔氣味〕苦、甘，微寒，無毒。藏器曰：苦寒，久食，令人瘦，去人脂，使人不睡。飲之宜熱，冷則聚痰。胡洽曰：與榧同食，令人身重。李鵬飛曰：大渴及酒後飲茶，水入腎經，令人腰、脚、膀胱冷痛，兼患水腫、攣痹諸疾。大抵飲茶宜熱宜少，不飲尤佳，空腹最忌之。時珍曰：服威靈仙、土茯苓者，忌飲茶。

〔主治〕瘻瘡，利小便，去痰熱，止渴，令人少睡，有力悦志《神農食經》。下氣消食。作飲，加茱萸、葱、薑良蘇恭。破熱氣，除瘴氣，利大小腸藏器。清頭目，治中風昏憒，多睡不醒好古。治傷暑。合醋，治泄痢，甚效陳承。炒煎飲，治熱毒赤白痢。同芎藭、葱白煎飲，止頭痛吴瑞。濃煎，吐風熱痰涎時珍。

〔發明〕好古曰：茗茶氣寒味苦，入手、足厥陰經。治陰證湯藥内入此，去格拒之寒，及治伏陽，大意相似。《經》云：苦以泄之。其體下行，所以能清頭目。機曰：頭目不清，熱熏上也。以苦泄其熱，則上清矣。且茶體輕浮，采摘之時，芽蘖初萌，正得春升之氣，味雖苦而氣則薄，乃陰中之陽，可升可降。利頭目，蓋本諸此。汪穎曰：一人好燒鵝炙煿，日常不缺。人咸防其生癰疽，後卒不病。訪知其人每夜必啜凉茶一椀，乃知茶能解炙煿之毒也。楊士瀛曰：薑茶治痢。薑助陽，茶助陰，並能消暑、解酒食毒。且一寒一熱，調平陰陽，不問赤、白、冷、熱，用之皆良。生薑細切，與真茶等分，新水濃煎服之。蘇東坡以此治文潞公有效。時珍曰：茶苦而寒，陰中之陰，沉也降也，最能降火。火爲百病，火降則上清矣。然火有五，火有虚實。若少壯胃健之人，心肺脾胃之火多盛，故與茶相宜。温飲則火因寒氣而下降，熱飲則茶借火氣而升散，又兼解酒食之毒，使人神思闓爽，不昏不睡，此茶之功也。若虚寒及血弱之人，飲之既久，則脾胃惡寒，元氣暗損，土不制水，精血潜虚；成痰飲，成痞脹，成痿痹，成黄瘦，成嘔逆，成洞瀉，成腹痛，成疝瘕，種種内傷，此茶之害也。民生日用，蹈其弊者，往往皆是，而婦嫗受害更多，習俗移人，自不覺爾。况真茶既少，雜茶更多，其爲患也，又可勝言哉？人有嗜茶成癖者，時時咀啜不止。久而傷營傷精，血不華色，黄瘁痿弱，抱病不悔，尤可嘆惋。晋干寶《搜神記》載：武官因時病後，啜茗一斛二升乃止。纔减升合，便爲不足。有客令更進五升，忽吐一物，狀如牛脾而有口。澆之以茗，盡一斛二升。再澆五升，即溢出矣。人遂謂之斛茗瘕。嗜茶者觀此可以戒矣。陶隱居《雜録》言丹丘子、黄山君服茶輕身换骨，《壺公食忌》言苦茶久食羽化者，皆方士謬言誤世者也。按唐補闕母炅《茶序》云：釋滯消擁，一日之利暫佳；瘠氣侵精，終身之累斯大。獲益則功歸茶力，貽患則不謂茶灾。豈非福近易知，禍遠難見乎？又宋學士蘇軾《茶説》云：除煩去膩，世故不可無茶，然暗中損人不少。空心飲茶入鹽，直入腎經，且冷脾胃，乃引賊入室也。惟飲食後濃茶漱口，既去煩膩，而脾胃不知，且苦能堅齒消蠹，深得飲茶之妙。古人呼茗爲酪奴，亦賤之也。時珍早年氣盛，每飲新茗必至數椀，輕汗發而肌骨清，頗覺痛快。中年胃氣稍損，飲之即覺爲害，不痞悶嘔惡，即腹冷洞泄。故備述諸説，以警同好焉。又濃茶能令人吐，乃酸苦涌泄爲陰之義，非其性能升也。

〔附方〕舊六，新十三。

氣虚頭痛：用上春茶末調成膏，置瓦盞内覆轉，以巴豆四十粒，作二次燒烟熏之，晒乾乳細。每服一字，别入好茶末，食後煎服，立效。《醫方大成》。

熱毒下痢：孟詵曰：赤白下痢。以好茶一斤，炙擣末，濃煎一二盞服。久患痢者，亦宜服之。○《直指》用蠟茶，赤痢以蜜水煎服，白痢以連皮自然薑汁同水煎服。二三服即愈。○《經驗良方》用蠟茶二錢，湯點七分，入麻油一蜆殼和服。須臾腹痛大下即止。一少年用之有效。○一方：蠟茶末，以白梅肉和丸。赤痢甘草湯下，白痢烏梅湯下，各百丸。○一方：建茶合醋煎，熱服，即止。

大便下血：營衛氣虚，或受風邪，或食生冷，或啖炙煿，或飲食過度，積熱腸間，使脾胃受傷，糟粕不聚，大便下利清血，臍腹作痛，裏急後重，及酒毒一切下血，並皆治之。用細茶半斤碾末，川百藥煎五個燒存性。每服二錢，米飲下，日二服。《普濟方》。

産後祕塞：以葱涎調蠟茶末，丸百丸，茶服自通。不可用大黄利藥，利者百無一生。郭稽中《婦人方》。

久年心痛：十年、五年者。煎湖茶，以頭醋和匀，服之良。《兵部手集》。

腰痛難轉：煎茶五合，投醋二合，頓服。孟詵《食療》。

嗜茶成癖：一人病此。一方士令以新鞋盛茶令滿，任意食盡，再盛一鞋，如此三度，自不喫也。男用女鞋，女用男鞋，用之果愈也。《集簡方》。

解諸中毒：芽茶、白礬等分，碾末，冷水調下。《簡便方》。

痘瘡作痒：房中宜燒茶烟恒熏之。

陰囊生瘡：用蠟麵茶爲末，先以甘草湯洗，後貼之妙。《經驗方》。

脚椏濕爛：茶葉嚼爛傅之，有效。《攝生方》。

蠼螋尿瘡：初如糝粟，漸大如豆，更大如火烙漿炮，疼痛至甚者。速以草茶并蠟茶俱可，以生油調傅。藥至，痛乃止。《勝金方》。

風痰顛疾：茶芽、巵子各一兩，煎濃汁一椀服。良久探吐。《摘玄方》。

霍亂煩悶：茶末一錢煎水，調乾薑末一錢，服之即安。《聖濟總録》。

月水不通：茶清一瓶，入沙糖少許，露一夜服。雖三個月胎亦通，不可輕視。鮑氏。　痰喘欬嗽：不能睡卧。好末茶一兩，白殭蠶一兩，爲末，放盌内蓋定，傾沸湯一小盞。臨卧，再添湯點服。《瑞竹堂方》。

茶子　【氣味】苦，寒，有毒。　【主治】喘急欬嗽，去痰垢。擣仁洗衣，除油膩時珍。

【附方】新三。　上氣喘急：時有欬嗽。茶子、百合等分，爲末，蜜丸梧子大。每服七丸，新汲水下。《聖惠方》。　喘嗽齁鮯：不拘大人、小兒。用糯米泔少許磨茶子，滴入鼻中，令吸入口服之。口咬竹筒，少頃涎出如線。不過二三次絶根，屢驗。《經驗良方》。　頭腦鳴響：狀如蟲蛀，名大白蟻。以茶子爲末，吹入鼻中，取效。楊拱《醫方摘要》。

題明・薛己《本草約言》卷二《藥性本草》　茶茗　苦、甘，微寒。專上清頭目。世醫執《本草》以苦泄下行之説，如何頭目得清？不知頭目不清，由熱氣上熏，用苦以泄之，則熱降而上清矣。茶茗體輕而氣浮，芽萌得春生之氣，味雖苦而氣則薄，故湯液以清頭目為主。解煩渴，利小水，逐痰涎熱，令人少睡。飲之宜熱，冷飲則聚痰，多飲則少睡，久服則消脂，苦泄之故也。不宜空腹飲。亦解煎炒毒。○一云：酒後頻飲，大傷脾腎。蓋腎水不足，不能勝酒，復飲茶太過，則大傷脾氣，腎又受濕，遂成脾泄也。胃實者宜用，脾虚者忌之。

明・梅得春《藥性會元》卷中　茶茗　氣微寒，無毒。穀雨節前採者為茶，味甘苦；節後採者為茗，味苦。入手厥陰包絡，足厥陰肝經。　主治痰熱消渴，下氣消食，清頭目，利小便，令人少睡。中風昏憒，多睡不醒人宜用。但多用久用令人瘦，去人脂。《茶飲序》云：釋滯消壅，一日之利暫佳；瘠氣侵精，終身之累斯大。

明・穆世錫《食物輯要》卷八　茶　味苦、甘，性寒，無毒。芽茶清頭目，發汗，消痰熱，解酒毒，治血痢。如虎丘、天池松蘿之類是也。麄者曰茗，性味頗同。解酒消食，清熱除煩，利小水，滌油膩，解炙煿之毒。如宜興岕茶之類是也。凡飲茶，宜熱不宜冷，宜少不宜多。過飲，去人脂。飢時勿飲，空心尤忌。飲茶多，令人少睡。忌同鹹味者飲，如引賊入腎。凡食後用濃茶漱口，令齒不敗。諸名山皆出茶，水上各有所宜，而其性之寒則一，惟蒙山茶性溫，亦能療病，治茶積，用平胃散，少佐丁麝為末，鹽湯調下。

明・李中立《本草原始》卷四　茗即茶。　今閩、浙、蜀、荊、江、湖、淮南山中皆有之。《爾雅》所謂檟，苦𣘻。郭璞云：木小似梔子，冬生葉，可煮作羹飲。今呼早採者為茶，晚採者為茗。《茶經》云：茶者，南方佳木，自一尺二尺，至數十尺。其巴川、峽山有兩人合抱者，伐而掇之。木如瓜蘆，葉如梔子，花如白薔薇，實如栟櫚，蒂如丁香，根如胡桃，其名一曰茶，二曰檟，三曰蔎，四曰茗，五曰荈，今通謂之茶。茶，荼，聲近，故呼之。楊慎《丹鉛錄》云：茶即古荼字。詩云誰謂荼苦，其甘如薺是也。茶：　氣味：苦、甘，微寒，無毒。主治：瘻瘡，利小便，去痰熱，止渴，令人少睡，有力悅志。○下氣消食。作飲加茱萸、葱、薑良。○破熱氣，除瘴氣，利大小腸。○清頭目，治中風昏憒，多睡不醒。○治傷暑。合醋，治泄痢甚效。○炒煎飲，治熱毒，赤白痢。同芎藭、葱白煎飲，止頭痛。○濃煎，吐風熱痰涎。

茶，清明采者上，穀雨采者次之。古人謂茶為雀舌、麥顆，言其至嫩也。又有新芽一發，便長寸餘，其粗如針，最為上品。其根幹、水土，力皆有餘故也。

細茶宜人，粗茶損人。少飲則醒神思，多飲則致疾病。

茗，《唐本草》。【圖略】

藏器曰：苦，寒。久服令人瘦，去人脂，使人不睡。飲之宜熱，冷則聚痰。胡洽曰：與榧同食，令人身重。李(廷)〔鵬〕飛曰：大渴及酒後飲茶，入腎經，令人腰腳、膀胱冷痛，兼患水腫，攣痹諸疾。大抵飲茶宜少，不飲尤佳，空腹最忌之。時珍曰：服威靈仙、土茯苓，忌飲茶。

毛文錫《茶譜》云：蒙山有五頂，上有茶園。其中頂曰上清峰。昔有僧人病冷且久，遇一老父，謂曰：蒙之中頂茶，當以春分之先後，多構人力，俟雷發聲，併手采摘，三日而止。若獲一兩，以本處水煎服，即能祛宿疾；二兩，當眼前無疾；三兩，能固肌骨；四兩，即為地仙矣。其僧如説，獲一兩餘服之，未盡而疾瘳。其四頂茶園，采摘不廢，惟中峰草木繁密，雲霧蔽虧，鷙獸時出，故人跡不到矣。近歲稍貴此品，製作亦精于他處。

兒茶：　出南番。係細茶末入竹筒中，緊塞兩頭，污泥溝中日久，取出，搗汁熬製而成。其塊小而黑潤者為上，塊大焦枯者次之。番人呼為烏爹泥，又呼為烏疊泥。俗用搽小兒諸瘡，效。每呼為兒茶，又呼為孩兒茶。氣味：苦、甘，微寒，無毒。主治：清上膈熱疾，生津。塗金瘡，一切諸瘡，生肌定痛，止血排膿，除濕降火。按：兒茶乃治瘡之聖藥，查本草並無載之者。予補之，未知其詳，待後之識者再攷之。

明・張懋辰《本草便》卷二　茗、苦𣘻今茶也。早採者爲茶，晚採者爲茗。

味甘、苦，氣微寒，無毒。入手足厥陰經。　主瘻瘡，清頭目，利小便，去痰熱渴，下氣消宿食，去人脂，令人少睡。

明・吳文炳《藥性全備食物本草》卷四　茶　味苦，甘，性寒，無毒。早採為茶，晚採為茗。江淮閩浙俱有，蒙山中頂獨佳。《茶譜》云：雅州蒙山有五頂，頂上各有茶園，其四頂茶園採摘不廢，惟中頂草木繁密，雲霧遮蔽，鷙獸時出，人跡罕到，春分前後多搆人力，俟雷發動，併步採摘三日而止，若獲一兩，以本處水煎飲，即驅宿疾，二兩輕身，三兩換骨，四兩成地仙。予聞此言，初未全信，近見士人帶有真者，欲售，其價極貴，其狀與石蘚頗類似，非原摘嫩芽，疑必製造，殊異故爾，少取煎飲，氣味果奇，始知前語不誣，無怪顯名而傳遠也。又有芽茶清頭目，發汗消痰，熱解酒毒，治血痢，如虎丘天池松羅之類是也。麄茶解酒消食，清熱除煩，利小水，滌油膩，解炙煿之毒，如宜與芥茶、六安茶之類是也。凡飲茶宜熱不宜冷，宜少不宜多，過飲去人脂，飢時勿飲，空心尤忌。入手、足厥陰經。主去痰熱煩渴，清頭目，悅神醒神，令人少睡，下氣消食，止瀉及赤白痢，利大小便。兼治氣壅腰疼轉動不得，心痛不可忍，並濃煎熱服，冷則聚痰。《液》云：陰症湯内用此，去格拒之寒，與治伏陽大意相似。諸爛瘡及湯火瘡，細嚼敷之，或為末香油調搽。瘰癧已破者，用細茶、蜈蚣等分，炙令香熟，為末，先煎甘草湯洗，後以此末傅之。目熱赤澁痛，嚼爛貼目兩角，其痛即止。久食損人。《茶序》云：釋滯消壅，一日之利暫佳；瘠氣侵精，終身之累斯大。又解煎炙炒毒熱妙。

明・吳文炳《藥性全備食物本草》卷四　苦茶　除寒，去膩不可闕茶，然暗中損人不少。苦茶久食羽化，與韭同食令人身重。茶喫多則滯在腰背，故令人自腰而下多黑。但茶吃但須投少鹽，緣鹽通利，自然無滯。飲真茶令少眠睡。苦茶久食益意思。茶以湯澆覆之，用葱薑芼之，其飲酒令人不眠。敗荷片為末于茶飲中吃，不日羸瘦却不損人，如要伏，吃醋則伏肌肉也。苦茗久服令人有力悅志。茶空心不宜食。

明・趙南星《上醫本草》卷二　茗　一名苦𣘻𣘻、途二音，一名檟，一名蔎音設，一名荈音舛。頌曰：郭璞云，早采為茶，晚采為茗。一名荈。

葉　苦，甘，微寒，無毒。主治：瘻瘡，利小便，去痰熱，止渴，令人少睡，有力，悅志，治傷暑。合醋，治泄痢甚効。炒，煎飲，治熱毒赤白痢。同芎藭、葱白煎飲，止頭痛。　藏器曰：苦，寒。久食令人瘦，去人脂，使人不睡。飲之宜熱，冷則聚痰。按唐補闕母炅《茶飲序》云：釋滯消壅，一日之利暫佳；瘠氣侵精，終身之累斯大。獲益，則功歸茶力，貽患，則不謂茶災，豈非福近易知，禍遠難見乎？又宋學士蘇軾《茶説》云：除煩去膩，世故不可無茶，然暗中損人不少。空心飲茶，入鹽，直入腎經，且冷脾胃，乃引賊入室也。惟飲食後，濃茶漱口，既去煩膩，而脾胃不知，且苦能堅齒消蠹，深得飲茶之妙。古人呼茗為酪奴，亦賤之也。

附方　久年心痛：十年、五年者，煎湖茶，以頭醋和勻，服之，良。　赤白冷熱痢：生薑細切，與真茶等分，新水濃煎，服之甚効。

明・李中梓《藥性解》卷五　茶茗　味甘，苦，性微寒，無毒，入心、肝、脾、肺、腎五經。主下氣醒睡，除痰消食，利便生津，破熱氣，清頭目，善祛油膩，解煎炙毒。　按：茶茗清利之品，故五臟咸入。然過食傷脾，令人面黃消瘦，其醒睡者，亦以伐脾故耳。

明・鮑山《野菜博錄》卷三　茶樹柯葉可食　茶樹柯　一名茗，一名荈。樹柯叢生，大小類枝子。葉春初生，芽作細茶。葉長半寸餘，作麄茶。味苦，性寒，無毒。　食法：採嫩葉，焙作茶，烹去苦味二三次，水淘淨，油鹽薑醋調食。

明・繆希雍《本草經疏》卷一三　茗、苦𣘻

茗　味甘，苦，微寒，無毒。主瘻瘡，利小便，去痰熱渴，令人少睡。

苦𣘻　主下氣消食。

〔疏〕茗禀土中之清氣，兼得春初生發之意，本經味甘，氣微寒，無毒。藏器言苦。然亦有不苦者。氣薄味厚，陰中微陽，降也。入手太陰、少陰經。太陰為清肅之臟，喜涼而惡熱，熱則生痰而津液竭，故作渴也。瘻瘡者，大腸積熱也。小便不利者，小腸熱結也。甘寒入心肺而除熱則津液生，痰熱解，臟氣既清，腑病不求其止而止矣。令人少睡者，蓋心藏神，神昏則多睡，清心經之熱，則神常自惺寂，故不寐也。下氣消食者，苦能下泄，故氣下火降而兼滌除腸胃，則食自消矣。〔主治參互〕同黃連、酸棗仁生用、通草、蓮實，治多睡好眠。同當歸、川芎、烏梅、黑豆、生地黃、土茯苓、甘菊花，治頭痛因於血虛有火者。《直指方》熱毒下痢，蠟茶為末，蜜水煎服，白痢以薑汁同水煎服。兩三服即愈。〔簡誤〕凡茶之種類極多，方宜大異，要皆以味甘不澀，氣芬如蘭，摘於夏前者為良。夫茶禀天地至清之

氣，生於山谷磽瘠砂土之中，不受纖芥穢滓，專感雲露之氣以為滋培，故能滌腸胃一切垢膩，寧非木中清貴之品哉！昔人多以其苦寒不利脾胃，及多食發黄消瘦之説，此皆語其粗惡苦澀，品類最下者言之耳。昔雅州蒙山出一種茶，服四兩即為地僊，豈有味甘氣芬者，飲之反致疾耶？但苦澀野氣，葉瘦莖枯，非道地所產者，服之不利心脾，故不宜飲。酒後不宜用，能成飲證。

明·倪朱謨《本草彙言》卷一五　茶茗　味苦，甘，氣寒，無毒。可升可降，陽中陰也。入手足厥陰經。　蘇氏曰：茶茗，產浙、閩、江、湖、淮南山中皆有。然有野生、種生。種者用子，二月下種，一坎須百顆乃生一株，蓋空殼者多也。畏水與日，最宜坡地、陰處。春生嫩葉，采以穀雨前者爲上，穀雨後者次之。初采爲茶，晚采爲茗。或言六經無茶字，楊升庵謂茶即古荼字。《詩》所云：誰謂荼苦，其甘如薺是也。　李氏曰：其子大如指頭，圓而黑色。其仁入口，初甘後苦，最戟人喉。閩人以榨油食用，采芽蒸焙，修造皆有法，詳見《茶譜》。唐人尚茶，茶稅始于唐德宗，以迄于今，且與西番互市易馬。以其所食腥肉之羶，青稞之熱，烟草之火，非茶不解。西戎得茶，不爲我害。中國得馬，則爲我利。以摘山之利，關禦戎之權，此國家之重務也。又按：陸羽《茶經》云：茶者，南方嘉木，自一尺二尺至數十尺。其巴蜀、川峽山谷中，有兩人合抱者。伐而掇之，木如瓜蘆，葉如巵子，花如白薔薇，實如栟櫚，莖如丁香，根如胡桃。其名一曰茶，二曰檟，三曰蔎，四曰茗，五曰荈。山南以陝州上，襄州、荊州次，衡州下，金州、梁州又下。淮南以光州上，義陽郡、舒州次，壽州下，蘄州、黄州又下。浙西以湖州上，常州次，宣州、睦州、歙州下，潤州、蘇州又下。浙東以越州上，明州、婺州次，台州下。劍南以彭州上，綿州、蜀州、邛州次，雅州、瀘州下，眉州、漢州又下。黔州生恩州、播州、費州、夷州，江南生鄂州、袁州、吉州，嶺南生建州、福州、韶州、象州。其恩、播、費、夷、鄂、袁、吉、建、福、韶、象十一州未詳。往往得之，其味極佳。又一説：其上者生爛石，中者生櫟壤，下者生黄土。藝法如種瓜，三歲可采。又陽岸陰林，紫者上，緑者次；筍者上，芽者次；葉卷者上，舒者次。在二三四月之間，茶之筍者，生于爛石之間，長四五寸，若薇蕨之始抽，凌露采之。茶之芽者，發于叢薄之上，有三枝、四枝、五枝者，選其中枝穎拔者采之。采得蒸焙封乾，有千類萬狀也。如胡人鞾者，蹙縮然；犎牛臆者，廉襜然；浮雲出山者，輪囷然；輕飇出水者，涵澹然。此皆茶之精好者也。有如竹籜者，枝幹堅實，艱于蒸搗，故其形簏簁然。有如霜荷者，莖葉凋阻，易其狀貌，故厥狀萎萃然。此皆茶之瘠老者也。其別類而似茶者，有桑芽、石楠芽、枸杞芽、枇杷葉芽。又有槐芽、柳芽、皂莢芽，皆上春摘取，和茶拌之。故今南人輸官茶，往往雜以衆葉芽。如山中諸草木葉芽，皆可相合。椿、柹尤奇，惟茅、蘆、竹筍、松芽之屬，不能入和也。又楊起云：真茶性冷，雜茶性溫。惟雅州蒙山頂出者，性氣溫平，專于治疾。

茶茗：方龍潭解五藏鬱火，去痰熱，《本經》利小便，止煩渴之藥也。江麓平云：按繆氏言：茶得水中之清氣，兼得春初生發之意，爲清肅之用。凡病火鬱氣滯、痰結食停諸證，飲之立清。他如傷暑中熱，煩渴不寧，宜涼飲之即安。傷酒，傷食，煩躁，嘔逆，悶脹不安，宜熱飲之即定。又按陸氏《茶傳》云：若熱渴凝悶，目澀腦痛，四肢煩倦，百節不舒，聊四五啜，與醍醐、甘露抗衡也。則茶爲清肅之品，洵非虛語矣。凡種類極多，方宜大異，要皆以味甘不澀，氣芬如蘭，采于夏前者爲良。蓋生于山谷磽瘠沙土之中，不受纖毫穢滓灌養，專感雲露之氣，以爲滋培，故能滌腸胃一切肥羶垢膩，寧非木中清貴之品哉？昔人多以其苦寒不利脾胃，及多食發黄消瘦之説，此皆語其粗惡苦澀，品類最下者言之耳。昔雅州蒙山茶，人服四兩，百病皆消，豈有味甘氣芬者，飲之反致疾耶？如他種苦澀草氣，葉瘦莖枯，非道地所產者，服之不利心脾，使人脂消血敗，故不宜飲也。留心斯業者，當細心審辯可也。

《本草綱目·發明》曰：汪穎云：一人好食炙煿，久防其生癰毒，後卒不病。其人每夜必啜涼茶一碗，茶能解炙煿之毒也。又陶隱居謂人服茶能輕身換骨。壺公言苦茶久食羽化。此皆著茶之功者也。又唐母炅《茶序》云：釋滯消壅，一日之利暫佳；瘠氣損精，終身之累斯大。福近易知，禍遠難見耳。又蘇軾《茶説》云：空心飲茶，入鹽直入腎經，且冷脾胃，乃引賊入室也。古人呼茶爲酪奴，蓋賤之也。李廷飛云：久飲茶令人腰脚膀胱冷痛，兼患水腫攣痹諸疾。陳藏器云：久飲消人脂，使人少睡。飲之宜熱，冷則聚痰。此皆著茶之害者也。夫茶能降火，火爲百病，火降則上清矣。然火有虛實之異，若少壯胃健之人，心、肺、脾、胃之火多盛，則與茶相宜。涼飲則火因寒氣而下降，熱飲則茶借火氣而升散，兼解酒食之毒，使人神思闓爽，不昏不睡，茶洵有功于人矣。若氣血虛寒之人飲之既久，則脾胃漸弱，精血潛虛，上不制水，成停飲泛溢，或爲痞滿嘔惡，或爲腹冷洞泄，或爲痿痹癱瘓，或爲疝瘕脚氣，變病種種，茶亦豈無害哉？ 在人自當斟酌之耳。 人有嗜茶成癖者，時時咀啜不止，久而傷營傷精，血不華色，尤可嘆悼。 惟飲食後濃茶漱口，既去煩膩而脾胃不傷，且苦能堅齒、消蠹，最有益而無損。 又楊士行有茶薑治痢方，茶助陰，薑助陽，幷能消暑解酒食毒，且一寒一熱，平調陰陽，不問赤白青黃，不問虛實冷熱，用之皆良。 又濃茶能吐風熱痰涎，乃酸苦涌泄爲陰之義，非其性能升也。 又治陰證，湯藥內入之，以去格拒之寒，此寒因寒用之理也。

集方：《普濟方》治一切下血，因食炙煿、醇酒、烟火、熱藥過度者。 用細茶八兩炒，五棓子五箇燒存性，共爲末，煉蜜丸梧子大。 每早服二錢，白湯下。 ○《兵部手集》治久年心胃痛。 用細茶五錢，水一大碗，煎四五分，和米醋二分飲之良。 ○《摘玄方》治風痰顛疾。 用細茶、巵子各一兩，煎濃汁一碗服，良久探吐。 ○鮑氏方治月水不通。 以苦茶一碗，入沙糖五錢調勻，露一夜，溫服亦可下胎。

明・應麐《食治廣要》卷四　茗釋名苦榛。早采為茶，晚采為茗。《丹鉛錄》云：茶即古荼字，音途。《詩》云誰謂荼苦，其甘如薺是也。

氣味：苦、甘，微寒，無毒。 主利小便，去痰熱，止渴，下氣消食，解炙煿酒麪食毒。 清頭目，多睡不醒。 陳藏器云：苦寒。 久食令人瘦，去人脂，使人不睡。 飲之宜熱，冷則聚痰。 與榧同食，令人身重。 服藥有威靈仙、土茯苓者，忌之。 汪穎曰：一人好燒鵝炙煿，日常不缺。 人咸防其發癰疽，後卒無恙。 訪知其人每夜必啜涼茶一碗，乃知茶能解炙煿之毒也。 李時珍曰：茶苦而寒，陰中之陰，沉也降也，最能降火。 火為百病，火降則上清矣。 然火有五，火有虛實。 若少壯胃健之人，心肺脾胃之火多盛，故與茶相宜。 溫飲則火因寒氣而下降，熱飲則茶借火氣而升散。 又兼解酒食之毒，使人神思闓爽，不昏不睡，此茶之功也。 若虛寒及血弱之人，飲之既久，則脾胃惡寒，元氣暗損，土不制水，精血潛虛。 成痰飲，成痞脹，成痿痹，成黃瘦，成嘔逆，成洞瀉，成腹痛，成疝瘕。 民生日用，蹈其弊者，往往皆是。 而婦嫗受害更多，習俗移人，自不覺耳。 陶隱居《雜録》言丹丘子、黃山君服茶輕身換骨，《壺公食忌》言苦茶久食羽化者，皆方士謬言誤世者也。

〔按〕唐補闕《茶飲序》略云：釋滯消擁，一日之利暫佳；瘠氣侵精，終身之累斯大。 獲益則功歸茶力，貽患則不謂茶災。 豈非福近易知，禍遠難見乎？ 又蘇學士《茶說》云：除煩去膩，世固不可無茶，然暗中損人不少。 空心飲茶入鹽，直入腎經，且冷脾胃，乃引賊入室也。 惟飲食後濃茶漱口，既去煩膩，而脾胃不傷。 且苦能堅齒消蠹，深得飲茶之妙。 古人呼茗為酪奴者，亦賤之也。 故備考諸說，以警同好焉。

明・姚可成《食物本草》卷一六味部・雜類　茶早采為茶，晚采為茗，一名荈，蜀人謂之苦茶。《詩》云誰謂荼苦，其甘如薺是也。 生益州及山陵道旁，凌冬不死。 今閩、浙、蜀、江、湖、淮南山中皆有之，通謂之茶。 春中始生嫩葉，蒸焙去苦水，末之，乃可飲。 與古所食，殊不同也。 陸羽《茶經》云：茶者，南方嘉木。 自一尺二尺至數十尺，其巴川峽山有兩人合抱者，伐而掇之。 木〔如〕瓜蘆，葉如巵子，花如白薔薇，實如栟櫚，蒂〔如〕丁香，根如胡桃。 其上者生爛石，中者〔生〕礫壤，下者生黃土。 藝法如種瓜，三歲可〔采〕。 陽崖陰林〕，紫者上，綠者次； 筍者上，芽者次； 葉卷者上，舒者次。 在二月、三月、四月之間，茶之筍者，生於爛石之間，長四五寸，若蕨之始抽，淩露采之。 茶之〔枝〕〔芽〕者，發於叢薄之上，有三枝、四枝、五枝，於枝顛采之。 采得蒸焙封乾，有千類萬狀也。 略而言之：如胡人靴者蹙縮然，如〔犎〕牛臆者廉襜然，出山者輪囷然，拂水者涵〔澹〕然，皆茶之精好者也。 如竹籜，如霜荷，皆茶之瘠老者也。 其別者，有石南芽、枸杞芽、枇杷芽，皆治風疾。 又有皂莢芽、槐芽、柳芽，乃上春摘其芽和茶作之。 故今南人輸官茶，往往雜以眾葉。 惟茅蘆竹箬之類不可入，自餘山中草木芽葉，皆可和合，椿、柹尤奇。 真茶性冷，惟雅州蒙山出者溫而主疾。 毛文錫《茶譜》云：蒙之中頂茶，當以春分之先後，多構人力，俟雷發聲，併手採擇，三〔日〕而止。 若獲一兩，以本處水煎服，即能祛宿疾，二兩當眼前無疾，三兩能固肌骨，四兩即為地仙矣。 其僧如說，獲一兩餘，服之未盡而疾瘳。 其四頂茶園，採猶不廢，惟中峰草木繁密，雲霧蔽虧，鷙獸時出，故人跡不到矣。 近歲稍貴其品，製作亦精于他處。 ○陳承曰：近世蔡襄述閩茶頗備。 惟建州北苑數處產者，性味與諸方略不同。 今亦獨名蠟茶，上供御用。 碾治作餅，日曬，得火愈良。 其他者或為芽，或為末收貯，若微見火便硬，不可久收，色味俱敗。 惟鼎州一種芽茶，性味略類建茶，今汴中及河北、京西等處磨為末，亦冒蠟茶者，是也。 ○寇宗奭曰：苦茶即今茶也。 陸羽有《茶經》，丁謂有《北苑茶錄》，毛文錫有《茶譜》，蔡宗顏有《茶對》，皆甚詳。 然古人謂茶為雀舌、麥顆，言其至嫩也。 又有新芽一發便長寸餘，其粗如針，最為上品，其根幹、水土力皆有餘故也。 雀舌、麥顆又在下品，前人未知爾。 ○李時珍曰：茶有野生、種生。 種者用子，其子大如指頭，正圓黑色。 其仁入口，初甘後苦，最戟人喉，而閩人以榨油食用。 二月下種，一坎須百顆乃生一株，蓋空殼者多故也。 畏水與日，最宜坡地蔭處。 清明前采者為上，穀雨前者次之，此後皆老茗爾。 采、蒸、揉、焙，修造皆有法，詳見《茶譜》。 茶之稅，始於唐德宗，盛於宋、元，及于我朝，乃與西番互市易馬。 夫茶一木爾，下為民生日用之資，上為朝廷賦稅之助，其利博哉。昔賢所稱，大約謂唐人尚茶，茶品益眾。有雅州之蒙頂、石花、露芽、穀芽為第一，建寧之北苑龍鳳(園)〔團〕為上供。蜀之茶，則有東川之神泉、獸目，硤州之碧澗、明月，夔州之真香，邛州之火井、思安，黔陽之都濡，嘉定之峨眉，瀘州之納溪，玉壘之沙坪。楚之茶，則有荊州之仙人掌，湖南之白露，長沙之鐵色，蘄州蘄門之團面，壽州霍山之黃芽，廬州之六安、英山，武昌之衡山，岳州之巴陵，辰州之溆浦，湖南之寶慶、茶陵。吳越之茶，則有湖州顧渚之紫筍，福州方山之生芽，洪州之白露，雙井之白毛，廬山之雲霧，常州之陽羨，池州之九華，丫山之陽坡，袁州之界橋，睦州之鳩坑，宣州之陽坑，金華之舉岩，會稽之日鑄，皆產茶有名者。其名今又有蘇州之虎丘茶，清香風韻，自得天然妙處，啜之骨爽神怡，真堪為盧仝七椀之鑒。其次曰天池茶，味雖稍差，雨前已冠天下，其價幾與銀等，向為山僧獲利，果屬吳中佳產也。其他猶多，而猥雜更甚。按陶隱居註苦茶云：西陽、武昌、廬江、晉陵皆有好茗，飲之宜人。凡所飲物，有茗及木葉、天門冬苗、菝葜葉，皆益人。餘物皆冷利。又巴東縣有真茶，火煏作卷結為飲，亦令人不眠。俗中多煮檀葉及大皂李葉作茶飲，竝冷利。南方有瓜蘆木，亦似茗也。今人採櫧、櫟、山礬、南燭、烏藥諸葉，皆可為飲，以亂茶云。

茶葉　味苦、甘，微寒，無毒。治瘻瘡，利小便，去痰熱，止渴，令人少睡，有力，悅志。下氣消食，作飲，加茱萸、〔葱、薑〕良。破熱氣，除瘴氣，利大小腸。清頭目，治中風〔昏憒〕，多睡不醒。治傷暑。合醋治泄痢甚效。炒煎飲，治〔熱〕毒赤白痢。同芎藭、葱白煎飲，止頭痛。濃煎，吐風熱痰涎。

陽羨茶　味甘、苦，主清頭目，爽精神，消食下氣，利水道，為眾茶之主，百花之先。故諺有天子未嘗陽羨茶，百草不敢先開花之句。

虎丘茶　味甘香爽，主清肌骨，養真元，得地土之淳和，稟山川之秀麗，飲之彌多彌善也。

六安茶　主消食調中，祛風邪，升陽氣。

天池茶　主生津液，沁齒頰，升陽補脾。○陳藏器曰：大抵茶性苦寒，久服令人瘦，去人脂，使人不睡。飲之宜熱，冷則聚痰。與榧同食，令人身重。大渴及酒後飲茶，水入腎經，令人腰脚膀胱冷病，兼患水腫攣痹諸疾。○汪機曰：頭目不清，熱熏上也。以苦泄其熱，則上清矣。且茶體輕浮，采摘之時，芽蘖初萌，正得春升之氣。味雖苦而氣則薄，乃陰中之陽，可升可降，利頭目，蓋本諸此。○汪穎曰：一人好燒鵝炙煿，日常不缺。人咸防其生癰疽，後卒不病。訪知其人每夜必啜涼茶一椀，乃知茶能解炙煿之毒也。○楊士瀛曰：薑茶治痢。薑助陽，茶助陰，竝能消暑、解酒食毒。且一寒一熱，調平陰陽，不問赤、白、冷、熱，用之皆良。生薑細切，與真茶等分，新水濃煎服之。蘇東坡以此治文潞公有效。○李時珍曰：茶苦而寒，陰中之陰，沉也，降也，最能降火。火為百病，火降則上清矣。然火有五，火有虛實。若少壯胃健之人，心肺脾胃之火多盛，故與茶相宜。溫飲則火因寒氣而下降，熱飲則茶借火氣而升散。又兼解酒食之毒，使人神思闓爽，不昏不睡，此茶之功也。若虛寒及血弱之人，飲之既久，則脾胃惡寒，元氣暗損，土不制水，精血潛虛。成痰飲，成痞脹，成痿痹，成黃瘦，成嘔逆，成洞瀉，成腹痛，成疝瘕，種種內傷，此茶之害也。民生日用，蹈其弊者，往往皆是，而害婦嫗更多，習俗移人，自不覺耳。況真茶既少，雜茶更多，其為患也，又可勝言哉！人有嗜茶成癖者，時時咀啜不已，久而傷營傷精，血不華色，黃瘁痿弱，抱病不悔，尤可歎惋。晉干寶《搜神記》載：武官因時病後，啜茗一斛二升乃止。纔減升合，便為不足。有客令更進五升，忽吐一物，狀如牛脾而有口。澆之以茗，盡一斛二升，再澆五升，即溢出矣。人遂謂之斛茗瘕。嗜茶者觀此，可以戒矣。陶隱居《雜錄》言丹丘子、黃山君服茶輕身換骨，《壺公食忌》言苦茶久食羽化者，皆方士謬言誤世者也。按唐補闕毋炅《茶序》云：釋滯消擁，一日之利暫佳；瘠氣侵精，終身之累斯大。獲益則功歸茶力，貽患則不謂茶災。豈非福近易知，禍遠難見乎！又宋學士蘇軾《茶說》云：除煩去膩，世故不可無茶，然暗中損人不少。空心飲茶入鹽，直入腎經，且冷脾胃，乃引賊入室也。惟飲食後濃茶漱口，既去煩膩，而脾胃不知，且苦能堅齒消蠹，深得飲茶之妙。古人呼茗為酪奴，亦賤之也。當予早年氣盛，每飲新茶必至數椀，輕發汗而肌骨清，頗覺痛快。中年胃氣稍損，飲之即覺為害，不痞悶嘔惡，即腹冷洞泄。故備述諸說，以警同好焉。又濃茶能令人吐，乃酸苦涌泄為陰之義，非其性能升也。

草茶以下幾種，雖總括入前題內，茲復另列，兼采往代名公記述，以備今人稽攷。○草茶生江西建昌縣西南三十里雲居山，茶中最稱絕品。是處為黃庭堅所居之地，傍有雙井，土人汲以造茶為第一，又稱雙井茶。黃山谷餽蘇東坡詩云：人間風日不到處，天上玉堂森寶書。想見東坡舊居士，揮毫百斛雙明珠。我家江南飽雲腴，落磑霏霏雪不如。為君喚起黃州夢，獨載扁舟向五湖。

草茶　味甘、苦，微寒，無毒。主利胸膈，潤腸胃。順氣寬胃，解渴消煩。

龍井茶產杭州府赤山西北風篁嶺龍井傍。茶味清馥雋永，迥出風塵，冠絕他品。

龍井茶　味苦、甘，涼，無毒。主清利頭目，疏暢胸脘，退膀胱熱鬱。

苦茶生浙江遂昌縣匡山之頂。其山四面峭壁，上多北風，植物之味皆苦，其茶更苦于常茶。

苦茶　味甘、苦，寒，無毒。治諸熱，解傷寒邪熱，利小便，除煩止渴，生津液。

天柱茶生直隸潛山縣天柱山。唐李德裕有親知授舒州牧，即今潛山縣也。李謂之曰：到彼郡日，天柱茶可惠數角。其人獻之數斤，德裕不受。明年，精意求數角投之，德裕曰：是矣，此茶可以消酒肉毒。乃命烹一甌，沃于肉食而覆之，詰旦開視，其肉已化為水。

天柱茶　味甘、苦，平，無毒。主消一切雞猪魚肉毒，寬胸膈，下氣消痰。

陽羨茶產直隸宜興縣陽羨山。唐李洒守常州時，有僧獻此茶，陸羽以為冠絕他境，可供尚方。以此一言，後遂入貢。陽羨山之巔，有珍珠泉，水味奇勝。唐開元間，桐廬錫禪師築菴隱迹，偶嘗此泉，甚甘之，曰：以此泉烹桐廬茶，不亦稱乎！未幾，有白蛇銜茶子置菴側。自是種之滋蔓，味亦倍佳。皇甫曾《送陸鴻漸南山採茶》詩：千峰待逋客，香茗復叢生。採摘知深處，烟霞磬一聲。郭三益《題陽羨南岳寺壁》詩：古木陰森梵帝家，寒泉一勺試新茶。官符星火催春焙，却使山僧怨白蛇。李郢《茶山貢焙歌》：使君愛客情無已，客在金臺價無比。春風三月貢茶時，盡逐紅旂到山裏。焙中清曉朱門開，筐箱盡見新茶來。凌烟觸露不停採，官家赤印連帖催。喧闐競納不盈掬，一時一餉還成堆。蒸之馥馥香勝梅，研膏架動轟如雷。茶成拜表貢天子，萬人爭噉春山摧。驛騎鞭聲戛流電，半夜驅天誰復見？十日工程路四千，到時須及清明宴。

陽羨茶　味苦、甘，平，無毒。主消食下氣，利水道，升陽氣，解外邪。

紫筍茶產浙江湖州府西北四十里明月峽。故事以清明日進御，先薦宗廟，後分賜近臣。唐時吳興昆陵貢，崔二郡守造茶宴會。白樂天詩：遙聞境會茶山夜，珠翠歌鐘俱繞身。盤上中分兩州界，燈前今作一家春。青娥對舞應爭妙，紫筍齊嘗各鬬新。自笑花時客腮下，蒲黃對酒病眠人。

紫筍茶　味苦、甘，平，無毒。主益精神，和脾胃，利六府。

灣甸茶產西南夷灣甸州，去雲南三千餘里，孟通山境內。色如碧玉，價等黃金，其味比之中原殊勝。楊升菴有《灣甸茶歌》云：柘東丹極春滿邊，灣甸有茶名家傳。惜不逢炎皇與岐伯，復不遇鴻漸及玉川。英華阻貢日月篚，芳菲只結烟霞緣。灣甸山蟠赤虺路，滇陰迤西蒼莽亘。羊韋羌兒背負籠，籠箬重重香滿風。

灣甸茶　味苦、甘，溫，無毒。主補脾健胃，生津液，利血脉，治久瘧，辟邪氣，殺鬼物。〇昔一人患瘧，年餘不痊，尫羸已極。醫治無功，虔禱於神，久而不懈。一夕，夢神召曰：汝病將瘳矣。明日當有餽汝灣甸茶者，可即濃煎一椀服之。夢醒俟旦，果有親知從滇中歸，惠得斤許。如教煎服，戰慄幾絕，大汗而甦，永不再發。時有只愁灣甸茶難得，何慮經年瘧未瘳之語。

附方：治心痛不可忍，十年五年者。煎湖州茶以醋和服之，良。　治噤口痢。用細茶一兩炒為末，濃煎一二盞，服之即瘥。　治七星蟲尿人，初如粟，漸如火烙。用細茶為末，油調傅之，良。

附　中郎先生《茶譜》

採茶欲精，藏茶欲燥，烹茶欲潔。

山頂泉清而輕，山下泉清而重；石中泉清而甘，沙中泉清而冽，土中泉清而厚。流動者良于安靜，負陰者勝于向陽；山削者泉寡，山秀者有神；真源無味，真水無香。

品茶，一人得神，二人得趣，三人得味，七八人是名施茶。

初采為茶，老而為茗，再老為荈。

一、採茶　採茶之候，貴及其時。太早則味不全，遲則神散。以穀雨前五日為上，後五日次之，再五日又次之。茶芽紫者為上，面皺者次之，團葉又次之，光面如篠葉者最下。徹夜無雲，浥露採者為上，日中採者次之，陰雨中不宜採。產谷中者為上，竹下次之，爛石中者又次之，黃砂中者又次之。

二、造茶　新採揀去老葉及枝梗、碎屑。鍋廣二尺四寸，將茶一斤半焙之，候鍋極熱，始下茶急炒。火不可緩，待熟方退火，徹入篩中，輕團那數遍，復下鍋中，漸漸減火焙乾為度。中為玄微，難以言顯。火候均停，色香全美；玄味未究，神味俱疲。

三、辨茶　茶之妙，在乎始造之精，藏之得法，泡之得宜。優劣定乎始鍋，清濁係乎末火。火烈香清，鍋寒神倦，火猛生焦，柴踈失翠；久延則過熟，早起却還生；熟則犯黃，生則着黑；順那則甘，逆那則澁。帶白帶赤無妨，絕焦點者最勝。

四、藏茶　造茶始乾，先盛舊盒中，外以紙封口。過三日，俟其性復，復以微火焙極乾，待冷貯罈中，輕輕築實，以箬襯緊。將花笋箬及紙數重封紮罈口，上以火煨傳，冷定壓之，置茶育中，切勿臨風近火。臨風易冷，近火先黃。

五、火候　烹茶者要火候為先，爐火通紅，茶瓢始上。扇起要輕疾，待有聲，稍稍重疾，斯文武之候也。過于文，則水性柔，柔則水為茶降；過于武，則火性烈，烈則茶為水制。皆不足于中和，非茶家要旨也。

六、湯辨　湯有三大辨、十五小辨。一曰形辨，二曰聲辨，三曰氣辨。形為內辨，聲為外辨，氣為捷辨。如蝦眼、蟹眼、魚眼、連珠，皆為萌湯，直至湧沸如騰波鼓浪，水氣全消，方是純熟。如初聲、振聲、驟聲，皆為萌湯，直至無聲，方是純熟。如浮氣一縷、二縷、三四縷及縷亂不分，氤氳亂繞，皆為萌湯，直至氣直沖貫，方是純熟。

七、湯有老嫩　湯用嫩而不用老。蓋因古人製茶，造則必碾，碾則必磨，磨則必羅，羅則茶為飄塵飛粉。于是和劑印龍鳳團，則見湯而茶神便浮，此用嫩而不用老也。今時製茶，不假羅研，全具元體，此湯須純熟，元神始發也。故曰湯須五沸，茶奏三奇。

八、泡法　探湯純熟便取起，先注少許壺中，祛蕩冷氣，傾出，然後投茶。茶多寡〔宜〕酌，不可過中失正。茶重則味苦香沉，水勝則色清香寡。兩壺後，又用冷水蕩滌，使壺冷潔，不則減茶香矣。罐熱則茶神不健，壺清則水性常靈。稍俟茶水沖和，然後分，釃不宜早，飲不宜遲。早則茶神未發，遲則妙馥先消。

九、投茶　投茶有序，毋失其宜。先茶後湯，曰下投；　湯半下茶，復以湯滿，曰中投；　先湯後茶，曰上投。春秋中投，夏上投，冬下投。

十、飲茶　飲茶以客少為貴。客眾則喧，喧則雅趣乏矣。獨啜曰神，二客曰勝，三四曰趣，五六曰泛，七八曰施。

十一、香　茶有真香，有蘭香，有清香，有純香。表裏如一曰純香，不生不熟曰清香，火候均停曰蘭香，雨前純具曰真香。更有含香、漏香、浮香、間香，此皆不正之氣。

十二、色　茶以青翠為勝，濤以藍白為佳。黃、黑、紅、昏，俱不入品。雪濤為上，翠濤為中，黃濤為下。新泉活火，煮茗玄工，玉茗冰濤，當杯絕技。

十三、味　味以甘潤為主，苦澁為下。

十四、點染失真　茶自有真香，有真色，有真味。一經點染，便失其真。如水中着鹽，茶中着料，碗中着果，皆失真也。

十五、變不可用　茶始造則青翠，收藏不法，一變至綠，再變至黃，三變至黑，四變至白。食之則寒胃，甚至瘠氣成積。

十六、品泉　茶者水之神，水者茶之體；　非真水莫顯其神，非精茶曷窺其體。山頂泉清而輕，山下泉清而重，石中泉清而甘，砂中泉清而冽，土中泉淡而白。流于黃石為佳，瀉出青石無用。流動者愈于安靜，負陰者勝于向陽。真源無味，真水無香。

十七、井水不宜茶　《茶經》云：　山水上，江水次，井水最下矣。第一方不近江水，卒無木水性。當多積梅雨，其味甘和，乃長養萬物之水。雪水雖清，性感重陰，寒人脾胃，不宜多積。

十八、貯水　貯水甕須置陰庭中，覆以紗帛，使承霜露之氣，則英靈不散，神氣嘗存。假令壓以木石，封以紙箬，曝以日下，則外耗其神，內閉其氣，水神敝矣。飲茶惟貴乎茶鮮水靈，茶失其鮮，水失其靈，則與溝渠水何異？

十九、茶具　桑苧翁煮茶用銀瓢，謂過于奢侈，後用磁器，又不能持久，卒歸于銀。愚意銀者宜貯朱樓華屋，若山齋茆舍，惟用錫瓢，亦無損于香色味也。但銅鐵忌之。

二十、茶甌　甌以雪白者為上，藍白者不損茶色，次之。

二十一、分茶盒　盒以錫為之，從大罈中分用，用盡再取。

二十二、茶道　造時精，藏時燥，泡時潔。精、燥、潔，茶道盡矣。

二十三、拭盞布　飲茶前後俱用細麻布拭盞，其他易穢，不宜用。

明・顧逢柏《分部本草妙用》卷九果部　茗　苦甘，微寒，無毒。飲之宜熱，冷則聚痰。　主治：　利小便，去痰熱，止渴，令人少睡有力，悅志，下氣消食，清頭目，治傷暑。同薑、棗治赤白痢。同川芎、葱白煎飲，止頭痛。濃煎，吐風熱痰涎。　按：　茶入手、足厥陰，治陰症湯藥入此，去格拒之〔寒〕，及治伏陽。《經》云：　苦以泄之，其性下行，所以能清頭目，引火下行也。更能解炙煿之毒，同薑茶消暑，止痢爽神。但不利于虛弱多冷之人。

明・孟笨《養生要括・果部》　茶葉　味苦，甘，微寒，無毒。治瘻瘡，利小便，去痰熱，止渴，令人少睡有力，悅志。下氣消食，作飲，加茱萸、葱、薑良。破熱氣，除瘴氣，利大小腸。清頭目，治中風昏憒，多睡不醒，治傷暑。合醋，治泄痢甚效。炒，煎飲，治熱毒赤白痢。同芎藭、葱白煎飲，止頭痛。濃煎，吐風熱痰涎。〔久食令人瘦，去人脂，使人不睡。飲之宜熱，冷則聚痰。酒後飲茶，入腎經，令人腰腳膀胱冷痛，患水腫攣痹諸疾。〕

明・李中梓《醫宗必讀・本草徵要下》　茶葉味甘、苦，微寒，無毒。入心、肺二經。畏威靈仙、土茯苓，惡榧子。

消食下痰氣，止渴醒睡眠。解炙煿之毒，消痔瘻之瘡，善利小便，頗療頭疼。稟土之清氣，兼得春初生發之意，故其所主，皆以清肅為功。然以味甘不澁，氣芬如蘭，色白如玉者為良。茶禀天地至清之氣，產於瘠砂之間，專感雲露之滋培，不受纖塵之滓穢，故能清心滌腸胃，為清貴之品。昔人多言其苦寒不利脾胃，及多食發黄消瘦之說，此皆語其粗惡苦澁者耳。故入藥須擇上品，方有利益。

明・鄭二陽《仁壽堂藥鏡》卷二　茗、苦茶早採為茶，晚採為茗。　氣微寒，味苦、甘，無毒。　入手足厥陰經。　主發散，降火，清頭目，除痰熱，下逆氣，消宿食，利小便，令人少睡。然去人脂，暗中損人不少。空心尤宜忌之。惟飲食後，濃茶漱口，即去煩膩，且苦能堅齒、消蠹。不妨治陰證湯藥内用此，去格拒之寒，及治伏陽，大意相似。茶苦，《經》云苦以泄之。其體下行，如何是清頭目？　郭璞云：早採為茶，晚採者為茗。其名有五：一曰茶，二曰檟，三曰蔎，四曰茗，五曰荈。今不分說矣。十年茶用頭醋煎服，治心痛不可忍者。

明・蔣儀《藥鏡》卷四寒部　茶茗　化痰而解煩渴，甘露均功。消垢而醒睡魔，溫泉擬烈。吾賞其清利頭目之奏，須防其虐害生化之源。細者為茶，大者為茗。上病用茶，取其輕清而上升也。下病用茗，取其重濁而下降也。

明・施永圖《本草醫旨・食物類》卷三　茗早採為茶，晚採為茗。其名有五：一茶，二檟，三蔎，四茗，五荈。　葉　味苦、甘，微寒，無毒。苦寒，久食令人瘦，去人脂，使人不睡，飲之宜熱。冷則聚痰，與榧同食令人身重，大渴及酒後飲茶，水入腎經，令人腰脚膀胱冷痛，兼患水腫攣痺諸疾。大抵飲茶宜熱，宜少，不飲尤佳，空腹最忌之。服威靈仙、土茯苓者，忌飲茶。治：　瘻瘡，利小便，去痰熱，止渴，令人少睡，有力，悅志，下氣消食。作飲，加茱萸、葱、薑良。破熱氣，除瘴氣，利大小腸，清頭目。治中風昏憒，多睡不醒，治傷暑。合醋，治泄痢甚效。炒煎飲，治熱毒赤白痢。同芎藭、葱白煎飲，止頭痛。濃煎，吐風熱痰涎。氣寒味苦，入手足厥陰證湯藥内。一人好燒鵝炙煿，日常不缺，人咸防其生癰疽，後卒不病。訪知其人每夜必啜涼茶一盞，乃知茶能解炙煿之毒也。薑茶，治痢。薑助陽，茶助陰，並能消暑，解酒食毒，且一寒一熱，調平陰陽，不問赤白冷熱用之。茶苦而寒，陰中之陰，沉也，降也。最能降火，火為百病，火降則上清矣。然火有五，火有虚實。若少壯胃健之人，心肺脾胃之多盛，故與茶相宜。溫飲則火因寒氣而下降，熱飲則茶借火氣而升散，又兼解酒食之毒，使人神思闓爽，不昏不睡，此茶之功也。若虚寒及血弱之人，飲之既久，則脾胃惡寒，元氣暗損，土不制水，精血潛虚，成痰飲，成痞脹，成痿痹，成黄瘦，成嘔逆，成洞瀉，成腹痛，成疝瘕，種種内傷，此茶之害也。民生日用，蹈其弊者，往往皆是。而婦嫗受害更多，習俗人自不覺爾。況真茶既少，雜茶更多，其為患也，又可勝言哉。

附方　氣虚頭痛：　用上春茶末，調成膏，置瓦盞内覆轉，以巴豆四十粒，作二次燒烟熏之，晒乾乳細。每服一字，别入好茶末，食後煎服，立效。熱毒下痢：　以好茶一斤，炙，擣末，濃煎一二盞服。久患痢者亦宜服之。○用蠟茶，赤痢以蜜水煎服，白痢以連皮自然薑汁同水煎服，二三服即愈。○用蠟茶二錢，湯點七分，入麻油一蜆殼，和服，須臾腹痛大下即止。○蠟茶末，以白梅肉和丸，赤痢，甘草湯下，白痢，烏梅湯下。○一方，建茶合醋，煎熱服即止。產後祕塞：　以葱涎調蠟茶末，為百丸，茶服自通。不可用大黄利藥，利者百無一生。久年心痛：　十年五年者，煎湖茶，以頭醋和勻，服之良。腰痛難轉：　煎茶五合，投醋二合，頓服。解諸中毒：　芽茶、白礬等分，碾末，冷水調下。痘瘡作痒：　房中宜燒茶烟，恒熏之。陰囊生瘡：　用蠟麪茶為末，先以甘草湯洗，後貼之，妙。脚椏濕爛：　茶葉嚼爛敷之，有效。蠼螋尿瘡：　初如糁粟，漸大如豆，更大如火烙漿皰，疼痛至甚者，速以草茶并蠟茶俱可，以生油調傅，藥至痛乃止。風痰顛疾：　茶芽、巵子各一兩，煎濃汁一椀服，良久探吐。霍亂煩悶：　茶末一錢，煎水，調乾薑末一錢，服之即安。月水不通：　茶清一瓶，入沙糖少許，露一夜服。雖三箇月胎亦通，不可輕視。痰喘欬嗽：　不能睡卧，好末茶一兩，白僵蠶一兩，為末，放盌内蓋定，傾沸湯一小盞，臨卧再添湯，點服。

茶子　味苦，寒，有毒。治：　喘急欬嗽，去痰垢。擣仁洗衣，除油膩。

附方　上氣喘急：　時有欬嗽，茶子、百合等分，為末，蜜丸梧子大。每服七丸，新汲水下。喘嗽齁鮯：　不拘大人小兒，用糯米泔少許，磨茶子，滴入鼻中，令吸入口服之，口咬竹筒，少頃涎出如線，不過二三次絶根，屢驗。頭腦鳴響：　狀如蟲蛀，名天白蟻。以茶子為末，吹入鼻中取效。

明・盧之頤《本草乘雅半偈》帙七　茗《神農食經》　氣味：　苦、甘，微寒，無毒。　主治：　主悅志有力，令人少睡，止渴，利小便，去痰熱，治瘻瘡。

苦茗華佗《食論》

苦茗，久食益意思。

茶陸羽《茶傳》

茶之為用，味至寒，為飲，最宜精行儉德之人。若熱渴凝悶，腦痛目澁，四肢煩，百節不舒，聊四五啜，與醍醐甘露抗衡也。

覈曰：　茗為世所稱尚，頤雖未能知味，然亦未能忘情。每讀治茗諸書，不啻數十種，俱各載稿集，卒難彙考，不揣條錄覈左，以備博採。云神農氏前有《食經》，遵之為首。陸羽《茶經》，例應為傳。後代諸書，通相為疏為注矣。傳本不妄去取，餘則採其雋永者，人各為政，不相沿襲。彼創一義，而此釋之；甲送一難，而乙駁之，奇奇正正，靡所不有，政如《春秋》為經，而案之左氏，《公》《穀》為傳，而斷之是非，末則間有所評，小子不敏，奚敢多讓矣。然書以筆札簡當為工，詞華麗則為尚，而器用之精良，賞鑒之貴重，我則未之或暇也。蓋有含英吐華，收奇覓秘者，在編凡十有六，而茶事盡矣。

一、溯源　茶者，南方之嘉木。其樹如瓜蘆，葉如巵子，花如白薔薇，實如栟櫚，蒂如丁香，根如胡桃。其名一曰茶，二曰檟，三曰蔎，四曰茗，五曰荈。山南以陝州上，襄州、荊州次，衡州下，金州、梁州又下；淮南以光州上，義陽郡舒州次，壽州下，蘄州、黃州又下；浙西以湖州上，常州次，宣州、睦州、歙州下，潤州、蘇州又下；劍南以彭州上，綿州、蜀州、邛州次，雅州、瀘州下，眉州、漢州又下；浙東以越州上，明州、婺州次，台州下。黔中生恩州、播州、費州、夷州；江南生鄂州、袁州、吉州；嶺南生建州、福州、韶州、象州，其恩、播、費、夷、鄂、袁、吉、建、福、韶、象，十一州未詳。往往得之，其味極佳。《茶傳》，陸羽，字鴻漸，一名疾，字季疵，號桑苧翁著。

按唐時產茶地，僅僅如季疵所稱。而今之虎丘、羅岕、天池、顧渚、松蘿、龍井、鴈宕、武夷、靈山、大盤、日鑄、朱溪諸名茶，無一與焉。乃知靈草在在有之，但培植不嘉，或疏採製耳。《茶解》羅廩，字高君著。

吳楚山谷間，氣清地靈，草木穎挺，多孕茶荈。大率右于武夷者為白乳；甲于吳興者為紫筍。產禹穴者以天章顯；茂錢塘者以徑山稀。至于續盧之巖，雲衡之麓，雅山著于無歙，蒙頂傳于岷蜀，角立差勝，毛舉實繁。《煮茶泉品》葉清臣著。

唐人首稱陽羨，宋人最重建州。于今貢茶，兩地獨多，陽羨僅有其名，建州亦非上品，唯武夷雨前最勝。近日所尚者，為長興之羅岕，疑即古顧渚紫筍。然岕有數處，今唯洞山最重。姚伯道云：明月之峽，厥有佳茗，韻致清遠，滋味甘香，足稱仙品。其在顧渚，亦有佳者，今但以水口茶名之，全與岕別矣。若歙之松蘿，吳之虎丘，杭之龍井，並可與岕頡頏。郭次甫極稱黃山，黃山亦在歙，去松蘿遠甚。往時士人皆重天池，然飲之略多，令人脹滿。浙之產曰鴈宕、大盤、金華、日鑄，皆與武夷相伯仲。錢塘諸山，產茶甚多，南山盡佳，北山稍劣。武夷之外，有泉州之清源，倘以好手製之，亦是武夷亞匹，惜多焦枯，令人意盡。楚之產曰寶慶，滇之產曰五華，皆表表有名，在鴈茶之上。其他名山所產，當不止此，或余未知，或名未著，故不及論。《茶疏》許次紓，字然明著。

評曰：昔人以陸羽飲茶，比于后稷樹穀然哉，及觀韓翃《謝賜茶啟》云：吳主禮賢，方聞置茗，晉人愛客，纔有分茶，則知開創之功，雖不始于桑苧，而製茶自出至季疵而始備矣。嗣後名山之產，靈草漸繁，人工之巧，佳茗日著，皆以季疵為墨守，即謂開山之祖可也。其蔡君謨而下為傳燈之士。又曰：茶係生人後天，隨身衣報，蓋地靈鍾秀，或古之所產，今無取焉者，謂水土頻移，山川性易，靈從何來，秀從何起，生人依報，寧復居恒，人苦不思本耳。以上遡其源也。

二、得地　上者生爛石，中者生礫壤，下者生黃土。野者上，園者次。陰山坡谷者，不堪採掇《茶傳》。

產茶處，山之夕陽，勝于朝陽；廟後山西向，故稱佳，總不如洞山南向，受陽氣特專，稱仙品。《岕山茶記》熊明道著。

茶地南向為佳，向陰者遂劣。故一山之中，美惡相懸《茶解》。

茶產平地，受土氣多，故其質濁；岕茶產于高山，渾是風露清虛之氣，故可尚《山茶記》。

茶固不宜雜以惡木，唯桂、梅、辛夷、玉蘭、玫瑰、蒼松、翠竹，與之間植，足以蔽覆霜雪，掩映秋陽。其下可植芳蘭幽菊清芳之物，最忌菜畦相逼，不免滲漉，滓厥清真《茶解》。

評曰：疆理天下，物其土宜；廣谷大川異制，人居其間異形；瘠土民癯，沃土民厚；堅土民剛，坉土民醜；城市民嚚而漓，山鄉民朴而陋；齒居晉而黃，項處齊而癭。皆象其氣，悉效其形，知其利害，達其志欲，定其山川，分其圻界，條其物產，辨其貢賦，斯為得地。人猶如此，奚惟茗乎。

三、乘時　採茶在二月、三月、四月之間。茶之筍者，生爛石沃土，長四五寸，若薇蕨始抽，凌露採焉。茶之芽者，發于叢薄之上，有三枝、四枝、五枝者，選其中枝穎拔者採焉《茶傳》。

清明太早，去夏太遲，穀雨前後，其時適中。若再遲一二日，待其氣力完足，香烈猶倍，易于收藏《茶疏》。

茶以初出雨前者佳。唯羅岕立夏開園，吳中所貴，梗觕葉厚，便有蕭箬之氣，還是夏前六七日，如雀舌者佳，岕片亦好《茶記》。

岕非夏前不摘，初試摘者，謂之開園；　採自正夏，謂之春茶。　其地稍寒，故須得此，又不當以太遲病之。　往時無秋日摘者，近乃有之，七八月重摘一番，謂之早春，其品甚佳。　不嫌少薄，他山射利，多摘梅茶。　梅茶苦澁，且傷秋摘，佳產戒之《茶疏》。

雙徑兩天目茶，立夏後，小滿前，僅摘一次，斷不復採。　唯滄雨露，絕禁肥壤，故收藏歲久。　色香味轉勝，淩露無雲。　採候之上，霽日融和；　採候之次，積雨重陰，不知其可。《茶說》，邢士襄，字三若著。

評曰：　時不可違，候不可失，桑苧翁時中之聖者歟。　千載而下，採製之期，無能踰其時日，羅高君少有更變者，更體山川之寒暄，察草木之含吐，待時而興，應時而起，不妄作勞，不傷物力。

四、揆制　其日有雨不採，晴有雲不採。　晴採之，蒸之，擣之，拍之，焙之，穿之，封之，茶之乾矣《茶傳》。

斷茶以甲，不以指，以甲則速斷不柔，以指則多濕易損。《東坡試茶錄》，宋子安著。

其茶初摘，香氣未透，必借火力以發其香。　然茶性不耐勞，炒不宜久，多取入鐺，則手力不勻，久于鐺中過熟，而香散矣。　炒茶之鐺，最嫌新鐵，須預取一鐺，毋得別作他用。　炒茶之薪，僅可樹枝，不用幹葉。　幹則火力猛熾，葉則易焰易滅。　鐺必磨洗瑩潔，旋摘旋炒。　一鐺之內，僅用四兩，先用文火炒，次加武火催之。　手加木指，急急抄轉，以半熟為度，微俟香發，是其候也《茶疏》。

茶初摘時，須揀去枝梗老葉，惟取嫩葉，又須去尖與柄與筋，恐其易焦，此松蘿法也。　炒時須一人從旁扇之，以祛熱氣，否則黃色，香味俱減。　余所親試，扇者色翠，不扇色黃。　炒起出鐺時，置大磁盤中，仍須急扇，令熱氣消退，以手重揉之，再散入鐺，文火炒乾，入焙，蓋揉則其津上浮，點時香味易出。　田子蓺以生晒不炒不揉者為佳。　偶試之，但作熱湯，并日腥草氣，殊無佳韻也。《茶箋》，聞龍，字隱鱗，初字仲達著。

火烈香清，鐺寒神倦；　火烈生焦，柴踈失翠；　久延則過熟，速起却還生；　熟則犯黃，生則著黑；　帶白點者無妨，絕焦點者最勝。《茶錄》，張源，字伯淵著。

《經》云：　焙，鑿池深二尺，闊一尺五寸，長一丈。　上作短牆，高二尺，泥之以木，構于焙上。　編木兩層，高一尺以焙茶。　茶之半乾，昇下棚，全乾昇上棚。　愚謂今人不必全用此法，予嘗搆小焙室，高不踰尋，方不及丈，縱廣正等，四圍及頂，綿紙密糊，無小罅隙。　置三四火缸于中，安新竹篩于缸內，預先洗新麻布一片以襯之，散所炒茶于篩上，闔戶而焙，上向不可覆蓋。　蓋茶葉尚潤，一覆則氣悶罨黃，須焙二三時，俟潤氣盡，然覆以竹箕，焙極乾，出缸待冷，入器收藏。　後再焙，亦用此法。　色香與味，不致太減《茶箋》。

茶之妙，在乎始造之精，藏之得法，點之得宜。　優劣定乎始鐺，清濁係乎末火《茶錄》。

諸名茶，法多用炒。　唯羅岕專于蒸焙，味真蘊藉，世競珍之。　即顧渚陽羨，密邇洞山，不復倣此。　想此法偏宜于岕，未可概施他茗。　而《經》已云蒸之焙之，則所從來遠矣《茶箋》。

必得色全，唯須用扇，必全香味，當時焙炒，此製茶之準繩，傳茶之衣鉢《茗笈》。

評曰：　遡源、得地、乘時，盡物之性矣。　揆制失節，仍同草芥。　能盡人之性，則能盡物之性。

五、藏茗　育以木制之，以竹編之，以紙糊之，中有槅，上有覆，下有床，傍有門，掩一扇，一器貯煻煨火，令熅熅然，江南梅雨，焚之以火《茶傳》。

藏茶宜箬葉而畏香，茶喜溫燥而忌冷濕。　收藏時先用青箬，以竹絲編之，置罌四週，焙茶俟冷，貯器中，以生炭火煆過，烈日中曝之令滅，亂插茶中，封固罌口，覆以新磚，置高爽近人處，霉天雨候，切忌發覆。　取用須于晴明時，取少許，別貯小瓶，空缺處，即以箬填滿，封置如故，方為可久。　或夏至後一焙，或秋分後一焙《山茶記》。

切勿臨風近火，臨風易冷，近火先黃《茶錄》。

凡貯茶之器，始終貯茶，不得移為他用《茶解》。

吳人絕重岕茶，往往雜以黃黑箬，大是缺事。　余每藏茶，必令樵青，入山採竹箭箬，拭淨烘乾，護罌四週，半用剪碎，拌入茶中，經年發覆，青翠如新《茶箋》。

置頓之所，須在時時坐臥之處，逼近人氣，則常溫不寒。　必在板房，不宜土室；　板房熅燥，上室易蒸；　又要透風，勿置幽隱之處，尤易蒸濕《茶錄》。

羅生言茶酒二事，至今日可稱精絕，前無古人，止可與深知者道耳。夫茶酒超前代希有之精品，羅生創前人未發之玄談，吾尤詑夫卮談名酒者十九，清談佳茗者十一《茗笈》。

評曰：治茗如創業，藏茗如守業。創業易，守業難。守之難，又不如用之者更難。如保赤子，幾微是防。

六、品泉　山水上，江水中，井水下。山水擇乳泉、石池、漫流者上，其瀑湧湍漱勿食，久食令人有頸疾。又多別流于山谷者，澄浸不洩，自火天至霜郊以前，或潛龍蓄毒于其間，飲者可決之以流其惡，使新泉涓涓然酌之。其江水，取去人遠者《茶傳》。

山宣氣以養萬物，氣宣則脈長，故曰山水上；泉不難于清，而難于寒，其瀨峻流駛而清，嵒奥積陰而寒者，亦非佳品。《煮泉小品》，田崇衡，字子蓺著。

江，公也。衆水共入其中也。水共則味雜，故曰江水次之；其水取去人遠者，蓋去人遠，則澄深而無蕩漾之漓耳《小品》。

余少得溫氏所著《茶説》，嘗試其水泉之目，有二十焉。會西走巴峽，經蝦蟆窟，北憩蕪城，汲蜀岡井，東遊故都，絶揚子江，留丹陽，酌觀音泉，過無錫，惠山泉水，粉槍末旗，蘇蘭薪桂，且鼎且缶，以飲以啜，莫不瀹氣滌慮，蠲病析酲，祛鄙吝之生心，招神明而還觀，信乎物類之得宜，臭味之所感，幽人之嘉尚，前賢之精鑒不可及矣《煮茶泉品》。

山頂泉清而輕，山下泉清而重。石中泉清而甘，砂中泉清而冽。土中泉清而白，流于黄石、紫石爲佳。瀉出青石、黑石無用。流動愈于安靜，負陰勝于向陽《茶錄》。

山厚者泉厚，山奇者泉奇；山清者泉清，山幽者泉幽，皆佳品也。不厚則薄，不奇則蠢；不清則濁，不幽則喧，必無用矣《小品》。

泉不甘，則損茶味。前代之論水品者以此。《茶譜》，蔡襄，字君謨著。

吾鄉四陲皆山，泉水在在有之。然皆淡而不甘，獨所謂它泉者。其源出自四明潺湲洞，歷大蘭小皎諸名岫，迴溪百折，幽澗千支，沿洄漫衍，不舍晝夜。唐鄞令王公元偉，築埭它山，以分注江河，自洞抵埭，不下三數里。水色蔚藍，素砂白石，粼粼見底。清寒甘滑，甲于郡中。余愧不能為浮家泛宅，送老于斯。每一臨泛，浹旬忘返，携茗就烹，珍鮮特甚。洵源泉之最勝，甌犧之上味矣。以僻在海陬，圖經是漏，故又新之記罔聞。季疵之杓莫及，遂不得與谷簾諸泉齒，譬猶飛遁吉人，滅影貞士，直將逃名世外，亦且永托知稀矣《茶箋》。

山泉稍遠，接竹引之，承之以奇石，貯之以淨缸，其聲琮琮可愛，移水取石子，雖養其味，亦可澄水《小品》。

甘泉旋汲，用之斯良。丙舍在城，夫豈易得。故宜多汲，貯以大甕，但忌新器，為其火氣未退易于敗水，亦易生蟲，久用則善。最嫌他用，水性忌木，松杉為甚，木桶貯水，其害滋甚，挈瓶為佳耳《茶疏》。

烹茶須甘泉，次梅水。梅雨如膏，萬物賴以滋養，其味獨甘，梅後便不堪飲。大甕滿貯，投伏龍肝一塊，即灶中心赤土也，乘熱收之《茶解》。

烹茶水之功居六，無泉則用天水，秋雨為上，梅雨次之。秋雨冽而白，梅雨醇而白；雪水五穀之精也，但色不能白；養水須置石子于甕，不唯益水，而白石清泉，會心亦不在遠。

壬寅臘八，過南屏，僧碧婆煮茶，不拘老嫩，皆可人口。又不在茶具，雖飯鑊中，亦稱其旨，時與之遊，遂成茶癖。每令長鬚遠汲虎跑泉、葛仙翁井，或索友人携來惠山泉水，以茶之妙在水發也。每值梅雨，托布承接，或荷葉，或磁盤，或以錫作板，溜積甕中。試烹都有霧氣，遠不及泉水之清且潔也。一日偶取所蓄梅雨，見孑孓烏蟲數十百，跳躍盌內，遂棄之，擬傾未果，月余後，好水喫盡，奴子誤取前水就烹，色味俱全，氣香特盛，乃和天水都好，但未可就用，須置器日久，俟其色變蟲去，色香味始妙，不似山泉但可留數日，久即味變也。此後不煩遠役奴子，亦不顓取梅雨，唯待久雨時，向急溜中，大缸承貯。月餘後，另移甕內，百日始佳，半年更妙。四時皆用此法。春雨味更鮮厚，雪色尤為潔白，居鹵斥之地，闤闠之東，日日天泉作供，不但自受用，亦不但供賓客，併及其妻孥，真無量快活也《芷園日記》。

天氣上為雲，地氣下為雨。雨出天氣，雲出地氣，色變蟲生，正所以攘地濁，以現天清也。諸泉日久作變，變則化，化則去泥純水，本色本味，和盤托出，毋自傾棄，以失性真《月樞筆記》。

貯水甕，須置陰庭，覆以紗帛，使承星露，則英華不散，靈氣常存。假令壓以木石，封以紙箬，暴以日中，則外耗其神，內閉其氣，水神敝矣《茶解》。

《茶記》言養水，置石子于甕，不惟益水，而白石清泉，會心不遠。然石子須取深溪水中，表裏瑩徹者佳，要白如截肪，赤如雞冠，青如螺黛，黄如蒸栗，黑如重漆，錦紋五彩，輝映甕中，徙倚其側，應接不暇，非但益水，亦且娛神《茗笈》。

仁智者性，山水樂深，載蚪清泚，以滌煩襟《茗笈》。

評曰：得泉尋茗，得茗尋泉，如選儔覓偶，事主相夫，兩家仔細，萬一失所，此身已矣。

七、候火　其火用炭，曾經燔炙為膩脂所及，及膏木敗器不用，古人識勞薪之味，信哉《茶傳》。

火必以堅木炭為上，然本性未盡，尚有餘烟，烟氣入湯，湯必無用。故先燒令紅，去其烟焰，兼取性力猛熾，水乃易沸，既紅之後，方授水器，乃急扇之，愈速愈妙，毋令手停，停過之湯，寧棄而再烹也《茶疏》。

爐火通紅，茶銚始上。扇起要輕疾，待湯有聲，稍稍疾重，斯則文武火候也。若過乎文，則水性柔，柔則水為茶降；若過于武，則水性烈，烈則茶為水制，皆不足于中和，非茶家之要旨《茶錄》。

蘇廙《仙芽傳》載湯十六，云調茶在湯之淑慝。而湯最忌烟，燃柴一枝，濃烟滿室，安有湯耶？又安有茶耶？可謂確論。田子蓺以松實、松枝為雅者，乃一時興到之語，不知大謬茶政《茗笈》。

評曰：好茶好水，固不容易，火候一着，更是煩難，如媒妁一般，謀合二姓，濟則皆同其利，敗則咸受其害。《李陵傳》云：媒蘖其短。孟康曰：媒酒酵也。蘖，酒麴也。謂釀成其罪也。師古曰：齊人名麴餅，亦曰媒妁，君子司火，有要有倫，得心應手，存乎其人。

八、定湯　其沸如魚目，微有聲，為一沸。緣邊如湧泉連珠，為二沸。騰波鼓浪，為三沸。已上水老，不可食也。凡酌置諸碗，令沫餑。沫餑，湯之華也。華之薄者為沫，厚者為餑；細輕者為華，如棗花漂漂然于環池之上；又如迴潭曲渚，青萍之始生；又如晴天爽朗，有浮雲鱗然。其沫者，若綠錢浮于渭水；又如菊英墮于尊俎之中。餑者，以滓煮之及沸，則重華累沫，皓皓然若積雪耳《茶傳》。

水入銚，便須急煮，候有松聲，即去蓋，以消息其老嫩，蟹眼之後，水有微濤，是為當時。大濤鼎沸，旋至無聲，是為過時。過時老湯，決不堪用《茶疏》。

沸速則鮮嫩，風逸沸遲，即老熟昏鈍《茶疏》。

湯有三大辯：一曰形辯，二曰聲辯，三曰捷辯。形為内辯，聲為外辯，氣為捷辯。如蝦眼蟹眼，魚目連珠，皆為萌湯。直至湧沸，如騰波鼓浪，水氣全消，方是純熟。如初聲、轉聲、振聲、駭聲，皆為萌湯。直至無聲，方為純熟。如氣浮一縷、二縷、三縷及縷亂不分，氤氲亂繞，皆為萌湯。直至氣直沖貫，方是純熟。蔡君謨因古人製茶，碾磨作餅，則見沸而茶神便發，此用嫩而不用老也。今時製茶，不暇羅碾，仍俱全體，湯須純熟，元神始發也《茶錄》。

余友李南金云：《茶經》以魚目湧泉連珠，為煮水之節。然近世瀹茶，鮮以鼎鑊，用瓶煮水，難以候視，則當以聲辯一沸、二沸、三沸之節。又陸氏之法，以未就茶鑊，故以第二沸為合量而下，未若以今湯就茶甌瀹之，則當用背二涉三之際為合量，乃為聲辯之。詩云砌蟲唧唧萬蟬催，忽有千車捆載來，聽得松風并澗水，急呼縹色綠磁杯，其論固已精矣。然瀹茶之法，湯欲嫩而不欲老，蓋湯嫩則茶味甘，老則過苦矣。若聲如松風澗水而遽瀹之，豈不過于老而苦哉。惟移瓶去火，少待其沸止而瀹之，然後湯適中而茶味甘，此南金之所以未講者也。因補一詩云：松風桂雨到來初，急引銅瓶離竹爐，待得聲聞俱寂後，一瓶春雪勝醍醐。《隺林玉露》羅碩，字大經著。

李南金謂當用背二涉三之際為合量，此真賞鑒家言。而羅隺林懼湯老，欲于松風澗水後，移瓶去火，少待沸止而瀹之，此語亦未中窾。殊不知湯既老矣，去火何救哉《茶解》。

評曰：《茶經》定湯三沸，《茶錄》酌沸三辯。通人尚嫩，伯淵貴老，《隺林》別出手眼，高君因以駁之，各有同異。各取死機，三沸而往，三辯隨之，老去嫩來，無有終時。

又評：定湯談說似易，措制便難。急即鼎沸，怠則瓦解。須具燮陰陽，調鼎鼐，山心水味始得。三至七教，待湯建勛，誰其秉衡，跂石眠雲。

九、點瀹　未曾汲水，先備茶具。必潔必燥，瀹時壺蓋必仰，置磁盂，勿覆案上，漆氣食氣，皆能敗茶《茶疏》。

茶注宜小不宜大，小則香氣氤氲，大則易于散漫。若自斟酌，愈小愈佳，容水半升者，量投茶五分，其餘以是增減《茶疏》。

投茶有序，無失其宜。先茶後湯曰下投；湯半下茶，復以湯滿曰中投；先湯後茶曰上投。春秋中投，夏上投，冬下投《茶錄》。

握茶手中，俟湯入壺，隨手投茶，定其浮沉。然後瀉以供客，則乳嫩清滑，馥郁鼻端，病可令起，疲可令爽《茶疏》。

醲不宜早，飲不宜遲。醲早則茶神未發，飲遲則玅馥先消《茶錄》。

一壺之茶，只堪再巡。初巡鮮美，再巡甘醇，三巡意欲盡矣。余嘗與客戲論，初巡為婷婷嫋嫋十三餘，再巡為碧玉破瓜年，三巡以來綠葉成陰矣。所以茶注宜小，小則再巡已終。寧使餘芬剩馥尚留葉中，猶堪飯後供啜嗽之用《茶疏》。

終南僧亮公，從天池來，餉余佳茗，授余烹點法甚細。余嘗受法于陽羨士人，大率先火候，次湯候，所謂蟹眼魚目，參沸沫浮沉法皆同。而僧所烹點，絕味清乳，是具入清淨味中三昧者。要之此一味，非眠雲跂石人，未易領略。余方避俗，雅意棲禪，安知不因是悟入趙州耶。《茶寮記》，陸樹聲字與吉著。

凡事俱可委人，第責成効而已。惟瀹茗須躬自執勞，瀹茗而不躬執，欲湯之良，無有是處《茗笈》。

評曰：法四氣三投，度衆寡器宇，此點瀹之嘗則。因人以節緩急，隨時而制適宜，此又點瀹之變通。還得具有獨聞之聰，獨見之斷，乃可以盡人之性，盡茗之性，盡水火之性，正不在守已陳之蹟，而膠不變之柱。

十、辯器　鍑以生鐵為之，洪州以磁，萊州以石。瓷與石皆雅器也，性非堅實，難可持久。用銀為之至潔，但涉于侈麗，雅則雅矣，潔亦潔矣，若用之恒，而卒歸于銀也《茶傳》。

山林逸士，水銚用銀，尚不易得，何況鍑乎。若用之恒，而卒歸于鐵也《茶箋》。

貴則金銀，賤惡銅鐵，則磁瓶有足取焉。幽人逸士，品色尤宜。然慎勿與誇珍衒豪者道。《仙牙傳》，蘇廙。

金乃水母，錫備剛柔，味不鹹濇，作銚最良。製必穿心，令火易透《茶錄》。

茶壺往時尚龔春，近日時大彬所製，大為時人所重，蓋是犓砂，正取砂無土氣耳《茶疏》。

茶注茶銚茶甌，最宜蕩滌燥潔。修事甫畢，餘瀝殘葉，必盡去之。如或少存，奪香敗味，每日晨興，必以沸湯滌過，用極熱麻布，向內拭乾，以竹編架，覆而庋之燥處，烹時取用《茶疏》。

茶具滌畢，覆于竹架，俟其自乾為佳。其拭巾只宜拭外，切忌拭內，蓋布帨雖潔，一經人手，極易作氣，縱器不乾，亦無大害《茶錄》。

茶甌以白磁為上，藍者次之《茶錄》。

人各手執一甌，毋勞傳送，再巡之後，清水滌之《茶疏》。

茶盒以貯茶，用錫為之，從大罈中分出，若用盡時再取《茶錄》。

茶爐或瓦或竹，大小與湯銚稱《茶解》。

鍑宜鐵，爐宜銅，瓦竹易壞，湯銚宜錫與砂，甌則但取圓潔白磁而已。然宜小，必用柴汝宣成，貧士何所取辦哉《茶笈》。

評曰：付授當器，區別得宜，各稱其用，各適其性而已。亦不必強以務飾，亦不必矯以異俗。

十一、申忌　採茶製茶，最忌手汗膻氣，口臭涕唾，及婦女月信，癡蠢酒徒。蓋酒與茶，性不相入，故製茶時，少有沾染，便無用矣《茶解》。

茶之性淫，易于染着，無論腥穢，及有氣息之物不宜近，即名花異香，亦不宜近。

茶性畏紙，紙于水中成受水氣多，紙裹一夕，隨紙作氣盡矣。雖再焙之，少頃即潤。鴈宕諸山，首坐此病，紙帖貽遠，安得復佳《茶疏》。

吳興姚叔度言茶葉多焙一次，則香味隨減一次，余驗之良然。但于始焙極燥，多用炭箬，如法封固，即梅雨連旬，燥固自若，唯開罈頻取，所以生潤，不得不再焙耳。自四五月，至八月，極宜致謹。九月以後，天氣漸肅，便可解嚴矣。雖然，能不弛懈，尤妙，尤妙《茶箋》。

不宜用惡木敝器，銅匙銅銚，木桶柴薪麩炭，犓童惡婢，不潔巾帨，及各色果實香藥《茶錄》。

不宜近陰室、厨房、市喧、小子啼、野性人、童奴相閧、酷熱齋頭《茶疏》。

評曰：茗猶人也。超然物外者，不為習所染，否則習于善則善，習于惡則惡矣。聖人致嚴于習染者，有以也。墨子悲絲，在所染之。

十二、防濫　茶性儉，不宜廣，則其味黯淡，且如一滿碗，啜半而味寡，況其廣乎？夫珍鮮馥烈者，其碗數三；次之者，碗數五；若坐客數至五行三碗，至七行五碗；若六人以下，不約碗數，但闕一人而已，其雋永補所闕人《茶傳》。

按《經》云：第二沸，留熱以貯之，以備育華救沸之用者，名曰雋永。五人則行三碗，七人則行五碗，若遇六人，但闕其一，正得五人，即行三碗，以雋永補所闕人，故不必別約碗數也《茶箋》。

飲茶以客少為貴，客衆則喧，喧則雅趣乏矣。獨啜曰幽，二客曰勝，三四曰趣，五六曰汎，七八曰施《茶錄》。

煎茶燒香，總是清事。不妨躬自執勞，對客談諧，豈能親蒞，宜兩童司之，器必晨滌，手令時與，瓜須淨剔，火宜嘗宿《茶疏》。

三人以上，止爇一爐；如五六人，便當兩鼎；爐用一童，湯方調適，若令兼作，恐有參差《茶疏》。

煮茶而飲非其人，猶汲乳泉以灌蒿蕕。飲者一吸而盡，不暇辯味，俗莫甚焉《小品》。

若巨器屢巡，滿中瀉飲，待停少溫，或求濃苦，何異農匠作勞，但資口腹，何論品賞，何知風味乎《茶疏》。

評曰：客有霞氣，人如玉姿，不泛不施，我輩是宜。其或客乍傾蓋，朋偶消煩，賓待解醒，則玄賞之外，別有攸施。此皆排當于閫政，請勿弁髦乎茶榜。

十三、戒淆　茶有九難：一曰造，二曰別，三曰器，四曰火，五曰水，六曰炙，七曰末，八曰煮，九曰飲。陰採夜焙，非造也；嚼味嗅香，非別也；膻鼎腥甌，非器也；膏薪庖炭，非火也；飛湍壅潦，非水也；外熟內生，非炙也；碧粉漂塵，非末也；操艱攪遽，非煮也；夏興冬廢，非飲也《茶傳》。

茶用葱、薑、棗、橘皮、茱萸、薄荷等，煮之百沸，或揚令滑，或煮去沫，斯溝瀆間棄水耳《茶傳》。

茶有真香，而入貢者，微以龍腦和膏，欲助其香。建安民間試茶，皆不入香，恐奪其真。若烹點之際，又雜珍果香草，其奪益甚，正當不用，更雜蔗霜椒桂，麩麪酥酪，真不啻一鼓而牛飲矣《茶譜》。

茶中着料，碗中着果，譬如玉貌加脂，蛾眉着黛，翻累本色《茶說》。

花之拌茶也，果之投茗也，為累已久。唯其相沿，似須斟酌，有難概施矣。今署約曰：不解點茶之儔，而缺花果之供者。厥咎慳，久參玄賞之科，而曠老嫩之沸者。厥咎怠，慳與怠，于汝乎有譴《茗笈》。

評曰：茗猶目也，一些子塵砂着不得，即掌中珍果，眼底名花，終非族伴，亟宜屏置，敢告司存。

十四、相宜　煎茶非漫浪，要須人品與茶相得，故其法往往傳于高流隱逸，有烟霞泉石，磊塊胸次者。《煎茶七類》陸樹聲著。

茶候涼臺淨室，曲几名窗，僧寮道院，松風竹月，晏坐行吟，清談把卷《七類》。

山堂夜坐，汲泉煮茗，至水火相戰，如聽松濤，傾瀉入杯，雲光灧瀲，此時幽趣，故難與俗人言矣《茶解》。

凡士人登臨山水，必命壺觴。若茗碗薰爐，置而不問，是徒豪舉耳。余特置遊裝，精茗名香，同行異室，茶罌銚鉒，甌洗盆巾，附以香奩小爐，香囊匙筯《茶疏》。

茶熟香清，有客到門可喜。鳥啼花落，無人亦自悠然。可想其致《茗笈》。

宜寒宜暑，既游既處，伴我獨醒，為君數舉《茗笈》。

評曰：人谿意合，物以類從，同異之門絕，偏倚之形化矣。大凡攻守依乎區域，向背視其盛衰，若無畛可分，誰附堅瑕之敵；無壇可逐，誰開去就之場。任曲直于飄瓦虛舟，藩籬何妨孔道；等愛憎于浮烟飛沫，渣滓不礙太虛。轉從前執滯之樞，于人何所不容；留尺寸安閑之地，于力何所不有。吾寧降心以循物，物或適理以從類矣。

十五、衡鑒　茶有千萬狀，如胡人鞾者蹙縮然，犎牛臆者廉襜然，浮雲出山者輪囷然，輕飈出水者涵澹然。有如陶家之子，羅膏土以水澄泚之。又如新治地者，遇暴雨流潦之所經。此皆茶之精腴。有如竹籜者，枝幹堅實，艱于蒸擣，故其形籭簁然；有如霜荷者，莖葉凋阻，易其狀貌，故厥狀萎萃然，此皆茶之瘠老者也。陽崖陰林，紫者上，綠者次；筍者上，芽者次；葉卷者上，葉舒者次《茶傳》。

茶通仙靈，然有妙理《茶解》。

其旨歸于色香味，其道歸于精燥潔《茶錄》。

茶之色重、香重、味重者，俱非上品。松蘿香重，六安味苦，而香與松蘿同。天池亦有草萊氣，龍井如之，至雲霧則色重而味濃矣。嘗啜虎丘茶，色白而香，似嬰兒肉，真精絕《岕茶記》。

茶色白，味甘鮮，香氣撲鼻，乃為精品。茶之精者，淡亦白，濃亦白，久貯亦白，味甘色白，其香自溢，三者得，則俱得矣。近來好事者，或慮其色重，一注之水，投茶數片，味固不足，香亦窅然。終不免水厄之誚，雖然，尤貴擇水。香似蘭花上，蠶豆花次《茶解》。

茶色貴白，然白亦不難。泉清瓶潔，葉少水洗，旋烹旋啜，其色自白。然真味抑鬱，徒為目食耳。若取青緑，則天池松蘿，及岕之最下者。雖冬月，色亦如苔衣。何足為妙，莫若余所收洞山茶，自穀雨後五日者，以湯薄澣，貯壺良久，其色如玉，至冬則嫩緑，味甘色淡，韻清氣醇，亦作嬰兒肉香，而葶芬浮蕩，則虎丘所無也。《岕山記》。

熊君品茶，旨在言外。如釋氏所謂水中鹽味，非無非有，非深于茶者不能道。當今非但能言人不可得，正索解人亦不可得《茗笈》。

肉食者鄙，藿食者躁。色味香品，衡鑒三𡖋。

評曰：　蹙縮者韡，牛膻者犇，昔之精腴，今之瘠老矣。寧復能禮明月當空，覩芝芬浮蕩者哉。

十六、玄賞　其色緗也；　其馨歎也；　其味甘，檟也；　啜苦咽甘，茶也《茶傳》。

《試茶歌》云：　木蘭墜露香微似，瑶草臨波色不如。又云：　欲知花乳清冷味，須是眠雲跂石人謝禹錫。

飲茶覺爽，啜茗忘喧，謂非膏粱紈袴可語，爰著《煮泉小品》，與枕石潄流者商焉《小品》。

茶似翰卿墨客，緇衣羽士，逸老散人，或軒冕中超軼世味者《七類》。

茶如佳人，此論甚妙。但恐不宜山林間耳。蘇子瞻詩云從來佳茗是佳人是也。若欲稱之山林，當如毛女麻姑，自然仙豐道骨，不浼烟霞；　若夫桃臉柳腰，亟宜屏諸銷金帳中，毋令汙我泉石《小品》。

竟陵大師積公嗜茶，非羽供事不鄉口，羽出遊江湖四五載，師絕于茶味，代宗聞之，召入内供奉，命宮人善茶者，烹以餉師。師一啜而罷，帝疑其詐，私訪羽召入，翼日賜師齋，密令羽供茶。師捧甌，喜動顔色，且賞且啜曰：　此茶有若漸兒所為者，帝由是嘆師知茶，出羽相見。薰逌《跋陸羽點茶圖》。

建安能仁院，有茶生石縫間。僧採造得八餅，號石嵓白，以四餅遺蔡君謨，以四餅遣人走京師，遺王禹玉。歲餘蔡被召還闕，訪禹玉，禹玉命子弟于茶笥中，選精品餉蔡。蔡持杯未嘗，輒曰：　此絕似能仁石嵓白，公何以得之？　禹玉未信，索貼驗之始服《類林》。

東坡云：　蔡君謨嗜茶，老病不能飲，日烹而玩之，可發來者之一笑也。孰知千載之下，有同病焉。余嘗有詩云：　年老躭彌甚，脾寒量不勝。去烹而玩之幾希矣。因憶老友周文甫，自少至老，茗碗薰爐，無時蹔廢，飲茶日有定期，旦明、晏食、禺中、餔時、下春、黄昏，凡六舉，而客至烹點不與焉。壽八十五，無疾而卒。非宿植清福者，烏能畢世安享視好，而不能飲者，所得不既多乎。嘗畜一龔春壺，摩抄寶愛，不啻掌珠，用之既久，外類紫玉，内如碧雲，真奇物也《茶箋》。

人知茶葉之香，未識茶花之香。余往歲過友大雷山中，正值花開，童子摘以為供，幽香馥郁，絕自可人。惜非瓶中物耳，乃余著瓶史月表，插茗花為齋頭清供，而高廉《瓶史》，亦載茗花，足以助吾玄賞《茗笈》。

茗花點茶，絕有風致。人未之試耳《茗笈》。

評曰：　人莫不飲食，鮮能知味矣。詩云：　人生幾見月當頭，不在愁中即病中。明月非無，佳茗時有，但少閑情，領此真味。公案云：　喫茶去，唯味道者，乃能味茗。

條曰：　茗諧名。名，自命也。從夕從口。夕者，冥也。冥行無見，從口自名，失自明矣。茗晳而臒癯，與熱腦肥羶反，故嘗食令人瘦，去人脂，倍人力，悦人志，益人意思，開人聾瞽，暢人四肢，舒人百節，消人煩悶，使人能誦無忘，不寐而惺寂也。聊四五啜，真堪與醍醐抗衡矣。神農氏主瘻瘡，瘡瘻本在藏，末在頸腋間，膏粱味，肥膻變也。亟返其本，逐其末，滌其肥羶，消其疣贅。顧諟其名義，克明其茗德，明行有見，從口自名，皆自明也。

茗譜題辭　僕少而習茗，亦止謂滌煩止渴，醒睡明目，非此君不能策勛耳。至天台所記，乃云服之可生羽翰，則又未敢輕信也。今讀子谿覈條評語，而以六義之比體求之，則台記所云，與陶弘景輕身換骨之說，大相符合。蓋人方在大夢中，令旁一人，沃以佳茗，果能清其神魂否。故知子谿之意，正欲先使人滌淨煩惱，蠲除心渴，掃却黑暗，遠離顛倒。然後如法點瀹，領略甌犧，兩腋生風，豈非羽翰，實以形骸中既空一切，原是輕身換骨之人，茗碗策勛，理實可信。讀子谿《茶譜》者，當作如是觀。

丁亥夏五李玄暉漫筆

明・李中梓《本草通玄》卷下　茗　苦、甘，微寒。下氣消食，清頭目，醒睡眠，解炙煿毒酒毒，消暑，同薑治痢。按：　茗得天地清陽之氣，故善理頭風，肅清上膈，使中氣寬舒，神情爽快，此惟洞山上品，方獲斯功。至如俗用雜茶，性味惡劣，久飲不休，必使中土蒙寒，元精暗爍。輕則黄瘦減食，甚則嘔泄痞腫，無病不集，害可勝數哉。《茶序》云：　消停釋滯，一日之利暫佳；　瘠氣侵精，終身之累斯大。　東坡云：　除煩去膩，不可無茶，然空心飲茶，直入腎經且寒脾胃，乃引賊入室也。

清・穆石匏《本草洞詮》卷六　茗　茶有野生、種生。種者用子一坎，須百顆乃生一株，蓋空殼者多也。畏水與日，最宜坡地蔭處。初采為茶，晚采為茗。或言六經無茶字，揚升庵謂荼即古茶字，《詩》云誰謂荼苦，其甘如薺是也。唐人尚茶，茶稅始於唐德宗，以迄於今，且與西番互市易馬，以其所食腥肉之羶，青稞之熱，非茶不解。西戎得茶不為我害，中國得馬則為我利，以摘山之利，闕禦戎之權，此國家之重務也。氣味甘微寒，無毒。《神農食經》云：　治瘻瘡，利小便，去痰熱。　蘇恭云：　下氣消食。　汪機云：　頭目不清，熱薰上也。以苦泄其熱，則上清矣。且茶體輕浮，采摘之時芽（蘖）〔蘗〕初萌，正得春升之氣，味雖苦，而氣則薄，可升可降，所以能清頭目。　汪穎云：　一人好食炙煿，人防其生癰疽。後卒不病，其人每夜必啜涼茶一碗，茶能解炙煿之毒也。　陶隱居謂：　丹丘子黃山君服茶，輕身換骨。壺公言苦茶久食羽化，此皆著茶之功者也。　唐母炅《茶序》云：　釋滯消壅，一日之利暫佳；瘠氣侵精，終身之累斯大。福近易知，禍遠難見耳。　蘇軾《茶說》云：　空心飲茶入鹽，直入腎經，且冷脾胃，乃引賊入室也。古人呼茗為酪奴，蓋賤之也。　李鵬飛云：　大渴及酒後，飲茶水入腎經，令人腰腳膀胱冷痛，兼患水腫攣痺諸疾。　陳藏器云：　久食消人脂，使人不睡。飲之宜熱，冷則聚痰。此皆著茶之害者也。　夫茶能降火，火為百病，火降則上清矣。然火有虛寔之異，若少壯胃健之人，心肺脾胃之火多盛，則與茶相宜，溫飲則火因寒氣而下降，熱飲則茶借火氣而升散，兼解酒食之毒，使人神思闓爽，不昏不睡，茶洵有功矣。　若氣血虛寒之人，飲之既久，則脾胃漸弱，精血潛虛，土不制水，停飲泛溢，或痞悶嘔惡，或腹冷洞泄，茶亦豈無害哉？　在人自斟酌之耳。　人有嗜茶成癖者，時時咀啜不止，久而傷營傷精，血不華色，尤可嘆悼。《搜神記》云；　一人啜茗一斛二升乃止，纔減升合，便為不足，有客令更進五升，忽吐一物狀如牛脾而有口，澆之以茗，盡一斛二升，再澆即溢出矣，謂之斛茗癖，嗜茶者可鑒矣。　惟飲食後，濃茶漱口，既去煩膩，而脾胃不知，且苦堅腎齒，消蠹，最有益而無損。　楊士瀛有薑茶治痢方，薑助陽，茶助陰，並能消暑，解酒食毒，且一寒一熱，調平陰陽，不問赤白冷熱，用之皆良。　蘇東坡以治文潞公有効。　又濃茶能吐風熱痰涎，乃酸苦涌泄為陰之義，非其性能升也。　又治陰證，湯藥內入之，以去格拒之寒，此寒因寒用之理也。

清・丁其譽《壽世秘典》卷四　茶茶品甚多，春中始生嫩芽，采得蒸焙封乾，千類萬狀。清明前采者上，穀雨前者次之，此後皆老茗爾。郭璞云：　早采為茶，晚采為茗，一名荈，蜀人謂之苦茶。其別者，有枸杞芽、皂莢芽、槐芽、柳芽，今人上春摘其芽，和茶作之以亂茶，惟茅蘆竹筍之類不可入。陸羽《茶經》云：　真茶性冷，惟雅州蒙山出者溫可祛疾。

氣味：　苦、甘，微寒，無毒。　主下氣消食，清頭目，利小便，去痰熱，止渴，令人少睡，解酒食炙煿毒《神農食經》。　炒煎飲，治熱毒、赤白痢。　同芎藭、葱白煎飲，止頭痛《日用本草》。　濃煎，吐風熱痰涎《綱目》。

發明陳藏器曰：　茶性苦寒，久飲令人瘦，去人脂，使人不睡。飲之宜熱，冷則聚痰，空腹最忌。　李時珍曰：　茶苦而寒，陰中之陰，沉也，降也，最能降火。火為百病，火降則上清矣。然火有虛實，若少壯胃健之人，心肺脾胃之火多盛，故與茶相宜。又兼解酒食之毒，使人神思闓爽，不昏不睡。若虛弱之人，飲之既久，則脾胃受傷，元氣暗損，傷營傷精，黃瘁痿弱，種種內傷。人生日用，蹈其弊者，往往皆是。習俗移人，自不覺爾。按唐右補闕母炅《茶序》：　釋滯消壅，一日之利暫佳；　瘠氣損精，終身之害斯大。獲益則功歸茶力，貽患則不謂茶災。又東坡《茶說》：　除煩去膩，世固不可無茶，然暗中損人不少，惟食後濃茶漱口，既去煩膩，而脾胃不滯，且苦能堅齒消蠹。然率用中下茶，其上者亦不常有。間數日一啜，亦不為害也。○服威靈仙、土茯苓者，忌飲茶。

清・劉雲密《本草述》卷一九　茗郭璞云：　早采為茶，晚采為茗。　許次（杼）〔紓〕然明曰《茶疏》，曰：　唐人首稱陽羨，宋人最重建州，於今貢茶兩地獨多，陽羨僅有其名，建州亦非上品，唯武夷雨前最勝。近日所尚者為長興之羅峫，疑即古顧渚紫筍。然峫有數處，今唯峒山最重。姚伯道云：　明月之峽，厥有佳茗。韻致清遠，滋味甘香，足稱仙品。其在顧渚亦有佳者，今但以水口茶名之，全與峫別矣。若歙之松蘿，吳之虎丘，杭之龍井，並可與峫頡頏。郭次甫極稱黃山，黃山亦在歙，去松蘿遠甚。往時士人皆重天池，然飲之署多，令人脹滿。浙之產曰鴈宕、大盤、金華、日鑄，皆與武夷相伯仲。錢塘諸山產茶甚多，南山盡佳，北山稍劣。武夷之外有泉州之清源，倘以好手製之，亦是武夷亞匹，惜多焦枯，令人意盡。楚之產曰寶慶，滇之產曰五華，皆表表有名，在鴈茶之上。其他名山所產，當不止此，或余未知，或名未著，故不及論。　茗有名臘茶者，方書入藥用，如療滯下之茶梅丸，是其一也。緣蔡襄述閩茶，惟建州北苑數處產之，碾治作餅，日曬，得火愈良。

葉　氣味：　苦、甘，微寒，無毒。

主治：　清頭目好古。利小便，去痰熱，止溼，令人少睡《神農食經》。治中風昏憒，多睡不醒好古。利大小腸藏器。炒、煎飲，治熱毒赤白痢，解飲食炙煿毒，治傷暑。同芎藭、葱白煎飲，止頭痛吳瑞。濃煎吐風熱痰涎時珍。

陸羽《茶傳》曰：　茶之為用，味至寒，為飲最宜。精行儉德之人，若熱渴凝悶，腦痛目濇，四肢煩，百節不舒，聊四五啜，與醍醐甘露抗衡也。

機曰：　頭目不清，熱熏上也。以苦泄其熱，則上清矣。且茶體輕浮，采摘之時，芽蘖初萌，正得春升之氣，味雖苦，而氣則薄，乃陰中之陽，可升可降，利頭目，蓋本諸此。

楊士瀛曰：　薑茶治痢，薑助陽，茶助陰，並能消暑，解酒食毒，且一寒一熱，調平陰陽，不問赤白冷熱，用之皆良。生薑細切，與真茶等分，新水濃煎，服之。蘇東坡以此治文潞公有效。按仁齋謂薑茶湯宜於暑時，誠然。蓋茶之氣寒味苦，而入手足厥陰者，宜於少飲，以其傷陽也。如暑時正陰不能配陽之際矣，以之抑陽而助陰，誰曰不宜。第偏於助陰以傷陽，不惟陽傷而陰亦不得以行其氣化，是兩傷也。如和以生薑之辛散，則陽得其氣化以育陰，而陰亦由其化氣以配陽矣。如老人在暑月則宜此湯，如三冬時以茱萸配茶為飲乃可，冬寒而茶又寒，雖薑亦無能助陽也。

時珍曰：　唐補闕母炅《茶序》云：　釋滯消壅，一日之利暫佳；瘠氣侵精，終身之累斯大，獲益則功歸茶力，貽患則不謂茶咎，豈非福近易知禍遠難見乎？　又宋學士蘇軾《茶說》云：　除煩去膩。世故不可無茶，然暗中損人不少，空心飲茶，入鹽直入腎經，且冷脾胃，乃引賊入室也。惟飲食後濃茶漱口，既去煩膩，而脾胃不知，且苦能堅齒消蠹，深得飲茶之妙。古人呼茗為酪奴，誠賤之也。

愚按：　茗茶，海藏謂其氣寒味苦，入手足厥陰經。夫手厥陰心包絡也，足厥陰肝也，在足厥陰乃由陰中達陽以上升也，在手厥陰乃由陽中育陰以下降也。如下而達陰中之陽者，一為苦寒所傷，則陰之化機阻，而不能達陽矣。如上而達陽中之陰者，復為苦寒所傷，則陽之化原虧，而不能達陰矣。時珍所謂唯少壯胃健者，心肺脾胃之熱多盛，乃與茶相宜。若虛寒及血弱之人，飲之既久，則脾胃惡寒，元氣暗損，土不制水，精血潛虛，成痰飲，成痞脹，成痿痹，成黃瘦，成嘔逆，成洞瀉，成腹痛，成疝瘕，種種內傷，此茶之害也。又有嗜茶成癖者，時時咀啜不止，久而傷營傷精，血不華色，黃瘁痿弱，抱病不悔，尤可嘆惋。細味斯言，則攝生者，豈得漫習世尚，致傷其升降之元氣乎？《經》曰升降息則氣立孤危，如忽焉而不一致慎，非即在日用飲食之間，還以自戕其生乎哉？

希雍曰：　凡茶之種類極多，方宜大異，要皆以味甘不濇，氣芬如蘭，摘於夏前者為良。夫茶稟天地至清之氣，生於山谷磽瘠砂土之中，不受纖芥穢滓，專感雲露之氣以為滋培，故能滌腸胃一切垢膩，寧非木中清貴之品哉。如所謂苦寒不利脾胃，多服久服貽害者，定屬粗惡苦濇品類，非道地所產者，是則不宜飲也。若味甘氣芬之茗，飲之寧得致疾乎哉？　但佳茗亦不宜飲於酒後，以其能成飲證也。

同黃連、酸棗仁生用、通草、蓮實，治多睡好眠。同當歸、川芎、烏梅、黑豆、生地黃、土茯苓、甘菊花，治頭痛因於血虛有火者。

附方　《直指方》熱毒下痢，蠟茶為末，蜜水煎服。白痢以連皮、自然薑，同水煎服，兩三服即愈。

清・郭章宜《本草匯》卷一四　茶葉　苦、甘，微寒，氣薄輕浮，陰中之陽，可升可降，入手足厥陰經。消食下氣，止渴醒眠。解炙煿之味，清頭目酒毒。頭目不清，熱熏土也。以苦泄之。

按：　茶葉之為物也，以其得天地清陽之氣，兼得春初生發之意，故其所主，皆以清肅上膈為功。然以味甘不澀，氣芬如蘭，峒山者為清貴上品，堪入藥中。古人多言其苦寒，不利脾胃，及多食發黃消瘦之說，此皆語其粗惡者耳。古有薑茶治痢方，薑助陽，茶助陰，一寒一熱，調平陰陽，不問赤白冷熱，用之皆良。東坡云：　除煩去垢，不可無茶。然空心飲茶，直入腎經，且寒脾胃，乃引賊入門也。戒之。　服威靈仙、土茯苓者忌。

清・尤乘《食鑒本草・五味類》　茶　味苦氣清，能解山嵐瘴癘之氣，江洋霧露之毒及五辛炙煿之熱。宜少飲，不飲尤佳，多飲去人脂，令人下焦虛冷。飢尤不可，惟飽後飲一兩盞不妨。切忌點鹹及空心啜，大傷腎氣。古云空心茶，卯時酒，酉時飯，皆在禁例，俱宜少用。食後用濃茶漱口，令齒不敗。

清・朱本中《飲食須知・味類》　茶　味苦、甘，松茗性大寒，岕茶性微寒，久飲令人瘦，去人脂，令人不睡。大渴及酒後飲茶，寒入腎經，令人腰脚膀胱冷痛，兼患水腫、攣痹諸疾。尤忌將鹽點茶，或同鹹味食，如引賊入腎，空心切不可飲。同榧食，令人身重。飲之宜熱，冷飲聚痰，宜少勿多，不飲更妙。酒後多飲濃茶，令吐。食茶葉，令發黃成癖。惟蒙茶性溫，六安、湘潭茶稍平。松茗傷人為最。若雜入香物，令病透骨。況真茶既少，雜茶更多，民生日用，受其害者，豈可勝言？婦嫗蹈其弊者更甚。服威靈仙、土茯苓者忌之。服使君子者，忌飲熱茶，犯之即瀉。茶子，搗仁洗衣，去油膩。廣南一種苦薆，性大寒，胃冷人勿食。

清·何其言《養生食鑒》卷下　茶早採細者曰茶，晚採麄者曰茗。　味苦、甘，性寒，無毒。清頭目，利小水，消膩痰渴熱，解熱毒，治血痢。如虎丘、天池、松蘿之類是也。

茗　性味頗同。解酒，消食，除煩渴，滌油膩，解炙煿熱毒。如宜興岕茶、六安土茶之類是也。凡飲食，宜熱不宜冷，宜少不宜多。過飲令人瘦，飢時勿飲，空心尤忌。飲茶多，令人少睡。忌和鹹飲，傷腎。虛損人切勿用之。

清·蔣居祉《本草擇要綱目·平性藥品》　茗茶　氣味：苦、甘，微寒，無毒。乃陰中之陽，可升可降。入手足厥陰經。　主治：瘻瘡。利小便，止渴消食，去痰熱，上行能清頭目，並能消暑，解酒食毒。凡膏粱炙煿諸厚味，啜之為良。但久啜無度，傷營傷精，血不華色。正如《茶序》所云：解滯消壅，一日之利暫佳；侵精瘠氣，終身之累殊大。不可不慎。

清·閔鉞《本草詳節》卷六　茶　【略】按：茶之產地至多，要以味甘不澁，氣芬如蘭者為良。夫茶稟春初生發之清氣，受深山雲露之滋培，滌腸胃一切垢膩，非他草可比。世議其苦寒，不利脾胃，酒後過飲成癖及多飲發黃消瘦之說，皆語其粗惡苦澁品類之最下者耳。入治陰證藥內，去格拒之寒，與治伏陽意同。

清·王翃《握靈本草》卷七　茗蒙山頂上者為最。有取山頂莓苔作茶者，非。蠟茶出建州，上供御用。今江南松蘿茶產於新安，味苦微寒。芥茶產於陽羡，微涼。六安茶味苦而下氣。　主治：茗，苦、甘，微寒，無毒。主利小便，去痰熱，止渴，下氣消食。

清·汪昂《本草備要》卷三　茶瀉熱，清神，消食。　苦、甘，微寒。下氣消食，去痰熱，除煩渴，清頭目，得春初生發之氣，故多肅清上膈之功。《湯液》云：茶苦寒下行，如何是清頭目？《蒙筌》曰：熱下降，則上自清矣。　醒昏睡，清神。解酒食、油膩、燒炙之毒，利大小便。多飲消脂最能去油。寒胃。故濃茶能引吐。《千金》療卒頭痛如破，非中冷、中風，由痰、厥氣上衝所致，名厥頭痛。單煮茶恣飲取吐，直吐出膽汁乃已，渴而即瘥。　酒後飲茶，引入膀胱、腎經，患瘕疝水腫，空心亦忌之。與薑等分濃煎，名薑茶飲。治赤白痢。茶助陰，薑助陽，使寒熱平調。幷能消暑、解酒食毒。　陳細者良，粗者損人。

清·顧靖遠《顧氏醫鏡》卷八　茶葉甘苦，微寒。入心肺二經。味甘不澁，氣芬如蘭，色白如玉者良。　消食去痰熱，下氣降火，而兼有滌除腸胃之功。止渴醒眠睡。甘寒除熱，則肺氣清肅而渴止，心肺明爽而睡醒。　解炙煿之毒，又能消暑，解酒食之毒，故治便血熱毒，下利赤白亦用之。　消痔瘻之瘡。因大腸積熱所致，肺藏清而腑病自安。　善利小便，清心而小腸之熱結亦解。　頗療頭痛。取其降火也。頭目不清，熱薰上也，以苦洩其熱，則上消矣。　昔人言其苦寒，不利脾胃，及多食發黃消瘦之說，皆語其粗惡苦澁者耳，豈有味甘氣芬者，服之反致疾耶。

清·李熙和《醫經允中》卷二二　茗　宜熱飲，冷則聚痰。　苦、甘，微寒，無毒。　主利小便，去痰熱，解煩渴，清頭目，治傷暑；　同棗、薑治赤白痢，同川芎、葱白煎飲止頭痛，吐風熱痰涎。多飲少睡，久飲則消脂。按：茶入手足厥陰，治陰症湯藥用此，去格拒之寒，及治伏陽。《經》云苦以泄之，其性下行，所以清頭目，引火下行也。能解炙煿之毒。同薑消暑止痢，爽神。但不利于虛弱。多冷之人尤忌。空心飲之，乃引寒邪直入陰經矣。酒後飲茶傷腎臟，患疝瘕水腫。《蒙筌》云：消壅釋滯，一日之利暫佳；瘠氣侵精，終身之累斯大。損多益少，于此足徵。

清·馮兆張《馮氏錦囊秘錄·雜症痘疹藥性主治合參》卷四　茶茗稟土中之清氣，兼得春初生發之意。故味甘、苦，微寒，無毒。入手太陰、少陰經。甘寒之性，故入心肺而除熱，消痰利水解毒。且稟天地至清之氣，生於山谷砂土之中，感雲露之氣以為滋培，不受纖芥滓穢，故能滌除一切垢膩，解炙煿之毒也。心脾胃寒者戒之。酒後不宜用，能成飲證。　茶茗，細者名茶，粗者曰茗。清頭目，利小便，逐痰涎，解煩渴。下氣消宿食，除熱治瘻瘡，除煩去垢，解炙煿毒。薑、連同煎，止赤白痢。香油調末，敷湯火傷。眼目疼，嚼貼兩眦。暑天瀉，少加醋吞。熱服則宜，冷服聚痰。多服少睡，久服瘦人。故云釋滯消壅，一日之利暫佳。瘠氣侵精，終身之累斯大。損多益少，觀此足徵。若空心飲茶，直入腎經，且寒脾胃，乃引賊入門也，戒之。

主治痘疹合參：　治痘癰爛瘡，為末，香油調敷。

清·张璐《本經逢原》卷三　茗　苦甘，微寒，無毒。服萆薢、威靈仙、土茯苓忌之。　《本經》主瘻瘡，利小便，去痰熱止渴。令人少睡，有力悅志。

發明：　茗乃茶之粗者，味苦而寒，最能降火消痰，開鬱利氣，下行之功最速。《本經》主瘻瘡，利小便，去痰熱之患。然過飲即令人少寐，以其氣清也。消食止渴，無出其右。合醋治傷暑泄利。同薑治滯下赤白。兼香豉、葱白、生薑治時疫氣發熱頭痛。一味濃煎治風痰。茶之產處最多，惟陽羨者謂之真茶。凡茶皆能降火，清頭目。其陳年者曰臘茶，以其經冬過臘，故以命名。佐劉寄奴治便血最效。產徽者曰松蘿，專於化食。產浙紹者曰日鑄，專於清火。產閩者曰建茶，專於辟瘴。產六合者曰苦丁，專於止痢。產滇南者名曰普洱茶，則兼消食辟瘴止痢之功。蒙山者，世所罕有，近世每採石苔代充，誤人殊甚。其餘雜茶，皆苦寒伐胃，胃虚血弱之人，有嗜茶成癖者，久而傷精，血不華，色黄瘁痿弱，嘔逆洞泄，種種皆傷茶之害。而侵晨啜茗，每傷腎氣。酒後嗜茶，多成茶癖。又新茶飲之令人聲音不清，其能鬱遏火邪也。至於精氣寒滑，觸之易泄者勿食，宜以沙苑蒺藜點湯代之。茶子味苦氣肅，善於降火，專治頭中鳴響、天白蟻之病。江右人每以打油，味最清香，浸油沐髮最佳。取茶子餅煮汁澆花，以辟盆中之蚯蚓。煎湯滌衣垢則不退顏色。總取其質之輕清而不沾滯也。

清·汪啟賢等《食物須知·諸葷饌》　茶茗　味甘，氣微寒，無毒。江淮閩浙俱有，蒙山中頂獨佳。《茶譜》云：　雅州蒙山有五頂，頂上各有茶園。其四頂茶園採摘不廢，惟中頂草木繁密，雲霧遮蔽，鷙獸時出，人跡罕到。春分前後，多搆人力，俟雷發聲，併步採摘，三日而止。若獲一兩，以本處水煎飲，即驅宿疾。二兩輕身，三兩換骨，四兩成地仙。予聞此言初未全信，近見土人帶有真者欲售，其價極貴，其狀與石蘚頗類，似非原摘嫩芽，疑必製造殊異，故爾少取煎飲，氣味果奇。始知前語不誣，無怪顯名而傳遠也。　早摘細者，曰茶。芽如雀舌麥顆。雖甚細嫩，猶未稱善。又種新芽，一發便長寸餘。微粗如針，是為上品。其根幹、木小、土力皆有餘故也。　晚採粗者，曰茗。茶之粗者，多雜木葉，不可不擇。故《經》云：　粗者損人，細者益人。一說，春分已前採者曰茗，春分已後採者曰茶。入二經絡，手足厥陰。專清頭目，利小便；　善逐痰涎，解煩渴。下氣消宿食，除熱治瘻瘡。薑連同煎，止赤白下痢；　香油調末，敷湯火泡煨。眼目疼，嚼貼兩眦；　暑天瀉，少加醋吞。熱服宜，冷服忌，冷則聚痰。多服少睡，久服消脂，令人瘦。唐丹景云：　釋滯消壅，一日之利暫佳；　積氣侵精，終身之累斯大。損多益少，觀此足徵。按：　茶茗所治，《本經》以清頭目為上，後來之人堅執《黄帝内經》苦以泄之之說，乃云：　其體下行，如何頭目得清也？　殊不知頭目不清，多由熱氣上薰，用苦泄之，則熱降而頭目清矣。且茶體輕浮，採摘之時，芽蘗初萌，正得春生之氣，是以味雖苦而氣則薄，乃陰中之陽，可升而可降者也，故云清利頭目有何悖乎？

清·劉漢基《藥性通考》卷六　茶　味苦、甘，微寒。下氣消食，去痰熱，除煩渴，清頭目，醒昏睡，解酒食油膩燒炙之毒，利大小便，多飲消脂，最能去油寒胃。酒後飲茶，引入膀胱、腎經，患瘕疝水腫，空心亦忌之。陳細者良，粗大者損人。與薑等分，濃煎，名薑茶飲，治赤白痢，茶助陰，薑助陽，使寒熱平瀉，並能消暑解酒食毒也。

清·葉盛《古今治驗食物單方》　茶葉　熱毒下痢，蠟茶不拘多少；　赤痢，蜜水煎；　白痢，薑同水煎，二三服效。　產後便閉，以葱涎調蠟茶末，丸百丸，茶服，自通。　脚椏濕爛，嚼茶葉敷之。　月水不通，茶清一瓶，入砂糖少許，露一夜服。　痰喘欬嗽，不能睡臥，好末茶一兩，白（薑）〔殭〕蠶一兩，為末，放碗内蓋定，傾沸湯一小盞，臥再添湯點服。

清·王子接《得宜本草·中品藥》　茶葉　味苦、甘。入手少陰、太陰經。功專清心肺，滌腸胃。得甘菊治頭痛，得生薑治滯下。

清·吴儀洛《本草從新》卷四　茶〔瀉熱，清神，消食。〕　苦，甘，微寒。下氣消食，去痰熱，除煩渴，清頭目，得春初生發之氣，故多肅清上膈之功。《湯液》云：　苦寒下行，如何是清頭目？　《蒙筌》曰：　熱下降則上自清矣。　醒昏睡，能清神。景岳云：　飲濃茶即不睡者，以心氣被伐而然。　解酒食油膩燒炙之毒，與薑等分濃煎，名薑茶飲，治赤白痢。茶助陰，薑助陽，使寒熱平調。并能消暑，解酒食毒。　利大小便，止頭痛，《千金》療卒頭痛如破，非中冷中風，由痰厥氣上冲所致，名痰厥頭痛，單煮茶，恣飲取吐，直吐出膽汁乃已，渴而即瘥。　愈瘻瘡。寒胃。濃茶能引吐。　消脂。最能去油。　酒後飲茶，引入膀胱腎經，患瘕疝水腫，空心尤忌。味甘而細者良。茶禀天地至清之氣，產於瘠沙之間，專感雲露之滋培，不受纖塵之滓穢，故能清心滌腸胃，為清貴之品。昔人多言其苦寒不利脾胃及多食發黄消瘦之說，此皆語其粗惡苦澀者爾，故入藥須擇上品，方有利益。

清·汪紱《醫林纂要探源》卷三　茶　苦，平，微寒。得清高之氣，甘則能補，而泄肺逆，瀉心火，燥脾濕，堅腎水，開爽心神，良品也。以生於高山巖石，深隱雲氣之上者為佳。是得最清最高之氣，故能升清降濁，止渴除煩，清頭目，去痰熱，止咳嗽，醒昏睡，此皆泄肺逆，瀉心火之功。又能消宿食，解酒毒，去一切油膩，燒煿之火毒熱毒，而利大小便，此燥脾濕，和腸胃之功也。浮火去，則腎水堅，且使相火不作。又降中有補，但甫經火制則挾熱，須以經年陳久者為良。多飲亦能耗散，且使不寐。清燥之過也。有節則無損矣。○性味似人參，而參則補，茶則耗散，何也？曰參之用以根，且得厚土之氣多，故補。茶之用以葉，且得水石之氣多，故散。然參何嘗不降泄，茶何嘗不緩補，其解渴除煩，和胃消食，解酒去熱，開爽精神俱同，但一則散而能收，一則散而不收耳。今人務服補藥，嗜肥炙，反視茶為鴆毒，則惑之甚矣。　薑茶散　苦，辛，甘，平。切生薑，同茶炒，陳久為良。治赤白痢最佳。且能平和陰陽，消暑去寒，解酒食毒，亦治瘧。

清・嚴潔等《得配本草》卷六　茗一名茶。　甘、苦，寒。入手足厥陰經。降火消痰，除煩止渴。去油膩，清頭目。解酒食毒。得甘菊，治頭痛。配乾薑，療霍亂。配白礬研，冷水下，解諸毒。入紫沙糖，通經秘。合生薑，治赤白痢。調蔥涎為丸，治產後秘塞。如用大黄利藥利者，百無一生。　房中燒煙熏，解痘瘡作癢。　嫩芽，味甘者良。苦者濃煎恣飲取吐，治痰厥頭痛。虛寒血弱、酒後不寐，皆忌之。空腹者尤忌。服威靈仙、土茯苓者，忌飲茶。

怪症：　腦中聲響，狀如蟲蛀，名曰大白蟻。用茗子研末吹入鼻中，至愈而止。

題清・徐大椿《藥性切用》卷六　細茶　苦甘微寒，瀉熱清神，善消油膩，為清利頭目耑藥。空腹忌之。茶子，搗汁，洗衣去油膩。

清・黃宮繡《本草求真》卷六　茶茗清胃腎火。　茶茗耑入胃腎。大者為茗，小者為茶，茶稟天地至清之氣，得春露以培，生意克足，纖芥滓穢不受。味甘氣寒，故能入肺清痰利水，入心清熱解毒，是以垢膩能滌，炙煿能解。凡一切食積不化，屬滯、屬濕。頭目不清，屬熱。痰涎不消，二便不利，消渴不止，及一切便血、吐血、衄血、血痢，火傷目疾等症，服之皆能有效。《湯液》云：茶苦寒下行，如何是清頭目。《蒙筌》曰：熱下降，則上自清矣。但熱服則宜，冷服聚痰，多服少睡損神，久服瘦人傷精。至於空心飲茶，既直入腎削火，復於脾胃生寒，陽臟服之無礙，陰臟服之不宜。萬不宜服。茶之產處甚多，有以陽羨名者，謂之真巖茶，治能降火以清頭目。有以臘茶名者，以其經冬過臘，佐劉寄奴治便血最效。有以菘蘿名者，是生於徽，耑於化食，有以日鑄名者。生於浙紹，耑於清火，有以建茶名者。生於閩地，耑於辟瘴，有以苦丁名者。產於六合，耑於止痢，有以普洱名者。生於滇南，耑於消食辟瘴止痢。至於蒙山，世所罕有，且有許多偽充，真偽莫辨。然大要總屬導痰宣滯之品。茶與生薑同煎，名薑茶散，能治赤白痢。蓋茶助陰，薑助陽，合用使其寒熱平調。雖一日之利暫快，而終身之累斯大，損多益少。服宜慎矣。

清・李文培《食物小錄》卷下　茗即茶　甘、苦，微澀，無毒。其名甚多，不能枚舉，惟閩中之武彜、安徽之松羅諸細。茶陳者最良，能消宿食。多食損脾，粗者尤不宜多食。

清・羅國綱《羅氏會約醫鏡》卷一七竹木部　茶茗細者名茶，粗者曰茗。味甘苦微寒，入心、脾、肺、胃四經。　稟天地清肅之氣，除垢，滌穢，降熱，消食。去痰止渴，清利頭目，熱下降則上自清。醒昏睡精神，解燒炙熱毒苦寒，利大小便火下，止赤白痢，同薑連煎。敷湯火傷，香油調末。消脂瘠體。最能去油壞胃減食。雖能釋滯消壅，却損多益少，若空心多飲，直伐腎經，且敗脾胃，虛寒者慎之。

清・趙學敏《本草綱目拾遺》卷六木部　茶樹根爛茶葉、經霜老茶葉　《綱目》茶子、茶油俱載，惟茶根及爛葉、經霜老茶葉未收，故補之。

口爛：　《救生苦海》：　茶樹根煎湯代茶，不時飲，味最苦，食之立效。

爛茶葉　此乃泡過殘茶，積存磁罐內，如若乾燥，以殘茶汁添入，愈久愈妙。

治無名腫毒、犬咬及火燒成瘡，俱效如神。搗爛似泥敷之，乾則以茶汁潤溼，抹去再換，敷五六次全愈《救生苦海》。

痘毒：　《家寶方》：　用泡過茶葉曬乾為末，五倍子各等分，雞子清調敷。

諸毒努肉不退：　《保和堂秘方》：　硫黃研細末敷上即退。再用後收口藥，爛茶葉五錢，烏梅三個，燒灰，共為末，敷上即收。

經霜老茶葉　治羊癲瘋：　《家寶方》用一兩為末，同生明礬五錢為細末，水法丸，硃砂作衣，每服三錢，白滾湯送下，三服全愈。　好吃茶葉：　《家寶方》即以茶葉入肉汁湯內，飯鍋上蒸，吃二三次，即不喜吃。

雨前茶　產杭之龍井者佳，蓮心第一，旗鎗次之，土人於穀雨前採撮成茗，故名。三年外陳者入藥，新者有火氣。　清咽喉，明目，補元氣，益心神，通七竅，性寒而不烈，以其味甘益土，消而不峻，以其得先春之氣，消宿食，下氣去噫氣，清六經火。

下疳：　《外科全書》：　雨前茶、麻黃各一錢五分，用連四紙方七寸許，用鉛粉錢半擦紙上，鋪前二藥，捲成筒子，火灼存性，研細，加冰片各一分，研勻用之。　偏正頭風：　《醫方集聽》：　升麻六錢，生地五錢，雨前茶四錢，黃芩一錢，黃連一錢，水煎服。　又治頭風，百發百中，赤、白首烏各一兩，真川芎一兩，藁本二錢，細辛一錢，蘇葉一錢，此散邪方也。風寒甚者，可加川羌活，川烏服，以此散邪。不愈，便進後方，真雨前茶四錢，赤、白首烏各二錢，北細辛四分，米仁一錢五分，炒牛膝八分，大川芎一錢五分，甘草五分，煎藥時令病者以鼻引藥氣，服後宜密室避風，至重者四帖全愈，加金銀花二錢更效。若生過楊梅瘡者，加土茯苓四兩，煎湯煎藥。　肚脹：《集聽》：凡人肚脹不思飲食，用五虎湯治之，核桃、川芎、紫蘇、雨前茶，以上藥先煎好，好時，加老薑、砂糖在湯內，即服。　三陰瘧：《集聽》：真雨前茶三錢，胡桃肉五錢，敲碎，川芎五分，寒多加胡椒三分，未發前入茶壺內，以滾水沖泡，乘熱頻頻服之，吃到臨發時，不可住。　不論新久諸瘧：《慈航活人書》：白芥子一兩，炒為末，雨前茶和服一撮，瘧久者不過二次即愈。　遠年痢：《鳳聯堂驗方》：臭椿皮一兩五錢，雨前茶錢半，扁柏葉二錢五分，烏梅、棗頭各二枚，酒、水各一盌，煎好，緩緩服，恐泛。　五色痢：《慈惠編》：陳年年糕、陳雨前茶、冰糖、茉莉花，共煎湯一盞，服之立愈。　消痰止嗽膏：米白糖一斤，豬板油四兩，雨前茶二兩，水四盌。先將茶葉煎至二盌半，再將板油去膜切碎，連苦茶、米糖同下，熬化聽用，白滾湯沖數匙服之。　治痞：蜈蚣一條，用頂好細茶葉煎服，以身癢為度《醫學指南》。又《家寶方》治痞：陳年雨前茶一兩，枳殼三錢，水煎，渣再煎，次日服。　傷寒無汗：《彙集》：用白糖、雨前茶入水熬數沸，服下汗出即愈。加生薑，又治紅白痢疾。

療豬癲羊兒瘋：《陳氏筆記》：用晉礬一斤，雨前茶一斤，為末，茶汁米飲為丸，每服四十九丸，發日前用二服，茶送下。　風痰癇病：生白礬一兩，細茶五錢，為末，蜜丸桐子大，一歲十丸，茶湯下。大人五十丸，久服，痰自大便中出，斷病根《指南》。　風眼爛皮：《眼科要覽》：甘石，童便淬七次，黃連汁淬七次，雨前茶淬七次，出火氣，入冰、麝，研勻點。　頭風滿頭作痛：《家寶方》：川芎七錢，明天麻三錢，雨前茶一錢，酒一盌，煎六分，渣再用酒一盌，煎四五分，晚服，過夜即愈。　楊梅瘡：雄黃四兩，雨前茶四兩，生芝麻四兩，共為細末，黃米磨細，粉糊為丸，桐子大，每早白湯下三錢《家寶》。　上清丸：蘇薄荷二兩，雨前茶、白硼砂各七錢，烏梅肉、貝母、訶子各三錢，冰片三分，煉蜜為丸。　風寒無汗、發熱頭痛者，用核桃肉，葱白、雨前茶、生薑等分，水一鍾，煎七分，熱服，覆衣取汗。　氣虛頭痛：《不藥良方》：用上春茶末調成膏，置瓦盞內覆轉，以巴豆四十粒，作二次燒烟薰之，曬乾擂細，每服一字，別入好茶末，食後絞白湯服之，立愈。　肩背筋骨痛：《醫學指南》：槐子、核桃肉、細茶葉、脂麻各五錢，入磁罐內，二盌熬一半，熱服，神效。　五虎湯：治外邪在表無汗而喘者，麻黃三錢，杏仁去皮尖三錢，石膏五錢，甘草一錢，細茶一撮，有痰加二陳湯，生薑、葱水煎熱服，加桑白皮一錢尤效《醫學指南》。　千盃不醉：乾葛、橄欖、細茶等分，為末，逢半酣時，以茶服下。

清・趙學敏《本草綱目拾遺》卷六木部　龍脊茶　出廣西，亦造成磚。除瘴解毒，治赤白痢。

安化茶　出湖南，粗梗大葉，須以水煎，或滾湯沖入壺內，再以火溫之，始出味，其色濃黑，味苦中帶甘，食之清神和胃。　性溫，味苦微甘，下膈氣，消滯，去寒澼。　《湘潭縣志》：《茶譜》有潭州鐵色茶，即安化縣茶也，今京師皆稱湘潭茶。

清・趙學敏《本草綱目拾遺》卷六木部　瀘茶　《四川通志》：瀘州出，通呼為瀘茶。　味辛性熱，飲之可以療風。

瘟茶　《閩志》：出福甯府。　治瘟。

清・趙學敏《本草綱目拾遺》卷六木部　武彝茶　出福建崇安，其茶色黑而味酸，最消食下氣，醒脾解酒。　單杜可云：諸茶皆性寒，胃弱者食之多停飲，惟武彝茶性溫，不傷胃，凡茶澼停飲者宜之。　治休息痢：《救生苦海》：烏梅肉、武彝茶、乾薑，為丸服。

松蘿茶　產徽州。《本經逢原》云：徽州松蘿，專於化食。《秋燈叢話》：北賈某，貿易江南，善食豬首，兼數人之量，有精於岐黃者見之，問其僕，曰：每餐如是，已十有餘年矣。醫者曰：病將作，凡藥不能治也。俟其歸，尾之北上，將以為奇貨，久之無恙。復細詢前僕，曰：主人食後，必滿飲松蘿數甌。醫爽然曰：此毒惟松蘿可解。悵然而返。姚希周《經驗方》云：凡患眼服羊肝者，忌服松蘿茶，以沙苑蒺藜煎湯代茶。　消積滯油膩，消火下氣除痰。

病後大便不通：吳興錢守和《慈惠小編》：用松蘿茶葉三錢，米白糖半鍾，先煎滾，入水盌半，同茶葉煎至一盌，服之即通，神效。　治頑瘡不收口，或觸穢不收口：《梁氏集驗》：上好松蘿茶一撮，先水漱口，將茶葉嚼爛，敷瘡上一夜。次日揭下，再用好人參細末，拌油胭脂塗在瘡上，二三日即愈。　羊兒瘋：《集效方》：好松蘿茶末八兩，生礬末四兩，米粥搗為丸，臨發日清晨及常日，各服三錢，米湯下。　水臌氣臌：《彙集》：服此藥不忌鹽醬，一服立消，活魚一尾，重七八兩，去鱗甲，將肚剖開，去腸淨，入好黑礬五分，松蘿茶三錢，男子用蒜八片，女七片，共入魚腹內，放在磁器中，蒸熟，令病人吃魚，連茶蒜皆食更妙。從魚頭吃起，就從頭上消起；如從魚尾吃起，即從脚上消起，立效。　繡毬風：《活人書》：五倍子炒，松蘿茶各五錢，研末，茶和敷。　黄病：劉羽儀《驗方》：生脂麻八合，好松蘿五合，砂仁二合，以上三味，先將脂麻研細，再另將茶葉烘脆研，再將砂仁研，各為細末和勻，每日常服。如年久病深者，服到黄退乃止。如因好食茶葉者成黄，此方不可用。　一切頭風兼熱者：王站柱《不藥良方》：華茇為細末，用豬膽汁拌過，嗃鼻中，作嚏立愈。如兼溼者，以瓜蒂、松蘿茶為末，嗃鼻中出黄水，立愈。　治五癭：《醫學指南》破結散：用海蛤、通草、昆布、海藻、洗膽草、枯礬、松蘿茶各三分，半夏、貝母各二分，麥麪四分，為末，酒調服，日三次，忌鯽魚豬肉。　治痢疾神方：核桃五個，帶殼敲碎，松蘿茶、生薑、糖各三錢，用水三盞煎，如紅痢用紅糖，如白痢用白糖，如紅白相兼，用紅白糖各一錢五分，煎服，重者連渣服。　五臌驗方：松蘿茶研末，雞毛管炒研，各等分，每服二錢，白湯下，二十服全愈，忌鹽百日。　半身不遂：《秘方集驗》：白糖、槐豆子、化皮紅谷子、松蘿茶各五錢，水三鍾，煎一鍾服，出汗即愈。十日後，方可出門。　小兒牙疳：《同壽錄》：松蘿茶、花椒去目，烏龍尾、食鹽各一錢，童便一鍾，水一鍾，煎湯漱口，口內含之，不可嚥下。　白濁：《古今良方》：車前草五六棵，陳松蘿茶一二錢，燈心一二十根，三味煎服，止後，宜服水陸二仙丸以固之。　除瘟救苦丹：專治一切瘟疫時症，傷寒感冒，不論已傳未傳，百發百中。有力者宜脩合以濟人，陰德最大。李炳文《經驗廣集》：天麻、麻黄、松蘿茶、綠豆粉各一兩二錢，雄黄、硃砂、甘草各八錢，生大黄二兩，共為細末，煉蜜為丸，彈子大，收磁器內，勿令洩氣。遇症，大人每服一丸，小兒半丸，涼水調服，出汗即愈。重者連進二服，未汗之時，切不可飲熱湯食熱物，汗出之後不忌。　治爛眼皮方：《種福堂方》：用挂金燈淨殼，每殼一個，摻入研細透明綠膽礬二釐，或用殼十個，或二十個，裝套好，外用淨黄泥包裹好，勿洩氣，炭火煅至中間，殼將成黑灰，存性，放地上，用盌蓋熄火，將中間灰研細包好，放土地上，一夜出火毒。每用灰少許，放在茶杯內，以冷松蘿茶浸之，用薄棉紙蓋在茶面上，俟茶滲出紙面上，將此水洗眼皮，每日五六次，二三日即愈。　烏鬚方：《吉雲旅抄》：王守副家傳烏鬚藥甚驗，用五倍子二錢，皂礬四分八釐，青鹽六分，紫銅末一分五釐，榆香末六分，松蘿茶三錢，共為末，蒸透用。

六安茶　張處士《逢原》云：此茶能清骨髓中浮熱，陳久者良。　年希堯經驗方：有異傳終身不出天花法，用金銀花揀淨七兩，六安茶真正多年陳者三兩，共為粗末，沖湯代茶，每日飲數次，終身不出天花，雖出亦稀，極驗。　《千金不易方》稀痘丹：用新拋羊屎一粒，六安茶一錢，甘草節二分，燈心二十七寸。赤、黑、綠豆各二十一粒，珍珠一分，銀簪一枝，洗淨油氣，水二盌，煎八分，溫服。

太上五神茶：《經驗廣集》：治傷風咳嗽，發熱頭痛，傷食吐瀉，陳細六安茶一斤，山楂蒸熟，麥芽、紫蘇、陳皮、厚朴、乾薑俱炒，各四兩，磨末，磁器收貯高燥處，大人每服三錢，小兒一錢，感冒風寒，葱薑湯下；內傷，薑湯下；水瀉痢疾，加薑水煎，露一宿，次早空心溫服。　消疽膏：《廣集》治一切疽仙方，松香、官粉、細六安茶各三錢，萞麻仁去皮四十九粒，為末，先將萞麻搗爛，然後入藥末，搗成膏，如乾，少加麻油搗勻，攤青布上，貼患處，再以棉紙大些蓋好紮住，七日全愈。

普陀茶　《定海縣志》：定海之茶多山谷野產，又不善製，故香味不及園茶之美。五月時重抽者，曰二烏，苦溼不堪。產普陀山者，入藥，不可多得。

治血痢肺癰。

江西岕片羅岕　《宦遊筆記》：出贛州府甯都縣，製法與江南之岕片異。

《茶疏》：岕茶不炒，甑蒸熟，然後烘焙，此指江南者言耳。出江西者，大葉多梗，但生曬不經火氣，槍葉舒暢，生鮮可愛，其性最消導，貯飯一甌，以茶泡之。經半日，飯不加漲，而消少許，故飽食者宜飲此茶。別有一種極細炒岕，乃採之他山，炒焙以欺好奇者，反非其真，然則茶亦不可以貌取也。　《花鏡》：岕片產吳興，似茶而實非茶種。　味苦，性刻利，消宿食，降火利痰。虛人禁用，以其能峻伐生氣。　羅岕《茶疏》：長興羅岕疑即古人顧渚紫筍也，介於山中謂之岕，羅氏隱焉，故名羅。《西吳枝乘》：湖人於茗不數顧渚，而數羅岕，顧渚之佳者，其風味已遜龍井，岕梢清雋，然葉粗而作草氣。《嘉靖長興志》：羅岕在互通山西土地廟後，產茶最佳，吳人珍重之。凡茶以初生雨前者佳，惟羅岕立夏開園，梗粗葉厚，微有蕭箬之氣，還是夏前六七日如雀舌者，最不易得。然廟後山西向，故稱佳，總不如洞山南向，獨受陽氣，專稱仙品，只數十畝而已。凡茶產平地，多受土氣，故其質濁。羅茗產高山巖石，純是風露清虛之氣，故可尚。《長物志》云：浙之長興者佳，價亦甚高，今所最重，荆溪稍下。採茶不必太細，細則芽初萌而味欠足。不必太青，青則茶已老而味欠嫩，惟成帶葉綠色而團厚者為上，不宜日曬，炭火焙過，扇冷，以箬葉襯罌貯高處，蓋茶最喜溫燥，而忌冷溼也。　味甘，氣香，性平，滌痰清肺，除煩消臌脹。

治咳嗽秘方：《醫學指南》：用川貝母、茶葉各一錢，米糖三錢，共為末，滾湯下。

水沙連茶　產臺灣，在深山中，眾木蔽虧，霧露濛密，晨曦晚照，總不能及，色綠如松蘿，每年通事於各番議明入山焙製。　性極寒，療熱症最效，能發痘。

清·黃凱鈞《藥籠小品》　茶　甘苦，微寒，上清頭目，醒昏睡，消油膩，解肉毒。

清·章穆《調疾飲食辯》卷一下　茶　《綱目》曰：《爾雅》云檟、苦茶。郭注云即茶也。蜀人謂之苦茶，又名荈。陸羽曰：其名有五，一茶、二檟、三蔎、四茗、五荈。《丹鉛錄》云：茶即古荼字，音塗。《詩》曰誰謂荼苦，其甘如薺是也。顏師古云：荼陵地名，漢時始轉塗音為宅加切，是則荼即茶也。或言六經無茶字，未深考耳。觀楊氏、顏氏二家之說，則六經有茶字。但考《爾雅》荼字凡兩見，其《釋草》云：荼，苦菜。郭注引《詩》誰謂荼苦釋之。《釋木》云：檟，苦茶。郭注云：葉可煮作羹飲，早采為茶，晚采為茗。是明明二物，恐苦荼之荼，可讀宅加切；苦菜之荼，仍當作塗音。楊氏引《詩》之言，未免失考。　清明前采為上，穀雨前次之，此後皆老茗耳。此亦視乎南北地氣，但賣者必曰雨前細茶。若清明前，葉尚未萌，未必可采。采、蒸、揉、焙俱有法，詳見《茶譜》。茶之稅，始於唐德宗，盛於宋元，至我朝時珍自謂明朝乃與西番互市易馬，遂為朝廷賦稅之助，其利溥哉！

按：凡飲，古人惟曰羹，不專用茶。羹者，諸飲之通稱，不拘肉、菜、穀、果汁，皆可為之。至唐始尚茶，盧仝遂有《七椀》之詩，此後其品漸眾。《綱目》曰：茶有雅州之蒙頂、石花、露芽、穀芽，建寧之北苑、龍團、鳳團，東川之神泉、獸目，陝州之碧澗、明月，夔州之真香，邛州之火井、思安，黔陽之都濡，嘉州之峨嵋，瀘州之納谿，玉壘之沙坪，荊州之仙人掌，湖南之白露，長沙之鐵色，蘄州之團面，壽州之黃芽，六安之英山、霍山，武昌之樊山，岳州之巴陵，辰州之溆浦，衡州之紫筍，福州之生芽，洪州之白露，雙井之白毛，廬山之雲霧，常州之陽羨，池州之九華，丫山之陽坡，袁州之界橋，睦州之鳩坑，宣州之陽坑，金華之舉岩，會稽之日鑄，皆產茶有名者。其他尚多，而猥雜更甚。蓋茶產處既多，其所謂有名者，緣貨者巧立名色。品茶之書，如陸羽之《茶經》、丁謂之《北苑茶錄》、毛文錫之《茶譜》、蔡宗顏之《茶對》，大率皆如《筍譜》、《菌譜》，為清客所矜誇而已耳。

其性但能去油膩，清頭目，同川芎、葱白止頭痛，濃煎吐風痰而已，他無所長。而其害則在刮削臟腑，消人腹內脂膏。嗜茶之人，營衛既傷，必面無血色，枯瘦痿黃。積傷既久，暗損壽元。有茶癖者，曾不悟也。試觀肴饌中，無論豬、羊、牛肉，任十分臕肥，遇茶則油膩全無，滋味盡失。几案油垢用茶洗之，則油去如新。人乃血肉之軀，全賴脂膏充足，可勝此消伐乎？惟其如此，故西北塞外之民，日食牛羊，飲乳酪，非茶不能去肥壅而得其平。明之所以開互市、增國賦者，職是故也。中國食稻粱、飲酒醴，何取乎其消也。觀食肉飲乳宜茶之消，則平素食厚味，肥白嬌嫩之人，亦必宜之。蓋此等人臟氣多壅，故多中風、痰厥之病，飲以濃茶，乃以偏救其偏之法，不可不知。每見嗜茶成癖者，必好食茶葉，甚至刻不可離，男子猶少，婦人極多。其人身必多病，所不待言。且必失財敗事，久而不愈必死。若晦運將終，亦必不食茶葉，乃得身家安泰。然則茶也者，灾星厄難之媒也。文人之筆，如盧仝《七椀》兩腋生風，以為戲談則可耳，肯為之誇色、誇香、誇味，作譜作經乎。蘇頌《圖經本草》乃至引毛文錫《茶譜》，謂蒙山中嶺茶，得四兩可以成仙，直是無稽囈語。其入藥，自古本草皆不收，至蘇恭《唐本草》、陳藏器《本草拾遺》始載。又有《神農食經》亦載之，此乃後人偽造，非上古之文也。蓋載籍所傳，自郭注《爾雅》以前，總無茶字，安得神農時即有之乎。李笠翁《偶寄》曰：六經無茶字，《史記》、前後《漢書》亦無之。始見於陳壽《三國志·吳志·韋曜傳》曰：韋曜性不飲，每宴會，孫皓命以荈代酒。荈即茶也。自唐以後，醫方用之者，皆只前所列去油垢、清頭目、吐風痰而已。至宋陳承《本草別說》云同醋煎治泄利，已無理不可信。楊士瀛《醫說》又巧立薑茶治痢方，謂薑助陽、茶助陰，一寒一熱調平陰陽，昔蘇東坡用治文潞公有效。夫蘇、文二公誠名士，誠貴人，而服藥治病不論資格，苟藥餌不當，恐二豎無知，非勢力所能壓也。醫書論列諸方，多有某帝王、某卿相試驗之説，竟是游方術士虛張聲勢，哄騙鄉愚之法，可鄙可笑。且潞公偶然患病，偶然服藥，正史既所不書，稗官野乘又復無有，數百年後之醫何自而知？而士瀛言之，《綱目》信之，尤為不值一笑。即使果有，其所患必是寒痢，治之而愈者，得力於薑也。設為熱痢，而欲藉茶之寒，茶何曾寒。制薑之熱，豈非夢夢？而今之愚俗，雖目不識丁，無不知薑茶治痢方者。迨至百用百誤，而猶圭臬奉之，不可解也。且茶能令人不睡，此亦耗人精血，有消無息之驗也。李（廷）〔鵬〕飛《延壽書》曰飲茶宜少，不飲尤佳，空腹最忌，此見理之言。但茶不知始自何人，欲使舉世不飲，實難勸喻。惟飲宜少宜清，忌多忌濃，或以他草木之可煎飲者代之，尤妙。平時有平時之代法，遇一病有一病之代法。此非創論，《爾雅》注暨各本草甚多。若夫渴症及諸熱症發渴者，多飲此物，病更難愈，尤不可不代也。獨茶子能治天白蟻，其症頭中鳴響如蟲蛀物聲，蛀穿唇鼻則死。以茶子研末，頻吹入鼻中。又俗傳茶能解藥，夫藥有千百性，但補藥忌茶之消，其他豈此一物所能盡解？然此或古醫制病人少飲之法，其意甚佳，不必辯也。又俗尚陳茶，僅隔年或二年止矣，乃竟有陳至五七年，一二十年者，能令人立時失音或暴死。蓋凡物過陳者皆有毒，愚俗何足以知之也。

清·趙翼《簷曝雜記》卷一 茶葉大黄 中國隨地產茶，無足異也，而西北游牧諸部，則恃以爲命。其所食羶酪甚肥膩，非此無以清榮衛也。自前明已設茶馬御史，以茶易馬，外番多款塞。我朝尤以是爲撫馭之資，喀爾喀及蒙古、回部無不仰給焉。大西洋距中國十萬里，其番舶來，所需中國之物，亦惟茶是急，滿船載歸，則其用且極於西海以外矣。

清·王龍《本草纂要稿·木部》 茶茗 味甘、苦，性微寒，無毒。專清頭目，善逐痰涎。利小便，解煩渴。下氣消宿食，除熱，治瘻瘡。薑、連同煎，止赤白下痢。香油調末，敷湯火炮傷。眼目疼，嚼貼兩眦。暑天瀉，少加醋服。多服少睡，久服消脂。

清·楊時泰《本草述鉤元》卷一九 茗 早采為茶，晚采為茗。種類極多，方宜大異。要皆以味甘不濇，氣芬芳如蘭，摘於夏前者為良，其粗惡苦濇品類，服之貽害。

氣味苦、甘，微寒。入手足厥陰經。清頭目，利小便，去痰熱，止渴，令人少睡，治中風昏憒，多睡不醒，利大小腸，解酒食炙煿毒，治傷暑。炒煎飲，治熱毒赤白痢，同川芎、葱白煎飲，止頭痛，濃煎，吐風熱痰涎。茶稟天地至清之氣，生於山谷磽瘠砂土之中，不受纖芥穢滓，專感雲露之氣以為滋培，故能滌腸胃一切垢膩仲淳。熱渴凝悶，胸痛目濇，四肢煩，百節不舒，聊四五啜，與醍醐、甘露抗衡陸羽。茶體輕浮，采時芽蘖初萌，正得春升之氣，味雖苦而氣則薄，乃陰中之陽，可升可降，利頭目蓋本諸此石山。茶最傷陽損人，惟飲食後濃茶漱口，既去煩膩，而脾胃不知，且能堅齒消蠹，深得飲茶之妙東坡。薑茶治痢，薑助陽，茶助陰並能消暑解酒食毒，且一寒一熱，調平陰陽，不問赤白冷熱，用之皆良《仁齋》。按薑茶宜於暑令者，陰不配陽之際，用茶抑陽而助陰，誰曰不宜。第偏於助陰，不惟傷陽，而陰亦不得以行其氣化，是兩傷也。和以生薑之辛散，俾陽得其氣化以育陰，陰亦由其化氣以配陽矣，老人暑月宜此湯，如三冬時，又當以茱萸配茶為飲，乃可。同黄連、生棗仁、通草、蓮子心，治多睡好眠。同當歸、川芎、烏梅、黑豆、生地、土茯苓、甘菊，治頭痛因於血虛有火者。熱毒下痢，蠟茶為末，蜜水煎服。白痢，以連皮自然薑汁同水煎服，兩三服即愈。

論：海藏謂茶氣寒味苦，入手足厥陰經。夫足厥陰肝，乃由陰中達陽以上升者，手厥陰包絡，又由陽中育陰以下降者，如下而陰中達陽者一為苦寒所傷，則陰之化機阻而不能達陽矣。如上而陽中育陰者復為苦寒所傷，則陽之化原虧而不能達陰矣。《經》曰：升降息則氣立孤危。故虛寒血弱之人，飲之既久，元氣暗損，土不制水，血不色華，而痰飲痞脹，痿痺黄瘦，嘔逆洞瀉，腹痛疝瘕，種種內傷之病成矣。然則攝生者，豈可漫習世尚，暗傷升降之元氣乎？

《茶序》云：釋滯消壅，一日之利暫佳，瘠氣侵精，終身之累斯大，獲益則功歸茶力，貽患則不為茶咎，豈非福近易知，禍遠難見乎毋炅。《茶説》云：除煩去膩，世固不可無茶，然暗中損陽傷人不少，如空心飲茶，入鹽能直入腎經，且冷脾胃，乃引賊入室也東垣。不宜飲於酒後，能成飲證仲淳。

辨治：入藥有名臘茶者，惟建州、北苑數處產之，研治作餅，日曬，得火愈良。

清·葉桂《本草再新》卷五 武彝茶味甘、苦，性寒，無毒。入肝、脾、肺三經。清涼瀉火，化老痰，消食積，治黄疸肺癰，療喉痺。

安化茶味苦，性寒，無毒。入肺、胃二經。　清肺熱，瀉脾火，舒肺胃之氣，消脾胃之濕，下食化痰。

松蘿茶味苦，性寒，無毒。入肝、脾、肺三經。　涼血瀉火，平肝燥胃，瀉脾火而能利濕熱，兼可化痰水，通二便，滑腸分，治小兒驚癇、臍瘡火毒。

清・吴其濬《植物名實圖考》卷三五　茶　《唐本草》始著録。《爾雅》：檟，苦荼。注：早采為茶，晚為茗。陸羽《茶經》源委朗晰，故備載之。

清・吴其濬《植物名實圖考》卷三六　滇山茶葉　葉勁滑類茶。味辛，開黄白花作穗，滇山人以其葉為飲。

清・趙其光《本草求原》卷一三果之味部　茗茶　茗即茶之粗者。茶之種類不一，總以甘香不澀、苦味少者為良。蓋苦泄熱，甘香和胃，體輕氣浮，陰中陽也。更采於初芽，得春初生升之氣，故皆清肅上膈，下氣熱降則氣下。消食去痰熱，除煩渴，滌腸胃垢膩，清頭目。火下則上清。同芎、歸、烏梅、黑豆、生地、甘菊、茯苓，治血虚有火頭痛。　主瘻瘡，利小便，治多睡，同川連、生棗仁、通草、蓮實。解酒食、煎炒熱毒，治傷暑下痢，合醋炒，或鹽炒至黑，煎飲。熱毒下痢赤白，同連皮生薑等分，茶助陰，薑助陽，使寒熱平調，並能消暑、解酒食毒。　時疫發熱頭痛，同薑、豉、葱白。　吐風熱痰涎。痰厥頭痛，卒然頭痛如破，濃煎恣飲，吐出膽汁，口渴即瘥。

經冬過臘，陳久者，名臘茶，治便血。同寄奴最效。　徽之松羅，專化食；浙紹之日鑄，專清火；　閩之建茶，專辟瘴；　六合之苦燈，專止痢；　滇南之普洱，消食、辟瘴、止痢。　杭之龍井、武夷之雨前，皆稱上品，然真者甚少。其餘雜茶，皆苦寒而澀，伐胃肝，傷包絡。傷肝，則不能由陰達陽以上升；　傷心包，則不能於陽中化陰以下降，必致脹滿氣逆，而胃亦不施化，故濃茶能引吐。

武夷茶　甘，寒，微苦。　清肝、肺、脾火。　化老痰，消食積、黄疸、肺癰、喉痹。

普洱茶　甘、苦，寒。　清肝膽浮熱，除胃肺虚火，生津止渴。

安化茶　苦，寒。　清肺脾火，舒肺胃氣，消脾胃濕，下食化痰。

松羅茶　苦，寒。　涼血，清肝燥胃，瀉脾濕熱，化痰水，通二便，滑腸。　治小兒臍瘡，驚癇火毒。

古勞茶　功亦同。　得鹽同炒，則利水止瀉；　得尖檳，則泄水。

胃虚血弱人多飲則中寒，土不制水，精亦不化，致痰飲痞脹、痿痹黄瘦、嘔泄腹痛諸症作矣。　早晨多飲，或入鹽而飲，每傷腎氣。　酒後嗜茶，引入膀胱，多成茶癖、瘕疝、水腫。　新茶多飲，令人音啞，以其鬱遏火邪也。　如暑月以生薑，冬月以茱萸合食，則不致傷陽。　又宜於飽後飲之，方去煩膩，而脾胃不覺。　且苦能堅齒，消蠹，為得飲茶之妙，精氣寒滑人，以沙苑子代之。

茶子　苦降，專治頭中鳴響、天白蟻之病。　茶子餅，煮汁澆藥，去蚯蚓；洗衣，去膩而不退顔色。

清・文晟《新編六書》卷六《藥性摘録》　茶　甘，寒。　入腎、胃。　清火痰，利水清熱，解毒滌垢膩，消肉食。　熱服則宜，冷則否。　多服損神，入服瘦人，空心服則傷脾胃。　餘詳藥部瀉火。

茶茗　味甘，氣寒。　入胃、腎。　清火清痰，利水清熱解毒，是以垢膩能滌，炙煿能解。　○凡食積不化，頭目不清，痰涎不消，二便不利，消渴不止，及便血衄血血痢，火傷目疾等症，服之有効。　○但熱服得宜，冷服聚痰，多服損神少睡，久服則削腎損脾，尤宜慎之。　○(嶶)〔徽〕州松蘿茶，化食。　閩茶，解瘴。　浙紹茶，清火。　六合茶，止痢。　普洱茶，消食辟瘴。　○茶與生薑同煎，和胃脾，治赤白痢。

清・劉東孟傳《本草明覽》卷三　茶茗　【略】按：　《本經》：　茶茗上清頭目。　然苦以泄之，其體下行，如何頭目清也。　殊不知頭目不清，多由熱氣上熏，若瀉之而熱降，則上自清矣。　且茶體輕浮，採摘萌芽，得春升之氣，味雖苦而氣則薄，乃陰中之陽，可升可降者也。　云利頭目，果可悖乎。

清・張仁錫《藥性蒙求・木部》　茶武彝、松蘿三錢、六安、普洱　茶茗味苦，熱渴堪醫。　上清頭目，食滯亦宜。　濃茶能引吐，最能去油。　味甘而細者良。　若酒後飲茶，引入膀胱、腎經，患疝瘕水腫，空心尤忌。　○功專清心肺，滌腸胃。　得甘菊治頭痛，得生薑治滯下。　○單杜可云：　諸茶皆性寒，胃弱人食之多停飲。　惟武彝茶性溫，不傷胃，出福建崇安，色黑，味帶酸。　松羅茶產徽州，專於消積化食，清火除痰。　六安茶清骨髓中浮熱。　陳久者良。　○張路玉云：　產閩者曰建茶，(則葉)〔專於〕消食辟瘴。　產六安者曰苦丁，專於止痢。產滇南者曰普洱茶，性溫，味苦濇香，性刻，解油膩、牛羊毒，虚人忌用。　出雲南普洱府，成團，有大、中、小三等。

清・王孟英《歸硯録》卷一　紅茶亦各處效尤，遍行宇内，嗜痴者衆。　二者之弊，殆不可革，然知味者固自有人也。　又按：　錢塘龍井茶，甲於天下。邇年土人以秋采者造為紅茶，頗獲厚利，故聖人有鮮能知味之歎。　凡藝茶亦須肥壅，昔人謂專藉雨露以滋培，不待人力之灌溉者，皆未經目擊之談也。

茶能清神醒睡，止渴除煩，有解風熱，涼肝膽，吐風痰，利頭目，去油垢，肅肺胃之功。口不渴者，可以勿飲。紅茶既經蒸盦，失其清滌之性，更易停飲。昔人誇之者未免過當，毁之者殊失其中。章杏翁至謂為災星厄運之媒，亦矯枉而失實也。惟論薑茶治痢之弊，為發前人所未發。其辨云：【略】愚謂產後之生化湯，亦同此弊。惟洄溪有產後禁薑之論，且曰暑證忌薑，雖與芩、連同用，亦有大害。正與章辨暗合。

清・陸以湉《冷廬醫話》卷五　藥品　盧子繇《本草乘雅半偈》備稱茶之功用，採錄古今名家論說以為譜，因謂常食令人瘦，去人脂，倍人力，悅人志，益人意思，開人聾瞽，暢人四肢，舒人百節，消人煩悶，使人能誦無忘，不寐而惺寂。章杏雲《調疾飲食辨》則謂茶耗人精血，有消無息，欲使舉世不飲，實難勸喻，惟飲宜清，忌多忌濃，或以他草木之可煎飲者代之尤妙。若夫渴症及諸熱症發渴者多飲之，病更難愈。又謂古不專以茶作飲，故《爾雅註疏》但云可作羹飲，並代茶兩字無之。由是觀之，《茶經》《茶錄》，明理人不屑挂諸齒頰矣。二說迥殊，當以章說為正，如不能以他草木代之，則宜少宜清之言，切宜遵守。章又謂俗尚陳茶，僅隔年或二年止矣，乃竟有陳至五七年一二十年者，能令人失音或暴死，蓋凡物過陳者，皆有毒也。此說亦世所罕知者。

清・王孟英《隨息居飲食譜・水飲類》　茶　微苦，微甘而涼。清心神，醒睡，除煩，涼肝膽，滌熱消痰，肅肺胃，明目，解渴。不渴者勿飲。以春采色青，炒焙得法，收藏不泄氣者良。色紅者已經蒸盦，失其清滌之性，不能解渴，易成停飲也。普洱產者，味重力峻，善吐風痰，消肉食。凡暑穢痧氣腹痛，乾霍亂，痢疾等證初起，飲之輒愈。

清・劉善述、劉士季《草木便方》卷一草部　茗茶子　茗茶子苦寒有毒，喘急咳嗽化痰速。搗洗衣物去油膩，葉甘消渴清頭目。園家茶。

清・田綿淮《本草省常・氣味類》　茶　即茗。郭璞云：早采為茶，晚采為茗。《茶經》云：其名有五，一曰茶，二曰檟，三曰蔎，四曰茗，五曰荈。性微寒，止渴除煩，消食下氣，明目清神，解酒食、油膩、燒炙之毒。多飲消脂，令人不眠。同榧子食，令人身重。服常山、萆薢、土茯苓、威靈仙者忌之。荈，尺演切。

清・戴葆元《本草綱目易知錄》卷三　茶葉　茗苦、樣。苦，甘，微寒。下氣消食，解暑止渴，破熱氣，除瘴氣，利大小腸，去痰熱，清頭目，令人少睡。解酒油膩，炙煿之毒。治中風昏憒，多睡不醒。濃煎飲，吐風熱痰涎及熱毒赤白痢。和川芎、葱白煎服，止頭痛。多食、嗜食寒胃消脂，成瘻痹，痰瀉諸病。酒後飲茶，引入膀胱經，患瘕疝水腫。空心及服土茯苓、威靈仙者忌。【略】

茶花葆補　甘，淡，微苦。花白蕊黃，入手足太陰經。清肺躁，滲脾濕，生津止渴，清熱除煩，治胸膈留邪，往來寒熱，渴欲飲水，熱壅痰涎，去頭目風，利大小便。

清・陳其瑞《本草撮要》卷二　茶葉　味苦甘，入手足少陰、太陰、厥陰經，功專清心肺，滌腸胃。得甘菊治頭痛，得生薑水滯下。酒後飲之，引入膀胱腎經，患瘕疝水腫。空心亦忌之。陳細者良。

清・吴汝紀《每日食物却病考》卷下　茶　晚採粗者曰茗，早採細者曰茶。其採時做造精良得法則佳，不得法則劣。又所出之地，各有不同。故茶品甚多，性氣多異。大抵味苦、甘，微寒，無毒。能清熱止渴，下氣除痰，醒酒消食，解油膩及炙炒之毒，清頭目，利小便。熱飲宜人，冷飲聚痰，多飲去人脂令瘦。少壯胃健火盛者，受其益；虛羸血弱胃寒者，受其損。收藏喜燥畏潤，宜烘不宜晒，貴新不貴陳，宜飲而不宜多也。

清・方仁淵《倚雲軒醫案醫話醫論》　更有人謂茶葉最易生濕，故不服茶而服湯頭，真無稽之言。夫茶生山中，其質至潔，多得春露之氣。本草謂能清利頭目咽喉，解渴醒睡。從古高明之士，嗜之極多。且吾人衛生養身之物，惟茶飯二事終身不厭。如果茶易生濕，前人早已棄之矣。要知茶之生濕致病，乃嗜之過甚，與飲惡劣下品者耳。如少飲與飲上品茶葉者，不但無害，且益人不少。不可因噎廢食。

茶油

清・李文培《食物小錄》卷下　茶油　辛，平，溫，滑，無毒。調五味，潤腸，澤肌膚。生者滑下作瀉，煉熟則佳。

清・趙學敏《本草綱目拾遺》卷六木部　茶油即梣樹子油、枯餅。　乃梣樹子油也。豫省閩粵皆食茶油，而不知為梣樹子油，俗呼茶油，實非茶子之油也。煎熬不熟，食之令人瀉。

味甘性涼，氣腥色綠，潤腸清胃，殺蟲解毒，不宜生食，燃燈益目，抹髮解膩。

枯餅《藥性考》云：餅能浣衣，除垢最潔，燒灰敷瘡，亦可下積，洗風瘙癢，可用皮葉。

清・章穆《調疾飲食辯》卷一下　茶油　此雖名茶，實非茗也。有二種：一種樹高二三丈，生子反少；一種僅尋丈，生子反多。均可榨油。吾鄉虔、吉、南、贛及湖南諸郡甚多，為利於民甚鉅，肥膩不亞豆油，性亦熱而滑。

清・王孟英《隨息居飲食譜・調和類》　茶油　甘，涼。潤燥清熱，息風，解毒殺蟲，上利頭目。烹調肴饌，日用年宜。蒸熟用之，澤髮生光。諸油惟此最為輕清，故諸病不忌。然鐙最亮，而不損目。澤髮不膩，其渣澣衣去垢，豈他油之濁膩可匹哉。

研茶

清・趙學敏《本草綱目拾遺》卷六木部　研茶　《粵志》：東莞人以脂麻藷油雜茶葉煮煎而成。去風溼，解除食積，療飢。

清・趙學敏《本草綱目拾遺》卷六木部　烏藥茶　出東莞，以脂麻藷油雜茶為汁煎之。去風溼，破食積，療飢。應昌按：烏藥茶與前研茶製造主治皆同，未知是一是二。

欒山茶

清・趙學敏《本草綱目拾遺》卷六木部　欒山茶　《茶譜》：鄂州欒山出茶，黑色如韭。又云：出鄂州東山，名東山茶，色黑如韭，性與韭相反。食之已頭痛。

路邊茶

清・趙其光《本草求原》卷三隰草部　路邊茶　苦，平。拔毒，吸膿散腫，理蛇傷爛。洗之。

普洱茶

清・趙學敏《本草綱目拾遺》卷六木部　普洱茶　出雲南普洱府，成團，有大、中、小三等。《雲南志》：普洱山在車里軍民宣慰司北，其上產茶，性溫味香，名普洱茶。《南詔備考》：普洱府出茶，產攸樂、革登、倚邦、莽枝、蠻耑、慢撒六茶山，而以倚邦、蠻耑者味較勝。味苦性刻，解油膩牛羊毒，虛人禁用。苦澀，逐痰下氣，刮腸通泄。

按：普洱茶大者，一團五斤，如人頭式，名人頭茶，每年入貢，民間不易得也。有偽作者，名川茶，乃川省與滇南交界處土人所造，其餅不堅，色亦黄，不如普洱清香獨絕也。普洱茶膏黑如漆，醒酒第一。綠色者更佳，消食化痰，清胃生津，功力尤大也。

《物理小識》：普雨茶蒸之成團，狗西番市之，最能化物，與六安同。按：普雨即普洱也。

普洱茶膏能治百病，如肚脹受寒，用薑湯發散，出汗即愈；口破喉顆，受熱疼痛，用五分噙口過夜即愈；受暑擦破皮血者，研敷立愈。

悶瘄：《百草鏡》云：此症有三，一風閉、二食閉、三火閉，惟風閉最險，凡不拘何閉，用茄梗伏月採，風乾，房中焚之，内用普洱茶二錢煎服，少頃盡出，費容齋子患此，已黑黯不治，得此方試效。

清・葉桂《本草再新》卷五　普洱茶味甘、苦，性寒，無毒。入肝、胃二經。治肝膽之浮熱，瀉肺胃之□火，生津止渴。

皋蘆

宋・唐慎微《證類本草》卷一二木部上品〔唐・陳藏器《本草拾遺》〕　皋蘆葉圭　味苦，平。作飲止渴，除痰，不睡，利水，明目。出南海諸山。葉似茗而大。南人取作當茗，極重之。《廣州記》曰：新平縣出皋蘆。皋蘆，茗之別名也。葉大而澁。又《南越志》曰：龍川縣出皋蘆。葉似茗，味苦澁，土人爲飲。南海謂之過羅，或曰物羅，皆夷語也。

〔宋・唐慎微《證類本草》〕《海藥》云：謹按《廣州記》云：出新平縣。狀若茶樹，闊大，無毒。主煩渴熱悶，下痰，通小腸淋，止頭痛。彼人用代茶，故人重之如蜀地茶也。

宋・唐慎微《證類本草》卷一四木部下品〔唐・陳藏器《本草拾遺》〕　瓜蘆　苦菜注，陶云：又有瓜蘆木，似茗，取葉煎飲，通夜不寐，按此木一名皋蘆。而葉大似茗，味苦澁。南人煮爲飲，止渴，明目，除煩，不睡，消痰，和水當茗用之。《廣州記》曰：新平縣出皋蘆，葉大而澁。《南越志》云：龍川縣有皋蘆，葉似茗，土人謂之過羅。

明・王文潔《太乙仙製本草藥性大全》卷三《本草精義》　皋蘆葉　生南海諸山，及新平縣出皋蘆。茗之別名也。狀若茶樹，葉如茗，闊大。味苦而澁，土人用以代茶，故人重之如蜀地茶也。南海謂之過羅，或曰物羅，皆夷語也。

明・王文潔《太乙仙製本草藥性大全》卷三《仙製藥性》　皋蘆葉　味

苦、澁，氣平，無毒。　主治：　止煩渴熱悶，下痰不睡大效，除頭痛明目，利水通淋殊功。

明·李時珍《本草綱目》卷三二果部·味類　皋盧《拾遺》校正自木部移入此。

【釋名】瓜蘆弘景　苦𧃘藏器曰：《南越志》云：龍川縣有皋盧，一名瓜蘆，葉似茗。土人謂之過羅，或曰物羅，皆夷語也。

【集解】弘景曰：苦菜註曰南方有瓜蘆，亦似茗。若摘取其葉，作屑煮飲，即通夜不睡。煮鹽人唯資此飲，而交、廣最所重，客來先設，乃加以香芼之物。李珣曰：按此木即皋蘆也。生南海諸山中，葉似茗而大，味苦澀，出新平縣。南人取作茗飲，極重之，如蜀人飲茶也。時珍曰：皋蘆葉狀如茗，而大如手掌。挼碎泡飲，最苦而色濁，風味比茶不及遠矣。今廣人用之，名曰苦𧃘。

葉　【氣味】苦，平，無毒。時珍曰：寒。胃冷者不可用。　【主治】煮飲，止渴明目除煩，令人不睡，消痰利水藏器。通小腸，治淋，止頭痛煩熱李珣。噙嚥，清上膈，利咽喉時珍。

明·倪朱謨《本草彙言》卷一五　皋蘆一名苦𧃘。味苦，氣寒，無毒。

李氏曰：皋蘆，出南越龍川縣及新平縣。葉大如手掌，深黄色，味極苦。搓碎泡湯飲，交、廣最重。客至設此飲以供，乃加以香菓諸品，泡之味苦而迴味不甘，色濁而氣不清香，不及茶茗遠矣。

皋蘆：　清上膈鬱火，止渴除煩，消痰利水之藥也。　劉連城曰：　此藥苦寒下泄，去暴火鬱熱有功。如久服常服，大泄胃氣。

明·應慶《食治廣要》卷四　皋蘆即苦𧃘。　氣味：　苦，平，無毒。止渴明目，消痰利水，通小腸，治淋。噙嚥，清上膈，利咽喉。

按：　皋蘆葉狀似茗，而大如手掌。挼碎泡飲，最苦而色濁，風味比茶不及遠矣。胃寒人不可用。

明·姚可成《食物本草》卷一六味部·雜類　皋蘆陶弘景曰：　苦菜註曰：南方有皋蘆，亦似茗苦。摘取其葉作屑煮飲，即通夜不睡，煮鹽人惟資此飲，而交、廣所最重，客來先設，乃加以香芼之物。○李珣曰：　皋蘆生南海諸山中，葉似茗而大，味苦澁，出新平縣南。人取作白飲，極重之，如蜀人飲茶也。○李時珍曰：　皋蘆葉，狀如茗而大如手掌，挼碎泡飲，最苦而色濁，風味比茗不及遠矣。今廣人用之，其名曰苦𧃘。　皋蘆葉，味苦，平，無毒。煮飲止渴，明目除煩，令人不睡。消痰利水，通小腸，治淋，止頭痛煩熱。噙嚥清上膈，利咽喉。胃冷者不可用。

明·施永圖《本草醫旨·食物類》卷三　皋蘆葉似茗而大，味苦澀，出新平縣。南人取作茗飲，極重之，如蜀人飲茶也。　葉　味苦，平，無毒。寒，胃冷者不可用。治：　煮飲，止渴明目，除煩，令人不睡，消痰利水，通小腸，治淋，止頭痛煩熱。噙嚥，清上膈，利咽喉。

清·何其言《養生食鑒》卷下　𧃘狀如茗，而大如手掌，俗常用以和茗烹。　味苦，性平，無毒。消痰利水，止煩渴，清頭目，解積熱。噙嚥，清上膈，利咽喉。胃冷者，不可用。

清·吴震方《嶺南雜記》　苦𧃘茶　一名皋盧，非茶也。葉大如掌。一片入壺，其味極苦，少則反有甘味。擒嚥利咽喉之疾。功並山豆根。

清·趙其光《本草求原》卷三隰草部　苦燈茶　苦、甘，寒，清肺脾。消食，化痰，止痢渴，除煩，清頭目，利二便，去油膩。

清·戴葆元《本草綱目易知錄》卷三　皋蘆苦𧃘　葉，苦，平。煎飲止渴，明目除煩，令人不睡。消痰利水，通小腸，治淋，止頭痛煩熱。噙嚥，清上膈，利咽喉。時珍曰：　皋蘆木，其葉狀如茗而大如手掌，挼碎，泡飲最苦而色濁，風味比茶大不及。今廣人用之，名苦𧃘。葆按：　吾鄉名苦茶。

苦茶樹

清·吴其濬《植物名實圖考》卷三八　苦茶樹　生長沙岡阜。高丈餘。枝葉蒙密，紫莖細勁多杈枒，附莖生葉，長寸餘，微似臘梅葉，光艄而皺，面濃緑背淡青，深紋稀齒；　葉間附莖；　結實圓長，有直紋，大如梧桐子，生青熟黑。葉味苦，回甘生液。土人採以為茗。

風葉

清·趙學敏《本草綱目拾遺》卷六木部　風葉　《稗史》：　郴之桂陽縣産風葉，充茗飲，能愈頭風，故名。亦可浸酒，性微熱，前人志記不載。　性微熱，追風活血，可浸酒服。

紅毛茶

清·趙學敏《本草綱目拾遺》卷六木部　紅毛茶　《臺灣志》：　草屬也。黄花五瓣，葉如瓜子，亦五瓣。根如藤，刨取曬。或遇時氣不快，熬茶飲之，即愈。　治時氣腹脹，或悶鬱不舒。

厚皮香

清·吴其濬《植物名實圖考》卷三六　厚皮香　生雲南山中。小樹滑葉，如山梔子。開五瓣白花，團團微缺，攢聚枝間，略有香氣；紅蕚似梅，厚瓣如蠟，開於三伏。滇南夏月，肆中有賣蠟梅花者即此。然滇之狗牙蠟梅，已於此時含苞如蠟珠矣。

何樹

清・吳其濬《植物名實圖考》卷三七　何樹　江西多有之，材中棟梁。《本草拾遺》有柯樹，或即此。

雩婁農曰：何樹巨木也，宮室器具之用，益於民大矣。然志書或曰柯，或曰桐，或曰和。南城以木名其山，而不知於古為何木。無名之樸，木之不幸歟？以無名而為求木者所不及，山徑之蹊，扶疎蔭塗，其視松杉不拱把而尋斧者，又非至幸歟？昔有僧氏何，問其里，亦曰何國人。然則何樹者，其何國之木，而何氏之僧所手植歟？

蓏果分部

論說

唐・孫思邈《千金要方》卷二六《食治・菜蔬》　凡瓜　味甘，寒，滑，無毒。去渴。多食令陰下癢濕生瘡，發黃疸。黃帝云：九月勿食被霜瓜，向冬發寒熱及溫病。初食時即令人欲吐也，食竟，心內作停水，不能自消，或為反胃。凡瓜入水沉者，食之得冷病，終身不差。

清・何其言《養生食鑒》卷上　右菓各地所產，雖有陰、陽、寒、熱之分，然只宜於無病之人，倘過，則傷於生冷難化而成積聚，況調攝者乎？小兒尤當節之。凡菓或有異常者，根下必有毒蛇，食之殺人。凡中菓毒，用猪骨燒灰為末，調水服，即解。中瓜毒，用麝香調水或鹽湯，俱可。

綜述

甜瓜

唐・孫思邈《千金要方》卷二六《食治・菜蔬》　早青瓜　味甘，寒，無毒。食之去熱煩。不可久食，令人多忘。

唐・孟詵、張鼎《食療本草》卷子本　甜瓜寒。　右止渴，除煩熱。多食令人陰下痒濕，生瘡。又，發(瘅)〔癉〕黃，動宿冷病，患癥瘕人不可食瓜。其瓜蒂主治身面四支浮腫，殺蟲，去鼻中息肉，陰癉黃及急黃。又，生瓜葉擣取汁，治人頭不生毛髮者，塗之即生。案經：多食令人羸惙虛弱，脚手少力。其子熱，補中焦，宜人。其肉止渴，利小便，通三焦間擁寒氣。又方，瓜蒂七枚，丁香七枚，擣為末，吹鼻中，少時治癰氣，黃汁即出，差。

宋・唐慎微《證類本草》卷二七菜部上品〔宋・掌禹錫《嘉祐本草》〕　甜瓜　寒，有毒。止渴，除煩熱，多食令人陰下濕痒生瘡，動宿冷病，發虛熱，破腹。又令人惙惙弱，脚手無力。少食即止渴，利小便，通三膲間擁塞氣，兼主口鼻瘡。〔宋・掌禹錫《嘉祐本草》〕按：日華子云：無毒。

葉　治人無髮，擣汁塗之，即生。

〔宋・唐慎微《證類本草》〕《圖經》：文具瓜蒂條下。　陳藏器序云：甘瓜子，止月經太過，爲末去油，水調服。《千金方》：治口臭。杵乾甜瓜子作末，蜜和丸，每旦洗淨漱，含一丸如棗核大。亦用傅齒。《孫真人食忌》：患脚氣人勿食甜瓜，其患永不除。又，五月甜瓜沉水者殺人。又，多食發黃疸病，動冷疾，令人虛羸，解藥力。兩蒂者殺人。《食醫心鏡》：治熱，去煩渴。甜瓜去皮，食後喫之，煮皮作羹亦佳。

宋・唐慎微《證類本草》卷二七菜部上品〔《本經・別錄》〕　瓜蒂　**味苦，寒，**有毒。**主大水，身面、四肢浮腫，下水，殺蠱毒，欬逆上氣，及食諸果病在胸腹中，皆吐下之。**去鼻中息肉，療黃疸。

花　主心痛，欬逆。生嵩高平澤。七月七日採，陰乾。

〔梁・陶弘景《本草經集注》〕云：瓜蒂，多用早青蒂，此云七月採，便是甜瓜蒂也。人亦有用熟瓜蒂者，取吐乃無異，此止於論其蒂所主爾。今瓜例皆冷利，早青者尤甚。熟瓜乃有數種，除瓤食之不害人，若覺多，即入水自漬便即消。永嘉有寒瓜甚大，今每取藏經年食之。亦有再熟瓜，又有越瓜，人作菹食之，亦冷，並非藥用爾。

〔宋・馬志《開寶本草》〕注：甜瓜有青、白二種，入藥當用青瓜蒂。前條白瓜子，唐注云：甘瓜子，主腹內結聚，破潰膿血，最爲腸胃脾內壅要藥，正是此甜瓜子之功。前條便以白瓜子爲甘瓜子，非也。

〔宋・掌禹錫《嘉祐本草》〕按：《藥性論》云：瓜蒂，使。莖主鼻中息肉，齆鼻。和小豆、丁香吹鼻，治黃。日華子云：無毒。治腦塞，熱齆，眼昏，吐痰。

〔宋・蘇頌《本草圖經》〕曰：瓜蒂，即甜瓜蒂也。生嵩高平澤，今處處有之，亦園圃所蒔。舊說瓜有青、白二種，入藥當用青瓜蒂，七月採，陰乾。方書所用，多入吹鼻及吐膈散中。莖亦主鼻中息肉，齆鼻等。葉主無髮，搗汁塗之即生。花主心痛，欬逆。肉主煩渴，除熱，多食則動痼疾。又有越瓜，色正白，生越中。胡瓜黃色，亦謂之黃瓜，別無功用，食之亦不益人，故可略之。

〔宋・唐慎微《證類本草》〕雷公：凡使，勿用白瓜蒂，要採取青綠色瓜，待瓜氣足，其瓜蒂自然落在蔓莖上。採得未用時，使榔榔葉裹，於東牆有風處，掛令吹乾用。瓜子，凡使，勿用瓜子實，恐誤。採得後，便於日中曝令內外乾，便杵，用馬尾篩篩過，成粉末了用。其藥不出油，其效力短。若要出油，生杵作膏，用三重紙裹，用重物覆壓之，取無油用。《食療》：瓜蒂，主身面、四肢浮腫，殺蠱，去鼻中瘜肉，癊黃黃疸及暴急黃。取瓜蒂、丁香各七枚，小豆七粒，爲末，吹黑豆許於鼻中，少時黃水出，差。其子，熱。補中，宜人。瓜有毒。止渴，益氣，除煩熱，利小便，通三焦壅塞氣。多食令人陰下濕痒，生瘡。動宿冷病。癥癖人不可食之。若食之飽脹，入水自消。多食令人惙惙虛弱，脚手無力。葉生擣汁，生髮。又，補中，打損折，碾末酒服去瘀血，治小兒疳。《龍魚河圖》云：瓜有兩鼻者殺人，沉水者殺人，食多腹脹，可食鹽，花成水。《聖惠方》：治時氣，三日處忽覺心滿堅硬，脚手心熱，變黃，不治殺人。以瓜蒂七枚杵末，如大豆許吹兩鼻中，令黃水出，殘末水調服之，得吐黃水一二升，差。又方：治鼻中瘜肉。陳瓜蒂一分爲末，羊脂和少許，傅瘜肉上，日三。《經驗方》：治遍身如金色。瓜蒂四十九個，須是六月六日收者，丁香四十九個，用甘鍋子燒煙盡爲度，細研爲末。小兒用半字，吹鼻內及揩牙，大人只用一字，吹鼻內，立差。《經驗後方》：治大人、小兒久患風癇，纏喉風，喉嗽，遍身風瘮，急中涎潮等。此藥不大吐逆，只出涎水。小兒服一字，瓜蒂不限多少，細碾爲末，壯年一字，十五已下、老怯半字，早晨井花水下。一食頃，含沙糖一塊。良久涎如水出，年深涎盡，有一塊如涎布，水上如鑒矣。涎盡食粥一兩日。如吐多困甚，即嚥麝香湯一盞，即止矣。麝細研，溫水調下。昔天平尚書覺昬眩，即服之取涎，有效。《傷寒類要》：治急黃，心上堅硬，渴欲得水喫，氣息喘麁，眼黃。但有一候相當，則以瓜蒂二小合，熬赤小豆二合，爲末。暖漿水五合，服方寸匕。一炊久當吐，不吐再服五分匕，亦減之。若吹鼻中，兩三黑豆許，黃水出歇。又方：治黃疸，目黃不除。瓜丁散：瓜丁細末，如大豆許內鼻中。令病人深吸，取鼻中黃水出。

宋・寇宗奭《本草衍義》卷一九 瓜蒂 此即甜瓜蒂也。去瓜皮，用蒂，約半寸許，曝極乾，不限多少，爲細末。量疾，每用一二錢匕，膩粉一錢匕，以水半合同調勻，灌之，治風涎暴作，氣塞倒卧。服之，良久，涎自出，或覺有涎，用諸藥行化不下，但如此服，涎即出。或服藥良久涎未出，含沙糖一塊，下嚥即涎出。此物甚不損人，全勝石碌、硇砂輩。

宋・寇宗奭《本草衍義》卷一九 甜瓜 暑月服之，永不中暑氣，多食未有不下利者。貧下多食，至深秋作痢爲難治，爲其消損陽氣故也。亦可以如白冬瓜煎漬收。

宋・王繼先《紹興本草》卷一四 瓜蒂 紹興校定：瓜蒂，乃甜瓜蒂是也。《本經》雖具性味、主治，然用之服餌，多取其吐，亦非良藥。及有外用之，當從味苦、寒、有毒為定。花雖具主治，未聞用驗。處處種産之。

宋・劉明之《圖經本草藥性總論》卷下 瓜蒂 味苦，寒，有毒。主大水身面四肢浮腫，下水穀蠱毒，欬逆上氣。日華子云：無毒。治腦寒，熱齆眼昏，吐痰。即甜瓜蒂也。《藥性論》云：使。主鼻中息肉，齆鼻。和小豆、丁香，吹鼻，治黃疸。花，主心痛欬逆。肉，主煩渴除熱。多食則動痼疾。子，主腹內結聚，破潰膿血，最為腸胃脾內壅要藥也。

宋・劉明之《圖經本草藥性總論》卷下 甜瓜 寒，有毒。止渴，除煩熱，利小便，通三焦間擁塞氣，兼主口鼻瘡。

宋・陳衍《寶慶本草折衷》卷一九 瓜蒂使。諸甜瓜之蒂通用。○莖、葉附。 一名甜瓜蒂。○《是齋方》用者，名瓜丁。○俗號苦丁香。生嵩高平澤。今處處園圃蒔有之。○六、七月待瓜熟，則其蒂自然落，在蔓莖上採，陰乾。或生取者，則曝乾。

味苦，寒，無毒。○主大水，身面四肢浮腫，下水，殺蠱毒，欬逆上氣。多食諸果，病在胸腹中，皆吐下之。去鼻中息肉。○日華子云：治腦寒，熱齆，眼昏。○《圖經》曰：入吹鼻及吐膈散中。○《食療》云：黃疸及暴急黃，取瓜蒂、丁香、小豆各柒枚為末，吹黑豆許於鼻中，少時黃水出，差。○寇氏曰：去瓜皮用蒂，約半寸許，為細末，每用壹貳錢匕，膩粉壹錢匕，水半合，調嚾之。治風涎暴作，氣塞倒卧，服之良久，涎自出。或未出，含沙糖壹塊，下咽即涎出。不損人。

附：莖。○主鼻中息肉，齆鼻。亦吹鼻治黃，和小豆、丁香用。

附：葉。○主無髮，搗汁塗之，即生。

宋・陳衍《寶慶本草折衷》卷二〇 甜瓜甜瓜子附。○胡瓜、越瓜在內，仍續附。一名甘瓜。○所出與上品瓜蒂同。○五月採。○又云：六七月俟落蒂拾之良。○畏鹽。○附：甜瓜子，一名甘瓜子。《炮炙論》云：一名圓瓜實，收之日乾。○續附：胡瓜，一名黄瓜，一名莿瓜。坡仙詞云：牛依古柳賣黄瓜。註言周人謂之莿瓜。○又續附：越瓜，一名梢瓜。《本草簡要》歌云：越瓜却乃是梢瓜。生越中，今皆諸處種之。夏月採。

味甘，見續說。寒，有毒。○止渴，除煩熱。多食令人陰下濕痒，生瘡動宿冷病，發虚熱，破腹，惙脹劣切弱，脚手無力。少食即利小便，通三膲擁塞氣，主口鼻瘡。○《圖經》曰：多食動痼疾。又有越瓜色白，胡瓜黄色，皆刪。無功用，不益人。分瓜蒂條，下同。○《食療》云：有兩鼻者，殺人；沉水者，殺人。食多腹脹，可食鹽，化成水。○鹽不可多用，多恐發霍亂。○鼻即蒂也。○孫真人云：脚氣人勿食，其患永不除。又多食發黄疸，解藥力。○寇氏曰：暑月服之，不中暑氣。多食，至深秋作痢，為難治，為其消損陽氣故也。

附：甜瓜子。○止月經太過，去油為末，水調服。又治口臭，杵末，蜜丸如棗核大，每旦洗淨，漱含壹丸，亦用傅齒。又主腹内結聚，破潰膿血，為腸胃脾内壅要藥。若不出油，其效力短，須杵作膏，以紙三重裹，用重物壓之，取無油用。○兼括瓜蒂條。

續說云：瓜以甜稱，本條不著其味，遂據縉雲訂曰味甘。然生亦微苦，至熟則甘而芬馥。色狀雖殊，性用惟一。此條後元有胡瓜，即莿瓜也，長而深緑，甘淡微澀，身有乖莿，性寒而毒。可割薄片，以磨熱痱音沸。及老黄而裂，可瀝清汁以傅湯火之瘡。又有越瓜，即梢瓜，形長而淺緑，甘淡微酸，性亦寒毒。此二瓜者，堪為虀葅，但過食即發瘡腫，痞蟲，仍動風痒、脚氣、泄瀉等患。以至時行熱疾，瘧痢新愈者，尤當謹忌也。

元・王好古《湯液本草》卷六　瓜蒂　氣寒，味苦，有毒。《本草》云：治大水，身面四肢浮腫，下水，殺蠱毒。欬逆上氣，及食諸果，病在胸腹中者，皆吐下之。去鼻中息肉，療黄疸，鼻中出黄水。除偏頭疼有神，頭目有濕宜此。瓜蒂苦，以治胸中寒，與白虎同例，俱見知母條下。與麝香、細辛為使。治久不聞香臭。仲景鈐方：瓜蒂一十四個，丁香一個，黍米四十九粒，為末，含水嗃一字，取下。

元・忽思慧《飲膳正要》卷三　甜瓜　味甘，寒，有毒。止渴，除煩熱。多食發冷病，破腹。

元・尚從善《本草元命苞》卷九　瓜蒂　為使。苦寒，有毒。主大水，身面四肢浮腫，治風涎暴作氣壅倒仆。殺蠱毒，療欬逆上氣，内鼻中，除偏正頭風。食諸果，病在胸腹，吐下之其效如神。甜瓜子，破潰膿血，宣腸胃脾内壅疾。花，主心痛欬逆。莖，醫瘜肉齆鼻。生嵩高平澤，今園圃皆種。七月七採，陰乾。青瓜蒂可入藥。

元・吴瑞《日用本草》卷六　甜瓜　暑月服之，永不中暑氣。多食未有不下痢者。貧者多食，至深秋作痢，為難治。味甘，寒，有毒。落水沉者不可食。雙頂雙蒂者殺人。主止渴，除煩熱，多食令人陰下濕痒生瘡，動宿冷病。少食止渴利小便，通壅氣，發虚熱，破腹（掇）〔惙〕虚弱，手足無力。子：主腹内結聚，破潰，舒筋。瓜蒂：主面目四肢浮腫，下水蠱毒及諸果。病在胸腹中，皆吐下之。殺蟲，去鼻中息肉，療黄疸及暴急黄，取瓜蒂、小豆、丁香各七枚為末，吹入鼻中，少時黄汁出，瘥。可吐痰用。

元・朱震亨《本草衍義補遺》　苦丁香　性急，損胃氣。吐藥不為不多，胃弱者勿用。設有當吐之證，以他藥代之可也。病後產後宜深戒之。仲景有云：諸亡血、諸虚家，不可與瓜蒂。○花，主心痛，咳逆。

元・徐彦純《本草發揮》卷三　瓜蒂　海藏云：納鼻中，出黄水，除偏頭痛有神。頭因有濕者，宜此瓜蒂。苦以治胸中寒，與白虎同例。俱見知母條下。與麝香同為使，治久不聞香臭。仲景鈐方：瓜蒂十四枚，丁香一枚，黍米四十九粒，右為末，含水，搐一字，取下。丹溪云：瓜蒂，俗呼為苦丁香。性急，損胃氣。吐藥不為不多，胃弱者勿用。設有當吐之證，以它藥代之可也。病後、產後，尤宜深戒之。仲景有云：諸亡血虚家，不可與瓜蒂。

明・蘭茂撰，清・管暄校補《滇南本草》卷上　甜瓜　一名香瓜。味甘，平。治風濕麻木，四肢疼痛。花，敷瘡散毒。皮，泡水，止牙疼。根葉煎湯，洗風癩。

明・王綸《本草集要》卷五　瓜蒂使，甜瓜也。味苦，氣寒，有毒。七月七日採，陰乾。去瓜皮，用蒂約半寸許。主大水，身面四肢浮腫，下水，殺蠱毒，咳逆上氣，風癎喉風，痰涎暴塞，及食諸果，病在胸腹中，皆吐下之。去鼻中息肉，為末，羊脂和少許，傅之，日三。療黄疸及暴急黄，和小荳、丁香為末，吹鼻中，少時黄水出；亦可服方寸匕。胃弱及病後、產後勿輕用，諸亡血、諸虚家不可用。○花，主心痛咳逆。

明·滕弘《神農本經會通》卷五　瓜蒂　使也。是甜瓜蒂。七月七日採，陰乾。去瓜皮，用蒂約半寸許。《今注》云：甜瓜，有青白二種，入藥當用青瓜蒂。雷云：凡使勿用白瓜蒂，瓜兩蒂沉水者，殺人。食多腹脹，食鹽化成水。一名苦丁香。

味苦，氣寒，有毒。《湯》同。《疌》云：治疸，下水，去肢浮，并治鼻中息肉，吐痰吐飲，療欬逆，兼主上氣心疼。《本經》云：主大水，身面四肢浮腫，下水。殺蠱毒，欬逆上氣，及食諸果，病在胸腹中，皆吐下之。去鼻中息肉，療黄疸。花，主心痛，欬逆。《藥性論》云：瓜蒂，使。莖，主鼻中息肉，齆鼻，和小豆、丁香吹鼻，治鼻。日華子云：無毒。治腦塞，熱齆，眼昏，吐痰。《圖經》云：吹鼻，及吐膈散中。葉，主無髮，搗汁，塗之即生。肉，主煩渴，除熱。多食則動痼疾。又有越瓜，正白，生越中。胡瓜，黄色，亦謂之黄瓜，別無功用，食之亦不益人。《食療》云：瓜蒂，主身面四肢浮腫，殺蟲，去鼻中瘜肉。療黄疸及暴急黄，取瓜蒂、丁香各七枚，小豆七粒，為末，吹黑豆許於鼻中，少時黄水出，差。其子熱，補中，宜人。瓜，有毒。止渴益氣，除煩熱，利小便，通三焦壅塞氣。多食令人陰中濕痒，生瘡，動冷宿病。癥癖人不可食之，若食之多飽脹。可食鹽，化成水。葉，主打損折，碾末，酒服，去瘀血，治小兒疳。《聖惠》云：治鼻中瘜肉，陳瓜蒂一分，為末，羊脂和少許，傅瘜肉上，日三。《經驗方》治大人小兒久患風癇，纏喉風，遍身風瘮，急中涎潮等。《湯》云：《本草》同《本經》。又除偏頭疼有神，頭目有濕，宜此。瓜蒂苦，以治胸中寒，與白虎同例，俱見知母條下。與麝香、細辛同為使，治久不聞香臭。仲景鈴方，瓜蒂一十四箇，丁香一箇，黍米四十九粒，為末，含水，搐一字，取下。丹溪云：性急，損胃氣，吐藥不為不多，胃弱者勿用。設有當吐之證，以他藥代之可也。病後產後勿輕用，宜深戒之。仲景有云：諸亡血，諸虛家，不可與瓜蒂。劊云：瓜蒂除浮仍治疸，欲消息肉鼻中吹。有人胸腹中間病，此藥猶能吐下之。即《局方》甜瓜蒂，除浮疸，開胸膈，吐一切痰涎。

甜瓜　其子色皆黄。沉水，并兩蒂者，殺人。　氣寒，有毒。一云：無毒。

《本經》云：止渴，除煩熱。多食令人陰下濕痒，生瘡，動宿冷病，發虛熱，破腹，又令人惙惙弱，脚手無力。少食即止渴，利小便，通三膲間擁塞氣，兼主口鼻瘡。葉，治人無髮，擣汁，塗之即生。

明·劉文泰《本草品彙精要》卷三八　甜瓜有毒　蔓生。

甜瓜：止渴，除煩熱。多食令人陰下濕痒，生瘡，動宿冷病，發虛熱，破腹。又令人惙惙弱，脚手無力。少食即止渴，利小便，通三膲間壅塞氣，兼主口鼻瘡。○葉，治人無髮，擣汁塗之，即生。名醫所錄。【苗】謹按：甜瓜，二月佈種，三月生苗，作蔓布地，與諸瓜相似。五月開黄花，花下結實，有青、白二種，至秋熟則黄色。下條瓜蒂，即此青瓜蒂也。【地】《圖經》曰：生嵩高平澤，今處處園圃中皆蒔之。【時】生：春生苗。採：七月取實。

【用】瓜及葉。【色】生青、熟黄。【味】甘。【性】寒。【氣】氣之薄者，陽中之陰。【臭】香。【治】療：《唐本》注云：甘瓜子，除腹內結聚，破潰膿血，最爲腸胃脾內壅之要藥。陳藏器云：子，止月經太過，去油爲末，水調服。《別錄》云：瓜去皮，食後啖之，止熱，除煩渴。煮皮作羹亦佳。補：《食療》云：子，熟，補中益氣宜人。○葉，補中。【合治】葉碾末，合酒服，治打撲損折，去瘀血及小兒疳。○子，作末，合蜜爲丸，如棗核大，每旦淨漱，含一丸，治口臭，亦可傅齒。【禁】患脚氣人食甜瓜，其患永不除。又，五月甜瓜，沉水及兩蒂者並殺人。多食發黄疸病，動冷疾，令人虛羸，亦動痼疾。多食下利，消損陽氣。【解】諸藥力及食瓜飽脹者，入水自消，或食鹽即化成水。

瓜蒂有毒　蔓生。

瓜蒂出《神農本經》：**主大水，身面、四肢浮腫，下水，殺蠱毒，欬逆上氣，及食諸果病在胸腹中，皆吐下之。**以上朱字《神農本經》。去鼻中息肉，療黄疸。○花，主心痛，欬逆。以上黑字名醫所錄。【苗】《圖經》曰：瓜蒂，即甜瓜蒂也。瓜有青、白二種，入藥當以青者爲勝。凡吐劑以此爲聖藥也。故今之治風癇，喉風，痰涎，暴塞之證，多以此合赤小豆輩服之，蓋取其味酸、苦相搏，爲湧泄之義耳，正合《內經》所謂邪在上者，因而越之也。【地】《圖經》曰：生嵩高平澤，今處處園圃中蒔之。【時】生：春生苗。採：七月七日取。

【收】去瓜皮用蒂約半寸許，陰乾。【用】蒂及花。【色】青綠。【味】苦。【性】寒。【氣】氣薄味厚，陰也。【臭】香。【主】吐膈散中。

【製】剉碎，研細用。【治】療：日華子云：治腦塞，熱齆，眼昏，吐痰。《別錄》云：時氣，三日外忽覺心滿堅硬，脚手心熱，變黄，以瓜蒂七枚，杵末，以大豆許吹兩鼻中，令黄水出，餘末水調服，得吐黄水一二升，差。○瓜丁，治黃疸，目黃不除，爲細末，以大豆許内鼻中，令病人深吸取，鼻中黃水出。【合治】瓜蔕及莖合小豆、丁香吹鼻，治鼻中瘜肉、齆鼻并黃。○陳瓜蔕一分爲末，合羊脂少許和，傅鼻中瘜肉。○瓜蔕四十九個，六月六日收者，丁香四十九個，用甘堝子燒，煙盡爲度，細研爲末，每用一字吹鼻内，治遍身黃如金色，小兒用半字吹鼻内及揩牙。○瓜蔕二小合，熬赤小豆二合，爲末，暖漿水五合，服方寸匕，治急黃，心上堅硬，渴欲得水喫，氣息喘麤，眼黃，飲之當吐，不吐再服五分匕，亦減之。若吹鼻中兩三黑豆許，黃水出歇。○瓜蔕爲細末，量疾，每用一二錢匕，合膩粉一錢匕，以水半合同調勻，灌之，治風涎暴作，氣塞倒卧，服之，良久，涎自出，或覺有涎，用諸藥行化不下，或服藥良久，涎未出者，含沙糖一塊，下咽涎即出。此物甚不損人，全勝石碌、硇砂輩。【禁】胃弱及病後、產後勿輕用，諸亡血。諸虚家亦不可用。【解】過服，吐不止，以麝香末少許，水調服之，即止。

明・盧和、汪穎《食物本草》卷一菜類　甜瓜　寒，無毒。少食止渴除煩熱，利小便，通三焦壅塞氣，夏月不中暑氣，兼主口鼻瘡。多食令陰下濕痒生瘡，動宿冷病，并虚熱，手腳無力。破腹落水沉者、雙頂雙蔕者，皆有毒，切不可食。瓜蔕，主身面四肢浮腫，下水，殺蠱毒。欬逆上氣，風癇，喉風，痰涎暴塞及食諸果病在胸腹中，皆吐下之。去鼻中息肉，療黃疸及暴急黃。花，主心痛欬逆。

明・葉文齡《醫學統旨》卷八　瓜蔕　氣寒，味苦。有毒。甜瓜蔕也。治大水身面四肢浮腫，下水殺蠱毒，欬逆上氣，風癇喉風，痰涎暴塞，中脘停痰，皆吐下之。去鼻中息肉，療黃疸，吹鼻中出黃水；除偏頭疼有神。

明・許希周《藥性粗評》卷三　瓜蔕追杜衍之忠，封還内降。

瓜蔕一名苦丁香。乃甜瓜蔕也。有青白二種，此取青綠色者。南北園圃處處有之。春初下種，夏中結實，成熟時其葉自脱，繫於蔓上。七月七日採之，懸有風處吹乾，凡用炒黃。餘說《本草》不載。味苦，性寒，有小毒。主治寒熱發黃，中濕水氣，四肢身面浮腫，欬逆上氣，腦塞熱齆，眼昏心痛，黃疸，風癇蠱毒，鼻中瘜肉。其氣味與胃相拒，内降則還吐不納。諸家吐法，凡上膈有痰有積，及中諸毒者，必用瓜蔕散吐之，如杜衍之封，還内降焉。然損胃氣，仲景謂諸亡血虚家，不可與瓜蔕是也。

單方：　時氣發黃：　凡傷寒時疫三日以後，忽覺胸膈堅滿，五心煩熱，將有發黃之意，瓜蔕乾者研末，以大豆許吹兩鼻中，令黃水流出，又冷水調末三四分，服之吐出黃水，差。　風涎偶作：　凡中風中氣，風涎並作，昏倒不識人者，瓜蔕末一錢，膩粉一錢，入水半合，調勻灌之，其涎吐盡而甦，如不吐，以沙糖一塊飼之。　鼻中瘜肉：　凡鼻患瘜，每發突出，痛不可忍者，以瓜蔕末一分，和羊脂少許，傅瘜肉，日三，當化為黃水而愈。　頭上髮稀：　凡頭上白禿及血衰脱落不生者，以甜瓜葉生者，搗爛絞汁，不時塗之，即生。

明・鄭寧《藥性要略大全》卷四　甜瓜蔕使　主治大水，身面四肢浮腫，欬逆上氣，去鼻中息肉，療黃疸，除偏正頭風如有神。吐痰，殺蠱毒，及食諸果病在胸腹中，皆吐下之。　味苦，性寒，有毒。七月七日採者佳。

明・陳嘉謨《本草蒙筌》卷六　甜瓜　味苦，氣寒。有小毒。村鄉園圃，處處種栽。兩蔕兩鼻，及沉水者殺人；　過食作膨，即入水漬便解。食鹽少許，化水亦消。少食止渴利小便，通三焦壅塞之氣。多啖生痰發濕癢，致脚氣瀉痢之憂。葉搗汁，塗禿髮重出捷方，酒服去跌打凝血；　子壓油，為腸胃内壅要藥，水煎破結聚積膿。莖主鼻癰，花治心痛。其蔕落在莖蔓者為美，梛葉裹懸有風處吹乾。俗呼苦丁香，味甚苦。堪為湧吐劑。消身面浮腫水氣，逐咽喉窒塞風痰。身暴急黃，同丁赤豆母丁香、赤小豆。研，吹鼻中，只一遭，竟來黃水；　鼻内瘜肉，和羊脂油搗，敷患處，日三次，久旋消溶。逐胸中寒，除頭偏痛。殺蠱毒鬼疰，止呃逆氣衝。又同黍米丁香研成，瓜蔕十四枚，黍米四十九粒，丁香一枚，為末，含水搐一字，取下。治久不聞香臭尤驗。但性急多損胃氣，凡胃弱切忌煎嘗，雖有當吐之疴，必以人參蘆代。○西瓜熟者，性溫不寒，解夏中暑熱毒最靈，有天生白虎湯之號。仍療喉痹，更止渴消。

明・方穀《本草纂要》卷七　瓜蔕　味苦，氣寒，有毒。乃甜瓜蔕也。主皮膚逆水，四肢浮腫，欬嗽喘促，爲下水之聖藥也。治諸風搐搦，喉風蛾痹，中風痰壅，爲行吐之聖藥也。又如消蠱毒，除黃疸，去息肉，治果傷，然而榮衛積聚之症，此藥並能治之，亦爲行吐下之聖藥也。大抵此劑其性走而不守，如元本有餘可用，而久病虚人，及老幼產後血弱等輩，切勿輕與，吐下失守，其死可立而待也。慎之！慎之！

明・寧源《食鑒本草》卷下　甜瓜　味甘，有小毒。止渴除煩，益氣下熱，利小便，通三焦。多食動冷氣，發虚熱，破腹生濕瘡，發癖疾。其葉治人無髮，搗汁塗之，即生。　新增孫真人云：　患脚氣人勿食甜，食，其患永不除。又，五月甜瓜沉水者殺人。又，多食發黃疸病，動冷氣，令人虛羸，解藥力。兩蒂者殺人。　蒂　味苦，寒，有毒。自然落在蔓上者好。吐膈上痰涎，治面目四肢浮腫，療黄疸，去鼻中息肉、鼻齆。反食、諸果病在胸腹中，皆吐下之。　新增雷公云：凡使，勿用白瓜蒂，要採取青緑色瓜。待瓜氣足，其瓜蒂自然落在蔓莖上，採得來，用時，使檳榔葉裹於東墻有風處掛，令吹乾。

明·王文潔《太乙仙製本草藥性大全》卷五《本草精義》　瓜蒂　即甜瓜蒂也。生嵩高平澤，今處處有之，亦園圃所種。舊説瓜有青白二種，入藥當用青瓜蒂。其蒂落在莖蔓者爲美，榔葉裹懸有風處吹乾，俗呼苦丁香，堪爲湧吐劑。七月採陰乾。方書所用，多入吹鼻，及吐膈散中。莖亦止鼻中息肉、齆鼻等。葉主無髮，搗汁塗之即生。花主心痛、咳逆。肉主煩渴、除熱。多食則動痼疾。又有越瓜，色正白，生越中。胡瓜黄色，亦謂之黄瓜，别無功用，食之亦不益人，故可略之。

《食療》云：瓜蒂主身面四肢浮腫，殺蠱，去鼻中瘜肉。瘖黄黄疸及暴急黄，取瓜蒂、丁香各七枚，小豆七粒，爲末，吹黑豆許於鼻中，少時黄水出差。其子熟，補中宜人。瓜有毒，止渴益氣，除煩熱，利小便，通三焦壅塞氣。多食令人陰下濕痒生瘡，動宿冷病，癥癖人不可多食之。若食之飽脹，入水自消。多食令人惙惙虚弱，腳手無力。葉生搗汁生髮，又補中。打損折，碾末酒服，去瘀血，治小兒疳。《龍魚河圖》云：瓜有兩鼻者殺人，沉水者殺人。食多腹脹，可食鹽花成水。

按：《衍義》云：瓜蒂，即此甜瓜蒂也。去瓜皮，用蒂約半寸許，曝極乾，不限多少，爲細末，量疾每用一二錢匕，膩粉一錢匕，以水半合，調勻灌之。治風涎暴作，氣塞倒臥，服之良久涎自出，或覺有涎，用諸藥行化不下，但如此服，涎即出。或服藥良久，涎未出，含沙糖一塊，下咽即涎出。此物甚不損人，全勝石碌、硇砂輩。

明·王文潔《太乙仙製本草藥性大全》卷五《仙製藥性》　甜瓜　味苦，氣寒，有小毒，又云無毒。　主治：止消渴有準，除煩熱尤良。少食止渴，利小便，通三焦壅塞之氣，兼主口鼻瘡瘍。多食生痰，發濕癢，致脚氣瀉痢之憂，動宿冷虚熱。葉搗汁，塗禿髮重出捷方，酒服去跌打凝血。子壓油，爲腸胃内壅要藥。水煎破結聚積膿。莖，主鼻齆息肉。花，治心痛、咳逆。　補註：甜瓜子止月經太過，爲末，去油，水調服。○口臭，杵乾子爲末，蜜和丸，每旦洗漱，含一丸如棗核大，亦用傅齒。○治熱，去煩渴，取去皮，食後喫之，煮皮作羹亦佳。　瓜蒂　味苦，氣寒，有毒。　主治：消身面浮腫水氣，逐咽喉窒塞風痰。身暴急黄，同丁、赤豆母丁香、赤小豆。研吹鼻中，只一遭，竟來黄水。鼻内瘜肉，和羊脂油搗敷患處，日三次，久旋消鎔。逐胸中寒，除頭偏痛。殺(蟲)〔蠱〕毒鬼疰，止呃逆氣衝。又同黍米、丁香研成，瓜蒂十二枚，黍米四十九粒，丁香一枚，爲末，含水搐一字，取下。治久不聞香臭尤驗。但性急多損胃氣，凡胃弱切忌煎嘗，雖有當吐之疴，必以人參蘆代。　補註：時氣三日外，忽覺心滿堅硬，脚手心熱，變黄，不治殺人。以七枚，杵末如大豆許，吹鼻中，令黄水出，殘末以水調服，吐黄水一二升差。○遍身如金色，用四十九枚，六月六日收者，丁香四十九個，用甘鍋燒煙盡爲度，研末。小兒用半字，吹鼻及指牙；　大人用一字，吹鼻内立差。○大人、小兒久患風癇、纏喉風，咳嗽，遍身風㾦，急中涎潮等。小兒服一字，瓜蒂不拘多少研末；壯年一字，十五已下、老怯半字，早晨井花水下。一食頃含沙糖一塊，良久涎如水出。涎盡食粥一兩日，如吐多困甚，即熬麝香湯一盞即止矣。麝細研，溫水調下。○急黄，心上堅硬，渴欲得水，氣息喘麄，眼黄，但有一候相當，則以〔瓜蒂〕二小合，熬赤小豆二合，爲末，暖漿水五合，服方寸〔匕〕。一炊久當吐，不吐再服五分，亦減之。若吹鼻中兩三黑豆許，黄水出。○黄疸、目黄不除，用瓜蒂研細末如豆許，内鼻中，令病人深吸，取鼻中黄水出，立差。　太乙曰：凡使勿用白瓜蒂，要採青緑色瓜，待瓜氣足，其瓜蒂自然落在蔓莖上。採得未用時，使榔榔葉裹，於東牆有風處，掛令吹乾用。瓜子凡使勿用瓜子實，恐誤。採得後便於日中曝，令内外乾，便杵，用馬尾篩篩過，成粉末了用。其藥不出油，其效力短，若要出油，生杵作膏，用三重帋裹，用重物壓之，取無油盡後爲用。

明·皇甫嵩《本草發明》卷五　甜瓜蒂上品。味苦，寒，有毒。　發明曰：瓜蒂極苦，堪為膈間湧吐之劑。凡胸中寒邪，膈間痰塞，與尤食物病在胸膈中者，皆吐越之。故《本草》主消大水，身面四肢浮腫下水，此濕邪在膈上也。所殺蠱毒，欬逆上氣，逐咽喉風潮痰涎窒塞、呃逆氣衝及食諸菓皆吐下之。所謂邪在上者，因而越之，此皆其湧吐之功也。○黄疸暴急黄，同赤小荳、母丁香研，吹鼻中，少時黄水出。鼻瘜肉，和羊脂搗敷患處，日三次，漸消。又同黍米、丁香研成，治久不聞香臭。但其性急，多損胃氣。凡胃弱人切忌用。

若當吐，以參蘆代之。瓜蒂要待瓜氣足，其蒂自然落在蔓上，採之去瓜皮，用蒂約長半寸許，暴乾用。

甜瓜味苦，寒，有小毒。兩蒂、兩鼻及沉水者，殺人。少食，止渴利小便，通三焦壅塞之氣，兼主鼻瘡。多啖生痰，發陰下濕癢，動宿冷病，發虛熱，破腹致脚氣瀉痢之憂，且作膨。即入水漬，便解。食鹽少許，化水亦消。〇葉，擣汁，塗禿髮。酒服，去跌打凝血。患脚氣人勿食甜瓜，其患永不除。

明・李時珍《本草綱目》卷三三果部・蓏類

甜瓜宋《嘉祐》校正自菜部移入此，併入《本經》瓜蒂。

【釋名】甘瓜《唐本》 果瓜時珍曰：瓜字篆文，象瓜在鬚蔓間之形。甜瓜之味甜于諸瓜，故獨得甘、甜之稱。舊列菜部，誤矣。按王禎云：瓜類不同，其用有二：供果者爲果瓜，甜瓜、西瓜是也；供菜者爲菜瓜，胡瓜、越瓜是也。在木曰果，在地曰蓏。大曰瓜，小曰瓞。其子曰㼐，其肉曰瓤。其跗曰環，謂脱花處也；其蒂曰疐，謂繫蔓處也。《禮記》爲天子削瓜及瓜祭，皆指果瓜也。《本草》瓜蒂，亦此瓜之蒂也。

【集解】《别録》曰：瓜蒂生嵩高平澤，七月七日采，陰乾。頌曰：瓜蒂即甜瓜蒂也，處處有之。園圃所蒔，有青、白二種，子色皆黄。入藥當用早青瓜蒂爲良。時珍曰：甜瓜，北土、中州種蒔甚多。二三月下種，延蔓而生，葉大數寸，五六月花開黄色，六七月瓜熟。其類最繁：有團有長，有尖有扁。大或徑尺，小或一捻。其稜或有或無，其色或青或緑，或黄斑、糝斑，或白路、黄路。其瓤或白或紅，其子或黄或赤，或白或黑。按王禎《農書》云：瓜品甚多，不可枚舉。以狀得名，則有龍肝、虎掌、兔頭、貍首、羊髓、蜜筒之稱；以色得名，則有烏瓜、白團、黄㼖、白㼖、小青、大斑之别。然其味，不出乎甘香而已。《廣志》惟以遼東、燉煌、廬江之瓜爲勝。然瓜州之大瓜，陽城之御瓜，西蜀之温瓜，永嘉之寒瓜，未可以優劣論也。甘肅甜瓜，皮、瓤皆甘勝糖蜜，其皮暴乾猶美。浙中一種陰瓜，種于陰處，熟則色黄如金，膚皮稍厚，藏之至春，食之如新。此皆種藝之功，不必拘于土地也。甜瓜子曝裂取仁，可充果食。凡瓜最畏麝氣，觸之甚至一蒂不收。

瓜瓤

【氣味】甘，寒，滑，有小毒。大明曰：無毒。思邈曰：多食，發黄疸，令人虛羸多忘。解藥力。病後食多，或反胃。脚氣人食之，患永不除也。詵曰：多食，令人陰下濕痒生瘡，動宿冷癥癖病，破腹，發熱，令人惙惙氣弱，脚手無力。少食則可。《龍魚河圖》云：凡瓜有兩鼻、兩蒂者，殺人。五月瓜沉水者，食之得冷病，終身不瘥。九月被霜者，食之冬病寒熱。與油餅同食，發病。〇多食瓜作脹者，食鹽花即化。弘景曰：食瓜多，即入水自漬，便消。時珍曰：張華《博物志》言：人以冷水漬至膝，可頓啖瓜至數十枚；漬至項，其啖轉多，水皆作瓜氣也。則水浸消瓜，亦物性也。瓜最忌麝與酒，凡食瓜過多，但飲酒及水服麝香，尤勝於食鹽、漬水也。

【主治】止渴，除煩熱，利小便，通三焦間壅塞氣，治口鼻瘡《嘉祐》。暑月食之，永不中暑宗奭。

【發明】宗奭曰：甜瓜雖解暑氣，而性冷，消損陽氣，多食未有不下利者。貧下多食，深秋作痢，最爲難治。惟以皮蜜浸收之良，皮亦可作羹食。弘景曰：凡瓜皆冷利，早青者尤甚。熟瓜除瓤食之，不害人。時珍曰：瓜性最寒，曝而食之尤冷。故《稽聖賦》云：瓜寒於曝，油冷於煎，此物性之異也。王冀《洛都賦》云：瓜則消暑蕩悁，解渴療飢。又《奇效良方》云：昔有男子病膿血惡痢，痛不可忍。以水浸甜瓜食數枚，即愈。此亦消暑之驗也。

瓜子仁 【修治】斅曰：凡收得曝乾杵細，馬尾篩篩過成粉，以紙三重裹壓去油用。不去油，其力短也。西瓜子仁同。 【氣味】甘，寒，無毒。 【主治】腹内結聚，破潰膿血，最爲腸胃脾内壅要藥《别録》。止月經太過，研末去油，水調服。藏器。〇《炮炙論》序曰：血泛經過，飲調瓜子。炒食，補中宜人孟詵。清肺潤腸，和中止渴時珍。

【附方】舊一，新二。 口臭：用甜瓜子杵末，蜜和爲丸。每旦漱口後含一丸。亦可貼齒。《千金》。 腰腿疼痛：甜瓜子三兩，酒浸十日，爲末。每服三錢，空心酒下，日三。《壽域神方》。 腸癰已成：小腹腫痛，小便似淋，或大便難澀下膿。用甜瓜子一合，當歸炒一兩，蛇蜕皮一條，㕮咀。每服四錢，水一盞半，煎一盞，食前服，利下惡物爲妙。《聖惠》。

瓜蒂《本經》上品 【釋名】瓜丁《千金》 苦丁香象形

【修治】斅曰：凡使勿用白瓜蒂，要取青緑色瓜，氣足時，其蒂自然落在蔓上。采得，繫屋東有風處，吹乾用。宗奭曰：此甜瓜蒂也。去瓜皮用蒂，約半寸許，曝極乾，臨時研用。時珍曰：按唐瑶云：甜瓜蒂以團而短瓜、團瓜者良。若香甜瓜及長如瓠子者，皆供菜之瓜，其蒂不可用也。

【氣味】苦，寒，有毒。大明曰：無毒。 【主治】大水，身面四肢浮腫，下水殺蠱毒，欬逆上氣，及食諸果，病在胸腹中，皆吐下之《本經》。去鼻中瘜肉，療黄疸《别録》。治腦塞熱齆，眼昏吐痰大明。吐風熱痰涎，治風眩頭痛，癲癇喉痹，頭目有濕氣時珍。得麝香、細辛，治鼻不聞香臭好古。

【發明】張機曰：病如桂枝證，頭不痛，項不强，寸脉微浮，胸中痞硬，氣上衝咽喉，不得息者，此爲胸中有寒也，當吐之；太陽中暍，身熱疼重而脉微弱，此夏月傷冷水，水行皮中也，宜吐之；少陽病，頭痛發寒熱，脉緊不大，是膈上有痰也，宜吐之；病胸上諸實，鬱鬱而痛，不能食，欲人按之，而反有濁唾，下利日十餘行，寸口脉微弦者，當吐之；懊憹煩躁不得眠，未經汗下者，謂之實煩，當吐之；宿食在上管者，當吐之，並宜以瓜蒂散主之。惟諸亡血虛家，不可與瓜蒂散也。成無己曰：高者越之，在上者涌之。故越以瓜蒂、香豉之苦，涌以赤小豆之酸，酸苦涌泄爲陰也。杲曰：《難經》云：上部有脉，下部無脉，其人當吐不吐者，死。此飲食内傷，填塞胸中，食傷太陰，風木生發之氣伏于下，宜瓜蒂散吐之，《素問》所謂木鬱則達之也。吐去上焦有形之物，則木得舒暢，天地交而萬物通矣。若尺脉絶者，不宜用此，恐損真元，令人胃氣不復也。宗奭曰：此物吐涎，甚不損人，全勝石緑、硇砂輩也。震亨曰：瓜蒂性急，能損胃氣，胃弱者宜以他藥代之。病後、産後，尤宜深戒。時珍曰：瓜蒂乃陽明經除濕熱之藥，故能引去胸脘痰涎，頭目濕氣，皮膚水氣，黄疸濕熱諸證。凡胃弱人及病後、産後用吐藥，皆宜加慎，何獨瓜蒂爲然哉？

【附方】舊七，新十四。　瓜蒂散：治證見上。其方用瓜蒂二錢半，熬黄，赤小豆二錢半，爲末。每用一錢，以香豉一合，熱湯七合，煮糜去滓，和服。少少加之，快吐乃止。仲景《傷寒論》。　太陽中暍：身熱頭痛而脉微弱，此夏月傷冷水，水行皮中所致。瓜蒂二七個，水一升，煮五合，頓服取吐。《金匱要略》。　風涎暴作：氣塞倒仆。用瓜蒂爲末。每用一二錢，膩粉一錢匕，以水半合調灌，良久涎自出。不出，含沙糖一塊，下咽即涎出也。寇氏《衍義》。　諸風諸癇：諸風膈痰，諸癇涎涌。用瓜蒂炒黄爲末，量人以酸虀水一盞，調下取吐。風癇，加蠍稍半錢。濕氣腫滿，加赤小豆末一錢。有蟲，加狗油五七點，雄黄一錢；甚則加芫花半錢，立吐蟲出。東垣《活法機要》。　風癇喉風：欬嗽，及遍身風疹，急中涎潮等證，不拘大人、小兒。此藥不大吐逆，只出涎水。瓜蒂爲末，壯年服一字，老少半字，早晨井華水下。一食頃，含沙糖一塊。良久涎如水出，年深者出墨涎，有塊布水上也。涎盡食粥一兩日。如吐多，人困甚，即以麝香泡湯一盞飲之，即止。《經驗後方》。　急黄喘息：心上堅硬，欲得水喫者。瓜蒂二小合，赤小豆一合，研末。暖漿水五合，服方寸匕。一炊久當吐，不吐再服。吹鼻取水亦可。《傷寒類要》。　遍身如金：瓜蒂四十九枚，丁香四十九枚，甘鍋内燒存性，爲末。每用一字，吹鼻取出黄水。亦可揩牙追涎。《經驗方》。　熱病發黄：瓜蒂爲末，以大豆許吹鼻中。輕則半日，重則一日，流取黄水乃愈。《千金翼》。　黄疸癊黄：並取瓜蒂、丁香、赤小豆各七枚，爲末。吹豆許入鼻，少時黄水流出。隔日一用，瘥乃止。孟詵《食療》。　身面浮腫：方同上。　十種蠱氣：苦丁香爲末，棗肉和丸梧子大。每服三十丸，棗湯下，甚效。《瑞竹堂方》。　濕家頭痛：瓜蒂末一字，嗜入鼻中，口含冷水，取出黄水愈。《活人書》。　瘧疾寒熱：瓜蒂二枚，水半盞，浸一宿，頓服，取吐愈。《千金》。　發狂欲走：瓜蒂末，井水服一錢，取吐即愈。《聖惠方》。　大便不通：瓜蒂七枚，研末，綿裹，塞入下部即通。《必效方》。　鼻中瘜肉：《聖惠》用陳瓜蒂末，吹之，日三次，瘥乃已。○又方：瓜蒂末、白礬末各半錢，綿裹塞之，或以猪脂和挺子塞之。日一換。○又方：青甜瓜蒂二枚，雄黄、麝香半分，爲末。先抓破，後貼之，日三次。○《湯液》用瓜蒂十四個，丁香一個，黍米四十九粒，研末。口中含水，嗜鼻，取下乃止。　風熱牙痛：瓜蒂七枚炒研，麝香少許和之，綿裹咬定，流涎。《聖濟總録》。　鷄屎白秃：甜瓜蔓連蒂不拘多少，以水浸一夜，砂鍋熬取苦汁，去滓再熬如餳盛收。每剃去痂疕洗净，以膏一盞，加半夏末二錢，薑汁一匙，狗膽汁一枚，和匀塗之，不過三上。忌食動風之物。《儒門事親》。　齁喘痰氣：苦丁香三個，爲末。水調服，吐痰即止。《朱氏集驗方》。

蔓陰乾。【主治】女人月經斷絶，同使君子各半兩，甘草六錢，爲末，每酒服二錢。

花【主治】心痛欬逆《別録》。

葉【主治】人無髮，擣汁塗之即生《嘉祐》。補中，治小兒疳，及打傷損折，爲末酒服，去瘀血孟詵。

【附方】新一。　面上靨子：七月七日午時，取瓜葉七枚，直入北堂中，向南立，逐枚拭靨，即滅去也。《淮南萬畢術》。

題明・薛己《本草約言》卷二《藥性本草》　甜瓜蒂　極苦性急，堪為膈間湧吐之劑，凡胸中寒邪，膈間痰塞，與夫食物病在胸膈中者，皆吐越之。胃弱者勿用，設有當吐者，以他藥代之。又名苦丁香。入足陽明、手太陰經。

明・梅得春《藥性會元》卷中　瓜蒂　味苦，氣寒，有毒。即甜瓜蒂也。主治下水，身面四肢浮腫，殺蠱毒，除欬逆上氣，及食諸果，病在胸腹中；並風癇，喉風痰涎，暴塞中脘，停痰，皆吐下之。去鼻中息肉，療黄膽，吹鼻中出黄水，除偏頭疼，效。

明・梅得春《藥性會元》卷中　甜瓜　味甘，性寒，有毒。主止渴而除煩熱，散滯而達三焦。利小便，療口鼻瘡。多食令人陰中濕痒生瘡，動宿冷病，發虚熱，破腹羸弱，手足無力。葉　擣汁塗頭，令人髮生。凡患脚氣者勿食，主永不除瘥。五月甜瓜沉水者殺人。若多食，發黄疸。病人食之，解藥力。兩蒂者殺人。

明・王肯堂《傷寒證治準繩》卷八　瓜蒂甜瓜蒂也。　氣寒，味苦，有毒。病如桂枝證，頭不痛，項不強，寸脉微浮，胸中痞鞕，氣上衝咽喉不得息者，此為胸中有寒也，當吐之。太陽中暍，身熱疼重，而脉微弱，此夏月傷冷水，水行皮中也，宜吐之。少陽病頭痛，發寒熱，脉緊不大，是膈上有痰也，宜吐之。病胸上諸實，鬱鬱而痛，不能食，欲人按之，而反有濁唾，下利日十餘行，寸口脉微弦者，當吐之。懊憹煩躁，不得眠，未經汗下者，謂之實煩，當吐之。宿食在上脘者，當吐之。並宜以瓜蒂散主之。惟諸亡血虛家，不可與瓜蒂散也。成：高者越之，在上者涌之，故越以瓜蒂、香豉之苦，涌以赤小豆之酸，酸苦涌泄為陰也。垣：《難經》云：上部有脉，下部無脉，其人當吐，不吐者死。此飲食內傷，填塞胸中，食傷太陰，風木生發之氣伏於下，宜瓜蒂散吐之，《素問》所謂木鬱則達之也。吐去上焦有形之物，則木得舒暢，天地交而萬物通矣。若尺脉絕者，不宜用此，恐損真元，令人胃氣不復也。珍：瓜蒂，乃陽明經除濕熱之藥，故能引去胸脘痰涎，頭目濕氣，皮膚水氣，黃疸濕熱諸證。甜瓜蒂，以團而短者良。若長如瓠子者，此名菜瓜，不可用也。氣足時，其蒂自然落在蔓上。采得，繫屋東有風處，吹乾用。

明・穆世錫《食物輯要》卷六　甜瓜　味甘、淡，性寒滑，有小毒。少食，解暑，充飢止渴，利二便。多食，動腸胃，發虛熱痼疾，及陰下濕痒生瘡。同油餅食，作瀉。初病後食之，令反胃。患脚氣者、黃疸者，食之難愈。貧下多食，深秋下痢難救，損陽故也。凡喫瓜傷發脹，少食鹽易消，或飲酒，或飲麝香水可解。五月瓜沉水者，食之患冷病。九月被霜瓜，食之發寒熱。有兩鼻兩蒂者，食之損人。《衛生歌》云：瓜桃生冷宜少飡，免至秋來成瘧痢。

明・李中立《本草原始》卷六　瓜蒂　始生嵩高平澤，今處處有之。人家園圃種蒔甚多，二三月下種，延蔓而生。葉大數寸，五六月開黃花，結瓜六七月熟，名甜瓜。其瓜有長、尖、團、扁。大或徑尺，小或一捻。其稜或有或無，其色或青、或綠、或黃、或白。其瓤或黃、或白、或赤，未熟謂之苦瓜。去瓜用蒂，約半寸許，曝乾入藥，俗呼苦丁香。篆文瓜字，象實在鬚蔓之間。王禎曰：大曰瓜，小曰瓞，其子曰瓤，其肉曰瓤，其跗曰環。環，瓜之脫華處也。其蔓謂之蒂。蒂，瓜之繫蔓處也。詩曰綿綿瓜瓞，即此也。瓜蒂：氣味：苦，寒，有毒。主治：大水，身面四肢浮腫，下水，殺蠱毒，欬逆上氣，及食諸果，病在胸腹中，皆吐下之。〇去鼻中息肉，療黃疸。〇治腦塞熱齆，眼昏吐痰。〇吐風熱痰涎，治風眩頭痛，癲癇喉痹，頭目有濕氣。〇得麝香、細辛，治鼻不聞香臭。

瓜蒂，使。宋《嘉祐》。【圖略】苦瓜去瓤，醬淹食，為菜中佳品。甜瓜，苦瓜之熟者。凡瓜有兩鼻兩蒂者，殺人。

甜瓜瓤：氣味：甘，寒，滑，有小毒。主治：止渴除煩熱，利小便，通三焦間壅塞氣，治口鼻瘡。〇暑月食之，永不中暑。多食瓜作脹者，食鹽花即化。

瓜子仁：治腹內結聚，破潰膿血，最為腸胃脾內壅要藥。〇止月經太過，研末去油，水調服。〇炒食，補中益人。

宗奭曰：甜瓜雖解暑氣而性冷，消損陽氣，多食未有不下痢者。貧下多食，深秋作痢，最為難治。惟以皮蜜浸收之，良。皮亦可作羹。熱病發黃，瓜蒂末大豆許，吹鼻中，輕半日，重一日，流取黃水，愈。

明・張懋辰《本草便》卷二　瓜蒂使，甜瓜也。　味苦，氣寒，有毒。主身面四肢浮腫，下水，殺蠱毒，欬逆上氣，風癇，喉風，痰涎暴塞，病在胸腹中，皆吐下之，去鼻中息肉及黃疸。　花主心痛欬逆。

明・吴文炳《藥性全備食物本草》卷一　甜瓜　味苦，氣寒，有小毒。多食令人陰下濕痒生瘡，動宿冷病，發虛熱，破腹，脚手無力，少食，除煩止渴，利小便，通三焦間壅塞氣，兼主口鼻瘡。《衍義》云：貧士暑月多食避暑，至深秋作痢難治，為其損陽氣故也。

葉　治人無髮，搗汁塗之即生。

子　止女子月經太過，去油為末，水調服之。

莖　主鼻齆息肉。

花　主心痛咳逆。

蒂　可為吐劑。《衍義》云：瓜蒂即此甜瓜蒂也，去瓜皮用蒂約半寸許，曝極乾，不限多少為細末，量疾每用一二錢，膩粉一錢，以水半合調勻灌之，治風涎暴作氣塞，倒卧服之，良久，涎自出或覺有涎，用諸藥行化不下，但如此服，涎即出。或服藥良久，涎未出，含沙糖一塊，下咽即涎出。此物甚不損人，全勝石綠、硇砂輩。

明・趙南星《上醫本草》卷二　甜瓜　一名甘瓜，又名果瓜。按王禎云：瓜類不同，其用有二。供果者為果瓜，甜瓜、西瓜是也；供菜者為菜瓜，胡瓜、越瓜是也。時珍曰：瓜性最寒，曝而食之尤冷。故《稽聖賦》云瓜寒于曝，油冷于煎，此物性之異也。王冀《洛都賦》云：瓜則消暑蕩悁，解渴療飢。又《奇効良方》云：昔有男子病膿血惡痢，痛不可忍，以水浸甜瓜食數枚即愈，此亦消暑之驗也。

瓜瓤　甘，寒、澀，有小毒。大明曰：無毒。主治：止渴，除煩熱，利小便，通三焦間壅塞氣。治口鼻瘡。暑月食之，永不中暑。思邈曰：多食發黃疸，令人虛羸多忘，解藥力。病後食多，或反胃。腳氣人食之，患永不除也。宗奭曰：甜瓜雖解暑氣而性冷，消損陽氣，多食未有不下利者。貧下多食，深秋作痢，最為難治。

瓜子仁　斅曰：凡收得曝乾，杵細，馬尾篩篩過成粉，以紙三重裹壓去油用。不去油，其力短也。西瓜子仁同。　甘，寒，無毒。主治：腹內結聚，破潰膿血，最為腸胃脾內壅要藥，清肺潤腸，和中止渴。炒食，補中宜人。

附方　腰腿疼痛：甜瓜子三兩，酒浸十日，為末。每服三錢，空心酒下，日三。　月經太過：研末去油，水調服。《炮炙論》序曰：血泛經過，飲調瓜子。

明・繆希雍《本草經疏》卷二七　瓜蒂　味苦，寒，有毒。主大水，身面四肢浮腫，下水殺蠱毒，欬逆上氣及食諸果，病在胸腹中，皆吐下之。去鼻中息肉。療黃疸。

〖疏〗瓜蒂感時令之火熱，稟地中之伏陰，故其味苦，氣寒，有小毒。氣薄味厚，浮而升，陰多於陽，酸苦湧泄為陰故也。入手太陰、足陽明、足太陰經。其主大水，身面四肢浮腫，黃疸者，皆脾胃虛，水氣濕熱乘虛而客之也。苦以湧泄，使水濕之氣外散，故能主之。《經》曰：在高者，因而越之。病在胸膈，則氣不得歸元而為欬逆上氣，吐出胸中之邪，則氣自順，欬逆止矣。殺蠱毒者，亦取吐出之義。去鼻中息肉者，以其苦寒能除肺家之熱也。日華子：治腦塞熱齆，眼昏吐痰。好古：得麝香、細辛，治鼻不聞香臭，及吐風熱痰涎，風眩頭痛，癲癇，喉痹，頭面有濕氣，傷寒客水胸中，傷食脹滿，下部無脈等證，皆借其宣發湧泄，引涎追淚之功耳。　〖主治參互〗仲景《傷寒論》病如桂枝證，頭不痛，項不強，寸脈微浮，胸中痞鞕，氣上衝咽喉，不得息者，此胸中有寒也。當吐之，宜瓜蒂散。用瓜蒂、赤小豆，等分為散，取一錢，以香豉一合，用熱湯七合，煮作稀糜，去滓，取汁和散頓服之。不吐，少少加，得快吐乃止。　濕家病身上疼痛，發熱面黃而喘，頭痛鼻塞而煩，其脈大，自能飲食，腹中和無病，病在頭中寒濕，故鼻塞，內藥鼻中則愈，瓜蒂散主之。　太陽中暍，身熱疼重，而脈微弱，此因夏月傷冷水，水行皮中所致。宜吐之，瓜蒂散。　病胸上諸實，胸中鬱鬱而痛，不能食，欲使人按之，而反有涎唾，下利日十餘行，其脈反微，寸口脈微滑，此可吐之，吐之則利自止。　宿食在上脘者，當吐之。　病人手足厥冷，脈乍結，以客氣在胸中，心下滿而煩，欲食不能食者，當吐之。　懊憹煩躁不得眠，未經汗下者，謂之實煩，當吐之。已上悉用瓜蒂散，皆仲景法。　東垣曰：《難經》云上部有脈，下部無脈，其人當吐，不吐者死。此飲食內傷，填塞胸中，食傷太陰，則風木生發之氣伏于下，宜瓜蒂散吐之。《內經》所謂木鬱達之也。吐去上焦有形之物，則木得舒暢，天地交而萬物通矣。諸亡血家，不可與瓜蒂散。　寇氏《衍義》風涎暴作，氣塞倒仆，用瓜蒂末二錢，膩粉乙錢匕，以水半合調灌，良久涎自出。不出，含沙糖一塊，下咽即涎出也。　《千金翼》熱病發黃，瓜蒂為末，以大豆許吹鼻中，取出黃水乃愈。　孟詵《食療》陰黃黃疸，取瓜蒂、丁香、赤小豆各七枚，為末。吹豆許鼻中，少時黃水流出，隔一日用，瘥乃止。并治身面浮腫。　《活人書》濕家頭痛，瓜蒂末一字，嗃入鼻中，口含冷水，取出黃水愈。　《聖惠方》鼻中息肉，瓜蒂末，白礬末，各半錢，綿裹塞之。或以猪脂和挺子塞之，日一換。

〖簡誤〗瓜蒂極苦而性上湧，能損胃傷血，耗氣損神，凡胸中無寒，胃家無食，皮中無水，頭面無濕及胃虛氣弱，諸亡血，諸產後，似中風倒仆，心虛有熱，癲癇，女勞，穀疸，元氣尪羸，脾虛浮腫，切勿誤用。誤用則為害非細，傷生不淺。戒之！慎之！

明・倪朱謨《本草彙言》卷一五　甜瓜蒂　味苦，氣寒，無毒。可升，可降，陽中陰也。入手足陽明經。　《別錄》曰：瓜蒂，生嵩高平澤。　蘇氏曰：今所在皆有。　李氏曰：三月下種，延蔓而生，葉大數寸。五六月開花黃色，六七月瓜熟，有圓有長，有尖有扁。大或徑尺，小或一捻。或有稜，或無稜，其色或青或綠，或黃而斑，或糝而斑，或白路、或黃路，其瓤或白、或紅，其子或黃、或赤、或白、或黑。又按王楨《農書》云：瓜品甚多，不可枚舉。以狀得名者，有龍肝、虎掌、兔頭、狸首、羊髓、蜜筒之稱。以色得名者，有烏瓜、白團、黃𤬪、白𤬪，小青、大斑之別，然其味不出乎濃淡甘香而已。《廣志》云：以遼東、敦煌、廬江之瓜爲勝。然瓜州之大瓜，揚州之御瓜，西蜀之溫瓜，永嘉之寒瓜，未可以優劣論也。又甘肅甜瓜，皮瓤皆甘，甘勝糖蜜，取瓜皮暴乾，猶甘美可口。浙中一種陰瓜，種植陰處，熟則色黃如金，膚皮稍厚，藏至來春，食之如新。此皆種藝之巧，不必拘以土地力也。

雷氏曰：修治：切勿用白瓜蒂，取青綠色瓜，氣足時其蒂自落在蔓上者，采得繫屋東角有風處，吹乾用。

瓜蔕：日華子吐痰食之藥也。張仰垣抄《經》云：高者越之，在上者涌之。故古方越以瓜蔕、香豉之苦，涌以赤小豆之酸，酸苦涌泄爲陰也。又按《綱目・發明》云：張仲景云：病如桂枝證，頭不痛，項不强，寸脉微浮，胸中痞硬，氣上衝咽喉不得息者，此爲胸中有寒也，當吐之。太陽中暍，身熱疼重而脉微衰，此夏月傷冷水，水行皮中也，當吐之。少陽病，頭痛發寒熱，脉緊小，是膈上有痰也，當吐之。病胸上諸實鬱，鬱而痛不能食，欲人手按之而反有濁唾，下利日十餘行，寸口脉微弦者，當吐之。懊憹煩躁不得眠，未經汗下者，謂之實煩，當吐之。宿食在上脘者，當吐之。幷宜瓜蔕散主之。惟諸亡血虚家，不可與瓜蔕散也。又按：《難經》云：下部有脉，上部無脉，其人當吐，不吐者死。此飲食内傷填塞胸中，食傷太陰，風木生發之氣伏于下，宜瓜蔕散吐之。《素問》所謂木鬱則達之也。吐去上焦有形之物，則木得舒暢，天地交而萬物通矣。若尺脉絶者不宜用。此則是瓜蔕之用，專主于吐矣。寇氏謂：瓜蔕吐涎，甚不損人，勝石緑、硇砂輩也。朱丹溪謂：瓜蔕性急，能損胃氣。胃弱人及病後産後，宜以他藥代之。夫瓜蔕乃陽明經除濕之藥，故能引去胸脘痰涎，頭目濕氣，皮膚水氣，黄疸濕熱諸證。凡胃弱人及病後、産後，幷不宜吐，何獨瓜蔕耶？

集方：《傷寒論》治已上諸證當吐者，用瓜蔕二錢五分炒黄，赤小豆二錢五分，共爲末。每用一錢，以香豉一合，熱湯七合，煮糜去滓和服。少少加之，快吐乃止。

續補集方：《經驗方》治風涎暴作，氣塞倒仆，不能言語，或五般癎證。用瓜蔕研末，每用三分，白湯調灌，即吐涎涌沫。如吐多困甚者，以麝香五釐，泡湯一盞，飲之即止。○《傷寒論要》治急黄喘息不能卧，心上堅硬，欲得水飲者。以瓜蔕、赤小豆各一合，研末，白湯調服方寸匕，一炊久即吐。如不吐，再用末吹鼻，出水亦可。○《千金翼》治一切發黄。用瓜蔕爲末，取以半茶匙吹鼻中，輕則半日，重者一日，流取黄水乃愈。○《瑞竹堂方》治十種蠱氣。用瓜蔕爲末，棗肉和丸梧子大。每服三十丸，生薑湯下，甚效。○《活人書》治風濕頭痛不已。用瓜蔕爲末，取二分，嗃入鼻内，口含凉水，取出黄水愈。○《千金方》治時瘧寒熱。用瓜蔕二枚打爛，清水半盞浸一宿，頓服取吐愈。

甜瓜肉，詳見《食物本草》。

明・應麐《食治廣要》卷四

甜瓜釋名甘瓜、果瓜。舊在菜部，從《綱目》分出。

氣味：甘，寒，滑，有小毒。止渴，除煩熱，利小便，通三焦間壅塞氣，治口鼻瘡。并解暑毒氣。多食發黄疸、下利，最為難治。

瓜仁　主治：腹内結聚。少食，補中宜人，清肺潤腸。多食瓜作脹者，食鹽花即化，或入水自漬亦消。

按：張華《博物志》言：人以冷水漬至膝，可頓啖瓜至數十枚；漬至項，其啖轉多，水皆作瓜氣。然則水浸消瓜，亦物性也。瓜最忌麝與酒，凡食〔瓜〕過多，但飲酒及水服麝香，又勝于食鹽漬水也。

明・姚可成《食物本草》卷九果部・蓏果類

甜瓜瓜類不同，其用有二：供果者為果瓜，甜瓜、西瓜是也；供菜者為菜瓜，胡瓜、越瓜是也。甜瓜，北土、中州種蒔甚多。二三月下種，延蔓而生，葉大數寸，五六月花開黄色，六七月瓜熟。其類最繁，有團有長，有尖有扁。大或徑尺，小或一捻。其稜或有或無，其色或青或緑，或黄斑、糝斑，或白路、黄路。其瓤或白或紅，其子或黄或赤，或白或黑。按王禎《農書》云：瓜品甚多，不可枚舉。以狀得名，則有龍肝、虎掌、兔頭、貍首、羊髓、蜜筒之稱；以色得名，則有烏瓜、白團、黄瓠、白瓠、小青、大斑之别。然其味，不出乎甘香而已。《廣志》惟以遼東、燉煌、廬江之瓜為勝。然瓜州之大瓜，陽城之御瓜，西蜀之溫瓜，永嘉之寒瓜，未可以優劣論也。甘肅甜瓜，皮、瓤皆甘勝糖蜜，其皮曝乾猶美。浙中一種陰瓜，種於陰處，熟則色黄如金，膚皮稍厚，藏之至春，食之如新。此皆種藝之功，不必拘以土〔地〕也。甜瓜子曝裂取仁，可充果食。凡瓜最畏〔麝〕香，觸之甚至一蔕不收。

甜瓜瓤　味甘，寒滑，有小毒。止渴，除煩熱，利小便，通三焦間壅塞氣，治口鼻瘡。暑月食之，永不中暑。孫思邈曰：多食，發黄疸，令人虚羸多忘，解藥力。病後食多，或反胃。脚氣人食之，患〔永〕不除也。○多食瓜作脹者，食鹽花即化，或入水〔自〕漬，便消。張華《博物志》言：人以冷水漬至膝，可頓〔啖〕瓜至數十枚；漬至〔項〕，其啖轉多，水皆作瓜氣也。〔則水〕浸消瓜，亦物性也。瓜最忌麝與酒，凡食瓜過多，但飲酒及水，服麝香，尤勝於食鹽、漬水也。○寇宗奭曰：甜瓜雖解暑氣而性冷，消損陽氣，多食〔未有〕不下利者。貧下多〔食〕，深秋作痢，最為難治。〔惟以皮〕，蜜浸收之良，皮亦〔可作羹食〕。○李時〔珍曰：瓜性最〕寒，曝而食之〔尤冷。故〕《稽聖賦》云：瓜寒於曝，〔油冷於煎〕，此物性之〔異也。王〕冀《洛都賦》云：瓜則消〔暑蕩悁〕，解渴療飢。又《奇〔效良〕方》云：昔有男子病膿〔血惡痢〕，痛不可忍。以水浸甜瓜食數枚，即愈。此亦消暑〔之驗〕也。

瓜子仁　味甘，寒，無毒。主腹内結聚，破潰膿〔血，最〕為腸胃内壅要藥。止月經太過，研去油，服。清肺潤腸，和中止渴。炒食，補中宜人。

瓜蒂　味苦，寒，有毒。治大水，身面四肢浮腫，下水，殺蠱毒，欬逆上氣，及食諸果，病在胸腹中，皆吐下之。去鼻中瘜肉，療〔黃〕疸。吐風熱痰涎，治風眩頭痛，癲癇喉痹，頭目〔有濕氣〕。得麝香、細辛，治鼻不聞香臭。

蔓　治女人月經〔斷〕絕，同使君子各半兩，甘草六錢，為末，每服酒下二錢。

花　治心痛欬逆。

葉　主人無髮，擣汁塗之即生。

附方：治腸癰症，小腹腫痛，小便似淋，或大便難澀下膿。用甜瓜子一合，當歸炒一兩，蛇蛻一條，㕮咀。每服四錢，水一盞半，煎一盞，食〔前〕服，利下惡物為愈。　治黃疸。甜瓜蒂為〔末〕，吹鼻中，流出黃水為妙。

明·顧逢柏《分部本草妙用》卷七兼經部·寒瀉　瓜蒂　苦，寒，微毒。治太陽、少陽、陽明經病。　主治：大水身面四肢浮腫，欬逆上氣，及食諸菓，病在腹中，皆吐下之。吐風熱痰涎，風眩頭痛，（瘷）〔癲〕癇喉痺，頭目有濕氣。　瓜蒂為陽明經除濕熱之藥，故能引去胸脘痰涎，頭目濕氣，皮膚水氣，黃疸濕熱諸證。凡胃弱虛人，皆宜禁用。大抵胸中寒冷熱痰，實鬱煩燥，宿食，竝宜用瓜蒂散。　瓜子仁　甘寒，無毒。治腹內結聚，為腸胃脾內壅要藥。清肺潤腸，和中止渴。研末水服，止月事太過。

明·顧逢柏《分部本草妙用》卷九果部　甜瓜　甘，寒，滑，有小毒。主治：止渴，除煩熱，利小便，通三焦壅氣，治口鼻瘡，解暑氣。　甜瓜雖解暑氣，而性冷，消陽氣，多食未有不痢者。惟以皮蜜浸收之良。皮亦可作羹。其瓜蒂作散，去風熱痰涎，惟諸亡血家忌之。

明·孟笨《養生要括·菜部》　甜瓜　味甘。滑腸止渴，除煩熱，利小便，通三焦間壅塞氣，治口鼻瘡。暑月食之，永不中暑。

仁　味甘，寒，無毒。治腹內結聚，破潰（濃）〔膿〕血，最為腸胃壅要藥。炒食，補中宜人，清肺潤腸，和中止渴。多食發黃疸，令人陰下濕痒。

明·李中梓《醫宗必讀·本草徵要下》　瓜蒂味苦，寒，有小毒。入胃經。　去胸中之邪，或痞硬，或懊憹，咸理上脘之疴，或水停，或食積，總堪平治；　去胸中之邪，或痞硬，或懊憹，咸致安寧。水泛皮中，得吐而痊，濕家頭痛，嗃鼻而愈。　極苦而性上湧，能去上焦之病，高者因而越之是也。按：瓜蒂最能損胃傷血，耗氣奪神，上部無實邪者，切勿輕投。

明·鄭二陽《仁壽堂藥鏡》卷四　瓜蒂　氣寒，味苦，有毒。《本草》云：治大水，身面四肢浮腫，下水，殺蠱毒。欬逆上氣，及食諸果，病在胸腹中者，皆吐下之。去鼻中息肉，療黃疸，鼻中出黃水。除偏頭痛有神。頭目有濕宜此。瓜蒂苦，以治胸中寒，與白虎同例，俱見知母條下。與麝香、細辛同為使。治久不聞香臭。仲景鈐方：瓜蒂一十四個，丁香一個，黍米四十九粒，為末，含水搐一字，取下。　丹溪云：瓜蒂，俗呼為苦丁香。性急，損胃氣。吐藥不為不多，胃弱者勿用。設有當吐之證，以它藥代之可也。病後、產後，尤宜深戒之。仲景有云：諸亡血虛家，不可與瓜蒂。《衍義》云：瓜蒂，即甜瓜蒂也。不拘多少，為細末，每用二錢，膩粉一錢，和勻，量疾虛實，或以一錢、二錢，新汲水調灌之，吐中風、纏喉風，痰涎吐出即愈。

明·蔣儀《藥鏡》卷四寒部　瓜蒂　引涎追淚，使水濕外散，則浮腫黃疸自平。宣發湧泄，使胸邪吐出，則痰氣欬逆自順。鼻中瘜肉，白礬同以塞之。倒仆中風，膩粉偕而灌之。

明·李中梓《頤生微論》卷三　瓜蒂　味苦，性寒，有小毒。入肺經。去胸中邪氣，水停食積，痞鞕懊憹。新補。

按：瓜蒂極苦，而性上湧，能去上焦之疾，所謂高者因而越之是也。最能損胃傷血，耗氣奪神。上部無實邪者，不敢輕投。

明·張景岳《景岳全書》卷四九《本草正》　甜瓜蒂一名苦丁香。　味苦，性寒，有毒。陰中有陽，能升能降。其升則吐，善涌濕熱頑痰積飲，去風熱頭痛，癲癇喉痹，頭目眩暈，胸膈脹滿，并諸惡毒在上焦者，皆可除之。其降則瀉，善逐水濕痰飲，消浮腫水膨，殺蠱毒蟲毒，凡積聚在下焦者，皆能下之。蓋其性峻而急，不從上出，即從下出也。若治鼻中瘜肉，不聞香臭，當同麝香、細辛為末，以綿裹塞鼻中，日一換之，當漸消縮。

明·施永圖《本草醫旨·食物類》卷二　甜瓜　味寒，無毒。少食。主：消渴，除煩熱，利小便，通三焦壅塞，夏月不中暑氣，并主口鼻瘡。多食令陰下濕痒生瘡，動宿冷氣，并虛熱，手脚無力。破腹落水沉者、雙頂雙蒂者，皆有毒，殺人，切不可食。取瓜蒂，用檳榔裹，掛東牆風乾，治身面四肢浮腫，下水，殺蟲毒，欬逆上氣，風癇，喉風，痰涎，酒後反食諸果，病在胸腹中，皆吐下之，去鼻中息肉，療黃疸及暴急黃。　花　主：心痛欬逆。〇無髮人擣葉汁塗頭上，髮即出。

明·盧之頤《本草乘雅半偈》帙七　瓜蒂《本經》下品　氣味：苦，寒，有毒。　主治：主大水身面四肢浮腫，下水，殺蠱毒，欬逆上氣，及食諸果病在胸腹中，皆吐下之。

覈曰：所在有之，生嵩高平澤間。即甜瓜之蒂也。三月下種，延蔓而生，葉大數寸，五六月開花黄色，六七月瓜熟，有圓，有長，有尖，有扁。大或徑尺，小或一捻。或有稜，或無稜，其色或青，或綠，或黄而斑，或糝而斑，或白路，或黄路。其瓤或白，或紅，其子或黄，或赤，或白，或黑。《農書》云：瓜品甚多，不可枚舉。以狀得名者，有龍肝、虎掌、兔頭、狸首、羊髓、蜜筒之稱；以色得名者，有烏瓜、白團、黄觚、白觚、小青、大斑之別。然其味，不出乎濃淡甘香而已。《廣志》云：惟以遼東、燉煌、盧江之瓜為勝。然瓜州之大瓜，揚州之御瓜，西蜀之溫瓜，永嘉之寒瓜，未可以優劣論也。甘肅甜瓜，皮、瓤皆甘，甘勝糖蜜，即瓜皮暴乾，猶甘美可口。浙中一種陰瓜，種植陰處，熟則色黄如金，膚皮稍厚，藏至來春，食之如新。此皆種藝之巧，不必拘以土地也。修事：勿用白瓜蒂，取青綠色瓜，氣足時，其蒂自落在蔓上者。采得，繫屋東角有風處，吹乾用。

条曰：瓜象形，象實在鬚蔓間也，當曰蒂，蒂瓜之綴蔓處也。性偏延蔓，末繁于本，故少延輒腐。《爾雅》云：其紹瓞。疏云：繼本曰紹，形小曰瓞，故近本之瓜嘗小，近末之瓜轉大也。凡實之吮抽水液，唯瓜稱最，而吮抽之樞，抵當唯蒂而已。是以蒂具徹下炎上之用，故蒂味苦而瓜本甘，以見中樞之別于上下内外，誠湧洩之宣劑通劑也。故主大水在胸腹中，外溢而為身面四肢浮腫，或蠱毒，或欬逆上氣，或食諸果病在胸腹中者，皆可湧而吐之，洩而下之。湧者近中以上，洩者近中以下，謂其從樞，故湧洩咸宜。《經》云：酸苦湧洩為陰，故其氣寒，其味苦。世知瓜蒂作吐劑，不知瓜蒂作下劑。以吐劑中有瓜蒂散，下劑中方書少有用瓜蒂者。遂致减却洩下功力，亦并將洩字訓作上洩之湧，轉展傳訛，而諸書引用洩字者，亦無暇分別矣。

明·盧之頤《本草乘雅半偈》帙一一　瓜子仁《別錄》中品　氣味：甘，寒，無毒。　主治：腹内結聚，破潰膿血，最為腸胃脾内壅要藥。

覈曰：瓜子，甜瓜子也。生成備甜瓜蒂覈。

条曰：莖蔓樂延，稍壅輙潰，附本之瓜反小，近末之瓜轉大，吮吸地液，性頗貪狼，雖夏火主時，無妨水大含偏者也。即一粒子，具瓜全體。仲景先生用治腸癰膿未成者，吮吸殆盡。隱居《別錄》推廣腹内結聚，破之潰之，結解聚散。故曰最為脾胃壅滯要藥也。

明·李中梓《本草通玄》卷下　甜瓜蒂　苦，寒。　傷寒病在上焦，懊憹，逆氣沖喉不得息，膈上有痰食水氣，同香豉煮糜去滓，服之取吐。　瓜蒂吐法，《素問》所謂在上者，因而越之也。若夫脉虚者，不敢用此法。凡虚弱人均宜戒之。

清·顧元交《本草彙箋》卷六　瓜蒂附西瓜。　甜瓜蒂，瓜甜而蒂苦，其性上涌，所謂高者越之，在上者涌之，涌以赤小豆之酸，越以瓜蒂、香豉之苦，酸苦涌泄爲陰也。《難經》云：上部有脈，下部無脈，其人當吐不吐者死。此飲食内傷，填塞胸中，食傷太陰，則風木生發之氣伏於下，宜瓜蒂散吐之，吐去上焦有形之物，則木得舒暢，天地交而萬物通矣。仲景法如桂枝證，頭不痛，項不強，寸脈微浮，胸中痞鞕，氣上衝咽喉，不得息者，此胸中有寒，當吐之。太陽中暍，身熱疼重，而脈微弱。此夏月傷冷水，水行皮中，宜吐之。少陽病頭痛，發寒熱，脈緊不大。是膈上有痰也，宜吐之。病胸上諸實，鬱鬱而痛，不能食，欲人按之，而反有濁唾，下痢日十餘行，寸口脈微弦者，當吐之。懊憹煩躁，不得眠，未經汗下者，謂之實煩，當吐之。宿食在上管者，當吐之。並宜瓜蒂散。惟諸亡血家，不可與瓜蒂也。

瓜蒂散，用瓜蒂二錢，炙黄，赤小豆二錢半，爲末，每用一錢，以香豉一合，熱湯七合，煮糜去滓，和服，少少加之，快吐即止。

徧身如金，瓜蒂四十九枚，丁香四十九枚，鍋内炒存性，爲末，每用一字，吹鼻，取出黄水，亦可揩牙追涎。

濕家頭痛，瓜蒂末一字，嗃入鼻中，口含冷水，取出黄水愈。

瓜子仁，清肺潤腸，和中止渴。炒食補中。西瓜仁亦同，俗人乃謂其生痰。又有單剝去殼而不食，以爲去火，殊可笑。

西瓜性寒解熱，有天生白虎湯之稱。大抵西瓜、甜瓜，皆屬生冷，世俗以爲醍醐灌頂，甘露洒心，取快一時，不知其有傷脾助濕之害也。

清·穆石匏《本草洞詮》卷六　甘瓜西瓜、瓜仁、瓜蒂　瓜類有二，供果者為果瓜，供菜者為菜瓜。《禮記》為天子削瓜，及瓜祭，係果瓜也。藥中用瓜蒂，亦果瓜之蒂也。《廣志》惟以遼東、燉煌、盧江之瓜為勝，然瓜州之大瓜，陽城之御瓜，西蜀之溫瓜，永嘉之寒瓜，並為佳品。甘肅甜瓜，皮瓤皆勝，餹蜜其皮，暴乾尤美，皆甘瓜也。瓜性本寒，曝而食之尤寒。故稽含《賦》云：瓜寒于曝，油冷于煎。此物性之異也。氣味甘寒滑，無毒。主止渴，除煩熱，利小便，通三焦壅塞，解暑毒。孟詵謂食瓜作脹者，食鹽花即化。陶貞白謂：食瓜多飲水，自漬即消。《博物志》言：人以冷水漬至膝，可頓啖瓜數十枚，漬至項，其啖轉多。然瓜最畏麝氣，觸之得酒氣。近糯米即易爛。凡食瓜多，但飲酒或嗅麝，勝於食鹽漬水也。西瓜亦甘瓜類。胡嶠《陷盧記》言：嶠征回紇得種歸。則西瓜自五代時始入中國，今則南北皆有之。甘淡寒，無毒。止渴下氣，解暑熱酒毒，有天生白虎湯之號。《松漠紀聞》云：有人苦目病，或令以西瓜切片，曝乾，日日服之，遂愈。性冷降火故也。然亦不宜多食，世謂醍醐灌頂，甘露灑心，取一時之快，而不知有傷脾助濕之害也。真西山云：瓜桃生冷宜少飧，免致秋冬成瘧痢，是矣。瓜仁甘寒，無毒。治腹內結聚，和中清肺。食瓜後食其子，即不噫。研末去油，水調服，止月經太過。故雷斅謂血泛經過，飲調瓜子是也。瓜蒂苦寒，有毒。主吐風熱痰涎。張仲景云：病如桂枝證，頭不痛，項不強，寸脉微浮，胸中痞哽，氣上衝咽喉不得息者，此為胸中有寒也，當吐之。太陽中暍，神熱疼重而脉微衰，此夏月傷冷水，水行皮中也，當吐之。少陽病頭痛，發寒熱，脉緊不大，是膈上有痰也，當吐之。病胸上諸寔，鬱鬱而痛，不能食，欲人按之，而反有濁唾，下利十餘行，寸口脉微，咳者，當吐之。懊憹煩躁不得眠，未經汗下者，謂之實煩，當吐之。宿食在上脘者，當吐之。並宜瓜蒂散主之。惟諸亡血虛家，不可與瓜蒂散也。按《難經》云：上部無脉，下部有脉，其人當吐，不吐者死。此飲食內傷，填塞胸中，食傷太陰，風木生發之氣伏於下，宜瓜蒂散吐之。《素問》所謂木鬱則達之也。吐去上焦有形之物，則木得舒暢，天地交而萬物通矣。若尺脉絕者，不宜用此。則是瓜蒂之用，專主於吐矣。寇宗奭謂：瓜蒂吐涎，甚不損人，勝石綠、硇砂輩也。朱丹溪謂瓜蒂性急，能損胃氣，胃弱及病後、產後，宜以他藥代之。夫瓜蒂乃陽明經除濕熱之藥，故能引去胸脘痰涎，頭目濕氣，皮膚水氣，黃疸濕熱諸證，凡胃弱人及病後、產後並不宜吐，何獨瓜蒂不可用耶？

清・丁其譽《壽世秘典》卷三　甜瓜瓜品甚多，形色不一，其稜或有、或無；其色或青、或綠、或黃斑糝斑，或白路黃路；其瓤或白、或紅；其子或黃、或赤、或白、或黑，味皆甘香。《本草》瓜蒂，即此瓜之蒂也。其蒂曰疐，謂繫蒂處也。　氣味：甘，寒，滑，無毒。主止渴，除煩熱，利小便，通三焦壅塞，治口鼻瘡。夏月食之，不中暑氣。

瓜子仁　氣味：甘，寒，無毒。主清肺潤腸，和中止渴，辟口臭。炒食，補中宜人。

發明孫思邈曰：多食發黃疸，令人虛羸，解藥力。病後多食或反胃，腳氣人食之，患永不除也。孟詵曰：多食令人陰下濕痒，生瘡，動宿冷癥癖，破腹，發虛熱，令人氣弱無力。寇宗奭曰：甜瓜雖解暑氣而性冷，消損陽氣，多食，未有不下利者。貧下多食，深秋作痢最為難治。多食瓜作脹者，食鹽花即化。陶弘景曰：凡瓜皆冷利，早青者尤甚。熟瓜除瓤，食之不害人。食瓜多，即入水自漬，便消。李時珍曰：瓜最忌麝與酒，凡食瓜過多，但飲酒及水，服麝香，尤勝于食鹽漬水也。《奇効良方》云：昔有人病膿血惡痢，痛不可忍，以水浸甜瓜，食數枚即愈。此亦消暑之驗也。

清・劉雲密《本草述》卷二〇　瓜蒂瓜類不同，其用有二。一曰瓜果，西瓜、甜瓜是也。一曰菜瓜，胡瓜、越瓜是也。　頌曰：瓜蒂，即甜瓜蒂也。　時珍曰：甜瓜，北土、中州種蒔甚多，二三月下種，延蔓而生，葉大數寸，五六月花開黃色，六七月瓜熟。其類最繁，有團有長，有尖有扁，大或徑尺，小或一捻，其稜或有或無，其色或青或綠，或黃斑、糝斑，或白路、黃路。入藥用瓜之團而短者良，若長如瓠子者，不可用也。

氣味：苦，寒，有毒。　日華子曰：無毒。　主治：水氣身面浮腫，咳逆上氣《本經》。并濕氣上侵，作偏頭痛方書。吐風熱痰涎時珍。暴塞咽膈方書。風眩頭痛時珍。療黃疸《別錄》。急黃喘息方書。

之頤曰：瓜象形，象實在鬚蔓間也。當曰：蒂，蔕，瓜之綴蔓處也。性偏延蔓，末繁於本，故少延輒腐。《爾雅》云：其紹瓞。疏云：繼本曰紹，形小曰瓞，故近本之瓜嘗小，近末之瓜轉大也。凡實之吮抽水液，唯瓜稱最，而吮抽之樞，抵當唯蒂而已，是此蒂具徹下炎上之用，故蒂味苦而瓜本甘，以見中樞之別於上下內外，誠涌洩之宣劑、通劑也。　仲景曰：病如桂枝證，頭不痛，項不强，寸脈微浮，胸中痞哽，氣上衝咽喉，不得息者，此為胸中有寒也，當吐之。太陽中暍身熱，頭痛，而脈微弱，此夏月傷冷水，水行皮中也，宜吐之。少陽病頭痛，發寒熱，脈緊不大，是膈上有痰也，宜吐之。病胸上諸實，鬱鬱而痛，不能食，欲人按之，而反有濁唾，下利日十餘行，寸口脈微弦者，當吐之。惱憹煩躁，不得眠，未經汗下者，謂之實煩，當吐之。宿食在上脘者，當吐之。並宜以瓜蒂散主之。惟諸亡血虛家，不可與瓜蒂散也。無已曰：高者越之，在上者涌之。故越以瓜蒂、香豉之苦，涌以赤小豆之酸，酸苦涌泄為陰也。 東垣曰：《難經》云上部有脈，下部無脈，其人當吐。不吐者死。當吐者，宜瓜蒂散吐之。若尺脈絶者不宜用，此恐損真元，令人胃氣不復也。 海藏曰：納鼻中出黄水，除偏頭痛有神。頭因有溼者宜此。《類明》曰：偏頭痛是溼氣所干，氣虛者偏在右，血虛者偏在左。瓜蒂能治之者，謂以之作末，納鼻中，出黄水，以導溼氣下流也。 時珍曰：瓜蒂乃陽明經除溼熱之藥，故能引出胸脘痰涎，頭目溼氣，皮膚水氣，黄疸溼熱諸證。 希雍曰：瓜蒂感時令之火熱，稟地中之伏陰，故其味苦，氣寒，有小毒。氣薄味厚，浮而升，陰多於陽。酸苦涌泄，為陰故也。入手太陰、足陽明、足太陰經。諸所主治，皆取其宣發涌泄，引涎越積之功耳。

附方　瓜蒂散用瓜蒂二錢半，熬黄，赤小豆二錢半，為末，每用一錢，以香豉一合，熱湯七合，煮糜去滓，和服，少少加之，快吐乃止。

愚按：用瓜之蒂者，乃甜瓜之蒂也。蒂味苦而瓜味甘，醫輩但以為苦能涌上而已，詎知其舍甘而獨用苦者，以苦能達甘之用也。或曰：茲説創聞，抑亦何以明之？曰：之頤所云蒂具徹下炎上之用數語，亦可思，即此種華於五六月，其色黄，是秉火之氣，以致於土也。蓋吐華即有蒂，而實即結於蒂上，故曰蒂稟火氣，瓜味甘。甘者，土之用，甘即切聯於苦上，故曰秉火氣以致土，即所謂以苦而達甘之用也。抑甘之用，云何？蓋不止於達水以至土，更先能達水以至火也。其以二月下種，蔓延而生，固由風木以達水，其氣之寒者，本乎水也。觀其末大而本小，可知厚孕於水氣，火原在水中，至夏而火畢達，火之畢達者，正水之畢達也，此徹下炎上之用，乃所以致土用也。夫土之甘者，兼乎四氣，而以水火為中氣之元。至於水火畢達，而土之用乃得際於極上，胃氣之至於肺，以布四臟者，皆由此也。然則其功乃如是侈歟？曰：觀其治諸證，多灌入鼻中以行之，不可想見其能至肺歟。但物性有偏至者，乃可以瘳疾，未必具有升降之全也。唯即以是思其療諸證之功，如火能達則風與熱之為患者俱散，水能達則溼與寒之為患者俱散，是土之用達矣。至溼熱病於黄疸，是則病於土之體，又何不達之有，誠所謂涌泄之宣劑、通劑也。但達土用者，無如此味親切，而更慮其為土病者，亦即在此，故胃弱人便宜審處，如嘉謨云雖有當吐之痾，代以人參蘆可也。

附方　身面浮腫，並取瓜蒂、丁香、赤小豆各七枚，為末，吹豆許入鼻，少時黄水流出，隔日一用，瘥乃止。 溼家頭痛，瓜蒂末一字，嗃入鼻中，口含冷水，取出黄水愈。 風涎暴作，氣塞倒仆，用瓜蒂為末，每用一二錢，膩粉一錢匕，以水半合，調灌，良久涎自出，不出含沙糖一塊，下咽，即涎出也。諸風膈痰，諸癇涎涌，用瓜蒂炒黄，為末，量人以酸虀水一盞，調下，取吐。風癇加蠍梢半錢，溼氣腫滿加赤小豆末一錢，有蟲加狗油五七點，雄黄一錢，甚則加芫花半錢，立吐蟲出。

丹溪曰：瓜蒂性急，能損胃氣，胃弱者宜以他藥代之，病後產後尤宜深戒。 希雍曰：瓜蒂極苦，而性上涌，能損胃傷血，耗氣損神。凡胸中無寒，胃家無食，皮中無水，頭面無溼，及胃虛氣弱，諸亡血、諸產後似中風倒仆，心虛有熱，癲癇，女勞穀疸，元氣尫羸，脾虛浮腫，切勿誤用。誤用則為害非細，傷生不淺，戒之！慎之！

清・郭章宜《本草匯》卷一四　甜瓜蒂即苦丁香　苦，寒，氣薄味厚，浮而升，陰多于陽，入手太陰、足陽明、足太陰經。理上脘之痾，或水停，或食積，總堪平治。去胸中之邪，或實煩，或壅塞，咸致安寧。水泛皮中，得吐而痊。溼家頭痛，嗃鼻而愈。酸漿以為引，湧泄誠有功。吹鼻中可出黄水，入口內堪去痰涎。《本經》主大水，身面四肢浮腫，黄疸欬逆上氣者，皆脾胃虛，水氣溼熱乘虛而客之也。苦以湧泄，使水溼之氣外散。《經》曰：在高者因而越之。病在胸腹，則氣不得歸元，而為咳逆上氣，吐出胸中之邪，則氣順而咳逆止矣。

按：甜瓜，感時令之火熱，稟地中之伏陰，為陽明除濕熱之藥。極苦，性急而上涌，堪為膈間吐發之劑。《素問》所謂高者因而越之，上者涌之。越以瓜蒂、香豉之苦，涌以赤小豆之酸是也。《難經》曰：上部有脈，下部無脈，其人當吐，不吐者死。此飲食傷太陰脾土，生發之氣伏于下，宜瓜蒂散吐之。其方用瓜蒂二錢半，熬黄，赤小豆二錢半，為末，每用一錢，以香豉一合，熱湯七合，煮糜去查，和服，取吐止。《素問》所謂木鬱則達之是也。吐去有形之物，則木得舒暢，天地交而萬物通矣。若尺脉虛絶者，又不宜用也，最能損胃耗氣。凡上部有實邪，可用。胸中無寒，皮中無水，頭面無濕，及一切亡血，諸虛家，病後産後，併脉微者，皆不可輕用。悮用吐不止者，麝香解之。用蒂約半寸許，晒極乾，臨時研用。

凡食瓜多作脹，食鹽花即化。或飲酒及水，服麝香尤勝。

清・朱本中《飲食須知・果類》 甜瓜　味甘，性寒滑，有小毒。多食發虚熱，痼疾、黄疸及陰下濕痒生瘡，動宿疾癥癖，損陽氣，下痢，令人虚羸，手足乏力，惙惙氣弱。同油餅食，作瀉。病後食之，成反胃。患脚氣者食之，難愈。食多解藥力。夏月過食，深秋瀉痢，最為難治。凡瓜有兩鼻兩蒂者，殺人。五月瓜沉水者，食之患冷病，令終身不瘥。九月被霜者，食之冬病寒熱。瓜性最寒，曝而食之尤冷。張華《博物志》云：人以冷水漬至膝，可頓啖瓜至數十枚。漬至項，其啖轉多。水皆作瓜氣，未知果否。食瓜傷腹脹者，食鹽花易消，或飲酒，或服麝香水可解。

清・何其言《養生食鑒》卷上 甜瓜　味甘、淡，性寒、滑，有小毒。少食，解暑，充飢止渴，利二便。多食，動腸胃，發虚熱痼疾，及陰下濕痒，生瘡。同油餅食，作瀉。初病後食之，令反胃。患脚氣者、黄疸者食之，難愈。貧下多食，深秋下痢難救，損腸故也。凡喫瓜傷發脹，少食鹽易消，或飲酒，或飲麝香水，可解。五月瓜泡水者，食之患冷病。九月被霜瓜，食之發寒熱。有兩鼻、兩蒂者，食之損人。《衛生歌》云：瓜桃生冷宜少餐，免至秋來成瘧痢。

清・王翃《握靈本草》卷七 瓜蒂　主治：瓜蒂，苦，寒，有毒。主治大水，身面四肢浮腫，欬逆上氣及食諸果，病在胸腹皆吐下之。

清・汪昂《本草備要》卷四 甜瓜蒂宣，涌吐。與淡豆豉、赤小豆，并爲吐藥。苦，寒。陽明胃吐藥，能吐風熱痰涎，上膈宿食。吐去上焦之邪，《經》所謂其高者因而越之，在上者涌之，木鬱達之是也。越以瓜蒂、淡豉之苦，涌以赤小豆之酸，吐去上焦有形之物，則木得舒暢，天地交而萬物通矣。當吐而胃弱者，代以參蘆。朱丹溪曰：吐中就有發散之義。張子和曰：諸汗法古方多有之，惟以吐發汗，世罕知之。故予嘗曰：吐法兼汗以此夫。昂按：汗吐下和，乃治療之四法。仲景瓜蒂散、巵豉湯，并是吐藥。子和治病，用吐尤多。丹溪治許白雲大吐二十餘日，治小便不通，亦用吐法，甚至用四物、四君以引吐。成法具在。今人惟知汗下和，而吐法絶置不用。遇邪在上焦及當吐者，不行涌越，致結塞而成壞症。輕病致重，重病致死者多矣！時醫背棄古法，枉人性命，可痛也夫！治風眩頭痛，懊憹不眠，癲癇喉痹，頭目濕氣，水腫黄疸，或合赤小豆煎，或吹鼻中，取出黄水。濕熱諸病。上部無實邪者禁用。能損胃耗氣，語曰：大吐亡陽，大下亡陰。凡取吐者，須天氣清明，巳午以前，令病人隔夜勿食，卒病者不拘。《類編》云：一女子病齁喘不止，遇道人教取瓜蒂七枚爲末，調服其汁，即吐痰如膠粘，三進而病如掃。

清・陳士鐸《本草新編》卷四 瓜蒂　味苦，性寒，有小毒。凡邪在上焦，致頭目、四肢、面上浮腫，與胸中積滯，併下部有脉、上部無脉者，皆宜用瓜蒂吐之。

或問：瓜蒂可療黄疸，吾子略而不言，何也？夫黄疸之症，多從下受，用瓜蒂吐之，是從上療之也，似乎相宜。然而，黄疸乃濕熱壅于上、中、下三焦，下病而止治上，將置中焦于不問乎，此瓜蒂散不可治黄疸亦明矣。余所以作闕疑之論也。

或問：瓜蒂能去鼻中息肉，子亦不論，是何説乎？曰：鼻中生息肉者，因肺中之熱也。用瓜蒂以吐去痰涎，則肺熱除，而鼻火亦泄，似乎相宜。然而，肺熱雖移熱于鼻，上吐以泄鼻中之火，勢必中傷肺中之氣。肺氣既傷，胃氣自逆，肺必反動其火，火動鼻中，更添熱氣，前之息肉未消，而後之息肉又長矣，予所以削而不道也。至于瓜蒂性易上湧，不宜輕用，不獨鼻中生息肉也。若胸中無寒，胃家無食，皮中無水，心中無邪，以致諸虚各症，均宜慎用。誤則禍不旋踵矣。

清・顧靖遠《顧氏醫鏡》卷八 甜瓜仁即香瓜。甘，寒。壓去油用。　破腹内之壅，治腸胃之癰。破潰膿血，最為腸胃内壅要藥。西瓜仁、冬瓜仁同功。　瓜蒂極苦。性上涌，能吐越上焦之積痰停水。嗃鼻，治濕家頭痛。上部無實邪，忌用。

清・李熙和《醫經允中》卷二〇 瓜蒂　即苦丁香。治太陽、少陽、陽明經病。苦，寒，無毒。主治吐風熱痰涎，宿食實鬱，煩燥。凡胃虚者禁服。尺脉虚者亦不敢服。鼻内瘜肉，同羊脂油搗敷患處，日三次，久漸消熔。身暴急黄，同丁香、赤小荳研吹鼻中，即出黄水而愈。

清・李熙和《醫經允中》卷二二 甜瓜　甘，寒，滑，有小毒。主治止渴除煩熱，利小便，解暑氣。按：甜瓜雖解暑氣，而性冷消陽氣，多食未有不痢者。惟以皮蜜浸收之良。皮亦可作羹。其瓜蒂作散，去風熱痰涎，諸亡血家忌之。葉搗汁塗，禿髮重出。食瓜作脹者，服鹽花即化。

清・馮兆張《馮氏錦囊秘錄・雜症痘疹藥性主治合參》卷七 甜瓜瓜

蒂，感時令之大熱，稟地中之伏陰。故味苦，氣寒，有小毒。入手太陰、足陽明、足太陰經。味極苦而性上湧，借此以吐上焦有形濕熱，停滯水穀之物，消身面四肢浮腫水氣及黄疸。咳逆上氣，鼻中息肉，一切濕熱在上為病也。若胃虚氣弱及無實邪停滯為患者，戒之，損胃傷血耗氣傷神。　甜瓜，主消渴，利小便，除實煩，通三焦壅塞。多食致脚氣生痰，發濕癢瘡。忌兩蒂兩鼻及沉水者，殺人。瓜蒂，堪為湧吐劑，消身面四肢浮腫，水氣咽喉暴塞風痰，殺鬼蠱疰，止咳逆氣衝。大苦氣寒，能除黄疸濕熱，濕家頭痛，嗃鼻而愈。

清・张璐《本經逢原》卷三　甜瓜蒂俗名苦丁香　苦，寒，有毒。熬黄用。

《本經》主大水身面浮腫，下水殺蟲毒，欬逆上氣，及食諸果，病在胸腹中，皆吐下之。　發明：　酸苦涌泄為陰。仲景瓜蒂散用瓜蒂之苦寒，合赤小豆之酸甘，以吐胸中寒邪。《金匱》瓜蒂湯治中暍無汗，今人罕能用之。又搐鼻取頭中寒濕黄癉，得麝香、細辛治鼻不聞香臭。瓜蒂乃陽明除濕熱之藥，能引去胸膈痰涎。故能治面目浮腫，欬逆上氣，皮膚水氣，黄癉濕熱諸證，即《本經》主治也。凡尺脈虚，胃氣弱，病後，産後，吐藥皆宜戒慎，何獨瓜蒂為然哉。故膈上無熱痰邪熱者，切禁。　甜瓜子即甜瓜瓣　甘，寒，無毒。　發明：　甜瓜仁專於開痰利氣。《別録》治腹内結聚，破潰膿血，為腸胃内癰要藥。《千金》治肺癰有葦莖湯，腸癰有牡丹大黄湯。予嘗用之，然必黄熟味甜者，方不傷胃氣。若生青味苦力劣，不堪入藥。其瓤亦能去暑，然脾胃虚人食之，每致瀉痢，不可不知。

清・汪啟賢等《食物須知・諸菜》　甜瓜　味苦，氣寒，有小毒。村鄉園圃，處處種栽。兩蒂、兩鼻及沉水者殺人。過食作膨，即入水漬便解，食鹽少許化水，亦消。少食，止渴，利小便，通三焦壅塞之氣；　多啖，生痰，發濕痒，致腳氣瀉痢之憂。

清・張志聰、高世栻《本草崇原》卷下　瓜蔕　氣味苦，寒，有毒，主治大水，身面四肢浮腫，下水，殺蠱毒，咳逆上氣，及食諸果，病在胸腹中，皆吐下之。　蔕今作蒂，瓜蒂一名苦丁香，乃甜瓜蒂也。《別録》云：　瓜蒂生蒿高平澤，七月七日采，陰乾。今則甜瓜一種，北土中州處處皆蒔植矣。三月下種，延蔓而生葉，大數寸，五六月開黄花，六七月瓜熟，其類最繁，有圓有長，有尖有扁，大或徑尺，小或一捻，或有棱，或無棱，其色或青、或緑、或黄斑、或糝斑、或白路、或黄路，其瓤或白或紅，其子或黄或赤，或白或黑。王禎《農書》云：　瓜品甚多，不可枚舉，以狀得名者，有龍肝、虎掌、兔頭、狸首、羊髓、蜜筒之稱。以色得名者，有烏瓜、白團、黄𤓰、白𤓰、小青、大斑之別。然其味不出乎香甜而已，雷斆曰：　凡使勿用白瓜蒂，要取青緑色，瓜氣足時，其蒂自然落在蔓上者，采得繫屋東有風處吹乾用。　今浙中之香瓜即甜瓜也。諸瓜之中唯此瓜最甜，故名甜瓜。亦唯此瓜有香，故謂之香瓜，餘瓜不爾也。今人治黄疸初起，取其蒂燒灰存性，用少許吸鼻中，流出黄水而愈，極驗。甜瓜生於嵩高平澤，味甘，臭香，色黄。蓋稟天地中央之正氣，其瓜極甜，其蒂極苦，合火土相生之氣化，故主治大水，及身面四肢浮腫。所以然者，稟火土之氣，達於四旁，而能制化其水濕，故又曰：　下水。　土氣運行，故殺蠱毒。苦主下泄，故治咳逆上氣。苦能上湧，又主下泄，故食諸果病在胸腹中者，皆可吐下之也。　愚按：　苦為陰，甘為陽，此係蔓草，性唯上延，以極苦之蒂，生極甜之瓜，直從下而上，從陰而陽，故《傷寒》《金匱》方作為吐劑。

清・葉盛《古今治驗食物單方》　甜瓜　腰腿疼痛，甜瓜子三兩，酒浸十日，乾為末，每服三錢，酒下。　熱病發黄，瓜蒂為末，以大荳許吹鼻，取出黄水愈。

清・黄元御《長沙藥解》卷一　瓜蒂　味苦，性寒，入足陽明胃、足太陰脾經。利水而泄濕淫，行瘀而湧腐敗。　《傷寒》瓜蒂湯，瓜蒂二十枚。水二升，煎五合，頓服之。治太陽中暍，身熱痛重，而脈微弱。以夏月汗出，浴於冷水，水入汗孔，而行皮中。竅隧冷閉，鬱遏陽火，而生内熱。壯火傷氣，故脈微弱。瓜蒂決皮中之冷，開竅而泄熱也。　瓜蒂散，瓜蒂一分、赤小豆一分。為散，取一錢匕，以香豉一合，用熱湯煮作稀糜，去滓，取汁和散，温服取吐。不吐，加之，得快利乃止。治胸有寒瘀，病如桂枝證，頭不痛，項不強，寸脈微浮，心中痞鞕，氣上衝咽喉，不得息者。以胃土上逆，硋膽經降路，二氣相迫，結於胃口，故心下痞鞕。降路梗塞，則肺氣逆衝，咽喉阻閉。肺氣鬱遏淫蒸，而化痰涎，隧道皆填，是以胸膈壅悶，不得喘息。小豆、香豉，行其瘀濁，瓜蒂湧其痰涎也。治厥陰病，邪結胸中，心下煩，飢不能食，手足厥冷，脈乍緊者。以痰涎在胸，鬱阻肺氣，不得四達，瓜蒂湧痰涎以通氣道也。治宿食在上脘者。宿食上停，濁氣不降，鬱悶懊憹，頭痛發熱，其狀甚似外感，瓜蒂湧之，則濁降而病除也。

瓜蒂苦寒，泄水滌痰，湧吐腐敗，以清氣道。蕩宿食停飲，消水腫黄疸，通腦悶鼻齁，止咳逆齁喘。濕熱頭痛，風涎咽阻，一切癲癇蠱脹之病皆醫。

亡血家忌之。

清·黄元御《玉楸藥解》卷四 甜瓜 味甘，性寒。入足太陰脾、足陽明胃經。清煩止渴，解暑涼蒸。甜瓜甘寒疏利，甚清暑熱。但泄胃滑腸，陽衰土濕者食之必泄利。生冷敗脾，以此為最。

清·吴儀洛《本草從新》卷四 瓜蒂一名瓜丁。以下蓏類。 苦，寒，有小毒。陽明胃吐藥，能吐風熱痰涎，上膈宿食。吐去上焦之邪，《經》所謂其高者，因而越之，在上者湧之，木鬱達之是也，瓜蒂散，越以瓜蒂、淡豉之苦，湧以赤小豆之酸，吐去上焦有形之物，則木得舒暢，天地交而萬物通矣。丹溪曰：吐中就有發散之意。子和曰：諸汗法，古方多有之，唯以吐發汗，世罕知之。故予嘗曰：吐法兼汗，其以此夫。治風眩頭痛，懊憹不眠，癲癇喉痺，上脘痞鞕，頭目濕氣，嗜鼻。水腫黄疸，或合赤小豆煎，或吹鼻中取出黄水，濕熱諸病。《類編》云：一女子病齁喘不止，遇道人教取瓜蒂七枚，為末調服，即吐痰如膠粘，三進而病如掃。凡取吐者，須天氣清明，巳午以前行之，令病人隔夜勿食，卒病者不拘。損胃傷血，耗氣奪神，上部無實邪者切勿輕投。當吐而胃弱者代以參蘆。甜瓜，俗名熟瓜。性冷，有小毒，損陽。雖能解暑，然夏多食之，深秋未有不下痢者。凡瓜皆冷利，早青尤甚。

清·汪紱《醫林纂要探源》卷二 甜瓜 甘，酸，寒。有甜瓜、菜瓜二種。甜瓜瓤甘酸，菜瓜瓤則不可食。其狀或青或白，皆相似。功同黄瓜。但此不潰，宜入醬。蒂：苦，寒。湧吐風痰宿食。苦味降泄，而湧吐者，膈上有痰食之阻，苦不得降，則攻而湧之，以遂其降，猶以石擊水，激而躍之也。且氣惡也。

清·嚴潔等《得配本草》卷六 甜瓜甜瓜蒂 苦，寒。入手太陰、足陽明經。除煩止渴。通三焦，利小便。多食發病作脹。食鹽花，飲酒水，服麝香，即化。胃虛者忌食。瓜沉水者勿食。兩鼻兩蒂者殺人。 甜瓜蒂一名瓜丁，一名苦丁香。 苦，寒，有毒。入足陽明經。吐膈上風熱痰涎，除周身濕熱蠱毒。得麝香、雄黄末塞鼻，治息肉。一方用白礬末，一方用丁香末。配井華水，治發狂欲走。配香豉、赤小豆，吐膈〔上之〕邪。配丁香，同煅研末吹鼻，治陰黄。片時黄水流出，隔日一用，瘥乃止。 俗呼冷飯瓜。其蒂尤佳。去瓜皮用蒂，約半寸許，曬極乾研用。凡取吐，須天氣清明，巳午以前行之，令病人隔夜勿食，卒病者不拘。如吐多人困甚，即以麝香泡湯，飲之即止。 上焦無實邪者禁用。

題清·徐大椿《藥性切用》卷六 甜瓜蒂 性味苦寒，入陽明而能吐風熱痰涎，上膈宿食。無實邪者忌之。甜瓜性冷，過食損陽。

清·黄宫繡《本草求真》卷九 甜瓜蓏，解暑熱內伏作痢。 甜瓜凿入心胃。 暑月解熱止渴之品也。味甘性寒，有毒。凡人因於暑熱內伏，症見膿血惡痢，痛不可忍。須以水浸甜瓜數枚，食之即愈。若瓜經日曝，其寒尤甚，故書有言瓜寒於曝，油冷於煎，即是此意。但此陽氣素盛，亦宜少食。若使脾胃素冷，服之則有瘧痢疸黄，動氣反胃。陰下生癢生瘡，發熱作脹之變，須用鹽花少許，麝香與酒則解。腳氣癥癖，食之患必不除。瓜蒂專主涌吐，已詳吐散部內，但有兩鼻兩蒂者殺人，皮可取收作羹，或蜜收晒為菓。

清·黄宫繡《本草求真》卷三 甜瓜蒂吐熱痰在膈。 甜瓜蒂凿入脾、肺、胃。 即俗名苦丁香是也。味苦氣寒，有毒。蓋此氣味純陰，功凿涌泄。凡因熱痰聚膈，而見面目浮腫，欬逆上氣，皮膚水氣，黄疸濕熱諸症，則當用此調治。或兼他藥同入涌吐。如仲景合赤小豆之酸甘，以吐胸中寒邪。《金匱》瓜蒂湯，以治中膈無汗之類。胸中者清陽之府，諸邪入胸皆阻，陽氣不得宣達，以致胸滿痞鞕，斯非汗下可施。惟以瓜蒂極苦，赤小豆味酸，相須相益，能除胸中實邪，為吐劑中第一品也。若不因其高而越，則為喘為嗽，勢所必至，但非實熱實症，不可輕用。

清·沈金鰲《要藥分劑》卷二 甜瓜蒂 【略】鰲按：王禎云瓜類不同，其用有二，供果者為果瓜，甜瓜、西瓜；供菜者為菜瓜，胡瓜、越瓜。但果瓜中之甜瓜，應即俗所云香瓜，其蒂不甚苦，亦不堪入藥。今所用瓜蒂，乃是俗所云團瓜之蒂，團瓜止可作菜，而不可作果。今雖遵《綱目》，而以甜瓜列于果部，其實不可不辨。團瓜，俗又名田瓜，恐是甜、田之悮。

清·李文培《食物小録》卷上 甜瓜即香瓜 氣香，味甘，寒，滑。止渴除煩，利小便，暑月食之不中暑。其形大小團扁不一，其色黄緑青斑各異，五方所產不同，惟廣陵者佳。

清·楊璿《傷寒溫疫條辨》卷六吐劑類 瓜蒂 味苦，有毒。入口即吐，實熱痰涎多用之。《類編》曰：一女子病齁喘不粘，遇一人令取瓜蒂七枚為末，調服其汁，吐痰如膠之黏，三進而病如掃。仲景有瓜蒂散。子和用瓜蒂、藜蘆、防風，等分為末，名三聖散，葶藶汁調末一錢，吐風痰。

清·羅國綱《羅氏會約醫鏡》卷一七菜部 甜瓜蒂味苦寒，有小毒，入胃經。 陽明經藥。能吐上焦實邪，如膈上之風熱痰涎、宿食停飲、頭目眩暈、濕氣水腫、頭痛、懊憹、癲癇、喉痹、黄疸、痞鞕、脹滿。以上諸症，如係濕熱實邪，一吐自愈。

按：瓜蒂苦寒，損胃傷血，上部無實邪者勿投。

清·趙學敏《本草綱目拾遺》卷八諸蔬部　穿腸瓜　《吉雲旅鈔》：穿腸瓜乃大便解出甜瓜子，生苗結實，土人名糞甜瓜。不拘大小，皆可入藥。採來曬乾，新瓦焙焦為末，乳缽研極細，攤地上，出火毒，收貯聽用。但此瓜不易有，須以人力製造，其法：將爛熟甜瓜與七八歲小兒空心帶子食之，令其勿嚼碎子，次日解出大便，子裹糞內，帶糞曝乾，時早即於本年下出，倘時晚不及生瓜，花亦可用，否則藏於次年下種更好。大人便出者，子亦可種。此瓜生在夏秋，若春冬要用，必須預備。

治痔漏：《吉雲旅鈔》：有秘授消痔神方，不論遠年近日痔漏，三服除根。用穿腸瓜焙存性為末，每末一兩，加蟬蛻末三錢五分，以金銀花五錢，浸酒一二日，煎數滾，調藥末，每服二錢七分，空心金銀花酒下。外以白海南花並根葉煎湯，不時先熏先洗，三日即愈。海南花春冬無鮮者，預收陰乾備用。蓋痔漏乃大腸鬱火，臟腑積熱，發而為腫為痛為瘡，久而成管，今用此藥以散火消毒，去積除壅，其管自退，不問新久，屢試屢驗。忌房事惱怒、煎炒辛辣熱物並發氣之類，百日永不再發。此方傳自西洋僧，有洋客患痔漏痛甚，不能上海船，其僧出此藥與服，三日即愈。求其方，送洋布十匹、黃金五兩，始得此方，用無不效。

清·黃凱鈞《藥籠小品》　瓜蒂　苦，寒，能吐陽明風熱，痰涎上膈宿食。瓜蒂散加淡豉、赤小豆同為末，開水調服取水調。

清·章穆《調疾飲食辯》卷四　甜瓜　《綱目》曰：瓜類不同，大曰瓜，小曰瓞。《爾雅》曰：瓞、瓜，其紹瓞。子曰瓣，肉曰瓤。跗曰環，脫花處也。蒂曰疐，繫蔓處也。以狀得名，則有龍肝、虎掌、兔頭、狸首、羊髓、蜜筩之稱。以色得名，則有烏瓜、白團、黃㼌、白㼌、小青、大斑之別。《唐志》以遼東、燉煌、廬江者為勝。而瓜州之大瓜，陽城之御瓜，蜀之溫瓜，永嘉之寒瓜，亦各有優劣也。甘肅甜瓜，皮瓤皆甘，過於餹蜜。浙中陰瓜，色若黃金。性亦僅能止渴除煩，解實熱而已。而《衍義》云：暑月食之，永不中暑。誤矣。大抵利害與西瓜同。孫氏曰：多食發黃癉。病後食之，令胃寒嘔吐。不特此也，能使中寒肚腹脹痛，四肢虛腫。腳氣人食之，病永不除。《食療本草》云：多食破腹作泄，令人手足無力，陰下濕癢，動宿冷，成癥癖。解多食作脹法，食鹽花少許即消。《綱目》曰：《博物志》言以冷水浸足至膝，可啖瓜數十枚至項，其啖愈多，水皆作瓜氣，物性之異也。予意瓜最畏麝，觸之則一蒂不收。又畏酒，熏之則爛。凡解瓜積，莫如飲熱酒燒酒尤妙，及水服麝香，勝於食鹽漬水也。然僅能消不消之瓜積，不能救瓜性之寒。不如砂仁、白荳蔻、乾薑、吳茱萸、川椒之類，或理中湯加砂仁、白蔻治之。解過食西瓜、胡瓜、越瓜法同。蒂味極苦，《千金方》名瓜丁，又曰苦丁香。性能發吐，仲景有瓜蒂散。又治熱病發黃，《千金翼》用瓜蒂為末吹鼻，取出黃水乃愈。又治鼻中瘜肉，《聖惠方》用瓜蒂、白礬各半錢為末，綿裹塞之。子中仁，諸本草載有多用，率皆不驗，大約如西瓜子也。

清·王龍《本草纂要稿·菜部》　瓜蒂　堪為吐劑。消身面浮腫水氣，逐咽喉窒塞風痰。逐胸中寒，除偏頭痛。殺蠱毒鬼疰，止呃逆氣冲。但性急，多損胃氣，胃弱忌煎。雖有當吐之疴，必以參蘆代之。

清·張德裕《本草正義》卷下　苦丁香即甜瓜蒂　苦，寒，有毒。善能涌吐，上可吐頑痰積飲，療癲癎喉痺。下可逐水濕痰飲，治浮腫水臌。其性急峻，不從上出，即從下去。同細辛、麝香為末，可敷鼻瘜。

清·楊時泰《本草述鉤元》卷二〇　瓜蒂　即甜瓜蒂。瓜類不同，一曰果瓜，西瓜、甜瓜是也，一曰菜瓜，胡瓜、越瓜是也。甜瓜南北種蒔甚多，其類最繁，有團有長，有尖有扁，大或徑尺，小或一捻，其稜或有或無，其色或青或綠，或黃斑糝斑，或白路黃路。入藥用瓜之團而短者良，若長如瓠子不可用瀕湖。

味苦氣寒，有小毒。氣薄味厚，浮而升，陰多於陽。酸苦涌泄為陰。入手太陰、足陽明、太陰經。主水氣身面浮腫，欬逆上氣，并濕氣上侵作偏頭痛，吐風熱痰涎，暴塞咽膈，風眩頭痛，療黃疸急黃喘息。瓜實在鬚蔓間，其字象形。蒂則瓜之綴蔓處，性偏延蔓，末繁於本，故近本之瓜嘗小，近末之瓜轉大。凡實之吮抽水液，惟瓜稱最，而吮抽之樞，抵當惟蒂而已。是以蒂具徹下炎上之用，蒂味苦而瓜本甘，以見中樞之別於上下內外，誠涌泄之宣劑通劑也之頤。瓜蒂主治，皆取其宣發涌泄，引涎越積之功仲淳。瓜蒂乃陽明經除濕熱之藥，能引出胸脘痰涎，頭目濕氣，皮膚水氣，黃疸濕熱諸證瀕湖。納鼻中，出黃水，除偏頭痛有神，因濕者宜此海藏。偏頭痛是濕氣所干，氣虛偏右，血虛偏左，瓜蒂末納鼻出黃水，導濕氣下流也《類明》。《難經》云：上部有脈，下部無脈，其人當吐不吐者死，用瓜蒂散。尺脈絕者，不宜用此，恐損真元，令人胃氣不復也東垣。仲景云：病如桂枝證，頭不痛，項不強，寸脈微浮，胸中痞鞕，氣上衝咽喉不得息者，此胸中有寒也，當吐之。太陽中暍，身熱頭痛而脈微弱，此夏月傷冷水，水行皮中也，宜吐之。少陽病頭痛，發寒熱，脈緊不大，是膈上有痰也，宜吐之。病胸上諸實，鬱鬱而痛不能食，欲人按之而反有濁唾，下利日十餘行，寸口脈微弦者，當吐之。懊憹煩躁不得眠，未經汗下者，謂之實煩，當吐之。宿食在上脘者，當吐之。並宜瓜蒂散，惟亡血虛家，不可與。用瓜蒂二錢半熬黃，赤小豆二錢半為末，每用一錢，以香豉一合，熱湯七合煮糜，去渣和服，少少加之，快吐乃止。高者越之，在上者涌之，故越以瓜蒂、香豉之苦，涌以赤小豆之酸，酸苦涌泄為陰也無己。身面浮腫，並取瓜蒂、丁香、赤小豆各七枚，為末，吹豆許入鼻，少時黃水流出，隔日一用，瘥乃止。濕家頭痛，瓜蒂末一字，嗃鼻，口含冷水，取出黃水愈。風涎暴作，氣塞倒仆，瓜蒂為末，每用一二錢，膩粉一錢匕，以水半合調灌，良久涎自出，不出，含沙糖一塊，下咽即出。諸風膈痰，諸癇涎涌，用瓜蒂炒黃為末，量人以酸齏水一盞調下，取吐。風癇，加蠍梢半錢。濕氣腫滿，加赤小豆末一錢。有蟲，加狗油五七點，雄黃一錢，甚則加芫花五分，立吐蟲出。

論：用蒂，須取甜瓜，蒂味苦而瓜味甘，舍甘用苦，以苦能達甘之用也。甜瓜吐華五六月，稟火之氣以致於土，其色黃，自吐華即有蒂，而結實即於蒂，故蒂稟火氣，瓜味甘，蒂之苦即聯於甘，故稟火氣以致土，即所謂以苦而達甘之用也。夫甘之用，不止達水以至土，必先達水以至火，此以二月下種，蔓延末大，厚孕於水氣，至夏火畢達而實乃成，火之畢達者，正水之必達也。此徹下炎上之用，所以致土用也。夫土兼四氣，而以水火為中氣之元，至於水火畢達則土之用得際於極上，胃氣之至於肺以布四臟者，皆由此也。是以治證多灌入鼻中。即是以思治療之功，如火能達，則風熱之為患者散，水能達，則濕寒之為患者亦散。至濕熱黃疸，是病於土之體也，土用達，又何不達之有，誠涌泄之宣劑通劑哉。但達土用者無如此，為土病者亦即在此，故胃弱人忌之。嘉謨云：代以參、蘆可也。性急能損胃氣，胃弱者切忌，病後產後，尤宜深戒丹溪。味極苦而性上涌，能損胃傷血，耗氣損神，切勿誤用，為害非細仲淳。

清・葉桂《本草再新》卷五 甜瓜蒂味苦，性寒，有小毒。入心、脾二經。瀉心火，健脾土，利濕消水，止頭痛、衄血。

清・吳其濬《植物名實圖考》卷三一 甜瓜 《嘉祐本草》始著錄。北方多種，暑月食之。瓜蒂，《本經》上品。《圖經》云：瓜蒂即甜瓜蒂，能吐人。瓜子仁，《別錄》為腸胃脾內壅要藥。

雩婁農曰：余觀《聞見前錄》謂呂文穆公行伊水上，見賣瓜者，意欲得之，無錢可買。其人偶遺一枚於地，悵然食之，後臨水起亭，以饐瓜為名，不忘貧賤之意。喟然嘆曰：無主之李，志士不食。文穆雖貧，何至為東郭之乞餘哉？吾嘗過瓜疇矣，河南北善種瓜，瓜將熟，結廬以守。中田有廬，疆埸有瓜，猶古制也。瓜成，集婦子而并手摘之，其晚實者瓜小味劣，俗名拉秧瓜，棄而不顧。行者、居者斷其蔓而得之，無過問者。或旅人道暍，不能度阡越陌，有就而餽之者。若種西瓜而取其子，則陳於康衢以待食者，而留子焉。有茶社或並設瓜飲。必伯夷之粟而後食，賢者無取乎其矯。文穆貧時不能得美瓜。饐訓傷熱濕，亦通噎，或得病瓜及瓜之噎人者歟？否則字當作饁，野人之饋，抑哀王孫而進食者歟？吾慮後人以文穆不避瓜田納履之嫌者，故辨之。

清・趙其光《本草求原》卷一二果部 甜瓜蒂即苦丁香。苦，寒，有毒。乃陽明除濕熱之藥，能去胸膈痰涎，故治面目浮腫，咳逆上氣，皮膚水氣，黃疸濕熱，殺蟲毒。凡食諸瓜果病在胸腹者，宜此吐之。蓋酸苦湧泄為陰。瓜蒂散用瓜蒂之苦寒，合赤小豆之酸甘，以吐胸中寒邪。《金匱》瓜蒂湯治中暍無汗，今人罕能用之。又搐鼻，取頭中寒濕，黃疸。得細辛、麝香，治鼻不聞香臭。凡尺脈虛，胃氣弱，病後、產後俱忌吐藥，不獨瓜蒂也。故膈上無熱痰邪熱者，切禁。又詳菜部，宜參。

清・趙其光《本草求原》卷一五菜部 甜瓜蒂即苦丁香。春苗，夏花，花蒂結實。瓜甘，屬土。蒂苦，屬火。而氣寒。屬水。是由春升達水至火，夏火氣盛。以歸於土，而乃際於極上者也。水火達，而胃氣乃上於肺，以布於四臟，凡食物皆然。此味治證，多灌鼻中以行之，可知其能上至於肺矣。故能湧吐肺胃風熱痰涎、膈上宿食。凡桂枝證寸脈浮而胸痞、氣上沖者，胸有寒也；夏月身熱頭痛，脈微弱者，傷冷水，水行皮中也；少陽病寒熱頭痛、脈緊者，膈有痰也；胸痛欲人按，而反有濁唾兼下利、寸脈弦者，未經汗下而煩躁者，皆上實也，俱宜吐之。吐亦有發汗之意，丹溪治小便不通亦用吐法，甚至用四物、四君以引吐，皆成法也。今人但知汗下，而吐法絕置不用，致邪在上焦，久成壞症，惜哉。主水氣，身面浮腫，咳逆上氣，濕氣上侵頭痛，風眩頭痛，痰閉咽塞，懊憹不眠，黃疸喘息，皆取其苦以達甘之用也。之頤曰：蒂具徹下炎上之能，使火氣達，則風與熱俱散；水氣達，則寒與濕俱除。故為胃土除濕熱之要藥。方用瓜蒂達胃至肺，赤小豆入肝升腎，等分為末，或吹鼻取出黃水，或以香豉煎湯調下一錢。

同麝香、細辛，治鼻不聞香臭。合膩粉半之，治風涎氣塞卒倒；若涎不出，含砂糖即出。炒黃為末，酸齏水下，治風痰在膈。諸癇、風癇，加蠍梢；濕腫，加赤小豆；有蟲加狗油、雄黃，甚則加芫花，立吐出蟲。但大吐亡陽，凡尺脈虛、胃弱、病後及上焦無實邪者，吐之則損胃耗氣。凡取吐，須天氣清明，巳午以前，令病人隔夜勿食；卒病者不拘。一女子齁喘，取吐膠痰而愈。

清・葉志詵《神農本草經贊》卷一 瓜蒂 味苦，寒。主大水身面四肢浮腫，下水，殺蠱毒，欬逆上氣。食諸果病在胸腹中，皆吐下之。生平澤。

美實蠲煩，秋除抱蒂。花謝跗環，瓞緜蔓繫。齒沁餘香，鼻披雙綴。青綠垂檐，東來風脆。

劉子翬詩：美實蠲煩喜及時。杜甫詩：許以秋蒂除，仍看小童抱。《農書》：大曰瓜，小曰瓞，跗曰環，注脫花處。蒂曰嚏。注繫蔓處。李東陽詩：冰齒餘香嚼未殘。《龍魚河圖》：瓜有兩蒂，兩鼻者殺人。雷斅論：凡使瓜蒂，取青綠色，瓜氣足時采得，繫屋東有風處吹之。

清・文晟《新編六書》卷六《藥性摘錄》 甜瓜 入心胃。甘，寒，有毒。解暑熱內伏，而見膿血作痢。〇脾胃素冷者禁服。〇瓜蒂，專主湧吐。有兩鼻兩蒂者，殺人。

甜瓜蒂 苦，寒，有毒。入脾肺胃。吐熱痰在膈，凡因熱痰聚膈，而見面目浮腫，欬逆上氣，皮膚水氣，黃疸濕熱諸症，宜用此治。或兼化導，同入湧吐，如中（揭）〔暍〕無汗，兼赤小豆以湧吐是也。〇但非實熱實症，不可輕用。

清・張仁錫《藥性蒙求・果部》 瓜蒂 瓜蒂苦寒，陽明吐藥。風熱痰涎，皆留上膈。一名瓜丁。涌吐之品。治風眩癲癇，上脘痞鞕濕熱等病。上部無實邪者，大忌。當吐而胃弱者，代以參蘆。

清・王孟英《隨息居飲食譜・果食類》 甜瓜 甘，寒。滌熱利便，除煩解渴，療飢，亦治暑痢。種類匪一，以清香甘脆者勝。多食每患瘧痢。凡虛寒多濕、便滑腹脹、脚氣，及產後、病後，皆忌之。其子亦可食。黃疸，鼻癒、濕家頭痛，竝用瓜蒂爲末，吹鼻內，口含冷水。俟鼻出黃水愈。

清・田綿淮《本草省常・瓜性類》 甜瓜〔穰〕 一名苦瓜。性冷。通三焦壅塞氣，利大小腸。多食傷脾胃，助濕熱，生瘧痢，令人虛羸。脚氣人忌之。

穰，性熱，生口瘡。同醋食生疳蟲。香瓜，性冷。利二便。多食破腹。脚氣人忌之。

清・戴葆元《本草綱目易知錄》卷三 甜瓜瓤 甘，寒，滑，有小毒。解暑止渴，除煩熱，利小便，通三焦間壅塞氣。治口鼻瘡。暑月食之，永不中暑。然多食，至深秋作痢，發黃疸，脚氣。凡食瓜過多，但飲酒及水，送（射）〔麝〕香少許，服便消。【略】

瓜蒂瓜丁、苦丁香 苦，寒，有毒。乃陽明經去濕熱之藥，能引去風熱痰涎。治風眩頭痛，癲癇，喉痹，頭目濕氣，皮膚水腫。主大水身面四肢浮腫，鼻中息肉，腦寒熱齆，眼昏吐痰，欬逆上氣。療黃疸，殺蠱毒及食諸果病在胸腹中，皆吐下之。合（射）〔麝〕香、細辛，治鼻不聞香臭。凡胃弱及病後、產後、亡血家，尺脉絕，上部無實邪者，俱忌用。

清・陳其瑞《本草撮要》卷三 甜瓜 味甘，寒，入足太陽、陽明經，功專清煩止渴，解暑泄。胃滑腸瀉者忌吃。瓜蒂 味苦，寒，有小毒，入足陽明經，功專引吐。得淡豆豉、赤小豆吐中有散。葉搗汁塗頭生髮。偏頭痛以瓜蒂晒乾，生研末，納鼻中出黃水即愈。甜瓜蒂也。

清・吳汝紀《每日食物却病考》卷上 甜瓜 寒，無毒。少食，止渴，除煩熱，利小便，夏月消暑氣。多食，令陰下濕痒生瘡，動宿冷病破腹。凡落水沉者、雙頂、雙蒂者，皆有毒，切不可食。瓜蒂，治浮腫，下水，殺蠱毒，及食諸菓病在胸腹中，皆吐下之，并療黃疸。

套瓜

清・吴其濬《植物名實圖考》卷六 套瓜 生雲南。蔓延都似金瓜，而瓜作兩層，如大瓜含小瓜。味淡不中噉，種以為玩。山西亦有，不入蔬品。

哈蜜瓜

清・吴其濬《植物名實圖考》卷三一 哈蜜瓜 《西域聞見錄》有十數種，綠皮綠瓤而清脆如梨、甘芳似醴者為最上，圓扁如阿渾帽形。白瓤者次之，綠者為上。皮淡白多綠斑點，瓤紅黃色者為下，然可致遠久藏。回子謂之冬瓜，可收至次年二月，餘皆旋摘旋食，不能久留云。余㒒直禁，近歲蒙賞果，出莅滇南，仍邀驛賜。蓋瓜之貢者，瓤皆紅黃色，取其致遠，不責以美尚。邊園賞賚則有瓜乾，即明王世懋所謂乾以為條，味極甘，而誤以為甜瓜者也。陝甘人云，種之中土皆紅瓤小犀，一年即變。非我國家恩威西被，此瓜亦烏能與天馬、葡萄同來闕下，便番錫賚，所以示文德武功，加於無外也。洪忠宣萬里羈留，卒能攜種南還。臣子幸際大一統之盛，得嘗前賢所未嘗，若以黃甌少師，適從何來，何以讀忠宣書？

護聖瓜

明·姚可成《食物本草》卷七菜部·蓏菜類　護聖瓜產浙江天台縣天台山。山高一萬八千丈，週迴八百里，山有八重，四面如一。當斗牛之分，上應台星。兩崖之間，中有石橋橫亙。自下視之，橋在半天，長七丈，北闊二尺，南闊七尺，龍形龜背，莓苔甚滑，瓜生於橋邊石罅中，有花虬時盤糾，至實落供大士乃去。　護聖瓜，味甘，平，無毒。主益精神，悅顏色。久食，不飢延年神仙。

陽坡瓜

明·姚可成《食物本草》卷七菜部·蓏菜類　陽坡瓜產直隸宣城縣水東山之塢。其地為朝旭所照，故號為陽坡。瓜味極甘美，他處皆不及。杜少陵詩：陽坡好種瓜。　陽坡瓜，味甘，寒，無毒。主益肺經，止欬嗽，調胃清暑，利水除熱。

義塘瓜

明·姚可成《食物本草》卷七菜部·蓏菜類　義塘瓜產河南睢州北七十里義塘村。瓜大如拳，破之黛色，味甘如蜜，頃歲入貢。或以其子蒔他處，輒變而稍大，味亦頓減。　義塘瓜，味甘，寒，無毒。主解熱燥，止煩渴，解暑利胃。

金鵝蛋

明·姚可成《食物本草》卷九果部·蓏果類　金鵝蛋瓜色淡黃，形同鵝卵，故名。南土甚多。二月下種，盛夏乃熟。皮薄肌細，子小如麥粒，味甘美，但瓜〔氣〕太重。　金鵝蛋，味甘，微寒，無毒。解暑消渴，下三焦火，清胃爽脾。多食令人洩瀉。

西瓜

元·忽思慧《飲膳正要》卷三　西瓜　味甘，平，無毒。主消渴，治心煩，解酒毒。

元·吳瑞《日用本草》卷六　西瓜　色如青玉，子如金色，或黑麻色。北地多有之。契丹破回紇，得此種，以牛糞覆而種之，大圓如匏。　味甘極淡，性寒，有毒。可生食。　主壓煩渴，消暑毒。多食喜作吐痢。同油餅食損胃。

明·蘭茂原撰，范洪等抄補《滇南本草圖說》卷八　西瓜　味甘，平，無毒。解暑熱酒毒，除煩止渴，治喉，血痢。仁，潤腸清肺，補中。

明·蘭茂撰，清·管暄校補《滇南本草》卷上　西瓜　味甘，寒。治一切熱症，痰湧氣滯。根葉，煎湯服，治水瀉，痢疾。

明·盧和、汪穎《食物本草》卷二果類　西瓜　味淡甘，寒。壓煩熱，消暑毒，療喉痹，有天生白虎湯之號。多食作洩痢。與油餅之類同食，損胃。一種名楊溪瓜，秋生冬熟，形略長扁而大，瓤色臙紅，味勝西瓜，可留至次年夏間。或曰是異人所遺之種也。

明·寧源《食鑒本草》卷下　西瓜　味甘，寒，無毒。消暑熱，解煩渴，寬中下氣，利小水。治血痢。

明·王文潔《太乙仙製本草藥性大全》卷五《仙製藥性》　西瓜　熟者性溫不寒。解夏中暑熱毒靈，有天生白虎湯之號。仍療喉痹，更止消渴。

明·李時珍《本草綱目》卷三三果部·蓏類　西瓜《日用》

〔釋名〕寒瓜見下。　〔集解〕瑞曰：契丹破回紇，始得此種，以牛糞覆而種之。結實如斗大，而圓如匏，色如青玉，子如金色，或黑麻色。北地多有之。時珍曰：按胡嶠《陷虜記》言：嶠征回紇，得此種歸，名曰西瓜。則西瓜自五代時始入中國，今則南北皆有，而南方者味稍不及，亦甜瓜之類也。二月下種，蔓生，花、葉皆如甜瓜。七八月實熟，有圍及徑尺者，長至二尺者。其稜或有或無，其色或青或綠，其瓤或白或紅，紅者味尤勝。其子或黃或紅，或黑或白，白者味更劣。其味有甘、有淡、有酸，酸者爲下。陶弘景註瓜蒂言，永嘉有寒瓜甚大，可藏至春者，即此也。蓋五代之先，瓜種已入浙東，但無西瓜之名，未遍中國爾。其瓜子曝裂取仁，生食、炒熟俱佳。皮不堪啖，亦可蜜煎、醬藏。穎曰：一種楊溪瓜，秋生冬熟，形略長扁而大，瓤色如臙脂，味勝。可留至次年，云是異人所遺之種也。

瓜瓤　〔氣味〕甘，淡，寒，無毒。瑞曰：有小毒。多食作吐利，胃弱者不可食。同油餅食，損脾。時珍曰：按《延壽書》云：北人禀厚，食之猶慣；南人禀薄，多食易至霍亂。冷病終身也。〇又按《相感志》云：食西瓜後食其子，即不噫瓜氣。以瓜劃破，曝日中，少頃食，即冷如水也。得酒氣，近糯米，即易爛。猫踏之，即易沙。　〔主治〕消煩止渴，解暑熱吳瑞。療喉痹汪穎。寬中下氣，利小水，治血痢，解酒毒寧原。含汁，治口瘡震亨。

〔發明〕穎曰：西瓜性寒解熱，有天生白虎湯之號。然亦不宜多食。時珍曰：西瓜、甜瓜皆屬生冷。世俗以爲醍醐灌頂，甘露洒心，取其一時之快，不知其傷脾助濕之害也。真西山《衛生歌》云瓜桃生冷宜少飧，免致秋來成瘧痢是矣。又李鵬飛《延壽書》云：防州太守陳逢原，避暑食瓜過多，至秋忽腰腿痛，不能舉動。遇商助教療之，乃愈。此皆食瓜之患也，故集書于此，以爲鑒戒云。又洪忠宣《松漠紀聞》言：有人苦目病。或令以西瓜切片暴乾，日日服之，遂愈。由其性冷降火故也。

皮　【氣味】甘，凉，無毒。【主治】口、舌、唇内生瘡，燒研噙之震亨。

【附方】新二。　閃挫腰痛：西瓜青皮，陰乾爲末，鹽酒調服三錢。《攝生衆妙方》。

食瓜過傷：瓜皮煎湯解之。諸瓜皆同。《事林廣記》。

瓜子仁　【氣味】甘，寒，無毒。【主治】與甜瓜仁同時珍。

明·李詡《戒庵老人漫筆》卷三　西瓜　西瓜可治暑疾，甚效。種以牛糞，結實大如斗，其種自洪忠宣使金虜移歸。極惡糯米，撒上易爛。

明·王肯堂《鬱岡齋筆麈》卷二　西瓜　不見於本草。《草木子》謂自元太祖征西域始得之。然胡嶠《陷虜記》云征回紇得此種，如中國冬瓜而味甘，則五代時已有之矣。而《松漠記聞》諸書又言洪皓使虜携以歸，何哉？劉楨賦曰：藍皮、密理、素肌、丹瓤。陸機賦曰：攄文抱綠，披素懷丹。張載賦曰：玄表丹裏，呈素含紅。斯皆非西瓜無以當之，而三子皆晉人也，則謂五代始有者亦謬耳。《史記》邵平故秦東陵侯，秦滅後為布衣，種瓜長安城東，瓜美，故世謂之東陵瓜。阮藉詩：昔聞東陵瓜，近在青門外。連畛距阡陌，子母相鈎帶。五色曜朝日，嘉賓四面會。使非西瓜，安有所謂五色者哉？

明·穆世錫《食物輯要》卷六　西瓜　味甘，平，性寒，無毒。解暑熱酒毒，除煩止渴，治喉痹熱痢，利小水。多食，助濕動腸胃，發寒疝。同油餅食，損胃氣。汪穎云：喫瓜後，喫瓜仁，不噫瓜氣。瓜着酒、糯米即爛，猫踏即沙。

明·吴文炳《藥性全備食物本草》卷一　西瓜　味甘，平，性寒，無毒。解暑熱、酒毒，除煩止渴，治喉痺熱痢，利小水。多食助濕動腸胃，發寒疝。同油餅食損胃氣。汪穎云：喫瓜後喫瓜仁不噫瓜氣，瓜着酒、糯米即爛，猫踏即沙。《衛生歌》云：瓜桃生冷，宜少飧，免致秋來成瘧痢。

明·趙南星《上醫本草》卷二　西瓜　一名寒瓜。

瓜瓤　甘、淡，寒，無毒。主治：消煩止渴，解暑熱，療喉痹，寬中下氣，利小水，治血痢，解酒毒。含汁，治口瘡。瑞曰：有小毒，多食作吐利，胃弱者不可食。同油餅食，損脾。穎曰：西瓜性寒解熱，有天生白虎湯之號。然亦不宜多食。時珍曰：西瓜、甜瓜皆屬生冷，世俗以為醍醐灌頂，甘露洒心，取其一時之快，不知其傷脾助濕之害也。《真西山衛生歌》云瓜桃生冷宜少飧，免致秋來成瘧痢，是矣。

明·倪朱謨《本草彙言》卷一五　西瓜　味甘淡，氣寒，無毒。李氏曰：按胡嶠征回紇，得此種歸，名曰西瓜。則西瓜自五代時始入中國，今則南北皆有，而北方者味更佳美。二月下種，蔓生，花葉皆如甜瓜。六七月實熟，有周圍徑尺者，或有稜，或無稜。其色或青或綠，其瓤或白或紅，紅者味尤勝。其子或黄或紅，或黑或白，白者味劣。其味有甘、有淡、有酸，酸者爲下。

西瓜：解暑熱，吴瑞消煩止渴之藥也。門吉士曰：按《本草綱目·發明》，言西瓜性寒解熱，下氣止渴，有天生白虎湯之名。又按《松漠記聞》云：有人苦目病，或令以西瓜切片，曝乾，日日服之遂愈。因其性冷降火故也。然亦不宜多食，世謂醍醐灌頂，甘露灑心，取一時之快，而不知有傷脾助濕之患也。真西山云瓜桃生冷宜少飧，免致秋冬成瘧痢是也。

集方：治陽明熱甚，舌燥煩渴者；或神情昏冒不寐，語言懶出者。用好紅瓤西瓜，剖開取汁一碗，徐徐飲之即安。〇《廣筆記》治牙疼神方，用經霜西瓜皮，燒灰敷患處牙縫内，立效。

明·應麐《食治廣要》卷四　西瓜　氣味：甘、淡，寒，無毒。主治：消煩止渴，解暑熱，寬中下氣，利小水，治血痢，解酒毒。含汁，治口瘡。多食作吐利，胃弱者不宜食。同油餅食，損脾。北人禀厚，食之頗宜；南人禀弱，多食易致霍亂諸疾。

按此亦甜瓜之類也。南方者味稍不及。李時珍曰：西瓜、甜瓜皆屬生冷。世俗以為醍醐灌頂，甘露灑心，取其一時之快，不知其傷脾助濕之害也。《真西山衛生歌》云　瓜桃生冷宜少飡，免致秋來成瘧痢，〔是矣。〕又李鵬飛《延壽書》云：防州太守陳逢原，避暑食瓜過多，至秋忽腰腿痛，不能舉動。此皆食瓜之患也。《相感志》云：食西瓜後食其子，即不噫瓜氣。以瓜劃破，曝日中，少頃食之，即冷如冰。得酒氣，近糯米，即易爛。經猫踏，即易沙也。

明·姚可成《食物本草》卷九果部·蓏果類　西瓜一名寒瓜。契丹破回紇，始得此種。以牛糞覆而種之。結實如斗大而圓如匏，色如青玉，子如〔金〕色，或黑〔麻〕色。

北地多有之。今南方亦有，味稍不及。二月下種，蔓生，花、葉皆如甜瓜。七八月熟，有圍及徑尺者，長至二尺者。其稜或有或無，其色或青或綠，其瓤或白或紅，紅者味尤勝。其子或黄或紅，或黑或白，白者味更劣。其味有甘、有淡、有酸，酸者為下。其瓜子曝裂取仁，生食、炒熟俱佳。皮不堪啖，亦可蜜煎、醬藏。一種楊溪瓜，秋生冬熟，形略長扁而大，瓤色如臙脂，味勝。可留至次年，云是異人所遺之種也。

西瓜　味甘，寒，無毒。主消煩止渴，解暑熱，療喉痹，寬中下氣，利小水，治血痢，解酒毒。含汁，治口瘡。《延壽書》：北人稟厚，食之猶慣；南人稟薄，多食易至霍亂。西瓜性寒解熱，有天生白虎湯之號。然亦不宜多食。〇李時珍曰：西瓜、甜瓜，皆屬生冷。世俗以為醍醐灌頂，甘露洒心，取其一時之快，不知其傷脾助濕之害也。《真西山衛生歌》云瓜桃生冷宜少飧，免致秋來成瘧痢是矣。又李（廷）〔鵬〕飛《延壽書》云：防州太守陳逢原，避暑食瓜過多，至秋忽腰腿痛，不能舉動。遇商助教療之，乃愈。此皆食瓜之患也。又洪忠宣《松漠紀聞》言：有人苦目病。或令以西瓜切片曝乾，日日服之，遂愈。由其性冷降火故也。〇《相感志》云：食西瓜後食其子，即不噫瓜氣。以瓜劃破，曝日中，少頃食，即冷如冰也。得酒氣，近糯米，即易爛。猫踏之，即易沙。〇西瓜水，消一切人、畜毛髮。牛、馬騣製巾帽，犯之即爛。

皮　味甘，涼，無毒。主口、舌、唇内生瘡，燒研噙之。

仁　與甜瓜仁同。

附方：食瓜過多成病。瓜皮煎湯解之。

明・顧逢柏《分部本草妙用》卷九果部　西瓜　甘、淡，寒，無毒。多食至霍亂，冷病終身。食瓜後食其子即不噫瓜氣。剖瓜曬日中，少頃如冰，目疾者宜之。主治：消煩止渴，解暑熱，療喉痺，寬中下氣，利小水，治血痢，解酒毒。汁，治口瘡。西瓜性寒解熱，有天生白虎湯之號。多食傷脾助濕。

明・孟筌《養生要括・菜部》　西瓜　味甘，寒，無毒。解煩熱，利大小便，除熱痢，解酒毒，寬中下氣。

仁　與甜瓜仁同效。

明・施永圖《本草醫旨・食物類》卷二　西瓜　味甘，寒，無毒。治：消暑熱，解煩渴，寬中下氣，利小水，治血痢。

明・李中梓《本草通玄》卷下　西瓜　甘，寒。解暑消煩，止渴利水。西瓜性冷，世俗取一時之快，忘傷胃之憂，古人有天生白虎湯之號，稔其寒也。愚者妄云不傷脾胃，誤矣。

清・丁其譽《壽世秘典》卷三　西瓜吳瑞曰：契丹破回紇，得此種歸，名曰西瓜。則西瓜自五代時始有之。或曰《禮記》有削瓜之文，三代已有之矣。回紇之瓜，今南瓜也。

氣味：甘、淡，寒，無毒。主消煩渴，解暑熱，寬中下氣，利小水，治血痢，解酒毒，含汁口瘡。

發明汪穎曰：西瓜性寒解熱，有天生白虎湯之號。然稟薄者多食，易生霍亂。李時珍曰：西瓜、甜瓜皆屬生冷，世俗以為醍醐灌頂，甘露洒心，取其一時之快，不知其傷脾助濕之害也。《真西山衛生歌》云瓜桃生冷宜少食，免致秋來成瘧痢是也。《食物本草》云：腹中悞食毛髮，食西瓜自消。《相感志》云：食西瓜後，食其子即不噫，瓜氣得酒氣，近糯米即易爛，猫踏之即易沙。《事林廣記》云：食瓜過傷，瓜皮煎湯解之，諸瓜皆同。

瓜子仁　與甜瓜仁同。

清・郭章宜《本草匯》卷四　西瓜　味甘淡，寒。解暑熱，消煩渴，利小水，解酒毒。

按：西瓜，生冷之物也。世以為醍醐灌頂，甘露洒心，取其一時之快，不知其傷脾助濕之害也。所以古人有天生白虎湯之號，稔知其寒也。而《真西山衛生歌》云：瓜桃生冷宜少飧，免致秋來成瘧痢。愚者妄云不傷脾胃，誤也。

清・尤乘《食鑒本草・菜類》　西瓜　消暑熱，解煩渴，寬中下氣，利水，止血痢。

得酒氣、近糯米，即易爛。猫踏之，即易沙。

清・朱本中《飲食須知・果類》　西瓜　味甘，性寒。胃弱者不可食，多食作吐利，發寒疝，成霍亂冷病。同油餅食，損脾氣。食瓜後，食其子，不噫瓜氣。以瓜劃破曝日中，少頃食，即冷如冰。近糯米，沾酒氣即易爛，猫踏之易沙。

清・何其言《養生食鑒》卷上　西瓜　味甘，平，性寒，無毒。解暑熱酒毒，除煩止渴，治喉痹熱痢，利大小便。多食助濕，動腸胃，發寒疝。同油餅食，損胃氣。

瓜子仁　味甘，性寒，無毒。清肺潤腸，和中止渴。炒則性熱，補中宜人。不宜多食。

清·王翃《握靈本草》卷七 西瓜 主治：西瓜，甘，淡，寒，無毒。主消煩，主渴，解暑毒，療喉痺，利小水，治血痢，解酒毒。含汁，治口瘡。

清·汪昂《本草備要》卷三 西瓜瀉暑熱。 甘，寒。解暑除煩，利便醒酒，名天生白虎湯。西瓜、甜瓜，皆屬生冷，多食傷脾助濕。《衛生歌》云：瓜、桃生冷宜少食，免致秋来成瘧痢。瓜性寒，曝之尤寒。稽含賦云：瓜曝則寒，油煎則冷，物性之異也。

清·王逊《藥性纂要》卷三 西瓜 【略】東圃曾治張非珉文學，暑月病瘧，熱渴之極，每發時只索西瓜救命，雖服石膏、黃連，無濟，啖瓜及百餘枚而愈。此亦罕見者也。

清·顧靖遠《顧氏醫鏡》卷八 西瓜甘，寒。 解暑清熱，消煩止渴。故有天生白虎湯之號。 療喉痺，漱口瘡。降火之力。 多食傷脾，助濕作利。

清·李熙和《醫經允中》卷二二 西瓜 多食致霍亂冷痛終身。剖瓜晒日中，少頃如冰，熱疾者宜之。 甘，淡，寒，無毒。主消煩止渴，解暑熱，利小水，解酒毒。西瓜性解熱，有天生白虎湯之號。 多食傷脾助濕。語云：秋前多食瓜和李，秋後必生瘧與痢，試驗果然，誠宜節省。

清·馮兆張《馮氏錦囊秘錄·雜症痘疹藥性主治合參》卷七 西瓜西瓜，甜瓜，皆屬生冷，多食傷脾助濕。《衛生歌》云：瓜桃生冷宜少食，免致秋來成瘧痢。瓜性寒，曝之尤寒。嵇含賦云：瓜曝則寒，油煎則冷。物性之異也。 西瓜，熟者性溫，不寒，解夏中暑熱毒最靈，有天生白虎湯之號。仍療喉痺，更止渴消，解暑除煩，利水醒酒。然取其一時之快，而多傷脾助濕之虞。

清·张璐《本經逢原》卷三 西瓜 甘，寒，無毒。 發明：西瓜瓤色赤，味甘。能引心包之熱，從小腸膀胱下泄，以其得西方金氣於三伏中，故能解太陽、陽明中暍及熱病大渴，故有天生白虎湯之稱。而春夏伏氣發瘟熱病，覓得隔年藏者啖之，如湯沃雪。緣是世醫常以治冬時傷寒、壞病煩渴，從未見其得愈者，良由不達天時，不明鬱發之故耳。近有舶上來者，五月便熟，不必覓隔年藏者，方宜時世之不同若此。 瓜子仁 甘，淡，微溫，無毒。

發明：西瓜甘寒降泄，子仁甘溫性升，以中藏烈日之氣，不無助火之責，其開豁痰涎是其本性。世人咸謂瓜子生痰，安有甫入口而使變痰涎之理，按《相感志》云，食西瓜後食其子，即不噫瓜氣，其溫散之力可知。《綱目》言其主治與甜瓜仁同，豈甜瓜仁亦為生痰之物耶？

清·汪啟賢等《食物須知·諸菜》 西瓜 熟者，性溫不寒，解夏中暑熱毒最靈，有天生白虎湯之號。仍療喉痺，更止消渴。

清·葉盛《古今治驗食物單方》 西瓜 腰痛因閃剉者，西瓜皮陰乾為末，酒調三錢。 消渴引飲，西瓜任服，五六月熱病口渴，亦能解之；瘧發熱甚，口大渴，取西瓜水飲之，汗出如注而愈。

清·黃元御《玉楸藥解》卷四 西瓜 味甘，微寒。入手太陰肺、足太陽膀胱、足陽明胃經。清金除煩，利水通淋。西瓜甘寒流利，清金利水，滌胸膈煩燥，泄膀胱熱濇最佳之品。脾胃寒濕，取汁熱服。

清·吳儀洛《本草從新》卷四 西瓜〔瀉暑熱。〕 甘，寒。瓜性寒，曝之尤寒，稽含賦云：瓜曝則寒，油煎則冷，物性之異也。 解暑除煩，利便醒酒，止渴清熱。《松漠紀聞》〔洪忠宣《松漠紀聞》。〕云：有人苦目病，或令以西瓜皮切片曬乾，日日服之遂愈。由其性冷降火故也。 多食傷脾助濕。西瓜、甜瓜皆屬生冷。《衛生歌》云：瓜桃生冷宜少食，免致秋來成瘧痢。

清·汪紱《醫林纂要探源》卷二 西瓜 甘，寒。種不一。 除煩解渴，利水醒酒。 多食寒中，且鬱濕成熱，作瘧痢。 子 甘，平。 多食惹欬，生痰。

清·嚴潔等《得配本草》卷六 西瓜一名寒瓜。瓜子仁。 甘、淡，寒。除煩止渴。解暑熱酒毒，療喉痹口瘡，利小便，治血痢。性寒解熱，有天生白虎湯之號。 多食寒中助濕。傷瓜者即以其皮煎服。 瓜子仁 甘，涼。清肺潤腸，和中止渴。炒食補中。

題清·徐大椿《藥性切用》卷六 西瓜 性味甘寒，清暑除煩，瀉熱止渴，有天生白虎湯之名。然生冷之物，過餌亦能損脾。西瓜子仁，性能滌垢，善消暑煩結燥之痰。西瓜皮，能瀉皮間濕熱，治膚黃膚腫並效。

清·黃宮綉《本草求真》卷六 西瓜解心胞胃熱，止消渴。 西瓜耑入心胞、胃。內穰，今人遇值三伏天燥，不論男婦大小，朝夕恣食，誠以燥渴之極，得此味甘色赤，能引心胞之熱，下入小腸膀胱而出，令其心胸頓冷，煩渴冰消。故書載治太陽膀胱陽明胃中暍及熱病大渴等病宜投。如春溫夏熱等症。 並有天生白虎湯之譽。惟是稟氣素厚，遇熱消渴，及伏氣發瘟，得此如湯潑雪。若以脾胃素虛，恣服轉渴，朝夕恣食，必待膈滯上湧，或瀉或腫或脹，元陽已削，方為覺誤。悔莫及矣。《衛生歌》云，瓜桃生冷宜少食，免至秋來成瘧痢。又瓜本寒，曝之寒氣益聚而寒矣！猶之油性本熱，經火煎熬，則其性稍革而不熱矣！因述此以為好食瓜者一箴。

清·沈金鰲《要藥分劑》卷七 西瓜 【略】鰲按：西瓜浮面青皮，名西瓜翠衣，能解皮膚間熱。

清·李文培《食物小錄》卷上 西瓜 甘，寒，無毒。消煩止渴，解暑熱，寬中下氣，利小水。食瓜後食其子，即不噫瓜氣。其子炒食，醒脾。多食生痰。

清·羅國綱《羅氏會約醫鏡》卷一七菜部 西瓜味甘性寒，入脾胃經。熟者性溫，瓜性寒，曝之更寒；油性熱，煎之則冷，物性之異也。解夏中暑熱毒，號天生白虎湯。療喉痹，利水，除煩，醋酒。但多食傷脾助濕，秋成瘧痢。桃亦如是。

清·黃凱鈞《藥籠小品》 西瓜 甘，寒，解暑毒，除煩清熱。翠衣入心包絡，退熱涼心，清暑之品。

清·章穆《調疾飲食辯》卷四 西瓜 一名寒瓜，有二種：一種瓜大可徑尺，子少，其瓤津多味美，有紅白二色，謂之食瓜，北土者為上，南方遠不及也。一種瓜差小，瓤淡微酸，子反多，北土者子大無味，南方者子小，炒食甘香，謂之子瓜。瓤性極寒，《日用本草》謂其能除煩止渴，解暑熱，則是。《食鑒本草》謂其能寬中下氣，則非。《食物本草》曰：西瓜性寒解熱，有天生白虎湯之號。然亦不宜多食。

按：天生白虎湯誠非虛譽，凡患實熱症及脾胃素強者，食之頗有殊效。若虛熱，或資稟弱，或夙有冷病人，即不宜入口。至於伏暑之時，愛其寒涼適口，取快一時，而瘧、痢、霍亂諸病必隨之，可不慎歟。又不可同油餅及一切魚、肉、雞鴨卵食，更敗脾胃，令人腹痛嘔泄。解多食成病，見下甜瓜。瓜子仁有油，《綱目》曰清肺潤腸，語可信。《食療本草》曰補中，則必無之理也。今嗜之者衆，性平味淡，無甚損益。俗醫用童女口中剝出仁入補藥，極為可笑。又云動火，亦非也。

清·王龍《本草纂要稿·菜部》 西瓜 性溫不寒。解夏月中暑最靈，有天生白虎湯之號。仍療喉痺，更治口瘡。

清·張德裕《本草正義》卷上 西瓜 甘，寒。大能滋陰清火，解暑熱，止消渴，療喉痹。治陰虛有火之傷寒，故有白虎之號。功力較倍於梨頭。虛寒勿用。

清·葉桂《本草再新》卷五 西瓜味甘，性涼，無毒。入心、肝、肺三經。涼心解暑，利便除煩，生津止渴，解瘇热毒。〇西瓜皮，能化熱除煩，去風利濕。

西瓜硝味辛，性平，有小毒。入脾、肺二經。治喉痺久嗽。

清·吴其濬《植物名實圖考》卷三一 西瓜 《日用本草》始著錄。謂契丹破回紇始得此種，疑即今之哈蜜瓜之類，入中國而形味變，成此瓜。《夏小正》：五月乃瓜。乃者急辭。八月剝瓜、畜瓜之時，瓜兼果蔬，故授時重之。瓜以供食，近世供果，惟甜瓜、西瓜二種。《本草》瓜蒂，陶隱居以為甜瓜蒂。瓜以供食，不入藥。王世懋以邵平五色子母瓜當即甜瓜。考《廣志》貍頭、蜜筩、女臂諸名，惟甜瓜種多色異，足以當之。而所謂瓜州瓜大如斛，青登瓜大如三斗魁，則非西瓜無此巨觀，但無西瓜名耳。昔賢詩多云甘瓜，字為雅馴。而張載《瓜賦》：元表丹裏，呈素含紅。甜瓜鮮丹紅瓤者，故以為仙品。劉楨《瓜賦》：厥初作苦，終然無甘。甜瓜未甚熟，及近蒂時有苦者，西瓜無是也。楊誠齋詩：風露盈籃至，甘香隔壁聞，綠團罌一捏，白裂玉中分。《花蘂夫人宮詞》：玉人手裏剖銀瓜。五代宋時西瓜已入中國，所詠乃以白色為上，則仍是甜瓜也。西瓜雖有白瓤而味佳者，其種後出亦稀有。《墨莊漫錄》襄邑出一種瓜，大者如拳，破之色如黛，甘如蜜，餘瓜莫及。此甜瓜之美者。吾鄉名曰酥瓜，握之輒碎。一種黃者大而易種，甘而不脆，俗曰噎瓜，言其速食則噎也。又古之言瓜者，皆云削瓜，乃食其膚。周王羆性儉率，有客食瓜，侵膚稍厚，羆及瓜皮落地，引手就地取而食之。食西瓜者反此。《昌平州志》：物產香瓜，皮青子細，瓤甘肉脆，氣香味美，絕勝甜瓜。甜瓜類最繁，有圓、有長、有尖、有匾；大或徑尺，小或一捻；其棱或有或無；其色或青或綠或黃斑、糝斑，或白路、黃路；其瓤或白、或紅；其子或黃、或赤、或白、或黑。要之味不出乎甘香而已。瓜種蓋盡於此，余嘗取種種於湘中，味變為越瓜。《南方志》有謂甜瓜皮質堅老，入醬為菹者，毋亦類是。《山西通志》：西瓜今出榆次中郝、東郝、西郝三村，一種黑皮黃瓤絳子；一種綠皮紅瓤黑子，子有文，名刺麻瓜；一種綠皮紅瓤紅子，名蜜瓜，味殊甘美，今以入貢，市廛售者；有一種三白瓜，皮瓤子白，味絕美，但未熟則淡，既熟易瓤。俗謂瓜漸腐曰瓤，言如絲絡之縷也。種者亦不繁。圃人云，每一科得兩瓜，即稱稔歲也。江以南業瓜者蓋尠，余所至如湖廣之襄陽、長沙，皆有瓜疇；江西贛州瓜美而子赤，豐城瀕江亦種之；滇南武定州瓜以正月熟，上元饌瓜，鏤皮為燈，物既非時，味亦迥別，亦可覘物候之不齊矣。

清・趙其光《本草求原》卷一二果部　西瓜　甘，寒，色赤，無毒。得寒水氣於盛夏，能引心包之熱入小腸、膀胱下出，故解暑熱、酒毒及熱病大煩渴。倘春夏伏氣，鬱發瘟熱，得之如湯沃雪矣。若冬時傷寒壞病煩渴勿用。

瓜子仁　甘，平，無毒。清肺潤腸，和中止痢，解煙毒。炒則溫中，開豁痰涎。食西瓜後食之，即不噫瓜氣，溫散之力也。

清・文晟《新編六書》卷六《藥性摘錄》　西瓜　內穰味甘，色赤，性寒。解心包胃熱，止消渴，導熱由小腸、膀胱而出，有天生白虎湯之號。惟稟氣素厚，遇熱消渴，及伏氣發瘟，得此即解。若脾胃素虛，恣服則百病叢生。○瓜子仁，甘，寒。清肺潤腸，和中止渴。炒則性熱補中，宜人。然不可多食。並見藥部。

清・文晟《新編六書》卷六《藥性摘錄》　西瓜　味甘。色赤，解心包、胃熱，以止消渴。治大腸、膀胱、陽明胃中暍，及熱病大渴等症。○惟稟氣素厚，及伏氣發瘟者，得此如湯沃雪。○若脾胃素虛，恣食轉渴，必待膈滯上湧，或瀉，或腫，或脹，元氣已削，悔莫及矣。

清・張仁錫《藥性蒙求・果部》　西瓜皮　西瓜甘冷，裏熱堪清。除煩解暑，白虎天生。沈金鰲曰：西瓜青皮，名西瓜翠衣，能解皮膚間熱，又治口唇內生瘡。多食則傷脾助濕，有寒濕者忌之。

清・王孟英《隨息居飲食譜・果食類》　西瓜　甘，寒。清肺胃，解暑熱，除煩止渴，醒酒涼營，療喉痹、口瘡，治火毒、時證。雖霍亂瀉痢，但因暑火為病者，竝可絞汁灌之。以極甜而作梨花香者勝。一名天生白虎湯。多食積寒助濕。每患秋病，中寒多濕，大便滑泄，病後，產後，均忌之。食瓜腹脹者，以冬醃乾菜，瀹湯飲，即消。瓜瓤煨猪，肉味美，色佳，而不膩。瓜肉曝乾，醃之，亦可醬漬，以作小菜食之，已目赤、口瘡。肉外青皮，以瓷鋒刮下，名西瓜翠衣，入藥涼驚滌暑。

瓜子　生食化痰滌垢，下氣清營。一味濃煎，治吐血、久嗽，皆妙。剝橙飣作餡甚美。帶殼炒香，佐酒為雅俗共賞之尤，大者勝。

清・田綿淮《本草省常・瓜性類》　西瓜（北瓜）　一名寒瓜。性寒。止渴除煩，清暑消滯，下氣利水，愈血痢，解酒毒。北方人稟氣厚，多食無妨；南方人稟氣薄，多食患腹冷洩瀉。　北瓜，性同而功用過之。

清・戴葆元《本草綱目易知錄》卷三　西瓜瓤　甘，淡，寒。【略】

翠衣葆增　甘，涼，味淡，氣薄。解暑熱，清膜原，治暑熱時邪彌漫氣分，汗出神昏，舌白，譫語，大熱煩渴，二便不利，能堵截陽明，免邪入腑，防守膻中，庶不逆傳，功同白虎湯，無妨胃氣之患。若邪熱入營，舌苔絳燥，非所宜也。葆按：翠衣，是西瓜青皮，用刀輕刮下者。《本草》失載，唯《葉氏醫案》《溫病條辨》取用。未詳主治之性，愚治暑熱時邪，屢試有效，故補之俟考。

瓜仁葆增　甘，寒。安血絡，潤肺躁，化痰解煩，和中止渴。功同甜瓜子。治勞損失血，喉疼失音。曝末，去油服。炒食者，徒適口味，反耗津液，動火生痰。葆元屢用效驗，故亦增之。

清・陳其瑞《本草撮要》卷三　西瓜　味甘，寒，入手太陰、足陽明經，功專解暑除煩，利便醒酒，止渴清熱。有寒濕者勿食。瓜子殼治吐血腸風下血。

清・吳汝紀《每日食物却病考》卷下　西瓜　味甘、淡，性寒。消煩止渴，解暑熱，療喉痹，有白虎湯之稱。多食，作瀉痢。與油餅之類同食，損胃。北人稟厚，食之猶可；南人稟薄，多食患霍亂冷疾。按：胡嶠征回紇，得此瓜種歸，故名西瓜，則自五代時入中國也。《相感志》云：食西瓜後，食其子，即不噫瓜氣。以瓜劃破，曝日中少頃時，即冷如冰。近糯米酒氣，易爛。猫踏之易沙。

葡萄

唐・孫思邈《千金要方》卷二六《食治・果實》　蒲桃　味甘、辛，平，無毒。主筋骨濕痹，益氣，倍力，強志，令人肥健，耐飢，忍風寒。久食輕身不老，延年。治腸間水，調中。可作酒，常飲益人。逐水，利小便。

唐・孟詵、張鼎《食療本草》卷子本　蒲桃平。　右益藏氣，強志，療腸間宿水，調中。按經：不問土地，但取藤收之釀酒，皆得美好。其子不宜多食，令人心卒煩悶，猶如火燎。亦發黃病。凡熱疾後不可食之，眼闇、骨熱，久成麻癩病。又方，其根可煮取濃汁飲之，〔止〕嘔噦及霍亂後惡心。又方，女人有娠，往往子上衝心。細細飲之即止。其子便下，胎安好。

宋・李昉《太平御覽》卷九七二　蒲萄　魏文帝詔羣臣曰：中國珍果甚多，且復為説蒲萄奇味，自夏涉秋，尚有餘暑，醉酒宿醒，掩露而食，甘而不䬼，脆而不酸，冷而不寒，味長汁多，除煩解飢，又以為酒甘於麴蘖，善醉而易醒，道之固已流涎咽唾，況親食之耶？他方之果，寧有匹之者。《博物志》

曰：張騫使西域，還得蒲萄。《秦州記》曰：秦野多蒲萄。《本草經》曰：蒲萄生五原，隴西燉煌。益氣強志，令人肥健，延年輕身。

附：日・丹波康賴《醫心方》卷三〇 蒲陶 《本草》云：味甘，平，無毒。主筋骨濕痹，益氣倍力，強志，令人肥健。忍風寒。久食輕身，不老延年。陶〔弘〕景注云：魏國使人賫來，狀如五味子而甘美。北國人多肥健耐寒，蓋食斯乎。不植淮南，亦如橘之變於河北矣。崔禹〔錫〕云：食之益氣力，除風冷。味甘，小冷。益面色。孟詵云：食之治腸間水，調中。其子不堪多食，令人卒煩悶。《七卷經》云：味甘，平。可作酒，逐水，利小便。《廣志》云：蒲陶有黃、白、黑三種也。

宋・唐慎微《證類本草》卷二三果部上品〔《本經・別錄》〕 **葡萄** 味**甘，平，**無毒。**主筋骨濕痹，益氣倍力，强志，令人肥健，耐飢，忍風寒。久食輕身不老延年。可作酒。**逐水，利小便。生隴西五原、燉煌山谷。

〔梁・陶弘景《本草經集注》〕云：魏國使人多賫來，狀如五味子而甘美，可作酒，云用其藤汁殊美好。北國人多肥健耐寒，蓋食斯乎？不植淮南，亦如橘之變於河北矣。人說即此間蘡於庚切薁於六切，恐如彼之枳類橘耶。

〔唐・蘇敬《唐本草》〕注云：蘡薁與葡萄相似，然蘡薁是千歲虆。葡萄作酒法，總收取子汁釀之自成酒。蘡薁、山葡萄，並堪爲酒。陶云用藤汁爲酒，謬矣。

〔宋・掌禹錫《嘉祐本草》〕按：《蜀本圖經》云：蔓生，苗葉似蘡薁而大。子有紫、白二色，又有似馬乳者，又有圓者，皆以其形爲名。又有無核者。七月、八月熟。子釀爲酒及漿，別有法。謹按：蘡薁，是山葡萄，亦堪爲酒。孟詵云：葡萄，不問土地，但收之釀酒，皆得美好。或云子不堪多食，令人卒煩悶，眼闇。根濃煮汁，細細飲之，止嘔噦及霍亂後惡心。姙孕人，子上衝心，飲之即下，其胎安。《藥性論》云：葡萄，君，味甘、酸。除腸間水氣，調中，治淋，通小便。段成式《酉陽雜俎》云：葡萄，有黃、白、黑三種，成熟之時，子實通側也。

〔宋・蘇頌《本草圖經》〕曰：葡萄，生隴西五原，燉煌山谷，今河東及近京州郡皆有之。苗作藤蔓而極長大，盛者，一二本綿被山谷間。花極細而黃白色。其實有紫、白二色，而形之圓銳亦二種。又有無核者。皆七月、八月熟。取其汁，可以釀酒。謹按《史記》云：大宛以葡萄爲酒，富人藏酒萬餘石，久者十數歲不敗。張騫使西域，得其種而還，種之，中國始有。蓋北果之最珍者。魏文帝詔群臣說葡萄云：醉酒宿醒，掩露而食，甘而不飴，酸而不酢，冷而不寒，味長汁多，除煩解悁，他方之果寧有匹之者？今大原尚作此酒，或寄至都下，猶作葡萄香。根、苗中空相通，圃人將貨之，欲得厚利，暮溉其根，而晨朝水浸子中矣。故俗呼其苗爲木通，逐水利小腸尤佳。今醫家多暴收其實，以治時氣。發瘡疹不出者，研酒飲之甚效。江東出一種，實細而味酸，謂之蘡薁子。

宋・寇宗奭《本草衍義》卷一八 葡萄 先朝，西夏持師子來獻，使人兼賫葡萄遺州郡，比中國者皆相似。最難乾，不乾不可收，仍酸澌不可食。李白所謂胡人歲獻葡萄酒者是此。瘡疱不出，食之盡出。多食皆昏人眼。波斯國所出，大者如雞卵。

宋・王繼先《紹興本草》卷一四 葡萄 紹興校定：葡萄，性味、主治已載《本經》，然世之唯作果品，而未聞起疾之驗。多食亦喜生瘡疹，當云味甘、溫、無毒是矣。處處產之，唯太原者佳。《圖經》苗為木通者，但同名木通，即非木通也。

宋・鄭樵《通志》卷七六《昆蟲草木略》 葡萄 藤生，傳自西域。《史記》云：大宛以葡萄為酒，富人藏葡萄酒至萬餘石，久者十數歲。張騫使西域，得其種而還，中國始有。又有一種，曰蘡薁，謂之山葡萄，野出，其實如葡萄而小，亦堪為酒。其莖主嘔逆，斷其兩頭節，吹之有汁出，如通草。

宋・劉明之《圖經本草藥性總論》卷下 葡萄 味甘，平，無毒。主筋骨濕痹，益氣倍力，令人肥健，耐飢忍風寒。可作酒，逐水，利小便。孟詵云：子，多食令人卒煩悶，眼闇。根，煮汁，止嘔噦，霍亂後惡心。孕人子上衝心，飲之即下，胎安。《藥性論》云：君。除腸間水氣，調中，治淋通小便。一云：治時氣，發瘡疹不出者。

宋・陳衍《寶慶本草折衷》卷一八 葡萄君。諸葡萄在內。○苗及蘡薁附。○嫩標續附。又云：一名蒲桃。○其黃白者，俗號水晶蒲桃。生隴西山谷及西域，即西夏。及五原、太原、燉煌、魏國、河東、大宛、波斯及近京州郡園圃中。○縉雲云：今處處有之。○七八月採，暴乾。○附：苗，一名木通。○又附：蘡薁，一名山葡萄，生江東。○蘡，於庚切；薁，於六切。

味甘、酸，平，無毒。○主筋骨濕痹，益氣倍力。○孟詵云：多食令人卒煩悶。○《藥性論》云：除腸間水氣，調中治淋，通小便。○段成式云：葡萄有黃、白、黑三種，熟時子實逼側也。○《圖經》曰：實有紫、白二色，形之圓銳亦二種。又有無核者。暴收。治時氣，發瘡瘮不出，研，酒飲之。○寇氏曰：多食昏人眼，波斯國大者如雞卵。○更可釀酒，并附米部酒條後。

附：苗。○逐水，利小腸。其苗作藤蔓，而根苗中空相通。

附：　蘡薁。○味酸，亦堪為酒。其子實細。

續說云：《圖經》嘗於通草條言木通非葡萄苗矣，今此又言其苗為木通者，蓋此苗能逐水而利小腸，比木通之功差近，故亦以木通稱之耳。其細藤嫩標，最治丁腫，研之以無灰酒調，去滓，隨量而飲，仍以滓貼患處，軟帛繫之。丁白者，用白葡萄；丁黑者，用紫葡萄，以效而止。然蘡薁又謂之山葡萄者，名似而實非也。

元・忽思慧《飲膳正要》卷三　葡萄　味甘，無毒。主筋骨濕痹，益氣強志，令人肥健。

元・尚從善《本草元命苞》卷八　葡萄　為君。甘，酸，無毒。主筋骨濕痺，發瘡瘮不齊。除腸間水氣，通小便五淋。益氣力強志，忍風寒耐飢。生隴西、五原、燉煌山谷。七、八月成熟採之可食，甘不飴，酸不酢，冷而不寒，味長多汁，解渴除煩，醒酒滌睡。波斯大如雞卵，多食昏人眼目。

元・吳瑞《日用本草》卷六　蒲萄　有二色，紫者名馬乳，白者名水晶。北地來者名番蒲萄。又一種山蒲萄，名蘡薁，是千歲(果)〔虆〕。　味甘，平，無毒。七月、八月熟，收取汁，可釀酒，服之能逐水利〔小便〕。　主筋骨濕痹，血氣倍力。小兒瘡疹不出，食之盡出。　根　濃煎飲之，能止嘔噦，霍亂後惡心，孕婦胎上衝心，飲之即下。

元・朱震亨《本草衍義補遺》　葡萄　屬土而有水與木、火。東南食之多病熱，西北食之無恙，蓋性能下走滲道，西北氣厚之人稟厚耳。○俗呼其苗為木通，逐水、利小腸為佳。昔魏(玄)〔文〕帝詔群臣說葡萄云：　醉酒宿(醒)〔酲〕，掩露而食。甘而不飴，酸而不酢。冷而不寒，味長汁多，除煩解渴。他方之果，寧有匹之？

元・徐彥純《本草發揮》卷三　蒲萄　丹溪云：　屬土而有水與木火。東南食之多病熱，西北食之無恙。蓋性能下走滲道，西北氣厚，人之稟亦厚。

明・朱橚《救荒本草》卷下之後　葡萄　生隴西、五原、敦煌山谷及河東。舊云漢張騫使西域，得其種還而種之，中國始有，蓋北果之最珍者。今處處有之。　苗作藤蔓而極長大，盛者一二本，綿被山谷。葉頗類絲瓜葉，頗壯而邊多花叉，開花極細而黃白色。其實有紫白二色。形之圓銳亦二種。又有無核者，味甘，性平，無毒。又有一種蘡薁音嬰郁真相似，然蘡薁乃是千歲虆，但山人一概收而釀酒。　救飢：　採葡萄為果食之。又熟時取汁以釀酒飲。　治病：　文具《本草》果部條下。

明・蘭茂原撰，范洪等抄補《滇南本草圖說》卷九　葡萄　味甘，酸，性微溫，無毒。主治：　筋骨濕痹，益氣力，令人肥健。治痘症毒，其走下之性，滲水道，利小便，胎氣上沖，煎湯飲之，即下。不宜多食。昔李太白釀酒常飲此，可輕身耐老。但服而有益者，惟每日臨臥時飲三杯，多則不效。採葉，貼無名腫毒最良。

明・蘭茂撰，清・管暄校補《滇南本草》卷上　葡萄　色有絳綠二種，綠者佳。　味甘，平。服之輕身延年，老人大人補氣血，舒筋活絡。泡酒服之，治陰陽脫症，又治盜汗虛症。　葉，治火眼。根，治蛇頭瘡。汁，治咳嗽。熬膏合蜜，治腦漏百病，每服一錢，開水下。又治小兒急慢驚風，蘇葉湯下。熬膏服方：　葡萄一斤。蘋果六十個，去皮。大黃桃二十個，去皮。花紅菓十個，去皮。共搗，熬成膏，入酒內，埋土地二十一日，取飲。然須上好穀酒二十斤。忌葷菜同食。

明・滕弘《神農本經會通》卷三　葡萄　君也。　味甘，氣平，無毒。一云：　味甘、酸。　《本經》云：　主筋骨濕痺，益氣倍力，強志，令人肥健，耐飢，忍風寒，久食輕身，不老延年。可作酒，逐水，利小便。孟詵云：　或云子不堪多食，令人卒煩悶，眼闇。根，濃煮汁，細細飲之，止嘔噦，及霍亂後惡心。姙孕人子上衝心，飲之即下，其胎安。《藥性論》云：　君。味甘、酸。除腸間水氣，調中，治淋，通小便。丹溪云：　屬土而有水與木火，東南食之多病熱，西北食之無恙，蓋性能下走滲道。《圖經》云：　俗呼其苗為木通，逐水，利小腸尤佳。

明・劉文泰《本草品彙精要》卷三二　葡萄無毒　蔓生。

葡萄出《神農本經》：　主筋骨濕痺，益氣倍力，強志，令人肥健，耐飢，忍風寒。久食輕身，不老延年。可作酒。以上朱字《神農本經》。逐水，利小便。以上黑字名醫所錄。　〔苗〕《圖經》曰：　苗作藤蔓而極長大，盛者，一二本綿被山谷間。花極細而白色，其實有紫、白二色，然形之圓、銳亦有二種。其江東出者實細而味酸，謂之蘡薁子，是山葡萄也，皆七八月熟，取其汁可以釀酒。其根、苗中空相通，圃人將採貨之，欲得厚利，暮溉其根而晨則水溢子中矣，故俗亦呼其苗爲木通也。漢張騫使西域，得其種而還，中國始有。蓋北果之最珍者。魏文帝詔群臣云：　醉酒宿酲，掩露而食，甘而不飴，酸而不酢，冷而不寒，味長汁多，除煩解悁，他方之果寧有匹之者乎？　〔地〕《圖經》曰：生隴西五原、燉煌山谷，今河東、近京州郡皆有之。〔時〕生：三月苗，四月花，隨結實。採：七月、八月取實。〔收〕暴乾。〔用〕實、根。〔質〕類馬乳。〔色〕紫白。〔味〕甘。〔性〕平，緩。〔氣〕氣之薄者，陽中之陰。〔臭〕香。〔主〕除濕痹，利水道。〔製〕根煮汁。〔治〕療：《藥性論》云：實，除腸間水氣，調中，止淋，通小便。孟詵云：根，止嘔噦及霍亂後惡心。妊孕人，子上衝心，煮汁飲，胎即下安。〔合治〕實合酒飲，治時氣發瘡瘮不出者。〔禁〕子不堪多食，令人卒煩悶，眼闇。

明・盧和、汪穎《食物本草》卷二果類　葡萄　味甘，平，無毒。主筋骨濕痹，益氣力，令人肥健耐寒，利小便，瘡疹不發。取其子汁，釀酒甚美，不可多食。其形色非一類，大抵功用有優劣也。丹溪云：葡萄能下走滲道。西北人稟厚，食之無恙，東南人食多則病熱矣。

明・許希周《藥性粗評》卷三　葡萄勤渠於滲道。

葡萄蔓生，葉大似蘡薁，五六月開細白花，結實如麻雀卵大。有紫白二種，又有如馬乳者。本出西域，世說張騫奉使帶歸，今南北園圃處處有之。山谷間有一種野葡萄，謂之蘡薁，其形紫小，俱八月成熟，取汁可以作酒，補人。餘說《本草》不載。味甘，性平，無毒。主下走滲道，入足少陰腎、太陽膀胱經。主治筋骨濕痹，五淋消渴，調中益氣，逐水，通小腸，利小便。作酒服之取汁和米飯釀酒如常法，令人肥健(柰)〔耐〕老。

單方：瘡瘮不出：凡時疫痘瘮不出者，以乾葡萄研酒服之，甚效。須預採暴乾收貯，以備用方可。

明・陳嘉謨《本草蒙筌》卷七　葡萄　味甘、酸，氣平。屬土，有木與水火。無毒。張騫因使西域，得種始到中華。由是郡州，盡各栽養。葉似蘡薁而大，苗成藤蔓極長。實結類馬乳且圓，秋熟色紫黑或白。取汁釀酒，留久愈香。逐水氣，利小便不來者殊功；治時氣，發瘡瘮不出者立効。倍力強志，肥體耐飢。多食卒煩悶眼昏，因性專下走滲道。根煮濃汁，細細飲之。除妊娠子上衝心，止霍亂熱甚作嘔。藤莖中空相貫，俗每呼為木通。凡暮溉其根，至晨則水浸於中矣。故通便甚驗，與通草無殊。○蘡薁即山葡萄，釀酒尤極香美。飲之久久，亦能益人。第二卷通草欵後謨按宜參看。

明・寧源《食鑒本草》卷上　蒲萄　味甘、酸，無毒。去筋骨中濕痹，益氣長志。久食令人肥健，耐風寒，不飢。可作酒，逐水利小便。　酒　味甘，溫。除濕調中，利小便。多飲亦能動痰火。

明・王文潔《太乙仙製本草藥性大全》卷四《本草精義》　葡萄　張騫因使西域得種，始到中華，由是郡州盡各栽養，今生隴西、五原、燉煌山谷，今河東及近京州郡皆有之。苗作藤蔓而極長，盛者一二本綿被山谷，葉似蘡薁而極大，又類芙蓉，開花極細而黄白色，結實在有紫白二色。又有似馬乳者，又有圓者，而形亦圓銳亦二種。又有無核者。秋熟色紫黑，七月、八月熟，取其汁可以釀酒。蓋此菓之最珍者，魏文帝詔群臣說葡萄云：醉酒宿醒，掩露而食，甘而不飴，酸而不酢，冷而不寒，味長汁多，除煩解渴，他方之果，寧有匹之者。今太原尚作此酒，或寄至都下，猶作葡萄香。根苗中空相通，圃人將貨之，欲得厚利，暮溉其根，而晨朝水浸子中矣。故俗呼其苗爲木通，逐水利小腸尤佳。

明・王文潔《太乙仙製本草藥性大全》卷四《仙製藥性》　蒲萄君　味甘、酸，氣平，屬土有木與水火，無毒。　主治：主筋骨濕痹，忍風寒濕痹。逐水氣利小便不來者殊功，治時氣發瘡疹不出者立效。倍力強志，肥體耐飢。多食卒煩悶眼昏，專下走滲道。根　煮濃汁細細飲之，除妊娠子上衝心，止霍亂熱甚作嘔。藤莖　中空相貫，俗每呼爲木通。凡暮溉其根，至晨則水浸於中矣，故通便甚驗，與通木無殊。蘡薁　即山蒲萄，釀酒尤極香美，飲之久久，亦能益人。　補註：止嘔噦及霍亂後噁心，用根煮汁，細細飲之效。○妊婦孕子上衝，飲之即下胎安。○時氣發瘡不出者，用實研酒飲之甚效。

明・皇甫嵩《本草發明》卷四　葡萄上品。味甘，平，酸。屬土有木與水火。無毒。

發明曰：葡萄甘酸，入肝脾而走滲道，故能逐水氣，利小便，主筋骨濕痺，益氣力，強志肥躰，耐(肌)〔飢〕忍風寒。多食卒煩悶眼昏，因性下走滲道故也。醫家收其實，治時氣發瘡疹不也者，研，酒飲甚效。○根，煮汁細飲，除妊娠子上衝心，止霍亂熱嘔。○藤莖中空，俗呼木通，故通便與通草不異。○蘡薁，即山葡萄。取子汁，釀酒香美，飲之久久益人。

明・李時珍《本草綱目》卷三三果部・蓏類　葡萄《本經》上品

〔釋名〕蒲桃古字　草龍珠時珍曰：葡萄，《漢書》作蒲桃，可以造酒，人酺飲之，則醄然而醉，故有是名。其圓者名草龍珠，長者名馬乳葡萄，白者名水晶葡萄，黑者名紫葡萄。

《漢書》言張騫使西域還，始得此種，而《神農本草》已有葡萄，則漢前隴西舊有，但未入關耳。

【集解】《別録》曰：葡萄生隴西、五原、燉煌山谷。弘景曰：魏國使人多賫來南方。狀如五味子而甘美，可作酒，云用藤汁殊美。北人多肥健耐寒，蓋食斯乎？不植淮南，亦如橘之變于河北也。人説即是此間蘡薁，恐亦如枳之與橘耶？恭曰：蘡薁即山葡萄，苗、葉相似，亦堪作酒。葡萄取子汁釀酒，陶云用藤汁，謬矣。頌曰：今河東及近汴州郡皆有之。苗作藤蔓而極長，太盛者一二本綿被山谷間。花極細而黄白色。其實有紫、白二色，有圓如珠者，有長似馬乳者，有無核者，皆七月、八月熟，取汁可釀酒。按《史記》云：大宛以葡萄釀酒，富人藏酒萬餘石，久者十數年不敗。張騫使西域，得其種還，中國始有。蓋北果之最珍者，今太原尚作此酒寄遠也。其根、莖中空相通，暮溉其根，而晨朝水浸子中矣。故俗呼其苗爲木通，以利小腸。江東出一種，實細而酸者，名蘡薁子。宗奭曰：段成式言：葡萄有黄、白、黑三種。《唐書》言：波斯所出者，大如鷄卵。此物最難乾，不乾不可收。不問土地，但收皆可釀酒。時珍曰：葡萄，折藤壓之最易生。春月萌苞生葉，頗似栝樓葉而有五尖。生鬚延蔓，引數十丈。三月開小花成穗，黄白色。仍連着實，星編珠聚，七八月熟，有紫、白二色。西人及太原、平陽皆作葡萄乾，貨之四方。蜀中有緑葡萄，熟時色緑。雲南所出者，大如棗，味尤長。西邊有瑣瑣葡萄，大如五味子而無核。按《物類相感志》云：甘草作釘，鍼葡萄，立死。以麝香入葡萄皮内，則葡萄盡作香氣。其愛憎異于他草如此。又言：其藤穿過棗樹，則實味更美也。《三元延壽書》言葡萄架下不可飲酒，恐蟲屎傷人。

實　【氣味】甘，平，澀，無毒。詵曰：甘，酸，温。多食，令人卒煩悶、眼暗。

【主治】筋骨濕痹，益氣倍力强志，令人肥健，耐飢忍風寒。久食，輕身不老延年。可作酒《本經》。逐水，利小便《別録》。除腸間水，調中治淋甄權。時氣痘瘡不出，食之，或研酒飲，甚效蘇頌。

【發明】頌曰：按魏文帝詔群臣曰：蒲桃當夏末涉秋，尚有餘暑，醉酒宿酲，掩露而食。甘而不飴，酸而不酢，冷而不寒，味長汁多，除煩解悁。又釀爲酒，甘于麴糵，善醉而易醒。他方之果，寧有匹之者乎。震亨曰：葡萄屬土，有水與木火。東南人食之多病熱，西北人食之無恙。蓋能下走滲道，西北人稟氣厚故耳。

【附方】新三。　除煩止渴：生葡萄擣濾取汁，以瓦器熬稠，入熟蜜少許同收。點湯飲甚良。《居家必用》。　熱淋澀痛：葡萄擣取自然汁、生藕擣取自然汁、生地黄擣取自然汁、白沙蜜各五合。每服一盞，石器温服。《聖惠方》。　胎上衝心：葡萄煎湯飲之，即下。《聖惠方》。

根及藤、葉　【氣味】同實。　【主治】煮濃汁細飲，止嘔噦及霍亂後惡心，孕婦子上衝心，飲之即下，胎安孟詵。治腰脚肢腿痛，煎湯淋洗之良。又飲其汁，利小便，通小腸，消腫滿時珍。

【附方】新一。　水腫：葡萄嫩心十四個，螻蛄七個，去頭尾，同研，露七日，曝乾爲末。每服半錢，淡酒調下。暑月尤佳。潔古《保命集》。

明・梅得春《藥性會元》卷中　葡萄　味甘，平，無毒。　主治筋骨濕痹，益氣倍力，強志，令人肥健，耐飢，忍風寒。可作酒，逐水利小便。生隴西山谷，七八月取。東南人食之多病熱，西北人食之無恙。蓋性能下走滲道，西北氣厚，人之稟亦厚，故無恙。其苗即木通。

明・穆世錫《食物輯要》卷六　葡萄　味甘、酸，性微溫，無毒。解瘡瘮毒，益氣力。其性走下，滲水道，利小便，治筋骨濕痹。多食助熱。取汁釀酒甚佳。多飲昏目。和白餹曝食，良。古人云：葡萄架下飲酒，防蟲屎傷人。

明・李中立《本草原始》卷七　葡萄　始生隴西五原燉煌山谷，今河東及近京州郡皆有之。苗作藤蔓而極長大，盛者一二本，綿被山谷間。花極細而黄白色。其實有紫、白二色，而形之圓、鋭亦二種。有無核者。皆七月、八月熟，取其汁可以釀酒。人酺飲之，則醄然而醉，故有是名。其圓者名草龍珠，長者名馬乳葡萄。白者名水晶葡萄，黑者名紫葡萄。《漢書》作蒲桃。實：氣味：甘，平，濇，無毒。主治：筋骨濕痹，益氣倍力強志，令人肥健，耐飢，忍風寒。久食輕身，不老延年。可作酒。○逐水，利小便。○除腸中水，調中治淋。○時氣痘瘡不出，食之，或研酒飲，甚效。○胎上衝心，煎作湯，飲之即下。

葡萄，《本經》上品。【圖略】詵曰：甘、酸，溫。多食令人卒煩悶，眼暗。

明・吴文炳《藥性全備食物本草》卷二　葡萄　味甘、酸，性平，屬土，有木與水火，無毒。東南人食之，多病煩熱眼闇；西北人稟氣厚，服之健力耐寒。蓋性能下走滲道也，故《經》云通小便，治淋瀝，逐腸間水氣，主筋骨間濕痺，兼治痘疹不出。研和酒飲之，取汁釀酒甚佳。除濕調中，利小便。多飲亦動痰火。魏曹丕云：醉酒宿醒，掩露而食，甘而不飴，酸而不酢，冷而不寒，味長汁多，除煩解渴，他方之果，寧有配乎？和白糖晒食良。

根　主嘔噦，及胎氣上沖者，膿汁飲之。

苗　俗呼為土木通，逐水利小腸尤佳。

又一種山葡萄，名蘡薁，釀酒尤極香美，飲之尤甚。

明・趙南星《上醫本草》卷二　葡萄　一名蒲桃，又名草龍珠。《漢書》言：張騫使西域還，始得此種。而《神農本草》已有葡萄，則漢前隴西舊有，但未入關耳。頌曰：按魏文帝詔群臣曰：蒲桃，當夏末涉秋，尚有餘暑，醉酒宿醒，掩露而食。甘而不飴，酸而不酢，冷而不寒，味長汁多，除煩解渴。又釀為酒，甘于麴糵，善醉而易醒。他方之果，寧有匹之者乎。震亨曰：葡萄屬土，有水與木火。東南人食之多病熱，西北人食之無恙。蓋能下走滲道，西北人禀氣厚故耳。　實　甘，平，濇，無毒。主治：筋骨濕痹，益氣倍力，強志，令人肥健，耐飢，忍風寒。逐水，利小便，除腸間水，調中治淋。久食，輕身不老，延年。可作酒。　詵曰：甘，酸，溫。多食令人卒煩悶，眼暗。

附方　除煩止渴：生蒲桃搗，濾取汁，以瓦器熬稠，入熟蜜少許，同收。點湯飲甚良。　時氣痘瘡不出：食之，或研酒飲，甚効。

明・應麐《食治廣要》卷四　葡萄　氣味：甘，平，濇，無毒。一作：甘、酸，溫。主治：筋骨濕痹，益氣倍力，強志。痘瘡不出者食之，或研酒飲，甚効。丹溪曰：屬土，有水與木火。東南人食之多病熱，西北人食之無恙。蓋能下走滲道，以西北人禀氣厚故耳。段成式言：葡萄有黃、白、黑三種。《唐書》言：波斯出者，大如雞卵。此物最難乾。收得皆可釀酒。又，雲南所出者，大如棗，味尤長。蜀中有綠葡萄。西邊有瑣瑣葡萄，大如五味子而無核。《延壽書》又言：葡萄架下不可飲酒，恐蟲屎傷人。

又有一種野葡萄，名蘡薁音嬰郁，生林野間，亦有插植蔓葉花實，與葡萄無異。氣味：甘，酸，平，無毒。主治：止渴，悅色益氣。

明・姚可成《食物本草》卷九果部・蓏果類　葡萄一名蒲桃。李時珍曰：葡萄折藤壓之，最易生。春月萌苞生葉，頗似栝樓葉而有五尖。生鬚延〔蔓，引〕數十丈。三月開小花成穗，黃白色，仍連着實，星編珠聚，七八月熟，有紫、白二色。西人及太原、平陽皆作葡萄乾，貨之四方。蜀中有綠葡萄，熟時色綠。雲南所出者，大如棗，味尤長。西邊有瑣瑣〔葡〕萄，大如五味子而無核。按《物類相感志》云：〔甘〕草作釘，釘葡萄，立死。以麝香入葡萄皮內，則葡萄盡作香氣。其愛憎異於他草如此。又言：其藤穿過棗樹，則實味更美也。《三元延壽書》言：葡萄架下不可飲酒，恐蟲屎傷人。○《史〔記〕》云：大宛以葡萄釀酒，〔富人藏〕酒萬餘石，久〔者〕十數年不壞。張騫使西〔域，得〕其種還，中國始有，蓋北果之最珍者。〔命〕〔今〕太原尚作此酒寄遠也。其根，莖中空相通，暮溉其根，而晨朝水浸子中矣。

葡萄　味甘，平，澀，無毒。主筋骨溼痹，益氣倍力強志，令人肥健，耐飢忍風寒，輕身不老延年。逐水利小便。時氣痘瘡不出，食之，或研酒飲，甚效。丹溪曰：東南人食之多病熱，西北人食之無恙。蓋能下走滲道，西北人禀氣厚故耳。○魏文帝詔群臣曰：葡萄當夏末涉秋，尚有餘暑，醉酒宿醒，掩露而食。甘而不飴，酸而不酢，冷而不寒，味長汁多，除煩解渴。又釀為酒，甘於麴糵，善醉而易醒。他方之果，寧有匹之者乎？

根及藤、葉　煮汁飲，止嘔噦及霍亂後惡心，孕婦子上衝心，飲之即安。治腰脚肢腿痛，煎湯淋洗之良。又飲其汁，利小便，通小腸，消腫滿。

明・顧逢柏《分部本草妙用》卷九果部　葡萄即蒲桃　甘，平，濇，無毒。主治：筋骨濕痺，益氣力，肥健耐飢輕身，逐水利小便，除腸水，調中，治淋。痘瘡不出，研酒飲甚玅。　葡萄屬土，有水與木火。東南人食之多病熱，西北人食之無恙。蓋能下走滲道，西北人禀氣厚故耳。

明・孟笨《養生要括・果部》　葡萄　味甘，平，濇，無毒。治筋骨濕痹，益氣倍力強志，令人肥健耐飢，忍風寒，久食輕身不老，可作酒。逐水，利小便，除腸間水，調中治淋。時氣痘瘡不出，食之或研酒飲甚效。〔多食令人卒煩悶眼昏〕

根及藤葉　煮濃汁細飲，止嘔噦及霍亂後惡心。孕婦子上衝心，飲之即下，胎安。治腰脚肢腿痛，煎湯淋洗之良。又飲汁，利小便，通小腸，消腫滿。

清・穆石匏《本草洞詮》卷六　葡萄　根莖中空相通，暮溉其根，晨潰於子。以麝香入葡萄皮內，則葡萄皆作香氣。大宛以之釀酒，十餘年亦不壞。實有紫白二色，蜀中有綠葡萄，西邊有瑣瑣葡萄，皆為佳品。《漢書》言：張騫始得種還。而《神農本經》已列為上品之藥矣。二書孰可信耶？氣味甘酸濇平，一云溫，無毒。治筋骨濕痺，益氣強力，忍風寒，逐水治淋。西北人多食之，而東南人食之多病熱者。蓋能下走滲道，以動相火。《本經》所謂久服延年，似未然也。魏文帝詔群臣曰：蒲桃當夏末涉秋，尚有餘暑，醉酒宿醒，掩露而食，甘而不飴，酸而不酢，冷而不寒，味長汁多，除煩解渴，釀之為酒，甘於麴糵，善醉而易醒，他方之果，寧有匹之者乎？蓋甚言其美也。

清・丁其譽《壽世秘典》卷三　葡萄《漢書》作蒲桃言，張騫使西域還，始得此種，可以造酒，人酺飲之，則醄然而醉，故有是名。其圓者，名草龍珠；長者，名馬乳葡萄；白者，名水晶葡萄；黑者，名紫葡萄。今人作葡萄乾，貨之四方。蜀中有綠葡萄，熟時色綠。雲南所出者，大如棗，味尤長。西邊有瑣瑣葡萄，大如五味子而無核。《相感志》云：甘草作釘鍼葡萄，立死。以麝香入葡萄皮內，則葡萄盡作香氣，其愛憎異于他草如此。又言：其藤穿過棗樹，則實味更美也。

氣味：甘、酸，溫，無毒。治筋骨濕痹，調中治淋，除煩解渴。時氣痘瘡不出，食之，或研酒飲，甚効。

發明孟詵曰：葡萄食多病熱，令人煩悶眼暗。李時珍曰：葡萄酒有二法。釀者，取汁同麴，如常釀糯米飯法。無汁，用乾葡萄末亦可。燒者，取葡萄數十斤，同大麴釀酢，取入甑蒸之，以器承其滴露，紅色可愛，氣味大熱，有大毒。久藏者，中有一塊，雖極寒，其餘皆冰，獨此不冰，乃酒之精液也，飲之令人透腋而死。或云：葡萄久貯亦自成酒，芳甘酷烈，此真葡萄酒也。

根及藤葉　氣味：與實同。治腰腳肢腿痛，煎湯淋洗之良。又飲其汁，利小便，通小腸，消腫滿。

清・朱本中《飲食須知・果類》　葡萄　味甘、酸，性微溫。多食助熱，令人卒煩悶昏目。甘草作釘，鍼葡萄立死。以麝香入樹皮內，結葡萄盡作香氣。其藤穿過棗樹，則實味更美。葡萄架下，不可飲酒，防蟲屎傷人。

清・何其言《養生食鑒》卷上　葡萄　味甘、酸，性微溫，無毒。治筋骨濕痹，益氣力，令人肥健，治痘疹毒。其性走下，滲水道，利小便。胎上衝心，煎湯飲之，即下。不宜多食。取汁釀酒，甚佳。多飲昏目。和白糖晒食良。

清・王翃《握靈本草》卷七　葡萄葡萄有圓者，有如馬乳者。有白者，名水晶(凡)〔葡〕萄，黑者名紫葡萄。出西北者佳。　主治：葡萄，味甘，平，濇，無毒。主筋骨濕痺，益氣倍力，除煩解渴。

清・沈李龍《食物本草會纂》卷六　葡萄一名葡桃。李時珍曰：葡萄折藤壓之最易生，春月萌苞生葉，頗似栝樓葉而有五尖，生鬚延蔓引數十丈，三月開小花，成相黃白色，仍連着實星編珠聚，七八月熟，有紫白二色。西人及太原平陽，皆作葡萄乾，貨之四方。蜀中有綠葡萄，熟時色綠，雲南所出者大如棗。西邊有瑣瑣葡萄，大如五味子而無核，味尤長。按《物類相感志》云：甘草作釘，釘葡萄立死。以麝香入葡萄皮內，則葡萄定作香氣，其愛憎用于他草。如此又言其藤穿過棗樹，則實大更美也。《三元延壽書》言葡萄架下不可飲酒，恐蟲屎傷人。○《史記》云：大宛以葡萄釀酒，十數年不壞。張騫使西域，得其種還，中國始有，蓋北果之最珍者。今太原尚作葡萄酒寄遠。其根莖中空相通，暮溉其根，而晨朝取子，其水已浸入子中矣。　實，味甘，平，澀，無毒。治筋骨溼痹，益氣倍力，強志。令人肥健，耐飢忍風寒，輕身不老延年，逐水利小便，時氣痘瘡不出，食之或研酒飲甚效。丹溪曰：東南人食之多病熱，西北人食之無恙，蓋能下走滲道，西北人秉氣厚故耳。○魏文帝詔群臣曰：葡萄當夏末涉秋，尚有餘暑，醉酒宿醒，掩露而食，甘而不飴，酸而不酢，冷而不寒，味長汁多，除煩解渴，又釀酒甘於飴蜜，善醉而易醒。他方之果，無有匹者。　根及藤葉，治霍亂後惡心，止嘔噦。煮汁飲。孕婦子上衝心，飲之即安。　腰脚肢腿痛，煎湯，淋洗之即愈。又飲其汁，利小便，通小腸，消腫滿。

清・馮兆張《馮氏錦囊秘錄・雜症痘疹藥性主治合參》卷八　葡萄　葡萄苗，成藤蔓極長，實有紫黑及白。取汁釀酒，留久愈香。逐水氣，利小便不來者殊功。治時氣，發瘡疹不出者立效。益氣倍力，令人肥健。胎孕衝心，食之即下。多食令人煩悶昏眼。根即名木通，通便甚驗。

清・张璐《本經逢原》卷三　貟貟葡萄　甘、微鹹，溫，無毒。　發明：貟貟葡萄，似葡萄而貟細，故有貟貟之名。生於漠北，南方間亦有之。其幹類木，而係藤本。其子生青熟赤，乾則紫黑。能攝精氣歸宿腎藏，與五味子功用不甚相遠。凡藤蔓之類，皆屬於筋；草木之實，皆達於藏，不獨此味為然。此物向供食品，不入湯藥，故《本草》不載。近時北人以之強腎，南人以之稀痘，各有攸宜。強腎方用貟貟葡萄、人參各一錢，火酒浸一宿，侵晨塗手心、摩擦腰脊，能助膂力強壯。若臥時磨擦腰脊，力助陽事堅強，服之尤為得力。稀痘方用貟貟葡萄一歲一錢，神黃豆一歲一粒，杵為細末，一陽夜蜜水調服，并擦心窩腰眼，能助腎祛邪，以北地方物，專助東南生氣之不足也。然惟稟質素弱者用之有益，若氣壯偏陽者勿用，恐其助長淫火之毒也。

清・张璐《本經逢原》卷三　蒲桃俗名葡萄　甘，寒，無毒。《本經》治筋骨濕痹，益氣力強志，令人肥健，耐飢，忍風寒，可作酒。　發明：葡萄之性寒滑，食多令人泄瀉。丹溪言，東南人食之多病熱，西北人食之無恙，蓋能下走滲道，西北人稟氣厚，故有《本經》所主之功，無足異也。

清・汪啟賢等《食物須知・諸果》　葡萄　味甘、酸，氣平。屬土，有木與水火。無毒。張騫因使西域得種，如到中華，由是州郡盡各栽養。葉似蘡薁而大，苗成藤蔓極長。實結類馬乳且圓，秋熟色紫黑或白。取汁釀酒，留久愈香。逐水氣，利小便不通者，殊功。治時氣，發瘡疹，立效。倍力強智，脂體耐飢。多食卒煩悶眼昏，因性專下走滲道。蘡薁山葡萄釀酒，尤極香美，飲之久久，亦能益人。

清・葉盛《古今治驗食物單方》　葡萄　除煩湯：生葡萄搗汁，濾，熬膏，入熟蜜少許同收，點湯飲。　熱淋，葡萄汁、藕汁、生地汁、白蜜和，每服一盞。　胎上攻心，葡萄煎湯飲之即下。　水腫，葡萄嫩心十四個，螻蛄七個去頭、尾，同研，露七日，曝乾為末，每服五分，淡酒調下。

清·徐大椿《神農本草經百種錄》上品　葡萄　味甘，平。主筋骨濕痹，益氣倍力，強筋燥濕。強志，肝藏魂。令人肥健耐飢，忍風寒。久服輕身，不老延年。皆培補肝脾之效。可作酒。此以形為治，葡萄屈曲蔓延，冬卷春舒，與筋相似，故能補益筋骨。其實甘美，得土之正味，故又能滋養肌肉。肝主筋，脾主肉，乃肝脾交補之藥也。

清·黃元御《玉楸藥解》卷四　蒲桃　味甘、酸，微寒。入手太陰肺、足太陽膀胱、足陽明胃經。清金解渴，利水除淋。蒲桃清金利水，治煩渴熱淋，療胎氣衝心。其力未及西瓜，亦佳品也。蒲桃出自西域，《漢書·西域傳》：大宛諸國，富人以蒲桃作酒，藏之數十年不壞。張騫攜其種來，中國始生，後人作葡萄。

清·汪紱《醫林纂要探源》卷二　葡萄　甘，酸，濇，溫。色有青紫。西蕃以為酒。野生小者曰瑣瑣葡萄。斂肺，解煩。多食生內熱。性善收吸水氣，反生積濕。

清·嚴潔等《得配本草》卷六　葡萄一名蒲桃。根、藤、葉。甘，平，酸，濇。入手太陽經。治胎上衝心，療筋骨濕痹，除腸水，發痘瘡。配生藕、生地，搗汁和白蜜，治熱淋濇痛。多服令人煩悶目暗。根、藤、葉　甘，平，濇。治嘔噦，利小腸，消腫滿及霍亂後噁心。

清·黃宮繡《本草求真》卷二　肖貝肖貝、葡萄瓜攝精氣歸宿腎。

葡萄耑入腎。種類不一，此以肖貝肖貝名者。因其形似葡萄，瑣細不大，故以肖貝肖貝名也。張璐論之甚詳，言此生於漠北，南方亦間有之，其幹類木，而係藤木。其子生青熟赤，乾則紫黑。氣味甘鹹而溫，能攝精氣，歸宿腎臟，與五味子功用不甚相遠。凡藤蔓之類，皆屬於筋。形類相似。有感而通。草木之實，皆達於臟。實則重着下行，實則氣重內入，故多入臟。不獨此味為然，此物向供食品，不入湯藥，故本草不載。近時北人以之強腎，南人以之稀痘，各有攸宜。強腎方用肖貝肖貝葡萄、人參各一錢，火酒浸一宿，清晨塗手心，摩擦腰脊，能助筋力強壯。若臥時摩擦腰脊，力助陽事堅強，服之尤為得力。稀痘方用肖貝肖貝葡萄一歲一錢，神黃豆一歲一粒，杵為細末，一晝夜蜜水調服，并擦心窩腰眼，能助腎祛邪，以北地方物，耑助東南生氣之不足也。然秉質素弱宜服。反是則不免有助火之害矣！

清·李文培《食物小錄》卷上　葡萄　甘，平，酸，溫，微澀，無毒。益氣倍力，強志，令人肥健耐飢。久食輕身不老，延年。多食，令人卒煩悶，眼暗。有紫、白、大、小數種，圓者名草龍珠，長者名馬乳，白者名水晶，黑者名紫葡萄。蜀中有綠葡萄。西省有瑣瑣葡萄，大如五味子，無核。雲南所出大如棗，味尤長。諸葡萄皆可作酒，飲之則酶然而醉，故有是名。

清·趙學敏《本草綱目拾遺》卷七果部上　瑣瑣蒲萄　出土魯番，北京貨之，形如胡椒，係蒲萄之別種也。《回疆志》：蒲萄一根數本，藤蔓牽長，花極細而黃白色，其實有紫、白、青、黑數種，形有圓長大小，味有酸甜不同，一種色綠而無核，較黃豆微大，味甘美；一種色紫而小如胡椒，即瑣瑣蒲萄；一種色黑，形長寸許，一種色白而大，皆七八月熟，晾乾可致遠。

《本經逢原》云：瑣瑣蒲萄似蒲萄而瑣細，故名。生於漠北，南方間亦有之，其幹類木，而係藤本，其子生青熟赤，乾則紫黑，能攝精氣，歸宿腎藏，與五味子功用不甚相遠。凡藤蔓之類，皆屬於筋；草木之實，皆達於藏，不獨此味為然。此物向供食品，不入湯藥，故《本草》不載。近時北人以此強腎，南人以之稀痘，各有攸宜。

《五雜俎》：西域白蒲桃，生者不可見，其乾者味殊奇甘，有兔眼蒲桃，無核；又有瑣瑣蒲萄，形如茱萸。小兒食之，能解痘毒。

于文定《筆麈》云：瑣瑣即駁娑之訛。

黎媿曾《仁恕堂筆記》：瑣瑣蒲萄，于文定引《西京》、《羽獵》賦謂瑣瑣當為駁娑，固屬附會，而以為別有一種，亦非河西蒲萄，雖引根牽蔓，不異中土，而結實大長如馬乳，色深紫，味亦殊甘，一枝千百顆，大者在上，細在下，垂取而乾之，大者為白蒲萄，細者名瑣瑣，非兩種也，故俗呼為公領孫。惟綠蒲萄則來自西域，非中土所有。

味甘，核細微鹹。《痘學真傳》云：味甘酸，性平溫。《百草鏡》云：性熱，入脾、腎二經，作酒彌佳。治筋骨溼痛，利水甚捷，除遍身浮腫、痘瘡不出，酒研和飲，神效。

強腎：瑣瑣蒲萄、人參各一錢，火酒浸一宿，侵晨塗手心，摩擦腰脊，能助膂力強壯；若臥時摩擦腰脊，力助陽事堅強，尤為得力。稀痘：瑣瑣蒲萄一歲一錢，神黃豆一歲一粒，杵為細末，一陽夜蜜水調服，并擦心窩腰眼，能助腎祛邪，以北地方物專助東南生氣之不足也。然惟稟質素弱者用之有益，若氣壯偏陽者勿服，恐其助長淫火之毒也。

按：《紫桃軒雜綴》：瑣瑣蒲萄，神農九草之一，中土久有，不俟博望從西域帶來也。吾里東塔朱買臣墓有之。戊子，余曾歷平湖幕署，有一枝蔓延滿架，夏開瑣碎花，結實如菉豆，望不可見；吾杭螺螄山汪姓家亦有此，然食之味薄，不若甘肅者味厚也，入藥自宜以西北者為優。

清·王學權《重慶堂隨筆》卷下 蒲桃 以北產者良，吐爾番出者，純甘無核尤勝。大補肝脾之血，與枸杞子同功。胎上沖心，單用蒲桃一兩煎服，立愈。

清·章穆《調疾飲食辯》卷四 蒲萄 《綱目》曰：《史記》作蒲陶，《漢書》作蒲桃。有數種，圓者名草龍珠，長者名馬乳蒲桃，白者名水晶蒲桃，黑者名紫蒲桃，蜀中有綠蒲桃，雲南者大如棗，波斯者大如雞卵，西邊有瑣瑣蒲桃，小如五味子而無核。

按：蒲桃，西北產者肉厚味甘，生食或餹餞皆佳。東南所產肉薄子多，味酸多甘少。其性，生者能除煩解渴，逐水利小便出《別錄》。又治血淋澀痛，生蒲桃、生地黃、生藕，各搗自然汁等分，相和，盪微溫，頻服一盃。無生蒲桃，用藤煮濃汁。出《千金方》。又治胎上衝心：生蒲桃或藤葉煎汁，細細飲之，即下。出《食療本草》。又治痘瘡不出，煎酒服。出《圖經》。若充果，不宜多食，令人煩悶。餹藏者稍佳，然表病人亦不宜食，酸主斂也。又可作酒，見穀類。《物類相感志》云：甘草作釘，刺之立死。入麝香於皮內，則結子皆帶香氣，愛憎之異如此。又《延壽書》云：蒲桃架下不可飲酒，恐蟲屎傷人。此蟲大而且多，螫人有毒。且蛇最喜上架食其子，坐卧其下，難免不測之禍。庭院間不宜植之。陸士衡詩渴不飲盜泉水，熱不息惡木陰者，此也。

清·王龍《本草纂要稿·菓部》 木通 係葡萄籐莖。瀉小腸火鬱，利膀胱水閉。與通草並建奇功。

清·葉桂《本草再新》卷五 蒲桃味甘、酸，性熱，無毒。入脾、肺二經。暖胃健脾，治肺虛寒嗽，破血積、疽瘤。

清·吴其濬《植物名實圖考》卷三二 葡萄 《本經》上品。有圓長二種，西北極多，江南亦間有之。實多圓而色紫，味亦遜。

清·趙其光《本草求原》卷一二果部 葡萄 甘、酸，微寒而滑，無毒。滲水道，利小便，治筋骨濕痹，益氣力，令人肥健，療胎上沖心，煎水飲。和白糖曬食良，浸酒亦佳。但多飲泄瀉昏目，滲滑太過也。

清·葉志詵《神農本草經贊》卷一 葡萄 味甘，平。主筋骨濕痹，益氣倍力，強志，令人肥健，耐飢忍風寒，久食輕身不老延年。可作酒。生山谷。

託根福地，引竹交穿。青紛綬結，紫瑩珠懸。雲漿清滑，玉盞涼鮮。荔枝同嚼，風月無邊。

宋祁賦：托崤函之福地。韓愈詩：莫辭添竹引龍鬚。劉禹錫歌：繁葩組綬結。唐彥謙詩：珠帳高懸夜不收。劉禹錫詩：味敵五雲漿。洪希文詩：醍醐縱美輸清滑。顧阿瑛詩：葡萄玉盞酌西涼。李夢陽詩：酒酣試取冰丸嚼，不說天南有荔枝。張鎡詞：風月無邊是醉鄉。

清·文晟《新編六書》卷六《藥性摘錄》 葡萄 甘，微酸。瑣瑣葡萄甘，平，性濇。詳藥部溫腎。

清·文晟《新編六書》卷六《藥性摘錄》 瑣瑣葡萄 小而無核，甘鹹而溫，益精氣歸宿腎經。〇火旺者忌之。

清·王孟英《隨息居飲食譜·果食類》 蒲桃 甘，平。補氣，滋腎液，益肝陰，養胃，耐飢，禦風寒，強筋骨，通淋逐水，止渴，安胎。種類甚多，北產大而多液，味純甜者良。無核者更勝，可乾可釀。枸杞同功。胎上衝心，蒲桃煎湯飲，無則用藤葉亦可。嘔噦霍亂，溺閉，小腸氣痛，竝以蒲桃藤、葉煎濃汁飲，外可淋洗腰腳腿痛。

附種蒲桃法：正月末取蒲桃嫩枝，長四五尺者，捲為小圈，令緊實。先治地土，鬆而沃之，以肥種之，止留二節在外，候春氣透發，眾萌競吐，而土中之節不能條達，則盡萃於出土之二節，不二年，成大棚，其實如棗，且多液也。

清·劉善述、劉士季《草木便方》卷一草部 （蔔）〔葡〕萄根 （卜）〔葡〕萄根葉濇平甘，筋骨濕痹霍亂餐。調中嘔淋止盜汗，婦孕衝心耳鳴安。

清·田綿淮《本草省常·果性類》 葡萄 古作蒲桃，一名草龍珠。性熱。益氣倍力，堅志悅色。久食輕身耐飢，忍風寒。多食生熱痰，令人目暗。

清·戴葆元《本草綱目易知錄》卷三 葡萄 實，甘，濇。屬土。下走滲道，除煩解渴，調中治淋，益氣倍力，強志逐水，利小便，除腸間水。治筋骨濕痹，時氣痘瘡不出，食之，或研酒飲，甚效。

清·吴汝紀《每日食物却病考》卷下 葡萄 甘，平，無毒。治筋骨濕痹，益氣力，令人肥健，耐寒，利小便。其形色非一類，功用亦有優劣也。大宛取其汁以釀酒，極甘美，善醉而易醒。西北人稟厚，多食無恙，東南人食多則病熱矣。

蘡薁

明·朱橚《救荒本草》卷下之後　野葡萄　俗名煙黑。生荒野中，今處處有之。莖葉及實俱似家葡萄，但皆細小，實亦稀踈。味酸。　救飢：採葡萄顆紫熟者食之。亦中釀酒飲。

明·李時珍《本草綱目》卷三三果部·蓏類　蘡薁音嬰鬱。《綱目》。校正原附葡萄下，今分出。

【釋名】燕薁《毛詩》　蘡舌《廣雅》　山葡萄《唐註》　野葡萄俗名　藤名木龍

時珍曰：名義未詳。　【集解】恭曰：蘡薁蔓生。苗、葉與葡萄相似而小，亦有莖大如椀者。冬月惟葉凋而藤不死。藤汁味甘，子味甘酸，即千歲蘽也。頌曰：蘡薁子生江東，實似葡萄，細而味酸，亦堪爲酒。時珍曰：蘡薁野生林墅間，亦可插植。蔓、葉、花、實，與葡萄無異。其實小而圓，色不甚紫也。《詩》云六月食薁，即此。其莖吹之，氣出有汁，如通草也。

【正誤】藏器曰：蘇恭註千歲蘽即是蘡薁，妄言也。千歲蘽藤如葛，而葉背白，子赤可食。蘡薁藤斫斷通氣，更無甘汁。詳見草部千歲蘽下。時珍曰：蘇恭所説蘡薁形狀甚是，但以爲千歲蘽則非矣。

實　【氣味】甘、酸，平，無毒。　【主治】止渴，悅色益氣蘇恭。

藤　【氣味】甘，平，無毒。　【主治】噦逆，傷寒後嘔噦，搗汁飲之良。蘇恭。止渴，利小便時珍。

【附方】新三。　嘔啘厥逆：蘡薁藤煎汁，呷之。《肘後方》。　目中障翳：蘡薁藤，以水浸過，吹氣取汁，滴入目中，去熱翳，赤白障。《拾遺本草》。　五淋血淋：木龍湯：用木龍即野葡萄藤也，竹園荽、淡竹葉、麥門冬連根苗、紅棗肉、燈心草、烏梅、當歸各等分，煎湯代茶飲。《百一選方》。

根　【氣味】同藤。　【主治】下焦熱痛淋閟，消腫毒時珍。

【附方】新四。　男婦熱淋：野葡萄根七錢，葛根三錢，水一鍾，煎七分，入童子小便三分，空心温服。《乾坤秘韞》。　女人腹痛：方同上。　一切腫毒：赤龍散：用野葡萄根，晒研爲末，水調塗之，即消也。《儒門事親方》。　赤游風腫：忽然腫痒，不治則殺人。用野葡萄根擣如泥，塗之即消。《通變要法》。

明·佚名氏《醫方藥性·草藥便覽》　山〔莆萄〕〔葡萄〕　其性酸。治飛瘍，散血。

明·姚可成《食物本草》卷九果部·蓏果類　蘡薁音嬰郁。野生林墅間，亦可插植。蔓、葉、花、實，與葡萄無異。其實小而圓，色不甚紫也。《詩》云六月食薁，即此。

蘡薁，味甘、酸，平，無毒。止煩渴，悅顏色，益氣力。

明·孟笨《養生要括·果部》　野葡萄　止渴，悅色益氣。藤治噦逆。傷寒後嘔噦，擣汁飲之，良。止渴，利小便。根治下焦熱痛，消腫毒。

明·施永圖《本草醫旨·食物類》卷三　蘡薁音嬰郁。　實　味甘、酸，平，無毒。治：止渴，悅色，益氣。　藤　味甘，平，無毒。治：噦逆，傷寒後嘔噦，搗汁飲之良。止渴，去腸胃積垢，利小便。

附方　嘔啘厥逆：蘡薁藤，煎汁呷之。目中障翳：蘡薁藤以水浸過，吹氣取汁，滴入目中，去熱翳，赤白障。五淋血淋：木龍湯：用木龍即野葡萄藤也，竹園荽、淡竹葉、麥門冬連根苗、紅棗肉、燈心草、烏梅、當歸各等分，煎湯代茶飲。　根　味同藤。治：下焦熱痛淋閟，消腫毒。

附方　男婦熱淋：野葡萄根七錢，葛根三錢，水二鍾，煎七分，入童子小便三分，空心溫服。女人腹痛：方同上。一切腫毒：赤龍散：用野葡萄根，晒，研為末，水調塗之，即消也。赤遊風腫：忽然腫痒，不治則殺人，用野葡萄根擣如泥，塗之即消。

清·丁其譽《壽世秘典》卷三　蘡薁一名山葡萄，俗名野葡萄，苗葉與葡萄相似而小，亦有莖大如椀者，吹之氣出有汁，如通草也。其實小而圓，色不甚紫。　氣味，甘、酸，平，無毒。主止渴，悅色，益氣。

藤　氣味：甘，平，無毒。主止渴，利小便。以水浸過，吹氣取汁，滴入目中，去目中障翳。

根　氣味：與藤同，治下焦熱痛淋閟。一切腫毒，晒研為末，水調塗之，即消。

清·劉雲密《本草述》卷二〇　木龍一名野葡萄藤。《準繩》治血淋及五淋等疾，方見後。　時珍曰：又名蘡薁。蘡音英，薁音郁，藤也。又有薁一字者，曰為果名，郁李也。野生林墅間，亦可插植，蔓、葉、花、實與葡萄無異。其實滴入目中去熱瞖、赤白障。

五淋、血淋，用木龍、竹園荽、淡竹葉、麥門冬連根苗、紅棗肉、燈心草、烏梅、當歸，各等分，煎湯代茶飲。　一切腫毒，用野葡萄根，曬研為末，水調塗之，即消也。　赤遊風腫，忽然腫癢，不治則殺人，用野葡萄根搗如泥，塗之即消。

清·何其言《養生食鑒》卷上　野葡萄一名山葡萄。　味甘、酸，性平，無毒。止消渴，悦顔色，清火益氣。不宜多食。脾虚人忌之。

清·王道純《本草品彙精要續集》卷九　蘡薁無毒

蘡薁《本草綱目》：　主止渴，悦色益氣蘇恭。　〔名〕燕薁、嬰舌、山葡萄、野葡萄。藤，名木龍。　〔地〕蘇頌曰：　蘡薁子，生江東，實似葡萄，細而味酸，亦堪爲酒。李時珍曰：　蘡薁，野生林墅間，亦可插植，蔓葉花實與葡萄無異，其實小而圓，色不甚紫也。詩云六月食蘡，即此。其莖吹之氣出，有汁如通草也。　〔苗〕蘇恭曰：　蘡薁，蔓生，苗葉與葡萄相似而小，亦有莖大如碗者。冬月惟葉凋而藤不死，藤汁味甘，子味甘酸，即千歲蘽也。陳藏器曰蘇恭注：　千歲蘽，即是蘡薁，妄言也。千歲蘽，藤如葛而葉背白，子赤可食。蘡薁藤，斫斷通氣，更無甘汁。詳見草部千歲蘽下。李時珍曰：　蘇恭所説蘡薁，形狀甚是，但以千歲蘽則非矣。　〔味〕甘，酸。　〔性〕平。藤主噦逆，傷寒後嘔噦，搗汁飲之良蘇恭。止渴，利小便《本草綱目》。　〔治〕嘔啘厥逆，蘡薁藤煎汁呷之。○目中障翳，蘡薁藤以水浸過，吹氣取汁，滴入目中，去熱翳赤白障。　〔合治〕五淋，血淋。木龍湯，用木龍，即野葡萄藤也，竹園荽、淡竹葉、麥門冬、連根苗、紅棗肉、燈心草、烏梅、當歸各等分，煎湯代茶飲。　〔味〕甘。　〔性〕平。根，主下焦熱痛，淋悶，消腫毒《本草綱目》。　〔治〕根，治一切腫毒。赤龍散，用野葡萄根曬研爲末，水調塗之，即消也。○赤遊風腫，忽然痛癢，不治則殺人，用野葡萄根搗如泥，塗之即消。　〔合治〕男婦熱淋，野葡萄根七錢，葛根三錢，水一鍾，煎七分，入童子小便三分，空心温服。

清·汪紱《醫林纂要探源》卷二　蘡薁　甘，酸，温。似葡萄而小，藤蔓輭細如草，則異葡萄之粗硬，而有刺。　益肺。

附：　琉球·吴繼志《質問本草》外篇卷四　野葡萄紫葛，救荒野葡萄。　春生蔓著葉，夏開花結子，至秋熟。　俗名野葡萄。甲辰，潘貞蔚、石家辰、孫景山、戴道光、戴昌蘭、陳文錦。

清·章穆《調疾飲食辯》卷四　蘡薁　《綱目》曰：　即野蒲桃。唐詩注曰山蒲桃。《廣雅》名嬰舌。蔓、葉及花略似蒲桃，實小而圓，味更酸。《豳風》所謂六月食鬱及薁者也。病人忌食。藤可治熱病，乾嘔呃逆，四肢厥冷：　煎濃汁，頻呷之。出《肘後方》。根可治赤遊風毒，紅腫痛癢，不速治殺人，搗塗之。出《通變要法》。以上二方，無野者，均可代以家者，但力少遜耳。

清·楊時泰《本草述鉤元》卷二〇　木龍　一名野葡萄藤，又名蘡薁，單名薁者為果，郁李也，雙名蘡薁，藤也。蔓葉花實，與葡萄無異。取實滴入目中，去熱瞖赤白障。五淋血淋，用木龍、竹園荽、淡竹葉、麥冬連根苗、當歸、紅棗肉、烏梅、燈心各等分，煎湯代茶飲。一切腫毒，用野葡萄根曬研為末，水調塗之，即消。赤遊風腫，忽然腫癢，不治則殺人，用野葡萄根搗如泥，塗之即消。

清·吴其濬《植物名實圖考》卷三二　蘡薁附　即野葡萄。李時珍收入果部。以為《詩》六月食薁即此。舊附葡萄下，從之。

雩婁農曰：　江南少蒲萄，而蘡薁極賤。但不食西域馬乳，亦烏知蒲萄野生外尚有異種乎？　陶隱居以蒲萄即當是蘡薁，正緣未見西園佳實。解渴消餇也。今北種漸徙於南，或飛騎致之，不比荔支色香易變，富貴者望西風而大嚼。彼大如豆而色紫黑者，牧豎與烏雀口就而齧啄之矣。雲南所出大如棗，不能乾而貨於遠，地接西藏故應佳。又有一種石蒲萄，生於石壁，能發痘瘡，疑即野蒲萄，而回回所謂瑣瑣者歟？

清·田綿淮《本草省常·果性類》　山葡萄　一名蘡薁。性平。益氣力，止渴，悦色。

蛇葡萄

明·朱橚《救荒本草》卷上之後　蛇葡萄　生荒野中。拖蔓而生，葉似菊葉而小，花叉繁碎，又似前胡葉，亦細，莖葉間開五瓣小銀褐花，結子如豌豆大，生青，熟則紅色。苗葉味甜。　救飢：　採葉煠熟，換水浸淘淨，油鹽調食。　治病：　今人傳説擣根傅貼瘡腫。

岡拈子

清·吴其濬《植物名實圖考》卷三一　岡拈子　生廣東山野間。形如葡萄，内多核，味酸微甜，牧豎採食，不登於肆。

石葡萄

明·蘭茂撰，清·管暄校補《滇南本草》卷上　石葡萄　味甘，無毒。形似家葡萄，亦非野間所有，乃生於石上，高尺餘，軟枝倒掛，子如小烏飯菓，採食返老還少，烏鬚黑髮之聖藥也。治小兒疸瘡，烏頭頂陷，或爛痘蟲痘，服之立效。

獼猴桃

唐·孟詵、張鼎《食療本草》卷子本　藤梨寒。　右主下丹石，利五藏。其熟時收取瓤和蜜煎作煎，服之去煩熱，止消渴。　久食發冷氣，損(痺)脾胃。

宋·唐慎微《證類本草》卷二三果部下品〔宋·馬志《開寶本草》〕　獼猴桃　味酸，甘，寒，無毒。　止暴渴，解煩熱，冷脾胃，動洩辟，壓丹石，下石淋。熱壅反胃者，取汁和生薑汁服之。　一名藤梨，一名木子，一名獼猴梨。　生山谷。　藤生著樹，葉圓有毛。　其形似雞卵大，其皮褐色，經霜始甘美可食。　枝、葉殺蟲，煮汁飼狗，療瘑也今附。

〔宋·唐慎微《證類本草》〕陳藏器：　味鹹，溫，無毒。主骨節風，癱緩不隨，長年變白，野雞肉痔病，調中下氣。皮中作帋，藤中汁至滑，下石淋，主胃閉，取汁和生薑汁，服之佳。《食療》：　候熟收之，取瓤和蜜煎作煎。　去人煩熱。　久食亦得令人冷，能止消渴。

附：　日·丹波康賴《醫心方》卷三〇　獼猴桃　《七卷經》云：　味甘，寒，無毒。　食之無損益。　《拾遺》云：　味酸，溫，無毒。　主骨節風，癱緩不遂，長生變白。　肉，野雞病。　一名藤梨，又名羊桃。　崔禹〔錫〕云：　食之和中安肝。　味甘，冷。　主黄疸消渴。　狀似棗而青黑色。　一節署數十莖，莖頭生實，食之利人。

宋·唐慎微《證類本草》卷一一草部下品〔《本經·別錄》〕　羊桃　味**苦，寒**，有毒。　**主熛熱，身暴赤色，風水積聚，惡瘍，除小兒熱**，去五藏五水大腹，利小便，益氣。可作浴湯。　**一名鬼桃，一名羊腸**，一名萇楚，一名御弋，一名銚音姚弋。　生山林川谷及生田野。　二月採，陰乾。

〔梁·陶弘景《本草經集注》〕云：　山野多有。　甚似家桃，又非山桃子。　小細，苦不堪噉，花甚赤。《詩》云：　隰有萇楚者即此也。　方藥亦不復用。

〔唐·蘇敬《唐本草》〕注云：　此物多生溝渠隍塹之間。　人取煮以洗風癢及諸瘡腫，極效。　劍南人名細子根也。

〔宋·掌禹錫《嘉祐本草》〕按：　《蜀本圖經》云：　生平澤中。　葉、花似桃，子細如棗核，苗長弱即蔓生，不能爲樹。　今處處有，多生溪澗。　今人呼爲細子根，似牡丹。　療腫。《爾雅》云：　萇楚，銚弋。　郭云：　今羊桃也。　釋云：　葉似桃，花白，子如小麥，亦似桃。　陸璣云：　葉長而狹，華紫赤色，其枝莖弱，過一尺引蔓于草上。　今人以爲汲灌，重而善沒，不如楊柳也。　近下根，刀切其皮，著熱灰中脫之，可韜筆管也。

〔宋·唐慎微《證類本草》〕陳藏器云：　味甘，無毒。　主風熱羸老。　浸酒服之。　生蜀川川谷中。　草高一尺，葉長小，亦云羊桃根也。《肘後方》：　治傷寒毒攻手足痛，煮羊桃汁漬之，雜鹽豉尤好。

宋·寇宗奭《本草衍義》卷一八　獼猴桃　今永興軍南山甚多，食之解實熱，過多則令人藏寒洩。　十月爛熟，色淡綠，生則極酸，子繁細，其色如芥子，枝條柔弱，高二三丈，多附木而生。　淺山傍道則有存者，深山則多爲猴所食。

宋·鄭樵《通志》卷七五《昆蟲草木略》　羊桃　《詩》曰萇楚，《爾雅》曰銚弋，亦曰鬼桃，曰羊腸，曰御弋。　葉花似桃，子如棗核，劍南人名細子根。

宋·陳衍《寶慶本草折衷》卷一八　獼猴桃汁在內。　一名獼猴梨，一名藤梨，一名木子。　生永興軍南山即本軍境內之山也。　山谷，其藤多附木而生。○及淺山傍道多有之。　○十月經霜熟而收。　○舊俗以獼猴桃稱為羊桃，非也。　蓋羊桃別是一物，草部下元有羊桃條，删訖。

味酸、甘、鹹，寒，無毒。　○止暴渴，解煩熱，冷脾胃，動洩澼，壓丹石，下石淋。　熱壅反胃者，取汁和生薑汁服之。　似雞卵大，其皮褐色。　○陳藏器云：　主骨節風，癱緩，痔病，調中下氣。　○寇氏曰：　食過多，則藏寒洩，爛熟色淡綠，生則極酸。　子繁細如芥子。

元·吴瑞《日用本草》卷六　藤梨　一名獼猴桃，一名楊桃。　味酸、甘，寒，無毒。　經霜始甘美。　主止暴渴，解煩熱，冷脾胃，動洩澼，壓丹石，下石淋。　熱壅反胃者，取汁和生薑汁服之。

明·劉文泰《本草品彙精要》卷一四　羊桃有毒　蔓生。

羊桃出《神農本經》。　**主熛熱，身暴赤色，風水積聚，惡瘍，除小兒熱。**以上朱字《神農本經》。　去五臟五水大腹，利小便，益氣，可作浴湯。以上黑字名醫所錄。

〔名〕鬼桃、羊腸、銚音姚弋、萇楚、御弋、細子根。　〔苗〕《蜀本圖經》曰：　花葉似桃，子細如棗核，苗長弱即蔓生不能爲樹，多生溪澗傍，南人呼爲細子根也。《爾雅》云：　萇楚，銚弋。　郭云：　今羊桃也，葉似桃，花白，子如小麥，亦似桃。　陸璣云：　葉長而狹，華紫赤色，其枝莖弱，過一尺引蔓於草上，《詩》所謂隰有萇楚是也。　〔地〕《圖經》曰：　生山林川谷及田野中。《唐本》注云：　多生溝渠隍塹之間。〔道地〕蜀川川谷。　〔時〕生：　春生苗。採：　二月取。　〔收〕陰乾。　〔用〕根、實。　〔質〕似桃而極小。　〔色〕赤。　〔味〕苦。　〔性〕寒，泄。　〔氣〕味厚于氣，陰也。　〔主〕諸瘡瘍。〔治〕療：　《唐本》注云：　根煮汁，以洗風癢及諸瘡腫。　〔合治〕合酒浸服，主風熱，羸老。○煮汁合少鹽豉漬之，療傷寒，毒攻手足痛。

明·劉文泰《本草品彙精要》卷三四 獼猴桃無毒 蔓生。

獼猴桃： 止暴渴，解煩熱，冷脾胃，動洩澼，壓丹石，下石淋。熱壅反胃者，取汁和生薑汁服之。○枝葉，殺蟲。煮汁飼狗，療瘑也。名醫所錄。

【名】藤梨、木子、獼猴梨。 【苗】《圖經》曰： 藤生著樹，葉圓有毛。實似雞卵大，皮褐色，經霜始甘美可食。《衍義》曰： 十月爛熟，色淡綠，生則極酸，子繁細，其色如芥子，枝條柔弱，高二三丈，多附木而生。淺山傍道則有存者，深山則多爲猴所食，皮亦堪作紙也。 【地】《圖經》曰： 生山谷。《衍義》曰： 出永興軍南山甚多。 【時】生： 春生葉。採： 十月取實。

【用】實。 【質】類雞卵。 【色】褐。 【味】酸，甘。 【性】寒，收。 【氣】氣薄味厚，陰中之陽。 【臭】香。 【主】止消渴，除煩熱。 【製】搗汁用。

【治】療： 陳藏器云： 除骨節風，癱瘓不隨，長年變白，野雞內痔病，調中下氣。○藤中汁，至滑，下石淋。 【合治】取汁，合生薑汁服之，主胃開。○候熟收之，取穰和蜜作煎，去煩熱，亦能止消渴。 【禁】多食，令人臟寒洩。

明·盧和、汪穎《食物本草》卷二果類 羊桃 味甘，寒。主標熱，風水積聚。《詩》名萇楚，疑與獼猴桃類。

明·盧和、汪穎《食物本草》卷二果類 獼猴桃 味酸甘，寒，無毒。止暴渴，解煩熱，冷脾胃，動洩僻，壓丹石，下石淋熱壅。不可多食，令人臟寒洩。此桃考之《本草》，言： 藤生附樹，葉圓有毛，其形侶鷄卵大，其皮褐色，經霜始甘美可食。《衍義》言： 生則極酸，十月爛熟始食。

明·鄭寧《藥性要略大全》卷六 羊桃 主標熱身暴赤色，風水積聚，惡瘍，除小兒熱，去五臟水，消腹大，利小便，益氣，可作湯浴。 味甘、酸、微苦，性寒，有小毒。

明·王文潔《太乙仙製本草藥性大全》卷二《本草精義》 羊桃 一名鬼桃，一名羊腸，一名萇楚，一名御戈，一名銚戈。生山林川谷及田野、溝渠、坑塹、平澤中。花赤似家桃，葉似桃葉，子細如棗核，苦不堪啖。苗甚弱，即蔓生，不能爲樹，今人呼爲細子，根似牡丹。以治腫極驗。

明·王文潔《太乙仙製本草藥性大全》卷四《本草精義》 獼猴桃 俗名毛桃梨，一名藤梨，一名木子，一名獼猴梨。生山谷淺山、道傍、深山俱有，今永興軍南山甚多。其木藤蔓枝條柔軟，高二三丈，多附木着樹而生。葉圓有毛，結實形如鷄卵大，其皮褐色，〔經霜〕始甘美。十月爛熟，色淡綠。生則極酸，子繁細，其色如芥子，黑色。採無時。多爲猴所食，故以爲名。

明·王文潔《太乙仙製本草藥性大全》卷二《仙製藥性》 羊桃 味苦，氣寒，有毒。 主治： 主標熱身暴赤色，理風氣積聚惡瘡。除小兒熱神效，去五臟水尤良。利小便益氣，消腹脹腫瘡。 補註： 傷寒毒攻手足痛，煮羊桃汁漬之，雜少鹽豉尤佳。○主風熱羸瘦，取和老酒浸，服之。○風痒諸瘡腫，取煮汁洗之妙。

明·王文潔《太乙仙製本草藥性大全》卷四《仙製藥性》 獼猴桃 味甘、酸，氣寒，又云味鹹，氣溫，無毒。 主治： 止暴渴而解煩熱，冷脾胃而動泄瀉。辟丹石毒，石砂、石淋熱壅者甚良，反胃者極效。主骨節風癱緩，治野雞內痔瘡。調中下氣，變白長年。 補註： 下石淋，主反胃，開取藤中汁和生薑汁服之佳。○殺蟲用枝葉搗汁煮服。去煩熱取瓠和蜜同前作煎服。○飼狗療疥，煮汁服之。

明·李時珍《本草綱目》卷一八草部·蔓草類 羊桃《本經》下品

【釋名】鬼桃《本經》 羊腸同 萇楚《爾雅》 銚芅音姚弋。或作御弋。 細子並未詳。

【集解】《別録》曰： 羊桃生山林川谷及田野。二月采，陰乾。弘景曰： 山野多有。勝似家桃，又非山桃。花甚赤。子小細而苦，不堪食。《詩》云隰有萇楚，即此。方藥不復用。保昇曰： 生平澤中，處處有之。苗長而弱，不能爲樹。葉花皆似桃，子細如棗核，今人呼爲細子，其根似牡丹。郭璞云： 羊桃葉似桃，其花白色，子如小麥，亦似桃形。陸璣《詩疏》云： 葉長而狹，花紫赤色，其枝莖弱，過一尺引蔓于草上。今人以爲汲灌，重而善没，不如楊柳也。近下根，刀切其皮，着熱灰中脱之，可韜筆管也。時珍曰： 羊桃莖大如指，似樹而弱如蔓，春長嫩條柔軟。葉大如掌，上緑下白，有毛，狀似苧麻而團。其條浸水有涎滑。

莖根 【氣味】苦，寒，有毒。藏器曰： 甘，無毒。 【主治】標熱，身暴赤色，除小兒熱，風水積聚，惡瘍《本經》。去五臟五水，大腹，利小便，益氣，可作浴湯《別録》。煮汁，洗風痒及諸瘡腫，極効恭。根： 浸酒服，治風熱羸老藏器。

【附方】舊一，新三。 傷寒變䘌： 四支煩疼，不食多睡。羊桃十斤擣熟，浸熱湯三斗，日正午時，入坐一炊久。不過三次愈。《千金》。 傷寒毒攻： 手足腫痛。羊桃煮汁，入少鹽漬之。《肘後》。 水氣鼓脹： 大小便澀。羊桃根、桑白皮、木通、大戟炒各半斤剉，水一斗，煮五升，熬如稀餳。每空心茶服一匙。二便利，食粥補之。《聖惠〔方〕》。

蜘蛛咬毒：羊桃葉擣，傅之，立愈。《備急方》。

明·李時珍《本草綱目》卷三三果部·蓏類　獼猴桃宋《開寶》

〔釋名〕獼猴梨《開寶》　藤梨同上　陽桃《日用》　木子時珍曰：其形如梨，其色如桃，而獼猴喜食，故有諸名。閩人呼爲陽桃。〔集解〕志曰：生山谷中。藤着樹生，葉圓有毛。其實形似鷄卵大，其皮褐色，經霜始甘美可食。皮堪作紙。宗奭曰：今陝西永興軍南山甚多。枝條柔弱，高二三丈，多附木而生。其子十月爛熟，色淡緑，生則極酸。子繁細，其色如芥子。淺山傍道則有子者，深山則多爲猴所食矣。

實〔氣味〕酸，甘，寒，無毒。藏器曰：鹹，酸，無毒。多食冷脾胃，動洩澼。宗奭曰：有實熱者宜食之。太過，則令人臟寒作洩。〔主治〕止暴渴，解煩熱，壓丹石，下石淋熱壅《開寶》。詵曰：並宜取瓤和蜜作煎食。調中下氣，主骨節風，癱緩不隨，長年白髮，野鷄内痔病藏器。

藤中汁〔氣味〕甘，滑，寒，無毒。〔主治〕〔熱壅〕反胃，和生薑汁服之。又下石淋藏器。

枝、葉〔主治〕殺蟲。煮汁飼狗，療瘑疥《開寶》。

明·吴文炳《藥性全備食物本草》卷二　獼猴桃　俗名毛桃梨。生山谷淺山道傍，深山俱有，今永興軍南山甚多，其木藤蔓枝條柔軟，高二三丈，多附木着樹而生，葉圓有毛，結實形如雞卵大，其皮褐色。味甘，酸，性寒。又云味鹹，性溫，無毒。止暴渴，解煩熱，辟丹石毒，砂石淋，止反胃，主骨節風癱瘓，野雞毒，痔瘡，調中下氣。

明·姚可成《食物本草》卷九果部·蓏果類　獼猴桃一名陽桃。生山谷中。藤着樹生，葉圓有毛。其實形似雞卵，經霜始甘美可食。皮堪作紙。獼猴喜食之。今陝西永興軍南山甚多。枝條柔弱，高二三丈，多附木而生。其子十月爛熟，色淡緑。

獼猴桃　味酸，甘，寒，無毒。止暴渴，解煩熱，壓丹石，下淋，石熱壅。調中下氣，主骨節風，癱緩不隨，長年〔變白〕。食之太過，令人臟寒作洩。

藤中汁　和生薑汁服之，治反胃。

枝葉　主殺蟲。煮汁飼狗，療瘑疥。

明·施永圖《本草醫旨·食物類》卷三　獼猴桃　實：味酸，甘，寒，無毒。多食冷脾胃，動洩澼。有實熱者，宜食之。太過則令人臟寒作洩。治：止暴渴，解煩熱，壓丹石，下淋石熱壅。並宜取瓤和蜜作煎食。調中下氣，主骨節風，癱緩不隨，長年白髮，野雞内痔病。　藤中汁　味甘，滑，寒，無毒。治：反胃，和生薑汁服之。又下石淋。　枝葉　治：殺蟲，煮汁飼狗，療瘑疥。

清·何其言《養生食鑒》卷上　獼猴桃其形如梨，其色如桃，獼猴喜食，故名。味酸，性寒，無毒。止暴渴，解煩熱，壓丹石。下石淋，熱壅，並宜取瓤和蜜作煎食。脾冷洩瀉者，忌之。

清·汪紱《醫林纂要探源》卷二　羊桃　甘，酸，鹹，溫。藤蔓粗大，大葉有毛，子如小桃，皮黄褐色，如杜梨，瓤黄緑，中有細黑子。閩人曰藤梨。又有色青，形稍長而毛者，曰毛桃。浸藤汁，和石灰飾壁築墳，甚膠固。然此非萇楚銚弋，萇楚雖弱，實是木類，如櫻桃，花紅，子亦似桃，而小如豆，亦有此名。李時珍混為一，失之矣。山東者甚大而瓤赤。益肺，止渴。多食寒中。

清·嚴潔等《得配本草》卷六　獼猴桃一名藤梨。酸，甘，寒。入足少陰、陽明經。止暴渴，解煩熱，調中下氣。有實熱者宜之。多食冷脾胃，動泄澼。

清·吴其濬《植物名實圖考》卷二二　羊桃《本經》下品。《詩》萇楚，《爾雅》銚弋，皆此草也。今江西建昌造紙處種之，取其涎滑以揭紙。葉似桃葉，而光澤如冬青。湖南新化亦植之。黔中以其汁黏石不斷，《黔書》《滇黔紀游》皆載之。光州造冢，以其條浸水，和土捶之，乾則堅如石，不受斧鑿，以火溫之則解。

雩婁農曰：天下之至小，能制天下之至大；天下之至柔，能制天下之至剛；天下之至輕，能制天下之至重；天下之至易，能制天下之至難。莫堅於石，椿以鹽麩之木而立坼；莫脆於石，錮以羊桃之汁而無隙。彼人氣之碎犀，翡翠之屑金，羚角之破金剛，衣袽之固漏，舫膽之辟塵，膠之止濁，木賊之軟牙，戎鹽之累卵，物性之相感而相制，殆有不可窮詰者。吾以為人主操尺寸之柄以制天下，亦猶是矣。干羽非征苗之兵而蠢茲格；《關雎》非翦商之謀而王業基。聖人操其至小、至柔、至輕、至易者，謹之於廟堂，而賞不恃爵祿而勸，罰不恃斧鉞而懲，神禹之平成。《孟子》曰：行所無事，周家之艱難。周公曰：能知小人之依。天下固有自然相通相及之理，而無事竭智而逞力者。彼衡石稱書，豈天下之書遂盡此乎？鹽鐵榷利，豈天下之利遂盡此乎？中韓煩刑，豈天下之獄訟皆刑所及，而無能遁者乎？孫吴治兵，豈天下之強梗皆兵所威，而無能抗者乎？以大制大、以剛制剛、以重制重、以難制難，竭其智而智有所不能周，逞其力而力有所不能敵。故用智者必歸於愚，而用力者必至於弱。秦皇漢武不能終於富強，而況其他乎？抑又有一説焉，人主驅遣大將如使嬰兒，而往往制於寺宦、宫妾，如秦之苻堅、唐之玄宗、後唐之莊宗，則歐陽子所謂禍患生於所忽，智勇困於所溺。譬如千金之隄，潰於蟻穴；合抱之木，斃於桂屑；雉之介，誘於媒；熊之勇，昵於夾。物固不可以小大、剛柔、輕重、難易之相形，而毅然可以自恃。聖人之道，亦唯於至小、至柔、至輕、至易者，慎之而已。若其所以相制，則亦無所用心也。

清・吴其濬《植物名實圖考》卷三一 獼猴桃 《開寶本草》始著錄。《本草衍義》述形尤詳。今江西、湖、廣、河南山中皆有之。鄉人或持入城市以售。《安徽志》：獼猴桃，黟縣出。一名陽桃。九十月間熟。李時珍解羊桃云：葉大如掌，上綠下白，有毛似苧蔴而團。此正是獼猴桃，非羊桃也。枝條有液，亦極黏。

清・葉志詵《神農本草經贊》卷三 羊桃 味苦，寒。主熛熱身暴赤色，風水，積聚，惡瘍，除小兒熱。一名鬼桃，一名羊腸。生川谷。

萇楚纖柔，弱依林莽。細麥風搖，夭桃春盪。水漾滑涎，陸鋪平掌。具釀燂湯，指磨痾癢。

陶弘景曰：山野多有。《詩》隰有萇楚即此。《詩疏》：其枝莖弱，過一尺引蔓於樹上。《爾雅注》：子如小麥，亦似桃形。韓保昇曰：花葉皆似桃。李時珍曰：其條浸水，有滑涎，葉大如掌。陳藏器曰：根浸酒，治風熱。蘇恭曰：煮汁洗風癢效。黄庭堅詩：指磨痾癢風助威。

清・田綿淮《本草省常・果性類》 彌猴桃〔獼猴梨〕 一名陽桃。性寒。除狂熱，止暴渴。多食令人腹冷洩瀉。彌猴梨，一名藤梨，味相近而性同。

清・戴葆元《本草綱目易知錄》卷三 陽桃獼猴桃 酸、甘，寒。調中下氣，止暴渴，解煩熱，壓丹石，下淋石熱壅。治骨節風，癱（煖）〔緩〕不隨，野雞内痔病，曝乾，煎服并熏洗。多食冷脾胃，令人臟寒作瀉。妬乳乳癰。取乾陽桃，煎湯，乘熱熏，後服。葆驗方。

侯騷子

明・李時珍《本草綱目》卷三三果部 侯騷子又曰：《酉陽雜俎》云：蔓生。子大如鷄卵，既甘且冷，消酒輕身。王太僕曾獻之。

明・姚可成《食物本草》卷九果部・異果類 侯騷子《酉陽雜俎》云：蔓生。子大如雞卵，既甘且冷，消酒輕身。王太僕曾獻之。侯騷子，味甘，寒，無毒。食之不飢，延年強健，消酒除溼，治黄疸，小便不利，色黄如金，口渴煩熱，齒痛牙宣，出血不止。

附方：治小兒重舌木舌。用侯騷子核燒灰摻之，或用蜜調塗之，極妙。治乳癰發背，一切無名腫毒。用侯騷子煎湯飲之，再搗塗之，大效。治鬼邪着人。以侯騷子七个，桃、柳枝各五个，懸患人床前即去。

木天蓼

宋・唐慎微《證類本草》卷一四木部下品〔唐・蘇敬《唐本草》〕 木天蓼 味辛，溫，有小毒。主癥結積聚，風勞虚冷。生山谷中。

〔唐・蘇敬《唐本草》〕注云：作藤蔓，葉似柘，花白，子如棗許，無定形，中瓤似茄子，味辛，噉之以當薑、蓼。其苗藤，切以酒浸服，或以釀酒，去風冷癥癖，大效。所在皆有，今出安州、申州。

〔宋・馬志《開寶本草》〕按：《陳藏器本草》云：木天蓼，今時所用出鳳州。樹高如冬青，不凋。出深山。人云多服損壽，以其逐風損氣故也。不當以藤天蓼爲注，既云木蓼，豈更藤生？自有藤蓼爾。《唐本》先附。

〔宋・掌禹錫《嘉祐本草》〕按：《藥性論》云：天蓼子，使，味苦、辛，微熱，無毒。能治中賊風，口面喎斜，主冷痃癖氣塊，女子虚勞。

〔宋・蘇頌《本草圖經》〕曰：木天蓼，味辛，溫，有小毒。主癥結積聚，風勞虚冷。生山谷中。木高二三丈。三月、四月開花，似柘花。五月採子，子作毬形似檾，其毬子可藏，作果噉之。亦治諸冷氣。蘇恭云作藤蔓生者，自是藤天蓼也。又有一種小天蓼，生天目山、四明山，木如梔子，冬不凋。然則，天蓼有三種，雖其狀不同，而體療甚相似也。

〔宋・唐慎微《證類本草》〕《聖惠方》：治風，立有奇效。用木天蓼一斤，去皮，細剉，以生絹袋盛，好酒二斗浸之，春夏一七日、秋冬二七日後開。每空心、日午、初夜各溫飲一盞。老幼臨時加減。若長服，日只每朝一盞。

明・滕弘《神農本經會通》卷二 木天蓼 味辛，氣溫，有小毒。《本經》云：主癥結積聚，風勞虚冷。《藥性論》云：天蓼子，使。味苦、辛，微熱，無毒。治中賊風，口面喎斜，主冷痃癖氣塊，女子虚勞。

明・劉文泰《本草品彙精要》卷二〇 木天蓼有小毒。附子無毒。植生。

木天蓼：主癥結積聚，風勞虚冷。名醫所録。【苗】《圖經》曰：木高二三丈，三月、四月開花，似柘花。子作毬形如檾，其毬子可藏，作果啖之。《唐本》注云：出安州、申州。有作蔓生者，乃藤天蓼也。葉似柘，光而薄，花白，子如棗許無定形，中瓤似茄子，味辛甘，啖之以當薑蓼。其苗藤切，以酒浸服，或以釀酒，去風冷癥癖，腰腳疼冷大效。然則天蓼有三種，雖其狀不同，而體療甚相似也。陳藏器云：木天蓼，今時所用者出鳳州深山，樹高，如冬青不凋。山人云：多服損壽，以其逐風損氣故也。不當以藤天蓼爲注，既云木蓼，豈更藤生？蓋自有藤蓼，不復疑矣。【地】《圖經》曰：生山谷中。陳藏器云：鳳州。【道地】信陽軍。【時】〔生〕：春生新葉。採：五月取子，不拘時取莖。【收】日乾。【用】莖、子。【色】青綠。

【味】苦，辛。【性】溫，散。【氣】氣厚味薄，陽中之陰。【臭】微香。

【主】虛冷，積聚。【製】細剉用。【治】療：《藥性論》云：中賊風，口面喎斜，及冷痃癖氣塊，女子虛勞，以此主之。【合治】木天蓼一斤，合好酒一斗，以生絹袋盛浸之，春夏一七，秋冬二七。治風，立有奇效。【禁】多服損壽，損氣。

明・王文潔《太乙仙製本草藥性大全》卷三《本草精義》 木天蓼 舊不載所出州土。生鳳州深山山谷中。木高二三丈，冬青不凋。二月、四月開花似柘花，五月採子，子作毬，形似檾，其毬子可藏，作果噉之。亦治諸冷氣。久服促壽，當是其逐氣損氣故也。

明・王文潔《太乙仙製本草藥性大全》卷三《仙製藥性》 木天蓼 味辛，氣溫，有小毒。主治：主癥結積聚，治風勞虛冷。祛賊風口眼喎斜立解，追風冷痃癖氣塊無蹤。多服損壽，冷氣消除。補註：治風立有奇效，用木天蓼一斤，去皮細剉，以生絹袋盛，用好酒三斗浸之，春夏一七日，秋冬二七日，每空心日午、初夜各溫飲一盞，老幼臨時加減。藤天蓼 出江淮南山間。其木作藤蔓，葉似柘梨，光而薄，花白，子如棗許，無定形，中瓤似茄子。味辛，噉之以當薑。蓼主風血羸痹，腰脚疼冷。其苗藤切以酒浸服，或以釀酒，去風冷癥瘕大效。所在皆有，今出安州、申州。小天蓼 味甘，氣溫，無毒。主治：主一切風虛羸冷，治手足頑麻。疼痹無論老幼輕重，浸酒煮汁服之，十餘日覺皮膚間風出如蟲行。

明・李時珍《本草綱目》卷三六木部・灌木類 木天蓼《唐本草》校正併入《拾遺》小天蓼。

【釋名】時珍曰：其樹高而味辛如蓼，故名。又馬蓼亦名天蓼而物異。【集解】恭曰：木天蓼所在皆有，生山谷中。今安州、申州作藤蔓，葉似柘，花白，子如棗許，無定形。中瓤似茄子，味辛，噉之以當薑、蓼。藏器曰：木蓼，今時所用出山南鳳州。樹高如冬青，不凋。不當以藤天蓼爲注，既云木蓼，豈是藤生？自有藤蓼耳。藤蓼生江南、淮南山中，藤着樹生，葉如梨，光而薄，子如棗，即蘇恭以爲木天蓼者。又有小天蓼，生天目山、四明山，樹如梔子，冬月不凋，野獸食之。是有三天蓼，俱能逐風，而小者爲勝。頌曰：木天蓼今出信陽。木高二三丈。三月、四月開花似柘花。五月采子，子作毬形似檾麻，子可藏作果食。蘇恭所説自是藤天蓼也。時珍曰：天蓼雖有三種，而功用彷彿，蓋一類也。其子可爲燭，其芽可食。故陸璣云：木蓼爲燭，明如胡麻。薛田《咏蜀》詩有地丁葉嫩和嵐采，天蓼芽新入粉煎之句。

枝葉 【氣味】辛，温，有小毒。【主治】癥結積聚，風勞虛冷，細切釀酒飲《唐本》。

【附方】舊一，新二。天蓼酒：治風，立有奇效。木天蓼一斤，去皮細剉，以生絹盛，入好酒三斗浸之，春夏一七，秋冬二七日。每空心、日午、下晚各温一盞飲。若常服，只飲一次。老幼臨時加減。《聖惠方》。氣痢不止：寒食一百五日，采木天蓼暴乾。用時爲末，粥飲服一錢。《聖惠方》。大風白癩：天蓼刮去粗皮剉四兩，水一斗，煎汁一升，煮糯米作粥，空心食之。病在上吐出，在中汗出，在下泄出。避風。○又方：天蓼三斤，天麻一斤半，生剉，以水三斗五升，煎一斗，去滓，石器慢煎如餳。每服半匙，荆芥、薄荷酒下，日二夜一，一月見效。《聖惠方》。

小天蓼 【氣味】甘，温，無毒。【主治】一切風虛羸冷，手足疼痹，無論老幼輕重，浸酒及煮汁服之。十許日，覺皮膚間風出如蟲行藏器。【發明】藏器曰：木天蓼出深山中，人云久服損壽，以其逐風損氣故也。藤天蓼、小天蓼三者，俱能逐風。其中優劣，小者爲勝。

子 【氣味】苦、辛，微熱，無毒。【主治】賊風口面喎斜，冷痃癖氣塊，女子虛勞甄權。

根 【主治】風蟲牙痛，擣丸塞之，連易四五次，除根，勿嚥汁時珍。○出《普濟》。

明・鮑山《野菜博錄》卷三 木天蓼 一名蓬萊金蓮枝。生山谷中。樹高數丈餘，葉似枝子花葉，開花似小蓮花。其味辛溫，有毒。食法：採嫩葉煠熟，油鹽調食。

明・姚可成《食物本草・救荒野譜補遺・木類》 木天蓼食葉。生蜀中，其芽可濟飢。木天蓼，來川蜀，旱歲驕陽何太酷。焰未燃兮禾已焦，農夫束手吞聲哭。天蓼抽芽療我飢，下民困餒天翁知。采得新芽充早餉，嗷嗷數口聊相資。

明・姚可成《食物本草》卷二〇木部・灌木類　木天蓼有三種，而功用彷彿，蓋一類也。其子可為燭，其芽可食。故陸（機）〔璣〕《詩疏》云：木天蓼為燭，明如胡麻。薛田《詠蜀》詩，有地丁葉嫩和嵐采，天蓼芽新入粉煎之句。　木天蓼，味辛，溫，有小毒。治癥結積聚，風勞虛冷，細切釀酒飲。

清・吴其濬《植物名實圖考》卷三五　木天蓼　《唐本草》始著録。生信陽，花似柘花，子作毬形，似檾麻子。可藏作果食；又可為燭，釀酒，治風。

小天蓼

宋・唐慎微《證類本草》卷一四木部下品〔宋・馬志《開寶本草》〕　小天蓼　味甘，溫，無毒。主一切風虛羸冷，手足疼痹，無論老幼輕重，浸酒及煮汁服之。十許日，覺皮膚間風出如蟲行。生天目山、四明山。樹如梔子，冬不凋，野獸食之。更有木天蓼，出山南。大樹。今市人貨之云：久服促壽，當是其逐風損氣故也。《本經》有木天蓼，即是此也。蘇注云：藤生，子辛。與木又異，應是復有藤天蓼。江淮南山間，有木天蓼。作藤著樹，葉如梨，光而薄，子如棗，辛、甘。大主風血羸痹，腰脚疼冷。取皮釀酒即是蘇引爲天蓼注者。夫如是，則有三天蓼，俱能逐風，其中優劣，小者最爲勝今附。

〔宋・唐慎微《證類本草》〕《圖經》：文具木天蓼條下。

明・劉文泰《本草品彙精要》卷二〇　小天蓼無毒　植生。

小天蓼：主一切風虛羸冷，手足疼痹。無論老幼輕重，浸酒及煮汁服之，十許日覺皮膚間風出如蟲行。名醫所録。【苗】《圖經》曰：樹如梔子，經冬不凋，野獸多食之。然天蓼有三種，俱能逐風，其中優劣，小者最爲勝也。【地】《圖經》曰：生天目山、四明山。【時】生：經冬不凋。採：無時。【收】日乾。【用】莖。【色】緑。【味】甘。【性】溫，緩。【氣】氣之厚者，陽也。【臭】朽。【主】諸風虛冷。【製】細剉或煮汁用。

明・王文潔《太乙仙製本草藥性大全》卷三《本草精義》　小天蓼　生天目山、四明山。樹如梔子，冬不凋，野獸食之即是。蘇引爲天蓼註者，夫如是則有三天蓼，俱能逐風，較其優劣，小者爲最勝。然則三種，雖狀不同，而體療甚相似也。

放杖木

宋・唐慎微《證類本草》卷一二木部上品〔唐・陳藏器《本草拾遺》〕　放杖木　味甘，溫，無毒。主一切風血，理腰脚，輕身變白不老。浸酒服之。生溫、括、睦、婺山中，樹如木天蓼，老人服之一月放杖，故以爲名也。

明・王文潔《太乙仙製本草藥性大全》卷三《仙製藥性》　放杖木　味甘，氣溫，無毒。生溫、括、睦、婺山中。樹似天蓼，老人服之一月放杖，故以名也。　主治：主一切風血，理腰脚輕身。變白髮反黑而耐老，用酒浸服而極靈。

明・繆希雍《本草經疏》卷一二　放杖木　味甘，溫，無毒。主一切風血。理腰腳，輕身，變白不老。浸酒服之。生溫、括、睦、婺山中，樹如木天蓼，老人服之，一月放杖，故以為名。

【疏】放杖木得土氣以生，故味甘氣溫無毒。甘入脾而養血，溫散風而通行，故主一切風血、腰腳為病。變白易老，亦皆血虛不能榮養筋骨及潤毛髮所致，甘能補血，血足則髮自不白，身輕不老有自來矣。

清・張璐《本經逢原》卷三　放杖木　甘，溫，無毒。　發明：放杖專治一切風氣、血氣，理腰腳，老人浸酒服之一月放杖，故名。

清・吴其濬《植物名實圖考》卷三五　放杖木　《本草拾遺》始著録。生溫、括、睦、婺諸州。主治風血，理腰腳，輕身。故名。浸酒服之。

刺蜜

宋・唐慎微《證類本草》卷七草部上品〔唐・陳藏器《本草拾遺》〕　刺蜜　味甘，無毒。主骨熱，痰嗽，痢暴下血，開胃，止渴除煩。生交河沙中，草頭有刺，上有毛，毛中生蜜，一名草蜜。胡人呼爲給敦羅。

明・李時珍《本草綱目》卷三三果部・蓏類　刺蜜《拾遺》校正自草部移入此。

【釋名】草蜜《拾遺》　給勃羅　【集解】藏器曰：交河沙中有草，頭上有毛，毛中生蜜。胡人名爲給勃羅。時珍曰：按李延壽《北史》云：高昌有草名羊刺，其上生蜜，味甚甘美。又《梁四公子記》云：高昌貢刺蜜。杰公云：南平城羊刺無葉，其蜜色白而味甘；鹽城羊刺葉大，其蜜色青而味薄也。高昌即交河，在西番，今爲火州。又段成式《酉陽雜俎》云：北天竺國有蜜草，蔓生大葉，秋冬不死，因受霜露，遂成蜜也。又《大明一統志》云：西番撒馬兒罕地，有小草叢生，葉細如藍，秋露凝其上，味甘如蜜，可熬爲餳，土人呼爲達即古賓，蓋甘露也。按此二説，皆草蜜也，但不知其草即羊刺否也。又有𦧲齊樹，亦出蜜，云可入藥而不得其詳，今附于左。

【氣味】甘，平，無毒。　【主治】骨蒸發熱痰嗽，暴痢下血，開胃止渴除煩藏器。

明・施永圖《本草醫旨・食物類》卷三　刺蜜名草蜜。　味甘，平，無毒。治：　骨蒸發熱，痰嗽，暴痢下血，開胃，止渴除煩。

䅵齊

明・李時珍《本草綱目》卷三三果部・蓏類　䅵齊音別。按段成式云：䅵齊出波斯國，拂林國亦有之，名頊勃梨佗，頊音奪。樹長丈餘，皮色青薄光凈。葉似阿魏，生于枝端，一枝三葉。八月伐之，臘月更抽新條。七月斷其枝，有黃汁如蜜，微香，可以入藥療病也。

水果分部

綜述

蓮藕

唐・歐陽詢《藝文類聚》卷八二　芙蕖　《爾雅》曰：　荷，芙蕖。其莖茄，其葉葭，其本蔤，其花菡萏，其實蓮，其根藕，其中菂，菂，子也。菂中薏。子中心也。　《廣雅》曰：　菡萏，芙蕖也。　《周書》曰：　藪澤已竭，即蓮藕掘。　《毛詩》曰：　彼澤之陂，有蒲與荷。又曰：　隰有荷花。　《說文》曰：　芰菱也。　《管子》曰：　五沃之土生蓮。　《真人關令尹喜傳》曰：　真人遊時，各各坐蓮花之上，一花輒徑十丈。　《毛詩義疏》曰：　（的）〔菂〕可磨以為散，輕身益氣，令人强健。　《拾遺記》曰：　漢昭帝遊柳池，有芙蓉紫色，大如斗，花素，葉甘可食，芬氣聞十里之內，蓮實如珠。　《宋起居注》曰：　泰始二年，嘉蓮一雙，駢花並實，合樹同莖。　《古今注》曰：　一名水且，一名水芝，一名澤芝，一名水花。　《華山記》曰：　山頂有池，池中生千葉蓮花，服之羽化，因名華山。

頌　顔延之《碧芙蓉頌》曰：　澤芝芳豔，擅奇水屬。練氣紅荷，比符縹玉。擢麗滄池，飛映雲屋。實紀仙方，名書靈躅。

贊　晉郭璞《芙蓉贊》曰：　芙蓉，麗草。一曰澤芝。泛葉雲布，映波赮熙，伯陽，是食饗比靈期。

表　晉范甯為豫章郡守，新淦縣廳事前陸地生一蓮花，入冬花，十六年更生四枚，今年復生二十六枚，鮮明可愛。

唐・孫思邈《千金要方》卷二六《食治・果實》　藕實　味苦、甘，寒，無毒。食之令人心歡，止渴去熱，補中養神，益氣力，除百病。久服輕身耐老，不飢延年。一名水芝。生根：　寒，止熱渴，破留血。

唐・孟詵、張鼎《食療本草》卷子本　蓮子寒。　右主治五藏不足，傷中氣絶，利益十二經脉、廿五絡血氣。生喫動氣，蒸熟為上。又方，〔熟〕去心，曝乾為末，着蠟及蜜等分，為丸服，令〔人〕不飢。學仙人最為勝。若鴈雁腹中者，空腹服之七枚，身輕，能登高陟遠。採其鴈〔食〕之，或糞於野田中，經年猶生。又，或於山巖石下息糞中者，不逢陰雨，數年不壞。又，諸飛鳥及猿猴藏之於石室之內，其猨、鳥死後，經數百年者，取得之服，永世不老也。其子房及葉皆破血。又，根停久者即有紫色。葉亦有褐色，多採食之，令人能變黑如瑿。

唐・孟詵、張鼎《食療本草》卷子本　藕寒。　右主補中焦，養神，益氣力，除百病。久服輕身耐寒，不飢延年。生食則主治霍亂後虚渴煩悶、不能食。長服生肌肉，令人心喜悅。案經：　神仙家重之，功不可說。其子能益氣，即神仙之食，不可具說。凡產後諸忌，生冷物不食，唯藕不同生類也。為能散血之故。但美即而已，可以代糧。蒸食甚補益〔五藏，實〕下焦，令腸胃肥厚，益氣力。與蜜食相宜，令腹中不生蟲。仙家有貯石蓮子及乾藕經千年者，食之不飢，輕身能飛，至妙。世人何可得之？凡男子食，須蒸熟服之，生喫損血。

宋・李昉《太平御覽》卷九七五　藕　《唐史》曰：　蘇州進藕，其最上者名傷藕，或云荷名，或云葉甘為蟲所傷，或云故傷其華，以長其根。近多重臺荷，蓋蓮房中又生花，亦甚異也。

宋・李昉《太平御覽》卷第九九九　芙蕖　《爾雅》曰：　荷，芙蕖。別名芙蓉，江南呼荷。其莖茄，其葉蕸，其本蔤，莖下白蒻在泥中者。其華菡萏，其實蓮，其根藕，其中的，蓮中子也。的中薏。中心苦者也。薏，音億。　《廣雅》曰：　菡萏，芙蓉。　《周書》曰：　魚龍成則藪，澤竭即蓮藕掘。　《毛詩・澤陂》曰：　彼澤之陂，有蒲與荷。荷，芙渠也。　又《山有扶蘇》曰：　山有扶蘇，隰有荷華。荷華，芙渠也。　《毛詩・疏義》曰：　芙蕖，莖為荷，其華未發為菡萏，已發為芙蕖。其實蓮，蓮青，皮裏白子為的，的有青，長三分，如鈎，為薏。語曰：苦如薏也。的，五月中生，生啖脆。其秋表皮黑，的成食。實或可磨以為飯，輕身益氣，令人强健。幽、荆、揚、豫取備(飢)〔饑〕年。其根爲藕，幽州人謂之光，爲光如牛角。《古今注》曰：芙蓉，一名荷華。生池澤中。一名澤芝，一名水花。色有赤、白、紅、紫、青、黄，紅、白二色最多。華大者至百葉。《華山記》曰：山頂有池，池中生千葉蓮華，服之羽化，因名華山。《諸草木方》曰：七月七日採蓮華七分，八月八日採蓮根八分，九月九日採蓮實九分，陰乾，下篩服方寸匕令人不老。《幽明録》曰：晉末，黄祖至孝。母病篤，庭中稽顙，俄頃，天漢開明，有一老翁，以兩丸藥賜，母服之，衆患頓消。翁曰：汝入三月，可汎河而來。依期行，見門，題曰：善福門。内有水曰湎源池。有芙蕖如車輪。陶隱居《本草注》曰：宋時太官作羊血䘓空紺切，削藕誤落中，遂皆散不凝，醫乃用治血，多効。《神農本草注》曰：血藕實莖，一名水芝。所在地澤皆有。生豫章、汝南郡者良。苗高五六尺，葉團青大如扇，其花赤，名蓮荷，子黑，狀如羊矢。

附：日・丹波康賴《醫心方》卷三〇 藕實 《本草》云：味甘，平，寒，無毒。主補中養神，益氣力，除百疾，久服輕身耐老，不飢延年。陶〔弘〕景注云：此即今蓮子是也。宋帝時，大官作羊血䘓，人削藕皮誤落血中，皆散不凝。醫仍用藕療血多効。蘇敬注云：主熱渴，散血，生肌。久服令人心歡。崔禹〔錫〕云：藕實根味甘，冷。食養心神。根大冷。主煩熱，鼻血不止。孟詵云：蓮子，寒。主五藏不足，利益十二經脉，廿五絡。馬琬云：食之養神，除百病。根効與實相似也。

宋・唐慎微《證類本草》卷二三果部上品〔《本經・别録》〕 藕實莖 味甘，平、寒，無毒。**主補中養神，益氣力，除百疾。久服輕身耐老，不飢延年。一名水芝丹，**一名蓮。生汝南池澤。八月採。

〔梁・陶弘景《本草經集注》〕云：此即今蓮子，八月、九月取堅黑者，乾擣破之。花及根並入神仙用。今云莖，恐即是根，不爾不應言甘也。宋帝時，太官作血䘓音勘，庖人削藕皮誤落血中，遂皆散不凝，醫乃用藕療血多效也。

〔唐・蘇敬《唐本草》〕注云：《别録》云：藕，主熱渴，散血，生肌。久服令人心懽。

〔宋・掌禹錫《嘉祐本草》〕按：蜀本《圖經》云：此生水中。葉名荷，圓徑尺餘。《爾雅》云：荷，芙蕖。其莖茄，其葉蕸，其本蔤，其華菡萏，其實蓮，其根藕，其中的，的中薏是也。《爾雅》釋曰：芙蕖，其總名也，别名芙蓉，江東人呼荷。菡萏，蓮葉也。的，蓮實也。薏，中心也。郭云：蔤，莖下白蒻在泥中者。今江東人呼荷華爲芙蓉，北方人便以藕爲荷，亦以蓮爲荷。蜀人以藕爲茄，或用其母爲華名，或用根子爲母葉號。此皆名相錯，習俗傳誤，失其正體也。陸璣疏云：蓮，青皮裏白，子爲的，的中有青爲薏，味甚苦，故里語云苦如薏，是也。《藥性論》云：藕汁亦單用，味甘，能消瘀血不散。節擣汁，主吐血不止，口鼻并皆治之。孟詵云：藕，生食之，主霍亂後虚渴、煩悶、不能食。其産後忌生冷物，惟藕不同生冷，爲能破血故也。又蒸食甚補五藏，實下焦。與蜜同食，令人腹藏肥，不生諸蟲。亦可休糧。仙家有貯石蓮子及乾藕經千年者，食之至妙矣。又云：蓮子，性寒，主五藏不足，傷中氣絶，利益十二經脈血氣。生食微動氣，蒸食之良。又熟去心，爲末，蠟蜜和丸，日服三十丸，令人不飢。此方仙家用爾。又雁腹中者，空腹食十枚，身輕，能登高涉遠。雁食，糞于田野中，經年尚生。又或於山巖之中止息，不逢陰雨，經久不壞。又諸鳥、猿猴不食，藏之石室内，有得三百餘年者，逢此食，永不老矣。其房、荷葉，皆破血。陳藏器云：藕實，蓮也。本功外，食之宜蒸，生則脹人腹。中薏，令人吐，食當去之。經秋正黑者名石蓮，入水必沈，惟煎鹽鹵能浮之。石蓮，山海間經百年不壞，取得食之，令髮黑不老。藕，本功外，消食止洩，除煩解酒毒，壓食，及病後熱渴。又云：荷鼻，味苦，平，無毒。主安胎，去惡血，留好血，血痢，煮服之。即荷葉蒂也。又葉及房，主血脹腹痛，産後胎衣不下，酒煮服之。又主食野菌毒，水煮服之。鄭玄云：芙蕖之莖曰荷。的中薏，食之令人霍亂。陳士良云：蓮子心，生取爲末，以米飲調下三錢，療血、渴疾。産後渴疾，服之立愈。日華子云：藕，温。止霍亂，開胃消食，除煩止悶，口乾渴疾。止怒，令人喜。破産後血悶，生研服亦不妨。擣罯金瘡并傷折，止暴痛。蒸煮食，大開胃。節，冷。解熱毒，消瘀血。産後血悶，合地黄生研汁，熱酒并小便服，並得。又云：蓮子，温，并石蓮。益氣止渴，助心，止痢。治腰痛，治泄精，安心，多食令人喜，又名蓮的。蓮子心，止霍亂。又云：蓮花，暖，無毒。鎮心，輕身，益色，駐顔。入香甚妙。忌地黄、蒜。又云：荷葉，止渴，落胞，殺蕈毒，并産後口乾，心肺燥，煩悶，入藥炙用之。

〔宋・蘇頌《本草圖經》〕曰：藕實莖，生汝南池澤，今處處有之。生水中，其葉名荷。謹按：《爾雅》及陸璣疏謂：荷爲芙蕖，江東呼荷。其莖茄；其葉蕸加遐二音或作葭；其本蔤土筆切，莖下白蒻音若在泥中者；其華未發爲菡萏，已發爲芙蓉；其實蓮，蓮，謂房也；其根藕，幽州人謂之光旁，至深益大，如人臂；其中的。蓮中子，謂青皮白子也。中有青，長二分，爲薏，中心苦者是也。凡此數物，今人皆以中藥。藕，生食其莖，主霍亂後虚渴煩悶，不能食及解酒食毒。花，鎮心，益顔色，入香尤佳。荷葉，止渴，殺蕈毒。今婦人藥多有用荷葉者。葉中蒂，謂之荷鼻，主安胎，去惡血，留好血。實，主益氣。其的至秋表皮黑而沈水者，謂之石蓮。陸璣云：可磨爲豉，如米飯，輕身益氣，令人强健。醫人炒末以止痢，治腰痛。又治噦逆，以實人六枚，炒赤黃色，研末，冷熟水半盞，和服，便止。惟苦薏不可食，能令霍亂。大抵功用主血多效。乃因宋太官作血峪，庖人削藕皮，誤落血中，遂散不凝，自此醫家方用主血也。

〔宋・唐慎微《證類本草》〕《聖惠方》：治時氣煩渴。用生藕汁一中盞，入生蜜一合，令勻，分爲二服。又方：治食蟹中毒。以生藕汁，或煮乾蒜汁，或冬瓜汁並佳。又方：治撲打墜損，惡血攻心，悶亂疼痛。以火乾荷葉五斤，燒令煙盡，細研。食前以童子熱小便一小盞，調三錢匕，日三服。又方：益耳目，補中，聰明强志。蓮實半兩，去皮心細研，先煮令熟；次以粳米三合作粥，候熟，入蓮實，攪勻食之。《千金方》：治墜馬，積血心腹，唾血無數。乾藕根末，酒服方寸匕，日三。《肘後方》：令易產。蓮華一葉，書人字吞之，立產。《經驗後方》：主吐血咯血。以荷葉焙乾爲末，米湯下二錢匕。《梅師方》：治產後餘血不盡，奔上衝心，煩悶腹痛。以生藕汁二升飲之。孫真人：蓮子不去心食，成霍亂。《食醫心鏡》：藕實，味甘，平，無毒。主補中養神，益氣力，除百病。久服令人歡心，止渴去熱，輕身耐老，不飢延年。其根止熱渴，破留血，生肌。久服令人悅澤矣。《救急方》：治產後血不盡，疼悶心痛。荷葉熬令香，爲末，煎水下方寸匕。《集驗方》：治漆瘡。取蓮葉乾者一斤，水一斗，煮取五升，洗瘡上，日再，差。《詩疏》：的，五月中生蓮脆，至秋表皮黑，的成可食，可摩以爲飯，如粟飯。輕身養氣，令人强健。又可爲粥。《唐書》：姜撫言服常春藤，使白髮還鬒，則長生可致。藤生太湖最良。終南往往有之，不及也。帝遣使者至太湖，多取以賜中朝老臣。又言終南山有旱藕，餌之延年。狀類葛粉。帝作湯餅賜大臣。右驍衛將軍甘守誠，能訂藥石，曰：常春者，千歲虆也；旱藕，牡蒙也。方家久不用，撫易名以神之。《太清諸草木方》：七月七日採蓮花七分，八月八日採根八分，九月九日採實九分，陰乾擣篩，服方寸匕，令人不老。《華山記》：華山頂有池，生千葉蓮花，服之羽化。

宋・寇宗奭《本草衍義》卷一八 藕實 就蓬中乾者爲石蓮子，取其肉，於砂盆中乾，擦去浮上赤色，留青心爲末，少入龍腦爲湯點，寧心志，清神。然亦有粉紅千葉、白千葉者皆不實。如此是有四等也。其根惟白蓮爲佳。今禁中又生碧蓮，亦一瑞也。

宋・王繼先《紹興本草》卷一四 藕實莖 紹興校定：藕實即蓮子也。其莖未出水名銀條，其根即藕矣。及實中青薏，並有裹實者。蓬與葉各分主治，其藕破血，蓮實補心，荷鼻堅齒，青薏澀精，蓬能洗痔，乃世之所傳矣。其藕實莖，當從《本經》味甘、平、寒、無毒是也。此世之常食果品。又花（藥）〔蕊〕一名金纓草，補益心神。及荷葉斂汗，誠有驗矣。以《本經》不載，宜當附之。

宋・鄭樵《通志》卷七六《昆蟲草木略》 蓮 《爾雅》曰：荷，芙蕖。其莖茄，其葉蕸，其本蔤，其華菡萏，其實蓮，其根藕，其中的，的中薏。按本草謂近根處白莖也。實謂蓮房，的謂蓮子，亦謂之菂。《爾雅》曰：的，菂。薏，謂蓮子中苦心。又按《本草》，藕實莖，一名水芝丹，一名蓮。宋太官作血峪，庖人削藕，誤落血中，遂散不凝。自此醫家方知其散血也。

宋・劉明之《圖經本草藥性總論》卷下 藕實 味甘，平、寒，無毒。主補中，養神益氣力，除百疾。《藥性論》云：藕汁，亦單用。能消瘀血不散。節，搗汁，主吐血不止，口鼻並皆治之。孟詵云：藕，生食之，主霍亂後虛渴煩悶。又云：蓮子，性寒。主五臟不足，傷中氣絕，利益十二經脈血氣，主食微動氣，蒸食良。其房、荷葉，皆破血。陳藏器云：藕，本功外消食止洩，除煩，解酒毒。葉蒂，主安胎，去惡血，留好血，血痢。陳士良云：蓮子心，療血渴疾，產後渴疾。日華子云：藕，溫。主霍亂，開胃消食，除煩止悶，口乾渴（痰）〔疾〕，產後血悶。搗，着金瘡并傷折，止暴痛。蒸煮食，大開胃。節，冷。解熱毒，消瘀血，產後血悶，合地黃生研汁，熱酒并小便服。并得蓮子溫。并石蓮，益氣止渴痢，助心，治腰痛泄精。蓮花，暖，鎮心。忌地黃、蒜。荷葉，止渴，落胞，殺蕈毒，產後心肺燥煩。

宋・陳衍《寶慶本草折衷》卷一八 藕實諸藕之實通用。○心附。 一名蓮子，一名蓮，一名蓮實，一名蓮的，一名水芝丹。老黑者名石蓮，一名石蓮子。生汝南池澤。今處處水中有之。○八九月採蓬中乾子。○附：心，一名苦薏，一名薏。○薏，音意。

味甘，平，無毒。○主補中，養神益力。○孟詵云：主五藏不足，益十二經脉血氣。○陳藏器云：食之宜蒸，生則脹人。○此言為果也。○日華子云：止渴，助心，止痢，治腰痛，治泄精，安心。○《圖經》曰：治噦逆。○寇氏曰：乾者，取肉於砂盆中，乾擦，去浮上赤色也。

附：蓮心。蓮肉中青心。○味苦，療血渴，產後渴疾，生為末，米飲調下。又寧心志，清神，少入龍腦為末，湯點服。多食令人吐及霍亂。

續說云：張松謂蓮子又療脾胃不和，多困少力。小兒吐瀉，可進乳食。育神醒脾，其功博矣。《本經》舊以藕實莖三字立條，今參寇氏及縉雲諸例，刪去莖字。彼衆方用巴戟，而本草乃稱巴戟天；衆方用縮沙，而本草乃稱縮沙蜜。雖未達天字、蜜字之義，皆不失二藥之本真也。惟藕實綴以莖字，或味者取實兼莖梗而入藥，豈不誤哉？

新分藕諸藕及汁在內。○節、葉、鼻、花附。　一名蓮根，一名光旁。○所出與藕實同。○與蜜相宜，殺蟹毒。○附：葉，一名蓮葉，一名蕸。○又附：花，一名荷華，一名蓮花，一名芙蕖，一名芙蓉。其未敷者，名菡萏。古詩云：一名藕花。忌地黄及蒜。○蕸，音加，又作葭。亦有以蓮葉名菡萏者。

味甘，溫，無毒張松。○主熱渴，散血，生肌。分前條《唐本》註。○《藥性論》云：汁，消瘀血。○孟詵云：生食之，主霍亂後虚渴煩悶。其產後忌生冷物，惟藕不同生冷，為能破血故也。又蒸食，補五藏，實下焦。與蜜同食，令人腹藏肥，不生諸蟲。○陳藏器云：消食，止洩，除煩，解酒毒，壓食。○日華子云：開胃止悶，破產後血悶，生研服。擣罯金瘡并傷折，止暴痛。

附：藕節。汁在內。○冷。解熱毒，消瘀血，產後血悶。合地黄生研汁，熱酒并小便服。又主口鼻吐血，擣汁服。

附：荷葉。○止渴，落胞，殺蕈毒，并吐血咯血。焙乾為末，米湯下貳錢匕。又治產後血不盡，疼悶心痛。熬為末，煎水下方寸匕。又治漆瘡，取葉乾者，水煮洗。

附：荷鼻。荷葉中心蒂也。○味苦，平，無毒。主安胎，去惡血，留好血，治血痢，並煮服。

附：荷花。○味甘，平，用草部蓮花云。暖，無毒。鎮心，益色，駐顏。又令易產。花壹葉，書人字，吞之立產。

續說云：蓮之開花，其色不一。寇氏惟以白蓮之藕為佳者，貴其爽快耳。要之性用，則諸藕同然也。按張松謂藕節又有治嗽及發音聲之效焉。治便濁湯、散，亦入蓮花鬚同煎，適本草遺此鬚也。

新增隔年蓮蓬　衆方用者名蓮房，乃池沼中經霜自枯者。○所出亦與藕實同。

味澀，平，無毒。○主血脹腹痛，產後胎衣不下。治血崩久不止，為細末，每服貳錢，米飲調下，便血亦治。集張松說。○陳藏器云：主食野菌毒，水煮服之。藏器并葉言之。

元・忽思慧《飲膳正要》卷三　蓮子　味甘，平，無毒。補中養神，益氣，除百疾，輕身不老。

元・忽思慧《飲膳正要》卷三　藕　味甘，平，無毒。主補中養神，益氣除疾，消熱渴，散血。

元・尚從善《本草元命苞》卷八　藕　味甘，平，性溫，無毒。止霍亂，開胃消食。除煩悶，口乾燥渴。散滯血生肌，合金瘡止痛。蒸食補益五臟，擣汁能消瘀血。蓮子，性寒，能醫精泄，主五臟不足，益諸經血脈。荷鼻，安胎，去惡血，留好血。荷葉，止渴，潤心肺，除煩燥。蓮花，性暖無毒，鎮心，駐顏益色。生汝南池澤，今處處有之。

元・吴瑞《日用本草》卷六　蓮子心　一名薏也。其色青，味苦、甘。多食令人嘔吐。　主療消渴及產後渴疾，益心氣。為末，米飲調下。　藕　白蓮為佳。節及皮能散血。蒸食之，補五臟，實下焦。　味甘，平、寒，無毒。同蜜食，令人腹臟肥，不生蟲，解酒毒。產婦忌食生冷，惟藕不同，能破血故也。　主霍亂後虚渴，煩悶，不能食，口乾。散血，止產後渴疾及吐血、衄血不止，生擣汁飲之。　荷鼻　乃葉中蒂也。味苦，平，無毒。　主安胎，去惡血，留好血，及血痢者，可煮服之。　蓮房及葉　主血脹腹痛，產後胎衣不下，酒煮，服之愈。食野菌毒，水煮服之能解。

元・吴瑞《日用本草》卷六　蓮子　蓮房內子，乾，赤色者。生食微動氣，蒸食之良。　味甘，平、寒，無毒。　主補中清心，養神，益氣力，除百疾。

明・朱橚《救荒本草》卷下之後　蓮藕　《本草》有藕實。一名水芝丹，一名蓮。生汝南池澤，今處處有之。生水中，其葉名荷，圓徑尺餘；其花世謂之蓮花，色有紅、白二種；結實謂之蓮房，俗名蓮蓬，其蓮青皮裹白子為的，即蓮子也。的中青心為薏，其的至秋，表皮色黑而沉水；就蓬中乾者，謂之石蓮。其根謂之藕。《爾雅》云：荷，芙蕖。其莖茄，其葉蕸，其本蔤音密。云是莖下白蒻音若，在泥中藕節間，初生萌芽也。其花菡萏，其實蓮，其根藕，其中的，的中薏，是也。芙蕖，其總名。別名芙蓉。又云：花未發為菡萏，已發為芙蓉。蓮、實、莖味甘，性平、寒，無毒。　救飢：採藕煠熟食、生食皆可。蓮子蒸食，或生食亦可。又可休糧，仙家貯石蓮子、乾藕，經千年者，食之至妙。又以實磨為麵食，或屑為米加粟煮飯食皆可。　治病：文具《本草》菓部藕實條下。

明・蘭茂原撰，范洪等抄補《滇南本草圖説》卷九　藕　氣味甘寒，無毒。開胃健脾。生食令人冷中，熟食補五臟。産婦忌生冷，惟藕不忌。藕節止咳血、唾血、血淋。蓮葉，治産後衣不下，一切心慌頭暈。蓮鬚，澁精，固腎氣。蓮子，開胃健脾，養心安神。

明・蘭茂撰，清・管暄校補《滇南本草》卷下 荷葉白蓮葉入氣，紅蓮葉入血。 性微溫，味辛平。其莖中空，於卦為震，升也，陽也。上清頭目之風熱，止眩暈發暈，清痰泄氣，止嘔，頭悶疼。

附方： 治頭眩悶疼，白蓮花葉二錢，水煎，入冰糖五分，服之良效。

明・蘭茂撰，清・管暄校補《滇南本草》卷上 藕 味甘，平。多服潤腸肺，生津液，痰中帶血，立效。節，治婦人血崩，冷濁。葉，止血虛火暈。花，治婦人血逆昏迷。子，清心解熱之聖藥也，久服輕身延年。

明・蘭茂《滇南本草》〔叢本〕卷上 荷葉白者入氣，紅者入血。 味苦，性平。其莖中空，于卦為震，升也。上清頭目之風熱，止眩暈，清滯氣，兼止嘔逆，頭悶疼。單方： 治頭眩暈悶疼。白荷葉二錢，水煎，入冰塘五分，服之效。

明・王綸《本草集要》卷五 藕實蓮子也 味甘，氣平，寒，無毒。主補中養神，益氣力，除百疾，安心，止渴止痢，治腰痛泄精，久服輕身耐勞，不飢延年，多食令人喜。○藕，甘，寒。主熱毒口渴煩悶，解酒毒，消瘀血，破産後血悶。搗罯金瘡熱傷，散血止痛生肌。蒸煮食，開胃，補五臟。○節，搗汁，主吐血、衄血不止。○荷鼻，即荷葉蒂，味苦。主安胎，去惡血，留好血。血痢煮服之。荷葉及房，皆破血，胎衣不下，酒煮服之。○蓮花，忌地黄、蒜。鎮心輕身，益色駐顔。

明・滕弘《神農本經會通》卷三 藕實莖 即今蓮子。八月採。孫云：食當去心。蒸食良，生微動氣。忌地黄、蒜。

味甘，氣平，寒，無毒。東云： 清心醒脾。

《本經》云： 主補中，養神，益氣力，除百疾，久服輕身耐老，不飢延年。孟詵云： 蓮子，性寒。主五不足，傷中氣絶，益十(三)〔二〕經脉，血氣。生食微動氣，蒸食之良。又熟去心，為末，蠟蜜和丸，日三十丸，令人不飢，此方仙家用爾。又鴈腹中者，空腹食十枚，身輕，能登高涉遠。鴈食，糞於田土中，經年尚生。又或於山巖之中，止息，不逢陰雨，經久不壞。又諸鳥猿猴不食，藏之石室内，有得三百餘年者，逢此食，永不老矣。陳藏器云： 藕實蓮也。本功外食之宜蒸，生則脹人。腹中薏中心也。令人吐食，當去之。經秋正黑者，名石蓮，入水必沉，惟煎鹽鹵能浮之。石蓮，山海間，經百年不壞，取得食之，令髮黑不老。陳士良云： 蓮子心，生取為末，以米飲調下三錢，療血渴疾，産後渴疾服之立愈。日華子云： 蓮子溫，并石蓮益氣，止渴，助心，止痢，治腰痛，治泄精，安心，多食令人喜，又名蓮的。蓮子心。止霍亂。《圖經》云： 實主益氣，其的至秋表皮黑而沉水者，謂之石蓮。(六)機云： 可磨為飯，如粟飯，輕身益氣，令人強健。醫人炒末以止痢，治腰痛，又治噦逆。以實人六枚，炒赤黄色，研末，冷熟水半盞，和服便止。惟苦薏蓮心也。不可食，能令霍亂。大抵炒用，生血多効。山東有一種木生石蓮，彷彿藕實。石蓮子但形細長而頭光負，黑色如漆，殼内無心，肉黄色似豆瓣，味甚苦寒。今俗醫不讀《本草》，不知根源，氣味何如，賈人又以遠來為貴，當藕石蓮出賣，以訛亂真。俗醫不辨，亦誤用之。若胃弱食少者誤服，嘔吐反增，惡食愈甚； 若痢疾噤口不食者誤服，胃氣愈敗，去死不遠； 若清心蓮子飲誤用者，不察去心之説，殺人不少。予特著此，以為俗醫之戒。服餌者可不慎乎！《局》云： 藕實補心仍止痢，若除吐衄節尤宜。葉能止渴安胎産，散血庖人誤削皮。藕實，止痢，補心。節，除嘔衄。葉，堪止渴及安胎。

藕 味甘，寒。《别録》云： 藕，主熱渴，散血和肌，久服令人心懽。《藥性論》云： 藕汁亦單用。味甘。能消瘀血不散。孟詵云： 藕生食之，主霍亂後虛渴，煩悶不能食。其産後忌生冷物，惟藕不同，生冷為破血故也。又蒸食之，甚補五臟，實下焦。與蜜同食，令人腹臟肥，不生諸蟲。亦可休糧，仙家有貯石蓮子及乾藕，經十年者，食之至妙。陳藏器云： 藕本功外，消食止洩，除煩，解酒毒，壓食，及病後熱渴。日華子云： 藕溫，止霍亂，開胃消食，除煩止悶，口乾渴疾，止怒，令人喜。破産後血悶。生研服，擣罯金瘡并傷折，止暴痛。蒸煮，大開胃。《圖經》云： 生食其莖，主霍亂後虛渴煩悶不能食，及解酒食毒。

藕節 《藥性論》云： 擣汁，主吐血不止，口鼻并皆治之。日華子云： 節冷，解熱毒，消瘀血，産後血悶，合地黄生研汁，熱酒並小便服并得。

荷鼻 即荷葉蒂。 味苦，氣平，無毒。陳藏器云： 主安胎，去惡血，留好血，血痢，煮服之。《圖》云同。又云： 葉及房主血脹，腹痛，産後胎衣不下，酒煮服之。又主野菌毒，水煮服之。鄭玄云： 的中薏，食之令人霍亂。孟詵云：其房荷葉，皆破血。日華子云：荷葉止渴，落胞，殺蕈毒，并産後口乾，心肺躁煩悶。入藥炙用之。《圖經》云：止渴，殺蕈毒。今婦人藥多有用荷葉者。

蓮花　暖，無毒。日華子云：鎮心，輕身，益色駐顔。入香甚妙。忌地黄、蒜。《圖》云同。

明・劉文泰《本草品彙精要》卷三二　藕實無毒　泥生。

藕實莖：主補中，養神，益氣力，除百疾。久服輕身，耐老，不飢，延年。《神農本經》。〔名〕水芝丹、蓮。藥：金櫻草。〔苗〕《圖經》曰：《詩傳》云：荷，芙蕖也。總名曰荷，其莖曰茄，未出水者曰銀條，其葉曰蕸，葉中蒂謂之荷鼻，其本曰蔤。蔤，即莖下白蒻在泥中者也。萼曰芙蓉，秀而未發曰菡萏，已發暢茂曰華，其實曰蓮，蓮謂房也。其中菂乃蓮內青皮白實爾，中有青爲薏，即所謂苦如薏也。其根曰藕。花有紅、白二種，白者藕大實小，紅者藕小實大，千葉者皆不實。然則生於水而水不能沒，雖居於淤泥而泥不能淤。其體中空，食之故能令人心悅也。〔地〕《圖經》曰：生汝南池澤，江南，今處處有之。〔時〕生：三月、四月生苗，六月開花。採：八月、九月取實。〔收〕日乾。〔用〕藕、實、莖、葉、蒂、房、薏、節、花。〔色〕黄白。〔味〕甘，苦。荷鼻：苦藕：甘。〔性〕平，寒，緩。藕：溫。花：暖。〔氣〕氣之薄者，陽中之陰。〔臭〕香。〔主〕清心，止痢。〔製〕剝去黑殼，敲碎，去心用。〔治〕療：《圖經》曰：止痢，定腰痛及噦逆。○藕，主霍亂後虚渴，煩悶，不敢食。○葉，止渴。○荷鼻，安胎，去惡血，留好血。日華子云：止渴，助心，止痢，多食令人喜。○藕，止霍亂，開胃消食，除煩止悶，口乾渴疾，止怒，破産後血悶，搗罯金瘡并傷折，止暴痛，蒸食開胃。○薏，止霍亂。○葉，落胞并産後口乾，心肺燥煩悶。《藥性論》云：藕，消淤血不散。○節，止口鼻吐衄血。補：《圖經》曰：輕身益氣，令人強健。○花，鎮心，益顔色。《藥性論》云：主五臟不足，傷中氣，利益十二經脈血氣。陳藏器云：令髮變黑不白。日華子云：止洩精，安心。○花，輕身駐顔。〔合治〕合蠟蜜爲丸服，令人不飢。○葉及房，合酒煮服，治産後胎衣不下。○即合生地黄汁、熱酒、童便，能解熱毒，消淤血，産後血悶。〔禁〕苦薏不可多食，令人霍亂及吐食，生食微動氣。○實，生食脹人腹。〔忌〕花，忌地黄、生蒜。〔解〕葉，殺蕈毒及食蟹中毒。○荷鼻，解食野菌毒，水煮服之。○藕，解酒毒。

明・盧和、汪穎《食物本草》卷二果類　藕　味甘，平，寒，無毒。主熱渴煩悶，産後血悶，散血生肌，止洩，解酒毒，開胃，止怒，久食心歡。産後忌生冷，惟藕不忌，以其破血也。蒸煮熟則開胃，甚益五臟，實下焦。與蜜同食，令腹臟肥，不生蟲。白蓮者尤佳。

蓮子　味甘，平，寒，無毒。補中，安心神，養氣力，益經脉，除百病，止渴止痢，治腰痛洩精。久服輕身，耐老延年，不飢，多食令人喜。生者動氣脹人，熟者良。並宜去心。葉及房，皆破血，胎衣不下，酒煮服之。葉蒂，味苦，主安胎，去惡血，留好血，血痢煮服之。花，忌地黄、蒜，鎮心輕身，益色駐顔。

明・葉文齡《醫學統旨》卷八　蓮子　氣寒，平，味甘。無毒。去心。生食微動氣，煮熟食之良。多食令人喜。治腰痛泄精，補中養神安心，止渴止痢，益氣力，除百病。○心治血渴疾，清心去熱，産後渴服之立愈。○蓮花蕋鎮心固精，輕身益氣。

藕　氣寒，味甘。無毒。治熱毒，口渴煩悶，解酒毒，消瘀血，破産後血閉；搗罯金瘡熱傷，散血止痛生肌。蒸熟食開胃，補五臟。○節搗汁治吐血、衄血不止。

明・鄭寧《藥性要略大全》卷四　蓮子　清心醒脾。補中養神，止渴，進飲食。治瀉痢，腰痛泄精。　味甘、澁，性平，無毒。凡用去殼、心。

蓮花、蓮鬚　養容顔，澁精氣。○久服令人好顔色。　味甘、淡、澁，性平，無毒。忌地黄。有紅白二種。

蓮葉、蓮房　皆破血。若胎衣不下，酒煮食之。　味苦、辛，性涼，無毒。蓮葉取蒂如錢大，乾晒為末，入敷瘡藥。

藕　解煩悶，酒毒熱毒，消瘀血，散血，止痛生肌。治産後血悶，並生用杵汁服。若蒸煮食，開胃，補五臟。　味甘，性涼，無毒。諸病並宜服食，無所忌。

藕節汁　止吐血、衄血、咯血、嘔血，及上部所見諸血皆治。　味甘、澁、微苦，性寒，無毒。收澁之藥也。

明・陳嘉謨《本草蒙筌》卷七　蓮子　味甘、澁，氣平、寒。無毒。池塘栽，秋月採。生食微動氣，蒸食能養神。食不去心，恐成卒暴霍亂；取心生研，亦止産後渴消。産後瘀血去多而渴，研汁服効。凡用拯痾，不可不識。利益十二經脉血氣，安靖上下君相火邪。禁精洩清心，去腰痛止痢。攙煮粥，攙粳米煮。漸開耳目聰明；磨作飯，頓令肢體強健。蠟蜜丸服，耐老不飢。日服如常，退怒生喜。《本經》註云：鴈食糞于田野，糞中未曾化者。猿含藏于石巖。經年未壞者得來，不逢陰雨處常有之。食之延壽算無量。且悅顏色，堪作神僊。又過末秋，就蓬中乾黑者，名石蓮子。入水内竟沉之，惟煎鹽鹵能浮，服更清心黑髮。青心蓮子飲，惟用此。荷鼻蒂也味苦，安胎甚良，瘀血逐，好血留兼毆血痢；蓮房蓬也燒灰，止血甚捷，胎孕推，胎衣下並宜酒煎。生者煎服。荷葉破血止渴，曾載《婦人良方》。原易老枳术丸用之，取引生少陽經清氣。雷頭風劑亦用，因形類震仰盂。震為雷，屬木化風，故假此引經索効。花瓣忌地黄蒜，鎮心輕身駐顔。花心名佛座鬚，佛座蓮花故云。益腎澁精固髓。藕甘寒主血多驗，治瘀血遂散不凝。止吐衂血溢妄行，破産後血積煩悶。産中忌諸生冷，惟藕不忌。解酒毒卻熱，罯金瘡生肌。和蜜嘗，肥腹臟不生諸蟲；煮熟啖，實下焦大開胃脘。節同地黄搗汁，亦治口鼻來紅。入熱酒童便，取効驗更易。紅蓮花、白蓮花係胡人貢來中國；如多服、如久服俱黑髮悅澤顔容。碧蓮花出禁中，只可卜其祥瑞，不堪服餌，亦使知之。

明·方穀《本草纂要》卷五　蓮子　味甘，微澁，氣溫，無毒。入太陰脾經，主補中益氣；入少陰心經，主寧心定志；入少陰腎經，主遺精夢泄；入大、小腸，胃，主泄瀉、痢、瘧、淋瀝癃閉。又蓮房味苦澁，能通血脉，如燒灰存性，乃血家止血之神劑也。蓮花悅顔色，輕身耐老，延年不飢。蓮鬚止痢鎮心，益精歛氣。蓮葉開胃和中，止血破血。大抵蓮之數種，爲心脾之要藥，和中益氣，養血壯陰更美者也。又藕甘寒且熱，主熱毒不散，口渴煩悶，消瘀血，破癥瘕之用也。藕節甘苦且寒，主衂血、吐血，止澁之藥也。抑論藕之所用宜生，蓮之所用宜熟，藕生水下，蓮生水上，藕取其陰，蓮取其陽，今之治病，亦合陰陽之用治可也。

明·寧源《食鑒本草》卷下　蓮子　味甘，平。助心氣，止煩渴，治痢，補十二經氣血，理腰疼，泄精白濁。孫真人云：須去心食，不然成霍亂。《得效方》：治久痢不止。老蓮子肉二兩，去心為末。每服一錢，陳米湯調下。荷葉　除煩悶，止焦渴，治嘔血吐血，殺蕈毒。《驗應方》：治吐血，略以荷葉焙乾為末，清米湯調下二錢七分。荷花　暖，無毒。鎮心，駐顔色，澁精氣，輕身延年。《肘後方》：治婦人難産，荷花一片，書人字吞之，立生。藕　味甘，寒、平，無毒。解螃蟹毒。補中益氣，養神開胃，消食解酒，清熱除煩止渴，消瘀血敗血，吐血嘔血，一切血症宜食之。《梅師方》：治産後惡血不盡，上奔衝心，煩悶腹痛，杵藕汁二升，溫服。《千金方》：治吐血、嘔血、衂血，以藕連節一枝，杵取汁，和荷葉灰一兩，徐徐服。《傷寒一攬》：治時氣傷寒，煩燥大渴，作熱，生藕搗汁，冷飲效。

明·王文潔《太乙仙製本草藥性大全》卷四《本草精義》　藕實　一名蓮，一名荷，一名水芝丹。生汝南池澤，今處處有之。生水中，其葉似荷，苗圓徑尺。陸璣謂荷爲芙蕖。其莖茄，其葉蕸，或作葭，其本蔤土筆切，莖下白蒻菡在泥中者。其華未發爲菡萏，已發爲芙蓉。其實蓮，蓮謂房也。其根藕，幽州人謂之光旁，至深益大如人臂。其中的，蓮中子，謂青皮白子也。中有青，長二分，爲薏，中心苦者是也。凡此數物，今人皆以中藥。藕生食其莖，主霍亂後虚渴煩悶不能食，及解酒食毒；花鎮心，益顔色，入香尤佳；荷葉止渴，殺蕈毒，今婦人藥多有用荷葉者；葉中蒂謂之荷鼻，主安胎，去惡血，留好血；實，主益氣。其的至秋來皮黑而沉水者謂之石蓮。今江東人呼荷華爲芙蓉，北方人便以藕爲荷，亦以蓮爲荷；蜀人以藕爲茄，或用其母爲華〔名〕，或用根子爲母葉號。此皆名相倚，習俗傳誤，失其正體也。陸璣《疏》曰：蓮，青皮裏白，子爲的，的中有青爲薏，味甚苦，故里語云苦如薏是也。《藥性論》云：藕汁亦單用，味甘，能消瘀血不散。節搗汁，主吐血不止，口鼻並皆治之。孟詵云：藕生食之，主霍亂後虚渴煩悶不能食，其産後忌生冷，惟藕不同生冷，爲能破血故也。又蒸食甚補五臟，實下焦。與蜜同食，令人腹臟肥，不生諸蟲，亦可休糧。仙家有貯石蓮子及乾藕，經千年者食之至妙矣。

明·王文潔《太乙仙製本草藥性大全》卷四《仙製藥性》　蓮子　味甘澁，氣平、寒，無毒。主治：生食微動氣，蒸食能養神。食不去心恐成卒暴霍亂。取心生研亦止産後渴消。産後瘀血去多而渴，研汁服效。凡用拯疴，不可不識。利益十二經脉血氣，安靖上下君相火邪。禁精洩清心，去腰痛止痢。攙煮粥，攙粳米煮。漸開耳目聰明；磨作飯，頓令肢體強健。蠟蜜丸服，耐老不飢。日服如常，退怒生喜。《本經》註云：雁食糞於田野，糞中未曾化者。猿含藏於石巖，經年未壞者，得來不逢陰雨處常有之。食之延壽筭無量，且悅顔色，堪作神仙。補註：蓮子性寒，主五臟不足，傷中氣絕，利益十二經脉血氣。生食微動氣，蒸食之良。又熟去心爲末，蠟蜜和丸，日服三十丸，令人不飢，此方仙家用爾。又雁腹中者，空腹食十枚，身輕能登高涉遠。陳士良云，蓮子心生取爲末，以米飲調下三錢，療血渴疾，服之即愈。○益耳目，補中，聰明強志，蓮實半兩，去皮心，細研，先煮令熟，次以粳米三合作粥候熟，入蓮實攪勻溫服。　蓮葉　味苦、辛，氣涼，無毒。　主治：破血止渴，曾載《婦人良方》。原易老枳术丸用之，取引生少陽經清氣。雷頭風劑亦用，因形類震仰盂。震爲雷，屬木化風，故假此引經索效。　補註：治撲打墜損，惡血攻心，悶亂疼痛，以火乾荷葉五斤，令烟盡細研，食前用童便調二錢服。○治產後血不盡，疼悶心痛，荷葉熬令香，爲末煎水下方寸〔匕〕。○主吐血咯血，以荷葉焙乾爲末，米湯下二錢。○治膝瘡，取荷葉乾者一斤，水一斗，煮取五升，洗瘡，日再差。　荷鼻即葉蒂也。　味苦，氣平，無毒。　主治：安胎產秘訣，止血痢妙方。去瘀血而大效，留好血於甚良。　蓮房即蓮蓬殼。　味苦，氣平，無毒。　主治：主血脹妙劑，治腹痛奇方。下產後胎衣，並宜酒煮。食野菌毒，必用水煎。　蓮花　味苦、甘，氣溫，無毒。　花瓣　忌地黄、蒜。鎮心輕身，駐顔。　花心　名佛座鬚。佛座蓮花故云。　益腎，澀精，固髓。　補註：令易產，蓮華一葉，書人字吞之立產。○《華山記》云：山頂有池生千葉蓮花，服之羽化。○《太清諸草木方》：七月七日採蓮花七分，八月八日採根八分，九月九日採實九分，陰乾，搗篩，服方寸〔匕〕，令人不老。　藕　味甘，氣溫，無毒。　主治：主血多驗，治瘀血遂散不凝。止吐衄血溢妄行，破產後血積煩悶。產中忌諸生冷，惟藕不忌。　解酒毒却熱，署金瘡生肌。和蜜嘗，肥腹臟，不生諸蟲。煮熟啖，實下焦，大開胃脘。　補註：治時氣煩渴，用生藕汁一中盞，入生蜜一合，令勻，分爲二服。○治食蟹中毒，以生藕汁，或煮乾蒜汁或冬瓜汁並佳。○治產後餘血不盡，奔上衝心，煩悶腹痛，以生藕汁二升飲之。　藕節　解熱毒尤妙，消瘀血最奇。理產後血悶，同地黄搗汁。治口鼻來紅，入熱酒、童便，取效亦多，得驗更易。　藕皮　誤落血中，遂皆散不凝，庖人削。　補註：治墜馬積血心腹，唾血無數，乾藕根末，酒服方寸〔匕〕，日三差。　石蓮子　經秋蓬中乾黑者，入水內竟沉之，惟煎鹽滷能浮。　主治：寧心志而清神，黑鬚髮而清心。　補註：石蓮子取其肉，於砂盆中乾，擦去浮上赤色，留青心，爲末，少入龍腦爲湯，寧心志清神。○陸璣云：可磨爲豉，如米飯，輕身益氣，令人強健。醫人煩。末以止痢，治腰痛。又治噦逆，以實仁六枚炒赤黄色，研末，冷熟水半盞和服便止。惟苦薏不可食，能令霍亂。

明・皇甫嵩《本草發明》卷四　蓮子上品。氣平、寒，味甘，無毒。　發明曰：蓮子，主補中，養神益氣力，理或然也。如云除百病，久服輕身，不飢延年。註云：利十二經脉血氣，安上下君相火。恐未盡然。若攙米煮粥，禁精泄，清心，治腰痛，止痢。磨作飯，令躰肢強健。入參苓散則補脾養胃。蜜丸服不飢，令人喜。生食微動氣，蒸食養神。食之不去心，恐成卒暴霍亂。取心生研，亦止產後消渴。

石蓮子　蓬中黑乾沉水，置鹽鹵中能浮者，清心黑髮。治禁口痢。　蓮藕，甘，寒。　生食主熱毒，口渴煩悶及霍亂後虛渴煩悶，不能食，解酒毒，消瘀血，破產後血積煩悶。搗署金瘡熱傷，散血止痛，生肌。煮食，開胃，實下焦，補五藏，久服令人歡心。與蜜同食，令人腹藏肥，不生諸蟲。　藕節，寒。　搗汁，止吐衄血，同生地汁更妙。入酒、童便效速。　荷葉　屬木化風，引生少陽經清氣，枳术丸用之。形類震卦，爲雷，故用治雷頭風。又破血止渴，主食野菌毒，水煮服之。○荷鼻即葉蒂也。主安胎，逐瘀血，留好血，止血痢。　蓮蓬殼，燒灰止血，推胎下胎衣，並宜酒煎。○荷花瓣，鎮心，輕身駐顔。忌地黄、蒜。○花心，名佛座。益腎，澁精固髓。

明・李時珍《本草綱目》卷三三果部・水果類　蓮藕《本經》上品

〔釋名〕其根藕《爾雅》　其實蓮同上　其莖葉荷韓保昇曰：藕生水中，其葉名荷。按《爾雅》云：荷，芙蕖。其莖茄，其葉蕸，其本蔤，其華菡萏，其實蓮，其根藕，其中菂，菂中薏。邢昺註云：芙蕖，總名也，別名芙蓉，江東人呼爲荷。菡萏，蓮花也。菂，蓮實也。薏，菂中青心也。郭璞註云：蔤乃莖下白蒻在泥中者。蓮乃房也。菂乃子也。薏乃中心苦薏也。江東人呼荷花爲芙蓉，北人以藕爲荷，亦以蓮爲荷，蜀人以藕爲茄，此皆習俗傳誤也。陸璣《詩疏》云：其莖爲荷。其花未發爲菡萏，已發爲芙蕖。其實蓮，蓮之皮青裏白。其子菂，菂之殼青肉白。菂內青心二三分，爲苦薏也。時珍曰：《爾雅》以荷爲根名，韓氏以荷爲葉名，陸璣以荷爲莖名。按莖乃負葉者也。有負荷之義，當從陸説。蔤乃嫩蒻，如竹之行鞭者。節生二莖，一爲葉，一爲花，盡處乃生藕，爲花、葉、根、實之本。顯仁藏用，功成不居，可謂退藏于密矣，故謂之蔤。花葉常偶生，不偶不生，故根曰藕。或云藕善耕泥，故字從耦，耦者耕也。茄音加，加于蔤上也。蕸音遐，遠于蔤也。菡萏，函合未發之意。芙蓉，敷布容艷之意。蓮者連也，花實相連而出也。菂者的也，子在房中點點如的也。的乃凡物點注之名。薏猶意也，含苦在內也。古詩云食子心無棄，苦心生意存是矣。　〔集解〕《別録》曰：藕實莖生汝南池澤。八月采。當之曰：所在池澤皆有，豫章、汝南者良。苗高五六尺，葉團青大如扇，其花赤，子黑如羊矢。時珍曰：蓮藕，荆、揚、豫、益諸處湖澤陂池皆有之。以蓮子種者生遲，藕芽種者最易發。其芽穿泥成白蒻，即蔤也。長者至丈餘，五六月嫩時，没水取之，可作蔬茹，俗呼藕絲菜。節生二莖：一爲藕荷，其葉貼水，其下旁行生藕也；一爲芰荷，其葉出水，其旁莖生花也。其葉清明後生。六七月開花，花有紅、白、粉紅三色。花心有黄鬚，蕊長寸餘，鬚内即蓮也。花褪蓮房成菂，菂在房如蜂子在窠之狀。六七月采嫩者，生食脆美。至秋房枯子黑，其堅如石，謂之石蓮子。八九月收之，斫去黑殼，貨之四方，謂之蓮肉。冬月至春掘藕食之，藕白有孔有絲，大者如肱臂，長六七尺，凡五六節。大抵野生及紅花者，蓮多藕劣；種植及白花者，蓮少藕佳也。其花白者香，紅者艷，千葉者不結實。别有合歡，並頭者；有夜舒荷，夜布晝卷；睡蓮，花夜入水；金蓮，花黄；碧蓮，花碧；繡蓮，花如繡，皆是異種，故不述。《相感志》云：荷梗塞穴鼠自去，煎湯洗鑞垢自新。物性然也。

蓮實　【釋名】藕實《本經》　菂《爾雅》　薂音吸。同上。　石蓮子《别録》　水芝《本經》　澤芝《古今注》

【修治】弘景曰：藕實即蓮子，八九月采黑堅如石者，乾擣破之。頌曰：其菂至秋黑而沉水，爲石蓮子，可磨爲飯食。時珍曰：石蓮剁去黑殼，謂之蓮肉。以水浸去赤皮、青心，生食甚佳。入藥須蒸熟去心，或晒或焙乾用。亦有每一斤，用豮猪肚一個盛貯，煮熟擣焙用者。今藥肆一種石蓮子，狀如土石而味苦，不知何物也。

【氣味】甘，平，濇，無毒。《别録》曰：寒。大明曰：蓮子、石蓮性俱温。時珍曰：嫩菂性平，石蓮性温。得茯苓、山藥、白术、枸杞子良。詵曰：生食過多，微動冷氣脹人。蒸食甚良。大便燥濇者，不可食。

【主治】補中養神，益氣力，除百疾。久服，輕身耐老，不飢延年《本經》。主五臟不足，傷中，益十二經脉血氣孟詵。止渴去熱，安心止痢，治腰痛及泄精。多食令人歡喜大明。交心腎，厚腸胃，固精氣，强筋骨，補虚損，利耳目，除寒濕，止脾泄久痢，赤白濁，女人帶下崩中諸血病時珍。擣碎和米作粥飯食，輕身益氣，令人强健。蘇頌。○出《詩疏》。安靖上下君相火邪嘉謨。

【發明】時珍曰：蓮産于淤泥，而不爲泥染；居于水中，而不爲水没。根莖花實，凡品難同；清净濟用，群美兼得。自蒻蔤而節節生莖，生葉，生花，生藕；由菡萏而生蕊，生蓮，生菂，生薏。其蓮菂則始而黄，黄而青，青而緑，緑而黑，中含白肉，内隱青心。石蓮堅剛，可歷永久，薏藏生意，藕復萌芽，展轉生生，造化不息，故釋氏用爲引譬，妙理具存；醫家取爲服食，百病可却。蓋蓮之味甘氣温而性嗇，禀清芳之氣，得稼穡之味，乃脾之果也。脾者黄宫，所以交媾水、火，會合木、金者也。土爲元氣之母，母氣既和，津液相成，神乃自生，久視耐老，此其權輿也。昔人治心腎不交，勞傷白濁，有清心蓮子飲；補心腎，益精血，有瑞蓮丸，皆得此理。藏器曰：經秋正黑，石蓮子。入水必沉，惟煎鹽滷能浮之。此物居山海間，經百年不壞，人得食之，令髮黑不老。詵曰：諸鳥、猿猴取得不食，藏之石室内，人得三百年者，食之永不老也，又雁食之，糞于田野山巖之中，不逢陰雨，經久不壞。人得之，每旦空腹食十枚，身輕能登高涉遠也。

【附方】舊四，新十。　服食不飢：詵曰：石蓮肉蒸熟去心，爲末，煉蜜丸梧子大。日服三十丸。此仙家方也。　清心寧神：宗奭曰：用蓮蓬中乾石蓮子肉，於砂盆中擦去赤皮，留心，同爲末，入龍腦，點湯服之。　補中强志：益耳目聰明。用蓮實半兩去皮心，研末，水煮熟，以粳米三合作粥，入末攪匀食。《聖惠方》。　補虚益損：水芝丹：用蓮實半升，酒浸二宿，以牙猪肚一個洗净，入蓮在内，縫定煮熟，取出晒乾爲末，酒煮米糊丸梧子大。每服五十丸，食前温酒送下。《醫學發明》。　小便頻數：下焦真氣虚弱者。用上方，醋糊丸，服。　白濁遺精：石蓮肉、龍骨、益智仁等分，爲末。每服二錢，空心米飲下。○《普濟》用蓮肉、白茯苓等分，爲末。白湯調服。　心虚赤濁：蓮子六一湯：用石蓮肉六兩，炙甘草一兩，爲末。每服一錢，燈心湯下。《直指方》。　久痢禁口：石蓮肉炒，爲末。每服二錢，陳倉米調下，便覺思食，甚妙。加入香連丸，尤妙。《丹溪心法》。　脾泄腸滑：方同上。　噦逆不止：石蓮肉六枚，炒赤黄色，研末。冷熟水半盞和服，便止。蘇頌《圖經》。　産後欬逆：嘔吐，心忡目運。用石蓮子兩半，白茯苓一兩，丁香五錢，爲末。每米飲服二錢。《良方補遺》。　眼赤作痛：蓮實去皮研末一盞，粳米半升，以水煮粥，常食。《普濟方》。　小兒熱渴：蓮實二十枚炒，浮萍二錢半，生薑少許，水煎，分三服。《聖濟總録》。　反胃吐食：石蓮肉爲末。入少肉豆蔻末，米湯調服之。《直指方》。

藕　【氣味】甘，平，無毒。大明曰：温。時珍曰：《相感志》云：藕以鹽水共食，則不損口；同油煠麪米果食，則無渣。煮忌鐵器。

【主治】熱渴，散留血，生肌。久服令人心歡《别録》。止怒止洩，消食解酒毒，及病後乾渴藏器。擣汁服，止悶除煩開胃，治霍亂，破産後血悶，擣膏，罯金瘡并傷折，止暴痛。蒸煮食之，大能開胃大明。生食，治霍亂後虚渴。蒸食，甚補五臟，實下焦。同蜜食，令人腹臟肥，不生諸蟲，亦可休糧孟詵。汁：解射罔毒、蟹毒徐之才。擣浸澄粉服食，輕身益年臞仙。

【發明】弘景曰：根入神仙家。宋時太官作血䘓，音勘，庖人削藕皮誤落血中，遂散涣不凝。故醫家用以破血多效也。䘓者，血羹也。詵曰：産後忌生冷物，獨藕不同生冷者，爲能破血也。時珍曰：白花藕大而孔扁者，生食味甘，煮食不美；紅花及野藕，生食味澀，煮蒸則佳。夫藕生于卑污，而潔白自若。質柔而穿堅，居下而有節。孔竅玲瓏，絲綸内隱。生于嫩蒻，而發爲莖、葉、花、實，又復生芽，以續生生之脉。四時可食，令人心懽，可謂靈根矣。故其所主者，皆心脾血分之疾，與蓮之功稍不同云。

【附方】舊四，新六。　時氣煩渴：生藕汁一盞，生蜜一合，和勻，細服。《聖惠》。　傷寒口乾：生藕汁、生地黄汁、童子小便各半盞，煎温，服之。龐安時《傷寒論》。　霍亂煩渴：生藕汁一鍾，薑汁半鍾，和勻飲。《聖濟總録》。　霍亂吐利：生藕擣汁服。《聖惠》。　上焦痰熱：藕汁、梨汁各半盞，和服。《簡便》。　産後悶亂：血氣上衝，口乾腹痛。《梅師方》用生藕汁三升，飲之。○龐安時：用藕汁、生地黄汁、童子小便等分，煎服。　小便熱淋：生藕汁、生地黄汁、葡萄汁各等分，每服一盞，入蜜温服。　墜馬血瘀：積在胸腹，唾血無數者。乾藕根爲末，酒服方寸匕，日二次。《千金方》。　食蟹中毒：生藕汁飲之。《聖惠》。　凍脚裂坼：蒸熟藕擣爛塗之。　塵芒入目：大藕洗擣，綿裹，滴汁入目中，即出也。《普濟方》。

藕蔤　【釋名】藕絲菜五六月嫩時，采爲蔬茹，老則爲藕稍，味不堪矣。　【氣味】甘，平，無毒。　【主治】生食，主霍亂後虚渴煩悶不能食，解酒食毒蘇頌。　功與藕同時珍。　解煩毒，下瘀血汪穎。

藕節　【氣味】澀，平，無毒。大明曰：冷。伏硫黄。　【主治】擣汁飲，主吐血不止，及口鼻出血甄權。　消瘀血，解熱毒。　産後血悶，和地黄研汁，入熱酒、小便飲大明。　能止欬血唾血，血淋溺血，下血血痢血崩時珍。

【發明】時珍曰：一男子病血淋，痛脹祈死。予以藕汁調髮灰，每服二錢，服三日而血止痛除。按趙溍《養痾漫筆》云：宋孝宗患痢，衆醫不效。高宗偶見一小藥肆，召而問之。其人問得病之由，乃食湖蟹所致。遂診脉，曰：此冷痢也。乃用新采藕節擣爛，熱酒調下，數服即愈。高宗大喜，就以擣藥金杵臼賜之，人遂稱爲金杵臼嚴防禦家，可謂不世之遇也。大抵藕能消瘀血，解熱開胃，而又解蟹毒故也。

【附方】新五。　鼻衄不止：藕節擣汁飲，并滴鼻中。　卒暴吐血：雙荷散：用藕節、荷蒂各七個，以蜜少許擂爛，用水二鍾，煎八分，去滓，温服。或爲末丸服亦可。《聖惠》。　大便下血：藕節晒乾研末，人參、白蜜煎湯，調服二錢，日二服。《全幼心鑑》。　遺精白濁：心虚不寧。金鎖玉關丸：用藕節、蓮花鬚、蓮子肉、芡實肉、山藥、白茯苓、白茯神各二兩，爲末。用金櫻子二斤搥碎，以水一斗，熬八分，去滓，再熬成膏，入少麪和藥，丸梧子大。每服七十丸，米飲下。　鼻淵腦瀉：藕節、芎藭焙研，爲末。每服二錢，米飲下。《普濟》。

蓮薏　即蓮子中青心也。　【釋名】苦薏　【氣味】苦，寒，無毒。藏器曰：食蓮子不去心，令人作吐。　【主治】血渴，産後渴，生研末，米飲服二錢，立愈士良。　止霍亂大明。　清心去熱。時珍。○出《統旨》。

【附方】新二。　勞心吐血：蓮子心七個，糯米二十一粒，爲末，酒服。此臨安張上舍方也。《是齋百一方》。　小便遺精：蓮子心一撮，爲末，入辰砂一分。每服一錢，白湯下，日二。《醫林集要》。

蓮蕊鬚　【釋名】佛座鬚花開時采取，陰乾。亦可充果食。　【氣味】甘，濇，温，無毒。大明曰：忌地黄、葱、蒜。　【主治】清心通腎，固精氣，烏鬚髮，悅顔色，益血，止血崩、吐血時珍。　【發明】時珍曰：蓮鬚《本草》不收，而《三因》諸方、固真丸、巨勝子丸各補益方中，往往用之。其功大抵與蓮子同也。

【附方】新一。　久近痔漏：三十年者，三服除根。用蓮花蕊、黑牽牛頭末各一兩半，當歸五錢，爲末。每空心酒服二錢。忌熱物。五日見效。孫氏《集效方》。

蓮花　【釋名】芙蓉《古今注》　芙蕖同上　水華　【氣味】苦，甘，温，無毒。忌地黄、葱、蒜。　【主治】鎮心益色。駐顔身輕大明。弘景曰：花入神仙家用，入香尤妙。

【附方】舊二，新二。　服食駐顔：七月七日采蓮花七分，八月八日采根八分，九月九日采實九分，陰乾擣篩。每服方寸匕，温酒調服。《太清草木方》。　天泡濕瘡：荷花貼之。《簡便方》。　難産催生：蓮花一瓣，書人字，吞之，即易産。《肘後方》。　墜損嘔血：墜跌積血心胃，嘔血不止。用乾荷花爲末，每酒服方寸匕，其效如神。楊拱《醫方摘要》。

蓮房　【釋名】蓮蓬殼陳久者良。　【氣味】苦，濇，温，無毒。　【主治】破血孟詵。　治血脹腹痛，及産後胎衣不下，酒煮服之。水煮服之，解野菌毒藏器。　止血崩、下血、溺血時珍。　【發明】時珍曰：蓮房入厥陰血分，消瘀散血，與荷葉同功，亦急則治標之意也。

【附方】新六。　經血不止：瑞蓮散：用陳蓮蓬殼燒存性，研末。每服二錢，熱酒下。《婦人經驗方》。　血崩不止：不拘冷熱。用蓮蓬殼、荆芥穗各燒存性，等分爲末。每服二錢，米飲下。《聖惠方》。　産後血崩：蓮蓬殼五個，香附二兩，各燒存性，爲末。每服二錢，米飲下，日二。《婦人良方》。　漏胎下血：蓮房燒研，麪糊丸梧子大。每服百丸，湯、酒任下，日二。《朱氏集驗方》。　小便血淋：蓮房燒存性，爲末，入麝香少許。每服二錢半，米飲調下，日二。《經驗方》。　天泡濕瘡：蓮蓬殼燒存性，研末，井泥調塗，神效。《海上方》。

荷葉　【釋名】嫩者荷錢象形。　貼水者藕荷生藕者。　出水者芰荷生花者。　蒂名荷鼻【修治】大明曰：入藥並炙用。

【氣味】苦，平，無毒。時珍曰：畏桐油。伏白銀，伏硫黃。　【主治】止渴，落胞破血，治産後口乾，心肺躁煩大明。治血脹腹痛，産後胎衣不下，酒煮服之。荷鼻：安胎，去惡血，留好血，止血痢，殺菌蕈毒，並煮水服藏器。生發元氣，裨助脾胃，澀精滑，散瘀血，消水腫癰腫，發痘瘡，治吐血咯血衄血，下血溺血血淋，崩中，産後惡血，損傷敗血時珍。

【發明】杲曰：潔古張先生口授枳术丸方，用荷葉燒飯爲丸。當時未悟其理，老年味之始得。夫震者動也，人感之生足少陽甲膽，是屬風木，爲生化萬物之根蒂。人之飲食入胃，營氣上行，即少陽甲膽之氣，與手少陽三焦元氣，同爲生發之氣。《素問》云：履端于始，序則不愆。荷葉生于水土之下，汙穢之中，挺然獨立。其色青，其形仰，其中空，象震卦之體，食藥感此氣之化，胃氣何由不升乎？用此爲引，可謂遠識合道矣。更以燒飯和藥，與白术協力滋養，補令胃厚，不致内傷，其利廣矣大矣。世之用巴豆、牽牛者，豈足語此。時珍曰：燒飯見穀部飯下。按《東垣試效方》云：雷頭風證，頭面疙瘩腫痛，憎寒發熱，狀如傷寒，病在三陽，不可過用寒藥重劑，誅伐無過。一人病此，諸藥不效，余處清震湯治之而愈。用荷葉一枚，升麻五錢，蒼术五錢，水煎溫服。蓋震爲雷，而荷葉之形象震體，其色又青，乃涉類象形之義也。又案聞人規《痘疹八十一論》云：痘瘡已出，復爲風寒外襲，則竅閉血凝，其點不長，或變黑色，此爲倒靨，必身痛，四肢微厥。但溫肌散邪，則熱氣復行，而斑自出也。宜紫背荷葉散治之。蓋荷葉能升發陽氣，散瘀血，留好血，殭蠶能解結滯之氣故也。此藥易得，而活人甚多，勝于人牙、龍腦也。又戴原禮《證治要訣》云：荷葉服之，令人瘦劣，故單服可以消陽水浮腫之氣。

【附方】舊四，新二十二。　陽水浮腫：敗荷葉燒存性，研末。每服二錢，米飲調下，日三服。《證治要訣》。　脚膝浮腫：荷葉心、藁本等分，煎湯，淋洗之。《永類方》。　痘瘡倒靨：紫背荷葉散，又名南金散：治風寒外襲倒靨勢危者，萬無一失。用霜後荷葉貼水紫背者炙乾，白殭蠶直者炒去絲，等分爲末。每服半錢，用胡荽湯或溫酒調下。聞人規《痘疹論》。　諸般癰腫：拔毒止痛。荷葉中心蒂如錢者，不拘多少，煎湯淋洗，拭乾，以飛過寒水石，同臘猪脂塗之。又治癰腫，柞木飲方中亦用之。《本事方》。　打撲損傷：惡血攻心，悶亂疼痛者。以乾荷葉五片燒存性，爲末。每服〔三〕錢，童子熱尿一盞，食前調下，日三服，利下惡物爲度。《聖惠方》。　産後心痛：惡血不盡也。荷葉炒香爲末。每服方寸匕，沸湯或童子小便調下。或燒灰、或煎汁皆可。《救急方》。　胎衣不下：方同上。　傷寒産後：血運欲死。用荷葉、紅花、薑黃等分，炒研末。童子小便調服二錢。龐安常《傷寒論》。　孕婦傷寒：大熱煩渴，恐傷胎氣。用嫩卷荷葉焙半兩，蚌粉二錢半，爲末。每服三錢，新汲水入蜜調服，并塗腹上。名罩胎散。《鄭氏方》。　妊娠胎動：已見黄水者。乾荷蒂一枚炙，研爲末。糯米淘汁一鍾，調服即安。唐氏《經驗方》。　吐血不止：嫩荷葉七個，擂水服之，甚佳。○又方：乾荷葉、生蒲黄等分，爲末。每服三錢，桑白皮煎湯調下。○《肘後方》用經霜敗荷燒存性，研末。新水服二錢。　吐血咯血：荷葉焙乾，爲末。米湯調服二錢，一日二服，以知爲度。○《聖濟總録》用敗荷葉、蒲黄各一兩，爲末。每服二錢，麥門冬湯下。　吐血衄血：陽乘于陰，血熱妄行，宜服四生丸。陳日華云：屢用得效。用生荷葉、生艾葉、生柏葉、生地黄等分，擣爛，丸鷄子大。每服一丸，水三盞，煎一盞，去滓服。《濟生方》。　崩中下血：荷葉燒研半兩，蒲黄、黄芩各一兩，爲末。每空心酒服三錢。　血痢不止：荷葉蒂，水煮汁，服之。《普濟方》。　下痢赤白：荷葉燒研。每服二錢，紅痢蜜、白痢沙餹湯下。　脱肛不收：貼水荷葉焙研，酒服二錢，仍以荷葉盛末坐之。《經驗良方》。　牙齒疼痛：青荷葉剪取錢蒂七個，以濃米醋一盞，煎半盞，去滓，熬成膏，時時抹之妙。唐氏《經驗方》。　赤遊火丹：新生荷葉擣爛，入鹽塗之。《摘玄方》。　漆瘡作痒：乾荷葉煎湯，洗之良。《集驗方》。　偏身風癘：荷葉三十枚，石灰一斗，淋汁合煮。漬之，半日乃出。數日一作，良。《聖惠方》。　偏頭風痛：升麻、蒼术各一兩，荷葉一個，水二鍾，煎一鍾，食後溫服。或燒荷葉一個，爲末，以煎汁調服。《簡便方》。　刀斧傷瘡：荷葉燒研，搽之。《集簡方》。　陰腫痛痒：荷葉、浮萍、蛇牀等分煎水，日洗之。《醫壘元戎》。

題明·薛己《本草約言》卷二《藥性本草》

藕實即蓮子也。　味甘、澁，氣平，寒，無毒。生食微動氣，蒸食能養神。食不去心，恐成卒暴霍亂。取心生研，亦止産後渴消。産後瘀血去多而渴，研汁服效。利益十二經脉血氣，安靜上下君相火邪。禁精洩清心，去腰痛止痢。攙煮粥，攙粳米煮。漸開耳目聰明；磨作飯，頓令肢體強健；蠟蜜丸服，耐老不飢；日服如常，退怒生喜。

江云：蓮肉開胃進食，湯泡去皮。○蓮子入手少陰、足厥陰陽明太陰經。清心醒脾，補中養神，進飲食，止瀉痢、腰痛、泄精。○新出水卷荷，丹溪專取治産暈，以其清通之氣，能升發也。大葉，東垣取包飯作丸，能引陰濁中清氣上升。房，洗痔漏。藕，解酒毒，消瘀血，止痛生肌，産後血悶，久食令人喜。並生用。熟專開胃補五臟。其節汁治上部所見諸血，收澁之味也。藕能解酒云云，瘀血者，以其寒故也。産中忌食諸生冷，惟藕不忌，亦以甘寒能療血悶故耳。○《集註》云：荷葉及房皆破血，胎衣不下，酒煮服之。

石蓮子　蓬中黑乾沉水，置鹽鹵中能浮者。入手少陰、足陽明太陽經。

開胃進食，清心解煩，專治噤口痢及濕熱滲入膀胱，白濁淋瀝等疾。其味苦，無毒。去殼用。

明・周履靖《茹草編》卷二　蓮房　有藕其芳，紫菂綠房。光生珠實，味溢瓊漿。維茲蓮饌，偏稱荷裳。六月取新嫩者，去蒂，鹽湯焯過，漉乾，同薑、鹽、醯和食。

明・佚名氏《醫方藥性・草藥便覽》　地骷髏　其性甘，散產內之瘀血，生新。即是藕節。

明・梅得春《藥性會元》卷中　蓮子　味甘，氣寒，無毒。去心生食，微動氣，煮熟食之良，多食令人喜。主定腰痛，止泄精，補中益氣力，養神安心，醒脾止痢，止渴，除百病。　心　治血渴疾，清心去熱。產後作渴，煎服效。　蓮花蕋　鎮心，固精輕身，益氣。

明・梅得春《藥性會元》卷中　藕　味甘，氣寒，無毒。　主治熱毒，口渴煩悶，解酒毒，消瘀血，破產後血悶。搗罯金瘡，熱傷，散血止痛，生肌。蒸熟食，開胃補五臟。　節：　搗汁，止吐、衄、嘔、咯、唾血病。

明・穆世錫《食物輯要》卷六　蓮肉　味甘、澀，性微寒，無毒。清心寧神，補脾，益十二經脉氣血，安靖上下君相火邪。去心煮食，厚腸胃，交心腎，固精氣。多食生者，動氣。患霍亂者勿食。

藕　味甘，性微寒，無毒。伏硫黃，殺疫氣，解蟹毒，開胃醒酒，散血，止煩渴。生食多，令冷中。蒸熟食，補五臟。同蜜食，令臟肥，不生蟲。《相感志》云：　少和鹽水食，益口齒。同油、米、麵、菓食，無渣。產婦忌生冷，惟藕不忌，以其能散血也。入藥，忌鐵。

明・李中立《本草原始》卷七　藕實　始生汝南池澤，今處處有之。生水中，其葉名荷。《爾雅》云：　荷，芙蕖。其莖茄，其葉蕸，其本蔤，其華菡萏，其實蓮，其根藕，其中菂，菂中薏。邢昺云：　芙蕖，總名也，別名芙蓉。按莖乃負葉者也，有負荷之義，故謂之荷。蔤乃嫩蒻，如竹之行鞭者。節生二莖，一為葉，一為花，盡頭乃生藕，為花、葉、根、實之本。顯仁藏用，功成不居，可謂退藏于密矣，故謂之蔤。花葉偶生，故根謂之藕。或云：　藕善耕泥，故字從耦。耦者，耕也。茄音加，加于蔤上也。蕸音遐，遠于蔤也。菡萏，函合未發之意。芙蓉，敷布容豔之意。蓮者，連也。花實相連而出也。菂者，的也，子在房中，點點如的也。的乃凡物點注之名。薏猶意也，含苦在內也。古詩云：　食子心無棄，苦心生意存。是矣。

藕實俗呼蓮肉。氣味：　甘，平，濇，無毒。主治：　補中養神，益氣力，除百疾，久服輕身耐老，不飢延年。○主五臟不足，傷中，益十二經脉血氣。○止渴去熱，安心止痢，治腰痛及泄精，多食令人歡喜。○益心腎，厚腸胃，固精氣，強筋骨，補虛損，利耳目，除寒濕，止脾泄久痢，赤白濁，女人帶下崩中諸血病。○擣碎和米作粥飯食，輕身益氣，令人強健。○安靖上下君相火邪。

藕：　氣味：　甘，平，無毒。主治：　熱渴，散留血，生肌。久服令人心懽。○止怒止洩，消食解酒毒，及病後乾渴。○擣汁服，止悶除煩開胃，治霍亂，破產後血悶，擣膏，罯金瘡並折傷，止暴痛。蒸煮食之，大能開胃。○生食治霍亂後虛渴。蒸食甚補五臟，實下焦。同蜜食，令人腹臟肥，不生諸蟲，亦可休糧。○汁解射罔毒、蟹毒。○擣浸澄粉服食，輕身益年。

藕蔤：　氣味：　甘，平，無毒。主治：　生食主霍亂後虛渴煩悶不能食，解酒食毒。○解煩毒，下瘀血。○功與藕同。

藕節：　氣味：　澀，平，無毒。主治：　擣汁飲，主吐血不止，及口鼻出血。○消瘀血，解熱毒，產後血悶，和地黃研汁，入熱酒、小便飲。○能止欬血唾血，血淋溺血，下血血痢血崩。

蓮薏，即蓮子中青心也，一名苦薏。氣味：　苦，寒，無毒。主治：　血渴，產後渴，生研末，米飲服二錢，立愈。○止霍亂。○清心去熱。

蓮花：　氣味：　苦，甘，溫，無毒。主治：　鎮心益色，駐顏輕身。

蓮房：　氣味：　苦，濇，溫，無毒。主治：　破血。○治血脹腹痛，及產後胎衣不下，酒煮服之。解野菌毒。○止血崩，下血溺血。

蓮蕋鬚：　氣味：　甘，濇，溫，無毒。主治：　清心通腎，固精氣，烏鬚髮，悅顏色，益血，止血崩吐血。

荷葉蒂：　名荷鼻。氣味：　苦，平，無毒。主治：　止渴，落胞破血，治產後口乾，心肺躁煩。○治血脹腹痛，產後胎衣不下，酒煮服之。荷鼻，安胎，去惡血，留好血，止血痢，殺菌蕈毒，並煮水服。○生發元氣，助脾胃，澀精滑，散瘀血，消水腫、癰腫，發痘瘡，治吐血咯血，衄血下血，溺血血淋，崩中，產後惡血，損傷敗血。

藕實，俗呼蓮肉。蓮薏，一名苦薏。蓮房俗呼蓮蓬殼。蓮蕋鬚一名佛座鬚。荷葉俗呼蓮葉。【圖略】藕實即蓮子。八月采實。八九月采黑色堅（石）〔實〕者，剝去黑殼，謂之蓮肉。以水浸去赤皮青心，生食甚佳。入藥蒸熟，去心，或晒或焙乾用。

明·張懋辰《本草便》卷二　藕實蓮子也　味甘，氣平寒，無毒。　主補中，養神益氣力，除百疾，安心，止渴止痢，治腰痛泄精。　藕甘寒，主熱毒，口渴煩悶，解酒毒，消瘀血，破產後血悶。○節搗汁主吐血不止。○荷鼻，即荷葉蒂也，味苦，主安胎，去惡血，留好血。荷葉及房，皆破血，胎衣不下，酒煮服之。○蓮花忌地黃、蒜；　鎮心，輕身，益色駐顏。

明·吳文炳《藥性全備食物本草》卷二　蓮子　味甘，平濇，性微寒，無毒。鮮者綠房紫的，相連而成實也。止洩精白濁，安心養神，補中益氣，醒脾內滯，止渴止痢，治腰疼，一切五臟不足，傷中內絕，補十二經氣血，除百病。生食微動氣，蒸食之良，令人歡心，食與入藥俱宜。去心，免成霍亂。但《局方》亦有用水浸裂，生取其心以治心熱，乃血疾作渴，產後作渴，暑熱霍亂者。蓋有是病，服是藥也。

蓮葉　味苦、辛，氣涼，無毒。破血止渴，生少陽經清氣。

荷鼻　味苦，氣平，無毒。安胎產，止血痢，去瘀血，留好血。

蓮房　味苦，氣平，無毒。主血脹，治腹痛，下胎衣。並酒煎服解野菌毒，用水煎。

蓮花　味苦，甘，氣溫，無毒。花瓣鎮心，輕身駐顏；　用一葉書人字吞之立產。忌地黃、蒜。《華山記》云：山頂有池生千葉蓮花，服之羽化。《太清諸草木方》：七月七日採蓮花七分，八月八日採根八分，九月九日採實九分，陰乾搗篩，服方寸，令人不老。

花心　益腎濇精固髓。

石蓮子　即鮮蓮經秋就蓬中乾而皮黑沉水者，味苦寒，取其肉於砂盆中乾擦，去浮上赤色，留青心為末，少入龍腦，為湯點服，寧心志清神，單用炒為末，止痢，治腰痛，止噦逆。樹生一種，皮黑堅而肉多油者不用。方書言：石蓮子者，皆老家蓮子也。

藕　味甘，性微寒，無毒。伏硫黃，殺疫氣，解蟹毒，開胃醒酒，散血，止煩渴。生食多令冷中，蒸熟食補五臟。同蜜食令臟肥不生蟲。《相感志》云：少和鹽水食，益口齒。同油米麪果食無渣。產婦忌生冷，惟藕不忌，以其能散血也。入藥忌鐵。

節　冷，搗汁飲之治傷寒時氣煩燥，大渴大熱，主吐血衄血不止；　產後血悶上衝腹痛，合生地、溫酒或童便服之。搗爛罯金瘡折傷、熱傷，散血止痛生肌。節　少同藕搗，亦好。大抵根葉功用主血多効。

明·趙南星《上醫本草》卷二　蓮藕　按《爾雅》云：荷，芙蕖。其莖茄，其葉蕸，其本蔤，其華菡萏，其實蓮，其根藕，其中菂，菂中薏。邢昺註云：芙蕖，總名也，別名芙蓉，江東人呼為荷。菡萏，蓮花也。菂，蓮實也。薏，菂中青心也。郭璞註云：蔤乃莖下白蒻在泥中者，蓮乃房也，菂乃子也，薏乃中心苦薏也。

蓮實　一名藕實，一名菂，一名薂音吸，同上。一名石蓮子，一名水芝，一名澤芝。時珍曰：石蓮剁去黑殼，謂之蓮肉。以水浸，去赤皮、青心，生食甚佳。入藥，須蒸熟去心，或晒、或焙乾用。亦有每一斤，用豶豬肚一箇盛貯，煮熟，搗焙用者。今藥肆一種石蓮子，狀如土石而味苦，不知何物。詵曰：諸鳥、猿猴取得不食，藏之石室內，人得三百年者，食之永不老也。又雁食之，糞于田野、山巖之中，不逢陰雨，經久不壞。人得之，每旦空腹食十枚，身輕，能登高涉遠。　甘，平，濇，無毒。　主治：補中養神，益氣力，除百疾，止渴去熱，安心止痢。治腰痛及泄精，交心腎，厚腸胃，固精氣，強筋骨，補虛損，利耳目，除寒濕，止脾泄久痢赤白濁，安靖上下君相火邪。多食令人歡喜，久服輕身耐老，不飢延年。女人帶下崩中，諸血病，擣碎，和米作粥飯食，輕身益氣，令人強健。　詵曰：生食過多，微動冷氣，脹人。蒸食甚良。大便燥濇者，不可食。

附方　補中強志：益耳目聰明，用蓮實半兩，去皮、心，研末。水煮熟，以粳米三合作粥，入末，攪勻食。　補虛益損：水芝丹，用蓮實半升，酒浸二宿，以牙豬肚一箇洗淨，入蓮在內，縫定，煮熟取出，晒乾，為末，酒煮米糊丸梧子大。每服五十丸，食前，溫酒送下。　久痢禁口：石蓮肉炒，為末，每服二錢，陳倉米〔湯〕調下，便覺思食，甚妙。加入香連丸，尤妙。　脾泄腸滑：方同上。　眼赤作痛：蓮實，去皮，研末，一盞，粳米半升，以水煮粥，常食。

藕　時珍曰：《相感志》云，藕以鹽水供食，則不損口；　同油煠麪米果食，則無渣。煮忌鐵器。弘景曰：根入神仙家。宋時太官作血䘓音勘，庖人削藕皮誤落血中，遂散渙不凝。故醫家用以破血，多効也。峪者，血羹也。大明誂曰：忌生冷物。獨藕不同生冷者，為能破血也。甘，平，無毒。大明曰：溫。主治：熱渴，散留血生肌，止怒止洩，消食，解酒毒及病後乾渴。久服令人心懽。生食，治霍亂後虛渴。蒸煮食之，大能開胃。蒸食，甚補五臟，實下焦。同蜜食，令人腹臟肥，不生諸蟲，亦可休糧。擣汁服，止悶除煩，開胃，治霍亂，解射菵毒、蟹毒，破產後血悶。擣膏，罯金瘡并傷折，止暴痛。擣浸澄粉服食，輕身益年。

附方　時氣煩渴：生藕汁一盞，生蜜一合，和勻，細服。　傷寒口乾：生藕汁、生地黃汁、童子小便各半盞，煎，溫服之。　霍亂煩渴：藕汁一鍾，薑汁半鍾，和勻，飲。　霍亂吐利：生藕，擣汁服。　上焦痰熱：藕汁、梨汁各半盞，和服。　產後悶亂：血氣上衝，口乾腹痛。《梅師方》用生藕汁三升，飲之。又方：用藕汁、生地黃汁、童子小便等分，煎服。

藕節　澀，平，無毒。主治：擣汁飲，主吐血不止及口鼻出血。大明曰：冷，伏硫黃。

附方　卒暴吐血：雙荷散，用藕節、荷蒂各七箇，以蜜少許擂爛，用水二鍾，煎八分，去滓，溫服。或為末丸服，亦可。　大便下血：藕節晒乾，研末，人參、白蜜煎湯，調服二錢，日二服。　遺精白濁，心虛不寧：金鎖玉關丸，用藕節、蓮花鬚、蓮子肉、芡實肉、山藥、白茯苓、白茯神各二兩，為末。用金櫻子二斤，搥碎，以水一斗，熬八分，去滓，再熬成膏，入少麵和藥，丸梧子大。每服七十丸，米飲下。

蓮蕋鬚　一名佛座鬚。花開時采取，陰乾，亦可充果食。甘、濇，溫，無毒。主治：清心通腎，固精氣，烏鬚髮，悅顏色，益血，止血崩、吐血。

蓮花　一名芙蓉，又名芙蕖，亦名水華。苦、甘，溫，無毒。主治：鎮心益色，駐顏身輕。弘景曰：花入神仙家用，入香尤妙。忌地黃、葱、蒜。

附方　服食駐顏：七月七日，采蓮花七分；八月八日，采根八分；九月九日，采實九分。陰乾，搗篩，每服方寸匕，溫酒調服。

蓮房　一名蓮蓬殼，陳久者良。時珍曰：蓮房入厥陰血分，消瘀散血，與荷葉同功，亦急則治標之意也。苦、濇，溫，無毒。主治：破血，血脹腹痛及止血崩、下血、溺血。產後胎衣不下，酒煮服之。水煮服之，解野菌毒。

附方　經血不止：瑞蓮散，用陳蓮蓬殼，燒存性，研末，每服二錢，熱酒下。

荷葉　《釋名》：嫩者荷錢象形，貼水者藕荷生藕者，出水者芰荷生花者。蒂名荷鼻。大明曰：入藥並多用。苦，平，無毒。主治：止渴，落胞破血。治產後口乾，心肺躁煩。時珍曰：畏桐油，伏白銀，伏硫黃。

附方　吐血咯血：荷葉焙乾，為末，米湯調服二錢，一日二服，以止為度。　吐血衄血：陽乘于陰，血熱妄行，宜服四生丸。陳日華云：屢用得効。用生荷葉、生艾葉、生柏葉、生地黃等分，擣爛，丸雞子大。每服一丸，水三盞，煎一盞，去滓服。　血痢不止：荷葉蒂，水煮汁，服之。　下痢赤白：荷葉燒，研，每服二錢。紅痢蜜，白痢沙餹湯下。　脫肛不收：貼水荷葉焙，研，酒服二錢，仍以荷葉盛末坐之。　牙齒疼痛：青荷葉剪取錢蒂七個，以濃米醋一盞，煎半盞，去滓，熬成膏，時時抹之，妙。

明・李中梓《藥性解》卷一　藕　味甘，性平，無毒，入脾經，主散瘀血，止吐衄，解熱毒，消食止渴，除煩解酒，和蜜食之，能肥腹臟，不生諸蟲。煮熟食之，能實下焦，大開胃脘。其節尤佳，其皮散血不凝。蓮子，主清心醒脾，補中養神，進飲食，止瀉痢，禁泄精，除腰痛，久服耳目聰明。宜去心蒸熟用。蓮鬚，主益腎濇精。荷葉，主雷頭風，破血止渴。葉蒂，主安胎，逐瘀血，留好血，止血痢。　按：藕味甘溫，宜歸脾臟，脾實裹血，故治血症。多服蓮子，令人氣滯，多服蓮鬚，令人秘結。荷葉形如仰盂，其象為震，震為雷，屬木化風，故治雷頭風，枳术丸用之，取其引升少陽經清氣耳，葉蒂在中，故能中守，又能行血者，性溫之功也。

明・謝肇淛《五雜俎》卷一〇　今趙州寧晉縣有石蓮子，皆埋土中，不知年代。居民掘土，往往得之。有數斛者，其狀如鐵石，而肉芳香不枯，投水中即生蓮葉。食之令人輕身延年，已瀉痢諸疾。今醫家不察，乃以番蓮子代之，苦澀腥氣，咽之令人嘔逆，豈能補益乎？

明・繆希雍《本草經疏》卷二三　藕實　味甘，平、寒，無毒。主補中養神，益氣力，除百疾。久服輕身耐老，不飢延年。

【疏】藕實得天地清芳之氣，稟土中沖和之味，故味甘氣平。《別錄》寒，無毒。入足太陰、陽明，兼入手少陰經。土為萬物之母，後天之元氣藉此以生化者也。母氣既和則血氣生，神得所養而疾病無由來矣。藕實正稟稼穡之化，乃脾家之果，故主補中養神，益氣力，除百疾及久服輕身耐老，不飢延年也。孟詵主五臟不足傷中，益十二經脈血氣。大明主止渴去熱，安心，止痢，治腰痛及洩精。多食令人喜，皆資其補益心脾之功也。〔主治參互〕得川黃連、白芍藥、白藊豆、乾葛、升麻、紅麴、橘紅、甘草、滑石、烏梅為丸，治滯下如神。下痢飲食不入，俗名噤口痢。此證大危，用鮮蓮肉一兩，黃連五錢，人參五錢，水煎濃。細細與呷，服完思食便瘥。同菟絲子、五味子、山茱萸、山藥、車前子、肉豆蔻、砂仁、橘紅、芡實、人參、補骨脂、巴戟天，治脾腎俱虛，五更溏瀉。有肺熱者去人參、肉豆蔻。孟詵《食療》服食不飢，石蓮肉蒸熟去心，為末，煉蜜丸梧子大。日服三十丸。此仙家方也。《普濟方》白濁遺精，石蓮肉、龍骨、益智仁等分，為末。每服二錢，空心米飲下。《直指方》心虛赤濁：蓮子六一湯，用石蓮肉六兩，炙甘草一兩，為末。每服一錢，燈心湯下。《丹溪心法》久痢噤口，石蓮肉炒為末，每服二錢，陳倉米湯調下，便覺思食，甚妙。〔簡誤〕藕實，脾家果也。甘平無毒，於諸疾并無相迕。第生者食之過多，微動冷氣脹人。石蓮子乃九月經霜後采，堅黑如石者，破房得之，墮水入泥者良。今肆中一種石蓮子，狀如榧子，其味大苦，產廣中，出樹上，木實也，不宜入藥。

藕　《唐本》注：主熱渴，散血生肌。久服令人心懽。《藥性論》云：藕汁，味甘，能消瘀血不散。藕節，搗汁主吐血不止，或口鼻出血。孟詵云：生食之，主霍亂後虛渴煩悶不能食。其產後忌生冷物，惟藕不同生冷，為能破血故也。蒸食甚補五臟，實下焦。陳藏器云：消食止洩，除煩，解酒毒及病後熱渴。日華子云：止霍亂，開胃消食，除煩止悶，口乾渴疾，止怒，令人喜，破產後血悶，搗罯金瘡并傷折，止暴痛。

〔疏〕藕稟土氣以生，其味甘，生寒熟溫。入心、脾、胃三經。生者甘寒，能涼血止血，除熱清胃，故主消散瘀血，吐血，口鼻出血，產後血悶，罯金瘡傷折，及止熱渴，霍亂煩悶，解酒等功。熟者甘溫，能健脾開胃，益血補心，故主補五臟，實下焦，消食止洩，生肌及久服令人心懽止怒也。本生於污泥之中，而體至潔白，味甚甘脆，孔竅玲瓏，絲綸內隱，療血止渴，補益心脾，真水果中之嘉品也。又能解蟹毒。

蓮蕋鬚　一名佛座鬚，味甘澀，氣溫。《本經》不收，而古方固真補益方中，往往用之。詳其主治，乃是足少陰經藥，亦能通手少陰經。能清心入腎，固精氣，烏鬚髮，止吐血，療滑泄。同黃蘗、砂仁、沙苑蒺藜、魚膠、五味子、覆盆子、生甘草、牡蠣，作丸。治夢遺精滑，最良。

明·倪朱謨《本草彙言》卷一五

蓮子　味甘，氣平，性濇，無毒。入手少陰，足太陰經。李氏曰：蓮子生荆、揚、豫、益諸處，湖澤陂池皆有之。以蓮子種者生遲，以藕芽種者生速。其芽穿泥成白蒻，即蔤也。長者至丈餘，五六月嫩時沒水取之，可作蔬茹，俗呼藕絲菜即此。節生二莖，一爲藕荷，其葉貼水，其下旁行生藕也。一爲芰荷，其葉出水，其旁莖生花也，其葉清明後生。六七月開花，花有紅、白、粉紅三色。花心有黃鬚，蕋長寸餘，鬚內即蓮也。花褪蓮房成菂，菂在房如蜂子在窠之狀。六七月采嫩者，生食脆美。至秋房枯子黑，其堅如石，謂之石蓮子。八九月收之，破去黑殼，謂之蓮肉。冬月至春，掘藕食之。藕白有孔、有絲，大者如臂，長六七尺，凡五六節。大抵野生及紅花者，蓮多藕劣；種植及白花者，蓮少藕佳也。其花白者香、紅者艷。千葉者不結子。別有臺蓮、並頭蓮、夜開晝卷蓮，外國又有金蓮、碧蓮，皆是異種，故不多見。又《相感志》云：荷梗塞穴鼠自去。煎湯洗梳，檵垢自退，物性自然也。

蓮子　《本經》補中益氣，孟詵滋養五藏，陳廷采靖君相火邪之藥也。李氏時珍曰：此藥味甘性濇，稟清芳之氣，得稼穡之味，脾之果也。脾者黃宮，所以交媾水火，會合木金者也。土爲元氣之母，母氣既和，津液相成，神乃自生。故釋氏用爲引譬，妙理具存；醫家取爲服食，百病可却。故大氏方：熟食生食補腎澀精，治男子赤白淋濁，女子帶下崩中，又止久痢固脾泄也。熟食交心腎，止煩渴，益氣力，令人强健無病，耐老延年，乃藥中之清品也。

藕　涼血散血，方龍潭清熱解暑之藥也。李氏時珍曰：此藥生於卑污之中，而潔白自若，質柔而穿堅，居下而有節。孔竅玲瓏，絲綸內隱，可謂靈根矣。其所主皆心脾血分之疾，如陳氏藏器方治熱渴煩悶，大氏日華子方治產後瘀血，孟氏方治霍亂水泄，皆屬熱邪爲患者，取此清芳寒潔甘淡之味，以涼解之。如血熱血滯之病，悉潛消而默化矣。第生食過多，不免有動冷氣，不無腹痛腸滑之虞耳。如煮熟食，能養藏府，和脾胃，凶年亦可代糧食焉。

集方：《聖惠方》治時氣煩渴。用生藕搗汁一盞飲之。○龐安常方治傷寒陽明熱病口乾。用生藕搗汁，生地黃汁，童子小便各一盞，和飲。○《梅師方》治產後血瘀悶亂，血氣上衝，口乾腹痛。用生藕搗汁二升飲之。○《方脉正宗》治熱極霍亂。以生藕擣汁一碗飲之，痛泄立安。○《簡便方》治小便熱淋。用生藕、生地黄、生白蘿蔔，各擣汁一碗，和匀飲之。○《千金方》治墜馬血瘀，積在胸腹，唾血無數者。用生藕節擣爛，和酒絞汁飲，隨量用。○《聖惠方》治食蟹中毒。用生藕切碎，浸米醋食之。

藕蔤又名藕絲菜。　味甘，氣平，無毒。　陶隱居曰：藕蔤，係五六月嫩時采爲蔬茹，老則爲藕。

藕蔤　解煩渴，散酒毒，李珣下瘀血之藥也。孟氏曰：功用與藕同性也。

藕節　味苦澀，氣平，無毒。

消瘀血，朱丹溪止血妄行之藥也。邢元璧曰：日華子治産後血悶腹脹，擣汁和熱童便飲，有效，蓋止中有行散之意。又時珍方治欬血唾血，嘔血吐血及便血溺血，血淋血崩等證，入四生飲、調營湯中，亦行止互通之妙用也。

集方：《聖惠方》治卒暴吐血。用藕節、荷葉蒂各七個，俱擣爛，以白蜜半盞，共二物煎滾，再入白水二碗，煎七分服，渣再加水煎。○同前治衄血不止。用藕節二十一個擣汁，熱湯内頓服。○《全幼心鑒》治大便下血。用藕節曬乾，每用七個，和白蜜七茶匙，水二碗，煎一碗服。

蓮薏　即蓮子中青心也。　味苦，氣寒，無毒。　清心氣，止逆血，固遺精，縮小便之藥也。

集方：《百一方》治勞心吐血。用蓮子心十四個，麥門冬去心三錢，糯米五十粒，煎湯服。

蓮蕋鬚　味甘澀，氣溫，無毒。入手足少陰經。

李氏曰：蓮蕋鬚，係花開時采取花中黄鬚也。糖拌亦可充果食。此藥本草不收，而《三因》諸方，如固真丸、巨勝子丸各補益方中，往往有之。其功大抵與蓮子同也。

蓮蕋鬚　李東垣清心養腎之藥也。陳氏《蒙筌》曰：此藥甘澀收斂，能止血調營，固精療帶。古方同黄柏、甘草、牡蠣、魚膠、五味子、覆盆子、沙蒺藜各等分，合作丸服，治夢遺精滑良。

蓮蓬殼　味苦澀，氣溫，無毒。　江氏曰：宜陳久者良。

蓮蓬殼　止血崩血痢，日華子脾泄久痢之藥也。薛膚泉曰：此藥味濇固脱，婦人方中，每用此止血止淋，亦急則治標之意。

集方：《聖惠方》治血崩不止。用陳年蓮蓬殼、荆芥穗各等分，各燒存性，總研末。每服二錢，米湯調服。○同前治天泡濕瘡。用蓮蓬殼切細，炒焦爲末，猪膽汁調塗。○《方脉正宗》治久痢不止。用陳蓮蓬殼一兩，黑棗三十個，煎湯飲。

荷葉　味苦，氣寒，蒸熟則溫。無毒。

李氏曰：嫩者名荷錢，象形也。貼水者名藕荷，生藕也。出水者名芰荷，生花也。入藥宜用糕鋪中甑内蒸米麪糖食者，晒乾用之良。

荷葉：陳廷采澀腸止痢之藥也。茹氏日江曰：按《本草・發明》云：張潔古授東垣老人枳朮丸方，用荷葉燒飯爲丸。東垣老年味之，始悟其理。夫震者，動也，人感之生少陽甲膽，是屬風木，爲生化萬物之根蒂。人之飲食入胃，營氣上行，即少陽甲膽之氣，與手少陽三焦元氣同爲生發之氣。《素問》云：履端于始，序則不愆。荷葉産於淤泥而不爲泥染，居於水中而不爲水没。其色青，其形仰，其中空，象震卦之體。食藥感此氣之化，胃氣豈有不升者乎？更以燒飯和藥，與白朮協力，滋養胃氣，其利廣矣，大矣。世之用巴豆、牽牛者，豈足語此？李瀕湖曰：震爲雷，荷葉之體，仰而上承，乃述類象形之義。故聞人規言能升發陽氣，散瘀血。戴元禮又謂單服，可以消陽水浮腫之氣。如濇腸止痢，緣其性味苦澀以固脱耳。

集方：《方脉正宗》治血痢久不止。用糕甑上蒸爛荷葉，晒乾，炒研末，米湯調服二錢。○《普濟方》治崩中下血。用生荷葉晒乾、燒、五錢，蒲黄、黄芩俱炒各一兩，共研末。每服三錢，空心白湯調下。○治吐血衄血，陽乘於陰，血熱妄行者，宜服四生丸。用生荷葉、生艾葉、生柏葉、生地黄各五錢，水煎服。○又方：用糕甑上蒸爛熟荷葉煎湯飲。○救急方治産後心痛、因惡血不盡者。用生荷葉炒香爲末。每服三錢，白湯調下。

明・應麐《食治廣要》卷四　藕　氣味：甘，平，無毒。主治：熱渴，消瘀血，解酒毒，乃病後乾渴，擣汁飲，止悶，除煩，開胃，治霍亂，破産後血悶。蒸煮食之，大能開胃，補五藏，實下焦。同蜜食，令人腹臟肥。《相感志》云：藕與鹽水食，則不損口。同油煠麪米果食，則無渣。煮忌鐵器。

明・姚可成《食物本草》卷九果部・水果類　蓮藕其根藕，其實蓮，其莖花葉荷。一名菡萏，一名芙蕖。諸處湖澤陂池皆有之。以蓮子種者生遲，藕芽種者最易發。清明後起莖，生葉。六月、七月開花，花有紅、白、粉紅三色。花心有黄鬚，蕊長寸餘。鬚内即蓮也。花褪，蓮房成菂，菂在房，如蜂子在窠之狀。六七月采嫩者，生食脆美。至秋房枯子黑，其堅如石，謂之石蓮子。八九月收之，斫去黑殼，貨之四方，謂之蓮肉。冬月至春掘藕食之，藕白有孔有絲，大者如肱臂，長六七尺，凡五六節。大抵野生及紅花者，蓮多藕劣；種植及白花者，蓮少藕佳也。其花白者香，紅者艷，千葉者不結實。別有合歡，竝頭者；有夜舒荷，夜布晝卷；睡蓮，花夜入水；金蓮，花黃；碧連，花碧；繡蓮，花如繡，皆是異種，故不述。《相感志》云：荷梗塞穴鼠自去，煎湯洗鑞垢自新。物性然也。

蓮實一名菂。　味甘、平、澀，無毒。主補中養神，益氣力，除百疾。久服，輕身耐老，不飢延年。補益十二經脉血氣，安靖上下君相火邪。交心腎，厚腸胃，固精氣，強筋骨，補虛損，利耳目，除寒溼，止脾泄久痢，赤白濁，女人帶下崩中諸血病。多食，令人歡喜。擣碎和米作粥飯食，令人強健。生食過多，微動氣。蒸食甚良。大便燥澀者，不可食。〇蓮實，諸鳥、猿猴取得不食，藏之石室內。人得三百年者，食之，永不老也。又雁食之，糞于田野山巖之中，不逢陰雨，經久不壞。人得之，每旦空腹食十枚，身輕能登高涉險也。〇李時珍曰：蓮產於汙泥，而不為泥染；居於水中，而不為水沒。根莖花實，凡品難同；清淨濟用，群美兼得。自蒻蔤而節節生莖，生葉，生花，生藕；由菡萏而生蕊，生蓮，生菂，生薏。其蓮菂則始而黃，黃而青，青而綠，綠而黑，中含白肉，內隱青心。石蓮堅剛，可歷永久。薏藏生意，藕復萌芽，展轉生生，造化不息。故釋氏用為引譬，妙理俱存；醫家取為服食，百病可却。蓋蓮之味甘氣溫而性嗇，稟清芬之氣，得稼穡之味，乃脾之果也。脾者黃宮，所以交媾水、火，會合金、木者也。土為元氣之母，母氣既和，津液相成，神乃自生，久視耐老，此其權輿也。昔人治心腎不交，勞傷白濁，有清心蓮子飲；補心腎，益精血，有瑞蓮丸，皆得此理。

藕　味甘，平，無毒。主熱渴，散留血，生肌。久服令人心懽，止怒止洩，消食解酒毒及病後乾渴。擣汁服，止悶除煩開胃，治霍亂，破產後血悶。擣膏，罨金瘡并傷折，止暴痛。蒸食，甚補五臟，實下焦，開胃口。同蜜食，令人腹臟肥，不生諸蟲，亦可休糧。汁解蟹毒。擣浸澄粉服食，輕身益年。〇《相感志》云：藕以鹽水浸食，則不損口；同油煠麪米果食，則無渣。煮忌鐵器。〇宋時太官作血䘓，音勘，血羹也。庖人削藕皮誤落血中，遂散渙不凝。故知其有破血之功，用而輒效也。〇李時珍曰：白花藕大而孔扁者，生食味甘，煮食不美；紅花及野藕，生食味澀，蒸煮則佳。夫藕生於卑汙，而潔白自若。質柔而穿堅，居下而有節。孔竅瓏瓏，絲綸內隱。生於嫩蒻，而發為莖、葉、花、實，又復生芽，以續生生之脉。四時可食，令人心懽，可謂靈根矣。

藕蔤藕節上發莖，五六月嫩時，采為蔬茹。　味甘，平，無毒。生食，止霍亂後虛渴煩悶不能食，解酒食毒。功與藕同。

藕節　味澀，平，無毒。擣汁飲，治吐血不止及口鼻出血，消瘀血，解熱毒。產後血悶，和地黃研汁，入熱酒、小便飲。又止欬血唾血，血淋溺血，下血血痢血崩。〇李時珍曰：一男子病血淋，痛脹祈死。予以藕汁調髮灰，每服二錢，服三日而血止痛除。又按趙溍《養疴漫筆》云：宋孝宗患痢，眾醫不效。高宗偶見一小藥肆，召而問之。其人問得病之由，乃食湖蟹所致，遂診視，曰：此寒痢也。乃用新采藕節擣爛，熱酒調下，數服即愈。高宗大喜，就以擣金杵臼賜之，人遂稱為金杵臼嚴防禦家，可謂不世之遇也。大抵藕能消瘀血，而又解蟹毒故也。

蓮薏即蓮子中青心也。　味苦，寒，無毒。主血渴，產後渴，生研末，米飲服二錢。止霍亂，清心去熱。食蓮子不去心，令人作吐。

蓮蕊鬚　味甘、澀，溫，無毒。主清心通腎，固精氣，烏鬚〔髮，悅〕顏色，益血，止血崩、吐血。

蓮花　味苦、甘，溫，無毒。主鎮〔心益色〕，駐顏身輕。

蓮房　味苦、澀，溫，無毒。主破血，治血脹腹痛及產後胎衣不下，酒煮服之。水煮服之，解野菌毒。止血崩、下血、溺血。

荷葉及蒂　味苦，平，無毒。止渴，落胞破血，治產後口乾，心肺躁煩。蒂名荷鼻，安胎，去惡血，留好血，止血痢，殺蕈毒。生發元氣，裨助脾胃，澀精滑，散瘀血，消水腫癰腫，發痘瘡。治吐血咯血衄血，下血溺血血淋，崩中，產後惡血，損傷敗血。

附方：治塵芒入目。藕汁滴入目中，即出也。　治鼻衄不止。藕節擣汁飲，并滴入鼻孔。　治脫肛。貼水荷葉焙研，酒服二錢，仍以荷葉盛末，令患者坐之。　治產後血崩。蓮蓬五个，香附二兩，各燒存性，為末。每服二錢，米飲下。　治胞衣不出，荷葉炒為末，沸湯下方寸匕。

明·顧逢柏《分部本草妙用》卷九果部

蓮藕　甘，平，濇，無毒。大便躁濇者，不可食。　主治：益血氣，止渴，去熱安心，止痢濇精，交心腎，厚腸胃，除寒濕，止脾泄，赤白濁崩帶諸血病，安靖上下君相火邪。　脾之菓也。黃宮交媾火水，會合木金者也。禀五行之清氣，和十二經之榮脉。　多食心歡延年，仙家玅品也。生食傷冷，熟食絕佳。子可健脾，節能去傷，亦止冷痢。凡諸血症，皆為對症之物，玅不可盡。

明・顧逢柏《分部本草妙用》卷三脾部・性平　蓮心　甘，平、澀，無毒。蒸熟，去心用。　主治：　補中益氣，除百病，止痢泄精，交心腎，厚腸胃，固精氣，強筋骨。和米作粥，輕身益氣，安靖上下君相火邪。　蓮稟清芳之氣，為脾之果。土為元氣之母，所以交媾水火，會合木金者也。母氣既和，津液自成，久視耐老，所以治心腎不交。勞傷白濁，用清心蓮子飲，補心腎，益精血。用瑞蓮丸，皆得此理。〇蓮房，破血，治血脹腹痛，消瘀血，止崩下溺血，與荷葉同功。　荷蒂　苦，平，無毒。畏桐油，伏白銀、硫黃。　主治：　潤心肺煩燥，落胞破血，血脹腹痛，酒煮服之，復安胎，去故生新，治一切上下血症。　按：　荷葉生水土之中，挺然獨立，色青形仰中空，震卦之象。欲升胃氣，用此為引，合理而識遠矣。治三陽症不敢用寒藥，以清震湯主之，用荷葉一枚，升麻五錢，蒼朮二錢，煎服。〇同殭蠶，則發痘疹，勝于人牙、龍腦。〇久服痛不止者，用荷蒂七枚，水七碗，煎一碗，逐小鍾飲，痛止即勿飲，此秘方也，傳以救世。〇石蓮，最澀腸胃，治久痢虛痢如神。

明・孟笨《養生要括・果部》　蓮實　味甘，平，濇，無毒。補中養神，益氣力，除百疾，久服輕身耐老，不飢延年。主五臟不足傷中，益十二經絡血氣，止渴止痢，治腰痛及泄精。多食令人歡喜。交心腎，厚腸胃，固精氣，強筋骨，補虛損，利耳目，除寒濕，止脾泄久痢、赤白濁、女人帶下崩中、諸血病。擣碎和米作粥飯食，輕身益氣，令人強健，安靖上下君相火邪。〔久痢禁口：石蓮肉炒為末，每服二錢，陳倉米調下，便思食，甚妙，加入香蓮丸尤妙。〕

藕　味甘，平，無毒。治熱渴，散留血，生肌，久服令人心懽。止怒止洩，消食，解酒毒及病後乾渴。擣汁服，止悶除煩，開胃，治霍亂，破產後血悶。擣膏，罯金瘡併傷折，止暴痛。生食，治霍亂後虛渴。蒸食，甚補五臟，實下焦。同蜜食，令人腹臟不生諸蟲，亦可休糧。

汁　解射菌毒、蟹毒。擣浸澄粉服食，輕身益年。〔血氣上衝，口乾腹痛，用生藕汁三升飲之。〕

蓮蕊鬚　清心通腎，固精氣，烏鬚髮，悅顏色，益血，止血崩、吐血。

藕節　擣汁飲，主吐血不止及口鼻出血，消瘀血，解熱毒。產後血悶，和地黃研汁，入熱酒、童便飲。能止欬血、唾血、血淋、溺血、下血、血痢、血崩。

蓮心　治血〔渴〕、產後渴，(主)〔生〕研末，米飲服二錢，立愈。止霍亂，清心去熱。〔食蓮子不去心，令人作吐。〕

蓮花　鎮心益色，駐顏身輕。

蓮蓬殼　破血。治血脹腹痛及產後胎衣不下，酒煮服之。水煮服之，解野菌毒。

荷葉　止渴，落胞破血，治產後口乾，心肺躁煩。治血脹腹痛，產後胎衣不下，酒煮服之。

荷蒂　安胎，去惡血，留好血，止血痢，殺菌蕈毒，並煮水服。生發元氣，補助脾胃，澀精滑，散瘀血，消水腫、癰腫，發痘瘡。治吐血、咯血、衄血，下血、溺血、血淋、崩中、產後惡血、損傷敗血。

明・李中梓《醫宗必讀・本草徵要下》　蓮子味甘，平，無毒，入心、脾、腎三經。泡去皮、心，炒。　心腎交而君相之火邪俱靖，腸胃厚而瀉痢之滑脫均收。頻用能澁精，多服令人喜。　蓮藕味甘，平，入心、脾二經。忌鐵。　生用則滌熱除煩，散瘀而還為新血；　熟用則補中和胃，消食而變化精微。　蓮花鬚味甘、澁，溫，無毒。入心、腎二經。忌地黃、葱、蒜。　清心而諸竅之出血可止，固腎而丹田之精氣無遺。　鬚髮變黑。　瀉痢能除。　蓮子，脾家菓也，久服益人。　石蓮子乃九月經霜後堅黑如石，墮水入泥者。今肆中石蓮子，其味大苦，產廣中樹上，不宜入藥。　藕性滯澁，止血有功，產家忌性冷，惟藕不忌，為能去瘀故也。　蓮鬚溫而不熱，血家瀉家尊為上劑。　蓮房固精澁腸，但不宜多服。　葉可助胃消食，蒂治雷頭風，取其有震仰盂之象，類從之義也。

明・鄭二陽《仁壽堂藥鏡》卷五　蓮藕　味甘，性平，無毒。入脾經。忌鐵。　隱居曰：　止渴散血，令心歡。　藏器曰：　止怒，解酒。　詵曰：　節，能止血。　蓮子　《經》曰：　補中養神。　大明曰：　安心，止痢，腰痛，泄精。　嘉謨曰：　安靖上下君相火邪。　時珍曰：　交心腎，厚腸胃，利耳目，除寒濕，赤白濁，崩帶。　蓮鬚　味澁。　清心固腎，悅顏止血。　葉蒂　主助脾澁精，安胎。　治雷頭風。　按：　蓮產於淤泥而不染，節節含藏，生生不息。根、鬚、花、果、葉、節、皮、心，品品皆為良藥，蓋神物也。　禀清芳之氣，得稼穡之味，為脾之果。　脾者，黃宮，所以交媾水火，會合木金者也。　土為元氣之母，母氣既和，津液相成，神乃自生。葉蒂治雷頭風者，以形如仰盂，其象為震，屬木化風，蓋有微理。非神而明之者，難與道也。《衍義》云：藕實就蓬中乾者，寧心志，強精神。孫真人云：蓮子不去心食，令人成霍亂。《梅師方》：治產後餘血不盡，奔上衝心悶痛，以生藕汁二升飲之。蓬中乾黑者名石蓮子。服之清心，黑髮，開散胃中之熱，止噤口痢。藕節　同生地汁，治口鼻來紅。人童便攙服，消瘀血尤宜。荷葉汁　和健脾丸，內引生少陽經清氣。蓮花蕊　入秘真丸藥，固精、止夢洩靈丹。

明・蔣儀《藥鏡》卷三平部　蓮實　清心醒脾而止瀉痢，補中益氣而療洩精。候過經霜，破房墮水，是曰石蓮，尤治心虛赤濁，噤口久痢。蓮鬚清心而吐血平，益腎而精氣固。蓮房通達血脉，勞怯吐血者，煅灰與服。荷葉生發陽機，痘瘡倒靨者，配藥同吞。又葉象為震，所以能愈雷頭風也。能散血，能消渴，其煮飯也，能升提胃氣。葉蒂偏能守中，安胎行血。藕汁去胃家之熱，渴則飲之。藕節瀉血中之火，衄則搗之。生吞有耗血之譚，熟食有肥臟之語。

明・李中梓《頤生微論》卷三　蓮子　味甘，性平，無毒。入心、腎二經。補中養神，止瀉痢、遺精，安靖上下君相火邪，耳目聰明，止赤白濁，崩帶。

藕主止渴，解酒，止怒，令人心懽。藕節能止吐衄血。蓮花鬚清心固精，悅顏止血。荷葉助脾進食，止血固精，安胎止瀉。葉蒂治雷頭風。

按：蓮花產于泥水，而不染泥水，節節含藏，生生不息，根、鬚、花、菓、葉、節、皮、心，品品皆為良藥，蓋神物也。稟芬芳之氣，合稼穡之味，為脾之菓。脾為中黃，所以交媾水火，會合木金者也。土旺則四藏皆安，而蓮之功力巨矣。

明・賈九如《藥品化義》卷五脾藥　蓮肉　屬陽有土水與火，體乾鮮潤，色乾肉淡黃衣赤心青，氣香，味肉甘衣澀心苦，性平，能浮能沉，力補脾，性氣與味俱厚，入脾胃二經。蓮肉生於水澤，長於夏令，凝純陽而結，得天陽地陰浹洽之氣，稟性和平，成清芳之質，用之去皮，主醒脾和胃，益肺厚腸，養精神，補元氣，利耳目，長肌肉，止脾瀉。瀉痢後宜倍用之。若蓮衣色類於血，味澀能斂，諸失血後佐參以補脾陰，使統血歸經，妙甚。

附荷葉　荷葉中央空虛，象震卦之體；其色青，其形輕，類於風木；其味苦，其性涼，其品清，與膽腑清淨之性合，用此以佐膽氣。如嗽久者，肺金火熾，尅伐肝膽，用小荷錢入煎劑，治之真良法也。雖取其氣香，香益脾氣，開胃和中，易老製枳朮用荷葉煮飯為丸，滋養脾胃，然其義深遠，不專主脾，蓋飲食入胃，藉少陽膽氣升發，脾能運化。若脾胃虛，因膽氣弱不得升上，雖用此治脾，實資少陽生發之氣。東垣至晚年始悟此理，以為神奇，余特拈出以便世用。

明・施永圖《本草醫旨・食物類》卷三　蓮藕　蓮實即蓮子。可磨為飯食，入藥須蒸熟，去心，或晒或焙乾用。味甘，平，濇，無毒。石蓮性溫，得茯苓、山藥、白朮、枸杞子良。生食過多，微動冷氣，脹人。蒸食甚良。大便燥濇者，不可食。治：補中養神，益氣力，除百疾。久服輕身耐老，不飢延年。主五臟不足，傷中，益十二筋脉血氣，止渴去熱，安心止痢，治腰痛及泄精。多食令人歡喜，交心腎，厚腸胃，固精氣，強筋骨，補虛損，利耳目，除寒濕，止脾泄，久痢赤白濁，女人帶下，崩中諸血病。擣碎和米作粥飯食，輕身益氣，令人強健，安靖上下君相火邪。

附方　服食不飢：石蓮肉蒸熟，去心，為末，煉蜜丸梧桐子大。日服三十丸，此仙家方也。清心寧神：用蓮蓬中乾石蓮子肉，於沙盆中擦去赤皮，去心，同為末，入龍腦，點湯服之。補中強志：益耳目聰明，用蓮實半兩，去皮心研末，水煮熟，以粳米三合作粥，入末，攪勻食。補虛益損：水芝丹，用蓮實半升，酒浸二宿，以牙豬肚一箇，洗淨，入蓮在內，縫定煮熟，取出晒乾為末，酒煮米糊丸梧子大。每服五十丸，食前溫酒送下。小便頻數：下焦真氣虛弱者，用上方，醋糊丸服。白濁遺精：石蓮肉、龍骨、益智仁等分，為末，每服二錢，空心米飲下。〇用蓮肉、白茯苓等分為末，白湯調服。心虛赤濁：蓮子六一湯，用石蓮肉六兩，炙甘草一兩，為末。每服一錢，燈心湯下。久痢禁口：石蓮肉炒，為末，每服二錢，陳倉米調下，便覺思食，甚妙。加入香連丸尤妙。脾泄腸滑：方同上。噦逆不止：石蓮肉六枚，炒赤黃色，研末，冷熱水半盞，和服便止。產後欬逆：嘔吐，心忡目運，用石蓮子兩半，白茯苓一兩，丁香五錢，為末，每米飲服二錢。眼赤作痛：蓮實去皮，研末一盞，粳米半升，以水煮粥，常食。小兒熱渴：蓮實二十枚，炒，浮萍二錢半，生薑少許，水煎，分三服。反胃吐食：石蓮肉為末，入少肉豆蔻末，米湯調服之。

藕　味甘，平，無毒。藕以鹽水供食則不損口，同油煠麪米裹食則無渣，煮忌鐵器。治熱渴，散留血，生肌，久服令人心懽，止怒，止洩，消食，解酒毒及病後乾渴。擣汁服，止悶除煩，開胃，治霍亂，破產後血悶。擣膏，署金瘡并傷折，止暴痛。蒸煮食之，大能開胃。生食治霍亂後虛渴，蒸食甚補五臟，實下焦。同蜜食，令人腹臟肥，不生諸蟲，亦可休糧。汁，解射罔毒、蟹毒。擣浸澄粉服食，輕身益年。藕皮誤落血中，遂散涣不凝，故醫家用以破血，多效。產後忌生冷物，獨藕不同生冷者，為能破血也。

附方　時氣煩渴：生藕汁一盞，生蜜一合，和勻細服。傷寒口乾：生藕汁、生地黃汁、童子小便各半盞，煎，溫服之。霍亂煩渴：藕汁一鍾，薑汁半鍾，和勻飲。霍亂吐利：生藕擣汁服。上焦痰熱：藕汁、梨汁各半盞，和服。產後悶亂：血氣上衝，口乾腹痛。《梅師方》用生藕汁三升飲之。〇用藕汁、生地黃汁、童子小便等分煎服。小便熱淋：生藕汁、生地黃汁、葡萄汁各等分，每服一盞，入蜜溫服。墜馬血瘀：積在胸腹，唾血無數者，乾藕根為末，酒服方寸匕，日二次。食蟹中毒：生藕汁飲之。凍脚裂坼：蒸熟藕，擣爛塗之。塵芒入目：大藕洗擣，綿裹，滴汁入目中，即出也。

藕蔤名藕絲菜。　味甘，平，無毒。治：生食主霍亂後虛渴，煩悶不能食，解酒食毒。功與藕同，解煩毒，下瘀血。

藕節　味澀，平，無毒。冷，伏硫黃。治：擣汁飲，主吐血不止及口鼻出血，消瘀血，解熱毒。產後血悶，和地黃研汁，入熱酒、小便飲。能止欬血、唾血、血淋、溺血、下血、血痢、血崩。一男子病血淋痛脹，將死。予以藕汁調髮灰，每服二錢，服三日，而血止痛除。〇宋孝宗患痢，眾醫不效，高宗偶見一小藥肆，召而問之，其人問得病之由，乃食湖蟹所致，遂診脉，曰此冷痢也。乃用新采藕節擣爛，熱酒調下，數服即愈。高宗大喜，就以擣藥金杵臼賜之。大抵藕能消瘀血，解熱開胃，而又解蟹毒故也。

附方　鼻衄不止：藕節擣汁飲，并滴鼻中。卒暴吐血：雙荷散，用藕節、荷蒂各七箇，以蜜少許擂爛，用水二鍾，煎八分，去滓溫服，或為末丸服亦可。大便下血：藕節晒乾，研末，人參、白蜜煎湯，調服二錢，日二服。鼻淵腦瀉：藕節、芎藭焙研，為末，每服二錢，米飲下。

蓮薏即蓮子中青心也，名苦薏。　味苦，寒，無毒。食蓮子不去心，令人作吐。治：血渴，產後渴，生研末，米飲服二錢，立愈。止霍亂，清心去熱。

附方　勞心吐血：蓮子心七箇，糯米二十一粒，為末，酒服，此臨安張上舍方也。小便遺精：蓮子一撮，為末，入辰砂一分，每服一錢，白湯下，日二。

蓮蕊鬚花開時采取，陰乾，亦可充果食。　味甘，濇，溫，無毒。忌地黃、葱、蒜。治：清心，通腎，固精氣，烏鬚髮，悅顏色，益血，止血崩吐血。

蓮花　味苦、甘，溫，無毒。忌地黃、葱、蒜。治：鎮心，益色駐顏，身輕。

附方　服食駐顏：七月七日采蓮花七分，八月八日采根八分，九月九日采實九分，陰乾擣篩，每服方寸匕，溫酒調服。天泡濕瘡：荷花貼之。難產催生：蓮花一葉，書人字，吞之，即易產。墜損嘔血：墜跌積血心胃，嘔血不止，用乾荷花為末，每酒服方寸匕，其效如神。

蓮房名蓮蓬殼，陳久者良。　味苦，濇，溫，無毒。治：破血，治血脹腹痛及產後胎衣不下，酒煮服之。水煮服之，解野菌毒。止血崩、下血、溺血。蓮房入厥陰血分，消瘀散血，與荷葉同功，亦急則治標之意也。

附方　經血不止：瑞蓮散，用陳蓮蓬殼，燒存性，研末，每服二錢，熱酒下。血崩不止：用蓮蓬殼、荊芥穗，各燒存性，等分為末，每服二錢，米飲下。產後血崩：蓮蓬殼五箇，香附二兩，各燒存性為末，每服二錢，米飲下，日二。漏胎下血：蓮房燒研，麪糊丸梧子大。每服百丸，湯酒任下，日二。小便血淋：蓮房燒存性，為末，入麝香少許，每服二錢半，米飲調下，日二。天泡濕瘡：蓮蓬殼燒存性，研末，井泥調塗，神效。

荷葉、蒂名荷鼻。　味苦，平，無毒。畏桐油，伏白銀，伏硫黃。治：止渴，落胞，破血，治產後口乾，心腹躁煩。治血脹腹痛，產後胎衣不下，酒煮服之。又云，安胎，去惡血，留好血，止血痢，殺菌蕈毒，並煮水服。生發元氣，裨助脾胃，澀精滑，散瘀血，消水腫癰腫，發痘瘡，治吐血咯血，衄血下血，溺血血淋，崩中，產後惡血，損傷敗血。

紅白蓮花　味甘，平，無毒。治：久服令人好顏色，變白却老。

明・盧之頤《本草乘雅半偈》帙一　蓮實《本經》上品　氣味：甘，平，無毒。

主治：主補中，養神，益氣力，除百疾。久服，輕身耐老，不飢延年。

覈曰：出荊、(楊)〔揚〕、豫、益諸處，生湖澤陂池間。獨建寧老蓮，肥大倍嘗，色香味最勝。凡蓮實作種者遲生，藕芽作種者易發。根橫行，初生曰蒻，成節曰蔤，藕其總名。節分二莖，一上豎作葉，一橫行即子藕。不耦不生，節節皆然。本曰蕸，莖曰蕖，葉曰茄，荷亦總名。華曰菡萏，殼曰房，實曰菂，菂心曰薏，蓮亦總名也。清明生葉，夏至芰荷出水，即旁莖作華，節分三莖矣。葉則晝舒覆華以避日，夜捲露華以承露，華則朝開夕合，合時曰菡，開時曰萏，經三日夜不合即謝。單瓣者成房，房中之菂，從下生上，菂外綠衣，衣裏有白膚，仁成兩瓣。薏色青碧，即具捲荷二枝，倒折向上，中含華茁，從上生下，菂衣經秋正黑，入水必沉，鹵鹽煎之能浮，生山海間者，可百年不壞。人得食之，令髮黑不老。紅華者，蓮優藕劣；白華者，蓮劣藕優，故采實宜紅，采藕宜白，各取得氣之盛者也。別有千葉、層臺、並頭、品字者；有葉晝卷夜舒者，有華至夜入水，名睡蓮者；　有金色、蜜色、青色、碧色五色者；有硃邊白、蜜邊白、白邊紅者；　有五彩如絨繡者，此皆異種。華于華，不足于蓮與藕也。采得其實，先宜蒸熟，或暴焙乾。修治：　每觔用豶猪肚一枚，洗極淨，盛貯其實，蒸熟取出，不可去心，焙燥入藥。得茯苓、枸杞、山藥、白术良。今市肆一種石蓮子，狀如土石，味極苦濇，不知為何物，食之令人腸結。

条曰：　其根藕，其實蓮。蓮者，奇也。藕者，耦也。奇耦者，即坎離之中畫。蓮實者，即坎中之滿，能填離中之虛，故稱補中。中即中黃，假實中之薏，以為種子。其中所緼，為資始資生之本，微而能著，固而愈強。故養益神氣，百疾自除。菊耐霜，蓮耐日，寒暑所不能損者，豈患老之將至耶？　然妙在薏，設修治去之，失却聖胎種子矣。

客曰：　經秋正黑，入水必沉，鹵鹽煎之能浮，生山海間者，百年不壞，食之能令髮黑不老者，何也？　頤曰：　蓮實一名水芝，蓋鍾天一之靈，以透發地二之德，見秋金之母，自然本色畢露，入水而炎上一脈已斷，全歸水性，密藏不出，無復浮理，唯以鹵鹽之本族柔之，煎熬之火力迫之，自然生氣流動，不容終沉。若歸宗于海者，必能久居其所，以北方之水液，滋血之餘，後天之坎精，潤形之槁，宜其黑髮不老也。客曰：　安靖上下君相火邪者，何也？頤曰：　蓮從藕根抽莖開華，以及結實，皆自下而上。實中之薏，包緼根莖華葉，形復倒垂，自上而下，有歸根潛伏之義。薏居中，為黃婆，能調伏心腎。又苦味能降，此為蓮之心苗，含水之靈液，結于炎夏。又秉火之正令，其安靖上下君相火邪，氣味應爾。客曰：　《本經》主治惟實，《別錄》以藕節，止吐血、衄血，消瘀血、血悶者，何也？　頤曰：　心主血脈，吐衄即血無所主。脈無經緯，亦道路填塞，疆界失制，藕質脈絡井然，竅穴玲徹，節則又為疆界之總制，象形從治，則血有所主，錯綜經隧，仍無礙矣。

明·李中梓《本草通玄》卷下　藕　味甘，平。　生者，散血清熱，解渴除煩。熟者，補中開胃，消食和中。　擣絞澄粉，乃其精華也，安神開胃，喜悅忘憂。　蓮子　甘，平。　補中，養神清心，固精止瀉，除崩帶赤白濁，安靖上下君相火邪，使心腎交而成既濟之妙。　蓮鬚　甘，濇。　清心止血，通腎固精，男子腎泄，女子崩帶。　荷葉　開胃消食，止血固精。　葉蒂安胎。

東垣云：　潔古先生口授枳實丸方，用荷葉燒飯為丸。夫震者，動也，人感之生足少陽甲膽，為生化萬物之根蒂，飲食入胃，營氣上行，即甲膽之氣與三焦之氣同為生發之氣。《素問》云：　履端于始，序則不愆。荷葉生于水土之下，其色青，其形仰，其中空，象震卦之體。食藥感此氣之化，胃氣何由不升乎？　更以燒飯和藥與术協力補脾，不致內傷，其利廣美。

清·顧元交《本草彙箋》卷六　蓮實合石蓮子、藕、藕節、皮、蓮薏、蓮蕊、蓮房、荷葉。

蓮實生於水澤，長於夏令，得天陽地陰，浹洽之氣，稟土德之中和。味甘氣溫，而性收濇。故能安靖上下君相二火。然去衣、連衣，用亦稍別。若用以醒脾健胃，益肺厚腸，及止脾瀉者，宜去衣。若諸失血後，佐參、苓以補脾陰，使統血歸經，則宜連衣。以其色類於赤，而味澁能斂也。

石蓮子　乃九月霜後，堅黑如石，墮水入泥者，最能清火斂熱。今藥肆一種石蓮子，狀如土石，味極苦，不知何物。或云產廣中樹上，不宜入藥。

藕生食之，主心脾血分之疾。凡產後忌食生冷，而藕不同生冷者，爲能去瘀也。蒸煮食之，大補五臟，實下焦。凡白花藕大，孔扁，生食味甘，煮食不甚美。紅花及野藕，生食味澀，煮食則佳。夫生於卑污，而潔白自若，質柔而穿堅，居下而有節，孔竅玲瓏，絲綸內隱，謂之靈根。

藕節　搗汁飲，主吐衄不止。其能消瘀，解熱開胃，較藕尤勝，又解蟹毒。

藕皮　散血不凝，醫家用以散血多效。

蓮薏　清心去熱，故治血渴，產後渴諸症。乃云食蓮子不去心，令人作嘔，則未確也。

蓮蕊鬚　清心通腎固精，功大與蓮子同。又能止血崩吐血，爲血家要藥。

蓮房　消瘀血，與荷葉同功。

荷葉　助胃消食。蒂名荷鼻，能治雷頭風，取其象震而仰盂也。

蓮花，未發時曰菡萏，已發曰芙蓉，負葉者爲莖，有負荷之義。莖下白蒻在泥中者曰蔤，其房曰蓮房。

之子曰菂，子中青心曰薏。蔤如竹之行鞭，節生二莖，一爲葉，一爲花，藕爲花葉根實之本，顯仁藏用，功成不居，可謂退藏於密，故謂之蔤。花葉常偶生，故根曰藕。葉之生花者，又曰芰荷，言兩歧而出也。菡萏，函合未發之意。芙蓉，敷布容艷之意。蓮者，連也，花實相連而出也。菂者，的也，子在房中，點點如的也。薏，猶意也，含苦在內也。古詩云食子心無棄，苦心生意存，是矣。

水芝丹，補虛益損，用蓮實半升，酒浸二宿，以牙豬肚一個，洗淨，入蓮在內，縫煮晒乾，爲末，酒煮米糊丸如梧子大，每服五十丸，溫酒送下。　久痢噤口者，用鮮蓮肉一兩，黄連、人參各五錢，水煎濃細呷，思食便瘥。　產後悶亂，血氣上衝，口乾腹痛者，用藕汁、生地黄汁、童便，等分煎服。　男子血淋痛脹，以藕汁調髮灰，每服二錢。　久近痔漏，用蓮花蕊、黑牽牛頭末各一兩半，當歸五錢，爲末，每空心酒服二錢。忌熱物。　墜跌積血心胸，嘔血不止，用乾荷花爲末，酒服方寸匕，神效。　瑞蓮散，用陳蓮蓬殼，燒存性，研末，每熱酒送下二錢，以治經血不止。　血崩，不拘冷熱，以蓮蓬殼、荊芥穗，各燒存性，等分爲末，每米飲送二錢。若產後血崩，以蓮蓬殼五個，香附二兩，各燒存性，爲末，米飲下二錢。　潔古口授枳术丸方，用荷葉燒飯爲丸，蓋荷葉象震，入足少陽甲膽，爲生化萬物之根蒂；　人之飲食入胃，營氣上行，即少陽甲膽之氣，與手少陽三焦元氣，同爲生發之氣。荷葉生水土之下，污穢之中，挺然獨立，其色青，其形仰，其中空，稟震卦之體，食氣感之，胃氣自然升發。更以燒飯和丸，與白术協力滋補，令胃厚不致內傷矣。　雷頭風者，頭面疙瘩腫痛，憎寒發熱，狀如傷寒病在三陽，不可過用寒涼誅伐之劑。東垣方，以荷葉一枚，升麻五錢，蒼术五錢，水煎服，有類從之義。　罩胎散，治孕婦傷寒，大熱煩渴，恐傷胎氣，用嫩卷荷葉焙半兩，蚌粉二錢半，爲末，每服三錢，新汲水入蜜調服，并塗腹上。蓋荷葉既能升發，又能安胎也。故凡胎動，已見黄水者，以乾荷葉一枚，炙研，糯米淘汁一鍾，調服即安。

清・穆石匏《本草洞詮》卷六　蓮藕藕、蓮實、蓮鬚、蓮房、荷葉

《爾雅》云：荷，芙蕖。其莖茄，其葉蕸，其本蔤，其中菂，菂中薏。陸璣《詩疏》云：莖為荷，花未發為菡萏，已發為芙蕖。按莖負葉，有負荷之義。蔤如竹之行鞭，節生二莖，一為葉，一為花，盡處乃生藕，為花葉根寔之本，顯仁藏用，功成不居，可謂退藏於密矣，故謂之蔤。花葉常偶生，不偶不生，故根曰藕。或云藕善耕泥，故從耦。茄者，加於蔤也。蕸者，遠於蔤也。菡萏，函含未發之意。芙蕖，敷布容豔之意。蓮者，花寔相連而出也。菂者，子在房中，點點如的也。薏，猶意也，含芳在內也。詩云食子心無棄，苦心生意存是矣。大抵野生及紅花者，蓮多藕劣。種植及白花者，蓮少藕佳也。其花白者香，紅者豔，千葉者不結寔。《相感志》云：荷梗塞穴鼠自去，煎湯洗鑞垢自新。物性然也。藕氣味甘平，無毒。生卑污之中，而潔白自若，質柔而穿堅，居下而有節，孔竅玲瓏，絲綸內隱，四時可食，可謂靈根矣。生食治霍亂後虛渴，蒸食補五臟，寔下焦，亦可休糧，擣浸澄粉，服食輕身延年。庖人削藕皮誤落血中，遂散不凝，故產後忌生冷物，獨不忌藕者，為其破血故也。宋孝宗患痢，乃食蠏所致。醫診之曰：此冷痢也，用新采藕節，搗爛，熱酒調下，數服即愈。藕能消瘀，解熱開胃，而又解蟹毒故也。一人病血淋，痛脹欲死，李瀕湖以藕汁調髮灰，每服二錢，服三日而血止痛除矣。蓮實甘濇平，無毒。主補中養神，益氣力，除百疾，久服輕身延年。夫蓮稟清芳之氣，得稼穡之味，脾之果也。脾者，黄宮，所以交媾水火，會合木金者也。土為元氣之母，母氣既和，津液相成，神乃自生，久視耐老，此其權輿也。故其所主交心腎，厚腸胃，固精氣，強筋骨，補虛損，利耳目，除寒濕，止脾泄久痢，赤白濁，女人帶下崩中，諸血病。昔人治心腎不交，勞傷白濁，有清心蓮子飲。補心腎，益精血，有瑞蓮丸。皆得此理也。石蓮子乃經秋黑而沉水者，居山海間，百年不壞。孟詵謂諸鳥猿猴，取得不食，藏之石室內，人得三百年者，食之永不老也。今藥肆中石蓮子，狀如土石而味苦，似非真者，不可用也。蓮鬚苦濇，溫，無毒。主清心通腎，固精氣，烏鬚髮。《本草》不收，而固真丸、巨勝丸各補益方中往往用之，大略與蓮子同功。蓮房苦濇，溫，無毒。入厥陰經血分。消瘀散血而止血崩，與荷葉同功。蓮薏苦溫，無毒。主清心去熱，血渴，產後渴，生研末，服二錢立愈。荷葉苦平，無毒。張潔古授李東垣枳术丸方，用荷葉燒飯為丸，東垣老年味之，始悟其理。夫震者，動也，人感之生少陽甲膽，是屬風木，為生化萬物之根蒂。人之飯食入胃，營氣上行，即少陽甲膽之氣，與手少陽三焦元氣同為生發之氣。《素問》云：履端於始，序則不愆。荷葉產於淤泥，而不為泥染，居於水中，而不為水沒，其色青，其形仰，其中空，象震卦之體，食藥感此氣之化，胃氣豈有不升者乎？更以燒飯和藥，與白术協力滋養胃氣，其利廣矣，大矣。世之用巴豆、牽牛者，豈足語此？李瀕湖云：雷頭風證，頭面疙瘩腫痛，憎寒發熱，狀如傷寒。病在三陽，不可過用涼藥重劑，誅伐無過，以清震湯治之。用荷葉一枚，升麻、蒼术五錢，水煎溫服。蓋震為雷，而荷葉之體象震，乃述類象形之義也。又聞人規云：痘瘡已出，復為風寒外襲，則竅閉血凝，其點不長，或變黑色，此為倒靨，必身

痛，四肢微厥，但溫肌散邪，則熱氣復行，而斑自出也。宜紫背荷葉散治之。蓋荷葉能升發陽氣，散瘀血，留好血，殭蠶能解結滯之氣也。此藥易得，而活人多，勝人牙、龍腦也。又戴原禮云：荷葉服之，令人瘦劣，故單服可以消陽水浮腫之氣也。

清·丁其譽《壽世秘典》卷三 蓮實湖澤、波池皆有之。以蓮子種者生遲，藕芽種者最易發。其芽穿泥成白蒻，即蔤也，長者至丈餘。五六月，嫩時沒水取之，可作蔬茹，俗呼藕絲菜。花有紅、白、粉紅三色，未發為菡萏，已發為芙蕖，其實蓮。蓮之皮青裹白，其子菂。菂之殼青肉白，菂內青心為苦薏也。嫩者生食，脆美。至秋，房枯子黑，堅如石，謂之石蓮子。斫去黑殼，謂之蓮肉。大抵野生及紅花者，蓮多藕劣；種植及白花者，蓮少藕佳也。 氣味：甘，平，濇，無毒。主補中，安心神，益氣力，除百疾，治腰痛泄精，止脾泄久痢，赤白濁，女人帶下崩中，諸血病。久服，輕身耐老。 發明孟詵曰：生食過多，微動冷氣，脹人，蒸食甚良。大便燥濇者不可食。宜去心，不去令人成霍亂。李時珍曰：嫩者性平，石蓮性溫，得茯苓、山藥、白朮、枸杞子，能補心腎，益精血。

蓮蕊鬚一名佛座鬚，花開時采取陰乾，忌地黃、葱、蒜。 氣味：甘，濇，溫，無毒。主清心通腎，固精氣，烏鬚髮，悅顏色，益血，止血崩、吐血。

蓮房一名蓮蓬殼，久者良。 氣味：苦，濇，溫，無毒。止血崩、下血、溺血。

荷葉 氣味：苦，平，無毒。治血脹腹痛，產後胎衣不下，酒煮服之《本草拾遺》。生發元氣，補助脾胃，澀精，散瘀血，消水腫癰腫，發痘瘡。治吐血、咯血、衄血、下血、溺血、血淋、崩中、產後惡血損傷、敗血《綱目》。 發明戴原禮《證治要訣》云：荷葉服之，令人瘦劣，故單服可以消陽水浮腫之氣。

藕白花藕，大而孔扁者，生食味甘，煮食不美。紅花及野藕，生食味澀，蒸煮則佳。 氣味：甘，平，無毒。主止渴，除煩解熱，開胃消食，散瘀血，解酒毒、蟹毒。生食，治霍亂後虛渴。蒸食，補五臟，實下焦。同蜜食，令腹臟肥，不生諸蟲。久食，令人心懽。 發明孟詵曰：產後忌生冷物，獨藕不同生冷者，為能破血也。煮忌鐵器。

藕節 氣味：澀，平，無毒。主消瘀血，解熱毒，能止欬血、唾血、血淋、溺血、下血、血痢、血崩。

清·張志聰《侶山堂類辯》卷下 蓮實 蓮子《本經》上品，氣味甘平，主補中養神，益氣力，除百疾，久服輕身耐老，不飢延年。夫蓮莖色青，味濇，中通外直，具風木之象；花紅房白，鬚黃，子老而黑，有五行相生之義，故能補五臟不足。五臟主藏精者也，腎為水臟，受藏五臟之精。石蓮子色黑味濇，故用之以固精氣。今市肆一種狀如土石，味極苦濇，不知為何物。盧子由先生曰：食之令人腸結，宜于建蓮子中揀帶殼而色黑者為是。有云假石蓮子，乃樹上所生，即苦珠子之類。

清·劉雲密《本草述》卷二一 蓮藕其根藕，其實蓮，其莖葉荷。 之頤曰：出荊、揚、豫、益諸處，生湖澤陂池間。凡蓮實作種者遲生，藕芽作種者易發。根橫行，初生曰蒻，音弱。成節曰蔤，音密。藕其總名。節分二莖，一上竪作葉，一橫行即子藕。不偶不生，節節皆然。本曰蕸，音霞。莖曰蕖，音渠。葉曰茄，音迦。荷亦總名。華曰菡音闇。萏音淡。殼曰房，實曰菂，音嫡。菂心曰薏，音意。蓮亦總名也。清明生葉，夏至芰荷出水，即旁莖作華，節分三莖矣。葉則晝舒覆華以避日，夜捲露華以承露。華則朝開夕合，合時曰菡，開時曰萏，經三日夜不合即謝。單瓣者成房，房中之菂從下生上，菂外綠衣，衣裏有白膚，仁成兩瓣。薏色青碧，即具捲荷二枝，倒折向上，中含華茁，從上生下。菂衣經秋正黑，入水必沉，鹵鹽煎之，能浮生山海間者，可百年不壞，人得食之，令髮黑不老。紅華者蓮優藕劣，白華者蓮劣藕優。故采實宜紅，采藕宜白，各取得氣之盛者也。

蓮實一名菂。 氣味：甘，平，濇，無毒。《別錄》曰：寒。 日華子曰：蓮子、石蓮性俱溫。 時珍曰：嫩菂性平，石蓮性溫。得茯苓、山藥、白朮、枸杞子良。 主治：補中養神《本經》。交心腎，固精氣，醒脾滯，止脾泄，及久痢，赤白濁時珍。益十二經脈血氣孟詵。安靖上下君相火邪嘉謨。

時珍曰：蓮產於淤泥而不為泥染，居於水中而不為水沒，根、莖、花、實，凡品難同，清淨濟用，群美兼得。自蒻蔤而節節生莖、生葉、生花、生藕，由菡萏而生蕊、生蓮、生菂、生薏。其蓮菂則始而黃，黃而青，青而綠，綠而黑，中含白，肉內隱青心。石蓮堅剛，可歷永久。薏藏生意，藕復萌芽，展轉生生，造化不息，故釋氏用為引譬，妙理具存，醫家取為服食，百病可却。蓋蓮之味甘氣溫而性嗇，禀清芳之氣，得稼穡之味，乃脾之果也。脾者，黃宮。所以交媾水火，會合木金者也。土為元氣之母，母氣既和，津液相成，神乃自生，久視耐老，此其權輿也。昔人治心腎不交，勞傷白濁，有清心蓮子飲；補心腎，益精血，有瑞蓮丸；皆得此理。 中梓曰：味甘，性平，無毒。入心腎二經。 之頤曰：蓮實補中養神，假實中之薏以為種子，其中所緼，為資始資生之本，微而能著，固而愈強，故養益神氣，百疾自除。設修治去之，失却聖胎種子矣。　希雍曰：　藕實得天地清芳之氣，稟土中冲和之味，故味甘氣平。《別錄》寒，無毒，入足太陰、陽明，兼入手少陰經。其所主治皆資其裨益心脾之功也。　得川黃連、白芍藥、白藊豆、乾葛、升麻、紅麴、橘紅、甘草、滑石、烏梅為丸，治滯下如神。　下痢，飲食不食，俗名噤口痢，此證大危，用鮮蓮肉一兩，黃連五錢，人參五錢，水煎濃，細細與呷，服完思食，便瘥。　同菟絲子、五味子、山茱萸、山藥、車前子、肉豆蔻、砂仁、橘紅、芡實、人參、補骨脂、巴戟天，治脾腎俱虛，五更溏泄。　有肺熱者去人參、肉豆蔻。

附方　補益虛損，本芝丹用蓮實半升，酒浸二宿，以牙豬一個，洗淨，入蓮在內，縫定，煮定取出，曬乾為末，酒煮米糊丸梧子大，每服五十丸，食前溫酒送下。

石蓮子，乃九月經霜後，采堅黑如石者，破房得之，墮水入泥者良。今肆中一種石蓮子狀如榧子，其味大苦，產廣中，出樹上，木實也，不宜入藥。之頤曰：　有問蓮實經秋正黑，入水必沉，鹵鹽煎之能浮，何也？　頣曰：　蓮實一名水芝，蓋鍾天一之靈，以透發地二之德，見秋金之母，自然本色畢露，入水而炎上，一脈已斷，全歸水性，密藏不出，無復浮理，唯以鹵鹽之本族柔之，煎熬之火力迫之，自然生氣流動，不容終沉，若歸宗於海者必能久居其所故也。

附方　清心寧神。宗奭曰：　用蓮蓬中乾石蓮子肉，於砂盆中擦去赤皮，留心，同為末，入龍腦點湯，服之。　白濁遺精，《普濟》用蓮肉、白茯苓等分，為末，白湯調服。　心虛赤濁，蓮子六一湯用石蓮肉六兩，炙甘草一兩，為末，每服一錢，燈心湯下。

蓮薏即蓮子內青心　氣味：　苦，寒，無毒。　主治：　清心去熱時珍。

按：　藏器曰：　食蓮子不去心，令人作吐。但《局方》有用水浸裂，生取其心以治心熱。乃血疾作渴，產後作渴，暑熱霍亂者，蓋有是病服是藥也。　愚謂治心腎之病，則不宜去心，若同諸藥以益脾者，去心似亦可也。

附方　勞心吐血，蓮子心七個，糯米二十一粒，為末，酒服。　小便遺精，蓮子心一撮，為末，入辰砂一分，每服一錢，白湯下，日二。

蓮蕊鬚一名佛座鬚　氣味：　甘，濇，溫，無毒。　主治：　鎮心固精益氣。　時珍曰：　《本草》不收，而《三因》諸方固真丸、巨勝子丸，各補益方中往往用之。　希雍曰：　詳其主治，乃是足少陰經藥，亦能通手少陰經，能清心入腎，固精氣，烏鬚髮，療滑泄。　同黃檗、砂仁、沙苑蒺藜、魚膠、五味子、覆盆子、生甘草、牡蠣，作丸，治夢遺精滑最良。

愚按：　有貼水荷，其下旁行生藕，其葉之莖色青中空而形仰，先哲所謂象震卦之體也。有出水荷，其旁莖生花，是二莖皆色青中空，就此色青中空者，於季夏吐華，是之頤所謂鍾天一之靈，而透地二之德者也。華之內有黃鬚，是土色也。水藉木以致於火，其氣原不能離土也。至其華於季夏，則火德已透，而形且麗於土矣，水火交麗於土，誠如時賢所謂鎮心固精益氣者也，故古方固真補益方中多用之。《本草》言其味甘濇，其氣溫者，良然，不可謂其功用槩與蓮實同也。其義詳見總論。

藕　氣味：　甘，平，無毒。　日華子曰：　溫。忌鐵器。　主治：　生食解胸中熱，散留血，止煩渴。　搗汁服除煩清胃，治霍亂後虛渴，產後血悶。　蒸食消食止洩，開胃寬中，補五臟，實下焦。　同蜜食令人腹臟肥，不生諸蟲。　詵曰：　產後忌生冷物，獨藕不同生冷者，為能破血也。　時珍曰：　白花藕大而孔扁者，生食味甘，煮食不美。紅花及野藕生食味濇，煮蒸則佳。　夫藕生於卑汙而潔白自若，質柔而穿堅，居下而有節，孔竅玲瓏，絲綸內隱，生於嫩蒻而發為莖葉花實，又復生芽，以續生生之脈。四時可食，令人心歡，可謂靈根矣。故其所主者，皆心脾血分之疾，與蓮之功稍不同云。　希雍曰：　生者甘寒，熟者甘溫，入心脾胃二經。

附方　時氣煩渴，生藕汁一盞，生蜜一合，和勻細服。　霍亂煩渴，藕汁一鍾，薑汁半鍾，和勻飲。　上焦痰熱，藕汁、梨汁各半盞，和服。　產後悶亂，血氣上衝，口乾腹痛，龐安時用藕汁、生地黃汁、童子小便，等分，煎服。

小便熱淋，生藕汁、生地黃汁、葡萄汁，各等分，每服半盞，入蜜溫服。

藕節　氣味：　濇，平，無毒。　日華子曰：　冷。伏硫黃。　主治：　搗汁飲消瘀血，解熱毒，能止吐衄血及血淋、下血、血崩諸證。　時珍曰：　一男子病血淋，痛脹祈死。予以藕汁調髮灰，每服二錢，服三日而血止痛除。　按趙溍《養疴謾筆》云：　宋孝宗患痢，眾醫不效。高宗偶見一小藥肆，召而問之。其人問得病之由，乃食湖蟹所致，遂診脈曰：　此冷痢也。乃用新采藕節搗爛，熱酒調下，數服即愈。高宗大喜，就以搗藥金杵臼賜之。人遂稱為金杵臼嚴防禦家，可謂不世之遇也。大抵藕能消瘀血，解熱開胃，而又解蟹毒故也。

愚按：藕之生食能解熱，療煩渴諸證，必其白花而稟金氣者也。熟食能開胃止泄，補五臟各證，必其紅花而稟火氣者也。然總之主心脾血分之疾，時珍所説良然。但療上下血溢，藕節似較勝者，云何？曰：《經》云血者，神氣也。又云所言節者，神氣之所遊行出入也，非皮肉筋骨也。即此可悟藕節大療血證之義矣。詳見總論。

附方　卒暴吐血，雙荷散用藕節、荷蒂各七個，以蜜少許，擂爛，用水二鍾，煎八分，去滓，温服，或為末，丸服亦可。　大便下血，藕節曬乾，研末，人參、白密煎湯，調服二錢，日二服。　荷葉　主治：生發元氣，裨助脾胃，散瘀血，消水腫，發痘瘡，治吐、咯、衄血，及下血、溺血、血崩，産後惡血，損傷敗血。　東垣曰：潔古張先生口授枳朮丸方，用荷葉燒飯為丸，當時未悟其理，老年味之始得。夫震者，動也，人感之生。足少陽甲膽，是屬風木，為仁化萬物之根蒂。人之飲食入胃，營氣上行，即少陽甲膽之氣，與手少陽三焦元氣，同為生發之氣。《素問》云履端於始，序則不愆。荷葉生於水土之下，汙穢之中，挺然獨立，其色青，其形仰，其中空，象震卦之體，食藥感此氣之化，胃氣何由不升乎？用此為引，可謂遠識合道矣。更以燒飯和藥，與白朮協力滋養，補令胃厚，不致内傷，其利廣矣大矣。世之用巴豆、牽牛者，豈足語此。　時珍曰：按東垣《試驗方》云：雷頭風證，頭面疙瘩腫痛，憎寒發熱，狀如傷寒，病在三陽，不可過用寒藥重劑，誅伐無過。一人病此，諸藥不效。余處清震湯治之而愈，用荷葉一枚，升麻五錢，蒼朮五錢，水煎温服。蓋震為雷，而荷葉之形象震體，其色又青，乃述類象形之義也。又按聞人規《痘疹八十一論》云：痘瘡已出，復為風寒外襲，則竅閉血凝，其點不長，或變黑色，此為倒靨，必身痛，四肢微厥，但温肌散邪，則熱氣復行，而斑自出也。宜紫背荷葉散治之。蓋荷葉能升發陽氣，散瘀血，留好血，殭蠶能解結滯之氣故也。此藥易得，而活人甚多，勝於人牙、龍腦也。又戴原禮《證治要訣》云：荷葉服之令人瘦劣。故單服可以消陽水浮腫之氣。

愚按：藕主心脾血分之病，藕節與荷葉皆療血證，但荷葉取其象震而升發元氣，故能和血。藕則處汙泥之下，得毋其用不同歟，何以治療不大異也？曰：《經》云水土木參居於下，即其在下也，已能達其真氣矣。在藕能暢地道生育之化，在荷葉能達天道發育之功，覺似有不同耳。義詳總論。

附方　陽水浮腫，敗荷葉燒存性，研末，每服二錢，米飲調下，日三服。　産後心痛，惡血不盡也，荷葉炒香，為末，每服方寸匕，沸湯或童子小便調下，或燒灰，或煎汁，皆可。　吐血、咯血，用敗荷葉、蒲黄各一兩，為末，每服二錢，麥門冬湯下。　崩中下血，荷葉燒研半兩，蒲黄、黄芩各一兩，為末，每空心酒服三錢。

荷蒂一名荷鼻　氣味：苦，平，無毒。　主治：安胎，去惡血，留好血，止血痢。並煮水服。

附方　血痢不止，荷蒂水煮汁，服之。

愚按：盧氏有云：其根藕，其實蓮。蓮者，奇也。藕者，偶也。奇偶者，即坎離之中畫也。夫是物之生，具有妙理，即以此義徵之，或亦不妄。蓋其根曰藕，謂不偶不生，節節皆然也。然其從下而上者，止分其一，是偶中有奇。天一之水，坎也。上交於離，致其奇之用於上也。其實蓮，仁中之薏還具捲荷二枝，倒折而上，中含華茁，從上生下，是奇中有偶，地二之火，離也。下交於坎，致其偶之用於下也。夫其生也，偶在下，奇在上，即具既濟之義矣。況離下而離中之坎必致於上，坎上而坎中之離必致於下乎？此蓮實在時珍首謂其交心腎，嘉謨亦云能安靖上下君相火邪也。然《本經》先言補中者謂何？蓋水土原合德以立地，而天一之氣即是真陽乃出地之木為陰中少陽，主升者引陽而升，使陰亦隨之以升，水氣達而土氣亦達，乃得成上行之地道焉。斯為補中而水得交於火者也。水之上交者，即是腎脈至肺而下入胸中之義，乃脾脈亦至肺而注心者也。有在天之金，為陽中少陰，主降者引陰而降，使陽亦隨之以降，火氣暢而土氣亦暢，乃成下濟之天道焉。斯為補中而火得交於水者也。先哲曰：水、火、金、木者，出入乾坤，陰陽者，上下出入，混而為一，是固不易之理哉。但水火之交，麗於中土，而土又以木為用，《經》曰少陽為樞，又曰一陰為獨使，厥陰即一陰也。乃蓮藕深合斯理，在李東垣先生推明師意曰：荷葉生於水土之下，汙濁之中，挺然獨立，其色青，其形仰，其中空，象震卦之體，其取以治脾胃者，為其升發清陽，以土達胃氣也。更後賢謂其能升發陽氣，散瘀血，留好血。若然，是前哲已引其端矣，而猶未暢其義也。蓋其鍾天一之靈，以透發地二之德，假陰中少陽以升舉者，即初生之蒻，以至二莖岐出，一為藕荷，其下旁出生藕，一為芰荷，其出水而旁莖生花，兩者無不隨其莖而有經緯，隨其節而有貫串，不獨成藕者之脈絡井然，竅穴玲徹也。但其出水生花者，由花生芷，芷生蓮，蓮生菂、生薏，頓具數種色相，即其一花實之中，有終其水中之火以上行，始其火中之水以下徹者。何以明之？ 蓋蓮從藕根抽莖開華，以及結實，皆自下而上，而實中之薏，包含根莖華葉，形復倒垂，有歸根復命之義。而細驗其經緯貫串，雖些微而具全體。觀其始而黄，黄而青，青而綠，中含白肉，内隱青心，是或火土相生，土木相合，金木相媾，致使水氣達而土氣亦達，以終其經緯條達之化，遂使火氣暢而土氣亦暢，以始其經緯條達之化者，皆在此一花實中。故蓮實非其交水火以益土，更即益土而行水火之升降哉。故如藕及藕節，荷葉及蒂，類用之活血，而不知其能達水中真氣，乃能和血，風木達水中真陽，即是血臟。先哲曰：肝膽同歸津液府。又曰：太陽、厥陰同一治。其義不可思歟。在先天為水，在後天為血，血原於水而成於火者也。木自下而上達，水中真氣以資血之始，詎知其金自上而下，能達火中之氣，又還以達其水氣而資血之生乎？ 蓋腎上連肺，腎脈至於肺，子固依母，苐肺之陰虧，則火不降，火不降則刑金而子氣失所孕，故水氣不得化而血病。如蓮薏從上而下者，知其一綫生意，具藕全體，乃能裕血化原，為血證之利益也。時珍謂藕主治心脾血分之疾，與蓮實之功稍有不同，亦會心語，但知其二而不知其一，則其義猶未盡，愚故暢言之。

附方 金鎖玉關丸治遺精白濁，心虚不寧，用藕節、蓮花鬚、蓮子肉、芡實肉、山藥、白茯苓、白茯神，各二兩，為末，用金櫻子二斤，搥碎，以水一斗，熬八分，去滓，再熬成膏，入少麪和藥，丸梧子大，每服七十丸，米飲下。愚按：治兹證，蓮肉當留心，又此證而用藕節，則藕節亦非以破血為功者，乃信前義不謬。

清·郭章宜《本草匯》卷一四 蓮子 味甘，平濇，入手少陰、足太陰、陽明、厥陰、少陰經。心腎交，而君相之火邪俱靖。厚腸胃，而瀉痢之滑脱均收。頻用能澀精，作粥令強健。

按：蓮子產于污泥，而不為泥染。居于水中，而不為水沒。中含白肉，内隱清心，禀芳香之氣，得稼穡之味，乃脾之果也。脾者，黄宫，所以交媾水火，會合木金者也。土為元氣之母，母氣既和，津液相成，神乃自生。凡果動宿火，惟蓮可清心。但生食微動氣，蒸食則養神。大便燥澀者勿服。不去心，令人作吐。凡使須去心，蒸焙用。得茯苓、白朮、枸杞良。青心名蓮薏，苦寒，能清心去熱，亦治血渴、產後渴。又張上舍治勞心吐血，用心七箇，糯米廿一粒，為末，酒服，又《醫林》治小便遺精，用心一撮，為末，入辰砂一分，每服一錢，白湯下，効。石蓮子，乃經霜後堅黑如石沉水者，置鹽鹵中能浮者。入手少陰、足陽明、太陽經。開胃進食，清心解煩，專治噤口痢，及濕熱滲入膀胱，白淋白濁等疾。今肆中石蓮子，其味大苦，產廣中樹上，不堪入藥。

去殼用。

藕 甘，平，入手少陰、足太陰經。生用，則滌熱除煩，散瘀而還為新血。熟用，則補中和胃，消食而變化精微。解酒毒及病後乾渴，治熱淋併產後悶亂。

按：蓮藕禀土氣而生，生寒熟溫，所主皆心脾血分之疾，乃水果中之嘉品也。凡物皆生冷，惟藕不同生冷，故產後獨藕不忌，為能去瘀故也。節，味帶濇，止血解熱有功。

蓮鬚 味甘濇，溫，入手足少陰經。清心，而諸竅之出血可止。固腎，而丹田之精氣無遺。鬚髮變黑，泄痢能除。

按：蓮鬚一物，《本草》不收，而《三因方》中固真丸、巨勝子丸，各補益方中往往用之，其功大抵與蓮子相同，血家、泄家尊為上品。蓋溫而不熱之劑也。

忌地黄、葱、蒜。

荷葉 苦，平。助胃消食，澀精散瘀。產後胞衣不下，與蓮殼而同功。炒香為末，煎汁飲之，或童便服。陽水浮腫血脹，單研米飲調下。

按：荷葉中空，有陰中生陽之清氣。張潔古枳朮丸方，用荷葉燒飯為丸。夫震者，動也，人感之生足少陽甲膽，為生化萬物之根蒂。飲食入胃，營氣上行，即甲膽之氣，與三焦之氣同為發生之氣。《素問》云：履端于始，序則不愆。荷葉生于水土之下，挺然獨立，其色青，其形仰，其中空，象震卦之體，食藥感此氣之化，胃氣何由不升？更以燒飯和藥，與白朮協力補脾，不致内傷，其利廣美。

清·尤乘《食鑒本草·果類》 蓮子 補中益氣，止痢及遺精，女人崩中帶下。

藕　以鹹水供食則不損口，同油煤麪、米食則無查。解熱渴，散留血，蒸煮服之，大能開胃。生食治虚渴，解酒毒。熟食補五藏，寔下焦。同蜜食令人腹藏肥，不生諸蟲。汁解蟹毒。粉，輕身延年。

清·朱本中《飲食須知·果類》　蓮肉　味甘、濇，性平。食蓮子不去心，令人作吐。多食生者，微動冷氣脹人。患霍亂及大便閉燥者，少食。荷梗塞穴，鼠自去。煎湯洗鑞垢，自新。蓮花及蕊、鬚，忌地黄、葱、蒜。花畏桐油。

藕　味苦，甘平。生食過多，亦令冷中。少和鹽水食，益口齒。同油煤米麪果食，則無渣。忌鐵器。

清·何其言《養生食鑒》卷上　蓮肉　味甘、澁，性微寒，無毒。清寍神，補脾，益十二經脈氣血，安靖上下君相火邪。去心、皮煮食，厚腸胃，交心腎，固精氣。大便燥澁者，不可食。生者動氣，患霍亂者勿食。

蓮房　即蓮蓬殼，火燒存性為末，調酒服，治下血崩，甚效。

蓮薏　即蓮肉中青心，治血渴，産後作渴，生研末，米飲服二錢，立愈。

藕　味甘，性微寒，無毒。伏硫，殺疫氣，解蟹毒，開胃醒酒，散血，止煩渴。生食，多令冷中。蒸熟食，補五臟。同蜜食，令腹臟肥，不生蟲。《相感志》云：少和鹽食，益人齒。同油、米、麵、菓食，無渣。産婦忌生冷，惟藕不忌，以其能散血也。入藥忌鐵。搗浸澄粉，服食益。塵芒入目，取大者洗搗，綿裹，滴汁目中，蟲即出也。

藕節　能止咳血、唾血、血淋、溺血、下血、血痢、血崩，搗汁，調髮灰二錢，服之即止。

蓮葉　治産後胎衣不下，用全的一塊，煎水一鍾，服之即下。

清·蔣居祉《本草擇要綱目·寒性藥品》　蓮藕其根藕，其實蓮，其莖葉荷。　氣味：甘，平，濇，無毒。　主治：補神益氣力，除百疾，久服輕身耐老，不飢延年。主五臟不足傷中，益十二經脈血氣。止渴去熱，安心止痢。治腰痛及泄精，多食令人歡喜。止怒止洩，消食，交心腎，厚腸胃，固精氣，強筋骨，補虚損，利耳目，除寒濕，止脾泄久痢，赤白濁，女人帶下，崩中諸血病。擣碎，和米作粥飯食，輕身益氣，令人強健，安靖上下君相火邪。蓋蓮産于淤泥，而不為泥染，居于水中而不為水沒，根莖花實，凡品難同清淨，濟用群美兼得。自蒻蔤而節，節生莖、生葉、生花、生藕，由菡萏而生蕊、生蓮、生菂、生薏，其蓮菂則始而黄、黄而青、青而緑、緑而黑。中含白肉，内隱青心。石蓮堅剛，可歷永久。薏藏生意，藕復萌芽，展轉生生，造化不息。且蓮之味甘，氣溫而性濇，禀清芳之氣，得稼穡之味，乃脾之果也。脾者黄宫，所以交媾水火，會合木金者也。土為元氣之母，母氣既和，津液相成，神乃自生，久視耐老，此其權輿也。昔人治心腎不交，勞傷白濁，有清心蓮子飲；補心腎，益精血，有瑞蓮丸。皆得此理也。　藕節　氣味：澀，平，無毒。　主治：擣汁飲，主吐血不止及口鼻出血。消瘀血，解熱毒，産後血悶。和地黄研汁，入熱酒、小便飲，能止欬血唾血，血淋溺血，下血血痢，血崩。

清·閔鉞《本草詳節》卷八　蓮實　【略】按：蓮實，味甘氣溫，禀清芳之氣，得稼穡之味，乃脾之果也。脾為黄庭，交媾水火，會合木金者也。而元氣以之為母，母氣既和，津液相成，神乃自生，所以能利益十二經血脈，安靖上下君相火邪。昔人治心腎不交，勞傷白濁，有清心蓮子飲；補心腎，益精血，有瑞連丸，皆得此理。

清·王翃《握靈本草》卷七　蓮實其菂至秋黑而沉水為石蓮，入藥蒸熟，去心，焙乾用。味苦者假，不用。　主治：蓮實，甘，平，濇，無毒。主補中，養神，交心腎，厚腸胃，固精氣，強筋骨，止泄痢，白濁帶下，崩中，諸血病。

藕　主治：藕，甘，平，無毒。止熱渴，散留血。熟食開胃。

清·汪昂《本草備要》卷三　荷葉輕，宣，升陽，散瘀。　苦，平。其色青，其形仰，其中空，其象震，震，仰盂。感少陽甲膽之氣。燒飯合藥，裨助脾胃而升發陽氣。潔古枳朮丸，用荷葉燒飯爲丸。痘瘡倒靨者，用此發之。殭蠶等分爲末，胡荽湯下。聞人規曰：勝于人牙、龍腦。能散瘀血，留好血。治吐衄崩淋，損傷産瘀，熬香，末服。一切血症，洗腎囊風。東垣曰：雷頭風症，頭面疙瘩腫痛，憎寒壯熱，狀如傷寒。病在三陽，不可過用寒藥重劑，誅罰無過，處清震湯治之。荷葉一枚，升麻、蒼朮各五錢，煎服。鄭奠一曰：荷葉研末，酒服三錢，治遺精極驗。

蓮子補脾，濇腸，固精。　甘溫而濇，脾之果也。脾者黄宫，故能交水火而媾心腎，安靖上下君、相火邪。古方治心腎不交，勞傷白濁，有蓮子清心飲，補心腎有瑞蓮丸。益十二經脉血氣，濇精氣，厚腸胃，除寒熱。治脾泄久痢，白濁夢遺，女人崩帶及諸血病。大便燥者勿服。　去心、皮，蒸熟，焙乾用。得茯苓、山藥、白朮、枸杞良。黑而沉水者爲石蓮，清心除煩，開胃進食，耑治噤口痢、淋濁諸症。石蓮入水則沉，入鹵則浮。煎鹽人以之試鹵，蓮浮至頂，鹵乃可煎。落田野中者，百年不壞。人得食之，髮黑不老。肆中石蓮，產廣中樹上，其味大苦，不宜入藥。　蓮心爲末，米飲下，療產後血渴。

蓮蕊鬚濇精。　甘溫而濇。清心通腎，益血固精，烏鬚黑髮，止夢泄遺精、吐崩諸血。略與蓮子同功。

藕節補心，散瘀。　濇，平。解熱毒，消瘀血，止吐衄淋痢，一切血症。和生地汁、童便服良。　藕　生，甘寒，凉血散瘀，宋大官作血䘓，誤落藕皮，血遂渙散不凝。一人病血淋，痛脹欲死，李時珍以髮灰二錢，藕汁調服，三日而愈。《梅師方》：產後餘血上衝，煮汁飲。止渴除煩，《聖惠方》：藕汁，蜜和服，治時氣煩渴。解酒毒、蟹毒。搗爛，熱酒調服。煮熟，甘溫，益胃補心，多孔象心。止瀉能實大腸。止怒，久服令人歡。益心之效。生搗罨金瘡傷折，熟搗塗坼裂凍瘡。《肘後方》：卒中毒箭，煮藕汁飲，多多益善。孟詵曰：產後忌生冷，獨藕不忌，爲能散瘀血也。澄粉亦佳，安神益胃。

清・王逊《藥性纂要》卷三　蓮房蓮蓬殼　陳久者良。味苦，澀，氣溫。入厥陰血分。與荷葉同功。時珍有消瘀散血之語，恐未必然也。東圃曰：蓮房主升而收澀，《綱目》附方皆燒灰存性，用以止血。葢蓮房氣輕清而形上向囊括諸實，包藏多孔，其色青，有震仰盂之象焉。經血不止，漏胎崩淋，皆如覆椀下傾，以此上引，肝氣升舉，而又升中兼澀，且燒灰存性，取血見黑則止。若當升提而不可散泄，非升、柴所宜者，則蓮房為要藥矣。

清・陳士鐸《本草新編》卷五　蓮子藕、花、心　味甘、澁，氣平、寒，無毒。入心、脾、肝、腎四臟，養神定志，能交君相二火，善止洩精，清心氣，去腰疼，禁痢疾。花心，益腎，澁精，固髓。

藕　甘寒。主血多驗，治瘀血，逐散不凝，止吐衄血溢妄行，破產後血積煩悶，解酒毒，却熱，治金瘡生肌。

按：　蓮子、花、藕，俱能益人，而蓮子之功最勝。世人謂食蓮子不宜食心，恐成卒暴霍亂。不知蓮子去心用之，全無功效，其妙全在于心，不特止產後消渴也。蓮子之心，清心火，又清腎火。二火炎，則心腎不交。二火清，則心腎自合。去蓮心，而止用蓮肉，徒能養脾胃，而不益心腎矣。蓮子心單用入之于參、苓、芪、术之中，治夢遺最神，取其能交心腎也。故用蓮子斷不可去心，一去心，則神不能養，而志不能定，精泄不能止，而腰痛不能除矣。

或問：　蓮子清心湯，前人用之，未聞用心也。曰：　用蓮子而不用心，此清心湯之所以不效也。前人製方，未必不單用蓮心，歲久失傳，人不知用，致清心湯神效，竟為無用之方。此鐸所以三嘆也。願世人用清心湯者，用蓮子心一錢以清心，未有不效應如響者矣。石蓮子，樹上生者，不可入藥。

清・顧靖遠《顧氏醫鏡》卷八　蓮子甘，平。入心脾腎三經。去心。　交心腎，而君相之火邪俱靖。故治赤白濁，夢遺精滑有功。厚腸胃，而瀉痢之滑脫均收。除崩中帶下，脾得補而自能統攝也。頻用能固精，常服令強健。土為元氣之母，母氣既和，則百病不生，而筋骨強健矣。　生蓮藕甘，寒。入心脾二經。搗汁生用。滌熱除煩，甘寒故也。消瘀止血。宋時御廚作血羹，削皮悞落血中，遂散不凝，故後人用以破血多效。產家忌生冷，惟此不忌。又能止諸竅血，以其性寒帶濇故也。藕節功用相同。蟹毒可解，酒毒能消。　熟蓮藕甘，溫。主補益脾胃。　蓮鬚甘，濇。入心腎二經。清心而諸竅之血出可止，固腎而丹田之精氣無遺。可止洩瀉，皆性濇之功。能黑鬚髮。乃益血之效。　石蓮子苦，寒。經霜後堅黑如石，墮水入泥中者良。狀如榧子者，大苦。產廣中樹上，不宜入藥。治噤口痢疾。　荷葉連蒂用。苦，平。裨助脾胃，升發陽氣。故張潔古枳术丸方中，用荷葉燒飯為丸。治雷頭風頗效，頭面疙瘩腫痛，或如聞雷聲，取其有震仰盂之象，類從之義也。療諸血症亦多功。以其能去惡血，留好血也。

清・李熙和《醫經允中》卷一八　蓮心　蒸熟去心用。　甘，平、濇，無毒。主治止痢泄精，交心腎，厚腸胃，利益十二經脉血氣，安靖上下君相火邪。久服肢體強健，耐老不飢。蓮房破血消瘀，止崩下溺血。藕止吐衄血溢妄行，治產後血積煩悶。熟食大開胃脘。

荷蒂　畏桐油，伏白銀、硫黃。　苦，平，無毒。主治潤心肺煩燥，血痢腹痛，煮酒服之。去故生新，治一切上下血症。荷葉生水土之中，色青形仰中空，震卦之象，欲升胃氣，用此為引。治三陽症不敢用寒藥，以青震湯主之：　用荷葉一枚，升麻三錢，蒼术二錢，煎服。同殭蠶則發痘疹，勝于人牙、龍腦。久腹痛不止者，用荷葉七枚，水七碗，煎一碗，逐小鍾飲，痛止為度。過秋後就房中乾黑者名石蓮，最澁腸胃，治久痢、虛痢如神。蓮鬚主益腎濇精，清心固髓。

清・李熙和《醫經允中》卷二二　蓮子　大便燥濇者不可食。　甘，平，濇，無毒。主治止渴去熱，安心，止痢濇精，交心腎，厚腸胃，止脾泄，赤白濁帶，血崩，安靖上下君相火邪。脾之菓也。脾者，黄宫交媾，水火合會木金者也。禀五行之清氣，和十二經之榮脉。生食傷冷，熟食為佳。藕散瘀血，澄粉亦佳，安神益胃。和蜜食之能肥腹，臟不生諸蟲； 煮食之能實下焦，大開胃脘。

清·馮兆張《馮氏錦囊秘録·雜症痘疹藥性主治合參》卷八

蓮肉一名藕實。得天地清芳之氣，禀土中沖和之味。故味甘，氣平，無毒。入足太陰陽明、手少陰經。土為萬物之母，後天之元氣，藉此以生化者也。母氣即和，則血氣生，神得所養，疾病無由來矣。正禀稼穡之化，乃脾家之果，故主補中養神，益氣力。益十二經脉血氣，五臟不足傷中，去熱安心，止渴止痢，治腰痛洩精。多食令人喜，除百疾，功專補脾益心，久服輕身耐老，延年不飢也。食不去心，令人作吐。凡使須去心，蒸焙用。下痢飲食不食，俗名噤口痢，此證大危，用鮮蓮肉一兩，黄連五錢，人參五錢，水煎濃，細細與呷，服完思食便瘥。同菟絲子、五味子、山茱萸、山藥、車前子、肉豆蔻、砂仁、橘紅、芡實、人參、補骨脂、巴戟天，治脾腎俱虚，五更溏瀉。《食療》：服食不飢，石蓮肉蒸熟，去心，為末，蜜丸梧子大，日服三十丸，此仙方也。白濁遺精，石蓮肉、龍骨、益智仁，等分為末，每服二錢，空心飯飲湯下。心虚赤濁，蓮子六一湯，用石蓮肉六兩，炙甘草一兩，為末，每服一錢，燈心湯下。石蓮子，乃九月經霜後採，堅黑如石者，破房得之，墮水入泥者良。今肆中一種石蓮子，狀如榧子，其味大苦，産廣中，出樹上，木實也，不宜入藥。藕禀土氣以生，故其味甘，生寒熟溫。入心、脾、胃三經。生者甘寒，能涼血止血，除熱清胃，故主消散瘀血吐血，口鼻出血，産後血悶，罯金瘡傷折及止熱渴，霍亂煩悶，解酒等功。熟者甘溫，能健脾開胃，益血補心，故甚補五臟，實下焦，消食止泄，生肌，及久服令人心懽止怒也。本生於污泥之中，體至潔白，味甚甘脆，孔竅玲瓏，絲綸內隱，療血止渴，補益心脾，真水果中之嘉品。又能解蟹毒。其産後忌生冷物，惟藕不同，生冷為能破血故也。蓮蕊鬚，一名佛座鬚。味甘，澁，氣溫。入足少陰經，亦通手少陰經。故能清心，入腎固精氣，烏鬚髮，止吐血，療滑泄。同黄栢、砂仁、沙苑蒺藜、魚膠、五味子、覆盆子、生甘草、牡蠣作丸，治夢遺精滑最良。

蓮肉　專入心、脾、腎三經，補中養神清心，禁精洩，清火通血脉，聰耳目，健脾胃，止瀉痢，禁崩帶，心腎相交，精固神悦。青心名蓮薏，味苦，寒。能清心去熱，亦治血渴，産後渴。又治勞心吐血，用心七個，糯米廿一粒，為末酒服。又治小便遺精，用心一撮為末，入辰砂一分，每服一錢，白湯下。石蓮子服更清心。荷鼻，即蒂，安胎甚良。瘀血逐，好血留，兼毆血痢。蓮房，即蓬，燒灰止血甚捷。生用煎酒，推胎孕，下胎衣。荷葉，助脾進食，止血固精，安胎止瀉，破血止渴，雷頭風劑亦加，《婦人良方》並載。引生少陽經清氣，仰盂象震之體，食藥感此氣化，胃氣何由不升。花瓣，鎮心輕身駐顔。忌與蒜、地黄同用。蓮鬚，益腎澁遺精，清心止吐血。藕，味甘，寒，主血多驗，散瘀血不凝，止吐衄妄溢。破産後血積煩悶，解酒毒煩渴止怒。令人心懽，清心卻熱。和蜜嘗，肥腹臟，不生諸蟲。煮熟啖，實下焦，大開胃脘，消食而變化精微，治淋及病後乾渴。節，同地黄搗汁，亦治口鼻來紅，入酒童便取效更易。

主治痘疹合參：蓮肉，清心止煩。健脾開胃，止洩，凡灌漿以及收靨時日，俱可常用。乃心脾腎三家之要品。

按：蓮花出污泥而不染，生生不息，節節含藏，中含白肉，內隱清心。根、鬚、花、菓、葉、節、皮、心，皆為良藥。禀芬芳之氣，合稼穡之味，為脾之菓。脾為中黄，所以交媾水火，會合木金者也。土旺則四臟皆安，而蓮之功大矣。

清·张璐《本經逢原》卷三

蓮藕　甘，平，濇，無毒。　發明：蓮出淤泥而無濁氣沾染，其根通達諸竅，聯綿諸絡，尤為交媾黄宫，通調津液之上品。入心脾血分，冷而不泄，濇而不滯。産後血悶及血淋、尿血宜之。新産生冷皆忌，獨生藕不禁，為其能止熱渴、破留血也。生食止霍亂虚渴。蒸食開胃實下焦。擣浸澄粉服食，治虚損失血，吐利下血。又血痢口噤不能食，頻服則結糞自下，胃氣自開，便能進食。但市者皆豆、麥、菱粉偽充，不可混用。〇藕節之味大濇，能止驟脫諸血，産後血悶，隔水頓熱，和童子小便飲之。一人患血淋脹痛，百藥不應，以生藕汁調髮灰服之，三日血止痛除，以其性專散血而無傷耗真元之患也。　蓮實　甘，平，濇，無毒。去心中苦薏，則不傷胃。　發明：蓮子得水土之精英，補中養神，益氣清心，固精止瀉，除崩帶赤白濁，能使心腎交而成既濟之妙。昔人治心腎不交、勞傷、白濁，清心蓮子飲。補心腎益精血，有瑞蓮丸，皆取其補益黄庭，實堤禦水之義。　石蓮子　甘，寒，無毒。　發明：石蓮子本蓮實老於蓮房，墮入淤泥，經久堅黑如石，故以得名。為熱毒噤口痢之專藥，取水土之餘氣，補助脾陰而滌除熱毒。然必兼人參之大力，開提胃氣，方始克應。若痢久胃氣虚寒，口噤不食，則為戈戟也，况乎世鮮真者，今藥肆中乃以一種水實偽充，其子出自粵東，大苦大寒，大傷胃氣，醫者不察，誤投傷殘之軀，往往輕者為重，重者致斃。至於腎虚精滑之人，誤認髓藏有熱，而峻用苦寒鏟伐虚陽，精愈不能收攝，得無虚虚之患乎。　蓮蕋鬚　甘，濇，溫，無毒。忌地黄、葱、蒜。　發明：蓮鬚清心通腎，以其味濇，故為秘濇精氣之要藥。《三因》固真丸、巨勝子丸用之，然惟慾勤精薄者為宜，亢陽不制者勿用，恐其兜濇為患也。〇蓮花性味與鬚相類，惟取白花將開者陰乾入藥。久服延年不飢，故經進萃仙丸用之。 蓮房 苦，濇，溫，無毒。 發明：蓮房入厥陰，功專止血。故血崩下血溺血，皆燒灰用之。雖能止截，不似椶灰之兜塞也。 荷葉 苦，濇，平，無毒。 發明：荷葉得清震之氣，故潔古枳朮丸方用荷葉燒飯為丸。東垣治雷頭風證，頭面腫痛疙瘩，憎寒發熱，狀如傷寒證在三陽，不可過用寒藥，清震湯治之。用荷葉、升麻、蒼朮煎服。又痘瘡為風寒外襲而變黑倒靨。聞人規用荷葉合殭蠶，解結滯之氣而痘自起。又燒灰單服可消陽水浮腫。入健脾藥，但用其蒂，謂之荷鼻，取其味厚勝於他處也。戴元禮云，服荷葉令人瘦劣，非可常服。觀丹士縮銀法用荷葉同鍛，則銀質頓輕，其性之消爍無有甚於此者。

清・汪啟賢等《食物須知・諸果》 蓮肉 味甘，澀，氣平、寒，無毒。池塘栽，秋月采。生食微動氣，蒸食能養神。食不去心，恐成卒暴霍亂。利益十二經脈血氣，安清上下君相火邪。禁精泄清心，去腰痛止痢。攙煮粥漸開，耳目聰明；磨作飯頓食，肢體強健。蠟蜜丸服，耐老不飢。日服如常，退怒生喜。《本經》注云：雁食，糞於田野；猿含，藏於石嚴。經年未壞者得來，不逢陰雨處常有之。食之延年壽算無量，且悅顏色，堪作神仙。又過末秋，就蓬中乾黑者名石蓮子，入水內竟沉之，惟煎鹽鹵能浮。服，更清心黑髮。

藕 甘，寒，主血多驗。治瘀血，逐散不凝。止吐衄血溢妄行，破產後血積煩悶。產中忌諸生冷，惟藕不忌。解酒毒却熱，署金瘡生肌。和蜜嘗，肥腹臟，不生諸蟲；煮熟啖，實下焦，大開胃脘。

清・張志聰、高世栻《本草崇原》卷上 蓮實 氣味甘平，無毒。主補中，養神，益氣力，除百疾。久服輕身耐老，不飢延年。 蓮始出汝南池澤，今所在池澤皆有。初夏其葉出水，漸長如扇。六七月間開花，有紅、白、粉紅三色，香豔可愛。花心有黃鬚，花褪房成，房外青內白，子在房中，如蜂子在窠之狀。六七月采嫩者，生食鮮美，至秋房枯子黑，殼堅而硬，謂之石蓮子。今藥肆中一種石蓮子形長味苦，肉內無心，生於樹上，係苦珠之類，不堪入藥，宜於建蓮子中揀帶殼而黑色者，用之為真。 蓮生水中，莖直色青，具風木之象，花紅，鬚黃，房白，子黑，得五運相生之氣化，氣味甘平。主補中，得中土之精氣也。養神，得水火之精氣也。益氣力，得金木之精氣也。百疾之生，不離五運，蓮稟五運之氣化，故除百疾，久服且輕身不飢延年。 蓮花附 氣味苦甘，溫，無毒。主鎮心、益色，駐顏，身輕《日華本草》。 蓮蕊鬚附 氣味甘，澀，溫，無毒。主清心，通腎，固精氣，烏鬚髮，悅顏色，益血，止血崩、吐血《本草綱目》附。 蓮房附 氣味苦，澀，溫，無毒。主破血《食療本草》，治血脹腹痛及產後胎衣不下。解野菌毒。《本草拾遺》附。蓮房即蓮蓬殼，陳久者良。 蓮薏附 氣味苦，寒，無毒。主治血渴，產後渴《食性本草》，止霍亂《日華本草》，清心去熱《本草綱目》附。蓮薏即蓮子中青心。 荷葉附 氣味苦，平，無毒。主治血脹腹痛，產後胎衣不下，酒煮服之《拾遺本草》。治吐血、衄血、血崩、血痢、脫肛、赤遊火丹、遍身風癘、陽水浮腫、脚膝浮腫、痘瘡倒靨《新增》附。 荷鼻附 氣味苦，平，無毒。主安胎，去惡血，留好血，止血痢，殺菌蕈毒，並水煮服《本草拾遺》附。 荷鼻 荷葉蒂也。

清・何諫《生草藥性備要》卷下 荷錢葉 味劫，性寒。春汁，治白濁；存性，治蓮蓬瘡。其花陰乾，貼瘡癤立消。

清・姚球《本草經解要》卷三 蓮子 氣平澁，味甘，無毒。主補中，養神，益氣力，除百疾。久服輕身耐老，不飢延年。去心，炒。 蓮子氣平澁，稟天秋收之金氣，入手太陰肺經。味甘無毒，得地中正之土味，入足太陰脾經。以其仁也，兼入手少陰心經。氣味升多於降，陽也。脾者，五藏之中也。甘平益脾，所以補中。心者，神之居也。芳香清心，所以養神。脾為萬物之母，後天之本。肺主周身之氣，先天之源。甘平益脾肺，所以益氣力。心為十二官之主，主安則十二官俱安，而百病皆除也。久服輕身耐老者，益氣和血之功。不飢延年者，補脾養神之力也。 製方：石蓮子蒸熟，蜜丸，不飢，清心寧神。同白茯，治遺精。同川連、木香、陳米，治噤口痢。同川連、白芍、扁豆、葛根、升麻，紅麯、甘草、滑石、烏梅丸，治痢如神。同馬豆末，治脾虛不食。

清・楊友敬《本草經解要附餘・考證》 蓮子 稱石蓮子，以秋深沉水，堅黑如石得名。《綱目》載別有石蓮子，狀如土石而味苦，不知何物也。

清・周垣綜《頤生秘旨》卷八 蓮子 補中養神之藥也。健脾養胃，服食最佳者，須取去心，蒸食纔好。

清·葉盛《古今治驗食物單方》 藕　久痢噤口，石蓮肉炒為末，每服二錢，陳倉米調下。　噦逆不止，石蓮肉六枚，炒赤黃，研末，冷熱水半盞和服，便止。　治時病煩渴，藕汁、生蜜和勻服。　藕汁、生地汁、童便和服，治傷寒口渴。　霍亂吐瀉，服生藕汁愈。　梨汁、藕汁各半，治上焦熱痰。　產後血氣悶亂，藕汁飲之；或加童便、生地汁亦可。　食蟹中毒，藕汁飲之。

藕節搗汁飲，治鼻衄。　藕節、荷蒂各七枚，以蜜少許擂爛，水煎服，止衄。

大便下血，乾藕節、人參為末，白蜜煎湯下。　遺精，蓮子內心一撮，辰砂一分，共為末，白湯送一錢。　久遠痔漏三十年者，三服除根。　蓮花蕋、黑丑頭末各一兩半，當歸五錢為末，空心酒服二錢，五日見效。　難產催生，蓮花一葉，書人字，吞之即產。　跌磕嘔血不止，乾荷花為末，酒服一二錢。　經行不止，蓮蓬殼燒存性，每二錢，米飲下。　漏胎，蓮蓬殼燒研末，麵糊丸桐子大，每服百丸，湯酒任下。　血淋，蓮房燒炭，麝香少許，每服二錢，米飲下。

天泡瘡，蓮房燒存性，井底泥，調塗神效。　打撲損傷，惡血攻心，悶亂疼痛者，乾荷葉五片，燒存性為末，每服五錢，童便下，當利下惡物愈。　產後心痛，荷葉炒香為末，沸湯童便任下，亦治胎衣不下。　罩胎散：治孕婦傷寒，嫩捲荷葉焙半兩，蚌粉二錢半，為末，每服三錢，新汲水入蜜調服，并塗腹上。　妊孕胎動，已見黃水者，乾荷葉蒂一枚炙，研末，糯米淘汁一鍾，調服即安。　吐血不止，嫩荷葉七個，擂水服之，又用敗荷葉、蒲黃各一兩為末，麥冬湯送下二錢。　血痢不止，水煎荷葉蒂飲之。　赤游丹，新生荷葉，搗汁塗之。　漆瘡，荷葉煎湯浴之。

清·王子接《得宜本草·上品藥》 蓮藕、蓮子　味甘，濇。入足太陰、少陰經。功專清心固腎。得乳香、益智治遺精白濁，得炙甘草治赤濁，得陳倉米治噤口痢。

藕衣節　功專消瘀血。得髮灰治血淋，得酒解蟹毒。

蓮蕊鬚　功專清心澁精。蕊得黑牽牛、當歸治久近痔漏，鬚得黃蘗治慾火夢遺。

敗蓮房　功專消瘀血。得厥陰經藥治大便下血。

荷葉　功專升少陽生氣。得升麻、蒼朮治雷頭風。

紫背荷葉　得殭蠶治痘倒靨，四肢微厥，神效。

清·徐大椿《神農本草經百種錄》上品 藕實莖一氣相通，莖與實無異，非若他藥之根實各殊也。　味甘，平。主補中，味甘淡得中土之性。養神，氣香而中虛。益氣力，脾腎旺則氣血強。除百疾。中和之性無偏雜之害也。久服輕身耐老，不飢延年。和平之效。　藕者水土之精也，故能養脾腎之陰。生水底污泥之中，而無處不香，無節不通，故又能疏達脾腎之氣，而滋其血脈。濕而不滯，香而不燥，果中之聖品也。

清·黃元御《玉楸藥解》卷四 蓮子　味甘，性平。入足太陰脾、足陽明胃、足少陰腎、手陽明大腸經。養中補土，保精斂神。善止遺泄，能住滑溏。蓮子甘平，甚益脾胃。而固濇之性，最宜滑泄之家。遺精便溏，極有良效。心名蓮薏，苦寒泄火，治心煩上熱之證。陽虛火敗去心用。藕能活血破瘀，敷金瘡折傷。生食清肺止渴，蒸食開胃止泄。蓮蕊固精止血，悅色烏鬚。蓮房止崩漏諸證。荷蒂能領諸藥直至巔頂。

清·吳儀洛《本草從新》卷四 蓮子〔補心脾腎，澀精固腸。〕古名藕實。以下水果類。

甘平而澀。能交水火而媾心腎，安靜上下君相火邪。古方治心腎不交，勞傷白濁，蓮子清心飲。補心腎，有瑞蓮丸。澀精氣，厚腸胃。治脾瀉久痢，白濁夢遺，女人崩帶，一切血病。大便燥者勿服。去心皮，蒸熟，焙乾。得枸杞、白朮、山藥、茯苓良。蓮子中青心，苦，寒。清心去熱。　石蓮子〔開胃，去濕熱。〕苦，寒。清心除煩，開胃進食，去濕熱。專治噤口痢，同人參等分用，較丹溪黃連人參呷之為穩。淋濁諸證。無濕熱而虛寒者勿服。蓮之黑而沉水者。石蓮入水必沉，入鹵反浮，煎鹽人用以試鹵，蓮浮至頂，鹵乃可用。落田野中者，百年不壞，人得食之，髮黑不老。今肆中石蓮，產廣中樹上，其味大苦，不宜入藥。杵碎。　蓮蕊鬚〔澀精。〕甘平而澀。略與蓮子同功。清心通腎，益血固精，烏鬚黑髮。止夢泄遺精，吐崩諸血。大小便不利者勿服。忌地黃、葱、蒜。　藕節〔澀，止血。〕澀，平。解熱毒，消瘀血。療產後血悶，和地黃研汁，入熱酒、童便飲。止吐衄淋痢，一切血證。搗汁飲。　藕〔生，涼血散瘀；熟，補心益胃。〕生用甘寒，涼血散瘀，產後忌生冷，唯藕不忌，為能去瘀故也。宋大官作血衉，誤落藕皮，血遂渙散不凝。一人病血淋，痛脹欲死，時珍以藕汁調髮灰，每服二錢，三日而愈。《梅師方》產後餘血上冲，煮汁服。止渴除煩，解酒毒、蟹毒。搗汁，熱酒調服。煮熟甘溫補心，多孔象心。益胃止瀉，實大腸。止怒。久服令人歡。益心之效。生搗罨金瘡折傷，《肘後方》卒中毒箭者，藕汁飲，多多益善。熟搗塗坼裂凍瘡。澄粉亦佳，安神益胃。　荷葉〔輕宣，升陽散瘀。〕苦，平。其色青，其形仰，其中空，其象震。震仰盂。感少陽甲膽之氣，燒飯合藥，裨助脾胃而升發陽氣。潔古枳朮丸用荷葉燒飯為丸。痘瘡倒靨者，用此發之。僵蠶等分為末，胡荽湯下。能散瘀血，留好血。治吐衄崩淋，損傷產瘀，一切血證。洗腎囊風。奠一曰：荷葉研末，酒服三錢，治遺精極驗。東垣曰：雷頭風證，頭面疙瘩腫痛，憎寒壯熱，狀如傷寒，病在三陽，不可過用寒藥重劑，誅伐無過，處清震湯治之。荷葉一枚，升麻、蒼朮各五錢，煎。升散消耗，虛者禁之。

清・汪紱《醫林纂要探源》卷二　蓮子　甘，濇，平。連皮及生嚼濇多。去皮及煮熟甘多。甘入脾，濇斂心，心腎交也，水火之相濟也，鉛汞之相守也。生於水，成于夏。殼堅黑，腎也。實紅赤，心也。味甘氣芬入脾，而濇則有以固腎之精，瀉肝之過，收心之散，順肺之藏，是能以魄拘魂，以鉛制汞，而戊己相守也。去心連皮生嚼最益人。能除煩止渴，濇精和血，止夢遺，調寒熱。煮食僅治脾泄久痢，厚腸胃，而交心腎之功減矣。更去皮，則無濇味，其功止於補脾而已。　薏　苦，寒。蓮心也。瀉心，堅腎，留欲盡之血，存生育之本。蓮心，極於上而反向下，色青入肝，故能反所以留肝血之散，而血得所藏也。　石蓮子　苦，甘，濇。極老而殼至堅者。今廣中有生樹上者，不可用。　交心腎尤效。清心除煩，治淋濁，噤口痢。蓋水生而火降，諸病自除。〇連心殼椎碎，用功乃全。〇入水則沉，入鹵則浮。鹵，鹽也，鹽補心物也。蓮子亦心之屬，而入水乃沉，可知其交心腎矣。　蓮鬚　苦，甘，濇，平。蕊也，白者佳。治遺精夢泄。亦交心腎之效，而取其濇水尤重。　能黑鬚髮，止崩衄。形類鬚髮而汁黑，血見黑則止，故效如此。　蓬殼　苦，濇。能去垢。功用略同。　藕　甘，鹹，平。其節生花葉必相耦，故名藕。生於下，而味鹹，則瀉腎補心。蓮結於上，則多苦而瀉心補腎，可知上下之交矣。　除煩止渴，散瘀解毒，引腎水以濟心火，止吐血衄血。宜生。　補脾胃，止瀉泄。宜熟。〇蓮之為體，自藕及莖實，無不外直中通，所以能通上下，交水火，而味又皆兼甘濇，故通而有節，以補中州。　藕節　甘，鹹，濇，平。止吐衄，淋痢諸血證。甘能補中，鹹能軟堅去瘀，濇能斂散固精，又取其通而有節也。　藕粉　甘，鹹，平。安神和胃。經澄治，功遜矣。　荷葉　苦，濇，平，微鹹。功略同於藕及蓮心，而多入肝分，平熱去濕，以行清氣。以青入肝也。然苦濇之味，實以瀉心肝而清金固水，故能去瘀，保精，除妄熱，平氣血也。或以象之震木，屬之甲膽，則未切情實，如枳朮丸、清震湯，其用則得之，然取意則已失之。葉形雖仰，殊不似震，性味亦不同於雷火。

清・嚴潔等《得配本草》卷六　藕藕節、藕皮、蓮肉、蓮薏、蓮蕊鬚、蓮花、蓮房、荷葉、荷葉蒂、石蓮子。　忌鐵器。　甘，平。入足太陰經血分。去瘀血，解熱毒。除酒積，止瀉痢，敷金瘡，解蟹毒。　得薑汁，治霍亂煩渴。得生地汁、童便，治傷寒口渴，產後悶亂。和梨汁，治痰熱。和蜜飲，治煩渴。搗汁飲，治蟹毒。受其毒必痢。調髮炭，治血淋。　藕節　伏硫黃。　澀，平。消瘀血，解熱毒，止一切血病。　得芎藭為末，治鼻淵腦瀉。搗爛熱酒服，治蟹毒下痢。　藕皮　散血。　蓮肉　得茯苓、山藥、白朮、枸杞子良。　甘，澀，溫。入足太陰、手少陰經氣分。交心腎，厚腸胃，固精氣，強筋骨，補虛損，利耳目。除寒濕，止脾泄久痢，白濁夢遺，及女人崩帶，一切血病。　得茯苓、丁香，治產後嘔逆。得乳香，治白濁。得浮萍、生薑，治小兒熱渴。得甘草，治赤濁。配龍骨、益智仁，等分為末，治遺精白濁。一方配白茯苓。　配肉果，治胃虛嘔吐。佐參、連，治噤口痢疾。米飲調服，治產後血竭。豬肚為丸，益脾肺虛損。　止痢，炒用。補脾，蒸用。清心，生用。攝腎，不去皮。其皮又補脾陰。　多服令人氣滯。大便燥結者勿用。　蓮薏即蓮子內綠心。　苦，寒。清心熱，滋血渴。　得糯米，止勞心吐血。得辰砂，治小便遺精。　蓮蕊鬚　忌地黃、蔥、蒜。　甘，澀，溫。入手足少陰經。交構水火，會合水金。固精止瀉，療崩帶，清心氣。　得川柏，治慾火夢遺。　蓮花　忌地黃、蔥、蒜。　苦，甘，溫。破血。酒調末服，治跌撲損傷，〔噤口痢疾。米飲調服〕，治嘔血不止。乾荷花為末，酒服，神效。　蓮房一名蓮蓬殼。　苦，澀，溫。入足厥陰經血分。消瘀散血。治血脹腹痛，及胞衣不下，止血崩、下血、溺血。　得香附炭，治產後血崩。配荊芥炭，止血崩。入肝經藥，治便血。　燒存性研末，入麝香少許，米飲下，治小便血淋。　調井底泥，塗天泡瘡。陳久者良。下胞，酒煎。止血，燒炭。　荷葉　畏桐油。伏白銀、硫黃。　苦，平。生發元氣，足少陽甲膽之氣，與手少陽三焦元氣，同為生發之氣。裨助脾胃。消水穀，發痘瘡，澀精濁，除水腫，散瘀血，留好血，下胞衣，治吐衄及崩淋損傷，產後一切血症。　得升麻、蒼朮，治雷頭風證。得白殭蠶，治痘瘡倒靨。得藁本，治腳膝浮腫。得童便，治產後心痛。得蚌粉，保傷寒胎孕。卷荷更好。蜜調服，并塗腹上。配紅花、薑黃，童便調服，治傷寒產後血運。配蒲黃，止吐衄崩中。　活血，生用。止血，炒焦用。　荷葉蒂一名荷鼻。　苦，平。除惡血，留新血，初產者必需。　燒研，治下痢。赤痢沙糖調，白痢白蜜調。燒研末，糯米泔調服，安胎。　石蓮子　得茯苓、山藥、枸杞子、白朮良。　苦，寒。清火斂熱。實脾胃，止瀉痢及淋濁諸症。　九月霜降後采。黑堅如石而沉水者，為石蓮子。今藥肆中石蓮，產廣東樹上，大苦大寒，不堪入藥。

題清・徐大椿《藥性切用》卷六　蓮子　古名藕實。甘平性濇，清心醒脾，濇精厚腸，為交媾水火之耑藥。去心、衣用。蓮心，苦寒，專清心熱。蓮之沉水色黑者，名石蓮，性味苦寒，清心除煩，開胃進食，為禁口痢疾耑藥。有一種樹蓮，大苦，不入湯藥。

蓮蕊鬚　甘平性濇，濇精秘氣，為夢泄遺精耑藥。

白池藕　生用甘寒，涼血散瘀，搗汁，止吐衄甚捷。熟用甘平，養心益胃，湯煮益血有功。磨澄藕粉，清胃安神。無熱者均忌。

藕節　味甘性平，解熱消瘀，止吐血衄血。蓮花片，貼天泡濕瘡。

荷葉　味苦性平，色青，形仰中空象震，稟少陽甲膽之氣，能升胃中清氣。煨飯助脾胃消化，(炒)炒黑崩漏下血。荷葉蒂，守中和胃。荷葉邊，醒陽氣以四達。荷葉梗，開鬱結以通淋。

清·黃宮繡《本草求真》卷二　蓮子補脾澀氣。　蓮子耑入脾，兼入心腎。書載能入心、脾、腎三經。然氣稟清芳，味得中和，甘溫而濇，究皆脾家藥耳。中和則上下安養，君令臣恭而無不交之患矣。馮兆張曰：按蓮花出污泥而不染，生生不息，節節含藏，中含白肉，內隱清心。根、鬚、花、菓、葉、節、皮、心，皆為良藥，稟芬芳之氣，合稼穡之味，為脾之菓。脾為中黃，所以交媾水火，會合金木者也。土旺則四臟皆安，而蓮之功大矣。故書載能補心與腎有蓮子清心飲。及通十二經絡血脉，即是此意。且其味濇，則能使氣不走，而夢遺、崩帶、失血等症可理。白濁遺精，用石蓮肉、龍骨、益智仁等分為末，每服二錢，空心飯湯送下。味濇則腸胃亦固，而無五更洞泄之虞。同菟絲子、五味子、山茱萸、山藥、車前子、肉豆蔻、砂仁、橘紅、芡實、人參、補骨脂、巴戟天，治脾腎俱虛，五更溏瀉。惟大便燥者勿服，去心皮，蒸熟焙乾用，得茯苓、山藥、白术、枸杞良。蓮心味苦性寒，能治心熱，故產後血竭者最宜。石蓮色黑，入水則沉，入鹵則浮，煎鹽用此試鹵，味苦性寒，能除噤口，熱毒淋濁，果因熱成，亦可以解。然必本於蓮實，老於蓮房，墜入污泥，經久堅黑如石者方佳。若使出自粵東，產於樹上，大苦大寒，不宜入藥。

蓮鬚清心，入腎固精止脫。　蓮鬚耑入心腎。甘溫而濇，功與蓮子略同，但濇性居多，服能清心通腎，益血固精，烏鬚黑髮，止崩住帶。如三因固真丸、巨勝子丸，並皆用之。凡慾勤精薄而見滑脫不禁，治當用此秘濇。但不似龍骨寒濇，有收陰定魂安魄之妙。牡蠣鹹濇微寒，兼有化堅解熱之功。金櫻徒有止濇之力，而無清心通腎之理耳。毫釐千里，不可不辨，在細審玩。忌地黃、蒜、葱。

清·黃宮繡《本草求真》卷四　荷葉升陽散瘀。　荷葉耑入膽。其味雖苦，其氣雖平，然生水土之下，污穢之中，挺然獨立，實有長養生發之氣，故昔人謂其色青，主屬木，其形仰，主上行，其中空，主生發，其象震，主入膽，為東方膽木必用之藥，故潔古枳术丸方，用荷葉燒飯為丸，取其以為升發脾胃之氣。杲曰：《素問》云：履端於始，序則不愆，荷葉生於水土之下，污穢之中，挺然獨立，其色青，其形仰，其中空，象震卦之體，食藥感此氣之化，胃氣何由不升乎？用此為引，可謂遠識合道矣！更以燒飯和藥，與白术協力滋養，補令胃厚，不致內傷，其利廣矣。東垣清震湯用此以治頭面風痛等症，取其以為升發風寒之具。清震湯用荷葉一枚。升麻、蒼术各五錢。煎服。聞人規用此以治痘瘡風寒外襲，變黑倒靨，取其以為溫肌散邪之自。聞人規論云：痘瘡已出，復為風寒外襲，則竅閉血凝，其點不長，或變黑色，此為倒靨，必身體四肢微厥，但溫肌散邪，則熱氣復行而斑自出也，宜紫背荷葉散治之。蓋荷葉能升發陽氣，散瘀血，留好血，殭蠶能解結滯之氣故也。此藥易得，而活人甚眾，勝於人牙龍腦也。《證治要訣》用此一味燒灰單服，以治陽水浮腫，取其溫以行水之意，至入脾胃，須用其蒂，謂之荷鼻。取其味厚獨勝他處，但服荷葉過多，令人瘦劣，非可常用。試觀丹士縮銀，用荷葉同煅，而銀質頓輕，於此可知其概矣。

清·黃宮繡《本草求真》卷八　蓮藕入心脾血分，消瘀清熱。　蓮藕耑入心脾。出瘀泥而不染，其根通達諸竅，聯綿諸絡，允為交搆黃宮，通調津液之上品。味甘性寒，入心脾血分，冷而不泄，澁而不滯。故凡產後血積煩悶，酒後煩渴，藕汁蜜和服。盛怒血淋，以灰髮二錢，藕汁調服。痛脹霍亂，虛渴失血血痢，并金瘡折傷，酒毒蟹毒，搗爛，熱酒調服。一切屬熱屬瘀，服之立為解除。若非熱非瘀，服之增病。以其有破血止熱之力也。煮熟甘溫，益胃補心實腸，久服令人心歡。并搗塗折裂凍瘡。熱搗塗患處。孟詵曰：產後忌生冷，獨藕不忌，謂其能散瘀血也！散字作通字看，不作表散言。噤口痢服能止，結糞自下，胃氣自開者，亦以熱除血解而言。冷痢噤口者忌服。熟服止瀉實腸者，以其有溫補之力也。益脾補心者，以其味甘入胃，多孔象心之謂也。時珍曰：藕生於卑污，而潔白自若，質柔而穿堅，居下而有節，孔竅玲瓏，絲綸內隱，生於嫩弱，而發為莖葉花實。又復生芽，以續生生之脉，四時可食，令人心歡，可謂靈根矣！故其所主者，皆心脾血分之疾。與蓮之功稍不同云。弘景曰：宋時太官作血衉，音勘，庖人削藕皮誤落血中，其血渙散不凝，故醫家用以破血，多效。衉者血羹也。但世搗澄藕粉，多以豆麥菱粉偽充，真者絕少，藕節味澁，同生地汁童便，善止一切吐衄血症。忌鐵。《相感志》云：

藕以鹽水俱食則不損口，同油煠麵米菓食則無渣，煮忌鐵器。

清・李文培《食物小錄》卷上　藕　甘，平、微澀，無毒。消食，解酒毒。擣汁服，止悶除煩；　煮食，助胃，補五臟。同蜜食，令人腹臟肥，不生諸蟲。搗浸澄粉，名藕粉，食之輕身益年。白蓮，生食味美，熟則不佳。紅蓮、野蓮，生食味澀，蒸煮則良。　蓮子　甘，平，微濇，無毒。補中養神，益氣力，除百病。久服輕身耐老，不飢，延年，補五臟不足，傷中，益十二經脈血氣，止渴，去熱，安心，止痢。治腰痛及泄精。多食令人歡悅，交心腎，厚腸胃，固精氣，強筋骨，補虛損，利耳目。搗碎，和米作粥飯食，令人強健。

清・楊璿《傷寒溫疫條辨》卷六寒劑類　石蓮子去殼。　味甘，性寒。入心、胃、膀胱。主噤口痢。濃煎石蓮湯，磨入沉香汁。及濕熱滲入膀胱，而為遺濁淋瀝，清心除煩，開胃進食。按：　噤口痢由元氣虛脫，大便頻數，心氣與胃不安故也。得石蓮以通心氣，而胃氣自開矣。

清・楊璿《傷寒溫疫條辨》卷六濇劑類　蓮子福建者佳。　味甘濇，氣平。益十二經脉氣血，濇精氣，厚腸胃，除濕熱，治脾瀉久痢，白濁夢遺，血淋吐衄崩漏。蓮子、茯苓等分，入雄猪肚內，煮爛搗丸，蓮葉湯下，治前證悉效。此脾之果也，交水火而搆心、腎，安靜上下君相二火，猶黃婆媒合嬰兒姹女之理也。

蓮藕　生甘寒，涼血散瘀，止渴除煩；　熟甘溫，益胃補心，止瀉平怒。

蓮鬚　清心滋腎，益血固精。

蓮葉　色青中空，形仰象震，補脾胃而升陽，散瘀血而生新。主一切血證，洗腎囊風濕，療夢遺泄精。奠一云：　蓮葉為末，酒調服三錢，龍骨、牡蠣不若也。治濁固本丸：　蓮鬚、猪苓、黃連二兩，黃栢、砂仁、益智仁、半夏、茯苓一兩，甘草五錢，為末，煉蜜丸，蓮葉湯下。此固本之中兼利濕清熱，解鬱調氣而除痰也。余丙子夏在亳，一少年張姓，咳血遺精已經二年，狼狽之甚，診其脉，沉細而數，用紅蓮花十八片，蓮子、蓮鬚、蓮房、蓮葉、藕節俱二錢，水煎七服而吐遺止，後用六味丸加蓮子、芡實子、金櫻子、蓮葉湯下，服百日康健如故，因名愛蓮湯。

清・羅國綱《羅氏會約醫鏡》卷一七菓部　蓮子味甘平，入心、脾、腎三經。泡去皮心，炒研用。　稟清芳之氣，沖和之味，補中養神，益氣血，滋五臟，菓中之仙品也。交水火而媾心腎，君相之火自靖。治心虛夢遺、白濁、崩帶濇精氣，止泄瀉久痢厚腸胃。多服輕身延年。但大便燥者勿食。

石蓮子　九月經霜後，堅黑如石，墜水入泥多年者佳。清心虛邪熱遺於小腸，致病夢洩，心與小腸相表裏也。除煩，開胃，治噤口痢、淋濁諸證。今市中石蓮子，味大苦，產廣中樹上，不宜入藥。

蓮花鬚味甘澀，溫，入心腎二經。　清心益腎。治吐衄諸血清心火，止夢泄遺精固澀，黑鬚髮腎足，除瀉痢性澀。與蓮子同功，而澀精獨長。

藕味甘寒，入血分。　涼血散瘀。治一切血熱、九竅妄行，血淋痛脹，用藕汁同髮灰服二錢。止渴除煩，下產後血積。產後忌生冷，惟藕不忌，為能去瘀也。煮熟益胃補心，多孔象心。止瀉。能實大腸。久食令人心快而不怒。益心之效。生藕汁和蜜服，肥腹臟，不生諸蟲。澄粉更佳，安神益胃。

藕節　治吐衄諸血。同地黃搗汁，入酒、童便，效更速。

蓮房　即蓮蓬。燒灰，止血甚捷。生用煎酒，催生下衣。

荷鼻　即蒂。安胎甚良。逐瘀血，留好血，并治血瘀。

荷葉味苦平，入肝膽二經。　色青形仰。助脾胃而升發陽氣，能散瘀血，留好血。治吐衄崩淋損傷、產瘀一切血症。固精安胎，止瀉止渴，發痘瘡倒靨，薑蠶等分為末，胡荽湯下，勝於人牙、龍腦。雷頭毒風。方載頭病，有清震湯。凡補脾藥，或煎湯，或燒飯為丸。

清・陳修園《神農本草經讀》卷二　藕實、莖　氣味甘，平。主補中養神，益氣力，除百疾。久服輕身耐老，不飢延年。

清・趙學敏《本草綱目拾遺》卷七果部上　藕粉節粉、八仙藕粉　冬日掘取老藕，擣汁澄粉乾之，以刀削片，潔白如鶴羽，入食品，先以冷水少許和勻調，次以滾水沖入，即凝結如膠，色如紅玉可愛，加白糖霜摻食，大能和營衛生津。

《綱目》藕下止載澄粉作食，輕身延年，而不知其功用更專益血止血也。凡一切症，皆不忌可服。

《養餘月令》有澄藕粉法：　取粗藕不限多少，洗淨截斷，浸三日夜，每日換水，看極淨，漉出，搗如泥，以布絞淨汁；　又將藕渣搗細，又絞汁盡，却輕濾去渾脚，以清水少和攪之，然後澄去清水，下即好粉，曬乾收貯，和糯粉、白糖蒸食之，或以白糖開水沖服俱可。菱粉、芡粉俱用此法。

味甘，氣芬芳，性平，調中開胃，補髓益血，通氣分，清表熱，常食安神生智慧，解暑生津，消食止瀉。

節粉　出淮安，寶應一帶多有之，乃藕節擣澄取粉，曬乾，其價較藕粉數倍。

味甘，微帶苦，性平，開膈，補腰腎，和血脈，散一切瘀血，生一切新血。產後及吐血者食之，尤佳。

《宦遊筆記》：淮以南皆澤國，居人蒔藕，暇則濾為粉，淘汰既淨，去其渣滓，存其甘液，風吹日曝，漸成碎珠，以湯沃而食之，純任天然，別有風味，亦野物之可尚者矣。尤著名者曰片粉，擇藕之極佳者淘曬，人工十倍尋常，及其既成，則如白雲片片，纖塵不染，味亦絶勝，非大有力者，不能製也。

八仙藕粉：《經驗廣集》：此粉滋胃保元，治一切虛勞雜症。白花藕粉：白茯苓、白扁豆炒、蓮肉、川貝母、山藥、白蜜各等分，人乳另入滾水沖，不拘時食。

人紅丸：《濟世養生集》：專治童子勞怯，神驗之極。用人龍二十一條，即蚘蟲，童便洗淨，瓦焙勿令黑，研末。不破皮紅棗三十個，飯上蒸熟，去皮核。蘿菔子一錢五分炒研，大熟地五錢煮爛杵膏，真藕粉一兩五錢研，真川連六分酒拌炒，研末。右將紅棗肉、熟地膏和諸藥末搗勻為丸，如桐子大，每早以白滾湯送下七粒，逐日加增二粒，至二十一粒止，以後不必再加，服一料全愈。予屢試皆效，切勿泛視。

清·王學權《重慶堂隨筆》卷下 藕 以仁和產者為良。熬濃汁服，既能補血，亦能通氣，故無膩滯之偏。蓮子交心腎，不可去心，然能滯氣。單用心，則大降心火。荷葉燒飯，大升脾氣，以荷葉屬震，震為木，土得木而達也。燒飯者，以荷葉同米煮為飯也。杭州呼煮飯曰燒飯是矣。謬者解為荷葉包飯於火中燒之，不通甚矣。

清·黃凱鈞《藥籠小品》 蓮子 象心，寧心益脾，與龍眼肉煮湯，長服大益心脾；痢之重者，以此調治，無損有益，故東垣治母高年病痢，首用此味也。去心炒，蓮鬚濇精固胎。

石蓮子 苦寒，清心除煩，去濕熱，專治噤口痢。

藕 甘寒，凉血散瘀，節，功用相同。

荷葉 色青而仰，象震，升發陽氣，凡肝經病，用此引經甚妙。

清·章穆《調疾飲食辯》卷四 蓮 《爾雅》曰：荷，芙蕖。其莖茄，其葉蕸，其本蔤，其華菡萏，其實蓮，其根藕，其中菂，菂中薏。郭注云：蔤乃花下白蒻在泥中者。初生嫩藕，俗名藕鞭，又名藕尖。蓮乃房也，菂乃子也，薏乃中心苦也。別名芙蓉。古詩曰：涉江采芙蓉。又拒霜花名木芙蓉，以其色麗如蓮花也。《綱目》曰：北人以藕為荷，亦以蓮為荷，蜀人以藕為茄，此皆習俗傳誤也。陸璣《詩疏》曰：其莖為荷，其花未放為菡萏，已放為芙蕖。《爾雅》以荷為根名，《蜀本草》以荷為葉名，《詩疏》以荷為莖名，莖有負荷之義，當從《詩疏》。

按：《爾雅》首舉荷字，下文曰其莖、其葉、其本、其華、其實、其根，諸其字皆指荷字，是明明以荷為總名，何嘗以為根名？至獨以為莖名目，《詩疏》而外，絶不經見。《綱目》以負荷解之，極為欠妥。蓋荷花之荷平聲，負荷之荷上聲。不知根、葉、花、實，古人互稱者甚多，何必強為區別。宋人句曰：風蒲獵獵弄輕柔，欲立蜻蜓不自由。五月臨平山下路，藕花無數滿汀洲。明人句曰：歌扇舊分桃葉渡，釣船還傍藕花居。又曰：接天蓮葉無窮碧，映日荷花別樣紅。李青蓮句曰：若耶溪邊采蓮女，笑隔荷花共人語。是藕可名花，荷亦可名花，蓮又可名葉。其他互用者，不可枚舉。其生也，仲春初發，莖弱不能出水，葉甚小，謂之貼水荷錢。至孟夏，莖漸粗，葉漸大，乃能出水，亭亭如蓋。明人句曰：春色闌珊四月天，數聲啼鳥落花前。荷因有熱先擎蓋，柳為無寒盡脱綿。生肥澤者，藕粗長可及丈，莖亦不下六七尺。故梁武帝《西洲曲》曰：采蓮南塘秋，蓮花過人頭。至李青蓮詩蓮花十丈藕如船，恐非實有也。一種千葉蓮，重臺攢簇，不結子。一種並蒂蓮，一莖兩朵並開。一種金蓮色黃，碧蓮色綠，繡蓮五色如繡。一種睡蓮，夜縮入水。其單瓣蓮，花晝開夜合，有紅白二色：白花者，蓮藕俱佳，結子差少；紅花者，子多，藕味少遜。其花侵晨浥露，謂之初日芙蓉。不獨色嬌，香尤韻絶。近午則香漸斂，而暮靄澄江，晚風送馥。其葉香亦不在花香之下，蓋花香早、葉香暮也。葉形如仰盂，不傾不倚。雖生於水而不沾水，橫塘雨過，如珠之走盤。蓋惟不沾則不重，故不傾而倚也。洎乎霜後莖枯，秋江夜雨，猶足以滴碎鄉心，驚回旅夢，有梧桐之蕭瑟所不得擬其幽，芭蕉之淅瀝所不得侔其韻者。李于田先生絶句云：孤閣臨流混太清，烟波渺渺抱重城。西風莫遺枯荷盡，醉客重來聽雨聲。

蓮實，《爾雅》曰：的，薂。郭注曰：即蓮實。《本經》曰：藕實，又名水芝，又名澤芝。味甘而澀，性溫。不宜生食，能動氣作脹。必須煮至極爛，不爛則難化困脾。入丸散藥則不宜煮去汁，只去衣蒸熟，去心，焙研用。性能補中養神益氣。出《本經》。主傷中五臟不足，出《食療本草》。止虛痢及泄精。多食令人歡喜，出《日華本草》。交心腎，厚腸胃，固精氣，止脾泄久痢、赤白濁、女人帶下崩中。出《綱目》。搗碎，和米作粥飯食，輕身益氣，令人強健。出《詩經注疏》。又療胸胃寒冷逆噫不止：蓮肉炒香二兩，丁香一錢，研末，米飲下方寸匕或二匕。出《元和紀用經》。

按：蓮肉大補心脾之氣，兼能補血，凡產後虛脫及一切虛寒滑脫者，極宜。然既溫而澀又偏於補，未免壅氣助熱。凡虛熱或氣滯者均不宜食。《食療本草》乃云：諸鳥、猿猴藏蓮子於石室至三百年者，人得食之，永遠不老。請問此物何處尋覓，假令有之，又如何辨別，古今來誰曾試驗。又云：雁食之不化糞，於田野山岩之中，人得之，每旦空腹食十枚，便身輕如雁，能登高矚遠。皆荒誕之言也。

又石蓮子，乃秋後老蓮落水，沉沒泥中多年者。蓮殼極堅，故種者必剁去始出。不然，浸泥水中雖十年，不芽亦不壞。味變極苦，則甘溫之性亦變寒涼。蓮本補脾胃，味既變苦，故入中州而除胃火，為治噤口熱痢之神藥。《別錄》以尋常殼堅黑者為石蓮，則凡蓮實未有不俟殼堅而可收采者。其性溫而澀，痢疾雖已向愈，餘熱未盡者猶忌之，可用為治熱痢之藥乎？俗醫又誤以煎鹽之石蓮，為治痢之石蓮。今藥肆中盡是此物。此乃木生，因其形似蓮，故名石蓮。名是實非，豈可誤用？欲得真者，宜囑冬時掘藕之人，便中撿取。但新者多，陳者少耳。

蓮薏　味苦性寒，功專涼血。治產後血渴，生研末，米飲服二錢。出《藥性本草》。又善清心去熱，治勞心吐血，研末，每以一二錢，攪糯米粥食。又有勞心即泄精者，食此粥亦極效。

蓮蕊、鬚　味苦，能止腎熱泄精、血崩、吐血。《綱目》以為與蓮子同功，大誤。蓮子溫而澀，此寒而澀也。

蓮房　一名蓮蓬，苦而極澀。燒存性能止血崩、下血、溺血。出《綱目》。又治漏胎下血。燒，研末，麪糊丸，每阿膠三五錢煮酒，下百丸。出《集驗方》。生煮酒則反消瘀散血，治血脹腹痛，胞衣不下。又解菰子毒，水煮汁服。出《拾遺》。

荷葉　《本經》《別錄》俱不收。至唐陳藏器《本草拾遺》載其功用，云散瘀血，治血脹腹痛，下胞衣，解野菌毒，則是與蓮蓬同，其言有理。乃又忽云荷蒂能去惡血，留好血，可以安胎，後人遵而用之，絕無一驗。荷蒂七枚泡水，安胎之方，舉世庸醫，及窮鄉僻壤婦人女子，無不知之。迨至屢用屢不效，而猶視為秘寶。與朱震亨白朮、黃芩安胎聖藥，產後雖有他症，以末治之諸邪說，均為流俗口頭常話，蓋無日而不誤人者也。《日華本草》云能破血落胎。以理揆之，消瘀散血之藥既下胞衣，則落胎之言可信，豈可反用以安胎。乃俗醫誤用，而胎不盡落者，以其少也。設使多用屢用，無不落之理。所以《聖惠方》治跌撲損傷，惡血攻心，悶亂疼痛，用乾荷葉燒存性，研末，童便服二錢，日三服。《集簡方》治刀斧傷，新鮮荷葉搗爛，炒熱封。無則乾者研末，醋和韭汁調敷。《醫壘元戎》治陰腫痛癢，荷葉、浮萍、蛇床子煎湯頻洗。一切風瘡癢俱可用。《濟生方》治吐血、衄血，四生丸：生荷葉、生栢葉、生地黃等分，生艾葉減五之四，同搗，水煎服。以上諸方，皆取其散血也。迨金時，張元素創造枳朮丸方，用荷葉包飯，燒之為丸，則不知何意。至元朝李杲，解為荷葉形如仰盂，象震木，用入此方，乃升發足少陽甲木、手少陽三焦生發之氣，此氣既升，胃氣何由不升。不知脾胃屬土，補脾胃必須升發木氣，其理安在。且全部《東垣十書》，所立數百千方，不論溫涼補瀉，每方必有升麻、柴胡、葛根、蒼朮升散之藥，或一二味，或四味全用。乃至治天行疙瘩、大頭症，亦用升麻、蒼朮、荷葉三味，名曰清震湯，名其病曰雷頭風。升麻、荷葉助其上盛之陽邪，蒼朮燥其垂竭之陰液，畔道離經，至此而極。後世無目之人，猶亟稱之，豈不悲哉！此症之生，其氣最惡，死最速。回憶生平，凡數見，治之惟以退熱、消風、解毒為主者，則十全八九，服清震湯者，則百無一生。予蓋目擊數十百人矣。願舉世業醫之人，講求《內經·熱病論》《刺熱論》諸篇之實理，《傷寒論》《金匱》之實法，更遠而參《深師》《肘後》《東陽》《千金》《外臺》《活人》諸書之變，近而考方有執、喻嘉言、徐靈胎、汪苓友、葉天士諸子之通，勿為金、元、明空言所蔽，邪說所迷，斯足以挽回劫運，利濟蒼生，為彼蒼之肖子矣。

藕　古方謂藕熱節涼，極不可信，大抵性皆熱。生食或搗汁和酒飲，能破血消淤。和梨汁治吐血不止。龐氏方治產後悶亂：用生地黃冷水浸搗絞汁，和生藕汁等分，加童便服。又治小便血淋：即上方加生蒲桃汁，等分。又治跌打，淤血積在胸腹作痛，唾血，生藕汁頻飲。加生地黃、牛膝，搗汁服，更佳。出《千金方》。又解蟹毒令人腹痛、便血、吐血，又解水莽草毒。均即上方藕汁一味。出《聖惠方》。又治塵芒入目，生藕汁滴入即出。蒸熟食，健脾益心，補氣血。《本經》曰：久食令人心歡。古詩云：一灣西子臂，七竅比干心。亦用形之理也，然性更熱。凡脾熱易飢，及肺熱欬嗽、吐血，心熱驚悸，夢遺者，慎不可食。《普濟方》治手足凍瘡坼裂潰爛，熟藕搗爛敷之，性可知矣。

清・章穆《調疾飲食辯》卷四　藕粉　藕能入血而助熱，澄粉則稍平，然熱病亦不宜食。

清・王龍《本草纂要稿・菓部》　蓮子　氣味甘澁。利益十二經血氣，安靖上下君相火邪。禁精洩，清心。愈腰疼，止痢。開耳目聰明，令肢躰強健。　石蓮子：更能清心，黑髮。佛座鬚，益腎，澁精固髓。

清・吴鋼《類經證治本草・手少陰心臟藥類》　藕　【略】誠齋曰：治乳房癰腫，燒灰酒服之立效。○花：治用略同，搗敷天泡瘡。○葉：【略】誠齋曰：燒飯，荷葉宜少用，治病止宜中病即止，勿過也。

清・張德裕《本草正義》卷上　荷藕　甘，涼。而中空，帶絲而聯絡，入肺通營。止吐血衄血，清心肺，滋陰氣，解酒毒。荷葉香涼，能清舒脾胃之氣。

蓮肉　微甘，平，淡，皮澁，心苦。用去心皮。補脾胃，固精氣。炒熟用良。

清・楊時泰《本草述鉤元》卷二一　蓮藕　其根藕，其實蓮，其莖葉荷。凡蓮實作種，遲生；藕芽作種，易發。根横行，初生曰蒻，成節曰蔤，藕其總名。節分二莖，一上豎作葉，一横行即子，藕不偶不生，節節皆然。本曰蕸，莖曰蕖，葉曰茄，荷亦總名。其華合時曰菡，開時曰萏，殼曰房，實曰菂，菂心曰薏，蓮亦總名也。房中之菂，從下生上，薏色青碧，即具捲荷二枝，倒折向上，中含華茁，從上生下。菂衣經秋正黑，入水必沉，鹵鹽煎之能浮，生山海間者，可百年不壞，人得食之，令髮黑不老。紅華者蓮優藕劣，白華者蓮劣藕優，故采實宜紅，采藕宜白，各取其提氣之盛也之頤。

蓮實：味甘濇，氣平。入足太陰陽明，兼入手足少陰經。蓮子、石蓮，性俱溫日華子。嫩菂性平，石蓮性溫瀕湖。得茯苓、山藥、白术、杞子良。主治補中養神，交心腎，固精氣，愈赤白濁，醒脾滯，止脾泄及久痢，益十二經脈血氣，安靖上下君相火邪。所主皆資益心脾之功。　蓮自蒻、蔤，而節節生莖，生葉，生花，生藕。其蓮菂始而黃，黃而青，青而綠，綠而黑，中含白肉，内隱青心。石蓮堅剛，可歷永久，薏藏生意，藕復萌芽，展轉生生，造化不息。故釋氏用為引譬，妙理具存，醫家取為服食，百病可却。蓋蓮子味甘氣溫而性嗇，禀清芳之氣，得稼穡之味，乃脾之果也。脾者黄宮，所以交媾水火，會合木金者也。土為元氣之母，母氣既和，津液相成，神乃自生，久視耐老，此其權輿也。昔人治心腎不交，勞傷白濁，有清心蓮子飲，補心腎，益精血，有瑞蓮丸，皆得此理瀕湖。　蓮實補中養神者，假實中之薏以為種子，藴資始資生之本，微而能著，固而愈強，藉以養益神氣，百疾自除也，不可修治去之之頤。　得川連、白芍、扁豆、乾葛、升麻、紅麴、橘紅、甘草、滑石、烏梅為丸，治滯下如神。下痢禁口，大危，用鮮蓮肉一兩，黄連五錢，人參五錢，濃煎，細細與呷，服完便瘥。同菟絲、五味、山藥、山萸、車前、肉蔻、砂仁、芡實、故紙、人參、巴戟、橘紅，治脾腎俱虛，五更溏泄，有肺熱者，去人參、肉蔻。水芝丹：補益虛損，用蓮實半升，酒浸二宿，牙猪肚一個，洗淨，入蓮在内，縫定煮熟，取出曬乾，為末，酒煮米糊丸梧子大，每服五十丸，食前溫酒下。

石蓮子　九月經霜後，采堅黑如石者，破房得之，墮水入泥者良。今肆中所貨，一種狀如榧子，其味大苦，產廣中樹上，木實也，不宜入藥。此物經秋正黑，入水必沉，鹵鹽煎之能浮，何故？蓋鍾天一之靈，以發地二之德，見秋金之母，自然本色畢露，入水而炎上，一脈已斷，全歸水性，密藏不出，無復浮理。惟以鹵鹽之本族柔之煎熬之火力迫之，自然生氣流動，不容終沉也之頤。

附方：清心寧神，用蓮房中乾石蓮子肉，砂盆中擦去赤皮，留心為末，入龍腦，點湯服之。白濁、遺精，蓮肉、白茯苓等分為末，白湯調服。心虛赤濁，石蓮肉六兩，炙甘草一兩，為末，每服一錢，燈心湯下。

蓮子心即菂中薏。　味苦，氣寒。主治清心去熱。《局方》有用水浸裂，生取其心，以治心熱及血疾作渴，產後作渴，暑熱霍亂者。藏器有言，食蓮子不去心，令人作吐。按治心腎之病，不宜去心。若同諸藥以益脾，去心亦可。

附方：勞心吐血，蓮子心七個，糯米二十一粒，為末，酒服。小便遺精，蓮子心一撮，為末，入辰砂一分，每服一錢，白湯下，日二。

蓮鬚　味甘，濇，氣溫。足少陰腎經藥，亦能通手少陰經。主治鎮心固精，益氣。能清心入腎，療滑泄，烏鬚髮。同黄蘗、砂仁、沙苑、魚膠、覆盆、五味、牡蠣，生甘草作丸，治夢遺精滑最良。按貼水荷，其下旁行生藕，其葉之莖，色青中空而形仰，所謂象震之體者也。出水荷其旁莖生花，吐於季夏，二莖並挺，是鍾天一之靈，而透地二之德者也。華內黃鬚土色，蓋水藉木氣以致於火，原不能離乎土，至華於季夏，則火德已透，而形且麗於土矣。水火交麗於土，誠所謂鎮心固精而益氣者也，故古方固真補益多用之，義詳總論。

藕　白花藕大而孔扁者，生食味甘，煮食不美。紅花及野藕，生食味濇，煮蒸則佳。　味甘，氣平。入心脾胃三經。生者甘寒，熱者甘溫。忌鐵器。生食，解胸中熱，散留血，去煩渴。擣汁服，除煩清胃，治霍亂後虛渴，產後血悶。蒸食，消食止泄，開胃寬中，補五臟，實下焦。蜜食，令人腹臟肥，不生諸蟲。產後忌生冷物，獨藕不忌，為能破血也詵。藕生於卑汙，而潔白自若，質柔而穿堅，居下而有節，孔竅玲瓏，絲綸內隱。自嫩蒻發為莖葉花實，又復生芽，以續生生之脈，四時可食，令人心懽，可謂靈根矣。故其所主，皆心脾血分之疾，與蓮之功稍不同。時氣煩渴，藕汁一盞，生蜜一合，和勻細服。霍亂煩渴，藕汁一鍾，薑汁半鍾，和勻飲。上焦痰熱，藕汁、梨汁各半盞，和服。產後悶亂，血氣上衝，口乾腹痛，用藕汁、生地汁、童便等分，煎服。小便熱淋，藕汁、生地汁、葡萄汁各等分，每服半盞，入蜜溫服。

藕節　味濇，氣平，性冷。伏硫黃。擣汁飲，消瘀血，解熱毒，止吐衄及血淋、下血、血崩諸證。血淋痛脹，以藕汁調髮灰，每服二錢，三日後，血止痛除。冷痢，食湖蟹所致，用新采藕節擣爛，熱酒調下，數服即愈。大抵藕能消瘀血，解熱開胃，而又解蟹毒故也。猝暴吐血，雙荷散：用藕節、荷蒂各七個，入蜜少許，擂爛，水二鍾，煎八分，去渣，溫服，或為末，丸服亦可。大便下血，用藕節曬乾研末，人參、白蜜煎湯，調服二錢，日二服。金鎖玉關玉丸即玉鎖丹，治遺精血濁，心虛不寧，用藕節、蓮鬚、蓮子及心、芡實、山藥、茯苓、茯神各二兩，為末，金櫻子二斤搥碎，以水一斗，熬八分，去渣，再熬成膏，入少麪和藥，丸梧子大，每服七十丸，米飲下。按茲證而用藕節，則節固非以破血為功者矣。又按藕之生食，能解熱療煩渴諸證，必其白花而稟金氣者。熟食，能開胃止泄補五臟實下焦，必其紅花而稟火氣者。總之，主心脾血分之疾，藕節療上下血溢較勝者。《經》曰：血者，神氣也，節則神氣之所遊行出入也，非皮肉筋骨也，即此可悟藕節療血之義矣，後詳總論。

荷葉　主生發元氣，裨助脾胃，散瘀血，消水腫，發痘瘡，治吐血衄血及下血、溺血、血崩、產後惡血損傷敗血。令人瘦劣，單服可消陽水浮腫之氣。陽水浮腫，敗荷葉燒存性，研末，每服二錢，米飲調下，日三服。產後心痛，惡血不盡也，荷葉炒香為末，每服方寸匕，沸湯或童便調下，或燒灰，或煎汁皆可。吐血咯血，敗荷葉、蒲黃各一兩，為末，每服二錢，麥冬湯下。崩中下血，荷葉燒研半兩，蒲黃、黃芩各一兩，為末，每空心酒服三錢。雷頭風頭面疙瘩腫痛，憎寒發熱，狀如傷寒，病在三陽，不可過用寒藥重劑，誅伐無過清震湯主之。用荷葉一枚，升麻五錢，蒼朮五錢，水煎溫服。痘瘡已出，復為風寒外襲，竅閉血凝，其點不長，或變黑色，此為倒靨，必身痛四肢微厥。但溫肌散邪，則熱氣復行，斑點自出，宜紫背荷葉散。以荷葉能升發陽氣，散瘀血，留好血，而殭蠶能解結滯之氣也《聞人規》。潔古枳朮丸用荷葉燒飯為丸，何也？夫足少陽膽甲，是屬風木，為仁化萬物之根蒂也。人之飲食入胃，營氣上行，即少陽膽甲之氣與三焦元氣同為生發之氣者。荷葉挺生水土之下，清出汙穢之中，其色青，其形仰，其中空，象震卦之體，食藥感此氣之化，胃氣何由不升乎？更以燒飯和藥，與白朮協力滋養，補令胃厚，不致內傷，其利廣大矣東垣。按藕能暢地道生育之化，荷葉能達天道發育之功，義詳總論。

荷蒂一名荷鼻。　氣味苦平。主治安胎，去惡血，留好血，止血痢。並煮水服。

總論：陰陽兆於奇偶，奇偶者即坎離之中畫也。荷華其根藕，不偶不生，節節皆然，自其節分為三莖從下而上，是偶中有奇，天一之坎水上交於離，致其奇之用於上也。其實蓮，仁中之薏，還具捲荷二枝，倒折而上，中含華茁，從上生下，是奇中有偶，地二之離火下交於坎，致其偶之用於下也。夫其生也，偶在下，奇在上，即具既濟之義矣。況離下而離中之坎必致於上，坎上而坎中之離必致於下乎，此蓮實所以能交心腎，安靖上下君相火邪也。《本經》首主補中者，緣水土合德以立地，而天一之氣，即是真陽，有出地之木，為陰中少陽，引陽而升，使陰亦隨之以升，乃成上行之地道焉。腎脈至肺而下入胸中，脾脈亦至肺而注心中。又有在天之金，為陽中少陰，引陰而降，使陽亦隨之以降，乃成下濟之天道焉。水火之交，麗於中土，水氣達而土氣亦達，火氣暢而土氣亦暢，斯其為補中也至矣。水火之交，麗於中土，而土又以木為用。《經》曰：少陽為樞。又曰：一陰為獨使。惟荷葉之升發清陽，上達胃氣者似之。蓋其鍾天一之靈，以透發地二之德，即一花實中，有終其水中之火以上行，始其火中之水以下徹者。即蓮從藕根抽莖開花以及結實，皆自下而上，而實中之薏，包含根莖花葉，形復倒垂，有歸根復命之義也。然則蓮實殆能交水火以益土，更即益土而行水火之升降者哉。至如藕及藕節，荷葉及蒂類用之血證，而不知其能達水中真氣乃能和血。風木達水中真陽，即是血臟，昔賢云：肝膽同歸津液府。又云：太陽厥陰同一治，義固可思。夫木自下而上達水中真氣以資血之始，尤賴金自上而下達火中之氣，又還以達其水氣而資血之生，蓋腎上連肺，腎脈至於肺，子固依乎母也。使肺之陰氣虧，則火不降，火不降則刑金而子氣失所所孕，故水不得化而血病。在先天為水，在後天為血，血固原於水而成於火者。如蓮薏之從上而下者，知其一線生意，具藕全體，必能裕血化原，為血證之利益也。

清·葉桂《本草再新》卷五　石蓮子味苦，性寒，無毒。入心、脾二經。　清心除煩，開胃進食。去濕熱，治瀉痢。

蓮子味甘，性微涼，無毒。入心、腎二經。　定智安神，益氣補虛，滋陰瀉火，健脾寬中。

蓮心味苦，性寒，無毒。入心、肺、腎三經。　清心火，平肝火，瀉脾火，降肺火，消暑除煩，生津止渴，治目紅腫。

蓮鬚味甘、淡，性清涼，無毒。入心、肺二經。　清心肺之虛熱，解暑除煩，生津止渴。

荷花味苦、甘，性涼，無毒。入心、肝二經。　清心涼血，解熱毒，治驚癇，消濕去風，治疥瘡。

荷葉味苦，性清涼，無毒。入心、肝、肺三經。　清涼解暑，止渴生津，治瀉痢，解火熱。○荷蒂，清心降火，解暑除煩，治痢瀉，消濕熱。○荷梗，能通氣消暑，瀉火清心。

藕味甘，性寒，平，無毒。入心、肝、肺三經。　涼血去瘀，利濕通氣，止渴除煩，化上焦痰熱，利小便熱淋。○藕節　涼血養血，利水通經。

蓮衣即蓮皮。味苦而濇，性涼，無毒。入心、脾二經。　治心胃之浮火，利腸分之濕熱。

清·吴其濬《植物名實圖考》卷三一　蓮藕　《本經》上品。實、薏、蕊、鬚、花房、葉、鼻，皆入藥。

清·趙其光《本草求原》卷一五菜部　蓮藕　藕，不偶不生，地二之火也。莖必奇生，是天一之水也。偶下奇上，是離中之坎必致於上也。且脈絡井然，竅穴玲徹。氣平，入肺，味甘，入脾。故能通竅達絡，調肺津，補中，入心脾血分。水精歸脾，上升於肺，乃入心生血，是血原於水，成於火，必賴地道上騰，中氣上達，即是補。生食，解胸熱、散瘀，取汁調髮灰，治血淋痛脹欲死。合生地、童便，治產後血悶痛，氣上沖心。止渴、除煩，取汁和蜜，治時氣煩渴；和薑汁，治霍亂、虛渴。治尿血、熱淋，同生地汁、葡萄汁入蜜溫服。解酒毒、硫、蟹毒。搗爛，熱酒調服。熟食甘溫，益胃、消食、寬中、補心養神，多孔象心。益氣力，心血足則力充。實腸止泄，止怒；久服除百疾，令人心歡。益心之功。

同蜜食，令人肥，不生蟲；生搗，罨金瘡傷折；熟搗，塗折裂凍瘡。卒中毒箭，多飲藕湯佳。藕澄粉，治虛損失血，吐利血，血痢口噤。頻食，則結糞自下，胃自開。產後生冷皆忌，惟生藕不忌，為其破血也。塵芒入目，取汁滴目中即出。

藕節　氣平。解熱毒，消瘀血。味大澀。汁和髮灰又止上下諸脱血。《經》曰：血者，神氣也。又曰：節者，神氣之所遊行出入也。即此可知血溢用節較勝。伏硫黃。宋孝宗食蟹致痢，搗藕節和酒服而愈。同荷蒂煎或為末，和蜜服，治暴吐血。曬為末，以參湯加蜜服，治便血。解熱止渴，宜白花者；治血及補，宜紅花者，紅禀火氣也。

荷葉　苦，涼。色青，形仰，中空，象震。震，仰盂。感少陽用膽之氣，故升發元氣以疏胃。苦入心，平入胃。潔古枳术丸用之燒飯為丸是也。令胃厚而不內傷，勝於巴豆、牽牛多矣。治痘感風，倒靨變黑，肢冷身痛，紅背者升發散瘀，合僵蠶解結滯，痘自起，勝於人牙、龍腦。雷頭風症，頭面疙瘩腫痛，憎寒壯熱，狀如傷寒。不可過用寒藥，清震湯治之。用一枚合升麻、蒼术各五錢。瀉痢，暑渴清熱，陽水浮腫，燒存性，米飲下。產後瘀痛，燒灰或炒煎汁，童便調更妙。吐衄血，同蒲黃為末，麥冬湯下。崩淋。同黃芩、蒲黃末酒下。其散瘀血、留好血與藕相同。但藕暢地道之陰液，此達天道之清陽，為略異耳。洗腎囊風，治遺精，研末，酒服極驗。安胎、止崩，治血痢，健脾。宜用葉蒂，名荷鼻。取其味厚於葉也。但荷葉多服令人瘦。用之煅銀，銀頓輕，其消爍可知。荷蒂達水中真氣，故和血。如肝達腎陽而為血臟也。荷梗，清心消暑、通氣。

蓮子　甘補脾。平實腸。而澀。固精。得水土之精英，自抽莖、開花、結實，皆自下而上，藕以偶生，而奇莖直上，是以地二之離，致其坎一之用於上。乃實中。包含卷荷二枝，形復倒垂，有歸根復命之義。蓮者奇也。而心復偶，是奇中有偶。從上生下，則地二之火下交於坎，以致其用於下。故能益土以行水火之升降，而交通心腎，安靖上下君相火邪，補中、養神、益氣、清心、固精、止泄、醒脾，止久痢、崩帶、赤白濁。古方治心腎不交，勞傷白濁，有蓮子清心飲；補心腎，有瑞蓮丸。益十二經脈血氣經緯貫串之餘化也。及諸血病。水中真氣入肺以資血之始，肺陰入心以資血之化。大便燥者勿服。以其健脾提水也。

同川連、人參，治噤口痢；同連、芍、扁豆、升、葛、橘、麯、甘、滑、烏梅，治滯下如神。酒浸二宿，入豬肚內煮曬，酒糊丸，補益虛損。補益，去皮；固精健脾，連皮用。

蓮子心　苦，寒，清心去熱。治勞心吐血，同糯米為末酒服。尿精，同辰砂末，白湯下。血疾渴，產後渴，為末，米飲下。暑熱霍亂。故治心腎病。蓮子宜帶心，益脾則宜去心。又種子，以其所蘊為資始資生之本也。

石蓮　蓮子經秋，老於蓮房，墮入水中，久而變黑。甘寒，清心寧神。同龍腦為末。白濁、遺精，同茯苓為末，白湯下，此髓有熱也，若腎虛而滑忌之。心虛熱赤濁，加甘草為末，燈心湯下。熱毒、噤口痢。同參用，取水土之餘氣，以助脾陰而去濕熱。砂盆中擦去皮，留心用。石蓮入水則沉，是全歸水性密藏之義。以鹵鹽煎之則浮，是水中之真陽得本族以柔之，而生氣流動也，故落田野者百年不壞，食之黑髮不老。肆中石蓮產廣東樹上，大苦寒，不宜入藥。

蓮蕊鬚　色黃，味甘，入脾。氣溫，入肝。性澀，而華於夏，是本天一之靈而透地二之火，以麗於土，故鎮心、通腎、固精，欲勤、精薄而滑者宜，陽亢者切禁。烏鬚髮、止夢遺，俱同黃柏、沙苑、砂仁、甘草、魚膠、五味、盆子、牡蠣。吐崩之諸血。兜澀之效固矣，豈知血原於水，成於火，藉肝達水氣以資血之始，尤藉肺陰降火以資生；而中土之汁又血之本也，肝氣達而土氣和，則血調。忌地黃。

花　取白花陰乾用，貼瘡。萃仙丸用之。解熱毒，治驚癇，消濕，去風疥疾。

房　苦入心。溫而澀，功專止血。崩下，溺血。皆燒灰用。

花蕊　浸酒妙。

葉　澀，寒。取汁熬膏，每汁一兩，加飴糖五錢，治陰虛失血，止白濁，貼蛇鱗瘡。

初出卷葉　全用煎飲，下胎衣，存性。治蓮蓬瘡。

清・葉志詵《神農本草經贊》卷一　藕實莖　味甘，平。主補中養神，益氣力，除百疾。久服輕身耐老，不飢延年。一名水芝丹。生池澤。

冰絲玉節，蟄臥川阿。紅裳獨立，翠扇交摩。中藏魚目，仰露蜂窠。水羞相輩，痊起沉痾。

于慎行詩：冰絲欲斷鮫人縷。陶弼詩：誰將玉節栽。馮璧詩：蟄臥時奮迅。王勃賦：誓畢賞於川阿。李綱賦：紅裳影斜。韓偓詩：香囊獨立紅。許渾詩：烟開翠扇清風曉。《京房易傳》：相摩而鳴。高啟聯句：魚目微光皎。張檝詩：飛盡黃蜂露蜜房。劉孝威啟：凡厥水羞，莫敢相輩。謝薖詩：已覺沉痾痊。

清・文晟《新編六書》卷六《藥性摘錄》　荷葉　味苦，氣平。入肝。升陽散瘀，溫肌卻邪。○治頭面風痛，並治痘瘡，因風寒外襲，變黑歸腎。○若燒灰單服，治陽水浮腫。○入脾胃，須用其蒂，取其味厚。○但服荷葉過多，令人瘦劣，非可常用。

蓮子　甘溫而濇，補脾濇氣，兼入心腎。治夢遺，崩帶失血，五更洞泄。○惟大便燥者，勿服。去心皮，蒸熟，焙乾用。得枸杞、茯苓、山藥、白朮良。○蓮心，苦，寒。治心熱，故產後血渴最宜。○一石蓮，色黑，入水則沉，入鹵則浮。除噤口熱毒淋濁。　蓮鬚：甘溫而濇。清心入腎，固精止脫，止崩住帶。大便燥結，小便赤澀者，勿服。○忌地黃、葱、蒜。

蓮子　補脾濇氣，兼入心腎。大便燥者勿服。○蓮心、蓮須、石蓮，並詳藥部。

蓮藕　甘，寒。入心、脾血分。消瘀清熱。○凡產後血積，煩渴血悶，酒後煩渴盛怒，及血淋痛脹，霍亂虛渴，失血血痢，噤口熱痢；並金瘡折傷，酒毒蟹毒，一切屬熱瘀者，服之即効。非熱瘀勿服。○蒸煮熟，入脾，補心實腸。○搗熟汁，塗折裂凍瘡効。○藕節，味濇。同生地汁、童便，善止一切吐衄血症。○忌鐵器。

藕　甘，寒。生食消瘀，清熱涼血。蒸煮熟，補心實腸。餘詳藥部。○藕節，止血。並詳藥部下血。

清・張仁錫《藥性蒙求・果部》　蓮子心三錢、花　蓮子味甘，健脾理胃。止瀉濇精，清心養氣。去心皮，蒸熟焙乾。○蓮子中青心苦寒，清心去熱。○便燥者勿服。○紅白蓮花，久服好顏色，變白却老。　石蓮甘、苦二種三錢　石蓮苦寒，開胃清心。痢由濕熱，兼治濁淋。有甘、苦二種。石蓮即蓮子之經霜堅黑，墮水入泥者。杵碎用。無濕熱而虛者，勿服。　蓮蕊鬚甘，功同蓮子。濇血固精，瀉家亦止。

藕　藕味甘寒，散瘀涼血。熟則補心，又能益胃。同梨汁治上焦痰熱，同生地汁治小便熱淋。又治傷寒溫熱。以上俱搗汁。產後忌生冷，惟藕不忌，散血故也。　藕節三四個　藕節性平，消瘀解熱。吐衄崩淋，止之必捷。濇，平。解熱毒，消瘀血，療產後血悶，止吐衄崩淋，一切血症。搗汁用。　荷葉蓮房、荷蒂、金絲荷葉　荷葉苦平，輕宣升發。燒飯助脾，散瘀妙藥。色青形仰，感少陽甲胆之氣。燒飯合藥，助脾胃而升發陽氣。能散瘀血，留好血，治吐衄崩淋、損傷，產瘀一切血症。〇荷蒂：　苦，平。助脾胃，治諸血症，澀精安胎。　蓮蓬殼：　苦，濇，溫。止血崩下血。一云：　破血。〇金絲荷葉：　治耳中膿。

清・王孟英《隨息居飲食譜・果食類》　藕　甘，平。生食生津，行瘀，止渴除煩，開胃消食，析酲，治霍亂口乾，療產後悶亂，罨金瘡，止血定痛，殺射罔，魚蟹諸毒。熟食補虛，養心生血，開胃舒鬱，止瀉，充飢。擣罨凍瘡。亦可入饌，果中靈品，久食休糧。以肥白純甘者良。生食宜鮮嫩，煮食宜壯老。用砂鍋桑柴緩火煨極爛，入煉白蜜，收乾食之，最補心脾。若陰虛肝旺，內熱血少，及諸失血證，但日熬濃藕湯飲之，久久自愈，不服他藥可也。老藕擣浸澄粉，為產後、病後、衰老、虛勞妙品，但須自製，市物恐羼雜不真也。市中熟藕多雜穢物，故易糜爛，最不宜食，諸病皆忌。藕節入藥，功專止血。

藕實即蓮子　鮮者甘平。清心養胃，治噤口痢。生熟皆宜，乾者甘溫，可生可熟。安神補氣，鎮逆止嘔，固下焦，已崩帶、遺精，厚腸胃，愈二便不禁。可磨以和粉作餻，或同米煮為粥飯，健脾益腎，頗著奇勛。以紅花所結肉厚而稉者良。但性澀滯氣，生食須細嚼，熟食須開水泡，剝衣挑心，煨極爛。凡外感前後、瘧疸疳痔、氣鬱痞脹、溺赤便秘、食不運化，及新產後，皆忌之。汪謝城曰：　陳蓮子雖久煮不糜，取蓮根新出嫩芽，同煮則爛矣。

薏蓮子心也　苦，涼。斂液止汗，清熱養神，止血固精，所謂能靖君相火邪也。　勞心吐血，蓮心七枚，稉米二十一粒，為末，酒下。　心動精遺，蓮心一錢，研末，入辰砂一分，淡鹽湯下。

蓮鬚　苦澀。治遺精、失血。

蓮花　貼天泡瘡。以一瓣，書人字於上，吞之，可催生。研末，酒服方寸匕，治跌打嘔血。白者蒸露，清心滌暑，涼營。千葉小瓣者，鮮服壯陽。

蓮房蓮蓬殼也　破血，亦能止血。酒煮服，治胎衣不下。水煎飲，解野蕈毒。

桿　通氣舒筋，升津止渴。霜後采者，清熱，止盜汗，行水，愈崩淋。

葉功用與房略同，其色青，其象震，故能升發膽中清氣，以達脾氣，凡脾虛氣陷，而為便瀉不運者，可佐入培中之劑，如荷米煎之類是也。古方荷葉燒飯，即是此義。葢燒飯即煮飯，後人拘泥字面，不解方言，入火燒焦，全失清芬氣味矣。凡上焦邪盛，治宜清降者，切不可用。東垣清震湯之謬，章杏雲已力辨其非。試察其能治痘瘡倒陷，則章氏之言益信。《痘疹論》云：　痘瘡倒陷，若由風寒外襲，竅閉血凝，漸變黑色，身痛肢厥者，溫肌散邪，則氣行而痘自起也。用霜後荷葉貼水紫背者，炙乾，自直殭蠶炒去絲，等分為末，每服五分，溫酒或葧荽湯調下。葢何葉能升發陽氣，散瘀血，留好血，殭蠶能解結滯之氣故也。此藥平和易得，而活人甚多，勝於人牙、龍腦多矣，名南金散。　陽水浮腫，敗荷葉燒存性，研，每二錢，米飲下，日三。　諸般癰腫，何葉蒂不拘多少，煎湯淋洗，拭乾，以飛過寒水石，同臘猪脂塗之，能拔毒止痛。

孕婦傷寒，大熱煩渴，恐傷胎氣，嫩捲荷葉焙乾五錢，蚌粉減半，共研，每三錢，新汲水入蜜調服，併塗腹上，名罩胎散。　胎動已見黃水，乾荷蒂一枚，炙研，稉米淘汁一鍾，調下。　赤白痢，荷葉煅研，每二錢，糖湯下。　脫肛，貼水何葉，焙研，酒服三錢，併以荷葉盛末坐之。

赤遊火丹，新生荷葉，杵爛，入鹽塗。　陰腫痛癢，荷葉、浮萍、蛇牀，煎湯日洗。　漆瘡，乾荷葉煎湯洗。　刀斧傷，荷葉煅研，傅。　偏身風癘，荷葉三十張，石灰一斗，淋汁合煮，漬之半日乃出，數日一作。

清・劉善述、劉士季《草木便方》卷二穀糧豆菜部　荷藤　藕藤濇平解菌毒，葉治血證腎風塗。花甘鎮心益顏色，鬚治夢洩遺精服。節寒解酒熱毒退，搗塗金瘡損傷速。

清・田綿淮《本草省常・果性類》　藕　生，性寒。清熱止渴，涼血化瘀，解酒毒，螃蟹毒。熟，性平。補心益胃，養血除煩，止瀉止怒。久食令人懽，輕身耐老。用忌鐵器。花紅白雖異，而藕性略同，化瘀宜用紅，清心宜用白。　蓮子　性平。熟食，養心補脾，濇腸固精。久食令人懽，輕身耐老。生食傷胃。

清・趙晴初《存存齋醫話稿》卷一　〔二十四〕方書治吐血痰血，多用藕節，而鮮有用藕者。余初以為新鮮之藕，其療效必勝於乾燥之節。凡用藕節之方，允宜代以鮮藕取汁，方為合理。今乃知古人用藕節以止血，亦含有科學原理，未可一筆抹殺，遽斥其非。緣藕之所以能治血症者，恃其所含多量單寧酸，有愈合創面血管之效耳。藕中所含固富，但其節幾全為單寧，而乏澱粉，收效自然更大也。

清·戴葆元《本草綱目易知錄》卷三　蓮子　甘溫而濇。脾之果也。脾者，黃宮，故能交水火而媾心腎，安靖上下君相火邪。主五臟不足，傷中，益十二經脈血氣，安心養神，止渴去熱。補虛損，厚腸胃，固精氣，強筋骨，利耳目，除寒濕，止脾瀉，久痢赤白濁，腰痛洩精，女人崩帶及諸血病。擣碎和米作粥飯食，輕身益氣，令人強健。生食過多，動氣發脹。蒸食良。大便燥結者，勿食。

石蓮子　甘，平，性溫。清心寧神，除煩開胃，進食止吐。為治噤口痢要藥。【略】葆按：今藥肆中石蓮，味苦色黑，中空無青心，係產樹間，非真石蓮也。用者宜審。

蓮房蓮蓬殼　苦，濇，溫。入厥陰血分。消瘀散血，與荷葉同功。生者破血消瘀。炒焦則止血。酒煎服，治血脹腹痛及產後胎衣不下。水煎服，解野菌毒，止血崩，下血，溺血。陳者良。

藕　甘，平。散留血，解酒毒，除熱渴，開胃消食，止怒，止洩，解悶除煩。治霍亂後虛渴，破產後血悶，解病後乾渴，血淋諸淋。為治心脾經血分藥。久服令人心懽。擣汁飲，解射菌毒、蟹毒。擣罯金瘡傷折。蒸食，大能開胃，補五臟，實下焦。同蜜食，令腹臟肥，不生諸蟲。忌鐵器。澄粉食，安神益胃，輕身延年。

荷葉　苦，平。其色青，其形仰，其中空，其象震，感少陽甲膽之氣。燒飯合藥，俾助脾胃而升發陽氣。濇精滑，散瘀血，發痘瘡，消水腫癰腫。治吐咯衄血，下血溺血，血淋崩中，血脹腹痛，胎衣不下，產後惡血，口乾躁煩，損傷敗血，雷頭風腫。煎洗腎囊風。

清·黃光霽《本草衍句》　蓮子　甘補脾，厚腸胃；澀斂心，固腎精。交通水火心腎，安靖君相火萌。除寒濕夢遺白濁，止煩渴瀉痢帶崩。益十二經脈血氣，除百疾久服身輕。得乳香、益智，治遺精白濁。久痢噤口，石蓮肉炒，為末，每服二錢，陳倉米調下，便覺思食甚妙，加入香連尤妙。心虛赤濁，蓮子、甘草，燈心湯下，蓮子六一湯。蓮芯苦，寒。堅腎瀉心，極上反下。小便遺精，產後血渴。蓮鬚苦，澀。清心通腎，止血澀精。蓮房入厥陰血分，消瘀散血，酒煎下胞衣，燒灰善止血。經血不止，蓮房燒灰，研末，熱酒下。得荊芥炭，治血崩不止。勞心吐血，蓮心七個，糯米二十粒，為末，酒服。久近痔漏，三十年者服之，除根蓮鬚、黑丑、當歸，酒煎服。慾火夢遺，黃連、黃柏煎服。　蓮藕甘，平。開胃除煩，解酒消食。忌熱物。產婦血積，化瘀血而不凝。病後口乾，止吐衄之妄溢。得髮灰治血淋。藕汁滴鼻中，治鼻衄不止。卒暴吐血，雙荷散，藕節、荷蒂各七枚，入蜜少許，搗爛煎服。遺精白濁，心虛不寧，金鎖玉關丸，用藕節、蓮子、蓮鬚、芡實、山藥、茯苓、茯神，為末，同金櫻膏和丸。鼻淵腦漏，藕節、川芎，為末，米飲下。　產後血悶，血氣衝上，口乾腹痛，藕汁、地黃汁、童便、熱酒，飲之。傷寒口乾，藕汁、地黃汁煎服。　荷葉苦，平。引升清氣，助脾進食。心肺燥煩，平熱去濕。產後口乾，血瘀諸疾。得升麻、蒼朮治雷頭風，得浮萍、蛇床子洗陰腫痛痒，得蒲黃、黃芩治崩中下血。　產後心痛，瘀血不盡，荷葉炒，為末，童便調下。併治胞衣不下。　傷寒產後血暈欲死，荷葉、紅花、薑黃，炒研，童便調下。　荷鼻　安胎甚良，逐瘀留新。得厥陰經藥，治大便下血，妊婦胎動已見黃水者，乾荷蒂炙研，糯米汁調服。

清·陳其瑞《本草撮要》卷三　蓮子　味甘平而濇，入足太陰、少陰經，功專清心固腎。得乳香、益智治遺精白濁，得炙草治赤濁，得陳倉米治噤口痢。大便燥者勿服。去心皮，蒸熟焙乾。得枸杞、白朮、山藥、茯苓良。石蓮子　味苦，入手少陰經，功專清心除煩，開胃進食，治噤口痢淋濁諸證。無濕熱而虛寒者勿服。　蓮蕊鬚　味甘，平濇，入足少陰經，功專清心濇精。得黑牽牛、當歸治久近痔漏，得黃蘗治慾火夢遺。小便不利者勿服。　藕衣節　味濇平，入手少陰、足陽明厥陰經，功專消瘀血。得髮灰治血淋，得酒可解蟹毒。和地黃搗汁，熱酒童便飲，治產後血悶。得梨汁治上焦痰熱。熟搗塗坼裂凍瘡。蓮花貼天泡濕瘡神效。　敗蓮房　味濇。入足厥陰經，功專消瘀血，得厥陰經藥治大便下血。　荷葉　味苦，平，入足太陰、陽明經，功專升少陽生氣。得升麻、蒼朮治雷頭風，得殭蠶、胡荽治痘瘡倒陷。獨用葉炙灰酒服治遺精。虛者禁用。紫背荷葉主治同上，而功益捷。

清·李桂庭《藥性詩解》　賦得藕節消瘀血而止吐衄得消字。李慶霖。甘寒惟藕節，吐衄此為要。豈止除煩效，尤能使瘀消。　按：藕生用甘寒，涼血散瘀，止渴除煩，解酒、蠏毒。煮熟甘溫，補心益胃。

清·吳汝紀《每日食物却病考》卷下　藕附蔤並節　味甘，平，無毒。治熱渴煩悶，開胃，破產後血悶，解酒毒，消食，令人心歡，治病後虛渴。蒸煮食之，甚補五臟，實下焦。同蜜食，肥腹臟，不生蟲。　其莖名蔤，俗稱藕絲，亦堪作蔬，功與藕同，味不及也。每節生二芽，一為葉，一為花，盡處乃生藕。花葉必偶生，故根曰藕。白蓮者佳。　藕節　治吐血、衄血及諸血病。產後血悶，和地黃研汁，熱酒飲。　蓮子附葉、花、鬚、房　味甘，平，無毒。補中，養神，益氣力，除百病，益十二經脈，止渴，去熱，止痢，固精氣，強筋骨，久服輕身延年。生者微動氣，熟者良。並宜去心，恐令人作吐。　蓮鬚　清心通腎，大抵與蓮子同功。　蓮花，鎮心，駐顏色，入香亦妙。　蓮房，治血脹腹痛及產後胎衣不下。酒煮服之，與荷葉同功。大抵荷之一本，自花、葉以及根，皆有益無損，皆血分藥也。

清・鄭奮揚著，曹炳章注《增訂偽藥條辨》卷二　石蓮子　蓮子至秋，黑而沉水，為石蓮子。用者去黑殼，以水浸去赤膜青心，方可入藥。氣味甘平略濇，無毒。止虛瀉，療久痢，健脾開胃，又能固精氣。今市肆有一種苦石蓮，狀似土石，味極苦濇，不知何物偽充。或云即樹上所生苦珠子之類。盧子由云：食之令人腸結，宜於建蓮子揀帶殼而色黑者為是，雖未能沉水，遠勝多矣。　炳章按：石蓮以霜降後蓮房枯散，而蓮子落於泥中，取用外殼硬色黑，內肉仍與乾蓮子同，味甜心苦，與蓮子無異。市有廣東產者一種木蓮，其色亦黑，兩頭略圓，殼光有細橫圈紋，性寒味苦，為不道地。如無真者，不如代用蓮子為妥。

清・周巖《本草思辨錄》卷三　藕、雞頭實　藕始終以生、以長、以穿穴於水中，而孔竅玲瓏，絲綸內隱，故能入心所主之血。又味甘入脾而氣則寒，故為心脾二經涼血散瘀之藥。

雞頭植於水，與藕同，味甘平，補中亦同。惟藕始終不離水而善穿泥，雞頭則取苞中之實，而苞有青刺，結必向陽。藕氣寒而雞頭氣溫，藕性潤而雞頭性燥。藕所以為血藥者，以其在水中穿穴也。雞頭所以為氣藥者，以向陽而得天氣也。藕氣寒性潤善穿，故能散血除熱。雞頭氣溫性燥有刺，故能除濕通痹。

雞頭主濕痹，取其能通。然其通以澀為通，故《本經》又以益精氣繼之。後世用於遺精帶濁、小便不禁之方頗多，則澀精之功，較勝於通痹之功矣。

土寄旺於四時，而人身之土亦然。天地生補土之物以為人用亦然。白朮補土，為補土之本宮，固醫無不知矣。竊謂補心中之土者蓮實也，補肝中之土者薏苡也，補肺中之土者山藥也，補腎中之土者雞頭實也。白朮而外，四物皆飲饌之常品，可見心肝肺腎土有所歉，亦賴飲食以補之，偶有所見，附志於此。

紅白蓮花

宋・唐慎微《證類本草》卷六草部上品〔唐・陳藏器《本草拾遺》〕　紅蓮花、白蓮花　味甘，平，無毒。久服令人好顏色，變白却老。生西國，胡人將來至中國也。

明・李時珍《本草綱目》卷三三果部・水果類　紅白蓮花《拾遺》。校正：自草部移入此。

〔集解〕藏器曰：紅蓮花、白蓮花，生西國，胡人將來也。時珍曰：此不知即蓮花否？而功與蓮同，以類相從，姑移入此。

〔氣味〕甘，平，無毒。〔主治〕久服，令人好顏色，變白却老藏器。

蓮房

清・劉善述、劉士季《草木便方》卷二穀糧豆菜部　蓮房　蓮蓬苦溫濇血崩，血脹腹痛胎衣生。尿血下血解菌毒，蓮米心苦治遺精。　耑療產後血渴病，勞心吐血能清心。

芡實

唐・孫思邈《千金要方》卷二六《食治・果實》　雞頭實　味甘，平，無毒。主濕痹，腰脊膝痛，補中，除暴疾，益精氣，強志意，耳目聰明。久服輕身不飢，耐老神仙。

唐・孟詵、張鼎《食療本草》卷子本　雞頭子寒。　主溫，治風痹，腰脊強直，膝痛；　補中焦，益精，強志意，耳目聰明。作粉食之甚好。此是長生之藥。與蓮實同食，令小兒不〔能〕長大，故知長服當亦駐年。生食動少氣。可取蒸，於烈日中曝之，其皮殼自開。挼却皮，取人食，甚美。可候皮開，於臼中舂取末。

宋・李昉《太平御覽》卷九七五　芡　崔豹《古今注》曰：芡，雞頭也。一名鴈頭，一名蔆。葉似荷而大，葉上蹙衄如沸，實有芒刺，其裏如珠，可以療飢止渴。《方言》曰：䓈音役芡，雞頭也。北燕謂之䓈，青徐淮泗之間謂之芡。《說文》曰：芡，雞頭也。《本草經》曰：雞頭，一名鴈頭實。生雷澤。

附：日・丹波康賴《醫心方》卷三〇　鷄頭實　《本草》云：味甘，平，無毒。主療濕痹，腰脊膝痛，補中益精，强志，耳目聰明，久服輕身不飢，耐老神仙。陶〔弘〕景注云：此即今蔿子，子形上花似鷄冠，故名鷄頭。蘇敬注云：作粉與菱粉相似，益人勝菱芰。崔禹〔錫〕云：益氣力，耳目明了。孟詵云：作粉食之甚好。此是長生之藥，與蓮實合餌，令小兒不能長大。故知長服當駐其年耳。生食動小冷氣。《七卷食經》云：食之益精氣。

宋・唐慎微《證類本草》卷二三果部上品〔《本經・別錄》〕　**雞頭實**　**味甘，平，**無毒。**主濕痹，腰脊膝痛，補中除暴疾，益精氣，强志，令耳目聰明。久服輕身不飢耐老神仙。一名雁喙實，**一名芡音儉。生雷澤池澤。八月採。

〔梁・陶弘景《本草經集注》〕云：此即今蔿音葦，子形上花似雞冠，故名雞頭。仙方取此并蓮實合餌，能令小兒不長。正爾，食之亦當益人。

〔唐・蘇敬《唐本草》〕注云：此實去皮作粉與菱，音陵，粉相似，益人勝菱。

〔宋・掌禹錫《嘉祐本草》〕按：《蜀本圖經》云：此生水中，葉大如荷，皺而有刺，花、子若拳大，形似雞頭，實若石榴，皮青黑，肉白，如菱米也。孟詵云：雞頭作粉食之，甚妙。是長生之藥，與小兒食，不能長大，故駐年耳。生食動風冷氣，蒸之，於烈日曬之，其皮即開。亦可舂作粉。陳士良云：此種雖生於水，而有軟根名葰菜。主小腹結氣痛宜食。日華子云：雞頭，開胃助氣，根可作蔬菜食。

〔宋・蘇頌《本草圖經》〕曰：雞頭實，生雷澤，今處處有之，生水澤中。葉大如荷，皺而有刺，俗謂之雞頭盤。花下結實，其形類雞頭，故以名之。其莖萩之嫩者，名蔿萩，人採以爲菜茹，八月採實。服餌家取其實并中子，擣爛暴乾，再擣下篩，熬金櫻子煎和丸服之。云補下益人，謂之水陸丹。經傳謂其子爲芡。

〔宋・唐慎微《證類本草》〕《經驗後方》：治益精氣，强志意，聰利耳目。以雞頭實三合，煮令熟，去殼，研如膏，入粳米一合煮粥，空心食之。《淮南子》云：雞頭已瘻頸疾，幽人謂之雁頭。《莊子》：《徐無鬼》篇有雞雍。疏云：雞雍，雞頭草也，服之延年。《周禮》：加邊之實，菱、芡、栗脯。

宋・寇宗奭《本草衍義》卷一八　雞頭實　今天下皆有之，河北沿溏濼居人採得，春去皮，擣仁爲粉，蒸㸒作餅，可以代糧，食多不益脾胃氣，兼難消化。

宋・王繼先《紹興本草》卷一四　雞頭實　紹興校定：雞頭實，性味、主治已具《本經》。助陰益精諸方亦用之。但佐他藥，非獨恃此而取驗，乃世之果品。《本經》云味甘、平、無毒是矣。處處池澤皆產之。

宋・鄭樵《通志》卷七六《昆蟲草木略》　芡　曰(為)〔蔿〕子，曰鉤，曰芡，曰雁喙實，曰雁頭實，曰雞雍實。本草曰雞頭實。《爾雅》：鉤，芡。葉大如荷，皺而有刺，俗謂之雞頭盤，花下結房，形類雞頭，實正圓，如榴核大。根謂之葰菜，莖謂之蔿萩，亦堪為茹。

宋・劉明之《圖經本草藥性總論》卷下　雞頭實　味甘，平，無毒。主濕痺，腰脊膝痛，補中，除暴疾，益精氣，令耳目聰明。孟詵云：生食，動風冷氣。陳士良云：此種雖生於水，而有軟根，名葰菜。主小腹結氣痛。日華子云：開胃助氣。根，可作蔬菜食。雞頭作粉，食之甚妙，是長生之藥。

宋・張杲《醫說》卷九　芡能養生　吳子野云：芡實，蓋溫平耳，本不能大益人，然俗謂之水硫黃，何也？人之食芡也，必枚齧而細嚼之，未有多嘬而亟嚥者也。舌頰唇齒，終日囁嚅，而芡無五味，腴而不膩，是以致玉池之水，故食芡者能使人華液通流轉，相挹注積，其力雖過乳石可也。以此知人能澹食而徐飽者，當有大益。吾在黃崗中見牧羊者，必驅之瘠土，云：草短而有味，羊得細嚼則肥而無疾。羊猶爾，況人乎？《良方》。

宋・陳衍《寶慶本草折衷》卷一八　雞頭實粉及根附。　一名芡音儉。○一名雞頭，一名雞雍，一名雞壅，一名鴈喙實，一名鴈頭，一名蔿子。○又云：一名雞頭子。○俗號雞頭菱。一名芡實。○鴈頭，一作蝢。○蔿，音葦。生雷澤、池澤及河北沿溏濼。今處處水澤中有之。○八月採實，取實中子，曝或蒸曬乾。○附：粉，以子蒸，於烈日曬燥，其皮即開，舂肉為粉。○附：根，一名葰菜。○其莖，一名蔿萩。○葰，尹垂切；蔿，為詭切；萩，音梗。味甘，平，暖，見續說。無毒。○主濕痺，腰脊膝痛，補中，益精氣。○孟詵云：生食動風冷氣。○日華子云：開胃助氣。○《圖經》曰：結實形類雞頭，取其中子，擣爛暴乾，再擣篩，熬金櫻子，煎和丸服，補下益人，謂之水陸丹。○寇氏曰：食多，不益脾胃氣，難化。方書謂，凡藥如雞頭大者是此子也。

附：粉。○益人甚妙，亦蒸作餅，食之勝菱音陵粉。

附：軟根。○主小腹結氣痛。又可作蔬菜食。其嫩莖亦可為菜。

續說云：雞頭實結房生莿，肥滿有喙，其狀宛若雞之頭也。中有子，似薏苡而端正，皮青而肉白。今經註所述性用，乃其子中肉也。坡仙舉李惟熙云：菱與芡皆水物，菱寒而芡暖者，蓋菱開花背日，感陰氣，故能虧真陽；芡開花向日，受陽氣，故能益真陽矣。

元·忽思慧《飲膳正要》卷三　鷄頭　味甘，平，無毒。主濕痹，腰膝痛，補中，除疾，益精氣。

元·尚從善《本草元命苞》卷八　雞頭實　名芡。味甘，平，無毒。主濕痺，腰脊膝痛。除暴疾，補中益精。多食耳目聰明，久餌不飢耐老。生雷池水中，今所在有之。葉大於荷，皺而有刺，形類雞頭，故以名之。八月採取。生食動風，莖菆可作蔬茹，能療小腹結氣。

元·吴瑞《日用本草》卷六　雞頭實　一名芡實。蒸之，日乾，舂作粉，熬金櫻子汁和丸，名水陸二仙丹。服之能補益人。味甘，性平，無毒。生食動風冷氣。根名葰菜，可作蔬菜食。主濕痹，腰脊痛，補中，除暴疾，益精氣，強志，令耳目聰明。小兒食，不能長大。

元·徐彦純《本草發揮》卷三　芡實　丹溪云：芡屬土而有水。《經》云：補中。日華子云：言補胃。《衍義》乃言不益脾胃。恐是當時有食之過量，而為病者，遂直書之，未之思爾。

明·朱橚《救荒本草》卷下之後　雞頭實　一名芡，一名鴈喙實。幽人謂之鴈頭。出雷澤，今處處有之。生澤中，葉大如荷而皺，青紫有刺，俗謂雞頭盤花。結實形類雞頭，故以名之。中有子，如皂莢子大，葰褐色，其近根莖菆音耿，嫩者名蔿音葦菆，人採以為菜茹。實味甘，性平，無毒。救飢：採嫩根莖煠食。實熟採實，剝人食之；蒸過，烈日晒之，其皮即開，舂去皮，搗人為粉，蒸煠、作餅皆可食。多食不益脾胃氣，兼難消化。生食動風冷氣；與小兒食不能長大，故駐年耳。治病：文具《本草》果部條下。

明·蘭茂原撰，范洪等抄補《滇南本草圖說》卷九　雞頭實　始生外國，今滇中亦有。○生水中，葉大如荷錢而有刺，俗名謂之雞頭盤。葉下結實，形類雞頭。○莊子謂之雞雍，管子謂之卯菱。其莖莇之嫩者名為菆，人多以為菜食。氣味甘平澁，無毒。仁，主治濕痹，腰脊膝痛，補中，除暴疾，益精神，強志，令人耳目清明，久服輕身不飢，耐老神仙。○開胃助氣，止渴益腎，治(水)〔小〕便不禁，遺精，白濁帶下。○葰菜，雞頭莖也。氣味鹹甘，無毒。主治：止渴，除虚熱。生(熱)〔熟〕皆宜。○根，氣味同莖。主治：小腸結氣疼痛，亦治追心疝，得此症即死，非此藥不可。葉，主治寒症，漏底水瀉，氣欲脱，服之立瘥。

明·滕弘《神農本經會通》卷三　鷄頭實　一名芡。八月採。味甘，氣平，無毒。東云：益氣，治白濁，兼補真元。

《本經》云：主濕痺，腰脊膝痛，補中，除暴疾，益精氣，強志，令耳目聰明，久服輕身不飢，耐老神仙。孟詵云：雞頭作粉，食之甚妙，是長生之藥。與小兒食，不能長大，故駐年耳。生食動風冷氣。蒸之，於烈日晒之，其皮即開，亦可舂作粉。陳士良云：此種雖生於水，而有軟根，名葰菜。主五小腹結氣痛，宜食。日華子云：開胃助氣。根可作蔬菜食。《圖經》云：八月採實，服餌家取其實并中子，搗爛暴乾，再搗下篩，熬，金櫻子煎，和丸服之，云補下益人，謂之水陸丹。《經驗後方》治益精氣，強志意，聰利耳目，以雞頭實三合，煮令熟，去殼，研如膏，入粳一合，煮粥，空心食之。《衍義》云：食多不益脾胃氣，兼難消化。《局》云：鷄頭實即名為芡，煎和金櫻最益人。主治痺疼腰膝痛，補中強志更輕身。鷄頭實，輕身長志，止腰疼。

明·劉文泰《本草品彙精要》卷三二　雞頭實無毒　浮生。

雞頭實：主濕痹，腰脊膝痛，補中，除暴疾，益精氣，強志，令耳目聰明。久服輕身，不飢耐老，神仙。《神農本經》。

〔名〕雁啄實、芡、雁頭、葰菜。

〔苗〕《圖經》曰：葉大如荷，皺而有刺，浮在水面，謂之雞頭盤，花下結實有彙，大如拳，形類雞頭，故以名之。芡即彙中子也。江南産者，其彙紅紫，光潤無刺；自揚而北産者，彙有刺而青緑爲異。其莖菆公幸切之嫩者，名藹爲詭切。菆，人採以爲菜茹。《衍義》曰：雞頭實，今天下皆有之，河北沿溏濼居人採得，春去皮，擣仁爲粉，蒸渫作餅，可以代糧，多食不益脾胃氣，蓋難消化也。

〔地〕《圖經》曰：生雷池水澤中，今處處有之。〔時〕生：春生苗。採：八月取實。〔收〕暴乾。〔用〕實。〔質〕類雞頭。〔色〕殻青，肉白。〔味〕甘。〔性〕平，緩。〔氣〕氣厚於味，陽中之陰。〔臭〕微香。〔主〕補中益精。〔製〕《別錄》云：蒸熟，於烈日曬之，其皮即開，亦可舂作粉。〔治〕療：《別錄》云：根，除小腹結氣痛。○實，已瘻頸疾。補：日華子云：開胃助氣。〔合治〕搗末，合金櫻子煎爲丸，補益下氣。

〔禁〕小兒多食，不能長大。生食，動風冷氣。

明·盧和、汪穎《食物本草》卷二果類　芡　味甘，氣平，無毒。主濕痹，腰脊腳痛，補中益精，開胃助氣，小兒食之不長。蒸暴作粉食良，生食動風氣，多食不益脾胃，且難化。一云：令膈上熱。

明・盧和、汪穎《食物本草》卷二菜類　藕絲菜　味甘，寒。解熱渴煩毒，下瘀血。即鷄頭子管也。

明・葉文齡《醫學統旨》卷八　芡實　氣平，味甘。無毒。　治濕痺，腰脊膝痛，補中，除暴疾，益精氣，強志，令耳目聰明，耐老不飢。

明・許希周《藥性粗評》卷二　中弱只因於芡實。

芡實雞頭連實也，一名鴈喙實，莊子謂之雞雍，《淮南子》謂之鴈頭。生水澤中，葉大如荷，皺而有刺，莖菆之嫩者，可作菜茹。夏起薹，作花似雞冠，秋初結實，其形如雞頭狀，故名。江南池澤處處有之。八月採實，晒乾，剝去皮殼，取仁如羊矢大，白色，搗爛暴乾，再搗成粉，篩過收貯，入服食之品。所使並所畏惡，《本草》不載。　味甘、淡，性平，無毒。　主治濕痺，腰膝冷痛，胃弱，飲食少進，補中開胃，強志助氣，壯筋骨，利耳目，久服輕身駐年。孟詵云：雞頭實作粉食之甚妙，是長生之藥。然與小兒食，則不能長大。

單方：　補下延年：芡粉煎，金櫻子膏相合，為丸，服之，謂之水陸丹。出《圖經》。　益精強志：每以芡粉同粳米作粥，空心食之，久久有益。

明・鄭寧《藥性要略大全》卷二　芡實　益精，治白濁，補腎之真元。治痺，止腸風瀉血，赤白痢。止女人崩中帶下。止腰疼。輕身長志。味甘，氣平，無毒。陰乾，去殼，用生者有力。

明・陳嘉謨《本草蒙筌》卷七　雞頭實一名芡實。　味甘，氣平。屬土有水。無毒。處處池塘俱種，逢秋採實曝乾。形類鷄頭，故此為譬。須先舂殼，纔可取仁。煮熟食堪以代糧，生嚼食動風冷氣。嬰兒食形體矮小，孟詵云：與嬰兒食不能長大，故駐年耳。老人食壽歲延長。入藥可為散為丸，尋常任煮粥作餅。主濕痺，止腰膝疼痛；益精氣，令耳目聰明。強志巳頸瘰瘡，補中除卒暴疾。久服不厭，漸作神僊。古方和金櫻子丸吞，故名曰水陸二僊丹也。嫩根乃名葰菜，小腹氣痛宜嘗。

又種水菱，名曰芰實。氣味相若，亦產池塘。有四角兩角不同，任生啖煮食隨用。不能治病，反有損人。令臟冷損陽氣痿莖，飲熱酒及薑湯可解。啖多腹脹，亦用此消。

明・方穀《本草纂要》卷五　芡實　味甘，氣平，無毒。主安五臟，益脾胃，止遺溺，澁精滑，去濕痺，暖腰膝；又補中益氣之聖藥也。大抵此劑補心腎之功最多，而實脾胃之氣最健。世嘗以芡實作粉，配參苓蒸糕，亦此意耳。

明・寧源《食鑒本草》卷下　鷄頭子　味甘，平，無毒。主濕痺，腰脊腿膝酸疼，補中，益精氣，強意，聰明耳目，久食輕身不飢。　水陸丹：用鷄頭一斗，去殼取仁，杵爛作餅，曬乾，為末，蜜圓如梧桐子大，空心白湯或米飲送下百十箇。

明・王文潔《太乙仙製本草藥性大全》卷四《本草精義》　雞頭實　一名鴈喙，一名茨生，一名茨實。生雷池，今處處有之，生水澤中。葉大如荷，皺而有刺，俗謂之雞頭盤。花下結實，其形類雞頭，故以名之。其莖菆之嫩者，名蔿菆，人採以爲菜茹。八月採實，先擣殼纔可取仁，烹熟食堪代糧食。服餌家取其實并中子，搗爛曝乾，再搗下篩，熬金櫻子煎和丸服之，云補下益人，謂之水陸丹。經傳謂其子爲茨。

明・王文潔《太乙仙製本草藥性大全》卷四《仙製藥性》　雞頭實一名芡實。　味甘，氣平，屬土有水，無毒。　主治：生嚼食動氣冷氣。嬰兒食形體矮小，孟詵云：與嬰兒食不能長大，故駐年耳。老人食壽歲延長。入藥可爲散爲丸，尋常任煮粥作餅。主瘟痺，止腰膝疼痛；益精氣，令耳目聰明。強志巳頸瘰瘡，補中除卒暴疾。久服不厭，漸作神仙。嫩根乃名葰菜，小腹氣痛宜嘗。　補註：益精氣，強志意，聰利耳目，以雞頭實三合，煮令熟，去殼研如膏，入米一合，煮粥空心食之。

明・皇甫嵩《本草發明》卷四　雞頭實上品。名芡實。氣平，味甘。屬土有水。無毒。

發明曰：芡實，脾肺二經藥。故主濕痺，腰膝疼，益精氣，補中，強志，耳目聰明。除卒暴疾，又療頸瘰瘡。老人食之延壽，小兒食形躰矮小。故能駐年。堪煮粥，作糕餅。生食動風冷氣。和金櫻子丸名水陸二丹，固精補腎。〇嫩根名葰菜，可作茹，療小腹痛。

明・李時珍《本草綱目》卷三三果部・水果類　芡實音儉。《本經》上品。

【釋名】鷄頭《本經》　雁喙同　雁頭《古今注》　鴻頭韓退之　鷄雍《莊子》　卯蔆《管子》　蔿子音唯。　水流黃弘景曰：此即今蔿子也。莖上花似鷄冠，故名鷄頭。頌曰：其苞形類鷄、雁頭，故有諸名。時珍曰：芡可濟儉歉，故謂之芡。鷄雍見《莊子・〔徐〕無鬼篇》。卯蔆見《管子・五行篇》。揚雄《方言》云：南楚謂之鷄頭，幽燕謂之雁頭，徐、青、淮、泗謂之芡子。其莖謂之蔿，亦曰葰。鄭樵《通志》以鈎芙爲芡，誤矣。鈎芙，陸生草也。其莖可食。水流黃見下。

【集解】《別録》曰：鷄頭實生雷池池澤。八月采之。保昇曰：苗生水中，葉大如荷，皺而有刺。花子若拳大，形似鷄頭。實若石榴，其皮青黑，肉白如菱米也。頌曰：處處有之，生水澤中。其葉俗名鷄頭盤，花下結實。其莖嫩者名蔿蔌，亦名葰菜，人采爲蔬茹。宗奭曰：天下皆有之。臨水居人，采子去皮，擣仁爲粉，蒸煠作餠，可以代糧。時珍曰：芡莖三月生葉貼水，大于荷葉，皺文如縠，蹙衄如沸，面青背紫，莖、葉皆有刺。其莖長至丈餘，中亦有孔有絲，嫩者剥皮可食。五六月生紫花，花開向日結苞，外有青刺，如蝟刺及栗毬之形。花在苞頂，亦如鷄喙及蝟喙。剥開內有斑駁軟肉裹子，累累如珠璣。殼內白米，狀如魚目。深秋老時，澤農廣收，爛取芡子，藏至困石，以備歉荒。其根狀如三稜，煮食如芋。

【修治】詵曰：凡用蒸熟，烈日晒裂取仁，亦可舂取粉用。時珍曰：新者煮食良。入澀精藥，連殼用亦可。案(陳彥和)〔刘跂〕《暇日記》云：芡實一斗，以防風四兩煎湯浸過用，且經久不壞。

【氣味】甘，平，濇，無毒。弘景曰：小兒多食，令不長。詵曰：生食多，動風冷氣。宗奭曰：食多，不益脾胃，兼難消化。

【主治】濕痹，腰脊膝痛，補中，除暴疾，益精氣，强志，令耳目聰明。久服，輕身不飢，耐老神仙《本經》。開胃助氣日華。止渴益腎，治小便不禁，遺精白濁帶下時珍。

【發明】弘景曰：仙方取此合蓮實餌之，甚益人。恭曰：作粉食，益人勝于菱也。頌曰：取其實及中子，擣爛暴乾，再擣篩末，熬金櫻子煎和丸服之，云補下益人，謂之水陸丹。時珍曰：案孫升《談圃》云：芡本不益人，而俗謂之水流黃何也。蓋人之食芡，必咀嚼之，終日囁囁。而芡味甘平，腴而不膩。食之者能使華液流通，轉相灌溉，其功勝于乳石也。《淮南子》云：貍頭愈癙，鷄頭已瘻。註者云，即芡實也。

【附方】舊一，新三。　鷄頭粥：益精氣，强志意，利耳目。鷄頭實三合，煮熟去殼，粳米一合煮粥，日日空心食。《經驗》。　玉鎖丹：治精氣虛滑。用芡實、蓮蕊。方見藕節下。　四精丸：治思慮、色慾過度，損傷心氣，小便數，遺精。用秋石、白茯苓、芡實、蓮肉各二兩，爲末，蒸棗和，丸梧子大。每服三十丸，空心鹽湯送下。《永類方》。　分清丸：治濁病。用芡實粉、白茯苓粉，黃蠟化蜜和，丸梧桐子大。每服百丸，鹽湯下。《摘玄方》。

鷄頭菜即葰菜芡莖也。　【氣味】鹹、甘，平，無毒。　【主治】止煩渴，除虛熱，生熟皆宜時珍。

根　【氣味】同莖。　【主治】小腹結氣痛，煮食之士良。

【附方】新一。　偏墜氣塊：鷄頭根切片煮熟，鹽、醋食之。《法天生意》。

題明・薛己《本草約言》卷二《藥性本草》　芡實　脾肺二經藥，故主濕痹腰膝疼，益精氣，補中强志，老人食之延壽。

明・梅得春《藥性會元》卷中　雞頭子　味甘，氣平，無毒。一名芡實。主補腎益精，治白濁，輕身長志，止腰脊膝痛，補中治濕痹，除暴疾，令人耳目聰明，耐老不飢。同金櫻子煎服，最補益人。凡使，去殼用。

明・杜文燮《藥鑒》卷二　芡實米　氣溫，味甘美。屬土而有水。《經》曰：補中補胃。又曰益精治濁。同杜仲理腰膝疼痛，並甘菊令耳目聰明，更益精氣。又主脾濕。久服不厭，可作仙食。

明・穆世錫《食物輯要》卷六　芡實　味甘，平，無毒。熟食健脾，益腎固精，縮小便。多食難消。小兒食多，令不長。

明・李中立《本草原始》卷七　雞頭實　始生雷澤池澤，今處處有之。生水中，葉大如荷，皺而有刺，俗謂之雞頭盤。花下結實，其形類雞頭，故以名之。《古今注》謂之鴈頭。韓退之謂之鴻頭。《本草綱目》曰雞頭實，可濟儉歉，故一名芡實。徐、青、淮、泗謂之芡子。《莊子》謂之雞雍。《管子》謂之卯蔆。其莖蔌之嫩者名蔿蔌，人采以為菜茹，亦名葰菜。

仁：氣味：甘，平，濇，無毒。主治：濕痹，腰脊膝痛，補中，除暴疾，益精氣，強志，令耳目聰明。久服輕身不飢，耐老神仙。○開胃助氣。○止渴益腎，治小便不禁，遺精白濁帶下。

葰菜：雞頭莖也。氣味：鹹，甘，平，無毒。主治：止消渴，除虛熱。

雞頭實，《本經》上品。【圖略】外青，皮如蝟，花苞頂如雞喙，內子如珠，殼內有白米，赤皮。修治：雞頭實，詵曰：凡用蒸熟裂、日晒裂，取仁。亦可舂取粉用。

時珍曰：新者煮食良。入澀精藥連殼用。

明・張懋辰《本草便》卷二　雞頭實　味甘，氣平，無毒。主濕痹，腰脊膝痛，補中，除暴疾，益精氣，強志。

明・吴文炳《藥性全備食物本草》卷二　芡實一名雞頭實。　味甘，氣平，屬土有水，無毒。能補人之精欠少，謂之水硫黃。形似雞頭，故又名雞頭實。東垣云：芡實益精，治白濁，兼補真元內虛，脊腰膝痛，外濕痿痺，補中氣，開胃進食，除暴泄，強志意，令耳目聰明，久服輕身耐老。但單服多服亦難消化，生食動風冷氣，蒸熟去殼舂粉益人。

根　嫩者可作蔬食，乃名葰菜，小腹氣痛宜嘗。

明・趙南星《上醫本草》卷二　芡實音儉　一名雞頭，一名鴈喙，一名鴈頭，一名鴻頭，一名雞雍，一名卯蔆，一名蔿子音唯，一名水流黃。詵曰：凡用蒸熟，烈日晒乾，取仁，亦可舂取粉用。　甘，平，濇，無毒。主治：　濕痹，腰脊膝痛。開胃，助氣補中，除暴疾，益精氣，強志，令耳目聰明。久服輕身不飢，耐老神仙。　弘景曰：　小兒多食，令不長。詵曰：　生食多，動風冷氣。宗奭曰：　食多，不益脾胃，兼難消化。

附方　四精丸：　治思慮、色慾過度，損傷心氣，小便數，遺精。用秋石、白茯苓、芡實、蓮肉各二兩，為末，蒸棗和丸梧子大。每服三十丸，空心，鹽湯送下。

雞頭菜　即葰菜芡莖也。　鹹，甘，平，無毒。主治：　止煩渴，除虛熱，生熟皆宜。

明・李中梓《藥性解》卷一　芡實　味甘，性平，無毒，入心、腎、脾、胃四經。主安五臟，補脾胃，益精氣，止遺泄，暖腰膝，去濕痹，明耳目，治健忘。按：　芡實之甘，宜歸脾胃，土得其宜，則水不受尅，火亦無盜食之虞，故又入心、腎二經。多食壅氣，最難消化，嬰兒食之不長，老人食之延年。

明・繆希雍《本草經疏》卷二三　雞頭實　味甘，平，無毒。主濕痹，腰脊膝痛，補中，除暴疾，益精氣，強志，令耳目聰明。久服輕身不飢，耐老神仙。一名芡。

〖疏〗雞頭實稟水土之氣以生，故味甘，氣平，無毒。入足太陰、少陰。補脾胃，固精氣之藥也。脾主四肢，足居於下，多為濕所浸，以致腰脊膝痛而成痹。脾氣得補，則濕自不容留，前證皆除矣。脾主中州，益脾故能補中。腎藏精與志，入腎故主益精強志。暴病多屬火，得水土之陰者能抑火，故主除暴疾也。精氣足，脾胃健，則久服耳目聰明，輕身不飢，耐老神仙所自來矣。　〖主治參互〗君山藥、白茯苓、白朮、人參、蓮肉、薏苡仁、白藊豆，為補脾胃要藥。　一味搗末，熬金櫻子煎，和丸。服之補下元益人，謂之水陸丹。　《經驗方》雞頭粥法，用雞頭實三合，煮熟去殼，粳米一合煮粥，日日空心食。能益精氣，強志意，利耳目。　《永類鈐方》四精丸，治思慮色欲過度，損傷精氣，小便數，遺精。用秋石、白茯苓、芡實、蓮肉各二兩，為末，蒸棗和丸梧子大。每服三十丸，空心鹽湯送下。　〖簡誤〗芡實生食味澀，動風冷氣，小兒不宜多食，以其難消化也。

明・倪朱謨《本草彙言》卷一五　芡實　味甘，性澀，氣平，無毒。入足太陰、少陰經。　《別錄》曰：　芡實，出雷池池澤。今處處亦有，惟杭州者最勝。土人善紀孕實時日，如期采取，則殼柔肉糯；早則殼爛肉未凝，遲則殼堅，肉杭老矣。　李氏曰：　三月生苗，莖在水中，葉貼水面。莖葉多有芒刺，莖長丈餘者，中必有孔有絲。軟者剝皮可食。葉似荷而大，皺文如縠，面青背紫，五六月作花，紫色，花開向日，向日結苞，外有青刺如蝟，形如栗球。花出苞頂，形如雞喙，剝之內有斑駁軟肉，裹子纍纍如珠璣。殼內有白米，狀如魚目珠。根作三稜，煮食如芋。《爾雅翼》曰：　枚食細嚼，能致上池之津，故主益人。猶如馬齒短草則微悅。與小兒食不易長大，故主駐年。芡與蔆皆水物而性異，芡花向日，蔆花背日，其陰陽向背有不同，則損益陰陽亦別異矣。《埤雅》云：　荷花日舒夜斂，芡花晝合宵炕，此亦陰陽之異也。孟氏曰：　修治：　先蒸熟，日中晒裂，取仁亦可，舂取粉用。《暇日記》云：　芡實一斗，以防風四兩，煎湯浸過，經久不壞。〇倪朱謨曰：　年荒五穀之不登，曰歉。此物能濟荒充食以療飢，故曰芡也。

芡實：　日華子補脾胃，澀精氣之藥也。朱東生曰：　按李氏云：　芡可濟歉，故謂之芡。繆氏言：　此得水土之氣以生，故味甘質糯，和養脾胃，生化營液，稱爲上品。故前古主補中補腎，利腰脊膝痛，益精氣，强志意，爲脾腎補養之專劑。然質雖柔糯，而性極甘滯，如老人胃弱，小兒脾虛，不善克化者，宜少與之。故孫升子言：　芡本不益人，而俗稱爲水流黃，何也？　蓋人食此，必咀嚼之，終日囁囁，腴而不肥，能使華液流通，轉相灌溉，其功勝于乳汁也。

集方：　《方脉正宗》治精髓不固，時多滑泄。用芡實搗末，用金櫻子煎膏和丸。每早晚服數錢，專補下元，謂之水陸丹。同前治思慮色慾過度，損傷精氣，小便數澀，遺精淋帶。用芡實四兩，蓮肉、茯苓俱炒各二兩，真秋石一兩，共研細，煮紅棗肉爲丸梧子大。每早服三錢，白湯下。同前治老幼脾腎虛熱。用芡實、山藥、茯苓、白朮、蓮肉、薏苡仁、白扁豆各四兩，人參一兩俱炒燥，爲末，白湯調服。治久痢如神。〇治思慮傷心，心無血養，心中惕然跳動不寧，如人將捕捉之貌，病名怔忡。以養心丸，用芡實一斤，川貝母四兩，酸棗仁、當歸身、人參、黃耆、白朮、茯苓各二兩，川芎、北五味子各一兩，俱酒拌炒，研爲細末，麥門冬、懷熟地各四兩，烏梅肉一兩，俱用酒煮搗膏，共和爲丸，如彈子大。每早晚不拘時，乾嚼一二丸，米湯過下。

山果類有李子、梅子、桃子、栗子、棠梨、木桃、柰子、林檎、石榴子、橘子、柑子、橙子、柚子、香櫞、金橘、枇杷、楊梅、櫻桃、榛子。〇夷果類有荔枝、榧子、海松子〇。瓜果類有甜瓜、葡萄、甘蔗、菱實、烏芋、慈菇，不入藥用。詳載《食物本草》。

明・應𡵆《食治廣要》卷四　芡實即雞頭。釋名雞頭。　氣味：甘，平，濇，無毒。主治：濕痹，腰脊膝痛，補中，開胃，止渴，益腎。治小便不禁，遺精白濁帶下。小兒多食，令不長。生食多，動風冷氣。且不益脾胃，兼難消化。

其莖名雞頭菜　氣味：鹹、甘，平，無毒。主治：止煩渴，除虛熱，生熟皆宜。

明・姚可成《食物本草・救荒野譜補遺・草類》　雞頭根食根。生水中，夏秋取之。煮熟，油鹽拌食。　采雞頭，采雞頭，清波渺渺搖輕舟。年年采得如琳球，玳筵羅列陳珍饈。年來穀貴雞頭萎，但采雞頭根濟餒。

明・姚可成《食物本草》卷九果部・水果類　芡實一名雞頭。處處有之，生水澤中。其葉俗名雞頭盤，花下結實。其莖嫩者名為蔿，亦名葰菜，人采為蔬茹。采子去皮，擣仁為粉，蒸𩞑作餅，可以代糧。〇李時珍曰：芡莖三月生葉貼〔水〕，〔大〕於荷葉，皺紋如縠，蹙衄如沸，面青背紫，莖、葉皆有刺。其莖長至丈餘，中亦有孔有絲，嫩者剝皮可食。五六月生紫花，花開向日結苞，外有青刺，如蝟刺、栗毬之形。花在苞頂，亦如雞喙及蝟喙。剝開內有斑駁軟肉裹子，累累如珠璣。殼內白米，狀如魚目。七月、八月澤農廣收，爛取芡子，藏至囷石，以備荒歉。其根狀如三稜，煮食如芋。　芡實，味甘，平，澀，無毒。主濕痹，腰脊膝痛，補中，除暴疾，益精氣，強志，令耳目聰明。久服，輕身不飢，耐老神仙。開胃助氣，止渴益腎，治小便不禁，遺精白濁帶下。作粉食，甚益人。仙方取此合蓮實餌之，能使華液流通，轉相灌溉。其功勝於乳石。故又稱之為水流黃。小兒不宜多食，不益脾胃，兼難剋化。

明・顧逢柏《分部本草妙用》卷三脾部・性平　芡實　甘，平，澀，無毒。主治：濕痺，補中，益精氣，強志，開胃止渴，益腎，遺精，白濁帶下。　仙方同蓮心餌，大益人。將芡實咀嚼，能令華液流通，其力勝于石乳也。以防風煎湯浸過用，經久不壞。

明・孟笨《養生要括・果部》　芡實　味甘，平，濇，無毒。治濕痹，腰脊膝痛，補中，除暴疾，益精氣，強志，令耳目聰明，久服輕身不飢，耐老神仙。開胃助氣，止渴益腎，治小便不禁，遺精白濁帶下。

明・李中梓《醫宗必讀・本草徵要下》　芡實味甘，平，無毒。入脾、腎二經。　補腎固精而遺濁有賴，益脾養氣而泄瀉無虞。　禀水土之氣以生，獨於脾腎得力，小兒不宜多食，難消故也。

明・鄭二陽《仁壽堂藥鏡》卷五　芡實　《本草》云：味甘，無毒。益精強志，令耳目聰明。　丹溪云：芡屬土而有水。《經》云補中。日華子云言補胃。《衍義》乃言不益脾胃。恐是當時有食之過量而為病者，遂直書之，未之思爾。

明・蔣儀《藥鏡》卷三　芡實　善補脾胃，使土得其宜，則水不受剋，而火無盜食之虞。兼安心腎，使精氣有歸，則白濁自止，而夢無遺泄之患。同杜仲理腰膝之酸疼，又醫脾濕。同甘菊豁聰明于耳目，更使志強。

明・李中梓《頤生微論》卷三　芡實　味甘，性平，無毒。入脾、腎二經。補腎固精，止遺濁，益脾實腸。新補。

按：芡實止瀉固精，獨于脾腎得力，則先後天之根本咸賴焉。吳子野云：人之食芡，必枚齧而細嚼之，未有多嘬而亟嚥者也。舌頰齒唇，終日囁嚅，而芡無五味，腴而不膩，是以致玉池之水，轉相灌注。積其功力，雖過乳石可也，老人服之，延年當矣。嬰兒食之難長，豈其難化歟？

明・張景岳《景岳全書》卷四九《本草正》　芡實　味甘，氣平。入脾、腎兩臟。能健脾養陰止渴，治腰膝疼痛，強志益神，聰明耳目，補腎固精，治小便不禁，遺精白濁帶下，延年耐老。或散丸，或煮食皆妙。但其性緩，難收奇效。

明・賈九如《藥品化義》卷五脾藥　芡實　屬陽有土與金水，體乾鮮潤，色乾白鮮玉色，氣和，味甘，性乾溫鮮涼，能浮能沉，力健脾，性氣薄而味厚，入脾胃肝三經。　芡實從純陰時生長，成實於夏令，受純陽而凝結。本得陽實之氣多，然生於水澤間，有地水比和之義，故味甘平而性和緩，所謂清中濁品，專健脾陰。主治泄瀉嘔吐，水腫，小便不禁，遺精白濁，女人帶下，小兒疳積，久瀉久痢久瘧久嗽，諸失血後，無不奏功，但力緩，務宜多用則效。

明・施永圖《本草醫旨・食物類》卷三　芡實名雞頭。凡用蒸熟，烈日晒裂取仁，亦可舂取粉用。新者煮食良，入澀精藥，連殼用亦可。　味甘，平，澀，無毒。小兒多食令不長，生食多動風冷氣，食多不益脾胃，兼難消化。　治：　濕痹，腰脊膝痛，補中，除暴疾。益精氣，強志，令耳目聰明，久服輕身不飢，耐老神仙。開胃助氣，止渴益腎，治小便不禁，遺精白濁，帶下。仙方取此合蓮實餌之甚益人。作粉食益人，勝於菱也。取其實及中子，擣爛暴乾再擣篩末，熬金櫻子煎和丸服之，云補下益人，謂之水陸丹。

附方　雞頭粥：　益精氣，強志意，利耳目。雞頭實三合，煮熱，去殼，粳米一合煮粥，日日空心食。　玉鎖丹：　治精氣虛滑，用芡實、蓮蕊，方見藕節下。　四精丸：　治思慮色慾過度，損傷心氣，小便數，遺精，用秋石、白茯苓、芡實、蓮肉各二兩為末，蒸棗和丸梧子大。每服三十丸，空心鹽湯送下。　分清丸：　治濁病，用芡實粉、白茯苓粉、黃蠟，化蜜和丸梧桐子大。每服百丸，鹽湯下。

雞頭菜即蔿菜，芡莖也。　味鹹、甘，平，無毒。　治：　止煩渴，除虛熱，生熟皆宜。

根　味同莖。　治：　小腹結氣痛，煮食之。

附方　偏墜氣塊：　雞頭根切片，煮熟，鹽、醋食之。

明·盧之頤《本草乘雅半偈》帙三　芡實《本經》上品　氣味：　甘、澀，平，無毒。　主治：　主濕痹，腰脊膝痛，補中，除暴疾，益精氣，強志，令耳目聰明。久服輕身，不飢，耐老神仙。

覈曰：　出雷池池澤，處處亦有，武林者最勝。土人善紀孕實時日，如期采取，則殼柔肉糯，早則殼爛肉未凝，遲則殼堅肉秔老矣。三月生苗，莖在水中，葉貼水面，莖葉多有芒刺，莖長丈餘者，中必有孔有絲，軟者剝皮可食。葉似荷而大，皺文如縠，蹙衄如沸，面青背紫。五六月作花紫色，花開向日。向日結苞，外有青刺如蝟，形如栗毬，花出苞頂，形如鷄喙，剝之內有班駁軟肉裹子，纍纍如珠璣。殼內有白米，狀如魚目。根作三稜，煮食如芋。《爾雅翼》曰：　枚食細嚼，能致上池之津，故主益人。猶如馬齧短草則肥悅，與小兒食，不易長大，故主駐年。芡與菱，皆水物而性異。芡花向日，菱花背日，其陰陽向背有不同，則損益陰陽亦別異矣。《埤雅》云：　荷華日舒夜斂，芡華晝合宵炕，此亦陰陽之異也。　修治：　先蒸熟，日中晒裂取仁亦可，舂取粉用。《暇日記》云：　芡實一斗，以防風四兩煎湯浸過，經久不壞。

条曰：　芡生水中，華實向日，具既濟水火義。又草木類，全藉水土，吮抽發育，芡則更藉日中火，為先後身，亦具木胎火裹義。又葉上蹙衄如沸，連莖刺棘如蝟，實皮實殼如介，亦具金胎水中義。誠互交木金火水之駐形物也。如益精強志不飢，即駐形之裹應；　目明耳聰輕身耐老，即駐形之外合；　飛行神仙，即駐形之行圓功滿也。未有形已駐，而中央之基不築已不鍊者。若濕痹之腰脊膝痛，及卒暴疾，即駐形物之主治功能也。先人《博議》云：　芡乃大中之小，粗中之精，澀中之甘，荊棘中之軟美，壅滯中之流行，意闌中之氣悟，疲憊中之強武。然于精細甘美之間，所含畜力，且剛且久，故餌食者，貴細貴長，毋貴多貴數也。龍從火裏得，金向水中求，尋胞胎秘旨也。大中粗中，荊棘壅滯，意闌疲憊之流，望之無不拋却，若非前人具眼，幾至當面錯過。

明·李中梓《本草通玄》卷下　芡實　甘而微澀。　補中助氣，益腎固精。

古方芡實與蓮子對配，金櫻膏和丸，固精神劑。芡本無大益，而比之水硫黃，何也？　食芡者必枚囓而咀嚼之，使華液流通，轉相灌溉，其功勝于乳石也。

清·顧元交《本草彙箋》卷六　芡實　味甘平，而性和緩。專健脾陰。脾主四肢，足居於下，濕氣易侵，以致腰脊膝痛而成痺矣。脾氣得補，濕無所容，則前症自愈。諸如泄瀉水腫，遺精白濁，女人帶下，小兒疳積等症，無非濕熱爲難。中州既壯，何患不除。

清·穆石鲍《本草洞詮》卷六　芡實　芡，可濟儉歉，故謂之芡。《莊子·〔徐〕無鬼篇》謂之雞雍。《管子·五行篇》謂之卯菱。氣味甘平澀，無毒。主補中，益精氣，治小便不禁、遺精、白濁、帶下，擣為末，熬金櫻子煎，和丸服之，補下秘精，謂之水陸丹。孫升謂芡本不益人，而俗謂水流黃，何也？蓋人之食芡，必咀嚼之，終日囁囁，腴而不朊，能使華液流通，轉相灌溉，其功勝乳石也。入澀精藥，連殼用之。

清·丁其譽《壽世秘典》卷三　芡實俗呼雞頭，其苞形類雞頭故名。新者煮食良。入澀精藥，連殼用亦可。其根狀如三稜，煮食如芋。《孫公談圃》名為水硫黃。陳彥和《暇日記》云：　芡實一斗，以防風四兩，煎湯浸過用，且經久不壞。　氣味：　甘，平，澀，無毒。治濕痹腰脊膝痛，補中開胃，益精氣，強志。治小便不禁，遺精白濁，帶下。

發明陶弘景曰：　仙方取此，合蓮實餌之，甚益人。小兒多食，令不長，且難消化。孟詵曰：　生食味澀，動風冷氣。蘇頌曰：　芡實一味，擣末熬金櫻子，煎，和丸服之。云：　補下元益人，謂之水陸丹。

芡莖　名雞頭菜。氣味：鹹、甘，平，無毒。主止煩渴，除虛熱，生熟皆宜。

根　氣味：同莖。切片煮熟，鹽醋食之，能消偏墜氣塊。

清・劉雲密《本草述》卷二一　芡實　氣味：甘，平、濇，無毒。主治：益精氣，强志開胃，助氣益脾，實腸固精，治小便不禁，遺精白濁，帶下，療溼痹腰脊膝痛。　中梓曰：芡實止瀉固精，獨於脾腎得力，則先後天之根本咸賴焉。　希雍曰：雞頭實稟水土之氣以生，故味甘氣平，無毒，入足太陰、少陰，補脾胃，固精氣之要藥也。　君山藥、白茯苓、白术、人參、蓮肉、薏苡仁、白藊豆，為補脾胃要藥。

愚按：芡生於水中，其莖於三月生葉貼水，至五六月作花，紫色，開花向日，向日結苞，其實則苞中所裹之子，纍纍如珠者也。夫產於水中者，類受陰氣。然陰中亦有陽，不則不能生矣。未有如芡之吮抽發育，端借日中火者，豈非其毓質於陰，長氣於陽，更有異於他味，故感日之陽而相向以花以實乎。此《本經》所以有益精氣强志之說也。不止曰益精，而曰益精氣，且曰强志。《經》曰水之精為志。即此五字，可以思其所稟所用矣。日華子曰：開胃助氣，蓋有得於水中之真陽，乃能開胃助氣，正類於脾受水中之陽，以上致於胃者也。方書皆謂補脾腎二經，而不究其所入有先後，豈能用之中的哉？即以水陸丹參之，可以知其補腎固精矣。雖然，既稟水中清陽，則坎氣自至於離，如玉鎖丹、四精丸用之，是由腎可以致於心也。若然，又何脾胃之不益，所以類逐補脾胃之隊而奏效也。

附方　一味搗爛，曝乾，再搗篩末，熬金櫻子煎，和丸服之，補下元，益人，謂之水陸丹。　玉鎖丹即金鎖玉關丸見蓮藕條。　四精丸治思慮色慾過度，損傷心氣，小便數，遺精，用秋石、白茯苓、芡實、蓮肉，各二兩，為末，蒸棗和丸梧子大，每服三十丸，空心鹽湯送下。　分清丸治濁病，用芡實粉、白茯苓粉，黃蠟化蜜，和丸梧子大，每服百丸，鹽湯下。

希雍曰：芡實生食味濇，動風冷氣。小兒不宜多食，以其難消化也。

修治　時珍曰：新者煮食良。入濇精藥連殼用亦可。

清・郭章宜《本草匯》卷一四　芡實　甘，平，入足太陰、少陰經。益腎固精而遺濁有賴，補中養氣而泄瀉無虞。

按：芡實止瀉固精，獨于脾腎得力，則先後天之根本咸賴焉。吳子野云：人之食芡，必枚嚙而細嚼之，使華液流通，轉相灌溉，其功過于乳石也。同蓮蕊鬚、蓮子肉、茯苓、茯神等，為末，用金櫻子搗汁熬膏，入藥丸，名金鎖玉關丸，治精氣虛滑。同秋石、茯苓、蓮肉等，為末，蒸棗和丸，鹽湯下，名四精丸，治思慮傷心、色慾過度。小兒不宜多食，以其難化也。

清・尤乘《食鑒本草・果類》　雞豆即芡實。　小兒多食令不長。生食動風發氣。熟食益腎固精。合蓮子作粉益人。和金櫻子膏丸食之，謂水陸丹，補下元。炙服耐老不飢。

清・朱本中《飲食須知・果類》　芡實　味甘，性平。生食過多，動風冷氣。熟食過多，不益脾胃，兼難消化。小兒多食，令不長。芡實一斗，用防風四兩煎湯浸過，經久不壞。

清・何其言《養生食鑒》卷上　芡實一名雞頭果。　味甘，性平，無毒。煮食健脾，益腎固精，縮小便。多食難消。嬰兒食之，不長；老人服之，延年。

清・蔣居祉《本草擇要綱目・平性藥品》　芡實一名雞頭。　氣味：甘，平，濇，無毒。　主治：濕痹，腰脊膝痛。補中，除暴疾，益精氣，强志，令耳目聰明，久服輕身，不飢耐老。開胃助氣，止渴益腎。治小便不禁，遺精，白濁帶下。小兒多食，令不長。生食多動風冷氣，食多不益脾胃，兼難消化。作粉食益人勝于菱也。

清・王翃《握靈本草》卷七　芡實形類鷄頭。處處池澤有之。春粉用。入澁精藥，連殼用。　主治：芡實，甘，平，濇，無毒。主濕痺，腰脊膝痛，益精强志，止渴益腎。治小便不禁，遺精，白濁帶下。

清・汪昂《本草備要》卷三　芡實一名鷄頭子。補脾，濇精。　甘、濇。固腎益精，補脾去濕。治泄瀉帶濁，小便不禁，夢遺滑精，同金櫻膏爲丸，名水陸二仙丹。腰膝痺痛。吳子野曰：人之食芡，必枚嚙而細嚼之，使華液流通，轉相灌溉，其功勝于乳石也。《經驗後方》：煮熟研膏，合粳米煮粥食，益精氣。　蒸熟搗粉用。濇精藥或連殼用。李惟熙云：菱寒而芡暖，菱花背日，芡花向日。

清・陳士鐸《本草新編》卷五　芡實　味甘，氣平，無毒。入腎、脾二經。主瘟痹，止腰膝疼痛，益精，令耳目聰明，强志補中，除暴疾，久食延齡益壽。視之若平常，用之大有利益。可君可臣，而又可佐使者也。其功全在補腎去濕。夫補腎之藥，大都潤澤者居多，潤澤則未免少濕矣。芡實補中去濕，性又不燥，故能去邪水而補真水，與諸補陰之藥同用，尤能助之以添精，不慮多投以增濕也。

或問：芡實平平無奇，而子偏譽之為益精補中之藥，何也？曰：芡實不特益精，且能澁精補腎，至妙藥也，子不信其功效乎？夫芡實與山藥並用，各為末，日日米飲調服，雖遺精至衰憊者，不旬日而精止神旺矣。至平之藥，而實有至奇之功，非世人所能測也。

或問：芡實性實平淡，吾子譽其功用，不識益腎澁精之外，更有何病可大用乎？曰：夫芡實，無症不可大用，而尤可大用者，開胃氣耳。胃氣大開，何病不藉之以得利。平而實奇，淡而無厭，殆芡實之謂乎。

或問：芡實平淡無奇而益人，若此，何不日食之作飯乎？曰：芡實雖不可作飯，然日用之固宜。我有一方，在家、作客，兩食之甚便。方用芡實二觔、山藥二觔、白糯米四觔、白糖一觔、花椒二兩，去核，各為末。每日白滾水調服一兩，最能開胃生精，併無夢遺之病，可服至百歲矣。

或疑芡實但能止精，而不能益精，雖精止即是益精，而終不可謂精得芡實而生也，夫芡實豈但止精哉。凡遺精之病，必能補而後能止。使芡實不能益精，又何能止精？況芡實不但止精，而亦能生精也。去脾中之濕痰，即生腎中之真水。益精，又何疑乎。

清・顧靖遠《顧氏醫鏡》卷八 芡實即鷄頭實。甘，平。入脾腎二經。 補腎固精，而遺濁有賴。故治小便不禁，遺精白濁滯下，咸需之。益脾助氣，而洩瀉無虞。小兒不宜多食者，以其難消也。宜作粥甚良。

清・李熙和《醫經允中》卷一八 芡實 防風煎湯浸過，經久不壞。入脾腎二經。 甘，平、澁，無毒。主治補中益氣，開胃固腎，生津，止遺精、泄瀉，白濁帶下，嬰兒食之不長，老人食之延年。

清・馮兆張《馮氏錦囊秘錄・雜症痘疹藥性主治合參》卷八 雞頭實一名芡實。稟水土之氣以生。味甘，氣平，無毒。入足太陰、少陰。補脾胃，固精氣之藥也。脾主四肢，足居於下，為濕所侵，則腰脊膝痛而成痹。脾氣得補，濕不自容，而前症除矣。脾主中州，益脾故能補中。腎藏精與志，入腎故主益精強志。暴病多屬火，得水土之陰者能抑火，故主除暴疾也。精氣足，脾胃強，則久服耳目聰明，輕身耐老矣。君山藥、茯苓、白术、人參、蓮肉、薏仁、扁豆，為補脾胃要藥。【略】 雞頭實，去濕痹，健脾，禁泄瀉遺濁，益氣補中，固精滋腎。

清・张璐《本經逢原》卷三 芡實俗名雞頭實 甘，平，無毒。《本經》主濕痹腰脊膝痛，補中除暴疾，益精氣強志。 發明：芡生水中而能益脾利濕，觀《本經》所主皆脾腎之病。遺精濁帶，小便不禁者宜之。

清・汪啟賢等《食物須知・諸果》 雞頭實 一名芡實，味甘，氣平，屬土有水，無毒。處處池塘俱種，逢秋採實曝乾。形類雞頭，故此為譽。須先舂殼，纔可取仁。煮熟食，堪以代糧；生嚼食，動風冷氣；嬰兒食，形體矮小。孟詵云：與嬰兒食，不能長大。故駐年耳，老人食，壽歲延長。入藥可為散丸，尋常任煮粥、作餅。主濕痹，止腰膝疼痛；益精氣，令耳目聰明。強志，療頭瘰瘡；補中，除卒暴疾。人服不厭，漸作神仙。

清・張志聰、高世栻《本草崇原》卷上 芡實 氣味甘，平，澀，無毒。主濕痹，腰脊膝痛，補中，除暴疾，益精氣，強志，令耳目聰明。久服輕身不飢，耐老神仙。 芡始出雷池池澤，今處處有之，武林者最勝。三月生葉貼水，似荷而大，皺紋如縠，蹙衄如沸，面青背紫，莖葉皆有刺。五六月開花，紫色，花必向日，結苞處有青刺，如猬刺及栗球之形，花在苞頂，正如雞喙，苞內有子，殼黄肉白，南楚謂之雞頭青，徐、淮、泗謂之芡。 芡實氣味甘平，子黄仁白，生於水中，花開向日，乃陽引而上，陰引而下，故字從欠，得陽明少陰之精氣。主治濕痹者，陽明之上，燥氣治之也。治腰脊膝痛者，少陰主骨，外合腰膝也。補中者，陽明居中土也。除暴疾者，精氣神三虛相搏，則為暴疾。芡實生於水而向日，得水之精，火之神。莖刺肉白，又稟秋金收斂之氣，故治三虛之暴疾。益精氣，強志，令耳目聰明者，言精氣充益，則腎志強。腎志強則耳目聰明。蓋心腎開竅於耳，精神共注於目也。久服則積精全神，故輕身不飢，耐老神仙。

清・姚球《本草經解要》卷三 芡實 氣平澁，味甘，無毒。主濕痹，腰脊膝痛，補中，除暴疾，益精氣，強志，令耳目聰明。久服輕身不飢，耐老神仙。炒。 芡實氣平澁，稟天秋收之金氣，入手太陰肺經。味甘無毒，得地中正之土味，入足太陰脾經。氣味降多於升，陰也。脾為濕土而統血，濕邪傷於下，則走腰脊膝，致血泣而成痹。芡實甘平，則益脾肺，肺通水道則濕行，脾和則血活，而痹者瘳矣。中者，脾也。味甘益脾，故能補中。暴疾多屬於火，得水之精者，多能抑火。芡實味甘屬土，而生於水，所以制火而主暴疾。腎藏精，肺為金，而腎為水。氣平益肺，肺氣旺則生精，金生水也。味甘益脾，脾氣升，氣平益肺，肺氣降，升降如，則天清地寧，養之以剛大，而志強矣。味甘益脾，脾統血，目得血則明，耳得血則聰，故令耳目聰明也。久服氣平益肺，肺氣充，則身輕。味甘益脾，脾血旺，耐老不飢也。肺脾氣血充足，神仙有自來矣。　製方：芡實同金櫻子丸，補下元虛。同白茯、秋石、蓮肉、棗肉丸，治便數遺精。

清·周垣綜《頤生秘旨》卷八　雞頭實　補脾肺之藥也。又名芡實。主濕痺，益精。

清·王子接《得宜本草·上品藥》　芡實　味甘，濇。功專暖元陽。得生地能止血，得金櫻子能澁精，得菟絲子能實大便。

清·徐大椿《神農本草經百種錄》上品　雞頭實　味甘，平。主濕痹，腰脊膝痛，下焦濕痰之疾。補中，除暴疾，暴疾皆生于中氣不足，中氣足則無此疾矣。益精氣，強志，肝腎足則心氣亦寧也。令耳目聰明。充溢諸竅。久服輕身不飢，耐老神仙。脾腎兼旺則諸效自臻矣。

雞頭生于水中，而其實甘淡，得土之正味，乃脾腎之藥也。脾惡濕而腎惡燥，雞頭雖生水中，而淡滲甘香，則不傷于濕。質黏味澀，而又滑澤肥潤，則不傷于燥。凡脾腎之藥，往往相反，而此則相成，故尤足貴也。

清·黃元御《玉楸藥解》卷四　芡實　味甘，性濇。入手太陰肺、足少陰腎經。止遺精，收帶下。芡實固濇滑泄，治泄精失溺、白濁帶下之病。

清·吳儀洛《本草從新》卷四　芡實一名鷄頭。　甘平而澀。補脾固腎，助氣澀精。治夢遺滑精，解暑熱酒毒，療帶濁泄瀉，小便不禁。大小便不利者勿服。小兒不宜多食，甚難消化。蒸熟擣粉。澀精藥。或連殼用。

清·汪紱《醫林纂要探源》卷二　芡　甘，濇，平。一名雞頭，一名雁喙。抑木斂金，補土固水。甘少濇多，實緊硬，收斂之意為多。不可生食，能止瀉泄，去帶濁，治夢泄遺精，功略似蓮子，而不及其交濟水火。又能堅強腰膝。多食難化。入濇精藥，連殼擣碎煎乃效。

清·嚴潔等《得配本草》卷六　芡實一名雞頭。　甘，平，澀。入足少陰、太陰經。補脾助氣，固腎澀精。治遺濁滯下，小便不禁。　得金櫻子，澀精。配秋石、蓮肉、大棗，為丸鹽湯下，治便數精滑。佐生地，止血。合菟絲子，實大便。

題清·徐大椿《藥性切用》卷六　芡實　一名鷄(豆)〔頭〕。其味甘平，微溫性濇，實脾益腎，固氣濇精。小兒多食則難化。

清·黃宮繡《本草求真》卷二　芡實利脾濕，澀腎氣。　芡實耑入脾腎。如何補脾，以其味甘之故。甘入脾。芡實如何固腎，以其味濇之故。濇固脫。惟其味甘補脾，故能利濕，而使泄瀉腹痛可治。補脾同山藥、茯苓、白术、人參、蓮肉、薏苡仁、扁豆。惟其味濇固腎，用芡實一味擣末熬，金櫻子煎和丸服之，補下元益人，謂之水陸丹。故能閉氣，而使遺帶小便不禁皆愈。傷損精氣，小便遺數精滑，用秋石、芡實、茯苓、蓮肉各四兩為末，棗和丸梧子大，每服三十丸，空心鹽湯送下。功與山藥相似，然山藥之陰本有過於芡實，而芡實之濇更有甚於山藥，且山藥兼補肺陰，而芡實則止於脾腎，而不及於肺，用或蒸熟擣粉，或連殼同服。

清·李文培《食物小錄》卷上　芡實即雞頭子　甘、酸、濇，無毒。補中，除暴疾，益精強志，聰耳明目。久服輕身不飢，耐老，開胃，助氣，止渴。

清·楊璿《傷寒溫疫條辨》卷六濇劑類　芡實子嬰兒多食，能令形體矮小，慎之。　味甘，氣平。入脾、腎經。能健脾養陰，故治腰膝疼痛。強志益精，能補腎益髓，故令延壽耐老，目明耳聰。且收脫住瀉，秘氣濇精。但其性和緩，難收速功。芡實散：芡實粉、金銀花、乾藕，蒸熟晒，等分為末，冬湯夏水調下，久服却病延年。

清·羅國綱《羅氏會約醫鏡》卷一七菓部　芡實　味甘平，入脾、腎二經。性澁氣溫。菱花背日而寒，芡花向日而暖。補腎固精，健脾去濕。治夢遺精滑、同金櫻膏為丸，名水陸二仙丹。帶濁便數、腰膝酸痛。令耳目聰明，強志益神，腎足之驗。祛泄瀉，嗜飲食。濕去脾健。多服耐老。或丸散，或煮食，入煎劑無力，但性緩，難收捷效。

清·陳修園《神農本草經讀》卷二　雞頭實　氣味甘，平。主濕痹，腰脊膝痛，補中，除暴疾，益精氣，強志，令耳目聰明。久服輕身不飢，耐老神仙。

清·趙學敏《本草綱目拾遺》卷七果部上　芡粉　《嘉泰會稽志》：芡一名雞頭，山陰梅市產之最盛。有數等，小白皮最佳，大白皮、中白皮，其皮甚堅難齧，黃嫩者太軟，皆不逮也。造粉與藕菱同法。　益精氣，強智力，靈耳目，固精添髓《養餘月令》。

九龍丹：《販翁醫要》治腎水不足，邪火淫動，遺精淋濁等症。枸杞子酒蒸、金櫻子焙、山楂肉炒、石蓮肉炒、蓮鬚焙、熟地擣膏、芡粉炒、白茯苓、當歸等分，共為末，煉蜜丸如桐子大，每服三錢，空心白滾湯下。

清·黃凱鈞《藥籠小品》　芡實　扶脾益腎，性濇，精不禁者宜之。

清・章穆《調疾飲食辯》卷三　芡莖　《圖經》曰：一名蔿，一名葴菜，一名莈菜。味極甘平，質極柔嫩。生食止渴除煩，退膈間客熱；煮熟補脾開胃，益氣生津。涼不傷氣，補不助邪，佳品也。根煮食能消小腹氣塊，及偏墜作痛。見《法天生意》。

清・章穆《調疾飲食辯》卷四　芡　《綱目》曰：《本經》名雞頭，又名雁喙。《古今注》曰雁頭。《韓文公集》曰鴻頭。《莊子・無鬼篇》曰雞雍。《管子・五行篇》曰卯蔆。實味微甘而澀，能止泄，益腎，治小便不禁，遺精、帶下、白濁。《衍義》曰：難消化，多食傷脾胃。陶隱居曰：小兒多食令不長。

按：芡實較蓮肉、蔆肉更澀，而無其甘，且質粗而硬，寇氏傷脾之說，確乎可信。《唐本草》乃云益人勝於蔆肉，則大誤矣。而孫升《談圃》以為芡本不益人，俗稱水硫黃者，人之食芡，必咀嚼終日，故能使華液流通，轉相灌溉。矛盾之言，極為可笑。夫以本不益人之物，只多其咀嚼，便變為有益，是世間諸物不論性味功能，只粗硬耐咀，即為佳品，有是理乎？藥中用為止澀，未嘗無效；作果多食，甚不相宜。小兒尤忌，陶氏不長之言非謬也。乃今富貴家群尚之，可嗤也。其莖其根充蔬，生熟皆有益，見菜類。葉可下胞衣：全者一片破缺者無用，水煎或酒煮服出《急救方》。

清・王龍《本草纂要稿・菓部》　芡實　氣味甘平。治濕痺腰膝疼痛，益精氣，聰耳明目，強志。療瘰癧，補中，除卒暴，益真元，補腎，治白濁，養精。

清・莫樹蕃《草藥圖經》　水糧根　水糧根，即雞頭子根，本草名芡實。甘平，濇，無毒。治溼痺，腰脊膝痛，補中開胃，助氣止渴，益腎，治小便不禁，遺精白濁，帶下。根治無名腫毒。葉即雞頭菜，治煩渴，除虛熱。

清・張德裕《本草正義》卷上　芡實　甘，平，炒溫。入脾、腎。健脾補腎，養陽固精，止遺洩帶濁。功緩無捷效。

清・楊時泰《本草述鉤元》卷二一　芡實　味甘，濇，氣平。入足太陰、少陰經。主治益精氣強志，開胃助氣，益脾實陽，固精，治小便不禁，遺精，白濁帶下，療濕痺腰脊膝痛。止瀉固精，獨於脾腎得力，先後天之根本咸賴焉士材。君山藥、茯苓、白朮、人參、蓮肉、薏仁、扁豆，為補脾胃要藥。一味搗爛曝乾，再搗篩末，熬金櫻子膏和丸，服之補下元，益人。四精丸：治思慮色慾過度，損傷心氣，小便數，遺精。用秋石、白茯苓、芡實、蓮肉各二兩，為末，蒸棗和丸梧子大，每服三十丸，空心鹽湯下。分清丸：治濁，用芡實、茯苓二粉，黃蠟化蜜和丸梧子大，每服百丸，鹽湯下。

論：芡生於水中，五六月作花紫色，開花向日，向日結苞。夫產於水中者，類受陰氣，然陰中亦有陽，否則不能生矣。是物吮抽發育，全在向日之陽，而以花以實，豈非毓質於陰，而長氣於陽者乎？《本經》所以不止曰益精，而曰益精氣，且曰強志也，水之精為志。惟其有得於水中真陽，故能開胃助氣，正如脾受水中之陽以上致於胃也。方書概謂補脾腎二經，而不究其所入有先後，豈能用之中的哉？

生食味濇，動風冷氣，小兒不宜多食仲淳。

修治：新者煮食良，入濇精藥，連殼用亦可。

清・鄒澍《本經續疏》卷三　雞頭實　【略】芡莖不弱於荷莖，其長且倍焉。然任蠖屈於水中，而葉終不離水面者，地之氣能隔水以交天，天之氣不能越水以交地，則承接於天者，究在水而不在土也。故夫芡開花向日，向日結包，與天上之陽相噓吸而成實，則為秉氣於陽矣。夫水中之氣不能出水，又何異腰脊與膝為濕所蔽不得交於陽耶？乃芡者偏能共水外之陽噓吸以鍾生趣。故主為濕痹腰脊膝痛，補中。腰脊膝固皆繫屬水藏，而資陽氣以運動者也。被水氣蔽而為痛，則受陽之益而痛已矣。資始於水下之土，資生於水外之火，火土相鍛而成金，而偏在水中，具堅剛之性，潔白之色，不受泥之汙日之暴。則受日暴泥汙以為病者，均藉此可已。曰除暴疾，正對主濕痹，腰脊膝痛，補中而言，非特能致陽於陰，并能起陰禦陽也。心之志，耳目之聰明，皆陰中之生氣而注於陽者，能於精中益氣以交陽，則志之強，耳之聰，目之明，正有不期然而然者。特精盈而氣不能攝之，以交於陽者則可，精不足而有是則無益矣。

清・葉桂《本草再新》卷五　芡實味甘，濇，性平，無毒。入脾、腎二經。　補脾固腎，益氣生精。治夢遺，療帶濁、泄瀉，小便不禁。

清・吳其濬《植物名實圖考》卷三一　芡　《本經》上品。即雞頭子。嫩莖可為蔬。莈也，蔿也，雞雍也，鴈頭也，烏頭也，雁(啄)〔喙〕也，一物而數名也。莖之嫩者曰蔿葴，葉蹙衄如沸而大，曰芡盤。梂苞吐葩有喙，曰芡嘴。唐人詩紫羅小囊光緊蹙，一掬珍珠藏蝟腹，言其實也。粥之、粉之、咀嚼之；

根味如芋，煮食之，竟體芬芳，無剩物矣。歐陽文忠公詩：爭先園客采新苞，剖蚌得珠從海底。都城百物貴新鮮，厥價難酬與珠比。又云：卻思年少在江湖，野艇高歌菱荇裏。香新味全手自摘，玉潔沙磨轢還美。身近魏闕，心遊江湖，長安居不易，古與今如一邱之貉。其詩末云：何時遂買潁東田。今新鄭有文忠墓道，然則文忠並未復泛章江，志云衣冠葬者，未可信也。兒童不識字，耕稼鄭公莊。數百年來頗能副文忠之屬。山谷云建州絕無芡，頗思之。滇南百果盈衢，聞亦少此。徐勉《戒子書》：中年聊於東田開營小園，瀆中並饒荷葰，湖裏殊富芰蓮，雖云人外，城闕密邇，如此佳致，消受良難。

清・趙其光《本草求原》卷一五菜部 芡實即雞頭實。 生水中，向日開花，結苞，是稟水之真氣而感太陽以發育。甘平而澀，故能益脾腎，助胃氣，脾受水中之真氣以上行於胃者也。利濕，治濕痹、腰膝痛，泄瀉，益精氣，強志。水之精為志，言水中真氣之靈也。合粳米煮粥食。小便不禁、遺精，同金櫻膏為丸，名水陸二仙丹。帶濁，同茯苓、黃蠟蜜丸，鹽湯下，名分清丸。蒸熟搗粉用。生食動風滯胃。澀精，連殼用。同秋石、茯苓、蓮肉、棗肉為丸，鹽湯下，治心腎損傷、尿數、遺精。

清・葉志詵《神農本草經贊》卷一 雞頭實 味甘，平。主濕痹，腰脊膝痛，補中除暴疾，益精氣，強志，令耳目聰明。久服輕身不飢，耐老神仙。一名雁喙實。生池澤。

橐韜川植，論斗剝膚。蝟毛青湧，雞喙紅敷。盤輪緆縠，囊截明珠。上池華液，挹注囁嚅。

《周禮疏》：川澤植物宜膏物，蓮芡之實有橐韜者。黃庭堅詩：明珠論斗煮雞頭。《易》：剝床以膚。王叟巖詩：琉璃湧出青毛蝟。李時珍曰：芡。生紫花，在苞頂如雞啄，葉貼水，皺文如縠。宋文同詩：芡盤圓圓如碧輪。姜特立詩：明珠截錦囊。《東坡雜記》：吳子野云：食芡必枚囓而細嚼，終日囁嚅，足以致上池之水，使人華液通流，轉相挹注。

清・文晟《新編六書》卷六《藥性摘錄》 芡實 甘，平。煮食健脾益胃，固精，縮小便。多食難消。嬰兒食之不長，老人服之自益。並詳藥部。

芡實 甘，微澀。補脾固腎。餘詳藥部。

芡實 味甘微澀，補脾利濕，固腎氣，治泄瀉夢遺，腰下小便不禁。〇或蒸熟搗粉，或連殼用。

清・張仁錫《藥性蒙求・果部》 芡實二錢 芡實甘平，扶脾補腎。帶濁遺精，方中最穩。一名雞頭。專暖元陽。得生地能止血，得金櫻子能濇精，得菟絲子能實大便。二便不利不服，小兒不宜多食。

清・王孟英《隨息居飲食譜・果食類》 芡實一名雞頭 甘，平。補氣，益腎固精，耐飢渴，治二便不禁，強腰膝，止崩淋帶濁。必蒸煮極熟，枚齒細咀，使津液流通，始為得法。鮮者鹽水帶殼煮，而剝食亦良。乾者可為粉作餻，煮粥代糧。亦入藥劑。惟能滯氣，多食難消，禁忌與蓮子同。其莖嫩時可茹，能清虛熱。根可煮食，祲歲濟飢。葉一張須囫圇者煎湯服，治胞衣不下。

清・田綿淮《本草省常・果性類》 雞頭子 一名卵蔆，一名蔿子，一名芡實。宜熟食，性平。健脾固腎，益氣濇精。久食聰耳明目、輕身耐老。多食難尅化。生食動風冷氣。小兒忌之。

清・戴葆元《本草綱目易知錄》卷三 芡實 甘，平。開胃助氣，止渴益腎，去濕痹，益精氣，強志。久服令耳目聰明。治腰脊膝痛，小便不禁，夢遺滑精，白濁帶下。生食過多難化，動風，不益脾胃。澄粉食，功勝蔆粉。

清・黃光霽《本草衍句》 芡實 甘補脾去濕，澀固腎益精。泄瀉帶濁，夢滑遺精。腰膝痺痛，去濕之功。小便頻數。功耑暖元陽。得生地能止血，得金櫻子能澀精，得菟絲子能實大腸。 四精丸治思慮色慾過度，損傷心氣，小便遺精，用秋石、茯苓、芡實、蓮肉，為末，棗和丸，空心鹽湯下。

清・陳其瑞《本草撮要》卷三 芡實 味甘濇，入手太陰、足少陰經，功專暖元陽。得生地止血，得金櫻子濇精，得菟絲子實大便。大小便不利者勿服。

清・李桂庭《藥性詩解》 賦得芡實益精治白濁得精字。田春芳。 芡實功雖緩，甘平最益精。兩元堪補益，二濁自澄清。 腎為先天之元，脾為後天之元。芡實甘平，功療雖屬緩(漫)〔慢〕，頗能因補真元，醫治二濁，益氣濇精，助脾補腎。用當蒸熟，搗粉。

前題李慶霖 芡實甘平淡，惟知補力輕。固元兼益腎，治濁且生精。

按：芡實甘平淡濇，補力輕緩，去殼蒸熟，搗粉用。功專益腎濇精，補脾助氣，固補真元，治療濁帶。大小便不利者，勿服。

清・吳汝紀《每日食物却病考》卷下 芡實 甘，平，無毒。補中益精，開胃助氣，治濕痹，腰脊膝痛，及小便不禁，遺精。小兒食之不長。生食動風氣，多食不益脾，難化。蒸，曝作粉食，良。

萍蓬草

宋・唐慎微《證類本草》卷六草部上品〔唐・陳藏器《本草拾遺》〕 萍蓬草根 味甘，無毒。主補虛，益氣力，久食不飢，厚腸胃。生南方池澤。大如荇，花黃，未開前如算袋，根如藕，饑年當穀也。

明・李時珍《本草綱目》卷一九草部・水草類 萍蓬草《拾遺》

〔釋名〕水粟《綱目》 水栗子時珍曰：陳藏器《拾遺》萍蓬草，即今水粟也。其子如粟，如蓬子也，俗呼水粟包。又云水栗子，言其根味也。或作水笠。〔集解〕藏器曰：萍蓬草生南方池澤。葉大似荇。花亦黃，未開時狀如筭袋。其根如藕，饑年可以當穀。時珍曰：水粟三月出水。莖大如指，葉似荇葉而大，徑四五寸，初生如荷葉。六七月開黃花，結實狀如角黍，長二寸許，內有細子一包，如罌粟。澤農採之，洗擦去皮，蒸曝，舂取米，作粥飯食之。其根大如栗，亦如鷄頭子根，儉年人亦食之，作藕香，味如栗子。昔楚王渡江得萍實，大如斗，赤如日，食之甜如蜜者，蓋此類也。若水萍，安得有實耶。三四月採莖葉取汁，煮硫黃能拒火。又段公路《北户録》有睡蓮，亦此類也。其葉如荇而大。其花布葉數重，當夏晝開花，夜縮入水，晝復出也。

子 〔氣味〕甘，澀，平，無毒。〔主治〕助脾厚腸，令人不飢時珍。

根 〔氣味〕甘，寒，無毒。〔主治〕煮食，補虛，益氣力。久食，不飢，厚腸胃藏器。

明・鮑山《野菜博録》卷二 萍蓬草 一名水粟，一名水粟子。生水中。葉似荇葉大，六七月開黃花，結實如角黍，包內有細子，根大似栗子。味甘，澁，性平，無毒。根甘，性寒。食法：採子去皮，蒸曝作飯食。根亦可食。

明・姚可成《食物本草・救荒野譜補遺・草類》 萍蓬艸食根及食。生池澤中，其根如藕，饑年可以代糧。六七月開黃花，結實壯如角黍，可作飯食之。

萍蓬子，結實秋初如角黍。萍蓬根，藕形水底自生成。饑年采得來充腹，抵却黃粱與白粟。

子午蓮

清・趙學敏《本草綱目拾遺》卷七花部 睡蓮 《廣志》：睡蓮布葉數重，葉如荇而大，花有五色，當夏晝開，夜縮入水底，晝復出，與夢草晝入地夜即復出相反，廣州有之。諺曰：毋佩睡蓮，使人好眠。《綱目》蔬部載睡菜，而睡蓮獨遺，故補之。 張㦸《大觀録》：綽菜夏月生於池沼之間，葉類茨菰，根如藕條，食之令人思睡，又名瞑菜。《嶺南雜記》：睡蓮菜一名瑞蓮，花瓣外紫內白，幹如釵股，心似雞頭，以水淺深為短長，日沉夜浮，必雞鳴采之始得，出高州。佩之多好眠《廣志》。清香爽脆，消暑解酲《嶺南雜記》。

清・趙學敏《本草綱目拾遺》卷七花部 子午蓮 《綱目》水草部入蘋，以為此即大葉之蘋也。古人以為食品，祭用蘋蘩，即此。今浙人呼為子午蓮，生水澤陂蕩中，葉較荷而小，缺口不圓，入夏開白花，午開子斂，子開午斂，故名。采花入藥。治小兒急慢驚風，煎湯服，用七朵或十四朵。杭城張子元扇店，施此救人多年矣。

清・吴其濬《植物名實圖考》卷一七 子午蓮 滇曰茈碧花。生澤陂中。葉似蓴有歧，背殷紅；秋開花作綠苞，四拆為跗，如大綠瓣，內舒千層白花如西番菊，黃心；亦作千瓣，大似寒菊。《浪穹縣志》：莖長六七丈，氣清芬，采而烹之，味美於蓴。八月花開滿湖，湖名茈碧，以此。按《本草拾遺》，萍蓬草葉大如荇，花亦黃。李時珍謂葉似荇而大，其花布葉數重，當夏晝開花，夜縮入水，晝復出。則此草其即萍蓬耶？

水蓮

晉・嵇含《南方草木狀》卷上草類 水蓮 花之美者，有水蓮。如蓮而莖紫，柔而無刺。

石蓮子

元・吴瑞《日用本草》卷六 石蓮 和殼乾者，黑堅，又名瑞蓮。取肉作串以薦酒。主益氣，止渴，助心，止痢。治泄精腰痛。

明・鄭寧《藥性要略大全》卷四 石蓮子 開胃進食，清心解煩。專治禁口痢。 味苦，性涼，無毒。去殼用。

明・李中立《本草原始》卷七 石蓮子 生水中。其子中肉黃白色，心內空無青芽，嚼之味極苦。殼光黑堅硬如石，故名石蓮。別是一種蓮子也。

石蓮肉：氣味：苦，寒，無毒。主治：久痢噤口，炒為末，陳倉米飲調服二錢，便思飲食，甚妙。加入香連丸尤妙。脾瀉腸滑，噦逆不止，用六枚，炒赤黃色，研末，冷熟水半盞和服，便止。

石蓮子：新增。【圖略】入水必沉。煎鹽鹵能浮之。石蓮〔子〕，不知出何處。殼光黑堅石，兩頭停，有有節者，無節者更黑，味極苦。此物經百年不壞。

明・李中梓《藥性解》卷四　石蓮子　味苦，性寒，無毒，入心、胃、膀胱三經。主噤口痢，及濕熱滲入膀胱，為白濁淋瀝等症，清心解煩，開胃進食，去殼用。　按：石蓮苦寒，宜瀉少陰之火，心火既清，則胃與膀胱不能獨熱矣，故皆入之。此別是一種，非蓮子比也。

明・賈九如《藥品化義》卷九火藥　石蓮肉　屬純陰，體乾實，色肉白殼黑，氣和，味大苦帶澀，性寒，能沉，力清心，性氣輕而味厚，入心胞絡肺胃四經。　石蓮肉生水中，一名藕實。味苦清火，帶澀斂熱下行，善解憂愁抑鬱，心火上炎而尅肺金。主治口苦咽乾，五心煩熱，及心虛生熱，痢疾口噤，便濁遺精。上能清養心肺，下能收攝腎水，心腎不交用為良劑。若晝則發熱，夜則安靜，是熱在氣分，以此同參芪為清心蓮子飲，退熱甚效。　堅硬如石，故名石蓮。去殼敲碎用。

清・何諫《生草藥性備要》卷下　蚺蛇簕　治跌打傷，止痛。其形似大刀豆，週身簕釘。但用要搥爛敷之。一名石蓮子。

菱

唐・孫思邈《千金要方》卷二六《食治・果實》　芰實　味甘、辛，平，無毒。安中，補五藏，不飢輕身。一名菱。黄帝云：七月勿食生菱芰，作蟯蟲。

唐・孟詵、張鼎《食療本草》卷子本　芰實平。　右主治安中焦，補藏腑氣，令人不飢。仙方亦蒸熟曝乾作末，和〔米〕〔蜜〕食之，休糧。凡水中之果，此物最發冷氣，不能治衆疾。〔令人藏冷〕，損陰，令玉莖消衰。令人或腹脹者，以薑、酒一盞，飲即消。含吴茱萸子，咽其液，亦消。

附：日・丹波康賴《醫心方》卷三〇　芰實　《本草》云：味甘，平，無毒。主安中補藏，不飢輕身。一名菱。陶〔弘〕景注云：火燔以為米充糧，斷穀長生。崔禹〔錫〕云：芰實，食之安中，補五藏。孟詵云：食之神仙，此物尤發冷，不能治衆病。《七卷經》云：味甘，平，無毒。食之不飢。被霜後食之，令陰不强。

唐・歐陽詢《藝文類聚》卷八二　菱　《説文》曰：菱，蔆也。《廣志》曰：鉅野之菱，大于常菱。淮漢以南，凶年以菱為蔬，猶以橡為資也。《周官》曰：冬食蔆藕、棗、栗、杼實。《國語》曰：屈到嗜芰，有疾，召其宗老而屬之曰：祭我必以芰。《楚辭》曰：製芰荷以為衣。《呂氏春秋》曰：杜厲叔事莒公，自以為不見知，居於海上，夏食菱芡，冬食橡栗。莒公有難將死之，其友曰：不知故去，今往死之，是知與不知，無別也。厲叔曰：吾將以醜後世人主不知其臣者也。

宋・唐慎微《證類本草》卷二三果部上品〔《別録》〕　芰音伎實　味甘，平，無毒。主安中，補五藏，不飢輕身，一名菱音陵。

〔梁・陶弘景《本草經集注》〕云：廬江間最多，皆取火燔以爲米充糧。今多蒸暴，蜜和餌之，斷穀長生。水族中又有菰音孤首，性冷，恐非上品。被霜後食之，令陰不强。又不可雜白蜜食，令生蟲也。

〔唐・蘇敬《唐本草》〕注云：芰作粉，極白潤，宜人。

〔宋・掌禹錫《嘉祐本草》〕按：《蜀本圖經》云：生水中，葉浮水上，其花黄白色，實有二種：一，四角；一，兩角。孟詵云：菱實，仙家蒸作粉，蜜和食之，可休糧。水族之中，此物最不能治病。又云：令人藏冷，損陽氣，痿莖。可少食。多食令人腹脹滿者，可暖酒和薑飲一兩盞，即消矣。

〔宋・蘇頌《本草圖經》〕曰：芰，菱實也。舊不著所出州土，今處處有之。葉浮水上，花黄白色，花落而實生，漸向水中乃熟。實有二種，一種四角，一種兩角。兩角中又有嫩皮而紫色者，謂之浮菱，食之尤美。江淮及山東人曝其實人，以爲米，可以當糧。道家蒸作粉，蜜漬食之，以斷穀。水果中此物最治病，解丹石毒。然性冷，不可多食。

〔宋・唐慎微《證類本草》〕《食療》：神仙家用，發冷氣。人含吴茱萸，嚥其津液，消其腹脹矣。《周禮疏》：屈到嗜芰，即菱角也。

宋・寇宗奭《本草衍義》卷一八　芰　今世俗謂之菱角，所在有。煮熟取仁食之，代糧，不益脾。又有水菱，亦芰也，但大而脆，可生食。和合治療，未聞其用。有人食生芰多則利及難化，是亦性冷。

宋・王繼先《紹興本草》卷一四　芰　紹興校定：芰實即菱也。性味、主治雖載《本經》，而未聞諸方用驗。此物性頗冷，固非療病之物，乃世之果品。處處池澤皆產之，當云味甘、微寒、無毒是矣。

宋・鄭樵《通志》卷七六《昆蟲草木略》　芰實　即菱也。俗謂之菱角，可以當糧。菱亦作蔆。《爾雅》：蔆，蕨攈。注云，今亦謂之蔆攈。

宋・劉明之《圖經本草藥性總論》卷下　芰實　味甘，平，無毒。主安中，補五臟。一名菱。孟詵云：菱實，仙家蒸作粉，蜜和食之，可休糧。水族之中，此物最不能治病。一云：令人藏冷，損陽氣，痿莖，可少食。令人腹脹滿者，可暖酒和薑飲之，即消。解丹石毒。今所在有之。

宋・陳衍《寶慶本草折衷》卷一八　芰音伎。實諸菱及粉在內。　一名芰，一名菱，一名菱實，一名菱角。○段成式云：一名水栗。兩角者名菱，三角、四角者名芰。○又云：乾者名菱米，乃乾白菱肉也。○菱，音陵。生廬江間，及江淮、山東。今處處水中有之。○採之，或去皮暴乾。○忌蜜，畏薑。○《梅州志》云：有一種菱米，乃是穀類，而名偶同，因註而辨之。

味甘，平，冷，無毒。○主安中。○陶隱居云：被霜後食，令陰不強。又不可雜白蜜食，令生蟲也。○《唐本註》云：芰作粉，白潤宜人。○孟詵云：食之藏冷，損陽氣，多食腹脹滿者，可暖酒和薑飲即消。○《圖經》曰：有二種，一種四角，一種兩角。兩角中又有嫩皮而紫者，謂之浮菱。暴實人為米，解丹石毒。○寇氏曰：煮熟食代糧，不益脾。又有水菱，大而脆。食生多則利及難化。

續說云：釋芰實者，多謂其生疾。寇氏復言未聞其治療。至張松乃用乾芰為末，以治小便不通，并熱淋之患，每服貳錢，燈心煎湯調下，當知芰亦有助於醫也。《酉陽雜俎》載昆明池有浮根菱，根出水上，葉沒波下，一名青水菱。及元都有翻雞菱，如雞飛之狀，一名碧色菱。近世亦有此種。

元・忽思慧《飲膳正要》卷三　芰實　味甘，平，無毒。主安中，補五藏，輕身不飢。

元・尚從善《本草元命苞》卷八　芰實　甘，平。俗名菱角。熟食可以代糧，生喫令人腹脹。雜白蜜食之蟲生。被霜後餌之，陽損。性冷難化，不可多食。

元・吳瑞《日用本草》卷六　芰實　一名菱角。有二種，一種四角，一種兩角。有嫩者，皮紫色，謂之浮菱，食之尤美。江淮乾以代糧。大者斫菱，小者碎菱。味甘，平，冷，無毒。最不能療病。多食生蟯蟲，令人臟冷，損陽氣，痿莖。或腹脹滿，飲薑酒即消。主安中補五臟。不可合蜜食，令人生蟲。

明・朱橚《救荒本草》卷下之後　菱角　《本草》名芰音伎實，一名菱音陵，處處有之。水中拖蔓生，葉浮水上，三尖鋸齒葉，開黃白花，花落而實生，實有二種：一種四角，一種兩角。兩角中又有嫩皮而紫色者，謂之浮菱，食之尤美。味甘，性平，無毒。一云性冷。救飢：採菱角鮮大者，去殼生食。殼老及雜小者煮熟食。或晒其實，火燔以為米充糧。作粉極白潤，宜人服食。家蒸暴蜜和餌之，斷穀長生。又云：雜白蜜食，令人生蟲。一云多食臟冷，損陽氣，痿莖，腹脹滿。暖薑酒飲，或含吳茱萸，嚥津液即消。治病：文具《本草》果部芰實條下。

明・蘭茂原撰，范洪等抄補《滇南本草圖說》卷九　菱角　氣味甘淡，性平，微苦澁。主治：醒脾解酒，緩中。

明・蘭茂撰，清・管暄校補《滇南本草》卷上　菱角　味甘。治一切腰腿筋骨疼痛，週身四肢不仁，風濕入竅之症，煮食即愈。皮，燒灰為末，調菜油搽痔瘡，神效。葉，晒乾為末，搽小兒走馬牙疳，神效。

明・滕弘《神農本經會通》卷三　芰實　一名菱。有兩種，一四角，一兩角。味甘，氣平，無毒。《本經》云：主安中，補五臟，不飢輕身。《唐本》注云：芰，作粉極白潤，宜人。孟詵云：仙家蒸作粉，蜜和食之，可作糧。水族之中，此物最不能治病。又云：令人藏冷，損陽氣，痿莖。可少食，多食令人腹脹滿者，可暖酒和薑，飲一兩盞即消矣。《圖經》云：水果中此物最治病，解丹石毒。然性冷，不可多食。

明・劉文泰《本草品彙精要》卷三二　芰實無毒　浮生。

芰音技實：主安中，補五臟，不飢，輕身。名醫所錄。　【名】菱、浮菱、水菱、菱角。　【苗】《圖經》曰：芰，菱實也，葉似荇，浮在水面，花黃白色，晝合夜開，隨月轉移，猶葵之向日也。花落而實生，實有紅、綠二種，潛向水中成熟，南人取莖，淹作菹食之。然種亦多，有四角者，有二角者，其皮嫩謂之浮菱，生食之味尤甘美。楚人謂之芰，秦謂之薢茩，今俗謂之菱。江淮及山東人暴其實，以爲米，可以當糧。《衍義》曰：芰，今世俗謂之菱角，煮食可以代糧，然不益脾。又有水菱，亦芰也，但大而脆，可生食。修合、治療，未聞其用。　【地】《圖經》曰：生廬江、江南、山東，今處處有之。　【時】生：三月生苗，五月開花。採：夏秋取實。　【收】暴乾。　【用】實。　【色】殼青紅，肉白。　【味】甘。　【性】平，冷。　【氣】氣之薄者，陽中之陰。　【臭】香。　【主】補五臟。　【合治】蒸作粉，合蜜漬，食之以斷穀。　【禁】多食，令人腹脹滿，用暖酒和薑飲一兩盞即消。性冷不可多食，令人陰不強。生者不宜多食，令人臟冷，損陽氣。　【解】丹石毒。

明・盧和、汪穎《食物本草》卷二果類　菱角　味甘，平，無毒。主安中，補五臟，不飢輕身。四角、三角，曰芰；兩角，曰菱。又云：菱實作粉，蜜和食之，可休粮。此物最不宜人，多食令臟腑冷，損陽氣，陰不強，不益脾，且難化，惟解丹石毒。生者、熟者，食致脹滿，用薑酒一二盃解之。不可合白蜜食，令生蟲。

明・姚可成《食物本草》卷首王西樓《救荒野譜》 菱科食莖葉。夏秋采，熟食。

采菱科，采菱科，小舟日日臨清波。菱科采得餘幾何？竟無人唱采菱歌。風流無復越溪女，但采菱科救飢餒。

明・寧源《食鑒本草》卷下 菱角 味甘，寒，無毒。水族中此物須脆美而性寒冷，傷脾胃，發痼疾，損陽事。仙家方：治食菱角多，作腹脹滿而痛，熱酒和薑，飲之則消矣。

明・王文潔《太乙仙製本草藥性大全》卷四《本草精義》 芰實 一名菱角，一名菱米。舊不著所出州土，今處處有之。葉浮水上，花黃白色，花落而實生，漸向水中乃熟。實有二種，一種四角，一種兩角。中又有嫩皮而紫色者，謂之浮菱，食之尤美，生啖熟啖隨用。江淮及山東人曝其實，人以爲米，可以當糧。道家蒸作粉，蜜漬食之，以斷穀。水果中此物最治病，解丹石毒。然性冷，不可多食。

明・王文潔《太乙仙製本草藥性大全》卷四《仙製藥性》 芰實 味甘，氣平，無毒。主治：不能治病，反有損人。〔令〕臟冷，損陽氣，痿莖，飲熱酒及薑湯可解。啖多腹脹亦用此消。補註：仙家蒸作粉，蜜和食之，可休糧，水族之中此物最不能治病。又云令人臟冷，損陽氣，痿莖，可少食，多食令人腹脹滿者，可暖酒和薑飲之一兩盞即消矣。

明・皇甫嵩《本草發明》卷四 芰實上品。一名水菱。味甘，平。《本草》主安中，補五藏，不飢輕身。《圖經》云：治病反有損人，令藏冷，損陽氣，痿陰，飲熱酒可解。啖多腹脹，亦用酒消。少食何傷？生煮任用，若煮食，亦不冷也。

水菓中此物最治病，解丹石毒。然性冷，不可多食。註云不能。

明・李時珍《本草綱目》卷三三果部・水果類 芰實音妓。《別録》上品。

〔釋名〕蔆《別録》 水栗《風俗通》 沙角時珍曰：其葉支散，故字從支。其角稜峭，故謂之菱，而俗呼爲菱角也。昔人多不分別，惟王安貧《武陵記》，以三角、四角者爲芰，兩角者爲菱。《左傳》屈到嗜芰，即此物也。《爾雅》謂之厥攈，音眉。又許慎《說文》云：蔆，楚謂之芰，秦謂之薢茩。楊氏《丹鉛録》以芰爲鷄頭，引《離騷》緝芰荷以爲衣，言蔆葉不可緝衣，皆誤矣。案《爾雅》薢茩乃决明之名，非厥攈也。又《埤雅》芰荷乃藕上出水生花之莖，非鷄頭也。與蔆同名異物。許、楊二氏失于詳考，故正之。〔集解〕弘景曰：芰實，廬、江間最多，皆取火燔以爲米充糧，今多蒸暴食之。頌曰：蔆，處處有之。葉浮水上，花黃白色，花落而實生，漸向水中乃熟。實有二種：一種四角，一種兩角。兩角中又有嫩皮而紫色者，謂之浮菱，食之尤美。江淮及山東人暴其實以爲米，代糧。時珍曰：芰蔆有湖濼處則有之。蔆落泥中，最易生發。有野蔆、家蔆，皆三月生蔓延引。葉浮水上，扁而有尖，光面如鏡。葉下之莖有股如蝦股，一莖一葉，兩兩相差，如蝶翅狀。五六月開小白花，背日而生，晝合宵炕，隨月轉移。其實有數種：或三角、四角，或兩角、無角。野蔆自生湖中，葉、實俱小。其角硬直刺人，其色嫩青老黑。嫩時剥食甘美，老則蒸煮食之。野人暴乾，剁米爲飯爲粥，爲餻爲果，皆可代糧。其莖亦可暴收，和米作飯，以度荒歉，蓋澤農有利之物也。家蔆種于陂塘，葉、實俱大，角軟而脆，亦有兩角彎卷如弓形者，其色有青、有紅、有紫，嫩時剥食，皮脆肉美，蓋佳果也。老則殼黑而硬，墜入江中，謂之烏蔆。冬月取之，風乾爲果，生、熟皆佳。夏月以糞水澆其葉，則實更肥美。按段成式《酉陽雜俎》云：蘇州折腰蔆，多兩角。荊州郢城蔆，三角無刺。可以按莎。漢武帝昆明池有浮根蔆，亦曰青水蔆，葉没水下，蔆出水上。或云：玄都有鷄翔蔆，碧色，狀如鷄飛，仙人鳧伯子常食之。

〔氣味〕甘，平，無毒。詵曰：生食，性冷利。多食，傷人臟腑，損陽氣，痿莖，生蟯蟲。水族中此物最不治病。若過食腹脹者，可暖薑酒服之即消，亦可含吴茱萸咽津。時珍曰：《仇池筆記》言：蔆花開背日，芡花開向日，故蔆寒而芡暖。《別録》言芰實性平，豈生者性冷，而乾者則性平與。〔主治〕安中補五臟，不飢輕身《別録》。蒸暴，和蜜餌之，斷穀長生弘景。解丹石毒蘇頌。鮮者解傷寒積熱，止消渴，解酒毒、射罔毒時珍。擣爛澄粉食，補中延年臞仙。

芰花 〔氣味〕澀。〔主治〕入染鬚髮方時珍。

烏蔆殼 〔主治〕入染鬚髮方，亦止泄痢時珍。

明・佚名氏《醫方藥性・草藥便覽》 獨角菱 其性涼。治嗽熱。治諸惡毒疔。

明・梅得春《藥性會元》卷中 芰實 味甘，氣平，無毒。一名菱。主安中，補五臟。頓食多則傷胃。

明・穆世錫《食物輯要》卷六 菱 味甘，平，無毒。解丹石毒。生食，解煩熱，止消渴。多食，傷脾損陽。熟食充飢實胃。多食滯氣，飲薑汁、酒，一二杯可解。同蜂蜜食，生蚘蟲。小兒秋後食多，令臍下痛。四角、三角曰芰，兩角曰菱，功用頗同。

明・吴文炳《藥性全備食物本草》卷二 芰實一名菱角。 味甘，氣平，無毒。體實者服之，解熱清心，安五臟，又壓丹石毒。體薄者服之，多則損氣，令人陰痿，輕則腹中脹滿，臟冷作泄，可暖酒和薑，飲一兩盞即消。煮熟食之，雖不冷亦不益脾。

明・趙南星《上醫本草》卷二 芰實音妓 一名淩，又名水栗，亦名沙角。王安貧《武陵記》以三角、四角者為芰，兩角者為淩。《左傳》屈到嗜芰，即此物也。《爾雅》謂之厥攈音眉。 甘，平，無毒。 詵曰：生食性冷利，多食傷人臟腑，損陽氣，痿莖，生蟯蟲。水族中此物最不治病。若過食腹脹者，可暖薑酒服之即消，亦可含吴茱萸咽津。

明・應慶《食治廣要》卷四 芰即菱角。釋名菱角。 氣味：甘，平，無毒。主解丹石毒。多食脹滿，薑酒可解。此物大損陽氣，且令藏府冷，不化食。合白蜜食，生蟲。

明・姚可成《食物本草》卷九果部・水果類 芰實一名淩。三角、四角者為芰，兩角者為淩。有湖濼處則有之。淩落泥中，最易生發。有野淩、家淩，皆三月生蔓延引。葉浮水上，扁而有尖，光面如鏡。葉下之莖有股如蝦股，一莖一葉，兩兩相差，如蝶翅狀。五六月開小白花，背日而生，晝合宵炕，隨〔月〕轉移。其實有數種：或三角、四角、兩角、無角。〔野〕淩自生湖中，葉、實俱小。其角勁直刺人，其色嫩青老黑。嫩時剝食甘美，老則蒸煮食之。野人剁米為飦為粥，為糕為果，皆可代糧。其莖亦可曝收，和米作飯以度荒歉，蓋澤農有利之物也。家淩種於陂塘，葉、實俱大，角軟而脆，亦有兩角彎卷如弓形者，其色有青、有紅、有紫，嫩時剝食，皮脆肉美，蓋佳果也。老則殼黑而硬，墜入江中，謂之烏淩。冬月取之，風乾為果，生、熟皆佳。夏月以糞水澆其葉，則實更肥美。《酉陽雜俎》云：蘇州折腰淩，多兩角。荊州郢城淩，三角無刺。漢武帝昆明池有浮根淩，葉沒水下，（菱）〔根〕出水上。或云：玄都有雞翔淩，碧色，狀如雞飛，仙人鳧伯子常食之。 芰實，味甘，寒，無毒。主安中補五臟，不飢輕身。解丹石毒，解暑，解傷寒積熱。止消渴，解酒毒、射罔毒。蒸曝，和蜜餌之，斷穀長生。擣爛澄粉食，補中延年。淩花開背日，芡花開向日，故淩寒而芡暖。食淩多，損脾腹脹洩瀉，可暖薑酒服之即消。

水紅淩兩角，色紅而鮮，盛於五六月。嫩時充果最佳。 味甘，寒，無毒。消渴清暑，解酒止煩。過食傷脾，令人洩痢。

雁來紅四角，色紅而大，八月雁來時成熟，故名。 味甘，寒，無毒。止渴解酒，益氣補中。

沙角淩家種者兩角，光滑柔軟。野生者四角，尖鋭刺人。其色俱青，盛於霜降前後，老時蒸煮食之。 味甘，香，冷，無毒。主補中不飢，曝乾磨屑，可和米作飯。

餛飩淩象形命名。兩角、四角間而有之，色青且大，蒸食甚美。 味甘，平，無毒。主補五臟，令人不飢，悦顏色，利大小腸。

風淩一名折腰淩。形如弓，兩角彎卷。今人俟其老時，去殼風乾，謂之淩米。以充果品，款賓餽遺重之。 味甘，平，無毒。主安中，補臟腑。久食，不飢延年。

烏淩兩角，形與折腰淩相似，略小色黑如煤炭，內肉雖白，微帶青黑。冬盡時，泥污中掘起，頗有䰟氣。熟食甚香美。 味甘，平，無毒。功與風淩同。

烏淩花 味澀。入染鬚髮方。

烏淩殼 染鬚髮，止泄痢。

明・顧逢柏《分部本草妙用》卷九果部 菱 甘，微寒，無毒。 主治：開脾胃。多食傷脾，發悶。生食生寒積，熟食甘美充飢。

明・孟笨《養生要括・果部》 芰實〔一名淩，一名沙角〕 味甘，平，無毒。安中，補五臟，不飢輕身。蒸暴和蜜餌之，斷穀長生，解丹石毒。鮮者，解傷寒積熱，止消渴，解酒毒、射茵毒。擣爛澄粉食，補中延年。

烏淩殼 入染鬚藥方，亦止泄痢。

明・施永圖《本草醫旨・食物類》卷三 芰實名沙角。其葉支散，故字從支，其角稍峭，故謂之菱，而俗呼為菱角也。 味甘，平，無毒。生食性冷利，多食傷人臟腑，損陽氣，痿莖，生蟯蟲。水族中此物最不治病，若過食腹脹者，可暖薑酒服之，即消。亦可含吴茱萸咽津。○菱花開背日，芡花開向日，故菱寒而芡暖。治：安中，補五臟，不飢輕身。蒸暴和蜜餌之，斷穀長生。解丹石毒，鮮者解傷寒積熱，止消渴，解酒毒、射茵毒。擣爛澄粉食，補中延年。 芰花 味濇。治：入染鬚髮方。

烏菱殼 治：入染鬚髮方，亦止泄痢。

清・穆石匏《本草洞詮》卷六 芰實 《別錄》謂之菱。風俗通謂之水栗。氣味甘平，冷利，無毒。止消渴，解丹石毒。《仇池筆記》言：淩花開背日，芡花開向日，故淩寒而芡暖。孟詵謂：多食損陽氣，傷人臟腑。若過食腹脹者，暖薑酒服之即消。

清・丁其譽《壽世秘典》卷三 芰實俗呼淩角，昔人多不分別。惟王安貧《武陵記》以三角、四角者為芰，兩角者為淩。有野淩、家淩。野淩自生湖中，葉實俱小，其角硬直刺人，其色嫩青、老黑，野人曝乾剁米為粥、為果，皆可代糧。家淩種于陂塘，葉實俱大，角軟而脆，亦有兩角彎卷如弓形者，其色有青、有紅、有紫，老則殼黑而硬，墜入泥中謂之烏淩，冬月取之風乾為果，生熟皆佳。夏月以糞水澆其葉，則實更肥美。　氣味：甘，平，無毒。主解傷寒積熱，止消渴，解丹石毒、酒毒、射罔毒。多食冷臟腑，損陽氣，痿陰。

發明孟詵曰：生食性冷利，傷人臟腑。若多食脹悶者，飲熱酒可解。不可與蜜同食，令生蟲。李時珍曰：《仇池筆記》言菱花開背日，芡花開向日，故菱寒而芡暖。

烏菱殼　入染鬚髮方，亦止泄痢。

清·尤乘《食鑒本草·果類》　菱角即芰實。　生食性冷，多食傷人。薑酒解之。熟食閉氣。

清·朱本中《飲食須知·果類》　菱　味甘，性平。生食多傷臟腑，損陽氣，痿莖，生蟯蟲，水果中最不治病。熟食多令滯氣腹脹，飲薑汁酒一二杯可解，或含吳茱萸咽津亦妙。同蜂蜜食，生蚘蟲。小兒秋後食多，令臍下痛。菱花開背日，芡花開向日，故菱寒而芡暖。熟乾性平，生則冷利。四角、三角為芰，兩角為菱，功用相同。勿合犬肉食。

清·何其言《養生食鑒》卷上　菱角其色有青，有紅，有紫。嫩時剝食，皮脆肉美。老則殼黑而硬，墜入泥中，謂之烏菱。冬月風乾，生熟皆佳。　味甘，性冷，無毒。解丹石毒，去煩熱，止消渴。多食傷脾損陽。熟食性平，充飢實胃。多食滯氣，飲薑汁一二杯，可解。同蜂蜜食，生蟯蟲。小兒秋下多食，臍下痛。

清·汪昂《本草備要》卷三　菱一名芰，音妓。俗名菱角。瀉，解暑，止渴。　甘，寒。安中消暑，止渴解酒。有兩角、三角、四角、老嫩之殊。《武陵記》以三角、四角者爲芰，兩角者爲菱。菱花隨月而轉，猶葵花之隨日。

清·李熙和《醫經允中》卷二二　菱　甘，微寒，無毒。主治止渴解酒，多食傷脾發悶。生寒積，熟食甘美充飢。啖多腹脹，飲熱酒及薑湯可解。

清·张璐《本經逢原》卷三　芰實俗名菱角　甘，平，無毒。　發明：芰實多種，滯氣則一。紅瀉白補，生降熟升，僅供食品，略無取於治療。患瘧痢人勿食。過食令人腹滿䐜脹。古法用麝香點湯解之。近人以沉香磨汁導之，總取芳香散滯之力耳。

清·汪啟賢等《食物須知·諸果》　又種水菱，名曰芰實。氣味相若，亦產池塘。有四角、兩角不同；任生啖、煮食隨用。不能治病，及有損人。令臟冷，損陽氣，痿莖，飲熱酒及薑湯可解。啖多腹脹，亦用此消。

清·吳儀洛《本草從新》卷四　菱〔清暑。補脾澀精。〕古名芰實，俗名菱角。甘，寒。安中消暑，止渴解酒。多食傷人臟腑，損陽氣。若過食腹脹者，可暖薑酒服之即消。有兩角、三角、四角之殊。《武陵記》〔王安貧《武陵記》。〕以三角、四角者為芰，兩角者為菱。菱花隨月而轉，猶葵花之（嚮）〔嚮〕日。

清·汪紱《醫林纂要探源》卷二　菱　甘，濇，鹹，寒。兩角曰菱，四角曰芰。大小青紅不一。　止渴除煩，清暑解酒。芡花向日，菱花背日，隨月轉向，是得太陰之精者。多食寒中，足輭。嫩芽可蔬。

清·嚴潔等《得配本草》卷六　蔆即芰實。　甘，寒。安中消暑，止渴解酒。

題清·徐大椿《藥性切用》卷六　菱角　性味甘寒，清暑止渴。多食損陽氣，煑熟亦能滯氣。

清·黃宫繡《本草求真》卷九　菱角生止胃渴，熟滯腸胃。　菱角耑入肺肝。種類雖多，汪昂曰：有三角、四角老嫩之殊。《武陵記》曰：三角、四角者為芰，兩角者為菱，花隨月而轉。　氣滯則一，即書有言安中消水，止渴解酒，療瘧治痢，及有紅瀉白補，生降熟升之說。然亦止供食品，而於治療則無，且於過食則有腹滿填脹，損陽痿莖之虞。必取麝香、生薑、吳茱萸作湯，及或沉香磨汁以導，是亦味甘性寒，助濕增滯之一證也乎？性平之說，似不足信。

清·李文培《食物小錄》卷上　芰實即菱角，芰音妓。　甘，平，無毒。安中，補五臟，止渴，解丹石毒、暑毒、酒毒。熟者，多食填中。搗汁澄粉食，延年。

清·趙學敏《本草綱目拾遺》卷七果部上　菱粉蒂殼　《湖州府志》：菱本兩角者，有果菱，差小；有湖跌菱，色紅而大；有青菱，色青角曲而利；四角者野菱，最小者角極銛；有泰州菱，實豐而美。近又有無角者，名餛飩菱。德清有雞腿菱、文武菱。

菱有多種，老則皆可為粉。造粉之法，與造藕粉同。食菱粉而腹脹者，用薑湯或酒解之。

補脾胃，強脚膝，健力益氣，耐飢行水，去暑解毒。

蒂　疣子，俗名飯饐，用鮮水菱蒂搽一二次，即自落。

殼　治頭面黃水瘡。《醫宗彙編》：隔年老菱殼燒存性，麻油調敷，即愈。

無名腫毒：《販翁醫要》：老菱殼燒灰，香油調敷即愈，并治天泡瘡。

指生天蛇：《醫宗彙編》：以風菱角燈火上燒灰存性，研末，香油調敷，未潰者即散，已潰者止痛，立愈。　治脫肛：《張氏必驗方》：先將麻油潤澀腸上，自去浮衣，再將風菱殼水淨之，即刻縮上不脫矣。

清・趙學敏《本草綱目拾遺》卷八果部下　刺菱沙角　乃小菱也。生杭西湖，裏六橋一帶多有之，以其四角尖如鍼芒刺手，故名。春盡時，兒童採取入市貨賣。菱生水中，根苗與大菱不殊，其葉下有氣管，故其性通肝腎。凡一切病多忌生冷，惟此菱不忌，最能開胃生津。其菱大者如蠶豆，小者如黃豆，味絕鮮美，雖至秋老，亦不甚大，蓋地土使然，誠水仙佳種也。陳淏《花鏡》：一種最小而四角有刺者，曰刺菱，野生，非人所植，花紫色，人曝其實為菱米，可以點茶。　味甘鮮，性平無毒，生食補脾健胃，止渴生津，平肝氣，通腎水，益血消食。老者煎食，健脾止洩痢。

根　利水通淋。

沙角　乃菱中一種小者，止兩角，臨平湖一帶多產之。出嘉興者，名餛飩青，以其似餛飩也，較他菱體小味甘。沙角較餛飩菱尤小，色紅，味甘異常。　味甘平，大補脾土，不滯氣。餛飩青性寒，生食解積暑煩熱，生津；煮食健脾和胃益氣。《花鏡》云：遲熟而甘肥者，名餛飩菱。《藥性考》：餛飩沙角生熟俱得，老則甘香，補中益氣，生者解酒，能壓丹石。

清・章穆《調疾飲食辯》卷三　菱莖　菱為果中佳品，莖則苦澀不堪食，惟暑泄脾虛者，同粳米煮粥食。一取其澀，一清暑也。餘病忌之。性忌鐵，宜手掐斷，瓦罐內煮。

清・章穆《調疾飲食辯》卷四　蔆　俗呼蔆角。《別錄》名芰。《風俗通》名水栗，又名沙角。《綱目》曰：《武陵記》以三角者為芰，兩角者為蔆。《左傳》：屈到嗜芰有疾，召宗老，曰：祭我必以芰。及祥，將薦芰，其子屈建命去之，以為不以私欲干國之典。不知庖人共好羞，情禮之至也，屈建乃未之知乎！《爾雅》謂之蕨攈。《說文》曰：蔆，楚曰芰，秦曰薢茩。大非。薢茩亦見《爾雅》，曰芵茪，郭注曰芵明。許氏蓋因蕨攈、芵明音相近而訛也。《丹鉛錄》以芰為雞頭，引《離騷》緝芰荷以為衣，謂蔆葉不可為衣，亦非。芰荷乃覆蓮花之葉，蓮花每朵必有一葉與之共節而生，若擎蓋然。其名為芰，與蔆芰之芰，名同物異，見《埤雅》。楊氏失考，故誤以雞頭當之也。其生也，二月生蔓浮水，葉下之莖有股如蝦股。四五月開小白花，夜開晝合，隨月而轉。惟其向月，故美人之鏡取以為名。唐人之咏昭君曰：漢國明妃去不還，馬馱弦索向陰山。匣中縱有蔆花鏡，羞對單于照舊顏。實或三角、四角、兩角，或圓而無角。野蔆實差小，嫩時食宜生，老則宜熟，味在蓮子之上。澤居者舂去殼，曝乾，久留為飯為果，可代糧。其莖和米作飯，可度歉歲。家蔆種於陂塘，葉、實俱大，角耎而脆，彎卷如弓，色有青、紅、紫，頗美觀，味則遠遜野蔆。

按：蔆實，熟食能益氣安中，健脾解暑。而性平不熱，久食無熱中之患。平素大便溏者最宜。多食其功在蓮子之上。但澀而壅氣，與蓮子同。生食解暑，治傷寒積熱，止消渴，解酒毒，則非生蓮肉所能幾及。惟氣滯中滿人忌熟，中寒胃弱人忌生。《食療本草》曰：生蔆肉性冷，多食令人腹脹痛，或吐利，乾薑煎酒服，或吴茱萸為末服，解之。予意不如砂仁、草果，或白荳蔻、陳橘皮、廣木香等為末服，更佳。可溫中調氣，開胃醒脾。不獨生蔆，即食多熟蔆，壅氣作脹或腹痛，及一切瓜桃生冷所傷，均可治，方更穩也。

清・吴其濬《植物名實圖考》卷三二　芰　《別錄》上品，三角、四角為芰，兩角為菱。《爾雅》：蔆，蕨攈。又薢茩。注：或曰陵也。郭氏兩存其說，遂啟後人疑誤。楚人謂菱為芰，《國語》曰：屈到嗜芰，將死，屬其宗老曰：祭我必以芰，及祥，宗老將薦芰，屈建命去之。孫子荊、柳子厚皆以屈建忘親違命為非。蘇長公以屈到亂命不可為訓，建能據典抑情為知禮，議者以為辨。余竊以為尚有未盡者焉。屈到之死及祥，有日月矣。宗老以遂命為忠，何必及祥而始薦；子木數典而忘，何待及祥而後止。宗老之薦，子木之止，殷祭也，非時薦也。古者大夫、士宗廟之祭，有田則祭，無田則薦。釋者云：祭有常禮，有常時，薦非正祭，但遇時物即薦。夫國之大事，在祀與戎。大夫三廟，祭有常經，其敢干大典以取戾？考士祭三鼎，大夫祭五鼎；上大夫八豆，下大夫六豆。少牢饋食、籩豆鼎俎有其數矣，有其實矣。多一芰則非其數，易一芰則非其實，非數非實，謂之亂常。孔子簿正祭器，不以四方之食供簿正，不可多也，不可易也。禮在則然。至於春韭、夏麥、秋黍、冬稻，四時薦新，庶人之禮，可通大夫。然薦其時食，禮文不具，非闕文也，蓋無常品也。後世祭法不古若，然大夫之祭，則以羔豚，雖有僭竊，無敢以太牢祭者。而歲時伏臘，各循其俗之所尚。盧氏之法，則有環餅、牢丸；曾氏之法，則有節羹貝粥，言禮者未或非之。子木守祀典以奉殷祭，而思所嗜以薦時食，其誰曰不宜？ 若常祭而責以薦其所嗜，然則其父有嗜牛炙者，其子將遂用牛享乎？ 時薦而必準以韭、麥、黍、稻，則貉之國，五穀不生，唯黍生之，將一薦黍而已乎？ 江以南不藝黍，將無所薦而遂已乎？ 禮又曰： 所以交於神明者，非食味之道也。 魂氣歸天，形魄歸地，尚聲尚臭，求諸陰陽，豈以一物之薦而神來格，一物不薦而神其吐之乎？ 且謂人子之於親，可同於鬼魃之求食乎？ 竈神之索黃羊，蠶神之求膏粥，故鬼之乞甌犧，神豈能食或憑焉？ 赫赫楚國，而到相之，生之日無偉烈可銘，死之日乃以口腹之細而縱欲以敗禮度，使子木徇其屬而不違，則是死其父以為鬼物，而不以毀譽為心，抑亦忍矣！ 《楚茨》之詩曰，神嗜飲食，乃一曰黍稷，再曰牛羊，三曰燔炙。 梁武帝祀宗廟用菜果，去犧牲，識者以為是不血食故。 禮莫重於祭，祭莫大於用牲。 蘋蘩薀藻，季女尸之，禮之微者。《爾雅翼》以為菱芡加籩之實，非屈到所得薦，其持論亦過拘。 夫事死如事生，天子饗太牢，故諸侯大夫而祭以牛則僭； 天子籩有菱芡，將遂禁人之食菱芡乎？ 是不然矣。 羅氏又曰： 吳越俗采菱時，士女皆集，故有采菱曲，為游蕩之極。 夫采菱豔曲，自為樂府遺音，後人倚之，同於鄭衛耳。 余嘗過邗溝，達苕霅，陂塘水滿，菱科漾溢，寶鏡花搖，素韜紅絢，牽荇帶而通舟，裹荷葉而作飯，烏覩所謂白足女郎，踏槳倚柁，曼聲煙波間乎？

清・趙其光《本草求原》卷一二果部 菱角即芡實。 甘，平，無毒。 其種類有三，滯氣則一。 紅瀉，白補，生降，熟升，僅供食品，無益治療。 多食脹滿，臍下痛，薑汁、沉香汁或麝香點湯可解。 溫香散滯之力也。

清・文晟《新編六書》卷六《藥性摘錄》 菱角 生止胃渴，解酒。 熟滯腸胃，多食則腹滿（填）〔䐜〕脹，痿陽，以麝香、生薑、吳萸作湯，或磨沉香汁服。

清・王孟英《隨息居飲食譜・果食類》 菱芰 鮮者甘涼。 析酲清熱。 多食損陽助濕，胃寒脾弱人忌之。 老者風乾，肉反轉嫩。 熟者甘平，充飢代穀，亦可澄粉。 補氣厚腸。 多食滯氣。 胸腹痞脹者忌之。 芡花向日，菱花向月，故芡暖而菱寒。 鏡號菱花，謂女人容貌如月也。

清・田綿淮《本草省常・果性類》 菱角 一名沙角，一名水栗，一名芰實。 性寒，宜熟食。 止渴安中，消暑解酒。 多食傷脾胃，生蟯蟲。 同狗肉食，生癲症。 生食損陽氣，或令人腹脹，用熱醋兌生薑汁解之。

清・戴葆元《本草綱目易知錄》卷三果部 菱角芰實 甘，平。 安中解暑，補五臟不飢，解傷寒積熱，止消渴。 解酒毒、射菵毒、丹石毒。 其性冷利，生食過多，傷臟腑，損陽氣，痿莖，生蟯蟲。 擣澄粉食，補中延年。

清・陳其瑞《本草撮要》卷三 菱角 味甘，寒，入足陽明經，功專安中消暑，止渴解酒。 食菱傷者，服酒或薑汁即愈。

清・吳汝紀《每日食物却病考》卷下 菱角 味甘，平，無毒。 安中，補五臟，不飢。 鮮者，解傷寒積熱，止渴，解酒毒。 三四角者，曰芰； 兩角者，曰菱。 作粉和蜜食，可休糧。 生食，性冷，多則傷人，冷臟腑，損陽氣。 熟者，多食腹脹，服薑酒則解。 不可和白蜜食，令生蟲。

菱瓜菜

明・蘭茂撰，清・管暄校補《滇南本草》卷上 菱瓜菜 味甘，平。 治腹內冷痛，小便出血。

採菱窠

明・周履靖《茹草編》卷二 採菱窠 日暮清江寒，秋風弄澄碧。 越溪女兒出採菱，歌聲杳藹江雲白。 採菱莫採刺，採刺傷人手。 採菱須採窠，採窠脆如藕。 持將並蒂與郎看，白髮紅顏共相守。 夏秋採，鹽、油、椒炒食。 或湯焯，晒乾，再泡，鹽、油拌食。

荸薺

唐・孫思邈《千金要方》卷二六《食治・果實》 烏芋 味苦、甘，微寒，滑，無毒。 主消渴，癉熱，益氣。 一名藉姑，一名水萍，三月採。

宋・李昉《太平御覽》卷第九九四 鳧茈 《爾雅》曰： 芍都了切，鳧茈也。 生下田，苗似龍鬚而細，根如指頭，黑色，可食。 《東觀漢記》曰： 王莽末，南方枯旱，民多餓。 羣入野澤，掘鳧茈而食之。

附： 日・丹波康賴《醫心方》卷三〇 烏芋 《本草》云： 味苦，微寒，無毒。 甘，主消渴，痹熱，熱中，益氣。 一名藉姑，一名水萍。 陶〔弘〕景注云： 生水田中，葉有椏狀如澤瀉，不正似芋。 蘇敬云： 此草一名槎牙，一名茨菰。 主百毒，產後血悶，攻心欲死，產難，胞衣不出，擣汁服一升。 《拾遺》云： 食之令人肥白。 小者極消，吞之開胃及腸。 《千金方》云： 下石淋。 崔禹〔錫〕云： 食之益氣力，主消渴，五淋。 煮噉為佳。 孟詵云： 主消渴，下石淋。 吳人好噉之。 發脚氣，癱瘓風，損齒。 紫黑色，令人失顏色。

《七卷經》云：食之止渴，益氣。《廣雅》云：藉姑，亦曰烏芋也。《養生要集》云：味苦，微寒。食之除熱。所謂鳧茈者是也。為粉食之，其色如玉。久食益人。兼名菀雲，一名火芋，一名玉銀。

宋・唐慎微《證類本草》卷二三果部中品〔《別錄》〕 烏芋 味苦，甘，微寒，無毒。主消渴，痹熱，溫中益氣。一名藉姑，一名水萍。二月生葉如芋，三月三日採根，暴乾。

〔梁・陶弘景《本草經集注》〕云：今藉姑生水田中，葉有椏烏牙切，狀如澤瀉，不正似芋。其根黃似芋子而小，煮之亦可噉。疑其有烏者，根極相似，細而美，葉乖異，狀如莧草，呼爲鳧茨，恐此也。

〔唐・蘇敬《唐本草》〕注云：此草一名槎牙，一名茨菰音孤。主百毒。產後血悶攻心欲死，產難，衣不出，擣汁服一升。生水中，葉似鉀普兮切箭鏃，澤瀉之類也。《千金方》云：下石淋。

〔宋・掌禹錫《嘉祐本草》〕按：孟詵云：茨菰不可多食。吳人常食之，令人患脚。又，發脚氣，癱緩風。損齒，令人失顏色，皮肉乾燥。卒食之，令人嘔水。又云：蔦茨，冷。下丹石，消風毒，除胸中實熱氣。可作粉食。明耳目，止渴，消疸黃。若先有冷氣，不可食。令人腹脹氣滿。小兒秋食，臍下當痛。日華子云：蔦茨，無毒。消風毒，除胸胃熱，治黃疸，開胃下食。服金石藥人食之，良。又云：茨菰，冷，有毒。葉研傅蛇蟲咬。多食發虛熱及腸風痔瘻，崩中帶下，瘡癤。煮以生薑禦之佳。懷孕人不可食。又名鷰尾草及烏芋矣。

〔宋・蘇頌《本草圖經》〕曰：烏芋，今鳧茨也。舊不著所出州土。苗似龍鬚而細，正青色，根黑，如指大，皮厚有毛。又有一種，皮薄無毛者亦同。田中人並食之，亦以作粉，食之厚人腸胃，不飢。服丹石人尤宜，蓋其能解毒耳。《爾雅》謂之芍。

宋・寇宗奭《本草衍義》卷一八 烏芋 今人謂之葧臍。皮厚，色黑，肉硬白者，謂之猪葧臍； 皮薄澤，色淡紫，肉軟者，謂之羊葧臍。正二月人採食之。此二等，藥罕用。荒歲，人多採以充糧。

宋・王繼先《紹興本草》卷一四 烏芋 紹興校定：烏芋，乃世呼為葶薺是也。性味已載《本經》。及云主消渴痹熱，又却云溫中益氣，顯無據矣。大率性冷多矣，亦非起疾之物，但作果品煮食之。當云味甘、微寒、無毒是也。處處產之。然茈菇所識者衆，其色非烏，即非此一種也。

宋・鄭樵《通志》卷七六《昆蟲草木略》 烏芋 曰藉姑，曰水萍，曰白地栗，曰河鳧茨，曰槎牙。今人謂之茨菰。其葉曰剪刀草，曰燕尾草。

鳧茨 《爾雅》曰：芍，鳧茈。

宋・陳衍《寶慶本草折衷》卷一八 烏芋汁在內。○粉附。 一名葧臍，一名鳧茨，一名藉姑，一名水萍，一名槎牙，一名茨菰，一名芍。○芍，乃了切。其皮厚黑、肉硬白者，名猪葧臍； 皮薄紫、肉軟者，名羊葧臍。○生水田中，正、二、三月採根，暴乾。○附：粉，取葧臍和水磨汁，去滓，澄之，曬乾為粉。

味苦、甘，微寒，無毒。○主消渴癉熱，溫中益氣。○《唐本註》云：主產後血悶攻心，產難衣不出，擣汁服。○孟詵云：多食發脚氣，癱緩風，損齒。○又方：下丹石，消風毒，除胸中實熱。若先有冷氣，不可食，令人腹脹氣滿。○日華子云：治黃疸，下食。○《圖經》曰：根黑如指大，皮厚有毛，又有皮薄無毛者。

附：粉。○止渴消疸，明耳目，厚腸胃，服丹石人尤宜，蓋能解毒耳。續說云：《是齋方》治誤吞錢，研生鳧茨汁，多飲之，其錢自消化。

元・朱震亨《本草衍義補遺》 烏芋 即《經》中鳧茨，以其鳧喜食之，茨草之別名，故俗為之葧臍，語訛耳。○有二等，皮厚色黑，肉硬白者，謂猪葧臍。皮薄，澤色淡紫，肉軟者，謂羊葧臍。並下石淋，效。

明・朱橚《救荒本草》卷下之後 鐵葧臍音孛 《本草》名烏芋，又名蔦音夫茨，一名藉姑，一名水萍，一名槎音查牙，亦名茨菰，又名燕尾草。《爾雅》謂之芍。有二種：根黑皮厚，肉硬白者，謂之猪葧臍； 皮薄色淡紫，肉軟者，謂之羊葧臍。生水田中，葉似莎草而厚，肥稍，又長窄，葉間生葶，其葶三稜，稍頭開花醬褐色，根即葧臍。味苦、甘，性微寒。救飢：採根煮熟食； 製作粉食之，厚人腸胃，不飢； 服丹石人尤宜食，解丹石毒。孕婦不可食。治病：文具《本草》果部烏芋條下。

明・蘭茂撰，清・管暄校補《滇南本草》卷上 葶薺 味甘。治腹中熱痰，大腸下血。又能化銅。

明・滕弘《神農本經會通》卷三 烏芋 今鳧茨也。二月生，葉如芋，二月三日採根，暴乾。一名茨姑。

味苦甘，氣微寒，無毒。《本經》云：主消渴痺熱，溫中益氣。孟詵云：茨姑，不可多食，誤人。常食之，令人患脚，又發脚氣，癱緩風，損齒，令人失顏色，皮肉乾躁。卒食之，令人嘔水。又云：鳧茨，冷。下丹石，消風毒，除胸中實熱氣。可作粉食，明耳目，止渴消疸黃。若先有冷，不可食，令人腹脹氣滿。小兒秋食，臍下當痛。日華子云：凫茨，無毒。消丹毒，除胸胃熱，治黃疸，開胃下食。服金石藥人食之良。又云：茨菰，冷，有毒。葉，研傅蛇蟲咬。多食發虛熱，及腸風痔瘻，崩中帶下。瘡癤，煮以生薑禦之佳。懷孕人不可食。丹溪云：有二等，皮厚色黑，肉硬白者，謂猪葧臍；皮簿色淡紫，肉軟者，謂羊葧臍。《千金》云：并下石淋。

明·劉文泰《本草品彙精要》卷三三 烏芋無毒 叢生。

烏芋 主消渴，癉熱，溫中益氣。名醫所錄。〔名〕藉姑、水萍、凫茨、芍下了切。〔苗〕《圖經》曰：烏芋，今凫茨也。苗似龍鬚而細，正青色，根黑，如指大，皮厚有毛。又有一種，皮薄無毛者亦同。田中生，人並食之，亦以作粉食之，厚人腸胃，不飢。《爾雅》所謂之芍是也。《衍義》曰：今人謂之葧臍，皮厚，色黑，肉硬白者，謂之豬葧臍；皮薄，色澤淡紫，肉軟者，謂之羊葧臍。此二種藥中罕用。荒歲人多採以充糧也。〔地〕《圖經》曰：處處水田中皆有之。〔時〕生：二月生苗。採：三月三日、十月取。〔收〕暴乾。〔用〕根。〔色〕紫、黑。〔味〕甘、苦。〔性〕微寒。〔氣〕氣薄味厚，陰中之陽。〔臭〕香。〔主〕清胃熱，止消渴。〔製〕生用或擣作粉。〔治〕療：孟詵云：消風毒，除胸中實熱氣，可作粉食，明耳目。日華子云：治黃疸，開胃下食。服金石藥人食之，良。丹溪云：下石淋。〔禁〕患冷氣人不可生食，食之令腹脹氣滿。小兒秋食，臍下當痛。〔解〕丹石毒。

明·盧和、汪穎《食物本草》卷二果類 凫茨 味苦甘，微寒，無毒。主消渴痹熱，溫中益氣。作粉食之，厚人腸胃，不飢，服丹石人尤宜。又云：不可多食。相傳謂凫茨性善毀銅，着之皆碎，未嘗試。即今葧䏰臍也。

明·姚可成《食物本草》卷首王西樓《救荒野譜》 野荸薺食實。四時采。生熟皆可食之。

野荸薺，生稻畦，苦薅不盡心力疲，造物有意防民飢。年來水患絕五穀，爾獨結實何纍纍。

明·陳嘉謨《本草蒙筌》卷三 凫茨 味甘，氣平、微寒。無毒。苗似龍鬚，葉如芋狀。根黑指大，皮厚有毛。又一種皮薄無毛者亦同。今人謂之葧臍，《本經》載曰烏芋。凫鳥喜食，又得此名。水田蒔之，在處有者。三月三日，採根曝乾。主產後血悶攻心，理產難子胞不下。壓丹石除胸膈痞氣，下石淋退面目疸黃。風腫能消，痹熱堪卻。開胃進食，益氣溫中。性善毀銅，着之即碎，故為消堅削積要劑也。多食則生他症，卒食則嘔水來。孕婦食動胎，小兒食臍痛。葉採搗爛，蛇咬可敷。

明·寧源《食鑒本草》卷下 荸薺 味甘，微寒，無毒。本草名烏竽，又名蔦茨，以其凫喜食之，故云。皮厚色黑肉硬者，謂之猪荸薺；皮薄色紫肉脆者，謂之羊荸薺。此物損多益少而能發病。病者、孕婦忌之。日華子云：消風毒，瀉胃熱，治黃疸，下五淋。

明·王文潔《太乙仙製本草藥性大全》卷二《本草精義》 凫茨 一名馬臍，一名葧臍，一名烏芋。苗似龍鬚，葉如芋狀，根黑指大，皮厚有毛；又一種皮薄無毛者亦同，今人謂之葧臍。《本經》載曰烏芋，凫鳥喜食，又得此名。水田蒔之，在處有者。三月三日採根曝乾。

明·王文潔《太乙仙製本草藥性大全》卷二《仙製藥性》 凫茨 味甘，氣平，微寒，無毒。主治：主產後血悶攻心，理產難子胞不下。壓丹石，除胸膈痞氣；下石淋，退面目疸黃。風腫能消，痹熱堪却，開胃進食，益氣溫中。性善毀銅，著之即碎，故爲消堅削積要劑也。多食則生他症，卒食則嘔水來。孕婦食動胎，小兒食臍痛。葉 採搗爛，蛇咬可敷。

明·王文潔《太乙仙製本草藥性大全》卷五《仙製藥性》 烏蕷 味苦、甘，氣微寒，無毒。主治：主消渴痹熱，除實熱氣煩。益氣溫中，消風袪煩。下丹石而有準，退黃疸以何難。治產後血悶攻心，救欲死胎衣不下。葉研傅蛇咬，又下石淋。補註：難產并胎衣不下，擣汁服一升效。〇蛇咬，採葉研傅之良。〇腸風痔瘻，崩中帶下，瘡癤，煮以生薑禦之佳。按：《衍義》云：烏蕷，今人謂之葧臍。皮厚色黑，肉硬白者謂之猪葧臍；皮薄澤，色淡紫，肉軟者謂之羊葧臍。〇二月人採食之。此二等藥罕用，荒歲人多採以充飢。

明·皇甫嵩《本草發明》卷四 烏芋中品。即烏茨，今名荸薺。味甘、苦，微寒。主消渴痺熱，溫中益氣。註云：性冷，下丹石，消風毒，除胸中食熱氣。又云：治黃疸，開胃下食。小兒秋食之，臍下當痛。

明·李時珍《本草綱目》卷三三果部·水果類 烏芋《別録》中品

〔釋名〕凫茈音疵。 凫茨，音瓷。 葧臍《衍義》 黑三稜《博濟方》 芍音曉。

地栗鄭樵《通志》時珍曰：烏芋，其根如芋而色烏也。鳧喜食之，故《爾雅》名鳧茈，後遂訛爲鳧茨，又訛爲葧臍。蓋《切韻》鳧、葧同一字母，音相近也。三稜、地栗，皆形似也。瑞曰：小者名鳧茈，大者名地栗。

【集解】頌曰：烏芋，今鳧茨也。苗似龍鬚而細，色正青。根如指頭大，黑色，皮厚有毛。又有一種皮薄無毛者亦同。田中人並食之。宗奭曰：皮厚色黑，肉硬而白者，謂之猪葧臍。皮薄澤，色淡紫，肉軟而脆者，謂之羊葧薺。正二月，人采食之。此二等藥中罕用，荒歲人多采以充糧。時珍曰：鳧茈生淺水田中。其苗三四月出土，一莖直上，無枝葉，狀如龍鬚。肥田栽者，粗近葱、蒲，高二三尺。其根白蒻。秋後結顆，大如山查、栗子，而臍有聚毛，累累下生入泥底。野生者，黑而小，食之多滓。種出者，紫而大，食之多毛。吴人以沃田種之，三月下種，霜後苗枯，冬春掘收爲果，生食、煮食皆良。

【正誤】《別録》曰：烏芋一名藉姑。二月生葉如芋。三月三日采根，暴乾。弘景曰：藉姑生水田中。葉有椏，狀如澤瀉，不正似芋。其根黄，似芋子而小，疑有烏者，根極相似，細而美。葉狀如莧，草呼爲鳧茨，恐即此也。恭曰：烏芋一名槎丫，一名茨菇。時珍曰：烏芋、慈姑原是二物。慈姑有葉，其根散生。烏芋有莖無葉，其根下生。氣味不同，主治亦異。而《別録》誤以藉姑爲烏芋，謂其葉如芋。陶、蘇二氏因鳧茨、慈姑字音相近，遂致混註，而諸家説者因之不明。今正其誤。

根【氣味】甘，微寒，滑，無毒。詵曰：性冷。先有冷氣人不可食，令人腹脹氣滿。小兒秋月食多，臍下結痛也。【主治】消渴痹熱，温中益氣《別録》。下丹石，消風毒，除胸中實熱氣。可作粉食，明耳目，消黄疸孟詵。開胃下食大明。作粉食，厚人腸胃，不飢，能解毒，服金石人宜之蘇頌。療五種膈氣，消宿食，飯後宜食之。治誤吞銅物汪機。主血痢下血血崩，辟蠱毒時珍。

【發明】機曰：烏芋善毀銅，合銅錢嚼之，則錢化，可見其爲消堅削積之物。故能化五種膈疾，而消宿食，治誤吞銅也。時珍曰：按《王氏博濟方》，治五積、冷氣攻心、變爲五膈諸病，金鎖丸中用黑三稜。註云：即鳧茈乾者。則汪氏所謂消堅之説，蓋本于此。又董炳《集驗方》云：地栗晒乾爲末，白湯每服二錢，能辟蠱毒。傳聞下蠱之家，知有此物，便不敢下。此亦前人所未知者。

【附方】新五。

大便下血：葧臍搗汁大半鍾，好酒半鍾，空心温服。三日見效。《神秘方》。

下痢赤白：午日午時取完好葧臍，洗净拭乾，勿令損破，放瓶内入好燒酒浸之，黄泥密封收貯。遇有患者，取二枚細嚼，空心用原酒送下。唐瑶《經驗方》。

女人血崩：鳧茈一歲一個，燒存性，研末，酒服之。《李氏方》。

小兒口瘡：用葧臍燒存性，研末，摻之。楊起《簡便方》。

誤吞銅錢：生鳧茈研汁，細細呷之，自然消化成水。王璆《百一選方》。

明・周履靖《茹草編》卷一 野荸薺 蜀有蹲鴟，吴生荸薺。維彼荒郊，匪樹匪藝。圓齊金杏，味傾玉荔。搜奇探珍，卓哉莫棄。四旹皆有。採之生熟可食。

明・梅得春《藥性會元》卷中 烏芋 即經中蔦茨。其鳧喜食之。俗名葧臍。皮黑、肉白，能下石淋，又能辟蠱。將江南所產大者切片晒為末，常隨身，每以白湯調四錢已。傳聞下蠱之家，有此物，便不敢使其術矣。

明・穆世錫《食物輯要》卷六 地栗 味甘，性寒滑，無毒。解丹石，辟蠱毒，止消渴，化痰積宿食，去胸中實熱，治浮腫及五疸，利小水。合銅嚼，銅漸消。

明・吴文炳《藥性全備食物本草》卷一 烏蘋即茨菰。味苦、甘，氣微寒，無毒。主消渴痺熱，除實熱氣煩，益氣溫中，消風祛煩，下丹石，退黄疸，產後血氣攻心欲死，胎衣不下。《衍義》云：烏蘋，今人謂之葧臍，皮厚色黑，肉硬白者謂之猪葧臍；皮薄澤色淡紫肉軟者謂之芋葧臍。正二月人採食之。此二等藥罕用，荒歲人多採以充飢。

明・吴文炳《藥性全備食物本草》卷二 地栗 味甘，性寒滑，無毒。解丹石辟蠱毒，止消渴，化痰積宿食，去胸中實熱，治浮腫及五疸，利小水。合銅嚼，銅漸消。

明・趙南星《上醫本草》卷二 烏芋 一名鳧茈音疵，一名鳧茨音瓷，一名葧臍，一名黑三棱，一名芍音曉，一名地栗。璣曰：烏芋善毀銅，合銅錢嚼之，則錢化，可見其為消堅削積之物。故能化五種膈疾，而消宿食，治誤吞銅也。甘，微寒，滑，無毒。主治：療五種膈氣。消宿食，飯後宜食之。治誤吞銅物。作粉食，厚人腸胃，不飢。能解毒，服金石人宜之。詵曰：性冷，先有冷氣人不可食，令人腹脹氣滿。小兒秋月食，多臍下結痛也。

附方 大便下血：葧臍搗汁大半鍾，好酒半鍾，空心溫服，三日見効。

下痢赤白：午日午時，取完〔好〕葧臍，洗淨拭乾，勿令損破，於瓶內入好燒酒浸之，黄泥密封收貯。遇有患者，取二枚細嚼，空心，用原酒送下。

誤吞銅錢：生蔦茈，研汁，細細呷之，自然消化成水。

明・繆希雍《本草經疏》卷二三 烏芋 味苦、甘，微寒，無毒。主消渴痹熱，溫中益氣。一名葧臍。

【疏】烏芋，稟土金之氣以生。本經味苦、甘，氣微寒，無毒。然詳其用，味應有辛，辛能散，苦能泄，故主痹熱。甘寒能除熱而生津，故主消渴。熱去則氣自益，氣益則中自溫，自然之道也。孟詵主下丹石，消黃疸，除胸中實熱氣。汪機主療五種膈氣，消宿食，治誤吞銅物及令人治腹脹下血等證，皆取其辛寒消散除熱之功也。　【主治參互】烏芋去皮，填入雄猪肚內，線縫，砂器煮糜食之，勿入鹽，治腹滿脹大。善毀銅，銅器中煮之即烊。　誤吞銅物，以烏芋合胡桃食一二斤許，即消。　一味曬乾，為末服，能辟蠱毒。　《神秘方》大便下血，葧臍搗汁大半鍾，入酒少許，溫服，三日見效。

【簡誤】孟詵云：烏芋氣冷，先有冷氣人不可食。多食令人患腳氣。又孕婦忌之。

明・應廖《食治廣要》卷四　烏芋即荸薺。釋名荸薺。　氣味：甘，微寒，滑，無毒。主治：五種膈氣，消宿食，并治誤吞銅鐵物。止血痢、下血、血崩，辟蠱毒。有冷氣人不可食，食之令人腹脹氣滿。小兒秋月多食，臍下結痛。

明・姚可成《食物本草》卷九果部・水果類　烏芋一名鳧茨，一名葧臍，一名地栗。生淺水田中。其苗三四月出土，一莖直上，無枝葉，狀如龍鬚。肥田栽者，粗近葱、蒲，高二三(丈)〔尺〕。其根白蒻，秋後結顆，大如山查、栗子，而臍有聚毛，累累下生入泥底。野生者，黑而小，食之多滓。種出者，紫而大，食之多液。吳人以沃壤種之，三月下種，霜後苗枯，冬春掘收為果，生食、煮食皆良。○葧臍性能毀銅，銅器中貯葧臍，其器便壞。　烏芋，味甘，微寒，無毒。主消渴痹熱，溫中益氣，下丹石。開胃下食，療五種膈氣，消宿食，飯後宜食之。治誤吞銅物。主血痢下血血崩，辟蠱毒。作粉食，明耳目，消黃疸，厚腸胃，不飢。不可多食，令人腹脹氣滿。

明・顧逢柏《分部本草妙用》卷九果部　烏芋即荸薺　甘，微寒，滑，無毒。　主治：消渴，除實熱，明耳目，消黃疸，開胃下食，消銅，解金石毒。療五種膈氣，消宿食，主血痢下血，血崩，辟蠱毒。　烏芋，消悞吞銅錢，則消堅去蠱可推已。

明・孟筌《養生要括・果部》　地栗　味甘，微寒，滑，無毒。消渴痹熱，溫中益氣，下丹石，消風毒，除胸中實熱氣，可作粉食。明耳目，消黃疸，開胃下食。作粉食，厚人腸胃，不飢，能解毒，服金石宜之。療五種膈氣，消宿食，飯後宜食之。治誤吞銅物。主血痢、下血、血崩，辟蟲毒。〔小兒秋月食多，臍下結痛。〕

明・李中梓《醫宗必讀・本草徵要下》　荸薺味甘，寒，無毒。　益氣而消食，除熱以生津。腹滿須用，下血宜嘗。同胡桃食，能化銅物為烏有。一味為末，能辟蠱毒。按：孟詵云：有冷氣人勿食，多食令人患脚氣，孕婦忌之。

明・蔣儀《藥鏡》卷四寒部　烏芋　津生而熱除，食消而氣下。胡桃同食，化銅物之誤吞。微末研漂，掃目睛之翳障。

明・施永圖《本草醫旨・食物類》卷三　烏芋名葧臍，又名地栗。小者名鳧茈，大者名地栗。　根　味甘，微寒，滑，無毒。性冷，先有冷氣人不可食，令人腹脹氣滿。小兒秋月食多，臍下結癖也。治：消渴，痹熱，溫中益氣，下丹石，消風毒，除胸中實熱氣。可作粉食，明耳目，消黃疸，開胃，下食。作粉食厚人腸胃，不飢，能解毒，服金石人宜之。療五種膈氣，消宿食，飯後宜食之。治誤吞銅物，主血痢下血，血崩，辟蠱毒。烏芋善毀銅，合銅錢嚼之則錢化，可見其為消堅削積之物，故能化五種膈疾，而消宿食，治誤吞銅也。

附方　大便下血：葧臍搗汁大半鍾，好酒半鍾，空心溫服，三日見效。下痢赤白：午日午時取完好葧臍，洗淨拭乾，勿令損破，放瓶內，入好燒酒浸之，黃泥密封收貯，遇有患者，取二枚細嚼，空心用原酒送下。婦人血崩：鳧茈一歲一箇，燒存性，研末，酒服之。小兒口瘡：用葧臍燒存性，研末摻之。誤吞銅錢：生鳧茈研汁，細細呷之，自然消化成水。

清・顧元交《本草彙箋》卷六　烏芋即荸薺。　爲消堅削積之品，故能化五種膈疾，而消宿食，治誤吞銅也。氣味甘寒。故又有生津止渴，除熱之功。又有種質小黑色皮厚堅者，俗呼野荸薺，不可作果供，取肉磨粉，點眼翳如神。

清・穆石匏《本草洞詮》卷六　烏芋　俗稱葧臍。鄭樵《通志》稱地栗。氣味甘滑微寒，無毒。能解丹石毒，除胸中寔熱，消黃疸，解蠱毒。其性善毀銅，合銅錢嚼之，則錢化，其消堅削積之功可知，故能化五種膈疾，治誤吞銅物也。凡下蠱之家，知有此物，便不敢下，此昔人所未言者。

清・丁其譽《壽世秘典》卷三　烏芋俗呼葧臍，鳧喜食之。《爾雅》名鳧茨。鄭樵《通志》名地栗。吳瑞曰：小者名鳧茨，大者名地栗。一云：野生者小而香，食之多滓。種出者紫而大，食之多毛。　氣味：甘，微寒，無毒。主開胃下食，療五種膈氣，飯後宜食之。治悞吞銅物，能解毒，服金石人宜之，療血痢、下血、血崩，辟蠱毒《綱目》。

發明孟詵曰：烏芋性冷，下丹石，消黄疸。先有冷氣人不可食，多食令人患腳氣。又孕婦忌之。汪機曰：烏芋善毀銅，合銅錢擣之則錢化，可見其為消堅削積之物，故能化五種膈疾而消宿食，治悮吞銅也。李時珍曰：按王氏《博濟方》治五積冷氣攻心，變為五膈之病。又董炳《集驗方》云：地栗晒乾為末，白湯每服三錢，能辟蠱毒。傳聞下蠱之家知有此物，便不敢下。此前人所未知者。

清・尤乘《食鑒本草・果類》　烏芋即荸薺。　消食除滿。性毀銅，不可多食。

清・朱本中《飲食須知・果類》　荸薺　味甘，性寒滑。即地栗。有冷氣人不可食，令腹脹氣滿。小兒秋月食多，令臍下結痛。合銅嚼之，銅漸消也。勿同驢肉食，令筋急。

清・何其言《養生食鑒》卷上　葧臍一名烏芋，又名鳧茨、地栗，粵名馬蹄子是也。去皮食之，其味如菱角。　味甘、淡，性微寒，無毒。主消渴痹熱，下石淋，治血痢，下血崩，除胸中寒熱，宿食，膈氣。主食或擣汁飲之，誤吞銅錢，噍之即下。作粉食，開胃厚腸。辟蠱毒方，晒乾為末，每服二錢，白湯調服，即解。下蠱之家，知有此藥，則不敢行。云：有冷氣人不可食，令腹脹氣滿。小兒多食，令臍結痛。

清・王翃《握靈本草》補遺　烏芋即葧臍。　甘，微寒，無毒。主消渴，膈疾。

清・汪昂《本草備要》卷三　荸臍一名烏芋，一名地栗。補中，瀉熱，消食。　甘，微寒，滑。益氣安中，開胃消食飯後宜食之。除胸中實熱。治五種噎膈，憂膈、恚膈、氣膈、熱膈、寒膈。噎亦五種：氣噎、食噎、勞噎、憂噎、思噎。消渴黄疸，血症蠱毒。末服，辟蠱。能毀銅。汪機曰：合銅錢食之則錢化。可見爲消堅削積之物，故能開五膈，消宿食，治誤吞銅也。

清・陳士鐸《本草新編》卷三　地栗粉　即荸薺，又名烏芋。切片，曬乾入藥。最消痞積，與鱉甲同用最佳，亦不耗人真氣。近人未知入藥，故特表而出之。地栗有家種、野產之分，用藥宜野產為佳。然無野產，即揀家種之老者，切片，連皮曬乾用之，不特消痞積，更能辟瘴氣也。

或問：荸薺，吴越人喜啖，而吴越人最多痞積，似乎荸薺非攻消〔之〕品也，且其味甘甜，宜帶補性。不知荸薺獨用，則消腎氣，有瀉無補。與鱉甲、神麯、白术、茯苓、枳殼之類並投，則能健脾去積，有補兼攻。所以單食則無功，而同用則有益也。

清・顧靖遠《顧氏醫鏡》卷八　荸薺甘，寒。或擣汁用。　善化誤吞銅物，同胡桃食一二觔，即消如神。能除腹滿脹大。除熱消食故也。消宿食，以其有消堅削積之功。理黄疸。止便血，亦治血痢血崩。辟蟲毒。皆除熱之力也。孕婦忌食。

清・李熙和《醫經允中》卷二二　烏芋　即荸薺，又名地栗。甘，微寒，滑，無毒。主治消渴，除實熱，消黄疸，下食，消銅，解金石毒。療五種噎膈，辟蠱毒。烏芋同胡桃食，消悮吞銅錢，則消堅削積、去蠱可推。已擦雞眼亦効。傳聞下蠱之家，知為此備，則斂手。

清・馮兆張《馮氏錦囊秘錄・雜症痘疹藥性主治合參》卷八　荸薺一名烏芋。稟土金之氣以生，味苦甘，氣微寒，無毒。甘寒能除熱而生津，故主消渴。苦能泄，故下痹熱，下丹石，消宿食，治黄疸。腹脹下血，五種膈氣，除胸中實熱也。　荸薺，益氣而消食，除熱以生津。腹滿須用，下血宜嘗。善能毀銅，故誤吞銅物者用之。然寒涼尅削，孕婦忌食。

清・馮兆張《馮氏錦囊秘錄・雜症痘疹藥性主治合參》卷三　鳧茨　俗名荸薺。主產後血悶攻心，理產難子胞不下。壓丹石，除胸膈痞氣。下石淋，退面目黄疸。風腫能消，痹熱堪却。開胃進食，益氣溫中。性善毀銅，着之即碎，為消堅削積要藥。孕婦食動胎，小兒食臍痛。

清・张璐《本經逢原》卷三　烏芋俗名荸薺，又名黑三稜。　甘，寒，無毒。發明：烏芋善毀銅，為消堅削積之物，服丹石人宜之。痘瘡乾紫不能起發，同地龍擣爛，入白酒釀絞服即起。又治酒客肺胃濕熱，聲音不清及腹中熱積蠱毒。《丹方》治痞積，三伏時以火酒浸晒，每日空腹細嚼七枚，痞積漸消，故有黑三稜之名。凡有冷氣人勿食。多食令人患腳氣虛勞欬嗽，切禁。以其峻削肺氣兼耗營血，故孕婦血竭忌之。

清・汪啟賢等《食物須知・諸果》　鳧茨　一名荸薺，味甘，氣平、微寒，無毒。苗似龍鬚，根黑指大，皮厚有毛。又一種皮薄無毛者，亦同水田蒔之，在處俱有。主產後血悶攻心，理產難子胞不下。壓丹石，除胸膈痞氣；下石淋，退面目疸黄。風腫能消，痹熱堪卻。開胃進食，益氣溫中。性善毀銅，着之即碎，故為消堅削積之果也。多食則生他症，卒食則嘔水來。孕婦食動胎，小兒食臍痛。

清・葉盛《古今治驗食物單方》　地栗　大便下血，地栗擣汁半鍾，酒半鍾，空心溫服，三日效。　小兒口瘡，地栗炭末摻之。　下痢赤白，午日午時，取完好地栗，洗淨拭乾，勿令損破，乾燒酒浸之，黃泥密封收貯，遇有患者，與二枚，原酒送下。　誤吞銅物，以地栗嚼自化。

清・黃元御《玉楸藥解》卷四　荸薺　味甘，微寒。入足太陰脾、足厥陰肝經。下食消穀，止血磨癥。荸臍甘寒消利，治熱煩渴，化宿穀堅癥。療噎膈黃疸，解金石蠱毒。醫吞銅便血，止下痢崩中。攻堅破聚是其所長。但寒胃氣，脾弱者食之則臍下結痛。即地栗，亦名鳧茨，《爾雅》作鳧茈。

清・吳儀洛《本草從新》卷四　葧臍〔瀉熱消食。〕一名烏芋，一名地栗。甘寒而滑。消食開胃，除胸中實熱。治五種噎膈，氣噎、食噎、勞噎、憂噎、思噎。膈亦有五：憂膈、恚膈、氣膈、熱膈、寒膈。消渴黃疸，血證蠱毒。末服辟蠱。能毀銅。汪機曰：合銅錢食之則錢化，可見為消堅削積之物，故能開五膈，消宿食也。誤吞銅者，同胡桃食即化。性極涼瀉，有冷氣人不可食，致腹脹氣滿。小兒食多，臍下結痛。孕婦尤為大忌。

清・汪紱《醫林纂要探源》卷二　鳧茈　甘，鹹，寒，滑。俗名荸薺，一名烏芋。益心，輭堅，除熱解毒，蕩胃熱，止消渴。莖中通，實結根下，是能通上下之阻隔，而輭堅之力甚速。能爛銅錫，則治噎膈可知。

清・嚴潔等《得配本草》卷六　荸薺即烏芋，又名地栗。　甘，微寒。滑。入足陽明經。消堅積，止消渴，療黃疸。除胸中實熱及五種膈疾，誤吞銅物。得燒酒浸，封貯，治赤白痢。配海蜇煮食，治痞塊蟲積。入雄豬肚，瓦器煮食，治腹脹。搗汁和酒溫服，治便血。燒研酒服，治婦人血崩。　辟蠱，曬乾研末服。治脹，去皮食。作粉，可點目翳。　有冷氣、孕婦禁食。

題清・徐大椿《藥性切用》卷六　葧臍　一名烏芋，即地栗。甘寒性滑，瀉熱化積開噎，毀銅。小兒不可多食，孕婦尤忌。梗，利小水。

清・黃宮繡《本草求真》卷九　烏芋破肝腎堅積，及毀銅器。　烏芋耑入肝、腎、大腸。止一水菓。即荸薺。何書皆言力能毀銅。銅錢同烏芋嚼之，其錢即化。破積攻堅，金鎖丸中治五膈，用黑三稜者，即此物也。止血，大便下血，用荸薺搗汁大半鐘，好酒半鐘，空心溫服，三日見効。治痢，下痢赤白，五月五日取完好荸薺，洗淨，於瓶中入好燒酒浸之，封固，遇患取一二枚細嚼，空心酒下。住崩，鳧茈一歲一個，燒存性，研末，酒服之。擦瘡，小兒口瘡，用此燒灰末滲。解毒發痘。痘瘡乾紫，不能起發，同地龍搗爛，入白酒釀紋服即起。清聲醒酒，其效若是之多，蓋以味甘性寒，則於在胸實熱可除，而諸實脹滿可消。體黑則以力善下行，而諸血痢、血毒可祛。是以冷氣勿食，食則令人每患腳氣，熱嗽勿用，用則於人有集火氣之為害耳。

清・李文培《食物小錄》卷上　烏芋即葧臍　甘，平，滑，微寒，無毒。溫中止消渴，下丹石，除胸中實熱。可作粉食，明耳目，開胃下氣，厚腸胃，不飢，解毒，消宿食。飯後宜食之。服金石人宜之。大益小兒。

清・羅國綱《羅氏會約醫鏡》卷一七菓部　荸薺一名烏芋。味甘微寒，入肝胃二經。　益氣安中，開胃消食，補脾肺。除熱生津，止消渴。治黃疸脾濕，療下血，甘以益氣。解噎膈，能毀銅。或單食，或同胡桃食，使銅即化，可見為消堅之物，故能開噎膈，消宿食也。然寒涼尅削，孕婦忌之。

清・趙學敏《本草綱目拾遺》卷八果部下　荸薺粉　《童北硯食規》：出江西虔南，土人如造藕粉法製成，貨於遠方，作食品，一名烏芋粉，又名黑三稜粉。　甘寒無毒，毀銅銷堅，除腹中痞積，丹石蠱毒。清心開翳，去肺胃經溼熱，過飲傷風失聲，瘡毒乾紫，可以起發《北硯食規》。

清・章穆《調疾飲食辯》卷四　葧臍　《綱目》曰：《別錄》名烏芋。《爾雅》名鳧茈，後訛為鳧茨。《通志》作地栗。《日用本草》曰：小者名鳧茈，大者名地栗。《衍義》曰：皮厚色黑，肉硬而白者為豬葧臍。皮薄色紫，肉輭而脆者為羊葧臍。

按：葧臍，野生者小而硬，種蒔者加以培壅則大而脆。性冷難化。《別錄》云：溫中益氣。《日華本草》云：開胃下食。《圖經》云：厚人腸胃。皆誤。《食療本草》云：除實熱，夙有冷氣人食之，必腹脹氣滿，食多臍下結痛。此正論也。入藥用，能消銅。小兒誤吞銅錢，搗汁細細呷之。出《百一選方》。又破血，《博濟方》名黑三稜。《神秘方》用治大便下血：搗汁和酒，日二三服。《經驗方》用治赤白痢：完好者燒酒浸泥封瓶口，每取二枚，細嚼，原酒下。又解砒信毒，搗汁灌之。多服取效，少則無功。煨熟食，性平不冷，且易消化，然未必遂能溫補也。又野生小如豆者，搗，澄粉，諸膽汁浸，曝乾，點目可除熱眼雲翳，久點取效。出《備急方》。

清・吳鋼《類經證治本草・足太陰脾臟藥類》　葧薺　【略】誠齋曰：發痘疹。

清・張德裕《本草正義》卷上　荸薺一名烏芋　甘，涼。除煩熱，清喉痹，濕熱黃疸。作粉，入冰片，可點風熱赤眼，能毀銅消銅。熟食亦能厚腸胃。

清·葉桂《本草再新》卷五　荸薺味甘，性涼，無毒。入心、肝、肺三經。清心降火，補肺涼肝，消食化痰。破積滯，利血脈，療黃疸，蟲毒。○易於小產者忌用。

清·吴其濬《植物名實圖考》卷三一　葧臍　《爾雅》：芍，鳧茈。即此。諸家多誤以為烏芋，宋《圖經》所述形狀，正是今葧臍。

清·吴其濬《植物名實圖考》卷三二　烏芋　《別錄》中品。即慈姑。

清·趙其光《本草求原》卷一二果部　馬蹄即烏芋、地栗、黑三稜、荸薺。甘，淡，無毒。主消渴癉熱，下石淋，治血痢下血，血崩，除胸中寒熱，宿食膈氣，痘瘡乾紫不起。同蚯蚓搗爛，入酒釀，絞汁服即起。酒客肺胃濕熱，聲音不清及腹中熱積痞積。三伏時以酒浸曬，每日空腹細嚼七枚，痞積漸消。誤吞銅錢，生食或取汁飲。其涼血消堅之力可知。作粉食，明目，開胃厚腸，辟蠱毒。白湯日調二錢。下蠱之家，知有此物，不敢行云。但冷氣人及患腳氣、虛勞咳嗽切禁，以其峻削肺氣，兼耗營血，故孕婦、血渴忌之。

清·文晟《新編六書》卷六《藥性摘錄》　烏芋　即荸薺。破肝腎堅積，止血治痢，住痛。擦瘡解毒，發痘，清聲醒酒。並毀銅器。患冷氣腳氣，熱嗽，勿用。○山茨菇與蒜相類。詳藥性。

清·張仁錫《藥性蒙求·果部》　葧薺　葧薺甘滑，攻積消堅。胸中實熱，疸症亦痊。一名地栗，又名黑山稜。治酒客肺胃濕熱，聲音不清，及腹中熱積蠱毒。丹方治痞積。三伏時以火酒浸晒，每日空腹細嚼七枚，痞積漸消，故有黑山稜之名。虛勞欬嗽切禁，以其削氣耗血也。小兒、孕婦不宜多食。

清·王孟英《隨息居飲食譜·果食類》　鳧茈即葧臍，一名烏芋，一名地栗。甘，寒。清熱，消食析酲，療膈殺疳，化銅，辟蠱，除黃泄脹，治痢調崩。以大而皮赤、味甜、無渣者良。風乾更美。多食每患脹痛。中氣虛寒者忌之。煮熟性平，可入肴饌，可禦凶年。澄粉點目，去翳如神。味亦甚佳，殊勝他粉。　辟蠱，葧臍曬乾，為末，每白湯下二錢，蠱家知有此物，即不敢下。　血崩，葧臍一歲一枚，煅存性，研，酒調下。　便血，搗葧臍汁一鍾，好酒半鍾，和，空心溫服。　赤白痢，午日午時取完好葧臍，洗淨拭乾，勿令損破，安缾內，入好燒酒浸之，黃泥密封收藏，每用二枚，細嚼，空心原酒下。

清·田綿淮《本草省常·果性類》　葧臍　一名烏芋，一吹鳧茈，一作茨。熟，性寒。益氣安中，開胃消食，除胸膈痰熱，腸胃宿積。生，性冷。瀉熱止渴。多食令人腹脹氣滿，孕婦忌之。葧臍能毀銅，小兒吞錢，生食數枚即化。　地栗　性平，宜熟食。健脾開胃，益氣消食。生食，令人脹滿嘈雜。

清·戴葆元《本草綱目易知錄》卷三　葧臍烏芋、地栗。　甘，微寒，滑。溫中益氣，開胃下食，解風毒，消黃疸，辟蠱毒。除胸中實熱氣，治消渴痹熱，下血血痢，婦人血崩。療五種膈氣，能消宿食，飯後宜食之。又能毀銅，治悞吞銅物。其性冷，多食令人腹脹氣滿。小兒秋月食，多臍下結痛。擣澄粉食，厚腸胃不飢，能解毒。服丹石人宜之。

清·黃光霽《本草衍句》　荸薺　軟堅益心，甘鹹寒滑。除胸中實熱，最善毀銅。治五種膈噎，消積止渴。妊婦忌食。

清·陳其瑞《本草撮要》卷三　荸薺　味甘，寒滑，入足太陰、陽明經，功專消食攻積，除胸中實熱。治五種噎膈消渴，黃疸血症蠱毒。能毀銅。得陳海蟄煎湯服，消胸中頑痰，通大便。小兒口瘡，炙灰敷之良。性涼不可多吃，孕婦大忌。

清·吴汝紀《每日食物却病考》卷下　烏芋　又名鳧茨，即今之葧臍也。味甘，微寒，滑，無毒。消渴，溫中益氣，下丹石，消宿食，除胸中實熱，治誤吞銅物。可作粉食，厚人腸胃。多食，腹脹。小兒多食，臍下結痛。

野荸薺

清·趙學敏《本草綱目拾遺》卷八果部下　野荸薺　生山土中，春有苗三葉，似韭而細，葉上有光，其根如豆大，年久則愈大，入藥用根，一名山荸薺。

磨粉，水中濾過，曬乾點眼，去瞖障如神。取粉忌鐵器。

按：山荸薺喜燥，其生必於高原，乾土尤最易蕃衍。有人移入園圃，一經汙溼，根即朽爛。然其生不易長，百年纔如錢大耳。昔客東甌，聞馬氏點眼藥粉為天下第一，見其脩製，乃由此磨粉，合海鰍目、珠粉加入藥中，著效異常。云其性能去面黚斑痣，消痞，去目星努肉，較產池澤者，尤峻利也。

磨光散：《種福堂方》：　點眼神藥，用野荸薺粉洗淨去皮，石臼中搗爛，密絹絞汁，如做藕粉法。再用清井水飛曬乾爐甘石，用黃連、黃柏、黃芩、甘菊、薄荷煎水煅，再用童便煅一次。將藥水飛曬乾珍珠，入豆腐內煮過，研細水飛，每荸薺乾粉一兩，配製過甘石五錢，珠末三錢，各將磁瓶收貯，臨用漸漸配和，加冰片少許點之。

明目去瞖祕方：《種福堂方》：錦紋大黃一兩，北細辛四兩，將二味用上高泉水一百二十兩，將藥入砂鍋，煎至二十兩，以細絹濾去渣，用大銀盌一個盛藥，盌下以磚三塊放定，盌底下將燈盞注麻油，用燈草七根，燃燈熏盌底內，煎藥成膏，滴水成珠。每膏一兩，用野荸薺粉五錢，多些亦不妨，冰片三分，和勻作錠，如多年厚瞖，每兩加水飛過蟬蛻末五分，須要去頭足泥沙，水洗曬乾為末，水飛三次用。

又方：野荸薺粉、豬胰各等分，搗和。用雞子殼半個，放藥在內，臨臥合印堂上，俟水流入目中，瞖隨淚出，二十日即愈。并治田螺頭眼。

慈姑

宋・唐慎微《證類本草》卷三〇外草類〔宋・蘇頌《本草圖經》〕 剪刀草生江湖及京東近水河溝沙磧中。味甘，微苦，寒，無毒。葉如剪刀形。莖幹似嫩蒲，又似三稜。苗甚軟，其色深青綠。每叢十餘莖，內抽出一兩莖，上分枝，開小白花，四瓣，蘂深黃色。根大者如杏，小者如杏核，色白而瑩滑。五月、六月、七月採葉，正月、二月採根。一名慈菰，一名白地栗，一名河鳧茨。土人爛擣其莖、葉如泥，塗傳諸惡瘡腫，及小兒遊瘤丹毒，以冷水調此草膏，化如糊，以雞羽掃上，腫便消退，其效殊佳。根煮熟味甚甘甜。時人作果子常食，無毒。福州別有一種小異，三月生花，四時採根、葉，亦治癰腫。

明・朱橚《救荒本草》卷上之後 水慈菇 俗呼為剪刀草，又名箭搭草。生水中。其莖面窊背方，皆有線楞，其葉三角，似剪刀形，葉中攛生莖叉，梢間開三瓣白花黃心，結青蓇葖如青楮桃，狀頗小，根類葱根而麤大，其味甜。

救飢：採近根嫩笋莖，煠熟，油鹽調食。

明・蘭茂撰，清・管暄校補《滇南本草》卷中 慈菇 性溫，味甘，微苦。主治厚腸胃，止咳嗽痰中帶血，或咳血，治肺虛咳血。生慈菇數枚，去皮，搗爛，蜂蜜、米(泔)〔湯沫〕同拌勻，飯上蒸熟，熱服效。

明・蘭茂《滇南本草》〔叢本〕卷中 慈姑 味苦、甘，性微寒。主治受腸止咳嗽，痰中帶血，咳血嘔血。單方：治虛勞咳嗽出血。生慈姑搗爛三錢，蜂蜜二錢，引米湯沫調慈姑飲，止蒸服。

明・劉文泰《本草品彙精要》卷三三 茨菇有毒。一云：無毒。泥生。

茨菇：主百毒，產後血悶，攻心欲死，產難，胎衣不出，擣汁一升服之。○莖葉擣爛如泥，塗傅諸惡瘡腫及小兒遊瘤丹毒，以冷水調此草膏化如糊，以雞羽掃上，腫便消退，甚效。名醫所錄。〔名〕白地栗、河鳧茨、槎芽、剪刀草、鷰尾草。〔苗〕《圖經》曰：葉如剪刀形，莖幹似嫩蒲，又似三稜，苗甚軟，其色深青綠，每叢十餘莖，內抽一兩莖，莖上分枝，開小白花，四瓣，蘂深黃色，根大者如杏，小者如杏核，色白而瑩滑，人採煮食之，味甘美而無毒也。福州別有一種小異，三月生花，四時採根，葉亦治癰腫。〔地〕《圖經》曰：生江湖，及京東近水河溝田中，今處處皆有之。〔時〕生：春生苗。採：正二月取根，五六月、七月取葉。〔收〕暴乾。〔用〕根及莖、葉。〔質〕類芋而小。〔色〕黃、白。〔味〕甘，微苦。〔性〕寒。〔氣〕氣薄味厚，陰中之陽。〔臭〕香。〔治〕療：日華子云：葉研，傅蛇蟲咬。〔禁〕不可多食，發虛熱及腸風痔瘻，崩中帶下，瘡癤，煮生薑以禦之。常食之，令人患脚，又發脚氣，癱緩風，損齒，令人失顏色，皮肉乾燥。卒食之，令人嘔水，孕婦亦不宜服。

明・盧和、汪穎《食物本草》卷二果類 茨菰 味甘。主百毒，產後血悶，攻心欲死，產難，胎衣不下，擣汁服之愈。多食令人患腳，又發腳氣，癱緩風，損齒，令人失顏色，皮肉乾燥。卒食之，令人嘔水。

明・王文潔《太乙仙製本草藥性大全》卷五《本草精義》 烏芋 一名藉菇，一名茨菰，一名槎牙，一名水萍。舊本不著所出州土，今在處有之。二月生葉似蘋，細小而薄，其莖梗葉俱青綠。生水田中，葉有椏烏牙切，狀如澤瀉不正，似芋，其根黃似芋子而小，煮之亦可噉，疑其有烏者，根極相似，細而美，葉垂異狀如莧草，呼爲鳧茨，恐此也。又云：烏蘋，今鳧茨也。苗似龍鬚而細，正青色，根黑如指大，皮厚有毛。又有一種皮薄無毛者亦同，田中人並食之，亦以作粉食之，厚人腸胃，不飢，服丹石人尤宜，蓋其能解毒耳。

明・李時珍《本草綱目》卷三三果部・水果類 慈姑日華校正原混烏芋下，今分出。仍併入《圖經》外類剪刀草。

〔釋名〕藉姑《別録》 水萍《別録》 河鳧茈《圖經》 白地栗同上 苗名剪刀草《圖經》 箭搭草《救荒》 槎丫草蘇恭 燕尾草大明時珍曰：慈姑，一根歲生十二子，如慈姑之乳諸子，故以名之。作茨菰者非矣。河鳧茈、白地栗，所以別烏芋之鳧茈、地栗也。剪刀、箭搭、槎丫、燕尾，並象葉形也。〔集解〕《別録》曰：藉姑，三月三日采根，暴乾。弘景曰：藉姑生水田中。葉有椏，狀如澤瀉。其根黃，似芋子而小，煮之可啖。恭曰：

慈姑生水中。葉似錍箭之鏃，澤瀉之類也。頌曰：剪刀草，生江湖及汴洛近水河溝沙磧中。葉如剪刀形。莖幹似嫩蒲，又似三稜。苗甚軟，其色深青綠。每叢十餘莖，內抽出一兩莖，上分枝，開小白花，四瓣，蕊深黃色。根大者如杏，小者如栗，色白而瑩滑。五六七月采葉，正二月采根，即慈姑也。煮熟味甘甜，時人以作果子。福州別有一種，小異，三月開花，四時采根，功亦相似。時珍曰：慈姑生淺水中，人亦種之。三月生苗，青莖中空，其外有稜。葉如燕尾，前尖後岐。霜後葉枯，根乃練結，冬及春初，掘以爲果。須灰湯煮熟，去皮食，乃不麻澀戟人咽也。嫩莖亦可煠食。又取汁，可制粉霜、雌黃。又有山慈姑，名同實異，見草部。

根 〔氣味〕苦、甘，微寒，無毒。大明曰：冷，有毒。多食，發虛熱，及腸風痔漏，崩中帶下，瘡癤。以生薑同煮佳。懷孕人不可食。詵曰：吳人常食之，令人發脚氣癱緩風，損齒失顏色，皮肉乾燥。卒食之，使人乾嘔也。〔主治〕百毒，產後血悶，攻心欲死，產難胞衣不出，擣汁服一升。又下石淋大明。

葉 〔主治〕諸惡瘡腫，小兒遊瘤丹毒，擣爛塗之，即便消退，甚佳蘇頌。治蛇、蟲咬，擣爛封之大明。調蚌粉，塗瘙痱時珍。

明・穆世錫《食物輯要》卷六 茨菰 味甘、苦，性寒，無毒。治石淋。多食，損齒，動宿疾，令冷氣腹脹，腳氣癱瘓。患崩帶、腸風、五痔、瘡癤者，勿食。同生薑煮，良。小兒食多，臍下痛。

明・趙南星《上醫本草》卷二 慈姑 一名藉姑，一名水萍，一名河凫茈，一名白地栗。苗名剪刀草，一名箭搭草，一名槎丫草，一名燕尾草。時珍曰：慈姑一根，歲生十二子，如慈姑之乳諸子，故以名之。

根 苦、甘，微寒，無毒。主治：百毒，產後血悶，攻心欲死。產難，胞衣不出，擣汁服一升。又下石淋。大明曰：冷，有毒。多食發虛熱及腸風痔漏，崩中帶下，瘡癤，以生薑同煮佳，懷孕人不可食。詵曰：吳人常食之，令人發脚氣、癱緩風，損齒，失顏色，皮肉乾燥。卒食之，使人乾嘔也。

葉 主治：諸惡瘡腫，小兒遊瘤丹毒。擣爛塗之，即便消退，甚佳，治蛇蟲咬，擣爛封之。調蚌粉，塗瘙痱。

明・應麐《食治廣要》卷四 慈姑 氣味：苦、甘，微寒，無毒。主治：產後血悶攻心，難產，胞衣不出。多食，發熱及腸風痔漏、崩中帶下。以生薑同煮佳。孕婦不可食。其葉搗爛，塗諸惡瘡腫毒，小兒遊瘤丹毒。及蛇、蟲咬，搗封之亦佳。

明・姚可成《食物本草》卷九果部・水果類 慈姑慈姑，一根歲生十二子，如慈母之乳諸子，故以名之。今作茨菰者誤矣。苗名剪刀草、槎丫草、燕尾草，竝以葉形名也。○剪刀草，生江湖及汴洛近水河溝砂磧中。葉如剪刀形。莖幹似嫩蒲，其色深青綠。每叢十餘莖，內抽出一兩莖，上分枝，開小白花，四瓣，蕋深黃色。根大者如杏，小者如栗，色白而瑩滑。冬春采之，即慈姑也。煮熟味甘甜，時人以充果餌。福州別有一種，小異，三月開花，四月采根。○李時珍曰：慈姑生淺水中，人亦種之。三月生苗，青莖中空，其外有稜。葉如燕尾，前尖後岐。霜後葉枯，根乃練結，冬及春初，掘以為果。須灰湯煮熟，去皮食，乃不麻澀戟人咽也。嫩莖亦可熯食。

慈姑 味甘，微寒，無毒。主百毒，產後血悶，攻心欲死，產難胞衣不出，擣汁食之。不可多食，發虛熱及腸〔風〕痔漏，崩中帶下，瘡癤。又令人發脚氣、癱緩風，〔損齒〕，失顏色，皮肉乾燥。孕婦不可食。

葉 治諸惡瘡腫，小兒遊瘤丹毒，擣爛塗之，即便消退。又治蛇、蟲咬，擣封之。調蚌粉，塗瘙痱。

明・顧逢柏《分部本草妙用》卷九果部 慈姑 苦、甘，微寒，無毒。孕人不可食。平人多食發腳氣癱緩，損齒，失顏色。主治：百毒，產後血悶攻心，難產胞衣不下，服汁一升妙。又下石淋。葉，搗塗惡瘡腫毒，蛇咬蠱毒。

明・孟笨《養生要括・果部》 慈菇 味甘，微寒，無毒。治百毒。產後血悶，攻心欲死，產難胞衣不下，擣汁服一升，又下石淋。

葉 治諸惡瘡腫，小兒游瘤丹毒，搗爛塗之，即便消退，甚佳。

凡果未成核者，食之令人發癰(節)〔癤〕及寒熱。凡果落地有惡蟲緣過者，食之令人患九漏。凡果雙仁者，有毒殺人。凡瓜雙蒂者，有毒殺人。沉水者，殺人。凡果忽有異常者，根下必有毒蛇，食之殺人。

明・施永圖《本草醫旨・食物類》卷三 慈姑名白地栗。生水田中，葉有椏，狀如澤瀉，其根黃，似芋子而小，煮之可啖。 根 味苦，微寒，無毒。多食發虛熱及腸風痔漏，崩中帶下，瘡癤。以生薑同煮佳。懷孕人不可食。○吳人常食之，令人發脚氣、癱緩風，損齒，失顏色，皮肉乾燥。卒食之使人乾嘔也。治：百毒，產後血悶，攻心欲死，產難，胞衣不出，擣汁服一升。又下石淋。 葉 治：諸惡瘡腫，小兒遊瘤丹毒，擣爛塗之，即便消退，甚佳。治蛇蟲咬，擣爛封之。調蚌粉，塗瘙痱。

清・穆石匏《本草洞詮》卷六 慈姑 一根歲生十二子，如慈母之乳諸子，故以名之。氣味苦甘，微寒，無毒，一云有毒。主下石淋，解百毒。產後血悶攻心欲死，胞衣不出，擣汁服一升。多食發虛熱及腸風痔漏等病。

清·丁其譽《壽世秘典》卷三　慈菇一根歲生十二子，如慈姑之乳諸子，故以名之，作茨菰者非矣。一名白地栗，所以別烏芋之地栗也。須灰湯煮熟去皮食，乃不麻澀戟人咽也。　氣味：　苦，甘，微寒，無毒。治百毒。產後血悶攻心欲死及產難胞衣不出，擣汁服，即愈。

發明日華子云：　慈菇性冷，有毒，多食發虛熱及腸風痔漏，崩中帶下，以生薑同煮佳。懷孕人不可食。孟詵曰：　多食發腳氣，癱緩風，損齒，失顏色，皮肉乾燥。

葉　治諸惡瘡腫，小兒遊瘤丹毒，擣爛塗之即消。治蛇蟲咬，擣爛封之。調蚌粉，塗瘙痱。

清·尤乘《食鑒本草·果類》　慈菇　多食發虛熱，及腸風痔漏，崩中帶下，孕婦勿食。葉擣傳小兒赤瘤、丹毒即退。

清·朱本中《飲食須知·果類》　茨菇　味苦、甘，性寒。多食發虛熱，及腸風痔漏，崩中帶下，令冷氣腹脹，生瘡癤，發脚氣，患癱瘓風，損齒，失顏色，皮肉乾燥。卒食之，使人乾嘔。孕婦忌食，能消胎氣。小兒食多令臍下痛，以生薑同煮可解毒。勿同吳茱萸食。

清·何其言《養生食鑒》卷上　茨菰　味甘、苦，性寒，無毒。治石淋。多食損齒，動宿疾，令冷氣腹脹，脚氣癱瘓。患崩帶、腸風、五痔、瘡癤者，勿食。同生薑煮良。懷孕人不可食。小兒食多，臍下痛。

清·李熙和《醫經允中》卷二二　慈菇　孕婦不可食，平人食多發脚氣癱瘓，損齒。　苦甘，微寒，無毒。主治產後血悶攻心，難產，胞衣不下。又治石淋，痘後小兒失音，食數枚即愈。葉擣塗惡瘡腫毒，蛇蟲毒。

清·张璐《本經逢原》卷三　慈菇　苦、甘，微寒，無毒。　發明：　主治百毒，產後血悶攻心欲死，產難胞衣不出，並生擣汁服之。有腳氣癱緩風人勿食，以熟食壅氣也。葉治小兒遊風、丹毒，擣爛塗之即消。

清·黄元御《玉楸藥解》卷一　慈菇　味甘，微寒。入足太陰脾、足厥陰肝經。下食消穀，止血磨癥，催產下衣，行血通經。甘寒通利，破產後瘀血，開小便澀淋，滑胎下衣。妊婦忌食。

清·吴儀洛《本草從新》卷四　慈姑〔通，行血。〕　苦，甘，微寒。主治百毒，產後血悶，攻心欲死，產難胞衣不出，擣汁服一升，又下石淋。多食發腸風痔漏，崩中帶下，脚氣癱風；　又使人乾嘔損齒，失顏色，皮肉乾燥。

題清·徐大椿《藥性切用》卷六　蒔菇　苦甘微寒，散血解毒，清咽涼心，故治咽腫喉痛。葉汁調蚌粉，抹瘙痱良。

清·李文培《食物小錄》卷上　茨(茹)〔菇〕　甘，苦，微澀，無毒。解熱和中。多食滯氣，發腳氣。懷孕婦人不可食。

清·章穆《調疾飲食辯》卷四　慈姑　《別錄》名藉姑，又名水萍。《圖經》名河鳧茈，又名地栗。苗名剪刀草。《救荒本草》名箭搭草。《唐本草》名槎丫草。《日華本草》名燕尾草。《綱目》曰：　生淺水中四時不乾處生更多。人亦種之。三月生苗，青莖中空，有稜，葉前尖後歧略似半夏葉。霜後葉枯，掘為果，須灰湯煮熟，乃不麻澀戟人咽。性極不益人，《食療本草》云：　多食損齒，發腳氣，癱瘓風損，令人乾嘔。然可治病，《日華本草》曰：　解百毒，治產後血悶攻心欲死，催生下胞衣，俱擣汁，服一升。又可下石淋。一升太多，約服一合可也。《圖經》曰：　葉可擣塗諸瘡惡腫，小兒赤遊丹毒。又可敷蛇咬。又有山慈菇，因根形似，故名，實非同類。但入藥用，不堪作果。

清·葉桂《本草再新》卷五　茨菇味苦，性微寒，無毒。入心、肝、肺三經。　平肝降火，潤肺止欬，行血和血。療百毒，利二便。能墮胎，能安胎。

清·吴其濬《植物名實圖考》卷三二　慈姑又一種　廣東產者葉圓肥，開花藍白色。考《花鏡》，雨久花苗生水中，葉似茈菰；　夏開花如牽牛，而色深藍，或即此類。

清·趙其光《本草求原》卷一五菓部　茨菰　甘澀，寒，無毒。熟食壅氣，多食損齒，動宿疾。冷滯、腹脹、腳氣、癱瘓、臍下痛，同生薑煮稍可；　崩帶，腸風，五痔，瘡癤，孕婦，更忌多食。若生擣汁服，又解百毒，治石淋、產後血悶攻心、下胞衣。葉，敷小兒游風，丹毒。

清·王孟英《隨息居飲食譜·果食類》　慈姑俗作茨菰，一名白地栗，一名河鳧茈。　甘，苦，寒。用灰湯煑熟，去皮食則不麻澀。入肴，加生薑以制其寒。功專破血通淋，滑胎利竅。多食發瘡動血，損齒生風。凡孕婦及癱瘓、腳氣、失血諸病，尤忌之。

清·劉善述、劉士季《草木便方》卷一草部　燕尾草　水慈菰甘寒解毒，腸風痔漏崩帶除。產後下胞療血悶，惡瘡丹毒蟲傷塗。剪刀草。

清·田綿淮《本草省常·果性類》　慈姑　俗作茨菰，非。一名河鳧茈，一名白地栗。性寒，有毒，必同薑煮方能食。行血墮胎。發腸風痔漏、崩中帶下。卒食令人乾嘔。久食損齒，失顏色，發癱瘓脚氣。孕婦忌之。

清・戴葆元《本草綱目易知錄》卷三　慈姑　甘、苦，微寒。解百毒，治產後血運攻心欲死，產難胞衣不出，下石淋，擣汁服之。妊婦忌。時珍曰：慈姑，生淺水中，人亦種之。三月生苗，青莖中空，有稜，葉如燕尾，前尖後歧，霜後葉枯，根乃結。冬及春初，掘取洗灰，湯煮熟，去皮，食乃不麻人。葆按：慈姑有二種。一種詳草部，慈姑有毛裹之，市肆名毛慈姑。是野生者，此生淺水中，或種或野生。無毛裹，俗名光慈姑。

清・陳其瑞《本草撮要》卷三　慈菇　味苦甘，微寒，入足太陰、厥陰經，功專解百毒，產後血悶攻心欲死，產難胞衣不出，搗汁服一升，並治石淋。多食發病。

清・吴汝紀《每日食物却病考》卷下　茨菰　又名慈菇。味苦、甘，微寒，無毒。主產後血悶，攻心欲死。產難、胎衣不下，搗汁服之即愈。多食，令人發脚氣、癱緩，損齒，燥皮肉，失顔色。

水浪蕩

明・佚名氏《醫方藥性・草藥便覽》　水浪蕩　其性溫。治損腫冷氣。名野慈姑。

雜錄

附錄諸果

明・施永圖《本草醫旨・食物類》卷三　附錄諸果方冊所記諸果，名品甚多，不能詳其性、味、狀。既列於果，則養生者不可不知。　津符子味苦，平，滑。多食令人口爽，不知五味。　必思答味甘，無毒。調中順氣。出回回田地。　甘劍子狀似巴欖子，仁附肉，有白靨，不可食，發人病。北人呼為海胡桃是也。　楊搖子生閩越。其子生樹皮中，其體有脊，形甚異而味甘無奇，色青黃，長四五寸。　海梧子出林邑。樹似梧桐，色白。葉似青桐。其子如大栗，肥甘可食。　木竹子皮色形狀全似大枇杷，肉味甘美，秋冬實熟。出廣西。　櫓罟子大如半升盌，數十房攢聚成毬，每房有縫。冬生青，至夏紅。破其瓣食之，微甘。出廣西。　羅晃子狀如橄欖，其皮七重。出廣西。夏熟，味如栗。　椊出九真、交趾。色黃，鹽藏食之，味酸如梅。　夫編子五六月熟。入雞、魚、猪、鴨羹中，味美，亦可鹽藏。　白緣子出交趾。樹高丈餘，實味甘美如胡桃。　繫彌子狀圓而細，赤如軟棗。其味初苦後甘，可食。　人面子以蜜漬之可食。出廣中。大如梅李，春花、夏實、秋熟，蜜煎甘酸可食。其核兩邊似人面，口、目、鼻皆具。　黃皮果出廣西橫州。狀如楝子及小棗而味酸。　四味果出祁連山。木生如棗，剖以竹刀則甘，鐵刀則苦，木刀則酸，蘆刀則辛。行旅得之，能止飢渴。　千歲子殼中有肉如栗，味亦如之。乾則殼肉相離，撼之有聲。狀似青黃李，味甘。　侯騷子蔓生。子大如雞卵，既甘且冷，消酒輕身。　酒杯藤子出西域。實大如指，味如豆蔻，食之消酒。張騫得其種於大宛。　蕳子如梨，赤如雞冠，核如魚鱗，生食味淡。　山棗出廣西肇慶府。葉似梅，果似荔枝，九月熟，可食。　限支生邛州山谷中。樹高丈餘，實大若雀卵，狀似荔枝，肉黃膚甘。　靈牀上果子人夜讝語，食之即止。

靈床上果子

宋・唐慎微《證類本草》卷二三果部下品〔唐・陳藏器《本草拾遺》〕　靈床上果子　主人夜卧讝語，食之差也。

諸果有毒

宋・唐慎微《證類本草》卷二三果部下品〔唐・陳藏器《本草拾遺》〕　諸果有毒　桃、杏人雙有毒。五月食未成核果，令人發癰癤及寒熱。又秋夏果落地爲惡蟲緣，食之令人患九漏。桃花食之，令人患淋。李人不可和雞子食之，患内結不消。

明・李時珍《本草綱目》卷三三果部・附録　諸果有毒《拾遺》　凡果未成核者，食之令人發癰癤及寒熱。　凡果落地有惡蟲緣過者，食之令人患九漏。　凡果雙仁者，有毒殺人。　凡瓜雙蒂者，有毒殺人。　沉水者，殺人。　凡果忽有異常者，根下必有毒蛇，食之殺人。

明・姚可成《食物本草》卷九果部・水果類　諸果有毒　右諸果皆地產陰物，雖各有陰陽寒熱之分，大率言之，陰物所以養陰，人病多屬〔陰〕虚，宜食。

實生冷，或成溼熱，乾則〔硬〕燥難化而成積聚，小兒尤忌。故火熟先君子，果熟後君子之説。古人致謹，良有以也。

清・朱本中《飲食須知・果類》　諸果有毒　凡果未成核者，食之令人發癰癤及寒熱。果落地，有惡蟲緣過者，食之令人患九漏。果雙仁者，有毒殺人。瓜雙蒂者、沉水者，皆有毒殺人。凡果忽有異常者，根下必有毒蛇惡物，其氣熏蒸所致，食之立殺人。　解諸果之毒：燒猪骨灰為末，水服。

收藏：　青梅、枇杷、橄欖、橙、李、菱、瓜類，以臘水入些少銅青末，密封於淨罎內，久留色不變。或用臘水入薄荷、明礬少許，將諸果浸瓮內，久藏味佳，且不變色。

清・章穆《調疾飲食辯》卷四　諸果有毒　《本草綱目》曰：凡果未成核者，食之令人發癰癤及寒熱。落地經宿，有惡蟲緣過者，令人患九漏，或至殺人。雙仁者、雙蒂者、沉水者，此不可泥，質重必沉。並有毒殺人。凡果異常者謂大小及形色，根下必有毒蛇，食之殺人光怪陸離者毒尤烈。通解食果成積不消，首麝香，次則熱酒。解冷物所傷，見菱實及甜瓜條下。解熱物所傷，如安石榴、櫻桃、榧子、藕、蔗，當隨症立方，從容調理，不能預定成法。蓋冷之害淺，熱之害深也。若一時救急，甘草濃汁，或桔梗甘草湯，或梨汁，或黑豆、綠豆汁俱可。

明・穆世錫《食物輯要》卷六　解諸果之毒，燒猪骨灰為末，水服。又治傷瓜果生冷，用五苓散，多加桂。凡果，不時者、停久有損者、未成核者，誤食，發寒熱，生瘡癤。有落地惡蟲食者，誤食，患九漏。偶有怪異形狀者，並有毒，殺人。

明・吴文炳《藥性全備食物本草》卷二　解諸果之毒，燒猪骨灰為末，水服。又治傷瓜果生冷，用五苓散多加桂為末，滚湯調服。凡果不時者，停久有損者，未成核者，誤食發寒熱，生瘡癤；有落地惡蟲食者，誤食患九漏；偶有怪異形狀者，並有毒殺人。

藤蔓部

題解

唐・歐陽詢《藝文類聚》卷八二　藤　《爾雅》曰：諸慮山櫐。今江東呼櫐為藤，藤似葛而麤大也。《廣雅》曰：藟，藤也。《毛詩》曰：南有樛木，葛藟櫐之。《山海經》曰：卑山其上多櫐。今貍豆之屬。

《南方草木狀》曰：浮沉藤，生子大如窒甌。正月華色，仍連著實。十月、臘月熟，色赤，生食之甜酢。生交阯九真。含蘭子藤，生緣樹木，正二月花色，四五月熟實如梨，赤如雄雞冠，取生食之味淡泊。出交阯。合浦野聚藤，緣樹木，二月花色，仍連著實，五六月熟，子大如羹甌，俚民煮食，其味甜酢。出蒼梧。菝藤生金封山，俚人往往賣之，其色正赤。出興古。

裴氏《廣州記》曰：土人伐船為業，隨樹所在，就以成槽，皆去水甚遠，動有數里。山生草，名為膏藤，津汁軟滑，無物能比。以此導地，牽之如流，雖五六丈船，數人便運。

《臨海異物志》曰：鍾藤附樹，作根軟弱，須緣樹而作藤，既纏裹樹便死，且有惡汗，尤令速朽也。藤盛成樹，若木自然，大者或至十圍。又曰薇藤，圍數寸，重於竹，可以為杖蔑以縛船，及以為席，勝於竹也。

王歆《始興記》曰：晉中朝有質子將歸，忽有人寄其書告曰：吾家在觀亭，亭廟石間有懸藤，君至叩藤，家人自出。歸者如其言，果有二人出水。取書并曰：江伯令君前。入水見屋舍甚麗。今俗咸言，觀亭有江伯神也。

顧微《廣州記》曰：薇藤如栟櫚，葉疎破，皮青，多棘刺，高五六丈者，如五六寸竹小者，如筆管。竹類有十許種。續遊，草藤也。一曰諸藤，二曰水藤。山行渴，則斷取汁飲之，治人體有損絶，沐則長髮。去地一丈斷之，輒更生根至地，永不死。

《異苑》曰：永陽縣有山，壁立千仞，岩上有石室，路右名為神農窟，窟前百藥叢茂，莫不畢備。又別有異藤，花形似菱菜，朝紫，中綠，晡黄，暮青，夜赤，五色迭耀。

詩　梁簡文帝《詠藤詩》曰：纖條寄喬木，弱影掣風斜。標春抽曉翠，出霧挂懸花。

綜述

五味子

宋・李昉《太平御覽》卷第九九〇　五味　《爾雅》曰：菋，荎藸。五味也。蔓生，子叢在莖頭也。未、遲、除三音。《聖賢冢墓記》曰：孔子墓上五味樹。《抱朴子》曰：羨門子服五味十六年，始降玉女，能入水火。《本草經》曰：五味，一名會及。《吳氏本草》曰：五味，一名玄及。《典術》曰：

五味者，五行之精。其子有五味。淮南公羨門子服五味十六年，入水不濡，入火不燋，日行萬里。

宋・唐慎微《證類本草》卷七草部上品〔《本經・別錄・藥對》〕　五味子

味酸，溫，無毒。**主益氣，欬逆上氣，勞傷羸瘦，補不足，強陰，益男子精**，養五藏，除熱，生陰中肌。一名會及，一名玄及。生齊山山谷及代郡。八月採實，陰乾。蓯蓉爲之使，惡萎蕤，勝烏頭。

〔梁・陶弘景《本草經集注》〕云：　今第一出高麗，多肉而酸甜；次出青州、冀州，味過酸，其核並似猪腎。又有建平者少肉，核形不相似，味苦，亦良。此藥多膏潤，烈日暴之，乃可擣篩，道方亦須用。

〔唐・蘇敬《唐本草》〕注云：　五味，皮肉甘、酸，核中辛苦，都有鹹味，此則五味具也。《本經》云味酸，當以木爲五行之先也。其葉似杏而大，蔓生木上。子作房如落葵，大如蘡子。一出蒲州及藍田山中。

〔宋・馬志《開寶本草》〕注：　今河中府歲貢焉。

〔宋・掌禹錫《嘉祐本草》〕按：　《蜀本圖經》云：　莖赤色，蔓生，花黃白，生青熟紫，味甘者佳。八月採子，日乾。《爾雅》云：　菋，荎藸。注：　五味也。蔓生，子叢在莖頭。疏云：　一名茱，一名荎藸。《藥性論》云：　五味子，君。能治中下氣，止嘔逆，補諸虛勞，令人體悅澤，除熱氣，病人虛而有氣兼嗽，加用之。日華子云：　明目，暖水藏，治風下氣，消食，霍亂轉筋，痃癖，賁㹠，冷氣，消水腫，反胃，心腹氣脹，止渴，除煩熱，解酒毒，壯筋骨。

〔宋・蘇頌《本草圖經》〕曰：　五味子，生齊山山谷及代郡，今河東、陝西州郡尤多，而杭越間亦有。春初生苗，引赤蔓於高木，其長六七尺。葉尖圓似杏葉。三、四月開黃白花，類小蓮花。七月成實如豌豆許大，生青熟紅紫。《爾雅》云：　菋，荎藸。注云：　五味也。蔓生子叢莖端。疏云：　一名菋，一名荎藸。今有數種，大抵相近，而以味甘者爲佳。八月採，陰乾用。一說小顆皮皺泡者，有白色鹽霜一重，其味酸、鹹、苦、辛、甘，味全者真也。《千金月令》：　五月宜服五味湯。取五味子一大合，以木杵臼細擣之，置小瓷瓶中，以百沸湯投之，入少蜜，即密封頭，置火邊良久，湯成堪飲。

〔宋・唐慎微《證類本草》〕《雷公》云：　凡小顆皮皺泡者，有白撲鹽霜一重，其味酸、鹹、苦、辛、甘，味全者真也。凡用，以銅刀劈作兩片，用蜜浸蒸，從巳至申，却以漿水浸一宿，焙乾用。《抱朴子》：　移門子服五味子十六年，面色如玉女，入水不霑，入火不灼。

宋・寇宗奭《本草衍義》卷八　五味子　今華州之西至秦州皆有之。方紅熟時，採得蒸爛，研濾汁去子，熬成稀膏。量酸甘入蜜，再上火，待蜜熟，俟冷，器中貯，作湯。肺虛寒人可化作湯，時時服。作果，可以寄遠。《本經》言溫，今食之，多致虛熱，小兒益甚。《藥性論》以謂除熱氣。日華子又謂暖水藏，又曰除煩熱。後學至此多惑。今既用之治肺虛寒，則更不取除煩熱之說。補下藥亦用之。入藥生曝不去子。

宋・鄭樵《通志》卷七五《昆蟲草木略》　五味子　曰菋，曰荎藸。故《爾雅》云：　菋，荎藸。引蔓，實如珠而赤。

金・張元素《潔古珍珠囊》〔見元・杜思敬《濟生拔粹》卷五〕　五味子酸陰中微陽。治嗽，補真氣。與葳蕤、烏頭相反。

宋・劉明之《圖經本草藥性總論》卷上　五味子　味酸，溫，無毒。主益氣，欬逆上氣，勞傷羸瘦，補不足，強陰，益男子精，養五臟，除熱。《藥性論》云：　君。能治中下氣，止嘔逆。日華子云：　明目，暖水臟，治風消食，霍亂轉筋，痃癖賁豚冷氣，消水腫，反胃，心腹氣脹，止渴除煩熱，解酒毒，壯筋骨。蓯蓉為之使。惡萎蕤。勝烏頭。

元・王好古《湯液本草》卷四　五味子　氣溫，味酸，陰中陽。酸而微苦，味厚氣輕，陰中微陽，無毒。　入手太陰經，入足少陰經。　《象》云：　大益五臟。　孫真人云：　五月常服五味子，以補五臟氣，遇夏月季夏之間，困乏無力，無氣以動，與黃芪、人參、麥門冬，少加黃蘗，煎湯服，使人精神頓加，兩足筋力湧出。生用。　《珍》云：　治欬嗽。　《心》云：　收肺氣，補氣不足，升也。酸以收逆氣，肺寒氣逆，則以此藥與乾薑同用治之。　《本草》云：　主欬逆上氣，勞傷羸瘦，補不足，益氣強陰益精，養五臟，除熱。　日華子云：　明目，暖水臟，治風，下氣消食。霍亂轉筋，痃癖，奔豚冷氣。消水腫，反胃，心腹氣脹。止渴，除煩熱，解酒毒，壯筋骨。五味皮甘肉酸，核中辛苦，都有鹹味，故名五味子。仲景八味丸用此為腎氣丸，述類象形也。　孫真人云：　六月常服五味子，以益肺金之氣，在上則滋源，在下則補腎，故入手太陰、足少陰也。

元・忽思慧《飲膳正要》卷三　五味子　味酸，溫，無毒。益氣補精，溫中潤肺，養臟強陰。

元・吳瑞《日用本草》卷六　五味子　皮肉甘、酸，核中辛、苦有鹹味，此則五味是也。俗云赤葛，味酸，溫，無毒。　主益氣，欬逆上氣，勞傷羸瘦，補諸虛，令人體悅澤，除熱明目，暖水藏，消食，治霍亂反胃，心腹氣脹。

元・朱震亨《本草衍義補遺》　五味子　屬水而有木與金。今謂五味，實所未曉。以其大能收肺氣，宜其有補腎之功。收肺氣非除熱乎？補腎非暖水藏乎？〔乃火嗽必用之藥，寇氏所謂〕食之多致虛熱，蓋收補之驟也。何惑之有？又云：火熱嗽必用之。○《爾雅》云：菋，一名荎豬。又：五味，皮肉甘酸，核中苦，都有鹹味，此五味具也。

元・佚名氏《珍珠囊・諸品藥性主治指掌》〔見《醫要集覽》〕　五味子　味酸，性溫，無毒。降也，陰也。其用有四：滋腎經不足之水；收肺氣耗散之金；除煩熱，生津止渴；補虛勞，益氣強陰。

元・徐彥純《本草發揮》卷一　五味子　成聊攝云：《內經》曰：肺欲收，急食酸以收之。芍藥、五味子之酸，以收逆氣而安肺。潔古云：五味子，大益五藏氣。孫真人云：五月常服五味子，以補五藏之氣。遇季夏之間，令人困乏無力，無氣以動，與黃芪、人參、麥門冬，少加黃蘗，剉，煎湯服之，使人精神精氣兩足筋力湧出。生用。東垣云：五味子味酸，溫。主欬逆上氣，明目，暖水藏。治勞傷羸瘦，補不足。又云：收肺氣，補氣不足。酸以收逆氣，肺寒氣逆，則此藥與乾薑同用治之。又云：性溫味酸，氣薄味厚，可升可降，陰中陽也。其用有六：收散氣一也，止嗽二也，補元氣不足三也，止瀉痢四也，生津液五也，止渴六也。海藏云：仲景八味丸用此，述類形象為腎氣丸。孫真人云：五月常服五味子，以益肺金之氣，在上則滋源，在下則補腎，故入手太陰、足少陰也。丹溪云：五味子屬水而有木與金。大能收肺氣，宜其有補腎之功。收肺氣，非除熱乎？補腎，非暖水藏乎？食之多致虛熱者，益收補之驟也。《衍義》何惑之有？又云：火熱嗽必用之。

明・王綸《本草集要》卷二　五味子君　味酸，氣溫。味厚氣輕，陰中微陽。無毒。入手太陰、足少陰經。蓯蓉為之使，惡萎蕤，勝烏頭。陰乾。主益氣，咳逆上氣，勞傷羸瘦，補不足，強陰，益男子精，止渴生津。在上滋肺，在下補腎。又氣耗散者，用此收之。多食致虛熱，收補之驟也。夏月與黃耆、人參、麥門冬，少加黃蘗煎服，使人精神頓加，兩足筋力涌出。寒月與乾薑同用，治肺寒氣逆咳嗽。又，火熱嗽必用之，蓋火氣盛者，驟用寒涼藥恐相逆，宜用五味子等酸收之藥，斂而降之。

明・滕弘《神農本經會通》卷一　五味子　君也。味酸，氣溫，無毒。凡小顆，皮皺泡者，有白撲鹽霜一重，其味酸、鹹、苦、辛、甘味全者，真也。蓯蓉為之使，惡萎蕤，勝烏頭。《局》云：去梗，搥碎用。

味酸，氣溫，無毒。《湯》云：陰中陽，酸而微苦，味厚氣輕，陰中微陽。入手太陰經，入足少陰經。東云：降也，陰也。滋腎經不足之水，收肺氣耗散之金。降煩熱，生津止渴，補虛勞，益氣強陰。又云：止痰嗽，滋腎水。《珍》云：歛肺，補不足，勞嗽，補元氣，收肺寒氣逆，治瀉痢，欬嗽，溫暖水臟，生津，明目。《疌》云：生津潤肺，除煩渴，補勞傷，霍亂轉筋，除熱氣，治嘔逆。

《本經》云：主益氣，欬逆上氣，勞傷羸瘦，補不足，強陰，益男子精，養五臟，除熱，生陰中肌。八月採實，陰乾。《本注》云：五味皮肉甘酸，核中辛苦，都有鹹味，此則五味具也。《本經》云：味酸，當以木為五行之先。《藥性論》云：五味子，君。能治中，下氣，口嘔逆，補諸虛勞，令人體悅澤。除熱氣，病人虛而有氣兼嗽，加用之。日華子云：明目，暖水藏，治風下氣，消食，霍亂轉筋，痃癖，賁豘，冷氣，消水腫，反胃，心腹氣脹，止渴，除煩熱，解酒毒，壯筋骨。《圖經》云：《千金月令》：五月宜服五味湯。《象》云：大益五臟。孫真人云：五月常服五味子，以補五臟氣，遇夏、季夏之間，困乏無力，無氣以動，與黃耆、人參、麥門冬，少加黃檗，煎湯服，使人精神頓加，兩足筋力涌出。生用。《珍》云：治欬嗽。《心》云：收肺氣，補不足。升也，酸以收逆氣。肺寒氣逆，則以此藥與乾薑同用治之。孫真人云：六月常服五味子，以益肺金之氣。在上則滋源，在下則補腎，故入手太陰、足少陰也。丹溪云：屬水而有木與金。大能收肺氣，有補腎之功。收肺氣則除熱，補腎則暖水藏。氣耗散者，用此收之。多食致虛熱，蓋收補之驟也。火熱嗽必用之，蓋火氣盛者，驟用寒涼藥，恐相逆，宜用五味子等酸收之藥，歛而降之。日華子云：五味，皮甘肉酸，核中辛苦，都有鹹味，故名五味子。仲景八味丸用此為腎氣丸，(迷)〔述〕類象形也。《衍義》曰：《本經》言溫，今食之多致虛熱，小兒益甚。《藥性論》：以謂除熱氣。日華子云：又謂暖水藏。又曰：除煩熱，今既用之治肺虛實，則不取治煩熱之說。《心法》云：北五味治勞嗽。若風邪在肺，宜用南五味。劍云：五味酸溫滋腎水，更收肺耗散之金。消煩止渴生津液，益氣充虛乃壯陰。《局》云：五味酸甘鹹苦辛，補虛下氣號為君。能消酒毒并痰嗽，止渴生精及壯筋。北五味，補虛，下氣，止嗽，強筋。

明・劉文泰《本草品彙精要》卷九　五味子無毒　蔓生。

五味子出《神農本經》：**主益氣，欬逆上氣，勞傷，羸瘦，補不足，強陰，益男子精。**以上朱字《神農本經》。養五臟，除熱，生陰中肌。以上黑字名醫所錄。

【名】會及、玄及、蔯、荎藸。【苗】《圖經》曰：春初生苗，引赤蔓于高木，長六七尺，葉尖圓似杏葉。三四月開黃白花，類小蓮花。七月成實，如豌豆許，生青，熟紅紫。《爾雅》云：蔯，荎藸，即五味也。蔓生子叢莖端。疏云：今有數種，大抵相近，而以味甘者爲佳。一說小顆皮皺泡者，有白色鹽霜一重，其味酸，鹹，苦，辛，甘，味全者，真也。【地】《圖經》曰：生齊山山谷及代郡，今河東、陝西州郡，秦州、虢州、杭、越間亦有。《唐本》注云：蒲州、藍田山中，河中府。陶隱居云：青州、冀州。【道地】高麗、建平者佳。【時】生：春初生苗。採：八月取。【收】陰乾。【用】子滋潤而大者佳。【質】類落葵子。【色】赤。【味】酸。【性】溫，收。【氣】味厚氣輕，陰中微陽。【臭】香。【主】欬嗽，生津。【行】手太陰經，足少陰經。【助】蓯蓉爲之使。【反】惡葳蕤，勝烏頭。【製】《雷公》云：凡用，以銅刀劈作兩片，用蜜浸蒸，從巳至申，卻以漿水浸一宿，焙乾用，或去梗敲碎用。【治】療：《藥性論》云：能治中下氣，止嘔逆，除熱氣，病人虛而有氣兼嗽，加用之。日華子云：明目，暖水臟，除風下氣，消食，霍亂轉筋，痃癖，賁豚，冷氣，消水腫，反胃，心腹氣脹，止渴，除煩熱。補：《藥性論》云：諸虛勞，令人體悅澤。日華子云：壯筋骨。孫真人云：五月常服，益肺金之氣，在上則滋源，在下則補腎。【合治】合黃耆、人參、麥門冬，少加黃蘗，療季夏之時，困乏無力，無氣以動，服之使人精神頓加，兩足筋力湧出。○合人參、麥門冬，生脈。【解】酒毒。

明・葉文齡《醫學統旨》卷八　五味子　氣溫，味酸。無毒。可升可降，陰也。入手太陰、足少陰經。蓯蓉為之使；惡萎蕤；勝烏頭。治勞傷羸瘦，補不足，強陰益精，養五臟；除煩熱，生津止渴，咳逆上氣喘嗽，助脉補元；在上滋肺，在下補腎；氣耗者用此收之。多食致虛熱，收補之驟也。

明・許希周《藥性粗評》卷一　五味子能長精神。

五味子一名會及，一名玄及。《爾雅》謂之菋，一名荎藸。春生苗，引赤蔓於高木，長七八尺，葉尖圓似杏葉，三四月開黃白花，似小蓮花，七月結子如豌豆許大，生青熟紅，紫色皮，肉甘酸，核中辛苦，俱有鹹味，五味俱全，故名。出高麗并青、冀、關、陝諸州郡，南方阪岸亦有之，不如北地甘多，故以北為勝。八月採子，以蜜拌勻，蒸熟焙乾，放冷，磁瓶收貯。凡用揀去枝梗，搥碎。蓯蓉為之使，惡葳蕤，勝烏頭。味甘、辛、酸、苦、鹹，性溫，無毒。入手太陰肺、足少陰腎經。主治肺瘻氣虛，癆傷咳逆，元陽不足，精神衰憊，轉筋霍亂，痃癖奔豚，煩熱脹滿，消水腫，化宿食，暖水藏，生津液，壯筋骨，回陽生脉。孫真人云：五味子以補五臟之氣，在上則滋源養肺氣，在下則補腎。季夏之間，人困無力，五味子生用，與黃芪、人參、麥門冬，少加黃蘗，剉，煎湯服之，使人精神精氣兩足，筋力湧出。《抱朴子》曰：移門子服五味子十六年，面色如玉。此未必然，要之補劑之有功者也。

明・鄭寧《藥性要略大全》卷四　五味子　滋腎經不足之水，收肺氣耗散之金。除煩熱，生津止渴，補虛勞，益腎氣強陰。伊訓曰：益氣，治咳逆上氣，勞傷羸瘦，補不足，強陰益精，養五臟，生陰中肌。夏月與黃芪、人參、麥冬，少加黃柏煎服，令人頓加精神。寒月與乾薑同用，治肺寒氣逆，收斂之劑也。味甘，酸，性溫，無毒。降也，陰也。蓯蓉為之使。惡萎蕤，烏頭。陰乾，去梗，各研入藥。北地產者良。

明・賀岳《醫經大旨》卷一《本草要略》　五味子　味酸苦甘而微帶辛，故能引酸苦入肺腎，以收斂肺氣而滋腎水。其止咳嗽益氣，收肺氣之力也。除煩熱，生津止渴，補虛勞，滋腎水之功也。勿聽子曰能強筋以其酸也，能消酒毒，蓋酒毒傷肺，而肺熱得此收斂，則肺氣斂而熱邪釋矣。其又曰下氣者，蓋肺苦氣上，惟其收斂肺氣，則氣自下耳。《衍義補遺》曰：食之多致虛熱，蓋收斂之驟也。即此亦宜少用，不惟收斂太驟，抑且酸能吊痰引其嗽也。肺邪盛者莫如用黃五味，取其辛甘稍重而能散耳。

明・陳嘉謨《本草蒙筌》卷一　五味子　味酸，氣溫。氣輕味厚，降也，陽中微陰。無毒。江北最多，江南亦有。春生苗莖赤色，漸蔓高木引長。葉發似杏葉尖圓，花開若蓮化黃白。秋初結實，叢綴莖端。粒圓紫不異櫻珠，核扁紅儼若猪腎。採收日曝，膏潤難乾。南北各有所長，藏留切勿相混。風寒欬嗽南五味為奇，虛損勞傷北五味最妙。惡萎蕤，勝烏頭。以蓯蓉為使，入肺腎二經。收斂耗散之金，滋助不足之水。生津止渴，益氣強陰。敺煩熱，補元陽。解酒毒，壯筋骨。霍亂瀉痢可止，水腫腹脹能消。冬月欬嗽肺寒，加乾薑煎湯治效；　夏季神力困乏，同參耆麥蘗人參、黃耆、麥門冬、黃蘗皮。服良。其熱嗽火氣盛者，不可驟用寒涼之藥，必資此酸味而斂束。然不宜多用，若多用則閉住其邪。恐致虛熱以為殃。蓋因皮甘、肉酸、核中辛苦，俱兼鹹味，故名曰五味子。《本經》只云酸者，本為五行先也。宜預搗碎，則五味具。方後投煎。

明·方穀《本草纂要》卷二　五味子　味酸，氣溫，味厚氣輕，陰中微陽，無毒。入手太陰肺經，益肺生津；　入足少陰腎經，補腎益精。嘗觀欬逆虛勞，而精神失守，上氣喘急而脉勢空虛，此固津液之不能上乘者也。又有勞傷不足，而肢體羸瘦，虛氣上乘而自汗多來，此固津液之不能自守者也。亦有陰虛火動，而精元耗散，亡陰亡陽，而厥逆脉脫，此固津液之不能內固者也。間嘗竊取五味生津之法，與參芪用將以斂汗生津，與參麥用將以止渴生津，與參苓用將以養氣生津，與參朮用將以健脾生津，與參歸用將以養血生津，此爲生津之藥，故用之而不棄也。雖然在上入肺，在下入腎，入肺有生津之理，入腎有固精之功。殊不知津爲濟渡之處，液所上升，乃曰津液。然而陰精足，則陽津溢；　腎氣盛，則肺氣充。五味有生津之理，而實有益腎之功。故孫真人用生脉散，夏月調理元虛不足之人，意亦在其中矣。

明·王文潔《太乙仙製本草藥性大全》卷一《本草精義》　五味子　一名會及，一名玄及，一名菋，一名荎藸。生濟山山谷及代郡，今河東、陝西州郡尤多，而杭越間亦有。春初生苗，引蔓於高木，其長六長尺，葉尖圓似杏葉，三四月開黃白花類小蓮蓬，七月成實如豌豆許大，生青熟紅紫。《爾雅》云：菋，荎藸。注云：五味也。蔓生，子業莖端大抵相近，而以味甘者爲佳，八月採，陰乾用。一說小顆皮皺泡者，有白色鹽霜一重，其味酸、鹹、苦、辛、甘味全者，真也。惡萎蕤，勝烏頭。

明·王文潔《太乙仙製本草藥性大全》卷一《仙製藥性》　五味子君　味酸，氣溫，味厚氣輕，升也，陰中微陽，無毒，入手太陰、足少陰經。蓯蓉為之使。《賦》云：滋腎經不足之水，收肺氣耗散之金。除煩熱，生津止渴，補虛勞，益腎氣，強陰。　主治：療益氣，欬逆上氣，勞傷羸瘦，補不足，強陰。益男子精，止渴生津，在上滋肺，在下補腎。又氣耗散者，用此收之。多食致虛熱，收補之兆也。　補注：〔與黃耆、人參、麥門冬，少〔加〕黃柏煎湯服之，使人精〕神頓加，兩足筋力湧出。寒月與朝薑同用，治肺寒氣逆欬嗽，又火熱嗽必用之。蓋火氣盛者驟用寒涼藥，恐相逆，宜用五味子等酸收之藥，斂而降之。　太乙曰：凡小顆皮皺泡者，有白撲鹽霜一重，其味酸、鹹、苦、辛、甘，味全者真也。凡用，以銅刀劈作兩片，用蜜浸蒸，從巳至申，卻以漿水浸一宿，焙乾用之。

明·皇甫嵩《本草發明》卷二　五味子上品之下，君。氣溫，味微苦、甘，帶辛。氣輕味厚，陰也，降也，陰中微陽。無毒。入手太陰、足少陰經。　發明曰：五味子為肺腎二經之藥，在上則滋源，在下則補腎，以酸苦之味專收斂肺氣，而滋腎水。故《本草》主咳嗽上氣，能益氣，此收肺氣之功也。除煩熱，生津止渴，補虛勞，強陰益精，暖水臟，壯筋骨，明目，滋腎水之力也。謂能強筋者，蓋筋緩藉酸以收之。又治痃癖，霍亂轉筋，皆由滋肺以平肝也。消酒毒者，酒性熱傷肺，得此則熱邪釋矣。又消水腫腹脹者，能收濕也。又云養五藏，抑以五味，兼能入五藏歟，須佐以各經藥。〇孫真人云：五六月常服五味子，益肺氣，能除熱生津。故夏月困乏無力，用此與參、耆、麥門冬，稍加黃柏煎服，使精神頓加，兩足精力涌出。寒月與乾薑同用，治肺寒咳嗽。又火盛嗽用寒藥恐相逆，須此酸斂而降之，宜少用，多則斂之驟，反致虛熱。小兒尤甚，酸能弔痰引嗽也。肺火欝者禁用。肺邪甚及風寒咳嗽痰火，宜用黃色南五味，取其甘辛能散耳。虛損勞傷，北五味最妙。北五味色黑，味重。蓯蓉為之使。惡萎蕤。勝烏頭。

明·李時珍《本草綱目》卷一八草部·蔓草類　五味子《本經》上品

〔釋名〕荎藸《爾雅》。音知除。玄及《別録》　會及恭曰：五味，皮肉甘、酸，核中辛、苦，都有鹹味，此則五味具也。《本經》但云味酸，當以木爲五行之先也。　〔集解〕《別録》曰：五味子生齊山山谷及代郡。八月采實，陰乾。弘景曰：今第一出高麗，多肉而酸甜；次出青州、冀州，味過酸，其核並似猪腎。又有建平者，少肉，核形不相似，味苦，亦良。此藥多膏潤，烈日暴之，乃可擣篩。恭曰：蔓生木上。其葉似杏而大，子作房如落葵，大如蘡子。出蒲州及藍田山中，今河中府歲貢之。保昇曰：蔓生。莖赤色，花黃、白，子生青熟紫，亦具五色。味甘者佳。頌曰：今河東、陝西州郡尤多，杭越間亦有之。春初生苗，引赤蔓於高木，其長六七尺。葉尖圓似杏葉。三四月開黃白花，類蓮花狀。七月成實，叢生莖端，如豌豆許大，生青熟紅紫，入藥生曝，不去子。今有數種，大抵相近。雷斆言小顆皮皺泡者，有白撲鹽霜一重，其味酸鹹苦辛甘皆全者爲真也。時珍曰：五味今有南北之分，南產者色紅，北產者色黑，入滋補藥必用北產者乃良。亦可取根種之，當年就旺；若二月種子，次年乃旺，須以架引之。

【修治】斅曰：凡用以銅刀劈作兩片，用蜜浸蒸，從巳至申，却以漿浸一宿，焙乾用。時珍曰：入補藥熟用，入嗽藥生用。

【氣味】酸，温，無毒。好古曰：味酸、微苦、鹹。味厚氣輕，陰中微陽，入手太陰血分、足少陰氣分。時珍曰：酸鹹入肝而補腎，辛苦入心而補肺，甘入中宫益脾胃。之才曰：蓯蓉爲之使。惡萎蕤。勝烏頭。

【主治】益氣，欬逆上氣，勞傷羸瘦，補不足，强陰，益男子精《本經》。養五臟，除熱，生陰中肌《別録》。治中下氣，止嘔逆，補虚勞，令人體悦澤甄權。明目，暖水臟，壯筋骨，治風消食，反胃霍亂轉筋，痃癖奔豚冷氣，消水腫心腹氣脹，止渴，除煩熱，解酒毒大明。生津止渴，治瀉痢，補元氣不足，收耗散之氣，瞳子散大李杲。治喘欬燥嗽，壯水鎮陽好古。

【發明】成無己曰：肺欲收，急食酸以收之，以酸補之。芍藥、五味之酸，以收逆氣而安肺。杲曰：收肺氣，補氣不足，升也。酸以收逆氣，肺寒氣逆，則宜此與乾薑同治之。又五味子收肺氣，乃火熱必用之藥，故治嗽以之爲君。但有外邪者不可驟用，恐閉其邪氣，必先發散而後用之乃良。有痰者，以半夏爲佐；喘者，阿膠爲佐，但分兩少不同耳。宗奭曰：今華州以西至秦多産之。方紅熟時，彼人采得，蒸爛，研濾汁，熬成稀膏，量酸甘入蜜煉匀，待冷收器中。肺虚寒人，作湯時時飲之。作果可以寄遠。《本經》言其性温，今食之多致虚熱，小兒益甚。《藥性論》謂其除熱氣，日華子謂其暖水臟，除煩熱，後學至此多惑。今既用治肺虚寒，則更不取其除熱之説。震亨曰：五味大能收肺氣，宜其有補腎之功。收肺氣，非除熱乎？補腎，非暖水臟乎？乃火熱嗽必用之藥。寇氏所謂食之多致虚熱者，蓋收補之驟也，何惑之有？又黄昏嗽乃火氣浮入肺中，不宜用凉藥，宜五味子、五倍子斂而降之。思邈曰：五六月宜常服五味子湯，以益肺金之氣，在上則滋源，在下則補腎。其法：以五味子一大合，木臼搗細，甆瓶中，以百沸湯投之，入少蜜，封置火邊良久，湯成任飲。元素曰：孫真人《千金月令》言：五月常服五味，以補五臟之氣。遇夏月季夏之間，困乏無力，無氣以動。與黄芪、麥門冬，少減生黄蘗，煎湯服之。使人精神頓加，兩足筋力涌出也。蓋五味子之酸，輔人參，能瀉丙火而補庚金，收斂耗散之氣。好古曰：張仲景八味丸，用此補腎，亦兼述類象形也。機曰：五味治喘嗽，須分南北。生津止渴，潤肺補腎，勞嗽，宜用北者；風寒在肺，宜用南者。慎微曰：《抱朴子》云：五味者，五行之精，其子有五味。淮南公羨門子服之十六年，面色如玉女，入水不霑，入火不灼。

【附方】新一十一。

久欬肺脹：五味二兩，粟殼白餳炒過半兩，爲末，白餳丸彈子大。每服一丸，水煎服。《衛生家寶方》。

久欬不止：《丹溪方》用五味子五錢，甘草一錢半，五倍子、風化硝各二錢，爲末，乾噙。○《攝生方》用五味子一兩，真茶四錢，晒研爲末。以甘草五錢煎膏，丸緑豆大。每服三十丸，沸湯下，數日即愈也。

痰嗽并喘：五味子、白礬等分，爲末。每服三錢，以生猪肺炙熟，蘸末細嚼，白湯下。漢陽庫兵黄六病此，百藥不效。於岳陽遇一道人傳此，兩服，病遂不發。《普濟方》。

陽事不起：新五味子一斤，爲末。酒服方寸匕，日三服。忌猪魚蒜醋。盡一劑，即得力。百日以上，可御十女。四時勿絶，藥功能知。《千金方》。

腎虚遺精：北五味子一斤洗浄，水浸，挼去核。再以水洗核，取盡餘味。通置砂鍋中，布濾過，入好冬蜜二斤，炭火慢熬成膏，瓶收五日，出火性。每空心服一二茶匙，百滚湯下。劉松石《保壽堂方》。

腎虚白濁：及兩脇并背脊穿痛。五味子一兩，炒赤爲末，醋糊丸梧子大。每醋湯下三十丸。《經驗良方》。

五更腎泄：凡人每至五更即溏泄一二次，經年不止者，名曰腎泄，蓋陰盛而然。脾惡濕，濕則濡而困，困則不能治水。水性下流，則腎水不足。用五味子以强腎水，養五藏；吴茱萸以除脾濕，則泄自止矣。五味去梗二兩，茱萸湯泡七次五錢，同炒香，爲末。每旦陳米飲服二錢。許叔微《本事方》。

女人陰冷：五味子四兩爲末，以口中玉泉和丸兔矢大，頻納陰中，取效。《近效方》。

爛弦風眼：五味子、蔓荆子煎湯，頻洗之。談野翁《種子方》。

赤遊風丹：漸漸腫大。五味子焙研，熱酒頓服一錢自消，神效。《保幼大全》。

題明・薛己《本草約言》卷一《藥性本草》 五味子 味酸，氣溫，無毒。味厚於氣，陰也，降也。滋腎經不足之水，收肺氣耗散之金，除煩熱生津止渴，補虚勞益氣強陰。多服之則閉住其邪，反致虚熱，蓋收補之驟也。《發明》云：肺腎二經藥也，在上則滋源，在下則補腎。其味酸、鹹、苦、辛、甘，全者真也。○以味酸苦甘而微帶辛，故能引酸苦入肺腎，以收斂肺氣而滋腎水，其止咳益氣收肺之力，除煩生津補虚滋腎之功，又以其酸亦能強筋，又治痃癖霍亂轉筋，皆由滋肺以平肝也。消酒毒者，酒熱傷肺，得此收斂，則肺氣斂而熱邪失矣。又消水腫腹脹者，能收濕也。其曰下氣，蓋肺苦氣上，惟其收斂肺氣，則氣自下矣。江云：養五臟。抑以五味兼能入五臟，與須佐以各經藥。○夏月困乏無力，用此與參、芪、麥冬，稍加黄蘗煎服，使人精神頓加，兩足筋力湧出。寒月與乾薑同用，治肺寒咳嗽。又火盛嗽，驟用寒藥恐相逆，須此酸收而降之。宜少用，多則不惟收斂太驟，抑且酸能弔痰，引其嗽也。小兒尤甚。肺火鬱者禁用。肺邪甚及風寒欬嗽痰火宜用。黄色南五味，取其辛甘稍重而能散耳。若虚損勞傷，北五味最妙。南五味治風寒咳嗽，北五味治虚損勞傷，各有所長，不可混用。北五味色黑味重，蓯蓉為之使，惡萎蕤，勝烏頭。

明・梅得春《藥性會元》卷上 五味子 味酸，性溫。可升可降，陰也。入無毒。肉蓯蓉為使，惡萎蕤，勝烏豆。其味酸、甘、鹹、苦、辛。全，故名也。

手太陰肺經、足少陰腎經藥。　主滋腎經不足之水，收肺氣耗散之金，除煩熱，生津止渴，補虛勞，益氣強陰，北五味補虛、下氣，止嗽生津，止渴潤肺。治勞嗽，消酒毒，強筋益精，有補腎之功。食之多，生虛熱，蓋為收補之驟也。又收肺氣，治火熱咳嗽必用之藥。止於拾粒，恐驟闔其邪，宜先以桑白皮、杏仁兼用之可也。若黃昏嗽多者，火氣浮於肺，不宜用涼藥，同五倍子用，斂而降之；又以酸寒體浮，收目中瞳人散，療勞傷羸瘦，生陰中肌肉，養五臟，生脉補元。在上滋肺，在下補腎。腎氣耗散，用以收之。南五味，治風邪在肺。

明・杜文燮《藥鑒》卷二　五味子　氣溫，味酸，無毒。氣薄味厚，降也，陰也，肺腎二經藥也。主滋腎水，收肺氣，除煩止渴，生津補虛，益氣強陰。霍亂瀉利可止，水腫腹脹能消。冬月咳嗽肺寒，加乾薑、肉桂治效。夏季神力困乏，同參、芪、杏、蘗服良。其曰能強筋者，以其酸入筋也。又曰能消酒毒者，何哉？蓋酒毒傷肺，而肺熱得此收斂，則肺氣斂而熱邪升矣。又曰下氣者，何哉？蓋肺苦氣上，惟肺氣既斂，則氣自下行矣。然多食反生虛熱，為收斂之驟也。既此宜少用之，且酸能吊痰，引其盛也。肺邪盛者，莫如用黃五味子，取其辛甘稍重，而能散也。

明・王肯堂《傷寒證治準繩》卷八　五味子　氣溫，味酸，無毒。味厚氣輕，陰中微陽。入手太陰經血分、足少陰經氣分。垣：收肺氣，補氣不足。升也，酸以收逆氣，肺寒氣逆，則宜此與乾薑同治之。又五味子收肺氣，乃火熱必用之藥，故治嗽以之為君。但有外邪者，不可驟用，恐閉其邪氣，必先發散而後用之乃良。有痰者，以半夏為佐，喘者以阿膠為佐，但分兩少不同耳。海：五味，皮甘肉酸，核中辛苦，都有鹹味，故名五味子。仲景八味丸用此為腎氣丸，述類象形也。孫真人云：五月常服五味子，以補五藏氣，遇溽暑之時，困乏無力，無氣以動，與人參、黃芪、麥門冬，少加黃蘗煎湯服，使人精神頓加，兩足筋力涌出。又云：六月常服五味子，以益肺金之氣，在上則滋源，在下則補腎，故入手太陰、足少陰也。生敲碎用。

明・李中立《本草原始》卷一　五味子　出高麗者第一，今南北俱有。春初生苗，引赤蔓於木上。葉似杏葉，三四月開黃白花。七月成實，叢生莖端如梧子大，生青，熟紅紫。其實皮甘肉酸，核中辛苦，都有鹹味，故名五味子。《典術》曰：五味者，五行之精。其莖赤，花黃白，生青，熟紫黑，亦具五色。且能養五臟，是以稱五。　氣味：酸，溫，無毒。主治：益氣，欬逆上氣，勞傷羸瘦；補不足，強陰，益男子精。○養五臟，除熱，生陰中肌。○治中下氣，止嘔逆，補虛勞，令人體悅澤。○明目，暖水臟，壯筋骨，治風消食反胃，霍亂轉筋，痃癖，奔豚冷氣。消水腫，心腹氣脹。止渴，除煩熱，解酒毒。○生津止渴，治瀉痢，補元氣不足，收耗散之氣，瞳子散大。○治喘欬燥嗽，壯水鎮陽。

五味子，《本經》上品。【圖略】遼五味子鮮紅色，久黑色，俱多膏，潤澤。南五味子新紫色，久亦黑，但少膏，乾燥。子比蔓荊子而大，北者濕潤，南者乾枯。凡用以北為勝。雷公云：小顆，皺，有白樸鹽霜一重。其味酸、鹹、苦、辛、甘味全者為真。則南五味陳久自生白樸，是雷公之言，是南而非北。不知南北各有所長，風寒欬嗽南五味為奇，虛寒勞傷北五味為佳。修治：入補藥蜜浸蒸用，入嗽藥生用。連核入藥，其核如猪腎。五味子：味厚氣輕，陰中微陽。入手太陰血分，足少陰氣分。蓯蓉為之使，惡萎蕤，勝烏頭。《攝生方》：治久欬不止，用五味子一兩，真茶四錢，晒研為末，以甘草五錢煎膏，丸綠豆大，每服三十丸，沸湯下，數日即愈。五味子，君。

明・張懋辰《本草便》卷一　五味子君　味酸，氣溫。味厚氣輕，陰中微陽。無毒。入手太陰、足少陰經。惡葳蕤，勝烏頭。　主益氣，欬逆上氣，勞傷羸瘦，補不足，強陰，益男子精，止渴生津；在上滋肺，在下補腎；又氣耗散者，用收之。

明・李中梓《藥性解》卷二　五味子　味皮肉甘酸，核中苦辛，且都有鹹味，五味俱備，故名。性溫，無毒，入肺、腎二經。滋腎經不足之水，收肺氣耗散之金，除煩熱，生津止渴，補虛勞，益氣強陰。蓯蓉為使，惡萎蕤，勝烏頭。北產者良。按：五味屬水，而有木火土金，故雖入肺腎，而五臟咸補，乃生津之要藥，收斂之玅劑。然多食反致虛熱，蓋以收補之驟也。如火嗽輒用寒凉，恐致相激，須用此酸斂以降之，亦宜收用。肺火鬱及寒邪初起者禁用。小兒尤甚，以酸能釣痰引嗽也。

明・繆希雍《本草經疏》卷七　五味子　味酸，溫，無毒。主益氣，欬逆上氣，勞傷羸瘦，補不足，強陰，益男子精，養五藏，除熱，生陰中肌。蓯蓉為之使，惡萎蕤，勝烏頭。

【疏】五味子得地之陰，而兼乎天之陽氣，故《本經》味酸、氣溫、味兼五而無毒。王好古云：味酸、微苦、鹹。陰中微陽。入足少陰、手太陰血分，足少陰氣分。主益氣者，肺主諸氣，酸能收，正入肺補肺，故益氣也。其主欬逆上氣者，氣虛則上壅而不歸元，酸以收之，攝氣歸元則欬逆上氣自除矣。勞傷羸瘦，補不足，強陰，益男子精。《別錄》養五臟，除熱，生陰中肌者，五味子專補腎，兼補五臟。腎藏精，精盛則陰強，收攝則真氣歸元而丹田暖，腐熟水穀，蒸糟粕而化精微，則精自生，精生則陰長，故主如上諸疾也。《藥性論》云：五味子，君，能治中下氣，止嘔逆，補諸虛勞，令人體悅澤，除熱氣，病人虛而有氣兼嗽者，加而用之。日華子云：暖水臟，下氣，賁㹠冷氣，消水腫，反胃，心腹氣脹，止渴，除煩熱，解酒毒，壯筋骨，皆其極功也。【主治參互】同人參、麥門冬，名生脈散，能復脈通心。入八味丸，代附子，能潤腎強陰。同吳茱萸、山茱萸、肉豆蔻，補骨脂、人參，治腎洩良。同懷乾地黃、甘枸杞子、車前子、覆盆子、肉蓯蓉、白膠、麥門冬、人參、杜仲、白蒺藜、黃櫱，主令人有子。同天麥二冬、百部、阿膠、薄荷葉，主肺虛久嗽。君乾葛、白藊豆，解酒毒良。【簡誤】痧瘮初發，及一切停飲，肝家有動氣，肺家有實熱，應用黃芩瀉熱者，皆禁用。

明・倪朱謨《本草彙言》卷六　五味子　味酸，辛甘，苦、鹹，氣溫，無毒。陰中微陽，入足少陰、手太陰經。皮甘肉酸，核辛兼苦鹹，五味具備，故名。但酸過于甘，辛過于苦，澀過于鹹。陶隱居曰：五味子，生齊山山谷，青州、益州、陝西、代郡及河東、遼東等州。出高麗者，多肉而酸甜，最勝他處。春時蔓生木上，長六七尺，葉尖圓，似杏。莖赤。三月作花，黃白色，似蓮。七月成實，叢生莖端，如豌豆，生青熟紫。八九月收采，曝乾則紫黑。今吳越建南等處亦有，名南五味子。曝乾，色仍紅，乾枯少液，不若遼北、高麗，色黑肥大且滋潤也。如入滋補藥，必用北產者良。亦可取根種之，當年即旺。若二月種子，次年乃旺，不若根力之即茂也。修治：微炒用。

五味子：李東垣斂氣生津之藥也。陳泗水稿故《唐本草》主收斂肺虛久嗽耗散之氣。凡氣虛喘急，咳逆勞損，精神不足，脉勢空虛，或勞傷陽氣，肢體羸瘦；或虛氣上乘，自汗頻來；或精元耗竭，陰虛火炎；或亡陰亡陽，神散脉脫，以五味子治之，咸用其酸斂生津，保固元氣而無遺泄也。然在上入肺，在下入腎。入肺有生津濟源之益，入腎有固精養髓之功，故孫真人用生脉散，以五味配人參、麥門冬，夏月調理元虛不足之人，意亦在其中矣。但酸澀多收，如肺中有火鬱者，肝家有動氣者，痧瘮初發未透出者，濕痰停飲壅滯胸中者，俱禁用之。

先賢成無己曰：肺欲收，急食酸以收之，以酸補之。芍藥、五味之酸，以收逆氣而安肺。

繆仲淳先生曰：如百骸髓會而爲精，五味子力能充之，故羲皇謂：補不足，強陰，益男子精。

盧子繇先生曰：《本經》言主欬逆上氣者，正肺用不足，不能自上而下，以順降入之令。勞傷羸瘦者，即《內經》云煩勞則張，精絕，使人煎厥肉爍也。此補勞傷致降下之不足，與補中益氣之治不能升出者，反能降，便是強陰。陰強便能降入，以入爲水藏事，故益男子精。精爲水藏物耳。設六淫外來及肺氣焦滿，餌之，反引邪入藏，永無出期。縱得生全，須仗夏火從中帶出，或爲斑瘮，或作瘡瘍，得汗乃解。倘未深解病情，願言珍重。

集方：《衛生家寶》治久欬肺脹。用北五味子二兩，罌粟殼五錢，俱微炒爲末，煉蜜丸，彈子大。每服一丸，白沸湯化下。○治氣虛喘急，脉勢空虛，精神不足者。用北五味子八分，人參、白朮、茯苓、半夏、陳皮各一錢，甘草五分，水煎服。○治陽虛氣上逆乘，自汗頻來，四肢厥冷者。用北五味子一錢五分，人參三錢，肉桂、附子童便製、炮薑各一錢二分，甘草六分，水煎服。○《濟陰良方》治精元耗竭，陰虛火動，骨蒸煩熱，口燥咽乾。用北五味子七分，知母、黃柏、沙參、白芍藥各一錢，麥門冬、懷熟地、山藥、牡丹皮、地骨皮、黃耆各二錢，水煎服。○《方脉正宗》治亡陰亡陽，神散脉絕。用北五味子一錢，龜膠二錢，懷熟地、人參、白朮、黃耆、附子童便製、人參各五錢，烏梅三箇，水煎服。○《方氏本草》治腎虛遺精白濁，兩脇并背脊穿痛。用北五味子一兩，炒爲末，每早服二錢，醋湯調下。○《楊氏簡便方》治五更溏泄，經年不止者。名曰腎泄。用北五味子、吳茱萸、補骨脂酒炒各等分，爲末，餳糖丸，梧子大。每早服四錢，酒下。○《談氏家藝》治爛弦風眼。用北五味子、蔓荊子，煎湯頻洗之。○《保幼大全》治赤遊風丹，漸漸腫大。用北五味子焙研，熱酒調服一錢，自消退，神效。

倪朱謨曰：五味子，酸辛之味，重于甘苦。《本草》雖言補肺補腎，斂氣斂津，壬戌仲冬。余因祖塋修葺，奔走山中，忽吐血碗許，血止後即加咳嗽，竟至下午發熱，六脉空數，金華葉正華，教服沙參生脉散，人、沙二參，麥門冬已用二錢餘，五味子少加七粒，即覺酸歠戟咽，不惟咳熱有加，而血亦復吐。

隨減去五味子，服之安妥。服一月後，血咳俱止，熱亦不發，可見五味子治虛損有咳嗽者，雖無外邪，亦宜少用。酸能引痰，辛能引咳故也。

參朮健脾丸：治臍腹冷痛，泄瀉年久不止。此藥溫補脾腎，除寒散濕，補理中宮，益腎水，溫下元，進飲食，調中下氣，大補諸虛寒證。用北五味子、川椒、小茴香、木香、白朮、茯苓、人參、山藥各二兩，補骨脂、枸杞子、菟絲子、蓮子肉、川楝子、川牛膝各四兩，俱用酒拌炒，蒼朮切片，米泔水浸一日，再換食鹽二錢，醋、酒、童便各一盞調和，再浸一日，取起晒乾。與前藥總和，微炒磨爲末，飴糖和爲丸，梧子大。每早服五錢，晚服三錢，俱食前酒送。

寧心定志湯：治病後虛煩不得臥，或心志虛怯，煩擾不寧，或觸事易驚，精神恍惚。用北五味一錢，酸棗仁炒、茯苓、半夏、熟地各二錢，遠志、甘草、當歸各一錢，竹茹、陳皮各八分，黑棗十個，生薑三片，水煎服，亦可作丸服。

明・顧逢柏《分部本草妙用》卷六兼經部・溫補　五味子　味甘、酸，核苦辛而鹹，性溫，無毒。酸鹹入肝補腎，辛苦入心補肺，甘入中州能益脾胃。蓯蓉為使，惡萎蕤，勝烏頭。　主治：益氣，欬逆上氣，勞傷羸瘦，強陰益精，養五臟。除熱止渴，暖水壯陽。收保肺氣，火嗽夜嗽。在上滋陰，在下補腎。治瀉痢，收耗散之氣，瞳人散大。　按：五味子，五味咸備，故五臟皆入。殊有補益之功，尤為肺腎要藥。丹溪曰：保肺金，即益腎水。收肺，非除熱乎？補腎，非暖水乎？乃火嗽必用之藥。寇氏以黃昏嗽，乃火浮入肺，宜五味斂而降之。俗以《衍義》服之虛熱之說，拘而不用，不知外邪入肺而嗽者，不宜遽斂，先發洩而後用，又何忌乎？孫思邈五六月用以沸湯飲以其消渴，旺氣滋元耳。肺腎虛者，何可少之？

明・黃承昊《折肱漫録》卷三　王節齋云：藥之氣味不同，如五味子之味厚，故東垣方少者五六粒，多者十數粒。今世醫用二三錢，深以為非。吾地時師悉遵此法，獨王宇泰先生及繆慕臺用藥，五味子甚多。王先生治夢遺，單煎五味子膏一味，考元和紀用經五味子散，止一味。近來兒曹苦夢遺，以五味子一味為丸，服之良效。又種子方以五味子、肉蓯蓉各等分丸服。則東垣之言，似亦不必拘也。

明・李中梓《醫宗必讀・本草徵要上》　五味子味甘、酸，核中苦、辛、鹹，溫，無毒。入肺、腎二經。蓯蓉為使，惡萎蕤。嗽藥生用，補藥微焙。遼東肥潤者佳。　滋腎經不足之水，強陰濇精，除熱解渴；收肺氣耗散之金，療欬定喘，斂汗固腸。潔古云：夏服五味，使人精神頓加，兩足筋力湧出。東垣云：收瞳神散大，火熱必用之藥。丹溪云：收肺保腎乃火嗽必用之藥。五味功用雖多，收肺保腎四字，足以盡之。按：五味乃要藥，人多不敢用者，寇氏虛熱之說誤之耳。惟風邪在表，痧疹初發，一切停飲，肺家有實熱者，皆當禁之。

明・鄭二陽《仁壽堂藥鏡》卷一〇上　五味子　陶隱居云：五味子，高麗為第一。多肉而酸甜。　氣溫，味酸。陰中陽，微苦，味厚氣輕，陰中微陽。無毒。　入手太陰經、入足少陰經。　《象》云：大益五臟。　蓯蓉為使。惡萎蕤，勝烏頭。北產黑色者佳。嗽藥生用，補藥熟用。　《經》曰：益氣，欬逆上氣，勞傷羸瘦，強陰益精。隱居曰：養五臟，除熱生肌。大明曰：明目，暖水臟，壯筋骨，反胃，霍亂轉筋，痃癖奔豚，冷氣，水腫脹，解酒毒，壯筋骨。五味皮甘、肉酸、核中辛苦，都有鹹味，故名五味子。仲景八味丸用此，為腎氣丸，述類象形也。收肺氣，補氣不足，酸以收逆氣。肺寒氣逆，則此藥與乾薑同用治之。又云：性溫，味酸，氣薄味厚，可升可降，陰中陽也。其用有六：收散氣，一也；止嗽，二也；補元氣不足，三也；止瀉痢，四也；生津液，五也；止渴，六也。孫真人云：五月常服五味子，以補五臟氣。遇夏月季夏之間，困乏無力，無氣以動，與黃芪、人參、麥門冬，少加黃蘗煎湯服，使人精神頓加，兩足筋力湧出。生用。夏月火旺水涸，金受火克，所以宜用五味子滋腎水以養肺金。孫真人云：六月常服五味子，以益肺金之氣。在上則滋源，在下則補腎。垣曰：治瀉痢，收耗散之氣。瞳子散大乃火熱，必用之藥。有外邪者，不可驟用，必先散而後用之。好古曰：壯水鎮陽。丹溪云：五味子屬水而有木與金。火能收肺氣，宜其有補腎之功。收肺氣非除熱乎？補腎非暖水臟乎？乃火嗽必用之藥。寇氏所謂食之多虛熱者，蓋收補之驟也，何惑之有？黃昏嗽乃火浮入肺，宜五味斂而降之。按：五味子：五味咸備，故五臟皆入，殊有補益之功，尤為肺腎要藥。今人不敢輕用者，祇為《衍義》虛熱之說耳。東垣、丹溪已辨於前矣。學者須審而盡其長，毋令有奇不展也。《藥性論》云：下氣止嘔，補諸虛癆，五味子之專也。風寒咳嗽，南五味為奇；虛損勞傷，北五味最妙。皮甘，肉酸，核中辛苦，俱兼鹹味，故名五味子。《本經》只云酸者，木為五行長也。

明・蔣儀《藥鏡》卷一溫部　五味子　救肺金于纏夏，滋腎水于衰齡。久嗽肺嘶，虛煩口渴，是功首也。降氣盛而能下，所以瀉丙火而補庚金。續氣短而令長，所以足元神而裨五藏。宜兼用于虛痰盜汗，勿單施于肺熱血痾。多服之反成虛熱者，豈非收補之功，或驟也哉。火嗽忌用寒涼，須藉其酸以斂爾。止霍亂與瀉痢，消水腫之腹脹。冬月咳嗽，蓋為肺寒，肉桂、乾薑是其良友。夏時神力困乏，氣不足也，參、耆、黃蘗、麥門冬者，作彼同謀。另有一種，色黃，稍重辛甘，能散肺邪，消酒毒。

明・李中梓《頤生微論》卷三　五味子　肉味甘、酸，核中苦、辛而鹹，性溫，無毒。入肺、腎二經。蓯蓉為使。惡萎蕤，勝烏頭。北產肥而肉厚者佳。嗽藥生用，補藥炒用，必打碎核，方五味備也。滋腎經不足之水，強陰澁精，除熱解渴，收肺氣耗散之金，療欬定喘，斂汗固腸。

按：潔古云：夏服五味，使人精神頓加，兩足筋力涌出。東垣云：收瞳神散大，乃火熱必用之藥。有外邪者不可驟用。丹溪云：收肺補腎，乃火嗽必用之藥。寇氏謂其食之多虛熱者，蓋收補之驟也。黃昏嗽乃火浮于肺，宜五味子斂而降之。若風邪在表，痧疹初形，一切停飲，皆當禁絕。

明・張景岳《景岳全書》卷四八《本草正》　五味子　皮甘，肉酸，性平而斂。核仁味辛、苦，性溫而暖，俱兼鹹味，故名五味。入肺、腎二經。南者治風寒欬嗽，北者療虛損勞傷。整用者用其酸，生津解渴，止瀉除煩，療耗散之肺金，滋不足之腎水，能收斂虛火，亦解除酒毒。敲碎者用其辛溫，補元陽，壯筋骨，助命門，止霍亂。但感寒初嗽當忌，恐其斂束不散。肝旺吞酸當忌，恐其助木傷土。

明・賈九如《藥品化義》卷六肺藥　五味子　屬陽中有陰形具五行，體潤，色蒸紫黑鮮紅，氣香而雄，味肉酸皮甘核中苦辛而鹹，性溫，能升能降，力斂肺固氣，性氣與味俱厚，入肺腎二經。　五味子五味咸備，而酸獨勝，酸能收斂肺氣，主治虛勞久嗽，蓋肺性欲收，若久嗽則肺焦葉舉，津液不生，虛勞則肺因氣乏，煩渴不止，以此斂之潤之，遂其臟性，使咳嗽寧，精神自旺。但嗽未久，不可驟用，恐肺火鬱遏，邪氣閉束。　必至血散火清，用之收功耳。因其色黑味厚入腎，若元氣不足，腎精不固，久瀉久痢，以此收其散氣，則能強陰益精，腸胃自厚。其力勝味倍，每劑常用十數粒，多至二十粒。若小兒食乳多痰，恐酸能予痰引嗽，忌之。　北產肉厚有力者佳，南產者次之。

明・盧之頤《本草乘雅半偈》帙三　五味子《本經》上品　氣味：酸，溫，無毒。　主治：主益氣，欬逆上氣，勞傷羸瘦，補不足，強陰，益男子精。

覈曰：生齊山山谷、青州、冀州、陝西代郡諸處。高麗者最勝，河中府者歲貢，杭越間亦有之。俱不及高麗河中之肥大膏潤耳。春時蔓生木上，長六七尺，葉尖圓似杏，三月作花黃白似蓮，七月成實，叢生莖端，如豌豆，生青熟紫，五味俱全。修治：以銅刀劈作兩片，石蜜浸蒸，從巳至申，更以漿水浸一宿，緩火焙乾。蓯蓉爲之使。惡萎蕤。勝烏頭。

先人云：玄者，一陽初動，冬藏之半也。人身之氣，藏者為精，精之能動者為玄。玄之所未及，正精之所閉密也，故一名玄及。髓會為精，故又名會及。會字之義，如百骸髓會而為精，一滴生人，衆形畢具。

又曰：益降氣之不足，正所以強陰也。倘陰柔深曲者，餌之便成淡陰，重憎慳象耳。

条曰：五味俱全，酸收獨重，重為輕根，俾輕從重，故益降下之氣也。欬逆上氣者，正肺用不足，不能自上而下，以順降入之令。勞傷羸瘦者，即《經》云煩勞則張精絕，使人煎厥肉爍也。此補勞傷致降下之不足，與補中益氣之治不能升出者反。能降便是強陰，陰強便能入矣。以入為水藏事，故益男子精。精為水藏物耳。設六淫外束，及肺氣焦滿，餌之反引邪入藏，永無出期，縱得生全，須仗夏火從中帶出，或為斑疹，或作瘡瘍，得汗乃解，倘未深解病情，願言珍重。

明・李中梓《本草通玄》卷上　五味子　肉中酸，甘，核中苦、辛、鹹，故名五味。　入肺、腎二經。滋腎家不足之水，收肺氣耗散之金，強陰固精，止渴止瀉，定喘除嗽，斂汗明目。　東垣曰：五味子收肺氣，乃火熱必用之藥，故治嗽以之為君。但有外邪者不可驟用。　丹溪曰：五味子收肺，非除熱乎？補腎，非暖水臟乎？乃熱嗽必用之藥。食之多虛熱者，取補之驟也。黃昏嗽乃火浮入肺，不宜涼藥，宜五味子，斂而降之。　元素云：夏月困乏，無氣以動，與黃耆、人參、麥門冬、五味子，少加黃蘗，煎服，使人精神頓加，兩足筋力涌出。　補藥熟用，嗽藥生用。

清・顧元交《本草彙箋》卷四　五味子　五味咸備，而酸獨勝。主收逆，故肺寒氣逆者需之。若久嗽，則肺焦葉舉，津液不生，虛勞則肺困氣乏，煩渴不止，以此斂之潤之，遂其臟性，使咳嗽自寧。凡黃昏嗽甚者，乃火氣浮入肺中，不宜用涼藥，宜五味子斂而降之。有外邪者，必先發散，而後用之。一切初嗽，總不宜收補太驟。因其色黑味厚，故又爲腎經藥。仲景入八味丸以代附子，腎藏精，精盛則陰強，收攝則真氣歸元，而丹田暖，腐熟水穀，蒸糟粕而化精微也。

周慎齋云：五味子少用斂肺，多用滋陰，整用則益腎，搥碎用則止瀉。又云：五味雖酸多，若滋參、芪、甘草，則入脾經，補上焦之元，此又宜搥碎少用。若滋當歸、麥冬，則助下焦之真陰，宜整用而多。

又五味子分南北產，南者色紅，北者色黑。生津止渴，潤肺補腎，宜北者。風寒在肺，宜南者。

《千金・月令》言：五月常服五味，以補五臟之氣，遇夏月、季夏之間，困乏無力，無氣以動，與黃芪、麥冬，少減生黃蘗，煎服，使人精神頓加，兩足筋力涌出，其輔人參，能瀉丙火而益庚金，收斂耗散之氣。

五更腎泄者，係陰盛而然。脾惡濕，濕則濡而困，困則不能治水，水性下流，則腎經受邪。用五味子以強腎水，養五臟，吳茱萸以除脾濕，則泄自止。五味子去梗二兩，吳茱萸湯泡七次，五錢，用炒香，爲末，每旦陳米飲服二錢。

清・穆石匏《本草洞詮》卷一〇　五味子　皮肉甘酸，核辛苦，都有鹹味，五味皆具，故名。味酸，性溫，無毒。生津止渴，治欬逆，補元氣，收耗散之氣，瞳子散大，壯水鎮陽。蓋肺欲收，急食酸以收之，以酸補之。五味子之酸能收逆氣，故治嗽以為君。但有外邪者不可驟用也。《本經》言其性溫，寇氏謂食之致虛熱，《藥性論》謂除熱氣，日華子謂除煩熱，義似相反。夫五味能收肺氣，宜其有補腎之功，乃火熱嗽必用之藥。所謂致虛熱者，蓋收補之驟也，貴量其虛寔而用之，中肯耳。黃昏嗽，乃火氣浮入肺中，不宜用涼藥，宜五味子斂而降之。夏月宜服五味子湯以益肺氣，在上則滋源，在下則補腎，輔人參能瀉丙火而補庚金，使人精神頓加，兩足筋力湧出也。南產者色紅，北產者色黑，入滋補藥必用北產者良。

清・劉雲密《本草述》卷一一　五味子之才曰：蓯蓉為之使，惡萎蕤，勝烏頭。恭曰：五味皮肉甘酸，核中辛苦，都有鹹味，此則五味具也。《本經》但云味酸，當以木為五行之先也。雷斅曰：小顆皮皺，泡有白色鹽霜一重，其味酸、鹹、苦、辛、甘，味全者，真也。

氣味：酸，溫，無毒。東垣曰：性溫味酸，氣薄味厚，可升可降，陰中陽也。好古曰：味酸、微苦、鹹，味厚氣輕，陰中微陽，入手太陰血分，足少陰氣分。

諸本草主治：收肺氣耗散之金，補腎陰不足之水，治咳逆上氣，勞傷羸弱，益男精，暖水臟，補元氣，養五臟，除煩熱，生津止渴，斂虛汗，止晨泄，明目，收瞳子散大，治喘咳燥嗽為要劑。方書主治：咳嗽消癉，喘虛勞咳嗽血，自汗泄，瀉遺精，中風傷勞倦，痹著痹痿，驚傷暑，吐血悸，舌積聚，短氣，脇痛腰痛，痿厥痙瘖，滯下淋，小便數，赤白濁，耳口，中暑惡寒，往來寒熱，瘧厥氣，水腫痰飲，反胃噎，溲血，臂痛脚氣，癇恐健忘，盜汗不得臥，怠隋嗜臥，黃疸小便不通，小便不禁，前陰諸疾，唇。此以用之多少為先後。東垣曰：五味子收肺氣，補氣不足。其酸能收道氣，肺寒氣逆則宜此，與乾薑同治之。又曰：五味子收肺氣，乃火熱嗽必用之藥。故治嗽以之為君。但有外邪者不可驟用，恐閉其邪氣，必先發散，而後用之乃良。有痰者以半夏為佐，喘者阿膠為佐，但分兩少不同耳。丹溪曰：五味大能收肺氣，宜其有補腎之功。收肺氣非除熱乎？補腎非暖水臟乎？乃火熱嗽必用之藥，如寇氏宗奭謂食之多致虛熱，不知其因於收補之驟也。又嗽在黃昏時，乃火氣浮入肺中，不宜用涼藥，宜五味子倍之斂而降之。孫真人云：六月常服五味子，以益肺金之氣，在上則滋源，在下則補腎，故入手太陰、足少陰也。能曰：大能聯屬心腎。愚按：五味上滋源，下補腎，故能聯屬心腎。之頤曰：五味俱全，酸收獨重，重為輕根，俾輕從重，故益降下之氣也。咳逆上氣者，正肺用不足，不能自上而下，以順降入之令。勞傷羸瘦者，即《經》云煩勞則張精絕，使人煎厥肉爍也，此補勞傷，致降下之不足，與補中益氣之治，不能升出者反能降，便是強陰，陰強便能入矣。以入為水臟事，故益男子精，精為水臟物耳。設六淫外束，及肺氣焦滿餌之，反引邪入臟，永無出期，縱得生全，須杖夏火從中帶出，或為班疹，或作瘡瘍，得汗乃解，倘未深解病情，願言珍重。能曰：咳逆虛勞而精神失守，上氣喘急而脈勢空虛，此津液不能上乘者也。勞傷不足，而肢體羸瘦，虛氣上乘，而自汗多出，此津液不能自守者也。陰虛火動，而精元耗散，亡陰亡陽，而厥逆膀胱，此液津不能內固者也。用此補不足，強陰益精，治勞傷，生津止渴，上清肺金而止嗽痰，下補腎水而堅筋骨，除熱生陰，調和五臟，此其能也。希雍曰：五味子得地之陰，而兼乎天之陽氣，故《本經》味酸氣温，味兼五而無毒。王好古云味酸微苦鹹，陰中微陽，入足少陰、手太陰血分，足少陰氣分。同人參、麥門冬名生脈散，能復脈通心。入八味丸代附子，能润腎强陰。同吳茱萸、山茱萸、肉豆蔻、補骨脂、人參，治腎洩良。同懷乾地黄、甘枸杞子、車前子、覆盆子、肉蓯蓉、白膠、麥門冬、人參、杜仲、白蒺藜、黄蘗，主令人有子。同天麥二冬、百部、阿膠、薄荷葉，主肺虛久嗽。

愚按：五味之皮肉初酸後甘，甘少而酸多，核先辛後苦，辛少而苦多，然俱帶鹹味，五味全具，大較酸為勝，苦次之。然五味生苗於春，開花於春夏之交，結實於金旺之孟秋，是氣告成於金也。告成於金而酸味乃勝，是肺即媾於肝也。肺媾於肝，故曰能收肺氣，葢肺之喜者在酸也。然四味俱有鹹，鹹乃水化之腎，是則收肺氣者，因收氣之元而歸腎矣。須知此味因肺傷而收其耗散之氣，收之者歸於腎也。而即以益腎，是又俾腎氣之充也。至肺氣還元而腎氣益，則五臟之受益不小矣。此先後之次第也。總之，能使肺腎相合，子母相因以奏功，亦不分先後也。夫人身以金水為體，火土為用，而體用又不能相離，不謂此味具足斯義也。葢二陰至肺，《經》固言之，二陰即腎也。但五味唯酸居其勝，乃既媾於肝矣。更言歸腎者何居？曰：氣之元在腎，本藉風木而至肺氣之主在肺，還藉風木而歸腎，葢返其所自始者，賴此一陰為獨使。《經》又言之矣，一陰即肝也。繼辛而有微甘收者，合中土生化之氣以俱下也。更先辛後苦者，是至地之苦，合於至天之辛，以同歸也。《經》曰：陽為氣，陰為味。夫腎肝為在地之陰，如五味本由肺而媾肝，肝因媾肺而至脾，脾仍合肺以歸腎，是具足三陰之氣，收之以降，而陰亦隨之矣。氣固依味而至腎，腎非納氣者歟？此《本經》首主益氣，咳逆上氣。甄權所云治中下氣而止嘔逆者也。第《本經》所云主勞傷，補不足，强陰益精，而《别錄》及甄權、日華子有暖水臟，補虛勞，除煩熱，療羸瘦，壯筋骨，養五臟，又海藏所云壯水鎮陽，是遵何道哉？葢《經》有云，腎者，受五藏六府之精而藏之。以此合於肺之所主，肺亦統五臟六腑之氣而主之，腎氣原上際於肺，肺氣原下歸於腎，葢以一氣自為升降者也。若六淫七情有以耗散之，致肺失其降之職，而不能歸，不歸則元氣隨耗散以日虛，歸腎則真氣還，其本源以日益，乃兹味為能收之以入腎，入腎即為五臟六腑之精，腎受而藏之。《內經》曰：五藏，主藏精者也。傷則失守而陰虛，陰虛則無氣，無氣則死矣。此數語可通於五味收五臟之氣，以歸精義。是所謂氣盛則精盈者也。故《本經》既謂其益氣，又謂其强陰，益男子精也。精盈則氣盛，故先哲謂其暖水臟，鎮水壯陽，補虛勞，除煩熱，壯筋骨，療羸瘦，種種皆由益氣而能强陰，以為五臟之養者，有如是爾。至於生津止渴者，《經》曰脾主為胃行其津液，固謂至陰之氣所生，是收肺陽中之陰以至脾也。其止腎洩，因於能暖水臟，又且收腎陰中之陽以至脾也。斂虛汗者，收肺陽中之陰以至心也。明目者，且更收腎陰中之陽以至肝也。是五臟受之，而肺腎為升降之本，肺且由降得升，以為氣之益陰之强，並為五臟之養，在《內經》曰氣歸精，精化為氣。又曰：精食氣，氣生形。是則兹物之酸收於精氣形有全功矣，寧與他味之酸收者可等夸哉？之頤所云此味收元氣一法，與補中益氣之治，不能升出者正相反，斯語可謂微中矣。故彼以升出為益氣，此以降入為益氣，陰陽升降之異，治而有妙於合者有如是。或曰兹味之治嗽，何以舉寒熱而皆得用之？曰：陰中之少陽，與陽中之少陰，乃為陰陽之樞機。或曰：五味子在方書治嗽者用之為多，而消癉即次之，是消癉之治，毋亦並取責於肺歟。曰：人身之元氣固水所化，而人身之津液又氣所化，如氣歸於水，是陽之隨陰而降，還其一陽陷於二陰之坎也，故能益氣。津化於氣，是陰之隨陽以升，還其一陰徹於二陽之兑也，故能生津。在陽之隨陰以降者，肺主之。在陰之隨陽以升者，腎主之。固皆五味子之能相及以奏功，而入肺者尤先耳。是所謂陰中少陽，陽中少陰，為陰陽之樞機者，可就此二證等繹也。如肺原根於腎以為樞，而火熱之所傷者，正在陰也。故東垣、丹溪謂為火熱嗽必用之藥。至寒嗽而亦用之，即舉一厚朴麻黄湯条其主治，如劑中多散寒達陽之味，其陰邪似無所附麗，而亦投五味於中，用收真陰以召元陽，且俾陽中之少陰，不為寒鬱之殘熱所僭者，謂非兹味之酸收以平其上逆之氣歟。然閱方書治嗽，但劑中投五味，或熱或寒，皆有對待，寒熱之味，而兹味似為主守，以不犯寒熱之侵者，又似於諸味中用此，為闕捩子者，如先哲有曰用山藥、五味以養元氣，則此味非應敵之劑，尤可思也。所以勿論寒熱，皆以陽中之陰氣能降為主，在熱者陽邪傷乎陰，而寒者寒邪傷乎陽，原亦病乎陰，故熱喘之治，涼其陽邪，而收陰寒喘之治，散其陰邪，以暢陽而亦寓收陰之義。東垣分治熱喘寒喘，皆不能舍五味子，固以肺氣為陽中有陰，其職同天氣而司降者也。王宇泰先生曰：後人止知調氣者，調其陽而已，惡知五運所主之病機，是一氣變動而分陰陽者也。斯言可以醒粗工矣。五運之氣在臟腑亦然，故凡治肺氣之病，如嗽如喘，先識陽中陰降之本，更須審其病機之所生，其為外淫，為內傷者，或由陽而傷陰，或由陰而傷陽，適其所因以為治。如陽邪傷陰，此固的治矣。然陽邪之方熾者，收之不錮其邪乎？陰邪傷陽者，此固不宜矣。然陰邪已除，而陽氣以祛散而虛，不當寓收陰於益陽中，使陽有所依乎？愚按：五味治嗽，惟久嗽及虛勞嗽用之。補與收相馭而行，更無躊躇。偏閱先哲處方，歷歷如是，蓋因其耗散已甚故也。又如易簡杏子湯以治外感風寒，內傷生冷，及虛勞咯血等證，乃後學治寒嗽，去乾薑、五味，而易乾葛、紫蘇，是尤不可条歟。是則嗽未至於喘，即嗽而氣不逆者，不宜酌量歟。至為溼之阻氣，溼熱之病乎氣，以致病乎主氣者，更當籌其妄投之害。唯是因虛而熱，久熱而虛，關於肺腎之相因以為病者，用此乃無上妙諦，豈可漫云酸收、酸收乎哉？大抵元氣受傷之證，屬邪氣所勝者，則有散邪一法為主。即有收陰名陽以歸元而全正一法，藉之為助，其無邪氣而止有虛乏者，則有補正一法為主，亦即有收之一法，合而奏效。其有元氣虛損，而因虛鬱化熱者，則有清補一法，而收者散者並行，其散不敵收之半，乃為得之。悉此義，則不獨療嗽為然，即他證之有傷於元氣者，俱得以如是之法療之。蓋人身唯是元氣為主，即隨所病，亦同是視邪之甚與不甚，以為酌治耳。如元氣耗散之甚者，不獨補益可恃，而收之一法，更有捷功。又凡證皆然也。

附方　久嗽肺脹，五味二兩，粟殼、白餳炒過半兩，為末，白餳丸彈子大，每服一丸，水煎服。　按：仲景云上氣喘而燥者，屬肺脹。又云咳而上氣，此為肺脹，其人喘目如脱狀，即此則肺脹，為肺氣上壅之極也。初起者、實者，不可服此方，唯久者虛者有此證，則可用也。　痰嗽并喘，五味子、白礬等分，為末，每服三錢，以生豬肺炙熟，蘸末細嚼，白湯下。　陽事不起，新五味子一斤，為末，酒服方寸匕，日三服。忌豬、魚、蒜、醋，盡一劑，即得力百日以上，可御十女，四時勿绝藥，功能知。　五更腎泄，凡人每至五更即溏泄一二次，經年不止者，名曰腎泄。蓋陰盛而然，脾惡溼，溼則濡而困，困則不能治水，水性下流，則腎水不足，用五味子以强腎水，養五臟，吳茱萸以除脾溼，則泄自止矣。五味去梗二兩，茱萸湯泡七次，五錢，同炒，為末，每旦陳米飲服二錢。

希雍曰：痧疹初發，及一切停飲，肝家有動氣，肺家有實熱，應用黃芩瀉熱者，皆禁用。　多食收補太驟，反致虛熱。又酸甚弔痰引嗽，如肺火盛者，莫如用南五味，色黃味辛甘稍重，而能散痰火，去風邪。　機曰：五味治喘嗽，須分南北，生津止渴，潤肺補腎，勞嗽，宜用北者。風寒在肺，宜用南者。　據時珍云：五味子南產者色紅，北產者色黑。苐如保昇謂子生青熟紫，蘇頌亦曰生青熟紅紫，舉不言有黑之一種也。然每自京師市回者，其子紅而潤，逾二三月其紅者變黑已半，久之則通黑，且潤者燥矣。又閱《本草原始》有云：北者鮮紅色，經久黑色，皆溫潤。南色紫，乾經久有白樸鹽霜，是則余之市自京師者，或屬北產乎？苐世取其潤者，故用北。而雷公取其有鹽霜者，是又棄北而貴南也。再以俟之察物君子。

修治　頌曰：入藥主曝，不去核。　中梓曰：必打碎核，方五味備也。　去枯者，銅刀劈作兩片，用蜜浸蒸，從巳至申，或曬或烘炒。　入補藥熟用，入嗽藥生用。

清・郭章宜《本草匯》卷一二　五味子　酸、甘、辛、苦、鹹，溫。味厚氣輕，陰中微陽，入手太陰血分，又入足少陰氣分。滋腎經不足之水，收肺氣耗散之金。除煩熱，生津止渴。補虛勞，益氣強陰。收瞳子散大，歛喘汗濇精。《本經》主欬逆上氣者，氣虛則上壅而不歸原，以酸收之，則氣攝歸元，而逆氣自定。又主五勞羸瘦，補陰益精。《別錄》除熱生陰者，五味專補腎陰，兼補五藏。腎藏精，精盛則陰强。收攝真氣歸元而丹田暖，腐熟水穀，蒸糟粕而化精微，則精自生，精生則陰長，而諸疾自去。又消酒毒者，蓋酒熱最能傷肺，得此收之，則肺氣歛，而熱邪退矣。

按：五味子皮肉酸甘，核中辛苦，都有鹹味。酸鹹者入肝而補腎，辛苦者入心而補肺，甘者入中宫而益脾，五者全具，故名五味。五味全者，乃為真也。以味酸苦甘，而微帶辛，故能引酸苦入肺腎，以收歛肺氣而滋腎。功用雖多，總之收肺保腎四字盡之。肺寒氣逆，宜此與乾薑同治，乃火熱嗽必用之藥，故治嗽以之為君。但有外邪者，不可驟用，恐閉其邪氣，須先發散後，方可用之。今世人多不敢用者，皆疑于寇氏虛熱之說耳。不知寇氏謂食之多致虛熱者，特收補之驟也。若黃昏嗽，乃火浮入肺，不宜涼藥，正宜此歛而降之，然應少應多，須隨症治。多則不惟收歛太驟，抑且酸能釣痰，引其嗽也。有痰者，半夏為佐。喘者，烏膠為佐。在上滋源，在下補腎。孫真人云：季夏之間，困乏無力，無氣以動，與參、耆、麥冬，少加黃蘗，煎服，使人精神頓加，兩足筋力湧出。蓋五味子之酸，輔人參能瀉丙火而補庚金，收歛耗散之氣也。腎虛遺精，用北五味一斤，熬膏，入蜜二斤，出火性，空心服一二匙，百滾湯下。五更溏瀉，為腎泄，此陰盛而然。脾惡濕，濕則濡而困，困則不能治水，水性下流，則腎水不足，用五味子，以吳茱萸湯泡七次，同炒香，為末，米飲服之，一以強腎水，一以除脾濕，泄自止矣。若風弦爛眼，同蔓荊子煎湯頻洗，肺家實熱有火鬱者禁用。

有南北之分，南者色紅，味辛甘，而能散痰火，風寒咳嗽。北者色黑，治虛損勞嗽，生津潤肺，五藏皆補，不獨金水二藏也。各有所長，不可混用。補藥，蜜蒸熟，再以泔水浸，焙乾用。嗽藥生用。蓯蓉為之使。惡葳蕤。

清・蔣居祉《本草擇要綱目・熱性藥品》 五味子 氣味：酸，溫，無毒。可升可降，陰中微陽。入手太陰血分、足少陰氣分。主治：收散氣止嗽，補元氣不足，止瀉痢，生津液，止渴壯水，鎮陽強陰，益男子精，明目，暖水臟。凡黃昏喘嗽，乃火氣浮入肺中，不宜用涼藥，唯五味子能斂而降之。或以其食之多致虛熱者，輒云用治肺之虛寒，則更不取其除熱之說，豈知其能收肺氣，即是除熱、補腎之功，即是暖水臟之功也。但有外邪者，不可驟用，恐閉其邪氣，必先發散而後用之，乃為良耳。又五六月宜常服五味子湯，以益肺金之氣。蓋五味子之酸，能瀉丙火而益庚金也。仲景八味丸用此，述類形象為腎氣丸，總以五味悉具，酸鹹入肝而補腎，辛苦入心而補肺，甘入中宮而益脾胃，在上則滋源，在下則益水也。

清・閔鉞《本草詳節》卷一 五味子 【略】按：五味子上滋肺，下補腎，中和脾，乃生津之要藥。有服之反致虛熱者，邪氣未散，收補太驟也。有痰佐以半夏，喘佐以阿膠，但分兩少不同耳。又黃昏嗽，乃火氣浮入肺中，不宜用涼藥，宜五味子、五倍子斂而降之。若痧瘮初發，一切停飲，肝氣肺熱，應用黃芩瀉熱者，皆禁用。

清・王翃《握靈本草》卷五 五味子出高麗者，多肉而酸甜；出青、冀者多酸。今有南北之分，南五味治寒嗽，北五味治虛損勞嗽，酒拌蒸用。主治：五味子，酸，溫，無毒。主益氣，欬逆上氣，勞傷羸瘦，補不足，強陰益精，生津止渴。治瀉痢，補元氣不足，壯水鎮陽，收耗散之氣。

清・汪昂《本草備要》卷一 五味子補肺腎，澀精氣。性溫。五味俱備，皮甘、肉酸、核中苦辛，都有鹹味。酸、鹹爲多，故專收斂肺氣而滋腎水。氣爲水母。《經》曰：肺欲收，急食酸以收之。好古曰：入手太陰血分、足少陰氣分。益氣生津，肺主氣，斂故能益，益氣故能生津。夏月宜常服，以瀉火而益金。補虛明目，强陰澀精，仲景八味丸加之補腎。蓋內核似腎，象形之義。退熱斂汗，止嘔住瀉，寧嗽定喘。感風寒而喘嗽者當表散，宜羌、防、蘇、桔；痰壅氣逆而喘嗽者當清降，宜二陳及蘇子降氣湯；水氣逆而喘嗽者，宜小青龍半夏茯苓湯；氣虛病久而喘嗽者，宜人參、五味。除煩渴，消水腫，解酒毒，收耗散之氣，瞳子散大。嗽初起、脉數、有實火者忌用。丹溪曰：五味收肺氣，非除熱乎？補腎，非暖水藏乎？乃火熱嗽必用之藥，寇氏所謂食之多虛熱者，收補之驟也。〇閔守泉每晨吞北五味三十粒，固精氣，益五藏。北産紫黑者良。入滋補藥蜜浸蒸，入勞嗽藥生用，俱槌碎核。南産色紅而枯，若風寒在肺宜南者。蓯蓉爲使，惡萎蕤。熬膏良。

清・吳楚《寶命真詮》卷三 五味子 【略】除熱解渴，收肺氣耗散之金，強陰固精，滋腎經不足之水。除嗽定喘，斂汗止瀉，收瞳神散大，火熱必用之藥。五味功用雖多，收肺保腎四字足以盡之。夏服五味，使人精神頓加，兩足筋力涌出。黃昏嗽乃火浮入肺，不宜涼藥，宜五味斂而降之。惟風邪在表，肺有實熱者當禁。

清・陳士鐸《本草新編》卷二 五味子 味酸，氣溫，降也。陰中微陽，非陽中微陰也，無毒。此藥有南北之分，必以北者為佳，南者不可用。古人為南北各有所長，悞也。最能添益腎水，滋補肺金，尤善潤燥，非特收斂肺氣。蓋五味子入肺、腎二經，生津止渴，強陰益陽，生氣除熱，止瀉痢有神。但不宜多用，多用反無功，少用最有效。尤不宜獨用，獨用不特無功，且有大害。必須同補藥用，入湯丸之內，則調和無礙，相得益彰耳。

或問：五味子乃收斂之藥，用之生脉散中，可以防暑，豈北五味亦能消暑耶？曰：五味子，非消暑藥也。凡人當夏熱之時，真氣必散，故易中暑。生脉，用人參以益氣，氣足則暑不能犯；用麥冬以清肺，肺清則暑不能侵；又佐之北五味，以收斂其耗散之金，則肺氣更旺，何懼外暑之熱。是五味子助人參、麥冬以生肺氣，而非輔人參、麥冬以消暑邪也。

或問：五味子補腎之藥，人皆用之于補肺，而吾子又言宜少用，而不宜多用，不愈示人以補肺，而不補腎乎？曰：北五味子補腎，正不必多也，其味酸而氣溫，味酸則過于收斂，氣溫則易動龍雷，不若少用之，反易生津液，而無強陽之失也。

或問：五味子，古人有獨用以閉精，而吾子謂不宜獨用，不獨無功，且有大害，未知所謂大害者，何害也？夫五味子性善收斂，獨用之者，利其閉精而不泄耳。精宜安靜，不宜浮動。服五味子而能絶慾者，世無其人，保其遇色而不心動乎。心動，則精必離宮，無五味子之酸收，則精將隨小便而暗泄。惟其不能不心動也，且有恃五味子之閉澁，搏久戰以貪歡，精不泄而內敗，變為癰疽發背而死者，多矣。所謂大害者如此，而可獨用一味，經年累月吞服，以圖閉澁哉。

或謂五味子滋不足之腎水，宜多用為佳，乃古人往往少用，豈能生汪洋之腎水耶？曰：天一生水，原有化生之妙，不在藥味之多也。孫真人生脉散，雖名為益肺，其實全在生腎水。蓋補腎以生腎水，難為力，補肺以生腎水，易為功。五味子助人參，以收耗散之肺金，則金氣堅凝，水源淵徹，自然肺足而腎亦足也。又何必多用五味子始能生水哉，況五味子多用，反不能生水，何也？味酸故也。酸能生津，而過酸則收斂多，而生發之氣少，轉奪人參之權，不能生氣于無何有之鄉，即不能生精于無何有之宮矣。此古人所以少用，勝于多用也。

或問：北五味補腎益肺，然有時補腎而不利于肺，或補肺而不利于腎，何也？曰：腎乃肺之子，肺乃腎之母，補肺宜益于腎，補腎宜益于肺。何以有時而不利耶？此邪火之作祟。補腎，則水升以入肺，而肺且恃子之水，與邪相鬥，而肺愈不安矣。益肺，則金剛以尅肝，而(肝)且恃母之水，與邪相爭，而腎亦不安矣。然則五味子之補腎益肺，宜于無邪之時，而補之益之也。

或疑精不足者，補之以味，未必非五味子之味也。嗟乎！何子言之妙也，實洩天地之奇。精不足者宜補，五味之補也。世人見五味子不可多用，并疑五味子不能生水。誰知此物補水，妙在不必多也。古云：精不足者，補之以味。人參、羊肉是也。誰知人參、五味子之更勝哉？

或問：五味子生精斂氣之外，更有何病可以兼治之乎？五味子斂耗散之肺金，滋涸竭之腎水，二治之外，原無多治法也，然子既求功于二者之外，我尚有一法以廣其功。五味子炒焦，研末，敷瘡瘍潰爛，皮肉欲脱者，可保全如故，不至全脱也。

清·顧靖遠《顧氏醫鏡》卷七 五味子甘、酸，核中苦辛鹹，性溫。入肺腎二經。嗽藥生用，補藥微焙。 滋腎經不足之水，強陰濇精，除熱解渴。精盛則陰強收攝。除熱者，壯水鎮陽也。解渴者，酸能生津也。 收肺家耗散之氣，療咳定喘，斂汗固腸。久嗽則肺氣耗散，能收斂，故止咳定喘。肺主皮毛，與大腸為表裏，故斂汗固腸。收肺保腎之藥也。同扁豆、乾葛能解酒毒。風邪在表，痧疹初發，一切停飲，及肺家有實熱者，皆禁。

清·李熙和《醫經允中》卷二〇 五味子 酸鹹入肝，補腎； 辛苦入心，補肺； 甘益脾胃。蓯蓉為使。惡萎蕤。勝烏頭。南五味治風寒咳嗽，北五味治虚損勞傷。 味甘，酸，核苦辛而鹹，性溫，無毒。氣輕味厚，陽中微陰，降也。斂耗散之金，助不足之水，故治瞳人散大，瀉痢夜嗽，除煩熱，生津止渴，補勞傷，斂虚汗。五味咸備，故五藏皆入，惟肺寒腎虚者可用，倘有邪火之症，遽斂為害不小，故嗽初起有寒邪，脉數有實火者忌用。小兒尤禁，以酸能弔痰引嗽也。

清·馮兆張《馮氏錦囊秘錄·雜症痘疹藥性主治合參》卷二 五味子得地之陰兼乎天之陽氣，故味酸微苦鹹氣溫，味兼五而無毒，陰中微陽，入足少陰、手太陰血分，足少陰氣分，為攝氣歸元強陰益精之要藥。○每箇銅刀切作二片，蜜酒拌蒸晒乾，焙用。

五味子，補虚損勞傷，收瞳神散大。 味酸而斂肺氣耗散之金，性補而滋腎經不足之水。生津止渴，益氣強陰，濇精定喘，斂汗固陽，補虚明目。除煩熱而補元陽，解酒毒而壯筋骨。同乾薑煎，治冬月咳嗽，肺寒神效。同黄耆、人參、麥冬、黄栢，治夏季神力困乏殊功。或熱嗽而火氣太盛者，不可驟用寒涼，必資此酸斂。然不宜多用，反致閉遏。誠納氣歸元、收肺保腎之要藥也。

主治痘疹合參： 斂肺氣生津止渴，除咳嗽毆熱滋陰。然味酸而收斂，痘中不宜，惟痘後毒盡可用。至於火盛未清之咳嗽，用此斂遏，亦非所宜。

按：五味子肉酸有餘而甘不足，核中苦辛而鹹。古人製法，擊碎，拌以蜜酒蒸之，正補其甘之不足，而少解其酸斂之峻驟也。潔古云：夏服五味，使人精神頓加，兩足筋力湧出，蓋取五味酸，輔人參能瀉丙火而補庚金，收斂耗散之氣也。東垣云：收瞳神散大，乃火熱必用之藥，有外邪者不可驟用。丹溪云：收肺補腎，乃火嗽必用之藥。寇氏謂其食之多虚熱者，蓋以其收補之驟也。若風邪在表，痧疹初形，一切停飲，肺有實熱者，皆當禁絶。

清·张璐《本經逢原》卷二 五味子 酸，溫，無毒。產遼東者佳。微焙搗碎用。 《本經》主益氣，欬逆上氣，勞傷羸瘦，補不足，強陰益男子精。

發明： 五味子右腎命門本藥。《本經》主欬逆上氣，強陰益男子精，心腎不交者宜之，兼入肺腎二經。味酸而斂耗散之金，性溫而滋不足之水，生津止渴，益氣強陰，壯水鎮陽。收瞳子散大，定喘斂汗。加乾薑治冬月肺寒欬嗽。同人參、門冬治夏月精神困乏。而虛熱久嗽，不可誤用表散。須以此去核之辛溫助火，但用皮肉之酸鹹以滋化之，不宜多用，恐酸太過反致閉遏而成虛熱也。黄昏嗽乃火浮於肺，不宜涼藥，宜五味子斂而降之。但風邪在表，痘疹初發，一切停飲，肺家有實熱者皆當禁之。

清·浦士貞《夕庵讀本草快編》卷三　五味子《本經》、玄及　其肉甘酸，核中辛苦而鹹，五味具足，故名。《本經》但云味酸，以酸屬木，五行之先也。五味氣輕於味，陰中微陽，入手太陰血分，走足少陰氣分，善能收攝肺氣而固腎元，有金水相生之妙。故《藥性論》謂其除熱氣，《日華》謂其暖水藏，除煩熱，確矣。後學觀此，反生滋惑，何歟？殊不知斂肺氣即除熱也，補腎即暖水藏也。丹溪有云：黄昏嗽多乃火浮入肺，不宜用寒涼，當以五味、五倍斂而降之。又夏月熱傷元氣，宜服生脉散或黄芪配煎，皆取其抑丙而補庚，二者驗之，除熱之効良不誣矣。且性斂而味兼酸，酸為厥陰所喜，乃圍魏救趙之法爾。但外感風寒未經表盡，倘若驟用，必兜濇難瘳。又不可久服，懼其偏勝。

清·張志聰、高世栻《本草崇原》卷上　五味子　氣味酸，溫，無毒。主益氣，咳逆上氣，勞傷羸瘦，補不足，強陰，益男子精。　五味子，《別錄》名玄及，始出齊山山谷及代郡，今河東陝西州郡尤多，杭越間亦有，故有南北之分。南產者，色紅核圓。北產者，色紅兼黑，核形似豬腎。凡用以北產者為佳。蔓生，莖赤色，花黄，白子，生青熟紫，亦具五色，實具五味，皮肉甘酸，核中辛苦，都有鹹味，味雖有五，酸味居多。名玄及者，謂稟水精而及於木也。都有鹹味，則稟水精。酸味居多，則及於木。蓋五行之氣，本於先天之水，而生後天之木也。　五味子色味咸五，乃稟五運之精，氣味酸溫，得東方生長之氣，故主益氣。肺主呼吸，發原於腎，上下相交，咳逆上氣，則肺腎不交。五味子能啟腎臟之水精，上交於肺，故治咳逆上氣。本於先天之水，化生後天之木，則五臟相生，精氣充足，故治勞傷羸瘦，補不足。核形象腎，入口生津，故主強陰。女子不足於血，男子不足於精，故益男子精。

清·何諫《生草藥性備要》卷上　五味菜　味酸，性平。止咳、止渴，洗瘡亦可。

清·劉漢基《藥性通考》卷五　五味子　性溫，五味俱備。入五臟，補肺腎，濇精氣。皮甘肉酸，核中苦辛，都有鹹味，酸鹹為多。故專收斂肺氣，而滋腎水。氣為水母，《經》曰：肺欲收，急食酸以收之。好古曰：入手太陰血分，足少陰氣分，益氣生津。肺主氣，收斂，故能益氣，益氣故能生精。夏月宜常服，以瀉火而益金。猶能補虛明目，強陰濇精。仲景入八味丸，加之補腎，蓋內核似腎，象形之義也。退熱歛汗，止嘔住瀉，寧嗽定喘，感風寒而喘嗽者，當清降，宜二陳湯及蘇子降氣湯。水氣逆而喘嗽者，宜小青龍湯、半夏茯苓湯。氣虛病久而喘嗽者，宜人參、五味子，除煩渴，消水腫，解酒毒，收耗散之氣，瞳子散大。嗽初起，脉數，有實火者，忌用。丹溪曰：五味收肺氣，非除熱乎？補腎，非暖水臟乎？乃火熱嗽必用之藥。寇氏所謂食之多虛熱者，收補之驟也。閔守泉每晨吞北五味三十粒，固精氣，益五臟。北產紫黑者良。入滋補藥，蜜浸蒸。入勞嗽藥，生用。俱搥碎核。南產色紅而枯，若風寒在肺，宜南者。蓯蓉為使，惡萎蕤。熬膏良。

清·姚球《本草經解要》卷一　五味子　氣溫，味酸，無毒。主益氣，欬逆上氣，勞傷羸瘦，補不足，強陰，益男子精。　五味子氣溫，稟天春升之木氣，入足少陽膽經。味酸無毒，得地東方之木味，入足厥陰肝經。氣升味降，陰也。膽者，擔也，生氣之原也。肝者，敢也，以生氣血之藏也。五味氣溫益膽，味酸益肝，所以益氣。肝血虛則木枯火炎，乘所不勝，病欬逆上氣矣。五味酸以收之，溫以行之。味過於酸，則肝氣以津而火不炎矣。肝氣不足，則不勝作勞，勞則傷其真氣，而肝病乘脾，脾主肌肉，故肌肉瘦削。五味酸以滋肝，氣溫治勞，所以主勞傷羸瘦也。肝膽者，東方生生之藏府，萬物榮發之經也。肝膽生發，則餘藏從之宣化。五味益膽氣而滋肝血，所以補不足也。陰者，宗筋也，肝主筋，味酸益肝，肝旺故陰強也。酸溫之品，收斂元陽，斂則陰生。精者，陰氣之英華也，所以益男子精也。　製方：五味同黄耆、麥冬、黄柏，治夏月困乏無力。同炮薑灰，斂浮遊之火歸於下焦。同乾葛、扁豆，治酒疸。同苦茶、甘草，治久欬。同白礬末，猪肺蘸服，治痰嗽並喘。專為末，治肝虛洩精及陽事不起。同生地、丹皮、山萸、山藥、澤瀉、茯苓，名都氣湯，治水虛火炎。同淫羊藿丸，治陰虛陽痿，臨房不舉，易洩易耎。

清·周垣綜《頤生秘旨》卷八　五味子　肺腎二經澁之藥也。雖曰五味，其能不過收澁而已，孫真人云：五六月常服五味子，益肺氣，能除熱生津。蓋夏月肺為火逼，以此斂之，而津自生焉。寒月肺寒咳嗽，或熱咳嗽，如用寒藥，恐逆其勢，以此酸斂而降之可也。

清・王子接《得宜本草・上品藥》 五味子 味酸兼鹹、苦、甘、辛。入手太陰、足少陰經。斂肺經浮游之火歸腎藏，散失之元。得半夏治痰，得阿膠定喘，得吳茱萸治五更腎泄。

清・徐大椿《神農本草經百種錄》上品 五味子 味酸，溫。主益氣，氣斂則益。欬逆上氣，肺主氣，肺氣斂則欬逆除，而氣亦降也。勞傷羸瘦，補不足，氣斂藏，則病不侵而身強盛矣。強陰，氣斂則歸陰。益男子精。腎主收藏，而精者腎之所藏者也，故收斂之物無不益腎。五味形又似腎，故為補腎之要藥。

此以味為治也，凡酸味皆斂，而五味酸之極，則斂之極，極則不止于斂，而且能藏矣。藏者冬之令，屬腎，故五味能補腎也。

清・黄元御《長沙藥解》卷三 五味子 味酸，微苦鹹，氣濇。入手太陰肺經。斂辛金而止咳，收庚金而住泄。善收脱陷，最下衝逆。《傷寒》小青龍湯方在麻黄治太陽傷寒，心下有水氣，乾嘔，發熱而咳。用五味、乾薑、細辛斂肺降逆，以止咳嗽。小柴胡湯方在柴胡治少陽傷寒，若咳者，去人參、大棗、生薑，加五味、乾薑。真武湯方在茯苓治少陰病，內有水氣，腹痛下利。若咳者，加五味半斤，細辛、乾薑各一兩。四逆散方在甘草治少陰病，四逆，咳者，加五味、乾薑各五分，并主下痢。《金匱》厚朴麻黄湯方在厚朴，射干麻黄湯方在射干，並用之，以之治咳嗽。小青龍湯治痰飲咳逆，飲去咳止。氣從小腹上沖胸咽者，以桂苓五味甘草湯，治其氣衝咳嗽。衝逆者，辛金之不斂也。泄利滑溏者，庚金之不斂也。五味酸收濇固，善斂金氣，降辛金之上衝而止咳逆，升庚金之下脱而止滑泄，一物而三善備焉。金收則水藏，水藏則陽秘，陽秘則上清而下溫，精固而神寧，是亦虛勞之要藥也。

清・吳儀洛《本草從新》卷二 五味子〔補肺腎，澀精氣。〕 性溫。五味俱備，皮甘，肉酸，核中苦辛，都有鹹味。酸鹹為多，能斂肺氣而滋腎水，氣為水母。《經》曰：肺欲收，急食酸以收之。好古曰：入手太陰血分，足少陰氣分。益氣生津，肺主氣，斂故能益，益氣故能生津。夏月宜常服，以瀉火而益金。補虛明目，澀精強陰，內核如腎，象形之義。退熱斂汗，止嘔住瀉，寧嗽定喘，感風寒而喘嗽者當表散，宜羌、防、蘇、桔；痰壅氣逆而喘嗽者當清降，宜二陳及蘇子降氣湯；水氣逆而喘嗽者，宜小青龍、半夏茯苓湯；氣虛病久而喘嗽者，宜人參、五味。除煩渴，消水腫，解酒毒，收耗散之氣，瞳子散大。潔古云：夏服五味使人精神頓加，兩足筋力湧出。東垣云：收瞳神散大，火熱必用之藥。丹溪曰：收肺補腎，乃火嗽必用之藥。五味功用雖多，收肺保腎四字足以盡之。按：五味乃要藥，人多不敢用者，寇氏虛熱之說誤之爾。唯風邪在表，痧疹初發，一切停飲，肺家有實熱者皆當禁之。北產紫黑者良。入滋補藥，每粒銅刀切作兩片，蜜、酒拌蒸，曬乾，焙，臨用再研碎；入勞嗽藥，搥碎核生用。南產色紅而枯，若風寒在肺宜南者，蓯蓉為使。惡萎蕤。熬膏良。

清・汪紱《醫林纂要探源》卷二 五味子 性溫，五味皆備，而酸為多。蔓似葛，葉亦略似，結子成穗如葡萄，色紫赤，俗曰赤葛。出南方，色赤者劣。出遼東，色紫黑者良。肺家專藥，功擅收斂。輕虛上浮，乾則吐白霜，故專入肺，肺在上而下覆，此有其形。肺為五臟華蓋，而朝百脈，此兼五味，是亦兼五化。而酸為多，則專補肺而助其收斂，收耗散之氣，靖方旺之火，退過甚之熱，拘遊蕩之魂，定將離之魄，治虛極氣促喘咳無力，及瞳子散大，勞熱不輟諸證。〇人言脈數有實火者勿用。愚謂此非補火，乃退火者，何實火之不可用？但風寒邪鬱作熱，方宜表散，則酸收非所用耳。如陰虛作熱，則此在所必用也。兼斂心神。鹹補心以用血，酸收散以寧神。除煩渴，止吐衄，安夢寐。〇以斂心神宜生用，勿槌碎，蓋其補斂酸甘之味在皮肉，不在核也。核辛苦。且生腎水。核形似腎，味辛苦，苦能下氣，瀉心補腎，辛能行水潤腎，故椎碎則兼滋腎水，以強陰濇精，亦以其斂陰而善藏，使陽氣不過耗，而安有於內，所以利貞而幹事也。

清・嚴潔等《得配本草》卷四 五味子 蓯蓉為之使。惡葳蕤。勝烏頭。

皮肉，甘、酸。核，苦、辛。其性皆溫。入手太陰經血分，兼入足少陰經氣分。斂肺經耗散之氣，歸腎臟散失之元。收瞳子之散大，斂陰陽之汗溢。退虛熱，止煩渴，定喘止嗽，壯水鎮陽。佐半夏，治痰。佐阿膠，定喘。佐乾薑，治冬月寒嗽。佐參、耆，治夏季困乏。佐蔓荊子，洗爛弦風眼。佐麥冬、五倍，治黄昏咳嗽。合吳茱萸，治腎泄。即五更瀉。入醋糊為丸，治脇背穿痛。

黄昏嗽，乃火氣浮入肺中，不宜用涼劑，宜五味子、倍子斂而降之。癆嗽，宜用北者。風寒，宜用南者。滋補藥，用熟。治虛火，用生。斂肺，少用。滋陰，多用。止瀉，槌碎。益腎，勿研。潤肺滋水，蜜可拌蒸。多用遏抑經道，則元氣不暢，鬱而為火。嗽痢初起有實火者禁用。仲景八味丸去附子入五味子，以收攝真元，俾丹田暖熱，熟腐五穀，最為穩妥。蓋腎藏精，精盛則火得所養而不散，較附子之助火以涸水，相去天淵。

題清・徐大椿《藥性切用》卷四　北五味　五味俱備，酸鹹為多，性溫，入手太陰血分、足少陰氣分。斂肺滋腎，耑收耗散之氣，為喘嗽虛乏多汗之耑藥。

清・黃宮繡《本草求真》卷二　五味子斂肺歸腎，澀精固氣。　五味耑入肺腎。味雖有五，皮甘，肉酸，核中苦辛，皆鹹。而酸鹹俱多，其性亦溫。故書載能斂氣滋水，益氣生津，補虛明目，強陰濇精，止嘔除瀉，寧嗽定喘，除煩止渴，消腫解酒，收耗散之氣，瞳子散大，為保肺滋腎要藥。成無己曰：肺欲收，急食酸以收之。震亨曰：五味大能收肺氣，宜其有補腎之功。收肺氣，非除熱乎。補腎，非暖水臟乎，乃火熱嗽必用之藥。好古曰：張仲景八味丸用此補腎亦兼通，述類象形也。蓋氣發於腎出於肺，若陰虛火起，則氣散而不收，而煩渴咳嗽，遺精汗散等症因之互見，故必用以酸鹹，則氣始有歸宿，而病悉除。至云能以除熱者，是即氣收而火不外見之意也。所云能暖水臟者，是即腎因得溫而氣得暖而藏之也。但寒邪初冒，脉實有火者禁用。杲曰：有外邪者不可驟用，以閉邪氣，必先發散而後用之，乃良。北產紫黑者良，入補藥蒸，嗽藥生用，惡萎蕤。

清・沈金鰲《要藥分劑》卷九　五味子　【略】鰲按：東垣、丹溪皆以五味為治火熱之藥，獨寇氏專據《本經》性溫，謂治肺虛寒，不取其除熱，不知其性雖溫，既能收斂，且斂中又能滋潤，自可除熱，非性溫之品必不能除熱也。宜丹溪駁之。

清・楊璿《傷寒溫疫條辨》卷六補劑類　五味子　皮甘肉酸，性平而斂，核味辛苦，性溫而緩，兼有鹹味，故名五味。入肺、腎。南治風寒咳嗽，北主虛損勞傷。整者用其甘酸，生津解渴，止瀉除煩，收耗散之金，滋不足之水，斂虛汗，解酒毒。敲碎用其辛溫，斂氣強陰，補虛明目，固元陽。《千金方》：治陽痿不起，為末，溫酒調二錢，日三服，一月見功。壯筋骨，除喘滿。五味子湯，治喘而脈伏，及寒熱而厥，昏冒無脉者。肝旺吞酸，助木尅土。《衛生方》治久嗽肺脹，五味子二兩，罌粟殼五錢，餳炒為末，餳丸彈子大，每水煎一丸服。又丹溪方，治久嗽不已，五味子一兩，五棓子、風化硝四錢，甘草三錢，為末，蜜丸噙化。

附：琉球・吳繼志《質問本草》內篇卷四　五味子　生山中，引蔓於樹木，四時不凋，夏開花結子，至秋乃熟。　五味子，調和五臟。用子。甲辰，周之良、鄧履仁、吳美山。

清・羅國綱《羅氏會約醫鏡》卷一六草部　五味子皮甘肉酸，核中苦辛，有鹹味，故名五味。蓯蓉為使，惡葳蕤。嗽藥中生用，補藥微炒，或蜜浸蒸用，俱宜搥碎。遼東肥潤色紅者佳。　收肺氣，生腎水，肺以酸收，金旺則水生。濇精，收汗，固腸，酸也。肺與大腸相表裏，肺斂則腸固。除熱水足，解渴肺斂生津，益氣，肺主氣，斂故能益。收瞳子散大，收耗散之氣，故能明目。虛勞咳嗽，肺氣咳嗽宜人參、五味。補元陽，助命門溫辛，壯筋骨腎足。

按：五味子性主收斂，若感寒初嗽，肝旺吞酸，肺脉滑實者，禁之。

清・陳修園《神農本草經讀》卷一上品　五味子　氣味酸，溫，無毒。主益氣，咳逆上氣，勞傷羸瘦，補不足，強陰，益男子精。

陳修園曰：五味子氣溫味酸，得東方生長之氣而主風。人在風中而不見風，猶魚在水中而不見水。人之鼻息出入，頃刻離風則死，可知人之所以生者，風也。風氣通於肝，即人身之木氣。莊子云：野馬也，塵埃也，生物之息以相吹也。息字有二義：一曰生息，二曰休息。五味子溫以遂木氣之發榮，酸以斂木氣之歸根。生息、休息，皆所以益其生生不窮之氣。倘其氣不治，治，安也。咳逆上氣者，風木挾火氣而乘金也。為勞傷、為羸瘦、為陰痿、為精虛者，則《金匱》所謂虛勞諸不足，風氣百疾是也。風氣通於肝，先聖提出虛勞大眼目，惜後人不能申明其義。五味子益氣中，大具開闔升降之妙，所以概主之也。唐、宋以下諸家有謂其具五味而兼治五臟者，有謂其酸以斂肺，色黑入腎，核似腎而補腎者。想當然之說，究非定論也。然肝治五臟，得其生氣而安，為《本經》言外之正旨。仲景佐以乾薑，助其溫氣，俾氣與味相得而益彰，是補天手段。

清・黃凱鈞《藥籠小品》　五味子　收肺家耗散之金，一分肺邪未盡，用之即受其害，雖名五味，酸居其八，辛居其二，餘味非我所知。其酸不亞於梅，即欲用之，只可十粒，或一分，不宜多用。

清・王龍《本草纂要稿・草部》　五味子　氣味酸苦而溫。斂耗散之金，補不足之水。生津止渴，益氣強陰。止霍亂吐瀉，消水腫腹脹。在上滋源，在下補腎。以酸苦之味，專斂肺氣而滋腎水。入手太陰、足厥陰經。

清・張德裕《本草正義》卷上　五味子　皮甘，肉酸，核辛帶苦，俱兼鹹味，性平。入肺、腎。有南、北二種。南散風邪咳嗽，北療虛損耗傷。查仲景小青龍湯，五味必南種也。今惟北種入藥，味雖兼備，酸為之甚，故能生津解渴，止瀉除煩，療耗散之肺，滋不足之腎，收斂虛火。核性辛熱，搗碎，能補元陽，助相火，外邪未清及治不宜斂者，皆忌之。

清·楊時泰《本草述鉤元》卷一一 五味子 皮肉甘酸，核中辛苦，都有鹹，五味皆具，味全者真。《本經》但云酸，以木為五行之先也恭。生青熟紅紫，經久黑色。北產者潤，南產者皺，有白色鹽霜一重。治喘嗽須分南北二種。勞嗽者生津止渴，潤肺補腎，宜用北。風寒在肺，宜用南。肺火盛者，莫若用南。五味色黃味辛甘，稍重，能散痰火，去風邪。味酸氣溫，氣薄味厚，可升可降，陰中微陽。入手太陰、血分，足少陰、氣分。蓯蓉為之使，惡葳蕤，勝烏頭。主收肺氣耗散之金，補腎陰不足之水，大能聯屬心腎，治欬逆上氣，勞傷羸弱，益男精，暖水臟，補元氣，養五臟，除煩熱，生津止渴，斂虛汗，止晨泄，明目收瞳子散大，治喘咳燥嗽為要劑。方書治虛勞咳血遺精，中風痹着痺痿，驚恐健忘，傷暑吐血，悸厥，短氣痙癇，口舌聲瘖，小便數，赤白濁，厥氣水腫，痰飲，反胃噎，溲血不得臥，怠惰嗜臥，黃疸，小便不通並不禁，前陰諸疾。其酸能收逆氣。肺寒氣逆，宜與乾薑同施東垣。火熱嗽必用之藥東垣、丹溪。但有外邪者，必先發散而後用之。有痰者，半夏為佐。喘者，阿膠為佐東垣。嗽在黃昏時，乃火氣浮入肺中，不宜用涼藥，宜五味子、五倍子斂而降之丹溪。六月常服五味子以益肺金之氣，在上則滋源，在下則補腎孫真人。五味俱全，酸收獨重，重為輕根，俾輕從重，故益降下之氣也。咳逆上氣者，正肺用不足，不能自上而下，以順降入之令，此味補勞傷，致降下之不足。煩勞則張是也。與補中益氣之治不能升出者，反能降，便是強陰，陰強便能入矣。以入為水臟事，故益男子精，精為水臟物耳子繇。六淫外束，及肺氣焦滿者，餌之反引邪入臟，永無出期。須仗夏火從中帶出，或為斑疹，或作瘡瘍，得汗乃解。倘未深解病情，願言慎重子繇。咳逆虛勞，精神失守，上氣喘急，脈勢空虛，此津液不能上乘者也。勞傷不足，肢體羸瘦，虛氣上乘，自汗多出，此津液不能自守者也。陰虛火動，耗散精元，亡陰、亡陽，膀胱厥逆，此津液不能內固者也。用此強陰益精，生津止渴，上清下補，除熱生陰，調和五臟，此其能爾能。同人參、麥冬為生脈散，能復脈通心。入八味丸代附子，強陰潤腎。同吳茱、山萸、人參、肉蔻、補骨脂，治腎泄。同地黃、枸杞、車前、覆盆、蓯蓉、白膠、人參、麥冬、杜仲、沙苑、黃蘗，令人有子。同天麥冬、阿膠、百部、薄荷葉，主肺虛久嗽。久嗽肺脹，五味二兩，粟殼白餳炒過半兩，為末，白餳丸彈子大，每服一丸，水煎服。按： 脹為肺氣上壅之極，初起者實者，不可服此方。痰嗽并喘，五味子、白礬等分為末，每服三錢，以生豬肺炙熟，蘸末細嚼，白湯下。陽事不起，新五味子一斤為末，酒服方寸匕，日三，盡一劑，即得力，百日以上，可御十女，忌豬魚蒜醋。五更溏泄，經年不止者，名曰腎泄，蓋陰盛而然，用五味子二兩，吳茱萸湯泡七次五錢，同炒為末，每旦陳米飲服二錢。

論： 五味之皮肉，初酸後甘，甘少而酸多。其核先辛後苦，辛少而苦多，俱帶鹹味，雖五味全具，大較酸為勝，苦次之。自春月生苗，開花於春夏之交，結實於金旺之候，是其氣告成於金也。告成於金，而酸味乃勝，是肺媾於肝也。肺喜酸而媾於肝，故能收肺氣。然四味俱有鹹，鹹乃水化之腎，是則收肺氣者，固收氣之元而歸腎矣。收耗散之氣以歸於腎，而即以益腎，是又俾腎氣之充也。肺氣還元而腎氣益，則五臟之受益不小矣，此先後次第也。總之，能使肺腎相合，子母相因以奏功，且人身以金水為體，火土為用，而體用又不能相離，此味具足斯義。夫氣之元在腎，本藉風木而至。肺氣之主在肺，還藉風木而歸腎。一陰為獨使，故五味以酸勝者相媾，而神其升降也。繼辛而有微甘者，合中土生化之氣以俱下也。先辛後苦者，至地之苦合於至天之辛，以同歸也。五味本由肺而媾肝，肝因媾肺而至脾，脾仍合肺以歸腎，是具足三陰之氣收之以降，而陰亦隨之矣。陽為氣，陰為味，氣固依味而至腎，腎非納氣者歟。此《本經》首主益氣咳逆上氣也。人身腎受五臟六腑之精而藏之，肺統五臟六腑之氣而主之。腎氣之上際於肺，肺氣之下歸於腎，原以一氣自為升降者也。若六淫、七情有以耗散之，致肺失其降而不能歸，不歸則元氣隨耗而日虛。歸腎則真氣還源而日益，茲味能收之以入腎，即為五臟六腑之精，腎受而藏之矣。《經》曰：五臟主藏精者也，傷則失守而陰虛，陰虛則無氣，無氣則死矣。數語可悟五味子收五臟之氣以歸精義。氣盛則精盈，故《本經》既謂其益，又謂其強陰益男子精也。精盈則氣盛，所以先哲謂其暖水臟，鎮水壯陽，補虛除熱，壯筋骨，療羸瘦也。至其能生津止渴者，是收肺陽中之陰以至於脾。能止腎洩者，又收腎陰中之陽以至脾也。斂虛汗者，收肺陽中之陰以至心。明目者，更收腎陰中之陽以至肝也。五臟俱受之，而肺腎為升降之本，肺且由降得升以為氣之益，陰之強，並為五臟之養。然則茲物之酸收於精氣形，精化氣，氣生形。有全功矣。盧氏云： 五味收元氣，治降下之不足，與補中益氣之治不能升出者正相反。蓋彼以升出為益氣，此以降入為益氣，陰陽升降之異治，而有妙於合者。或曰：五味治嗽，何以舉寒熱皆用之？曰：陰中之少陽，與陽中之少陰，乃陰陽之樞機。如肺根於腎以為樞，而火熱之所傷者陰也，故火熱嗽為必用之藥。至治寒嗽之厚朴麻黃湯而亦投五味者，以散寒達陽之外，即當收真陰以召元陽，且恐陽中少陰，為寒鬱之熱所僭，而必假酸收以平上逆之氣也。閱方劑中五味治嗽，或寒或熱，各有對待之藥，而茲味似為主守，又似於諸味中用之為關捩子者，大約治嗽勿論寒熱，皆以陽中之陰氣能降為主。熱嗽者陽邪傷乎陰，寒嗽者寒邪傷乎陽，原亦病乎陰，故熱喘之治，涼其陽邪而收陰，寒喘之治，散其陰邪以暢陽，亦當寓收陰之義。東垣分治熱喘寒喘，皆不能舍五味子，固以肺氣為陽中有陰，職同天氣而司降耳。凡治肺氣之病，如嗽如喘，先識陽中陰降之本，更審病機之所在，或外淫，或內傷，或傷陰，或傷陽，而適事以為治。如陽邪傷陰，此固的治矣，然陽邪方熾者，收之太早，不反錮其邪乎。陰邪傷陽者，此固不宜矣，然陰邪已除，而陽氣以祛散而虛，不當寓收陰於益陽中，使陽有所依乎。總之，五味治嗽，惟久嗽及虛勞嗽，用之補與收，相馭而行，更無躊躇。若嗽未至於喘，即嗽而氣不逆者，便宜酌量。至為濕痰之阻氣，與濕熱之病乎氣，以致病乎主氣者，更當慮其妄投之害矣。方書用五味，治嗽為多，而消癉即次之，然則消癉亦取責於肺歟？曰：人身元氣，固水所化，而人身津液，又氣所化。如氣歸於水，是陽之隨陰而降，還其一陽陷於二陰之坎也，故能益氣。津化於氣，是陰之隨陽以升，還其一陰徹於二陽之兌也，故能生津。在陽之隨陰以降者，肺主之；在陰之隨陽以升者，腎主之。此皆五味之相及以奏功，而入肺尤先耳。凡病因虛而熱，或久熱而虛，關於肺腎之相因以為病者，用五味乃無上妙藥。大抵元氣受傷之證，邪氣勝者，則以散邪為主，即以收陰召陽歸元，而全正為助。其無邪氣而止有虛乏者，則以補正為主，亦即有收之一法，合而奏效。其有元氣虛損，遂因虛鬱化熱者，則有清補一法，而收與散並行，其散不敵收之半，乃為得之。此義不獨療嗽為然，又凡元氣耗散之甚者，非惟補益可恃，而收之一法，更有捷功。又後人調氣止知調其陽而已，惡知五運所主之病機，是一氣變動而分陰陽者也，五運之氣在臟腑亦然。斯言可以醒粗工矣。

繆氏：痧疹初發，及一切停飲，肝家有動氣，肺有實熱，應用黃芩瀉熱者，皆禁用。多食收補，太過且驟，反致虛熱。又酸甚弔痰引嗽。

修治：入藥，不去核，必打碎核，方五味備。去枯者，銅刀劈作兩片，用蜜浸蒸，從巳至申，或曬或烘炒。入補藥熟用，入嗽藥生用。

清・葉桂《本草再新》卷三　五味子味辛、苦，性溫，無毒。入心、肝、肺、腎四經。定心智，滋腎水，斂肺氣，平肝火，生津明目，益氣補虛，止盜汗，定呵喘，退熱除風。

清・吳其濬《植物名實圖考》卷二二　五味子　《本經》上品。《爾雅》：味，荎藸。注：五味也。《唐本草》注以皮、肉、核五味具，故名。以北產者良。

雩婁農曰：五味子具五味，《爾雅》名之曰菋，蓋農皇之所錫矣。草木兩釋，殆重之歟？然味雖具五，而性專於斂；猶人具五行之秀，而毗於剛柔陰陽，此亦各有真性情也。夫草木非大毒，不僅一味；人非大惡，不盡僻性。嘗藥者品其味而知所專，既施之於散、斂、補、瀉，而因其所兼之味，以為緩急輕重，則其功且可旁及。故一藥治一病，而不僅治一病。用人者別其性，而知其所毗，既試之寬猛文武，而必悉其所全之性以備任使輔翼，則其功且可兼綜。故一人治一事，而不僅治一事也。三代後知人者無如漢高，王陵戇，陳平智，而皆屬以為相；周勃少文，知其安劉，以為太尉。其人不同，而付托者一。蓋知其材力所及，而又知其真性情矣。自古人主將相能用人者，無不灼知其人之性情，故雖博取宏攬，而逆料其成敗得失如燭照數計而龜卜。而藻鑒人倫若郭林宗輩，則又如良醫品藥，雖分兩錙銖皆不少差。此固有得之於心，而有不能以言傳者。若用盧杞、呂惠卿而不知其奸邪，是誠不知其真性情；而如褚彥回馮道等，則直無真性情者也。世之草木，投之而即生，嚙之而無味者多矣。造物意所不屬，而力所不及，雖農皇亦不能定其上下之品。乃有庸醫，欲用之以試人之生死，則不知用者之罪，抑為所用者之罪矣。

清・趙其光《本草求原》卷四蔓草部　五味子　具五色，花黃、白，子生青，熟紫，久變黑。備五味，皮肉甘、酸，核辛、苦，俱鹹。酸特重，氣又溫，故《本經》止言酸溫。無毒。是稟東方生長之氣，專精於木。辛溫以遂木氣發榮，而引腎氣上交於肺；酸鹹以斂木氣歸根，即收肺氣還原於腎。故主益氣，上下升降，則生生不息之氣自益。咳逆上氣，腎不交肺，木挾火而淩金，則肺氣耗散而上逆。勞傷羸瘦，《金匱》曰：虛勞諸不足，風氣百疾。言風氣通於肝，人之所以生也。肝病必下疏腎水，上敲肺金。煩勞則張為精絕，為肉爍，為陰痿。補不足，升降不息，則五臟相生皆受其補。強陰益男子精。核形似腎，辛溫暖水，故強陰；入口生津，津液內固，則精足。為咳嗽要藥。凡風寒咳嗽，合乾薑、細辛入於香蘇散等劑；有水飲加桑白、葶藶。傷暑咳嗽，同細辛、乾薑，五味入於六一散。傷燥咳嗽，同上三味加黃芩、阿膠入於瀉白散。勞傷咳嗽，同薑、辛、味入六君子。腎水虛嗽，同冬、味、蛤蚧入六味丸。腎火虛嗽，同薑、辛、味入真武湯，後服八味丸。久嗽喘促，脈浮虛，按之弱如葱葉者，天水不交也，同薑、辛、味、阿膠、天冬，入四君子。皆用之。先賢多疑外感用早，恐其收氣太驟；不知仲景傷寒咳喘，小青龍湯亦用之。然必合細辛、乾薑，以升發風寒，用以此斂之，則升降靈而咳嗽自止，從無舍乾薑而單取五味以治咳嗽者。丹溪又謂其收肺氣之耗散，即能除熱；潛江亦謂其滋肺以除熱，補腎以暖水，而聯屬心腎。凡嗽在黃昏，是虛火浮入肺中，忌用寒涼，止宜重用五味以斂降。此則不合乾薑，而合炒麥冬者也。又止虛汗，虛氣上乘也。止渴，青金生津。堅筋骨，益精之效。復脈。暑傷元氣，同參、冬通心腎。治腎陰虛脾濕，五更便溏，同吳萸，除脾濕。腎瀉，同吳萸、茱萸、肉蔻、故紙、人參。肺虛久嗽，同二冬、阿膠、百部、薄荷葉。燥咳而喘，目如脫，為肺脹。同粟殼蜜炒為丸，久病宜，暴症勿用。痰嗽並喘，同白礬研，炒豬肺蘸食。陽事不起，為末，酒服至一斤，戒豬、魚、蒜、醋；或同附子入六味丸。明目，達肝之功。解酒消腫，收瞳子散大，遺精，赤白濁，溲血，小便不禁。

蓋臟腑之精，腎受而藏之；收藏之至，故益精，而治腎中諸病。總之，肺氣隨陰以下降，則氣化精而精盈；腎水從陽以上布，則精化氣而氣盛。陰陽二氣，實一氣之變動，以肝為關捩子。五味專精於肝，而交合肺腎，故其效如此。有不同於他味之酸斂者，肺氣陽中有陰，故能降；治肺氣以陰降為主。然元氣之降，先本於升，五味升降咸備，所以陽邪傷陰，固宜清陽以之收陰；陰邪傷陽，亦宜此辛溫暢陽而寓收陰。東垣謂寒喘、熱喘不能舍五味者此也。惟外邪雜病不關肺氣者忌。

北產、紅潤者良。必打碎核用，五味始備。止嗽，生用；入補藥，蜜浸久蒸，烘炒用；陰虛則去核。惡玉竹。希雍曰實熱嗽宜用黃芩者，誤。用此味則吊痰熱不除，宜南產五味。南五味色黃紅，乾枯，有鹽霜，味辛甘，散痰火，去風。

清・葉志詵《神農本草經贊》卷一 五味子 味酸，溫。主益氣，欬逆上氣，勞傷羸瘦，補不足，強陰益男子精。生山谷。

含春締架，引蔓抽莖。蓮華貌似，豌豆實成。味殊口爽，濟自心平。品珍北產，白撲霜輕。

梁簡文帝賦：草含春而動色。盧鴻一歌：資人力之締架。蘇頌曰：春初生苗，引赤蔓於高木，三四月開花類蓮華，七月成實如豌豆許大。《道德經》：五味令人口爽。《左傳》：先王之濟五味，以平其心。李時珍曰：北產者良。雷斅論：小黟皮皺，泡有白撲鹽霜一重為真。

清・文晟《新編六書》卷六《藥性摘錄》 五味子 味雖有五，酸鹹居多，性亦溫。斂肝歸腎，濇精固氣，補虛明目，定喘嗽，佐津液，止瀉收汗。〇但寒邪初冒，脈實有火者，禁用。〇北產紫黑者良。〇入補藥炒，或蒸熟，搥扁用。〇入嗽藥，搥扁生用。惡萎蕤。

清・張仁錫《藥性蒙求・草部》 五味子三分、六分 五味子溫，滋腎斂肺。久嗽虛勞，有邪最忌。性溫，五味俱備。皮甘肉酸，核中苦辛，都有鹹味，酸鹹為多。能斂肺氣而滋腎水，益氣生津，濇精斂汗。補用熟，或蜜水炒拌，微焙。欬嗽用生。北產紫黑者良。〇徐靈胎曰：五味專於收斂，倘有一毫風寒、火、內外之邪用之者，則永遠不出而成痼疾。其欬症之用五味，必與乾薑同用，一散一收，治寒嗽之聖藥，非治風火之嗽也。

清・屠道和《本草匯纂》卷一收斂 五味子 耑入肺、腎。氣味酸、鹹，溫，無毒。味雖有五，酸鹹居多。其性亦溫，斂肺歸腎，濇精固氣。治喘欬燥嗽，壯水鎮陽。治風消食，反胃，霍亂轉筋，痃癖，奔豚冷氣，心腹氣脹。補虛癆，益男子精，令人體膚悅澤。斂氣滋水，濇精強陰，益氣生津，補虛明目，止嘔除泄，寧嗽定喘，除煩止渴，消腫解酒，收耗散之氣及瞳子散大，為保肺滋腎要藥。蓋氣發於腎，出於肺，若陰虛火起，則煩渴嗽咳，遺精汗散互見。故用此而氣始有歸宿，則諸病悉除。寒邪初冒，脈實有火者，禁用。恐閉邪氣，必先發散而後用之良。北產紫黑者良。入補藥蒸用，嗽藥生用。惡萎蕤。

清・劉善述、劉士季《草木便方》卷一草部 大風藤 大風藤辛治頭風，中風頑痹此為宗。四肢麻木不仁用，祛風活血大有功。

清・趙晴初《存存齋醫話稿》卷二 〔七〕《本經》曰：五味子氣味酸，溫，無毒。主益氣，咳逆上氣，勞傷羸瘦，補不足，強陰，益男子精。盧子繇《乘雅半偈》曰：五味俱全，酸收獨重，故益降下之氣，咳逆上氣者，正肺用不足，不能自上而下以順降入之令；勞傷羸瘦者，即《內經》云煩勞則張，精絕使人煎厥內鑠也。此補勞傷致降令之不足，與補中益氣之治不能升出者相反。能降便是強陰，陰強便能益精。設六淫外束，及肺氣焦滿，餌之反引邪入臟，永無出期。縱得生全，須夏火從中帶出，或為斑疹，或作瘡瘍，得汗乃解。倘未深解病情，願言珍重。按此則五味子之功能的在降入。凡病情涉於宜升宜出者，視為戈戟矣。蓋肺統五臟六腑之氣而主之，腎受五臟六腑之精而藏之，腎氣原上際於肺，肺氣亦下歸於腎，一氣自為升降者也。故上而咳逆上氣，由六淫外束，餌此則外邪不特不能升，不能出，直引之及腎，而漸成虛損。倘同熟地、麥冬等用，酸而兼膩，不啻錮而閉之。卷一第十一條所謂不虛而做成虛，不損而做成損者，此類是也。若六淫七氣有以耗散之，致肺失其降而不歸，肺之氣因耗散而日虛，腎之精因不藏而日損，此際不用五味子，而誰用乎？五味子能收肺氣入腎，肺氣收，自不耗散；入腎，則五臟六腑之精，腎得受而藏之矣。雖然，論藥則得一藥之功能，論方則觀眾藥之輔相，凡藥皆然。試即於五味子發其凡可乎？五味子之功能在降入，病情宜升宜出者不可用固已，第執此說以論藥則可，若執此說以論方，則《金匱要略》中射干麻黃湯、厚朴麻黃湯、小青龍加石膏湯等方之用五味子，其說遂不可通。殊不知古人治病用藥，每於實中求虛，虛中求實。不比後人之見虛治虛，見實治實，補者一味補，散者一味散，攻者一味攻也。故雜五味子于麻黃、細辛、桂枝、生薑諸表藥中，雜五味子於射干、紫菀、欵冬、杏仁、半夏諸降氣降逆藥中，雜五味子於石膏、乾薑諸寒熱藥中，雜五味子於小麥、白芍、甘草、大棗諸安中藥中，不嫌其夾雜，而於是表散藥得五味子不致於過散，降氣降逆藥得五味子更助其降令，而且寒熱藥得五味子寒不傷正，熱不刼津，安中藥得五味子相得益彰。綜而言之，用五味子意在保肺氣，不使過泄。然皆輔相成方，非君藥也。至桂苓味甘湯之治氣衝，加減者四方，苓甘五味薑辛湯、苓甘五味薑辛半夏湯、苓甘五味加薑辛半夏杏仁湯、苓甘五味加薑辛半杏大黃湯，以小青龍方中雖有五味子輔相之，究竟辛散之力大，能發越外邪，亦易動人衝氣。衝氣者，衝脈之氣也，衝脈起於下焦，挾腎上行者也。氣既衝矣，非斂不降。桂、苓能抑衝氣，甘草坐鎮中宮，而斂降之權當屬之五味子矣。所以四方減去者惟桂枝，而加味以治欬滿，以去其水，以治形腫，以治胃熱衝面。至於五味子收斂腎氣，屹然不動，不使其氣復衝，苓、甘若為之輔相者，終不易也。以是知一藥有一藥之功能，一方觀眾藥之輔相。不識藥性，安能處方？不識方義，安能用藥？凡藥皆然，豈特一五味子。試即以五味子發其凡，詞費之誚，奚辭哉？

〔八〕鄒潤安《本經疏證》論五味子與乾薑同用，設為問答曰：《傷寒論》中，凡遇欬總加五味子、乾薑，豈不嫌其表裏無別耶？曰：《經》云脾氣散精，上歸於肺，是故欬雖肺病，其源實主於脾。惟脾家所散上歸之精不清，則肺家通調水道之令不肅。後人治咳，但知潤肺消痰，殊不知潤肺則肺愈不清，清痰則僅能治脾，於留肺者究無益也。乾薑溫脾肺，是治咳之來路，來路清，則咳之源絕矣。五味使肺氣下歸於腎，是開咳之去路，去路清，則氣肅降矣。合兩物而言，則為一開一闔，當開而闔，是為關門逐賊，當闔而開，則恐津液消亡。故小青龍湯、小柴胡湯、真武湯、四逆散之兼咳者皆用之，不嫌其表裏無別也。按此論頗透徹，嘉言喻氏謂乾薑得五味能收肺氣之逆，是渾而言之也。陳修園不論虛實證，遇咳輒用五味、乾薑，是渾而用之也。《金匱》桂、苓、味、甘加乾薑、細辛，乾薑為熱藥，服之當遂渴，乾薑為熱藥，仲聖已有明文矣，外感之由於暑燥火，內傷之涉於陰虧，雖同五味或輔相藥，終不宜用也。攷《金匱》五味同乾薑用者七方，皆有欬滿證。不同乾薑用者二方。射干麻黃湯證，亦見欬而上氣，雖不同乾薑，而同生薑用，其義仍在治肺。獨桂苓味甘湯方治氣衝，其義在治腎。然肺與腎一氣，自為升降者也。治肺即所以治腎，治腎即所以治肺，不過因病處方，注意或在肺，或在腎耳。或曰：黑地黃丸中五味、乾薑並用，治在肺歟。曰：論《金匱方》用五味意義，大抵如此。至後人用五味，其方不可勝數，豈能一一印證。若五味並熟地用，烏得謂不治腎？黑地黃丸乃治脾濕腎燥方，一剛一柔，一潤一燥，熟地五味治腎燥，蒼朮、乾薑治脾濕，此分頭治法也。熟地、蒼朮益腎陰而兼運脾陽，蒼朮、五味流脾濕，即以潤腎燥，此交互治法也。嘉言喻氏謂此方超超元箸，豈虛譽耶？若不綜觀全方，尋繹意義，徒沾沾於某藥入某經，某藥治某病，則自窒靈機矣。

清・戴葆元《本草綱目易知錄》卷二　五味子　性溫，五味俱備。酸鹹入肝而補腎，辛苦入心而補肺，甘入中宮而益脾，功耑收逆氣以保肺而滋腎水。益氣生津，補虛明目，強陰益精，退熱斂汗，止嘔住瀉，寧嗽定喘，壯水鎮陽，除煩止渴，解酒毒，消水腫。治咳逆上氣，勞傷羸瘦，燥嗽喘咳，心腹氣脹，痃癖奔豚，霍亂轉筋，補元氣不足，能收耗散之氣，以治瞳子散大。嗽初起，脈數，有實火者，忌。

清・黃光霽《本草衍句》　五味子　五味俱備，酸鹹氣溫。滋腎經不足之水，斂肺氣耗散之金。益氣止汗，濇精強陰。補虛勞之羸瘦，收散大之瞳神。明目住瀉，止渴生津。定喘嗽，先散肺邪。有外邪者，不可驟用以閉邪氣，必先發散而後用之。暖水藏，納氣歸腎。得半夏治痰，得阿膠定喘，得吳(蔞)茱〔萸〕治五更腎泄。徐注古方治嗽，五味、乾薑必同用，如小青龍湯，治水停心下，寒飲犯肺，一以散寒邪，一以斂正氣逆，無單用五味治嗽之法。後人不知，用必有害，況傷熱勞怯火嗆，與寒飲犯肺之症，又大不同，乃獨用五味，收斂風火痰涎，深入肺臟，永難救療矣。

清・陳其瑞《本草撮要》卷一　五味子　味酸，兼鹹苦甘辛，入手太陰、足少陰經，功專斂肺經浮游之火，歸腎藏散失之元。得半夏治痰，得阿膠定喘，得吳茱萸治五更腎泄。瞳子散大，咳嗽初起，脈數有實火者忌用。入滋補藥蜜浸蒸，入勞嗽藥生用搥碎核。若風寒在肺宜南產者。蓯蓉為使，惡萎蕤。

清・仲昴庭《本草崇原集說》卷一　五味子　【略】仲氏曰：世之讀本草者，往往各私所見，無一可憑。可憑者，惟是藥之形、名、色、相、時令、出處。然猶藥物自藥物，藥性自藥性，不啻兩歧，《崇原》化兩為一，而釋《本經》便是鐵板注脚。

清・周巖《本草思辨錄》卷二　五味子　喘與咳皆肺病，其有腎氣逆而為喘咳者，則不得獨治肺。五味子斂肺氣，攝腎氣，自是要藥。然但能安正不能逐邪，有邪用之，須防收邪氣在內。仲聖以五味伍桂枝，則云下沖氣，去桂加乾薑、細辛，則云治咳滿，可見咳滿之任，在薑、辛不在五味。然而去桂不去五味，其他治咳逆諸方，又無不三物並用，其故何也？曰：足太陽、手太陰同為一身之衛，二經之病，往往相通。小青龍湯，傷寒太陽病也，而雜證肺病亦恒用之。推之苓甘五味薑辛湯、厚朴麻黄湯，皆肺中有寒飲，皆小青龍出入加減。小青龍係外寒與內飲相搏，故咳逆；若兼外寒，方中必有麻、桂，無外寒者無之。至三物並用，則非分疏不明。肺中冷必眩多涎唾，甘草乾薑湯以溫之，此乾薑溫肺之據。用乾薑者，肺寒非乾薑不溫也。張隱庵之疏細辛也，曰：氣味辛溫，一莖直上，色赤黑，稟少陰泉下之水氣而上交於太陽。審乎是而謂細辛不能發汗耶，則細辛辛溫而烈，實能由少陰達表。謂細辛能發汗耶，則細辛細碎之體，那得勁力。所以發少陰之汗，必與麻黄並用；而散肺中寒飲，則正其所優為。二物一溫一散，肺邪已足了之；而必加以五味，且數多於薑、辛，幾令人不解。此則治病即以善後，仲聖蓋慮之周也。肺苦氣上逆，咳則逆，喘則且至於脹，既張之肺，欲翕不得，有邪雖去而咳猶不止者，謂五味可無乎，不可無乎？或曰：煩躁而喘者加石膏，胃熱熏面者加大黄，得毋三物亦治熱咳？不知飲自寒而挾自熱，三物所治仍屬寒飲，不得因是致疑。或又曰：三物治咳，惟細辛關係最重，而小柴胡湯咳加乾薑五味，獨不加細辛，豈傳寫有脫佚耶？夫寒飲迫肺而咳者，可從表解，可從下泄。少陽在半表半裏，間有咳者，殆陽不勝陰而以微寒侵肺耳。無飲可蠲，何需乎細辛？此傷寒太陽、少陽之分，斷不容忽過者也。

尤氏曰：五味子治嗽，新病惟熱傷肺者宜之。若風寒所客，則斂而不去矣。久病氣耗者，非五味子不能收之。然熱痰不除，則留固彌堅矣。見《金匱翼》。按所論甚是，而不免於語病。肺為熱傷，固非斂不救，如孫真人生脈散之以五味治暑病，然方中必重任人參、麥冬生津止渴之品。即尤氏所引治熱咳諸藥不效者方，亦何嘗無清滌肺熱，如石膏、知母、枇杷葉之類，雖新病不得重任五味，有邪應兼除邪，治法與寒嗽不殊，未便故為軒輊也。

過山風

清・何諫《生草藥性備要》卷上　過山風　味辛，性平。祛風濕，浸酒，壯筋骨。一名鑽地風。

紫金皮

明・蘭茂《滇南本草》〔叢本〕卷下　紫金皮　味辛、苦，性溫，有毒。入肝脾二經，行十二經絡。治筋骨疼痛，風濕寒痺，麻木不仁，癱瘓痿耎，濕氣流耎，吃之良效。製用燒酒炒。紫金皮、二錢，酒炙。秦歸五錢、川牛(夕)〔膝〕三錢、羌活三錢、木瓜三錢，用好酒五斤，煮一柱香時，取出，去火毒，露一宿方可用。

清・趙學敏《本草綱目拾遺》卷七藤部　紅木香　一名廣福藤，又名紫金皮。立夏後生苗，枝莖蔓延，葉類桂，略尖而軟，葉蒂紅色，咀之微香，有滑延。根入土，入藥用，須以水洗淨，去外粗皮，取內皮色紅者用之。入口氣味辛香而涼沁，如龍腦。治風氣痛，傷力跌撲損傷，胃氣疼痛，食積痧脹等症。俱酒煎服，紫金錠中必不可少。雷頭風腫痛貼痛法：紫金皮、獨活、赤芍、白芷、菖蒲，葱頭煎濃如膏，調敷，藥到立止，如神。汪連仕云：金谷香今人呼緊骨香，即紅木香，一名木臘，正名紫金皮。土產者功淺，入膏用，行血散氣。

清・吳其濬《植物名實圖考》卷一九　內風消　江西、湖南皆有之。蔓生，紫莖，結實攢聚如毬，極類紫金皮；惟葉不攢排，有細齒，無光澤。俚醫以為內托和血之藥。

清・吴其濬《植物名實圖考》卷一九　紫金皮　江西山中多有之。蔓延林薄，紫根堅實，莖亦赭赤；葉如橘柚，光滑無齒；葉節間垂短莖，結青蒂，攢生十數子，圓紫如毬，鮮嫩有汁出。俚醫用根藤治飽脹腹痛，有效。兼通肢節。按宋《圖經》有紫金藤，不具形狀，《和劑方》有紫金藤丸。

紅皮藤

清・趙學敏《本草綱目拾遺》卷七藤部　紅皮藤　朱烺齋《任城日鈔》：錢塘門外道姑橋下有紅皮藤，凡患半肢風及大麻風者，取藤四兩，浸無灰酒一大壺，入鍋內隔湯煮三炷香，取起飲酒，量好者以醉為度，每酒一盌，入藥酒三四匙，陸續飲至藥酒完，則風氣自愈。其風從指甲縫中出，對指尖以竹紙鋪几上驗之，紙能吹動，即是指尖風出也。

黄龍藤

清・吴其濬《植物名實圖考》卷二三　黄龍藤　生雲南山中。藤巨如臂，紋裂成鱗；細蔓紫色，長葉綠潤；開五瓣團花，中含圓珠，殷紅一色，珠老則青。

小血藤

清・莫樹蕃《草藥圖經》　小血籐　又名八仙草，又名四稜草。能行十二經絡。四季有之。辛溫，無毒。治膀背腰疼要藥。

清・劉善述、劉士季《草木便方》卷一草部　小血藤　小血藤熱生心血，散瘀活血透關節。跌打損傷血脹服，四肢筋骨風毒滅。

廣香藤

清・吴其濬《植物名實圖考》卷一九　廣香藤　產南安。綠葉毛澀，黄背赭紋，極似各樹寄生，惟褐莖長勁為異。俚醫用以解毒，養血清熱。

香藤

清・吴其濬《植物名實圖考》卷一九　香藤　產南安。蔓生，褐莖有節，節間有鬚；葉如柳葉而寬，葉本有黑鬚數莖如棕。氣味甘溫，主治和血去風。

蓬虆

宋・唐慎微《證類本草》卷二三果部上品〔《本經・別錄》〕　**蓬虆**力軌切　**味酸，鹹，平，無毒。主安五藏，益精氣，長陰令堅，强志倍力，有子。**又療暴中風，身熱大驚。**久服輕身不老。一名覆盆**，一名陵虆，一名陰虆。生荆山平澤及冤句。

〔梁・陶弘景《本草經集注》〕云：李云即是人所食莓音茂爾。

〔宋・馬志《開寶本草》〕注：是覆盆苗莖也。陶言蓬虆是根名，乃昌容所服以易顏者。蓋根、苗相近爾。李云莓也。按《切韻》莓是覆盆草也。又虆者，藤也。今據蓬虆之名，明其藤蔓也。《唐本》注云蓬虆、覆盆，一物異名，本謂實，而非根。此亦誤矣。亦如蜀漆與常山異條，芎藭與蘼蕪各用。今此附入果部者，蓋其子是覆盆也。

〔宋・掌禹錫《嘉祐本草》〕按：陳士良云：諸家本草皆説是覆盆子根，今觀採取之家，按草木類所説，自有蓬虆，似蠶莓子，紅色。其葉似野薔薇，有刺，食之酸、甘。恐諸家不識，誤説是覆盆也。

〔宋・蘇頌《本草圖經》〕曰：蓬虆，覆盆苗莖也。生荆山平澤及冤句。覆盆子，舊不著所出州土，今並處處有之，而秦、吴地尤多。苗短不過尺，莖、葉皆有刺。花白，子赤黄，如半彈丸大，而下有莖承如柿蒂狀。小兒多食其實。五月採其苗，葉採無時。江南人謂之莓，然其地所生差晚，三月始有苗，八、九月花開，十月而實成。功用則同，古方多用。亦笮其子取汁，合膏塗髮不白。按葉絞汁滴目中，去膚赤，有蟲出如絲線便效。昌容服之以易顏。其法：四、五月候甘實成採之，暴乾，擣篩，水服三錢匕。安五藏，益精，强志，倍力，輕體不老，久久益佳。崔元亮《海上方》著此三名，一名西國草，一名畢楞伽，一名覆盆子。治眼暗不見物，冷淚浸淫不止及青盲、天行目暗等。取西國草，日暴乾，擣令極爛，薄綿裹之，以飲男乳汁中浸，如人行八九里久，用點目中，即仰卧。不過三四日，視物如少年。禁酒、油、麵。

〔宋・唐慎微《證類本草》〕陳藏器云：變白，不老，佛説云蘇蜜那花點燈，正言此花也。笮取汁，合成膏，塗髮不白，食其子，令人好顏色，葉挼絞取汁，汁滴目中，去膚赤，有蟲出如絲線。其類有三種，四月熟，甘美如覆盆子者是也，餘不堪入藥，今人取茅莓當覆盆誤矣。

《唐本餘》：耐寒濕，好顏色。

宋・寇宗奭《本草衍義》卷一八　蓬虆　非覆盆也，自别是一種，雖枯敗而枝梗不散。今人不見用，此即賈山策中所言者，是此〔也〕。

宋・王繼先《紹興本草》卷一〇　蓬虆　紹興校定：蓬虆即覆盆子苗莖也。性味主治雖載《本經》，但諸方罕聞用據，乃一物二名。然性即無大異。《本經》云味酸，鹹，平，無毒是矣。唯實多入于方。南地多產之。

宋・鄭樵《通志》卷七六《昆蟲草木略》　蓬虆　曰覆盆，曰陵虆，曰陰虆。今人謂之莓。大小有數種，有蔓生者，有叢生者，有樹生者。惟叢生者大而可愛，謂之蓬虆。其樹生者，謂之覆盆子，亦謂之西國草，亦謂之畢楞伽。《爾雅》云：堇，蒛盆。其鋪地蔓生者，曰地苺。《爾雅》云藨麃者，地苺也。

宋·陳衍《寶慶本草折衷》卷一八 蓬虆力軌切。一名陵虆，一名陰虆，一名茅苺。○又云：一名莓子。○俗號莿苺，冬者號寒苺。○按寇宗奭辨蓬虆，舊一名覆盆者非也。○苺，音每，又音繆。生荊山平澤，及冤句、成州。今處處有之。○四、十月連枝採，暴乾。

味酸、鹹，甘，平，無毒。○主安五藏，益精氣，強志，療暴風熱驚。○日華子云：益顔色，長髮。分覆盆條。○寇氏曰：蓬虆非覆盆也，自別是一種。

明·滕弘《神農本經會通》卷三 蓬虆 覆盆苗莖也。《衍義》云：非覆盆也，自別是一種，雖枯敗而枝梗不散。味酸、鹹，氣平，無毒。《本經》云：主安五臟，益精氣，長陰，令堅強志，倍力，有子。又療暴中風，身熱，大驚，久服輕身不老。

明·劉文泰《本草品彙精要》卷三二 蓬虆無毒 叢生。

蓬虆出《神農本經》：**主安五臟，益精氣，長陰令堅，強志倍力，有子。久服輕身不老。**以上朱字《神農本經》。療暴中風，身熱大驚。以上黑字名醫所錄。【名】陵虆、陰虆、西國草、畢楞伽。子：覆盆。【苗】《圖經》曰：蓬虆，即覆盆子之苗莖也。蔓短不過尺，莖、葉皆有刺，花白，子黃赤色，形如半彈丸，而下有莖承之如柿蒂狀，小兒多食其實。江南人謂之苺，然其地所生差晚，而功用則同。古方用葉汁滴目中，去膚赤，有蟲出如絲線者是也。《唐本》注云：蓬虆、覆盆，一物異名，亦如蜀漆與常山異條，芎藭與蘼蕪各用，今以附入果部者，蓋其子是覆盆故也。【地】《圖經》曰：生荊山平澤及冤句，今處處有之，秦、吳尤多。【道地】成州。【時】生：春生苗。採：五月取苗，不拘時取葉。【收】暴乾。【用】苗，葉。【色】青綠。【味】酸，鹹。【性】平，收。【氣】味厚於氣，陰中之陽。【臭】香。【主】益精強志。【製】搗碎或挼汁用。【治】補：《別錄》云：耐寒濕，好顔色。

明·俞弁《續醫說》卷一〇 蓬虆 覆盆子。《本草》舊注曰：覆盆、蓬虆，一物異名。今注曰：蓬虆，覆盆之苗；覆盆，蓬虆之子。則全誤矣。《衍義》又謂軟紅可愛，則又指蓬虆為覆盆矣。按：雲南張侍郎《南園漫錄》云：蓬虆初則淺紅，熟則深紫，味甘酸而淡。其芒長，蔓生條而長，甚刺，大而稀，雖枯敗而枝梗不敗。覆盆子初則黃，熟則赤黃，味甘酸而深。其芒微，樹生枝而不甚高，刺細而密，枝葉四時如一。張公，博物之士，據所見以證《本草》舊注之誤，其功多矣。古人有云：誤《本草》非細故也。余特詳之。

明·王文潔《太乙仙製本草藥性大全》卷四《本草精義》 蓬虆 蓬虆，覆盆苗莖也。生荊山平澤及冤句。覆盆子舊不著所出州土，今處處有之，而秦吳地尤多。苗短不過尺，莖麄葉踈，類樹枝梗柔軟，皆有刺，花白，子赤黃如半彈丸大，而下有莖承如柿蒂狀，盈枝紅赤，俗呼為樹苺，小兒多食其實，與覆盆同時五月採，其苗葉採無時。

按：草本類所説，自有蓬虆似蠶苺子，紅色，其葉似野薔薇，有刺，食之酸甘。恐諸家不識，誤説是覆盆也。佛説云蘇蜜那花點燈，正言此花也。笮取汁合成膏，塗髮不白，食其子令人好顔色，葉挼絞取汁，汁滴目中，去膚赤，有蟲出如絲線。其類有三種，四月熟，甘美如覆盆子者是也，餘不堪入藥。今人取茅苺當覆盆，誤矣！

明·王文潔《太乙仙製本草藥性大全》卷四《仙製藥性》 蓬虆力軌切 味酸、鹹，氣平，無毒。主治：療暴中風身熱大驚，安五臟益精強力長陰。悅顔色神方，強志氣有秘旨。補註：古方亦笮其子取汁合膏，塗髮不白，挼葉絞汁滴目中去膚赤有蟲出如絲線便效。昌容服之以易顔，其法：四五月候甘實成採之，曝乾搗篩爲末，水服三錢。安五臟，益精強志，倍力輕身不老，久久益佳。

明·李時珍《本草綱目》卷一八草部·蔓草類 蓬虆音累。《本經》上品。校正：自果部移入此。

【釋名】覆盆《別録》 陵虆《別録》 陰虆《別録》 寒苺《會編》 割田藨音苞。時珍曰：蓬虆與覆盆同類，故《別録》謂一名覆盆。此種生于丘陵之間，藤葉繁衍，蓬蓬虆虆，異於覆盆，故曰蓬虆、陵虆，即藤也。其實八月始熟，俚人名割田藨。【集解】《別録》曰：蓬虆生荆山平澤及冤句。弘景曰：蓬虆是根名，方家不用，乃昌容所服，以易顔者也。覆盆是實名。李當之云：是人所食苺子。以津汁爲味，其核微細。今藥中用覆盆小異，未詳孰是。恭曰：覆盆、蓬虆，乃一物異名，本謂實，非根也。李云苺子者，近之矣。然生處不同，沃地則子大而甘，瘠地則子細而酸。此乃子有酸味，根無酸味。陶以根酸子甘，列入果部，重出二條，殊爲孟浪。志曰：蓬虆乃覆盆之苗莖，覆盆乃蓬虆之子也。按《切韻》：苺音茂，其子覆盆也。虆者藤也。則蓬虆明是藤蔓矣。陶言蓬虆是根，蘇言是子，一物異名，皆非矣。頌曰：蓬虆是覆盆苗，處處有之，秦吳尤多。苗短不過尺，莖葉皆有刺，花白，子赤黃，如半彈丸大，而下有蒂承之，如柿蒂，小兒多食之。五月採實，其苗葉采無時。江南謂之苺，然其地所生差晚，三月始有苗，八九月花開，十月實，用則同。士良曰：今觀采取之家說，蓬虆似蠶苺子，紅色而大，其味酸甘，葉似野薔薇，有刺。覆盆子小，其苗各別。諸家本草不識，故皆説蓬虆是覆盆子之根。大明曰：苺子是蓬虆子也。樹苺是覆盆子也。宗奭曰：蓬虆非覆盆也，别是一種，雖枯敗而枝梗不散，今人不見用此。藏器曰：其類有三種，惟四月熟，狀如覆盆，而味甘美者，爲是覆盆子。餘不堪入藥。機曰：蓬虆，徽人謂之寒苺。沿塹作叢蔓生，莖小葉密多刺。其實四五十顆作一朵，一朵大如盞面，霜後始紅。蘇頌《圖經》以此注覆盆，誤矣。江南覆盆，亦四五月熟，何嘗差晚耶。覆盆莖粗葉踈，結實大而踈散；不似寒苺，莖細葉密，結實小而成朵。一則夏熟，一則秋熟。豈得同哉。時珍曰：此類凡五種。予嘗親采，以《爾雅》所列者校之，始得其的。諸家所説，皆未可信也。一種藤蔓繁衍，莖有倒刺，逐節生葉，葉大如掌，狀類小葵葉，面青背白，厚而有毛，六七月開小白花，就蒂結實，三四十顆成簇，生則青黃，熟則紫黯，微有黑毛，狀如熟椹而扁，冬月苗葉不凋者，俗名割田藨，即《本草》所謂蓬虆也。一種蔓小於蓬虆，亦有鈎刺，一枝五葉，葉小而面背皆青，光薄而無毛，開白花，四五月實成，子亦小於蓬虆而稀踈，生則青黃，熟則烏赤，冬月苗凋者，俗名插田藨，即《本草》所謂覆盆子，《爾雅》所謂茥，缺盆也。此二者俱可入藥。一種蔓小於蓬虆，一枝三葉，葉面青，背淡白而微有毛，開小白花，四月實熟，其色紅如櫻桃者，俗名藕田藨。即《爾雅》所謂藨者也。故郭璞注云：藨即苺也。子似覆盆而大，赤色，酢甜可食。此種不入藥用。一種樹生者，樹高四五尺，葉似櫻桃葉而狹長，四月開小白花，結實與覆盆子一樣，但色紅爲異，俗亦名藨，即《爾雅》所謂山苺，陳藏器《本草》所謂懸鈎子者也。詳見本條。一種就地生蔓，長數寸，開黃花，結實如覆盆而鮮紅，不可食者，本草所謂蛇苺也。見本條。如此辨析，則蓬虆、覆盆自定矣。李當之、陳士良、陳藏器、寇宗奭、汪機五説近是，而欠明悉。陶弘景以蓬虆爲根，覆盆爲子；馬志、蘇頌以蓬虆爲苗，覆盆爲子；蘇恭以爲一物；大明以樹生者爲覆盆，皆臆説，不可據。

【氣味】酸，平，無毒。《别録》曰：鹹。士良曰：甘、酸，微熱。【主治】安五臟，益精氣，長陰令人堅，强志倍力，有子。久服輕身不老《本經》。療暴中風，身熱大驚《别録》。益顔色，長髮，耐寒濕恭。

【發明】見覆盆子下。

【附方】新一。長髮不落：蓬虆子榨油，日塗之。《聖惠方》。

苗、葉同覆盆。

明・倪朱謨《本草彙言》卷六　蓬虆　味甘酸，氣溫，無毒。《别錄》曰：蓬虆生荆山、平澤及冤句，今處處有之。蘇氏曰：秦、吴尤多。李氏曰：此藥凡五種，予嘗親采，以《爾雅》所列者較之，始得其的。諸家所説，皆未可信。一種藤蔓繁衍，莖有棘刺，逐節生葉，葉大如掌，狀類小葵，葉面青，背白厚而有毛。六七月開小白花，就蒂結實三四十粒而成簇，生時青黃，熟則黑黯，微有黑毛，狀如桑椹而扁。冬月蔓葉不凋者，俗名割田藨，即《本草》所謂蓬虆是也。一種蔓小于蓬虆，亦有鈎刺，一枝五葉，葉小，面背皆青，光澤無毛，開白花，五月結實成子，亦小于蓬虆，不簇生而稀疏。生時青黃，熟則烏赤，冬月苗凋者，俗名插田藨。《本草》所謂覆盆子，《爾雅》所謂茥，缺盆者是也，二種俱可入藥。一種蔓小于蓬虆，一枝三葉，面青背淡白，微有毛，三月開小白花，四月實熟，紅如櫻桃，似覆盆而色大赤，酢甜可食，不入藥用，俗名耨田藨，《爾雅》所謂藨者是也。一種樹生者，樹高四五尺，葉似櫻桃葉而狹長，四月開小白花，結實如覆盆子，但色紅爲異，俗亦名藨，《爾雅》所謂山苺，陳藏器所謂鈎懸子者是也。一種就地生蔓，長數寸，開黃花，結實如覆盆，色鮮紅，不可食者，《本草》所謂蛇苺者是也。若以五類互爲辨析，則蓬虆、覆盆自定矣。諸家立論多端，皆近是而非。更有以蓬虆爲根，覆盆爲子；及覆盆爲子，蓬虆爲苗；與樹生爲覆盆，草生爲蓬虆，弁以蓬虆、覆盆爲一物者，恐出臆説，難以爲據也。盧氏曰：顧名思義，蓬虆族類繁多，因名蓬虆，宜别子母兄弟以及雌雄，則覆盆亦一支派矣。但禀氣有優劣，功用有異同，不可不細爲辨析也。否則差之毫氂，失之千里，諸家臆説紛出，獨蘄陽立言遵古，特表而出之。雷氏曰：凡使用淨水淘去黃葉弁皮蒂，取子以酒拌蒸一宿，再淘一次，晒乾用。

蓬虆：馬志養五藏，益精氣之藥也。梁心如稿《本草》主長陰令堅，强志《本經》倍力，益顔色，蘇恭長鬚髮。此藥易生而多變，全得氣化榮華之表。雖養五藏，充足在肝。肝主發生，故主陰器，可長可堅，神志可强，氣力可倍，顔色可益，鬚髮可長，爲少陽甲木之用藥也。但肝主發生，又主疏泄，倘服食過多，性味有偏，發生急而疏泄多，未免有反激之患，而肝木自戕其體矣。慎之！慎之！

集方：通治五藏陰精衰薄。用蓬虆四兩，酒拌蒸，晒乾，配人參、白朮、菟絲子、枸杞子、龜鹿膠、懷熟地、山藥、山茱萸肉、肉蓯蓉、蓮鬚、冬青子酒拌炒，各三兩，俱爲末，煉蜜丸。每早服四五錢，白湯送，多服自效。如虛寒人，加肉桂一兩；虛熱，加酒炒黃連五錢。見《普濟方》。○以下六方俱出自《方脉正宗》治體肥人頭眩者，屬氣虛有濕痰也。用蓬虆、天麻、白朮、茯苓、黃耆、半夏、當歸、膽星各二兩，川芎、陳皮、白芷、白芥子各一兩，人參、甘草各八錢，俱用酒拌炒，分作十劑，水煎服。○治體瘦人頭眩者，屬血虛有火也。用蓬虆、天麻、白朮、茯苓、黄芩、黑山梔、玄參、知母、當歸、川芎、懷熟地、枸杞子、荆芥各一兩，人參、甘草各八錢，俱用酒拌炒，分作十劑，水煎服。〇治無病人，忽時眩暈卒倒者，是中氣虚而風痰風火上沖也。用蓬蘽、人參、黄耆、茯苓、當歸、白芍各二錢，川芎、半夏、膽星、杏仁去皮、防風、陳皮、生薑各一錢，甘草六分，水煎，加竹瀝半盞，煎服。〇治陰火動，眩暈者，是斲喪之人有之。用蓬蘽、人參、白朮、當歸、黄耆各二錢，懷熟地二兩，水煎，頻頻服。〇治虚極欲倒，如坐舟車，是真陽不足，上氣喘急，氣短自汗而眩暈，手足冷，脉必沉細也。用蓬蘽炒、人參、大附子童便製各三錢，肉桂二錢，甘草一錢，煎服。〇治頭眩暈，目中溜火，大便閉結，能食而健，是火壅也。用蓬蘽三錢，大黄酒煮三錢，水煎服。

明·姚可成《食物本草》卷一九草部·蔓草類 蓬蘽生荆山平澤及寃句。是覆盆苗，處處有之，秦、吴尤多。苗短不過尺，莖葉皆有刺。花白。子赤黄，如半彈丸大，而下有蒂承之，如柿蒂，小兒多食之。五月采實。其苗葉采無時。〇陳藏器曰：其類有三種，惟四月熟，狀如覆盆而味甘美者為是。〇李時珍曰：此類凡五種，予嘗親采，以《爾雅》所列者校之，始得其的。一種藤蔓繁衍，莖有倒刺，逐節生葉，葉大如掌，狀類小葵，葉面青背白，厚而有毛，六七月開小白花，就蒂結實，三四十顆成簇，生則青黄，熟則紫黯，微有黑毛，狀如熟椹而扁，冬月苗葉不凋者，俗名割田藨，即本草所謂蓬蘽也。一種蔓小於蓬蘽，亦有鉤刺，一枝五葉，葉小而面背皆青，光薄而無毛，開白花，四五月實成，子亦小於蓬蘽而稀疎，生則青黄，熟則烏赤，冬月苗凋者，俗名割田藨，本草所謂覆盆子，《爾雅》所謂茥，缺盆也。一種蔓小於蓬蘽，一枝三葉，葉面青背淡白，而微有毛，開小白花，四月實熟，其色紅如櫻桃者，俗名藕田藨，即《爾雅》所謂藨者也。故郭璞註云：藨即莓也。子似覆盆而大，赤色，酢甜可食。一種樹生者，樹高四五尺，葉似櫻桃葉而狹長，四月開小白花，結實與覆盆子一樣，但色紅為異，俗亦名藨，即《爾雅》所謂山莓，陳藏器《本草》所謂懸鉤子者是也。一種就地生蔓，長數寸，開黄花，結實如覆盆子而鮮紅不可食者，本草所謂蛇苺是也。蓬蘽，味酸，平，無毒。主安五臟，益精氣，長陰令（人）堅，强志倍力，有子。久服輕身不老。療暴中風，身熱大驚。益顔色，長髮，耐寒溼。

明·盧之頤《本草乘雅半偈》帙二 蓬蘽《本經》上品 氣味：酸，平，無毒。主治：主安五藏，益精氣，長陰令堅，强志，倍力，有子。久服輕身不老。

覈曰：出荆山平澤，及寃句。今處處有之，秦吴尤多。時珍曰：此類凡五種。予嘗親採，以《爾雅》所列者較之，始得其的。諸家所說，皆未可信。一種藤蔓繁衍，蔓有棘刺，逐節生葉，葉大如掌，狀類小葵葉，面青背白，厚而有毛，六七月白花碎小，就蒂結實三四十粒而成簇，生時青黄，熟則黑黯，微有黑毛，狀如桑椹而扁。冬月蔓葉不凋者，俗名割田藨，即《本草》所謂蓬者是蘽也。一種蔓小于蓬蘽，亦有鉤刺，一枝五葉，葉小，面背皆青，光澤無毛，開白花，四五月結實成子，亦小于蓬蘽，不簇生而稀踈，生時青黄，熟則烏赤。冬月苗凋者，俗名插田藨，《本草》所謂覆盆子，《爾雅》所謂茥、缺盆者是也。二種俱可入藥。一種蔓小于蓬蘽，一枝三葉，面青背淡白，微有毛，開小白花，四月實熟，紅如櫻桃，似覆盆而色大赤，酢甜可食，不入藥用，俗藕田藨。《爾雅》所謂藨者是也。一種樹生者，樹高四五尺，葉似櫻桃葉而狹長。四月開小白花，結實如覆盆子，但色紅為異，俗亦名藨，《爾雅》所謂山苺，陳藏器所謂懸鉤子者是也。一種就地生蔓，長數寸，開黄花，結實如覆盆，色鮮紅，亦可食者，本草所謂蛇莓者是也。若以五類互為辨析，則蓬蘽、覆盆自定矣。諸家立論多端，皆近是而非。更有以蓬蘽為根，覆盆為子，及覆盆為子，蓬蘽為苗，與樹生為覆盆，草生為蓬蘽，併以蓬蘽、覆盆為一物者，恐出臆說，難以為據也。頤曰：顧名思義，蓬蘽族類繁多，因名蓬蘽，宜别子母兄弟，以及雌雄，則覆盆亦一支派矣。但禀氣有優劣，功用有異同，不可不細為辨析也。否則差之毫釐，失之千里，諸家臆說紛出，獨蘄陽立言遵古，特表而錄之。斆曰：凡使用東流水，淘去黄葉併皮蒂，取子，以酒拌蒸一宿，東流水再淘兩次。晒乾用。

先人云：一名覆盆。又名陰蘽，陰有覆義，知斯嘉美，便可發覆。又云：津汁為味，甘中之酸，為肝用藥，咸具生成，裨少火生陽之機，逢形氣娙業之累。又云：生機勃發，用可駐顔。

条曰：草之不理，風輸輪旋曰蓬，田諧草木，在草木之間曰蘽，故蓬蘽有藤蔓草木，繁踈整棘之别。藨田三候，色味性情之殊，蓋以易生多變，而能五藏咸入。各隨所受，以從類爾。雖入五藏，以肝為主，當入厥陰。亦可以膽為主，當入少陽。《經》云：十一藏府皆取決于膽。少陽膽，厥陰肝，府也。厥陰者，陰之盡，陽之始也。是以入厥陰之經，長陰令堅，强志倍力，益精之氣而有子。此體用雙彰之効也。即府藏之經，亦莫不終于此，始于此耳。久服輕身不老，即生變之徵。但肝主踈泄，服之過多，雖得其用，而戕其體。天和損矣，慎之。

清·汪紱《醫林纂要探源》卷二 蓬蘽 酸，熱。寒藨也。莖蔓多刺，實小而繁，冬乃熟。補肺去寒。餘功略同。

清・吳其濬《植物名實圖考》卷二二　蓬虆　《本經》上品。今廢圃籬落間極繁。秋結實如桑椹，湖廣通呼烏泡果。泡即藨之訛。《爾雅》：藨，麃。注：麃即莓也。今江東呼為麃莓子，似覆盆而大赤，酢甜可啖，即此類也。湖南俚醫，端午日取其葉陰乾，六月六日研為末，以治刀傷。名曰具龍丹。李時珍以苗葉功用似覆盆，未的。

雩婁農曰：《史記》述老子之言曰：得時則駕，不得時則蓬虆而行。釋者皆不甚詳。《禮》曰：環堵之室，蓬戶甕牖。飛蓬不可為戶。余常泝湘澧，下豫章，崎嶇行萬山中，每見谷口繚複，蓬虆塞徑，未嘗不念此中或有異人。顧巖阿中，累石藉樹，藤蔓交垂，居人出入，披長條而搴蒙密，無異排闥而數闔也。入我室者，唯有清風；履我闥者，唯有明月；蕭條踽涼，至此極矣。然則蓬虆而行，蓋巖棲之士，唯恐入林不深，而蓬戶者，亦貧家搴蘿補屋之景況耳。宋之隱士如种放者，至煩朝廷，圖其別墅，營園林而勤封殖，烏能甘寂寞長貧賤哉？

清・葉志詵《神農本草經贊》卷一　蓬虆　味酸，平。主安五藏，益精氣，長陰令堅，強志倍力，有子。久服輕身不老。一名覆盆。生平澤。

舊幹新叢，同功分紀。刺類鉤懸，蔓牽角犄。逐節葵青，成簇椹紫。蠶老蛇殘，莓非倫擬。

庾肩吾詩：新叢入望苑，舊幹冠層城。李時珍曰：蓬虆，覆盆，一類二種，分早熟晚熟，功用相近。藤蔓繁衍，莖有倒刺，逐節生葉，如小葵葉，面青背白，結實成簇，熟則紫黯如椹。又懸鉤樹莖，有倒刺，實亦相類。孟詵以為即覆盆，誤。袁桷詩：勢如鹿角犄。吳瑞曰：地莓蠶老時紅熟，一名蛇殘。韓保昇曰：子赤，儼若覆盆。《唐書・傳》：劉洎勢不倫擬。

清・佚名氏著，錢沛補《治疹全書》卷上　蓬虆考　藤蔓繁衍，莖有倒刺，逐節生葉，葉大如掌，狀類小葵，面青背白，厚而有毛。六七月開小白花，就蒂結實，三四十顆成簇，生則青黃，熟則紫黯，微有黑毛，狀如熟椹而扁。冬月不凋，其實霜後始紅，故一名寒莓。今剡西或轉為寒藕。

三月藨

清・劉善述、劉士季《草木便方》卷一草部　三月藨　三月藨根苦澀平，赤白帶痢膿血淋。子死腹痛胎即下，破血殺蟲固精靈。

蛇抱筋

清・何諫《生草藥性備要》卷上　蛇抱筋　味劫、酸。除痃疥，殺蟲，去汗班，洗疳痔。浸酒，治瘰癧。十蒸九晒，治吐血，止牙痛。有簕。子紅，可食。根浸酒，壯筋骨。一名黑龍骨。葉大的一名虎掌，一名山象皮。小葉的，能開蛇口。

清・趙其光《本草求原》卷三隰草部　蛇泡簕即黑龍骨蘧。酸、澀，平。主牙痛吐血，殺蟲，洗疥癩，汗斑，疳瘡。蘧，止刀傷血，開蛇傷之口。簕，九蒸九曬浸酒，壯筋骨，治瘰癧妙。根，存性，開油搽坐板瘡。又一種大葉蛇泡，一名虎掌簕，又名山象皮。澀，平。消瘰癧紅腫。其蘧，曬研，治蛇傷，刀傷；根，洗蛇泡瘡。

紅梅消

清・吳其濬《植物名實圖考》卷一九　紅梅消　江西、湖南河濱多有之。細莖多刺，初生似叢，漸引長蔓，可五六尺，一枝三葉，葉亦似藕田藨；初發面青背白，漸長背即淡青，三月間開小粉紅花，色似紅梅，不甚開放；下有綠蒂，就蒂結實，如覆盆子，色鮮紅纍纍滿枝，味酢甜可食。

按藨屬甚多，李時珍亦未盡攷，故不云有紅花者。《辰谿縣志》：山泡有三月泡、大頭泡、田雞泡、扒船泡。泡即藨語音輕重耳。名隨地改，殆難全別。江西俚醫以紅梅消根浸酒，為養筋、治血、消紅、退腫之藥；又取花汁入粉，可去雀斑。蓋色形味與蓬藟、覆盆相類，其功用應亦不遠。李時珍分別入藥不入藥，亦只以《本草》所有者言之。而山鄉則可食者即多入藥，未可刻舟膠柱也。此草滇呼紅瑣梅，採作果食。湖南北謂之過江龍。《簡易草藥》收之，其枝梢下垂，及地則生根。黔中謂之倒築傘。《遵義府志》：枝葉結子，與薅秧藨絕似，枝末拄地則生根，復起再長，拄地復然，大者不知其本末所在。根可入藥云。

蒔田苞

明・佚名氏《醫方藥性・草藥便覽》　蒔田苞根　其性溫。治生血，去瘀血，調經水。

覆盆子

唐・孫思邈《千金要方》卷二六《食治・果實》　覆盆子　味甘、辛，平，無毒。益氣，輕身，令髮不白。

唐・孟詵、張鼎《食療本草》卷子本　覆盆子平。右主益氣輕身，令人髮不白。其味甜、酸。五月麥田中得者良。採其子於烈日中曬之，若天雨即爛，不堪收也。江東十月有懸鉤子，稍小，異形。氣味一同。然北地無懸鉤子，南方無覆盆子，蓋土地殊也。雖兩種，則不是兩種之物，其功用亦相似。

宋・李昉《太平御覽》卷第九九八　覆盆　《爾雅》曰：茥苦圭切，蒛去悅切葐。郭璞曰：覆盆也。實似莓而小，亦可食。孫炎曰：青州曰茥。《廣雅》曰：蒛葐，陸英梅也。《抱朴子》曰：俗人見方用蒛葐、覆葐，謂之瓦器，近易之草，或不知蓬累，一名陵累。《甄氏本草》曰：覆葐子，一名馬瘻，一名陸荆。

宋・李昉《太平御覽》卷第九九三　蒛葐　《爾雅》曰：茥音奎，蒛葐。覆葐也，實似莓而小，可食。《吴氏本草》曰：笔簏，一名决盆。

附：日・丹波康賴《醫心方》卷三〇　覆盆子　《本草》云：無毒。主益氣輕身，令髮不白。陶〔弘〕景注云：蓬蘽是根名，覆盆子是實名，方家不用，乃昌容所服，以易顔色者也。蘇敬注云：覆盆子、蓬蘽，一物異名。本謂實，非根也。崔禹〔錫〕云：覆盆味酸美香，主益氣力，安五藏，是烈真常噉之，遂登仙矣。

宋・唐慎微《證類本草》卷二三果部上品〔《别錄》〕　覆盆子　味甘，平，無毒。主益氣輕身，令髮不白。五月採。

〔梁・陶弘景《本草經集注》〕云：蓬蘽是根名，方家不用，乃昌容所服以易顔者也。覆盆是實名，李云是莓子，乃似覆盆之形。而以津汁爲味，其核微細。藥中用覆盆子小異。此未詳孰是？

〔唐・蘇敬《唐本草》〕注云：覆盆，蓬蘽，一物異名，本謂實，非根也。李云莓子，近之矣。其根不入藥用。然生處不同，沃地則子大而甘，瘠地則子細而酸。此乃子有甘、酸，根無酸味。陶景以根酸、子甘，將根入果，重出子條，殊爲孟浪。

〔宋・馬志《開寶本草》〕注：蓬蘽乃覆盆之苗也，覆盆，乃蓬蘽之子也。陶注、唐注皆非。今用覆盆子補虚續絶，强陰健陽，悦澤肌膚，安和藏腑，溫中益力，療勞損風虚，補肝明目。

〔宋・掌禹錫《嘉祐本草》〕按：《蜀本》注：李云是蓬蘽子也。陶云蓬蘽子津味，與覆盆子小異，而云未審，乃慎之至也。蘇云覆盆、蓬蘽一物也，而云剩出此條者，亦非也。今據蓬蘽即莓也。按《切韻》莓，音茂，其子覆盆也。又按：蘽者，藤也。今此云覆盆子，則不言其蔓藤也，前云蓬蘽，則不言其子實也。猶如芎藭與蘼蕪異條，附子與烏頭殊用。《藥性論》云：覆盆子，臣，微熱，味甘、辛。能主男子腎精虚竭，女子食之有子。主陰痿，能令堅長。孟詵云：覆盆子，味酸，五月於麥田中得之良。採得及烈日曬乾，免爛不堪。江東亦有，名懸鈎子。大小形異，氣味、功力同。北土即無懸鈎，南地無覆盆，是土地有前後生，非兩種物耳。陳藏器云：笮取汁，合成膏，塗髮不白，食其子令人好顔色，葉挼絞取汁，滴目中，去膚赤，有蟲出如絲線。陳士良云：蓬蘽似蠶莓大，覆盆小，其苗各别。日華子云：莓子，安五藏，益顔色，養精氣，長髮，强志，療中風身熱及驚。又有樹莓，即是覆盆子。

〔宋・唐慎微《證類本草》〕《圖經》：文具蓬蘽條下。雷公云：凡使，用東流水淘去黄葉并皮、蒂盡了，用酒蒸一宿，以東流水淘兩遍，又曬乾方用，爲妙也。

宋・寇宗奭《本草衍義》卷一八　覆盆子　長條，四五月紅熟，秦州甚多，永興華州亦有。及時，山中人採來賣。其味酸甘，外如荔枝。櫻桃許大，軟紅可愛，失採則就枝生蛆。益腎臟，縮小便，服之，當覆其溺器，如此取名。食之多熱，取時五六分熟便可採。烈日曝，仍須薄綿蒙之。今人取汁作煎爲果，仍少加蜜，或熬爲稀湯，點服，治肺虚寒。採時著水則不堪煎。

宋・王繼先《紹興本草》卷一〇　覆盆子　紹興校定：覆盆子即蓬蘽實也。主治已具《本經》。滋助下經諸方用之頗驗。當云味甘酸、溫、無毒是也。又有蛇莓一種，形質頗類覆盆子，曾識之者，自可别矣。蓋性味不同，宜審辨詳。

宋・洪邁《夷堅志・再補》　其藥乃覆盆子葉一味，著於《本草》。陳藏器云：治眼暗不見物，冷淚浸淫不止，及青盲等，取此草日曝乾，搗極爛，薄綿裹之，以人乳汁浸，如人行八九里久，用點目中，即仰面卧，不過三四日，視物如少年。但禁酒、麪、油。蓋治眼妙品也。

宋・劉明之《圖經本草藥性總論》卷下　覆盆子　味甘，平，無毒。主益氣。《藥性論》云：臣。微熱。主男子腎精虚竭，女子食之有子，主陰痿，能令堅長。日華子云：安五臟，益顔色，養精，療中風身熱及驚。

宋・王介《履巉巖本草》卷下　覆盆草　味甘，平，無毒。安五臟，益精强力，輕體不老，久久益俠。又取其汁，用汁合膏，塗髮不白。挼葉絞汁，滴目中，去膚赤，有蟲出如絲便效。

宋・陳衍《寶慶本草折衷》卷一八　覆盆子君。汁在內。　一名覆盆，一名懸鉤子，一名樹莓。○又云：一名畢楞伽。○其葉一名西國草。生江東，及北土，及華州、永興軍。○又云：生秦、吴地。今處處有之。○四五月採實，五六分熟便可採，烈日曬乾。失採則就枝生蛆。於麥田中得之良。

味甘、酸、辛，平，微熱，無毒。〇主益氣。〇今註：補虛續絕，強陰陽，安和藏腑，溫中益力，療勞損風虛，補肝明目。〇《藥性論》云：主男子腎精虛竭，女子食之有子，主陰痿。〇寇氏曰：外如荔枝、櫻桃許大，益腎藏，縮小便。服之，當覆其溺器。食之多熱。今人取汁作煎為果，仍小加蜜或熬為稀湯點服。治肺虛寒。

續說云：蓬藟、覆盆類同而種異也。其覆盆則結實肥長，當青時摘；其蓬藟則結實碎細，待紅時收之。比觀性治，固有優劣，顯知兩物不相干矣。

元・尚從善《本草元命苞》卷八　覆盆子　為臣。味甘平，無毒。安和臟腑，溫中益氣，滋養精神，續絕強陰。治男子腎精傷憊，令女人服之有子。療勞損風虛，補肝經明目。悅澤肌膚，美益顏色。生荊山冤句平澤，今吳地州郡尤多。苗短，不過尺，莖葉皆有刺。八月花開白色，十月子結赤黃，莖承如柿蒂，大若半彈丸。實取汁合膏，塗髮上不白。葉挼汁點眼，去目中膚赤。

元・吳瑞《日用本草》卷六　覆盆子　即莓也。一名蓬藟。蠶老時紅熟於地中，空者名蠶莓。中實極紅者名蛇殘茆，人不敢食，恐有蛇殘。樹生者名樹莓，乾之名覆盆子。秋熟沿塹多刺，味酸，名沿釣子。　味酸，平，無毒。能縮小便，令髮不白。　主益氣輕身，安五臟，益顏色，男子腎氣虛竭，女子食之有子，小兒食之功効同。

明・蘭茂撰，清・管暄校補《滇南本草》卷下　覆盆子即硬枝黑鎖梅。　性微寒，味甘酸。入肝腎二經。入肝強筋，入腎興陽，治痿軟。種(三万)〔子方〕中不可無。

明・蘭茂撰，清・管暄校補《滇南本草》卷上　覆盆子俗呼鎖梅，又名鑽地風，又名蘇風草。　味甘、酸。分黃黑二種，能瑣玉關，故呼瑣梅。得水氣而生，入腎經，益腎，補肝明目，興陽，婦人多食能生子。其功不可盡述。根，洗疥癩瘡。

明・蘭茂《滇南本草》〔叢本〕卷中　覆盆子　味甘酸，性微寒。入肝腎二經。入腎興陽治痿，入肝強筋種玉，方中決不可少。

明・王綸《本草集要》卷五　覆盆子臣　味甘，氣平，微熱，無毒。五月採。主益氣輕身，令髮不白。又主男子腎虛，精竭陰痿，女子食之有子。

明・滕弘《神農本經會通》卷三　覆盆子　五月採。蓬藟是根名，覆盆是實名。臣也。　味甘，氣平，無毒。一云：微熱，味甘、辛。東云：益精。

《本經》云：主益氣輕身，令髮不白。《今注》云：補虛續絕，強陰陽，悅澤肌膚，安和藏府，溫中益力。療勞損風虛，補肝明目。《藥性論》云：臣。微熱，味甘、辛。主男子腎精虛竭，女子食之有子。主陰痿，能令堅長。陳藏器云：笮取汁，合成膏，塗髮不白。食其子，令人好顏色。葉挼絞取汁，滴目中，去膚赤，有蟲出如絲綿。日華子云：莓子，安五臟，益顏色，養精氣，長髮，強志。療中風身熱及驚。又有樹莓，即是覆盆子。《局》云：覆盆子治風虛損，益氣強陰更養精。明目補肝和臟腑，一名蓬藟是苗莖。覆盆子，益氣，強陰養精。

明・劉文泰《本草品彙精要》卷三二　覆盆子無毒　叢生。

覆盆子：主益氣，輕身，令髮不白。名醫所錄。〔名〕懸鉤子。〔苗〕《衍義》曰：覆盆子，四五月紅熟，山中人採來賣者，其味酸甘，外如荔枝、櫻桃許大，紅輭可愛，失採則枝上就生蛆。益腎臟，縮小便，服之當覆其溺器，如此取名。食之多熱，收時須乘五六分熟便可採，於烈日中暴，仍須薄綿蒙裹，着水則不堪用也。〔地〕《圖經》曰：生荊山平澤及冤句，今處處有之，秦、吳地尤多。〔時〕生：三月生苗。採：五月取實。〔收〕暴乾。〔用〕實，於麥田中得者良。〔色〕紅。〔味〕甘。〔性〕平，緩。〔氣〕氣厚於味，陽中之陰。〔臭〕朽。〔主〕補肝明目，滋陰駐顏。〔製〕雷公云：凡使，用東流水淘去黃葉，并皮蒂盡了，用酒蒸一宿，以東流水淘兩遍，曬乾用。〔治〕療：日華子云：主中風，身熱及驚。《別錄》云：熬湯服，平肺虛寒。補：《唐本》注云：補虛續絕，強陰健陽，悅澤肌膚，安和臟腑，和中益力，療勞損風虛，補肝明目。《藥性論》云：療男子腎精虛竭，女人食之有子。日華子云：益顏色，養精氣，長髮強志。陳藏器云：令人好顏色。〔合治〕子擣綿裹合人乳浸，點目中，治眼暗不見物，冷淚浸淫，青盲，天行目暗等疾。

〔贋〕茅莓爲偽。

明・盧和、汪穎《食物本草》卷二果類　覆盆子　味甘酸，氣平，微熱，無毒。主輕身，益氣，令髮不白，顏色好。又主男子腎虛，精竭陰痿。女子食之有子。熟時軟紅可愛，五月採之，失採則枝就生蟲。製為蜜煎食更佳。

明・葉文齡《醫學統旨》卷八　覆盆子　氣平，微熱，味甘。無毒。治男子腎虛，精竭陰痿，女子食之有子；益氣輕身，令髮不白。

明・許希周《藥性粗評》卷三　覆盆子澡痨傷之體。

覆盆子蓬虆之子也。一名莓子。《衍義》曰：蓬虆，非覆盆也，自別是一種，更詳之。五月於麥田内得之良。半熟時採之，烈日暴乾，酒蒸一宿，復以東流水淘過，又烈日中暴乾。味甘、酸，性平、微熱，無毒。主治五痨七傷，益氣輕身，令髮不白，婦女食之暖子宫，有子。

單方：令髮不白：取覆盆子搗汁，塗頭上，髮長黑。

明・鄭寧《藥性要略大全》卷三　覆盆子　治男子腎虚精竭陰痿，極能益精，婦人食之有子。　味甘，酸，氣平、微溫，無毒。四五月採。

明・陳嘉謨《本草蒙筌》卷七　覆盆子　味甘，氣平、微熱。無毒。道傍田側，處處有生。苗長七八寸餘，實結四五顆止。大若半彈而有蒂，承之如柿蒂狀。微生黑毛而中虚。去蒂中虚而白。赤熟夏初，小兒競採。江南咸謂莓子，《本經》易名覆盆。因益腎易收小便，人服之當覆溺器。由此為譽，大能拯疴。益氣溫中，補虚續絕。安和五臟，悦澤肌膚。療中風發熱成驚，治腎傷精竭流滑。明目黑髮，耐老輕身。男子久服強陰，女人多服結孕。挼葉絞汁，堪滴目中。止冷淚浸淫，去赤花盲暗。

又種蛇莓，附地而生。苗莖僅長寸餘，莖端只結一實。小而光潔，略異覆盆。下有蛇藏，切勿採食。敷蛇蟲咬毒最効，療射工溪毒亦良。○仍有蓬虆，甘酸鹹味。莖麄葉踈類樹，枝梗有刺軟柔。結實盈枝，赤熟而擎蒂中實；俗呼樹莓，採食與覆盆同時。安五臟，益精氣。長陰悦顔色，強志力有子。

謨按：覆盆、蓬虆，本係兩種。《本經》不考，妄註蓬虆即是覆盆，一種二名，則甚悮也。殊不知蓬虆枝莖類樹而麄長，結實有百千顆；覆盆枝莖是草而短小，結實僅四五枝。蓬虆赤熟，擎蒂中實而味酸；覆盆赤熟，蒂脱中虚而味甜。大相差殊，何得混指。故特別白，以釋其疑。

明・王文潔《太乙仙製本草藥性大全》卷四《本草精義》　覆盆子　一名華樗茄，一名西國草。道傍田側處處有生。苗長七八寸餘，實結四五顆，止大若半彈而有蒂承之如柿蒂狀，微生黑毛而中虚去蒂中虚而白。赤熟，夏初小兒競採，江南咸謂莓子。《本經》易名覆盆子，益腎，易收小便，人服之當覆溺器，由此爲名。

明・王文潔《太乙仙製本草藥性大全》卷四《仙製藥性》　覆盆子臣　味甘，氣平、微熱，無毒。　主治：大能拯疴，益氣溫中，補虚續絕，安和五臟，悦澤肌膚。療中風發熱成驚，治腎傷精竭流滑。明目黑髮耐老輕身，男子久服強陰，女人多服結孕。挼葉絞汁堪滴目中，止冷淚浸淫，去赤花盲暗。　補註：治眼暗不能見物，冷淚浸淫不止，及青盲，天行目暗等，取西國草，日曝乾搗令極爛，薄綿裹之，以飲男乳汁中浸，如人行八九里久，用之點目中，即仰臥，不過三四日，視物如少年，禁油麪。　太乙曰：凡使用東流水淘去黄葉并皮蒂盡，子用酒蒸一宿，以東流水淘兩遍，又熬乾方用爲妙也。《衍義》曰：覆盆子長條，四五月紅熟，秦州甚多，永興華州亦有，及時山中人採來賣。其味酸甘，外如荔枝、櫻桃許大，軟紅可愛，失採則就枝生蛆。益腎臟小便，服之當覆其溺器，如此取名。食之多熱。收時五六分熟便可採，烈日曝，仍須薄綿蒙之。今人取汁作煎爲果，仍少加蜜或熬爲稀湯點服，治肺虚寒。採時著水則不堪煎。

明・皇甫嵩《本草發明》卷四　覆盆子上品。氣平、微熱，味甘，無毒。　發明曰：覆盆子，甘平能補，佐巴戟能補腎，故主益氣溫中，補虚續絕，治腎傷精滑陰痿，安和五藏，補肝明目，黑髮潤肌。亦療中風發熱成驚，久服強陰，耐老輕身，女子多孕。大略補腎可知矣。有一種蓬虆，枝莖與覆盆相似，但樹粗長，結實百千顆，赤熟而擎蒂中，味酸，俗呼樹莓，與覆盆子大異，用者辨之。○凡使，淘去黄葉及去蒂，東流水淘兩遍，酒蒸，晒用。

明・李時珍《本草綱目》卷一八草部・蔓草類　覆盆子《别録》上品。校正：自果部移入此。

【釋名】堇《爾雅》。音奎。　葐盆《爾雅》　西國草《圖經》　畢楞伽《圖經》　大麥莓音母　插田藨音苞　烏藨子《綱目》當之曰：子似覆盆之形，故名之。宗奭曰：益腎臟，縮小便，服之當覆其溺器，如此取名也。時珍曰：五月子熟，其色烏赤，故俗名烏藨、大麥莓、插田藨，亦曰栽秧藨。甄權《本草》一名馬瘻，一名陸荆，殊無義意。　【集解】《别録》曰：五月采。藏器曰：佛説蘇密那花點燈，正言此花也。其(花)〔類〕有三種，以四月熟，狀如覆盆，味甘美者爲是，餘不堪入藥。今人取茅莓當覆盆，誤矣。宗奭曰：處處有之，秦州、永興、華州尤多。長條，四五月紅熟，山中人及時采來賣。其味酸甘，外如荔枝，大如櫻桃，軟紅可愛。失時則就枝生蛆，食之多熱。收時五六分熟便可采，烈日曝乾。今人取汁作煎爲果。采時着水，則不堪煎。時珍曰：蓬虆子以八九月熟，故謂之割田藨。覆盆以四五月熟，故謂之插田藨，正與《别録》五月采相合。二藨熟時色皆烏赤，故能補腎。其四五月熟而色紅者，乃薅田藨也，不入藥用。陳氏所謂以茅莓當覆盆者，蓋指此也。

【正誤】詵曰：覆盆江東名懸鈎子，大小形狀氣味功力同。北土無懸鈎，南地無覆盆，是土地有前後生，非兩種物也。時珍曰：南土覆盆極多。懸鈎是樹生，覆盆是藤生，子狀雖同，而覆盆色烏赤，懸鈎色紅赤，功亦不同，今正之。

【修治】詵曰：覆盆子五月采之。烈日曝乾，不爾易爛。雷曰：凡使用東流水淘去黃葉并皮蒂，取子以酒拌蒸一宿，以東流水淘兩遍，又晒乾方用。時珍曰：采得搗作薄餅，晒乾密貯，臨時以酒拌蒸尤妙。

【氣味】甘，平，無毒。權曰：甘、辛，微熱。【主治】益氣輕身，令髮不白《别録》。補虛續絶，强陰健陽，悦澤肌膚，安和五臟，温中益力，療勞損風虛，補肝明目。並宜擣篩，每旦水服三錢馬志。男子腎精虛竭，陰痿能令堅長。女子食之有子權。食之令人好顔色，榨汁塗髮不白藏器。益腎臟，縮小便，取汁同少蜜煎爲稀膏，點服，治肺氣虛寒宗奭。

【發明】時珍曰：覆盆、蓬虆，功用大抵相近，雖是二物，其實一類而二種也。一早熟，一晚熟，兼用無妨，其補益與桑椹同功。若樹莓則不可混采者也。

【附方】新一　陽事不起：覆盆子，酒浸焙研爲末，每旦酒服三錢。《集簡方》。

葉　【氣味】微酸、鹹，平，無毒。【主治】挼絞取汁，滴目中，去膚赤，出蟲如絲線藏器。明目止淚，收濕氣時珍。

【發明】頌曰：按崔元亮《海上集驗方》：治目暗不見物，冷淚浸淫不止，及青盲、天行目暗等疾。取西國草，一名畢楞伽，一名覆盆子，日曝乾，搗極細，以薄綿裹之，用飲男乳汁浸，如人行八九里久。用點目中，即仰卧。不過(二)[三]四日，視物如少年。禁酒、麪、油物。時珍曰：按洪邁《夷堅志》云：潭州趙太尉母病爛弦疳眼二十年。有老嫗云：此中有蟲，吾當除之。入山取草蔓葉，咀嚼，留汁入筒中。還以皂紗蒙眼，滴汁漬下弦。轉盼間蟲從紗上出，數日下弦乾。復如法滴上弦，又得蟲數十而愈。後以治人多驗，乃覆盆子葉也，蓋治眼妙品。

【附方】新二。　牙疼點眼：用覆盆子嫩葉搗汁，點目眥三四次，有蟲隨眵淚出成塊也。無新葉，乾者煎濃汁亦可。即大麥莓也。《摘玄方》。　臁瘡潰爛：覆盆葉爲末。用酸漿水洗後摻之，日一次，以愈爲度。《直指方》。

根　【主治】痘後目瞖，取根洗擣，澄粉日乾，蜜和少許，點於瞖丁上，日二三次自散。百日内治之，久即難療。時珍。《活幼口議》。

題明・薛己《本草約言》卷二《藥性本草》　覆盆子　味甘，氣平，微熱，無毒。入足少陰腎。治腎虛精竭陰痿，男婦食之有子。《發明》云：甘平能補，佐巴戟能補腎。

明・梅得春《藥性會元》卷中　覆盆子　味甘，氣平，微熱，無毒。主治男子腎虛精竭，陰痿不起，女人食之有子，益氣輕身，令人髮不白。五月採。凡使，用東流水淘去黃葉並皮蒂盡淨，酒蒸一宿，再以東流水淘二次，晒乾用。

明・李中立《本草原始》卷三　覆盆子　長條，四五月紅熟。秦州甚多，永興、華州亦有。及時山中人採取。其味酸甘，外如荔枝、櫻桃許大，軟紅可愛。失採則就枝生蛆。益腎，藏小便，服之當覆溺器，故名覆盆子。氣味：甘，平，無毒。主治：益氣輕身，令髮不白。○補虛續絕，強陰健陽，悅澤肌膚，安和五臟，溫中益力。療勞損風虛，補肝明目。並宜擣篩，每旦水服三錢。○男子腎精虛竭，陰痿能令堅長。女子食之有子。○食之令人好顏色，榨汁塗髮不白。○益腎臟，縮小便，取汁同少蜜煎〔藥〕為稀膏，點服。治肺氣虛寒。

覆盆子，《別錄》上品。【圖略】自果部移入此。青黃色，有鱗甲。五月采之，烈日暴乾，不爾易爛。修治：去蒂取子，以酒拌蒸之，晒乾用。覆盆子：臣。《集簡方》：治陽事不起，覆盆子酒浸，焙研為末，每旦酒服三錢良。

明・張懋辰《本草便》卷二　覆盆子臣　味甘，氣平、微熱，無毒。主益氣輕身，令髮不白。又主男子腎虛精竭，陰痿。女子食之有子。

明・吳文炳《藥性全備食物本草》卷二　覆盆子　味甘，氣平、微熱，無毒。益腎臟，服之小便當覆溺盆，主男子腎虛精竭，陰痿能令堅長；治肝經風虛，明目去翳，治肺氣虛寒少力，取汁入蜜作煎點眼。婦人食之有子，久服輕身，髮不白，悅顏色，和臟腑。入藥水洗去皮蒂。酒蒸日乾。

苗　名蓬虆，味酸、鹹，平，功力同子，療中風，身熱大驚，又爛弦血，風冷淚侵淫，青盲目暗，或有蟲等症，取苗日乾為末，薄綿裹之，以男乳汁浸，如人行七八里久，用注目中，仰卧不過三四日，視物如少年。忌酒麪。

按：《本草》自有蓬虆條，似蠶莓子，紅色，其葉似野薔薇有刺，食之酸甘，恐諸家不識，誤說是覆盆也。《佛經》說云：蘇蜜那花點燈，正言此花也。笮取汁，合成膏，塗髮不白。食其子令人好顏色。葉挼絞取汁，汁滴目中去膚赤，有蟲出如絲線。其類有三種，四月熟甘美如覆盆子者是也，餘不堪入藥，今人取茅莓當覆盆，誤矣。

明・李中梓《藥性解》卷四　覆盆子　味甘，酸，性溫，無毒，入肝、腎二經。主腎傷精滑，陰痿不起，小便頻數，補虛續絕，益氣溫中，安和五臟，補肝明目，黑髮潤肌。亦療中風發熱成驚，女子食之多孕，久服延年。去黃葉及蒂，水淘淨，酒蒸曝乾用。　按：　覆盆之酸，宜歸肝部，而腎則其母也。且溫補之性，適與相宜，故咸入之。《衍義》云：　小便多者服之，當覆其溺器，故名。

明・繆希雍《本草經疏》卷二三　覆盆子　味甘，平，無毒。主益氣輕身，令髮不白。

〔疏〕覆盆子得木氣而生，本經味甘，氣平，無毒；　甄權微熱，宗奭酸甘，深得其義。入足少陰經。其主益氣者，言益精氣也。腎藏精，腎納氣，精氣充足則身自輕，髮不白也。蘇恭：　主補虛續絕，強陰健陽，悅澤肌膚，安和臟腑。甄權：　主男子腎精虛竭，陰痿。女子食之有子。大明：　主安五藏，益顏色，養精神，長髮，強志。皆取其益腎添精，甘酸收斂之義耳。〔主治參互〕同黃檗、沙苑蒺藜、蓮鬚、五味子、砂仁、魚膠、山茱萸，治夢遺洩精。同車前子、五味子、菟絲子、蒺藜子，為五子衍宗丸。治男子精氣虧乏，中年無子。　加入巴戟天、膃肭臍、補骨脂、鹿茸、白膠、山茱萸、肉蓯蓉，治陽虛陰痿，臨房不舉，或精寒精薄。　〔簡誤〕強陽不倒者忌之。

明・倪朱謨《本草彙言》卷六　覆盆子　味甘、辛，氣微熱，無毒。入肝腎二經。　李氏曰：　子似覆盆之形，故名。　寇氏曰：　覆盆子處處有之，秦州、永興、華州尤多。四五月紅熟，山中人及時采，其味酸甘，外皮如荔枝，大如櫻桃，軟紅可愛，過時則就枝生蛆，食之多熱。　李氏曰：　按蓬虆子，以八九月熟，故謂之割田藨。覆盆子以四五月熟，故謂之插田藨。正與《別錄》五月采相合。二藨熟時，色皆赤烏，故能補腎。其四五月熟而色紅者，乃耨田藨也，不入藥用。陳氏所謂以茅莓當覆盆者，蓋指此也。五月采，烈日曝乾，不爾易爛。　雷氏曰：　凡使，用淨水淘去黃葉併皮蒂，取子，用好酒拌蒸半日，再用淨水淘洗一次，晒乾用。

覆盆子：　馬志　暖腎健陽之藥也。計日聞稿　甄氏方主男子腎精虛竭，陽衰陰痿，服此能令堅長。女人胞寒白帶，血冷不調，食之能令有子。陳氏方榨汁塗髮，可使黑潤。寇氏方煎膏日服，可止小便餘瀝不禁。若馬氏方之療勞損風虛，補肝明目，與枸杞、桑椹等，皆暖腎健陽之意也。如腎熱陰虛，血燥血少之證，戒之。　李瀕湖先生曰：　覆盆、蓬虆，功用大抵相近。雖是二物，其實一類而二種也。一早熟，一晚熟，兼用無妨。其補益與枸杞、桑椹同功。若木莓、蛇莓，形類相似，則不可混采者也。

集方：　《集簡方》治男子腎經虛竭，陽衰陰痿。用覆盆子四兩，枸杞子、菟絲子、懷熟地各三兩，俱酒浸炒，大附子六錢，童便煮，肉桂一兩，甘草九錢，鹿角膠二兩酒溶化，爲丸彈子大。每早服三錢，乾嚼化，白湯過下。○寇氏《本草》治女人胞寒白帶，血冷不受孕。用覆盆子三兩，枸杞子、菟絲子、懷熟地各二兩，俱酒浸炒，香附子八兩醋炒，細辛、木香各八錢，龜膠二兩切碎，乾麵拌炒成珠，白朮、白薇、牡丹皮各三兩，煉蜜丸梧子大。每早服三錢，白湯下。○同前治膀胱虛冷，小便頻數不禁。用覆盆子四兩，酒浸炒，木通一兩二錢，甘草五錢，共爲末。每早服三錢，白湯調送。○同前治血虛生風，肝腎俱虛，目昏不明。用覆盆子三兩，酒洗炒，桑椹子、枸杞子俱晒乾、炒，當歸、白芍藥、葳蕤、牡丹皮、懷生地、川芎各二兩，俱酒洗炒，共爲末。每早晚各食後服三錢，白湯調送。○《夷堅志》治爛弦疳眼，一二十年不愈者。用覆盆葉新鮮者搗汁，用淨軟舊絹蘸汁塗下弦，即時有蟲數十粒，從弦下出，數日乾。復如法塗上弦，又得蟲數十而愈。後以此法治人，多驗。蓋治眼妙品也。

延齡固本丹：　治五勞七傷，諸虛百損，顏色衰朽，形體羸瘦，中年陽事不舉，精神短少，未至五旬，鬚髮先白，幷左癱右瘓，步履艱辛，脚膝疼痛，小腸疝氣，婦人久無子息，下元虛冷。用覆盆子、車前子、當歸、地骨皮，俱用醋炒，各二兩，麥門冬酒煮，懷熟地酒煮，山藥、牛膝、杜仲、巴戟、山茱萸肉、枸杞子、白茯苓、北五味子、人參，俱用鹽水炒；　柏子仁研去油，木香焙各二兩，川椒、石菖蒲、棗仁、遠志，俱用拌炒，各一兩五錢；　肉蓯蓉、菟絲子、赤石脂煅，各三兩。先將麥門冬、懷熟地搗膏，和入柏子仁內，餘藥俱依方製炒，共爲末，和入煉蜜爲丸，梧桐子大。每早晚各食前服三錢，酒送下。

明・姚可成《食物本草》卷一九草部・蔓草類　覆盆子處處有之，秦州、永興、華州尤多。長條，四五月紅熟，山中人及時采來賣。其味酸甘，(枝)〔外〕如荔枝，大如櫻桃，軟紅可愛。失時則就枝生蛆，食之多熱。收時五六分熟便可采，烈日曝乾。今人取汁作煎為果。采時着水，則不堪煎。佛說蘇密那花點燈，正言此花也。　覆盆子，味甘，平，無毒。主益氣輕身，令髮不白。補虛續絕，強陰健陽，悅澤肌膚，安和五臟，溫中益力。療勞損風虛，補肝明目，竝宜搗篩，每旦水服三錢。男子腎精虛竭，陰痿能令堅長。女子食之，有子。食之令人好顏色。榨汁塗髮，不白。益腎臟，縮小便。取汁同少蜜煎為稀膏點服，治肺氣虛寒。

葉　味微酸、鹹，平，無毒。挼絞取汁滴目中，去膚赤，出蟲如絲線。明目止淚，收溼氣。○蘇頌曰：按崔元亮《海上集驗方》：治目暗不見物，冷淚浸淫不止及青盲、天行目暗等疾，取西國草，一名畢楞伽，一名覆盆子，日曝乾，擣極細，以薄綿裹之，用男乳汁浸，如人行八九里許，用點目中，即仰臥，不過三四日，視物如少年。禁酒、麪、油物。○李時珍曰：按洪邁《夷堅志》：潭州趙太尉母病爛弦疳眼二十年，有老嫗云：此中有蟲，吾當除之。入山取草蔓葉，咀嚼流汁入筒中，還以皂紗蒙眼，滴汁漬下弦，轉盼間蟲從紗上出。數日，下弦乾，復如〔法〕滴上弦，又得蟲數十而愈。後以治人多驗，乃覆盆子葉也。蓋治眼妙品。

根　治痘後目瞖，取根洗擣，澄粉日乾，蜜和少許，點于瞖丁上，日二三次自散。百日治之，久即難療。

明・顧逢柏《分部本草妙用》卷八雜藥部　覆盆子　甘，平，無毒。　主治：補虛續絕，強陰健陽，補肝明目，男子填瞖堅長，女子暖宮有子。治肺氣虛寒，與蓬虆同功。　葉　擣汁滴目，可去赤膚，止淚濕氣，出蟲如絲。

明・李中梓《醫宗必讀・本草徵要上》　覆盆子味甘，平，無毒。入肝、腎二經。去蒂酒蒸。　補虛續絕傷，強陰，美顏色。能益閉蟄封藏之本。以縮小便，服之當覆其溺器，故名。按：覆盆子固澁，小便不利者禁之。

明・蔣儀《藥鏡》卷一温部　覆盆子　益腎添精，中年無子之神藥。補肝明目，女人求嗣之要方。小便數頻，服之寡溺。

明・李中梓《本草通玄》卷上　覆盆子　甘，平，入腎。　起陽治痿，固精攝溺。　強腎而無燥熱之偏，固精而無凝澁之害，金玉之品也。　酒浸一宿，焙用。

清・顧元交《本草彙箋》卷四　覆盆子附蓬虆。　主小便多者服之，當覆其溺器，以此得名。與蓬虆一物二種，功用相類。男子腎精虛竭，及陰痿者，服之能令強陽。女子食之，亦令有子。

陽痿，只覆盆子一味，酒浸焙研，爲末，每旦酒服三錢。

其葉治目暗不明，冷淚浸淫，及青盲，天行目暗等疾，曝乾，擣極細，薄綿裹之，用飲男乳汁浸，如人行八九里許，用點目中，即仰臥，不過三四日，視物如舊。戒酒、麪、油膩諸物。

清・穆石匏《本草洞詮》卷一〇　覆盆子　縮小便服之，當覆其溺氣，故名。子味甘辛，氣平，無毒。主補虛續絕，強陰健陽，療勞損風虛，補肝明目。此與蓬虆一蚤熟，一晚熟，一類二種也，功用亦相近。補益與桑椹同功。崔元亮《海上方》治目暗，冷淚浸淫，及青盲，天行目疾，取覆盆葉曝擣極細，以薄綿裹之，用男乳汁浸，如人行八九里許，點目中，即仰臥，不過三四日，視物如少年也。

清・劉雲密《本草述》卷一一　覆盆子　當之云：子似覆盆之形，故名。總包似盆之覆，其皮青綠色，剝去外皮，内細子烏赤色。　藏器曰：其類有三種，惟四月熟，狀如覆盆，而味甘美者，為是覆盆子，餘不堪入藥。　時珍曰：覆盆、蓬虆，功用大抵相近，雖是二物，其實一類而二種也。一早熟，一晚熟。一又曰蓬虆子，以八九月熟，故謂之割田藨。覆盆以四五月熟，故謂之插田藨。正與《別錄》五月采相合。二藨熟時色皆烏赤，故能補腎。其四五月熟而色紅者，乃薅田藨也，不入藥用。陳氏所謂以茅莓當覆盆者，蓋指此也。　又曰：此類凡五種，予嘗親采，以《爾雅》所列者校之，始得其的。諸家所說皆未可信也。一種藤蔓繁衍，莖有倒刺，逐節生葉，葉大如掌，狀類小葵，葉面青，背白，厚而有毛，六七月開小白花，就蒂結實，三四十顆成簇，生則青黃，熟則紫黯，微有黑毛，狀如熟椹而扁，冬月苗葉不凋者，俗名割田藨，即《本草》所謂蓬虆也。一種蔓小於蓬虆，亦有鈎刺，一枝五葉，葉小而面背皆青，光薄而無毛，開白花，四五月實成，子亦小於蓬虆而稀踈，生則青黃，熟則烏赤，冬月苗凋者，俗名插田藨，即《本草》所謂覆盆子，《爾雅》所謂茥、缺盆也。茥，音奎。此二者俱可入藥。一種蔓小於蓬虆，一枝三葉，葉面青，背淡白而微有毛，開小白花，四月實熟，其色紅如櫻桃者，俗名薅田藨，即《爾雅》所謂藨者也。故郭璞註云：藨即莓也，子似覆盆而大，赤色，酢甜可食，此種不入藥用。按宗奭取酸甘者，不知此種子似覆盆而大，且其色紅又非烏赤，即時珍所謂薅田藨，其味兼酸，不入藥用者也。一種樹生者，樹高四五尺，葉似櫻桃葉而狹長，四月開小白花，結實與覆盆子一樣，但色紅為異，俗亦名藨，即《爾雅》所謂山莓，陳藏器《本草》所謂懸鈎子者也。一種就地生蔓，長數寸，開黃花，結實如覆盆而鮮紅，不可食者，《本草》所謂蛇莓也。如此辨析，則蓬虆、覆盆自定矣。

氣味：甘，平，無毒。　權曰：甘、辛，微熱。

諸本草主治：益氣《別録》。續絕，強陰健陽馬志。男子腎精虛竭，陰痿，能令堅長，女子食之有子甄權。療勞損風虛，補肝明目馬志。　宗奭曰：益腎臟，縮小便，取汁同少蜜煎為稀膏，點服治肺氣虛冷。《藏府用藥式》曰：

覆盆子益命門之陽。少氣神虛，多用覆盆子。

時珍曰：覆盆、蓬藟兼用，無妨，其補益與桑椹同功。嵩曰：覆盆子能補佐，巴戟能補腎。方書主治：傷勞倦，虛勞肝腎，氣虛惡寒，腎氣虛逆，咳嗽痿，消癉泄洩，赤白濁，鶴膝風，諸見血證，及目疾。希雍曰：覆盆子，《本經》味甘氣平無毒。甄權甘辛微熱，入足少陰經。腎藏精納氣，其所主治皆取其益腎添精也。同黄蘗、沙苑蒺藜、蓮鬚、五味子、砂仁、魚膠、山茱萸，治夢遺洩精。同車前子、五味子、菟絲子、蒺藜子，為五子衍宗丸，治男子精氣虧乏，中年無子。加入巴戟天、膃肭臍、補骨脂、鹿茸、白膠、山茱萸、肉蓯蓉，治陽虛陰痿，臨房不舉，或精寒精薄。

愚按：時珍於此味可謂詳而辨矣，第言覆盆、蓬藟功同相近，則未必然。一以深秋熟，一以盛夏熟，其氣之所結者已異，況其冬月不凋與凋者，其所稟不迥殊歟。當以藏器所說，合於甄權五月采實，而決其功，歸於覆盆也。甄權《本草》謂能益男子腎精虛竭陰痿，又云采以五月，是則專功在覆盆耳。覆盆正以四五月熟也。諸本草謂能續絕強陰，又言其補勞損風虛，是為健陽益氣之品，即其熟於火候而色又烏赤，謂非命門相火之用歟。且味正甘微帶辛，是有合於命門真陽，能為血海生化之地，亦似從陽以益陰，第甘為生血和血之味，又辛以致津液，俾潤腎燥而血得化，是則覆盆之功尤妙於補腎精虛竭，以療陰痿，又似陽生陰中，為元陽資始者，如道家所謂氣盛則精盈，精盈則氣盛，茲物亦有合歟。故甄權謂其益命門之陽，又謂能益腎精虛竭也。方書用之治勞倦虛勞等證，或補腎元陽，或益腎陰氣，或專滋精血，隨其所宜之主，皆能相助為理也。或曰：元氣元精，此品誰適為主歟？曰：元氣原屬陰中陽也，如所謂補肝明目，及治肺氣虛寒者，固皆腎氣足厥陰與命門通。《經》曰命門者，目也。又曰二陰至肺，二陰曰腎也。是所謂金木并而水火交，乃為氣之所終始，而元精自益。是茲物之所偶合者，非如桂、附之補陽而僭也。至時珍謂其與桑椹同功，又止得其益陰而未盡其補陽之功也。可乎哉？

希雍曰：強陽不倒者，忌之。

修治　用上圓平底似覆盆樣，去皮及心，用細子，烏赤色者，水洗曬乾後，酒拌蒸一炷香，碾末入丸。

清・郭章宜《本草匯》卷一二　覆盆子　甘，辛，微熱，入足厥陰、少陰經。起陽治痿，固精攝溺。

按：覆盆子強腎而無燥熱之偏，固精而無凝澁之害，金玉之品也。能益閉蟄封藏之本，以縮小便，服之常覆其溺器，故以此名。女子服之便令有子。葉，味微酸鹹，取汁滴目中，能收濕去蟲。如無新葉，乾者濃煎亦可。小便不利者，禁之。

以水淘淨，去皮蒂，酒浸一宿，蒸焙用。

清・蔣居祉《本草擇要綱目・平性藥品》　覆盆子　氣味：甘，平，無毒。主治：益氣輕身，補虛續絕，養肝明目，陰痿能令堅長，女子食之有子。其補益與桑椹同功。

清・王翃《握靈本草》卷五　覆盆子處處有之。味甘美，色烏赤者為是，色紅者為茅莓，不入藥。酒浸一宿，焙，去蒂，再以水洗兩徧，又晒乾方用。主治：覆盆子，甘，平，無毒。主益氣，補虛續絕，強陰健陽，令陰氣堅長，女人有子，補肝明目，縮小便。發明：簡誤：治男子精氣虛乏，及中年無子，同車前、五味、菟絲，蒺藜，丸服。

清・汪昂《本草備要》卷二　覆盆子平，補肝腎。甘、酸，微溫。益腎藏而固精，補肝虛而明目，起陽痿，縮小便，寇氏曰：服之當覆其溺器，故名。澤肌膚，烏髭髮，榨汁塗髮不白。女子多孕。同蜜爲膏，治肺氣虛寒。李士材曰：強腎無燥熱之偏，固精無凝濇之害，金玉之品也。狀如覆盆，故名。去蒂，淘淨搗餅，用時酒拌蒸。葉絞汁，滴目中，出目弦蟲，除膚赤，收濕止淚。

清・陳士鐸《本草新編》卷五　覆盆子　味甘，氣平、微熱，無毒。入五臟命門。拯疴益氣，溫中補虛，續絕，安和五臟，悅澤肌膚，療中風發熱成驚。治腎傷精竭流滑，明目黑鬚，耐老輕身。男子久服輕身，女人多服結孕，益人不淺，而醫家止入于丸散之中，而不用于湯劑之內。誰知覆盆子用之湯劑，更效應如響，其功不亞于肉桂。且肉桂過熱，而覆盆子微熱，既無陽旺之虞，且有陰衰之益。雖不可全倚之為君，而實可大用之為臣，不可視之為佐使之員也。

或疑覆盆子一味為末，酒送亦能興陽，非君藥乎？然而單味服之，終覺效輕。止可與陽微衰者，為助陽之湯，而不可與陽大衰者，為起陽之劑，蓋覆盆子必佐參、芪，增桂、附而功乃弘，實可臣而不可君之品也。

或疑覆盆子亦可為君，而子必以為臣，然吾見古人有配二三味而成功者，亦獨何與？曰：覆盆子遇補氣之藥，不可與人參爭雄；遇補血之藥，不可與當歸爭長； 遇補精之藥，不可與熟地爭驅； 遇補脾之藥，不可與白朮爭勝。殆北面之賢臣，非南面之英主也。故輔佐贊襄，必能奏最以垂勳，而不能獨立建績矣。

或疑覆盆子興陽實有功，而吾子以為臣佐之藥，意謂必與人參同用為佳，然天下之人安得盡用人參也？ 夫覆盆子安得盡用人參、歸、熟、芪、朮，何者不可並用乎。

清・顧靖遠《顧氏醫鏡》卷七 覆盆子甘，平，入腎肝二經。去蒂，酒蒸。 起陰痿而令堅長，益腎臟而縮小便。故有覆盆之名。 固澀之品，精滑者宜之。 小便不利者，禁之。

清・李熙和《醫經允中》卷一九 覆盆子 甘，平，無毒。 主治滋陰健陽，補腎固精，養肝明目，男子久服起痿，女人多服結孕。 又有蓬虆，莖粗葉疎，類樹，赤熟而擎蒂中實，俗呼樹莓，採食同時，功用與覆盆不異。 又種蛇莓，附地而生，小而光潔，略異覆盆，切弗採食，敷蛇蟲咬毒効。

清・馮兆張《馮氏錦囊秘錄・雜症痘疹藥性主治合參》卷八 覆盆子得木氣而生，味甘、酸，氣溫，無毒。入足少陰經。 補虛續絕，強陰健陽，添精益氣，精滑能固，陰痿能強，悦澤肌膚，安和臟腑，長髮強志，即有補益之功，復多收斂之義。 名為覆盆者，服之能使溺盆皆覆也。【略】 覆盆子，益腎藏而固精，補肝虛而明目。 起陽痿，縮小便。 專治腎傷精竭流滑，用之強陰固澁，以助閉蟄封藏。 女人多服結孕，亦溫補肝腎之力歟！

清・张璐《本經逢原》卷二 覆盆子《本經》名蓬虆。 甘，平，微溫，無毒。 酒浸一宿炒用。 《本經》安五藏，益精氣，長陰，令人堅強志，倍力有子，久服輕身不老。 發明： 覆盆子乃蓬虆之實。《本經》言，蓬虆者，虆即實也。 或云蓬虆是覆盆苗分之為二，殊為未當。 宗奭云： 覆盆子益腎臟，縮小便，服之當覆其溺器，故名。《本經》專於暖子藏，服之令人多子。《別録》言益氣輕身，令髮不白，甘溫補血與桑椹同功。 惟秦地山中有之，近世真者絕罕。 藥肆每以樹莓代充，欲驗真偽以酒浸之，色紅者是真，否即是假。

清・浦士貞《夕庵讀本草快編》卷三 覆盆子《別録》 覆盆取其益腎縮便，云當覆其溺器也。 與蓬虆相似，功亦頗同。 覆盆甘平，氣辛微熱。 故善益腎氣而強陽道，補陰血而髮不白。 古人服食多用之，與桑椹同功。 如肺氣虛寒，勞損風弱，男子精竭陰痿，女人帶瀝無嗣，或配作丸，或煎膏和蜜，並著奇績。 且其能安五臟，澤肌膚，溫中益力，補肝明目。 形雖蔓草，妙過血食。 列為上品，正所宜也。

清・張志聰、高世栻《本草崇原》卷上 覆盆子 氣味酸，平，無毒。 主安五臟，益精氣，長陰，令人堅，強志倍力，有子。 久服輕身不老。 《別録》名覆盆。《本經》名蓬虆。 始出荆山平澤及冤句，今處處有之。 藤蔓繁衍，莖有倒刺，就蒂結實，生則青黄，熟則紫黯，微有黑色，狀如熟椹，至冬苗葉不凋。 馬志曰： 蓬虆乃覆盆之苗，覆盆乃蓬虆之子。 李時珍曰： 蓬虆、覆盆，一類二種，覆盆早熟，蓬虆晚熟。 然近時只知有覆盆，不知有蓬虆矣。 愚以覆盆、蓬虆功用相同，故合而為一。 《本經》名蓬虆，以其藤蔓繁衍，苗葉不凋，結子則蓬蓬而虆虆也。《別録》名覆盆，以其形圓而扁，如釜如盆，就蒂結實，倒垂向下，一如盆之下覆也。 氣味酸平，藤蔓繁衍，具春生夏長之氣，覆下如盆，得秋時之金氣，冬葉不凋。 得冬令之水精，結實形圓。 具中央之土氣，體備四時，質合五行，故主安五臟。 腎受五臟之精而藏之，故益精氣而長陰。 腎氣充足，則令人堅，強志倍力，有子。 是覆盆雖安五臟，補腎居多，所以然者，水天上下之氣，交相輪應也。 天氣下覆，水氣上升，故久服輕身不老。

清・王子接《得宜本草・上品藥》 覆盆子 味甘。 功專益腎精，縮小便。 得肉蓯蓉、補骨脂治陽事不起。

清・黄元御《玉楸藥解》卷一 覆盆子 味甘，氣平。 入足少陰腎、足厥陰肝經。 強陰起痿，縮溺斂精。 補肝腎精血，壯陽宜子，黑髮潤顔，治小便短數。

清・吴儀洛《本草從新》卷二 覆盆子〔溫補肝腎，澀縮小便。〕 甘酸而溫。 益腎臟而固精，補肝虛而明目，起陽痿，縮小便，宗奭曰： 服之可覆其溺器，故名。 李當之〔李當之著《藥録》。〕曰： 子似覆盆之形，故名之。 續絕傷，美顔色，烏鬚髮，榨汁塗髮，不白。 女子多孕。 同蜜為膏治肺氣虛寒。 士材曰： 強腎無燥熱之偏，固精無凝滯之害，金玉之品也。 性固澀，小便不利者勿服。 去蒂淘淨搗餅，用時酒拌蒸。 葉絞汁，滴目中出目眩蟲，除膚赤，收濕止淚。

清・汪紱《醫林纂要探源》卷二 覆盆子 甘，酸，溫。 宜采草本。 蔓地生，莖少刺，花白，實如楊梅而無核，去蒂則中虛，形如覆盆，乾則色紫黑，此為名實相稱。 今曰莳田藨，有高幹似樹而生者，乾則色帶青黄，去蒂亦不似覆盆，此名留求子，俗曰耘田藨，又名木藨。 今多用之，性味雖相近，恐補腎之功不如也。 補肺生水，瀉肝益腎，固精斂氣。 治肺氣虛寒，氣短不足，固精，縮小便，去妄熱，明目。搗汁色黑，能黑鬚髮。　葉　搗汁，滴目中，去目弦蟲癢。此用木藨之葉也。

清・嚴潔等《得配本草》卷四　覆盆子葉　甘、酸，溫。入足少陰、厥陰經。止腎臟之虛泄，療肺氣之虛寒。補肝臟，明耳目，壯陽治痿。　得益智仁，治小便頻數。佐破故紙，治陽事不起。

去皮蒂，酒煮用。　戒酒、麵、油膩。　葉　研細末，綿裹，浸人乳，點青盲目暗，能使視物如常。

題清・徐大椿《藥性切用》卷四　覆盆子　甘酸濇溫，補益肝腎，為固精、縮小便耑藥。淘淨搗餅，或炒研用。葉，能收濕，為末，摻臁瘡濕爛。

清・黃宮繡《本草求真》卷二　覆盆子溫腎澀精固脫。　覆盆子耑入腎。甘酸微溫，性稟中和，功能溫腎而不燥，固精而不凝。李士材曰：強腎無燥熱之偏，固精無凝濇之害，金玉之品也。故服陰痿能強，肌膚能澤，臟腑能和，鬚髮不白，女子服之多孕，既有補益之功，復多收斂之義，名為覆盆子者。服之能使溺盆皆覆也，但真甚少，藥肆多以樹苺代充，酒浸色紅者是真，否即屬假，去蒂淘淨搗餅，用時酒拌蒸。同車前、五味、菟絲、蒺藜子為五子衍宗丸，治男子精氣虧乏、中年無子，加入巴戟天、膃肭臍、補骨脂、鹿茸、白膠、山茱萸、肉蓯蓉，治陽虛陰痿，臨房不舉，精寒精薄。宜去蒂，酒煮用。

清・楊璿《傷寒溫疫條辨》卷六補劑類　覆盆子淘淨，酒蒸。　味甘，氣溫。入肝、腎。主腎傷精滑，陽痿不起，小便頻數，補虛續絕，調氣溫中，安和五藏。益腎強陰，補肝明目，澤肌膚，烏鬚髮。亦療中風成驚。古方五子衍宗丸：覆盆子、菟絲子、枸杞子、五味子、沙苑蒺藜子等分為末，煉蜜丸。余意加車前子減半，強陰益精，利水不走氣，亦猶仲景八味丸用澤瀉之義。

清・羅國綱《羅氏會約醫鏡》卷一六草部　覆盆子味甘酸，氣溫，入肝腎二經，去蒂酒蒸。　起陽固精，補腎傷，縮小便，益腎而助封藏。明目，舒筋補肝，女人多孕。溫補肝腎。

按：　覆盆子強腎而不燥，固精而不濇，金玉之品也。若小便不利者禁之。

清・黃凱鈞《藥籠小品》　覆盆子　甘酸，溫，益腎補肝，固精縮小便，女子服之多孕。小便不利忌。　淘淨酒拌蒸。　此味賤藥之金玉品也。

清・章穆《調疾飲食辯》卷四　覆盆子　《爾雅》曰：茥，蒛葐。《綱目》曰大麥苺，又曰插田藨，又曰烏藨子，以其熟於初夏也。蔓生有細刺。葉如野薔薇，紋皺。子似桑椹而圓，每莖四五枚，或七八枚，大如櫻桃。過熟則就枝生蛆，須半熟采。味甘不酸，可入藥，可作果餌。能補腎精虛竭陰痿。出《藥性本草》。同蜜煎膏，補肺氣虛寒。出《衍義》。俱宜多服。

一種蓬虆子　枝、葉、花、實俱相似，而熟於秋末，味微酸。《本經》雖收為上品，而強陰補腎之力終遜覆盆。《爾雅》邢疏以為蓬虆即覆盆苗。又有一種懸鉤子，即《爾雅》之葥，山苺也。郭注云木苺，《圖經》曰樹苺。其本乃小樹，不作藤蔓，子稍大，味亦微酸，力則遠遜覆盆。一種蛇藨，又名蠶苺，《爾雅》謂之藨。雖蔓生，而就地節節生根，節上生枝，長尺許，一莖只結一枚。《本草會編》謂之地藨。性冷，多食作脹，但能治天行熱病口乾，頻食一二枚出《傷寒類要》。

按：　覆盆子固補腎上藥。而《圖經》謂研末，用男飲乳浸汁，滴目中，可治天行目暗及青盲。《夷堅志》謂可治爛弦風癢有蟲，取葉咀嚼取汁，皂紗蒙眼，注汁漬之，則蟲從紗出。理或然也。

清・王龍《本草纂要稿・菓部》　覆盆子　氣味甘平，微熱。益氣溫中，補虛續絕。安和五臟，榮澤肌膚。療中風發熱成驚，治腎傷精竭流滑。明目黑髮，耐老輕身。男子久服強陰，女人多服結孕。

清・張德裕《本草正義》卷上　覆盆子　甘，溫。補腎，助陽益陰，縮小便，續筋骨，明耳目。

清・楊時泰《本草述鉤元》卷一一　覆盆子　其總包似盆之覆，故名。皮色青綠，剝去皮，內細子烏赤色。五月采之當之。惟四五月熟，狀如覆盆，而味甘美者，為覆盆子，餘不堪入藥藏器。蓬虆與覆盆，功用相近，雖是二物，其實一類也。蓬虆子以八九月熟，覆盆四五月熟，色皆烏赤，故能補腎瀕湖。此類凡五種：　蓬虆藤蔓繁衍，莖有倒刺，逐節生葉，如掌大，狀類小葵，面青背白，厚而有毛，六七月開小白花，結實成簇，生青熟紫黯，微有黑毛，狀如熟椹而扁，冬月苗葉不凋，以其熟於深秋，俗名割田藨是也。覆盆蔓小於蓬虆，亦有鉤刺，一枝五葉，葉小而面背皆青，光薄而無毛，開白花，四五月實成，子亦小於蓬虆而稀疏，生青熟烏赤，冬月苗凋，以其熟於盛夏，偽名插田藨，即《爾雅》所謂茥缺盆也。二者俱可入藥。一種蔓如覆盆，一枝三葉，面青背淡白，微有毛，四月有實熟而色紅者，偽名薅田藨，即茅苺也。郭註：爾疋藨即苺子，似覆盆而大，赤色，酸甜可食。此種不入藥用。一種樹生者，四月開小白花，結實如覆盆，但紅色為異，即《爾雅》山莓，藏器《本草》所謂懸鉤子也。一種就地蔓生，長數寸，開黃花，結實如覆盆而鮮紅，不可食。本《本草》所謂蛇莓也。悉此則蓬虆、覆盆自定矣。俱本瀕湖。

味甘，微辛，氣平。入足少陰經。主治益氣續絕，強陰健陽，男子腎精虛竭，陰痿能令堅長，女子食之有子，治肺氣虛冷，取汁同少蜜煎為稀膏點服。療癆損風虛，補肝明目，益腎添精，縮小便諸本草。方書治傷勞倦，肝腎氣虛惡寒，腎氣虛逆欬嗽，消癉泄瀉，赤白濁，鶴膝風，諸見血證及目疾。益命門之陽，少氣神虛者多用《藏府用藥式》。佐巴戟，能補腎嵩。同黃蘗、沙苑、蓮鬚、五味、山萸、砂仁、魚膠，治夢遺洩精。同車前、五味、菟絲、蒺藜，為五子衍宗丸，治男子精氣虧乏，中年無子。加入鹿茸、白膠、巴戟、膃肭臍、故紙、蓯蓉、萸肉，治陽虛陰痿，臨房不舉，或精寒精薄。

論：覆盆、蓬虆，二子相似，第蓬虆以深秋熟，冬月不凋，覆盆以盛夏熟，冬月凋，其所稟既殊，而氣之所結亦各異，當以藏器所說覆盆味甘美，合於甄權五月采實而決其治療之功。夫其熟於火令而色烏赤，是為健陽益氣之品，且其味正甘，微帶辛，甘為生血和血之味，又辛以致津液，俾潤腎燥而血得化，是則覆盆之功尤妙於添補腎精虛竭，以療陰痿，又似陽生陰中為元陽資始者，甄權故謂其補命門之陽，又謂其能益精竭也。或曰：元氣、元精，此品誰適為主？曰：元氣屬陰中之陽，如所謂補肝明目，足厥陰與命門通，《經》曰：命門者，目也。及治肺氣虛寒，二陰至於肺。二陰者，腎也。固皆腎氣，然金木并而水火交，乃為氣之所終始，而元精自益，是茲物之所偶合，非若桂、附之補陽而僭也。

繆氏：陽強不倒者，忌服。

辨治：上圓平底似覆盆樣，去皮及心，用細子烏赤色味甘者，水洗，曬乾後，酒拌，蒸一炷香，研末入丸。

清·葉桂《本草再新》卷三　覆盆子味甘、酸，性溫，無毒。入肝、腎二經。益腎固精，補肝明目。

清·吳其濬《植物名實圖考》卷二二　覆盆子　《別錄》上品。《爾雅》：茥，缺盆。注：覆盆也。疏據《本草》注，以蓬虆為覆盆之苗，覆盆為蓬虆之子。誤合為一物。四月實熟，色赤。《本草綱目》謂之插田藨。覆盆、蓬虆，《本草綱目》分別甚晰。考《東坡尺牘》覆盆子土人謂之插秧莓，三四月花，五六月熟。市人賣者乃是花鴉莓，九月熟。則蓬虆即花鴉莓矣。然此謂中原節候耳，江湘間覆盆三四月即熟，蓬虆七月已熟。自長沙以西南山中，莓子既多，又大同小異。滇南有黑瑣梅、黃瑣梅、紅瑣梅、白瑣梅，皆三四月熟。兒童摘食以為果。梅即莓，瑣者，其子細瑣也。志書多以黑瑣梅為覆盆，按形與李說亦不甚符。《滇本草》以黃瑣梅根為鑽地風，用治風頗廣。又別出覆盆也。

清·趙其光《本草求原》卷四蔓草部　覆盆子　甘酸，化陰生血。微溫，升木中少火之無氣。益腎中氣血以固精，補肝虛以明目。起陽萎，縮小便，服之，當覆溺器，故名。安五臟，強志倍力，令人多子。治虛勞、勞倦，肝腎氣虛、惡寒，氣逆咳嗽，烏髭髮。精足則氣盛，氣盛則精盈。此物補腎陽而不燥，滋精血而不滯，隨其所主而佐之可也。同蜜為膏，治肺氣虛寒。

近世多偽，惟秦產上圓平底，似覆盆。以酒浸之，去皮及心，用細子。烏赤色者真。淘淨曬乾，酒蒸用。

葉　絞汁滴目中，出目中眩蟲；除膚赤，收濕止淚。

清·文晟《新編六書》卷六《藥性摘錄》　覆盆子　甘酸，微溫。性中和，溫腎，濇精固脫，起陰痿，止溺多，澤肌膚，和臟腑，女子服之多孕。○酒浸，色紅者真。去蒂，淘淨，搗餅，用時酒拌蒸。

清·張仁錫《藥性蒙求·草部》　覆盆子錢半、三錢　覆盆子甘，補虛縮小便。強腎健陽，固精益力。味甘、酸，性微溫。入肝、腎二經。為補濇之品。士材曰：強腎無燥熱之偏，固精無凝濇之害，金玉之品也。○此能收縮小便，服之當覆其溺器，故名。○性固濇，小便不利者勿服。

清·佚名氏著，錢沛補《治疹全書》卷上　覆盆子考　蔓小於蓬虆，莖有鉤刺，紫黯色，一枝五葉，葉小而面背皆青，光薄而無毛，邊有細齒，開白花，四五月實成，與蓬虆無異，但比蓬虆略小而稀疏，不比蓬虆三四十顆成簇，生則青黃，熟則烏赤，有微毛，頗似熟椹而扁，采之則蒂脫而中空。冬月苗凋，俗名插田藨。剡西或呼為扒田女，即《爾雅》所謂茥，蒛葐也。○按邵晉涵《爾雅正義》云：《說文》缺盆二字，俱不從草，陸本作蒛葐，後世增加字也。《太平御覽》引《吳普本草》，云缺盆一名決盆，亦不從草。夫既謂之盆，則中空而扁無疑，謂之覆，則不連蒂無疑。寇宗奭謂服之可覆溺器，故名覆盆，此以功用而言。愚謂溺器不得謂之盆，似不若以形象命名之為的也。若謂覆溺器為覆盆，則《爾雅》名為缺盆，將何解？陳藏器謂狀如覆盆者為覆盆，李當之謂子似覆盆之形，故名覆盆。本之《爾雅》，核之《正義》，證之《綱目》，知插田藨之為覆盆，斷斷無疑。

清・戴葆元《本草綱目易知錄》卷二　覆盆子大麥莓，插田(麃)〔藨〕。甘、辛，微熱。強陰健陽，補虛續絕，悅澤肌膚，安和五臟，益氣輕身，補肝明目，溫中益力，益腎臟，縮小便。治勞損風虛，男子腎精虛竭陰痿，能令堅長。女子食之，子臟溫暖，能令人有子。取汁，同少蜜煎為稀膏服，治肺氣虛寒。

清・黃光霽《本草衍句》　覆盆子　甘酸微溫，性稟和平。溫腎而不燥，固精而不凝。補虛續絕，益氣添精。他如補肝而明目，益腎臟以健陽。小便能縮，陰痿能強。女人多服結妊，男子閉蟄封藏。得巴戟天、膃肭臍、補骨脂、鹿茸、鹿膠、山萸肉、肉蓯蓉，治陽虛陰痿，臨房不舉，精寒精薄。

清・陳其瑞《本草撮要》卷一　覆盆子　味甘，入足少陰經，功專益腎精，縮小便。得肉蓯蓉、補骨脂治陽氣不起。同蜜為膏，治肺氣虛寒。小便不利者勿服。用宜去蒂，淘淨，擣餅酒拌蒸。葉絞汁滴目中出目弦蟲，除膚赤，收濕止淚。臁瘡潰爛，酸漿水洗後，以覆盆葉為末摻之良。

懸鉤子

宋・唐慎微《證類本草》卷二三果部下品〔唐・陳藏器《本草拾遺》〕　懸鉤根　皮，味苦，平，無毒。主子死腹中不下，破血，殺蟲毒，卒下血，婦人赤帶下，久患痢，不問赤白，膿血，腹痛。並濃煮服之。子如梅酸美，人食之醒酒，止渴，除痰唾，去酒毒。莖上有刺如鉤，生江淮林澤。取莖燒爲末服之，亦主喉中塞也。

明・李時珍《本草綱目》卷一八草部・蔓草類　懸鉤子《拾遺》。校正：自果部移入此。

〔釋名〕沿鉤子《日用》　葥《爾雅》。音箭。　山莓《爾雅》　木莓郭璞　樹莓《日華》藏器曰：莖上有刺如懸鉤，故名。　〔集解〕藏器曰：生江淮林澤間。莖上有刺。其子如莓子酸美，人多食之。機曰：樹莓枝梗柔軟有刺，頗類金櫻。四五月結實如覆盆子，采之擘蒂而中實，味酸；覆盆則蒂脱而中虛，味甘爲異。時珍曰：懸鉤樹生，高四五尺。其莖白色，有倒刺。其葉有細齒，青色無毛，背後淡青，頗似櫻桃葉而狹長，又似地棠花葉。四月開小白花。結實色紅，今人亦通呼爲藨子。《爾雅》云：葥，山莓也。郭璞注云：今之木莓也。實似藨莓而大，可食。孟詵、大明並以此爲覆盆，誤矣。

〔氣味〕酸，平，無毒。　〔主治〕醒酒止渴，除痰，去酒毒藏器。擣汁服，解射工、沙虱毒時珍。

莖　〔主治〕燒研水服，主喉中塞藏器。

根、皮　〔氣味〕苦，平，無毒。　〔主治〕子死腹中不下，破血，婦人赤帶下，久患赤白痢膿血，腹痛，殺蟲毒，卒下血。並濃煮汁飲之藏器。

〔附方〕新二　血崩不止：木莓根四兩，酒一盌，煎七分。空心溫服。臞仙《乾坤生意》。　崩中痢下：治婦人崩中及下痢，日夜數十起欲死者，以此入腹即活。懸鉤根、薔薇根、柿根、菝葜各一斛，剉入釜中，水淹上四五寸，煮減三之一，去滓取汁，煎至可丸，丸梧子大。每溫酒服十丸，日三服。《千金翼》。

明・倪朱謨《本草彙言》卷六　懸鉤子　味酸，氣平，無毒。李氏曰：懸鉤子，即木莓也。條莖生，高四五尺，其莖白色，有倒刺，其葉有細齒，正面深青色，無毛，背面淡青色，頗似櫻桃葉而狹長，又似地棠花葉，四月開小白花，結實色紅，味酸美，人多食之。今人亦通呼爲藨子也。孟氏、大氏并以此爲覆盆子，誤矣。楊士行云：南土覆盆子極多，是藤生，懸鉤子是樹生。形狀雖同而色各異。覆盆色烏赤，懸鉤色紅赤，功用亦不同，今正之。

懸鉤子：擣汁，陳藏器解酒毒，李時珍并去射工沙虱毒。

根皮：味苦，氣平，無毒。陳氏曰：煮汁飲破血，逐赤白膿痢，并治子死腹中不下。

明・姚可成《食物本草》卷一九草部・蔓草類　懸鉤子生江淮林澤間。莖上有刺。其子如莓子，酸美，人多食之。汪〔機〕曰：懸鉤枝梗柔軟有刺，頗類金櫻。四五月結實如覆盆子。采之擘蒂而中實，味酸；覆盆則蒂脱而中虛，味甘為異。李時珍曰：懸鉤樹生，高四五尺，其莖白色有倒刺。其葉有細齒，青色無毛，背後淡青，頗似櫻桃葉而狹長。又似地棠花葉。四月開小白花，結實色紅，味酸美可食。　懸鉤子，味酸，平，無毒。主醒酒，止渴，除痰，去酒毒。擣汁服，解射工、沙虱毒。

葉　燒研水服，主喉中塞。

根皮　味苦，平，無毒。治子死腹中不下，破血，婦人赤帶下，久患赤白痢，膿血腹痛。殺蟲毒，卒下血。竝濃煮汁飲之。

清・蔣居祉《本草擇要綱目・平性藥品》　懸鉤子　氣味：酸，平，無毒。　主治：醒酒止渴，除痰，去酒毒。擣汁服，解射工、沙虱毒。　葉主治：燒研水服，主喉中塞。　根皮氣味：苦，平，無毒。　主治：子死腹中不下，破血，婦人赤帶下，久患赤白痢，膿血腹痛。殺蟲毒，卒下血，並濃煮汁飲之。

清・吴其濬《植物名實圖考》卷二〇　懸鉤子　《本草拾遺》始著録。李時珍以為即《爾雅》：葥，山莓。郭注：今之木莓也。小樹高不盈丈，江南山中多有之。與楊梅同時熟，或亦呼為野楊梅。

雩婁農曰：湖湘間莓至多，皆春時熟。然多蔓生。此草得之袁州，居然木也。嶺南及滇，蔓者皆類木，殊不易別。凡莓皆以果視之，不僅充猿糧而供鼯栗矣。山居之民，飲木葉，蔬澗毛，㮕藤根、果實之具甘酸者。婦穉緣嶔巇而掇之，以為佳品，其天性全而滋味薄，故能與猱鼯爭捷，而嵐氣不得刺其膚革；通都大邑甘榴、好李，無非栽接，種則珍矣。譬如一麥而有桃、李、柰三味焉，欲持此以證農皇所嘗之味，豈有合耶？

清・佚名氏著，錢沛補《治疹全書》卷上　懸鉤子考　此種樹生，樹高四五尺，其莖白色，白色者係白霜，以指擦之即去，有倒刺。又有水筧路，其葉分五(乂)〔叉〕，或偶有七(乂)〔叉〕，(乂)〔叉〕之邊有細齒，青色無毛，背後淡青，頗似櫻桃葉而狹長，四月開小白花，結實與覆盆相似，其色紅。剡西或呼為格公。

清・劉善述、劉士季《草木便方》卷一草部　老虎藨　大烏藨根酸鹹平，能消瘰癧目淚停。痘後目瞖汁蜜點，祛風除濕狗咬靈。烏不(占)〔站〕，覆盆子。

山格刺樹

明・朱橚《救荒本草》卷下之前　山格刺樹　生密縣韶華山山野中。作科條生，葉似白槿樹葉，頗短而尖艄音肖，又似茶樹葉而闊大，及似老婆布粘葉，亦大，味甘。　救飢：採葉煠熟，水浸作成黄色，淘洗淨，油鹽調食。

老葉兒樹

明・朱橚《救荒本草》卷下之前　老葉兒樹　生密縣山野中。樹高六七尺，葉似茶葉而窄瘦尖艄，又似李子葉而長。其葉味甘、微澁。　救飢：採葉煠熟，水浸去澁味，淘洗淨，油鹽調食。

虎掌簕

清・何諫《生草藥性備要》卷上　虎掌簕　味辛，性平。消瘰癧紅腫。其葉晒乾研末口嚼，塗刀傷。根，洗蛇疱瘡。又名山象皮。

退熱。

甜鉤根

明・佚名氏《醫方藥性・草藥便覽》　甜鉤根　其性溫。去風，明目，主胸腹大熱不止。

蛇莓

宋・唐慎微《證類本草》卷一一草部下品〔《别録》〕　蛇莓音每汁　大寒。主胸腹大熱不止。

〔梁・陶弘景《本草經集注》〕云：園野亦多。子赤色，極似莓，而不堪噉，人亦無服此爲藥者。療溪毒射工，傷寒大熱，甚良。

〔宋・掌禹錫《嘉祐本草》〕按：《蜀本圖經》云：生下濕處。莖端三葉，花黄子赤，若覆盆子，攝似敗醬。二月、八月採根，四月、五月收子，所在有之。日華子云：味甘、酸，冷，有毒。通月經，熁瘡腫，傅蛇蟲咬。

〔宋・唐慎微《證類本草》〕《食療》云：主胸胃熱氣，有蛇殘不得食。主孩子口噤，以汁灌口中，死亦再活。《肘後方》：治毒攻手足腫痛。蛇莓汁服三合，日三。水漬烏梅令濃，納崖蜜飲之。《傷寒類要》：治天行熱盛，口中生瘡。飲蛇莓自然汁，擣絞一斗，煎取五升，稍稍飲之。

宋・寇宗奭《本草衍義》卷一二　蛇莓　今田野道傍處處有之，附地生。葉如覆盆子，但光潔而小，微有縐紋；花黄，比蒺藜花差大；春末夏初，結紅子如荔枝色。餘如《經》。

宋・陳衍《寶慶本草折衷》卷一一　蛇莓音每，又音繆。　生所在園野及道傍下濕地有之。○四、五月收子。

味甘、酸，大寒，有毒。○主胸腹大熱。○陶隱居云：療溪毒、射工，傷寒大熱，外傳貼之。○日華子云：熁瘡腫，傅蛇蟲咬。○寇氏曰：如覆盆子，但光潔而小。微有皺紋，紅如荔枝也。

續說云：《是齋方》治湯火瘡，以蛇莓爛擣傅之，雖膿血淋漓、皮肉糜爛者，傅多皆效，亦無瘢痕。

明・朱橚《救荒本草》卷上之後　鷄冠果　一名野楊梅。生密縣山谷中。苗高五七寸，葉似潑盤葉而小，又似鷄兒頭葉微團，開五瓣黄花，結實似紅小楊梅狀。味甜酸。　救飢：採取其果紅熟者，食之。

明・劉文泰《本草品彙精要》卷一四　蛇莓汁有毒　散生。

蛇莓音每汁：主胸腹大熱不止。名醫所錄。　〖苗〗《蜀本》注云：春生苗，莖端三葉，花黃子赤，若覆盆子，根似敗醬。《衍義》曰：附地生葉如覆盆子，但光潔而小，微有縐紋，花黃，比蒺藜花差大，春末夏初結紅子如荔枝色也。【地】《蜀本》注云：生下濕處。《衍義》曰：今田野道傍處處有之。【時】生：春生苗。採：二月、八月取根，四月、五月取子。【用】根、子。【色】紫褐。【味】甘，酸。【性】大寒。【氣】氣薄味厚，陰中之陽。【臭】朽。【主】熁瘡腫，傅蛇毒。【製】搗絞取自然汁用。【治】療：陶隱居云：除溪毒、射工毒，傷寒熱。日華子云：通月經。《食療》云：消胸胃熱氣，及主孩子口噤，以汁灌口中，死亦再活。《別錄》云：治天行熱盛，口中生瘡，搗絞自然汁一斗，煎取五升，稍稍飲之，效。【合治】取汁三合，烏梅水漬令濃，合崖蜜飲之，日三，治毒攻手足腫痛。【禁】有蛇殘不得食。

明·王文潔《太乙仙製本草藥性大全》卷四《本草精義》　蛇莓　舊不著所出州土，今田野道傍處處有之，附地生下濕處。苗莖僅長寸餘，莖端三葉如覆盆子，但光潔而小，微有皺紋，花黃比蕨梨花差大，春末夏初結紅子如荔枝色，根似敗醬。二月、八月採根，三月、四月噉子。下有蛇藏，切勿採食。

明·王文潔《太乙仙製本草藥性大全》卷四《仙製藥性》　蛇莓　味酸、甘，氣大寒，有毒。　主治：主胸腹大熱不止，通月經瘡腫妙方。敷蛇蟲咬毒最效，療射工溪毒亦良。　補註：主胸胃熱氣，有蛇氣不得食。主孩子口噤，以汁灌口中，死亦再活。〇毒攻手足腫痛，用汁服三合，日三，水漬烏梅令濃，和崖蜜飲之。〇天行熱盛，口中生瘡，飲自然汁，搗絞一斗，煎取五升，稍稍飲之自愈。

明·李時珍《本草綱目》卷一八草部·蔓草類　蛇莓《別録》下品

【釋名】蛇藨音苞。　地莓《會編》　蠶莓機曰：近地而生，故曰地莓。瑞曰：蠶老時熟紅于地，其中空者爲蠶莓；中實極紅者爲蛇殘莓，人不噉之，恐有蛇殘也。【集解】弘景曰：蛇莓園野多有之。子赤色極似莓子，而不堪啖，亦無以此爲藥者。保昇曰：所在有之，生下濕地。莖頭三葉，花黃子赤，儼若覆盆子，根似敗醬。四月、五月采子，二月、八月采根。宗奭曰：田野道旁處處有之。附地生葉，如覆盆子，但光潔而小，微有皺紋。花黃，比蒺藜花差大。春末夏初，結紅子如荔枝色。機曰：蛇莓莖長不盈尺，莖端惟結實一顆，小而光潔，誤食脹人；非若覆盆，苗長大而結實數顆，微有黑毛也。時珍曰：此物就地引細蔓，節節生根。每枝三葉，葉有齒刻。四五月開小黃花，五出。結實鮮紅，狀似覆盆，而面與蒂則不同也。其根甚細，本草用汁，當是取其莖葉并根也。仇遠《稗史》訛作蛇繆草，言有五葉、七葉者。又言俗傳食之能殺人，亦不然，止發冷涎耳。

汁　【氣味】甘、酸，大寒，有毒。【主治】胸腹大熱不止《別録》。傷寒大熱，及溪毒、射工毒，甚良弘景。通月經，熁瘡腫，傅蛇傷大明。主孩子口噤，以汁灌之孟詵。傅湯火傷，痛即止時珍。

【附方】舊二，新一。　口中生瘡：天行熱甚者。蛇莓自然汁半升，稍稍嚥之。《傷寒類要》。　傷寒下䘌：生瘡。以蛇莓汁服二合，日三服。仍水漬烏梅令濃，入崖蜜飲之。《肘後方》。　水中毒病：蛇莓根搗末服之，並導下部。亦可飲汁一二升。夏月欲入水，先以少末投中流，更無所畏。又辟射工。家中以器貯水，浴身亦宜投少許。《肘後》。

明·吴文炳《藥性全備食物本草》卷二　蛇莓　味酸、甘，性大寒，有毒。主胸胃熱氣，有蛇氣不得食；主孩子口噤，以汁灌口中，死亦再活；又通月經，傅瘡腫、蛇咬、射工毒。生田野道傍，處處有之，附地生下濕處，苗莖僅長寸餘，莖端三葉如覆盆子，但光潔而小，微有皺紋。花黃比蕨梨花差大，春末夏初結紅子如荔枝色，根似敗醬，二月、八月採根，三月、四月噉子，下有蛇藏，切勿採食。

明·鮑山《野菜博錄》卷二　雞冠果　一名野楊梅。生田野中。苗長數尺，葉似葛公菜葉，微團，淡綠色。開五瓣黃花，結實似紅小楊梅狀。味甜酸。

食法：採取其果紅熟者食之。

明·倪朱謨《本草彙言》卷六　蛇莓子　味甘、酸，氣大寒，有毒。　陶隱居曰：蛇莓，南北所在皆有，多生野園下濕地。就地引蔓，節節生根，每枝三葉，葉有細齒。四五月開小紅花，結實鮮紅，狀如覆盆，而面與蒂則不同也。其根甚細，取汁，當以莖、根、葉一并用也。

蛇莓子：取汁解天行毒熱，陶弘景傷寒大熱之藥也。楊啓平集故《別錄》方通婦人血熱，閉阻不行，并口內生瘡腫痛，取蛇莓自然汁數合，徐徐嚥之。

倪朱謨曰：懸鈎，蛇莓二種，前人誤入覆盆條內，因其形狀相似也，故録此二種生成、出處、形狀以別之。

清·吴其濬《植物名實圖考》卷二二　蛇莓　《別錄》下品。多生園野中。南安人以莖葉擣敷疔瘡，隱其名為疔瘡藥，試之神效。自淮而南，謂之蛇蛋果，江漢間或謂之地錦。

雩婁農曰：蛇莓多生階砌下，結紅實，色至鮮，故名以錦。雖為莓，然第供烏雀、螻蟻耳。顧其塗敷疔毒，效甚捷而力至猛，寸草有心，烏可忽乎哉？夫德無小，翳桑一飯而倒戟，執炙一臠而救危，飲食之施，適得國士；咫尺階前，乃有大藥。否則門左千人，門右千人，碌碌者黍不為黍，稷不為稷，求其非荊棘之刺足矣，尚能獲其報乎？

清・佚名氏著，錢沛補《治疹全書》卷上　蛇莓考　此種生下濕地，長不盈尺，節節生根，根甚細，每枝三葉，葉有細齒，蔓與葉俱有毛，四五月開小黃花，五出，莖端惟結實一顆，鮮紅而光潔，狀如覆盆，而面與蒂則不同，蓋覆盆中虛，蛇莓中實也。誤食之令人脹，或發冷涎。剡西或呼為蛇子。　覆盆、蓬虆、懸鉤、蛇莓總論　覆盆無毒而補，蓬虆無毒而補，此二種與桑椹同功。懸鉤無毒而不補，蛇莓有毒而難食，此外尚有大地格公、爐底燈、牛奶奶數種，俱似是而非者，不備錄矣。

清・劉善述、劉士季《草木便方》卷一草部　三疋風　蛇蔫甘酸寒解毒，傷寒大熱胸脹服。小兒口噤通月經，瘡腫蛇蟲湯火塗。

救命王

清・吴其濬《植物名實圖考》卷一五　救命王　湘南平隰、廢圃多有之。叢生十數莖為族，高五六寸，一莖三葉，初生時頗似蛇莓葉，漸大長七八分，深齒濃綠，微似刺榆。俚醫以治跌打。全科擣碎，用童便或回龍湯沖服。雖年久重傷，皆能有效。

蛇包五披風

清・吴其濬《植物名實圖考》卷一五　蛇包五披風　江西、湖南有之。柔莖叢生，一莖五葉，略似蛇莓而大，葉莖俱有毛如刺；抽葶生小葉，發杈開小綠花，尖瓣，多少不匀，中露黃蕊如粟；　黑根粗鬚，似仙茅。俚醫用治咳嗽。

水楊梅

清・趙學敏《本草綱目拾遺》卷四草部中　水楊梅　一名金勾葉、家母利、藤勾子，此草結紅子如楊梅，小兒采食之。《綱目》有水楊梅，云其實類椒，乃地椒，是別一種。

葉點牙痛，取葉搗汁點眼角，飲香茶一鍾，閉目少頃，牙疼即止。

葛公草

清・趙學敏《本草綱目拾遺》卷五草部下　葛公草　《傳信方》云：　藥似蛇卵草，又似吉慶子，面青有蒙，背白色，三葉分枝，梗似薔薇有刺，四月間結子，取根用子，亦可入藥。　治血症：　《傳信方》云：　將葛公根一兩，忌鐵器，用木擊碎，以水二大盌煎作一盌，加好酒一盌，再煎至茶杯八分，臥時服，服後蓋暖周身，以手磨胸膈臍腹數遍，明晚如前再服一兩，後日亦如前服一兩，連服三日愈。　《葛祖方》葛公草，一名家母藤。治腳氣腫疼，沙木槌搗汁，熬成膏，鵝翎掃患處，乾即潤之。

白桃子

明・蘭茂原撰，范洪等抄補《滇南本草圖說》卷一一　白桃子　俗名白脬。氣味甘、微酸，平。主治：　肺癰咳嗽，清痰解熱。凡血風瘡及筋骨疼痛，皆能療治。

大金花

宋・王介《履巉巖本草》卷下　大金花　性暖，有毒。多入爐火藥，能結水銀砂子。

山五甲

清・劉善述、劉士季《草木便方》卷一草部　山五甲　白茨根甘辛微寒，筋骨拘攣兼化痰。腰膝勞傷除風濕，跌損瘀血散不難。

薔薇

宋・李昉《太平御覽》卷第九九八　薔薇　《神農本草》曰：　薔薇，一名牛（膝）〔棘〕，一名薔麻。　《吴氏本草》曰：　薔薇，一名牛勒，一名牛（膝）〔棘〕，一名薔蘼，一名山棗。

唐・歐陽詢《藝文類聚》卷八一　薔薇　《本草經》曰：　薔薇，一名牛棘。又曰：　一名牛勒，一名山棗，一名薔蘼。　葛洪治金創方曰：　用薔薇灰末一方匕，日三服之。

宋・唐慎微《證類本草》卷七草部上品〔《本經・別錄》〕　營實　**味酸，溫**、微寒，無毒。**主癰疽，惡瘡，結肉，跌筋，敗瘡，熱氣，陰蝕不瘳，利關節**。久服輕身益氣。　根止洩痢腹痛，五藏客熱，除邪逆氣，疽癩，諸惡瘡，金瘡傷撻，生肉復肌。**一名牆薇，一名牆麻，一名牛棘**，一名牛勒，一名薔蘼，一名山棘。生零陵川谷及蜀郡。八月、九月採，陰乾。

〔梁・陶弘景《本草經集注》〕云：　營實即是牆薇子，以白花者爲良。根亦可煮釀酒，莖、葉亦可煮作飲。

〔宋・掌禹錫《嘉祐本草》〕按：　《蜀本圖經》云：　即薔薇也。莖間多刺，蔓生，子若杜棠子，其花有百，葉八出、六出，或赤，或白者，今所在有之。《葛洪》：　治金創方：　用薔薇灰末一方寸匕，日三服之。《藥性論》云：　薔薇，使，味苦。子，治頭瘡白禿，主五藏客熱。日華子云：白薔薇根，味苦、澁，冷，無毒。治熱毒風，癰疽，惡瘡，牙齒痛，治邪氣，通血經，止赤白痢，腸風瀉血，惡瘡疥癬，小兒疳蟲肚痛。野白者用良。〔宋·唐慎微《證類本草》〕《雷公》云：今薔薇也。凡採得，去根并用麁布拭黃毛了，用刀於槐砧上細剉，用漿水拌令濕，蒸一宿，至明出，日乾用。《外臺秘要》：治骾及刺不出。薔薇根末，水服方寸匕，日三。又方：治折箭刺入肉，膿囊不出，堅慘及鼠僕。服十日，骾刺皆穿皮出。又方：治少小睡中遺尿不自覺。以根隨多少，剉，以酒飲之。《千金方》：治口瘡久不差及胸中並生瘡，三年已上不差。以根濃煮汁服之，稍稍嚥效。冬取根，夏取莖、葉用之。又方：治壅熱，口中及舌生瘡爛。剉根濃煮汁，含漱之。冬用根皮，夏用枝葉。又方：諸癰腫發背及癰癤已潰爛，疼痛。薔薇殼更炙熨之，即愈。又方：治小兒疳痢，行數暴多。生薔薇根洗淨切，以適多少濃煎汁，稍稍飲之差。《肘後方》：治口瘡。以根避風打去土，煮濃汁溫含，冷易。《聖惠》同。

宋·鄭樵《通志》卷七五《昆蟲草木略》 薔薇 曰營實，曰牆牀，《本草》作牆麻。曰牛棘，曰牛勒，曰薔蘼，曰山棘。

宋·王介《履巉巖本草》卷上 營實 一名薔薇，一名薔麻，一名牛棘，一名薔蘼，一名山棘。味酸，溫、微寒，無毒。主癰疽惡瘡，結肉跌筋，敗瘡熱氣，陰蝕不瘳，利關節。久服輕身益氣。根：止洩痢腹痛，五臟客熱，除邪逆氣，疽癩諸惡瘡，生肉復肌。

明·朱橚《救荒本草》卷上之後 薔蘼音牆梅 又名刺蘼，今處處有之，生荒野崗嶺間。人家園圃中亦栽。科條青色，莖上多刺，葉似椒葉而長，鋸齒又細，背頗白，開紅白花，亦有千葉者。味甜淡。救飢：採芽葉煠熟，換水浸淘淨，油鹽調食。

明·王綸《本草集要》卷三 營實使，薔薇子也。味酸，氣溫，微寒，無毒。白花者良。陰乾，根莖葉同功。冬取根，夏取莖葉。主癰疽惡瘡，結肉跌筋，敗瘡熱氣，陰蝕不瘳。利關節，治頭瘡白禿。久服輕身益氣。○根，止洩利腹痛，五臟客熱，除邪益氣，疽癩諸瘡，金瘡傷撻，生肉復肌。

明·滕弘《神農本經會通》卷一 營實 即是薔薇子。以白花者為良。花有白有赤。味酸，氣溫，微寒，無毒。《本經》云：主癰疽惡瘡，結肉跌筋，敗瘡熱氣，陰蝕不瘳，利關節。久服輕身益氣。根，止洩痢腹痛，五臟客熱，除邪逆氣，疽癩，諸惡瘡，金瘡傷撻，生肉復肌。《局》云：營實草本即薔薇，瘍毒癰疽性可追。兼療金瘡傷撻肉，腸風血痢亦能祛。

明·劉文泰《本草品彙精要》卷九 營實無毒 蔓生。

營實出《神農本經》：**主癰疽，惡瘡，結肉，跌筋，敗瘡熱氣，陰蝕不瘳，利關節。**以上朱字《神農本經》。久服輕身益氣。○根，止洩痢，腹痛，五臟客熱，除邪逆氣，疽癩，諸惡瘡，金瘡傷撻，生肉復肌。以上黑字名醫所錄。〖名〗薔薇、牆麻、牛棘、牛勒、薔蘼、山棘。〖苗〗《蜀本圖經》云：營實即薔薇子也。莖間多刺，蔓生，子若杜棠子，其花有百葉，八出、六出，或赤或白，入藥以白花者爲良。其根可煮釀酒，莖葉亦可作飲。〖地〗《圖經》曰：生零陵川谷及蜀郡，今所在有之。〖時〗生：春生苗。採：八月、九月取實。〖收〗陰乾。〖用〗子根。〖質〗類杜棠子。〖色〗赤白。〖味〗酸。根：苦澀。〖性〗溫，微寒而收，根：冷。〖氣〗氣薄味厚，陰中之陽。〖臭〗香。〖主〗瘡瘍。〖治〗療：《藥性論》云：除白禿瘡，五臟客熱。日華子云：消熱毒風，癰疽，惡瘡，疥癬，牙齒痛，辟邪氣，通血結，止赤白痢，腸風瀉血，小兒疳蟲，肚痛。《別錄》云：骾及刺不出，以薔薇灰末服方寸匕，日三。亦治折箭刺入肉，膿囊不出，堅燥及鼠撲，服之十日，骾刺皆穿皮出。○根，煮濃汁，稍稍咽，療口瘡及胸中生瘡久不瘥者。〖合治〗根合酒飲，治少小睡中遺尿不自覺。

明·許希周《藥性粗評》卷二 營實削瘡丁，功同木鱉。

營實薔薇花子也。一名牛棘。蔓生，莖間多刺，夏開花，或紅或白，或百瓣，或八出、六出不同，秋結實如杜棠子，根可煮水釀酒，莖葉亦可煮汁飲。江南□□阪岸處處有之。八九月採實，陰乾，以花白者良。餘說《本草》不載。味酸、苦，性微寒，無毒。主治癰疽疔腫，惡瘡熱毒，腸風痔漏，疳蟲疥癬，牙疼陰蝕，金瘡撻損，生肌散血，利關節。

明·皇甫嵩《本草發明》卷三 營實上品下，君。氣微寒，味酸，溫，無毒。一名薔薇，今薔薇子也。花白，野出者良。冬取根，夏采莖葉。發明曰：此多主外科藥，故主癰疽惡瘡，結肉跌筋，敗瘡熱氣，陰蝕，利関節，久服輕身益氣，治頭瘡白禿，小兒疳蟲肚疼。○根，止洩痢腹痛，五藏客熱，除邪逆氣，疽癩諸惡瘡，金瘡傷撻，生肉復肌。○瘡久不愈，搗汁服稍稍，或含之漱之。八月採，陰乾。

明·李時珍《本草綱目》卷一八草部·蔓草類 營實、墻蘼音眉。《本經》上品。

〖釋名〗薔薇《別録》 山棘《別録》 牛棘《本經》 牛勒《別録》 刺花《綱目》時珍曰：此草蔓柔靡，依墻援而生，故名墻蘼。其莖多棘刺勒人，牛喜食之，故有山刺、牛勒諸名。

其子成簇而生，如營星然，故謂之營實。〔集解〕《別録》曰：營實生零陵川谷及蜀郡。八月、九月采，陰乾。弘景曰：營實即薔薇子也，以白花者爲良。莖葉可煮作飲，其根亦可煮釀酒。保昇曰：所在有之。蔓生，莖間多刺。其花有百葉，八出六出，或赤或白。子若杜棠子。時珍曰：薔薇野生林塹間。春抽嫩蕻，小兒掐去皮刺食之。既長則成叢似蔓，而莖硬多刺。小葉尖薄有細齒。四五月開花，四出，黃心，有白色、粉紅二者。結子成簇，生青熟紅。其核有白毛，如金櫻子核，八月采之。根采無時。人家栽玩者，莖粗葉大，延長數丈。花亦厚大，有白、黃、紅、紫數色。花最大者名佛見笑，小者名木香，皆香艷可人，不入藥用。南番有薔薇露，云是此花之露水，香馥異常。

營實 〔氣味〕酸，温，無毒。《別録》曰：微寒。〔主治〕癰疽惡瘡，結肉跌筋，敗瘡熱氣，陰蝕不瘳，利關節《本經》。久服輕身益氣《別録》。治上焦有熱，好瞑時珍。

〔附方〕新一 眼熱昏暗：營實、枸杞子、地膚子各二兩，爲末。每服(二)〔三〕錢，温酒下。《聖惠方》。

根 〔氣味〕苦，濇，冷，無毒。〔主治〕止洩痢腹痛，五臟客熱，除邪逆氣，疽癩諸惡瘡，金瘡傷撻，生肉復肌《別録》。治熱毒風，除邪氣，止赤白痢，腸風瀉血，通結血，治牙齒痛，小兒疳蟲肚痛，癰疽疥癬大明。頭瘡白禿甄權。除風熱濕熱，縮小便，止消渴時珍。〔發明〕時珍曰：營實、薔薇根，能入陽明經，除風熱濕熱，生肌殺蟲，故癰疽瘡癬古方常用，而洩痢、消渴、遺尿、好瞑，亦皆陽明病也。

〔附方〕舊七，新五。 消渴尿多：薔薇根一把，水煎，日服之。《千金方》。 小便失禁：薔薇根煮汁飲，或爲末酒服。野生白花者更良。《聖惠方》。 少小尿牀：薔薇根五錢，煎酒夜飲。《外臺秘要》。 小兒疳痢：頻數。用生薔薇根洗切，煎濃汁細飲，以愈爲度。《千金方》。 尸咽痛痒：語聲不出。薔薇根皮、射干一兩，甘草炙半兩，每服二錢，水煎服之。《普濟方》。 口舌糜爛：薔薇根，避風打去土，煮濃汁，温含冷吐。冬用根皮，夏用枝葉。口瘡日久，延及胸中生瘡，三年已上不瘥者，皆效。《千金方》。 小兒月蝕：薔薇根四兩，地榆二錢，爲末。先以鹽湯洗過，傅之。《全幼心鑒》。 癰腫癤毒：潰爛疼痛。用薔薇皮更炙熨之。《千金方》。 筋骨毒痛：因患楊梅瘡服輕粉毒藥成者。野薔薇根白皮洗三斤，水酒十斤，煮一炷香。每日任飲，以愈爲度。○鄧筆峰《雜興方》用刺薔薇根三錢，五加皮、木瓜、當歸、茯苓各二錢。以酒二盞，煎一盞，日服一次。 金瘡腫痛：薔薇根燒灰。每白湯服方寸匕，一日三服。《抱朴子》。 箭刺入肉：膿囊不出。以薔薇根末摻之。服鼠撲，十日即穿皮出也。《外臺秘要》。 骨鯁不出：薔薇根末。水服方匕，日三。同上。

葉 〔主治〕下疳瘡。焙研，洗傅之。黃花者更良《攝生方》。

明・梅得春《藥性會元》卷上 營實 味酸，温，氣微寒，無毒。即薔薇花也。粗布拭去黃毛，用漿水拌濕，蒸一宿，至明日出乾。 主治癰疽、惡瘡，結肉跌筋，敗瘡熱氣，陰蝕不瘳，利關節，益氣。 根止洩痢腹痛，五臟客熱，除邪逆氣，疽癩諸惡瘡，金瘡傷撻，生肉復肌。

明・繆希雍《本草經疏》卷七 營實 味酸，溫、微寒，無毒。主癰疽惡瘡，結肉跌筋，敗瘡熱氣，陰蝕不瘳，利關節。久服輕身益氣。根：止洩痢腹痛，五藏客熱，除邪逆氣，疽癩諸惡瘡，金瘡傷撻，生肉復肌。

〔疏〕營實花於春而實於夏，味酸，得木之化。其氣芬芳，宜其有溫之義。《別錄》微寒，以其得春之氣也，故無毒。其主惡瘡，結肉跌筋，敗瘡熱氣，陰蝕不瘳，利關節。《別錄》止洩痢腹痛，五臟客熱，除邪逆氣，疽癩諸惡瘡，金瘡傷撻，生肉復肌。豈非酸能收斂，溫能通暢，微寒能除熱，而兼主乎發生之用也？俗名薔薇，白花野者良。〔主治參互〕葛洪治金瘡發熱，用薔薇根灰一方寸匕，日三。《外臺秘要》治鯁，薔薇根末，水服方寸匕，日三。又方：治少小睡中遺尿不自覺，以薔薇根剉，以酒飲之。《肘後方》治口瘡，以根煮濃汁，溫含，冷易，神驗。 用之頗稀，不著簡誤。

明・倪朱謨《本草彙言》卷六 營實、墻靡 味酸、濇，氣微寒，無毒。入足陽明經。 李氏曰：此草蔓延柔靡，依墻堵而生，故名墻靡。其莖多刺，牛喜食之。其子成簇，如營星然，故又名營實。 陶隱居曰：野生林塹籬落間，或墻堵上。春抽嫩苗，既長則成叢似蔓。莖硬多刺，小葉尖薄，有細齒。四五月開花四出，黃心，有粉紅色、白色二者。結子成簇，生青熟紅，有白毫，其核似金櫻子核。八月采之。根采無時，以白花者良。莖葉可烹茶，根可造酒，皆香美。園圃栽玩者，莖粗葉大，延長數丈，花亦厚大，有白黃紅紫數色，花最大者，名佛見笑；小者名木香，皆香艷可人，不入藥用。南番有薔薇露，云是此花之露水，香馥異常。

營實：涼血解毒，日華利關節之藥也。保心宇稿《蜀本草》主血熱成癰，連生疔腫惡毒，或風熱暑濕之氣，留滯筋脉，致關節不利，腫痛若痹。釀酒服，立時消解。蓋此藥華于春而實于夏，得木火之化，其氣芬芳，宜其有通暢血脉，發越毒氣之用也。其根性味斂澀，《別錄》方主久痢赤白，腸風瀉血及小便餘瀝，消渴生津，金瘡潰敗，生肉復肌，口瘡牙疾，破爛膿疰等證。用此無非取斂澀收平之意云。惜乎用之頗稀，爲世人鮮知故也。

集方：《千金方》治血熱癰腫及熱疹暑毒，流連不已。用營實子炒燥，研碎，二兩，金銀花三兩，晒乾，浸酒飲，漸愈。○《鄧筆峰方》治關節四肢筋骨攣痛，舉動不便，或着風寒暑濕四氣成痹，或患楊梅瘡毒，悞服輕粉，致結毒不散，遍身筋骨疼痛。野墻蘼根皮，酒洗淨一兩，五加皮、木瓜、當歸、土(奇良)〔茯苓〕各五錢。每日用水五碗，煎二碗，徐徐服，日用一劑。○方氏方治赤白痢，或腸風瀉血。用墻蘼根、皮一兩，白芍藥酒炒五錢，甘草一錢，水煎服。○《聖惠方》治小便失禁自遺。用墻蘼根、皮一兩，茯苓二錢，北五味一錢，水煎服。○繆氏方治三消引飲不厭，或小便日多。用墻蘼根、皮二兩，甘草三錢，水煎代茶飲。○治金瘡腫痛，或潰爛不收。用墻蘼根、皮二兩，水煎服，再取燒灰存性，研細末，摻瘡口。○《聖惠方》治牙疳濕爛，膿水内疰。用墻蘼根燒灰存性，加枯礬少許爲末，日日摻之。○同前治口瘡因心胃熱者。用墻蘼根燒灰，川黄柏炒，各三錢，甘草一錢，共爲末，摻口内。○《外臺方》治箭刺入肉不出。用墻蘼根燒灰摻外，内服鼠粘子，生研五錢，酒調服，即穿皮出也。○同前治少小睡中遺尿不自覺。用墻蘼根酒煎飲之。

明・李中梓《醫宗必讀・本草徵要上》　營實味酸、濇，微寒，無毒。入胃經。口瘡骨鯁之用，睡中遺尿之方。專達陽明解熱，以其性濇，兼有遺尿之療也。

清・汪昂《本草備要》卷二　薔薇根瀉濕熱。　苦濇而冷。入胃、大腸經。除風熱、濕熱，生肌殺蟲。治泄痢消渴，牙痛口糜，煎汁含漱。遺尿好眠，癰疽瘡癬。　花有黄白紅紫數色，以黄心、白色、粉紅者入藥。　子名營實，酸溫。主治略同。《千金》曰：薔薇根、角蒿，口瘡之神藥。角蒿所在多有，開淡紅紫花，角微彎，長二寸許，辛苦有小毒。治惡瘡有蟲及口齒瘡。

清・李熙和《醫經允中》卷二一　薔薇根　入胃、大腸經。　苦濇而冷，治泄痢消渴，牙痛口糜，癰疽瘡癬。

清・張璐《本經逢原》卷二　薔薇子名營實　酸，溫，無毒。《本經》營實主癰疽惡瘡，結肉跌筋，敗瘡熱氣，陰蝕不瘳，利關節。　發明：薔薇乃野生之白花者。性專解毒，其實兼能散結，結肉跌筋敗瘡陰蝕，皆得療之。《本經》所主，皆言其實，根能入陽明經，除風殺蟲，故癰疽瘡癬常用之。《千金》治消渴尿多，以根煮飲。又治口瘡之神藥。《聖惠》治小兒遺尿，酒煮服之。皆取其溫足陽明，而足太陽受蔭矣。

清・吴儀洛《本草從新》卷二　薔薇根〔瀉濕熱。〕　苦澀而冷。入胃、大腸經。除風熱濕熱，生肌殺蟲。治泄痢消渴，牙痛口糜，煎汁含咽。遺溺好眠，癰疽瘡癬。《千金》曰：薔薇根、角蒿，口瘡之聖藥。角蒿所在多有，開淡紅紫花，角微彎，長二寸許。辛苦有小毒，治惡瘡有蟲及口齒瘡。　子名營實，酸溫，主治略同。　花有黄白紅紫數色，以黄心、白色粉紅者入藥。

清・汪紱《醫林纂要探源》卷二　薔薇根　苦，濇，寒。蔓生，莖勁多刺，陽地則花紅，陰地不見日色則花白，野生則單瓣，家園有千瓣。　瀉心，堅腎水，瀉肝，靖相火。能除風燥濕，斂精堅骨，生肌殺蟲。又治泄痢遺尿，好眠，皆靖火之功也。治牙痛、口瘡尤效。

花　乾之，可罨金瘡，去瘀生肌。白者良。　營實　甘，苦，濇。圓小色赤，中有白子包聚，多毛。去子及毛淨，可煎飴如金櫻。　斂精固氣，補肺收散。功同五味子。

清・嚴潔等《得配本草》卷四　薔薇根即營實墻蘼。　苦、澀而冷。入手足陽明經。除風火濕熱，療遺尿血痢，治喉痹瘡癬，能生肌殺蟲。　根白皮煎汁含漱，治牙痛口糜。　酒淨，擣汁沖藥。　營實即薔薇子。　酸，微寒。入陽明經，治上焦有熱好瞑，療瘡疽，利關節。　佐枸杞子、地膚子，治眼熱昏暗。

題清・徐大椿《藥性切用》卷四　薔薇根　苦濇性冷，解濕熱毒氣，為瘡科外治耑藥。子，名營實。性味稍溫，主治大略相同。

清・趙學敏《本草綱目拾遺》卷七花部　野薔薇　《百草鏡》：山野與家種無異，但形不大，花皆粉紅色，單瓣，無千葉者。春月，山人採其花，售與粉店，蒸粉貨售，為婦女面藥，云其香可辟汗、去黗黑。《花鏡》：野薔薇一名雪客，葉細而花小，其本多刺，蔓生籬落間，花有純紅、粉紅二色，皆單瓣不甚可觀，但香最甜，似玫瑰，人多取蒸作露，採含蕊拌茶亦佳。患瘧者，烹飲即愈。《六研齋筆記》通元子服餌法，春時服薔薇嫩頭，一月即可，每日服信三釐，漸增之一分，即可入水，坐卧不病，如是經年，即可蠟塗身體。挾利刃，潛遊江湖，刼睡龍之珠，得珠而行空自如，觸石無礙，三界八寰，可縱浪矣，此飛仙之業也，而始於嚙薔薇頭。談此於客，未有不胡盧而笑。

花治瘧：　伍涵芬《讀書志》：白野薔薇花，拌茶煎服，可驅瘧鬼。○婦人鬱結吐血。○劉克中云：香烈，大耗真氣，虛人忌服之。

根治肺癰、吐膿痰，酒煎服；口瘡煎湯漱口。○子名石珊瑚，治產後軟癱。婦人秃髮，用薔薇嫩枝，同猴薑煎汁刷之。

清・章穆《調疾飲食辯》卷四　薔薇花　野者生籬落間。栽蒔者，花重臺香豔。根能止久泄，治下虚小便不禁，《千金方》《聖惠方》並用，煮酒服。又為口瘡聖藥。野生單瓣，根亦可用。花餹藏入食品，甚馥郁。南番薔薇露香尤甚，云是此花之露水，非也。蓋以花入甑，蒸取其汁。凡玫瑰、茉莉、珠蘭、桂花、蓮花、牡丹、芍藥，均可作露。其香太重，性熱而耗，氣虚有火人忌之。

清・葉桂《本草再新》卷三　薔薇根味苦而濇，性冷，無毒。入脾、腎二經。　除風熱濕熱，生肌，殺蟲，泄痢消渴，牙痛口糜。

清・吳其濬《植物名實圖考》卷二二　營實、牆蘼　《本經》上品。《蜀本草》云：即薔薇也。有赤、白二種，白者入藥良，湖南通呼為刺花。俗語謂刺，為勒音之轉也。《救荒本草》：採嫩芽葉，煠熟食之。產外國者製為露香，能耐久。今吳中摘花蒸之，亦清香能祛熱。

雩婁農曰：薔薇露始於海舶，蓋帷簿中物也。宋時重之。蔡絛竄謫中，猶津津言之不置，殆其父子、昆弟，平日阿諛容悅，比之婦寺，孜孜以奇異纖瑣之物，引其君於花石玩好，以為希榮固寵之計。其家人目見耳濡，以不能寶遠物、辨真偽為恥；以恤民艱、圖國事為迂闊，而相姍笑。黃雀螳螂自謂無患，而不知挾彈黏黐者隨其後而捕逐也。然其錮蔽已深，雖至家國蕩析，不知怨艾；而計較其昔時所寶貴者，猶怡然自詡其賞玩之不謬。以為彼談民依勵清節者，皆田舍翁、窮措大耳，烏足以知此？嗚呼！玩物之喪人至此哉！或謂海外薔薇，得霜雪則益香，故為露逾於中華。不知彼地燠熱，花之有臭者，經寒乃清冽而耐久。南中橘柚，至燕薊亦芬馥逾於所產；物理之常，亦烏足異？彼斤斤於耳目嗜好者，誠哉夏蟲不可語冰。而醯雞甕天，安知宇宙之大也？

清・葉志詵《神農本草經贊》卷一　營實　味酸，溫。主癰疽惡創，結肉跌筋，敗創熱氣，陰濕不瘳，利關節。一名薔薇，一名牆麻，一名牛棘。生川谷。

異名牛棘，豔說雞苗。青珠碎簇，紅顆香饒。金櫻懷核，赤杜分條。和酸捩齒，陰蝕潛消。

《花史》：許司馬後圃，薔薇根下，如雞五色，呼為玉雞苗。李時珍曰：結子成簇，生青熟紅，其核有毛，如金櫻子核。方岳詩：真珠碎簇玉蝴蝶。蘇頲詩：香饒點便風。韓保昇曰：子若杜棠子。《禮》：其有核者，懷其核。《新論》：分條布葉。陸游詩：村醪捩齒酸。

清・劉善述、劉士季《草木便方》卷一草部　大紅藤　紅茨根甘療損傷，勞力腰肋疼痛方。吐血崩淋祛風毒，湯火搗汁洗塗光。

清・戴葆元《本草綱目易知錄》卷二　營實、墻蘼薔薇、牛勒。　酸，溫，微寒。益氣明目，利關節，治上焦有熱好瞑。癰疽惡瘡，結肉跌筋，敗瘡熱氣，陰蝕不瘳。【略】《纂要》云：營實，甘，苦，濇，斂精固氣而補肺。其收散之功，同五味子。【略】

根　苦，濇，冷。入陽明經。除風熱濕熱，止消渴，縮小便，通結血。除邪氣逆氣，止瀉痢腹痛。治熱毒風牙齒疼，五臟客熱，腸風瀉血，頭瘡白禿，癰疽疥癬，金瘡傷撻，生肉復肌。小兒疳蟲肚痛。【略】《纂要》云：薔薇，蔓生，莖勁多刺，生於陽地則花紅，生於陰地不見日則花白。野生者則單瓣，家園植者有千瓣。【略】《纂要》云：【略】治瀉痢遺尿，好眠，療牙痛口瘡。

清・陳其瑞《本草撮要》卷一　薔薇根　味苦濇而冷，入手足陽明經，功專除風熱濕熱，生肌殺蟲，治泄痢消渴，遺溺好眠，癰疽瘡癬。牙痛口糜，煎汁含嗽。子名營實，酸溫，主治略同。用根燒灰，白湯送下，治金瘡腫痛。

月季花

明・李時珍《本草綱目》卷一八草部・蔓草類　月季花《綱目》

【釋名】月月紅見下。勝春　瘦客　鬭雪紅　【集解】時珍曰：處處人家多栽插之，亦薔薇類也。青莖長蔓硬刺，葉小於薔薇，而花深紅，千葉厚瓣，逐月開放，不結子也。

【氣味】甘，溫，無毒。　【主治】活血，消腫，傅毒時珍。

【附方】新一。　瘰癧未破：用月季花頭二錢，沉香五錢，芫花炒三錢，碎剉，入大鯽魚腹中，就以魚腸封固，酒、水各一盞，煮熟食之，即愈。魚須安糞水內遊死者方効。此是家傳方，活人多矣。談埜翁《試驗方》。

明・倪朱謨《本草彙言》卷六　月月紅　味甘，氣溫，無毒。又名月季花。

李氏曰：月月紅，南方處處人家多栽種之，亦薔薇類也。青莖，長蔓，硬刺，亦有叢生者。葉小于薔薇，而花深紅色，千葉厚瓣，不結子，逐月開放，故名。今西北地亦有之。

月月紅：李時珍活血消毒之藥也。林山公抄《談氏家寶方》治瘰癧未破，用花或枝頭五錢，芫花炒三錢，入大鯽魚腹中封固，用線紮定，酒水各一碗，煮熟去藥，食魚三箇即愈。魚須放糞水內游半日方效。或活或死皆可用。

清・张璐《本經逢原》卷二　月季花俗名月月紅　甘，溫，無毒。　發明：　月季花為活血之良藥。搗敷腫瘍用之。痘瘡觸犯經月之氣而伏陷者，用以加入湯藥即起，以其月之開放，不失經行常度，雖云取義，亦活血之力也。

清・王道純《本草品彙精要續集》卷二　月季花無毒

月季花：　主活血消腫，傅毒《本草綱目》。　【名】月月紅、勝春、瘦客、鬥雪紅。　【地】李時珍曰：　處處人家多栽插之，亦薔薇類也。　【苗】青莖長蔓硬刺，葉小於薔薇，千葉厚瓣，不結子也。　【時】逐月開放。　【色】花深紅。　【味】甘。　【性】溫。　【氣】氣薄味淡，陰中微陽。　【合治】療瘰癧未破，用月季花頭二錢，沉香五錢，芫花炒三錢，碎剉，入大鯽魚腹中，就以魚腸封固，酒水各一盞，煮熟食之，即愈。魚，須安糞水內游死者方效，此是家傳方，活人多矣。

清・王子接《得宜本草・上品藥》　月季花　味甘，溫。主治痘瘡見魘變色。得活鯽魚糞水中游死者，治瘰癧未破神效。

清・嚴潔等《得配本草》卷四　月季花一名月月紅。　甘，溫。活血。敷毒，治痘瘡。觸經穢而變色。采子含，痛牙立止。

清・吴其濬《植物名實圖考》卷二一　月季　《益部方物記》：　花亙四時，月一披秀，寒暑不改，似固常守。右月季花。此花即東方所謂四季花者，翠蔓紅蘤。蜀少霜雪，此花得終歲，十二月輒一開。

按《南越筆記》：　月貴花似荼蘼，月月開，故名月貴，一名記。有深淺紅二色。據此則月季乃月貴、月記之訛，宋子京原本當是月貴也。《本草綱目》李時珍曰：　月季花處處人家多栽插之，亦薔薇類也，青莖，長蔓，硬刺，葉小於薔薇，而花深紅，千葉厚瓣，逐月開放，不結子也。氣味甘溫，無毒。主治活血消腫，傅毒。瘰癧未破，用月季花頭二錢，沉香五錢，芫花炒三錢，碎剉，入大鯽魚腹中，就以魚腸封固，酒水各一盞，煮熟食之即愈。魚須安糞水內游死者方效，此是家傳方，活人多矣。出《談埜翁試驗方》。

清・劉善述、劉士季《草木便方》卷一草部　月季花　月月紅花味甘溫，調經活血止血崩。消腫止痛療瘡毒，瘰癧未破用為珍。月月開。

清・戴葆元《本草綱目易知錄》卷二　月季花月月紅　甘，溫。活血消腫，傳毒。療出豆家值有婦人月事臨，囑其佩之，可解厭穢。葆驗。

六面珠

清・吴其濬《植物名實圖考》卷九　六面珠　產建昌。褐莖對葉，微似月季花葉而黃綠，微短附莖；　秋結小圓紅實，四面環抱，攢簇稠密，的皪可愛。

木香

清・吴其濬《植物名實圖考》卷二一　木香　《花鏡》：　木香一名錦棚兒。藤蔓附木，葉比薔薇更細小而繁。四月初開花，每穎三蘂。極其香甜可愛者，是紫心小白花。若黃花則不香；　即青心大白花者，香味亦不及。至若高架萬條，望如香雪，亦不下於薔薇；　翦條扦種亦可，但不易活；　惟攀條入土壅泥壓護，待其根長，自本生枝外，翦斷移栽即活。臈中糞之，二年大盛。《曲洧舊聞》：　木香有二種，俗說檀心者號酴醾，不知何所據也。京師初無此花，始禁中有數架，花時民間或得之相贈遺，號禁花，今則盛矣。

十姊妹

清・趙學敏《本草綱目拾遺》卷七　十姊妹　一名佛見笑，汪連仕云：　取其根、葉陰乾為末，蜜糖湯調服，治傷寒危篤立效，乃元升觀之祕方。

清・吴其濬《植物名實圖考》卷二一　十姊妹　《花鏡》：　十姊妹又名七姊妹，花似薔薇而小，千葉磬口，一蓓十花或七花，故有此二名。色有紅白紫淡四樣。正月移栽，或八九月扦插，未有不活者。

麥條草

清・吴其濬《植物名實圖考》卷八　麥條草　一名空筩包，建昌謂之虎不挨。紅莖紅刺，尖細如毛，對葉排比，如榆葉而寬大，發杈，開五瓣白花，綠心突出，長三四分，極似魚腥草花，土醫以治痧斑熱證。

白馬鞍

清・吴其濬《植物名實圖考》卷八　白馬鞍　生建昌。獨莖，上紅下綠，旁枝對發，葉如梅葉，嫩綠細齒，或三葉、或五葉，排生一枝，土人採根敷毒。

面來刺

清・吴其濬《植物名實圖考》卷一〇　面來刺　贛州山坡有之。叢生，硬莖赭色。葉似榆葉，三葉攢生，中大旁小，面濃綠黑紋，背外綠內赭，有刺如鍼。或云可退煩熱，通肢節。

金雞腿

清・吴其濬《植物名實圖考》卷二一　金雞腿　產建昌。一名日日新。

叢生長條，糾結交互，似月季花莖而無刺，葉亦相類微小。俚醫以為壯精行血之藥。

兩頭草

清·莫樹蕃《草藥圖經》 兩頭草即過江草。 過江草，即兩頭草。又名五月泡，又名三月泡，又名刺珠子。根葉多梗，有刺，土名烏龍尾。有花不見其形，結子如紅珠，有鬚。肝腎要藥。

白薔薇

明·鮑山《野菜博錄》卷三 落霜紅 生山野間。高四五尺，葉似土欒葉，開白花，結子如菉豆大，生青熟紅。味甜。 食法：摘紅熟子食之。

清·吳其濬《植物名實圖考》卷二九 白薔薇 滇南有之。五瓣黃蕊，莖紫，葉如荼蘼，香達數里。

玫瑰

明·周履靖《茹草編》卷二 玫瑰 采采玫瑰，澤中之秀。其葉葳蕤，其葩繁茂。嗅若蘭芬，色如華綬。和以餳飴，漬以飣餖。君子餌之，可以適口。

摘花，打去苦汁，用白糖打為膏食之。

明·姚可成《食物本草》卷一五味部·芬香類 玫瑰處處有之，江南尤多。莖高二三尺，極利穢污灌溉。宿根自生，春時抽條，枝幹多刺。葉小似薔薇葉，邊多鋸齒。四月開花，大者如盃，小者如盃，色若胭脂，香同蘭麝。人以搗去苦味，與糖、蜜印成花鳥，以供點茶，佳品。 玫瑰花，味甘、微苦，溫，無毒。主利肺脾，益肝膽，辟邪惡之氣，食之芳香甘美，令人神爽。

清·丁其譽《壽世秘典》卷三 玫瑰灌生，細葉多刺，類薔薇莖短，花亦類薔薇，色淡紫，嬌艷芬馥，有香有色，堪入茶酒、入蜜。栽宜肥土，常加澆灌，性好潔，最忌人溺，溺澆即斃。燕中有黃花者，稍小于紫。嵩山深處有碧色者。〇株旁生小條，不可久存，即宜截斷另植，不則大本必枯瘁。 氣味：甘，微濇，溫，無毒。主利肺脾，益肝膽，辟邪惡之氣。食之芳香甘美，令人神爽。

發明王藎臣曰：采初開純紫花瓣，搗成膏。白梅水浸，少時順研，細布絞去濇汁，加白糖研勻，磁器收貯任用。亦可印作餅，晒乾收用，全花白梅水浸去濇汁，蜜煎，亦可食。宋時宮中採花，雜腦、麝作香囊，氣甚芬馥。

清·趙學敏《本草綱目拾遺》卷七花部 玫瑰花 有紫、白二種，紫者入血分，白者入氣分。莖有刺，葉如月季而多鋸齒，高者三四尺，其花色紫，入藥用花瓣，勿見火。《百草鏡》云：玫瑰花立夏前採含苞未放者，陰乾用，忌見火。 氣香性溫，味甘微苦，入脾、肝經，和血行血，理氣治風痹。《藥性考》云：玫瑰性溫，行血破積，損傷瘀痛，浸酒飲益。

治吐血玫瑰膏：《救生苦海》：用玫瑰花一百朵初開者去心蒂，河水二盌，煎半，再用河水一盌，煎半，去渣，和勻，共有盌半，復煎至一盌，白糖一觔，收成調膏，不時服之。 噤口痢：用玫瑰花陰乾煎服。 治乳癰：玫瑰花七朵、母丁香七粒，無灰酒煎服，自愈。 腫毒初起：《百草鏡》：玫瑰花去心蒂，焙為末一錢，好酒和服。 乳癰初起，鬱症宜此。《百草鏡》：玫瑰花初開者、陰乾燥者三十朵，去心蒂，陳酒煎，食後服。 肝胃氣痛：用玫瑰花陰乾，沖湯代茶服。 新久風痹：《百草鏡》：玫瑰花去净蕊蒂，陰乾，三錢，紅花、全當歸各一錢，水煎，去渣，好酒和服七劑，除根永不再發。 吐紅：《集聽》：用玫瑰花不拘多少，去蒂，搗汁熬膏，貯瓶內，每早空心茶匙挑四五匙，白滾水沖服，一二日即愈。《少林拳經》：玫瑰花能治跌打損傷。 風痹藥酒：《救生苦海》：用白槿花、大紅月季花、玫瑰花去蒂各一兩，鬧羊花五錢，風茄花五朵，龍眼肉、北棗肉各一兩，紹酒五壺浸，封七日，隔水煮之。罈上置白米一撮，米熟成飯為度，取出，每服二三杯，蓋暖臥，避風，即愈。 保真丸：朱排山《柑園小識》：保真丸能通經絡、和百脈、壯腰腎、健脾胃、加飲食、健步履，除一切痼疾，能固真元。用玫瑰花去蒂摘瓣，以竹紙糊袋裝之，薄攤曬乾，取淨末一觔，不宜見火。此花色能益血，香能補氣，妙難盡述；補骨脂一觔，淘淨泥土，用芪、术、苓、甘各五錢，煎汁一盌拌曬，以汁盡曬燥炒；菟絲子一觔，用芎、歸、芍、生地各五錢，煎汁去渣，以汁煮菟絲子，俟吐絲為度，曬乾炒；胡桃仁六兩，連皮搗如泥；杜仲四兩，鹽水炒去絲；韭子四兩，淘淨微火炒，各為細末，煉蜜為丸，如桐子大，每晨空心白湯服四錢，忌羊肉、芸薹並諸血。一方加魚膘四兩，男婦共服，可以種子，極效；或加鹿角膠、枸杞子。

清·章穆《調疾飲食辯》卷四 玫瑰花 玫瑰，紫玉也。此花色紫，香而豔，故名。果品中常用之物，無甚損益。其牡丹、芍藥諸花，皆入食品，性皆彷彿。

清·葉桂《本草再新》卷一 玫瑰花味甘，性溫，無毒。入肝、脾二經。 舒肝胃之鬱氣，健脾降火，治腹中冷痛，胃脘積寒，兼能破血。

清・吴其濬《植物名實圖考》卷二一　玫瑰　《敬齋古今黈》張祜詠薔薇花云：曉風採盡燕支顆，夜雨催成蜀錦機。當晝開時正明媚，故鄉疑是買臣歸。薔薇花正黄，而此詩專言紅，蓋此花故有紅黄二種，今則以黄者為薔薇，紅紫者為玫瑰云。

《群芳譜》：玫瑰，一名徘徊，灌生，細葉多刺，類薔薇莖短；花亦類薔薇色淡紫；青鄂黄蘂，瓣末白點，中有黄者，稍小於紫。嵩山深處有碧色者。《花史》曰：宋時宮中採花，雜腦麝作香囊，氣甚清香。《花鏡》：玫瑰香膩馥郁，愈乾愈烈；每抽新條，則老本易枯，須速將根旁嫩條移植別所，則老本仍茂，故俗呼離娘草。此花之用最廣。因其香美或作扇墜、香囊，或以糖霜同烏梅搗爛名玫瑰糖，收於甆瓶內，曝過，經年色香不變。

按李時珍謂玫瑰不入藥，今人有謂性熱動火，氣香平肝，亦非無徵。

清・張仁錫《藥性蒙求・草部》　玫瑰花四朵　玫瑰花溫，行瘀破積。浸酒療傷，和平有益。

清・王孟英《隨息居飲食譜・調和類》　玫瑰花　甘、辛，溫。調中活血，舒鬱結，辟穢，和肝。蒸露、熏茶、糖收、作餡，浸油澤髮，烘粉悦顔，釀酒亦佳。可消乳癖。

清・鄭奮揚著，曹炳章注《增訂偽藥條辨》卷二　土玫瑰　玫瑰花色紫氣香，味甘，性微溫，入脾、肝二經，和血調氣，平肝開鬱。惟蘇州所產者，色香俱足，服之方能見效。近有以本地所生之土玫瑰及月季花，陰乾混售，不可不知。　炳章按：玫瑰花產杭州莧橋者，花瓣紫紅，花蒂青緑色，氣芳香甚濃者佳。產湖州者，色紫淡黄紅色，朵長，蒂緑黄色，且有小點，香味淡，略次。蕭山龕山產者，桃紅色，味淡氣香而濁，受潮極易變色，為最次。且玫瑰花具有特性，人尿屎澆著立死。凡正月終抽紅芽，煎新抽嫩條，每顆二三枝，種斜形，生根較易，次年其花盛開，根傍亦有嫩枝發出，隔二三年，宜遷種換地，此花名離娘草，必須移東植西，方得起發。若同園有開紅花之果木，如石榴、薔薇等類，則滿園玫瑰，忌不開花。速將奪色之花遷遠，則玫瑰及時而開，亦其特性也。

黄鎖梅

明・蘭茂撰，清・管暄校補《滇南本草》卷中　黄鎖梅根一名鑽地風。　性微溫，味酸。走經絡，治筋骨疼痛，痿軟麻木，日久赤白痢，休息等症。

附方：治赤血痢，鎖梅根、赤地榆，二味同煎服。　又方：治白痢，鎖梅根，烏梅一個，同煎服。　又方：治日久大腸下血，鎖梅根，槐寄生，各等分，水煎，點水酒服，甚效。

明・蘭茂《滇南本草》〔叢本〕卷中　鑽地風即黄所梅根。　味酸，性溫。走筋骨疼痛，痿耎麻木。止日久赤白痢。單方：治痢，赤血痢，所梅根、赤地榆煎服。又方：治白痢、〔體〕〔休〕息痢，所梅根，烏梅一個，煎服。單方：治大腸下血日久可用。所梅根、槐寄生，等分，煎服治之。單劑點水酒吃效。

潑盤

明・朱橚《救荒本草》卷上之後　潑盤　一名托盤。生汝南荒野中，陳蔡間多有之。苗高五七寸，莖葉有小刺，其葉彷彿似艾葉稍團，葉背亦白，每三葉攢生一處結子作穗，如半柿大，類小盤堆石榴顆狀，下有蒂承如柿蒂形。味甘，酸，性溫。　救飢：以潑盤顆粒紅熟時採食之。彼土人取以當果。

清・吴其濬《植物名實圖考》卷一九　潑盤　《救荒本草》。按李時珍云，一種蔓小於蓬蘽，一枝三葉，葉面青背淡白而微有毛，開小白花，四月實熟，其色紅如櫻桃者，俗名藸田藨，即《爾雅》所謂藨者也。故郭璞注云：藨即莓也。子似覆盆而大，赤色，酢甜可食，此種不入藥用，即此。

倒鈎藤

清・劉善述、劉士季《草木便方》卷一草部　倒鈎藤　〔到〕〔倒〕鉤藤辛治逆經，跌打吐血須用根。葉嚼止血止疼痛，刀刃金瘡把肌生。

小烏藨

清・劉善述、劉士季《草木便方》卷一草部　小烏藨　小烏蕉根鹹溫平，散瘀除風逐痰停。葉汁點眦牙蟲出，清熱止淚塗癩輕。小老鼠莢。

笑靨兒草

宋・王介《履巉巖本草》卷上　咲靨兒草　一名白頭花草。性溫，無毒。能消腫毒，去〔褚〕〔諸〕風氣。秋間帶花收之。要用旋爲末。

酴釄

清・褚人獲《堅瓠續集》卷一　酴釄露　酴釄，海國所產為盛。出大西洋國者，花如中州之牡丹。蠻中遇天氣凄寒，零露凝結，着他草木，乃冰澌木稼，殊無香韻。惟酴釄花上，瓊瑶晶瑩，芬芳襲人，若甘露焉。夸女以澤體膩髮，香味經月不滅，國人貯以鉛瓶，行販他國。

清・吴其濬《植物名實圖考》卷二一　酴醾　《格物總論》曰：　酴醾花，藤身，青莖多刺，每一穎著三葉，葉面光緑，背翠，多缺刻。《群芳譜》曰：　一名獨步春，一名百宜枝，一名瓊綬帶，一名雪纓絡，一名沉香蜜友。大朵千瓣，香微而清，本名荼蘼。一種色黄似酒，故加酉字。唐時寒食宴，宰相用酴醾酒。

佛見笑

清・吴其濬《植物名實圖考》卷二一　佛見笑　荼蘼别種也。大朵千瓣，青跗紅萼，及大放則純白。

黄酴醾

清・吴其濬《植物名實圖考》卷二一　黄酴醾　《益部方物記》：　人情尚奇，賤白貴黄；　厥英略同，實寡於香。右黄酴醾。蜀荼蘼多白，而黄者時時有之，但香減於白花。

繅絲花

清・吴其濬《植物名實圖考》卷二一　繅絲花　一名刺蘩，葉圓細而青，花儼如玫瑰，色淺紫而無香；　枝萼皆有刺針，每逢煮繭繅絲時花始開放，故有此名。二月中根可分栽。

使君子

晉・嵇含《南方草木狀》卷上　留求子　形如梔子，稜瓣深而兩頭尖，似訶梨勒而輕，及半黄已熟，中有肉白色，甘如棗，核大，治嬰孺之疾。南海、交趾俱有之。

宋・唐慎微《證類本草》卷九草部中品〔宋・馬志《開寶本草》〕　使君子味甘，溫，無毒。主小兒五疳，小便白濁，殺蟲，療瀉痢。生交、廣等州。形如梔子，稜瓣深而兩頭尖，亦似訶梨勒而輕。俗傳始因潘州郭使君療小兒，多是獨用此物，後來醫家因號爲使君子也。今附。

〔宋・蘇頌《本草圖經》〕曰：　使君子，生交、廣等州，今嶺南州郡皆有之，生山野中及水岸。其葉青，如兩指頭，長二寸。其莖作藤，如手指，三月生花，淡紅色，久乃深紅，有五瓣。七八月結子如拇指，長一寸許，大類梔子而有五稜，其殼青黑色，内有人，白色，七月採實。

宋・寇宗奭《本草衍義》卷一〇　使君子　紫黑色，四稜高，瓣深。今《經》中謂之稜瓣深，似令人難解。秋末冬初，人將入鼎、澧。其仁味如椰子肉。《經》不言用仁，爲復用皮。今按文味甘即是用肉，然難得仁，蓋絕小。今醫家或兼用殼。

宋・劉明之《圖經本草藥性總論》卷上　使君子　味甘，溫，無毒。主小兒五疳，小便白濁，殺蟲，療瀉痢。

元・吴瑞《日用本草》卷六　使君子　生交、廣等州。形如梔子，稜瓣深而兩頭尖。　味甘，溫，無毒。療小兒多是獨用。　主小兒五疳，小便白濁。殺蟲，療瀉痢。

明・王綸《本草集要》卷三　使君子　味甘，氣溫，無毒。始因郭使君療小兒用此物，後因名之。用仁或兼用殼。　主小兒五疳，小便白濁，殺蟲，療瀉痢。

明・滕弘《神農本經會通》卷一　史君子　始因郭使君療小兒用此物，後因名之。形如梔子，有五稜，瓣深而兩頭尖。七月採實，用仁，或兼用殼。《局》云：　熱灰中和皮炮，去皮取仁用。　味甘，氣溫，無毒。《衍》云：　主幼子諸疳，殺蟲，治瀉痢，小便白濁。　《本經》云：　主小兒五疳，小便白濁，殺蟲，療瀉痢。《局》云：　使君子乃醫蟲藥，療瀉攻疳益小兒。因郭使君專用此，後來故以此名之。史君子，殺蟲藥，疳瀉如仙。

明・劉文泰《本草品彙精要》卷一二　使君子無毒　蔓生。

使君子：　主小兒五疳，小便白濁，殺蟲，療瀉痢。名醫所録。　〖苗〗《圖經》曰：　莖作藤如手指，其葉青，如兩指頭，長二寸。三月生花，淡紅色，久乃深紅，有五瓣。七八月結子，如拇指，長寸許，大類梔子，亦似訶梨勒而輕，有五稜，其殼紫黑色，内有仁白色。俗傳始因潘州郭使君療小兒多是獨用此物，後來醫家因號爲使君子也。〖地〗《圖經》曰：　生交廣等州。今嶺南州郡山野中及水岸皆有之。〖道地〗眉州。〖時〗生：　春生苗。採：　七八月取實。〖收〗暴乾。　〖用〗仁。　〖質〗類訶梨勒而輕。　〖色〗紫黑。　〖味〗甘。〖性〗溫，緩。　〖氣〗氣之厚者，陽也。　〖臭〗香。　〖主〗消疳，殺蟲。

明・葉文齡《醫學統旨》卷八　使君子　氣溫，味甘。無毒。始因郭使君療小兒用此物，後因名之。　治小兒五疳，小便白濁，殺蟲，療瀉痢。

明・許希周《藥性粗評》卷二　掃疳蟲於齒鼻，使君子用假一時。

使君子蔓生如手指，葉青，如兩指頭，長二寸，三月生花淡紅色，久變深紅，有五瓣，七八月結子如拇指，長寸許，形如梔子、訶黎勒輩，紫黑色，四稜，亦有五稜，内有仁，白色，味如椰子。好生水岸，交廣州郡處處有之。秋末採實，陰乾。世傳潘州郭使君療小兒專用此物，故名。凡用熱灰中炮去皮，取仁。亦有連皮用者，以仁細難得故也。餘説《本草》不載。味甘，性溫，無毒。主治瀉痢，小便白濁，五疳及疳蟲壞牙。

明・鄭寧《藥性要略大全》卷四　使君子　治小兒五疳，小便白濁，殺蟲，止瀉痢。　其味甘平，無毒。又云性溫。用仁或兼用殼。昔郭使君用此，因名焉。似梔子而兩頭尖，稜深色黑。多單用。　打蟲法：　每月十五日以前，蟲頭向上，可服此下之。十五日後，其蟲頭向下，雖服無效。必須於月初十日前服。其數照依小兒年紀，每歲服二枚。一生、一炮熟。先以殼煎湯，飲一二口，然後吃使君肉。其兒每一歲服二枚，二歲服四枚。二枚生、二枚熟。兒大者，照年歲加之。服後其蟲自下。

明・陳嘉謨《本草蒙筌》卷四　使君子　味甘，氣溫。無毒。交趾多生，嶺南亦有。新採香潤，陳久乾枯。用須慢火微煨，去殼便可嚼食。或和諸藥，憑作散丸。去白濁，除五疳，殺蛔蟲，止瀉痢。因郭使君原用以治小兒，後人竟名之曰使君子也。

明・王文潔《太乙仙製本草藥性大全》卷二《本草精義》　使君子　出交廣諸州，今嶺南州郡亦有。生山野中及水岸。其葉青，似兩指頭，長二寸，其根作藤如手指，三月開花，淡紅色，久則深紅，有五瓣。七八月結實如大拇指，長一寸許大，類梔子而有三稜，稜瓣深而兩頭尖，亦似訶梨勒而輕，其殼青黑色，內有仁白色，七月採實。

明・王文潔《太乙仙製本草藥性大全》卷二《仙製藥性》　使君子　味甘平，無毒。又云性溫。用仁或兼用殼。昔郭使君用此，因名焉。　主治：　治小兒五府，利小便白濁。殺諸蟲而有奇效，止瀉痢而獲神功。《衍義》云：使君子紫黑色，四稜高，瓣深。今《經》中謂之稜深瓣，似令人難解。秋末冬初，人將入鼎、灃。其仁味如椰子肉，經不言用仁，爲用皮殼。　打蟲法：　每月十五日以前，蟲頭向上，可服此下之。十五日後，其蟲頭向下，雖服無效，必須於月初十日前服。其數照依小兒年紀，每歲服二枚，一生一炮熟，先以殼煎湯飲一二口，然後吃使君肉。其兒每一歲服二枚，二歲服四枚，二枚生二枚熟，兒大者照年歲加之，服後其蟲自下。

明・皇甫嵩《本草發明》卷三　使君子中品下，臣。氣溫，味甘，無毒。　發明曰：　此專治小兒疳蟲積，故《本草》主小兒五疳，小便白濁如泔，殺蟲，治瀉痢。郭使君用此療小兒積，人號使君子。用肉與仁，或兼殼用。

明・李時珍《本草綱目》卷一八草部・蔓草類　使君子宋《開寶》

【釋名】留求子志曰：　俗傳潘州郭使君療小兒多是獨用此物，後醫家因號爲使君子也。時珍曰：　按嵇含《南方草木狀》謂之留求子，療嬰孺之疾。則自魏、晉已用，但名異耳。　【集解】志曰：　生交、廣等州。形如巵子，稜瓣深而兩頭尖，似訶梨勒而輕。　頌曰：　今嶺南州郡皆有之，生山野中及水岸。其莖作藤，如手指大。其葉如兩指頭，長二寸。三月生花淡紅色，久乃深紅，有五瓣。七八月結子如拇指大，長一寸許，大類巵子而有五稜，其殼青黑色，內有仁白色，七月采之。　宗奭曰：　其仁味如椰子。醫家亦兼用殼。　時珍曰：　原出海南、交趾。今閩之紹武，蜀之眉州，皆栽種之，亦易生。其藤如葛，繞樹而上。葉青如五加葉。五月開花，一簇一二十葩，紅色輕盈如海棠。其實長寸許，五瓣合成，有稜。先時半黃，老則紫黑。其中仁長如榧仁，色味如栗。久則油黑，不可用。

【氣味】甘，溫，無毒。　【主治】小兒五疳，小便白濁，殺蟲，療瀉痢《開寶》。健脾胃，除虛熱，治小兒百病瘡癬時珍。

【發明】時珍曰：　凡殺蟲藥多是苦辛，惟使君子、榧子甘而殺蟲，亦異也。凡大人小兒有蟲病，但每月上旬侵晨空腹食使君子仁數枚，或以殼煎湯嚥下，次日蟲皆死而出也。或云：七生七煨食亦良。忌飲熱茶，犯之即瀉。此物味甘氣溫，既能殺蟲，又益脾胃，所以能斂虛熱而止瀉痢，爲小兒諸病要藥。俗醫乃謂殺蟲至盡，無以消食，鄙俚之言也。樹有蠹，屋有蟻，國有盜，福耶禍耶？修養者先去三尸，可類推矣。

【附方】新六　小兒脾疳：　使君子、盧會等分，爲末。米飲每服一錢。《儒門事親》。　小兒痞塊：　腹大，肌瘦面黃，漸成疳疾。使君子仁三錢，木鼈子仁五錢，爲末，水丸龍眼大。每以一丸，用雞子一箇破頂，入藥在內，飯上蒸熟，空心食之。楊起《簡便單方》。　小兒蛔痛：　口流涎沫。使君子仁爲末，米飲五更調服一錢。《全幼心鑑》。　小兒虛腫：　頭面陰囊俱浮。用使君子一兩，去殼，蜜五錢炙盡，爲末。每食後米湯服一錢。《簡便方》。　(頭瘡)(鼻齄)面瘡：　使君子仁，以香油少許，浸三五個。臨卧時細嚼，香油送下，久久自愈。《普濟方》。　蟲牙疼痛：　使君子煎湯頻漱。《集簡方》。

題明・薛己《本草約言》卷一《藥性本草》　使君子　味甘，氣溫，無毒。用須慢火微煨，去殼，便可嚼食，或和諸藥憑作散丸。去白蟲而除五疳，殺蛔蟲而止瀉痢。因郭使君用治小兒，後人竟名之曰使君子。入足太陽、陽明經。專治小兒疳積蟲積，故主小兒五疳，小便白濁如泔，殺蟲治瀉痢。小兒每歲止用二個，每食損胃，令人發噦。

明・佚名氏《醫方藥性・草藥便覽》　使君子　其性溫、甘。小兒疳蟲(及)(極)妙。

明・梅得春《藥性會元》卷上　使君子　味甘，氣溫，無毒。此藥因郭使君專用療小兒，故名之。　主治小兒五疳，小便白濁，殺蟲，療瀉痢。　生交廣等州。　形如梔子，稜瓣深而兩頭尖。　又治蟲牙疼，能取蟲。　製法：　凡使，熱灰中炮去殼并皮，取肉用之。

明·李中立《本草原始》卷二　使君子　始生交、廣等州，今嶺南州郡皆有之。　生田野中及水岸。　其葉青，如兩指頭，長二寸，其莖作藤如手指。　三月生花，淡紅色，久乃深紅，有五瓣。　七八月結子，形如梔子，稜瓣深而兩頭尖，亦似訶梨勒而輕。　俗傳始因潘州郭使君療小兒多是獨用此物，後來醫家因號為使君子也。　使君子：　氣味：　甘，溫，無毒。　主治：　小兒五疳，小便白濁，殺蟲，療瀉痢。〇健脾胃，除虛熱。　治小兒百病，瘡癬。

使君子亦治小兒頭面、陰囊虛腫，用仁五錢，蜜五錢，炙盡，為末，每食後米湯服一錢。

【圖略】皮黑仁白。　修治：　去殼取仁。　然仁絕小難得，今醫家或兼用殼。

明·張懋辰《本草便》卷一　使君子　味甘，氣溫，無毒。　主小兒五疳，小便白濁，殺蟲，療瀉痢。

明·李中梓《藥性解》卷四　使君子　味甘，性溫，無毒，入脾、胃二經。治小兒五疳，利小便，止白濁，除瀉痢，殺諸蟲，連殼用。　按：　使君子甘溫，宜主脾胃，然多食令人發呃，傷胃故也。

明·繆希雍《本草經疏》卷九　使君子　味甘，溫，無毒。　主小兒五疳，小便白濁，殺蟲，療瀉痢。　俗傳始因潘州郭使君療小兒多是獨用此物，後醫家因號為使君子。

〖疏〗使君子得土之沖氣，而兼感乎季春之令以生，故其味甘，其氣溫，其性無毒。　甘入脾，故入足太陰、陽明。　為補脾健胃之要藥。　小兒五疳、便濁、瀉利及腹蟲，莫不皆由脾虛胃弱，因而乳食停滯，濕熱瘀塞而成。　脾健胃開，則乳飲自消，濕熱自散，水道自利，而前證俱除矣。　不苦不辛，而能殺疳蚘，此所以為小兒上藥也。　〖主治參互〗得盧會、蕪荑、滑石、麥芽、厚朴、橘皮，治一切疳疾，神效。　又方，治小兒脾疳。　使君子、盧會等分，為末，米飲每服一錢。　《全幼心鑒》治小兒蛔痛，口流涎沫。　使君子為末，五更米飲調服一錢。　《簡便方》治小兒虛腫，頭面陰囊俱浮。　使君子肉一兩，蜜五錢，炙盡為末，每食後米湯服一錢。　《普濟方》治頭瘡面瘡，使君子仁以香油少許浸三五枚，臨臥時細嚼，香油送下，久久自愈。　《集簡方》治蟲牙疼痛，使君子煎湯頻漱。　〖簡誤〗小兒泄痢有赤積，是暑氣所傷，禁與肉豆蔻、訶子等澀熱藥同用。　亦忌食熱物及飲熱茶，犯之即泄。

明·倪朱謨《本草彙言》卷六　使君子　味甘、酸，氣寒，無毒。　李氏曰：　使君子原出海南、交阯之地，今閩之邵武，蜀之眉州皆有。　亦易生之物，生山野及水岸間，延蔓如葛，繞樹而上。　葉青如五加葉。　四五月開花，一簇一二十葩，淡紅色，輕盈如海棠。　作實長寸，先黃，老則紫黑，酷類梔子。　殼有五稜，中仁色狀如榧，味如草栗。　七月收采，久則油黑，不堪用矣。　宋醫郭使君始用，故名。

使君子：　李時珍療小兒五疳積聚之藥也。　張仰垣稿《開寶》方兼主小便白濁，殺蟲止痢，無非嬰科疳病諸證，專司之也。　是不苦不辛，能滋運脾胃，故疳可療，濁可清，蟲可滅，痢可止耳。　此所以爲兒科上藥也。　但性寒善消，如脾胃虛寒之子，又不宜多用，多食則發呃，蓋可知矣。　如大人方藥中，世未嘗用也。　李士材先生曰：　殺蟲藥皆苦，惟使君子獨甘。　空腹食數枚，次日蟲皆死而出矣。　忌飲熱茶，犯之即瀉。　有言其不宜食者，非也。　按李氏《綱目》云：　夫樹有蠹，屋有蟻，國有盜，人身有蟲，禍耶？　福耶？　觀養生者，先去三尸蟲可知矣。　設苟無蟲積，服之必致損人。

集方：　楊起方治小兒痞塊腹大，肌瘦面黃，漸成疳疾。　用使君子肉三錢，木鼈子仁五錢，共爲末。　每用一錢，用雞子一箇，破頂入藥在內，飯上蒸熟，空心和雞子食之。〇《蓋翁幼科方》治一切疳疾。　用使君子肉、蘆薈、蕪荑、麥芽、厚朴、陳皮各等分，每用一錢，白湯調服。〇《全幼心鑒》治小兒蛔痛，口流涎沫。用使君子肉爲末，米飲調，五更時服一錢。〇同前治小兒頭面虛腫，陰囊俱浮。用使君子肉一兩，蜜三錢，拌炒，研細。　每用一錢，食後米湯調服。〇《普濟方》治頭面瘡傷。　用使君子肉五枚，香油浸一日，臨睡時細嚼。　如法服一月，全愈。〇《集簡方》治蟲牙疼痛。　用使君子肉煎湯，頻漱漸愈。

肥兒丸：　治小兒疳積一切病，此藥消疳化積，磨癖殺蟲，清熱補脾，進食養神。　用使君子肉去殼，蕪荑炒，各五錢，胡黃連、牽牛子頭末各三錢，人參、白朮、茯苓、甘草、麥芽、紅麴、山查肉各四錢，共爲末，黃米糊爲丸，如芡實大。每服一丸，米湯化下。　或作末藥，每晚米湯調服六分。

消疳丸：　治小兒五疳，皮黃肌瘦，髮竪尿白，肚大青筋，好食泥炭、茶、米之物，或吐或瀉，腹內積塊，諸蟲作痛。　用使君子肉、蕪荑仁、陳皮、厚朴、枳實、麥芽、蒼朮、砂仁、三稜、莪朮各五錢，胡黃連三錢，共爲細末，神麴糊爲丸，如彈子大。每服一丸，米湯化下。

錢氏云：小兒疳疾，多由飲食無節，肥甘過度，或因久吐久瀉，久痢久瘧，久熱久汗，久嗽久瘡之後，皆能亡失津液而成疳病。治法理脾爲主，消積次之。俗云：凡養小兒宜戒禁，酒肉油膩偏生病。生冷硬物凉水漿，不與自無疳癖病。誠哉是言！〇又方：治小兒無人顧看，缺乳飢餓伶仃者，不可作疳治。宜大補脾胃，用參苓白朮散與服，繼以飲食調理。

《萬病回春》治黃病，愛吃生米、茶葉、桴炭、泥土、瓦屑之類。用使君子肉二兩，切碎微炒，檳榔二兩，南星三兩，俱用薑汁拌炒，共爲末，紅麴打糊爲丸，如梧桐子大。每服百餘丸，烏梅花椒湯送下。

明・顧逢柏《分部本草妙用》卷八雜藥部　使君子　甘，溫，無毒。　主治：小兒五疳，小便白濁，殺蟲療痢，健脾胃，除虚熱，治小兒百病瘡癬。使君子乃大人小兒殺蟲，斂虚熱，止瀉痢之要藥。于月上旬，以殼煎湯嚥下，熱茶犯之即瀉。鄙俚以殺蟲至盡，無以消食，譬之樹有蠹，屋有蟻，國有盜賊，禍耶福耶，而以為不宜盡也。

明・李中梓《醫宗必讀・本草徵要上》　使君子味甘，溫，無毒。入脾、胃二經。殺諸蟲，治疳積。殺蟲藥皆苦，使君子獨甘。空腹食數枚，次日蟲皆死而出矣。忌飲熱茶，犯之即瀉。有言其不宜食者，非也。夫樹有蠹，屋有蟻，國有盜，禍耶福耶？觀養生者，先去三尸蟲，可類推矣。按：使君子為殺蟲而設，苟無蟲積，服之必致損人。

明・蔣儀《藥鏡》卷一溫部　使君子　健脾而化乳停，開胃而散濕熱。故疳積消而便濁者能清，瀉痢諸蟲總除卻也。米飲調成，治兒科蛔痛之流涎。蜜炙為末，治嬰孺面浮而囊腫。

明・張景岳《景岳全書》卷四八《本草正》　使君子　味甘，氣溫，有小毒。性善殺蟲，治小兒疳積，小便白濁。凡大人小兒有蟲病者，但於每月上旬，侵晨空腹食數枚，或即以殼煎湯嚥下，次日蟲皆死而出也。或云七生七煨食，亦良。或云一歲食一枚。食後忌飲熱茶，犯之即作瀉。凡小兒食此，亦不宜頻而多，大約性滑，多則能傷脾也。李時珍曰：凡殺蟲藥多是苦辛，惟使君子、榧子甘而殺蟲。亦異也。但使君子專殺蚘蟲，榧子專殺寸白蟲耳。

明・盧之頤《本草乘雅半偈》帙一〇　使君子宋《開寶》　氣味：甘，溫，無毒。　主治：主小兒五疳，小便白濁，殺蟲，療瀉痢。

覈曰：出嶺南，今閩之邵武，蜀之眉州皆有。生山野及水岸，藤蔓如葛，繞樹而上。葉青綠，如兩指頭，長二寸許。四五月開花，一簇一二十，葩淡紅，輕盈如海棠。作實先黃，老則紫黑，大類巵子，殼有五稜，中仁如榧，色味如栗，七月採取。久則油黑，不堪用矣。

条曰：華瓣五出，實介五稜，中仁軟美，甘潤溫暄，誠脾藏之委任，具脾府之體用者也。故主脾失委任而致五疳，水無承制而作溺濁，胃廢體用而生蟲蠹及瀉痢者。使君子躬行克盡，執揚苦欲，綏柔藏府，因以命名。與協味之辛烈而威刑者不相侔也。

明・李中梓《本草通玄》卷上　使君子　甘，溫，入脾。殺蟲，退熱，健脾，止瀉。殺蟲之藥，多是苦辛，此獨味甘，亦可異矣。且能扶助脾胃，收斂虚熱，為小兒要藥。

清・顧元交《本草彙箋》卷四　使君子　不苦不辛，而能殺疳蚘，所以爲小兒上藥。蓋凡五疳，便濁瀉利，及腹蟲，莫不皆由脾虚胃弱，因而乳食停滯，濕熱瘀塞。此藥味甘氣溫，令胃氣開，脾氣健，而兼有殺蟲之功。故與疳症相宜。

相傳潘州郭使君療小兒獨用此物，醫家因號爲使君子，本名留求子。主用殺蟲，宜於月之上旬，侵晨空腹食數枚，即以其殼煎湯，嚥下，次日蟲皆死而出。或云七生七煨，同食，忌食熱物及飲熱茶，犯之即瀉。

小兒脾疳，使君子、蘆薈等分，爲末，米飲服一錢。

小兒痞塊腹大，肌瘦面黃，漸成疳疾，使君子仁三錢，木鱉子仁五錢，爲末，水丸龍眼大，每以一丸，用雞子一個，破頂入藥在內，飯上蒸熟，空心食之。

清・穆石匏《本草洞詮》卷一〇　使君子　俗傳潘州郭使君療小兒獨用此物，因號為使君子。味甘，氣溫，無毒。健脾胃，除虚熱，治小兒五疳，小便白濁，殺蟲，療瀉痢。凡殺蟲藥多是苦辛，惟使君子、榧子甘，而殺蟲亦異也。凡大人小兒有蟲病，但每月上旬，清晨空腹食使君子仁數枚，或以殼煎湯嚥下，次日蟲皆死而出也。或云七生七煨，食亦良。忌飲熱茶，犯之即瀉。此物既能殺蟲，又能益脾，所以能斂虚熱，而止洩痢，為小兒諸病要藥。俗醫謂殺蟲至盡，無以消食，鄙俚之言也。樹有蠹，屋有蟻，國有盜，禍耶？福耶？修養者先去三尸，可類推矣。

清・劉雲密《本草述》卷一一　使君子　出嶺南，今閩之邵武，蜀之眉州皆有之。其藤如葛，繞樹而上，四五月開花，紅色，有五瓣，七八月結子如拇指大，長寸許，大類梔子，而有五稜，殼內有白仁，七月采之。　時珍曰：殼老而紫黑，中仁如榧子，色味如栗，久則油黑，不堪用。

氣味：甘，溫，無毒。　主治：小兒五疳，小便白濁，殺蟲，療瀉痢《開寶》。健脾胃，除虛熱，治小兒百病，瘡癬時珍。　時珍曰：此味為小兒要藥，能益脾胃，而斂虛熱，故泄痢諸病悉治之。凡殺蟲藥多苦辛，惟此及榧子甘而殺蟲，凡大人小兒有蟲病，但每月上旬侵晨，空腹食使君子仁數枚，或以殼煎湯咽下，次日蟲皆死而出也。或云七生七煨，食亦良。忌飲熱茶，犯之即瀉。之頤曰：華瓣五出，實介五稜，中仁軟美，甘潤溫暄，誠脾臟之委任，具脾腑之體用者也。故主脾失委任而致五疳，水無承制而作溺濁，胃廢體用而生蟲蠹及瀉痢者，使君子躬行克盡，執揚苦欲綏柔臟腑，因以命名，與他味之辛烈而威刑者不相侔也。　希雍曰：使君子味甘氣溫，性無毒，故為補脾健胃之要藥。

得盧會、蕪荑、滑石、麥芽、厚朴、橘皮，治一切疳疾神效。

愚按：使君子，一切之效類言其健脾胃耳。詎知健脾胃之味不少，何以所奏功效，他味不能分之乎？蓋其由春而夏，其華於夏也。紅色為火，夏盡而秋乃結實，其仁白為金，是則醞釀於火者，為土之母氣，孕毓於金者，為土之子氣。夫季夏之土，乃火金禪代之會，所謂陰陽之氣交也。茲味華實，俱見五數矣。乃有母氣以為體，并子氣以為用，何五疳蟲病之不除？白濁瀉痢之不瘳乎？以數證而求其功，固的然對待之治。蓋其補脾胃，是由火而歸土之體也。療五疳、白濁、瀉泄，是由土而含金之用也。夫人身肺氣還為脾胃用，且以調和營衛者亦居多矣。《內經》已悉言之，寧獨小兒如上之證治哉？夫土專而餘氣有金，其殺蟲尤為易明者耳。

附方　小兒脾疳，使君子、盧薈等分，為末，米飲每服一錢。　希雍曰：小兒泄痢有赤，積是暑氣所傷，禁與肉豆蔻、訶子等濇熱藥同用。

修治　去殼用仁，或兼用殼。

清・郭章宜《本草匯》卷一二　使君子　味甘，氣溫，入足太陰、陽明經。殺諸蟲而治五疳，退虛熱而止瀉痢。消痞塊蚘痛，治白濁如泔。

按：使君子，俗傳郭使君用療小兒，故以為號也。為補脾健胃之要藥。凡殺蟲毒皆辛苦，惟此與榧子，甘而殺蟲，亦可異也。但有蟲病者，每月上旬空腹食數枚，或以殼煎湯嚥下，次日蟲皆死而出矣。或云：七生七煨食，亦良。大抵小兒五疳便濁，利瀉腹蟲，莫不皆由脾虛胃弱，因而乳食停滯，濕熱瘀壅而成。此能益脾健胃，收斂虛熱，故為小兒要品。俗謂殺蟲至盡，無以消食，鄙俚之言也。惟熱茶所宜禁忌，犯之即瀉。蟲牙疼痛，煎湯頻嗽，効。

慢火微煨，去殼，嚼食，小兒每歲止用二個。油黑不堪用。

清・蔣居祉《本草擇要綱目・溫性藥品》　使君子　氣味：甘，溫，無毒。　主治：小兒五疳，小便白濁，殺蟲。療瀉痢，健脾胃，除虛熱。諸藥殺蟲者，多是辛苦，唯使君子、榧子甘而殺蟲。俗謂殺蟲殆盡無消食，孰知樹有蠹，屋有蟻，國有盜，福耶禍耶。服之忌飲熱茶。

清・王翃《握靈本草》卷五　使君子　嶺南諸郡皆有之。　主治：使君子，甘，溫，無毒。主小兒五疳，小便白濁，殺蟲，療瀉痢，健脾胃，除虛熱，小兒瘡癬。

清・汪昂《本草備要》卷二　使君子補脾，殺蟲，消積。甘，溫。健脾胃，除虛熱，殺藏蟲。治五疳便濁，瀉痢瘡癬，爲小兒諸病要藥。《經疏》曰：五疳便濁，瀉痢腹蟲，皆由脾胃虛弱，因而乳停食滯，濕熱瘀塞而成。脾胃健，則積滯消，濕熱散，水道利，而前症盡除矣。　時珍曰：凡殺蟲之藥，多是苦辛，獨使君子、榧子，甘而殺蟲。按：地黃、胡麻，皆甘而能殺蟲。　每月上旬，蟲頭向上，中旬頭橫，下旬向下。《道藏》曰：初一至初五，蟲頭向上。凡有蟲病者，每月上旬，空心食數枚，蟲皆死而出也。出閩蜀。五瓣有稜，內仁如榧。亦可煨食，久則油，不可用。忌飲熱茶，犯之作瀉。

清・陳士鐸《本草新編》卷四　使君子　味甘，氣溫，無毒。入脾、胃、大腸。去白濁，除五疳，殺蛔蟲，止瀉痢。用之以治小兒傷食生蟲者實妙，以其不耗氣也。然而大人用之，未嘗不佳。但宜用鮮，而不宜用陳，用熟而不宜用生。入藥之時，宜現煨熟，去殼，口嚼嚥下，以湯藥送之，始能奏功也。

或問：使君子殺蟲，小兒食之，往往蟲從口出，殺蟲者固如是乎？曰：蟲在上焦，則蟲犯使君子之氣味，必上竄而越出。蟲從口出，正殺蟲之驗也，奈何疑之乎。夫殺蟲分上、中、下也。蟲在上焦者則吐，蟲在中焦者則和，蟲在下焦者則瀉。

清·顧靖遠《顧氏醫鏡》卷七　使君子甘，溫。入脾胃二經。　殺諸蟲，治疳疾。空腹食數枚，蟲皆死而出。疳積，脾虛胃弱所致，甘溫能補胃健脾，不苦不辛而能殺蟲，此所以為小兒上藥也。忌飲熱水，犯之即瀉。

清·李熙和《醫經允中》卷二一　使君子　入脾胃二經。　甘，溫，無毒。主治小兒五疳，小便白濁，殺蟲止痢，健脾胃，療瘡癬。忌飲熱茶，犯之作瀉。

清·馮兆張《馮氏錦囊秘錄·雜症痘疹藥性主治合參》卷四　使君子得土之沖氣，兼感乎季春之令以生。故味甘，氣溫，無毒。甘入脾，故入足太陰、陽明，補脾健胃之要藥。小兒五疳，便濁瀉利，腹蟲，莫不由脾虛胃弱，因而乳食停滯，濕熱瘀塞而成，脾健胃開，則前證俱除矣。不苦不辛，能殺疳蚘，為小兒上藥。○宜去殼，取肉切片，或晒，或隔紙焙燥，入丸散，不入煎劑。　如欲嚼食，或生，或蒸熟任用。　但服使君子後，忌食熱物、熱茶，犯之即瀉。使君子，去白濁，除五疳，殺蛔蟲，止瀉痢。扶益中州，收斂虛熱。殺蟲藥皆苦，使君子獨甘。空腹食數枚，次日蟲皆死而出矣。有言其不宜食者，非也。樹有蠹，屋有蟻，國有盜，禍耶福耶，但蛔蟲安於脾胃消穀，若不出經，侵蝕血氣而長大盈尺，成蛔作祟者，毋容食此殺之。并無食積者，勿概用也。

清·张璐《本經逢原》卷二　使君子　甘，溫，無毒。微煨去殼。　發明：　凡殺蟲藥都是苦辛，惟使君子甘而殺蟲，不傷脾胃，大人小兒有蟲病者，每月上旬清晨空腹食數枚，或為散，肥湯服之，次日蟲從大便出。忌飲熱茶，犯之即瀉。凡蟲皆脾胃虛弱，飲食停滯而生此物。甘溫即能殺蟲，又益脾胃，所以能斂虛熱而止瀉，為小兒蟲積上藥。

清·浦士貞《夕庵讀本草快編》卷三　使君子宋《開寶》、留求子　俗傳潘州郭使君療小兒多用此味，後醫家因以為號。嵇含謂之留求子是也。　使君子味甘氣平，為殺蟲之要藥，又能充益脾胃。故能斂虛熱而止泄痢，為孩童之至寶。因而思之，凡殺蟲之劑多是苦辛，惟使君、榧子，甘而殺蟲，亦一異也。然人之有蟲，如樹之有蠹，屋之有蟻，國之有盜，福耶？　禍耶？　故修煉家先去三尸，誠得旨矣。

清·何諫《生草藥性備要》卷下　水君葉　味劫，性平。治小兒肚積，殺蟲，消五疳，開胃。　其殼，煲茶；　其肉，或蒸猪肉。

清·姚球《本草經解要》卷二　使君子　氣溫，味甘，無毒。主小兒五疳，小便白濁，殺蟲，療瀉痢。　使君子氣溫，禀天春和之木氣，入足厥陰肝經。味甘無毒，得地中正之土味，入足太陰脾經。氣味俱升，陽也。小兒疳症，名雖有五，原皆由脾虛，脾虛則不健運，於是積聚生疳也。其主之者，味甘可以益脾，氣溫可以健運也。中氣不足，則溲溺為之變，所以小便白而混濁也。其主之者，甘溫益氣，氣足則清肅而便清也。甘溫之品，則具條達之性，能瀉脾經之濕熱，濕熱清，則瀉痢自止，而蟲不生，所以殺蟲，療瀉痢也。　製方：使君子同蘆薈、蕪荑、滑石、麥芽、厚朴、陳皮，殺疳蟲，消疳積。專為末，治小兒蛔痛及虛腫，煎湯漱蟲牙疼痛。

清·王子接《得宜本草·中品藥》　使君子　味甘。功專殺蟲，療五疳。得蘆薈治小兒疳熱。

清·黄元御《玉楸藥解》卷一　使君子　味甘，微溫。入足太陰脾、足厥陰肝經。利水燥土，殺蟲止泄。燥濕溫中，疎木殺蟲。治小便白濁，大便泄利，痞塊癖瘡。每月上旬取仁數枚，空腹食之，蟲皆死。戒飲熱茶，犯之則泄。

清·吴儀洛《本草從新》卷二　使君子殺蟲消積。　甘，溫。殺蟲消積。治五疳便濁，瀉痢瘡癬，為小兒諸病要藥。《經疏》曰：　五疳便濁，瀉痢腹蟲，皆由脾胃虛弱，因而乳停食滯，濕熱瘀塞而成。　脾胃健則積滯消，濕熱散，水道利而前證盡除矣。　時珍曰：凡殺蟲之藥多苦辛，獨使君子、榧子甘而殺蟲。　每月上旬蟲頭向上，中旬蟲頭橫，下旬蟲頭向下。《道藏》云：　初一至初五蟲頭向上，凡有蟲病者，每月上旬空心食數枚，蟲皆死而出矣。按：　地黄、胡麻皆甘而能殺蟲。　無蟲積者勿食。　出閩、蜀。　五瓣有棱，內仁如榧。亦可煨食。　久則油黑，不可用。　忌飲熱茶，犯之作瀉。

清·汪紱《醫林纂要探源》卷二　使君子　甘，溫。蔓生如馬兜鈴，結實如榧子，有五稜，中實亦似榧仁而輭。出蜀成都、眉邛，今閩中邵武亦有。煨熟及生者配食，以其殼煎水下之，亦入煎藥用。　補脾潤肺，主治殺蟲。　五稜味甘，蓋亦得五行之正焉，土成五行，五氣和則蟲䘌自息。　忌飲熱茶。　犯之則瀉。

清·嚴潔等《得配本草》卷四　使君子　甘，溫。入足太陰、陽明經。除食熱，療疳蟲。健脾胃，止泄痢。治白濁，利小便。　配蘆薈，治脾疳。　去殼，或生、或熟聽用。　殺蟲，宜上半月空腹拌青糖食之，即其殼煎湯送下。無食積者禁用。　服此忌食熱物、熱茶，犯之即瀉。

題清·徐大椿《藥性切用》卷四　使君子　性味甘溫，入脾胃而健運脾氣，消積殺蟲，為蟲積腹痛耑藥。

清·黃宮繡《本草求真》卷四　使君子溫脾燥胃，殺蟲除積。　使君子耑入脾胃。　味甘氣溫，功耑補脾殺蟲除積。　凡人症患五疳便濁，瀉痢腹蟲，皆脾胃虛弱，因而乳停食滯，濕熱瘀塞而成，服此氣味甘溫以助脾胃，則積滯消，濕熱散，水道利，而前症盡除矣。時珍曰：凡殺蟲之藥，多是苦辛，獨使君子、榧子而殺蟲亦異也。每月上旬蟲頭向上，中旬蟲頭向中，下旬蟲頭向下，於上旬空心服此數枚，則蟲皆死而出也。但忌熱茶同服，則令人作瀉矣。出閩蜀，五瓣有棱，內仁如榧，亦可煨食。久則油黑不可用。

清・楊璿《傷寒溫疫條辨》卷六消劑類 使君子忌茶。 味甘，氣溫。健脾胃，除虛熱，殺藏蟲，治五疳瀉痢。同蘆薈為末，米飲下。白濁瘡癬，渾身頭面陰囊虛腫。蜜炙為末，米飲調服。小兒尤宜。上證皆由脾胃虛弱，因而乳停食滯，濕熱瘀塞而成，脾胃健則諸證悉平。消癖丸：治小兒痞塊腹大，面黃肌瘦，漸成疳疾。使君子仁三錢炒，木鱉子仁炒五錢，為末，水丸，龍眼大，雞子一箇，破頂入藥一丸，封固蒸熟食之。肥兒丸：治小兒脾弱疳積諸大證。使君子肉炒、芡實粉、黃連、神麯、麥芽、青皮五錢，陳皮一兩，胡黃連、白茯苓、蘆薈三錢，木香、人參二錢五分，為末，飴丸如芡實大，米飲化下一丸。冬，薑湯化下。加五穀蟲、山查、枳實各五錢更妙。瀉，加建蓮子五錢，蜜丸。

附：琉球・吳繼志《質問本草》附錄 使君子 使君子，一名留求子。藤大如指，繞樹而生，葉長二寸許，兩兩相對，三月開花，一朵二十餘花，各有蒂，其花單瓣，五出，初淡紅色，全變深紅，裊裊有海棠之情態。子大如拇指，長寸許，五楞，而兩頭尖，絕類巵子。殼嫩則青黃，老則紫黑，醫家連殼用之，以為治嬰父病之藥。

清・羅國綱《羅氏會約醫鏡》卷一六草部 使君子味甘，性溫，入脾胃二經。忌熱茶，犯之作泄。 健脾胃甘溫，治疳積，脾胃虛弱，以致乳停食滯而然。殺蛔蟲。每月初一至初五，蟲頭向上，空心生食或煨食數枚，蟲皆死而下。餘日不效。

按：使君子性滑，多食傷脾。出閩蜀，內仁新鮮者良，久而油黑者不效。若無蟲積者，不必服。

清・黃凱鈞《藥籠小品》 使君子 甘溫殺蟲，消積，治五疳，為小兒諸病要藥。

清・章穆《調疾飲食辯》卷四 使君子 《綱目》曰：《南方草木狀》名留求子。性能健脾胃，除虛熱，殺蟲，治小兒百病。凡味甘者多生蟲，酸辛苦者始能殺蟲。惟此與榧子，甘而殺蟲，異物也。而榧性大熱，多食有損，非使君子之匹也。《開寶本草》曰：潘州郭使君治小兒，多用此，故名使君。主治小兒五疳，白濁溺如米泔，止瀉利。

按：小兒多因飲食夾雜，致生疳蟲、虛熱、泄利、白濁等症，他殺蟲藥必傷脾胃，難多服。此物味甘，名雖為藥，實屬果餌，可以多服，既能愈病，又復健脾，極宜常煨與兒食之。

清・王龍《本草纂要稿・木部》 使君子 氣味甘溫。去白濁，除五疳。殺蛔蟲，止瀉痢。因郭使君原用，故名之曰使君子也。

清・張德裕《本草正義》卷下 使君子 甘，溫，有小毒。善殺蟲，治小兒疳積。凡殺蟲藥多苦辛，而此與榧子皆甘而殺蟲，但使君殺蚘蟲，榧殺寸白蟲。

清・楊時泰《本草述鉤元》卷一一 使君子 出嶺南、閩邵武、蜀眉州。其藤如葛，繞樹而上，四五月有開紅花，五瓣，七八月結子，如拇指大，類梔子而有五稜，殼內白仁如榧。七月采之，久則油黑不堪用。

氣味甘溫。主小兒五疳，小便白濁，殺蟲，療瀉痢，健脾胃，除虛熱，治小兒百病瘡癬。能益脾胃而斂虛熱，故小兒瀉痢諸病為要藥瀕湖。凡殺蟲藥多苦辛，惟此及榧子甘而殺蟲，人有蟲病，每月上旬侵晨食使君仁數枚，即以其殼煎湯下，次日，蟲皆死而出。或云：七生七煨食，亦良又。凡脾失委任而致五疳，水無承制而作溺濁，胃廢體用而生蟲蠹及瀉痢者，使君子躬行克盡執揚苦欲綏柔臟腑，因以命名，與他味之辛烈而威刑者不同子繇。得蘆薈、蕪荑、滑石、麥芽、厚朴、橘皮，治一切疳疾神效。小兒脾疳，使君子、蘆薈等分，為末，米飲每服一錢。

論：使君子花瓣五出，實介五稜，中仁甘白，為脾胃要藥。夫健脾胃之味不少，何以疳蟲濁癬，皆小兒病。他味不能分其功？蓋其花於夏也，紅色為火，實於秋也，仁白為金。醞釀於火者，為土之母氣，孕毓於金者，為土之子氣，有母氣以為體，并子氣以為用，又何五疳蟲病之不除，溺濁瀉痢之不療乎。補脾胃，是由火而歸土之體也。療疳濁泄瀉，是由土而含金之用也。人身肺氣，還為脾胃用，且以調和營衛者居多矣，茲物土氣專而餘氣有金，豈獨殺蟲為其切治哉。

繆氏：小兒泄痢有赤積，是暑氣所傷，禁與肉蔻、訶子等濇熱藥同用。服此藥，忌飲熱茶，犯之即瀉瀕湖。

修治：去殼用仁或兼用殼。

清・葉桂《本草再新》卷三 使君子味甘，性溫，無毒。入肝經。 殺蟲消積，治痢瀉，瘡癬，為小兒諸病要藥。

清·吴其濬《植物名實圖考》卷二〇　使君子　即留求子。形狀詳《南方草木狀》。《開寶本草》始著録。今以治小兒蚘蟲。實長如榧實。《本草衍義》謂用肉難得仁，蓋絶小，殊未確。

雩婁農曰：藥之殺蟲者，味皆辛苦。留求子味至甘且馨，小兒嗜之。無推除之跡，而殺蟲尤峻。然則風雨和甘，皆可以化無形之害，不必隕霜降雪，而後能殲蝨賊螟螣矣。三代以前，去惡如鋤草，朝野晏然，而禍根已盡；三代以後，去惡如拔山，國法甫行而死灰復起。蓋和甘者所以植善類，善類長則稂莠消；霜雪者，所以毒惡物，惡物不盡則禾黍不滋。且和甘之日長，則惡物無冀倖之心；霜雪之日短，則善類有孤孑之懼。稷契升庸，而共兜自遠，和甘之普被也；漢唐廓清，而讒險猶在，霜雪所不及也。雖然，苦之殺蟲，效可立見；甘之殺蟲，效必緩臻。是又王霸之分，而歡娱皞皞之異形矣。乃為使君之贊曰：彼使君兮，如風之東。披拂惠和，虺蜴遁窮。彼使君兮，如炎而潤。浸沐洗濯，跂喙恬順。彼使君兮，如霜而杲。惠我赤子，如在保抱。彼使君兮，如冽而曛。曝我窮黎，為掃虻蚔。使君使君，飲之可醺。載含載吮，思我使君。

清·趙其光《本草求原》卷四蔓草部　使君子　殼紅，仁白，夏花，秋實。氣溫，味甘，由火歸土，以含金用。故健脾胃，除虚熱之濕以殺蟲。凡殺蟲藥多苦辛傷胃，惟此與榧子甘而益胃。每月上旬，蟲頭向上，食之則蟲死。蟲亦脾胃濕熱所化也。治五疳、便濁、瀉痢、瘡癬，皆濕熱為病。為益脾胃要藥。得蘆薈、蕪荑、滑石、朴、橘、麥芽，治一切疳疾。同蘆薈米飲下，治脾疳。去殼用仁，鮮者良。亦可煨食。忌飲熱茶，犯之作瀉。

清·文晟《新編六書》卷六《藥性摘録》　使君子　味甘，氣溫。溫胃燥脾，殺蟲去積。凡症患五疳便濁，瀉痢腹蟲，皆治。〇每月上旬，蟲頭向上，煨熱，空心食七枚，蟲死而出。〇但忌與熱茶同服，恐防作泄。〇出閩、蜀。五瓣，内仁如榧。亦可煨食。久則油黑，不可用。

清·文晟《新編六書》卷六《藥性摘録》　使君子　殺蟲。見溫散。

清·張仁錫《藥性蒙求·草部》　使君子仁三錢　使君子溫，諸蟲能殺。消積治疳，兒科要藥。無蟲積者勿食。〇内仁如榧，亦可煨食。久則油黑，不可用。忌飲熱茶，犯之作瀉。

清·戴葆元《本草綱目易知録》卷二　使君子　味甘，氣溫。健脾胃，除虚熱，殺臟蟲，止瀉痢。治瘡癬，療小兒五疳，小便白濁，及諸百病。忌飲熱茶，犯之即瀉。

清·黄光霽《本草衍句》　使君子　殺蟲，療五疳。甘溫，健脾胃。小便白濁，虚熱瀉痢。得蘆會治疳熱。

清·陳其瑞《本草撮要》卷一　使君子　味甘，入足太陰、厥陰經，功專殺蟲，療五疳。得蘆薈治小兒疳熱。忌飲熱茶。

清·毛祥麟《對山醫話》卷四　使君子之名，相傳有潘州郭使君，療小兒腹痛，每用此取效，因有是稱。按小兒腹痛，蟲患為多，而凡殺蟲藥多苦辛，惟使君子味甘，孩提服餌，不損脾胃，故尤相宜也。至世俗謂蟲無盡殺，盡則無以消食，此真愚俗之言。李時珍嘗譬之樹有蠹，屋有蟻，國有盜，是福是禍，不問可知矣。余亦謂修養之家，必以去三尸，即此類推，蟲固宜殺而不宜留也。

風車子

清·吴其濬《植物名實圖考》卷九　風車子　生南安。一名四角風。長蔓如藤而植立，赭色；葉長如枇杷葉而薄，中寬末尖，紋如楮葉，深刻細密，面凹背凸，面深緑，背淡青；結實如兩片榆莢，十字相穿；極似揚穀風扇，四角平匀，生青熟黄；中有子一粒如稻穀，長三四分，皮黄如槐米。俚醫以祛風散寒，療風痹、洗風足，為風病要藥。

馬兜鈴

宋·唐慎微《證類本草》卷一一草部下品〔唐·蘇敬《唐本草》〕　獨行根　味辛、苦，冷，有毒。主鬼疰，積聚，諸毒熱腫，蛇毒。水摩爲泥封之。日三四，立差。水煮一二兩，取汁服，吐蠱毒。

〔唐·蘇敬《唐本草》〕注云：蔓生葉惟蘿摩，其子如桃李，枯則頭四開，懸草木上。其根扁長尺許，作葛根氣，亦似漢防己。生古堤城傍，山南名爲土青木香，療丁腫大效。一名兜零根。

〔宋·馬志《開寶本草》〕按：《别本》注云：不可多服，吐痢不止。《唐本》先附。

〔宋·掌禹錫《嘉祐本草》〕按：《蜀本圖經》云：蔓生，葉似蘿摩而圓且澁。花青白色，子名馬兜零。十月已後頭開四系若囊，中實似榆莢。二月、八月採根，日乾。所在平澤草木叢林中有。日華子云：無毒，治血氣。

宋·唐慎微《證類本草》卷一一草部下品〔宋·馬志《開寶本草》〕　馬兜鈴　味苦，寒，無毒。主肺熱欬嗽，痰結喘促，血痔瘻瘡。生關中，藤繞樹而生。子狀如鈴，作四五瓣今附。

〔宋・掌禹錫《嘉祐本草》〕按：《藥性論》云：馬兜鈴，平。能主肺氣上急，坐息不得，主欬逆連連不可。日華子云：治痔瘻瘡，以藥於缾中燒熏病處，入藥炙用，是土青木香，獨行根子。越州七、八月採。

〔宋・蘇頌《本草圖經》〕曰：馬兜鈴，生關中，今河東，河北、江淮、夔、浙州郡亦有之。春生苗如藤蔓，葉如山芋葉，六月開黃紫花，頗類枸杞花，七月結實，棗許大如鈴，作四五瓣。其根名雲南根，似木香，小指大，赤黃色，亦名土青木香。七月、八月採實，暴乾。主肺病。三月採根，治氣下膈。止刺痛。

〔宋・唐慎微《證類本草》〕雷公云：凡使，採得後去葉并蔓了，用生綃袋盛，於東屋角畔懸。令乾了，劈作片，取向裏子，去隔膜，並令淨用子。勿令去革膜不盡，用之并皮。《聖惠方》：治五種蠱毒。用兜鈴根三兩爲末，分爲三貼，以水一盞，煎五分，去滓，頓服。當吐蠱出，未快再服，以快爲度。又方：草蠱術正因方及嶺南。人若行此毒，入人咽刺痛欲死者。用兜鈴苗一兩，爲末。以溫水調下一錢匕，即消化，蠱出，效。《外臺秘要》：崔氏蛇蠱，食飲中得之。咽中如有物，嚥不下，吐不出，悶心熱。服兜鈴即吐出。又服麝香一錢匕，即吐蠱毒。《簡要濟衆》：治肺氣喘嗽。兜鈴二兩，只用裏面子，去却殼，酥半兩，入椀内拌和勻，慢火炒乾，甘草一兩炙，二味爲末，每服一錢，水一盞，煎六分，溫呷或以藥末含嚥津，亦得。

宋・寇宗奭《本草衍義》卷一二　馬兜鈴　蔓生，附木而上。葉脱時，鈴尚垂之，其狀如馬項鈴，故得名。然熟時則自折拆，間有子全者。採得時須八九月間。治肺氣喘急。

宋・寇宗奭《本草衍義》卷一二　獨行根　苗蔓生，子則馬兜鈴也。根扁，其嗅稍似葛根。細擣，水調，傅丁腫。後有馬兜鈴條。

宋・鄭樵《通志》卷七五《昆蟲草木略》　獨行根　曰雲南根，曰兜零根。山南人謂之土青木香。其實曰馬兜零。

金・張元素《潔古珍珠囊》〔見元・杜思敬《濟生拔粹》卷五〕　馬兜苓苦陰中微陽。利小便，主肺熱，安肺氣，補肺。

宋・劉明之《圖經本草藥性總論》卷上　馬兜鈴　味苦，寒，無毒。主肺熱欬嗽，痰結喘促，血痔瘻瘡。《藥性論》云：平。能主肺氣上急，坐息不得，主欬逆連連不止。日華子云：治痔瘻瘡，以藥瓶中燒熏病處。入藥炙用，是土青木香獨行根子。《聖惠方》：治五種蠱毒。又《圖經》云：亦名土青木香。七八月採實，暴乾。主肺病。三月採根，治氣下膈，止刺痛。生關中。

宋・王介《履巉巖本草》卷上　青木香　子名馬兜零。味苦，寒，無毒。主肺熱欬嗽。痰結喘促，血痔瘻瘡，生肌。治五（腫）〔種〕蠱毒，用馬兜零根，即是青木香也，以三兩爲末，分爲三貼，每一貼用水一大盞，煎至五分，去滓，空心服，當吐出蠱爲度。未快再服。

宋・陳衍《寶慶本草折衷》卷一一　馬兜零一作鈴。　一名窕零。乃獨行根之子也。生關中，及河東、河北、江淮，夔、浙、越、信、滁州，其藤緣木而生子。○七、八、九月採實暴乾。

味苦，平，寒，無毒。○主肺熱欬嗽，痰結喘促。○《藥性論》云：主肺氣上急。○日華子云：治痔瘻瘡，以藥於瓶中燒熏病處，入藥炙用。○《局方》：百部元等多生用之。○《圖經》曰：結實如鈴，作四五瓣。○雷公云：擘作片，取去革膜令淨，用子并皮。○《簡要濟衆》云：只用子，去却殼，酥和丸。○《外臺秘要》：療蛇蠱，咽中如物，嚥不下，吐不出，悶心，熱服窕零即吐出。○或剉煎，或末點。○寇氏曰：狀如馬項鈴。

元・王好古《湯液本草》卷四　馬兜鈴　苦，陰中微陽，味苦，寒，無毒。《珍》云：去肺熱，安肺氣，補肺。《本草》云：主欬嗽痰結。《藥性論》云：平。能主肺氣上急，坐息不得，主欬逆連連不可。日華子云：治痔瘻瘡，以藥於瓶中燒，熏病處。入藥炙用。是土青木香獨行根子也。《聖惠方》：治五種蠱毒。《圖經》云：亦名土青木香。實，主肺病。根，治氣、下膈、止刺痛。

元・尚從善《本草元命苞》卷五　馬兜鈴　苦，寒，無毒。主欬嗽連聲不可，治痰結喘促。醫血痔瘻瘡。產河北關中，今江浙多有。籐蔓遶樹生，其葉如山芋，根似木香，花開黃紫，結實大於鈴，形分四五瓣。七月八月採實，暴乾。

元・徐彥純《本草發揮》卷二　馬兜零　潔古云：苦寒，陰中陽也。主肺熱，清肺氣，補肺。　東垣云：馬兜零，味苦，寒，陰中之陽。主肺熱咳嗽，痰結喘促。

明・朱橚《救荒本草》卷上之前　馬兜鈴　根名雲南根，又名土青木香。生關中及信州、滁州、河東、河北、江淮、夔音馗、浙州郡皆有，今高阜音負去處亦有之。春生苗如藤蔓，葉如山藥葉而厚大，背白，開黃紫花，頗類枸杞花，結實如鈴，作四五瓣，葉脱時鈴尚垂之，其狀如馬項鈴，故得名。味苦，性寒；又云平，無毒。　救飢：　採葉煠熟，用水浸去苦味，淘淨，油鹽調食。　治病：　文具《本草》草部條下。

明・王綸《本草集要》卷二　馬兜鈴　味苦氣寒無毒土青木香子也，只取向裏面子，去革膜，入藥炒用。　主肺熱咳嗽，氣上逆連連不可，痰結喘促。　又主血痔瘻瘡，以藥於瓶中燒，熏病處。

明・滕弘《神農本經會通》卷一　馬兜鈴　土青木香子也。只取向裏面子，去革膜，入藥炒用。　味苦，氣寒，無毒。《湯》云：　苦，陰中微陽。　味苦，寒，無毒。　東云：　治嗽。《珍》云：　安肺經，去肺熱及補益肺氣，胸中痰結可解，欬嗽喘促皆除。《疌》云：　定喘消痰，止嗽通氣，除血蠱，醫痔瘻，兼主欬逆。　《本經》云：　主肺熱欬嗽，痰結喘促，血痔瘻瘡。《藥性論》云：　平。能主肺氣上急，坐息不得，主欬逆連連不可。　日華子云：　治痔瘻瘡，以藥於缾中燒熏病處，入藥炙用，是土青木香獨行根子。《圖經》云：　亦名青木香。七八月採實，暴乾。　主肺病。　三月採根，治氣下膈，止刺痛。《聖惠方》治五種蠱毒。　剴云：　馬兜鈴子如鈴狀，根即名為土木香。　肺熱欬痰成喘促，瘻瘡血痔用之良。　即《局方》馬兜鈴，主熱生嗽喘。

獨行根：　名為土木香，一名兜鈴根。　味辛、苦，氣冷，有毒。　《本經》云：　主鬼疰積聚，諸毒熱腫，蛇毒，水摩為泥，封之，日三四，立差。　水煑一二兩，取汁服，吐蠱毒。《唐注》云：　療丁腫大効。《別注》云：　不可多服，吐痢不止。　日華子云：　無毒。　治血氣。

明・劉文泰《本草品彙精要》卷一四　馬兜鈴無毒　蔓生。

馬兜鈴：　主肺熱，欬嗽，痰結，喘促，血痔，瘻瘡。名醫所錄。

〖名〗根：　雲南根、土青木香、獨行根。　〖苗〗《圖經》曰：　春生苗，作藤蔓，葉如山芋葉，六月開黃紫花，頗類枸杞花，七月結實，棗許大，子狀如鈴，作四五瓣。　其根名雲南根，似木香，小指大，赤黃色，亦名土青木香。《衍義》曰：　蔓生附木而上，葉脫時鈴尚垂之，其狀如馬項鈴，故得名。　須於七八月間採之，若熟則自折圻，間有子全者也。　〖地〗《圖經》曰：　生關中，河東、河北、江淮、夔、浙州郡亦有之。〖道地〗信州、滁州。　〖時〗生：　春生苗。　採：　二月取根，七月、八月取實。　〖收〗暴乾。　〖用〗實、根。　〖質〗類粟殼而圓小。　〖色〗黃褐。　〖味〗苦。　〖性〗寒，泄。　〖氣〗味厚于氣，陰也。　〖臭〗朽。　〖主〗欬嗽，喘促。　〖製〗雷公云：　凡使，採得後，去葉並蔓了，用生絹袋盛於東屋角畔，懸令乾，劈作片，取向裏子，去革膜並皮用。　〖治〗療：《圖經》曰：　實，主肺病。〇根，消氣下膈，止刺痛。《藥性論》云：　實，主肺氣上急，坐息不得，並欬逆連連不止。　日華子云：　根，除痔瘻瘡，以藥於瓶中燒熏患處。《別錄》云：　根三兩爲末，分爲三貼，以水一盞煎五分，去滓，頓服，治五種蠱毒，當吐蠱出，未快再服，以快爲度。〇草蠱術在西凉之西方及嶺南，人若行此，毒入人咽，刺痛欲死者，苗一兩爲末，以溫水調下一錢匕，即消化蠱出，效。〇蛇蠱食飲中得之，咽中如有物，咽不下吐不出，心悶熱，服兜鈴即吐出。　〖合治〗淨取子二兩，酥半兩，入碗內拌勻，慢火炒乾，合甘草一兩，炙二味爲末，每服一錢，水一盞，煎六分，溫呷或爲末含咽津亦得，治肺氣喘嗽。

明・劉文泰《本草品彙精要》卷一四　獨行根有毒。日華子云：無毒。　蔓生。

獨行根：　主鬼疰，積聚，諸毒熱腫，蛇毒，水摩爲泥封之，日三四，立差。水煮一二兩，取汁服，吐蠱毒。名醫所錄。

〖名〗土青木香、兜鈴根。　〖苗〗《唐本》注云：　此即馬兜鈴根也。　蔓生，葉似蘿摩而圓且澀，花青白色，其子懸草木上，如桃李，枯則頭四開若囊，中實似榆莢。　其根扁，長尺許，作葛根氣，亦似漢防己，山南名爲土青木香也。　〖地〗《唐本》注云：　生古堤城傍。《蜀本》注云：　所在平澤草木叢林中有之。　〖時〗生：　春生苗。　採：　二月、八月取根。　〖收〗暴乾。　〖用〗根。　〖質〗類漢防己。　〖色〗黃褐。　〖味〗辛，苦。　〖性〗冷，泄。　〖氣〗氣薄味厚，陰中之陽。　〖臭〗臭。　〖主〗積聚，腫毒。　〖製〗搗末或煮汁用。　〖治〗療：　日華子云：　治血氣。《衍義》曰：　細搗，水調，傅疔腫。　〖禁〗多服令人吐痢不止。

明・葉文齡《醫學統旨》卷八　馬兜苓　氣寒，味苦。無毒。　陰中陽也。土青木香子也。只取內裏面子，去革膜，入藥炒用。　治肺熱欬嗽，氣上逆連連不可，痰結喘促；　五臟蠱毒；　又治血痔瘻瘡，以藥於瓶中燒熏病處。

明・許希周《藥性粗評》卷二　馬譽兠鈴　清音達肺。　獨行根另有本條。

馬兠鈴獨行根子也，根一名土木香。　春生苗，作蔓，附木而上，葉如山芋，六月開花黃紫色，頗類枸杞，七月結實棗許大，作房如鈴，作四五瓣，熟時則自折開，內有黑子，葉落其鈴尚垂。江淮州郡處處有之。　七八月採鈴，暴乾。　凡用取子微炒。　所使并所畏惡，《本草》不載。　味苦，性寒，無毒。　入手太陰肺經。　主治肺熱咳嗽，痰結喘促，痔漏瘻瘡。

單方：　肺氣喘促：　兠鈴子二兩，酥半兩，拌勻炒乾，甘草一兩炙，剉，二味每服一錢，水一盞，煎六分，溫而呷之，或以藥末含嚥其汁亦得。　蠱毒中傷：凡中五種蠱毒，以兜鈴根三兩，剉，分為三貼，每貼水一盞，煎取五分，去滓，頓服，當吐出蠱物，未快再服，或以兜鈴苗一兩，為末，溫水調下一錢，即消化而出，皆可。

明・許希周《藥性粗評》卷二　腹生腫脹，根有取於獨行。

獨行根即馬兜鈴根也。一名土木香。蔓生，附木而上，葉似芋，亦似蘿摩而圓且澁，其根扁長尺許，作葛根氣，亦似漢防己。江南平澤草木叢中處處有之。大略見前馬兜鈴條下。二、八月採根，日乾。餘說《本草》不載。　味辛、苦，性寒，有小毒。　主治鬼疰中蠱，積聚腫脹，疔毒熱腫，蛇蟲螫毒，寬中散血。不可多服，令人吐痢不止。

單方：　蠱毒：凡中蠱毒鼓脹者，以根一二兩，水煮飲之，吐利俱作，自愈。　丁腫：凡患丁腫，并蛇毒者，以根細搗，水調傅之，甚妙。

明・鄭寧《藥性要略大全》卷六　馬兜鈴即青木香子也　主惡瘡馬疥。

明・陳嘉謨《本草蒙筌》卷二　馬兜鈴　味苦，氣寒。陰中之陽。無毒。山谷俱有，野坂尤多。藤蔓繞樹而生，結實如鈴五瓣。去革膜取向裏匾子，入藥劑微炒燥為良。燒煙熏痔瘻䘌瘡，煎湯劫痰結喘促。去肺熱止欬，清肺氣補虛。○根名青木香，亦為散氣藥。

明・王文潔《太乙仙製本草藥性大全》卷一《本草精義》　馬兜鈴　即青木香之子也。生閩中，今河東、河北、江淮、夔浙州郡在處所出山谷俱有，野坂尤多。藤蔓繞樹而生，葉如山芋，五六月開黃紫花，類枸杞花，七月結實，如馬鈴樣，作四五瓣，八月採。用時去革膜，取向裏匾子，入藥劑微炒燥爲良。

明・王文潔《太乙仙製本草藥性大全》卷二《本草精義》　獨行根　即兜鈴根，又名青木香。生平澤木叢林下。其苗蔓生，葉似蘿藦而圓且澁。又名獨脚烏椿根，花青白，花子名馬兜鈴。十月後，頭開四絲若囊，中實似榆莢。二月、八月採根曝乾。

明・王文潔《太乙仙製本草藥性大全》卷一《仙製藥性》　馬兜鈴　味苦，氣寒，無毒。　主治：燒煙熏痔瘻䘌瘡，煎湯劫痰結喘促。去肺熱止欬，清肺氣補虛。主諸瘡甚良，治惡瘡馬疥。　補註：治五種蠱毒，用兜鈴根三兩，爲末，分爲三貼，以水一盞，煎五分，去滓，頻服，當吐蠱出，未快再服，以快爲度。○草蠱術：在西涼更西方及嶺南，人若行此毒，入人咽刺痛欲死者，用兜鈴苗一兩，爲末，以溫水調下一錢匕，即消化蠱出，效。○崔氏蛇蠱，食飲中得之，咽中如有物，嚥不下，吐不出，悶心熱，服兜鈴即吐出。又服麝香一錢匕，即吐蠱毒。○治肺氣喘嗽，兜鈴二兩，只用裏面子，去却殼，酥半兩，入椀內，拌和勻，慢火炒乾，甘草一兩炙，二味爲末，每服一錢，水一盞，煎六分，溫呷，或以藥末，令咽津亦得。　太乙曰：凡使採得後，去葉並蔓了，用生絹袋，盛於東屋角畔懸令乾了，劈作片，取向裏子，去革膜並令净，用子。勿令去革膜不盡，用之並皮。

明・皇甫嵩《本草發明》卷三　馬兜鈴下品下，佐使。氣寒，味苦，無毒。陰中微陽。

發明曰：兜鈴苦寒，清肺安肺之要藥。故《本草》主肺熱咳嗽，痰結喘促，肺氣上急，坐息不得，咳嗽連連，皆肺氣不清，火乘肺虛故也。又兼治血痔瘻瘡，蓋由肺邪遺熱于大腸所致，故清肺之功專。○痔䘌瘡，燒煙薰之。根名土青木香，治氣下膈，止利痛。又治諸蠱毒，單方具見蠱毒門條內，極妙。三月採根。

明・李時珍《本草綱目》卷一八草部・蔓草類　馬兜鈴宋《開寶》校正併入《唐本草》獨行根。

【釋名】都淋藤《肘後》　獨行根《唐本》　土青木香《唐本》　雲南根《綱目》　三百兩銀藥宗奭曰：蔓生附木而上，葉脱時其實尚垂，狀如馬項之鈴，故得名也。時珍曰：其根吐利人，微有香氣，故有獨行、木香之名。嶺南人用治蠱，隱其名爲三百兩銀藥。《肘後方》作都淋，蓋誤傳也。

【集解】志曰：獨行根生古堤城旁，所在平澤叢林中皆有之。山南名爲土青木香，一名兜鈴根。蔓生，葉似蘿藦而圓且澀，花青白色。其子大如桃李而長，十月以後枯，則頭開四系若囊，其中實薄扁似榆莢。其根扁而長尺許，作葛根氣，亦似漢防己。二月、八月采根。頌曰：馬兜鈴今關中、河東、河北、江、淮、夔、浙州郡皆有之。春生苗，作蔓繞樹而生。葉如山蕷葉，而厚大背白。六月開黃紫花，頗類枸杞花。七月結實如大棗，狀似鈴，作四五瓣。其根名雲南根，微似木香，大如小指，赤黄色。七月、八月采實，暴乾。

實　【修治】斆曰：凡采得實，去葉及蔓，以生絹袋盛於東屋角畔，待乾劈開，去革膜，只取净子焙用。

【氣味】苦，寒，無毒。權曰：平。時珍曰：微苦、辛。杲曰：味厚氣薄，陰中微陽，入手太陰經。

【主治】肺熱欬嗽，痰結喘促，血痔瘻瘡《開寶》。肺氣上急，坐息不得，欬逆連連不止甄權。清肺氣，補肺，去肺中濕熱元素。

【發明】時珍曰：馬兜鈴體輕而虚，熟則懸而四開，有肺之象，故能入肺。氣寒味苦微辛，寒能清肺熱，苦辛能降肺氣。錢乙補肺阿膠散用之，非取其補肺，乃取其清熱降氣也，邪〔氣〕去則肺安矣。其中所用阿膠、糯米，則正補肺之藥也。湯劑中用多亦作吐，故崔氏方用以吐蠱。其不能補肺，又可推矣。

【附方】舊三，新二。　水腫腹大：喘急。馬兜鈴煎湯，日服之。《千金方》。　肺氣喘急：馬兜鈴二兩，去殼及膜，酥半兩，入盌内拌勻，慢火炒乾，甘草炙一兩，爲末。每服一錢，水一盞，煎六分，温呷或噙之。《簡要濟衆》。　一切心痛：不拘大小男女。大馬兜鈴一箇，燈上燒存性，爲末。温酒服，立效。《摘玄方》。　解蛇蠱毒：飲食中得之。咽中如有物，嚥不下，吐不出，心下熱悶。兜鈴一兩，煎水服，即吐出。崔行功《纂要方》。　痔瘻腫痛：以馬兜鈴於瓶中燒煙，熏病處良。《日華本草》。

獨行根　〔氣味〕辛、苦，冷，有毒。大明曰：無毒。志曰：有毒。不可多服，吐利不止。

〔主治〕鬼疰積聚，諸毒熱腫，蛇毒。水磨爲泥封之，日三四次，立瘥。水煮一二兩，取汁服，吐蠱毒。又擣末水調，塗丁腫，大效《唐本》。治血氣大明。利大腸，治頭風瘙痒禿瘡。時珍。出《精義》。

〔附方〕舊一，新四。　五種蠱毒：《肘後方》云：席辨刺史言：嶺南俚人，多於食中毒，人漸不能食，胸背漸脹，先寒似瘴。用都淋藤十兩，水一斗，酒二升，煮三升，分三服。毒逐小便出。十日慎食毒物。不瘥更服。土人呼爲三百兩銀藥。○又支太醫云：兜鈴根一兩爲末，水煎頓服，當吐蠱出，未盡再服。或爲末，水調服，亦驗。　中草蠱毒：此術在西(良)〔涼〕之西及嶺南。人中此毒，入咽欲死者。用兜鈴苗一兩，爲末。温水調服一錢，即消化蠱出，神効。《聖惠方》。　腸風漏血：馬兜鈴藤、穀精草、荆三稜，川烏頭炒過，三味各等分，煎水，先熏後洗之。《普濟方》。　丁腫復發：馬兜鈴根擣爛，用蜘蛛網裹傅，少時根出。《肘後方》。　惡蛇所傷：青木香半兩，煎湯飲之。《袖珍方》。

題明・薛己《本草約言》卷一《藥性本草》　馬兜鈴　味苦，氣平、微寒，無毒。陰也，降也。能清肺金之熱，故為喘嗽之需。○即木香之子。《發明》云：兜鈴苦寒，清肺安肺之要藥也。○江云：止嗽，肺虚可治。用時去革膜，只取向裏匾子入藥，微炒為妙。

明・梅得春《藥性會元》卷上　馬兜鈴　味苦，氣寒。陰中之陽。無毒。主治肺熱，咳嗽上逆，痰結喘促，五種蠱毒，血痔瘻瘡，以藥于瓶中燒薰患處。丹溪云：兜鈴治嗽，以其去肺熱、補肺氣故也。

明・李中立《本草原始》卷三　馬兜鈴　始生古堤城旁，今關中、河東、河北、江淮、夔、浙州郡皆有之。春生苗作蔓，附木而上。葉如山蕷葉而厚大，背白。六月開黄紫花，頗類枸杞花。七月結實如大棗，作四五瓣。葉脱時，其實尚垂，狀如馬項之鈴，故得名也。其根名獨行根，大如指，黄白色，微似木香，故《唐本草》名土青木香，俗呼青木香。

馬兜鈴：　氣味：　苦，寒，無毒。　主治：　肺熱欬嗽，痰結喘促，血痔瘻瘡。肺氣上急，坐息不得，欬逆連連不止。○清肺氣，補肺，去肺中濕熱。

馬兜鈴，宋《開寶》。【圖略】根名青木香。修治：　馬兜鈴，開去革膜，只取淨子，焙用。

杲曰：　味厚氣薄，陰中微陽，入手太陰經。《摘玄方》：　治一切心痛，不拘大小男女，大馬兜鈴一箇，燈上燒存性，為末，溫酒服，立效。《聖惠方》：治中草蠱毒。此術在西良之西及嶺南，人中此毒、入咽欲死者，用馬兜鈴苗一兩，為末，溫水調服一錢，即消化蠱出，神效。

青木香：　氣味：　辛、苦，冷，有毒。主治：　鬼疰積聚，諸毒熱腫。蛇毒，水磨為泥，封之，日三四次，立瘥。水煮一二兩，取汁服，吐蠱毒。又擣末水調，塗丁腫，大效。○治血氣。○利大腸，治頭風瘙痒，禿瘡。即馬兜鈴根。多服令人吐痢不止。《袖珍方》：　治惡蛇所傷，青木香半兩，煎湯飲之。

明・張懋辰《本草便》卷一　馬兜鈴　味苦，氣寒，無毒。　主肺熱咳嗽，氣上逆，痰結喘促；　又主血痔瘻瘡，以藥於瓶中燒熏病處。

明・李中梓《藥性解》卷三　馬兜鈴　味苦，性寒，無毒，入肺經。主清肺，除咳嗽痰喘，治血痔漏瘡。根名青木香，下毒甚速。　按：　馬兜鈴專主手太陰經矣，何以治痔漏之症也？　良以肺與大腸相為表裏，肺遺熱於大腸，故有此症，令清其表而裏病自愈矣。

明・繆希雍《本草經疏》卷一一　馬兜鈴　味苦，寒，無毒。主肺熱欬嗽，痰結喘促，血痔瘻瘡。

〔疏〕馬兜鈴感冬氣而生，故味苦氣寒而無毒。亦應有辛，兼金氣也。入手太陰經。苦善下洩，辛則善散，寒能除熱，其性輕揚，厥狀類肺，故能入肺除熱，而使氣下降。欬嗽者，氣升之病也，氣降熱除，嗽自平矣。痰結喘促，亦肺熱病也，宜并主之。血痔瘻瘡，無非血熱，況痔病屬大腸，大腸與肺為表裏，清臟熱則腑熱亦清矣，故亦主之。甄權用以治肺氣上急，坐息不得，欬逆連連不止。潔古用以清肺氣，補肺，去肺中濕熱者，皆除熱降氣散結之力也。　獨行根：　一名青木香。治鬼疰積聚，諸毒熱腫，蛇毒。水磨為泥，封之，日三四易，立瘥。水煮一二兩，取汁服，吐蠱毒。又，擣末水調，塗丁腫，大效。

〔主治參互〕馬兜鈴，得桑根白皮、百部、天門冬、桔梗、蘇子、枇杷葉、貝母、紫菀，能治一切喘嗽。《聖惠方》治五種蠱毒，馬兜鈴根三兩，為末，分為三貼，以水一盞，煎五分，去滓頓服，當吐蠱出。未快再服，以快為度。　又方，草蠱術在西涼之西及嶺南，人中此毒，入咽刺痛欲死者，用馬兜鈴苗一兩，為末，以溫水調下一錢匕，即消化蠱出，神效。《外臺秘要》解蛇蠱毒，飲食中得之，咽中如有物，嚥不下，吐不出，心下熱悶。馬兜鈴一兩，煎服，即吐出。又服麝香一錢匕，即吐蠱毒盡。《簡要濟眾》治肺氣喘嗽：馬兜鈴二兩酥炒，甘草一兩水炙，為末。每服一錢，水煎溫呷。或以藥末含，嚥津亦得。　雷公云：凡采得實，去葉及蔓，用生絹袋盛於東屋角畔，懸令乾，劈作片，取向裏子，去革膜，取淨子，焙用。　【簡誤】肺虛寒作欬嗽，或寒痰作喘者，勿服。

明・倪朱謨《本草彙言》卷六　馬兜鈴　味苦、辛，氣寒，無毒。味薄氣厚，陰中微陽，入手太陰經。　蘇氏曰：馬兜鈴，生關中及河東、河北，江淮、夔浙州郡。古堤山崖及城旁與平澤叢林間皆有之。春時蔓生，附木而上，葉似羅摩葉，圓厚而濇。入夏開花，色青白，間有黃紫者。結實似李而長，五瓣霜降葉脫，垂繫如鈴，故名。枯則四裂，中仁似榆莢。根色黃赤，似漢防己，稍小而扁，其氣如葛根及木香氣。修治：采實，去葉蔓，置布囊中，掛屋角畔風乾，去革膜，取淨子焙乾用。其根即青木香，八月采用。

馬兜鈴，清肺熱，甄權定喘嗽之藥也。楊啓平稿究其味苦兼辛，氣寒性速，而且輕揚。苦善下洩，辛善橫散，寒善去熱，輕揚而速，頗能開達，故《開寶》方主肺熱痰嗽不清，甚致喘脹而氣促者，屢獲奇功。此藥寒平和緩，不滑不燥，不烈不泄。厥狀類肺，故能入肺除熱。氣降熱除，痰嗽喘促，自是平矣。又言：能消血痔瘻瘡，無非氣鬱血熱所致，況痔病屬大腸，大腸與肺通表裏，此藥能清藏熱，則府熱亦清矣，故亦主之。如肺虛寒作咳嗽，或寒痰作喘促者，勿服。

李瀕湖先生曰：錢氏方補肺阿膠散用之。非補肺也，乃取其清熱降氣也，邪去則肺安矣。方中所用阿膠、糯米乃補肺之藥，正以此二味，調和馬兜鈴降洩之過。嘗觀崔氏方用以吐蠱，其不能補肺，又可推矣。

盧子繇先生曰：形似馬兜之鈴，高懸于樹而四裂，肺金之象也。氣味苦寒，對待肺熱葉焦，爲欬，爲喘，爲痰結；或移熱于府，爲痔，爲瘻；或發于廣顙，爲瘰癧，爲喉瘡；或失于遊溢，爲癃，爲淋，爲水腫；或橫乘火位，爲噦，爲啘，爲心胃痛，莫不以熱爲本，以肺爲標，宜虛其實，毋虛其虛。

集方：《簡要濟眾方》治肺氣喘急。用馬兜鈴一兩，去殼及膜，甘草五錢，俱微炒，磨爲末，每服一錢，白湯調服。〇韋媽媽家傳治久嗽不愈。用馬兜鈴五錢，蔞仁霜二錢，北五味一錢，俱炒，共爲末。每服一錢，早晚食後，白湯調送。〇日華子方治血痔諸瘻瘡。用馬兜鈴一兩，甘草五錢，懷生地、於白朮各二兩，作五劑，水煎服。〇同前治痔瘻腫痛。以馬兜鈴，燒烟于瓶中，熏病處良。〇《簡要濟眾方》治水腫腹大，或喘急者。用馬兜鈴三錢，煎湯，日服之。〇《開寶》方治瘰癧久不消。用馬兜鈴三錢，當歸、生地各二錢，牡丹皮一錢，日飲一劑，漸消。〇同前治喉咽生瘡，非關綿花毒者。用馬兜鈴二錢，桔梗、甘草各一錢，水煎服。〇《方脉正宗》治肺氣熱閉，下爲癃閉，或爲淋澀。用馬兜鈴二錢，懷生地三錢，生甘草一錢，茯苓、木通、燈心草各一錢五分，水煎服。〇《摘玄方》治一切心胃作痛，不拘男女大小。用馬兜鈴一箇，燈上燒存性爲末，白湯調服，立效。〇崔行功方解蛇蠱毒，飲食中得之，喉中如有物，嚥不下，吐不出，心中熱悶。用馬兜鈴一兩，煎水服，即吐出。

馬兜鈴根名青木香，又名獨行根。　味苦，氣寒，有毒。不可多服，吐利不止。治鬼疰積聚，諸蠱毒。水煮二兩吐之。又搗末，水調敷疔腫及蛇毒，日三四次，立效。

集方：《肘後方》治五種蠱毒，嶺南土人多于食中毒人，漸不能食，胸背漸脹，寒熱酷似瘴瘧。用獨行根十兩，水一斗，酒二升，煮三升，分三服，毒從小便出。十日戒食一切毒物，不瘥更服。〇《聖惠方》治中草蠱毒。此術在西(浪)〔涼〕之西，及嶺南人用此。毒入咽欲死者，用馬兜鈴苗一兩爲末，溫水調服一錢，蠱即消化，立效。〇《袖珍方》治惡蛇所傷。用青木香半兩，煎湯飲之。〇《普濟方》治腸風漏血。用馬兜鈴藤、穀精草、荆三稜、川烏頭炒過，三味各等分，煎水，先熏後洗之。

明・顧逢柏《分部本草妙用》卷四肺部・寒瀉　馬兜鈴　苦，寒，無毒。去革膜，取淨，子焙用。　主治：肺熱欬嗽，痰結喘促，血痔瘻瘡，肺氣上急，坐息不得，欬逆不止。　按：兜鈴體虛象肺，故入肺，而能清熱降肺氣。湯劑中多用則吐，故錢乙阿膠補肺散，用阿膠糯米補肺，取兜鈴去邪，邪去肺則安矣。故止邪嗽者，不可乏。

明・李中梓《醫宗必讀・本草徵要上》　馬兜鈴味苦，寒，無毒。入肺經。焙。清金有平欬之能，滌痰有定喘之效。體性清揚，有功於至高之臟，根名青木香，塗諸毒熱腫。按：肺虛挾寒者，畏之如螫。

明·蔣儀《藥鏡》卷四寒部　馬兜鈴　耑主肺熱喘嗽，兼殺癆蟲蠱毒。蓋肺與大腸相為表裏，大腸受肺熱之遺，故有痔瘻之症。今臟熱既清，則腑熱自退。根名土青木香，或搗末，或水磨，可塗疔瘇，可抹蛇傷種種諸毒，更治積聚下氣，效甚速也。

明·李中梓《頤生微論》卷三　馬兜鈴　味苦，性寒，無毒。入肺經。去梗微焙。主欬逆上氣，消痰定喘。新補。

按：兜鈴體性輕揚，故功在至高之藏。根名青木香，疝家要藥。可塗諸毒熱腫。若肺虛挾寒者，不宜多用。

明·張景岳《景岳全書》卷四八《本草正》　馬兜鈴　味微苦、微辛，性寒，氣薄，陰中微陽。入手太陰肺經。降肺火，清肺氣，除熱痰欬嗽，喘急不得臥。多用則作吐。凡蠱毒蛇毒於飲食中得之，咽中如有物，嚥不下，吐不出者，以此一兩煎湯服之，即毒從吐出。若治痔瘻腫痛，用馬兜鈴於瓶中燒烟，薰病處良。

青木香即馬兜鈴根，亦名土木香。　味苦、微辛，性寒，有毒。能吐能利，不可多服。煮汁服，可吐蠱毒，鬼疰諸毒。搗末水調，塗疔腫熱毒蛇毒，日三四次，立瘥。亦可傅瘙癢禿瘡。

明·賈九如《藥品化義》卷六肺藥　馬兜鈴　屬陰，體輕飄，色灰白，氣平，味微苦，性涼，能升，力涼肺氣，性氣與味俱輕清，入肺經（虛）。　馬兜鈴體質輕，氣味俱清。凡輕清上浮者，單入肺部。主治肺熱久嗽，痰結喘促，肺氣上急，坐臥不安。蓋嗽久則肺虛，肺虛則氣熱，以此苦味者涼之降之，使肺熱去而嗽自止也。盛後湖曰：　肺熱久嗽，喘促連聲不絕者，非此不除。因其體輕升上，直入腦囊，主治腦漏。　其狀如馬鈴，取裏扁子，入煎劑中。

明·盧之頤《本草乘雅半偈》帙一〇　馬兜鈴宋《開寶》　氣味：　苦，寒，無毒。　主治：　主肺熱咳嗽，痰結喘促，血痔瘻瘡。

覈曰：　出關中及河東、河北、江、淮、夔、浙，諸平澤叢林間。春時蔓生，附木而上。葉似羅摩葉，圓厚且澀。入夏作花，色青白。結實似桃李而長，霜降葉脫，垂垂似鈴，枯則四裂，中仁似榆莢。根色黃赤似防己，稍小而扁，作葛根及木香氣。修事：　採實去葉蔓，置絹囊中，懸東屋角畔，俟乾，劈開，去革膜，只取淨子，焙乾用。

參曰：　形似馬兜之鈴，高懸四裂，肺金之象也。氣味苦寒，對待肺熱葉焦，為欬，為喘，為痰結；或移熱于府，為痔，為漏，為腸癰；或發于廣顙，為瘻，為瘡，為瘰癧；或失于游溢，為癃，為淋，為水腫；或橫乘火位，為噦，為啘，為心痛，莫不以熱為本，以肺為標，宜虛其實，毋虛其虛。《肘後》名都淋藤。大明名雲南枝。《蜀本》名獨行根。《事物異名》名玉皇瓜。《唐本》名土青木香。各隨根莖花實以肖形也。《綱目》名三百兩銀藥。此理數之不可曉者。

明·李中梓《本草通玄》卷上　馬兜鈴　苦，寒，入肺。　清肺氣，止欬嗽，定喘促。　體輕而虛，與肺同象，故專司喘嗽，以清熱降氣為功，不能補益也。

清·顧元交《本草彙箋》卷四　馬兜鈴　體輕，氣味俱清輕。清者上浮，其形懸而四開，有肺之象，故單入肺部，主治肺熱久咳，痰結喘促，肺氣上急，坐臥不安。蓋嗽久則肺虛，肺虛則氣熱，以此苦寒者涼之降之，使肺熱去而嗽自止。　湯劑中用多，亦作吐，故崔氏方用以吐蠱。用須劈開，去革膜，取淨焙。

根名獨行根，即土青木香，治丁瘇，以獨行根搗爛，蜘蛛網裹，傅少刻，根即出。　陰子腫痛，以獨行根二三兩，搗爛，沖熱酒服，立效。

清·穆石匏《本草洞詮》卷一〇　馬兜鈴　蔓生，附木而上，葉脫其實尚垂，狀如馬項之鈴，故名。味苦辛，氣寒，無毒。治肺熱咳嗽，痰結，血痔瘻瘡。其體輕而虛，熟則懸而四開，有肺之象，故能入肺。寒能清肺熱，苦辛能降肺氣。錢乙補肺阿膠散用之，非取其補肺，為其清熱降氣也，邪去則肺安矣。用多亦能作吐，可以吐蠱。嶺南人治蠱，隱其名為三百兩銀藥。

清·劉雲密《本草述》卷一一　馬兜鈴　根名土青木香，色黃赤，似防己稍小而扁，作葛根及木香氣。　多生平澤叢林中，春時蔓生，附木而上，其葉圓厚且澀，入夏作花，色青白，結實似桃李而長，霜降葉脫，垂垂似鈴，枯則四裂，中仁似榆莢。

實：　氣味：　苦，寒，無毒。　權曰：　平。　時珍曰：　微苦；　辛。杲曰：　味厚氣薄，陰中微陽，入手太陰經。　主治：　肺熱咳嗽，痰結《開寶》。肺氣上急，喘促坐息不得，咳逆連連不止甄權。　清肺氣，去肺中溼熱潔古。　療血痔瘻瘡《開寶》治血痔瘻瘡，緣臟腑表裏，清臟則自及於腑，況其下氣散結，其功固歸於金水，而二便之道，皆水臟所主乎？　附方：　痔瘻腫痛，以馬兜鈴於瓶中燒烟，熏病處良。　時珍曰：　馬兜鈴體輕而虛，熟則懸而四開，有肺之象，故能入肺。氣寒味苦微辛，寒能清肺熱，苦辛能降肺氣。錢乙補肺阿膠散用之，非取其補肺，乃取其清熱降氣也，邪去則肺安矣。方有阿膠、糯米，乃補肺者也。即吐蠱用之，非其散邪而不能補正者歟。　希雍曰：馬兜鈴感冬氣而生，故味苦氣寒，亦應有辛，兼金氣也。入手太陰經，除肺熱，下逆氣，散結氣，誠為要藥。　兜鈴得桑白皮、百部、天冬、桔梗、蘇子、枇杷葉、貝母、紫菀，治一切喘嗽。方書主治：咳嗽喘口。按：兜鈴乃其實之殼，而所用者，革中之子也。實結於七月，得金氣為專，故其主治不見及於他臟腑。即苦寒亦金氣之厚以孕水，然不致精於水臟也。

愚按：馬兜鈴所治，《本草》專主咳嗽之因於肺熱而痰結喘促者，詳其多生平澤叢林中，於春發苗，於六月吐華，其實結於七月，而枯於十月，是其氣由於木火以達歸於金水以成，謂之專功於清肺熱以下行也。詎曰不宜，即潔古亦謂其清肺氣，而去本溼濕熱矣。乃甄權又云肺氣上急，咳逆連連坐息不得者，第如斯證，將以肺熱痰結盡之乎？《內經》有曰：太陽獨至厥喘，虛氣逆，是陰不足，陽有餘也。又楊氏云虛勞少血，津液內耗，心火自焚，遂使燥熱乘肺，咯唾膿血，上氣涎潮，其嗽連續而不已。若然，即一肺熱痰結便分虛實，用此於補瀉中，豈得不從所主劑以為別乎？又寧止此，但就痰結而言，亦不能以熱盡之。有咳因於寒溼，久而痰滯，氣道壅塞，亦痰結喘促，竟不得臥，是固乾薑理中之治也。其可投以清熱下氣之味乎？一病於肺熱，為陽之有餘也，升而無降。一病於肺寒為陽之不足也，降而無升。是固霄壤懸矣。而患證固有相類者也，就是推之，則凡六淫所感，寧獨寒熱，但如風暑燥溼，豈不有乘於各氣之偏，以累及陰陽合和之宗氣，遂極於主氣肺臟，以為咳喘氣逆者乎？更推之舉七情受病，又豈無因各臟之戾氣，以累及宗氣而極於主氣者乎？種種皆止就肺而責之，且以一熱盡之歟。況六淫七情，每每因鬱化火，其治火先治鬱，而火乃散，又不謂清肺熱，下逆氣，便可一了百當也。知此義，則可以善用兜鈴矣。

希雍曰：肺虛寒作咳嗽，或寒痰作喘者，勿服。

修治　入藥劈開，取向裏子，去革膜，微炒。

根　氣味：辛，苦，冷，有毒。　志曰：有毒，不可多服，吐利不止。

治氣下膈，止刺痛。搗末，水調塗疔腫，大效。

清·郭章宜《本草匯》卷一二　馬兜鈴即土青木香　味苦、微辛，氣寒。氣薄味厚，陰中微陽，入手太陰經。清金有平欬之能，滌痰有定喘之效。欬逆連連不止，肺中濕熱毆除。《開寶》治痰結喘促者，肺熱氣升之病也。鈴性寒，且苦洩而辛散，服之則氣降而熱除矣。又主血痔瘻瘡者，無非血熱之症也。況痔病屬大腸，大腸與肺為表裏，清臟熱，則腑熱亦清而自好。

按：馬兜鈴體性輕揚，與肺同象，故專司喘嗽，以清熱降肺氣，有功于至高之臟之藥，邪去則肺安，非補益之品也。錢乙補肺阿膠散用之，非取其補肺，乃取其清熱降氣也。肺虛挾寒作嗽，或寒痰作喘者，痛戒。同桑白皮、百部、天冬、桔梗、蘇子、枇杷葉、貝母、紫(苑)〔菀〕治一切喘嗽。根，為青木香。涂諸毒熱腫効。

去葉蔓，劈開，去革膜，取淨子，焙用。

清·蔣居祉《本草擇要綱目·寒性藥品》　馬兜鈴　氣味：苦，寒，無毒。陰中微陽。入手太陰經。　主治：體輕而虛，熟則懸而四開，有肺之象，故能入肺。味寒能清肺熱，苦辛能降肺氣。錢氏補肺阿膠散用之，非取其補肺，乃取其清熱降氣，邪去則肺自安也。其中佐以阿膠、糯米，則正補肺之藥也。湯劑中多用，亦能作吐。

清·王翃《握靈本草》卷五　馬兜鈴秦、晉、江、浙皆有之。焙用。　主治：馬兜鈴，苦，寒，無毒。治肺熱欬嗽，痰結喘促，補肺，去肺中濕熱。

清·王翃《握靈本草》補遺　馬兜鈴今河南、陝西、江浙皆有之。狀如馬鈴，故名。嶺南人用治蠱，隱其名，曰三百兩銀藥。　苦，寒，無毒。主肺熱欬嗽，喘急連連不止。錢乙補肺阿膠湯用之清熱也。

清·汪昂《本草備要》卷一　馬兜鈴瀉肺下氣。　體輕而虛。熟則四開象肺，故入肺。寒能清肺熱，苦、辛能降肺氣。時珍曰：錢乙補肺阿膠散用之，非取其補肺，取其清熱降氣，則肺自安也。其中阿膠、糯米，乃補肺之正藥。昂按：清熱降氣，瀉之即所以補之，若專一于補，適以助火而益嗽也。治痰嗽喘促，血痔瘻瘡，肺、大腸經熱。瘻，漏也，音閭，亦音漏。痔屬大腸，大腸與肺爲表裏，肺移熱于大腸，故腸風痔瘻，清藏熱則府熱亦清矣。《千金》單服治水腫，以能瀉肺行水也。　亦可吐蠱。湯劑中用之，多作吐。　蔓生，實如鈴。去筋膜，取子用。

清·吳楚《寶命真詮》卷三　馬兜鈴　【略】清肺滌痰，平欬定喘。【略】肺虛挾寒者，畏之如螫。

清·李熙和《醫經允中》卷一八　馬兆鈴　去革膜，取淨子焙用。　苦，寒，無毒。　主治肺熱欬嗽，痰結喘促，肺氣上急，坐息不得。兆鈴體虛象肺，能入肺清邪熱，多用則吐，故可吐蠱。根名青木香，下氣甚捷，敷散腫毒。鮮者搗汁，和酒服治癰疽發背等毒，其効如神。但入口即吐，量虛實用之。

清·馮兆張《馮氏錦囊秘錄·雜症痘疹藥性主治合參》卷二　馬兜鈴稟冬氣而生，故味苦辛，氣寒，無毒。入手太陰經。苦善下洩，辛則善散，寒能除熱。其性輕揚，厥狀類肺，故能入肺除熱，而使氣下降，則喘嗽之症自平。且肺與大腸為表裏，臟熱即清，腑熱亦解，所以痔瘻蠹瘡俱治矣。　馬兜鈴，燒烟熏痔瘻蠹瘡，煎飲劫痰結喘促，去肺熱，止欬清肺氣補虛。根名青木香，亦為散氣藥，故疝家必需，解蛇蠱毒更效。

主治痘疹合參：功效同前，去殼膜，只取內子炒用。因體性輕浮，故功在至高之臟。若肺虛挾寒者，不宜多用。

清·张璐《本經逢原》卷二　馬兜鈴　苦辛，微寒，無毒。去殼，微焙用。

發明：諸藥之性輕浮者，皆能入肺散氣，燈心、馬勃之屬皆然，諸家言其性寒，專於劫痰定喘，不知其苦中帶辛，寒中帶散，是以肺熱痰喘，聲音不清者宜之。錢氏補肺阿膠散用之，取其清熱降氣，邪去則肺安矣。性善湧泄，故《纂要》治蛇蠱毒，一味濃煎服之，探吐，其毒即解。嬰兒麻疹內陷，喘滿聲瘖者，宜加用之。若肺冷金寒，喘嗽失音者禁用。　青木香即馬兜鈴根。　辛、苦，微寒，無毒。　發明：青木香苦寒香細，入足少陰。善降陰氣上逆，故治風濕，葳蕤湯用之，並治癰腫，痰結氣凝諸痛。《唐本》治熱腫蛇毒，水磨傅之。《肘後》治蠱毒，酒水和煎服之，毒從小便出。昔人言，多服令人吐利，肺寒欬嗽，寒痰作喘，胃虛畏食人勿服，以其辛香走竄也。

清·浦士貞《夕庵讀本草快編》卷三　馬兜鈴宋《開寶》　根名青木香。

此草蔓生附木，葉脫時，其實尚垂，狀如馬鈴，故名。　兜鈴實苦而寒，味厚氣薄，陰中微陽，入手太陰藥也。其體輕而虛，熟則懸而四開，肺之象也。故專治肺金之濕熱，喘促欬嗽，連連不息者宜之。又兼療水腫腹大，血痔瘻毒，亦取其肺合大腸，互相奏績耳。錢乙阿膠散中用之，蓋非取其補肺，乃賴其清熱降氣也。邪去則肺自安矣，學者不可不知。其根為疝家之要藥，且可塗諸毒熱腫，因附見之。

清·劉漢基《藥性通考》卷六　馬兜鈴　味苦、辛，氣寒。體輕而虛，熟則四開，象肺，故入肺。能清肺熱，降肺氣，治痰嗽喘促，血痔瘻瘡，肺大腸經熱，亦可吐蠱。蔓生，實如鈴，去筋膜，取子用。

清·周垣綜《頤生秘旨》卷八　馬兜鈴　苦寒，安肺之藥也。取其清空，用以補血補陰。熱痰結者為宜。

清·王子接《得宜本草·下品藥》　馬兜鈴　味苦，寒。主治熱咳，得甘草治肺氣喘急。

清·黄元御《玉楸藥解》卷一　馬兜鈴　味苦，氣寒。入手太陰肺經。清肺降逆，定喘止嗽。馬兜鈴苦寒泄火，清肺下衝，治欬逆痰喘，痔瘻腫痛；能解蛇蠱之毒。多用則吐。

清·吴儀洛《本草從新》卷二　馬兜鈴〔瀉肺下氣。〕　體輕而虛，熟則四開象肺，故入肺。寒能清肺熱，苦辛能降肺氣。時珍曰：錢乙補肺阿膠散用之，非取其補肺，取其清熱降氣則肺自安也，其中阿膠、糯米乃補肺之正藥。治痰嗽喘促，血痔瘻瘡，肺、大腸經熱。痔屬大腸，大腸與肺為表裏，肺移熱於大腸故腸風痔瘻，清臟熱，腑熱亦清。《千金方》單服治水腫，以能瀉肺行水也。亦可吐蠱。湯劑中用之，多作吐。根名土青木香，塗諸毒熱腫。肺虛挾寒者畏之如螫。實如鈴，去筋膜，用子。

清·汪紱《醫林纂要探源》卷二　馬兜鈴　苦，辛，寒。蔓弱而韌，葉如犁尖而輭薄，實作毬，中多子，似木槿花子，熟則四裂，下垂如鈴，故名。去筋膜，用子。　瀉肺降逆。輕虛上行，入肺，下垂似肺而能開，則又有降瀉之意，治喘咳。然此瀉而無補也。亦能湧吐，去蠱毒。　青木香　能治擊傷，解毒。即馬兜鈴根，非木香也。

清·嚴潔等《得配本草》卷四　馬兜鈴　苦、辛，寒。入手太陰經氣分。止嗽降氣。嗽久肺氣熱，以此凉之，氣降而嗽止。　得甘草，治肺氣喘急。燒煙，熏痔瘻蠹瘡。噙中如梅核，吐不出，咽不下，心下悶熱，煎服一兩即愈。名梅核痰。　去膈膜，取淨子炒用。湯劑中用多亦作吐。肺挾虛寒者禁用。　獨行根即兜鈴根，一名土青木香。　用二三兩搗爛，蛛網裹，敷疔，其根即出。陰子腫痛，其汁沖酒服立效。　有毒，不可多服，吐利不止。

題清·徐大椿《藥性切用》卷四　馬兜鈴　苦辛微寒，輕虛象肺，入肺而清金，治嗽降氣，定喘，為濕熱傷肺耑藥。根名土青木香，塗諸毒熱腫，亦治疝疾。

清·黄宮繡《本草求真》卷四　馬兜鈴入肺清熱降氣，除寒。　馬兜鈴耑入肺。辛苦性寒，體輕而虛，熟則四開象肺，因苦則能入肺降氣，因寒則能瀉熱除痰，因辛則於寒中帶散，故肺熱痰喘聲音不清者，服此最宜。且其體輕則性上涌。故《纂要》治蛇蠱毒，一味濃煎，服之探吐，其毒即解。湯劑用之多作吐。　至有云服馬兜鈴能補肺陰者，取其熱清氣降，而肺自安之意。錢氏用此，同阿膠、糯米補肺，其功原在糯米、阿膠耳，豈馬兜鈴之謂哉？又云可治腸風痔瘻，以肺與大腸為表裏，腸胃之熱，本於肺臟所移，肺清而腸之熱與之俱清耳。《日華本草》治痔瘻腫痛，以馬兜鈴於瓶中燒烟薰病處良。若肺寒喘嗽失音者切忌。去筋膜，取子用。

清・楊璿《傷寒溫疫條辨》卷六寒劑類　馬兜鈴　味苦，性寒。陰中之陽，入肺經。主清肺，除咳痰氣喘，療血痔久瘻。按：兜鈴主肺金，何以治痔瘻？蓋肺與大腸相表裏，肺移熱於大腸，故有此證，清其裏而表自清矣。馬兜鈴散治肺熱咳喘痰血，兜鈴錢半，阿膠、元參、生地、麥冬二錢，五味子、桔梗、甘草一錢，水煎服。根名青木香。下氣甚速，散氣最捷。

清・羅國綱《羅氏會約醫鏡》卷一六草部　馬兜鈴味苦，性寒，入肺經。體性輕揚，其形類肺，能清肺熱。治痰嗽喘促，清熱降氣。療痔瘻腫痛。肺與太陽相表裏，肺移熱於大腸，故腸風痔瘻，清臟熱則腑熱亦清矣。即燒烟熏之亦妙。或蠱毒蛇毒，於飲食中得之，嚥不下吐不出者，以一兩煎服，則吐。多用於湯劑，則吐。

按：嗽痰屬寒者勿用。

清・陳修園《神農本草經讀》附録　馬兜鈴　氣味苦，寒，無毒。主肺熱咳嗽，痰結喘促，血痔瘻瘡《開寶》。

陳修園曰：氣寒得水氣入腎，味苦得火味入心，雖云無毒，而偏寒之性，多服必令吐利不止也。《內經》云：肺喜溫而惡寒。若《開寶》所云肺熱咳嗽，為絕少之症。且所主咳嗽痰結喘促之症與血痔瘻瘡外症，同一施治，其為涼瀉攻堅之性無疑。今人惑於錢乙補肺阿膠散一方，取用以治虛嗽，百服百死。

清・黃凱鈞《藥籠小品》　馬兜鈴　輕清肺熱，苦辛降氣，治痰嗽喘促。若肺虛挾寒大忌。根名青木香，塗諸毒熱腫。

清・王龍《本草纂要稿・草部》　馬兜鈴　氣味苦寒。燒烟薰痔瘻蜃瘡，煎湯刼痰結喘促。去肺熱止嗽，清肺氣補虛。根名青木香，尤能散氣。

清・張德裕《本草正義》卷上　附青木香　苦，寒，有毒。馬兜鈴根，能吐能利，不可多服。搗可塗疔腫熱毒、蛇毒，亦可敷瘙癢禿瘡。

清・張德裕《本草正義》卷上　馬兜鈴　苦，寒。入肺。降肺火，清肺氣，治肺熱欬嗽，喘急不得臥。乃降氣清火之品。

清・楊時泰《本草述鉤元》卷一一　馬兜鈴　蔓生附木，其葉圓厚且澀，入夏作青白花，結實似桃李而長，霜降葉脫，垂垂似鈴，枯則四裂，中仁似榆莢，兜鈴乃其實之殼，而所用者革中之子也。

實　味苦、微辛，氣寒。味厚氣薄。入手太陰經。主肺熱欬嗽痰結實證，肺氣上急喘促，坐息不得，欬逆連連不止虛證，清肺氣，去肺中濕熱，療血痔瘻瘡。馬兜鈴感冬氣而生，味苦有辛，兼金氣也，故能除肺熱，降肺氣。臟腑相為表裏，清臟則自及於腑，此味下氣散結，其功固歸於金水，而二便之導，皆水臟所主，故治血痔瘻瘡。體輕而虛，熟則懸而四開，有肺之象，故能入肺瀕湖。散邪而不能補正，觀於吐蟲用之可知又。得桑皮、桔梗、百部、天冬、紫菀、貝母、蘇子、枇杷葉，治一切喘嗽。痔瘻腫痛，置馬兜鈴於瓶中，燒煙熏病處良。

論：馬兜鈴所治，專主欬嗽之因於肺熱而痰結喘促者詳。其華於六月，實於七月，而枯於十月，是氣由木火以達，歸於金水以成，得金氣最專。故主治不及他臟，即苦寒亦由金氣之厚以孕水，謂其專清肺熱而下行也，詎曰不宜。第肺熱痰結，須分虛實。《經》曰：太陽獨至，厥喘虛氣逆，是陰不足陽有餘也。又有虛勞少血，津液內耗，心火自焚，使燥熱乘肺，咯唾膿血，上氣涎潮，其嗽連續而不已者，用兜鈴於補瀉中，得不從所主劑以為別乎。且就痰結而論，亦不能以熱盡之。有欬因寒濕久而痰滯，氣道壅塞，亦竟喘促不得臥，是乾薑理中之治也。較病於肺熱為陽之有餘者，霄壤懸殊，而患證相類。就是推之，則六淫所感，寒熱而外，更如風暑燥濕有乘於各氣之偏，累及陰陽合和之宗氣，遂極於主氣肺臟以為欬喘氣逆者。更舉七情受病，有因各臟之戾氣以累及宗氣而極於主氣者種種，可止就肺熱而責之歟。況六淫、七情，每每因鬱化火，治火之法，必先治鬱，而火乃散。又不謂清肺熱，下逆氣，便可一了百當也。知此則可以善用兜鈴矣。

繆氏：虛寒欬嗽，或寒痰作喘者，弗服。

修治：劈開，取向裏子，去革膜，微炒入藥。

馬兜鈴根，一名土青木香。色黃赤似防已，作葛根及木香氣。氣味辛苦冷，有毒。服多，則吐利不止。治氣下膈，止刺痛，搗末，塗疔腫。

清・葉桂《本草再新》卷三　馬兜鈴味苦，性寒，無毒。入肺經。清肺熱，降肺氣，治痰喘，血痔。

清・吳其濬《植物名實圖考》卷二〇　馬兜鈴　《開寶本草》始著錄。俗皆呼為土青木香，即《唐本草》獨行根也。俚醫亦曰雲南根。李時珍以為即都淋藤。其形狀功用具《圖經》。《救荒本草》云：葉可食。今湖南山中多有之，唯花作筩，似角上彎，又似喇叭，色紫黑。與《圖經》花如枸杞花殊戾，其葉實及仁俱無差，或一種而地產有異耶。

清·吴其濬《植物名實圖考》卷二一 土青木香 長沙山坡間有之。蔓生，細莖，葉實皆與馬兜鈴同，根黄瘦，亦有香氣。俚醫以清火毒、通滯氣。唯開花作筩子形，本小末大，彎如牛角，尖梢上翹，紫黑頗濃，中露黄蕊，與馬兜鈴開花如枸杞者迥別。

清·趙其光《本草求原》卷四蔓草部 馬兜鈴 苦達火，辛降肺、大腸氣，寒清肺熱。氣由火以達，歸金水以下行。治肺中濕熱，聲音不清，痰喘咳嗽，補肺散用之，熱清氣降，肺自安也。若專一於補，適以助火益壅，故用以佐糯米、阿膠之補肺。血痔瘻瘡。肺移熱於大腸所致，清臟熱則腑熱亦清。治水腫，肺降則水行，宜單服。吐蛇蠱毒，一味濃煎服，探吐。小兒麻疹内陷，喘滿聲喑，宜加用之。與肺熱痰結皆有虛實，宜於補瀉主治中加之。肺冷痰滯，宜理中者，勿用。

去筋膜，取子微炒用。熏痔瘻亦妙。

清·文晟《新編六書》卷六《藥性摘錄》 馬兜鈴 辛苦，性寒。體輕虛入肺，降氣瀉熱，除痰定喘嗽，發聲音，兼治腸風痔漏，蛇蠱毒。○肺寒喘嗽失音者，切忌。去筋膜，取子用。

清·張仁錫《藥性蒙求·草部》 馬兜鈴錢半 馬兜鈴苦，能療痔漏。定喘消痰，肺金熱嗽。苦、辛，寒。入肺、大腸經。清肺熱，降肺氣，治痰嗽喘促，血痔瘻瘡，肺、大〔肺〕〔腸〕經熱。○去筋膜，用子。肺虛挾寒者，忌用。

清·劉善述、劉士季《草木便方》卷一草部 青藤香 青藤香温發表良，風濕癱瘓筋骨强。腰脚疼痛除風毒，能解蛇毒跌損傷。

清·劉善述、劉士季《草木便方》卷一草部 蛇生根 蛇參苦寒解毒良，無名腫毒治疔瘍。寒火熱結散滯氣，虺蟲蛇犬塗毒强。

清·戴葆元《本草綱目易知錄》卷二 馬兜鈴 味苦而平。體輕而虛，熱則四開象肺，故入肺。氣寒微辛，寒能清肺熱，苦辛能降肺氣。治肺熱咳嗽，痰結喘促。血痔瘻瘡，宣肺氣上急，坐息不得，欬逆連連不止。

清·黄光霽《本草衍句》 馬兜鈴 苦能清肺降氣，故喘嗽可平。寒能瀉熱除痰，故痔瘻亦用。血痔瘻瘡，本肺大腸經藥，藏熱降，腑熱亦清矣。得甘草治肺氣喘急。

清·陳其瑞《本草撮要》卷一 馬兜鈴 味苦，寒，入手太陰經，功專治熱咳實證。得甘草治肺氣喘急。亦可吐蠱，《千金方》單服治水腫。去筋膜，取子用。有毒。多服則吐利不止。搗末塗疔腫良。

天仙藤

宋·唐慎微《證類本草》卷三〇外木蔓類〔宋·蘇頌《本草圖經》〕 天仙藤 生江淮及浙東山中。味苦，溫，微毒。解風勞，得麻黄則治傷寒發汗，與大黄同服，墮胎氣。春生苗，蔓延作藤，葉似葛葉，圓而小，有毛白色，四時不凋。根有鬚，夏月採取根、苗，南人用之最多。

宋·陳衍《寶慶本草折衷》卷二〇 天仙藤唐謹微適遺此條，今引《本草圖經》說以增之。 《新安志》云：此即馬〔篼〕〔兜〕零苗也。生江淮，及浙東及臨江軍山中。○夏月採根苗。

味苦、辛，平張松，溫，微毒。○解風勞。得麻黄則治傷寒，發汗；與大黄同服，墮胎氣。苗蔓延作藤，葉似葛葉，圓而小，有毛白色，四時不凋。根有鬚。

續說云：張松謂天仙藤又治五勞七傷，山嵐瘴瘧，骨蒸寒熱，口苦舌乾，腰膝酸倦，渾身疼痛，四時疫癘。今《局方》治傷寒㓻散，及吴瑸名方秦艽鼈甲散，皆用此藤。許洪所註與張松旨意同矣。

明·劉文泰《本草品彙精要》卷四一 天仙藤微毒 蔓生。

天仙藤：解勞風。得麻黄，治傷寒發汗；與大黄同服，則墮胎氣。出《圖經》。

【苗】《圖經》曰：春生苗，蔓延作藤，葉似葛葉，圓而小，有毛，白色，四時不凋，根有鬚。【地】《圖經》曰：生江淮及浙東山中。【時】生：春生苗。採：夏取根苗。【用】根、苗。【味】苦。【性】溫，泄。【氣】氣厚於味，陽中之陰。

明·李時珍《本草綱目》卷一八草部·蔓草類 天仙藤宋《圖經》

【集解】頌曰：生江淮及浙東山中。春生苗，蔓作藤，葉似葛葉，圓而小，有白毛，四時不凋。根有鬚。夏月采取根苗。南人多用之。

【氣味】苦，温，無毒。【主治】解風勞。同麻黄，治傷寒，發汗。同大黄，墮胎氣蘇頌。流氣活血，治心腹痛時珍。

【附方】新六 疝氣作痛：天仙藤一兩，好酒一盌，煮至半盌，服之神効。孫天仁《集効方》。

痰注臂痛：天仙藤、白术、羌活、白芷稍各三錢，片子薑黄六錢，半夏制五錢。每服五錢，薑五片，水煎服。仍間服千金五套丸。楊仁齋《直指方》。　妊娠水腫：　始自兩足，漸至喘悶，似水，足趾出水，謂之子氣。乃婦人素有風氣，或冲任有血風，不可作水妄投湯藥。宜天仙藤散主之。天仙藤洗微炒、香附子炒、陳皮、甘草、烏藥等分，爲末。每服三錢，水一大盞，薑三片，木瓜三片，紫蘇三葉，煎至七分，空心服，一日三服。小便利，氣脉通，腫漸消，不須多服。此乃淮南名醫陳景初秘方也，得于李伯時家。陳自明《婦人良方》。　產後腹痛：　兒枕痛。天仙藤五兩，炒焦爲末。每服〔二錢〕，炒生薑汁、童子小便和細酒調服。《經驗婦人方》。　一切血氣：　腹痛。即上方，用溫酒調服。　肺熱鼻齇：　桐油入黄連末，用天仙藤燒熱油傅之。《摘玄方》。

明・倪朱謨《本草彙言》卷七　天仙藤　味苦，氣溫，無毒。　蘇氏曰：　天仙藤，生江淮及浙東山中。春生苗，蔓作藤。葉似葛葉，圓而小，有白毛，四時不凋。根有鬚。夏月采取其根苗，南人多用之。

天仙藤：　流氣活血，李時珍治一切諸痛之藥也。葛風寰稿人身之氣，順則和平，逆則痛悶作矣。如楊氏《直指方》天仙藤，治痰注臂痛，氣留疝痛，瘕聚，奔豚腹痛，產後血氣腹痛。他如妊娠水腫，面浮氣促，男子風勞，久嗽不愈，久嗽數年不愈，起居自如，身無恙者，名曰風勞。出《巢氏方》。悉以此藥治之，無不寢安。蓋謂其善于流行血氣故也。如諸病屬虛損者，勿用。

集方：　楊仁齋《直指方》治痰注臂痛。用天仙藤、白朮、羌活各三錢，薑黄五錢，防風二錢，水煎服。〇孫天仁《集效方》治諸般疝氣。用天仙藤一兩，好酒一碗，水一碗，煮六分。溫和服。〇王向若方治癥瘕積聚及奔豚疝氣諸疾。用天仙藤一兩炒，乳香、沒藥、玄胡索醋炒，吳萸、乾薑各二錢，小茴香五錢，共爲末。每服三錢，好酒調服。〇《經驗婦人方》治產後兒枕腹痛。用天仙藤一兩炒焦，玄胡索、山查肉俱醋炒各五錢，共爲末。每服四錢，沙糖酒調服。〇兩淮陳景初方治妊娠水腫始自兩足，漸至喘悶，足趾出水，不可作水治。用天仙藤炒、香附、陳皮、烏藥各一錢，甘草五分，木瓜、紫蘇葉各一錢五分，水煎服。小便利，氣脉通，腫漸消。不須多服。〇《巢氏方》治風勞久嗽。用天仙子四兩，北細辛三錢，黄耆、防風、桑皮各二錢，分作十劑，水煎服。

清・郭章宜《本草匯》卷一二　天仙藤　味苦，氣溫。　解風勞，同麻黄治發汗。　療腹痛，同大黄墮胎氣。　善流氣活血，理痰注臂痛。

按：　天仙藤，生江淮及浙東山中，似葛葉，圓小有毛，南人多用之。　若娠婦水腫，始自兩足，漸至喘悶似水，足趾出水，謂之子氣，乃婦人素有風氣，或衝任有血風。不可作水，妄投湯藥也。宜天仙藤洗，微炒，香附子炒，陳皮、甘草、烏藥等分，薑三片，木瓜三片，紫蘇三葉，空心煎服，自愈。然亦不須多服。

清・汪昂《本草備要》卷二　天仙藤通，活血，消腫。　苦，溫。　疏氣活血。　治風勞腹痛，妊娠水腫。有天仙藤散，專治子腫。　葉似葛，圓而小，有白毛。　根有鬚。　四時不凋。　一云即青木香藤。

清・李熙和《醫經允中》卷二一　天仙藤　即青木香藤。　苦，溫。　疏氣活血，治妊娠水腫。

清・汪紱《醫林纂要探源》卷二　天仙藤　苦，溫。葉似葛而圓小，白根有鬚，四時不彫。　堅腎燥濕，活血疏氣。主治水腫。

清・嚴潔等《得配本草》卷四　天仙藤　苦，溫。　入足太陰經氣分。　流氣活血。　治風勞心腹疼痛。　配香附、烏藥、陳皮、炙甘草，等分為末，治妊婦水腫。　配片子薑黄、製半夏，治痰注臂痛。　同麻黄，治傷寒發汗。　同大黄，墮胎氣。　治濕氣，薑汁炒。　行氣利水，酒拌炒。　氣血虛者禁用。

題清・徐大椿《藥性切用》卷四　天仙藤　即青木香藤。　性味苦溫，力能疎氣活血，為疝氣止痛耑藥。

清・黄宫繡《本草求真》卷七　天仙藤活血利水。　天仙藤耑入肝脾。　即青木香、馬兜鈴藤也。　味苦氣溫，觀書所論主治，止屬妊娠子腫，始自兩足，漸至喘悶似水，足趾出水，謂之子氣。　及腹痛風癆等症，而於他症則未及焉。　即其所治之理，亦不過因苦主於疎泄，性溫得以通活，故能活血通道，而使水無不利，風無不除，血無不活，痛與腫均無不治故也。　昔有天仙藤散，天仙藤、香附子、陳皮、甘草、烏藥，等分為末，用木瓜、生薑、蘇葉煎湯服。　以治子腫，其亦可以知其概矣。　葉似葛，圓而小，有白毛，根有鬚，四時不凋者是。

清・羅國綱《羅氏會約醫鏡》卷一六草部　天仙藤味苦氣溫，青木香藤也。　疏氣活血，治妊娠水腫。天仙藤散，治妊娠子腫。　葉似葛而小，有白毛，根有鬚，四時不凋。

清・葉桂《本草再新》卷三　天仙藤味苦，性溫，有微毒。入肝、脾、腎三經。　涼血活血，去風利濕，走經絡，兼治腰腳腫疼。

清・吴其濬《植物名實圖考》卷二〇　天仙藤　宋《圖經》外類。　生江、淮、浙東山中。　治疝氣、妊娠腹痛，皆有方。

清・文晟《新編六書》卷六《藥性摘錄》　天仙藤　苦，溫。入肝脾。活血利水，治姙娠子腫，及腫痛風勞等症。主於疏泄通道也。○即馬兜鈴藤。

清・張仁錫《藥性蒙求・草部》　天仙藤二錢、三錢　天仙藤溫，疏氣和營。姙娠水腫，腹痛功同。苦，溫。一云：即青木香藤。又治風勞。○《集效方》：天仙藤一兩，好酒一盞，煎半，服之，治疝氣痛神效。

清・黃光霽《本草衍句》　天仙藤　解風勞，疎氣活血。治腹痛，姙娠水腫。始自兩足，漸至喘悶似水，足趾出水，謂之子氣，乃婦人素有風氣，或衝任有血風，不可作水妄投湯藥，宜天仙藤散主之。天仙藤、香附、陳皮、甘草、烏藥、薑木瓜、蘇葉，煎服。得羌活、白朮、白芷、片子薑黃、半夏、生薑，治痰注臂痛有效。

清・陳其瑞《本草撮要》卷一　天仙藤　味苦，溫，入足太陰經，功專疏氣活血及風勞腹痛，姙娠水腫。治疝氣作痛，以藤一兩，好酒一盞，煎半盞服神效。生磨消腫病。即青木香藤也。

金線釣蝦蟆

清・趙學敏《本草綱目拾遺》卷五草部下　金線釣蝦蟆　蔓生田野山石間，葉似三角風，光潤帶青黃色。根名金線釣蝦蟆，又名獨腳蟾蜍，亦名金線重樓。《準繩》痘毒方中用之，非《綱目》草河車及蚤休也。《丹房本草》：金鈴草，一名挂金藤，亦曰金線釣蝦蟆。其子狀如鈴，折斷莖液如乳汁，取自然汁伏雄制硫，其霜可煉雌煮汞。《百草鏡》：金線釣蛤蟆生山土，莖蔓紅細，根大，葉類金鎖匙，芒種時開花如穀精花，採根入藥。

按：防己亦與此相似，但根形不似蛤螞，莖不甚紫，葉不甚圓，有尖歧，葉中蛛網紋不明不多為別。

《草寶》云：金線重樓生陰山腳下，根有疙瘩，形類蟾蜍，入土不深，刨土易取，其性涼，乃吐藥也。小滿時發苗，蔓延紫色，葉不相對，類黃龍藤而柔軟，葉上有蛛網紋甚明，若葉不圓而微尖，紋不明，莖不甚紫，形不類蟾蜍者，乃防己。非重樓也。汪連仕《草藥方》：紅線者是金線釣蝦蟆，青莖者乃漢防己。王聖俞云：重樓根儼如三足蟾，其根旁又生根結蟾蜍。年久者，掘得一本之下，根有數十，蟾蜍纍纍横掛，其力最大。趙貢栽云：金線釣蝦蟆生者力大，乾者稍次。凡大毒，服之必吐，人多懼畏勿用。然吐後其病如失，毒即內消。凡發背毒氣攻心，非此不治。若小毒斷不可用，因藥力性大，病不能相當也。不能相當，則有偏勝之害。

性平味苦，消癰去風散毒。《百草鏡》：根性涼，托癰疽，追散腫毒，治瘰癧。為外科聖藥。《採藥志》：治腸癰，追風敗毒。《葛祖方》：吐痰涎，可帶瓜蒂。《扁鵲心書》：金線重樓，俗名金線釣蝦蟆，采得去外黑皮，用石槌打碎，勿犯鐵器，曬乾為末，小磁瓶收貯。凡遇一切要吐痰涎之症，用代瓜蒂最妙。風痰結胸，用一錢，陰陽水和服。傷寒成瘧，用一錢，臨發空心水和服。禁口痢，用一錢，涼水服。忌鐵器。

跌撲傷：張氏傳方：取根搗汁，酒和服，渣敷。

葉名天膏藥：貼腫毒破爛，能拔毒收口，拍熟貼毒，能拔毒水外出，酒煎服。治心疼，磨水搽痔，煎膏貼百病。○汪連仕《草藥方》：天膏藥治疔瘡惡毒流注，痺毒鼠瘻，合生酒擣服，敗毒功多，食之令人吐瀉。

辟虺雷

宋・唐慎微《證類本草》卷六草部上品〔《唐本餘》〕　辟虺雷　味苦，大寒，無毒。主解百毒，消痰，祛大熱，療頭痛，辟瘟疫。一名辟蛇雷。其狀如麄塊蒼朮，節中有眼。

明・劉文泰《本草品彙精要》卷七　辟虺雷　味苦，大寒，無毒。主解百毒，消痰，祛大熱，療頭痛，辟瘟疫。一名辟蛇雷，其狀如粗塊蒼朮，節中有眼。

明・王文潔《太乙仙製本草藥性大全》卷二《仙製藥性》　辟虺雷一名辟蛇雷。味苦，氣大寒，無毒。狀如麄塊蒼朮，節中有眼。主治：解百毒而祛大熱，辟瘟疫而療頭疼。亦令消痰，又能止嗽。

明・皇甫嵩《本草發明》卷三　辟虺雷上品上，君。一名辟蛇雷。發明曰：味苦，大寒。專治熱毒疫癘。故《本草》主毆大熱，療頭痛，辟溫疫毒癘，解諸毒，消痰。狀如粗塊蒼朮，節中有眼。

明・李時珍《本草綱目》卷一三草部・山草類下　辟虺雷《唐本草》

〔釋名〕辟蛇雷《綱目》時珍曰：此物辟蛇虺有威，故以雷名之。〔集解〕恭曰：辟虺雷狀如粗塊蒼朮，節中有眼。時珍曰：今川中峨眉、鶴鳴諸山皆有之。根狀如蒼朮，大者若拳。彼人以充方物，苗狀當俟訪問。

根〔氣味〕苦，大寒，無毒。〔主治〕解百毒，消痰，祛大熱、頭痛，辟瘟疫《唐本》。治咽喉痛痺，解蛇虺毒時珍。

明・繆希雍《本草經疏》卷六　辟虺雷　味苦，大寒，無毒。主解百毒，消痰，祛大熱，療頭痛，辟瘟疫。其狀如麤塊蒼朮，節中有眼。

〔疏〕辟虺雷感天地陰寒之精，其味苦，氣大寒，無毒。故主解百毒，消痰，祛大熱，療頭痛，辟瘟疫。豫章人專以此和諸草搗汁，治疔瘡有神。

清・吴其濬《植物名實圖考》卷八 辟虺雷 《唐本草》始著録。狀如蒼术，峨眉諸山有之。解毒辟瘟，消痰卻熱。

清・劉善述、劉士季《草木便方》卷一草部 硃砂根 硃砂蓮苦涼清熱，喉痹牙痛火眼滅。打痧氣痛腰脇疼，生肌長肉功更烈。

尋骨風

清・吴其濬《植物名實圖考》卷二一 尋骨風 湖南岳州有之。蔓生，葉如蘿藦，柔厚多毛，面緑背白；秋結實六棱似使君子，色青黑，子如豆。

〔苦〕木通

清・黄凱鈞《藥籠小品》 木通舊稱輕清平淡。嘗其味實大苦，通藏府之氣，消乳積，治熱淋。

清・徐延祚《醫粹精言》卷三 木通慎用 《重慶堂隨筆》謂木通味苦，故瀉心火由小腸出。諸本草皆云甘淡，或言微辛，豈諸君不但未經口嘗，且芻蕘亦未詢乎？按木通古名通草，今之通草古名通脱木。云木通味甘淡，或通草之傳誤未可知。其實今之木通，味極苦且劣。世謂黄連是苦口藥，殊不知黄連之味苦而清，木通之味苦而濁。《葉氏醫案》以蘆薈入湯劑，徐氏批曰：請自嘗之，方知其苦。願以斯語移之木通。且木通性極迅利，不宜多用。余友沈杏田言，曾見一小兒誤服重劑木通湯藥，小便遂不禁，繼之以白膏如精狀，叫號慘痛而死。死後溺竅端猶有精珠數粒。用木通者審慎之。

栝樓

宋・李昉《太平御覽》卷第九九二 栝樓 《毛詩・東山》曰：我來自東，零雨其濛，果贏之實，亦施于宇。果贏，栝樓也。又《唐・蟋蟀・葛生》曰：蘞蔓于野。《詩義疏》曰：蘞，栝樓。《爾雅》曰：果贏之實，栝樓。今齊人呼之為天瓜。《本草經》曰：栝樓，一名地樓。味苦，寒。生川谷。《吴氏本草》曰：栝樓，一名澤巨，一名澤冶。

宋・唐慎微《證類本草》卷三〇外草類〔宋・蘇頌《本草圖經》〕 天花粉生明州。味苦，寒，無毒。主消渴，身熱，煩滿，大熱，補氣安中，續絶傷，除腸中固熱，八疸身面黄，脣乾口燥，短氣，通月水，止小便利。十一月、十二月採根用。

宋・唐慎微《證類本草》卷八草部中品〔《本經・別録・藥對》〕 栝樓根 **味苦，寒**，無毒。**主消渴，身熱煩滿，大熱，補虚安中，續絶傷**，除腸胃中痼熱，八疸，身面黄，脣乾口燥，短氣，通月水，止小便利。**一名地樓**，一名果贏，一名天瓜，一名澤姑。

實名黄瓜，主胸痹，悦澤人面。

莖、葉療中熱傷暑。生洪農川谷及山陰地，入土深者良，生鹵地者有毒。二月、八月採根，曝乾，三十日成。枸杞爲之使，惡乾薑，畏牛膝、乾漆，反烏頭。

〔梁・陶弘景《本草經集注》〕云：出近道，藤生，狀如土瓜而葉有叉。《毛詩》云：果贏之實，亦施于宇。其實，今以雜作手膏用。根入土六七尺，大二三圍者，服食亦用之。

〔唐・蘇敬《唐本草》〕注云：今用根作粉，大宜服石，虚熱人食之。作粉如作葛粉法，潔白美好，今出陝州者，白實最佳。

〔宋・掌禹錫《嘉祐本草》〕按：《爾雅》云：果贏之實，栝樓。釋曰：果贏之草，其實名栝樓。郭云：今齊人謂之天瓜。日華子云：栝樓子，味苦，冷，無毒。補虚勞，口乾，潤心肺，療手面皺，吐血，腸風瀉血，赤白痢，並炒用。又栝樓根，通小腸，排膿，消腫毒，生肌長肉，消撲損瘀血，治熱狂時疾，乳癰，發背，痔瘻，瘡癤。

〔宋・蘇頌《本草圖經》〕曰：栝樓，生洪農山谷及山陰地，今所在有之。實名黄瓜。《詩》所謂果蓏之實是也。根亦名白藥，皮黄肉白。三四月内生苗，引藤蔓。葉如甜瓜葉，作叉，有細毛。七月開花，似葫蘆花，淺黄色。實在花下，大如拳，生青，至九月熟，赤黄色。二月、八月採根，刮去皮，曝乾，三十日成。其實有正圓者，有鋭而長者，功用皆同，其根惟歲久入土深者佳，鹵地生者有毒。謹按：栝樓主消渴，古方亦單用之。孫思邈作粉法：深掘大根，厚削皮至白處，寸切之，水浸，一日一易水，經五日取出，爛搗研，以絹袋盛之，澄濾令極細如粉，去水。服方寸匕，日三四服，亦可作粉粥，乳酪中食之，並宜。卒患胸痹痛，取大實一枚切，薤白半升，以白酒七升，煮取二升，分再服。一方加半夏四兩，湯洗去滑，同煮服更善。又唐崔元亮療箭鏃不出。搗根傅瘡，日三易，自出。又療時疾發黄，心狂煩熱，悶不認人者。取大實一枚黄者，以新汲水九合，浸淘取汁，下蜜半大合，朴消八分，合攪令消盡，分再服，便差。

〔宋・唐慎微《證類本草》〕《雷公》云：栝樓，凡使皮、子、莖、根，效各別。其栝并樓樣全別。若栝，自圓，黄皮厚蒂小；若樓，唯形長，赤皮蒂麁，是陰人服。若修事，去上殼皮革膜并油了。使根，待構二三圍，去皮細搗作煎攪取汁，冷飲任用也。《食療》：子，下乳汁。又，治癰腫。栝樓根苦酒中熬燥，搗篩之，苦酒和，塗紙上攤貼。服金石人宜用。《聖惠方》：治熱病頭疼發熱進退方：用栝樓一枚大者，取其瓤細剉，置瓷椀中，用熱湯一盞沃之，蓋却良久，去滓，不計時候頓服。又方：治中風口眼喎斜。用栝樓絞取汁，和大麥麵搜作餅，炙令熱熨。正便止，勿令太過。《外臺秘要》：治消渴利方：生栝樓三十斤，以水一碩，煮取一斗半，去滓，以牛脂五合，煎取水盡。以暖酒先食服如雞子大，日三服，即妙。又方：主傷寒渴飲。栝樓根三兩，以水五升，煮取一升。分二服。清淡竹瀝一升，水二升，煮好銀二兩半，去銀。先與病人飲之，然後服栝樓湯，其銀汁須冷服。《肘後方》：治耳卒得風，覺耳中烘烘。栝樓根削令可入耳，以臘月猪脂煎三沸，出，塞耳，每用三七日即愈。又方：消渴，小便多。栝樓薄切，炙取五兩，水五升，煮取四升，隨意飲之良。又方：折傷。取栝樓根以塗之，重布裹之，熱除，痛即止。又方：治二三年聾耳方：栝樓根三十斤細切之，以水煮，用釀酒如常法，久久服之，甚良。又方：若腸隨肛出，轉久不可收入。擣生栝樓取汁，溫之猪肉汁中洗手，隨挼之令暖，自得入。《梅師方》：治諸癰背發，乳房初起微赤。擣栝樓作末，以井華水調方寸匕。《勝金方》：治太陽傷寒。栝樓根二兩，水五升，煮取一升半，分二服，小便利即差。《廣利方》：治小兒忽發黃，面目皮肉並黃，生栝樓根擣取汁二合，蜜一大匙，二味暖相和，分再服。《集驗方》：下乳汁。栝樓子淘洗控乾，炒令香熟，瓦上攄令白色爲末，酒調下一匕，合面卧少時。杜壬：治胸膈痛徹背，心腹痞滿，氣不得通及治痰嗽。大栝樓去穰取子熟炒，別研和子皮，麵糊爲丸，如梧桐子大，米飲下十五丸。《傷寒類要》：治脾癉溺赤出少，惕惕若恐，栝樓主之。《母子秘録》：治乳腫痛。栝樓黃色老大者一枚，熟擣，以白酒一斗煮取四升，去滓溫一升，日三服。若無大者，小者二枚，黃熟爲上。楊氏《産乳》：治熱，遊丹赤腫。栝樓末二大兩，釅醋調塗之。又方：治乳無汁。栝樓根燒灰，米飲服方寸匕。《産寶》：治産後乳無汁。栝樓末井花水服方寸匕，日二服，夜流出。楊文蔚：治痰嗽，利胸膈方：栝樓肥實大者，割開，子淨洗，搥破括皮，細切焙乾，半夏四十九個，湯洗十遍，搥破焙乾，擣羅爲末，用洗栝樓熟水并瓤同熬成膏，研細爲丸如梧子大，生薑湯下二十丸。又方：治癰未潰。栝樓根、赤小豆，等分爲末，醋調塗。

宋・寇宗奭《本草衍義》卷九　栝樓實　九月、十月間取穰，以乾葛粉拌，焙乾，銀石器中熳火炒熟爲末。食後、夜卧，以沸湯點一二錢服，治肺燥、熱渴、大腸秘。其根與貝母、知母、秦艽、黃芩之類，皆治馬熱。

宋・莊季裕《雞肋編》卷上　冬月以栝蔞塗面，謂之佛妝。但加傅而不洗，至春暖方滌去，久不為風日所侵，故潔白如玉也。

宋・鄭樵《通志》卷七五《昆蟲草木略》　栝樓　曰地樓，曰果臝，曰天瓜，曰澤姑，曰白藥。其實曰黃瓜。《詩》云：果臝之實。《爾雅》云：果臝之實，栝樓。

金・張元素《潔古珍珠囊》〔見元・杜思敬《濟生拔粹》卷五〕　瓜蔞根苦純陰。心中枯渴非此不能除。與乾薑、牛膝相反。

宋・劉明之《圖經本草藥性總論》卷上　栝蔞根　味苦，寒，無毒。主消渴身熱，煩滿大熱，補虛安中續絕，除腸胃中痼熱，八疸身面黃，脣乾口燥短氣，通月水，止小便利。實，主胸痺。莖葉，療中熱傷暑。日華子云：味苦，冷，無毒。補虛勞口乾，潤心肺，治手面皺，吐血，腸風瀉血，赤白痢，並炒用。根，通小腸，排膿消腫毒，生肌長肉，消撲損瘀血，治熱狂時疾，乳癰發背，痔瘻瘡癤。《唐本》注云：今用根作粉，大宜服，及虛熱人食之。崔元亮療箭鏃不出，擣根，傅瘡，日三易，自出。又治時疫發黃，心狂煩悶，不認人者。枸杞為之使。惡乾薑。畏牛膝、乾漆。反烏頭。

宋・王介《履巉巖本草》卷中　栝樓根　味苦，寒，無毒。主消渴，身熱、煩滿大熱。補虛安中。栝樓實名黃瓜。主胸痹，潤澤人面。莖、葉療中熱傷暑。治癰疽未潰，用根同赤小豆等分爲末，醋調敷貼患處。

元・王好古《湯液本草》卷四　瓜蔞根　氣寒，味苦。味厚，陰也。無毒。《本草》云：主消渴，身熱，煩滿大熱，補虛安中，通月水。消腫毒瘀血，及熱狂。《心》云：止渴，行津液。苦寒，與辛酸同用，導腫氣。《珍》云：苦，純陰。若心中枯渴者，非此不能除。

元・朱震亨《本草衍義補遺》　(括)〔栝〕蔞實　屬土而有水。《本草》言治胸痹，以味甘性潤，甘能補肺，潤能降氣。胸有痰者，以肺受逼失降下之令，今得甘緩潤下之助，則痰自降，宜其為治嗽之要藥也。又云：洗滌胸膈中垢膩，治消渴之細藥也。〇雷公云：(括)〔栝〕蔞，凡使皮、子、莖、根，效各別，其(括)〔栝〕并蔞樣全別。若(括)〔栝〕自圓，黃皮厚，蒂小苦。其蔞唯形長，赤皮、蒂麄是。陰人服其實，《詩》所謂果蓏之實，正謂此也。根亦名白藥，其莖葉療中熱傷暑最效。

元・佚名氏《珍珠囊・諸品藥性主治指掌》〔見《醫要集覽》〕　栝蔞根　味苦，性寒，無毒。沉也，陰也。其用有二：止渴退煩熱，補虛通月經。

元・徐彥純《本草發揮》卷二　栝蔞根　成聊攝云：栝蔞根味苦，微寒。潤枯燥者也。加之則津液通行，是為渴所宜也。又云：津液不足而為渴，苦以堅之。栝蔞根之苦，以生津液。又云：苦以泄之，栝蔞實味苦，寒，通胸中鬱熱，苦寒以泄熱。潔古云：性寒味苦，陰也。能解煩渴，心中枯渴者，非此不能除。東垣云：栝蔞根味苦，寒，純陰。止渴，生津液。苦寒與酸辛同用，以導腫氣。丹溪云：栝蔞實屬土而有水。《本草》言治胸痺，以其味甘性潤，甘能補肺，潤能降氣。胸有痰者，以肺受火逼，失降下之令。今得甘緩潤下之助，則痰自降，宜其為治嗽之要藥也。又云：洗滌胸膈中垢膩，治消渴之神藥也。

明·朱橚《救荒本草》卷上之後　瓜樓根　俗名天花粉。《本草》有栝樓實，一名地樓，一名果贏音裸，一名天瓜，一名澤姑，一名黃瓜。生弘農川谷及山陰地，今處處有之。入土深者良。生鹵地者有毒。《詩》所謂果蓏音裸之實是也。根亦名白藥。大者細如手臂，皮黃肉白，苗引藤蔓，葉似甜瓜葉而作花叉，有細毛，開花似葫蘆花，淡黃色，實在花下，大如拳，生青熟黃。根味苦，性寒，無毒。枸杞為之使。惡乾薑。畏牛膝、乾漆。反烏頭。救飢：採根削皮至白處，寸切之，水浸，一日一次換水，浸經四五日，取出爛搗研，以絹袋盛之，澄濾令極細如粉，或將根晒乾，搗為麵，水浸澄濾二十餘遍，使極膩如粉，或為燒餅或作煎餅，切細麵皆可食。採栝樓穰煮粥食極甘。取子炒乾，搗爛，用水熬油用亦可。治病：文具《本草》草部栝樓條下。

明·蘭茂撰，清·管暄校補《滇南本草》卷下　天花粉即瓜蔞根。性寒，味苦。治肺癰排膿，消煩渴，止肺熱，消跌打損傷瘀血，清化日久老痰黃痰，下氣。（改）〔解〕瘡毒，治癰瘡腫毒。並止咳嗽帶血。昔一人被打傷右邊脇腰，咳嗽多年不愈，胸膛疼痛難忍，不時又作吼喘。後得一人傳付此方，連服數劑，半月而愈。

附方：治跌打損傷，天花粉不拘多少，每服二錢，用石膏豆腐滷調服三次，其人咳去紫黑瘀血數口，胸膛不疼，咳嗽亦止。服藥後作嘔發吐，其病方出。

明·蘭茂《滇南本草》〔叢本〕卷下　天花粉　昔一人被打，損傷右邊脇膛，年餘咳嗽，胸膛疼痛，時刻吼喘。有醫傳以此方，數日全愈。天花粉不拘多少，每服引用石膏、豆腐，拌調服之，此人咳去黑瘀血數口，胸膛不疼，咳嗽即止。服藥後令人作鹵，發吐不悞。

明·蘭茂《滇南本草》〔叢本〕卷中　瓜蔞滇西各處俱有。性微寒。入肺經。化痰，寒嗽，傷寒結胸，解渴止煩。要去殼用仁，重紙包好，磚壓摻之去油用。

明·王綸《本草集要》卷二　栝樓根　味苦，氣寒。味厚，陰也。無毒。枸杞為之使。惡乾薑，畏牛膝、乾漆，反烏頭。入地深者良。　主消渴身熱，煩滿大熱，補虛安中，續絕傷，除腸胃中痼熱，八疸身黃，唇乾口燥，短氣。通月水，止小便利。排膿，消腫毒，生肌長肉，消乳癰發背，痔瘻瘡癤，撲損瘀血。〇莖葉，治中熱傷暑最效。〇子，味苦甘，性潤。治痰嗽，利胸膈。甘能補肺，潤能降氣，胸有痰者，以肺受逼失降下之令，今得甘緩潤下之助，則痰自降，宜為治嗽之要藥。又洗滌胸膈中垢膩，治消渴之細藥。又止吐血，腸風瀉血，赤白痢，並炒用。又下乳汁，取仁炒乾，令香熟，為末，酒調一匕，合面臥少時。

明·滕弘《神農本經會通》卷一　栝樓根　枸杞為之使。惡乾薑，畏牛膝，反烏頭。入土深者良。生鹵地者有毒。根一名白藥，一名天花粉。

味苦，氣寒，無毒。《湯》云：味厚，陰也。東云：沉也，陰也。止渴，退煩熱，補虛，通月經。又云：療黃疸，毒癰，消渴，解痰。《珍》云：除心下枯渴，生津，與酸辛同用，開導腫氣。《逮》云：除消渴，行小水，解熱，安中又補中，通經，并退疸，散痞又開胸。又云：止渴消煩，清氣血，退熱，補虛，通月經。

《本經》云：主消渴，身熱煩滿，大熱，補虛，安中，續絕傷，除腸胃中痼熱，八疸身面黃，唇乾口燥，短氣，通月水，止小便利。入土深者良。生鹵地者有毒。二八月採根，曝乾。禹云：通小腸，排膿消腫，生肌長肉，消撲損瘀血，治熱狂時疾，乳癰發背，痔瘻瘡癤。《心》云：止渴，行津液。苦寒，與辛酸同用，導腫氣。《珍》云：苦，純陰。若心中枯渴者，非此不能除。劄云：瓜蔞根味苦沉寒，止渴之功若聖丹。退熱消煩清氣血，補虛通濟月經安。《局》云：栝樓一本號天瓜，除熱生津入渴家。并治乳癰疽痔漏，更醫消渴療金瘡。栝樓，曰天瓜實，治乳癰。根可止渴。

栝樓莖葉　《本經》云：療中熱傷暑。

栝樓實　《本經》云：名黃瓜。主胸痺，悅澤人面。禹云：味苦，冷，無毒。補虛勞，口乾，潤心肺，治手面皺，吐血，腸風瀉血，赤白痢，並炒用。《圖經》云：療時疫發黃，心狂煩熱悶不認人者，取大實一枚黃者，以新汲水九合，浸淘取汁，下蜜半大合，朴硝八分，令攪消盡，分再服差。丹溪云：屬土而有水，《本草》言治胸痺，以味苦甘，性潤，治痰嗽，利胸膈。甘能補肺，潤能降氣，胸有痰者，以肺受逼，失降下之令，今得甘緩潤下之助，則痰自降，宜其為治嗽之要藥。又洗滌胸膈中垢膩，治消渴之細藥也。雷公云：栝樓，凡使皮子莖根，効各別。其栝并樓樣全別。若栝自負，黃皮厚蒂小苦，其樓唯形長，赤皮蒂粗，是陰。《詩》所謂果蓏之實，正謂此也。《集》云：下乳汁，取仁，炒乾令香熟，為末，酒調一匙，合面臥少時。東云：味苦，寒，無毒。下氣潤肺喘，且寬中。

明・劉文泰《本草品彙精要》卷一〇　栝樓根無毒　蔓生。

栝樓根出《神農本經》：**主消渴，身熱煩滿，大熱補虛，安中續絕傷。**以上朱字《神農本經》。除腸胃中痼熱，八疸身面黃，脣乾口燥，短氣，通月水，止小便利。○莖葉，療中熱傷暑。以上黑字名醫所錄。【名】地樓、澤姑。【苗】《圖經》曰：三四月生苗，引藤蔓，葉如甜瓜，葉作叉。有細花，七月開淺黃色似葫蘆花，實在花下生。其根惟歲久入土深者爲佳，鹵地生者有毒。陶隱居云：藤生狀如土瓜，而葉有叉，根入土六七尺而大，二三圍者用之。【地】《圖經》曰：生洪農山谷及山陰地皆有之。【道地】衡州及均州、陝州者最佳。【時】生：春生苗。採：二月、八月取。【收】暴三十日成。【用】根堅實者佳。【質】類白藥。【色】白。【味】苦。【性】寒，泄。【氣】氣薄味厚，陰也。【臭】腥。【主】解熱生津，散腫消毒。【助】枸杞爲之使。【反】烏頭，畏牛膝、乾漆，惡乾薑。【製】刮去皮，剉碎用。【治】療：《圖經》曰：止消渴。《唐本》注云：作粉，退虛熱。日華子云：通小腸，排膿消腫毒，生肌長肉，消撲損瘀血，治熱狂，時疾，乳癰，發背，痔瘻，瘡癤。《別錄》云：搗塗折傷，重布裹之，熱除痛止。【合治】爲末，合釅醋調塗，治熱遊丹赤腫。○生根搗汁合蜜，暖相合服，治小兒發黃。○水煮釀酒，久服治耳聾。○燒灰合米飲服，治乳無汁。

栝樓實無毒　蔓生。

栝樓實：主胸痹，悅澤人面。名醫所錄。【名】黃瓜、果贏、果蓏、天瓜。【苗】《圖經》曰：三四月生苗，引藤於垣牆籬落及屋宇之上。葉如甜瓜，葉作叉。有細花，七月開淺黃色，似葫蘆花，實在花下，大如拳，有正而圓者，有銳而長者，生青，至秋後熟赤黃色，功用皆同。《爾雅》云：果贏之草，其實名栝樓，即《詩》所謂果蓏之實，亦施於宇是也。【地】《圖經》曰：生洪農山谷及山陰地，今所在有之。道地：衡州及均州、陝州者佳。【時】生：春生苗。採：十月取實。【收】陰乾。【用】仁。【質】類冬瓜仁而蒼。【色】蒼黃。【味】苦。【性】寒，泄。【氣】氣薄味厚，陰也。【臭】焦。【主】消結痰，散癰毒。【助】枸杞爲之使。【反】烏頭，畏牛膝、乾漆，惡乾薑。【製】剝去殼及皮膜，微炒。【治】療：日華子云：治面皺，吐血，腸風，瀉血，赤白痢。《名醫別錄》云：頭疼發熱，胸膈痛徹背，及心腹痞滿，氣不得通。補：日華子云：虛勞，口乾，潤心肺。【合治】合乾葛粉，銀石器中炒熱，調服，療肺燥熱渴，大腸秘。○合半夏熬膏爲丸，療痰嗽，利胸膈。○合白酒，療乳腫痛。○合薤白、白酒、半夏，療卒患胸痹痛。○汁合蜜、朴硝，療時疾發黃，心狂煩熱，悶不認人者。○合酒調服，下乳汁。

明・劉文泰《本草品彙精要》卷四一　天花粉無毒　蔓生。

天花粉：主消渴，身熱，煩滿，大熱，補氣，安神，續絕傷，除腸中痼熱，八疸身面黃，脣乾口燥，短氣，通月水，止小便利。出《圖經》。【地】《圖經》曰：生明州。【時】生：春生苗。採：十一月、十二月取根。【用】根。【味】苦。【性】寒。【氣】味厚於氣，陰也。

明・葉文齡《醫學統旨》卷八　天花粉　氣寒，味苦。無毒。沉也，陰也。枸杞為之使；惡乾薑；畏牛膝、乾漆；反烏頭。入地深者良。治消渴，身熱煩滿大熱，補虛安中；除腸胃中痼熱，諸疸身黃，脣乾口燥，短氣；通月水，止小便；排膿，消腫毒及乳癰發背，痔瘻瘡癤，撲損瘀血。

瓜蔞仁　氣寒，味苦、甘。無毒。凡用炒去殼，去油。治痰嗽，利胸膈；甘利補肺，潤能降氣；胸有痰者，以肺受火逼失降下之令，今得甘緩潤下之助，則痰自降，宜為止嗽之要藥；又洗滌胸膈中垢膩鬱熱，治消渴之神藥；消腫毒癰疽，下乳汁，痔瘻瘡癤。

明・許希周《藥性粗評》卷一　腫平有益瓜蔞子。天花粉另有本條。瓜蔞根也。

瓜蔞子一名栝樓，一名天瓜。《毛詩》謂之果蓏，《爾雅》謂之果贏，三四月生苗引藤，葉如甜瓜，作茶，七月開花似胡蘆，淺黃色，實在花下，大如拳，生青，至九月熟，赤黃色，剖開有穰有子，其根入地深而年久者有粉，製法另見本條。好生川谷阪岸陰地，江南處處有之。九十月採實，懸掛陰乾。凡用取仁，其皮共穰有時并用，枸杞為之使，惡乾薑，畏牛膝、乾漆，反烏頭。味苦，性寒，無毒。主治鬱熱中風，口眼喎斜，發背癰腫，痰嗽下氣，通乳排膿，散血涼膈，潤大腸。

單方：熱病狂悶：取一枚黃大者，剖開，新汲水八九合，浸淘取汁，入蜜半合，朴硝八分,攪令硝盡,分二服灌之,愈。　背乳諸癰: 凡癰腫,不拘背發乳房,但初起腫痛未穿者,以乾者一枚,連皮穰子搗為細末,井花水調下一錢,日二三次,或生搗敷上亦可。　脫肛見腸: 取一枚生者,擣絞汁,溫過服之; 又以猪肉汁洗手挼之令暖便入。　產後無乳: 取子一合,淘淨,控乾,炒令香熟,瓦上搨令白色,為末,酒調下一錢,合臥少時,自通出。

明・許希周《藥性粗評》卷二　根泛栝蔞渴,慰塵襟之洗。栝蔞另有本條。

栝蔞根瓜蔞子根也,一名天花粉。《詩》謂之果贏。三四月生苗引藤,葉似甜瓜,作叉有細毛,七月開花似胡蘆,淺黃色,實在花下,大如拳,初春至九月熟時亦黃色,內有仁,名瓜蔞子仁,其根麁細不同,皮黃肉白,可作粉,入藥故名天花粉。好生隄岸阪隰之間,江南近道處處有之,以入土深者為良。二、八月採根,暴乾三十日成。作粉法: 削去黃皮,用白肉,寸切,水浸五日,一日一易水,至日取出,爛搗,絹袋盛之,清水中擺出澄之,去水,取出暴乾收之。枸杞為之使,惡乾薑,畏牛膝、乾漆,反烏頭。　味苦、甘,性寒,無毒。　主治時疫煩熱,消渴黃疸,口燥咳嗽,撲損絕傷,乳癰發背,痔瘻瘡癤,極能清熱潤燥,生津止渴,排膿消腫,生肌長肉,通月水,清小便。　潔古云: 心中枯渴者,非此不能除。　丹溪云: 《本草》言治胸痰,以其味甘性潤,甘能補肺,潤能降氣。胸有痰者,以肺受火邪,得甘緩潤下之助,則痰自降,宜其為治嗽之要藥也。　又云: 洗滌胸膈中垢膩,治消渴之神藥也。

單方: 消渴: 小便多者,取根薄炙五兩,水五升,煮取一升,隨意飲之。　折傷: 不拘打撲折傷,取根搗爛,敷上,重布裹之,日二三易,熱除痛止而愈。　太陽傷寒: 取根二兩,剉,水五升,煎取一升半,分二服,小便利即差。　諸般腫毒: 不拘發背乳癰,已潰未潰者,取根搗爛,醋調傅上,乾即易之,殊效。

明・鄭寧《藥性要略大全》卷四　瓜蔞子一名栝蔞子　下氣,潤肺喘,寬中。○治癰腫,下乳汁,治乳癰等疾。　味苦,平,性寒,無毒。　性潤。　枸杞為之使。　惡乾薑,畏牛膝、乾漆。　反烏頭。　凡用去殼。

天花粉　《經》云: 主消渴,身熱煩滿,大熱,補虛安中,續絕傷,除腸胃中痼熱,八疸身面黃,唇乾口燥,調月水,利小便。　東垣云: 通月水,消腫毒瘀血及熱狂。　專止心中枯渴。　《珠囊》云: 療黃疸,毒癰,消渴。　解痰,退煩熱,補虛。　味苦、甘,氣寒,無毒。　入地深者良。　刮去土用。

明・賀岳《醫經大旨》卷一《本草要略》　瓜蔞仁　《衍義補遺》言其味甘性潤。甘能補,肺潤能降氣。潤肺降氣導痰,治嗽之要藥也。潤肺能生津液,又能治消渴。仲景論少陽經證口渴者,小柴胡內以此易半夏,其能潤肺生津抑可見也。

明・陳嘉謨《本草蒙筌》卷二　栝樓實栝蔞根名天花粉,內有花紋天然而成,故名之。　味苦、甘,氣寒。味厚氣薄,屬土有水,陰也。無毒。春生山野僻處,苗係藤蔓引長。葉作叉有毛,似甜瓜葉。花淺黃六瓣。似葫蘆花。實結拳大,青漸赤黃。皮黃蒂小正圓者名栝,皮赤蒂粗銳長者名樓。名傳雖異,證治相同。霜降採收,囫圇搗爛。或煅蛤蜊粉和,擇紫口者煅,研栝樓一斤、蛤粉半斤。或研明礬末攙。栝樓一斤、明礬四兩。各以新瓦貯盛,置於風日處所,待甚乾燥,復研細霜。明礬者號如聖丹,用薑汁打糊丸就。生薑湯吞下,出何良碧方。蛤蜊者勝真海粉,可多備聽用一年。出諸證辯疑方。並主痰喘欬哮,服下神効立獲。取子剝殼,用仁滲油。重紙包裹磚壓滲之。只一度免人惡心,毋多次失藥潤性。畏牛膝乾漆,及附子烏頭。惡乾薑,使枸杞。味甘補肺捷,性潤下氣佳。令垢滌鬱開,故傷寒結胸必用; 俾火彌痰降,凡虛怯癆嗽當求。解消渴生津,悅皮膚去皺。下乳汁,炒香酒調末服; 取仁炒香熟為末,酒調一匕,覆面臥少時。止諸血,並炒入藥煎湯。一切血證並治。莖葉搗汁濃煎,中暍音謁傷暑服効。又天花粉,即栝樓根。挖深土者曝乾,刮麁皮淨咀片。善潤心中枯渴,大降膈上熱痰。腫毒排膿,潰瘍長肉。消撲損瘀血,除時疾熱狂。毆酒疸去身面黃,通月水止小便利。仍治偏疝,酒浸微煎。如法服之,住痛如劫。先以錦袋包暖陰囊,取天花粉五錢以醇酒一碗,早晨漬至下午,微煎滾,於天空下露過一宿,次早低凳坐定,雙手按膝,飲下即愈,如未効再服一劑。造粉調粥日食,亦潤枯燥補虛。

明・方穀《本草纂要》卷一　天花粉　味苦,氣寒,味厚於氣,陰也,無毒。入手太陽小腸,足太陰、陽明經之藥也。故肺火盛而咽喉蛾痹,脾火盛而舌口齒腫,或裏熱盛而氣血不清,或鬱煩擾而悶亂不安,或津液結軔而口舌乾燥,或痰火壅盛而咳嗽不寧,或癰腫已潰未潰而熱毒不散,或虛熱虛火而咽乾不利,是皆鬱結之所致也,惟此劑開鬱破結,並能治之。又曰: 天花粉能治渴,蓋苦寒之性,從補藥而治虛渴,從涼藥而治火渴,從氣藥而治鬱渴,從血藥而治煩渴,乃治渴之神劑也。但用治有不同耳。予嘗考之,治渴之藥,花粉其性苦寒,故治裏渴,乾葛其性甘寒,故治表渴。至若汗下之後,亡陽而作渴者,花粉不可妄投,必用人參之甘溫,以生津治渴也; 陰虛火動,津液不能上乘而作渴者,花粉不可概施,必用知母之甘辛,以滋陰治渴也。又有五味子酸斂生津，其渴自止；麥門冬潤燥生津，其渴不生；茯苓有利水活津之妙；烏梅有止水奪精之功，是皆生津止渴之藥也，務宜斟酌。苟用之無法，反有害人者矣。雖然花粉乃中和之劑，其症當用人參之甘溫，而反與花粉之沉寒，必亡陽而脫陰也；當用乾葛之甘寒，而反與花粉之沉寒，必引邪而入裏也。二者之間，毫釐之差，千里之謬，可不慎乎？

明・王文潔《太乙仙製本草藥性大全》卷一《本草精義》 栝樓實 一名黄瓜，一名果蠃實。春生山野僻處，苗係藤蔓引長，葉作叉有毛，花淺黄，六瓣，實結拳大，青漸赤黄，皮黄蒂小。正圓者名栝皮，赤蒂麄鋭長者名樓，名傳。雖異，證治相同。霜降採收，囫圇搗爛，或煅蛤蜊粉和，或研明礬末搀，各以新瓦貯盛，置於風日處所，待其乾燥，復研細霜。明礬者號如聖丹，用薑汁打糊丸；就蛤蜊者勝真海粉，可多備聽用一年，並主痰喘欬哮，服下神效立獲。取子剝殼用仁，滲油只一度，免人惡心，毋多次失藥潤。性畏牛膝、乾漆及附子、烏頭，惡乾薑。

天花粉 即栝樓根。一名地樓，一名果蠃，一名天瓜，一名澤姑。生弘農山谷及山陰地，今所在有之，實名黄瓜。《詩》所謂果瓜之實是也。根亦名白藥，皮黄肉白，三四月內生苗引藤蔓，葉如甜瓜，葉作叉，有細花。七月開花似葫蘆花，淺黄色。實在花下大如拳，生青，至九月熟，赤黄色。二月、八月採根刮去皮，曝乾，三十日成。其實有正圓者，有鋭而長者，功用皆同。其根惟歲久入土深者佳。鹵地生者有毒。謹按栝樓主消渴，古方亦單用之。孫思邈作粉法：深掘大根，厚削皮至白處，寸切之，水浸，一日一易水，經五日取出，爛搗研，以絹袋盛之，澄濾令極細如粉，去水，服方寸匕，日三四服。亦可作粉粥，乳酪中食之。

按：《衍義》云：栝樓實九月、十月間取穰，以乾葛粉搗，焙乾，放石器中，熳火炒熱，爲末，食後夜臥，以沸湯點一錢服，治肺燥，熱渴，大腸秘。其根、貝母、知母、秦艽、黄芩之類皆治馬證。

明・王文潔《太乙仙製本草藥性大全》卷一《仙製藥性》 栝樓實 味苦平，氣寒，味厚氣薄，屬土有水，陰也，無毒。枸杞爲之使。主治：補虛勞，口乾，潤心肺，下氣。令垢滌鬱開，故傷寒結胸必用。俾火彌痰降，凡虛怯、癆嗽當求。解消渴生津，悅皮膚去皺。下乳汁，炒香酒調末服；止諸血，並炒入藥煎湯。一切吐血、腸風瀉血、血痢等證並治。補註：下乳汁：栝樓子淘洗控乾，炒令香熟，瓦上攤令白色，爲末，酒調下一匙，合面臥少時。○治胸膈痛徹背，心腹痞滿，氣不得通，及治痰嗽。大栝樓去瓤取子，熟炒，別研，和子皮麵糊爲丸，如梧桐子大，米飲下十五丸。○治乳腫痛，栝樓黄色老大者一枚，熟搗，以白酒一斗，煮取四升，去滓，溫一升，日三服；若無大者，小者二枚，黄熟爲上。○治熱病頭疼發熱進退方，用栝樓一枚大者，取其瓤，細剉，置瓷碗中，用熱湯一盞沃之，蓋却良久，去滓，不計時候頓服。○治中風口眼喎斜，用栝樓絞取汁，和大麥麵搜作餅，炙令熱熨，正便止，勿令太過。○治消渴利方：生栝樓根三十斤，以水一碩，煮取一斗半，去滓，以牛脂五合，煎取水盡，以浸酒，先食服如雞子大，日三服即妙。○治二三年聾耳方：栝樓根三十斤，細切之，以水煮，用釀酒如常法，久久服之甚良。○治腸隨肛出，轉久不可收入，搗生栝樓汁溫服之，以猪肉汁洗手隨挼之令暖，自得入。天花粉 即栝樓根。味苦，甘，氣寒，入地深者良。掘深土者，曝乾，刮麄皮净，咀片。主治：善潤心中枯渴，大降膈上熱痰。腫毒排膿，潰瘍長肉，消撲損瘀血；除時疾熱狂，敺酒疸，去身面黄，通月水，止小便利。仍治偏疝，酒浸微煎，如法服之，住痛如劫。先以綿袋包暖陰囊，取天花粉五錢，以醇酒一碗，早晨漬至下午，微煎滚，於天空下露過一宿，次早低凳坐定，雙手按膝飲下即愈，如未效，再服一劑。造粉調粥日食，亦潤枯燥，補虛。莖葉 搗汁濃煎，中暍音謁傷暑服效。補註：主傷寒渴飲：栝樓根三兩，以水五升，煮取一升，分二服。清淡竹瀝一斗，水二升，煮好銀二兩半，去銀。先與病人飲之，然後服栝樓湯，其銀汁須冷服。○治耳卒得風，覺耳中烘烘，栝樓根削令可入耳，以臘月猪脂煎三沸，出，塞耳，每用三七日即愈。○治消渴小便多，栝樓根薄切，炙，取五兩，水五升，煮取四升，隨意飲之，良。○治折傷，取栝樓根以塗之，重布裹之，熱除痛即止。○治諸癰背發，乳房初起微赤，搗栝樓作末，以井華水調方寸匕。治太陽傷寒，栝樓根二兩，水五升，煮取一升半，分二服，小便利即差。○治小兒忽發黄，面目皮肉並黄，生栝樓根搗取汁二合，蜜一大匙，二味暖相和，分再服。治產後乳無汁，栝樓末，井花水服方寸匕，日二服，夜流出。治癰未潰，栝樓根、赤小豆等分爲末，醋調塗，效。太乙曰：栝樓凡使皮、子、莖、根，效各別，其栝并樓樣全別。若栝，自圓黄皮厚蒂小；若樓，唯形長，赤皮蒂麄，是陰人服。若脩事去上殼皮革膜并油了。使根，待構二三圍，去皮細搗，作煎攪取汁，冷飲任用也。

明・皇甫嵩《本草發明》卷二　栝樓根中品之上，臣。氣寒，味苦，無毒。味厚氣薄，陰也。俗名天花粉。《本經》外有明州天粉，與此同。　發明曰：　天花粉苦寒，純陰。能降火，行津液。故《本草》主消渴身熱，煩滿大熱，補虛安中，除腸胃中痼熱，八疸身面黃，唇乾口燥短氣，通月水，止小便利等，皆苦能入心降火，行津之力也。又排膿消腫毒，乳癰瘻瘡，撲損瘀血，熱狂時疾，以能降火生津，則血脉通而熱毒解矣。如脾氣虛寒諸症，不渴不煩熱者，禁用。枸杞為之使。惡乾薑。反烏頭。畏牛膝、乾漆。

栝樓實性潤，味甘，無毒。　發明曰：　栝樓子屬土有水，甘而能潤，故肺受火邪，失降下之令，得甘緩潤下之助，則痰氣自降，治嗽之要藥也。潤肺生津，洗滌胸中垢膩，治消渴之細藥也。仲景論少陽症口渴，小柴胡用之以易半夏，則潤肺生津可知矣。又云：　味苦冷，補虛勞，口渴，止吐血，腸風瀉血，赤白痢，並炒用。若下乳汁，取仁炒乾，令香熟，末之，酒調一匕，合面臥少時，乳即通。

明・李時珍《本草綱目》卷一八草部・蔓草類　栝樓《本經》中品校正併入《圖經》天花粉。

【釋名】果贏音裸　瓜蔞《綱目》　天瓜《别録》　黄瓜《别録》　地樓《本經》　澤姑《别録》　根名白藥《圖經》　天花粉《圖經》　瑞雪時珍曰：　贏與蓏同。許慎云：木上曰果，地下曰蓏。此物蔓生附木，故得兼名。《詩》云果贏之實，亦施于宇，是矣。栝樓即果贏，二字音轉也，亦作菰𧄍，後人又轉爲瓜蔞，愈轉愈失其真矣。古者瓜姑同音，故有澤姑之名。齊人謂之天瓜，象形也。雷斆《炮炙論》，以圓者爲栝，長者爲樓，亦出牽强，但分雌雄可也。其根作粉，潔白如雪，故謂之天花粉。蘇頌《圖經》重出天花粉，謬矣。今削之。

【集解】《别録》曰：　栝樓生弘農川谷及山陰地。根入土深者良。生鹵地者有毒。二月、八月采根曝乾，三十日成。弘景曰：　出近道。藤生，狀如土瓜而葉有叉。入土六七尺，大二三圍者，服食亦用之。實入摩膏用。恭曰：　出陝州者，白實最佳。頌曰：　所在有之。三四月生苗，引藤蔓。葉如甜瓜葉而窄，作叉，有細毛。七月開花，似壺蘆花，淺黄色。結實在花下，大如拳，生青，至九月熟，赤黄色。其形有正圓者，有鋭而長者，功用皆同。根亦名白藥，皮黄肉白。時珍曰：　其根直下生，年久者長數尺。秋後掘者結實有粉，夏月掘者有筋無粉，不堪用。其實圓長，青時如瓜，黄時如熟柿，山家小兒亦食之。内有扁子，大如絲瓜子，殼色褐，仁色緑，多脂，作青氣。炒乾搗爛，水熬取油，可點燈。

實　【修治】斆曰：　凡使皮子莖根，其效各别。其栝，圓黄皮厚蒂小；　樓則形長赤皮蒂粗。陰人服樓，陽人服栝。並去殼皮革膜及油。用根亦取大二三圍者，去皮搗爛，以水澄粉用。時珍曰：　栝樓古方全用，後世乃分子瓤各用。

【氣味】苦，寒，無毒。時珍曰：　味甘，不苦。　【主治】胸痹，悦澤人面《别録》。潤肺燥，降火，治欬嗽，滌痰結，利咽喉，止消渴，利大腸，消癰腫瘡毒時珍。子：　炒用，補虛勞口乾，潤心肺，治吐血，腸風瀉血，赤白痢，手面皺大明。

【發明】震亨曰：　栝樓實治胸痹者，以其味甘性潤。甘能補肺，潤能降氣。胸中有痰者，乃肺受火逼，失其降下之令。今得甘緩潤下之助，則痰自降，宜其爲治嗽之要藥也。且又能洗滌胸膈中垢膩鬱熱，爲治消渴之神藥。時珍曰：　張仲景治胸痹痛引心背，欬唾喘息，及結胸滿痛，皆用栝樓實。乃取其甘寒不犯胃氣，能降上焦之火，使痰氣下降也。成無己不知此意，乃云苦寒以瀉熱。蓋不嘗其味原不苦，而隨文傅會爾。

【附方】舊十二，新〔二十〕八。　痰欬不止：　瓜蔞仁一兩，文蛤七分爲末，以薑汁澄濃脚，丸彈子大噙之。《摘玄方》。　乾欬無痰：　熟瓜蔞搗爛絞汁，入蜜等分，加白礬一錢，熬膏。頻含嚥汁。楊起《簡便方》。　欬嗽有痰：　熟瓜蔞十個，明礬二兩，搗和餅陰乾，研末，糊丸梧子大。每薑湯下五七十丸。《醫方摘要》。　痰喘氣急：　菰𧄍二個，明礬一棗大，同燒存性研末。以熟蘿蔔蘸食，藥盡病除。《普濟方》。　熱欬不止：　用濃茶湯一鍾，蜜一鍾，大熟瓜蔞一個去皮，將瓤入茶蜜湯，洗去子，以盌盛，于飯上蒸，至飯熟取出。時時挑三四匙嚥之。《摘玄方》。　肺熱痰欬：　胸膈塞滿。用瓜蔞仁，半夏湯泡七次焙研，各一兩，薑汁打麪糊丸梧子大。每服五十丸，食後薑湯下。嚴用和《濟生方》。　肺痿欬血：　不止。用栝樓五十個連瓤瓦焙，烏梅肉五十個焙，杏仁去皮尖炒二十一個，爲末。每用一捻，以猪肺一片切薄，摻末入内炙熟，冷嚼嚥之，日二服。《聖濟録》。　酒痰欬嗽：　用此救肺。瓜蔞仁、青黛等分，研末，薑汁蜜丸芡子大。每噙一丸。《丹溪心法》。　飲酒發熱：　即上方研膏，日食數匙。一男子年二十病此，服之而愈。《摘玄方》。　飲酒痰澼：　兩脇脹滿，時復嘔吐，腹中如水聲。栝樓實去殼焙一兩，神麴炒半兩，爲末。每服二錢，葱白湯下。《聖惠方》。　小兒痰喘：　欬嗽，膈熱久不瘥。瓜蔞實一枚，去子爲末，以寒食麪和作餅子，炙黄再研末。每服一錢，温水化下，日三服，効乃止。劉河間《宣明方》。　婦人夜熱：　痰嗽，月經不調，形瘦者。用瓜蔞仁一兩，青黛、香附童尿浸晒一兩五錢，爲末。蜜調，噙化之。《丹溪心法》。　胸痹痰嗽：　胸痛徹背，心腹痞滿，氣不得通，及治痰嗽。大瓜蔞去瓤，取子炒熟，和殼研末，麪糊丸梧子大。每米飲下二三十丸，日二服。《杜壬方》。　胸中痹痛：　引背，喘息欬唾，短氣，寸脉沉遲，關上緊數。用大栝樓實一枚切，薤白半斤，以白酒七斤，煮二升，分再服。加半夏四兩更善。仲景《金匱方》。　清痰利膈：　治欬嗽。用肥大栝樓洗取子切焙，半夏四十九個湯洗十次搥焙，等分，爲末，用洗栝樓水并瓤同熬成膏，和丸梧子大。每薑湯下三五十丸，良。《楊文蔚方》。　中風喎斜：　用瓜蔞絞汁，和大麥麪作餅，炙熱熨之。正便止，勿令太過。《聖惠方》。

熱病頭痛：發熱進退。用大栝樓一枚，取瓤細剉，置甆盌中，用熱湯一盞(沐)〔沃〕之，蓋定良久，去滓服。《聖惠方》。

時疾發黃：狂悶煩熱，不識人者。大瓜蔞實黃者一枚，以新汲水九合浸淘取汁，入蜜半合，朴消八分，〔合攪令消〕盡。分再服，便瘥。蘇頌《圖經本草》。

小兒黃疸：眼黃脾熱。用青瓜蔞焙研。每服一錢，水半盞，煎七分，卧時服。五更瀉下黃物，立可。名逐黃散。《普濟方》。

酒黃疸疾：方同上。

小便不通：腹脹。用瓜蔞焙研。每服二錢，熱酒下。頻服，以通爲度。紹興劉駐云：魏明州病此，御醫用此方治之，得効。《聖惠方》。

消渴煩亂：黃栝樓一個，酒一盞，洗去皮子，取瓤煎成膏，入白礬末一兩，丸梧子大。每米飲下十丸。《聖惠方》。

燥渴腸秘：九月、十月熟菰瓤實，取瓤拌乾葛粉，銀石器中慢火炒熟，爲末。食後、夜卧各以沸湯點服二錢。寇宗奭《衍義》。

吐血不止：栝樓泥固煅存性研三錢，糯米飲服，日再服。《聖濟録》。

腸風下血：栝樓一個燒灰，赤小豆半兩，爲末。每空心酒服一錢。《普濟方》。

久痢五色：大熟瓜蔞一個，煅存性，出火毒，爲末，作一服，温酒服之。胡大卿一僕，患痢半年，杭州一道人傳此而愈。《本事方》。

大腸脱肛：生栝樓搗汁，温服之。以猪肉汁洗手挼之令暖，自入。葛洪《肘後方》。

小兒脱肛：唇白齒焦，久則兩頰光，眉赤唇焦，啼哭。黃瓜蔞一個，入白礬五錢在内，固濟煅存性，爲末，糊丸梧子大。每米飲下二十丸。《摘玄方》。

牙齒疼痛：瓜蔞皮、露蜂房燒灰擦牙，以烏桕根、荆柴根、葱根煎湯嗽之。《危氏得効方》。

咽喉腫痛：語聲不出。經進方用栝樓皮、白殭蠶炒、甘草炒各二錢半，爲末。每服三錢半，薑湯下。或以綿裹半錢，含嚥。一日二服。名發聲散。《御藥院方》。

堅齒烏鬚：大栝樓一個開頂，入青鹽二兩，杏仁去皮尖三七粒，原頂合扎定，蚯蚓泥和鹽固濟，炭火煅存性，研末。每日揩牙三次，令熱，百日有驗。如先有白鬚，拔去以藥投之，即生黑者。其治口齒之功，未易具陳。《普濟方》。

面黑令白：栝樓瓤三兩，杏仁一兩，猪胰一具，同研如膏。每夜塗之，令人光潤，冬月不皴。《聖濟録》。

胞衣不下：栝樓實一箇，取子細研，以酒與童子小便各半盞，煎七分，温服。無實，用根亦可。陳良甫《婦人良方》。

乳汁不下：瓜蔞子淘洗，控乾炒香，瓦上(翕)〔搨〕令白色，酒服一錢匕，合面卧，一夜流出。姚僧坦《集驗方》。

乳癰初發：大熟栝樓一枚熟搗，以白酒一斗，煮取四升，去滓。温服一升，日三服。《子母〔秘〕録》。

諸癰發背：初起微赤。栝樓搗末，井華水服方寸匕。《梅師方》。

便毒初發：黃瓜蔞一個，黃連五錢，水煎，連服効。李仲南《永類方》。

風瘡疥癩：生栝樓一二個打碎，酒浸一日夜。熱飲。臞仙《乾坤秘韞》。

熱遊丹腫：栝樓子仁末二大兩，釅醋調塗。楊氏《産乳集驗方》。

楊梅瘡痘：小如指頂，遍身者。先服敗毒散，後用此解皮膚風熱，不過十服愈。用栝樓皮爲末，每服三錢，燒酒下，日三服。《集簡方》。

根

【修治】：天花粉周定王曰：秋冬采根，去皮寸切，水浸，逐日换水，四五日取出，搗泥，以絹衣濾汁澄粉，晒乾用。

【氣味】苦，寒，無毒。時珍曰：甘、微苦、酸，微寒。之才曰：枸杞爲之使。惡乾薑。畏牛膝、乾漆。反烏頭。

【主治】消渴身熱，煩滿大熱，補虚安中，續絶傷《本經》。除腸胃中痼熱，八疸身面黃，唇乾口燥短氣，止小便利，通月水《别録》。治熱狂時疾，通小腸，消腫毒，乳癰發背，痔瘻瘡癤，排膿生肌長肉，消撲損瘀血大明。

【發明】恭曰：用根作粉，潔白美好，食之大宜虚熱人。杲曰：栝樓根純陰，解煩渴，行津液。心中枯涸者，非此不能除。與辛酸同用，導腫氣。成無己曰：津液不足則爲渴。栝樓根味苦微寒，潤枯燥而通行津液，是爲渴所宜也。時珍曰：栝樓根味甘微苦酸，其莖葉味酸。酸能生津，感召之理，故能止渴潤枯。微苦降火，甘不傷胃。昔人只言其苦寒，似未深察。

【附方】舊十二，新十二。

消渴飲水：《千金方》作粉法：取大栝樓根去皮寸切，水浸五日，逐日易水，取出搗研，濾過澄粉晒乾。每服方寸匕，水化下，日三服。亦可入粥及乳酪中食之。○《肘後方》用栝樓根薄切炙，取五兩，水五升，煮四升，隨意飲之。○《外臺秘要》用生栝樓根三十斤，以水一(碩)〔石〕，煮取一斗半，去滓，以牛脂五合，煎至水盡。用暖酒先食服如雞子大，日三服，最妙。○《聖惠方》用栝樓根、黃連三兩，爲末蜜丸梧子大。每服三十丸，日二服。○又玉壺丸用栝樓根、人參等分，爲末，蜜丸梧子大。每服三十丸，麥門冬湯下。

傷寒煩渴：思飲。栝樓根三兩，水五升，煮一升，分二服。先以淡竹瀝一(斗)〔升〕，水二升，煮好銀二兩半，冷飲汁，然後服此。《外臺秘要》。

百合病渴：栝樓根、牡蠣熬等分，爲散。飲服方寸匕。《永類方》。

黑疸危疾：瓜蔞根一斤，搗汁六合，頓服。隨有黃水從小便出。如不出，再服。楊起《簡便方》。

小兒發黃：皮肉面目皆黃。用生栝樓根搗取汁二合，蜜二大匙和匀。暖服，日一服。《廣利方》。

小兒熱病：壯熱頭痛。用栝樓根末，乳汁調服半錢。《聖惠方》。

虚熱欬嗽：天花粉一兩，人參三錢，爲末。每服一錢，米湯下。《集簡方》。

偏疝痛極：劫之立住。用綿袋包暖陰囊。取天花粉五錢，以醇酒一盌浸之，自卯至午，微煎滚，露一夜。次早低凳坐定，兩手按膝，飲下即愈，未下再一服。《本草蒙筌》。

小兒囊腫：天花粉一兩，炙甘草一錢半，水煎，入酒服。《全幼心鑒》。

耳卒烘烘：栝樓根削尖，以臘猪脂煎三沸，取塞耳，三日即愈。《肘後方》。

耳聾未久：栝樓根三十斤細切，以水煮汁，如常釀酒，久服甚良。《肘後方》。

産後吹乳：腫硬疼痛，輕則爲妬乳，重則爲乳癰。用栝樓根末一兩，乳香一錢，爲末。温酒每服二錢。李仲南《永類方》。

乳汁不下：栝樓根燒存性，研末，飲服方寸匕。或以五錢，酒水煎服。《楊氏産乳》。

癰腫初起：孟詵《食療》用栝樓根苦酒熬燥。搗篩，以苦酒和，塗紙上，貼之。○《楊文蔚方》：用栝樓根、赤小豆等分，爲末，醋調塗之。 天泡濕瘡：天花粉、滑石等分，爲末，水調搽之。《普濟方》。 楊梅天泡：天花粉、川芎藭各四兩，槐花一兩，爲末，米糊丸梧子大。每空心淡薑湯下七八十丸。《簡便方》。 折傷腫痛：栝樓根搗塗，重布裹之。熱除，痛即止。葛洪《肘後方》。 箭鏃不出：栝根搗傅之，日三易，自出。崔元亮《海上方》。 鍼刺入肉：方同上。 痘後目障：天花粉、蛇蜕洗焙等分，爲末。羊子肝批開，入藥在內，米泔汁煮熟，切食。次女病此，服之旬餘而愈。周密《齊東野語》。

莖、葉 【氣味】酸，寒，無毒。【主治】中熱傷暑《別録》。

題明・薛己《本草約言》卷一《藥性本草》 瓜蔞子 味甘、微苦，氣微寒，無毒。陽中微陰，降也，入手太陰、足少陽經。潤肺而降氣，有下痰治嗽之妙。行結而利滯，有通乳消腫之功。以其性之潤下，故能洗滌胸中垢膩，為治消渴之神藥也。江云：下氣定喘，治痰嗽要藥，亦療結胸。○味甘性潤，甘能補肺，潤能降氣，胸有痰者，以肺受火迫，失降下之令，今得甘緩潤下之助，則痰自降，宜其為治嗽之要也。潤肺能生津，又能治消渴。仲景論少陽症口渴，小柴胡內以此易半夏，其能潤肺生津可見。○其種有二，紅而小者為栝蔞，黄而大者為瓜蔞。天花粉即其根也。

題明・薛己《本草約言》卷一《藥性本草》 瓜蔞根 味苦，氣寒，無毒。陰也，降也。行津液之固結，降煩熱之燔騰，故除消渴引飲及疸發如金。療瘡瘍有消腫毒之驗，行滯血有通月水之徵。苦而不燥，寒而不停，除血中鬱熱之聖藥也。即天花粉，亦名栝蔞根。○苦寒純陰，能降火行津液，故主消渴，身黄，通月水，止小便利等，皆苦能入心，降火、行津之力也。又排膿消腫及熱狂時疾，以能降火生津，則血脉通而熱毒解矣。如脾氣虛寒諸證，不渴不煩熱者禁用。枸杞為之使，惡乾薑，反烏頭，畏牛膝、乾漆。

明・佚名氏《醫方藥性・草藥便覽》 瓜蔞根 其性涼。止痰、止嗽，去肺風。名曰天(粉花)〔花粉〕。

明・梅得春《藥性會元》卷上 天花粉 味甘，氣寒。沉也，陰也。無毒。即栝樓根也。又曰瓜蔞根。入手太陰肺經藥。主治消渴身熱，煩滿大熱，除腸胃中痼熱，八疸身面黄，唇乾口燥，胸痹。排膿消腫，及乳癰、發背，痔瘻、瘡癤等毒。甘能補肺，潤能降氣。胸膈有痰者，以肺受逼，失降下之令。今得甘緩潤下之助，則痰自降，故大能降上膈之痰，宜其為治嗽之要藥也。又云：洗滌胸膈垢膩，治消渴必用藥也。

瓜蔞仁 味甘，氣寒。無毒。主治痰嗽，利胸膈。甘能補肺，潤能降氣。胸膈有痰者，以肺受火逼，失降下之令，今得潤下之助，則痰自降，乃止嗽之要藥。又云：洗滌胸中垢膩鬱熱，治消渴之聖藥也。消腫毒、癰疽、痔瘻、瘡癤，下氣，下乳汁，定肺喘。又能寬中。製法：去殼，去油。若痰在上膈，欲令其吐者，不必去油。蓋病久虛人之痰，別藥吐之，恐力不能勝，用帶油者，其痰自豁。

明・杜文燮《藥鑒》卷二 天花粉 氣寒，味甘潤，無毒。沉也，陰也。甘能補肺，潤能降氣，導痰治嗽之要藥也。潤肺，生津液，又能解煩渴，除熱毒，治瘡癤癰疽。仲景小柴胡症作渴者，以此劑易半夏，取其苦能潤肺，而去半夏之辛燥耳。穰，和明礬粉，並主痰喘欬哮。薑汁糊丸，立應。子，入柴胡湯，總能潤肺止渴，消痰降火甚捷。穰須陰乾為快意，子必去油免惡心。

明・王肯堂《傷寒證治準繩》卷八 栝蔞實 氣寒，味甘、微苦，無毒。丹：栝樓實治胸痹者，以其味甘性潤，甘能補肺，潤能降氣，胸中有痰者，乃肺受火逼，失其降下之令，今得甘緩潤下之助，則痰自降，宜其為治嗽之要藥也。且又能洗滌胸膈中垢膩，鬱熱，為治消渴之神藥。珍：張仲景治胸痹，痛引心背，欬唾喘息，及結胸滿痛，皆用栝蔞實，乃取其甘寒不犯胃氣，能降上焦之火，使痰氣下降也。成無己不知此意，乃云苦寒以瀉熱，蓋不嘗其味元不苦，而隨文傅會爾。肥大結實者，連子連皮細切用。今人止用核仁，非也。

栝蔞根一名天花粉。 氣寒，味甘、微苦、酸，無毒。主消渴，身熱煩滿，大熱，補虛安中，通月水，消腫毒瘀血及熱狂瘡癤。垣：栝蔞根，純陰，解煩渴，行津液。心中枯涸者，非此不能除。與辛酸同用，導腫氣。珍：栝蔞根，味甘，微苦酸。其莖葉味酸，酸能生津，感召之理。故能止渴潤枯。微苦降火，甘不傷胃。昔人只言其苦寒，似未深察。搗細，羅過用。

明・李中立《本草原始》卷二 栝樓 始生洪農山谷及山陰地，今所在有之。三四月生苗引藤。葉如甜瓜而窄，作叉，有細毛；七月開花似葫蘆花，淺黄色；結實在花下，大如拳；生青，至九月熟，赤黄色，其形有正圓者，有銳而長者，功用皆同。許慎曰：木上曰果，地下曰蓏，此物蔓生附木。故得名果蓏，《詩》所謂果贏之實是也。《綱目》曰：贏與蓏同。栝樓即果贏二字音轉也。亦作菰𤬪，後人又轉為瓜蔞，愈轉愈失其真矣。《別錄》謂之天瓜。齊人謂之黄瓜，象形也。《醫學入門》解栝樓曰：栝，括瞏也；樓，蔞斂也，言包斂其子在內如括囊也。其根直下生，年久者長數尺。夏月掘者有筋無粉，秋後掘者結實有粉。皮黃肉白，亦名白藥。作粉潔白如雪，故《圖經》名天花粉。栝樓實：氣味：苦，寒，無毒。主治：胸痹，悅澤人面。〇潤肺燥，降火，治欬嗽，滌痰結，利咽喉，止消渴，利大腸，消癰腫瘡毒。子：炒用，補虛勞口乾，潤心肺。治吐血，腸風瀉血，赤白痢，手面皺。

栝樓有圓有長，皮有黃有赤，子扁，類葫蘆子。殼色褐，仁色綠。栝樓，《本經》中品。【圖略】圓正形，銳長形，子形。修治：皮、子、莖、根，其效各別。其栝形圓，皮黃蒂小；樓則形長，皮赤蒂粗。陰人服樓，陽人服栝。並去殼、皮革膜及油。用根亦取大二三圍者，去皮擣爛，以水澄粉用。今人多用子、根。子去殼取仁，去油；亦有不去油、微炒者。根惟切用。子：剝殼用仁，滲油，只一度，免人惡心。毋多次，失藥潤性。

栝樓：枸杞為之使，惡乾薑，畏牛膝、乾漆，反烏頭。李仲南《永類方》：治便毒初發者，用黃栝樓一箇，黃連五錢，水煎，連服效。栝樓根名天花粉。氣味：苦，寒，無毒。主治：消渴身熱，煩滿大熱，補虛安中，續絕傷。除腸胃中痼熱，八疸，身面黃，唇乾口燥，短氣。止小便利，通月水。〇治熱狂時疾，通小腸，消腫毒、乳癰、發背、瘻瘡癤，排膿生肌長肉，消撲損瘀血。

【圖略】肉堅白佳。市賣係長根切成片，晒乾者。修治：天花粉，周(憲)〔定〕王曰：秋冬采根，去皮寸切，水浸，逐日換水，四五日取出，擣泥，以絹衣濾汁澄粉，晒乾用。

天花粉：使、惡、畏、反，同栝樓實。《肘後方》：治耳卒烘烘，栝樓根削尖，以臘豬脂煎三沸，取塞耳，三日即愈。

明・羅周彥《醫宗粹言》卷四　造栝蔞餅法　用黃熟栝蔞，取穰和子，置石臼中，用蛤蜊、蜆殼煅如粉，和入栝蔞穰中得所，連子擣成餅，晒半乾，細切過，復擣勻作餅子，晒乾收用。或為散為丸，止嗽清痰，其功尤速于仁也。

明・張懋辰《本草便》卷一　栝樓根　味苦，氣寒，味厚，陰也，無毒。惡乾薑，畏牛膝、乾漆，反烏頭。　主消渴，身熱煩滿，補虛安中，續絕傷，除腸胃中痼熱，八疸身黃，唇乾口燥短氣，通月水，止小便利；排膿消腫毒，生肌長肉，消乳癰，發背，痔瘻、瘡癤，撲損瘀血。莖葉治中熱傷暑最效。子味苦、甘，性潤。治痰嗽，利胸膈。甘能補肺，潤能降氣。

明・李中梓《藥性解》卷二　天花粉　味苦，性寒，無毒，入肺、心、脾、胃、小腸五經。主肺火盛而喉痹，脾胃火盛而口齒腫痛，清心利小便，消痰除咳嗽，排膿消腫，生肌長肉，止渴退煩熱，補虛通月經。枸杞為使，惡乾薑，畏牛膝、乾漆，反烏頭。　按：天花粉色白入肺，味苦入心。脾胃者，心之子，肺之母也，小腸與心相為表裏，故均入焉。本功清熱，故主療頗多，其理易達，惟曰補虛通經，此甚不可泥也。夫苦寒之劑，豈能大補？以其能清火，則陰得其養，非真補也。月水不通，亦以熱閉，熱退則血盛經通，非真能通也。此治本窮源之說耳。倘因寒致疾者，可悮使哉？子名瓜蔞，主胸痹。仁主潤肺下氣，止痰嗽，療乳癰乳閉，並宜炒用。

明・繆希雍《本草經疏》卷八　栝樓根　味苦，寒，無毒。主消渴身熱，煩滿大熱，補虛安中，續絕傷，除腸胃中痼熱，八疸身面黃，唇乾口燥，短氣，通月水，止小便利。實名黃瓜，主胸痹，悅澤人面。莖葉：療中熱傷暑。枸杞子為之使，惡乾薑，畏牛膝、乾漆，反烏頭。

〔疏〕栝樓根稟天地清寒之氣，故味苦氣寒而無毒。能止消渴身熱，煩滿大熱。熱散則氣復，故又主補虛安中。涼血則血和，故主續絕傷，并除腸胃中痼熱。苦寒能除熱，故主八疸身面黃，唇乾口燥，短氣。血涼則不瘀，故通月水。膀胱熱解則小便不頻，故能止小便利。黃瓜主胸痹及傷寒結胸，悅澤人面。栝樓仁主消痰。莖葉療中熱傷暑，皆以其清寒散熱故也。〔主治參互〕根同貝母、竹瀝、竹茹、荊瀝、天門冬，消痰。同金銀花、連翹、貝母、白及、甘草，消一切腫毒。實同黃連、枳實，為小陷胸湯。治傷寒虛結胸。

〔簡誤〕脾胃虛寒作泄者，勿服。

明・倪朱謨《本草彙言》卷六　天花粉，即栝樓根。　味甘，微苦，氣寒，無毒。挖深土者，晒乾，刮去麁皮淨，切片用。

天花粉：降火清痰，日華生津止渴，解疸《別錄》消癰之藥也。許長如稿　此藥稟天地清陰之氣以生，甘寒和平，退五藏鬱熱。如心火盛而舌乾口燥，肺火盛而咽腫喉痹，脾火盛而口舌齒腫，痰火盛而咳嗽不寧，若肝火之脇脹走注，腎火之骨蒸煩熱，或癰疽已潰未潰而熱毒不散，或五疸身目俱黃而小水若淋若澀，是皆火熱鬱結所致，惟此劑能開鬱結，降痰火，并能治之。又曰：天花粉，其性甘寒，善能治渴。從補藥而治虛渴，從涼藥而治火渴，從氣藥而治鬱渴，從血藥而治煩渴，乃治渴之神藥也。又曰：乾葛，其性辛寒，可治表渴；天花粉，其性甘寒，可治裏渴。若汗下之後，亡液而作渴者，花粉不可妄投，必用人參之甘溫以生津治渴可也。陰虛火動，津液不能上乘而作渴者，花粉不可概施，必用知母之甘潤，以滋陰治渴可也。又有五味子，酸斂生津，其渴自止。麥門冬，潤燥生津，其渴不生。茯苓有利水活津之妙，烏梅有濟水奪津之功，是皆生津止渴之藥也。雖然，花粉乃中和之劑，其證當用人參之甘溫，而反用花粉之甘寒，必至損胃而伐陽矣。當用乾葛之辛寒，而反用花粉之沉寒，必至引邪以入裏矣。二者辨明而用，斯無疑誤之弊矣。但性寒而降，如脾胃虛寒作泄者，勿服。

集方：已下五方見《方氏本草》治心經火盛，舌乾口燥。用天花粉一兩，甘草三錢，水煎服。○治肺經火盛，咽腫喉脹。用天花粉一兩，桔梗，荆芥各三錢，甘草一錢，水煎服。○治脾經火盛，口齒牙齦腫痛。用天花粉五錢，白芍藥、薄荷各三錢，甘草一錢，水煎服。○治肝經火盛，脇肋脹悶，遍身走注疼痛。用天花粉五錢，牡丹皮、白芍藥，白芥子各二錢，水煎服。○治腎經火盛，骨蒸煩熱，口燥咽乾，小便淋濁。用天花粉五錢，懷生地、菟絲子、山茱萸、牡丹皮、黄柏、知母各二錢，澤瀉一錢，水煎服。○《方脉正宗》治內熱痰多咳嗽。用天花粉一兩，杏仁、桑皮、貝母各三錢，桔梗、甘草各一錢，水煎服。○同前治傷寒熱極煩渴。用天花粉五錢，知母、麥門冬各三錢。內有宿食者，加枳實三錢；虛甚者，加人參三錢，甘草一錢，水煎服。○林機先手集方治諸病煩渴。用天花粉一兩，淡竹葉、麥門冬、知母各三錢，甘草一錢，生薑三片，水煎服。○《方脉正宗》治男婦大小不拘壯盛老弱，一切疸疾。用天花粉一兩，茵陳五錢，水煎代茶飲。○孟氏方治一切癰腫初起。用天花粉一兩，連翹、金銀花、紫花地丁各五錢，甘草一錢，水煎服。初起可定熱痛，膿後加白芷三錢，亦可托裏。○《本草蒙筌》治偏疝痛極，服此立止如劫。用綿袋包暖陰囊，取天花粉一兩，以醇酒二碗浸之，自卯至午，微煎滾，空中露一夜，次早低凳坐定，兩手按膝，飲下即愈。未愈，再一服。○《永類方》治乳癰腫硬疼痛。用天花粉一兩，酒水各一碗，煎服，漸消。亦可治乳汁不行。○嵇氏《登壇錄》治折傷腫痛。用天花粉生鮮者搗敷，重布裹之，熱除痛即止。○崔元亮方治箭鏃不出。用天花粉，搗敷之，日三易，自出。○周密齋方治痘後目瘴。用天花粉三錢，蛇蛻二錢，俱炒黄，爲極細末，用嫩羊肝一具，切開入末藥在內，米泔水煮熟，切肝食。

倪朱謨曰：先君在粵，飲酒多日，忽患泄瀉。粵人丘杏山，名醫也，屢用健脾燥濕之劑，泄瀉愈甚，更用止澀之藥，其病照常不減。偶遇友人薛東軒，寓中有天花粉散子。彼因吐血，一醫用天花粉一味搗爛，用布袋盛取漿瀝乾，晒成白粉，用白湯調數錢，和白蜜少許，日服二次。先君過彼，口渴索茶，彼亦調一碗勸服，勉應彼意，即覺腹中爽快，是日晚不泄瀉。次早懇彼一包，計十兩餘，如彼法服之，七日泄瀉竟止。余細思此，係酒熱傷藏氣，故泄瀉也。服健脾香燥藥，故轉劇耳。宜乎甘寒天花粉之與蜂蜜也。

荀氏家傳治驚悸不寧，是心虛痰火內閉也，將成怔忡健忘，癇迷風癲之證。用加味溫膽湯。用天花粉、黑山梔仁、竹茹、人參、酸棗仁炒、茯苓、當歸、生地、川貝母、半夏、陳皮、膽星、麥門冬、黄耆、白芍藥各一兩五錢，俱酒拌炒，甘草八錢，分作十劑，每劑加生薑三片，黑棗五個，水煎服。○治小兒喘嗽發熱，氣喘吐痰有血。用天花粉、沙參各五錢爲末，每服五分，白湯調下。

明・倪朱謨《本草彙言》卷六 栝樓實 味甘，微苦，氣寒，無毒。氣厚味薄，陰也，入手少陰、太陰經。 蘇氏曰：栝樓出弘農、陝州山谷者最勝。今江南、江北、閩、浙、河南山野僻地間亦有。三月生苗，引藤蔓，葉如甜瓜葉，窄而有叉，背面俱有白毛。六月開花，似葫蘆花而淺黄色。結實在花下，大如拳。生時青白如瓜，九月黄熟如柿。形有正圓者，長銳者，功用幷同。內有扁子，如南瓜子。殼色褐，仁色綠，多脂，作青草氣。 李氏曰：根直下生，年久者，長數尺。秋後采者，結實有粉，他時便多筋脉矣。 雷氏曰：修治：去殼皮革膜及脂。取根用大二三圍者，去皮搗爛，以水澄過，潔白如雪，名天花粉。

栝樓仁：潤肺消痰，李時珍清火止渴之藥也。陸杏園稿其體油潤多脂，專主心肺胸胃一切燥熱鬱熱，逆于氣分，食痰積垢，滯于中脘。凡屬有形無形，在上者可降，在下者可行。其甘寒而潤，寒可以下氣降痰，潤可以通便利結，故仲景治胸痹痛引心背，或欬唾喘急，及傷寒煩熱，結胸滿痛，大便不通，皆用此藥。取寒潤不犯胃氣，能降上焦心肺之火，而使結熱下行也。但性潤寒滑，如脾胃虛冷作瀉者，勿服。 朱丹溪老人曰：栝樓實，古方專治胸痹，以其味甘性潤，甘能養肺，潤能降氣。胸中有痰者，乃肺受火逼，失其降下之令。今得甘緩潤下之助，則痰自降。宜其前賢爲治嗽之要藥也。又能洗滌胸膈中垢膩鬱熱，如湯沃雪也。 盧子繇先生曰：形如包括之囊，實列重樓之象，故曰栝樓。氣味甘寒，逆治火熱；體質濡潤，逆治燥涸。或液燥涸，致熱結聚；或熱結聚，致液燥涸，遂成消渴煩滿者，悉宜用之。根、實功力，稍有異同：實主鬱渴，不能分解；根主散漫，失于容平。靡不以熱爲因，以燥爲證，顧天花瑞雪之名，則思過半矣。顧虛齋先生曰：栝樓實，連皮帶子，搗細酒煎服，立消癰疽乳毒，謂其寒潤能解火鬱，空瓏能達經絡也。

集方：《方脉正宗》治心肺有鬱火，或氣滯，或食積，或痰結，壅閉中脘，爲脹爲痛。用栝樓仁去油六錢，川黄連、廣陳皮、白豆仁、製半夏各二錢，生薑十片，水煎服。○同前治諸咳嗽不止，不拘寒痰熱痰，風痰濕痰，氣閉痰，食積痰。用栝樓仁一觔去殼，研細絞去油，淨霜三兩，配陳膽星、川貝母各一兩，和勻，每遇痰證，除虛勞血痰不治外，每用一錢。寒痰，用生薑湯調下；熱痰，燈心湯下；風痰，用製熟附子三分，煎湯下；濕痰，白朮湯下；氣閉痰，牙皂湯下；食積痰，枳實湯下。如氣虛不運生痰，濃煎人參湯下。○仲景方治傷寒食熱結胸。用栝樓仁五錢，枳實二錢，川黄連一錢，水煎服。○《方脉正宗》治傷寒熱盛發黄。用栝樓霜五錢，白湯調服。○《金匱方》治胸中痹痛引背，喘息欬唾，短氣，寸脉沉遲，關脉緊數。用大栝樓一箇，連皮搗爛，配生薑一兩，製半夏一兩，水七碗，煎二碗，徐徐服。○《丹溪心法》治婦人夜熱痰嗽，月經不調，形瘦者。用栝樓仁研爛、香附童便浸各二錢，甘草五分，每日煎服一劑。○劉河間方治小兒痰喘咳嗽久不瘥，兼膈熱者。用栝樓仁去油取霜，每日用五分，配抱龍丸一圓，生薑湯調服。○《丹溪心法》治傷酒成痰，咳嗽，用此救肺。用栝樓仁去油取霜。每早晚各服五分，廣陳皮湯調下。○《聖惠方》治痰火頭痛。用栝樓仁五錢，川芎七分，甘菊花一錢，水煎服。○《普濟方》治黄疸身面睛皆黄者。用栝樓仁三錢，茵陳草五錢，燈心五十枝，水煎服。○《聖惠方》治小便不通，因傷火酒炙煿，幷穢垢敗精不行，脹閉溺竅者。用栝樓霜五錢，川牛膝一兩微炒，共爲極細末，和勻。每服三錢，白湯調送。○寇氏《衍義》治燥渴腸秘。冬月取栝樓熟瓤，炒爲末，食前沸湯調服二錢。○《聖濟錄》治吐血不止。用大栝樓一箇，鹽泥裹固，煅存性，研細，糯米飲調服。日再服。○《普濟方》治腸風下血。用栝樓一箇，燒灰爲末，每空心時酒服一錢。○同前治堅齒烏鬚方：用大栝樓一箇，開頂，入青鹽二兩，杏仁三七粒，將原頂合好，紥定，以細滋泥和鹽滷固濟，炭火煅存性，去泥，取栝樓炭研末，每日揩牙三次，不惟齒牙堅固，鬚亦轉黑也。○《聖濟錄》治面黑令白。用栝樓一箇，杏仁一兩去皮，猪胰一具，同研如膏，每夜塗之，令面光白，冬月不燥。○《姚氏方》治乳汁不下。用栝樓仁炒研，酒調服二錢，合面臥一夜，乳行。○《子母秘錄》治乳癰初起。用熟栝樓一箇，連皮帶子搗爛，當歸尾三錢，酒水各二碗，煎一碗服，渣再煎，即消。○治便毒初起。用栝樓一箇搗爛，大黄三錢，水煎，連服效。○當歸養血湯：治老人陰血枯槁，痰火氣結，升而不降，飲食不下，將成膈噎之證。用瓜蔞子去殼、川貝母、白芍藥、麥冬、熟地黄、茯苓、當歸、陳皮、香附、撫芎、蘇子各一錢五分，黄連酒炒七分，加生薑三片，黑棗三箇，水煎服。

明·顧逢柏《分部本草妙用》卷四肺部·寒補 栝樓實 苦，寒，無毒。

主治：潤肺燥降火，治欬嗽，滌痰結，利咽喉，止消渴。利大腸，消癰腫瘡毒。子，炒用，補虛勞口乾，潤心肺，治吐血，腸風瀉血，赤白痢，治胸痺。栝樓仁，甘能補肺，潤能降氣，胸中有痰者，肺受火逼，失其降下之令，得甘緩潤下之助，則痰自降矣。為治嗽之要藥。又能洗滌胸垢鬱熱，為治消渴之神劑。其妙在雖寒而不犯胃氣，專能降上焦火及痰氣耳。根即天花粉 微苦，寒，無毒。

主治：消渴，身熱煩滿。補虛，除腸胃中痼熱，八疸身面黄，脣乾口燥。通小便月水，消腫毒諸癰。花粉純陰，解煩渴，行津液，心中枯涸者，非此不除。清熱消痰之妙劑也。

明·李中梓《醫宗必讀·本草徵要上》 天花粉味苦，寒，無毒。入心、脾二經。枸杞為使，惡乾薑，畏牛膝、乾漆，反烏頭。止渴，退煩熱，消痰，通月經，排膿散腫，利膈清心。實名栝樓，主療結胸；其子潤肺，主化燥痰。消痰解熱，是其專職。通經者，非若桃仁、薑黄之直行血分，熱清則血不瘀耳。舊稱補虛，亦以熱退為補，不可不察。按：天花粉稟清寒之氣，脾胃虛寒及洩瀉者忌用。

明·鄭二陽《仁壽堂藥鏡》卷一〇上 瓜蔞根 《圖經》云：瓜蔞根生洪農川谷山陰地，入土深者良。味苦，氣寒，無毒。白者佳。米泔水洗，去皮用。

主消渴，唇乾口燥，身熱煩滿，退黄疸，通月水，續絕傷，消腫毒，下乳，補虛，安中，利膈上熱痰。子：主潤肺，寬中下氣定喘，能洗滌胸膈間痰垢，為治嗽聖藥。取子剝殼，用仁滲油。只一度，免人惡心。毋多次，失藥潤性。味甘補肺，性潤下氣，令垢滌鬱開，故傷寒結胸必用。天花粉 味苦，性寒，無毒。入心、肺二經。枸杞為使，惡乾薑，畏牛膝、乾漆，反烏頭。《經》曰：消渴，身熱煩滿。隱居曰：黄疸，短氣，通月水。大明曰：熱狂時疾，通小腸，消腫毒，排膿生肌，消撲損瘀血。時珍曰：味甘、微苦、酸。酸能生津，感召之理。故可止渴。微苦降火，甘不傷胃。昔人只言苦寒，似未深察。子名瓜蔞，主胸痹、腫毒。仁主吐血，腸風，潤肺下氣，止嗽消痰。按：

天花粉終是寒劑，能害土氣，只可施於壯盛多火之人，涉虛者所禁也。亭林一叟，久苦痰火。植有瓜蔞，取根造粉，連服兩月，惡食暴瀉，卒至不救，其寒可知也。

明・蔣儀《藥鏡》卷四寒部　天花粉　解酒殺之熱毒，而灑胃清腸。潰瘡疽之厚膿，而氣滋血潤。降氣鮮煩渴，故止嗽。潤肺生津液，故導痰。大抵性寒者，水能清火，故陰得其養以生肌。消痰者燥止渴消，非另有奇功以益物，從補藥而治虛渴，從涼藥而治火渴，從氣藥而治鬱渴，從寒藥而治煩渴。然用治之法，更須詳辨。花粉苦寒，善治裏渴。乾葛甘寒，獨治表渴。至若汗下之後，亡陽作渴，必用人參之甘溫以生津。陰虛火動，津液不能上乘而作渴，必用知母之甘辛以滋陰，又有五味子酸斂生津，麥門冬潤燥生津，茯苓利水以活津，烏梅止水以奪津，已上數條，皆止渴之樞要也。倘症宜人參，而反與花粉，必亡陽而脫陰。症宜乾葛，而悞用花粉，必引邪而入裏。毫釐千里，禍福隨之。

栝樓仁　滌膈上積聚垢膩，渴發飲多。推胸前鬱結氣痰，吼聲作喘。乳癰炒用，潤肺祛油。上虞減食胃寒，忌投發吐。下慮滑腸作瀉，通結彌靈。穰和明礬粉，並主痰喘咳哮，薑汁糊丸立應。子入茈胡湯，總能潤肺止渴，消痰降火須臾。穰賴陰乾斯為快意，子須油去乃免惡心。

明・李中梓《頤生微論》卷三　天花粉　味苦，性寒，無毒。入心、肺二經。枸杞為使。惡乾薑、牛膝、乾漆，反烏頭。白如雪者佳。主退熱止渴，消痰利膈，消腫毒，散撲損瘀血，通月經。實名栝樓，主療結胸。子能潤肺化痰。

按：天花粉稟清寒之氣，舊稱補虛，以熱退為補，非真能補也。脾胃虛寒者禁之。

明・張景岳《景岳全書》卷四八《本草正》　瓜蔞仁　味甘，氣寒。氣味俱厚，性降而潤。能降實熱痰涎，開鬱結氣閉，解消渴，定脹喘，潤肺止嗽。但其氣味悍劣善動，惡心嘔吐，中氣虛者不宜用。《本草》言其補虛勞，殊為大謬。

天花粉即瓜蔞根。　味苦，性寒。氣味頗輕，有升有降，陰中有陽。最涼心肺，善解熱渴，大降膈上熱痰，消乳癰腫毒痔瘻瘡癤，排膿生肌長肉，除跌撲瘀血，通月水，除狂熱，去黃疸，潤枯燥，善解酒毒，亦通小腸，治肝火疝痛。

明・賈九如《藥品化義》卷八腎藥　天花粉　屬純陰，體潤而肥大，色白，氣和，味微苦，性微涼，能降，力清熱痰，性氣薄而味厚，入肺心二經。　花粉味苦性涼，純陰之品，專清膈上熱痰，熱痰由肺受火逼，失其降下之令，此善導上焦之火下行，使肺氣清則聲音頓發，胃熱減則消渴即除。脣乾口燥，潤其(精)〔津〕液自止；熱癰諸毒，和其血脈必消。療煩滿，祛黃疸，內外同歸清熱；下乳汁，調月水，上下總是行津。但脾氣虛寒者忌之，若汗下亡陽作渴，亦不宜用。南產肥白者佳，天然有花文，故名之。黃黑者不可用。

瓜蔞仁　屬陽中有陰有土與水，體潤而滑，色肉白衣青，氣和，味甘云苦非，性平云寒非，能降，力利熱痰老痰，性氣薄而味濁，入肺大腸二經。　瓜蔞仁體潤能去燥，性滑能利竅。凡薄痰在膈，易消易清，不必用此。若鬱痰、濁老痰、膠頑痰、韌食痰粘，皆滯於內，不得升降，致成氣逆胸悶，咳嗽煩渴少津，或有痰聲不得出，藉其滑潤之力，以滌膈間垢膩，則痰消氣降。胸寬嗽寧，渴止津生，無不奏效。其油大能潤肺滑腸，若邪火燥結大便，以此助苦寒之藥，則大腸自潤利矣。入丸，去殼，夾粗紙敲壓二三次，略去其油。又無多壓失其體潤。

明・盧之頤《本草乘雅半偈》帙五　栝樓根實《本經》中品　氣味：苦，寒，無毒。主治：主消渴，身熱，煩滿，大熱，補虛，安中，續絕傷。

覈曰：別名瑞雪，根即天花粉。出弘農、陝州者最勝，所在亦有之。三月生苗，引藤蔓，葉如甜瓜葉而窄，作叉，背面俱有白毛。六月開花，似壺蘆花而淺黃色。結實在花下，大如拳，生時青碧如瓜，九月黃熟如柿，形有正圓長銳，功用並同。內有扁子，殼色褐，仁色綠，多脂，作青氣。根直下生，年久者長數尺。秋後採者，結實有粉，他時便多筋絡矣。修治其實，須分二種，圓黃皮厚蒂小者，宜陽人服；形長皮赤，蒂粗者，宜陰人服。並去殼皮、革膜，及脂。根亦取大二三圍者，去皮，搗爛，以水澄粉。

先人云：《本經》主治不分根實。《別錄》廣實主胸痹，悅澤人面，似有根實之分。故《圖經》另出根名天花粉，主煩滿及消渴。煩滿胸痹，皆胸博病。《釋名》云：消渴，腎氣不周于胸也。《經》云：煩滿胸痛引背，胸痹也。病名雖異，因證則同，但所施略分輕重耳。即能周腎氣于胸，亦屬補虛安中，續絕傷功力耳。

參曰：形如包括之囊，實列重樓之象，舉實該根，猶枸杞也。氣味苦寒，逆治火熱。體質濡潤，逆治燥涸。或液燥涸，致熱結聚，或熱結聚，致液燥涸，遂成消渴煩滿者，悉宜用。安中者，熱却則中安，亦即所以補液之虛耳。故筋脈燥涸則絕傷，濡潤則連續矣。根實功力，稍有異同，實主鬱遏不能分解，根主散漫失于容平，靡不以熱為因，以燥為證，顧天花瑞雪之名，則思過半矣。

明・李中梓《本草通玄》卷上　天花粉　甘、苦，微寒。　主內熱乾渴，痰凝欬嗽，煩滿身黃，消毒通經。　苦能降火，甘不傷胃，故《本經》有安中補虛之稱。虛熱燥渴者，與之相宜。且清和疏利。又能消毒通經，然畢竟行秋冬之令，非所以生萬物者也。　去皮，切片，水浸三日，逐日換水，搗如泥，絹濾澄粉，薄荷襯蒸，曝乾。　實名瓜蔞，主胸痺腫毒，潤肺止欬，滌痰解渴。　丹溪贊其洗滌胸垢，為治渴神藥。其子功用約略相同，研爛去油。

清・顧元交《本草彙箋》卷四　栝樓　栝樓根味苦性涼，純陰之品。專清膈上熱痰，熱痰由肺受火逼，失其降下之令，此善導上焦之火下行，使肺氣清則聲音頓發，胃熱減則消渴即除。唇乾口燥，以此潤其中枯，熱癰諸毒，藉此和其血脈。其栝樓實則體潤性滑，潤以去燥，滑以利竅。凡薄痰在膈，易消易清，不必用此。若鬱痰濁，老痰膠，頑痰韌，食痰粘，皆滯于內，不得升降，致成氣逆胸悶咳嗽，煩渴津枯，或痰聲不得出，皆藉其滑潤之力，以滌蕩膈中垢膩，爲痰家之聖劑也。陶節菴云：貝母得瓜蔞則開結痰。胡慎柔云：肺上老痰，見栝蔞則脫根而下。去殼皮、隔膜及油，爲栝蔞霜。而古方每每全用。其油大能滑腸，若火邪燥結大便者，以此助苦寒之藥，則大便自利。

栝樓，釋名果蠃。蠃與蓏同，木生曰果，地生曰蓏。此物蔓生附木，《詩》云果蠃之實，亦施于宇，是矣。栝樓即果蠃轉音，後人又傳爲瓜蔞，根名天花粉，其質肥白，而天然有花文也。

製天花粉，宜以栝樓根去皮，切片，水浸，逐日換水，四五日，搗泥，以絹衣濾汁，澄粉晒乾，潔白美好。今人但以栝樓根切片，用爲天花粉。

製瓜蔞霜，用粗紙敲壓去油，又勿多壓，失其體潤。

清・穆石鉋《本草洞詮》卷一〇　栝樓實、天花粉　《詩》云：果蠃之寔，亦施於宇。栝樓即果蠃，音轉也。蠃與蓏同。許慎云：木上曰果，地下曰蓏。此物蔓生，附木，故得兼名。後人又轉為瓜蔞，愈失其真矣。其根作粉，潔白如雪，故為天花粉。括蔞寔味甘，氣寒，無毒。潤肺燥，降火，治咳嗽，滌痰結，利大腸，消癰腫瘡毒。蓋栝樓寔甘能補肺，潤能降氣，胸中有痰者，乃肺受火逼，失其降下之令，今得甘緩潤下之助，則痰自降。且能洗滌胸膈中垢膩鬱熱，為治消渴痰熱之神藥。仲景治胸痺痛引心背，欬唾喘息，及結胸滿痛，皆用栝樓寔，取其甘寒不犯胃氣，能降上焦之火，使痰氣下降也。成無己註云：苦寒以瀉熱。蓋不嘗其味原不苦，而隨文附會爾。天花粉味甘微苦酸，氣微寒，無毒。治消渴煩滿大熱，除八疸，唇乾口燥，通小腸，消腫毒。蓋栝樓根酸能生津，感召之理，微苦降火，甘不傷胃，故能潤枯燥而行津液也。

清・張志聰《侶山堂類辯》卷下　栝樓　凡草木之根，其性上升，稍杪子實性復下降，物之理也。栝樓蔓延結實，則根粉盡消，實黃赤而子白潤，氣味苦寒，是以天花粉能啟陰液，以上滋于心肺；栝樓實復能導心肺之氣以下行，故《本經》主治胸痺。〇元如曰：如蘇子、蘿蔔子、白芥、芸薹之類，性皆下行，所謂上行極而下也。

清・劉雲密《本草述》卷一一　栝樓　頌曰：別名瑞雪。根即天花粉。出弘農、陝州者最勝，所在亦有之。三四月生苗，引藤蔓，葉如甜瓜葉而窄，作乂，背面俱有白毛，六月開花似壺蘆花而淺黃色，結實在花下，大如拳，生時青碧如瓜，九月黃熟如柿，形有正圓長銳，功用並同，內有扁子，殼色褐，仁色綠，多脂，作青氣，根直下生，年久者長數尺。秋後采者，結實有粉，他時便多筋絡矣。

實　氣味：苦，寒，無毒。　時珍曰：味甘不苦。大甘而後有微苦，丹溪所云是也。又云：栝樓古方全用，後世乃分子瓤各用。　《仙製》曰：味厚氣薄，陰也。主治：潤肺燥，除熱滌痰結，止嗽，寬胸痺，利咽喉，療燥渴，腸秘。　丹溪曰：栝樓實屬土而有水，《本草》言治胸痹者，以其味甘性潤，甘能補肺，潤能降氣，胸中有痰者，乃肺受火逼，失其降下之令，今得甘緩潤下之助，則痰自降，宜其為治嗽之要藥也。且又能洗滌胸膈中垢膩鬱熱，為治消渴之神藥。按傷寒用括蔞實，謂可以通胸中之鬱熱，而方書熱鬱湯內括蔞皮穰，則解胸中鬱熱是其所長，且寒而大甘，即解元氣之鬱，而不同於梔仁輩苦寒，猶以降折傷其上升之陽也。甘雖緩而潤則通，前哲用藥，大有酌量如此。　時珍曰：仲景治胸痹痛引心背，咳唾喘息，及結胸滿痛，皆用栝樓實，乃取其甘寒，不犯胃氣，能降上焦之火，使痰氣下降也。成無己不知此意，乃云苦寒以瀉熱，蓋不熟嘗其味，而隨文傳會爾。　類明曰：栝樓仁昔人謂通肺中鬱熱，又言其能降氣者。總之，甘合於寒，能和，能降，能潤，故鬱熱自通。夫氣屬陽，同乎火體。燥則炎上，潤則降下，和而且潤以緩降，又況寒以導之乎？　丹溪所謂胸中垢膩，蓋亦鬱熱之所成。熱之鬱者通，氣之痹者降，何垢膩之不滌乎？

附方　胸中痹痛引背，喘息咳唾，短氣，寸脈沉遲，關上緊數，用大栝樓實一枚，切，薤白半斤，以白酒七斤，煮二升，分再服。加半夏四兩更善。　清痰利膈，治咳嗽，用肥大栝樓，洗取子，切焙，半夏四十九個，湯洗十次，搥焙，等分為末，用洗栝樓水并瓤同熬成膏，和丸梧子大，每薑湯下三五十丸，良。　乾咳無痰，熟瓜蔞搗爛絞汁，入蜜等分，加白礬一錢，熬膏，頻含咽汁。　咳嗽有痰，熟瓜蔞十個，明礬二兩，搗和餅，陰乾，研末，糊丸梧子大，每薑湯下五七十丸。　酒痰咳嗽，用此救肺，瓜蔞仁、青黛等分，研末，薑汁蜜丸芡子大，每噙一丸。　小兒痰喘，咳嗽膈熱，久不瘥，瓜蔞實一枚，去子，為末，以寒食麪和作餅子，炙黃，再研末，每服一錢，溫水化下，日三服，效乃止。　婦人夜熱痰嗽，月經不調，形瘦者，用瓜蔞仁一兩，青黛、香附、童便浸曬，一兩五錢，為末，蜜調噙化之。　燥渴腸秘，九月、十月熟瓜蔞實取瓤，拌乾葛粉，銀石器中慢火炒熟，為末，食後、夜臥各以沸湯點服二錢。

愚按：　栝樓實陰厚而脂潤，故於熱燥之痰為對待的劑。　若用之於寒痰、溼痰、氣虛所結之痰，飲食積聚之痰，皆無益而有害者也，可不審諸？　如所摘錄數方，用其實，或助以辛散，或間以燥溼，或和以斂水，或佐以開鬱，不如是無以竟其潤下之功。　而致於貽濡滯之害，則亦用劑者之過也。

根直下生年久者長數尺，秋後采者，結實有粉，他時便多筋絡矣。　即天花粉，又名瑞雪。

氣味：　苦，寒，無毒。　時珍曰：　甘、微苦，酸，微寒。　潔古曰：　性寒，味苦，陰也。　東垣曰：　氣味苦寒，純陰。　苦多，而先有微甘。　潔古、東垣所云是也。　中梓曰：　入心肺二經。

主治：　益津，治消渴，身熱煩滿，除腸胃中痼熱，及時疾熱狂，并虛熱咳嗽，退八疸身面黃，唇乾口燥，短氣，通小腸，亦止小便利，通月水，能補虛，安中續絕傷。　恭曰：　用根作粉，潔白美好，食之大宜虛熱人。　東垣曰：　栝樓根解煩渴，行津液，心中枯涸者非此不能除。　與辛酸同用，導腫氣。　希雍曰：　栝樓根稟天地清寒之氣，故能治消渴，除煩滿，療痼熱，降熱痰，有一切之主治如此。　根同貝母、竹瀝、竹茹、荆瀝、天門冬，消痰。　同金銀花、連翹、貝母、白及、甘草，消一切腫毒。

附方　消渴飲水，用栝樓根三十斤，以水一石，煮取一斗半，去滓，以牛脂五合，煎至水盡，用暖酒先食，服如雞子大，日三服，最妙。　傷寒煩渴思飲，栝樓根三兩，水五升，煮一升，分二服。　先以淡竹瀝一斗，水二升，煮好銀二兩半，冷飲汁，然後服此。　黑疸危疾，瓜蔞根一斤，搗汁六合，頓服，隨有黃水從小便出。　如不出，再服。　虛熱咳嗽，天花粉一兩，人參三錢，為末，每一錢，米湯下。　又方：　栝樓根水泡，切片，用竹瀝拌，曬乾，如是三次，再同乳汁浸，飯上蒸，曬乾。　莖葉搗汁濃煎，中暍傷暑，服效。

總論　盧復云：　《本經》主治不分根實，《別錄》廣實主胸痹，悅澤人面，似有根實之分。　故《圖經》另出根名天花粉，主煩滿及消渴，煩滿胸痹，皆胸部病釋名，云消渴，腎氣不周於胸也。　《經》云煩滿胸痛引背，胸痹也。　病名雖異，因証則同，但所施署分輕重耳。　即能周腎氣於胸，亦屬補虛安中，續絕傷功力耳。　之頤曰：　氣味苦寒，逆治火熱體質，濡潤逆治燥涸，或液燥涸，致熱結聚，或熱結聚，致液燥涸，遂成消渴煩滿者，悉宜用安中者，熱却則中安，亦即所以補液之虛耳。　故筋脈燥涸則絕傷，濡潤則連續矣。　根實功力稍有異同，實主鬱遏，不能分解。　根主散渴，失於容平。　靡不以熱為因，以燥為證，顧天花瑞雪之名，則思過半矣。

愚按：　盧復引經条證，煩滿即胸痹，而消渴為腎氣之不周於胸。　夫腎陰原至於肺，胸中固肺所治也。　腎氣下周於胸，是陽傷乎陰，而為煩滿，煩滿與消渴又相因矣，不可同歸於胸痹之為病乎？　故天花粉槩言其生津止渴耳。　未有能明斯義者，先哲云治渴一也。　有堅腎水而渴止者，有利小便而渴愈者，堅腎水用天花粉之屬，利小便用茯苓、豬苓之類，即此繹之，則所謂治渴而堅腎水者，與腎氣不周於胸之義，不可以互明哉？　雖然據實與根之主治，大都不外於能使陰氣化液，亦大都不越於肺也。　即實黃熟於九月，而采以霜降後，根肉色潔白，而采於秋後，乃實則所稟者，金水之氣為專，但實之味甘，是金孕於土，水孕於金，故其味厚而脂多，不類於苦寒之直折，唯木土金水之相孕，以育陰而退陽，陰氣蘊隆則熱退，陰氣蘊隆而脂潤則燥化，故凡熱淫燥氣之結於胸次，與其結於胸次而為痰為垢膩者，皆能利之。　至根則其味苦矣，苦則下泄，是金直致其氣化於水矣。　金水合以致其用。　先哲所謂純陰，又即先聖所謂潤下也，故其功能誠如之頤所云，或液燥涸致熱結聚，或熱結聚致液燥涸者，唯此為中的之劑。　執此兩端，則凡內伤外淫，以致中熱而為燥者，豈能舍之？　就《本草》所指腸胃中痼熱，及時行身熱煩燥，或發狂者，可推類以盡之，不獨在胸膈間矣。　試思所謂通月水者，何居？　先哲曰：　經水者，乾金之氣也。　又因是以知其能通小腸，並能止小水之利，蓋心主血，肺陰下降入心，以腎陰之至於肺者，還下而合於離中之坎，故血生。小腸非火化之腑乎？先哲曰：小腸通利，則胸膈血散，膻中血裏，則小腸壅滯，即此思之，為血為水，是一是二，可以知此味功能，皆本於金水之相合，使氣能化液，液之清者能化血，濁者能化小水也。故東垣謂心中枯涸，非此不能除，是則雖為純陰，亦異乎他味之苦寒，止以降火為功者也。《本經》謂其安中續絶傷者此耳。抑之頤固云皆以熱為因，燥為證，第苦寒與甘寒，豈得例論？若熱淫而兼乎陰之溼，實與根皆宜慎也。至熱結而本乎陽之鬱，是固木火不達以為病，與金水不達者，證或相類，實則可投，而根之屬純陰者，其可施乎哉？

希雍曰：脾胃虚寒作泄者，勿服。

愚按：希雍指根言也。此味固得金水之厚，凡病於木火之真氣不升不達者，此患最多，在所禁用。前已畧具論中，至用實宜審，已悉於實之諸方後。

修治　《準繩》曰：連子連皮細切用，今人止用核仁，非也。　然有不可執一，有全用者，有用皮瓤而去子者，又止用瓤者，有止用子者，今人止用子者多，是亦未之細審也。　《仙製》曰：用子，剥殼用仁，滲油只一度，免人惡心。毋多次，失藥潤性。

根　去皮，搗細，羅粉用。

清・郭章宜《本草匯》卷一二　栝樓實　味甘，微寒，味厚氣薄，陰也，入手太陰。潤肺止嗽，降火滌痰。消渴利膈，定喘順腸。莖、葉清暑解熱。穰入茶煎降痰。

按：栝樓實，甘潤之物也。甘能補肺，潤能降氣。胸有痰者，乃肺受火迫，失其下降之令，今得甘緩潤下之助，則痰降嗽止。且又能洗滌胸膈□垢膩鬱熱，為治消渴之神藥。仲景治胸痺痛，引心背，嗽唾喘息，皆用此者，亦取其甘寒不犯胃氣，能降上焦之火，使痰氣下降也。成無己乃云：苦寒以瀉熱。蓋不嘗其味原不苦，而隨文傳會爾。乾嗽者，用熟瓜蔞搗爛，絞汁，入蜜，加白礬一錢，熬膏，含嚥。熱欬不止，用濃茶湯一鍾，蜜一鍾，熟瓜蔞一個，去皮，入茶蜜湯中洗去子，以盌盛于飯上，蒸至飯熟，取出，時時挑三四匙嚥之。小兒眼黄脾熱，用青瓜蔞焙研，每服一錢，煎七分，卧時服，五更瀉出黄水，立可。久痢五色，大熟瓜蔞一個，煅存性，出火毒，為末，作一服，溫酒服之。栝形圓黄，皮厚蒂小。樓則形長，皮赤蒂粗。陰人服樓，陽人服栝。去殼、皮、革膜及油，搗爛，以水澄粉用。

天花粉即栝樓根　甘苦，微寒，降也，陰也，入手少陰、太陰經。治痰凝之嗽欬，降煩熱之燔騰。療瘡瘍有清腫毒之驗，行滯血有通月水之徵。退疸消渴，補虚清心。

按：天花粉，苦而不燥，寒而不停，甘不傷胃，昔人止言其苦寒，似未深察。潤枯燥而通行津液，故心中枯涸煩渴者，非此不能除也。然通經者，非若桃仁、薑黄之直行血分也，熱清則血不瘀耳。所稱補虚者，非真補也，蓋退熱為補也。然必竟是行秋冬之令，非所以長養萬物，脾胃虚寒作泄者，勿服。

去皮切片，水浸三日，逐日換水，搗如泥，絹濾澄粉，薄荷襯蒸，晒乾。枸杞為之使。惡乾薑。畏牛膝、乾漆。反烏頭。

清・蔣居祉《本草擇要綱目・寒性藥品》　天花粉　氣味：苦，寒，無毒。陰也。　主治：解煩渴，行津液，心中枯涸者，非此不能除。與辛酸藥為佐使，導腫氣、乳癰、痔瘻、瘡癤。

清・蔣居祉《本草擇要綱目・寒性藥品》　瓜蔞　氣味：苦，寒，無毒。採得去殼、皮、革膜及油淨用。　主治：降火，潤肺燥，滌痰結，利咽喉，消癰瘇瘡毒。凡肺受火逼，失其降下之令，則致胸中有痰，得瓜蔞甘緩潤下之助，則痰自降。又能洗滌胸膈中垢膩鬱熱，為治消渴之神藥。故張仲景治胸痺痛引心背，欬唾喘息及結胸滿痛，皆用瓜蔞實，實取其甘寒不犯胃氣，逐上焦之火，使痰氣下降也。

清・王翃《握靈本草》卷五　栝樓實出近地。反烏頭。　主治：栝樓實，苦，寒，無毒。一云：味甘。主胸痺，潤肺燥，降火，治欬嗽，滌痰結，利咽喉，止消渴，利大腸，消癰腫。

天花粉即栝蔞根。處處有之。去皮切片，水浸三日，逐日換水，搗如泥，絹袋濾出粉用。反烏頭。　主治：天花粉，苦，寒，無毒。主消渴身熱，煩滿大熱，補虚安中。療八疸熱狂，時疾，消腫毒，乳癰。

清・汪昂《本草備要》卷一　天花粉瀉火，潤燥，治熱痰。　酸能生津，甘不傷胃，微苦，微寒。降火潤燥，滑痰解渴，古方多用治消渴。生肌排膿，消腫，行水通經，止小便利。膀胱熱解，則水行而小便不數。治熱狂時疾，胃熱疸黄，口燥唇乾，腫毒發背，乳癰瘡痔。脾胃虚寒者禁用。　即栝樓根，畏惡同。澄粉食，大宜虚熱人。

清・汪昂《本草備要》卷一　栝樓仁俗作瓜蔞。瀉火，潤肺，滑腸，止血，治熱痰。甘補肺，《本草》苦。寒潤下。能清上焦之火，使痰氣下降，爲治嗽要藥。肺受火逼，失下降之令，故生痰作嗽。又能蕩滌胸中鬱熱垢膩，生津止渴，丹溪曰：消渴神藥。清咽利腸，通大便。《是齋方》：焙研酒調或米飲下，治小便不通。通乳消腫。治結胸胸痹，仲景小陷胸湯用之。又云：少陽症口渴者，小柴胡湯，以此易半夏。酒黃熱痢，二便不通。炒香酒服，止一切血。寒降火。瀉者忌用。其實圓長如熟柿，子扁多脂，去油用。枸杞爲使，畏牛膝、乾漆，惡乾薑，反烏頭。

清・吳楚《寶命真詮》卷三　天花粉　【略】主煩熱乾渴，痰凝欬嗽，解熱消痰，是其本職。煩滿身黃，清濕熱。利膈清心，排膿散腫，消毒通經。通經，非若桃仁、薑黃之直行血分，熱清則血不淤耳。苦能降火，甘不傷胃，故《本經》有安中補虛之稱，亦以熱退為補，惟虛熱燥渴者與之相宜，畢竟行秋冬之令，非生萬物者也。○脾胃虛泄勿用。　瓜蔞仁即天花粉之實，功用略相同。研爛去油。

清・陳士鐸《本草新編》卷二　栝蔞實附天花粉　味苦，氣寒，降也，陰也，無毒。入肺、胃二經。最能下氣滌穢，尤消鬱開胃，能治傷寒結胸，祛痰，又解渴生津，下乳。但切戒輕用，必積穢滯氣結在胸上，而不肯下者，始可用之以蕩滌，否則，萬萬不可孟浪。蓋栝蔞實最消人之真氣，傷寒結胸，乃不得已用之也。苟無結胸之症，何可輕用，至于消痰、解渴、下乳，只可少少用之，亦戒不可重任。他本言其能治虛怯勞嗽，此殺人語，斷不可信，總惑于補肺之説也。夫栝蔞乃攻堅之藥，非補虛之品。天花粉，即栝蔞之根，而性各不同。蓋栝蔞實其性最悍，非比天花粉之緩，用栝蔞實，不若以天花粉代之。天花粉，亦消痰降氣，潤渴生津，清熱除煩，排膿去毒，逐瘀定狂，利小便而通月水。其功用多于栝蔞實，虛人有痰者，亦可少用以解燥而滋枯，又何必輕用栝蔞實哉。

或問：栝蔞實能陷胸中之邪，為傷寒要藥，而吾子切切戒之，何不刪去栝蔞，獨存天花粉之為當哉？曰：醫道必王、霸並用，而後出奇制勝，始能救生死于頃刻。結胸之症，正死在須臾也，用天花粉以消痞滿，其功遲，用栝蔞以消痞滿，其功捷。但結胸之痞滿不同，小痞小滿之症，不妨用天花粉以消之；大痞大滿之症，非栝蔞斷然不可。又在人臨症細辨，非栝蔞之竟可不用也。

或疑栝蔞推胸中之食，蕩胃中之邪，其勢甚猛。傷寒至結胸，其正氣已大喪矣，又用此以推蕩之，不虛其虛乎？先生又謂不可用天花粉相代，豈傷寒之虛，可以肆然不顧乎？曰：傷寒不顧其虛，則邪且鑠盡人之元氣，頃刻即死矣，烏可肆然不顧乎。用栝蔞以陷胸，正所以顧其虛也。夫陷胸之成，由于邪退之時，而亟用飲食，則邪仍聚而不肯散。夫邪之所以散者，由于胃中空虛，邪無所得，故有不攻而散之意，邪甫離胃，而胃氣自開，以致飢而索食，此時而能堅忍半日，則邪散盡矣。無如邪將散，而人即索食，食甫下喉，而邪復群聚而逐矣。仲景張夫子所以又立陷胸湯，用栝蔞為君，突圍而出，所向無前，群邪驚畏，盡皆退舍，于是，漸次調補，而胸胃之氣安焉。是推蕩其邪氣，非即急救其正氣之明驗乎。倘畏首畏尾，不敢輕用栝蔞，雖久則食消，亦可化有事為無事。然所傷正氣多矣，此栝蔞之宜急用，而不可失之觀望耳。

或問：栝蔞陷胸，以救胃中之正氣是矣，然吾恐栝蔞祛邪以入脾，走而不守，則脾當其害。不猶以鄰國為壑乎？曰：栝蔞但能陷胸，而不能陷腹。胸中之食，可推之以入于腹，脾中之食，不必蕩之以入于腸。蓋脾主出而易化，胃主納而難消也。

或問：栝蔞陷胸中之邪，抑陷胸中之食耶？曰：結胸之症，未有不因食而結者也。陷胸湯乃陷食，而非陷邪也。雖然，邪因食而復聚，雖邪不入于胃之中，而邪實布于胃之口。陷胸中之食而邪得解散，即謂之陷邪亦可也。然而食可陷，而邪不可陷。食陷必入于脾，邪陷必入于腎。入脾者，栝蔞可乘勝而長驅，入腎者，栝蔞不能入腎，勢必變生不測。今用陷胸，而食消邪散，是陷胸湯實陷食，而非陷邪也。但止陷食而不陷邪，而邪何以竟散耶？是結胸之症因得食而結，則陷胸之湯，其邪亦因陷食而散也。

或疑陷胸湯用栝蔞，不止陷胸中之邪，亦陷腹中之邪也，邪在腹中，安知不祛之入腎乎？曰：陷胸湯勢最捷，邪逢栝蔞即散，安在又入于腎乎。況邪已在腹，與在胸者有別，在胸者，居高臨下，恐有走失入腎之虞；在腹者，邪趨大腸，其勢甚便，豈返走于腎經哉。

或問：栝蔞與天花粉，同為一本，何以天花粉反不似栝蔞之迅掃胸中之邪耶。曰：天花粉消痞滿，其功緩；栝蔞實消痞滿，其功捷，余前條已言，但未言其所以緩與捷也。夫栝蔞為天花粉之子，而天花粉為栝蔞之根，子懸于天下，而性實顧根，故趨于下者甚急。根藏于地中，而性實戀子，故育于上者自緩。緩捷之故，分于此，而陷消之功，亦別于此。故宜緩者用天花粉，宜急者用栝蔞實，又何慮功效之不奏哉。

清・顧靖遠《顧氏醫鏡》卷七　天花粉甘，苦，微寒。入心肺二經。反烏頭。　生津止渴除煩，消痰利膈清心。除腸胃痼熱而療諸疸，純陰清寒，故除熱療疸。消撲損瘀血而通月經。非若桃仁、薑黃之能直行血分，熱清則血不瘀，而經自通。治耳鳴猝聾，清痰降火之功。能散腫排膿。實名瓜蔞搗爛，滌痰結而療胸痺，止消渴。又治傷寒結胸，皆取其下氣降火消痰之功，且又能洗滌胸膈中垢膩鬱熱，為治消渴之神藥。潤肺燥而除咳嗽，利咽喉。肺受火逼，失降下之令，則生痰咳嗽。今得甘緩潤下之助，則痰自降，其為治咳之要藥。利咽喉者，清潤之力也。能利大腸，煅末服之，可治久痢。又消腫毒。子名瓜蔞仁炒研用，潤肺化燥痰。天花粉為潤燥止渴，消痰解熱之品。微苦降火，甘不傷胃，作粉食之，大宜虛弱人。脾胃虛寒作洩者，仍宜禁用。

清・李熙和《醫經允中》卷一八　栝蔞實仁　枸杞為使。畏牛膝、乾漆。惡乾薑。反烏頭。　苦，寒，無毒。主治潤肺而降氣，有止嗽滌痰之妙；行結而利滯，有通乳消腫之功。利咽喉，解消渴，降上焦痰火而不犯胃，洩瀉忌之。

天花粉　即瓜蔞根也。　微苦，寒，無毒。主治消渴，身熱煩燥，除腸胃中痼熱，消諸腫毒。花粉純陰，解煩渴，潤心肺，清熱消痰妙劑。其性寒而潤胃寒，大便泄溏者禁用，不得已用山梔寒燥為當。又有土瓜根如栝蔞之小者，苦寒瀉熱，利水，治天行熱疾，黃疸，消渴，癰腫，下乳墮胎。

清・馮兆張《馮氏錦囊秘錄・雜症痘疹藥性主治合參》卷二　天花粉稟天地清寒之氣，故味苦，氣寒而無毒。　天花粉，潤心中枯渴煩熱，降膈上稠痰熱痰，理一切腫毒排膿。長肉消瘀，除時疾熱狂。敺酒疸去黃，實熱作渴最宜。胃虛濕痰切戒；汗下後亡陽作渴者，陰虛火動，津液不能上升作渴者，病症在表作渴者，及脾胃虛寒，並宜痛絕。

主治痘疹合參：　治痘後熱毒，發渴痰嗽，利胸膈，排膿長肉，消癰瘡腫毒，痘瘡潰爛。

按：　天花粉，酸能生津，甘不傷胃，微苦微寒降火，為潤燥滑痰解渴要藥。但宜於有餘陽症，若真寒假熱者忌之。亭林一叟，久苦痰火，取服兩月，惡食暴瀉不救，其寒涼傷脾可知。

瓜蔞仁　性潤下氣，味甘補肺。令垢滌鬱開，傷寒結胸必用。俾火弭痰降，虛怯勞嗽當求。定喘潤肺，利膈潤腸，解渴生津，下乳止血。其蔞實通用，或同明礬製，或同蛤粉和，並主咳喘痰哮。

主治痘疹合參：　開肺下氣，寬胸膈，止嗽定喘。惟宜痘後用，吐瀉者禁之。

清・张璐《本經逢原》卷二　栝蔞實　甘，寒，無毒。去殼，紙包壓去油用。反烏、附。　發明：　栝蔞實甘寒潤燥，宜其為治嗽消痰止渴之要藥，以能洗滌胸膈中垢膩鬱熱耳。仲景治喉痹痛，引心腎欬唾喘息及結胸滿痛，皆用栝蔞實，取其甘寒不犯胃氣，能降上焦之火，使痰氣下降也。其性較栝蔞根稍平，而無寒鬱之患，但脾胃虛及嘔吐自利者不可用。　栝蔞根即天花粉　苦，寒，無毒。反烏、附。　《本經》主消渴身熱、煩滿大熱，補虛安中，續絕傷。

發明：　栝蔞根性寒，降膈上熱痰，潤心中煩渴，除時疾狂熱，祛酒癉濕黃，治癰瘍解毒排膿。《本經》有安中補虛、續絕傷之稱，以其有清胃祛熱之功，火去則中氣安，津液復則血氣和，而絕傷續矣。其性寒降，凡胃虛吐逆，陰虛勞欬誤用，反傷胃氣，久必泄瀉喘欬，病根愈固矣。凡痰飲色白清稀者，皆當忌用。

清・浦士貞《夕庵讀本草快編》卷三　栝樓《本經》　果蠃，根名天花粉。木上曰果，地下曰蓏。此物蔓生附木，故得兼名。《詩》云果蠃之實，亦施於宇是也。栝樓，果蠃之轉音爾。令人呼為瓜蔞，愈轉愈失矣。　栝樓之實甘寒性潤，益肺悅澤之品也，凡人胸膈有痰，多因肺受火逼，失其升降之令，一得甘潤之助，則氣下而痰平，嗽自寧矣。又能洗滌胸膈垢膩，如鬱熱消渴，的為神劑。故仲景療胸痺痛引心背，欬嗳喘逆，及結胸滿痛，並皆用之。乃取其甘寒不犯胃氣，抑火而痰自化爾。若其根則帶酸寒而受稟純陰，能解煩渴而行津液，心中枯涸，非此不除。蓋取酸能生津，感召之理然也。況可以消腫化瘀，排膿長肉，蓋謂甘能助胃，胃主肌肉故爾。若澄為粉，名曰玉露，潔白甘美，服食更佳。予嘗有詩譽其功云：　色與秋霜敵，甘融玉液輕。茂陵知此味，何必憶金莖。

清・張志聰、高世栻《本草崇原》卷中　瓜蔞根　氣味苦，寒，無毒。主治消渴，身熱，煩滿大熱，補虛，安中，續絕傷。　瓜蔞所在皆有之，三四月生苗，延引藤蔓，七月開花淺黃色，實在花下，大如拳，生青，至九月熟黃，形如柿，內有扁子，殼色褐，仁色綠，其根直下，生年久者，長數尺，皮黃肉白，入土深者良。《本經》氣味主治合根實而概言之。至陶弘景以根名天花粉，又名瑞雪。

後人又分實名瓜蔞，子名瓜蔞仁，功用遂有異同。　瓜蔞根入土最深，外黃內白，氣味苦寒，蓋得地水之精氣，而上達之藥也，其實黃色，內如重樓，其仁色綠多脂，性能從上而下，主治消渴、身熱者，謂啟在下之水精上滋，此根之功能也。治煩滿大熱者，謂降在上之火熱下泄，此實之功能也。補虛安中，續絕傷，合根實而言也。水火上下交濟，則補虛而安中，藤蔓之藥能資經脈，故續絕傷。

《乘雅》云：　瓜蔞根實補虛安中者，熱却則中安，亦即所以補液之虛耳。

清・劉漢基《藥性通考》卷五

栝樓仁俗作瓜蔞。　味甘、苦，氣寒。瀉火潤肺，滑腸止血，治熱痰，能清上焦之火，使痰氣下降，為治嗽要藥。肺受火逼，失下降之令，故生痰作嗽。又能蕩滌胸中鬱熱垢膩，生津止渴。丹溪曰：消渴神藥。清咽利腸，通大便。焙研，酒調或米飲下，治小便不通，通乳消腫，治結胸病，仲景小陷胸湯用之。又云：　少陽症口渴者，小柴胡湯以此易半夏，酒黃熱痢，二便不通，炒香，酒服，止一切血。瀉者忌用。實圓，長如熟柿子，扁多脂，去油用。枸杞為使，畏牛膝、乾漆，惡乾薑，反烏頭。

天花粉即瓜蔞根。　味酸、苦，微甘，氣寒，降也。能瀉火潤燥，生津滑痰，解渴生肌，排膿消腫，行水通經。止小便，利膀胱，熱解則水行，而小便不數。治熱狂時疾，胃熱疸黃，口燥唇乾，腫毒發背，癰疽乳癰，瘡痔。脾胃虛寒者禁用。宜虛熱之人。此藥大寒大冷之藥，恐傷胃氣，用之必加健脾養胃之藥中可也。

清・姚球《本草經解要》卷二　天花粉　氣寒，味苦，無毒。主消渴，身熱，煩滿大熱，補虛安中，續絕傷。

天花粉氣寒，稟天冬寒之水氣，入足少陰腎經、足太陽寒水膀胱經。味苦無毒，得地南方之火味，入手少陰心經。氣味俱降，陰也。膀胱者，津液之府也。心火內爍，則津液枯而病消渴。膀胱主表，火盛則表亦熱而身熱也。其主之者，苦寒可以清火也。心為君火，火盛則煩滿大熱，其主之者，寒以清之，苦以洩之也。火盛則陰虛，補虛者，清潤能補陰虛也。陰者，中之守，安中者，苦寒益陰，陰充，中有守也。其主續絕傷者，血為陰，陰虛則傷，陰枯則絕。花粉清潤，則虛者滋，枯者潤也。實，名栝樓，甘寒之性，能解陽邪，所以主傷寒陽邪結胸也。　製方：　花粉同川連，治心火乘金消渴。同人參、麥冬，治肺津枯消渴。同麥冬、竹葉，治心火煩渴。實同川連、枳實，名小陷胸湯，治傷寒結胸。

清・周垣綜《頤生秘旨》卷八　栝蔞根　苦寒純陰，降火生津之藥也。火氣上騰，則消渴煩滿，火降則津液自生矣，何患乎消渴？

栝樓實　潤痰治嗽之藥也。肺受火邪，則失降下之令。得甘緩潤下之助，則痰自降而嗽自止矣。性能泥膈，中滿毋施。

清・王子接《得宜本草・中品藥》　栝樓實　味苦。功專潤燥降火。得文蛤治痰嗽，得杏仁、烏梅治肺瘻咳血。

栝樓根　味甘苦。功專潤肺生津。得人參、麥冬治消渴飲水。

清・黃元御《長沙藥解》卷三　栝蔞根　味甘，微苦，微寒。入手太陰肺經。清肺生津，止渴潤燥。舒痙病之攣急，解渴家之淋癃。《金匱》栝蔞桂枝湯，栝蔞根三兩，桂枝三兩，芍藥三兩，甘草二兩，大棗十二枚，生薑三兩。治太陽痙病，其證備，身體強，几几然，脈沉遲者。太陽之經，外感風寒，發汗太多，因成痙病。其證身熱足寒，頸強項急，頭搖口噤，背反張，面目赤，發熱汗出，而不惡寒者，是得之中風，名曰柔痙。以厥陰風木藏血而主筋，筋脈苦燥，曲而不伸，是以項強而背反。木枯風動，振盪不寧，是以頭搖而齒齘。太陽行身之背，故病在脊背。此因汗多血燥，重感風邪，鬱其營氣，故病如此。甘、棗補脾精而益營血，薑、桂達經氣而泄營鬱，芍藥、栝蔞清風木而生津液也。　栝蔞瞿麥丸，栝蔞根三兩，薯蕷二兩，瞿麥一兩，茯苓三兩，附子一枚。治內有水氣，渴而小便不利者。陽衰土濕，寒水停留，乙木鬱遏，不能疏泄，故小便不利。木鬱風動，肺津傷耗，是以發渴。瞿麥、苓、附泄水而溫寒，薯蕷、栝蔞斂肺而生津也。　栝蔞牡蠣散，栝蔞根、牡蠣，等分為散，飲服方寸匕，日三服。治百合病渴不差者。百合之病，肺熱津傷，必變渴證。津液枯燥，故渴久不止。栝蔞、牡蠣清金斂肺，生津潤燥而止渴也。　小青龍湯方在麻黃治太陽傷寒，內有水氣。渴者，去半夏，加栝蔞根三兩。小柴胡湯方在柴胡治少陰傷寒，渴者，去半夏，加人參、栝蔞根，以其涼肅潤澤，清金止渴，輕清而不敗脾氣也。清肺之藥，最為上品。又有通達凝瘀，清利濕熱之長。其諸主治，下乳汁，通月水，醫吹奶，療乳癰，治黃疸，消囊腫，行撲損瘀血，理瘡瘍腫痛。　栝蔞實　味甘，微苦，微寒。入手太陰肺經。清心潤肺，洗垢除煩。開胸膈之痺結，滌涎沫之膠粘。最洗瘀濁，善解懊憹。

《金匱》栝蔞薤白白酒方，栝蔞實一枚，薤白三兩，白酒七升。治胸痺氣短，喘息咳唾，胸背疼痛，寸口脈沉而遲，關上小緊數。以胸膈痺塞，氣無降路，故喘息咳唾，逆衝胸背而生痛楚。清道堙鬱，爰生煩熱。薤白、白酒開擴其壅塞，栝蔞清滌其鬱煩也。　栝蔞薤白半夏湯，栝蔞實一枚，薤白三兩，白酒一斗，半夏半斤。治胸痺不得臥，心痛徹背者。以胸膈痺塞，氣無降路，逼迫宮城，故心痛徹背。背者，胸之府也。氣不前降於腹，胸膈莫容，是以逆衝於脊背。薤白、白酒、半夏破壅而降逆，栝蔞清滌其鬱煩也。《傷寒》小陷胸湯，大栝蔞實一枚，半夏半斤，黃連二兩。治小結胸正在心下，按之則痛。脈浮滑者，太陽中風表證未解，下之太早，經陽內陷，為裏陰所拒，結於胸膈，心下滿痛，煩躁懊憹，脈沉而緊，是為結胸。結之小者，濁氣衝塞，正在心下，其勢稍緩，非按不痛，脈則浮滑，未至沉緊。而陽氣鬱遏，亦生煩熱。半夏降其逆氣，黃連泄其悶熱，栝蔞滌其鬱煩也。　小柴胡湯方在柴胡治少陽傷寒，胸中煩，而不嘔者。去人參、半夏，加栝蔞實，以其清心而除煩也。　栝蔞實肅清涼潤，善解鬱煩，濁氣鬱蒸，涎沫粘聯，心緒煩亂，不可言喻者得之，肺腑清潔，神氣慧爽，洗心滌肺之妙藥也。其諸主治，消咽痛，治肺痿，滌痰涎，止咳嗽，通乳汁，下胞衣，理吹奶，調乳癰，解消渴，療黃疸，通小便，潤大腸，斷吐血，收脫肛，平癰腫，醫瘡瘍。

清・吳儀洛《本草從新》卷二　栝樓仁〔瀉火潤肺，滑腸止血，治熱痰。〕俗作瓜蔞。甘補肺，苦寒潤下。能清上焦之火，使痰氣下降，為治嗽要藥。肺受火迫，失下降之令，故生痰作嗽。又能蕩滌胸中鬱熱垢膩，生津止渴，丹溪曰：消渴神藥。清咽利腸，通大便。《是齋方》〔王貺《是齋指迷方》。〕焙研酒調，或米飲下，治小便不通。通乳消腫。治結胸胸痺，酒黃熱痢，二便不通。炒香酒服，止一切血。寒胃滑腸，胃虛食少，脾虛泄瀉勿投。實圓長如熟柿。子扁多脂，去油。枸杞為使。畏牛膝、乾漆。惡乾薑。反烏頭。　天花粉〔瀉火，潤燥，治熱痰。〕　酸能生津，甘不傷胃，微苦，微寒。降火潤燥，滑痰解渴，生肌排膿消腫，行水通經，止小便利。膀胱熱解則水行而小便不數。治熱狂時疾，胃熱疸黃，口燥唇乾，腫毒發背，乳癰瘡痔。脾胃虛寒者均之戒用。即栝樓根。澄粉食，大宜虛熱人。畏惡同栝樓。

清・汪紱《醫林纂要探源》卷二　瓜蔞仁　甘，寒，微苦。古曰果贏，一名柿瓜。實相似，故名。子色青綠，仁色白多脂，令人吐。壓去油用。清心潤肺，瀉火泄逆，蕩上焦垢膩。輕虛上浮入肺，用仁則并潤心肺，能降鬱熱，治熱咳，除胸痺，止吐衄，止渴生津。又潤腸，通利二便。二腸，心肺之表也。　瓜蔞　甘，寒。兼皮瓤合用，以麪裹煨。去肺中沉寒積熱。主治哮喘痰火，亦通乳汁。反烏頭。　天花粉：　甘，酸，微苦，微寒。即瓜蔞根澄治為粉。補肺斂氣，降火寧心。根雖在下，氣味輕虛上行，色白入肺，亦補肺之主藥也。潤燥，消痰降火，治時行狂熱，解渴除煩。兼瀉肝邪，緩肝急，清膀胱熱。根在下體，故兼能瀉肝緩肝，治一切癰疽發背，痔瘻，消腫排膿，生肌止痛，兼能行水通經，止熱淋小便短數，除陽明濕熱。　脾胃虛寒者忌。

清・嚴潔等《得配本草》卷四　栝樓一名瓜蔞。　枸杞為之使。畏牛膝、乾漆。惡乾薑。反烏頭。　甘，寒，潤下。入手少陰經絡。蕩滌胸膈之邪熱，消除肺經之結痰。潤腸胃，療乳癰。降上焦氣逆，止消渴喘嗽。得赤小豆，治腸風下血。得烏梅，治咳血。配葱白、神麯，治酒澼嘔吐。配青黛、香附，治婦人夜熱。佐川連，治便毒。佐枳實，治結胸。取汁和蜜，入朴硝少許，治時疾狂悶發黃。　通大便，研酒調下，或炒香酒下。恐滑腸，去油用。咳嗽，明礬製，或蛤粉和炒。　氣味悍劣，善動嘔心。中氣虛者禁用。　天花粉即瓜蔞根。莖、葉。　枸杞為之使。畏牛膝、乾漆。惡乾薑。　甘、微苦、酸，微寒。入足太陰，兼手少陰經。內走經絡，解時熱煩滿。清肺火，降膈痰，止消渴，潤乾燥，消癰腫，長肌肉，利小便，治黃疸，除酒毒，療熱疝。得乳香，治乳癰。得白蜜，治發黃。配牡蠣為散，治百合病渴。配淡竹瀝，治傷寒煩渴。配赤小豆，敷癰毒。入辛酸藥，導腫氣。入滋補藥，治消渴。　胃虛濕痰、亡陽作渴、病在表者，禁用。雖渴亦勿用。　莖、葉　酸，寒。專治中熱傷暑。〔虛者禁用。〕

題清・徐大椿《藥性切用》卷四　瓜蔞實　古名栝蔞。甘苦性寒，入肺胃而消痰解熱，蕩滌胸中垢膩。殼，主寬胸除熱。仁，主潤燥豁痰，為治欬喘藥。炒研，去油用。亦有生用者。腸滑均忌。

天花粉　即栝蔞根粉。酸甘苦寒，降火止渴，潤燥滑痰。忌同栝蔞。

清・黃宮繡《本草求真》卷五　栝蔞仁入肺除痰，清火降氣。　栝蔞仁耑入肺，兼入脾胃。氣味甘寒，成無己乃謂味苦，其說甚非。功耑降火，下氣墜痰，緣肺受火逼，則水必停而痰生。痰生則肺失養而氣壅，故有喘急胸滿，咳嗽咽閉、口渴之病矣。栝蔞性寒，味甘寒，能除上焦傷寒，胸膈鬱結痰氣，使之入腸胃而下降。震亨曰：栝蔞實治胸痹者，以其味甘性潤，甘能補肺，潤能降氣，胸中有痰者，乃肺受火逼，失其降下之令，今得甘緩潤下之助，則痰自降，宜其為治嗽之要藥也。且又能洗滌胸膈中垢膩鬱熱，為治消渴之神藥。故仲景小陷胸湯，用此以治邪結在胸。又以小柴胡湯，用此易半夏以治少陽症見口渴等症。然大要取其有清降之力，故能使之下行也。若謂此能補氣，正未必然，虛寒瀉利者忌。熱利最宜，取其以寒降火。實圓長如熟柿，子扁多脂，去油用，枸杞為使，畏牛膝、乾漆。惡乾薑，反烏頭。

天花粉入肺除痰，消火止渴。　天花粉耑入肺。即栝蔞根也。味酸而甘、微苦，微寒，亦同栝蔞能降膈上熱痰，兼因味酸，又能生津止渴，故凡口燥唇乾，腫毒癰乳痔漏，時熱狂燥便數等症，服之立能解除。時珍曰：栝蔞味甘微苦酸，其莖葉味酸，酸能生津，感召之理，故能止渴潤枯，微苦降火，甘不傷胃。昔人言其苦寒，似未深察。但此較之栝蔞，其性稍平，不似蔞性急迫，而有推牆倒壁之功也。至經有言安中絕續，似非正說，不過云其熱除自安之意，痰色清稀者忌服。澄粉食。大宜水衰有熱人。畏、惡、反同栝蔞。

清・楊璿《傷寒溫疫條辨》卷六寒劑類　栝蔞實反烏頭。連皮子瓤搗用，單用子，誤也。　味甘，氣寒，味厚氣薄，性沉降，陰也。降胸膈結滯痰涎，開脾胃熱鬱氣閉，解消渴，定喘脹，滑大便，療胸痹。仲景有栝蔞薤白白酒湯。《本草》言其又能補氣治虛勞，恐未必然。

天花粉　即栝蔞根也。酸能生津，甘不傷胃，微苦微寒，降火清金，陰中陽也。大宜虛熱人，最涼心肺渴熱，大降膈上熱痰，消癰腫排膿，散跌撲瘀血，除狂熱雜疾。雜疾者，雜氣之疾也，即所謂溫病也。去胃熱黃疸，潤枯燥，利水道，止小便數，尤滌胸中鬱熱垢膩，為消渴之聖藥。古人治消渴多用之。小柴胡湯以天花粉易半夏，仲景治少陽證口渴者。

清・羅國綱《羅氏會約醫鏡》卷一六草部　天花粉味酸甘，微苦寒，入心脾二經。　酸能生津，苦能降火，潤肺滑痰。治膈上熱痰、時疾熱狂性苦寒，止消渴、疸黃、口燥，胃經實熱。療腫毒、乳痛，排膿生肉。苦能退熱。

按：天花粉氣味清寒，可以治渴，但宜於有餘之陽證；若汗下後亡陽作渴，陰虛火動，津液不升作渴，病證在表作渴，及脾胃虛寒泄瀉者，並宜深戒。

瓜蔞仁味甘，性寒，入肺經。微炒，去油用。　性降而潤，能清上焦實火。治痰嗽，肺受火逼，失下降之令，故生痰作嗽。生津止渴，開鬱通乳，療結胸胸痹，仲景小陷胸湯用之。又云：少陽症口渴者，小柴胡湯。以此易半夏。通大便潤下小便。焙研，調米湯下。炒香酒服，止一切血熱妄行寒降火。

按：瓜蔞仁氣味悍劣，善動，惡心嘔吐及中氣虛寒洩瀉者勿用。

清・陳修園《神農本草經讀》卷三中品　瓜蔞根　氣味苦，寒，無毒。主消渴身熱，煩滿大熱，補虛安中，續絕傷。

陳修園曰：瓜蔞根氣寒，稟天冬寒之水氣而入腎與膀胱。味苦無毒，得地南方之火味而入心。火盛爍液則消渴，火浮於表則身熱，火盛於裏則煩滿大熱，火盛則陰虛，陰虛則中失守而不安。瓜蔞根之苦寒清火，可以統主之。其主續絕傷者，以其蔓延能通陰絡而續其絕也。實名瓜蔞，《金匱》取治胸痹，《傷寒論》取治結胸，蓋以能開胸前之結也。

張隱庵曰：半夏起陰氣於脈外，上與陽明相合而成火土之燥。花粉起陰津於脈中，天癸相合而能滋其燥金。《傷寒》《金匱》諸方用半夏以助陽明之氣，渴者燥熱太過，即去半夏，易花粉以滋之。聖賢立方加減，必推物理所以然。

清・王學權《重慶堂隨筆》卷下　栝蔞根　一名天花粉，性涼味甘，故能生津止渴而化燥痰。仲聖明言：渴者去半夏加栝蔞根。是半夏化濕痰、花粉化燥痰之的據也。後人順口讀過，不悟其意，而以貝母與半夏為對待，殊不切貼。

栝蔞實　一名天瓜，故其根名天瓜粉，後世訛瓜為花，然相傳已久，不可改矣。栝蔞實潤燥開結，蕩熱滌痰，天人知之，而不知其舒肝鬱、潤肝燥、平肝逆、緩肝急之功有獨擅也。玉横先生言之最詳。今藥肆中名此為栝蔞，以土瓜根子為栝蔞，用者不可不審。土瓜一名王瓜，即《月令》孟夏王瓜生是也，非蔬圃之黄瓜。蔬圃黄瓜一名胡瓜，《隨園食單》作王瓜者，誤矣。

清・黃凱鈞《藥籠小品》　瓜蔞皮　能和肝陽，開胸滌痰。瓜蔞仁潤肺療乾咳；便滑者忌。

天花粉即栝蔞根。　生津止渴，清肺胃煩熱，和平之品，同地骨皮、桑葉治客熱，久而不愈；同漂青黛，治火嗆如神。

清・張德裕《本草正義》卷下　天花粉　苦，寒。最涼心肺，善解熱渴，降膈上熱痰，消乳癰腫毒。亦能排膿生肌，並治跌撲瘀血，去黃疸，解酒毒，清肝火。

清・張德裕《本草正義》卷下　瓜蔞仁即栝蔞仁　苦，寒。氣味俱厚，降而潤。除寔熱痰涎，開鬱結氣閉，定脹喘，解消渴，蕩逐肺邪熱嗽。悍劣動嘔，非寔熱氣結者，勿用。

清・楊時泰《本草述鉤元》卷一一　栝蔞　別名瑞雪，根即天花粉。所在有之。出弘農、陝州者最勝。六月開花，結實花下，九月黃熟如柿，形有正圓長鋭，功用並同。內有扁子，色綠脂多，作青氣。根直下生，年久者長數尺，秋後采者，結實有粉，他時便多筋絡矣覈。根實功力稍有異同，實主鬱遏不能分解，根主煩渴，失於容平，靡不以熱為因，以燥為證子繇。

栝蔞實：味大甘，微苦，氣寒，性潤緩，味厚氣薄，陰也。主治潤肺燥，除熱，滌痰結，止嗽，寬胸痺，利咽喉，療燥渴腸秘。栝蔞屬土而有水，味甘性潤，補肺降氣。凡胸中有痰者，乃肺受火逼，失其降下之令。今得甘緩潤下之助，則痰自降，宜其為治嗽要藥。又能洗滌胸膈中垢膩鬱熱，為治消渴之神品丹溪。解胸中鬱熱，是其所長，故熱鬱湯內用之，且寒而大甘，甘雖緩而潤則通，不同於梔仁輩苦寒降折，傷其上升之陽也。仲景治胸痺痛引心背，咳唾喘息，及結胸滿痛，皆用栝蔞，乃取其甘寒不犯胃氣，能降上焦之火，非以苦寒瀉熱也瀕湖。栝蔞通肺中鬱熱，又云降氣者，總因甘合於寒，能和能降能潤故也。夫氣屬陽，同乎火體，燥則炎上，潤則降下，和而且潤，以緩為降，又況寒以導之，有不熱鬱通而氣痺降乎《類明》。胸中痺痛引背，喘息咳唾，短氣，寸脈沉遲，關上緊數，用大栝蔞一枚切，薤白半斤，以白酒七升，煮二升，分再服，加半夏四兩更善。清痰利膈治嗽，用大栝蔞取子切焙，製半夏四十九個搥焙，等分為末，即以栝蔞皮瓤熬膏和丸梧子大，每薑湯下三五十丸。乾欬無痰，熟瓜蔞搗爛絞汁，入蜜等分，加白礬一錢，熬膏頻含，咽汁。欬嗽有痰，熟瓜蔞十個，明礬二兩，搗和餅，陰乾，研末，糊丸梧子大，每薑湯下五七十丸。酒痰欬嗽，用此救肺，瓜蔞仁、青黛等分，研末，薑汁、蜜丸芡子大，每噙一丸。小兒痰喘，咳嗽膈熱，久不瘥，瓜蔞一枚，去子為末，以寒食麪和作餅子，炙黃，再研末，每服一錢，溫水化下，日三服，效乃止。婦人夜熱痰嗽，月經不調形瘦者，用瓜蔞仁一兩，青黛、香附童便浸曬一兩五錢，為末，蜜調，噙化之。燥渴腸秘，取九十月熟瓜蔞瓤，拌乾葛粉，銀石器中慢火炒為末，食後夜臥，各以沸湯點服二錢。按：瓜蔞實陰厚而脂潤，故於熱燥之痰，為對待的劑。若寒痰濕痰，氣虛所結，及飲食積聚之痰，皆用之有害，所錄用實數方，或助以辛散，或間以燥濕，或和以斂水，或佐以開鬱，不如是無以竟其潤下之功，而致於貽濡滯之害，則亦用劑者之過也。

栝蔞根即天花粉。味微甘而苦，氣寒純陰。入心肺二經。主益津。治消渴，治渴，有堅腎水而止者，有利小便而愈者，堅腎用天花粉之屬，利小便用二苓之類。先哲。身熱煩滿，心中枯涸者，非此不除。去腸胃中痼熱，及時疾熱狂，並虛熱欬嗽，退八疸身面黃，唇乾口燥，短氣，通月水，通小腸，亦止小便利。與辛酸同用，導腫氣，能補虛安中，續絕傷。稟天地清寒之氣，故能解煩渴，行津液，大宜虛熱人。同貝母、竹瀝、竹茹、荊瀝、天冬則消痰。同銀花、連翹、貝母、白及、甘草，消一切腫毒。消渴飲水，用栝蔞根三十斤，入水一石，煮取一斗半，去渣，以牛脂五合，煎至水盡，用暖酒先食服，如雞子大，日三服最妙。傷寒煩渴思飲，瓜蔞根三兩，水五升，煮一升，分二服，先以淡竹瀝一斗，水二升，煮好銀二兩，半冷飲汁，然後服此。黑疸危疾，瓜蔞根一斤，搗汁六合，頓服，隨有黃水隨小便出，如不出，再服。虛熱咳嗽，天花粉一兩，人參三錢，為末，每服一錢，米湯下。又方：瓜蔞根水泡切片，用竹瀝拌，曬乾，如是三次，再同乳汁浸，飯上蒸，曬乾，煎服效。

總論：栝蔞實黃熟於九月，而采以霜降後，根色潔白，采於秋後乃實，則知所稟金水之氣為專，但實味大甘，後有微苦，是金孕於土，水孕於金。味厚脂多，不類苦寒之直折，有傷上升陽氣，惟本土金水之相孕，以育陰而退陽，陰氣蘊則熱退，陰氣蘊而脂潤則燥化，故凡熱淫燥氣之結於胸次，與結而為痰為垢膩者，皆能利之。至根則味苦，而先有微甘，苦下泄，是金直致其氣化於水矣，金水合以致用，先哲所謂純陰而潤下者也。子繇云：或液涸致熱結聚，或熱結聚致液燥涸，惟此為中的之劑。據此則內傷外淫，凡致中熱而為燥者，可推類以盡之，不獨在胸膈間矣。抑何以能通月水，通小腸，並止小便利？蓋心主血，肺陰下降入心，以腎陰之至於肺者，還合於離中之坎，故血生。小腸非火化之腑乎，小腸通利，則胸膈血散。膻中血裹，則小腸壅滯。即此思之，為血為水，是一是二，可知此味本金水之相含，使氣能化液，液之清者化血，濁者化小水也。東垣謂心中枯涸，非此不除，是則雖為純陰，亦異乎他味之苦寒，而止以降火為功者矣。《本經》謂其安中續絕傷者以此。惟苦寒與甘寒，不得例論。若熱淫而兼乎陰之濕，根與實皆宜慎用。至熱結而本乎陽之鬱，是固木火不達以為病，與金水不達者，證或相類，此際實則可投，而根之純陰者，可漫施乎哉。

繆氏：脾胃虛寒作瀉者，弗宜服根。按瓜蔞根得金水之厚，凡病於木火之真氣不升不達者此患最多，在所禁用。

修治：古方全用，連子連皮細切。後世乃分子瓤各用瀕湖。然不可執一，有全用者，有用皮瓤而去子者，又有止用瓤者，有止用子者。用子剝殼，用仁滲油，免人惡心。只一度，毋多次，失藥潤性。其根，去皮搗細，羅粉用。

清・葉桂《本草再新》卷三 瓜蔞仁味甘、酸，性平，淡，無毒。入肝、肺二經。

能清上焦之火，能理中焦之氣，能解鬱，能去風，生津止渴，止腰腿痛。

天花粉味苦，性寒，無毒。入心、脾二經。生津降火，潤燥滑痰，排膿消腫，治熱狂時疾，疸黃腫毒。

清・吴其濬《植物名實圖考》卷二〇 明州天花粉 宋《圖經》。按此云毒，與瓜蔞根或異類。

清・吴其濬《植物名實圖考》卷二二 栝樓 《本經》中品。《爾雅》：果蠃之實，栝樓。今有苦、甜二種，葉亦小異。《炮炙論》：以圓者為栝，長者為樓，說近新鑿。其根即天花粉。《救荒本草》：根研粉可為餅，穰可為粥，子可為油。

雩婁農曰：果蠃之實，亦施于宇。釋《詩》者以為人不在室則有之。余行役時，屢館曠宅，老藤蓋瓦，細蔓侵牕，蕭條景物，未嘗不憶《東山》之詩，如披圖繪也。夫聖人哀衣繡裳，雍容致治，而於窮檐離索之情，長言詠歎，悱惻纏綿，有目覩身歷而不能言之親切如此者，豈臨時有所觸而能然哉？蓋其平日於民間綢繆拮据之事，無不默為經營；即一草木，一昆蟲，其蕃息於衡宇樊墻間者，無不歷歷然在於心目，思其翕聚，則烹葵獻羔，念其離析，則敦瓜蜎蠋。蓋非破斧缺斨，必不忍使吾民有婦歎灑掃之悲，其萬不得已之衷，有不待直言而自見者。人第頌其感人之深，而不知其憫從征之將士，若自咎其不能弭患於未然。故《鴟鴞》之詩諄諄，於天之未陰雨也，雨雪楊柳，師不言勞，而勞師者代言之。深情淪浹，亦猶行周公之道也。草黃人將，棧車周道，並有置其家室而不敢念者。讀無思遠人、勞心忉忉之詩，而知周之衰矣。古詩十五從軍六十來歸，備述其雞鳴犬吠之荒涼，而終以白楊蕭蕭、高冢纍纍，愁慘之音如聞悲咽。杜拾遺《從軍行》曰：禾生隴畝無東西。男子荷殳，婦姑曳鋤，較之鹿場鸛鳴，益為心惻，而哭聲干霄。則窮兵黷武之時，固不能不出之以慷慨悲激，《小雅》怨悱，勢使然也。然其源皆出於《東山》之詩。

清・趙其光《本草求原》卷四蔓草部 栝蔞仁 甘，寒，微苦。肉白，能達腎水以上清心肺之火，而育胃陰，甘寒能升、能潤，苦甘能開泄、能和，與苦寒直折下降不同。蕩上焦胸中之結熱，生津止渴，腎水不周於肺則肺燥，與水停而渴者不同。滌痰、利咽、止嗽。火迫熱鬱，則濁不降，氣不通。治結胸、胸痹痛引心背，痰降結解之功，同半夏、薤白、白酒用。腸秘。同葛炒為末，滚湯下，潤滑之功。炒香酒服，治熱痢、便秘。同半夏為末，薑湯下，清痰利咽。同蜜熬膏，加白礬，治乾咳。同青黛、香附，治痰嗽、經閉。觀諸方，或佐辛散，或同燥濕，或和酸澀，或佐開鬱。不如是，無以盡其潤下之功，反恐致濡滯也。

連殼炒，略打用；或去殼、去油用，俱可。

天花粉即栝蔞根。苦，寒，色白。泄心經內外之火，使肺金之氣直達於小腸、膀胱。除腸胃痼熱，心中枯痼，非此不除。生津止渴，以牛脂或竹瀝製煮，治消渴。除煩熱，潤燥，滑痰，同川貝、竹瀝、天冬。時疾熱狂黃疸，取汁頓服，以小便出黃水為度。虛熱咳嗽，同參末米飲下。通經利水，亦止小便利，肺陰下降入心則血生，血生則經通，經通則水利。古人云，小腸通利，則胸膈血散；膻中血衰，則小腸壅滯。可知心與小腸為表裏，心液通潤則清化血，濁化水。安中，熱卻液化，則陰氣能守中。續絶傷，筋脈濡潤。治煩滿。即胸痹，即腎水周於肺，而痰降結解也。消腫毒發背，乳癰瘡痔，生肌排膿。癰腫瘡癢皆發於心液不行耳，栝蔞仁更消癰腫。按此是金水相滋，凡熱化燥，燥化熱，津液乾涸者宜之。若木火不達，熱結本於陽鬱及熱淫兼於陰濕者，勿用。

去皮用。

清・葉志詵《神農本草經贊》卷二 栝樓根 味苦，寒。主消渴身熱，煩滿大熱，補虛安中，續絶傷。一名地樓。生川谷及山陰。

果蓏兼名，幽根蟠結。粉沁秋霜，花霏瑞雪。枯潤津回，陰純體潔。入夏筋凝，毒防鹵齧。

李時珍曰：栝樓即果蠃轉音。木上曰果，地下曰蓏。此物蔓生附木，故得兼名。潔白如雪，故名瑞雪。蘇頌曰：一名天花粉。沈約詩：幽根未蟠結。成無己曰：潤枯燥而通行津液。李杲曰：純陰解煩渴。傅咸賦：體潔性真。李時珍曰：夏月掘者有筋無粉，不堪用。名醫曰：生鹵地者有毒。

清・文晟《新編六書》卷六《藥性摘錄》 栝蔞仁 甘，寒。入肺，兼入脾胃。除痰清火，止渴生津。治喘急胸滿，咳(咳)〔嗽〕咽閉，口渴。去油用。○畏牛膝，惡乾薑，反烏頭。○虛寒泄瀉者忌之。天花粉 即栝蔞根。酸而甘，微苦，微寒。入肺。除痰清火，止渴生津。○治口燥脣乾，腫毒乳癰，痔漏，時熱狂燥，便數等症。較之栝蔞，其性稍平。澄粉食，大宜水衰火燥人。○痰色清稀者，忌服。○畏惡同栝蔞。

清・張仁錫《藥性蒙求・草部》 天花粉錢半、三錢 天花粉寒，清肺滑痰。排膿消腫，止渴祛煩。即瓜蔞根。酸能生津，甘不傷胃，微苦微寒，降火潤燥。治熱狂時疾，胃熱口渴。〇澄粉良，大宜虛熱人。

清・張仁錫《藥性蒙求・草部》 瓜蔞二錢、錢半 瓜蔞味苦，降肺潤腸。消痰治嗽，泄熱為良。苦寒潤下，能清上焦之火，使痰氣下降，為治嗽要藥。又能盪滌胸中鬱熱垢膩，生津止渴。去油，炒用。泄瀉者忌。

清・屠道和《本草匯纂》卷二降痰 (括)〔栝〕蔞仁 耑入肺，兼入脾、胃。氣味甘寒，無毒。甘補肺，苦寒潤下，能清上焦之火，使氣下降，為治嗽要藥。潤肺燥，降火，治咳嗽，滌痰結，利咽喉。治結胸胸痺，酒黃熱痢，通乳，止消渴，利大腸，消癰腫毒瘡，並悅澤人面。子，炒用，補虛勞，口乾，潤心肺，治吐血，腸風瀉血，赤白痢，手面皺。緣人受火逼，則水必停而痰生，肺失養而氣壅，故有喘急胸滿，咳嗽咽閉，口渴等病。此性能除上焦蓄熱，胸膈鬱結痰氣，使之入腸胃而下降，故仲景小陷胸湯治邪結在胸，小柴胡湯以易半夏治少陽症口渴，大要取其清降之力也。且又能洗滌胸膈垢膩，鬱熱，為治消渴之聖藥。但寒胃滑腸，胃虛食少，脾虛泄瀉者忌。若熱利者又宜。

清・戴葆元《本草綱目易知錄》卷二 栝樓瓜蔞 味甘，性潤，微寒。甘補肺，潤降氣，微寒清火而不犯胃，故能清上焦之火，使痰氣下降，為治咳嗽胸痺要藥。又能蕩滌胸中鬱結垢膩，治消渴神劑。清咽喉，消乳癰，利大腸，滌痰結，消癰腫瘡毒，瀉者忌。反烏頭。時珍曰：栝樓，古方全用，後世乃分子、瓤、皮各用。葆照原文係謄全用者，分用載後。【略】

子 潤心肺，補虛勞，解口乾。治吐血熱咳，腸風瀉血，赤血痢，炒服。塗手面皺。反烏頭。【略】

栝樓皮葆補 性同瓜蔞，洗瓤去子，氣清味薄，宣膈穢而不滑腸。治溫熱時邪，結胸胸痺，肺痿咳血，喉痛牙疼。凡邪熱入膜原，上焦蒙蔽，為防守膻中妙品。反烏頭。【略】

天花粉瓜蔞根 酸能生津，甘不傷胃。微苦，微寒。又能降火潤肺，滑痰解渴，消腫排膿，生肌長肉，行水通經，止小便利。除腸胃痼熱，消撲損瘀血。治熱狂時疾，消渴飲水，口躁唇乾，八疸身面黃。消腫毒乳癰發背，痔瘻瘡癤。脾胃虛者，慎用。

清・黃光霽《本草衍句》 (括)〔栝〕蔞 甘能補肺，用清上焦火迫。潤能降氣，可使痰結下行。蕩滌胸中垢膩，咳嗽要藥；開除膈間痺結，仲景治胸痺引心背，咳吐喘息，又治結胸滿痛。咽喉利清。消腫通乳，止渴津生。得文蛤治痰嗽，得杏仁、烏梅治肺痿咳血。咽喉腫痛，語聲不出，用發聲散，栝蔞皮、殭蠶、甘草炒二錢半，為末，薑湯下、天花粉即瓜蔞根。酸寒生津，甘不傷胃。潤心中枯涸煩渴，古方多治消渴。降膈上燥熱稠痰。熱狂時疾，胃熱膽黃。兼施消瘀排膿，腫毒癰瘍皆治。得人參、麥冬治消渴飲水。小兒囊腫，天花粉一兩，炙甘草一錢半，水煎酒服。

清・陳其瑞《本草撮要》卷一 栝蔞實 味苦，入手太陰經，功專潤燥降火。得文蛤治痰嗽；得杏仁、烏梅治肺痿咳血，二便不通。瀉者忌。去油用。枸杞為使。畏牛膝、乾漆，惡乾薑，反烏頭。俗作瓜蔞。天花粉 味甘苦，入手太陰經，功專潤肺生津，通經，止小水利，熱狂時疾。得人參、麥冬治消渴飲水。脾胃虛寒禁用。即瓜蔞根研粉澄出極細者晒乾，名玉露霜。

清・李桂庭《藥性詩解》 賦得瓜蔞子下氣潤肺喘兮又且寬中得中字 李慶霖 蔞仁能潤肺，醫嗽又寬中。氣下胸多爽，痰清喘自融。按：瓜蔞甘苦性寒，治氣喘結胸，瀉火利腸，化痰止血。潤心肺之燥，療赤白之痢。又能蕩滌胸膈中垢膩。脾弱泄瀉者勿用。子性潤味甘，潤能降氣，甘能補肺。胸有痰火者，得甘緩潤下之助，則痰自降，為治嗽要藥。天花粉即瓜蔞根。主生津止渴，消腫排膿，熱狂時疾，胃熱疸黃。又能行水，通止小便，利口燥唇乾，乳癰瘡痔。

清・李桂庭《藥性詩解》 賦得瓜蔞根療黃疸毒癰得癰字。湯克家。 瓜蔞根潤燥，止渴散瘡癰。利水清疸熱，消痰降氣壅。按：瓜蔞根性寒味苦，一名天花粉，一名天瓜。其根惟歲久入土深者佳。主生津止渴，降火滑痰，潤燥消腫，生肌排膿，利水通經。治熱狂時痰，腫毒疸黃，口燥唇乾，乳癰瘡痔，為治渴聖藥。

清・鄭奮揚著，曹炳章注《增訂偽藥條辨》卷一 花粉 偽名次花粉。聞此種係馬前頭混充，其性不可知，匪特不能生津止渴，且服之令人頭暈目眩。按花粉即栝蔞根，秋後掘者結實有粉，夏日掘者有筋無粉。入土最深，皮黃肉白，氣味苦寒，能啟在下之水精上滋，厥功甚偉。所在皆有，價亦不貴，貨者偏以偽亂真，藉博蠅頭之利，其居心尚可問乎？更有一種洋花粉，無筋色白而嫩，其塊較大，或云係洋粉偽造，煎之即腐爛，皆無益之品，幸勿誤服也。炳章按：花粉，江蘇、上海南翔鎮等處出為山花粉，皮細結，肉白，性糯，無筋，起粉，為最佳。亳州出為亳花粉，性糯色白，無皮無筋，亦佳。嘉定古城、江北通州等處皆出，亦名山花粉，皮色黄有筋，略次。山東、關東出者，為洋花粉，極大，質鬆多筋，色黄白，為最次，鄭君云洋花粉偽造即此。實非偽造，因其質鬆，如粉作造，非真以粉可造也。

清・周巖《本草思辨錄》卷二 栝蔞根即天花粉、栝蔞實即栝蔞仁子 栝蔞根實《本經》俱苦寒，李氏謂根甘微苦酸，微寒。實甘寒。辨之致審。

草木之根荄，其性上行，實則性復下降。栝蔞根能起陰氣上滋，故主燥熱之煩渴；實能導痰濁下行，故主粘膩之結痛。此張氏之説至允，用二物者當作如是想。

栝蔞根與葛根同主消渴身熱，而仲聖治痙，則一用葛根，一用栝蔞根，何故？蓋無汗而小便反少，氣沖口噤，是風寒濕之邪，相搏於太陽陽明之交而不解，用葛根則能隨麻黄輩散之於外。栝蔞根無解表之長，而證是身體强几几然，俾與桂、芍諸物養筋脈則適相當，此其所以攸異也。

栝蔞根本治熱治渴，乃牡蠣澤瀉散並不言渴，而其所伍者為瀉水之物，是大病差後，虚熱不免，而水去則陰復傷，以栝蔞根潤液而補虚，除病即兼善後也。栝蔞瞿麥丸，上雖為渴而下則有寒，下寒故膀胱不利而水蓄，水蓄於下則陽浮於上，是渴為標寒為本，故以薯、附溫肺腎而化氣，苓、麥泄下蓄之水，栝樓根止陽浮之渴。不用膏、知者，以渴非實熱也。

栝蔞實之長，在導痰濁下行，故結胸、胸痹非此不治。然能導之使行，不能逐之使去。蓋其性柔，非濟之以剛，則下行不力。是故小陷胸湯則有連、夏，栝蔞薤白等湯則有薤、酒、桂、朴，皆伍以苦辛迅利之品，用其所長，又補其所短也。

王瓜

宋・李昉《太平御覽》卷第九九七 王瓜 《周書》曰：立夏之日螻蟈鳴，又五日丘蚓出，又五日王瓜生。《禮記・月令》曰：孟夏之月，王瓜生。《春秋運斗樞》曰：機星散為菝葜。

宋・李昉《太平御覽》卷第九九八 土瓜 《爾雅》曰：菲，葸菜。又曰：菲，芴。郭氏曰：菲草生下濕地，似芜菁，華紫赤色，可食。郭璞注：即土瓜。孫炎曰：菲蒠，類。芴，音物。《毛詩》曰：采葑采菲，無以下體。《毛詩》云：葑，湏也。菲，芴也。《詩義疏》曰：菲似葍，莖粗葉厚而長，有毛。三月中蒸為茹，滑美，亦可作羮。幽州〔人〕謂之芴，《爾雅》謂葸菜。今河内謂之〔宿〕菜也。又《毛詩》鄭箋云此二菜者，蔓菁與葛之類也，皆上下可食。然而其根有惡時也。《廣雅》曰：土瓜，芴也。《本草》云：王瓜，一名土瓜。

崔寔《四民月令》曰：二月盡，三月可采土瓜根。

宋・李昉《太平御覽》卷第九九五 菟瓜 《爾雅》曰：黄，菟瓜也。郭璞注曰：似土瓜也。孫炎曰：一名瓜裂也。

宋・唐慎微《證類本草》卷九草部中品〔《本經・別錄》〕 王瓜 味苦，寒，無毒。**主消渴内痹，瘀血月閉，寒熱酸疼，益氣愈聾，**療諸邪氣，熱結，鼠瘻，散癰腫留血，婦人帶下不通，下乳汁，止小便數不禁，逐四肢骨節中水，療馬骨刺人瘡。**一名土瓜。**生魯地平澤田野及人家垣牆間。三月採根，陰乾。

〔梁・陶弘景《本草經集注》〕云：今土瓜生籬院間亦有，子熟時赤，如彈丸大。根今多不預乾，臨用時乃掘取。不堪入大方，正單行小小爾。《禮記・月令》云：王瓜生，此之謂也。鄭玄云菝葜，殊爲繆矣。

〔唐・蘇敬《唐本草》〕注云：此物蔓生，葉似栝樓，圓，無叉缺，子如梔子，生青熟赤，但無稜爾。根似葛，細而多糝。北間者，累累相連，大如棗，皮黄肉白，苗子相似，根狀不同。試療黄疸，破血。南者，大勝也。

〔宋・馬志《開寶本草》〕按：《陳藏器本草》云：王瓜，主蠱毒，小兒閃癖，痞滿并瘧。取根及葉，擣絞汁服，當吐下，宜少進之，有小毒故也。

〔宋・掌禹錫《嘉祐本草》〕按：《爾雅》云：鉤，藈姑。釋曰：鉤，一名藈姑。郭云：鉤，䕶也。一名王瓜。實如瓝瓜，正赤味苦。《藥性論》云：土瓜根，使，平，一名王瓜子，主蠱毒。治小便數，遺不禁。日華子云：王瓜子，潤心肺，治黄病，生用。肺痿，吐血，腸風瀉血，赤白痢，炒用。又云：土瓜根，通血脉，天行熱疾，酒黄病，壯熱，心煩悶，吐痰痰瘧，排膿，熱勞，治撲損，消瘀血，破癥癖，落胎。

〔宋・蘇頌《本草圖經》〕曰：王瓜，生魯地平澤田野及人家垣牆間，今處處有之。《月令》：四月王瓜生，即此也。葉似栝樓，圓無叉缺，有刺如毛。五月開黄花。花下結子如彈丸，生青熟赤。根似葛，細而多糝，謂之土瓜根。北間者，其實累累相連，大如棗，皮黄肉白。苗葉都相似，但根狀不同耳。三月採根，陰乾。均、房間人呼爲老鴉瓜，亦曰菟瓜。謹按《爾雅》曰：黄，羊善切，菟瓜。郭璞注云：似土瓜。而土瓜自謂之藈，與睽同，菇與姑同，又名鉤菇，蓋菟瓜別是一種也。又云：芴音物菲，亦謂之土瓜，自別是一物。《詩》所謂采葑采菲者，非此土瓜也。大凡物有異類，同名甚多，不可不辨也。葛氏療面上疿瘰子，用之，仍得光潤皮急。以土瓜根擣篩，漿水匀和，入夜先漿水洗面傅藥，旦復洗之，百日光華射人。小兒四歲發黄。生擣絞汁三合與飲，不過三飲已。

〔宋・唐慎微《證類本草》〕《聖惠方》：治黑疸多死，宜急治。用瓜根一斤，搗絞汁六合，頓服。當有黃水隨小便出。如未出，更服之。《外臺秘要》：治蠱。土瓜根大如母指，長三寸，切。以酒半升漬一宿，一服，當吐下。《肘後方》：治黃疸變成黑疸，醫所不能治。土瓜根汁，頓服一小升。平旦服，食後須病汗，當小便出，愈。不爾，再服。又方：治小便不通及關格方：生土瓜根擣取汁，以少水解之筒中，吹下部取通。《產書》：下乳汁。土瓜根爲末，酒服一錢，一日三。

宋·寇宗奭《本草衍義》卷一〇 王瓜 體如栝樓，其殼徑寸。一種長二寸許，上微圓，下尖長，七八月間熟，紅赤色。殼中子如螳螂頭者，今人又謂之赤雹子，其根即土瓜根也。於細根上又生淡黃根，三五相連，如大指許。根與子兩用。紅子同白土子，治頭風。

宋·鄭樵《通志》卷七五《昆蟲草木略》 王瓜 曰土瓜，曰䔰姑，曰鉤𤬏，曰菲芴。均房間曰老鴉瓜，又曰菟瓜。其根可生食，類瓜，故得瓜名。《月令》王瓜生，即此也。而鄭玄以為菝葜，誤矣。《爾雅》言：鉤，䔰姑。郭云：鉤𤬏，一名王瓜。是矣。又言菲芴，又言黃菟瓜，皆謂此也。

宋·周密《志雅堂雜鈔》卷上 暑天痱子，用王瓜摩之，即消。

元·吳瑞《日用本草》卷六 土瓜 味苦、甘，寒，無毒。久食發脚氣，不能行。

明·蘭茂撰，清·管暄校補《滇南本草》卷上 王瓜 味甘，平。治咽喉十八症，葉煎服即愈。多食者吐。根，搗爛，敷大惡瘡效。

明·王綸《本草集要》卷二 王瓜使 味苦，氣寒，無毒。即《月令》所謂王瓜生者是也。三月採，陰乾。 主消渴，內痺瘀血，月閉，寒熱酸疼。益氣愈聾，療諸邪氣熱結，鼠瘻，散癰腫留血，止小便數遺不禁。〇子，潤心肺，肺痿吐血，腸風瀉血，赤白痢，炒用。 蠱毒，取根搗汁，和酒服，當吐下。下乳汁，為末，酒服一錢，日三。黃疸、黑疸，取根，搗汁六合，頓服，當有黃水隨小便出，未出更服。

明·滕弘《神農本經會通》卷一 王瓜 使也。即《月令》云王瓜生者是也。三月採根，陰乾。五月開黃花，花下結子如彈丸，生青熟赤。一名土瓜。 味苦，氣寒，無毒。《本經》云：主消渴，內痺，瘀血月閉，寒熱酸疼，益氣，愈聾，療諸邪氣熱結，鼠瘻，散癰腫留血，婦人帶下不通，下乳汁，止小便數不禁，逐四肢骨節中水。療馬骨刺人（倉）〔瘡〕。《唐本》注云：療黃疸，破血。陳藏器云：主蠱毒，小兒閃癖痞滿，并瘧，取根及葉，擣絞汁服，當吐下。宜少進之，有小毒故也。日華子云：王瓜根，通血脉，天行熱疾，酒黃病，壯熱，心煩悶，吐痰，痰瘧，排膿，熱勞，治撲損，消瘀血，破癥瘕，落胎。《藥性論》云：土瓜根，使。平。一名王瓜。子，主蠱毒，治小便數遺不禁。《局》云：王瓜本即土瓜名，主療陰人乳不行。治渴散癰除疸病，并消癥血及通經。王瓜導乳汁之泉。

王瓜子 日華子云：潤心肺，治黃病，生用。肺痿吐血，腸風瀉血，赤白痢，炒用。

明·劉文泰《本草品彙精要》卷一一 王瓜無毒 蔓生。

王瓜出《神農本經》：**主消渴，內痺，瘀血，月閉，寒熱，酸疼，益氣，愈聾。**以上朱字《神農本經》。療諸邪氣，熱結，鼠瘻，散癰腫，留血，婦人帶下不通，下乳汁，止小便數不禁，逐四肢骨節中水，療馬骨刺人瘡。以上黑字名醫所錄。

【名】土瓜、老鴉瓜、葵與睽同菇與姑同、鉤菇。

【苗】《圖經》曰：《月令》云：四月王瓜生，即此也。蔓生，葉似栝樓，圓無叉缺，有刺如毛。五月開黃花，花下結子，如彈丸而長，生青熟赤，根似葛，細而多糝，謂之土瓜根。北間者，其實累累相連，大如棗，皮黃肉白，苗葉都相似，但根狀不同耳。《衍義》曰：王瓜體如栝樓，其殼徑寸，一種長二寸許，上微圓，下尖長，七八月間熟，紅赤色，殼中子如螳螂頭者，今人又謂之赤雹子。其根即土瓜根也，於細根上又生淡黃根，三五相連，如大指許，根與子兩用。【地】《圖經》曰：生魯地平澤、田野及人家牆垣間，今處處有之。【時】生：四月生苗。採：三月取根，七八月取實。【收】陰乾。【用】根、實、葉。【質】實類栝樓實而小長。根類葛，細而多糝。【色】紅。【味】苦。【性】寒，泄。【氣】味厚于氣，陰也。【臭】腥。【製】剉碎用。【治】療：《唐本》注云：王瓜除黃疸，破血。《藥性論》云：子，主蟲毒並小便數遺不禁。日華子云：子，潤心肺，除黃病，生用；肺痿吐血，腸風瀉血，赤白痢，炒用。〇根，主通血脈，天行熱疾，酒黃，病壯熱，心煩悶，吐痰，痰瘧，排膿，熱勞，撲損消瘀血，破癥癖，落胎。陳藏器云：王瓜主蠱毒，小兒閃癖，痞滿並瘧。〇根及葉搗絞汁服，當吐下，宜少進之，有小毒故也。《別錄》云：土瓜根主小便不通及關格。生搗根取汁，以少水解之，筒中吹下部，取通。【合治】土瓜根末合酒服，下乳汁，每服一錢，日三。【禁】妊娠不可服。

明·盧和、汪穎《食物本草》卷二果類 土瓜 味苦甘，寒，無毒。主消渴內痺，月閉帶下，益氣行乳，止小便，療口瘡。久食發腳氣，不能行。

明・鄭寧《藥性要略大全》卷四　王瓜　伊訓云：主消渴內痹，瘀血月閉，寒熱痠疼，益氣治聾。《湯液》云：除邪熱，散癰腫，治女人帶下，下乳汁，止小便頻數不禁。逐四肢骨節中水，療馬骨刺人瘡。味苦，性寒，無毒。即落鴉瓜。又名土瓜。結子如彈丸。生青，熟赤可啖。閩人謂之毛桃瓜。○又云：味甘，平，無毒。

王瓜根使　《珠囊》云：止渴，散癰，除疸，消癥下血。《十書》云：通血脉，療天行熱疾，黃病，心熱煩悶，吐痰，痰瘧，排膿。治熱癆。潔古云：治撲損，消瘀血，破癥癖，落胎。生用治肺痿吐血，腸風瀉血。炒用治赤白痢。味甘，平，無毒。三月採根，陰乾用。

王瓜子　《湯液》云：主蠱毒。治小便數遺不禁。此藥蔓生，葉似栝蔞而圓，無叉缺。子如彈丸，生青熟赤，無稜。《禮記》云：王瓜生。即此物也。不堪入大方，止可單用。

明・陳嘉謨《本草蒙筌》卷三　王瓜　味苦，氣寒。無毒。一云有小毒。生平澤田野，及籬塹垣牆。一名土瓜，處處俱有。《月令》四月王瓜生，即此是也。作藤蔓發葉，多刺微圓。逢夏至開花，深黃單瓣。實結一二寸許，成熟七八月間。外殼紅黃如栝樓狀，中子紫赤似螳螂頭。採入醫方，根子兩用。治小便數遺不禁，潤心肺，解蠱毒，卻黃病黃疸，用子宜生；療下痢赤白雜來，毆腸風，除肺痿，止血溢血泄，用子須炒。根搗汁，去小兒閃癖痞滿及天行熱疾發狂，痰瘧暴生，並可服也，但少為奇；多服則吐下。根煎湯，破婦人血瘕堅癥，併撲損瘀血作痛，乳汁不下，俱當飲之，過多不妙。仍逐骨節中伏水，更消項頸上瘻瘡。去濕痹痠疼，散癰疽焮腫。通經墮孕，益氣愈聾。

明・寧源《食鑒本草》卷下　王瓜　味苦，平、涼，無毒。又名土瓜，江西多有。止熱躁大渴，消腫毒，除黃疸，行乳汁，通經水。

明・王文潔《太乙仙製本草藥性大全》卷一《本草精義》　王瓜　一名土瓜，一名藈姑，一名鉤𧀼。生魯地平澤田野及人家蘺塹垣墻，今處處有之。《月令》四月王瓜生是也。苗生藤蔓，葉似栝樓，圓無叉缺，有刺如毛，逢夏至前後開花，深黃色，單瓣，結實二三寸許，其殼紅黃如瓜蔞狀，中子紫，亦似螳螂頭，根謂之赤雹子，其根即土瓜根也。北間者其實纍纍相連，大如棗，皮黃肉白，苗葉都相似，但根狀不同，三月採根陰乾。均、房間人呼爲老鴟瓜，亦曰菟瓜。謹按《爾雅》曰：黃羊善切。菟瓜。郭璞注云：似土瓜。而王瓜自謂之藈〔茹〕，與睽同，菇與姑同，又名鉤菇，蓋菟瓜別是一種也。又云：芴音物，菲，亦謂之土瓜，自別是一物。《詩》所謂採葑採菲者，非此土瓜也。大凡物有異類，同名甚多，不可不辯也。採入醫方，根子兩用。

明・王文潔《太乙仙製本草藥性大全》卷一《仙製藥性》　王瓜使　味苦，性寒，無毒。即落鴉瓜。○又名土瓜，結子如彈，生青熟赤，可啖，閩人謂之毛桃瓜。○又云味甘平，無毒。主治：療小便數遺不禁，潤心肺，解蠱毒，却黃病、黃疸，用子，宜生；療下痢赤白雜來，毆腸風，除肺痿，止血溢、血泄，用子，須炒。根搗汁去小兒閃癖痞滿及天行熱疾，發狂痰瘧暴生並可服也。但少爲奇，若多服則吐下。根煎湯破婦人血瘕堅癥，併撲損瘀血作痛，乳汁不下俱當飲之，過多不妙。仍逐骨節中伏水，更消項頸上瘻瘡，去濕痹痠疼，散癰疽焮腫，通經墮孕，益氣愈聾。補註：治蠱毒，取根搗汁，和酒服，當吐下。○下乳汁，取根爲末，酒服一錢，日三服。○黃疸、黑疸，取根搗汁六合，頓服，當有黃水隨小便出，如未出，更服之。○療面上疿瘰子用之，仍得光潤皮，急以土瓜根搗篩，漿水勻和，入夜先漿水洗面，傅藥，旦復洗之，百日光華射人。小兒四歲發黃，生搗絞汁三合與飲，不過三飲已。○小便不通及關格方：生王瓜根搗取汁，以少水解之筒中，吹下部取通。

明・皇甫嵩《本草發明》卷五　王瓜原在草類，今附瓜類。氣寒，味苦。一云有小毒。根、子兩用。一名土瓜，一名落鴉瓜。　發明曰：王瓜苦寒，能潤心肺，發結之藥。《本草》主消渴，小便遺數不禁，解蠱毒，卻黃病黃疸內痹。其子炒用，療下利赤白腸風，肺痿止血，溢血泄。根，搗汁，去小兒閃癖痞滿，天行熱疾發狂，諸邪氣熱結，痰瘧暴生。不宜多服，恐吐下。根煎湯，破血癥瘕及損傷瘀血痛，通月閉，下乳汁不通，逐骨節中伏水，清頸項瘻瘡，去濕痺痠疼，散癰腫，墮胎。生野田籬塹墻垣。四月王瓜生蔓，葉多刺，微圓，開黃花，七月熟，殼紅，葉如瓜蔞，子赤色，似螳螂頭。

明・李時珍《本草綱目》卷一八草部・蔓草類　王瓜《本經》中品

【釋名】土瓜《本經》　鉤𧀼郭璞　老鴉瓜《圖經》　馬瓟瓜瓟音雹。　赤雹子《衍義》　野甜瓜《綱目》　師姑草《土宿》　公公鬚頌曰：《月令》四月王瓜生，即此也。均房間人呼爲老鴉瓜，亦曰菟瓜。按《爾雅》云：黃，菟瓜。郭璞注云：似土瓜。而土瓜自謂之藈姑。又名鉤𧀼，則菟瓜別是一物也。又曰：芴，菲。亦謂之土瓜。別是一物，非此土瓜也。異類同名甚多，不可不辨。時珍曰：土瓜其根作土氣，其實似瓜也。或云根味如瓜，故名土瓜。王字不知何義。瓜似雹子，熟則色赤，鴉喜食之，故俗名赤雹、老鴉瓜。一葉之下一鬚，故俚人呼爲公公鬚。與地黃苗名婆婆奶，可爲屬對。【集解】《別録》曰：生魯地平澤田野及人家垣墻間。三月采根，陰乾。弘景曰：今土瓜生籬院間。子熟時赤如彈丸。其根不入大方，正單行小小爾。鄭玄注《月令》四月王瓜生，以爲菝葜，殊謬矣。恭曰：四月生苗延蔓，葉似栝樓葉，但無叉缺，有毛刺。五月開黄花，花下結子如彈丸，生青熟赤。根似葛而細多糝，謂之土瓜根。北間者，其實纍纍相連，大如棗，皮黄肉白。苗子相〔似〕，但根狀不同。若療黄疸破血，南者大勝也。宗奭曰：王瓜其殼徑寸，長二寸許，上微圓，下尖長，七八月熟，紅赤色。殼中子如螳螂頭者，今人又謂之赤雹子。其根即土瓜根也。於細根上又生淡黄根，三五相連，如大指許。根與子兩用。時珍曰：王瓜三月生苗，其蔓多鬚，嫩時可茹。其葉圓如馬蹄而有尖，面青背淡，澀而不光。六七月開五出小黄花成簇。結子纍纍，熟時有紅黄二色，皮亦粗澀。根不似葛，但如栝樓根之小者，澄粉甚白膩，須深掘二三尺乃得正根。江西人栽之沃土，取根作蔬食，味如山藥。

根 【氣味】苦，寒，無毒。權曰：平。藏器曰：有小毒，能吐下人。取汁制雄、汞。

【主治】消渴内痹，瘀血月閉，寒熱酸疼，益氣愈聾《本經》。療諸邪氣，熱結鼠瘻，散癰腫留血，婦人帶下不通，下乳汁，止小便數不禁，逐四肢骨節中水，治馬骨刺人瘡《別録》。天行熱疾，酒黄病，壯熱心煩悶，熱勞，排膿，消撲損瘀血，破癥癖，落胎大明。主蠱毒，小兒閃癖，痞滿痰瘧。并取根及葉擣汁，少少服，當吐下藏器。利大小便，治面黑面瘡時珍。

【附方】舊五，新七。 小兒發黄：土瓜根生擣汁三合與服，不過三次。蘇頌《圖經》。 黄疸變黑：醫所不能治，用土瓜根汁，平旦温服一小升，午刻黄水當從小便出。不出再服。 小便如泔：乃腎虚也。王瓜散：用王瓜根一兩，白石脂二兩，菟絲子酒浸二兩，桂心一兩，牡蠣粉一兩，爲末。每服二錢，大麥粥飲下。《衛生寶鑒》。 小便不通：土瓜根擣汁，入少水解之，筒吹入下部。《肘後〔方〕》。 大便不通：上方吹入肛門内。二便不通，前後吹之，取通。《肘後方》。 乳汁不下：土瓜根爲末。酒服一錢，一日二服。《楊氏産乳方》。 經水不利：帶下，少腹滿，或經一月再見者，土瓜根散主之。土瓜根、芍藥、桂枝、䗪蟲各三兩，爲末。酒服方寸匕，日三服。仲景《金匱方》。 婦人陰㿗：方同上。 一切漏疾：土瓜根擣傅之，燥則易。《千金方》。 中諸蠱毒：土瓜根大如指，長三寸，切，以酒半升，漬一宿。服當吐下。《外臺秘要》。 面上痱㾦：土瓜根擣末，漿水和匀。入夜别以漿水洗面塗藥，旦復洗之。百日光彩射人，夫妻不相識也。曾用有効。《肘後方》。 耳聾灸法：濕土瓜根，削半寸塞耳内，以艾灸七壯，每旬一灸，愈乃止。《聖濟録》。

子 【氣味】酸、苦，平，無毒。 【主治】生用：潤心肺，治黄病。炒用：治肺痿吐血，腸風瀉血，赤白痢大明。主蠱毒甄權。反胃吐食時珍。

【附方】新八 消渴飲水：雹瓜去皮。每食後嚼二三兩，五七度瘥。《聖惠方》。 反胃吐食：馬雹兒燈上燒存性一錢，入好棗肉、平胃散末二錢，酒服，食即可下。即野甜瓜，北方多有之。《丹溪纂要》。 痰熱頭風：懸栝樓一個，赤雹兒七個焙，大力子即牛蒡子焙四兩，爲末。每食後茶或酒服三錢。忌動風發熱之物。 筋骨痛攣：馬雹兒子炒開口，爲末。酒服一錢，日二服。《集簡方》。 赤目痛澀：不可忍。小圓瓜蔪，籬上大如彈丸、紅色、皮上有刺者，九月、十月采，日乾，槐花炒、赤芍藥等分，爲末。每服二錢，臨卧温酒下。《衛生家寶方》。 瘀血作痛：赤雹兒燒存性，研末。無灰酒空心服二錢。《集簡方》。 大腸下血：王瓜一兩燒存性，地黄二兩，黄連半兩，爲末，蜜丸梧子大。米飲下三十丸。《指南方》。

明・梅得春《藥性會元》卷上 王瓜 味苦，寒，無毒。 主治消渴内痹，瘀血月閉，寒熱酸疼，益氣愈聾；療氣熱結，散鼠瘻、癰腫、留血，婦人帶下，止小便及不禁，逐四肢骨節間水，療馬骨刺人瘡，下乳汁。生魯地及牆垣間。

明・王肯堂《傷寒證治準繩》卷八 土瓜根 氣寒，味苦，有小毒。主療諸邪氣熱結，逐四時骨節中水，療天行熱疾，酒黄病，壯熱，心煩悶，熱勞。能吐下人。

明・張懋辰《本草便》卷一 王瓜使 味苦，氣寒，無毒。 主瘀血月閉，益氣愈聾，療諸邪氣，小便不禁。

明・吳文炳《藥性全備食物本草》卷一 王瓜 味苦，性寒，無毒。王，大也，獨生於諸瓜之前，《月令》四月王瓜生即此也。一名土瓜根，處處有之，生田野及人家垣牆間，藤蔓葉圓無缺，有刺如毛，閩人謂之毛桃。五月開黄花，花下結子如彈丸，如瓜蔞，小如梔子，無稜色黄。

根 如葛，細而多粘，三月採根，陰乾。主諸邪氣熱結及天行熱疾，愈耳聾，益氣，止消渴，内痺，瘀血月閉，寒熱痠疼，破癥癖，落胎，逐四肢骨節中水，散癰腫留血，鼠瘻，療馬骨刺人瘡，婦人帶下及小便遺失不禁；更治黄疸變黑疸，生擣汁頓服，當有黄水隨小便出；汁和酒服吐蠱毒；為末酒下，下乳汁。

子 潤心肺，治黄病。生用肺瘻吐血，腸風下血、赤白痢疾炒用。

明・繆希雍《本草經疏》卷九 王瓜 味苦，寒，無毒。主消渴内痹，瘀血月閉，寒熱酸疼，益氣愈聾，療諸邪氣熱結，鼠瘻，散癰腫留血，婦人帶下不通，下乳汁，止小便數不禁，逐四肢骨節中水，療馬骨刺人瘡。一名土瓜。

〔疏〕王瓜稟土中清肅陰寒之氣，故味苦氣寒而無毒。其能除濕熱熱毒，大約與栝樓性同，故其主治內疸消渴，邪氣熱結，鼠瘻，癰腫等證，皆與栝樓相似，而此則入血分諸病為多耳。　簡誤、主治，與栝樓亦略相當，不復贅。

明・倪朱謨《本草彙言》卷六　王瓜　味苦，氣寒，無毒。一云有小毒，能發吐下。其名實是土瓜，王，土字之誤也。　蘇氏曰：《月令》：四月王瓜生，即此也。其根作土腥氣，其實似瓜也。李氏曰：土瓜生平澤田野，及籬塹墻垣，處處俱有。四月生苗延蔓，葉如栝樓葉，但無叉缺，有毛刺。一說葉圓如馬蹄而有尖，面青背淡，澀而不光。六七月開單瓣五出小黄花成簇，結子纍纍如彈丸，皮粗澀，生青熟黄赤，其殼徑一寸，長二寸，上微圓，下尖長，七八月熟。殼中子色赤，如螳螂頭，謂之赤雹子。其根如大指，又生淡黄細根，三五相連。北方出者，其子纍纍相連，大如棗形狀，稍有不同。若療黄疸，破瘀血，南者大勝也。

土瓜根：　療黄疸，破瘀血，下蠱毒，日華子利大小便之藥也。李秋江稿此藥稟清肅陰寒之氣，苦寒通利，除濕熱熱毒入血分諸病爲多，故大氏方主治內疸熱結，瘀血內閉，蠱毒痰瘧，二便不通，及天行熱疾，酒毒石毒，鼠瘻疔癰等證，幷取根及葉搗汁，少少與服，當吐下即愈。如胃虚內寒，泄瀉少食之人，戒用。

土瓜子：　潤肺化痰，清火止血之藥也。此藥寒潤流利，故大氏方稱爲潤心肺，止吐血之暴熱；　凉肝脾，退黄疸之久延。

集方：　皮心垣家抄治心肺伏熱，吐血衄血。用土瓜子微炒研細，空心服二錢，白湯送。○同前治黄疸胃熱久不退。用土瓜子微炒，煎湯飲。○大氏方治大便下血。用土瓜仁一兩，生地黄二兩，俱炒黑，黄連五錢焙，共爲末，煉蜜丸梧子大。每服百丸，米飲下。○《衛生秘寶》治痰熱頭風。用土瓜七箇，栝樓一箇炒，牛蒡子四兩焙，共爲末。每食後茶調下二錢，忌食動風發氣等物。○陳藏器方藥治瘀血作痛，不拘遍身腹脇等處，因血瘀者。用土瓜仁，連瓜皮囫圇燒存性，研末，無灰酒空心服二錢。○仲景方家抄治經水不通，小腹滿，或經一月再見者。用土瓜根、白芍藥、桂枝、桃仁各二兩，共爲末，酒服方寸匕，日三次。○《外臺秘要》治中蠱毒。用土瓜根如指長三寸，切碎，以酒半升，浸二宿，服之即吐下蠱物。　《海上方》：　治結核，或生項側，在頸，在臂，在身腫痛，多在皮裹膜外，是痰注不散，火氣鬱甚，則結堅硬，纍纍如果中核也。不須潰發，但熱散氣和，則自消矣。用土瓜子三錢，連翹、木通、黄柏、半夏、白附子、殭蠶、南星、金銀花、白芷、天門冬各二錢，蒼耳子、瓜蔞仁、當歸、生地黄各三錢，甘草一錢，水二大碗，煎半碗服。如延生不絕，加全蝎三個。流至兩腋，加牡蠣粉火煅，二錢。流至下部，加牛膝、萆薢各二钱。如發潰膿血者，本方去白附子、殭蠶、南星，加黄耆、白朮、茯苓各三錢。○治頸項耳後結核，三五成簇，不紅不腫不痛，不成膿者。用土瓜子、白蒺藜、懷熟地酒煮、山茱萸肉、山藥、茯苓、澤瀉、牡丹皮各四兩，除地黄酒煮搗膏外，餘藥俱微炒，磨爲細末，煉蜜丸梧子大。每晚各三錢，白湯下。

明・姚可成《食物本草》卷七菜部・蓏菜類　王瓜一名土瓜。三月生苗，其蔓多鬚，嫩時可茹。其葉圓如馬蹄而有尖，面青背淡，澀而不光。六七月開五出小黄花成簇，結子纍纍，熟時有紅、黄二色。皮亦粗澀。根不似葛，但如栝樓根之小者，澄粉甚白膩。須深掘二三尺，乃得正根。江西人栽之沃土，取根作蔬食，味如山藥。　王瓜，味苦，寒，無毒。主消渴內痹，瘀血月閉，寒熱酸疼，益氣，療耳聾，療諸邪氣熱結，鼠瘻，散癰腫留血，婦人帶下不通。下乳汁。止小便數不禁。逐四肢骨節中水，治馬骨刺人瘡，天行熱疾，酒黄病，壯熱心煩悶，熱勞，排膿，消撲損瘀血，破癥癖，落胎。主蠱毒，小兒閃癖，痞滿，痰瘧。并取根及葉擣汁，少少服，當吐下，利大小便。治面黑面瘡。

附方：　治黄疸變黑，醫不能治。用王瓜根擣汁，平旦溫服一小升，午刻黄水當從小便出。不出再服，以利為度。

明・施永圖《本草醫旨・食物類》卷二　王瓜　味苦，氣寒，無毒。主：消渴，內痹，瘀血月閉，寒熱酸疼，益氣愈聾，療諸邪氣熱結，鼠瘻，散癰腫留血，止小便數遺不禁。○除黄疸，行乳汁，通經水。

明・盧之頤《本草乘雅半偈》帙一一　土瓜《救荒本草》　氣味：　苦，寒，無毒。

主治：　邪熱，解勞乏，清心，明目。

覈曰：　苦瓜，副名癩葡萄、錦荔枝。所在都有，閩廣尤多。四五月下子，生苗，引蔓長丈餘，有濇毛。葉類野葡萄，莖間卷鬚，亦若葡萄之絡絆也。七八月作小花，黄色五瓣。結實如雞卵，皮上癟，宛若荔枝殼狀，初生青色，熟則黄赤，內有紅瓤，丹紅如血，殼極苦，瓤最甜，瓤中裹子，形扁色褐，似木鼈子狀。閩廣者，瓜長尺許，他處則圓短，但本大末鋭耳。取殼皮青翠者，煮肉作羹，及鹽醬充蔬味，雖苦濇，頗有清韻，善解熱惱也。根如胡蘿蔔，質柔且滑，削挺作導，用洩腐穢耳。

灸曰：苦瓜，苦詮味。瓜象形，象實綴在鬚蔓間也。殼苦瓤甜，因名苦瓜。生時青碧，熟則丹黃，水火通明，土金授受際也。形類荔實，又狀人心，瓤肉正赤如凝血，殼皮痱癗猶蝟刺，第柔滑若膚肌，罔同荔刺之辣手。藉此形色，持維中土，通襲容平，乃得懲煩雪躁，息肩勞乏，頓開心目，轉熱惱為清涼地矣。根荄膩澤，削挺作導，通因塞用，特易耳。

清・劉雲密《本草述》卷一一　王瓜　時珍曰：王瓜三月生苗，其蔓多鬚，嫩時可茹，其葉圓如馬蹄而有尖，面青背淡澀而不光，六七月開五出小黃花，成簇，結子纍纍，熟時有紅黃二色，皮亦粗澀，根不似葛。蘇恭謂其根似葛，故時珍云云。但如栝樓根之小者，澄粉甚白膩，須深掘二三尺乃得正根。江西人栽之沃土，取根作蔬食，味如山藥。

根　氣味：苦，寒，無毒。　權曰：平。　藏器曰：有小毒。能吐下人。

主治：消渴內痹，瘀血月閉，寒熱酸疼，益氣愈聾《本經》。療諸邪氣熱結，鼠瘻，散癰腫留血《別録》。破癥癖，治天行熱疾，酒黃病，壯熱心煩，悶熱勞日華子。治婦人帶下不通，下乳汁《別録》。落胎日華子。止小便數不禁，逐四肢骨節中水《別録》。利大小便時珍。

希雍曰：王瓜稟土中清肅陰寒之氣，故味苦氣寒而無毒。其能除溼熱熱毒，大約與栝樓性同。故其主治內痹消渴，邪氣熱結，鼠瘻癰腫等證，皆與栝樓相似，而此則入血分諸病為多耳。

愚按：《經》云：寒泣血。而《本經》於王瓜主治，乃以苦寒而效活血之用。蓋觀《本經》首云消渴內痹，乃繼以瘀血月閉，則知此種所治之瘀血，蓋因於熱者也。即《別録》首云療諸邪氣熱結，而日華子亦首主天行熱疾，則其義益明矣。雖然細繹其用，非專以通瘀為功也。如《別録》更云止小便數不禁，即又云逐四肢骨節中水。夫小水及四肢骨節中水，與人身之血，是二是一，故又以仲景《金匱》方，治經水不利，帶下，小腹滿，或經一月再見者，俱主以王瓜根散者条之，如其專於通瘀，何為有兩利之功哉？繹《本經》益氣二字，乃其功耳。先哲所云氣如橐籥，血如波瀾是也。但此味所益之氣，乃血中之氣，為陰氣也。觀其用於婦人經帶居多，且男婦主治諸方，又於二便為多，則其氣不為陰中之陽，而精專於血分者乎？再當以方書，治黑疸單用此味者条之，夫黑疸先哲固謂其為女勞之病，非水也。然獨任之以為對待，其義謂何？是則茲味之益氣者，非益陰中之氣，而冀其奏的然之效也，能乎哉？但稟土中清陰專氣，乃開花結實於六七月，是其氣之暢者，正從陽歸陰之候也。在《本經》以謂之益氣而俾血和也，不為信而有徵乎哉。

附方　黃疸變黑，醫所不能治，用王瓜根汁，平旦溫服一小升，午刻黃水常從小便出，不出再服。　小便如泔，乃腎虛也，王瓜散用王瓜根一兩，白石脂二兩，菟絲子酒浸二兩，桂心一兩，牡蠣粉一兩，為末，每服二錢，大麥粥飲下。　經水不利，帶下，少腹滿，或經一月再見者，王瓜根散主之，王瓜根、芍藥、桂枝、䗪蟲各三兩，為末，酒服方寸匕，日三服。

子氣味酸，苦，平，無毒。

主治：生用潤心肺，治黃病。炒用治肺痿吐血，腸風瀉血，赤白痢日華子。療反胃吐食時珍。

附方　治反胃，用赤雹兒，即甜瓜，燈上燒一錢，入好棗肉，平胃散末二錢，酒服，食即可下。宗奭曰：王瓜，其殼徑寸長二寸許，上微圓，下尖長，七八月熟，紅赤色，殼中子如螳螂頭者，今人又謂之赤雹子。筋骨痛攣，赤雹兒子炒開口，為末，酒服一錢，日二服。　大腸下血，王瓜一兩，燒存性，地黃二兩，黃連半兩，為末，蜜丸梧子大，米飲下三十丸。

清・何其言《養生食鑒》卷上　土瓜其形類葛，生熟俱可食。味苦，甘，性寒，無毒。治消渴內痹，大小便閉，天行熱病，黃疸。解蠱，療婦人經閉帶下，通乳汁，愈口瘡。生食或搗汁服，俱良。搗取自然汁，和米粉蒸，與小兒食，解痘疹毒，可令稀少。胃寒虛弱及脚氣人，勿用。姙婦忌食。

清・汪昂《本草備要》卷二　王瓜即土瓜根。瀉熱，利水，行血。　苦，寒。瀉熱利水。治天行熱疾，黃疸消渴，搗汁飲。便數帶下，月閉瘀血。利大小腸，排膿消腫，下乳，通乳藥多用之，單服亦可。墮胎。　根如栝蔞之小者，味如山藥，根，子通用。《經疏》曰：主治略似栝蔞。傷寒發斑，用王瓜搗汁，和伏龍肝末服，甚效。

清・馮兆張《馮氏錦囊秘録・雜症痘疹藥性主治合參》卷三　王瓜稟土中清肅陰寒之氣，故味苦，氣寒，無毒。而除濕熱熱毒。　王瓜，一名土瓜。根子兩用。治小便遺尿不禁，潤心肺解蠱毒，卻黃病黃疸。用子宜生。療下痢，赤白雜來，皷腸風，除肺痿，止血溢血泄，用子須炒。根搗汁，去小兒閃癖痞滿及天行熱疾發狂，痰瘧暴生，竝取服效。惟少為奇，多則吐下。根煎湯服，破婦人血瘕堅癥，併撲損瘀血作痛，乳汁不下，俱當飲之。過多不妙。仍逐骨節中伏水，更消頂頸上瘻瘡，去濕痹痠痛，散癰疽焮腫，通經墮孕，益氣愈聾。

清・张璐《本經逢原》卷二 土瓜根即王瓜根 苦，寒，無毒。藏器云有小毒。《本經》主消渴內痹，瘀血月閉，寒熱痠疼，益氣愈聾。發明：王瓜產南方者，稟濕熱之氣最盛，患瘡腫癰毒者食之，為患轉甚。產北地者，得春升之氣最先，患消渴內疸者用之，其效頗捷。其根治黃疸消渴，與栝蔞之性不甚相遠，但不能安中補虛，續絕傷，調和經絡諸血也。《金匱》治婦人經水不調，帶下，少腹滿，一月再見者，土瓜根散主之，深得《本經》主瘀血月閉之旨。方用土瓜根、芍藥、桂心、䗪蟲等分為末，酒服方寸匕，日三服。蘇頌治小兒發黃，土瓜根生擣汁，服三合，不過三次效。又治黃疸變黑，土瓜根汁平旦溫服一小升，午刻黃水從小便出。其治寒熱痠疼，皆祛濕熱之驗。南陽治陽明經熱，大便不通，用之為導以下濕熱。其子治肺痿吐血，腸風瀉血，赤白痢及反胃吐食，惜乎，世醫未知用也。

清・張志聰、高世栻《本草崇原》卷中 土瓜根 氣味苦，寒，無毒。主治消渴、內痹、瘀血月閉寒熱酸疼，益氣，愈聾。 土瓜，《本經》名王瓜，俗名野甜瓜。《月令》云：四月王瓜生，即此瓜也。始生魯地平澤田野及人家牆垣籬落間，四月生苗延蔓。其蔓多鬚葉，如瓜蔞葉，但無叉缺，有毛刺。五月開黃花，花下結子，熟時赤如彈丸，根如瓜蔞，根之小者，須掘深二三尺，乃得正根。三月采根，陰乾候用。 愚按：土瓜非世俗所食之王瓜，又非世俗所食之甜瓜。《本經》雖有其名，今人未之識也。因仲景《傷寒論》有土瓜根為導之法，故存之。 按：《月令》所謂王瓜者，蔓延而生，莖葉上皆有細毛，其葉圓而上尖，一葉之下輒有一鬚，遇草木莖葉即能纏繞。六七月開花色黃五瓣，花下蒂長，即其實也。吾杭甚多，凡曠野隙地遍處有之，民間往往認作瓜蔞，高氏以為今人未之識者，蓋以此故耳。

清・黃元御《長沙藥解》卷二 土瓜根 味苦，微寒。入足厥陰肝經。調經脈而破瘀澀，潤腸燥而清陰癩。 《金匱》土瓜根散，土瓜根、䗪蟲、桂枝、芍藥，等分為散，酒服方寸匕，日進三服。治女子經水不利，一月再見，少腹滿痛者。以肝主藏血，而性疏泄。木鬱不能疏泄，血脈凝濇，故經水不利。木鬱風動，而愈欲疏泄，故一月再見。風木遏陷，鬱塞衝突，故少腹滿痛。從此鬱盛，而不泄則病，經閉泄多而失藏，則病血崩。桂枝、芍藥疏木而清風，土瓜根、䗪蟲破瘀而行血也。又治陰門癩腫者，以其行血而達木也。肝氣鬱陷，則病癩腫。又導大便結鞕者，以其泄熱而潤燥也。陽明傷寒，自汗出，小便利，津液內竭，而便鞕者，當須自欲大便，蜜煎導而通之。土瓜根、猪膽汁皆可為導。《肘後方》土瓜根汁入少水，內筒，吹入肛門內，取通。 土瓜根苦寒滑利，善行經脈，破瘀行血，化癖消癥。其諸主治，通經閉，下乳汁，消瘰癧，散癰腫，排膿血，利小便，滑大腸，療黃疸，墜胎孕。

清・吳儀洛《本草從新》卷二 王瓜（瀉熱，通利水行血。）即土瓜根。 苦，寒。瀉熱利水。治天行熱疾，黃疸消渴，擣汁飲。便數帶下，月閉瘀血。利大小便，排膿消腫，下乳，通乳藥多用之，單服亦可。墮胎。唯實熱壅滯者宜之，稍稍挾虛切勿妄投。根如栝樓之小者，味如山藥。根、子通用。《經疏》曰：主治略似栝樓。傷寒發斑，用王瓜擣汁，和伏龍肝末服甚效。

清・汪紱《醫林纂要探源》卷二 王瓜 苦，寒。一名土瓜，一名馬瓟瓜。蔓似瓜蔞，葉細碎多刻，蔓多鬚，瓜圓小如彈丸。四五月間早生，故名王瓜。功用同瓜蔞，尤長通乳。形似乳頭，多汁。 根 甘，苦，平。亦同天花粉。

清・嚴潔等《得配本草》卷四 王瓜根即土瓜。子。 苦，寒。入手足陽明經。治熱病，療黃疸，通經利便，下乳散癰。 配白石脂、桂心、菟絲子、牡蠣，治腎虛溲如泔。配黃酒，通乳汁。取汁和伏龍肝，治發斑。 虛者禁用。

子 酸、苦，平。入手太陰、陽明經。 佐地黃、川連，治下血。

題清・徐大椿《藥性切用》卷四 土瓜根 古名王瓜。性味苦寒，瀉熱利水，為實熱壅滯之耑藥。

清・羅國綱《羅氏會約醫鏡》卷一六草部 王瓜即土瓜根。味苦寒，無毒，入心肺膀胱三經。 瀉熱，除毒，燥濕。治天行熱疾發狂、遺尿黃疸，擣汁飲。化血結堅癥，瘀血月閉破血，去濕痺，散癰腫，下痢赤白雜來濕熱，利二便利水，下乳汁，單服。以上俱宜根煎服。療傷寒發斑。調伏龍肝末服。根似栝蔞，味如山藥，根子通用，惟少為奇，多則吐下。

清・楊時泰《本草述鉤元》卷一一 王瓜 三月生苗，其蔓多鬚，其葉圓，如馬蹄而有尖，面青背淡，濇而不光，六七月開五出小黃花，成簇，結子纍纍，熟時有紅黃二色，皮亦粗濇，根如栝蔞根之小者，澄粉甚白膩，須深掘二三尺乃得正根，作蔬食，味如山藥瀕湖。王瓜其殼徑寸，長二寸許，上微圓，下尖長，七八月熟，紅赤色，殼中子如螳螂頭者，今人又謂之赤雹子宗奭。

根，氣味苦寒。有小毒，能吐下人。主治消渴內痺，瘀血月閉，寒熱酸疼，益氣愈聾，療諸邪氣熱結鼠瘻，散癰腫留血，破癥癖，治天行熱疾，壯熱煩悶，酒黃病熱勞，治婦人帶下，下乳汁，落胎，止溺數不禁，逐四肢骨節中水，利大小便諸本草。稟土中清肅陰寒之氣，能除濕熱熱毒，大約與瓜蔞性同，而此入血分諸病為多仲淳。黃疸變黑，用王瓜根汁，平旦溫服一小升，午刻黃水當從小便出，不出，再服。小便如泔，乃腎虛也，用王瓜根一兩，白石脂二兩，菟絲子酒浸二兩，桂心一兩，牡蠣粉一兩，為末，每服二錢，大麥粥飲下。經水不利，帶下，少腹滿，或一月經再見者，王瓜根散主之，王瓜根、芍藥、桂枝、蟅蟲各三兩，為末，酒服方寸匕，日三服。

論：《經》云：寒泣血。王瓜乃以苦寒而效活血之用，知其所治之瘀血，皆因於熱者。第細繹其用，非專以通瘀為功，如能止溺數不禁，又逐四肢骨節中水，仲景既以治經水不利，又或一月再見，何為而有兩利之功哉？觀《本經》云益氣，乃知此味所益之氣，為血中陰氣，故用於婦人經帶居多，且通治諸方，又於二便為多，則其氣不為陰中之陽而精專於血分者乎。再以單方治黑疸參之，茲味之益陰氣而俾血和也，信而有徵矣。稟土中清陰專氣，乃開花結實於六七月，是其氣之暢者，正從陽歸陰之候也。

王瓜子　即赤雹子。　味酸、苦，氣平。生用，潤心肺，治黃病。炒用，治肺痿吐血，腸風瀉血赤白痢，療反胃吐食。反胃，用赤雹兒燈上燒一錢，入好棗肉、平胃散末二錢，酒服，食即可下。筋骨痛攣，赤雹兒子炒開口，為末，酒服一錢，日二服。下血，王瓜子一兩，燒存性，地黃二兩，黃連半兩，為末，蜜丸梧子大，米飲下三十丸。

清・葉桂《本草再新》卷三　王瓜味苦，性寒，無毒。入心、腎二經。　瀉熱，利水，利小便，消乳腫，治黃疸、毒瘡，排膿化血，墮胎。

清・吳其濬《植物名實圖考》卷二二　王瓜　《本經》中品。《爾雅》：鉤，藈姑。注：一名王瓜。今北地通呼為赤雹。《本草衍義》謂之赤雹子是也。自淮而南，皆曰馬爮，湖廣謂之公公鬚。《本草綱目》：江西人名土瓜，栽之沃土，根味如山藥。今江西呼番薯為土瓜。又寧都山中別有一種土瓜，味甚劣，未知其即王瓜否也。陶隱居釋王瓜，與郭注所謂實如瓟瓜、正赤、味苦，形狀脗合，則鉤、藈姑之名王瓜，相沿至晉梁未改，古人姑、瓜音近相通，而王瓜之為赤雹，以色形證之，殆無疑義。馬雹見《救荒本草》至土瓜之名，則經傳已非一物。菟瓜、菲、芴，蘇頌已謂同名異類。今俗間所謂土瓜，南北各別，不可悉數。故以土瓜釋王瓜，而不具述形狀，則眯瞢不知何物矣。鄭注以為菝葜，必有所承。王菩王萯，字異物同。秀萋之說，以四月孟夏時令相符，強為牽合；不知萋繞《爾雅》具載，乃是遠志。《草木蟲魚疏》以為栝樓；栝樓，《爾雅》已前見，郭景純何故以王瓜釋鉤、藈姑，而不以釋栝樓？且謂栝樓形狀、藤葉與土瓜相類，不知所云土瓜又何物也？《唐本草》注：王瓜葉如栝樓而無叉缺，有毛刺。無叉缺，則亦不甚相肖。蔓生之葉，非以花叉齒缺分別，則相同者多矣。明人《說部》乃以黃瓜為王瓜，蹲鴟之羊，形諸簡牘，不經實甚。小臣侍直，曾蒙天語詢及王瓜何物，因以所聞見具對。上復問黃瓜始於何時，具以始於前漢，改名原委對。上曰：諸瓜多始於後世，古人無此多品。俗人乃以王瓜為黃瓜，失之不考。九重宵旰，於一草一木，無不洞燭根原。仰見雨露鴻鈞，不私一物，亦不遺一物。彼訓詁考訂家，何能上測高深。

清・趙其光《本草求原》卷四蔓草部　土瓜根　《本經》名王瓜，俗名野甜瓜。《月令》云四月王瓜生，即此瓜也。葉如栝蔞葉，有毛刺；五月開花結子，熟時赤色，如彈丸；根如栝蔞根之小者，須掘二三尺深乃得正根，三月采根，陰乾用。苦，寒，無毒。治消渴、瘀血月閉、寒熱酸疼，愈聾。非世俗所食之王瓜、甜瓜也，今人未之識，因種景有土瓜根為導之法，恐人誤認，故辨之。

清・葉志詵《神農本草經贊》卷二　王瓜　味苦，寒。主消渴內痹，瘀血，月閉，寒熱酸疼，益氣愈聾。一名土瓜。生平澤。

俯矚籬垣，蔓牽瓞濯。花小黃勻，葉圓青濯。甫降青霜，紛垂赤雹。三五根連，壅培墝埆。

名醫曰：生魯地田野及人家牆垣。《詩箋》：瓜瓞，瓜小狀似瓟，故謂之瓞。李時珍曰：其蔓多鬚，葉圓如蹄有尖，面青背淡。江西人栽之沃土，六七月開小黃花成簇。王勃序：紫電青霜。寇宗奭曰：瓜殼徑寸，長二寸許，七八月熟，紅赤色。今人謂之赤雹子。細根上又生淡黃根，三五相連。《漢書・傳》注：墝埆，瘠薄之地。

清・戴葆元《本草綱目易知錄》卷二　王瓜土瓜　根，苦，寒。下瘀血，破癥癖，下乳汁。主蠱毒，益氣愈聾，排膿落胎。治天行熱疾，壯熱心煩，悶熱勞瘁，消渴內痹，酒疸黑(疽)〔疸〕，寒熱酸疼。止小便數不禁，逐四肢骨節中水。諸邪氣熱結鼠瘻，散癰腫留血，消撲損瘀血。婦人帶下，瘀血內閉，小兒閃癖，痞滿痰瘧，利大小便。治面黑面瘡及馬骨刺人瘡。

清・陳其瑞《本草撮要》卷一　王瓜　味苦，寒，入手足太陰經，功專瀉熱利水。治天行熱疾，黄疸消渴，便數帶下，月閉瘀血，利大小腸，排膿消腫，下乳。得伏龍肝搗汁調和服，治傷寒發斑。即土瓜根子，名赤雹子，治肺痿吐血，腸風瀉血，赤白痢。得棗肉平胃散酒服，治反胃。

金瓜兒

明・朱橚《救荒本草》卷上之後　金瓜兒　生鄭州田野中。苗似初生小葫蘆葉而極小，又似赤雹兒葉。莖方，莖葉俱有毛刺，每葉間出一細藤，延蔓而生。開五瓣尖宛子黄花，結子如馬瓝音雹大，生青熟紅。根形如雞彈微小，其皮土黄色，内則青白色。味微苦，性寒。與酒相反。　救飢：掘取根，換水煮，浸去苦味，再以水煮極熟，食之。

合子草

宋・唐慎微《證類本草》卷七草部上品〔唐・陳藏器《本草拾遺》〕　合子草　有小毒，子及葉主蠱毒螫咬，擣傅瘡上。蔓生岸傍，葉尖花白，子中有兩片如合子。

清・趙學敏《本草綱目拾遺》卷七藤部　天毬草　一名盒子草，俗呼盒兒藤，好生水岸道旁，苗高三四尺，葉如波斯，花有小絨，五月結實為毬，毬内生黑子二片，生時青老則黑，每片渾如龜背，又名龜兒草，丹術家取其汁伏硫汞，根伏雌雄。　《百草鏡》：鴛鴦木鼈，一名水荔枝、盒兒藤。葉長尖，有鋸齒，生水涯，蔓生，秋時結實，狀如荔枝，色青有刺，殼上中有斷紋，兩截相合，藏子二粒，色黑如木鼈而小。　《孫氏丹方》：盒子草，子及葉有小毒，蔓生岸旁，葉尖花白，子中有二片，如盒子。《綱目》附於榼藤後，花、實、根形俱不甚詳。　性有小毒，主蠱毒及蛇咬，擣敷瘡上即愈。　疳積初起：《百草鏡》云：鴛鴦木鼈三錢，煎服愈。　敏按：此草似預知子，近時人罕用，而吴氏遵程著《從新》，以預知子為近日所無，直不知即天毬草也，世不用，而草醫又易以他名。

絞股藍

明・朱橚《救荒本草》卷上之前　絞股藍音古　生田野中。延蔓而生，葉似小藍葉，短小軟薄，邊有鋸齒，又似痢見草葉，亦軟淡綠，五葉攢生一處。開小黄花，又有開白花者，結子如豌豆大，生則青色，熟則紫黑色。　葉味甜。　救飢：採葉煠熟，水浸去邪味涎沫，淘洗淨，油鹽調食。

金盆、銀盆

清・劉善述、劉士季《草木便方》卷一草部　金、銀盆　金盆苦寒主祛風，火眼熱毒搽痔鬆。腸胃熱結氣痛止，銀盆治法亦同功。黄白二種同性。

木鼈子

宋・唐慎微《證類本草》卷一四木部下品〔宋・馬志《開寶本草》〕　木鼈子　味甘，溫，無毒。主折傷，消結腫惡瘡，生肌，止腰痛，除粉刺䵟黯，婦人乳癰，肛門腫痛。藤生。葉有五花，狀如署預，葉青色面光。花黄。其子似栝樓而極大，生青，熟紅，肉上有刺。其核似鼈，故以爲名。出朗州及南中。七八月採之。今附。

〔宋・掌禹錫《嘉祐本草》〕按：日華子云：醋摩消酒毒。

〔宋・蘇頌《本草圖經》〕云：木鼈子，出朗州及南中，今湖、嶺諸州及杭、越、全、岳州亦有之。春生苗，作蔓，葉有五花，狀如山芋，青色面光。四月生黄花，六月結實，似栝樓而極大，生青，熟紅，肉上有刺。其核似鼈，故以爲名。每一實，有核三四十枚，八月、九月採。嶺南人取嫩實及苗葉作茹蒸食之。

〔宋・唐慎微《證類本草》〕孫用和：治痔方：以木鼈子三枚，去皮杵碎，砂盆内研如泥，以百沸湯一大椀，以上入盆器内，坐上薰之，通手即洗，一日不過三二次。

宋・寇宗奭《本草衍義》卷一五　木鼈子　蔓生，歲一枯。葉如蒲桃，實如大栝樓，熟則紅黄色，微有刺，不能刺人。今荆南之南皆有之。九月、十月熟，實中之子曰木鼈子。但根不死，春旋生苗，其子一頭尖者爲雄。凡植時，須雌雄相合，麻縷纏定；及其生也，則去其雄者，方結實。

宋・劉明之《圖經本草藥性總論》卷下　木鼈子　味甘，溫，無毒。主折傷，消腫惡瘡，生肌，止腰痛，除粉刺䵟黯，女人乳癰，肛門腫痛。藤生葉，有五花，狀如薯蕷花，黄子，似栝樓，肉上有刺，其核似鼈。七八月採。日華子云：醋摩，消酒毒。嶺南人取嫩實及苗葉，作茹蒸食之。

宋・陳衍《寶慶本草折衷》卷一四　木鼈子　出朗州，及南中、湖、嶺、荊南，杭、越、全、岳、宜州。○七、八、九、十月採實，取核子。

味甘，溫，無毒。○主折傷，消結腫惡瘡，生肌，止腰痛，除粉刺䵟黯，婦人乳癰，肛門腫痛。○日華子云：醋摩，消腫毒。○《圖經》曰：其核似鼈，故以為名。○孫用和方：治痔。以叁枚去皮，研如泥，以沸湯入盆器内，坐上熏之，通手即洗。○寇氏曰：一頭尖者為雄。

元・尚從善《本草元命苞》卷七　木鱉子　甘，溫，無毒。主傷折，惡瘡結腫。治腰痛，生肌。除䵟䵸粉刺，療婦人乳癰，醫肛門腫痛。出朗州、南中，今岳州、湖、廣。苗作蔓，葉有五花如山芋，面光，青色，四月開黃花，六月結青實，熟紅，肉上有刺，其核似鱉，名之。八月、九月收採嫩實，苗葉作茹。

明・王綸《本草集要》卷四　木鱉　味甘，氣溫，無毒。主折傷，消結腫惡瘡，生肌，止腰痛，肛門腫痛，婦人乳痛。

明・滕弘《神農本經會通》卷二　木鼈　七八月採之。味甘，氣溫，無毒。《書》云：治腰痛，乳癰，及消酒。主療瘡散腫，并折肌。

《本經》云：主折傷，消結腫惡瘡，生肌，止腰痛，除粉刺䵟䵸，婦人乳癰，肛門腫痛。治痔方，以木鼈子三枚，去皮，杵碎，砂盆內研如泥，以百沸湯一大椀，以上入盆器內，坐上薰之至通手即洗，一日不過三四次。《局》云：鼈子形真似鼈同，因形故得以名為。乳癰腰痛肛門腫，傷折瘍瘡用最宜。木鱉，治瘡瘍，腰痛。

明・劉文泰《本草品彙精要》卷二一　木鱉子無毒　蔓生。

木鱉子：主折傷，消結腫，惡瘡，生肌，止腰痛，除粉刺，䵟䵸，婦人乳癰，肛門腫痛。名醫所錄。【苗】《圖經》曰：苗作蔓，葉有五花，狀如山芋，葉青色，面光，四月生黃花，六月結實，似栝樓而極大，生青熟紅，肉上有刺，其核似鱉，故以爲名。每一實其核三四十枚。《衍義》曰：其苗一歲一枯，葉如葡萄，葉實中之子名木鱉子，但根不死，春旋生苗，其子一頭尖者爲雄，凡植時須雌雄相合，麻縷纏定，及其生也，則去其雄者，方能結實。【地】《圖經》曰：生朗州及南中。湖廣、杭越、全岳諸州亦有之。【道地】宜州、蜀郡。【時】生：春生苗。採：七月、八月取子。【收】日乾。【用】子。【質】類小鱉。【色】殼褐肉青白。【味】甘。【性】溫，緩。【氣】氣薄。【臭】焦。【主】消惡瘡，散結腫。【製】凡使，去殼用仁，剉碎或去油用。【治】療：《別錄》云：治痔瘡，以三枚去皮，研如泥，用百沸湯一碗，同入盆內熏洗。【解】醋摩，消腫毒。

明・俞弁《續醫說》卷四　木鱉子有毒　木鱉子不可服，與猪肉相反，犯之立死。余嘗見劉績《霏雪錄》載：一富人生二子，皆鍾愛之，恣其食啖，遂成痞塊。其父得一方，用木鱉子煮猪肉同食之，其幼子當夜死，明日長子死。近見山塘吳氏子年二十餘，患便毒，清晨服木鱉子藥，至午飽飴猪肉，須臾叫噪而死。是以益信劉之所記不妄云。

明・葉文齡《醫學統旨》卷八　木鱉子　氣溫，味甘。無毒。治折傷，消結腫惡瘡，生肌，止腰痛，除粉刺、䵟䵸，婦人乳癰，肛門腫痛。

明・許希周《藥性粗評》卷二　木鱉子春生苗，作蔓，葉有五花狀，如薯蕷，青色面光，四月開黃花，六月結實，似栝樓而極大，生青熟紅黃色，皮上有刺，不能刺人，九月、十月實熟，實中之核似鱉，故名。每一實其核三四十枚，一頭尖者為雄。凡植須雌雄相合纏定，待生去其雄者則結實。荊湘原野處處有之。十月採實，取核陰乾。餘說《本草》不載。　味甘，性溫，無毒。主治惡瘡疔毒，癰腫，腰痛折傷，肛門腫脫，婦人乳癰，生肌散血，頗與營實同功。

單方：年久惡瘡：以營實研末，先將瘡口米泔洗淨，以藥末摻之，又冬取其根，夏取其莖葉，濃煎飲之效。　肉中折刺：凡折箭或刺入肉，膿囊不出，以營實煎湯服，七八日刺出。

明・鄭寧《藥性要略大全》卷六　木鱉子　治乳癰腰痛，瘡瘍折傷，及肛門腫痛，消結腫惡瘡，生肌。　味甘，氣溫，無毒。形生似鱉，因名焉。

明・陳嘉謨《本草蒙筌》卷四　木鱉子　味甘，氣溫。無毒。朗州屬湖南所生，藤莖甚大。黃花綠葉，子若栝蔞。生青熟紅，肉上有刺。其核類鼈，故此得名。消腫突惡瘡，除䵟䵸粉刺。兩胯蚌毒立効，雙乳癰赤殊功。止腰疼，主折損。匪專追毒，亦可生肌。

謨按：烏頭毗穗，亦名木鼈子。兩物一名，不可不識。但此專入外科，而有追毒之効。彼則徒載其名，全無治病之能。非比僊人杖三物同名，而各有用也。

明・王文潔《太乙仙製本草藥性大全》卷三《本草精義》　木鼈子　出朗州及南中，今湖、廣諸州及杭、越、全、岳州亦有之。春生苗，作蔓，葉有五花，狀如山芋，青色面光，四月生黃花，六月結實似栝樓而極大，生青熟紅，肉上有刺，其核似鼈，故以爲名。每一實其核三四十枚，八月、九月採。嶺南人取嫩實及苗葉作茹蒸食。

明・王文潔《太乙仙製本草藥性大全》卷三《仙製藥性》　木鼈子　味甘，氣溫，無毒。主治：消腫毒惡瘡，除䵟䵸粉刺。兩胯蚌毒立效，雙乳癰赤殊功。止腰疼，主折損。匪專追毒，亦可生肌。肛門腫痛，折傷奇勳。補

註：治痔漏，以三枚去皮，杵碎，砂盆內研泥，以百沸湯一大桶，入盆器內和藥勻，坐上薰之至通手即洗，一日不過三二次。〇消酒毒用醋磨服立效。

明・皇甫嵩《本草發明》卷四 木鼈子下品，佐使。氣溫，味甘，無毒。烏頭昆橞亦名木鼈，名同而實無治病之能。 發明曰：木鼈子，外科要藥，故《本草》主消結腫惡瘡，能生肌兩胯，蚌毒，婦人乳癰，肛門腫痛，止腰痛折損傷，除粉刺䵟（黯）〔䵳〕。又云：醋摩，消酒毒。又能毒狗。木鼈子若瓜蔞，生青熟似鼈，故名之。

明・李時珍《本草綱目》卷一八草部・蔓草類 木鼈子宋《開寶》校正自木部移入此。

【釋名】木蟹志曰：其核似鼈、蟹狀，故以爲名。 【集解】志曰：出朗州及南中，七八月采實。頌曰：今湖、廣諸州及杭、越、全、岳州皆有之。春生苗，作藤生。葉有五椏，狀如山藥，青色面光。四月生黃花，六月結實，似栝樓而極大，生青，熟紅黃色，肉上有軟刺。每一實有核三四十枚，其狀扁而如鼈，八九月采之。嶺南人取嫩實及苗葉作茹蒸食。宗奭曰：木鼈子蔓歲一枯，但根不死，春旋生苗。葉如蒲萄。其子一頭尖者爲雄。凡植時須雌雄相合，麻纏定。及其生也，則去雄者，方結實。時珍曰：木鼈核形扁礧砢，大如圍棋子。其仁青綠色，入藥去油者。

仁 【氣味】甘，溫，無毒。時珍曰：苦、微甘，有小毒。 【主治】折傷，消結腫惡瘡，生肌，止腰痛，除粉刺䵟䵳，婦人乳癰，肛門腫痛《開寶》。醋摩，消腫毒大明。治疳積痞塊，利大腸瀉痢，痔瘤瘰癧時珍。

【發明】機曰：按劉績《霏雪録》云：木鼈子有毒，不可食。昔薊門有人生二子，恣食成痞。其父得一方，以木鼈子煮猪肉食之。其幼子當夜、長子明日死。友人馬文誠方書亦載此方。因著此爲戒。時珍曰：南人取其苗及嫩實食之無恙，則其毒未應至此。或者與猪肉不相得，或犯他物而然，不可盡咎木鼈也。

【附方】舊一，新十九。 酒疸脾黃：木鼈子磨醋，服一二盞，見利效。劉長春《濟急方》。 脚氣腫痛：木鼈子仁，每個作兩邊，麩炒過，切碎再炒，去油盡爲度。每兩入厚桂半兩，爲末。熱酒服二錢，令醉，得汗愈。夢秘授方也。《永類方》。 濕瘡脚腫：行履難者。木鼈子四兩去皮，甘遂半兩，爲末。以猪腰子一個，去膜切片，用藥四錢在中，濕紙包煨熟，空心米飲送下，服後便伸兩脚。如大便行者，只喫白粥二三日爲妙。楊珙《醫方摘要》。 陰疝偏墜：痛甚者。木鼈子一個磨醋，調黃蘗、芙蓉末傅之，即止。《壽域神方》。 久瘧有母：木鼈子、穿山甲炮等分，爲末。每服三錢，空心溫酒下。《醫方摘要》。 腹中痞塊：木鼈子仁五兩，用豮猪腰子二付，批開入在內，簽定，煨熟，同搗爛，入黃連三錢末，蒸餅和丸綠豆大。每白湯下三十丸。《醫方集成》。 小兒疳疾：木鼈子仁、使君子仁等分，搗泥，米飲丸芥子大。每服五分，米飲下。一日二服。孫（真）〔天〕仁《集效方》。 疳病目蒙：不見物。用木鼈子仁二錢，胡黃連一錢，爲末，米糊丸龍眼大，入雞子內蒸熟，連雞子食之爲妙。同上。 倒睫拳毛：因風入脾經，致使風痒，不住手擦，日久赤爛，拳毛入內。將木鼈子仁搥搥，以絲帛包作條，左患塞右鼻，右患塞左鼻，其毛自分上下，次服蟬蛻藥爲妙。孫天仁《集效方》。 肺虛久嗽：木鼈子、款冬花各一兩，爲末。每用三錢，焚之吸煙。良久吐涎，以茶潤喉。如此五六次，後服補肺藥。一方：用木鱉子一箇，雄黃一錢。《聖濟録》。 小兒鹹齁：大木鼈子三四箇，磨水飲，以雪糕壓下，即吐出痰。重者三服效。《摘玄方》。 水瀉不止：木鼈仁五箇，母丁香五箇，麝香一分，研末，米湯調作膏，納臍中貼之，外以膏藥護住。吴旻《扶壽精方》。 痢疾禁口：木鼈仁六箇研泥，分作二分。用麪燒餅一箇，切作兩半，只用半餅作一竅，納藥在內，乘熱覆在病人臍上，一時再換半箇熱餅。其痢即止，遂思飲食。邵真人《經驗方》。 腸風瀉血：木鼈子以桑柴燒存性，候冷爲末。每服一錢，煨葱白酒空心服之。名烏金散。《普濟方》。 肛門痔痛：孫用〔和〕《秘寶方》用木鼈仁三枚，砂盆擂如泥，入百沸湯一盌，乘熱先熏後洗，日用三次，仍塗少許。〇瀕湖《集簡方》：用木鼈仁帶潤者，雌雄各五箇，乳細作七丸，盌覆濕處，勿令乾。每以一丸，唾化開，貼痔上，其痛即止，一夜一丸自消也。江夏鐵佛寺蔡和尚病此，痛不可忍，有人傳此而愈。用治數人皆有效。 瘰癧經年：木鼈人二箇，去油研，以雞子白和，入瓶內，安甑中蒸熟。食後食之，每日一服，半月效。 小兒丹瘤：木鼈子仁研如泥，醋調傅之，一日三五上效。《外科精義》。 耳卒熱腫：木鼈子仁一兩，赤小豆、大黃各半兩，爲末。每以少許生油調塗之。《聖惠方》。 風牙腫痛：木鼈子仁磨醋搽之。《普濟方》。

題明・薛己《本草約言》卷二《藥性本草》 木鼈子 掃疥如神。

明・梅得春《藥性會元》卷中 木鱉子 味甘，氣溫，無毒。其藤生葉，花有五狀，青色面光，花黃。其子似栝蔞而極大，生青熟紅，肉上有刺。其核似鱉，故以名之。 主治折傷，消結腫惡瘡，生肌止腰痛。除粉刺䵟䵳，婦人乳癰，肛門腫痛。醋磨消酒毒。

明・李中立《本草原始》卷四 木鼈子 始出朗州及南中。今湖廣諸州及杭、越、全、岳州亦有之。春生苗作蔓，葉有五花狀，如山芋，青色面光。四月生黃花，六月結實，似栝樓而極大，生青、熟紅，肉上有刺，每一實其核三四十枚。七月、八月采實。其核似鼈，故以為名。氣味：甘，溫，無毒。主治：折傷，消結腫惡瘡，生肌。止腰痛。除粉刺䵟䵳，婦人乳癰，肛門腫痛。〇研燒湯，熏痔。俗呼土木鼈子，亦呼正木鼈子。

木鼈子，《別録》下品。【圖略】齊者為雌，尖者為雄。修治：木鼈子，去殼取仁，或去油用。老者殼色蒼黑，嫩者殼色黄白。仁：皮緑、肉白者佳。多油及瘦薄者不堪用。

《百中方》：治小兒泄瀉白痢，用木鼈子一枚，去殼細切，母丁香一枚，共為一處，碾為末，先以米泔洗臍淨，拭乾，納末于臍中令滿，上以小膏藥貼之，即止。

明·張懋辰《本草便》卷二　木鱉　味甘，氣溫，無毒。主折傷，消結腫惡瘡，止腰痛，肛門腫痛，婦人乳痛。

明·繆希雍《本草經疏》卷一四　木鼈子　味甘，溫，無毒。主折傷，消結腫惡瘡，生肌，止腰痛，除粉刺鼾䵳，婦人乳癰，肛門腫痛。

【疏】木鼈子稟火土之氣，感長夏暑熱之令以生，故其味甘，氣溫，無毒。味厚於氣，可升可降，陽也。為散血熱、除癰毒之要藥。夫結腫惡瘡，粉刺鼾䵳，肛門腫痛，婦人乳癰等證，皆血熱所致。折傷則血亦瘀而發熱。甘溫能通行經絡，則血熱散，血熱散則諸證無不瘳矣。其止腰痛者，蓋指濕熱客於下部所致，而非腎虛為病之比也。用者詳之。　【主治參互】孫用和《秘寶方》肛門痔痛，用木鼈仁三枚，砂盆擂如泥，入百沸湯一盌，乘溫先熏後洗，日用三次，仍塗少許。《聖惠方》耳卒熱腫，木鼈子仁一兩，赤小豆、大黄各半兩，為末，每以少許生油調塗之。　【簡誤】木鼈子味雖甘，而氣則大溫。本經雖云無毒，然亦未免有毒。但宜外用，勿輕内服。劉績《霏雪録》云：木鼈子有毒，不可食。昔薊門有人生二子，恣食成痞，其父得一方，以木鼈子煮猪肉食之。其幼子當夜死，長子明日死。其為毒雖未如此之厲，然亦必非純粹之物也。

番木鼈　形小於木鼈，而色白，味苦，氣寒，性無毒。主傷寒熱病，咽喉痹痛，消痞塊，竝含之嚥汁。《醫方摘要》治喉痹作痛，用番木鼈、青木香、山豆根等分，為末，吹之。　【簡誤】番木鼈，性大寒，味至苦，凡病人氣血虛弱，脾胃不實者，慎勿用之。

明·倪朱謨《本草彙言》卷六　木鼈子　味苦，微甘，有小毒。　馬氏曰：木鼈子，出朗州及南中。蘇氏又言：閩廣諸郡及全、岳、杭、越亦有。蔓歲一枯，根則不死，春復旋生。亦可子種。種時須雌雄相配，排理土中，及生，則去其雄，方結有子。作藤布葉，酷似薯蕷，但葉作五椏，色稍嫩緑。四月開黄花，六月結實，似苦瓜、栝樓而極大，生時青碧，熟則紅黄。殼有軟刺，每一實有子數十枚，長三四分。圓扁礧砢，形狀如鼈。如一頭尖者，雄種也。八月采取，中仁青緑。修治：去油用。○嶺南人取嫩苗葉，鹽淹晒乾，再蒸熟，可作茹食。

木鼈子：利大腸，李時珍消疳積，日華化腫毒之藥也。樓渠泉稿《開寶》方作湯飲，主療惡瘡腫毒，乳癰便癰。又醋調敷粉刺鼾䵳；水調敷肛門腫痛。作散服，消疳積痞塊，乃疏結洩壅之物。如胃虛大腸不實，元真虧損者，不可概投。如入敷貼外科諸疾，又勿論也。

盧子繇先生曰：藥有雌雄，此指枝幹已成，別花實之有無，或形色之相肖，假喻而言也。若何首烏，色分赤白，兩藤時相交解，如天上夫妻，目視執手，以爲淫事者也。惟頓遜國有木曰互婚，花似牡丹，根幹之間，實有其具。晝則分開，夜則聯合，如人間夫妻，實有淫業者也。獨木鼈子，胚胎未兆，先爲匹配而後生，生而後有子，此又雌雄之異類者矣。《傳》云：未有學養子而後嫁，此更學養子而後生。

姜月峰先生曰：古方載木鼈子有毒，不可食。昔薊門有二小兒，恣食成痞，一醫教以木鼈子煮猪肉食之，一晝夜二子俱死，方書因著此爲戒。又按：李氏云：南人嘗取其苗及嫩實，食之無恙，則其毒未應至此，或者與猪肉不相得，或犯他食物而然，又不可盡咎木鼈子也。

集方：白荆山手抄治惡瘡腫毒，乳癰便癰。用木鼈子仁三錢，金銀花、紫花地丁各四錢，乳香、沒藥各一錢，水酒各二碗，煎一碗，毒在上，食後服；在下，食前服。乳癰，加瓜蔞實一箇，打碎用。便癰魚口，加大黄、皂角刺、穿山甲，火煅，各三錢。○治小兒疳積痞塊方：法見前使君子條内。○蔡和尚傳治肛門腫痛并痔痛。用木鼈子仁十箇，研細作七丸，每以一丸唾化，搽痔上，其痛立止。一夜一丸，自消也。○《外科方》治經年瘰癧。用木鼈子仁二箇，去油研細，入雞子内，蒸熟食之。一日一服，半月效。○吴旻山方治水瀉不止。用木鼈子仁五箇，母丁香三粒，麝香五釐，研末，米湯調，作膏貼臍内，外以膏藥護住。○孫天仁方治小兒疳疾。用木鼈子仁去油，使君子仁各等分，搗極細，米糊丸，如芥菜子大。每服三四分，米湯送。○同前治疳病目矇不見物。用木鼈子仁二錢，胡黄連一錢，研細末，米糊丸，如芥菜子大。每服五分，白湯送下。○劉長春方治酒疸脾黄。用木鼈子仁，磨醋服一二錢，見利效。○《永類方》治脚氣腫痛，行履難者。用木鼈子仁，切碎，拌麩炒，去油氣爲度，厚肉桂減半，共爲末。用熱酒服二錢，令醉，得微汗愈。

狗皮膏，貼瀉痢如神。用木鼈子十箇，杏仁五十箇，桃枝、柳枝各五十段，乳香、沒藥各五錢，用香油七兩，將木鼈子以下四味入油煎浮，撈起渣，後下好黄丹三兩，熬將成膏，用竹箸不住手攪，滴水內成珠，再入乳香、沒藥，以狗皮攤膏，貼臍上。

明・姚可成《食物本草》卷一九草部・蔓草類 木鼈子出朗州及南中，今湖廣諸州及杭、越、全、岳州皆有之。春生苗，作藤生。葉有五椏，狀如山藥，青色面光。四月生黄花。六月結實，似栝樓而極大，生青，熟紅黄色，肉上有軟刺。每一實有核三四十枚，其狀扁而如鼈，八九月采之。嶺南人取嫩實及苗葉作茹，蒸食。○寇宗奭曰：木鼈子蔓歲一枯，但根不死，春旋生苗葉如蒲萄。其子一頭尖者為雄。凡植時需雌雄相合，麻纏定。及其生也，則去雄者方結實。○李時珍曰：木鼈核形扁礧砢，大如圍棋子，其仁青綠色。 木鼈子仁，味甘，溫，無毒。治折傷，消結腫惡瘡，生肌，止腰痛，除粉刺鼾黯，婦人乳癰，肛門腫痛。醋摩，消腫。治疳積痞塊，利大腸，瀉痢，痔瘤瘰癧。○汪機曰：按劉績《霏雪錄》云：木鼈子有毒，不可食。昔薊門有人生二子，恣食成痞。其父得一方，以木鼈子煮猪肉食之，其幼子當夜死，長子明日死。友人馬文誠方書亦載此方，因著此為戒。○李時珍曰：南人取其苗及嫩實食之，無恙，則其毒未應至此。或者與猪肉不相得，或犯他物而然，不可盡咎木鼈也。

附方：治拳毛倒睫，因風入脾經，致使風痒，不住手擦，日久赤爛，拳毛入內。將木鼈子仁槌爛，以絲帛包作條，左患塞右鼻，右患塞左鼻，兩目俱患，左右俱塞，其毛自分上下。次服蟬蛻藥自愈。 治肛門痔漏。用木鼈仁三个，砂盆內擂如泥，放桶中，入百沸湯一二杓，乘熱先熏後洗，日三次，仍塗少許。又方，用木鼈仁帶潤者，雌雄各五个，研細作七丸，碗覆溼處，勿令乾。每以一丸，津唾化開，貼痔上，其痛即止。一夜一丸，自消也。江夏鐵佛寺僧蔡病此，痛不可忍，有人傳此而愈。用治數人皆有效。 〔治〕噤口痢。木鼈子仁六个研泥，分作二分，用麪燒餅〔一个，切作〕兩半。只用半餅作一竅，納藥在內，乘熱〔覆在病〕人臍上，一時再換半个熱餅，其痢即止，遂〔思飲食〕。〔治〕瘰子頸。木鼈子仁二个去油研，以雞子白和，入椀內，蒸食之。日二次，半月效。

明・顧逢柏《分部本草妙用》卷八雜藥部 木鼈子 苦辛，有毒。主治：惡痢，冷漏瘡，惡癘風。同大黄醋煮，雞子七枚，治癖塊有効。 漏瘡年久，當用木鼈。如不當而用之，為害不淺。

明・李中梓《醫宗必讀・本草徵要下》 木鱉子味甘，溫，有毒。 散血熱，除癰毒，止腰痛，生肌肉。有毒之品，但宜外用，勿輕內服。番木鼈形較小而色白味苦，主咽喉痹痛；氣血虛，腸胃滑者，大戒。

明・蔣儀《藥鏡》卷一溫部 土木鱉 除腫毒，療乳上之癰疽。散血熱，止濕熱之腰痛。如泥擂碎，入沸湯薰洗肛門之痔痛。合拌大黄、赤小豆，油塗熱腫之雙荷。《釋典》稱兩耳為雙荷。 番木鱉形小色白，味苦氣寒，主傷寒熱病，與喉痹痞塊者也。

明・張景岳《景岳全書》卷四八《本草正》 木鱉子 味苦、微甘、微辛，氣雄劣，性大寒，有大毒。《本草》言其甘溫無毒。謬也。今見毒狗者，能斃之於頃刻，使非大毒，而有如是乎？人若食之，則中寒發噤，不可解救。按劉續《霏雪錄》云：木鱉子有毒，不可食。昔一薊門人，有兩子患痞，食之相繼皆死，此不可不慎也。若其功用，則惟以醋磨，用敷腫毒乳癰，痔漏腫痛，及喉痹腫痛，用此醋漱於喉間，引痰吐出，以解熱毒，不可嚥下。或同硃砂、艾葉捲筒，薰疥殺蟲最效。或用熬麻油擦癬亦佳。

番木鱉 味極苦，性大寒，大毒。功用與木鱉大同，而寒烈之性尤甚。

明・盧之頤《本草乘雅半偈》帙一〇 木鼈子宋《開寶》 氣味：甘，溫，無毒。 主治：主折傷，消結腫惡瘡，生肌，止腰痛，除粉刺鼾黯，婦人乳癰，肛門腫痛。

覈曰：出朗州，及南中，今閩、廣諸郡，杭、越、全、岳亦有。蔓歲一枯，根則不死，春復旋生，亦可子種。種時須雌雄相配，紅繩紮定，排埋土中，及其生也，則去其雄，方結有子。作藤布葉，都似薯蕷，但葉作五椏，色稍嫩綠。四月黄華，六月結實，生時青碧，熟則紅黄，殼有軟刺，纍纍如苦瓜錦荔枝狀。每一實有子數十枚，長三四分，圓扁礧砢，形狀如鼈，一頭尖者，雄種也。八月采取，中仁青綠。修事：去油用。

条曰：蔓草曰木，以用言也；實核曰鼈，以形舉也。言能以踈洩為己任，根身之結者則踈之，壅者則洩之。《經》云：肝主踈洩，寧獨二陰而已乎。四王忉悧共相抱，夜摩執手兜率咲，他化自在眼相覷，此則名為六欲樂。藥有雌雄，此指枝幹已成，別花實之有無，或形色之相肖，假喻而言也。若何首烏，色分赤白，兩藤時相交解，如天上夫妻，目視執手，以為婬事者也。唯頓遜國，有木曰互婚，華似牡丹，根幹之間，實有其具，晝則分開，夜則聯合，如人間夫婦，實有婬業者也。獨木鼈子，胚胎未兆，先為匹配而後生，生而後有子，此又雌雄之異類者矣。傳云未有學養子而後嫁，此更學養子而後生。

清・顧元交《本草彙箋》卷四　木鼈子　方家不輕用。至謂昔薊門有人二子，俱患痞。或授方以木鼈子煮猪肉食之，二子俱斃。時。《珍》云：南人取其苗及嫩實，食之無恙，則其毒未應至此。或與猪肉不相得，或犯他物而然，不可盡咎木鼈也。

另有一種番木鼈，名馬錢子，無殼，性苦寒。土木鼈甘溫，二性迥別，各隨所宜而用之。如前，同使君子治疳，乃土鼈也。去油盡用。　倒睫拳毛者，因風入脾經，致使風癢，手擦日久赤爛，拳毛入內。將土木鼈子仁，搥爛，以絲帛包作條，左患塞右鼻，右患塞左鼻，其毛自分上下，次服蟬蜕等藥。　諸般腫毒，以馬錢子切片，炒黑，離火略冷即脆，研極細，或醋或蜜，調圍，如陰毒加藤黄，陽毒則單用。馬錢子中心空處，以紅靈藥、人乳調塗拔毒。此梁谿吴涇泉法。涇泉一郵囟，挾此術遊，徒居城市數歲，獲貲數千。　馬錢子磨猪膽汁，抹痔瘡立愈。

清・穆石匏《本草洞詮》卷一〇　木鼈子　形似鼈狀，故名。味甘苦，氣溫，無毒，一云有小毒。治疳積痞塊，利大腸，治折傷，消惡瘡，除粉刺，婦人乳癰，肛門腫痛，醋摩消腫毒。《霏雪錄》云：木鼈子有毒。昔薊門有人生二子，恣食成痞，其父得一方，以木鼈子合猪肉食之，週時並死，當以為戒。

清・劉雲密《本草述》卷一一　木鼈子附子類，中亦有名木鼈子者，蓋即漏藍子也。出朗州及南中，今閩廣諸郡、杭、越、全、岳亦有。蔓歲一枯，根則不死，春復旋生。亦可子種，種時須雌雄相配，紅繩紮定，排埋土中，及其生也，則去其雄，結有子。四月黄花，六月結實，纍纍如苦瓜、錦荔枝狀，每一實有子數十枚，長三四分，圓扁礧砢，形狀如鼈，一頭尖者，雄種也。八月采取中仁，青綠，修事去油用。

仁：氣味：甘，溫，無毒。　時珍曰：苦，微甘，有小毒。　諸本草主治：療折傷，消結腫惡瘡，肛門痔痛，痔瘤瘰癧，止腰痛，治疳積痞塊，婦人乳癰，醋磨消腫毒。　方書主治：中風腰痛，行痹脚氣，鶴膝風攣，悸，耳咽喉。

希雍曰：木鼈子稟火土之氣，感長夏暑熱之令以生，故其味甘，氣溫，無毒。味厚於氣，可升可降，陽也。為散血熱，除癰毒之要藥。

愚按：木鼈子種時須雌雄相合，於春生苗，既生以後，四月吐華，六月結實。然去其雄者，實乃得結，是其初種也，雌之陰必乘雄之陽以生，至乘陽出矣，至於陽極之時，又必專從雌之陰以結實。夫物物具有妙理，而此更可条也。蓋凡人物之生，始於陽，成於陰。陽主氣也，故資始陰主形也。故成終雖陰陽不容相離，然有遞相為君之時，而不容相混者，是萬物盡然，不謂此一物頓顯其精實義若斯也。取之以療血分，其陰之必資於陽以為始者，則血不患於孤陰，而有以化生，其陽之不亂於陰以為終者，則血不患於壅陽而有以化成，是其為結、為腫、為痛、為毒，必須玆物以治也。豈不然哉？第方書內治如中風癱瘓之輕脚丸，腰痛之張家飛步丸及百倍丸，行痹骨碎補丸、定痛丸、八神丹、一粒金丹、痿厥左經丸、續骨丹，脚氣之抱龍丸，鶴膝風之經進地仙丹，又攣證所用者，前之百倍丸，如上諸證，無非筋脈骨節不得血之流潤於經中，與其營養於經外者，而至此也。其治之者，亦唯是俾陰得受陽之氣以為化生，并不受陽之蝕以全化成耳。雖其主輔佐使不一，而治療之義不甚遠也。更条以悸證之濟生心丹，何為所療者心氣不足，神志不寧，而亦須此味乎？雖心臟主血，然如斯證，豈得取其活血為功乎？是固有以裕血化，不徒以行血為功矣。且不止此也，如耳病之芎藥散、解倉飲子，皆治熱壅以病於風。然即此合於脚氣寒溼之治，其何能得此胥宜也，是有以資始，有以代終，雖微物都具妙理，故得不戾於寒熱之氣也乎？

愚簡治痛風證，古方亦多用之，但此味其氣非涼亦非熱，謂為溫者，是若痛痹之證，因寒溼鬱熱以病於痛者，乃為的對。至痛風證屬血虛，似非其所急須也。

附方　疳病，目矇不見物，用木鼈子仁二錢，胡黄連一錢，為末，米糊丸龍眼大，入雞子內蒸熟，連雞子食之為妙。　肺虛久嗽，木鼈子、欵冬花各一兩，為末，每用三錢，焚之吸烟，良久吐涎，以茶潤喉。如此五六次，後服補肺藥。痢疾禁口，木鼈仁六箇，研泥，分作二分，用麪燒餅，一箇切作兩半，只用半餅，作一竅，納藥在內，乘熱覆在病人臍上，一時再換半箇熱餅，其痢即止，遂思飲食。

清・蔣居祉《本草擇要綱目・溫性藥品》　木鼈子仁　氣味：甘，溫，無毒。

主治：折傷，消結腫惡瘡，生肌止腰痛，除粉刺野䵟，婦人乳癰，肛門腫痛。醋磨消腫毒，治疳積痞塊。利大腸瀉痢，痔瘤瘰癧。

清・汪昂《本草備要》卷二　木鱉子瀉熱，外用治瘡。　苦，溫，微甘，有小毒。利大腸。治瀉痢疳積，瘰癧瘡痔，乳癰蚌毒。消腫追毒，生肌除䵟，音旱，黑斑。尚入外科。核扁如鱉，綠色。揀去油者，能毒狗。

清・李熙和《醫經允中》卷二一　木鼈子蔴油熾為末，每服二分，沙糖、酒調服，連進三日，治風狗咬傷如神。　苦、辛，有毒。主治消腫追毒，生肌，漏瘡年久，癖塊有効。不當用而用之，為害不淺。

清・馮兆張《馮氏錦囊秘錄・雜症痘疹藥性主治合參》卷四　木鱉子稟火土之氣，感長夏暑熱之令以生。味甘，氣溫，有毒。為散血熱，除癰毒之要藥。但宜外用，勿輕內服。昔劉氏二子，恣食成痞，人傳一方，以木鱉子煮肉食之，當愈。二子食之俱死，其毒可知矣。《經》云無毒，何也？　木鱉子，消腫突惡瘡，兩胯蚌毒，雙乳赤癰，肛門腫痛，非專追毒，亦可生肌。番木鱉形小於木鱉，色白味苦，氣大寒，有毒。外敷赤遊丹毒，內吹喉痹腫痛。更寒更苦，甚勿輕用。

清・张璐《本經逢原》卷二　木鱉子　土木鱉，苦溫，小毒。番木鱉，苦，寒，大毒。又附子之初生未成者，曰漏籃子，《炮炙論》名木鱉子，與此不同。

發明：　木鱉有二種：　有殼者曰土鼈。去殼搗爛，帛裹塞鼻，起倒睫拳毛。又為末，唾調，貼痔痛，七日即消。一切癰腫，醋磨塗之。一種無殼者，曰番鱉。治熱病喉痹作痛，和山豆根、青木香磨汁噙之。　痘瘡入眼，番木鼈半箇，同輕粉、冰片、麝香為末，左目吹右耳，右目吹左耳，日二次，痘瘡自退。　又能毒狗，狗性大熱，此性大寒，寒熱相反，激之使然。

清・何諫《生草藥性備要》卷下　木鱉子　味腥，性毒，不入服。敷癰，散腫拔毒，塗瀝、疥，炒用。

清・劉漢基《藥性通考》卷六　木鱉子　味苦，溫，微甘，有小毒。利大腸，治瀉痢，疳積，瘰癧，瘡痔，乳癰，蜂毒，消腫追毒，生肌除汗斑，尚入外科。核扁如鱉，綠色，揀去油者，能毒狗。然其性最剋伐，外治可用，內治恐不宜也。

清・黃元御《玉楸藥解》卷一　木鼈子　味苦，微溫。入足厥陰肝經。軟堅化結，消腫破瘀。治惡瘡乳癰、痔瘻瘿瘤、瘰癧粉刺，䵟斑癖塊，疝氣之證。番木鼈治喉痹。

清・吳儀洛《本草從新》卷二　木鱉子〔瀉，外用治瘡。〕　味苦，微甘。利大腸。治瀉痢疳積，瘰癧瘡痔，乳癰蚌毒。消腫追毒，生肌除䵟，音旱，黑斑。專入外科。核扁如鱉，綠色，揀去油者。

清・汪紱《醫林纂要探源》卷二　木鼈子　苦，甘，溫。蔓生，大葉，實如瓜，用其核，形扁似鼈，色綠。　治諸瘡毒，亦止瀉痢，殺疳積。有毒。忌豬肉。可毒犬。　番木鼈功用同。

清・嚴潔等《得配本草》卷四　木鱉子　忌食豬肉。　苦，寒，有大毒。入手陽明經。治疳積，消痞塊，療瀉痢，通大腸。宜外用，勿輕服。　和黃柏、芙蓉葉，搗敷陰疝。得肉桂，敷腳氣腫痛。　喉痹腫痛，醋磨漱之，以吐痰涎。癰腫痔瀝，醋磨敷之，以解熱毒。　油者勿用。研搽陰戶，逐狐魅。桐油搽之，狐亦遁。　若服之中其毒，立即發噤而死。用子一枚切片，好酒一碗煎透，去木鱉飲之，治瘋犬傷，亦無礙。

題清・徐大椿《藥性切用》卷四　木鱉子　味苦大寒，力能利腸。治瘡消腫追風。僅可外科敷治，不入湯藥。

清・黃宮繡《本草求真》卷三　木鱉子木鱉子引吐熱毒從痰外出，番木鼈引吐熱涎逆流而上。　木鱉尚入外科外治。本有二種，一名土鼈，有殼。一名番木鱉，無殼。木鱉味苦居多，甘辛略帶。諸書皆言性溫，以其味辛者故耳。究之性屬大寒，狗食即斃。人若誤用，中寒口噤，多致不救。常有因病錯用而斃者矣！故其功用多從外治，如腫毒、乳癰、痔漏、腫痛、喉痹，用此醋漱於喉間，引痰吐出，以解熱毒，不可咽下。或同硃砂、艾葉捲筒，薰疥殺蟲最效。或用麻油熬擦癬亦可，總不可入湯劑，以致寒毒內攻耳。番鱉即馬錢子功與木鱉大同，而寒烈之性尤甚。所治熱病喉痹，亦止可同山荳根、青木香磨汁內含，使其痰涎引吐，逆流而上，不可咽下。斑瘡入眼，可用番木鼈半個，輕粉、冰片、麝香為末，左目吹右耳，右目吹左耳，日吹二次即住。狗性大熱，用此大寒內激，使之相反，立見斃耳。止入外科治療，用時除油。

清・羅國綱《羅氏會約醫鏡》卷一七竹木部　木鱉子味苦甘，大寒，有大毒。散血熱，除瘡毒。治癰疽、乳腫、痔漏、一切無名腫痛，用醋磨頻敷。及喉痹毒腫。磨醋噙漱，引痰吐出，不可嚥下。但宜外用，不可內服。試看毒狗者，能使斃於頃刻，人之腸胃，安能受此毒乎！

番木鱉　大寒大毒，功用與木鱉同。形較小，而毒性更甚。

清・張德裕《本草正義》卷下　土木鱉　苦辛甘，大寒，大毒。氣雄烈。醋磨，可敷乳癰痔漏。漱喉，可療喉痺腫毒，引痰出吐以解，切不可嚥下。研末，同硃砂、艾葉捲筒，熏疥最良。麻油熬煎，擦癬亦佳。

清·楊時泰《本草述鉤元》卷一一　木鼈子　出南中、閩、廣諸郡。種時取子，雌雄相配，紅繩紮定，排埋土中，及其生也，則去其雄，方結有子。四月開黃花，六月結實，實中有子數十枚，圓扁礧砢，形狀如鼈，一頭尖者，雄種也。八月采之。附子類中亦有名木鼈者，即漏藍子也。

仁　氣味甘溫。味厚於氣，可升可降，陽也。醋磨，主消結腫惡瘡，肛門痔痛痔瘤瘰癧，療折傷，止腰痛，治疳積痞塊，婦人乳癰。方書治中風行痹，脚氣，鶴膝風攣悸，耳咽喉。稟火土之氣，感長夏暑熱之令以生，為散血熱除癰毒之要藥仲淳。疳病目矇不見物，木鼈仁二錢，胡連一錢，為末，米糊丸龍眼大，入雞子內，蒸熟，連雞子食之。肺虛久嗽，木鼈子、欵冬花各一兩，為末，每用三錢，焚之吸煙良。久吐涎，以茶潤喉，如此五六次後，服補肺藥。噤口痢，木鼈仁六個，研泥，分為二，用麪燒餅一箇，切作兩半，取半餅作竅納藥，乘熱覆病人臍上，一時再換半餅納藥，如前熱覆，即當痢止思食。

論：木鼈子須雌雄合種，迨吐華時須去其雄者，而實乃得結。是其初種也，雌之陰，必乘雄之陽以生，及乘〔雄之〕陽以出，而至於陽極，又必專從雌之陰以實，此理殊可參也。凡人物之生，始於陽，成於陰。陽主氣，故資始。陰主形，故成終。雖陰陽不容相離，然必有遞為君之時而不容相混。惟斯物顯著斯義，取之以療血分，其陰之必資於陽以為始者，則血不患於孤陰而有以化生，其陽之不亂於陰以為終者，則血不患於壅陽是而有以化成，所以為結為腫，為痛為毒，一皆賴以奏功也。閱內治方如癱瘓攣痺痿厥脚氣鶴膝諸丹丸，無非筋脈骨節不得血之流潤於經中，與營養於經外，而入此以為用者，亦惟俾陰得受陽之氣以資化生，并不受陽之蝕以全化成耳。更參悸證之濟生心丹，何為心氣不足，神志不寧，而亦須此味。以心臟主血，是固有以裕乎血化也。且如耳病之芎藥散，解倉飲子，既治熱壅以病於風，而脚氣之寒濕，又需用治，總由茲味於血有以資始，復有以代終，故得不戾於寒熱之氣爾。其氣非涼非熱，謂為溫者良是。古方治痛風多用之，意惟痺證之因寒濕鬱熱以病於痛者，乃為的對。若痛屬血虛，似非其所急須也。

修事：去油用。

清·葉桂《本草再新》卷三　木鱉子味苦，甘，性寒，無毒。入脾、腎二經。　利大腸，治瀉痢，療疳積，瘰癧瘡痔，消腫退毒，生肌，除䵟斑。

清·吳其濬《植物名實圖考》卷二〇　木鼈子　《開寶本草》始著錄。《圖經》云：嶺南人取嫩實及苗葉作茹，蒸食。藥肆唯販其核，形宛似鼈，大如錢。《霏雪錄》著其毒能殺人。俗傳丐者用以毒狗。《本草綱目》所列諸方，宜慎用之。又番木鼈，形狀功用具《本草綱目》，亦云毒狗至死。

雩婁農曰：天之生物，非物物刻而雕之也。然覩斯物之類斯形也，其不疑為般輸之肖物歟？夫人一類也，一物而備萬物者也，而心不同如其面。天下之人，固無有內外無弗類者，至人之視物，則飛潛動植，第以為各從其類而已。然其牝牡之相依，巢穴之相聚，肥磽雨露之相養，彼一類也，又烏能無弗類耶？乃人與物、物與物，又往往離於其類而互為類。虎頭燕頷，鼉目豺聲，人之類物者，亦既以其類類之；而羽淵之熊、使君之虎、夢之為蝶、肘之生柳，方其類物也，不知其類人也。海上之國，有長尾者、有比肩者、有夜飛者、有足如雞者、有頭如狗者，人之類耶？物之類耶？吾烏從類之耶？若乃馬之似鹿也、駮之似馬也、狒狒之被髮也、猩猩之能言也、人都之燔炙也、天刑之弓矢也、人蔆之啼也、靈根之吠也、海上之樹實如嬰兒也、當道之梓精為青牛也、笋之為蛇也、瓜之為蝶也、蚓之為百合也、觳之飛蟲也、葱韭之互變也，凡世之以此物類彼物者，皆物之異於其類而相類也。《夷堅》之志，恢詭神異，或以人類物，或物類人，或物類物，變化不類而成怪類。而鯤池之中，何有何無？凡陸居所有之類，無不類焉。豈天之生物，固不可測；而坯陶模範，非物者之物物也，亦必有物焉，為之類族而成物耶？《九疇》之錫曰五行，金、木、水、火、土，皆物也。《易》之策萬有一千五百二十，當萬物之數，而《說卦》一翼，乾、坤、艮、巽、震、離、坤、兌，所為變動不居，周流六虛者，皆析而為物。後世術者，即五行八卦之物，以窮天下之物，而皆能物其物。如東方朔、趙達及管郭輩，皆以其所知之物，以類所不知之物。然則物之類而不類、不類而類者，豈非有物焉為之參伍而錯綜其類耶？通其變，遂成天下之文；極其數，遂定天下之象。造物之與開物，均是物也。夫天地神鬼，不可端倪而致之者。必以其物則非物者，亦必求其物之類類之，而偃師之為人，墨子之為鳶，以非其物而為物，其亦有得於物物者之物歟？

又按：近世《信驗方》治舌長數寸，用番木鼈四兩，刮淨毛，切片，川連四錢煎水，將舌浸，良久即收。蓋以異物治異病也。

清·趙其光《本草求原》卷四蔓草部　木鱉子　有二種。有殼者曰土木鱉，生必雌雄相配，而後結子。苦溫而甘，故能通達陰陽，流行經絡之血鬱壅熱，消一切癰腫、折傷、瘤癧、乳癰，醋磨塗。痔痛肛腫，唾調搽。止腰痛、疳積痞塊，皆濕熱所客之病。追毒生肌，起倒睫拳毛，搗爛，帛包塞鼻。並一切寒濕鬱熱而為痛風癱瘓、行痹痿厥、腳氣、攣症鶴膝，皆筋脈骨節血不流行之病，同胡連末，入雞蛋內調蒸食。同款冬末，焚煙吸之，治肺虛久嗽，俟吐涎後，服補肺藥。和麵燒餅，熱覆臍上，冷即易之，治噤口痢。但有毒，外用最宜，內服宜慎。或曰無毒，故古方輕腳丸、飛步丸等用之。山張狼亦名土鱉，此則核扁如鱉，故名。

清・文晟《新編六書》卷六《藥性摘錄》 木鱉子 味苦微帶甘辛，性大寒。引吐熱毒，從痰外出。狗食即斃，人勿悞食。〇外治腫毒，乳癰痔漏。同朱砂、艾葉捲筒，熏疥殺蟲；同麻油熬，搽癬。

清・戴葆元《本草綱目易知錄》卷二 木鼈子 仁，苦，溫，微甘，有小毒。利大腸，治瀉痢疳積，瘰癧痔瘤，乳癰痞塊，腰痛折傷，肛門腫痛。除粉刺皯黯。醋磨，消腫毒。凡服，壓去油。

清・陳其瑞《本草撮要》卷一 木鱉子 味苦溫微甘，有小毒，入足厥陰經，功專利大腸，追毒生肌除皯，外科要藥。能毒狗。番木鱉治喉癖。

清・毛祥麟《對山醫話》卷四 木鼈子 《本草》言其無毒，能治瀉痢疳積，而發明下又載薊門人有二子，服此俱斃，特著為戒。近聞南門外有農人曹某，年已半百，子僅九齡，患腹痛，時發時止，經年不愈。或言此疳積，木鼈可療。曹即市五文，盡數煎與其子服，不逾時乃肉顫筋弛，骨節盡解而死。按木鼈有二種，一產南中，形細而底凸，又名木蝨子。昔人用以治痢，審其性味，不過苦參子之類耳。此種今已絕少，現肆中所賣者，皆番木鼈，出回回國，外科嘗用以傅瘡，服之能殺人，切勿入藥以嘗試也。

解毒草

明・蘭茂原撰，范洪等抄補《滇南本草圖說》卷一〇 解毒草 一名天花粉。外科仙藥。此草用法，不同《本草》。治梅瘡(功)〔攻〕鼻，紅腫陷落，用此草常服之，可以解毒，而紅腫之處自消。一切瘡症，服之無不神效。

土餘瓜

明・蘭茂原撰，范洪等抄補《滇南本草圖說》卷五 土餘瓜 一名龍蛋草。非真龍蛋草也，真者已序於前。生山中有水處，葉似小薊，根大而肥，夜有白光。茯苓亦有白光，二物同搗為丸，主治百病立愈。世俗只識茯苓，氣味甘美。〇治水腫，氣腫，血腫，單腹膨脹，服此即消。久服延年益壽。採葉敷癰疽，發背疔毒，神效。即楊梅結毒，服七劑神效。忌發物、生冷。莫將倒掛土蝕瓜認為土餘瓜，二瓜相種，皆仙品。夜有白光，可配茯苓為使，最良。

明・蘭茂撰，清・管暄校補《滇南本草》卷上 土餘瓜 味甘，無毒。生山崖，倒掛，綠葉黃花，其花按一年開一朵，結一台，梗籐棉軟，至十二年根成人形，夜有白光，採取同雲苓熬膏，服之黑髮延年，治百病神效。茯苓夜有白光，陰氣也。土餘瓜夜有白光，陽氣也。陰陽二瓜，方見大功，單用無益。

清・吳其濬《植物名實圖考》卷二三 土餘瓜 《滇本草》土餘瓜味甘，無毒。生於山中。倒掛綠葉，開黃花；按一年開一朵，結一薹，梗藤綿軟；至十二年根成人形。夜有白光，屬陽氣。採取，同雲茯苓膏服之，黑髮延年，百病不生。若單服無益。茯苓亦夜有白光，陰也，須得土餘瓜配合為妙。余遣人採得，根如何首烏，大小磦砢相屬不絕，色黃如土，細蔓絲裊，拳附下垂；一葉一鬚，似王瓜葉而光，有細紋，亦如瓜葉；人形、白光之說蓋如枸杞、人蓡，以意測度。東坡謂：五月五日採艾如人形者。艾豈似人？萬法皆妄出於意想，讀醫書者當知之。

馬瓟兒

明・朱橚《救荒本草》卷上之後 馬瓟兒音雹 生田野中。就地拖秧而生，葉似甜瓜，葉極小，莖蔓亦細，開黃花，結實比雞彈微小。味微酸。救飢：摘取馬瓟熟者食之。

清・何諫《生草藥性備要》卷下 土白斂 味甘，性寒。治酒頂，消小腸氣發，敷惡瘡，理蛇口開。一名老鼠擔冬瓜。

清・何諫《生草藥性備要》卷上 土白斂 味苦，性寒。治癱瘓、四肢無力，浸酒。補血，產後燉鷄食效。

清・吳其濬《植物名實圖考》卷二一 野苦瓜 產建昌。蔓生，細莖，一葉一鬚；葉作三角，有疎齒，微似苦瓜葉無花杈；就莖發小枝，結青實有汁，大如衣扣，故又名扣子草。俚醫以治魚口、便毒，為洗藥。

大血藤

宋・唐慎微《證類本草》卷三〇外木蔓類〔宋・蘇頌《本草圖經》〕 血藤 生信州。葉如蔆蘭葉，根如大拇指，其色黃。五月採。攻血治氣塊。彼土人用之。

宋·洪邁《夷堅志·再補》 水治寸白蟲方　趙子山寓居邵武軍天王寺，苦寸白蟲為撓。醫者戒云：是疾當止酒。而以素所躭嗜，欲罷不能。一夕，醉於外舍，歸已夜半，口乾咽燥，倉卒無湯飲，適廊廡間有甕水，月映瑩然可掬，即酌而飲之，其甘如飴，連飲數酌，乃就寢。迨曉，蟲出盈席，覺心服頓寬，宿疾遂愈。驗其所由，蓋寺僕日織草履，浸紅藤根水也。

明·劉文泰《本草品彙精要》卷四一　血藤　蔓生。

血藤　行血，治氣塊。出《圖經》。　【苗】《圖經》曰：葉如蔞蕳葉，根如大拇指，其色黃。　【地】《圖經》曰：生信州。　【時】生：春生葉。採：五月取。　【色】黃。

明·李時珍《本草綱目》卷一八草部·蔓草類　血藤時珍曰：按虞摶云，血藤即過山龍，理亦相近，未知的否。姑附之。

清·莫樹蕃《草藥圖經》　大血藤即見血飛。　大血藤，根即千年健。汁漿即見血飛，又名血蝎。雌雄二本，治筋骨疼痛，追風，健腰膝，壯陽事。

清·吳其濬《植物名實圖考》卷一九　大血藤　宋《圖經》：血藤生信州。葉如蔞蕳葉，根如大拇指，其色黃。五月採。行血治氣塊。彼土人用之。李時珍按虞摶云：血藤即過山龍，未知的否。姑附之茜草下。

按過山龍俗名甚多，不圖其形，無從審其是否。羅思舉《簡易草藥》：大血藤即千年健，汁漿即見血飛，又名血竭。雌、雄二本。治筋骨疼痛，追風，健腰膝。今江西廬山多有之。土名大活血。蔓生紫莖，一枝三葉，宛如一葉擘分；或半邊圓，或有角而方，無定形，光滑厚韌；根長數尺，外紫內白；有菊花心。掘出曝之，紫液津潤。浸酒一宿，紅豔如血。市醫常用之。廣西《梧州志》：千年健浸酒，祛風延年。彼中人以遺遠，束以色絲，頗似降真香。

清·劉善述、劉士季《草木便方》卷一草部　大血藤　大血藤溫入血分，瘳撲損傷積血病。破瘀生新止痰血，膨脹鼻衄金瘡癧。

血藤

清·吳其濬《植物名實圖考》卷二一　血藤　產九江山坡。蔓生，勁莖，赭色，一枝一鬚；附枝生葉，如菊花葉柔厚，有花叉，而末不尖，面綠背白；春時枝梢開花如簇金粟，與千年健同名血藤。

木通

宋·李昉《太平御覽》卷第九九二　蓪草　《廣雅》曰：下父、附支，蓪草也。《本草經》曰：通草，一名附支。味辛、平。生山谷。去惡蟲，除脾胃寒熱，利九竅血脉關節，不忘。生石城。《建康記》曰：建康出通草。《范子計然》曰：通草出三輔。《吳氏本草》曰：通草，一名丁翁，一名附支。神農、黃帝：辛。雷公：苦。生石城山谷。葉青，蔓延。止汗。至正月採。

附：日·丹波康賴《醫心方》卷三〇　通草　《本草》云：味甘，平，無毒。主去惡蟲，除脾胃寒熱，通利九竅血脉關節，令人不忘。脾痹，恒欲眠，心煩，噦出音聲，療耳聾，散癰腫，諸結不消，及金瘡、惡瘡、鼠瘻。墮胎，去三蟲。一名丁翁。《拾遺》云：一名好手。子如箅袋。崔禹〔錫〕云：食之去痰水，止赤白下利。味甘，溫。

宋·唐慎微《證類本草》卷八草部中品〔《本經·別錄》〕　通草　**味辛、**甘，**平，**無毒。**主去惡蟲，除脾胃寒熱，通利九竅血脈關節，令人不忘，**療脾疸，常欲眠，心煩，噦出音聲，療耳聾，散癰腫、諸結不消，及金瘡惡瘡，鼠瘻，踒折，齆音甕鼻，息肉，墮胎，去三蟲。**一名附支，**一名丁翁。生石城山谷及山陽。正月採枝，陰乾。

〔梁·陶弘景《本草經集注》〕云：今出近道。繞樹藤生，汁白。莖有細孔，兩頭皆通。含一頭吹之，則氣出彼頭者良。或云即葍音福藤莖。

〔唐·蘇敬《唐本草》〕注云：此物大者徑三寸，每節有二三枝，枝頭有五葉。其子長三四寸，核黑穰白，食之甘美。南人謂爲鷰蕧，或名烏蕧，今言葍藤，葍、蕧聲相近爾。

〔宋·掌禹錫《嘉祐本草》〕按：《藥性論》云：木通，臣，微寒，一名王翁萬年。主治五淋，利小便，開關格，治人多睡，主水腫浮大，除煩熱。用根治項下瘤癭。孟詵云：鷰蕧子，平。厚腸胃，令人能食，下三焦，除惡氣。和子食之更好。江北人多不識，江南人多食。又，續五藏斷絕氣，使語聲足氣，通十二經脉。其莖名通草，食之通利諸經脈擁不通之氣，北人但識通草，不委子之功。其皮不堪食。陳士良云：鷰蕧子，寒，無毒。主胃口熱閉，反胃不下食，除三焦客熱。此是木通，實名桴棪子，莖名木通。主理風熱淋疾，小便數急疼，小腹虛滿。宜煎湯并葱食之，有效，野生。日華子云：木通，安心除煩，止渴退熱，治健忘，明耳目，治鼻塞，通小腸，下水，破積聚血塊，排膿，治瘡癤，止痛，催生下胞，女人血閉，月候不匀，天行時疾，頭痛目眩，羸劣，乳結及下乳。子名蕧子，七八月採。陳藏器云：通脫木，無毒。花上粉，主諸蟲瘡野雞病，取粉内瘡中。生山側，葉似蓖麻，心中有瓤，輕白可愛，女工取以飾物。《爾雅》云：離南，活脫也。一本云：藥草，生江南，主蟲病，今俗亦名通草。

〔宋・蘇頌《本草圖經》〕曰：通草，生石城山谷及山陽，今澤、潞、漢中、江淮、湖南州郡亦有之。生作藤蔓，大如指，其莖榦大者徑三寸。每節有二三枝，枝頭出五葉，頗類石韋，又似芍藥，三葉相對。夏秋開紫花，亦有白花者。結實如小木瓜，核黑瓤白，食之甘美，南人謂之燕蕧，亦云烏蕧，正月、二月採枝，陰乾用。或以爲葡萄苗，非也。今人謂之木通，而俗間所謂通草，乃通脫木也。此木生山側，葉如蓖麻，心空中有瓤，輕白可愛，女工取以飾物。《爾雅》云：離南，活莌音脫。釋云：離南，草也。一名活莌。《山海經》又名寇脫，生江南，高丈許，大葉似荷而肥，莖中有瓤正白者是也。又名倚商，主蠱毒。其花上粉，主諸蟲瘻惡瘡痔疾，取粉内瘡中。《正元廣利方》：療瘰癧，及李絳兵部療胸伏氣攻胃咽不散方中，並用之。今京師園圃間亦有種蒔者。又按：張氏《燕吳行役記》：揚州大儀甘泉東院兩廊前有通草，其形如椿，少葉，子垂梢際，如苦楝。與今所說殊別，不知是木通邪？通脫邪？或別是一種也。古方所用通草，皆今之木通，通脫稀有使者。近世醫家多用利小便，南人或以蜜煎作果食之甚美，兼解諸藥毒。

〔宋・唐慎微《證類本草》〕陳藏器云：本功外，子味甘，利大小便，宣通去煩熱，食之令人心寬，止渴下氣，江東人呼爲畜葍子，江西人呼爲拏子，如算袋，穰黃子黑，食之當去其皮。蘇云色白，乃猴葍也。《海藥》云：謹按《徐表南州記》云：生廣州山谷。味溫，平。主諸瘻瘡，喉嚨痛及喉痹，並宜煎服之。磨亦得，急即含之。《食療》云：煮飲之，通婦人血氣。濃煎三五盞即便通。又除寒熱不通之氣，消鼠瘻、金瘡、踒折，煮汁釀酒妙。

宋・鄭樵《通志》卷七五《昆蟲草木略》 通草 曰附支，曰丁翁，曰王翁。《萬年方書》亦謂之木通。《爾雅》曰：離南，活莌。以活莌亦謂之離南，今人謂之通草。其瓤白可愛，婦人取以為首飾。其實曰燕蕧子，曰烏蕧，曰桴棪子，曰拏子。

金・張元素《潔古珍珠囊》〔見元・杜思敬《濟生拔粹》卷五〕 通草甘純陽。瀉肺，利小便，通陰竅澀。

宋・劉明之《圖經本草藥性總論》卷上 通草 味辛、甘，平，無毒。主去惡蟲，除脾胃寒熱，通利九竅血脉關節，令人不忘。療脾疸，療耳聾，散癰腫。《藥性論》云：臣。治五淋，利小便，开關格。日華子云：安心除煩，止渴退熱，明目，通小腸，排膿止痛，催生下胞，女人血閉，月候不匀，天行時疾，頭痛目眩，羸劣，乳結及下乳。子名蕧子。

元・王好古《湯液本草》卷四 通草 氣平，味甘、辛，陽也。無毒。燈草同。《象》云：治陰竅不利，行小水，除水腫閉，治五淋。生用。《珍》云：瀉肺，利小便。甘平，以緩陰血。日華子云：明目退熱，催生，下胞，下乳。

木通 氣平，味甘。甘而淡，性平，味薄，陽也，無毒。《象》云：主小便不利，導小腸熱。去皮用。《心》云：通經利竅。《本草》云：除脾胃寒熱，通利九竅血脈關節，令人不忘，散癰腫諸結不消，墮胎，去蟲。

元・佚名氏《珍珠囊・諸品藥性主治指掌》〔見《醫要集覽》〕 木通 味甘，平，性寒，無毒。降也，陽中陰也。其用有二：瀉小腸火積而不散；利小便熱閉而不通。瀉小腸火無他藥可比，利小便閉與琥珀同功。

元・佚名氏《珍珠囊・諸品藥性主治指掌》〔見《醫要集覽》〕 通草 味甘，平，〔性微寒〕，無毒。降也，陽中陰也。其用有二：陰竅澀而不利，水腫閉而不行。澀閉兩俱立驗，因有通草之名。

元・徐彦純《本草發揮》卷二 通草 潔古云：氣平味苦。主小便不通，導小腸中熱。東垣云：通草，味辛、甘，純陽。能泄肺，利小便。又云：木通味甘而淡，性平，氣厚味薄，陽也。通經利竅，去小腸之熱。又云：通草甘平，以緩陰血。

明・朱橚《救荒本草》卷下之前 野木瓜 一名八月樝音柤，又名杵瓜。出新鄭縣山野中。蔓延而生，妥他果切附草木上，葉似黑豆葉微小，光澤，四五葉攢生一處，結瓜如肥皂大，味甜。救飢：採嫩瓜，換水煮食。樹熟者，亦可摘食。

明・蘭茂撰，清・管暄校補《滇南本草》卷下 木通一名風籐草根。 性平，味淡平。瀉小腸經實熱即效，清利水道功效最良。能消水腫，通利五淋白濁，小便濃閉玉關。並治暴發火眼疼痛等症。

附方：治火眼疼痛，風籐草尖，不拘多少，用潮紙包定，於子母火内微炮，擠汁點目内，要將灰去淨。又方：治尿結，小兒更良。風籐草尖用新鮮者，不拘多少，搗汁，去渣，點水酒服之，良效。

明・王綸《本草集要》卷三 通草臣，今謂之木通。 味辛甘，氣平。味薄，陽也。無毒。正月採枝，陰乾，去皮用。 主去惡蟲，除脾胃寒熱，通利九竅、血脈、關節，令人不忘。治五淋，利小便，導小腸熱。治脾疸，常欲眠，心煩，噦出音聲。療耳聾，治鼻塞，散癰腫，諸結不消，及金瘡惡瘡，喉痹鼠瘻痿折，齆鼻息肉，女人血閉，催生墮胎，下乳。〇通脱木俗名通草。輕白可愛，女工取以飾物也。亦能利陰竅，行小水，主蠱毒。其花上粉，主諸蟲瘻，惡瘡痔疾，取粉納瘡中。

明・滕弘《神農本經會通》卷一　木通　《本經》無此條，即通草。　味甘，氣平，無毒。《湯》云：味甘而淡，性平，味薄，陽也。東云：降也，陽中陰也。瀉小腸火積而不散，利小便熱閉而不通。瀉小腸火，無他藥可比。利小便閉，與琥珀同功。又云：利水。《疌》云：通經利竅，瀉小腸火，通小便秘熱。《珍》云：通經利竅，能導滯，墮胎。《象》云：主小便不利，導小腸熱。去皮用。劊云：木通寒瀉小腸火，小便熱閉大能通。通經利竅宜施用，導滯無他可比功。通草，即木通。治淋，退疸。

明・滕弘《神農本經會通》卷一　通草　臣也。今謂之木通。正月採枝，陰乾。去皮用節。

味辛、甘，氣平，無毒。《湯》云：陽也。燈草同。東云：降也，陽中陰也。陰竅澁而不利，水腫閉而不行，澁閉兩俱立驗，因有通草之名。一云：瀉肺，利小便。《疌》云：通陰竅澁，消水腫閉。

《本經》云：主去惡蟲，除脾胃寒熱，通利九竅、血脉、關節，令人不忘。療脾疸，常欲眠，心煩噦，出音聲。療耳聾，散癰腫，諸結不消，及金瘡惡瘡，鼠瘻踒折，齆鼻息肉，墮胎，去三蟲。正月採枝，陰乾。陶云：莖有細孔，兩頭皆通，含一頭吹之，則氣出彼頭者良。《藥性論》云：木通，臣，微寒。治五淋，利小便，開關格，治人多睡。主水腫浮，大除煩熱。用根，治項下瘤癭。陳士良云：莖名木通。主理風熱淋疾，小便數急疼，小腹虛滿，宜煎湯，并葱食之有効。日華子云：木通，安心除煩，止渴退熱，治健忘，明耳目，治鼻塞，通小腸，下水，破積聚血塊，排膿，治瘡癤止痛，催生下胞，女人血閉，月候不勻，天行時疾，頭痛目眩，羸劣，乳結及下乳。子，名鷰覆子。七八月採。《圖經》云：古方所用通草，皆今之木通，通脱稀有使者。近世醫家，多用利小便。《象》云：治陰竅不利，行小水，除水腫閉，治五淋。生用。《珍》云：瀉肺，利小便。甘平以緩陰血。《集》云：導小腸熱。劊云：通草甘通陰竅澁，更消水腫閉難行。用之澁閉俱通暢，因乃呼之通草名。《局》云：通草元來即木通，治淋通利小腸中。散癰療疸除煩熱，又出聲音治耳聾。

鷰覆　《唐本》注云：其子長三四寸，核黑穰白，食之甘美，南人故名。孟詵云：鷰覆，性平。厚腸胃，令人能食。下三焦，除惡氣，和子食之更好。又續五臟，斷絶氣，使語聲足氣。通十二經脉，故名通草。食之通利諸經脉擁不通之氣。陳士良云：鷰覆子，寒，無毒。主胃口熱閉，反胃，不下食，除三焦客熱。此是木通實，名浮棪子。

明・劉文泰《本草品彙精要》卷一〇　木通無毒　蔓生。

木通出《神農本經》：**主去惡蟲，除脾胃寒熱，通利九竅，血脈關節，令人不忘。**以上朱字《神農本經》。療脾疸，常欲眠，心煩噦，出音聲，療耳聾，散癰腫，諸結不消，及金瘡惡瘡，鼠瘻，踒折，齆音甕鼻，息肉，墮胎，去三蟲。以上黑字名醫所錄。

〖名〗附支、丁翁、王翁、萬年、萺藤。子：鷰蕧子、烏蕧、拏子、畜萺子、桴棪子。

〖苗〗《圖經》曰：生作藤蔓，大如指，其莖幹大者，徑約二三寸，每節有二三枝，枝頭出五葉，頗類石韋，又似芍藥，三葉相對，夏秋開紫花，亦有白花者，結實如小木瓜，核黑瓤白，食之甘美。陶隱居云：繞樹藤生，汁白莖有細孔，紋如車輻，兩頭皆通，含一頭吹之，則氣出彼頭者良。〖地〗《圖經》曰：生石城山谷及山陽，今澤潞、漢中、廣州、江淮、湖南州郡亦有之。〖道地〗海州、興元府、解州。〖時〗生：春生葉。採：正月、二月取莖，七月、八月取子。〖收〗陰乾。〖用〗莖、實。〖質〗類葡萄藤而有紋理。〖色〗蒼。〖味〗辛，甘。子：甘。〖性〗平，散。子：平，寒。〖氣〗氣味俱薄，陽中之陰。〖臭〗微香。〖主〗通經，利竅，散腫，消癰。〖製〗去皮，剉碎用。〖治〗療：《藥性論》云：治五淋，利小便，開關格，療多睡，去水腫浮大，除煩熱。〇根，治項下瘤癭。日華子云：安心，除煩，止渴，退熱，治健忘，明耳目，治鼻塞，通小腸，下水，破積聚血塊，排膿，消瘡癤，止痛，催生，下胞，女人血閉，月候不勻，天行時疾，頭痛目眩，羸劣，乳結及下乳。陳藏器云：子，利大小便，宜通，去煩熱，食之令人心寬，止渴下氣。孟詵云：子，厚腸胃，令人能食，下三焦，除惡氣，續五臟斷絶氣，使語聲足，氣通十二經脈。《別錄》云：治瘻瘡，喉嚨痛及喉痹，煎磨並宜服，急則含之。〇子，治胃口熱閉，反胃不下食，除三焦客熱。〖合治〗煎湯合葱食之，理風熱，淋疾，小便數急，疼痛，小腹虛滿。〖禁〗妊娠不可服。

明・葉文齡《醫學統旨》卷八　木通　氣平、微寒，味辛、甘。無毒。陽也。去皮用。　治五淋，利小便，導小腸熱，脾疸水腫；通九竅，血脉關節，下部濕腫痛；除脾胃寒熱，出音聲；療耳聾鼻塞，散癰腫，諸結不消，去惡蟲；女人血閉，催生墮胎，下乳。〇通脱木俗名通草，輕白可愛，女工取以飾物也。

亦能利陰竅，行小水，主蠱毒腫閉五淋。其花上粉主諸惡瘡痔瘻，取粉納瘡中。

明・許希周《藥性粗評》卷二 通草引小腸之火。鷰覆子附。

通草一名木通，一名丁翁。生作藤蔓，內虛，吹之通氣，莖大者徑或三寸，每節有二三枝，枝頭五葉，頗似石韋，又似芍藥，三葉相對，六七月開紫花，亦有白花者，結實如小木瓜，白瓤黑核，甘美可食，謂之鷰覆子，亦謂之烏覆。江南山谷處處有之。八九月採子，正月、二月採枝，陰乾。凡用去皮節，所使并所畏惡，《本草》不載。 味辛、甘，性平，無毒。入手大腸小腸經。主治傷寒煩熱，上關下格，血脉不通，頭暈目眩，鼻塞耳聾，水腫血塊，小腹虛滿，五淋黃疸，癰腫瘡瘍，婦人月閉不行，出音聲，通九竅，利小便，導小腸經邪火。東垣云：能瀉肺通經，利竅，去小腸之熱。

鷰覆子，味甘，性平，無毒。主厚腸胃，去煩熱，令人下食。

通脫木一名活莌。此又一種，非通草類也。《爾雅》謂之離南，高丈餘，葉似蓖麻，莖中有白瓤，脫之輕白可愛，女工取以飾物，入藥罕用。《本草》以用通草之後同併記之。 味甘淡，性寒，無毒。主宣蠱毒。其花上粉掃下，以傅外科諸瘡。

單方：咽喉腫痛不利：取木通煎湯服之，或磨水服，或含之亦可。 婦人血氣不通：每以木通濃煎飲之，以通為度。

明・鄭寧《藥性要略大全》卷五 木通 瀉小腸不散之火，利小便閉塞之熱。與琥珀同功。《經》云：除脾胃寒熱，通利九竅、血脉關節，令人不忘。散癰腫諸結，催生墮胎，治乳結，下乳汁，通經利竅。療脾疸，出音聲，治耳聾，金瘡惡瘡，治五淋，利小便，開關膈。《湯液》云：治人多睡及水腫浮大，除煩熱，止渴。治鼻塞，通小腸，破積聚，血塊瘡癤，排膿止痛，及天行瘟疫，頭痛目眩。《賦》曰：利水道，諸藥無過。

明・陳嘉謨《本草蒙筌》卷二 通草 味甘、淡，氣平。味薄，降也，陽也，陽中陰也。無毒。產江淮山谷，如指大藤莖。正月採收，陰乾入藥。因孔節相貫，吹口氣即通，故此得名。去皮咀片，瀉小腸火鬱不散，非他藥可倫；利膀胱水閉不行，與琥珀相等。消癰疽作腫，療脾疸嗜眠。解煩噦，開耳聾，出音聲，通鼻塞。行經下乳，催產墮胎。實結如小木瓜，名曰鷰腹；白瓤黑核。亦能治翻胃證，除熱三焦。根治項下瘦瘤，多取絞汁頓服。〇又種心空有瓠，與燈草同；乃通脫木立名，憑揉碎用。潔白輕虛可愛，女工每剪飾花。 利水使陰竅通和，退腫令癃閉舒泰。更治產後，下乳如神。

謨按：通草、通脫木，經云：行水專利小腸，且多他證之治。既為良藥，當勿傳訛。奈何時醫每以通草認作別條木通，以通脫木反呼名曰通草。致使市家真偽混賣，悮人甚多。殊不知本草立名，各有意寓。通脫木因瓠中藏脫木得之，名竟直述。通草藤莖不甚長大，故以草稱。木通係俗指葡萄藤莖，且大且長，特加木字。總曰通者孔竅悉同，行水利腸固並建効，其治他證，雖百木通不能及一通草矣。齊驅並駕，安得謂乎？況木通栽多家園，皮薄堅確，實名葡萄。通草產自山谷，皮厚軟柔，實名鷰腹。通脫木輕虛潔白，皮木脫除。三者內似外殊，極易分別，名正言順，何得悖違？只緣堅信耳聞，不復詳考經意。錯亂顛倒，莫覺其非。醫悮猶閑，病悮深可憫也。

明・方穀《本草纂要》卷四 木通 味辛、甘，氣平，味薄，性走陽也，無毒。入手太陽小腸，通徹小水；復入少陰心經，寧心定志，此輕清之藥也。主治驚癇，去邪惡，利九竅，除鬱熱；又治五淋，通血脉，定煩噦，散堅結，消癰腫，清鼻塞，療耳聾，攻狂越，乃心與小腸之要藥也。大抵此劑為通氣之藥。腑通則臟通，臟病由腑結也。是以治驚之劑多用木通，驚由心氣鬱也，今則不治其心，而反治小腸，因其心與小腸相為表裏，使腸通而心鬱散也。由是觀之，用藥之法，舉此治彼，瀉南補北，亦可見聖賢之大意矣。

明・王文潔《太乙仙製本草藥性大全》卷二《本草精義》 通草 一名附支，一名丁翁，一名玉翁芳年。生石城山谷及山陽，今澤、路、漢中、江淮、湖南州郡亦有之。生作藤蔓，大如指，其莖榦大者徑三寸，每節有二三枝，枝頭出五葉，頗類石韋，又似芍藥，三葉相對。夏秋開紫花，亦有白花者，結實如小木瓜，核黑瓤白，食之甘美，南人謂之鷰覆，亦云烏覆。正月、二月採枝陰乾用。或以為葡萄苗，非也。今人謂之木通。

明・王文潔《太乙仙製本草藥性大全》卷二《本草精義》 鷰覆子 一名烏覆子，一名桴棪子，莖名木通，實名通子也。大者徑三寸，每節有二三枝，枝頭生五葉，其子長三四寸，核黑瓤白，食之甘美。七八月採實。

明・王文潔《太乙仙製本草藥性大全》卷二《仙製藥性》 通草臣。今謂之木通。 味辛、甘，氣平，味薄，降也，陽也，陽中之陰也，無毒。主治：瀉小腸火鬱不散，非他藥可倫；利膀胱水閉不行，與琥珀相等。消癰疽作腫，療脾疸嗜眠。解煩噦，開耳聾，出音聲，通鼻塞。行經下乳，催產墮胎。實結如小木瓜，名曰鷰腹，白瓤黑核，亦能治翻胃證，除熱三焦。 根 治項下癭瘤，多取絞汁頓服。　補註：　諸瘻瘡，喉嚨痛及喉痹，並宜煎服，摩亦得。○通婦人血氣，濃煎三五盞服之即通。○療寒熱不通之氣，消鼠瘻金瘡踒折，煮汁，釀酒服甚佳。

明・皇甫嵩《本草發明》卷二　通草中品之上，臣。氣平，味甘、辛，無毒。一云味淡薄，陽也，陽中陰也。　發明曰：　通草甘淡，瀉小腸火鬱不散，利膀胱水閉不行。故《本草》利九竅血脉関節，除脾胃寒熱，脾疸嗜卧，心煩噦，去惡蟲，出聲音，耳聾。消癰腫，諸結積聚血塊，金瘡惡瘡鼠瘻，踒折，齆鼻息肉鼻塞，下水催生墮胎，行經下乳，此皆由辛散火鬱，甘淡能通利也。然除熱結，利関竅為專，以其利小便，通淋，導小腸熱，故以上諸症兼療之。蓋心經移熱於小腸，此能導之，心熱清，而脾胃熱亦除，諸結熱癰瘇散，而血脉通，関節利矣。導赤散用之，良有以也。○木通今云即通草，俗名葡萄藤，莖長大。行水利腸並同見效，治他症不及通草遠矣，通草皮厚軟柔，孔節相貫，吹口氣即通，藤莖不甚長，二者自有分別也。通脱木輕虛潔白，心中有瓤，脱木得之，女工用剪花。利水，使陰竅和通，退腫令癃閉舒泰。○通草子平，寒，無毒。長三四寸，核黑(攘)〔瓤〕白，食之甘美，一名鷰覆子。　厚腸胃，進食，下三焦，除惡氣，通十二經脉，胃口熱閉。

明・李時珍《本草綱目》卷一八草部・蔓草類　通草《本經》中品

【釋名】木通士良　附支《本經》　丁翁吴普　萬年藤甄權　子名燕覆時珍曰：　有細細孔，兩頭皆通。故名通草，即今所謂木通也。今之通草，乃古之通脱木也。《宋本草》混注爲一，名實相亂，今分出之。

【集解】《别録》曰：　通草生石城山谷及山陽。正月、二月采枝，陰乾。弘景曰：　今出近道。遶樹藤生，汁白。莖有細孔，兩頭皆通。含一頭吹之，則氣出彼頭者良。或云即蔄藤莖也。恭曰：　此物大者徑三寸，每節有二三枝，枝頭有五葉。子長三四寸，核黑瓤白，食之甘美，南人謂爲(煎)〔燕〕覆子。或名烏覆子。遇七八月采之。藏器曰：江東人呼爲畜葍子，江西人呼爲拏子，如筭袋。瓤黄子黑，食之去皮。蘇云色白者，乃猴葍也。頌曰：　今澤、潞、漢中、江淮、湖南州郡亦有之。藤生，蔓大如指，其莖幹大者徑三寸。一枝五葉，頗類石韋，又似芍藥。三葉相對。夏秋開紫花，亦有白花者。結實如小木瓜，食之甘美，即陳士良《本草》所謂桴棪子也。其枝今人謂之木通，而俗間所謂通草，乃通脱木也。古方所用通草，皆今之木通，其通脱木稀有用者。或以木通爲葡萄苗者，非矣。按張氏《燕吴行紀》載：　揚州甘泉東院兩廊前有通草，其形如椿，少葉，子垂稍際，如苦楝。與今所説不同，或别一物也。時珍曰：　今之木通，有紫、白二色：　紫者皮厚味辛，白者皮薄味淡。《本經》言味辛，《别録》言味甘，是二者皆能通利也。

【氣味】辛，平，無毒。《别録》曰：　甘。權曰：　微寒。普曰：　神農、黄帝：　辛。雷公：　苦。杲曰：　味甘而淡，氣平味薄。降也，陽中陰也。

【主治】除脾胃寒熱，通利九竅血脉關節，令人不忘。去惡蟲《本經》。療脾疸，常欲眠，心煩噦，出音聲，治耳聾，散癰腫諸結不消，及金瘡惡瘡，鼠瘻踒折。齆鼻息肉，墮胎，去三蟲《别録》。治五淋，利小便，開關格，治人多睡，主水腫浮大甄權。利諸經脉寒熱不通之氣詵。理風熱，小便數急疼，小腹虛滿，宜煎湯并葱食之有效士良。安心除煩，止渴退熱，明耳目，治鼻塞，通小腸，下水，破積聚血塊，排膿，治瘡癤，止痛，催生下胞，女人血閉，月候不勻，天行時疾，頭痛目眩，羸劣乳結，及下乳大明。利大小便，令人心寬，下氣藏器。　主諸瘻瘡，喉痹咽痛，濃煎含嚥珣。　通經利竅，導小腸火杲。

【發明】杲曰：　《本草・十劑》，通可去滯，通草、防己之屬是也。夫防己大苦寒，能瀉血中濕熱之滯，又通大便。通草甘淡，能助西方秋氣下降，利小便，專瀉氣滯也。肺受熱邪，津液氣化之原絶，則寒水斷流；　膀胱受濕熱，癃閉約縮，小便不通，宜此治之。其症胸中煩熱，口燥舌乾，咽乾，大渴引飲，小便淋瀝，或閉塞不通，脛痠脚熱，並宜通草主之。凡氣味與之同者，茯苓、澤瀉、燈草、猪苓、琥珀、瞿麥、車前子之類，皆可以(參)〔滲〕濕利小便，泄其滯氣也。又曰：木通下行，泄小腸火，利小便，與琥珀同功，無他藥可比。時珍曰：　木通手厥陰心包絡、手足太陽小腸、膀胱之藥也。故上能通心清肺，治頭痛，利九竅；　下能泄濕熱，利小便，通大腸，治遍身拘痛。《本經》及《别録》皆不言及利小便治淋之功，甄權、日華子輩始發揚之。蓋其能泄丙丁之火，則肺不受邪，能通水道。水源既清，則津液自化，而諸經之濕與熱，皆由小便泄去。故古方導赤散用之，亦瀉南補北、扶西抑東之意。楊仁齋《直指方》言：　人遍身胸腹隱熱，疼痛拘急，足冷，皆是伏熱傷血。血屬于心，宜木通以通心竅，則經絡流行也。

【附方】舊二，新一。　心熱尿赤：　面赤唇乾，咬牙口渴。導赤散：　用木通、生地黄、炙甘草等分，入竹葉七片，水煎服。《錢氏方》。　婦人血氣：　木通濃煎三五盞，飲之即通。孟詵《本草》。　金瘡踒折：　通草煮汁釀酒，日飲。　鼠瘻不消：　方同上。

根　【主治】項下癭瘤甄權。

子　【氣味】甘，寒，無毒。詵曰：　平。南人多食之，北人不知其功。　【主治】厚腸胃，令人能食，下三焦惡氣，續五臟斷絶氣，使語聲足氣，通十二經脉。和核食之孟詵。除三焦客熱，胃口熱閉，胃不下食士良。止渴，利小便時珍。

題明・薛己《本草約言》卷一《藥性本草》　木通　味甘，氣平，寒，無毒。陽中之陰，降也。瀉小腸火積而不散，利小便熱結而不通。瀉小腸火，無他藥可比。利小便閉，與琥珀同功。

題明・薛己《本草約言》卷一《藥性本草》　通草　味甘，平，性微寒，無毒。降也，陽中之陰也。其用有二：陰竅澁而不利，水腫閉而不行。澁閉兩俱立驗，因有通草之名。《賦》云：退腫而閉癃舒泰，利水而陰竅通和。

明・佚名氏《醫方藥性・草藥便覽》 木通藤 其性溫。治小便，通諸風，散諸邪。

明・梅得春《藥性會元》卷上 木通 味甘，平，性寒。降也，陽中之陰。無毒。 主瀉小腸火積而不散，小腸熱閉而不通；下行利水，治濕，止淋；除寒濕，出聲音，療脾疸，水腫，通九竅，血脉，關節，下部濕腫； 兼治耳聾、鼻塞。散癰腫，諸結不消。去惡蟲，女人血閉，催生，墮胎，下乳汁。

明・杜文燮《藥鑒》卷二 木通 氣寒，味甘、淡，無毒。陽中陰也。氣惟寒，故能瀉小腸之火。味惟甘淡，故能利小便之竅。去皮用之。

通草 氣平，味甘，淡，無毒。陽也。瀉小腸火鬱不散，利膀胱水閉不行。消癰疽作腫，療脾(疽)〔疸〕嗜眠。解煩噦，開耳聾，出音聲，通鼻塞。行經出乳，催產墮胎。孕婦所忌。

明・王肯堂《傷寒證治準繩》卷八 通草 氣平，味辛甘而淡，無毒。氣平味薄，降也，陽中陰也。治陰竅不利，行小水，除水腫閉，治五淋，生用。潔：瀉肺，利小便。甘平以緩陰血。垣：《本草・十劑》：通可去滯，通草、防己之屬是也。夫防己大苦寒，能瀉血中濕熱之滯，又通大便。通草甘淡，能助西方秋氣下降，利小便，專瀉氣滯也。肺受熱邪，津液氣化之源絕，則寒水斷流。膀胱受濕熱癃閉，約縮小便不通，宜此治之。其證胸中煩熱，口燥舌乾咽乾，大渴引飲，小便淋瀝，或閉塞不通，脛痠脚熱，並宜通草主之。凡氣味與之同者，茯苓、澤瀉、燈草、猪苓、皂角、瞿麥、車前子之類，皆可以滲濕，利小便，泄其滯氣也。又曰：木通下利，泄小腸火，利小便，與琥珀同功，無他藥可比。去麤皮，剉細，竹篩齊之用。

明・李中立《本草原始》卷二 通草 始生石城山谷及山陽，今澤、潞、漢中、江淮、湖南州郡亦有之。生作藤蔓，大如指。其莖幹大者徑三寸，每節有二三枝，枝頭出五葉，頗類石韋；又似芍藥，三葉相對；夏秋開紫花，亦有白花者；結實如小木瓜，核黑瓤白，食之甘美。南人謂之鷰覆，亦云烏覆。正月、二月採枝，陰乾。其枝有細孔，兩頭皆通，含一頭吹之，則氣即出彼頭，故名通草。今人呼為木通。 通草：氣味：辛，平，無毒。主治：除脾胃寒熱，通利九竅，血脉，關節，令人不忘，去惡蟲。○療脾疸，常欲眠，心煩噦，出聲音。治耳聾，散癰腫，諸結不消，及金瘡惡瘡鼠瘻，踒折。齆鼻息肉，墮胎，去三蟲。○治五淋，利小便，開關格。治人多睡。主水腫浮大。○利諸經脉寒熱不通之氣。○理風熱，小便數急疼，小腹虛滿，宜煎湯并葱飲有效。○安心除煩，止渴退熱，明目。治鼻塞，通小腸，下水，破積聚血塊，排膿。治瘡癤，止痛，催生下胞，女人血閉，月候不勻，天行時疾，頭痛目眩，羸劣，乳結及下乳。○利大小便，令人心寬下氣。○主諸瘻瘡，喉痹咽腫，濃煎含嚥。○通經利竅，導小腸火。

通草，《本經》中品。【圖略】莖類葡萄，皮似暖木，肉色黃白，有細孔。正月采莖，陰乾。 木通，《本經》載名通草，今人咸呼為木通，反呼作花通脫木為通草。不知木通即通草，而作花者廼通脫木也。用通草者，當細玩《本經》。修治：去粗皮切片。有紫白二色。紫者皮厚味辛，白者皮薄味淡。《本經》言味辛，《別錄》言味甘，是二者皆能通利也。

杲曰：味甘而淡，氣平味薄，降也，陽中陰也。手厥陰心包絡，手足太陽小腸、膀胱之藥也。《食療》云：煮飲之，通婦人血氣，濃煎三五盞即便通。又除寒熱不通之氣，消鼠瘻，金瘡踒折，煮汁釀酒妙。通草：臣。

明・張懋辰《本草便》卷一 通草臣，今謂之木通。 味辛，甘，氣平，味薄，陽也，無毒。 主去惡蟲，除脾胃寒熱，通利九竅，血脉關節，令人不忘。治五淋，利小便，導小腸熱，療耳聾，治鼻塞，散癰腫諸結，女人血閉，催生，墮胎下乳。

明・李中梓《藥性解》卷三 木通 味辛、甘，性平，無毒，入小腸經。主五淋小便閉，經凝乳閉，難產，積聚，驚悸心煩，健忘耳聾，聲啞鼻塞，癰瘡，脾疸喜睡，天行瘟疫。按：木通利便，耑瀉小腸，宜療五淋等症。其驚悸等症，雖屬心經，而心與小腸相為表裏，故並治之，脾疸喜睡，此脾之病，皆濕所釀也，利小腸而濕不去乎？瘟疫之來，感天地不正之氣，今受盛之官行，而邪不能容，亦宜療矣。

明・繆希雍《本草經疏》卷八 通草 味辛，甘，平，無毒。主去惡蟲，除脾胃寒熱，通利九竅血脈關節，令人不忘。療脾疸常欲眠，心煩，噦出音聲，療耳聾，散癰腫諸結不消，及金瘡惡瘡，鼠瘻，踒折，齆鼻息肉，墮胎，去三蟲。

〔疏〕通草者，即木通也。稟清秋之氣，兼得土之甘淡，故其味辛平。《別錄》加甘，無毒。又云：微寒，味甘而淡，氣平味薄，降也，陽中陰也。入足少陰、太陽，亦入手少陰、太陽。能助西方秋氣下降，故利小便，專瀉氣滯。肺受熱邪，津液氣化之源絕，則寒水斷流；膀胱受濕熱癃閉，則約束小便不通，宜此治之。其證胸中煩熱，口燥舌乾，咽乾，大渴引飲，小便淋瀝，或閉塞不通，脛酸腳熱，竝宜此主之。《本經》主除脾胃寒熱者，以其通氣利濕熱也。其曰通利九竅血脈關節，以其味淡滲而氣芬芳也。令人不忘者，心主記，心家之熱去，則心清而不忘矣。濕熱生蟲，故又主惡蟲。療脾疸常欲眠，心煩噦者，脾家濕熱壅盛則成疸，心脾之熱不清，則昏昏欲眠而心煩噦。音聲出於肺，肺家之濕熱去，則肺金之氣清而音聲出矣。治耳聾者，洩腎家之濕火也。散癰腫諸結不消，及金瘡惡瘡，鼠瘻，踒折，齆鼻息肉，墮胎。又《藥性論》治五淋，利小便，開關格，下水，排膿止痛，及治人多睡，水腫浮大。陳士良主理濕熱，小便數急疼，少腹虛滿。日華子主婦人血閉，月候不勻，乳結下乳者，皆通竅之所致也。【主治參互】同茯苓、澤瀉、燈心、車前子、猪苓，治膀胱濕熱癃閉，如疏中所引東垣所說。入導赤散者，以其能瀉丙丁之火，則肺不受邪，能通水道，水源既清，則津液自化，而諸經之濕與熱得由小便洩去故也。同牛膝、生地黃、天麥門冬、五味子、黃蘗、甘草，治尿血。同牛膝、生地黃、延胡索，治婦人經閉及月事不調。【簡誤】木通性通利，凡精滑、不夢自遺，及陽虛氣弱，內無濕熱者，禁用。妊娠忌之。

通脫木即今之通草也。稟土之清氣，兼得天之陽氣，故味甘淡，氣寒無毒。東垣：甘平。陽中陰，降也。陽中之陰必下降，故主利陰竅，治五淋，除水腫癃閉，瀉肺，解諸毒蟲痛，明目退熱，下乳催生。以其色白體輕，氣寒味淡，故入手太陰經，引熱下降，以利小便。故又入足陽明胃經，通氣上達，而下乳汁。及除寒熱不通之氣，以其氣寒而降也。【主治參互】佐番降香、紅麴、鯪鯉甲、山查、沒藥，治上部內傷。【簡誤】虛脫人禁用。孕婦人勿服。

明·倪朱謨《本草彙言》卷六 木通 味苦、辛，氣微寒，無毒。味薄，降也，陽中陰也。入手少陰、足太陽經。蘇氏曰：木通，生石城山谷及山陽。今澤、潞、漢中，江淮、湖南州郡皆有之。繞樹蔓藤，大者其莖幹徑三五寸，每節二三枝，枝頭五葉。夏末開花，紫色，亦有白色者。結實如小木瓜，長三四寸，瓤白核黑，食之甘美。枝即通草，莖有細孔，兩頭皆通，取一頭吹之，其氣直貫。色黃白者良，黑褐色者爲雨暘所侵，以致形色腐黑，用之力少不及。

李氏曰：木通有紫白二色，紫者皮厚，味辛、苦；白者皮薄味淡苦。二者味雖少殊，通竅利氣，功力同也。

木通：開心通腎，泄金鬱，利氣竅，李時珍行小便之藥也。莫士行稿《本草》主利九竅，除鬱熱，導小腸，治淋濁，定驚癇狂越，爲心與小腸要劑。所以治驚之劑，多用木通。驚由心氣鬱故也，心鬱既通，則小便自利，而驚癇狂越之病亦安矣。按《十劑》云：通可去滯，木通、防己之屬。夫防己大苦寒，能瀉血中濕熱之滯，而通大便；木通大苦辛，能助西方秋氣下降，瀉氣中濕熱之滯，而利小便也。若肺受熱邪，津液氣化之源絕，則寒水斷流，膀胱受熱，癃閉約束，其證胸中煩熱，口燥咽乾，大渴引飲，小便淋瀝，或閉塞不通，脛痠脚熱，并宜木通主之。又遍身隱熱疼痛，拘急足冷，皆是伏熱傷血。血屬心，宜木通以通心竅，則經絡流行矣。故上能通心清肺，利九竅；下能泄濕熱，利小便，活通身拘痛。古方導赤散用之，實瀉南補北，扶西啓東之意。但性燥而利，凡病陽虛氣弱，陰虛精血不足之證，內無濕熱鬱火者，并妊娠腰軟無力，俱禁用之。

江魯陶先生曰：木通，空通輕虛，清陽之劑。古人用以通九竅，利水蓄，因形似也。陳氏方治小腹虛滿，小便數急而疼，水腫喘急，皮膚瘡痍，并婦人血閉，月候不勻，乳結不下，皆通竅之所致也。如茯苓、澤瀉、猪苓、燈心、琥珀、瞿麥、車前子之類，皆可以去濕熱，泄滯氣，利小便，功用相似。析而論之，君火爲邪，宜用木通；相火爲邪，宜用澤瀉。茯苓利水，有活津之能；猪苓利水，有分理陰陽之妙。燈心清火，揚而肅之；瞿麥清火，行而蕩之。若琥珀、車前，車前爲開水道之前驅，琥珀止澀而又有下注之力也。利水雖同，用各有別。

李士材先生曰：木通功用雖多，不出宣通氣血四字。

集方：《方脉正宗》治鬱熱不清，或發熱口乾，或遍身走痛，小便淋澀不通等證。用木通、車前、黑山梔各二錢，連翹、防風、黃芩各一錢，甘草五分，滑石、知母各一錢五分，水煎服。○同前治五淋并赤白濁。用木通、生地黃、海金沙各二錢，甘草、茯苓、黃連、黃芩各一錢，竹葉五十片，燈心五十根，水煎服。臨服時，加白果汁十茶匙。○錢氏方治心熱多驚，并顛狂，踰垣上屋不定。用木通二錢，半夏、膽星、白芥子、川連、廣皮、防風、石膏、石菖蒲、茯神各一錢五分，水煎服。○孟氏方治婦人血氣阻閉不通。用木通濃煎三五盞，飲之即通。

木通子 味甘，氣寒，無毒。孟氏方去三焦客熱，胃口熱閉，飲食不思，調和腸胃。以蜜水煮食之，治噤口熱痢有效。南人多食之，北人不知其功。

明・姚可成《食物本草》卷一七草部・隰草類　木通古名通草。生石城山谷，今出近道，遶樹藤生，汁白，莖有細孔，兩頭皆通，大者徑二三寸，每節有二三枝，枝頭有五葉。子長三四寸，核黑瓤白，食之甘美。　木通實，味甘，寒，無毒。主厚腸胃，令人能食，下三焦惡氣，續五臟斷絕氣，使語聲足氣，通十二經脉。和核食之，除三焦客熱，胃口熱閉，胃不下食，止渴，利小便。

明・顧逢柏《分部本草妙用》卷七兼經部・性平　木通　辛，平，無毒。入心胞、小腸、膀胱三經。色白而細者佳。　主治：通九竅，去惡蟲，脾疸心煩，出音。治聾，散腫，墮胎，治五淋，利小便，通經下乳。　木通利小便，與琥珀同功。瀉小腸，無他藥可比。甘淡能助西方秋氣下降，專瀉氣滯。肺受熱邪，氣化之源絕，則寒水斷流，宜此治之。時珍曰：泄火則肺不受邪，能通水道，則濕熱皆去。導赤散用之，亦瀉南補北，扶西抑東之意。然君火為邪，宜用木通，相火為邪，宜用澤瀉，利水雖同，用各有別。

明・李中梓《醫宗必讀・本草徵要上》　木通味辛、甘淡，平，無毒。入心、小腸二經。色白而梗細者佳。　治五淋，宣九竅，殺三蟲，利關節，通血脉，開關格。行經下乳，催生墮胎。通草味淡，專利小便，下乳催生。功用雖多，不出宣通氣血四字。東垣云：甘淡能助西方秋氣下降，專洩氣滯。肺受熱邪，氣化之源絕，則寒水斷流，宜此治之。君火為邪，宜用木通；相火為邪，宜用澤瀉。利水雖同，用各有別。按：木通性通利，精滑氣弱、內無濕熱、妊娠者均忌。

明・鄭二陽《仁壽堂藥鏡》卷十上　木通　氣平，味甘。甘而淡，性平味薄，陽也。無毒。《本草》云：除脾胃寒熱。入心胞絡、小腸、膀胱三經。色白而細者佳。《經》曰通九竅，去惡蟲。隱居曰：脾疸，心煩，噦出音聲，治聾，散腫，墮胎。甄權曰：治五淋，利小便，開關格，治多睡。大明曰：排膿破血，止痛催生，通經下乳。東垣曰：利小便，與琥珀同功。瀉小腸，無它藥可比。甘淡能助西方秋氣下降，專瀉氣滯。肺受熱邪，氣化之源絕，則寒水斷流，宜此治之。時珍曰：泄火則肺不受邪。能通水道則濕熱皆去。導赤散用之，亦瀉南補北、扶西抑東之意。按：君火為邪，宜用木通；相火為邪，宜用澤瀉。利水雖同，用各有別。賦云：木通瀉小腸火積而不散，利小便熱閉而不通。

明・蔣儀《藥鏡》卷三平部　通草　引氣上達，瀉肺明目，故能喚乳汁。引熱下降，行經散結，故能消癰腫。善排小腸之火鬱，兼導膀胱之水閉。解煩噦，開耳聾，打起脾疸嗜臥，出聲音，通鼻塞，催生難產鬼胎。

木通　利諸經之竅，氣滯心疼者，大把加煎，且定驚悸。瀉小便之實，火疼濕腫者，斟酌量用，兼導閉淋。君火為邪，宜用木通。相火為邪，宜用澤瀉。利水雖一，用各有差。蓋木通能瀉丙丁之火，則肺不受邪，上流開豁，惟水源既清，則津液自化，而諸經之濕與熱，皆由小便去矣。

明・李中梓《頤生微論》卷三　木通　味辛、甘、淡，性平，無毒。入肝、心、小腸三經。色白而細者佳。去皮用。主五淋癃閉，關格腫脹，殺蟲宣竅，醒睡止痛，破血通經，催生墮胎，散腫下乳。

按：木通以疏通肝木得名。又甘淡能助西方秋氣下降，耑通氣滯，肺受熱邪，氣化之源絕，則寒水斷流，宜此治之。脚氣症，足膝腫痛，用木通一味二兩，水煎頓服，一日後，當發紅瘮便愈。夾以他藥，即不效也。其性宣通，精滑氣虛，內無濕熱者及孕婦均忌。

明・張景岳《景岳全書》卷四八《本草正》　木通亦名通草。　味苦，氣寒。沉也，降也。能利九竅，通關節，消浮腫，清火退熱，除煩渴黃疸。治耳聾目痛，天行時疾，頭痛鼻塞目眩，瀉小腸火鬱，利膀胱熱淋，導痰濕嘔噦，消癰腫壅滯，熱毒惡瘡，排膿止痛。通婦人血熱經閉，下乳汁，消乳癰血塊，催生下胎。若治小水急數疼痛，小腹虛滿，宜加葱煎飲。若治喉痹咽痛，宜濃煎含嚥。

明・賈九如《藥品化義》卷五脾藥　木通　屬陰中有微陽，體輕而通，色黃，氣和，味苦重微辛云甘淡非，性涼，能降，力通氣導赤，性氣輕清而味厚，入脾心小腸膀胱四經。　木通體質鬆通，通可去滯，味苦能降，帶辛能散。取其色黃，用入脾經，導脾胃積熱下行，主治火瀉熱瀉，蓋為利小腸火鬱，行膀胱水閉，使水火分則脾氣自實也。又能去黃疸之濕，解諸毒熱癰，開耳聾，出聲音，通鼻塞，行經下乳，催產利胎，分消痞滿，導除氣惱，皆藉其通經利竅之力也。且心移熱於小腸，而臟病由腑結，腑通則臟安。凡為驚病由心氣鬱及嗜臥心煩者，以此直徹下行，古人立方，心火為邪，用木通導赤；肺火為邪，用桑皮瀉白。良有深意也。　擇色黃而體中條者佳，色黑而粗大者不堪用。

明・盧之頤《本草乘雅半偈》帙五　通草《本經》中品　氣味：辛，平，無毒。　主治：主除脾胃寒熱，通利九竅血脈關節，令人不忘，去惡蟲。

覈曰：通草，即木通。澤、潞、漢中、江淮、湖南州郡皆有之。遶樹蔓藤，大者經三五寸，每節二三枝，枝頭五葉。夏末開花紫色，亦有白色者。實如木瓜而小，長三四寸，瓤白核黑，食之甘美。枝即通草，通理細孔，兩頭皆通，含取一頭吹之，氣出彼頭，色黃白者良。黑褐色者，此商賈因其質輕易得，多置舡篷上，為雨暘所侵，以致形色腐黑，用之無力也。

条曰：黃中通理，故名通。草類藤蔓，仍名草。枝頭五葉，長夏作花，味辛氣平。脾之用藥通劑也。故除脾胃寒熱，塞而不通，并九竅血脈關節，悉為脾土所攝故也。去惡蟲，令不忘，即通九竅血脈關節之徵。《經》云：通因寒用，正此類也。具此神通，則八萬四千毛竅有所閉塞，莫不令之開通。舉九竅者，九竅為竅穴之總持耳，若關節血脈，又屬身內之關津河道矣。

明·李中梓《本草通玄》卷上　木通　甘，淡，微寒，心胞絡、小腸、膀胱藥也。利小便，消水腫，宣血脉，通關節，明耳目，治鼻塞，破積聚，除煩渴，安心神，散癰腫，清伏熱，醒多睡，去三蟲，墮胎下乳。東垣曰：木通甘淡，助西方秋氣下降，以利小便，專瀉氣滯也。肺受熱邪，氣化之源絕，則寒水斷流，膀胱癃閉，宜此治之。時珍曰：木通上能通心清肺，理頭痛，達九竅，下能泄濕祛熱，利小便，通大腸。蓋其能泄丙丁，則肺不受邪，能通水道，水源既清，則津液自化，而諸經之濕熱皆從小便泄去。《本草》云：通可去滯，木通、防己之屬。夫防己苦寒，瀉血分濕熱；木通甘淡，瀉氣分濕熱。細而白者佳。

清·顧元交《本草彙箋》卷四　通草附通脫木。乃手厥陰心包、手足太陽小腸、膀胱之藥。故上能通心清肺，治頭痛，利九竅，下能泄濕熱，利小便，通大腸，治遍身拘痛。故入導赤散，以泄丙丁之火，令肺不受邪。水源既清，則津液自化，而諸經之濕與熱，皆繇小便泄去。凡遍身胸腹隱熱，疼痛拘急，足冷，皆繇伏熱傷血。血屬於心，以此通心竅，則經絡流行也。

通草，即今所謂木通，有細孔，兩頭皆通。今之通草，乃古之通脫木也。《宋本草》混注爲一，名實相亂，後人分出之。通脫木，今女工用以作花之物，色白氣寒，體輕味淡，入太陰肺經，引熱下降，而利小便。入陽明胃經，通氣上達，而下乳汁，以其氣寒，故能降，以其味淡，故能升。導赤散，木通、生地黃、炙甘草等分，入水竹葉七片，水煎，治心熱尿血，面赤唇乾，咬牙口渴，或加牛膝、二冬、五味子、黃柏。

清·穆石匏《本草洞詮》卷一〇　木通　有細孔，兩頭皆通，故名。味辛甘，氣平，一云微寒，無毒。入手厥陰、手足太陽經。除脾胃寒熱，通利九竅、血脈、關節，令人不忘，去惡蟲。《十劑》云：通可去滯，通草、防己之屬。夫防己大苦寒，能瀉血中濕熱之滯，而通大便。通草甘淡，能助西方秋氣下降，而泄滯氣也。肺受熱邪，津液氣化之原絕，則寒水斷流，膀胱受濕熱癃閉約縮，其證胸中煩熱，口燥咽乾，大渴引飲，小便淋瀝或閉塞，脛痠腳熱，並宜木通主之。楊仁齊謂人遍身隱熱，疼痛拘急，足冷，皆是伏熱傷血，血屬于心，宜木通以通心竅，則經絡流行矣。故上能通心清腦，治頭痛，利九竅，下能泄濕熱，利小便，通大腸，治遍身拘痛。古方導赤散，用之亦瀉南補北，扶西抑東之意。凡氣味與之同者，茯苓、澤瀉、燈草、猪苓、琥珀、瞿麥、車前子之類，皆可以滲濕利小便，泄其滯氣也。

清·劉雲密《本草述》卷一一　通草古方所謂通草，即今之木通。俗所謂通草，乃通脫木也。　頌曰：通草即木通。澤、潞、漢中、江淮、湖南州郡皆有之。遶樹蔓藤，大者經三五寸，每節二三枝，枝頭五葉，夏末開花紫色，亦有白色者，實如木瓜而小，長三四寸，瓤白核黑，食之甘美。枝即通草，通理細孔，兩頭皆通，含取一頭吹之，氣出彼頭。色黃白者良。黑褐色者，此商賈因其質輕易得，多置船篷上，為雨暘所侵，以致形色腐黑，用之無力也。

氣味：辛，平，無毒。《別録》曰：甘。權曰：微寒。普曰：神農、黃帝：辛。雷公：苦。東垣曰：味甘而淡，氣平，味薄，降也，陽中陰也。

主治：除脾胃寒熱，通利九竅血脈關節，除心煩，止渴退熱，通小腸，下水，理風熱，小便數急疼，治水腫浮，大利諸經脈寒熱不通之氣，散癰腫，諸結不消，並主女子血閉，月候不勻。

東垣曰：《本草》《十劑》：通可去滯，通草、防己之屬是也。夫防己大苦寒，能瀉血中溼熱之滯，又通大便。通草甘淡，能助西方秋氣下降，利小便，專瀉氣滯也。肺受熱邪，津液氣化之原絕，則寒水斷流，膀胱受溼熱，癃閉，約縮，小便不通，宜此治之。其證胸中煩熱，口燥舌乾，咽乾，大渴引飲，小便淋瀝，或閉塞不通，脛痠脚熱，並宜通草主之。又曰：木通下行，泄小腸火，利小便，與琥珀同功，無他藥可比。時珍曰：木通，手厥陰心包絡、手足太陽、小腸膀胱之藥也。故上能通心清肺，治頭痛，利九竅。下能泄溼熱，利小便，通大腸，治偏身拘痛。楊仁齋《直指方》言：人偏身胸腹隱熱，疼痛拘急，足冷，皆是伏熱傷血。血屬於心，宜木通以通心竅，則經絡流行也。《醫署》曰：經絡不通，元脈不接，孔竅不通，加木通以達之。

《類明》曰：丹溪治溼氣脚痛，一方立加減法云泄溼熱加木通。木通能治周身表裏之氣，以其味苦辛甘淡，苦泄而辛散，甘緩而淡滲，是為泄溼熱之劑也，具有通之之義，故周身皮膚無處不通。一人感風溼，得白虎歷節風證，徧身抽掣疼痛，足不能履地者三年，百方不效。一日夢與木通湯愈，遂以四物湯加木通，服不效，後以木通二兩，剉細，長流水煎汁，頓服，服後一時許，徧身癢甚，上體發紅丹如小豆大粒，舉家驚惶，隨手沒去，出汗至腰而止，上體不痛矣。次日又如前煎服，下體又發紅丹，方出汗至足底，汗乾後通身舒暢而無痛矣。一月後人壯氣復，步履如初。後以治數人，皆驗。蓋痛則不通，通則不痛也。希雍曰：通草稟清秋之氣，兼得土之甘淡，故其味辛平。《別錄》加甘，無毒。又云：微寒，味甘而淡，氣平味薄，降也，陽中陰也。

心熱尿赤，面赤唇乾，咬牙，口渴，導赤散用木通、生地黄、炙甘草，等分，入水竹葉七片，水煎服。同牛膝、生地黄、天、麥門冬、五味子、黄檗、甘草，治尿血。同牛膝、生地黄、延胡索，治婦人經閉，及月事不調。

愚按：水乃氣之母，所謂坎水是也。氣乃水之靈，所謂兑水是也。木通主治類知為利水，而《本經》所云通利九竅血脈關節，殊未深究也。《經》曰：九竅為水注之氣。又曰：脈者，血之府。又曰：津液和調，變化而赤，是為血。又曰：營者，水穀之精氣，和調於五藏，灑陳於六府，乃能入於脈也。又曰：經脈者，所以行血氣而營陰陽，濡筋骨，利關節者也。先哲曰：水入於經，其血乃成。統而繹之，水與血是二是一乎？《經》曰：津液已行，營衛大通，糟粕乃以次傳下。然則水穀之入胃者，若津液未行營衛，未得大通，則糟粕不能以次下矣。津液已行，即水化液，液化血也。液化血，乃謂之水入於經。蓋胃中水穀之清氣，上注於肺，而手太陰清中之濁者，仍歸於胃。試取《本經》首言除脾胃寒熱，次乃及於通利九竅血脈關節，則知本通於肺胃之交，真有為之承接脈絡，使其氣化通，而血化利者，即其細孔通理，兩頭皆貫，不有合於主脈之心，化血之包絡乎？使胃上注，而肺下降，如所謂和調五藏，灑陳六府者，以能助其功，使清氣之營入脈而流貫於諸經，即上下之九竅無不通焉。則所謂糟粕次下，為便為溺者，皆分其化於一氣，而絕無等待，是利水與通利九竅血脈關節，原非二義矣。抑多言瀉小腸者，何居？《經》曰：心主人身之血脈，心合於小腸。夫小腸為心臟輸化之腑，故先哲有云小腸通利，則胸膈血散，膻中血聚，則小腸壅滯，是則血脈通利，即其通利小腸之本，而小腸通利，正其通利血脈之功也。雖然此味專司小腸，而無與於膀胱乎？蓋人身唯是陰中之陽，但在下則陽生陰中，在上則陰生陽中，合於後天之穀氣，陰陽和合，營衛便溺，其機無兩也。上而火中之水，在小腸之氣和而能化，則在下水中之火屬膀胱者，其氣亦應之而化以出矣。是其機亦無二，不可謂其專司小腸，而無與於膀胱，又不可謂其既入小腸，又入膀胱也。但病因於膀胱者，亦不得專主此耳。

又按：此種謂其可疏溼熱，以溼多，屬血分不利之病也。至風熱之病於血者亦用之，以血臟即風臟也，總不外於通利血脈關節之義。故丹溪用之治溼氣脚痛，即以之專治白虎歷節痛風者，皆有所見也。至如治女子經閉，月候不勻，即就妊娠一節明之。女子養胎，自肝為始，臟腑相滋，各養三十日，唯手少陰心、手太陽小腸，不在十月養經之數。無胎則在下為月水，有胎則在上為乳汁，故不養於胎也。是則調女子之月候者，爲更切矣。

希雍曰：木通性通利，凡精滑，不夢自遺，及陽虛氣弱，內無溼熱者，禁用。妊娠忌之。

修治　去皮節，生用。或謂木通即葡萄苗者，誤矣。

清・郭章宜《本草匯》卷一二　木通　味甘、辛、淡，微寒，味薄，降也，陽也，陽中陰也，入足少陰、太陽，亦入手少陰、厥陰、太陽經。瀉小腸火積而不散，利小便熱結而不通。療脾疸常欲眠睡，理心煩退熱止渴。治五淋，開關格。清風熱，下乳結。治鼻塞，安心神。散癰腫諸結不消，理小腹虛滿有效。行經通閉，催生墮胎。《別錄》主脾疸常欲眠，心煩噦者，脾經溼壅盛，則成疸病，心脾之熱不清則昏，昏則欲眠，而心煩噦。音聲出于肺，肺家之溼熱去，則肺經之氣清，而音聲出矣。耳聾者，皆腎家溼火所致，洩其溼火，耳自聽矣。

按：木通功用雖多，不出宣通氣血四字。東垣云：甘淡能助西方秋氣下降，以利小便，專泄氣滯也。肺受熱邪，津液氣化之源絕，則寒水絕流，癃閉約縮，宜此治之。《十劑》所云：通可去滯，通草、防己之屬是矣。防己苦寒，瀉血分濕熱。木通甘淡，瀉氣分濕熱。又能通心清肺，理頭痛，達九竅，下能泄濕祛熱，利小便，通大腸，蓋其能泄丙丁之火，則肺不受邪，能通水道，水源既清，則津液自化，而諸經之濕熱，皆從小便泄去。故古方導赤散用之，亦瀉南補北，扶西抑東之意。《直指方》云：人遍身隱熱，疼痛拘急足冷，皆伏熱傷血。血屬于心，宜木通以瀉心竅，則經絡流行也。凡精滑氣弱，內無濕熱者，禁之。妊娠切忌。凡氣味相同，如茯苓、燈草、猪苓、車前之類，皆能滲利滯氣。但君火為邪，宜用木通。相火為邪，宜用澤瀉。利水雖同，用各有別。

細而白者佳。

清・蔣居祉《本草擇要綱目・寒性藥品》 木通 氣味：辛，平，無毒。降也，為陽中之陰。〔入〕手厥陰心包絡、手足太陽小腸、膀胱之藥。上能通心清肺，治頭痛，利九竅。下能泄濕熱，利小便，通大腸。療遍身拘痛及下乳通經。故古方導赤散用之，實瀉南補北，扶西抑東之意也。

清・閔鉞《本草詳節》卷三 木通 【略】按：木通，古稱以踈通肝木得名，但其味甘淡，能助西方秋氣下降，則入肺瀉滯氣，而水源得清，津液自化。又入小腸瀉濕熱，小腸與心為表裏，得其通利，則丙丁之火不炎，而肺無邪熱之患。葢交相為功者也，於肝木了不相涉。第西金清肅令行，東方自受約束，不敢挾心火為殃，雖謂之踈通肝木亦可，然太迂曲矣。

清・王翃《握靈本草》卷五 木通細而白者佳，名小木通。 主治：木通，辛，平，無毒。一云：甘。主除脾胃寒熱，通利九竅血脈關節，癰腫諸結不消，水腫浮大，喉痺咽痛。

清・汪昂《本草備要》卷二 木通古名通草。 輕通行水，瀉小腸火。 甘淡輕虛。上通心包，降心火，清肺熱，心火降，則肺熱清矣。 化津液，肺爲水源，肺熱清，則津液化，水道通。 下通大小腸、膀胱，導諸濕熱由小便出。故導赤散用之。凡利小便者，多不利大便，以小水愈通，大便愈燥也。木通能入大腸，兼通大便。 通利九竅，血脈關節。治胸中煩熱，遍身拘痛，楊仁齋云：遍身隱熱、疼痛拘急、足冷，皆伏熱傷血。血屬于心，宜木通以通心竅，則經絡流行也。 大渴引飲，中焦火。 淋瀝不通，下焦火，心與小腸相表裏，心移熱于小腸則淋秘。 水腫浮大，利小便。 耳聾泄腎火，通竅。 目眩，口燥舌乾，舌爲心苗。 喉痹咽痛，火炎上焦。 鼻齆音甕。 熱壅清道，則氣窒不通。 失音，清金。 脾疸好眠。脾主四肢，倦則好眠。心爲脾母，心熱清則脾熱亦除。 除煩退熱，止痛排膿，破血催生，行經下乳。火不亢于內，氣順血行，故經調有準，乳汁循常。 汗多者禁用。東垣曰：肺受熱邪，津液氣化之源絕，則寒水斷流；膀胱受濕熱，癃閉約束，則小便不通，宜此治之。寒水，太陽膀胱也。 朱二允曰：火在上則口燥、眼赤、鼻乾，在中則心煩、嘔噦、浮腫，在下則淋秘、足腫，必藉此甘平之性，瀉諸經之火，火退則小便自利，便利則諸經火邪皆從小水而下降矣。君火宜木通，相火宜澤瀉。利水雖同，所用各別。 藤有細孔，兩頭皆通。故通竅。

清・吳楚《寶命真詮》卷三 木通 【略】上能通心清肺，理頭痛，達九竅；下能泄濕祛熱，利小便，通大腸，宣血脈。通關節，消水腫，治五淋，破積聚。治鼻塞，散癰腫，清伏熱。行經下乳，催心墮胎。君火為邪，宜用木通。○相火為邪，宜用澤瀉。○木通甘淡，瀉氣分濕熱；防己苦寒，瀉血分濕熱。【略】精滑氣弱，內無濕熱及妊娠均忌。

清・陳士鐸《本草新編》卷五 木通 即葡萄根也。味苦、澁，氣微寒。入膀胱經。逐水氣，利小便。亦佐使之藥，不可不用，而又不可多用。多用則泄人元氣。

或疑木通利水，去滯氣，亦有益之品，而先生謂泄人元氣，何也？夫木通利水，功何異于猪苓，但嫌甚苦寒損胃，非若淡瀉之無害也。胃氣既傷，元氣必耗，故用之為佐使，則有功無過。倘多用之為君則過于祛逐，元氣必隨水而走，安得不耗哉。

清・顧靖遠《顧氏醫鏡》卷七 木通辛、甘，淡，平。入心小腸膀胱三經。色白而梗細者佳。 利水治淋，瀉心家之火，則肺不受邪而氣化及州都，隨其性之通，而小便利，故曰君火為邪用木通，相火為邪用澤瀉，利水雖同，用各有別。治淋者，乃通竅之功也。 除濕殺蟲。濕熱生蟲，利水則除濕，而熱亦去，蟲因死矣。 宣九竅，利關節，通血脈，下乳汁。皆通竅之所致。 關格可開，仲景云：關則不得小便，格則吐逆。蓋因丹田有熱，故不得小便，火炎上升，故食即吐逆。此能利諸經脈寒熱不通之氣。 瘡癤兼醫。能瀉心火，由小腸而出也。 功用雖多，不出宣通氣血四字。性極通利，精滑氣弱，內無濕熱者，忌用。 能催生墮胎，孕婦勿服。

清・李熙和《醫經允中》卷二〇 木通 入心胞、小腸、膀胱三經。 辛，平，無毒。主治利小便，通血脈，行經下乳，脾(膽)〔疸〕煩熱。君火為邪宜用木通，相火為邪宜用澤瀉。利水雖同，用各有別。催生墮胎，姙婦弗服。精滑氣弱，內無濕熱者忌之。

清・馮兆張《馮氏錦囊秘錄・雜症痘疹藥性主治合參》卷一 木通古名通草。稟清秋之氣，兼得土之甘淡，故其味辛甘而淡，氣平味薄，寒也，降也，陽中陰也。入足少陰、太陽，亦入手少陰、太陽。能助西方秋氣下降，故利小便，並專瀉氣滯。 木通，甘淡輕虛，上通心包，降心火，清肺熱。瀉小腸火鬱不散，利膀胱水閉不行。消癰疽作腫，療脾疸嗜眠。解煩噦，開耳聾，出聲音，通鼻塞。行經下乳，催產墮胎。開關格導濕熱，利關節血脉，通九竅五淋。乃心胞、小腸、膀胱三經之藥。凡肺受熱邪，則氣化之源絶而寒水斷流，宜此甘淡以助秋氣下降。若君火為邪，宜用木通。相火為邪，宜用澤瀉。但性寒通利，凡精滑氣虛，内無濕熱，并虛症孕婦，并宜忌之。

主治痘疹合參：利水瀉火，宣通氣血。凡熱閉不通，心經藴熱驚悸者，瀉心經之邪熱，從膀胱而出，與燈心同功。若初熱時熱毒下注洩瀉，小水不行者，用此通導。若難靨者，用此以利膿漿，濕潤之氣下行。若乳母服藥，須此引經。至如痘後發癰，以木通節酒洗晒乾用，亦利關節，通血脉之力耳。

清・张璐《本經逢原》卷二 木通原名通草 平，淡，無毒。色淡黄細香者佳。《本經》除脾胃寒熱，通利九竅血脈關節，令人不忘，去惡蟲。發明：木通，蘡薁根也，入手足太陽、手少陰厥陰。瀉氣分濕熱，防己瀉血分濕熱。脾胃不和則水道不利，乃致鬱，為寒熱，為腫脹，為淋秘，為痹癉，俱宜木通淡滲之劑，分利陰陽，則水行火降，脾胃和，而心腎平矣。《本經》除脾胃寒熱者，以其通利濕熱也。曰通利九竅、血脈、關節者，以其味淡滲也。曰令人不忘及去惡蟲者，竅利則神識清，濕散則惡蟲去。以其通達九竅，行十二經，故又能催生下乳，散癰腫結熱。惟胃虛腎冷，及傷寒大便結燥，表虛多汗者禁服。恐重傷津液耗散胃汁也。時珍曰，木通上能通心清肺達九竅，下能泄濕袪熱，豈止利小便而已哉。蓋能泄丙丁則肺不受邪。能通水道，水源即清，而諸經之濕熱皆從小便泄去，故導赤散用之。

清・浦士貞《夕庵讀本草快編》卷三 木通士良 此藤有細孔，兩頭皆通，含一頭吹之則氣出彼頭者良，故名。木通又名通草，乃《宋本草》混註耳。木通辛平，味甘而淡，乃手厥陰、手足太陽藥也。故上能通心清肺，治頭痛而利九竅，下能泄濕熱，利小便，通大腸，治水腫而療遍身拘痛，以其專泄氣滯耳。且能抑丙丁之火，則肺不受邪，能通水道水源，則津液自化，而諸經之濕熱皆由小便泄出。故導赤散用之，蓋瀉南補北，扶西抑東之意。大抵防己能瀉血中濕熱，木通能瀉氣中壅滯，可不辨哉？

清・張志聰、高世栻《本草崇原》卷中 木通 氣味辛，平，無毒。主除脾胃寒熱，通利九竅血脈關節，令人不忘，去惡蟲。木通，《本經》名通草，莖中有細孔，吹之兩頭皆通，故名通草。陳士良撰《食性本草》改為木通，今藥中復有所謂通草，乃是古之通脱木也，與此不同。始出石城山谷及山陽，今澤、潞、漢中、江淮、湖南州郡皆有，繞樹藤生，傷之有白汁出，一枝五葉，莖色黄白，幹有小大，傷水則黑，黑者勿用。木通藤蔓空通，其色黄白，氣味辛平，稟土金相生之氣化，而通關利竅之藥也。稟土氣，故除脾胃之寒熱。藤蔓空通，故通利九竅、血脈、關節。血脈通而關竅利，則令人不忘。稟金氣，故去惡蟲。防己、木通皆屬空通蔓草。防己取用在下之根，則其性自下而上，從内而外。木通取用在上之莖，則其性自上而下，自外而内，此根升梢降，一定不易之理。後人用之，主利小便，須知小便不利，亦必上而後下，外而後内也。

清・姚球《本草經解要》卷二 木通 氣平，味辛，無毒。主除脾胃寒熱，通利九竅、血脈、關節。令人不忘，去惡蟲。木通氣平，稟天秋平之金氣。味辛無毒，得地西方之金味，專入手太陰肺經。氣降味苦，陰也。其除脾胃寒熱者，蓋飲入於胃，遊溢精氣，上輸於脾，脾氣散精，上歸於肺，肺氣通調水道，乃下輸膀胱。如水道不通，則飲留於脾胃，而發寒熱矣。木通入肺，以通水道，故除脾胃寒熱也。九竅者，耳、目、鼻各二，口、大小便各一也。木通氣平則利，味辛則通，所以通利九竅、血脈、關節也。其令人不忘者，心藏神而屬火，水道通，則心火有制，神清多記憶也。濕熱不除，則化生惡蟲，水道通，則濕熱有去路，故惡蟲不生也。製方：木通同生地、炙草、竹葉，治心熱便赤。同白茯、澤瀉、車前、豬苓、燈心，治癃閉。同牛膝、生地、天冬、麥冬、五味、黄栢、甘草，治尿血。同生地、甘草、赤茯、竹葉，名導赤散，瀉小腸之火。

清・王子接《得宜本草・中品藥》 通草 味甘，淡。通可去滯。入手足太陽經。得琥珀、茯苓瀉火利水。

清・黄元御《長沙藥解》卷四 通草 味辛，入足厥陰肝、手少陰心、足太陽膀胱經。行血脈之瘀澀，利水道之淋癃。《傷寒》當歸四逆湯方在當歸用之治厥陰病，手足厥冷，脈細欲絶。以其通經絡，而開結澀也。通草疏利壅塞，開通隧道，善下乳汁，而通月水，故能治經絡結澀，性尤長於泄水。其諸主治，通經閉，下乳汁，療黄疸，消水腫，開淋澀，消癰疽，利鼻癰，除心煩。

清・黄元御《玉楸藥解》卷一 木通 味辛，氣平。入足太陽膀胱經。通經利水，滲濕清熱。木通孔竅玲瓏，通利竅隧，利水開癃，滲泄膀胱濕熱。庸工利水方中率多用之，而絶不得效，本草之家未參驗耳。

清・汪紱《醫林纂要探源》卷二 木通 甘，淡，寒。藤蔓粗大而弱，葉狹長而色黯糙，花如鈴鐸，莢如皂角而圓肥，色黃，瓤或黃或白，甘可食，子色黑如豆而有尖。一名燕蔔，俗名白那、黃那。 清肺金而行水，去妄火以寧心，決瀆以利三焦，化液而通九竅。色黃，宜入脾。脾，濕之主也。藤中實而通，偏體穀紋，輕虛上行。淡以滲濕利竅，故能清肺金以滌水之源。心火鬱則生熱，通則明而熱除。故木通之通，能清熱而甯心，三焦水道，所由有所壅，則火蒸濕而成熱，水泛溢而成腫，木通之通，所以決其壅而化津液，故能通二便，消腫脹，除濕熱，又能止渴除煩，開音聲，明耳目，除攣痺，療喉痺，醒脾胃，且能破血排膿，通經下乳，催生。 汗多者忌。恐重耗其津液也。○木通、防己皆輕而疏通。防己味苦，用根則專行下部。木通味甘，用莖則能升清氣於上焦，而後降濁水以下達。燈草、通草、木通味性皆相似，然通草通形於實，木通通氣於虛。○色黃粗大為劣，色淡緊細為良。 燕蔔子 甘，寒。即木通實也。又名山蘿蔔。 解渴除煩，通淋利水。

清・嚴潔等《得配本草》卷四 木通古名通草。節 苦，淡，平。入手厥陰、手足太陽經氣分。泄三焦之邪熱，而歸小腸。通九竅之血脈，而利關節。治水腫浮大，療君火上炎，催生下乳，退喉痹，去脾疸，理鼻齆，開耳聾，散癰腫。 配生地黃、炙甘草、竹葉，治心熱尿赤。 腎氣虛，心氣弱，汗不徹，口舌燥，孕婦，皆禁用。 此藥昔所不用，以其大泄心腎之氣。素染虛證、或病久氣血兩虧者，用之元氣衰脫，多無救藥。 節 酒洗曬乾，治痘後發癰。

題清・徐大椿《藥性切用》卷四 小木通 甘淡辛寒，入心、小腸經。降火利水，為熱淋尿痛耑藥。 妊婦勿用。

清・黃宮繡《本草求真》卷五 木通瀉心經小腸濕熱。 木通耑入心，兼入小腸，古名通草。今之通草，即古所名通脫木。 甘淡輕虛，據書開載治效甚多，然究不外清火通竅，利水數端而已。 緣人一身上下，外無風、寒、暑、濕六淫鬱而為熱，內無火氣薰蒸，則水道順暢，一身安養。 上自咽喉以迄心胸，下自大腹以迄二便，而無膈結不通之弊矣。 東垣曰： 凡人肺受熱邪，津液氣化之源絕，肺為水源。則泉水斷流。源絕則流斷。 膀胱受濕熱癃閉約束，則小便不通。濕熱為害。 朱二允曰： 火在上則口燥眼赤鼻乾，在中則心煩嘔噦，在下則淋閉足腫。 木通藤細有孔，兩頭皆通，體輕質浮，味淡氣滲，能瀉君火，火退則小便自利。心與小腸相表裏。 便利，則諸經火邪皆從心水而下降矣，是以行經下乳。火不內亢則經調乳通。 破血除蒸。熱除則血破，血破則蒸除。 止煩住痛，心熱清則煩除痛止。 排膿生肌，心熱除則氣血得養而肌肉生。 開關利節，心竅通，則經絡流行，故關節亦通。 并凡因於濕熱而成者，無不藉此以為開導，此雖類澤瀉同為滲利，但君火動則宜木通，相火動則宜澤瀉也，惟神氣虧損，汗多外出，及虛弱孕婦者切忌。 以性通利故耳。

清・沈金鰲《要藥分劑》卷三 木通 【略】鰲按： 木通有細孔，直通兩頭，故能通竅。 每節有二三枝，枝頭有五葉，其子垂梢際，核黑瓤白，性寒味甘，食之甜美，故能有益于胃。 陳士良謂除三焦客熱，胃口熱閉，胃不下食是也。 然亦能通利小便，即名木通子。 南方多用之，北方罕知其功。

清・楊璿《傷寒溫疫條辨》卷六消劑類 木通 味苦，氣寒，沉也，降也。瀉小腸火鬱，利膀胱熱淋，導痰濕嘔噦，消腹疼壅塞。木通二兩，水煎服。通則不壅不疼矣。 利血脉九竅，通達上下，以其利水故也。 小水利則心火降，故導赤散用之。 古謂消劑兼通，此類是也。通靈散： 治血瘀繞臍腹疼甚驗。木通、五靈脂、赤芍三錢，水煎服。

清・許豫和《小兒諸熱辨》 論木通 木通古名通草。 李時珍《綱目》注云： 細細有孔，兩頭皆通，故名通草，即今之木通也。 今之通草，乃古之通脫木也。 宋《本草》混注為一名，實相亂，今分出之。 氣味： 神農： 辛。 雷公： 苦。 甄權： 寒。《別錄》： 甘。 當以神農、雷公為準。 通脫木，甘淡而寒。 東垣曰： 與木通同功。

陳士良《本草》云： 古方所用通草，皆今之木通，其通脫木稀有用者。

木通 味苦氣寒明矣。 訒菴稱其甘淡，是仍以通草之性悞為木通。 醫者倘不予信，請自嘗而辨之。

朱二允曰： 火在上則口燥，眼赤，鼻乾。 在中則心煩嘔噦，浮腫。 在下，則淋閉足腫。 必藉此甘平之性，瀉諸經之火，火退則小便自利，便利則諸經火邪皆從小便而降矣。 是專言降火也，並無治風寒字樣也。

吾歙幼科習用木通，不知始自何人，竟成故套。 予甚惡之，特為標出，細加評論，以盡予之苦心，知我罪我，亦聽之世俗而已。

三十年前，黃席有先生見予有心活幼，謂予曰： 活幼一科，惟木通一味能引邪過界，不可輕用。 予服其言，至今不易。 其用木通處，必如心熱之導赤散、淋症之八正散。 痘瘡一二朝之大熱，利小便，諸疹瘡疥之表氣已通，而濕熱未泄，舍此無用者矣。

木通藤中有孔，兩頭皆通，故善通竅。 通竅之藥，最能引邪過界，如牛黃之引邪入臟，冰片之引邪入骨，皆醫家所罕用者。若世俗幼科之習用木通，引邪入裏，能使陽邪陷入陰分，熱久不退，損人氣血，其害實甚。人多以其淡而忽之，不知所以罪之。

藥之氣味，辛甘發散為陽，酸苦湧泄為陰。六淫之邪，如風寒初感宜發散，斷不宜湧泄，木通為大忌之藥。

麻黄之性，通自裏而達於表也。木通之性，通自上而導之下也。陽分之邪，自裏達表，自能得汗而解。導之使下，必致陷入陰分，斷無風從小便而出之理。

風邪在表，或在上焦氣分，悮用木通，陷入陰分，其病只是潮熱，人漸瘦或咳，與風勞相似，病未久猶為可治，治之之法，補中益氣湯提出陽分之邪，是為對症之藥。

傷寒例麻黄、桂枝，皆有禁條，下早下遲，亦有明證。藥之為用，補偏救弊，豈有通套之理？即《本草》稱甘草能和百藥，而嘔家忌之，中滿忌之，獨於木通不知所禁忌哉？

風寒入肺，面青，有涕淚者，宜溫散。悮用木通，如水益深，則肺氣閉結，而不能解矣。風熱入肺，痰嗽氣促，面赤無涕淚者，宜清散，荊、防、甘、桔、杏仁、葱白之中，少加炒梔子，以泄其熱。《經》所謂肺苦氣上逆，急食苦以瀉之者，是也。若用木通瀉而不專，亦難解散。

小兒驚駭，本屬心虚，驚則氣散，不與養心，反用木通以瀉心，多有困憊而不能救者。傷食而悮用木通，脾胃寒，有增其嘔吐腹痛者。吐瀉而悮用木通，脾胃益傷，有累成慢驚者。痳症表未開，早用木通，兩頰必然不透。痘症裏虚，悮用木通，必致泄瀉，痒塌。瘡隱丹閉悮用木通，其毒必歸腹，頃成腹脹。寒邪暴中，悮用木通，下咽即斃。嗚呼！木通之害大矣，非木通之害，不善用者之害也。

清·羅國綱《羅氏會約醫鏡》卷一六草部 木通味辛甘而淡，入心包、心肺、大小腸、膀胱五經。懷産者佳，體輕而鬆，兩頭皆通。降心火，清肺熱，肺金為水源，火降肺清，則津液化而水道通矣。通大小腸。凡利小便者必燥大便，木通能導諸濕熱從小便出，故兼通大便。治胸中煩熱大渴中焦火、淋瀝不通、下焦火也，心與小腸相表裏，心移熱於小腸，并膀胱濕熱則淋秘。口燥舌乾、舌為心苗。喉痹咽痛上焦火、遍身拘痛，身熱足冷，伏熱傷血，血屬心，木通以通心竅，則經絡流行。除水腫利小便、耳聾、腎火瀉則竅通。失音清金，催生、行經、下乳。下行之效。若君火為邪，宜用木通；相火為邪，宜用澤瀉，利水雖同，用各有別。

按：木通性寒通利，凡精滑氣虚，内無濕熱，汗多者及妊娠均忌。

清·陳修園《神農本草經讀》卷三上品 木通 氣味辛，平，無毒。主除脾胃寒熱，通利九竅血脈關節，令人不忘，去惡蟲。木通，《本經》名通草。陳士良撰《食性本草》，改為木通。今復有所謂通草，即古之通脱木也，與此不同。

張隱庵曰：木通藤蔓空通，其色黄白，氣味辛平，稟土金相生之氣化，而為通關利竅之藥也。稟土氣，故除脾胃之寒熱。藤蔓空通，故通利九竅血脈關節。血脈通而關竅利，則令人不忘。稟金氣，故去惡蟲。

防己、木通，皆屬空通蔓草。防己取用在下之根，則其性自下而上，從内而外；木通取用在上之莖，則其性自上而下，自外而内，此根升梢降，一定不易之理。後人用之主利小便，须知小便之利，亦必上而後下，外而後内也。

清·王學權《重慶堂隨筆》卷下 木通 味苦，故瀉心火由小腸出。諸本草皆云甘淡，或言微辛，豈諸公不但未經口嘗，且芻蕘亦未詢乎？

清·王龍《本草纂要稿·草部》 通草 味甘淡，性平，無毒。瀉小腸火鬱不散，利膀胱水閉不行。消癰疽作腫，療脾疸嗜眠。解煩噦，尤開耳聾。去聲音，兼通鼻塞。行經下乳，催生墮胎。

清·張德裕《本草正義》卷下 木通 苦，寒。沉降。瀉小腸火鬱，利膀胱熱淋，解黄疸，清火熱，婦人血熱經閉，熱毒惡瘡。

清·楊時泰《本草述鉤元》卷一一 通草 即木通。古方通草，即今之木通，俗所謂通草，乃通脱木。澤、潞、漢中、江淮、湖南州郡皆有之。遶樹蔓藤，大者徑三五寸，每節三二枝，枝即通草，通理細孔，含取一頭吹之，氣出彼頭，色黄白者良，黑褐色者用之無力。此商人因其質輕易得，多致船篷上，為雨暘所侵，以致腐黑。或謂木通即葡萄苗者，誤。

苦辛甘淡而微寒。氣平味薄，降也，陽中陰也。入手厥陰、手太陽，並及足太陽。主除脾胃寒熱，通利九竅血脉關節，除心煩，止渴退熱，通小腸下水，理風熱小便數急疼，治水腫浮大，利諸經脉寒熱不通之氣，散癰腫諸結不消，並主女子血閉，月候不匀。《本草·十劑》：通可去滯，通草、防己之屬是也。夫防己大苦寒，能瀉血中濕熱之滯，又通大便，通草甘淡，能助西方秋氣下降，利小便，專瀉氣滯也。肺受熱邪，津液氣化之原絶，則寒水斷流，膀胱受濕熱癃閉約縮，宜此治之東垣。凡胸中煩熱，口燥舌乾咽乾，大渴引飲，小水淋瀝閉塞，脛痠脚熱，並宜通草主之又。上能通心清肺，治頭痛，利九竅，下能瀉濕熱，利小便，通大腸，治偏身拘痛瀕湖。凡偏身胸腹隱熱疼痛，拘急足冷，皆是伏熱傷血，血屬於心，宜木通以通心竅，則經絡流行。仁齋。經絡不通，元脈不接，加木通以達之《醫略》。能治周身表裏之氣，以其苦泄辛散，甘緩淡滲，通之之義，無處不周《類明》。一人感風濕，患白虎歷節風，偏身抽掣疼痛，足不履地者三年，百方不效。一日夢與木通湯愈，遂以四物加木通服，不效。後以木通二兩，長流水煎，頓服，一時許，偏身癢甚，上體發紅丹如小豆大，隨手沒去，出汗至腰而止，上體不痛矣。次日，又如前服，下體丹發，汗出至足底，通身舒暢而痛除矣。月餘壯復，步履如初。後治數人皆驗。蓋痛則不通，通則不痛也。心熱尿赤，面赤脣乾，咬牙口渴，導赤散，用木通、生地、甘草、竹葉七片煎服。同牛膝、生地、天麥冬、五味、黃檗、甘草，治尿血。同牛膝、生地、延胡，治婦人經閉及月事不調。

論：木通主治類知為利水，而《本經》所云通利九竅、血脉關節，殊未深究。夫水與血，是二是一。《經》曰：津液已行，營衛大通，糟粕乃以次傳下。然則水穀之入胃者，其清氣上注於肺，而清中之濁者，仍歸於胃。觀《本經》首言除脾胃寒熱，次乃及於通利九竅、血脉關節，則知木通於肺胃之交，真有為之承接脉絡，使其氣化通而血化利者。即其細孔通理，兩頭皆貫，不有合於主脉之心化血之包絡乎。使清氣之營，入脉而流貫於諸經，即上下之九竅無不通，所謂糟粕次下為便溺者，皆分其化於一氣，而絕無等待，是利水與通利九竅、血脉關節，原非二義也。抑多言其瀉小腸者，以心主人身之血脉，而小腸為心臟輸化之腑。小腸通利，則胸膈血散；膻中血聚，則小腸壅滯。是則血脉通利，即其通利小腸之本；而小腸通利，正其通利血脉之功也。上而火中之水，在小腸之氣和而能化，則下而水中之火屬膀胱者，其氣亦應之而化，故非利小腸而無與於膀胱，但病因於膀胱者，不得專主此爾。木通可踈濕熱，以濕多屬血分，不利之病也。至風熱之病於血者亦用之，以風臟即血臟也。總不外於通利血脉關節之義。至女子妊娠養胎，自肝始，臟腑相滋，各三十日，惟手少陰心、手太陽小腸不在養經之數，無胎則下為月水，有胎則上為乳汁，故此味通經閉調月候，更有殊功。

凡精滑不夢自遺，及陽虛氣弱，內無濕熱者，禁用。妊娠忌之仲淳。

修治：去皮節，生用。

清·葉桂《本草再新》卷三 木通味辛、苦，性寒，無毒。入心、肺、腎三經。清虛火，清肺熱，生津液，通血分，利二便，活筋骨，治渾身腫脹，濕氣下行。

清·吴其濬《植物名實圖考》卷二二 通草今木通 《本經》中品。舊說皆云燕覆子。藤中空，一枝五葉，子如小木瓜，食之甘美。今江湘所用，皆非結實者。《滇本草》以為野葡萄藤。此藥慣用，而異物非一種。蓋以藤蔓中空，皆主通利關竅，故有效也。

清·趙其光《本草求原》卷四蔓草部 木通《本經》名通草，今之所謂通草，即古之通脫木，與此不同。 蔓生，中空，其色黃白，氣味辛，平。禀土金相生之氣化，而通關利竅之藥也。主除脾胃寒熱，得土氣故。通利九竅血脈關節。中空之功。令人不忘，血脈通，關竅利，自然不忘。去惡蟲。得金氣故。

防己、木通皆空通蔓草。防己用在下之根，其性自下而上，從內而外；木通用在上之莖，其性自上而下，自外而內，此根升，梢降不易之理。後人用之主利小便，須知小便之利，亦必上而後下，外而後內也。

產江、淮者佳。繞樹藤生，傷之有白汁出；傷水則黑，不可用。前人用治五淋、關格、多睡、水腫浮大、濕熱、小便數、急疼、小腹虛滿、排膿、止痛、婦人經閉及月事不調、同牛膝、生地、胡索。乳結下乳；同地、冬、味、甘、黃柏則治尿血，皆通竅之功也。凡精滑陽虛，內無濕熱者，禁用。

清·葉志詵《神農本草經贊》卷二 通草 味辛，平。主去惡蟲，除脾胃寒熱，通利九竅血脈關節，令人不忘。一名附支。生山谷。今名木通。

藤支萬年，中通營腠。引蔓漿流，解吹氣透。甘受白藏，辛咀紫厚。活莌名同，根尋天壽。

甄權曰：一名萬年藤。韓愈詩：經紀肖營腠。陶弘景曰：遶樹藤生，汁白，莖有細孔，含一頭吹之，氣出彼頭者良。李時珍曰：有紫、白二色，紫者皮厚味辛，白者皮薄味甘，皆能通利。蘇頌曰：《爾雅》活莌，即通脫木也。李杲曰：通脫木亦有通草之名，與木通同功用。蘇頌曰：天壽根出台州。

清·文晟《新編六書》卷六《藥性摘錄》 木通 甘，淡。輕虛。瀉心經、小腸濕熱，利水道。治火在上，口燥眼赤，鼻乾咽痛；火在中，心煩嘔噦；火在下，淋閉足腫。並行經下乳，破血除蒸。止煩住痛。排膿生肌。開關利節。○凡因濕熱而成者，皆宜用此開導。○惟神氣虧損，汗多外出，及虚弱、孕婦，切忌。○君火動，宜木通。相火動，宜澤瀉。

清・張仁錫《藥性蒙求・草部》 木通八分、一錢 木通苦寒，導諸濕熱。小便能通，心經火泄。一云：辛，甘，淡，平。降心火，清肺熱，下通大小腸、膀胱，導諸濕熱由小便出。○丹溪曰：君火宜木通，相火宜澤瀉。利水雖同，所用各别。○精滑氣弱，内無濕熱，及妊娠者忌用。

清・屠道和《本草匯纂》卷二瀉濕 木通 耑入心，兼入小腸。甘淡輕虚，無毒。清火通竅，利水，瀉心經、小腸濕熱，清肺熱。通利九竅，血脈關節。治胸中煩熱，偏身拘痛，大渴引飲，淋瀝不通，耳聾目眩，口燥舌乾，喉痺咽痛，鼻齆失音。脾熱好眠，除煩退熱，止痛排膿，破血催生，行經下乳。但精滑氣弱，内無濕熱及妊娠均忌。色白梗細者佳，藤有細孔。

清・戴葆元《本草綱目易知錄》卷二 木通 甘，淡，輕虚。上通心包，降心火，清肺熱，化津液。下通大小腸膀胱，導諸濕熱由小便出，通利九竅、血脈關節。治天行時疾，頭痛目眩，胸中煩熱，遍身拘痛，大渴引飲，淋瀝不通，水腫浮大，口躁舌乾，喉痹咽痛，鼻齆耳聾，脾癉好眠。利諸經脈，破積聚血塊，女人血閉，月經不勻。鼠瘻癰腫，金瘡踒折。出聲音，明耳目。除煩退熱，止痛排膿，行經下乳，催生下胞，墜胎妊，去三蟲。汗多者禁用。【略】

子燕覆：甘，寒。開胃止渴，通十二經脈。除三焦客熱惡氣，厚腸胃，利小便。續五臟絶氣，使語聲足氣，清胃口熱閉，令人能食。

清・黄光霽《本草衍句》 木通 味淡體輕，通可去滯。上通心胞，清肺熱而瀉心火。下走膀胱，去濕熱而化津液。津液化則水道通，使濕熱由小便出。療脾(膽)〔疸〕欲眠心煩，利九竅血脈關節。故治耳聾鼻塞，出音，又能止渴安心退熱。淋瀝水腫，瀉小腸之火邪。喉痺咽疼，宜濃煎噙。利膀胱之水結。催生下(包)〔胞〕，通乳破血。 心熱尿赤，面赤唇乾，咬牙口渴，導赤散用木通、生地、生甘草，等分，加竹葉七片，水煎服。

清・陳其瑞《本草撮要》卷一 木通 味甘淡，入手足太陽經，功專通滯。得琥珀、茯苓瀉火利水。汗多禁用，古名通草。今市所售，味苦，不知何故，俟考。 通草 味淡色白，入手太陰、足陽明經，功專引熱下行，下乳汁，治五淋水腫，目昏耳聾，鼻塞失音，退熱催生。新通草瓦上燒存性研末，用二錢熱酒沖服，治頭痛牙關已閉者神效。

水茶臼

明・朱橚《救荒本草》卷下之前 水茶臼 生密縣山谷中。科條高四五尺，莖上有小刺，葉似大葉胡枝子葉而有尖，又似黑豆葉而光厚，亦尖，開黄白花，結果如杏大，狀似甜瓜瓣而色紅，味甜酸。 救飢：果熟紅時，摘取食之。

三葉挐藤

清・吴其濬《植物名實圖考》卷一九 三葉挐藤 生長沙山中。蔓生，黑莖，新蔓柔細，一枝三葉，葉長寸餘，而末頗團；面青背白，直横紋皆細。俚醫以為治跌損、和筋骨之藥。

三加皮

清・吴其濬《植物名實圖考》卷一九 三加皮 産建昌山中。大根赭黑似何首烏； 叢生，細莖，老赭新緑； 對發短枝，一枝三葉，葉勁無齒，形似豆葉而長，面緑背青白，中直脈紋亦稀疏。俚醫以治風氣，故名三加皮。非與一名金鹽之五加皮一類也。

挐藤

清・吴其濬《植物名實圖考》卷一九 挐藤 一名毛藤梨，産南城麻姑山。黑莖，大葉如麻葉，深齒疎紋； 葉端尖長； 結青實如棠梨而小。

預知子

宋・唐慎微《證類本草》卷一一草部下品〔宋・馬志《開寶本草》〕 預知子 味苦，寒，無毒。殺蟲療蠱，治諸毒。傳云：取二枚綴衣領上，遇蠱毒物，則聞其有聲，當便知之。有皮殼，其實如皂莢子。去皮研服之，有效。今附。

〔宋・掌禹錫《嘉祐本草》〕按：日華子云：盍合子，溫。治一切風，補五勞七傷，其功不可備述。并治痃癖氣塊，天行溫疾，消宿食，止煩悶，利小便，催生，解毒藥中惡，失音，髮落，傳一切蛇蟲蠶咬。雙人者可帶單方服。治一切病，每日取人二七粒。患者服，不過三千粒，永差。又名仙沼子、聖知子、預知子、聖先子。

〔宋・蘇頌《本草圖經》〕曰：預知子，舊不載所出州土，今淮、蜀、漢、黔、壁諸州有之。作蔓生，依大木上。葉緑，有三角，面深背淺。七月、八月有實作房，初生青，至熟深紅色。每房有子五七枚，如皂莢子，斑褐色，光潤如飛蛾。舊説取二枚綴衣領上，遇蠱毒物，則側側有聲，當便知之，故有此名。今蜀人極貴重，云亦難得。採無時。其根味苦，性極冷，其效愈於子。山民目爲聖無憂。冬月採，陰乾。石臼内擣下篩，凡中蠱毒，則水煎三錢匕，溫服立已。

宋・鄭樵《通志》卷七五《昆蟲草木略》 預知子　曰仙沼子，曰聖知子，曰聖先子，曰盍合子。實如皂莢子。傳云：取二枚綴衣領上，遇蠱毒，初則聞其有聲，故有預知之名。蜀人貴重之。

宋・劉明之《圖經本草藥性總論》卷上 預知子　味苦，寒，無毒。殺蟲療蠱，治諸毒。傳云：取貳枚綴衣領上，遇蠱毒物，則聞其有聲，當便知之。日華子云：温。治一切風，補五勞七傷，其功不可盡述。并治痃癖氣塊，天行温疾，消宿食，止煩悶，利小便，催生，解毒藥，中惡失音。傳一切蛇蟲蠶咬。雙仁者可帶。單方治一切病，每日取仁二七粒，患者服不過三十粒，永差。主元臟虚冷氣。得附子、硫黄，治腎虚冷，腹腸脹滿，面色青黑。得懷香子、桃仁，治膀胱甚効。出廣州並黔州。春生苗，夏結子，子作細莢，至秋採。今人多用嶺南者，治元臟冷氣為最要。

元・尚從善《本草元命苞》卷五 預知子　味苦，寒性，無毒。解諸藥毒，綴衣領知蠱毒害。傳云：取二枚綴大衣領上，遇蠱毒物，則側側有聲，當便知之，故有此名也。補五勞七傷，除一切風熱，治天行疫痰，破痃癖氣塊。消宿食，上煩悶，催生産，利小便。《本經》不載所産，今惟淮、漢、黔、蜀、壁州。生而作蔓，依木結實為房，生青，至熟紅色，每房有子數枚，如皂莢子，班褐光潤，去皮殼，研服通神。冬月採，陰乾入藥，石臼内舂，取其實。

明・王綸《本草集要》卷三 預知子　味苦，氣寒，無毒。採無時。其實如皂莢子，去皮，研服之。主殺蟲，療蠱，治諸毒，天行温疾。傳一切蛇蟲咬。傳云取二枚綴衣領上，遇蠱毒物，則聞其有聲，當便知之，故名。又云：雙仁者可帶。

明・劉文泰《本草品彙精要》卷一四 預知子

預知子：殺蟲，療蠱，治諸毒。傳云：取二枚，綴衣領上，遇蠱毒物則聞其有聲，當便知之。有皮殼，其實如皂莢子，去皮研服之，有效。名醫所録。

【名】仙沼子、聖知子、聖先子、聖無憂、盍合子。　【苗】《圖經》曰：蔓生，依大木上，葉緑有三角，面深背淺，七月、八月有實，作房，初生青，至熟深紅色，每房有子五七枚如皂角子，斑褐色光潤如飛蛾，取二枚綴衣領上，遇蠱毒則側側有聲，當便知之，故有此名。今蜀人極貴重，云亦難得，又云雙仁者帶之，尤勝。其根，冬月採之陰乾，味苦，性極冷，其效愈於子，山民目爲聖無憂也。　【地】《圖經》曰：舊不載所出州土，今淮、蜀、漢、黔諸州有之。【道地】壁州。　【時】生：春生苗。採：秋取實，冬取根。　【收】陰乾。　【用】子、根。　【質】類皂莢子。　【色】斑褐。　【味】苦。　【性】寒，泄。　【氣】味厚于氣，陰也。　【主】諸風，蠱毒。　【製】去皮研碎用。　【治】療：《圖經》曰：中蠱毒，以根于石臼内搗爲末，用水煎三錢匕，温服，立已。日華子云：子，治一切風並痃癖氣塊，天行瘟疫，消宿食，止煩悶，利小便，催生，及中惡，失音，髮落，傅一切蛇蟲蠶咬。單服治一切病，每日取仁二七粒，患者服不過三千粒，永瘥。補：日華子云：子，補五勞七傷。　【解】毒藥。

明・陳嘉謨《本草蒙筌》卷三 預知子　味苦，氣寒。無毒。出淮南及漢黔諸州，係藤蔓附大木直上。葉三角緑色，背淺面深；實五月作房，生青熟赤。子藏房内，六七多枚。如皂角子褐斑，似飛蛾蟲光潤。欲求極貴，因得甚難。取二枚綴衣服領中，遇毒物則有聲側側，能先知覺，故有此名。服須去皮，研細湯下。殺蟲誅蠱，諸毒並敺。根搗水煎，獲効尤速。

明・王文潔《太乙仙製本草藥性大全》卷二《本草精義》 預知子　一名詔子，一名聖知子，一名聖先子，一名盍合子。出淮南及漢黔諸州。係藤蔓附大木直上，葉三角，緑色，背淺面深，實五月作房，生青熟赤，子藏房内，六七多枚如皂角子，褐斑似飛蛾蟲，光潤。欲求極貴，因得甚難。取二枚綴衣服領中，遇毒物則有聲側側，能先知覺，故有此名。服須去皮，研細湯下。

明・王文潔《太乙仙製本草藥性大全》卷二《仙製藥性》 預知子　味苦，氣寒，無毒。主治：治一切風。主五勞七傷。痃癖氣塊祛除，天時瘟病退散。消宿食，止煩悶。有準利小便，催生産奇功。殺蟲毒及諸毒，止蛇咬，蟲蠶傷傅。云取二枚綴衣領上，遇蠱毒物，則聞其有聲。補註：解毒藥中惡，失音，髮落，蛇蟲蠶咬双。雙仁者，可作單方。用治一切痛，每取仁二七粒，搗爛，患者服不過三十粒，永差。凡中蠱毒，用水煎三錢，温服差。

明・皇甫嵩《本草發明》卷三 預知子下品下，佐使。氣寒，味苦，無毒。　發明曰：預知子無他能，苦能殺蟲，療蠱諸毒有效。去皮殼，研服。取二枚綴衣領上，遇蠱毒物有聲，能先知，故名預知。如皂角子，褐斑，似蛾蟲，光潤，極貴，難得真者。根味苦，極冷，其效愈于子。石臼内搗篩。蠱毒，水煎服效。

明・李時珍《本草綱目》卷一八草部・蔓草類 預知子宋《開寶》

【釋名】聖知子《日華》　聖先子《日華》　盍合子《日華》　仙沼子《日華》志曰：相傳取子二枚綴衣領上，遇有蠱毒，則聞其有聲，當預知之，故有諸名。時珍曰：仙沼，疑是仙棗之訛耳。

【集解】志曰：預知子有皮殼，其實如皂莢子。頌曰：舊不著所出州土，今淮、蜀、黔、壁諸州皆有之。作蔓生，依大木上。葉綠，有三角，面深背淺。七月、八月有實作房，生青，熟深紅色，每房有子五七枚，如皂莢子，斑褐色，光潤如飛蛾。今蜀人極貴重之，云亦難得。采無時。其根冬月采之，陰乾。治蠱，其功勝於子也。山民目爲聖無憂。

子仁【氣味】苦，寒，無毒。大明曰：温。雙仁者可帶。【主治】殺蟲療蠱，治諸毒。去皮研服，有效《開寶》。治一切風，補五勞七傷，其功不可備述。治痃癖氣塊，消宿食，止煩悶，利小便，催生，中惡失音，髮落，天行温疾。塗一切蛇蟲蠶咬，治一切病，每日吞二七粒，不過三十粒，永瘥大明。

【附方】新三。預知子丸：治心氣不足，精神恍惚，語言錯妄，忪悸煩鬱，憂愁慘戚，喜怒多恐，健忘少睡，夜多異夢，寤即驚魘，或發狂眩暴不知人，並宜服此。預知子去皮、白茯苓、枸杞子、石菖蒲、茯神、柏子仁、人參、地骨皮、遠志、山藥、黄精蒸熟、朱砂水飛，等分，爲末。煉蜜丸芡子大。每嚼一丸，人參湯下。《和劑局方》。耳卒聾閉：八九月取石榴開一孔，留蓋，入米醋滿中，蓋定，麪裹煻火中煨熟取出，入少仙沼子、黑李子末，取水滴耳中，腦痛勿驚。如此二夜，又點一耳。《聖惠方》。癘風有蟲：眉落聲變。預知子膏：用預知子、雄黄各二兩，爲末。以乳香三兩，同水一斗，銀鍋煮至五升。入二末熬成膏，瓶盛之。每服一匙，温酒調下。有蟲如尾，隨大便而出。《聖惠方》。

根【氣味】苦，冷，無毒。【主治】解蠱毒。石臼搗篩，每用三錢，温水服，立已蘇頌。

明・梅得春《藥性會元》卷上 預知子 味苦，性寒，無毒。主殺蟲，療蠱，治諸毒。傳云：取二枚綴衣領上，遇蠱毒物則聞其有聲，當便知之。有皮殼。其實如皂莢子，去皮研服之效。

明・繆希雍《本草經疏》卷一一 預知子 味苦，寒，無毒。殺蟲療蠱，治諸毒。傳云取二枚綴衣領上，遇蠱毒物則聞其有聲，當便知之。有皮殼，其實如皂莢子，去皮研服之，有效。

【疏】預知子感陰寒之氣以生，故其味苦，其氣寒，其性無毒。凡蠱毒多辛熱之物所造，故宜苦寒以泄其熱毒，熱毒既解，則蠱不靈矣。凡蟲皆濕熱所生，蟲得苦則伏，故殺蟲之藥多苦多寒也。此草中之有靈性者，故其命名如此。又名仙詔子、聖知子、聖先子。蜀人貴重，云亦難得。采無時。其根味苦，性極冷，其效愈於子，山民目為聖無憂。冬月采，陰乾，石臼内搗末，篩細。凡中蠱毒，則水煎三錢匕，溫服立已。日華子又云：盍合子，溫，治一切風，補五勞七傷，其功不可備述。并治痃癖氣塊，天行溫疾，消宿食，止煩悶，利小便，催生，解毒藥，中惡，失音，髮落，傳一切蛇蟲蠶咬。【主治參互】《和劑局方》預知子丸，治心氣不足，精神恍忽，言語錯妄，忪悸煩鬱，憂愁慘慽，善怒多恐，健忘少睡，夜多異夢，寤即驚魘，或發狂眩，暴不知人，竝宜服此。預知子去皮，白茯苓、枸杞子、石草蒲、茯神、栢實、人參、地骨皮、遠志、山藥、黄精、丹砂等分，為末，煉蜜丸芡實大。每嚼一丸，人參湯下。《聖惠方》治耳卒聾：八月取石榴，開一孔，留蓋，入米醋滿中，蓋定，麪裹煻火中煨熟，取出，入仙詔子、黑李子末，取水滴耳中，腦痛勿驚。如此二夜，又點一耳。【簡誤】預知子苦寒能利，凡病人脾虚作泄瀉者，勿服。

明・倪朱謨《本草彙言》卷六 預知子 味苦，氣寒，無毒。蘇氏曰：出淮南，及漢、黔諸州。作蔓生，依大木上。葉綠色，有三角，面深背淺，秋月結實作房，生青熟紅，每房有子五七枚，如皂莢子，斑褐色，光潤，狀如飛蛾。今蜀人極貴之，亦難得。九月采其根，冬月采之，陰乾，治蠱，其功勝于子也。山民稱爲聖無憂。

李氏曰：諸書相傳，取子二枚，綴衣領上，遇有蠱毒，則聞嘖嘖有聲，當預知之，故名。

預知子：殺蟲，《開寶》解蠱毒之藥也。繆仲淳稿此藥感陰清之氣以生，味苦氣寒，凡蠱毒多辛熱蟲物所造，故宜陰清苦涼，以泄其熱毒。熱毒既解，則蠱不靈矣。凡蠱物皆甘溫濕熱之味所生，得苦寒之味則伏，故殺蟲之藥，多苦多寒也。此草中之有靈性者，故有預知之名。大氏方治一切風毒，化痃癖，消宿食。又治天行瘟疫，一切熱病，每早吞二七粒即瘥。總關積熱爲祟者，應手奏功。倘屬脾虚中氣寒冷者，勿用。

集方：《聖惠方》治癘風有蟲，眉落聲變。用預知子搗膏一兩，和雄黄末一兩，再搗匀，米糊丸，梧子大。每空心服一錢，溫酒下，數服後，有蟲隨大便而出。

預知子根 味苦，氣冷，無毒。搗細末，每用三錢，白湯服，解蠱毒立已。

清・穆石匏《本草洞詮》卷一〇 預知子 綴衣領上，遇有蠱毒，則聞其聲，故名。味苦，氣寒，一云溫，無毒。主殺蟲療蠱，補五勞七傷，治一切風，痃癖氣塊，中惡失音，天行溫疾。塗一切蛇蟲咬。每日吞二七粒，不過三十粒，永瘥。蜀人極貴重之。

清・汪昂《本草備要》卷二 預知子補勞，瀉熱。苦，寒。補五勞七傷。

治痃癖氣塊，天行溫疾，蛇蟲咬毒。殺蟲療蠱，綴衣領中，凡遇蠱毒，則聞其聲而預知之，故名。利便催生。　藤生。子如皂莢，褐色光潤。出蜀中，云亦難得。

清·李熙和《醫經允中》卷二一　預知子　苦，寒，無毒。治天行溫疾，蛇蟲咬毒，療蠱。綴衣領中，凡遇蠱毒，則聞其聲，而預知之，故名。

清·馮兆張《馮氏錦囊秘錄·雜症痘疹藥性主治合參》卷三　預知子感陰寒之氣以生，故味苦，氣寒，無毒。凡蠱毒多辛熱之物所造，故宜苦寒以泄其熱毒，熱毒既解，則蠱不靈矣。何況濕熱所生之蟲乎？此草中之有靈性者，故又名仙詔子、聖知子、聖先子，蜀人貴重，亦云難得。以二枚綴衣領上，遇蠱物則聞有聲，當便知之。有皮殼，其實如皂莢子，入藥去皮研服。其根味苦，性極冷，其效更速。山民目為聖無憂。冬月採，陰乾，石臼搗末，水煎服之。神治蠱毒中惡，天行溫疾，止煩悶，利小便。傳一切蛇蟲蠶傷。　預知子，服須去皮研細湯下，殺蟲誅蠱，諸毒竝敺，但苦寒能利，凡病人脾虛作瀉者勿服，根搗水煎，獲效尤速。

清·张璐《本經逢原》卷二　預知子　苦，寒，無毒。大明曰溫。　發明：　預知子專殺蟲療蠱，其治痃癖蛇毒，總是殺蟲之功。相傳取子二枚，綴衣領上，遇有蠱毒則聞其子有聲，故名預知，蜀人極貴重之。

清·汪紱《醫林纂要探源》卷二　預知子　苦，寒。藤蔓如扁豆，紫花，作莢如皂莢，子褐色而光潤。出蜀中。堅補腎水，能治勞熱，辟蛇蟲毒。按此即今小兒所佩壓驚子耳。是處有之，不必神奇其説。

清·嚴潔等《得配本草》卷四　預知子　苦，寒。治天行溫病，利小便，治痃癖，催生殺蟲。　配雄黄、乳香，治厲風。

清·吴其濬《植物名實圖考》卷二〇　預知子　《開寶本草》始著錄。相傳取子二枚綴衣領上，遇有蠱毒則聞其有聲，嘗預知之，故有是名。《圖經》言之甚詳。但謂蜀人貴重之，亦難得。《蒙筌》則謂無其物，存原圖以俟訪。

雩婁農曰：　預知之名甚奇，《蒙筌》汰之宜矣。但唐人有知命丸，服之無疾。如微覺脇痛，則知數將盡，服海藻湯下之。藥能預知，誠有之矣。夫蔄應月，桐知閏，亦預知也。甘草、苦草、病草，皆能知歲。非異卉也。蘘荷葉置席下，能知蠱者姓名，其預知尤足異。何獨於預知子而疑之？雖然，草木預知者非一，而此藤獨得預知之名，則斯草之幸也。乃以預知之故，既令聞者疑其名實之未副，且名可聞而實不可得見，豈以世爭貴重，搜掘無遺，預知者乃不能庇其本根，如古之喜談休咎者之卒不免耶？抑深藏榛蕪，識之者希。如真有道術之士，遁跡韜晦，雖日雜市販稠眾之中，而終無蹤蹟者耶。是皆未可知也。

清·張仁錫《藥性蒙求·草部》　預知子一錢、錢半　預知子溫，殺蟲療蠱。積塊能消，肝經氣阻。一云：苦，寒。專于殺蟲療蠱。相傳取子二枚，綴衣領上，遇有蠱毒，則聞其子有聲，故名預知子。俗名八月隻，七月、八月有子故也。

清·戴葆元《本草綱目易知錄》卷二　預知子　仁，苦，寒。殺蟲催生，吐蠱毒，消宿食，止煩悶，利小便，治一切風。補五勞七傷，痃癖氣塊。天行溫疾，中惡失音，髮落，及治諸毒。去皮研服，擣塗一切蛇蟲、蠶咬。《日華志》云：相傳取子兩枚，綴衣領上，遇有蠱毒則聞其有聲，當預知之，故名。頌曰：舊不著所出，今惟獨黔壁諸州皆有之，作蔓生，依大樹上，葉綠有三角，面深背淺，七八月有實作房，生青熟深紅色，每房中有子五七粒，如皂莢子，斑褐色，如飛蛾。今蜀人極貴重之，亦難得物。其根冬月采之，陰乾，治蠱之功勝於子。《纂要》云：即今小兒所佩壓驚子耳。處處有之，不必神奇其説。葆述俟考。

菟絲子

宋·李昉《太平御覽》卷第九九三　菟絲　《爾雅》曰：　唐蒙女蘿，菟絲也。

《廣雅》曰：　女蘿，松蘿也。菟丘，菟絲也。《史記·龜策傳》曰：　下有伏苓，上有菟絲。《博物志》曰：　女蘿，菟絲，寄草上，根不着地。《呂氏春秋》曰：　或謂菟絲無根，非無根也，其不屬也，伏苓是也。《淮南子》曰：　菟絲無根而生，伏苓抽，則菟絲死。《抱朴子》曰：　案仙方中自有合離草，一名獨搖，一名離母。所以謂之合離，下根如芋魁，有遊子十二枚，周環之，大魁數尺，雖相須生，而實不連，以氣相屬耳。如菟絲之草，下有茯菟之根，無此菟在下，則絲不得生於上。　又曰：　初生之根，其形似兔，掘取，刻其血，以和丹服之，立變化，在意所作。《吴氏本草經》曰：　菟絲實，一名玉女，一名松蘿，一名鳥蘿，一名鵾蘿，一名複實，一名赤綱。生山谷。　劉楨詩曰：　青青女蘿草，上依高松枝。幸蒙庇眷恩，為惠不可訾。

唐·歐陽詢《藝文類聚》卷八一　女蘿　《廣雅》曰：　女蘿，松蘿也，菟絲也。

《毛詩》曰：　蔦與女蘿，施于松上。

詩　齊王融《詠女蘿詩》曰：　羃歷女蘿草，蔓衍旁松枝。含煙黄且綠，因風卷復垂。　陳劉刪《賦松上輕蘿詩》曰：　葉繞千年蓋，依條百尺枝，屬與松風動，時將薜影垂。學帶非難結，為衣或易披，山河若近遠，獨自楚人知。

唐・歐陽詢《藝文類聚》卷八一 菟絲 《爾雅》曰：唐蒙，女蘿。女蘿，菟絲。《呂氏春秋》曰：或謂菟絲無根也，其根不屬地，茯苓是也。《史記・龜策傳》曰：下有茯苓，上有菟絲。《淮南子》曰：菟絲無根而生，茯苓抽，菟絲死。《抱朴子》曰：按仙方中，自有合離草，一名獨搖，一名離母。所以為之合離、離母者，小草為物，下根如芋魁，有遊子十二枚周環之，去大魁數尺，雖相須，而實不連，但以氣相屬耳。如菟絲之草，下有伏兎之根，無此兎在下，則絲不得生於上，然實不屬也。《内篇》云：菟絲初生之根，其形似兎，掘取剖其血以和丹，服之立變化，任意所作。

詩 齊謝朓《菟絲詩》曰：輕絲既難理，細縷竟無織。爛漫已萬條，連綿復一色。安根不可知，縈心終不測。

宋・唐慎微《證類本草》卷六草部上品〔《本經・別錄・藥對》〕 **菟絲子** **味辛、甘，平，無毒。主續絶傷，補不足，益氣力，肥健。汁去面䵟**，養肌，强陰，堅筋骨，主莖中寒，精自出，溺有餘瀝，口苦燥渴，寒血爲積。**久服明目，輕身延年。一名菟蘆**，一名菟縷，一名蓎蒙，一名玉女，一名赤網，一名菟纍音羸。生朝鮮川澤田野，蔓延草木之上，色黄而細爲赤網，色淺而大爲菟纍。九月採實，暴乾。得酒良，署預、松脂爲之使，惡雚菌。

〔梁・陶弘景《本草經集注》〕云：宜丸不宜煮，田野墟落中甚多，皆浮生藍紵、麻蒿上。舊言下有茯苓，上生菟絲，今不必爾。其莖挼以浴小兒，療熱痱音沸。用其實，先須酒漬之一宿，《仙經》、俗方並以爲補藥。

〔宋・掌禹錫《嘉祐本草》〕按：《呂氏春秋》云：或謂菟絲無根也，其根不屬地，茯苓是也。《抱朴子》云：菟絲之草，下有伏兔之根，無此兔，則絲不得生於上，然實不屬也。又《内篇》云：菟絲初生之根，其形似兔，掘取割其血，以和丹，服之立變化。《藥性論》云：菟絲子，君。能治男子、女人虚冷，添精益髓，去腰疼膝冷。久服延年，駐悦顔色。又主消渴，熱中。日華子云：補五勞七傷，治鬼交泄精，尿血，潤心肺。苗莖似黄麻線無根株，多附田中草被纏死，或生一叢如席闊。開花結子不分明，如碎黍米粒。八月、九月已前採。

〔宋・蘇頌《本草圖經》〕曰：菟絲子，生朝鮮川澤田野，今近京亦有之，以冤句者爲勝。夏生苗，如絲綜蔓延草木之上。或云無根，假氣而生。六、七月結實，極細，如蠶子，土黄色。九月收採，暴乾，得酒良。其實有二種：色黄而細者名赤網，色淺而大者名菟纍。其功用並同。謹按《爾雅》云：唐蒙女蘿。女蘿，菟絲。釋曰：唐也，蒙也，女蘿也，菟絲也，一物四名。而《本經》并以唐蒙爲一名。又《詩》云：蔦與女蘿。《毛傳》云：女蘿，菟絲也。陸璣云：今合藥菟絲也，而《本經》菟絲無女蘿之名。别有松蘿條，一名女蘿，自是木類寄生松上者，亦如菟絲寄生草上，豈二物同名，《本經》脱漏乎？又書傳多云菟絲無根，其根不屬地。今觀其苗，初生纔若絲，遍地不能自起，得他草梗，則纏繞隨而上生。其根漸絶於地而寄空中，信書傳之説不謬矣。然云：上有菟絲，下有茯苓，茯苓抽則菟絲死。又云：菟絲初生之根，其形似菟，掘取剖其血，以和丹服之，今人未見其如此者，豈自一類乎？仙方多單服者，取實酒浸，暴乾再浸，又暴，令酒盡，篩末，酒服，久而彌佳，兼明目。其苗生研汁，塗面斑神效。

〔宋・唐慎微《證類本草》〕《雷公》曰：勿用天碧草子，其樣真相似，只是天碧草子味酸澁并粘，不入藥用。其菟絲子稟中和凝正陽氣受結，偏補人衛氣，助人筋脉，一莖從樹感枝成，又從中春上陽結實，其氣大小受七鎰二兩。全採得，去麁薄殼了，用苦酒浸二日，漉出，用黄精自然汁浸一宿，至明，微用火煎至乾，入臼中，熱燒鐵杵，一去三千餘杵成粉，用苦酒并黄精自然汁，與菟絲子相對用之。《肘後方》：治卒腫，滿身面皆洪大。菟絲子一升，酒五升，漬二三宿，每服一升，日三服。又方：治痔發，痛如蟲齧。菟絲子熬令黄黑，末，和雞子黄塗之，亦治糓道中赤痛。又方：治面上粉刺。搗菟絲子絞取汁，塗之差。《經驗後方》：治丈夫腰膝積冷痛，或頑麻無力。菟絲子洗秤一兩，牛膝一兩，同浸於銀器内，用酒過一寸，五日暴乾爲末，將元浸酒再入少醇酒，作糊，搜和丸如梧桐子大，空心酒下二十丸。又方：固陽丹：菟絲子二兩，酒浸十日，水淘焙乾爲末，更入杜仲一兩，蜜炙搗，用署預末酒煮爲糊，丸如梧桐子大，空心用酒下五十丸。《子母秘録》：治小兒頭瘡及女人面瘡，菟絲湯洗。《産書》：治横生。菟絲子爲末，酒調下一錢匕，米飲調亦得。《修真方》：神仙方：菟絲子一斗，酒一斗，浸良久漉出暴乾，又浸，以酒盡爲度。每服二錢，溫酒下，日二服，後喫三五匙水飦壓之。至三七日，加至三錢匕。服之令人光澤，三年老變爲少，此藥治腰膝去風，久服延年。

宋・寇宗奭《本草衍義》卷七 菟絲子 附叢木中即便蔓延，花實無緑葉，此爲草中之異。其上有菟絲下有茯苓之説，未必耳。已於茯苓條中具言之。

宋・鄭樵《通志》卷七五《昆蟲草木略》 菟絲 曰菟蘆，曰菟縷，曰唐蒙，曰玉女，曰赤網，曰菟纍，曰女蘿。《爾雅》曰：唐蒙、女蘿。女蘿，菟絲。又曰：蒙，玉女。《詩》曰：蔦與女蘿，施于松上。《草經》曰：蔓延草木之上，色黄而細曰赤網，色淺而大曰菟纍。《淮南子》注云：菟絲生茯苓上。故世言下有茯苓，上有菟絲。又言菟絲初生之根，其形似兔，掘取割其血，和丹服之，立變化。今皆不然，茯苓生山谷，菟絲生人間，清濁異處，何由同居。

宋・陸遊《老學庵筆記》卷三　予族子相，少服菟絲子凡數年，所服至多，飲食倍常，氣血充盛。忽因浴，去背垢者告以背腫。急視之，隨視隨長，赤焮異常，蓋大疽也。適四五月間，金銀藤開花時，乃大取，依良方所載法飲之。兩日至數斤，背腫消盡。以此知非獨金石不可妄服，菟絲過餌亦能作疽如此，不可不戒。

宋・劉明之《圖經本草藥性總論》卷上　菟絲子　味辛、甘，平，無毒。主續絕傷，補不足，益氣力，肥健。汁去面䵟，養肌強陰，堅筋骨，主莖中寒，精自出，溺有餘瀝，口苦燥渴，寒血為積。《藥性論》云：君。治男子女人虛冷，添精益髓，去腰疼膝冷。又主消渴熱中。日華子云：補五勞七傷，治鬼交泄精，尿血，潤心肺。得酒良。薯蕷、松脂為之使。惡雚菌。仙經俗方，並以為補藥。九月採實，暴乾用。

元・朱震亨《本草衍義補遺》　菟絲子　未嘗與茯苓相共。種類分明，不相干涉。女蘿附松而生，遂成訛而言也。○《本草》云：續絕傷，補不足，強陰堅骨，主莖中寒精自出，溺有餘瀝，鬼交泄精。

明・王綸《本草集要》卷二　菟絲子君　味辛甘，氣平，溫，無毒。得酒良，酒浸暴乾，再浸再暴，杵末用，宜丸不宜煮。　主續絕傷，補不足，益氣力，肥健。療男子女人虛寒腰痛膝冷，填精補髓，強陰，堅筋骨，主莖中寒，精自出，溺有餘瀝，鬼交泄精，尿血，口苦燥渴，寒血為積，久服明目，輕身延年。　小兒頭瘡，及女人面瘡，煎湯洗之。小兒熱痱，取莖葉，(援)〔挼〕以浴之。小兒痘瘡癢塌。取子及莖葉，煎濃湯，熱漬洗之。

明・滕弘《神農本經會通》卷一　菟絲子　君也。得酒良。酒浸，暴乾，再浸，再暴，杵末用。宜丸不宜煮。薯蕷、松脂為之使。惡雚菌。九月採實，暴乾。《衍義》曰：附叢木中，即便蔓延，花實無綠葉，此為草中之異，其上有菟絲，下有茯苓之說，未必耳，已於茯苓條中具言之。

味辛、甘，氣平，無毒。東云：補腎明目。《走》云：興陽，補髓添精，主血寒溺血，治膝冷腰冷。

《本經》云：主續絕傷，補不足，益氣力，肥健。汁去面䵟養肌強陰，堅筋骨。主莖中寒精自出，溺有餘瀝，口苦燥渴，寒血為積。久服明目，輕身延年。陶云：其莖挼以浴小兒，療熱痱用。《藥性論》云：菟絲子，君。治男子、女人虛冷，添精益髓，去腰疼膝冷，久服延年，駐悅顏色。又主消渴熱中。日華子云：補五勞七傷，治鬼交泄精，尿血，潤心肺。《圖經》云：久服明目。其苗生研汁，塗面班神效。雷公云：菟絲子，稟中和，凝正陽氣受結，偏補人衛氣，助人筋脉。《經驗方》治丈夫腰膝積冷痛，或頑麻無力，菟絲子一兩，牛膝一兩，同浸銀器內，酒過一寸，五日，暴乾為末，將元酒再入少醇酒，作糊，搜和丸梧子大，空心酒下二十丸。又固陽丹，菟絲子二兩，酒浸十日，水淘焙乾，為末，更入杜仲一兩，蜜炙，搗，用薯蕷末，酒煮為糊，丸梧子大，空心用酒下五十丸。丹溪云：未嘗與茯苓相共，種類分明，不相干涉。女蘿附松而生，遂成訛而言也。餘同《本經》。劊云：菟絲子味辛無毒，駐色延年治熱中。主療虛寒餘瀝病，添精補髓去腰疼。即《局方》菟絲子、巴戟天添精主髓，主延年，解去腰疼，誠有効。

明・劉文泰《本草品彙精要》卷七　菟絲子無毒　蔓生。

菟絲子出《神農本經》：**主續絕傷，補不足，益氣力，肥健。汁去面䵟，久服明目，輕身延年。**以上朱字《神農本經》。養肌強陰，堅筋骨，主莖中寒，精自出，溺有餘瀝，口苦，燥渴，寒血爲積。以上黑字名醫所錄。〖名〗菟蘆、菟縷、菟虆、玉女、蔦、赤網、唐蒙。　〖苗〗《圖經》曰：夏生苗如絲綜，蔓延草木之上，六七月結實，極細，如蠶子。然有二種，色黃而細者名赤網，色淺而大者名菟虆，其功用並同。《書》傳多云菟絲無根，其根不屬地，假氣而生。今觀其苗，初生若絲遍地，不能自起，得草梗則纏繞隨上而生。其根漸絕於地而寄空中。信書傳之說不謬矣。　〖地〗《圖經》曰：生朝鮮川澤、田野及近京亦有之。〖道地〗冤句者爲勝。

〖時〗生：夏生苗。採：八月、九月取實。〖收〗暴乾。

〖用〗子堅實細者爲好。〖質〗類如蠶子而細。〖色〗土黃。〖味〗辛，甘。

〖性〗平，散，緩。〖氣〗氣之薄者，陽中之陰。〖臭〗香。〖主〗駐悅顏色，強陰益精。

〖助〗得酒良。山藥、松脂爲之使。〖反〗惡雚菌。

〖製〗《雷公》云：全採得，去粗薄殼了，用苦酒浸二日，漉出，用黃精自然汁浸一宿至明，微用火煎至乾，入臼中，熱燒鐵杵，一去三千餘杵，成粉用。苦酒並黃精自然汁與菟絲子相對用之。

〖治〗療：《藥性論》云：去腰疼膝冷及消渴，熱中。日華子云：鬼交，泄精，尿血，潤心肺。補：《藥性論》云：男子女人虛冷，添精益髓。日華子云：五勞七傷。《雷公》云：益氣，助筋脈。

〖合治〗合牛膝內銀器中，酒浸五日，暴乾，酒糊丸如桐子大，空心酒下，治丈夫腰膝積冷痛或頑麻無力。

〖贗〗天碧草子爲僞。

明・俞弁《續醫説》卷一〇 菟絲子 山谷與王子均書云：承示尊體多不快，亦是血氣未定時失調護耳。某二十四五時正如此，因服菟絲子，遂健啖耐勞。此方久服，不令人上壅，服三兩月，其啖物如湯沃雪，半歲則太肥壯矣。若覺氣壅，則少少服麻仁丸。某嘗傳此法與京西李大夫，服不輒啜物，作勞如少年人也。服菟絲子法：菟絲子不拘多少，用水淘淨，研為細末，焙乾，用好酒一升浸三日許，日中晒乾，時時翻令瀝盡酒，薄攤曝乾，貯瓷器中，每日空心抄一匙，溫酒吞下，則飲食大進《山谷刀筆》。

明・姚可成《食物本草》卷首王西樓《救荒野譜》 菟絲根根、苗俱食。一名菟絲苗。春采苗葉，秋冬采根，蒸食，味甘。多食令人眩暈。 菟絲根，美可嘗；千萬結，如我腸。飢人得食不輟口，腸細食多死八九。

明・葉文齡《醫學統旨》卷八 菟絲子 氣平、溫，味辛、甘。無毒。得酒良；酒浸曝乾，再浸再曝，杵末用。 治男女虛寒腰痛，添精補髓，強陰堅筋骨；續絕傷，補不足，益氣力，肥健； 莖中寒，精自出，弱有遺溺，鬼交泄精，尿血，口苦燥渴，寒血為積。

明・許希周《藥性粗評》卷二 髓精許菟絲之添補。

菟絲子一名菟縷，一名菟藟。《爾雅》謂之唐蒙，又名女蘿。其苗初生纔若絲遍地，不能自起，得牆草梗則纏繞而上，其根漸絕於地，寄生空中、草中之異，世謂菟絲無根者此也。或謂上有菟絲，下有茯苓，此殊不然。夏開細花，不甚分明，結子細如蠶子。好生田野川澤，出朝鮮及寃句州郡，今近道亦間有之。八九月採實，暴乾。此有二種，色黃而細為赤網，色淺而大為菟藟。得酒良。薯蕷、松脂為之使，惡雚菌。凡用水洗，澄去沙土，酒浸一宿，漉出蒸過，乘熱杵為粗末，焙乾。味辛、甘，性平、微溫，無毒。主治五癆七傷，虛怯羸瘦，腰膝冷痛，陽氣痿弱，夢遺泄精，虛寒客熱，口苦燥渴，添精補髓，生津益氣，明目駐顔，續絕傷，堅筋骨，久服延年不老，為仙品之藥。

單方：精氣虛羸：凡人年老，自覺精氣虛乏，耳目不利者，菟絲子一斗，酒一斗，浸良久，漉出暴乾，又浸又暴，以酒盡為度，搗篩為末，初服每服二錢，溫酒空心調下，日二服，服後以水飦壓之，至半月後，每服三錢，久久令人面色光澤，返老還少，駐世延年。 腰膝冷痛：凡丈夫腰膝積冷，疼痛無時，或頑麻無力者，菟絲子三兩，牛膝三兩，入銀器或甆器內，好酒浸高一寸，五日後漉出，暴乾，為細末，將元浸酒再入少醇酒，作糊和為丸梧桐子大，每空心溫酒下二十丸，佳。

明・鄭寧《藥性要略大全》卷三 菟絲子君 補腎明目。專治男子虛寒，腰膝冷痛，補髓添精，強陰器，堅骨。《秘要》云：主莖中寒精自出及餘瀝。口苦燥渴，寒血為積。久服明目，輕身駐顔。止消渴。 味辛、甘，氣平，無毒。得酒良。 雷公云：酒浸蒸熟，杵爛作餅晒乾，再研為末。少入湯飲，多入丸散。

明・陳嘉謨《本草蒙筌》卷一 菟絲子 味辛、甘，氣平。無毒。朝鮮國名多產，寃句屬山東兖州府。獨佳。蔓延草木之間，無根假氣而出。實如蠶子，秋採陰乾。色黃細者名赤綱，色淺大者名菟虆。種類雖二，功効並同。先用水洗去砂，次以酒漬杵爛。捏成薄餅，向日曝乾。研末為丸，不堪煎液。益氣強力，補髓添精。虛寒膝冷腰疼，正宜多服；鬼交夢遺精泄，勿厭頻吞。肥健肌膚，堅強筋骨。服之久久，明目延年。莖葉煎湯，小兒可浴。解熱毒痱瘮，散癢塌痘瘡。

明・方穀《本草纂要》卷七 菟絲子 味辛、甘，氣溫、平，無毒。入少陰腎經，補腎之藥也。主男子精髓不足，陰脛痿弱，遺精，夢泄，小便滑澁；女子腰酸足寒，子宮久冷，小腹常痛，帶下淋瀝，是皆腎虛不足之症，惟此益腎之劑，內兼溫補用之，其驗如神者也。大抵此劑補而不峻，堅而不強，溫而不燥，至和至美之藥也。然而，入腎之經，虛可以補，實可以瀉，寒可以溫，熱可以凉，濕可以燥，燥可以潤，非若黃柏、知母之性苦寒而不溫，有瀉腎經之氣；非若肉桂、益智之性辛溫而不凉，有動腎經之燥；非若蓯蓉、鎖陽之性甘鹹而滯氣，有生腎經之濕者比也。按此劑若龜甲之實腎，實之而又能補髓也；若地黃之生腎，生之而又能添精也。今人精髓之虛者，苟用之必宜酒煮，以晝夜爲度，搗餅曝乾杵末用。

明・王文潔《太乙仙製本草藥性大全》卷一《本草精義》 菟絲子 一名菟蘆，一名菟縷，一名唐蒙，一名玉女，一名赤網，一名菟虆。生朝鮮川澤田野，蔓延草木之上，色黃而細爲赤網，色淺而大爲菟虆。生朝鮮川澤田野，今近京亦有之，以寃句者爲勝，夏生苗如絲綜，蔓延草木之上。或云：無根假氣而生，六七月結實極細如蠶子，土黃色，九月收採，暴乾，得酒良。其實有二種，色黃而細者名赤網，色淺而大者名菟虆，其功用並同。謹按《爾雅》云：唐蒙，女蘿、菟絲。釋曰：唐也，蒙也，女蘿也，菟絲也，一物四名。而《本經》並以唐蒙爲一名。又《詩》云蔦與女蘿，《毛傳》云女蘿，菟絲也。陸璣云今合藥菟絲也。而《本經》菟絲無女蘿之名，別有松蘿條，一名女蘿，自是木類寄生松上者，亦如菟絲寄生草上。豈二物同名，《本經》脫漏乎？

明・王文潔《太乙仙製本草藥性大全》卷一《仙製藥性》 菟絲子君 味辛、甘，氣平溫，無毒。薯蕷、松脂爲使。 主治：療續絕傷，補不足，益氣力，肥健；療男子、女人虛寒，腰膝冷痛，補髓添精；強陰莖、筋骨，主莖中寒，精自出，溺有遺溺，鬼交，泄精，尿血，口苦燥渴，寒血爲積。久服明目，輕身延年。 補註：小兒頭瘡，及女人面瘡，煎湯洗之。小兒熱疿及痘瘡痒瘍，取子及莖葉，煎濃湯，熱漬洗之。〇一治卒腫，滿身面皆洪大，用子一升，酒五升，漬二三宿，每服一升，日三服。一治痔發痛如蟲咬，以子熬令黃黑，末和雞子塗之。亦治穀道中赤痛。〇一治面上粉刺，搗子絞取汁塗之效。〇固陽丹用菟絲子二兩，酒浸十日，水淘焙乾爲末，更入杜仲一兩，蜜炙，搗，用薯蕷末酒煮糊，爲丸如梧桐子大，空心用酒下五十丸。〇治婦人橫生，用菟絲子爲末，酒調下一錢，無酒米飲調下亦得。 太乙曰：勿用天碧草子，其樣真相似，只是天碧草子味酸澀，并粘，不入藥用。其菟絲子稟中和之正陽氣受結，偏補人衛氣，助人筋脉，一莖從樹感枝成，又從仲春上陽結實，其氣大小受七鎰二兩。全採得，去麄薄殼，子用苦酒浸二日，漉出，用黃精自然汁浸一宿至明，微用火煎至乾，入臼中，熱燒鐵杵，一去三千餘〔杵〕成粉，用苦酒并黃精自然汁與菟絲子對用之。

明・皇甫嵩《本草發明》卷二 菟絲子上品之上，君。氣平，又云溫，味甘，平，無毒。 發明曰：菟絲子補腎經虛寒之藥。《本草》主續絕傷，補不足，益氣力，肥健強陰，堅筋骨，莖中寒，精自出，溺有餘瀝，口苦燥渴，寒血為積，久服明目輕身延年。又治男婦虛冷勞傷，去腰疼膝冷，消渴熱中，治泄精尿血，潤心肺，大畧補腎虛寒之功多矣。須佐以別藥汁，去面䵟。〇雷公云：菟絲稟中和凝正陽氣受結，偏補人衛氣，助筋脉，得酒良。酒浸，乾為末，日服之妙。如固陽酒浸十日，乾，用杜仲一半蜜炙，搗末，山藥糊丸，空心酒服妙。同牛膝酒浸，治腰膝積冷，頑麻無力。薯蕷為之使。凡用熱水淘二三次，去沙淨，酒浸蒸乾，搗爛，焙乾，乘熱搗成粉，入藥為丸。不宜煎劑。色黃而細為赤綱，赤淺而大為菟虆，功用並同，味酸澁并粘是天碧草子

明・李時珍《本草綱目》卷一八草部・蔓草類 菟絲子《本經》上品

【釋名】菟縷《別録》 菟虆《別録》 菟蘆《本經》 菟丘《廣雅》 赤綱《別録》 玉女《爾雅》 唐蒙《爾雅》 火焰草《綱目》 野狐絲《綱目》 金線草禹錫曰：按《呂氏春秋》云：或謂菟絲無根也。其根不屬地，茯苓是也。《抱朴子》云：菟絲之草，下有伏菟之根。無此菟，則絲不得生于上，然實不屬也。伏菟抽則菟絲死。又云：菟絲初生之根，其形似兔。（握故）〔掘取〕割其血以和丹服，立能變化。則菟絲之名因此也。弘景曰：舊言下有茯苓，上有菟絲，不必爾也。頌曰：《抱朴》所說今未見，豈別一類乎？孫炎釋《爾雅》云：唐也，蒙也，女蘿也，菟絲也。一物四名，而《本草》唐蒙爲一名。《詩》云：蔦與女蘿。毛萇云：女蘿，菟絲也。而《本草》菟絲無女蘿之名，惟松蘿一名女蘿。豈二物皆是寄生同名，而《本草》脱漏乎。震亨曰：菟絲未嘗與茯苓共類，女蘿附松而生，不相關涉，皆承訛而言也。時珍曰：《毛詩》注女蘿即菟絲。《吴普本草》菟絲一名松蘿。陸佃言在木爲女蘿，在草爲菟絲，二物殊別，皆由《爾雅》釋詩誤以爲一物故也。張揖《廣雅》云：菟丘，菟絲也。女羅，松蘿也。陸璣《詩疏》言菟絲蔓草上，黃赤如金；松蘿蔓松上，生枝正青，無雜蔓者，皆得之。詳見木部松蘿下。又菟絲茯苓說，見茯苓下。

【集解】《別録》曰：菟絲子生朝鮮川澤田野，蔓延草木之上。九月采實，暴乾。色黃而細者爲赤綱，色淺而大者爲菟累。功用並同。弘景曰：田野墟落中甚多，皆浮生藍、紵、麻、蒿上。其實仙經、俗方並以爲補藥，須酒浸一宿用，宜丸不宜煮。大明曰：苗莖似黃絲，無根株，多附田中，草被纏死，或生一葉，開花結子不分明，子如碎黍米粒，八月、九月以前采之。頌曰：今近道亦有之，以寃句者爲勝。夏生苗，初如細絲，遍地不能自起。得他草梗則纏繞而生，其根漸絶於地而寄空中，或云無根，假氣而生，信然。時珍曰：按寧獻王《庚辛玉册》云：火燄草即菟絲子，陽草也。多生荒園古道。其子入地，初生有根，及長延草物，其根自斷。無葉有花，白色微紅，香亦襲人。結實如秕豆而細，色黃，生于梗上尤佳，惟懷孟林中多有之，入藥更良。

子 【修治】斆曰：凡使勿用天碧草子，真相似，只是味酸澁并粘也。菟絲采得，去殼了，用苦酒浸二日。漉出，以黃精自然汁相對，浸一宿。至明，用微火煎至乾。入臼中，燒熱鐵杵，一去三千餘杵，成粉用之。時珍曰：凡用以温水淘去沙泥，酒浸一宿，曝乾搗之。不盡者，再浸曝搗，須臾悉細。又法：酒浸四五日，蒸曝四五次，研作餅，焙乾再研末。或云：曝乾時，入紙條數枚同搗，即刻成粉，且省力也。

【氣味】辛、甘，平，無毒。之才曰：得酒良。薯蕷、松脂爲之使。惡雚菌。

【主治】續絶傷，補不足，益氣力，肥健人《本經》。養肌强陰，堅筋骨，主莖中寒，精自出，溺有餘瀝，口苦躁渴，寒血爲積。久服明目輕身延年《別録》。治男女虚冷，添精益髓，去腰疼膝冷，消渴熱中。久服去面䵟，悦顔色甄權。補五勞七傷，治鬼交泄精，尿血，潤心（疿）〔肺〕大明。補肝臟風虚好古。

【發明】斆曰：菟絲子稟中和，凝正陽之氣，一莖從樹感枝而成，從中春上陽結實，故偏補人衛氣，助人筋脉。頌曰：抱朴子仙方單服法：取實一斗，酒一斗浸，曝乾再浸又曝，令酒盡乃止，搗篩。每酒服二錢，日二服。此藥治腰膝去風，兼能明目。久服令人光澤，老變爲少。十日外，飲啖如湯沃雪也。

〔附方〕舊六，新五。　消渴不止：菟絲子煎汁，任意飲之。以止爲度。《事林廣記》。　陽氣虛損：《簡便方》：用菟絲子、熟地黄等分，爲末，酒糊丸梧子大。每服五十丸。氣虛，人參湯下；氣逆，沉香湯下。《經驗方》用菟絲子，酒浸十日，水淘，杜仲焙研蜜炙一兩，以薯蕷末酒煮糊丸梧子大。每空心酒下五十丸。　白濁遺精：茯菟丸：治思慮太過，心腎虛損，真陽不固，漸有遺瀝，小便白濁，夢寐頻泄。菟絲子五兩，白茯苓三兩，石蓮肉二兩，爲末，酒糊丸梧子大。每服三五十丸，空心鹽湯下。《和劑局方》。　小便淋瀝：菟絲子煮汁飲。《范汪方》。　小便赤濁：心腎不足，精少血燥，口乾煩熱，頭運怔忡。菟絲子、麥門冬等分，爲末，蜜丸梧子大。鹽湯每下七十丸。　腰膝疼痛：或頑麻無力。菟絲子洗一兩，牛膝一兩，同入銀器內。酒浸一寸五分，暴爲末。將原酒煮糊丸梧子大。每空心酒服三二十丸。《經驗方》。　肝傷目暗：菟絲子三兩，酒浸三日，暴乾爲末，雞子白和丸梧子大。空心温酒下(三)〔二〕十丸。《聖惠方》。　身面卒腫：洪大。用菟絲子一升，酒五升，漬二三宿。每飲一升，日三服。不消再造。《肘後方》。　婦人横生：菟絲子末，酒服二錢。一加車前子等分。《聖惠方》。　眉鍊癬瘡：菟絲子炒研，油調傅之。《山居四要》。　穀道赤痛：菟絲子熬黄黑，爲末，雞子白和塗之。《肘後方》。　痔如蟲咬：方同上。

苗　〔氣味〕甘，平，無毒。《玉册》云：汁伏三黄、硫、汞，結草砂。　〔主治〕研汁塗面，去面皯《本經》。挼碎煎湯，浴小兒，療熱(肺)〔痱〕弘景。

〔附方〕舊二，新一。　面瘡粉刺：菟絲子苗絞汁塗之，不過三上。《肘後方》。　小兒頭瘡：菟絲苗，煮湯頻洗之。《子母秘録》。　目中赤痛：野狐漿草，搗汁點之。《聖惠方》。

題明・薛己《本草約言》卷一《藥性本草》　菟絲子　味甘、辛，氣平，溫，無毒。陽也，可升可降，入足少陰、厥陰經。堅筋骨，除腰膝之冷痛。強陰氣，止陰寒之泄精。　《發明》云：　補腎經虛寒之藥。《本草》主續絕傷，補不足，強陰堅骨，主莖中精寒自出，溺有餘瀝，鬼交泄精。又治男婦虛冷勞傷，腰膝冷痛，消渴熱中，泄精尿血。大略補腎虛寒之功多矣。薯蕷為之使。凡用先以水洗去沙，次用酒浸蒸數次，候熟杵作餅晒乾，研末入丸散。

明・周履靖《茹草編》卷二　菟絲根　上有菟絲，下有茯苓。茯苓駐老千秋春，菟絲補益亦不輕。青松龍蟠白石道，松花匝地如飛雲。鷃冠鳩杖彼誰子，明眸綠髮仙中人。但食菟絲子，莫損菟絲根。上池有水供洗藥，琪花瑤草時時生。　一名菟絲苗。春夏採苗葉，秋冬採根。蒸食味甘，多食令人眩暈。

明・梅得春《藥性會元》卷上　菟絲子　味辛、甘，氣平、溫。無毒。薯蕷、松脂為使。惡雚菌。勿用天碧子，其形相似，但味酸澁，不入藥。　主添精補髓延年，解去腰疼有效，補腎、續絕傷，補不足，益氣力，肥健，強陰堅骨，療莖中寒，精自出，溺有餘瀝，及夢交泄精，男女虛寒，尿血，口苦燥渴，寒血為積汁，去皯。久服明目，大補衛氣，助人筋脉。　製法：　得酒良。水洗，澄去沙土，酒浸一宿，蒸熟。乘熱杵搗成膏，入藥。

明・李中立《本草原始》卷一　菟絲子　始生朝鮮川澤，今近道皆有之，以寃句者為勝。夏生苗，初如細絲遍地，不能自起，得他草梗則纏繞而生。其根漸絕于地而寄空中，或云無根，假氣而生，信然。六七月結實，極細，如蠶子，土黄色。九月采實，暴乾。其實有二種，色黄而細者名赤綱，色淺而大者名菟虆。其功用並同。苗如絲綜，初生之根，其形似兎握，則菟絲之名因此也。　氣味：　辛、甘，平，無毒。　主治：　續絕傷，補不足，益氣力，肥健。久服明目，輕身延年。○養肌強陰，堅筋骨，主莖中寒，精自出，溺有餘瀝，口苦躁渴，寒血為積。○治男女虛冷，添精益髓，去腰疼膝冷，消渴熱中。久服去面皯，悅顔色。○補五勞七傷，治鬼交泄精，尿血，潤心肺。○補肝臟風虛。　菟絲子，《本經》上品。【圖略】子大如粟，褐色。　修治：　菟絲子，以溫水淘去沙泥，酒浸一宿，杵爛，日乾入藥；　或酒煮杵爛亦得。　菟絲子：　得酒良。薯蕷、松脂為之使，惡雚菌。《肘後方》：　治面上粉刺，搗菟絲子，絞取汁，塗之瘥。

明・羅周彦《醫宗粹言》卷四　製菟絲子法　菟絲子用溫水淘去砂土淨，用酒煮一日夜，搗作餅，晒乾，然後復研方細。一法以白紙條同研方細。

明・張懋辰《本草便》卷一　菟絲子君　味辛、甘，氣平、溫，無毒。得酒良，酒浸暴乾，再浸，再暴杵末用，宜丸，不宜煮。　主續絕傷，補不足，益氣力，肥健；　療男子、女人虛寒腰痛膝冷，添精補髓，強陰堅筋骨，主莖中寒，精自出，溺有餘瀝，鬼交泄精，尿血，口苦燥渴，寒血爲積，久服明目。

明・焦竑《焦氏筆乘》　體中多不快，亦是血氣未定，時失調護耳。某二十四五時，正如此病，因服菟絲，遂健啖耐勞。今寄方去，菟絲子淘擇淨，焙乾，秤九兩準一勝，用好法酒不用煮。酒一升，浸三日許，日中曬，時時翻，令瀝盡酒，薄攤曬乾，甆器貯之。每日空心抄一匙，溫酒吞下，久服不令人上壅。服三兩月，其啖物則如湯沃雪；　半歲，則大肥息矣。覺氣壅，則少少服麻仁丸可也。往歲嘗傳此法與京西李大夫，其人服不輟，昨任秘書少監，與同省，啖物作勞，如少年人也，已七十四五矣。

明・李中梓《藥性解》卷三　菟絲子　味甘、辛，性平，無毒，入腎經。主男子腎虛精寒，腰膝冷痛，莖中寒，精自出，溺有餘瀝，鬼交泄精，久服強陰堅骨，駐顔明目輕身，令人多子。酒浸五宿，蒸熟，杵作餅，晒乾研用。山藥、松脂為使，惡藿菌。　按：雷公云：菟絲子稟受中和，凝正陽氣，故宜入補少陰，溫而不燥，不助相火，至和至美之劑，宜常用之。

明・繆希雍《本草經疏》卷六　菟絲子　味辛、甘，平，無毒。主續絶傷，補不足，益氣力，肥健。汁去面䵟，養肌，強陰，堅筋骨。主莖中寒，精自出，溺有餘瀝，口苦燥渴，寒血為積。久服明目，輕身延年。得酒良，宜丸不宜煮。

〔疏〕菟絲子，君，稟春末夏初之氣以生，凝乎地之沖氣以成，感秋之氣而實。故《本經》言其味辛平，《別錄》益之以甘者，正雷公所謂稟中和、凝正陽之氣而結者也，其為無毒明矣。五味之中，惟辛通四氣，復兼四味，《經》曰：腎苦燥，急食辛以潤之，菟絲子之屬是也。與辛香燥熱之辛，迥乎不同矣。學者不以辭害義可也。為補脾腎肝三經要藥。主續絶傷，補不足，益氣力，肥健者，三經俱實則絶傷續而不足補矣。脾統血，合肌肉而主四肢。足陽明、太陰之氣盛，則力長而肥健。補脾故養肌，益肝腎故強陰、堅筋骨。暖而能補腎中陽氣，故主莖中寒，精自出，溺有餘瀝。口苦燥渴者，脾腎虛而生內熱，津液因之不足也，二臟得補則二病自愈。寒血為積者，勞傷則血瘀，陽氣乏絶則內寒。血隨氣行，氣弱不能統血以行，久而為積矣。凡勞傷皆脾腎肝三臟主之，肝脾氣旺則瘀血自行也。久服明目輕身延年者，目得血而能視，肝開竅於目，瞳子神光屬腎，肝腎實則目自明，藏實精滿則身自輕，延年可必矣。　〔主治參互〕君蓮實、山藥、人參，能實脾，止泄，嗜食。加五味子、肉豆蔻、砂仁，能治腎泄。　同五味子、沙苑蒺藜、覆盆子、蓮鬚、山茱萸、巴戟天、車前子、沒食子、枸杞子，能益脾腎，固精種子。　同甘菊花、沙苑蒺藜、甘枸杞子、熟地黃、羚羊角、穀精草、決明子，能明目。　君朮、人參、牛膝、胡麻仁，治丈夫腰膝積冷痛，或頑麻無力。　單服偏補人衛氣，能助人筋脈。　王好古云：能補肝臟虛，故去風，專主腰膝。腰膝者，肝腎之所治也。　苗　生研塗面斑，神效。　〔簡誤〕腎家多火，強陽不痿者，忌之。大便燥結者，亦忌之。

明・倪朱謨《本草彙言》卷六　菟絲子　味辛、甘、苦，氣平，無毒。入足少陰腎經。　李氏曰：《毛詩》注：菟絲即女蘿。　陶氏言：菟絲出朝鮮川澤田野間。今近道亦有，以寃句者爲勝。夏生苗，如細絲遍地，不能自起。得他草木則纏繞而上，其根即漸絶于地，寄生空中，無葉有花，色白微紅，香亦襲人，結實如粟米粒，色微黃，久則轉黑，八九月采之。　雷氏曰：一種天碧草之子，形酷似，只是味酸濇，併粘手爲別也。　修治：去殼用醋浸一日夜，取出，微火焙燥，入石臼中，燒熱鐵杵，杵成細粉用。

菟絲子：王好古補腎養肝，日華子溫脾助胃之藥也。蘇水門稿　主男子陽道衰微，陰莖痿弱，或遺精夢泄，小便滑滑，不禁。澀。澀，不通。治女人腰脊痠疼，小腹常痛，或子宮虛冷，帶下淋瀝，或飲食減少，大便不實，是皆男婦足三陰不足之證，惟此劑力堪溫補，其效如神。但補而不峻，溫而不燥，故入腎經。虛可以補，實可以利，寒可以溫，熱可以凉，濕可以燥，燥可以潤，非若黃柏、知母，苦寒而不溫，有瀉腎經之氣；非若肉桂、益智，辛熱而不凉，有動腎經之燥；非若蓯蓉、瑣陽，甘鹹而滯氣，有生腎經之濕者比也。如漢人集《神農本草》稱爲續絶傷，益氣力，明目精，皆由補腎養肝，溫理脾胃之徵驗也。　繆仲淳先生曰：菟絲子，雷氏所謂稟中和，凝正陽之氣而結者也，其爲無毒明矣。五味之中，惟辛通四氣，復兼四味。《經》曰：腎苦燥，急食辛以潤之，菟絲之屬是也。與他辛香燥熱之辛，迥乎不同矣。　盧子繇先生曰：癸亥七月過烟霞嶺，望林樹間有若赤網籠羃者，有若青絲覆罩者，又有青赤相間者。以詢山叟，曰赤網即菟絲，青絲即女蘿。因憶《古樂府》所謂南山羃羃菟絲花，北陵青青女蘿樹者是矣。青赤相間者，即蘿、菟交互。《唐樂府》所謂菟絲故無情，隨風任顛倒。誰使女蘿枝，而來强縈抱者是矣。但女蘿藤類，細長而無雜蔓，菟絲蔓類，初夏吐絲，不能自舉，隨風傾倒。縈草者，則不經久。若傍松柏及他樹，則延蔓四布，宛如經緯。根或絶地，嘗寄生空中，質輕揚，不損本樹之精英。夏末作花，赤色而無葉，隨亦結實，實或着樹間，次年隨在吐絲，不下引也。雷氏謂：稟中和以凝正陽之氣，得其性矣。如《內經》陰陽內外互交之機，惟菟絲有焉。

王靖遠先生曰：菟絲子專補肝藏風虛，活利腰膝間一切頑麻痿痹諸疾。

集方：葛氏《延生錄》治男子陽道衰微，陰莖痿弱。用菟絲子八兩，補骨脂一兩，鹿茸、人參、於白朮、山藥、山茱萸肉、枸杞子、牛膝、肉桂、澤瀉各一兩，黃耆、牡丹皮各二兩，爲末，煉蜜丸。早服三錢，白湯送。〇《方脉正宗》治遺精夢泄，小便不禁，或小便淋澀。用菟絲子四兩，蓮鬚、北五味子、車前子、茯苓、遠志各二兩爲末，煉蜜丸。每早晚各服四錢，白湯送。〇《婦科良方》治婦人腰脊痠疼，小腹作痛。用菟絲子四兩，川續斷、當歸酒炒、川芎、杜仲、牡丹皮、香附醋炒、白芍藥、丹參，各二兩。如虛熱加知母二兩，虛寒加白朮二兩，肉桂、附子各八錢，童便製；氣滯加木香。〇同前治婦人子宮虛冷，帶下淋瀝。用菟絲子、山茱萸肉各四兩，枸杞子三兩，赤石脂、於白朮、白薇各二兩，爲末，煉蜜丸。每早服三錢，湯酒任下。〇《方脉正宗》治男子婦人脾元不足，飲食減少，大便不實。用菟絲子四兩，黄耆，於白朮土拌炒，人參、木香各一兩，補骨脂、小茴香各八錢，餳糖作丸。早晚各服三錢，湯酒任下。〇同前治脾腎兩虛，精髓不固，子嗣難成。用菟絲子三兩，北五味子、沙苑蒺藜、覆盆子、蓮鬚、山茱萸肉、巴戟天、枸杞子各二兩，爲丸。早晚各服三錢。〇《方氏本草》治老人血虛，眼目昏花。用菟絲子三兩，甘菊花、蜜蒙花、沙苑蒺藜、枸杞子、穀精草、懷熟地、當歸身，爲丸，早服三錢。〇同前治男子腰膝冷痛，頑麻無力。用菟絲子四兩，牛膝，於白朮、枸杞子、肉桂、黄耆各二兩，附子童便製七錢，爲丸梧子大。每服三錢，湯酒任下。

菟絲苗　氣味同子。生研爛，塗去面斑。煎湯飲小兒，善發瘖疹，解肺部熱。〇治溺有餘瀝，精不固。用菟絲子、牛膝各八兩，枸杞子、北五味子各六兩，杜仲、車前子、白茯苓各四兩，沒石子三兩，俱用米醋拌炒，血鹿角一觔切碎炒，麥門冬、懷生地各八兩，酒煮搗膏，和入末子內，煉蜜丸，每服三錢，早晚《廣筆記》。

明・顧逢柏《分部本草妙用》卷七兼經部・性平　菟絲子　辛、甘，平，無毒。酒浸，炒杵粉用。薯蕷、松脂為使。　主治：　續絕補傷，益氣力，肥健人，善飢，強陰堅筋骨，莖寒精出，腰疼膝冷，尿血虛寒，補肝風虛，去面䵟，悅顏色。　菟絲子稟中和凝正陽之氣，一莖從樹感枝而成，從中春上陽結實，故偏補人衛氣，助人筋脉，久服令人光澤，飲啖倍常。

明・李中梓《醫宗必讀・本草徵要上》　菟絲子味辛、甘，平，無毒。入腎經。山藥為使，酒煮打作餅，烘乾再研，即成細末。　續絕傷，益氣力，強陰莖，堅筋骨。溺有餘瀝，寒精自出，口苦燥渴，寒血為積。雷公云：　稟中和之性，凝正陽之氣。腎臟得力，則絕傷諸症愈矣。主口苦燥渴者，水虛則內熱津枯，辛以潤之，二證俱安也。按：　菟絲子助火，強陽不痿者忌之。

明・鄭二陽《仁壽堂藥鏡》卷一〇下　菟絲子　《本草》云：　菟絲子生朝鮮川澤。得酒良。薯蕷、松脂為之使。惡雚菌。　味辛、甘，氣溫，無毒。酒洗曝乾，再浸、再曝九次，杵末用。　主腰痛膝冷，添精補髓，明目強陰，堅筋骨，續斷傷，益氣力。療莖中寒，泄精，遺溺。久服延年。　《藥性論》云：　菟絲子治男子女人虛冷，熱中消渴，補五勞七傷，鬼交泄精。

明・蔣儀《藥鏡》卷三平部　菟絲子　入腎少陰，至和至美。虛可以補，實可以瀉，寒可以溫，熱可以涼，濕可以燥，燥可以潤。能暖子宮久冷，兼救陰痿淋瀝。續傷養肌，虛腎寒精正治。強陰堅骨，膝腰冷痛兼攻。君以蓮實、薯蕷、人參，實脾止泄。偕以甘菊、穀精、草決，肝養眸明。生碎其苗，面斑可滌。

明・李中梓《頤生微論》卷三　菟絲子　味辛、甘，性平，無毒。入腎、肝二經。山藥為使。酒煮竟日，打糜爛作餅，烘乾再剉入磨，方成細末。續絕傷，益氣力，強陰莖，添精髓，堅筋骨，悅顏色，理勞傷，除夢泄；　主寒精自出，溺有餘瀝，去風明目。新補。

按：　菟絲子稟中和之性，凝正陽之氣，為補腎要藥。溫而不燥，補而不滯，服食家多珍之。單服一味末，飲啖如湯沃雪，補土之母，故進食如神。

明・張景岳《景岳全書》卷四八《本草正》　菟絲子　味甘、辛，氣微溫。其性能固，入肝、脾、腎三經。先用甜水淘洗淨，浸脹，次用酒漬，煮熟晒乾，炒之更妙。補髓添精，助陽固泄，續絕傷，滋消渴，縮小便，止夢遺帶濁餘瀝，暖腰膝寒疼，壯氣力筋骨，明目開胃，進食肥肌。禁止鬼交，尤安夢寐。湯液丸散，任意可用。古人不入煎劑，亦一失也。欲止消渴，煎湯任意飲之。

明・賈九如《藥品化義》卷七腎藥　菟絲子　屬陽中有陰，體細，色蒼，氣和，味甘淡云辛非，性微溫，能浮能沉，力補腎脾，性氣薄而味厚，入腎脾二經。

菟絲子蔓延草上，無根，假氣而生，凝仲春正陽之氣，方始結實，稟氣中和，性味甘平，取子主於降，用之入腎，善補而不峻，益陰而固陽。凡滑精便濁，尿血餘瀝，虛損勞傷，腰膝積冷，頑麻無力，皆由腎虛所致，以此補養，無不奏效。又因味甘，甘能助脾，療脾虛久瀉，飲食不化，四肢困倦，脾氣漸旺，則衛氣自充，肌膚得養矣。　苗如絲，子色類兔。用水淘淨沙土，酒煮熟，曬乾為末，作餅用，取性銳而滑，治橫生逆產最效。

明・盧之頤《本草乘雅半偈》帙一　菟絲子《本經》上品　氣味：　辛，平，無毒。　主治：　主續絕傷，補不足，益氣力，肥健，汁去面䵟，久服明目，輕身。

覈曰：出朝鮮川澤田野間。今近道亦有，以冤句者為勝。夏生苗，如細絲，徧地不能自起。得他草木，則纏繞而上，其根即漸絕于地，寄生空中。無葉有花，白色微紅，香亦襲人。結實如粃豆而細，色微黃，久則黑褐。勿用天碧草子，形真相似，只是味酸濇，併粘手也。修治：去殼，用苦酒浸一宿。取出，再以黃精汁相對浸一宿。至明，微火煎焙乾燥。入臼中，燒熱鐵杵，杵之成粉。

条曰：菟從兔，性相類也。服月魄以長生。陰，陽體。陰，陽用也。《爾雅》云：唐蒙，菟絲；菟絲，女蘿。注曰別四名，則是謂一物。《廣雅》云：女蘿，松蘿也。菟絲，菟丘也。則是一物二名矣。癸酉七月，過烟霞，望林樹間有若赤網籠羃者，有若青絲覆罩者，又有青赤相間者。以訊山叟，曰：赤網即菟絲，青絲即女蘿，因憶古樂府所謂南山羃羃菟絲花，北陵青青女蘿樹者是矣。青赤相間者，即蘿菟交互，唐樂府所謂菟絲故無情，隨風任顛倒，誰使女蘿枝，而來強縈抱者是矣。但女蘿藤類，細長而無雜蔓，故《山鬼》歌云被薜荔兮帶女蘿，言如帶也。菟絲蔓類，初夏吐絲，不能自舉，隨風傾倒。縈草者，則不經久，若傍松柏及他樹，則延蔓四布，宛如經緯，根或絕地，亦寄生空中，質輕揚，不損本樹之精英，反若得之而花葉倍繁于昔。夏末作花，赤色而無葉，隨亦結實。實或着樹間，次年隨在吐絲，不下引也。雷公謂禀中和，以凝正陽之氣得其性矣。《內經》云：陽在外陰之使也，陰在內陽之守也。互交之機，惟菟絲有焉。設內無陰，則纖微之物，安能受氣以生。誠得陰陽內外之樞紐，故主陰陽之氣不足，以著絕傷，益氣之力，致肌肉若一，成肥健人矣。《別錄》主強陰，此即陽無內守。《局方》主真陰不固，此即陰無外使。更主心腎不交，佐以茯苓、蓮實，謂菟絲雖具內外上下之機，其所專精，則外與上相親切。而茯苓者，其精氣旋伏于踵，則內與下相親切。更借蓮實之坎滿，填離中之虛位，則內外上下及中，各有憑持。佐以玄參，潛消痘毒，方名玄菟，痘乃受胎之毒，包含至陰之內，仗玄參之玄端，從子半至陰之中，逗破端倪，交互菟絲陽外之陰使，默相化育，內守之陰，不期清淨而清淨。在外之陽，不期輕升而輕升。祇須內外及上下，不必從中之樞鍵也。乃若磁朱硃會心腎，亦即內外上中及下之機。硃上火，磁下水，非神麴在中之樞，上下不交矣。麯乃肝穀之麥，但木得水浮，肝得水沉，先以半生麴，反佐從下之水，更以半熟麴，越沉而浮，以肝得煮而浮，仍從木相也。然則上下之交，全從中樞互濟。故上下及中，各有所專。唯在熟思精審，以一推十，十推百耳。大都病機不離升降，升降不離上下，上下不離開闔，開闔不離陰陽，陰陽不離內外，其名雖異，總歸一元。《經》云陰內陽守，陽外陰使，能會陰陽之元始，則上下內外，左右前後，一言而終。《爾雅翼》云：菟絲田野墟落中甚多，皆浮生藍苧麻蒿上，不必下有茯苓為根也。凡言上有菟絲，下有茯苓者，不知何所本。又云：一名唐，一名蒙。《詩》云：爰采唐矣，沬之鄉矣。爰采麥矣，沬之北矣。爰采葑矣，沬之東矣。以刺男女相奔期于幽遠者。唐則采藥，麥則采穀，葑則采菜。又唐尤浮游無根之物，蓋逐之而不反矣。《淮南子》云：菟絲無根而生，蛇無足而行，魚無耳而聽，蟬無口而鳴，皆自然者也。

明·李中梓《本草通玄》卷上　菟絲子　甘，平，腎家藥也。益精髓，堅筋骨，止遺泄，主溺有餘瀝，去腰膝痠軟。

菟絲子禀中和之性，凝正陽之氣，不燥不寒，故多功於北方，為固精首劑。水淘去泥，酒浸一宿，焙乾研細。

清·顧元交《本草彙箋》卷四　菟絲子　子，主於降，故用之入腎，善補而不峻，益陰而固陽，主治滑精便濁，尿血餘瀝，虛損勞傷，腰膝積冷，頑麻無力等症。味甘助脾，療脾虛久瀉，飲食不化，四肢困倦，令脾氣漸旺，則衛氣自沖。又凡藤蔓之屬，象人之筋，所以多治筋病，能令筋骨相着。筋者，肝之合也。故善補肝藏風虛，爲明目之聖藥。又以其性銳而滑，兼能行血，故防墮胎及血崩不止者忌之。乃慎齋先生又謂夫婦同食，令人有子，豈血行則月水自調，蓋指血閉者言之耳。

焦弱侯《筆乘》云：一人年二十四五，血氣失調，體中多不快。因服菟絲，遂健啖耐勞。其法以菟絲子淘淨，焙乾，每九兩用好酒一觔，浸三日許，日中晒，時時翻令瀝盡，攤晒乾，磁器貯之。每日空心服一匙，酒下，久服三兩月，其啖物如湯沃雪，半歲則大肥息矣。往歲嘗傳此法與京西，李大夫服之不輟。昨任秘書少監，與同省啖物，作勞如少年人，時已七十四五矣。《抱朴子》仙方單服法，取實一斗，酒一斗，浸，暴乾，再浸，又暴，令酒盡，搗篩，每酒服二錢，日二服。此藥治腰膝，去風，兼能明目，久服令人光澤，老變爲少也。三十年前，吳江周安期尊人年七十餘，行動扶壁植杖。予時同胡慎柔正在吳江，令服菟絲丸，以菟絲如前法製，本用陳料鍋焦磨末，入酒打糊丸，年至八十餘，終不用杖。予近日以此藥濟人，因名棄杖丸。凡使勿用天碧草，子形相似，而味酸濇并粘。菟絲子則辛甘，平，無毒。此物無根，假氣而生，人之元精虧喪，而假藥力以補之，所謂以假治假，其功甚捷。

清・穆石匏《本草洞詮》卷一〇　菟絲子　《抱朴子》云：菟絲草，下有伏菟根，無此兎，則絲不得上，然寔不屬也。《庚辛玉册》云：火𦦨草即菟絲子，陽草也。初生有根，及長其根自斷，無葉有花，香亦襲人。子味辛甘，氣平，無毒。主續絶傷，益氣力，止莖中寒，精自出，溺有餘瀝，口苦躁渴，寒血為積，久服輕身延年。蓋菟絲子禀正陽之氣，一莖從樹感枝而成，從中春上陽結寔，故偏補人衛氣，助人筋脉。仙方單服法：取寔一斗，酒一斗，屢浸屢暴，酒盡乃止，搗篩，每酒服二錢，日二服，治腰膝去風，明目，老變為少，飲啖如湯沃雪也。

清・劉雲密《本草述》卷一一　菟絲子日華子曰：苗莖似黄絲，無根株，俗呼黄絲草。　時珍曰：按寧獻王《臞仙庚辛玉册》云：火𦦨草即菟絲子，陽草也。多生荒園古道，其子入地，初生有根，及長延草物，其根自斷，無葉，有花白色微紅，香亦襲人，結實如粃豆而細，色黄，生於梗上，尤佳。惟懷孟林中多有之，入藥更良。　頌曰：夏生苗，初如細絲，徧地不能自起，得他草梗則纏繞而生，其根漸絶於地，而寄空中。或云無根，假氣而生，信然。

氣味：辛，甘，平，無毒。　諸本草主治：續絶傷，補不足，益氣力，强陰氣，堅筋骨，益精髓，主莖中寒，精自出，溺有餘瀝，治男女虚冷腰疼膝冷，并口苦燥渴，消癉熱中，補肝臟風虚，補脾，久服明目，令人肥健。　方書主治：虚勞瘻，遺精，赤白濁，消癉中風，傷勞倦，惡寒咳嗽，洩血，腰痛，鶴膝風，健忘，不能食，泄瀉，大便不通，小便不通淋，小便數，小便不禁，疝痔，耳聾。敦曰：菟絲子禀中和凝正陽之氣，一莖從樹，感枝而成，從中春上陽結實，故偏補人衛氣，助人筋脈。　海藏曰：能補肝臟虚，故去風，專主腰膝。　腰膝者，肝腎之所治也。　之頤曰：菟從兔，性相類也。服月魄以長生陽陰，體陰陽用也。《爾雅釋》《詩》，誤以女蘿、菟絲為一物二名，而後賢已訂其為二矣。憶昔年七月，過烟霞望林樹間，有若赤網籠幕者，有若青絲覆罩者，又有青赤相間者。以訊山叟曰：赤綱，即菟絲。青絲，即女蘿。因憶《古樂府》所謂南山羃羃菟絲花，北陵青青女蘿樹者，是矣。青赤相間者，即蘿菟交互。唐樂府所謂菟絲故無情，隨風任顛倒，誰使文蘿枝，而來强縈抱者，是矣。但女蘿藤類細長而無雜蔓，菟絲蔓類，初夏吐絲，不能自舉，隨風傾倒，縈草者則不經久，若傍松柏及他樹，則延蔓四布，宛如經緯，根或絶地，亦寄生空中，質輕揚，不損本樹之精英，反若得之，而花葉倍繁於昔，夏末作花赤色而無葉，隨亦結實，實或著樹間，次年隨在吐絲不下引也。雷公謂禀中和以凝正陽之氣，得其性矣。《内經》云：陽在外，陰之使也；陰在内，陽之守也。互交之機，惟菟絲有焉。設内無陰，則纖微之物，安能受氣以生？誠得陰陽内外之樞紐，故主陰陽之氣不足，以著絶傷益氣之力，致肌肉若一成肥健人矣。《别録》主强陰，此即陽無内守。《局方》主真陰不固，此即陰無外使，更主心腎不交，佐以茯苓、蓮實。謂菟絲雖具内外上下之機，其所專精，則外與上相親切。而茯苓者，其精氣旋伏於踵，則内與下相親切。更借蓮實之坎滿，填離中之虚位，則内外上下及中，各有憑持。佐以玄參潛消痘毒，方名玄菟。痘乃受胎之毒，包含至陰之内，仗玄參之玄端，從子半至陰之中，逗破端倪，交互菟絲陽外之陰，使默相化育，内守之陰，不期清淨，而清淨在外之陽，不期輕升，而輕升祇須内外及上下，不必從中之樞鍵也。乃若磁硃之會心腎，亦即内外上中及下之機。硃上火，磁下水，非神麴在中之樞，上下不交矣。麴乃肝穀之麥，但木得水浮，肝得水沉，先以半生麴反佐從下之水，更以半熟麴越沉而浮，以肝得煮而浮，仍從木相也。然則上下之交，全從中樞互濟，故上下及中各有所專，唯在熟思精審，以一推十，十推百耳。大都病機不離升降，升降不離上下，上下不離開闔，開闔不離陰陽，陰陽不離内外，其名雖異，總歸一元。《經》云：陰内陽守，陽外陰使。能會陰陽之元，始則上下内外，左右前後，一言而終。

希雍曰：菟絲子君，禀春末夏初之氣以生，凝乎地之冲氣以成，感秋之氣而實，故《本經》言其味辛平，《别録》益之以甘者，正雷公所謂禀中和凝正陽之氣而結者也。但辛味為甚，夫五味之中，辛通四氣，復兼四味，且此味辛合於肝，為補脾胃肝要藥，與辛香燥熱之辛，迥乎不同矣。

君蓮實、山藥、人參，能實脾止泄，嗜食。　加五味子、肉豆蔻、砂仁，能治腎泄。　同五味子、沙苑蒺藜、覆盆子、蓮鬚、山茱萸、巴戟天、車前子、沒食子、枸杞子，能益脾腎，固精種子。　同甘菊花、沙苑蒺藜、甘枸杞子、熟地黄、羚羊角、穀精草、決明子，能明目。　君术、人參、牛膝、胡麻仁，治丈夫腰膝積冷痛，或頑麻無力。

愚按：《淮南子》云：菟絲無根而生，蛇無足而行，魚無耳而聽，蟬無口而鳴，皆屬自然，是則物理有不可曉者，然實有至理存焉。雷公謂是物所禀中和而凝正陽之氣，故一莖從樹，遂感其氣而成，斯言得未會有矣。迨之頤本此，更發其未盡之覆焉。夫正陽之氣，原不得離於陰，是曰中和。之頤所謂陰陽互交之機者，此也。之頤所謂無陰不能感陽，此生物玄機，與所云凝正陽之氣者適合。是物互交之氣，乘於浮長之氣，其生氣已畢聚，於蔓引絲縈，不須更借生氣於根蒂。第實即結於夏末，乘金水進氣之候，以孕育真陽而還，為生生不息之地，是非陽中原有陰乎？雖乘乎浮長之氣，而其歸根復命者，固可思也。如《本經》所云續絕傷，益氣力，足為此品肖象。在《別録》謂能強陰，甄權且云添精髓者，更為此品傳神矣。或曰是，亦何以明之？曰：蓋絕傷之能續，未有無真氣而祇藉浮氣者，而真氣又未有離於真陰者，即萬物亦莫不由此理矣。若茲之於夏生苗者，奉長氣而感於蕃秀也。自陰而感之，夏末作花，隨結實，至秋采者，奉化氣而歸於降收也。從陽而歸之，且其味由辛而甘，非本天氣之陽，更由氣交以降於在地之陰乎？蓋夏月正天地氣交之會也，人身身半以下為在地之陰，固腎主之，故謂能益腎氣，屬諸由陽歸陰若茲品者，良不謬也。感於浮長之陽，而歸於降收之陰，乃為益腎氣要藥。不察此義，漫謂得陽氣之盛，而能益腎氣者，則夢夢矣。第在天之陽，歸於在地之陰則為陰氣，是以在腎之陽不足，而此品固能助陽味，以化陰而益氣。在腎之陰不足，而此品更能助陰味，以化陽而益精。化陰化陽，皆指陰陽之偏者也。故即曰益氣益精，又要詳助陽味，助陰味之義。此《別録》所謂強陰，而甄權所謂添精髓者是也。又《別録》、甄權所主莖中寒，精出餘瀝，虛冷腰膝痛之治，又所謂口苦燥渴，熱中消癉之亦能治也。並方書所治諸證，舉不外此腎氣，並不外於化陰益氣，化陽益精以得之矣。或曰：從天而歸地，於何而取證歟？曰：將疑此味非從天之陽而降乎，試即治健忘證，而於諸藥中投此味，則其義可明矣。特其氣率歸於陰，故主治在腎居多耳。抑海藏又曰：補肝臟風虛，而方書且以補脾者，謂何？曰：是豈歸於陰，而不能化者耶？歸於陰則又即化陽，故陰中之少陽肝是也。肝為風木，乃出地之首，焉得不受其益乎？至脾為太陰，舉藉此陰中之陽，以傳化而轉運者也。夫足三陰原同起於下，益腎氣而並及肝脾，是又何疑之有哉？明於能補腎氣之義，則中梓謂此味溫而不燥，補而不滯者，亦庶幾得其功之近似矣。

附方　陽氣虛損用菟絲子、熟地黃等分，為末，酒湖丸梧子大，每服五十丸，氣虛人參湯下，氣逆沉香湯下。白濁遺精茯兔丸，治思慮大過，心腎虛損，真陽不固，漸有遺瀝，小便白濁，夢寐頻泄，菟絲子五兩，白茯苓三兩，石蓮肉二兩，為末，酒糊丸梧子大，每服三十五丸，空心鹽湯下。小便赤濁，心腎不足，精少血燥，口乾煩熱，頭暈怔忡，菟絲子、麥門冬等分，為末，蜜丸梧子大，鹽湯每下七十丸。腰膝疼痛，或頑麻無力，菟絲子洗一兩，牛膝一兩，同入銀器內，酒浸一寸五分，曝為末，將原酒煮，糊丸梧子大，每空心酒服三二十丸。

希雍曰：腎家多火，強陽不痿者，忌之。大便燥結者，亦忌之。

此味本不助相火，然腎有火者，亦忌也。

修治　米泔淘洗極淨，畧曬，揀去稗草子，磨五六次，用酒浸一晝夜，搗之，不盡者再浸搗，須臾悉細。又法：酒浸四五日，蒸研作餅，微火焙乾，再研末。一法：酒浸通軟，乘溼研碎，焙乾。

清·郭章宜《本草匯》卷一二　菟絲子　味辛、甘，平，陽也，可升可降，入足少陰、厥陰經。堅筋骨，補肝虛。養肌強陰，添精益髓。虛寒膝冷臍疼正宜多服，鬼交夢遺精泄，勿厭頻吞。《別錄》主莖中寒，精自出，溺有餘瀝者，以其暖而能補腎中陽氣也。又治口苦燥熱者，因脾腎虛而內熱，津液由之不足，辛以潤之，則愈矣。又治寒血為積者，皆因勞傷所致，遂使血瘀不行，陽氣乏絕，則內寒為積矣。然血隨氣行，氣弱即不能統血以行，故凡勞傷，皆脾肝腎之藏所主，肝脾氣旺，則瘀血自行矣。

按：菟絲子禀中和之性，凝正陽之氣，不燥不寒，多歸功于北方，為固精補腎虛寒首劑，不獨治腰膝，去風，兼能明目。《本經》雖言其味辛，却與辛香燥烈之辛，迥不同也。單服偏補人衛氣，助人筋脉。究之久則令氣壅便閉，當以潤藥和解。凡腎家多火，強陽不痿者，忌之。大便燥結者，亦不宜用。

凡使，勿用天碧草子，甚相似，只是味酸澀并粘也。以溫水淘去沙泥，酒浸一二宿，蒸晒焙乾，研末。薯蕷為之使。

清·蔣居祉《本草擇要綱目·溫性藥品》　菟絲子凡用以溫水淘去沙泥，酒浸一宿，曝乾搗之。如不盡者，再浸曝搗。　氣味：辛、甘，平，無毒。　主治：續絕傷，補不足，益氣力。養肌強陰，主莖中寒，精自出，溺有餘瀝。明目，輕身延年。補肝臟風虛，稟中和凝正陽之氣。一莖從樹感枝而成，從中脊上陽結實，故耑補人衛氣，助人筋脈。明目去風，腎部之要劑也。

清·閔鉞《本草詳節》卷一　菟絲子　【略】按：菟絲子中和，凝正陽之氣而結者也。五味之中，惟辛通四氣，復兼四味。《經》曰：腎苦燥，急食辛以潤之，菟絲子之屬是也。與辛香燥熱之辛迥別，功多於北方，故為固精首劑。

清・王翃《握靈本草》卷五　菟絲子朝鮮多，寃句者獨佳。一種色黃，一種色淺，功效並同。田野多有。酒浸一宿，焙乾研用。一云：酒浸四五日，蒸晒四五次，研作餅，焙乾再研末，研時入紙條數枝，則有力也。　主治：菟絲子，辛、甘，平，無毒。主續絕傷，補不足，益氣力，肥健人，養肌強陰，堅筋骨，莖中寒，精自出，溺有餘瀝，口苦燥渴，腰疼膝冷，消渴，熱中，潤心肺，補肝臟風虛。　發明：簡誤云：菟絲子，腎家多火，強陽不痿者忌之，大便燥結者亦忌之。

清・汪昂《本草備要》卷二　菟絲子平補三陰。甘、辛和平。凝正陽之氣，入足三陰。脾、肝、腎。強陰益精，溫而不燥，不助相火。治五勞七傷，精寒淋瀝，口苦燥渴。脾虛腎燥而生內熱，菟絲益陰清熱。祛風明目，補衛氣，助筋脉，益氣力，肥健人。補肝腎之效。《老學庵筆記》：予族弟少服菟絲子凡數年，飲食倍常，血氣充盛。忽因浴見背腫，隨視隨長，乃大疽也。適值金銀花開，飲至數斤，腫遂消。菟絲過服，尚能作疽，以此知金石藥，不可不戒。昂按：此人或感他毒，未可盡歸咎于菟絲也。無根，蔓延草上，子黃如黍粒。得酒良。淘去泥沙，酒浸一宿，暴乾搗末。山藥爲使。

清・吳楚《寶命真詮》卷三　菟絲子　【略】補精髓，堅筋骨，益氣力，強陰莖，止遺泄，寒精自出，主溺有餘瀝，去腰膝痠軟絕傷，腎藏得力，絕傷自愈。療口苦燥渴。水虛則內熱津枯，補水則津自潤。

清・陳士鐸《本草新編》卷二　菟絲子　味辛、甘，氣溫，無毒。入心、肝、腎三經之藥。益氣強陰，補髓添精，止腰膝疼痛，安心定魂，能斷夢遺，堅強筋骨，且善明目。可以重用，亦可一味專用，世人未知也，余表而出之。遇心虛之人，日夜夢精頻泄者，用菟絲子三兩，水十碗，煮汁三碗，分三服，早、午、夜各一服即止，且永不再遺。其故何也？蓋夢遺之病，多起於淫邪之思想，思想未已，必致自洩其精，精洩之後，再加思想，則心火暗爍，相火乘心之虛，上奪君權，火欲動而水亦動矣，久則結成夢想而精遺。于是，玉關不閉，不必夢而亦遺矣。此乃心、肝、腎三經齊病，水火兩虛所致。菟絲子正補心肝腎之聖藥，況又不雜之別味，則力尤專，所以能直入三經以收全效也。他如夜夢不安，兩目昏暗，雙足乏力，皆可用至一二兩。同人參、熟地、白术、山茱之類用之，多建奇功。古人云：能斷思交。則不盡然也。

或問：菟絲可多用以成功，何千古無人表出，直待吾子而後示奇乎？曰：軒岐之秘，不傳于世也久矣。吾躬受岐夫子真傳而秘之，則是軒岐之道，自我而傳，亦自我而絕矣。故鐸寧傳之天下，使當世懷疑而不敢用，斷不可不傳之天下，使萬世隱晦而不知用也。

或疑菟絲子無根之草，依樹木而生，其治病，亦宜依他藥而成功，似未可專用也。噫，何論之奇也。夫菟絲子，神藥也，天下有無根草木如菟絲子者乎，亡有也。故其治病，有不可思議之奇。人身夢遺之病，亦奇病也，無端而結想，無端而入夢，亦有不可思議之奇。雖《靈樞經》有淫邪發夢之篇，備言夢症，而終不得其所以入夢之故。雖聖人，亦難言也。用菟絲子治夢遺者，以異草治異夢也，乃服之而效驗如響，亦有不可思議之奇，吾不意天地間之多奇如此。雖然菟絲治夢遺者何足奇，奇在吾子之發論，余得共闡其奇耳。惟其奇，故菟絲專用以出奇，又胡必依草木共治而後成功哉。

或問：菟絲子治夢遺，奇矣，亦可更治他病，能收奇功乎？夫菟絲子，實不止治夢遺也，更能強陽不倒。用一味至二兩，煎湯服，則陽堅而不泄矣。或人不信吾方之奇。不知菟絲子，實神藥也，以神通神，實有至理。凡人入房而易泄者，以心君之神先怯耳。心之神怯，則相之神旺矣。相之神旺，則陽易舉，亦易倒。心之神旺，則相之神嚴肅，而不敢犯君，則君之權尊。君之權尊，則令專而不可搖動，故陽不舉則已，舉則堅而不易倒也。菟絲子，能安心君之神，更能補益心包絡之氣，是君火與相火同補，陽安有不強者乎。況菟絲子更善補精髓，助陽之旺，又不損陰之衰，此強陽不倒之可以無虞，而不至有陰虛火動之失也，雖然鐸創此論，宣菟絲子之神奇，非導淫也。倘陽火衰微，服此方，可以獲益而種子。設或陰虛火盛，服此方，必有虛陽亢炎之禍，至痨瘵而不可救者，非鐸之過也。

清・顧靖遠《顧氏醫鏡》卷七　菟絲子辛、甘，平。入腎肝二經。酒煮爛，焙乾，不入湯藥。　添精髓而強陰莖，療精寒自出，溺有餘瀝。緩而能補腎中陽氣故也。堅筋骨而益氣力，治口舌燥渴，肝傷目昏。補腎肝則筋骨強，而氣力增，水虛則內熱津乾，故口苦燥渴。腎惡燥，急食辛以潤之。此與香燥之辛不同，明目者，肝得血能視也。腎家多火，強陽不痿者，勿用。

清・李熙和《醫經允中》卷二〇　菟絲子　酒浸炒，杵粉。山藥為使。入肺、脾、腎三經。　辛，平，甘，無毒。主治續絕補傷，強陰堅骨，添精髓，暖腰膝，益力氣，肥肌，止遺洩餘瀝，久久服之明目延年。雷公云：禀性中和，謂水火均平，氣血兼補也。

清・馮兆張《馮氏錦囊秘錄・雜症痘疹藥性主治合參》卷二　菟絲子稟春末夏初之氣以生，凝乎地之沖氣以成，感秋之氣而實，故味辛甘，平，無毒。為脾、腎、肝三經氣分要藥。〇宜揀去雜子，酒淨去土，晒乾炒燥，另磨細末，即入藥餌。勿使出氣，功力大見。若照古法，酒浸數日，煮搗成餅，則酸臭不堪，甚失沖和馨香之味，故多無效。況生成內含細絲，非酒浸成絲者。古人因難於磨細，故設法成餅，莫若多料另磨，則氣味得矣。　菟絲子，益氣強力，補髓添精，虛寒膝冷腰疼，鬼交夢遺精滑。肥健肌膚，堅強筋骨，續絕傷，強陰莖，溺有餘瀝，寒精自出。五勞七傷，口苦燥渴，稟中和之性，假氣而成。溫而不燥，不助相火，誠補腎中元陽之聖藥也。但腎家多火，強陽不痿者，大便燥結者，並忌之。

主治痘疹合參：治痘瘡癢塌虛寒，腰痛膝冷，明目稀痘。

按：菟絲子稟中和之性，凝正陽之氣，無根假氣以成形，故能續補先天元陽宗氣。專治腎臟敗傷，寒精自出，溺有餘瀝。溫而不燥，補而不滯，又能補土之母，故進食止瀉並效。稀痘丹用之，亦培補先天不足之義也。然單服偏補人衛氣，故古人同熟地名雙補丸，同元參名玄兔丹，即此意也。

清・馮兆張《馮氏錦囊秘錄・雜症痘疹藥性主治合參》卷二　纏豆藤纏豆藤，和中解毒。宜端午日採，陰乾。凡毛豆梗上纏繞細紅絲者佳，稀痘方中常用之。

清・张璐《本經逢原》卷二　菟絲子《本經》名菟蘆。　辛，甘，平，無毒。酒煮搗爛作餅焙乾用。雷公曰：凡使勿用天碧草子，真相似，只是味酸澀並粘也。菟絲最難得真，有人以子種出，皆水犀草，今藥肆所賣，俱係此類。然服亦有微功，不似假石蓮子之大苦大寒，大傷胃氣，伐人天元也。至賤之物尚爾若此，況珍貴之品能無偽乎？　《本經》續絕傷，補不足，益氣力，肥健人。

發明：菟絲子去風明目，肝腎氣分藥也。其性味辛溫質粘，與杜仲之壯筋暖腰膝無異，五味之中惟辛通四氣，復兼四味，《經》曰：腎苦燥，急食辛以潤之。菟絲子、五味子之屬是也。與辛香燥熱之辛迥乎不同，此補脾腎肝三經要藥。《本經》言續絕傷補不足，益氣力，肥健人者，三經俱實而絕傷續，不足補，氣力長，令人肥健矣。其功專於益精髓，堅筋骨，止遺泄，主莖寒精出，溺有餘瀝，去膝脛痠軟，老人肝腎氣虛腰痛膝冷，合補骨脂、杜仲用之，諸經膜皆屬於肝也。氣虛瞳子無神者，以麥門冬佐之，蜜丸服效。凡陽強不痿，大便燥結，小水赤澀者勿用。以其性偏助陽也。

清・浦士貞《夕庵讀本草快編》卷三　菟絲子《本經》　《詩》註女蘿即菟絲。《爾雅》謂唐蒙、女蘿、菟絲一類肆種。吳普誤為松蘿，松蘿即女蘿也。《杜詩》菟絲附女蘿，二物明矣。若曰下有茯苓，上有菟絲，更謬。　菟絲辛甘，性平而溫，肝與腎之藥也。稟正陽之氣，凝中和之精，一莖從樹感枝而成，從中春上陽結實，故偏補人衛氣，助人筋脉。《抱朴》單服之法，信有得矣。凡病夢泄鬼交，莖寒精冷，或尿後餘瀝，用之立愈。況能明目輕身，強力善飯。黃山谷日用方最重之，取其溫而不燥，補而不滯，兼益土母，非他可及也。

清・張志聰、高世栻《本草崇原》卷上　菟絲子　氣味辛甘，平，無毒。主續絕傷，補不足，益氣力，肥健人。《別錄》云：久服明目，輕身延年。　菟絲子，《爾雅》名玉女。《詩》名女蘿。始出朝鮮川澤田野，蓋稟水陰之氣，從東方而生，今處處有之。夏生苗，如絲遍地，不能自起，得他草梗則纏繞而上，其根即絕於地，寄生空中，無葉有花，香氣襲人，結實如秕豆而細，色黃。法當溫水淘去沙泥，酒浸一宿，曝乾搗用。又法，酒浸四五日，蒸曝四五次，研作餅，焙乾用。　凡草木子實，得水濕清涼之氣後能發芽。菟絲子得沸湯火熱之氣，而有絲芽吐出，蓋稟性純陰，得熱氣而發也。氣味辛甘，得手足太陰天地之氣化，寄生空中，絲莖繚繞，故主續絕傷。續絕傷，故能補不足。補不足，故能益氣力。益氣力，故能肥健人。兔乃明月之精，故久服明目。陰精所奉其人壽，故輕身延年。

清・劉漢基《藥性通考》卷五　菟絲子　味甘、辛，氣平。入脾、肝、腎三經。強陰益精，溫而不燥，不助相火。又能治五勞七傷，精寒泄瀝，口苦燥渴，祛風明目，補衛氣，助筋脉，益氣力，肥健人。其藥無根，蔓延草上。子黃如黍粒，得酒良。淘去泥沙，酒浸一宿，暴乾，研末用。單用無功，加入山藥、熟地、茯苓大補腎之藥內，方見奇功耳。

清・姚球《本草經解要》卷一　菟絲子　氣平，味辛、甘，無毒。主續絕傷，補不足，益氣力，肥健人。酒蒸。　菟絲子氣平，稟天秋平之金氣，入手太陰肺經。味辛甘，無毒，得地金土二味，入足太陰脾經、足陽明燥金胃經。氣味升多於降，陽也。其主續絕傷者，肺主津液，脾統血，辛甘能潤，潤則絕傷續也。肺主氣，脾主血，胃者十二經之本。氣平而味辛甘，則氣血俱益，故補不足也。氣力者，得於〔後〕天充於穀。辛甘益脾胃，則食進而氣力充也。脾胃為土，辛甘能潤土，潤則肌肉自肥也。　製方：菟絲子單服補血。同熟地丸，治陰損。同杜仲丸，治陽虛。同白茯、石蓮，治白濁。同麥冬丸，治心腎不足，口乾怔忡。同牛膝治腰膝痛。

清・周垣綜《頤生秘旨》卷八 菟絲子 補腎經虛寒之藥也。能補腎家之陽，安腎水，補精髓勞傷，益腎。為陰中之陽，用之不當，防火起。

清・王子接《得宜本草・上品藥》 菟絲子 味辛、甘。入足三陰經。續絕傷，暖精寒。得肉茯苓、廣蓮治白濁遺精，得麥冬治赤濁，得牛膝治腰腳痛，得車前子治產難橫生。

清・修竹吾廬主人《得宜本草分類・下部補養並瘍科感症門》 菟絲子 辛、甘，平，無毒。肝腎氣分藥也。去風明目，腎苦急，急食辛以潤之。菟絲子，五味子之屬是也。辛香燥，然熱之性迥乎不同，此補脾腎肝三經要藥，其功長於益精髓，堅筋骨，止遺泄，主莖寒精出，溺有餘瀝。

夫腰脛痠爽，老人肝腎氣虛，腰痛膝冷，合補骨脂、杜仲用之。 氣虛瞳子散大者，合麥冬用之，蜜丸服效。 凡陽強不痿，大便燥結，小水赤濇禁用。茯菟丸，治白濁遺精，夢寐頻泄，菟絲子五兩，白茯苓三兩，石蓮肉二兩，為末，酒糊丸梧子大，每服三五十丸，鹽湯下。

清・徐大椿《神農本草經百種錄》上品 菟絲子 味辛，平。主續絕傷，子中有絲不斷，故能補續筋骨。補不足，益氣力肥健。滑潤有脂膏，自能生精益氣而長肌肉也。汁去面䵟。亦滑澤之功。久服，明目，輕身延年。生精則目明而強且壽也。

子中之最有脂膏者，莫如菟絲。且炒熟則芳香又潤而不滑，故能補益肝脾也。○凡藥性有專長，此在可解不可解之間，雖聖人亦必試驗而後知之。如菟絲之去面䵟，亦其一端也。以其辛散耶，則辛散之藥甚多；以其滑澤耶，則滑澤之物亦甚多，何以他藥皆不能去而獨菟絲能之？蓋物之生，各得天地一偏之氣，故其性自有相制之理。但顯于形質氣味者，可以推測，而知其深藏于性中者，不可以常理求也。故古人有單方及秘方，往往以一二種藥治一病而得奇中。及視其方，皆不若經方之必有經絡奇偶配合之道，而效反神速者，皆得其藥之專能也。藥中如此者極多，可以類推。

清・黃元御《玉楸藥解》卷一 菟絲子 味酸，氣平。入足少陰腎、足厥陰肝經。斂精利水，暖膝溫腰。酸濇斂固，治之精淋漓，膝冷腰痛。但不宜於脾胃，久服中宮壅塞，飲食不化，不可用以誤人。

清・吳儀洛《本草從新》卷二 菟絲子〔溫補三陰。〕甘辛而溫。凝正陽之氣，入足三陰肝、脾、腎。強陰益精，溫而不燥，治五勞七傷，溺有餘瀝，寒精自出，口苦燥渴，景岳曰：治消渴，煎湯任意飲之。寒血為積。祛風明目，止瀉進食，酒製為末常服，能使飲啖如湯沃雪。補衛氣，助筋脈，益氣力，肥健人，為調元上品。同熟地名雙補丸，同玄參名玄菟丹。腎家多火，強陽不痿，大便燥結者忌之。無根，蔓延草上，子如黍粒。得酒良。揀去雜子，酒掏淨，去土曬乾，放瓷器內，勿使出氣。入煎劑，再微炒研破。若入丸，須另磨細末。古人因難於磨細，酒浸一宿，煮令吐絲，搗成餅，烘乾再研則末易細。然酒浸稍久，往往味變酸臭，全失冲和馨香之味，每多無效。今市中菟絲餅俱將麥麵打入，氣味全乖，斷不可用。山藥為使。

清・汪紱《醫林纂要探源》卷二 菟絲子 甘，辛，平。子如黍粒而扁，色黃，落地生苗，長寸許，則蔓附草木而上，根遂斷，故見以為無根。蔓如粗線，脆嫩多汁，黃赤如金，有枝莖而無葉，枝端紅白花，圓好如珠，芳香遠聞，花後結實，至冬而蔓盡枯。嫩時可茹，古曰唐蒙菜。潤腎補肝，益精續絕。潤腎，補命門，故益精，健筋骨，益骨力，兼能祛風明目，以其補肝而不熱，且治口苦燥渴，以其清膽，且足腎水，止精寒淋瀝精滑，以其陽氣自足也。治一切勞傷。其無根而能榮茂花實，則其續絕補不足之功可知。揀淨，酒浸一宿，蒸過，搗作餅。 莖苗 作茹。功用略同。

清・嚴潔等《得配本草》卷四 菟絲子 得酒良。薯蕷、松脂為之使。惡雚菌。

辛、甘，平，性溫。入足三陰經血分。稟中和之氣，凝正陽之性，溫而不燥。益精髓，堅筋骨。治鬼交泄精，尿血餘瀝，赤白帶濁，腰疼膝冷，去風明目，止瀉固精。 得玄參，補腎陰而不燥。配熟地，補營氣而不熱。配麥冬，治赤濁。配肉豆蔻，進飲食。胃暖則開。佐益智仁，暖衛氣。使車前子，治橫生。調雞子白，治目暗。 米泔水淘洗，酒浸四五日，蒸曬四五次，研作餅，焙乾用。補腎氣，淡鹽水拌炒。暖脾胃，黃精汁煮。暖肌肉，酒拌炒。治泄瀉，酒米拌炒。 孕婦，其性滑。血崩，溫能行血。陽強，便結，腎藏有火，陰虛火動，六者禁用。 天碧草子形相似而味酸澀，不宜入藥。此物無根，假氣而生。元精衰者，以此補之，所謂以假治假也。惟莖中寒、精自出者，用此溫補之品，精得所養而自止。若緣虛火流遺，服之水益無定，愈補而愈溢矣。

題清・徐大椿《藥性切用》卷四 菟絲子 甘辛微溫，入足三陰。強陰益精，為腎虛平補良藥。取子搗蒸作餅，或去油，炒研用。

清・黃宮繡《本草求真》卷二 菟絲子溫腎補肝，止遺固脫。 菟絲耑入肝腎，兼入脾。辛甘溫平，質黏，溫而不燥，補而不滯，得天地中和之氣，故書稱為補髓添精，強筋健骨，止遺固泄，暖腰溫膝，明目祛風，血補則風祛。為補肝腎脾氣要劑。合補骨脂、杜仲用之，最為得宜。但杜仲、補骨脂氣味辛溫，性喘趨下，不似菟絲氣味甘平而不重降耳。《老學庵筆記》云：族弟服菟絲子發疽。汪昂闢其或感他毒，不得歸咎菟絲。若服之而見陽強不痿，大便燥結，小水赤濇者，以性主補故也。但菟絲子最難得真，賣者有以水犀草子種出，形象絕似，藥肆所賣，多屬此物。然服之亦有微功，酒浸煮爛，作餅曝乾，山藥為使。

清·楊璿《傷寒溫疫條辨》卷六補劑類　菟絲子先以甜水洗淨，浸脹，次酒浸，蒸熟，杵爛捏餅，晒乾，炒。　味甘辛，氣溫，性固。入肝、脾、腎。補髓添精，助陽起痿。《千金方》：菟絲餅五兩，雄雞肝三具，雀卵和丸，如小豆大，溫酒每下六十丸，日二次服。暖腰膝冷疼，壯氣力筋骨，開胃進食肥肌，尤安夢寐。《局方》茯菟丸：治精滑淋濁，及強中消渴。菟絲餅十兩，五味子八兩，白茯苓、石蓮肉三兩，山藥六兩，酒煮，山藥糊為丸。精滑，淡鹽水下。赤濁，燈心湯下。白濁，白茯苓湯下。強中，元參湯下。消渴，米飲下。此方於補正氣中瀉腎邪也。

清·羅國綱《羅氏會約醫鏡》卷一六草部　菟絲子味甘辛，微溫，入脾、腎、肝三經氣分。淘淨泥砂，揀去雜子，酒蒸曬乾，磨末即用，勿使出氣。若用古法製餅，則失性無功矣。溫而不燥，不助相火，誠補腎中精髓之聖藥也。治精冷淋瀝，暖臂、腰痛膝疼，堅齒明目，強陰莖，止夢遺，腎足之效。健筋骨，續絕傷，能補肝腎。益氣力，肥肌膚，補脾，療口苦燥熱。脾虛腎燥，而生內熱，菟絲益陰清熱。

按：菟絲性溫，強陽不痿者忌之。

清·陳修園《神農本草經讀》卷二上品　菟絲子　氣味辛，平，無毒。主續絕傷，補不足，益氣力，肥健人，汁去面䵟。久服明目，輕身，延年。

陳修園曰：菟絲氣平稟金氣，味辛得金味，肺藥也。然其用在腎而不在肺。子中脂膏最足，絕類人精，金生水也。主續絕傷者，子中脂膏如絲不斷，善於補續也。補不足者，取其最足之脂膏，以填補其不足之精血也。精血足，則氣力自長，肥健自增矣。汁去面䵟者，言不獨內服得其填補之功，即外用亦得其滑澤之效也。久服，腎水足則目明，腎氣壯則身輕。華元化云：腎者，性命之根也。腎得補則延年。

清·趙學敏《本草綱目拾遺》卷七藤部　無根草　《采藥錄》：此草無根無葉，生在柴草上，纏結而生，名無根金絲草，色有紫有黃。《百草鏡》：無根金絲草，一名(大)〔火〕焰草，即菟絲苗也，生毛豆莖上者佳。此草與女蘿相似，以色黃如金而細如線者真。若色紅紫粗類燈心者，名女蘿。又紫背浮萍，亦名無根草，與此別。《藥鑒》無根金絲草莖細而赤，無葉無根，惟有青色細纍，附於莖際，蔓延極長，多纏草木上。其性涼，味微甘，利水治溼熱。三四月採。《李氏草祕》：纏豆藤一名豆馬黃，無葉有花，子即菟絲子，最治血，解豆瘡毒；難產，酒煎服。《藥性考》：金絲草無根葉，用苗，此藥功在涼血散血，故治癰疽腫毒諸症。味苦性寒，吐、衄、崩、便、欬、咯諸血，服之能止。解諸藥毒，瘴癘疔癰惡瘡。《臺志》：利水通淋。《葛祖方》：治狐臭騷氣，辟汗愈瘧。《百草鏡》：治癃淋濁痢，帶下黃疸，預解痘毒，敷紅絲疔。

消毒保嬰丹：王之才《醫便》：凡小兒未出痘瘡者，每過春分、秋分，日服一丸，其痘毒即漸消化。若只服一二次者，出痘稀少。若服三年六次者，永不出痘，此方屢驗，萬勿輕視。纏豆藤一兩五錢，其藤八月收取，毛豆莢上纏繞細紅絲，採取陰乾，以此為君，妙在此藥上，黑豆三十粒，赤豆七十粒，山楂肉一兩，新升麻七錢五分，生地黃、荆芥、防風、川獨活、甘草、當歸各五錢，連翹七錢五分，黃連、赤芍藥、桔梗各五錢，牛蒡子一兩，硃砂另研，甘草同煮過，去甘草一兩五錢，苦絲瓜兩個，各長五寸，隔年經霜者妙，燒灰存性。右藥為極細末，砂糖拌勻，共擣千餘下，丸如李核大，每服一丸，濃煎甘草湯化下。其前項藥預辦精料，遇春分秋分，或正月十五日，或七月十五日修合，務在虔誠，忌婦人、雞、犬、貓、孝服見之，合藥須淨室焚香，向太陽祝藥云：神仙真藥，體合自然，嬰兒吞服，天地齊年，吾奉太上老君急急如律令勅，一氣七遍。

《慈惠小編》：治小便不通，諸藥無效。金絲草一握，同韭菜根頭煎湯洗小肚，即通。金絲草多附黃豆莽上，無根無葉，細絲如樱色，近水灘諸樹上皆有之。

清·黃凱鈞《藥籠小品》　菟絲子　補腎強腰膝，和平中正之品，《千金》大菟絲子丸，首用此味，凡脾疾久而不愈，必責諸腎，此丸是也。淘淨雜子，煮透吐絲，搗餅酒炒。

清·王龍《本草纂要稿·草部》　菟絲子　氣味辛甘而平。補腎固精，療虛寒膝冷腰疼，益髓強陰，肥肌，膚堅強筋骨。治夢遺精滑，却老延年。潤心肺健脾，明目止渴。

清·吳鋼《類經證治本草·足少陰腎臟藥類》　菟絲子　【略】務成子

云：覓其根形似兔，掘取，割其血，以丹和服之，立變化。誠齋曰：此說難測，或恐另是一種，不可強為之解。

清・張德裕《本草正義》卷上　菟絲子　甘，微辛，溫。固入肝、脾、腎。補髓添精，助陽固洩，止夢遺帶濁，安寤寐，除鬼交，縮小便，厚腸胃。

清・楊時泰《本草述鉤元》卷一一　菟絲子　火焰草，俗呼黃絲草，即菟絲子，陽草也。入夏生苗，初如細絲偏地，不能自起，及長，延草物，其根漸絕於地而寄空中。無葉有花，白色微紅，香亦襲人，結實如粃而細。生於梗上尤佳。懷孟林中產此，入藥最甚。紫草者不經久，若傍松柏及他樹，則蔓延四布，宛如經緯，根或絕地，質甚輕揚，其實或着樹間，次年隨在吐絲，不下引也。

氣味辛、辛味為甚，却與辛香燥熱之辛不同。甘，平。入足三陰氣分。諸本草主續絕傷，補不足，益氣力，強陰氣，堅筋骨，益精氣，偏補人衛氣。主莖中寒，精自出，溺有餘瀝，治男女虛冷泄瀉，腰疼膝冷，并口苦燥渴，消癉熱中，補肝臟風虛，健忘不能食，補脾令人肥健，久服明目。方書治虛勞，痿，遺精赤白濁，中風傷勞倦，惡寒欬嗽，洩血，鶴膝風，大便不通，小便閉淋數及不禁，疝痔耳聾。稟中和以凝正陽之氣，故偏補人衛氣，助人筋脉，專主腰膝。斆。《經》云：陽在外，陰之使也。陰在內，陽之守也。互交之機，菟絲有焉。設其內無陰，則纖微之物，安能受氣以生。《別錄》主強陰，此即陽無內守，《局方》主真陰不固，此即陰無外使也。子繇。佐以茯苓、蓮實，主治心腎不交。蓋菟絲雖具內外上下之機，其專精尤在外與上，茯苓精氣潛伏於踵，則內與下居功為多，更借蓮實之坎滿，填離中之虛位，而內外上下及中各有憑持矣。又。佐以元參，名元菟丸，潛消痘毒、胎毒包含至陰之內。仗元參之元，從子半至陰之中，逗破端倪，交互菟絲陽外之陰，默相化育，俾內守之陰，不期清淨而清淨，在外之陽，不期輕升而輕升，大都病機不離升降，升降不離上下，上下不離開闔，開闔不離陰陽，陰陽不離內外，其名雖異，總歸一元。《經》云：陰內陽守，陽外陰使，能會陰陽之元始，則上下內外左右前後一言而終。又。君蓮實、山藥、人參，能實脾止瀉嗜食。加肉蔻、砂仁、五味子，治腎泄。同沙苑、蓮鬚、山萸、巴戟、五味、車前、枸杞、沒食子，能益脾腎，固精種子。同杞、菊、沙苑、熟地、羚羊角、穀精草、決明子，能明目。君朮、參、牛膝、胡麻，治丈夫腰膝冷痛，或頑麻無力。陽氣虛損，菟絲、熟地等分，為末，酒糊丸梧子大，每服五十丸，氣虛人參湯下，氣逆沉香湯下。白濁遺精，茯菟丸，治思慮太過，心腎虛損，真陽不固，漸有遺瀝白濁夢遺。菟絲五兩，茯苓三兩，石蓮肉二兩，為末，酒糊丸梧子大，每服三五十丸，空心，鹽湯下。心腎不足，精少血燥，口乾煩熱，頭暈怔忡，小便赤濁，菟絲、麥冬等分，為末，蜜丸梧子大，每鹽湯下七十丸。腰膝疼痛，或頑麻無力，菟絲子一兩，牛膝一兩，同入銀器內，酒浸一寸五分，曝為末，將原酒煮糊丸梧子大，每空心酒服二三十丸。

論：菟絲當春末夏初，氣乘浮長而絲縈蔓引，不須更藉於根蒂，其實結於夏末，更乘金水之進氣以孕育真陽，而還為生生不息之地。雖乘乎浮長之氣，而其歸根復命者固可思。《本經》所主續絕傷益氣力，夫絕傷之能續，未有無真氣而衹藉浮氣者，而真氣又未有離於真陰者。雷公謂稟中和以凝正陽之氣，要知正陽之氣，原不得離於陰，故曰中和。盧氏更發陰陽互交之機，意謂無陰不能感陽，此生物元理也。蓋夏月正天地氣交之會，茲品從生苗以至采實，其奉長氣而感於蕃秀也，自陰而感之，其奉化氣而歸於降收也，從陽而歸之。非本天之陽，更由氣交以降於在地之陰者乎。人身身半以下為陰，腎主之，菟絲感於浮長之陽，而歸於降收之陰，故能益腎氣。漫謂得陽氣之盛而益腎氣者夢夢。大都腎陽不足，固能助陽味以化陰而益氣，腎陰不足，更能助陰味以化陽而益精。化陰化陽皆指陰陽之偏者而言。此《別錄》所謂強陰，而甄權所謂添精髓者也。且其味由辛而甘，從天之陽而降，其氣率歸於陰，故主治在腎居多。至又補肝臟風虛，與補脾氣者，以歸於陰則又即化陽。出地之風木，既受其益，而太陰脾氣，即藉此陰中之陽，傳化而轉運者也。足三陰同起於下，益腎氣而並及肝脾，是又何疑之有哉。

腎家多火，強陽不痿者，忌之。大便燥結者，亦忌之。仲淳。本不助相火，然腎有火者，亦忌。

修治：米泔淘洗極淨，略曬，揀去稗草子，磨五六次，用酒浸一晝夜，搗之不盡者，再浸搗，須臾悉細。又法，酒浸四五日，蒸研作餅，微火焙乾，再研。一法，酒浸通軟，乘濕研碎，焙。

清・鄒澍《本經續疏》卷一　菟絲子　【略】兔無雄，陰獸也。然狡獪若猿，竄疾若蛇。則其用皆陽矣。兔，微物也。故諸獸與遇，皆欲得為餐，兔或無可遁，則聳尻伏地，他獸近而搏焉，則環後足以蹶之，他獸多反傷，兔已乘蹶遁，是其絕有力處，深伏於踵，所用之陽皆在是。菟絲之根，猶其踵也。為四月盛陽所迫，屈蠖之陰，竝從陽化，如絲如縷，宣布無方，則猶其狡獪竄疾也。

迨至七月，感受初陰，遂結為實，實中無他，不過調黏絲縷，屈曲蟠繞於中，則猶其抵穴伏處也。陰者，陽之種，乃遇陽輒化而宣布。陽者，陰之用，乃遇陰輒屈而歸根。是其能聯屬浮越無根之氣，化為生陽以媾於陰，而返本還元，歸於窟宅，為不動之陽。故其治可分為四端，曰不激則不化，是《別録》療口苦燥渴之義也。不空則不布，是《本經》主續絶傷、補不足之義也。不媾則不結，是《本經》主明目，益氣力，肥健，《別録》主養肌強陰、堅筋骨之義也。不遇窟則不伏，是《別録》主莖寒精自出、溺有餘瀝、寒血為積之義也。遇陽斯布，即以布為歸，遇陰斯屈，便用屈為發，如環無端，正似其絲上結實，實中藏絲。所以為上品要藥。雖然傷寒通脈四逆證之面赤戴陽，茯苓四逆證之身有微熱，皆浮越之陽，何不用是物化為生陽，而使之歸也。夫太和之元氣，固有陰有陽，以相播蕩而為生化與駁戾之邪氣，亦有寒有熱以相激逐而為患害者，烏可同日語？則菟絲者焉，能以優柔溫潤之氣，折暴戾嚴肅之陰，而令陽得歸耶。

清・葉桂《本草再新》卷三 菟絲子味甘、辛，性溫，無毒。入心、肝、腎三經。滋腎水，兼能和血，壯陽道，兼可養陰，治癆傷虛損，解煩渴，散氣，治痔瘡。

清・吴其濬《植物名實圖考》卷一九 金燈藤 一名毛芽藤，南贛皆有之。寄生樹上，無枝葉；橫抽一短莖，結實密攢如落葵而色青紫。土人採洗瘡毒，兼治痢證，同生薑煎服。

清・吴其濬《植物名實圖考》卷二二 菟絲子 《本經》上品。《爾雅》：唐蒙，女蘿；女蘿，菟絲。今北地荒野中多有之。藥肆以其子為餅，製法具《本草綱目》。

雩婁農曰：《爾雅》：唐蒙，女蘿；女蘿，菟絲。又曰：蒙，玉女。釋者以為五名一物。陸元恪謂：女蘿非松蘿。松蘿自蔓延松上，枝正青，與菟絲異。《詩》有唐蒙、女蘿，無菟絲。故《爾雅》以菟絲釋之，其義明顯矣。菟絲入藥，人皆知之，蔓細如絲而色黃；松蘿蔓松上，必不能如菟絲之細而色正青。二物自異。《本草》以松蘿入木，已有區別；特經傳無松蘿之名，而醫方亦不甚用，故知之者少。《楚詞》：被薜荔兮帶女蘿。《本草》松蘿一名女蘿。草木同名，相沿至多。古詩菟絲附女蘿，此女蘿自是松蘿，非菟絲之一名女蘿也。蔦與女蘿，《毛傳》以菟絲、松蘿為一，所見與《陸疏》異。陸云非松蘿，正駁毛義耳。古詩菟絲花、女蘿樹，而云同一根者，蓋皆寄生浮蔓，一附於草，一附於木，同為無根，而所附異耳。詩人之言，未可膠滯。若謂女蘿有寄生菟絲上者，故《爾雅》以為一物，此則糾纏無了時矣。

清・吴其濬《植物名實圖考》卷二二 菟絲子 菟絲，《本經》上品。北地至多，尤喜生園圃。菜豆被其糾縛，輒卷曲就瘁。浮波羃羅，萬縷金衣；既無根可尋，亦寸斷復甦。初開白花作包，細瓣反卷，如石榴狀。旋即結子，梂聚纍纍，人亦取其嫩蔓，油鹽調食。《詩》云采唐，或即以此。江以南罕復見之。

雩婁農曰：唐蒙，女蘿；女蘿，菟絲；又蒙，玉女，一物而五名。《本草》菟絲草，上品；松蘿木，中品。又云一名女蘿。《廣雅》：女蘿、松蘿；菟絲、菟邱。雖分二物，而松蘿復冒女蘿之名。陸璣《詩疏》菟絲，蔓連草上生，色黃赤如金，非松蘿。松蘿正青，與菟絲異，辨別甚晰。《詩》：蔦與女蘿。傳云：女蘿，菟絲、松蘿。則菟絲又可稱松蘿，不止五名矣。《詩》釋文則云：在木曰松蘿，在草曰菟絲。直以為一物而二種。考《本草》雖載松蘿性味，而《圖經》以為近世不復入藥，亦無採者。則即陸氏所云色正青者，亦不知其為何物。今人以施於松上，綠蔓赤花，俗名蔦蘿松者為松蘿，未敢定為《本經》之松蘿也。《廣雅疏證》據《呂氏春秋》《淮南子》茯苓、菟絲之說，謂菟絲亦生於松上。據《漢書》豐草葽，女蘿施。女蘿亦生於草上。今生菟絲之處，不盡有松；而產茯苓之深山僻藪，尤無從稔其有菟絲與否。古書傳疑，莫能確定。大抵草木同名，無妨兼通，而形狀不具，則從蓋闕。若古詩菟絲附女蘿，則但言無根之物，依附難久，以意逆志，無取刻舟。若謂菟絲又復寄生松蘿，則直糾纏無了時矣。

清・趙其光《本草求原》卷四蔓草部 菟絲子 辛平而甘，得金土之氣味。無根而延生樹上，有陰陽交感之機；又初夏生蔓，初秋結實，是感浮陽以生，而歸於降收之陰者也；子更多脂，有類人精，故能益肺脾氣以生精，兼交心腎。同陽藥，則益腎氣以強陰；同陰藥，則益腎經以填髓。堅筋骨，去莖中寒，精自出，溺有餘瀝，虛冷腰痛，膝冷。益腎氣之功。治品苦燥渴、消痹熱中、尿數不禁、大便秘、痿軟，令人肥健。補精之效。治健忘、遺濁，交心腎之機。續絶傷，菟絲不斷之能。聰耳明目，並肝臟虛風、疝痔。補腎以滋肝之功。其汁，可去面鼾，多脂滑澤之故。

同參、地，治陽氣虛；氣逆加沉香，思慮傷心腎，真陽不固，淋濾遺濁，以菟絲交通上下，茯神導心歸腎，石蓮補坎填離。同牛膝酒煮為丸，治腰膝痛麻無力。本不助相火，然腎多火則忌。

淘去泥稗，酒浸一宿，研作餅，焙乾用。

清·葉志詵《神農本草經贊》卷一 菟絲子 味辛，平。主續絕傷，補不足，益氣力肥健。汁去面皯。久服明目，輕身延年。一名菟蘆。生川澤。

求繫求援，施於松柏。金線垂黃，瓊花間白。感氣傳形，辭根成魄。下有茯苓，千秋藪澤。

《國語》叔向曰：求繫既繫矣，求援既援矣。《詩》：施於松柏。《詩疏》：蔓連草上，生黃赤如金。《庚辛玉冊》：有花白色微紅。《抱朴子》：下有伏兔之根。無此在下，則絲不得生於上。然實不屬也。《淮南子》：千秋之松，下有茯苓，上有菟絲。

清·文晟《新編六書》卷六《藥性摘錄》 菟絲子 辛甘，溫，平。質粘，入肝腎兼入脾。溫腎補肝，止遺固脫，暖腰膝，明目袪風。○陽強便燥，小便赤澀者忌之。○酒浸蒸爛，為餅，曝乾用。山藥為使。○真者難得，肆中以水犀草子種出，形相類，服之亦有微功。

清·張仁錫《藥性蒙求·草部》 菟絲子二錢、三錢 菟絲子甘，溫補三陰。腰疼膝冷，添髓強筋。甘辛而溫，入足三陰經，即肝腎脾也。補衛氣，益陰精，溫而不燥。治五勞七傷，寒精自出，為調元上品。得酒良，微炒。得牛膝治腰脚虛痛，同熟地名雙補丸，同元參名玄菟丹。○菟絲餅，將麥軸打入，氣味辛，不可用。○腎家多火，強陽不痿，大便燥結者忌。

清·戴葆元《本草綱目易知錄》卷二 菟絲子 甘辛而平，凝正陽之氣，入足三陰。添精益髓，養肌強陰，補肝臟風虛，去腰疼膝冷，溫而不燥，不助相火。治五勞七傷，莖寒精自出，溺有遺瀝，口苦躁渴，夢與鬼交，泄精尿血，消渴熱中。堅筋骨，續絕傷，潤心肺，益氣力，去面䵟，悅顏色。久服明目，輕身延年。水淘沙泥，酒浸曝乾用。

清·黃光霽《本草衍句》 菟絲子 稟中和之性，溫而不燥；凝正陽之氣，補而不滯。培補腎中元陽，不助相火；能令脾虛食進，如湯沃雪。至若補髓添精，益氣強力。莖中寒精自出，小便溺有餘瀝。鬼交尿血，健骨強筋。明目袪風，補肝臟風虛。暖腰溫膝。去腰疼膝冷。治燥渴，續絕傷，去面䵟悅顏色。得茯苓、廣蓮治白濁遺精，得麥冬治赤濁，得牛膝治腰脚痛，得車前子治產難橫生。

清·戈仁壽《神農本草經指歸》 菟絲子 【略】菟絲子，生豆田豆苗上，無根無葉，其藤如黃絲，纏繞豆苗，其絲長之甚速，如不去之，數日間滿田豆苗上皆有，豆至秋收時，其絲上結實甚多，形如菜子。菟絲子辛平，稟秋金正令無偏，曰菟絲子。氣味辛平，無毒。其子多液如脂。肉中支絡液損，氣血運行不續，主菟絲子之脂液，接續支絡中陽氣，運行不絕，曰主續絕傷。人之脂膏，得陰陽氣液充足，土中脂膏內生，以菟絲子多脂，和陽氣內藏戊土中，土中陰陽氣足，則脂膏生，曰補不足，肥盛也。脂膏生則肌肉盛，陽氣運行經絡之中，陽得陰助，陰得陽助，則體盛氣健，曰益氣力，肥健人。戊，黑氣也。人之皮膚屬金，金喜溫潤惡燥，凡膚不潤，則生黑氣。以菟絲子汁潤其面膚，膚潤，黑氣自除，曰汁去面䵟，陽氣藏戊土中，不失其常，土中陰足，陽氣上開於目，得陰助之而明，陽得半裏陰助，陰得半表陽助，其身輕健，其壽綿長，曰久服明目，輕身延年。

清·陳其瑞《本草撮要》卷一 菟絲子 味辛甘，入足三陰經，功專續絕傷，暖精寒。得茯苓、廣蓮治白濁遺精，得麥冬治赤濁，得牛膝治腰脚痛，得車前治產難橫生。得酒良。淘去泥沙，酒浸一宿，暴乾為末。山藥為使。

清·仲昴庭《本草崇原集說》卷一 菟絲子 【略】〔批〕既云肺藥，又云其用在腎，以其從臟腑解到主治，不得不作轉筆。若從運氣入手則以下迎刃而解，不轉自明。第《經讀》曲折善達，能於《本經》命意所在，絕不拋荒，子中脂膏云云，尤覺圓到。

清·周巖《本草思辨錄》卷二 菟絲子 菟絲子汁去面䵟，徐氏不解，葉香巖謂升少陰，徐氏復不信，不知此最易曉耳。菟絲延草木則根斷，子中脂膏最足，故補腎精而主升。面為陽明之脈，而菟絲甘辛而溫，能由陽明經上入於面，以施其滑澤之功，面䵟焉得不去，竊願以此釋徐氏之疑。

脾主肌肉，菟絲以寄生根斷之性，補益其脾，故能充衛氣而肥健，《老學庵筆記》謂久服生疽，其氣之溫可知矣。

他物補腎，補之而已，此能於補中寓升，故其治精自出，溺有餘瀝，不得以澀劑目之。治消渴，則是化腎中之陰以升其液，亦非滋陰之謂。

兩頭拏

清·吳其濬《植物名實圖考》卷一九 兩頭拏 生廣、信。草似野苧麻，有淡紅藤一縷，寄生枝上。蓋即毛芽藤生草上者。土醫以治跌打，利小便。

纏瓜草

明・蘭茂原撰，范洪等抄補《滇南本草圖説》卷一二　纏瓜草　生南瓜地中，延蔓而生，細葉白花，有心。氣味甘、苦，平。主治：魚皮癩疸，風瘡，魚風瘡，一切瘋癩，洗之如神。

白龍鬚

清・莫樹蕃《草藥圖經》　白龍鬚　生近水旁有石處，寄生搜風樹節，乃樹之餘精也。細如椶絲，直起無枝葉，最難得真者。一種生於白線樹根，細絲相類，但有枝莖稍麤為異，誤用不效。氣味平，無毒。治男婦風濕，腰腿疼痛，左癱右瘓，口目喎斜，及產後氣血流散，脛骨痛，頭目昏暗，腰腿痛不可忍，並宜之。

難火蘭

宋・唐慎微《證類本草》卷六草部上品〔唐・陳藏器《本草拾遺》〕　難火蘭　味酸，温，無毒。主冷氣風痹，開胃下食，去腹脹，久服明目。生巴西胡國。似菟絲子，長少許。

牽牛子

宋・唐慎微《證類本草》卷一一草部下品〔《別錄》〕　牽牛子　味苦，寒，有毒。主下氣，療脚滿水腫，除風毒，利小便。

〔梁・陶弘景《本草經集注》〕云：　作藤生，花狀如藊豆，黃色。子作小房，實黑色，形如瓢棣子核。比來服之，以療脚滿氣急，得小便利，無不差。此藥始出田野，人牽牛易藥，故以名之。又有一種草，葉上有三白點，俗因以名三白草。其根以療脚下氣，亦甚有驗。

〔唐・蘇敬《唐本草》〕注云：　此花似旋葍花，作碧色，又不黃，不似藊豆。其三白草，有三黑點，非白也，古人秘之，隱黑爲白爾。陶不見，但聞而傳之，謂實白點。

〔宋・馬志《開寶本草》〕注：　此藥蔓生，花如鼓子，花而稍大，作碧色，子有黃殼作小房，實黑，稍類蕎麥。比來服之，以療脚腫滿，氣急，利水道，無不差者。

〔宋・掌禹錫《嘉祐本草》〕按：　《蜀本圖經》云：　苗蔓生，花碧色，子若蕎麥，三稜黑色，九月已後收子。所在有之。《藥性論》云：　牽牛子，使，味甘，有小毒。能治痃癖氣塊，利大小便，除水氣虛腫，落胎。日華子云：　葉苦，癥，得青木香、乾薑良。取腰痛，下冷膿，瀉蠱毒藥，并一切氣壅滯。

〔宋・蘇頌《本草圖經》〕曰：　牽牛子，舊不著所出州土，今處處有之。二月種子，三月生苗，作藤蔓遶籬牆，高者或三二丈。其葉青，有三尖角。七月生花，微紅帶碧色，似鼓子花而大。八月結實，外有白皮，裹作毬，每毬內有子四五枚，如蕎麥大，有三稜，有黑白二種，九月後收之。又名金鈴。段成式《酉陽雜俎》云盆甑草即牽牛子也。秋節後斷之，狀如盆甑，其中子似龜，蔓如山芋，即此也。

〔宋・唐慎微《證類本草》〕雷公云：　草金零，牽牛子是也。凡使，其藥秋末即有實，冬收之。凡用曒乾，却入水中淘，浮者去之，取沉者曒乾，拌酒蒸，從巳至未，曒乾，臨用春去黑皮用。《食療》云：　多食稍冷，和山茱萸服之，去水病。《聖惠方》：　治水氣遍身浮腫，氣促坐卧不得。用牽牛子二兩，微炒擣細末，烏牛尿浸一宿，平旦入葱白一握，煎十餘沸去滓。空心分爲二服，水從小便中下。《肘後方》：　治風毒脚氣，若脛已滿，捻之沒指者。取牽牛子擣，蜜丸如小豆大。每服五丸，生薑湯下，取令小便利亦可止。《斗門方》：　治風氣所攻，藏腑積滯。用牽牛子以童子小便浸一宿後，長流水上洗半日，却用生絹袋盛，掛於當風處，令好乾。每日鹽湯下三十粒。極能搜風，亦善消虛腫。久服令人體清爽。《王氏博濟》：　治三焦氣不順，胸膈壅塞，頭昏目眩，涕唾痰涎，精神不爽。利膈丸：　牽牛子四兩，半生半熟，不蚛皂莢塗酥炙二兩，爲末，生薑自然汁煮糊丸如桐子大。每服二十丸，荊芥湯下。又方：　治產前滑胎。牽牛子一兩，赤土少許，研令細。每覺轉痛頻，煎白榆皮湯調下一錢匕。又方：　治男子、婦人五般積氣成聚。黑牽牛一斤，生擣末八兩，餘滓於新瓦上炒令香熟，放冷再擣，取四兩，熟末十二兩拌令勻，煉蜜和丸如桐子大。患積氣至重者三五十丸，煎陳橘皮、生薑湯下，臨卧空心服之。如二更至三更已來藥行時效應未動，再與三十丸投之，轉下積聚之物。常服十丸至十五丸行氣甚妙。小兒十五已下至七歲已上，服五丸至七丸，年及五十已上不請服。《簡要濟衆》：　治大便澁不通。牽牛子半生半熟，擣爲散。每服二錢，煎薑湯調下。如未通再服，改以熱茶調下，量虛實，無時候，加減服。

宋・寇宗奭《本草衍義》卷一二　牽牛子　諸家之説紛紛不一，陶隱居尤甚。言花狀如藊豆，殊不相當。花朵如鼓子花，但碧色，日出開，日西合。今注又謂其中子類喬麥，亦非也。蓋直如木猴梨子，但黑色，可微炒，擣取其中粉一兩，別以麩炒去皮尖者。桃仁末半兩，以熟蜜和丸如梧桐子，溫水服三二十丸，治大腸風秘，壅熱結澀。不可久服，亦行脾腎氣故也。

宋・鄭樵《通志》卷七五《昆蟲草木略》　牽牛子　曰草金鈴，曰盆甑草。陶弘景云，以療水腫有功，田野人牽牛以易之，故得名。

宋・劉明之《圖經本草藥性總論》卷上　牽牛子　味苦，寒，有毒。主下氣，療腳滿水腫，除風毒，利小便。《藥性論》云：　使。味甘，有小毒。治痃癖氣塊，利大小便，除水氣虛腫，落胎。日華子云：　味苦、蘞。得青木香、乾薑良。取腰痛下冷膿，瀉蠱毒藥，并一切氣壅滯。

宋・王介《履巉巖本草》卷下　牽牛子　味苦，寒，有毒。主下氣，療脚滿水腫，除風毒，利小便，治痃癖氣塊。治大便澀不通，牽牛子半生半熟，擣爲散，每服二錢，煎薑湯調下。如未通，改以熱茶調下二錢。量虛實老幼，加減服之。

宋・陳衍《寶慶本草折衷》卷一〇　牽牛子使。白牽牛在內，仍續附。　一名金玲，一名草金零，一名盆甑草。衆方用黑者，名黑牽牛；白者，名白牽牛。生越州，今處處田間有之，藤蔓繞籬牆間。○九月採子。○得青木香、乾薑良。

味苦、甘，瘽，寒，有毒。○主下氣，療脚滿水腫，除風毒。○陶隱居云：始人牽牛易藥，故以名之。○《藥性論》云：治痃癖氣塊，利大小便，落胎。○日華子云：取腰痛，下冷膿，瀉蠱毒并氣壅滯。○《圖經》曰：牽牛子，實外有白皮，裏內有子四五枚。有三稜，有黑白二種。○王氏《博濟》：治胸膈壅塞，涕唾痰涎，牽牛子肆兩，半生半熟，不蚛皂莢塗酥炙貳兩，為末，生薑自然汁煮，糊丸如梧子大，每服貳拾丸，荊芥湯下。○寇氏曰：子如木猴梨子，黑色，微炒擣取粉壹兩，別以麩炒去皮尖，桃仁末半兩，以熟蜜和丸如梧桐子，溫水服叄貳拾丸，治大腸風秘，壅熱結澀。不可久服，亦行脾腎氣。

續說云：艾原甫論牽牛子有黑白二種之分，而不言其治療之異。往往均有行水之功。或謂白者性尤烈銳，今方書或單用一色，或以二色兼用，必有差等矣。

元・王好古《湯液本草》卷四　牽牛　氣寒，味苦，有小毒。黑白二種。

《本草》云：主下氣，療腳滿水腫，除風毒，利小便。　海藏云：以氣藥引之則入氣，以大黃引之則入血。　張文懿云：不可躭嗜，脫人元氣。余初亦疑此藥不可躭嗜，後見人有酒食、病痞，多服食藥，以導其氣，及服藏用神芎丸，及犯牽牛等丸。如初服，即快；藥過，再食，其病痞依然。依前又服，其痞隨藥而效，藥過後病復至。以至久服，則脫人元氣而猶不知悔，戒之！惟當益脾健胃，使元氣生而自能消腐水穀，其法無以加矣。　《心》云：瀉元氣，去氣中濕熱。凡飲食勞倦，皆血受病。若以此藥瀉之，是血病瀉氣，使氣血俱虛損，所傷雖去，瀉元氣損人不知也。《經》所謂：毋盛盛，毋虛虛，毋絕人長命。此之謂也。用者戒之。白者亦同。　羅謙甫云：牽牛，乃瀉氣之藥，試取嘗之，便得辛辣之味，久而嚼之，猛烈雄壯，漸漸不絕，非辛而何！續註：味苦寒，果安在哉。又曰：牽牛感南方熱火之化所生者也，血熱瀉氣，差誤已甚。若病濕盛，濕氣不得施化，致大小便不通，則宜用之耳。濕去，其氣周流，所謂五臟有邪，更相平也。《經》所謂一臟未平，以所勝平之。火能平金，而瀉肺氣者即此也。然仲景治七種濕證，小便不利，無一藥犯牽牛者，仲景豈不知牽牛能瀉濕利小便？為濕病之根在下焦，是血分中氣病，不可用辛辣氣藥，瀉上焦太陰之氣故也。仲景尚不輕用如此，世醫一概而用之可乎？又曰：牽牛辛烈，瀉人元氣，比諸辛藥尤甚，以辛之雄烈故也。

元・尚從善《本草元命苞》卷五　牽牛子　為使。味苦，寒，有毒。嚼之猛烈而瘽。能瀉氣中濕熱，療腳腫滿，水氣虛浮，利大小便。血氣壅滯，下冷膿，瀉蠱毒，除腰痛。落胎孕，服之不可躭嗜，嗜則脫人元氣。舊不載所出州土，遶籬牆到處而生。花如鼓子，帶碧微紅，子若蕎麥，色黑，三稜形。分二種，黑、白。惟當九月採取。

元・朱震亨《本草衍義補遺》　牽牛　屬火。善走。有兩種，黑者屬水，白者屬金。若非病形與證俱實者，勿用也。稍涉虛，以其驅逐之致虛，先哲深戒之。不脹滿，不大便秘者，勿用。

元・徐彥純《本草發揮》卷二　牽牛子　東垣云：牽牛子，非神農之藥也。《本草》名醫續註云：味苦，寒，能除濕，利小水，治下疰腳氣。據所說氣味主治，俱誤矣。何以明之？凡藥中用牽牛者，少則動大便，多則下水，此乃泄氣之藥。試取嘗之，即得辛辣之味，久而嚼之，猛烈雄壯，漸漸不絕，非辛，如何積註家乃謂味苦寒？其苦寒果安在哉？若以為瀉濕之藥，猶不知其的也。何則此物，但能瀉氣中之濕熱，不能瀉血中之濕熱。況濕從下受之，下焦主血，是血中之濕，宜用苦寒之味。今反以辛藥瀉之，其傷人必矣。夫濕者，水之別稱，有形者也。若肺先受濕，則宜用之。今用藥者，不問有濕無濕，但傷食或欲動大便，或有熱服，或作常服，尅化之藥，俱用牽牛，豈不誤哉？或殊不知牽牛辛烈，瀉人元氣，比之諸辛藥，瀉氣尤甚。以其辛之雄烈，故也。《經》云：辛瀉氣，辛走氣，辛瀉肺氣，病者無多食辛。此一味瀉人元氣至甚神速，況飲食失節，勞役所傷，是胃氣不行，心火乘之，腸胃受火邪，名曰熱中。《脉經》云：脾胃主血，所生病當血中瀉火，潤燥補血，破惡血，瀉胃之濕熱。及胸中熱，是肺受火邪，當以黃芩之苦寒瀉火，以當歸之辛溫和血，以生地黃之苦寒涼血，補血少加紅花之辛溫以瀉血絡，以桃仁之辛甘油膩之藥以破惡血，兼除燥潤大便。然猶不可專用，須於正藥補中益氣湯，黃芪、人參、甘草，諸甘溫甘寒，補元氣，瀉陰火之藥內兼而用之。何則上焦元氣已自虛弱，若反用牽牛大辛辣，氣味俱陽之藥，以瀉水瀉元氣可乎？津液已不足，口燥舌乾，而重瀉其津液，利其小便，重瀉已虛之元氣，復竭其津液，致陰火愈甚，可乎？故重則必死，輕則夭人壽，誠可憫也。今重為備言之，牽牛感南方熱火之化所生者也，血熱而瀉氣，差悞甚矣。若病濕勝，濕氣不得施化，致大小便不通，則宜用之耳。濕去則氣得周流，所謂五藏有邪，更相平也。《經》云：一臟不平，以所勝平之，火能平金而瀉肺氣者，即此也。近世錢氏瀉黃散中，獨用防風，比之餘藥，過於兩倍者，以防風辛溫，令於上中以瀉金來助濕者也。《經》云：從前來者為實邪，謂子能令母實，實則瀉其子，此之謂以所勝平之者也。古人有云：牽牛不可躭嗜，躭嗜則脫人元氣。《經》云：秋不食薑，令人瀉氣，故夏月食薑不禁，為熱氣正旺之時，夏宜以汗散火，令其汗出，以越其熱，故秋月則禁之。朱晦菴《語錄》中有戒，秋食薑則夭人天年。《經》止言辛瀉氣，而晦菴戒之深者也。薑尚如此，況牽牛乎？今所以言此者，明味辛之物，皆有宜禁之時，亦猶牽牛不可一概用之也。張仲景治七種濕證，小便不利，無一藥中有犯牽牛者，仲景豈不知牽牛能泄濕利小便也？為濕病之根在下焦，是血分中氣病，不可用辛辣氣藥，瀉上焦太陰之氣，故七種濕證藥無一用之者。仲景尚不敢輕用牽牛如此，世醫乃一概用之，何也？又云：白牽牛瀉氣分濕熱，上攻喘滿。海藏云：以氣藥引之則入氣，以大黃引之則入血。張文懿公云：不可躭嗜，脫人元氣。吾初亦疑之，藥有何躭嗜，後每見人因酒食病痞者，多服食藥以導其氣，及用神芎犯牽牛等丸，初服則快，藥過其痞依然，依前再服，隨藥而効，藥過服，病由是愈信其効，以此久服，脫人元氣而猶不知，悔悟也。治法惟當益脾健胃，使人元氣生，而自然腐熟水穀，此法無以加矣。丹溪云：牽牛屬火。性善走。有黑白兩種，黑者屬水，白者屬金。若非病形與脉證俱實者，勿用也。不脹滿，不大小便，俱秘者勿用也。如稍涉疑似，悞用，其驅逐以致虛，先哲之所深戒也。

明·王綸《本草集要》卷三　牽牛子　味苦，氣寒。屬火，善走，有毒。有黑、白二種，用黑者，炒用。主下氣，療脚滿水腫，除風毒，利大小便，落胎。以氣藥引之則入氣，以血藥引之則入血。大瀉元氣，用者戒之。不脹滿，不大便秘者勿用。羅謙甫云：牽牛味辛烈，瀉人元氣，若病濕勝，濕氣不得施化，致大小便不通，則宜用之。然濕病之根在下焦，是血分中氣病，不可用辛辣氣藥，瀉上焦太陰之氣也。凡人飲食勞倦，皆血受病，率以此藥瀉之，是血病瀉氣，使氣血俱虛也。

明·滕弘《神農本經會通》卷一　牽牛子　使也。有黑白二種，黑者炒用。一云：味辛烈。一云：味甘，有小毒。一云：味苦鹹。得青木香、乾薑良。田野人牽牛易之，故名。九月已後收子。

味苦，氣寒，有毒。《湯》云：氣寒，味苦，有小毒。黑白二種。東云：消腫滿，逐水。《疌》云：去水除浮，又落胎。治嗽，蠱脹并壅滯。須知生急熟遲。《珍》云：黑者瀉真元，能去氣中之濕熱，飲食勞倦，血受病用之，反傷氣與血。《本經》云：主下氣，療脚滿水腫，除風毒，利小便。陶云：療脚腫滿氣急，利小便，無不差。《藥性論》云：牽牛子，使。味甘，有小毒。治痃癖氣塊，利大小便，除水氣虛腫，落胎。日華子云：味苦鹹得青木香、乾薑良。治腰痛，下冷膿，瀉蠱毒藥，并一切氣壅滯。海藏云：以氣藥引之則入氣，以大黃引之則入血。張文懿云：不可躭嗜，脫人元氣。余初亦疑此藥不可躭嗜，後見人有酒食病痞，多服食藥以導其氣，及服臟用神芎丸，及犯牽牛等丸，如初服即快，藥過再食，其病痞依然如前，又服，其痞隨藥而効，藥過腹病復至，以至久服，則脫人元氣，而猶不知悔。戒之！惟當益脾健胃，使元氣生，而自能消腐水穀，其法無以加矣。《心》云：瀉元氣，去氣中濕熱。凡飲食勞倦，皆血受病，若以此藥瀉之，是血病瀉氣，使氣血俱虛損，所傷雖去，瀉元氣，損人不知也。《經》所謂毋盛盛，毋虛虛，毋絕人長命，此之謂也。用者戒之！白者亦同。羅謙甫云：牽牛乃瀉氣之藥，試取嘗之，便得辛辣之味，久而嚼之，猛烈雄壯，漸漸不絕，非辛而何。《續注》味苦，寒，果安在哉。又曰：牽牛，乃感南方之化所生者也。血熱瀉氣，差誤已甚。若病濕勝，濕氣不得施化，致大小便不通，則宜用之耳。濕去，其氣周流，所謂五臟有邪，更相平也。《經》所謂一臟未平，以所勝平之。火能平金，而瀉肺氣者，即此也。然仲景治七種濕證，小便不利，無一藥犯牽牛者，仲景豈不知牽牛利小便，為濕病之根在下焦，是血分中氣病，不可用辛辣氣藥，瀉上焦太陰之氣故也。仲景尚不敢輕用如此，世醫一槩而用之，可乎？又曰：牽牛辛烈，瀉人元氣，比諸辛藥尤甚，以辛之雄烈故也。丹溪云：屬火，善走。有兩種，黑者屬水，白者屬金。若非病形與證俱實者，勿用也。稍涉虛，以其驅逐之致虛，先哲深戒之。不脹滿，不大便秘者，勿用。劄云：牽牛名以牽牛得，下水消膨利小腸。專治腰疼并脚痛，更消水腫落胎元。即《局方》牽牛子退腫消風第一。

明・劉文泰《本草品彙精要》卷一三　牽牛子有毒　蔓生。

牽牛子：主下氣，療脚滿水腫，除風毒，利小便。名醫所錄。【名】盆甑草、金鈴、草金零。【苗】《圖經》曰：二月種子，三月生苗，作藤蔓繞籬牆，長者或二三丈，其葉青色，有三尖角，七月生花如鈴，蒂微紅，瓣碧色，似鼓子花而大，其向陽者倍碧，向陰者則淡紅。日未出時則開，日起即斂。八月結實，外有白皮，裏作球如白豆蔻狀，每球內有子四五枚，如麥大，有三棱，然有黑白二種，以氣藥引之則入氣，以血藥引之則入血也。羅謙甫云：牽子味辛烈，屬火，善走，瀉人元氣，若病濕勝，濕氣不得施化，致大小便不通，則宜用之。然濕病之根在下焦，是血分中氣病，不可用辛辣。氣藥瀉上焦太陰之氣也。凡人飲食勞倦，皆血受病，率以此藥瀉之，是血病瀉氣，使氣血俱虛也。【地】《圖經》曰：舊不著所出州土，今處處有之。【道地】越州。【時】生：春生苗。採：二月取子。【收】暴乾。【用】子。【質】類木猴梨中子。【色】黑白。【味】苦。【性】寒，泄。【氣】味厚于氣，陰也。【臭】焦。【主】利水腫，消積滯。【助】得青木香、乾薑良。【製】《雷公》云：凡用，曬乾，卻入水中，淘浮者去之，取沉者曬乾，拌酒蒸，從巳至未，曬乾，臨用舂去黑皮或炒用。【治】療：《藥性論》云：治痃癖，氣塊，利大小便，除水氣，虛腫。【合治】合木香、乾薑治腰痛，下冷膿，瀉蠱毒，並一切氣，壅滯。〇合山茱萸，去冷氣。〇以二兩搗末，合蜜丸如小豆大，每服五丸，生薑湯下，治風毒脚氣，若脛腫滿撚之沒指者，服後令小便利，即愈。〇以數兩合童子小便浸一宿，用長流水上洗半日，卻用生絹袋盛掛當風處，令乾，每日以鹽湯下三十粒，治風氣所攻，臟腑積滯，及搜風，消虛腫。久服令人體清爽。〇以一斤生搗末八兩，餘滓於新瓦上炒令香熟，再搗取四兩熟末，共十二兩，合蜜丸如桐子大，治男子婦人五般積氣成聚，至重者三五十丸，用陳皮生薑湯下，臨臥空心服之，微利爲效。若未動，再與三十丸，轉下積聚之物。小兒十五已下至七歲已上者，服五丸至七丸，年老人不宜服。〇以二兩微炒，搗取其中粉一兩，合麩炒去皮尖，桃仁末半兩，以熟蜜丸如桐子大，每服溫水下二三十丸，治大腸風秘，壅熱結澀，病癒勿服。【禁】久服脫人元氣，多食稍冷，妊婦不可服。

明・葉文齡《醫學統旨》卷八　牽牛　氣寒，味辛烈，屬火，善走。有毒。有黑、白二種者，水淘取沉者，晒乾，拌酒蒸炒用。　治脚滿鼓脹，水腫風毒，利大小便，落胎。以氣藥引之則入氣，以血藥引之則入血。大瀉元氣，用者戒之；非大實大滿便秘壯實者不可用。

明・許希周《藥性粗評》卷二　牽牛吸浮淫之濕。

牽牛子一名草金鈴。《酉陽雜俎》謂之盆甑草。二月下種，生苗作藤蔓，遶籬墻阪岸，葉作三角，如楓葉狀，七月開花，似鼓子花而大，紅碧色，八九月結實作梂，皮白，梂內有子四五枚，三棱，如蕎麥大，有黑白二種。江南處處有之。十月採子，入水中，取沉者晒乾，拌酒蒸過，又晒乾，收貯。世多以黑者入藥，臨用微炒，舂去黑皮。所使并所畏惡，《本草》不載。　味苦、辛，性寒，有毒。善走氣分，主治痃癖氣塊，胸膈壅塞，風毒水氣，浸淫浮腫，寬腸下氣，利大小便。凡上焦皮毛經絡濕氣，非此不除。以大黃引之，則入下焦以瀉血。東垣云：此物能瀉氣中之濕熱，不能瀉血中之濕熱，若肺先受濕則宜用之。今用藥者不問有濕無濕，但傷食或欲動大便，或有熱證，或作常服，尅化之藥如木香檳榔丸之類，俱用牽牛，豈不悞哉？殊不知瀉人元氣，比之諸辛藥瀉氣尤甚，以其辛之雄烈故也。況飲食失節，勞後所傷，是胃氣不行，心火乘之，肺火受邪，當以黃芩之苦寒瀉火，以當歸之辛溫和血，以生地黃之苦寒涼血補血，少加紅花之辛溫以瀉血絡，以桃仁之辛甘油膩之藥以破惡血，兼除燥潤大便。然猶不可專用，須於補元氣瀉陰火之藥內兼而用之。張仲景治七種濕證，小便不利，無一有犯牽牛者。為濕病之根在下焦，是血分中氣病，不可用辛辣氣藥，瀉上焦太陰之氣。世人乃一概用之，何也？觀此則牽牛不可輕用，審矣！

單方：水氣浮腫：遍身水腫，氣促坐臥不得者，以二兩微炒，搗為細末，烏牛尿一升，浸一宿，平旦入葱白一握，煎十餘沸，去滓，空心分為二服，水從小便中下。　風毒脛滿：脚氣風毒腫滿，捻之沒指者，牽牛子不拘多少，微炒，搗末，蜜丸如小豆大，每服五丸，生薑湯送下，以小便利為度。　三焦不利：凡三焦氣不順，胸膈壅滯，頭昏目眩，涕唾痰涎，精神不爽者，利膈丸，牽牛子四兩，半炒熟，半生，用皂莢不蛀者，酥炙二兩，共為細末，生薑自然汁煮，麵糊丸如梧桐子大，每服二十丸，荊芥湯送下。　產前滑胎：以一兩微炒，搗為細末，母覺胎動欲產，用白榆木煎湯送下一錢匕。

明・鄭寧《藥性要略大全》卷五　牽牛使　消腫滿，逐水，下氣，利大小便，墮胎。〇極辛烈，瀉人元氣。《十書》云：以氣藥引之，則入氣分；以大黃引之，則入血分。　張文懿云：　昔見人有病酒食痞，多服藥，以導其氣。及服神芎丸，犯牽牛，初服即快樂也，再服其病依然如舊。又服，其痞隨藥而效，藥過病復如初，至脫元氣而不知悔也。惜哉！　惟當益脾健胃，使元氣不虧，而自能消磨水穀，其法無以加矣！　丹溪云：　凡飲食勞倦，皆血受病。以此瀉之，是血病瀉氣，使氣血俱虛，損其所傷，瀉其元氣，損人而不知也。羅謙甫云：　牽牛瀉氣之藥，味辛，嚼之猛烈雄壯，漸漸不絕，非苦寒之藥。血熱瀉氣，差誤已甚。若病濕勝，濕氣不得施化，致大小便不通，則宜用之耳。濕去，其氣周流，所謂五臟有邪，更相平也。《經》所謂一臟不平，所勝平之。火能平金而瀉肺氣者也。　味苦，辛，氣寒。屬火，善走。有毒。有黑白二種，入藥炒用。此藥瀉人元氣，不可輕用。

明・陳嘉謨《本草蒙筌》卷三　牽牛子　味苦，氣寒。有毒。不拘州土，處處有之。仲春時，旋生苗作藤，蔓繞牆垣籬塹；　待秋月，方開花如鼓子花碧色，日出開，日西闔。結實，白皮裹外成毬。葉發枝間，有三尖角；　子藏毬內，亦三廉稜。九月採收曝乾，多有黑白兩種。黑者屬水力速，白者屬金效遲。炒研煎湯，並取頭末。除壅滯氣急，及痃癖蠱毒殊功；　利大小便難，併腳滿水腫極驗。

謨按：　東垣云：　牽牛非《神農經》藥，出《名醫續註》，云：　味苦、寒。能除濕利小便，治下疰腳氣。據所說氣味、主治俱誤。丹藥中用牽牛者，少則動大便，多則瀉下如水，乃導氣之藥。試取嘗之，味則辛辣，久嚼雄壯，漸漸不絕，非辛而何。《續註》謂味苦、寒，果安在哉？　牽牛但能瀉氣中濕熱，不能瀉血中濕熱。況濕從下受，下焦主血，是血中之濕，宜用苦寒之味也。張仲景治七種濕證小便不利，無一藥犯牽牛者，非不知牽牛能瀉濕利小便也。為濕病之根在下焦，是血分中氣病，而不可用辛辣氣藥，反瀉上焦太陰之氣故也。仲景尚不敢輕用，夫何世醫，不分血氣而一概用之乎？　夫濕者，水之別稱，有形者也。若肺先受濕，則宜用之。今則不問有濕無濕，但傷食，或欲動大便，或有熱證，或作常服尅化之藥，罔不用之，豈不悮哉！　殊不知，牽牛比諸辛藥瀉氣尤甚。張文懿公嘗謂：　牽牛不可躭嗜，脫人元氣。吾初疑藥有何躭嗜，後每見人因酒食病痞者，多服神芎丸等藥，皆犯牽牛。初服則快，藥過復痞，仍前再服，隨藥而効，由是愈信躭嗜久服，暗傷元氣而猶不知悔悟也。治當益脾健胃，使元氣生發，自然腐熟水穀，此治無以加矣。《經》云：　辛瀉氣，肺氣病者，無多食辛。況飲食勞倦，所傷在胃。胃氣不行，心火乘之。胃受火邪，名曰熱中。《脉經》云：　脾胃主血，其所生病，當于血中瀉火潤燥，破惡血，瀉胃之濕熱也。胃熱上炎，肺受大邪，當用黃芩之苦寒以瀉火，當歸之辛溫以瀉血結，桃仁之辛甘油膩以破惡血，兼除燥潤大便。然猶不可專用，須于黃耆、人參、甘草，諸甘溫甘寒補元氣、瀉陰火正藥內，兼而用之。何則？　上焦元氣已自虛弱，津液不足，口燥舌乾，若反用牽牛，氣味俱陽大辛之藥，重瀉其已虛之元氣，復耗其津液，利其小便以致陰火愈甚，故重則死，輕則夭，誠可憫也。牽牛，感南方熱火之化所生者也。血熱而瀉氣，差悮甚矣！　若病濕勝，氣不得施化，致大小便不通，則宜用之耳，濕去則氣得周流。所謂五臟有邪，更相平也。《經》云：　一臟不平，以所勝平之。火能平金而瀉肺者，即此也。近世錢氏瀉黃散中，獨用防風過于他藥一二倍者，以防風辛溫，能于土中瀉金之子，不使助母也。經云：　從前來者為實邪。謂子能令母實，故以所勝平之也。《晦菴語錄》中有：　秋食薑，則夭人天年。經止言辛瀉氣，而晦菴云然，戒之深也。何則？　秋分食薑，令人瀉氣，故禁之。夏月食薑不禁者，熱氣生旺之時，宜以汗散。薑能發汗，以越其熱也。薑尚如此，況牽牛乎！　可見味辛之物，皆有宜禁之時，亦猶牽牛，不可一概用之也。

明・王文潔《太乙仙製本草藥性大全》卷二《本草精義》　牽牛子　舊不載所出州土，今處處有之。二月種子，三月生苗，作藤蔓遶籬墻，高者或二三丈，其葉青，有三尖角。七月生花，微紅帶碧色，似鼓子花而大。八月結實，外有白皮裹作毬，內有子四五枚，如蕎麥大，有三稜，有黑白二種。九月後收之，又名金鈴。

羅謙甫云：　牽牛味辛烈，瀉人元氣，若病濕勝，濕氣不得施化，致大小便不通，則宜用之。然濕病之根在下焦，是血分中氣病，不可用辛辣氣藥，瀉上焦太陰之氣也。凡人飲食勞倦，皆血受病，率以此藥瀉之，是血病瀉氣，使氣血俱虛也。

明・王文潔《太乙仙製本草藥性大全》卷二《仙製藥性》　牽牛子　味苦，氣寒，屬火，善走，有毒。　主治：　黑者屬水，力速。白者屬金，效遲。炒研煎湯，並取頭末，除壅滯氣急，及痃癖、蠱毒殊功，利大小便難，併脚滿水腫極驗。善除風毒，下氣落胎。以氣藥引之，則入氣；　以血藥引之，則入血。大瀉元氣，用者戒之，不脹滿，不大便秘者勿用。　補註：　水氣遍身浮腫，氣促，坐臥不得，用二兩，微炒，搗末，烏牛尿浸一宿，平旦入葱白一握，煎十沸，去滓，空心二服。○風毒脚氣脛滿，捻之沒指者，取子搗，蜜丸如小豆大，每服五丸，生薑湯下。○風氣所攻藏府積滯，以童便浸一宿後，長流水洗半日，用絹袋盛掛風處令乾，每日鹽湯下三十粒，久服令人清爽。○三焦氣不順，頭昏目眩，胸膈壅塞，涕唾痰涎，精神不爽。用四兩，半生半熟，皂莢塗酥炙二兩，爲末，生薑自然汁煮，糊丸梧子大，每服二十丸，荊芥湯下。○産前滑胎，用一兩，赤土少許，研細，每覺轉痛頻，煎白榆皮湯調下一錢。○男婦五般積氣成聚，用一斤，生爲末八兩，餘滓於新瓦上炒令香熟，放冷再搗，取四兩熟末拌勻，煉蜜和丸梧子大。積氣至重者，三五十丸，煎陳橘皮、生薑湯，臨臥空心服之。○大便澁不通，用半生半熟，搗爲散，每服二錢，薑湯下，如不通再服，熱茶調下，量虛實服。○去水病和山茱萸服之效，多食稍冷。　太乙曰：　草金零，牽牛子是也。凡使其藥，秋來即有實，冬收之。凡用晒乾，却入水中淘，浮者去之，取沉者，曝乾，酒蒸從巳至未，曝乾，臨用舂去黑皮用。

明・皇甫嵩《本草發明》卷三　牽牛子下品下，佐使。藥名非出《神農經》，讀《本草》云：　氣寒，味苦，有毒。　發明曰：　羅謙甫云：　牽牛感南方火熱之化，得辛（辨）〔辣〕之味，久嚼猛烈雄壯，云味苦寒，非也。辛以入肺，但瀉氣中濕熱，不瀉血中濕熱。故《本草》主下氣，療脚滿水氣腫，利二便，除風毒。又治痃癖氣塊，落胎，利水道。蓋病濕勝，氣不得施化，致二便不通，宜用之，濕去則氣得施化周流。所謂五藏有邪更相平，一藏不平，所勝平之，火能平金而瀉肺，即此也。錢氏瀉黄散中，獨用防風過于他藥，以防風辛溫能于土中瀉其金，于使勿助母氣，謂子令母實，故以所勝平之也。　仲景治七種濕症，小便不利，無一犯牽牛者，豈不知其瀉濕利小便，為濕病之根在下焦，是血分中氣病，不可用辛辣氣藥，反瀉上焦太陰之氣故也。若肺先受濕，用之則可。張文懿云：　人有酒食病痞，多服神芎丸，犯牽牛，初服即快，藥過復痞仍前，又服，隨藥而效，至久暗脫元氣也。惟當益脾健胃，自然消腐水穀可也。況飲食勞倦所傷，胃氣不行，心火乘胃，名曰熱中，且脾胃主血，所生病當血中，瀉火潤燥，破惡血，瀉胃中濕熱也。胃火上炎，肺受火邪，當用黄芩苦寒瀉火，當歸辛溫瀉血結，桃仁辛甘油膩破血，兼除燥以潤大便，且不可專用，須于參、芪、甘草，甘溫甘寒，補元氣，瀉陰火，正藥內兼用之。蓋上焦元氣虛，津液不足，口燥舌乾，反用牽牛重瀉其已虛之元氣，耗津液，利小水，陰火愈甚，豈不危殆？　文公《語録》云：　秋食薑，令人瀉氣，夭天年。可見辛味物皆有宜禁之時，況牽牛乎？

明・李時珍《本草綱目》卷一八草部・蔓草類　牽牛子《别録》下品

〔釋名〕黑丑《綱目》　草金鈴《炮炙論》　盆甑草《綱目》　狗耳草《救荒》弘景曰：　此藥始出田野人牽牛謝藥，故以名之。　時珍曰：　近人隱其名爲黑丑，白者爲白丑，蓋以丑屬牛也。金鈴象子形，盆甑、狗耳象葉形。段成式《酉陽雜俎》云，盆甑草蔓如薯蕷，結實後斷之，狀如盆甑是矣。

〔集解〕弘景曰：　牽牛作藤生花，狀如藊豆，黄色。子作小房，實黑色，形如梂子核。　恭曰：　此花似旋花，作碧色，不黄，亦不似藊豆。　頌曰：　處處有之。二月種子，三月生苗，作藤蔓遶籬墻，高者或二三丈。其葉青，有三尖角。七月生花，微紅帶碧色，似鼓子花而大。八月結實，外有白皮裹作毬。每毬內有子四五枚，大如蕎麥，有三稜，有黑白二種，九月後收之。　宗奭曰：　花朵如鼓子花，但碧色，日出開，日西萎。其核如木猴梨子而色黑，謂子似蕎麥非也。　時珍曰：　牽牛有黑白二種：　黑者處處野生尤多。其蔓有白毛，斷之有白汁。葉有三尖，如楓葉。花不作瓣，如旋花而大。其實有蒂裹之，生青枯白。其核與棠梂子核一樣，但色深黑爾。白者人多種之。其蔓微紅，無毛有柔刺，斷之有濃汁。葉團有斜尖，並如山藥莖葉。其花小于黑牽牛花，淺碧帶紅色。其實蒂長寸許，生青枯白。其核白色，稍粗。人亦採嫩實蜜煎爲果食，呼爲天茄，因其蒂似茄也。

子　〔修治〕斅曰：　凡采得子，晒乾，水淘去浮者，再晒，拌酒蒸，從巳至未，晒乾收之。臨用舂去黑皮。　時珍曰：　今多只碾取頭末，去皮麩不用。亦有半生半熟用者。

〔氣味〕苦，寒，有毒。　權曰：　甘，有小毒。　詵曰：　多食稍冷。　杲曰：　辛熱雄烈，泄人元氣。　大明曰：　味莶。得青木香、乾薑良。

〔主治〕下氣，療脚滿水腫，除風毒，利小便《别録》。治痃癖氣塊，利大小便，除虛腫，落胎甄權。取腰痛，下冷膿，瀉蠱毒藥，并一切氣壅滯大明。和山茱萸服，去水病孟詵。除氣分濕熱，三焦壅結李杲。逐痰消飲，通大腸氣秘風秘，殺蟲，達命門時珍。

〔發明〕宗奭曰：　牽牛丸服，治大腸風秘壅結。不可久服，亦行脾腎氣故也。　好古曰：　牽牛以氣藥引則入氣，以大黄引則入血。利大腸，下水積。色白者，瀉氣分濕熱上攻喘滿，破血中之氣。　震亨曰：　牽牛屬火善走。黑者屬水，白者屬金。若非病形與證俱實，不脹滿、不大便秘者，不可輕用。驅逐致虛，先哲深戒。　杲曰：　牽牛非神農藥也。《名醫續注》云：　味苦寒，能除濕氣，利小便，治下注脚氣。此説氣味主治俱誤矣。何也。凡用牽牛，少則動大便，多則泄下如水，乃瀉氣之藥。其味辛辣，久嚼猛烈雄壯，所謂苦寒安在哉。夫濕者水之别稱，有形者也。若肺先受濕，濕氣不得施化，致大小便不通，則宜用之。蓋牽牛感南方熱火之化所生，火能平金而泄肺，濕去則氣得周流。所謂五臟有邪，更相平也。今不問有濕無濕，但傷食或有熱證，俱用牽牛剋化之藥，豈不誤哉？　況牽牛止能泄氣中之濕熱，不能除血中之濕熱。濕從下受之，下焦主血，血中之濕，宜苦寒之味，反以辛藥泄之，傷人元氣。且牽牛辛烈，比之諸辛藥，泄氣尤甚，其傷人必矣。《經》云：　辛泄氣，辛走氣，辛泄肺，氣病者無多食辛。況飲食失節，勞役所傷，是胃氣不行，心火乘之。腸胃受火邪，名曰熱中。脾胃主血，當血中泄火。以黄芩之苦寒泄火，當歸身之辛温和血，生地黄之苦寒凉血益血，少加紅花之辛温以泄血絡，桃仁之辛温除燥潤腸。仍不可專用，須于補中益氣泄陰火之藥内加而用之。何則？上焦元氣已自虚弱，若反用牽牛大辛熱氣味俱陽之藥，以泄水泄元氣，利其小便，竭其津液，是謂重虚，重則必死，輕則夭人。故張文懿云：牽牛不可耽嗜，脱人元氣。見人有酒食病痞者，多服牽牛丸散，取快一時。藥過仍痞，隨服隨效，效後復痞。以致久服脱人元氣，猶不知悔也。張仲景治七種濕熱，小便不利，無一藥犯牽牛者。仲景豈不知牽牛能泄濕利小便乎。爲濕病之根在下焦，是血分中氣病。不可用辛辣之藥，泄上焦太陰之氣。是血病瀉氣，使氣血俱損也。《經》云，毋盛盛，毋虚虚，毋絶人長命，此之謂也，用者戒之。白牽牛亦同。時珍曰：牽牛自宋以後，北人常用取快。及劉守真、張子和出，又倡爲通用下藥。李明之目擊其事，故著此説極力闢之。然東漢時此藥未入本草，故仲景不知。假使知之，必有用法，不應捐棄。况仲景未用之藥亦多矣。執此而論，蓋矯枉過中矣。牽牛治水氣在肺，喘滿腫脹，下焦鬱遏，腰背脹重，及大腸風秘氣秘，卓有殊功。但病在血分，及脾胃虚弱而痞滿者，則不可取快一時，及常服暗傷元氣也。一宗室夫人，年幾六十。平生苦腸結病，旬日一行，甚於生産。服養血潤燥藥則泥膈不快，服硝黄通利藥則若罔知，如此三十餘年矣。時珍胗其人體肥膏粱而多憂鬱，日吐酸痰盌許乃寬，又多火病。此乃三焦之氣壅滯，有升無降，津液皆化爲痰飲，不能下滋腸腑，非血燥比也。潤劑留滯，硝黄徒入血分，不能通氣，俱爲痰阻，故無效也。乃用牽牛末皂莢膏丸與服，即便通利。自是但覺腸結，一服就順，亦不妨食，且復精爽。蓋牽牛能走氣分，通三焦。氣順則痰逐飲消，上下通快矣。外甥柳喬，素多酒色。病下極脹痛，二便不通，不能坐卧，立哭呻吟者七晝夜。醫用通利藥不效。遣人叩予。予思此乃濕熱之邪在精道，壅脹隧路，病在二陰之間，故前阻小便，後阻大便，病不在大腸、膀胱也。乃用楝實、茴香、穿山甲諸藥，入牽牛加倍，水煎服。一服而減，三服而平。牽牛能達右腎命門，走精隧。人所不知，惟東垣李明之知之。故明之治下焦陽虚天真丹，用牽牛以鹽水炒黑，入佐沉香、杜仲、破故紙、官桂諸藥，深得補瀉兼施之妙。方見《醫學發明》。又東垣治脾濕太過，通身浮腫，喘不得卧，腹如鼓，海金沙散，亦以牽牛爲君。則東垣未盡棄牽牛不用，但貴施之得道耳。

【附方】舊八，新三十。

搜風通滯：風氣所攻，臟腑積滯。用牽牛子以童尿浸一宿，長流水上洗半日，生絹袋盛，掛風處令乾。每日鹽湯下三十粒。極能搜風，亦消虚腫。久服令人體清瘦。《斗門方》。

三焦壅塞：胸膈不快，頭昏目眩，涕唾痰涎，精神不爽。利膈丸：用牽牛子四兩，半生半炒，不蛀皂莢酥炙二兩，爲末，生薑自然汁煮糊，丸梧子大。每服二十丸，荆芥湯下。王衮《博濟方》。

一切積氣：宿食不消。黑牽牛頭爲末四兩，用蘿蔔剜空，安末蓋定，紙封蒸熟取出，入白豆蔻末一錢，搗丸梧子大。每服一二十丸，白湯下。名順氣丸。《普濟方》。

男婦五積：五般積氣成聚。用黑牽牛一斤，生搗末八兩，餘滓以新瓦炒香，再搗取四兩，煉蜜丸梧子大。至重者三五十丸，陳橘皮、生薑煎湯，卧時服。半夜未動，再服三十丸，當下積聚之物。尋常行氣，每服十丸甚妙。《博濟方》。

胸膈食積：牽牛末一兩，巴豆霜三箇，研末，水丸梧子大。每服二三十丸，食後隨所傷〔物〕湯下。《儒門事親》。

氣築奔衝：不可忍。牛郎丸：用黑牽牛半兩炒，檳榔二錢半，爲末。每服一錢，紫蘇湯下。《普濟方》。

追蟲取積：方同上，用酒下。亦消水腫。

腎氣作痛：黑白牽牛等分，炒爲末。每服三錢，用猪腰子切，縫入茴香百粒，川椒五十粒，摻牽牛末入内扎定，紙包煨熟。空心食之，酒下。取出惡物効。楊仁齋《直指方》。

傷寒結胸：心腹硬痛。用牽牛頭末一錢，白糖化湯調下。《鄭氏家傳方》。

大便不通：《簡要方》用牽牛子半生半熟，爲末。每服二錢，薑湯下。未通，再以茶服。○一方：加大黄等分。○一方：加生檳榔等分。

大腸風秘：結濇。牽牛子微炒，搗頭末一兩，桃仁去皮尖麩炒半兩，爲末，熟蜜丸梧子大。每湯服三十丸。寇氏《衍義》。

水蠱脹滿：白牽牛、黑牽牛各取頭末二錢，大麥麪四兩，和作燒餅，卧時烙熟食之，以茶下。降氣爲驗。河間《宣明方》。

諸水飲病：張子和云：病水之人。如長川泛溢，非盃杓可取，必以神禹决水之法治之，故名禹功散。用黑牽牛頭末四兩，茴香一兩，炒爲末。每服一二錢，以生薑自然汁調下，當轉下氣也。《儒門事親》。

陰水陽水：黑牽牛頭末三兩，大黄末三兩，陳米飯鍋糕一兩，爲末，糊丸梧子大。每服五十丸，薑湯下。欲利服百丸。《醫方捷徑》。

水腫尿濇：牽牛末，每服方寸匕，以小便利爲度。《千金方》。

濕氣中滿：足脛微腫，小便不利，氣急欬嗽。黑牽牛末一兩，厚朴制半兩，爲末。每服二錢，薑湯下。或臨時水丸，每棗湯下三十丸。《普濟方》。

水氣浮腫：氣促，坐卧不得。用牽牛子二兩，微炒搗末。以烏牛尿浸一宿，平旦入葱白一握，煎十餘沸。空心分二服，水從小便中出。《聖惠方》。

風毒脚氣：捻之没指者。牽牛子搗末，蜜丸小豆大。每服五丸，生薑湯下，取小便利乃止。亦可吞之。其子黑色。正如梂子核。《肘後方》。

脾濕腫滿：方見海金沙下。

小兒腫病：大小便不利。黑牽牛、白牽牛各二兩，炒取頭末，井華水和丸緑豆大。每服二十丸，蘿蔔子煎湯下。《聖濟總録》。

小兒腹脹：水氣流腫，膀胱實熱，小便赤濇。牽牛生研一錢，青皮湯空心下。一加木香减半，丸服。《鄭氏小兒方》。

疳氣浮腫：常服自消。黑牽牛、白牽牛各半生半炒，取末，陳皮、青皮等分，爲末，糊丸緑豆大。每服，三歲兒服二十丸，米湯下。《鄭氏小兒方》。

疳氣耳聾：疳氣攻腎，耳聾陰腫。牽牛末一錢，猪腰子半箇，去膜薄切，摻入内，加少鹽，濕紙包煨。空心服。《鄭氏小兒方》。

小兒雀目：牽牛子末，每以一錢用羊肝一片，同麪作角子二箇，炙熟食，米飲下。《普濟方》。

風熱赤眼：白牽牛末，以葱白煮研丸緑豆大。每服五丸，葱湯下。服訖睡半時。《衛生家寶方》。

面上風刺：黑牽牛酒浸三宿，爲末。先以薑汁擦面，後用藥塗之。《摘玄方》。

面上粉刺：䵟子如米粉。黑牽牛末對入面脂藥中，日日洗之。《聖惠方》。

面上雀斑：　黑牽牛末，雞子清調，夜傅旦洗。《摘玄方》。　馬脾風病：　小兒急驚，肺脹喘滿，胸高氣急，脇縮鼻張。悶亂欬嗽，煩渴，痰潮聲嗄，俗名馬脾風，不急治，死在旦夕。白牽牛半生半炒，黑牽牛半生半炒，大黃煨，檳榔，各取末一錢。每用五分，蜜湯調下。痰盛加輕粉一字。名牛黃奪命散。《全幼心鑒》。　小兒夜啼：　黑牽牛末一錢，水調，傅臍上，即止。《生生編》。　臨月滑胎：　牽牛子一兩，赤土少許，研末。覺胎轉痛時，白榆皮煎湯下一錢。王衮《博濟方》。　小便血淋：　牽牛子二兩，半生半炒，爲末。每服二錢，薑湯下。良久，熱茶服之。《經驗良方》。　腸風瀉血：　牽牛五兩，牙皂三兩，水浸三日，去皂，以酒一升煮乾，焙研末，蜜丸梧子大。每服七丸，空心酒下，日三服。下出黃物，不妨。病減後，日服五丸，米飲下。《本事方》。　痔漏有蟲：　黑白牽牛各一兩，炒爲末，以猪肉四兩，切碎炒熟，蘸末食盡，以白米飯三匙壓之。取下白蟲爲効。〇又方：　白牽牛頭末四兩，没藥一錢，爲細末。欲服藥時，先日勿夜飲。次早空心，將猪肉四兩炙切片，蘸末細細嚼食。取下膿血爲効。量人加減用。忌酒色油膩三日。《儒門事親》。　漏瘡水溢：　乃腎虛也。牽牛末二錢半，入切開猪腎中，竹葉包定煨熟。空心食，温酒送下。借腎入腎，一縱一横，兩得其便。惡水既泄，不復淋瀝。《直指方》。　一切癰疽：　發背，無名腫毒，年少氣壯者。用黑白牽牛各一合，布包搥碎，以好醋一盌，熬至八分，露一夜，次日五更温服。以大便出膿血爲妙。名濟世散。《張三丰仙方》。　濕熱頭痛：　黑牽牛七粒，砂仁一粒，研末，井華水調汁，仰灌鼻中，待涎出即愈。《聖濟録》。　氣滯腰痛：　牽牛不拘多少，以新瓦燒赤，安于上，自然一半生一半熟，不得撥動。取末一兩，入硫黃末二錢半，同研匀，分作三分。每分用白麪三匙，水和捍開，切作棋子。五更初以水一盞煮熟，連湯温下，痛即已。未住，隔日再作。予常有此疾，每發一服，痛即止。許學士《本事方》。

題明·薛己《本草約言》卷一《藥性本草》　黑牽牛　味辛，氣熱，有毒。陽也，降也。導水濕腫滿，泄肺氣窒塞。行水氣有通利之雄，泄肺氣有耗散之失。入手太陽陽明、足陽明經。〇有黑白二種，黑者入藥，炒用。此味感南方火熱之化，得辛辣之味，久嚼猛烈雄壯，然辛以入肺，但能瀉氣中濕熱，不能瀉血中濕熱。況濕從下受，下焦主血，是血中之濕，宜用苦寒之味，今反以辛藥瀉之，是血病瀉氣，使氣血俱虛，傷人必矣。若病濕勝，氣不能施化，致二便不通，則宜用之。氣病者無多食辛，此味辛辣(雖)〔雄〕烈，比諸辛藥瀉氣尤甚，不可輕用。

明·佚名氏《醫方藥性·草藥便覽》　白牽牛　其性寒。治胎前之惡血，止痛。黑牽牛　其性溫。治產後餘〔疾〕，解心悶。

明·梅得春《藥性會元》卷上　牽牛子　味苦、辛，氣寒，有毒。性烈，屬火，善走。有黑白二種，水淘取，沉者，晒乾。　主消腫滿，逐水，驅風，下氣，通腸，利大小便，墮胎，治腰疼、脚痛，浮腫，療蠱脹，水腫，風毒，以氣藥引之則入氣，以血藥引之則入血，大瀉元氣，用者慎之，非大實、大滿、便秘、壯實者，不可輕用。　製法：　酒浸透、蒸過再炒，杵擣去黑皮，研取頭水用。

明·杜文燮《藥鑒》卷二　牽牛　氣寒，味苦，屬火善走，有治水腫之功，破癥瘕痰癖，除壅滯氣急，通十二水道。有黑白二種，黑者屬水力速，白者屬金力緩，非病形與症俱實者，勿用也。以氣藥引之，則入氣分；以血藥引之，則入血分。氣用枳殼，血用大黃，此其法也。如氣藥用之，必須用白术、茯苓、白芍為主，而後用牽牛為良。蓋苓、术本補氣藥也，而有淡滲之功，兼以芍藥之酸，以收真氣，則瀉之者，僅瀉其氣分之邪耳，於真氣竟何損哉。如血家用之，必須當歸、川芎、白芍為主，而後用牽牛為佳。蓋芎、歸本補血藥也，而有榮養之妙，兼以芍藥之斂，以固真血，則瀉之者，僅瀉其血分之邪耳，於真血有何傷哉。畏巴豆。

明·李中立《本草原始》卷三　牽牛子　處處有之。二月種子，三月生苗，作藤蔓繞籬墻，高者或二三丈，其葉青，有三尖角。七月生花，微紅帶碧色，似鼓子花而大。八月結實，外有白皮裹作毬，每毬內有子四五枚，與棠梂子核一樣，有黑白二種。九月後收之。陶隱居云：　此藥始出田野，人牽牛易藥，故以名之。今人隱其名，黑者為黑丑，白者為白丑，蓋以丑屬牛也。　氣味：　苦，寒，有毒。　主治：　下氣，療脚滿水腫，除風毒，利小便。〇治痃癖氣塊，利大小便，除虛腫。〇取腰痛，下冷膿，瀉蠱毒藥，并一切氣壅滯。〇和山茱萸服，去水病。〇除氣分濕熱，三焦壅結。〇逐痰消飲，通大腸氣祕、風祕，殺蟲，達命門，落胎。

牽牛子，《別錄》下品。【圖略】九月采子。黑者屬水，力速；白者屬金，力遲。

大明曰：　味莶，得青木香、乾薑良。杲曰：　辛熱雄烈，泄人元氣。海藏曰：　以氣藥引之則入氣，以大黃引之則入血。羅謙甫云：　味辛辣，瀉人元氣，非濕勝、氣不得施化，以致便閉腫滿，不可輕用。虛者猶宜慎之，況濕病根在下焦血分，飲食勞倦，亦皆血分受病。如用辛辣瀉上焦太陰之氣，是血〔分〕病瀉氣，使氣血俱病也，不可不慎與！　修治：　牽牛，碾取頭末，或炒取頭末，亦有半生半熟用者。《生生編》：　治小兒夜啼，黑牽牛末一錢，水調傅臍上，即止。〔牽牛子〕，使。

明・張懋辰《本草便》卷一　牽牛子　味苦，氣寒，屬火，善走，有毒。療脚滿水腫，除風毒，利大小便，落胎。以氣藥引之則入氣，以血藥引之則入血。大瀉元氣。

明・李中梓《藥性解》卷三　牽牛子　味苦、辛，性寒，有毒，入大小腸二經。主下氣通二便，祛壅滯氣急，退水腫，消風毒，治腰膝痛，墮胎孕。酒蒸，去皮用。　按：牽牛子專主水氣，故入大小腸經。丹溪曰：屬火善走，有兩種，黑者兼水，白者兼金，病形與症俱實者用之，然驅逐致虚，不脹滿不大便秘者，勿用，仲景治七種濕症及小便不利，俱不用之，何也？蓋受濕之根在下焦，是血分中氣病，皆因上焦虚弱，不能氣化所致，若復用辛辣之劑，以瀉太陰之金，危亡立至矣，可不謹乎？

明・繆希雍《本草經疏》卷一一　牽牛子　味苦，寒，有毒。主下氣，療脚滿水腫，除風毒，利小便。

【疏】牽牛子《本經》不載，乃名醫續註《本草》，謂為苦寒有毒。東垣以為感南方熱火之化所生，應是辛熱有毒之藥。其主下氣者，乃損削真氣之謂。療脚滿水腫，除風毒，利小便，皆相似語。況前病多屬脾胃氣虚，此是瀉藥，今反用之，為害滋大。　【主治參互】　黑牽牛得白木香、檳榔、使君子，能追蟲取積。《普濟方》治氣築奔衝不可忍。牛郎丸：用黑牽牛半兩，檳榔二錢半，為末。每服一錢，紫蘇湯下。追蟲取積亦可用。　《摘玄方》治面上風刺：黑牽牛酒浸三宿，為末，先以薑汁擦面，後用藥塗之。　《聖惠方》治面上粉刺，𪒀子如米粉：黑牽牛末，兑入麵粉藥中，日日洗之。

【簡誤】牽牛子，辛熱有毒之藥。性又迅急，其所主治，多是脾胃與肺家濕熱之病，理應屬虚，何資瀉藥？況諸證應用藥物，尋檢《本經》所載，良藥不乏，何至舍其萬全，而就不可必、不可保之毒物哉？宜東垣之諄復其辭，以戒後人之勿輕用也。茲并附録其論，以詔後世云。

附録　東垣云：牽牛，非《神農》藥也。名醫續注云：味苦寒，能除濕氣，利小便，治下注脚氣。此説氣味主治俱誤矣！何也？凡用牽牛，少則動大便，多則泄下如水，乃瀉氣之藥。其味辛辣，久嚼猛烈雄壯，所謂苦寒安在哉？夫濕者，水之别稱，有形者也。若肺先受濕，濕氣不得施化，致大小便不通，則宜暫用之。蓋牽牛感南方熱火之化所生，火能平金而泄肺，濕去則氣得周流。所謂五臟有邪，更相平也。今不問有濕無濕，但傷食或有熱證，俱用牽牛尅伐之藥，豈不誤哉？況牽牛止能泄氣中之濕熱，不能除血中之濕熱。濕從下受之，下焦主血，血中之濕，宜苦寒之味，反以辛藥泄之，傷人元氣。且牽牛辛烈，比之諸辛藥，泄氣尤甚，其傷人必矣。《經》云：辛泄氣，辛走氣，辛泄肺，肺病者無多食辛。況飲食失節，勞役所傷，是胃氣不行，心火乘之。腸胃受火邪，名曰熱中。脾胃主血，當血中泄火。以黄芩之苦寒泄火，當歸身之辛溫和血，生地黄之苦寒涼血益血，少加紅花之辛溫以泄血絡，桃仁之辛溫除燥潤腸。仍不可專用，須於補中益氣，泄陰火之藥内加而用之。何則？上焦元氣已自虚弱，若反用牽牛大辛熱氣味俱陽之藥，以泄水、泄元氣，利其小便，竭其津液，是謂重虚。重則必死，輕則夭人。故張文懿云：牽牛不可耽嗜，脱人元氣。見人有酒食病痞者，多服牽牛丸散，取快一時。藥過仍痞，隨服隨効，効後復痞。以致久服脱人元氣，猶不知悔也。張仲景治七種濕熱，小便不利，無一藥犯牽牛者。仲景豈不知牽牛能泄濕利小便乎？為濕病之根在下焦，是血分中氣病，不可用辛辣之藥，泄上焦太陰之氣，是血病瀉氣，使氣血俱損也。《經》云：毋實實，毋虚虚，毋絶人長命。此之謂也。用者戒之！牽牛自宋以後，北人常用取快。及劉守真、張子和出，又倡為通用下藥。李明之目擊其事，故著此説，極力闢之。牽牛治水氣在肺，喘滿腫脹，下焦鬱遏，腰背脹重及大腸風秘、氣秘，卓有殊功。但病在血分及脾胃虚弱而痞滿者，則不可取快一時，及常服暗傷元氣也。

明・倪朱謨《本草彙言》卷六　牽牛子　味苦、甘，微薟麻，氣熱，有小毒。李氏曰：牽牛子，處處有之。有黑白二種，俗名黑丑、白丑是也。黑者多野生，白者多種蒔。二月生苗，引蔓纏繞樹木籬落間，高二三丈。黑者蔓有白毛，斷之出白汁，葉有三稜，如楓樹葉，花不作瓣，色微紅帶碧，如旋覆花狀。日出則開，日落則闔。實有蒂裹，生青枯白。核與棠梂子核酷肖，但色深黑耳。白者，蔓無毛，有柔刺，微紅色，斷之出濃汁，葉圓無稜，有斜尖，如薯蕷、何首烏葉。花較黑者稍小，色淺碧帶紅。日出日落，開闔亦同。實蒂長寸許，生青枯白，核大色白耳。其實嫩時，蜜煎爲果，呼爲天茄，因其蒂如茄也。多食損人脾，泄人元氣也。修治：晒乾，淘去枯浮者，再晒乾，微火焙燥，舂去皮用。

牽牛子：李時珍逐積追蟲，《别録》行水消脹之藥也。茹日江稿其味辛薟，久嚼猛烈，性惟行逐。李東垣治水氣在肺，喘滿腫脹，下焦鬱遏，腰背脹重，及大腸風秘氣秘，卓有殊功。又《甄氏方》消痃癖，瀉蠱毒，破腸癰，下宿膿，并一切氣滯痰飲，諸疾下咽即效。若病在血分，及脾胃虛弱而致痞疾者，則不可取快一時，有損元氣也。

李東垣先生曰：牽牛非《神農》藥也。辛熱有毒，性又迅速。其所主治，雖能逐積追蟲，行水消脹，若積也，蟲也，脹也，皆從水濕所成。夫水者，有形之邪也，如肺受水邪，則清氣不得施化，致大小便不通而成脹者，則宜暫用。蓋此藥感南方熱火之化所生，火能平金而泄肺中停水，水去則氣得周流，所謂五藏有邪，更相平也。今人不問有水無水，但見傷食損脾，或中虛內熱之證，俱用牽牛尅伐之藥，豈不誤哉？況牽牛止能泄氣中之濕熱，不能除血中之濕熱。如濕從下受之，下焦主血，血中之濕，宜溫平之藥，漸漸除之。反以辛烈猛厲如牽牛者泄之，傷人元氣，其危殆必矣。況水濕脹滿之證，多由飲食失節，勞役所傷，以致中氣不和，脾胃二藏失其納受運化之令，心火乘之，府藏之氣閉塞于內，經絡之氣壅滯于外，當此之際，藥宜溫平，不寒不燥，不熱不滯，宜資生運脾等藥，攻補兩備者，日漸服之，屏去鹹、甜、油膩、厚味，戒酒絕慾，緩心保攝，靜是見功。若急用牽牛大辛熱、氣味俱陽之藥，以泄水、泄元氣，利其小便，竭其津液，是謂重虛。輕病轉重，重病必危，故張文懿公云：牽牛不可服，脫人元氣。見有傷酒食病痞者，多服牽牛丸散，取快一時，藥過仍痞，隨服隨效，效後復痞，以致久服脫絕元氣，獨不知悔也。昔張仲景治七種濕熱，小便不利諸證，無一藥用牽牛者。仲景豈不知牽牛能泄水濕、利小便乎？正謂濕病之根在下焦，是血分中氣病，不可用辛辣之藥，泄上焦太陰之氣，是血病瀉氣，使氣血俱損也。《經》云：毋實實，毋虛虛。此之謂也，用者戒之。

繆仲淳先生曰：脹滿一證，多是脾胃與肺家濕熱之病，理應屬虛，何資瀉藥？況脹滿諸證，應用藥物，尋檢本草，所載良藥不乏，何至舍其萬全而就不可必、不可保之毒物哉？宜東垣老人，諄復其辭，以戒後人之勿輕用也。茲并附錄，以詔後世云。

李瀕湖先生曰：牽牛自宋以後，北人常用取快。及劉守真、張子和出，又倡爲通用下藥。東垣老人目擊其非，故著此說，極力闢之，然東漢時，此藥未入《本草》，故仲景公不知。假使知之，必有用法，不應捐棄。況仲景未用之藥亦多矣。執此而論，蓋矯枉過中者也。牽牛治水氣在肺，喘滿腫脹，下焦鬱遏，腰背脹重，及大腸風秘氣秘，卓有殊功。但病在血分，及脾胃虛弱而痞滿者，則不可取快一時及常服，暗傷元氣也。一宗室夫人，年幾六十，平生苦腸結病，旬日一行，甚于生產。服養血潤腸藥則泥膈不快，服硝黃通利藥如若罔知，如此二十餘年矣。予診其人，體肥厚，日事膏粱，而多憂鬱，日吐酸痰碗許乃寬。又多火病，此乃三焦之氣壅滯，有升無降，津液皆化爲痰飲，不能下滋腸府，非血燥比也。潤劑留滯，硝黃徒入血分，不能通氣，俱爲痰阻，故無效也。乃用牽牛末、皂莢膏丸與服，即便通利，不覺積年腸結，一服就順，亦不妨食，且復精爽。蓋牽牛能走氣分，通三焦，氣順則痰逐飲消，上下通快矣。外甥柳喬，素多酒色，病下極脹痛，二便不通，不能坐臥，立哭呻吟者七晝夜。醫用通利藥不效，遣人叩予。予思此乃濕熱之邪在精道，壅脹隧路，病在二陰之間，故前阻小便，後阻大便，病不在大腸膀胱也。乃用楝實、茴香、穿山甲、韭菜子各一錢，入牽牛加倍，水煎服，一服而減，三服而平。牽牛能達右腎命門，走精隧，人所不知，惟東垣老人知之。故東垣治下焦陽虛。天真丹，用牽牛以鹽水炒黑，入佐沉香、杜仲、破故紙、官桂諸藥，深得補瀉兼施之妙。方見《醫學發明》。又東垣治脾濕太過，通身浮腫，喘不得臥，腹如鼓，海金沙散，亦以牽牛爲君。則東垣未嘗棄牽牛不用，但貴施之得宜耳。

集方：《斗門方》治一切積氣，諸般痞聚，或食，或痰，或死血等積。用牽牛子，不拘黑、白，一觔，炒香，研爲細末，取六兩，配陳皮四兩，白豆仁三兩，俱炒爲末，煉蜜丸梧子大。每服六十丸，白湯下。如未動，再服。當下積聚之物。如尋常行氣消脹，每服二十丸，甚妙。○《永類方》治一切蟲積。用牽牛子二兩，炒研爲末，檳榔一兩，使君子肉五十箇微炒，俱爲末。每服二錢，沙糖湯調下。小兒減半。○《儒門事親》治諸水飲病，面浮氣促，咳嗽，小便不利，足重。用牽牛子頭末一兩，茴香炒研三錢，和匀。每服一錢五分，生薑湯乘熱調服。當轉下氣也，中病即止。○治水氣腹脹。用牽牛頭末，每空心服一錢，壯實者二錢，白湯乘熱調服。○《千金方》治蠱毒脹滿。用黑牽牛子末三錢，韭菜子末二錢，白湯乘熱調服。即下蠱毒。○寇氏方治大腸風秘、氣秘不通，結濇脹滿。用牽牛子頭末一兩，桃仁去皮五錢，研爲末，煉蜜丸梧子大。每服百丸，白湯送。○張三丰方治腸癰有膿，脹閉不出。用牽牛子頭末三錢，大黃二錢，穿山甲火煅二錢，乳香、沒藥各一錢，俱爲末，每服三錢，白湯調服。○《方脉正宗》治一切痰飲氣壅，涕唾痰涎，精神不爽，胸膈迷悶，頭目昏眩。用牽牛子頭末一兩，猪牙皂莢末五錢，和勻。每早晚各食後半時服一錢，白湯乘熱調服。〇同前治心胃作痛，攻刺不可忍。用牽牛子頭末三錢，玄胡索醋炒、廣木香焙、檳榔炒各三錢，共爲末，和入牽牛末內，和勻。每遇此病，白湯調服二錢，立止。〇《普濟方》治濕氣中滿，氣急咳嗽，小便不利，足脛微腫。用牽牛子末八錢，厚朴薑汁炒一兩，共爲丸梧子大。每服二錢，早晚白湯送下。〇《肘後方》治風毒脚氣腫痛者。用牽牛子爲末五錢，每日空心服五分，生薑湯調下。〇林氏方治寒結疝氣，睾丸作痛。用牽牛子三錢，小茴香百粒，川椒五十粒，俱微炒，共爲末，空心酒調服二錢，取出惡物效。〇《聖濟錄》治濕熱頭痛。用牽牛子七粒，砂仁一粒，俱研細末，用井華水調稀汁，仰灌鼻中，待涎出即愈。〇《本事方》治氣滯腰痛。用牽牛子一兩，以新瓦燒赤，安牽牛子于瓦上，不得撥動，待冷，研爲極細末，配硫黄末二錢，同研勻。每日五更取末藥二錢，白湯調下即已。如未已，再作，極神驗。〇《聖濟錄》治小兒腫滿腹脹，大小便不利。用牽牛子研末三錢，每服五分，蘿蔔湯下，或青皮煎湯下亦可。〇《全幼心鑒》治小兒馬脾風病，因急驚，肺脹喘滿，胸高氣急，脇縮鼻張，咳嗽悶亂，煩渴聲嗄，或痰聲如潮，俗名馬脾風。不急治，旦夕即死。用牽牛子炒，半生半熟，大黄、檳榔炒，俱取末，一錢。每用五分，蜜湯調下。如痰盛，加真輕粉三分。〇治大人小兒心胃疼痛。用牽牛子炒燥，綠礬炒紅，各等分，共研細。大人服一錢，小兒服五分，白湯調服。

明·姚可成《食物本草·救荒野譜補遺·草類》 黑牽牛食葉。周定王《救荒本艸》謂之狗耳艸。六七月采嫩葉熟食，其實嫩時，亦可蜜漬為果。　黑牽牛，領破蹄穿耕隴頭。田荒蕪兮穀不收，牛充庖兮供脯脩。

明·姚可成《食物本草》卷一九草部·蔓草類 牽牛子處處有之。二月種子，三月生苗，作藤蔓，遶籬墻，高者或二三丈。其葉青，有三尖角。七月生花，微紅，帶碧色，似鼓子花而大。八月結實，外有白皮裹作毬，每毬內有子四五枚，大如蕎麥，有三稜。有黑白二種，九月收之。〇李時珍曰：牽牛有黑白二種，黑者處處野生尤多。其蔓有白毛，斷之有白汁。葉有三尖，如楓葉。花不作瓣，如旋花而大。其實有蒂裹之，生青枯白。其核與棠梂子核一樣，但色深黑爾。白者人多種之，其蔓微紅無毛，有柔刺，斷之有濃汁。葉圓，有斜尖，竝如山藥莖葉。其花小于黑牽牛花，淺碧帶紅色。其實與蒂長寸許，生青枯白。其核白色，稍粗。人亦采嫩實蜜煎為果食，呼為天茄，因其蒂似茄也。　〔牽牛〕子，味苦，寒，有毒。主下氣，療脚滿水腫，除風毒，利〔小〕便。治痃癖氣塊，利大小便。除虛腫，落胎。取腰痛，〔下冷〕膿，瀉蠱毒藥，并一切氣壅滯。和山茱萸服，去〔虛腫。除〕氣分溼熱，三焦壅結。逐痰消飲，通大腸氣〔秘風秘〕、殺蟲，達命門。

明·顧逢柏《分部本草妙用》卷七兼經部·寒瀉 牽牛　苦，寒，有毒。春去黑皮用。得青木香、乾薑良。　主治：下氣，水腫，除風毒，利大小便。治痞癖氣塊，落胎，瀉蠱毒氣壅滯，除氣分濕熱，三焦壅結，逐痰消飲，通大腸氣秘風秘，殺蟲，達命門。　按：牽牛，大泄元氣，古人禁用。時珍曰：治水氣在肺，喘滿腫脹，下焦鬱遏，腰背脹重。及大腸風秘氣秘，卓有殊功。但病在血分，及脾胃虛弱而痞滿者，則不可用。然而專達右腎命門，走氣分，通三焦氣滯，逐痰消飲，及精道為濕熱壅脹，大小便不通者，此受病不在大腸、膀胱，而在二陰之間也。同茴香、穿山甲諸藥，入牽牛加倍則良愈。天真丹同補腎諸藥，鹽水炒用。東垣治脾濕鼓脹，海金沙散亦以牽牛為君，此補瀉兼行之妙，未可以性猛，而棄絶之。

明·李中梓《醫宗必讀·本草徵要上》 牽牛子味苦，寒，有毒。入肺大小腸三經。酒蒸研細。　下氣逐痰水，除風利小便。辛熱有毒之藥，性又迅急，主治多是肺脾之病，多因虛起，何賴瀉藥？況諸證應用藥物，神良者不少，何至舍其萬全，而就不可必之毒物哉？東垣諄復其詞，以戒後人勿用。蓋目擊張子和旦暮用之，故闢之甚力，世俗不知，取快一時，後悔莫及。

明·鄭二陽《仁壽堂藥鏡》卷一〇下 牽牛　隱居云：牽牛子，今處處有之。黑者勝。　氣寒，味苦，有小毒。黑白二種。《本草》云：主下氣，療脚滿水腫，除風毒，利小便。　東垣云：牽牛子非神農之藥也。《本草》名醫續註云：味苦，寒，能除熱，利小水，治下疰脚氣。據所說，氣味、主治俱誤矣！何以明之？凡藥中用牽牛者，少則動大便，多則下水，此乃泄氣之藥。試取嘗之，即得辛辣之味。久而嚼之，猛烈雄壯，漸漸不絕，非辛如何？續註家乃謂味苦、寒，其苦、寒果安在哉？若以為瀉濕之藥，猶不知其的也。何則？此物但能瀉氣中之濕熱，不能瀉血中之濕熱。下焦主血，血中之濕，宜用苦寒之味。今反以辛藥瀉之，其傷人必矣！夫濕者，水之別稱，有形者也。若肺先受濕，則宜用之。今用藥者，不問有濕無濕，但傷食，或欲動大便，或服尅化之藥，俱用牽牛，豈不誤哉？殊不知牽牛辛烈，瀉人元氣，比之諸辛藥，瀉氣尤甚。以其辛之雄烈故也。《經》云：辛瀉氣，辛走氣，辛瀉肺，氣病者無多食辛。此一味瀉人元氣，至甚神速。況飲食失節，勞役所傷，是胃氣不行，心火乘之。腸胃受火邪，名曰熱中。《脉經》云：脾胃主血，所生病當血中瀉火，潤燥補血，破惡血，瀉胃之濕熱，及胸中熱，是肺受火邪，當以黄芩之苦寒瀉火，以當歸之辛溫和血，以生地黄之苦寒涼血補血，少加紅花之辛溫以瀉血絡，以桃仁之辛甘油膩之藥，以破惡血，兼除燥，潤大便。然猶不可專用，須於正藥補中益氣湯，黄芪、人參、甘草，諸甘溫，甘寒，補元氣，瀉陰火之藥内，兼而用之。何則？上焦元氣已自虚弱，若用牽牛大辛辣，氣味俱陽之藥以瀉水，瀉元氣，可乎？津液已不足，口燥舌乾，而重瀉其津液，利其小便，重瀉已虚之元氣，復竭其津液，致陰火愈甚，可乎？故重則必死，輕則夭人壽，誠可憫也！今重為備言之。牽牛感南方熱火之化所生也。血熱而瀉氣，差誤甚矣！若病濕勝，濕氣不得施化，致大小便不通，則宜用之耳。濕去則氣得周流，所謂五藏有邪，更相平也。《經》云：一臟不平，以所勝平之。火能平金，而瀉肺氣者，即此也。近世錢氏瀉黄散中獨用防風，比之餘藥過於兩倍者，以防風辛溫，令於土中以瀉金來助濕者也。《經》云：從前來者為實邪。謂子能令母實，實則瀉其子，此之謂以所勝平之者也。古人有云：牽牛不可躭嗜，躭嗜則脱人元氣。《經》云：秋不食薑，令人瀉氣。故夏月食薑不禁，為熱氣正旺之時，夏宜以汗散火，令其汗出，以越其熱。故秋月則禁之。朱晦庵《語錄》有戒：秋食薑則夭人天年。《經》止言辛瀉氣，而晦庵戒之深者也。薑尚如此，況牽牛乎？今所以言此者，明味辛之物，皆有宜禁之時，亦猶牽牛不可一概用之也。張仲景治七種濕證，小便不利，無一藥中有犯牽牛者。仲景豈不知牽牛能泄濕利小便也？為濕病之根在下焦，是血分中氣病，不可用辛辣氣藥，瀉上焦太陰之氣故也。仲景尚不敢輕用牽牛，如此世醫乃一概用之，何也？　又云：白牽牛，瀉氣分濕熱，上攻喘滿。　海藏云：以氣藥引之則入氣，以大黄引之則入血。　張文懿公云：不可躭嗜，脱人元氣。吾初亦疑之，藥有何躭嗜？後每見因人酒食病痞者，多服食藥，以導其氣，及用神芎，犯牽牛等丸。初服則快，藥過，其痞依然。依前再服，隨藥而效，藥過復病。由是愈信其久服脱人元氣而猶不知悔悟也。治法惟當益脾健胃，使人元氣生而自然腐熟水穀。此法無以加矣。　丹溪云：牽牛屬火，性善走。有黑白兩種，黑者屬水，白者屬金。若非病形與脉證俱實者，勿用也。不脹滿，不大小便俱秘者，勿用也。如稍涉疑似，悮用其驅逐以致虚，先哲之所甚戒也。　日華子云：牽牛子瀉蠱毒，痃氣壅滯。

明·蔣儀《藥鏡》卷二熱部　牽牛　功耑水氣，化生屬火。退腫滿，追蟲追積。通二便，胞胎會墮。除壅滯氣急，破痰癖癥瘕。若氣中有濕熱，暫泄肺邪。倘濕熱在血家，誤投金損。欲入氣分，枳殼引，而須藉朮、苓、芍藥以固氣之真元，則牽牛僅瀉其氣分之邪也。欲入血分，大黄引，而須仗芎、歸、芍藥以養血之原本，則牽牛僅瀉其血分之邪也。詳考其效，則又達右腎命門，直走精隧。李東垣用治下焦陽虚，以鹽水炒黑，佐沉香、杜仲、故紙、官桂諸藥，深得補瀉兼施之玅。

明·張景岳《景岳全書》卷四八《本草正》　牽牛一名黑丑。　味苦、辛，熱；氣雄烈，性急疾，有毒。下氣逐水，通大小便，善走氣分，通水道，消氣實氣滯水腫，攻癥積。落胎殺蟲，瀉蠱毒，去濕熱痰飲，開氣秘氣結。古方多為散丸，若用救急，亦可佐群藥煎服。然大泄元氣，凡虚弱之人須忌之。

明·盧之頤《本草乘雅半偈》帙九　牽牛子《别錄》　氣味：苦，寒，有毒。主治：主下氣，療脚滿水腫，除風毒，利小便。

覈曰：處處有之。黑白兩種，黑多野生，白多種蒔。二月生苗引蔓，纏繞籬落，高二三丈。黑蔓有白毛，斷之出白汁；葉作三稜，如楓樹葉；花不成瓣，微紅帶碧，如旋覆、鼓子花狀，日出則開，日西則萎；實有蒂裹，生青枯白；核與棠梂子核一樣，但色深黑耳。白蔓無毛，有柔刺，微紅色，斷之出濃汁；葉圓無稜，有斜尖，如薯蕷，何首烏葉，花小于黑，淺碧帶紅，開萎亦同；實蒂長寸許，生青枯白，核大色白耳。其實嫩時，蜜煎為果，呼作天茄，謂其蒂如茄也。多食損人脾，泄人氣。修事：晒乾，淘去枯浮者；再晒乾，酒潤蒸之，從巳至未，緩火焙燥，春去皮用。

繆仲淳先生云：黑白牽牛子，自宋以後，北人嘗以取快。李明之著有傳，極力闢除。若果水氣射肺，致喘滿大腹，及大腸風秘，下焦鬱遏者，卓有殊功。倘屬血分，或脾胃薄弱，雖有痞積，切勿取快一時也。

參曰：牽牛子，星名也。何鼓謂之牽牛。何鼓，儋荷也。故楚人呼牽牛曰儋鼓。又星紀斗牽牛也。牽牛斗者，日月五星之所終始，故曰星紀。牽牛子者，十二子丑為牛，牛隱語也。蓋天開子，地闢丑，黑白氣分為兩，人生寅而三才具。然則牽牛子者，以開以闢，以生之為功用也。故祭星曰布，布者，取其象之布散也。《經》云：陽氣者，若天與日，失其所，則因于氣為腫，四維相代，形氣乃絕。是以氣上則升不布，氣下則布不升。牽牛子儋荷布散以為功，故可待越升以為眚。第性偏隕墮，但可施于形氣之陽有餘，不可加諸藏神之陰不足，為用不可不慎也。花萼日出開，日西萎，即日散為星之為象。晝呼夜吸之為用，四維相代，形氣乃絕。為水為腫者，此以風毒為因，水亦風水為水矣。仍使之升而布，布而升，互為制節，無偏廢矣。

明·李中梓《本草通玄》卷上　牽牛子　辛，溫，入肺及大小腸。　利小便，通大腸，消水腫，逐痰飲，除氣分濕熱，疏三焦壅結。　牽牛，主脾家水氣，喘滿腫脹，下焦鬱遏，腰背脹重及大腸風秘、氣秘，卓有殊功。但病在血分及脾虛痞滿者，不可服也。　時珍治一人腸結，服養血潤燥藥則泥膈不快，服硝黃利藥則若罔知。其人形肥膏粱多鬱，日吐酸痰乃寬，此三焦氣滯，有升無降，津液皆化為痰，不能下滋腸胃，非血燥也。潤劑多滯，硝黃入血，不能入氣，故無效也。牽牛為末，皂角膏丸，纔服便通。　一人素多酒色，二便不通，下極脹痛，用利藥不效。是濕熱之氣壅塞精道，病在二陰之間，故前阻小便，後阻大便，病不在大腸、膀胱也。用楝子、茴香、穿山甲，倍用牽牛，煎服而愈。

碾取頭末，去皮麩用，亦有半生半熟用者。皮能滯氣，勿得誤用。

清·顧元交《本草彙箋》卷四　牽牛子　非神農藥也。自宋以後，始有人用之。少則動大便，多則泄下如水。乃瀉氣之藥，其味辛辣，久嚼猛烈雄壯，非苦寒也。主治水氣在肺，喘滿腫脹，下焦鬱遏，腰背脹重，及大腸風秘氣秘，卓有殊效。蓋牽牛感南方熱火之化，火能平金泄肺，令濕去則氣得周流，所謂五臟有邪，更相平也。然止能泄氣中之濕熱，不能除血中之濕熱。濕從下受之，下焦主血，血中之濕，宜苦寒之味。若以辛藥泄之，有傷氣分，反生他症矣。如飲食失節，勞役過傷，致胃氣不行，心火乘之。脾胃主血，當血中泄火，以黃芩之苦寒泄火，當歸身之辛溫和血，生地黃之苦寒涼血益血，少加紅花之辛溫以泄血絡，桃仁之辛溫除燥潤腸，仍不可耑用，須於補中益氣，泄陰火之藥內加而用之。倘若反用牽牛大辛熱，氣味俱陽之藥，以泄水泄元氣，是謂重虛。今人不問有濕無濕，亦不論氣分血分，遇脾胃虛弱而痞滿者，一概用之，至不可救，良可痛哉。

震亨云：　牽牛屬火，善走。黑者兼屬水，白者兼屬金。若非病形與症俱實，不脹滿，不大便秘者，不可輕用，驅逐致虛。

時珍云：　一宗室夫人，年幾六十，平生苦腸結病，旬日一行，甚於生產。服養血潤燥藥，則泥膈不快；服硝、黃通利藥，則若罔知；　如此三十餘年矣。予胗其人體肥膏粱，而多憂鬱，日吐酸涎碗許乃寬，又多火病，此三焦之氣壅滯，有升無降，津液皆化爲痰飲，不能下滋腸腑，非血燥比也。潤劑留滯，硝黃徒入血分，不能通氣，俱爲痰阻，故無效也。乃用牽牛末，皂莢膏丸，與服即便通利，自是但覺腸結，一服即瘥，亦不妨食，且復精爽。蓋牽牛走氣分，通三焦，氣順則痰逐飲消，上下通快矣。外甥柳喬，素多酒色，病下極脹痛，二便不通，不能坐臥，立，哭呻吟者七晝夜。醫用通利藥不效，遣人叩予。予思此乃濕熱之邪在精道，壅脹隧路，病在二陰之間，故前阻小便，後阻大便，病不在大腸膀胱也。乃用楝實、茴香、穿山甲諸藥，入牽牛，加倍煎服，一服減，三服平。牽牛達右腎命門，走精隧，人所不知。

諸水飲病，用黑牽牛頭末四兩，茴香一兩炒爲末，每服一二錢，以生薑自然汁調下，是名禹功散。張子和云：　病水之人，如長川泛溢，非盃杓可取，必以神禹決水之法治之。

漏瘡水溢，廼腎虛也。牽牛末二錢半，入切開猪腎內，竹葉包定，煨熟，空心食，溫酒送下，惡水遂泄，不復淋瀝。

小兒夜啼，黑牽牛末一錢，水調，傅臍上，即止。

清·穆石匏《本草洞詮》卷一〇　牽牛子　此藥始出，野人牽牛謝藥，故以名之。味辛，氣熱，一云苦寒，有毒。除氣分濕熱，三焦鬱結，逐痰消飲，殺蟲，達命門。李東垣云：《名醫》續注謂牽牛苦寒，除濕，利小便，治下注腳氣。此說氣味主治俱謬矣。牽牛乃瀉氣之藥，其味辛辣，久嚼猛烈雄壯，所謂苦寒，安在哉？夫濕者，水之別稱，有形者也。若肺先受濕，氣不得施化，致大小便不通，則宜用之。蓋牽牛感南方熱火之化，能平金而泄肺，止能泄氣中之濕熱，不能除血中之濕熱。濕從下受之，下焦主血，血中之濕，宜用苦寒之味。牽牛辛烈，比之諸辛藥，泄氣尤盛。《經》云：　辛走氣，辛泄氣，辛泄肺，肺病無多食辛。故張文懿云：　人有酒食病痞者，多服牽牛丸散，取快一時，藥過仍痞，隨服隨效，効後復痞，以致久服，脫人元氣。仲景治七種濕熱，小便不利，無一藥犯牽牛者，豈不知牽牛能泄濕利小便乎？為濕病之根在下焦，是血分中氣病，不可用辛辣之藥，泄上焦太陰之氣，是血病瀉氣，使氣血俱損也。東垣之論是矣。按牽牛自宋以後，劉守真、張子和倡為通用下藥，而東垣極力闢之。然東漢時牽牛未入《本草》，故仲景不用，似不當緣此以排之也。牽牛治水氣在肺，喘滿腫脹，下焦鬱遏，腰背脹重，及大腸風祕、氣祕，卓有殊功。但病在血分者，則非對證之藥耳。一婦人年幾六十，平生苦腸結病，旬日一行，甚於生產，服養血潤燥藥，則泥膈不快，服芒硝、大黃通利藥，則若罔知。李瀕湖胗其人體肥膏粱，而多憂鬱，日吐酸痰碗許乃寬，又多火病，此乃三焦之氣壅滯，有升無降，津液化為痰飲，不能下滋腸腑，非血燥比也。潤劑留滯，硝黃徒入血分，不入氣分，俱為痰阻，故無效也。乃用牽牛末，皂角膏丸，與服，即便通利，自後但覺腸結，一服就順。蓋牽牛能走氣分，通三焦，氣順則痰逐飲消，上下通快矣。一人素多酒色，下極脹痛，二便不通，不能坐臥，立哭呻吟者七晝夜，服通利藥不効。李瀕湖謂此濕熱之邪在精道，壅脹墜路，病在二陰之間，故前阻小便，後阻大便，病不在大腸膀胱也。乃用楝寔、茴香、穿山甲諸藥，牽牛倍之，煎服頓愈。蓋牽牛能達右腎命門，走精墜也。東垣治下焦陽虛天真丹，用牽牛以鹽水炒黑，佐沉香、杜仲、破故紙、肉桂諸藥，深得補瀉兼施之妙。則東垣亦未嘗棄之，但貴施之得宜耳。

清・劉雲密《本草述》卷一一　牽牛子有黑白二種，黑者處處野生，尤多。白者，人多種之，人亦采嫩實，蜜煎為果食，呼為天茄。因其蒂似茄也。　氣味苦寒，有毒。權曰：甘，有小毒。　東垣曰：辛熱雄烈，泄人元氣。

主治：氣分溼熱，三焦壅結，水氣在脾，喘滿腫脹，并大小便秘，下焦鬱遏，腰背脹重，及大腸風秘、氣秘，開氣塊，逐痰滯。

好古曰：牽牛以氣藥引則入氣，以大黃引則入血，利大腸，下水積。色白者瀉氣分溼熱，上攻喘滿，破血中之氣。

東垣曰：《保醫續》注云：牽牛味苦寒，能除溼氣，利小便，治下注脚氣。此說氣味主治俱誤矣，何也？凡用牽牛，少則動大便，多則泄下如水，乃瀉氣之藥。其味辛辣，久嚼猛烈雄壯，所謂苦寒安在哉？夫溼者，水之別稱，有形者也。若肺先受溼，溼氣不得施化，致大小便不通，則宜用之。蓋牽牛感南方熱火之化所生，火能平金而泄肺，溼去則氣得周流，所謂五臟有邪更相平也。今不問有溼無溼，但傷食或有熱證，俱用牽牛尅化之藥，豈不誤哉？即使有溼，而牽牛能瀉之，詎知牽牛止能泄氣中之溼熱，不能除血中之溼熱。溼從下受之，下焦主血，血中之溼，宜苦寒之味，反以辛藥泄之，傷人元氣可？且溼病之根在下焦，是血分中氣病，不可用辛烈藥味，更忌泄上焦太陰之藥，如再洩之，是氣血俱損也，可乎？夫血病矣，而血分中氣病，致慎於手太陰者，云何？蓋人之飲食失節，勞役所傷，是胃氣不行，心火乘之，腸胃受火邪，名曰熱中。此等證即前所謂或有熱證是也。脾胃主血，當血中泄火以黃芩之苦寒泄火，當歸身之辛溫和血，生地黃之苦寒涼血益血，少加紅花之辛溫以泄血絡，桃仁之辛溫除燥潤腸，仍不可專用，須於益中補氣，泄陰火之藥內加而用之。蓋此等證因上焦元氣已自虛弱，故以救元氣為急，豈可復用牽牛大辛熱氣味俱陽之藥，以重泄之哉？《經》曰：毋盛盛，毋虛虛，毋絕人生命，此之謂也。用者戒之！

時珍曰：牽牛自宋以後，北人常用取快，及劉守真、張子和出又倡為通用下藥，李明之東垣字也目擊其事，故著此說極力闢之。雖然在《經》曰以毒藥治病，又云適事為故，合此二語，以為酌量可也，豈得矯枉過中哉？牽牛治水氣在脾，喘滿腫脹，下焦鬱遏，腰背脹重，及大腸風秘、氣秘，卓有殊功，但病在血分及脾胃虛弱而痞滿者，則不可取快一時及常服，暗傷元氣也。一宗室夫人年幾六十，平生苦腸結病，旬日一行，甚於生產，服養血潤燥藥，則泥膈不快，服硝黃通利藥，則若罔知，如此三十餘年矣。時珍胗其人體肥膏粱，而多憂鬱，日吐酸痰盌許乃寬，又多火病，此乃三焦之氣壅滯，有升無降，津液皆化為痰飲，不能下滋腸腑，非血燥比也。潤燥留滯，硝黃徒入，血分不能通氣，俱為痰阻，故無效也。乃用牽牛末，皂莢膏丸與服，即便通利，自是但覺腸結，一服就順，亦不妨食，且復精爽。蓋牽牛能走氣分，通三焦，氣順則痰逐飲消，上下通快矣。外甥柳喬素多酒色病，下極脹痛，二便不通，不能坐臥立，哭呻吟者七晝夜，醫用通利藥不效。遣人叩予，予思此乃溼熱之邪在精道，壅脹隧路，病在二陰之間，故前阻小便，後阻大便，病不在大腸膀胱也。乃用楝實、茴香、穿山甲諸藥，入牽牛加倍，水煎服，一服而減，三服而平。牽牛能達右腎命門，走精隧，人所不知，惟東垣李明之。李東垣先生杲，字明之。知之，故明之。治下焦陽虛，天真丹，用牽牛以鹽水炒黑，入佐沉香、杜仲、破故紙、官桂諸藥，深得補瀉兼施之妙方。見《醫學發明》。又東垣治脾溼太過，通身浮腫，喘不得臥，腹如鼓，海金沙散亦以牽牛爲君，則東垣未盡棄牽牛不用，但貴施之得道耳。

愚按：牽牛子在李東垣先生深致戒於妄投者，以其泄元氣也。然此味能泄氣分之溼，故下水積者類用之。夫溼即屬血病矣。而又有所謂氣分之溼者，此即海藏所謂血中之氣也。夫溼病於血，然未有不病於元氣之不能化，以為血病者也。元氣已病，積久而溼邪蘊隆之氣，以致糾結填壅，如喘滿腫脹，或鬱遏下焦，致二便不得施化，斯時將從血而治乎？將必求其血中之氣而責之，乃有人處然於斯而補其正氣，猶水沃石耳。用此味為斬關奪門之將，而猥云其泄元氣，以致束手待斃也，可乎？如邪不至於蘊隆，而患不極於填壅，則正氣尚未至併於溼邪，但處其弱而已，此際若以此味投之，其弱者能復有存否？故臨證投劑，唯審溼邪之盛否，以為用舍，何能執一偏之說哉？方書治癩疝，有青木香丸，黑丑三兩，補骨脂、蓽澄茄、檳榔各二兩，青木香一兩；如冷者去黑丑、檳榔，加吳萸、香附。即此思之，則元氣虛者，此二味亦當細酌。蓋《經》所謂氣虛者，寒也。在老人更慎之。雖然如瀕湖所療老婦腸結證，止言其投硝、黃不適於病耳。乃有必用大黃之證，無牽牛則竟不能入胃口以下者，即此，則知此味為血中開導之先驅，即漫然謂其泄氣，不可也。一老人因冒雨感寒，未經發汗，至春初內熱煩燥，胸膈緊滿，十日不大便。用清解二劑，入口即吐，其強半加熟大黃利之，下咽即吐云殆盡。蓋因痰熱凝結胸膈，以治血分者，反拒而不受也。因用牽牛大黃丸，緩緩服之，而大便通後，乃服清五化痰藥十餘劑，以致漸安。若然，則較瀕湖所說又進一解矣。大抵此味為陽中之陰，而性屬辛烈，故多就陰溼之氣以為開，非治熱也。故溼之熱者、寒者，但其壅結處，即其奏功處。若寒溼溼熱之痰上壅下秘，似皆其的對。如下焦病於氣壅而實，以為痛者，亦皆本於溼之所化。東垣曰：下焦固溼之根也。瀕湖之治柳喬，此一徵矣。唯有水氣，如劉守真、張子和輩，翕然以為必須於此，愚則未之敢許。蓋水氣為患，即由於氣不化，脾、肺、腎皆主氣，即皆主水。然脾為升降肺腎之樞機，唯益脾健運，佐以利氣，則升降不失其職而氣化，若不容已助之，利水者更無不化矣焉。用此不能化氣，而徒能泄氣之味，以致氣之化愈窮哉。東垣先生亦必以愚為知言矣。

附方　三焦壅塞，胸膈不快，頭昏目眩，涕唾痰涎，精神不爽，利膈丸用牛子四兩，半生半炒，不蛀，皂莢酥炙二兩，為末，生薑自然汁煮糊丸梧子大，每服二十丸，荊芥湯下。腎氣作痛，黑、白牽牛等分，炒為末，每服三錢，用豬腰子切，縫入茴香百粒，川椒五十粒，摻牽牛末入內，紮定，紙包煨熟，空心食之，酒下，取出惡物效。

丹溪曰：牽牛屬火，善走。黑者屬水，白者屬金。若非病形與證俱實，不脹滿，不大便秘者，不可輕用，驅逐致虛，先哲深戒！

修治　黑者屬水，力速。白者屬金，效遲。但黑者先甘後苦，甘少而苦多。白者先甘後辛，甘少而辛多。未審東垣之所謂辛烈者，豈專用白者乎？

時珍曰：今多只碾取頭末，去皮麩不用；亦有半生半熟用。

清・郭章宜《本草匯》卷一二　牽牛子即黑丑　甘、苦、辛，熱，有毒。陽也，降也。入手太陰、陽明、太陽、足陽明經。除氣分濕熱，疏三焦壅結。導水濕腫滿，泄肺氣窒塞。行水氣，有通利之雄。泄肺氣，有耗散之失。治氣秘風秘，下冷膿濕熱。殺蟲達命門，氣築蘇湯飲。

按：牽牛非《神農》藥也。感南方火熱之化，得辛辣之味，猛烈雄壯，所主多是脾胃與肺家濕熱之病，走氣分，通三焦，達命門。若非肺受濕熱，水氣在脾，壅塞墜路，致二便不通，腰背脹重者，豈可妄投哉？若風秘氣秘，津液不能下滋腸腑，用之卓有殊功。蓋潤劑留滯不能通氣，故也。惟火能平金而瀉肺，濕去，則氣得周流耳。今人不問有濕無濕，但傷食，或有熱證，一槩用之，殺人多矣。況牽牛止能泄氣中之濕熱，不能除血中之濕熱。且濕從下受，下焦主血，是血中之濕，宜用苦寒之藥，今反以大辛熱、氣味俱陽之藥瀉之，是血病瀉氣，使氣血俱虛，傷人必矣。○牽牛以氣藥為引則入氣，以大黃引則入血。黑者屬水，力速。白者屬金，効遲。若非病形與證俱實，不脹滿，不大便秘者，不可輕用，驅逐致虛。先哲深戒也。如肺先受濕，氣不得施，致大小便不通者，則正宜用之耳。張仲景治七種濕熱，小便不利，無一藥犯牽牛者，非不知牽牛能瀉濕利小便也，為濕病之根在下焦，是血分中氣病，不可用辛辣之藥，以瀉上焦太陰故也。《經》云：辛瀉氣，辛走氣，辛泄肺。氣病者，毋多食辛是也。況飲食勞倦，所傷在胃，胃氣不行，心火乘之，胃受火邪，名曰熱中。脾胃主血，當于血中瀉火潤燥，胃熱上炎，肺受火邪，當用黃芩之苦寒以瀉火，當歸之辛溫以瀉血結，桃仁之辛甘油膩以破惡血，兼除燥，潤大便。然猶不可專用，須于黃耆、人參、甘草，諸甘溫甘寒，補元氣，瀉陰火正藥內，兼而用之。何則？上焦元氣，已自虛弱，若反用牽牛，氣味俱陽、大辛熱藥，重瀉其已虛之元氣，豈可哉？然諸症應用藥物，馴良者不少，何至舍其萬全，而就不可必之毒物也。故東垣諄復其詞，以戒後人之勿輕用。世俗不知，見有脾虛痞滿，病在血分者，或酒食病者，多服此以取快一時，藥過仍痞，脫人元氣，悔奚及哉。

水淘去浮者，晒乾。酒蒸，臨用搗去黑皮，皮能滯氣也。取頭末用。黑者名黑丑，白者名白丑，味薟。得青木香、乾薑良。

清・蔣居祉《本草擇要綱目・寒性藥品》　牽牛子一名草金鈴。此藥始出田野，人牽牛謝藥，故以名之。近人隱其名為黑丑，白者為白丑，蓋以丑屬牛也。　氣味：苦，寒，有毒。　主治：下氣，療脚滿水腫，除風毒，利小便。治痃癖氣塊，利大小便，除虚腫，落胎。治腰痛下冷膿，瀉蠱毒藥，并一切氣壅滯。和山茱萸服，去水病，除氣分濕熱三焦壅結，逐痰消飲，通大腸氣祕風祕，殺蟲，達命門。牽牛乃感南方熱火之化以生，若病濕極盛，濕氣不得施化，致大小便不通，則宜用之，令濕去而氣得周流可也。今人不問有濕無濕及濕之極與否，但遇傷食或有熱症，即用牽牛尅伐之藥，暗蝕人之元氣而不知耶。嗟夫！

清・王翃《握靈本草》卷五　牽牛處處有之。研取頭末，去皮用。　主治：牽牛子，苦，寒，有毒。一云：辛，熱。雄烈為是。主下氣，脚滿水腫，痃癖氣塊，除虚腫，落胎，逐痰消飲，通大腸氣祕風祕，達命門。

清・汪昂《本草備要》卷二　牽牛大瀉氣分濕熱。　辛，熱，有毒，屬火善走。入肺經，瀉氣分之濕熱，肺主氣，火能平金而泄肺。能達右腎命門，走精隧，通下焦鬱遏，及大腸風秘、氣秘，利大小便，逐水消痰，殺蟲墮胎。治水腫喘滿，痃癖氣塊。若濕熱在血分，胃弱氣虚人禁用。東垣曰：牽牛苦寒，誤矣！其味辛辣，久嚼猛烈雄壯，所謂苦寒安在哉？乃瀉氣之藥，比諸辛藥泄氣尤甚。若濕從下受，下焦主血，血中之濕，宜苦寒之味，而反用辛熱之藥，泄上焦之氣，是血病瀉氣，使氣血俱損也。王好古曰：以氣藥引則入氣，以大黃引則入血。時珍曰：一婦腸結，年幾六十，服養血潤燥藥則泥結，服硝、黃藥則若罔知。如此三十餘年。其人體肥，膏粱而多鬱，日吐酸痰乃寬。此乃三焦氣滯，有升無降，津液皆化爲痰，不能下潤腸府，非血燥也。潤劑留滯，硝、黃入血，不能入氣，故無效。用牽牛爲末，皂角膏丸，才服便通。外甥素多酒色病，二便不通，脹痛呻吟七晝夜，用通利藥不效。予言此乃濕熱之邪在精道，壅隧路，病在二陰之間，故前阻小便，後阻大便，病不在大腸，膀胱也。用楝實、茴香、穿山甲諸藥，倍牽牛，三服而平。東垣補下焦陽虚，天真丹用牽牛鹽水炒黑，佐沉香、杜仲、肉桂、破故紙諸藥，深得補瀉兼施之妙。　有黑白二種，黑者力速。亦名黑丑。取子淘去浮者，舂去皮用。得木香、乾薑良。此藥漢前未入本草，故仲景方中無此。《別錄》始載之，宋後始多用者。

清・陳士鐸《本草新編》卷三　牽牛　味辛而苦，氣寒，有毒。雖有黑、白二種，而功用則一。入脾與大小腸，兼通膀胱。除壅滯氣急，及痃癖蠱毒，利大小便難，並脚滿水腫，極驗。但迅利之極，最耗人元氣，不可輕用。雖然不言其所以不可輕用之故，而概置不用，亦一偏之辭也。夫牽牛利下焦之濕，于血中瀉水，極為相宜，不能瀉上焦之濕。于氣中瀉水，未有不損元氣者也。李東垣辨之至明，似無容再辨，但未論及中焦也。中焦居于氣血之中，牽牛既利血中之水，安在中焦不可半利其血中之水乎。嗟乎！水濕乃邪也，牽牛既能利水，豈分氣血。但水從下受，凡濕邪從下受者，乃外來之水邪，非內傷之水邪也。牽牛止能瀉外來之水，而不能消內傷之濕。上焦之水腫，乃氣虚不能化水，故水入之而作脹，久則與水腫無異，故用牽牛，往往更甚。下焦之水腫，若是氣虚，用牽牛迅逐，亦每無功，與上焦正復相同。惟真正水邪，用牽牛利之，始效驗如響。可見，牽牛止可治外來之水，而不能治內傷之濕也明矣，非止治血中之水，而不治氣中之水也。然則，外來之水與內傷之水，何以辨之？亦辨之于皮內而已。外邪之水，手按皮肉必然如泥。內傷之水，手按皮肉必隨按隨起，即或按之不起，必不如泥而可團捻也，按之或起或不起者又有分別，按之即起者，氣虚而猶有命門之火也；按之久而不起者，氣虚極而并少命門之火矣。按之如泥者，必須用牽牛以瀉水；按之不如泥，而或起或不起者，必須用補腎中先天之氣，而又加健脾開胃，以益後天之氣，始能奏功。倘亦用牽牛，豈特耗氣而已，有隨利水而隨亡者矣，可不慎乎。予所以表牽牛之功，而併辨東垣論藥之悮也。

牽牛治外來之水，而不治內傷之濕，余既已明辨之矣。然而牽牛治外來之水，又各有異。夫外來之水，有從下而外入者，有從中而外入者。從下而外入者，乃從脚而入也；從中而外入者，乃從腰臍而入也。世人止知外邪之水，從脚而入，未知從腰臍入也。從脚入者，其脚先腫，人易識；從腰臍入者，其腰重而臍腫，人難識也。水腫不分脚與腰臍，而概以牽牛瀉水之濕，毋怪其有不效也。然則用牽牛之法，又烏可不分別之乎。凡治水從脚入者，用牽牛、甘遂以消之。若水從腰臍入者，用牽牛于白朮之中，一劑而腰重除，再劑而臍腫平，三劑而腰臍俱利矣。

清・顧靖遠《顧氏醫鏡》卷七　牽牛辛，熱，有毒。　下蟲積如神，塗雀斑面上黑子頗效。　辛辣迅速下瀉之毒藥，東垣深戒此品，慎勿輕用。孕婦大忌。

清・李熙和《醫經允中》卷二〇　牽牛　春去皮用。得木香、乾薑良。　入肺、胃、大、小腸四經。　辛熱，有毒。主治下氣水腫，利大小便，落胎，瀉蠱毒氣壅滯，除氣分濕熱，三焦壅結。　牽牛大泄元陽，損脾胃，消耗津液，致陰火愈甚，口燥舌乾，故重則死，輕則夭，古人禁用。況能瀉氣中之濕熱，不能瀉血中之濕熱，若病在血分，反以辛熱瀉之，是血病瀉氣，使氣血兩虚，傷人必矣。及脾胃虚弱而痞滿者，必不可用；專達命門走氣分，通三焦，若氣滯壅結，濕熱膨脹，大小便不通者，同茴香、山甲用之偶効。然應用諸藥治病者亦不少，何至舍其萬全，而取不可必之毒物也？慎之！

清・馮兆張《馮氏錦囊秘錄・雜症痘疹藥性主治合參》卷二 牽牛子感南方熱火之化以生，故味辛熱，有毒。其主下氣，逐水利大小便，脚滿水腫，追蟲取積，可見峻削力猛而迅急者也。止能泄肺，以去氣中之濕熱，故下焦血分中之病不可輕用，以使氣血俱損。況非神農藥也，乃《名醫續注》所出，後賢垂戒諄諄，多服脫人元氣。　牽牛子，治水氣在肺，喘滿腫脹，下焦鬱遏，腰背脹重及大腸風秘氣秘，利大小便，脚滿水腫，痃癖蠱毒濕熱。以氣藥引之則入氣，以血藥引之則入血。大瀉元氣，凡不脹滿，不大便秘者，勿輕用之。其味辛而熱，感南方火化所生，入手太陰肺、手陽明大腸、足陽明胃，專瀉下焦氣分之濕熱。

主治痘疹合參：　取黑者炒過，研頭末入丸藥用。凡黑陷痘疹，二便不通，煩燥甚者宜之。非此不可妄用。

清・张璐《本經逢原》卷二 牽牛　苦、辛，溫，有毒。東垣云辛熱，有毒。有黑白二種，名黑丑、白丑，凡用，生磨取頭末。　發明：　牽牛專一行水峻下之劑。白者屬金利肺，治上焦痰飲，除壅滯氣逆，通大腸風秘，除氣分濕熱。黑者屬水瀉腎，而兼瀉脾胃之濕，消腫滿脚氣，利大小便秘。但病在血分，或病人稍弱而痞滿者，不可用。東垣云：　牽牛非神農藥也。《名醫續注》云，味寒能除濕氣，利小便，治下注脚氣，此說氣味、主治俱誤。凡用牽牛，少則動大便，多則泄下如水，乃瀉氣之藥。其味辛辣，久嚼猛烈雄壯，所謂苦寒安在哉。夫濕者，水之別稱，有形者也。若受濕氣不得施化，致大小便不通，宜暫用之。況牽牛止能泄氣中之濕熱，不能除血中之濕熱，每見酒食過傷病痞者，多服牽牛散取快一時，藥過仍痞，以致久服脫人元氣，猶不知悔也。東垣治下焦虛腫，天真丹用牽牛，以鹽水炒黑，佐沉香、杜仲、補骨脂、官桂諸藥，深得補瀉兼施之妙用，方見《醫學發明》。

清・浦士貞《夕庵讀本草快編》卷三 牽牛《別錄》黑白　此藥始用効於田野之人，曾牽牛酧謝，故以命名。方士諱之為丑，丑即牛也。　牽牛感南方熱火之化，其氣雄烈，其性辛辣。故能平金而泄肺，去濕而利腸。黑者屬水，白者屬金，俱走氣家，不入血分。若水氣在肺，喘滿腫脹，下焦鬱遏，腰背沉重及大腸風秘，痃癖氣塊，卓有殊功。況其能達命門走精隧，故東垣天真丹中與補藥同行，深得補瀉兼施之妙也。但血分受疾及脾胃虛弱，上焦元氣已衰，婦人重身，決不可用，恐重虛以夭人。

清・王子接《得宜本草・下品藥》 黑牽牛　味苦，寒。功專下氣逐水。得茴香治水飲痛，得大黃治馬脾風病。

清・黃元御《玉楸藥解》卷一 牽牛子　味甘，氣寒。入足陽明胃、手陽明大腸、手太陽小腸、足太陽膀胱經。逐痰泄水，破聚決壅。下停痰積水，宿穀堅瘕，殺蟲泄蠱，除腫消脹，溺癃便結，風刺雀斑之證皆醫。功力甚猛，虛者勿服。去皮研末。

清・汪紱《醫林纂要探源》卷二 黑牽牛　辛，苦，寒。蔓弱而繁，葉三歧如楓，花青藍如酒杯，不分瓣，見日則紫碧而萎，結實有蒂，作小毬，中含黑子，如山楂核。補肝，潤腎命，行水，破痃癖。去下焦積濕鬱熱。寒，故能除熱，氣辛烈，故善行。東垣以為熱，殆不然也。然能潤命門之燥者，命門固水中之陽，行則潤矣。其所長惟去濕行水，通下焦氣祕，治水腫，利大小便。　白牽牛　甘，苦，辛，寒。蔓似黑牽牛，葉圓長，花亦如杯，色紅白，結白子，亦如黑牽牛而長蒂。一名天茄，嫩時可茹。功用如黑牽牛，入大腸氣分。

清・嚴潔等《得配本草》卷四 牽牛子即黑白丑。　得乾薑、青木香良。辛，熱，有毒。入手太陰經氣分，兼能下達命門。治氣分之水脹，利大腸之風秘。走經絡，消結痰，破血下胎。　得皂角，治痰壅腸結。得川楝子，治濕熱便閉。精隧阻塞，則二便閉，加穿山甲、茴香更有力。　淘去浮者，酒拌蒸熟，曬乾，碾去皮麸，取頭末用。亦有半生、半熟用者。　辛熱雄烈，泄人元氣。病在血分、脾胃虛弱而痞滿者，禁用。

題清・徐大椿《藥性切用》卷四 牽牛　性味辛熱，入肺而兼入腎命。大瀉水飲而走精髓，通下焦鬱遏，大腸風秘氣秘。有黑白二種，黑者力速，又名黑白二丑。取子淘淨，炒研用。氣虛者忌之。

清・黃宮繡《本草求真》卷六 牽牛入肺，瀉氣分濕熱。　牽牛耑入肺，兼入大小腸。　有白有黑，白者其性入肺，耑於上焦氣分，除其濕熱，故氣逆壅滯，及大腸風秘者，得此以治，黑者其性兼入右腎，能於下焦通其遏鬱，故腫滿脚氣，及大小便秘，俱得以治。但下焦血分濕熱，濕自下受，宜用苦寒以折。牽牛氣味辛辣，久嚼雄烈，服之最能泄肺。若以下焦血病而於氣分有損之藥以為投治，是以血病瀉氣，不使氣血俱損乎。　杲曰：　牽牛少則動大便，多則泄下如水，乃瀉氣之味，其味辛辣，久嚼猛烈雄壯，所謂苦寒安在哉？　故腫受濕氣不得施化，致大小便不通，斯宜用之。若濕從下受，下焦主血，血中之濕，宜苦寒之味，反以辛藥泄之，傷人元氣。　惟是水氣在肺，喘滿腫脹等症，暫用以為開泄，俾氣自上達下，而使二便頓開，以快一時。時珍曰：一宗室夫人，年幾六十，平生苦腸結病。旬日一行，甚於生產，服養血潤劑，則泥膈不快，服硝黃通利藥，則若罔知，如此三十餘年矣。時珍胗其人體肥膏粱而多憂鬱，日吐酸痰盈許乃寬，又多火病，此乃三焦之氣壅滯，有升無降，津液皆化為痰飲，不能下滋臟腑，非血燥比也。潤劑留滯，硝黃徒入血分，不能通氣，俱為痰阻，故無效也。乃用牽牛末皂莢膏丸與服，即便通利，自是但覺腸結，一服就順，亦不妨食，且復精爽也。若果下焦虛腫，虛字宜審。還當佐以沉香、補骨脂等味，以為調補，俾補瀉兼施，而無偏陂損泄之害矣。時珍曰：外甥柳喬，素多酒色，病下極脹痛，二便不通，不能坐臥，立哭呻吟者七晝夜，醫用通利藥不效，遣人叩予。予思此乃濕熱之邪在精道，壅脹隧路，病在二陰之間，故前阻小便，後阻大便，病不在大腸、膀胱也。乃用楝實、茴香、穿山甲諸藥，入牽牛加倍，水煎服，一服而減，三服而平。取子，淘去浮者，春去皮，得木香、乾薑良。

清・楊璿《傷寒溫疫條辨》卷六下劑類　牽牛子白屬金，黑屬水，炒取頭末。味辛，性寒，有小毒。達右腎，走精隧，入肺與大小腸。主下氣，通二便，祛壅滯氣急，退水腫，消風毒，療膀胱疼痛，有孕婦忌，殺寸白蟲。肉湯調末二錢。按：牽牛自宋以後，劉河間、張子和始倡為通利下藥，漢以前未入本草，此仲景所以無用法也。如順氣丸治一切積氣宿食不消。黑牽牛頭末四兩，蘿蔔剜空，安末於內，蓋定蒸熟，入白蔻末二錢，搗丸，白湯送下錢許。古方牛郎散：牽牛末一兩，檳榔末五兩，紫蘇葉湯調服二錢，治氣築奔衝，疼不可忍，並能追蟲取積。煉蜜丸，陳皮、生薑湯送下，治五積神效，再輔以補脾之劑。時珍曰：予甥素多酒色，二便不通，脹疼呻吟七晝夜，通利之不效。予思此濕熱之邪在精道，壅隧路，病在二陰之間，前阻小便，後阻大便，不在膀胱、大腸經也。用川楝子、大茴香、穿山甲一錢，牽牛子二錢，水煎，一服減，三服平。亦可丸服。

清・羅國綱《羅氏會約醫鏡》卷一六草部　牽牛子又名黑丑。味辛有毒，入肺、大小腸三經。酒蒸研細。屬火善走，入肺經，瀉氣分之濕熱。肺主氣。火能平金而泄肺。治水氣在肺、喘滿腫脹，及大腸風秘氣秘。利大小便，殺蟲有毒，墮胎辛熱。若濕熱在血分，胃弱氣虛者禁用。諸證應用藥物，和平而神良者不少，何必用此毒物哉！東垣戒人勿用宜信。有黑白二種，黑者力速，取子春去皮用。得木香、乾薑良。

清・陳修園《神農本草經讀》附録　牽牛子　氣味苦，寒，有毒。主下氣，療脚滿，水脹，除風毒，利小便《別錄》。

陳修園曰：大毒大破之藥，不堪以療內病。惟楊梅瘡，或毒發周身，或結於一處，甚則陰器剝，鼻柱壞，囟潰不合，其病多從陰器而入，亦必使之從陰器而出也。法用牽牛研取頭末，以土茯苓自然汁泛丸，又以燒裩散為衣。每服一錢，生槐蕊四錢，以土茯苓湯送下，一日三服。服半月效。

清・黃凱鈞《藥籠小品》　牽牛　辛，熱，惟善走瀉氣，宜下焦鬱遏，治大小便氣閉不通，逐水消痰，殺蟲墮胎。凡氣虛病在血分者大忌。有黑白二種，黑者力速。亦名黑丑。

清・王龍《本草纂要稿・草部》　牽牛子　氣味苦寒。理壅滯氣，急除痃癖蠱毒。利大小便難，消脚氣水腫。黑者屬水，性速。白者屬金，性遲。

清・張德裕《本草正義》卷下　黑丑一名牽牛　苦辛，熱，有毒。其性雄烈急疾，善下氣逐水，通瀉大小便，消氣寔，氣滯水腫，氣秘氣結鼓脹，攻癥積，墮胎尤速。大泄元氣，虛弱無犯。

清・楊時泰《本草述鉤元》卷一一　牽牛子　有黑白二種，黑者處處野生，白者人多種之，因其蒂似茄，呼為天茄。

黑味甘苦，白味甘辛，氣熱雄烈，有小毒，泄人元氣。走氣分，通三焦。主瀉氣分濕熱，三焦壅結。治水氣在脾，喘滿腫脹，并大小便秘，下焦鬱遏，腰背脹重，及大腸風秘氣秘，開氣塊，逐痰滯。氣藥引則入氣，以大黃引則入血，白者瀉氣分濕熱上攻喘滿，破血中之氣好古。凡用牽牛，少則動大便，多則瀉下如水，乃瀉氣之藥。夫濕者水之別稱，有形者也。若肺先受濕，濕氣不得施化，致大小便不通，則宜用之。以牽牛感熱火之化，火能平金而泄肺，濕去則氣得周流，所謂五臟有邪，更相平也。至於血中之濕，病根在下，是血分中氣病，宜用苦寒之味，不可反以辛藥泄之，更忌泄上焦太陰藥，如再洩之，是氣血俱損也東垣。牽牛治水氣在脾，喘滿腫脹，下焦鬱遏腰背脹重，及大腸風秘氣秘，卓有殊功。但病在血分，及脾胃虛弱而痞滿者，則不可取快一時，及常服，暗傷元氣也瀕湖。一老婦，平生苦腸結病，旬日一行，甚於生產，服潤燥藥則泥膈，服硝、黃通利則罔知，如此三十餘年，其人體肥膏粱，而多憂鬱，日吐酸痰盌許乃寬，又多火病。此三焦之氣壅滯，有升無降，津液皆化為痰飲，不能下滋腸腑，非血燥比也。潤燥留滯，硝、黃徒入血分，不能通氣，俱為痰阻，故無效。乃用牽牛末，皂莢膏丸與服，即便通利，自是但覺腸結，一服就順，亦不妨食，且復精爽。蓋牽牛走氣分，通三焦，氣順則痰逐飲消，上下通快矣又。一人素多酒色，病下極脹痛，二便不通，不能坐臥，立哭呻吟者七晝夜，歷用通利，不效。此濕熱之邪在精道，壅脹隧路，病在二陰之間，故前阻小便，後阻大便，病不在大腸膀胱也。乃用楝實、茴香、穿山甲諸藥，入牽牛加倍，水煎服，一服而減，三服平。牽牛能達右腎命門，走精隧，人所不知。惟東垣治下焦陽虛天真丹，用牽牛鹽水炒黑，佐沉香、杜仲、故紙、官桂諸藥，深得補瀉兼施之妙。又治脾濕太過，通身浮腫，喘不得臥，腹如鼓，海金沙散，亦以牽牛為君。然則東垣非棄牽牛不用，但貴施之得道爾又。一老人，因冒雨感寒，未經汗散，至春初內熱煩躁，胸膈緊滿，十日不大便，用清解二劑，入口即吐其強半，加熟大黃利之，吐去殆盡。蓋因痰熱凝結胸膈，治以血分藥，反拒而不納也。因用牽牛大黃丸，緩緩服之，而大便通，續進清氣化痰十餘劑，漸安。此案較上所說，又進一解矣。三焦壅塞，胸膈不快，頭昏目眩，涕唾痰涎，精神不爽，利膈丸，用牽牛子四兩，半生半炒，不蛀皂莢酥炙二兩，為末，生薑自然汁煮糊，丸梧子大，每服二十丸，荊芥湯下。腎氣作痛，黑白牽牛等分，炒為末，每服三錢，用猪腰子切，縫入茴香百粒，川椒五十粒，摻牽牛末入內紮定，紙包煨熟，空心食之，酒下，取出惡物效。

論：牽牛子感熱火之化所生，稟性雄烈。色黑者先甘後苦，甘少苦多，其力速。色白者先甘後辛，甘少辛多，其效遲。二者均瀉氣分之濕，故下水積類用之。夫濕屬血病，又有所謂氣分之濕者，此即血中之氣也。人身元氣不能化濕，積久而蘊隆之氣，滯着填壅，以致喘滿腫脹，或鬱遏下焦，二便不得施化，斯時將從血治乎。將必於血中之氣而責之，用此為斬關奪門之將，乃有入處。而猥以其泄元氣遂束手待斃可乎？如邪不至於蘊隆，患不極於填壅，則正氣未併於濕邪，但處其弱而已，弱而投之，能復有存者寡矣。故臨證投劑，惟審濕邪之盛否以為用舍耳。凡人三焦氣壅，有升無降，津液皆化為痰飲，不能下滋腸腑而病腸結，服硝、黃，徒入血分，必若罔聞，更有必用大黃之證，無牽牛則竟不能入胃口以下者，可知此味為血中開導之先驅，即漫然謂其泄氣不可也。大抵牽牛屬陽中之陰，稟性辛烈，故多就陰濕之氣以為開，非治熱也。不論寒濕濕熱，但其壅結處，即其奏功處。若寒濕濕熱之痰，上壅下秘，尤其的對。如下焦病於氣壅而實，以致脹痛者，用此能達命門，走精隧，以此病亦本於濕所化也。惟水氣為患，正當益脾健運，以資氣化，焉用此不能化氣，而徒泄氣之味，以致氣化愈窮哉。

牽牛屬火善走。黑者屬水，白者屬金，若非病形與證俱實，不脹滿，不大便秘者，不可輕用，驅逐致虛，先哲深戒丹溪。亦有半生半熟用者。

修治：碾取頭末，去皮麩不用。

清·葉桂《本草再新》卷三　牽牛子味辛，性熱，有毒。入肺經。　善走，瀉濕熱，達命門，走精隧，通下焦鬱遏，利大小便，殺蟲墮胎，除癖塊。

清·吴其濬《植物名實圖考》卷二二　牽牛子　《別錄》下品。今園圃中植之。《酉陽雜俎》謂之盆甑草。自河以北，謂之黑丑、白丑，又謂之勤娘子。其花色藍，以漬薑，色如丹，南方以作紅薑，故又名薑花。又一種子可蜜煎，俗謂之天茄。《救荒本草》謂之丁香茄。李時珍以為即牽牛子之白者，花葉固無異也。另入果類。

雩婁農曰：俗以牽牛花同薑作蜜餞，紅鮮可愛，而理不可曉。梅聖俞詩：持置梅窗間，染薑奉盤饈；爛如珊瑚枝，惱翁牙齒柔。文與可詩：只解冰盤染紫薑。此法自宋始矣。邵子詩雕零在槿先，言其日出即收也。司馬溫公獨樂園有花庵，以牽牛瓜豆為之。東坡以此非佳花，而前賢多賞之。觀邵子所謂長是廢朝眠者，即此。亦見賢者斷無三宴起時也，黃綾被裏放衙，終身不見此花矣。俗呼此花為勤娘子，亦有味。

清·趙其光《本草求原》卷四蔓草部　黑白牽牛　辛，熱，達右腎命門，走精髓，泄血中之氣以治濕。濕本屬血，因氣先不化，濕邪乃結實壅閉，致二便秘塞。此時補正，不得徒用硝、黃治血分，多致拒吐。須於硝、黃劑中合此以開陰濕之氣而破結。故濕無論寒熱，果結實而上壅下秘，總宜佐此為血中開導。倘熱實無濕及濕熱未實，不可混用。

用鹽水炒黑，佐桂、沉、杜、故紙，補瀉互用，治陽虛秘滯。同川楝、茴香、山甲，治濕熱在精道，陰塞二陰之界，致二便不通。此非大腸、膀胱病也，觀此可悟楊梅瘡毒以此為要藥。同故紙、畢澄、檳榔、青木香，治癩疝；如冷者，減丑、檳，加吴萸、香附。至水腫一症，人亦多用之。不知水病多因氣不化，肺、脾、腎皆主氣，即皆主水，脾尤為升降肺腎之樞，水病宜健脾利氣，佐以行水，使氣運水自化，不得妄用此泄氣之味，致氣化益窮也。

清·文晟《新編六書》卷六《藥性摘錄》　牽牛　辛辣，入肺，兼大小腸。〇白者入肺，除上焦氣分濕熱，治氣逆壅滯，及大小腸風閉。〇黑者入肺，兼入左右腎，治肺氣及大小便閉。〇惟水氣在肺，心滿腫脹，可暫用，以為開泄。若果下焦虛腫，還當佐以沉香、故帋等味，方無偏陂損泄之害。〇取子，淘去浮者，春去皮用。○得乾薑、沉香良。

清・劉東孟傳《本草明覽》卷二 牽牛子 【略】按：東垣云：牽牛非《神農經》藥，出《名醫》。《續註》云：味苦，寒，能除濕利小便，治下疰脚氣。據所說，氣味主治俱誤。凡藥中用牽牛者，少則動大便，多則瀉下。試取嘗之，味則辛辣，久嚼雄壯，漸漸不絕，非辛而何。其謂苦寒者，果安在哉？故但能瀉氣中之濕熱。況濕從下受，下焦主血，是血中之濕，宜用苦寒之味矣，如黄芩、當歸、桃仁等，不可用此味矣。此仲景治七種濕症，小便不利，無一犯牽牛者，非不知牽牛能瀉濕利小便也。謂濕病之根在下焦，是血分中氣病，不可用辛辣氣藥，反瀉上焦太陰之氣也。何世人不分氣血，而一概用之乎。殊不知牽牛比諸辛藥，瀉氣尤甚。若肺先受濕則宜用之，苟不問有濕無濕，而作常服尅化之藥，誤亦甚矣。張文懿公嘗謂：牽牛不可躭嗜，脱人元氣。初疑藥有何躭嗜，後每見人因酒食病之痞者，多服神芎丸等藥，皆犯牽牛。初服則快，藥過復痞，仍前再服，隨服而效，由是愈信，躭嗜久服，暗傷元氣而猶不知悔悟也。夫病此者，但當益脾健胃，使元氣生發，自然腐熟水穀而痞自消矣，《經》云：辛瀉氣，肺氣病者，毋多食辛。況飲食勞倦，所傷在胃，胃氣不行，心火乘之，胃受火邪，名曰熱中。當于血分瀉火而用黄芩之苦寒，當歸之辛溫，桃仁之甘苦，以除燥而潤大便，且以參、芪、甘草甘寒之藥，兼而用之。若因血熱而瀉氣，非其治矣。蓋上焦元氣，已自虚弱，津液不足，口燥舌熱，若反用牽牛，氣味俱陽，大辛之藥，重瀉其已虚之元氣，復耗其精液，利其小便，以致陰火愈甚，重則死，輕則夭，誠可憫也。牽牛感南方火熱之化，濕勝而氣不得施化，以致大小便不通者，則用以瀉濕，而氣得周流，所謂五臟互有邪，更相平也，火能平金而瀉肺故耳。近世錢氏瀉黄散中獨用防風，過于他藥一二倍者，以防風辛溫，能于土中瀉金，使子不助母也。《經》云：從前來者謂實邪，謂子能令母實，故以所勝平之。晦菴《語録》中，有秋食薑則夭人天年。《經》止言辛瀉氣，而晦菴何戒之深也。蓋謂夏月薑不禁者，熱氣主旺之時，宜以汗散，薑能發汗，以越其熱。秋分食薑，令人瀉氣，故禁之。薑且如此，而況牽牛乎？

清・張仁錫《藥性蒙求・草部》 牽牛黑二錢、白 牽牛苦寒，濕熱能攻。下焦氣秘，可奏神功。一云：辛，熱。入肺經。瀉氣分濕氣，達右腎命門，走精隧，通下焦小便，逐水消痰，卓有殊功。但病在血分，及脾胃虚弱而痞滿者忌之。

○有黑、白二種，黑者名黑丑，白者名白丑。黑者力速，酒蒸細研。

清・戴葆元《本草綱目易知録》卷二 牽牛子白丑、黑丑。 辛，熱，有小毒。屬火善走，入肺經。瀉氣分之濕熱壅滯，能達右腎命門，走精隧，通下焦鬱遏及大腸風秘氣秘，利大小便，下氣去水，逐痰消飲，追蟲落胎。治水腫喘滿，痃癖氣塊，脚氣腰疼。除三焦壅結，下冷膿，瀉蠱毒。若濕熱不在氣分而在血及胃氣虚者，俱禁用。

清・黄光霽《本草衍句》 牽牛 辛熱有毒，大瀉元氣。黑者入腎右腎，白者入肺。通下焦之鬱遏，走命門於精隧。消痰逐水，瀉氣分之濕邪熱邪；利便墮胎，除大腸之風閉氣秘。病在血分莫投，胃氣虚弱最忌。得茴香治水飲痛，得大黄治馬脾風病。 時珍曰：治外甥柳喬素多酒色，病下極脹痛，二便不通，不能坐卧七晝夜。醫用利藥不效。予思此乃濕熱之邪在精道，壅脹隧路，病在二陰之間，故前阻小便，後阻大便，病不在大腸、膀胱也。乃用川楝子、茴香、山甲焙，黑丑，水煎服，一服而減，三服而平。牽牛能達右腎命門，走精隧也。

清・陳其瑞《本草撮要》卷一 牽牛 味甘氣寒，入手足陽明、太陽經，功專下氣逐水。得茴香治水飲痛，得大黄治馬脾風病。若濕熱在血分，胃弱氣虚人禁用。得木香、乾薑良。墮胎。

丁香茄兒

明・朱櫹《救荒本草》卷下之後 丁香茄兒 亦名天茄兒。延蔓而生，人家園籬邊多種。莖紫多刺，藤長丈餘，葉似牽牛葉甚大，而無花叉，又似初生嫩綠葉却小。開粉紫邊、紫色心、筒子花，狀如牽牛花樣，結小茄如丁香樣而大，有子如白牽牛子亦大，味微苦。 救飢：採茄兒煠食。或醃作菜食。嫩葉亦可煠熟，油鹽調食。

清・吳其濬《植物名實圖考》卷三一 天茄子 《救荒本草》謂之丁香茄。茄作蜜煎，葉可作蔬，其形狀絕類牽牛子，或即以為牽牛花，殊誤。

旋花

唐・張鷟《朝野僉載》卷一 筋斷須續者，取旋復根絞取汁，以筋相對，以汁塗而封之，即相續如故。

宋・李昉《太平御覽》卷第九九二 旋華 《本草經》曰：旋華，一名筋根，一名美草。去面皯黑，令人色悦澤。根主腹中寒熱邪氣。生豫州，或豫章。

宋・唐慎微《證類本草》卷七草部上品《《本經・別録》》 **旋花** **味甘，溫，**無毒。**主益氣，去面皯黑色，媚好。其根味辛，主腹中寒熱邪氣，利小便。久服不飢，輕身。一名筋根花，一名金沸，**一名美草。生豫州平澤。五月採，陰乾。

〔梁・陶弘景《本草經集注》〕云：東人呼爲山薑，南人呼爲美草。根似杜若，亦似高良薑。腹中冷痛，煮服甚效。作丸散服之，辟穀止飢。近有人從南還，遂用此術與人斷穀，皆得半年，百日不飢不瘦。但志淺嗜深，不能久服爾。其葉似薑，花赤色。殊辛美，子狀如豆蔻，此旋花之名，既是其花也。今山東甚多。

〔唐・蘇敬《唐本草》〕注云：此即生平澤，旋葍音福是也。其根似筋，故一名筋根。旋徐兗切花，陶所證真山薑爾。陶復於下品旋葍注中云：此根出河南，北國來，根似芎藭，惟膏中用。今復道似高良薑，二説自相矛楯。且此根味甘，山薑味辛，都非此類。其旋葍膏療風逐水，止用花，言根亦無妨，然不可以杜若亂之也。又將旋葍花名金沸，作此別名，非也。

《別録》云：根，主續筋也。

〔宋・馬志《開寶本草》〕按：《陳藏器本草》云：旋花，本功外，取根食之不飢。又取根，苗擣絞汁服之，主丹毒，小兒毒熱。根，主續筋骨，合金瘡。陶注誤而唐注是也。

〔宋・掌禹錫《嘉祐本草》〕按：《蜀本圖經》云：旋葍花根也，蔓生，葉似薯蕷而多狹長，花紅白色，根無毛節，蒸煮堪噉，味甘美，根名筋根。今所在川澤皆有，二月、八月採根，日乾。蕭炳云：旋徐元切復音伏用花，葍音福旋徐願反用根，今云旋復根即葍旋，誤矣。

〔宋・蘇頌《本草圖經》〕曰：旋徐願切花，生豫州平澤，今處處皆有之。蘇恭云：此即平澤所生旋葍音福是也。其根似筋，故一名筋根。《別録》云：根主續筋，故南人皆呼爲續筋根。苗作叢蔓，葉似山芋而狹長。花白，夏秋生遍田野。根無毛節，蒸煮堪噉，甚甘美。五月採花，陰乾。二月、八月採根，日乾。花今不見用者，下品有旋徐元切復花，與此殊別。人疑其相近，殊無謂也。《救急方》續斷筋法：取旋葍草根，淨洗去土，擣量瘡大小傅之，日一二易之，乃差止。一名肫腸草，俗謂皷子花也。黔南出一種旋花，麄莖大葉，無花，不作蔓，恐別是一物也。

宋・寇宗奭《本草衍義》卷八 旋花　蔓生，今河北、京西、關陝田野中甚多，最難鋤艾，治之又生。世又謂之皷子花，言其形肖也。四五月開花，亦有多葉者。其根寸截置土下，頻灌溉，方涉旬，苗已生。《蜀本圖經》是矣。

宋・鄭樵《通志》卷七五《昆蟲草木略》 旋花　曰鼓子花，曰筋根花，曰金沸，曰美草，曰肫腸草。蔓生，花不作瓣，故謂之旋也。此草一名金沸，而旋覆花亦名金沸，旋花正謂之葍旋，旋覆正謂之旋復，易相紊也。然方家所用者，葍旋用根，旋復用花。

宋・劉明之《圖經本草藥性總論》卷上 旋花　味甘，溫，無毒。主益氣，去面皯黑，色媚好。根，味辛。主腹中寒熱邪氣，利小便。又云：根，主續筋也。陳藏器云：取根苗搗汁服之，主丹毒熱。根，主續筋骨，合金瘡。一名金沸，一名美草。生豫州平澤。五月採，陰乾。

明・朱橚《救荒本草》卷上之後 葍子根　俗名打碗花，一名兔兒苗，一名狗兒秧。幽薊間謂之燕葍根，千葉者呼為纏枝牡丹，亦名穰花。生平澤中，今處處有之。延蔓而生，葉似山藥葉而狹小，開花狀似牽牛花，微短而圓，粉紅色，其根甚多，大者如小筯麄，長一二尺，色白。味甘，性溫。救飢：採根洗淨，蒸食之。或晒乾杵碎，炊飯食亦好。或磨作麵，作燒餅蒸食皆可。久食則頭暈破腹，間食則宜。

明・王綸《本草集要》卷三 旋花　味甘，氣溫，無毒。五月採，陰乾。主益氣，去面皯黑色，媚好。其根味辛，主腹中寒邪氣，利小便。久服不飢輕身。

明・滕弘《神農本經會通》卷一 旋花　五月採花，陰乾。二八月採根，日乾。與下品旋復花殊別，俗謂鼓子花也。味甘，氣溫，無毒。《本經》云：主益氣，面皯黑，色媚好。其根味辛，主腹中寒熱邪氣，利小便，久服不飢，輕身。一名金沸。五月採，陰乾。陳藏器云：旋花，本功外，取根食之，不飢。又取根苗，擣絞汁服之，主丹毒，小兒毒熱。根，主續筋骨，合金瘡。

明・劉文泰《本草品彙精要》卷九 旋花無毒　蔓生。

旋花：主益氣，去面皯黑色，媚好。其根味辛，主腹中寒熱邪氣，利小便。久服不飢，輕身。《神農本經》。〔名〕筋根花、金沸、美草。〔苗〕《圖經》曰：苗作叢蔓，葉似山藥而狹長，花紅白，夏秋間遍生田野，所謂旋葍是也。根無毛節，蒸煮堪啖，甚甘美。其根似筋，故名筋根。根主續筋，故南人皆呼爲續筋根。下品有旋覆花，與此殊別，人疑其相近，殊無謂也。黔南出一種旋花，粗莖大葉，無花，不作蔓，恐別是一物。〔地〕《圖經》曰：生豫州平澤，今處處皆有之。〔時〕生：夏秋生苗。採：二月、八月取根，五月取花。〔收〕根日乾，花陰乾。〔用〕花、根。〔色〕花紅白，根土黃。〔味〕甘，辛。〔性〕溫，散。〔氣〕氣之厚者，陽中之陰。〔臭〕香。〔主〕續筋骨。

〔製〕根洗去蘆土。〔治〕療：陶隱居云：根煮服之，除腹中冷痛。陳藏器云：根，食之不飢及續筋骨，合金瘡同。苗搗汁，主丹毒，小兒熱毒。

〔贋〕杜若爲僞。

明・王文潔《太乙仙製本草藥性大全》卷二《本草精義》

旋花　一名筋根花，一名金沸，一名美草，又謂之鼓子花。生豫州平澤，今處處皆有之。蘇恭云：即平澤所生，旋葍音福是也。其根似筋，故一名筋根。《別録》云：根主續筋，故南人皆呼爲續筋。根苗作叢蔓，葉似山芋而狹長，花白，夏秋生遍田野，根無毛節，蒸煮堪噉，甚甘美。五月採花陰乾，二月、八月採根日乾。花今不見用者，下品有旋徐元切覆花，與此殊別。

明・王文潔《太乙仙製本草藥性大全》卷二《仙製藥性》

旋花　味甘，氣溫，無毒。主治：主益氣，媚好色，去面皯黑色。根苗：搗汁治丹毒，治小兒毒熱。其根味辛，續筋骨，合金瘡，主腹內寒邪氣，利小便。久服不飢，輕身耐老。補註：續斷筋法：取草根，洗去土，搗，量瘡大小傅之，日二換，乃差止。一名豚腸草，俗謂鼓子花，黔南出一種旋花，粗莖大葉，無花，不作蔓，恐別是一物也。

明・皇甫嵩《本草發明》卷三

旋花上品下，君。氣溫，味甘，無毒。根似筋，一名筋根。發明曰：此主益氣，去面皯黑色，媚好。○根，味辛。主腹中寒熱邪，利小便。久服不(肌)〔飢〕，輕身。陳藏器云：根，主續筋骨，合金瘡。取根苗搗汁服之，主丹毒，小兒毒熱。蔓生，與旋復花不同。

明・李時珍《本草綱目》卷一八草部・蔓草類

旋花《本經》上品

〔釋名〕旋葍蘇恭　筋根《本經》　續筋根《圖經》　鼓子花《圖經》　㹠腸草《圖經》　美草《別録》　天劍草《綱目》　纏枝牡丹恭曰：旋花即平澤旋葍也。其根似筋，故一名筋根。炳曰：旋葍當作葍旋，音福旋，用根入藥。別有旋覆，音璇伏，用花入藥。今云旋葍，誤矣。頌曰：《別録》言其根主續筋，故南人呼爲續筋根。一名㹠腸草，象形也。宗奭曰：世俗謂之鼓子花，言其花形肖也。時珍曰：其花不作瓣狀，如軍中所吹鼓子，故有旋花、鼓子之名。一種千葉者，色似粉紅牡丹，俗呼爲纏枝牡丹。〔集解〕《別録》曰：旋花生豫州平澤。五月采，陰乾。保昇曰：此旋葍花也。所在川澤皆有。蔓生，葉似薯蕷而狹長。花紅色。根無毛節，蒸煮堪噉，味甘美，名筋根。二月、八月采根，日乾。宗奭曰：今河北、汴西、關陝田野中甚多，最難鋤艾，治之又生。四五月開花。其根寸截，置土灌溉，涉旬苗生。韓保昇說是矣。時珍曰：旋花田野塍塹皆生，逐節延蔓，葉如菠菜葉而小。至秋開花，如白牽牛花，粉紅色，亦有千葉者。其根白色，大如筋。不結子。頌曰：黔南施州出一種旋花，粗莖大葉無花，不作蔓，恐別是一物也。

〔正誤〕《別録》曰：花一名金沸。弘景曰：旋花東人呼爲山薑，南人呼爲美草。根似杜若，亦似高良薑。腹中冷痛，煮服甚效。作丸散服，辟穀止飢。近有人從江南還，用此術與人斷穀，皆得半〔年〕百日不飢不瘦。但志淺嗜深，不能久服爾。其葉似薑。花赤色，味辛，狀如豆蔻，此旋花即其花也。今山東甚多。又註旋覆花曰：別有旋葍根，出河南，來北國亦有，形似芎藭，惟合旋葍膏用之，餘無所入。恭曰：旋花乃旋葍花也，陶說乃山薑爾。山薑味辛，都非此類。又因旋覆花名金沸，遂作此花別名，皆誤矣。又云從北國來者根似芎藭，〔芎藭〕與高良薑全無彷彿，亦誤也。

〔氣味〕花：甘。根：辛，溫，無毒。時珍曰：花、根、莖、葉並甘滑微苦，能制雄黃。

〔主治〕面皯黑色，媚好，益氣。根：主腹中寒熱邪氣《本經》。利小便，久服不飢輕身。續筋骨，合金瘡《別録》。搗汁服，主丹毒熱藏器。補勞損，益精氣時珍。

〔發明〕時珍曰：凡藤蔓之屬，象人之筋，所以多治筋病。旋花根細如筋可啖，故《別録》言其久服不飢。時珍自京師還，見北土車夫每載之。云暮歸煎湯飲，可補損傷。則益氣續筋之說，尤可徵矣。

〔附方〕舊一，新一。

被斫斷筋：旋葍根搗汁，瀝瘡中，仍以滓傅之。日三易，半月即斷筋便續。此方出蘇景中療奴有効者。王燾《外臺秘要》。

秘精益髓：太乙金鎖丹：用五色龍骨五兩，覆盆子五兩，蓮花蘂四兩，未開者，陰乾，鼓子花三兩，五月五日采之，雞頭子仁一百顆，並爲末。以金櫻子二百枚，去毛，木臼搗爛，水七升，煎濃汁一升，去渣。和藥，杵二千下，丸梧子大。每空心溫鹽酒下三十丸。服之至百日，永不泄。如要泄，以冷水調車前末半合服之。忌葵菜。薩謙齋《瑞竹堂方》。

明・姚可成《食物本草・救荒野譜補遺・草類》

鼓子花食根。一名旋花。生川澤。蔓生，葉似山藥，根無毛節。味甘美，荒年掘取，蒸食之。

鼓子花，鼓子花，豐年簫鼓競繁華。今年鼓吹寂無譁，流離滿眼多傷嗟。

明・姚可成《食物本草》卷一九草部・蔓草類

旋花一名旋葍，一名纏枝牡丹，一名鼓子花，一名筋根。所在川澤皆有。蔓生，葉似薯蕷而狹長。花紅色。根無毛節，蒸煮堪啖，味甘美。○李時珍曰：旋花，田野塍塹皆生。逐節延蔓。葉如菠菜葉而小。至秋開花如白牽牛花，粉紅色，亦有千葉者。其根白色，大如筋，不結子。

旋花，味甘、辛，溫，無毒。治面皯黑色，媚好，益氣。

根　主腹中寒熱邪氣，利小便。久服不飢輕身，續筋骨，合金瘡，補勞損，益精氣。搗汁服，主丹毒熱。陶弘景謂此艸根可以辟穀止飢，服之者皆得半

〔年〕百日不飢不瘦，但志淺嗜深，不能永久服之爾。

明・顧逢柏《分部本草妙用》卷八雜藥部　旋花　甘。根，辛溫，無毒。制雄黃。　主治：面皯黑，色媚好，益氣。根，主腹中寒熱邪氣，利小便，輕身，續筋骨，合金瘡。汁，治丹熱毒，補勞損，益精氣。　旋花專主筋病，可補傷，續筋之要藥也。

清・顧元交《本草彙箋》卷四　旋花　有益氣續筋之功。北地車夫每多取載車上，云歸煎湯可補傷損。根細如筋，可啖也。

亦名鼓子花，即纏枝牡丹。田野塍塹皆生，逐節延蔓，葉如波菜葉而小，至秋開花，如白牽牛，帶粉紅色。亦有千葉者，根白色，不結子。

清・穆石匏《本草洞詮》卷一〇　旋花　一名鼓子花，花不作瓣，如軍中鼓子形也。一種千葉者，俗乎纏枝牡丹。花味甘，根味辛，並氣溫，無毒。補勞損，益精氣，續筋骨，合金瘡，治面皯黑色，利小便。根主腹中寒熱邪氣，久服不飢輕身。凡藤蔓之屬，象人之筋，所以多治筋病。李瀕湖謂自京師還，見北土車夫每載之，云暮歸煎湯飲，補損傷。則益氣續筋之說可徵矣。薩謙齊有太乙金鎖丹，秘精益髓，用五色龍骨五兩，覆盆子五兩，蓮花蕊四兩，未開者陰乾鼓子花三兩，五月五日采之，雞頭子仁一百顆，並為末，以金櫻子二百枚，去毛，木臼搗爛，水七升，煎濃汁一升，和藥杵二千下，丸如梧子，每空心鹽酒下三十丸，服至百日，永不泄矣。

清・李熙和《醫經允中》卷二一　旋花　制雄黃。　花甘，根辛，溫，無毒。主治續筋骨，合金瘡。

清・张璐《本經逢原》卷二　旋花一名纏枝牡丹。　甘、辛，無毒。制雄黃。

《本經》主面皯黑色，媚好，益氣。根主腹中寒熱邪氣。　發明：凡藤蔓之屬，象人之筋，所以多治筋病，旋花根細如筋，可啖。《本經》言主腹中寒熱邪氣。《別錄》言其久服不飢。時珍自京師還，見北地車夫每載之，云暮歸煎湯飲可補損傷，則益氣續筋之說，尤可徵矣。筋被斫斷者，用旋花根搗汁瀝斷處，仍以滓敷，日三易，半月即續。

清・吳儀洛《本草從新》卷二　旋花（補陰，續筋。）一名旋葍。　甘，辛，溫。補勞損，益精氣，續筋骨。用根搗汁瀝傷處，渣敷其上，日三易，半月即斷筋便續。　即鼓子花。

題清・徐大椿《藥性切用》卷四　旋花　即纏枝牡丹。性味甘辛，力能補勞續筋，汁滴傷處，渣敷其上，日三易，半月斷筋即續。

清・吳其濬《植物名實圖考》卷二二　旋花　《本經》上品。《爾雅》：葍，藑。陸璣《詩疏》：幽州人謂之燕葍。今北地俗語猶爾。《救荒本草》謂之葍子根，根可煮食。有赤、白二種，赤者以飼猪，亦曰鼓子花；千葉者曰纏枝牡丹。今南方蕹菜，花葉與此無小異，唯根短耳。

雩婁農曰：古者農生九穀，而園圃毓草木，凡漆林梧檟，染草果蓏，資生之物，皆相土宜而種之。不僅蒔蔬供食也，《豳風》築場圃曰食瓜、曰斷壺、曰煮葵、曰祭韭，蓋古時園人所種之蔬如是而已，芣苢、卷耳、蘋、蘩、荇、藻之屬，無不采於水陸，葍為惡菜，流離者采之。然祭祀之籩豆，朝事之饋食，若荇、若芹、若昌本、若茆，皆非出於種植者，何也？蓋野蔌得自然之氣，無糞穢之培，既昭其潔以交神明，而朝會燕饗，不廢婦稚之所拮据，則民間疾苦，君相無時而不與共。又況五行、五氣，應候而萌，以和膳食之宜，助舒斂而消疹戾，其益大矣。後世園官菜把，務為新美，一切溫養之物，皆爇緼火以迫其生，金蔬玉菜，最足動宿痾而引時癘。至如豆粥、韭蓱，以侈相尚；方丈朵頤，都非正味。又烏知民間有掘鼠果而覓梟茈者耶？東坡詩云：我與何曾同一飽。吾以為日食萬錢，猶云無下箸處。彼蓋未嘗飽也。北地春遲，少蟲豸之毒，筠藍挑菜，塵釜生香，清虛之氣，臟神安焉；南方地沮濕，多虵虺，候早而生速。然野菜之箋，非江南士大夫所膾炙而詠嘆者哉。其《序》曰：病骨癯骸，非此無以養其沖和；擊鮮嚼肥，非此無以解其腥羶。誠有味乎言之矣。又曾見跋《齊民要術》書者曰：此傖父所食，而賞其多奇字，噫！彼縱能識字，其與不能辨菽麥何？不食肉糜者，相去間一寸哉！

清・葉志詵《神農本草經贊》卷一　旋華　味甘，溫。主益氣，去面皯黑色，媚好。其根味辛，主腹中寒熱邪氣，利小便。久服不飢輕身。一名筋根華，一名金沸。生平澤。

截寸苗生，浹旬可敷。疎細纏枝，虛圓旋鼓。筋力剛堅，容顏媚嫵。被隴交塍，耰鋤刈取。

寇宗奭曰：其根寸截置土，灌溉涉旬，苗生田野間甚多，最難鋤刈，治之又生。李時珍曰：千葉者色粉紅，俗呼纏枝牡丹，其花不作瓣狀，如軍中所吹鼓子，故有旋華、鼓子之名。名醫曰：根主續筋，南人呼為續筋根。《管子》：彊力剛堅。元好問詩：意態工媚嫵。庾信詩：被隴文瓜熟，交塍香穗低。蘇軾說：耰鋤銍艾，相尋於上。《詩箋》：錯薪我欲刈取之。

清·戴葆元《本草綱目易知錄》卷二　旋花旋葍，續筋根。　花，甘。益氣秘精，治面皯黑色，媚好。○根，辛，溫。益氣輕身，續筋骨，合金瘡，補勞損，益精氣，利小便，治腹中寒熱邪氣。擣汁服，主丹熱毒。時珍曰：旋花，一名鼓子花，不作瓣，狀如軍子所吹鼓子，名。田野塍塹皆生，逐節蔓延，葉如菠菜葉而小，至秋開花，如牽牛花，粉紅色，亦有千葉者，其根白大如筋，不結子。凡藤蔓之屬象人之筋，故多治筋病。葆謄此以正《備要》載旋覆花根能續筋之悞。原其莖生而非藤蔓也。

藤長苗

明·朱橚《救荒本草》卷上之後　藤長苗　又名旋菜。生密縣山坡中。拖蔓而生，苗長三四尺餘，莖有細毛，葉似滴滴金葉而窄小，頭頗齊，開五瓣粉紅大花，根似打碗花根。根葉皆味甜。　救飢：採嫩苗葉煠熟，水淘淨，油鹽調食。掘根，換水煮熟亦可食。

馬蹄金

明·佚名氏《醫方藥性·草藥便覽》　馬蹄金　其性甘。治諸毒〔雍〕〔癰〕背，惡風。

白鶴藤

清·趙其光《本草求原》卷四蔓草部　白鶴藤即白膏藥根。　澀、甘，平。寬筋，壯骨。葉，敷爛腳，化腐瘡。根，浸酒用。

燕覆子

唐·孟詵、張鼎《食療本草》卷子本　鷰覆子平。　右主利腸胃，令人能食。下三焦，除惡氣。和子食更良。江北人多不識此物，即南方人食之。又，主續五藏音聲及氣，使人足氣力。又，取枝葉煮飲服之，治卒氣奔絕。亦通十二經脉。其莖為〔通〕草，利關節擁塞不通之氣。今北人只識逋草，而不委子功。

元·吴瑞《日用本草》卷六　燕覆子　名木通實，亦名桴棪子。　味甘，寒，無毒。　主腸胃，令人能食。下三焦，除惡氣，使語聲足，氣通十二經脉。

莖　名木通。主理風熱五淋，利小便，開關膈，止渴退熱，通小便，下水，破積聚，排膿消瘡癤，止痛。

明·蘭茂《滇南本草》〔叢本〕卷中　蒲地參一名打破碗，一名盤腸參。　味苦，平，性寒。治婦人白帶，上盛下虛，水火不清，不胎育。單方：治婦人白帶，蒲地參三錢，引點水酒服。

明·王文潔《太乙仙製本草藥性大全》卷二《仙製藥性部》　鷰覆子　味甘，氣寒，無毒。　主治：主胃口熱閉，翻胃不下食，除三焦客熱，理風熱淋疾。小便急疼，小腹虛滿，宜煎湯并葱食之有效。

荷包草

明·蘭茂原撰，范洪等抄補《滇南本草圖說》卷六　荷包草　味甘，平，寒，無毒。主治：婦人午夜發熱、虛勞等症，小兒疳熱，眼目赤痛，煎湯服之神效。久服可祛勞蟲，令人肥胖。

清·趙學敏《本草綱目拾遺》卷五草部下　荷包草　一名肉餛飩草，一名金鎖匙。生古寺園砌石間，似地連錢而葉有皺紋，形如腰包，青翠可愛。《百草鏡》云：二月、十月發苗，生亂石縫中，莖細，葉如芡實大，中缺，形似挂包餛飩，故名。蔓延貼地，逐節生根，極易繁衍，山家階砌亂石間多有之，四月、十月採，過時無。

性微寒，治黃白火丹，去溼火，兼神仙對坐草用。○清五臟，點熱眼，止吐血，洗痔瘡，調婦人經，忌鹽。

水腫初起：《百草鏡》云：活鯽魚大者一尾，用瓷片割開，去鱗及腸血，以紙拭淨，勿見水，以荷包草填腹令滿，甜白酒蒸熟，去草食魚。利溼熱，治黃白疸臌脹，白濁經閉，搗汁點熱眼，煎湯洗痔瘡腫痛《百草鏡》。　疝氣：周氏《家寶》用荷包草研爛汁，酒送服。此草形似荷包，上面有二子，初生時有葉無子，須至六七月方生。　黃疸：《家寶方》荷包草螺螄三合，同搗汁，澄清，煨熱服。　眼中生疔：《眼科要覽》用肉餛飩草連根葉，和酒漿板搗汁，飲二三次，即愈。酒漿板，即酒釀糟也。　蛇咬：《家寶方》鶴頂紅即灰藋、肉餛飩、野甜菜，三味共搗敷之。

滇土瓜

明·蘭茂原撰，范洪等抄補《滇南本草圖說》卷四　土瓜　氣味甘甜無毒。一苗便葉，似黑首烏，根下結瓜。主治：健脾補胃，而寬中利便，止大腸下血。○白土瓜，性平甘。治咳嗽，肺經結熱成癰。亦治婦人乳結不通。

明·蘭茂撰，清·管暄校補《滇南本草》卷上　土瓜　味甘，平。一本數枝，似葫蘆，無花，根下結瓜。有赤白二種，赤者治婦人赤白帶下，通經解熱。白者治陰陽不分，婦人子宮久冷，男子精寒，服之年老亦能生子，又健脾胃而生津液。生食止嘔，療（肌）〔飢〕。產臨安者佳，蓄至二三年，重至二三斤一枚者更佳。

明・蘭茂《滇南本草》〔叢本〕卷中　土瓜　味甜，性平。補脾，解胃熱，利下小便，止大腸下血。單方：土瓜皮點水酒煎湯服，治膀胱偏墜，或一子大硬。註補：紅土瓜，入脾胃二經，得土之氣，故有補脾之說。血入胃死，故大腸下血治效。

清・吳其濬《植物名實圖考》卷二三　滇土瓜　土瓜生滇、黔山中。細蔓，長葉微團。秋開如鼓子花，色淡黄，根以為果食。桂馥《札璞》土瓜形似萊菔之扁者，色正白，食之脆美。案即《爾雅》：黄，菟瓜。謂為土瓜。《滇本草》：味甘平，一本數枝，葉似胡蘆，根下結瓜，紅白二色。紅者治紅白帶下，通經解熱；白者治婦人陰陽不分，子宮虚冷，男子精寒。生喫有止嘔療飢之妙。《遵義府志》：俗呼土蛋，歲可助糧。按此草有花，一開即斂。《滇本草》以為無花，殆未細審。

按：黔西山阪中極多，北人見者，皆以為燕葍。其花初黄後白，按《爾雅》：菲，芴。郭注：土瓜也。孫炎曰：葍，類也。此草形既如葍，名同土瓜，或是一物。但《本草》所述土瓜即是王瓜，而說經者皆不詳土瓜花實，引證極博，究無的解。北地亦未見有此草，不敢遽謂葑菲之菲即此矣，若李時珍謂江西土瓜粉即王瓜根，恐贛南之土瓜亦即此物。唯彼人云味麤惡，此根味甘，有藥氣，不至辣喉。或以地氣而異，若王瓜根則未聞可粉也。

白玉瓜

明・蘭茂撰，清・管暄校補《滇南本草》卷中　白土瓜　性平，味甘。白者入肺經。治肺熱消渴，利小便，治肺癰，肺熱咳嗽，通乳汁。

明・蘭茂《滇南本草》〔叢本〕卷中　白玉瓜　白者入肺經，利小便，治肺熱肺癰，肺經熱咳，通乳汁。

蔦蘿松

清・趙學敏《本草綱目拾遺》卷七花部　金鳳毛　汪連仕云：今人呼翠翎草，翠遶如翎，細葉塌地而生，與翠雲草鳳尾不同。敏按：此種即蔦蘿，今人編竹為亭臺，植之盆中，秋開大紅小花者是也。

治耳疔痔漏。

清・吳其濬《植物名實圖考》卷二七　蔦蘿松　細葉如松鍼，開小筩子花似丁香而瓣長，色殷紅可愛，結實如牽牛子而小。

紫葳

宋・李昉《太平御覽》卷九九二　紫葳　《本草經》曰：紫葳，一名芰華，一名陵苕。味鹹，微寒，無毒。生川谷。治婦人乳餘疾，崩中癥癥，血寒熱，養胎。生西海。《建康記》曰：建康出紫葳。《范子計然》曰：紫葳出三輔。《吳氏本草》曰：紫葳，一名武威，一名瞿麦，一名陵居腹，一名鬼目，一名芰華。神農、雷公：酸。岐伯：辛。扁鵲：苦、鹹。黄帝：甘，無毒。如麦根黑。正月、八月採。或生真定。

宋・李昉《太平御覽》卷第九九六　苕　《毛詩疏》曰：苕，饒也。幽州謂之翹饒，蔓生，莖如勞豆而細，葉似蒺藜而青，其華細，綠色，可生食，味如小豆藿。《本草經》曰：陵苕，生下濕水中。七八月華，華紫，似金紫草。可以染皂，煮沐頭髮即黑。

宋・唐慎微《證類本草》卷一三木部中品〔《本經・別錄》〕　**紫葳**音威　**味酸，微寒，**無毒。**主婦人產乳餘疾，崩中，癥瘕血閉，寒熱羸瘦，養胎。**

莖、葉　味苦，無毒。主痿蹶，益氣。一名陵苕，一名芰華。生西海川谷及山陽。

〔梁・陶弘景《本草經集注》〕云：李云是瞿麥根，今方用至少。《博物志》云：郝晦行音杏華草，於太行山北。得紫葳華。必當奇異，今瞿麥華乃可愛，而處處有，不應乃在太行山。且有樹，其莖、葉恐亦非瞿麥根。《詩》云：有苕之華。郭云：淩霄，亦恐非也。

〔唐・蘇敬《唐本草》〕注云：此即淩霄花也。及莖、葉俱用。按《爾雅・釋草》云：苕，一名陵苕。黄花蔈必曜切；白華茇。郭云：一名陵時，又名淩霄。《本經》云：一名陵苕。芰華即用花，不用根也。山中亦有白花者。按瞿麥花紅，無黄、白者。且紫葳、瞿麥，皆《本經》所載。若用瞿麥根爲紫葳，何得復用莖、葉？體性既與瞿麥乖異，生處亦不相關。郭云淩霄，此爲真說也。

〔宋・掌禹錫《嘉祐本草》〕按：《藥性論》云：紫葳，臣，一名女葳，畏鹵鹹，味甘。主熱風風癇，大小便不利，腸中結實，止産後奔血不定淋瀝，安胎。日華子云：根，治熱風身痒，遊風風瘮，治瘀血帶下。花、葉功用同。又云：淩霄花，治酒齇熱毒風刺風，婦人血膈遊風，崩中帶下。

〔宋・蘇頌《本草圖經》〕曰：紫葳，陵霄花也。生西海川谷及山陽，今處處皆有，多生山中，人家園圃亦或種蒔。初作藤蔓生，依大木，歲久延引至巔而有花。其花黄赤，夏中乃盛。陶隱居云：《詩》有苕之華。郭云陵霄。又蘇恭引《爾雅・釋草》云：苕，陵苕。郭云又名陵霄。按今《爾雅》注：苕，一名陵時。《本草》云而無陵霄之説，豈古今所傳書有異同邪？又據陸璣及孔穎達疏義亦云：苕，一名陵時。陵時乃是鼠尾草之别名，郭又謂苕爲陵時。本草云：今紫葳無陵時之名，而鼠尾草有之。乃知陶、蘇所引，是以陵時作陵霄耳。又陵霄，非是草類，益可明其誤矣。今醫家多採其花乾之，入婦人血崩風毒藥，又治少女血熱風毒，四肢、皮膚生癮疹。并行經脉方：陵霄花不以多少，擣羅爲散。每服二錢，溫酒調下，食前服甚效。

〔宋·唐慎微《證類本草》〕《斗門方》：治暴耳聾。凌霄葉，爛杵自然汁，灌耳内，差。

宋·寇宗奭《本草衍義》卷一四　紫葳　今蔓延而生，謂之爲草。又有木身，謂之爲木。又須物而上。然幹不逐冬斃，亦得木之多也，故分入木部爲至當。唐白樂天詩，有木名凌霄，擢秀非孤標，由是益知非草也。《本經》又云：莖、葉味苦，是與瞿麥别一種甚明。《唐本》注云：且紫葳、瞿麥皆《本經》所載，若用瞿麥根爲紫葳，何得復用莖、葉？此説盡矣。然其花赭黄色，本條雖不言其花，又却言莖、葉味苦，則紫葳爲花，故可知矣。

宋·鄭樵《通志》卷七六《昆蟲草木略》　紫葳　曰陵苕，曰芨華，曰女葳，曰陵時，曰陵霄。藤生，依緣大木。今人謂之淩霄花。有黄、白二種。《爾雅》云：苕，陵苕。黄華，蔈。白華，茇。白華者少，故《詩》云：苕之華，云其黄矣。

宋·劉明之《圖經本草藥性總論》卷下　紫葳　味酸，微寒，無毒。主婦人産乳餘疾崩中，癥瘕血閉，寒熱羸瘦，養胎。莖葉，味苦，無毒。主痿蹷，益氣。《藥性論》云：臣。畏鹵鹹。味甘。主熱風風癇，大小便不利，腸中結實，止産後奔血不定、淋瀝，安胎。日華子云：根，治熱風身痒，遊風風瘮，治瘀血帶下。花葉功用同。又云：治酒䶑熱毒風刺風，婦人血膈遊風，崩中帶下。《圖經》云：紫葳，陵霄花也。今醫家多採其花，乾之，入婦人血崩風毒藥。又治少女血熱風毒，四肢皮膚生癮瘮，并行經脈方，陵霄花不以多少，擣羅為末散，每服一錢，酒調下，食前服甚妙。一云治暴耳聾。

宋·王介《履巉巖本草》卷下　淩霄花　味辛，有毒。能降諸草毒。如有誤食草藥毒者，每用淩霄，同黑豆一處蒸熟，揀去花，只服豆三五粒，立差。

宋·陳衍《寶慶本草折衷》卷一三　紫葳音威。臣。根附。　一名凌霄花，一名女葳，一名陵霄，一名陵苕，一名苕，一名芰華。生西海川谷及山陽。今處處有之，或園圃種蒔，藤蔓依大木上。○夏採花。○艾氏云：日乾。○畏鹵鹹。

味酸、甘，平張松，微寒，無毒。○主産乳餘疾崩中，癥瘕血閉、寒熱。○《藥性論》云：主熱風風癇。大小便不利，腸中結實，止産後奔血不定，淋瀝。○日華子云：治酒䶑，熱毒風刺風，血隔遊風。○《圖經》曰：花黄赤，治少女血熱風毒，四肢皮膚癮瘮，行經脉。

附：根。○治熱風身痒，遊風風瘮，瘀血帶下。

續説云：紫葳初放者佳，盛開則力衰矣。艾原甫見其工於理血，因言肝藏血。此物味酸入肝，凡崩帶不止，或瘀結不行者，雖皆可用，然通洩之功多而安和之效少，宜審其佐使而施為。

元·王好古《湯液本草》卷五　紫葳即凌霄花　氣微寒，味酸，無毒。《本草》云：主婦人産乳餘疾，崩中，癥瘕血閉，寒熱羸瘦，養胎。莖、葉味苦，無毒，主痿蹶，益氣。日華子云：根，治熱風身癢，遊風風瘮。治瘀血帶下，花、葉功用同。又云：凌霄花，治酒䶑，熱毒風刺，婦人血膈、遊風，崩中帶下。《衍義》云：木也，紫葳花是也。畏鹵鹹。

元·尚從善《本草元命苞》卷六　紫葳　為臣。味酸，微寒。又曰凌霄花。無毒。畏鹵鹹。主婦人産乳餘疾，崩中癥瘕。療女子血閉，寒熱羸瘦虚勞。調血脈，養胎，止風癇。去熱，除皮膚癮瘮，散身痒游風。生西海逮及山陽，種園圃，在處有之。初作藤蔓，生依大木，久延引至巔，有花，花黄赤，中夏茂盛。莖葉味苦，無毒。能醫痿蹷，益氣。

元·朱震亨《本草衍義補遺》　凌霄花　治血中痛之要藥也。且補陰捷甚，蓋有守而獨行，婦人方中多用，何哉？○云：紫葳即凌霄花也。善治酒䶑、熱毒甚良。

元·徐彦純《本草發揮》卷三　紫葳花　丹溪云：凌霄花，治血痛之要藥也。且補陰甚捷。蓋有守而能獨行，婦人方中宜用。

明·王綸《本草集要》卷四　紫葳臣，即凌霄花。　味酸，氣微寒，無毒。畏鹹。主婦人産乳餘疾，崩中帶下，癥瘕血閉，寒熱羸瘦，養胎。治血中痛之要藥也。又治酒䶑熱毒風，刺風。○莖葉味苦。主痿蹷，益氣，亦與花同功。

明·滕弘《神農本經會通》卷二　紫葳　即凌霄花。畏鹵鹹。臣也。味酸，氣微寒，無毒。《湯》同。《疌》云：治淋，癥瘕瘀血，行經，主遊風，乳疾，崩中帶下。《本經》云：主婦人産乳餘疾，崩中，癥瘕血閉，寒熱羸瘦，養胎。莖葉味苦，無毒。主痿蹷，益氣。《藥性論》云：紫葳，臣。一名女葳。畏鹵鹹。味甘。主熱風風癇，大小便不利，腸中結實，止產後奔血不定，淋瀝，安胎。日華子云：根，治熱風身痒，遊風風瘮，治瘀血帶下。花葉功用同。又云：凌霄花，治酒皶，熱毒風，刺風。婦人血膈遊風，崩中帶下。《圖經》云：今醫家多採其花，乾之，入婦人血崩風毒藥。又治少女血熱風毒，四肢皮膚生癮瘮。并行經脉方，凌霄花不以多少，搗羅為散，每服二錢，溫酒調下，食前服甚妙。《衍義》云：木也，紫葳花是也。丹溪云：治血中痛之要藥也，且補陰甚捷。蓋有守而能行，婦人方多用。又云：即凌霄花也。善治酒皶熱毒，甚良。《局》云：紫葳花本凌霄是，血閉癥瘕用即通。更治風癇風熱病，并攻產乳及崩中。紫葳，磨癥，下乳，行經。

明·劉文泰《本草品彙精要》卷一八　紫葳無毒　蔓生。

紫葳：音威。出《神農本經》。**主婦人產乳餘疾，崩中，癥瘕，血閉，寒熱，羸瘦，養胎。**以上朱字《神農本經》。○莖、葉，味苦，主痿蹶，益氣。以上黑字名醫所錄。

【名】陵苕、茇華、淩霄花、女葳。【苗】《圖經》曰：此即淩霄花也。種蒔初作藤蔓，生依大木，歲久延引至巔而有花，紫黃色，夏中乃盛。《衍義》曰：紫葳，今蔓延而生，謂之爲草，又有木身，謂之爲木。又須物而上，然幹不逐冬斃，亦得木之多也，故居木部爲至當。唐白樂天詩有木名淩霄，擢秀非孤標，由是益知非草矣。《木經》又云：莖、葉，味苦，是與瞿麥別一種，甚明。《唐本》注云：且紫葳、瞿麥皆《本經》所載，若用瞿麥根爲紫葳，何得復用莖葉？此說盡矣，然其花赭黃色，本條雖不言其花，又卻言莖葉味苦，則紫葳爲花，故可知矣。謹按：紫葳，人家植之，嗅其花氣，致不能孕，由其性味能行經、墮胎故也。今諸方破血下胎用爲要藥，而《本經》有養胎之說，恐傳寫之誤耳。【地】《圖經》曰：生西海川谷及山陽，今處處人家園圃亦有之。【時】生：春生葉。採：夏取花。【收】曬乾。【用】花、葉、莖、根。【色】紫黃。【味】酸。【性】微寒，收。【氣】氣薄味厚，陰也。【臭】香。【主】崩中，帶下，血閉，寒熱。【反】畏鹵鹹。【製】剉碎用。【治】療：《圖經》曰：花，主婦女血崩，血熱，風毒，四肢皮膚癮疹。《藥性論》云：去熱風，風癇，大小便不利，腸中結實，止產後奔血不定，淋瀝。日華子云：療酒皶刺風，婦人血膈。○根，療熱風，身癢，遊風，風疹，及瘀血，帶下。花葉同功。《別錄》云：葉，治暴耳聾，取汁灌耳中，效。【合治】合酒調服二錢，能行經脈。【禁】妊娠不可服。

明·葉文齡《醫學統旨》卷八　紫葳即凌霄也。氣微寒，味酸。無毒。畏鹵鹹。治婦人產乳餘疾，崩中帶下，癥瘕血閉不通，寒熱羸瘦，養胎，治血痛之要藥也。且補陰甚捷，蓋有守而能獨行，婦人方中宜用。又療酒皶熱毒風刺。

明·許希周《藥性粗評》卷二　花獨飛而定血，勿訝淩霄。

淩霄花即紫葳花也。一名凌苕。木體蔓生，似木而非木者也。依大木而上，歲久延引至巔方有花，故名。其花黃赤色，夏中乃盛，莖葉經冬不凋。生川蜀山谷，今近道亦每有之。五、六月採花，暴乾收貯。莖葉亦入藥，採無時。此乃血家之藥，與牡丹皮同功，餘說《本草》不載。味酸，性微寒，無毒。主治風癇風熱，癥瘕淋瀝，遊風癮瘮，酒皶風刺，婦女崩中帶下，月候不通，利大小便，疏通五臟。丹溪云：紫葳治血痛之要藥也，且補陰甚捷，蓋有守而能獨行。

單方：少女經閉：凡女子血熱風毒，四肢皮膚生癮瘮，并經閉不通，淩霄花不以多少，焙乾搗羅為末，每服二錢，食前溫酒調下，再服甚效。兩耳卒聾：取淩霄葉搗絞汁，灌入耳中，須臾即通。

明·鄭寧《藥性要略大全》卷七　紫葳花　治女人崩帶，破癥瘕血閉，療寒熱羸瘦。養胎，治血中痛，主痿厥，益氣。味酸，氣微寒，無毒。生藤蔓依大木，至頂方開花。花黃赤色。葉味苦，無毒。○一名凌霄花，一名陵苕，一名茇華。

明·陳嘉謨《本草蒙筌》卷四　紫葳即淩霄花。味酸，氣微寒。無毒。多生山谷，處處有之。初作蔓藤依木，旋長歲久延引，直至杪梢，夏開黃赤色花，因以淩霄為譽。稱時採曝，惟畏鹵鹹。取其有守能獨行，故用女科調月信。治血痛要藥，補陰衰捷方。崩中帶下立安，癥瘕血閉即遂。去產乳餘疾，散酒皶熱風。莖葉味苦同煎，亦生痿躄益氣。

明·王文潔《太乙仙製本草藥性大全》卷三《本草精義》　紫葳　一名淩霄，一名淩苕，一名淩華。生西海川谷及山陽，今處處皆有。多生山中，人家園圃亦或種蒔。初作藤蔓，生依大木，歲久延引至巔而有花，其花黃赤，夏中乃盛。陶隱居云《詩》有苕之華。郭云：陵霄。又蘇恭引《爾雅·釋草》云苕，陵苕。郭云：又名陵霄。今《爾雅》注：苕，一名陵時。《本草》云而無陵霄之說。豈古今所傳書有異同邪？又據陸璣及孔穎達疏義亦云苕，一名陵時，陵時乃是鼠尾草之别名。郭又謂苕爲陵時。《本草》云：今紫葳無陵時之名，而鼠尾草有之，乃知陶、蘇所引，是以陵時作陵霄。又陵霄非是草類，益可明其誤矣。

明·王文潔《太乙仙製本草藥性大全》卷三《仙製藥性》 紫葳臣 味酸，氣微寒，無毒。 主治：取其有守能獨行，故用女科調月信。治血痛要藥，補陰衰捷方。崩中帶下立安，癥瘕血閉即逐。去産乳餘疾，散酒皶熱風。

莖葉 味苦。同煎亦主痿蹷，益氣。 補註：婦人血崩及少女血熱風毒，四肢皮膚生癮瘮，行經，花不以多少，搗末，每服二錢，溫酒調，食前服。治暴耳聾，以葉爛杵自然汁，灌耳內差。 按：《衍義》云：紫葳今蔓延而生，謂之爲草，又有木身，謂之爲木，又須木而上。然條不逐冬斃，亦得木之多也，故分入木部爲至當。唐白樂天詩有木名凌霄，擢秀非孤標，由是益知非草也。《本經》又云莖葉味苦，是與瞿麥别一種甚明。《唐本》注云：且紫葳、瞿麥皆《本經》所載，若用瞿麥根爲紫葳，何得復用莖葉？此説盡矣！然其花赭黄色，本條雖不言其花，又却言莖葉味苦，則紫葳爲花，故可知矣。

明·皇甫嵩《本草發明》卷四 紫葳中品，臣。氣微寒，味酸，無毒。即凌霄花。

發明曰：紫葳，女科要藥，故《本草》主崩中帶下，疝瘕血閉，去産乳餘疾，寒熱羸瘦，養胎，補陰衰之要藥。又治少女血熱風毒，四肢皮膚生癮瘮，并行經脉。取花為末，溫酒調服二錢。又兼治痿蹷，益氣。註云：亦治風熱風癇，散酒皶，腸中結實，大小便不利。要之，療女科為專。〇莖葉，味苦。主痿蹷，益氣。花葉同功。〇根，治身癢遊風風瘮。初生蔓藤依木，歲久延引至杪梢，因名凌霄，花開黄赤色。畏鹹鹵。

明·李時珍《本草綱目》卷一八草部·蔓草類 紫葳《本經》中品校正自木部移入此。

【釋名】凌霄蘇恭 陵苕《本經》 陵時郭璞 女葳甄權 茇華《本經》 武威吳普 瞿陵吳普 鬼目吳氏 時珍曰：俗謂赤艷曰紫葳葳，此花赤艷，故名。附木而上，高數丈，故曰凌霄。

【正誤】弘景曰：是瞿麥根，方用至少。《博物志》云：郝晦行太行山北，得紫葳華。必當奇異。今瞿麥處處有之，不應乃在太行山。恭曰：紫葳、瞿麥皆《本經》藥，體性既乖，生處亦不相關。《爾雅》云：苕，一名陵苕。郭璞注云：一名陵時。又名凌霄，此爲真也。頌曰：孔穎達《詩疏》亦云：苕一名陵時，今本草無陵時之名，惟鼠尾草有之。豈所傳不同，抑陶、蘇之誤耶？時珍曰：按《吳氏本草》：紫葳一名瞿陵，陶弘景誤作瞿麥字爾。鼠尾止名陵翹，無陵時，蘇頌亦誤矣。並正之。

【集解】《别録》曰：紫葳生西海川谷及山陽。恭曰：此凌霄花也。連莖葉用。《詩》云：有苕之華，云其黄矣。《爾雅》云：陵苕：黄華，蔈；白華，茇。山中亦有白花者。頌曰：今處處皆有，多生山中，人家園圃亦或栽之。初作蔓生，依大木。久延至巔。其花黄赤，夏中乃盈。今醫家多采花乾之，入女科藥用。時珍曰：凌霄野生，蔓纔數尺，得木而上，即高數丈，年久者藤大如杯。春初生枝，一枝數葉，尖長有齒，深青色。自夏至秋開花，一枝十餘朵，大如牽牛花，而頭開五瓣，赭黄色，有細點，秋深更赤。八月結莢如豆莢，長三寸許，其子輕薄如榆仁、馬兜鈴仁。其根長亦如兜鈴根狀，秋後采之，陰乾。

花根同。【氣味】酸，微寒，無毒。普曰：神農、雷公、岐伯：辛。扁鵲：苦、鹹。黄帝：甘，無毒。權曰：畏鹵鹹。時珍曰：花不可近鼻聞，傷腦。花上露入目，令人昏矇。

【主治】婦人産乳餘疾，崩中，癥瘕血閉，寒熱羸瘦，養胎《本經》。産後奔血不定，淋瀝，主熱風風癇，大小便不利，腸中結實甄權。酒皶熱毒風刺風，婦人血膈遊風，崩中帶下大明。

莖葉 【氣味】苦，平，無毒。【主治】痿蹷，益氣《别録》。熱風身痒，遊風風瘮，瘀血帶下。花及根功同大明。治喉痹熱痛，涼血生肌時珍。

【發明】時珍曰：凌霄花及根，甘酸而寒，莖葉帶苦，手足厥陰經藥也。行血分，能去血中伏火。故主産乳崩漏諸疾及血熱生風之證也。

【附方】舊二，新十一。

婦人血崩：凌霄花爲末。每酒服二錢，後服四物湯。《丹溪纂要》。

糞後下血：凌霄花浸酒頻飲之。《普濟方》。

消渴飲水：凌霄花一兩，搗碎，水一盞半，煎一盞，分二服。《聖濟録》。

嬰兒不乳：百日內，小兒無故口青不飲乳。用凌霄花、大藍葉、芒硝、大黄等分，爲末，以羊髓和丸梧子大。每研一丸，以乳送下，便可喫乳。熱者可服，寒者勿服。昔有人休官後雲遊湖湘，修合此方，救危甚多。《普濟方》。

久近風癇：凌霄花或根葉爲末。每服三錢，溫酒下。服畢，解髮不住手梳，口噙冷水，溫則吐去，再噙再梳，至二十口乃止。如此四十九日絶根。百無所忌。方賢《奇効方》。

通身風痒：凌霄花爲末。酒服一錢。《醫學正傳》。

大風癘疾：《潔古家珍》用凌霄花五錢，地龍焙、殭蠶炒、全蠍炒，各七個，爲末。每服二錢，溫酒下。先以藥湯浴過，服此出臭汗爲効。〇《儒門事親》：加蟬蜕。五品各九個，作一服。

鼻上酒皶：王璆《百一選方》用凌霄花、山梔子等分，爲末。每茶服二錢，日二服，數日除根。臨川曾子仁用之有効。〇《楊氏家藏方》用凌霄花半兩，硫黄一兩，胡桃四個，膩粉一錢，研膏，生絹包揩。

走皮趍瘡：滿頰滿頂，浸淫濕爛，延及兩耳，痒而出水，發歇不定，田野名悲羊瘡。用凌霄花並葉煎湯，日日洗之。

楊仁齋《直指方》。　婦人陰瘡：紫葳爲末，用鯉魚腦或膽調搽。《摘玄方》。　耳卒聾閉：凌霄葉，杵取自然汁，滴之。《斗門方》。　女經不行：凌霄花爲末，每服二錢，食前溫酒下。《徐氏胎產方》。

明·佚名氏《醫方藥性·草藥便覽》　過墻花　其性苦。去飛痒，散血。名曰紫葳。

明·梅得春《藥性會元》卷中　紫葳　味酸，性微寒，無毒。《詩》苕之華，芸之黃矣，即淩霄花也。延蔓附物而生，雖榮不久。　主治婦人產乳餘疾，崩中帶下，癥瘕血閉不通，寒熱羸瘦，養胎，治血痛之要藥。且補陰甚捷。蓋有守而能獨行。又療酒齇熱毒風刺痛。婦人聞其氣不孕，然女科方藥中又多用之。

明·李中立《本草原始》卷四　紫葳凌霄花也。　始生西海川谷及山陽，今處處皆有。生山中，人家園圃亦或種蒔。初作藤蔓，生依南木，歲久延引至巔而有花。其花黃赤，夏中乃盛。俗謂赤豔曰紫葳，此花赤豔，故曰紫葳。附木而上，高數丈，故曰陵霄花，俗呼為淩霄花。　氣味：酸，微寒，無毒。　主治：婦人產乳餘疾，崩中，癥瘕血閉，寒熱羸瘦，養胎。〇主熱風風癇，大小便不利，腸中結實。止產後奔血不定，安胎。〇治身遊風風瘮，治瘀血，帶下。〇酒齇熱毒風，風刺，婦人血膈崩中。

《本經》中品。【圖略】紫葳今蔓延而生，謂之為草。又有木身，謂之為木。又須木而上，然榦不逐冬斃，亦得木之多也，故分入木部為至當。　唐白樂天詩有木名淩霄，擢秀非孤標，由是益知非草也。　紫葳：臣。

明·張懋辰《本草便》卷二　紫葳臣，即凌霄花。　味酸，氣微寒，無毒。　主婦人產乳餘疾，崩中帶下，癥瘕血閉，寒熱羸瘦。　莖葉味苦，主痿蹷，益氣。根同功。

明·李中梓《藥性解》卷五　紫葳　味甘，酸，性微寒，無毒，入脾、肝二經。主婦人產後血奔不定，血隔遊風，崩中帶下，癥瘕血閉，安胎通淋；又主熱風及身痒風瘮，二便不通，酒齇熱毒。畏鹵鹹，一名淩霄花。　按：紫葳甘歸脾臟，酸走肝家，二經乃藏血裹血者也，故專調血證。風痒之生，亦榮衛不和爾，宜並理之。　丹溪曰：治中血痛之要藥也，且補陰甚捷，蓋有守而獨行者。

明·繆希雍《本草經疏》卷一三　紫葳　味酸，微寒，無毒。主婦人產乳餘疾，崩中，癥瘕，血閉寒熱羸瘦，養胎。

【疏】紫葳，即淩霄花也。稟春氣以生，故其味酸，氣微寒，無毒。花開於夏而色赤，味應帶苦，入肝行血之峻藥。故主婦人產乳餘疾，及崩中，癥瘕血閉，寒熱羸瘦諸證。至於養胎，決非其性所宜，用者慎之！　【主治參互】同當歸、紅花、川芎、牛膝、地黃、延胡索、桃仁、蘇方木、五靈脂，治壯實婦人經閉。　《普濟方》嬰兒百日內無故口青不飲乳：同淩霄花、大藍葉、芒硝、大黃，等分為末，以羊髓和丸梧子大。每研一丸，乳送下，便能喫乳。熱者可服，寒者忌之。　【簡誤】紫葳長於破血消瘀。凡婦人血氣虛者，一概勿施。胎前斷不宜用。

明·倪朱謨《本草彙言》卷六　紫葳花　味酸，氣微寒，無毒。不可近鼻，聞之傷腦氣。花上露入人目，令人昏矇。　蘇氏曰：紫葳即淩霄花也。多生山中，今人家園圃亦有之。　李氏曰：初作蔓生，依大樹上，漸延至巔，高數丈。年久者，藤蔓大如杯。初春發枝，一枝數葉，尖長有齒，自夏至秋，一枝開花十數朵，如牽牛花，有五瓣，赭黃色，有細點，秋深更赤。八月結莢，如豆莢，長三寸許。其子輕薄，如榆莢仁或馬兜鈴仁。其根長。秋後采之，陰乾。

紫葳花：《本經》行血閉，日華通血絡之藥也。程君安集其色赤豔，故曰紫葳。其蔓附木而上，高引數丈，故曰凌霄。其氣味酸寒，能行血涼血。甄氏方治婦人肝熱血閉，經水不行，致成寒熱羸瘦若勞；又治產後血脉淋瀝，崩止不常，及男子血風酒皶，面上風刺諸疾。但其性利而善攻，走而不守，破血行血，是其專職。虛人禁用。　李時珍先生曰：凌霄花及根，甘酸而寒，莖葉純苦，爲厥陰肝經兼入少陽膽經藥也。走血分留難諸證，故《本經》主癥瘕寒熱，血崩血閉，產乳餘病。觀其鼻聞傷腦，入目損睛，則非善物可知。

集方：《丹溪纂要》治婦人血崩，由血阻留滯而成者。用凌霄花爲末，每酒服二錢。數服後，血少止，隨住服，再服四物湯丸調理。〇徐氏《胎產方》治血閉不行。用凌霄花，爲末。每服二錢，食前酒調送。〇《楊氏產寶》治婦人血閉不行，或乾血勞，漸羸瘦少食，寒熱癥瘕。用凌霄花一兩，乾漆五錢，俱酒炒，當歸身、白朮、枸杞子、黃耆、川芎各二兩，俱爲末，懷熟地四兩，酒煮，搗膏爲丸梧子大。每早服五錢，酒送下。〇《魏氏家藏》治鼻上酒皶及風熱粉刺。用凌霄花五錢，硫黃一兩，胡桃肉四箇，膩粉一錢，研膏，生絹包揩。〇《永類方》治男婦大小，通身風癢。用凌霄花，爲末，酒服一錢。二三次愈，小兒減半。〇楊氏

《直指方》治走皮趨瘡，滿頰滿頭，浸淫濕爛，延及兩耳，癢而出水，發歇不定。用凌霄花并莖葉亦可，煎湯日日洗之。〇《普濟方》治嬰兒百日內，無故口青不食乳。用凌霄花、大藍葉、芒硝、酒製大黄各等分，爲末，以羊骨髓爲丸如黍米大，每研一丸，以乳送下，便可吃乳。虚寒者勿服。〇《潔古家珍》治大風癘疾。用凌霄花一兩，地龍焙、殭蠶炒、全蠍炒，各二十一箇，共爲末。每服五錢，溫酒調下。先以凌霄花煎湯洗過，服此藥，出臭汗，數服漸效。〇《摘玄方》治婦人陰癬陰瘡。用凌霄花爲末，用鯉魚膽調搽。

明・顧逢柏《分部本草妙用》卷七兼經部・寒瀉　紫葳花　酸，微寒，無毒。入手、足厥陰經。聞之傷腦，花上露水入目昏矇。　主治：產乳崩中，寒熱血閉，腸中結實，產後崩淋。治喉痺熱痛，涼血生肌。　按：凌霄花及根，行手、足厥陰血分藥，能去血中伏火。凡血熱症，產乳、崩漏諸疾，皆効。

明・李中梓《醫宗必讀・本草徵要上》　紫葳花味酸，寒，無毒。入心、肝二經。畏鹵鹹。　三焦血瘀，二便燥乾。即凌霄花也。能去血中伏火及血熱生風之證。按：紫葳酸寒，不能益人，走而不守，虚人避之。

明・鄭二陽《仁壽堂藥鏡》卷二　紫葳即凌霄花。　氣微寒，味酸，無毒。《本草》云：主婦人產乳餘疾，崩中，癥瘕血閉，寒熱羸瘦。養胎。莖、葉：味苦，無毒，主痿躄，益氣。　日華子云：根治熱風身痒，遊風風疹，治瘀血帶下。花、葉功用同。又云：凌霄花：治酒皶熱毒風刺，婦人血膈遊風，崩中帶下。　丹溪云：凌霄花：治血痛之要藥也。且補陰甚捷。蓋有守而能獨行。婦人方中宜用。

明・盧之頤《本草乘雅半偈》帙五　紫葳《本經》中品　氣味：酸，微寒，無毒。　主治：主婦人產乳餘疾，崩中，癥瘕，血閉，寒熱羸瘦，養胎。

覈曰：紫葳即凌霄花也。多生山中，人家亦種。初作蔓生，依大木上，漸延至巔。年深者，藤大如杯，一枝數葉，尖長有齒，深青色。自夏至秋，一枝開花數十朵，如萱花，赭黄五瓣，有細點，深秋更赤。八月結莢，長三寸許，子輕薄，如榆莢仁。

条曰：紫葳，一名武葳，一名凌霄。謂從底徹頂，秉木德自下而上之體用，合入少陽膽、厥陰肝。肝者將軍之官，膽者中正之官，原具武威之政令故也。故主厥陰所司之胞胎，少陽所司之乳字。若寒熱羸瘦即樞病，癥瘕崩閉，即闔病，與玄參功力似同而異，玄正子半，紫合寅申，及巳亥之各半，巳亥即厥陰水火之胞胎，寅申即少陽金木之乳字，条勘越人十有九難，則知太極判兩儀而作胞胎，兩儀生四象而成乳字意矣。將軍之官具威武，中正之官具政令，二官能勝其用，能盡其職矣。

清・顧元交《本草彙箋》卷四　紫葳　行血分，去血中伏熱，故主產乳崩漏諸疾，及血熱生風之症。即凌霄。以其附木而上，即高數丈。其花不可近鼻，聞之傷腦。花上露入目，令人昏矇。　糞後下血，凌霄花浸酒，頻飲之。

清・劉雲密《本草述》卷一一　紫葳即凌霄花　時珍曰：凌霄野生蔓纔數尺，得木而上，即高數丈，年久者藤大如杯，春初生枝，一枝數葉，尖長有齒，深青色，自夏至秋開花，一枝十餘朵，大如牽牛花而頭開五瓣，赭黄色，有細點，秋深更赤，八月結莢如豆莢，長三寸許，其子輕薄如榆仁、馬兜鈴仁，其根長，亦如兜鈴根狀，

花根同　氣味：酸，微寒，無毒。　普曰：神農、雷公、岐伯：辛。扁鵲：苦鹹。黄帝：甘，無毒。　權曰：畏鹵鹹。

主治：女子產乳餘疾，產後奔血不定，淋瀝及崩中，並癥瘕血閉寒熱，羸瘦。《本草》云：凌霄治熱風身癢，遊風風疹，瘀血。蒼耳葉同用也。　丹溪曰：凌霄花治血崩之要藥也，且補陰甚捷。蓋有守而能獨行，婦人方中宜用。　時珍曰：凌霄花及根甘酸而寒，莖葉帶苦，手足厥陰經藥也。行血分，能去血中伏火，故主產乳崩漏諸疾，及血熱生風之證也。　希雍曰：紫葳花稟春氣以生，故其味酸，氣微寒，無毒。花開於夏而色赤，味應帶苦，入肝行血之峻藥。　同當歸、紅花、川芎、牛膝、地黄、延胡索、桃紅、蘇方木、五靈脂治壯實婦人血閉。

愚按：紫葳之氣寒，其味鹹先而勝，苦後而殺，知入血而散熱結無疑矣。第丹溪云：補陰甚捷。在瀕湖又言入血分而去伏火，固非專於通行者也。如希雍以為行血峻藥，或亦據《本草》所謂治癥瘕，通血閉而云乎？然有產後奔血不定及崩中之能治，是可謂其專於行血乎？詎知甄權云治熱風，日華子云治熱毒風，蓋化熱毒風即血中所鬱之熱化而為毒風也。然必其能補陰，而後能除熱毒風，是即行為補也。且其枝春生，其花自夏及秋，至秋深其華更赤，則豈非以至陽達其陰之鬱，以陽中之少陰，還於陽後化陰歟。觀其采者，必以秋後，其為補陰也可知，即行以為補也，又可知矣。

如疑其止能行血，试思此味何以復畏鹵鹹？蓋多食鹹則傷血，畏傷血者必非峻於行血者也。丹溪言其有守而能獨行，又豈臆説歟？朱丹溪先生固醫之聖者也，如希雍輩尚屬門外漢耳。

附方　婦人血崩，凌霄花為末，每酒服二錢，後服四物湯。先飲凌霄花酒，而後服四物湯，或亦先去血中之伏火，而後調之耶。　久近風癇，凌霄花或根葉為末，每服三錢，温酒下，服畢解髮不住手梳，口噙冷水，温則吐去，再噙再梳，至二十口乃止，如此四十九日，絕根，百無所忌。

時珍曰：花不可近鼻嗅，傷腦。花上露入目，令人昏矇

莖葉　氣味：苦，平，無毒。

主治：痿躄，益氣《別録》。熱風身癢，遊風風疹。花及根同功日華子。治喉痹熱痛時珍。

修治　秋後采之，陰乾。

清・郭章宜《本草匯》卷一二　紫葳即凌霄花　酸、辛、苦、鹹，微寒，入手足厥陰經。主二便乾燥，理血膈遊風。療女經不行，治血奔帶下。

按：凌霄花亦名女葳花。根甘酸而寒，莖葉帶苦。行血分，能去血中伏火，及血熱生風之證，能走而不守，不能益人，虚者避之。

陰乾用。花不可近鼻聞，傷腦。花上露入目，令人昏矇。畏鹵鹹。

清・汪昂《本草備要》卷二　凌霄花一名紫葳。瀉血熱。　甘、酸而寒。入厥陰心包、肝血分。能去血中伏火，破血去瘀。主產乳餘疾，崩帶癥瘕，腸結不大便。血閉，淋閟風痒，血熱生風之症。女科多用，孕婦忌之。《本經》云：養胎。《經疏》云：破血之藥，非所宜也。〇肺癰有用之爲君藥者。凌霄花爲末，和蜜陀僧唾調，敷酒齇，甚驗。

藤生，花開五瓣，黄赤有點。不可近鼻聞，傷腦。

清・李熙和《醫經允中》卷二〇　紫葳花　即凌霄花。入手足厥陰經。花不可近鼻聞之，傷腦。花上露入眼即昏。　酸，微寒，微毒。主治血閉，腸中結實，喉痺，血中伏火。然走而不守，虚人、孕婦忌之。

清・馮兆張《馮氏錦囊秘録・雜症痘疹藥性主治合參》卷四　紫葳花稟春氣以生，故味酸，氣微寒，無毒。乃入肝行血之峻藥。故主產乳餘疾及通癥瘕血閉。婦人血氣虚者，一概勿施。至於胎前，斷不宜用。　紫葳花，即凌霄花。主用女科，善調月信。破血祛瘀，癥瘕血閉，治血痛要藥。去產乳餘疾，散酒皶破熱風。能去血中伏火及血熱生風之症。走而不守，虚人忌之。

清・张璐《本經逢原》卷二　紫葳一名凌霄　酸，微寒，無毒。《本經》主婦人產乳餘疾，崩中，癥瘕血閉，寒熱羸瘦，養胎。　發明：凌霄花，手足厥陰血分藥也，能去血中伏火。《本經》主婦人崩中、癥瘕，又治血閉寒熱、羸瘦。云養胎者，以有積瘀在內，瘀散則胎自安也，與《金匱》桂枝茯苓丸中用桃仁、丹皮治妊娠癥痼害無異。癥瘕、血閉、血氣刺痛、癘風惡瘡多用之，皆取其散惡血之功也。若無瘀血而胎息不安者禁用。

清・浦士貞《夕庵讀本草快編》卷三　紫葳《本經》、凌霄　其花赤艷，附木而上，能高數丈，故有二名。　凌霄花根酸寒，莖葉帶苦，平而無毒，皆入手足厥陰藥也。通血閉而止崩中，化癥瘕而治風熱，酒客皶刺，產婦血奔，寒熱羸瘦，痿躄風癊，並皆用之。以其酸能達木，寒能去血中之伏火爾。俗謂家中栽凌霄則胎孕自墜。而《本經》言其養胎，方士用以打胎，毫不見効。則知世俗訛傳，不可信也。予又思之，開血膈，化癥瘕，非下鬼胎之驗乎？止崩帶，益氣力，非養胎元之妙乎？學者宜熟詳焉。

清・張志聰、高世栻《本草崇原》卷中　紫葳　氣味酸，微寒，無毒。主治婦人產乳餘疾，崩中，癥瘕血閉，寒熱羸瘦，養胎。　紫葳處處皆有，多生山中，人家園圃亦或栽之。蔓延木上，高數丈，年久者藤大如杯，春初生枝，一枝數葉，尖長有齒，自夏至秋，花開五瓣，赭黄色，有細點，秋深更赤，今名凌霄花，謂其花之極高也，根花並用。　紫葳延引藤蔓，主通經脈，氣味酸寒，主清血熱，故《本經》主治如此。近時用此，為通經下胎之藥。仲景鱉甲煎丸，亦用紫葳以消癥瘕，必非安胎之品。《本經》養胎二字，當是墮胎之訛耳。

清・王子接《得宜本草・中品藥》　紫葳　即凌霄花。味酸。入手足厥陰經。功專行血清火。得地龍、殭蠶、全蠍治大風癘疾。

清・修竹吾廬主人《得宜本草分類・下部補養並瘍科感症門》　紫葳即凌霄花。味酸，入手、足厥陰經。功專行血清熱火。得地龍、殭蠶、全蠍治大風癘疾。此方《儒門事親》加蟬蜕。

附記：凌霄花主治婦人產乳餘疾，血崩癥瘕血閉，寒熱羸瘦，養〔胎〕，產後奔血不止，定淋瀝，主熱風風癇，大小便不利，腸中結實，酒（皯皶）〔齇〕，熱毒遊風，崩中帶下。女經不行，凌霄花為末，米飲或酒下二錢。通身風痒方仝上。婦人陰瘡，凌霄花為末，鯉魚膽汁調搽。

清・黃元御《長沙藥解》卷二　紫葳　味酸，微寒。入足厥陰肝經。專行

瘀血，善消癥塊。《金匱》鱉甲煎丸方在鱉甲用之治病瘧日久，結為癥瘕，以其行瘀而化癖也。紫葳酸寒通利，破瘀消癥。其諸主治，通經脈，止淋瀝，除崩中，收帶下，平酒皶，滅風刺，治癩風，療金瘡。紫葳，即凌霄花。

清・汪紱《醫林纂要探源》卷二 凌霄花 甘，酸，寒。一名陵苕，一名紫葳。柔藤，緣木極於巔頂，葉深綠，光澤多緺，每枝五葉，花五出，形如杯，色深黃，有赤點。不宜近鼻齅，傷腦。緩肝風，瀉肝熱，去血中伏火。治瘀血結血，血閉腸結，崩帶淋閉，諸血熱生風之證。治肝風，巔頂痛。《本經》言能養胎，蓋相火過盛，血熱而胎不安者宜之。○搗傅酒皶鼻，甚效。

清・嚴潔等《得配本草》卷四 凌霄花即紫葳。甘、酸，微寒。入手足厥陰經血分。能去血中伏火。治產乳餘疾，崩中，癥瘕血閉，寒熱，及血熱生風之症。浸好酒，治糞後血。調鯉魚膽，搽陰戶瘡。童便拌蒸用。不可近鼻，聞之傷腦。血虛者禁用。以其破血也。

題清・徐大椿《藥性切用》卷四 紫葳 即凌霄花。甘酸性寒，入厥陰血分，破血降火，為女科耑藥。無瘀勿用，孕婦尤忌。

清・黃宮繡《本草求真》卷七 凌霄花瀉肝血熱。凌霄花耑入肝。即紫葳花，肝經血分藥也。味甘而酸，氣寒無毒。凡人火伏血中，而見腸結血閉。風癢崩帶癥瘕，一切由於血瘀血熱而成者，所當用此調治。蓋此專主瀉熱，熱去而血自活也。是以肺癰之藥，多有用此為君。凌霄為末，和蜜陀僧，唾調敷，亦治酒皶。姙娠用此克安者，以其內有瘀積，瘀去而胎即安之意也。所云孕婦忌服者。恐其瘀血既無，妄用恐生他故也。此為女科血熱必用之藥，但當相症施治耳。藤生，花開五瓣，黃赤有點，不可近鼻，聞傷腦。

清・羅國綱《羅氏會約醫鏡》卷一六草部 凌霄花味酸氣寒，入心包肝經。一名紫葳。入厥陰血分，能去血中伏火。治崩帶癥瘕、產後餘疾、血閉、血淋、風癢。破血去瘀，涼血、活血之功。女科多用，孕婦忌之。藤生花，開五瓣，黃赤有點，不可近鼻，聞能傷腦。

清・王龍《本草纂要稿・木部》 凌霄花 氣味酸寒而溫。調月信，治血痛癥瘕，血閉即逐。補陰衰，崩中帶下立效。去產乳餘疾，散酒臟熱風。

清・吳鋼《類經證治本草・手厥陰心包藥類》 紫葳花 【略】誠齋曰：此非木本紫葳花，是藤生。花開五瓣，黃赤有點。不可近鼻聞，傷腦。

清・楊時泰《本草述鉤元》卷一一 紫葳 即凌霄花。平野蔓生，得木而上，自夏至秋，開花一枝十餘朵，大如牽牛花，而頭開五瓣，赭黃色，有細點，秋深更赤。

花根同 味鹹、苦，氣微寒。手足厥陰經藥也。畏鹵鹹。主熱毒風風癇，治女子產乳餘疾，產後崩血不定，淋瀝及崩中，並癥瘕血閉，寒熱羸瘦，又主膈血遊風。

凌霄花補陰甚捷，蓋有守而能獨行，治血崩之要藥也丹溪。花及根，甘酸而寒，莖葉帶苦，行血分，能去血中伏火，及血熱生風之證瀕湖。治熱風身癢遊風風疹，與蒼耳葉同用。久近風癇，凌霄花或根葉為末，每服三錢，溫酒下。服畢，解髮，不住手梳，口噙冷水，溫則吐去，再噙再梳，至二十口乃止。如此四十九日絕根，百無所忌。同當歸、紅花、川芎、牛膝、地黃、延胡、桃仁、蘇木、五靈脂，治壯實婦人血閉。血崩方，凌霄花為末，酒服二錢，後服四物湯。

按：先飲凌霄酒而後服四物，或先去血中伏火而後調之耶。

論：紫葳之氣寒，其味鹹先而勝，苦後而殺，知其入血而散熱結無疑。第丹溪云補陰甚捷，瀕湖又言能去血中伏火，似其性不專於通行。且此味畏鹵鹹，以鹹多傷血之理推之，則知畏傷血者，必非峻於行血者也。又：即其治熱毒風言之，夫血中所鬱之熱，化而為毒風，治非行血而兼補陰不能取效，用此物治之，是其即行為補可知矣，更觀自夏至秋開花，秋深彌赤，以至陽達其陰之鬱，而陽中少陰，還於陽後化陰。采者必以秋後，則其補陰又可知矣。丹溪言其有守而能獨行，所以為崩漏要藥歟。花近鼻嗅，傷腦。花上露入目，令人昏矇瀕湖。

紫葳莖葉 氣味苦平。主治痿躄，益氣，療熱風身癢，遊風風疹，與花根同功。治喉痹熱痛。

修治：秋後采之，陰乾。

清・葉桂《本草再新》卷三 紫葳花味甘、酸，性寒，無毒。入腎經。祛厥陰伏火，破血去瘀，治崩帶血閉淋閉，血熱生風之症。

清・吳其濬《植物名實圖考》卷二二 紫葳 即凌霄花。《本經》中品。《唐本草》注引《爾雅》：苕，陵苕。郭注：又名陵霄。今本無之，相傳其花有毒，露滴眼中，令人失明。根能行血。湖南俚醫亦用之。

雩婁農曰：余至滇，聞有墮胎花，俗云飛鳥過之，其卵即隕。亟尋視之，則紫葳耳。青松勁挺，凌霄屈盤，秋時旖旎雲錦，鳥雀翔集。豈見有胎殰卵殈者耶？俗傳吉祥草、素心蘭，皆能催生，取其佳名，以靜人囂而已。夫鼻不聞其臭，口不嘗其味，而藥性達於腹中，無是理也！否則簪花滿髻，折枝供瓶，皆為莨菪下乳之毒草，其能不坼不副，無災無害者，鮮矣。然滇之張其詞以求利者，果何為耶？吾烏知其故耶。

清・葉志詵《神農本草經贊》卷二　紫葳　味酸，微寒。主婦人產乳餘疾，崩中癥瘕，血閉寒熱，羸瘦，養胎。生川谷。即凌霄花。

翹翹高豔，勢客夤緣。龍鱗濕浥，蝪足輕堅。拂雲翠繞，鬭日紅妍。差池臭味，莫解縈纏。

梅堯臣賦：慕高豔而仰翹。《三柳軒雜識》：凌霄花為勢客。趙汝回詩：夤緣直上照殘霞。陸游詩：老蔓烟濕蒼龍鱗。《群芳譜》：得木而上，即高數丈。鬚如蝎虎，足附樹上甚堅牢。白居易詩：朝為拂雲花。楊繪詩：強攀紅日鬭妍明。曾鞏詩：固知臭味非相類，其奈縈纏不自由。《左傳》：吾臭味也，而曷敢差池。

清・文晟《新編六書》卷六《藥性摘錄》　凌霄花　即紫葳花。味苦酸，氣寒。瀉肝經血熱。〇治腸結血閉，風癢，癥瘕，于肺癰尤宜重用。〇女科血熱崩帶，亦當用此。惟孕婦忌服。然有瘀積者，亦可用。〇藤生，花開五瓣，黃赤有點，不可近鼻聞，傷腦。

清・張仁錫《藥性蒙求・草部》　凌霄花錢半　凌霄花寒，能清血熱。止癢破瘀，帶崩秘結。一名紫葳花。入厥陰血分。治血熱生風之症，女科多用之。〇走而不守，破血之藥也。虛人避之，孕婦尤忌。

清・劉善述、劉士季《草木便方》卷一草部　道水蓮　(到)〔倒〕水蓮治吐衄血，跌打胸脹腰痛滅。散風消濕行瘀滯，能利血脉通關節。

清・戴葆元《本草綱目易知錄》卷二　紫葳凌霄花　花，甘、酸，微寒。入手足厥陰血分。去血中伏火，治產乳餘疾，崩帶癥瘕熱風風癇，大小便不利，腸中結實，血閉寒熱，羸瘦，養胎，產後奔血不定，淋瀝，及酒皶，熱毒刺風，婦人血膈遊風，一切血熱生風之症。然其性行血兼破，妊婦虛人慎用。

清・陳其瑞《本草撮要》卷一　凌霄花　味酸，入手足厥陰經，功專行血清火。得地龍、殭蠶、全蠍治大風癘疾。肺癰有用為君藥者。以是花為末，和蜜陀僧唾調，敷酒皶鼻甚驗。孕婦忌之。一名紫葳。鼻聞傷腦。

宋・唐慎微《證類本草》卷七草部上品〔唐・陳藏器《本草拾遺》〕　骨路支　味辛，平，無毒。主上氣浮腫，水氣嘔逆，婦人崩中，餘血癥瘕，殺三蟲。生崑崙國，苗似凌霄藤，根如青木香。安南亦有，一名飛藤。

葛

宋・唐慎微《證類本草》卷八草部中品〔宋・馬志《開寶本草》〕　葛粉　味甘，大寒，無毒。主壓丹石，去煩熱，利大小便，止渴。小兒熱痞，以葛根浸搗汁飲之良。今附。

〔宋・掌禹錫《嘉祐本草》〕按：中品上卷葛根條，功用與此相通。

〔宋・唐慎微《證類本草》〕《圖經》：文具葛根條下。陳藏器：《拾遺》云：用裛小兒熱痞妙。《聖惠方》：治中鴆毒氣欲絕者。用葛粉三合，水三中盞調飲之。如口噤者以物揭開灌之。又方：治胸中煩熱或渴，心躁。葛粉四兩，先以水浸粟米半升，經宿漉出，與葛粉相拌，令勻，煮熟食之。《食醫心鏡》：治小兒壯熱，嘔吐不住食。驚癇方：葛粉二大錢，以水二合調令勻，瀉向鏊鑼中，傾側令遍，重湯中煮令熟，以糜飲相和食之。

宋・李昉《太平御覽》卷九九五　葛　《爾雅》曰：拔，蘢，葛也。似葛，蔓生，有節。江東呼為蘢尾，亦謂之虎葛。細葉赤莖。《廣雅》曰：女青，葛也。《本草經》曰：葛根，一名鷄齊根。味甘，平。生川谷。治消渴，身大熱嘔吐，諸痺，起陰氣，解毒。生汶山。《吳氏本草》曰：葛根。神農：甘。生太山。

宋・唐慎微《證類本草》卷八草部中品〔《本經・別錄・藥對》〕　葛根　味甘，平，無毒。主消渴，身大熱，嘔吐，諸痺，起陰氣，解諸毒，療傷寒中風頭痛，解肌發表出汗，開腠理，療金瘡，止痛脇風痛。

生根汁　大寒。療消渴，傷寒壯熱。

葛穀　主下痢十歲已上。

葉　主金瘡止血。

花　主消酒。一名雞齊根，一名鹿藿，一名黃斤。生汶山川谷。五月採根，曝乾。殺野葛、巴豆百藥毒。

〔梁・陶弘景《本草經集注》〕云：即今之葛根。人皆蒸食之。當取入土深大者，破而日乾之。生者搗取汁飲之，解溫病發熱。其花并小豆花乾末。服方寸匕，飲酒不知醉。南康、廬陵間最勝，多肉而少筋，甘美，但為藥用之，不及此間爾。五月五日日中時，取葛根為屑，療金瘡，斷血為要藥。亦療瘧及瘡，至良。

〔唐・蘇敬《唐本草》〕注云：　葛穀，即是實爾，陶不言之。葛雖除毒，其根入土五六寸已上者，名葛脰音豆。脰，頸也。服之令人吐，以有微毒也。根，末之，主猘狗齧，并飲其汁，良。蔓，燒爲灰，水服方寸匕，主喉痹。

〔宋・馬志《開寶本草》〕按：《陳藏器本草》云：　葛根生者破血，合瘡，墮胎，解酒毒，身熱赤，酒黃，小便赤澀。可斷穀不飢，根堪作粉。

〔宋・掌禹錫《嘉祐本草》〕按：《藥性論》云：　乾葛，臣。能治天行，上氣嘔逆，開胃下食，主解酒毒，止煩渴。熬屑治金瘡，治時疾，解熱。日華子云：　葛，冷，治胸膈熱，心煩悶，熱狂，止血痢，通小腸，排膿破血，傅蛇蟲齧，解罯毒箭。乾者力同。

〔宋・蘇頌《本草圖經》〕曰：　葛根，生汶山川谷，今處處有之，江浙尤多。春生苗，引藤蔓，長一二丈，紫色。葉頗似楸葉而青，七月著花似豌豆花，不結實。根形如手臂，紫黑色。五月五日午時採根。曝乾。以入土深者爲佳，今人多以作粉食之，甚益人。下品有葛粉條，即謂此也，古方多用根。張仲景治傷寒，有葛根及加半夏。葛根黃芩黃連湯，以其主大熱，解肌開腠理故也。葛洪治臂古對切腰痛，取生根嚼之，嚥其汁，多益佳。葉主金刃瘡。山行傷刺血出，卒不可得藥，但挼葉傅之，甚效。《正元廣利方》金創中風痙欲死者，取生根四大兩切，以水三升煮取一升，去滓分溫四服，口噤者灌下即差。

〔宋・唐慎微《證類本草》〕《食療》：　葛根，蒸食之，消酒毒。其粉亦甚妙。《聖惠方》：　治時氣頭痛壯熱。用生葛根淨洗，搗取汁一大盞，豉一合，煎至六分，去豉，不計時候，分作二服，汗出即差。未汗再服。若心熱，加梔子人十枚同煎，去滓服。又方：　治小兒熱渴久不止。用葛根半兩細剉，水一中盞，煎取六分，去滓，頻溫服。《外臺秘要》：　治傷筋絕，搗葛根汁飲之。葛白屑熬令黃，傅瘡止血。《千金方》：　酒醉不醒，搗葛根汁飲一二升，便醒。《肘後方》：　治卒乾嘔不息，搗葛根，絞取汁，服一升，差。又方：　治金瘡中風痙欲死。搗生葛根一斤，㕮咀，以水一斗，煮取五升，去滓，取一升服。若乾者，搗末，溫酒調三指撮。若口噤不開，但多服竹瀝，又多服生葛根，自愈。食亦妙。又方：　服藥失度，心中苦煩。飲生葛根汁，大良。無生者，擣乾葛末，水服五合，亦可煮服之。又方：　食諸菜中毒，發狂煩悶，吐下欲死。煮葛根汁飲之。《梅師方》：　治金中經脉，傷及諸大脉皆血出，多不可止，血冷則殺人。用生葛根一斤剉，以水九升，煎取三升，分作三服。又方：　治虎傷人瘡。取生葛根煮濃汁，洗瘡。兼擣葛末，水服方寸匕，日夜五六服。又方：　治傷寒初患二三日，頭痛壯熱。葛根五兩，香豉一升細剉，以童子小便六升，煎取二升，分作三服，取汗。觸風，食葱豉粥。又方：　治熱毒下血，或因喫熱物發動。用生葛根二斤，擣取汁一升，并藕汁一升，相和服。《廣利方》：　治心熱吐血不止，生葛根汁半大升，頓服，立差。《傷寒類要》：　治傷寒有數種，庸人不能分別，今取一藥兼治。天行病，若初覺頭痛，內熱，脉洪，起至二日。取葛根四兩，水三升，內豉一升，煮取半升服。搗生根汁尤佳。又方：　治妊娠熱病心悶。取葛根汁二升，分作三服。

宋・寇宗奭《本草衍義》卷九　葛根　澧、鼎之間，冬月取生葛，以水中揉出粉，澄成垛，先煎湯使沸，後擘成塊下湯中，良久，色如膠，其體甚韌，以蜜湯中拌食之。擦少生薑尤佳。大治中熱，酒、渴病。多食行小便，亦能使人利。病酒及渴者，得之甚良。彼之人又切入煮茶中以待賓，但甘而無益。又將生葛根煮熟者，作果賣。虔、吉州、南安軍亦如此賣。

宋・鄭樵《通志》卷七五《昆蟲草木略》　葛　曰雞齊根，曰鹿藿，曰黃斤，而蔨亦謂之鹿藿。

金・張元素《潔古珍珠囊》〔見元・杜思敬《濟生拔粹》卷五〕　葛根甘純陽。止渴，升陽，解酒毒。陽明經之本藥也。

宋・劉明之《圖經本草藥性總論》卷上　葛根　味甘，平，無毒。主消渴，身大熱嘔吐，諸痺，起陰氣，解諸毒。療傷寒中風頭痛，解肌發表出汗，開腠理，療金瘡止痛，脇風痛。生根汁，大寒。療消渴，傷寒壯熱。葛穀，主下痢十歲已上。葉，主金瘡止血。花，主消酒。《藥性論》云：　臣。治天行熱氣嘔逆，開胃下食。主解酒毒，止煩渴，治金瘡，治時疾解熱。日華子云：　冷。治胸膈熱，心煩悶熱狂，止血痢，通小腸，排膿破血。傅蛇蟲嚙，解毒箭。陳藏器云：　生破血，金瘡，墮胎，解酒毒，殺野葛、巴豆、百藥毒。葛粉　味甘，大寒，無毒。主壓丹石，去煩熱，利大小便，止渴，小兒熱秃。

宋・王介《履巉巖本草》卷下　野葛　味甘，平，無毒。解大熱，止渴。酒後取根切作片子，細嚼三兩片，大能解酒毒。葉治刀傷出血，挼葉傅之，甚效。煎湯亦止渴。

元・王好古《湯液本草》卷三　葛根　氣平，味甘，無毒。陽明經引經藥，足陽明經行經的藥。《象》云：　治脾虛而渴，除胃熱，解酒毒，通行足陽明經之藥，去皮用。《心》云：　止渴升陽。《珍》云：　益陽生津，勿多用，恐傷胃氣。虛渴者，非此不能除。《本草》云：　主消渴，身大熱，嘔吐，諸痺，起陰氣，解諸毒，療傷寒中風頭痛，解肌發表出汗，開腠理，療金瘡，止痛，脇風痛。生根汁，寒，治消渴，傷寒壯熱。花，主消酒。粉，味甘，大寒，主壓丹石，去煩熱，利大小便，止渴。小兒熱痜，以葛根浸，搗汁飲之，良。東垣云：　葛根甘平溫，世人初病太陽證，便服葛根升麻湯，非也。朱奉議云：

頭痛如欲破者，連鬚葱白湯飲之，又不已者，葛根葱白湯。　易老云：　用此以斷太陽入陽明之路，非即太陽藥也。故仲景治太陽、陽明合病，桂枝湯内加麻黄、葛根也。又有葛根黄芩黄連解肌湯，是知葛根非太陽藥，即陽明藥。《食療》云：　葛根蒸食之消毒，其粉亦甚妙。其粉以水調三合，能解鴆毒。《衍義》云：　治中熱酒渴病，多食行小便，亦能使人利。病酒及渴者，得之甚良。　易老又云：　太陽初病未入陽明，頭痛者，不可便服葛根發之；若服之，是引賊破家也。若頭顱痛者，可服之。葛根湯，陽明自中風之仙藥也。《本草》又云：　殺野葛、巴豆百藥毒。

元・吴瑞《日用本草》卷二　葛粉　即葛根搗洗，澄清成粉。　味甘，大寒，無毒。能解鴆毒。　主壓丹石，去煩熱，利大小便，小兒壯熱，嘔吐，驚癇，糜飲下。饑年取此粉以代糧。

元・吴瑞《日用本草》卷六　葛根　味甘，平，無毒。生者破血，合金瘡，解酒毒及諸毒。　乾者治傷寒頭痛，解肌發散，開腠理，止煩渴，開胃下食，排膿破血。

元・佚名氏《珍珠囊・諸品藥性主治指掌》〔見《醫要集覽》〕　葛根　味甘，平，性寒，無毒。可升可降，陽中之陰也。其用有四：　發傷寒之表邪，止胃虚之消渴，解中酒之苛毒，治往來之溫瘧。

元・徐彦純《本草發揮》卷二　葛根　成聊攝云：　《本草》云：　輕可去實，麻黄、葛根之屬是也。以中風表實，故加二物於桂枝湯中也。　潔言云：　治脾胃虚熱而渴，解酒毒，通行足陽明經。《主治秘訣》云：　性寒味苦，氣味俱薄，體輕上行，浮而微降，陽中陰也。其用有四：　止渴一也，解酒二也，發散表邪三也，發散小兒瘡疹(雖)〔難〕出四也。益陽生津。不可多服，恐損胃氣。　東垣云：　葛根味甘，純陽。止消渴，身大熱，解諸毒。療傷寒中風頭痛，解肌發表出汗，開腠理。又云：　乾葛其氣輕浮，鼓舞胃氣上行，生津液而解肌熱。　海藏云：　入足陽明經。東垣云：　世或初病太陽證，便服葛根升麻湯者，是遺太陽不惟遺經，反引太陽邪氣入於陽明不能解也。朱奉議云：　頭痛如破者，連鬚葱白湯主之。次又不已者，葛根葱白湯主之。恐太陽流入陽明，故用此以斷太陽入陽明之路，而非太陽藥也。故仲景治太陽陽明合病，桂枝湯内加麻黄葛根也。又有葛根黄芩黄連解肌湯，是知葛根非太陽藥，即陽明藥也。易老又云：　太陽初病，未入陽明，頭痛者不可便服葛根湯發之，若服之，是引賊(次)〔破〕家也。若額顱痛者，可服之。葛根湯，乃陽明自中風之仙藥也。

明・朱橚《救荒本草》卷上之後　葛根　一名雞齊根，一名鹿藿，一名黄斤。生汶山川谷及成州、海州、浙江，并澧鼎之間，今處處有之。苗引藤蔓長二三丈，莖淡紫色，葉頗似楸葉而小，色青，開花似豌豆花，粉紫色，結實如皂莢而小，根形如手臂。味甘，性平，無毒。一云：　性冷。殺野葛、巴豆、百藥毒。　救飢：　掘取根入土深者，水浸洗淨，蒸食之。或以水中揉出粉，澄濾成塊，蒸煮皆可食。及採花晒乾，煠食亦可。　治病：　文具《本草》草部條下。

明・蘭茂撰，清・管暄校補《滇南本草》卷下　葛根味甜者，甘葛。味苦者，苦葛。　性微寒，味甘。入陽明經。治胃虚消渴，傷風，傷暑，傷寒，解表邪，發寒熱往來，濕瘧，解中酒，熱毒，小兒痘疹初出要藥。

葛根湯　治傷風傷暑，解表邪熱，發汗，小兒傷風傷寒，痘疹初出難明，發熱頭疼，憎寒。引用燈心，葛根一錢，赤芍五分，前胡一錢，黄芩一錢，薄荷五分，甘草五分。

葛花　性微寒，味甘平，微苦。治頭暈，憎寒壯熱，解酒醒脾(傷脾)胃，酒毒酒痢，飲食不思，胸膈飽脹，發呃嘔吐酸痰，酒毒傷胃，吐血嘔血，消熱，(改)〔解〕酒毒。

方：　葛花解酒，治飲酒過度，俗名害酒。頭暈腦疼，身軟體困，自汗發渴，憎寒發熱，胸膈飽脹，乾呃吐嘔，面寒脹疼，飲食不思，面黄肌瘦，筋骨疼痛。葛花、厚朴、神粬、藿香、麥芽、白芷、柴胡、枳殼，各等分，引用淡竹葉，水煎服。煩熱加梔子，胃寒加沙仁。

按：　酒症大便不通，飲食不進，肚腹疼痛，筋骨酸疼，怕冷發熱，此等之症，最難調治。大便不通只可用潤腸之劑，不可用巴豆瀉藥。若用，大便雖利，恐傷身體，手軟。又有酒傷經絡，手足痿軟，另當選方調治。此方藥輕從汗解，輕病用之必效。

葛根花清熱丸：　治飲酒過度，酒積熱毒，以傷脾胃，嘔血吐血，發熱煩渴，小便赤少。葛花一兩，黄連一錢，滑石一兩，水飛。粉草五錢，為細末，水合為丸，每服一錢，白滾水下。此藥可治胃熱實火。脾胃寒冷，吞酸吐酸者，禁忌。

明・蘭茂《滇南本草》〔叢本〕卷下　葛根　註補：　葛根湯治傷風，治傷暑，(改)〔解〕表邪熱，發汗。小兒傷風感寒，痘疹初起，頭疼發熱增寒。葛根一錢、赤芍五分、前胡一錢、黄芩五分、薄荷三分、甘草五分，煎服。

葛花　味甘，性寒。治頭目眩暈，增寒壯熱，(改)〔解〕酒醒，脾胃酒毒酒痢，飲食不思，胸膈飽脹，嘔吐痰涎，酒毒傷胃，吐血嘔血，醒脾清熱。葛花解酒湯：葛花、厚朴、神麯、藿香、麥芽、白芷、柴胡、枳殼、淡竹葉，煩熱加炒〔梔子〕。胃寒加砂仁。註補：予按：得此酒症，大便不通，飲食不思，肚腹疼痛，筋骨酸耎，發熱怕冷，此等之症，重難調治。治大便不通，止可用潤腸之藥，不可用巴豆之瀉，若用巴豆，大便雖通，恐傷身體。手軟，又有酒傷經絡，手足痿耎，今當選方調治。此方藥輕，以從汗(改)〔解〕，輕病用之良效。但止可治胃氣寔火，若脾胃寒冷，吞酸吐酸者忌之。葛花清心丸：治飲酒過多，積成熱毒，損傷脾胃，嘔血吐血，發熱煩渴，小便赤少，葛花二兩、黄連一錢、滑石、一兩，水飛。粉草五錢，共為細末，水牒為丸，每服一錢，滾水下。

明・王綸《本草集要》卷二　葛根臣　味甘，氣平，性輕浮，無毒。足陽明經行經的藥。殺野葛、巴豆、百藥毒。五月採根，暴乾。取入土深者，去皮用。　主消渴，身大熱，嘔吐，諸痹，起陰氣，解諸毒。療傷寒中風頭痛，解肌發表出汗。治脾虚而渴，能升提胃氣，除胃熱，解酒毒，療金瘡止痛。〇生根汁大寒，治天行時病，壯熱煩渴，熱毒吐血，及妊娠熱病心悶，小兒熱痞。〇葉主金瘡止血。〇葛穀，主下痢十歲已上。〇花主消酒，并小豆花乾末，服方寸匕，飲酒不知醉。〇葛粉，甘寒，主壓丹石，解鴆毒。水調服三合，食之去煩熱，利大小便，止渴。

明・滕弘《神農本經會通》卷一　葛根　臣也。殺野葛、巴豆毒、百藥毒。五月採，暴乾。入土深者，去皮用。性輕浮。

味甘，氣平，無毒。《湯》云：陽明經引經藥，足陽明經行經的藥。東云：可升可降，陽中之陰也。發傷寒之表邪，止胃虚之消渴，解中酒之苛毒，治往來之溫瘧。又云：療肌解表。《珍》云：生津，療消渴大熱，解諸毒，傷寒中風，解肌發汗，升發瘡疹，又能解酒毒。多用損元氣。《疌》云：解熱，墮胎，去風，消酒，開腠理，除濕氣，止瘀，解毒，破瘀血。

《本經》云：主消渴，身大熱嘔吐，諸痺，起陰器，解諸毒。療傷寒中風，頭痛，解肌發表出汗，開腠理，療金瘡，止痛，脇風痛。陶云：五月五日日中時，取葛根為屑，療金瘡斷血要藥。亦療瘧及瘡至良。《唐本》注云：葛根雖除毒，入土五六寸已上者，名葛脰，服之令人吐，以有微毒也。根末之，主猘狗嚙，并飲其汁良。陳藏器云：葛根生者破血，合瘡，墮胎，解酒毒，身熱赤黄，小便赤澁。可斷穀不飢。根堪和粉。禹錫云：乾葛，臣。能治天行上氣嘔逆，開胃下食，主解酒毒，止煩渴熱，治金瘡。主治時疾，解熱。陶云：即今之葛根，人皆蒸食之。當取入土深大者，破而日乾之。日華子云：葛，冷，治胸膈熱，心煩悶熱狂。止血痢，通小腸，排膿，破血。傅蛇蟲咬，解罯毒箭。乾者力同。《圖經》云：仲景治傷寒，有葛根，及加半夏葛根黄芩黄連湯，以其主大熱，解肌，開腠理故也。《象》云：治脾虚而渴，除胃熱，解酒毒，能升提胃氣，通行足陽明經之藥。去皮用。《心》云：止渴，升陽。《珍》云：益陽生津，勿多用，恐傷胃氣。虚渴者，非此不能除。東垣云：葛根，甘，平，溫。世人初病太陽證，便服葛根升麻湯，非也。《食療》云：葛根蒸食之，消毒。其粉亦甚妙。其粉以水三合，煎，能解鴆毒。《衍義》云：治中熱酒渴病，多食行小便，亦能使人利。病酒及渴者，得之甚良。易老云：太陽初病，未入陽明頭痛者不宜便服葛根發之。若服之，是引賊破家也。若頭顱痛者，可服之。葛根湯，陽明自中風之仙藥也。朱奉議云：頭痛如欲破者，連鬚葱白湯飲之。又不已者，葛根葱白湯。易老又云：用此以斷太陽入陽明之絡，即非太陽藥也。故仲景治太陽陽明合病，桂枝湯内加麻黄、葛根也。又有葛根黄芩黄連解肌湯，是知葛根非太陽藥，即陽明藥。剏云：葛根甘寒能發表，胃虚消渴服之安。解除中酒之苛毒，更止溫瘧之往還。《局》云：葛根無毒解諸毒，發散傷寒治熱狂。開胃解醒除嘔逆，更醫消渴療金瘡。葛根，止渴，解醒，發散傷寒，消熱毒。

生葛根汁　《本經》云：氣大寒。療消渴，傷寒壯熱。陶云：葛根，生者擣取汁飲之，解溫病發熱。葛洪治腎腰痛，取生根嚼之，嚥其汁，多益佳。《集》云：治天行時病，壯熱煩渴，熱毒吐血，及妊娠熱病心悶，小兒熱胎。

葛穀　《本經》云：主下痢十歲已上。《本注》：葛穀，即是實耳。

葛葉　《本經》云：主金瘡止血。《圖經》云：主金刃瘡，山行傷刺血出，卒不可得藥，但挼藥傳之甚効。

葛花　《本經》云：主消酒。一名鹿藿。陶云：并小豆花，乾末，服方寸匕，飲酒不知醉。葛蔓燒為灰，水服方寸匕，主喉痺。

葛粉　味甘，氣大寒，無毒。

《本經》云：主壓丹石，去煩熱，利大小便，止渴，小兒熱痞，以葛根浸擣汁飲之良。《聖惠》云：中鴆毒，氣欲絶者，水調三合飲之。

明・劉文泰《本草品彙精要》卷一〇 葛根無毒。附汁、葉、花。 蔓生。

葛根出《神農本經》：**主消渴，身大熱，嘔吐，諸痹，起陰氣，解諸毒。〇葛穀，主下痢十歲已上。**以上朱字《神農本經》。療傷寒，中風頭痛，解肌發表，出汗開腠理，療金瘡，止痛，脇風痛。〇生根汁，大寒，療消渴，傷寒壯熱。〇葉，主金瘡，止血。〇花，主消酒。以上黑字名醫所錄。 〖名〗雞齊根、鹿藿、黄斤、葛脰。 〖苗〗《圖經》曰：春生苗，引藤蔓長一二丈，紫色，葉頗似楸葉而青。七月著花，似豌豆花，不結實。根形如手臂，紫黑色，以入土深者爲佳。《唐本》注云：葛穀即是實爾。葛雖除毒，其根入土五六寸已上者，名葛脰。脰，脛也。服之令人吐，以其有微毒也。 〖地〗《圖經》曰：生汶山川谷及成州、海州，今處處有之。〖道地〗江浙、南康、廬陵。 〖時〗生：春生苗。採：五月五日午時取根。 〖收〗暴乾。 〖用〗根、葉、花、穀、汁。 〖質〗形如手臂而長。 〖色〗皮紫黑，肉白。 〖味〗甘。 〖性〗平，緩。 〖氣〗氣味俱輕，陽中之陰。 〖臭〗香。 〖主〗止煩渴，解肌熱。 〖行〗足陽明經，手陽明經。 〖製〗刮去皮或搗汁用。 〖治〗療：《藥性論》云：治天行上氣嘔逆，開胃下食，止煩渴，熬屑治金瘡。日華子云：去胸膈熱，心煩悶，熱狂，止血痢，通小腸，排膿破血，傅蛇蟲齧。《衍義》曰：除中熱，酒渴。《湯液本草》云：益陽，生津。《圖經》曰：生根汁，除瞖腰痛及金創，中風痙欲死者，灌之，瘥。〇葉，主金刃瘡及山行傷刺，血出不止。陶隱居云：生根汁，解溫病發熱，亦療瘧及瘡。《唐本》注云：汁，主猘狗齧。〇蔓燒灰，主喉痹。 〖合治〗合黄芩、黄連，治大熱，解肌，開腠理。〇汁合豉，治時氣頭痛，壯熱。〇合藕汁，治熱毒下血，或因吃熱物發動者。 〖解〗野葛、巴豆、百藥毒、酒毒、罯箭毒、食諸菜中毒。

葛粉無毒 蔓生。

葛粉：主壓丹石，去煩熱，利大小便，止渴，小兒熱痞，以葛根浸搗汁飲之，良。名醫所錄。 〖苗〗《圖經》曰：葛粉即葛根之所作也，今人多食之，甚益人。《衍義》曰：葛根，澧、鼎之間，冬月取生葛以水中揉出粉澄塊垛，先煎湯使沸，後擘成塊，下湯中，良久色如膠，其體甚韌。彼人以此供茶，蓋取其甘美耳。 〖地〗《圖經》曰：生汶山川谷，今處處有之。〖道地〗江浙尤多，南康、廬陵間最勝。 〖時〗生：春生苗。採：冬月取根。 〖收〗暴乾。 〖用〗粉。 〖質〗類豆粉而韌。 〖色〗白。 〖味〗甘。 〖性〗大寒。 〖氣〗氣之薄者，陽中之陰。 〖臭〗香。 〖主〗煩熱，止渴。 〖行〗足陽明經。 〖製〗以水中揉出成粉用。 〖治〗療：陳藏器云：裛小兒熱瘡。《別録》云：中鴆毒氣欲絶者，灌之良。 〖合治〗合粟米，療胸中煩熱或渴，心燥。〇合糜飲，治小兒壯熱，嘔吐不住，食、驚癇。〇合蜜摻少生薑尤佳，治中熱，酒渴疾有效。 〖禁〗多食，行小便，使人利。

明・盧和、汪穎《食物本草》卷二 葛根 味甘，寒，無毒。主瓥腫惡瘡。冬月取生者，以水中揉出粉，成垛，煎沸湯，擘塊下湯中，良久，色如膠，其體甚韌，以蜜湯中拌食之，用薑屑尤佳。治中熱酒渴病，多食利小便，亦能使人利。切，以茶食亦甘美。又生者，煨熟極補人。

明・葉文齡《醫學統旨》卷八 葛根 氣平，味甘。無毒。浮而微降，陽中陰也。足陽明行經藥。殺野葛、巴豆、百藥毒。五月採根曝乾，取入土深者，去皮用。治消渴，身大熱，嘔吐諸痺；起陰氣，解諸毒；療傷寒中風頭痛，解肌發表出汗，發痘疹；治脾虚而渴，能升提胃氣；除胃熱，解酒毒；療金瘡止痛，益陽生津。不可多服，恐損胃氣。〇生根汁大寒，除天行時病煩渴，熱毒吐血。〇花消酒。〇葛粉甘寒，壓丹石，解鴆毒，去煩熱，利大小便，止渴。

明・許希周《藥性粗評》卷一 五心煩熱，乃問津於葛根。

葛根葛藤根也。蔓生二三丈，葉似揪，三叉形，七月開花紅紫色，似荳花，不結實，根如手擘大，外紫内白，江南處處有之，家種者粉多，可蒸食充飢，不如山生者。入藥以入土深且肥者為佳。淺而近藤者為葛脰，食之哇人。五月五日劈破，陰乾，謂之乾葛。有一種野葛，即青藤葛也，以藤葉無毛為別，悮食之急脹而死。味甘，性平，無毒。入足陽明胃經。浮而微降。主治傷寒壯熱，煩渴飲水不已，頭痛嘔吐，開腠理，解肌表出汗，行血消酒，止痢，養胃生津。又殺野葛、巴豆百藥之毒。尋常不可多服，恐損胃氣。易老云：太陽初病頭痛，未入陽明者傳經尚未入胃，不可便服葛根湯以發之，恐反引賊破家也以葛根為胃經之藥，若但額顱痛者可服之，蓋葛根湯乃陽明經自中風之仙藥也。愚謂或以太陽頭痛，用連鬚葱白湯主之，所以截其太陽入陽明之路。傷寒病初在太陽膀胱經，次即傳陽明胃經。是亦一說，此立方之權易變，則立方之正者也。

單方：乾嘔不息：生葛根搗，取汁一升服之。 酒醉不醒：其法同上。

金瘡中風：凡犯刀斧等項金瘡中風，傷筋血湧，腫痛，暈悶欲死者，葛根一斤，㕮咀，以水一斗，煮取五升，去滓，每取一升，溫服。若乾葛，則剉擣為末，取二三撮，溫酒調服，口噤不開者，以筋支開灌之，活。　飲食遇毒：　凡遇飲食不拘肉等項中毒，煩悶，吐下欲死者，只以葛根不拘乾生，剉煮湯，灌之即解。

明・鄭寧《藥性要略大全》卷三　葛根　發傷寒之表邪，止胃虛之消渴；解中酒之苛毒，治往來之溫瘧。《賦》曰：發肌解表，出汗開腠理。《經》曰：療傷寒中風頭痛，治天行熱氣嘔逆，開胃下食，解酒毒，療金瘡，止痛，腸風痛。葛根湯，陽明自中風之仙藥。若頭顱痛者不可服。太陽經初病，未入陽明者，不可便服，是引賊破家也。《湯液》云：主治消渴，身大熱，嘔吐。

味甘，平，性微寒，無毒。可升可降，陽中陰也。陽明引經之藥，足陽明行經之藥。又云：性浮輕，無毒。殺野葛、巴豆毒及百藥毒。五月採根日乾。入土深者佳，去皮用。　生根汁　寒。治消渴，傷寒壯熱。起陰氣，解諸毒。葛粉　味甘，大寒，無毒。去煩熱，利大小便，止渴。解鴆鳥毒及丹藥諸毒。○葉　療金瘡止血。

明・陳嘉謨《本草蒙筌》卷二　葛根　味甘，氣平、寒。氣味俱薄，體輕上行，浮而微降，陽中陰也。無毒。各山谷俱生，成藤蔓旋長。春初發葉，秋後採根。入土深者力洪，去皮用之効速。殺野葛巴豆百毒，入胃足陽明行經。療傷寒發表解肌，治肺燥生津止渴。解酒毒卒中，卻溫瘧往來。散外瘡疹止疼，提中胃氣除熱。花消酒不醉。殼治痢實腸。生根汁乃大寒，專理天行時病。止熱毒吐衄，去熱燥消渴。婦人熱悶能甦，小兒熱痞堪卻。葛粉甘冷，醉後宜餐。除煩熱利大小便，壓丹石解鴆鳥毒。葉敷金瘡擣爛。蔓祛喉痹燒灰。

明・方穀《本草纂要》卷二　乾葛　味甘，平，氣寒，性輕浮，無毒。足陽明經行經藥。又入足太陰經藥也。主清風寒，解肌熱，净表邪，止煩渴，瀉胃火，除胃熱。其功又與蘇麻迭用，何也？蓋辛溫可以攻表，甘寒可以瀉火，然而乾葛則甘寒者也，紫蘇、麻黃則辛溫者也，果何如以爲迭用哉。彼傷寒之症，病在太陽之經，無麻黃之辛溫，不能汗解其表邪，風寒之症，病在分腠之間，無紫蘇之甘溫，不能輕揚以發汗，至若乾葛之甘寒，亦可以爲攻表之劑者也。是以吾嘗考之，傷風之症，風邪未解，其汗自生，苟欲發散，則不可投以再汗之藥者也。溫熱之疫，亦未表也，自汗大〔來〕，而表邪尤甚，苟欲解表，亦不可投以辛溫之藥者也。二者之症，欲其解表，則何以爲宜？必須乾葛之甘寒，清肌以退熱可也。否則，舍乾葛而用辛溫，非惟表邪空虛，亦且多汗亡陽也。然而當用辛溫之藥，反用乾葛甘寒之劑，則又禁太陽之邪，吾見表反不解，而引邪入裏矣。治者亦宜辨之。

明・王文潔《太乙仙製本草藥性大全》卷一《本草精義》　葛根　一名雞齊根，一名鹿霍，一名黃斤。生汶山川谷，今處處有之，江浙尤多。春生苗，引藤蔓長一二丈，紫色，葉頗似楸葉而青，七月著花似豌豆花，不結實，根莖如手臂，紫黑色。五月五日午時採根曝乾。以入土深者爲佳。今人多以作粉食之，甚益人。下品有葛粉條，即謂殺野葛、巴豆、百藥毒。

葛粉　味甘，大寒，醉後宜餐，除煩熱，利大小便，壓丹石，解鴆鳥毒，止渴。療小兒熱痞，以葛浸擣汁飲之良；或壯熱嘔吐不住食驚癇方：葛粉二大錢，以水二合調令勻，瀉向鏡鑼中，傾側令遍重湯中，煮令熱，以糜飲相和食之。

明・王文潔《太乙仙製本草藥性大全》卷一《仙製藥性》　葛根臣　味甘平，性微寒，又云性浮輕，氣味俱薄，體輕上行，浮而微降，陽中陰也，陽明引經之藥，陽明行經之藥。　主治：　療傷寒，發表解肌；治肺虛，生津止渴。解酒毒卒中，却溫瘧往來。散外瘡疹，止疼，提中胃氣除熱。主身熱，治諸痹、嘔吐；療脾虛，金瘡止痛。　花　消酒不醉。　殼　治痢實腸。　生根汁乃大寒，專理天行時病，止熱毒吐衄，去熱燥渴消。婦人熱悶能甦，小兒熱痞堪却。　葉　敷金瘡，擣爛。　蔓：祛喉痹，燒灰。　補註：　治傷筋絕，擣葛根汁飲之。葛白屑熬令黃，傅瘡止血。治妊娠熱病，心悶，取葛根汁二升，分作三服。○治熱毒下血，或因喫熱物發動，用生葛根汁飲一二升，并藕汁一升和服。○治卒乾嘔不息，擣根取汁一升服，差。○治心熱吐血不止，擣根取汁半升頓服，立差。○治虎傷人瘡，取葛根煮濃汁，洗瘡兼擣葛末，水服方寸匕，日夜五六服。○治傷寒初患二三日，頭痛發熱，葛根五兩，香豉一升，細剉，以童子小便六升，煎取二升，分作三服，如汗觸風，食葱豉粥。○服藥失度，心中苦煩，飲生葛根汁大良，無生者擣乾葛末，水服五合，亦可煮服之。○食諸菜中毒，發狂煩悶，吐下欲死，煮葛根汁飲之差。○治小兒熱渴，久不止，用葛根半兩，細剉，水一中盞，煎取六分，去滓，頻溫服。○治中鴆毒，氣欲絕者，用葛粉三合，水三鍾調飲之，如口噤者，以物揭開灌之。治胸中煩熱或渴，心燥，葛粉四兩，先以水浸粟米半升，經宿漉出，與葛粉相拌，令勻，煮熟食之。

〇治傷寒有數種，庸醫不能分辨，今取一藥兼治。天行病，若初覺頭痛內熱，脉洪，起至二日，取葛根四兩，水三升，內豉一升，煮取半升服，搗生根汁尤佳。

明・皇甫嵩《本草發明》卷二

葛根中品之上，臣。氣平，味甘，無毒。氣味俱薄，性輕浮微降，陽中陰也。陽明經引經藥，足陽明行經的藥。

發明曰：葛根甘平之味，入陽明，升胃氣，除胃熱而生津液也。輕浮之能解肌發表，開腠理出汗，故《本草》主身大熱，嘔吐，解諸毒，療金瘡止痛，脇風痛，起陰氣，由能除胃熱，升胃氣也。主消渴，解酒毒，治脾虛而渴，以能升胃生津也。主療傷寒中風頭痛，大熱溫瘧及諸痺，以能解肌發表，開腠理出汗也。故解肌發表，葛根先而柴胡次之。仲景治傷寒中風屬陽明要藥。初病太陽症，不可便服葛根、升麻說，見前條。金瘡，中風痓欲死，搗生葛根汁，煮服，口噤灌下即省。乾者搗末，溫酒調服。口噤不開，多服竹瀝、生葛根，自愈。〇生葛根汁大寒，療天行時氣，傷寒大熱，消渴熱毒，吐血及妊娠熱病心悶，小兒熱瘡。〇葛粉，甘寒。主壓丹石，解鴆毒，水調服。亦去煩，止渴，利大小便。〇葛花，消酒毒，用葛花并小豆花，晒乾為末服，飲酒不知醉。殺野葛、巴豆、百藥毒。

明・李時珍《本草綱目》卷一八草部・蔓草類

葛《本經》中品校正併入《開寶》葛粉。

【釋名】雞齊《本經》　鹿藿《別録》　黃斤《別録》時珍曰：葛從曷，諧聲也。鹿食九草，此其一種，故曰鹿藿。黃斤未詳。

【集解】《別録》曰：葛根生汶山山谷，五月采根，曝乾。弘景曰：即今之葛根，人皆蒸食之。當取入土深大者，破而日乾之。南康、廬陵間最勝，多肉而少筋，甘美，但爲藥不及耳。恭曰：葛雖除毒，其根入土五六寸已上者，名葛脰，脰者頸也。服之令人吐，以有微毒也。《本經》葛穀，即是其實也。頌曰：今處處有之，江浙(猶)〔尤〕多。春生苗，引藤蔓，長一二丈，紫色。葉頗似楸葉而小，色青。七月着花，粉紫色，似豌豆花，不結實。根形大如手臂，紫黑色，五月五日午時采根，曝乾，以入土深者爲佳，今人多作粉食。宗奭曰：澧、鼎之間，冬月取生葛，搗爛入水中，揉出粉，澄成垛，入沸湯中良久，色如膠，其體甚韌，以蜜拌食，擦入生薑少許尤妙。又切入茶中待賓，雖甘而無益。又將生葛根煮熟，作果實，吉州、南安亦然。時珍曰：葛有野生，有家種。其蔓延長，取治可作絺綌。其根外紫內白，長者七八尺。其葉有三尖，如楓葉而長，面青背淡。其花成穗，纍纍相綴，紅紫色。其莢如小黃豆莢，亦有毛。其子綠色，扁扁如鹽梅子核，生嚼腥氣，八九月采之。《本經》所謂葛穀是也。唐蘇恭亦言葛穀是實，而宋蘇頌謂葛花不結實，誤矣。其花晒乾亦可煠食。

葛根　【氣味】甘、辛，平，無毒。《別録》曰：生根汁：大寒。好古曰：氣平味甘，升也，陽也。陽明經行經的藥也。

【主治】消渴，身大熱，嘔吐，諸痺，起陰氣，解諸毒《本經》。療傷寒中風頭痛，解肌發表出汗，開腠理，療金瘡，止脇風痛《別録》。治天行上氣嘔逆，開胃下食，解酒毒甄權。治胸膈煩熱發狂，止血痢，通小腸，排膿破血。傅蛇蟲嚙，罯毒箭傷大明。殺野葛、巴豆、百藥毒之才。生者：墮胎。蒸食：消酒毒，可斷穀不飢。作粉(猶)〔尤〕妙藏器。作粉：止渴，利大小便，解酒，去煩熱，壓丹石，傅小兒熱瘡。搗汁飲，治小兒熱痞《開寶》。猘狗傷，搗汁飲，并末傅之蘇恭。散鬱火時珍。

【發明】弘景曰：生葛搗汁飲，解溫病發熱。五月五日中時，取根爲屑，療金瘡斷血爲要藥，亦療瘧及瘡，至良。頌曰：張仲景治傷寒有葛根湯，以其主大熱，解肌、發腠理故也。元素曰：升陽生津。脾虛作渴者，非此不除。勿多用，恐傷胃氣。張仲景治太陽陽明合病，桂枝湯內加麻黃、葛根，又有葛根黃芩黃連解肌湯，是用此以斷太陽入陽明之路，非即太陽藥也。頭顱痛如破，乃陽明中風，可用葛根葱白湯，爲陽明仙藥。若太陽初病，未入陽明而頭痛者，不可便服升麻、葛根發之，是反引邪氣入陽明，爲引賊破家也。震亨曰：凡癍痘已見紅點，不可用葛根升麻湯，恐表虛反增斑爛也。杲曰：乾葛其氣輕浮，鼓舞胃氣上行，生津液，又解肌熱，治脾胃虛弱泄瀉聖藥也。徐用誠曰：葛根氣味俱薄，輕而上行，浮而微降，陽中陰也。其用有四：止渴一也，解酒二也，發散表邪三也，發瘡疹難出四也。時珍曰：《本草・十劑》云：輕可去實，麻黃、葛根之屬。蓋麻黃乃太陽經藥，兼入肺經，肺主皮毛；葛根乃陽明經藥，兼入脾經，脾主肌肉。所以二味藥皆輕揚發散，而所入迴然不同也。

【附方】舊十五，新八。

數種傷寒：庸人不能分別，今取一藥兼治。天行時氣，初覺頭痛，內熱脉洪者。葛根四兩，水二升，入豉一升，煮取半升服。生薑汁尤佳。《傷寒類要》。　時氣頭痛：壯熱。生葛根洗净，搗汁一大盞，豉一合，煎六分，去滓分服，汗出即瘥。未汗再服。若心熱，加巵子仁十枚。《聖惠方》。　傷寒頭痛：二三日發熱者。葛根五兩，香豉一升，以童子小便八升，煎取二升，分三服。食葱粥取汗。《梅師方》。　妊娠熱病：葛根汁二升，分三服。《傷寒類要》。　預防熱病：急黃賊風。葛粉二升，生地黃一升，香豉半升，爲散。每食後米飲服方寸匕，日三服。有病五服。龐安常《傷寒論》。　辟瘴不染：生葛搗汁一小盞服，去熱毒氣也。《聖惠方》。　煩躁熱渴：葛粉四兩，先以水浸粟米半升，一夜漉出，拌勻，煮熟以糜飲和食。《食醫心鏡》。　小兒熱渴：久不止。葛根半兩，水煎服。《聖惠方》。　乾嘔不息：葛根搗汁服一升，瘥。《肘後方》。　小兒嘔吐：壯熱食癎。葛粉二錢，水二合，調勻。傾入錫鑼中，重湯燙熟，以糜飲和食。昝殷《食醫心鏡》。　心熱吐血：不止。生葛搗汁半升，頓服。立瘥。《廣利方》。　衄血不止：生葛，搗汁服。三服即止。《聖惠方》。　熱毒下血：因食熱物發者。生葛根二斤，搗汁一升，入藕一升，和服。《梅師方》。　傷筋出血：葛根搗汁飲。乾者煎服。仍熬屑傅之。《外臺秘要》。

瞖腰疼痛：生葛根嚼之嚥汁，取效乃止。《肘後方》。　金創中風：痓强欲死。生葛根四大兩，以水三升，煮取一升，去滓分服。口噤者灌之。若乾者，擣末調三指撮。仍以此及竹瀝多服，取効。《貞元廣利方》。　服藥過劑：苦煩。生葛汁飲之。乾者煎汁服。《肘後方》。　酒醉不醒：生葛汁，飲二升便愈。《千金方》。　諸藥中毒：發狂煩悶，吐下欲死。葛根煮汁服。《肘後方》。　解中鴆毒：氣欲絶者。葛粉三合，水三盞，調服。口噤者灌之。《聖惠方》。　虎傷人瘡：生葛煮濃汁洗之。仍擣末，水服方寸匕，日夜五六服。《梅師方》。

葛穀　〔氣味〕甘，平，無毒。　〔主治〕下痢十歲已上《本經》。　解酒毒時珍。

葛花　〔氣味〕同穀。　〔主治〕消酒《别録》。弘景曰：同小豆花乾末酒服，飲酒不醉也。　腸風下血時珍。

葉　〔主治〕金瘡止血，挼傅之《别録》。

蔓　〔主治〕卒喉痹。燒研，水服方寸匕蘇恭。　消癰腫時珍。

〔附方〕新三。　婦人吹乳：葛蔓燒灰，酒服二錢，三服効。《衛生易簡方》。　癤子初起：葛蔓燒灰，水調傅之，即消。《千金方》。　小兒口噤：病在咽中，如麻豆許，令兒吐沫，不能乳食。葛蔓燒灰一字，和乳汁點之，即瘥。《聖惠方》。

題明・薛己《本草約言》卷一《藥性本草》　葛根　味甘、辛，氣平，性温，浮，無毒。陽也，升也，入手、足陽明經。發陽明之風寒，解肌表之壯熱，療頭顱之苦痛，止胃虛之消渴，解酒中之苛熱，治往來之瘟瘧。生根汁大寒，可治天行時病。頭痛如欲破者，連鬚葱白湯飲之。又不已者，葛根葱白湯用之如神。然太陽初病，未入陽明而頭痛者，未可便服葛根以發之，恐引賊入家也。〇若額顱痛者可服之。又其氣輕浮鼓舞，能升提胃氣上行及益陽生津，但不可多服，恐損胃氣。葛花消酒毒。用葛花并小豆花晒乾為末，飲酒不知醉。

明・梅得春《藥性會元》卷上　葛根　味甘、平，性寒，可升可降，陽中之陰也。無毒。殺巴豆百藥毒。　主發傷寒之表邪，止胃虛之消渴，解中酒之積毒，治往來之溫瘧。　止汗解醒，發散傷寒，消熱毒。　治咽乾身發大熱。　止嘔吐，除諸痹，解諸毒。　療傷寒中風頭痛，解肌發表、出汗，開腠理，發痘疹，療金瘡。　生根擣汁，大寒。　療消渴傷寒壯熱，治天行時病。　煩渴熱毒，吐血。　花能消酒。　葉主金瘡止血。　粉主壓丹石，解鴆毒。　去煩熱，利大小便，止渴，小兒熱痞，以葛根浸，擣汁，飲之愈。

明・杜文燮《藥鑒》卷二　葛根　氣平，味甘，氣味俱薄，無毒。升也，陽中之陰也。發傷寒之表邪，止胃虛之消渴，解中酒之苛毒，治往來之溫瘧。能住頭疼，善踈瘡疹。入柴胡療肌表，功為第一；同升麻通毛竅，效實無雙。其汁寒涼，專理天行時疫，且止熱毒吐衄。其粉甘冷，善解酒後煩熱，更利二便燥結。花能醒酒不醉，殼能治痢實腸，誠陽明聖藥也。痘瘡不起者，予用之立起。何哉？蓋因肌肉實，腠理密，不得通暢，故痘出不快耳。今得葛根一療解，一踈通，此肌肉暢而腠理開，其痘立起矣。孕婦所忌。

明・王肯堂《傷寒證治準繩》卷八　葛根　氣平，味甘，無毒。陽明經引經藥，足陽明經行經的藥。治脾胃虛而渴，除胃熱，解酒毒。陶：生葛擣汁飲，解溫病發熱。頌：仲景治傷寒有葛根湯，以其主大熱，解肌，發腠理故也。潔：升陽生津，脾虛作渴者，非此不除。勿多用，恐傷胃氣。張仲景治太陽陽明合病，桂枝湯內加麻黄、葛根。又有葛根黄芩黄連解肌湯，是用此以斷太陽入陽明之路，非即太陽藥也。頭顱痛如破，乃陽明中風，可用葛根葱白湯，為陽明仙藥。若太陽初病，未入陽明而頭痛者，不可便服升麻、葛根發之，是反引邪氣入陽明，為引賊破家也。珍：《本草・十劑》云：輕可去實，麻黄、葛根之屬。蓋麻黄乃太陽經藥，兼入肺經，肺主皮毛。葛根乃陽明經藥，兼入脾經，脾主肌肉。所以二味藥皆輕揚發散，而所入迥然不同也。修治：鍘細，竹篩齊之用。

明・李中立《本草原始》卷二　葛根　始生汶山川谷，今處處有之。春生苗，引藤蔓長一二丈，紫色。葉頗似楸葉而小，青色；其花成穗，纍纍相綴，紅紫色；其莢如小黄豆莢，亦有毛；其子綠色，扁扁如鹽梅子核。《本經》所謂葛穀是也。根形大如手臂，外紫內白。鹿食九草，此其一種，故《别錄》名鹿藿。《爾雅翼》云：葛，絺綌草也，俗呼乾葛。　葛根：氣味：甘、辛平，無毒。主治：消渴，身大熱，嘔吐，諸痹，起陰氣，解諸毒。〇療傷寒中風，頭痛解肌，發表出汗，開腠理，療金瘡，止脇風痛。〇治天行，上氣嘔逆，開胃下食，解酒毒。〇治胸膈煩熱狂，止血痢，通小腸，排膿破血，傅蛇蟲咬，罯箭傷。〇殺野葛、巴豆、百藥毒。〇生者墮胎，蒸食消酒毒。可斷穀不飢，作粉尤妙。〇作粉止渴，利大小便，解酒，去煩熱，壓丹石，傅小兒熱瘡。擣汁飲，治小兒熱痞。猘狗傷，擣汁飲，并末傅之。〇散鬱火。

葛根，《本經》中品。【圖略】一名雞齊，一名黃斤。皮紫肉白。葛根：五月五日午時采取，破之，暴乾。以入土深者為佳。今市賣者多劈截成片，用者以片寬二三指，色白多麵者為良。條細、色黃白、少脂者，乃白葛也，不宜入藥。其根入土五六寸已上者，名葛脰。脰者頸也，服之令人吐，以有微毒也。《別錄》曰：生根汁，大寒。好古曰：氣平，味甘，升也，陽也。陽明經行經之藥。《傷寒類要》：治天行時氣，初覺頭痛內熱，脉洪者，葛根四兩，水二升，入豉一升，煮取半升，服生薑汁尤佳。

葛花似豌豆花，紅紫色，可作茹。【圖略】花消酒，治腸風下血。弘景曰：葛花並小豆花乾末，服方寸匕，飲酒不知醉。乾葛：臣。

明・張懋辰《本草便》卷一　葛根臣　味甘，氣平，性輕浮，無毒。足陽明經行經的藥。殺野葛、巴豆、百藥毒。　主消渴身大熱，嘔吐，諸痹，起陰氣，解諸毒；療傷寒中風頭痛，解肌，發表出汗；治脾虛而渴，能升提胃氣，除胃熱；解酒毒；療金瘡止痛。

明・李中梓《藥性解》卷二　葛根　味甘，性平，無毒，入胃、大腸二經。發傷寒之表邪，止胃虛之消渴，解中酒之奇毒，治往來之溫瘧，解野葛、巴豆、丹石、百藥毒。按：葛根療熱解表，故入手、足陽明，入太陽初病未入陽明而頭痛者，不可便服以發之，恐引賊入家也，又表虛多汗者禁用。

明・繆希雍《本草經疏》卷八　葛根　味甘，平，無毒。主消渴，身大熱，嘔吐，諸痹，起陰氣，解諸毒，療傷寒中風頭痛，解肌發表，出汗開腠理，療金瘡止痛，脇風痛。生根汁：大寒，療消渴，傷寒壯熱。葛穀：主下痢，十歲已上。葉：主金瘡，止血。花：主消酒。一名雞齊根，一名鹿藿。殺野葛、巴豆、百藥毒。

〔疏〕葛根稟天地清陽發生之氣，其味甘平，其性升而無毒。入足陽明胃經，解散陽明溫病熱邪之要藥也。故主消渴，身大熱，熱壅胸膈作嘔吐。發散而升，風藥之性也，故主諸痹。生氣升騰，故起陰氣。甘者，土之沖氣，春令少陽，應兼微寒，故解諸毒及《別錄》療傷寒中風頭痛，解肌發表，出汗開腠理。甘能和血而除熱，故又主療金瘡止痛及脇風痛也。〔主治參互〕葛根湯，治陽明胃經溫病，邪熱頭疼，發渴煩悶，鼻乾不得眠。如渴甚、嘔甚，則加石膏、麥門冬、知母、竹葉。葛根升麻湯，治斑瘮初發，點粒未形。同一切補腎益精藥作丸餌，則起陰，令人有子。同升麻，入升陽散火、升陽除濕、升陽益胃、清暑益氣、補中益氣等湯用。〔簡誤〕傷寒頭痛，兼項強腰脊痛及遍身骨疼者，足太陽也。邪猶未入陽明，故無渴證，不宜服。五勞七傷，上盛下虛之人，暑月雖有脾胃病，不宜服。

明・倪朱謨《本草彙言》卷六　葛根　味辛、甘，氣平，無毒。氣味俱薄，輕而上行，浮而微降，陽中陰也，乃陽明經本藥。李氏曰：葛根，出江、浙、閩、廣，所在有之。有野生，有家種。鹿食九草，此其一也。春生苗，引藤延蔓，長二三丈，取用可作絺綌。各以土地之宜，以別精粗美惡耳。葉有三尖，如楓葉而長，面青背淡。七月開花成穗，纍纍相綴，紫粉色，似豌豆花。結實似小黃豆莢，上有毛，其子綠色而扁，似梅核，生嚼有腥氣。八九月采之。《神農經》所謂葛穀是也。根，外紫內白，大如臂，長八九尺，以入土最深者良。五月中，采根曝乾用。陶隱居曰：出南康、廬陵間最勝，多肉少筋，味甚甘美。搗汁飲，可辟暑，解瘟病大熱。

葛根：清風寒，淨表邪，《別錄》解肌熱，止煩渴，《開寶》瀉胃火之藥也。嵇春山稿嘗觀發表散邪之藥，其品亦多，如麻黃拔太陽營分之寒，桂枝解太陽衛分之風，防风、紫蘇散太陽在表之風寒，藁本、羌活散太陽在表之寒濕，均稱發散藥也。而葛根之發散，亦入太陽，亦散風寒，又不同矣。非若麻、桂、蘇、防辛香溫燥，發散而又有損中氣之悞也；非若藁本、羌活，發散而又有耗營血之虞也。此藥枝莖蔓延，統走太陽一身經絡；根長丈餘，入土最深，又得土陰之氣，沉而且厚。故《神農經》謂起陰氣，除消渴。身大熱，明屬三陽表熱無寒之邪，能散之、清之之意也。如傷風傷寒，溫病熱病，寒邪已去，標陽已熾，邪熱伏于肌腠之間，非表非裏，又非半表裏，口燥煩渴，仍頭痛發熱者，必用葛根之甘寒，清肌退熱可也。否則舍葛根而用辛溫，如麻、桂、蘇、防之類。不惟疏表過甚而元氣虛，必致多汗亡陽矣。然而葛根之性專在解肌，解肌而熱自退，解肌而渴自止，解肌而汗自收。而《本草》諸書，又言能發汗者，非發三陽寒邪在表之汗也；又非發風濕、濕溫在經之汗也，實乃發三陽寒鬱不解，鬱極成熱之汗也。又如太陽汗出不徹，陽氣怫鬱，其人面色緣緣正赤，躁煩不知痛之所在，短氣，更發汗則愈，宜葛根湯治之。鬱解熱除，汗出而邪自退，此所以《本草》諸書言能發汗者，此也。出盧氏《乘雅》但體性陰潤，對待熱涸，如寒本、濕本主氣及寒化標陰專令者，所當避忌。世人不但目爲輕淺，且以之從治嚴寒，未有不致寇至者。

江魯陶先生曰：按《本草・十劑》云：輕可去實，麻黄葛根之屬。蓋麻黄乃太陽經藥，兼入肺經，肺主皮毛；葛根乃陽明經藥，兼入脾經，脾主肌肉，二藥皆輕揚，發散則一，而所入所主，迥然不同也。盧不遠先生曰：外陽内陰，有三陰漸長，化炎熱爲清凉之象。劉默齋先生曰：甘寒清潔，凡暴吐鮮血，因胃熱致血者，七劑立平，某試屢驗也。李士材先生曰：皆在陽明一經。仲景治太陽陽明合病，桂枝湯加麻黄葛根，又有葛根芩連解肌湯，用以斷太陽入陽明之路，非即太陽藥也。頭痛乃陽明中風，宜葛根葱白湯。若太陽初病，未入陽明而頭痛者，不可便服以發之，是引邪入室也。戒之！

集方：仲景方共六則太陽病項背强几几，無汗惡風者，葛根湯主之。用葛根二兩，桂枝、白芍、生薑各一兩，甘草五錢，麻黄一兩去節，以水一斗，先煮葛根、麻黄，減二升，去白沫，内諸藥，煮取三升，去滓，溫服一升，覆取微汗。○太陽與陽明合病者，必自下利，葛根湯主之。○太陽與陽明合病，不下利，但嘔者，葛根加半夏湯主之。即前方加半夏。○太陽病，桂枝證，醫反下之，利遂不止，脉促者，表未解也，喘而汗出者，葛根黄芩黄連湯主之。用葛根四兩，甘草一兩，黄芩、黄連各一兩五錢，以水四升，先煮葛根，減一升，内諸藥煮取一升，去滓，分溫再服。○治數種傷寒，兼治天行時氣，發熱頭痛，煩渴脉洪者，用葛根二兩，江西豆豉三合，生薑十片，水一升，煎半升服。○治陽明胃熱，溫病邪熱頭疼，發渴煩悶，鼻乾不得眠，如渴甚嘔甚，用葛根、黄芩、升麻、知母、石膏、竹葉。○《全幼心鑒》治斑瘮初發壯熱，點粒未透。用葛根、升麻、桔梗、前胡、防風各一錢，甘草五分，水煎服。○《傷寒類要》治妊娠病時行熱疾，發熱煩渴。用葛根二兩，煮湯飲。○《全嬰要覽》治小兒熱疾煩渴，或泄瀉者。用葛根一兩，煮湯頻頻服。○《廣利方》治心胃熱極，吐血，或衄血不止。用葛根煮湯，頻頻飲。○《梅師方》治過食熱物，因下血者。用葛根二兩，甘草五錢，緑豆一兩，煮湯飲。○《千金方》治酒醉不醒。用生葛根數兩，搗汁二升，飲即愈。○《肘後方》治中諸藥毒，發狂煩悶，吐下欲死。用葛根煮湯飲。○《聖惠方》治解中鴆毒，氣欲絶者。用葛根研成粉，取半升，白湯調灌，立甦。○《梅師方》治虎傷人瘡。用生葛煮湯洗之，仍搗末，白湯調服五錢，日夜四五次，立止痛。

葛穀　味甘，氣平，無毒。炒研末，白湯調服二錢，止熱毒下痢，極驗。

葛花　氣味同穀。水煮飲，專解酒毒酒積，幷腸風下血。

倪朱謨曰：葛性散而解熱鬱，能發汗，能止汗。有人病發熱頭痛，身疼，無汗而渴者，汪石樵用葛根四兩，甘草二錢，防風五錢，水煎一大碗服。藥畢大汗，諸證解。有人病發熱頭痛，身疼，有汗而渴者，石樵用葛根四兩，甘草三錢，桂枝五錢，黄耆一兩，水煎一大碗服，藥畢，汗止，身凉頭痛身疼亦止。又一人病白虎歷節風痛，遍身痛，且無定處，或在肩背，或在腰肋，或在臂腕，或在手指掌前後之間，或在足指脛膝上下，疼痛遊走不定，其痛如虎咬，不時昏暈，晝夜大汗，石樵用葛根八兩，白朮三兩，水煎十餘碗，頻頻飲之，三日疾平。此三證余在南贛目睹其病，姑記之，時癸亥季夏月也。

倪朱謨曰：西醫茍延生治時疫熱病，煩躁不寐，危證畢見。用葛根數兩，煎汁頻頻灌之，漸睡而病轉安。又治五色痢疾，噤口不食，身熱脉大，勢甚危困，亦如法煎飲，積痢日止，胃口可食而安。

《萬病回春》治脚汗多出方：用乾葛一兩，白礬五錢，煎湯逐日洗脚，連洗數日，自然無汗。

明・姚可成《食物本草・救荒野譜補遺・草類》　葛根食根及苗。處處有之，江浙甚多。春生苗。荒年掘根作粉食之，苗亦可食。豐年宴逸，麴糵迷人。采彼葛根，解我宿酲。一年勞苦，不繼饔飧。何如葛根，飽我黎民。

明・姚可成《食物本草》卷一九草部・蔓草類　葛處處有之，江浙尤多。春生苗，引藤蔓，長一二丈，紫色。七月着花，粉紫色，似豌豆花，不結實。根形大如手臂，紫黑色。五月五日午時采根曝乾，以入土深者為佳。今人多作粉食。鹿食九草，此其一種。○寇宗奭曰：澧、鼎之間，冬月取生葛擣爛，入水中揉出粉，澄成垜，入沸湯中，良久色如膠，其體甚韌。以蜜拌食，捺入生薑少許尤妙。又，切入茶中待賓，甘而有益。又，將生葛根煮熟作果實賣，吉州、南安亦然。○李時珍曰：葛有野生，有家種。其蔓延長，取治可作絺綌。其根外紫内白，長者七八尺。其葉有三尖，如楓葉而長，面青背淡。其花成穗，纍纍相綴，紅紫色。其莢如小黄豆莢，亦有毛。其子緑色，扁扁如鹽梅子核，生嚼腥氣，八九月采之，是為葛穀。其花晒乾，亦可煠食。

葛根　味甘、辛，平，無毒。治消渴，身大熱，嘔吐，諸痹。起陰氣，解諸毒。療傷寒中風頭痛，解肌發表，出汗，開腠理，療金瘡，止脇風痛。治天行上氣嘔逆，開胃下食，解酒毒。治胸膈煩熱發狂，止血痢，通小腸，排膿破血。傅蛇蟲齧，罯毒箭傷，殺野葛、巴豆、百藥毒。生者墮胎，蒸食消酒毒。可斷穀不飢，作粉尤妙。作粉止渴，利大小便，解酒，去煩熱，壓丹石，傅小兒熱瘡。搗汁飲，治小兒熱痞。猘犬傷，搗汁飲，并末傅之。散鬱火。

葛穀　味甘，平，無毒。治下痢，十歲已上者。解酒毒。

葛花　主消酒。

附方：治酒醉不醒。生葛汁飲二升便愈。　治數種傷寒，庸人不能分別，今取一藥兼治，天行時氣，初覺頭痛，內熱脉洪者。葛根四兩，水二升，入豆豉一升，生薑汁少許，煮取半升服。　治中鴆鳥大毒，其羽入酒杯一拂，飲之即爛腸胃。急用葛粉三合，水三盞調服，氣絕欲死口噤者，挖開灌之。　治虎咬人瘡。生葛煮濃汁洗之，更搗末，水服方寸匕，日夜五六服。　治鼻中出血不止。生葛搗汁，日三服。　治破傷風，痙強欲死。生葛根四大兩，以水三升，煮取一升，去滓分服，口噤者灌之。若乾者搗末，調三指撮，仍以此及竹瀝多服取效。　治金瘡。五月五日午時，取葛根晒乾為末，遇有刀斧傷，傅之大效。　解諸藥毒發狂煩悶，吐下欲死。葛根煮汁，時時服之。　治心火上升，吐血不止。用生葛搗汁半升，頓服之，立瘥。

明·顧逢柏《分部本草妙用》卷三脾部·温瀉　葛根　甘、辛，溫，無毒。入陽明胃經本藥。　主治：消渴身熱，傷寒中風頭痛，解肌發表出汗，開腠理，解火鬱，能殺諸虵蟲及百藥毒。　按：葛根，其氣輕浮，鼓舞胃氣上行，生津液，解肌熱。有頭痛如破，為陽明中風，葛根、葱白宜之。如本陽症，麻黄為之本藥，如遽用葛根，反引邪入陽明矣。時珍以其兼入脾經，主肌肉，所以治脾胃虛弱泄瀉，及諸癰毒等症如神。

明·李中梓《醫宗必讀·本草徵要上》　乾葛味甘，平，無毒。入胃經。　主消渴大熱，嘔吐頭痛。生用能墮胎，蒸熟化酒毒。止血痢，散鬱火。跡其治驗，皆在陽明一經。止痢者，升舉之功；散鬱者，火鬱則發之義也。仲景治太陽陽明合病，桂枝加麻黄、葛根；又有葛根芩連解肌湯，用以斷太陽入陽明之路，非即太陽藥也。頭痛乃陽明中風，宜葛根葱白湯。若太陽初病，未入陽明而頭痛者，不可便服以發之，是引賊人家也。東垣曰：葛根鼓舞胃氣上行，治虛瀉之聖藥。風藥多燥，葛根獨止渴者，以其升胃家下陷，上輸肺金以生水耳。按：上盛下虛之人，雖有脾胃病，亦不宜服。

明·鄭二陽《仁壽堂藥鏡》卷一〇上　葛根　陶隱居云：葛根生汶上川谷。解巴豆、野葛、百藥毒。　氣平，味甘，無毒。　陽明經引經藥。足陽明經行經的藥。《本草》云：主消渴，身大熱，嘔吐，諸痹。起陰氣，解諸毒，療傷寒中風頭痛，解肌發表，出汗，開腠理，療金瘡，止痛，脇風痛。花：主消酒。粉：味甘，大寒。主壓丹石，去煩熱，利大小便，止渴。小兒熱痞，以葛根浸，搗汁飲之良。《主治秘訣》云：性寒，味甘，氣味俱薄，體輕上行，浮而微降，陽中陰也。其用有四：止渴，一也；解酒，二也；發散表邪，三也；發散小兒瘡疹難出，四也。《衍義》云：治中熱酒渴病，多食行小便，亦能使人利。甄權曰：開胃下食。大明曰：煩熱發狂，止血痢，通小腸，排膿破血。藏器曰：生者墮胎，蒸熟消酒毒。潔古曰：升陽生津，脾虛作渴，非此不除。多用傷胃氣。仲景治太陽陽明合病，桂枝加麻黄葛根。又有葛根芩連解肌湯，用以斷太陽入陽明之路，非即太陽藥也。頭痛乃陽明中風，可用葛根葱白湯。若太陽初病，未入陽明而頭痛者，不可便服以發之，是引賊入家也。東垣曰：葛根鼓舞胃氣上行，治虛瀉之聖藥。夫風藥多燥，葛根獨止渴者，以其升胃家下陷，上輸肺金以生水耳。按：麻黄乃太陽經藥，兼入肺經，肺主皮毛；葛根乃陽明經藥，兼入脾經，脾主肌肉。發散雖同，所入迥異也。本功外散鬱火。生津止渴者，能升胃氣，除胃熱故也。

明·蔣儀《藥鏡》卷三平部　葛根　清暑而除熱，解肌而散邪。腠理之通，功居第一。痘瘡之起，效實無雙。酒毒消于熟蒸，熱渴解應搗汁。其汁之寒涼也，專理天行時疫，熱毒與吐衄焉。其粉之甘冷也，善解酒後煩熱，二便之燥結焉。葛葉療金瘡，葛穀主下痢。葛蔓煅灰，喉痺單方。如傷風溫熱二症，既經發汗，而表邪不解，必須乾葛之甘寒，清肌以退熱。假令悞用辛溫，必致多汗亡陽。若邪在太陽，未入陽明，棄辛溫而用甘寒，反能引寇入裏。倘斑疹已呈紅點，湯名禁用葛升，恐表虛反增瘢爛耳。

明·李中梓《頤生微論》卷三　葛根　味甘、辛，性平，無毒。入胃、大腸二經。主消渴大熱，解肌發表，嘔吐頭痛，開胃下食，解諸毒，化酒毒，止血痢，散鬱火。生者能墮胎。

按：葛根種種治效，祇在陽明一經。仲景治太陽陽明合病，桂枝加麻黄、葛根，又葛根芩連解肌湯，用以斷太陽入陽明之路，非即太陽藥也。頭痛乃陽明中風，可用葛根葱白湯。若太陽初病，未入陽明而頭痛者，不可便服以發之，是引賊入陽明也。東垣曰：葛根鼓舞胃氣，上行治虛瀉之聖藥。夫風藥多燥，葛根獨止渴者，以其升胃家下陷，上輸肺金以生水耳。麻黄乃太陽經藥，兼入肺經，肺主皮毛；葛根乃陽明經藥，兼入脾經，脾主肌肉。發散雖同，所入迥異。

明・張景岳《景岳全書》卷四八《本草正》　葛根　味甘，氣平、寒。氣輕於味，浮而微降，陽中微陰。用此者，用其涼散，雖善達諸陽經，而陽明為最。以其氣輕，故善解表發汗。凡解散之藥多辛熱，此獨涼而甘，故解溫熱時行疫疾。凡熱而兼渴者，此為最良。當以為君，而佐以柴、防、甘、桔極妙。尤散鬱火，療頭痛，治溫瘧往來，瘡疹未透，解酒除煩，生津止渴，除胃中熱狂，殺野葛、巴豆、毒箭、金瘡等傷。但其性涼，易於動嘔，胃寒者所當慎用。

明・賈九如《藥品化義》卷一一風藥　葛根　屬陽中有陰，體乾，色白，氣和，味甘，性涼鮮寒，能升，力涼胃解肌，性氣與味俱輕，入胃大腸二經。葛根主上升，甘主散表。若多用二三錢，能理肌肉之邪，開發腠理而出汗，屬足陽明胃經藥。治傷寒發熱鼻乾口燥，目痛不眠，瘧疾熱重。蓋麻黃紫蘇專能攻表，而葛根獨能解肌耳。因其性味甘涼，能鼓舞胃氣。若少用五六分，治胃虛熱渴，酒毒嘔吐，胃中鬱火牙疼口臭，或佐健脾藥，有醒脾之力。且脾主肌肉，又主四肢，如陽氣鬱遏於脾胃之中，狀非表症，飲食如常，但肌表及四肢發熱如火，以此同升麻柴胡防風羌活升陽散火，清肌退熱，薛立齋常用，神劑也。若金瘡，若中風，若痓病，以致口噤者，搗生葛根汁，同竹瀝灌下即醒。乾者為末，酒調服亦可。痘瘡難出，以此發之甚捷。取肉白如粉者佳。

明・施永圖《本草醫旨・食物類》卷二　葛根　味甘，寒，無毒。主癰腫惡瘡。冬月取生者，以水中揉出粉，成垛，煎沸湯，擘塊下湯中，良久色如膠，其體甚韌，以蜜湯拌食之，加生薑屑尤佳。治中熱酒渴，多食利小便。切片點茶亦甘美。又，生者煨熟，食之極補。

明・盧之頤《本草乘雅半偈》帙四　葛根《本經》中品　氣味：甘、辛，平，無毒。主治：主消渴，身大熱，嘔吐，諸痹，起陰氣，解諸毒。

覈曰：鹿食九草，此其一也。出閩、廣、江、浙，所在有之。有野生，有家種。春生苗，引藤延蔓，長二三丈，取治絺綌，各以地土之宜，以別精粗美惡耳。葉有三尖，似楓葉而長，色青翠。七月開花成穗，纍纍相綴，紫粉色，似豌豆花，結實似小黃豆，莢上有毛，莢中之子，綠色而扁，似鹽梅核，生嚼腥氣，即《本經》所謂葛穀也。根大如臂，外紫內白，長八九尺，以入土最深者良。五月五日，采根曝乾，殺野葛、巴豆、百藥毒。

先人云：外陽內陰，有三陰漸長，化炎熱為清涼之象。

參曰：讀《本經》主治，合仲景葛根湯法，此從陽明中治之氣化藥也。謂陽明之上，燥化主之，不從本氣之四氣，標陽之二陽，從乎中見太陰之濕化者，如消渴身大熱，及闔逆，或熱逆之嘔吐，與邪鬱，或熱鬱之諸毒，此正中見之陰氣勿起，致令陽明之上，燥涸殆甚。葛藤延蔓顯明，葛根陰潤在中。具備陽明上中下之全體者，無出其右。故能從乎中治，以撤諸痹，痹撤則中見上下，各各從令，此以化合化，亦以化逆化也。假以治本，偏于風盛，以風木必動脾土之濕化，使脾土運行，風斯息矣。亦不必另配甲己，方始化合，亦不必轉生子金，以復母仇，即本有辛味可作甲，兼甘可作己，濕化亦己，形似肌腠亦己也。白色可作金，味辛亦金，腥臭亦金，藤絡堅勁亦金也。假以治標，偏于二陽，二陽即陽明也。論部署，已深入首太陽之次陽明；論形層，已深入一膚二皮之肌分。若邪停太陽之部署，亦必太陽之陽明，若邪停太陽之形層，亦必太陽之肌分，即正陽陽明，亦屬外證延蔓之邪，非內證堅凝之實，但體性陰潤，或寒本濕本主氣，及寒化標陰專令者，所當避忌，或邪在部署之首，而非風木本盛，或邪在形層之膚，未成轉熱之勢，未有不致寇至者。世人不但目為輕淺，且以之從治嚴寒，恐非所宜也。《本經》痹字，與風寒濕相合之痹不同，如消渴身熱嘔吐，及陰氣不起，與諸毒皆痹也，故云諸痹。顯明即陽明，在中即中見。化合化者，中見之濕化，在上之燥化也。

明・李中梓《本草通玄》卷上　葛根　辛甘，陽明經藥也。主頭額痛，解肌止渴，宣癍發痘，消毒解酲。元素曰：升陽生津。脾虛作渴者，非此不除。不可多用，恐傷胃氣。仲景治太陽陽明合病，桂枝湯內加麻黃、葛根。又有葛根黃連解肌湯，用以斷太陽入陽明之路，非太陽藥也。葛根葱白湯，為陽明頭痛仙藥。若太陽初病，未入陽明而頭痛者，不可便服升麻。葛根，反引邪入陽明矣。丹溪曰：癍痧已見紅點。不可用葛根升麻湯。恐表虛反增癍爛也。東垣云：乾葛輕浮，鼓舞胃氣上行，生津，解肌熱，治脾胃虛瀉聖藥也。《本草・十劑》云：輕可去實，麻黃、葛根之屬。蓋麻黃乃太陽經藥，兼入肺經，肺主皮毛；葛根乃陽明經藥，兼入脾經，脾主肌肉。二藥俱是輕揚發散，而所入迥然不同也。

清・顧元交《本草彙箋》卷四　葛根　主升，甘主散。若多用至二三錢，則能理肌肉之邪，開發腠理而出汗。其性味甘涼，能鼓舞胃氣，若少用五六分，則治胃虛熱渴，酒毒嘔吐。或佐健脾藥，有醒脾之功。且脾主肌肉，又主四肢，如陽氣鬱遏於脾胃之中，狀非表症，飲食如常，但肌表及四肢發熱如火，以此同升麻、柴胡、防風、羌活，升陽散火，清肌退熱，薛立齋常用之神劑也。《十劑》云：輕可去實，麻黃、葛根之屬。二物皆輕揚發散，而一主皮毛，一主肌肉。凡表虛有汗者禁之。

葛有野生，有家種，其蔓延長，取治可爲絺綌。又名鹿藿。鹿食九草，此其一焉。

清·穆石匏《本草洞詮》卷一〇　葛根　葛從曷，諧聲。鹿食九草，此其一種，故名鹿藿。其蔓延長，可作絺綌。葛根味甘辛，氣平，一云大寒，無毒。入陽明經。治消渴，身大熱，療傷寒中風頭痛，解肌發表，止脇風痛，解酒毒。《十劑》云：輕可去寔，麻黃、葛根之屬。麻黃乃太陽經藥，兼入肺經，肺主皮毛。葛根乃陽明經藥，兼入脾經，脾主肌肉。二味皆輕揚發散，而所入迥殊也。凡脾胃虛弱泄瀉者，用乾葛能鼓舞胃氣上行，生津液，解肌熱。仲景治太陽陽明合病有葛根黃芩黃連解肌湯，是用此以斷太陽入陽明之路也。頭顱痛如破，乃陽明中風，用葛根葱白湯，為陽明仙藥。若太陽初病，未入陽明而頭痛者，不可便服升麻、葛根，反引邪氣入陽明，為引賊入室也。凡癍痘已見紅點不可用，恐表虛反增癍爛也。

清·劉雲密《本草述》卷一一　葛　春生苗，七月著花，五月采根，曝乾用。

根　氣味：甘、辛，平，無毒。《別錄》曰：生根汁大寒。　好古曰：氣平氣甘，升也，陽也，陽明經行經的藥也。　徐用誠曰：葛根氣味俱薄，輕而上行，浮而微降，陽中陰也。

主治：起陰氣，升發胃氣，散胃中鬱熱，生津，除消渴，胸膈煩熱，療陽明頭額痛，目痛，鼻乾，身前大熱，煩悶欲狂，治天行上氣，熱壅嘔吐，並熱毒血痢，温瘧往來，止脇風痛，發痘疹難出，解酒毒。　潔古曰：仲景治太陽陽明合病，桂枝湯內加麻黃、葛根，又有葛根黃芩黃連解肌湯，是知葛根非太陽藥，乃陽明藥也。若額顱痛如破，可用葛根葱白湯，乃陽明自中風之仙藥也。若太陽初病，未入陽明而頭痛者，不可便服升麻、葛根發之，是反引邪氣入陽明，為引賊破家也。　時珍曰：《本草·十劑》云：輕可去實，麻黃、葛根之屬。蓋麻黃乃太陽經藥，兼人肺經，肺主皮毛。葛根乃陽明經藥，兼入脾經，脾主肌肉。所以二味藥皆輕揚發散，而所入迥然不同也。　東垣：乾葛其氣輕浮，鼓舞胃氣上行，生津液，又解肌熱，治脾胃虛弱泄瀉聖藥也。　象云：治脾虛而渴，除胃熱，解酒毒。　中梓曰：風藥多燥，葛根獨止渴者，以其升胃家下陷，上輸肺金以生水耳。　希雍曰：葛根稟天地清陽發生之氣，其味甘平，其性升而無毒，入足陽明胃經，解散陽明温病熱邪之要藥，生氣升騰風藥之性也。故起陰氣，散胃熱，能治所主諸病。

葛根湯治陽明胃經温病邪熱，頭疼發渴，煩悶鼻乾，不得眠。如渴甚嘔甚，則加石膏、麥門冬、知母、竹葉。　葛根升麻湯治斑疹初發，點粒未形。同一切補腎益精藥作丸餌，則起陰，令人有子。　同升麻入升陽散火，升陽除溼，升陽益胃，清暑益氣，補中益氣等湯用。

愚按：《經·運氣論》曰：陽明之上，燥氣治之。中見太陰，又曰陽明，不從標本從乎中，是言燥氣為陽明之本，而陽明為燥氣之標，然却不從燥，而從太陰之溼土以化，故曰從中。葛根之用，在李東垣先生云，鼓舞胃氣上行，誠為能察物理。苐細繹《本經》起陰氣一語，正合於從太陰之溼土，以行其化，故能解胃中之熱鬱，而鼓舞其陽氣以上行者也。觀《本經》首言消渴，其義可知，《經》固曰脾主為胃行其津液者也。《經》曰：所謂陽者，胃脘之陽也。然陽必根於陰，所謂從乎中也，故能起陰氣，即所以達胃之陽，能達胃之真陽，則胃之鬱熱散，能散胸膈煩熱，而肌肉之屬表者，其熱亦解矣。故希雍謂為解散陽明温病熱邪之要藥也。乾葛在傷寒鬱熱於陽明經者用之，所見有目痛諸證也。但中氣虛而鬱熱於胃者，亦有目痛證，唯用參、芪、升麻而愈，乾葛不必投也，用者審之。　然則葛根非專以發表為功乎，抑何以陽明中風，而葛根葱白湯為的劑耶？　曰胃氣、陰氣、元氣、風升之氣一也，此味能起陰氣，希雍所謂生氣升騰，為風藥之性，其說良然。先哲云葛根湯乃陽明自中風之仙劑，不宜槩治他經，其義不可以互明歟？　雖然既能達表，則已至於肺矣。《經》曰：從中者，以中氣為化也。　陽明本於燥氣而從溼土以起化，即如脾胃虛瀉，由於陰陽之氣為病也。　此味起陰氣而暢陽，則溼土不病，而燥氣一治，是得以還其降收之令者，固所謂以中氣為化也。　其治脇風痛，似又療肝風矣。　蓋其能起陰氣，因與春升之初氣無二，苐能達胃之陽，則春升之木氣更暢。　觀治脇下有風氣作塊者用之。　至於悲傷煩惱致傷，肝氣而脇骨痛者，亦同諸藥用之，則知能發土氣，以達木氣，固煞有妙理，豈得徒在祛風以論其功哉？李文清《本草》不以葛根入風藥，而列於治熱之類，亦為知所取材矣。

希雍曰：傷寒頭痛，兼有太陽證者，邪猶未入陽明也，禁用。五勞七傷，上盛下虛者，暑月雖有脾胃病，不宜服。

丹溪曰：凡斑痘已見紅點，禁用葛根升麻湯，恐表虛反增斑爛也。

修治　雪白多粉者良。去皮用。

清・郭章宜《本草匯》卷一二　乾葛　味甘、辛，平，氣味俱薄，輕而上行，浮而微降，陽中陰也。入足陽明胃經的藥，兼入足太陰脾經。發陽明之風寒，解肌表之壯熱。療頭顱之苦痛，解酒中之苛熱。宣發瘢痘，消渴散鬱。火鬱發之義也。

按：乾葛，禀清陽發生之氣。跡其治驗，皆在陽明一經。必正陽明病，其脉浮數而長，外證煩渴微躁，壯熱，佐以升麻辛涼藥解之。止痢者，升舉之功也。仲景治太陽陽明合病，桂枝加麻黃、葛根。又有葛根芩連解肌湯，是用此以斷太陽入陽明之路，非太陽藥也。頭痛如破，乃陽明中風，宜葛根葱白湯。若太陽初病，未入陽明而頭痛者，不可便服以發之，是引賊破家也。《十劑》云：輕可去實，麻黃、葛根之屬。蓋麻黃乃太陽經藥，兼入肺經，肺主皮毛，葛根乃陽明經藥，兼入脾經，脾主肌肉。二藥均輕揚發散，而所入迥異也。東垣曰：乾葛鼓舞胃氣上行，益陽生津。脾虛作渴泄者，非此不除。風藥多燥，葛根獨止渴者，以其升胃家下陷，上輸肺金以生水耳。但勿多服，恐傷胃氣。如瘢痘已見紅點，不可用也，恐表虛反見瘢爛耳。傷寒頭痛，兼項強，腰脊痛及遍身骨疼者，足太陽也，邪猶未入陽明，故無渴證，不宜服此。上盛下虛之人，雖有脾胃病，亦不宜服。

生根汁大寒。其花最能解酒。

清・何其言《養生食鑒》卷上　葛根野生取入地深者，晒乾入藥；家種者，俱入食品。　味甘，性涼，無毒。生津止渴，除大熱，止嘔吐乾嘔，治熱毒血痢，解酒毒、諸菜毒，利小便。煮熟食，開胃療飢。作粉，更妙。唯脾虛表疎者，不宜。妊婦忌生食。

葛花　解酒，治腸風下血。性寒，微炒用之。

清・蔣居祉《本草擇要綱目・寒性藥品》　葛根　氣味：甘、辛，平，無毒。升也，陽也。為陽明經行經之藥。　主治：消渴身大熱，療傷寒中風頭痛，解肌發表出汗，開腠理。其氣輕浮，鼓舞胃氣上行。朱氏云：凡頭痛如破，投以蓮鬚葱白湯而不已者，以葛根葱白湯主之。似乎葛根又為太陽之藥，不知仲景之治太陽陽明合病，桂枝湯內加麻黃、葛根。又有葛根黃連黃芩解肌湯，是因此以是斷太陽入陽明之路，非即太陽藥也。雖然葛根固能斷太陽入陽明之路，孰知太陽初病，未入陽明而頭痛者，不可便服升麻、葛根之發劑，反能引邪氣入陽明，為引賊破家之害歟。又仲景治傷寒有葛根湯，以主大熱解肌發腠理。若瘢痘之症，葛根湯亦為對劑，孰知瘢痘已見紅點，則不可復用升麻葛根湯，致重虛其表，而增瘢爛之患也。又或謂葛根為治脾虛作渴之仙藥，復云不可多用，多用則恐傷其胃氣何也。孰知脾者，津液之府，脾氣不伸，則津液耗竭，得葛根以升發其陽，則脾得所生。若誤認為脾藥而過發不已，則胃氣何得無傷乎？

清・閔鉞《本草詳節》卷三　葛根　【略】按：葛根，能升下陷之胃氣，上輸於肺，而益水源。故他風藥多燥，此獨止渴。然胃氣既升，虛渴即止，一貫之理也。蓋氣味甘平，得土之冲和，陽明溫熱火鬱，宜遇之立解。若太陽初病，不可便服，與升、柴等。

清・王翃《握靈本草》卷五　葛根處處有之。　主治：葛根，辛、甘，平，無毒。主消渴身熱，嘔吐，諸痺，解毒，療傷寒中風，頭痛，解肌發表，解酒毒，發瘡疹難出。

葛花　主治：葛花性味亦同，能消酒毒。

清・汪昂《本草備要》卷一　葛根輕，宣，解肌，升陽，散火。　辛、甘，性平，輕揚升發。入陽明經，能鼓胃氣上行，生津止渴。風藥多燥，葛根獨能止渴者，以能升胃氣入肺而生津耳。兼入脾經，開腠發汗，解肌退熱，脾主肌肉。為治脾胃虛弱泄瀉之聖藥。《經》曰：清氣在下，則生飧泄。葛根能升陽明清氣。療傷寒中風，陽明頭痛，張元素曰：頭痛如破，乃陽明中風，可用葛根葱白湯。若太陽初病，未入陽明而頭痛者，不可便服升葛湯發之，反引邪氣入陽明也。仲景治太陽、陽明合病，桂枝湯加葛根、麻黃。又有葛根黃芩黃連解肌湯，是用以斷太陽入陽明之路，非太陽藥也。血痢溫瘧，丹溪曰：凡治瘧無汗要有汗，散邪爲主，帶補；有汗要無汗，扶正爲主，帶散。若陽瘧有汗，加參、耆、白朮以斂之，無汗加芩、葛、蒼朮以發之。腸風痘疹。能發痘疹。丹溪曰：凡斑疹已見紅點，不可更服升葛湯，恐表虛反增斑爛也。又能起陰氣，散鬱火，解酒毒，葛花尤良。利二便，殺百藥毒。多用反傷胃氣。升散太過。　生葛汁大寒，解溫病大熱，吐衄諸血。

清·吴楚《寶命真詮》卷三 乾葛 【略】主頭額痛，解肌止渴，止血痢，散鬱火。止痢者，升舉之功； 散鬱者，火鬱則發之義也。 生用墮胎，蒸熟化酒毒。【略】風藥多燥，葛根獨止渴者，以其升胃家下陷，上輸肺金以生水耳。 上盛下虚之人不宜服。

清·陳士鐸《本草新編》卷三 葛根 味甘，氣平，體輕上行，浮而微降，陽中陰也，無毒。 入胃足陽明，療傷寒，發表解肌熱。 又入脾，解燥，生津止渴。 解酒毒卒中，却溫瘧往來寒熱，散瘡疹止疼，提胃氣，除熱蒸。 雖君藥而切戒過用，恐耗散人真氣也。

或問： 葛根解寒傷營之聖藥，何以有時用之以解營中寒邪，而風邪不肯散，得毋葛根非解營之聖藥耶？ 夫葛根實解寒傷營之聖藥也。 因人多用，反致傷營之正氣，正氣傷，而寒邪欺正氣之弱，不肯外泄，反致無功。 蓋葛根輕浮，少用則浮而外散，多用則沉而内降矣。

或問： 葛根解肌表之邪，何以仲景張公用之于葛根湯中，以入陽明耶？ 曰： 葛根原是陽明之藥，少用則散肌中之風，多用則解胃中之熱，一物而可以兩用也。 況寒邪由營以入腑，邪入胃中，而未必盡入胃也，半入于胃，而半留于營。 用葛根，則營胃不兩解乎，此葛根湯所以用葛根也。

或問： 用葛根以退胃中之邪熱，而胃之熱不能去，胃之邪不能解，必用石膏白虎湯而後解，似乎葛根非陽明之藥也。 不知葛根止能退陽明初入之邪，不能退陽明變熱之邪，變熱之邪，必須用石膏，而不可用葛根，非葛根不是陽明之藥也。

或問： 葛根解肺之燥，何以又入胃中，以解肌中之熱，得毋有悮乎？ 非悮也。 葛根體輕則入肺，下降則入胃，又何疑焉。 惟是解胃中之熱，即所以解肺中之燥，不可不知其義也。 傷寒肺燥者，邪入于胃也。 胃熱則火熾，火熾則金燥，胃本生肺，過燥，則生肺者轉尅肺矣。 葛根解胃中之熱，熱解而火息，火息而土之氣生，土之氣生而金之氣亦生，金之氣生而肺之燥自解。 用一葛根，肺與胃已兩治之矣，不必解胃中之熱，又去解肺中之燥也。

或問： 葛根發表除熱，而表不能發，熱不能除者，何故？ 此不善用葛根之故也。 葛根輕清，少用則遂其性而上行，多用則違其性而下降。 夫風邪在外，宜引而外出，不宜引而内入。 火邪炎上，宜引而上散，不宜引而下散，乃不少用以遂其性，反多用以違其性，自然風邪不外出而内入，火邪不上散而下教矣，欲其發表除熱得乎，此葛根所以宜善用也。

或疑葛根發表解肌熱，與麻黄功用相同，何以麻黄有亡陽之戒，而葛根獨不之戒耶？ 蓋葛根未嘗不能亡陽，但較麻黄〔則〕少輕耳，不然，亦何必勸人少用，而不可多用〔乎〕哉！

或疑葛根散邪而不補正，今人用之者甚多〔矣〕，未見其害人也。 曰： 葛根耗人元氣，原在無形。 天下有形之損，其損小。 無形之損，其損大，不可不知也。

或問： 葛根輕清之味，耗人〔之〕元氣，亦必不甚，安在損于無形者大乎？ 夫元氣甚微，損傷于無形，何從而知其非大耶？ 大凡氣〔之〕重者可防，味厚者可辨。 葛根之味則澹也，氣則微也，宜乎世不相信〔之〕，然余實聞諸異人之言，故告世共知之，誠以澹之中而有危機，微之内而有死法，殺人于氣味之外耳。

清·顧靖遠《顧氏醫鏡》卷七 葛根辛、苦，平。 入胃經。 主陽明之風寒，邪在太陽，未入陽明，悮服之，是引賊入室矣。 善解肌而出汗。 輕揚開腠，為陽明解肌之要藥，以胃主肌肉也。 頭痛壯熱隨停，目痛鼻乾可瘳。 額顱痛屬陽明，胃主肌肉，故大熱，目痛，鼻乾，皆陽明經症，汗出則邪自散而安。 止瀉痢，以其能鼓舞胃氣上行也。 散鬱火。 火鬱則發之也。 解酒毒，蒸熟用，葛花更佳。 發瘢疹。 開腠解肌之功。 已見者則勿用。 上盛下虚之人，雖有脾胃病，亦不宜用。

清·李熙和《醫經允中》卷一八 葛根 入胃本經。 甘、辛，溫，無毒。 氣味輕浮上行，陽中陰也。 主治傷寒中風頭痛，解肌發表出汗，開腠理，散諸癰，殺蛇蟲、野葛、巴荳、丹石百藥毒。 生用能墮孕。 葛根其氣輕浮，鼓舞胃氣上行，生津液，解肌熱。 有頭痛如破，為陽明中風，葛根、葱白宜之。 如太陽症，麻黄為之本藥，如遽用葛根，反引邪入陽明矣。 丹溪云： 瘢疹已見紅點，不可用葛根、升麻，恐表虚反致瘢爛也。 花能醒酒。 葛粉壓丹石，解鳩鳥毒。

清·馮兆張《馮氏錦囊秘録·雜症痘疹藥性主治合參》卷一 乾葛稟天地清陽發生之氣，其味甘平，其性升而無毒。 生氣升騰，故起陰氣。 甘者土之沖氣，春令少陽，應兼微寒，故解諸毒。 專入足陽明胃經，解散陽明溫病熱邪之要藥，且其性輕清，升而發散，有風藥之性也。 乾葛，足陽明經藥，療傷寒發表解肌及卻往來溫瘧，散外瘡疹止疼。 解巴豆、野葛毒及中酒毒。 能升提胃氣，除胃熱而生津液，故能止胃虚之渴，散肌表熱，及諸熱毒，開腠發汗。 又能起陰氣，散鬱火，解酒毒，殺百藥毒，鼓舞胃氣上行，益陽生津。凡脾胃虛弱作渴泄者，非此不除。風藥俱燥，葛根獨能止渴，正以其升胃家下陷之氣，上輸肺金，以生水也。且清氣在下則生飧泄，用以升提陽明清氣乃止耳。生根汁大寒，療消渴傷寒壯熱。花消酒毒。

主治痘疹合參：發散風寒，善解肌表之熱，止胃虛之渴，初熱時用以解肌托痘，但與升麻二味，有汗不宜服，發驚不宜服，唇白不宜服，眼梢紅不宜服，見點後不宜服。其氣輕浮，鼓舞胃氣上行，生津液而解肌熱，真神功也。凡夏月表虛汗多者，並宜切忌。

按：葛根種種治效，祇在陽明一經。若太陽初病，未入陽明而頭痛者，不可便服，是猶引賊入陽明也。麻黃，乃太陽經藥，兼入肺經，肺主皮毛。葛根乃陽明經藥，兼入脾經，脾主肌血，發散雖同，所入迥異。

清・张璐《本經逢原》卷二　葛根　甘，平，無毒。色白者良。入陽明。表藥生用。胃熱煩渴，煨熟用。《本經》主消渴、身大熱、嘔吐、諸痹，起陽氣，解諸毒。　發明：葛根性升屬陽，能鼓舞胃中清陽之氣，故《本經》主消渴、身熱、嘔吐，使胃氣敷布，諸痹自開。其言起陽氣、解諸毒者，胃氣升發，諸邪毒自不能留而解散矣。葛根乃陽明經之耑藥，治頭額痛，眉稜骨痛，天行熱氣嘔逆，發散解肌，開胃止渴，宣癍發痘。若太陽經初病，頭腦痛而不渴者，邪尚未入陽明，不可便用，恐引邪內入也。仲景治太陽、陽明合病，自利反不利，但嘔者俱用葛根湯。太陽病下之遂利不止，喘汗脈促者，葛根黄芩黄連湯，此皆隨二經表裏寒熱輕重而為處方。按證施治，靡不應手神效。又葛根葱白湯，為陽明頭痛仙藥。斑疹已見點，不可用葛根、升麻，恐表虛反增斑爛也。又葛根輕浮，生用則升陽生津，熟用則鼓舞胃氣，故治胃虛作渴，七味白术散用之。又清暑益氣湯兼黄檗用者，以暑傷陽明，額顱必脹，非此不能開發也。○花能解酒毒，葛花解酲湯用之，必兼人參，但無酒毒者不可服，服之損人天元，以大開肌肉而發泄傷津也。

清・浦士貞《夕庵讀本草快編》卷三　葛根《本經》　其苗葉名鹿藿。　葛字從曷，諧聲也。鹿食九草，此其一種，故名鹿藿。　葛根味甘辛平，輕而上行，浮而微降，為陽明主藥，兼入太陰脾經。故仲景治傷寒大熱，解肌發腠理用葛根湯，治太陽陽明合病桂枝湯內亦聊用之。又有葛根芩連解肌湯用以斷太陽入陽明之路，葛根葱白湯治頭顱如破，陽明中風之症。以此考之，非邪傳入陽明斷不可用。如太陽初病，頭疼而熱，不可便服升麻、葛根以發之，恐邪氣反入陽明，似引盜破室也。若痘疹已出，傷寒癍現，倘或重服，必增斑爛，不可不慎。東垣又云葛根能鼓舞胃氣上行，治虛瀉之聖藥，且風藥多燥，獨此反能止渴，以其能升脾胃下膈之氣上輸於肺，以生水爾。若曰解酒除煩，其花更勝。

清・張志聰、高世栻《本草崇原》卷中　葛根　氣味甘、辛，平，無毒。主治消渴，身大熱，嘔吐，諸痹，起陰氣，解諸毒。　葛處處有之，江浙尤多，春生苗，延引藤蔓，其根大如手臂，外色紫黑，內色潔白，可作粉食，其花紅紫，結實如黄豆莢，其仁如梅核，生嚼腥氣。《本經》所謂葛穀者是也。　葛根延引藤蔓，則主經脈，甘辛粉白，則入陽明，皮黑花紅，則合太陽，故葛根為宣達陽明中土之氣，而外合於太陽經脈之藥也。主治消渴身大熱者，從胃府而宣達水穀之津，則消渴自止，從經脈而調和肌表之氣，則大熱自除。治嘔吐者，和陽明之胃氣也，治諸痹者，和太陽之經脈也。起陰氣者，藤引蔓延，從下而上也，解諸毒者，氣味甘辛，和於中而散於外也。　元人張元素曰：葛根為陽明仙藥，若太陽初病，未入陽明，而頭痛者，不可便用升麻、葛根，用之反引邪入陽明，為引賊破家也。　愚按：仲祖《傷寒論》方有葛根湯，治太陽病，項背強几几，無汗，惡風。又治太陽與陽明合病。若陽明本病，只有白虎、承氣諸湯，並無葛根湯證，況葛根主宣通經脈之正氣以散邪，豈反引邪內入耶。前人學不明經，屢為異說。李時珍一概收錄，不加辯證，學者看本草發明，當合經論參究，庶不為前人所誤。　盧子由曰：《本經》痹字與風寒濕相合之痹不同，如消渴、身熱、嘔吐及陰氣不起，與諸毒皆痹也，故云諸痹。　葛穀　氣味甘，平，無毒。主治下痢十歲以上。　葛花附　氣味甘，平，無毒。主消酒《別錄》。治腸風下血《本草綱目》附。　葛葉附　主治金瘡，止血，挼傅之《別錄》附。　葛蔓附　主治卒喉痹，燒研，水服方寸匕。《唐本草》附。

清・劉漢基《藥性通考》卷五　葛根　味辛，溫，性平。輕揚昇發，入陽明經。能鼓胃氣上行，生津止渴。風藥多燥，葛根獨能止渴者，以其能昇胃氣，入肺而生津耳。兼入脾經，開腠發汗，解肌退熱，為治脾胃虛弱泄瀉之聖藥。療傷寒中風，陽明頭痛，血痢，溫瘧腸風，痘疹，又能起陰氣，散鬱火，解酒毒，利二便，殺百藥毒。多用反傷胃氣，恐昇散太過也。生葛汁大寒，解溫病大熱，吐衄諸血。雖能發痘疹，然斑疹已見之後，不可更服昇麻葛湯，恐表虛反增斑爛也。

清・姚球《本草經解要》卷二 葛根 氣平，味甘、辛，無毒。主消渴，身大熱，嘔吐，諸痹，起陰氣，解諸毒。 葛穀 氣平，味甘，無毒。主下痢十歲以上。 葛根氣平，稟天秋平之金氣，入手太陰肺經。味甘辛無毒，得地金土之味，入足陽明燥金胃。氣味輕清，陽也。其主消渴者，葛根辛甘，升騰胃氣，氣上則津液生也。其主身大熱者，葛根氣平，平為秋氣，秋氣能解大熱也。脾有濕熱，則壅而嘔吐，葛根辛甘，升發胃陽，胃陽鼓動，則濕熱下行，而嘔吐止矣。諸痹皆起於氣血不流通，葛根辛甘和散，氣血活，諸痹自愈也。陰者，從陽者也。人身陰氣，脾為之原，脾與胃合，辛甘入胃，鼓動胃陽，陽健則脾陰亦起也。甘者，土之冲味；平者，金之和氣，所以解諸毒也。 葛穀氣平，味甘，入足陽明胃、手陽明大腸，陰中陽也。陰中之陽為少陽清輕上達，能引胃氣上升，所以主下痢十歲以上陽陷之症也。 製方： 葛根同香薷、生地煎服，可以預防熱病。同白芍、甘草、山藥、白茯、焦米，治痢血不止。葛根一味，治中毒。

清・周垣綜《頤生秘旨》卷八 葛根 入陽明，升胃氣，除胃熱，生津液之藥也。轻浮之能，解肌發表，開腠理而出汗。甘平之味，消渴醒酒，止嘔逆而安胃。

清・王子接《得宜本草・中品藥》 葛根 味甘、辛。入足太陰、陽明經。得香豉治傷寒頭痛，得粟米治小兒熱渴。

清・黄元御《長沙藥解》卷一 葛根 味甘、辛，性涼，入足陽明胃經。解經氣之壅遏，清胃府之燥熱，達鬱迫而止利，降衝逆而定喘。 《傷寒》葛根湯，葛根四兩，麻黃、桂枝、芍藥、甘草各二兩，大棗十二枚，生薑三兩。治傷寒太陽陽明合病，項背强几几，無汗惡（寒）〔風〕者。陽明胃經，自頭走足，行身之前。背者，胸之府也《素問》語，太陽經病不解，内侵陽明，陽明鬱遏，不得順降，衝逆胸膈，胸膈莫容，遂後壅於項背，故項背强直，几几不柔。寒閉皮毛，故無汗惡風。薑、甘、大棗，利中宫而補土，桂枝、芍藥，達凝鬱而泄熱，麻黃散太陽之寒，葛根解陽明之鬱也。治太陽與陽明合病，自下利者。以經氣鬱遏，則府氣壅迫，不能容受未消之食，必至上嘔，已化之穀，必至下利。麻黃發表而瀉鬱遏，葛根疏裏而達壅迫也。又治太陽病，欲作剛痙，無汗而小便反少，氣上衝胸，口噤不得語者。以過汗亡津，筋脈不柔，復感寒邪，閉其皮毛，則病剛痙。足陽明脈循上齒，手陽明脈循下齒，筋脈燥急，故口噤不開。麻黃泄閉而散寒，葛根降逆而潤燥也。 桂枝加葛根湯，桂枝三兩，芍藥、甘草各二兩，大棗十二枚，生薑三兩，葛根四兩。煎服。治太陽陽明合病，項背强几几，汗出惡風者。風泄皮毛，故汗出惡風。桂、芍泄太陽而達營鬱，葛根解陽明而降氣逆也。 葛根黃連黃芩湯，葛根半斤、黃連一兩、黄芩二兩、甘草二兩。治太陽中風下後，下利脈促，喘而汗出者。以下傷中氣，脾陷為利，胃逆為喘。上熱鬱生，竅開汗出。連、芩清君相之火，葛根降陽明之逆也。 《金匱》竹葉湯方在竹葉用之治産後中風，發熱面赤，喘而頭痛。以胃氣上逆，肺鬱生熱，故氣喘頭痛面發熱面赤，葛根清胃而降逆也。 奔犺湯方在甘李根白皮用之治奔氣上衝，胸腹痛，往來寒熱。以風木勃發，則生煩躁，生葛清風而潤燥，泄熱而除煩也。 葛根辛涼下達，除煩泄熱，降陽明經府之鬱。經府條暢，上脘之氣不逆，則下脘之氣不陷，故嘔泄皆醫。生津止渴，清金潤燥，解陽明鬱火，功力尤勝。 作粉最佳。 鮮者，取汁用甚良。

清・吳儀洛《本草從新》卷二 葛根〔輕宣解肌，升陽散火。〕 辛，甘，性平。輕揚升發，入陽明經。能鼓胃氣上行，生津止渴。風藥多燥，葛根獨能止渴者，以其升胃氣入肺而生津爾。兼入脾經，開腠發汗，解肌退熱。脾主肌肉。為治清氣下陷泄瀉之聖藥。《經》曰：清氣在下，則生飧泄。葛根能升陽明清氣。療傷寒中風，陽明頭痛，元素曰：頭痛如破乃陽明中風，可用葛根葱白湯。若太陽初病，未入陽明而頭痛者，不可更服升葛湯發之，反引邪氣入陽明也。仲景治太陽陽明合病，桂枝湯加葛根、麻黃。又有葛根黄芩黄連解肌湯，是用以斷太陽入陽明之路，非太陽藥也。血痢温瘧，丹溪曰：凡治瘧，無汗要有汗，散邪為主，帶補；有汗要無汗，扶正為主，帶散；若陽瘧有汗加參、耆、白术以斂之。無汗加柴、葛、蒼朮以發之。腸風痘疹。能發痘疹，丹溪曰：凡斑疹已見紅點，不可更服升葛湯，恐表虚反增斑爛也。又能起陰氣，散鬱火，解酒毒，葛花尤良。利二便，殺百藥毒。上盛下虚之人，雖有脾胃病亦不宜服。即當用者，亦宜少用，多則反傷胃氣，以其升散太過也。夏月表虚汗多尤忌。生葛汁大寒，解温病大熱，吐衄諸血。

清・汪紱《醫林纂要探源》卷二 葛根 辛，甘，微寒。蔓如豆，剝治其皮，可作布，花亦似扁豆，成穗，作莢，根長而肥大輕鬆，色黃白，多粉多汁。行肝氣於脾胃，升達膻中，解肌肉之鬱熱，逐外閉之清寒。主治與升麻略同，兼能清肺解渴，治胃虚飡泄、温瘧、血痢尤有效。解毒。多服寒中。 生葛汁 除煩解熱，止吐衄，療腸風。性大寒。 葛粉 甘，寒。除煩解熱，醒酒，治喉痹齒痛。澄治為粉，有甘寒之性，無辛表之用矣。葛花　甘，寒。醒酒清肺。白葛花尤良。　葛實　甘，鹹，寒。補心清肺，解酒毒。

清・嚴潔等《得配本草》卷四　葛根葛花　甘、辛，涼。入陽明，兼入足太陰經氣分。少用，鼓胃生津止渴。多用，解肌發表退熱。治陽明頭痛，煩熱嘔逆，解酒毒，治溫瘧。　得蔥白，治陽明頭痛。佐健脾藥，有醒脾之功。佐粟米，治熱渴虛煩。同升、柴，有散火之力。陽氣鬱於脾胃者，狀如表症，而飲食如常。生葛汁解溫病，并治大熱吐衄。如無鮮者，滾水泡絞汁沖服。　多用傷胃氣。升散太過。太陽病初起勿用。誤用引賊破家。　表虛多汗、痘疹見點後，俱不宜用。

葛花　辛、甘。入足陽明經。　消酒積，去腸風。　因酒已成弱者禁用。

題清・徐大椿《藥性切用》卷四　粉葛根　辛甘性平，入陽明而兼入脾經。能鼓舞胃氣，解(飢)〔肌〕發汗，散熱止渴，為升提清氣下陷泄瀉之耑藥。解肌生用，升清煨用。又能解酒，葛花尤良。鮮葛，大寒，搗汁能解溫病。

按：　葛根升陽明清氣，柴胡升少陽清氣為異。

清・黃宮繡《本草求真》卷三　葛根入胃升陽解肌，退熱生津。　葛根耑入胃，兼入脾。辛甘性平，輕揚升發，能入足陽明胃經鼓其胃氣上行，生津止渴，汪昂曰：風藥多燥，葛根獨能止渴者，以其能升胃氣入肺而生津耳。兼入脾經，開腠發汗，脾主肌肉。解肌退熱，緣傷寒太陽病罷，傳入陽明，則頭循經而痛，胃被寒蔽，而氣不得上升，入肺則渴。胃主肌肉，氣不宣通則熱，故當用此以治。俾其氣升津生，肌解熱退，因其體輕故解肌，因其氣升故生津。而無復傳之勢矣！時珍曰：《本草・十劑》云：輕可去實，麻黃、葛根之屬。蓋麻黃乃太陽經藥，兼入肺經，肺主皮毛，葛根乃陽明經藥，兼入脾經。脾主肌肉，所以二味藥皆輕揚發散，而所入迥然不同也。繡曰：麻黃入肺而不入脾，因其中空象肺之故。葛根入脾而不入肺，因其體輕蔓延，周身通達象肌之故。但葛根一味，必其於頭額俠之處。陽明經行於面額。痛如刀劈，方謂邪傳陽明，其藥可用。張元素曰：頭顱痛如刀破，乃陽明中風，可用葛根蔥白湯。若使未入陽明，又是引邪內入，不可用也，即邪在於太陽而略見於陽明，則以方來之陽明為重，故必用葛根以絕其路。仲景治太陽陽明合病，桂枝湯加葛根、麻黃。又有葛根黃芩黃連解肌湯，是用以斷太陽陽明之路，非太陽藥也。若使陽明症備，而止兼有太陽，則又以未罷之太陽為重，故又不用葛根，且陽明主肌肉者也。而用葛根大開肌肉，則津液盡從外泄，恐胃愈燥而陰立亡。至於疹痘未發，則可用此升提。酒醉則可用此解醒。火鬱則可用此升散，但亦須審中病輒止。如丹溪云：治瘧無汗要有汗，散邪為主帶補；有汗要無汗，扶正為主帶散。若陽瘧有汗，加參、耆以斂之，無汗加芩、葛、蒼术以發之。不可過用，以致胃氣有傷也。如丹溪云：斑疹已見紅點，不可更服升葛湯，恐表虛反增斑爛。

清・楊璿《傷寒溫疫條辨》卷六散劑類　葛根　味甘寒，氣輕浮而升，陽中微陰。以其涼散，故雖達諸陽而陽明為最；以其涼甘，故雖主發表而瀉熱獨良。仲景有葛根湯。　發痘疹解肌，祛酒毒熱痢。仲景有葛根黃連黃芩湯。　古謂散劑發汗，此類是也。

清・羅國綱《羅氏會約醫鏡》卷一六草部　葛根味甘寒，入脾胃二經。生葛汁大寒，解溫病大熱，吐衄諸血。　輕揚升發。　退熱止渴，凡熱而兼渴者，此為最良，以能升胃氣入肺而生津耳。　開腠發汗，麻黃太陽經藥，兼入肺經，肺主皮毛；葛根陽明經藥，兼入脾經，脾主肌肉，二藥皆發散寒邪，而所入不同。　陽明頭痛。陽明頭痛，脉浮緩而洪長，可用葛根為君；若太陽初病頭痛而即用之，反引邪入陽明也。　止腸風血痢清胃熱，發痘疹，凡痘疹已見紅點，勿再服升葛，恐表虛反增斑爛。　散鬱火，火鬱則發之義。　解酒毒，葛花更良。

按：　葛根性涼，胃寒者禁用。為治脾胃虛泄之聖藥。清氣在下，故泄，葛根能升陽明清氣。

清・陳修園《神農本草經讀》卷三中品　葛根　氣味甘、辛，平，無毒。主消渴，身大熱，嘔吐，諸痹，起陰氣，解諸毒。

葛穀　氣味甘，平，無毒。　主下痢十歲以上。

葉天士曰：　葛根氣平，稟天秋平之金氣，入手太陰肺經。味甘辛無毒，得地金土之味，入足陽明燥金胃。其主消渴者，辛甘以升騰胃氣，氣上則津液生也。其主身大熱者，氣平為秋氣，秋氣能解大熱也。脾有濕熱，則壅而嘔吐，葛根味甘，升發胃陽，胃陽鼓動，則濕熱下行而嘔吐止矣。諸痹皆起於氣血不流通，葛根辛甘和散，氣血活，諸痹自愈也。陰者從陽者也，人身陰氣，脾為之原，脾与胃合，辛甘入胃，鼓動胃陽，陽健則脾陰亦起也。甘者，土之冲味；平者，金之和氣。所以解諸毒也。

張隱庵曰：　元人張元素謂葛根為陽明仙藥，若太陽初病用之，反引邪入陽明等論，皆臆説也。余讀仲祖《傷寒論》方，有葛根湯治太陽病項背几几，又治太陽與陽明合病。若陽明本病，只有白虎、承氣諸湯，並無葛根湯證，況葛根主宣通經脈之正氣以散邪，豈反引邪內入耶？　前人學不明經，屢為異説，李時珍一概收錄，不加辨正，學者看本草發明，當合經論參究，庶不為前人所誤。

清・王學權《重慶堂隨筆》卷下　葛根　風藥也，風藥皆燥。古人言其生津止渴者，生乃升字之訛也。以風寒藥主上行，能升舉下陷之清陽，清陽上升，則陰氣隨之而起，津騰液達，渴自止矣。設非清陽下陷而火炎津耗之渴，誤服此藥，則火借風威，燎原莫遏。即非陰虛火炎之證，凡胃津不足而渴者，亦當忌之。

〔王孟英〕刊：　林北海重刻張司農《治暑全書》序云：　柴胡刦肝陰，葛根竭胃汁，二語可謂開千古之群蒙也。葉氏《幼科要略》曾引及之，而洄溪評為杜撰。雄謂言而中理，雖杜撰何妨。固哉！　徐子之評書也。

清・黃凱鈞《藥籠小品》　葛根　辛，甘，輕揚升發，入陽明經，能助胃氣，上行生津，止渴開肌，發汗退熱，為治清氣下陷泄瀉之聖藥。血痢温瘧，腸風痘疹，凡痘疹已見紅點，不可更服。上盛下虛之人，須斟酌用之。葛花解酒毒，欲緩其性可煨用。

清・章穆《調疾飲食辯》卷四　葛粉　葛根可績布，又可澄粉。生者可食，性味辛涼，能退肌膚大熱，引津液上潮於口。澄粉性平，能止煩渴，解酒毒，表熱煩燥，嘔家及酒客宜之。入藥治時氣，傷寒壯熱，頭痛如劈：　生汁一大盞，豉一合，同煎，分三服，汗出即瘥，未瘥再作。心煩加生巵子十枚《聖惠方》。熱嘔不息，生汁一升服《肘後方》。又治煩躁熱渴《外臺方》。煩渴咽乾：　生黃耆、生甘草、生葛各二兩，煎湯頓服《元和紀用經》。熱毒下血：　生葛汁、生地黃汁等分，生藕汁減四之三，和服《梅師方》。如無生者，用乾葛則力減，宜加分兩，但孕婦不宜用。《拾遺》曰：　能墮胎。

按：　仲景葛根湯本太陽表藥，明說：　太陽病，頭痛無汗，項背強几几，惡風者，葛根湯主之。而張元素謬云陽明表藥，仲景用之者，為斷太陽入陽明之路，若太陽初病，便服葛根，反引邪入陽明。夫仲景方書之祖，同一葛根，仲景既用為斷路之兵，何以他人用，忽變為引路之賊。即如上文所列之方，皆治傷寒初起危症，若為此等邪說所誤，畏不敢用，豈不釀成大患耶。其詳說在《傷寒則例》《醫家三法》二稿。

清・王龍《本草纂要稿・草部》　葛根　氣味甘寒而平。療傷寒，解肌發表。提胃熱，解渴生津。治肺虛卒中酒毒，却瘟瘧寒熱往來。入足陽明經。

清・莫樹蕃《草藥圖經》　粉葛頭　根即葛根。味甘辛，平，無毒。治消渴，身大熱，嘔吐，解諸毒，開胃下食，解酒毒，止血痢，通小腸，排膿破血。敷蛇蟲咬，暑毒箭傷，殺百藥毒，瘋狗(蛟)〔咬〕傷。搗汁飲，井水調，敷之。治法：　用刀披開，水漂取粉，粉名葛簾。

清・吳鋼《類經證治本草・足陽明胃腑藥類》　葛根　【略】誠齋曰：　無鮮者，以葛粉代之。花，專能解酒。

清・張德裕《本草正義》卷上　葛根　甘涼而散，氣味俱輕。微陰達諸陽，陽明為最。解肌發汗，凡解表藥多苦辛，而此獨甘涼，故能解溫熱時行疫癘。熱而渴者，以此為君，佐柴、防、甘、桔極妙。但性涼動嘔，胃寒勿宜。

清・楊時泰《本草述鉤元》卷一一　乾葛　七月著花，五月采根，曬乾用。味甘、辛，氣平。輕而上行，升也，陽也。陽明經行經的藥。生根汁，大寒《別錄》。起陰氣，升發胃氣，散胃中鬱熱，生津除消渴，胸膈煩悶，療陽明頭額痛，目痛鼻乾，身前大熱，解肌熱，治溫瘧往來，天行熱壅嘔吐，並熱毒血痢，主脾胃虛弱，泄瀉脾虛而渴，止腸風痛，發痘疹難出，解酒毒。額顱痛如破，用葛根葱白湯，乃陽明自中風之仙藥也潔古。傷寒熱鬱陽明，見有目痛諸證，則有乾葛。但中氣虛而鬱熱於胃者，亦有目痛證，惟用參、芪、升麻而愈，乾葛不必投。

《十劑》云：　輕可去實，麻黃、葛根之屬。顧麻黃乃太陽經藥，兼入肺經，肺主皮毛，葛根乃陽明經藥，兼入脾經，脾主肌肉，所以二味皆輕揚發散，而所入迥然不同瀕湖。風藥多燥，葛根獨止渴者，以其升胃家下陷，上輸肺金以生水耳士材。稟天地清陽發生之氣，甘平性升，解散陽明溫病熱邪之要藥。生氣升騰，風藥之性也仲淳。葛根湯治陽明經溫病邪熱，頭疼，發渴煩悶，鼻乾不得眠。如渴甚嘔甚，則加石膏、知母、麥冬、竹葉。葛根升麻湯治斑疹初發，點粒未形。同一切補腎益精藥作丸餌，則起陰，令人有子。同升麻入升陽散火，除濕益胃，及清暑益氣等湯用。

論：　《內經・運氣論》曰：　陽明之上，燥氣治之，中見太陰。又曰：　陽明為燥氣之標。然却不從燥，而從太陰之濕土以化，故曰從中。葛根之用，《本經》謂其起陰氣，東垣謂其鼓舞胃氣上行，正合於從太陰濕土以行其化，故能解胃中熱鬱，而鼓舞陽氣以上行也。夫所謂陽者，胃脘之陽也。陽必根於陰，所謂從乎中也。能起陰氣，即所以達胃之陽，能達胃陽，則胃之鬱熱散，能散胸膈煩熱，而肌肉之屬表者，熱亦解矣，其本於燥氣而從濕土以起化也。如脾胃虛瀉，用此起陰氣而暢陽，則濕土不病而燥氣治，是得以還其降收之令者，正以中氣為化也。其治脇風痛，與悲哀煩惱致傷肝氣而脇骨痛者，亦同諸藥用之，可知能達胃陽，則春升之木更暢，發土氣以達木氣，煞有妙理，豈得徒以祛風論其功哉。

傷寒頭痛，邪猶未入陽明者，禁用。五勞七傷，上盛下虛者，暑(用)〔月〕雖有脾胃病，不宜服仲淳。凡斑痘已見紅點，亦與升麻同禁，恐表虛反增斑爛也丹溪。

辨治：雪白多粉者良，去皮用。

清・葉桂《本草再新》卷三 葛根味甘、苦，性溫，平，無毒。入肝、脾、腎三經。治陽明之火旺，清中焦之煩熱。健脾消濕，止渴生津，發汗退熱，卻頭風，明目翳。

清・吳其濬《植物名實圖考》卷二二 葛 《本經》中品。今之織絺綌者。有種生、野生二種。《救荒本草》：花可煠食，根可為粉，其蕈為葛花菜。贛南以根為果，曰葛瓜，宴客必設之。《爾雅翼》以為食葛名雞齊，非為絺綌者。蓋園圃所種，非野生有毛者耳。《周詩》詠葛覃，《周官》列掌葛。今則嶺南重之，吳越亦尠。無論燕、豫、江西、湖、廣皆產葛，凡採葛，夏月葛成，嫩而短者留之；一丈上下者，連根取，謂之頭葛。如太長，看近根有白點者不堪用，無白點者可截七八尺，謂之二葛。凡練葛，採後即挽成網，緊火煮爛熟，指甲剝看，麻白不粘，青即剝下，就流水捶洗淨，風乾露一宿，尤白。安陰處，忌日色。紡以織。凡洗葛衣，清水揉，梅葉洗滌，夏不脆。或用梅樹搗碎，泡湯入瓷盆內洗之，忌用木器，則黑。然嶺北女工多事苧，南昌惟西山葛著稱，贛州則信豐、會昌、安遠諸處，皆治葛。有家園種植者，亦有野生者，而葛布多雜蕉絲，乍看鮮亮悅目，入水變色，質亦脆薄。用純葛絲則韌而耐久，沾汗不污。會昌之精者，緝績更艱，葛一斤，擇絲十兩績之，半年始成一端。會昌、安遠有以湖絲配入者，謂之絲葛。湖南舊時潭州、永州皆貢葛，今惟永州有上供葛。葛生祁陽之白鶴觀、太白嶺諸高峰。芒種時採，煮以灰而濯之，而曝之白，而擘為絲，紡以為布，如方目紗，製為衫。不可浣，污則灑以水，垢逐水溜無痕也。興寧縣亦蒔之。里老云，葛有二種：遍體皆細毛者可績布，曰毛葛；遍體無毛者曰青葛，不可績。惟以為束縛，則又毛葛所不逮。又毛葛亦有二種：蔓延於草上者多枝節而易斷，成布不耐久；惟緣地而生者，有葉無枝，成布較勝於苧。廣西葛以賓州貴縣者佳；鬱林葛尤珍，明內監教之織為龍鳳文也。粵之葛以增城女葛為上，然不鬻於市，彼中女子，終歲乃成一疋，以衣其夫而已，其重三四兩者，未字少女乃能織，已字則不能，故名女兒葛。所謂北有姑絨，南有女葛也。其葛產竹絲溪、百花林二處者良。采必以女。一女之力，日采祇得數兩，絲縷以緘不以手，細入毫芒，視若無有，卷其一端，可以出入筆管，以銀條紗襯之，霏微蕩漾，有如蜩蟬之翼。然日曬則縐，水浸則蹙縮，其微弱不可恒服。惟雷葛之精者細滑而堅，色若象牙，名錦囊葛。裁以為袍、直裰，稱大雅矣。故今雷葛盛行天下。雷人善織葛，其葛產高涼、碙洲，而織於雷，為絺為綌者，分村而居，地出葛種不同，故女手良與楛功異焉。其出博羅者，曰善政葛；出潮陽者，曰鳳葛，以絲為緯，亦名黃絲布；出瓊山、澄邁、臨高、樂會，輕而細名美人葛；出陽春者，曰春葛，然皆不及廣之龍江葛堅而有肉，耐風日也。《詩正義》云：葛者，婦人之所有事。雷州以之，增城亦然，其治葛無分精粗，女子皆以鍼絲之乾撚成縷，不以水績，恐其有痕迹也。織工皆東莞人，與尋常織苧麻者不同。織葛者名為細工，織成弱如蟬翅，重僅數銖，皆純葛無絲。其以蠶絲緯之者，浣之則葛自葛、絲自絲，兩者不相聯屬。純葛則否。葛產綏福都山中，采者日得斤，城中人買而績之，分上中下三等為布，陽春亦然。其細葛不減增城，亦以紡緝精而葛真云。

雩婁農曰：葛者，上古之衣也。質重不易輕，吳蠶盛而重者賤矣，質韌不易柔；木棉興而韌者賤矣；質黃不易白，苧麻繁而黃者賤矣。乃治葛者與絲爭輕，與棉爭軟，與苧爭潔。一疋之功，十倍於絲與棉、與苧，其直則倍於絲，而五倍棉與苧。於是治葛者，能事畢而技盡矣，而受治者力亦盡矣。褐之壽以世。帛之壽以歲，麻之壽以月，今是葛也，日之焦，風之脆，浣之懈，藏之折，其壽幾何？聖人盡物之性，而不盡物之力；因其重與韌與黃，而葛之壽於是次於褐，均於帛，逾於麻。

清・趙其光《本草求原》卷四蔓草部 葛根 氣平，秋氣入肺。味甘、辛，無毒。金土之味，入陽明胃經。皮黑，花紅，則合太陽。為升騰胃氣，而外合於太陽之藥。主消渴，宣達胃中水穀之氣則渴止。身大熱，秋氣能解大熱，且蔓生，能從經絡以和肌表之氣故也。嘔吐，脾有濕熱壅而嘔吐，升發胃陽，陽鼓動，則濕熱下行，而嘔吐自止。諸痹，氣血不流通也，和太陽之經氣，則氣行血活也。起陰氣，陰從陽者也。脾為陰氣之原，脾與胃合，胃陽鼓動，則陽健而脾陰亦起也。解諸毒，金土中和之氣味，能和於中而散於外。透瘡疹。生汁解陽明溫病熱邪、溫瘧、吐衄，但墮胎。蒸熟止血痢；炒香淬酒，止血崩神妙。

張隱庵曰：元人張元素謂葛為陽明仙品。若太陽初病用之，反引邪入陽明。豈知仲景傷寒有葛根湯，治太陽病項背几几，是和太陽之經絡，而走經俞之功。又治太陽與陽明合病。若陽明本病，止有白虎承氣諸湯，並無葛根湯症；況葛根主宣通經脈之正氣以散邪，豈反引邪內入耶？前人學不明《經》，屢為異說；李時珍一概收錄，不加辨正。學者當合《經》論詳究，庶不為其所誤。

葛花　氣平，味甘，無毒。主消酒，與葛根同。治腸風下血。

葛葉　主治金瘡，止血。搗敷。

葛莢內仁名葛穀。　甘，平，無毒。治下痢十歲以上。

又按：葛根與麻黃皆輕浮。但麻黃入太陽，走皮毛；葛入胃，走肌肉。其起陰氣者，胃屬燥金，每藉脾陰以行其津液，故《經》曰：燥氣之治，中見太陰。胃陽升而熱鬱解，則濕土即能行其化，而肝胃之陽俱暢。所以古方治脾胃虛瀉及肝鬱脇痛、脇下有風氣作塊者，皆用之。蓋胃氣、元氣、風升之氣一也，人以為風藥者在此。其實升氣與散表不同，且外淫而熱鬱於胃經，目痛者宜之。中氣虛而熱鬱於胃府目痛，當用升麻、柴、芪、參，亦無須於此也。同一切補腎益精藥則起陰，令人有子。五勞七傷，上盛下虛，暑月雖有脾胃病，勿用。痘瘢已見紅點，恐升之則表虛而致瘢爛，切忌。

清・葉志詵《神農本草經贊》卷二　葛根　味甘。主消渴，身大熱嘔吐，諸痹，起陰氣，解諸毒。葛穀，主下利十歲以上。一名雞齊根。生川谷。

雞齊鹿藿，庇本繁滋。臂伸蜷曲，脰絕紛披。纍依桂樹，枯化萱枝。秋登穀似，齠齔扶羸。

名醫曰：一名鹿藿。《左傳注》：葛藟庇其本根，藟蔓繁滋者，以本枝蔭庇之多。蘇頌曰：根形大如手臂。庾信表：一枝蜷曲。蘇恭曰：葛根入土五六寸以上者，名葛脰，有微毒，服之令人吐。《說苑》：王蠋懸軀絕脰。許有壬詩：筐筥薦紛披。劉向《九歎》：葛纍於桂樹兮。張時徹詩：願留枯根株，化作萱花枝。李時珍曰：葛穀是實，八九月采之。《詩》：式穀似之。庾信碑：未逾齠齔。《宋史・傳》：李瀆扶羸養疾。

清・文晟《新編六書》卷六《藥性摘錄》　葛　甘，涼。生津止渴，除大熱，止嘔吐，乾吐，治熱毒血痢，解酒毒、諸菜毒，利小便。煮食，開胃療飢。惟脾虛表疎，忌之。姙婦忌生食。○葛花，解酒，治腸風下血。並詳藥性。

清・文晟《新編六書》卷六《藥性摘錄》　葛根　辛甘，性平。輕揚升發，入足陽明胃經。鼓胃氣上行，生津止渴。兼入脾經，開腠發汗，解肌退熱。○傷寒(大)〔太〕陽症罷，傳入陽明，於頭額之處痛如刀劈，宜葛根葱白湯。若陽明症備，而兼有(大)〔太〕陽，仍以(大)〔太〕陽為重，不用葛根。○若痘疹未發，暫可用此升提。○酒醉用此解醒，火欝用此升散，俱中病即止，勿過用，以傷胃氣。

清・張仁錫《藥性蒙求・草部》　葛根花一錢、粉五分　辛、甘，邪客陽明。熱兼口渴，清氣能升。辛甘，性平。輕揚升發，能鼓胃氣上行，生津止渴，為治清氣下陷泄瀉之聖藥。又能散欝火，解酒毒，葛花尤良。○上盛下虛之人，雖脾胃病，亦不宜用。即當用，亦宜少用。○葛花：主消酒，腸風下血。○葛粉：止渴，利大小便，解酒去煩熱。○葛汁：即用生葛搗汁。性大寒。主解溫熱，吐衄諸血。

清・屠道和《本草匯纂》卷一散熱　葛根　耑入胃，兼入脾。辛、甘，性平，無毒。升陽解肌，退熱生津。輕揚升發，能入胃經。鼓舞胃氣上行，為治清氣下陷泄瀉之聖藥。生津止渴。兼入脾經。療傷寒中風，陽明頭痛，開腠發汗，解肌退熱。治天行上氣，消渴嘔逆，諸痺。起陰氣，開胃下食。止脇風痛，治胸腸煩熱發狂，止血痢，通小腸，排膿破血。解酒毒，諸毒。療金瘡，傅蛇(蠱)〔蟲〕嚙，罯箭毒傷。殺巴豆、野葛百藥毒。生者墮胎，蒸食消酒毒。作粉止渴，利大小便，解酒，去煩熱，壓丹石毒。傅小兒熱瘡。搗汁飲，治小兒熱痞。猘狗傷，搗汁飲，並末傅之。痘疹未發，用以升提。火鬱，用以升散。但上盛下虛之人，雖有脾胃病，亦不宜服。即當用者，中病即止，不可過用，恐傷胃氣，以其發散太過也。生葛汁大寒，解溫病大熱，吐衄諸血。

清・劉善述、劉士季《草木便方》卷一草部　粉葛葉　粉葛穀甘平治痢，花祛腸風醒酒易。葉塗刀傷善止血，藤治喉痹煅服利。根名甘葛。

清・田綿淮《本草省常・菜性類》　葛花　性平。散鬱火，解酒毒，止渴生津。

清・華壎《痧麻明辨》　葛根宜忌辨　壎按：葛根甘平，專走陽明，故能散鬱火，解腠理，發表邪，為痧疹之要藥。惟丹溪云：凡斑疹已見紅點者，不可用升麻葛根湯，恐表虛反增斑爛。蓋以升麻同用而言也。後之泥是者，並葛根而棄之。殊不知葛根性雖升發，尚緩而不驟，豈升麻之辛苦而溫者可比耶？余嘗用以治痧之見點不透者，往往獲效。其所以不能多用者，恐胃氣升發太過爾。若以為劫胃氣而禁之，得毋悖甘能生津之旨乎？

清・戴葆元《本草綱目易知錄》卷二　葛根　辛、甘，性平。輕揚升發，入陽明經。能鼓胃氣上行，生津止渴，兼入脾經。開腠發汗，解肌退熱，為治脾胃虛弱泄瀉之聖藥。療傷寒中風，陽明頭痛，嘔逆吐利，開胃下食，止脇風疼，煩熱發狂，溫瘧血痢，腸風痘疹。又能起陰氣，散鬱火，解酒毒，利二便。解諸毒排膿，殺野葛、巴豆、百藥毒。傅蛇蟲嚙，署毒箭傷。多用反傷胃氣。【略】

生葛汁　大寒。解溫病大熱，吐衄諸血，醒酒墜胎。治小兒熱痞，俱擣汁飲。被猘狗傷，飲汁，以渣傅之。蒸熟食，消酒毒，可斷穀不飢。【略】

葛粉　甘，寒。止渴解酒，去煩熱，散鬱火，壓丹石毒，利大小便，傅小兒熱瘡。

清・黃光霽《本草衍句》　葛根　辛甘氣平，輕揚升發。耑入陽明經，鼓其胃氣上行，生津止渴。兼走太陰脾經，解其肌表中熱，開腠發汗。為脾胃虛弱泄瀉之要藥，乃傷寒中風頭痛之兼方。散火鬱能解酒毒，起陰氣開發疹瘡。升散太過，多用反傷胃氣。得香豉治傷寒頭痛，得粟米治小兒熱渴。　金瘡中風，痓強欲死，生葛根四兩，煎服；　仍以此及竹瀝，多服取效。　酒醉不醒，生葛根汁飲之，即醒。　仲景葛根湯用葛根治太陽經脈之病，而非陽明之主藥也。但色白味辛，可資陽明之燥，是從陽明而達太陽，與柴胡之從少陽而達太陽其義一也。

清・陳其瑞《本草撮要》卷一　葛根　味甘辛，入足太陰、陽明經，功專升胃氣，散胃中鬱熱。得香豉治傷寒頭痛，得粟米治小兒熱渴，得葱白治頭痛如破神效。開腠發汗，解肌退熱，為脾胃虛弱泄瀉之聖藥。葛花解酒毒尤良。生葛汁大寒，解溫病大熱吐衄諸血，凡斑痘已見點忌用。

清・李桂庭《藥性詩解》　賦得療肌解表乾葛先而柴胡次之得先字。李慶霖。　解表除肌熱，柴胡遜葛先。膽肝風火散，脾胃渴煩蠲。　按：柴胡性微寒，味微苦。主陽氣下陷，能引清氣上行，而平少陽、厥陰之邪熱。又能引胃氣上行，升騰而行春令也。宣暢氣血，散欝調經，除虛勞寒熱，骨節煩疼，解肌瘧症。胸脇痛滿，為足少陽、厥陰行經之藥。治傷寒寒熱往來，頭眩嘔吐，目赤耳聾，熱入血室，天行時疾，內外寒熱不解，較乾葛治力稍緩。外感生用。內傷升氣，酒炒用。瀉肝膽火，以猪膽汁拌炒。北產，如前胡而軟者良。銀州柴胡治虛勞肌熱，骨蒸勞瘧，小兒五疳餒熱。根長微白。　乾葛性平，味甘。主風寒頭疼，解肌發表，開腠理，止煩渴，通小腸，解酒毒。一名鹿藿，是足陽明行經之藥，虛渴者非此不能除也。凡酒病及渴者，得之甚良。亦治金瘡，溫瘧消渴。生根擣取汁飲，解酒毒身熱，酒黃小便赤濇。葉，主金瘡止血，擣敷之。花，主消酒毒。葛花同赤小豆，等分為末服，飲酒不知醉。

清・仲昴庭《本草崇原集說》卷中　葛根　【略】〔批〕天士未識《傷寒》，猶柯韻伯未識《本經》，每為前人所誤，故葛根之解亦主陽明，《經讀》既錄《經解》，又引《崇原》以見天士在張元素甲裏，雖其言不無可取，而于仲景聖法，終屬模糊。【略】

仲氏曰：大學之格物，與小道之格物，物情雖異，總不外乎致知，後人即不能好古敏求，又恥于一物不知，定欲強不知以為知，恃才妄作，近來文人學士，最多此習，于張元素何尤。

清・周巖《本草思辨錄》卷二　葛根　葛根與栝蔞根，《本經》皆主消渴。而葛根起陰氣，栝蔞根不言起陰氣。張隱庵以栝蔞蔓延，結實之時，根粉盡消，結實既成，根復成粉。又凡草木根荄，性必上行，遂謂栝蔞根能起陰氣上滋。鄒氏亦韙之。愚竊以為不然，用葛根者皆知為升陽明之藥，栝蔞根無用之為升者。雖凡根皆寓有升意，而用根之藥不盡屬能升，且以粉消為升，則有粉方掘，正在升力已退之時。蓋其所以主消渴者，為其性濡潤而味苦寒，皮黃肉白，能劫肺胃之熱，潤肺胃之燥耳。別名天花瑞雪，亦正取寒潤下降之意。葛根則異乎是矣，味甘平，為陽明之正藥。內色潔白，則能由胃入肺。外色紫黑，則又由肺達太陽。味甘兼辛，則擅發散之長，層遞而升，復橫溢而散。升則升胃津以滋肺，散則散表邪以解肌。故栝蔞根治身熱，是以寒勝熱；葛根治身熱，是以辛散熱。栝蔞根止渴，是增益其所無；葛根止渴，是挹彼以注茲。用葛根而過，有竭胃汁之虞，胃陰下溜，亦能起陰氣以止利也。

葛根湯以桂枝湯加麻黃，詎不足發太陽之邪，而猶必重用葛根者，蓋麻、桂二方之證，均無項背強几几，太陽病而至項背不柔，則風寒已化熱爍液，將入陽明，麻、桂皆燥藥，未足專任，能入陽明起陰氣，滑澤其骨節，而又能化表之熱者，舍葛根奚屬。此葛根所以為一方之冠也。

凡寒阻於經，欲化未化而有表熱之證，葛根能外達而解之。若已化熱入裏，或其熱不應外解，則葛根無能为役。奔豚湯、竹葉湯之用葛根，不得謂無表熱應外解也。

野山葛

清·吴其濬《植物名實圖考》卷二三　野山葛　山中有之。一枝三葉，如大豆葉，開紫花作角，如葛花而小。

肥馬草

晉·嵇含《南方草木狀》卷上　肥馬草　南方冬無積藁，瀕海郡邑多馬，有草葉，類梧桐而厚，取以秣馬，謂之肥馬草。馬頗嗜而食，果肥壯矣。

黄環

宋·李昉《太平御覽》卷九九三　黄環　《本草經》曰：黄環，一名淩泉，一名大就。味苦。生山谷。主治(蟲)〔蠱〕毒，鬼魅邪氣，欬逆寒熱。生蜀郡。《范子計然》曰：黄環出魏郡。黄色者善。《吴氏本草經》曰：蜀黄環，一名生蒭，一名根韭。神農、黄帝、岐伯、桐君、扁鵲：辛。一經：味苦，有毒。二月生。初出正赤，高二尺，葉黄員端，大莖，葉有汁黄白，五月實員，三月採根，根黄從理如車輻解。治蠱毒。

宋·沈括《夢溪筆談》卷三《補筆談》　黄環　即今之朱藤也，天下皆有，葉如槐。其花穗懸，紫色，如葛花。可作菜食，火不熟，亦有小毒。京師人家園圃中作大架種之，謂之紫藤花者是也。實如皂莢。《蜀都賦》所謂青珠、黄環者，黄環即此藤之根也。古今皆種，以為庭檻之飾。今人採其莖於槐榦上接之，偽為矮槐。其根入藥用，能吐人。

宋·唐慎微《證類本草》卷一一草部下品〔《別録》〕　狼跋子　有小毒。主惡瘡蝸疥，殺蟲魚。

〔梁·陶弘景《本草經集注》〕云：出交、廣，形扁扁爾。擣以雜米投水中，魚無大小，皆浮出而死。人用苦酒摩療疥亦效。

〔唐·蘇敬《唐本草》〕注云：此今京下呼黄環子爲之，亦謂度穀，一名就葛。陶云出交、廣，今交、廣送入太常正是黄環子，非餘物爾。

〔宋·馬志《開寶本草》〕按：《別本》注云：味苦，寒。藤生，花紫色。

宋·唐慎微《證類本草》卷一四木部下品〔《本經·別錄·藥對》〕　黄環　**味苦，平，**有毒。**主蠱毒鬼疰鬼魅，邪氣在藏中，除欬逆寒熱。一名淩泉，一名大就。**生蜀郡山谷。三月採根，陰乾。鳶尾爲之使，惡茯苓、防己。

〔梁·陶弘景《本草經集注》〕云：似防己，亦作車輻理解。《蜀都賦》云青珠黄環者，或云是大戟花，定非也。用甚稀，市人尠有識者。

〔唐·蘇敬《唐本草》〕注云：此物，襄陽、巴西人謂之就葛。作藤生，根亦葛類，所云似防己，作車輻解者近之。人取葛根，誤得食之，吐痢不止，用土漿解乃差，此真黄環也。餘處亦稀，惟襄陽大有。《本經》用根。今云大戟花非也。其子作角生，似皂莢。花、實與葛同時矣。今園庭種之，大者莖徑六七寸，所在有之。謂其子名狼跋子。今太常科劍南來者，乃雞屎葛根，非也。

〔宋·掌禹錫《嘉祐本草》〕按：《藥性論》云：黄環，使，惡乾薑，大寒，有小毒。治上氣急，寒熱及百邪。

明·劉文泰《本草品彙精要》卷一五　狼跋子有小毒　蔓生。

狼跋子：主惡瘡瘑疥，殺蟲魚。名醫所錄。〔名〕黄環子、度谷、就葛。〔苗〕陶隱居云：其苗春生，作蔓，花紫色，而實形匾。雜米擣爲餌，投水中，魚無大小，皆浮出而死。今京下呼爲黄環子，亦謂度穀，又名就葛。《唐本》注云：今交廣送入太常，正是黄環子，非他物也。〔地〕陶隱居云：出交廣。〔時〕生：春生苗。採：秋取實。〔收〕日乾。〔用〕實。〔味〕苦。〔性〕寒，泄。〔氣〕氣薄味厚，陰也。〔臭〕朽。〔合治〕合苦酒磨，治疥。

明·劉文泰《本草品彙精要》卷二〇　黄環有毒　蔓生。

黄環：主蠱毒，鬼疰，鬼魅，邪氣在臟中，除欬逆寒熱。《神農本經》。

〔名〕淩泉、大就。〔苗〕《唐本》注云：藤生，根亦葛類，襄陽、巴西人謂之就葛。其子作角生，似皂莢，花實與葛同時矣。今園庭種之，大者徑六七寸，謂其子名狼跋子。今太常科劍南來者，乃雞屎葛根，非也。或云似防己，作東輻解者，近之人取葛根，誤得食之吐痢不止，用土漿解之乃瘥。此真黄環也。《本經》用根，今云是大戟花者，非黄環也。〔地〕《圖經》曰：生蜀郡山谷。《唐本》注云：惟襄陽、巴西所在有之。〔時〕生：春生葉。採：三月取根。〔收〕陰乾。〔用〕根。〔質〕類葛。〔色〕皮褐肉白。〔味〕苦。〔性〕平，泄。〔氣〕味厚于氣，陰中之陽。〔臭〕朽。〔主〕止欬逆，除邪氣。〔助〕鳶尾爲之使。〔反〕惡茯苓、防己。〔製〕剉碎用。〔治〕療：《藥性論》云：治上氣急寒熱及百邪。

明・王文潔《太乙仙製本草藥性大全》卷二《本草精義》 狼跋子 一名黄環子，又名度穀，一名就葛。出交、廣。其形扁扁，藤生，花紫色。今交、廣送太常正黄環子，非餘物爾。

明・王文潔《太乙仙製本草藥性大全》卷三《本草精義》 黄環 一名凌泉，一名大就。生蜀郡山谷。惡茯苓、防己、乾薑。此物襄陽、巴西人謂之就葛。作藤生，根亦葛類。所云似防己，作車輻解者近之。人取葛根誤得食之，吐痢不止，用土漿解乃差，此真黄環也。餘處亦稀，惟襄陽大有。《本經》用根，今云大戟花，非也。其子作角，生似皂莢，花實與葛同時矣。今園庭種之，大者莖徑六七寸，所在有之，謂其子爲狼跋子。今太常收劍南來者，乃雞屎葛根，非也。

明・王文潔《太乙仙製本草藥性大全》卷二《仙製藥性》 狼跋子 味苦，氣寒，有小毒。 主治： 主惡瘡瘑疥奇捷，殺蟲魚等毒大功。 補註： 擣以雜米投水中，魚無拘大小皆出而死。○療疥瘡，用苦酒摩，搽疥上甚驗。

明・王文潔《太乙仙製本草藥性大全》卷三《仙製藥性》 黄環使 味苦，氣平，無毒。又云大寒，有小毒。鳶尾爲之使。 主治： 主蠱毒鬼疰，祛鬼魅邪氣。用之而除咳逆寒熱，服之而止上氣氣急。氣在臟中，用之脱體。

明・李時珍《本草綱目》卷一八草部・蔓草類 黄環《本經》下品、狼跋子《別録》下品

【釋名】凌泉《本經》 大就《本經》 就葛《唐本》 生芻吳普 根韭吳普 實名狼跋子《別録》 度穀《唐本》時珍曰：此物葉黄而圓，故名黄環，如蘿藦呼白環之義。亦是葛類，故名就葛，跋乃狼足名，其莢似之，故曰狼跋子。

【集解】《別録》曰：黄環生蜀郡山谷。三月采根，陰乾。普曰：蜀黄環一名生芻。二月生苗，正赤，高二尺。葉黄圓端大，經日葉有汁黄白。五月實圓。三月采根，黄色從理，如車輻解。弘景曰：似防己，亦作車輻理解。《蜀都賦》云，青珠黄環，即此。或云是大戟花，定非矣。用甚稀，市人尠有識者。又曰：狼跋子出交廣，形扁扁。制擣以雜(木)〔米〕投水中，魚無大小皆浮出而死。恭曰：黄環惟襄陽大有，餘處雖有亦稀，巴西人謂之就葛，今園庭亦種之。作藤生，大者莖徑六七寸，根亦葛類，陶云似防己者，近之。取葛根誤食之，吐利不止，土漿解之。此真黄環也。今太常收劍南來者，乃雞屎葛根，非黄環也。其花紫色，其子名狼跋子，角生似皂莢。交廣送入太常者，正是黄環子也。花實與葛同時。時珍曰：吳普所説甚詳，而唐宋本草不收何也？《范子計然》云：黄環出魏郡，以黄色者爲善。

黄環根也。 【氣味】苦，平，有毒。普曰：神農、黄帝：有毒。桐君、扁鵲：苦。權曰：大寒，有小毒。之才曰：鳶尾爲之使。惡茯苓、防己、乾薑。 【主治】蠱毒鬼疰鬼魅，邪氣在臟中，除欬逆寒熱《本經》。治上氣急及百邪甄權。治痰嗽，消水腫，利小便時珍。

【附方】新一 水腫：黄環根晒乾。每服五錢，水煎服，小便利爲効。《儒門事親》。

狼跋子 【氣味】苦，寒，有小毒。 【主治】惡瘡蝸疥。殺蟲魚《別録》。 苦酒摩，塗瘡疥効弘景。

清・吳其濬《植物名實圖考》卷二二 黄環 《本經》下品。其子名狼跋子。《別録》下品。據《唐本草》注及沈括《補筆談》即今之朱藤也。南北園庭多種之，山中有紅紫者，色更嬌豔。其花作苞，有微毛。作蔬案酒極鮮香。《救荒本草》藤花菜即此。李時珍以為唐宋本草不收，殆未深考。又陶隱居云：狼跋子能毒魚。今朱藤角，經霜迸裂，聲厲甚，子往往墜入園池，未見魚有死者。又《南方草木狀》有紫藤，云根極堅實，重重有皮，莖香可降神。《本草拾遺》以為長安人亦種飾庭院，似即以朱藤紫藤為一種。今湖南春掘其根，以烘茶葉，云能助茶氣味。其根色黄，亦呼小黄藤云。

清・葉志詵《神農本草經贊》卷三 黄環 味苦，平。主蠱毒，鬼注鬼魅，邪氣在藏中，除欬逆寒熱。一名凌泉，一名大就。生山谷。

西蜀生芻，汁黄苗赤。蟠曲藤纏，樛纍葛紿。旋轉環圓，縱文輻坼。狼跋魚浮，臨淵坐獲。

名醫曰：生蜀郡山谷。吳普曰：一名生芻。生苗正赤，葉有汁黄白，根黄色。蘇恭曰：今園庭亦種之，作藤生，大者根莖六七寸。根亦葛類，花實與葛同。《格物總論》：藤附大木，蟠曲而上。《詩》：南有樛木，葛藟纍之。李時珍曰：葉黄而圓故名。吳普曰：根黄色，縱理如車輻解。陶弘景曰：子名狼跋。擣以雜木，投水中，魚皆浮出。《漢書・傳》：臨淵羡魚。《儀禮》：獲者，坐而獲。

鐵葛

宋・唐慎微《證類本草》卷六草部上品〔唐・陳藏器《本草拾遺》〕 鐵葛 味甘，温，無毒。主一切風，血氣羸弱，令人性健。久服風緩及偏風並正。生山南峽中。葉似枸杞，根如葛，黑色也。

九子羊

清・吴其濬《植物名實圖考》卷一九　九子羊　產衡山。蔓生，細綠莖；葉如蛾眉豆葉，一枝或三葉、或五葉；秋開淡綠花如豆花，而內有郭如人耳；結短角；根圓如卵，數本同生；秋時掘取，輒得多枚。俚醫用之。

山豆

清・吴其濬《植物名實圖考》卷一九　山豆　產寧都。赭莖小科，莖短而勁，一枝三葉，如豆葉而小，面青背微白；秋結小角，長三四分，四五成簇，有豆兩粒；赭根如樹根，長四五寸。俚醫以治跌打，能行兩腳，與廣西山豆根主治異。

扳南根

清・吴其濬《植物名實圖考》卷一九　扳南根　湖南園圃多有之。蔓生如葛，莖細而韌，葉亦似葛而小，褐根粗如巨擘。俚醫以治疔毒，江西呼為雞屎葛根。按蘇恭注：黃環云今太常所收劍州者，皆雞屎葛根。當即此。

鵝抱

宋・唐慎微《證類本草》卷三〇外木蔓類〔宋・蘇頌《本草圖經》〕　鵝抱　生宜州山洞中。味苦，性寒。主風熱上壅，咽喉腫痛及解蠻箭藥毒，篩末以酒調服之，有效。亦消風熱結毒赤腫。用酒摩塗之，立愈。此種多生山林中，附石而生，作蔓，葉似大豆，根形似萊菔，大者如三升器，小者如拳。二月、八月採根切片，陰乾。

明・劉文泰《本草品彙精要》卷四一　鵝抱　麗生。

鵝抱：主風熱上壅，咽喉腫痛及解蠻箭藥毒。篩末，以酒調服之，有效。亦消風熱結毒赤腫，用酒磨塗之，立愈。出《圖經》。〔苗〕《圖經》曰：此種多生山林中，附石而生，作蔓，(使)〔似〕大豆，根形似萊菔。大者如三升器，小者如拳。〔地〕《圖經》曰：生宜州山洞中。〔時〕生：春生苗。採：二月、八月取根。〔收〕切片，陰乾。〔用〕根。〔味〕苦。〔性〕寒，泄。〔氣〕味厚於氣，陰也。

明・李時珍《本草綱目》卷一八草部・蔓草類　鵝抱宋《圖經》

〔集解〕頌曰：生宜州山林下，附石而生，作蔓，葉似大豆。其根形似萊菔，大者如三升器，小者如拳。二月、八月采根，切片陰乾用。

〔氣味〕苦，寒，無毒。〔主治〕風熱上壅，咽喉腫痛，及解蠻箭藥毒，搗末酒服有効。亦消風熱結毒，酒摩塗之，立愈蘇頌。

清・吴其濬《植物名實圖考》卷二〇　鵝抱　宋《圖經》外類。

榼藤子

晉・嵇含《南方草木狀》卷中木類　榼藤　依樹蔓生，如通草藤也。其子紫黑色，一名象豆，三年方熟。其殼貯藥，歷年不壞。生南海。解諸藥毒。

宋・唐慎微《證類本草》卷一三木部中品〔唐・陳藏器《本草拾遺》〕　象豆　味甘，平，無毒。主五野雞病，蠱毒，飛尸，喉痹。取子中人碎爲粉，微熬水服一二匕。亦和大豆澡面去䵟。生嶺南山林。作藤著樹，如通草藤，三年一熟，角如弓袋。子若雞卵。皮紫色，剖中人用之。一名榼子，一名合子。主野雞病爲上。

宋・唐慎微《證類本草》卷一四木部下品〔宋・馬志《開寶本草》〕　榼藤子　味澁，甘，平，無毒。主蠱毒，五痔，喉痹及小兒脫肛，血痢，並燒灰服。瀉血宜服一枚，以刀剜內瓤，熬研爲散。空腹熱酒調二錢，不過三服必效。又宜入澡豆，善除䵟黵，其殼用貯丹藥，經載不壞。按《廣州記》云：生廣南山林間，樹如通草藤也。三年方始熟，紫黑色。一名象豆。今附。

〔宋・掌禹錫《嘉祐本草》〕按：日華子云：治飛尸，入藥炙用。

〔宋・唐慎微《證類本草》〕《圖經》：文具南藤條下。

宋・寇宗奭《本草衍義》卷一五　榼藤子　紫黑色，微光，大一二寸，圓扁。治五痔有功。燒成黑灰，微存性，米飲調服。人多剔去肉，作藥瓢，垂腰間。

宋・陳衍《寶慶本草折衷》卷一四　榼藤子灰在內。○瓤附。　一名象豆。生廣南山林間。

味甘，澀，平，無毒。○主蠱毒五痔，喉痹，及小兒脫肛血痢，並燒灰服。其殼貯丹藥，經載不壞。○日華子云：治飛尸，入藥炙用。○《圖經》曰：三年方熟，紫黑色。○分南藤條。○寇氏曰：微光，大一二寸，圓扁。

附：瓤。○治瀉血。取壹枚剜內瓤熬研為散，空腹熱酒調貳錢服。又入澡豆末，善除䵟黵。

明・劉文泰《本草品彙精要》卷二一　榼藤子無毒　蔓生。

榼藤子：主蠱毒，五痔，喉痹，及小兒脫肛，血痢，並燒灰服。瀉血，宜取一枚以刀剜內瓤熬研爲散，空腹熱酒調二錢，不過三服，必效。又宜入藻豆，善除皯黷。名醫所錄。　〔名〕象豆。　〔苗〕《圖經》曰：樹如通草藤也。三年子始熟，紫黑色，其殼用貯丹藥，經載不壞。今醫家亦稀用之。《衍義》曰：榼藤子，紫黑色，微光，大一二寸，圓褊，人多剔去肉，作藥瓢垂於腰間。〔地〕《圖經》曰：生廣南山林間。〔時〕生：春生葉。採：熟時取子。〔收〕暴乾。〔用〕子。〔色〕黑。〔味〕甘，澀。〔性〕平，緩。〔氣〕氣厚于味，陽中之陰。〔臭〕腥。〔主〕五痔，血痢。〔製〕燒灰或炙用。〔治〕療：日華子云：治飛屍。

明·王文潔《太乙仙製本草藥性大全》卷三《本草精義》　榼藤子　一名象豆。舊本不著所出州土。生廣南山林間，樹如通草藤也。三年方始熟，紫黑色，微光，大一二寸，圓褊。日華子云：治飛屍。入藥炙用。

明·王文潔《太乙仙製本草藥性大全》卷三《仙製藥性》　榼藤子　味澀、甘，氣平，無毒。　主治：主蠱毒，五痔，喉痹。治血痢，小兒脫肛。入澡豆善除皯黷，殼作瓢用，貯丹藥。　補註：小兒脫肛，血痢，並燒灰服。瀉血宜服一枚，以刀剜內瓤，熬研爲散，空腹熱酒調二錢，不過三服必效。○治五痔燒成黑灰，微存性，米飲調服。人多剔去肉作藥瓢垂腰間。

明·李時珍《本草綱目》卷一八草部·蔓草類　榼藤子宋《開寶》校正自木部移入此。

〔釋名〕象豆《開寶》　榼子《日華》　合子《拾遺》時珍曰：其子象榼形，故名之。

〔集解〕藏器曰：按《廣州記》云：榼藤子生廣南山林間。作藤着樹，如通草藤。其實三年方熟，角如弓袋，子若雞卵，其外紫黑色。其殼用貯丹藥，經年不壞。取其中仁入藥，炙用。時珍曰：子紫黑色，微光，大一二寸，圓而扁。人多剔去肉作藥瓢，垂于腰間也。

仁　〔氣味〕濇，甘，平，無毒。　〔主治〕五痔，蠱毒，飛尸，喉痹。以仁爲粉。微熬，水服一二匕。亦和大豆澡面，去皯黷藏器。治小兒脱肛血痢瀉血，並燒灰服。或以一枚割瓤熬研，空腹熱酒服二錢。不過三服，必效《開寶》。解諸藥毒。時珍。《草木狀》。

〔附方〕舊三，新一。　喉痹腫痛：榼藤子燒研，酒服一錢。《聖惠方》。　五痔下血：榼藤子燒存性。米飲服二錢有功。寇氏《衍義》。　腸風下血：華陀《中藏經》用榼藤子二箇，不蛀皂莢子四十九箇。燒存性，爲末，每服二錢。温酒下，少頃再飲酒一盞，趁口服，極効。○《聖惠方》用榼藤子三枚。厚重者，濕紙七重包，煨熟去殻，取肉爲末。每服一錢，食前黄芪湯下，日一服。

清·蔣居祉《本草擇要綱目·平性藥品》　榼藤子仁　氣味：濇，甘，平，無毒。　主治：五痔，蠱毒，飛尸，喉痹，以仁為粉，微熬水服一二匕。亦和大豆澡面，去皯黷。治小兒脫肛，血痢瀉血，並燒灰服。或以一枚割瓤熬研，空腹熱酒服二錢，不過三服必效。解諸藥毒。

清·吳其濬《植物名實圖考》卷二〇　榼藤子　即象豆。詳《南方草木狀》。《本草拾遺》《開寶本草》始著錄。《南越筆記》云：子炒食，味佳。

雩婁農曰：余至粵未得見斯藤。按記，子可食；膚可為榼以貯藥。何造物憫斯人之勞，而為之代斲也？蓏之實有匏焉，小以酌，大以濟；木之實有椰焉，小以飲，大以掬。古者祭祀器用匏，非僅尚其質，亦以見天地之為人計者，纖悉俱備，用之以示報也。彼靡天地之物，而不知天地之心，必以暴殄致天罰。榼藤惜不植於嶺北。近世蜀中模柚皮以為器，以無用為用，且輕而潔；南嶽斷大竹以為甑，至省工力。若而人也，以嘗巧也，不為病矣。

滑魚藤

清·何諫《生草藥性備要》卷下　滑魚藤　治囊癰，散毒極妙。

紫藤

宋·唐慎微《證類本草》卷一三木部中品〔宋·馬志《開寶本草》〕　紫藤　味甘，微溫，有小毒。作煎如糖下水良。花挼碎拭酒醋白腐壞。子作角。其中人熬令香，著酒中，令不敗，酒敗者用之亦正。四月生紫花，可愛，人亦種之。江東呼爲招豆藤，皮著樹，從心重重有皮。今附。

〔宋·唐慎微《證類本草》〕陳藏器云：主水癃病。京都人亦種之，以飾庭池。

明·朱橚《救荒本草》卷下之前　藤花菜　生荒野中沙崗間。科條叢生，葉似皂角葉而大，又似嫩椿葉而小，淺黃綠色，枝間開淡紫花。味甘性。　救飢：採花煠熟，水浸淘淨，油鹽調食。微焯過，晒乾煠食尤佳。

明·劉文泰《本草品彙精要》卷一九　紫藤有小毒　蔓生。

紫藤：作煎如糖下水良。○花挼碎，拭酒醋白腐壞。○角中仁，熬令香，著酒中，令不敗。酒敗者用之亦正。名醫所錄。　〔名〕招豆藤。　〔苗〕《圖經》曰：四月生紫花，可愛，人亦種之。江東人呼爲招豆藤，皮著樹，從心重重有皮。陳藏器云：京都人亦種之，以飾庭池也。　〔地〕《圖經》曰：出江東。〔時〕生：春生葉。採：四月取花，秋取子，不拘時取藤。〔收〕陰乾。〔用〕藤花子。　〔色〕藤青花紫。　〔味〕甘。　〔性〕微溫。　〔氣〕氣厚味薄，陽中之陰。〔臭〕香。〔主〕水癃病。〔製〕剉碎用。

明·王文潔《太乙仙製本草藥性大全》卷三《本草精義》 紫藤 舊不載所出州土，今京都亦種之，以飾庭。生作藤蔓，四月生紫花可愛，人亦種之。江東呼爲招豆藤。皮著樹，從心重重有皮。

明·王文潔《太乙仙製本草藥性大全》卷三《仙製藥性》 紫藤 味甘，氣微溫，有小毒。 主治： 主水癃病，作煎如糖下水良。花挼碎拭酒醋白腐壞。子作角，其中仁熬令香，著酒中，令不敗，酒敗者用之亦正。

明·姚可成《食物本草》卷一八草部·隰草類 紫藤藤皮着樹，從心重重有皮。四月生紫花可〔愛〕。長安人亦種飾庭也。江東呼為招豆藤。其子作角，角中仁炒香，着酒中令酒不敗； 敗酒中用之，亦正。其花挼碎，拭酒醋白腐壞。 紫藤，味甘，微溫，有小毒。作煎如糖服之，下水癃病。

山紅豆花

清·吴其濬《植物名實圖考》卷二三 山紅豆花 生雲南山中。葉蔓如紫藤而細，小花如豆花，色紅。

土圞兒

明·朱橚《救荒本草》卷上之後 土圞兒 一名地栗子。出新鄭山野中。細莖延蔓而生，葉似菉豆葉微尖艄，每三葉攢生一處，根似土瓜兒根微團。味甜。 救飢： 採根煮熟食之。

山土瓜

清·吴其濬《植物名實圖考》卷二三 山土瓜 蔓生。一枝三葉，花紫，角細如豆，根味如雞腿光根。土人食之。

過崗龍

清·何諫《生草藥性備要》卷下 過崗龍 味甜、香，性溫。祛風濕，壯筋骨，理跌打傷，通行週身血脉，又能行氣，治痰火。葉如燕尾，根紅色，作花心。

清·吴其濬《植物名實圖考》卷三八 田螺虎樹 小樹生田塍上，葉似金剛葉，上分兩叉。土人薪之。

清·趙其光《本草求原》卷四蔓草部 過崗龍 甘、辛，微溫。達氣，能行血脈，祛風散濕，壯筋骨，理跌打。治內傷痰火，解鬱積，除疳疔、內外痔。葉如燕尾，根皮色紅，有菊花心者真。

玲甲花

清·吴其濬《植物名實圖考》卷三〇 玲甲花 番種也。花如杜鵑，葉作兩歧，樹高丈餘，濃陰茂密，經冬不凋，夷人喜植之。

馬尿藤

清·吴其濬《植物名實圖考》卷二三 馬尿藤 生雲南。一枝三葉，光滑如竹葉，開花作角，紅紫色，如小角花。

巴豆藤

清·吴其濬《植物名實圖考》卷二三 巴豆藤 生雲南。巨藤類木，新蔓繚繞，一枝三葉。名以巴豆，蓋性相近。

過山龍

明·蘭茂撰，清·管暄校補《滇南本草》卷下 過山龍 性微寒，味苦、辣，有小毒。降也。下氣，消胸中痞滿横格之氣，推胃中隔宿之食，去年久腹中之堅積，消水腫。其性走而不守，其用沉而不浮。得檳榔良。此草藥中之虎將也，用宜慎之。

附方： 治傷食成瘧，用之攻食瘧。過山龍三分，廣檳榔一錢，蓮子五分，以(相)〔像〕喫檳榔樣(照)，亦用石灰。 又方： 治消水腫，氣實者用，虛者忌。過山龍五分，細末，糠瓢一錢五分，火煆存性。檳榔一錢，檳榔糠瓢煨湯，吃過山龍末，以瀉為度。

明·蘭茂《滇南本草》〔叢本〕卷中 過山龍 味苦、辣，性微寒，有小毒。降也。下氣，消胸中痞滿之氣，推胃中隔宿之食，去年久腹中之堅積，消水腫。其性走而不守，其用沉而不浮。得檳榔良。此草藥中之虎將也，用宜慎之。用檳榔、蘆子、石灰用。單方： 治男婦水腫，氣實者方可用，虛者切宜禁之。過山龍、五分，細末。糠瓢、錢半，火上微焙，存性用。檳榔一錢，用檳榔、糠瓢煨湯，吃過山龍末，以瀉為度。

崗菊

清·何諫《生草藥性備要》卷下 岡菊 味甜，性平。解毒，散痰。煲肉食，治苦傷。

清·何諫《生草藥性備要》卷上 猪仔笠 味甘，性溫，無毒。止咳化痰，潤肺滋腎。新染痰火症者，宜煲猪精肉食。加童便、薑汁、黄酒、鹽水，十蒸九晒服之，潤顏益壽。籽有紅、白： 紅治紅痢，白治白痢，同木棉花煲猪精肉食。又名山葛。

清・趙其光《本草求原》卷三隰草部　豬仔笠即山葛。　甘，平，無毒。潤肺滋腎，止咳化痰，理新痰火。同豬肉。同童便、薑汁、黄酒入鹽水，九蒸九曬，益壽延年。

象鼻藤

清・吴其濬《植物名實圖考》卷二三　象鼻藤　生雲南。對葉如槐，亦夜合，結角如椿角，一一下垂。

昆明雞血藤

清・吴其濬《植物名實圖考》卷二三　昆明雞血藤　大致即朱藤。而花如刀豆花，嬌紫密簇，豔於朱藤，即紫藤耶。褐蔓瘦勁，與順寧雞血藤異。浸酒亦主和血絡。

苦檀子

清・劉善述、劉士季《草木便方》卷一草部　苦檀子　苦(核)〔檀〕子苦辛有毒，殺蟲攻毒久靨除。一切皮風葉煎洗，疥癬疳癩洗搽除。土大風子。

醋甲

附：琉球・吴繼志《質問本草》附録　醋甲　樹類黄環，矮小多枝而不蔓延，三四月生葉，亦似黄環圓而微厚，六七月每梢挺出，穗尺餘許，數花攢生焉，狀若胡枝，花深紫色，中心有黄點，花謝結角，絕似苦參莢，而每角貯四五子，霜降之後葉咸落矣。春宜下子，插枝。

大力牛

清・何諫《生草藥性備要》卷下　大力牛　味甜，性劫。壯筋骨，解熱毒，理内傷，治跌打。浸酒，滋腎。一名大口唇，一名扮山虎。

牛馬藤

清・劉善述、劉士季《草木便方》卷一草部　過山龍　牛馬藤根甘活血，能舒筋脉利骨節。養氣生血腰脊痛，化瘀停痰消積熱。

架豆參

清・吴其濬《植物名實圖考》卷二三　架豆參　生雲南。短蔓，葉如藿，二四對生，如架十字，根大如薯。

老虎刺

清・吴其濬《植物名實圖考》卷二三　老虎刺　黔中植以為藩。細葉夜合，柔枝蓋偃。秋時結實若豆而扁，下垂片角，薄於蟬翼，淡紅明透，光映叢薄，緣石蓋瓦，樊圃護門。每當斜陽灑灑，輕飆漾漾，便如朱蜓欲飛，丹鱗出泳，田家雜興，描畫為難矣。

黑藥豆

清・吴其濬《植物名實圖考》卷二　黑藥豆　生江西南安山林間，形狀頗似勞豆，花黄紫色，結角長六七分，内有黑豆二粒，光圓如人瞳子，俗云：每日吞二粒，明目，至老不花。

雞血藤

清・趙學敏《本草綱目拾遺》卷七藤部　雞血藤膠　產猛緬，去雲南昆明計程一月有餘，乃藤汁也，土人取其汁，如割漆然，濾之殷紅，似雞血，作膠最良。近日雲南省亦產，其藤長亘蔓地上或山崖，一莖長數十里，土人得之，以刀斫斷，則汁出如血，每得一莖，可得汁數升。彼處有店市之，價亦不貴，乾者極似山羊血，取藥少許，投入滾湯中，有一線如雞血走散者真。

《雲南志》：順甯府出雞血藤，熬膏可治血症。

《滇遊雜記》：雲南順甯府阿度里地方有一山，緜亘數十里，產藤甚異，粗類槔梁，細似蘆葦，中空如竹，剖斷流汁，色赤若血，故土人名之為雞血藤。每歲端陽日攜帶釜甑入山斫取，熬煉成膏，泡酒飲之，大補氣血，與老人婦女更為得益。或不飲酒者早晚用開水化服亦能奏效。

按：順甯刊售藥單云：順甯府順甯縣阿度吾山產此。又云：阿度吾里萬名山寺龍潭箐所產，載于郡志，有二種，其一種起鼓丁刺者尤佳，或盤屈于地，或附樹而生，伐之中通細竅，汁凝如脂，煮之有香者真。或云：兩種糯者為雌，放者為雄。應昌附注。

壯筋骨，已酸痛，和酒服，於老人最宜。○治老人氣血虚弱，手足麻木癱瘓等症。○男子虚損，不能生育，及遺精白濁。○男婦胃寒痛。○婦女經水不調，赤白帶下。○婦女乾血勞，及子宫虚冷不受胎。

陸象咸云：曾見婦人合藥服之，多年不育者，後皆有子。

《滇志》：雞血藤膠，治風痛溼痹，性活血舒筋，患在上部，飽食後服；在下部，空心酒服，不飲酒者，滾水調服。其色帶微綠，有清香氣，酒服亦能興陽。

尤明府佩蓮云：此膠治跌打如神，其太夫人一日偶閃跌傷，臂痛不可忍，用山羊血、參三七治之，多不驗，有客教服此膠，沖酒一服，其疾如失，其性捷走血分可知。

順甯土人加藥料煎熬雞血膏，其煎膏之時，忌有孕婦看見，決熬不成，亦神物也。統治百病，能生血、和血、補血、破血，又能通七孔，走五臟，宣筋絡。治婦人經水不調，四物湯加減八珍湯，加元胡索為引。婦女勞傷氣血，筋骨酸痛轉筋，牛膝、杜仲、沉香、桂枝、佛手、乾木瓜、穿山甲、五加皮、砂仁、茴香為引；大腸下血，椿根皮煎湯送下，男子虛弱，八味加減為引。服此膠忌食酸冷。

吾杭龔太守官滇，帶有雞血藤回里，予親見之，其藤皮細潔，作淡黄色，切開中心起六角棱，如菊花樣，色紅，四圍仍白色。乾之，其紅處輒突出二三分許，竟成紅菊花一朵，亦奇物也。聞其藤最活血，暖腰膝，已風痪，戊申，長兒景炎在四川敘州府，與滇之昭通接界，因囑其往覓此藤，所寄來者，外形不殊，而中心惟作小紅點，乾之亦不突起。據來書云，實金沙江土司山中所得，然與龔太守所帶來者絕不相類，豈此藤亦有二種耶，附記於此，以俟考。

辛亥，予在臨安，患臂痛，胡春熙明府長君名什曾，宦滇南歸里，蒙贈雞血藤膠，皆方塊，每塊一二兩不等，外塗以蜃灰作白色，剖視其內，皆黑色如膏藥膠狀，云風癱痹痛有效，其外灰見水即脫去。據言其藤產騰越州銅壁關外新街所屬地，遍山谷皆是。新街守弁，每歲輒命卡兵斫取熬膏，除餽遺各上司及僚友外，餘剩者轉市客商，販入中土，藉沾微利，以為守資，渠所有即售自彼處也。外必以蜃灰飾之，庶久藏不壞。因帶歸以示兒子景炎，則又全非其所見。景炎曾館昭通大關司馬白公家，見其所藏雞血藤膠，猩紅成塊，儼如赤玉，光潤可愛。今胡公所贈，內作黑色，或係年久色黯，抑係新街所產與大關有別，惜不能親歷其地，為之細核，附筆於此，以俟後之君子考訂焉。

清・葉桂《本草再新》卷三　雞血藤味辛、苦，性寒，有微毒。入心、脾二經。補中燥胃。

清・吴其濬《植物名實圖考》卷二三　雞血藤　《順寧府志》：枝幹年久者，周圍四五寸，小者亦二三寸；葉類桂葉而大，纏附樹間；伐其枝，津液滴出，入水煮之，色微紅。佐以紅花、當歸，糯米熬膏，為血分之聖藥。滇南惟順寧有之，產阿度吾里者尤佳。今省會亦有販者，服之亦有效。人或取其藤以為杖，屈拏古勁，色淡紅，其舊時赤藤杖之類乎。

清・趙其光《本草求原》卷四蔓草部　血風藤　甘，平。消瘀，涼血，洗皮膚血熱。

清・張仁錫《藥性蒙求・草部》　雞血藤五分、錢半　雞血藤膠，補血和血。風濕為疼，舒筋壯骨。藤汁殷紅似雞血，作膠最良。泡酒飲之，大補氣血，與老人、婦女尤良。不飲酒者，開水化服。○壯筋骨，已酸痛，老人氣血虛弱，手足麻木，癱瘓等症。又治風痛濕痹，跌打如神。惟活血舒筋，患在上部，飽食後服；在下部，空心服。奇效。色帶微綠，有清香氣。服此膠，忌食酸冷。○婦人乾血勞，及子宮虛冷，不受胎，服之驗。

清・方仁淵《倚雲軒醫案醫話醫論》　雞血藤　雲南府出雞血藤膏，治婦女血枯經閉有效。其藤生大箐中，不見天日，年深日久，故專能補益陰血。廣西鎮安亦出。

紫果藤

清・葉桂《本草再新》卷三　紫果藤味苦，性涼，無毒。入肝、脾、肺三經。理血分，走經絡，治腰痛腳氣，通經治痔。

黄鱔藤

清・吴其濬《植物名實圖考》卷二一　黄鱔藤　產寧都。長莖黑褐色，根紋斑駁，起粟黑黄如鱔魚形，故名。葉如薄荷，無鋸齒而勁。主治漂蛇毒。

清・吴其濬《植物名實圖考》卷二三　紫羅花　生滇南。蔓生，葉澀如豆葉，子如枸杞作毬。俗醫謂之蛇藤。

清・吴其濬《植物名實圖考》卷三六　紫羅花　生雲南。子如枸杞。土醫云，產婦煎浴，卻筋骨痛。一名蛇藤。

山楝青

宋・王介《履巉巖本草》卷下　山楝青　性涼，無毒。治諸般眼疾。夏月用葉，冬間收子用，擣爛貼眼。

青龍草

清・劉善述、劉士季《草木便方》卷一草部　青龍草　鴨公青甘淡性平，風濕脚痛散熱淋。酒色勞傷暗積退，清熱利脹損傷靈。

天門冬

宋・李昉《太平御覽》卷第九八九　天門冬　《爾雅》曰：蘠蘼，虋音門冬也。郭璞注曰：今門冬也，一名滿冬。《山海經》曰：條谷山，[其]草多虋冬。《列仙傳》曰：赤須子，豐人，好食天門冬，齒落更生。《神仙傳》曰：甘始者，太原人，服天門冬，在人間三百餘年。《博物志》曰：天門冬，莖間有刺而葉滑者曰郄休，一名顛棘。根以浣縑素白，越人名為浣草，似天門冬，而非也。凡服此，先試浣衣如法者，便非天門冬。《抱朴子》曰：杜子服天門冬，御十八妾，有子百四十人，日行三百里。又《内篇》曰：天門冬，或名地門冬。

唐・歐陽詢《藝文類聚》卷八一 天門冬 《本草經》曰：天門冬一名顛勒。味苦，殺三蟲。《爾雅》曰：蘠蘼，虋冬。《山海經》曰：條谷山草多虋冬。《列仙傳》曰：赤項子食天門冬，齒落更生，細髮復出。《抱朴子》曰：杜子微服天門冬御十八妾，有子百四十人，日行三百里。《内篇》曰：天門冬，或名地門冬，或名延門冬，或名顛棘。《神仙傳》曰：甘始者，太原人，服天門冬在人間三百餘年。《建康記》曰：建康出天門冬，極精妙。《名山略記》曰：鬱山出天門冬。

啟 梁・簡文帝《謝勑賚益州天門冬啟》曰：逮自星橋，見珍玉壘，《本草》稱其輕身延壽，實為上藥。姬晉之重丹桂，曹丕之愛落英。一家恩錫，竊幸往代。

宋・唐慎微《證類本草》卷六草部上品〔《本經・別錄・藥對》〕 **天門冬** **味苦**、甘、**平**、大寒、無毒。**主諸暴風濕偏痹，强骨髓，殺三蟲，去伏尸**，保定肺氣，去寒熱，養肌膚，益氣力，利小便，冷而能補，**久服輕身，益氣延年，不飢。一名顛勒。** 生奉高山谷。二月、三月、七月、八月採根，暴乾。垣衣、地黃爲之使，畏曾青。

〔梁・陶弘景《本草經集注》〕云：奉高，太山下縣名也。今處處有，以高地大根味甘者爲好。張華《博物志》云：天門冬，逆捋有逆刺。若葉滑者，名絺休，一名顛棘。可以浣縑，素白如絨，音越，紵類。金城人名爲浣草。擘其根，溫湯中挼之，以浣衣勝灰。此非門冬，相似爾。按：如此說，今人所採皆是有刺者，本名顛勒，亦粗相似，以浣垢衣則淨。《桐君藥録》又云：葉有刺，蔓生，五月花白，十月實黑，根連數十枚。如此殊相亂，而不復更有冬門，恐門冬自一種，不即是浣草耶？又有百部，根亦相類，但苗異爾。門冬，蒸，剝去皮，食之甚甘美，止飢。雖暴乾，猶脂潤難擣，必須薄切，暴於日中，或火烘之也。俗人呼苗爲棘刺，煮作飲乃宜人，而終非真棘刺爾。服天門冬，禁食鯉魚。

〔唐・蘇敬《唐本草》〕注云：此有二種，苗有刺而澁者，無刺而滑者，俱是門冬。俗云顛刺、浣草者，形皃諮音瞑之。雖作數名，終是一物。二根浣垢俱淨，門冬、浣草，互名之也。

〔宋・馬志《開寶本草》〕按：《陳藏器本草》云：天門冬，陶云百部根亦相類，苗異爾。按：天門冬根有十餘莖，百部多者五六十莖，根長尖，内虛，味苦。天門冬根圓短實潤，味甘不同，苗蔓亦別。如陶所說，乃是同類。今人或以門冬當百部者，說不明也。

〔宋・掌禹錫《嘉祐本草》〕按：《爾雅》云：蘠蘼，虋冬。注云：門冬，一名滿冬。虋音門。《抱朴子》云：或名地門冬，或名莚門冬，或名巔棘，或名淫羊食，或名管松。其生高地，根短味甜氣香者上；其生水側下地者，葉細似蘊而微黃，根長而味多苦氣臭者下。亦可服食，然善令人下氣，爲益又遲也。服之百日，皆丁壯兼倍，駃於术及黃精也。入山便可蒸，若煮啖之，取足以斷穀；若有力，可餌之。亦作散并擣絞其汁作液以服，散尤益。《藥性論》云：天門冬，君。主肺氣欬逆，喘息促急，除熱，通腎氣。療肺痿，生癰吐膿，治濕疥，止消渴，去熱中風，宜久服。煮食之，令人肌體滑澤，除身中一切惡氣，不潔之疾，令人白淨。蜀人使浣衣如玉，和地黃爲使，服之耐老，頭不白，能冷補，患人體虛而熱，加而用之。《楊損之》云：服天門冬，誤食鯉魚中毒，浮萍解之。日華子云：貝母爲使。鎮心，潤五臟，益皮膚，悅顏色，補五勞七傷。治肺氣并嗽，消痰，風痹，熱毒遊風，煩悶吐血，去心用。

〔宋・蘇頌《本草圖經》〕曰：天門冬，生奉高山谷，今處處有之。春生藤蔓，大如釵股，高至丈餘，葉如茴香，極尖細而踈滑，有逆刺，亦有澁而無刺者。其葉如絲杉而細散，皆名天門冬。夏生白花，亦有黃色者。秋結黑子，在其根枝傍。入伏後無花，暗結子。其根白或黃紫色，大如手指，長二三寸，大者爲勝，頗與百部根相類，然圓實而長，一二十枚同撮。二月、三月、七月、八月採根，四破之，去心，先蒸半炊間，暴乾，停留久仍濕潤。入藥時，重炕焙令燥。洛中出者，葉大幹麁，殊不相類。嶺南者無花，餘無它異。謹按：天門冬別名，《爾雅》謂之蘼亡彼切，一名虋與門同冬。《山海經》云：條谷之山，其草多芍藥、虋冬是也。《抱朴子》及《神仙服食方》云：天門冬，一名顛棘。在東嶽名淫羊藿，在中嶽名天門冬，在西嶽名管松，在北嶽名無不愈，在南嶽名百部，在京陸山阜名顛棘。雖處處皆有，其名各異，其實一也，在北嶽地陰者尤佳。欲服之，細切，陰乾，擣下篩，酒調三錢匕，日五六進之，二百日知，可以强筋髓，駐顏色，與鍊成松脂同蜜丸益善。服者不可食鯉魚，此方以顛棘爲別名，而張茂先以爲異類。《博物志》云：天門冬莖間有刺，而葉滑者曰絺休，一名顛棘，根以浣縑素令白。越人名爲浣草，似天門冬而非也。凡服此，先試浣衣如法者，便非天門冬。若如所說，則有刺而葉滑，便不中服。然今所有，往往是此類，用者須詳之。

〔宋・唐慎微《證類本草》〕《雷公》云：採得了，去上皮一重，便劈破，去心，用柳木甑，燒柳木柴，蒸一伏時，洒酒令遍，更添火蒸，出曝，去地二尺已來，作小架，上鋪天門葉，將蒸了天門冬攤令乾用。《食療》：補虛勞，治肺勞，止渴，去熱風。可去皮、心，入蜜煮之，食後服之。若曝乾，入蜜丸尤佳。亦用洗面，甚佳。《外臺秘要》：治風癲引脇牽痛，發作則吐，耳如蟬鳴。天門冬去心、皮，曝乾擣篩，酒服方寸匕。若人久服，亦能長生。《經驗後方》：服天門冬法：不計多少，去心、皮，爲末，每服方寸匕，日三四服不絕，甚益人，以酒飲之。又治癥瘕積聚，去三尸，輕身益氣，延年耐老，百病不侵。《孫真人枕中記》：天門冬末，服方寸匕，日三。無問山中、人間，恒勿廢，久服益。若釀酒服之，去癥瘕積聚，風痰癲狂，三蟲伏尸，除瘟痹，輕身益氣，令人不飢，百日還年耐老。《修真秘旨》：神仙服天門冬三十斤，細切，陰乾，搗末。每服三錢，酒調下，日五六服。二百日後怡泰，拘急者緩，羸劣者强，三百日身輕，三年走及奔馬。道書《八帝聖化經》：欲不畏寒〔者〕，取天門冬、茯苓等分爲末。服方寸匕，日再服。大寒時，單衣汗出。《抱朴子》云：杜紫微服天門冬，御八十妾，有男一百四十人，日行三百里。《列仙傳》：赤頂子食天門冬，齒落更生，細髮復出。《神仙傳》：甘始者，太原人，服天門冬，在人間三百餘年。

宋・寇宗奭《本草衍義》卷七　天門冬　麥門冬之類。雖曰去心，但以水漬漉，使周潤，滲入肌，俟軟，緩緩擘取，不可浸出脂液。其不知者，乃以湯浸一二時，柔即柔矣，然氣味都盡。用之不效，乃曰藥不神，其可得乎？治肺熱之功爲多。其味苦，但專洩而不專收，寒多人禁服。餘如二《經》。

宋・鄭樵《通志》卷七五《昆蟲草木略》　蘠蘼　曰滿冬，曰地門冬，曰筵門冬。在東嶽名淫羊藿，《抱朴子》作淫羊食。在中嶽名天門冬，在西嶽名管松，在北嶽名無不愈，在南嶽名百部，在京陸山阜名顛棘，今曰天門冬。《爾雅》：蘠蘼，虋冬。葉如絲縷。

金・張元素《潔古珍珠囊》〔見元・杜思敬《濟生拔粹》卷五〕　天門冬甘苦　陽中之陰。保肺氣，治血熱侵肺，上喘氣促。

宋・劉明之《圖經本草藥性總論》卷上　天門冬　味苦、甘、平、大寒，無毒。主諸暴風濕，肺氣〔咳逆〕，去寒熱，養肌膚，益氣力，利小便，冷而能補。《藥性論》云：君。主肺氣欬逆，喘息促急，除熱，通腎氣。療肺痿生癰吐膿，治濕疥，止消渴，去熱中風。宜久服煮食之，令人肌體滑澤，除身中一切惡氣，不潔之疾。日華子云：貝母為之使。鎮心，潤五藏，益皮膚，悅顏色，補五勞七傷，治肺氣并嗽，消痰，風痹熱毒，遊風煩悶，吐血。去心，用垣衣、地黄為之使。畏曾青。忌鯉魚。誤食中毒，浮萍解之。患人體虛而熱，加用妙。

元・王好古《湯液本草》卷四　天門冬　氣寒，味微苦。苦而辛，氣薄味厚，陰也。甘，平，大寒，無毒，陽中之陰。入手太陰經、足少陰經。《象》云：保肺氣，治血熱侵肺，上喘氣促。加人參、黄芪為主，用之，神效。《心》云：苦以泄滯血，甘以助元氣，及治血妄行，此天門冬之功也。《本草》云：主諸暴風濕偏痹，強骨髓，殺三蟲，去伏尸。保定肺氣，去寒熱，養肌膚，益氣力，利小便，冷而能補。久服延年，多子孫，能行步，益氣。入手太陰、足少陰經，榮衛枯涸，濕劑所以潤之，二門冬、人參、北五味子、枸杞子，同為生脉之劑。此上焦獨取寸口之意。日華子云：貝母為使。鎮心，潤五臟，益皮膚，悅顏色。補五勞七傷，治肺氣，並嗽，消痰，及風痹，熱毒，遊風，煩悶，吐血。去心用。

元・朱震亨《本草衍義補遺・新增補》　天門冬　苦，甘，大寒。《藥性》云：主肺熱欬逆，喘息促急，保定肺氣。除寒熱，通腎氣。治肺痿生癰，吐膿血。止消渴，利小便。《衍義》云：治肺熱之功為多。其味苦，但專泄而不專收，寒多之人禁服。

元・佚名氏《珍珠囊・諸品藥性主治指掌》〔見《醫要集覽》〕　天門冬　味苦，平，性大寒，無毒。升也，陰也。其用有二：保肺氣不被熱擾，定喘促陡得康寧。

元・徐彥純《本草發揮》卷一　天門冬　味苦、甘，平、大寒，無毒。主保定肺氣，去熱，養肌膚，益氣力，利小便冷而能補。潔古云：保定肺氣，治血熱侵肺，止喘氣促，加人參、黄芪，用之為主如神。味苦、甘，性寒。味厚氣薄，陰也。苦以泄滯血，甘以助元氣，及治血妄行。此天門冬之功也。東垣云：天門冬味苦、甘，主肺氣喘息促急，除熱，通腎氣，鎮心，潤五藏，強骨髓。海藏云：天門冬入手太陰、足少陰經。榮衛枯涸者，溫劑所以潤之。天麥二門冬、人參、五味子、枸杞子，同為生脉之劑，此上焦獨取寸口之意。

明・朱橚《救荒本草》卷上之後　天門冬　俗名萬歲藤，又名娑羅樹。《本草》一名顛勒，或名地門冬，或名筵門冬，或名巔棘，或名淫羊食，或名管松。生奉高山谷及建州、漢州，今處處有之。春生藤蔓，大如釵股，長至丈餘，延附草木上。葉如茴香，極尖細而踈滑，有逆刺，亦有澁而無刺者。其葉如絲杉而細散，皆名天門冬。夏生白花，亦有黄花及紫花者，秋結黑子在其根枝傍，入伏後無花暗結子。其根白或黄紫色，大如手指，長二三寸，大者為勝。其生高地，根短味甜，氣香者上。其生水側下地者，葉細似蘊而微黄，根長而味多苦，氣臭者下，亦可服。味苦、甘，性平，大寒，無毒。垣衣、地黄及貝母為之使；畏曾青。服天門冬誤食鯉魚中毒，浮萍解之。救飢：採根換水浸去邪味，去心，煮食；或晒乾煮熟，入蜜食尤佳。治病：文具《本草》草部下。

明·蘭茂原撰，范洪等抄補《滇南本草圖說》卷八　地龍松　即天冬草也。以霜月其根始肥，故《本草》名為天冬。高尺許，葉細。世人但知其根之力，而不知其枝葉之功，勝於其根十倍。氣味甘、辛、苦，平，無毒。耑治：一切九種氣疼，腎氣下陷，睾丸腫大，不拘左右子腫，服之此草，引火歸元，氣歸氣海，疼痛急消。久服此草，入煉合丸，每一日一丸，能五藏調合，六腑清潤，延年益壽，烏鬚黑髮，令人耳目清明，面似童顏色。

明·蘭茂撰，清·管暄校補《滇南本草》卷中　天門冬　性寒，味甘、微苦。入肺潤肺，止咳嗽咳血，肺氣逆脹。生吃治偏墜疝氣，或左或右，腎子腫大。

附方：　治偏墜氣疼，腎子腫大。天門冬五錢，用生者，去皮，煨，點水酒服。

補註：　此藥熟煎補肺，潤皮毛，悅顏色，止咳嗽咳血。生煎利小便，下氣，清肺氣脹，治偏墜氣疼。

明·蘭茂《滇南本草》（叢本）卷下　天門冬　生吃治偏墜疝氣，或左右腎子腫。大利小便，下氣，清肺氣脹。熟煎吃補肺，潤皮毛，悅顏色，止咳血。天門冬，五錢，去皮。點水酒服。

明·王綸《本草集要》卷二　天門冬君　味苦甘，氣平，大寒。氣薄味厚，陰也，陽中之陰。無毒。入手太陰經、足少陰經。地黃、貝母為之使，畏曾青。凡用去皮，去心。服此忌食鯉魚。　主諸暴風濕偏痹，強骨髓，殺三蟲，去伏尸，久服輕身，益氣延年。保安肺氣，去寒熱，養肌膚，悅顏色，益氣力。利小便冷而能補，治肺氣咳逆，喘息促急。通腎氣，止消渴，療肺痿生癰，吐膿血，熱侵肺，吐衄妄行，瀉肺火，消痰。補五勞七傷。　苦以泄滯血，甘以助元氣，治肺熱之功多，患人體虛而熱加而用之。但專泄而不收，寒多者禁服。肺氣喘促者，加人參、黃耆用之神效。○益氣延年擣末，每服酒調下三錢，日三服，兼去癥瘕積聚，風痰癲狂，瘟痹。釀酒亦可。

明·滕弘《神農本經會通》卷一　天門冬　君也。垣衣、地黃、貝母為之使。畏曾青。凡用去皮，去心。服此忌食鯉魚。生高地，根短味甜，氣香者上。

味苦、甘，氣平，大寒，無毒。《湯》云：　氣寒，味微苦，苦而辛，氣薄味厚，陰也。甘，平，大寒。陽中之陰。入手太陰經，足少陰經。東云：　升也，陰也。保肺氣不被熱擾，定喘促陡得安寧。又云：　止嗽，補血，冷而潤肝心。《圭》云：　療肺醫癰，治血痰，益氣養肌，行小水，除寒熱，潤咽喉。《珍》云：利肺氣，止喘息促急，通腎氣，壯水，滋五臟，鎮心，除熱，補元，壯骨髓，止血妄行，瀉滯血。

《本經》云：　主諸暴風濕偏痺，強骨髓，殺三蟲，去伏尸。保定肺氣，去寒熱，養肌膚，益氣力，利小便。冷而能補，久服輕身益氣，延年不飢。二三七八月採根，暴乾。陳藏器云：　天門冬根有十餘莖，百部多者五六十莖，根長尖，內虛，味苦。天門冬根負短實潤，味甘。不同，苗蔓亦別。《藥性論》云：　天門冬，君。主肺氣欬逆，喘息促急，除熱，通腎氣。療肺痿，生癰吐膿。治濕疥，止消渴，去熱中風，宜久服。煮食之，令人肌體滑澤，除身中一切惡氣不潔之疾，令人白淨。蜀人使浣衣如玉。和地黃為使，服之耐老，頭不白。能冷補，患人體虛而熱，加而用之。楊損之云：　服麥門冬，誤食鯉魚中毒，浮萍解之。日華子云：　貝母為使。鎮心，潤五臟，益皮膚，悅顏色，補五勞七傷。治肺氣并嗽，消痰風痺，熱毒遊風，煩悶吐血。去心用。《象》云：　保肺氣，治血熱侵肺，止喘氣促，加人參、黃芪為主，用之神効。又云：　久服延年，多子孫，能行步，益氣。入手太陰、足少陰，榮衛枯涸，濕劑所以潤之。二門冬、人參、北五味子、枸杞子，同為生脉之劑，此上焦獨取寸口之意。《心》云：　苦以瀉滯血，甘以助元氣，及治血妄行，此天門冬之功也。丹溪云：　《衍義》治肺熱之功為多。其味苦，但專泄而不專收。寒多者禁服。又瀉肺火。《衍義》曰：但以水漬漉，使周潤，滲入肌，俟軟，緩緩擘取，不可浸出脂液。其不知者，乃以湯浸一二時，柔即柔矣，然氣味都盡，用之不効。劊云：　天門冬苦性大寒，保肺不得熱相干。涸枯榮衛宜斯潤，定喘寧神燥悶安。《局》云：　天門冬味甘平苦，性冷而能補大虛。定肺鎮心除吐血，悅人顏色養肌膚。天門冬，鎮心，止吐血衄血，性冷而能補大虛。

明·劉文泰《本草品彙精要》卷七　天門冬無毒　叢生。

天門冬出《神農本經》：　**主諸暴，風濕偏痹，強骨髓，殺三蟲，去伏尸，久服輕身，益氣延年。**以上朱字《神農本經》。保定肺氣，去寒熱，養肌膚，益氣力，利小便，冷而能補，不飢。以上黑字名醫所錄。　【名】淫羊藿、顛勒、無不愈、百部、淫羊食、顛棘、筳門冬、管松、絺體、滿冬、虋音門、浣草、蘼虋。　【苗】《圖經》曰：春生藤蔓，大如釵股，高至丈餘，葉如茴香，極尖細而疏滑，有逆刺，亦有澀而無刺者，其葉如絲杉而細散。夏開白花，亦有黄色者。秋結黑子，在其根枝傍。其根白或黄紫色，大如手指，長二三寸，大者爲勝。頗與百部根相類，然圓實而長，一二十枚同撮。洛中出者，葉大幹粗，殊不相類。嶺南產者入伏後但無花暗結子，餘無他異。《抱朴子》云：在東嶽名淫羊藿，在中嶽名天門冬，在西嶽名管松，在北嶽名無不愈，在南嶽名百部，在京陸山阜名顛棘，雖處處皆有名，雖各異，其實一也。生高地根短、味甜、氣香者爲上。其生水側下地者，葉細似蘊而微黄，根長而味多苦，氣臭者爲下。亦可服食，善令人下氣爲益，服之百日，皆力壯兼倍，駃于朮及黄精也。《唐本》注云：此有二種，苗有刺而澀者，無刺而滑者，俱是門冬。顛刺、浣草者，形貌諾音冥之，雖作數名，終是一物，二根浣垢俱淨，故互名之也。【地】《圖經》曰：奉高山谷、金城，今處處有之。【道地】北嶽地陰者尤佳。【時】生：春生苗。採：二月、三月、七月、八月取根。【收】暴乾。【用】根圓而短實者爲好。【質】形類百部而脂潤。【色】赤黄。【味】甘，苦。【性】平，寒，緩，泄。【氣】氣薄味厚，陽也。陽中之陰。【臭】朽。【主】保肺氣，血熱。【行】手太陰經，足少陰經。【助】貝母、垣衣、地黄爲之使。【反】畏曾青。【製】《衍義》曰：凡使，以水漬漉，使周潤，滲入肌，俟軟，緩緩擘去心，不可浸出脂液。其不知者，乃以湯浸一二時，柔即柔矣，然氣味都盡，用之不效，藥欲其神，不可得也。【治】療：《藥性論》云：肺氣欬逆，喘息促急，除熱通腎氣，肺痿，生癰，吐膿，濕疥，止消渴，去熱，中風，令人肌體滑澤，除身上一切惡氣，不潔之疾，令人白淨。《湯液本草》云：泄滯血及血妄行。補：《湯液本草》云：助元氣。【合治】合地黄爲使，服之柰老，頭不白，能冷補，患人體虛而熱。〇合貝母爲使，鎮心潤五臟，益皮膚，悦顏色，補五勞七傷，肺氣並嗽，消痰，風痹，熱毒，遊風，煩悶，吐血。〇合蜜煮之，食後服，補虛勞，肺勞，止渴，去熱風。〇暴乾搗篩，合酒服方寸匕，治風癲，引脇牽痛，發作則吐，耳如蟬鳴。又除瘟痹，癥瘕積聚，風痰，癲狂。〇合人參、黄耆爲主保肺氣，血熱侵肺，止喘氣促，用之神效。【禁】勿食鯉魚，誤食中毒，以浮萍解之。

明·葉文齡《醫學統旨》卷八　天門冬　氣平，大寒，味苦、甘。無毒。升也，陰也。入手太陰、足少陰經。地黄、貝母為使；畏曾青。凡用去皮心。忌鯉魚。治肺氣欬逆喘嗽，吐血衄血，肺痿生癰，吐膿血，瀉肺火消痰；補五勞七傷，益氣鎮心，保肺去熱；通腎氣，利小便，強骨髓，養肌膚；久服輕身延年。寒多者禁服。

明·許希周《藥性粗評》卷一　天門冬、麥門冬均保肺氣。

天門冬一名顛勒，一名顛棘，一名楚門冬，一名管菘。《爾雅》謂之蘼，《山海經》謂之虋冬。春生藤蔓，高丈餘，葉如茴香，尖細而踈滑，有逆刺，亦有澁而無刺者，其葉如絲杉而細散，夏生白花，亦有黄花者，秋結黑子在根枝傍，其根黄白色，大如指，長二三寸，每一二十枚同撮，荊、湘、川、陝、洛、浙處處有之，以肥大者為勝。二、八月採根，蒸熟，劈破，去心與皮，暴乾，久仍濕潤，臨用重火焙乾。方可作末如入湯藥，不焙亦可。貝母、垣衣、地黄為之使，畏曾青，服忌鯉魚。味苦、甘，性大寒，無毒。入手太陰肺、足少陰腎經。主治肺痨氣逆，咳嗽喘急，風熱消渴，煩悶狂邪，清上焦，通腎氣，潤五臟，益肌膚。寒而有補，為仙品之上藥。又生投溫湯中，挼之可以洗面，令滑澤；亦可浣衣，勝灰汁，故一名浣草。

單方：去疾延年：天門冬二三十斤，蒸熟，去皮與心，細切，暴乾，搗羅為細末收貯，每日空心，以二三錢，溫酒調服，日三四次，不絕百日之後，筋骨壯健，血氣沖融，百病俱除，顏容返少。《抱朴子》謂：杜紫微服天門冬，夜御八十妾，日行三百里。《列仙傳》謂：赤須子服天門冬，齒落更生，細髮復出。禦寒回暖：《聖化經》曰：欲不畏寒，天門冬、茯苓為末，等分，酒調下方寸匕，日再服，大寒時單衣汗出。

明·鄭寧《藥性要略大全》卷二　天門冬君　保肺氣，除熱，定喘促，止嗽，補血，潤肝心，退虛熱。寒多泄者禁服。氣喘促者加人參、黄芪服之。《經》云：養肌膚，益氣力，強骨髓，利小便，鎮心，潤五臟，補五癆七傷，理肺氣，治嗽消痰，去風濕痹，殺三蟲。冷而能補。久服延年多子，能行步。東垣云：治心肺虛熱虛勞。〇苦以泄血，甘以助元氣，及治血妄行。此天門冬之功也。〇麥冬、地黄、麻仁、阿膠，潤經益血，復脉通心。〇二門冬、五味子、枸杞，同為生脉之劑。　味苦、甘，平，性大寒，無毒。升也，陰也。入手太陰肺、足少陰腎。地黄、貝母為之使。畏曾青。凡用去心。忌鯉魚。

明·陳嘉謨《本草蒙筌》卷一　天門冬　味苦、甘，氣平、大寒。氣薄味厚，沉也，陰也，陽中之陰。無毒。山谷俱有，夏秋採根。蒸爛去皮去心，曝乾旋咀旋用。咀久易生黴垢，則黑黯不明亮也。畏曾青，忌鯉魚。儻悮食中毒，取浮萍解之。使宜貝母地黄，經人手肺足腎。療風淫濕痹，補虛損勞傷。殺三蟲，去伏屍且強骨髓；潤五臟，悦顏色尤養肌膚。解渴除煩，消痰住嗽。保肺氣不被熱擾，通腎氣能除熱淋。止血溢妄行，潤糞燥閉結。同參耆煎服，定虛喘促神方；和薑蜜熬膏，天門冬自然汁三碗，蜜一碗，薑汁半碗，共和勻熬膏。破頑痰癖劫劑。單用研末調酒，久久益氣延年。肺痿肺癰，亦堪調治。蓋因苦泄滯血，甘助元氣，寒去肺熱，此三者天門冬之功焉。虛熱人加用正宜，虛寒者切禁莫服，因專泄不能專收故爾。

明・方穀《本草纂要》卷二　天門冬　味苦、甘，氣平，性大寒，氣薄味厚，陰也，陽中之陰，無毒。入足少陰經，手太陰經藥也。蓋此劑凉而能補，故入足少陰；保肺降火，故入手太陰。主益氣，去欬逆，療肺癰，定喘嗽，通腎氣，止消渴，清吐衄，瀉肺火，滋陰血，補劳傷，壯氣力，利小便之聖藥也。抑又論之，苦以去滯血，甘以助元氣。然則此劑治熱之功多，而元虛熱勝者宜用之也。若夫虛寒之人，則宜禁止者矣。

明・王文潔《太乙仙製本草藥性大全》卷一《本草精義》　天門冬　在處有之。一名顛勒。生奉高山谷佳。二三月，七八月採根，蒸爛，去皮心，曝乾。貝母、地黄爲使，畏曾青，忌鯉魚。倘誤食中毒，取浮萍解之。

明・王文潔《太乙仙製本草藥性大全》卷一《仙製藥性》　天門冬君　味苦、甘，氣平，大寒，氣薄味厚，升也，陰也，陽中之陰，無毒。入手太陰經、足少陰經。地黄、貝母爲之使。　賦云：保肺氣，除熱，定喘促，止嗽，補血，潤肝心，退虛熱。寒多泄者禁服。氣喘促者加人參、黄耆服之。　主治：療諸暴風濕偏痹，強骨髓，殺三蟲，去伏尸。久服輕身，益氣延年。保定肺氣，去寒熱，養肌膚，悅顏色，益氣力，利小便，冷而能補。治肺氣欬逆、喘息促急，通腎氣，止消渴；療肺痿生癰、吐膿血，熱侵肺吐衄妄行，瀉肺火消痰，補五勞七傷。　補註：苦以泄滯血，甘以助元氣。治肺熱之功多，患人體虛而熱，加而用之。但專泄而不收，寒多者禁服。肺氣喘促者加人參、黄耆用之神效。　太乙曰：採得了去土皮一重，便劈破去心，用柳木甑，燒柳木柴蒸一伏時，洒酒令遍，更添火蒸，出曝，去地二尺已來，作小架，上鋪天門葉，將蒸了天門冬攤令乾用。

明・皇甫嵩《本草發明》卷二　天門冬上品之上，君。氣寒，味苦、甘，平，無毒。沈也，陰也，氣薄味厚，陽中之陰。入手太陰、足少陰經。　發明曰：天門冬苦甘而寒冷，能補，故保定肺氣，清肺熱之功居多。肺熱清，故《本草》所謂欬逆喘急皆定。暴風濕偏痺，屬肺熱者，亦清矣。金清滋水化源，故通腎氣，強骨髓，生津而消渴自止。熱清氣寧，則血歸經，而妄行吐衄淋泄亦止，小便亦利矣。肺熱清，則大腸潤，燥結除也。肺主皮毛，故能養肌膚，悅顏色。冷而能補，故鎮心而潤五藏，亦以肺為五藏華蓋，主持諸氣故耳。保定二字，即潤之之義也。○氣虛喘促者，加參、芪、麥門冬用之。患躰虛而肺熱者加用之，但專泄而不收。寒多及脾虛者禁服。若治肺虛勞嗽，此又不如麥門冬之補也。或兼用之則可。貝母、地黄為之使。畏曾青。服此忌食鯉魚。

明・李時珍《本草綱目》卷一八草部・蔓草類　天門冬《本經》上品

【釋名】虋冬音門。　顛勒《本經》　顛棘《爾雅》　天棘《綱目》　萬歲藤禹錫曰：按《爾雅》云：蘠蘼，虋冬。注云：門冬也，一名滿冬。《抱朴子》云：一名顛棘，或名地門冬，或名筵門冬。在東岳名淫羊藿，在中岳名天門冬，在西岳名（菅）〔管〕松，在北岳名無不愈，在南岳名百部，在京陸山阜名顛勒，在越人名浣草。雖處處有之，其名不同，其實一也。別有百部草，其根有百許如一，而苗小異，其苗似菝葜，惟可治欬，不中服食，須分別之。時珍曰：草之茂者爲虋，俗作門。此草蔓茂，而功同麥門冬，故曰天門冬，或曰天棘。《爾雅》云：髦，顛棘也。因其細葉如髦，有細棘也。顛、天，音相近也。按《救荒本草》云：俗名萬歲藤。又名婆蘿樹。其形與治肺之功頗同百部，故亦名百部也。蘠蘼乃營實苗，而《爾雅》指爲門冬，蓋古書錯簡也。

【集解】《別録》曰：天門冬生奉高山谷。二月、三月、七月、八月采根，曝乾。弘景曰：奉高，泰山下縣名也。今處處有之，以高地大根味甘者爲好。《桐君藥録》云：蔓生，葉有刺，五月花白，十月實黑，根數十枚。張華《博物志》云：天門冬莖間有逆刺。若葉滑者，名絺體，一名顛棘。挼根入湯，可以浣縑，素白如絨，紵類也。今越人名爲浣草，勝於用灰。此非門冬，乃相似爾。按此説與桐君之説相亂。今人所采皆是有刺者，本名顛勒，亦粗相似，用此浣衣則净，不復更有門冬。恐門冬自一種，或即是浣草耶？又有百部，根亦相類，但苗異爾。恭曰：此有二種：一種苗有刺而濇，一種無刺而滑，皆是門冬。俗云顛棘、浣草者，形貌詺之。雖作數名，終是一物。二根浣垢俱净，門冬、浣草，互名也。詺音命，目之也。頌曰：處處有之。春生藤蔓，大如釵股，高至丈餘。葉如茴香，極尖細而踈滑，有逆刺；亦有澀而無刺者，其葉如絲杉而細散，皆名天門冬。夏生細白花，亦有黄色及紫色者。秋結黑子，在其根枝旁。入伏後無花，暗結子。其根白或黄紫色，大如手指，圓實而長二三寸，大者爲勝，一科一二十枚同撮，頗與百部根相類。洛中出者，大葉粗幹，殊不相類。嶺南者無花，餘無他異。禹錫曰：《抱朴子》言：生高地，根短味甜氣香者爲上；生水側下地，葉似細蘊而微黄，根長而味多苦氣臭者次之，若以服食，令人下氣，爲益又遲也。入山便可蒸煮，啖之斷穀。或爲散，仍取汁作酒服散尤佳。時珍曰：生苗時，亦可以沃地栽種。子亦堪種，但晚成耳。

根　【修治】弘景曰：門冬采得蒸，剥去皮食之，甚甘美，止飢。雖曝乾，猶脂潤難擣，必須曝於日中或火烘之。今人呼苗爲棘刺，煮作飲宜人，而終非真棘刺也。頌曰：二三七八月采根，蒸剥去皮，四破去心，暴乾用。斅曰：采得去皮心，用柳木甑及柳木柴蒸一伏時，洒酒令遍，更添火蒸。作小架去地二尺，攤于上，曝乾用。

〖氣味〗苦，平，無毒。《别録》曰：甘，大寒。好古曰：氣寒，味微苦而辛。氣薄味厚，陽中之陰。入手太陰、足少陰經氣分之藥。之才曰：垣衣、地黄、貝母爲之使。畏曾青。損之曰：服天門冬，禁食鯉魚。誤食中毒者，浮萍汁解之。搗汁，制雄黄、硇砂。〖主治〗諸暴風濕偏痹，强骨髓，殺三蟲，去伏尸。久服輕身益氣，延年不飢《本經》。保定肺氣，去寒熱，養肌膚，利小便，冷而能補《别録》。肺氣欬逆，喘息促急，肺萎生癰吐膿，除熱，通腎氣，止消渴，去熱中風，治濕疥，宜久服。煮食之，令人肌體滑澤白净，除身上一切惡氣不潔之疾甄權。鎮心，潤五臟，補五勞七傷，吐血，治嗽消痰，去風熱煩悶大明。主心病，嗌乾心痛，渴而欲飲，痿蹶嗜卧，足下熱而痛好古。潤燥滋陰，清金降火時珍。陽事不起，宜常服之思邈。

〖發明〗權曰：天門冬冷而能補，患人五虚而熱者，宜加用之。和地黄爲使，服之(柰)〔耐〕老頭不白。宗奭曰：治肺熱之功爲多。其味苦，專泄而不專收，寒多人禁服之。元素曰：苦以泄滯血，甘以助元氣，及治血妄行，此天門冬之功也。保定肺氣，治血熱侵肺，上氣喘促，宜加人參、黄芪爲主，用之神効。嘉謨曰：天麥門冬並入手太陰，敺煩解渴，止欬消痰。而麥門冬兼行手少陰，清心降火，使肺不犯邪，故止欬立効。天門冬復〔走〕足少陰，滋腎助元，全其母氣，故清痰殊功。蓋腎主津液，燥則凝而爲痰，得潤劑則化，所謂治痰之本也。好古曰：〔入〕手太陰、足少陰經。營衛枯涸，宜以濕劑潤之。天門冬、人參、五味、枸杞子同爲生脉之劑，此上焦獨取寸口之意。趙繼宗曰：五藥雖爲生脉之劑，然生地黄、貝母爲天門冬之使，地黄、車前爲麥門冬之使，茯苓爲人參之使。若有君無使，是獨行無功也。故張三丰與胡濙尚書長生不老方，用天門冬三斤，地黄一斤，乃有君而有使也。禹錫曰：《抱朴子》言：入山便可以天門冬蒸煮啖之，取足以斷穀。若有力可餌之。或作散，酒服，或搗汁作液，膏服。至百日丁壯兼倍，駃于术及黄精也。二百日强筋髓，駐顔色。與煉成松脂同蜜丸服，尤善。杜紫微服之，御八十妾，一百四十歲，日行三百里。慎微曰：《列仙傳》云：赤須子食天門冬，齒落更生，細髮復出。太原甘始服天門冬，在人間三百餘年。《聖化經》云：以天門冬、茯苓等分，爲末，日服方寸匕。則不畏寒，大寒時單衣汗出也。時珍曰：天門冬清金降火，益水之上源，故能下通腎氣，入滋補方合群藥用之有効。若脾胃虚寒人，單餌既久，必病腸滑，反成痼疾。此物性寒而潤，能利大腸故也。

〖附方〗舊三，新十四。

服食法：孫真人《枕中記》云：八九月采天門冬根，曝乾爲末。每服方寸匕，日三服。無問山中人間，久服補中益氣，治虚勞絶傷，年老衰損，偏枯不隨，風濕不仁，冷痹惡瘡，癰疽癩疾。鼻柱敗爛者，服之皮脱蟲出。釀酒服，去癥病積聚，風痰顛狂，三蟲伏尸，除濕痹，輕身益氣，令人不飢，百日還年耐老。釀酒初熟微酸，久停則香美，諸酒不及也。忌鯉魚。○《臞仙神隱》云用乾天門冬十斤，杏仁一斤，搗末，蜜漬。每服方寸匕。名仙人糧。

辟穀不飢：天門冬二斤，熟地黄一斤，爲末，煉蜜丸彈子大。每温酒化三丸，日三服。居山遠行，辟穀良。服至十日，身輕目明；二十日，百病愈，顔色如花；三十日，髮白更黑，齒落重生；五十日，行及奔馬；百日，延年。○又法：天門冬搗汁，微火煎取五斗，入白蜜一斗，胡麻炒末二升，合煎至可丸，即止火。下大豆黄末，和作餅，徑三寸，厚半寸。一服一餅，一日三服，百日已上有益。○又法：天門冬末一升，松脂末一升，蠟、蜜一升和煎，丸如梧子大。每日早午晚各服三十丸。

天門冬酒：補五臟，調六腑，令人無病。天門冬三十斤，去心搗碎，以水二石，煮汁一石，糯米一斗，細麴十斤，如常炊釀，酒熟，日飲三盃。

天門冬膏：去積聚風痰，補肺，療欬嗽失血，潤五臟，殺三蟲伏尸，除瘟疫，輕身益氣，令人不飢。以天門冬流水泡過，去皮心，搗爛取汁，砂鍋文武炭火煮，勿令大沸。以十斤爲率，熬至三斤，却入蜜四兩，熬至滴水不散。瓶盛埋土中一七，去火毒。每日早晚白湯調服一匙。若動大便，以酒服之。《醫方摘要》。

肺痿欬嗽：吐涎沫。心中温温，咽燥而不渴。生天門冬搗汁一斗，酒一斗，飴一升，紫(苑)〔菀〕四合，銅器煎至可丸。每服杏仁大一丸，日三服。《肘後方》。

陰虚火動：有痰，不堪用燥劑者。天門冬一斤，水浸洗去心，取肉十二兩，石臼搗爛，五味子水洗去核，取肉四兩，晒乾，不見火，共搗丸梧子大。每服二十丸，茶下。日三服。《簡便方》。

滋陰養血：温補下元。三才丸：用天門冬去心，生地黄二兩，二味用柳甑箅，以酒洒之，九蒸九晒，待乾秤之。人參一兩爲末，蒸棗肉搗和，丸梧子大。每服三十丸，食前温酒下，日三服。潔古《活法機要》。

虚勞體痛：天門冬末，酒服方寸匕，日三。忌鯉魚。《千金方》。

肺勞風熱：止渴去熱。天門冬去皮心，煮食。或曝乾爲末，蜜丸服，(猶)〔尤〕佳。亦可洗面。孟詵《食療》。

婦人骨蒸：煩熱寢汗，口乾引飲，氣喘。天門冬十兩，麥門冬八兩，並去心爲末，以生地黄三斤，取汁熬膏，和丸梧子大。每服五十丸，以逍遥散去甘草，煎湯下。《活法機要》。

風顛發作：則吐，耳如蟬鳴，引脇牽痛。天門冬去心皮，暴搗爲末。酒服方寸匕，日三服，久服食。《外臺秘要》。

小腸偏墜：天門冬三錢，烏藥五錢，以水煎服。吴球《活人心統》。

面黑令白：天門冬暴乾，同蜜搗作丸，日用洗面。《聖濟總録》。

口瘡連年：不愈者。天門冬、麥門冬並去心，玄參等分，爲末，煉蜜丸彈子大。每噙一丸。乃僧居寮所傳方也。齊德之《外科精義》。

諸般癰腫：新掘天門冬三五兩，洗净，沙盆擂細，以好酒濾汁，頓服。未効，再服必愈。此祖傳經驗方也。虞摶《醫學正傳》。

明·薛己《本草約言》卷一《藥性本草》 天門冬　味苦、甘，氣大寒，無毒。氣薄味厚，陰也，降也，入手太陰、足厥陰經。致津液能止燥渴，强骨髓能補精源。肺受火邪而喘嗽可療，血熱侵肺而吐衄可蠲。但專泄而不收，故寒多人禁服。忌食鯉魚。○地黄、貝母為之使。《發明》云：苦甘而寒冷能補，故保定肺氣、清肺熱之功居多。肺熱清，故欬逆喘急皆定。暴風濕偏痹屬肺熱者亦消矣。金清滋水化源，故通腎氣，強骨髓，生津而消渴自止。熱清氣寧，則血歸經，而妄行吐衄淋瀝亦止，小便亦利矣。肺熱清，則大腸潤而燥結除也。肺主皮毛，故能養肌膚，悅顏色。冷而能補，故鎮心而潤五臟。亦以肺為五臟華蓋，主持諸氣故耳，保定二字，即潤之之義也。○同參、芪煎服定虛喘促。和薑、蜜熬膏，破頑痰癖。天門冬自然汁三碗，薑汁半碗，蜜一碗，共和勻煎膏。單味研末調酒，久久益氣延年。又治肺癰肺痿。蓋苦泄滯血，甘助元氣，寒去肺熱，此三者天門冬之功焉。虛熱者加用正宜，虛寒者切禁莫服，因專泄不能專收故耳。脾虛者亦禁服。若治肺虛勞嗽，又不如麥冬之補也，或兼用之亦可。

明・周履靖《茹草編》卷二　顛勒芽即天門冬　采采門冬，菁菁者容。日盈筐筥，食我山農。疏瀹肺氣，慰我心忡。採嫩頭，湯焯過，醯醋和食。

明・佚名氏《醫方藥性・草藥便覽》　天門冬　其性溫。止五心煩渴，益腎壯陽。

明・梅得春《藥性會元》卷上　天門冬　味苦、平，性大寒。升也。無毒。貝母、地黃為使。畏曾青，忌鯉魚。入手太陰肺經、足少陰腎經藥。　主保肺氣不被熱擾，定喘促，陡得安寧。止嗽，補血，冷而潤肝、心，鎮心，止吐血、衄血。性冷而能補大虛，悅顏色，除寒，通腎氣。治肺痿生癰吐膿，止消渴，利小便。主諸暴風濕偏痹，強骨髓，殺三蟲，去伏尸，養肌膚，益氣力，療五勞七傷。久服輕身延年。《衍義》云：治肺熱之功居多，其味苦泄而不收，寒多之人禁服。

製法：去心，焙乾用。

明・杜文燮《藥鑒》卷二　天冬　氣寒，味苦、甘。氣薄味厚，升也，陰也。無毒。入手太陰、足少陰之劑也。療風淫濕痹，補虛損勞傷，且強骨髓，潤五臟，悅顏色，養肌膚。解渴除煩，消痰住嗽。保肺氣不被熱擾，通腎氣能除熱淋。止血溢妄行，潤糞燥閉結。同參、芪煎服，定虛喘促神方。和薑蜜熬膠，破頑痰癖刼劑。與百合同用，能除肺痿。與黃芩同用，能除肺癰。未潰用蘸葉、枳殼為佐；已破用貝母、白芷為輔。大要苦能泄滯血，甘能助元氣，寒能去肺熱。此三者，天冬之功也。虛熱者用之，虛寒者禁忌，何也？蓋味之苦者，但泄而不收故耳。予嘗用天冬四兩，生地六兩，將醇酒煮汁熬膠，入煉蜜四兩，滾水調服，大補陰虛，入柿霜四兩，大能止嗽；入枸杞四兩，治腎嗽神驗；入阿膠一兩，療血痰妙甚，又能引熟地而至所補之處。

明・王肯堂《傷寒證治準繩》卷八　天門冬　氣寒，味微苦。氣薄味厚，陰也，陽中之陰。無毒。入手太陰、足少陰經氣分之藥。垣：保肺氣，治血熱侵肺，上喘氣促，加人參、黃芪為主，用之神效。苦以泄滯血，甘以助元氣，及治血妄行，此天門冬之功也。榮衛枯涸，濕劑所以潤之。二門冬、人參、北五味子、枸杞子，同為生脉之劑，此上焦獨取寸口之意。去心，鍘細用。

明・李中立《本草原始》卷一　天門冬　始生奉高山谷，今處處有之。春生藤蔓，大如釵股，高至丈餘，葉如茴香，極尖細而疏滑，有逆刺，亦有澁而無刺者。其葉如絲杉而細散；夏開白花，亦有黃花者；秋結黑子，在其根枝傍。入伏後無花，暗結子。其根白，或黃紫色，大如手指，長二三寸，一二十枚同一撮。《爾雅》謂之蘠蘼，一名虋冬。《山海經》云：條谷之山，其草多芃藥，虋冬是也。一名滿冬，或名地門冬，或名筵門冬。在東嶽名淫羊藿，在中嶽名天門冬，在西嶽名菅松，在北嶽名無不愈，在南嶽名百部，在京陸山阜名顛勒，在越人名浣草。《抱朴子》云：一名顛棘，或云天棘。顛、天音相近也。蓋草之茂者為虋，俗作門。此草蔓茂，而功同麥門冬，故曰天門冬。氣味：苦，平，無毒。主治：諸暴風濕偏痹，強骨髓，殺三蟲，去伏尸。久服輕身益氣，延年不飢。○保定肺氣、去寒熱，養肌膚，利小便，冷而能補。○肺氣欬逆，喘息促急，肺痿生癰吐膿，除熱，通腎氣，止消渴，去熱中風，治濕疥，宜久服。煮食之，令人肌體滑澤白淨，除身上一切惡氣、不潔之疾。○鎮心，潤五臟，補五勞七傷，吐血，治嗽消痰，去風熱煩悶。○主心病，嗌乾心痛，渴而欲飲，痿蹷嗜臥，足下熱而痛。○潤燥滋陰，清金降火。○陽事不起，宜常服之。

天門冬，《本經》上品。【圖略】此係蒸〔制〕剝去皮者，沙糖煎作果佳。色黃白。二、八月采根。修治：天門冬，肥大明亮者佳。去心，但以溫水漬漉使周潤滲入肌，俟軟，緩緩擘取。不可浸出脂液。不知者，乃以湯浸多時，柔則柔矣，然氣味都盡，用之不效。麥冬亦然。若入丸藥，雖暴乾，猶脂潤難搗，必須薄切，暴於日中，或火焙之用。

《別錄》曰：天門冬，日，大寒。氣薄味厚，陽中之陰。入手太陰、足少陰經氣分之藥。天門冬，垣衣、地黃、貝母為之使，畏曾青。制雄黃、硇砂。服天門冬禁食鯉魚。《列仙傳》：赤須子食天門冬，齒落更生，細髮復出。○《神仙傳》：甘始者，太原人，服天門冬，在人間三百餘歲。○《抱朴子》云：杜紫微服天門冬，御八十妾，有男一百四十歲。天門冬：君。

明・張懋辰《本草便》卷一　天門冬君　味苦、甘，氣平，大寒。氣薄味厚，陰也，陽中之陰。無毒。入手太陰經、足少陰經。畏曾青。凡用去皮、心，忌食鯉魚。　主諸暴風濕偏痹，強骨髓，殺三蟲，去伏尸。久服益氣延年。去寒熱，養肌膚。利小便冷而能補，治肺氣欬逆，通腎氣，消渴，瀉肺火，補五勞七傷。苦以泄滯血，甘以助元氣。治肺熱之功多，患人體虛而熱，加而用之。但專泄而不收，寒多者禁服。

明・李中梓《藥性解》卷二　天門冬　味苦、甘，性寒，無毒，入肺、腎二經。保肺氣，不被熱擾，定喘促，陟得康寧，止消渴，利小便，強骨髓，悅顏色，殺三蟲，去伏尸。去心用，地黃、貝母、垣衣為使，畏曾青，忌鯉魚。　按：天門冬氣薄主升，故入肺；味厚為陰，故入腎。虛熱者宜之，虛寒者禁用。

明・繆希雍《本草經疏》卷六　天門冬　味苦、甘，平、大寒，無毒。主諸暴風濕偏痹，強骨髓，殺三蟲，去伏尸，保定肺氣，去寒熱，養肌膚，益氣力，利小便，冷而能補。久服輕身益氣，延年不飢。忌鯉魚。

〔疏〕天門冬正稟大寒初之氣以生，得地之陰精獨厚。味雖微苦甘而帶辛，其氣大寒，其性無毒。要以甘多者為勝。味厚于氣，陰也降也，除肺腎虛熱之要藥也。其主諸暴風濕偏痹，殺三蟲，去伏尸，保定肺氣，去寒熱者，蓋以熱則生風，暴則屬火。其言濕者，乃濕熱之謂。苦以洩濕，寒以除熱。熱去則風止，濕洩則痹瘳。偏痹者，濕熱所致也。強骨髓者，腎為作強之官而主骨，濕熱不去，下流客腎，能使人骨痿。腎欲堅，急食苦以堅之，天門冬、黃蘗之屬是已。且腎者水臟也，平則溫而堅，虛則熱而輭。味苦氣寒，正入腎而除熱堅輭，故強骨也。三蟲伏尸，必生于脾腎俱虛、內熱氣弱之人。苦能殺蟲，辛能散結，故殺三蟲而除伏尸也。肺為華蓋之臟，喜清肅而惡煩熱，亦畏濕熱。平則安利，發聲清亮。一受火熱，則為賊邪所干，而痰壅欬逆、氣喘吐血、寒熱聲啞之證出焉。熱洩則痰散而肺清，肺清則津液流通，氣得下降，而諸證自止矣。養肌膚，益氣力，利小便者，肺主皮毛，脾氣散精，上歸于肺，通調水道，下輸膀胱。又肺為水之上源，朝百脈而主氣，熱邪退則肺得所養，故能養肌膚，益氣力，利小便也。冷而能補者，熱盛則肺腎俱虛，除虛熱即補肺腎也。久服輕身益氣、延年不飢者，熱退則水足，水足則精固，精固則腎氣益實。腎為先天真氣之源，腎實骨強，延齡可知已。要之道書所錄，皆指遺世獨立、辟穀服餌之流者設，非謂恒人亦可望此也。　〔主治參互〕痰之標在脾胃與肺，其本在腎。若非腎家有火，炎上薄肺，煎熬津液而成黏膩，則痰何自而生耶？天門冬味苦氣大寒，能清熱保肺，下通于腎，故同麥門冬、百部、桑白皮、枇杷葉、玄參、貝母、童便、竹瀝，為清肺消痰止嗽必用之藥。　同地黃、麥門冬、五味子、黃蘗、車前子、枸杞、牛膝為丸，補陰除熱，滋腎家燥。脾胃弱者加山藥、白茯苓、砂仁以佐之。　同麥門冬、五味子熬膏，入煉蜜，益肺甚妙。亦治消渴。　同甘菊花釀酒，除一切風，能愈大風病。水煮則除風熱，兼除煩悶。　同生地黃、麥門冬、白芍藥、鼈甲、牛膝、杜仲、續斷、童便，治吐血。　同乾漆、百部、鼈甲、青黛、獺肝、象膽，殺三蟲而除勞瘵。　同薏苡仁、桑葉、白及、紫菀、百部、百合，能除肺痿、吐膿血。　同青蒿、鼈甲、麥門冬、銀柴胡、牛膝、白芍藥、地骨皮、五味子，能治婦人骨蒸。　同麻子仁、麥門冬、生地黃、童便，能除大腸熱燥。胃強者，略加桃仁。　同熟地黃、胡麻仁，和蜜久服，駐顏不飢。　〔簡誤〕天門冬，味苦平辛，其氣大寒。若因陰虛水涸，火起下焦，上炎於肺，發為痰喘者，誠哉要藥也。然大寒而苦，不利脾胃陰虛之人。脾胃多弱，又以苦寒損其胃氣，以致泄瀉惡食，則危殆矣。何者？後天元氣，生於胃氣。五臟之氣，皆因之以為盛衰者也。強則喜食而甘味，弱則惡食而不甘味。陰虛精絕之病，正賴脾胃之氣強，能納能消，以滋精氣。若脾胃先困，則是後天生氣之源絕矣。丸餌雖佳，總統於食。湯液雖妙，終屬於飲。若非胃氣無損，焉能納而消之，以各歸其根，奏平定之功哉？必不得已，當以薏苡仁、白茯苓、山藥、甘草、白芍藥同用。或用麥門冬以代之可也。誤用之必泄。

明・倪朱謨《本草彙言》卷六　天門冬　味苦、甘，性滯，氣寒平，無毒。氣薄味厚，陽中之陰，沉也，降也。入手太陰、足少陰經，氣分之藥也。

陶隱居曰：天門冬，生奉高山谷，今處處有之。草之茂爲虋，今俗作門。蔓茂而功用同麥門冬，故亦有門冬之稱。

蘇氏曰：喜高潔地上，春生藤蔓，大如釵股，高丈餘，葉如絲杉，纖細青勁，澀而無刺。一種葉如茴香，尖細青疎，滑而有刺。夏生細花白色，亦有黃紫二色者。結實在根枝之旁，其色黑褐。入伏後則無花，暗結實矣。根科生如百部，一科一二十枚，大如手指，圓實而長。根白色，亦有黃紫二色者。洛中者，粗幹大葉，殊不相類。嶺南者，無花有子，餘無他異。以根作湯，可澣衣垢，越人呼爲浣草。七八月采根，日曝乾，去心用，入丸散，以酒煮搗爛，配用之。今江浙人以蜜糖蒸浸作菓，甚美。

天門冬：潤燥滋陰，李時珍降火清肺之藥也。楊思山稿此藥禀大寒初之氣以生，得地之陰精獨厚。味苦微甘，沉降之質，統理肺腎火燥爲病。如肺熱葉焦，發爲痿癰，吐血咳嗽煩渴，傳爲腎消、骨蒸熱勞諸證，在所必需者也。如前人有謂殺三蟲，去伏尸者，因熱極血乾而生蟲，以成伏尸者也。有謂除偏痹，强骨髓者，因肺熱成痿，腎熱髓枯，筋槁不榮而成偏痹者也。天門冬陰潤寒補，使燥者潤，熱者清，則三蟲可去，伏尸可除，骨髓堅强，偏痹可利矣。然必以元虚熱勝者宜之。倘胃寒脾弱不食者，又不宜用也。

繆仲淳先生曰：若陰虚水涸，火起下焦，上炎于肺，發爲痰喘咳逆者，天門冬誠爲要藥。然大寒而苦，不利脾胃陰虚之人，脾土衰弱，又以苦寒陰潤之物損其胃氣，以致泄瀉惡食，則危殆矣。何者？後天元氣，生于胃氣，五藏之氣，皆因之以爲盛衰者也。强則喜食而甘味，弱則惡食而不甘味。陰虚精絶之病，正賴脾胃之氣强，能納能消，以滋精氣。若脾胃先困，則是後天生氣之源絶矣。丸餌雖佳，總統于食；湯液雖妙，終屬于飲。若非胃氣無損，焉能納而消之，以各歸其根，奏平定之功哉？必不得已，當以薏苡仁、白茯苓、山藥、甘草、白芍藥同用，或用麥門冬以代之可也，誤用之必泄。

盧子繇先生曰：門司出入，出即生也。冬司寒令，寒即水也。合天一生水，故名天門冬。天者，清肅爲用。水者，澄湛爲體。其能澣垢，亦謂得清肅澄湛之力耳。對待染汙不潔之氣，使形骸氣血，混濁不清，致偏痹不周，遂生三蟲伏尸，爲欬爲血、爲痰爲喘、爲骨蒸、爲癆瘵，咸相宜也。設合寒邪，便當束置。蓋寒原屬水，法當逆治，非反佐順從之類，柔滯多脂，陰沉濡潤之物所宜。

李瀕湖先生曰：天門冬，清金降火，益水之上源，故能下通腎氣，故滋陰退熱有效。同麥門冬，兼行手少陰，清心降火，使肺不犯邪，故止咳消痰殊功。蓋腎主津液，燥則凝而爲痰，得潤劑則化，所謂治痰之本也。

集方：《方脉正宗》治陰虚咳嗽，吐血不止，骨蒸夜熱，或成肺痿肺癰，五勞七傷，諸般虚損。用天門冬、麥門冬各一觔，懷熟地、懷生地、鼈甲各八兩，茯苓、川貝母、山藥、沙參、人參各二兩，紫菀、牡丹皮各三兩，廣橘紅一兩，用水百念碗，大鍋内煎，取汁念碗，渣再煎二次，計共取汁四十碗，入砂鍋内，慢火緩緩煎至一十碗，加煉蜜八兩，龜膠四兩收，入貯淨磁瓶内，不拘時，用白湯調數茶匙服。○同前治肺熱消渴。用天門冬、麥門冬不去心各八兩，北五味子八錢，熬膏，加煉蜜少許收。早晚白湯調服五六匙。○談貞士《婦科方》治婦人骨蒸。用天門冬、麥門冬各八兩，青蒿一觔，鼈甲、北沙參、牛膝、白芍藥、地骨皮、生地、牡丹皮各四兩，熬膏，煉蜜收。早晚白湯調服五六匙。○《方氏家珍》治老人大腸結燥不通。用天門冬八兩，麥門冬、當歸、麻子仁、生地黄各四兩，熬膏，煉蜜收。每早晚白湯調服十茶匙。○虞氏《醫家正傳》治諸般癰腫。用新鮮天門冬三四兩，洗淨搗爛，以好酒濾汁頓服。未效再服，必愈。

化痰順氣，開鬱清火定喘方，古名清氣化痰丸，今本稍增減一二味。用天門冬，湯泡去心，酒煮搗膏，杏仁湯泡去皮，瓜蔞仁去殼，蘇子微炒，三味俱研細，各二兩，川貝母、白茯苓、桔梗、橘紅、山查肉、連翹、黄連薑汁炒、香附米童便炒、黄芩酒炒、半夏薑製、海石各一兩五錢，真青黛五錢，皂角二兩去皮弦子，熬汁用，右爲細末，用神麴、竹瀝打糊，和入皂角汁爲丸，梧子大。每服五十丸，食後白湯下。○治一切虚損，内熱，形容枯槁，四肢羸弱，飲食不進，腸胃乾澀，津液枯竭，久服補氣生血，暖胃和脾。用天門冬去心、肉蓯蓉各四兩，羊肉去筋膜皮淨三觔，好酒十壺，三味同煮極爛，搗膏，入人參、白朮、當歸、黄耆各二兩，俱炒研末，和入爲丸梧子大。每早晚服五錢，酒下。

明・姚可成《食物本草》卷一八草部・隰草類

天門冬生奉高山谷，今處處有之。春生藤蔓，大如釵股，高至丈餘。葉如茴香，極尖細而疎滑，有逆刺；亦有澀而無刺者，其葉如絲杉而細散，皆名天門冬。夏生細白花，亦有黄色及紫色者。秋結黑子，在其根枝旁。入伏後無花，暗結子。其根白，或黄紫色，大如手指，長二三寸，可以救荒療飢。入山便可蒸煮啖之。陶弘景曰：門冬采得，蒸曝去皮，食之甚甘美，止飢。脂潤，大補益人。天門冬，味甘，平，無毒。主諸暴風溼偏痹，强骨髓，殺三蟲，去伏尸。久服輕身益氣，延年不飢。保定肺氣，治喘息促急，肺痿，生癰吐膿。除熱，通腎氣。止消渴，補五勞七傷，潤五臟，鎮心經。治吐血欬嗽，消痰潤燥，滋陰，清金降火。

附方：服食法：孫真人《枕中記》云：八九月采天門冬根曝乾為末。每服方寸匕，日三服。無問山中人間，久服補中益氣。治虚勞絶傷，年老衰損，偏枯不隨，風溼不仁，冷痹惡瘡，癰疽癩疾，鼻柱敗爛者，服之皮脱蟲出。釀酒服，去癥病積聚，風痰癲狂，三蟲伏尸。除溼痹，輕身益氣，令人不飢。百日還年耐老。釀酒初熟微酸，久停則香美，諸酒不及也。忌鯉魚。○《臞仙神隱》云：用乾天門冬十斤，杏仁一斤，搗末蜜漬，每服方寸匕，名仙人糧。

辟穀不飢：天門冬二斤，熟地黄一斤，煉蜜丸彈子大，每溫酒化三丸，日三服。居山遠行辟穀良。服十日，身輕目明；二十日，百病癒，顏色如花；三十日，髮白更黑，齒落重生；五十日，行及奔馬；百日延年不老。天門冬膏：補肺，療欬嗽失血，消痰。潤五臟，殺三蟲，去伏尸，除瘟疫。輕身益氣，令人不飢。以天門冬流水泡過，去皮心，搗爛取汁，砂鍋文武炭火煮，勿令大沸。以十斤為率，熬至三斤，入蜜四兩，熬至滴水不散，瓶盛，埋土中一七，去火毒。每日早晚白湯調服一匙。若動大便，以酒服之。

明·顧逢柏《分部本草妙用》卷六兼經部·寒補　天門冬　苦、甘，寒，無毒。入肺腎二經。地黄、貝母為使，畏曾青。忌鯉魚。去心用。主治：諸暴風濕偏痺，強骨髓，保肺養肌，欬逆喘促，除熱止渴，勞傷吐血，痰嗽風熱，煩悶，陽事不起，補腎清金。按：天門冬，仙書極贊其禦寒辟穀，御女延齡，雖未可盡信，而清金滋水功成獨勝。腎燥則凝而成痰，得潤劑則肺不苦燥，而痰自化，故燥熱之痰，天門冬主之。治痰之本也。濕火之痰，半夏主之，治痰之標也。明此而湊治，功何難哉。

明·李中梓《醫宗必讀·本草徵要上》　天門冬味甘，寒，無毒，入肺、腎二經。地黄、貝母為使。忌鯉魚，去心用。定喘定嗽，肺痿肺癰，是潤燥之力也；益精益髓，消血消痰，非補陰之力歟！善殺三蟲，能通二便。甘寒養陰，肺腎虛熱之要藥也，熱則生風，熱清而風自去；濕乃濕熱，熱化而濕亦除。腎為作強之官，而主骨，濕熱下流使人骨痿，善去濕熱，故骨強也。虛而內熱，三蟲生焉，補虛去熱，三蟲殺矣。肺喜清肅，火不乘金，故曰保也。咳嗽癰痿，血痰燥渴，保肺之後，莫不療之。伏熱在中，飲食不為肌膚，邪熱清而肌膚得其養矣。肺金不燥，消渴自止，氣化及於州都，小便自利。按：天門冬性寒而滑，若脾虛而泄瀉惡食者，大非所宜，即有前證，亦勿輕投。

明·鄭二陽《仁壽堂藥鏡》卷一〇上　天門冬　《藥性論》云：天門冬生兗州、溫州。主治肺痿生癰吐膿，除熱通腎。氣寒，味微苦。苦而辛，氣薄味厚，陰也。甘，平，大寒，無毒。陽中之陰。入手太陰經，足少陰經。《象》云：保肺氣，治血熱侵肺，上喘氣促，加人參、黄芪為主，用之神效。《心》云：苦以泄滯血，甘以助元氣，及治血妄行。此天門冬之功也。《本草》云：主諸暴風濕偏痹，強骨髓，殺三蟲，去伏尸。保定肺氣，去寒熱，養肌膚，益氣力，利小便。冷而能補。久服延年，多子孫，能行步，益氣。榮衛枯涸，濕劑所以潤之。二門冬、人參、北五味子、枸杞子，同為生脉之劑。此上焦獨取寸口之意。日華子云：貝母為使。鎮心，潤五臟，益皮膚，悅顏色。補五勞七傷，治肺氣并嗽，消痰及風痹、熱毒、遊風，煩悶，吐血。去心用。思邈曰：陽事不起。時珍曰：天門冬清金降火，益水之源，故能下通腎氣而滋補。若脾胃虛寒，單服久服，必病腸滑，反成痼疾。按：天門冬，仙書極贊其禦寒、辟穀，御女、延齡，雖未可盡信，亦已奇矣！蓋腎主津液，燥則凝而為痰，得潤劑則肺不苦燥而痰自化，治其本也。濕火之痰，半夏主之；燥熱之痰，天門冬主之。二者易治，鮮不危困耳。《本草》云：天門冬畏曾青。禁食鯉魚。同參、芪煎服而定虛喘，和薑、蜜熬膏，冬汁三碗，蜜一碗，薑汁一酒盃，共和勻，熬膏，以破頑痰。虛熱人用相宜，虛寒者切禁莫服。

明·蔣儀《藥鏡》卷四寒部　天門冬　氣薄主升而入肺，味厚屬陰而入腎。腎為水臟，平則溫且堅，虛則熱而軟，苦寒功茂，熱除而軟堅，故骨強。肺為水源，平則聲清亮，熱則痰逆壅，苦寒力爽，痰散而喘停，故肺靜。百合同煎，能除肺痿。片芩並服，能療肺癰。未潰者佐蘇葉與枳殼焉，已破者輔貝母與白芷焉。尤止血溢妄行，更潤燥腸閉結。須知天麥門冬並入手太陰，止欬消痰。而天冬復走足少陰，降火助元，蓋腎主津液。燥則凝聚成痰，得潤劑而化行，所謂治痰之本也。

明·李中梓《頤生微論》卷三　天門冬　味苦、甘，性寒，無毒。入肺、腎二經。地黄、貝母為使。畏曾青，忌鯉魚。肥大如地黄者佳。去心用。潤燥保肺，定喘定嗽，消血化痰。治肺痿肺癰，殺三蟲，通二便。按：天門冬清金降火，益水之源，故能下通腎氣而滋補。腎主五液，燥則凝而為痰，得潤劑，則肺不苦燥而痰自化。故濕火之痰，半夏主之；燥火之痰，天門冬主之。二者易治，鮮不危困。若脾胃虛寒，單服久服，必病腸滑而成痼疾。

明·張景岳《景岳全書》卷四八《本草正》　天門冬　味苦、微甘，氣大寒。味厚氣薄，沉也，陰也。入肺、腎兩經，除虛勞內熱。其味苦寒，故上定熱喘，下去熱淋，苦殺三蟲，潤滋骨髓，解渴除煩，消痰止嗽，降火保肺，退熱滋陰，大潤血熱燥結。虛寒假熱，脾腎溏泄最忌。使宜貝母、地黄。去皮去心方用。

明·賈九如《藥品化義》卷六肺藥　天門冬　屬陰中有微陽，體潤而重，色微黄，氣和，味苦帶微甘，性寒，能浮能沉，力保肺滋腎，性氣與味俱厚而濁，入肺腎二經。　天冬本非肺部藥，為肺出氣，氣有餘便是火，反尅肺臟，以此體潤性寒，最能保定肺氣，勿令火擾，則肺清氣寧。凡肺熱極，痰火盛，以致肺焦葉舉，或咳嗽，或喘急，或吐血，或衄血，或風熱，或濕痹，俱宜用之，此皆保肺之功也。又取其味厚苦寒，俱屬於陰，因腎惡燥，以寒養之；腎欲堅，以苦堅之。故能入腎，助元精，強骨髓，生津液，止消渴，潤大便，利小便，此皆滋腎之力也。但肺寒脾虚者禁用。　取大而肥者佳。打扁，去心用。

明・盧之頤《本草乘雅半偈》帙三　天門冬《本經》上品　氣味：　苦，平，無毒。　主治：　主諸暴風濕偏痹，強骨髓，殺三蟲，去伏尸。久服輕身益氣，延年不飢。

覈曰：　生奉高山谷。奉高，太山下縣名也。今處處有之。喜高潔地上，春生藤蔓，大如釵股，高丈許，葉如絲杉，纖勁青整，澁而無刺。一種葉如茴香，尖細青踈，滑而有刺。夏生細花白色，亦有黃紫二色。結實在根枝之旁，色黑褐，入伏後則無花，暗結實矣。根科生如百部，一科一二十枚，大如手指，圓實而長，根白色，亦有黃紫二色。雒中者，粗幹大葉，殊不相類。嶺南者，無花有子，餘無他異。以根作湯，可浣垢纁素，越人呼為浣草。修治：　去皮，用柳木甑，柳木柴，蒸一伏時，洒酒令徧，更添火，蒸一伏時，取出，作一小架。去地二尺，攤上暴乾。地黃、貝母為之使。畏曾青。擣汁，制雄黃、硇砂。禁鯽魚。設誤食中毒，擣浮萍汁解之。

条曰：　門司出入，出即生也。冬司寒令，寒即水也。合天一生水，故名天門冬。天者，清肅為用；水者，澄湛為體。其能浣垢，亦謂得清肅澄湛之力耳。對待染汙不潔之氣，使形骸氣血，混濁不清，致偏痹不周，遂生三蟲伏尸，及暴受風濕而成諸痹者，咸相宜也。設合寒邪，便當束置，蓋寒原屬水，法當逆治，非反佐順從之類。柔潤多脂，得澄湛水體，故強骨髓；色白性降，得清肅金用，故益肺氣。久服骨氣以精，故輕身，延年不飢。天冬，一名天棘，獨以金標名義者，尊其母，子則昭然矣。

明・李中梓《本草通玄》卷上　天門冬　甘苦而寒，肺與腎之藥也。　主肺熱欬逆喘促，肺痿，肺癰吐血，衄血，乾渴，痰結，通腎益精。　天門冬冷而能補，肺家虚熱者宜之。然虚甚者，須與參、芪同進，不致傷胃。　時珍云：天門冬清金降火，益水之上源，故能下通腎氣。若服之日久，必病滑腸，反成痼疾矣。　去心用。

清・顧元交《本草彙箋》卷四　天門冬　本非肺家藥，爲肺出氣，氣有餘即是火，反尅肺臟。以此體潤性寒，最能保定肺氣，勿令火擾，則肺清氣寧。凡痰熱痰盛，以致肺焦葉舉，或咳嗽，或喘急，或吐血、衄血，或風熱，或濕痺，俱宜用之。此保肺之功也。其味厚苦寒，俱屬於陰。腎惡燥，以寒養之。欲堅，以苦堅之。故能入腎，助元益髓，生津利便，此滋腎之力也。時珍云：天冬清金降火，益水之上源，故能下通腎氣，入滋補方，合群藥用之有效。蓋天、麥二冬，並入手太陰，毆煩解渴，止瘀消痰。而麥冬兼行手少陰，清心降火，使肺不受邪，故止咳立效。天冬兼入足少陰，滋腎助元，全其母氣，故清痰有功。夫痰之標在脾胃與肺，其本在腎，若非腎家有火炎上薄肺，煎熬津液，而成粘膩，則痰何自而生？天冬味苦，氣大寒，能清熱葆肺，下通於腎，故同麥冬、百部、桑皮、枇杷葉、玄參、貝母、童便、竹瀝，爲清肺止嗽之藥。同麥冬、五味子、地黃、黃柏、車前子、枸杞、牛膝，爲丸，則爲補陰滋腎，除熱潤燥之劑。然既大寒而苦，即非脾胃所宜，陰虚之人，脾胃多弱，又以苦寒損其胃氣，必致泄瀉惡食，而漸成不起，何者？後天元氣，生於胃氣，五臟之氣，皆因之以爲盛衰，胃氣強則喜食而甘味，弱則惡食而不甘味。陰虚精絕之病，正賴脾胃之氣強，能納能消，以滋精氣。若脾氣先困，則是後天生氣之源絕矣。丸餌雖佳，總統于食湯液，雖當終屬於飲，若非胃氣無損，焉能納而消之，以各歸其根，奏其功效哉？此不獨爲天門冬言也，大凡用藥，咸宜倣識此意。

凡服天冬，宜禁食鯉。

清・穆石匏《本草洞詮》卷一〇　天門冬　草之茂者為虋，俗作門。其功同麥門冬，故名。味苦甘，氣平，一云大寒，無毒。主保定肺氣，益陰強骨髓，殺三蟲，久服輕身延年。蓋天、麥門冬並入手太陰，毆煩解渴，止咳消痰。而麥門冬兼行手少陰，清心降火，使肺不犯邪，故止咳立効。天門冬復行足少陰，滋腎助元，全其母氣，故清痰有功。蓋腎主精液，燥則凝而為痰，得潤劑則化，所謂治痰之本也。凡營衛枯涸，宜以濕劑潤之，天門冬、人參、五味、枸杞，同為生脉之劑，《抱朴子》謂入山以天門冬蒸煮啖之，足以斷穀，至百日丁壯兼倍，勝於术及黃精。《聖化經》謂天門冬、茯苓等分，為末，日服方寸匕，則不畏寒，大寒時單衣汗出也。孫真人謂陽事不起，宜常服之。夫天門冬涼，而其功効乃爾，由其清金降火，益水之上源，故能下通腎氣，滋補有効。若脾胃虚寒人，單餌既久，亦有腸滑之患也。

清・劉雲密《本草述》卷一一　天門冬　氣味：苦，平，無毒。《別錄》曰：甘，大寒。　潔古曰：味苦、甘，性寒，味厚氣薄，陰也。　好古曰：氣寒味微苦而辛，氣薄味厚，陽中之陰，入手太陰、足少陰經氣分之藥。

主治：潤燥滋陰，冷而能補，通腎氣，除虛熱，强骨髓，清金降火，保定肺氣，治肺氣喘逆，止嗽消痰，及吐血，肺痿吐膿，止煩渴，療痿躄，嗜臥，足下熱而痛，大潤營衛枯渴，補五勞七傷。　權曰：天門冬冷而能補，患人五虛而熱者，宜加用之。和地黃為使。　張潔古曰：保定肺氣，治血熱侵肺，上氣喘促，加人參、黃芪用之為主，神效。其味苦甘，苦以泄滯血，甘以助元氣，及治血妄行，此天門冬之功也。　按張潔古先生所說，可以醒粗工治血證者之誤。夫血乘熱上行，遂不得歸經而滯於上，乃遽以地黃之屬投之，雖生者能涼血，然血未能即涼，而先受其滯，血滯則反益其熱。故血證初盛之時，不唯血壅，而正氣為邪熱所侵，亦曰鬱也。且氣血滯而類生痰，豈得槩以滯劑投之？不特此也，苦寒之劑，亦須審其中的者而施矣。詳見所書血證類。

按：肺象天，本清空之象，所云血熱侵肺者，血乘火炎而上侵，使和絪緼清虛之氣不能司其職以下降，故為上氣喘促。血乘火而上，不得歸經，即為滯血，所云用之為主，以天冬為主也，加參、芪亦宜酌量。

嘉謨曰：按天、麥門冬並入手太陰經，而能敺煩解渴，止咳消痰，功用似同，實亦有偏勝也。麥門冬兼行手少陰心，每每清心降火，使肺不犯於賊邪，故止咳立效。天門冬復走足少陰腎，屢屢滋腎助元，令肺得全其母氣，故消痰殊功。蓋痰係津液凝成，腎司津液者也。燥盛則凝，潤多則化，天門冬潤劑，且復走腎經，津液縱凝，亦能化解。麥門冬雖藥劑滋潤則一，奈經絡兼行相殊，故上而止咳，不勝於麥門冬，下而消痰必讓於天門冬耳。

時珍曰：天門冬清金降火，益水之上源，故能下通腎氣，入滋補方，合羣藥用之有效。若脾胃虛寒，單餌既久，必病腸滑，反成痼疾。此味性寒而潤，能利大腸故也。

希雍曰：天門冬正稟大寒初之氣以生，得地之陰精獨厚，味雖微苦甘而帶辛，其氣大寒，其性無毒，要以甘多者為勝，味厚於氣，陰也，降也，除肺腎虛熱之要藥也。

同麥門冬、百部、桑白皮、枇杷葉、玄參、貝母、童便、竹瀝，為清肺消痰，止嗽必用之藥。　同地黃、麥門冬、五味子、黃檗、車前子、枸杞、牛膝為丸，補陰除熱，滋腎家燥，脾胃弱者加山藥、白茯苓、砂仁以佐之。　同麥門冬、五味子煮膏，入煉蜜益肺，甚妙。亦治消渴。　同甘菊花釀酒，除一切風，能愈大風病。水煮則除風熱，兼除煩悶。　同生地黃、麥門冬、白芍藥、鼈甲、牛膝、杜仲、續斷、童便，治吐血。　同薏苡仁、桑黃、白及、紫菀、百部、百合，能除肺痿吐膿血。　同青蒿、鼈甲、麥門冬、銀柴胡、牛膝、白芍藥、地骨皮、五味子，能治婦人骨蒸。　同麻子仁、麥門冬、生地黃、童便，能除大腸熱燥，胃強者畧加桃仁。

愚按：二冬皆由胃而或入心，或歸腎，以奏功於肺者，同也。麥冬味甘平而氣微寒，曰陽中微陰也。天冬味甘苦，苦勝於甘而氣寒，曰陽中之陰也。即是可以知二冬所入所歸之地，雖同為治肺，其所以奏功者，即由其所入所歸而殊有別也。二冬之味俱厚，一則清心而復脈滋陰，一則通腎而潤燥益精。先哲云：天冬冷而能補，蓋苦寒入腎者多矣，唯此質潤而味厚，正謂腎忌燥而喜潤。又精不足者，補之以味，是所云通腎氣，强骨髓者此也。抑保定肺氣者，云何？觀朱丹溪先生所說黃芩條中，有云片芩瀉肺火，若肺虛者多用則傷肺，必先以天冬保定肺氣而後用之，此義微矣。蓋肺有火者，肺陰未虛為實，肺陰不足則為虛，虛者槩以清火之味攻之，則愈亡其陰。天冬屬足少陰氣分藥，本腎中之陰氣以上至肺，故能保定肺中陰氣，而後可攻其火也。《經》曰：二陰至肺，是腎中陰氣，原至於肺也。惟腎陰虛者，則不能至於肺而肺虛，天冬不止苦寒除熱，兼以潤膩益精，俾虛火不爍於陰中，而陰氣能極於上際，故肺氣賴以保定，此所謂主肺氣喘逆急促，止嗽消痰，療吐血并肺痿生癰吐膿是也。其所謂鎮心者何？蓋坎離本是同宮，腎陰足而心火寧，況有肺陰下降以入心，是所謂主心病嗌乾，心痛渴而欲飲者是也。所謂治痿躄嗜臥者何？蓋腎氣能至於肺，肺氣即還能至於腎，凡痿躄為病，皆由於肺熱葉焦，肺陰不能降而氣不能至於地，不則何痿躄嗜臥之有？此所謂療足下熱而痛，更益氣力，利小便者，此也。至於潤五臟，補五勞七傷，總不外先哲所云潤營衛枯渴。與麥冬、人參、五味、枸杞，逐隊的的能補虛勞，但其潤滯之味同於麥冬，而清冷之性過於麥冬，於脾胃生發之氣，大費酌量而投也。繆仲淳氏誠知言哉。

按：方書有云，天冬治痰之本，為腎主液也。半夏治痰之標，為脾主溼也。此語習焉而不一察。夫天冬治火盛作燥之痰，名為火痰，本於陰氣之厚以化燥，而痰自清。半夏治溼盛作滯之痰，名為溼痰，本於辛燥之氣以散溼而痰自行。二者本是相反對治之藥，謂為本為標之説，不知何所見而云然也。

附方　陰虛火動，有痰，不堪用燥劑者，天門冬一斤，水浸，洗去心，取肉十二兩，石臼搗爛，五味子水洗，去核，取肉四兩，曬乾，不見火，共搗丸梧子大，每服二十丸，茶下，日三服。

希雍曰：天門冬味苦平辛，其氣大寒，若因陰虛水涸，火起下焦，上炎於肺，發於痰喘者，誠哉要藥也。然大寒而苦，不利脾胃，陰虛之人，脾胃多弱，又以苦寒損其胃氣，以致泄瀉惡食，則危殆矣。何者？後天元氣生於胃氣，五臟之氣皆因之以為盛衰者也。强則喜食而甘味，弱則惡食而不甘味，陰虛精絶之病，正賴脾胃之氣强，能納能消，以滋精氣。若脾胃先困，則是後天生氣之源絶矣。丸餌雖佳，總統於食，湯液雖妙，終屬於飲，若非胃氣無損，焉能納而消之，以各歸其根，奏平定之功哉？必不得已，當以薏苡仁、白茯苓、山藥、甘草、白芍藥同用，或用麥門冬以代之可也。誤用之必泄。

修治　以甘多者為勝。擇肥圓長大者，湯浸，去皮心，焙熱，即當風凉之，如此二三次，自乾，不損藥力。　或用柳甑箄蒸一伏時，灑酒令徧，更添火蒸一伏時，取出，用一小架，去地二尺，攤上曬乾。

附二方，以識用天冬法。　肺痿咳嗽，吐涎沫，心中温温，咽燥而不渴，生天門冬搗汁一斗，酒一斗，飴一升，紫(苑)[菀]四合，銅器煎至可丸，每服杏仁大一丸，日三服。　滋陰養血，温補下元，三才丸用天門冬，去心，生地黄二兩，二味用柳甑箄以酒灑之，九蒸九灑，待乾秤之，人參一兩，為末，蒸棗肉搗和丸梧子大，每服三十丸，食前温酒下，日三服。　三才丸不用酒灑九蒸九曬，則寒滯為害。

按：此味亦曰門冬，以其功同麥冬也。麥鬚曰虋，麥冬根似麥而有鬚，其葉如韭，凌冬不凋，故謂之麥虋冬，俗作門冬，便於字也。虋，音門。又曰：草之茂者為虋。天冬草茂，故亦曰虋。一名顛棘，因莖間有逆刺，故天、顛音相近也。

又製法去心，搥匾極薄，曬乾，加隔紙焙焦用。

清・郭章宜《本草匯》卷一二　天門冬　味甘、微苦、辛，寒。氣薄味厚，陽中之陰，沉也，降也。入手太陰、足少陰經氣分。主肺熱欬逆喘促，潤嗌乾痰結燥渴。保肺氣不被熱擾，通腎氣能除熱淋。止血溢妄行，潤糞燥閉結。治痿躄嗜臥，療足下熱疼。《本經》主暴風濕偏痺，强骨髓，殺三蟲，去伏尸，保肺氣，去寒熱者，熱則生風，熱清而風去。濕乃濕熱，苦以洩濕，寒以除熱，熱化而濕亦除。腎者，作强之官，而主骨。濕熱下流客腎，使人骨痿。腎欲堅，急食苦以堅之。且腎為水臟，平則溫而堅，虛則熱而軟。苦寒入腎，而去濕熱，故骨强也。虛而内熱，三蟲生焉。補虛去熱，三蟲殺矣。養肌膚者，伏熱在中，飲食不為肌膚，邪熱清而膚得其養矣。

按：天門冬，潤燥滋陰，清金降火，上益水源，下通腎氣，苦能瀉滯，甘能助元，冷而能補之劑也。肺家虛熱者，宜加人參、黄芪為主用之。然專泄而不專收，故亦不宜久服。嘉謨曰：天、麥門冬並入手太陰，祛煩解渴，止欬消痰。而麥冬兼行手少陰，清心降火，使肺不犯邪，故止欬立効。天冬行足少陰，滋腎助元，全其母氣，故清痰殊功。蓋腎主精液，若陰虛水涸，火起下焦，上炎于肺，發為痰喘者，得此潤劑，則肺不苦燥，而痰自化。陰虛火動，有痰，不堪用燥劑者，天冬去心，同五味子去核，晒乾，不見火，為丸服。故濕火之痰，半夏主之。燥火之痰，天冬主之。皆治痰之本也。若脾虛泄瀉惡食者，大非所宜。何者？後天元氣，生于胃氣，五藏之氣皆因之以為盛衰，强則食味而甘，弱則惡食而不甘，陰虛精絶之病，正賴脾胃之氣以滋精液。若脾胃先困，則是後天生氣之源絶矣，烏能奏平定之功哉？

去心，酒拌蒸用。忌食鯉魚，誤食中毒者，以浮萍汁解之。地黄、貝母為之使。

清・蔣居祉《本草擇要綱目・寒性藥品》　天門冬　氣味：苦，平，無毒。陽中之陰，入手太陰、足少陰經氣分之藥。　主治：肺氣喘息急促，除熱，通腎氣，鎮心，潤五臟，强骨髓，治血熱侵肺，滋大小腸枯燥。凡病人五虛而熱者，宜加用之，取其冷而能補也。患人脾胃虛寒者，禁服之，為其性專泄而不專收，功止長於治肺熱也。又其功長於血分者，為其保定肺氣，使苦以泄滯血，甘以助元氣，不使血熱侵肺，而致血溢妄行也。

清・閔鉞《本草詳節》卷一　天門冬　【略】按：天、麥二冬，並入手太陰。毆煩解渴，止嗽消痰。而麥冬兼行手少陰，清心降火，使肺不犯邪，故止嗽立效。天冬兼入足少陰，滋腎助元，全其母氣，故清痰殊功。蓋腎主津液，燥則凝而為痰，得潤劑則化，所謂治痰之本也。若血熱侵肺，上氣喘促，宜加人參、黄芪為主，則功以相需而成。大抵苦泄滯血，甘助元氣，寒去肺熱之功為多。但專泄而不專收，中寒腸滑人禁服。

清・王翃《握靈本草》卷五　天門冬處處有之。去心，酒洗用。反鯉魚，中毒用浮萍汁解之。　主治：　天門冬，苦，平，無毒。主風濕偏痺，強骨髓，肺氣欬逆喘息，肺痿肺癰，潤五臟，補勞傷，通腎氣，去寒熱，養肌膚，利小便。陽事不起，宜常服之。潤燥滋陰，清金降火。

清・汪昂《本草備要》卷一　天門冬瀉肺火，補腎水，潤燥痰。　甘、苦，大寒。入手太陰肺氣分，清金降火，益水之上源，肺爲腎母。下通足少陰腎。苦能堅腎，寒能去腎家濕熱，故亦治骨痿。滋腎潤燥，止渴消痰，《蒙筌》曰：腎主津液，燥則凝而爲痰，得潤劑則痰化，所謂治痰之本也。澤肌膚，利二便。治肺痿肺癰，肺痿者，感于風寒，咳嗽短氣，鼻塞胸脹，久而成痿，有寒痿、熱痿二症。肺癰者，熱毒蘊結，咳吐膿血，胸中隱痛。痿重而癰稍輕。治痿宜養血補氣，保肺清火。治癰宜瀉熱豁痰，開提升散。癰爲邪實，痿爲正虛，不可誤治。吐膿吐血，苦泄血滯，甘益元氣，寒止血妄行。痰嗽喘促，消渴嗌乾，煩渴引飲，多食善飢，爲消渴，由火盛津枯，宜潤燥滋陰，忌發汗。足下熱痛，虛勞骨蒸，陰虛有火之症。然性冷利，胃虛無熱及瀉者忌用。取肥大明亮者，去心、皮，酒蒸。地黃、貝母爲使，惡鯉魚。二冬熬膏並良。天冬滋陰助元消腎痰，麥冬清心降火止上欬。

清・吳楚《寶命真詮》卷三　天門冬　【略】主肺熱，咳逆喘促，肺癰肺痿。肺喜清肅，火不乘金，故但保肺，而喘咳定，癰痿療。肺金不燥，則痰渴自消，吐衄自止。又殺三蟲，虛而內熱，三蟲生焉，補虛去熱，三蟲殺矣。通二便，氣化及於都州，小便自利。通腎益精，強骨髓。腎主骨，濕熱下流，使人骨痿；濕熱去，則骨強。甘寒養陰，肺腎虛熱之要藥也。惟其清金降火，益水之上源，故能下通腎氣。若服久必滑腸。虛甚者，須參耆同進，不致傷胃。〇泄瀉、惡食俱忌。

清・陳士鐸《本草新編》卷二　天門冬　味苦而甘，性涼，沉也，陰也，陰中有陽，無毒。入肺、腎二經。補虛癆，殺蟲，潤五臟，悅顏色。專消煩除熱，止嗽定咳尤善，止血消肺癰有神。但性涼，多服頗損胃。世人謂天門冬善消虛熱，吾以為此說不可不辨。天門冬止可瀉實火之人也，虛寒最忌，而虛熱亦宜忌之。蓋虛熱未有不胃虛者也。胃虛而又加損胃之藥，胃氣有不消亡者乎。胃傷而傳之脾，則脾亦受傷。脾胃兩傷，上不能受水穀，而下不能化糟粕矣，又何望其補哉？大約天冬，凡腎水虧而腎火炎上者，可權用之以解氛，腎大寒而腎水又弱者，斷不可久用之以滋陰也。

或謂天冬性潤，可以解火，即可以益水，先生謂不可久用者，以腎火之寒也，但腎火寒者，自不可用矣，腎水未竭，而腎火未寒者，亦可用之乎。此則愚所未言也。腎水未竭，而腎火又未寒，是平常無病之人也。似乎服天冬，可以無礙。然而補之藥勝于天冬者甚多，何必擇此性涼者，以日伐其火乎。夫人非水火不生活，且水非火不生，火非水不養。止補其水而瀉其火，初則火漸衰而水旺，久則火日去而水亡。此天冬所以止可暫以補水，而不可久以瀉火也。

或問：天冬同地黃用之，可以烏鬚髮，此久治之法以滋腎者，而吾子謂天冬止宜瀉實火之人，豈烏鬚髮而亦可謂實火耶？夫鬚髮之早白，雖由于腎水之不足，亦因于腎火之有餘也。夫火之有餘，既因于水之不足，則寒涼以補水，正寒涼以瀉火也。況天冬與地黃同用，則天冬之涼者不涼，腎得其滋補之益，而鬚髮之焦枯，有不反黑者哉。然則天冬之烏鬚髮，仍瀉實火，而非瀉虛火矣。

或問：天門冬治癆瘵之病甚佳，而吾子謂止可暫服，豈治癆疾者，可一二劑愈乎？嗟乎！天門冬治癆瘵者，必脾健而大腸燥結、肺氣火炎者宜之。然亦只可少服，而不可多服也。夫寒涼之物，未有不損胃者也。天冬涼肺而兼涼胃，宜其無惡，但久用天冬，胃涼則脾亦涼，肺涼則大腸亦涼，又勢所必至也。烏可不先事而預防哉。脾健則胃氣亦健，大腸燥結，則肺氣亦必燥結。

或問：濕熱不去，下流于腎，能使骨痿。腎欲堅，急食苦以堅之。天門冬、黃柏之類是也。是天門冬味苦氣寒，正入腎以除熱，可以治痿，而竟置不言，何也？此吾子知其一，不知其二也。夫治痿必治陽明。骨痿雖屬腎，而治法必兼治胃。天門冬大寒，不利胃氣，暫服可以治痿，久服必至損胃，胃損而腎又何益耶。況胃又腎之關門，關門無生氣之固，而欲腎宮堅牢，以壯骨生髓，必不得之數也。世人遵黃柏、知母之教，以損傷胃氣。鐸又何敢復揚天門冬治痿之說，以勸人再用寒涼乎。此所以寧缺，以誌予過也。

或疑天冬瀉實火，不瀉虛火，虛火禁用，實火安在不可常用耶？夫火雖有虛、實之分，而瀉火之藥，止可暫用，而不可常用也。天門冬瀉實火，未嘗不佳，特怪世人久服耳。人非火不活，暫損其有餘，使火不鑠水已耳，烏可經年累月服瀉火之藥哉。瀉之日久，未有實火而不變為虛火者也。此常服之斷宜戒也。

或疑天門冬性雖寒，以沙糖、蜜水煮透，全無苦味，則寒性盡失，不識有益陰虛火動之病乎？夫天門冬之退陰火，正取其味苦澁也。若將苦澁之味盡去，亦復何益。或慮其過寒，少去其苦澁，而加入細節甘草，同糖、蜜共製，庶以之治陰虛咳嗽，兩有所宜耳。

或問：天門冬，古人有服而得仙，吾子貶其功用，謂多服必至損胃，然則古語荒唐乎？嗟乎！《神農本草》服食多載長生，豈皆不可信乎？大約言長生者，言其能延生也，非即言不死也。天門冬，食之而能却病，吾實信之，謂採服飛升，尚在闕疑。

清・顧靖遠《顧氏醫鏡》卷七 天門冬甘，苦，寒。入肺腎二經。忌鯉魚。去心用，色白而甘多者佳。 止嗽消痰而喘促得寧，除煩解渴而諸血可止。陰虛火動，上炎灼肺而為咳，為喘，為煩渴，煎熬津液而為痰，水不制火而為血妄行，清熱保肺而滋腎陰，故諸症自平。養肌膚，肺主皮毛，肺喜清潤，則肌膚得養而滑澤；又伏熱在中，飲食不澤肌膚，熱清而肌膚得養。去寒熱。補陰之力。強骨髓，腎為作強之官而主骨，濕熱下注，使人骨痿，苦能堅軟，寒能除熱，熱去則濕除，腎得滋補而髓滿骨強矣。療痿癰。治肺痿肺癰者，清金降火，潤燥之功。善殺三蟲，虛而內熱，三蟲生焉。補虛去熱，三蟲殺矣。能利二便。肺清肅而氣化及州都，性寒潤而利大腸。潤燥滋陰，清金降火。又下通於胃，為肺腎虛熱之要藥。性寒而滑，若脾胃虛而洩瀉惡食者，大非所宜。即有前症，當同米仁、山藥、白芍、甘、茯用。或用麥冬代之。蓋陰虛人脾胃多弱也。

清・李熙和《醫經允中》卷二〇 天門冬 入肺腎二經。地黃、貝母為使。忌鯉魚。 苦甘，寒，無毒。氣薄味厚，沉也，陽中之陰。主治滋腎潤燥，清金降火，除熱消痰，止消渴，治瘻靨。療吐血吐膿，肺癰肺痿，咳逆喘促。倘久服之，必致滑腸。天門冬走腎經，治燥熱之痰。津液因火迫凝成，亦能化解，故陰虛火動，左尺洪實者可用，治痰之本也。倘脾虛泄瀉，及尺脉微弱，用之反劇矣。

清・馮兆張《馮氏錦囊秘録・雜症痘疹藥性主治合參》卷一 天門冬正稟大寒初之氣以生，得地之陰精獨厚，味苦甘，平，其氣大寒，其性無毒。陰也，降也。○凡採取陰乾，去心用。 天冬，補虛損勞傷，強髓，潤五臟，悅顏色，養肌膚，解渴除煩，消痰住嗽，保肺氣不被熱擾，通腎氣能除熱淋，止血溢妄行，潤糞燥閉結。同參耆煎飲，定虛喘神方。和薑蜜熬膏，破頑痰癖聖劑。肺癰肺痿能挽回垂絕，吐血吐膿誠奪命再生。苦泄滯血，甘助真元，寒退肺經火熱，三者天冬之功焉。虛熱人神妙，虛寒人忌投。麥冬清心以保肺，天冬滋水以涵金，一以救上，一以滋下，其保肺同也。但上下寒熱有殊，而天麥之宜禁有異矣。

主治痘疹合參：瀉肺火，保肺氣，療熱毒上侵氣分，吐衄咳逆喘促，兼能潤燥而止渴消，鎮心潤五臟。然痘以脾胃為主，傷脾寒胃，切勿輕投。若脾虛胃弱之人，尤宜痛絕。

按：天冬清金降火，益水之源，故能下通腎氣，而滋補腎，主五液，燥則凝而為痰，得潤劑則肺不苦燥，而痰自化，故濕火之痰，半夏主之；燥火之痰，天冬主之。若肺胃虛寒，單服久服，必病腸滑而成痼疾。

清・张璐《本經逢原》卷二 天門冬即天棘根 甘，寒，無毒。焙熱，去心，用肥白者良。忌鯉魚。 《本經》主諸暴風濕偏痹，強骨髓，殺三蟲，去伏尸，久服輕身益氣，延年不飢。 發明：天門冬，手太陰肺經氣分藥。兼通腎氣欬逆喘促，肺痿肺癰，吐血衄血，乾欬痰結，其性寒潤能滋肺，肺氣熱而燥者宜之。肺為清虛之藏，涼則氣寧，熱則氣騰。天門冬能保肺，使氣不受火擾。合地黃、麥門冬主心肺虛熱欬吐膿血，又能治熱淋。同參、耆定虛喘，蓋肺肅則氣化乃能出。若脾虛而泄瀉惡食者，雖有前證，亦莫輕投，以其降泄太過也。時珍云，天門冬清金降火，益水之上源，故能下通腎氣，入滋補方用之有效。若脾胃虛寒人久服，必致滑腸，反成痼疾，以性寒能利大腸故也。《本經》治諸暴風濕偏痹，蓋熱則生風，暴則屬火，偏痹者濕熱所致，故治風先清火，清火在養陰也。其三蟲伏尸，皆脾腎濕熱所化，清二經濕熱，則無三蟲伏尸之患矣。又能延年不飢，故辟穀方多用之。

清・浦士貞《夕庵讀本草快編》卷三 天門冬《本經》、虋冬 草之茂者為虋，俗作門，其功同麥冬，故名。鯉魚不可共食，犯者必死。 天冬味苦氣涼，陽中之陰，入手太陰、足少陰氣分。苦能泄滯血，甘能助元氣。肺熱者投之立効，專於清金降火，益水上源而下通腎氣，若與麥冬並行，則同入手少陰而消痰滋腎，使火邪不敢傷肺，全其母氣。夫腎主津液，燥則凝而為痰，得濡潤之品則清而自化。治痰之本，勞嗽之要藥也。但虛寒之輩，及脾胃嬌弱者，宜忌，恐性寒滑泄大便，土反受戕爾。

清・張志聰、高世栻《本草崇原》卷上 天門冬 氣味苦，平，無毒。主諸暴風濕偏痹，強骨髓，殺三蟲，去伏尸。久服輕身益氣，延年不飢。 天門冬，一名天棘，又名顛棘。始出奉高山谷，此山最高，上奉於天，故名曰天、曰顛。藤引蔓延，莖稍有刺，故名曰棘。其根白色或黃紫色，柔潤多汁，長二三寸，一科一二十枚，與百部相類。 天門冬，《本經》言：氣味苦平。《別錄》言：

甘寒。新出土時，其味微苦，曝乾則微甘也。性寒無毒，體質多脂，始生高山，蓋稟寒水之氣，而上通於天，故有天冬之名。主治諸暴風濕偏痹者，言風濕之邪，暴中於身，而成半身不遂之偏痹，天冬稟水天之氣，環轉運行，故可治也。強骨髓者，得寒水之精也。殺三蟲、去伏尸者，水陰之氣，上通於天也，水氣通天，則天氣下降，故土中之三蟲，泉下之伏尸，皆殺去也。太陽為諸陽主氣，故久服輕身益氣，天氣通貫於地中，故延年不飢。伏尸者，傳尸鬼疰，泉下尸鬼，陰而為病也。天門冬能啟水中之生陽，上通於天，故去伏尸。凡治傳尸之藥，皆從陰達陽，由下升上。天、麥門冬，皆稟少陰水精之氣。麥門冬稟水精而上通於陽明。天門冬稟水精而上通於太陽。夫冬主閉藏，門主開轉，咸名門冬者，咸能開轉閉藏而上達也。後人有天門冬補中有瀉，麥門冬瀉中有補之說，不知從何處引來，良可嗤也。

清・劉漢基《藥性通考》卷五　天冬　味甘，苦，大寒，入手太陰氣分。瀉肺火，補腎水，潤燥痰，清金降火，益水之(上)上源，肺為腎母，下通足少陰腎經，滋腎潤燥，止渴消痰。《蒙筌》曰：腎主津液，燥則凝而為痰，得潤劑則痰化，所謂治痰之本也。澤肌膚，利二便，治肺，肺痿、肺癰、肺痿者，感於風寒，咳嗽短氣，鼻塞胸脹，久而成痿，有寒痿熱痿二症。肺癰者，熱毒蘊結，咳吐膿血，胸中隱痛。痿重而癰稍輕。治痿者宜養血補氣，保肺清火。治癰宜瀉熱豁痰，開提昇散。癰為邪實，痿為正虛。不可悞治。吐膿吐血，痰嗽喘促，消渴嗌乾，煩渴飲多，食善飢，為消渴，由火盛津枯，足下熱痛，虛勞骨蒸，陰虛火動之症。然性冷利，胃虛無熱及瀉者，忌用。取肥大明亮者，去心皮，酒蒸。地黃、貝母為使，惡鯉魚。二冬熬膏並良。天冬滋陰助元，消腎痰。麥冬清心降火，止上欬也。

清・姚球《本草經解要》卷一　天門冬　氣平，味苦，無毒。主諸暴風濕偏痹，強骨髓，殺三蟲，去伏尸。久服輕身益氣，延年不飢。去心。　天門冬氣平，稟天秋平之金氣，入手太陰肺經。味苦無毒，得地寒凉之火味，入手少陰心經。氣味俱降，陰也。其主暴風濕偏痹者，燥者濡之，熱者清之，着者潤之也。蓋風本陽邪，風濕偏痹，發之以暴，暴病皆屬於火也。骨屬腎，腎屬水。天冬氣平益肺，肺金生水，故骨髓強也。三蟲伏尸，皆濕熱所化，味苦可以祛濕，氣平可以清熱，濕熱下逐，三蟲伏尸皆去也。久服益肺，肺清則氣充，故益氣，氣足則身輕，氣治則延年，氣滿則不飢也。　製方：天冬同麥冬、五味煎膏，治消渴。同生地、人參滋養陰血。同生地、麥冬丸，煎逍遙散下，治婦人骨蒸。同生地、麥冬、白芍、鱉甲、牛膝、杜仲、續斷、童便，治吐血。

清・周垣綜《頤生秘旨》卷八　天門冬　保定肺氣之藥也。肺主皮毛，而為五藏華蓋，主持諸(氣)，故能養肌膚，悅顏色。一有所拂，則咳逆喘急，大腸燥結之證作矣。以此投之，清寧而定焉。

清・王子接《得宜本草・上品藥》　天門冬　味甘苦。入手太陰經。主治肺熱。得熟地則入腎，張三丰獨用此二味，一君一使，為長生不老方。好古曰：得人參、五味、枸杞，同為生脉之劑。

清・黃元御《長沙藥解》卷三　天冬　味苦，氣寒。入手太陰肺、足少陰腎經。清金化水，止渴生津。消咽喉腫痛，除咳吐膿血。《傷寒》麻黃升麻湯方在麻黃用之治厥陰傷寒大下後，咽喉不利，吐膿血，泄利不止者。以其清火逆而利咽喉，療肺癰而排膿血也。　水生於金，金清則水生，欲生腎水，必清肺金。清金而生水者，天冬是也。庸工以地黃血藥而滋腎水，不通極矣。蓋肺主化氣，氣主化水，肺中之氣氤氲如霧，霧氣清降，化而為水。其精液藏於腎而為精，其渣滓滲於膀胱而為尿。天暑衣厚，則表開而外泄；天寒衣薄，則表合而內注；汗、尿一也，外內不同耳。而肺金化水，必因土燥，陽明庚金，燥氣司權，收斂戊土之濕，化而為燥。胃氣右轉，肺氣清降，而水化焉。此如涼秋變序，白露宵零也。土濕則中鬱而胃逆，肺金莫降，霧氣凝塞，濕蒸而化，痰涎水源絕矣。天冬潤澤寒涼，清金化水之力，十倍麥冬，土燥水枯者，甚為相宜。陽明傷寒之家，燥土賊水，腸胃焦涸。瘟疫斑疹之家，營熱內鬱，臟腑燔蒸。凡此閉濇不開，必用承氣方。其燥結未甚，以之清金泄熱，滋水滑腸，本元莫損，勝服大黃。及或瘡瘍熱盛，大便秘塞，重劑酒煎熱飲亦良。腎陰有盛而無衰，宜溫不宜補。土燥水枯之證，外感中止有此種。至於別經傷寒，此證甚少。若內傷雜病，率皆陰旺土濕，未有水虧者，土勝而水負則生，水勝而土負則死。天冬證絕不偶見，未可輕服。其性寒滑濕濡，最敗脾胃，而泄大腸。陽虧陰旺，土濕便滑者，宜切忌之。久服不已，陽敗土崩，無有不死。後世庸工，以此殺人，不可勝數。凡肺痿肺癰，吐衄嗽喘，一切土熱之證，非土燥陽實者，概不宜此，用者慎之。其有水虧宜餌者，亦必制以滲利之味，防其助濕。土濕胃逆，痰涎淫生，愈服愈滋，而水源愈竭矣，是猶求水於陽燧也。其諸主治，止咳逆，定喘促，愈口瘡，除腫痛，療肺痿，治肺癰，去痰涎，解消渴，利小便，滑大腸。

清·汪紱《醫林纂要探源》卷二　天門冬　甘，苦，大寒。苗蔓生，枝葉茸茸如絲，根下簇生門冬，攢聚數十，大如拇指，其肉色白。功專入肺，以泄逆氣，故能清金而下生腎水。根攢聚而輕虛，有如肺形，而色白主肺，甘補肺，苦降逆，故專於清金，金清則水生矣，故能治火熱肺虛之咳嗽，及肺癰肺痿，嗌乾吐血諸證，并治虛勞骨蒸，陰虛火熱，足心熱痛，以其能出水也。去心用。　脾肺虛寒者忌。

清·嚴潔等《得配本草》卷四　天門冬　地黃、貝母、垣衣為之使。畏曾青、浮萍。忌鯉魚、鐵器。制雄黃、硇砂。　甘、苦，寒。入手太陰、足少陰經氣分。清金降火，滋陰潤燥，治嗽消痰，祛煩解渴。療肺癰，止吐血。除足下熱痛，虛勞骨蒸。麥冬清心降火，天冬滋腎助元，其保肺陰則一也。　得紫菀、飴糖，治肺痿咳嗽。得烏藥，治小腸偏墜。得川貝，止吐血。配花粉，治痰熱結胸。配人參，定虛喘。佐玄參，治口瘡。佐熟地，補腎水。　去心、皮，酒拌蒸，曬用。服此誤食鯉魚者，浮萍汁解之。　脾胃虛寒者禁用。

題清·徐大椿《藥性切用》卷四　天門冬　甘苦大寒，入手太陰，兼入足太陰。清金降火，益水之上源，為虛勞挾熱，潤燥治欬之耑藥。　脾虛泄瀉者，非宜。

清·黃宮繡《本草求真》卷六　天門冬消肺火以為化源之自。　天門冬耑入肺。甘苦大寒，據書載瀉肺火及兼補腎，然究止屬苦寒，安能滋腎而補水乎的解？所云能補水者，以肺本清虛，涼則氣寧而不擾，熱則氣行而不生，且肺為腎母，肺金失養，則腎亦燥而不寧，腎氣上攻，則肺益燥而受尅，而凡咳嗽吐衄，痰結燥渴，肺癰肺痿等症，靡不因之畢呈。肺癰本於五臟蘊火，及胃積熱上蒸，與外感風寒，內傷營血，熱結而成，痿則本於津液枯竭，不能上輸於肺，及風熱傷衛，而致氣竭力疲，故癰則為陽實，而痿則為陰虛，癰則邪傷於營，故唾有血而無沫，而便多下膿垢，痿則邪傷於衛，故唾有沫而無血，而便多下濁沫，癰則口中辟辟作燥而渴，痿則口中不燥而步武喘鳴，冲擊連聲而痰始應，癰則胸中隱隱作痛，痿則胸中不痛而氣餒不振，癰則脉數而實，痿則脈數而虛，癰則宜表宜下，痿則宜滋宜潤。治法因於內者，從內酌治；因於外者，從外酌解。因於虛者，養血補氣保肺；因於實者，瀉熱豁痰，開提升散。得此清肅之品，以為化源之自，則腎未必即補，而補腎之基，未必不於所清而先具也。是以又云補腎，但其性滑利，脾胃虛寒，及無熱而泄者最忌。苦泄熱，寒勝熱，若無熱而泄，則不得用。取肥大明亮者良，去心皮，酒蒸用。地黃、貝母為使。惡鯉魚、二冬。熬膏良。

清·楊璿《傷寒溫疫條辨》卷六潤劑類　天門冬去心，酒蒸。　味甘苦，氣寒。沉也，陰也。上達肺氣，清金降火，益水之上源。下通少陰，滋腎潤燥。治肺痿、肺癰、吐血。痿為正虛，素感風寒，咳嗽短氣，鼻塞胸脹，久而成痿。癰為邪實，熱毒蘊結，咳嗽膿血，胸中隱疼。治痿宜養血補氣，保肺清火。治癰宜瀉熱清痰，開提升散。痿重而癰輕也。療虛勞內熱，定喘，除骨蒸，解煩渴，清痰嗽，並足下熱疼及骨痿難行。三才封髓丹：降心火，益腎水，潤而不燥，滋陰養血。治心火旺盛，腎精易於施泄。天冬二兩，熟地二兩，人參一兩，黃栢三兩，砂仁一兩五錢，炙甘草七錢五分，為末，煉蜜丸，肉蓯蓉五錢酒浸，煎湯送下。

清·羅國綱《羅氏會約醫鏡》卷一六草部　天門冬味甘苦，大寒，入肺腎二經。地黃、貝母為使，忌鯉魚。取明亮肥大者，去心皮，酒蒸用。　清金滋水，肺為腎母，熱退則水生。治肺腎虛熱，定喘止嗽，解渴消痰，退骨蒸勞熱，吐血衄血，以其甘寒養陰，清金降火。肺癰肺痿，癰為邪實，咳吐膿血，治宜瀉火解毒。痿為正虛，咳嗽短氣，治宜養血保肺。療熱淋熱結苦寒，骨痿。苦能堅腎，寒去腎家濕熱。

按：天門冬性寒而滑，脾寒泄瀉惡食者，忌用。

清·陳修園《神農本草經讀》卷一上品　天門冬　氣味苦，平，無毒。主諸暴風濕偏痹，強骨髓，殺三蟲，去伏尸。久服輕身益氣，延年不飢。

參：天門冬禀寒水之氣，而上通於天，故有天冬之名。主治諸暴風濕偏痹者，言風濕之邪暴中於人身，而成半身不遂之偏痹。天冬禀水天之氣，環轉運行，故可治也。強骨髓者，得寒水之精也。三蟲伏尸皆濕熱所化，天冬味苦可以祛濕，氣平可以清熱，濕熱下逐，三尸伏蟲皆去也。太陽為諸陽主氣，故久服輕身，益氣。天氣通貫於地中，故延年不飢。

張隱庵曰：天、麥門冬，皆禀少陰水精之氣。麥門冬，禀水精而上通於陽明；天門冬，禀水精而上通於太陽。夫冬主閉藏，門主開轉，咸名門冬者，咸能開轉閉藏而上達也。後人有天門冬補中有瀉，麥門冬瀉中有補之說，不知何處引來，良可歎也。

清·黃凱鈞《藥籠小品》　天冬　苦，寒，補水，與地黃皆為補北濟南之品，但脾胃虛寒者大忌。糖製者雖易其性，然亦能滑腸，大便不實者不宜食。

清·章穆《調疾飲食辯》卷一下　天門冬汁　《嘉祐本草》曰：《爾雅》云：蘠蘼，虋冬。注云：門冬也，一名滿冬。《抱朴子》名顛棘，或名地門冬，或名筵門冬。《綱目》曰：《爾雅》云：髦，顛棘。或作天棘，乃門冬。其蘼蕪乃營實之苗，而《爾雅》指為門冬，蓋古書之譌也。其根滋潤多脂，味甘微苦，能潤燥滋陰，清金降火。《別錄》云：保定肺氣。《蒙筌》云：潤腎燥，清熱痰。《藥性本草》云：治肺氣欬逆，喘急，肺癰，肺痿。《本經》云：除諸風濕痹，強骨髓。天門冬善治風痹之血虛枯燥者，不能治濕。

按：天門冬可入藥，可代茶，可作果。然性平而緩，少則無功。凡肺腎二家欬喘，風痹之症，及老人痰火久欬者，並宜長久服。惟肺腎有寒，及大便滑者忌之。

清・王龍《本草纂要稿・草部》 天門冬　氣味甘苦而寒。保肺氣不被熱擾，通腎氣能除熱淋。解煩渴，補益勞傷。消痰嗽，能定喘促。療肺癰肺痿，治吐血吐膿。虛寒禁服，忌食鯉魚。貝母為使，入肺、腎二經。

清・張德裕《本草正義》卷上 天冬　微甘苦，寒。入肺、腎。潤血熱燥結，療虛損火熾，清熱潤肺，止嗽消痰。假熱無火，及脾腎寒而溏泄者，皆大忌。

清・楊時泰《本草述鉤元》卷一一 天門冬　即天棘根也。麥鬚曰虋，麥冬根似麥而有鬚。其葉如韭，淩冬不凋，故名天冬，草茂，以其功同麥冬，亦曰門冬。

味苦甘而帶辛，性寒。味厚氣薄，陽中之陰。入手太陰、足少陰經氣分。主治潤燥滋陰，冷而能補，除虛熱，通腎氣，強骨髓，清金降火，保定肺氣。治喘逆痰嗽，及吐血肺痿吐膿，止煩渴，療痿厥嗜臥，足下熱而痛，大潤營衛枯(渴)〔涸〕，補五勞七傷。正稟大寒初之氣以生，得地之陰精獨厚，味雖微苦，甘而帶辛，要以甘多者為勝仲淳。患人五虛而熱者，宜加用之，和地黃為使權。天冬為主，量加參、芪，治血熱侵肺，上氣喘促，神效。以苦泄滯血，甘助元氣也潔古。按：血乘熱妄行，不得歸經而滯於上，據以生地之屬涼之，恐血滯則反益其熱而日鬱生痰，須以天冬為主，加參、芪，亦宜酌量。二冬並入手太陰，而麥冬兼行手少陰，清心降火，使肺不犯於賊邪，故止欬勝於天冬，天冬復走足少陰滋腎助元，令肺得全其母氣，故消痰又勝於麥冬也。蓋痰係津液凝成，腎司津液，燥盛則凝，潤多則化。天冬潤而走腎，津液縱凝，亦能化解嘉謨。同地黃、麥冬、五味、黃蘗、車前、枸杞、牛膝為丸，補陰除熱，滋腎家燥。脾弱，加山藥、茯苓、砂仁以佐之。同麥冬、五味煮膏，入煉蜜，益肺甚妙，亦治消渴。同甘菊釀酒，除一切風，愈大風病。水煮，則除風熱煩悶。同生地、麥冬、白芍、鼈甲、牛膝、杜仲、續斷、童便，治吐血。同薏仁、桑黃、白及、紫菀、百部、百合，除肺痿吐膿血。同青蒿、鼈甲、麥冬、牛膝、白芍、銀柴胡、地骨皮、五味子，治婦人骨蒸。同麻仁、麥冬、生地、童便，除大腸熱燥。胃強者略加桃仁。陰虛火動有痰，不堪用燥藥者，天冬一斤，水浸洗去心，取肉十二兩，石臼搗爛，五味子水洗去核取肉四兩，曬乾，不見火，共搗丸梧子大，每服二十丸，茶下，日三服。肺痿欬嗽，吐涎沫，心中溫溫，咽燥而不渴，生天冬搗汁一斗，酒一斗，飴一升，紫菀四合，銅器煎至可丸，每服杏仁大一丸，日三服。三才丸，滋陰養血，溫補下元，用天冬去心，生地二兩，二味用柳甑箄，以酒灑之，九蒸九灑，待乾秤之，人參一兩為末，蒸棗肉，搗和丸梧子大，每服三十丸，食前溫酒下，日三服。二方用天冬製不如法，則寒滯為害。

論：二冬皆由胃而或入心，或歸腎，以同奏功於肺，麥冬味甘平而氣微寒，陽中微陰也。天冬味甘苦，苦勝於甘而氣寒，陽中之陰也。二冬之味俱厚，一則清心而復脈滋陰，一則通腎而潤燥益精，以腎忌燥而喜潤，又精不足者補之以味，故天冬力勝也。其能保定肺氣者，丹溪有云：片芩瀉肺火，若肺虛者，多用則傷肺，必先以天冬保定肺氣而後用之。蓋肺有火者，肺陰未虛為實，肺陰不足則為虛，虛者概以清火之味攻之，則其陰愈亡。天冬屬足少陰氣分藥，本腎中陰氣以至肺，故能保定肺中陰氣，而後可攻其火也。《經》曰：二陰至肺，惟腎陰虛者，不能至於肺而肺虛，天冬不止苦寒除熱，兼以潤膩益精，俾虛火不爍於陰中，而陰氣能極於上際，故肺氣賴以保定，所以主喘逆急促，痰嗽吐血，并肺痿癰膿也。腎陰足而心火寧，故能鎮心。肺陰下降入心，故主嗌乾煩渴。腎氣至於肺，肺氣還至於腎，故治痿躄嗜臥，及足下熱痛，更益氣力而利小便也。但潤滯之味，同於麥冬，而清冷之性，過於麥冬，於脾胃生發之氣，大費酌量而投之，如繆氏所云與薏、苓、山藥、甘、芍同用，誠知言哉。仲淳云：凡病因陰虛水涸，火起下焦，上炎於肺，而發痰喘，天冬誠為要藥。然苦寒損胃，易致泄瀉惡食，要知陰虛精絕之病，正賴脾胃氣強，能納能消，以滋精氣。若脾胃先困，則生化之源絕矣，必不得已，當以薏苡、茯苓、山藥、甘草、白芍同用，或用麥冬以代之，誤必致泄。方書有云，天冬治痰之本，半夏治痰之標，意固謂腎主液，而脾主濕也。但天冬治火盛作燥之痰，本陰氣之厚以化燥，而痰自清，半夏治濕盛作滯之痰，本辛燥之氣以散濕，而痰自行，二者自是相反，標本之説，不知何見。

單餌，必病腸滑，性寒而潤利故也瀕湖。

修事：擇肥圓長大其味甘多者，湯浸去皮心，焙熱，即當風涼之，如此二三次自乾，不損藥力。或用柳甑箄蒸一伏時，灑酒令偏，更添火蒸一伏時，取出，用一小架，去地二尺，攤上曬乾。又法，去心，搥扁極薄，曬乾，隔紙焙焦用。

清・王世鍾《家藏蒙筌》卷一五　天門冬　味苦甘，氣大寒。味厚氣薄，陰也，沉也。入手太陰氣分。清金降火，益水之上源。下通足少陰腎，滋腎潤燥，止渴消痰。澤肌膚，利二便。治肺痿肺癰，吐膿吐血，痰嗽喘促，消渴嗌乾。天冬滋水以涵金，麥冬清心以保肺。一以滋下，一以救上，其保肺同也。若(捭)［脾］虛無熱及瀉者，忌之。

按：天冬下通腎氣而滋腎，腎主五液，燥則凝而為痰，得潤則肺不苦燥而痰自化，故痰火之痰宜用半夏，燥火之痰宜用天冬。

清・葉桂《本草再新》卷二　天門冬味甘苦，性寒，無毒。入心、肺、腎三經。清心火肺火，潤肺氣，益腎水，通經活絡，止欬定呵，小便癇癃，兼理血分。

清・吴其濬《植物名實圖考》卷二二　天門冬　《本經》上品。《爾雅》：蘠蘼，虋冬。注：一名滿冬。《本草》云：今本草無滿冬之名，有大小二種，曰顛棘，曰浣草，皆一類也。《救荒本草》：根可煮食。今多入蜜煎。湖南俚醫用以拔疔毒，隱其名曰白羅杉。醫方所不載。

雩婁農曰：杜拾遺詩：天棘蔓青絲。天棘即顛棘。目曰青絲，體物之瀏亮也。古人階前多種藥，故曰藥欄。非唯養生有資，亦多識之一助。注詩者糾纏辨駁，固由讀書未半袁豹，亦緣未知善藥不可離手也。

清・趙其光《本草求原》卷四蔓草部　天門冬　得大寒初氣以生，氣平，味苦，無毒。陰液最足，是稟冬寒之水精，使水運行，上滋肺金者也，故曰天門。天門者，肺也，為肺腎虛熱之要藥。主諸風濕暴中着而成火，則偏痹不遂。水氣運行則病已。強骨髓，寒水之精充也。殺三蟲，去伏尸，皆濕熱所化。味苦可以祛濕，氣平可以清熱也。久服輕身益氣，太陽為諸陽主氣。延年不飢。天氣貫通於中土也。

又按：苦能泄滯，甘助元氣，為血熱侵肺致咳嗽吐血之上品。蓋血乘熱上行，不歸經而滯於上，此時用生地等涼血，反益其滯而熱不除，宜以此為君。麥冬走經絡上行，止咳功勝；天冬滋腎運行，泄下消痰功勝，以腎主液，燥則凝，潤則化也；同菊花釀酒治一切風，水煮去風熱。麥冬，甘勝，故清心復脈；天冬苦勝，故通腎益精以潤燥，使肺、腎之陰環轉上下，故治肺痿、足痿，嗜臥，強骨髓；治肺痿吐涎，心中溫溫，燥而不渴及消渴，宜生用搗汁更佳，入補血溫補方宜酒灑九蒸九曬。

同麥冬、五味熬膏，入煉蜜，益肺，並治消渴。同生麥冬、白芍、鱉甲、牛膝、杜仲、續斷、童便，治吐血。同乾膝、百部、鱉甲、青黛、獺肝、象膽，殺三蟲，治勞瘵。

吴世鎧曰：下焦水少，虛火上炎灼肺，煎熬津液成痰，而為壅逆喘咳吐血，寒熱聲啞，此為要藥。但寒苦不利脾胃，陰虛精竭，全賴脾胃消納以滋精氣。若脾胃先困，後天源絶，丸餌雖佳，止同食滯；湯液雖妙，止成為飲。更以苦寒傷胃，必致泄瀉惡食，其症危矣。必不得已，當與苡、苓、准、甘、芍同用。或以麥冬代之亦可。今人動言清金滋水，可不審之。

清・葉志詵《神農本草經贊》卷一　天門冬　味苦，平。主諸暴風濕偏痹，強骨髓。殺三蟲，去伏尸。久服輕身，益氣延年。一名顛勒。生山谷。

天門地門，異名分土。引蔓春朝，乘絲夜雨。重沐美鬈，更堅疾齲。玉壘星橋，牆蘼非伍。

《抱朴子》：或名地門冬。《書》：分土為三。蘇頌曰：春生藤蔓，大如釵股，其葉如絲杉而細散。朱子詩：西窓夜來雨。《列仙傳》：赤松子服天門冬，齒落更生，細髮復出。《詩》：其人美且鬈。《說文》：髮好貌。陸游詩：齲齒雖小疾。梁簡文帝啟：逮自星橋見，珍玉壘。《救荒本草》：牆蘼乃營實苗。《爾雅》：指為門冬，或古書錯簡也。

清・文晟《新編六書》卷六《藥性摘錄》　天冬　甘苦，大寒。〇消肺火，以清化源之自，非滋補真陰也。〇治咳嗽吐衄，痰結燥渴，肺癰肺痿等症。〇但脾胃虛寒，無熱而泄瀉者，切忌。〇取肥大明亮者，去心，酒蒸用。惡鯉魚。〇二冬熬膏良。

清・張仁錫《藥性蒙求・草部》　天門冬錢半、三錢　天門冬寒，止嗽消痰。益陰潤燥，解渴除煩。甘、苦，寒。入手太陰氣分。清金降火，益水之上源，下通足少陰腎，治虛勞骨蒸，一切陰虛有火諸症。〇脾虛忌。

清・戴葆元《本草綱目易知錄》卷二　天門冬　甘，苦，氣寒。入手太陰氣分。清金降火，益水之上源，下通足少陰腎，滋腎潤躁，止渴消痰，保定肺氣。去寒熱養肌膚，補勞傷，壯陽事，療痿躄，利小便，去伏尸，殺三蟲。治肺氣咳逆，喘息促急，肺痿肺癰，吐膿吐血。心病嗌乾，嗜臥，足下熱痛，虛勞骨蒸，陰虛有火之症。然性寒潤，能利大腸，若脾胃虛寒人，單餌久服，必病腸滑而成痼疾。忌鯉魚。

清・黃光霽《本草衍句》 天門冬　苦泄滯血，甘助元氣。寒能清熱降火，益水氣之上源。入肺經，治肺熱之功為多。滑則潤燥滋陰，通腎氣於下部。故治足下熱痛骨痿。能消燥結之痰，腎主津液，燥則凝而為痰，得潤劑則痰化。痿肺痿癰肺癰喘嗽及治。妄行之血，吐衄勞傷。保肺而血熱不侵，滋水而母氣受益。虛熱有火者神妙，虛寒便滑者忌投。得熟地則入腎，張三年獨用此二味，一君一使，為長生不老方。好古方曰：得人參、五味、枸杞，同為生脈之劑。　肺痿咳嗽，吐涎沫，心中溫溫，燥而不渴，生天冬汁一斗，飴一斗，酒一斗，紫(苑)〔菀〕四合，煎服。　口瘡連年不愈，天麥二冬、元參，蜜丸彈子大，每噙一丸。

清・陳其瑞《本草撮要》卷一 天門冬　味甘苦，入手太陰經，功專清肺熱。得熟地入腎，得人參、五味、枸杞同為生脈之劑。性冷利，胃虛無熱及瀉者忌用。去心皮酒蒸。地黃、貝母為使。惡鯉魚。

清・李桂庭《藥性詩解》 賦得天門冬止嗽補血冷而潤肝心得肝字。李慶霖。　止嗽天冬好，消痰性苦寒。補陰清肺腎，降火潤心肝。　按：天冬性寒涼，味甘苦。清金降火，止嗽消痰，入手太陰氣分。下通足少陰腎，能滋陰潤燥。止吐血，療肺痿，通腎鎮心，潤五臟，止消渴，足下熱痛，虛勞骨蒸，一切陰虛有火者宜之。性寒而滑，泄瀉者戒之。

清・鄭奮揚著，曹炳章注《增訂偽藥條辨》卷一 天門冬　始出奉高山谷，其根白色，或黃色，柔潤多汁，稟水精之氣，而上通太陰。氣味甘，寒，無毒。主治諸暴風濕偏痺，強筋骨，殺三蟲，《本經》列為上品。聞有用福州小番薯，炊熟晒乾偽充，良可慨已。　炳章按：天門冬，浙江溫州、台州俱出，肥大性糯，色黃明亮者佳。鮮時用礬水泡透，剝去外皮晒之，大小有提揀統之別。四川、山東、福建、河南、陝西亦產，總要肥壯黃亮，糯潤者皆佳，偽者尚少。

百部

宋・李昉《太平御覽》卷九九三 百部　《抱朴子內篇》曰：百部，黃似茇揳。治咳，殺虱。《博物志》曰：百部，與天門冬相似。

宋・唐慎微《證類本草》卷九草部中品〔《別錄》〕 百部根　微溫。〔宋・掌禹錫《嘉祐本草》〕按：《蜀本》云：微寒。　主欬嗽上氣。

〔梁・陶弘景《本草經集注》〕云：山野處處有，根數十相連，似天門冬而苦強，亦有小毒，火炙酒漬飲之，療欬嗽，亦主去蝨。煮作湯洗牛、犬，蝨即去。《博物志》云：九真有一種草似百部，但長大爾，懸火上令乾，夜取四五寸短切，含咽汁，勿令人知。主暴嗽甚良，名爲嗽藥。疑此是百部，恐其土肥潤處，是以長大爾。

〔宋・馬志《開寶本草》〕按：《陳藏器本草》云：百部根，火炙浸酒，空腹飲，去蟲蠶咬，兼疥癬瘡。

〔宋・掌禹錫《嘉祐本草》〕按：《藥性論》云：百部，使，味甘，無毒。能治肺家熱，上氣欬逆，主潤益肺。日華子云：味苦，無毒。治疳蚘，及傳尸骨蒸勞，殺蚘蟲，寸白、蟯蟲，并治一切樹木蛀蚛，燼之亦可殺蠅蠓。又名婆婦草。一根三十來莖。

〔宋・蘇頌《本草圖經》〕曰：百部根，舊不著所出州土，今江、湖、淮、陝、齊、魯州郡皆有之。春生苗作藤蔓，葉大而尖長，頗似竹葉，面青色而光，根下作撮如芋子。一撮乃十五六枚，黃白色，二月、三月、八月採，暴乾用。古今方書治嗽多用。葛洪：主卒嗽。以百部根、生薑二物，各絞汁合煎，服二合。張文仲單用百部根，酒漬再宿，大溫，服一升，日再。《千金方》：療三十年嗽。以百部根二十斤，擣絞取汁，煎之如飴，服方寸匕，日三。驗。

〔宋・唐慎微《證類本草》〕《唐本》云：微寒，有小毒。　雷公云：凡使，採得後，用竹刀劈破，去心、皮，花作數十條，於簷下懸令風吹，待土乾後，却用酒浸一宿，漉出焙乾，細剉用。忽一窠自有八十三條者，號曰地仙苗，若脩事餌之，可千歲也。《外臺秘要》：治誤吞錢。百部根四兩，酒一升，漬一宿，溫服一升，日再服。《續十全方》：治暴嗽。百部藤根擣自然汁，和蜜等分，沸湯煎成膏嚥之。《抱朴子》：百部根，理咳嗽及殺蝨。

宋・鄭樵《通志》卷七五《昆蟲草木略》 百部　曰婆婦草，能去諸蝨，可以殺蠅蠓。其葉似薯蕷，根似天門冬，故天門冬亦有百部之名，二物足以相紊。

明・蘭茂撰，清・管暄校補《滇南本草》卷中 百部　性寒，味苦、微甘。入肺潤肺，治肺熱咳嗽，消痰定喘，止虛癆咳嗽，殺蟲。

明・王綸《本草集要》卷二 百部根使　味甘苦，氣微溫。又云：微寒，無毒。一云：有小毒。火炒，酒浸用。　主肺熱咳嗽上氣，潤益肺，治嗽多用。又治疳蚘，及傳尸骨蒸勞，殺寸白蟯蟲。亦去蝨，煮作湯洗牛犬，蝨即去。并治一切樹木蛀蟲，熅之，亦可殺蠅蠓。　暴嗽久嗽。同生薑二物，各絞汁，合煎服。又單用，搗絞汁，煎如飴，服方寸匕，日三服。

明・滕弘《神農本經會通》卷一　百部　使也。凡使用竹刀劈破，去心皮，須火炒，酒浸用。二三月、八月採根，暴乾用。

味甘、苦，氣微溫，無毒。一云微寒，有小毒。東云：治肺熱。（面）〔深師〕云：療三十年嗽，煎如飴，服方寸匕，日三。

《本經》云：主欬嗽上氣。陶云：百部根療欬嗽。亦去蝨，煮作湯洗牛犬，蝨即去。陳藏器云：百部根，火炙浸酒，空腹飲，去蟲蠶咬，兼疥癬瘡。《藥性論》云：百部根，味甘，無毒。治肺家熱，上氣欬逆，主潤益肺。日華子云：味苦，無毒。治疳蚘，及傳屍骨蒸勞。殺蚘蟲，寸白蟯蟲，并一切樹蛀蚛，熅之。亦可殺蠅蠓。《圖經》云：古今方書治嗽多用。葛洪主卒嗽，以百部根、生薑二物，各絞汁，合煎服二合。張文仲單用百部根，酒漬再宿，大溫服一升，日再。《千金方》療三十年嗽，以百部根二十根，搗絞取汁煎。《局》云：百部微寒除肺熱，久年欬嗽用尤良。疳疣疥癬皆能治，去蝨仍堪煮作湯。百部，除肺熱，久年勞嗽。

明・劉文泰《本草品彙精要》卷一一　百部根《唐本》注云有小毒。　叢生。

百部根：主欬嗽上氣。名醫所錄。　【名】婆婦草。　【苗】《圖經》曰：春生苗，作藤蔓，葉大而尖長，頗似竹葉，面青色而光，根下作撮如芋子，一撮十五六枚，黄白色。陶隱居云：其根數十相連，似天門冬而苦強。《博物志》云：九真有一種草，似百部，但長大耳。懸火上令乾，夜取四五寸，短切含咽汁，勿令人知，主暴嗽甚良，名爲嗽藥。恐其土肥潤處，是以長大爲異。《雷公》云：忽有一窠自有八十三條者，號曰地仙苗，若修事餌之，壽可千歲。【地】《圖經》曰：舊不著所出州土，今江、湖、淮、陝、齊、魯州郡皆有之。【道地】衡州、滁州、陝州。　【時】生：春生苗。採：二月、三月、八月取根。【收】暴乾。　【用】根肥潤者佳。　【質】類天門冬而細小。　【色】黄白。【味】苦，甘。　【性】微寒。　【氣】氣厚味薄，陽中之陰。　【臭】腥。　【主】益肺氣。　【製】《雷公》云：凡用，竹刀劈破去心，酒浸一宿，漉出，焙乾用之，或生用亦可。　【治】療：《藥性論》云：治肺熱，上氣欬逆。日華子云：療疳蚘，傳尸，骨蒸勞，殺蚘蟲，寸白蟯蟲，並治一切樹木蛀蚛。補：《藥性論》云：潤肺。　【合治】汁合生薑汁，煎服二合，療卒嗽。○炙合酒浸，空腹飲，去蟲蠶咬，兼疥癬瘡。　【贋】今房山以萱草根蒸壓令匾，市之亂真。然百部根細潤肥膩而色黄白，萱草根虛軟而色微紫，爲異耳。

明・葉文齡《醫學統旨》卷八　百部　氣微溫，味甘、苦。有小毒。酒浸用。

治肺熱上氣欬逆，久嗽，潤肺益氣，及骨蒸勞，殺寸白、蟯蟲、疳蚘。

明・許希周《藥性粗評》卷二　根明百部，可佐肺於太平。

百部根一名潑婦草。春生苗，似作藤蔓，高二三尺，葉大而長，有尖角，面青色而光，根下作叢如天門冬者，常數十枚一把相連，忽黄白色，至八十三枚者名地仙苗，脩事餌之，延年不老。二月、八月採根，暴乾。凡用竹刀劈破，去心皮，火炙酒浸一宿用之。所使并所畏惡，《本草》不載。　味甘、苦，性寒，無毒。主治肺熱骨蒸，上氣咳嗽，寸白疳蚘等蟲，疥癬等瘡。作湯以浴牛犬，除蚤虱等蟲。

單方：傷風暴嗽：百部根搗絞汁二三合，入蜜一合，煎熱，服之二三次，愈年久咳嗽，亦以此治之效。　誤吞銅錢：取根四兩，酒一升，浸一宿，溫服，再服而化。

明・鄭寧《藥性要略大全》卷六　百部使　治肺熱咳嗽，年久癆嗽，及疥癬，去虱。《湯液》云：主咳嗽上氣，潤肺益肺。殺蚘蟲。去傳尸骨蒸。味甘、苦，氣微溫。又云：微寒，無毒。酒浸，炒用。○其根數相連，似天門冬而小，苦強，有小毒。火炙、酒淬，飲之止嗽。又能去蟲。

明・陳嘉謨《本草蒙筌》卷三　百部　味甘、苦，氣微溫。又云：微寒。無毒。一云：有小毒。隨處生長，用惟取根。劈開去心，酒浸火炒。主肺熱上氣，止年久欬嗽急求；治傳尸骨蒸，殺寸白蚘蟲須用。又專治蝨，亦可去疳。燒湯洗牛馬，身蝨不生；燒煙薰樹木，蛀蟲即死。人家燒熅，盡逐蠓蠅。

明・王文潔《太乙仙製本草藥性大全》卷一《本草精義》　百部根　舊不著所出州土。今江、湖、淮、陝、齊、魯州郡皆有之。春生苗，作藤蔓，葉大而尖長，頗似竹葉而青色而光，根下作撮如芋子，一撮乃十五六枚，黄白色，相連似天門冬而小苦。二月、三月、八月採，曝乾，酒浸，炒用或火炙、酒淬飲之，止嗽，又能去蟲。

明・王文潔《太乙仙製本草藥性大全》卷一《仙製藥性》　百部根使　味甘、苦，氣微溫，又云微寒，無毒。一云有小毒。　主治：主肺熱上氣，止年久欬嗽急求；治傳尸骨蒸，殺寸白蚘蟲須用。又專除蝨，亦可去疳。燒湯洗牛馬，身蝨不生；燒煙薰樹木，蛀蟲即死。人家燒熅，盡逐蠓蠅；暴嗽久嗽。同生薑二物各絞汁，合煎服。又單用搗絞汁煎如飴，服方寸匕，日三服。　補註：治暴嗽，百部藤根擣自然汁，和蜜等分，沸湯煎成膏，噙之。〇治誤吞錢，百部根四兩，酒一升，漬一宿，溫服一升，日再服。　太乙曰：凡使採得後，用竹刀劈破，去心皮花作數十條，於檐下懸令風吹，待土乾，然後却用酒浸一宿，漉出焙乾，細剉用。或一窠自有八十三條者，號曰地仙苗，若修事餌之，可千歲也。

明・皇甫嵩《本草發明》卷三　百部中品下，臣。氣微溫，又云微寒，味甘、苦，無毒。一云有小毒。　發明曰：百部主肺熱，止久嗽為專功。故《本草》主欬逆上氣，又治傳屍骨蒸癆嗽，肺家熱欬逆，主潤肺，此專治也。又兼治疳蚘、寸白、蟯蟲，殺蠅蠓。燒煙熏一切樹木蛀蟲。煎湯洗牛馬，身虱不生。竹刀劈開去心，酒浸。

明・李時珍《本草綱目》卷一八草部・蔓草類　百部《別録》中品

【釋名】婆婦草《日華》　野天門冬《綱目》時珍曰：其根多者百十連屬，如部伍然，故以名之。

【集解】弘景曰：山野處處有之。其根數十相連，似天門冬而苦强，但苗異爾。《博物志》云：九真一種草似百部，但長大爾。懸火上令乾，夜取四五寸切短，含嚥汁，主暴嗽甚良，名爲嗽藥。疑此即百部也。其土肥潤，是以長大也。藏器曰：天門冬根有十餘莖，圓短，實潤味甘；百部多者五六十莖，長尖內虛，味苦不同，苗蔓亦別。今人以門冬當百部，説不明也。頌曰：今江、湖、淮、陝、齊、魯州郡皆有之。春生苗，作藤蔓。葉大而尖長，頗似竹葉，面青色而光。根下一撮十五六枚，黄白色，二三八月采，暴乾用。時珍曰：百部亦有細葉如茴香者，其莖青，肥嫩時亦可煮食。其根長者近尺，新時亦肥實，但乾則虛瘦無脂潤爾。生時擘開去心暴之。鄭樵《通志》言葉如薯蕷者，謬矣。

根　【修治】斅曰：凡采得以竹刀劈，去心皮花，作數十條，懸檐下風乾。却用酒浸一宿，漉出焙乾，剉用。或一窠八十三條者，號曰地仙苗。若脩事餌之，可千歲也。

【氣味】甘，微溫，無毒。權曰：甘，無毒。大明曰：苦，無毒。恭曰：微寒，有小毒。時珍曰：苦、微甘，無毒。

【主治】欬嗽上氣。火炙酒漬飲之《別録》。治肺熱，潤肺甄權。治傳尸骨蒸勞，治疳，殺蚘蟲、寸白、蟯蟲，及一切樹木蛀蟲，燼之即死。殺虱及蠅蠓大明。弘景曰：作湯洗牛犬，去虱。火炙酒浸空腹飲，治疥癬，去蟲蠶蛟毒藏器。

【發明】時珍曰：百部亦天門冬之類。故皆治肺病殺蟲。但百部氣溫而不寒，寒嗽宜之；天門冬性寒而不熱，熱嗽宜之，此爲異耳。

【附方】舊五，新五。　暴欬嗽：《張文仲方》用百部根漬酒。每溫服一升，日三服。〇《葛洪方》用百部、生薑各擣汁等分，煎服二合。〇《續十全方》用百部藤根擣自然汁，和蜜等分，沸湯煎膏噙嚥。〇《普濟方》治卒欬不止。用百部根懸火上炙乾，每含嚥汁，勿令人知。

小兒寒嗽：百部丸：用百部炒，麻黄去節，各七錢半，爲末。杏仁去皮尖炒，仍以水略煮三五沸，研泥。入熟蜜和丸皂子大。每服二三丸，溫水下。錢乙《小兒方》。　三十年嗽：百部根二十斤，擣取汁，煎如飴。服方寸匕，日三服。《深師》加蜜二斤。《外臺》加飴一斤。《千金方》。　遍身黄腫：掘新鮮百條根，洗擣，罨臍上。以糯米飯半升，拌水酒半合，揉軟蓋在藥上，以帛包住。待一二日後，口內作酒氣，則水從小便中出，腫自消也。百條根一名野天門冬，一名百奶，狀如葱頭，其苗葉柔細，一根下有百餘個數。《楊氏經驗方》。　誤吞銅錢：百部根四兩，酒一升，漬一宿，溫服一升，日再服。《外臺秘要》。　百蟲入耳：百部炒研，生油調一字于耳門上。《聖濟録》。　熏衣去虱：百部、秦艽爲末，入竹籠燒烟熏之，自落。亦可煮湯洗衣。《經驗方》。

題明・薛己《本草約言》卷一《藥性本草》　百部　主肺熱。止久嗽為專功。

明・梅得春《藥性會元》卷上　百部　味苦，氣寒。又云氣微溫。無毒。又云有小毒。　主治肺熱咳嗽，年久勞咳，能潤肺益氣，及治傳屍骨蒸勞熱，殺蚘蟲、寸白、蟯蟲，一切樹木蛀蟲，亦可殺蠅蠓。　製法：去心皮，酒浸用。

明・李中立《本草原始》卷二　百部　今江、湖、淮、陝、齊、魯州郡皆有之。春生苗作藤蔓，葉大而尖長，頗似竹葉，面青色而光，根多部隊成百然，故名百部。百部：　氣味：甘，微溫，無毒。主治：欬嗽上氣，火炙酒漬飲之。〇治肺熱，潤肺。〇治傳尸、骨蒸勞。治疳，殺蚘蟲、寸白、蟯蟲，及一切樹木蛀蟲，燼之即死。殺蝨及蠅蠓。〇火炙酒浸，空腹飲，治疥癬，去蟲蠶咬毒。

百部，《別錄》中品。【圖略】根下一撮數十枚相連，黄白色。二月、八月采根，暴乾用。修治：百部酒浸一宿，漉出，焙乾，剉用。

百部一窠八十三條者，號曰地仙苗。若修事餌之，可千歲也。

明・張懋辰《本草便》卷一　百部根使　味甘、苦，氣微溫，又云微寒，無毒；一云有小毒。火炒浸用。　主肺熱欬嗽上氣，潤益肺，治嗽多用。又治疳蚘，及傳屍骨蒸勞，殺寸白蟯蟲，亦去蟲。

明・李中梓《藥性解》卷三　百部　味甘、苦，性微寒，有小毒，入肺經。主肺熱咳逆，傳屍骨蒸。殺疳疣寸白諸蟲及虱，竹刀劈開，去心，酒浸用。

按：百部耑療咳嗽，宜入肺經，而小毒，故能殺蟲也。

明・繆希雍《本草經疏》卷九　百部根　微溫。《蜀本》云：微寒。主咳嗽上氣。

【疏】百部根正得天地陰寒之氣。故《蜀本》云微寒。日華子言苦。本經言微溫者，誤也。苦而下洩，故善降肺氣。升則喘嗽，故善治咳嗽上氣。能散肺熱，故《藥性論》主潤益肺。其性長於殺蟲，傳尸骨蒸勞，往往有蟲，故亦主之。疳熱有蟲，及蚘蟲、寸白蟲、蟯蟲，皆能殺之。又燒熏樹木蛀蟲，觸煙即死。亦殺蠅蠓。日華子論之詳矣。陶云：殺蝨，濃煎，洗牛馬蝨即去。陳藏器云：火炙酒浸，空腹飲，去蟲蠶咬，兼疥癬瘡。【主治參互】同桑根白皮、天麥二冬、貝母、枇杷葉、五味子、紫菀，治一切虛嗽，但不能治食積嗽。《千金方》單用一味熬膏，入蜜，不時取服，可療三十年嗽。《楊氏經驗方》治遍身黃腫，取鮮百部根，洗擣罨臍上，以糯米飯半升，拌酒半合，揉和，蓋在藥上，用帛包住。過一二日後，口內作酒氣，則水從小便出，腫自消矣。《聖濟總錄》百蟲入耳，百部炒，研細末，生油調敷耳門上。【簡誤】百部味苦，脾虛胃弱人，宜兼保脾安胃藥同用，庶不傷胃氣。

明・倪朱謨《本草彙言》卷六　百部　味苦，氣寒，無毒。入手太陰經。

蘇氏曰：百部生江湖淮陝，齊魯州郡，及處處山野皆有之。春生苗，作藤蔓，莖青肥，葉大而尖長，頗似竹葉，面青色而光，亦有細葉如茴香葉者。其根色白，長者近尺，新鮮者亦肥實，日乾則虛瘦無脂潤。其根多者，叢數十相連屬，如部落然，故名。三、八月采根用。

百部：清痰利氣，李時珍治骨蒸勞嗽之聖藥也。姚斐臣稿故《珠囊》云：主肺熱上氣之咳嗽，治虛勞內灼之骨蒸。但其味苦，氣下泄。《藥性論》主潤益肺金。其性長于殺蟲，傳尸骨蒸勞熱，往往有蟲，故亦主之。亦天門冬之類，故皆治肺病。小兒疳熱有蟲，及蚘蟲、寸白蟲、蟯蟲，皆能去之。味專苦泄，脾虛胃弱人，宜兼養脾補胃藥同用，庶不傷胃氣。又燒烟熏樹木，蛀蟲觸烟即死，亦殺蠅蠓。日華子言之詳矣。又濃煎湯，洗牛馬猫狗，蠅蝨即去。又酒浸空心飲，陳藏器去疥癬皮癩蟲瘡。顧虛齋《婦科方》云：百部色白象肺，味苦入心，修長應肝，叢聚類腎，通治四藏蘊熱成勞者。一味熬膏，常服屢效。

集方：《千金方》治男婦三十年久嗽。用百部二十觔，擣取汁，煎如飴，加煉蜜一觔，收貯。每早午晚，服方寸匕，白湯過。○錢乙方治小兒咳嗽。用百部炒、麻黃去節炒各一兩，杏仁去油淨五錢，共爲末，煉蜜丸，如龍眼核大。每服二丸，白湯下。○《楊氏經驗方》治遍身黃腫。用新鮮百部八兩，洗淨土，掛乾，搗爛，罨臍上。再以糯米半升，酒煮作飯，蓋藥上，以帛包住，待二日後，口內作酒氣，則水從小便中出，腫自消也。○集簡方治蝨多熏衣方：用百部爲末，燒烟爐內，以竹籠罩衣熏之，蝨自落。亦煮湯洗衣。

滋陰降火湯：治陰火動，發熱咳嗽，吐痰喘急，盜汗口乾，此方與六味丸相兼服之，大補虛勞神效。用百部三錢，生地黃、熟地黃、天門冬、麥門冬、知母、川貝母、白朮、白芍藥、茯苓、黃耆、地骨皮各一錢五分，水煎服。骨蒸夜熱，加鼈甲三錢；盜汗不止，加炒酸棗仁二錢，倍黃耆；咳嗽痰多喘急，加沙參、人參各二錢；痰中帶血，加真阿膠二錢，倍熟地黃；咽喉痒或作痛，加桔梗、桑白皮，倍貝母；夢泄遺精，加山藥、芡實各五錢，牛膝二錢；小便淋濁，加車前子、萆薢各二錢；大便不結實，加炒山藥、炒扁豆各五錢。○治久嗽不已，咳吐痰涎，重亡津液，漸成肺痿，下午發熱，鼻塞項强，胸脇脹滿，臥則偏左，其嗽少止，偏右嗽必連發，甚則喘急，病必危殆，速宜百部湯主之。用百部、薏苡仁、百合、麥門冬各三錢，桑白皮、白茯苓、沙參、黃耆、地骨皮各一錢五分，水煎服。

明・姚可成《食物本草》卷一八草部・隰草類　百部山野處處有之。春生苗作藤蔓，葉大而尖長，頗似竹葉，面青色而光。其莖青，肥嫩時可煮食。　百部，味甘，微溫，無毒。治欬嗽上氣，肺熱，潤肺，傳尸骨蒸勞。治疳，殺蚘蟲、寸白蟲及一切樹木蛀蟲，燒之即死。殺蝨及蠅蠓。作湯洗牛，大去蝨。火炙酒浸，空腹飲，治疥癬，去蟲蠶咬毒。

明・顧逢柏《分部本草妙用》卷四肺部・溫補　百部　甘，微溫，無毒。酒浸一宿，漉出焙乾，剉用。　主治：欬嗽上氣，治肺熱，潤肺。火炙，酒浸飲之，治疥癬，去蟲蠶咬毒，殺一切諸蟲。按：百部氣溫而不寒，寒嗽宜之。天門冬性寒而不熱，熱嗽宜之。用之得當，即為肺部妙藥。

明・李中梓《醫宗必讀・本草徵要上》　百部味甘，微溫，無毒。入肺經。肺欬嗽，傳屍骨蒸。殺蛔蟲寸白，除蠅蝨蟯蟲。與天門冬形相類而用相倣，故名野天門冬。但天門冬治肺熱，此治肺寒，為別也。按：脾胃虛人，須與補藥同用，恐其傷胃氣，又恐其滑腸也。

明・鄭二陽《仁壽堂藥鏡》卷一〇下　百部　禹錫云：百部，今處處有之。治肺家熱。　味甘，苦，氣溫，微寒。酒浸，焙用。　主潤肺，止咳嗽上氣，及傳屍骨蒸勞熱，疳蚘。

明・蔣儀《藥鏡》卷一溫部　百部　散肺熱而降氣逆，定欬嗽而殺諸蟲。傳尸骨蒸，餌之霍然。　蓋百部、天冬，並治肺病。但百部溫而不寒，寒嗽相宜。

天冬寒而不熱，熱嗽應投。此為異耳。

明・李中梓《本草通玄》卷上 百部 苦、甘，微溫。 主欬嗽喘逆，殺傳尸、寸白、蚘、蟯、疥癬、蠅蠓蝨，一切諸蟲。 時珍云： 亦麥門冬之類，皆主肺疾。但百部氣溫，寒者宜之；門冬性冷，熱者宜之，此為異耳。

清・顧元交《本草彙箋》卷四 百部 亦天門冬之屬，故皆治肺病。但百部氣溫而不寒，寒嗽宜之。天冬性寒而不熱，熱嗽宜之。百部兼能殺蟲，故治傳尸骨蒸，蚘蟲、寸白、蟯蟲之類。

亦用竹刀劈開，去心，酒浸用。

清・穆石匏《本草洞詮》卷一〇 百部 其根百十連屬，如部落然，故名。味甘苦，氣微溫，無毒。一云微寒，有小毒。治咳嗽上氣，傳尸骨蒸勞，療疳，殺蚘蟲、寸白、蟯蟲，及一切樹木蛀蟲，殺虱及蠅蠓。火炙，酒浸，空腹飲，治疥癬，去蟲，蠶咬毒。蓋百部亦天門冬之類，故皆治肺病。但天門冬性寒，熱嗽宜之。百部性溫，寒嗽宜之。而其殺蟲之功，莫與匹也。

清・劉雲密《本草述》卷一一 百部 春生苗，作藤蔓，葉大而尖長，頗似竹葉，面青色而光，根下作撮如芋子，一撮乃十五六枚，黃白色，相連，二月、三月、八月采，曝乾。

根 氣味： 甘，微溫，無毒。 權曰： 甘，無毒。 日華子曰： 苦，無毒。 恭曰： 微寒，有小毒。 時珍曰： 苦微甘，無毒。

主治： 咳嗽上氣，肺熱，能潤肺，更保肺，愈久嗽，並治疳，殺蚘蟲、寸白蟯音饒，腹中蟲。蟲。 東垣曰： 治肺熱，而咳嗽立止。 時珍曰： 百部亦天門冬之類，故皆治肺病，殺蟲。但百部氣溫而不寒，寒嗽宜之。天門冬性寒而不熱，熱嗽宜之。此為異耳。百部根亦有苦而微甘，如時珍所云者，豈其種有異耶？然當取甘勝，如《本經》所云為是。不然，苦泄勝者，何取於保肺而能療年久嗽耶？ 王損菴曰： 經年累月，久嗽不瘥，餘無他證，却與勞嗽不同，戴用三拗湯、青金丸，予謂其不妥，獨宜保肺而已，一味百部膏可也。 希雍曰： 百部根正得天地陰寒之氣，故《蜀本》云微寒，日華子言苦，《本經》言微温者，誤也。苦而下洩，故善降肺氣，升則喘嗽，故善治咳嗽上氣，能散肺熱，故《藥性論》主潤益肺。

同桑根白皮、天麥二冬、貝母、枇杷葉、五味子、紫菀，治一切虛嗽。此虛嗽乃肺陰虛而有熱者，若脾肺之氣虛者不宜也。但不能治食積嗽。

愚按： 百部與天冬類，以為皆治肺之劑，然有謂宜於肺熱，又有謂宜於散寒者，詎知其味甚甘，而後微苦，苦特甘之餘也，其氣一曰微溫，一曰微寒，固多以為治熱，非溫矣。然微寒乃清潤之氣，適與甘合也，詎可與天冬之苦寒同論哉？天冬苦後有甘耳，是非的的治熱者乎？若百部乃先哲多謂其能治久嗽，損菴所云治久嗽用以保肺者也。夫嗽久何以不愈？必寒熱補泄之劑，投不應節，以至於斯，是肺陰已虛，猶可以寒熱為嘗試乎？故曰獨宜保肺而已。若然，則保肺即可以瘳嗽乎？ 曰： 是何不然。且甘後有微苦，引肺胃之氣以下泄，而固本於清潤之氣，此其所以能奏久嗽之功也。然則獨久嗽之能治乎？ 曰： 凡嗽必有所因，豈可槩投一味以期其效，以此治暴嗽者，宜於肺氣素虛之人，而隨分寒熱，有以佐之，如寒則生薑，熱則和蜜。如治久嗽者，加蜜固為其虛而定有熱也，豈漫無區別乎哉？雖然此味能保肺，因胃氣上行至肺，肺氣本於胃也。甘勝而後微苦，由土氣以保金，而後金氣得母氣以下降，乃可以徐徐奏功也。曰： 是則入嗽，皆能治歟。夫王損菴先生已言之矣，久嗽不瘥，別無他證。又云與勞證不同，若然則勞證之久嗽，自有治法，而久嗽兼乎他證者，即合他證以審其淹久之故，豈無的劑，詎謂可以一方盡哉？

附方 暴咳嗽： 葛洪方用百部、生薑，各搗汁，等分，煎服一合。《續十全方》用百部藤根，搗自然汁，和蜜等分，沸湯煎膏，噙咽。蜜用生者和之，主涼而熟溫也。 小兒寒嗽，百部丸用百部炒，麻黃去節，各七錢半，為末，杏仁去皮尖，炒，仍以水畧煮三五沸，研泥，入熟蜜和丸皂子大，每服二三丸，溫水下。 久咳嗽，百部根二十斤，搗取汁，煎如飴，加蜜二斤，服方寸匕，日三服。

修治 以竹刀劈去心皮，用酒浸一宿，漉出焙乾，細剉用。

清・郭章宜《本草匯》卷一二 百部 苦、甘，微溫，蘇恭曰： 微寒。入手太陰經。 治肺熱喘欬，療傳尸骨蒸。 殺蟲掃疥，熏衣去虱。百部、秦艽為末，燒煙熏之，自落。

按： 百部，即天、麥門冬之類，故皆主肺疾，而功用相倣。但百部氣溫而不寒，寒嗽宜之。門冬性冷而不熱，熱嗽宜之。此為異耳。脾胃虛人，須與補藥同用，恐滑腸傷胃也。《千金》用一味熬膏，入蜜，不時取服，可療三十年嗽。楊氏《經驗》治遍身黃腫，取鮮百部洗擣罨臍上，以糯米飯半升，拌酒半合，調和，蓋在藥上，以帛包住，待一二日後，口內有酒氣，則水從小便出，腫自消矣。

去心，酒浸，焙用。

清・蔣居祉《本草擇要綱目・寒性藥品》 百部一名野天門冬。其根多者百十連屬，如部伍然，故以名之。 氣味：甘，微溫，無毒。 主治：傳尸骨蒸勞，治疳，殺蚘蟲、寸白、蟯蟲及一切樹木蛀蟲，燼之即死。殺虱及蠅蠓，作湯洗牛犬去虱。火炙酒浸，空腹飲之，治疥癬，去蟲蠶咬毒。百部亦天門冬之類，故皆治肺病，殺蟲。但百部氣溫而不寒，寒嗽宜之。天門冬性寒而不熱，熱嗽宜之。此為異耳。

清・王翃《握靈本草》卷五 百部處處有之。形似天門冬，乾則虛瘦。酒浸焙。 主治：百部，甘，微溫，無毒。主欬嗽上氣，治肺熱，潤肺，傳尸骨蒸，殺一切蟲。

清・汪昂《本草備要》卷一 百部潤肺，殺蟲。 甘，苦，微溫。能潤肺，治肺熱咳嗽。苦能瀉熱。有小毒，殺蛔、蟯、蠅、蝨，一切樹木蛀蟲。觸烟即死。治骨蒸傳尸，疳積疥癬。皆有蟲。時珍曰：百部亦天冬之類，故皆治肺而殺蟲。但天冬寒，熱嗽宜之；百部溫，寒嗽宜之。 根多成百，故名。取肥實者，竹刀劈去心、皮，酒浸焙用。

清・吳楚《寶命真詮》卷三 百部 【略】主肺寒欬嗽喘逆，傳屍骨蒸，殺蛔蟲寸白，除蠅蝨蟯蟲。 與天冬形相類，而用相倣，皆主肺疾。但二冬性寒，熱者宜之；百部性溫，寒者宜之。○脾胃虛人，須與補藥同用，恐傷胃氣，又恐滑腸。

清・陳士鐸《本草新編》卷三 百部 百部：味甘、苦，氣微溫而寒，無毒。專入肺經，亦入脾、胃。止肺熱咳嗽上氣，治傳尸骨蒸，殺寸白蚘蟲。洗衣除虱，燒湯洗牛馬身，虱不生；燒烟薰樹木，蛀蟲即死；人家燒燼，盡逐蠓蠅。此物殺蟲而不耗氣血，最有益于人。但其力甚微，用之不妨多也，然必于參、茯、芪、朮、歸、芎同用為佳。大約用百部自一錢為始，可用至三四錢止。既益肺、胃、脾之氣，又能殺蟲。倘癆病有傳尸之蟲者，須用地骨、沙參、丹皮、熟地、山茱共用為妙[矣]。

或問：百部，殺蟲之藥未有不耗氣血者，而百部何以獨異乎？ 夫百部原非補劑，不補則攻，然而，百部非攻藥也，乃和解之藥，而性亦殺蟲，能入于蟲之內，而蟲不知其能殺也。殺蟲之藥，必與蟲相鬭，百部不特不鬬，而併使蟲之相忘其殺也，又何至有氣血之耗哉。或疑百部殺蟲，何能使蟲之不知？ 夫百部味甘，蟲性喜甘，投其所好，妄甘味之能殺身也。故食之而不知耳，及至已食百部，而蟲之腸胃盡化為水，欲作祟而不能，有不知其何以死而死者矣。

清・顧靖遠《顧氏醫鏡》卷七 百部甘、苦，微寒。入肺經。言微溫，悞也。 主咳嗽上氣，清熱潤肺，下降之功。治傳尸骨蒸。傳尸勞有蟲，其性善殺蟲，能治骨蒸，則性微寒可知。殺蛔蟲寸白，除蠅虱蛀蟲。燒烟薰之，辟蠅去虱，殺樹木蛀蟲。 祛蟲蠶咬毒，治疥癬瘡瘍。俱浸酒服之。 清熱潤肺，性善殺蟲。脾胃虛人，須兼保脾胃藥同用，恐其傷胃滑腸耳。

清・李熙和《醫經允中》卷一八 百部 酒浸一宿，漉出焙乾，剉用。薰衣祛虱；燒烟薰樹木，蛀蟲即死；人家燒燼，可逐蚊蠅。 甘，微溫，無毒。主治欬逆上氣，治肺家寒嗽如神。殺傳尸、寸白一切蟲最効。

清・馮兆張《馮氏錦囊秘錄・雜症痘疹藥性主治合參》卷三 百部得天地陰寒之氣，故味甘苦，微溫，無毒。與天門冬形相類而用相倣，故名野天門冬。但天門冬治肺熱，此治肺寒為別也。《千金方》用百部熬膏，入蜜，不時取服，可療三十年嗽。《楊氏經驗方》：治遍身黃腫，取鮮百部，搗罨臍上，以糯米飯半升，拌酒半合，蓋在藥上，以帛包住，一二日後口內有酒氣，則水從小便出，腫自消矣。 百部，治久嗽傳尸骨蒸，肺熱上氣，散熱清痰，潤肺下氣，誠久嗽寒嗽之要藥也。更殺傳尸癆蟲，小兒疳熱，寸白蚘蟲。同秦艽為末，燒煙熏之去虱，亦殺蟲之一驗也。

清・張璐《本經逢原》卷二 百部 苦，微甘，小毒。肥白者良。抽去心用，則不煩悶。 《本經》主欬嗽上氣，火炙、酒漬飲之。 發明：百部為殺蟲要藥。故肺熱勞瘵喘嗽，有寸白蟲宜之。蟯蟲痢及傳尸骨蒸多用之。時珍云，天、麥門冬之類皆主肺痰。但百部氣溫，肺胃寒者宜之。二冬性寒，肺胃熱者宜之。脾胃虛人勿用，以其味苦傷胃也。又濃煎洗牛馬蝨，樹木蟲蛀，用填孔中，更削杉木塞之，其蟲即死，殺蟲之功於此可知。

清・浦士貞《夕庵讀本草快編》卷三 百部《別錄》 其根多者百十，連屬如部絡然，故名。 百部氣溫味甘，潤而無毒，專治欬嗽，兼殺勞尸。凡骨蒸煩熱，氣逆病蚘，投之立効。大抵與天冬同類而異種，故所治之疾不越肺經之症。但百部氣溫而不寒，寒嗽者宜之。天冬性寒而不熱，熱嗽者宜之，微有別爾。

清・周垣綜《頤生秘旨》卷八 百部 肺熱久嗽之藥也。 每見樹木蟲蛀，殺百蟲，消黃腫，熏衣去虱，另有常也。

以此燒煙燻蛀孔。牛馬生虱，煎湯洗之。可知其能殺蟲，故骨蒸癆嗽，疳蚘寸白，藉此亦安矣。

清・王子接《得宜本草・中品藥》　百部　味甘，溫。主治咳嗽，殺蟲。得生薑治經年寒嗽。

清・黄元御《玉楸藥解》卷一　百部　味苦，微寒。入手太陰肺經。清肺止嗽，利水殺蟲。百部清金潤肺，寧嗽降逆。殺白蟯蚘蟲，一切樹木蛀蟲。療疥癬瘙癢，消水氣黄腫。洗衣去蝨。

清・吴儀洛《本草從新》卷二　百部〔溫肺，治寒嗽，殺蟲。〕甘，苦，微溫。能潤肺溫肺，治寒嗽暴嗽久嗽。苦溫能利肺氣。《千金方》用百部熬膏，入蜜，不時取服，可療三十年嗽。殺蚘蟯蠅虱，同秦艽為末，入竹籠燒烟熏衣被去虱，亦可煎湯洗衣服。作湯洗牛犬去虱。一切樹木蛀蟲。觸烟即死。療骨蒸傳尸，疳積疥癬。皆有蟲。與天門冬形相類而用相仿，故名野天門冬，但天門冬治肺熱，此治肺寒為異耳。能傷胃滑腸，脾胃虛人須與補氣藥并行。根多隊成百，故名。取肥實者，竹刀劈去心、皮，酒浸焙。

清・汪紱《醫林纂要探源》卷二　百部　苦，甘，微溫。有二種，一則蔓似天門冬，一則葉對生而小，根下結百部，纍纍攢集，亦似天冬，而百十成串合部，故名。功專入肺，以泄寒逆。色白入肺，甘補苦泄，且合百成部，有肺朝百脈之象。但性溫，異於天冬，故生水之功稍遜，而潤肺治燥之效則尤長。凡清寒積於肺，而哮喘咳嗽者宜之。尤長殺蟲。以苦多也。秋金令行，炎暑退處則蟲死矣。能斬三尸，去蛔蠹。煎汁，洗除蠅蝨，療疥癬。燒煙，能殺木中蛀蟲。

清・嚴潔等《得配本草》卷四　百部　甘、苦，微溫。入手太陰經氣分。潤肺氣，止咳嗽，殺疳蛔及寸白諸蟲，療疥癬及蟲蠶咬毒。配生薑，治寒嗽。配秦艽，熏衣去虱。搗取汁，和蜜煎如飴，治三十年嗽。竹刀劈，去心、皮、花，酒浸焙用。熱嗽、水虧火炎者禁用。

題清・徐大椿《藥性切用》卷四　百部　甘苦微溫，潤肺理嗽，治疳殺蟲。劈去心皮，酒焙用。

清・黄宫繡《本草求真》卷七　百部除肺寒泄腸熱，殺蟲止嗽。百部耑入肺。甘苦微溫，功耑殺蟲，能除一切蠱毒，及傳屍骨蒸，樹木蛀蟲，疳積疥癬。蟲觸烟即死。然亦能治寒嗽及泄肺熱，以其氣味甘溫故也。李時珍云：二冬亦屬治嗽，但二冬性寒治熱，此則氣溫治寒耳。百部雖云微溫，而苦過於甘，於氣總屬有礙，似於虛人不宜。苦傷氣。不可不知，根多成百，故以百名。取肥實者，竹刀劈去心皮，酒浸焙用。

清・沈金鰲《要藥分劑》卷一　百部　【略】鰲按：《綱目》以百部為氣溫而不寒，寒嗽宜之。天冬性寒而不熱，熱嗽宜之。以此分別，夫百部並非溫藥，如何專治寒嗽？故當以仲醇之言為主。

清・羅國綱《羅氏會約醫鏡》卷一六草部　百部味苦微溫。取肥實者，竹刀劈去心皮，酒浸焙用。潤肺散熱，清痰下氣，誠久嗽寒嗽之要藥。天冬治肺熱嗽，此性溫，治肺寒嗽，為不同也。治傳尸骨蒸、疳積、疥癬、皆有蟲，味苦能殺。髮虱。同秦艽為末，燒烟熏之。脾胃虛者須同補藥用。

清・黄凱鈞《藥籠小品》　百部　甘苦，溫，潤肺經，治寒嗽久嗽，殺蚘除虱，燒烟薰拊蟲，傷胃滑腸，虛人須與補藥並行。酒浸焙。

清・王龍《本草纂要稿・草部》　百部　氣味甘苦而微寒。止咳嗽，療肺熱上氣。殺蚘蟲，退傳屍骨蒸。專除瘵風，亦可去疳。

清・吴鋼《類經證治本草・手太陰肺臟藥類》　百部　【略】誠齋曰：同燒酒擦皮膚，除虱極驗。夏秋煎水洗浴，冬不生虱。取肥實者，竹刀去心皮，酒浸焙用。

清・張德裕《本草正義》卷下　百部　苦，寒。清肺熱欬嗽，殺一切諸蟲。

清・楊時泰《本草述鉤元》卷一一　百部　亦天門冬之類，蔓生，葉頗似竹，根下作撮如芋子，一撮十五六枚，黄白相連。春二三秋八月采，曬乾。

根：味甘、微苦，氣微溫、微寒。入肺。主咳嗽上氣，愈肺熱久嗽，能潤肺保肺，治疳殺蚘曉腹中蟲、寸白諸蟲。百部亦有苦而微甘者，然當取甘勝，如《本經》所云為是，不然苦泄勝，何能保肺而療久嗽耶。經年累月，久嗽不瘥，餘無他證，却與勞嗽不同，一味百部膏，保肺可愈損庵。同桑白皮、天麥冬、枇杷葉、五味子、紫菀、貝母，治虛嗽，屬肺陽虛而有熱者，若脾肺氣虛，不宜服。暴嗽，用百部、生薑各搗汁等分，煎服二合《肘後》。一方：搗百部自然汁，和生蜜等分，沸湯煎膏，噙咽。小兒寒嗽，用百部炒，麻黄去節，各七錢半，為末，杏仁去皮尖炒，仍以水略煮三五沸，研泥，入熟蜜和丸，皂子大，每服二三丸，溫水下。久嗽，百部根二十斤，搗取汁，煎如飴，加蜜二斤，服方寸匕，日三服。

論：百部與天冬類皆治肺之劑，第天冬氣寒味苦，後有微甘，的屬以寒治熱，百部則味甘而後微苦，苦特甘之餘，諸本草所謂微溫微寒者，乃清潤之氣，適與甘合，不可復天冬之苦寒同論。損庵治久嗽，用以保肺，以嗽久不愈，必寒熱補泄之劑，投不應節，肺陰已虚，不可復以寒熱為嘗試。此味甘後有微苦，由土氣以保金，而金氣得母氣以下降，乃可徐徐奏功也。至其治暴嗽，惟宜於肺氣素虚之人，隨分寒熱以佐之，如寒則生薑，熱則生蜜可耳。

修治：竹刀劈去心及皮，酒浸一宿，漉出，焙乾，〔細剉用〕。

清・鄒澍《本經續疏》卷四 百部根 【略】百部主欬嗽上氣，按其形象，當謂似肺，朝諸經脈，得經脈之軿轃，集其益而病已矣。殊不知根下撮如芋子，至十五六枚之多，咸黄白色，白為肺本色，黄乃脾色，則似肺致脾氣以布於他矣。尚得謂諸脈朝於肺乎？蓋欬嗽上氣，既已習熟，遂難倏止，則向之引風寒痰熱為欬者，至無所資，則轉引脾家輸肺之精，以為賴藉，百部根當能於肺朝百脈時，各令帶引精氣輸於皮毛，於是毛脈合精行氣於府，府精神明留於四藏，而氣歸於權衡，欬嗽上氣焉有不止者，此其欬嗽上氣為何如？欬嗽上氣，可憬然悟矣。

清・王世鍾《家藏蒙筌》卷一六《本草》 百部 味甘苦，微溫。能潤肺，治欬嗽，善殺蟲。療骨蒸傳尸，疳積疥癬。宜竹刀劈去心皮，酒浸焙用。又百部同秦艽為末，入竹籠燒酒，可薰小兒衣虱。亦可煮湯洗衣，不生虱。時珍曰：百部亦天冬之類，故皆治肺病而殺蟲。但百部氣溫而不寒，寒嗽宜之。天冬性寒而不熱，熱嗽宜之。可見百部治寒嗽之藥也。而本草又載治肺熱句，兩可之詞，實令後學滋疑，應將治肺熱三字刪去。

清・葉桂《本草再新》卷三 百部味甘、苦，性微溫，有微毒。入肺經。能潤肺溫肺，治寒嗽、暴嗽、久嗽，殺蟲，療骨蒸。

清・吴其濬《植物名實圖考》卷二二 百部 《别錄》中品。《本草拾遺》云：人多以門冬當百部，今江西所産，苗葉正如《圖經》所述。鄭樵所云葉如薯蕷亦相近。李時珍以為有如茴香葉者，恐誤。以天門冬當之，以駁鄭説，過矣。秋開四尖瓣青白花。藝花者以末浸水，去蟲。

清・趙其光《本草求原》卷四蔓草部 百部 甘，溫，升胃氣上行以保肺。甘後微苦，無毒。又引肺胃之氣下降，為寒嗽失治之良藥。蓋失治而致久嗽，肺陰亦傷，寒熱兩難施治。惟其此保肺以神其升降，更察其所因，審其留邪，而分佐輔。如寒則佐薑，熱則和蜜，風寒稍佐麻黄、杏仁之類。若勞症久嗽，則别有主治，不得恃此。《本經》言其治肺熱潤肺者，指肺中陰陽並傷、虚熱而燥也。又言治傳尸、骨蒸、勞病者，因其性長於殺蟲，凡疳積、蛔蟲、寸白、蟯蟲皆用之。濃煎，洗牛馬虱即去；燒熏樹蛀蟲，蟲即死，故勞瘵方宜稍加之。熬膏入蜜常服，可療二十年嗽。脾胃虚弱之〔人〕，宜兼補肺、安胃藥同用，庶不致傷胃，因其味苦也。一切虚嗽，與二冬、桑白、川貝、枇杷、五味、紫菀同用者，用其溫以制各藥之寒也。

清・文晟《新編六書》卷六《藥性摘錄》 百部 甘苦，微溫。除肺寒，泄腸熱，殺蟲，止嗽，除一切蠱毒，傳屍骨蒸。○虚人服之，恐傷氣。○取肥者，竹刀劈去心皮。酒浸，焙用。

清・文晟《新編六書》卷六《藥性摘錄》 百部 殺蟲。見平瀉。

清・張仁錫《藥性蒙求・草部》 百部錢半、二錢 百部微溫，溫潤肺經。暴久寒嗽，殺蟲稱神。甘、苦，微溫。為殺蟲要藥。肺熱勞瘵，喘嗽，有寸白蟲宜之。酒洗用。一云：酒浸，焙，去心皮。

清・劉善述、劉士季《草木便方》卷一草部 百部 九叢根甘苦微溫，勞熱久嗽除骨蒸。傳尸疳積殺勞蟲，疥癩風癬蚊蝨清。

清・戴葆元《本草綱目易知錄》卷二 百部 甘、苦，氣溫。潤肺殺蟲，治咳嗽上氣，久嗽寒嗽，傳尸骨蒸勞，疳蟲，疥癬，殺蚘蟲、寸白、蟯蟲，並殺蝨及蠅蠓。一切樹木蛀蟲，犯之則死。去蟲、蠶咬毒。

清・陳其瑞《本草撮要》卷一 百部 味甘苦，微溫，入手太陰經。功專治咳嗽殺蟲。得生薑治經年寒嗽。去心皮酒浸焙用。有小毒。洗衣去虱。

清・李桂庭《藥性詩解》 賦得百部治肺熱咳嗽可止得清字。李慶霖。百部微溫苦，能醫咳喘平。薰衣蟲自斃，潤肺嗽堪清。按：百部甘苦微溫，能潤肺溫肺，治寒嗽、暴嗽、久嗽。《千金方》用百部熬膏，入蜜，不時取服，可療三十年嗽。同秦艽為末，入竹籠，燒烟，薰衣被去虱。又療骨蒸傳屍，疳積疥癬。能傷胃滑腸，脾胃虚人，須與補藥並行。與天冬形相類，而用相倣，故名野天門冬。但天冬治肺熱，此治肺寒為異耳。苦溫能利肺氣，故使喘咳而平也。

朝天一柱

清・吴其濬《植物名實圖考》卷九 朝天一柱 生南安。肉根圓赭，數條連綴，微似百部；緣莖疎節，對節生枝，長葉如柳。俚醫以治無名腫毒、蛇咬，升氣補虚。

菝葜

宋·唐慎微《證類本草》卷八草部中品〔《別錄》〕 菝蒲八切葜棄八切 味甘，平、溫，無毒。主腰背寒痛，風痹，益血氣，止小便利。生山野。二月、八月採根，暴乾。

〔梁·陶弘景《本草經集注》〕云：此有三種，大略根、苗並相類。菝葜莖紫，短小，多細刺，小減萆薢而色深，人用作飲。

〔唐·蘇敬《唐本草》〕注云：陶云三種相類，非也。萆薢有刺者，葉粗相類，根不相類。萆薢細長而白，菝葜根作結塊，黃赤色，殊非狗脊之流也。

〔宋·掌禹錫《嘉祐本草》〕按：日華子云：治時疾瘟瘴。葉治風腫，止痛，撲損，惡瘡，以鹽塗傅，佳。又名金剛根，又名王瓜草。

〔宋·蘇頌《本草圖經》〕曰：菝葜，舊不載所出州土，但云生山野，今近京及江浙州郡多有之。苗莖成蔓，長二三尺，有刺。其葉如冬青、烏藥葉，又似菱葉差大。秋生黃花，結黑子。櫻桃許大。其根作塊，赤黃色。二月、八月採根，暴乾用。江浙間人呼爲金剛根。浸赤汁以煮粉食，云噉之可以辟瘴。其葉以鹽搗，傅風腫惡瘡等，俗用有效。田舍貧家亦取以釀酒，治風毒脚弱，痹滿上氣，殊佳。

宋·王介《履巉巖本草》卷上 金剛藤 性溫，無毒。主諸般惡毒，瘡癤腫毒。每用一葉貼瘡上，候清水出爲度，未差再用。

宋·王介《履巉巖本草》卷下 金剛根 性溫，無毒。和好臘茶，等分爲末，白梅肉元如鷄頭大。每服五元至七元，小兒三元。赤痢，赤甘草湯下。白痢，烏梅湯下。赤白痢，烏梅甘草湯下。葉善貼諸惡瘡。

明·朱橚《救荒本草》卷下之前 山梨兒 一名金剛樹，又名鐵刷子。生鈞州山野中。科條高三四尺，枝條上有小刺，葉似杏葉頗團小，開白花，結實如葡萄顆大，熟則紅黃色。味甘、酸。救飢：採果食之。

明·劉文泰《本草品彙精要》卷一一 菝葜無毒 植生。

菝蒲八切葜棄八切：主腰背寒痛，風痹，益血氣，止小便利。名醫所錄。

〔名〕金剛根、王瓜草。〔苗〕《圖經》曰：苗莖成蔓，長二三尺，有刺，其葉如冬青、烏藥葉，又似菱葉，差大。秋生黃花，結黑子，大如櫻桃許，其根作塊，赤黃色，江浙人呼爲金剛根是也。〔地〕《圖經》曰：生山野，近京及江、浙州郡多有之。〔道地〕成德軍、海州、江州、江寧府。〔時〕生：春生苗。採：二月、八月取根。〔收〕暴乾。〔用〕根結塊者爲好。〔質〕類萆薢。〔色〕黃褐。〔味〕甘。〔性〕溫，平緩。〔氣〕氣厚于味，陽中之陰。〔臭〕朽。〔主〕散腫毒，益血氣。〔治〕療：日華子云：治時疾，瘟瘴。○葉，治風腫，止痛。〔合治〕葉合鹽搗傅，撲損惡瘡。○合米釀酒，療風毒，脚弱，痹滿，上氣。

明·鄭寧《藥性要略大全》卷四 菝葜 主腰背寒痛風痹，益氣，止小便利。治時疾瘟瘴。味澁，平，性溫，無毒。治風腫，止痛，治撲損惡瘡。入鹽同搗，敷瘡。一名荊崗柮。與萆薢相似。萆薢色白，荊崗柮色赤為異爾。

明·王文潔《太乙仙製本草藥性大全》卷二《本草精義》 菝葜 一名金岡柮，一名金剛，一名王瓜草。舊不載所出州土，但云生山野，今近京及江浙州郡多有之。苗莖成蔓，長二三尺，有刺，其葉如冬青、烏藥葉，又似菱葉差大，秋生黃花，結黑子如桃許大，其根作塊，赤黃色。二月、八月採根，曝乾用。

明·王文潔《太乙仙製本草藥性大全》卷二《仙製藥性》 菝葜 味甘，又云味澁，性平、溫，無毒。主治：主腰背寒痛，治時疾瘟瘴，理風毒、脚痹，利小便，益氣。葉 治風腫，止痛，療撲損，惡瘡，入鹽同搗，敷瘡。粉，食噉可辟瘴。補註：辟瘴用根浸赤汁，煮粉食噉之即愈。○風腫惡瘡，用葉同鹽搗敷效。今貧家亦取以釀酒，治風毒脚弱，痹滿上氣甚佳，宜用。

明·皇甫嵩《本草發明》卷三 菝葜別種。味甘，平，無毒。俗呼金剛根。《本草》主腰背寒痛風痺，益血氣，止小便。註云：根浸赤汁，煮米粉食，可辟瘟瘴時疾。搗末釀酒飲，去風毒脚弱，痺滿上氣殊佳。其葉以鹽搗，傅風腫惡瘡。

明·李時珍《本草綱目》卷一八草部·蔓草類 菝葜上蒲八切，下棄八切。《別録》中品。

〔釋名〕菝菰同葜。 金剛根《日華》 鐵菱角《綱目》 王瓜草《日華》時珍曰：菝菰猶妭姞也。妭姞，短也。此草莖蔓強堅短小。故名菝菰。而江浙人謂之菝葜根，亦曰金剛根，楚人謂之鐵菱角，皆狀其堅而有尖刺也。鄭樵《通志》云：其葉頗近王瓜，故名王瓜草。

〔集解〕《別録》曰：生山野。二月、八月采根，暴乾。弘景曰：此有三種，大略根苗並相類。菝葜莖紫而短小，多刺，小減萆薢而色深，人用作飲。恭曰：陶云三種，乃狗脊、菝葜、萆薢相類，非也。萆薢有刺者，葉粗相類，根不相類。萆薢細長而白色，菝葜根作塊結，黃赤色，殊非狗脊之流。頌曰：今近道及江浙州郡多有之。苗莖成蔓，長二三尺，有刺。其葉如冬青、烏藥葉而差大。秋生黃花，結黑子如櫻桃大。其根作塊，人呼金剛根。時珍曰：菝葜山野中甚多。

其莖似蔓而堅強，植生有刺。其葉團大，狀如馬蹄，光澤似柿葉，不類冬青。秋開黄花，結紅子。其根甚硬，有硬鬚如刺。其葉煎飲酸濇。野人采其根葉，入染家用，名鐵菱角。《吴普本草》以菝葜爲狗脊，非矣。詳見狗脊下。

根 【氣味】甘、酸，平、温，無毒。【主治】腰背寒痛，風痹，益血氣，止小便利《別録》。治時疾瘟瘴大明。補肝經風虚好古。治消渴，血崩，下痢時珍。

【發明】時珍曰：菝葜，足厥陰、少陰藥。氣温味酸，性濇而收，與萆薢彷彿。孫真人元旦所飲辟邪屠蘇酒中亦用之。頌曰：取根浸赤汁，煮粉食，辟瘴。

【附方】新五 小便滑數：金剛骨爲末。每服三錢，温酒下，睡時。《儒門事親》方。

沙石淋疾：重者，取去根本。用菝葜二兩，爲末。每米飲服二錢，後以地椒煎湯浴腰腹，須臾即通也。《聖濟録》。 消渴不止：菝𦵔即菝葜，㕮咀半兩，水三盞，烏梅一個，煎一盞，温服。《普濟方》。 下痢赤白：金剛根、蠟茶等分，爲末。白梅肉搗丸芡子大。每服五七丸，小兒三丸，白痢甘草湯下，赤痢烏梅湯下。《衛生易簡方》。 風毒脚弱：痹滿上氣，田舍貧家用此最良。菝葜洗剉一斛，以水三斛，煮取九斗，漬麴去滓，取一斛漬飲，如常釀酒。任意日飲之。《肘後方》。

清・穆石匏《本草洞詮》卷一〇 菝葜 猶菝𦶟也。菝𦶟，短也，此草莖蔓，強堅短小，一名金剛根，一名鐵菱角，皆狀其堅有尖刺也。味甘酸，氣溫，無毒。入足厥陰、少陰經。治腰背寒痛風痺，益血氣，止小便利，治消渴，血崩，下痢。蓋菝葜性嗇而收故也。元旦屠蘇酒内用之。萆薢、菝葜、土茯苓三物，形雖不同，而主治不相遠，豈亦一類數種乎？

清・何諫《生草藥性備要》卷下 金剛藤 敷火疔瘡，紅腫能消，最好。

清・汪紱《醫林纂要探源》卷二 菝葜 甘，苦，平。蔓枝長引，勁而有刺，葉上三經紋，莖色赤，葉間有鬚，生紅子如豆，著節間，有核，根結塊，色黄。一名金剛刺。 功用同上。長於治毒瘡，治蛇蟲毒。

附：琉球・吴繼志《質問本草》外篇卷四 鋪格菝葜 辛丑清舶漂到，採此種問之。 鋪格。陳宜春。

清・吴其濬《植物名實圖考》卷二二 菝葜 《別錄》中品。江西、湖廣皆曰鐵菱角，亦曰金剛根。葉可作飲。《救荒本草》謂之山藜兒。實熟紅時，味甘酸可食。其根有刺，甚厲。俚醫多用之。

雩婁農曰：菝葜，山中多有之。根多刺如釘，似非善草。然葉可飲，子可食，根可染，治脚弱痹滿，釀酒飲之，幾無剩物。而張耒有《菝葜詩》云：江鄉有奇蔬，本草寄菝葜。驅風利頑痹，解疫補體節。春深土膏肥，紫筍迸土裂。烹之芼薑橘，盡取無可掇。則此草乃又堪蔬矣。吾於此見造物之愛人甚矣。山氓營窟林箐中，寒而瘿，濕而痹，炙而暑，刺而風，惡蟲怪鳥，洩其毒而為瘴癘、瘍癰。人非木石，何以堪此？乃使之日飲啜於良藥嘉草之中，潛消其疹戾而不之覺，不識不知，順帝之則。聖人之於民也，亦猶是矣。養生送死，救災弭患，其事必極於纖微瑣屑，其功乃盡於裁成輔相。《周官》於絲枲、荼葛、果蓏、漆林之類，無不臚舉；而庶氏、蟈氏，所以攻鳥獸毒蟲者，其官亦皆備焉。後世輒曰：大臣不親庶事，夫不親者委任庶官而已。然其於民之一飲食、一疾痛，無不默默為之籌畫憂勞。《康誥》曰：如保赤子，方其保抱攜持，無所不至。彼赤子烏知之而感之？漢之搉鹽鐵也，以賈人富，而重租稅以困之；宋之行新法也，比之祈寒暑雨，怨咨而不顧。夫君之於民，猶父之於子，豈有以子富而困使貧，且使之怨咨無聊而以為快哉？水旱疾疫，厄運所極，造物已早為生聚百物，以待人主之措施。彼以陽九委之於天者，蓋真視天夢夢也。天不虚生一物，聖人不虚靡一物。樹木不以時伐，曾子謂之不孝。天德王道，何事不該？疏節闊目，其學曰粗。

清・劉善述、劉士季《草木便方》卷一 菝葜 金剛藤根味甘平，崩帶瘰癧止血淋。清熱利水除風毒，跌撲損傷妙如神。

金剛草

清・趙學敏《本草綱目拾遺》卷四草部中 金剛草 治肺癰，痔漏，疔腫。

土茯苓

宋・唐慎微《證類本草》卷一一草部下品〔唐・陳藏器《本草拾遺》〕 草禹餘糧 注陶公云：南人又呼平澤中一藤如菝葜爲餘糧。言禹採此當糧，根如盞連綴，半在土上，皮如茯苓，肉赤，味澁，人取以當穀，不飢，調中止洩，健行不睡。云昔禹會諸侯，棄糧於地，化爲此草，故名餘糧。今多生海畔山谷。

明・蘭茂原撰，范洪等抄補《滇南本草圖説》卷三 土茯苓 氣味甘淡，無毒。主治：食之當穀不飢，調中止洩，健行不睡，健脾胃，強筋骨。去風濕，利關節。楊梅瘡服之最良。或誤服輕粉、水銀毒，周身筋骨疼痛，同防〔風〕、〔艮〕〔銀〕花、白鮮皮，煎服，月餘神效，輕則半月。滇中方可用。

明・蘭茂撰，清・管暄校補《滇南本草》卷中 土茯苓一名冷飯團子，又名仙遺根。　性平，味苦，微澁。治五淋白濁，兼治楊梅瘡毒。

附方：　治婦人紅崩白帶，土伏苓水煨，引用紅沙糖治紅崩，白沙糖治白帶。　又方：　治楊梅瘡毒，土茯苓一兩或五錢，水酒濃煎服。　又方：　治大毒瘡紅腫，未成即盞。土茯苓為細末，好醋調敷。

補註：　子名仙遺根，治楊梅結毒，丹流等症。

明・蘭茂《滇南本草》〔叢本〕卷中　土茯苓一名(令)〔冷〕飯團，一名遺仙糧。味苦，微澁，性平。治五淋，赤白濁。婦人紅崩，單劑煎服，引點紅糖。白帶，單劑煎服，引點白糖。　祛楊梅瘡毒。註明：　遺仙糧治楊梅結毒丹流，治大毒瘡紅腫，未成即搗細末，醋敷。

明・鄭寧《藥性要略大全》卷四　山牛一名冷飯團。即土萆薢也。　治風濕瘡毒及腳弱腰疼。極治楊梅等瘡。　味甘，氣平，無毒。俗呼為黃牛根。生細藤，葉尖長，頗類竹葉而厚。牧童常採而食之。主治略與川萆薢同功。忌鵝、羊、牛肉，茶茗。

宋・竇漢卿撰，明・竇夢麟續增《瘡瘍經驗全書》卷一〇　或問土茯苓單療此〔黴瘡〕疾，竟有餌之不効，何也？　余曰：　土茯苓味甘氣平，主溫胃健脾，暖筋骨，倘過服寒涼損胃，毒滯脾經，飲食少進者，非此不能奏効。若毒在他經，脾胃健旺者，縱多服亦不見功。如脾虛泄瀉者，服此實有奇驗。故曰奇，良非虛名也。

明・李時珍《本草綱目》卷一八草部・蔓草類　土茯苓《綱目》校正併入《拾遺》禹餘糧。

〔釋名〕土萆薢《綱目》　刺猪苓《圖經》　山猪糞《綱目》　草禹餘糧《拾遺》　仙遺糧《綱目》　冷飯糰《綱目》　硬飯《綱目》　山地栗《綱目》時珍曰：　按陶弘景注石部禹餘糧云：　南中平澤有一種藤生，葉如菝葜，根作塊有節，似菝葜而色赤，味如薯蕷，亦名禹餘糧。言昔禹行山乏食，采此充糧而棄其餘，故有此名。觀陶氏此説，即今土茯苓也。故今尚有仙遺糧、冷飯團之名，亦其遺意。陳藏器《本草》草禹餘糧，蘇頌《圖經》猪苓下刺猪苓，皆此物也，今皆併之。茯苓、猪苓、山地栗，皆象形也。俗又名過岡龍，謬稱也。　〔集解〕藏器曰：　草禹餘糧生海畔山谷。根如盞連綴，半在土上，皮如茯苓，肉赤味澀。人取以當穀食，不飢。頌曰：　施州一種刺猪苓，蔓生。春夏采根，削皮焙乾。彼土人用傅瘡毒，殊効。時珍曰：　土茯苓，楚、蜀山箐中甚多，蔓生如蓴，莖有細點。其葉不對，狀頗類大竹葉而質厚滑，如瑞香葉而長五六寸。其根狀如菝葜而圓，其大若雞鴨子，連綴而生，遠者離尺許，近或數寸，其肉軟，可生啖。有赤白二種，入藥用白者良。按《東山經》云：　鼓(證)〔鐙〕之山有草焉，名曰榮(莫)〔草〕，其葉如柳，其本如雞卵，食之已風。恐即此也。昔人不知用此。近時弘治、正德間，因楊梅瘡盛行，率用輕粉藥取効，毒留筋骨，潰爛終身，至人用此，遂爲要藥。諸醫無從考證，往往指爲萆薢及菝葜。然其根苗迥然不同，宜參考之。但其功用亦頗相近，蓋亦萆薢、菝葜之類也。

根　〔氣味〕甘、淡，平，無毒。時珍曰：　忌茶茗。　〔主治〕食之當穀不飢，調中止洩，健行不睡藏器。健脾胃，强筋骨，去風濕，利關節，止泄瀉，治拘攣骨痛，惡瘡癰腫。解汞粉、銀朱毒時珍。

〔發明〕機曰：　近有好淫之人，多病楊梅毒瘡，藥用輕粉，愈而復發，久則肢體拘攣，變爲癰漏，延綿歲月，竟致廢篤。惟剉土萆薢三兩，或加皂莢、牽牛各一錢，水六盌，煎三盌，分三服，不數劑，多瘥。蓋此疾始由毒氣干於陽明而發，加以輕粉燥烈，久而水衰，肝挾相火來凌脾土。土屬濕，主肌肉，濕熱鬱蓄于肌腠，故發爲癰腫，甚則拘攣，《内經》所謂濕氣害人皮肉筋骨是也。土萆薢甘淡而平，能去脾濕，濕去則營衛從而筋脉柔，肌肉實而拘攣癰漏愈矣。初病服之不效者，火盛而濕未鬱也。此藥長于去濕，不能去熱，病久則熱衰氣耗而濕鬱爲多故也。時珍曰：　楊梅瘡古方不載，亦無病者。近時起于嶺表，傳及四方。蓋嶺表風土卑炎，嵐瘴熏蒸，飲啖辛熱，男女淫猥。濕熱之邪積畜既深，發爲毒瘡，遂致互相傳染，自南而北，遍及海宇，然皆淫邪之人病之。其類有數種，治之則一也。其證多屬厥陰、陽明二經，而兼乎他經。邪之所在，則先發出，如兼少陰、太陰則發于咽喉，兼太陽、少陽則發于頭耳之類。蓋相火寄于厥陰，肌肉屬于陽明故也。醫用輕粉、銀朱劫劑，五七日即愈。蓋水銀性走而不守，加以鹽、礬升爲輕粉、銀朱，其性燥烈，善逐痰涎。涎乃脾之液，此物入胃，氣歸陽明，故涎被劫，隨火上升，從喉頰齒縫而出，故瘡即乾痿而愈。若服之過劑，及用不得法，則毒氣竄入經絡筋骨之間，莫之能出。痰涎既去，血液耗涸，筋失所養，營衛不從，變爲筋骨攣痛，發爲癰毒疳漏。久則生蟲爲癬，手足皴裂，遂成廢痼。惟土茯苓氣平味甘而淡，爲陽明本藥。能健脾胃，去風濕。脾胃健則營衛從，風濕去則筋骨利，故諸證多愈，此亦得古人未言之妙也。今醫家有搜風解毒湯，治楊梅瘡，不犯輕粉。病深者月餘，淺者半月即愈。服輕粉藥筋骨攣痛、癱瘓不能動履者，服之亦効。其方用土茯苓一兩，薏苡仁、金銀花、防風、木瓜、木通、白鮮皮各五分，皂莢子四分，氣虛加人參七分，血虛加當歸七分，水二大盌煎飲，一日三服。惟忌飲茶及牛、羊、雞、鵝、魚肉，燒酒、法麪、房勞。蓋秘方也。

〔附方〕新六　**楊梅毒瘡**：　鄧筆峰《雜興方》：　用冷飯團四兩，皂角子七個，水煎代茶飲。淺者二七，深者四七，見効。○一方：　冷飯團一兩，五加皮、皂角子、苦參各三錢，金銀花一錢，用好酒煎。日一服。　**小兒楊梅**：　瘡起于口內，延及遍身。以土萆薢末，乳汁調服。月餘自愈。《外科發揮》。　**骨攣癰漏**：　薛己《外科發揮》云：　服輕粉致傷脾胃氣血，筋骨疼痛，久而潰爛成癰，連年累月，至于終身成廢疾者。土萆薢一兩，有熱加芩、連，氣虛加四君子湯，血虛加四物湯，水煎代茶。月餘即安。○《朱氏集驗方》用過山龍四兩即硬飯，加四物湯一兩，皂角子七個，川椒四十九粒，燈心七根，水煎日飲。　**瘰癧潰爛**：　冷飯團切片或爲末，水煎服或入粥內食之。須多食爲妙。江西所出色白者良。忌鐵器、發物。陸氏《積德堂方》。

明·李中立《本草原始》卷三　土茯苓　楚蜀山箐中甚多。蔓生如蓴，莖有細點。其葉頗類大竹葉而質厚滑，如瑞香葉，長五六寸。其根狀如菝葜而圓大，若雞鴨卵，連綴而生，遠者離尺許，近或數寸，其肉軟，可生啖。有赤白二種，白者入藥良。昔禹行山乏食，采此充糧而棄其餘，故今尚有仙遺糧、冷飯團之名，亦其遺意也。土茯苓：氣味：甘、淡，平，無毒。主治：食之當穀不飢，調中止洩，健行不睡。○健脾胃，强筋骨，去風濕，利關節，止泄瀉。治拘攣骨痛，惡瘡癰腫。解汞粉、銀朱毒。

新增。【圖略】土象色，茯苓象形。肉有赤白，皮俱赤黄，肉軟味甜。弘治、正德間，因楊梅瘡盛行，率用輕粉藥取效。毒留筋骨，潰爛終身。至人用此，遂為要藥。諸醫無從考正，往往指為萆薢及菝葜。然其根苗迥然不同，宜參考之。但其功用亦頗相近，蓋亦萆薢、菝葜之類也。

楊梅瘡，古方不載，亦無病者。近有淫邪之人，病此毒瘡。今醫家有搜風解毒湯，病深者服月餘愈，病淺者服半月愈。服輕粉藥，筋骨攣痛癱瘓，不能動履者，服之亦效。其方用土茯苓一兩，薏苡仁、金銀花、防風、木瓜、白鮮、木通各五分，皂莢子四分，氣虚加人參七分，血虚加當歸七分，水二大盌煎飲，一日三服。惟忌飲茶及牛、羊、雞、鵝、魚肉、燒酒、法麪、房勞。蓋祕方也。

明·倪朱謨《本草彙言》卷六　土茯苓　味甘淡，氣平，無毒。李氏曰：土茯苓生楚、蜀、閩、浙山箐及海畔山谷中。蔓生如蓴，莖有細點，葉類竹闊大，厚而且滑。又如瑞香花葉而長，有五六寸。其根狀如菝葜而圓，小者如雞鴨子，大者如拳，連綴而生，即零者，遠不及尺。皮似茯苓，色有赤白，肉似芋薯，味甘兼濇，亦可生啖。入藥以色白者爲佳。又按《東山經》云：鼓證山前有奇草焉，名曰榮莫，饑可充穀，其葉如柳如竹，其根如卵如拳，食之已風，并療筋攣，惡毒內注，用斯乃安。恐即此也。

土茯苓：去風濕，利關節，治拘攣骨痛，李時珍解惡瘡結毒之藥也。江春野稿陳氏《救荒本草》言：能代穀不飢，健脾胃，壯筋力，止泄瀉者，因氣味甘平，而無消伐之性也。李氏方又言能蠲結毒，解內注汞粉藥氣者，因味甘兼淡，淡能利竅，淡能發留結，淡能泄陳垢耳。故惡瘡有服水銀、輕粉，外雖光潔，內注筋骨，久而破爛復潰，致成廢疾，以此熬汁，屢服數月，不惟積毒漸消，且得補益之力。

薛立齋先生曰：楊梅瘡，古方不載。正德間，起于嶺表，傳及四方。蓋嶺表風土炎熱，嵐瘴熏蒸，男女淫穢，濕熱之邪，積蓄既深，發爲毒瘡，互相傳染，然皆淫邪之人病之。其證多屬厥陰、陽明二經，而兼乎他經。邪之所在，則先發出，蓋相火屬于厥陰，肌肉屬于陽明，如兼少陰太陰，則發咽喉；兼太陽少陽，則發頭耳也。醫用輕粉、銀硃刦劑，五七日即愈。蓋水銀性走而不守，加以鹽礬，升爲輕粉。銀硃，其性燥烈，善逐痰涎，痰涎被刦，隨火上升，從喉頰齒縫而出，故瘡即乾痿而愈。然毒氣竄入經絡筋骨之間，莫之能出。涎乃脾之液，痰涎既去，血液衰涸，筋失所養，營衛不從，變爲筋骨攣痛，發爲癰毒疳漏，久則生蟲，爲癬爲癩，《內經》所謂濕氣害人皮肉筋骨者也。土茯苓，甘淡而平，爲陽明本藥，能健脾胃，去風濕，風濕既去則營衛從而筋脉柔，肌肉實而拘攣癰漏愈矣。初病服之不效者，火盛而濕方鬱也。此藥長于去濕，不能去熱，病久則熱衰氣耗，而濕鬱爲多故也。李瀕湖《綱目》有搜風解毒湯，治楊梅瘡病深者月餘，淺者半月即愈。服輕粉藥，筋骨攣痛，癱瘓不能動履者，服之亦效。其方用土茯苓一兩，薏苡仁、金銀花、防風、木瓜、木通、白癬皮各五分，皂莢子四分，氣虚加人參七分；血虚加當歸七分，水二大碗，煎飲，日三服。惟忌飲茶及牛羊雞鵝魚肉，燒酒，麪，房勞。蓋秘方也。

集方：外科發揮治楊梅瘡，因服輕粉致傷內藏氣血，筋骨疼痛，久而積爛成癱，筋攣潰漏，連年累月，至于終身成廢疾者。用土茯苓二兩，有熱加川連、連翹、花粉；氣虛，加四君子；血虛，加四物湯，水煎代茶，月餘即安。○姜月峰方治瘰癧潰爛。用土茯苓切片，水煎服，或入粥內食之，須久食爲妙。○廣筆記治頭風神方：用土茯苓一觔，金銀花三兩，蔓荊子一兩二錢，玄參、防風、天麻、辛荑、川芎、芽茶各一兩，黑豆三百粒，分作五帖，每帖用河水二碗，煎八分，食後服。

明·姚可成《食物本草》卷一七草部·隰草類　土茯苓一名冷飯團，一名草禹餘糧，一名仙遺糧。昔禹王山行乏食，采此充糧，而棄其餘，故有諸名。陳藏器曰：草禹餘糧，生海畔山谷，根如盞連綴，半在土上，皮如茯苓，肉赤味澀，人取以當穀下飢。○李時珍曰：土茯苓，楚蜀山箐中甚多。蔓生如蓴，莖有細點。其葉不對，狀頗類大竹葉而質厚滑，如瑞香葉而長五六寸。其根圓大如雞鴨子，連綴而生。遠者離尺許，近或數寸，其肉軟，可生啖。有赤白二種，以白者為勝。按《東山經》云：鼓證之山有艸焉，名曰榮莫。其葉如柳，其本如雞卵，食之已風，即此物也。昔人不知用此，近時弘治、正德間，因楊梅廣瘡盛行，率用輕粉藥取效，毒留筋骨，潰爛終身，孰若此味甘淡和平，解浸淫之毒，絕他時之患，其妙莫及矣。 土茯苓，味甘、淡，平，無毒。食之當穀不飢，調中止洩，健行不睡。健脾胃，強筋骨，去風溼，利關節，治拘攣骨痛，惡瘡癰腫。解汞粉、銀硃毒。

附方：治楊梅瘡，用冷飯團四兩，肥皂子七个，水煎代茶飲，一月見效。治小兒楊梅瘡，起於口內，延及徧身。以土茯苓末乳汁調服，月餘自愈。治廣筋寒及結毒，因服輕粉，致傷筋骨疼痛，或潰爛惡臭，終身成病者。用土茯苓一兩，有熱加芩、連，氣虛加人參、白朮、甘艸、白茯苓，血少，加當歸、生地黃、白芍藥、川芎。水煎代茶，月餘即安。〇又方，用冷飯團四兩，加四物湯一兩，肥皂子七个，川椒四十九粒，燈艸七根，水煎日飲。 治瘰癧潰爛，冷飯團切片，水煎服，或入粥內食之，須多食為妙。江西出色白者良。忌鐵器發物。

明・顧逢柏《分部本草妙用》卷七兼經部・性平 土茯苓即名土萆薢 甘、淡，平，無毒。 主治：健脾胃，強筋骨，去風濕，利關節，止泄瀉，治拘攣骨痛，惡瘡癰腫，解汞粉、銀硃毒，廣瘡毒。 土茯苓專于驅濕，故廣瘡毒藥用輕粉。愈而復發，久則肢體拘攣，變為癰漏，延綿歲月，竟致廢篤。用土茯苓三兩，或加皂莢、牽牛各一錢，水六椀，煎一半，分三服，不數劑多瘥。蓋此疾始由毒氣干于陽明，加以輕粉燥烈，久而水衰，肝挾來凌脾土。土屬濕，主肌肉，濕熱鬱蓄于肌腠，故發為癰腫，甚則拘攣。《內經》云濕氣害人皮肉筋骨是也。土茯苓能去脾濕，去則營衛從，而筋脉和，肌肉實，而拘攣癰漏愈矣。長于去鬱濕，不能去新熱，故利于久病，而不効于新病。

明・陳司成《黴瘡秘録》 或問：土茯苓單療此疾，竟有餌之不效，何也？余曰：土茯苓味甘氣平，主溫胃健脾，暖筋骨，倘過服寒凉損胃，毒滯脾經，飲食少進者，非此不能奏效。若毒在他經，脾胃健旺者，縱多服亦不見功。如脾虛泄瀉者，服此實有奇驗，故曰奇良，非虛名也。

明・蔣儀《藥鏡》卷三平部 土茯苓 去風濕，健脾胃。風濕去則筋骨利，脾胃健則榮衛從。是以去濁分清，能解輕粉銀硃等毒。興陽釋痺，兼瘳淫猥纏結諸瘡。

明・張景岳《景岳全書》卷四八《本草正》 土茯苓一名仙遺糧。 味甘淡，性平。能健脾胃，強筋骨，去風濕，利關癖，分水道，止瀉痢，治拘攣骨痛。療癰腫喉痹，除周身寒濕惡瘡，尤解楊梅瘡毒，及輕粉留毒，潰爛疼痛諸證。凡治此者，須忌茶、酒、牛、羊、鷄、鵝，及一應發風動氣等物。

明・盧之頤《本草乘雅半偈》帙九 土茯苓《藥性論》 氣味：甘淡，平，無毒。 主治：主食之當穀不飢，調中止洩，健行不睡。健脾胃，強筋骨，去風濕，利關節，止洩瀉，治拘攣骨痛，惡瘡癰腫。解汞粉、銀硃毒。

覈曰：生楚、蜀、閩、浙山箐，及海畔山谷中。蔓生如蓴，莖有細點。葉類竹，闊大厚滑，長五六寸。根如菝葜而圓，小者似卵，大者似拳，連綴而生，遠不及尺。皮似茯苓，色有赤白，肉似芋薯，味兼甘濇，亦可生啖。入藥以白色者為良。《中山經》云：鼓鐙之山有草焉，名曰榮草。其葉如柳如竹，其本如卵如拳，食之已風，恐即此也。一名禹餘糧，一名石餘糧、冷飯塊。忌茗，及豆。

条曰：土茯苓者，九土之精氣所鍾也。一名石，石以量言；一名禹，績平水土，有如神禹；言餘糧者，食之當穀不飢耳。味甘淡，氣平和，性無毒。故主調中止洩，黃中通理之為用乎。若健行不睡，強筋骨，治拘攣，利關節，此陰以陽為用，應地無疆，自強不息矣。若婬瘡癰腫，侵淫筋骨，以躭婬人，火熾水涸，水位之下，藉土承之，承則化，化則腎火歸，而腎水溢矣。

明・李中梓《本草通玄》卷上 土茯苓 甘，平，入胃、肝二經。健脾胃，清濕熱，利關節，止泄瀉，除骨痛，主楊梅瘡，解汞粉毒。 時珍云：楊梅瘡，古無病者。近起於嶺表，風土卑炎，嵐瘴薰蒸，挾淫穢濕熱之邪，發為此瘡，互相傳染，遍及海宇，頗有數種，治之則一也。症屬厥陰、陽明二經，如兼少陰、太陰則發於咽喉；兼太陽、少陽則發於頭耳。蓋相火寄於厥陰，肌肉屬於陽明故也。用輕粉、銀朱刼劑，七日即愈。水銀性走而不守，加以鹽、礬升為輕粉、銀朱，其性燥烈，善攻痰涎，涎乃脾液，此物入胃，歸陽明，故涎被刼，隨火上升，從喉頰齒縫而出，瘡即乾愈。但毒氣竄入經絡筋骨，莫之能出，變為筋骨攣痛，發為癰毒，遂成廢痼。土茯苓能健脾，去風濕。脾健而風濕去，故毒得以愈。近有秘方土茯苓一兩，苡仁、金銀花、防風、木瓜、木通、白鮮皮各五分，皂莢子四分，人參、當歸各七分，日飲三服。惟忌飲茶及牛、羊、雞、鵝、魚肉、燒酒、發麵、房勞。 色白者佳。

清・顧元交《本草彙箋》卷四 土茯苓 甘淡而平，能去脾濕，濕去則營衛從而筋脈柔，肌肉實而拘攣癰漏之疾愈矣。初病服之不效者，火盛而濕未鬱也。此藥長於去濕，不能去熱，病久則熱衰氣耗，而濕鬱爲多故也。 楊梅瘡，古方不載，亦無病者。近代起于嶺表，傳及四方。其證多屬厥陰、陽明二經，而兼乎他經。邪之所在則先發，如兼少陰、太陰，則發於咽喉，兼太陽、少陽，則發於頭耳之類。醫家用輕粉、銀硃刼劑，五七日即乾痿而愈。蓋水銀性走不守，加以鹽、礬，升爲輕粉。銀硃其性燥烈，善逐痰涎，若服之過劑，及用不得法，則毒氣竄入經絡筋骨之間，莫之或出，痰涎雖去，血液遂枯，筋失所養，營衛不從，變爲筋骨攣痛，發爲癰毒疳漏，久則生蟲生癬，手足皴裂，遂成廢痼。今醫家有搜風解毒湯治楊梅瘡，不犯輕粉病。深者月餘，淺者半月即愈。服輕粉藥致筋骨攣痛，癱瘓不能動履者，服之亦效。方用土茯一兩，薏苡仁、金銀花、防風、木瓜、白鮮皮各五分，皂莢子四分，氣虚加人參，血虚加當歸，日三服，惟忌飲茶及牛、羊、雞、鵝、魚肉、燒酒、發麵、房勞，此稱良方。

瘰癧潰爛，土茯苓切片，或爲末，水煎服，或入粥內食之，須多食。江西所產，色白者良。

清・穆石匏《本草洞詮》卷一〇　土茯苓　亦名禹餘糧，俗呼冷飯團。《東山經》云：鼓證之山有草焉，名榮莫，其葉如柳，其本如雞卵，食之已風。即此也。味甘淡，氣平，無毒。食之當穀不飢，調中止洩，健行不睡，去風濕，利關節，治拘攣骨痛，惡瘡癰腫，解汞粉、銀朱毒。此藥昔人未用，自楊梅瘡甚行，遂為要藥。查楊梅瘡古方不載，明正德間起于嶺表，傳及四方。蓋嶺表風土炎熱，嵐瘴薰蒸，男女淫穢，濕熱之邪，積蓄既深，發為毒瘡，互相傳染。然皆淫邪之人病之，其證多屬厥陰、陽明二經，而兼乎他經，邪之所在，則先發出。蓋相火屬于厥陰，肌肉屬于陽明，如兼少陰、太陰，則發咽喉，兼太陽、少陽則發頭耳也。醫用輕粉、銀朱刼劑，五七日即愈。蓋水銀性走而不守，加以鹽、礬，升為輕粉、銀硃，其性燥烈，善逐痰涎，痰涎被刼，隨火上升，從喉頰齒縫而出，故瘡即乾痿而愈。然毒氣竄入經絡筋骨之間，莫之能出。涎乃脾之液，痰涎既去，血液衰涸，筋失所養，營衛不從，變為筋骨攣痛，發為癰毒、疳漏，久則生蟲為癬，《內經》所謂濕氣害人皮肉筋骨者也。土茯苓甘淡而平，為陽明本藥，能健脾胃，去風濕，風濕既去，則營衛從而筋脈柔，肌肉寔而拘攣、癰漏愈矣。初病服之不効者，火盛而濕未鬱也。此藥長于去濕，不能去熱，病久則熱衰，氣耗而濕鬱為多故也。李瀕湖《綱目》有搜風解毒湯，治楊梅瘡病，深者月餘，淺者半月即愈。服輕粉藥，筋骨攣痛，癱瘓不能動履者，服之亦效。其方用土茯苓一兩，薏苡仁、金銀花、防風、木瓜、木通、白鮮皮各五分，皂莢子四分，氣虚加人參七分，血虚加當歸七分，水二大碗，煎飲，日三服。惟忌飲茶及牛、羊、雞、鵝、魚、肉、燒酒、麪、房勞。蓋秘方也。

清・劉雲密《本草述》卷一一　土茯苓一名土萆薢，俗名冷飯團。　楚蜀山箐中甚多，蔓生，如蓴，莖有細點，其葉不對狀，頗類大竹葉而質厚滑，如瑞香葉而長五六寸，其根狀如菝葜而圓，其大若雞鴨子，連綴而生，遠者離尺許，近或數寸，其肉軟，可生啖。有赤白二種，入藥用白者良。

根　氣味：甘，淡，平，無毒。

主治：健脾胃，强筋骨，去風溼，利關節，治拘攣骨痛，惡瘡癰腫，解汞粉、銀朱毒。時珍曰：此味昔不知用，因弘正時楊梅瘡盛行，率用輕粉藥取效，毒留筋骨，潰爛終身，遂以此味為要藥。汪機曰：病楊梅毒瘡，始由毒氣干於陽明而發，妄用輕粉，其性燥烈，久而水衰，肝挾相火來淩脾土。土屬溼，主肌肉，溼熱鬱蓄於肌腠，故發為癰腫，甚則拘攣。《內經》所謂溼氣害人皮肉筋骨，是也。土萆薢甘淡而平，能去脾溼，溼去則營衛從，而筋脈柔，肌肉實，而拘攣癰漏愈矣。初病服之不效者，火盛而溼未鬱也。此藥長於去溼，不能去熱，病久則熱衰氣耗，而溼鬱為多故也。

附方　時珍曰：今醫家有搜風解毒湯治楊梅瘡，不犯輕粉，病深者月餘，淺者半月即愈。服轻粉藥，筋骨攣痛，癱瘓不能動履者，服之亦效。其方用土茯苓一兩，薏苡仁、金銀花、防風、木瓜、木通、白鮮皮各五分，皂莢子四分，氣虚加人參七分，血虚加當歸七分，水二大盌，煎飲，一日三服，惟忌飲茶及牛、羊、雞、鵝、魚、肉、燒酒、法麪、房勞。蓋秘方也。一方：生地黄、牛膝、杜仲、枸杞、當歸各二兩，五加皮三兩，土茯苓四兩，用頭生酒二十大壺，浸三晝夜，煮三炷香，埋土中一晝夜，仍分作十數小瓶，再煮一炷香，腹飢時盡量飲。忌茶、蘿蔔、牛肉。

有一老人服此酒，至老御女不倦，連生數子。此傳之不謬者也。

愚按：土茯苓，自後賢用之，如汪機謂其能去溼，即李時珍亦止謂能健脾胃，去風溼耳，不知於此味之功用何與也。方書有用此味同金銀花治偏頭風，左右劑中俱入，但他味有不同耳。繆氏謂偏左頭痛屬血虚，肝家有熱，於涼血養血藥中入此二味。左右俱用，其方載《醫便後冊禁方》中，謂右屬痰與熱，左屬風與血少。夫此味以療楊梅毒有專功，先哲云此毒總由溼熱邪火之化，但氣化傳染者輕，精化慾染者重。氣化乃脾肺受毒，精化從肝腎受毒，斯言最為精確。然則如汪機所云毒氣干於陽明者，義屬未盡矣。先哲云：從脾肺受毒者，其患先從上部，見之皮膚作癢，筋骨不疼。從肝腎受毒者，先從下部，患之筋骨多疼，小水澀淋，是審證最明。蓋以骨屬腎，筋屬肝，三焦之火藏於腎，而肝之相火與之通淫媟者，邪火熾而精化為毒，故深入於筋骨而為害，至發於肌肉，固亦毒干於陽明矣。然可謂止從陽明而治，不求其本乎？薛立齋曰：受證在肝腎二經，故多在下體發起，如是其責不始於陽明。而此味之於此毒有專功，可徒謂其去溼健脾胃去風溼乎？雖然其味甘淡，其氣平，固入脾胃者也。夫土居中，以應四旁，而此味之治，固所謂腎之脾胃，肝之脾胃病也。諸毒遇土則化，而此味之具土德，以化淫火之毒，是其功用之微乎。如徒以健脾去溼槩之，彼去風溼健脾胃之藥不少矣，何不以之治斯證，而獨須此味乎？又有種子方，亦以為君，毋亦清邪火，而有裨真陰乎？則豈徒以健脾去溼見長也。至汪機、時珍俱指為解輕粉之毒，不知其未犯輕粉之毒者，而亦療之，但有兼劑耳。汪機所謂初病服之不效，蓋初證而不知善用之過也。

修治　去皮為末。忌鐵器。

清·郭章宜《本草匯》卷一二　土茯苓即土萆薢，一名冷飯團。　味甘淡，平，入足陽明、厥陰經。清濕熱，利關節。治拘攣，除骨痛。主楊梅惡瘡，解汞粉、銀硃毒。

按：土茯苓，長于去濕，不能去熱之物也。濕熱鬱于肌腠，發為癰腫，甚則拘攣，《內經》所謂濕氣害人皮肉筋骨是也。然皆淫邪之人病之。類有數種，治之則一。其證多屬厥陰、陽明二經，如兼少陰、太陰，則發于咽喉。兼太陽、少陰，則發于頭耳。蓋相火寄于厥陰，肌肉屬于陽明故也。醫用輕粉、銀硃劫劑，七日即愈。水銀性走而不守，加以鹽、礬升為輕粉，銀硃其性燥熱，善逐痰涎，涎乃脾液，此物入胃，氣歸陽明，故涎被劫，隨火上升，從喉頰齒縫而出，故瘡即乾痿而愈。若服之過劑，及用不得法，則毒氣竄入筋骨經絡，莫之能出，痰涎去而血液耗，筋失所養，營衛不從，變為筋攣骨痛，發為癰毒，遂成廢痼。土茯苓能健脾胃，去風濕，脾健而風濕去，故毒得以愈。近有方用土茯苓一兩，薏苡仁、金銀花、防風、木瓜、木通、白鮮皮各五分，皂莢子四分，氣虛加人參，血虛加當歸，日飲三服，蓋秘方也。

色白者良。忌茶茗及牛、羊、雞、鵞、魚、肉、燒酒、麪、房勞。

清·蔣居祉《本草擇要綱目·平性藥品》　土茯苓　氣味：甘，淡，平，無毒。　主治：健脾胃，去風濕，利關節。療拘攣骨痛，惡瘡臃腫。解汞粉、銀硃毒。近世有風流之人，多病楊梅毒瘡者，希求速效，每用輕粉、銀硃等藥，愈而復發，其毒結於陽明、厥陰二經，而兼乎他經，以致邪之所在，則先發出。如兼少陽、太陰，則發於咽喉。兼太陽、少陰，則發於頭耳。總以相火寄位於厥陰，肌肉屬乎陽明。水銀、輕粉之燥烈，雖能劫脾胃之痰，使諸火上升，俾毒瘡頓愈。不知毒氣竄入經絡筋骨之間，莫之能出，痰涎雖出，血液旋耗，筋失所養，榮衛不從，變為癰漏。唯土茯苓氣平味甘而淡，為陽明本藥，能健脾胃，去風濕，脾胃健而榮衛從，風濕去而筋骨利，此亦古人未言之祕也。

清·閔鉞《本草詳節》卷二　土茯苓　【略】按：土茯苓，長于去濕，不能去熱。脾濕去，則榮衛從，筋脈柔，肌肉實，而拘攣、癰漏愈矣。如淫邪之人，多病楊梅瘡，其症多屬厥陰、陽明二經，而兼乎他經，邪之所在，則先發出，如兼少陰、太陰，則發於咽喉，兼太陽、少陽，則發於頭耳之類，醫用輕粉劫劑，五七日即愈，毒氣竄入經絡筋骨之間，遂成攣痛，癰腫痼疾。惟土茯苓為二經本藥，況當病久之後，熱衰氣耗，濕鬱為多，用之未有不奏效者。若初起肺熱便閉，又不宜也。

清·王翃《握靈本草》補遺　土茯苓生海畔山谷間，俗名冷飯團，又名土萆薢，皮如茯苓，肉赤味澁。　甘，淡，平，無毒。主健脾胃，去風濕，解輕粉毒。

清·汪昂《本草備要》卷二　土茯苓通，祛濕熱，補脾胃。　甘淡而平。陽明胃、大腸主藥。健脾胃，祛風濕，脾胃健則營衛從，風濕除則筋骨利。利小便，止瀉泄。治筋骨拘攣，楊梅瘡毒，楊梅瘡，古方不載。明正德間起于嶺表，其症多屬陽明、厥陰，而兼及他經。蓋相火寄于厥陰，肌肉屬于陽明故也。醫用輕粉劫劑，其性燥烈，入陽明劫去痰涎，從口齒出，瘡即乾愈。然毒氣竄入經絡筋骨，血液枯槁，筋失所養，變爲拘攣、癰漏，竟致廢痼。土茯苓能解輕粉之毒，去陽明濕熱，用一兩爲君，苡仁、金銀花、防風、木通、木瓜、白鮮皮各五分，皂角子四分，氣虛加人參七分，血虛加當歸七分，名搜風解毒湯。瘰癧瘡腫。《經》曰：濕氣害人皮肉筋脈是也。土茯苓淡能滲，甘能補，患膿疥者，煎湯代茶，甚妙。　大如鴨子，連綴而生，俗名冷飯團。有赤白二種，白者良。可煮食，亦可生啖。忌茶。

清·李熙和《醫經允中》卷二〇　土茯苓　即土萆薢，又名冷飯團。入肝胃經。　甘、淡，平，無毒。主治去風濕，利關竅，愈惡瘡癰疽、廣瘡，解砂汞、輕粉毒。楊梅毒方：土茯苓一兩，苡仁、忍冬、防風、木通、木瓜、白鮮皮各五分，皂角子四分，氣虛加人參，血虛加當歸，日飲三服。秘方也。忌茶、牛、羊、雞、鵝、魚、肉、燒酒、麵。

清・馮兆張《馮氏錦囊秘錄・雜症痘疹藥性主治合參》卷二　土茯苓俗名冷飯團。有赤、白二種，白者良，可煮食，亦可生啖。甘淡而平，陽明主藥。分清去濁，祛風除濕，筋骨拘攣，楊梅瘡毒，瘰癧瘡腫，去濕化毒之要藥也。胃虛、腎寒者禁之。　土茯苓與萆薢形雖不同，主治不甚相遠，李氏疑為一物數種，理或然也。總之，皆除濕消水，去濁分清，固下焦元氣。故能興陽道而主諸痹及惡瘡不瘳也。

清・张璐《本經逢原》卷二　土茯苓俗名冷飯團　甘，淡，平，無毒。忌鐵器。

發明：　土茯苓古名山牛，入胃與肝腎。清濕熱，利關節，止拘攣，除骨痛，主楊梅瘡，解汞粉毒。時珍云，楊梅瘡起於嶺南，風土炎熱，嵐瘴薰蒸，挾淫穢濕熱之邪，發為此瘡。今則遍行海宇，類有數種，治之則一，屬厥陰、陽明。如兼少陰、太陽，發於咽喉。兼太陽、少陽，發於頭角。蓋相火寄在厥陰，肌肉屬於陽明。若用輕粉劫劑，毒氣竄入經絡筋骨，莫之能出，變為筋骨攣痛，發為結毒，遂成痼疾。方用土茯苓一兩，薏苡、忍冬、防風、木瓜、木通、白鮮皮各五分，皂莢子四分，人參、當歸各七分，日服三次，忌飲茶、燒酒及牛、羊、雞、鵝、魚、肉、麩麵、鹽、醬，並戒房勞百日，渴飲土茯苓湯，半月全愈。

清・浦士貞《夕庵讀本草快編》卷三　土茯苓《綱目》、冷飯團、仙遺粮　昔大禹入山乏食，采此充粮，故有諸名。　遺粮甘淡而平，乃陽明本藥也。專於去脾濕，解黴毒，濕去則營衛從而筋脉柔，肌肉實而拘攣愈矣。夫黴瘡之疾，古方不載。疏其源，始於嶺表，風土卑炎，嵐瘴熏蒸，飲啖辛熱，男女淫猥，濕熱之邪積畜，既深發為毒惡，互相傳染，自南而北，徧及海宇。類有數種，治則一也。症多屬厥陰陽明，或夾他經之邪，所在先發，如兼少陰太陰則發咽喉，兼太陽少陽則發頭耳。蓋相火寄於厥陰，肌肉統於陽明故也。庸醫不論虛實，但求速効，多用輕粉、銀朱造成，薰照咯吸之藥，劫奄其毒。殊不知水銀走而不守，得塩礬則升為輕粉；銀朱其性燥烈，善逐痰涎，涎乃脾液。一入於胃，氣歸陽明。涎既被劫，隨火上升從喉頰齒縫而出，故瘡即乾瘥而愈。功雖捷速，毒氣安能盡出？餘邪竄入脉絡筋骨之間，莫之能達。痰涎既去，血液枯涸。筋失所養，營衛不從，變為筋攣拘痛，癰毒疳漏，久則生蟲為癬，手足皴裂，遂成痼疾，甚則遺毒留害子孫，不可不戒。但用仙粮甘淡之品，佐以群藥健其脾胃，去其風濕，培其元氣，利其筋骨，則諸毒自解，沉疴立起矣。

清・何諫《生草藥性備要》卷下　土茯苓　味甜，性寒。消毒瘡，疔瘡，瘡科要藥。生舂汁塗敷之，煲酒亦可。一名冷飯頭。

清・劉漢基《藥性通考》卷六　土茯苓　味甘，淡，氣平。入陽明胃、大腸。健脾胃，祛風濕，脾胃健則營從，風濕除則筋利。又利小便，止瀉泄，治筋骨拘攣，楊梅瘡毒，瘰癧瘡腫。大如鴨子，連綴而生，俗名冷飯團，有赤白二種，白者良。可煮食，亦可生啖。忌茶。凡濕鬱而為熱，營衛不和，則生瘡腫。《經》云濕氣入於皮肉筋骨是也。土茯苓淡能滲，甘能補。患膿疥者，煎湯代茶甚妙。

清・王子接《得宜本草・下品藥》　土茯苓　味甘，淡。功專去風濕，利關節。得金銀花、苦參治楊梅瘡毒。

清・黃元御《玉楸藥解》卷一　土茯苓　味甘，氣平。入足少陰腎經。利水泄濕，燥土健中。壯筋骨而伸拘攣，利關節而消壅腫。最養脾胃，甚止泄利。燥土泄濕，壯骨強筋。止泄斂腸，極有殊效，善治癰疽瘰癧，楊梅惡瘡。

清・汪紱《醫林纂要探源》卷二　土茯苓　甘，淡，平。弱蔓長引，色黃赤，如綫，葉長而厚，細根亦長引，入土深，下結卵，纍纍作串，大如鴨子，或白，俗名粳飯團。補脾和胃，滲濕利水，緩肝舒筋，主治惡瘡，解毒。甘淡之味，土德之純，多能解毒。蔓藤之性，多入肝。甘則能緩肝，此蔓尤似筋，又能滲去筋脈之邪濕，故治毒瘡最良。且能攻堅破結也。楊梅瘡、馬刀瘰癧，皆統治，常服亦可。忌茶。

清・嚴潔等《得配本草》卷四　土茯苓一名土萆薢，一名仙遺糧。　忌茶茗、鐵器、發物及牛羊雞鵝魚肉、燒酒、發麵、房勞。　甘、淡。入足陽明、厥陰經氣分。理濁分清，去風除濕。專療惡瘡癰腫。　解汞粉、銀朱毒。惡瘡，即楊梅毒瘡。

題清・徐大椿《藥性切用》卷四　土茯苓　甘淡性平，滲利濕熱，解毒治瘡，為瘡科耑藥。俗名冷飯團。有赤白二種，白者良。

清・黃宮繡《本草求真》卷五　土茯苓耑入胃肝，兼入腎腸。　土茯苓消水除濕，尤解楊梅結毒。　甘淡氣平，功有等於萆薢。治能除濕消水，去清分濁，然此尤解楊梅毒。　蓋楊梅瘡多由嵐瘴薰蒸，與淫穢濕熱之邪交互而成。時珍曰：楊梅瘡古方不載，亦無病者，近時起於嶺表，傳及四方。蓋嶺表風土卑炎，嵐瘴薰蒸，飲啖辛熱，男女淫猥，濕熱之邪，蓄積既深，發為毒瘡，遂致互相傳染，自南而北，遍及海宇。然皆淫邪之人病之。其症多屬陽明胃厥陰肝，而兼及他經。蓋相火寄於厥陰，肌肉屬於陽明故也。如兼少陰、太陰，發於咽喉；兼太陽、少陽，發於兩角。若用輕粉劫劑，毒氣竄入經絡筋骨，莫之能出，變為筋骨攣拘，發為結痛，遂成痼疾。時珍曰：水銀性走而不守，加以鹽礬，升為輕粉銀硃，其性燥烈，善逐痰涎，涎乃脾之液。此物入胃，氣歸陽明，故涎被劫，隨火上升。從喉頰齒縫而出，故瘡即乾痿而愈。若服之過劑，及用不得法，則毒氣竄入經絡筋骨之間，莫之能出。痰涎既去，血液耗涸，筋骨失其所養，營衛不從，筋骨攣痛，發為癰毒疳漏，久則生蟲為癬，手足（皺）〔皴〕裂，遂成痼疾。須用此一兩，外用金銀花、防風、木通、木瓜、白鮮皮各五分，皂莢子四分，人參、當歸各七分，日服三劑。時珍曰：用此能健脾胃，去風濕。脾胃健則營衛健，風濕去則筋骨利，故諸症多愈。又云：此名搜風解毒湯，犯輕粉病深者月餘，淺者半月即愈。忌飲茶、酒、肉、麵、鹽、醋。并戒房勞百日。渴飲土茯苓湯，半月方愈。取其濕熱斯除，而濁陰得解矣。白者良，忌茶。

附：琉球・吳繼志《質問本草》內篇卷四 土茯苓 生海濱嚴岡間。係是土茯苓。生海濱嚴岡閒，祇恐地道各別，須宜細認。壬寅，許永枝、吳太茂、王隆盛。

此一種，觀其蔓根，甚似萆薢、菝葜二類，細嚼，其氣味實書中之土茯苓也。其生產皆在海畔山谷中間，處處皆有，然不無地土，性用稍異，用宜酌之。壬寅，陳文錦、李興成、盧亨春。 土茯苓 又名山歸來。辛丑，段煥章。

清・羅國綱《羅氏會約醫鏡》卷一六草部 土茯苓一名仙遺糧。味甘淡，性平和，入脾肝二經。分清去濁，淡能滲也。扶脾健胃。甘能補也。治周身寒濕諸痹，利關節，強筋骨，去風濕之功。分水道，止泄瀉，療瘡腫，濕鬱為熱，榮衛不和，則生瘡腫，此能去濕。尤解楊梅惡毒。土茯苓一兩，同苡仁、銀花、防風、木通、木瓜、白鮮皮各五分，皂角子四分。氣虛加參芪，血虛加當歸，多服久服，縱先用過輕粉劫劑而齒爛，毒伏經絡而拘攣，罔不全愈。

按：土茯苓主治與萆薢略同，服此者忌茶及酒、牛、羊、鷄、鵝等物。亦有黃白二種，白者良，可煮食，亦可生啖。

清・陳修園《神農本草經讀》附録 土茯苓 氣味甘、淡，平，無毒。主治食之當穀不飢，調中止泄，健行不睡藏器。治拘攣骨痛，惡瘡癰腫，解汞、銀朱毒時珍。

清・趙學敏《本草綱目拾遺》卷五草部下 開金鎖 《從新》云：產江浙，葉如萆薢，高三四尺，根如首烏而無棱，內白色而無紋，略似菝葜而無刺。苦平，祛風溼，同蒼朮、當歸，治手足不遂、筋骨疼痛。

清・黃凱鈞《藥籠小品》 土茯苓 甘淡，祛濕熱，利小便，止泄瀉。治筋骨拘攣，楊梅瘡毒，瘰癧瘡腫，淡滲傷陰。肝腎陰虧勿服。有赤白二種，白者良。

清・章穆《調疾飲食辯》卷一下 土茯苓汁 《綱目》曰：俗名冷飯團，又名山地栗。根形似萆薢，故又名土萆薢。《拾遺》名草禹餘糧。處處皆有。蔓生，莖有細點，葉不對節，厚滑如瑞香葉，根連綴而生。肉軟味甘，可生啖，小兒喜食之。有赤、白二種，白者良。性能健脾胃，強筋骨，去風濕，利關節，止泄瀉。治拘攣骨痛，惡瘡癰腫，解汞粉、銀硃毒。近有好淫之人，多生梅瘡，又名徽瘡，粵中尤甚。醫用輕粉、銀硃劫劑，五七日即愈。毒氣收閉，竄入經絡之間，發為攣痛，為癰毒疳漏，輕者必成廢人，重者即死。惟此物或單用，或和皂角子、五加皮、金銀花、苦參，煎汁多飲。能飲者酒煎服，不能飲者水煎。和酒服常令醺醺，勿使間斷。未服輕粉者半月，已服輕粉者一月可愈。古方有土茯苓一兩，薏苡仁、金銀花、防風、木瓜、木通、白鮮皮各三錢，皂角子炒研四錢，甘草、當歸各五錢，酒煎，一日三服。切忌飲茶，及牛、羊、雞、鵝、魚、鱉、蝦、蟹、諸禽卵、燒酒、房室。救命金丹也。蓋其性平味甘，能解大毒，不獨梅瘡，一切癰疽疔毒，結核瘿瘤，用以代茶或煎酒，皆有奇效，但須多飲，少則無功耳。

清・張德裕《本草正義》卷下 土茯苓一名仙遺糧 甘，平。去風濕，利關節，治拘攣骨痛，周身風濕惡瘡，尤解楊梅瘡毒。

清・楊時泰《本草述鉤元》卷一一 土茯苓 即土萆薢，名仙遺糧，俗名冷飯團。蔓生如蓴，莖有細點，其葉類竹而質厚滑，長五六寸，其根如菝葜而圓，大若雞鴨卵，連綴而生，近或數寸，遠者尺許。有赤白二種，入藥用，白者良。

氣味甘淡而平。入足陽明厥陰少陰。能健脾胃，去風濕，強筋骨，利關節。治拘攣骨痛，惡瘡癰腫，解汞粉、銀朱毒。楊梅瘡，始由毒氣干於陽明而發，妄用輕粉，其性燥烈，久而水衰，肝挾相火來淩脾土，土主肌肉，濕熱鬱於肌腠，故發為癰腫，甚則拘攣，《經》所謂濕氣害人皮肉筋骨是也。土茯苓甘淡而平，長於去濕，濕去則營衛從，而筋脉柔，肌肉實，而拘攣癰漏愈矣。初病服之不效者，火盛而濕未鬱也。病久則熱衰氣耗，濕鬱為多耳石山。搜風解毒湯，治楊梅瘡，病深者月餘，淺者半月愈。其服過輕粉藥，筋骨攣痛，癱瘓不能動履者，服之亦效。用土茯苓一兩，薏仁、銀花、防風、木瓜、木通、白鮮皮各五分，皂莢子四分，氣虛加人參七分，血虛加當歸七分，水二大盌煎飲，日三服，惟忌飲茶及牛、羊、鷄、鵝、魚、肉、燒酒、法麯、房事。一方：生地、牛膝、杜仲、枸杞、當歸各二兩，五加皮三兩，土茯苓四兩，用頭生酒二十大壺，浸三晝夜，煮三炷香，埋土中一晝夜，仍分作十數小瓶，再煮一炷香，飢時盡量飲，忌茶、蘿蔔、牛肉。有老人服此酒，御女不倦，連生數子，此傳之不謬者。同銀花，治偏頭風，左右俱應，但他味有不同耳。

論：土茯苓功用，瀕湖、石山類謂其去濕健脾胃耳，何以療楊梅結毒有專功？先哲云：此毒總由濕熱邪火之化，但氣化傳染者輕，精化慾染者重。氣化乃脾肺受毒，其患先從上部見之，皮膚作癢，筋骨不疼。精化從肝腎受毒，先從下部害之，筋骨多疼，小水濇淋，以骨屬腎，筋屬肝，三焦之火藏於腎，而肝之相火與之通，淫媟者邪火熾而精化為毒，故深入筋骨而為害，至發於肌肉，固亦毒干陽明矣，然可止從陽明而治，不求其本乎。此味甘淡而氣平，固入脾胃之藥，第土居中以應四旁，其所治則腎之脾胃，肝之脾胃病也。諸毒遇土則化，此味具土德以化淫火之毒，是其功用之微。又有種子方，亦以為君，毋亦清邪火而有裨真陰乎。

修治：去皮為末，忌鐵器。

清・葉桂《本草再新》卷三　土茯苓味甘，淡，性平，無毒。入肝、脾二經。　祛濕熱，利筋骨，止泄瀉，治楊梅結毒。

清・吴其濬《植物名實圖考》卷二〇　土茯苓　即草禹餘糧。《本草拾遺》始著錄。宋《圖經》謂之刺猪苓，今通呼冷飯團。形狀功用具《本草綱目》。近時以治惡瘡為要藥。多以萆薢充之，或有以商陸根偽充者。萆薢去濕，性尚不遠，若商陸則去水峻利，宜慎辨之。

雩婁農曰：土茯苓出近世，俗醫治惡疾，邀重利，如操左券。吾於是見造物之好生也，且旋賊之而旋生之也。五行遞嬗，遘厲紛挐，人生口體之奉，所以戕其四端之性，而誘之以四奸者，蓋無一息之或逭，乃病以岐黄未論之病，即藥以農皇未嘗之藥；病既不擇人而生，藥亦不擇地而育，甚至垢腐潰臭，妻孥遠避；而醫者釁沐之，而投以草木之滋；或起行屍而肉白骨，卒不使之盡戕其生，又非造物生機，無一息之或停哉？夫萬物死於北亦生於北，《易》曰：坎，勞卦也，萬物之所成終而成始也。造物既賊之而復生之，勞亦甚矣。非特此也。《孟子》曰：天地之生也，一治一亂；在人則賊之、生之；在天下則治之、亂之。造物果何心哉？雖然，死至思生，亂極思治，造物之心，亦人心耳。人勞於生死治亂之途，造物亦不得不勞之於生之、死之、治之、亂之之故。然則代造物而理物者，欲聽人物之擾攘而無所勞，焉得乎？

清・趙其光《本草求原》卷四蔓草部　土茯苓一名萆薢，俗名冷飯團。　甘淡而平。入脾、胃、大腸。稟土德以化淫毒，清火邪以益真陰；古種子方有以之為君者，不徒健脾去風濕已也。毒清則營衛從，陰充則筋骨利。利小便，止泄，利關節，健行不睡。健運行濕之功。治拘攣、骨痛皮癢、惡瘡癰腫、止濕蘊毒，發於肌腠，則為癰腫。楊梅瘡毒，解汞粉、銀朱毒。

楊梅瘡皆邪火濕毒所化。有氣化傳染者，由肺而入，患先見於上部，皮膚癢，筋不痛；有精化欲染者，由腎而入，患先見於下部，筋骨多痛，小便淋濇。蓋三焦之火藏於腎，肝之相火與之通；淫火熾而精化為毒，則腎主之骨、肝主之筋皆受其害。然未有不入於脾胃而後發於肌肉者。蓋土主肌肉，居中以應四旁，毒遇土則化，逢甘則解，故用此為主，是執中央以運四旁法。精化之毒，亦有上下齊發於頭角咽喉者，膽與膀胱經於頭角，少陰之氣並任衝於咽喉也。庸醫妄用輕粉劫劑，其性燥烈，入胃劫去痰涎，從口齒出，瘡即乾愈；然毒氣竄入經絡、筋骨，精血枯涸，筋失所養，變為拘攣、癰瘻、潰爛、結毒，致成廢疾。土茯苓能解輕粉毒。方用一兩為君，苡仁、銀花、防風、木通、木瓜、鮮皮各五分，皂角子四分，氣虛加參，血虛加歸。一方土茯四兩，生地、牛膝、杜、杞、歸各二兩，加皮三兩，酒浸三日煮，埋土中一日夜，分數次再煮飲之。

白者良，赤者損血。忌茶、酒、牛、羊、雞、鵝、魚、麯、鹽、醬。渴，飲土茯湯。以忌鐵。服後飲茶則脫髮。

清・文晟《新編六書》卷六《藥性摘錄》　土茯苓　甘，淡，氣平。入胃肝，兼入腎腸。功同(華)〔萆〕薢，除濕消水，法濁分清，尤解楊梅瘡毒，及誤服輕粉卻劑，變成筋骨拘攣，發為結毒疳癬痼疾，須用一兩，合金銀花、防風、木通、木瓜、白鮮皮、皂莢子各五分，當歸、人參各七分，貧者倍用黨參，每日服三劑，三四十日見効。〇忌茶、酒、肉、麪、鹽。〇渴時暑飲土茯苓湯代茶，並戒房事百日，効。

清・張仁錫《藥性蒙求・草部》　土茯苓三錢、五錢　土茯苓淡，濕熱通祛。

舒筋利水，瘡毒堪除。俗名冷飯團。有赤、白二種，白者良。祛濕熱以利筋骨，利小便以止泄瀉。治楊梅瘡毒。〇肝腎陰虛者，勿服。

清・張仁錫《藥性蒙求・草部》　開金鎖一錢，錢半　開金鎖苦，除濕祛風。拘攣手足，絡脈皆通。山草。

清・劉善述、劉士季《草木便方》卷一草部　冷飯團　土苓甘平健脾強，筋骨拘攣風濕嘗。癰疽疔瘍惡毒妙，楊梅結毒陰疳良。仙人飯，土茯苓。

清・戴葆元《本草綱目易知錄》卷二　土茯苓　甘淡而平。陽明主藥。健脾胃，去風濕，強筋骨，利關節。脾胃健則營衛從，風濕去則筋骨利。調中止瀉，健行耐飢。治筋骨拘攣，瘰癧，楊梅惡瘡癰腫。解汞粉、銀硃毒。忌茗。

清・黃光霽《本草衍句》　土茯苓　淡祛風濕，甘健胃脾。利筋骨之攣痛，除濁分清。治楊梅之惡瘡，去濕化毒。得金銀花、皂角子、五加皮、苦參，治楊梅瘡毒。　搜風解毒湯治楊梅瘡，筋骨攣痛，癱瘓不能動履者，土茯苓一兩，苡仁、銀花、防風、木瓜、木通、白鮮皮，各五分，皂角莢子四分，煎服。

清・陳其瑞《本草撮要》卷一　土茯苓　味甘，平，淡，入手足陽明經，功專健脾胃，祛風濕，利小便。治筋骨拘攣，楊梅瘡毒。忌茶。一名冷飯團。

山夜蘭根

清・趙其光《本草求原》卷一山草部　山夜蘭根　辛，大寒。散皮膚、頭面熱毒，解中百藥毒，雙橘丸以之熬膏為君。煎酒飲，治楊梅瘡毒。一服即頭面俱消，而後以托補解臟毒之劑繼之，其效如神。浸酒良。

粘魚鬚

明・朱橚《救荒本草》卷上之前　粘魚鬚　一名龍鬚菜。生鄭州賈峪音欲山，及新鄭山野中亦有之。初先發笋，其後延蔓生莖發葉，每葉間皆分出一小叉，又出一絲蔓葉，似土茜葉而大，又似金剛刺葉，亦似牛尾菜葉，不澁而光澤。味甘。　救飢：　採嫩笋葉煠熟，油鹽調食。

清・趙學敏《本草綱目拾遺》卷三草部上　粘魚鬚　《采藥錄》：　粘魚鬚草梗葉青色，面起直紋，葉葉有鬚二條，其根如竹鞭狀。　治疔瘡一切諸瘡。　汪連仕云：　粘魚鬚沿藤如豆葉，二丫，內生二鬚，根白而粗，專治外科一切疔瘡腫毒，罨之立消。

清・莫樹蕃《草藥圖經》　金岡籐　本名粘魚鬚。溫平，無毒。可做小菜吃。能通筋血，去死血，消腫痛。

清・吳其濬《植物名實圖考》卷二一　粘魚鬚　《救荒本草》：【略】　按《簡易草藥》：　金岡藤本名粘魚鬚，溫平無毒，可做小菜喫；　能通筋血，去死血，消腫痛。　又《湖北志》：　鯰魚鬚，藤本，初生茁土中，色紫，巔拳曲若魚鬚，炒肉殊妙。

清・劉善述、劉士季《草木便方》卷一草部　鐵菱角　萆薢甘平補腎肝，筋骨老血腰痛安。失尿淋濁陰痿痛，祛風除濕痔瘻餐。

金剛刺

明・朱橚《救荒本草》卷上之後　金剛刺　又名老君鬚。生輝縣鴉子口山野間。科條高三四尺，條似刺蘼音梅花條，其上多刺，葉似牛尾菜葉，又似龍鬚菜葉，比此二葉俱大，葉間生細絲蔓。其葉味甘。　救飢：　採葉煠熟，水浸淘淨，油鹽調食。

清・吳其濬《植物名實圖考》卷三六　金剛刺　生雲南山中。木皮綠紫，巨刺對生，觕銳如杷，槎枒可怖，疎葉垂垂，似麻葉而尖長，蓋樊圃之良材也。

鯰魚鬚

清・吳其濬《植物名實圖考》卷二一　鯰魚鬚　生建昌。蔓生有節，葉如竹葉，紫根多鬚。土醫以治熱。粘魚鬚以蔓名，此以根名。

硬飯團

明・蘭茂撰，清・管暄校補《滇南本草》卷下　萆薢　性微溫，味微酸。入肝、脾、膀胱經。治風寒，溫經絡，腰膝疼，遍身頑麻，利膀胱水道，赤白便濁。

明・蘭茂《滇南本草》（叢本）卷中　萆薢　味苦、微酸，性微溫。入肝、脾、膀胱經。治風寒濕氣，筋絡腰膝疼痛，遍身頑麻。利膀胱水道，赤白便濁。

清・吳其濬《植物名實圖考》卷二二　萆薢　《別錄》中品。宋《圖經》列數種。李時珍云：　葉大如盌。今人皆以土茯苓為萆薢，誤矣。其實今人乃以萆薢為土茯苓耳。南安謂之硬飯團，屑粉食之。茲從李說而別存原圖。

雩婁農曰：　余按試贛，聞山中人有掘硬飯團為糧者，令人採視之，則即藥肆所收以代土茯苓，而李時珍以為萆薢者。堅強如木石。山人之言曰，贛山瘠田少，苦耕穀不蓄，雖中人產，不能終歲粒食，則仰給於薯；　薯不足則糜草木之根荄而粉餐之。若葛、若蕨及此物，皆貧民果腹是賴。余觀范文正公使江淮，取民所食烏昧草以進，乞宣示六宮戚里，以抑奢靡。前賢欲朝廷知民間艱難如此。然此猶值儉歲耳。若贛之民，雖豐歲亦與上古食草木之實同，而不獲奏庶艱食，比之豳地苦寒，穫稻烹葵，其苦樂為何如耶？世有抱痌瘝者，取瘠土之民之生計，講求訪咨，繪為圖說，使為民上者，知風雨時節，而無告窮黎，尚有藜藿不糁，茹草噉木而甘如黍稷者，一遇亢暵螟螣，稭葉皆盡，顛連離散，計惟有填溝壑而入盜賊，得不蹙蹙然，預計綢繆，為鳩形鵠面者蓄升斗之儲，而一切偷安縱欲坐待流民之圖，於心忍乎？求牧與芻而不得，立而視其死，距心亦知罪矣。善將者，士先食而後食，豈守令而不然哉。

滇紅萆薢

清·吴其濬《植物名實圖考》卷二三　滇紅萆薢　長蔓，葉光潤，綠厚有直勒道，花紫紅，如粟米作毬。

牛尾菜

明·朱橚《救荒本草》卷上之前　牛尾菜　生輝縣鴉子口山野間。苗高二三尺，葉似龍鬚菜葉，葉間分生叉枝及出一細絲蔓；又似金剛刺葉而小，紋脉皆豎。莖葉梢間開白花，結子黑色。其葉味甘。　救飢：　採嫩葉煠熟，水浸淘淨，油鹽調食。

白幷

宋·唐慎微《證類本草》卷三〇有名未用·草木〔《別錄》〕　白幷　味苦，無毒。主肺欬上氣，行五藏，令百病不起。一名玉簫，一名箭(悍)〔桿〕。葉如小竹，根黃皮白。生山陵。三月、四月採根，暴乾。

明·李時珍《本草綱目》卷一八草部·蔓草類　白幷時珍曰：此物氣味主治俱近百部，故附之。

何首烏

唐·李翺《何首烏錄》　僧文象好養生術。元和七年三月十八日，朝茅山遇老人於華陽洞口。告僧曰：汝有仙相，吾授汝秘方。有何首烏者，順州南河縣人，祖能嗣，小名田兒，天生閹，嗜酒。年五十八，因醉夜歸，臥野中，及醒見田中有藤兩本，相遠三尺，苗蔓相交，久乃解，解合三四。心異之，遂掘根。特問村野人，無能名。曝而乾之。有鄉人麦良戲而曰：汝閹也，汝老無子，此藤異，而後以合，其神藥，汝盍餌之。田兒乃篩末，酒服，經七宿，忽思人道。累旬，力輕健，慾不制，遂娶寡婦曾氏。田兒因嘗餌之，加飡兩錢。七百餘日舊疾皆愈，反有少容，遂生男。鄉人異之。十年生數男，俱號為藥。告田兒曰：此交藤也，服之可壽百六十歲。而古方本草不載，吾傳於師，亦得之於南河。吾服之，遂有子。吾本好靜，以此藥害於靜，因絕不服。女偶餌之乃天幸，因為田兒盡記其功，而改田兒名能嗣焉。嗣年百六十歲，乃享男女一十九人。子庭服亦年百六十歲，男女三十人。子首烏服之，年百三十歲，男女二十一人。安期《敘父咏》云：交藤，味甘，溫，無毒。主五痔，腰膝中宿疾冷氣，長筋益精，令人多子，能食，益氣力，長壽延年。一名野苗，一名交莖，一名夜合，一名地精，一名桃柳藤。生順州南河縣田中，嶺南諸州往往有之。其苗大如本藁，光澤，形如桃柳，其葉皆偏，獨單背生，不相對，有雌雄，雄者苗色黃白，雌者黃赤，其生相遠，夜則苗蔓交，或隱化不見。春末、夏中、初秋三時，候晴明日，兼雌雄採之，烈日曝乾，散服，酒下良。採時盡其根，勿洗，承潤，以布帛拭去泥土，勿損皮，密器貯之，每日再曝。凡服，偶日二、四、六、八日是，服訖，以衣(服)〔覆〕汗出，導引。尤忌猪羊肉、血。老人言訖遂別去，其行如疾風。浙東知院殿中孟侍御識何首烏，嘗餌其藥，言其功如所傳。出賓州牛頭山。苗如萆蔛，蔓生，根如柸拳，削去黑皮，生啖之。南人因呼為何首烏焉。元和八年八月錄。

宋·唐慎微《證類本草卷》一一草部下品〔宋·馬志《開寶本草》〕　何首烏　味苦、澀，微溫，無毒。主瘰癧，消癰腫，療頭面風瘡，五痔，止心痛，益血氣，黑髭鬢，悅顏色。久服長筋骨，益精髓，延年不老。亦治婦人産後及帶下諸疾。本出順州南河縣，今嶺外，江南諸州皆有。蔓紫，花黃白，葉如署預而不光。生必相對，根大如拳，有赤白二種，赤者雄，白者雌。一名野苗，一名交藤，一名夜合，一名地精，一名陳知白。春夏採。臨用之以苦竹刀切，米泔浸經宿，暴乾。木杵臼擣之。忌鐵今附。

〔宋·掌禹錫《嘉祐本草》〕按：　日華子云：　味甘。久服令人有子。治腹藏宿疾，一切冷氣及腸風。此藥有雌雄，雄者苗葉黃白，雌者赤黃色。凡修合藥須雌雄相合喫，有驗。其藥本草無名，因何首烏見藤夜交，便即採食有功，因以採人爲名耳。又名桃柳藤。

〔宋·蘇頌《本草圖經》〕曰：　何首烏，本出順州南河縣，嶺外、江南諸州亦有，今在處有之，以西洛、嵩山及南京柘城縣者爲勝。春生苗，葉葉相對，如山芋而不光澤，其莖蔓延竹木牆壁間。夏秋開黃白花，似葛勒花。結子有稜，似蕎麥而細小，纔如粟大。秋冬取根，大者如拳，各有五稜瓣，似小甜瓜。此有二種：　赤者雄，白者雌。採時乘濕以布帛拭去土後，用苦竹刀切，米泔浸一宿，暴乾。忌鐵。以木臼杵擣之。一云：　春採根，秋採花，九蒸九暴，乃可服。此藥本名交藤，因何首烏服而得名。何首烏者，順州河南縣人。祖能嗣，本名田兒，生而閹弱，年五十八，無妻子，一日醉卧野中，見田中藤，兩本異生，苗蔓相交，久乃解，解合三四。田兒心異之，掘根持問鄉人，無能名者。遂暴乾擣末酒服。七日而思人道，百日而舊疾皆愈。十年而生數男，後改名能嗣。又與子庭服，皆壽百六十歲。首烏服藥，亦年百三十歲。唐元和七年，僧文象遇茅山老人，遂傳其事。李翺因著方録云：又敘其苗如木藁，光澤，形如桃柳葉，其背偏，獨單皆生，不相對。有雌雄者：雌者苗色黄白，雄者黄赤。其生相遠，夜則苗蔓交，或隱化不見。春末、夏中、初秋三時，候晴明日兼雌雄採之。烈日暴乾。散服酒下，良。採時盡其根，乘潤以布帛拭去泥土，勿損皮，密器貯之，每月再暴。凡服偶日，二、四、六、八日是。服訖，以衣覆汗出，導引。尤忌猪、羊血。其敘頗詳，故載之。

〔宋·唐慎微《證類本草》〕《經驗方》：何首烏新採者，去皮土後，用銅、竹刀薄切片，上甑如炊飰，蒸下用甆石鍋。忌鐵。旁更别燒一鍋，常滿添水，候藥甑氣上，逐旋以熱水從上淋下，勿令滿溢，直候首烏絕無氣味，然後取下一匙頭汁，白湯亦可，此是藥之精英，與常不同。治骨軟風，腰膝疼，行履不得，遍身瘙痒。首烏大而有花紋者，同牛膝剉各一斤，以好酒一升，浸七宿，暴乾。於木臼内擣末蜜丸，每日空心食前酒下三五十丸。又方：治諸處皮裹面痛。首烏末、薑汁調成膏，痛處以帛子裹之。用火炙鞋底熨之，妙。《斗門方》：治瘰癧，或破不破，以至下胸前者，皆治之。用九真藤取其根如雞卵大，洗，生嚼，常服。又取葉擣覆瘡上，數服即止。其藥久服黑髮延年。或取其頭獲之九數者，服之乃仙矣。其葉如杏，其根亦類癧子，用之如神。又堪爲利術，伏沙子，自有法。一名何首烏，又名赤葛。《王氏博濟》：治疥癬，滿身作瘡，不可治者。何首烏、艾等分，以水煎令濃，於盆内洗之，甚有解痛，生肌肉。

《何首烏傳》：昔何首烏者，順州南河縣人。祖名能嗣，父名延秀。能嗣常慕道術，隨師在山。因醉夜卧山野，忽見有藤二株，相去三尺餘，苗蔓相交，久而方解，解了又交。驚訝其異，至旦遂掘其根歸。問諸人，無識者。後有山老忽來。示之。答曰：子既無嗣，其藤乃異，此恐是神仙之藥，何不服之？遂杵爲末，空心酒服一錢。服數月似强健，因此常服，又加二錢。服之經年舊疾皆痊，髮烏容少。數年之内，即有子，名延秀，秀生首烏，首烏之名，因此而得。生數子，年百餘歲，髮黑。有李安期者，與首烏鄉里親善，竊得方服，其壽至長，遂敘其事。何首烏，味甘，生溫，無毒。茯苓爲使。治五痔，腰膝之病，冷氣心痛，積年勞瘦，痰癖，風虛敗劣，長筋力，益精髓，壯氣，駐顏，黑髮，延年，婦人惡血痿黄，産後諸疾，赤白帶下，毒氣入腹，久痢不止，其功不可具述。一名野苗，二名交藤，三名夜合，四名地精，五名首烏。本出虔州，江南諸道皆有之。苗葉有光澤，又如桃李葉，雄苗赤。根遠不過三尺，春秋可採，日乾。去皮爲末，酒下最良。有疾即用茯苓湯下爲使。常杵末，新甆器盛，服之忌猪肉血、無鱗魚，觸藥無力。此藥形大如拳、連珠，其中有形鳥獸山岳之狀，珍也。掘得去皮，生喫，得味甘甜，休糧。贊曰：神效助道，著在仙書。雌雄相交，夜合晝疎。服之去穀，日居月諸。返老還少，變安病軀。有緣者遇，傳之勿泄，最爾自如。明州刺史李遠傳録經驗：何首烏所出順州南河縣、韶州、潮州、恩州、賀州、廣州四會縣、潘州，已上出處爲上；邕州晉興縣、桂州、康州、春州、勒州、高州、循州，已上所出次之。其仙草五十年者如拳大，號山奴，服之一年，髭鬢青黑；一百年如椀大，號山哥，服之一年，顔色紅悦；一百五十年者如盆大，號山伯，服之一年，齒落重生；二百年如斗栲栳大，號山翁，服之一年，顔如童子，行及奔馬；三百年如三斗栲栳大，號山精，服之一年延齡，純陽之體，久服成地仙。

宋·寇宗奭《本草衍義》卷一二 何首烏 兼黑髭鬢，與蘿蔔相惡，令人髭鬢早白，治腸風熱多用。

宋·王繼先《紹興本草》卷一〇 何首烏 紹興校定：何首烏，採根為用。出產、性味、主治，已具《經》注。但療風濕諸疾頗驗。在滋下益精方亦用之。今當從《本經》，味苦澀、微溫、無毒者是矣。注說雖分赤白，而有雌雄二種，然所用無異。

宋·鄭樵《通志》卷七五《昆蟲草木略》 何首烏 曰野苗，曰交藤，曰夜合，曰地精，曰陳知白，曰桃柳藤。有赤白二種，赤者雄，白者雌，雌雄異本而能相交。何首烏者，順州南河人，初名田兒，生而閹弱，年五十八無妻子。卧田野中，見田中之藤，兩本異生而能相交，久乃解，解而復合，如此數四。田兒異之，斸根而服，七日而思人道，十年而生數男，頭白變黑。遂以名此草。其人年百三十。子庭服之，年百六十。唐元和間事也。

宋·劉明之《圖經本草藥性總論》卷上 何首烏 味苦、澀，微溫，無毒。主瘰癧，消癰腫，療頭面風瘡，五痔，止心痛，益血氣，長筋骨，益精髓，女人產後及帶下諸疾。日華子云：味甘。久服令人有子。治腸臟宿疾，一切冷氣及腸風。忌羊血及鐵器。

宋·王介《履巉巖本草》卷上 何首烏 味苦、澀，微溫，無毒。主瘰癧，消癰腫，療頭面風瘡，五痔，止心痛，益血氣，黑髭鬢，美顏色。久服長筋骨，益精髓，延年不老。治婦人產後及帶下諸疾。又治骨軟風，腰膝痛，行履不得，同牛膝剉，各一斤，好酒一升，浸七宿，焙乾，搗蜜爲元如桐子，空心食前酒下三四十元。

宋·陳衍《寶慶本草折衷》卷一〇 何首烏 一名首烏，一名地精，一名陳知白，一名赤烏，一名山奴。大者名山哥，一名山伯，一名山翁，一名山精。○其苗蔓一名野苗，一名夜合，一名交藤，一名桃柳藤，一名九真藤。生順州南河縣野田中，及嶺外、江南、南京、西京、西洛、嵩山、虞、幽、韶、潮、恩、賀、潘、邕、桂、廣、康、春、勤、高、循州。今在處有之，蔓延竹木牆壘間。○春末、夏中、初秋及冬時，候晴明日採根，乘濕以布拭去土，用竹刀切，米泔浸，暴乾。○茯苓為使，惡蘿蔔，忌鐵及猪肉、猪羊血，并無鱗諸魚。○勤，一作瓊。

味苦、甘、澀，平張松，微溫，無毒。○主瘰癧，消癰腫，療頭面風瘡，五痔，止心痛，益血氣，黑髭鬢，悅顏色，長筋骨，益精髓，治產後及帶下諸疾。○日華子云：久服令人有子，治腹藏宿冷氣及腸風。此藥因以採人為名。○《圖經》曰：西洛嵩山、南京者為勝。根大如拳，以木臼杵搗之。○王氏《博濟》：治疥癬，滿身作瘡，何首烏、艾等分，水煎濃洗，甚解痛生肌肉。

續說云：何首烏本條及《圖經》，嘗以根赤者為雄，白者為雌，而日華子乃以葉白者為雄，葉赤者為雌，須雌雄相合則有驗。然曰赤曰白，既不各分主治，又非如芍藥、茯苓，赤者利、白者補之比，今循《和劑》諸方，通而用之，不必泥夫雌雄之說。

元・尚從善《本草元命苞》卷五　何首烏　味苦澀，微溫，無毒。茯苓為使。主頭面風瘡，瘰癧癰毒。治心腹冷氣，積年勞瘦。療五痔，腰膝病。除赤白帶下疾。烏髭髮，益精髓，駐顏色，壯筋骨，久服延年不老，常餌明目輕身。出順州河南縣，今江南諸郡。生花黃白，蔓紫，葉如芋不光，生必相對，根大於拳，瓣各有五稜。赤白分兩種，赤為雄，苗色黃赤；白為雌，苗色黃白。春夏採，竹刀薄切，米泔浸經宿，暴乾，搗以木杵臼，不犯銅鐵器。讚曰：休糧助道，著在《僊經》。雌雄相交，夜合晝疎。服之去穀，曰居月諸。返老還少，變安病軀。

明・朱橚《救荒本草》卷上之後　何首烏　一名野苗，一名交藤，一名夜合，一名地精，一名陳知白，又名桃柳藤，亦名九真藤。出順州南河縣，其嶺外、江南諸州及處州皆有，以西洛嵩山歸德柘城縣者為勝。今鈞州、密縣山谷中亦有之。蔓延而生，莖蔓紫色，葉似山藥葉而不光，嫩葉間開黃白花，似葛勒花，結子有稜，似蕎麥而極細小如粟粒大。根大者如拳，各有五楞瓣，狀似甜瓜樣，中有花紋，形如鳥獸、山嶽之狀者，極珍。有赤白二種：赤者雄，白者雌。又云：雄者苗葉黃白，雌者赤黃色。一云：雄苗赤，生必相對，遠不過三四尺，夜則苗蔓相交，或隱化不見。凡修合藥，須雌雄相合服有驗，宜偶日服，二、四、六、八日是也。其藥本無名，因何首烏見藤夜交，採服有功，因以採人為名耳。又云：其為仙草，五十年者如拳大，號山奴，服之一年，髭髮烏黑；一百年如碗大，號山哥，服之一年，顏色紅悅；百五十年如盆大，號山伯，服之一年，齒落重生；二百年如斗栲栳大，號山翁，服之一年，顏如童子，行及奔馬；三百年如三斗栲栳大，號山精，服之一年延齡，純陽之體，久服成地仙。又云：其頭九數者，服之乃仙。味苦澁，性微溫，無毒。一云味甘。茯苓為之使。酒下最良。忌鐵器、猪羊血，及猪肉、無鱗魚。與蘿蔔相惡，若並食，令人髭鬢早白，腸風多熱。救飢：掘根，洗去泥土，以苦竹刀切作片，米泔浸經宿，換水煮去苦味，再以水淘洗淨，或蒸、或煮食之。花亦可煠食。

治病：文具《本草》草部條下。

明・蘭茂撰，清・管暄校補《滇南本草》卷下　何首烏　性微溫，味微甘。古《本草》註云：久服延年，耐寒，且味澀苦。入腎，為君。澁精，堅腎氣，止赤白便濁，縮小便。入血分，消痰毒，治赤白(瘕)〔癜〕風，瘡疥頑癬，皮膚瘙癢。截瘧，治痰瘧。

附方：治赤白(瘕)〔癜〕風。何首烏、苦參，等分，酒洗，共為細末，用皂角水泡，竹刀披開，濃汁為丸。又方：治痰瘧。何首烏、黑豆，煎，露一宿，次早煨熱，朝太陽服效。又方：治寒熱往來虛瘧。法半夏一錢，白茯苓三錢，何首烏一錢，炙。生薑一片，水煎，露一宿，次早煨熱，朝太陽服。此方治瘧，以七天後可用，中氣虛者良效；若初病，風邪未消，痰食不清，食之不改散，忌用。

明・蘭茂《滇南本草》〔叢本〕卷下　何首烏　註補：七寶丹用首烏補腎。單方：首烏，治赤白癜風。何首烏、苦參，等分，酒洗，共為細末，皂角水泡，用竹刀破開，將涎刷下，為丸。單方：單劑治虛疾。秘方(切)〔截〕虛瘧、瘴瘧，寒熱往來。何首烏墨汁煎，每用三錢，煎露一次，明早煨熱，向太陽服，效。補中益氣加湯：半夏一錢、白茯苓二錢、首烏一錢，炙。引用生薑一片，日煎夜露，次早向陽吃。此方治瘧，以七天後方可用，中氣虛者良效。若初病者，風邪不除，痰火不清，飲食不消，忌用。

明・王綸《本草集要》卷三　何首烏以人名稱　味甘苦，澀，氣微溫，無毒。茯苓為使。忌猪、羊血。惡蘿菔。春夏採根，以苦竹刀切，米泔浸經宿，曝乾，木杵臼搗之。忌鐵。有雌、雄二種，雄者色赤，雌者色白。凡脩合，須雌雄相合。木名交藤，一名夜合，因何首烏服之而得名。

主瘰癧，消癰腫，療頭面風瘡，五痔，腰膝，止心痛，益血氣，黑髭鬚，悅顔色。久服長筋骨，益精髓，延年不老，令人有子。亦治婦人産後及帶下諸疾。凡服為末，酒調。

明・滕弘《神農本經會通》卷一　何首烏　以採人為名。一名交藤，一名夜合。茯苓為使。忌猪、羊血、無鱗魚。春夏採根，以苦竹刀切，米泔浸經宿，暴乾，木杵臼搗之。忌鐵。有雌雄二種，雄者色赤，雌者色白。凡修合，須雌雄相合有驗。《衍》云：與蘿蔔相惡，令人髭鬢早白。治腸風熱多用。

味苦，澁，氣微溫，無毒。一云：味甘。東云：治瘡疥。《本經》云：主瘰癧，消癰腫，療頭面風瘡，五痔，止心痛，益血氣，黑髭鬚，悅顔色，久服長筋骨，益精髓，延年不老。亦治婦人産後，及帶下諸疾。日華子云：味甘。久服令人有子。治腹臟宿疾，一切冷氣及腸風，須合雌雄服之。《圖經》云：春秋採根，九蒸九暴乃可服。又云：春末、夏中、初秋三時，候晴明日，兼雌雄採之，烈日暴乾，散服，酒下良。採時盡其根，乘潤以布帛拭去泥土，勿損皮，密器貯之，每月再暴，偶日，二四六八日是，服訖，以衣覆汗出，導引。尤忌猪羊血。《局》云：何首烏能烏髭鬢，因人採食得其名。至消瘰癧攻癰腫，久服延年更益精。何首烏，消瘡腫，久服延年。

明・劉文泰《本草品彙精要》卷一三　何首烏無毒　蔓生。

何首烏：主瘰癧，消癰腫，療頭面風瘡，五痔，止心痛，益血氣，黑髭鬢，悅顔色。久服長筋骨，益精髓，延年不老。亦治婦人産後及帶下諸疾。名醫所錄。

〖名〗野苗、交藤、夜合、地精、陳知白、桃柳藤、赤葛。〖苗〗《圖經》曰：春生苗，葉葉相對，如山芋而不光澤。其莖紫色，蔓延於竹木牆壁間，生雖相遠，夜則蔓交或隱化不見。夏秋開黄白花，似葛勒花。結子有稜，似蕎麥而細小，纔如粟大。秋冬取根，大者如拳，各有五棱瓣，似小甜瓜。此有二種，赤者爲雄，白者爲雌。日華子云：此藥有雌雄，雄者苗葉黄白，雌者苗葉黄赤。其藥《本草》原名交藤，因何首烏見藤夜交，即採食之有功，因以採人爲名耳。

〖地〗《圖經》曰：出順州、河南、西洛、嵩山，今嶺外、江南諸州皆有之。〖道地〗懷慶府、柘城縣。〖時〗生：春生苗。採：春末、夏中、秋初，候晴明日取根。〖收〗日乾。〖用〗根雌雄相兼。〖質〗類茯苓有棱瓣。〖色〗赤白。〖味〗苦，澀。又云甘。〖性〗微溫。〖氣〗氣厚于味，陽中之陰。〖臭〗朽。〖主〗益氣血，黑髭鬚。〖助〗茯苓爲之使。〖反〗惡蘿蔔。〖製〗《圖經》曰：採得，以苦竹刀切之，米泔浸，經宿暴乾，木杵臼搗用之。一用大棗拌蒸，一用黑豆拌蒸，俱以棗豆熟爲度。又法九蒸九暴，並勿犯鐵器。

〖治〗療：日華子云：治腹臟宿疾，一切冷氣及腸風。補：日華子云：久服令人有子。〖合治〗以大有花紋者，合牛膝各一斤，同剉，以好酒一斤，浸七日，暴乾，木臼内搗爲末，煉蜜丸如梧子大，每日空心酒下三五十丸，治骨軟風，腰膝疼，行履不得，遍身瘙癢者。○末合生薑汁，調成膏，傅遍身皮裏面痛，以帛裹之，用火炙鞋底，熱熨之，即瘥。○合艾各四兩，用水煎令濃，於盆内洗疥癬滿身作瘡，不可治者，浴之，甚能解痛生肌肉。〖禁〗與蘿蔔同食，令人髭鬚早白。〖忌〗鐵器、豬羊血、無鱗魚。《何首烏傳》：昔何首烏者，順州南河縣人。祖名能嗣，父名延秀。能嗣常慕道術，隨師在山。因醉夜臥山野，忽見有藤二株，相去三尺餘，苗蔓相交，久而方解，解了又交，驚訝其異。至旦，遂掘其根，歸問諸人，無識者。後有山老忽來示之，答曰：子既無嗣，其藤乃異，此恐是神仙之藥，何不服之。遂杵爲末，空心酒服一錢，服數月，似强健。因此常服，又加二錢服之，經年舊疾皆痊，髮烏容少，數年之内，即有子，名延秀，秀生首烏，首烏之名因此而得。生數子，年百餘歲髮黑。有李安期者，與首烏鄉里親善，竊得方服，其壽至長，遂敘其事。何首烏味甘，生溫，無毒。茯苓爲使，治五痔腰膝之病，冷氣，心痛，積年勞瘦，痰癖，風虛，敗劣，長筋力，益精髓，壯氣，駐顔，黑髮，延年，婦人惡血痿黄，産後諸疾，赤白帶下，毒氣入腹，久痢不止，其功不可具述。一名野苗，二名交藤，三名夜合，四名地精，五名首烏。本出處州，江南諸道皆有之。苗葉有光澤，又如桃李葉。雄苗赤根，遠不過三尺，春秋可採，日乾，去皮爲末，酒下最良。有疾即用茯苓湯下，爲使，常杵末，新瓷器盛服之。忌豬肉、血、無鱗魚，觸藥無力。此藥形大如拳連珠，其中有作鳥獸山嶽之狀，珍也。掘得去皮，生吃得味甘甜，休糧。贊曰：神效助道，著在仙書。雌雄相交，夜合晝疏，服之去穀，日居月諸。返老還少，變安病軀，有緣者遇，傳之勿泄，最爾自如。明州刺史李遠傳錄經驗，何首烏所出順州南河縣，韶州、潮州、恩州、賀州、廣州四會縣、潘州，已上出處爲上。邕州晉興縣、桂州、原州、春州、勤州、高州、循州，已上所出次之。其仙草五十年者如拳大，號山奴，服之一年髭鬢青黑。一百年者如碗大，號山哥，服之一年顔色紅悅。一百五十年者如盆大，號山伯，服之一年齒落重生。二百年者如斗大，號山翁，服之一年顔如童子，行及奔馬。三百年者如三斗栲栳大，號山精，服之一年延齡純陽之體，久服成地仙。

明・葉文齡《醫學統旨》卷八 何首烏　氣微溫，味甘、苦。無毒。茯苓為使；忌猪羊血；惡蘿蔔；春夏採根，以竹刀切，米泔浸經宿，曝乾，木杵柏搗之，忌鐵；有雌雄二種，雄者色赤，雌者色白。凡修合須雌雄相合。本名交藤，一名夜合，因何首烏服之而得名。治瘰癧癰腫，頭面風瘡，五痔，骨軟，腰膝疼，遍身瘙痒，止心痛，益血氣，黑髭鬚，悦顏色，久服長筋骨，益精髓，延年不老，令人有子；亦治婦人産後及帶下諸疾，為末酒調服。

明・許希周《藥性粗評》卷二 首烏延何氏之年。何首烏一名交藤，一名陳知白。春初蔓生，蔓紫色，葉葉相對如山芋而不光澤，迺附竹木牆壁之間，夏秋開黄白花似葛，結子有稜，似蕎麥而細小，纔如粟大，其根大者如拳，各有五稜，瓣似小甜瓜。此有二種，赤者雄，白者雌，雄者葉黄白色，雌者赤黄色，雌雄雖各生，而苗蔓常相交纏遶不離，亦或有時而解。昔有何氏者，年老無子，取其根而服之，髮變烏而又生子，因以得名。江南山谷處處有之，春末、夏中、秋初，候晴明日兼雌雄採其根，乘濕以布拭去泥土，用苦竹刀切片，米泔浸經宿，木杵臼搗之。茯苓為之使，忌鐵器，亦忌猪羊血。服時須擇二、四、六、八、十偶日為美。餘説《本草》不載。味苦、甘，性澁、微溫，無毒。主治五癆七傷，風痹瘻弱，頭面風瘡，瘰癧癰腫，痔漏血崩，遍身瘙癢，骨節酸疼，生肌止痛，益血補氣，久服健筋骨，烏髮，長精髓，壯元陽，延年不老。

單方：變白延年：取雌雄全者，銅竹刀刮去皮，切片，烈日暴乾，木石臼内搗羅為末，每日空心以一二錢，溫酒調下，十日有效。按：前有擇偶日服之之説，然者《何首烏傳》並無此説。攻瘡消腫：凡患瘰癧，癬疥諸瘡與腫，取何首〔烏〕生嚼，更搗葉敷其瘡上，如癬疥之類，則取首烏與艾等分，入水濃煎，取出待溫洗之。

明・鄭寧《藥性要略大全》卷四 何首烏　治疥瘡，止心痛，益血氣，黑鬚髮，怡顏容，及積年癆瘦，痰癖風虚敗。《經》云：主瘰癧，消腫，療頭風，五痔，骨軟風，腰膝痛，行動不能。遍身瘙痒，婦人産後帶下諸疾。久服長筋骨，益精髓，有子，延年不老，及婦人惡血瘻黄，毒氣入腹，久痢不止，效難盡述。味甘、苦澁，性微溫，無毒。茯苓為之使。忌猪羊血。惡萊菔。春夏採根，以苦竹刀切作片，米泔浸經宿，晒乾，木杵舂搗之。忌鐵。有雌雄二種：雄者色赤，雌者色白。凡用須以雌雄相合用之。

明・陳嘉謨《本草蒙筌》卷一 何首烏　味甘、苦、澁，氣微溫。無毒。今生近道，原出祐城。縣名，屬山西。籬塹牆垣，隨處蔓發。有雌雄二種，對長苗成藤。夜交合相聯，晝分開各植。凡資入藥，秋後採根。大類山甜瓜，外有五棱瓣。雌者淡白，雄者淺紅。雌雄相兼，功驗方獲。咀竹刀禁傷鐵器，浸泔水過宿曝乾。木杵搗舂，茯苓引使。忌猪羊血汁，惡蘿蔔菜蔬。主瘰癧癰疽，療頭面風瘮。長筋骨，悦顏色，益血氣，止心疼。久服添精，令人有子。婦人帶下，為末酒調。原取名曰夜交藤，後因順州南河縣何翁服之，白髮變黑，故改稱為何首烏也。花採九蒸九曝，久服亦駐顏容。

謨按：李遠曰：此僊草也。五十年者如拳大，服一年則鬚髮黑。百年者如碗大，服一年則顏色悦。百五十年者如盆大，服一年則齒更生。二百年者如斗栲栳大，服一年則貌如童子，走及奔馬。三百年者如三斗栲栳大，其中有鳥獸山嶽形狀號山精，純陽之體，久服則成地僊也。李君斯言，必有所考，不然豈妄誕以欺人哉？況今臺閣名公，競相採取，異法精製，為丸日吞。亦因獲効異常，曾令鋟梓傳世。或僉曰八僊丹，或曰延壽丹，或曰八珍至寶丹，徵實取名。一以重藥之非凡，二亦表李君之不誣矣。

明・方穀《本草纂要》卷二 何首烏　味苦、澁，氣平，微溫，無毒。乃足太陽經、少陽經之藥也。主消癰腫，黑鬚髮，悦顏色，壯精神，長筋骨，添精髓，健腰膝，延年不老，令人有子。吾觀此劑，苦澁固能滋陰益血，甘溫亦能壯陽補氣。色有二種，赤爲陽，白爲陰，其莖遇夜交合，稟天地精華結成者，故名之曰夜合，又名曰交藤。凡用拌黑小豆酒蒸，曝乾，以竹刀去麁皮，用忌見鐵。

明・王文潔《太乙仙製本草藥性大全》卷二《本草精義》 何首烏　一名野苗，一名交藤，一名夜合，一名地精，一名陳知白。出順州南河縣嶺外，江南諸州亦有，今在處有之，以西洛、嵩山及南京柘城縣者爲勝。春生苗，葉葉相對如山芋而不光澤，其莖蔓延竹木墻壁間，夏秋開黄白花，似葛勒花，結子有稜，似蕎麥而細小，纔如粟大。秋冬取根，大者如拳，各有五稜瓣，似小甜瓜，此有二種，赤者雄，白者雌。採時乘濕以布帛拭去土後，用苦竹刀切，米泔浸一宿，曝乾，禁傷鐵器，以木臼杵搗之。茯苓引使。忌猪羊血汁，惡蘿蔔菜蔬。

明・王文潔《太乙仙製本草藥性大全》卷二《仙製藥性》 何首烏　味甘、苦、澁，氣微溫，無毒。茯苓爲之使。主治：治積年癆瘦，痰癖虚敗瘻黄。療五痔，骨軟，風腰身痒，膝痛。主瘰癧癰疽，療頭面風瘮。長筋骨，悦顏色，益血氣，止心疼，久服添精，令人有子。婦人帶下，爲末酒調。原取名曰夜交藤，後因順州南河縣何翁服之，白髮變黑，故改稱爲何首烏也。花採九蒸九曝，久服亦駐顏容。補註：諸處皮裏面痛，爲末，薑汁調成膏，痛處以帛裹之，用火炙鞋底熨之。〇疥癬痛，身作瘡，同艾各等分，水煎令濃，於盆内洗之，能解痛生肌。○新採者去皮土後，用銅竹刀薄切片，上甑如炊鉗熱，下用瓷石鍋，忌鐵。旁更別燒一鍋，常滿添水，待藥甑氣上，遂旋以熱水從上淋下，勿令滿溢，直候首烏絕無氣息，然後取下一匙頭汁，白湯亦可，此是藥之精英，與常不同，治骨軟風，腰膝疼，行履不得，遍身瘙痒。首烏大而有花紋者，同牛膝剉，各一斤，以好酒一斤，浸七宿，曝乾，於木臼内搗末，蜜丸，每日空心食前酒下三五十丸。九真藤：治瘰癧或破未破，以至下胸前者皆治之，取其根如鷄卵大，洗，生嚼常服。又取葉搗覆瘡上，數服即愈，其葉久服黑髮延年。或取其頭獲之九數者服之，九數者乃仙矣。其葉如杏，其根亦類癧子，用之如神。又堪爲利術，伏沙子自有法，亦名何首烏，又名赤葛。按李遠曰：首烏乃仙草也。五十年者如拳大，服一年則鬚髮黑；百年者如椀大，服一年則顏色悅；百五十年者如盆大，服一年則齒更生；二百年者如斗栲栳大，服一年則貌如童子，走及奔馬；三百年者如三斗栲栳大，其中有鳥獸山嶽形狀，號山精，純陽之體，久服則成地仙也。李君斯言，必有所考，不然其豈誕以欺人哉？況今臺閣名公競相採取，異法精製爲丸日吞，亦因獲效異常，曾令鋟梓傳世，或僉曰八仙丹，或曰延壽丹，或曰八珍至寶丹，徵實取名。一以重藥之非凡，二亦表李君之不誣矣。

明·皇甫嵩《本草發明》卷三

何首烏下品下，佐使。氣微溫，生味甘，乾帶苦，澁，無毒。色赤者雄，色白者雌，二者合用有驗。發明曰：何首烏除風濕，益血氣之藥。故《本草》主瘰癧，消癰腫，療頭面風瘡，五痔腸風，止心痛，其除風濕熱見矣。又主黑髭鬢，悅顏色及婦人産後與帶下諸疾。酒調服久服，長筋骨，益精髓，延年，其益血氣又可知矣。茯苓為之使。忌猪血、無鱗魚、蘿蔔，用竹刀切，米泔浸一宿，木柏搗，忌犯鐵器。《本草》無名，一名交藤，一名夜合，一名地精。因河南順(別)〔州〕人，能嗣醉臥野中，見其藤苗夜交合，異之，因採食之，遂生子延秀，生孫首烏，皆度百歲，因名何首烏。按：《何首烏傳》中述其功效甚大，惟形質大者，愈大愈良，久服成地仙，大畧言其大益人也。極大者難得。《本草》列下品，何哉？

明·李時珍《本草綱目》卷一八草部·蔓草類

何首烏宋《開寶》

【釋名】交藤《本傳》　夜合《本傳》　地精《本傳》　陳知白《開寶》　馬肝石《綱目》　桃柳藤《日華》　九真藤《綱目》　赤葛《斗門》　瘡帚《綱目》　紅内消大明曰：其藥本草無名，因何首烏見藤夜交，便即采食有功，因以采人爲名爾。時珍曰：漢武時，有馬肝石能烏人髮，故後人隱此名，亦曰馬肝石。赤者能消腫毒，外科呼爲瘡帚、紅内消。《斗門方》云：取根若獲九數者，服之乃仙。故名九真藤。【集解】頌曰：何首烏本出順州南河縣，今在處有之，嶺外、江南諸州皆有，以西洛、嵩山及河南柘城縣者爲勝。春生苗，蔓延竹木墻壁間，莖紫色。葉葉相對如薯蕷，而不光澤。夏秋開黄白花，如葛勒花。結子有稜，似蕎麥而雜小，纔如粟大。秋冬取根，大者如拳，各有五稜瓣，似小甜瓜。有赤白二種：赤者雄，白者雌。一云：春采根，秋采花。九蒸九暴，乃可服。此藥本名交藤，因何首烏服而得名也。唐元和七年，僧文象遇茅山老人，遂傳此事。李翶乃著《何首烏傳》云：何首烏者，順州南河縣人。祖名能嗣，(又)〔父〕名延秀。能嗣本名田兒，生而閹弱，年五十八，無妻子，常慕道術，隨師在山。一日醉卧山野，忽見有藤二株，相去三尺餘，苗蔓相交，久而方解，解了又交。田兒驚訝其異，至旦遂掘其根歸。問諸人，無識者。後有山老忽來。示之。答曰：子既無嗣，其藤乃異，此恐是神仙之藥，何不服之。遂杵爲末，空心酒服一錢。七日而思人道，數月似强健，因此常服，又加至二錢。經年舊疾皆痊，髮烏容少。十年之内，即生數男，乃改名能嗣。又與其子延秀服，皆壽百六十歲。延秀生首烏。首烏服藥，亦生數子，年百三十歲，髮猶黑。有李安期者，與首烏鄉里親善，竊得方服，其壽亦長，遂叙其事傳之云。何首烏，味甘性温無毒，茯苓爲使。治五痔腰膝之病，冷氣心痛，積年勞瘦痰癖，風虛敗劣，長筋力，益精髓，壯氣駐顔，黑髮延年，婦人惡血痿黄，産後諸疾，赤白帶下，毒氣入腹，久痢不止，其功不可具述。一名野苗，二名交藤，三名夜合，四名地精，五名何首烏。本出處州，江南諸道皆有。苗如木藁，葉有光澤，形如桃柳，其背偏，皆單生不相對。有雌雄：雄者苗色黄白，雌者黄赤。根遠不過三尺，夜則苗蔓相交，或隱化不見。春末、夏中、秋初三時，候晴明日兼雌雄采之。乘潤以布帛拭去泥土，勿損皮，烈日暴乾，密器貯之，每月再暴。用時去皮爲末，酒下最良。遇有疾，即用茯苓湯下爲使。凡服用偶日二、四、六、八日，服訖，以衣覆汗出，導引尤良。忌猪肉血、羊血、無鱗魚，觸藥無力。其根形大如拳連珠，其有形如鳥獸山岳之狀者，珍也。掘得去皮生喫，得味甘甜，可休糧。贊曰：神効勝道，著在仙書。雌雄相交，夜合晝疏。服之去穀，日居月諸。返老還少，變安病軀。有緣者遇，最爾自如。○明州刺史李遠附録云：何首烏以出南河縣及嶺南恩州、韶州、潮州、賀州、廣州、潘州四會縣者爲上。邕州、桂州、康州、春州、高州、勒州、循州晋興縣出者次之，真仙草也。五十年者如拳大，號山奴，服之一年，髮髭青黑；一百年者，如盌大，號山哥，服之一年，顔色紅悦；一百五十年者，如盆大，號山伯，服之一年，齒落更生；二百年者，如斗栲栳大，號山翁，服之一年，顔如童子，行及奔馬；三百年者，如三斗栲栳大，號山精，純陽之體，久服成地仙也。時珍曰：凡諸名山、深山産者，即大而佳也。

根【修治】志曰：春夏秋采其根，雌雄並用。乘濕以布拭去土，暴乾。臨時以苦竹刀切，米泔浸經宿，暴乾，木杵臼擣之。忌鐵器。慎微曰：方用新采者，去皮，銅刀切薄片，入甑内，以瓷鍋蒸之。旋以熱水從上淋下，勿令滿溢，直候無氣息，乃取出暴乾用。時珍曰：近時治法：用何首烏赤白各一斤，竹刀刮去粗皮，米泔浸一夜，切片。用黑豆三斗，每次用三升三合三勺，以水泡過。砂鍋内鋪豆一層，首烏一層，重重鋪盡，蒸之。豆熟，取出去豆，將何首烏晒乾，再以豆蒸。如此九蒸九晒，乃用。

〔氣味〕苦、濇，微温，無毒。時珍曰：茯苓爲之使。忌諸血、無鱗魚、蘿蔔、蒜、葱、鐵器，同于地黄。能伏硃砂。

〔主治〕瘰癧，消癰腫，療頭面風瘡，治五痔，止心痛，益血氣，黑髭髮，悦顔色。久服長筋骨，益精髓，延年不老。亦治婦人産後及帶下諸疾《開寶》。久服令人有子，治腹臟一切宿疾，冷氣腸風大明。瀉肝風好古。

〔發明〕時珍曰：何首烏，足厥陰、少陰藥也。白者入氣分，赤者入血分。腎主閉藏，肝主疏泄。此物氣温，味苦濇。苦補腎，温補肝，〔濇〕能收斂精氣。所以能養血益肝，固精益腎，健筋骨，烏髭髮，爲滋補良藥。不寒不燥，功在地黄、天門冬諸藥之上。氣血太和，則風虚癰腫瘰癧諸疾可知矣。此藥流傳雖久，服者尚寡。嘉靖初，邵應節真人，以七寶美髯丹方上進。世宗肅皇帝服餌有効，連生皇嗣。於是何首烏之方，天下大行矣。宋懷州知州李治，與一武臣同官。怪其年七十餘而輕健，面如渥丹，能飲食。叩其術，則服何首烏丸也。乃傳其方。後治得病，盛暑中半體無汗，已二年，竊自憂之。造丸服至年餘，汗遂浹體。其活血治風之功，大有補益。其方用赤白何首烏各半斤，米泔浸三夜，竹刀刮去皮，切焙，石臼爲末，煉蜜丸梧子大。每空心温酒下五十丸。亦可末服。

〔附方〕舊四，新十二。

七寶美髯丹：烏鬚髮，壯筋骨，固精氣，續嗣延年。用赤白何首烏各一斤，米泔水浸三四日，瓷片刮去皮，用淘净黑豆二升，以砂鍋木甑，鋪豆及首烏，重重鋪蓋蒸之。豆熟，取出去豆，暴乾，换豆再蒸，如此九次，暴乾爲末。赤白茯苓各一斤，去皮研末，以水淘去筋膜及浮者，取沉者捻塊，以人乳十盌浸匀，晒乾研末。牛膝八兩去苗，酒浸一日，同何首烏第七次蒸之，至第九次止，晒乾。當歸八兩，酒浸晒。枸杞子八兩，酒浸晒。菟絲子八兩，酒浸生芽，研爛晒。補骨脂四兩，以黑脂麻炒香。並忌鐵器，石臼爲末，煉蜜和丸彈子大，一百五十丸。每日三丸。侵晨温酒下，午時薑湯下，卧時鹽湯下。其餘並丸梧子大，每日空心酒服一百丸，久服極驗。忌見前。《積善堂方》。

服食滋補：《和劑局方》：何首烏丸：專壯筋骨，長精髓，補血氣。久服黑鬚髮，堅陽道，令人多子，輕身延年。月計不足，歲計有餘。用何首烏三斤，銅刀切片，乾者以米泔水浸軟切之。牛膝去苗一斤，切。以黑豆一斗，淘净。用木甑鋪豆一層，鋪藥一層，重重鋪盡，瓦鍋蒸至豆熟。取出去豆暴乾，换豆又蒸，如此三次。爲末，蒸棗肉，和丸梧子大。每服三五十丸，空心温酒下。忌見前。○鄭巖山中丞方：只作赤白何首烏各半斤，去粗皮陰乾，石臼杵末。每旦無灰酒服二錢。○《積善堂方》用赤白何首烏各半，極大者，八月采，以竹刀削去皮，切片，用米泔水浸一宿，晒乾。以壯婦男兒乳汁拌晒三度，候乾，木臼舂爲末。以密云棗肉和杵，爲丸如梧子大。每服二十丸，每十日加十丸，至百丸止，空心温酒、鹽湯任下。一方不用人乳。○筆峰《雜興方》用何首烏雌雄各半斤，分作四分：一分用當歸汁浸，一分生地黄汁浸，一分旱蓮汁浸，一分人乳浸。三日取出，各暴乾，瓦焙，石臼爲末，蒸棗肉，和丸梧子大。每服四十丸，空心百沸湯下。禁忌見前。

骨軟風疾：腰膝疼，行步不得，遍身瘙痒。用何首烏大而有花紋者，同牛膝各一斤，以好酒一升，浸七宿，暴乾，木臼杵末，棗肉和丸梧子大。每一服三十五丸，空心酒下。《經驗方》。

寬筋治損：何首烏十斤，生黑豆半斤，同煎熟，皂莢一斤燒存性，牽牛十兩炒取頭末，薄荷十兩，木香、牛膝各五兩，川烏頭炮二兩，爲末，酒糊丸梧子大。每服三十丸，茶湯下。《永類方》。

皮裏作痛：不問何處。用何首烏末，薑汁調成膏塗之，以帛裹住，火炙鞋底熨之。《經驗方》。

自汗不止：何首烏末，津調，封臍中。《集簡方》。

腸風臟毒：下血不止。何首烏二兩，爲末。食前米飲服二錢。《聖惠方》。

破傷血出：何首烏末，傅之，即止，神効。筆峰《雜興方》。

小兒龜背：龜尿調紅内消，點背上骨節，久久自安。

瘰癧結核：或破或不破，下至胸前者，皆治之。用九真藤，一名赤葛，即何首烏。其葉如杏，其根如雞卵，亦類癧子。取根洗净，日日生嚼，并取葉搗塗之，數服即止。其藥久服，延年黑髮，用之神効。《斗門方》。

癰疽毒瘡：紅内消不限多少，瓶中文武火熬煎，臨熟入好無灰酒相等，再煎數沸，時時飲之。其滓焙研爲末，酒煮麪糊丸梧子大。空心温酒下三十丸，疾退宜常服之。即赤何首烏也，建昌産者良。陳自明《外科精要》。

大風癘疾：何首烏大而有花文者一斤，米泔浸一七，九蒸九晒，胡麻四兩，九蒸九晒，爲末。每酒服二錢，日二。《聖惠〔方〕》。

疥癬滿身：不可治者。何首烏、艾葉等分，水煎濃湯洗浴。甚能解痛，生肌肉。王袞《博濟方》。

莖、葉　〔主治〕風瘡疥癬作痒，煎湯洗浴，甚効時珍。

題明·薛己《本草約言》卷一《藥性本草》　何首烏　味甘、苦、澁，氣微溫，無毒。有雌雄二種，雌者淡白，雄者淺紅，雌雄相兼，功效乃獲。主瘰癧癰腫，療頭面風瘡，長筋骨，悦顔色，益氣血，止心痛，久服添精，令人有子，婦人帶下，為末酒調。原名交藤，一名夜合，因何公服之，白髮變黑，故改名為何首烏也。○何首烏十二經絡所不收，觀其藤夜交，乃陰分補血之藥也。滋陰則消瘡腫，養血則黑毛髮，美容顔，補老瘦，利腰膝，及婦人産後帶下諸血疾，酒調服。久服長筋骨，益精髓延年。老年服食尤為至要。《發明》云：除風濕，益血氣之藥。用竹刀切，米泔浸一宿，木杵搗。忌犯鐵器及猪羊血、蘿蔔。赤白合用為妙。茯苓為之使。

《經驗》云：治惡瘧諸藥不效，用何首烏一兩作一劑水煎，發日加酒二盞，空心溫服，立愈。或加三四錢入治瘧藥内，尤效。《本草》原無此法，今屢驗，補入以濟人之苦瘧。○一云：只用水鍾半，煎一鍾，去查露一夜，發日空心溫服，治久瘧立愈。

明·梅得春《藥性會元》卷上　何首烏　味苦、澁，氣微溫。無毒。茯苓為使。惡蘿白。忌諸血。　主治瘰癧，消癰腫，療頭面風瘡，五痔，　止心痛，益血氣，黑髭髮，悅顏色。久服延年不老，長筋骨，益精髓，骨軟腰膝疼，遍身瘙痒。又治婦人產後及帶下諸疾，令人有子者。老人姓何，見藤夜交，遂採其根食之，白髮變黑，因名之。一名夜合。　凡使，春夏採根，以竹刀切，米泔浸經宿，暴乾。有雌雄二種，雄赤雌白。凡用雌雄相合，木臼杵搗之，勿犯鐵。

明・杜文燮《藥鑒》卷二　何首烏　氣微溫，味苦，澁。療頭面風，消諸癰腫。長筋骨而悅顏色，益氣力而止心疼。久服添精，令人有子。與血藥同用，能黑鬚髮。與利藥同用，能收痘瘡。佐白芷又止痘瘡作痒，君寄生又驅風疾作痛。大都多年肥大者為美。忌蘿蔔。

明・李中立《本草原始》卷三　何首烏　本出順州南河縣，嶺外、江南諸州亦有，今在處有之，以西洛嵩山及南京柘城縣者為勝。春生苗，葉葉相對，如山芋而不光澤。其莖蔓延竹木牆壁間。夏秋開黃白花，似葛勒花。結子有稜，似蕎麥而細小，纔如粟米大。秋冬取根，大者如拳，各有五稜瓣，似小甜瓜。有赤白二種，赤者雄，白者雌。此藥本名交藤，因何首烏服而得名也。

氣味：　苦，濇，微溫，無毒。主治：　瘰癧，消癰腫，療頭面風瘡。治五痔，止心痛，益血氣，黑髭髮，悅顏色。久服長筋骨，益精髓，延年不老。亦治婦人產後及帶下諸疾。〇久服令人有子。治腹臟一切宿疾，冷氣腸風。〇瀉肝風。

何首烏，宋《開寶》。一名陳知白。《何首烏傳》一名交藤，一名夜合，一名地精。《斗門》名赤葛。《綱目》名馬肝石，一名九真藤。【圖略】形有長圓，大小俱有稜。雄者肉淺紅，雌者肉淡白。

何首烏者，順州南河縣人。祖名能嗣，父名延秀。能嗣本名田兒，生而閹弱，年五十八，無妻子。常慕道術，隨師在山。一日醉臥山野，忽見有藤二株，相去三尺餘，苗蔓相交，久而方解，解了又交。田兒驚訝其異，至旦遂掘其根歸，問諸人，無識者。後有山老忽來，示之。答曰：　子既無嗣，其藤乃異，此恐是神仙之藥，何不服之？　遂杵為末，空心酒服一錢，服數月，似強健，因此常服。又加二錢，服之經年，舊疾皆痊，髮烏容少。數年之內即有子，名延秀，亦服是藥，皆壽百六十歲。延秀生首烏，首烏亦服是藥，生數子，年百三十歲，髮猶黑。

明州刺史李遠傳録經驗：　何首烏所出順州南河縣，韶州、潮州、恩州、賀州、廣州、潘州及嶺南四會縣者為上，邕州、桂州、康州、春州、勒州、高州、循州晉興縣出者次之，真仙草也。五十年者如拳大，號山奴。服之一年，髭鬚青黑。一百年者如盌大，號山哥。服之一年，顏色紅悅。　一百五十年如盆大，號山伯。服之二〔年〕，齒落重生。二百年如斗栲栳大，號山翁。服之一年，顏如童子，行及奔馬。三百年如三斗栲栳大，號山精。服之一年，延齡，純陽之體，久服成地仙。

何首烏：　茯苓為之使，忌諸血、無鱗魚、萊菔、蒜、葱、鐵器。

嘉靖初，邵應節真人，以七寶美髯丹方上進。世宗肅皇帝服餌有效，連生皇嗣。於是何首烏之方天下大行。宋懷州知州李治，與一武官同官，怪其年七十餘而輕健，面如渥丹，能飲食。叩其術，則服何首烏丸也，乃傳其方。後得病，盛暑中半體無汗已二年，竊自憂之。造丸服至年餘，汗遂浹體。其活血治風之功，大有補益。其方用赤白何首烏各半斤，米泔浸三夜，竹刀刮去皮，切，焙，石臼為末，煉蜜丸梧〔桐〕子大，每空心溫酒下五十丸。亦可末服。

明・張懋辰《本草便》卷一　何首烏　味甘，苦，澁，氣微溫，無毒。忌猪羊血，惡蘿菔。　主瘰癧，消癰腫，療頭面風瘡，五痔，（腰膝）止心痛，益血氣，黑髭鬚，悅顏色。久服長筋骨，益精髓，令人有子。亦治婦人產後帶下諸疾。

明・李中梓《藥性解》卷三　何首烏　味苦，甘，濇，微溫，無毒，十二經絡所不收。觀其藤夜交，乃補陰之劑也。消瘰癧，散癰腫，療五痔，止腸風，烏鬚髮，美容顏，補勞瘦，助精神，長肌肉，堅筋骨，添精髓，固腰膝，除風濕，明眼目，及治婦人產後帶下諸血。老年尤為要藥，久服令人多子延年。去麄皮酒浸，拌黑豆末蒸之，水中復加黑豆及酒，晒乾，九次為度。春夏採鮮者，赤白合用，兼補氣血，茯苓為使，畏猪羊血、無鱗魚、蘿蔔，忌鐵器。　按：　何首烏大能補益，全在蒸晒如法，大者剖開，其中有鳥獸山嶽之形，亦神物也。傳云：　五十年如拳大，號山奴，服之一年，髭鬢青黑；　百年如碗大，號山哥，服之一年，顏色紅悅；　一百五十年如盆大，號山伯，服之一年，齒落重生；　二百年如斗大，號山翁，服之一年，顏如童子，行及奔馬；　三百年如栲栳大，號山精，服之一年，延齡益壽，純陽之體，久服成仙。邇來漸能用之，惜未能如法製之耳。

明・繆希雍《本草經疏》卷一一　何首烏　味苦、澀，微溫，無毒。主瘰癧，消癰腫，療頭面風瘡，五痔。主心痛，益血氣，黑髭鬢，悅顏色，久服長筋骨，益精髓，延年不老。亦治婦人產後及帶下諸疾。茯苓為之使。與白萊菔相惡，犯之令人髭髮早白。

〖疏〗何首烏，本文味苦澀微溫，《傳》言味甘氣溫，其稟春深生氣無疑。春為木化，入通於肝，外合於風，升也，陽也。入足厥陰，兼入足少陰經，故為益血祛風之上藥。雌雄二種，遇夜則交，有陰陽交合之象，故能令人有子。肝主血，腎主精，益二經則精血盛。髮者，血之餘也，故烏髭鬢。其主瘰癧者，肝膽氣鬱結則內熱，榮氣壅逆，發為是病。十一臟皆取決於膽，與肝為表裏，為少陽之經，不可出入。氣血俱少，乃風木所主。行膽氣，益肝血，則瘰癧自消矣。調榮氣則癰腫消。治風先治血，血活則風散，故療頭面風瘡。腸澼為痔，痔者濕熱下流，傷血分而無所施洩，則逼近肛門肉分，迸出成形為種種矣，風能勝濕，濕熱解則痔將自平。心血虛則內熱，熱則心搖搖而作痛，益血則熱解而痛除。益血氣，黑髭鬢，悅顏色，久服長筋骨，益精氣，延年不老者，皆補肝腎，益精血之極功也。亦治婦人產後及帶下諸疾者，婦人以血為主，月事通後，厥陰主之，帶下本於血虛而兼濕熱，行濕益血，靡不除矣。〖主治參互〗君甘菊花、枸杞子、地黃、牛膝、天門冬、赤白茯苓、桑椹、南燭子，則益精血，烏鬚髮，駐顏延年。得牛膝、鼈甲、橘紅、青皮，治瘧邪在陰分，久而不解。如表氣已虛，脾胃已弱，則加人參三五錢。肺熱者去人參，換人當歸如其數。得刺蒺藜、甘菊花、天門冬、胡麻仁、漆葉、白芷、荊芥穗、苦參、地黃、百部，治頭面諸風及大麻風。得金銀花、地榆、犀角、草石蠶、山豆根、黃連、芍藥、乾葛、升麻、甘草、滑石，治毒痢下純血，諸藥不效，有神。《經驗方》治骨軟風，腰膝疼，行履不得，遍身瘙痒：何首烏大而有花紋者，同牛膝，剉，各一斤，以好酒一升，浸一宿，曝乾，於木臼內搗末，蜜丸。每日空心食前酒吞三五十丸。兼可治風痰，久瘧不愈。《斗門方》治瘰癧，或破或不破，下至胸前者，皆治之。用何首烏根洗淨，日日生嚼，並取葉搗塗之，數服即止。其藥久服延年黑髮，用之神效。《何首烏傳》：何首烏味甘氣溫，性則無毒。茯苓為之使。治五痔，腰膝之病，冷氣心痛，積年勞瘦，痰癖，風虛敗劣，長筋力，益精髓，壯氣，駐顏黑髮，延年，婦人惡血痿黃，產後諸疾，赤白帶下，毒氣入腹，久痢不止，其功不可具述。一名野苗，二名交藤，三名夜合，四名地精，五名首烏。本出虔州，江南諸道皆有之。苗葉有光澤者，又如桃李葉，雄者苗色黃白，雌者黃赤，根遠不過三尺。春秋可採，日乾，去皮為末，酒下最良。有疾即用茯苓煎湯為使。常杵末，新磁器盛用，偶日服之。忌猪肉、血，無鱗魚，觸藥無力。其根形大如拳，連珠。其有形如鳥獸山嶽之狀者，珍也。掘得去皮生喫，得味甘甜，可休糧，讚曰：神効勝道，著在仙書。雌雄相交，夜合晝疎。服之去穀，日居月諸。返老還少，變安病軀。有緣者遇，最爾自如。明州刺史李遠傳錄云：何首烏，所出順州南河縣，及韶州、潮州、恩州、賀州、廣州四會縣、潘州者為上；邕州、桂州、康州、春州、高州、勒州、循州晉興縣出者次之，真仙草也。五十年者如拳大，號山奴，服之一年，髭鬢青黑。一百年者如碗大，號山哥，服之一年，顏色紅悅。一百五十年者如盆大，號山伯，服之一年，齒落更生。二百年如斗栲栳大，號山翁，服之一年，顏如童子，行及奔馬。三百年者如三斗栲栳大，號山精，純陽之體，久服之成地仙也。《衍義》曰：何首烏，兼黑髭鬢。與蘿蔔相惡，令人髭鬢早白，治腸風熱多用。

〖簡誤〗何首烏為益血之藥，忌與天雄、烏頭、附子、仙茅、薑、桂等諸燥熱藥同用。脩事以苦竹刀切片，米泔浸，經宿曝乾，蒸用，勿令犯鐵。

明・倪朱謨《本草彙言》卷六　何首烏　味苦濇，氣溫，有微毒。入通于肝，外合于風，升也，陽也。入足厥陰、足少陰經。蘇氏曰：此藥歷古本草向未采入，于唐高宗《養生集》中始用。因順州南河縣一何姓者，偶入山，見兩藤夜交，便即采食。其人素嘗衰弱多病，羸瘦不堪，髮黃面槁，食此鬚髮轉黑，神彩精明，故有何首烏之稱。今在處有之，但海內外深山皆有。春生苗，延蔓附墻崖而生。莖紫色，如木藁狀。葉似薯蕷葉，有光澤，單生不相對。其藤夜合晝疏，夏秋間開黃白色花，結子有稜，似蕎麥，雜小如粟粒。秋冬取根，小者似連珠，色分赤白，古云赤雄白雌也。其草甚多，但取根之大者，又不多得耳。在地五十年者，如拳大，號山奴，服之一年，髮髭青黑。百年者，如碗大，號山哥，服之一年，面顏紅悅。百五十年者，如盆大，號山伯，服之一年，齒落更生。二百年者，如一斗栲栳大，號山翁，服之一年，面如童子，行及奔馬。三百年者，如三斗栲栳大，號山精，或似鳥獸山岳之狀，此純陽之體，服之一年，成地仙也。李氏曰：凡諸名山深谷産者，堅大而佳。采時洗去土淨，用竹刀刮去皮，石臼內木杵搗碎，用黑豆減半拌勻，酒潤三日，乘日晒乾。甑上蒸一次，晒一次，酒潤一次，計九次，去其腥氣，入藥用。倪朱謨曰：已上諸說，具見諸家本草。有人依法修製，信服有年，亦未見其確驗，但生子延壽之說，似屬荒唐。姑集此，惟聽高明用舍何如耳！

何首烏：　固精斂氣，《開寶》截瘧止痢之藥也。葛小溪稿此藥味極苦濇，生用氣寒，性斂有毒；　製熟氣溫，無毒。前人稱爲補精益血，種嗣延年。又不可盡信其說。但觀《開寶》方所云：　治瘰癧，消癰腫，減五痔。氣、血、毒、蟲、濕五痔。去頭面熱瘡，蘇腿足軟風，其作用非補益可知矣。惟其性善收濇，其精滑者可固，痢泄者可止，久瘧虚氣散漫者可截，此亦莫非意擬之辭耳。倘屬元陽不固而精遺，中氣衰陷而泄痢，脾元困疲而瘧發不已，此三證自當以甘溫培養之劑治之，又不必假此苦濇腥劣，寒毒損胃之物所收效也。

陳月坡先生曰：　按何首烏，藥中之草類也，野生窮崖幽谷，小者如茄，大者如拳，五十年氣足可采。取時洗淨土氣，或切片，或搗碎，用黑豆和酒，拌蒸九次，取其性氣收濇。凡精血漏泄之證，有養腎秘精之功，可保無遺泄之患。雖然，又不藉此一物之力，必配大劑參、耆、歸、地，枸杞、山茱萸、山藥、金櫻子輩，共濟成功。若沾沾以一拳如許何首烏之力，而服至一年，烏鬚黑髮，返老還童，不亦過誤乎？再推而進之，百年如碗大，百五十如栲栳大，二百年如斗大之說，服之即成地仙，前人見其五十年，僅大如拳矣。或有大如碗，大如栲栳，大如斗者，即以百年、百五十年，以至二百、三百年計之，不過懸斷之辭耳。不知此藥得深山靈氣而生，所生甚廣，求其大如碗，又不易耳。雖然，大如碗者不易，此積百歲方成故也。大如碗者不易，而每見有大如栲栳、大如斗者，又何以得耶？抑又有說也，大如碗者，積百歲而成；　大如栲栳、大如斗者，可五年而完也。何也？積百歲者，得山林地氣，漸長而成，可服食者也。見五年而即完，如栲栳、如斗大者，得蟒毒蛇毒之氣，驟結而成，不可服食者也。又不踰年，必自腐爛，悞食之，必致中急疾而死。施藥與受藥者，當自慎重可也。或又一說，何首烏初十年如彈如栗，五十年如拳，百年如碗，力足矣。百年外，不復發苗，根漸腐壞。如山間偶得如栲栳大、斗大者，苗葉藤莖，酷似何首烏，實非何首烏也。數年漸長大如斗，不及十年，隨腐爛不可服食，名爲宕芋。何首烏之于宕芋，如黄精之于鈎吻，石龍芮之于天灸，青葙子之于雞冠子等類，良毒異殊，苗葉形實，初難別也。

再按：　此藥僻植窮谷，日受山林酷厲之氣最深，歲愈久，則毒愈劇。前人雖有多服延齡種子之說，實未必然，屢有服此，而後得急疾至死，而人不能識，不能醫者，皆服此藥之毒而不覺也。觀其氣之腥惡，味之慘烈，原非甘溫和平之品。製非九次，勿寢其毒。非黑豆，勿殺其勢。一近鐵器，其毒愈酷。凡食物血肉之類，忌鐵器者，惟烹蛇則有之。要之前文所云：　積受蟒蛇毒厲之氣而成者，或非虚語乎？知生之士，毋爲方外小人所惑也。

集方：　治瘰癧延蔓，寒熱羸瘦，乃肝鬱火鬱，久不治成勞也。用何首烏如拳大者一觔，去皮，如前法製，配夏枯草四兩，當歸、土貝母、香附各三兩，川芎一兩，共爲末，煉蜜丸。每早晚各服三錢。○已下八方俱見陳上池《經驗方》治時行火癘，或癰疽流發，遍身十數者。用何首烏生搗十兩，紫花地丁、金銀花各三兩，甘草一兩，陳皮五錢，白芷八錢，分作十劑，水煎服。○治五痔攻痛。用何首烏照前九製過四兩，氣痔，加人參、白朮、烏藥；　血痔，加當歸、生地、黄柏；　蟲痔，加使君子；　濕痔，加蒼朮、厚朴、龍膽草四種，每味各加三錢。惟毒痔，加土茯苓八兩，打碎，炒燥，俱浸酒，每早晚，隨量飲。○治頭面風熱，生瘡疹痱，幷鼾黯諸疾。用何首烏，照前九製過，一味，浸酒飲。○治瘧邪在陰分，久不愈。用何首烏一兩，鼈甲炙、牛膝、陳皮、青皮各四錢，當歸、白朮各三錢。虚甚，加人參三錢，水煎服。○治四肢骨軟風疾。用何首烏一觔，照前九製過，川烏二兩童浸炒，草烏三錢酒洗炒，川萆薢、枸杞子各八兩，爲末，煉蜜作丸，早晚服三錢。或浸酒蒸一日，每日早晚隨量飲亦可。○治大風癩疾。用何首烏一觔，照前九製法，用胡麻八兩去皮，蘄蛇一條，俱爲末。每服五錢，白湯調服。○治疥癬滿身。用何首烏一觔，連皮生搗碎，每日用四兩，生艾葉一兩，共煎湯洗浴，漸退。○治中蠱毒。用生鮮何首烏，連皮搗爛，和白湯一碗絞汁，一氣飲，即吐立解。

七寶美髯丹：　烏鬚髮，壯筋骨，固精氣，續嗣延年。用赤白何首烏，各一觔一箇，用黑豆二升淘淨，共入米泔水浸一日，將何首烏磁瓦刮去皮，切作薄片，同黑豆拌勻，以砂鍋乘湯，木甑鋪豆，與何首烏片蒸之。俟豆熟取出，揀去豆，將何首烏晒乾，再用黑豆二升淘淨，同晒乾首烏片同蒸，如此九次，豆揀出，俱不用，將首烏片石臼內搗爛聽用。白茯苓二觔，去皮，爲末，用人乳五碗，拌勻晒乾，牛膝、菟絲子、當歸身、枸杞子各八兩，俱酒拌炒，補骨脂四兩，以黑芝麻拌炒，幷忌鐵器，俱入石臼內，搗爲細末，煉蜜丸，彈子大。每早午晚各食前乾嚼化，湯酒任送。

治小兒龜背。用何首烏，生搗爲末，用酒調敷背高處，久久自平。

明・姚可成《食物本草・救荒野譜補遺・草類》　何首烏食根。昔有何翁服之，白髮再烏，雙瞳炯炯。後人采根食之，可以濟飢。

何首烏兮雙眸碧，我未衰兮髩先白。飢餒相煎愁緒多，首烏療飢還療痾。猶得還童除却老，爭似濟荒功更好。

明・姚可成《食物本草》卷一七草部・隰草類　何首烏一名交藤。本出順州南河縣，今在處有之。嶺外、江南諸州皆有，以西洛、嵩山及河南柘城縣者為勝。春生苗，蔓延竹木牆壁間。莖紫色，葉葉相對，如薯蕷而不光澤。夏秋開黄白花，如葛勒花。結子有稜，似蕎麥而雜小，纔如粟大。秋冬取根，大者如拳，各有五稜，瓣似小甜瓜，有赤白二種，赤者雄，白者雌。春采根，秋采花，九蒸九曝，可以當糧。此草本名交藤，因何首烏服之有效而得名也。唐元和七年，僧文象遇茅山老人，遂傳此事。李翺乃著《何首烏傳》云：何首烏者，順州南河縣人，祖名能嗣，父名延秀。能嗣本名田兒，生而閹弱，年五十八無妻子，常慕道術，隨師在山。一日醉臥山野，忽見有藤二株，相去三尺，苗蔓相交，久而方解，解了又交。田兒驚訝其異，至旦遂掘其根，歸問諸人，無識者。後有山老忽來，示之，答曰：子既無嗣，其藤乃異。此恐是神仙之藥，何不服之？遂杵為末，空心酒服一錢，七日而思人道，數月似強健，因此常服。又加至二錢，經年舊疾皆痊，髮烏容少。十年之内，即生數男，乃改名能嗣。又與其子延秀服，皆壽百六十歲。延秀生首烏。首烏服藥，亦生數子，年百三十歲髮猶黑。有李安期者，與首烏鄉里親善，竊得方服，其壽亦長，遂序其事傳之云。何首烏，味甘，性溫，無毒。茯苓為使。治五痔，腰膝之病，冷氣心痛，積年勞瘦，痰癖風虛敗劣，長筋力，益精髓，壯氣，駐顔，黑髮延年。婦人惡血痿黄，產後諸疾，赤白帶下，毒氣入腹，久痢不止，其功不可具述。一名野苗，二名文藤，三名夜合，四名地精，五名何首烏。本出處州，江南諸道皆有，苗如木藁，葉有光澤，形如桃柳。其背偏，皆單生不相對。有雌雄，雄者苗色黄白，雌者黄赤，根遠不過三尺，夜則苗蔓相交，或隱化不見。春末、夏中、秋初三時，候晴明日，兼雌雄采之，乘潤以布帛拭去泥土，勿損皮，烈日曝乾，密器貯之，每月再曝。用時去皮為末，酒下最良。遇有疾，即用茯苓湯下為使。凡服，用偶日，二、四、六、八、十日，服訖，以衣覆汗出，導引尤良。忌猪肉、猪血、羊血、無鱗魚，觸之則藥無用矣。若首烏根形如鳥獸山岳之狀者，最珍貴，極罕得之物也。掘得去皮生喫，得味甘甜，可休糧。讚曰：神效勝道，著在仙書，雌雄相交，夜合晝疏。服之去穀，日居月諸。返老還少，變安病軀。有緣者遇，最爾自如。〇明州刺史李遠附錄云：何首烏以出南河縣及嶺南恩州、韶州、潮州、賀州、廣州、潘州、四會縣者為上；邕州、桂州、康州、春州、高州、勒州、循州、晉興縣出者次之。真仙艸也。五十年者，如拳大，號山奴，服之一年，髮髭青黑；一百年者，如盌大，號山哥，服之一年，顔色紅悦；一百五十年者，如盆大，號山伯，服之一年，齒落更生；二百年者，如斗大，號山翁，服之一年，顔如童子，行及奔馬；三百年者，如栲栳大，號山精，純陽之體，久服成地仙也。李時珍曰：凡諸名山深山產者，即大而佳也。其修治之法，用何首烏赤、白各一斤，竹刀刮去粗皮，米泔浸一夜，切片，用黑豆三斗，每次用三升三合三勺，以水泡過，砂鍋内鋪豆一層，首烏一層，重重鋪盡，蒸之。豆熟取出去豆，將何首烏晒乾，再以豆如前法蒸之，九蒸九晒，乃用為佳。　何首烏，味苦、澀，微溫，無毒。治瘰癧，消癰腫，療頭面風瘡，治五痔，止心痛，益血氣，黑髭髮，悦顔色。久服長筋骨，益精髓，延年不老，令人有子。亦治婦人產後及帶下諸疾，治腹臟一切宿疾冷氣，腸風，瀉肝經風。

附方：七寶美髯丹：此乃嘉靖初，邵應節真人上進世宗肅皇帝，服餌有效，連生皇嗣者。方用何首烏赤、白各一斤，如前註内修治為末。赤、白茯苓各一斤，去皮研末，以水淘去筋膜及浮者，取沉者捻塊，以人乳十盌，浸匀晒乾研末。牛膝八兩，酒浸一日，同何首烏第七次蒸之，至第九次止，晒乾。當歸八兩，酒浸一日晒。枸杞子八兩，酒浸晒。菟絲子八兩，酒浸生芽，研爛晒。補骨脂四兩，以黑芝麻炒香。竝忌鐵器，石臼杵為末，煉蜜和丸彈子大，一百五十丸。每日三丸，清晨溫酒下，午時薑湯下，臥時鹽湯下。其餘竝丸梧子大，每日空心酒服一百丸。服一劑後，烏鬚髮，壯筋骨，固精氣，嗣胤延年，妙難盡述。〇宋懷州知州李治，與一武臣同官，怪其年七十餘而輕健，面如渥丹，能飲食。叩其術，則服何首烏丸也，乃傳其方。後治得病，盛暑中半體無汗，已二年，竊自憂之。造丸服至年餘，汗遂浹體，其活血治風之功，大有補益。方用赤、白何首烏各半斤，米泔浸三夜，竹刀刮去皮，切焙，石臼杵為末，煉蜜丸梧子大，每日空心酒下五十丸。末服亦可。治瘰癧結核，或破或不破，下至胸前者，皆治之。用何首烏洗淨，日日生嚼，并取葉搗塗之，大效。

明・顧逢柏《分部本草妙用》卷六兼經部・溫補　何首烏　苦澀，微寒，無毒。入肝腎二經。茯苓為使。忌諸血、無鱗魚、蘿蔔、葱、蒜、鐵器。選大者，赤白合用泔浸黑豆，九蒸九晒良。主治：瘰癧癰疽，頭面風瘡，五痔，心痛，益血氣，黑髭髮，悦顔色，長肌骨，益精髓。產帶諸疾，令人有子。首烏藤夜交，遂能變白，則補陰之功可見矣。不寒不燥，功在地黄、門冬之上。味澀則能固精，性溫則能壯陽，氣血太和，百病自消。但赤者屬血，白者屬氣，須配合用之。讀李遠附錄及休糧讚，信其為仙品也。久服之延年益壽，童顔墨髮，真不誣哉。

明・黄承昊《折肱漫録》卷三　古方用何首烏以赤白各等分用，今以得何首烏一時難兼二種，勉強成丸，服之亦效。近來吾鄉多不可得大者，若重二觔，便為奇貨。出山西者最大，六七觔者甚多。予宦于虔州覓此藥，亦有重三四觔者，但人言此藥出越中者良，他地所產服之多不效。予虔州所得，以製七寶丹，功力果遜，人言或者其然。

明・李中梓《醫宗必讀・本草徵要上》　何首烏味苦、澁，微溫，無毒。入肝、腎二經。茯苓為使，忌諸血、無鱗魚、蘿蔔、葱、蒜、鐵器。選大者，赤白合用。泔浸，黑豆拌，九蒸九晒。　補真陰而理虚癆，益精髓而能續嗣。強精壯骨，黑髮悦顔。消諸種癰瘡，療陰傷久瘧，治崩中帶下，調産後胎前。昔有老叟何姓者，見有藤夜交，掘而服之，鬚髮盡黑，故名何首烏。後因陽事大舉，屢生男子，故名能嗣。由是則滋陰種嗣，信不誣矣。補陰而不滯不寒，強陽而不燥不熱，禀中和之性，而得天地之純氣者歟！　按：何首烏與白蘿蔔同食，能令鬚髮早白，犯鐵氣損人，謹之！

明・鄭二陽《仁壽堂藥鏡》卷一〇下　何首烏　《本草》云：首烏出順州南河縣，今嶺外、江南諸州皆有。赤者雄，白者雌。赤白宜並用。　味苦，澁，性微溫，無毒。　入肺、腎二經。茯苓為使，忌諸血、無鱗魚、蘿蔔、蒽、蒜、鐵器。選大者，赤白合用，泔浸過，同黑豆九蒸晒。《開寶》曰：瘰癧癰疽，頭面風瘡，五痔，心痛，益血氣，黑髭髮，悦顔色，長筋骨，益精髓。産帶諸疾。大明曰：療一切宿疾，令人有子。時珍曰：不寒不燥，功在地黄、天門冬之上。氣血太和，則百病不作。　按：何首烏，觀其藤夜交，遂能變白，則其補陰之功可想見矣。味澁能固精氣，性溫能壯陽道。讀李遠附録及《休糧贊》、《何首烏傳》，信知其非常物也。赤者屬血，白者屬氣。宜活用之。　《經驗方》云：何首烏治軟骨風，腰膝疼，遍身瘙痒。

明・蔣儀《藥鏡》卷一溫部　何首烏　豁頭面之風氣，及皮膚燥癢，消瘰散癰。扶腰膝之軟弱，并筋骨酸疼，長肌明眼。生精補血，而烏髮烏鬚。暖胃溫脾，而除崩止漏。截痎瘧，醫所不知。止腎泄，書猶未載。佐白芷，能止發癢痘瘡。君寄生，驅風疾之作痛。製用溫腎補肝，斂收精氣。生服潤推燥糞，可代大黄。風瘡疥癬作癢，莖葉煎湯洗效。

明・李中梓《頤生微論》卷三　何首烏　味苦，澁，微溫，無毒。入肝、腎二經。茯苓為使。忌諸血、無鱗魚、蘿蔔、葱、蒜、鐵器。選大者，赤白合用泔浸，竹刀切如檳榔大，黑荳拌蒸二時，晒一日，如前又蒸，九次為度。補真陰，益精髓，理虚勞，能多嗣；強筋壯骨，黑髮悦顔；消諸腫癰瘡，療陰傷久瘧，治崩中帶下，調産後胎前。

按：何首烏補陰而不滯不寒，強陽而不燥不熱；禀中和之性，而得天地之純氣者也。昔有老人何姓者，見藤夜交，掘而服之，鬚髮盡黑，故名首烏。後陽事大舉，屢生男子，改名能嗣。則其養陰益腎，可想見矣。

明・張景岳《景岳全書》卷四八《本草正》　何首烏　味甘、澁、微苦，陰中有陽，性溫。此其甘能補，澁能固，溫能養陽。雖曰肝腎之藥，然白者入氣分，赤者入血分，凡血氣所在，則五陰之臟，何所不至？故能養血養神助氣，壯筋骨，強精髓，黑鬚髮。亦治婦人帶濁失血，産後諸虚等疾。第其性效稍緩，暫服若不甚顯，必久服之，誠乃延年益壽滋生助嗣之良劑。至如斷瘧疾，安久痢，活血治風，療癰腫瘰癧，風濕瘡瘍，及一切冷氣腸風宿疾，總由其溫固收斂之功，血氣固則真元復，真元復則邪自散也。故唐之李翺著有《何首烏傳》，即李時珍亦曰此物不寒不燥，功在地黄、門冬之上，誠非誣也。若其製用之法，則有用黑豆層鋪，九蒸九晒者。有單用米泔浸三宿，切焙為末而用者。有用壯健人乳拌晒三次，生杵為末而用者。總之，生不如熟，即單用米泔浸透，蒸之極熟則善矣，或不必人乳與豆也。服此之後，須忌生蘿蔔，并諸血敗血等物。

明・賈九如《藥品化義》卷三肝藥　何首烏　屬陰，體熟乾實生潤，色熟黑生紫白二種，氣和，味熟甘略澀生澀，性熟溫生涼，能沉，力斂血，性氣薄而味厚，入肝膽腎膀胱四經。　何首烏藤夜交和得陰氣最厚，藉久蒸製熟成紫黑色，入肝兼腎，取味甘平略澀，能益肝斂血滋陰，主治腰膝軟弱，筋骨酸疼，截虚瘧，止腎瀉，除崩漏，解帶下，皆神驗也。且澀能斂熱，用此療頭面風疹〔及〕皮膚燥癢，澀又能收脱，故云何首烏久痢為宜，白芍藥始末俱用也。　生山島間體潤而嫩大者佳，忌鐵器，用銅刀切片，酒淨，拌入黑豆，九蒸九曬入藥。若平陽泥土，老硬多筋，服之塞血，令人麻木，不可用。

明・蕭京《軒岐救正論》卷三　何首烏　一名夜交藤，一名九真藤，一名地精。性味淳和，功能靈異，真仙草也。余夙服有驗，敢悉精微，與世同好焉。

按：唐李翺傳云：何首烏者，順州南河縣人，祖名能嗣，子名延秀。能嗣本名田兒，生而閹弱，年五十八無妻子。常慕道術，隨師在山。一日醉卧山野，忽見有藤二株，相去三尺餘，苗蔓相交，久而方解，解而又交。田兒驚訝其異，至旦遂掘其根，歸問諸人，無識者。後有山老忽來，示之，曰：子既無嗣，其藤乃異，此是神仙之藥，何不服之。遂杵為末，空心酒服一錢，七日而思人道，數月似強健。因此常服至二錢，經年舊疾皆痊，髮烏容少。十年之內，即生數男，乃改名能嗣。又與其子延秀服，皆壽百六十歲，髮猶黑。有李安期者，與能嗣鄉里親善，竊得方服，其壽亦長，遂敘其事傳之云。何首烏味甘，性溫，無毒，（伏）〔茯〕苓為使。治五痔腰膝之病，冷氣心痛，積年勞瘦，痰癖風虛敗劣，長筋力，益精髓，壯氣駐顔，黑髮延年。婦人惡血痿黄，産後諸疾，赤白帶下，毒氣入腹，久痢不止，其功不可盡述。又云：其根形大如拳連珠，其有形如鳥獸山岳之狀者，珍也。掘得去皮，生喫得，味甘甜，可休糧。讚曰：神效勝道，著在仙書，雌雄相交，夜合晝疏，服之去穀，日居月諸，反老還童，變安病軀，有緣者遇，最爾自如。明州刺史李遠云：何首烏者，世之真仙草也。五十年者如拳大，號山奴，服之一年，髮髭青黑。一百年者如碗大，號山哥，服之一年，顔色紅悦。一百五十年者如盆大，號山伯，服之一年，齒落更生。二百年者如斗栲栳大，號山翁，服之一年，顔如童子，行及奔馬。三百年者如三斗栲栳大，號山精，純陽之體，久服成地仙也。李瀕湖曰：何首烏，足厥陰、少陰藥也。白者入氣分，赤者入血分。腎主閉藏，肝主疏洩。此物氣溫，味苦濇，苦補腎，溫補肝，能收斂精氣，所以能養血益肝，固精益腎，強筋骨，烏髭髮，為滋補良藥。不寒不燥，功在地黄、天門冬諸藥之上。氣血泰和，則風虛癰疽瘰癧諸疾可愈矣。嘉靖初，邵應節真人以七寶美髯丹方藥進世宗，服餌有效，連生皇嗣。於是何首烏之方，天下大行矣。宋懷州知州李治，與一武臣同官，怪其年七十餘而輕健，面如渥丹，能飲食。叩其術，則服何首烏丸也。乃傳其方。後治得盛暑中半體無汗，已二年，竊自憂之。造丸服至年餘，汗遂浹體，其活血治風之功，大有補益。七寶美髯丹，主烏鬚髮，壯筋骨，固精氣，續嗣延年。其方用赤白何首烏各一斤，如法製煉，入赤白茯苓各一斤，牛膝、枸杞、當歸、菟絲子各八兩，補骨脂四兩，以蜜煉丸，晨夕吞服，為滋益上藥，功能不可闡述。此古成方也。大都人有陰藏陽藏之不同，其屬陰藏者，宜與此丸，為有骨脂溫暖真陽也。若陽藏而藏府燥熱，素耐寒涼者，則當去骨脂，減當歸，加熟地黄十兩、酒蒸知母二兩，可令水火兩平，而免偏勝之患。愚意又以赤苓性屬滲泄，須禁之，庶久餌而無隱耗之弊，得全全善矣。及遍閲方書，亦有單服者，各隨方法，大要莫外此藥為君也。憶余髫齡十四通精，施泄無禁，關門虛滑，每少勞則病夢遺。及歲十七，從娶親後，尤覺神氣不支，虛焰侵膚，時或盜汗。皆少年不慎，真藏為患也。余伯父心宇封君，素以儒醫擅名，大較主治泥成法無外金鎖丹、固精丸、蓮鬚、牡蠣、金櫻、鰾膠之屬，時雖少止，暫輟仍復，沉疴數載，幾無人理。至二十二歲，抵楚慈陽，幸逢胡慎庵先生，治法獨異常流，令服參、耆、歸、苓、熟地、升麻、石棗、阿膠、知母、麥冬等藥，又以何首烏為君，茯苓、五味、沙苑蒺藜、蓯蓉、仙茅、當歸諸品為丸，晨昏服丸，午際啜湯。甫兩旬，前症減半，越三月得全愈，自是勤服不輟，蒲柳柔資，禁受風霜，益信前哲非誣語也。與世之造淫丹，暗鑠真陰，漸促天年者，則大不侔矣。特怪世人進鋭退速，不勤久餌，墮功半塗，咎藥迂緩，遂使完真善術，絕響無聞耳。

明・盧之頤《本草乘雅半偈》帙一〇　何首烏宋《開寶》　氣味：苦濇，微溫，無毒。主治：主瘰癧，消癰腫，療頭面風（瘡），治五痔，止心痛，益血氣，黑髭鬚。悦顔色。久服長筋骨，益精髓，延年不老。治婦人産後及帶下諸疾。

覈曰：本生順州南河縣，今在處有之，嶺外、江南諸州都有，以西雒、嵩山、河南柏城縣者為勝。唐元和七年，僧文象，遇茅山老人，始傳其事。李翺乃著《何首烏傳》云：何首烏者，順州南河縣人。祖名能嗣，父名延秀。能嗣本名田兒，生而奄弱，年五十有八，無妻嗣，嘗慕道在山。一日醉卧山野間，忽見有藤二株，相隔數武，苗蔓互相交結，久之方解，解之又交。田兒訝其異，至旦遂發其根，無有識者。後有山老來，出而示之。曰：子既無嗣，其藤乃異，或屬仙草，何不服之！遂杵為末，空心酒服一錢。七日遂思人道，數月強健倍嘗，因而嘗服，倍至二錢。經年夙疾皆痊，髮烏容少。十年内，連舉數子，更名能嗣。子延秀，服之皆壽百有六十；孫首烏，亦多子，年百有三十，髮猶烏也，因名首烏。有李安期者，與首烏同里，得授其方，遂敍其事而傳之。春生苗蔓，延竹木牆壁間，如木藁狀，雌雄共生其地。雄者莖色黄白，雌者莖色黄赤，苗蔓時交結，或隱化不見也。葉似薯蕷葉而不光澤，夜合晝踈。又似合歡葉之晝開夜合也。藥有雌雄，指花實之有無，或形色之相肖。唯何首烏色分赤白，雌雄共生其地，兩藤互為交解，如天上夫妻，目視執手，以為婬事者也。夏秋開黄白色花，似葛勒花。結子有稜似蕎麥，雜小如粟粒。根有五稜，瓣似甜瓜，形似連珠，色分赤白，白雌赤雄也。在地五十年者似拳大，號山奴，服之一年髮髭青黑；一百年者似盌大，號山哥，服之一年，顔色紅悦；一百五十年者似盆大，號山伯，服之一年，齒落更生；二百年者似一斗栲栳大，號山翁，服之一年，顔如童子，行及奔馬；三百年者，似三斗栲栳大，號山精，或似鳥獸山岳之狀。此純陽之體，服之成地行仙也。修事：春末、夏中、秋初三時，候晴明日，兼雌雄採之，布帛拭去泥土，生時勿損其皮，烈日暴乾。密器收貯，一月一暴，臨用去皮，杵末，酒下最良。有疾者，茯苓湯下，以為使也。凡服用偶日，服訖，溫覆，取微似有汗，不可令如水流漓。導引尤良，別用他製者無効也。忌鐵器、猪肉、羊血、無鱗魚、萊菔、葱、蒜、觸藥，則無力矣。

先人云：讀《開寶》主治，屬內益精血經脈，外榮鬚眉容色者也。故根雖紹小，藤蔓樂延，乃得偏多外向，以作春花之麗。又云：取雌雄之交，全陰陽之真，成有形之識，非飛行之神。

条曰：何首烏，原名交藤，以言象也。緣唐李翱有《何氏首烏傳》。宋《開寶》採附蔓草部，遂拈何首烏為正。據李傳，此指事兼轉注為名矣。蓋何即擔荷，首上從髼，烏為日魄，以言擔荷元陽，標髼以表法也。觀夫赤白交結，則金火亡刑，火金合璧矣。更觀夜合晝踈，則通乎晝陽之闢則闢，夜陰之闔則闔矣。故餌食者，全純陽之體，成地行仙。修事：用大如三斗栲栳，形似連珠鳥獸山岳者良。第近世所採，僅大如拳如盌，不易獲此奇珍者。謂此鍾地靈，轉鍾人傑，必待人傑，乃獲地靈耳。即如拳如盌者，雖無若大異功，亦可維持四大，却病延年。設地大失其堅固，為癰，為痔，為瘰癧，為癘風；設水大失其潤濕，為帶，為淋，為精竭，為髓涸，為血液枯；設火大失其暖熱，為冷，為厥，為卒中，為心痛；設風大失其動搖，為攣，為痿，為身半不遂，為行步不正。仍可使風歸動搖，火歸暖熱，水歸潤濕，地歸堅固，而衆眚除。駐五形，充五藏，美毛髮，悅顏色，此蓋益其壽命而強者也。《楞嚴經》云：堅固草木而不休息，名地行仙形隨物化矣。還須外息，諸緣內心無喘，堅固服食而不休息，乃得形隨物外。

明・李中梓《本草通玄》卷上　何首烏　苦，濇，微溫，腎肝藥也。補血氣，強筋骨，益精髓，黑鬚髮，斂虛汗，固遺濁，止崩帶，理癰癧，療腸風，美顏色，久服令人有子。肝主疏泄，腎主閉藏，何首烏苦以堅養腎陰，濇以收攝肝氣，不燥不寒，功在地黃、門冬之上，為滋補良藥。白者入氣，赤者入血。赤白合用，氣血交培。一老人見有藤二株相交，掘其根歸為末，空心酒服，髮烏顏少，連生數男，此老姓何，故名何首烏，真神物也。忌鐵，竹刀刮去黑皮，米泔浸半日，切片，每赤白各一觔，用黑豆三斗，每次用三升三合以水浸過，甑內鋪豆一層，藥一層，重重鋪盡，沙鍋上蒸之，豆熟為度，去豆，晒乾，九次乃佳。

清・顧元交《本草彙箋》卷四　何首烏　其藤夜交，得陰氣之厚，藉久蒸製熟，成紫黑色，入肝兼腎，其味甘平帶澀。能益肝，斂血滋陰。主治腰膝軟弱，筋骨酸疼，虛瘧腎泄，崩漏帶下等證。其能療頭面風痒，皮膚燥痒者，以澀能斂血也。能止久痢者，澀可收脫也。故云：何首烏久痢爲宜，白芍藥始末俱用。

生山島間，體潤而嫩，大者佳。忌鐵器。以銅刀切片，酒拌，入黑豆蒸晒九次用。若平陽泥土，老硬多筋，服之塞血，令人麻木，不堪用。《衍義》曰：何首烏兼黑髭鬢。與蘿蔔相惡，同服之反早白。此本益血之藥，忌與天雄、烏頭、附子、仙茅、薑、桂諸燥熱藥同用。

清・穆石匏《本草洞詮》卷一〇　何首烏　見藤夜交，采食有功，因以采人為名。味苦濇，氣微溫，無毒。入足厥陰、少陰經。治瘰癧癰腫，療頭面風瘡，治五痔，止心痛，渲肝風，益血氣，黑髭髮，悅顏色，久服長筋骨，益精髓，延年不老。亦治婦人產後及帶下諸疾。蓋何首烏白者入氣分，赤者入血分。腎主閉藏，肝主疏泄。此物苦補腎，溫補肝，能收斂精氣，所以能養血益肝，固精益腎，不寒不燥，為滋補良藥。氣血太和，則風虛、癰腫、瘰癧諸疾皆去矣。此藥流傳雖久，服者尚少。嘉靖時，邵應節真人以七寶美髯丹上進世宗，服餌有効，於是何首烏之方天下大行矣。方載《本草綱目》中。

清・劉雲密《本草述》卷一一　何首烏此藥本名交藤，因何首烏服而得名也。春生苗，蔓延竹木墻壁間，如木蕙狀，雌雄共生其地，雄者莖色黃白，雌者莖色黃赤，苗蔓時交結或隱化不見也。葉似薯蕷葉而不光澤，夜合晝疏，又似合歡葉之晝開夜合也。夏秋開黃白色花，似葛勒花，結子有稜似蕎麥，雜小如粟粒，根有五稜瓣，似甜瓜形，似連珠，色分赤白，白雌赤雄也。

氣味：苦濇，微溫，無毒。《何首烏傳》：味甘，氣温，無毒。

諸本草主治：瘰癧，消癰腫，療頭面風瘡，瀉肝風，亦療積年勞瘦，痰癖風虛，敗劣骨軟風，腰身軟，膝痛。腰身軟，膝痛，不能行步，正是骨軟風。並冷氣心痛，陰傷久瘧。益血氣，黑髭髮，悅顏色，久服長筋骨，益精髓，延年不老。令人有子，亦治婦人產後及帶下諸患。

方書主治：中風頭痛，行痹，鶴膝風，癇證，黃疸。大抵此味治風為其所長，即如治頭痛，石膏散中用此味者，亦云治風熱頭痛也。又治癇證之勝金丸，曰風癇也。如治黃疸之青龍散，亦云治風氣傳化，腹內瘀結而目黃，風氣不得泄為熱中，消渴引飲也。

時珍曰：何首烏，足厥陰少陰藥也。白者入氣分，赤者入血分。腎主閉藏，肝主疏泄。是物氣温，味苦濇，苦補腎，温補肝，能收斂精氣，所以能養血益肝，固精益腎，健筋骨，烏髭髮，為滋補良藥，不寒不燥，功在地黄、天門冬諸藥之上。　又曰：茯苓為之使。忌諸血、無鱗魚、蘿蔔、蒜、葱、鐵器，同於地黄。

希雍曰：何首烏本文味苦濇，微温。《傳》言味甘，氣温。其禀春深生氣無疑，春為木化，入通於肝，外合於風，升也，陽也，入足厥陰兼入足少陰經，故為益血祛風之上藥。肝主血，腎生精，益二經，則精血盛。髮者血之餘也，故烏髭鬢。其主瘰癧者，肝膽氣鬱結則内熱，榮氣壅逆發為是病，十一臟皆取决於膽與肝為表裏，為少陽之經，不可出入，氣血俱少，乃風木所主行膽氣，益肝血則瘰癧自消矣。種種功能，又如所謂長筋骨，益精氣者，皆補肝腎，益精血之所致也。

君甘菊花、枸杞子、地黄、牛膝、天門冬、赤、白茯苓、桑椹、南燭子，則益精血，烏鬚髮，駐顔延年。　得牛膝、鼈甲、橘紅、青皮，治瘧邪在陰分，久而不解，如表氣已虚，脾胃已弱，則加人參三五錢；　肺熱者去人參，换入當歸，如其數。　得刺蒺藜、甘菊花、天門冬、胡麻仁、漆葉、白芷、荊芥穗、苦參、地黄、百部，治頭面諸風及大麻風。　得金銀花、地榆、犀角、草石蠶、山豆根、黄連、芍藥、乾葛、升麻、甘草、滑石，治毒痢下純血，諸藥不效，有神。

愚按：何首烏之用，或取效於氣血之結，而經脈壅者。或取效於血氣之劣，而形器損者。若此，或亦他藥所可幾也。但言其久服駐年，更能種子，即《何首烏傳》所云，數世不爽，在近代競珍之，以為仙草矣。是何其功之迴異，而他藥難與齊歟？方書類知為活血祛風，不知其能長筋骨，益精髓，更能延年種者，是二是一，試於此處叅之，便知此條立論之精義。其傳讚曰：雌雄相交，夜合晝疏。盧之頤曰藥有雌雄，指花實之有無，或形色之相肖，唯何首烏色分赤白，雌雄共生其地，兩藤互為交解，更觀夜合晝疏，别通於晝陽之闢則闢，夜陰之闔則闔矣。即是思之，此種秉陰陽分合之化機，以合於人身陰陽之始，如腎者是；　更合於陰陽之樞，如肝膽者是。夫氣血皆一陰一陽之所化也，陽為開之，阴為闔之，則氣血之結者，以開為功，而即具有闔之用；　氣血之劣者，以闔為功，而即具有開之用；　開闔如得盡其神，而氣血之生化乃得不竭，以是延年，以是種子，豈非不易之元理乎？　如此乃非諸藥所得齊。蓋他藥得陰陽之分，而此獨得陰陽之合，他藥得其分者而不出於合中，此味得其合者而又出於分中也。如時珍以不寒不燥，謂功在地黄、天冬之上，亦粗得其似而已。或曰此味與地黄同其畏忌，將無與之並能益陰歟？曰：陰陽之開闔，此味全具，故謂其補陰與地黄同功，亦何不可？　但不與地黄同其沉滯者，其用可叅也。　蓋陰陽之開闔，具於天一之腎，若地黄則止為陰之闔，不能為陽之開者也。又肝膽根於至陰，達於至陽，亦本此開闔，以為開闔而行其氣血之生化者也。茲味合於元始，握其樞機，在風木為出地之陽，故多以療風歸之也，又豈地黄可得等夸而論功乎？　第其義何若？曰：風實者，陰不能致於陽而使闔也。風虚者，陽不能達乎陰而使開也。既合於至陰為闔，至陽為開，則風之療也，安能不首推茲味乎？　希雍言其禀春氣而外合於風，其説亦夢夢矣。雖然人身中開闔之機自有神識，且交藤豈等丹藥，不得止乞靈於草木也。

又按：何首烏之味，《本草》言其苦濇微温，如《李安期傳》云味甘性温，且言生喫得味甘甜，可休糧，而時珍據本文謂苦補腎，温補肝，以此表其功能，第此種所産異地，且有大小之殊，恐亦難以苦温定之。如苦温而止，何以便能功超羣品，必其苦而兼甘，得土之冲氣，以入肝腎而滋益，乃得大奏奇功也歟。

附方　七寶美髯丹烏鬚髮，壯筋骨，固精氣，續嗣延年，用何首烏雌雄各一斤，雄者色黄白，雌黄赤，米泔水浸三四日，瓷片刮去皮，用淘淨黑豆二升，以砂鍋、木甑鋪豆及首烏，重重鋪蓋，蒸之，豆熟取出，去豆曝乾，换豆再蒸，如此九次，曝乾為末，赤、白茯苓各一斤，去皮研末，以水淘去筋膜及浮者，取沉者，捻塊，以人乳十盌浸勻，曝乾，研末，牛膝八兩，去苗，酒浸一日，同何首烏第七次蒸之，至第九次止，曬乾，當歸八兩，酒浸，曬，枸杞子八兩，酒浸，曬，乾菟絲子八兩，酒浸生芽，研爛，曬，補骨脂四兩，以黑脂麻炒香。並忌鐵器，石臼為末，煉蜜和丸弾子大，一百五十丸，每日三丸，清晨温酒下，午時薑湯下，卧時鹽湯下，其餘並丸梧子大，每日空心酒服一百丸，久服極驗。忌見前時珍曰：此藥流傳雖久，服者尚少。世宗初年，邵應節真人以此方進御，上服之有效，連生皇嗣，於是何首烏之方乃大行於世。　瘰癧結核，或破或不破，下至胸前者，皆治之。用何首烏，其葉如杏，其根如雞卵，亦類瘰子，取根洗淨，日日生嚼，并取葉搗塗之，數服即止。　骨軟風疾，腰膝疼，行步不得，徧身瘙癢，用何首烏大而有花紋者，同牛膝各一斤，以好酒一升，浸七宿，曝乾，木臼杵，末棗肉和丸梧子大，每一服三五十丸，空心酒下。希雍曰：何首烏為益血之藥，忌與天雄、烏頭、附子、仙茅、薑、桂等諸燥熱藥同用。

修治　冬至後采者良，入春則芽而中空矣。北人以贗種欺人，香氣不能混也。臨用留皮，以竹刀切，米泔浸經宿，同黑豆九蒸九曬，木杵臼擣之，忌鐵器。

按：此法乃用以補益者，至於散氣血結壅等證，似未可用，即前方治瘰癧乃用生嚼，則其義可識矣。

之頤曰：修事春末、夏中、秋初三時，候晴明日，兼雌雄采之，布帛拭去泥土，生時勿損其皮，烈日曝乾，蜜器收貯，一月一曝，臨用去皮杵末，酒下最良，有疾者茯苓湯下以為使也。凡服用，偶日服訖，溫覆取微似有汗，不可令如水流漓，導引尤良，別用他製者，無效也。

按：此治法殊為有理，緣茲物具有開闔神機，如同黑豆九蒸九曬之製用，以補腎肝虛者或宜，若凡證槩用此法，恐違其自然之功用也。故曰別用他製者，無效，即請以質之高明。

清・郭章宜《本草匯》卷一二　何首烏　味甘、苦，濇，微溫。升也，陽也。入足厥陰、少陰經。補真陰而理虛勞，益精髓而能續嗣。強筋壯骨，黑髮悅顔。斂虛汗，瀉肝風。消癰腫，療結核。治崩中帶下，調產後胎前。驅頭面風瘡，止皮裏作痛。不問何處，用何首烏末，薑汁調成膏，塗之。以綿裹住，火炙鞋底，熨之。《開寶》主治瘰癧者，肝膽氣鬱結，則內熱，榮氣壅逆，發為是病。十一藏皆取決于膽，與肝為表裏，為少陽經，不可出入，氣血俱少，乃風木所主。行膽氣，益肝血，則瘰癧自消。痔者，濕熱下流，傷血分，而無所施洩，則逼近肛門肉分，迸出成形，為種種矣。風能勝濕，濕熱解，則痔將自平。

按：何首烏，為益血祛風之上藥也。雌雄二種，遇夜則交，逢晝各植，有陰陽交合之象，原名交藤，又名夜合。因何公服之，白髮變黑，故改名為何首烏。故能令人有子。肝主疏泄，腎主閉藏，此物苦以堅養腎陰，濇以收攝肝氣，不滯不寒，不燥不熱，功在地黃、天門冬諸藥之上，為滋補陰分氣血之勝藥。能治惡瘧，諸藥不効，用此一兩，水煎，發日加酒二盞，空心溫服，立愈。《本草》原無此法，今屢驗，故補入以濟人之苦瘧者，或多加入藥亦可。

忌鐵器。用竹刀刮去黑皮，米泔浸二日，切片，每赤白各一觔，用黑豆三斗，每次用三升三合，以水浸過，甑內鋪豆一層，藥一層，重重鋪盡，砂鍋上蒸之，豆熟為度，去豆用，九蒸九晒為佳。白者入氣，赤者入血。茯苓為使。忌蘿蔔、葱、蒜、諸血、無鱗魚、鐵器。

清・蔣居祉《本草擇要綱目・溫性藥品》　何首烏採深山重大者佳。以竹刀刮去粗皮，米泔水浸一夜，切片，用黑料豆以水泡過，砂鍋內鋪豆一層，首烏一層，層層鋪盡，蒸之，豆熟取出，去豆晒乾。如此九次，乃用。　氣味：苦，濇，微溫，無毒。足厥陰、少陰藥也。　主治：益血氣，黑髭髮，悅顔色，久服長筋骨，益精髓，延年不老。白者入氣分，赤者入血分。凡腎主閉藏，肝主疏泄，此物氣溫，味苦濇，苦補腎，溫補肝，能收斂精氣，所以能養血益肝，固精益腎。不寒不燥，為滋補良藥，久服令人有子。　忌：諸血、無鱗魚、蘿蔔、地黃、葱、蒜、鐵器。

清・閔鉞《本草詳節》卷一　何首烏　【略】按：何首烏，白者入氣分，赤者入血分。腎主閉藏，肝主疏泄。此物氣溫，味苦濇。苦補腎，溫補肝，濇能收斂精氣，所以能養血益肝，固精益腎，不寒不燥，功在地黃、天門冬之上。葢氣血和則諸疾不生矣。

清・王翃《握靈本草》卷五　何首烏有雌雄二種，雄者淺紅，雌者淡白。忌鐵器。竹刀切，去黑皮，米泔浸，用黑豆蒸九次乃佳。忌猪羊血。　主治：何首烏，苦，濇，微溫，無毒。主瘰癧癰腫，益血氣，長筋骨，益精髓。

清・汪昂《本草備要》卷一　何首烏平補肝腎，濇精。　苦堅腎，溫補肝，甘益血，濇收斂精氣。添精益髓，養血祛風，治風先治血，血活則風散。强筋骨，烏髭髮，故名首烏。令人有子，爲滋補良藥。氣血太和，則勞瘦風虛、崩帶瘡痔、瘰癧癰腫，諸病自已。營血調則癰腫消。赤者，外科呼爲瘡帚。止惡瘧。益陰補肝，瘧疾要藥，而《本草》不言治瘧。時珍曰：不寒不燥，功在地黃、天冬諸藥之上。　有赤白二種。夜則藤交，一名交藤，有陰陽交合之象。赤雄入血分，白雌入氣分。以大如拳、五瓣者良。三百年者大如栲栳，服之成地仙。凡使赤、白各半泔浸，竹刀刮皮切片，用黑豆與首烏拌勻，鋪柳甑，入砂鍋，九蒸九曬用。茯苓爲使，忌諸血、無鱗魚、萊菔、葱、蒜、鐵器。唐時有何首烏者，祖名能嗣，父名延秀。能嗣五十八，尚無妻子，服此藥七日，而思人道，娶妻連生數子。延秀服之，壽百六十歲。首烏又服之，壽百三十歲，髮猶烏黑，李翺爲立《何首烏傳》。然流傳雖久，服者尚少。明嘉靖初，方士邵應節進七寶美髯丹，世宗服之，連生皇子，遂盛行于世。方用赤、白首烏各一斤，黑豆拌，九蒸曬；茯苓半斤，乳拌；當歸、枸杞、菟絲各半斤，俱酒浸，牛膝半斤，酒浸，同首烏第七次蒸至第九次；破故紙四兩，黑脂麻炒，蜜丸。并忌鐵器。昂按：地黃、何首烏，皆君藥也，故六味丸以地黃爲君，七寶丹以何首烏爲君，各有配合，未可同類而共施也。即有加減，當各依本方，隨病而施損益。今人多以何首烏加入地黄丸中，合兩方而爲一方，是一藥二君，安所適從乎？ 失製方之本義矣。

清・陳士鐸《本草新編》卷二　何首烏　味甘而澁，氣微溫，無毒。神農未嘗非遺之也。以其功效甚緩，不能急于救人，故爾失載。然首烏蒸熟，能黑鬚髩，但最惡鐵器。凡入諸藥之中，曾經鐵器者，沾其氣味，絕無功效。世人久服而不變白者，正坐此耳，非首烏之不黑鬚髩也。近人尊此物為延生之寶，余薄而不用。惟生首烏用之治瘧，實有速效，治痞亦有神功，世人不盡知也。雖然首烏蒸熟，以黑鬚髩，又不若生用之尤驗。蓋首烏經九蒸之後，氣味盡失，又經鐵器，全無功效矣。不若竟以石塊敲碎，晒乾為末，同桑葉、茱萸、熟地、枸杞子、麥冬、女貞子、烏飯與黑芝麻、白果，共搗為丸，全不見鐵器，反能烏鬚髩，而延年至不老也。

或問：何首烏蒸熟則味甘，生用則味澁，自宜製熟為黑，則白易變為黑矣，此情理之必然也，先生獨云生用為佳，亦有説乎？曰：首烏製黑，猶生地之製熟也，似宜熟者之勝生。然而首烏不同生地也，生地性寒而味苦，製熟則苦變甘，而寒變溫矣，故製熟則佳。首烏味本甘而氣本溫，生者原自益人，又何必製之耶。況生者味澁，凡人之精，未有不滑者也，正宜味澁以止益，奈何反製其不澁，使補者不補也。余所以勸人生用之也。

或疑何首烏乃烏鬚聖藥，不製之，何能烏鬚？先生謂生勝于熟，讀先生之論，則實有至理，然未見先生之自效，恐世人未必信先生之言也。曰：吾談其理，何顧吾鬚之變白不變白哉。況吾鬚之白而烏，烏而白者屢矣，乃自不慎酒色，非藥之不驗也，蓋服烏鬚之藥，必須絕欲斷酒，否則無功耳。

或疑何首烏既能延年，而神農未嘗〔言〕，先生又薄其功用之緩，是此藥亦可有可無之藥也。雖然，何首烏可缺也，亦顧人用之何如耳。大約用之烏鬚延壽，其功緩，用之攻邪散瘧，其功速。近人用之，多犯鐵器，所以皆不能成功也。

或疑何首烏今人豔稱之，吾子薄其功用，得毋矯枉之過歟？嗟乎！何首烏實有功效，久服烏鬚髩，固非虚語。吾特薄其功用之緩，非薄其無功用也。如補氣也，不若黄芪、人參之捷。如補血也，不若當歸、川芎之速。如補精也，不若熟地、山茱之易于見勝。此余之所以寧用彼，而不用此也。至于丸藥之中，原圖緩治，何首烏正宜大用，烏可薄而棄之哉。

或問：何首烏畢竟以大者為佳，近人用何首烏而不甚效者，大抵皆細小耳，未必有大如斗者也。曰：古人載何首烏，而稱極大者為神，乃誇詡之辭，非真親服而有驗也。且何首烏小者之力勝于大者，世人未知也。近來士大夫得一大首烏，便矜奇異，如法修製，九蒸九晒，惟恐少越于古人，乃終年呑服，絕不見髮之烏而髩之黑，可見大者功用劣于細小者矣。無如今人為古人所愚，舍人參、熟地之奇，而必求首烏為延生變白之藥，絕無一效，而不悔惑矣。

清・顧靖遠《顧氏醫鏡》卷七　何首烏苦，澁，微溫。入肝腎二經。選大者，赤白合用，泔浸，黑豆拌蒸晒九天。　養血益肝而療風疾，如頭面風瘡，半體無汗，遍身瘙癢，大風癘疾諸病，皆取其活血治風之功。固精益腎而能續嗣。澁能斂精。強筋壯骨，黑髮悦顔。精血充足之徵。止腸風下血，治女人崩帶。益血而澁，又能收斂。療陰傷久瘧，養血益肝之效。及疥癬滿身。赤者能消腫毒。外科呼為紅内消，又名瘡帚。入肝而兼入腎，為益血祛風之上藥。與蘿蔔同食，能令人鬚髮早白。犯鐵器損人。

清・李熙和《醫經允中》卷二〇　何首烏　入肝腎二經。茯苓為使。忌猪血、無鱗魚、蘿蔔、葱、蒜、鐵器。色有赤白，合用黑荳九蒸晒者良。　苦，濇，微溫，無毒。主治益血氣，添精髓，黑髭鬚，悦顔色，長肌肉，堅筋骨，明耳目，消癰毒。久瘧産帶尤為要藥，久服令人多子延年。何首烏補陰之功在地黄之上，味濇能固精，性溫能壯陽，氣血太和，百病自消，信仙品也。

清・馮兆張《馮氏錦囊秘錄・雜症痘疹藥性主治合參》卷二　何首烏稟春深生氣而生，味苦，澁，微溫，無毒。春為水化，入通於肝，外合於風，升也，陽也。入足厥陰，兼入足少陰經。故為益血祛風之上藥。雌雄二種，遇夜則交，有陰陽交合之象，故能令人有子。肝主血，腎主精，益二經則精血盛。髮者，血之餘也，故烏髭鬢。其主瘰癧者，肝膽氣鬱結則内熱，榮氣壅逆，發為是病。十一臟皆取決於膽，與肝為表裏，為少陽之經，不可出入，氣血俱少，乃風木所主，行膽氣，益肝血，則瘰癧自消矣。調榮氣則壅腫消，治風先治血，血活則風散，故療頭面風瘡。腸澼為痔，痔者濕熱下流，傷血分而無所施洩，則逼進肛門肉分，迸出成形矣。風能勝濕，濕熱解則痔自平。心血虚則内熱，熱則心搖，搖而作痛，益血則熱解而痛除，益血氣，黑髭鬢，悦顔色。久服長筋骨，益精氣，延年不老者，皆補肝腎，益精血之極功也。亦治婦人産後及帶下諸疾者，婦人以血為主，月事通調，厥陰主之；帶下本於血虚而兼濕熱，行濕益血，靡不除矣。但為養榮益血之藥，忌與天雄、烏頭、附子、仙茅、薑、桂等諸燥熱藥同用。修事以苦竹刀切片，米泔浸經宿，暴乾，九蒸九晒。用勿令犯鐵。兼與蘿蔔相惡，令人髭鬢早白。　何首烏，主瘰癧癰疽，頭面風瘡，長筋骨，悦顔色，益血氣，止心痛，補真陰，理虚勞。久服添精，令人有子。消五痔，黑髭鬢，強精益髓，婦人帶下。總功能調和血氣，久瘧久痢，氣血失和，諸病用此，以建神功。肝腎二經之藥，甘溫祛風益血，收濇又能斂陰。年深大者，收採精製，久服延年，令人不老。至於外敷，熨皮裏作痛，可驗活血養血之極功矣。不問何處，用首烏為末，薑汁調成膏，塗之，以綿裹住，炙鞋底熨之。

《何首烏傳》：何首烏，味甘，氣溫，性則無毒。茯苓為之使。治五痔，腰膝之病，冷氣心痛，積年勞瘦痰癖，風虛敗劣，長筋力，益精髓，壯氣駐顏，黑髮延年。婦人惡血痿黃，產後諸疾，赤白帶下。毒氣入腹，久痢不止。其功不可俱述。一名野苗，二名交藤，三名夜合，四名地精，五名首烏。本出虔州，江南諸道皆有之。苗葉有光澤者，又如桃李葉，雄者苗色黃白，雌者黃赤。根遠不過三尺，春秋可採，日乾，去皮為末，酒下最良。有疾即用茯苓煎湯為使。常杵末，新甆器盛用，偶日服之。忌猪肉血、無鱗魚，觸藥無力。其根形大如拳，連珠有形，如鳥獸山嶽之狀者珍也。掘得去皮生喫，得味甘甜，可以休糧。讚曰：神妙勝道，著在仙書。雌雄相交，夜合晝疎。服之去穀，日居月諸。返老還少，變安病軀。有緣者遇，最爾自知。明州刺史李遠傳錄云：何首烏所出順州南河縣及韶州、潮州、思州、賀州、廣州四會縣、潘州者為上，邕州、桂州、康州、春州、高州、勒州、循州、晉興縣出者次之，真仙草也。五十年者如拳大，號山奴，服之一年，髭鬢青黑；一百年者如碗大，號山哥，服之一年，顏色紅悅；一百五十年者如盆大，號山伯，服之一年，齒落更生；二百年者如斗栲栳大，號山翁，服之一年，顏如童子，行及奔馬；三百年者如三斗栲栳大，號山精，純陽之體，久服之成地仙也。

主治痘疹合參：治痘榮血不足，過期不斂及久痢久瘧甚宜。

按：首烏補陰而不滯不寒，強陽而不燥不熱，禀中和之性，得天地之純氣者也。昔有老人何姓，見藤夜交，掘而服之，鬚髮盡黑，故名首烏。後陽事大舉，屢生男子，改名能嗣，則其養陰益腎可見矣。但熟地、首烏雖具補陰，然地黃禀仲冬之氣以生，蒸晒至黑，則專入腎而滋天一之真水矣，其兼補肝者，因滋腎而旁及也。首烏禀春氣以生，而為風木之化，入通於肝，為陰中之陽藥，故專入肝經，以為益血祛風之用，其兼補腎者，亦因補肝而旁及也。一為峻補先天真陰之藥，故其功可立救孤陽亢烈之危。一係調補後天榮血之需，以為常服，長養精神，卻病調元之餌。先天後天之陰不同，奏功之緩急輕重亦有大異也。況名夜合，復名能嗣，則補血之中，復有補陽之力，豈若地黃專功滋水！氣薄味厚，而為濁中濁者，堅強骨髓之用乎，此張心得之見，乃古哲未為縷析，今人混用補陰，不亦誤甚！

清・张璐《本經逢原》卷二 何首烏一名夜交藤 苦，濇，微溫，無毒。其形圓大者佳。須赤白並用。製法以竹刀刮去皮，拌黑豆，九蒸九晒，候用。禁犯鐵器，忌萊菔諸血，勿與天雄、烏附、薑、辛、仙茅等同用，為其性斂味濇也。

發明：何首烏，足厥陰、少陰藥也。性禀陰中之陽。產南方者最勝，北地所生，雖極大者，殊不足珍，以地偏屬陰而無陽生之力也。白者屬氣分，赤者屬血分。腎主閉藏，肝主疏泄，以此氣溫味苦濇，苦走腎，溫補肝，能收斂精氣，所以養血益肝，固精益腎，健筋骨，烏鬚髮，為滋補良藥。不寒不燥，功在地黃、天門冬諸藥之上。氣血大和，則風虛斑腫、瘰癧之疾可愈。生則性兼發散，主寒熱痎瘧，及癰疽背瘡皆用之。今人治津血枯燥及大腸風秘，用鮮者數錢煎服即通，以其滋水之性最速，不及封藏，即隨之而下洩也。與蓯蓉之潤燥通大便無異，而無助火之虞。腸風藏毒，用乾者為末米飲，日服二三錢有效，蓋其內溫肝腎，外祛少陰風熱之驗也。《丹方》治久瘧，用生薑、何首烏一兩，柴胡三錢，黑豆隨年數加減，煎成，露一宿，清晨熱服，若夜瘧尤效，乃散中寓收，補中寓散之法。

清・浦士貞《夕庵讀本草快編》卷三 何首烏宋《開寶》 此藥本草無名，因姓何者見藤夜交，掘而服之，鬚髮更黑，遂名首烏。後舉數子，改曰能嗣。首烏二色，本自一種，白者屬氣，赤者屬血，乃足厥陰、少陰藥也。《經》云：腎主閉臟，肝喜疏泄。此物氣溫而柔，味苦而濇，苦先益腎，溫能補肝，善於收攝精氣，滋養涸血，二臟平和，則筋骨勁強，鬚髮轉黑，故為補益之良劑。且不燥不寒，功在地黃、天冬濡潤之上，可生可熟，更非金漿、玉液沉重之比。氣血太和則風虛自去，癰腫瘰癧，遍體瘋麻，俱可瘳矣。真仙家之服食，返老之還丹也。按：唐李翺贊云：神効勝道，著在仙書。雌雄相交，夜合晝疏。服之去穀，日居月諸。返老還少，變安病軀。宿緣方遘，驀爾自如。雖然傳其說者既久，而服者尚寡。明嘉靖初應邵節真人以七寶美髯丹進上，修餌有効，連舉皇嗣，天下始傳頌其功，大行於世。可稱首烏得寵遇於肅宗，機緣亦非淺鮮矣。

清・劉漢基《藥性通考》卷五 何首烏 味苦、甘，氣溫。堅腎補肝益血，收斂精氣，添精益髓。養血袪風，治風先治血，血活則風散。強筋骨，烏髭髮，故名首烏。久服令人有子，為滋補良藥。癆瘦崩帶，瘡痔瘰癧，癰腫諸病，止惡瘧。有赤、白二種，夜則藤交，一名交藤，有陰陽交合之象。赤雄入血分，白雄入氣分。以大者良，小者不如地黃之功。當使赤白各半，米泔浸，竹刀刮皮切片，用黑豆與首烏均勻鋪柳甑，入砂鍋九蒸九晒用。茯苓為使。忌諸血、無鱗魚、萊菔、葱、蒜、鐵器。單用無功，必須加入補氣血藥中，方有功效。用赤、白首烏各一觔，黑豆拌，九蒸晒，茯苓半觔，乳拌，當歸、枸杞、菟絲各半觔，俱酒浸，同首烏第七次蒸至第九次，破故紙四兩，黑芝麻炒，蜜丸。並忌鐵器。昂按：地黃、首烏皆君藥也，故六味丸以地黃為君，七寶丹以首烏為君，各有配合，未可同類而共施也。

清・姚球《本草經解要》卷一　何首烏　氣微溫，味苦澁，無毒。主瘰癧，消癰腫，療頭面風瘡。治五痔，止心痛，益血氣，黑髭髮，悅顔色。久服長筋骨，益精髓，延年不老。亦治婦人產後及帶下諸疾。馬豆蒸用。　何首烏氣微溫，稟天春升少陽之氣，入足少陽膽經、手少陽三焦經。味苦澁，無毒，得地火水之味，入手少陰心經、足少陰腎經。氣味升少降多，陰也。瘰癧，少陽之鬱毒，首烏入少陽，氣溫則通達，所以主之。癰腫及頭面風瘡，皆屬心火，味苦入心，氣溫能行，所以主之。腸澼為痔，痔者，濕熱傷血之症也，味苦清血，故亦主之。心為君火，火鬱則痛，苦能洩，溫能行，故主心痛。心主血，腎藏氣，味苦益血，味澁益氣也。髭髮者，血之餘也。心者，生之本，其華在面，心血通流，則髭髮黑而顔色美矣。其黑髭髮，悅顔色者，苦益血而溫能通也。肝主筋，腎主骨，藏精與髓。膽氣疎，則肝血潤，心血充，則腎精足，其堅筋骨，益精髓者，氣溫益膽，味苦澁而交心腎也。心腎交，則火降水升，自延年不老矣。治產後及帶下諸疾者，以氣溫能升少陽之生氣，味苦澁，交心腎之陰陽也。製方：首烏同牛膝、鼈甲、陳皮、青皮，治瘧邪在陰分；如表虛脾弱，加人參三五錢。同金銀花、地榆、川連、白芍、升麻、葛根、甘草、滑石、山豆根、犀角、草石蠶，治痢純血諸藥不效者。首烏日日生嚼，治瘰癧或破或不破，並用葉擣塗。同牛膝丸，治腰膝耎疼及風痰久瘧。

清・周垣綜《頤生秘旨》卷八　何首烏　除風濕，益血氣之藥也。愈大愈良，久服延年益壽。忌犯鐵器。

清・王子接《得宜本草・下品藥》　何首烏　味苦，濇。入足厥陰經。功專消癰腫，益精髓。得當歸、枸杞、菟絲、骨脂、脂麻能固精延年，得胡麻治大風癘疾。

清・黃元御《玉楸藥解》卷一　何首烏　味甘，濇，氣平。入足厥陰肝經。養血榮筋，息風潤燥，斂肝氣之疎泄遺精最效，舒筋脈之拘攣偏枯甚良。瘰癧癰腫皆消，崩漏淋漓俱止。消痔至妙，截瘧如神。滋益肝血，榮舒筋脈。治中風左半偏枯之病甚佳。輔以燥土暖水之味，佐以疎木導經之品，絕有奇功，而不至助濕敗脾，遠勝地黃龜膠之類。方書謂其黑髮烏鬚，悅顔却老，理頗不虛。蓋陰者，陽之宅也。肝血溫升，生化魂神，血敗則溫氣亡泄，魂神脫矣，未有宮室毀壞而主人無恙者也。何首烏滋肝養血則魂神暢茂，長生延年，理有必至。但宜加以扶陽之藥，不可參以助陰之品。庸工開補陰之門，龜、地之殺人多矣。米泔換浸一兩天，銅刀切片，黑豆拌勻，砂鍋蒸曬數次。

清・吳儀洛《本草從新》卷二　何首烏〔補益肝腎，調和氣血，澀精氣，化虛痰。〕苦堅腎，溫補肝，甘益陰，澀收斂精氣。強筋益髓，養血祛風，治風先治血，血行風自滅。烏鬚髮，故名首烏。強陽事，令人有子，為滋補良藥。補陰而不滯不寒，強陽而不燥不熱，稟中和之性而得天地之純氣，所以為調補久病之聖藥。氣血太和則勞瘦、風虛、瘡痔、瘰癧癰腫，營血調則癰腫消。赤者，外科稱為瘡帚。腹中宿疾，能化虛痰。惡血痿黃諸病自已。療久痢惡瘧，益陰補肝，瘧家要藥。調胎產崩帶，止破傷出血。《雜典》方〔鄧筆峰《衛生雜典》〕末服神效。年深大者，收採精製，久服延年，令人不老。有赤白二種。夜則藤交，故一名交藤。可陰陽交合之象。以大如拳、五瓣而嫩潤者良，老韌多筋者不用。三百年者大如栲栳，服之成地仙。凡使，赤白各半，泔浸，竹刀刮皮，切片，用大黑豆拌勻，入柳甑砂鍋上九蒸九曬。茯苓為使。忌諸血、無鱗魚、葱、蒜、萊菔、鐵器。與蘿蔔同食，令鬚髮早白，犯鐵器損人。

清・汪紱《醫林纂要探源》卷二　何首烏　苦，甘，濇，溫。藤蔓堅韌，葉如犂尖。好生古牆石砌中。根蔓引深長，結塊大者為良。赤白皆可用。人傳藤夜交，蓋未見其然。又云成人鬮形，亦皆神其說而已。平木斂陰，緩肝堅腎。生石砌，故專行下部，深入筋骨，以補水和筋，斂精堅骨，養血充髓。又溫而不寒，故能烏鬚髮，祛風有子。然與地黃之用懸殊，彼在滋，此在濇，或以此代彼，或並用，皆失之。又能治惡瘡，療痎瘧。治久瘧，所以遂秋冬清燥之令，而平暑濕留滯之邪也。此本草所未言，今人用之，為得其當者也。〇白者入氣分，赤者入血分，合之拌黑豆，九蒸晒，取其黑色專入腎也。忌鐵及血。

清・嚴潔等《得配本草》卷四　何首烏　茯苓為之使。忌葱、蒜、蘿蔔、諸血、無鱗魚，又忌與燥熱藥同用。伏朱砂。　苦，澀，微溫。入足厥陰、少陰經血分。養血補肝，固精益腎。健筋骨，烏髭髮，除腹冷，祛腸風，療久瘧，止久痢，瀉肝風，消瘰癧癰腫。治皮膚風痛，薑汁調敷，文火熨之，三次自愈。配胡麻，治癘風。佐牛膝，治軟風。研末，津調封臍中，止自汗。和艾葉煎濃汁，洗疥癬。　白者入氣分，赤者入血分。勿犯鐵器，泔浸，竹刀刮去皮切片，以黑豆拌，蒸曬九次用。　生平陽泥土者，服之血塞，令人麻木。

題清・徐大椿《藥性切用》卷四　何首烏　甘苦微溫，益肝補腎，為平補陰血之良藥。有赤、白二種，黑豆拌，九蒸九晒用。修製忌鐵。腸滑者禁。亦有土拌炒用者。活血亦須酒炒，治痺宜之。

清・黃宮繡《本草求真》卷二　何首烏養血益肝。　何首烏耑入肝，兼入腎。諸書皆言滋水補腎，黑髮輕身，備極讚賞，時珍曰：何首烏，足厥陰少陰藥也。白者入氣分，赤者入血分。腎主閉藏，肝主疏泄，此物氣溫味苦濇，苦補腎，溫補肝，能收斂精氣，所以能養血益肝，固精益腎，健筋骨，烏鬚髮，為滋補良藥。不寒不燥，功在地黃、天門冬諸藥之上。氣血太和，則風虛、癰腫、瘰癧諸疾可知矣。　與地黃功力相似。獨馮兆張辯論甚晰，其言首烏苦澁微溫，陰不甚滯，陽不甚燥，得天地中和之氣，熟地、首烏雖俱補陰，然地黃禀仲冬之氣以生，蒸雖至黑，則專入腎而滋天一之真水矣！其兼補肝者，因滋腎而旁及也。首烏禀春氣以生，而為風木之化，入通於肝，為陰中之陽藥，後天之陽。故專入肝經以為益血祛風之用。血活則風散。　其兼補腎者，亦因補肝而兼及也。一為峻補先天真陰之藥，故其功可立救孤陽亢烈之危；一係調補後天營血之需，以為常服。長養精神，却病調元之餌，先天、後天之陰不同，奏功之緩急、輕重亦有大異也。的解。　況名夜合，又名能嗣，則補血之中，尚有化陽之力，豈若地黃功耑滋水，氣薄味厚，而為濁中濁者，堅強骨髓之用乎？　斯言論極透闢，直冠先賢未有，不可忽視，以大如拳五瓣者良。三百年者，大如栲栳，服之成地仙。有赤雄、雌白二種，凡使赤白各半，泔浸，竹刀刮皮切片，用黑豆與首烏拌勻，鋪柳甑，入砂鍋，九蒸九晒。茯苓為使，忌猪肉、無鱗魚、萊菔、葱、蒜、鐵器。李翱著《何首烏傳》云：何首烏者，順州南河縣人，祖名能嗣，父名延秀。能嗣年五十八無妻，忽見是藥以服，因思人道，娶妻連生數子，延秀服之，延壽百六十歲。延秀生首烏，首烏服藥，亦生數子，年百三十歲，髮猶黑。李安期與首烏鄉里親善，竊得方服，其壽亦長，遂序其事傳之。又邵康節進七寶美髯丹，其方用赤白首烏各一觔，黑豆拌，九蒸晒，茯苓半觔，乳拌，當歸、枸杞、菟絲各半觔，俱酒浸，牛膝半觔，酒浸，同首烏第七次蒸至第九次，破故紙四兩，用黑芝麻炒，蜜丸。忌鐵器。是方以首烏為君，猶六味以地黃為君之意相同。汪昂謂人或以首烏加入六味丸中，是合兩方為一方，一藥有二君，殊非製方本意，其說甚是。

清・楊璿《傷寒溫疫條辨》卷六補劑類　何首烏　味苦甘，濇，氣溫。夜則交籐，有陰陽交合之象。堅腎補肝，養血祛風，消瘰癧，散癰腫，療五痔，止腸風，毆惡瘧，烏鬚髮，明耳目，添精神，長肌肉，補虛勞，強筋骨，益精髓，壯腰膝。治婦人經胎產崩漏等證。老弱尤為要藥，久服生子延年。應節處方，嘉靖驗之，此七寶美髯丹之所以傳也。赤白合用，氣血兼補，黑豆拌蒸，勿犯鐵器。七寶美髯丹：赤、白何首烏二斤，黑豆湯浸，蒸晒九次，牛膝酒浸，蒸晒三次，白茯苓乳蒸，歸身、枸杞子、菟絲子酒蒸八兩，故紙四兩，黑脂麻拌炒，為末，煉蜜丸，鹽水送下。

清・羅國綱《羅氏會約醫鏡》卷一六草部　何首烏味苦甘，濇微溫，入肝腎二經。茯苓為使，忌猪血、无鱗魚、蘿蔔、葱、蒜、鉄器。選大者赤白二種，合用泔浸，竹刀刮皮切片，用黑豆煎汁，拌濕，九蒸九晒。　填補真陰，增長陽氣，強筋骨，溫補肝也。廣嗣續，苦堅腎，濇斂精也。療風淫，甘益血，血足則風散。并治虛勞崩帶、瘡痔癰腫、胎前產後等證。由濇澁收斂之功，則真元復而邪自散也。止瘧疾，益陰補肝，瘧疾要藥。烏髭髮，精血足也。

按：何首烏性效稍緩，必久服之，乃知為滋生益壽之食品也。

清・陳修園《神農本草經讀》附録　何首烏　氣味苦，溫，無毒。主瘰癧，消癰腫，療頭面風瘡，治五痔，止心痛，益血氣，黑髭髮，悅顏色。久服長筋骨，益精髓，延年不老。亦治婦人產後及帶下諸疾。《開寶》。

陳修園曰：後世增入藥品，餘多置之而弗論，唯何首烏於久瘧久痢多取用之。蓋瘧少陽之邪也，久而不愈，少陽之氣慣為瘧邪所侮。俯首不敢與爭，任其出入往來，絕無忌憚，縱舊邪已退，而新邪復乘虛入之，則為瘧。縱新邪未入，而營衛不調之氣，自襲於少陽之界，亦為瘧。首烏妙在直入少陽之經，其氣甚雄，雄則足以折瘧邪之勢；其味甚澀，澀則足以堵瘧邪之路。邪若未淨者，佐以柴、苓、橘、半；邪若已淨者，佐以參、朮、芪、歸，一二劑效矣。設初瘧而即用之，則閉門逐寇，其害有不可勝言者矣。久痢亦用之者，以土氣久陷，當於少陽求其生發之氣也，亦以首烏之味最苦而澀，苦以堅其腎，澀以固其脫。宜溫者，與薑、附同用；宜涼者，與苓、連同用，亦捷法也。此外，如疽瘡、五痔之病，則取其蔓延則通經絡。瘰癧之病，則取其入少陽之經。精滑、泄瀉、崩漏之病，則取其澀以固脱。若謂首烏滋陰補腎，能烏鬚髮，益氣血，悦顏色，長筋骨，益精髓，延年，皆耳食之誤也。凡物之能滋潤者，必其脂液之多也；物之能補養者，必氣味和也。試問：澀滯如首烏，何以能滋？苦劣如首烏，何以能補？今之醫輩竟奉為補藥上品者，蓋惑於李時珍《綱目》不寒不燥，功居地黄之上之説也。余二十年來目擊受害者比比。以醫為蒼生之司命，不敢避好辯之名也。

清・王學權《重慶堂隨筆》卷下 何首烏 内調氣血，外散瘡癰，功近當歸，亦是血中氣藥。第當歸香竄，主血分風寒之病，首烏不香，主血分風熱之疾為異耳。故同為婦科、瘡科要藥，并治虚瘧，并滑大腸。無甚滋補之力，昔人謂可代熟地，實未然也。訒庵先生謂熟地、首烏皆是君藥，方中不可同用，尤屬笑談。夫藥之孰為君、孰為臣，當隨證製方而後定其任，見是證，用是藥，即為君藥。明乎此，則本草所載，孰不可以為君？書曰：任官惟賢才，是治世之賢，不以資格門第論也。草木金石諸品，皆謂之藥材，是治病之藥，不以貴賤純駁論也。良醫良相同功，亦惟識其材而任之當耳。所謂醫道通於治道也。

清・王學權《重慶堂隨筆》卷下 徐悔堂嘗云：本草言何首烏之最大者，服之鬚髮可轉白為黑。余在廣西，見鎮安府所產何首烏，大者每重百餘斤，彼處人食之與薯芋等，初不聞變皓首為黑頭也。

清・黄凱鈞《藥籠小品》 何首烏 益肝補腎，斂陰氣，烏髮鬚，於冬季得大重斤者，竹刀刮去皮，切開煨，料豆汁拌蒸曝乾，再蒸黑色為度。七寶美髯丹，前明嘉靖初，方士邵應節進上，世宗服餌，連生皇嗣，於是何首烏方，天下大行矣。

清・王龍《本草纂要稿・草部》 何首烏 氣味甘苦而澁，性微溫，無毒。益血氣以悦顏色，長精骨能添精髓。驅頭面風疹，療瘰癧癰疽。截瘧疾，止心疼。不寒不熱，功在地黄之上。忌鐵氣，惡蘿蔔，茯苓為之使也。

清・莫樹蕃《草藥圖經》 内紅消 即何首烏。

清・張德裕《本草正義》卷上 何首烏 甘，澁，微苦，性頗溫。肝腎藥。生可療白入氣，赤入血，能養血益氣，斷瘧安痢，活血治風，強筋骨，烏鬚髮。生可療癰疽瘰癧，風濕惡瘡。製用米泔浸透，蒸之極熟；黑豈汁浸亦佳。

清・楊時泰《本草述鉤元》卷一一 何首烏 春生苗，其蔓名交藤，雌雄共生，雄者莖色黄白，雌者黄赤，蔓時交結，或隱化不見，葉似薯蕷而不光澤，夜合晝疏。與合歡葉同。夏秋開黄白花，結子有稜，根有五稜，色分赤白，白雄赤雌也。

味苦濇而甘，氣微溫。入足厥陰，兼入足少陰。白者入氣分，赤者入血分。茯苓為之使。主治瘰癧消癰腫，療頭面風瘡，行膽氣，瀉肝風，益肝血，亦療積年勞瘦，痰癖風虚，敗劣骨軟風，腰身軟，膝痛，不能行步。并冷氣心痛，陰傷久瘧，烏髭髮，悦顏色，久服長筋骨，益精髓，延年有子，亦治婦人產後及帶下諸患。方書治中風、頭痛、行痺鶴膝風癇證、黄疸。有青龍散，治風氣傳化，腹内瘀結而目黄，風氣不得泄為熱中，消渴引飲，大抵此味，治風為其所長。腎主閉藏，肝主疏泄，是物氣溫，味苦濇，苦補腎，溫益肝，濇能收斂精氣，所以養血益肝，固精益腎，不寒不燥，為滋補良藥瀕湖。肝膽氣鬱結則内熱，榮氣壅逆，發為瘰癧，行膽氣，益肝血，則瘰癧自消仲淳。君杞、菊、地黄、牛膝、天冬、赤白茯苓、桑椹、南燭子，益精血，烏鬚髮，駐顏延年。得牛膝、鱉甲、橘紅、青皮，治瘧邪在陰分久而不解。如表氣已虚，脾胃已弱，則加人參三五錢。肺熱者，去人參，換入當歸，如其數。得刺蒺藜、甘菊、天冬、胡麻、漆葉、白芷、荊芥、苦參、地黄、百部，治頭面諸風及大麻風。得銀花、地榆、犀角、山豆根、草石蠶、黄連、芍藥、葛根、升麻、滑石、甘草，治毒痢下純血諸藥不效有神。七寶美髯丹，烏鬚髮，壯筋骨，固精氣，續嗣延年。明世宗初年，邵慶節真人進此方，上服之，連生皇嗣，於是其功益著。用何首烏雌雄各一斤，雄者色黄白，雌色黄赤。米泔浸三四日，瓷片刮去皮，取淘淨黑豆二升，置砂鍋中，鋪豆及首烏木甑上重重鋪蓋。蒸之，豆熟取出，去豆，曬乾，換豆再蒸，如此九次，曬乾為末，赤白茯苓各一斤，去皮研末，水淘去筋膜及浮者，取沈者，捻塊，以人乳十盌浸匀，曬乾研末，肥牛膝八兩酒浸一日，同首烏第七次蒸之，至九次止，曬乾，當歸八兩酒浸曬，杞子八兩酒浸曬乾，菟絲子八兩酒浸生芽研爛曬，補骨脂四兩以黑芝麻拌炒香，並忌鐵器，石臼為末，煉蜜和丸彈子大，一百五十丸，每晨用溫酒，午用薑湯，臥用鹽湯，各下一丸，其餘並丸梧子大，每日空心酒服百丸，久服極驗，忌如後。瘰癧結核，或破或不破，下至胸前者皆治之，何首烏取根洗淨，日日生嚼，并取葉擣塗之，數服即止。骨軟風疾，腰膝疼行步不得，偏身瘙癢，用何首烏、大而有花紋者。牛膝各一斤，以好酒一升，浸七宿，曬乾，木臼杵末，棗肉和丸梧子大，每服三五十丸，空心酒下。

論：何首烏之用，或取效於氣血之結而經脈壅者，或取效於氣血之劣而形器損者，久服更能駐年種子，何其功之迴異若是？《傳》讚曰：雌雄相交，夜合晝疏。盧氏謂藥有雌雄，類指其花實之有無及形色之相肖。惟首烏色分赤白，白雄赤雌，兩藤互為交解，其葉通於晝陽之闢則闢，夜陰之闔則闔，秉陰陽分合之化機，以合於人身陰陽之始如腎者是，更合於陰陽之樞如肝膽者是。夫氣血皆一陰一陽之所化，陽為開之，陰為闔之。今氣血之結者，以開為功，而即具有闔之用。氣血之劣者，以闔為功，而即具有開之用。開闔盡其神，而氣血之生化乃不竭，以是延年，以是種子，豈非不易之元理乎。蓋他藥得陰陽之分，此獨得陽陰之合。他藥得其分者，不出於合中，此味得其合者，又出於分中也。其畏忌與地黃同，則補陰當與地黃並，但不與同其沉滯者，以陰陽開闔，具於天一之腎，地黃止為陰之闔，不能為陽之開也。又肝膽根於至陰，達於至陽，亦本此開闔以為開闔，而行其氣血之生化者也。茲味合於元始，握其樞機，在風木為出地之陽，故多以療風歸之，豈地黃可得而等夷乎。且風實者，陰不能致於陽而使闔也；風虛者，陽不能達乎陰而使開也。既合於至陰為闔，至陽為開，則風之療也，安得不首推茲味乎。第惟所產異地，又有大小之殊，如其味苦溫而止，何能功超群品。必苦而兼甘，得土之沖氣，以入肝腎而滋益，乃奏奇功也。

首烏為益血之藥，忌與天雄、附子、烏頭、仙茅、薑、桂等燥熱藥同用仲淳。服首烏者，忌諸血與無鱗魚、蘿蔔、葱蒜。忌鐵器。

修治：冬至後采者良，入春則芽而中空矣。臨用留皮，以竹刀切，米泔浸經宿，同黑豆九蒸九曬，木杵臼搗之。按：蒸曬乃用以補益者，至於散氣血結壅等證，似當生用，即前方治瘰癧用生嚼可見已。春末，夏中，秋初，三時候晴明日，兼雌雄采之，布帛拭去泥土，生時勿損其皮，烈日曝乾，密器收貯，一月一曝，臨用去皮杵末，酒下最良。有疾者，茯苓湯下，以為使也。凡服，用偶日服訖，溫覆取微似有汗，導引尤良，別用他製者無效。此法，緣茲物具有開闔神機，如同黑豆蒸曬以補腎肝之虛，或宜。若凡證概用，恐違其自然之性也。

清・鄒澍《本經續疏》卷六　何首烏　【略】劉潛江云：何首烏之用，或取效於氣血之結，而經脈壅者；如主瘰癧，消癰腫，療頭面風瘡，五痔，止心痛是也。或取效於血氣之劣，而形器損者。如益氣血，黑髭鬢，悅顏色，長筋骨，益精髓是也。何其病之迴異，而同歸於治歟？《何首烏傳》讚曰：雌雄相交，夜合晝疏。盧子繇曰：觀其夜合晝疏，則通於晝陽之闢則闢，夜陰之闔則闔矣。夫氣血一陰一陽之所化也。陽爲開之，陰為闔之，則氣血之結者，以開為功，而即具有闔之用。而氣血之劣者，以闔為功，而即具有開之用。惟開闔盡其神，而氣血之生化乃得不竭，豈非不易之元理乎？蓋他藥得陰陽之分，而此獨得陰陽之合；他藥得其分者，不必出於合，此味之得其合者，以其能出於分也。或曰此味與地黃同其畏忌，將無與之並能益陰歟。曰陰陽之開闔，此味全具，謂其補陰與地黃同功，亦何不可？但不與地黃同其沉滯者，其義所當參也。蓋陰陽之開闔具於腎，若地黃則能為陰之闔，不能為陽之開也。又肝膽根於至陰，達於至陽，亦本開闔以行氣血之生化。茲味合於元始，握其樞機，在風實者，陰不能致於陽而使闔也。風虛者，不能達乎陰而使開也。既合於至陰為闔，至陽為開，則風之療也，安能不首推茲味乎？

清・王世鍾《家藏蒙筌》卷一五《本草》　何首烏【略】　按：首烏補陰而不滯不寒，強陽而不燥不熱，稟中和之性，得天地之和氣者也。昔有老人姓何，見(蕂)〔藤〕夜交，掘而服之，鬚髮皆黑，故名首烏。後陽事大舉，屢生男子，改名能嗣。則其養陰益腎可見矣。蓋熟地、首烏，雖俱補陰，然地黃稟仲冬之氣以生，蒸晒至黑，則入腎而滋天一之真水，其兼補肝者，因滋腎而旁及也。首烏稟春氣以生，而為風木之化，入通於肝，為陰中之陽藥，故專入肝經，以為益血祛風之用。其兼補腎者，亦因補肝而旁及也。一為峻補先天真陰之藥，故其功可立救孤陽亢烈之危。一係調補後天營血之需，以為常服長養精神卻病調元之餌。先天後天之陰不同，奏功之緩急輕重亦大有異也。況首烏補血之中，復有補陽之力，豈若地黃專功滋水，氣薄味厚，而為濁中濁者，堅強骨髓之用乎？是首烏功在地黃之上，不誠然乎？但王道之品，其性效甚緩，宜久服之，自見神功，豈特祛(出)〔除〕百病之小功猶不足言也，定當延年益壽。

清・葉桂《本草再新》卷三　何首烏味甘，性溫，無毒。入脾、肺、腎三經。　補脾益腎，固精養氣，補肺虛，止吐血，兼治瘧疾，調經安產。

夜交藤味苦，性溫，無毒。入心、脾二經。　補中氣，行經絡，通血脈，治勞傷。

清・吳其濬《植物名實圖考》卷二〇　何首烏　詳唐李翺《何首烏傳》。《開寶本草》始著錄。有紅、白二種。近時以為服食大藥。《救荒本草》：根可煮食，花可煠食。俚醫以治癰疽毒瘡，隱其名曰紅內消。《東坡尺牘》以用棗或黑豆蒸熟，皆損其力。文與可詩亦云：斷以苦竹刀，蒸曝凡九為。夾羅下香屑，石蜜相和治。然則世傳七寶美髯丹，其功力不專在交藤矣。近時價日增而藥益偽，其大者多補綴而成。以余所至居處間，皆紫綠雙蔓，貫籬縈砌，如拳如杯，抛擲屑越。崑山以玉抵鵲，又文與可所謂蓋以多見賤，蓬藋同一虧也。滇南大者數十斤，風戾經時，肉汁獨潤，然不聞有服食得上壽者。豈所忌魚肉未能盡絕，而炮製失其本性耶？三斗栲栳大，號山精，滇人得之，不必有緣，唯博善價糴穀事育耳。寇萊公服地黃蘿蔔，使髮早白。《聞見近錄》作服首烏，而食三白。余怪近之服餌者，髮輒易皤，殆緣於此。則亦讀《本草》未熟也。服食求仙，固為妄説；節嗜通神，藥乃有效。醉飽中而乞靈草木，南轅北轍，相去益遠。若其活血治風之功，則明時懷州知州李治所傳一方，吾以為不妄。

清・趙其光《本草求原》卷四蔓草部　何首烏　春生竹木牆壁間，初出地，莖分赤、白二種，後則蔓生，兩藤交結，赤雄、白雌。夜合晝疏，紋如車輪，似葛。得陰陽開合轉化之機。且味甘，生食可休糧，是沖和之地味。多脂，故大益脾胃之汁，以生精養血，功居地黃之上。地黃沉滯，止能為陰之合，不能為陽之開。久服黑髭髮，精血之餘也。長筋力延年，種子安胎，治產後及帶下、津血枯燥而便秘，用生者數錢煎服即通，以其津液尚存，滋水性速，未及封藏即隨之而下。與蓯蓉同滑潤，而無助火之虞。積年勞瘦痰癖，寒熱久瘧，陰陽不安，則陰並陽而寒，陽並陰而熱。陽邪入陰，則陰傷而久瘧，同鱉甲、牛膝、青橘皮，表虛加參，肺熱加歸。止吐血、調經。又氣溫無毒，能內溫肝腎，外達肝膽之風熱，肝膽根於至陰，達於至陽，為陰陽之樞。為風病首推。凡風虛、風實皆宜，以其開中有合，合中有開也。治骨軟風，腰身軟，膝痛不能行也。中風，風癇，頭面風，風熱頭痛或消渴，同石膏等。腸風下血毒痢，生乾者為末，酒或米飲下，日二三錢，得汁則效。伏風瘀結而成黃疸。青龍散用之。且蔓延，能通經絡血脈之壅滯，兼能開之功。治行痹鶴膝，瘡痔，瘰癧。開肝膽鬱結之功。

產德慶州者良。茯苓為使。忌諸血、無鱗魚、蘿蔔、葱、蒜、鐵器。

《何首烏傳》言其甘溫，是指此也。得生乾者，同柴胡、牛膝煎露一宿，熱服，止陰虛久瘧極效。同芷、荊、百部、苦參、天冬、白蒺、甘菊、胡麻，又治頭面風及癘風，皆補中寓開達之用也。然真者難得。

夜交藤　產廣西等處，亦兩藤相交，故名。但味苦澀，氣微溫，希雍等所指是此。收斂功多，溫達力薄，止能為陰之合，不能為陽之開，惟陰虛而易於召風者宜之。若陽虛不能達陰而病風，斷非所宜。又腎火上浮，不能用桂、附者，用之最合。蓋苦堅腎，溫補肝，澀入少陽以堵外邪。惟久瘧而邪將盡者，佐柴、苓、橘、半；邪已淨者，佐參、术、芪、歸亦止。若邪盛初瘧，最忌。人痢而土氣久陷者，宜溫，則佐薑、附；宜涼，則佐芩、連；及毒痢下繩血，諸藥不效者，同連、芍、升、葛、甘、犀、榆、銀花、山豆根、滑石之類，用之神效。其固精保胎，一皆澀可固脫之功，而稍寓扶助少陽生氣之義。今人乃以之混入首烏條內，天下未有苦澀能滋補、能疏肝，而外合於風者。

竹刀去皮，黑豆拌，九蒸九曬用，亦欲去其澀耳。若真首烏而製之，則反失其津液滋補之功矣。乃或者反以此苦澀之品，謂其生用可兼發散，害人無算。按此物氣味類醋而蔓生，亦能收肝陰以去熱，通絡脈以活血。

清・文晟《新編六書》卷六《藥性摘錄》　何首烏　苦，澀，微溫。入肝兼入腎。益血祛風，療膚癢，治久痢，滋水補肝腎。〇以大如拳，五瓣者良。有赤白二種，每用各半，米泔浸，竹刀或銅刀刮去皮，切片，以黑豆拌勻，鋪柳木甑內，入砂鍋(土)〔內〕，九蒸九曬用。〇忌萊菔、葱、蒜、豬血、無鱗魚、鐵器。

清・張仁錫《藥性蒙求・草部》　何首烏夜交藤二錢、五錢　何首烏甘，補肝堅腎。養血祛風，瘧家補品。苦堅腎，溫補肝，甘益陰，濇斂精氣，養血祛風。治陰傷久瘧，為滋補良藥。製用溫補肝腎，生用潤燥行糞。最滑人，虛人老人用以代大黃。〇夜則藤交，故一名夜交藤，有陰陽交合之象。忌鐵器。

清・陸以湉《冷廬醫話》卷五　藥品　何首烏具人形者不可多得，得而服之，可以益壽，然亦有不盡然者，湯芷卿用中《翼駉稗編》云：吳江秀才某，見鄰翁鋤地，得二首烏如人形，以錢二千買之，用赤荳如法製食，未數日，腹瀉死，此豈氣體有未合歟？抑首烏或挾毒物之氣能害人也，服食之當慎也。觀於此而益信。

清・劉善述、劉士季《草木便方》卷一草部　鐵稱鉈　首烏甘溫補髓精，養血祛風強骨筋。癰疽痔瘍惡瘧愈，葉塗疥癬毒不生。何首烏。

清・趙晴初《存存齋醫話稿》附錄　偶閱浙江《新聞千秋》副刊載有張君何首烏之考正及虛偽一文，因憶民十七在上海中醫專門學校任教時，曾聽顧惕生先生演講肺癆病之食養療法。顧氏嘗患肺癆，以中藥調理獲愈。其子亦患是病，延西醫療治，卒不救。故其演詞頗揚中抑西。其實肺病無論中西，僉乏特效藥，全賴調養得宜，方能漸愈。調養之道，中醫不及西法完美。顧氏因愛子夭折，悲憤之餘，遂謂西醫不善治癆，其言雖失之偏激，但演詞中所舉治癆方藥，確屬經驗有效，彌覺珍貴，爰為迻錄如下，以便病肺諸君酌量制服。日人又盛稱何首烏治癆，鄙人亦嘗試服。首烏與六味丸之主藥地黄，皆含鐵之有機體物。服首烏之法，每首烏一斤，加茯苓半斤，咳者加五味子半斤，欲求子者加枸杞半斤，中藥不但令人愈病，且令人有子，斯為奇也。初服即健啖倍常人，苦粳米飯不耐飢，須糯米飯方能果腹。其後多服，效力亦減。乃知治癆之法，藥物不如食養。又此物有調整大便之用，患常習性便秘之人，取鮮首烏研末，蜜為丸，臨睡以淡鹽湯送下三四錢，自無如廁掙扎之苦。

清・戴葆元《本草綱目易知録》卷二　何首烏　苦堅腎，温補肝，澀收斂精氣，入足厥陰、少陰經。養血祛風，固精益腎，瀉肝風，止心痛，益血氣，長筋骨，補精髓，烏髭髮。不寒不燥，功在地黄、門冬之上。消瘰癧癰腫，頭面風瘡，五痔瘧疾。婦人產後及帶下諸疾，久服令人有子。治腹臟一切宿疾，冷氣腸風。忌諸敗血、無鱗魚、萊菔、葱、蒜、鐵器。竹刀刮去粗皮，米泔浸一夜，黑豆拌，蒸曬九次用。

清・黄光霽《本草衍句》　何首烏　苦堅腎，兼入腎經。温補肝。耑入肝經。澀以收斂精氣，甘以益血祛風。能瀉肝風。添精髓而長筋骨，令人有子。有補陽之力。烏鬚髮而消五痔，帶下兼功。治婦人產及帶下俱疾。能消癰腫瘰癧，可除頭面瘡攻。得當歸、枸杞、菟絲、骨脂、脂麻，能固精延年；得胡麻治大風癘疾。《綱目》不言治瘧，後人用之治瘧者，多以其遂秋冬清燥之令，而平暑濕留滯之邪也。

清・陳其瑞《本草撮要》卷一　何首烏　味苦澀，入足厥陰經，功專消癰腫，益精髓。得當歸、枸杞、菟絲、骨脂、芝蔴固精延年，得胡麻治大風癘疾。黑豆與首烏拌勻鋪柳甑，入砂鍋，九蒸九晒用。茯苓為使。忌諸血、無鱗魚、萊菔、葱、蒜、鐵器。

清・李桂庭《藥性詩解》　賦得首烏治瘡疥之資得烏字。李慶霖。　力最能玄髮，因名作首烏。茲調榮衛和，故使疥瘡無。按：何首烏本補肝腎，調和氣血，強益筋髓，烏染鬚髮。補陰，有不寒不滯；補陽，有不燥不熱之功。性近中和，得天地之統氣，所以為調補久病之聖藥。先時因有何叟入山，髮皆白，採食而髮復黑。不知何藥，後人以何首之烏命名，曰何首烏也。

前題田春芳　調補陰陽怯，功惟是首烏。治瘡堪有效，療疥亦無虞。按：首烏雖治瘡疥之資，實乃調和榮衛之力也。性味甘温，稍苦而澀，收益精氣，補助肝腎，養血祛風，強筋益髓，稟中和之純氣，為補虛之聖品，不可不知。

清・周巖《本草思辨録》卷二　何首烏　何首烏種分赤白，故氣血兼益。藤夜交晝疏，故具闔辟之長。味厚入腎，澀入肝，苦則堅，温則補。陳修園但知其為苦澀，而於益氣血具闔辟之所以然，則未之見，其必有施之不當而為所誤者矣。

修園於首烏能止久瘧久痢則韙之，而一歸於少陽，則知猶未知。夫久瘧不止，勢必損及於肝，肝病腎亦病。腎者三陰之樞也，欲樞轉而止瘧，自當補肝與腎。肝主疏泄，久痢則疏泄太過，腎亦失蟄封之職，亦必以補肝腎為要。修園既以首烏苦澀而短之，安得更有直折之威、生發之氣如彼云云者，稱驥以力而不免於鹽車之辱，此可為太息者也。

劉潛江以《開寶》主瘰癧、癰腫、頭面風瘡、五痔、心痛，為效在氣血之結而經脈為壅。黑髭髮、悅顔色、長筋骨、益精髓，為效在氣血之劣而形器有損。二者證絕相懸，而首烏並建厥功。正與闔辟之理相合，可知《開寶》非浪許也。

首烏之用，生熟迥殊，其已久瘧消腫毒，皆是用生者。又消腫毒用赤不用白，補肝腎則以黑豆拌蒸，赤白各半，皆法之不可不講者。

張石頑云：今人治津血枯燥，大腸風秘，鮮首烏數錢煎服即通。其滋水之速，與肉蓯蓉潤燥通大便相仿佛。此亦修園所思議不到者，要之生熟之異用，所關甚巨，必不容忽耳。

神仙胡麻飯

明・蘭茂原撰，范洪等抄補《滇南本草圖説》卷五　神仙胡麻　生山中朝陽有水處，緑葉紫背，相對而生，根肥大，連有子，夜放白光。採根，熬去苦水。氣味甘甜，微温，無毒。主治：諸虚百損，五勞七傷，補中益氣，久服令人烏鬚黑髮，延年益壽。凶年辟穀。同側柏葉食之，香甜無比。或熬膏合丸，每丸重一錢，隨引，救民苦病，立瘥。治瘟疫遍散傳染一方，每人一丸，赤小豆煎湯送下，可普救一方人物，神效。百病，薑湯送下立瘥，百發百效。仙人胡麻飯，非皆俗人藥之胡麻也。

明・蘭茂撰，清・管暄校補《滇南本草》卷上　胡麻飯　味甘、辛，性平，無毒。軟枝細葉，枝尖上有一撮細子，其根大而肥壯，採取熬服，食能辟穀，神仙多用此。採子，治肺癆。採葉，治風邪入竅，口不能言。採梗，治頭風疼痛。採根，能大補元氣，久服輕身延年，烏鬚黑髮。

黄德祖

清・趙學敏《本草綱目拾遺》卷四草部中　黄德祖　《藻異》：德祖即石公號。此草生圯上，故名。葉如尖刀，獨梗芋，花紅白，頭如何首烏。治瘡癬。

扒毒散

清・吴其濬《植物名實圖考》卷二三　扒毒散　生雲南圃中。插枝即活，以能治毒瘡故名。大致類斑莊根而無斑點，葉亦尖長；秋深開小白花如蓼；而不作穗，簇簇枝頭，尤耐霜寒。

刺酸草

宋・王介《履巉巖本草》卷中　刺酸草　性溫，有毒。入爐火藥。

清・何諫《生草藥性備要》卷下　老虎喇　味苦，性和。止瀉，浸疳疔、痔瘡，能散毒，治瘰癧。芽、梗俱有簕。子藍色，可食。

附：琉球・吴繼志《質問本草》外篇卷三　犂頭草雀翹一種　生田野，夏開花，結子，高一二尺。　俗名犂頭草。甲辰，潘貞蔚、石家辰、孫景山、戴道光、戴昌蘭、陳文錦。

清・吴其濬《植物名實圖考》卷二一　刺犂頭　一名蛇不過，一名急改索，一名退血草。江西、湖南多有之。蔓生，細莖，微刺茸密，莖葉俱似蕎麥；開小粉紅花成簇，無瓣；結碧實，有棱不甚圓；每分杈處有圓葉一片似蓼。江西刺船者多蓄之，以為浴湯，云暑月無瘡癤；湖南俚醫以為行血氣、治淋濁之藥。

按宋《圖經》，成德軍所產萆薢，葉似蕎麥子三稜，殆即此草。其主治去濕通利，亦與萆薢相近。

清・趙其光《本草求原》卷一山草部　老虎喇　苦，平。止泄瀉，浸疳瘡、痔瘻，散毒瘡，止瘰癧。莖、葉俱有刺；子藍色，可食。

蘿摩

唐・孫思邈《千金要方》卷二六《食治・菜蔬》　蘿摩　味甘，平。一名苦丸。無毒。其葉厚大，作藤，生摘之，有白汁出。人家多種，亦可生噉，亦可蒸煮食之。補益與枸杞葉同。

宋・唐慎微《證類本草》卷九草部中品〔唐・蘇敬《唐本草》〕　蘿摩子　味甘、辛，溫，無毒。主虛勞。葉食之功同於子。陸璣云：一名芄蘭，幽州謂之雀瓢。

〔唐・蘇敬《唐本草》〕注云：按雀瓢是女青別名。葉蓋相似，以葉似女青，故兼名雀瓢。

〔宋・馬志《開寶本草》〕按：《陳藏器本草》云：蘿摩條中，白汁主蜘蛛、蠶咬，折取汁點瘡上，此汁爛絲煮食補益。按陶注枸杞條云：傳腫。東人呼爲白環，藤生籬落間，折有白汁，一名雀瓢。此注又云：雀瓢是女青，然女青終非白環，二物相似，不能分別。《唐本》先附。

〔宋・掌禹錫《嘉祐本草》〕按：《爾雅》云：雚，芄蘭。釋曰：雚，一名芄蘭。郭璞云：雚芄蔓生，斷之有白汁，可啖。如此注，則似雚芄一名蘭，或傳寫誤。芄衍字。《外臺秘要》：治白癜風。以蘿摩草白汁傳上，揩令破，再傳，三度差。《梅師方》：治丹火毒，遍身赤腫不可忍。以蘿摩草擣絞取汁傳之，或擣傳上，隨手消。

宋・唐慎微《證類本草》卷八草部中品〔唐・陳藏器《本草拾遺》〕　斫合子　無毒。主金瘡，生膚，止血。擣碎傳瘡上。葉主目熱赤，挼碎滴目中。云昔漢高帝戰時，用此傳軍士金瘡，故云斫合子。籬落間藤蔓生，至秋霜，子如柳絮。一名薰桑，一名雞腸。

宋・鄭樵《通志》卷七五《昆蟲草木略》　蘿摩　曰芄蘭，曰苦丸。幽州人曰雀瓢，東人曰白環。藤可作菜茹，能補精益氣，故諺云：去家千里，莫食蘿摩、枸杞。

明・朱橚《救荒本草》卷上之後　羊角苗　又名羊奶科，亦名合鉢兒，俗名婆婆針扎兒，又名紐絲藤，一名過路黄。生田野下濕地中。拖藤蔓而生，莖色青白，葉似馬兜零葉而長大，又似山藥葉，亦長大，面青背頗白，皆兩葉相對生，莖葉折之，俱有白汁出，葉間出穗，開五瓣小白花，結角似羊角，秋中有白穰。其葉味甘、微苦。　救飢：採嫩葉煠熟，換水浸去苦味邪氣，淘淨，油鹽調食。

明・劉文泰《本草品彙精要》卷一一　蘿摩子無毒　蔓生。

蘿摩子：主虛勞。葉，食之，功同於子。名醫所錄。　〔名〕芄蘭、雀瓢。〔苗〕陶隱居云：葉厚大，作藤，兩節相對而圓，其莖摘之有白汁，人家多種之。可以生啖，亦堪蒸煮食也。《唐本》注云：按雀瓢是女青別名，葉蓋相似，以葉似女青，故兼名雀瓢。今陸璣云：幽州人謂之雀瓢，非也。又《爾雅》云：雈，芄蘭。釋云：雈，謂之芄蘭。郭璞云：雈芄，蔓生，斷之有白汁，可啖。如此注即是雈芄，又名蘭也。〔地〕《圖經》曰：生幽州。〔時〕生：春生苗。採：秋取實。〔收〕暴乾。〔用〕實、莖、葉。〔質〕葉類女青。〔色〕青。〔味〕甘，辛。〔性〕溫，散，緩。〔氣〕氣之厚者，陽也。〔臭〕香。〔主〕丹火毒。〔治〕療：《唐本》注云：條中白汁，療蜘蛛蠶咬，折取汁點瘡上。《別錄》云：蘿摩草，治白癜風。取白汁傅上，指令破，再傅三度，瘥。及療丹火毒，遍身赤腫不可忍者。搗絞取汁，傅之或搗傅上，隨手消。

明・王文潔《太乙仙製本草藥性大全》卷二《本草精義》　蘿摩子　舊本不著所出州土，今在處有之。一名芄蘭，釋名雚生。生幽州山谷、田野，謂之雀瓢；江東人呼爲白環藤，生籬落間。按雀瓢是女青別名，葉似女青，故兼名之。郭璞云：雚芄蔓生，斷之有白汁，可啖。又云：雀瓢是女青，然女青終非白環，二物相似，不能分別。

明・王文潔《太乙仙製本草藥性大全》卷二《仙製藥性》　蘿摩子　味甘、辛，氣溫，無毒。　主治：主丹毒，遍身赤腫有效。治虛勞，白癜風癬殊功。

補註：治白癜風，以蘿摩草白汁傅上，指令破，再傅三度差。〇治肝火毒，遍身赤腫不可忍，以蘿摩草搗絞汁傅之，或搗傅上，隨手消。蜘蛛、蠶咬，折取汁點瘡上，此汁爛絲，煮食補益。

明・李時珍《本草綱目》卷一八草部・蔓草類　蘿藦《唐本草》校正併入《拾遺》斫合子。

〔釋名〕雚音貫。　芄蘭《詩疏》　白環藤《拾遺》　實名雀瓢陸璣　斫合子《拾遺》　羊婆奶《綱目》　婆婆鍼綫包藏器曰：漢高帝用子傅軍士金瘡，故名斫合子。時珍曰：白環，即芄字之訛也。其實嫩時有漿，裂時如瓢。故有雀瓢、羊婆奶之稱。其中一子有一條白絨，長二寸許，故俗呼婆婆鍼綫包，又名婆婆針袋兒也。

〔集解〕弘景曰：蘿藦作藤生，摘之有白乳汁，人家多種之，葉厚而大。可生啖，亦蒸煮食之。諺云：去家千里，勿食蘿藦、枸杞。言其補益精氣，强盛陰道，與枸杞葉同也。恭曰：按陸璣《詩疏》云：蘿藦一名芄蘭，幽州謂之雀瓢。然雀瓢是女青別名也。蘿藦葉似女青，故亦名雀瓢。女青葉似蘿藦，兩葉相對。子似瓢形，大如棗許，故名雀瓢。根似白薇，莖葉並臭。生平澤。《別録》云：葉嫩時似蘿藦，圓端，大莖，實黑。藏器曰：蘿藦東人呼爲白環，藤生籬落間，折之有白汁，一名雀瓢。其女青終非白環，二物相似，不能分別。又曰：斫合子作藤生，蔓延籬落間。至秋霜合，子如柳絮。一名雞腸，一名薰桑。時珍曰：斫合子即蘿藦子也。三月生苗，蔓延籬垣，極易繁衍。其根白軟。其葉長而後大前尖。根與莖葉，斷之皆有白乳如構汁。六七月開小長花，如鈴狀，紫白色。結實長二三寸，大如馬兜鈴，一頭尖。其殼青軟，中有白絨及漿。霜後枯裂則子飛，其子輕薄，亦如兜鈴子。商人取其絨作坐褥代綿，云甚輕暖。《詩》云：芄蘭之支，童子佩觿。芄蘭之葉，童子佩韘。觿音畦，解結角錐也。此物實尖，垂于支間似之。韘音涉，張弓指彄也。此葉後彎似之。故以比興也。一種莖葉及花皆似蘿藦，但氣臭根紫，結子圓大如豆，生青熟赤爲異，此則蘇恭所謂女青似蘿藦，陳藏器所謂二物相似者也。蘇恭言其根似白微，子似瓢形，則誤矣。當從陳説。此乃藤生女青，與蛇銜根之女青，名同物異，宜互攷之。

子葉同。〔氣味〕甘、辛，温，無毒。時珍曰：甘、微辛。〔主治〕虚勞，補益精氣，强陰道。葉煮食，功同子《唐本》。搗子，傅金瘡，生膚止血。搗葉，傅腫毒藏器。取汁，傅丹毒赤腫，及蛇蟲毒，即消。蜘蛛傷，頻治不愈者，搗封二三度，能爛絲毒，即化作膿也時珍。

〔附方〕新二　補益虚損：極益房勞。用蘿藦四兩。枸杞根皮、五味子、栢子仁、酸棗仁、乾地黄各三兩，爲末。每服方寸匕，酒下，日三服。《千金方》。　損傷血出：痛不可忍。用籬上婆婆鍼袋兒，擂水服，渣罨瘡口，立効。《袖珍》。

明・倪朱謨《本草彙言》卷六　蘿藦　味甘，微辛，氣溫，無毒。葉、子同。

陳氏曰：蘿藦，東人呼爲白環，又名芄蘭，又名線包。蔓生籬垣間，其莖折之有白汁如乳，其形酷似女青，實非女青，二物相似，不能分別。　李氏曰：蘿藦，三月生苗，蔓延籬垣，易繁衍，其根白軟，其葉長而前尖後大。莖與根斷之皆有白乳。六七月開小長花，如鈴狀，色紫白，結實長二三寸，大如馬兜鈴，頭尖，殼青軟，中有白絨胎，霜後枯裂。其輕揚能飛，商人取其絨胎作坐褥代綿，甚輕軟。《詩》云芄蘭之支，童子佩觿。芄蘭之葉，童子佩韘者是也。外一種，莖葉及花皆似蘿藦，但氣臭根紫，結實圓大如豆，生青熟赤爲異。此所以女青似蘿藦。陳氏所謂二物相似，難以分別者也。

蘿藦：《唐本草》補虚勞，益精氣之藥也。顧汝琳稿此藥溫平培補，統治一切勞損力役之人。筋骨血脉，久爲用力疲痹者，服此立安。陳氏方：療金瘡血出不止，用子搗敷即乾。癰毒疔腫，用葉搗敷即退。若蜘蛛咬傷，幷一切蛇蟲諸毒，取葉與子搗汁飲，幷將渣敷傷處，隨見和平。然補血生血，功過歸、地；壯精培元，力堪枸杞。化毒解疔，與金銀花、半枝連、紫花地丁，其效驗亦相等也。奈時人不知其用，惜哉。

集方：《方脉正宗》治房勞過度，精血有虧，或奔走遠勞，筋骨疲憊。用蘿蘼子四兩，枸杞子并根皮，酸棗仁、黃耆、白朮各一兩，俱用酒洗炒。北五味子一兩炒，麥門冬去心、懷熟地黃各三兩，酒浸蒸搗膏，共爲丸梧子大。每早晚各服三錢，白湯下。○《袖珍方》治損傷血出不止，痛不可忍。用蘿藦花、葉、子不拘，皆可搗爛，和白湯絞汁飲，渣敷患處，瘡口立效。

明・姚可成《食物本草・救荒野譜補遺・草類》 蘿藦食葉。蔓延籬垣，極易繁衍。葉厚而大，汋熟食之。 采采蘿藦，饑年奈何？ 嗟哉！ 雨暘不時兮傷田禾，饔飧不繼兮命將殂。 相枕藉兮溝壑多，紛紛滿目兮流民圖。

明・姚可成《食物本草》卷一七草部・隰草類 蘿藦陶弘景曰：蘿藦作藤，生摘之有白汁，人家多種之。葉厚而大，可生啖，亦蒸煮食之。諺云：去家千里，勿食蘿藦枸杞。言其補益精氣，強盛陰道，與枸杞葉同也。○李時珍曰：蘿藦子，〔一〕名斫〔合〕子。三月生苗，蔓延籬垣，極易繁衍。其根白軟，其葉長而後大前尖，根與莖葉斷之皆有白汁。六七月開小長花，如鈴狀，紫白色。結實長二三寸，大如馬兜鈴，一頭尖。其殼青軟，中有白絨及漿。霜後枯裂則子飛，其子輕薄，亦如兜鈴子。商人取其絨作坐褥代綿，云甚輕暖。 蘿藦，味甘、辛，溫，無毒。 煮葉食之，主虛勞，補益精氣，強陰道。 搗子傅金瘡，生肌止血。取汁傅丹毒及蛇蟲毒即消。 蜘蛛傷，頻治不愈者，搗封二三度，能爛絲毒，即化作膿也。

清・穆石匏《本草洞詮》卷一〇 蘿藦 一名芄蘭。漢高帝用傅軍士金瘡，故名斫合草，俗呼婆婆針線包也。味甘微辛，氣溫，無毒。治虛勞，補益精氣。諺云：去家千里，勿食蘿藦、枸杞。言其強盛陰道，與枸杞同也。擣汁傅金瘡，生膚止血，亦傅丹毒赤腫，及蛇、蟲毒、蜘蛛傷，頻治不愈者，搗封二三度，能爛絲毒，化作膿也。

清・吳其濬《植物名實圖考》卷二一 附程徵君瑤田圖《芄蘭花記》 嘉慶三年三月廿日立夏，其明日訪芄蘭於定光寺。僧寮後山，花正大放。此藤本，花葉濃密，可謂傘條而結繁矣。其藤繚曲紛亂，對節生葉，亦對節歧出，生條開花，歧條兩股。或一股生葉，一股生花，整齊之中，復參差有致。生花一股，又必再出歧條，然後相對生花； 其生葉一股，亦必再出歧條，亦又相對生花。其花必小，抽歧莖而生兩花。去秋所見結實者，亦莖末對生兩角。 總之，歧葉、歧條、歧花，每出必歧，如兩儀、四象、八卦之生生不已也。其花五出，遍繞周遭，而中成一孔，空空如也，不見心，亦不見鬚。然五出同本，本作一苞，剝開中藏五鬚，共繞一心，其心蓋即結角生，芄蘭之仁也。世人以其偏繞成形如卍字，故呼卍字花； 而誤以為四出，又呼車輪花，亦象其形也。其花苞有足承之，所謂鄂不也，亦五出，如末利之花鄂相承然。茲不畫其藤葉，畫正面五出者一，又畫背面連鄂者一，以為多識之一助云。

按：徵君所述並圖，即此野豇豆也。花作卍字，藤本濃葉，其角雙生，皆與此畢肖而非芄蘭也。蓋徵君前所見如羊角莢子戴白茶者是芄蘭。後詢之靈山人，云俗呼卍字花，不知即此豆。因以僧寮所見，謂為芄蘭，而未嘗審其葉蔓，剖看其莢也。芄蘭，蔓草，經冬即枯，花開於夏秋，徵君自注，亦以花開時為疑。莢折於霜，南方間有之。園圃中無是物也。野豇豆藤本，耐寒，花開於春，莢著於夏，墻頭籬角，無不延緣。余嘗訪之江右人家，多不知其名。滇人知食其實，故以為野豇豆。芄蘭之名，既非野人所知，其花甚微。而徵君獨索觀其花，宜為不識芄蘭者，姑妄對之矣。若見北人而訪以羊角科，南人而訪以婆婆針線包，則必以所知告。又一種石血藤，其莢長尺，與芄蘭子荼同，而葉瘦硬，秋時色紅如血，未見其花。與徵君所圖葉本團末狹、經冬不黃落者，亦非類。

清・吳其濬《植物名實圖考》卷二二 蘿藦 即雚蘭，見《詩疏》。《唐本草》始著錄，《拾遺》曰斫合子，《救荒本草》曰羊角科。今自河以北皆曰羊角；江淮之間曰婆婆鍼線包，或曰羊婆奶； 湖南曰斑風藤。

雩婁農曰：《芄蘭》，衛詩也。故中原極多，江湘間偶逢之。淳于髡曰：求柴胡、桔梗於沮澤，累世不得一焉。地利有宜，信矣。沈存中謂芄蘭生莢，支出於葉間，垂之如觿，其葉如佩韘之狀。按芄蘭之角如觿，尚得形似； 其葉如王瓜、牽牛等，安得有佩韘狀？ 詩人觸物起興，矢口成音，豈與夫訓詁之學，拘文牽義、強為組織哉？ 漢儒格物，非得之目覩，即師承有緒，非妄造無稽之談以為標新領異，始作俑者王安石之新學，而陸佃為之推波助瀾也。陳瑩中云：王氏之學，廢絕史學，而咀嚼虛無之言，其事與晉無異。其《彈蔡京疏》云：絕滅史學，一似王衍。斥新經者，以此為皋蘇折獄矣。夫憑虛臆說，何所不至？ 極其量，雖伏獵弄麞，無難曲解旁證以伸其說。今王氏之學，澌滅殆盡，而《埤雅》以草木鳥獸而存，毛晉以陸佃釋采苢、采蘩、采蘋藻為後妃、諸侯夫人、大夫妻之次第； 王安石釋苻、接余，謂可以妾餘草，為可笑而近於戲。嗚呼！ 王氏之學，天變不足畏，祖宗不足法，人言不足恤，尚何有於經而不敢侮？ 觀其制置條例，乃以蒼生、宗社為戲，經營祖述，卒傾宋京。由今而觀，豈堪一噱哉？沈存中博物者，而不免汩新學之餘波，甚矣！邪說之害，同於洪水猛獸也。

清・劉善述、劉士季《草木便方》卷一草部　奶漿草　奶漿草根性平溫，補血行氣下乳功。虛損勞傷多燉服，牛馬豬犬乳汁通。

牛皮消

明・朱橚《救荒本草》卷上之後　牛皮消　生密縣山野中。拖蔓而生，藤蔓長四五尺，葉似馬兜零葉，寬大而薄，又似何首烏葉，亦寬大。開白花，結小角兒，根類葛根而細小，皮黑肉白。味苦。　救飢：　採葉煠熟，水浸去苦味，油鹽調食。及取根去黑皮，切作片，換水煮去苦味，淘洗淨，再以水煮極熟食之。

明・李時珍《本草綱目》卷二一草部・有名未用　隔山消時珍曰：出太和山。白色。主腹脹積滯。孫天仁《集效方》：治氣膈噎食轉食。用隔山消二兩，雞肫皮一兩，牛膽南星、朱砂各一兩，急性子二錢，爲末，煉蜜丸小豆大。每服一錢，淡薑湯下。

清・王道純《本草品彙精要續集》卷二　隔山消《本草綱目》　【地】李時珍曰：出太和山。【色】白色。【主】腹脹積滯。【合治】孫天仁《集效方》治氣膈，噎食，轉食，用隔山消二兩，雞肫皮一兩，牛膽、南星、朱砂各一兩，急性子二錢爲末，煉蜜丸小豆大，每服一錢，淡薑湯下。

石見穿　主骨痛，大風癰腫《本草綱目》。

清・何諫《生草藥性備要》卷上　白首烏　敷瘡散毒。葉，消熱毒。又名五爪龍。

清・吳其濬《植物名實圖考》卷一九　飛來鶴　生江西廬山，莖葉似旋花，惟葉紋深紫，嫩根紅潤，小如箸頭，與他種異。

牛奶菜

明・朱橚《救荒本草》卷上之後　牛奶菜　出輝縣山野中。拖藤蔓而生，葉似牛皮硝葉而大，又似馬兜零葉極大，葉皆對節生，梢間開青白小花。其葉味甜。　救飢：　採嫩苗葉煠熟，水浸淘淨，油鹽調食。

飛仙藤

明・蘭茂撰，清・管暄校補《滇南本草》卷上　飛仙藤　生石岩上，葉如柳葉，開白花。採服之，延年益壽，其功不小。采花，治百病，即刻神效。此草鹿常食之，蓋鹿多淫，一時還陽，故名還陽草。

清・吳其濬《植物名實圖考》卷二三　飛仙藤　生雲南石巖上。柔蔓細枝，長葉如柳而瘦勁下垂，叢雜蒙茸，遠視不見，柯條移植輒不得生。《滇本草》：味甘無毒，綠葉白花。採服益壽延年，若花更妙。此草鹿多食之，鹿交多輒斃，牝鹿銜以食之即活，又名還陽草。按此草亦活鹿草之類。劉憺殪鹿得草，而起用以為藥，僅同豨薟。牛之性猶人之性，與鼠食巴豆、羊食斷腸草，移之於人，烏乎！

蓮生桂子花

清・吳其濬《植物名實圖考》卷二九　蓮生桂子花　雲南園圃有之。細根叢茁，青莖對葉，葉似桃葉微闊；夏初葉際抽枝，參差互發，一枝蓓蕾十數，長柄柔綠，圓苞搖丹，頗似垂絲海棠；初開五尖瓣紅花，起筩生小黃筒子，五枝簇如金粟；筒中復有黃鬚一縷，內嵌淡黃心微突；此花大僅如五銖錢，朱英下揭，黈蕊上擎，宛似別樣蓮花中撑出丹桂也；結角如婆婆鍼線包而上矗，絨白子紅，老即迸飛。

寬筋藤

清・何諫《生草藥性備要》卷上　寬筋(騰)〔藤〕　味甜，性和。消腫，除風濕，浸酒飲，舒筋活絡。其根，治氣結疼痛，損傷，金瘡，治內傷，去痰止咳，治癰疽。攣手足，用熱飯同敷甚效。一名(大)〔火〕炭葛。

清・趙其光《本草求原》卷四蔓草部　寬筋藤即火炭葛。　腥甘澀，平。除風濕，舒筋活絡，消腫，敷瘡，散熱。藤、蔃並用，浸酒良。根，治氣結疼痛，止咳。

金雀馬尾參

清・吳其濬《植物名實圖考》卷二三　金雀馬尾參　生雲南山中。綠蔓柔長，根赭白色，一叢數百條；葉際開花作壺盧形，長四五分，細腰色紫，上坼五瓣而尖復合，茸毛外森彎翹，別致。

合掌消

清・吳其濬《植物名實圖考》卷九　合掌消　江西山坡有之。獨莖脆嫩如景天，葉本方末尖，有疎紋，面綠，背青白，附莖攢生，四面對抱，有如合掌，故名。秋時梢頭發細枝，開小紫花，五瓣，綠心，子繁如罌粟米粒，根有白汁，氣臭。俚醫以為消腫追毒良藥。

青羊參

清・吳其濬《植物名實圖考》卷二三　青羊參　生雲南山中。似何首烏，長根，開五瓣小白花成攢，摘之有白汁。

刀瘡藥

明・鮑山《野菜博錄》卷三　賽苦茗　一名如茶，一名櫝子。生山谷中。樹高大，葉似大葉茶，又似枝子葉。開花白色，如薔薇花。其味苦，性寒，無毒。　食法：採嫩葉煠熟，油鹽調食。子熟摘食。

清・吳其濬《植物名實圖考》卷二三　刀瘡藥　生雲南。藤本蔓生，赭綠莖葉似何首烏，色綠，微寬無白脈；葉間開花五瓣，外白內紫，紋如荊葵，數十朵簇聚為毬。又名貫筋藤。殆能入筋絡之品。

玉蝶梅

清・吳其濬《植物名實圖考》卷二七　玉蝶梅　產贛州，蔓生，紫藤，厚葉，面青有肋紋，背白光滑如紙。圃中多植之。《贛州志》作玉疊梅，云各邑皆花白色，藤本。

木羊角科

明・朱橚《救荒本草》卷下之前　木羊角科　又名羊桃科，一名小桃花。生荒野中。紫莖，葉似初生桃葉，光俊，色微帶黃，枝間開紅白花，結角似豇豆角，甚細而尖艄，每兩角並生一處。味微苦、酸。　救飢：採嫩梢葉煠熟，水浸淘淨，油鹽調食。嫩角亦可煠食。

清・吳其濬《植物名實圖考》卷二〇　木羊角科　《救荒本草》。按《本草》所述羊桃皆獼猴桃，黔中以膠石者，亦是其類，造紙者所用又一種樹。此羊桃形狀正與《陸疏》符合。

白斂

宋・唐慎微《證類本草》卷一〇草部下品《本經・別錄・藥對》　白斂　**味苦**、甘，**平**、微寒，無毒。**主癰腫疽瘡，散結氣，止痛，除熱，目中赤，小兒驚癇，溫瘧，女子陰中腫痛**，下赤白，殺火毒。**一名菟核，一名白草**，一名白根，一名崑崙。生衡山山谷。二月、八月採根，暴乾。代赭爲之使，反烏頭。

〔梁・陶弘景《本草經集注》〕云：近道處處有之。作藤生，根如白芷破片以竹穿之，日乾。生取根擣，傅癰腫亦效。

〔唐・蘇敬《唐本草》〕注云：此根似天門冬，一株下有十許根，皮赤黑，肉白，如芍藥，殊不似白芷。

〔宋・掌禹錫《嘉祐本草》〕按：《蜀本圖經》云：蔓生，枝端有五葉，今所在有之。《藥性論》云：白斂，使，殺火毒，味苦，平，有毒，惡烏頭。能主氣壅腫。用赤小豆、菵草爲末，雞子白調塗一切腫毒，治面上皰瘡。子治溫瘧，主寒熱，結壅熱腫。日華子云：止驚邪，發背，瘰癧，腸風痔瘻，刀箭瘡，撲損，溫熱瘧疾，血痢，湯火瘡，生肌止痛。

〔宋・蘇頌《本草圖經》〕曰：白斂，生衡山山谷，今江淮州郡及荊、襄、懷、孟、商、齊諸州皆有之。二月生苗，多在林中作蔓，赤莖，葉如小桑。五月開花，七月結實。根如雞鴨卵，三五枚同窠，皮赤黑，肉白。二月、八月採根，破片暴乾。今醫治風，金瘡及面藥方多用之。濠州有一種赤斂，功用與白斂同，花實亦相類，但表裏俱赤耳。

〔宋・唐慎微《證類本草》〕《聖惠方》：治丁瘡，以水調白斂末傅瘡上。《外臺秘要》：備急治湯火灼爛，用白斂末傅之。《肘後方》：治發背。白斂末傅並良。

宋・寇宗奭《本草衍義》卷一一　白斂、白及　古今服餌方，少有用者，多見於斂瘡方中。二物多相須而行。

宋・鄭樵《通志》卷七五《昆蟲草木略》　白斂　曰菟核，曰白草，曰白根，曰崑崙藤。生葉如小桑，根如雞卵。

宋・劉明之《圖經本草藥性總論》卷上　白斂　味苦、甘，平、微寒，無毒。主癰腫疽瘡，散結氣止痛，除熱，目中赤，小兒驚癇，溫瘧，女子陰中腫痛，下赤白，殺火毒。《藥性論》云：使。主氣壅腫。日華子云：止驚邪血邪發背，瘰癧，腸風痔瘻，刀箭瘡，撲損，溫熱瘧疾，血痢，湯火瘡，生肌止痛。代赭為之使。反烏頭。

宋・陳衍《寶慶本草折衷》卷一〇　白斂或作蘞。使。○赤斂在內。　一名白草，一名白根，一名菟核，一名崑崙。生衡山山谷，及江淮、荊襄、懷、孟、商、齊、滁州。今處處林中作蔓有之。○二八月採根，破片，竹穿暴乾。○代赭為使，反烏頭。一云惡烏頭。

味苦、甘，平、微寒，無毒。○主癰腫疽瘡，散結氣，止痛，除熱目赤，小兒驚癇，溫瘧，女子陰中腫痛，下赤白，殺火毒。○《藥性論》云：治面上皰瘡，寒熱結壅，熱腫。○日華子云：止驚邪發背，瘰癧，腸風，痔瘻，刀箭瘡，撲損，血痢，湯火瘡，生肌。○《圖經》曰：根如雞鴨卵，三五枚同窠。皮赤黑，肉白。治風，金瘡，及面藥方多用之。濠州有赤斂，功用與白斂同。表裏俱赤。○《聖惠方》云：治丁瘡。水調白斂末傅。○寇氏曰：白斂、白及，服餌方少有用者，斂瘡方中二物多相須而行。

元・尚從善《本草元命苞》卷五　白斂　為使。味苦、甘，平、微寒，有小毒。代赭為之使。能殺火毒，大反烏頭。主癰腫，疽瘡發背，瘰癧。療腸風痔瘻，撲損金瘡。散結氣，止痛除熱。治血痢，散腫消毒。除女子陰中腫痛，治小兒溫瘧驚癇。生衡山山谷，今江淮有之。葉似小桑，根如白芷，三五枚同窠，皮赤黑，肉白，五月開花，七月結子，二八月採根，切作片，乾暴。

元・徐彥純《本草發揮》卷二　白斂　東垣云：味苦、甘。主癰腫瘡疽，塗一切腫毒，傅丁瘡、火灼瘡，治發背。

明・蘭茂撰，清・管暄校補《滇南本草》卷下　白斂　性微寒，味苦、辛。入脾肺二經。收肺氣，止血，澁大腸下血，痔漏癰瘡。

附方：治痔漏瘡傷，漏下膿血，毒瘡癰疽，紅腫不出頭者，有膿出頭，無膿消散。白斂，水煎，點水酒服。

明・王綸《本草集要》卷三　白斂使　味苦甘，氣平，微寒，無毒。一云：有毒。代赭為之使。反烏頭。　主癰腫諸瘡，散結氣，止痛除熱，目中赤。小兒驚癇，溫瘧，女子陰中腫痛。殺火毒，治湯火瘡，刀箭瘡。　白斂、白及，古今服餌方少用，多用於斂瘡方中。〇丁腫發背，水調末，敷之良。

明・滕弘《神農本經會通》卷一　白斂　使也。代赭為之使。反烏頭。一云有小毒。二八月採根，暴乾。根似天門冬，一株下有十許根，皮赤黑，肉白如芍藥。　味苦、甘，氣平，微寒，無毒。《珍》云：療一切癰疽火灼，及發背、疔瘡、腫毒，或塗或傅俱有功。　《本經》云：主癰腫疽瘡，散結氣，止痛，除熱，目中赤，小兒驚癇，溫瘧，女子陰中腫痛，下赤白，殺火毒。《藥性論》云：白斂，使。殺火毒。味苦，平，有小毒。惡烏頭。主氣壅腫，用赤小豆、䓗草為末，鷄子白調，塗一切腫毒，治面上皰瘡。子，治溫瘧，主寒熱結壅，熱腫。日華子云：止驚邪血邪，發背瘰癧，腸風痔瘻，刀箭瘡，撲損，溫熱瘧疾，血痢，湯火瘡，生肌止痛。《圖經》云：治風金瘡，及面藥方多用之。一種赤者，功用與白斂同。《聖惠方》治丁瘡并湯火灼爛，并發背，俱用白斂末傅之。《局》云：白斂止驚除目赤，專攻癰腫惡疽瘡。腸風痔瘻尤能治，女子陰中腫痛良。白斂，治腸風，癰腫。與烏頭相反。

明・劉文泰《本草品彙精要》卷一三　白斂無毒　蔓生。

白斂出《神農本經》：**主癰腫疽瘡，散結氣，止痛，除熱，目中赤，小兒驚癇，溫瘧，女子陰中腫痛。**以上朱字《神農本經》。下赤白，殺火毒。以上黑字名醫所錄。

【名】菟核、白草、白根、昆侖。　【苗】《圖經》曰：二月生苗，多在林中作蔓生，其莖赤色，莖端有五葉，如小桑，五月開花，七月結實。根如雞鴨卵，三五枚同窠，皮黑肉白。濠州有一種赤斂，功用與白斂同，花實亦相類，但表裏俱赤爾。《唐本》注云：此根似天門冬，一株下有十許根，皮赤黑，肉白如芍藥。

【地】《圖經》曰：生衡山山谷及江淮州郡，荊、襄、懷、孟、商、齊、濠諸州皆有之。【道地】滁州。　【時】生：春生苗。採：二月、八月取根。　【收】暴乾。　【用】根。　【質】類地瓜而長。　【色】皮黑肉白。　【味】苦，甘。　【性】寒，泄。　【氣】氣薄味厚，陰中之陽。　【臭】朽。　【主】一切腫毒，生肌止痛。　【助】代赭爲之使。　【反】烏頭。　【治】療：《圖經》曰：治風，金瘡及面藥。日華子云：止驚邪，血邪，發背，瘰癧，腸風，痔瘻，刀箭瘡，撲損，溫熱瘧疾，血痢，火瘡。《別錄》云：療疔瘡及發背並湯火灼爛瘡，以水調末傅之，效。　【合治】合赤小豆、䓗草爲末，用雞子白調，塗腫毒。　【解】殺火毒。

明・葉文齡《醫學統旨》卷八　白斂　氣微寒，味苦、甘、平。無毒。代赭為之使；反烏頭。　治癰腫疽瘡，散結氣止痛，除熱目中赤，小兒驚癇，溫瘧，女子陰中腫痛，殺火毒及湯火瘡，刀箭瘡。

明・許希周《藥性粗評》卷二　斂薇二白，癰疽淋露之攻。

白斂一名白草。蔓生，赤莖，枝端五葉如小桑，五月開花，七月結實，根如雞鴨卵，三五枚同窠，皮黑肉白。江南山谷林中處處有之。二、八月採根，切破暴乾。代赭為之使，反烏頭。餘說《本草》不載。　味苦、甘，性微寒，無毒。　主治癰疽腫毒，驚癇溫瘧，目赤陰痛，腸風痔漏，湯火炮瘡，行經散血，生肌止痛，去面皯。

明・鄭寧《藥性要略大全》卷三　白斂使　治腸風癰腫，散結氣止痛，除目中赤熱，溫瘧，治疔腫發背。殺火毒，女人帶下赤白，陰中腫痛。　味苦、辛、甘，性平、涼，無毒。代赭為之使。反烏頭。

明・陳嘉謨《本草蒙筌》卷三　白斂　味苦、甘，氣平、微寒。無毒。一云有毒。隨處蔓生，深林猶盛。根如鷄鴨卵，三五同窠。採待中秋時，黑皮洗淨。破片以竹穿日曝，入藥與白及並行。反烏頭，使代赭。退赤眼除熱，散結氣止疼。理小兒溫瘧驚癇，療女子陰戶腫痛。殺火毒，為火煨湯泡聖藥；治外科，敷背癰疔腫神丹。

明・王文潔《太乙仙製本草藥性大全》卷二《本草精義》 白斂 一名菟核，一名白草，一名白根，一名崑崙。生衡山山谷，今江淮州郡及荊、襄、懷、孟、商、齊諸州皆有之。二月生苗，多在林中作蔓，赤莖，葉如小桑。五月開花，七月結實，根如鷄鴨卵，三五同窠，採待中秋時，黑皮洗净，破片以竹穿，日乾入藥。與白及並行。反烏頭。今醫治風、金瘡及面藥方多用之。濠州有一種赤斂，功用與白斂同，花實亦相類，但表裏俱赤耳。

明・王文潔《太乙仙製本草藥性大全》卷二《仙製藥性》 白斂使 味苦、甘，氣微平、微寒，無毒。一云有毒。代赭爲之使。多用於斂瘡方中。主治：退赤眼，除熱散結，止疼。理小兒溫瘧驚癇，療女子陰戶腫痛。殺火毒，爲火煨湯泡聖藥。治外科，敷背癰疔腫神丹。補註：丁瘡，以水調末傅之。○發背，以末傅之。亦佳。○《備急》治湯火灼爛，以爲末傅之。氣壅腫，面上疱瘡，以同赤小豆、芮草爲末，鷄子白調塗，退一切腫毒。

明・皇甫嵩《本草發明》卷三 白斂下品上，佐使。氣平、微寒，味苦、甘，無毒。一云有小毒。 發明曰：白斂苦寒，散熱消毒之藥也。《本草》主癰腫疽瘡，散結氣，止痛，除熱赤眼，小兒驚癇，溫瘧，女子陰中腫痛，下赤白，殺火毒，為火煨湯泡聖藥，以其散熱消毒之功也。多治外科，敷背癰疔腫最妙。又治面上疱瘡，入藥與白及並行。代赭為之使。反烏頭。白及、白斂，古今服餌方少用，多見于斂瘡方中，二物相須而行。

明・李時珍《本草綱目》卷一八草部・蔓草類 白斂《本經》下品

〔釋名〕白草《本經》 白根《別録》 兔核《別録》 猫兒卵《綱目》 崑崙《別録》 宗奭曰：白斂，服餌方少用，惟斂瘡方多用之，故名白斂。時珍曰：兔核、猫兒卵，皆象形也。崑崙，言其皮黑也。

〔集解〕《別録》曰：白斂生衡山山谷。二月、八月采根，暴乾。弘景曰：近道處處有之。作藤生，根如白芷，破片竹穿，日乾。恭曰：根似天門冬，一株下有十許根，皮赤黑，肉白，如芍藥，不似白芷。蔓生，枝端有五葉，所在有之。頌曰：今江淮及荊、襄、懷、孟、商、齊諸州皆有之。二月生苗，多在林中作蔓，赤莖，葉如小桑。五月開花，七月結實。根如雞鴨卵而長，三五枚同一窠，皮黑肉白。一種赤斂，花實功用皆同，但表裏俱赤爾。

根 〔氣味〕苦，平，無毒。《別録》曰：甘，微寒。權曰：有毒。之才曰：代赭爲之使。反烏頭。 〔主治〕癰腫疽瘡，散結氣，止痛除熱，目中赤，小兒驚癇溫瘧，女子陰中腫痛，帶下赤白《本經》。殺火毒《別録》。治發背瘰癧，面上疱瘡，腸風痔漏，血痢，刀箭瘡，撲損，生肌止痛大明。解狼毒毒時珍。 〔發明〕弘景曰：生取根搗，傅癰腫，有効。頌曰：今醫治風及金瘡、面藥方多用之。往往與白及相須而用。

〔附方〕舊(三)〔四〕，新十。 發背初起：水調白斂末，塗之。《肘後(方)》。 疔瘡初起：方同上。《聖惠(方)》。 一切癰腫：權曰：白斂、赤小豆、茵草爲末，雞子白調，塗之。○《陶隱居方》用白斂二分，藜蘆一分，爲末。酒和貼之，日三上。 面鼻酒齇：白斂、白石脂、杏仁各半兩，爲末，雞子清調塗。旦洗。《御藥院方》。 面生粉刺：白斂二分，杏仁半分，雞屎白一分，爲末，蜜和雜水拭面。《肘後方》。 凍耳成瘡：白斂、黃蘗等分，爲末，生油調搽。《談埜翁方》。 湯火灼爛：白斂末傅之。《外臺方》。 諸物哽咽：白斂、白芷等分，爲末。水服二錢。《聖惠方》。 鐵刺諸哽：及竹木哽在咽中。白斂、半夏泡等分，爲末。酒服半錢，日二服。《聖惠方》。 刺在肉中：方同上。 胎孕不下：白斂、生半夏等分，爲末，滴水丸梧子大。每榆皮湯下五十丸。《保命集》。 風痹筋急：腫痛，展轉易常處。白斂二分，熟附子一分，爲末。每酒服半刀圭，日二服。以身中熱行爲候，十日便覺。忌猪肉、冷水。《千金方》。 諸瘡不斂：白斂、赤斂、黃蘗各三錢炒研，輕粉一錢，用葱白漿水洗净，傅之。《瑞竹堂方》。

明・梅得春《藥性會元》卷上 白斂 味甘、苦，平，氣微寒，無毒。代赭為使。反烏頭。 主治癰腫瘡疽，散結氣，止痛，除熱，目中赤，小兒驚癇、溫瘧，女子陰中腫痛，下赤白，殺火毒。湯泡、火燒瘡及箭瘡。

明・李中立《本草原始》卷三 白斂 始生衡山山谷，今江淮州郡及荊、襄、懷、孟、商、齊諸州皆有之。二月生苗，多在林中作蔓，赤莖，葉如小桑。五月開花，七月結實。根似天門冬，一株下有十許。二月、八月採根，破片暴乾。根皮赤黑，肉白，惟斂瘡方多用之，故名白斂。白斂：氣味：苦，平，無毒。《別錄》曰：甘，微寒。主治：癰腫疽瘡，散結氣，止痛除熱，目中赤，小兒驚癇溫瘧，女子陰中腫痛，帶下赤白。○殺火毒。○治發背瘰癧，面上疱瘡，腸風痔漏，血痢，刀箭瘡，撲損，生肌止痛。○解狼毒毒。

《本經》下品。【圖略】皮黑色，近肉皮紅色，內肉白色。

白斂，代赭為之使，反烏頭。一種赤斂，花、實功用皆同，表裏俱赤。《談埜翁方》：治耳凍成瘡，白斂、黃柏為末，生油調搽。白斂：使。

明・張懋辰《本草便》卷一 白斂使 味苦、甘，氣平，微寒，無毒。一云有毒。 主癰腫諸瘡，小兒驚癇，女子陰腫。治湯火刀箭瘡。

明・繆希雍《本草經疏》卷一〇 白斂 味苦、甘，平、微寒，無毒。主癰腫疽瘡，散結氣，止痛除熱，目中赤，小兒驚癇，溫瘧，女子陰中腫痛，下赤白，殺火毒。反烏頭。

〔疏〕白斂得金氣，故味苦平，平應作辛。《別錄》兼甘。其氣微寒，無毒。苦則泄，辛則散，甘則緩，寒則除熱，故主癰腫疽瘡，散結止痛。蓋以癰疽皆由榮氣不從，逆於肉裏所致。女子陰中腫痛，亦由血分有熱之故。火毒傷肌肉，即血分有熱，目中赤，亦血熱為病。散結涼血除熱，則上來諸苦蔑不濟矣。其治小兒驚癇，溫瘧及婦人下赤白，則雖云驚癇屬風熱，溫瘧由於暑，赤白淋屬濕熱，或可通用。然病各有因，藥各有主，以類推之，恐非其任矣。尚俟後哲詳之。總之，為疔腫癰疽家要藥，乃確論也。〔主治參互〕白斂得白及、紅藥子，加硃砂、雄黃、乳、沒、腦、麝，為傅癰疽、止痛散毒之上藥。《肘後方》治發背初起，水調白斂末傅之。《聖惠方》治疔瘡初起，同上。陶隱居治一切癰腫，白斂、赤小豆、茜草，為末，雞子白調塗之。又方：白斂二分，藜蘆一分，為末。酒和貼之，日三上。《御藥院方》治面鼻酒皻，白斂、白石脂、杏仁各半兩，為末。雞子調塗，日一洗。《肘後方》治面生粉刺：白斂二分，杏仁半分，雞屎白一分，為末，蜜和雜水拭面。談野翁治凍耳成瘡：白斂、黃蘗，等分為末，生油調搽。《外臺》方治湯火灼爛：白斂末傅之。《聖惠方》治鐵刺諸哽及竹木哽在咽中。白斂、半夏泡，等分為末，酒服半錢，日二服。又治刺在肉中，方同上。《千金方》治風痹筋急，腫痛，屈轉異常處。白斂二分，熟附子一分，為末。每酒服半刀圭，日二服。以身中熱行為候，十日便覺。忌猪肉、冷水。《瑞竹堂方》治諸瘡不斂口：白斂、赤斂、黃蘗各三錢，炒研，輕粉一錢，用葱白漿水洗淨，傅之。〔簡誤〕癰疽已潰不宜服。

明·倪朱謨《本草彙言》卷六 白斂 味苦、甘，氣平，微寒，無毒。寇氏曰：白斂，服食方少用，惟斂瘡方作散藥敷摻多用之，故名。蘇氏曰：生衡山山谷，今江淮及荆、襄、懷、孟、商、齊諸州皆有之。二月生苗，多在林中作蔓赤節，葉小如桑，五月開花，七月結實，根如雞鴨卵而稍長，三五同窠，皮黑肉白。八月采根，洗淨切片，以竹條穿，日乾用。又一種赤斂，花實功用少別，但內外俱赤也。

白斂：斂瘡口，《蜀本草》拔疔毒之藥也。姜月峰稿此藥甘苦寒平，故前古主癰腫疽瘡，散結止痛，未膿可消，已膿可拔，膿盡可斂。又治女子陰中腫痛，帶下赤白，總屬營氣不和，血分有熱者，咸宜用之。敷貼服食，因病製作可也。

集方：陶隱居方治發背癰毒疔瘡初起。用白斂研細末，水調敷上。○同前治面鼻酒皻。用白斂、白石脂、杏仁各五錢爲末，雞子清調搽，旦洗去。○談氏方治凍耳成瘡。用白斂四分，杏仁霜一分，黃蘗末二分，共爲末，蜜和敷耳。○《外臺》方治湯火灼爛。用白斂末敷上即收。○同前治女子陰中腫痛。用白斂爲細末，敷內外。○《瑞竹堂方》治諸瘡不斂口，以白斂末敷之即收。

明·顧逢柏《分部本草妙用》卷八雜藥部 白斂 苦，平，無毒。代赭為使，反烏頭。 主治：諸癰腫毒痔漏，金瘡撲損，生肌止痛。女子陰痛，帶下赤白。根，搗傅癰有効。

按：金瘡面藥方多用之，往往與白及相須而用。

明·鄭二陽《仁壽堂藥鏡》卷一〇下 白斂 東垣云：味苦、甘。主癰腫瘡疽，塗一切腫毒，傅丁瘡、火灼瘡。治發背。 日華子云：白斂，止驚邪，治熱瘧。退赤眼，除熱。

明·蔣儀《藥鏡》卷四寒部 白歛 血分之熱可泄，榮衛之逆能和。入藜蘆而酒調，傅疔瘇而痛止。同半夏而酒服，去硬刺而咽通。熟附子佐之，解風痺之筋急。杏仁、白石脂為伴，消面鼻之酒皻音查。

明·張景岳《景岳全書》卷四八《本草正》 白斂 味苦，微寒，性斂。取根搗傅癰毒，及面上瘡疱，刀箭傷，湯火毒。諸瘡不斂，生肌止痛，俱宜為末傅之。若為丸散，亦治眼目赤痛，小兒驚癇，婦人陰中腫痛，赤白帶下。

明·盧之頤《本草乘雅半偈》帙六 白歛《本經》下品 氣味：苦，平，無毒。 主治：主癰腫疽瘡，散結氣，止痛，除熱，目中赤，小兒驚癇溫瘧，女子陰中腫痛，帶下赤白。

覈曰：生衡山山谷，及江淮、荊、襄、懷、孟、商、齊諸州。二月生苗，多在林中，作蔓赤節，葉小如桑。五月開花，七月結實。根如雞鴨卵而稍長，三五同窠，皮黑肉白。一種赤斂，花實功用少別，表裏都赤也。代赭為之使，反烏頭。

条曰：歛從欠，音酣，平聲；與斂從攴，音廉，上聲者迥別。有以歛訓聚斂之斂謬矣。蓋歛，欲也，遂也，金也，潔也，堅潔遂欲，以功用證名也。故與白及相条，古方多並用之。但白及因風致動，而金至斯堅；白歛因熱致結，而金遂斯解，良繇金壞為形證，此更堅形堅藏，平定陰陽內外上下，以及血氣之傾移者也。四大地大曰金，與五行金行，少有異同。五行之金，在藏歸肺，在形歸皮毛，四大之金，凡屬堅固有形，統歸地大，合五行中土金而言也。

清・顧元交《本草彙箋》卷四　白斂　主癰腫疽瘡，散結止痛。若小兒驚癇，婦人赤白淋，溫瘧等症，恐非其任。藥有專主，不可以意爲類推，繆仲淳深蹈此弊。

清・穆石匏《本草洞詮》卷一〇　白斂　服餌少用，惟斂瘡方用之。故名。味苦甘，氣平，無毒。一云微寒，有毒。治癰腫疽瘡，散結氣，止痛，除熱生肌。今金瘡面藥方多用之。

清・劉雲密《本草述》卷七下　附白斂　根：氣味：苦，平，無毒。《別録》曰：甘，微寒。

主治：癰腫疽瘡，散結氣止痛，除熱，目中赤，女子陰中腫痛。殺火毒刀箭瘡，撲損，生肌止痛。頌曰：與白及相須而行。希雍曰：白斂得金氣，故味苦平。平應作辛。《別録》兼甘，其氣微寒，無毒。苦則泄，辛則散，甘則緩，寒則除熱，故主癰腫疽瘡，散結止痛。蓋以癰疽皆由榮氣不從，逆於肉裏所致。女子陰中腫痛，亦由血分有熱之故。火毒傷肌肉，即血分有熱。目中赤，亦血熱為病。散結涼血除熱，則上來諸苦，蔑不濟矣。然總之為疔腫癰疽家要藥。

白斂得白及、紅藥子，加硃砂、雄黃、乳、沒、腦、麝，為傅癰疽，止痛散毒之要藥。

附方　一切癰腫，白斂、赤小豆、䒫草為末，雞子白調塗之。風痺筋急腫痛，屈轉易常處，白斂二分，熟附子一分，為末，每酒服半刀圭，日二服。以身中熱行為候，十日便覺。忌豬肉、冷水。

清・郭章宜《本草匯》卷一二　白斂　味甘，苦，平，微寒。治癰腫，殺火毒。散結氣，塗疔背。搽凍耳，同黄蘗末，生油調搽。生肌肉。

按：白斂得金之氣。《本草》苦平，平應作辛。蓋其苦則泄，辛則散，甘則緩，寒則除熱，故能主癰結火毒諸證。若《別録》云其治小兒驚癇溫瘧，及婦人赤白帶，雖亦屬風濕熱，然病各有因，恐非其任矣。總之，為疔腫癰疽家要藥，乃確論也。癰疽已潰不宜服。

代赭為之使。反烏頭。

清・蔣居祉《本草擇要綱目・平性藥品》　白斂　根氣味：苦，平，無毒。主治：癰腫疽瘡，散結氣，止痛除熱，目中赤，小兒驚癇溫瘧，女子陰中腫痛，帶下赤白。殺火毒，治發背瘰癧，面上疱瘡。腸風痔漏，血痢。刀箭瘡撲損，生肌止痛。解狼毒毒。又生取根，搗傅癰腫有效。今醫治風及金瘡多用之，往往與白及相須而用。

清・王翃《握靈本草》補遺　白斂近道處處有之。　苦，平，無毒。主癰疽諸瘡，消毒，止痛生肌。

清・汪昂《本草備要》卷二　白斂瀉火，散結。　苦能泄，辛能散，甘能緩，寒能除熱。殺火毒，散結氣，生肌止痛。治癰疽瘡腫，面上疱瘡，金瘡撲損。箭鏃不出者，同丹皮或半夏爲末，酒服。斂瘡方多用之。故名。每與白及相須。搽凍耳。同黄柏末油調。　蔓赤，枝有五葉。根如卵而長，三五枝同窠，皮黑肉白。一種赤斂，功用皆同。鄭奠一曰：能治溫瘧血痢，腸風痔瘻，赤白帶下。

清・李熙和《醫經允中》卷二一　白斂　代赭為使。反烏頭。　苦，平，無毒。治諸癰腫毒，痔漏金瘡，火瘡，撲損，生肌止痛。

清・馮兆張《馮氏錦囊秘録・雜症痘疹藥性主治合參》卷三　白斂得金氣，故味苦辛甘，平，微寒，無毒。苦則泄，辛則散，甘則緩，寒則除熱，故主敷散癰腫疽瘡火毒，散結止痛之要藥也。若癰疽已潰，不宜服，以其性寒也。　白斂，反烏頭。散結氣，止疼，治女子陰腫，乃係外科要藥，敷背癰疔腫神丹。

清・张璐《本經逢原》卷二　白蘞　苦、甘、辛，微寒，小毒。反烏、附。解狼毒毒。

《本經》主癰腫疽瘡，散結氣止痛，除熱，目中赤，小兒驚癇，溫瘧，女子陰中腫痛，帶下赤白。　發明：白斂性寒。解毒，敷腫瘍瘡有解散之功，以其味辛也。但陰疽色淡不起，胃氣弱者，非其所宜。《本經》治目赤、驚癇、溫瘧，非取其解熱毒之力歟。治陰腫帶下，非取其去濕熱之力歟。《金匱》薯蕷丸用之，專取其辛涼散結，以解風氣百疾之蘊蓄也。世醫僅知癰腫解毒之用，陋哉。同地膚子治淋濁失精，同白及治金瘡失血，同甘草解狼毒之毒，其辛散之功可知。而癰疽已潰者不宜用。

清・張志聰、高世栻《本草崇原》卷下　白斂根　氣味苦，平，無毒。主治癰腫疽瘡，散結氣，止痛除熱，目中赤，小兒驚癇，溫瘧，女子陰中腫痛，帶下赤白。　白斂，《本經》名白草，近道處處有之，二月生苗，多在林中，蔓延赤莖，葉如小桑，五月開花，七月結實，根如雞鴨卵而長，三五枝同一窠，皮黑肉白。一種赤斂，皮肉皆赤，而花實功用相同。　斂者，取秋金收斂之義，古時用此藥敷斂癰毒，命名蓋以此。有赤白二種，賦稟與白及相同，故主治不甚差別。

白及得陽明少陰之精汁，收藏於下，是以作糊稠粘。白斂乃蔓草，性唯上延，而津液濡上，故兼除熱清目，小兒驚癇，及女子陰中腫痛，帶下赤白。又，治溫瘧者，主清下焦之熱，其性從下而上也。

清·何諫《生草藥性備要》卷上 猫兒卵草 治猫兒卵生瘡最妙。

清·劉漢基《藥性通考》卷六 白歛 味甘、苦，氣辛寒。能泄能散能緩，能除熱。殺火毒，散結氣，生肌止痛，治癰疽瘡毒，面上疱瘡，金瘡撲損。搽凍耳。赤色，枝有五葉，根如卵而長，三五枚同窠，皮黑肉白。一種赤歛，功用皆同。

清·王子接《得宜本草·下品藥》 白歛 味苦。主治陰腫帶下。得白芷治諸物鯁咽，得附子治風痺筋急。

清·黃元御《長沙藥解》卷二 白斂 味苦，微寒。入足少陽膽、足厥陰肝經。清少陽上逆之火，泄厥陰下鬱之熱。《金匱》薯蕷丸方在薯蕷用之治虛勞風氣百疾，以其泄肝膽之鬱熱也。白斂苦寒疏利，入肝膽之經，散結滯而清鬱熱。其諸主治，消瘰癧，平痔漏，清赤目，止血痢，除酒皶，滅粉刺，理癰腫，收帶濁，解女子陰中腫痛。

清·汪紱《醫林纂要探源》卷二 白斂 甘，寒。蔓生柔韌，枝葉煩密，一枝五葉如爪，俗名五爪龍。根引長，結卵圓長，一窠三五枚，色白。除熱，解毒散結，生肌。甘而能攻能散能斂，以其形用。且火邪退，而土自生金也。治溫瘧血痢腸風痔瘻，赤白帶下及一切癰瘡，跌損，及面上皰皶，生肌肉，斂瘡口。○蔓中通，折斷吸之有甘汁，能解渴消暑，去瘴。

赤斂 甘，苦，寒。尤解血中熱毒。功用同。

清·嚴潔等《得配本草》卷四 白斂 代赭石為之使。反烏頭。甘、苦，微寒。殺火毒，散結氣。治陰腫帶下，腸風痔瘻，瘰癧癰腫，生肌止痛。得藜蘆為末，酒調敷癰腫。配白及，治金瘡出血。

題清·徐大椿《藥性切用》卷四 白斂 苦辛甘寒，瀉火散結，為歛瘡耑藥。赤者同功，但走血分為異。

清·黃宮繡《本草求真》卷六 白斂散肝脾濕熱內結。 白斂耑入肝、脾。敷腫瘡瘍，清熱解毒，散結止痛，久為外科所用要藥，然目赤驚癇，溫瘧陰腫，滯下淋濁失精，金瘡生血。凡因濕熱濕毒而成者，何一不可以為內科之用，如《金匱》薯蕷丸，用此以解風氣百疾蘊蓄。張璐曰：其湯全以桂枝湯和營散邪，合理中湯兼理藥誤，君以薯蕷，大理脾肺，毫不及乎補益腎肝。又書載同地膚子，則可以治淋濁失精，同白及則可以斂金瘡失血。故曰血飲。同甘草則可以解野狼毒之毒，豈盡癰腫解毒而已哉？但此味辛入肺主散，味苦主降，味甘主緩，故止可以散結解熱。若胃氣虛弱，癰疽已潰者，均非所宜。蔓赤莖有五葉，根如卵，長有三五枚同窠，皮黑肉白。代赭石為使，反烏頭，色赤為赤斂，功用皆同。

清·羅國綱《羅氏會約醫鏡》卷一六草部 白斂味苦、辛、甘，性寒。形如卵而長。反烏頭。一種赤者性同。 苦能泄，辛能散，甘能緩，寒能除熱。敷一切癰疽惡毒，及面上瘡泡、刀箭傷，凡金傷入肉者，同丹皮或半夏為末，酒服。殺火毒，搽凍耳，同黃柏末油調。生肌止痛。斂瘡方多用之。每與白及相須。亦治婦人陰腫，係外科要藥。若癰疽已潰，不宜服，以其性寒也。

清·王龍《本草纂要稿·草部》 白斂 味甘苦，性微寒，無毒。消赤眼除熱，散結氣止疼。理小兒瘟瘧驚癇，療女人陰戶腫毒。殺火毒，為火煨湯泡神藥。治外科，敷背癰疔腫仙丹。

清·張德裕《本草正義》卷下 白歛 苦，微寒。治婦人陰中腫痛，赤白帶下，療面上瘡疱。凡刀箭傷、湯火毒及諸瘡不歛，俱可為末敷之，能生肌止痛。

清·楊時泰《本草述鉤元》卷七 白斂 根味苦、辛兼甘，氣微寒。苦則泄，辛則散，甘則緩，寒則除熱。

主癰腫疽瘡，散結止痛，除血分熱，治目中赤，女子陰中腫痛，殺火毒，療刀箭瘡及撲損生肌止痛。白斂得金氣，與白及相須而行。得白及、紅藥子，加硃砂、雄黃、乳、沒、腦、麝，為傅癰疽止毒散毒之要藥。一切癰腫，白斂、赤小豆、菵草為末，雞子白調塗之。風痹筋急腫痛，屈轉易常處，白斂二分，熟附子一分，為末，每酒服半刀圭，日二，以身中熱行為候，十日便覺，忌豬肉、冷水。

清·葉桂《本草再新》卷二 白斂味苦、辛，性寒，有小毒。入肝、肺二經。 殺火毒，散結氣，生肌止痛，治癰疽瘡毒，歛瘡方多用之。

清·吳其濬《植物名實圖考》卷二二 白斂 《本經》下品。為瘡毒調敷之藥。赤斂花實，功用皆同，惟根表裏俱赤。

清·趙其光《本草求原》卷一山草部 倒吊爐 葉如五爪，根名入地牛。苦，平。去腐生肌，消瘡解毒。治瘋疥癩，洗之。敷蛇傷爛。

清·趙其光《本草求原》卷四蔓草部 白斂 味苦、甘，平，微寒，無毒。得金氣以生，能除熱、散結、止痛，為疔腫、癰疽家要藥。又治目赤，小兒驚癇溫瘧，女子陰中腫痛、帶下赤白，殺火毒。同白石脂、杏仁研末，雞子清調，敷面鼻酒齇，日一洗敷。癰疽已潰勿服。

清・葉志詵《神農本草經贊》卷三 白斂 味苦，平。主癰腫，疽瘡，散結氣，止痛除熱，目中赤，小兒驚癇溫瘧，女子陰中腫痛。一名兔核，一名白草。生山谷。

幹同芷白，喜雜林蕪。枝端五葉，藤蔓多株。狡藏兔核，信應雞孚。遏癰斂潰，質赤何殊。

陶弘景曰：根如白芷。《說文注》：初生根幹為芷。李白詩：林壑久已蕪。蘇恭曰：蔓生，枝端有五葉，一株下有十許根。劉迎詩：人思狡兔藏三窟。《說文注》：卵孚也，如期不失信也。蘇頌曰：生苗多在林中，根如雞卵而長，三五枚同窠。又一種赤斂，花實功用皆同，但表裏俱赤耳。

清・文晟《新編六書》卷六《藥性摘錄》 白斂 味辛苦，入肝脾。敷腫瘡瘍，清熱解毒，散結止痛，久為外科要藥。然目赤陰腫，帶下淋濁，金瘡失血，內科亦用之。○性胃虛氣弱，及癰疽已潰者，勿服。○赤斂，功用皆同。○代赭石為使，反烏頭。

清・戴葆元《本草綱目易知錄》卷二 白斂 甘、苦，微寒。殺火毒，散結氣。治發背瘰癧，癰腫疽瘡，腸風痔漏，血痢目赤，面疱鼻皶。刀箭撲損，生肌止痛。小兒驚癇溫瘧，女子陰中腫痛，帶下赤白。解狼毒毒。反烏頭。

清・陳其瑞《本草撮要》卷一 白斂 味苦，入足少陽、厥陰經，功專清上逆之火，泄下鬱之熱以及陰腫帶下。得白芷治諸物哽咽，得附子治風痹筋急。同丹皮或半夏為末酒服，治箭鏃不出。同白及為末，斂瘡口。湯火爛傷，以末敷之效。反烏頭。

清・仲昴庭《本草崇原集説》卷下 白斂根 【略】仲氏曰：時書以白及、白斂，色白氣平，為肺家藥，似與《本經》之綱領未符。若從綱領會通條目，然後肺家一層，亦可意會，但白蘞作糊稠粘，性同白及。故《金匱》薯蕷丸二十一味，獨白斂僅用二分。

過山龍

清・吴其濬《植物名實圖考》卷一九 過山龍 江西山中有之。根大如小兒臂，長硬赭黑，莖碧有節；附莖對葉，大如油桐，有歧不匀，粗紋大齒。俚醫以治閉腿風，敷腫毒。

赤木通

明・蘭茂撰，清・管暄校補《滇南本草》卷下 赤木通一名野蒲（桃）〔萄〕根。性寒，味酸、苦。利膀胱積熱，消偏墜下氣。走經絡定痛，散乳結腫痛。治癰瘡排膿。通利五淋，赤白便濁，止玉莖痛。

附方：治膀胱偏墜，疝氣疼痛。赤木通三錢，小茴香一錢，吴茱萸五分，水煎，點水酒服。疝氣，加橘核，一錢，炒。荔枝核，七個，炒。為末，亦照前點水酒服。

紫葛

宋・唐慎微《證類本草》卷一一草部下品〔唐・蘇敬《唐本草》〕 紫葛 味甘、苦，寒，無毒。主癰腫惡瘡。取根皮擣爲末，醋和封之。生山谷中，不入方用。

〔唐・蘇敬《唐本草》〕注云：苗似葡萄，根紫色，大者徑二三寸，苗長丈許。《唐本》先附。

〔宋・掌禹錫《嘉祐本草》〕按：《蜀本圖經》云：蔓生，葉似蘡薁。根皮肉俱紫色，所在山谷有之，今出雍州。三月、八月採根皮。日乾。日華子云：味苦，滑冷。主癱緩，攣急，并熱毒風，通小腸。紫葛有二種，此即是藤生者。

〔宋・蘇頌《本草圖經》〕曰：紫葛，舊不載所出州土，云生山谷，今惟江寧府、台州有之。春生冬枯，似葡萄而紫色，長丈許。大者徑二三寸，葉似蘡薁。根皮俱紫色。三月、八月採根皮，日乾。

〔宋・唐慎微《證類本草》〕《經效方》：治産後血氣衝心，煩渴。紫葛三兩，以水二升，煎取一升，去滓呷之。又方：治金瘡，生肌破血補損。用紫葛二兩，細剉，以順流水三大盞，煎取一盞半去滓，食前分溫三服，酒煎亦妙。

明・王綸《本草集要》卷三 紫葛 味甘苦，氣寒，無毒。生山谷中，三月四月採，去皮，日乾。不入方用。主癰腫惡瘡，取根皮，擣末，醋和封之。

明・劉文泰《本草品彙精要》卷一四 紫葛無毒 蔓生。

紫葛：主癰腫，惡瘡，取根皮搗爲末，醋和封之。名醫所錄。【苗】《圖經》曰：春生冬枯，似葡萄而紫色，長丈許，大者徑二三寸，葉似蘡薁，根皮俱紫色，然有二種，此即是藤生者也。【地】《圖經》曰：舊不著所出州土，今所在山谷皆有之。【道地】江寧府、台州、雍州。【時】生：春生苗。採：三月、四月、八月取根。【收】日乾。【用】根皮。【色】紫。【味】甘，苦。〔性〕寒，泄。〔氣〕氣薄味厚，陰中之陽。〔主〕癰瘡，腫毒。〔製〕細剉或搗末用。〔治〕療：日華子云：主癱緩，攣急，並熱毒風，通小腸。《別録》云：治産後血氣衝心，煩渴，取三兩，以水二升，煎取一升，去滓，服之。又治金瘡，生肌，破血，補損，取二兩細剉，以順流水三大盞，煎一盞半，去滓，食前分溫三服，酒煎亦妙。

明·王文潔《太乙仙製本草藥性大全》卷二《本草精義》　紫葛　舊不載所出州土，云生山谷，今惟江寧府、台州有之。春生冬枯，似葡萄而紫色，長丈許，大者徑二三寸，葉似蘡薁，根皮紫色。三月、四月採根皮，日乾用。

明·王文潔《太乙仙製本草藥性大全》卷二《仙製藥性》　紫葛　味甘、苦，氣寒，無毒。主治：主癰腫惡瘡，風緩拘攣，毒風，通小腸。取根皮搗末，醋和封。治産後血氣衝心，水煎，去滓，頓服。理金瘡，生肌破血，酒水同煎，溫服。補註：産後血氣衝心，煩渴，剉三兩，以水二升，煎取一升，去滓，呷之。〇金瘡，生肌破血，補損，用二兩，細剉，以順流水三大盞，煎取一盞半，去滓，食前分溫三服，酒煎。

明·李時珍《本草綱目》卷一八草部·蔓草類　紫葛《唐本草》

〔集解〕恭曰：生山谷中。苗似葡萄，長丈許。根紫色，大者徑二三寸。保昇曰：所在皆有，今出雍州。葉似蘡薁，其根皮肉俱紫色。三八月采根皮，日乾。大明曰：紫葛有二種，此是藤生者。頌曰：今惟江寧府及台州(上)〔有〕之。春生冬枯，似葡萄而紫色。

根皮〔氣味〕甘、苦，寒，無毒。大明曰：苦、滑，冷。燒灰，制硝石。〔主治〕癰腫惡瘡，擣末醋和封之恭。主癱緩攣急，并熱毒風，通小腸大明。生肌散血時珍。

〔附方〕舊二　産後煩渴：血氣上冲也。紫葛三兩，水二升，煎一升，去滓呷之。金瘡傷損：生肌破血。用紫葛二兩，順流水三盞，煎一盞半，分三服。酒煎亦妙。並《經効方》。

清·张璐《本經逢原》卷二　紫葛　甘、苦，寒，無毒。生山谷中，苗似葡萄長丈許，根紫色。今所在皆有之。發明：紫葛和血解毒，治癰腫惡瘡。取根皮搗為末，酢和封之。《千金》紫葛丸用之為君，以其能散寒熱結氣也。

清·吳其濬《植物名實圖考》卷二二　紫葛　《唐本草》始著録。湖南謂之赤葛藤。葉似野葡萄，而根長如葛，色紫，蓋即葛之別種。主治金瘡傷損。俗方多用之，原圖葉甚相類；又一圖殆其枯蔓，姑仍之。

酸藤

清·吳其濬《植物名實圖考》卷二一　酸藤　産建昌。蔓生，綠莖赤節，參差生葉；葉圓有缺，末尖，鋸齒深刻；對葉發短枝，開小白花如粟；結實大於龍葵，生青碧，熟深紫。土人以洗瘡毒。

烏蘞莓

宋·唐慎微《證類本草》卷一一草部下品〔唐·蘇敬《唐本草》〕　烏蘞音斂莓：味酸、苦，寒，無毒。主風毒，熱腫，遊丹，蛇傷。擣傅并飲汁。

〔唐·蘇敬《唐本草》〕注云：蔓生，葉似白斂，生平澤。

〔宋·馬志《開寶本草》〕按：別本注云：四月、五月採，陰乾。《唐本》先附。

〔宋·掌禹錫《嘉祐本草》〕按：《蜀本》云：或生人家籬牆間，俗呼爲籠草。取根，擣以傅癰腫多效。又《圖經》云：蔓生，莖端五葉；花青白色，俗呼爲五葉莓，葉有五椏，子黑。一名烏蘞草，即烏蘞莓是也。

〔宋·唐慎微《證類本草》〕陶云：五葉莓，生人家籬牆間。擣傅瘡腫，蛇蟲咬處。

宋·王介《履巉巖本草》卷上　五葉藤　味甘，無毒，性寒。治癰疽發背，搗爛罨患處，立差。

明·劉文泰《本草品彙精要》卷一四　烏蘞莓無毒　蔓生。

烏蘞音斂莓音每：主風毒，熱腫，遊丹，蛇傷，搗傅並飲汁。名醫所録。

〔名〕籠草、五葉莓、烏蘞草。〔苗〕《圖經》曰：蔓生，葉似白斂，莖端五葉，花色青白，其子黑色，俗呼爲五葉莓也。〔地〕《唐本》注云：生平澤，及人家籬牆間所在有之。〔時〕生：春生苗。採：四月、五月取根、苗。〔收〕陰乾。〔用〕根、苗。〔色〕青。〔味〕酸，苦。〔性〕寒，泄。〔氣〕味厚于氣，陰也。〔主〕散癰腫。〔製〕搗碎或取汁用。〔治〕療：《蜀本》注云：取根，搗以傅癰腫，多效。《別録》云：根葉搗，傅瘡腫及蛇蟲咬處。

明·王文潔《太乙仙製本草藥性大全》卷二《本草精義》　烏蘞莓　一名烏蘞草，俗呼爲蘢草。生平澤及人間籬垣間，蔓生，莖端五葉，有五椏子，花青白色，俗呼爲五葉莓。四月、五月採苗陰乾用。

明·王文潔《太乙仙製本草藥性大全》卷二《仙製藥性》　烏蘞莓　味酸、苦，氣寒，無毒。主治：主風毒熱腫遊丹絕妙，敷瘡腫蛇蟲傷咬殊功。

明·李時珍《本草綱目》卷一八草部·蔓草類　烏蘞莓《唐本草》

【釋名】五葉苺弘景　龍草同　拔《爾雅》　龍葛同　赤葛《綱目》　五爪龍同

赤潑藤時珍曰：五葉如白蘞，故曰烏蘞，俗名五爪龍。江東呼龍尾，亦曰虎葛。曰龍、曰葛，並取蔓形。赤潑與赤葛及拔音相近。【集解】弘景曰：五葉苺生籬援間，作藤。擣根傅癰癤有効。恭曰：蔓生平澤，葉似白斂，四月、五月采之。保昇曰：莖端五葉，開花青白色，所在有之，夏采苗用。時珍曰：塍塹間甚多。其藤柔而有稜，一枝一鬚，凡五葉。葉長而光，有疎齒，面青背淡。七八月結苞成簇，青白色。花大如粟，黃色四出。結實大如龍葵子，生青熟紫，內有細子。其根白色，大者如指，長一二尺，擣之多涎滑。傳滋《醫學集成》謂即紫葛，楊起《簡便方》謂即老鵶眼睛草，《斗門方》謂即何首烏，並誤矣。

【氣味】酸、苦，寒，無毒。【主治】癰癤瘡腫蟲咬，擣根傅之弘景。風毒熱腫遊丹，擣傅并飲汁恭。涼血解毒，利小便。根擂酒服，消癤腫，神効時珍。

【附方】新五。小便(屎)〔尿〕血：五葉藤陰乾爲末。每服二錢，白湯下。《衛生易簡方》。喉痹腫痛：五爪龍草、車前草、馬蘭菊各一握，擣汁，徐嚥。祖傳方也。《醫學正傳》。項下熱腫：俗名蝦蟆瘟。五葉藤擣，傅之。《丹溪纂要》。一切腫毒：發背乳癰，便毒惡瘡，初起者。並用五葉藤或根一握，生薑一塊，擣爛，入好酒一盌絞汁。熱服取汗，以渣傅之，即散。一用大蒜代薑，亦可。《壽域神方》。跌撲損傷：五爪龍擣汁，和童尿、熱酒服之。取汗。《簡便方》。

清・劉雲密《本草述》卷一一　五龍草即五爪龍　此草《綱目》不載，因治背疽一方，大為奇中，若他方未必奏的然之效者，亦無取也。雖方中不以此味為主藥，然却不可少，故附殿於蔓草後，而因錄其治療之詳於左。

按：五龍草生於下溼地，偏地牽藤，葉似絲瓜葉而小，一葉有五丫，各丫內俱有鬚，故名五瓜龍。三月間采，陰乾。吾潛處處有之。

治背疽方

按：背疽所患，惟內攻與外潰耳。證屬火毒醞釀斯成，不能外散，勢必內攻，不能中出，勢必旁潰。醫者往往以涼藥圍解，多罹兹二患。又陰瘡不起發者，止有隔蒜灸一法，然亦未見鑿鑿取效。此方初用，藥撚薰照，以火引火毒氣外散，後用藥敷圍，追膿止痛，毒從孔竅及瘡頂中出，可免旁潰矣。照陰瘡一照，即起紅暈，狀如蒸餅，變為陽證，可保無虞，此其奇中大畧也。照法：日每一次，初用撚三根或四根，次日用四根或五根，以次六七根，止大率看瘡輕重，酌撚多寡，重者不過六七日，腐肉盡化為膿，從瘡口中陸續涌流，新肉如石榴子，纍纍而生，此時不必再照，圍藥終始如一，隨瘡勢大小，漸漸收入。照圍後，不可聽醫用膏藥蓋頂，以致毒氣拂鬱，止剖葱葉，量瘡口貼之。凡照時先須豬蹄煎湯，澄清，洗去圍藥。如法熏照，待瘡勢大愈，內生將滿，始上生肌散，龍骨二錢，水石火煅三錢，黃丹一錢，護以太乙膏，直候平復，復後膏藥猶不可離，此其始末細微也。內服者，大要不出十宣散、護心散等方，最忌寒涼，恐傷胃氣。按：以火撚提照之法，為治背疽第一，如《廣筆記》所錄，猶有不盡其竅會者，且用十宣散、護心散，而《筆記》削之，宜否？曰：曾以此方療病者，未常用此二方，亦底厥績，是則似乎可刪也。葢以藥撚照，且提之以出毒，即可代宣利藥劑，更不傷胃也。苐妙在手法，巧者意會耳。此瘡由厚味、怒惱鬱結所致，受病以年計，調攝之法，非懲忿窒慾，清散托裏，治以前方，即盧扁復生，有望而走耳。

熏藥方　雄黃、硃砂、血竭、没藥，俱一錢，麝香二分，血竭、没藥，贋物極多，須按《本草》求至真者。右五味研細末，綿紙為撚，長約尺許，每撚藥三分，真麻油潤灼，離瘡半寸許，自外而內，周圍徐徐照之，火頭上出，藥氣內入，瘡毒隨氣解散，自不內侵臟腑，初用三條，漸加至五七條，瘡勢漸消，又漸減，熏罷，隨敷藥。

論曰：自外而內者，言自紅暈外左右旋照，以漸將撚收入瘡口上也。更須將撚猛向外提，以引毒氣，此是手法。

敷藥方：五龍方即五瓜籠，車前草連根葉，豨薟草，金銀花各等分，右四味鮮草藥，一處搗爛，加多年陳米粉，即常用漿衣者，俗稱蒸粉。初起仍加飛鹽末少許，共為稠糊，敷瘡上，中留一頂，拔膿出。若冬時無鮮者，用根及蓄下乾藥、陳醋調敷。其蓄草，陰乾佳，無得見日。五龍草一時采摘不出，瘡勢緊急，即將車前等三味搗用，亦能奏功，不必拘執也。如采得更妙，瘡初發時以此草取汁半盞，黃酒和水飲，能內消。太乙膏：玄參、白芷、當歸、肉桂、大黃、生地、赤芍、苦參，將前八味切為粗片，用麻油二斤，入銅鍋內煎至黑色，用椶一匹，濾去滓，入黃丹十二兩，再熬，滴水成珠，捻輭硬得宜，即成膏矣。製丹法：黃丹先炒紫色，傾入缸內，用滾水一桶泡之，再汲涼水滿缸，用棒常攪，浸一宿，去水，再炒如前兩次，方研，務要極細，可用。凡人將發癰疽毒，半年前或一年前必常常自覺口乾，或作渴思飲茶并水，或食已即飢，名為中消。倘有此證，後發背必難療，急須每日服忍冬丸，不次，如是，加念久服，可免發背。縱不免，必可治療。如閑常無事，摘取金銀花四斤，趂溼，水洗淨，入石臼中杵爛，置大瓦罐內，入井花水三椀，無灰酒三椀，調稀，煎十餘沸，藥性出取下，生布濾去渣，汁入罐，再煎成膏，滴水不散。又將一斤焙乾，同粉草二兩，共為細末，取膏滲入末內，以酒打麪糊和，入石臼中杵一二百下，丸如菉豆大，食遠酒下八九十丸。此藥得酒良，不飲酒者百沸湯下。

清·汪紱《醫林纂要探源》卷二　烏蘞　苦，辛，寒。色黑根赤黑，莖蔓枝葉皆如白蘞，有細倒刺如毛，螫人。一名律草。一名烏蘞薕。能攻毒。有小毒。

清·楊時泰《本草述鉤元》卷一一　五龍草　即五爪龍。《綱目》不載，因治背疽奇中，故詳錄之。此草蔓生下濕地。葉似絲瓜而小，有五丫，丫俱有鬚，故名五爪龍。三月間采，陰乾用。

背疽總略：背疽屬火毒醞釀而成，不能外散，熱必內攻，不能中出，勢必旁潰，醫以涼藥圍解，多罹二患。又陰瘡不起發者，向有隔蒜灸法，然亦未盡取效。此方初用藥撚熏照，以火引火，毒氣外散，後用藥敷圍，追膿止痛，毒從孔竅及瘡頂中出，可免旁潰矣。陰瘡一照，即起紅暈，狀如蒸餅，變為陽證，此其奇中大略也。火撚提照方：照法日每一次，初用撚三根或四根，次日用四根或五根，以次至六七根止，大率看瘡輕重，酌撚多寡。重者不過六七日，腐肉盡化為膿，從瘡口中陸續涌流，新肉如榴子，纍纍而生，此時不必再照。圍藥終始如一，隨瘡勢大小，漸漸收入，照圍後，不可用膏藥蓋頂，致毒氣拂鬱，止剖葱葉，量瘡口貼之。凡照時，先煎猪蹄湯，澄清，洗去圍藥，如法熏照，待瘡勢大愈，肉生將滿，始上生肌散，龍骨二錢，水石煅二錢，黃丹一錢。護以太乙膏方在後，直候平復。復後，膏藥猶不可離。此其始末細微也。內服，不出十宣護心等方，最忌寒涼傷胃。此瘡由厚味怒惱鬱結所致，受病以年計，調攝之法，以懲忿窒慾為先，清散托裏為要。火撚提照，為治背疽第一法，提出其毒，妙在手法，惟巧者意會耳。

熏藥方：雄黃、硃砂、血竭、沒藥各一錢，麝香二分。血竭、沒藥，贗物極多，須按本草求其真者。右研細末，綿紙為撚，長約尺許，每撚藥三分，真麻油潤灼，離瘡半寸許，自外而內，周圍徐徐照之，火頭上出，藥氣內入，瘡毒隨氣解散，自不內侵臟腑。初用三條，漸加至五七條，瘡勢漸消又漸減，熏罷隨即敷藥。自外而內者，言自紅暈外，左右旋照以漸將撚收入瘡口上也。更須將撚猛向外提，以引毒氣，此是手法。

敷藥方：五爪龍、車前草連根葉、豨薟草、金銀花各等分。右四味鮮草，一處搗爛，加多年陳小粉，初起，仍加飛鹽末少許，共為稠糊敷瘡上，中留一頂，拔膿出，若冬時無鮮者，用根及蓄下乾藥。蓄草者陰乾，無見火日。陳醋調敷。如五龍草急覓不得，而瘡勢緊急，即將車前等三味搗用，亦能奏功。瘡初發時，取五龍草汁半盞，黃酒和水飲，能內消。

太乙膏：元參、白芷、當歸、肉桂、大黃、生地、赤芍、苦參八味切片，用麻油二斤，入銅鍋內，煎至黑色，隔樱濾去渣，入黃丹十二兩，再熬，滴水成珠，捻軟硬得宜，即成膏矣。製丹法：先炒黃丹紫色，傾入缸，滾水泡之，再汲涼水滿缸，用棒常攪，浸一宿，去水，再炒如前，兩次，方研，務要極細。

凡人將發癰疽毒，半年一年前，必常自覺口乾，或作渴思飲茶并水，或食已即飢，名為中消，急須每日服忍冬丸。不次，如是加念久服，可免發背，縱不免，必可治療。常時摘取金銀花四斤，趁濕水洗，石臼中杵爛，置大瓦罐內，入井花水三碗，無灰酒三碗，調稀，煎十餘沸，取下，生布濾去渣，汁入罐，再煎成膏，滴水不散，又將一斤焙乾，同粉甘草二兩，共為細末，取膏滲末入內，酒、麪打糊杵一二百下，丸如綠豆大，食遠，酒下八九十丸，此藥得酒良，不飲酒者，百沸湯下。

清·吴其濬《植物名實圖考》卷一九　鵝抱蛋　生延昌山中。蔓生，細莖有節，本紫梢綠；葉如菊葉，深齒如歧，葉下有附莖，葉寬三四分；根如麥冬而大，赭長有橫黑紋，五六枚一窠。俚醫取根燉酒，云散寒氣，能補益。

按宋《圖經》有鵝抱蔓，似大豆，治熱毒。形與此異，主治亦別。

清·吴其濬《植物名實圖考》卷二二　烏蘞苺　即五葉苺。《唐本草》始著錄。按《詩經》：蘞蔓於野。《陸疏》形狀正同烏蘞，毛晉《廣要》亦云蘞有赤、白、黑，疑此即黑蘞云。今俗通呼曰五爪龍。

清·趙其光《本草求原》卷四蔓草部　五龍草　《本草》不載，唯五龍方用之。劉潛江云：此草生濕地，牽藤，葉似絲瓜葉而小，一葉五丫，丫內有鬚。三月間采，陰乾。醋調敷，鮮者搗敷，更拔毒瘡初起；取汁和酒服，能內消。若無此味，則五龍方用三味亦可。宜參芳草五爪龍。

清·劉善述、劉士季《草木便方》卷一草部　母猪藤　母猪藤根補益強，瘡毒搗塗虛損良。清熱解毒消結核，能塗九子虛氣瘍。

藤茶

清·劉善述、劉士季《草木便方》卷一草部　藤茶　藤茶葉甘溫消渴，諸氣鼓脹月瘕活。丹停氣腫下蟲毒，利便通腸〔代〕茶〔喝〕。

野西瓜

清・吳其濬《植物名實圖考》卷二一　野西瓜　贛南山坡中有之。蔓延林薄，細莖長鬚；葉作五叉，似西瓜、絲瓜葉，大者可寸許；秋結青白實，宛如蓮子，捻之中斷，內有清汁。俚醫以治火瘡。取漿收貯，敷用。

洋條藤

清・吳其濬《植物名實圖考》卷二一　洋條藤　產南贛山中。蔓生，細莖淡紅，圓節；一葉一鬚，葉如鳳仙花葉而寬，鋸齒亦深，面綠細紋，中有紫白縷一道，背邊綠中紫，亦有白紋。俚醫以治婦科紅白崩帶，同大蕨煎酒服。

獨脚烏桕

清・何諫《生草藥性備要》卷上　獨腳烏桕　味甘、腥，性平。治小腸氣痛，煲酒服。敷大瘡，散百毒，理蛇傷。藤生，葉似烏桕，顏防己。

清・趙其光《本草求原》卷四蔓草部　獨腳烏桕　即白雞屎藤。甘淡腥，平。葉，散毒消腫，治小腸。煎酒飲。頭，塗瘡，理蛇傷。磨酒。葉似烏桕，藤如防己。

常春藤

宋・王介《履巉巖本草》卷上　地錦草　味辛，無毒。主通流血脉，亦可用治氣。如患臟毒，用地錦草，暴乾爲末，米飲下一錢，立效。

宋・陳衍《寶慶本草折衷》卷一一　地錦草苗、子通用。　生滁州及近道田野，作蔓遍地。〇採苗、子，暴乾。

味辛，無毒。〇主通流血脉，亦治氣。滁州者尤良。〇《圖經》曰：苗葉細弱，紅花細實。《本經》絡石條註有地錦，與此同名而別類。〇《經驗方》：治藏毒赤白，地錦草洗，暴乾為末，米飲下壹錢。

明・劉文泰《本草品彙精要》卷一五　地錦草無毒　蔓生。

地錦草：主通流血脈，亦可用治氣。名醫所錄。　〔苗〕《圖經》曰：莖葉細弱，蔓延於地，莖赤葉青紫色，夏中茂盛，六月開紅花，結細實。《經》云：絡石條中注有地錦，是藤蔓之類，雖與此名同而其類全別。　〔地〕《圖經》曰：近道田野中有之。〔道地〕滁州者尤良。　〔時〕生：春生苗。採：夏月取。　〔收〕暴乾。　〔用〕苗、子。　〔色〕紫赤。　〔味〕辛。　〔性〕溫，散。〔氣〕氣之厚者，陽也。　〔臭〕朽。　〔主〕調氣和血。　〔合治〕爲末和米飲調下二錢，治臟毒赤白。

明・王文潔《太乙仙製本草藥性大全》卷二《本草精義》　地錦　一名地噤。生淮南林下，葉如鴨掌，藤蔓着地節處有根，亦緣樹石。冬月不死，山人產後多用之。蘇云：絡石、石血亦此類也。

明・王文潔《太乙仙製本草藥性大全》卷二《本草精義》　地錦草　生滁州道傍田野，今在處有之。苗葉細弱，蔓延於地，莖赤，葉青紫色，夏中茂盛，六月開紅花，結細實。取苗子用之。絡石條地錦與此名同而類別。

明・王文潔《太乙仙製本草藥性大全》卷二《仙製藥性》　地錦草　味辛，無毒。　主治：主流通血脉奇方，治臟毒下氣捷法。　補註：治臟毒赤白，地錦草清洗，晒乾爲末，米飲下一錢效。

明・皇甫嵩《本草發明》卷三　地錦味甘，溫。葉如鴨掌，藤蔓着地，節處有根，緣木石，冬月不死。主破老血，產後血結血瘕，婦人瘦損，不能食，腹中有塊，淋瀝赤白帶，天行心悶，煎服，亦宜酒浸。

明・李時珍《本草綱目》卷一八草部・蔓草類　地錦時珍曰：別有地錦草，與此不同。見草之六。

清・李熙和《醫經允中》卷二一　地錦　即血見愁。　辛，平，無毒。主治流通血脉癰腫，金刃撲損出血，研末摻上即止。血痢崩帶下血，能散血止血。同石蘭、苧根各一兩，煎酒十斤，隨量飲完，能治淋帶如神。

清・吳其濬《植物名實圖考》卷二〇　常春藤　即土鼓藤。《本草拾遺》始著錄。日華子以為龍鱗薜荔。《談薈》以為即巴山虎。今南北皆有之。結子圓碧如珠，與《拾遺》說符，功用長於治癰疽腫毒。

雩婁農曰：京師浩穰，營園亭者，皆能致南中花木，即嶺嶠異產。亦時附婆羅船，越重洋，隨拍趠風而達析津。然冬寒皆為窟室以避霜雪。若薜荔、絡石之屬，緣牆壁而亙冬夏者，則天時、地氣皆不宜之。惟常春藤，被繚垣、帶怪石，綠葉匼匝，為庭樹之飾焉。細花惹蜂，青實啅雀，於藥果皆無取。然枝蔓下有細足，黏瓴甋極牢，疾風甚雨，不能震撼。人之有牆，以蔽惡也，牆之隙壞，藤有賴焉。然則彼都人士庇焉而不縱尋斧焉，宜矣。

清・劉善述、劉士季《草木便方》卷一草部　三角風　三角〔丰〕〔風〕熱散風濕，癰疽流注消腫吃。小兒慢驚風痰除，刀傷犬咬毒消奇。

石猴子

清・吴其濬《植物名實圖考》卷一九　石猴子　產南安。蔓生細莖，莖距根近處有粗節手指大，如麥門冬黑褐色，節間有細鬚繚繞，短枝三葉，葉微似月季花葉。氣味甘澀。土人取治跌打損傷、婦人經水不調，敷一切無名腫毒。按《本草拾遺》，江西山林間有草，生葉頭有癭子似鶴膝，葉如柳，亦名千金藤，或即此。

清・吴其濬《植物名實圖考》卷一九　蛇附子　產建昌。蔓生，莖如初生小竹，有節；一枝三葉，葉長有尖，圓齒疎紋；對葉生鬚，鬚就地生根，大如麥冬。俚醫以治小兒，退熱、止腹痛，取漿沖服。

五爪金龍

清・吴其濬《植物名實圖考》卷一九　五爪金龍　產南安。横根抽莖，莖葉俱綠；就莖生小枝，一枝五葉，分布如爪；葉長二寸許，本寬四五分，至末漸肥；復出長尖，細紋無齒；根褐色，硬如萆薢。

千歲虆

宋・唐慎微《證類本草》卷三〇有名未用・草木〔《別錄》〕　虆根　主緩筋，令不痛。

〔宋・掌禹錫《嘉祐本草》〕按：陳藏器云：苗如豆。《爾雅》云：攝虎，虆。注云：江東呼虆為藤，似葛而虛大，今武豆也，莢有毛。一名巨荒，千歲虆是也。

附：**日・丹波康賴《醫心方》卷三〇**　千歲虆汁　《本草》云：味甘，平，無毒。主補定五藏，益氣，續筋骨，長肌肉，去諸痹。久服輕身，不飢耐老，通神明。崔禹〔錫〕云：食之補五藏。味甘，平，小冷。其莖切，絕而受瀝汁，狀如薄蜜，甘美。以署預為粉，和汁煮作粥食，主噦逆。又合白蜜食之，益人。

宋・唐慎微《證類本草》卷七草部上品〔《別錄》〕　千歲虆力軌切汁　味甘，平，無毒。主補五藏，益氣，續筋骨，長肌肉，去諸痹。久服輕身不飢，耐老，通神明。一名虆蕪。生太山川谷。

〔梁・陶弘景《本草經集注》〕云：作藤生，樹如葡萄，葉如鬼桃，蔓延木上，汁白。今俗人方藥，都不復識用此，《仙經》數處須之。而遠近道俗咸不識此，非甚是異物，正是未研訪尋識之爾。

〔唐・蘇敬《唐本草》〕注云：即蘡音纓薁音隩藤汁也。此藤有得千歲者，莖大如椀，冬惟葉凋，莖終不死。藤汁味甘，子味甘、酸，苗似葡萄，其莖主噦於月切逆大善，傷寒後嘔噦更良。

〔宋・馬志《開寶本草》〕按：《陳藏器本草》云：千歲虆，陶云藤生，樹如葡萄，葉如鬼桃，蔓延木上，汁白。人不復識，仙方或須。《唐本》注即云：蘡薁藤得千歲者，汁甘，子酸。按蘡薁是山蒲桃，斫斷藤，吹氣出一頭如通草。以水浸，吹取氣，滴目中，去熱瞖赤障，更無甘汁，《本經》云汁甘，明非蘡薁也。千歲虆似葛蔓，葉下白，子赤，條中有白汁。《草木疏》云：一名苣荒，連蔓而生，子赤可食。《毛詩》云：葛虆。注云：似葛之草也。此藤大者盤薄，故云千歲虆，謂蘡薁者，深是妄言。

〔宋・掌禹錫《嘉祐本草》〕按：《蜀本圖經》云：今處處有，取汁用，當在夏秋也。日華子云：味甘、酸。止渴，悅色。年多大者佳，莖葉同用，又名蘡薁藤。

〔宋・蘇頌《本草圖經》〕曰：千歲虆，生泰山川谷。作藤生，蔓延木上，葉如葡萄而小。四月摘其莖，汁白而甘。五月開花，七月結實，八月採子，青黑微赤。冬惟凋葉。此即《詩》云葛虆者也。蘇恭謂是蘡薁藤，深爲謬妄。陶隱居、陳藏器說最得之。

宋・寇宗奭《本草衍義》卷八　千歲虆　唐開元末，訪隱民姜撫已幾百歲。召至集賢院。言服常春藤，使白髮還(鬚)〔鬒〕，則長生可致。藤生太湖、終南往往有之。帝遣使多取，以賜老臣。詔天下使自求之。擢撫銀青光祿大夫，號沖和先生。又言終南山有旱藕，餌之延年，狀類葛粉。帝取之作湯餅，賜大臣。右驍騎將軍甘守誠曰：常春者千歲虆也，旱藕者牡蒙也。方家久不用，撫易名以神之。民間以酒漬藤飲者，多暴死，乃止。撫內慙，請求藥牢山，遂逃去。今書之以備世疑。

宋・鄭樵《通志》卷七五《昆蟲草木略》　千歲藟　曰藟蕪。陸璣云：一名巨荒，連蔓而生，幽州人謂之推累。此草藤生，大者盤礡，故有千歲藟之名。唐姜撫言，服常春藤，使白髮還鬒。明皇使取以賜中朝老臣。又言，終南山有旱藕，食之延年，狀類葛粉，帝作湯餅以賜大臣。右驍騎將軍甘守誠能名藥石，曰：常春藤者，千歲藟也。旱藕者，牡蒙也。

明・蘭茂原撰，范洪等抄補《滇南本草圖說》卷一一　山葡萄　味甘、酸，性平，無毒。主治：清火益氣，消渴，悅顏色。不可多食。凡一切山菓，忽有異常甘美之味，其根下必有毒蛇之屬，食之殺人。

明・劉文泰《本草品彙精要》卷九　千歲虆無毒　蔓生。

千歲虆汁　主補五臟，益氣，續筋骨，長肌肉，去諸痹。久服輕身不飢，耐老，通神明。名醫所錄。

【名】虆蕪、常春藤、苣菰。　【苗】《圖經》曰：藤生似葛，蔓延木上，葉如葡萄，下白而小，四月摘其莖，有白汁而甘。五月開花，七月結實，八月熟時青黑微赤，可食，冬則葉凋。此藤大者盤薄，故云千歲虆，即《詩》所謂葛虆者是也。〔地〕《圖經》曰：生泰山川谷，今處處有之。〔時〕生：春生葉。採：夏秋取莖。〔收〕瓷罐收貯。〔用〕莖中汁。〔質〕類葛藤。〔色〕白。〔味〕甘。〔性〕平，緩。〔氣〕氣厚于味，陽中之陰。〔臭〕朽。〔主〕補五臟益氣。〔製〕搗取汁。〔治〕療：日華子云：止渴，悅色。《唐本》注云：主噦逆，及傷寒後噦逆更良。陳藏器云：藤水浸，吹取氣汁滴目中，去熱翳赤障。〔贋〕蘡薁藤爲僞。

明・許希周《藥性粗評》卷三　千歲藟力軌反牽長壽笄。

千歲藟一名長春藤。樹如葡萄，葉如鬼桃，蔓延樹上者也。或曰即蘡薁，非是。出川廣山谷。夏秋間採，取汁飲之。汁味甘，性平，無毒。主治風痹，益氣，補五臟，長肌肉，久服輕身不老。其莖亦主噦逆。

明・王文潔《太乙仙製本草藥性大全》卷二《本草精義》　千歲虆　一名虆蕪，一名蘡薁，一名山葡萄。生泰山川谷。作藤生蔓，延木上，葉如葡萄而小。四月摘其莖，汁白而甘。五月開花，七月結實，八月採子，青黑微赤，冬惟凋葉。

明・王文潔《太乙仙製本草藥性大全》卷二《仙製藥性》　千歲虆汁　味甘，氣平，無毒。　主治：補五臟益氣，續筋骨長肌。去諸痹而大效，點熱瞖而神奇。治傷寒之嘔噦，止煩渴而色明。久服通神明、輕身、耐老不飢。補註：去熱瞖、赤白障，用斫口藤吹氣，出一頭如通草，以水浸，吹取氣，滴入目中效。

明・皇甫嵩《本草發明》卷三　千歲虆上品下，君。汁味甘，平，無毒。即葛虆是也。

發明曰：主補五臟，益氣，續筋骨，長肌肉。去諸痺，久服輕身，不肌耐老。生泰山川谷。蔓延木上，葉如葡萄而小，四月摘莖汁白而甘，八月採子，青黑微赤。

明・李時珍《本草綱目》卷一八草部・蔓草類　千歲虆《別録》上品。校正：併入有名未用《別録》虆根。

〔釋名〕虆蕪《別録》　苣瓜《拾遺》。藏器曰：此藤冬只凋葉，大者盤薄，故曰千歲虆。

〔集解〕《別録》曰：千歲虆生太山山谷。弘景曰：藤生如葡萄，葉似鬼桃，蔓延木上，汁白。今俗人方藥都不識用，仙經數處須之。藏器曰：蔓似葛，葉下白，其子赤，條中有白汁。陸璣《草木疏》云：一名苣瓜。連蔓而生，蔓白，子赤可食，酢而不美。幽州人謂之推虆。《毛詩》云葛虆，注云似葛之草。蘇恭謂爲蘡薁，深是妄言。頌曰：處處有之。藤生，蔓延木上，葉如葡萄而小。四月摘其莖，汁白而味甘。五月開花。七月結實。八月采子，青黑微赤。冬惟凋葉。春夏間取汁用。陶、陳二氏所説得之。宗奭曰：唐開元末，訪隱民姜撫，年幾百歲。召至集賢院，言服常春藤使白髮還黑，長生可致。藤生太湖、終南。帝遣使多取，以賜老臣。詔天下使自求之。擢撫銀青光禄大夫，號冲和先生。又言終南山有旱藕，餌之延年，狀類葛粉。帝取之作湯餅，賜大臣。右驍騎將軍甘守誠云：常春藤乃千歲虆也。旱藕乃牡蒙也。方家久不用，故撫易名以神之。民以酒漬藤飲之，多暴死，乃止。撫内慚，乃請求藥牢山，遂逃去。今書此以備世疑。時珍曰：按千歲虆，原無常春之名。惟陳藏器《本草》土鼓藤下言李邕名爲常春藤，浸酒服，贏老變白。則撫所用乃土鼓藤也。其葉與千歲虆不同，或名同耳。

〔正誤〕見果部蘡薁下。

〔氣味〕甘，平，無毒。　〔主治〕補五臟，益氣，續筋骨，長肌肉，去諸痹。久服，輕身不飢耐老。通神明《別録》。

虆根　〔主治〕緩筋，令不痛《別録》。

明・姚可成《食物本草》卷一七草部・隰草類　千歲虆生太山山谷，藤生如葡萄，葉如桃葉，蔓延木上，汁白而味甘。子赤可食，酢而不甚美。　千歲虆，味甘，平，無毒。主補五臟，益氣，續筋骨，長肌肉，去諸痹。久服輕身不飢耐老，通神明。

清・吴其濬《植物名實圖考》卷二二　千歲藟　《別錄》上品。陳藏器以為即葛藟。《本草衍義》引甘守誠以為即姜撫所進長春藤，飲其酒多暴死。今俚醫以為治跌損要藥。其力極猛，不得過劑。吉安人有患跌折者，誤以數劑併服，遂暴卒。鞫獄者取其莖，研入肉，以試犬，犬食之，頃刻間腹膨脝矣。

雩婁農曰：甚矣，不學無術而惑邪説者之害之鉅也！《詩》之詠葛藟者多矣。無言采采者。傳曰：葛藟能庇其本根。今山林中，貫木絡石，條蔓蔚密，材不可薪，不任縳，實不中噉，而為鳥雀啅啄者，雖婦稚皆識之。乃姜撫一妄男子，詫為仙藥，舉朝信之。或以致斃。惟一衛士甘守誠，破其狂誕，豈彼時朝右皆伏獵弄麞之庸豎，而無一通知經術者哉？蓋誦其名，眯其物，摭撦風月虚幻之詞，而不究其所用。蔡謨讀《爾雅》不熟，幾為勸學死，良可哂矣。夫良工度木，非徒為大小曲直也，必審其剛柔燥濕之性，而後為室則正，為器則固。其編蒲、織柳、漚麻、搗楮，無有不識物性而能成一藝者。況醫者，以藥投人腹中，而不知其有毒與否，而受者乃貿貿然而試之，是輕千金之軀於鴻毛矣。夫驅使草木而不知其性情，尚不能得其利而無害，然則人主用人，將舉家國人民而聽之，乃不能灼知其賢不肖，其利害不亦大哉？漢之言占候者，欲以日辰之善惡，決所見之邪正，舉進退、黜陟之權，寄之於孤虚旺相，其與術士以舉世不用之藥，而詭言長生者，皆不求之於可知，而求之於所不可知。《禮》曰：百工之事，皆聖人所作。又曰：夫婦之愚，可以與知。彼聖人所不言，愚夫愚婦所不知，皆妄而已矣。

清・劉善述、劉士季《草木便方》卷一草部　野葡萄　山葡萄根甘入腎，風濕癱瘓不仁症。傷寒吐噦止渴利，利水通淋消腫硬。

匾擔藤

明・佚名氏《醫方藥性・草藥便覽》　匾擔藤　其性溫。治腳氣風，去腫，散血。

清・劉善述、劉士季《草木便方》卷一草部　五爪龍　七葛根皮苦解毒，癰疽惡瘡腫毒塗。風毒遊丹搗汁傅，金瘡跌損煎酒服。

大小木通

清・劉善述、劉士季《草木便方》卷一草部　大小木通　木通甘淡利二腸，通關利竅熱淋嘗。喉痹風熱引下出，催生下乳行經良。二種同性。

大木通

清・吴其濬《植物名實圖考》卷一九　大木通　產九江山中。一名接骨丹。粗藤如樹，短枝青綠；對葉排生，濃綠大齒。俚醫搗葉敷治腳瘡、爛毒，莖利小便。

按形狀與《本草》圖異。蘇頌引《燕吳行紀》：揚州甘泉東院有通草，其形如椿子，垂梢際。所說不同，或別一物。此草頗似椿葉，惟大齒不類。

滇淮木通

清・吴其濬《植物名實圖考》卷二三　滇淮木通　毛藤如葛，一枝三葉或五葉，粗澀縐紋，亦有毛，莖中空，通氣。

山木通

清・吴其濬《植物名實圖考》卷一九　山木通　長沙山中有之。粗莖長蔓，三葉攢生一枝，光滑厚韌；葉際開花，花罷殘蕊茸茸，尚在莖上。俚醫用以通竅利水。按《圖經》木通一枝五葉，葉如石韋。此藤老莖亦中空，葉亦似石韋，而只三葉，無實。又別一種。

山蓼

明・朱橚《救荒本草》卷上之前　山蓼　生密縣山野間。苗高一二尺，葉似芍藥葉而長細窄音側，又似野菊花葉而硬厚，又似水胡椒葉亦硬。開碎瓣白花。其葉味微辣。救飢：採嫩葉煠熟，換水浸去辣氣，作成黃色，淘洗淨，油鹽調食。

清・吴其濬《植物名實圖考》卷一九　小木通　產湖口縣山中。莖葉深綠，長蔓裊娜；每枝三葉，葉似馬兜鈴而細。俚醫用以利小便。

按俗間木通多種，以木通本功通利九竅，故藤本能利水者，多以木通名之。

鐵線蓮

明・蘭茂原撰，范洪等抄補《滇南本草圖說》卷七　銕線牡丹　形似牡丹，延蔓而生，花開碧綠色，大瓣中又開細瓣。氣味苦，有微毒。主治：一切瘡科，外敷。內服微毒。

明・蘭茂撰，清・管暄校補《滇南本草》卷下　鐵線牡丹　性溫，味苦、微辛。入脾腎二經。可升可降，上行溫暖脾胃，止嘔吐惡心，吞酸吐酸痰，呃逆，反胃吐食，胸膈胃口作痛，飽脹嘈鹵，有暖胃進食之功；下行入腎，扶助命門相火衰弱，溫丹田，補興陽。

附方：治反胃，吐呃飲食，胸膈飽脹，胃口疼痛，吞酸吐痰。鐵線牡丹花蕊、葉、梗、根俱可用。為細末，每服一錢五分，滾水點酒服。忌魚、羊、蛋、蒜、生冷。

明・蘭茂《滇南本草》（叢本）卷上　鐵線牡丹　味微〔酸〕、辛，性微溫。入肝腎二經，可升可降。上行溫暖脾胃，止嘔吐惡心，吞酸，嘔吐痰，飲食翻胃，胸隔胃口作疼，飲食飽悶慒鹵，暖胃進食。下行入腎，能補命門相火之弱，溫暖丹田，補火興陽。單方：治翻胃嘔吐，飲食胸膈飽脹，胃口疼痛，吞酸吐痰。鐵線牡丹花葉根俱可用。為末，每服一錢五分，點酒服。

清・吴其濬《植物名實圖考》卷二七　鐵線蓮　《花鏡》：鐵線蓮一名番蓮，或云即威靈仙，以其本細似鐵線也。苗出後即當用竹架扶持之，使盤旋其上，葉類木香，每枝三葉，對節生；一朵千瓣，先有包葉六瓣似蓮，先開內花，以漸而舒，有似鵝毛菊。性喜燥，宜鵝鴨毛水澆。其瓣最緊而多，每開不能到心即謝，亦一悶事。春開，壓土移栽。

清・吴其濬《植物名實圖考》卷二九　鐵線牡丹　生雲南圃中。大致類罌粟花。土醫云性溫，能散暖筋骨，除風濕，治跌打損傷，搗細，入無灰酒煮熱，包敷患處。

繡球藤

明·蘭茂撰，清·管暄校補《滇南本草》卷上 繡球藤 味苦，性微寒，無毒。生山中有水處。其籐貫串，有小細葉一撮，生於籐上。主治一切下部生瘡，腎囊風癢，洗之神效。治天報瘡，三劑神效。俗呼楊梅結毒。又燒灰治痔瘡，吹入鼻中。或中毒於肺，鼻不能聞，服之，鼻竅即通。

清·吴其濬《植物名實圖考》卷二三 繡毬藤 生雲南。巨蔓逾丈，一枝三葉；葉似榆而深齒；葉際抽葶，開花如絲，長寸許，糺結成毬，色黄緑。《滇本草》亦有此藤，而《圖説》皆異，蓋又一種。此藤開四瓣紫花，心皆粉蕊，老則迸為白絲微黄。土醫或謂為木通。以為薰洗之藥。主治全別。

女萎

宋·唐慎微《證類本草》卷八草部中品〔唐·蘇敬《唐本草》〕 女萎 味辛，溫。主風寒洒洒，霍亂洩痢，腸鳴遊氣上下無常，驚癇，寒熱百病，出汗。李氏《本草》云：止下，消食。

〔唐·蘇敬《唐本草》〕注云：其葉似白歛，蔓生，花白，子細。荆、襄之間名爲女萎，亦名蔓楚。止痢有效。用苗不用根，與萎蕤全别。今太常謬以爲白頭翁者是也。《唐本》先附。

〔宋·唐慎微《證類本草》〕《圖經》：文具萎蕤條下。《雷公》云：凡採得，陰乾，去頭并白藥，於槐砧上剉，拌豆淋酒蒸，從巳至未出，曒令乾用。

宋·李昉《太平御覽》卷九九三 女萎 《本草經》曰：女萎，一名左眄，一名玉竹。味辛。生川谷。久服輕身(能)〔耐〕老。生太山。

明·劉文泰《本草品彙精要》卷一一 女葳無毒 蔓生。

女葳：主風寒洒洒，霍亂，洩痢，腸鳴游氣上下無常，驚癇，寒熱，百病出汗。李氏《本草》云：止下消食。名醫所錄。〖名〗蔓楚。〖苗〗《唐本》注云：蔓生葉似白歛，花白，子細，荊襄之間名爲蔓楚是也。〖地〗《唐本》注云：出荊襄之間。〖時〗生：初春生苗。採：二月取莖。〖收〗陰乾。〖用〗苗。〖色〗青。〖味〗辛。〖性〗溫，散。〖氣〗氣之厚者，陽也。〖臭〗香。〖主〗霍亂，驚癇。〖製〗《雷公》云：凡使，去頭並白蕊，槐砧上剉，拌豆淋酒蒸，從巳至未，出，曬令乾用。

明·鄭寧《藥性要略大全》卷六 女萎 《經》云：主風寒，霍亂，洩痢腸鳴，驚癇寒熱。止痢有效。 味辛，氣溫。凡用根、不用葉。○非白頭翁，亦非萎蕤之類。

明·王文潔《太乙仙製本草藥性大全》卷一《本草精義》 女萎 一名熒，一名地節，一名玉竹，一名馬萎。生太山山谷丘陵，今滁州、舒州及漢中皆有之。葉狹而長，表白裏青，亦類黄精，莖䕸強直似竹箭䕸有節，根黄多鬚，大如指，長一二尺。或云可啖。三月開青花，結圓實，立春後採根陰乾用之。《本經》與女萎同條，云是一物二名。又云自是二物，苗蔓與功用全別。《爾雅》謂熒，委萎，上於爲切，下人垂切。郭璞注云：藥草也。亦無女萎之别名，疑是一物。且《本經》中品又別有女萎條，蘇恭云即此女萎。今《本經》朱書是女萎能效，黑字是萎蕤之功，觀古方書所用，則似差別。胡洽：鹹，有纏絲紋未油者佳，去殼入藥。

明·王文潔《太乙仙製本草藥性大全》卷一《仙製藥性》 女萎君。即萎蕤。 味甘，氣平，無毒。可升可降，陰中陽也。 主治：療中風暴熱，四肢拘攣，不能動搖，跌筋結肉，諸不足，補五勞七傷。主時疾寒熱，虚勞客熱，頭痛目痛，眦爛淚出，心腹結氣，濕毒，脚膝痛，莖中寒。久服去面黑䵟，好顏色，潤澤，輕身不老。又云主霍亂洩利。治風淫，四體不仁，淚出，兩目眦爛。男子濕注腰疼，女子面生黑點。中大者不可服，令人恍惚見鬼。 補註：治時氣洞下、匶下，有女萎丸；治傷寒冷下，結腸丸中用女萎。治虚勞小黄耆酒云：下痢者加女萎。詳此數方所用，乃似中品女萎，緣其性溫，主霍亂洩痢故也。又主賊風，手足枯痹，四肢拘攣，茵芋酒中用女萎。及《古今錄驗》治身體癧瘍斑剝，女萎膏乃似朱字女萎，緣其主中風不能動搖，及去皯好色故也。又治傷寒七八日不解，續命鼈甲湯，治脚弱鼈甲湯，並用萎蕤及延年方。主風熱項急痛，四肢骨肉煩熱，萎蕤飲；又主虚風熱，發即頭熱，萎蕤丸，乃似此黑字萎蕤，緣其主虚熱濕毒腰痛故也。三者主治既別，則非一物明矣。○主發熱，口乾，小便澀，萎蕤五兩，煮汁飲之。療久痢脱肛不止，取女萎切一升，燒熏之。 太乙曰：凡使勿用鉤吻并黄精，其二物相似。萎蕤只是不同，有誤疾人。萎蕤節上有毛，莖斑葉尖處黄點。採得先用竹刀刮削節皮，遂洗净，却以蜜水浸一宿，蒸了焙乾用之。

明·皇甫嵩《本草發明》卷三 女萎中品上，臣。氣溫，味辛，無毒。 發明曰：女萎，辛溫能溫中逐邪，故《本草》主風寒洒洒，遊氣上下無常，驚癇寒熱，百病出汗，霍亂洩痢腸鳴。○按：胡洽治時氣洞下匶下有女萎丸，治傷寒冷下結腸丸中用女萎，治虚勞小黄芪酒云下痢者加女萎，緣其性溫，能主霍亂洩利，其溫中逐邪槩見矣。一云：治肺病代紫(苑)〔菀〕，得非上部萎蕤歟，更詳之。畏鹵鹹。

明・李時珍《本草綱目》卷一八草部・蔓草類　女萎《李當之本草》

【集解】恭曰：女萎葉似白斂，蔓生，花白子細。荆襄之間名爲女萎，亦名蔓楚。用苗不用根。與萎蕤全别，今太常謬以爲白頭翁者是也。時珍曰：諸家誤以女萎解葳蕤，正誤見葳蕤下。

【修治】斅曰：凡采得陰乾。去頭并白蕋，於槐砧上剉，拌豆淋酒蒸之。從巳至未出，晒乾。

【氣味】辛，温，無毒。【主治】止下痢，消食當之。風寒洒洒，霍亂泄痢腸鳴，遊氣上下無常，驚癎寒熱百病，出汗《唐本》。

【附方】新三。久痢脱肛：女萎切一升，燒熏之。《楊氏産乳方》。䘌下不止：女萎、雲實各一兩，川烏頭二兩，桂心五錢，爲末，蜜丸梧子大。每服五丸，水下，一日三服。《肘後方》。身體癧瘍：斑駁。女葳膏：用魯國女葳、白芷各一分，附子一枚，雞舌香、木香各二分，爲末，臘猪脂七合，和煎，入麝香一錢。以浮石磨破，日擦之。《古今録驗》。

明・盧之頤《本草乘雅半偈》帙二　女萎《本經》上品　氣味：甘，平，無毒。主治：主中風，暴熱，不能動搖，跌筋，結肉，諸不足。久服去皯，好顔色潤澤，輕身不老。

覈曰：《爾雅》名熒，又名萎移，萎香。《别録》名萎蕤，又名玉竹、地節。吳普名葳蕤。樊阿名青黏。先人云：節竹其形，萎熒作象，玉青為色，風木之性也。生太山山谷，及滁州、舒州、漢中、均州，處處山中亦有。春生苗，莖強直，似竹作節，葉亦如竹，兩兩相值，葉端有黄色斑點。三月開青花，遂結實如珠，根横行，如荻根及菖蒲。概節平直，多脂潤，雖燥亦柔，鬚節冗密，宛如冠纓下垂之緌，而有威儀之義。《瑞應圖》曰：王者禮備，則萎蕤生于殿前。威儀之義，于此可見。修治：以竹刀刮去鬚，及皮節。洗淨，蜜水浸一宿，蒸了，焙乾。禮備之祥，所生唯和。王者之用，野人之節也。

先人云：動搖名風。不能動搖名中風。無風大性故澤色輕身，皆屬風力所轉。

紹隆王先生云：性禀醇和，如盛德君子，無往不利。故可資其利用而不窮。正如此藥之能補益藏府，滋培血氣，氣為陽，則身輕；血為陰，則顔駐。根本既治，百疾自除矣。

条曰：體性柔軟，津汁黏埴，根荄繁盛，垂垂似纓，儼若威儀之容貌。以能卓立于禮，而為節文度數者也。故王者禮備，則葳蕤生于殿前。細觀命名，其形狀可想見矣。能立于禮，以固人肌膚之會，筋骸之束，若愉色婉容，手舞足蹈，莫非節文度數之詳耳。其不能動搖，跌筋結肉，面皯色黯，皆為慢風暴熱之所困。以禮節之，默然感化，所謂動容貌，遠暴慢者也。于是肌膚潤澤，筋骸轉搖，故身輕不老，翩翩若仙矣。《雜記》云：蕤賓律名，謂五月一陰之氣，委蕤于下。嵇康《琴賦》云：飛英蕤于昊蒼，則葳蕤上下祭矣。詩云：望見葳蕤舉翠華，旋開金屋掃庭花。望幸者，尚爾飄飄神舉；寵幸者，想更超踰騰躍矣。

清・吳其濬《植物名實圖考》卷二二　女萎　見李當之《藥錄》。諸家誤以解委萎。《唐本草》以為似白斂，主治痢洩。觀王羲之《女萎丸帖》云：腹痛小差，須用女萎丸，得應甚速。則必非今玉竹矣。原出荊襄，又曰：魯國女萎。近世方中無用者，存原圖以俟訪。

清・葉志詵《神農本草經贊》卷一　女萎　味甘，平。主中風暴熱，不能動搖，跌筋結肉諸不足。久服去面黑皯，好顔色潤澤，輕身不老。生山谷。

瑞昭禮備，象著威儀。柔筋釋結，腴貌生姿。直標竹箭，垂比纓蕤。表青裏白，熒曜春熙。

《瑞應圖》：葳蕤者，禮備至則生。嵇康論：染骨柔筋。《人物志》：能在釋結。吳儆詩：腴貌偉視聽。嵇康詩：顧盼生姿。郭璞曰：大者箭竿有節。李時珍曰：根長多鬚，如冠纓下垂之緌，而有威儀。蘇頌曰：表青裏白，亦類黄精。名醫曰：一名熒。立春後采。

威靈仙

宋・唐慎微《證類本草》卷一一草部下品〔宋・馬志《開寶本草》〕　威靈仙　味苦，溫，無毒。主諸風，宣通五藏，去腹内冷滯，心膈痰水，久積癥瘕，痃癖氣塊，膀胱宿膿惡水，腰膝冷疼，及療折傷。一名能消。久服之無溫疫瘧。出商州上洛山及華山并平澤，不聞水聲者良。生先於衆草，莖方，數葉相對。花淺紫，根生稠密，歲久益繁，冬月丙丁戊己日採，忌茗今附。

〔宋・掌禹錫《嘉祐本草》〕按：《蜀本》云：九月末至十二月採，陰乾。餘月並不堪採。

〔宋・蘇頌《本草圖經》〕曰：威靈仙，出商州上洛山及華山并平澤，今陝西州軍等及河東、河北、京東、江湖州郡或有之。初生比衆草最先，莖梗如釵股，四稜。葉似柳葉，作層，每層六七葉，如車輪，有六層至七層者。七月内生花，淺紫或碧白色。作穗似莆臺子，亦有似菊花頭者。實青，根稠密，多鬚，似穀，每年亦朽敗。九月採根，陰乾。仍以丙丁戊己日採，以不聞水聲者佳。唐正元中，嵩陽子周君巢作《威靈仙傳》云：先時，商州有人重病，足不履地者數十年，良醫殫技莫能療，所親置之道傍，以求救者，遇一新羅僧，見之，告曰：此疾一藥可活，但不知此土有否？因爲之入山求索，果得，乃威靈仙也。使服之，數日能步履。其後山人鄧思賢知之，遂傳其事。崔元亮《海上方》著其法云：採得，陰乾月餘，擣篩。溫清酒和二錢匕，空腹服之。如人本性殺藥，可加及六錢匕。利過兩行則減之，病除乃停服。其性甚善，不觸諸藥，但惡茶及麪湯，以甘草、梔子代飲可也。

〔宋・唐慎微《證類本草》〕《唐本》云：腰腎脚膝積聚，腸内諸冷病，積年不差者，服之無不立效。出商州洛陽縣，九月末至十二月採，陰乾。餘月並不堪採，每年傍引，年深轉茂，根苗漸多，經數年亦折敗。《千金方》：治腰脚痛，威靈仙爲末，空心溫酒調下錢匕，逐日以微利爲度。《經驗方》：治大腸久冷，威靈仙蜜丸桐子大，於一更内，生薑湯下十丸至二十丸。又方：治腰脚。威靈仙一斤洗乾，好酒浸七日，爲末，麪糊丸桐子大，以浸藥酒下二十丸。《集驗方》：治腎臟風壅積，腰膝沉重，威靈仙末，蜜和丸桐子大。初服溫酒下八十丸，平明微利惡物，如青濃膠，即是風毒積滯也。如未利，夜再服一百丸。取下後，喫粥藥補之。一月仍常服溫補藥。孫兆放杖丸同。《崔氏海上集》：威靈仙去衆風，通十二經脉。此藥朝服暮效，踈宣五藏冷膿宿水變病，微利不瀉。人服此四肢輕健，手足溫暖，並得清涼。時商州有人患重足不履地，經十年不差。忽遇新羅僧見云：此疾有藥可理，遂入山求之，遺服數日，平復，後留此藥名而去。此藥治丈夫、婦人中風不語，手足不隨，口眼喎邪，筋骨節風，胎風，頭風，暗風，心風，風狂人，傷寒頭痛，鼻清涕，服經二度，傷寒即止，頭旋目眩，白癜風，極治大風，皮膚風痒，大毒又熱毒風瘡，深治勞疾，連腰骨節風，遶腕風，言語澁滯，痰積，宣通五藏，腹内宿滯，心頭痰水，膀胱宿膿，口中涎水，好喫茶滓，手足頑痹，冷熱氣壅，腰膝疼痛，久立不得，浮氣瘴氣，憎寒壯熱，頭痛尤甚，攻耳成膿而聾。又衝眼赤，大小腸秘，服此立通。飲食即住，黄疸，黑疸，面無顏色，瘰癧遍項，產後秘澀概腰痛，曾經損墜，心痛，注氣膈氣，冷氣攻衝，腎藏風壅，腹肚脹滿，頭面浮腫，注毒脾、肺氣，痰熱欬嗽氣急，坐卧不安，疥癬等瘡，婦人月水不來，動經多日，血氣衝心，陰汗盜汗，鴉臭穢甚，氣息不堪，勤服威靈仙，更用熱湯，盡日頻洗，朝以苦唾調藥塗身上内外，每日一次，塗之當得平愈。孩子無辜，令母含藥灌之，痔疾秘澁，氣痢絞結，並皆治之。威靈仙一味洗焙爲末，以好酒和令微濕，入在竹筒内，牢塞口，九蒸九暴。如乾，添酒重洒之，以白蜜和爲丸如桐子大，每服二十至三十丸，湯酒下。

宋・寇宗奭《本草衍義》卷一二　威靈仙　治腸風。根，性快，多服疏人五藏真氣。

宋・鄭樵《通志》卷七五《昆蟲草木略》　威靈仙　曰能消，惡聞水聲，能治痿弱。唐貞元中，周君巢為之作傳。

金・張元素《潔古珍珠囊》〔見元・杜思敬《濟生拔粹》卷五〕　威靈仙甘純陽。去風，去大腸之風，通十二經絡。

宋・劉明之《圖經本草藥性總論》卷上　威靈仙　味苦，溫，無毒。主諸風，宣通五臟，去腹内冷滯，心膈痰水，久積癥瘕痃癖氣塊，膀胱宿膿惡水，腰膝冷疼，及療折傷。服之，無瘟疫瘧疾。惡茶及麪湯。《唐本》云：主腰腎腳膝積聚，腸内諸冷病，積年不差者，久服之，無不立効。

宋・陳衍《寶慶本草折衷》卷一〇　威或作葳靈仙　一名能消。衆方用者名鐵脚威靈仙。出商州上洛山，及華山、陝西、河東、河北、京東、江湖、并晉、石州，寧化軍平澤。生處不聞水聲者良。○九月至十二月採根，陰乾。○惡麪湯，忌茗。

味苦，溫，無毒。○主諸風，宣通五藏，去冷滯心膈，痰水，痃癖氣塊，膀胱宿膿惡水，腰膝冷疼，及療折傷、瘟疫瘧。○《圖經》曰：根稠密多鬚。有人重病，足不履地數十年，服之數日，能步履。其法：擣篩，溫清酒和貳錢匕，空腹服。○《海上集》：通十二經脉，治中風不語，手足不隨，口眼喎邪，筋骨節風，胎風，頭風，暗風，心風，風狂，傷寒頭痛，鼻清涕，白癜風，大風，皮膚風痒，風瘡，耳聾眼赤，大小腸秘，黄疸黑疸，瘰癧，腎藏風壅，腹脹面浮，欬嗽氣急，陰汗鴉臭，孩子無辜，痔疾，氣痢，並皆治之。威靈仙洗焙為末，好酒和令微濕，入竹筒内塞口，九蒸九暴，如乾，添酒，重洒之，以白飯和丸如梧桐子大，每服貳拾至叁拾丸，湯酒任下。○寇氏曰：治腸風。性快，多服疏人五藏真氣。

續說云：威靈仙，坡仙《良方》辨其真者有五驗：一味極苦，二色深黑，三折脆而不軟，四折有微塵如胡黄連，五斷處黑白如鸜鵒眼。無此五驗，即藁本之細者也。

元・王好古《湯液本草》卷三　威靈仙　氣溫，味苦、甘，純陽。《象》云：主諸風濕冷，通五臟，去腹内瘕滯，腰膝冷痛，及治傷損。鐵腳者佳。去蘆用。《心》云：去大腸之風。《本草》云：忌茗。

元・尚從善《本草元命苞》卷五　威靈仙　味苦，溫。性善，不觸諸藥，所惡麪湯及茶。治諸風，宣通五臟，去冷滯，心膈痰涎。破久積癥瘕，痃癖氣塊。

暖腰膝冷痛，閃朒傷折。療膀胱宿膿惡水，治皮膚燥痒風瘙。久服無溫瘧瘴疫之災，多餌去風邪久留之患。出商州、上洛及華山平澤，不聞水聲者良。其生先於眾草，如釵股，莖作四稜，似柳葉，為層六七，花淺紫，根生稠密，或白碧，穗作蒲臺。冬採丙丁戊己，餘月取之不堪。

元・朱震亨《本草衍義補遺》　威靈仙　屬木。治痛之要藥。量病稍涉虛者禁用。採得流水聲響者，知其性好走也。採不聞水聲者佳。○痛風在上者服之。此藥去眾風，通十二經脉，朝服暮效。《衍義》治腸風。根性快，多服疏人五臟真氣。

元・佚名氏《珍珠囊・諸品藥性主治指掌》〔見《醫要集覽》〕　威靈仙　味苦，性溫，無毒。可升可降，陰中陽也。其用有四：推腹中新舊之滯，消胸中痰唾之痞，散苛癢皮膚之風，利冷痛腰膝之氣。

元・徐彥純《本草發揮》卷二　威靈仙　東垣云：威靈仙，味苦，純陽。主諸風濕冷，宣通五藏，去腹內癖滯，腰膝冷痛及折痛。丹溪云：屬金與木。其性好走，治痛風之要藥也。在上痛者尤効。須量病人，稍虛者，即禁用之。

明・朱橚《救荒本草》卷上之前　威靈仙　一名能消。出商州上洛華山并平澤，及陝西、河東、河北、河南、江湖，石州、寧化等州郡。不聞水聲者良。今密縣梁家衝山野中亦有之。苗高一二尺，莖方如釵股，四稜，莖多細茸白毛，葉似柳葉而闊，邊有鋸齒；又似旋覆花葉，其葉作層生，每層六七葉，相對排如車輪樣，有六層至七層者，花淺紫色或碧白色，作穗似蒲臺；子亦有似菊花頭者，結實青色；根稠密多鬚。味苦，性溫，無毒。惡茶及麵湯，以甘草、梔子代飲可也。救飢：採葉煠熟，換水浸去苦味，再以水淘淨，油鹽調食。治病：文具《本草》草部條下。

明・蘭茂《滇南本草》〔叢本〕卷下　威靈仙　奇方：治冷寒攻心，面寒背寒，肚腹冷疼，痞滿堅硬。威靈仙三錢、香白芷三錢、赤地榆四錢、杏葉防風五錢、吳萸二錢、茶匙草五錢、過山龍一錢，酒炒。用好酒二斤，煎熱，服二杯，止痛。一人常食糯米飯，傷食結滯，胃中不消，日久面黃肌瘦，胸膈膨脹，肚大青筋，或時作泄，乍寒乍熱，肢體酸困。威靈仙三錢、砂糖三錢，點水酒服之，良效。一人脚濕氣，脚邊腫痛，經絡痛，步履難行。威靈仙三錢，點水酒服效。一人背寒痛不可忍，威靈仙三錢、夏枯草五分，煎湯，冲燒酒服效。

明・蘭茂撰，清・管暄校補《滇南本草》卷中　威靈仙　於九月內丙、丁、戊、己日，尋威靈仙根，以不聞水聲者。洗淨焙乾，杵為末，以好酒和令微濕，裝甑內蒸透，放大竹筒內，牢塞其口，勿令洩氣，過二三日，又取出以酒拌濕，如前蒸之，九蒸九晒，如乾膠漆狀，白飯杵丸如桐子大，每服二三十丸，溫酒送下，名靈仙丹。即痢不瀉。

將所治諸症如左：一治男女中風不語，手足不隨等症。口喎眼斜，筋骨疼痛，熱毒瘡毒。胎風頭風，暗風大風，（顛）〔癲〕狂，傷寒頭疼，鼻流清涕，服至二度，傷寒即止。治頭目眩暈，白（瞖）〔癜〕風，皮膚風癢。治癆疾，連腰骨節風，遶腕風等症。一治言語滯塞，痰積食積，膀胱口氣，流涎水。手足頑痺，氣壅，腰膝疼痛，久立不得。時氣瘴氣，憎寒壯熱，頭疼尤甚。攻耳成濃而聾，又沖眼赤，大小腸秘，服此立通，飲食即化。治黃疸黑疸，面無顏色，瘰癧偏項。產後秘澁，背痛腰疼，從高墜損。心痛注氣，膈氣冷氣，腎臟風壅，肚腹脹滿，頭目浮腫，咳嗽喘息，坐臥不安。疥癬諸瘡，服此俱效。婦人月經不通，動紅多日，血氣沖心，陰汗盜汗，鵶臭氣臭難堪，宜勤服之，更煎湯頻洗，每平旦時以舌唾津，調威靈仙末塗偏身內外，每日一次。治痔疾秘澁，血痢絞腸，及脚氣足不能履地者，此簡易而功溥，便宜以濟人。

明・蘭茂撰，清・管暄校補《滇南本草》卷下　威靈仙　性溫，味辛、苦。行十二經絡。治胸膈中冷寒氣痛，開胃氣，能治噎膈，寒濕傷筋骨，止濕脚氣。燒酒煎服，祛脾風。多服損氣。

附方：治冷寒攻心，面寒背寒，肚腹冷痛，痞塊堅硬，滿腹膨脹。威靈仙三錢，香白芷三錢，赤地榆四錢，杏葉防風五錢，吳萸三錢，茶匙草五錢，過山龍二錢，用燒酒二斤，煎，熱服二杯，疼止。昔一人喫糯米飯傷食，結滯胸中，乍寒乍熱，肢體酸困。威靈仙三錢，沙糖五錢，以上二味，用水煎，點水酒服。又一人脚氣，脚邊腫疼，經絡疼痛，步履難行。用威靈仙三錢，水煎，點水酒服。又一人背寒痛不可忍，用威靈仙二錢，夏枯草五分，水煎，點燒酒服。

明・王綸《本草集要》卷三　威靈仙　味苦，氣溫，無毒。忌茗及麵湯。冬月丙丁、戊己日採根，陰乾。主諸風濕冷，通十二經脈，治大風皮膚風癢，痛風在上下，去大腸風，宣通五臟。去腹內冷滯，心膈痰水久積，癥瘕痃癖氣塊，膀胱宿膿惡水，腰膝冷痛，脚疾不能履，及治折傷。多服疏人真氣，虛者禁用。

腰膝痛，脚腫不履。酒洗，為末，空心溫酒調下二錢，或蜜丸，溫酒下二三十丸。

明·滕弘《神農本經會通》卷一　威靈仙　忌茗及麪湯。冬月丙丁、戊己日採根，陰乾。

味苦，氣溫，無毒。《湯》云：氣溫，味苦、甘。純陽。東云：可升可降，陰中陽也。推腹中新舊之滯，消胸中痰唾之痞，散苛痒皮膚之風，利冷痛腰膝之氣。又云：宣風通氣。《珍》云：主諸風濕冷，溫暖腰膝，宣通五臟，去滯癖，治折傷。《疌》云：治皮膚(痾)〔疴〕癢之風，并腰膝冷痛，除腹中新舊之滯，及胸中痰唾。

《本經》云：主諸風，宣通五臟，去腹中冷滯，心膈痰水，久積癥瘕痃癖氣塊，膀胱宿膿惡水，腰膝冷疼，及療折傷。久服之，無瘟疫瘧。採不聞水聲者良。冬月丙丁、戊己日採。《圖經》云：九月採根，陰乾。治重病足不履地。崔氏云：去眾風，通十二經脉，此藥朝服暮効。踈宣五臟，冷膿宿水，變病微利不瀉，人服此四肢輕健，手足溫暖，治患足不履地。又治丈夫、婦人中風不語，手足不隨，口眼喎邪，筋骨節風，胎風，頭風，暗風，心風，風狂，又治大風皮膚風痒，大毒熱毒，風瘡，深治勞疾連腰骨節風，遶腕風，言語澁滯，痰積，宣通五臟，腹內宿滯，心頭痰水，膀胱宿膿，口中涎水，好喫茶滓，手足頑痺，冷熱氣壅，腰膝疼痛，久立不得。浮氣瘴氣，憎寒壯熱，頭痛尤甚。攻耳成膿而聾，又衝眼赤，大小腸秘，服此立通，飲食即化。《象》云：主諸風濕冷，通五臟，去腹內瘕滯，腰膝冷痛，及治傷損。鐵脚者佳，去蘆用。《心》云：去大腸之風。丹溪云：屬木，治痛之要藥。量病淺深，稍涉虛者禁用。採得流水聲響者，知其性好走也。採不聞水聲者佳。又云：痛風在上者服之。此藥去眾風，通十二經脉，朝服暮効。《衍義》云：治腸風。根，性快，多服疏人五臟真氣。劊云：威靈仙苦溫無毒，痾癢皮膚風可消。冷痛腰膝痰出唾，腹中新舊滯皆調。《局》云：威靈仙主宣通氣，去冷消痰療折傷。更治諸風腰膝痛，可除癥癖利膀胱。威靈仙，能消骨鯁，熬汁灌喉嚨。

明·劉文泰《本草品彙精要》卷一三　威靈仙無毒　叢生。

威靈仙：主諸風，宣通五臟，去腹內冷滯，心膈痰水，久積癥瘕，痃癖氣塊，膀胱宿膿惡水，腰膝冷疼，及療折傷。久服之無溫疫瘧。名醫所錄。【名】能消。【苗】《圖經》曰：初生先於眾草，莖方，葉似柳葉，作層，每層六七葉，如車輪，有六層至七層者。七月內生花淺紫或碧白色，作穗似莆臺子，亦有似菊花頭者，實青。根生稠密多鬚，似穀，歲久益繁，秋深朽敗，尚有宿根，其性甚善，不觸諸藥。【地】《圖經》曰：出商州上洛山及華山並平澤，今陝西州軍等及河東、河北、京東、江湖州郡或有之。【道地】并州、晉州、石州、寧化軍。【時】生：初春生苗。採：九月至十二月，于丙丁戊己日採根，以不聞水聲者佳，餘月並不堪採。【收】陰乾。【用】根。【色】紫黑。【味】苦，甘。【性】溫，泄。【氣】氣厚味薄，陽也。【臭】香。【主】風濕疼痛。【行】通十二經脈。【製】去蘆，水潤細剉，酒炒用。【治】療：《唐本》注云：治腰腎腳膝積聚，腸內諸冷病，積年不瘥者。【合治】陰乾搗末，合清酒調，空腹服二錢匕，治重病足不履地數十年者。如人本性殺藥，可加及六錢匕，利過兩行則減之，病除乃停服。忌飲茶及麪湯，以甘草梔子湯代飲可也。○只一味洗焙爲末，合好酒和令微濕，入竹筒內牢塞筒口，九蒸九暴，如乾添酒灑之，煉蜜丸如桐子大，每服二十丸至三十丸，空心白湯好酒任下，去諸風，通十二經脈，疏宣五臟，冷膿宿水及重病足不履地，並風狂人，傷寒頭痛，鼻流清涕，服經二次即止，及頭旋目眩，白癜風，極治大風，皮膚風癢，熱毒風瘡，深治勞疾，連腰骨節，風遶，痰積，口中涎水，好吃茶滓，浮氣，瘴氣，憎寒，壯熱，頭痛甚者，攻耳成膿而聾。又衝眼赤，大小腸秘，服此立通。及黃疸，黑疸，面無顏色，瘰癧，產後秘澀，膈氣，冷氣攻衝，腎臟風壅，腹肚脹滿，頭面浮腫，脾肺氣，痰熱欬嗽氣急，坐臥不安，疥癬，痔疾等瘡，婦人月水不來，動經多日，血氣衝心。及孩子無辜，令母含藥灌兒，並皆治之。○末合蜜丸如梧子大，於一更內生薑湯下十丸，至二十丸，治大腸久冷。【禁】多服疏人五臟真氣。【忌】茶及湯。

明·葉文齡《醫學統旨》卷八　威靈仙　氣溫，味苦。無毒。可升可降，陰中陽也。忌茗及麪湯；冬月丙丁戊己日採根陰乾。治大風皮膚風痒痛，風在上，中風不語，手足不遂，口眼喎斜，及諸風濕冷；通十二經脉；去大腸風，宣通五臟，去腹內冷滯，心膈痰水，久積癥瘕痃癖氣塊，膀胱宿膿、惡水；腰膝冷痛，脚疾不能履，并折傷。多服疏人真氣，虛者禁用。

明·許希周《藥性粗評》卷二　宣通五臟仙，既顯於威靈。

威靈仙草中最先生者，莖如釵股，四稜高二三尺，葉似柳，作層而生，每層六七葉如輪，有六層至七層者，七月內開花，淺紫或碧白色，作穗似莆臺子，亦有似菊花頭者，結青實，其根稠密多鬚，每年傍引轉茂，根苗漸多。南北平澤處處有之，以不聞水聲者佳。九月至十二月丙丁戊巳日採根，陰乾，餘月並不堪採。入藥忌茗及麵，以甘草或梔子作湯代飲。所使并所畏惡，《本草》不載。味苦，性溫，無毒。其性好走。主治久積癥瘕，痃癖氣塊，中風口眼喎斜，筋骨風痛，手足不隨，頭目風眩，皮膚風癜，腰膝痹疼，胸膈壅滯，冷氣痰氣，鼓脹浮腫，宿膿惡水，瘡瘍腫毒，婦人血氣不調，寬腸下氣，宣通五臟，利十二經絡，不拘男女，百病内外二科，皆能治之。丹溪云：治痛風之要藥也，在上痛者尤效。病人稍虚者禁用之。

單方：腰膝不利：凡腰膝風痛不能動履者，威靈仙乾者搗篩為末，空心溫酒調下三錢，如性能殺藥而稍健者，加至六錢，但利過所行則減之，以病除停服。心腹積冷：以乾者搗篩為末，蜜丸如梧桐子大，每夜臨臥時生薑湯送下十丸至二十丸，以利下冷積病差為度。

明·鄭寧《藥性要略大全》卷四　威靈仙　推腹中新舊之滯，消胸中痰唾之痞；散苛痒皮膚之風，毆冷氣腰膝之痛，及療打傷。《經》云：主諸風濕冷，通十二經脉。去心腹及腰膝冷痛，久積癥瘕。去大腸之風。味苦，氣溫，無毒。可升可降，陰中陽也。忌茶及麵、牛乳、黑丑肉。冬月丙丁戊己採，去蘆、泥用。

明·陳嘉謨《本草蒙筌》卷二　威靈仙　味苦，氣溫。可升可降，陰中陽也，無毒。隨處平澤俱有，不聞水聲者良。先於眾草而生，莖方數葉相對。花開淺碧，根甚密稠。冬月採根陰乾，日選丙丁戊己。去蘆酒洗，忌茗麵湯。消膈中久積痰涎，除腹内痃癖氣塊。散爪甲皮膚風中癢痛，利腰膝胻腂濕滲冷疼。蓋性好走，能通行十二經，為諸風濕冷痛要藥也。仍毆癥瘕，尤療折傷。虚者切禁用之，多服疏人真氣。

明·方穀《本草纂要》卷二　威靈仙　味苦，氣溫，無毒。主風濕冷氣，通十二經之藥也。治大風皮膚痛痒，去腹内冷滯結氣，除臟腑積聚痃癖，驅膀胱宿積惡水。大抵此劑宣行五臟，通利腰膝之聖藥也。其性走而不守。若多服疏人真氣，虚者切宜禁用。

明·王文潔《太乙仙製本草藥性大全》卷二《本草精義》　威靈仙　出商州上洛山及華山并平澤，今陝西州軍等及河東河北、京東江湖州郡或有之。初生比衆草最先，莖梗如釵股，四稜，葉似柳葉，作層，每層六七葉，如車輪，有六層至七層者。七月内生花，淺紫或碧白色，作穗似莆臺子，亦有似菊花頭者，實青，根稠密多鬚似穀，每年以朽敗。九月採根陰乾，仍以丙丁戊己日採，以不聞水聲者佳。去蘆，酒洗，陰乾用。但忌茶及麪湯。

明·王文潔《太乙仙製本草藥性大全》卷二《仙製藥性》　威靈仙　味苦，氣溫，可升可降，陰中陽也，無毒。主治：主腸風，宣通五臟，去腹内冷滯心痰急。治膀胱宿膿惡水，消膈中久積，痰涎，除腹中痃癖氣塊，散爪甲皮膚風中癢痛，利腰膝胻腂濕滲冷疼要藥也。仍毆癥瘕，尤療折傷。虚者切禁用之，多服疏人真氣。補註：腰脚痛，爲末，空心服，酒調下。〇大腸久冷，蜜丸，桐仁大，一更内生薑湯下。〇脚腰，用一斤，洗，好酒浸七日，爲末，麪糊丸桐仁大，以浸藥酒下二十丸。〇腎藏風癰，酸，腰痛沉重，爲末，蜜和丸桐子大，初服溫酒下八十丸，平明微利惡物如青濃膠，即是風毒積滯也，如未利，夜再服一百丸，取下後喫藥粥補之，一月仍常服溫補藥。孫兆放杖丸同。

明·皇甫嵩《本草發明》卷三　（葳）〔威〕靈仙下品，佐使。氣溫，味苦，無毒。可升可降，陰中陽也。□云味甘苦。純陽。發明曰：（葳）〔威〕靈仙專踈風濕冷氣而不滯，宣通五臟，通十二經脉，治痛風之要藥也。故《本草》主諸風，去腹内冷滯，心膈痰水，久積癥癖氣塊，膀胱宿膿惡水，久服無瘟疫瘧。心云：去大腸風，能宣通五臟，大略見矣。又治腰膝冷痛，足疾不能履，及折傷，大風指爪，皮膚風痒，手足麻痺，中風不語，手足不隨，口眼喎斜，骨節風，腎臟氣壅，主上下痛風。丹溪云：風在上者尤效。此皆風濕冷氣之滯于經絡者，其通十二經絡，槩可見矣。多服疏人真氣，虚者禁用，以其專能宣通故耳。腰膝痛脚腫及臟風壅積，腰膝沉重，蜜丸，溫酒下，微利惡物如濃膠，即是風毒積滯。未利再服百丸，下後吃粥藥補之。〇忌茗及麵湯。鐵脚者佳，不聞水聲產者良。

明·李時珍《本草綱目》卷一八草部·蔓草類　威靈仙宋《開寶》

【釋名】時珍曰：威，言其性猛也。靈仙，言其功神也。

【集解】志曰：出商州上洛山及華山并平澤，以不聞水聲者良。生先于衆草，方莖，數葉相對。冬月丙丁戊己日采根用。恭曰：九月末至十二月，采根陰乾。餘月並不堪采。頌曰：今陝西及河東、河北、汴東、江湖州郡皆有之。初生作蔓，莖如釵股，四稜。葉如柳葉，作層，每層六七葉，如車輪，有六層至七層者。七月内生花六出，淺紫或碧白色，作穗似莆臺子，亦有似菊花頭者。實青色。根稠密多鬚似穀，每年朽敗。九月采根。時珍曰：其根每年旁引，年深轉茂。一根叢鬚數百條，長者二尺許。初時黃黑色，乾則深黑，俗稱鐵脚威靈仙以此。別有數種，根鬚一樣，但色或黃或白，皆不可用。

根　【氣味】苦，温，無毒。元素曰：味甘純陽，入太陽經。杲曰：可升可降，陰中陽也。時珍曰：味微辛、鹹，不苦。忌茗、麪湯。　【主治】諸風，宣通五臟，去腹内冷滯，心膈痰水，久積癥瘕，痃癖氣塊，膀胱宿膿惡水，腰膝冷疼，療折傷。久服無有温疾瘧《開寶》。推新舊積滯，消胸中痰唾，散皮膚大腸風邪李杲。

【發明】頌曰：唐貞元中，嵩陽子周君巢作《威靈仙傳》云：威靈仙去衆風，通十二經脉，朝服暮效。疏宣五臟冷膿宿水變病，微利，不瀉人。服此四肢輕健，手足微暖，並得清凉。先時，商州有人病手足不遂、不履地者數十年。良醫殫技莫能療。所親置之道旁，以求救者。遇一新羅僧見之，告曰：此疾一藥可活，但不知此土有否？因爲之入山求索，果得，乃威靈仙也。使服之，數日能步履。其後山人鄧思齊知之，遂傳其事。此藥治丈夫婦人中風不語，手足不遂，口眼喎斜，言語蹇滯，筋骨節風，遶臍風，胎風頭風，暗風心風，風狂大風，皮膚風痒，白癜風，熱毒風瘡，頭旋目眩，手足頑痹，腰膝疼痛，久立不得，曾經損墜，腎腰痛，腎臟風壅，傷寒瘴氣，憎寒壯熱，頭痛流涕，黄疸黑疸，頭面浮腫，腹内宿滯，心頭痰水，膀胱宿膿，口中涎水，冷熱氣壅，肚腹脹滿，好喫茶滓，心痛，注氣膈氣，冷氣攻衝，脾肺諸氣，痰熱欬嗽氣急，坐卧不安，氣衝眼赤，攻耳成膿，陰汗盜汗，大小腸秘，服此立通，氣痢痔疾，瘰癧疥癬，婦人月水不來，動經多日，氣血衝心，産後秘塞，孩子無辜，並皆治之。其法：采得根陰乾，月餘擣末。温酒調一錢匕，空腹服之。如人本性殺藥，可加及六錢。利過兩行則減之，病除乃停服。其性甚善，不觸諸藥，但惡茶及麪湯，以甘草、巵子代飲可也。又以一味洗，焙爲末，以好酒和令微濕，入在竹筒内緊塞，九蒸九暴。如乾，添酒洒之。以白蜜和丸梧子大。每服二十至三十丸，温酒下。崔元亮《海上集驗方》著其詳如此。恭曰：腰腎脚膝積聚，腸内諸冷病，積年不瘥者，服之無不立効。宗奭曰：其性快，多服疏人五臟真氣。震亨曰：威靈仙屬木，治痛風之要藥也，在上下者皆宜，服之尤効。其性好走，亦可横行，故崔元亮言其去衆風，通十二經脉，朝服暮効。凡采得聞流水聲者，知其性好走也，須不聞水聲者乃佳。時珍曰：威靈仙氣温，味微辛鹹。辛泄氣，鹹泄水。故風濕痰飲之病，氣壯者服之有捷効。其性大抵疏利，久服恐損真氣，氣弱者亦不可服之。

【附方】舊四，新一十六。

脚氣入腹：脹悶喘急。用威靈仙末，每服二錢，酒下。痛減一分，則藥亦減一分。《簡便〔方〕》。

腰脚諸痛：《千金方》用威靈仙末，空心温酒服一錢。逐日以微利爲度。○《經驗方》用威靈仙一斤，洗乾，好酒浸七日，爲末，麪糊丸梧子大。以浸藥酒，每服二十丸。

腎臟風壅：腰膝沉重。威靈仙末，蜜丸梧子大。温酒服八十丸。平明微利惡物，如青膿膠，即是風毒積滯。如未利，再服一百丸。取下後，食粥補之。一月仍常服温補藥。孫兆方名放杖丸。《集驗方》。

筋骨毒痛：因患楊梅瘡，服輕粉毒藥，年久不愈者。威靈仙三斤，水酒十瓶，封煮一炷香，出火毒。逐日飲之，以愈爲度。《集簡方》。

破傷風病：威靈仙半兩，獨頭蒜一個，香油一錢，同擣爛，熱酒衝服。汗出即愈。《衛生易簡方》。

手足麻痹：時發疼痛，或打撲傷損，痛不可忍，或癱瘓等證。威靈仙炒五兩，生川烏頭、五靈脂各四兩，爲末，醋糊丸梧子大。每服七丸，用鹽湯下。忌茶。《普濟方》。

男婦氣痛：不拘久近。威靈仙五兩，生韭根二錢半，烏藥五分，好酒一盞，雞子一個，灰火煨一宿，五更視雞子殻軟爲度。去渣温服，以乾物壓之，側睡向塊邊。渣再煎，次日服。覺塊刺痛，是其驗也。《摘玄方》。

噎塞膈氣：威靈仙一把，醋、蜜各半盌，煎五分，服之。吐出宿痰，愈。唐瑶《經驗方》。

停痰宿飲：喘欬嘔逆，全不入食。威靈仙焙，半夏薑汁浸焙，爲末，用皂角水熬膏，丸緑豆大。每服七丸至十丸，薑湯下，一日三服，一月爲驗。忌茶、麪。

腹中痞積：威靈仙、楮桃兒各一兩，爲末。每温酒服三錢。名化鐵丸。《普濟》。

大腸冷積：威靈仙末，蜜丸梧子大。一更時，生薑湯下十丸至二十丸。《經驗良方》。

腸風瀉血：久者。威靈仙、雞冠花各二兩，米醋二升，煮乾，炒爲末，以雞子白和作小餅，炙乾再研。每服二錢，陳米飲下，日二服。○《聖濟》。

痔瘡腫痛：威靈仙三兩，水一斗，煎湯，先熏後洗，冷再温之。《外科精義》。

諸骨鯁咽：威靈仙一兩二錢，砂仁一兩，沙糖一盞，水二鍾，煎一鍾。温服。○《乾坤生意》用威靈仙米醋浸二日，晒研末，醋糊丸梧子大。每服二三丸，半茶半湯下。如欲吐，以銅青末半匙，入油一二點，茶服，探吐。○《聖濟録》：治雞鵝骨鯁。赤莖威靈仙五錢，井華水煎服，即軟如綿吞下也，甚効。

飛絲纏陰：腫痛欲斷。以威靈仙擣汁，浸洗。一人病此得效。李樓《怪證方》。

痘瘡黑陷：鐵脚威靈仙炒研一錢，腦子一分，温水調服，取下瘡痂爲効。意同百祥丸。《儒門事親》。

題明・薛己《本草約言》卷一《藥性本草》卷一 威靈仙 味苦、辛，氣溫，無毒。陰中之陽，可升可降，通行十二經之藥也。外而身表，去久客之風邪；内而胸腹，治不利之痰氣。外而身表，走腰足而為之先；去腰膝冷痛。内而胸腹，入大腸而為之最。去大腸風。因其宣快之能，故有虚中之畏。蘇長公每用，同牛膝治脚疾，有驗。鐵脚者佳，不聞水聲者良。威靈仙專疎風濕冷氣而不滯，治痛風之要藥也。在上疼者尤效。須量病人稍虚者即禁用之。忌茗及麪湯、牛乳、黑丑。

明・梅得春《藥性會元》卷上 威靈仙 味苦、鹹，性溫。可升可降，陰中陽也。無毒。凡服，忌茶及麪湯。冬月丙丁日採，陰乾。主推腹中新舊之滯，消胸中痰唾之痞，散痾痒皮膚之風，利冷痛腰膝之氣。宣通五臟，能消骨鯁，熬汁灌喉嚨。療一切折傷，治諸風濕冷、大風，中風不語，手足不遂，口眼喎斜。去大腸風，心膈痰水，久積癥瘕，痃癖氣塊，膀胱宿膿、惡水，脚疾不能動履。丹溪云：然雖治痛之要藥，氣虚弱者禁用。採近流水聲響者，其性好走。務採不聞水聲者佳。痛風在上者服之。此藥去眾風，通十二經脉，朝服暮效。《衍義》云：治腸風性快，多服疏人五臟真氣，常服之無疫癘。

明・李中立《本草原始》卷三 威靈仙 始出商州上洛山及華山并平澤，今陝西、河東、河北、汴東、江湖州郡皆有之。初生比衆草最先，莖如釵股，四稜。葉如柳葉作層，每層六七葉如車輪，有六層至七層者。七月内生花，六出，淺紫或碧白色，作穗似莆臺子，亦有似菊花頭者。實青色，根稠密多鬚，長者二尺許。初時黄黑色，乾則黑色，俗呼鐵角威靈仙。《本草綱目》云：威，言其性猛也；靈仙，言其功神也。氣味：苦，溫，無毒。主治：諸風，宣通五臟，去腹内冷滯，心膈痰水，久積癥瘕，痃癖氣塊，膀胱宿膿惡水，腰膝冷疼。療折傷。久服無溫疫瘧。○推新舊積滯，消胸中痰唾。散皮膚、大腸風邪。

威靈仙，宋《開寶》。【圖略】九月末至十二月採根，陰乾。餘月並不堪採。元素曰：味甘，純陽，入太陽經。杲曰：可升可降，陰中陽也。惡茶及麪湯。根性快，多服疏人五臟真氣，〔氣〕弱者不可服。先時，商州有人患重足不履地數十年，良醫殫技莫能療，親置之道傍，以求救者。遇一新羅僧見之，告曰：此疾一藥可活，但不知此土有否。因為之入山求索，果得，乃威靈仙也。遣服，數日平復。《千金方》：治腰脚痛，威靈仙為末，空心溫酒調下一錢，逐日以微利為度。

明・張懋辰《本草便》卷一　威靈仙　味苦，氣溫，無毒。忌茗及麪湯。主諸風濕冷，通行十二經脉，治大風，皮膚風痒，痛風在上，下去大腸風，宣通五臟，去腹内冷滯，心膈痰火久積，癥瘕痃癖氣塊，膀胱宿膿惡水，腰膝冷痛，脚疾不能履，及治折傷。多服疏人真氣，虚者禁用。

明・李中梓《藥性解》卷三　威靈仙　味苦，性溫，無毒，入十二經。主諸風，宣通五臟，去腹内冷滯，心胸痰水，久積癥癖，膀胱惡水，腰膝冷疼，兩足腫滿，又療折傷。忌麪及茶茗、牛肉、牛乳，採時不聞流水聲，鐵脚者佳。按：威靈仙可升可降，為陰中之陽，故于經絡無所不入。丹溪云：屬木，故於肝臟多功，治痛風之要藥也。其性好走，多服疏人五臟真氣，然風注痛疼非此不除，中病即已，不宜多用。

明・繆希雍《本草經疏》卷一一　威靈仙　味苦，溫，無毒。主諸風，宣通五藏，去腹内冷滯，心膈痰水，久積癥瘕，痃癖氣塊，膀胱宿膿惡水，腰膝冷疼及療折傷。一名能消。久服之，無溫疫瘧。忌茗。

〔疏〕威靈仙感春夏之氣，故其味苦，其氣溫，其性無毒，升也，陽也。入足太陽經。春為風木之化，故主諸風，而為風藥之宣導善走者也。腹内冷滯，多由於寒濕。心膈痰水，乃飲停於上中二焦也。風能勝濕，濕病喜燥，故主之也。膀胱宿膿惡水，靡不由濕所成。腰膝冷疼，亦緣濕流下部，侵筋致之。祛風除濕，病隨去矣。其曰久積癥瘕，痃癖氣塊及折傷，則病干血分者多，氣分者少，而又未必皆由於濕，施之恐亦無當，取節焉可也。【主治參互】《簡便方》治脚氣入腹，脹悶喘急。用末二錢，酒下，痛減一分，則藥亦減一分。《千金方》治腰脚諸痛：用末，空心溫酒服一錢，逐日以微利為度。《集驗方》治腎臟風壅，腰膝沉重。用威靈仙末，蜜丸梧子大。溫酒呑八十丸。平明微利惡物如青膿膠，即是風毒積滯。如未利，再服百丸，取下後，食粥補之一月。仍常服溫補藥。孫兆方名放杖丸。《衛生易簡方》治破傷風：威靈仙半兩，獨蒜一箇，香油一錢，同搗爛，熱酒衝服。汗出即愈。又方，治停痰宿飲，喘欬嘔逆，全不入食。威靈仙焙，半夏薑汁浸焙，為末，用皂角水熬膏，丸菉豆大。每服七丸至十丸，薑湯下，日三服，一月驗，忌茶、麪。又方，治諸骨鯁。威靈仙一兩二錢，縮砂蜜一兩，沙糖一盞，水二鍾，煎一鍾。溫服。李樓《怪證方》治飛絲纏陰，腫痛欲斷，以威靈仙搗汁，浸洗，効。〔簡誤〕風藥性升而燥，走而不守。凡病非風濕，及陽盛火升，血虚有熱，表虚有汗，痎瘧口渴身熱者，竝忌用之。

明・倪朱謨《本草彙言》卷六　威靈仙　味苦、辛、鹹，氣溫，無毒。可升可降，陰中陽也。入太陽經。馬氏曰：威靈仙，出上洛山及華山平澤，今陝西、河東、河北，汴東，江湖州郡皆有。生處不聞水聲者良。生先衆草，初起作蔓，莖如釵股，有四稜。葉如楊柳，有層疊，每層計有六七葉，環列如車輪。七月開花六出，淺紫色，或碧白色，作穗似蘭臺子，亦有似菊花頭者。實青色，根稠密多鬚似穀，歲必敗朽，次年旁引生苗，年久轉茂，一根叢鬚數百條，長二尺許。九月采根，濕時色黄黑，乾時色深黑，俗呼鐵脚威靈仙是也。別有一種，根鬚都酷肖，根色黄或白者，并不堪用。

威靈仙：主風濕痰飲之疾，《開寶》通行十二經之藥也。沈孔庭稿治中風不語，手足頑痹，口眼喎斜，及筋骨痛風，腰膝冷疼，胻腂痠痛，癘風酷毒，皮膚風痒，腎藏風壅，頭風眩暈，日華腦漏流涕，傷寒瘴氣，憎寒壯熱，黄疸黑疸，冷熱氣脹，胃痛膈氣，膀胱宿膿宿垢，惡水氣利，《開寶》脚氣痔疾，瘰癧疥癬，婦人月閉，氣血衝心，產後惡露不行，及大人暗風癇風，癲狂心風，東垣小兒胎風、臍風等證，幷皆治之。大抵此劑宣行五藏，通利經絡，其性好走，亦可横行直往，追逐風濕邪氣，蕩除痰涎冷積，神功特奏。若多服疏人真氣，凡病血虚生風，或氣虚生痰，脾虚不運，氣留生濕、生痰、生飲者，咸宜禁之。倘不得已必需用者，倍加參、耆、歸、朮，庶幾乎。

李瀕湖先生曰：威，言其性猛也；靈仙，言其功神也。去風逐痰，行氣利水，朝用而夕行者也。故主久疲宿冷之痼疾，神壯氣强者，藉此便成大丹。倘元神稍頓，作此必有終凶之咎。

集方：蘇氏方治中風不語，手足頑痹，口眼喎斜。用威靈仙酒浸，九浸九蒸九晒八兩，於白朮、人參、黃耆、枸杞子、天麻、膽星各三兩，俱焙燥，研爲末，煉蜜丸梧子大。每服五錢，白湯送。〇同前治筋骨痛風，或腰冷痛，胻腂痠疼。用威靈仙製法如前，五兩，枸杞子、牛膝、杜仲、萆薢、木瓜、虎骨、當歸各四兩，薑黃二錢，川附子五錢童便製，羌、獨活酒炒一兩，共研末，煉蜜丸梧子大。每早服五錢，酒下。〇同前治癘風酷毒，皮膚風癢，及腎藏風壅等疾。用威靈八兩，製法如前，胡麻子、浮萍晒乾、皂角刺尖、白蒺藜各六兩，烏稍蛇一條，前藥俱製炒爲末，將蛇去腸肚淨，露天煮熟，拌藥末爲丸如黍粒大。每早服五錢，白湯下。〇同前治頭風眩暈，并腦漏流涕。用威靈仙四兩，製法如前，白芷、辛夷各一兩，白朮、枸杞子、甘菊花各二兩，共爲末。每早晚各食後服三錢，白湯調下。〇林氏方治傷寒瘴氣，憎寒壯熱。用威靈仙酒炒過、紫蘇葉各五錢，葱頭五莖，水煎服。〇同前治黑疸黃疸，冷熱氣脹。用威靈仙製法如前，爲末，水發爲丸，如菉豆大。每服二錢，平明白湯送，微利惡物積滯，漸效。〇唐氏方治胃痛膈氣，有停飲者。用威靈仙，製法如前，醋一鍾，蜜一鍾，水一鍾水煎七分服之。吐出宿飲痰涎愈。〇方龍潭治膀胱有宿膿宿垢，惡水氣利。用威靈仙一兩，製法如前，水煎服。〇《千金方》治脚氣入腹，脹悶喘急。用威靈仙製法如前，爲末，每服二錢，酒下，痛減一分，則藥亦減一分。〇《外科精義》治痔瘡腫痛。用威靈仙三兩，水七升，煎湯，先熏後洗，冷再溫之。〇同前治瘰癧結核。用威靈仙四兩，製法如前，蜜陀僧一兩，火煅過，斑毛三十箇，去頭翅，共爲末，水發爲丸，如黍米大。每早晚食後服百丸，白湯下。〇《方脉正宗》治男婦大小人，疥癬經年不愈。以威靈仙三兩，製法如前，白朮二兩，浸酒五壺，蒸一夜，每日隨時隨量飲。〇同前治婦人經閉不行，并產後惡露停阻。用威靈仙四錢，製法如前，官桂、木香、細辛、桃仁去皮、牡丹皮、玄胡索醋炒、五靈脂濾去沙石，各三錢，共爲極細末。每服三錢，早晚用砂糖酒調送。〇同前治痰迷心絡，人事昏塞，語言模糊，視聽俱廢，飲食不進，大小便不知，自遺不覺，病名暗風。用威靈仙五錢，白朮三錢，當歸、半夏各二錢，猪牙皂角、石菖蒲各一錢，共爲末。每服三錢，五更生薑湯調服。如卒時昏倒，口吐涎沫，踰時即甦，病名癎風。如逾垣上屋，罵詈不避親疎，毀廢物件，甚至裸體披髮，晝夜狂妄，病名狂風。一并皆治。如小兒胎風臍風，每用二分，或三分，用燈心湯調送。〇《外科全書》治患楊梅瘡，服輕粉毒藥，年久不愈者。用威靈仙三觔，製法如前，好酒十壺，封煮三炷香，取起，逐日飲之，以愈爲度。〇《衛生方》治破傷風。用威靈仙一兩爲末，獨頭蒜二箇，香油三錢，同搗爛，熱酒沖服，汗出即愈。

明·顧逢柏《分部本草妙用》卷六兼經部·溫瀉　（葳）〔威〕靈仙　辛鹹，溫，無毒。入十二經。忌茗、麪。主治：諸風，通五臟冷滯，痰水積塊，膀胱宿膿惡水，腰膝冷痛，折傷，推新舊積滯，散皮膚大腸風邪。按：（葳）〔威〕靈屬木，痛風之要藥也。崔元亮言其朝服暮效，以其性快。氣壯者宜之，虛人須濟以補藥。多服則真氣被洩。但為風濕痰病之神劑也，威者，言其性猛，靈仙者，言其效速也。

明·李中梓《醫宗必讀·本草徵要上》　威靈仙味苦，溫，無毒。入膀胱經。忌茶、茗、麪。宣五臟而療痛風，去冷滯而行痰水。此風藥之善走者也。威者言其猛烈，靈者言其效驗。按：威靈仙大走真氣，兼耗人血，不得已而後用之可也。

明·鄭二陽《仁壽堂藥鏡》卷一〇下　威靈仙　《經》云：威靈仙出商州、華山。氣溫，味苦，甘，純陽。入十二經。忌，茗，麪。《開寶》曰：主諸風，宣通五臟，冷滯、痰水，積塊，膀胱宿膿惡水，腰膝冷疼，折傷。東垣曰：推新舊積滯，散皮膚、大腸風邪。宗奭曰：其性快，多服疏真氣。丹溪曰：屬木。痛風之要藥也。在上下者皆宜服之。其性好走，亦可橫行。故崔元亮言其去眾風，通十二經脉，朝服暮效。凡採得聞流水聲者，知其好走也。須不聞水聲者佳。按：威者，喻其性猛；靈仙者，喻其效速。其味辛、鹹。辛泄氣，鹹泄水，故主風濕痰病。氣壯者服之神效，虛弱人不宜服也。

明·蔣儀《藥鏡》卷一温部　威靈仙　去胸膈涎痰，而宣通五臟。治腰膝風濕，而管攝諸風。腳氣入腹而脹悶喘急者，溫酒調而劑之。飛絲纏陰而腫痛欲斷者，汁可搗而浸洗。耑下皮膚內木化之風痛，更可滌膀胱中濕積之宿膿者也。

明·李中梓《頤生微論》卷三　威靈仙　味微辛、鹹，性溫，無毒。入十二經。忌茶茗、麪。主宣通五臟，理痛風，散皮膚、大腸風邪，化痰行水。

按：威喻其猛，靈仙喻其效速。氣壯者服之神效，虚弱人不宜用也。

明・張景岳《景岳全書》卷四八《本草正》 威靈仙 味微辛、微鹹，性溫。可升可降，陰中陽也。善逐諸風，行氣血，走經絡，宣通五藏，去腹內冷滯，心膈痰水，癥瘕痃癖，氣塊積聚，膀胱宿水，腰膝肢體冷痛。亦療折傷。此藥性利善走，乃治痛風之要藥。故崔元亮言其去衆風，通十二經脉，朝服暮效。其法：采得根，陰乾月餘，搗末，溫酒調服一錢匕，空腹服之。如人本性殺藥，可加及六錢，微利兩行則減之，病除乃停藥。其性甚善，不觸諸藥，但惡茗及麪湯。李時珍曰：威靈仙辛能泄氣，鹹能泄水，故於風濕痰飲之病，氣壯者服之有捷效。其性大抵峻利，久服恐損真氣，氣弱者亦不可服之。

明・賈九如《藥品化義》卷一一風藥 （葳）〔威〕靈仙 屬陰有水，體乾，色黑，氣和，味微苦云甘云辛鹹皆非，性涼而急，能升能降，力疏風氣，性氣與味俱輕，通行十二經。靈仙體細條繁，性猛急，蓋走而不守，宣通十二經絡，主治風濕痰壅滯經絡中，致成痛風走注骨節疼痛，或腫或麻木。風勝者患在上，濕勝者患在下，二者鬱遏之久，化為血熱，血熱為本，而痰則為標矣，以此疏通經絡，則血滯痰阻無不立豁。若中風手足不遂，以此佐他藥宣行氣道。酒拌治兩臂痛；因其力猛，亦能軟骨；以此同芎歸龜甲血餘治臨產交骨不開，驗如影響；以此合砂糖酒煎，治骨鯁咽喉，若有神助。取味苦降下，頓除下部脚腫。

明・蕭京《軒岐救正論》卷三 威靈仙 性踈利，方家盛稱其善療諸風，蠲痿宣毒，功能不可盡闡。愚亦以為大謬也。若病非實症從外得者，不可輕餌也。故《本草綱目》有云：此物能踈人真氣，稍涉虚者宜禁之。意可知矣。大凡一藥具補瀉兩性，只宜于實，不宜于虚，只宜暫用，不宜久服。人知其瀉之有功，而不知其補之無能，殊昧扶羸之理，益彰通治之害。

明・盧之頤《本草乘雅半偈》帙一〇 威靈仙宋《開寶》 氣味：苦，溫，無毒。主治：主諸風，宣通五藏，去腹內冷滯，心膈痰水，久積癥瘕，痃癖氣塊，膀胱宿膿惡水，腰膝冷疼，療折傷。久服無有溫疾瘧。

覈曰：出商州上洛山，及華山平澤，今陝西、河東、河北、汴東、江湖州郡皆有。生處不聞水聲者良。生先〔於〕衆草，初起作蔓，莖如釵股而四稜，葉如楊柳而層叠，每層六七葉，環列如車輪。七月開花六出，淺紫色，或碧白色。作穗似蘭臺子，及菊花頭狀。實青色，根稠密，多鬚似穀，歲必敗朽，次年旁引生苗。年久轉茂。一根叢鬚數百條，長二尺許。九月采根，濕時色黃黑，乾時色深黑，俗呼鐵脚威靈。別有一種，根鬚都一樣，根色黃，或白者，並不堪用。修事：陰乾月餘，搗末篩過用，忌茗及麪汁。

条曰：有威可畏，有靈可通，仙化遷變，以為體用者也。味苦氣溫，性秉風火。風得之而作夏，脈得之而流行，宣發陳，通橫偏，空所有，實所無，急方之宣劑通劑也。先人云：威武靈奇，仙趣也。其性快，其効速，其力峻，其禍深，如商君之治秦，立徙木之命令，朝示而夕行者也。故主久疲宿冷之痼疾，元陽委頓，猶貫朽粟紅，但少設施者，藉此便成大觀。倘兵柔餉乏，作此背水陣，終非萬全策耳。竪窮三際，橫偏十方，空諸所有，實諸所無，方盡得仙化遷變，神運無方之妙用。

明・李中梓《本草通玄》卷上 威靈仙 辛、鹹，入太陽經。搜逐諸風，宣通五臟，消痰水，破堅積。丹溪曰：威靈仙，痛風之要藥也。其性好走，通十二經，朝服暮效。辛能散邪，故主諸風；鹹能泄水，故主諸濕。壯實者，誠有殊功；氣弱者，反成痼疾。

清・顧元交《本草彙箋》卷四 威靈仙 體細條繁，性猛急而善走，亦可橫行，宣通十二經脈，主治風濕痰壅滯經絡中，致成痛風，走注骨節疼痛，或腫或麻木，風勝者患在上，濕勝者患在下，二者鬱遏之久，化爲血熱，血熱爲本，而痰又爲標。以此疏通經絡，則血滯痰阻靡不立豁。若中風手足不遂者，亦以此佐他藥，以爲宣通氣道之助。酒拌，亦治兩臂痛。但其快利之性，多服亦疏人臟腑真氣，中病宜即止耳。

俗稱鐵腳威靈仙，其根每年旁引，年深轉茂，一根叢須數百條，長者二尺許，初時黃黑色，乾則深黑。蓋別有數種，根鬚則一，但色或黃或白，不可用。服威靈仙，宜忌茶麪。因其力猛，亦能軟骨，以此同芎、歸、龜甲、血餘，治臨產交骨不開，驗如影響。合沙糖酒煎，治骨鯁咽喉，若有神助。治腳氣入腹，脹悶喘急，用末二錢，酒下，痛減一分，則藥亦減一分。治腎臟風壅，腰膝沉重，用威靈仙末，蜜丸梧子大，溫酒吞八十丸，取微利惡物如青膿膠，即是風毒積滯。如未利，再服百丸。利後食粥補之，仍常服溫補藥。

清・穆石匏《本草洞詮》卷一〇 威靈仙 威，言其性猛也。靈仙，言其功神也。味辛鹹，氣溫，無毒。入太陽經。治諸風，推新舊積滯，消胸中痰唾，散皮膚、大腸風邪。唐周君巢作《威靈仙傳》云：威靈仙去眾風，通十二經脈，朝服暮効，踈宣五藏，微利不瀉，服此四肢輕健，手足微暖。《綱目》內載一方，治丈夫婦人中風不語，手足頑痺，口眼喎斜，言語蹇滯，筋骨節風、遶臍風、胎風、頭風、暗風、心風、風狂大風、皮膚風痒、白癜風，熱毒風瘡，頭旋目眩，腰膝疼痛，曾經損墜暨腰痛，腎臟風壅，傷寒瘴氣，憎寒壯熱，頭痛流涕，黃疸、黑疸，頭面紅腫，腹內宿滯，心頭痰水，膀胱宿膿，口中涎水，冷熱氣壅，肚腹脹滿，心痛注氣，膈氣冷氣，攻沖痰熱，咳嗽氣急，坐臥不安，氣衝眼赤，攻耳成膿，陰汗盜汗，大小腸秘，氣痢痔疾，瘰癧疥癬，婦人月閉，氣血衝心，產後秘塞，並皆治之。其法采得根，陰乾月餘，擣末，温酒調一錢匕，空腹服之，如人本性殺藥，可加至六錢，利過兩行則減之，病除乃停服。其性甚善，不觸諸藥，但惡茶及麪湯，以甘草、梔子代飲可也。一法洗焙為末，好酒和，入竹筒內緊塞，九蒸九曝，蜜和丸，温酒下。蓋威靈仙屬木，治痛風之要藥也。其性好走，亦可橫行，辛泄氣，鹹瀉水，故治風濕痰飲之病。氣壯者服之有効，氣弱者宜慎之。

清·劉雲密《本草述》卷一一　威靈仙服此味忌茶及麪湯，病愈止藥後，方可犯之。　根　氣味：苦，温，無毒。　潔古曰：味甘，純陽，入太陽經。　杲曰：可升可降，陰中陽也。　時珍曰：味微辛、鹹，不苦。

主治：諸風，宣通五臟，去腹內冷滯，心膈痰水，久積癥瘕，痃瘕氣塊，膀胱宿膿惡水，腰膝冷疼，療折傷《開寶》。去大腸之風李杲。　頌曰：嵩陽子周君巢作《威靈仙傳》云：威靈仙去眾風，通十二經脈，朝服暮效。　恭曰：腰腎脚膝，積聚腸內，諸冷病，積年不瘥者，服之無不立效。　丹溪曰：威靈仙屬木，治痛風之要藥也。在上下者，皆宜服之，尤效。其性好走，亦可橫行，故崔元亮言其去眾風，通十二經脈，朝服暮效。凡采得聞流水聲者，知其性好走也。須不聞水聲者乃佳。　時珍曰：威靈仙氣温，味微辛、鹹，辛泄氣，鹹泄水，故風溼痰飲之病，氣壯者服之有捷效。其性大抵踈利，久服恐損真氣，氣弱者亦不可服之。　之頤曰：味苦氣温，性秉風火，風得之而作夏，脈得之而流行，宣發陳，通橫偏，空所有，實所無，急方之宣劑、通劑也。主久疲宿冷之痼疾，元陽委頓，猶貫朽粟紅，但少設施者，藉此便成大觀，倘兵柔餉乏作此背水陣，終非萬全策耳。　希雍曰：成靈仙感春夏之氣，故其味苦，其氣温，其性無毒。升也，陽也，入足太陽經。春為風木之化，故主諸風而為風藥之宣導善走者也。

附方　腎臟風壅，腰膝沉重，威靈仙末，蜜丸梧子大，温酒服八十丸，平明微利惡物，如青膿膠，即是風毒積滯，如未利再服一百丸，取下後，食粥補之一月，仍常服温補藥。　手足麻痺，時發疼痛，或打撲傷損，痛不可忍，或癱瘓等證，威靈仙炒五兩，生川烏頭、五靈脂各四兩，為末，醋糊丸梧子大，每服七丸，用鹽湯下。忌茶。　停痰宿飲，喘嗽嘔逆，全不入食，威靈仙焙，半夏，薑汁浸焙，為末，用皂角水熬膏，丸綠豆大，每服七丸至十丸，薑湯下，一日三服，一月為驗。忌茶、麪。

愚按：威靈仙生先於眾草，則其秉風升之化，而其氣温也可知。朱丹溪先生謂其屬木，是矣。但萌芽於春木，而蘊釀於夏火，至歷氣交之土，乃於秋金花實，更於冬水采根，餘月則不堪采也。則其洩英於金，歸根於水也可知。故味始嘗之甘，次則苦。苦固不勝甘也，苦化於甘，而後水火之氣乃暢，木火之氣化於土，故苦中微有辛味，五味盡時復微有鹹。本風木宣揚之氣，乃得返其生化之原，所以辛泄氣，鹹泄水，勃然若草木之怒生，沛然若流水之歸壑矣。所貴采得不聞流水聲者，非以其同氣相召之義歟。此所以為急方中之宣劑通劑，而人身氣凝液泣，為病强半，此非其對待之治歟。所謂能通十二經脈者，不謬也。雖然辛鹹之味甚微，何以奏效遽爾？曰：唯其甚微，故木火之全氣趨之若是，若金水之氣盛，則木火之用反緩矣。李東璧氏亦能體察物性者哉？抑氣與液之凝泣也，有寒有熱，二氣並能治乎？曰：盧之頤所謂主久疲宿冷之痼疾，一語足盡其槩，方書所列種種治效，俱宜視此語為主腦，如熱傷而凝泣者，豈得槩施？朱丹溪先生謂為痛風之要藥。夫痛風證，非邪氣之留連而阻塞，即正氣之怯弱而邪著之，邪氣實，則邪當之，正氣虛者似此可置，然於補正之中，藉此風行之性，為和氣化液之先導，亦無不可。至病本於熱，其主治自有的劑而酌用之，亦猶是矣。蓋由木火而趨金水，亦非燥熱者也。但此味猶與諸風藥一乎？詎知其能頓宣凝滯，由於能宣木火之氣，以達金水之用，故頓通氣血之凝滯，視他祛風燥溼，猶隔一層。然亦謂之風劑者，風升之氣，原以達木火之氣，人身元氣，原木火金水合同而化者也。故之頤元陽委頓數語，大為中肯。

希雍曰：風藥性升而燥，走而不守，凡病非風溼，及陽盛火升，血虛有熱，表虛有汗，痎瘧口渴，身熱者，並忌用之。

按：丹溪先生治腰痛，屬陰虛有溼熱者，以龜板為君，而威靈仙同他藥或臣或佐，夫陰虛而有溼熱，是虛與熱皆有，然一兼於溼，遂以此劑為不可少。即此一證主治，可以類推而酌用之，變化在人，豈得株守一說耶？又按蘇恭所言，腰腎脚膝云云，的是實義。蓋其宣木火之氣以達金水之用，故善就下而治水臟諸病。若腰痛病由膀胱，更不可少，以膀胱水腑，而此味大逐水腑之結邪也。愚於癸巳冬，病寒溼腰痛，以温補而可，猶未盡霍然者，因溼邪留滯在經，他藥不能驅也。後彷丹溪先生之意，於溼陰益陽中，以此味同蒼术為主，乃獲全愈。然則，愚所謂虛者補正，用是為和氣宣滯之先導，此語粗有當，彼懲噎廢食之常談，其何可據也。

修治　去蘆，酒洗。　先哲曰：　其根九月末至十二月采，餘月皆不堪采。　時珍曰：　其根叢鬚數百條，長者二尺許，初時黃黑色，乾則深黑，俗稱鐵脚威靈仙，以此別。有數種，根鬚一樣，但色或黃、或白，皆不可用。

清・郭章宜《本草匯》卷一二　威靈仙　味苦，氣溫，微辛、鹹，可升可降，陰中陽也。元素曰：　味甘，純陽。入太陽經。薛己：　通行十二經。搜逐諸風，宣通五藏。外而身表，去久客之風邪。內而胸腹，治冷滯之痰氣。外而身表，走腰足而為之先。去腰膝冷痛。內而胸腹，入大腸而為之最。治腎臟風壅及腰膝沉重，敺筋骨毒痛併手足麻痺。去大腸風。因其宣快之能，故有虛中之畏。《開寶》治腹內冷滯，心膈痰水者，多由于寒濕飲停上中二焦也。風能勝濕，濕病喜燥也。

按：　威靈仙屬木，專去風濕，通十二經脉，治痛風之要藥也。在上下者皆宜，其性好走，亦可橫行，朝服暮効。辛能散邪，故主諸風。鹹能泄水，故主諸濕。然疎利之物，久服損真。壯實者服之，誠有殊功。氣弱者，反成痼疾。凡病非風濕及陽盛火升，血虛有熱，表虛有汗，痎瘧口渴，身熱者，並忌用之。

不聞水聲者良。冬月丙丁戊己日採根，陰乾用，餘月不堪。取根鬚一樣，色如或黃或白者，皆不可用。洗焙，以好酒微和濕，緊塞竹筒內，九蒸九晒用。忌茶茗及麩麪湯。

清・蔣居祉《本草擇要綱目・溫性藥品》　威靈仙　氣味：　苦，溫，無毒。可升可降，陽中陰也。　主治：　宣通五臟，去腹內冷滯，心膈痰水。推新舊積，散皮膚大腸風邪。祛久積瘕癥痃癖，膀胱宿膿惡水。威靈仙屬木，乃治痛風之要藥。其性好走，亦可橫行腰腎脚膝，積聚腸內諸冷病，服之無不立效。然久服恐損真氣，須知其性太疏利也。

清・王翃《握靈本草》卷五　威靈仙隨處平澤皆有，不聞水聲者良。炒用。　主治：　威靈仙，苦，溫，無毒。主諸風，宣通五臟，去冷滯痰積，癥瘕痃癖，膀胱宿膿惡水。

清・汪昂《本草備要》卷一　威靈仙宣，行氣，祛風。　辛泄氣，鹹泄水，《本草》苦，元素甘。氣溫屬木。其性善走，能宣疏五藏，通行十二經絡。治中風頭風，痟風頑痺，濕熱流于肢節之間，腫屬濕，痛屬熱，汗多屬風，麻屬氣虛，木屬濕痰死血。十指麻木，亦是胃中有濕痰死血，脾主四肢故也。痛風當分新久，新痛屬寒，宜辛溫藥；　久痛屬熱，宜清凉藥。河間所謂暴病非熱，久病非寒是也。大法宜順氣清痰、搜風散濕、養血去瘀爲要。《威靈仙傳》曰：　一人手足不遂數十年，遇新羅僧，曰得一藥可治，入山求之，乃威靈仙也，服之而愈。　癥瘕積聚，痰水宿膿，黃疸浮腫，大小腸秘，風濕痰氣，一切冷痛。性極快利，積疴不痊者，服之有捷效。然疏泄真氣，弱者慎用。和砂仁、砂糖，醋煎，治諸骨哽。　根叢鬚數百條，長者二尺餘，色深黑，俗名鐵脚威靈仙。忌茗、麵湯。

清・吴楚《寶命真詮》卷三　威靈仙　【略】宣五藏而療痛風，去冷滯而行痰水。　威言猛烈，靈言效驗。蓋風藥之善走者也。走真氣耗血者，勿輕用。

清・陳士鐸《本草新編》卷三　威靈仙　味苦，氣溫，可升可降，陰中陽也，無毒。入各經絡。消腸中久積痰涎，除腹內痃癖氣塊，散爪甲皮膚風中癢痛，利腰膝胻腂濕滲冷疼，尤療折傷，治風濕各病，皆宜用之，以其十二經絡無處不到也。但其性走而不守，祛邪實速，而補正實艱。用之于補氣補血之中，自獲祛痛祛寒之效。倘單借此一味，或漉酒長飲，或作丸頻服，未有不散人真氣，而敗人之血者也。

或問：　威靈仙乃攻痰去濕妙藥，而子謂散人真氣，敗人活血，是威靈仙乃害人之物，非益人之物乎？　曰：　吾戒人長飲頻服者，恐風痰邪濕已去而仍用之，非教人風痰邪濕之未去，而戒用之也。

清・顧靖遠《顧氏醫鏡》卷七　威靈仙苦，溫。入膀胱經。忌茶茗、麵。　諸風皆治，痛風更宜。其性好走，亦可橫行，痛風上下皆宜。去腹內冷滯，能宣通五藏，以其性溫，走而不守也。　祛膈間痰水。風能勝濕而消飲也。　性快，風藥之善走者也。多服洩人五臟真氣，氣弱者勿服。

清・李熙和《醫經允中》卷二〇　威靈仙　入十二經。忌茗、麪、牛乳、黑丑。　辛、鹹，溫，無毒。主治搜風，逐濕冷滯痰氣，利腰膝，胻踝痛，皮膚風癢，折傷痛風之要藥也。然疎利之物，氣壯者宜之，虛人多服則真氣被泄矣。以其性猛而効速，故曰靈仙。和砂仁、糖醋煎，治諸骨鯁。

清·馮兆張《馮氏錦囊秘錄·雜症痘疹藥性主治合參》卷二　威靈仙感春夏之氣，故味苦，氣溫，無毒。升也，陽也。入足太陽經。為風藥之(宜)〔宣〕導，性升而燥，善走不守者也。且苦溫能去寒濕，故腹內冷滯，癥瘕腰膝腿脚冷痛，並堪祛治。　威靈仙，消膈中久積痰涎，神功頓奏。除腹內痃癖氣塊，奇效堪誇。膀胱宿膿，心膈痰水，脚氣入腹，脹悶喘急，腎臟風濕，腰膝沉重，風痹濕痹，並堪主治。散爪甲、皮膚風中癢痛，利腰臍膝胻濕滲冷疼。蓋性好走，亦可橫行。辛能散邪，故主諸風。鹹能泄水，故主諸濕。能通行十二經，為諸風濕冷痛要藥也。

主治痘疹合參：　通十二經脉，宜行五臟，治痘後兩手腫痛，用此能引諸藥橫行手臂，氣虛者不宜多服。

按：　靈仙內驅痰濕之冷積，外治骨膢之痛風，走達經絡遍而且速，風藥中之善走者也。威喻其猛，靈喻其效，仙喻其神也。氣壯者，服之神效，虛弱者當以調補藥兼之，否則走氣耗血。

清·张璐《本經逢原》卷二　威靈仙　苦辛，溫，小毒。　發明：　威靈仙性善下走，通十二經，故能宣通五藏，治胃脘積痛、腳脛痹濕痛風之要藥。消水破堅積，朝食暮效。辛能散邪，故主諸風。溫能泄水，故主諸濕。而痘疹毒壅於上，不能下達，腰下脛膝起灌遲者，用為下引立效。其性利下，病人壯實者，誠有殊效。氣虛者服之必虛瀉而成痼疾，以其耗血走氣也。血虛而痛，不因風濕者勿服。

清·浦士貞《夕庵讀本草快編》卷三　威靈仙宋《開寶》　威言性猛也，靈仙美其功神也。　靈仙屬木，氣稟純陽，味微辛鹹。蓋辛能泄氣，鹹能泄水，為風濕痰飲之要藥。且其性好走，更喜橫行，采之不聞流水者佳，明其動也。唐嵩陽子傳云：　靈仙去眾風，通十二經脈，疏宣五藏冷膿宿水，微利不瀉，朝服暮効，四體輕健，真神藥也。雖然，宜與壯實之人，不可妄投虛寒之輩，大抵疎泄之品能損真氣耳。世俗謂其善消骨鯁，乃小節也。服者忌茗茶麪湯，方能奏効。

清·何諫《生草藥性備要》卷上　威靈仙　味苦、辛，性溫。去風毒，除痰。通五臟、膀胱。消水腫，治足腫、腰膝冷痛，治折傷、諸般骨骾，煲酒飲即愈。語云：　黑腳威靈仙，骨見軟如綿。其藤，生如牛膝樣，是救婦人胎前、產後妙方，宜炒食。

清·劉漢基《藥性通考》卷五　威靈仙　味辛、辣，微鹹，氣溫。屬木。其性善走，能宣疎五臟，通十二經絡。治中風頭風頭痛，頑痺，癥瘕積聚，痰水宿膿，黃疸浮腫，大小腸秘，風濕痰氣，一切冷痛。性極快利，積痾不痊者，服之有捷效。然疎泄真氣，弱者慎用。和砂仁、砂糖醋煎，治諸骨(硬)〔骾〕。但根鬚數百條，長者二尺餘，色深黑，俗名鐵脚威靈仙。忌茗、麵湯。凡濕熱流於肢節之間，腫屬濕，痛屬熱，汗多屬風，麻屬氣虛，木屬濕痰死血，十指麻木亦是胃中有濕、死血，脾主四肢故也。痛風當分新久，新痛屬寒，宜辛溫藥。久痛屬熱，宜清涼藥。河間所謂暴非熱，久病非寒是也。大法宜順氣清痰，搜風散濕，養血去瘀為要。《威靈仙傳》曰：　一人手不遂數十年，遇新羅僧，曰得一藥可治。入山求之，乃靈仙也。服之而愈。

清·周垣綜《頤生秘旨》卷八　威靈仙　疎風濕之藥也。(宜)〔宣〕通五臟，故能去腹內冷滯，心膈痰水。疎通十二經脉，故能祛皮膚風痒，手足麻痺。虛者禁服，疏人真氣甚疾。

清·王子接《得宜本草·下品藥》　威靈仙　味苦，溫。功專去風濕，療折傷。得砂仁、沙糖治骨鯁，得木瓜治腰腳諸病。

清·黃元御《玉楸藥解》卷一　威靈仙　味苦，微溫。入足太陰脾、足厥陰肝經。起癱開脾，化癖行痰，泄濕驅風，行痰逐飲。治手頑足痹，腰痛膝軟，老血夙癥，積水停痰。虛家勿用。

清·吳儀洛《本草從新》卷二　威靈仙〔宣，行氣祛風。〕　辛泄氣，鹹泄水，氣溫屬木。其性善走，能宣疏五臟，通行十二經。此風藥之善走者也。威者言其猛烈，靈者言其效驗。　治中風痛風，頭風頑痺，濕熱流於肢節，腫屬濕，痛屬熱，汗多屬風，麻屬氣虛，木屬血虛。亦有因濕痰死血，十指麻木，亦是胃中有濕痰死血，脾主四肢故也。痛風當分新久，新痛屬寒，宜用辛溫，久痛屬熱，宜用清涼，河間所謂暴病非熱，久病非寒是也。大法宜順氣清痰，搜風散濕，養血去瘀為要。《威靈仙傳》〔(高)〔嵩〕陽子《威靈仙傳》。〕曰：　一人手足不遂數十年，遇新羅僧曰得一藥可治，入山求之，乃威靈仙也，服之而愈。　癥瘕積聚，痰水宿膿，黃疸浮腫，大小腸秘，風濕痰氣，一切冷痛。性極快利，積痾不痊者服之有捷效，治諸骨哽頗驗。歌云：　鐵脚威靈仙，沙糖和酒煎，一口吞下去，鐵劍軟如綿。　大走真氣，耗人血，不得已而後用之可也。　根叢鬚數百條，長者二尺餘，色深黑，俗名鐵脚威靈仙。忌茶茗、麵。

清・汪紱《醫林纂要探源》卷二 威靈仙 辛，鹹，溫。莖弱葉粗，獨莖作長穗，根下鬚如馬尾，長及二尺，色深黑，曰鐵腳威靈仙。以深山者為良，不聞水聲處者更良。補肝祛風，瀉腎行水。散行經絡，治一切頑痺積濕，宿水陳痰。性極快利，不可輕投。氣血虛者忌。

清・嚴潔等《得配本草》卷四 威靈仙 忌茶、麵湯。苦，溫。入太陽經，兼達十二經絡。宣五臟，通經脈，去腹中冷滯，行胸中痰水。治瘧疾，祛腸風，療折傷，除癥積。周身風注酸疼，痘後兩手腫痛，惟此實為要藥。配雞冠花，治腸風瀉血。佐木瓜，治腰腳病。佐川烏、五靈脂，治手足麻。佐補氣藥，為宣通氣道之助。合炙龜甲，治臨產交骨不開。醋、酒、童便俱可炒用，隨症製之。其色深黑，如黃若白者，不堪用。氣虛血弱者禁用。疏臟腑真氣。

怪症：手足指尖疼痛異常，久則十指俱落，此過服涼劑，致四肢受火鬱之結而然。用靈仙酒調敷，內服清火利水之藥而愈。病後十指流水不止者，亦用此法治之。

題清・徐大椿《藥性切用》卷四 威靈仙 辛鹹氣溫，善走經絡，為痛風頑痺耑藥。色深黑，俗名鐵脚威靈仙，砂糖入酒煎服，治骨(硬)〔哽〕頗驗。

清・黃宫繡《本草求真》卷三 威靈仙治十二經風濕冷氣。威靈仙耑入膀胱，兼入腸胃諸經。辛鹹氣溫，其性善走，能宣疎五臟十二經絡。凡一切風寒濕熱，而見頭風頑痹，癥瘕積聚，黃疸浮腫，大小腸秘，風濕痰氣，腰膝腿腳、冷痛等症。麻屬氣虛，木屬濕痰死血，腫屬濕，痛屬熱，痛風新病屬寒，久病屬熱，此死法耳，未可以盡病情也。仍須分其臟氣偏純以定，臟寒則痛多根寒致，其痛必喜手按。縱脉堅實有力，止是寒氣奔迫，未可為痛、為實、為熱。臟熱則麻與木、與痛、與腫，皆屬熱候。且有實脉、實症可証，其痛手不可按，不得謂麻必屬氣虛也。臟寒初病固寒，久病亦寒，故有屢用附、桂方愈，不得謂久必屬熱也。臟熱初病固見熱蒸，久病亦見熱成，如溫熱等症，初終皆用清涼，不得謂初必屬寒候，總在識病根源，相症明確，方無有誤，此繡之管見有如此也。得此辛能散邪，溫能泄水，苦能破堅，服此性極快利，通經達絡，無處不到，誠風藥中之善走者也。先時商州有人手足久廢，得遇新羅僧而愈，索藥乃知是威靈仙也。是以威喻其性，靈喻其效，仙喻其神耳。氣壯者服之神效，若氣弱服此，則能泄真氣矣。凡辛皆散氣劫陰，不獨威靈仙是也！和砂仁、砂糖煎，治諸骨鯁。根叢鬚數百條，長者二尺餘，色深黑，為鐵腳威靈仙良，忌茗麵湯。

清・楊璿《傷寒溫疫條辨》卷六散劑類 威靈仙 忌茶。辛泄氣，鹹泄水，氣溫屬木。其性善走，能宣疏五藏，通行十二經絡。中風，痛風頑痹，癥瘕積聚，膈噎。靈仙一兩，生薑一兩，水煎，去渣，入砂糖一兩，再煎數沸，溫服。痰水瘧疾，黃疸浮腫，大小便秘，一切風濕痰氣之證。性極快利，積痾不痊者服之有捷效。然疏泄真氣，虛人慎用。按：頑痹，由濕熱流於肢節之間，腫屬濕，疼屬熱，汗多屬風，麻屬氣虛，木屬濕痰死血。四肢麻木亦是胃中有濕痰死血，以脾主四肢故也。痛風當分新久，新疼屬寒，宜辛溫，久疼屬熱，宜清涼。河間所云暴病非熱，久病非寒是也。《威靈仙傳》曰：一人手足不遂數十年，遇一人令服威靈仙而愈。

附：琉球・吳繼志《質問本草》外篇卷三 威靈仙大蓼 生荒野中，拖蔓而妥附樹木上。七八月開花。威靈仙，言其性猛神速而名之。根苗花寔，形與《綱目》相符，故采藏不載。用根，味苦、甘，溫，無毒。入手足太陽經藥。療諸風痛，宣通五臟，腹冷痃癖癥瘕，膀胱蓄血蓄膿，停經，跌打瘀血功效。和酒服良。壬寅，陸澍 威靈仙初生作蔓，方莖，七月內開花，六出，淺紫或碧白色。根稠密多鬚，長者二尺許。初時黃黑色，乾則深黑。壬寅，潘貞蔚。威靈仙辛丑，陳得功、楊國棟 名喚威靈仙，載在《綱目》。甲辰，戴道光，戴昌蘭。

附：琉球・吳繼志《質問本草》內篇卷四 威靈仙 敝邑別有叫威靈仙者，今圖以問是非。前年，潘陸諸氏指薩摩，方言呼仙人草者，為威靈仙，故再有是問。威靈仙，生於眾草之先，其莖四方，數葉相對，七月內生，花六出，淺紫或碧白色，作穗。此本圖內名叫威靈仙，前之所問非也。癸卯，石家辰、潘貞蔚。此可入藥。圖內書之，不記其姓名。細觀其藥根，與本草相符，其實是國中之威靈仙，係是各方土產，非可比方書地道之性。要採用時，各自變通佐使，庶不至差錯也。癸卯，宋宜觀、林大明。

清・羅國綱《羅氏會約醫鏡》卷一六草部 威靈仙味苦、辛、鹹，氣溫，入膀胱經。忌茶、茗、麪。辛泄氣，鹹泄水，此風藥之善走者也，能宣五臟，通行經絡。治痛風頑痹、一味可治。中風、頭風，辛能散邪。去腹內冷滯、心膈痰水、一切黃疸浮腫濕證，鹹能泄水。化癥瘕積聚。鹹能軟堅。凡病風濕痰飲，採得根，陰乾擣末，空腹酒調服二錢，可加及六錢，微利兩行，則病除停藥。其性峻利，氣壯者服之，有捷效。久服損真氣，虛弱者宜以調補藥兼之，否則走氣耗血。

清・黃凱鈞《藥籠小品》 威靈仙 辛，溫，風藥善走，能宣五藏，通行十二經，治中風痛風，頭痛頑痹，癥瘕積聚，黃疸浮腫，一切冷痛，性疾快利。治諸骨骾頰驗，威靈仙用糖酒煎一碗，一氣飲下諸骨盡銷。大耗真氣，不得已而後用之可也。

清・王龍《本草纂要稿・草部》 威靈仙 氣味苦溫。消膈中久積之痰涎，除腹中痃癖之氣塊。散爪甲皮膚風中痒痛，利腰膝胻腂濕滲冷疼。驅癥瘕，療折傷，為諸風濕痛之要藥。蓋性好走，能通十二經。

清・張德裕《本草正義》卷上 威靈仙 苦辛，溫。善逐諸氣，行氣血，走經絡，利腰膝，肢節疼痛，為痛風要藥。性利善走，虛者酌用。

清・楊時泰《本草述鉤元》卷一一 威靈仙 其根叢鬚數百條，長者二尺許，初時黄黑色，乾則深黑，俗稱鐵脚威靈仙。別有數種，根鬚一樣，但色或黄或白，皆不可用。九月末至十二月采，餘月不宜。凡采得聞流水聲者，其走性然也。須不聞水聲者乃佳丹溪。

根 味甘而苦，微辛微鹹，氣溫。可升可降，陰中陽也。繆氏云：升也，陽也。入足太陽經。忌茶及麪湯，病癒止藥後，方可犯之。治諸風走而不守，宣通五臟十二經脉，去腹內冷滯，心膈痰水，久積癥瘕，痃癖氣塊，膀胱宿膿惡水，腰膝冷疼，療折傷，去大腸之風。腰腎脚膝積聚，腸內諸冷病，積年不瘥者，服之立效恭。性秉風火，風得之而作夏，脉得之而流行，宣發陳，通横徧，空所有，實所無，急方之宣劑、通劑也之頤。威靈仙屬木，痛風在上下，皆宜服之，其性好走，亦可横行丹溪。辛泄氣，鹹泄水，故風濕、痰飲之病，氣壯者服之有捷效，然其性踈利，久服恐損真氣，氣弱者不宜瀕湖。主久疲宿冷之痼疾，元陽委頓，猶貫朽粟紅，藉此設施，便成煥發，倘兵柔餉乏，作此背水陣，終非萬全策耳之頤。腎臟風壅，腰膝沉重，威靈仙末蜜丸梧子大，溫酒服八十丸，平明微利惡物，如青膿膠，即是風毒積滯，如未利，再服百丸，取下後，食粥補之，一月仍常服溫補藥。手足麻痺，時發疼痛，或癱瘓，或打撲傷損，痛不可忍，威靈仙炒五兩，生川烏、五靈脂各四兩，為末，醋糊丸梧子大，每服七丸，鹽湯下，忌茶。停痰宿飲，喘嗽嘔逆，全不入食，威靈仙焙半夏，薑汁浸焙為末，用皂角水熬膏，丸綠豆大，每服七丸至十丸，薑湯下，日三服，一月為驗，忌茶麪。

論： 威靈仙生先於眾草，秉風升之化而氣溫，丹溪謂其屬木是矣。但萌芽於春木，蘊釀於夏火，至歷氣交之土，乃於秋金花實，冬水采根，則是洩英於金，而歸根於水也。其味始嘗之甘，次則苦，苦固不勝甘，第苦中微有辛味，至味盡時復微有鹹，辛鹹之味甚微，故水火之全氣趨之。若金水氣盛，則木火之用反緩矣。本木火以達金水，所以辛泄氣，鹹泄水，勃然若草木之怒生，為急方中宣劑通劑也。人身氣凝液泣為病強半，此味頓通氣血之凝滯，盧氏謂主久疲宿冷之痼疾一語，足盡其概，種種治效，俱宜以此語為主腦。惟凝泣諸證，非邪氣之留連而阻塞，即正氣之怯弱而邪着之。邪氣實則邪當之，正氣虛者但宜於補正之中，藉此風行之性為和氣化液之先導，而不可專任。至病本於熱，其主治自有的劑，尤未可概施乎此也。丹溪治腰痛屬陰虛而有濕熱者，以龜板為君，而威靈仙同他藥或臣或佐，夫是證虛與熱皆有，然一兼於濕，此品遂不可少。即此類推而酌用之，幸無株守仲淳禁予例也。又蘇恭所言腰腎脚膝積聚，腸內諸冷病，歷久不瘥者，服此立效，的是實義，蓋其宣木火之氣，以達金水之用，故善就下而治水藏諸病。若腰痛病由膀胱，更不可少，以膀胱水腑，而此味大逐水腑之結邪也。凡寒濕腰痛，治以溫補，而未盡霍然者，因濕邪留滯在經，他藥不能祛也。須於滋陰益陽中，用此味同蒼术為主，乃獲全愈。

繆氏： 凡病非風濕及陽盛火升，血虛有熱，表虛有汗，痎瘧口渴身熱者並忌用之。

修治： 去蘆，酒洗。

清・鄒澍《本經續疏》卷六 威靈仙 【略】味苦氣溫，火也。而生於早春，采於深冬，將毋假火之性氣，能伸木之屈曲，泮水之冰凝歟。不惟是也，其采後於眾草，效則捷於眾草。非效捷也，百卉未萌，是先挺發，似風之播揚鼓蕩，驅馳獨疾，故曰主諸風也。遇木而莖爭先，歸水而根稠密，乃屈火令反不花不實，濡滯留連。非濡滯留連也，不浪作葉，必六七葉排比齊生，周圍四出，狀如車輪，是為一層，層出不已，至於六七，似臟腑間結壅非止一處，故曰宣通五臟也。是豈徒伸木泮冰而已哉？夫曰諸風，則其發必驟；曰宣通五臟，則其因必久。況五臟之待宣者非他，即所謂腹內冷滯，心膈痰水久積，癥瘕痃癖氣塊，膀胱宿膿惡水，腰膝冷痛者是，是五臟者不得率爾宣通。諸風者，又難遲遲責效，惟威靈仙既具賁育之勇，復有慶忌之捷，而不為揚干之亂行，甚嫺不識之部伍，皆緣其根荄色本為黑，形復似鬚，稠密而長，年深轉茂，無非水象，倚於水而行氣，以行氣為化水，層層決排，縷縷疏瀹，使陰不化而陽淫為風者息，則陽不和而陰淤為淀者通。是主諸風即所以宣五臟，宣五臟即所以主諸風，而不即不離，不疾不徐，頓然脫釋，惟其能息，是以能通。若諸風緣五臟乾澀不通而成者，得此立貽殃戩。

清・葉桂《本草再新》卷三　威靈仙味辛，性溫，無毒。入肺、腎二經。　其性善走，能宣五臟。通經絡，治中風頭風。

清・吴其濬《植物名實圖考》卷二〇　威靈仙　《開寶本草》始著錄。有數種。《本草綱目》以鐵腳威靈仙堪用，餘不入藥。今俚醫都無分別。《救荒本草》所述形狀，亦別一種。今但以鐵腳者屬本草，餘皆附草藥。近時庸醫，遇瘧輒用，既不知其疎利過甚，又不辨其形狀。何似刺人而殺，委罪於藥。哀哉！《衍義》《綱目》論之詳矣，故備載以戒。

雩婁農曰：其力勁，故謚曰威；其效捷，故謚曰靈。威靈合德，仙之上藥也。乃秘方傳而他族滋，則丹竈有外道矣。昔有石穴，候雲氣出，躡之則飛昇。相傳仙去者不知幾輩矣。穴之外，暴骨如莽，皆曰仙者之委蛻也。有覘之者，乃巨虺之窟，其雲氣則所噓之毒錟也。然則世之矜曰仙者，將毋有蘊虺蜴之毒者耶？

清・趙其光《本草求原》卷四蔓草部　威靈仙　辛宣肺氣，苦，溫，入心肝，主風，為十二經絡宣導善走之風藥。主諸風，宣通五臟之濕，去腹內冷滯，心膈痰水，久積癥瘕，痃癖氣塊，膀胱宿膿惡水，腰腹冷疼。治折傷，久服無有瘟疫瘧。治風濕、痰氣腫痛，麻木痹痛，中風頭風，半身不遂，腳氣入腹而脹悶喘息，為末，酒服二錢，痛減一分，藥亦減一分。大小腸秘，皆宣通去濕之功。但泄氣、氣虛及陽盛、火升血虛，有熱表虛自汗、痎瘧、口渴、身熱均忌。

清・文晟《新編六書》卷六《藥性摘錄》　威靈仙　辛鹹，氣溫。性善走，治十二經風濕冷氣。凡因風寒濕熱，而見頭風頑痹，癥瘕積聚，黄疸浮腫，大小腸秘，風濕痰氣，腰膝腿腳冷痛，皆治。〇惟氣弱者禁用。〇和砂仁砂、糖煎，治諸骨(硬)〔哽〕。忌茶茗、麪湯。

清・張仁錫《藥性蒙求・草部》　威靈仙錢半、二錢　威靈仙辛，行氣祛風。宣疏五臟，經絡皆通。辛泄氣，鹹泄水。氣溫。通行十二經絡，治中風，痛風頑痺，癥瘕積聚，大小腸秘，風濕痰氣一切冷痛。性極快利，積痾不痊者，服之有效。一云：治痛風要藥，上下皆宜，亦可横行，酒洗用。

清・戴葆元《本草綱目易知錄》卷二　威靈仙　根，辛泄氣，鹹泄水，氣溫。屬木。其性善走。能宣通五臟，通行十二經絡。治中風頭風，痛風頑痹，手足不遂，腰膝冷疼，腹內冷滯，心膈痰水，膀胱宿膿，惡水癥瘕，痃癖氣塊。氣痢痔疾，瘰癧疥癬，黄疸浮腫，大小腸閉。散皮膚大腸風邪，祛風濕痰飲之氣。一切冷痛，性極快利，積痾不痊者服之，有捷效。然疏泄真氣，弱者慎用。忌茗、麪湯。【略】葆按：今江西市肆靈仙，俱是莖葉，不用根，使服者無效。述此醫者用囑要根不用莖葉。

清・黄光霽《本草衍句》　威靈仙　辛散諸風，鹹泄水濕。性極善走，風藥中之善走者也。溫可横行。能引諸藥横行手臂。宣疎五臟，內驅痰濕之冷積。通行經絡，外治骨膝之痛風。痛風要藥。去膀胱宿膿惡水，降腰膝冷痛痺頑。風痺濕痺，肢節頑麻。瘧疾能療，去心膈之痰水。折傷亦效。得砂仁、沙糖治骨鯁，得木瓜治腰脚諸痛。

脚氣入腹，脹悶喘急，用靈仙末，每服二錢，酒下；痛減一分，即藥亦減一分。腎臟風壅，腰膝沉重，威靈末蜜丸，酒服八十丸。平明微利惡物，如青膿膠，即是風毒積滯。飛絲纏陰，腫痛欲斷，用靈仙搗汁浸洗，立效。

清・陳其瑞《本草撮要》卷一　威靈仙　味苦，溫，入足太陰、厥陰經，功專去風濕，療折傷。得砂仁、砂糖治骨鯁，得木瓜治腰脚諸病。氣弱者慎用。忌茗、麪。

清・李桂庭《藥性詩解》　賦得威靈仙宣風氣通得風字。李慶霖。　惟有靈仙藥，辛溫性善攻。通經兼理氣，去痺又宣風。知威靈性善攻竄，宣疏五臟，通行經絡，除風去痺，大小腸秘，而不知治諸骨骾頗驗。古云：鐵腳威靈仙、砂糖，和酒煎，一口吞下去，鐵劍軟如綿。足見性極快利，大走真氣，耗人氣血，有不可輕用之戒也。

前題田春芳　性本辛鹹猛，威靈力最雄。不惟能利氣，尤且善宣風。

按：威靈仙善走通經，宣風理氣，痰濕頑痺，浮腫積聚，性最猛烈，治最效驗，故謂之威靈仙也。

順筋藤

清・吴其濬《植物名實圖考》卷一九　順筋藤　南安長沙皆有之。蔓生繚曲，綠莖赤節，節間有綠鬚纏繞；葉如威靈仙葉，無歧斜紋；葉間結小青實如豆硬；根赭紅色，磥砢盤錯，復有長葉攢之。氣味甘溫，土人取通經絡、和血溫補。

攔路虎

附：琉球・吴繼志《質問本草》外篇卷三　攔路虎鐵線蓮　蔓延籬，春生芽開花。俗名攔路虎。外科用。甲辰，戴道光、戴昌蘭。

雪裏開

清・趙學敏《本草綱目拾遺》卷四草部中　雪裏開雪裏花附。　《雁山志》：性大寒，深谷中有之，能解砒毒，冬時開花，故名。　治喉瘡熱毒：《萬氏家抄》：取根擣汁服。

雪裏花　朱楚良在鎮海，其土人有采雪裏花者，冬月嚴寒，此花始生。在招寶山龍潭旁，環渚而發，苗甚短小，如六月雪狀，高不過二寸許，每雪時開白花如豆大，土人采得。乾之入藥。

傅痔：以雪裏花為末，溼者乾摻，乾者麻油調搽一二度，其痔即消縮。

透骨草

清・趙學敏《本草綱目拾遺》卷四草部中　透骨草　《珍異藥品》云：形如牛膝。《綱目》有名未用下附透骨草，亦未詳其形狀。據其所引治病諸用，乃鳳仙草也。蓋鳳仙亦有透骨草之名，與此迥別。

療熱毒良《珍異藥品》。　治風氣疼痛，不拘遠年近日。《家寶方》：透骨草二兩、穿山甲二兩、防風二兩、當歸三兩、白蒺藜四兩、白芍三兩、豨薟四兩，去莖用葉，九蒸九曬。海風藤二兩、生地四兩、廣皮一兩、甘草一兩，以上為末，用豬板油一斤，煉蜜為丸，梧子大，早晚各五錢。酒下。　腿疼難忍：《醫學指南》：核桃肉四個、酸蒲萄七個、斑蝥一個、鐵線透骨草三錢，水煎熱服，出汗愈。不問風溼皆效。　治痞：《醫學指南》：透骨草一味，貼患處，一炷香或半炷香時，即揭去，皮上起泡即愈。　洗癱瘓秘方：《醫學指南》：蛤蚧一個、麻黃、川椒、透骨草、防風、大鹽各四兩，白花蛇二錢，艾一把，槐枝一條，川烏、草烏各二兩，紫花地丁一斤，用水二桶煎，大缸半埋在地，入水，溫時坐上洗，再用水二桶煎渣，候冷時，再入熱水，或一日，或一夜，臨出時，用水澆頂心數次。再用芥末稀貼患處，紙絹裹熱，坑上睡，汗出盡為度，忌早起飲食，就臥內妙。

汪連仕《采藥書》：透骨草彷彿馬鞭之形。大能軟堅，取汁浸龜板，能化為水。合金瘡入骨補髓，兼治難產。專主煉膏丹。按：鳳仙，白花者，亦名透骨白，追風散氣。紅花者名透骨紅，破血墮胎。亦有透骨之名，非一物也。

風藤草

明・蘭茂原撰，范洪等抄補《滇南本草圖說》卷一〇　風藤草　氣味甘苦，平。主治：一切風痒，筋骨疼痛，補血，和血散血，疏風散熱。一切瘡疥，煎湯浴之最良。搗葉，散瘡毒之腫痛。

大蓼

明・朱橚《救荒本草》卷上之後　大蓼　生密縣梁家衝山谷中。拖藤而生，莖有線楞而頗硬，對節分生莖叉，葉亦對生，葉似山蓼葉，微短而拳曲，節間開白花。其葉味苦、微辣。　救飢：採葉煠熟，換水浸去辣味，作成黃色，淘洗淨，油鹽調食。花亦可煠食。

萆薢

宋・李昉《太平御覽》卷九九〇　萆薢　《博物志》曰：菝蒲八切〔葜〕與萆薢相亂。名狗脊。　《吳氏本草》曰：萆薢，一名百枝。

宋・唐慎微《證類本草》卷八草部中品〔《本經・別錄・藥對》〕　**萆薢**　**味苦、甘，平**，無毒。**主腰背痛，强骨節風寒濕周痺，惡瘡不瘳，熱氣**，傷中，恚怒，陰痿，失溺，關節老血，老人五緩。一名赤節。生真定山谷。二月、八月採根，暴乾。薏苡爲之使，畏葵根、大黃、茈胡、牡蠣。

〔梁・陶弘景《本草經集注》〕云：今處處有，亦似菝葜而小異，根大，不甚有角節，色小淺。

〔唐・蘇敬《唐本草》〕注云：此藥有二種：莖有刺者，根白實；無刺者根虛軟，内軟者爲勝。葉似薯蕷，蔓生。

〔宋・掌禹錫《嘉祐本草》〕按：《藥性論》云：萆薢，能治冷風𤸷痺，腰脚不遂，手足驚掣，主男子腎腰痛，久冷，是腎間有膀胱宿水。《博物志》云：菝葜與萆薢相亂。日華子云：治癱緩軟，頭風旋，癎疾，補水藏，堅筋骨，益精，明目，中風失音。時人呼爲白菝葜。

〔宋・蘇頌《本草圖經》〕曰：萆薢，生真定山谷，今河、陜、京東、荆、蜀諸郡有之。根黃白色，多節，三指許大。苗葉俱青，作蔓生，葉作三叉，似山芋，又似菉豆葉。花有黃、紅、白數種，亦有無花結白子者。春、秋採根，暴乾。舊説此藥有二種，莖有刺者，根白實；無刺者，根虛軟，以軟者爲勝。今成德軍所産者，根亦如山芋，體硬，其苗引蔓，葉似蕎麥，子三稜，不拘時月採。其根用利刀切作片子，暴乾用之。《正元廣利方》：療丈夫腰脚痺，緩急，行履不穩者。以萆薢二十四分，合杜仲八分，擣篩。每日溫酒和服三錢匕，增至五匕。禁食牛肉。又有萆薢丸大方，功用亦同。

〔宋・唐慎微《證類本草》〕孫尚藥：治腸風痔漏。如聖散：萆薢細剉，貫衆逐葉擘下了，去土，等分擣羅爲末。每服二錢，溫酒調下，空心食前服。

宋・劉明之《圖經本草藥性總論》卷上　萆薢　味苦、甘，平，無毒。主腰背痛強，骨節風寒濕周痺，惡瘡不瘳，熱氣傷中恚怒，陰痿失溺。《藥性論》云：治冷風㾓痺，腰脚不遂，手足驚掣，主男子臀腰痛，久冷，是腎間有膀胱宿水。日華子云：治癱緩軟，風頭旋，癇疾，補水藏，堅筋骨，益精明目，治腸痔漏，中風失音。薏苡為之使。畏葵根、大黃、茈胡、牡蠣。生真定，今處處有之。

明·王綸《本草集要》卷三　萆薢　味苦甘，氣平，無毒。薏苡為之使。畏葵根、大黃、柴胡、牡蠣。主腰背痛，強骨節，風寒濕周痹。惡瘡不瘳，熱氣傷中恚怒，陰痿失溺，關節老血，老人五緩。

明·滕弘《神農本經會通》卷一　萆薢　薏苡為之使。畏葵根、大黃、柴胡、牡蠣。二八〔月〕採根，暴乾。《走》云：淨洗，酒浸一宿，焙。須用川者。

味苦、甘，氣平，無毒。

《本經》云：主腰背痛，強骨節，風寒濕周痺，惡瘡不瘳，熱氣傷中，恚怒，陰痿，失溺，關節老血，老人五緩。《藥性論》云：治冷風㾓痺，腰脚不遂，主男子臀腰痛久冷，是腎有膀胱宿水。日華子云：治癱緩軟風，頭旋癇疾，補水藏，堅筋骨，益氣，失音。《圖經》云：《廣利方》療丈夫腰脚痺緩急，行履不穩者，以萆薢二十四分，合杜仲八分，擣末，每旦溫酒和服三錢匕。《局》云：萆薢主除腰背痛，治風寒溫痺周身。補濕水臟堅筋骨，失溺陰萎治老人。萆薢，扶老補虛，腰疼脚弱，與濕痺牽纏。

明·劉文泰《本草品彙精要》卷一一　萆薢無毒　蔓生。

萆薢出《神農本經》：**主腰背痛，強骨節風，寒濕周痹，惡瘡不瘳，熱氣。**以上朱字《神農本經》。傷中，恚怒，陰痿，失溺，關節老血，老人五緩。以上黑字名醫所錄。

〖名〗白菝葜、赤節。〖苗〗《圖經》曰：根黃白色多節，大三指許，苗葉俱青，作蔓生，葉作三叉，似山芋，又似綠豆葉。花有黃、紅、白數種，亦有無花結白子者。舊說此藥有二種，莖有刺者，根白實；無刺者，根虛軟，以軟者爲勝。今成德軍所產者，根亦如山芋，體硬，其苗引蔓，葉似蕎麥，子有三稜。陶隱居云：亦似菝葜而小異，根大不甚有角節，其色小淺耳。〖地〗《圖經》曰：出真定山谷，今河陝及荊蜀諸郡。陶隱居云：今處處有之。〖道地〗興元府、邛州、荊門軍、成德軍。〖時〗生：春生苗。採：二月、八月取根。〖收〗暴乾。〖用〗根。〖質〗類菝葜而有鬚。〖色〗黃白。〖味〗苦，甘。〖性〗平，緩。〖氣〗味厚于氣，陰中之陽。〖臭〗香。〖主〗諸痹，強筋骨。〖助〗薏苡爲之使。〖反〗畏葵根、大黃、茈胡、牡蠣、前胡。〖製〗細剉用。〖治〗療：《藥性論》云：治冷風㾓痹，腰腳不遂，手足驚掣，男子臀腰痛，久冷，是腎間有膀胱宿水。日華子云：治癱瘓軟，風頭旋，癇疾，中風失音，效。補：日華子云：壯水臟，堅筋骨，益精，明目。〖合治〗合杜仲末，溫酒調服，療丈夫腰腳痹，緩急，行履不穩。○合淨貫衆等分爲末，名如聖散，空心酒調服二錢，治腸風痔漏。〖贋〗菝葜爲僞。

明·俞弁《續醫說》卷一〇　萆薢　《外臺秘要》云：建武中軍伍往南陽擊虜，所得惡瘡，呼為虜瘡，劇者數日而死。或有得差，其瘡瘢紫黯色，彌年方滅。此惡毒之氣所致也。弘治末年，民間患惡瘡，自廣東人始，吳人不識，呼為廣瘡。又以其形似，謂之楊梅瘡。若病人血虛者，服輕粉重劑，致生結毒，鼻爛足穿，遂成痼疾，終身不愈。近醫家以萆薢鮮肥者四五兩為君，佐以風藥，隨上下加減，服者多效。按《本草元命苞》云：萆薢味甘，平，無毒。主腰背骨節疼痛，治風濕㾓痹不仁，療癱瘓軟風，治惡瘡久不愈。生真定山谷，今荊蜀有之。凡有二種，無刺虛軟為勝，有刺白實次之。一名仙遺糧，一名土茯苓，俗謂之冷飯團是也。

明·葉文齡《醫學統旨》卷八　萆薢　氣平，味苦、甘。無毒。薏苡為之使；畏葵根、大黃、柴胡、牡蠣。治腰背痛，強骨筋，風寒濕周痺，惡瘡不瘳；熱氣傷中，恚怒，陰痿失溺，小便渾濁，關節瘀血，老人五緩。

明·許希周《藥性粗評》卷三　扶衰羸於萆薢。

萆薢一名赤節，俗名地茯苓。春生苗，作蔓，莖赤，葉如狗舌，青色，夏開花，有黃紅白數種，亦有無花而結青白色子者，根黃白色，有角，大三四指許。《博物志》云菝葜與萆薢相亂，今考此有二種，莖有刺者根白而堅實，無刺者根虛而軟，當以無刺者為勝。南北山野處處有之。二、八月採根，暴乾。凡用洗淨切片，酒浸焙乾。薏苡仁為之使，畏葵根、大黃、茈胡、牡蠣。味苦、甘，性平，無毒。主治風寒濕痹，腰疼脚弱，陰痿失溺，腸風痔漏，惡瘡不瘳，老人五緩，生精養血，明耳目，補益筋骨，扶養衰羸，頗為延命之助。

單方：腰脚緩痹：凡患癆傷風癢，風寒濕痹，腰脚不利者，萆薢二十四兩，杜仲八兩，各擣篩為末，相合，每旦空心溫酒調下二錢，漸漸增至五六錢，禁食牛肉，半月後便有功效。

明·鄭寧《藥性要略大全》卷四　萆薢　主腰背，痛強骨節風，除寒濕周痹，陰痿失溺，關節老血，老人五緩。《賦》云：逐骨節之寒濕。東垣云：治癱緩軟風頭旋。丹溪云：益精明目。味苦、甘、淡，性平，無毒。

處處有之，惟川者良。薏苡為之使。畏葵根、大黃、柴胡、牡蠣。形似菝葜，時人為之白菝葜。　其川薢形體壯大突兀，切開白瑩帶粉，販者多以荆崗腦充賣，其色紅，其形相似，其味苦澁，切宜辨之。

明・陳嘉謨《本草蒙筌》卷三　萆薢　味苦、甘，氣平。無毒。盛出河陝荊蜀，蔓生葉作三叉。秋月採根，狀類山芋。一種莖有刺者，秋白實；一種莖無刺者，根軟虛。種雖兩般，白者為勝。又與菝葜小異，凡收切勿混真。蓋菝葜根作塊赤黃，萆薢根細長淺白。《博物志》亦曰菝葜與萆薢相亂。時人每呼白菝葜者，即萆薢也。利刀切片，酒浸烘乾。凡用拯疴，忌食牛肉。畏葵根、牡蠣，及柴胡大黃。為使宜薏苡仁，治痹盡風寒濕。腰背冷痛止，筋骨掣痛除。補水臟益精，縮小便明目。逐關節久結老血，掃肌膚延生惡瘡。仍主恚怒傷中，尤療老人五緩。〇菝葜別種，亦係蔓生。俗呼金剛根，又呼鼈兒攙根。延發山野地。採根秋月，切片曝乾。浸赤汁煮米粉嘗，辟時疫瘟瘴極驗；搗碎末釀醇酒飲，去風毒腳痹殊佳。止小便，益血氣。腰背疼甚，煎服亦靈。

謨按：　近道所產，呼為冷飯團，即萆薢也。俗之淫夫淫婦，多病楊梅瘡。劑用輕粉，愈而復發，久則肢體拘攣，變為癰漏。剉萆薢三兩，或加皂角刺、牽牛各一錢，水六碗，煎耗一半，溫三服，不數劑多差。原因水衰，肝挾相火淩土，土屬濕生肌肉，濕熱鬱于肌腠，故為癰腫。《經》曰濕氣害人皮肉筋脈是也。萆薢味甘、淡，去脾濕。濕去則榮衛從，筋脉柔，肌肉長，而拘攣癰漏並愈，此亦理也。初病服之不効者，火盛而濕未鬱。萆薢長于去濕，而劣于去熱。病久則火已衰而氣已耗，氣耗則濕鬱，用之去濕故効也。

明・王文潔《太乙仙製本草藥性大全》卷二《本草精義》　萆薢　一名赤節。生真定山谷，今河、陝、京東、荊、蜀諸郡有之。根黃白色，多節，三指許大，苗葉俱青，作蔓生，葉作三叉，似山芋，又似菉豆葉，花有黃紅白數種，亦有無花結白子者。春秋採根，曝乾。一種莖有刺者，根白實；一種莖無刺者，根軟虛。種雖兩般，白者爲勝。又與菝葜小異，凡收切勿混真。蓋菝葜根作塊，赤黃；萆薢根細長，淺白。《博物志》亦曰菝葜與萆薢相亂，時人每呼曰白菝葜者，即萆薢也。利刀切片，酒浸，烘乾。凡用拯疴，忌食牛肉。畏葵根、牡蠣及柴胡、大黃。

明・王文潔《太乙仙製本草藥性大全》卷二《仙製藥性》　萆薢　味苦、甘，氣平，無毒。薏苡爲之使。　主治：　主癱緩軟風，治頭旋癎疾。補水臟，堅筋骨，明目益精。療惡瘡，理熱氣，傷中恚怒。調老人五緩，陰痿失溺，兼中風不遂，寒濕頑麻。腰痛腎冷殊功，宿水失音神效。根：　搗汁極苦，治黃疸易消。　葉：　採陰乾，亦利水道，定志益氣，解燥除煩。　補註：　丈夫腰脚痹，緩急行履不穩者，以二錢四分，合杜仲八分，搗篩，每旦溫酒和服三錢，增至五錢，禁食牛肉。〇腸風痔漏，用細剉，貫衆遂葉劈下，去土，等分搗羅爲末，每服二錢，溫酒調下，空心服。　王云：　其用萆薢，形體壯大突兀，切開白瑩帶粉。販者多以荊崗腦充賣，其色紅，其形相似，其味苦澁，用者切宜辨之。

明・皇甫嵩《本草發明》卷三　萆薢中品之上，臣。氣平，味苦、甘，淡，無毒。

發明曰：　萆薢長于去濕。故《本草》主風寒濕周痺，惡瘡，腰背冷痛，強骨節，傷中，關節老血，冷風瘴痺，脚腰不遂，手足驚掣。凡此，皆風濕所致。又治陰痿失溺，腰痛久冷，是腎間有膀胱宿水。又云補水藏，良有以也。蓋水藏衰，肝挾相火而淩土濕，土主肌肉，濕鬱肌腠而為瘡瘍，則榮衛不和，筋骨關節皆不利。《經》云濕氣害人皮肉筋脉，是也。此以滲去脾濕，則榮衛從，筋脉柔，肌肉長，拘攣痛瘡漏等皆愈矣。初服未效，以火盛而濕未鬱耳。蓋萆薢長于去濕，劣于去熱，故云不療熱氣。若病久火衰，而氣耗則濕鬱，用之去濕，故效也。又主老人五緩痛，非去濕養脾之意歟。一種莖有刺，根白實，一種根軟而虛，軟者為勝。與菝葜相類，俗呼白菝葜，即萆薢。薏苡仁為使。畏葵根、大黃、茈胡、牡蠣。忌牛肉。〇或云近道產者，俗呼為冷飯團。考《本註》並無冷飯團之名。

冷飯團　今俗名土茯苓，治生時瘡，服輕粉藥毒發，則肢躰拘攣，變為腫塊癰漏，剉三兩，加皂莢刺、牽牛各一錢，水六碗，煎一半，不數劑差。又一方，用冷飯團四兩，生薑一兩，煎，治腫塊潰爛，數劑效。

明・李時珍《本草綱目》卷一八草部・蔓草類　萆薢《别録》中品

【釋名】赤節《别録》　百枝吳普　竹木《炮炙論》　白菝葜時珍曰：　萆薢名義未詳。《日華本草》言時人呼爲白菝葜，象形也。赤節、百枝，與狗脊同名。　【集解】《别録》曰：　萆薢生真定山谷。二月、八月采根，暴乾。弘景曰：　今處處有之。根似菝葜而小異，根大，不甚有角節，色小淺。恭曰：　此有二種：　莖有刺者根白實，無刺者根虛軟，軟者爲勝。蔓生，葉似薯蕷。頌曰：　今河、峽、汴東、荆、蜀諸郡皆有之。作蔓生，苗葉俱青。葉作三叉，似山薯，又似緑豆葉。花有黄、紅、白數種，亦有無花結白子者。根黄白色，多節，三指許大。春秋采根，暴乾。今成德軍所産者，根亦如山薯而體硬，其苗引蔓，葉似蕎麥，子三稜，不拘時月采根，利刀切片，暴乾用。時珍曰：　萆薢蔓生，葉似菝葜而大如盌，其根長硬，大者如商陸而堅。今人皆以土茯苓爲萆薢，誤矣。莖葉根苗皆不同。《吴普本草》又以萆薢爲狗脊，亦誤矣。詳狗脊下。《宋史》以懷慶萆薢充貢。

根

【氣味】苦，平，無毒。《别録》曰：甘。之才曰：薏苡爲之使，畏葵根、大黄、柴胡、前胡。

【主治】腰脊痛强，骨節風寒濕周痹，惡瘡不瘳，熱氣《本經》。傷中恚怒，陰痿失溺，老人五緩，關節老血《别録》。冷風𤸷痹，腰脚癱緩不遂，手足驚掣，男子臀腰痛，久冷，腎間有膀胱宿水甄權。頭旋癎疾，補水臟，堅筋骨，益精明目。中風失音大明。補肝虚好古。治白濁莖中痛，痔瘻壞瘡時珍。

【發明】時珍曰：萆薢，足陽明、厥陰經藥也。厥陰主筋屬風，陽明主肉屬濕。萆薢之功，長于去風濕。所以能治緩弱𤸷痹遺濁惡瘡諸病之屬風濕者。萆薢、菝葜、土茯苓三物，形雖不同，而主治之功不相遠，豈亦一類數種乎？雷斅《炮炙論》序云：囊皺漩多，夜煎竹木。竹木，萆薢也。漩多白濁，皆是濕氣下流。萆薢能除陽明之濕而固下焦，故能去濁分清。楊倓《家藏方》治真元不足，下焦虚寒，小便頻數，白濁如膏，有萆薢分清飲，正此意也。又楊子建《萬全護命方》云：凡人小便頻數，不計度數，便時莖内痛不可忍者，此疾必先大腑秘熱不通，水液只就小腸，大腑愈加乾竭，甚則渾身熱，心躁思凉水，如此即重證也。此疾本因貪酒色，積有熱毒腐物瘀血之類，隨虚水入于小腸，故便時作痛也。不飲酒者，必平生過食辛熱葷膩之物，又因色傷而然。此乃小便頻數而痛，與淋證澀而痛者不同也。宜用萆薢一兩，水浸少時，以鹽半兩同炒，去鹽爲末。每服二錢，水一盞，煎八分，和滓服之，使水道轉入大腸。仍以葱湯頻洗穀道，令氣得通，則小便數及痛自減也。

【附方】舊二，新三。

腰脚痹軟：行履不隱者。萆薢二十四分，杜仲八分，擣篩。每旦温酒服三錢匕，禁牛肉。唐德宗《貞元廣利方》。

小便頻數：川萆薢一斤，爲末，酒糊丸梧子大。每鹽酒下七十丸。《集玄方》。

白濁頻數：漩面如油，澄下如膏，乃真元不足，下焦虚寒。萆薢分清飲：用萆薢、石菖蒲、益智仁、烏藥等分。每服四錢，水一盞，入鹽一捻，煎七分，食前温服，日一服，効乃止。

腸風痔漏：如聖散：用萆薢、貫衆去土等分，爲末。每服三錢，温酒空心服之。孫尚藥《傳家秘寶方》。

頭痛發汗：萆薢、旋覆花、虎頭骨酥炙等分，爲散。欲發時，以温酒服二錢，暖卧取汗，立瘥。《聖濟録》。

題明・薛己《本草約言》卷一《藥性本草》 萆薢 長於去濕。

明・梅得春《藥性會元》卷上 萆薢 味苦、甘，氣平。無毒。薏苡為使。畏葵根、大黄、柴胡、牡蠣。須用川者。 主逐骨節之寒濕，扶老弱，補虚羸，而治腰疼、脚氣及背强，周痹、惡瘡不瘳，熱氣，傷中、恚怒，陰痿、失溺，小便渾濁，關節瘀血，老人五緩。

明・李中立《本草原始》卷二 萆薢 始生真定山谷，今河、陝、京東、荆、蜀諸郡有之。根黄白色，多節，三指許大。苗葉俱青，作蔓生，葉作三叉，似山芋，又似菉豆葉。花有黄紅白數種，亦有無花結白子者。春秋採根，暴乾。《唐本》注云：此藥有二種，莖有刺者，根白實；無刺者，根虚軟。以軟者為勝。《醫學入門》曰：萆，卑下也，薢，解也，言性能治下部疾，解下部毒也，故名萆薢。 氣味：苦，平，無毒。 主治：腰脊痛，强骨節，風寒濕周痹，惡瘡不瘳，熱氣。○傷中恚怒，陰痿失溺，老人五緩，關節老血。○冷風𤸷痹，腰腳癱緩不遂，手足驚掣，男子臀腰痛，久冷腎間有膀胱宿水。○頭旋癎疾。補水藏，堅筋骨，益精明目，中風失音。○補肝虚。○治白濁莖中痛，痔漏壞瘡。

萆薢，《别錄》中品。**【圖略】**根皮色黄白，肉色白。 修治：酥炙，剉用。之才曰：薏苡仁為之使，畏葵根、大黄、柴胡、前胡、牡蠣。《集玄方》：治小便頻數，川萆薢為末，酒糊丸梧子大，每鹽酒下七十丸。川萆薢色白而虚軟，山萆薢色赤而堅硬。凡用以白軟者為勝。

明・張懋辰《本草便》卷一 萆薢 味苦、甘，氣平，無毒。畏葵根、大黄、柴胡、牡蠣。 主腰背痛，强骨節，惡瘡不瘳，陰痿失溺。

明・李中梓《藥性解》卷三 萆薢 味苦、甘，性平，無毒，入脾、腎、膀胱三經。主風寒濕痹，腰背痛，中風不遂，遍身頑麻，膀胱宿水，陰痿失溺，利水道，益精明目。薏苡為使，畏葵根、大黄、柴胡、牡蠣，忌牛肉。 按：萆薢之入三經，何也？蓋腎受土尅，則水臟既衰，肝挾相火而淩土濕，脾主肌肉，濕鬱肌腠，則生熱生風，以致榮衛不利，關節不利。而萆薢長於去水，用之以滲脾濕，則土安其位，水不受侮矣。然失用令人小便多，小便既多，則腎氣安得復實？今多泥其入腎，用為補劑，亦未深原其理耳。

明・繆希雍《本草經疏》卷八 萆薢 味苦、甘，平，無毒。主腰背痛，强骨節，風寒濕周痹，惡瘡不瘳，熱氣傷中，恚怒，陰痿，失溺，關節老血，老人五緩。薏苡為之使。畏葵根、大黄、柴胡、前胡。

【疏】萆薢得火土之氣，而兼稟乎天之陽氣，故味苦甘平無毒。陽中之陰，降也。入足陽明、少陰、厥陰。為祛風除濕，補益下元之要藥，故主腰背痛，强骨節，風寒濕周痹。惡瘡不瘳，熱氣傷中，恚怒，陰痿，失溺，關節老血，老人五緩，正以苦能燥濕，甘入脾而益血，故悉主之。甄權又主冷風𤸷痹，腰腳癱緩不遂，手足驚掣，男子腰痛久冷，腎間有濕，膀胱宿水。日華子主頭旋癎疾，補水臟，堅筋骨，益精明目，中風失音。海藏主肝虚。李氏治白濁，莖中痛，痔漏壞瘡。已上諸證，無非陽明濕熱，流入下焦，客於肝腎所致。此藥祛陽明之濕熱，以固下焦，故能去濁分清，而療下元虛冷，濕邪為病也。

〔主治參互〕得牛膝、木瓜、薏苡仁、黃檗、骨碎補、續斷、杜仲、石斛、生地黃、狗脊，治腰脊痛，強骨節。加术、菖蒲、茯苓，治周痹。同黃耆、生地黃、金銀花、皂角刺、皂莢子、牛膝、木瓜、石斛、薏苡仁、海風藤、白殭蠶、胡麻，治惡瘡久不瘳。同蓮子、茯苓、車前子、木通、澤瀉、牛膝、黃檗、甘草，可分清除濕。《楊氏家藏方》治真元不足，下焦虛寒，小便頻數，白濁如膏，有萆薢分清飲。又楊子建《萬金護命方》云：凡人小便頻數，不計度數，便時莖中痛不可忍者，此疾必先大腑不通，水液只就小腸，大腑愈加乾竭，甚則渾身熱，心躁，如此即重證也。此疾本因貪酒色，積有熱毒，腐物瘀血之類，乘虛流入於小腸，故便時作痛也。不飲酒者，必平生過食辛熱葷膩之物，又因色傷而然。此乃小便頻數而痛，與淋證澀而痛者不同也。宜用萆薢一兩，水浸少時，以鹽半兩同炒，去鹽為末。每服二三錢，水一盞，煎八分，和滓服之。使水道轉入大腸，仍以葱湯頻洗穀道，令氣得通，則小便數及痛自減也。

〔簡誤〕萆薢本除風濕，若下部無濕，陰虛火熾，以致溺有餘瀝，莖中痛，此真陰不足之候也。無濕、腎虛腰痛，竝不宜服。菝葜、土茯苓，與萆薢形雖不同，而主治不甚相遠。李氏疑為一物數種，理或然也。總之皆善除濕、祛風、消水，去濁分清，固下焦元氣，故能興陽道而主諸痹及惡瘡不瘳也。主治及簡誤竝同前。忌茗、醋。

明・倪朱謨《本草彙言》卷六

萆薢　味苦，氣平，無毒。陽中之陰，降也。入足陽明、少陰、厥陰經。《別錄》曰：萆薢生真定山谷，及河、峽、汴東、荊、蜀諸郡皆有之。蘇氏曰：作蔓生，苗葉俱青，葉有三叉，似山薯葉，又似菉豆葉，花有紅黃白數種，亦有無花結白子者。根色黃白多節，三指許大，大如商陸。莖有刺者根白實，莖無刺者根虛軟，軟者入藥最佳。李氏曰：今成德軍所産一種，葉似蕎麥，子有三稜，根似山薯而體硬，又與菝葜少異，幾收采混真。蓋菝葜根作塊赤黃，萆薢根細長淺白，今市肆嘗以土茯苓切片，僞充萆薢，又以萆薢僞充爲狗脊。修治：不拘時月，采根切片，曝乾用。

萆薢：驅風濕，活血氣，朱丹溪蘇痹蹷之藥也。陳月坡稿善治足三陰經風寒濕熱之氣，以致腰背痛强，四肢痿痹，骨節拘攣，通身五緩五急諸證，及脚氣腫痛，重墜難行，或腸風藏毒，血色紅黯，或白帶白濁，精滑淋漓，或周身惡瘡，延蔓不已，凡一切風濕穢毒留滯之疾，此藥去濁分清，活利血氣，并能治之。顧萆薢之名，宜于身之下部，更宜于痹閉不通之疾也。若下部無濕疾，陰虛火熾，溺有餘瀝，莖中作痛，并腎虛腰痛，此真陰不足之候也，并不宜服。

王紹隆先生曰：天地解而雷雨作，雷雨作而百果草木皆甲坼，萌蘖自內，解孚從外也。萆薢主經脉勁强于外。指痿痹拘攣之疾。致關機失利于內。指濁帶淋漩之疾。分理陽明濕熱流入下焦，客于肝腎諸證，力能解而通之。

王自薇先生曰：小便頻數，莖中澀痛，其原有二：如房勞過多，精道虛竭而然者，以知柏地黃湯加麥冬、甘草治之。如强忍慾事，情鬱不發，敗精瘀腐，壅結精道而然者，以萆薢一兩，煎飲立安。

集方：方龍潭共三方治風寒濕熱之氣，病腰背痛强，足膝痹軟，或腰背痹軟，足膝痛强。用真川萆薢一觔，杜仲、蒼朮、枸杞子、黃柏各四兩，俱酒洗炒，研爲末。每旦，白湯調服三錢。○治通身筋脉五緩、緩，弛懈無力，即今之痿疾也。五急，急，拘攣不舒，即今之痹疾也。四肢不能舉動。用萆薢一觔，酒洗炒，黃柏鹽水炒，白朮土拌炒，薑黃童便拌炒，各四兩，俱研爲末。每旦服四錢，白湯調服。如胃强能食者，加威靈仙酒炒四兩。爲末和入。○治脚氣腫痛不能動履，不論寒熱虛實，久病暴發皆可。用萆薢五錢，黃柏、蒼朮、牛膝、木瓜、猪苓、澤瀉、檳榔各二錢，水二大碗，煎一碗，每日食前服一劑。○孫尚方治腸風藏毒，血色或紅或黯。用川萆薢、貫仲各一兩，柿餅一箇，蒼朮五錢，水煎，食前服。○《方脉正宗》共四方治男子白濁，婦人白帶久不愈。用萆薢三錢，金櫻子五錢，白朮、蒼朮各二錢，甘草一錢。如白帶，本方加當歸、川芎各二錢；如白濁，本方加淡竹葉、牛膝各二錢，水煎，食前服。○治遺精夢泄。用萆薢子、金櫻子、龍骨煅、牡蠣煅各五錢，共研末，和勻，每早服三錢，白湯送。○治通身惡瘡。用萆薢四兩，紫花地丁三兩，半枝蓮、連翹、甘菊花、荊芥、生地黃各二兩，蒸酒飲。○治白濁頻數，漩出稠濁，澄下如膏，或龜頭浸漬濕爛，乃真元不足，下焦虛寒。用萆薢五錢，石菖蒲、益智仁各三錢，烏藥一錢，食鹽五分，水煎服。

明・顧逢柏《分部本草妙用》卷七兼經部・性平

萆薢　甘，平，無毒。主入胃肝腎三經。薏苡為使，畏葵根、大黃、前胡、柴胡、牡蠣，忌羊肉。主治：腰脊痛，風寒濕痺，陰痿失溺，膀胱宿水。補腎，堅筋骨，益精明目，痔瘻壞瘡。楊子建曰：小便頻，莖內痛，必先大腑熱閉，水液只就小腸，大腑愈加乾竭，甚則身熱心躁。因貪酒色，積有腐物，瘀血隨虛入于小腸，故痛。不飲酒者,必過食辛熱葷膩,又因色傷而然。此便頻與淋症澀痛者不同,宜萆薢一兩,水浸少時,鹽五錢炒,去鹽為末,每服二錢,水一盞,煎八分,和滓服,使水道轉入大腸,仍以葱湯頻洗穀道,令氣得通,則便數痛頓減也。時珍曰:厥陰主筋,屬風,陽明主肉,屬濕。萆薢去風濕,所以治諸證之屬風濕者。夫腎受土邪,則水衰,肝挾相火而淩土濕,得萆薢以滲濕,土安其位,而水不受侮矣。〇萆薢、菝葜、土茯苓,三物形雖不同,主治相倣,豈一類數種乎?菝葜,孫真人元旦飲之,以辟邪。屠蘇酒中亦用之,功與萆薢彷彿。

明·李中梓《醫宗必讀·本草徵要上》 萆薢味苦,平,無毒。入胃、肝二經。薏苡為使,畏葵根、大黃、柴胡、前胡。 主風寒濕痹,腰膝作痛,既可去膀胱宿水,又能止失溺便頻。主用皆祛風濕,補下元。楊子建曰:小便頻,莖內痛,必大腑熱閉,水液只就小腸,大腑愈加燥竭。因強忍房事,有瘀腐壅於小腸,故痛。此與淋證不同,宜鹽炒萆薢一兩煎服,以葱湯洗穀道即愈。腎受土邪則水衰,肝挾相火,來復母仇,得萆薢滲濕,則土安其位,水不受侮矣。按:萆薢本除風濕,如陰虛火熾,溺有餘瀝,及無濕而腎虛腰痛皆禁。菝葜、土茯苓,與萆薢雖不同,主治相倣。總之,除濕祛風,分清去濁,惡瘡化毒,又能補下焦。忌茗、醋。

明·鄭二陽《仁壽堂藥鏡》卷一〇下 萆薢 《經》云:萆薢生河、陝、荊、蜀者佳。 味苦、甘,性平,無毒。 入胃、肝、腎三經。薏苡為使。畏葵根、大黃、柴胡、前胡、牡蠣,忌牛肉。《經》云:腰脊痛,風寒濕痹,惡瘡。隱居曰:主陰痿失溺。甄權曰:腰痛久冷,膀胱宿水。大明曰:補水臟,堅筋骨,益精明目。楊子建曰:小便頻,莖內痛,必先大腑熱閉,水液只就小腸,大腑愈加乾竭,甚則身熱,心躁思涼水,如此即重證也。此疾本因貪酒色,積有腐物瘀血,隨虛入於小腸故痛。不飲酒者,必過食辛熱暈膩,又因色傷而然,此便頻而痛,與淋症澁而痛者不同。宜萆薢一兩,水浸少時,鹽半兩同炒。去鹽為末,每服三錢,水一盞,煎八分,和滓服,使水道轉入大腸。仍以葱湯頻洗穀道,令氣得通,則小便數及痛自減也。時珍曰:厥陰主筋,屬風,陽明主肉,屬濕。萆薢去風濕,所以治諸病之屬風濕者。萆薢、菝葜、土茯苓三物,形雖不同,主治相倣,豈一類數種乎?按:腎受土邪則水衰,肝挾相火而淩土濕,得萆薢以滲濕,則安土其位,水不受侮矣。《廣利方》:萆薢療丈夫脚腰痹,緩急行履不穩者,合杜仲等分煎服。又名冷飯團。治楊梅瘡,愈而復發,或結毒筋骨。痛用萆薢三兩,皂角刺、牽牛各一錢,水六碗,煎一半,溫服,不數劑瘥。

明·蔣儀《藥鏡》卷三平部 萆薢 苦以燥濕,則風熱不生,而膀胱水自去。甘以益血,則榮衛相和,而遍體頑麻可醫。若下部風濕,因而腎虛,以致腰疼者宜服。倘陰虛火熾,因而溺瀝,以遺莖痛者勿咀。去濁分清,可療白濁。

明·李中梓《頤生微論》卷三 萆薢 味苦、甘,性平,無毒。入胃、肝、腎三經。薏苡仁為使。畏葵根、大黃、柴胡、前胡、牡蠣,忌牛肉。主風寒濕痺,腰膝作疼,去膀胱宿水,止失溺便頻。按:萆薢主用皆祛風濕,補下元。楊子建曰:小便頻,莖內痛,必大腑熱閉,水液只就小腸,大腑愈加燥竭;因強忍房事,有瘀腐壅於下焦,故痛。此與淋症不同,宜鹽炒萆薢一兩,煎服,以葱湯洗穀道即愈。腎受土邪則水衰,肝挾相火而淩土濕,得萆薢以滲濕,則土安其位,水不受侮矣。

明·張景岳《景岳全書》卷四八《本草正》 萆薢 味微甘而淡,氣溫。能溫腎去濕,理陰痿陰寒,失溺白濁,莖中作痛,及四肢癱瘓不隨,周身風濕惡瘡。性味純緩,用宜大劑。

明·賈九如《藥品化義》卷一二濕藥 萆薢 屬陽中有微陰,體乾而實,色白,氣和,味甘帶苦,性涼,能降,力除濕,性氣與味俱薄,入脾胃二經。萆薢性味淡薄,長於滲濕,帶苦亦能降下,主治風寒濕痹,男子白濁,莖中作痛,女人白帶病,由胃中濁氣下流所致,以此入胃驅濕,其症自愈。又治瘡瘍惡厲,濕鬱肌腠,榮衛不得宣行,致筋脈拘攣,手足不便,以此滲脾濕,能令血脈調和也。

明·盧之頤《本草乘雅半偈》帙五 萆薢《本經》中品 氣味:苦,平,無毒。

主治:主腰脊痛強,骨節風,寒濕周痹,惡瘡不瘳,熱氣。

覈曰:萆薢,一名赤節,一名百枝。出真定山谷,及河、陝、汴東、荊、蜀諸郡。作蔓生,苗葉俱青。葉有三叉,似山薯葉,又似綠豆葉。花有紅、黃、白數種,亦有無花結白子者。根黃白多節。三指許大。大者如商陸,莖有刺者,根白實;無刺者,根虛軟,軟者入藥最勝。一種葉似蕎麥,子作三稜,根如山薯而體硬。市肆皆以土茯苓為萆薢,又以萆薢為狗脊者,誤矣。薏苡為之使。畏葵根、大黃、茈胡、前胡、〔牡蠣〕。

先人云：根多枝節，故一名赤節。主關節之疾，甚相當也。顧萆薢之名，更宜于身之下矣。

条曰：萆，覆蔽也；薢，解脱也。風寒濕相合成周痺，覆蔽經脈骨節之外，致腰脊骨節強痛，及惡瘡不瘳熱氣，力可使之解脱。與狗脊功力似同而異，狗脊主關機失利于內，致筋脈勁強于外；萆薢主經脈勁強于外，致關機失利于內。雖咸從脾生，內外之情迥別耳。天地解而雷雨作，雷雨作而百果草木皆甲拆，萌蘖自內，解孚從外也。《雷公炮炙論·序》，一名竹木，亦以其有節也。主治漩多，漩多，即白濁，此風痺客脬，下焦失于決瀆耳，力能通而解之，宜身之下，于此可見。

明·李中梓《本草通玄》卷上　萆薢　苦，平，胃與肝藥也。　搜風去濕，補腎強筋，主白濁莖中痛，陰痿失溺，惡瘡。　入肝搜風，故能理風與筋之病；入胃祛濕，故能理濁與瘡之病。古人稱其攝溺之功，或稱其逐水之效，何兩說相懸耶？不知腎為閉蟄封藏之本，腎氣強旺則自能收攝，而妄水亦無容藏之地。且善清胃家濕熱，故能去濁分清也，楊氏萆薢分清飲，正得此意。

楊子建云：小便頻數無度，莖中痛者，必大腑不通，水液只就小腸，大腑愈加燥竭，甚則躁熱。或因酒色，或因過食辛熱葷膩，則腐物瘀血之類，隨虛入於小腸故也。此乃小便頻數而痛，與淋症澀痛者不同。用萆薢一兩，鹽水炒，為末，煎服。使水道轉入大腸，仍以葱湯頻洗穀道，令氣得通，則小便數及痛自減也。　萆薢與土茯苓形雖不同，主用相彷，豈一類數種乎？　鹽水拌炒。

清·顧元交《本草彙箋》卷四　萆薢　性味淡薄，長於滲濕。帶苦，亦能降下。主治風寒濕痺，男子白濁，莖中作痛，女人白帶，病繇胃中濁氣下流所致者，以此入胃驅濕。又瘡瘍惡癘，濕鬱肌腠，營衛不得宣行，致筋脈拘攣，手足不便者，亦用此滲脾濕，而血脈自調。

萆薢蔓生，葉似菝葜，而大如碗，根長硬大者，如商陸而堅。今人或以土茯苓爲萆薢，誤也。菝葜，即金剛根，極堅，而有尖刺，葉頗近王瓜，故有黄瓜草之名。菝葜、土茯苓與萆薢，形雖殊，而主治不相遠。

白濁頻數，漩面如油，澄下如膏者，迺真元不足，下焦虛寒，萆薢分清飲主之。萆薢、石菖蒲、益智仁、烏藥等分，入鹽一捻，煎服，效即止。凡小便頻數，便時莖中痛不可忍者，此疾必先大腑不通，水液只就小腸，大腸愈加乾竭，甚則身熱心煩，此重候也。本因酒色過度，積有熱毒、腐物、瘀血之類，乘虛入於小腸，故便時作痛。不飲酒者，必平生過食辛熱葷膩之物，又因色傷而然，乃小便頻數而痛，與淋症澀而痛者不同，宜萆薢一兩，水浸少時，以鹽半兩同炒，去鹽，爲末，每服二三錢，水一盞，煎八分，和滓服之，使水道轉入大腸，仍以葱湯頻洗穀道，令氣得通，則小便數及痛自減。

腸風痔漏，用如聖散，萆薢、貫衆等分，爲末，每服三錢，空心溫酒送下。

清·穆石匏《本草洞詮》卷一〇　萆薢　味苦甘，氣平，無毒。入足陽明、厥陰經。治腰脊痛，強骨節，療風寒濕周痺，白濁，陰中痛，痔瘻壞瘡。蓋足厥陰主筋，屬風。足陽明主肉，屬濕。萆薢之功，長于去風濕，所以能治諸病之屬風濕者。雷斅云：囊皺漩多，夜煎竹木。竹木，萆薢也。漩多白濁，皆是濕氣下流。萆薢能除陽明之濕而固下焦，故能去濁分清。楊倓有萆薢分清飲，正此意也。楊子建謂小便頻數，莖內痛不可忍者，必先大腑祕熱不通，水液只就小腸，大腑愈加乾竭，其則身熱心躁，此重證也。此小便數而痛，與淋證澀而痛者不同，宜用萆薢一兩，以鹽半兩，同炒，去鹽為末，每服二錢，水煎和渣服之，使水道轉入大腸，仍以葱湯頻洗穀道，令氣得通則愈。

清·劉雲密《本草述》卷一一　萆薢《仙製本草》：味苦，甘，氣平，無毒。薏苡為之使。

時珍曰：萆薢蔓生，葉似菝葜而大，如盌，其根長硬，大者如商陸而堅。今人皆以土茯苓為萆薢，誤矣。莖、葉、根、苗皆不同。

根　氣味：苦，平，無毒。《別録》曰：甘。

諸本草主治：腰脊痛強，寒溼周痺《本經》。冷風㿗音頑，手足麻痺也。痺，腰脚癱緩不遂甄權。老人五緩，關節老血《別録》。骨節風《本經》。並治陰痿失溺《別録》。久冷，腎間有膀胱宿水甄權。治白濁，莖中痛時珍。補水臟，堅筋骨，益精明目日華子。好古曰：補肝虛。

方書主治：中風，虛勞惡寒，喘，腰痛痺痛，痺著痺痿，脚氣，鶴膝風攣，不能食，消癉，小便數，赤白濁疝。

時珍曰：萆薢，足陽明、厥陰經藥也。厥陰主筋，屬風。陽明主肉，屬溼。萆薢之功，長於去風溼，所以能治緩弱㿗痺、遺濁諸病之屬風溼者。雷斅《炮炙論·序》云：囊皺漩多，夜煎竹木。竹木，萆薢也。漩多白濁，皆是溼氣下流，萆薢能除陽明之溼，而固下焦，故能去濁分清。楊倓《家藏方》治真元不足，下焦虛寒，小便頻數，白濁如膏，有萆解分清飲，正此意也。　希雍曰：萆薢得火土之氣，而兼禀乎天之陽氣，故味苦甘平，無毒。陽中之陰，降也，入足陽明、少陰、厥陰。其所治諸證，無非陽明溼熱流入下焦，客於肝腎所致也。更療下元虛冷，溼邪為病。

得牛膝、木瓜、薏苡仁、黃蘗、骨碎補、續斷、杜仲、石斛、生地黃、狗脊，治腰脊痛，强骨節。加术、菖蒲、茯苓，治周痺。同蓮子、茯苓、車前子、木通、澤瀉、牛膝、黃蘗、甘草，可分清除溼。

愚按：萆薢之用，在《本經》主其治腰脊痛，强骨節，風寒溼周痺，即《別錄》、甄權所主諸病，大都不越於外之寒溼，內之虛冷以為因，而所患居下焦固多也。然愚簡方書，其用此以療諸患而逐隊於羣劑者，猶有可商也。詳所主治或因陽虛而病寒溼，如中風之換腿丸；或陽虛而陰血不化，如風證之獨活散；或下之陽虛而病勞有天真丹；或元陽虛弱而惡寒，有神殊丹；或腎元衰憊而喘逆，有安腎丸；或腎元虛冷而腰脚痛，有立安丸；或腎肝冷痺而脚膝疼，有巴戟天湯。或如著痺之續斷丸，因陽虛而得溼，即以滯血者也。或如鶴膝風之經進地仙丹，因腎氣虛憊，風溼流注而患此者也。又如鹿茸橘皮煎丸，治元陽大衰而脾胃俱困者也。更如喝起丸，治小腸冷氣而病於似疝痛者也。凡此雖外邪之有無自殊，而陽虛之微甚攸分，皆與《本經》及《別錄》、甄權之主治，其揆一也。苐有屬陰氣不足，較與陽氣之虛，殊有不同，乃亦用草薢以合所宜之藥，如痿證之金剛丸及牛膝丸，又攣證之續斷丹，腰痛之虎骨散，是也。夫陰氣與陽氣有異，故先哲之投劑，不能滾同，然何以同用萆薢，則其義宜条也。又寧唯是有陰血虛甚，而陽僭於上，是與陽虛之證固分道而馳矣。乃如中風之天麻丸及愈風丹，雖則大補其陰血，與補陽者懸殊，苐何以亦用萆薢也？如斯微義豈得不精研乎？蓋此味專主足三陰，而三陰乃足三陽之化原，似乎能化陰以導陽，而轉其生化之樞者也。如陽虛則陰必實，補陽者藉其能化陰，而導陽以達，豈非的劑？至於陰氣之不足，不能遽投補陽也，亦唯大益陰氣耳，補陰氣而不借其化陰者，以導於陽，則陰氣不暢，有其導之歸陽，則陰氣乃益暢矣。更如補陰血之大劑，不有此化陰導陽者，則驟補之陰血，毋乃與亢陽相扞格乎？故亦須之以轉其機也。如天麻丸及愈風丹，俱大補陰血，而一則少用附子，一則少用肉桂，豈非通經活血，俾陰之不格於陽乎哉？以此思萆薢之功，功可知矣。即此義推之，則有陽虛而微兼乎陰之虛，如消癉之蓯蓉丸；有陽虛而兼以陰虛有滯，如攣證之防風散；有陰氣之虛，而并元陽亦虛，如痿證之煨腎丸；更有陰氣陰血俱不足，而兼事補益，如脚氣之十全丹；是皆可以化陰導陽之義，而變化推之者也。至於消癉之白茯苓丸，清胃熱與益腎陰並投，又如赤白濁之小温金散，益心腎之陽，而清虛中之熱，皆須此味，豈非陰陽轉化之微，不徒在寒而並及熱乎？苐統以上諸證，惟舉一隅耳。然悉諸本草所未發，就兹以盡其變，致其用不既多乎哉？或曰萆薢固足三陰藥，而海藏正云補肝虛也，謂何？曰：腎為至陰，脾為太陰，而肝則陰中之少陽，《經》所謂一陰為樞者，固化陰導陽之樞機也。兹物或稟陰中之陽，故能使風木之化，得達木火之用有地，而海藏乃謂其補肝虛乎？肝之下合於任，上會於督者，不謂兹物亦能助其氣化也。世醫舉言萆薢能分清濁，而不知其即此化陰導陽之功。蓋陰化則清升，陽導則濁降，即此一味，獨用能止小水之數，又能療小水數而莖中痛，是非其化陰而清升者，乃所以止便數，導陽而濁降者，乃所以療莖痛乎？獨怪方書有謂其止除陽明之溼者，固已不察，而更以為除溼熱之用也。不同說夢哉？

又按：《本草》所主諸證，皆屬陽虛而陰不化，其受病在血分，其本固責於木火之不達也。如骨節風一證正坐此，即所謂痛風。風屬陽病，《經》所云陽病發於陰也。

附方　楊子建《護命方》云：凡小便頻數，不計度數，便時莖中痛不可忍者，此疾必先大腑不通，水液只就小腸，大腑愈加乾竭，甚則渾身熱，心躁，如此即重證也。此疾本因貪酒色，積有熱毒、腐物、瘀血之類，乘虛流入於小腸，故便時作痛也。不飲酒者必平生過食辛熱葷膩之物，又因色傷而然。此乃小便頻數而痛，與淋證濇而痛者不同也。宜用萆薢一兩，水浸少時，以鹽半兩，同炒，去鹽，為末，每服二三錢，水一盞，煎八分，和滓服，使水道轉入大腸，仍以葱湯頻洗穀道，令氣得通，則溺數及痛自減也。

希雍曰：萆薢本除風溼，若下部無溼，陰虛火熾，以致溺有餘瀝，莖中痛，此真陰不足之侯也。無濕腎虛腰痛，並不宜服。

修治　出川中虛軟者佳。又云：其根細長淺白者真。酒浸一宿，焙乾。

按：蘇恭言莖有刺者，根白實無刺者，根虛軟，二者取軟也。蘇頌言根黃白色，多節，三指許大。又時珍所云：其根長硬，大者如商陸而堅，是其根固硬也。虛軟不足據，長而有大者，且多節，雷公所以云竹木也。細與淺白之說，亦惡足以求之。

者。如痿症之金剛丸、牛膝丸，攣症之續斷丹，腰痛之虎骨散是也。夫陰氣與陽氣有異，故投劑不能滾同，何以統用萆薢？且有陰血虛甚而陽僭於上，是與陽虛之證分道而馳矣，乃如中風之天麻丸、愈風丹，雖大補其陰血，與補陽懸殊，而卒亦需夫萆薢之用，其故安在？蓋此味專主足三陰肝脾腎，為足三陽膽胃膀胱之化原，似能化陰以導陽，而轉其生化之樞者。如陽虛則陰必實，補陽者藉其能化陰而導陽以達，固為的劑。至於陰氣之不足，不能遽投補陽也，亦惟大益陰氣耳。補陰氣而不借其化陰者以導於陽，則陰氣不暢。更如大補陰血之劑，不有此化陰導陽者，則驟補之陰血，毋乃與亢陽相扞格，故亦須之以轉其機也。如天麻丸、愈風丹，大補陰血，而一則少入附子，一則少佐肉桂，皆欲其通經活血，俾陰之不格於陽耳。即此以推，則有陽虛而微兼陰虛，如消痺之蓯蓉丸，有陽虛有兼陰虛有滯，如攣症之防風散，有陰氣虛而并元陽亦虛，如痿症之煨腎丸，更有陰氣陰血俱不足而兼事補益，如脚氣之十全丹，皆可以化陰導陽之義求之也。至於消癉之白茯苓丸，清胃熱與益腎陰並投，又如赤白濁之小溫金散，益心腎之陽而清虛中之熱，皆須此味，豈非陰陽轉化之微，不徒在寒，而並及於熱乎。夫萆薢固足三陰藥，海藏止云補肝虛，何也？蓋腎為至陰，脾為太陰，而肝則陰中之少陽，《經》所謂一陰為獨使者，固化陰導陽之樞機也。茲物或稟陰中之陽，能使風木之化得達，木火之用有地，故海藏遂謂其補肝虛乎。《本草》所主諸症，皆屬陽虛而陰不化，其受病在血分，其本固責於木火之不達也。肝之下合於任，上會於督者，不謂茲物能助其氣化也。世醫知萆薢能分清濁，而不知其即此化陰導陽之功，以陰化則清升而便數可止，陽導則濁降而莖痛可除，護命方治溺數莖痛，所以一味獨用耳。

下部無濕，陰虛火熾者，不宜服仲淳。

修治：其根細長淺白而虛軟者佳，酒浸一宿，焙乾用。

清·鄒澍《本經續疏》卷四 萆薢 【略】或謂劉潛江於萆薢約化陰導陽四字為宗旨，推而廣之，誠得左右逢源之妙。不知萆薢者，何以為化陰導陽？而《本經》《別録》所主，何因可以化陰導陽愈也？予維能化陰者，以其或不花而實也。能導陽者，以其根多節也。夫物之與氣，必相感化而發，又必相感化而藏。感化之候，即其極榮之際，草木當花非其時乎？而萆薢者，不硜硜於花，亦不硜硜於不花，即花亦其色不一，均無礙得成歸根復命之實，味苦秉火，氣平秉金，金火相媾，其所趨向，蓋不問可知，其必在陰矣。何況節之義為陽出於陰，陽阻於陰而終能上出，又且迭出迭微，陰陽因得相稱，是其象明著於節卦，猶不可為趨於陰而化導於陽而伸證耶。是故化陰能使陰氣化也，導陽能使陽氣伸也。腰背痛，骨節不強，陰痿失溺，老人五緩，非陰不化而陽不伸乎？風寒濕周痹及惡瘡不瘳之熱氣，傷中恚怒，關節老血，非陽不伸而陰不化乎？若恃他物，則化陰者未必能導陽，導陽者未必能化陰，縱兼取而竝收焉，亦已彼此各效其長，而不能一氣聯絡矣，又何以利機緘調緩急耶？惟導陽即以化陰，化陰即以導陽，斯視陰陽如一氣，平偏側為太和，而止者自行，行者自利矣。善夫潛江之言！謂萆薢為足三陰藥，而足三陰即足三陽化原，如陽虛則陰必實，能化陰而導陽以達，詎非補陽之助乎？若陰亦不足，難遽補陽，亦惟益其陰氣，而借化陰者以導於陽耳。更如益血而不有此以化陰導陽，則驟補之血，不將與亢陽扞格乎？故亦須是以轉其樞。蓋腎為至陰，脾為太陰，而肝則陰中少陽經。所謂一陰為樞者，固化陰導陽之關鍵也。即如後世咸謂此能分清濁。夫陰化則清升，陽導則濁降，故能止小水之數，又療小水數而莖中痛。是非其化陰而清升者，乃所以止便數，導陽而濁降者，乃所以療莖中痛乎？然又何以見其入足三陰也？夫有花有實有莖有葉，而獨用其根，故有以知取其入下矣。況莖有刺者，根白實。莖無刺者，根虛輭。而虛輭者為勝，不更可知取其鬆發於內，而條帖於外哉。抑其團結於下，而扶疏於上，又確然其根與莖之概。且葉必三叉，則其底裏之具於中，效驗之著於外，舍足三陰其孰克似之，其化陰而不致陰虧，導陽而不使陽亢，亦於此可尋其端矣。

清·葉桂《本草再新》卷三 萆薢味苦，性平，無毒。入肝、胃二經。祛風濕，固下焦，治風寒濕痺，腰痛遺濁。

清·趙其光《本草求原》卷四蔓草部 萆薢 甘平入胃主升。而苦。導心火歸腎。能化陰、胃陰升則濕化。導陽以固下焦，火歸則下固。而治風。陰升陽降，則肝風不作。主腰脊痛，強筋骨，寒濕周痹，頑麻癱緩，皆除風去濕之效。益精、明目，陰化則精生。陰痿失溺，腎無濕擾，則自然收攝。腳氣，鶴膝風攣，陰化則陽暢。痔瘻惡瘡。濕着之病。腎間久冷，關節老血，膀胱宿水，白濁莖痛，導陽則陰濁隨陽下降。

總觀主治，悉屬陽虛陰不化，而濕滯於血之病，藉其土火之氣行陽力、利關節，助健運也。若陰虛無濕及元氣下陷，以致精滑、尿頻、莖痛、腎虛腰痛者勿用，以其性溫，不利於陰也。然古方於陰陽並虛，如攣症之防風散，痿症之煨腎丸並皆用之；即陰虛、陽浮，如中風之天麻丸、愈風丹，大補陰血亦嘗用之，一則兼佐附子，一則兼佐玉桂。蓋補陰而更佐化陰，則陰益暢；退陽而佐以導陽，則陽不拒，乃為妙手。世徒以其利濕分清濁，固不解此義，或更以為治濕熱，不且夢夢耶？

色白虛軟者良。黃赤長硬者為菝葜。

菝葜　亦主腰寒痛風痹，除濕利水，堅筋骨。

但土萆薢與菝葜相似，或曰：萆薢亦有堅者，但壯大多節，色白。菝葜莖有刺，色黃。酒浸焙用。苡仁為使。畏大黃、柴胡、前胡。忌茗、醋。

清・葉志詵《神農本草經贊》卷二　萆薢　味苦，平。主腰背痛，強骨節，風寒濕周痹，惡創不瘳，熱氣。生山谷。

百枝赤節，質異名仍。花研眾采，葉鏤三稜。春秋分擷，虛實搜徵。金根鐵角，味辨淄澠。

吳普曰：一名百枝。名醫曰：一名赤節，與狗脊同名。二月、八月采根。蘇頌曰：花有黃、紅、白三種，葉作三叉。蘇恭曰：此有二種，莖有刺者根實，無刺者根虛。軟為勝。《博物志》：菝葜與萆薢相亂。李時珍曰：菝葜，江浙人謂之金剛根，楚人謂之鐵菱角。《列子》：口將爽者先辨淄澠。

清・文晟《新編六書》卷六《藥性摘錄》　（萆）〔萆〕薢　味苦，氣平。祛肝風，除胃熱。〇凡大便燥結，小便頻數，每於小便時痛不可忍者，以鹽水炒二兩，研末，每服二錢，仍以葱湯頻洗穀道，漸效。〇並治痹痛腰冷，膀胱宿水，與陰痿失溺，痔痛惡瘡。〇薏苡仁為使，畏大黃、前胡、柴胡，忌茗、醋。

清・劉東孟傳《本草明覽》卷二　萆薢　【略】按：世之淫人，多病楊梅瘡。劑用輕粉，愈而復發，久則肢體拘攣，變為癰漏。用萆薢三兩，或加皂角刺、牽牛各一錢。水六碗，耗一半，溫三服，不數劑多瘥。原因水衰，肝挾相火凌土，土屬濕，主肌肉，濕熱鬱于肌腠，故為癰腫。《經》曰濕氣害人皮肉筋脉是也。萆薢味甘淡，去脾濕，〔濕〕去則榮衛壯，筋脉柔，肌肉長，而拘攣癰腫漏並愈，亦此理也。初病服之不效者，火盛而濕未鬱。萆薢長于去濕，而劣于去火。病久則火已衰而氣已耗，氣耗則濕鬱矣。用茲去濕，故效也。

清・張仁錫《藥性蒙求・草部》　萆薢二錢、三錢　萆薢味苦，風寒濕痺。腰脊冷疼，濕熱壅氣。甘、苦，性平。入肝、腎、胃三經。祛濁分清，以固下焦而堅筋骨。治陰萎失溺，莖痛遺濁諸病，皆陽明濕熱流入下焦。得杜仲治腰脚痺軟，得石菖蒲、益智治白濁頻數。有黃、白二種，白者名粉萆薢，較良。

清・戴葆元《本草綱目易知錄》卷二　萆薢　甘、苦，性平。入足陽明、厥陰經。厥陰主筋，屬風。陽明主肉，屬濕。功耑祛風去濕，故能去濁分清，以固下焦而治緩弱，瘰痹遺濁。惡瘡諸病之屬風濕者，補肝虛，堅筋骨，益精明目。治中風失音，頭旋癇疾，腰脊痛，強骨節風寒濕周痹，癱瘓不遂。男子腰疼久冷，腎間有膀胱宿水。老人五緩，關節老血，冷風瘰痹，陰痿失溺。傷中恚怒，白濁莖中痛，痔瘻壞瘡。忌茗、醋。

清・黃光霽《本草衍句》　萆薢　味苦入肝祛風，性平入胃除濕。補肝虛而堅筋骨，明目益精。固下焦以縮小便，陰痿遺濁。能除濁分清，古有萆薢分清飲。治風寒濕痺，腰背冷痛；逐關節久結，老血惡瘡。去膀胱宿水，引水歸入大腸，以通穀道。止失瀝便頻，便時時痛不可忍，流入小腸。凡小便頻，莖內痛，必大腸熱閉，水液只就小腸，大腸愈加燥竭，因強忍房事，有瘀腐壅於下焦，故痛與淋症澀痛不同，宜鹽炒萆薢一兩，煎服，以葱湯洗穀道，則愈。既能逐水之功，復有攝精之力。得杜仲治脚腰痺軟，得石菖蒲、益智仁治白濁頻數。白濁頻數，漩面如油，澄下如膏，乃真元不足，下焦虛寒，用萆薢分清飲，萆薢、菖蒲、益智仁、烏藥等分，入鹽煎服。

清・戈仁壽《神農本草經指歸》　萆薢氣味苦，平，無毒。主治腰脊痛，彊骨節，風寒濕痹，惡瘡不瘳，熱氣《別錄》。

釋名赤節。時珍曰：萆薢名義未詳。愚按：萆從卑，薢從解，命名萆薢，此草氣味能解卑下之濕。苦稟夏令火味，主降，偏上陽氣，平稟秋令金氣，主收聚，陽氣內藏，戊土藏中無偏也。陽氣內藏，卑下水陰得陽氣運行，水濕之陰即解，故有此名。腰脊，屬半表經道中也。陽氣偏上不內藏，土水藏中，溫生其陰，從子。辰左開半表，腰脊之陰，失陽氣溫通而痛，骨節之陰失陽氣健運而彊。以萆薢苦平氣味，下降陽氣，內藏戊土，藏中土中水陰得陽氣溫運，從子，辰中左開，腰脊中陰得陽通，其腰脊不痛。骨屬水藏，水藏中之陰得陽氣溫運，骨節之陰亦得陽氣健運而彊，曰萆薢氣味苦平無毒，主治腰脊痛，彊骨節。風，陽氣也。寒濕，陰氣也。陽氣偏上，陰濕偏下，不能得陽氣流徧周身，陰氣閉塞不開而痛。以萆薢苦平氣味降偏上之陽氣，收聚陽氣，內藏戊土，藏中偏下，陰濕之氣得陽氣運行，而閉開痛除，曰風寒濕痹。癰瘍久患不愈，而為惡瘡，得陽氣內藏。戊土藏中，陰濕之氣流行，瘡口敗肉可除，新肉可生，惡瘡可愈。陽氣內藏。戊土藏中，外之熱氣自解，曰惡瘡不瘳，熱氣。

清・陳其瑞《本草撮要》卷一　萆薢　味苦，入足陽明、厥陰經，功專去風濕。得杜仲治腰脚痹軟，得石菖蒲、益智仁治白濁頻數莖痛。薏苡為使。畏大黄、柴胡、前胡，忌茗、醋。

清·周巖《本草思辨録》卷二 萆薢 用根，取其入腎。莖葉俱青，葉作三叉，則入肝。根黄白色，則入肺胃。根多節而虚軟，則能化陰伸陽而治痹。風寒濕之在腰背骨節而痛强者，陰不化也，以萆薢達之而陰化。風寒濕之為陰痿、為失溺、為老人五緩者，陽不伸也，以萆薢導之而陽伸。後世以萆薢為分清泌濁之劑，亦由陰化陽伸而後清升濁降。即止小便數、除莖中痛，均不出是義耳。

化陰非能益陰，伸陽非能助陽。蓋萆薢者，所以驅風寒濕也。萆薢味苦則發，氣平則降。力能外拓而性復下趨，故驅風寒濕而解之於至卑。此所以謂萆薢也。

萬年藤

清·吴其濬《植物名實圖考》卷一九 萬年藤 産建昌山中。蔓生硬莖，就莖兩葉對生，圓如馬蹄有微尖，横直細紋，梢葉有缺，頗似白英；赭根長尺許，圓節。俚醫以洗瘡毒，滋陰生凉。

大打藥

清·吴其濬《植物名實圖考》卷一九 大打藥 産建昌山中。蔓生，緑莖，紫節如竹，一葉一鬚；鬚赭色；葉圓大如馬蹄有尖，緑潤疎紋；赭根長一二尺餘。俚醫以治打傷，取根一段煎酒服。

錦地羅

明·李時珍《本草綱目》卷一三草部·山草類下 錦地羅《綱目》

【集解】時珍曰：錦地羅出廣西慶遠山巖間，鎮安、歸順、柳州皆有之。根似萆薢及栝樓根狀。彼人頗重之，以充方物。

根 【氣味】微苦，平，無毒。【主治】山嵐瘴毒瘡毒，並中諸毒，以根研生酒服一錢匕，即解時珍。

清·蔣居祉《本草擇要綱目·平性藥品》 錦地羅 氣味：微苦，平，無毒。主治：山嵐瘴毒瘡毒，并中諸毒，以根研生酒服一錢匕，即解。

清·黄元御《玉楸藥解》卷八 錦地羅 味苦，氣平。入手少陰心經。消腫解毒，兼解瘴癘。錦地羅治瘴氣癘毒，一切飲食諸毒。生研酒服，塗抹皆效。

清·吴其濬《植物名實圖考》卷八 錦地羅 《本草綱目》始著録。生廣西慶遠、柳州。根似萆薢，治山嵐瘴氣、瘡毒。

清·趙其光《本草求原》卷三隰草部 錦地羅 生於濕地，花有紅、白，分治紅白痢，解枳毒，俱同豬肉煮。理疳積。作茶飲。淡澀，寒。

赭魁

宋·沈括《夢溪筆談》卷二六《藥議》 本草所論赭魁皆未詳審，今赭魁南中極多，膚黑肌赤，似何首烏，切破其中赤白理如檳榔，有汁赤如赭，南人以染皮製韡，閩嶺人謂之餘糧，《本草》禹餘糧注中所引，乃此物也。

宋·唐慎微《證類本草》卷一〇草部下品〔《别録》〕 赭音者魁 味甘，平，無毒。主心腹積聚，除三蟲。生山谷。二月採。

〔梁·陶弘景《本草經集注》〕云：狀如小芋子，肉白皮黄，近道亦有。〔唐·蘇敬《唐本草》〕注云：赭魁，大者如斗，小者如升。藥似杜衡，蔓生草木上。有小毒。陶所説者，乃土卵爾，不堪藥用。梁、漢人名爲黄獨，蒸食之，非赭魁也。〔宋·掌禹錫《嘉祐本草》〕按：《蜀本圖經》云：苗蔓延生，葉似蘿摩，根若菝葜，皮紫黑，肉黄赤，大者輪囷如升，小者若拳，今所在有之。據《本經》云無毒。而蘇云有小毒。又云陶説者，梁、漢人蒸食之，則無毒明矣，乃陶説爲是也。

陳藏器云：按土卵，蔓生，根如芋，人以灰汁煮食之，不聞有功也。

宋·鄭樵《通志》卷七五《昆蟲草木略》 赭魁 俗呼禹餘糧。葉如薯蕷，根如何首烏，儉歲人採之以療飢。陳藏器謂，禹會諸侯，棄糧於地，化為此草。

宋·劉明之《圖經本草藥性總論》卷上 赭魁 味甘，平，無毒。主心腹積聚，除三蟲。

明·劉文泰《本草品彙精要》卷一三 赭魁無毒 蔓生。

赭音者魁：主心腹積聚，除三蟲。名醫所録。【苗】《蜀本》注云：其苗蔓延而生，葉似蘿摩，根若菝葜，皮紫黑肉黄赤，其大者輪囷如升，小者若拳。陶隱居云：狀如小芋子，肉白皮黄，梁漢人蒸食之。《唐本》注云：葉似杜衡，蔓生草木上，大者如斗，小者如升。陶所説者，乃土卵爾，不堪入藥，梁漢人名黄獨，蒸食之，非赭魁也。【地】《圖經》曰：生山谷中，所在有之。【時】生：春生苗。採：二月取。【收】暴乾。【用】根。【質】類芋而大小不一。【色】紫黑。【味】甘。【性】平，緩。【氣】氣厚于味，陽也。【臭】朽。

明·王文潔《太乙仙製本草藥性大全》卷二《本草精義》 赭魁 生山谷，

今所在有之。苗似杜衡，蔓延生葉似蘿藦，根似茂吃，皮紫黑，肉黃赤，大者輪囷者如升，小者若拳。

明・王文潔《太乙仙製本草藥性大全》卷二《仙製藥性》　赭魁　味甘，氣平，無毒。　主治：　主心腹疼痛不堪，除三蟲積聚立下。

明・李時珍《本草綱目》卷一八草部・蔓草類　赭魁《本經》下品。

【釋名】時珍曰：　其根如魁，有汁如赭，故名。魁乃酒器名。　【集解】《别録》曰：　生山谷中。二月采。弘景曰：　狀如小芋，肉白皮黃，近道亦有。恭曰：　赭魁大者如斗，小者如升。蔓生草木上，葉似杜衡。陶所説乃土卵也。土卵不堪藥用，梁漢人蒸食之，名黃獨，非赭魁也。保昇曰：　苗蔓延生，葉似蘿藦，根若菝葜，皮紫黑，肉黃赤，大者輪囷如升，小者如拳，所在有之。時珍曰：　赭魁閩人用入染青缸中，云易上色。沈括《筆談》云：《本草》所謂赭魁，皆未詳審。今南中極多，膚黑肌赤，似何首烏。切破中有赤理如檳榔，有汁赤如赭，彼人以染皮製靴。閩人謂之餘糧。《本草》石部禹餘糧陶氏所引，乃此物也。謹按沈氏所説赭魁甚明，但謂是禹餘糧者，非矣。禹餘糧乃今之土茯苓，可食，故得糧名；　赭魁不可食，豈得稱糧耶？　土卵即土芋也。見菜部。

根　【氣味】甘，平，無毒。恭曰：　有小毒。　【主治】心腹積聚，除三蟲《本經》。

清・趙學敏《本草綱目拾遺》卷七果部上　薯良　形如柚圓，蔓生紅色，浸酒服，能活血《藥性考》。

清・吴其濬《植物名實圖考》卷二二　赭魁　《本經》下品。根形詳沈括《筆談》。

清・吴其濬《植物名實圖考》卷九　薯莨　產閩、廣諸山。蔓生無花，葉形尖長如夾竹桃，節節有小刺；　根如山藥有毛，形如芋子，大小不一；　外皮紫黑色，內肉紅黃色；　節節向下生，每年生一節，野生。土人挖取其根，煮汁染網罾，入水不濡。留根在山，生生不息。《南越筆記》：　薯莨產北江者良，其白者不中用，用必以紅，紅者多膠液。漁人以染罛罾，使苧麻爽勁，既利水，又耐鹹潮，不易腐。薯莨膠液本紅，見水則黑，諸魚屬火而喜水，水之色黑，故與魚性相得。染罛罾使黑，則諸魚望之而聚云。

獨角薯

清・何諫《生草藥性備要》卷上　獨角薯　治疔症，消瘡散毒，敷之。

黃藥子

宋・唐慎微《證類本草》卷一四木部下品〔宋・馬志《開寶本草》〕　黃藥根　味苦，平，無毒。主諸惡腫瘡瘻，喉痹，蛇犬咬毒。取根研服之，亦含亦塗。藤生，高三四尺，根及莖似小桑，生嶺南。今附。

〔宋・掌禹錫《嘉祐本草》〕按：　日華子云：　黃藥，涼。治馬一切疾。

〔宋・蘇頌《本草圖經》〕曰：　黃藥根，生嶺南，今夔、峽州郡及明、越、秦、隴州山中亦有之，以忠、萬州者爲勝。藤生，高三四尺，根及莖似小桑，十月採根。秦州出者謂之紅藥子，葉似蕎麥，枝梗赤色，七月開白花，其根初採濕時紅赤色，暴乾即黃。開州興元府又産一種苦藥子，大抵與黃藥相類。主五藏邪氣，治肺壓熱，除煩躁，亦入馬藥用。春採根暴乾。又下有藥實根條云：　生蜀郡山谷。蘇恭云：　即藥子也。用其核人。《本經》誤載根字，疑即黃藥之實，然云生葉似杏，花紅白色，子肉味酸，此爲不同。今亦稀用，故附於此。孫思邈《千金月令》療忽生癭疾一二年者。以萬州黃藥子半斤，須緊重者爲上。如輕虚，即是他州者，力慢，須用一倍。取無灰酒一斗，投藥其中，固濟瓶口。以糠火燒一復時，停騰，待酒冷即開。患者時時飲一盞，不令絶酒氣。經三五日後，常須把鏡自照，覺銷即停飲，不爾便令人項細也。劉禹錫《傳信方》亦著其效，云得之邕州從事張岧。岧目擊有效。復已試，其驗如神。其方並同，有小異處，惟燒酒候香氣出外，瓶頭有津出即止，不待一宿，火仍不得太猛，酒有灰。

〔宋・唐慎微《證類本草》〕《經驗方》：　治咯血。黃藥、漢防己各一兩，爲末。每服一錢匕，水一盞，小麥二十粒同煎，食後溫服。《斗門方》：　治癭氣。用黃藥子一斤浸洗淨，酒一斗浸之。每日早晚常服一盞。忌一切毒物及不得喜怒。但以線子逐日度癭，知其效。《簡要濟衆》：　治鼻衄不止。黃藥子爲末。每服二錢匕，煎薄膠湯下。良久，以新汲水調麵末一匙頭服之。又方：　傅瘡藥。黃藥子四兩爲末，以冷水調傅瘡上，乾即旋傅之。《兵部手集》：　治鼻衄出血，兩頭不止，謂之血汗，王郎中得方：　以新汲水磨黃藥子一椀，勿令絶稀，頓服立差。

宋・寇宗奭《本草衍義》卷一五　黃藥　亦治馬心肺熱，有功。

宋・王繼先《紹興本草》卷一〇　黃藥　紹興校定：　根世呼為黃藥子是也。性味、主療雖具《本經》，但治瘰癧及癭氣，外用頗驗，大抵收縮之性多矣，當從《本經》味苦、平、無毒是也。産萬州，緊實者佳。

宋・鄭樵《通志》卷七六《昆蟲草木略》　黃藥　即藥實根也。宋武帝患手瘡經年。有沙門與一黃藥，傅即愈。又秦州出者，謂之紅藥子，葉似蕎麥，枝梗赤色。

宋・陳衍《寶慶本草折衷》卷一四　黃藥根紅藥、苦藥在内。〇黃藥子附。

一名黃藥。生嶺南，及忠、萬、夔、峽、明、越、隴、施、秦、開州，興元府山中，藤生。〇十月採根，暴乾。〇其子一名藥實。又云一名囗綻，生蜀郡山谷及通、渝州。

味苦，平，涼，無毒。〇主諸惡腫瘡瘻，喉痹，蛇犬咬毒，取根研服，亦含，亦塗。〇《圖經》曰：忠、萬州者勝。秦州紅藥，初採，濕，赤色，暴乾即黃。開州、興元府苦藥，與黃藥相類。主五藏邪氣，治肺壓熱除煩燥。〇寇氏曰：治馬心肺熱。

附：黃藥子〇味苦、酸、辛，平，無毒。亦用藥實根云。主癭氣，用壹斤，酒壹斗浸之，常服壹盞，忌毒物、喜怒。又治鼻衄，為末，每服貳錢，薄煎膠湯下。又治瘡，為末，冷水調傅。用其核人，以萬州緊重者為上。如輕虛者力慢，須倍用。

明・蘭茂撰，清・管暄校補《滇南本草》卷下　黃藥子　性大寒，味苦。不可入藥，醫馬之良藥也。

明・王綸《本草集要》卷四　黃藥根　味苦，氣平，無毒。主諸惡瘡瘻，喉痹，蛇犬咬毒，取根研服之，亦含亦塗。又治馬心肺熱等疾。

明・滕弘《神農本經會通》卷二　黃藥　藤生，根莖似小桑，其根初採濕時紅赤色，曝乾即黃。味苦，氣平，無毒。《本經》云：主諸惡腫，瘡瘻，喉痹，蛇犬咬毒，取根研服之，亦含亦塗。《局》云：黃藥主除喉痺痛，并攻惡腫及塗瘡。犬蛇傷咬研根服，治馬方中用更良。黃藥，通喉豁痺，主蛇傷，醫馬是神樞。

明・劉文泰《本草品彙精要》卷二〇　黃藥根無毒　蔓生。

黃藥根：主諸惡腫，瘡瘻，喉痹，蛇犬咬毒，取根研服之，亦含亦塗。名醫所錄。

【苗】《圖經》曰：藤生，高三四尺，根及莖似小桑，秦州出者謂之紅藥子。葉似蕎麥，枝莖赤色，七月開白花，其根初採濕時紅赤色，暴乾即黃。開州興元府又產一種苦藥子，大抵與黃藥相類。【地】《圖經》曰：生嶺南，今夔、峽州郡及明、越、秦、隴州山中亦有之。【道地】明州、秦州、施州、興元府、忠萬州者爲勝。【時】生：春生葉。採：二三月、十月取根。【收】暴乾。【用】根。【質】類天花粉，黃而有毛。【色】黃。【味】苦。【性】平，泄。【氣】味厚于氣，陰中之陽。【臭】朽。【主】瘡瘻，喉痹。【製】以水洗去粗皮細毛，剉碎用。【治】療：日華子云：主馬諸病。《圖經》曰：苦藥，主五臟邪氣，肺熱，除煩躁，亦入馬藥用。《別錄》云：鼻衄出血，新汲水磨濃汁服，亦傅疥瘡。【合治】合酒貯瓶内封口，糠火中燒一伏時，待冷，時時飲一盞，療癭疾一二年者。

明・陳嘉謨《本草蒙筌》卷二　黃藥根　味苦，氣平。無毒。藤生三四尺高，莖根與小桑類。萬州屬廣東。者緊重，他處者輕虛。十月採根，外科多用。主咽喉痹塞及諸惡腫毒瘡疽，治蛇犬咬傷併馬走心肺積熱。生擣取汁，亦含亦塗。子肉味酸，消癭甚捷。收須浸酒，日飲數杯。見效即停，不爾項縮。

明・王文潔《太乙仙製本草藥性大全》卷三《本草精義》　黃藥　生嶺南，今夔、峽州郡及明、越、秦、隴州山中亦有之，以忠萬州者爲勝。藤生，高三四尺，根及莖似小桑，十月採根。秦州出者謂之紅藥子，葉似蕎麥，枝梗赤色，七月開白花，其根初採濕時紅赤色，暴乾即黃。開州興元府又産一種苦藥子，大抵與黃藥相類，主五臟邪氣，治肺壓熱，除煩躁，亦入馬藥用，春採根暴乾。又下有藥實根條云：生蜀郡山谷。蘇恭云：即藥子也，用其核仁。《本經》誤載根字，疑即黃藥之實。然云生葉似杏，花紅白色，子肉味酸，此爲不同。

明・王文潔《太乙仙製本草藥性大全》卷三《仙製藥性》　黃藥根　味苦，氣平，無毒。主治：主諸惡瘡瘻，喉痹，蛇犬咬毒，取根研服之，亦含，亦塗。又治馬心肺熱等疾。補註：治咯血，同漢防己各一兩，爲末，每服一錢匕，水一盞，小麥二十粒，同煎服之。治癭氣，用子一斤，洗凈，酒一斗浸之，每日早晚常服一盞，忌一切毒物、喜怒，但以線子逐日度癭效。治鼻衄不止，以子爲末，每服一錢，煎薄膠湯下，良久以新汲水調麵末一匙服之。〇傅瘡藥以子四兩爲末，用冷水調傅瘡，乾又傅之。治鼻衄出血，兩頭不止，謂之血汗。以新汲水磨至濃，止一椀頓服效。

明・皇甫嵩《本草發明》卷四　黃藥根下品。氣平，味苦，無毒。主諸惡腫瘡瘻，喉閉，蛇犬咬毒。取根，研服，且含且塗。又治馬心肺熱等疾。又治鼻紅不止，以新汲水調，或摩服之。嶺南藤生高三四尺，根莖似小桑。

明・李時珍《本草綱目》卷一八草部・蔓草類　黃藥子宋《開寶》。校正：自木部移入此。

【釋名】木藥子《綱目》　大苦《綱目》　赤藥《圖經》　紅藥子時珍曰：按沈括《筆談》云：《本草》甘草注，引郭璞注《爾雅》云，蘦大苦者，云即甘草也。蔓生，葉似薄荷而色青黃，莖赤有節，節有枝相當。此乃黃藥也，其味極苦，故曰大苦，非甘草也。

【集解】頌曰：黃藥原出嶺南，今夔、陝州郡及明、越、秦、隴山中亦有之，以忠州、萬州者爲勝。藤生，高三四尺，根及莖似小桑，十月采根。秦州出者謂之紅藥子，施州謂之赤藥，葉似蕎麥，枝梗赤色，七月開白花，其根濕時紅赤色，暴乾即黃。《本經》有藥實根，云生蜀郡山谷。蘇恭云：即藥子也，用其核仁。疑即黃藥之實，但言葉似杏，其花紅白色，子肉味酸，此爲不同。時珍曰：黃藥子今處處人栽之。其莖高二三尺，柔而有節，似藤實非藤也。葉大如拳，長三寸許，亦不似桑。其根長者尺許，大者圍二三寸，外褐内黃，亦有黃赤色者，肉色頗似羊蹄根。人皆擣其根入染藍缸中，云易變色也。唐蘇恭言，藥實根即藥子，宋蘇頌遂以爲黃藥之實。然今黃藥冬枯春生，開碎花無實。蘇恭所謂藥子，亦不專指黃藥。則蘇頌所以言，亦未可憑信也。

根 〔氣味〕苦，平，無毒。大明曰：凉。治馬心肺熱疾。 〔主治〕諸惡腫瘡瘻喉痹，蛇犬咬毒。研水服之，亦含亦塗《開寶》。凉血降火，消瘻解毒時珍。

〔發明〕頌曰：孫思邈《千金月令》方：療忽生癭疾一二年者。以萬州黃藥子半斤，須緊重者爲上。如輕虚，即是他州者，力慢，須用加倍。取無灰酒一斗，投藥入中，固濟瓶口。以糠火燒一復時，待酒冷乃開。時時飲一盃，不令絶酒氣。經三五日後，常把鏡自照，覺消即停飲，不爾便令人項細也。劉禹錫《傳信方》亦著其効，云得之邕州從事張岧。岧目擊有効，復試其驗如神。其方並同，惟小有異處，是燒酒候香出外，瓶頭有津出即止，不待一宿，火不可過猛耳。

〔附方〕舊三，新三。 項下癭氣：黃藥子一斤洗剉，酒一斗浸之。每日早晚常服一盞。忌一切毒物，及戒怒。仍以線逐日度之，乃知其効也。《斗門方》。 吐血不止：藥子一兩，水煎服。《聖惠方》。 咯血吐血：《百一選方》：用蒲黃、黃藥子等分，爲末，掌中舐之。○王衮《博濟方》用黃藥子、漢防己各一兩，爲末。每服一錢，小麥湯食後調服，一日二服。 鼻衄不止：黃藥子爲末。每服二錢，煎淡膠湯下。良久，以新水調麪一匙頭服之。《兵部手集》方，只以新汲水磨汁一盌，頓服。《簡要濟衆方》。 産後血運：惡物冲心，四肢冰冷，脣青腹脹，昏迷。紅藥子一兩，頭紅花一錢，水二盞，婦人油釵二隻，同煎一盞服。大小便俱利，血自下也。《禹講師經驗方》。 天泡水瘡：黃藥子末，搽之。《集簡方》 解毒子《唐本草》

〔釋名〕地不容《唐本》 苦藥子《圖經》

〔集解〕恭曰：地不容生川西山谷，采無時，鄉人呼爲解毒子也。頌曰：出戎州。蔓生，葉青如杏葉而大，厚硬，凌冬不凋，無花實。根黃白色，外皮微粗褐，纍纍相連，如藥實而圓大，采無時。又開州、興元府出苦藥子，大抵與黃藥相類，春采根，暴乾，亦入馬藥用。時珍曰：《四川志》云：苦藥子出忠州。性寒，解一切毒。川蜀諸處皆有。即解毒子也。或云邛州苦藥子即黃藥子，方言稱呼不同耳，理亦近之。

根 〔氣味〕苦，大寒，無毒。 〔主治〕解蠱毒，止煩熱，辟瘴癘，利喉閉及痰毒《唐本》。治五臟邪氣，清肺壓熱蘇頌。消痰降火，利咽喉，退目赤時珍。

〔附方〕新二 咽喉腫痛：水漿不下。苦藥、山豆根、甘草、消石各一分，射干、柑皮、升麻各半兩，爲末，蜜丸，噙之。《聖惠方》。 眉稜骨痛：熱毒攻眼，頭痛眉痛，壯熱不止。解毒子、木香、川大黃各三分，爲末，漿水調膏攤貼，乾即易之。《普濟方》。

明·梅得春《藥性會元》卷中 黃藥根 味苦，氣平，無毒。 主治諸惡腫瘡瘻，喉閉，蛇犬咬毒，取根研服之，或含、或塗，並效。藤生高三四尺，莖似小桑，生嶺南邕州。

明·李中立《本草原始》卷三 黃藥子 原出嶺南，今夔、陝州郡及明、越、秦、隴山中亦有之，以忠州、萬州者為勝。蔓生，葉似薄荷而色青黃。莖赤有節，節有枝相當。其根初採時紅赤色，暴乾則黃，故名黃藥子。氣味：苦，平，無毒。主治：諸惡瘡腫瘻，喉痹，蛇犬咬毒，研水服之，亦含亦塗。○凉血降火，消癭解毒。○治馬心肺熱疾。

黃藥子，宋《開寶》。自木部移入此。【圖略】皮紫黑色，多鬚，每鬚處有白眼，肉黃色。《兵部手集》：治鼻衄出血，以新汲水磨黃藥子汁一盌，頓服立差。

明·繆希雍《本草經疏》卷一四 黃藥根 味苦，平，無毒。主諸惡腫瘡瘻，喉痹，蛇犬咬毒。研水服之，亦含亦塗。

〔疏〕黃藥根得土中至陰之氣以生，故其色黃味苦，氣平，無毒。平即兼涼，日華子加涼是矣。氣薄味厚，降多升少，陰也。入手少陰、足厥陰經。諸惡腫瘡瘻，皆榮氣不從，逆於肉裏所致。蓋榮主血，肝、心又主血、藏血之臟，二經得苦涼之氣，則血熱解，榮氣和，標證不求其止而止矣。《經》曰：一陰一陽結為喉痹。一陰者，少陰君火也；一陽者，少陽相火也。解少陰之熱，相火自不妄動，而喉痹瘳矣。蛇犬咬毒，亦血分受熱毒所傷故也。苦寒能涼血，得土氣之厚者又能解百毒也。日華子以之療馬病。蓋馬性多熱，亦取其苦寒除熱之義耳。 〔主治參互〕同忍冬藤、夏枯草、白及、白斂、紫花地丁、甘菊、茜草、連翹、牛蒡子、白芷、貝母、白藥子之屬，治一切疔腫瘰疽。本經并載赤藥，俗名紅藥子。予嘗得一方，以之為君，每四兩加白及、白斂各一兩，乳香、沒藥各五錢，丹砂、雄黃各三錢，麝香、龍腦香各一錢，為細末。量瘡大小，蜜調敷瘡四圍，中留大孔，以綿紙護之，時時以米醋潤之。其痛即減，亦復易潰易收。治一切發背、癰疽俱神效。陰毒尤要。如無赤藥子，以黃藥子代之。孫思邈《千金月令》方療忽生癭疾，以萬州黃藥子半斤，須緊重者為上。如輕虛，即是他州者，力慢，須用加倍。取無灰酒一斗，投藥入中，固濟瓶口。以糠火燒一伏時，待酒冷乃開。時時飲一杯，不令絕酒氣。經三五日後，常把鏡自照，覺消即停飲，不爾便令人項細也。《聖惠方》治吐血不止，黃藥子一兩，水煎服。　《簡要濟衆方》治鼻衄不止，黃藥子為末，每服二錢，煎薄膠湯下。良久，以新水調麪一匙頭服之。　禹講師《經驗方》產後血暈，惡物沖心，四肢冰冷，唇青，腹脹，昏迷。紅藥子一兩，頭紅花二錢，水二盞，婦人油釵二隻，同煎一盞服。大小便俱利，血自下也。

〔簡誤〕癰疽已潰不宜服。癰疽發時，不焮腫，不渴，色淡，脾胃作泄者，此為陰證，當以內補為急，解毒次之，藥子之類宜少服，止可外敷。

明・倪朱謨《本草彙言》卷六　黃藥子　味極苦，氣寒，無毒。禀天地清寒之氣而生。蘇氏曰：黃藥子，原出嶺南，今夔、陝州郡，及明、越、秦、隴山中亦有之，以忠州、萬州者，緊重爲勝，他處輕虛，不甚佳。莖生高三四尺，柔而有節，似藤非藤。葉大如拳，長二三寸。其根長尺許，大者圍二三寸，外褐內黃，亦有黃赤色者。一說，其根濕時色紅，暴乾色黃。有人搗其根入染藍缸中，云易變色也。七月開白色花。其肉味酸，其核仁即黃藥之實。一說，黃藥冬枯春生，開碎白花，無實。

黃藥子：降火涼血，《唐本草》解毒消癭之藥也。龔齋雲稿凡惡毒腫瘡，喉痹結熱等疾，并惡蛇毒犬咬傷，研末，湯調服之，幷塗敷患處，最效。治馬病心肺熱疾，水煎服，特靈。大方科服食湯液中，今鮮用此。此物苦寒疏散，凡病血熱吐衄等證，古人曾有用之。若脾胃素弱，易于作泄者，禁用。

王起凡先生曰：黃藥子，解毒涼血最驗。古人于外科血證兩方嘗用，今人不復用者。因久服有脫髮之虞，知其爲涼血散血明矣，故能療牛馬心肺熱疾云。

集方：《斗門方》治人忽生癭疾一二年者，以萬州黃藥子八兩，須緊重者爲上，如輕虛即是他處出者，力慢，用須加倍。取無灰酒一斗，投藥入中，封固瓶口，以糠火煨一復時，取起待酒冷，乃開瓶，時時飲一二杯，不令絕酒氣，經三五日，把鏡照看，覺消小即停飲，不爾令人項細也。其驗如神。○《聖惠方》治吐血不止。用黃藥子一兩，水煎服。○同前治天泡毒瘡。用黃藥子爲末搽之。○同前治蠱毒。搗汁飲即吐出。

清・穆石匏《本草洞詮》卷一〇　黃藥子　味苦，氣平，一云涼，無毒。主涼血降火，治喉痺消癭，解蛇犬咬毒。《千金方》治癭疾一二年者，以萬州黃藥子半斤，取無灰酒一斗，投藥入中，固濟缾口，以糠火燒一復時，酒冷乃開，時時飲一盃，不令絕酒氣，經三五日後，常把鏡自照，覺消即停飲，不爾便令人項細也。

清・劉雲密《本草述》卷一一　黃藥子　時珍曰：今處處人栽之。其莖高二三尺，柔而有節，似藤，實非藤也。葉大如拳，長三寸許，其根長者尺許，大者圍二三寸，外褐內黃，亦有黃赤色者，肉色頗似羊蹄根。人皆搗其根入染藍缸甌中，云易變色也。

根　氣味：苦，平，無毒。　日華子曰：涼。

主治：涼血降火，治肺熱咳唾血，鼻衄舌衄，舌腫，咽喉腫痛，並療諸惡腫瘡瘻，消癭解毒。《全善》曰：《本草》云黃藥子、白藥子治肺熱有功。一法紅花，當歸煎湯下。　希雍曰：黃藥根得土中至陰之氣以生，故其色黃味苦，氣平無毒。平即兼涼，日華子加涼是矣。氣薄味厚，降多升少，陰也，入手少陰、足厥陰經。諸惡腫瘡瘻，皆榮氣不從，逆於肉裏所致。葢榮主血，肝心又主血，藏血之臟，二經得苦涼之氣，則血熱解，榮氣和標證不求其止而止矣。其消癭者，總不越於涼血和榮散結之義也。

同忍冬藤、夏枯草、白及、白斂、紫花地丁、甘菊、茜草、連翹、牛蒡子、白芷、貝母、白藥子之屬，治一切疔腫癰疽。《本經》并載赤藥，俗名紅藥子。予嘗得一方，以之為君，每四兩加白及、白斂各一兩，乳香、沒藥各五錢，丹砂、雄黃各三錢，麝香、龍腦香各一錢，為細末，量瘡大小，蜜調敷瘡四圍，中留大孔，以綿紙護之，時時以米醋潤之，其痛即減，亦復易潰易收，治一切發背癰疽俱神效。陰毒尤要。如無赤藥子，以黃藥子代之。

附方　一切吐血咯血，能解一切毒，及諸熱煩躁，茜草根四錢，大豆子、黃藥子、甘草各二兩，為細末，每服二錢，新汲水調下；加人參二兩，治痰嗽有血。　又方：用蒲黃、黃藥子等分，為末，掌中舐之　鼻衄不止，黃藥子為末，每服二錢，煎薄膠湯下，良久以新水調麪一匙頭服之。　有治遺精白濁者，黃藥子四兩，括去粗皮，用石臼搗碎，水四碗，煎汁，濾去渣，用碗盛貯，露一宿，空心溫服。

愚按：黃藥根在時珍謂能涼血降火，而先哲用之以治血證，云肺熱咳唾血，惟七傷散用黃藥子、白藥子最有效，是則不獨瘡瘻之能奏功也。第在方書，如下虛上實，為腎厥頭痛有茸珠丸，舌衄有聖金散，舌腫有黃藥湯，咽喉熱毒内攻生瘡腫痛有牛蒡子丸。即此推之，則其適用於内治者，又當不止於此也。苐類以為凉血散毒，非不是也。詎知其味苦氣平，夫苦者，火之味也，平者，金之氣也。火合金以為用，則氣歸凉降，氣凉降以化血，則血歸元陰，此所為能解血中之邪結，而去其毒乎？試觀腎厥頭痛之用，同於伏火丹砂，金合火而降於水，以治腎厥者，殊有可思，是豈徒恃一凉血散毒之能奏功乎哉？苐此種據李氏所云，當是染甌所用，謂甌藥者，驗其莖葉與根，皆如所説也。李氏以黃藥、紅藥為一物二名，繆仲淳又謂其可相代，似為二物。然當以李東璧為確，至白藥子方書亦用之，但今不審其為何物也。

希雍曰：癰疽已潰不宜服，癰疽發時不焮腫，不渴，色淡，脾胃作泄者，此為陰證，當以内補為急，解毒次之。藥子之類宜少服，止可外敷。

清·郭章宜《本草匯》補遺　黃藥　味苦，氣凉，氣薄味厚，降多升少，陰也，入手少陰、足厥陰經。凉血降火，消癭解毒。《開寶》治諸惡腫瘡瘻喉痺者，皆榮氣不從，逆于肉裏所致也。得苦凉之氣，則熱解榮和，標症自平矣。《經》曰：一陰一陽結為喉痺。一陰者，少陰君火也。一陽者，少陽相火也。少陰熱解，相火自伏，而喉痺愈也。

按：黃藥，得土中至陰之氣，能消項下癭氣。須選緊重者，人無灰好酒一斗，固口，上以糠火燒一時，俟冷，時飲，不令絕酒氣，三五日後，覺癭消即止。否則，併項亦細。同忍冬、夏枯草、白及、白斂、紫花地丁、甘菊、茜草、連翹、白芷、貝母、白藥子之屬，治一切疔腫癰疽。日華以治馬之心肺熱疾，亦取其苦寒之意也。癰疽已潰，及發時不焮腫，不渴，色淡，脾胃作泄者，均不宜服。尤宜于外敷，妙。

忠州、萬州出者為上。如輕虚者，即他處産也。

清·蔣居祉《本草擇要綱目·平性藥品》　黃藥子　根氣味：苦，平，無毒。　主治：諸惡腫瘡瘻，喉痹，蛇犬咬毒，研水服之，亦含亦塗。凉血降火，消癭解毒。

清·李熙和《醫經允中》卷二一　黃藥根　苦，平，無毒。主治喉痺，諸惡瘡疽，蛇犬咬傷。子肉味酸，消癭甚捷。收須酒浸，日飲數杯，見效即停，不爾項縮。

清·馮兆張《馮氏錦囊秘錄·雜症痘疹藥性主治合參》卷三　黃藥根稟土中至陰之氣以生，故色黃味苦，氣良無毒。入手少陰、足厥陰經。《經》曰：一陰一陽結為喉痹。一陰者，少陰君火也；一陽者，少陽相火也。解少陰之熱，相火自不妄動，而喉痹瘳矣。主諸惡腫瘡，蛇犬咬毒者，亦以其苦寒凉血，且得土氣之厚，解百毒也。　黃藥根，外科多用，主咽喉痹塞，諸惡瘡疽，治蛇犬咬傷，心肺積熱，生搗取汁，可含可塗。子肉味酸，消癭甚捷。收須浸酒，日飲數盃，見效即停，否則項縮。

清·张璐《本經逢原》卷二　黃藥子　苦，平，無毒。　發明：黃藥子治諸惡腫瘡瘻喉痹及蛇犬咬毒，研水服之，並用外塗。《千金》治癭疾，以黃藥子半觔，無灰酒一升浸藥，固濟瓶口，糠火煨，候香，瓶頭有津即止。時飲一杯不令絕，三五日即消勿飲，不爾令人項細也。又專治馬牛心脾熱病。

清·嚴潔等《得配本草》卷四　黃藥子　苦，平。凉血降火，消癭解毒。治産後時疫熱狂。　配紅花，治血暈。配防己，治吐衄。風熱去，血自止。　浸酒飲。

清·羅國綱《羅氏會約醫鏡》卷一六草部　黃藥根色黃味苦，無毒，入肺肝二經。　外科多用治咽喉痹塞，《經》曰：一陰一陽結為喉痹。一陰者少陰君火也，一陽者少陽相火也，解君火則相火自不妄動而愈。療諸惡瘡疽、蛇犬咬傷。生搗取汁，可含可塗。子肉味酸，消癭甚捷浸酒飲，見效即止，否則項縮。

清·楊時泰《本草述鉤元》卷一一　黃藥子　在處栽之。莖高三二尺，柔而有節，似藤實非藤也。葉大如拳，根長尺許，圍三二寸，外褐内黃，亦有黃赤色者，搗其根入染藍甌中，云易變色也。黃藥、紅藥，一物二名，至白藥子，方書亦用之，未審何物。

根　味苦，氣平，平即兼凉。氣薄味厚，降多升少，陰也。入手少陰、足厥陰經。凉血降火，治肺熱咳唾血，鼻衄舌衄，舌腫咽喉腫痛，療諸惡腫瘡瘻，消癭，不越凉血和榮散結之義。解毒。黃白藥子，治肺熱有功。一法：紅花、當歸煎湯下。得土中至陰之氣以生，故其色黃，肝心二經，得苦凉之氣，則血熱解，榮氣和，標證不求止而止矣。同忍冬、夏枯草、白及、白斂、紫地丁、甘菊、茜草、連翹、牛蒡、白芷、貝母、白藥子之屬，治一切疔腫癰疽。赤藥，俗名紅藥子，每以四兩為君，加白及、白斂各一兩，乳香、沒藥各五錢，丹砂、雄黃各三錢，麝香、龍腦各一錢，為細末，量瘡大小，蜜調敷瘡四圍，中留大孔，以綿紙護之，時以米醋潤之，其痛即減，亦復易潰易收。治一切發背癰疽俱效，陰毒尤要。如無赤藥子，以黃藥子代之。吐血咯血，能解諸熱煩躁及一切毒，茜根四錢，大豆、黃藥子、甘草各二兩，為細末，每服二錢，新汲水調下，加人參二兩，治痰嗽有血。又方： 用蒲黃、黃藥子等分，為末，掌中舐之。鼻衄不止，黃藥子為末，每服二錢，煎薄膠湯下，良久，以新水調麪一匙，頓服之。遺精白濁，黃藥子四兩，括去粗皮，石臼搗碎，水四碗，煎汁，濾去渣，碗盛，露一宿，空心溫服。

論： 黃藥根苦味氣平，苦者火味，平者金氣，火合金以為用，則氣歸涼降，氣涼降以化血，則血歸元陰，所以治諸血證，能解血中之邪結，而去其毒也。觀其同於伏火丹砂，金合火而降於水以治腎厥頭痛，則豈徒奏功於涼血散毒間哉。

繆氏： 癰疽已潰，不宜服，陰證當以內補為急，藥子之類宜少服，止可外敷。

清・吳其濬《植物名實圖考》卷一九 山慈菇 江西、湖南皆有之。非花葉不相見者； 蔓生綠莖，葉如蛾眉豆葉而圓大，深紋多皺； 根大如拳，黑褐色，四圍有白鬚長寸餘，蓬茸如蝟。建昌土醫呼為金線弔蝦蟆，微肖其形。以為敗毒、通氣、散痰之藥。余曾求坐拏草於永豐，令以此草應命，殆未必確。

清・吳其濬《植物名實圖考》卷二〇 黃藥子 《開寶本草》始著錄。沈括以為即《爾雅》： 蘦，大苦。前此未有言及者。其根色黃，入染家用。味亦不甚苦，葉味酸。《救荒本草》酸桶笋即此。湖南謂之酸桿，其莖如蓼有斑。江西或謂之斑根。

雩婁農曰： 甚矣！草木之同名異物，而多識之難也。郭景純以甘草釋大苦，而謂其葉如荷。沈括駁之，是矣。然沈所謂黃藥者，究不識其為何產。李時珍以今之黃藥當之，而易荷為薄荷，則改竄而附會之矣。宋《圖經》謂忠州、萬州者，莖似小桑； 秦州謂之紅藥； 施州謂之赤藥。葉似蕎麥，開白花，已明列數種。又引蘇恭葉似杏花，紅白色，子肉味酸之說，以為不同，則又一種矣。李時珍所謂黃藥，即今之酸桿。滇謂之斑莊根。俚醫習用，或以其根浸酒。《滇本草》云： 味苦澀，性寒。攻諸瘡毒，止咽喉痛，利小便，走經絡，治筋骨疼、痰火痿耎、手足麻木、五淋白濁、婦人赤白帶下，治痔漏亦效。與古方僅治項癭、咯血者不同。然則以李時珍所據之黃藥，而強以治古人所治之證，其能效乎？滇南又有一種與斑莊絕肖者，秋深開小白花，葉亦微似杏。土人謂之扒毒散，治惡瘡有殊效。插枝即生，人家多植之。或即蘇恭所謂黃藥者歟？若忠、萬、秦州所產，吾所未見，不敢臆揣。然皆非沈括所謂葉似荷者。滇南又別有黃藥，乃極似山薯而根圓多鬚，即湖南之野山藥。其白藥子亦謂之黃藥，皆別圖。凡以著其物狀，而附以俚醫之說，以見一物名同實異，不敢盡以古方所用必即此藥，以貽害於後世，庶合闕如之義云爾。

白薯莨

清・何諫《生草藥性備要》卷下 白薯莨 味甜、劫，性寒。洗疳聖藥，敷瘡、散熱解毒，理癰疽、惡毒大瘡，消腫。

清・趙其光《本草求原》卷三隰草部 白薯莨 苦，寒。消熱、解毒、消腫，治癰疽、惡毒大瘡，或敷，或煎膏藥妙。洗疳瘡。

滇白藥子

清・吳其濬《植物名實圖考》卷二三 滇白藥子 蔓生，根如卵，多鬚； 一枝五葉，似木通而微小，梢端三葉； 夏開花作穗，如白花何首烏； 結實如珠。考白藥有數種，而說皆不晰。《滇本草》謂只可醫馬不可吃，而又載興陽道諸方。其說兩歧，殆不可信。

狂風藤

清・吳其濬《植物名實圖考》卷一九 狂風藤 江西贛南山中有之。赭根綠莖，蔓生柔苒； 參差生葉，長柄細韌，似山藥葉而長，僅有直紋數道。土人以治風疾。

薑黃草

清・吳其濬《植物名實圖考》卷二三 薑黃草 生滇南。蔓葉俱如牽牛，根如薑而黃，極硬，以形得名。

牛尾參

明・蘭茂原撰，范洪等抄補《滇南本草圖說》卷三 牛尾參 味辛，性溫、平。主治： 氣血虧損，遺精冷淋，久服填精補髓，延年種子。

明・蘭茂撰，清・管暄校補《滇南本草》卷中 牛尾參 性溫，味辛。治氣血虛弱傷損，調精養神。

附方： 牛尾參五錢，燉雞肉，猪肉亦可。

茜草

宋・唐慎微《證類本草》卷七草部上品〔《本經》・別錄・藥對〕 **茜根** 味**苦，寒**，無毒。**主寒濕風痹，黃疸，補中**，止血，內崩，下血，膀胱不足，踒跌，蠱毒。久服益精氣，輕身。可以染絳。一名地血，一名茹藘，一名茅蒐，一名蒨。

生喬山川谷。二月、三月採根，暴乾。畏鼠姑。

〔梁·陶弘景《本草經集注》〕云：此則今染絳茜草也。東間諸處乃有而少，不如西多。今俗道、經方不甚服用。此當以其爲療少而豐賤故也。《詩》云茹藘在阪者是。

〔宋·掌禹錫《嘉祐本草》〕按：《蜀本圖經》云：染緋草，葉似棗葉，頭尖下闊，莖葉俱澁，四五葉對生節間，蔓延草木上，根紫赤色。今所在有，八月採根。《爾雅》云：茹藘，茅蒐。疏引陸璣云：一名地血，齊人謂之茜，徐州人謂之牛蔓。《藥性論》云：茜根，味甘。主治六極傷心肺，吐血，瀉血用之。陳藏器云：茜根，主蠱，煮汁服之。今之染緋者，字亦作蒨。《周禮》庶氏掌除蠱毒，以嘉草攻之。嘉草、蘘荷與茜，主蠱爲最也。日華子云：味酸。止鼻洪，帶下，産後血運，乳結，月經不止，腸風，痔瘻，排膿，治瘡癤，泄精，尿血，撲損，瘀血，酒煎服。殺蠱毒，入藥剉、炒用。

〔宋·蘇頌《本草圖經》〕曰：茜根，一作蒨。生喬山山谷，今近處皆有之。染緋草也。許慎《說文解字》以爲人血所生，葉似棗葉而頭尖下闊，三五對生節間，其苗蔓延草木上，根紫色。陸璣《草木疏》云：茹藘、茅蒐，蒨草也。齊人謂之茜，徐州人謂之牛蔓。二月、三月採根，暴乾。今圃人或作畦種蒔。故《貨殖傳》云：巵茜千石，亦比千乘之家。言地利之厚也。醫家用治蠱毒尤勝。《周禮》庶氏掌除蠱毒，以嘉草攻之。干寶以嘉草爲蘘荷。陳藏器以爲蘘荷與茜，主蠱之最也。

〔宋·唐慎微《證類本草》〕《雷公》云：凡使，勿用赤柳草根，真似茜根，只是味酸澁，不入藥中用，若服，令人患內障眼，速服甘草水解之，即毒氣散。凡使茜根，用銅刀於槐砧上剉，日乾，勿犯鐵并鉛。《簡要濟衆》：治吐血不定。茜草一兩，生擣羅爲散。每服二錢，水一中盞，煎至七分，放冷，食後服之良。《傷寒類要》：治心癉煩心，心中熱，茜根主之。又方：治中蠱毒，或吐下血如爛肝。茜草根、蘘荷葉根各三兩切，以水四升，煮取二升，去滓適寒溫，頓服即愈。

宋·唐慎微《證類本草》卷三〇有名未用·草木〔《別錄》〕 苗根 味鹹，平，無毒。主痹及熱中，傷跌折。生山陰谷中蔓草木上。莖有刺，實如椒。

〔宋·掌禹錫《嘉祐本草》〕按：陳藏器云：茜字從西，與苗字相似，人寫誤為苗，此即茜也。

宋·鄭樵《通志》卷七五《昆蟲草木略》 茜 亦作蒨，可以染緋，故曰地血，亦曰茹藘，曰茅蒐。齊人謂之茜，徐人謂之牛蔓。《詩》所謂茹藘在阪。《爾雅》所謂茹藘，茅蒐。莖葉麄澁而根紅，故許慎謂人血所生。《周禮》，庶氏掌除蠱毒，以嘉草攻之。陳藏器以蘘荷與茜為嘉草。

金·張元素《潔古珍珠囊》〔見元·杜思敬《濟生拔粹》卷五〕 茜根苦 陰中微陽，去諸死血。

宋·劉明之《圖經本草藥性總論》卷上 茜根 味苦，寒，無毒。主寒濕風痺，黃疸，補中，止血，內崩下血，膀胱不足，踒跌，蠱毒，久服益精氣。《藥性論》云：主治六極傷心肺，吐血瀉。日華子云：止鼻洪，帶下，産後血運，乳結，月經不止，腸風痔瘻排膿，治瘡癤，泄精尿血，撲損瘀血，殺蠱毒。畏鼠姑。

宋·王介《履巉巖本草》卷下 四對天王草 又名鐵塔草，又名四仙草。有大熱，大毒。多入爐火藥用。

宋·王介《履巉巖本草》卷中 蒨藤 性涼，無毒。大能活血，善治便血等疾。不以多少爲細末，每服貳錢，空心食前酒調服，又名五葉藤。

元·王好古《湯液本草》卷四 茜根 味苦，陰中微陽。《珍》云：去諸死血。《藥性論》云：主治六極傷心肺，吐血、瀉血。日華子云：止鼻洪，月經不止。

元·徐彥純《本草發揮》卷二 茜根 潔古云：味苦，寒，陰中之陽。去諸死血。

明·朱橚《救荒本草》卷上之後 土茜苗 《本草》根名茜根。一名地血，一名茹藘音閭，一名茅蒐音搜，一名蒨與茜同。生喬山川谷。徐州人謂之牛蔓。西土出者佳。今北土處處有之，名土茜根。可以染紅，葉似棗葉形，頭尖下闊，紋脉豎直，莖方，莖葉俱澁，四五葉對生節間，莖蔓延附草木，開五瓣淡銀褐花，結子小如菉豆粒，生青熟紅，根紫赤色。味苦，性寒，無毒。一云味甘，一云味酸。畏鼠姑。葉味微酸。救飢：採葉煠熟，水浸作成黃色，淘淨，油鹽調食。其子紅熟摘食。治病：文具《本草》草部茜根條下。

明·蘭茂原撰，范洪等抄補《滇南本草圖說》卷一一 茜草 此草生始陸山，今處處有之。葉似棗葉，三五對生，頭尖下闊，近根色紫，可以染絳。氣味苦寒，無毒，平。滇中尤佳。主治：寒濕風痹，黃疸，補中。〇止血，內崩下血，膀胱不足，踒跌，蠱毒，久服益精氣，輕身。可以染絳。又苗根主痹及熱，跌折。〇治六極傷心肺，吐血瀉血，止鼻洪尿血，産後血運，月經不止，帶下，撲損瘀血，泄精，癢瘻，瘡癢排膿。酒煎服，通經脈，治骨節風痛，活血行血。採葉塞鼻，可止鼻衄。

明·王綸《本草集要》卷二 茜根 味苦，氣寒。陰中微陽。二月、三月採，入藥炒用。勿犯鐵器。　主寒濕風痹，黃疸。補中，治六極，傷心肺，衄血吐血，內崩下血尿血，產後血暈乳結，撲損瘀血，去諸死血。主蠱毒尤勝。《周禮》庶(民)〔氏〕掌除蠱毒，以嘉草攻之，蘘荷與茜也。　中蠱，或吐下血如爛肝。茜根、蘘荷葉，根各二兩，切，水四升，煮取一升，頓服之。

明・滕弘《神農本經會通》卷一　茜根　畏鼠姑。可以染(絳)〔絳〕。即今茜草也。二三月採根，暴乾。凡使勿犯鐵并鉛，炒用。

味苦，氣寒，無毒。《湯》云：陰中微陽。《珍》云：去死血。《本經》云：主寒濕風痺，黃疸，補中，止血，內崩，下血，膀胱不足，踒跌，蠱毒，久服益精，益輕身。《藥性論》云：味甘。主治六極傷心肺，吐血瀉血用之。陳藏器云：茜根，主蠱，煮汁服之。《周禮》庶氏掌除蠱毒，以嘉草攻之。即蘘荷與茜，主蠱為最也。日華子云：味酸。止鼻洪，帶下，產後血運，乳結，月經不止。腸風痔瘻，排膿，治瘡癤，泄精，尿血，撲損瘀血，酒煎服。殺蠱毒。入藥剉炒用。《圖經》云：醫家治蠱毒尤勝。雷公云：赤柳草根，真與茜根相似，只味酸澁，不入藥用，傷眼。《局》云：茜根味苦性微寒，中蠱能消吐爛肝。吐血不寧羅末服，風寒濕痺盡調痊。染絳茜根，理風寒，止吐血。

明・劉文泰《本草品彙精要》卷九　茜根無毒　蔓生。

茜根出《神農本經》：**主寒濕風痺，黃疸，補中。**以上朱字《神農本經》。止血，內崩，下血，膀胱不足，踒跌，蠱毒。久服益精氣，輕身，可以染絳。以上黑字名醫所錄。

〔名〕地血、茹藘、茅蒐、牛蔓、蒨。　〔苗〕《圖經》曰：此即今染絳草也，蔓延草木上，葉似棗葉而頭尖下闊，三五對生節間，其根紫色。陸璣疏云：茹藘、茅蒐，蒨草也。齊人謂之茜，徐人謂之牛蔓。今圃人或作畦種蒔，故《貨殖傳》云：卮茜千石，亦比千乘之家。言地利之厚也。〔地〕《圖經》曰：生喬山山谷，今近處皆有之。〔時〕生：春生苗。採：二月、三月、八月取根。〔收〕暴乾。〔用〕根粗壯者爲好。〔色〕紫赤。〔味〕苦。〔性〕寒，泄。〔氣〕氣薄味厚，陰中微陽。〔臭〕朽。〔主〕吐血，瀉。〔反〕畏鼠姑。〔製〕《雷公》云：凡使，去蘆，銅刀於槐砧上，剉碎，炒用，勿犯鐵並鉛。〔治〕療：《藥性論》云：治六極，傷心肺，吐血，瀉血。日華子云：止鼻洪帶下，產後血暈，乳結，月經不止，腸風，痔瘻，瘡癤，排膿及泄精，尿血，撲損，瘀血。陳藏器云：除蠱毒。《別錄》云：除心癉，心煩，心中熱。〔合治〕合蘘荷葉根，各三兩，切，以水四升，煮取二升，去滓，適寒溫，頓服，治中蠱毒，或吐、下血如爛肝。〇合酒煎服，亦殺蠱毒。〔贋〕赤柳草根爲僞。誤服令人患內障眼，速服甘草水解之。

明・許希周《藥性粗評》卷二　排死血於茜根。

茜根染絳茜草根也。一名蒨，一名地血，一名茹藘。《詩》所謂茹藘在坂者是已。蔓生，高五六尺，葉似棗葉，頭尖下闊，莖葉俱澁，有毛刺，三五葉對生節間，其根多鬚，紅紫色，染緋非此不成。江南山谷坂岸之間處處有之。二、八月採根，暴乾。凡使以銅刀剉，勿犯鉛鐵。畏鼠姑。餘說《本草》不載。　味苦，性寒，無毒。主治寒濕風痹，黃疸內崩，下血吐血，解蠱毒，補膀胱不足，久服益精氣，輕身。潔古云：茜根去諸死血。

單方：吐血：以茜根一二兩，剉，每服五錢，水一盞，煎至七分，放冷食後服之，再進，愈。

中蠱：凡中蠱毒，或吐血下血如爛肝者，茜根三兩，剉，水四升，煎取二升，去滓，待溫頓服，即愈。《周禮》庶氏掌除蠱毒，以嘉草攻之。陳藏器以為即茜草是也。

明・鄭寧《藥性要略大全》卷七　茜草根　理風寒濕痹，黃疸，補中，止血，解蠱毒。　易老云：去諸死血、吐血、瀉血、衄血及月經不止。療膀胱不足。

味苦，性微寒，無毒。即染絳茜草也。

明・陳嘉謨《本草蒙筌》卷三　茜草　味苦，氣寒。陰中微陽。無毒。多產郊原，一名地血。苗牽長蔓延草上，根紫色收採春初。煎汁可染絳紅，入藥勿犯銅鐵。療中多蠱毒，吐下血如爛肝；治跌久損傷，凝積血成瘀塊。虛熱崩漏不止，勞傷吐衄時來；女子經滯不行，婦人產後血暈。凡諸血證，並建奇功。除乳結為癰，理體黃成疸。

明・王文潔《太乙仙製本草藥性大全》卷一《本草精義》　茜草根　一名地血，一名茹藘，一名茅蒐，一名蒨。生喬山山谷，今近處皆有之。染絳草也。許慎《說文解字》以爲人血所生。葉似棗葉，而頭尖下闊，三五對生節間，其苗蔓延草木上，根紫色。陸璣《草木疏》云：茹藘、茅蒐，蒨草也。齊人謂之茜，徐州人謂之牛蔓。二月、三月採根，暴乾。今圃人或作畦種蒔，故《貨殖傳》云卮、茜千石，亦比千乘之家，言地利之厚也。醫家用治蠱毒尤勝。《周禮》庶(民)〔氏〕掌除蠱毒，以嘉草攻之，(于)〔干〕寶以嘉草爲蘘荷，陳藏器以爲蘘荷與茜主蠱之最也。

明・王文潔《太乙仙製本草藥性大全》卷一《仙製藥性》　茜草根君　味苦，氣寒，陰中微陽，無毒。　主治：療(補)中多蠱毒，吐下血如爛肝；治跌久損傷，凝積血成瘀塊。虛熱崩漏不止，勞傷吐衄時來，女子經滯不行，婦人産後血暈，凡諸血證，並建奇功。除乳結爲癰，理體黄成疸，主寒濕風痹；不足膀胱，久服輕身益精。可以染絳，善解蠱毒，止血，又且補中。　補註：治吐血不定，茜草一兩，用擣羅爲散，每服二錢，水一大盞，煎至七分，候冷，食後服之良。心痹心煩，心中熱冷，根煮服之。〇治中蠱毒或吐、下血如爛肝，茜草根、蘘荷葉根各三兩，切，以水四升，煮取二升，去滓，適寒溫，頓服即愈。　太乙曰：　凡使勿用赤柳草根，真似茜根，只是味酸澁，不入藥中用，若服令人患内障眼，速服甘草水解之，即毒氣散。凡使茜根，用銅刀於槐砧上剉，日乾，勿犯鐵并鉛。

明・皇甫嵩《本草發明》卷三　茜根上品下，君。氣寒，味苦，無毒。陰中微陽。一名地血。　發明曰：　茜根，血分中氣藥。然治蠱為最。《本草》主止血崩，中蠱毒，吐血衄下血，跌損傷瘀血，經帶不止，産後血暈，乳結，腸風痔漏排膿及尿血，酒煎服。又主寒濕風痺，黄疸，理膀胱不足，補中，久服益精氣。又云：　味甘，治六極傷心肺，吐血瀉血用之。陳藏器以蘘荷與茜根主蠱為最。一方治中蠱毒，吐下血如爛肝，茜草根、蘘荷葉等分，水煮服。又治心痺心煩，必中熱，茜根主之。〇其苗牽長蔓延，根紫色，二三月採，可染絳紅。勿用赤(脚)〔柳〕草根，似茜根，但味酸澁，不入藥，悮服令人目内障。用甘草水解之。忌犯鐵。

明・李時珍《本草綱目》卷一八草部・蔓草類　茜草《本經》上品校正併入有名未用《別録》苗根。

〔釋名〕蒨音茜。　茅蒐音搜。　茹藘音如閭。　地血《別録》　染緋草《蜀本》　血見愁《土宿》　風車草《土宿》　過山龍《補遺》　牛蔓時珍曰：　按陸佃云：　許氏《説文》言：　蒐乃人血所化，則草鬼爲蒐，以此也。陸璣云：　齊人謂之茜，徐人謂之牛蔓。又草之盛者爲蒨，牽引爲茹，連覆爲藘，則蒨、茹藘之名，又取此義也。人血所化之説，恐亦俗傳耳。《土宿真君本草》云：　四補草，其根茜草也。一名西天王草，一名四岳近陽草，一名鐵塔草、風車兒草。藏器曰：　有名未用，苗根，即茜根也。茜、苗二字相似，傳寫之誤爾。宜併之。

〔集解〕《別録》曰：　茜根生喬山山谷。二月、三月采根曝乾。又曰：　苗根生山陰谷中，蔓草木上，莖有刺，實如椒。弘景曰：　此即今染絳茜草也。東間諸處乃有而少，不如西多。《詩》云茹藘在阪者是也。保昇曰：　染緋草，葉似棗葉，頭尖下闊，莖葉俱澀，四五葉對生節間，蔓延草木上。根紫赤色，所在皆有，八月采。頌曰：　今圃人亦作畦種蒔。故《史記》云，千畝卮、茜，其人與千户侯等，言其利厚也。時珍曰：　茜草十二月生苗，蔓延數尺。方莖中空有筋，外有細刺，數寸一節。每節五葉，葉如烏藥葉而糙澀，面青背緑。七八月開花，結實如小椒大，中有細子。

根　〔修治〕斅曰：　凡使，用銅刀於槐砧上剉，日乾，勿犯鉛鐵器。勿用赤柳草根，真相似，只是味酸濇。誤服令人患内障眼，速服甘草水止之，即毒氣散。

〔氣味〕苦，寒，無毒。權曰：　甘。大明曰：　酸。入藥炒用。震亨曰：　熱。元素曰：　微酸、鹹，温。陰中之陰。《別録》曰：　苗根：　鹹，平，無毒。之才曰：　畏鼠姑。汁，制雄黄。

〔主治〕寒濕風痹，黄疸，補中《本經》。止血，内崩下血，膀胱不足，踒跌蠱毒。久服益精氣，輕身。可以染絳。又苗根：　主痹及熱中傷跌折《別録》。治六極傷心肺，吐血瀉血甄權。止鼻洪尿血，産後血運，月經不止，帶下，撲損淤血，泄精，痔瘻瘡癤排膿。酒煎服大明。通經脉，治骨節風痛，活血行血時珍。

〔發明〕藏器曰：　茜草主蠱毒，煮汁服。《周禮》：　庶氏掌除蠱毒，以嘉草攻之。嘉草者，蘘荷與茜也。主蠱爲最。震亨曰：　俗人治痛風，用草藥取速効。如石絲爲君，過山龍等佐之。皆性熱而燥，不能養陰，却能燥濕病之淺者。濕痰得燥而開，淤血得熱而行，故亦暫効。若病深而血少者，則愈劫愈虚而病愈深矣。時珍曰：　茜根色赤而氣温，味微酸而帶鹹。色赤入營，氣温行滯，味酸入肝而鹹走血，手足厥陰血分之藥也，專于行血活血。俗方用治女子經水不通，以一兩煎酒服之，一日即通，甚効。《名醫別録》言其久服益精氣輕身，日華子言其泄精，殊不相合，恐未可憑。

〔附方〕舊三，新八。　吐血不定：　茜根一兩，擣末。每服二錢，水煎冷服。亦可水和二錢服。周應《簡要濟衆方》。　吐血躁渴：　及解毒。用茜根、雄黑豆去皮、甘草炙等分，爲末，井水丸彈子大。每温水化服一丸。《聖濟録》。　鼻血不止：　茜根、艾葉各一兩，烏梅肉二錢半，爲末，煉蜜丸梧子大。每烏梅湯下五十丸。《本事方》。　五旬行經：　婦人五十後，經水不止者，作敗血論。用茜根一名過山薑一兩，阿膠、側栢葉、炙黄芩各五錢，生地黄一兩，小兒胎髮一枚燒灰，分作六帖。每帖水一盞半，煎七分，入髮灰服之。唐瑶《經驗方》。　女子經閉：　方見前發明。　心痹心煩：　内熱。茜根煮汁服。《傷寒類要》。　解中蠱毒：　吐下血如猪肝。茜草根、蘘荷葉各三分，水四升，煮二升，服即愈。自當呼蠱主姓名也。陳延之《小品方》。　黑髭烏髮：　茜草一斤，生地黄三斤，取汁。以水五大盌，煎茜絞汁，將滓再煎三度。以汁同地黄汁，微火煎如膏，以瓶盛之。每日空心温酒服半匙，一月髭髮如漆也。忌蘿蔔、五辛。《聖濟録》。　螻蛄漏瘡：　茜根燒灰、千年石灰等分，爲末。油調傅之。《儒門事親》方。　脱肛不收：　茜根、石榴皮各一握，酒一盞，煎七分，温服。《聖惠方》。　預解瘡疹：　時行瘡疹正發，服此則可無患。茜根煎汁，入少酒飲之。《奇効良方》。

明・梅得春《藥性會元》卷上　茜根　味苦，性寒，無毒。畏鼠姑。與赤柳草相似，勿誤用，令人患眼障，速服甘草湯解之。用銅刀切，忌鐵、鉛。主治風寒濕痹、黃疸，補中，止吐血、下血、內崩，膀胱不足，踒跌蠱毒。久服益精氣，輕身。可以染絳。

明・杜文燮《藥鑒》卷二　茜草　氣寒，味苦，無毒。陰中微陽也。療中多蠱毒，治跌撲損傷。吐下血如爛肝，凝積血成瘀塊。虛熱崩漏不止，勞傷吐衄時來。室女經滯不行，婦人產後血暈，治之皆愈。大都皆血家藥也。故血滯者能行之，血死者能活之。痘家紅紫乾枯者用之於活血藥中甚妙。外症瘡癤癰腫者，用之於排膿藥中立效。其曰除乳結為癰者何？蓋乳者，血之所為也，用此劑以行之，則血行而癰自散矣。

明・李中立《本草原始》卷一　茜草　一作蒨。始生喬山山谷，今近處有之。染緋草也。葉似棗葉，頭尖下闊，三五對生節間。其苗蔓延草木上，根紫色。陶隱居本草言：東方有而少，不如西方多，則西草為茜，以此也。《詩》云茹藘在坂者是已。陸璣云：齊人謂之茜，徐人謂之牛蔓。又草之盛者為蒨，牽引為茹，連覆為藘，則蒨、茹、藘之名，又取此義也。　氣味：苦，寒，無毒。　主治：寒濕風痹，黃疸，補中。〇止血，內崩下血，膀胱不足，踒跌蠱毒。久服益精氣，輕身。可以染絳。〇治六極傷心肺，吐血瀉血。〇止鼻洪，尿血，產後血運，月經不止，帶下，撲損淤血，泄精痔瘻，瘡癤排膿，酒煎服。

茜草，《本經》上品。【圖略】根紫色，俗呼茜根。修治：茜草去土，用銅刀細剉，炒用，勿犯鉛鐵。

元素曰：微酸鹹溫，陰中之陰。手足厥陰血分之藥也。畏鼠姑，制雄黃。俗方用治女子經水不通，以一兩煎酒服之，一日即通，甚效。

明・張懋辰《本草便》卷一　茜根　味苦，氣寒，陰中微陽。炒用勿犯鐵。主寒濕風痹，黃疸，補中，治六極傷心肺，去諸死血，主蠱毒尤勝。

明・繆希雍《本草經疏》卷七　茜根　味苦，寒，無毒。主寒濕風痹，黃疸，補中，止血，內崩下血，膀胱不足，踒跌，蠱毒。久服益精氣，輕身。

〔疏〕茜根稟土與水之氣，而兼得天令少陽之氣以生。《本經》味苦寒。甄權云甘。潔古微酸、鹹，溫，無毒。蓋盡之矣。入足厥陰、手足少陰，行血涼血之要藥也。非苦不足以洩熱，非甘不足以和血，非鹹不足以入血軟堅，非溫少陽之氣不足以通行。故主痹及疸。疸有五，此其為治，蓋指蓄血發黃，而不專於濕熱者也。痹者血病，行血軟堅則痹自愈。甘能益血而補中，病去血和，補中可知矣。苦寒能下洩熱氣，故止內崩及下血，除熱故益膀胱。踒跌則血瘀，血行則踒跌自安。涼無病之血，行已傷之血，故治蠱毒。《藥性論》味甘，主六極傷心肺，吐血瀉血。日華子：味酸，止鼻洪，帶下，產後血暈，乳結，月經不止，腸風痔瘻，排膿，治瘡癤，泄精尿血，撲損瘀血，皆取其涼血行血，苦寒泄熱之功耳。　〔主治參互〕同地黃、麥門冬、當歸身、阿膠、茅根、童便，主吐血，衄血，諸血熱妄行溢出上竅。同牛膝、地黃、黃耆、地榆、芍藥、荊芥穗，治腸風下血。佐地榆，治橫痃魚口，有神。　同䗪蟲、乳香、沒藥、桂心、牛膝、地黃，主踒跌。　〔簡誤〕病人雖見血證，若加泄瀉，飲食不進者，勿服。

明・倪朱謨《本草彙言》卷六　茜草根　味苦，氣寒，無毒。稟土水之氣，而兼得天令少陽之氣以生者也。《別錄》曰：茜草根，出喬山山谷，即今染絳草也。東地諸處雖有而少，不如西出者多。《詩》云茹藘在阪，即此是也。今圃人亦作畦種蒔，獲利殊厚。季冬生苗，蔓延數丈，方莖中空，外有細刺，數寸作節，每節五葉，似棗葉，頭尖下潤。七月開花，結實如小椒，中有細子。以八月采根，銅刀切，日乾用，忌鐵器。外一種赤柳草根，形狀相似，只是味酸澹爲別。誤服令人患內瘴，速服甘草湯，其毒即解。

茜草根韓保昇散血行瘀，《別錄》兼去痹痛之藥也。計日聞抄《蜀本草》治吐血衄血，產後血暈，及跌撲瘀血，能散血而行血也。《別錄》治痿躄脚氣，及骨節風痛，能疎痹而通經脉也。其色赤，入營分，味苦入心經，氣寒能涼血散血，而因血由熱結也，故時人稱爲行血甚捷。前人又言治黃疸。疸者，濕與熱摶滯于血分，惟其散血行血，則濕熱亦行，而疸病自退矣。李氏又言：治痛風，解瘡癤，亦是此意。但其氣性寒燥，風濕成痹，得寒燥而開；濕熱成疸，得寒燥而散；瘀血吐衄，得寒燥而止，故每用取效。若三證有屬精虛血少者，脾虛胃弱者，陰虛火勝者，俱禁用之。

沈則施先生曰：紅花、丹參、牡丹皮、赤芍藥，皆屬血藥，咸以色命名也。茜草色赤，甚于四種，不曰赤草、紅草，而曰茜草者，正見古人命名，深有取義。所云茜者，從草從西，取西方金氣，入通于肺，止吐衄暴血，由于肺病，獨擅其能。他如痹疸跌撲諸疾咸治者，實取行散瘀血之功，推廣其意云。

集方：周氏方治吐血暴出不止。用茜草根二兩，搗末，每早晚各服二錢，水煎服。〇《本事方》治衄血暴出不止。用茜草根，生艾葉各一兩，爲細末，烏梅肉三錢，搗勻，煉蜜丸梧子大。每服三錢，白湯下，水煎服亦可。〇唐瑤方治婦人五旬後復行經。用茜草根、生地黄各一兩，側柏葉、黄芩各五錢，分作五帖，每帖水二碗，煎八分服。〇《方脉正宗》共四方治跌撲瘀血。用茜草根一兩，紅花、桃仁各五錢，分作三劑服。〇治脚氣幷骨節風痛，因血熱者。用茜草根一兩，木瓜，牛膝、羌活各五錢，水煎服。〇治黄疸。用茜草根水煎代茶飲，漸退。〇治女子經閉不通。用茜草根一兩，酒煎服之，一日即通。〇陳延之方治中蠱毒，吐下血如猪肝。用茜草根三兩，水二升，煮汁飲，立解。

倪朱謨曰：茜草治血，能行能止，余嘗用酒製則行，醋炒則止，活血氣，疏經絡，治血鬱血痹諸證最妙，無損血氣也。配歸、芍用，大能有益婦人。

明・蔣儀《藥鏡》卷四寒部 茜根 涼血行血，故蓄血之黄疸，服此功高。味苦性寒，故熱泄與内崩，并醫衄鼻。室女經滯不行，產後血運虚熱，用于活血藥中甚妙。痘家紅紫乾枯，外症乳結成癰，用于解毒藥中立效。

明・張景岳《景岳全書・本草正》 茜草亦名過山龍。 味苦、甘，氣微寒。陰中微陽，血中要藥。其味苦，故能行滯血。其性涼，故能止動血。治勞傷吐衄時來，除虚熱漏崩不止，亦通經滯。又療乳癰，散跌撲血凝瘀聚，解蠱毒敗血爛肝。凡諸血熱血瘀，並建奇功。若女人經血不通，以一兩酒煎服之，一日即通，甚效。若氣虚不攝血，及脾寒者勿用。

明・盧之頤《本草乘雅半偈》帙五 茜草根《本經》中品 氣味：苦，寒，無毒。 主治：主寒濕風痹，黄疸，補中。

覈曰：出喬山山谷，今圃人作畦種蒔矣。《史記》云千畝巵、茜，其人與千戶侯等，言其利溥厚也。季冬生苗，蔓延數丈。方莖中空，外有細刺，數寸作節。每節五葉，似棗葉，頭尖下闊，七月開花，結實如小椒，中有細子。修事：用銅刀于槐砧上剉細，日乾，勿犯鉛鐵器，勿用赤柳草根，形狀相似，只是味酸濇。誤服令人患内瘴，速服甘草水，其毒即散。畏鼠粘，汁制雄黄。

条曰：茜即蒨，《毛詩》所謂茹藘，《蜀本》所謂染緋草也。肝主色，茜色勝，當入肝；心主赤，茜色赤，當入心。具春升夏出之機，故主補中。俾通寒濕風痹，及色變于色，而致疸黄也。《周官》庶氏掌除蠱毒，以嘉草攻之，蘘荷之與茜也。而茜功最勝，故《別錄》用治蠱毒耳。一名地血，一名茅蒐。能入陰分，止内崩吐衄。一名風車草，一名過山龍。先人云：風龍肝屬，血乃所藏，西金青木，為用是臧。

明・李中梓《本草通玄》卷上 茜草 苦，溫，厥陰藥也。 行血滯，通經脉，理痛風，除寒濕，活血。與紅花相同而性更通利。 忌鐵。

清・顧元交《本草彙箋》卷四 茜草附剪草。 故手足厥陰血分之藥。涼無病之血，行已傷之血，其能事也。凡上下一切血症，皆可藉其苦寒泄熱之功。但病久而血虚，或泄瀉不進飲食者，雖見血症，不宜浪用。

茜，即蒨也。即今染絳茜草也。別名茹藘。故《詩》云：茹藘在阪。又過山龍十二月生苗，蔓延數尺，方莖，莖中空，有筋，外有細刺，數寸一節，每節五葉，如烏藥葉而糙澀，面青背綠，秋開花，結實如小椒大，中有細子。凡使勿犯鉛、鐵。 女子經水不通者，以一兩煎酒服之，一日即通。

剪草，云即茜草，恐未必確。大抵狀如茜草耳。凡上部血須用剪草，及丹皮、天麥二冬。 許學士神傳膏，治癆瘵吐血，肺損及血妄行，每剪根一觔，洗淨，晒爲末，入生蜜二觔，和成膏，磁器盛之，不得犯鐵，日一蒸曝，凡九遍，病人五更起，面東坐，不得語言，以匙抄藥，如粥服之，每服四兩，服已良久，以稀粟米飲壓之。藥只冷服，米飲亦勿太熱。或吐或下，皆不妨。如久病肺損咯血，只二服愈。尋常咳嗽，血妄行，每服一匙可矣。有一貴婦病瘵，得此方，九日藥成，前一夕病者夢人戒令翌日勿亂服藥，次日將服之，爲屋上土墜器中，不可服。再合既成，又將服之，爲婢覆器，又不得服。又再合，未就而病者告殂。斯一異也。

清・穆石匏《本草洞詮》卷一〇 茜草 東方少，西方多，故字從西。俗稱過山龍，用染絳色，圃人作畦種蒔。《史記》云：千畝巵、茜，其人與千戶侯等，言利厚也。味酸，氣寒，一云溫，無毒。入手足厥陰血分。治寒濕風痺，黄疸，活血行血，主蠱毒。《周禮》：庶氏掌除蠱毒，以嘉草攻之。嘉草者，蘘荷與茜也。其色赤入營，氣溫行滯，味酸入肝，而鹹走血，行血之功甚捷。俗醫治痛風，用石絲為君，茜草佐之，皆性熱而燥，不能養陰，却能燥濕，病之淺者，濕痰得燥而開，瘀血得熱而行，故亦暫効。若病深而血少者，則愈刼愈虚，而病愈深矣。《別錄》言其益精，未足憑也。

清・劉雲密《本草述》卷一一 茜草 根 氣味：苦，寒，無毒。 權曰：甘。 日華子曰：酸。入藥炒用。 丹溪曰：熱。 潔古曰：微酸鹹温，陰中之陰。《別録》曰：茜根鹹平，無毒。

主治：寒溼風痹，黄疸，補中《本經》。通經脈，療熱中傷，治六極傷心肺，吐血瀉血，并止鼻洪尿血，治血痢，心神煩熱，及蠱注下血如雞肝，並撲損瘀血，痔瘻瘡癤排膿。酒煎服女子虚熱崩漏，經滞不行諸本草。治諸見血證，舌衄吐血，滞下，蠱毒方書。時珍曰：茜根色赤而氣温，味微酸而带鹹，色赤入營，氣温行滞，味酸人肝，而鹹走血，手足厥陰血分之藥也。專於行血活血，俗方用治女子經水不通，以一兩煎，酒服之一日即通，甚效。

希雍曰：茜根禀土與水之氣，而兼得天令少陽之氣以生。《本經》味苦寒，甄權云甘，潔古微酸鹹、温、無毒，蓋盡之矣。入足厥陰、手足少陰，行血凉血之要藥也。苦以洩熱，甘以和血，鹹以入血軟堅，又温得少陽之氣以通行，故能凉無病之血，行已傷之血而奏功也。

同地黄、麥門冬、當歸身、阿膠、茅根、童便，主吐血衄血，諸血熱妄行，溢出上竅。同牛漆、地黄、黄芪、地榆、芍藥、荆芥穗，治肠風下血。佐地榆治横痃魚口有神效。

愚按：茜根味甘，而微鹹微酸，色赤而氣且温，謂專於行血活血者是也。《本經》主治：寒溼風痹，固以温而行之。而黄疸亦治者，前哲所謂血挾熱，則毒内瘀而發黄也。是則以寒凉行之，不若由温而從以治之，其義可通於血證矣。《本經》主治寒溼風痹，而《別録》亦云苗根主痹。《本經》言主補中，而《別録》亦云治熱中傷。蓋痹屬血脈之病，而傷中則由於血之病於經脈者，更入於臟腑以傷其中之守也。固雖有淺深，然在《經》曰經脈者，内外之合，故此味俱得治之也。前哲論滞血發熱者，謂其脈濇，外證必兼嗽水，必兼嘔惡痰涎，或病雨脚厥冷，或病小腹結急，或唾血，或鼻衄，皆滞血發熱之明驗也。又曰：熱毒瘀血在小便為淋痛，在大便為腸風。由此繹之，茜根之療唾血衄血，及尿血瀉血也，豈非從治而導瘀之故歟？夫血以寒泣，亦以熱瘀，熱能使陰不守，致血狂越而四溢，亦能瘀血使不得循經而四溢。然則療血證者，可徒守一降火之法乎？按方書有茜根散云治血痢，心神煩熱，是即《別録》所謂熱中傷也。又方書茜根丸，治一切毒痢及蠱泣下血如雞肝，是《本草》無毒痢證，為不備也。至甄權言治六極傷心肺，吐血瀉血。夫六極者，肝傷筋極，心傷脈極，脾傷肉極，肺傷氣極，腎傷骨極，臟腑氣虚，視聽已卸，精極，此皆虚勞證也，何以茜根亦能治之？《金匱》云：五勞虚極，羸瘦腹滿，不能飲食，食傷、憂傷、飲傷、房室傷、飢傷、勞傷、經絡榮衛氣傷，内有乾血，肌膚甲錯，兩目黯黑，緩中補虚，大黄䗪蟲丸主之。先哲云：虚勞發熱，未有不由瘀血者，而瘀血未有不由内傷者。人之飲食起居，一失其節，皆能成傷，此亦可以睹矣。故以潤劑治乾，以蝡動噉血之物行死血，死血既去，病根已剗，而後可從事乎滋補之劑。張仲景先生為萬古醫方之祖，有以哉得此論。而茜根於六極所傷，為吐血瀉血皆治也，不可通乎？先哲曰：血蓄於内者，瘀則易治，乾則難治。茜根非能治乾血者也。然有内傷者，即能瘀血，寧獨虚勞。一女子年二十餘，肌膚甲錯，髮多間白，未嘗治之。後因夏末病熱，用大黄主劑而愈，遂甲錯白髮皆愈。則瘀血之為患，亦又不獨吐衄血者有之矣。如方書治心痹，心煩内熱者，茜根煮汁服之。又與先哲所謂滞血為病，類多燥渴者合。而治吐血燥湯之劑，亦用茜根，其義固可思也。至女子血證，寧惟血閉者為瘀，即月經不止，或亦調養失節，内傷元氣，致血壅隧道，不能歸經而錯出也歟。如後五句行經一治可条矣。

愚按：《別録》云傷中，而冠以熱字，其義所宜精察也。蓋《經》曰：陰者，陽之守也。血脈痹，則陰氣不暢而鬱為熱，陰氣化熱，則陽失所守，而與之俱傷矣。夫陰在陽中，陽在陰外，此所以謂之傷中。而傷中之疾，必本於熱也，此正可以明於療吐血瀉血之義矣。蓋傷中則陽亢，陽亢則真陰所化之血反隨亢陽以上下行矣。蓋陰静而陽動，動必以静為君，陰傷則陽亢，《經》所謂動而不已，則變作矣。此在化工且然，而况於人乎？故論治血證者，必以救陰之傷為主，但不可妄投苦寒以傷陰也。蓋真陰為陽之守，而陰氣又為血之先，苦寒之不可投者，為其亡陰氣也。醫者救陰以苦寒固誤，乃有亡陰之證，而更補陽者，其失愈遠矣。不知陽虚之證不多見，而陰氣易於受傷者多也。

又按方書有茜根湯，治吐血咯血嘔血等證，四物湯加童便浸香附一錢五分，茜根草二錢五分，水煎服。又有松花散治吐血久不止，以松花為君，生地、白膠、薯蕷為臣，而茜根但同他味為佐，是皆茜草之治血證者。第就前方而論，其所治屬陰，而陽亦虚者，陽本為陰之先，陽虚而陰不能化，以致血瘀而患於上逆，宜投此方，是責其本在陽也。至於陰虚而陽亢者，陰原為陽之守，陰虚而陽無所依，以致血隨氣上，而不得歸元，不宜投此方，是責其本在陰也。更宜精研者，血固真陰之化醇，第有足三陰與手三陰之殊，即有陰血陽血之宜審也。氣固營血之先導，第有足三陽與手三陽之殊，是即有陰氣陽氣之宜審也。《經》曰：人身半以上屬天，身半以下屬地。夫天地分於身半之上下，可謂氣血遂滚同而無有精微之分辨乎哉？故必明於此，然後可以審於血之化原，或屬在地之陰，或屬在天之陰，然後可以明於氣之馭血，或屬在地之陽，或屬在天之陽。蓋血於在地之陰資始，而於在天之陰資生也。氣於在地之陽資生，而於在天之陽資化也。夫陽含於陰，本先陰而動，乃云血於在地之陰資始者，因血之質屬於陰也。然其動之時，雖陰中所含之陽，已一包孕出，第未值其陰之舒，陰不能馭陽以為氣，唯值陽正位，陽能生陰，而陰乃合於陽以有生，故曰資生於在天之陰也。夫陽出於地，即先陰而升，乃云氣於在地之陰資生者，氣之橐原在陰也。然其升之候，雖陽中所育之陰，又已一滚透出，第不值其暢之動，陽亦不能化陰以為血，唯及陽司令，陽能化陰，而液乃合於氣以得化，故曰資化於在天之陽也。所以欲療血證，如血病於在天之陰資生者，則宜究其氣屬在天之資化者以為治，而後可。如氣病於在地之陽資生者，則宜究其血屬在地之資始者以為治，而後可。此治分天地，審陰陽而療之，其義固宜如斯爾。雖然病有標本，如血上逆可謂急，宜治標者也。故雖原病於資始者，亦必從在天之資化者以療之，而後徐治其資始之本。緣在天之資化者不能化陰，是其急在標矣，故不能舍在天之資化，而迂圖其資始也。在天之資化者不能化陰五句，是治血逆行之要領。蓋資化者不能化陰，正緣陽中少陰，故不能化耳。至於陽虛不能化陰，以致血瘀上逆者，是證固有之，然亦不見多也。此正宜於茜根之治矣。蓋前治正責其本在陰，後治正責其本在陽也。丹溪謂其性熱而燥，不宜於病深而血少者。若病由在天之資生，更不必言矣。以上皆因茜根湯而廣推其療血之義如此。至於松花散所以治吐血久不止者，是固以養血而兼行，乃用茜根亦無甚意義可測也。

附方　吐血燥渴及解毒，用茜根、雄黑豆去皮、甘草炙，等分，為末，井水丸彈子大，每溫水化服一丸。　婦人五十後經水不止者，作敗血論，用茜根，一名過山龍，薑一兩，阿膠、側柏葉、炙黃芩各五錢，生地黃一兩，小兒胎髮一枚，燒灰，分作六帖，每帖水一盞半，煎七分，入髮灰服之。

希雍曰：病人雖見血證，若加泄瀉，飲食不進者，勿服。

修治　銅刀剉焙。勿犯鐵、鉛器。

清・郭章宜《本草匯》卷一二　茜根　苦，寒，權曰：甘。元素：微酸鹹，溫。陰中之陰，入手足厥陰、少陰經。行血滯，通經脉。理痛風，止鼻洪。治產後血暈，療勞傷吐血。

按：茜根得少陽之氣，性善通利，行血活血之要藥也。俗人治痛風，每用熱燥之劑，雖濕痰得燥而開，瘀血得熱而行，病之淺者用之暫効。若病深而血少者，愈劫愈虛矣。此能入營氣，溫行滯，甘足以和血，溫足以通少陽之氣，益血補中，而病自瘳。今人治女子經水不通，以一兩煎酒服之，一日即効。若婦人五十後，經水不止者，作敗血論，用茜根一兩，阿膠、側柏葉、炙黃芩五分，生地黃一兩，小兒胎髮一枚，燒灰，分六帖，水煎，入髮灰服之。如病人雖見血症而泄瀉，飲食不進者，勿服。

入藥炒用。忌鐵器併鉛。煎汁可染絳紅。赤柳草根與之相似，味酸澁，誤服令人內障，速服甘草水可解。

清・蔣居祉《本草擇要綱目・寒性藥品》　茜根　氣味：苦，寒，無毒。陰中之陰也。　主治：色赤而氣溫，味微酸而帶鹹。色赤入榮，氣溫行滯，味酸入肝，鹹走血，手足厥陰血分之對劑也。故耑於行血活血，治女子經水不通，可為主藥。

清・汪昂《本草備要》卷二　茜草通，行血。　色赤入營，氣溫行滯，味酸走肝，而鹹走血。《本經》苦寒。入厥陰心包、肝血分。能行血止血，能行故能止。消瘀通經。又能止吐、崩、尿血。消瘀通經。酒煎一兩，通經甚效。治風痹黃疸，疸有五：黃疸、穀疸、酒疸、黃汗疸、女勞疸。此蓋蓄血發黃，不專于溫熱者也。女勞疸必屬腎虛，亦不可以濕熱例治。當用四物、知、柏壯其水，參、朮培其氣，隨症而加利濕清熱藥。崩運撲損，痔瘻瘡癤。血少者忌用。　根可染絳。忌鐵。

清・陳士鐸《本草新編》卷三　茜草　味苦，氣寒，陰中微陽，無毒。入胃、脾二經。止下血崩漏，始跌打損傷，散瘀血。女子經滯不行，婦人產後血暈，體黃成疸，皆能治之。但止行血而不補血，宜同補氣之藥以行血，不宜同補血之藥以散氣。至于各書言其能補虛熱，且治勞傷，徒虛語耳，吾未見其功也。

或問：茜草色紅，何以止血？夫茜草本行血之藥，行血而反能止血者，引血之歸經耳。當血之逆行也，少拂其性，而其勢更逆。茜草之色與血色相同，入之血中，與血相合而同行，遂引之歸經，而相忘其非類，此治法之巧也。但既引入于各經，即當以補陰之藥繼之，則血安而不再沸。否則，血症未嘗有不再發者也。

清・顧靖遠《顧氏醫鏡》卷七　茜根草苦，寒。入心肝腎三經。　治諸竅之血，如吐衄便溺是也。仲淳言其能涼無病之血，行已傷之血。療跌撲之瘀。黄疸可醫，指蓄血發黄也。腫毒能消。涼血行血之功。雖有血症，而食少作瀉者，勿服。孕婦亦忌。

清・李熙和《醫經允中》卷二一　茜草　苦，寒，無毒。主治吐衄崩漏，經閉不行，産後血暈，跌撲損傷等症。多用則敗血矣。赤柳草根與之相似，悮服令人内障，速服甘草湯可解。

清・馮兆張《馮氏錦囊秘録・雜症痘疹藥性主治合參》卷二　茜草稟土與水之氣，兼得天令少陽之氣以生，故味苦，寒，微酸鹹，無毒。入足厥陰、手足少陰，行血涼血之要藥也。　茜草，療中多蠱毒，吐下血如爛肝。治跌久損傷，凝積血成瘀塊，虚熱崩漏不止。勞傷吐衄時來，女子經滯不行，婦人産後血暈。凡諸血症，並建奇功。除乳結為癰，理體黄成疸。若雖見血證，而泄瀉少食者忌服，蓋苦寒能傷胃也。

主治痘疹合參：　治痘乾陷，和酒常常飲之，蓋能涼血行血故也，虚寒者禁之。

清・张璐《本經逢原》卷二　茜草《素問》名藘茹，又名茹藘，俗名血見愁。苦、辛，微溫，無毒。　《本經》主寒濕風痹，黄癉，補中。　發明：　茜根色赤而性溫，味苦而帶辛，色赤入營，性溫行滯，味辛入肝，手、足厥陰血分藥也。《本經》又以治寒濕風痹黄癉者，是濕熱之邪痹著營分，用以清理邪濕，則脾胃健運，寒濕風痹無所留著，而黄癉自除矣。其治女子經水不通甚效。詳《素問》四烏鰂一藘茹丸，治婦人脱血、血枯。《千金翼》治内崩下血，皆取以散經中瘀積也。病人雖見血證，若泄瀉飲食不進者勿服。

清・浦士貞《夕庵讀本草快編》卷三　茜草《本經》、蒨、茹藘　陶云：　東方雖生，不如西土之多，故字從西。《毛詩》茹藘在阪是也。又名蒨，茂盛之義。　茜根色赤而氣溫，味微酸而帶鹹，入手足厥陰二經。夫酸先入肝，鹹能走血，色赤與營氣相求，氣溫則行而不滯，故為通血活血之要藥也。而《本經》但言其治寒濕風痺，黄疸，補中，殊不知補中則脾司其職，妄越崩泄，諸血可攝，疎肝則木氣條達，風痺濕疸可瘳，故讀書貴以意會也。又《周禮》庶氏掌除蠱毒，以嘉草攻之。嘉草者，茜與蘘荷。故陳藏器用以治蠱，旨哉！

清・張志聰、高世栻《本草崇原》卷中　茜草根　氣味苦，寒，無毒。主治寒濕風痹、黄疸、補中。《别録》云：　治蠱毒，久服益精氣，輕身。　茜草，《詩》名茹藘，《别録》名地血，一名染緋草，又名過山龍，一名西天王草，又名風車草。始出喬山山谷及山陰谷中，東間諸處雖有而少，不如西間之多，故字從西。十二月生苗，蔓延數尺，方莖中空有筋，外有細刺，數寸一節，每節五葉，七八月開花，結實如小椒，中有細黑子，其根赤色。《周禮》庶氏掌除蠱毒，以嘉草攻之，嘉草者，蘘荷與茜也。主蠱為最，故《别録》用治蠱毒。　茜草發於季冬，根赤子黑，氣味苦寒，稟少陰水火之氣化。方莖五葉，外有細刺，又稟陽明金土之氣化。主治寒濕風痹者，稟少陰火氣而散寒，陽明燥氣而除濕，陽明金氣而制風也。得少陰之水化，故清黄疸。《周禮》主除蠱毒，故補中，中土調和，則蠱毒自無矣。《素問》治氣竭肝傷，血枯經閉，故久服益精氣，輕身。　《素問・腹中論》岐伯曰：　病名血枯者，此得之年少時，有所大脱血，若醉入房中，氣竭肝傷，故月事衰少不來。帝曰：　治以何術？岐伯曰：　以四烏鰂骨，一藘茹，二物併合之，丸以雀卵，大如小豆，以五丸為後飯，飲以鮑魚汁，利腸中及傷肝也。藘茹當作茹藘，即茜草也。《本經》下品中有藺茹。李時珍引《素問》烏鰂骨藘茹方注解云：《素問》藺茹，當作茹藘，而藺與藘音同字異也。　愚謂：　烏鰂骨方，當是茜草之茹藘，非下品之藺茹也。恐後人疑而未決，故表正之。

清・王子接《得宜本草・上品藥》　茜草　味苦。入手足厥陰經。通經脉，療黴毒。得生地烏髭髮，得阿膠、側柏療婦人敗血。

清・黄元御《玉楸藥解》卷一　茜草　味苦，微寒。入足厥陰肝經。通經脈瘀塞，止營血流溢。亦行瘀血斂新血，吐衄崩漏，跌打損傷，痔瘻瘡癤俱治。即染紅茜草根。

清・汪紱《醫林纂要探源》卷二　茜草　酸，鹹，溫。弱莖蔓生，莖中有筋，每節四葉對生，圓尖如杏，莖葉皆糙澀，根亦細弱長引，色赤可染絳。瀉肝補心，收散滲濕，活血消瘀。色赤入血分，瀉肝則血藏而不瘀，補心則血用而能行，收散則用而不費，故能劑血氣之平，止妄行之血，而去瘀通經，兼治痔瘻瘡瘍撲損。

清・嚴潔等《得配本草》卷四　茜草　畏鼠姑。制雄黄。　苦，涼。入足厥陰經血分。行血通經。除黴毒，療乳癰。　配黑豆、炙甘草，煮，治血渴。配石榴皮，治脫肛。佐烏梅、生地，治鼻衄不止。佐阿膠、側柏，療婦人敗血。勿犯鉛、鐵器。酒炒，行血。童便炒，止血。血虛吐衄、泄瀉不食，二者禁用。

題清·徐大椿《藥性切用》卷四 茜草 一名血見愁。酸鹹氣平，入厥陰而行血止血。無瘀勿用。

清·黃宮繡《本草求真》卷八 茜草入心包、肝行血，茜根可染。 茜草耑入心胞、肝。味酸鹹寒，色赤，功用略有似於紫草，但紫草則止入肝涼血。使血自為通活，此則能入肝與心胞，使血必為走泄也。故凡經閉、風痹、黃疸。疸有黃膽、穀疸、酒疸、黃汗疸、女勞疸，皆有寒濕、熱濕之別，此則專就蓄血以論，大抵寒濕，宜用茵陳附子、茵陳四逆，熱濕宜用梔子大黃，血瘀宜用桃仁承氣之類。因於瘀血內阻者，服之固能使瘀下行，如值吐崩尿血，因於血滯而見艱澁不快者，服之更能逐瘀血止，總皆除瘀去血之品，與於紫草血熱則涼之意，貌同實異，不可混也。但血虛發熱者忌用。根可染絳。忌鐵。

清·楊璿《傷寒溫疫條辨》卷六消劑類 茜根 味鹹，氣寒，陰中微陽，血中要藥。或云茜草、藘茹一物也，非也，破瘀同。《內經》藘茹合烏鰂骨等分為末，雀卵為丸，鮑魚湯下，治婦女血枯甚驗。味鹹故能通經閉，氣寒故能止動血。惟能通，故能止。治勞傷吐衄時來，除血虛崩漏不止，散跌撲血凝瘀聚，解畜血疸黃燥肝，有胎須忌之。凡血閉、酒煎服一兩效。血枯、血熱、血動並建奇功。八珍湯加茜根五錢，治脾虛而吐衄崩漏，尿血便血者。

清·羅國綱《羅氏會約醫鏡》卷一六草部 茜草亦名過山龍。味苦酸，微寒，入心包、肝二經。忌鐵。 色赤入榮，血中要藥。其性涼，故止動血。治勞傷吐衄時來，虛熱崩漏不止。其味苦，故行滯血，療乳癰、跌撲血凝，消瘀通經。酒煎一兩，通經甚效。若氣虛脾寒及血少者，勿用，氣虛不能攝血，脾虛不能統血。以苦寒傷胃也。

清·陳修園《神農本草經讀》卷二上品 茜草 氣味苦，寒，無毒。主寒濕風痹，黃疸，補中。

陳修園曰：氣味苦寒者，得少陰之氣化也。風寒濕三氣合而為痹，而此能入手足少陰，俾上下交通而旋轉，則痹自愈矣。上下交通則中土自和，斯有補中之效矣。中土和則濕熱之氣自化，而黃疸愈矣。又《素問》以藘茹一兩，烏鰂魚骨四兩，丸以雀卵，飲以鮑魚汁，治氣竭肝傷、脫血、血枯，婦人血枯經閉，丈夫陰痿精傷，名曰四烏鰂骨一藘茹丸。藘茹即茜草也，亦取其入少陰以生血，補中宮以統血。汁可染絳，似血而能行血歟。後人以此三味入烏骨白絲毛雞腹內，以陳酒、童便煮爛，烘乾為丸。以百勞水下五七十丸，治婦人倒經血溢於上，男子咳嗽吐血，左手關脈弦，背上畏寒有淤血者。

清·趙學敏《本草綱目拾遺》卷三草部上 土茜草 一名地蘇木、過山龍、風車草。此南方所產蒨草也。葉四五瓣成一叢，攢莖節而生，方梗柔蔓，皮糙澀棘人指，獨莖直上一二尺，乃有分歧處。葉如箭鏃，風吹能環轉如車輪，故名。又名八仙草，以其葉相對攢簇，枝葉間生也，其根黃赤色，不可染，又名活血丹。《百草鏡》云：此草秋時結實，小如梧桐子，實後枯，立夏後發苗。《百草鏡》：性平，入肝脾心經，治打傷跌壓，活血，性善行血，無瘀者禁用。《葛祖方》：治風氣痛，通經下胎，黃疸，鬼箭打，痠痞，蛇傷。《藥鑒》云：功專活血，治跌撲，癰毒，癥瘕，經閉便血，崩中帶下，痔漏風痹，鬼箭風，臌脹，黃疸，蛇傷。

疔瘡：朱羅峰方：過山龍、仙橋草、蒼耳草、豨薟草、紫花地丁、野苧麻根六味等分，酒煎服取汗，須多服蟾酥丸，汗出鹹者可治，若味淡，不可治。又方：地蘇木陰乾為末，重者八錢，輕者五錢，好酒煎服，如放黃者，沖酒服，渣罨疔上。

清·王學權《重慶堂隨筆》卷下 茜草根 曉嵐先生云能解巴蠟蟲毒，以此推之，似可治蛇蠍毒蟲諸螫。

清·黃凱鈞《藥籠小品》 茜草 色赤，入厥陰血分，消瘀通經，治風痹黃疸。疸有五種，茜草治蓄血發黃。無瘀滯者忌。

清·王龍《本草纂要稿·草部》 茜草 氣味苦寒。療中多蠱毒，吐下血如爛肝。治跌久損傷，凝積血成瘀塊。血熱崩漏不止，勞傷吐衄時來。女子經滯不行，婦人產後血暈。理體黃成疸，除乳結成癰。

清·莫樹蕃《草藥圖經》 過山龍 本草名茜草。苦，寒，無毒。治寒濕風痺，黃疸，補中，止鼻洪，尿血，產後血暈，月經不止，帶下，撲損淤血，通經脉，治骨節風痛，活血行血。

清·吴鋼《類經證治本草·手厥陰心包藥類》 茜草 【略】誠齋曰：為咽喉疼腫之要藥。凡喉痺極(重)〔腫〕，鮮取茜根絞汁一小杯，溫服，細呷，立效。不愈更作服。即染絳茜草也。處處有之。十二月生苗，蔓延草木數尺，方莖中空，有筋，外有細刺，一二寸一節，每節五葉，亦有四葉者，葉如烏藥葉，又如棗葉，頭尖下濶，對生節間，面青背綠，莖葉俱糙澀。七八月開花，結實如小椒大，中有細子，根紫赤色。忌鐵。

清・張德裕《本草正義》卷上　茜草一名過山龍　苦甘，涼。血中要藥。行滯血，止動血，可用治勞傷吐衄。但惟涼血行血止血，而鮮有補益。若氣虛不能攝血，及脾寒者皆勿用。

清・楊時泰《本草述鉤元》卷一一　茜草　根味甘、微酸、微鹹，氣溫。陰中之陰。入手足厥陰、血分及手足少陰經。主寒濕風痺，黃疸，通經脉，補中，療熱中傷，治六極傷心肺，吐血瀉血，止鼻洪尿血，並撲損瘀血，治血痢心神煩熱，及蟲注下血如雞肝，女子虛熱崩漏，經滯不行，痔瘻瘡癤排膿，酒煎服。方書治舌衄。痺屬血脉之病，而傷中則由血之病於經脉者，更入於臟腑以傷其中之守也。雖病有淺深，然經脉者內外之合，故此味俱得治之。專於入營行滯，俗治女子經水不通，以一兩煎酒服之，一日即效瀕湖。稟土與水之氣，而兼得天令少陽之氣以生，故能涼無病之血，行已傷之血。同地黃、麥冬、歸身、阿膠、茅根、童便，主血熱吐衄。同地黃、牛膝、黃芪、地榆、芍藥、荊芥穗，治腸風下血。佐地榆，治橫痃魚口神效。吐血燥渴及解毒，用茜根、雄黑豆去皮、炙甘草等分，為末，井水丸彈子大，每溫水化服一丸。五十後經水不止者，作敗血論，用茜根一名過山龍蘆。一兩，阿膠、側柏葉、炙黃芩各五錢，生地一兩，胎髮一枚燒灰，分六帖，每帖水一盞半，煎七分，入髮灰服之。

論：　茜根味甘而微酸鹹，色赤氣溫，專於行血活血。《本經》治寒濕風痺，固以其溫而行之矣。乃亦以治黃疸者，蓋血挾熱則毒內瘀而發黃，以寒涼行之，不若以溫從治之。此義可通於血證。凡滯血發熱者，其脉濇，外證必兼漱水及嘔惡痰涎或兩脚厥冷，或小腹結急，或唾血，或鼻衄，心煩燥渴，皆其明驗。又熱毒瘀血，在小便為淋痛，在大便為腸風，繹此則茜根之療唾血衄血及尿血瀉血，非從治而導瘀之故歟。夫血以寒泣，亦以熱瘀，熱能使陰不守，致血狂越而四溢，亦能瘀之，使不循經而四溢。然則療血證者，可不知行之活之，而徒守降火一法乎。甄氏又言治六極傷心肺吐血瀉血。夫六極皆虛勞證，何以茜根亦治之？觀《金匱》以大黃䗪蟲丸主乾血，以潤劑治乾，以蝡動噉血之物行死血，死血去，病根剗，而後可從事於滋補之劑。則知茜根之治六極所傷而為吐血瀉血者矣。夫血蓄於內，瘀則易治，乾則難治，茜根非能治乾血也。特有內傷者，即能瘀血，不獨吐衄者有之。且如女子血證，豈惟閉者為瘀，即月經不止，或亦調養失節，內傷元氣，致血壅隧道，不能歸經而錯出，是皆得以茜根行之者，不可不知也。《別錄》云傷中，而冠以熱字，蓋陰者陽之守，血脉痺則陰氣不暢而鬱為熱，陰氣化熱，則陽失所守而與之俱傷矣。陰在陽中，陽在陰外，所以謂之傷中，而傷必本於熱也。中傷則陽亢，陽亢則真陰所化之血反隨亢陽以上下行，故論治血證者，必以救陰之傷為主，但不可妄投苦寒以傷陰氣，以真陰為陽之守，而陰氣又為血之先耳。

茜根湯治吐咯嘔血，四物加童便浸香附錢半，茜草根二錢半，水煎服。乃陽虛而陰不能化，以致血瘀而患於上逆者，是責其本在陽也。若陰虛不能為陽之守，致陽無所依，血隨氣上而不得歸元者，不宜投此方，為當責其本在陰也。陰陽之辨，更宜精研。如血固真陰之化醇，苐有足三陰肝、脾、腎、手三陰心、肺、心胞之殊，即有陰血、陽血之宜審。氣固營血之先導，苐有足三陽膽、胃、膀胱、手三陽大腸、小腸、三焦之別，即有陰氣陽氣之宜詳。人身天地，分於身半之上下，可遂滾同而無精微之分辨乎哉。故必審於血之化原，或屬在地之陰肝、脾、腎，或屬在天之陰心、肺、心胞，然後明於氣之馭血，或屬在地之陽膽、胃、膀胱，或屬在天之陽大腸、小腸、三焦。蓋血於在地之陰資始，而於在天之陰資生；氣於在地之陽資生，而於在天之陽資化也。夫陽本先陰而動，血乃於在地之陰資始者，因血之質屬陰也。陰未舒時，不能馭陽以為氣，惟值陽正位，而陰乃合於陽以有生，故曰資生於在天之陰。夫陽本先陰而升，氣乃於在地之陰資生者，氣之槖在陰也。陽未動時，陽亦不能化陰以為血，惟及陽司令，而液乃合於氣以得化，故曰資化於在天之陽。所以欲療血證，如血病於在天之陰資生者，則宜究在天之氣資化者以為治；如氣病於在地之陽資生者，則宜究在地之血資始者以為治，此分天地而審陰陽之大義。雖然，病有標本，若血上逆，則又急宜治標，故雖病於資始者，亦必從在天之資化者以療之，而後治其資始之本。緣在天之資化者，不能化陰，是其急在標，不能舍在天之資化而迂圖其資始也。在天之資化者不能化陰數句，是治血逆之要領，乃陽中陰虛也。至於陽虛不能化陰以致血瘀上逆者，是證不多見，正宜於茜根之治矣。蓋前治責其本在陰，後治責其本在陽也。若病由在天之資生，更不必言矣。

繆氏：　雖見血證，若加泄瀉飲食不進者，勿服。

修治：　銅刀剉，勿犯鐵鉛器，入藥焙用。

清・鄒澍《本經續疏》卷二　茜草　【略】桂枝附子湯、白朮附子湯、甘草附子湯為寒濕風痹補中者也。茵陳五苓散、小建中湯、小半夏湯為黃疸補中者也。奈何茜草根亦能為寒濕風痹、黃疸補中？夫惟入必有蹤，守必有界。使寒濕風外據，氣遂應之而成痹，濕熱內蘊，又招外邪而為疸。樞機悉在氣化，患害不出筋骨。則欲為之補中，誠無踰於諸方矣。孰知能為痹者，豈但筋骨？凡膚腠肌肉血脈，皆能致之。即如血脈有壅，營氣遂痹，而不與衛諧，衛失營歡，捍禦弛縱，如是外有寒濕風則得而乘之，內有濕熱則不得而驅之，此其所謂補中，固宜有異於氣化為之者，而必以茜根之色赤莖空者為行其壅而通血脈矣。雖然此其功在行壅，則謂能通血者有之，而《別録》偏以之止血，主內崩下血，何耶？夫脈絡結澀，則血不四周，血不能四周，則不能為內崩下血，且將何往通其脈絡，正以使血不內崩，此最淺近易明者也。特驗證之法，主治之所以然，尚宜明晰體究耳。茜以十二月生苗，二月、三月采根，七月、八月開花結實，是取其氣方行於莖時也，其根紫赤，其莖緣物中空，不似血之行於脈乎？莖上有刺，不似脈之有絡乎？數寸一節，每節五葉，不似脈之有穴有會乎？葉糙澀而不光，不似血之結澀乎？能使血行於脈，且偏使結澀乾涸之所自通，停頓會聚之所不滯，是主治之所以然也。若驗證之方，則《別録》固已言之矣。曰蹉跌是也，蓋絡脈不澤，則機關必有弛處，行動之時，遂善跌矣。然則膀胱不足，何也？《血氣形志篇》曰：太陽常多血少氣。夫足太陽膀胱者，州都之官，津液藏焉，氣化則能出矣。是其用重在氣也。而其經支別之多，穴會之多，甲於十二經，幸其灌輸相通，呼吸相濟，猶足以自立，而血且結澀焉，尚能為有餘哉？

清・葉桂《本草再新》卷二　茜草味酸、鹹，性溫，無毒。入肝、肺二經。　氣溫行滯，味酸走肝，鹹能走血。兼行血止血，消瘀通經。

清・吳其濬《植物名實圖考》卷二二　茜草　《本經》上品。《爾雅》：茹藘，茅蒐。注：今之蒨也。俗呼為血見愁。亦曰風車草。《說文》以為人血所化。《救荒本草》：土茜苗，葉可煠食，子紅熟可食。湖南謂之鋸子草，又一種葉圓，稍大，謂之金線草。南安謂之紅絲線。二種通用。今甘肅用以染象牙，色極鮮，謂之茜牙。陶隱居謂東方有而少，不如西方多。蓋謂此。

雩婁農曰：《地官》掌染草，以春秋斂染草之物，以權量受之，以待時而頒之。注：染草，茅蒐、橐蘆、豕首、紫茢之屬，此以見古聖人於一草一木，無不經營擘畫，以盡其材，而別服色、明等威、禁奇衺；於五色所尚，尤斷斷不使間之奪正焉。《述異記》云：洛陽有支茜園，《漢官儀》：染園出支茜，供染御服，是其處。漢制去古未遠，至《貨殖傳》千畝支茜，其人與千戶侯等。則世風漸侈，服制無等，而民有擅其利者矣。近世色益華，而染物亦屢變。《范子計然》云：蒨根出北地，赤色者善。陸元恪云：齊人謂之茜，徐州人謂之牛蔓。今河南北皆不種茜，多以紅藍為業，惟陝、甘以染牙物著稱。李時珍遂據陶隱居東間諸處乃有而少不如西多之語，謂茜字從西以此。此亦王氏之《字說》矣。茜之色不如紅藍，故朱色至紅藍而極。《爾雅翼》云：今人染蒨者，乃假蘇方木，非古所用。近嶺南者，皆仰蕃舶蘇方木以供染，然一入再入，即以紅藍染之，色乃殷紅。若蘇方木紫黯無華，不能敵茜色也。又《西域記》，康巴拉撒之南春結一帶產蕨菜、茜菜，則茜盛於西方，且以作茹，不僅供染而已。

清・趙其光《本草求原》卷四蔓草部　茜草根名茹藘，一名地血，又名染緋草。

季冬生苗，莖方，中空，有筋；根赤，子黑。氣寒，味苦，無毒。稟少陰水火之氣化，又方莖有刺，得陽明金土之形，能清熱導瘀。主治寒濕風痹，少陰火水上下交通而旋轉，則痹自除。黃疸，少陰水化清熱，陽明燥化除濕。補中，上下交通，中土自和也。治蠱毒，中土調和，毒自解。少年大脫血，或醉入房中致氣竭肝傷，血枯經閉，合海蛸、雀卵為丸，以鮑魚汁下，利腸中及肝傷也。

古方用治失血、下血、血痢發黃，皆以其清熱行瘀之故。夫血因熱瘀滯而失，脈必澀，兼見痰水，必嘔惡，或發熱足冷，或小腹結急，用之最宜。即寒濕風痹，亦是三氣傷滯經脈之血以為病耳。至五勞、六極亦用之者，蓋虛勞之極，內泌有乾血。仲景用大黃䗪蟲丸攻血主之，可知瘀血必去，而後可從滋補。茜根雖不能治乾血，而義可參用也。昔人云：血滯為病，類多燥渴，或吐血，或不吐血，心煩內熱而渴，茜根煮汁服。一女子，年少髮白，肌膚甲錯，君大黃，佐此以活血，甲錯、白髮俱愈。同芩、地、側柏、阿膠、髮灰，治經水不止，此因血瘀隧道，不能歸經而不收也。又治鼻洪、帶下、產後血暈、乳結、腸風、痔瘻排膿、泄精、尿血、撲損，皆涼血行血之功。佐地、榆，治橫痃魚口神妙。血症加泄瀉，飲食不進勿用。苦入心，則生血；甘和中，則統血。汁可染絳，似血，故行血，治血枯陰痿。一名過山龍。

清・葉志詵《神農本草經贊》卷一　茜根　味苦，寒。主寒濕風痹，黃疸，補中。生川谷。

茹藘在阪，蔓引山龍。刺含寸節，筋束方空。別尊染絳，分劑留紅。用祈多積，千戶侯封。

《爾雅注》：茹藘芽蒐，今之蒨也。《詩疏》：茹藘，徐州人謂之牛蔓。朱震亨曰：一名過山龍。李時珍曰：十二月生苗，蔓延數尺，方莖中空有筋，外有細刺，數寸一節。《白虎通德論》：可以染絳，別尊卑也。《晉書・傳》：華佗心解分劑。《埤雅》：麈尾留紅。韓保昇曰：根紫赤色。《禮》：不祈多積。《史記・傳》：千畝巵茜，其人與千戶侯等。

清・文晟《新編六書》卷六《藥性摘錄》 茜草 味酸鹹，性寒。色赤，入心包肝。行血去瘀。〇但血虛發熱者，忌用。

清・張仁錫《藥性蒙求・草部》 茜草錢半 茜草氣溫，通經活血。能行能止，無瘀勿雜。一名血見愁。無瘀滯者忌投。色赤入營，氣溫行滯，味酸走肝，而鹹走血，入厥陰血分心包、肝二經。又能止血。

清・屠道和《本草匯纂》卷三下血 茜草 耑入心胞、肝。味酸、鹹，寒，色赤，無毒。入心胞、肝血分，行血止血。治寒濕風痺，黃(疽)〔疸〕，六極傷心肺，吐血，止鼻洪，骨節風痛，瀉血尿血，月經不止，帶下，撲損瘀血，活血通經。痔瘻瘡癤，排膿。酒煎服。總皆除瘀去血之品。功用略似紫草，但紫草只入肝涼血，使血自為通活。此則能入肝與心胞，使血必為走泄也。但血虛發熱及無瘀者，均忌用。根可染絳。忌鐵。

清・劉善述、劉士季《草木便方》卷一草部 血見愁 蒨草根葉酸鹹寒，行血通經止不難。黃疸崩運療折損，痔瘻瘡癤也安然。蒨音茜，紅龍鬚。

清・戴葆元《本草綱目易知錄》卷二 茜草茹藘、血見愁。 色赤入營，氣溫行滯，味酸走肝而鹹走血，入手足厥陰血分。行血活血，消瘀通經。治寒濕風痹，骨節風痛，泄瀉黃疸，痔漏瘡癤。又能止血，治六極傷心肺，吐血瀉血，鼻衄尿血，女子崩帶，月經不止，產後血運。撲損瘀血，踒跌蠱毒。若病深血少者慎用。忌鉛、鐵。

清・黃光霽《本草衍句》 茜草苦，寒，酸，鹹。 色赤入血，活血通經。瀉肝則血藏而不瘀，補心則血用而能行。止妄行之血，濟氣血之平。勞傷吐血，積瘀漏崩。苦寒傷胃，泄瀉少食者，勿服。

清・陳其瑞《本草撮要》卷一 茜草 味苦，入手足厥陰經，功專通經脈，療黴毒。得生地烏髭髮，得阿膠、側柏療婦人敗血。無瘀滯者忌投。一名茹藘，一名血見愁。根可染絳。忌鐵。

金線草

清・吳其濬《植物名實圖考》卷一九 金線草 生長沙岡阜間。蔓生方莖，四葉攢生一處；莖葉皆有澀毛，棘人衣。與茜草同，唯葉大而圓為異。考《本事方》剪草似茜，治血證極效。此草能行血，治腰痛，俚醫用之。或即《本事方》之剪草。湖南呼茜草皆曰鋸子草，二草形頗相類，而土人分辨甚晰。

清・劉善述、劉士季《草木便方》卷一草部 透骨草 透骨草辛似茜草，消散風濕祛毒好。跌打行瘀止吐血，能透筋骨通經寶。

木蛇

清・趙學敏《本草綱目拾遺》卷六木部 木蛇 《百草鏡》云：木蛇似蛇，有鱗甲，內紋黃色，如菊花瓣，亦奇物也。治狗咬。

鈎藤

宋・唐慎微《證類本草》卷一四木部下品〔《別錄》〕 釣藤 微寒，無毒。主小兒寒熱，十二驚癇。

〔梁・陶弘景《本草經集注》〕云出建平。亦作弔藤字。惟療小兒，不入餘方。

〔唐・蘇敬《唐本草》〕注云：出梁州。葉細長，莖間有刺，若釣鈎者是。

〔宋・掌禹錫《嘉祐本草》〕按：《蜀本》云：味苦。《藥性論》云：釣藤，臣，味甘，平。能主小兒驚啼，瘈瘲熱擁。日華子云：治客忤胎風。

〔宋・蘇頌《本草圖經》〕曰：釣藤，《本經》不載所出州土，蘇恭云出梁州，今亦興元府有之。葉細莖長，節間有刺若釣鈎。三月採。字或作弔。葛洪治小兒方多用之。其赤湯治卒得癇，用弔藤、甘草炙各二分，水五合，煮取二合。服如小棗大，日五、夜三。大良。又《廣濟》及《崔氏方》療小兒驚癇諸湯飲，皆用弔藤皮。

宋・寇宗奭《本草衍義》卷一五 鈎藤 中空，二《經》不言之。長八九尺，或一二丈者。湖南、北，江南、江西山中皆有。小人有以穴隙間致酒甕中盜取酒，以氣吸之，酒既出，涓涓不斷。專治小兒驚熱。

宋・王繼先《紹興本草》卷一〇 釣藤 紹興校定：《經》雖不載採何為用，但用枝莖及皮以療小兒驚風，諸方用之頗驗。今當作味苦、甘、微寒、無毒者是矣。京西與川蜀多產之。

宋・劉明之《圖經本草藥性總論》卷下 鈎藤 微寒，無毒。主小兒寒熱，十二驚癇。《藥性論》云：臣。味甘，平。能主小兒驚癇瘈瘲，熱擁。日華子云：客忤胎風。葛洪治小兒方多用之，治卒得癇，用弔藤、甘草炙，各二分，水伍合，煮取貳合服，如小棗大，日伍夜叄，大良。又方：療小兒驚癇，諸湯飲皆用弔藤皮。

宋・陳衍《寶慶本草折衷》卷一四 鈎藤臣。一名吊藤。出梁州，及建平、湖南北、江南、江西，及興元府，山中有之。○三月採莖。味苦、甘，平，微寒，無毒。○主小兒寒熱，十二驚癇。○《藥性論》云：主小兒驚啼，瘈瘲熱擁。○日華子云：治客忤胎風。○《圖經》曰：莖節間有莿，若釣鉤。寇氏曰：中空，長八、九尺。

元・尚從善《本草元命苞》卷七 鈎藤 為臣。味甘，微寒。治驚啼瘈瘲熱擁，療客忤胎風寒熱。惟療小兒，不入餘方。出梁州。葉細長，莖節間刺如鉤。《蜀本》云：味苦。三月採，陰乾。

明・王綸《本草集要》卷四 鈎藤臣 味甘苦，氣微寒，無毒。三月採。主小兒寒熱，十二驚癇客忤，胎風。惟療小兒。

明・滕弘《神農本經會通》卷二 鈎藤 臣也。葉細長，莖間有刺若釣鈎者是。三月採。 氣微寒，無毒。一云：味苦。又云：味甘，平。《本經》云：主小兒寒熱，十二驚癇。《藥性論》云：臣。味甘，平。主小兒驚啼，瘈瘲熱擁。日華子云：治客忤，胎風。《圖經》云：葛洪治小兒方多用之，其赤湯治卒得癇，用吊藤、甘草炙各二分，水五合，煑取二合，服如小棗大，日五夜三，大良。又《廣濟》及《雀氏方》療小兒驚癇諸湯飲，皆用吊藤皮。《局》云：鈎藤無毒味甘平，似釣鈎形故得名。專治小兒風瘈瘲，更攻客忤卒癇驚。鈎藤，主瘈瘲，兒生客忤。

明・劉文泰《本草品彙精要》卷二一 鈎藤無毒 植生。

鈎藤：主小兒寒熱，十二驚癇。名醫所錄。【苗】《圖經》曰：葉細莖長，節間有刺，若釣鉤者是也。《衍義》曰：鈎藤，中空，二《經》不言之。長八九尺或一二丈者，小人有以穴隙間致酒甕中，盜取酒，以氣吸之，酒既出而涓涓不斷。【地】《圖經》曰：《本經》不載所出州土，今梁州有之。陶隱居云：生建平。《衍義》曰：河南北、江南、江西山中皆有之。【道地】興元府。【時】生：春生葉。採：三月取藤。【收】日乾。【用】藤皮。【質】類風藤而有鉤。【色】青。【味】苦，甘。【性】寒，平，泄。【氣】氣薄味厚，陰中之陽。【臭】朽。【主】小兒驚熱。【製】剉碎或爲末用。【治】療：《藥性論》云：治小兒驚啼，瘛瘲，熱壅。日華子云：治客忤，胎風。【合治】合甘草各二分，水五合，煮取二合，服如小棗大，日五夜三，治小兒驚癇。

明・許希周《藥性粗評》卷三 小兒客忤，鈎藤有解於牽纏。

鈎藤葉細，莖長中空，節間有刺如鈎鈎，故名。細人有以盜酒，吸之而出。江南山谷處處有之。三月採皮，暴乾用。味苦、甘，性平，無毒。主治小兒驚啼，熱擁客忤，胎風，十二驚癇，作湯與飲之。

明・鄭寧《藥性要略大全》卷五 鈎藤 治小兒寒熱客忤，十二驚癇，驚啼，瘛瘲，胎風熱壅，舒筋活血。味甘，平、微寒，無毒。稍末有鉤如釣，因名鈎藤。

明・陳嘉謨《本草蒙筌》卷四 鈎藤 味甘、苦，氣微寒。無毒。湖南北俱有，山上下盡生。葉細莖長，節間有刺。因類鉤釣，故名釣藤。三月採收，取皮日曝。專醫稚幼，不理別科。寒熱驚癇，手足瘛瘲者急覓，胎風客忤、口眼抽搐者宜求。因莖長中虛，可鑽隙盜酒。小人每取，魆置甕中，口含略吸引之，酒出涓涓不斷。

明・王文潔《太乙仙製本草藥性大全》卷三《本草精義》 鈎藤 《本經》不載所出州土。蘇恭云出梁州，今亦興元府有之。葉細，莖長，節間有刺，因類釣鈎，故名鈎藤。三月採收，取皮日曝。

明・王文潔《太乙仙製本草藥性大全》卷三《仙製藥性》 鈎藤 味甘、苦，氣微寒，無毒。主治：專醫稚幼，不理別科。寒熱驚癇，手足瘈瘲者急覓；胎風客忤，口眼抽搐者宜求。因莖長中虛，可鑽隙盜酒，小人每取魆置甕中，口含略吸引之，酒出涓涓不斷。補註：治小兒卒得癇病，用二分、甘草炙二分，水五合，煮取二合服。或如小棗大，日五夜三服。又云療驚癇，諸湯飲皆用皮。

明・皇甫嵩《本草發明》卷四 鈎藤下品，佐使。氣微寒，味甘、苦，無毒。發明曰：鈎藤，專主幼科，故小兒寒熱，十二驚癇，手足瘈瘲，胎風客忤，抽搐等候。莖長中虛，可鑽隙盜酒，有刺類釣(釣)〔鈎〕，故名。取皮，曝乾，入藥用。

明・李時珍《本草綱目》卷一八草部・蔓草類　釣藤《別録》下品校正自木部移入此。

【釋名】弘景曰：出建平。亦作弔藤。療小兒，不入餘方。時珍曰：其刺曲如釣鈎，故名。或作弔，從簡耳。

【集解】恭曰：釣藤出梁州。葉細長，其莖間有刺，若釣鈎。頌曰：今秦中興元府有之。三月采。宗奭曰：湖南、湖北、江南、江西山中皆有之。藤長八九尺或一二丈，大如拇指，其中空。小人用致酒甕中，盜取酒，以氣吸之，涓涓不斷。時珍曰：狀如葡萄藤而有鈎，紫色。古方多用皮，後世多用鈎，取其力鋭爾。

【氣味】甘，微寒，無毒。保昇曰：苦。權曰：甘，平。時珍曰：初微甘，後微苦，平。

【主治】小兒寒熱，十二驚癇《別録》。小兒驚啼，瘈瘲熱擁，客忤胎風權。大人頭旋目眩，平肝風，除心熱，小兒内釣腹痛，發班疹時珍。

【發明】時珍曰：釣藤，手足厥陰藥也。足厥陰主風，手厥陰主火。驚癇眩運，皆肝風相火之病，釣藤通心包于肝木，風静火息，則諸證自除。或云：入數寸于小麥中蒸熟，餵馬易肥。

【附方】新三　小兒驚熱：釣藤一兩，硝石半兩，甘草炙一分，爲散。每服半錢，温水服，日三服。名延齡散。《聖濟録》。　卒得癇疾：釣藤、甘草炙各二錢。水五合，煎二合。每服棗許，日五、夜三度。《聖惠方》。　斑疹不快：釣藤鈎子、紫草茸等分，爲末。每服一字或半錢，温酒服。《錢氏方》。

明・佚名氏《醫方藥性・草藥便覽》　到鈎藤　其性温、熱。治風，去惡毒，散腳氣風邪。

明・梅得春《藥性會元》卷中　釣藤　味甘，平，微寒，無毒。主治小兒寒熱，十二腫，驚癇。

明・李中立《本草原始》卷三　釣藤　原出梁州，今秦中興元府有之。葉細長，其莖間有刺若釣鈎，故名釣藤。亦作吊藤，從簡耳。俗呼鈎藤。氣味：甘，微寒，無毒。主治：小兒寒熱，十二驚癇。〇小兒驚啼，瘈瘲熱壅，客忤胎風。〇大人頭旋目眩，平肝風，除心熱，小兒内釣腹痛，發斑疹。

釣藤，《別錄》木部下品。今移此。【圖略】藤紫赤，有曲鈎。古人多用皮，後世多用鈎，取其力鋭耳。手足厥陰藥也。

錢氏方治小兒斑疹不快，釣藤鈎子、紫草茸等分為末，每服一字，或半錢，溫酒服。釣藤：臣。

明・張懋辰《本草便》卷二　鈎藤臣　味甘、苦，氣微寒，無毒。主小兒寒熱，十二驚癇，客忤胎風。

明・李中梓《藥性解》卷五　鈎藤　味甘、苦，性微寒，無毒，入十二經。主小兒寒熱，諸種驚癇，胎風客忤，熱壅夜啼。舒筋活血，色黄而嫩鈎多者佳。按：鈎藤兼主氣血，故于經絡靡所不入，惟療小兒，不入餘方。

明・鮑山《野菜博錄》卷三　釣藤　一名鈎草藤。生山谷中。莖(土)〔上〕多刺如鈎。葉似通山藤葉。味〔甘〕、微寒，無毒。食法：採嫩苗葉煠熟，水浸淘淨，油鹽調食。

明・繆希雍《本草經疏》卷一四　釣藤　微寒，無毒。主小兒寒熱，十二驚癇。

〔疏〕釣藤稟春氣以生，本經氣微寒，無毒。保昇言苦，甄權言甘平。應是甘苦俱不甚，氣味悉和平者也。為手少陰、足厥陰經要藥。少陰主火，厥陰主風，風火相搏，則為寒熱驚癇。此藥氣味甘寒，直走二經，則風静火息而肝心寧，寒熱驚癇自除矣。甄權主小兒驚啼，瘈瘲熱壅，客忤胎風者，亦此意耳。　〔主治參互〕得遠志、茯神、琥珀、棗仁、丹砂、牛黄、天竺黄、犀角屑、生地黄、龍齒、麥門冬、金箔，治小兒驚癇瘈瘲。有痰加竹瀝、南星、橘紅。　《聖濟錄》小兒驚熱，釣藤一兩，消石半兩，炙甘草二錢五分，為散。每服半錢，溫水服，日三服。　《聖惠方》卒得癇疾，釣藤、炙甘草各二錢，水五合，煎二合。每服棗許，日五、夜三。　除小兒驚癇外，無他用，故不著簡誤。

明・倪朱謨《本草彙言》卷七　鈎藤　味微甘，氣平，無毒。入手足厥陰經藥也。　陶氏曰：鈎藤，又名吊藤。僅療小兒，不入餘方。　寇氏曰：出建平、秦中、湖南、湖北、江南、江西山中，皆有之。　李氏曰：狀似葡萄藤，長八九尺，或一二丈，大如拇指。其中空，致酒甕中，以氣吸之，涓涓不斷。莖間有刺，宛如鈎鈎，色紫黑。古方多用皮，今方多用鈎。取其力鋭耳。

鈎藤：祛風化痰，《別錄》定驚癇，安客忤，李當之攻痘瘄之藥也。張仰垣稿此藥入手足厥陰二經。手厥陰主火，足厥陰主風。小兒諸病，皆肝風相火爲患，故本草獨治小兒寒熱驚癇，手足瘈瘲，口眼牽動。凡胎風客忤，天吊急疾，幼科十二種驚風之證，用此通心胞、肝、膽三經，使風静火息，則諸證自除矣。　錢仲陽先生曰：鈎藤，溫平無毒，嬰科珍之。其體鋒鋭，其性捷利，祛風痰，開氣閉，安驚癇于倉忙頃刻之際。同麻、桂發内伏之寒，同芩、連解酷烈之暑，同前、葛祛在表之邪，同查、朴消久滯之食，同鼠粘、桔梗、羌、防、紫草茸，發痘瘄之隱約不現也。祛風邪而不燥，至中至和之品。但久煎便無力，俟他藥煎熟十餘沸，投入即起，頗得力也。去梗純用嫩鈎，功力十倍。

明・李中梓《醫宗必讀・本草徵要上》 鈎藤味甘，微寒，無毒。入肝經。舒筋除眩，下氣寬中，小兒驚癇，客忤胎風。祛肝風而不燥，庶幾中和，但久煎便無力，俟他藥煎就，一二沸即起，頗得力也。去梗純用嫩勾，其功十倍。

按：鈎藤性寒，故小兒科珍之，若大人有寒者，不宜多服。

明・蔣儀《藥鏡》卷三平部 鉤藤 直走心肝，則風靜火息。清理寒熱，則悭癇定驚。

明・李中梓《頤生微論》卷三 鈎藤 味甘，性微寒，無毒。入肝經。舒筋除眩，下氣寬中。主小兒驚癇，客忤胎風。新補。

按：鈎藤祛風而不燥，為中和之品。但久煎便無力，俟他藥煎就後，投鈎藤一二沸即起，頗得力也。去梗純用嫩鈎，其功十倍。

明・張景岳《景岳全書》卷四八《本草正》 釣藤 味微甘、微苦，性微寒。能清手厥陰之火，足厥陰、足少陽之風熱，故專理肝風相火之病。凡大人小兒驚癇眩運，班疹天釣，頭旋煩熱等證，用之而風靜火息，則諸證自除矣。

明・盧之頤《本草乘雅半偈》帙九 鈎藤《別錄》下品 氣味：甘，微寒，無毒。主治：主小兒寒熱，十二驚癇。

覈曰：出建平、秦中、湖南、湖北、江南、江西山中皆有之。狀似葡萄，藤長八九尺，或一二丈，大如拇指而中空，折致酒甕中，以氣吸之，涓涓不斷。莖間有刺，宛如釣鈎，色並紫赤，古方多用皮，今人多用鈎，取其力鋭耳。

条曰：藤棘如鈎，中虛而通，離明之象，借形以指事也。《經》云：夏脈如鈎，南方火也。入通于心，心藏血脈之氣也。則凡血脈之氣，布隊十二經中，或左或右，或上或下，或支別絡屬，交循舛錯，致十二驚癇為寒熱病者，咸可通之整之，仍轉如環之無端耳。更能以法廣之釋之，功力真無盡藏，若僅療小兒，是係小子，失丈夫矣。置酒甕中，以氣吸之，涓涓不斷者，俗名過山龍。不獨能通十二經氣，并行十二經水矣。廣之以及支別絡屬，肉理筋膜，為用真無盡藏。

明・李中梓《本草通玄》卷上 鈎藤 甘、苦，微寒，手足厥陰藥也。主小兒寒熱驚癇，夜啼，瘛瘲，客忤胎風，內釣腹痛，大人肝風，目眩。

清・顧元交《本草彙箋》卷四 釣藤 祛肝風而不燥，庶幾中和，久煎即無力，俟他藥煎熟後，入之可也。驚癇眩運，皆肝風相火之病。釣藤通心包於肝木，風靜火息，其症自除。

亦作吊藤，療小兒，不入餘方。藤長八九尺，或一二丈，大如拇指，其中空，小人用致酒甕中，盜取酒，以氣吸之，涓涓不斷。

清・穆石匏《本草洞詮》卷一〇 鈎藤 味甘苦，氣微寒，無毒。入手足厥陰經。治小兒寒熱，十二驚癇。蓋手厥陰主火，足厥陰主風。鈎藤通心包於肝木，風靜火息，則諸證自平矣。

清・劉雲密《本草述》卷一一 鈎藤 狀似葡萄藤，長八九尺，或一二丈，大如䏰指而中空，折致酒甕中，以氣吸之，涓涓不斷，莖間有刺，宛如釣鈎，色並紫赤，古方多用皮，今人多用鈎。

氣味：甘，微寒，無毒。保昇曰：苦。權曰：甘平。時珍曰：初微甘，後微苦平。

主治：大人瘈瘲顫振，頭旋目眩，平肝風，除心熱，小兒驚癇。內釣腹痛，發斑疹。時珍曰：鈎藤手足厥陰藥也。足厥陰主風，手厥陰主火。驚癇眩暈，皆肝風相火之病，鈎藤通心包於肝木，風靜火息，則諸證自除。中梓曰：鈎藤治小兒外，亦治男子，舒筋除眩，下氣寬中。此味祛風而不燥，為中和之品。但久煎便無力，俟他藥煎就，投鈎藤一二沸即起，頗得力也。去梗，純用嫩鈎，其功十倍。之頤曰：藤棘如鈎，中虛而通，離明之象，借形以指事也。《經》云：夏脈如鈎，南方火也。入通於心即此義。則心藏血脈之氣有病於不得如鈎者，象形以治之，誰曰不宜？希雍曰：鈎藤稟春氣以生，本以氣微寒無毒，保昇言苦，甄權言甘平，應是甘苦俱不甚，氣味悉和平者也。為手少陰、足厥陰經要藥。

得遠志、茯神、琥珀、棗仁、丹砂、牛黃、天竺黃、犀角屑、生地黃、龍齒、麥門冬、金箔，治小兒驚癇瘛瘲；有痰加竹瀝、南星、橘紅。《聖濟録》：小兒驚熱，鈎藤一兩，消石半兩，炙甘草二錢五分，為散，每服半錢，溫水服，日三服。

愚按：鈎藤之所以得名者，以其刺曲如鈎也。之頤引《經》言夏脈如鈎者，以名其功，似為牽強。第玩《經》云如鈎之義，則之頤謂借形以指事者，亦不謬也。岐伯曰：夏脈者，心也，南方火也，萬物之所以盛長也。故其氣來盛去衰，故曰鉤。註云：鉤者，舉指來盛，去勢似衰，蓋脈盛於外，而去則無力，陽之盛也。蓋萬物盛長於此氣，故來者自骨肉之分，出於皮膚之際，其來宜盛，而去者自皮膚之際，還於骨肉之分，乃其勢似衰，不同於來之盛者有疾長之氣，而無速消之氣，故曰陽之盛也。《經》又曰：來盛去亦盛，此謂大過。來不盛反去盛，是謂不及。一則以其去之盛者，並來者俱歸於燥，一則以其去之盛者，同來者並歸於衰。然則以茲物治驚癇瘛瘲諸證，雖本於肝風之不靜，實亦病心火之過燥也。用此以對得之，誰曰不宜風火相煽，火平則風亦靜矣？第閱方書，於治中風癱瘓，口眼喎邪，及一切手足走注疼痛，肢節攣急用之，又治遠年痛風癱瘓，筋脈拘急作痛不已者用之，則茲物象心氣盛之長義，以療所患乃屬不及如鉤之證，而瘓瘲驚癇等證，固為大過於如鉤者也。悉此義，乃知用茲物必隨其證，協於所主之劑以為功可也。

清・郭章宜《本草匯》卷一二　鈎藤　甘、苦，微寒，入手足厥陰經。主小兒驚啼瘛瘲，胎風熱壅。治大人頭旋目眩，下氣寬中。除心熱，發瘢疹。按：鈎藤祛肝風而不燥，中和之品也。足厥陰主風，手厥陰主火，驚癇眩運，皆肝風相火之病。此能通心包于肝木，風靜火息，則諸症自愈。但久煎便無力，俟他藥煎就，一二沸即起，有効。其性寒，多宜于小兒科。大人有寒者，不宜多服。

選紫色，去梗，純用嫩鉤，其功十倍。

清・蔣居祉《本草擇要綱目・平性藥品》　鉤藤　氣味：甘，平，微寒，無毒。入手足厥陰經。足厥陰主風，手厥陰主火。主治：驚癇眩運，皆肝風相火之病，鈎藤通心包於肝木，風靜火熄，則諸症自除。大人頭旋目眩，亦可兼療。

清・王翃《握靈本草》卷五　釣藤葉細莖長，節間有刺，形類釣鉤，故名。主治：釣藤，甘，微寒，無毒。主小兒寒熱，十二驚癇，大人頭旋目眩，平肝風，除心熱，小兒內釣腹痛。

清・汪昂《本草備要》卷一　釣藤鈎宣，去風熱，定驚。甘、微苦，寒。除心熱，平肝風。治大人頭旋目眩，小兒驚啼瘛瘲，音熾縱。筋急而縮爲瘛，筋緩而弛爲瘲，伸縮不已爲瘛瘲，俗謂之搐搦是也。客忤胎風，發斑疹。主肝風相火之病，風靜火息，則諸症自除。相火散行于膽、三焦、心包。有刺，類釣鉤。藤細多鈎者良。純用鉤，功力加倍。久煎則無力。

清・吳楚《寶命真詮》卷三　鈎藤　【略】主肝風目眩，下氣寬中，小兒驚癇，客忤胎風。〇大人有寒者忌。

清・陳士鐸《本草新編》卷四　鈎藤　味甘、苦，氣微寒，無毒。入肝經。治寒熱驚癇，手足瘛瘲，胎風客忤，口眼抽搐。此物去風甚速，有風症者，必宜用之。然最能盜氣，虛者勿投。

或問：鈎藤為手少陰、足厥陰要藥。少陰主火，厥陰主風，風火相搏，故寒熱驚癇之症生。但風火之生，多因于腎水之不足，以致木燥火炎，于補陰藥中少用鈎藤，則風火易散。倘全不補陰，純用鈎藤以祛風散火，則風不能息，而火且愈熾矣。

清・顧靖遠《顧氏醫鏡》卷七　鈎藤甘，微寒。入肝心包絡二經。嫩鈎更效。臨起入藥一二沸，久煎便無力。平肝風，除心熱。治頭目眩運，療小兒驚癇。因驚駭叫號，恍惚是也。驚癇眩運，皆肝風相火之病，平肝木，通心包，風靜火熄，上症自愈。祛肝風而不燥，幼科珍之。用治寒熱驚啼、瘓瘲諸疾。

清・李熙和《醫經允中》卷一七　鈎藤　苦，寒，無毒。主治小兒驚啼，胎風熱壅，手足瘛瘲，口眼抽掣。

清・馮兆張《馮氏錦囊秘錄・雜症痘疹藥性主治合參》卷四　鈎藤稟春氣以生，故味甘，微苦，氣平，微寒，無毒。為手少陰、厥陰經要藥。少陰主火，厥陰主風，風火相搏，則為寒熱驚癇。此藥氣味甘寒，直走二經，風靜火息，則肝心寧，寒熱驚癇自除矣。

鈎藤：舒筋除眩，下氣寬中，寒熱驚癇，手足瘛瘲，胎風客忤，口眼抽掣。入手厥陰心包絡，主火。入足厥陰肝，主風，既治風火潤燥，則瘛瘲拘攣之病自愈。再參之血藥，愈見其神功矣。因性微寒，小兒科珍之。大人無熱者，不宜多用。

主治痘疹合參：主寒熱發驚，驅肝風而不燥，為中和之品。但久煎使無力，俟別藥煎好後，投入沸一二即起，頗見其功也。去梗，純用嫩鉤，其功十倍。

清・张璐《本經逢原》卷二　鈎藤一名釣藤　甘、微苦，寒，無毒。取鉤用良。

發明：鈎藤手足厥陰藥也。足厥陰主風，手厥陰主火。小兒急慢驚癇瘓瘲，內鉤腹痛，客忤胎風，大人肝風，頭旋目眩，婦人帶下赤白，皆肝風相火之病，肝木風靜火息，則諸證自除矣。

清・浦士貞《夕庵讀本草快編》卷三 釣藤《別録》〔鉤藤〕 其刺曲如釣鉤，故曰釣藤。俗誤為鉤。其藤大若拇指而中空，若人揉彎置甕中盜酒以氣吸之涓涓不斷鉤取之意，亦或因此。 釣藤氣味甘寒，手足厥陰藥也。夫足厥陰主風，手厥陰主火，故大人頭旋目眩，小兒驚癇瘛瘲，或寒熱胎風，或班疹難發，皆屬二經之症，非此莫療。取其能通心包絡與肝風，靜而火自息，諸症自除矣。但不宜久煎，必俟他藥熬熟，急投一二滾即起，方得力也。近世去梗用鉤，其功十倍。

清・何諫《生草藥性備要》卷上 鉤藤鉤 味甘、微苦，寒。除風熱，定驚，除心熱，平肝風。治小兒驚喊、發班疹，治大人頭暈、目眩。

清・周垣綜《頤生秘旨》卷八 釣藤 寒熱驚癇之藥也。專主幼科十二驚風，兼治婦人產後瘈瘲。

清・王子接《得宜本草・上品藥》 鉤藤 味甘、苦。入手足厥陰經。功專息風降火。得甘草治癇疾，得紫草發斑疹。

清・黃元御《玉楸藥解》卷一 鉤藤鉤 味甘，微溫。入足厥陰肝經。泄濕清風，止驚安悸。治木鬱經惕，驚悸，瘈瘲。

清・吳儀洛《本草從新》卷二 鉤藤鉤〔宣，除風熱，定驚。〕 甘，微苦，寒。除心熱，平肝風，舒筋除眩，下氣寬中。治大人頭旋目眩，小兒驚啼瘛瘲，筋急而縮為瘛，筋緩而舒為瘲，伸縮不已為瘛瘲，俗謂之搐搦。客忤胎風，發斑疹。主肝風相火之病，風靜火息則諸證自平。相火散行於膽、三焦、心包。祛肝風而不燥，庶幾中和，故小兒科珍之。但性稍寒，無火者勿服。有刺類釣鉤，故名。藤細多鉤者良。去梗，純用嫩鉤，其功十倍。久煎則無力。俟他藥煎就方入鉤藤，一二沸即起，頗得力也。

清・汪紱《醫林纂要探源》卷二 釣鉤藤 甘，微苦，寒。生水石旁，藤勁，色紫，葉長尖，對節而生，節間有勁刺，如釣鉤雙出。緩肝風，抑相火。色紫入肝，治小兒驚癇瘛瘲，客忤，胎風斑疹。亦治大人諸風掉眩。以形用也。不耐久煎。用鉤。

清・嚴潔等《得配本草》卷四 釣藤鉤 甘、苦，微寒。入手足厥陰經。平肝風，除心熱，祛肝風而不燥。小兒客忤瘛瘲，大人頭旋目眩，能通心胞於肝木，風靜火息，則諸症自除。相火為病者，可用以為使。得硝石、炙甘草，治驚熱。得甘草，治驚癇。配紫草，發斑疹。純用鉤力大，久煎力薄。

題清・徐大椿《藥性切用》卷四 釣藤鉤 甘微苦寒，入心肝而定驚平熱，耑除目眩舒筋，為肝氣相火耑藥。藤細鉤多者良。久煎則無力。

清・黃宮繡《本草求真》卷七 鉤藤耑入心肝。 鉤藤治心熱祛肝風。 味甘微苦，氣平微寒，為手少陰心、厥陰肝經要藥。緣肝主風，心主火，風火相煽，則風因火而愈熾，火亦因風而益盛。其在小兒，則病必在驚癇瘛瘲，眼翻抽掣。筋急而縮為瘛，筋緩而弛為瘲，伸縮不已為瘛瘲，俗謂之搐搦是也。大人則病必見頭旋目眩，婦人則病必見赤白帶下，故必用此輕平宣泄以為下降，則風靜火熄，而驚風熱自爾其克除矣。藤類象筋，故抽掣病由筋生者，必為之用。此惟小兒風熱，初熱病未見甚者，用之得宜。若使風火至極，勢難驟遏，則此輕平疎泄，效難克奏。又當細審所因，用以重劑以為投服，則藥始與病當，而無病重藥輕之弊矣。取藤細多鉤者良。鉤猶有力。但久煎則無力。

清・楊璿《傷寒溫疫條辨》卷六散劑類 釣鉤藤用有鉤者，過煎無力。 味甘苦，性微寒。入十二經。主肝風相火，療瘛瘲驚癇，胎風客忤，熱壅痰喘，中風失音，煎湯頻服。夜啼不眠，舒筋活血，頭旋目眩。蓋風靜火自熄矣。

清・羅國綱《羅氏會約醫鏡》卷一六草部 鉤藤味苦，微寒，入心肝二經。 心主火，肝主風，風火相搏，則為煩熱瘛瘲。音熾縱。筋急而縮為瘛，筋緩而弛為瘲，伸縮不已為瘛瘲，俗謂之搐搦是也。此藥甘寒，直走二經，所以能治大小頭旋目眩、驚癇夜啼、口眼抽掣、胎風客忤。以風靜火息而諸症自平。因性微寒，小兒科珍之。大人無熱者，不宜多服。

按：此藥久煎無力，俟別藥煎好後，投入沸一二即止，自有功也。去梗，純用鉤，其功十倍。

清・陳修園《神農本草經讀》附録 鉤藤 氣味微寒，無毒。主小兒寒熱，十二驚癇《別録》。

清・黃凱鈞《藥籠小品》 鉤藤 甘苦，微寒，除心熱，平肝風，舒筋除眩，治小兒驚啼瘛瘲，伸縮不已俗謂之搐搦。味淡力薄，煎劑宜遲入。

清・王龍《本草纂要稿・木部》 鉤藤 氣味甘寒。主寒熱驚癇，手足瘈瘲。療胎風客忤，口眼搐抽。

清・莫樹蕃《草藥圖經》 小打碗子 小打碗子，即鷹爪風，本草名勾藤。味甘，微寒，無毒。風症要藥。小兒寒熱，十二驚癇，小兒驚啼瘛瘲，熱擁客忤胎風，大人頭旋目眩。平肝風，除心熱。小兒內釣腹痛，發班疹。

清・張德裕《本草正義》卷上 鉤藤 苦甘，涼。清心火，平肝膽風熱，小兒驚癇天釣，大人頭旋煩熱，風靜火息，諸恙自除。

清・楊時泰《本草述鉤元》卷一一　鉤藤　狀似葡萄藤，大如拇指而中空，折致酒甕中，以氣吸之，涓涓不斷，莖間有刺，宛如釣鉤，色並紫赤。

味微甘微苦而平，氣微寒。入手足厥陰經。平肝風，除心熱，主瘈瘲顫振，頭旋目眩，舒筋，治小兒驚癇，內釣腹痛，發斑疹。方書於治中風癱瘓，口眼喎斜及一切手足走注疼痛，肢節攣急用之。又治遠年痛風癱瘓，筋脉拘急作痛不已者。肝主風，心包主火，凡病風火相煽，鉤藤通心胞於肝木，能使火靜而風熄，則諸證自除瀕湖。鉤藤祛風而不燥，為中和之品士材。得遠志、茯神、琥珀、棗仁、丹砂、牛黄、天竺黄、犀角屑、生地、龍齒、麥冬、金箔，治小兒驚癇，瘈瘲，有痰加竹瀝、南星、橘紅。小兒驚熱，鉤藤一兩，消石半兩，炙甘草二錢五分，為散，每服半錢，溫水服，日三。

修治：久煎便無力，俟他藥煎就，投鉤藤一二沸即起，頗得力也。去梗，純用嫩鉤，其功十倍士材。

清・鄒澍《本經續疏》卷六　鈎藤　【略】《大奇論》曰：心脈滿大，癇瘛筋攣；肝脈小急，癇瘛筋攣。肝脈騖暴，有所驚駭，肝腎並小弦欲驚，二陽急為驚。夫盛滿偏於一處，是他處之不足可知。弦急偏於一處，則他處之縱弛又可知。巢氏曰：小兒血氣不和，熱實在內，心神不定，所以發驚，甚或搖頭弄舌，或睡裏驚掣，或數齧齒，則為欲癇。若口眼相引，目睛上搖，手足掣縱，背脊強直，頸項反折，則為癇。又曰：驚癇者，因驚怖大啼乃發也。夫相引掣縱應弦急，強直反折應盛滿，謂非氣血至此，忽被牽掣，遂與他處不相流通，若倒鉤逆注者然可乎。《舉痛論》曰：驚則心無所倚，神無所歸，慮無所定，故氣為亂。況發於寒熱後者，非特正方以茲逆注，邪且難免拘留，此所以有取於鈎藤之紫色空中，任是處處倒鈎逆注，而脈絡決不因之以塞。紫者，水火相參之色。凡陰陽氣血寒熱，皆於此取義焉可也。色紫而氣寒，則協和氣血，分解寒熱之用，已具於中矣。矧復中空，則交通陰陽，調劑上下之德，抑又可泯乎？不然，則《別録》僅以之治一病，後人遂不可因此為三隅之反矣？

清・葉桂《本草再新》卷三　釣藤鉤味甘、苦，性寒，無毒。入心、肝二經。除心熱，鎮肝風，舒筋通氣，寬中消濕，治頭目眩暈，小兒驚啼抽厥。

清・吴其濬《植物名實圖考》卷二二　鈎藤　《別錄》下品。江西、湖南山中多有之。插莖即生，莖葉俱綠。《本草綱目》云：藤有鉤紫色，乃枯藤也。

雩婁農曰：鉤藤或作釣藤，以其鉤曲如釣針也。《滇志》：咂酒出鎮雄州。陸次雲《峒谿纖志》：咂酒，一名鉤藤酒，以米雜草子為之，以火釀成，不篘不酢，以藤吸取。多有以鼻飲者，謂由鼻入喉，更有異趣。鎮雄直滇東北，千里而遥，鼻飲之風，今無聞焉。考鎮雄為芒部地，舊隸烏蒙。雍正八年改昭通府，以鎮雄為州，其屬有威信、牛街、母亨、彝良，皆設吏分治。其夷則有苗、沙二種。蓋地曠嶺奥，蠻俗猶有存焉。然其植物，昔有五加、方竹、龍眼、荔支諸物，今志不載龍眼、荔支，而謂採筍蹂躪，方竹殆盡；五加已絕種。又謂有海竹，空中為咂酒竿，則咂酒亦不盡用鉤藤。今昔殊風，大都皆然。而舊諺所謂烏蒙與天通者，今已為運銅孔道，馱負侁侁，流人占籍，宜其濡染華風，非復峒全谿故狀。抑夷性慽而土地磽确，一草一木輒惜之。或以易食物，而畏官之需索尤甚。志蓋因其俗而杜誅求云爾。然以方竹為守土累者，實有之矣，務奇詭而不恤艱難，烏可以長民哉？

清・趙其光《本草求原》卷四蔓草部　鈎藤鈎　味、苦甘，氣平，微寒，無毒。禀春氣以生，能平肝風，除心熱。主小兒驚啼瘛瘲，熱壅，客忤胎風寒熱，十二驚癇，大人頭旋目眩。

與神、遠、珀、棗、犀、地、丹砂、牛黄、竺黄、龍齒、麥冬、金箔，治小兒驚癇瘈瘲；有痰加竹瀝、橘紅、膽星。除驚癇眩暈，平息肝風並相火之外，他無所長。

清・文晟《新編六書》卷六《藥性摘録》　鉤藤　甘、微苦，氣平，微寒。瀉心熱，除肝風，治小兒急驚，瘛瘲抽掣。〇大人頭旋目眩。〇婦人赤白帶下諸症。〇多鉤者良。久煎無力。〇小兒發熱，病未甚可用。若風火至極，用此輕藥難効。

清・張仁錫《藥性蒙求・草部》　鉤藤四錢、六錢　鉤藤味苦，平熄肝風。驚癇眩暈，下氣寬中。祛肝風而不燥，性近中和，故小兒科珍之。但性稍寒，無火者勿服。去梗，用嫩鉤，其功十倍。久煎無力，須後入。

清・劉善述、劉士季《草木便方》卷一草部　鈎藤　（鶯）〔鷹〕爪風甘寒除熱，頭目昏眩肝風滅。小兒驚啼發班疹，客忤胎風舒筋血。

清・戴葆元《本草綱目易知録》卷二草部　鈎藤　甘、微苦，平。入手足厥陰經。除心熱，平肝風。治大人頭旋目眩，卒得癇疾，小兒驚啼瘈瘲，客忤胎風，內釣腹痛，退寒熱，發斑疹。主肝風相火之病，風靜火息則諸證自除。久煎則無力，多用鉤，取其力銳。

清·黄光霽《本草衍句》 鉤藤 微苦味甘，微寒氣平。主肝風相火之病，為靜風息火之能。大人頭旋目眩，小兒瘈瘲癇驚。筋急而縮為瘈，筋緩而弛為瘲。伸縮不已，為瘈瘲。俗謂之搐搦是也。平肝風而不燥，除心熱之未清。得甘草治癇疾，得紫草發斑疹。

清·陳其瑞《本草撮要》卷一 鉤藤 味甘苦，入足厥陰經，功專息風降火。得甘草治癇疾，得紫草發斑疹。久煎無力。

倒掛藤

宋·唐慎微《證類本草》卷一三木部中品〔唐·陳藏器《本草拾遺》〕 倒掛藤 味苦，無毒。主一切老血及產後諸疾，結痛血上欲死。煮汁服。生深山。如懸鉤有逆刺，倒掛於，樹葉尖而長也。

明·王文潔《太乙仙製本草藥性大全》卷三《本草精義》 倒掛藤 舊本俱不具〔文〕。生深山林塢川谷樹上。其木藤蔓如懸鉤，有逆到倒掛於樹，其葉尖而長也。採無時。

明·王文潔《太乙仙製本草藥性大全》卷三《仙製藥性》 倒掛藤 味苦，無毒。 主治：主一切老血神效，及產後諸疾甚靈。結痛血上，欲死者，取煮汁服尤宜。

清·吴其濬《植物名實圖考》卷二一 倒掛藤 《本草拾遺》：倒掛藤味苦，無毒。主一切老血及產後諸疾結痛，血上欲死。煮汁服。生深山，如懸鉤有逆刺，倒掛於樹，葉尖而長也。

按湖南嶽麓山有藤，土名倒掛金鉤，形狀正與此合。俚醫以為散血達表之藥，主治亦同。

水團花

清·趙學敏《本草綱目拾遺》卷六木部 水團花 《李氏草秘》：生溪澗近水處，葉如蠟梅樹，皮似大葉楊，五六月開白花，圓如楊梅，葉皮皆可用。治金刃傷，年久爛脚瘡，搗皮葉罨上一宿即痂《草秘》。

八仙草

明·蘭茂撰，清·管暄校補《滇南本草》卷中 八仙草 性微寒，味辛、苦。入少陰、太陰經脾經。治濕熱，諸經(各)〔客〕熱，虛癆童癆，筋骨疼痛，濕氣傷筋，故此疼痛。走小腸，治五淋，赤白便濁，玉莖疼痛，退血分煩熱，止尿血。

附方：治五淋。滑石二錢，甘草一錢，八仙草三錢，雙果草二錢，水煎，點水酒服。

明·蘭茂《滇南本草》〔叢本〕卷上 八仙草 味辛、苦，性微寒。入少陽、太陰二經。治脾家濕熱，諸經客熱，諸勞症虛熱煩熱，筋骨疼痛。濕氣傷筋，故筋骨疼。走小腸經，治五種熱淋，小便赤白濁，玉莖疼痛。退血分煩熱，止小便血。附方：五種熱淋，小便赤，尿前急脹，馬口膿糊，玉莖疼痛。滑石二錢、甘草一錢、八仙草三錢、雙果草二錢，引點水酒服。

明·姚可成《食物本草》卷首王西樓《救荒野譜》 猪殃殃食莖葉。猪食之則病，故名。春采，熟食。 猪殃殃，胡不祥。猪不食，棄道傍；我拾之，充餱糧。

明·周履靖《茹草編》卷二 猪殃殃 藿食癯，肉食鄙，肥牛大豕生滓穢。此草甘辛若杜蘅，清滋不入凡腸腑。猪殃猪殃猪自殃，我不食猪爾何傷。

摘取枝葉，用香油、鹽炒食。

清·吴其濬《植物名實圖考》卷二一 拉拉藤 到處有之。蔓生，有毛刺人衣，其長至數尺，糾結如亂絲，五六葉攢生一處，葉間梢頭，春結青實如粟。

按《救荒本草》蓬子菜形狀頗類，雲南呼八仙草。俚方用之。《滇南本草》：八仙草味辛、苦，性微寒。入少陽、太陰二經。治脾經濕熱，諸經客熱，勞症，筋骨疼痛，走小腸經，治五種熱淋，利小便，赤白濁，玉莖疼痛，退血分煩熱，止小便血。滑石二錢，甘草一錢，八仙草三錢，雙果草二錢，點酒少許，煎服。

拖白練苗

明·朱橚《救荒本草》卷上之後 拖白練苗 生田野中。苗搨地生，葉似垂盆草葉而又小，葉間開小白花，結細黄子。其葉味甜。 救飢：採苗葉煠熟，油鹽調食。

藒花

清·吴其濬《植物名實圖考》卷二九 藒花 生雲南。黄花四出如桂，葉在頂上者獨白如雪，蓋初生者根可黏物，故名。

涼藤仔

明·佚名氏《醫方藥性·草藥便覽》 涼藤仔 其性涼。降氣，去痒，退燒。

雞屎藤

清·何諫《生草藥性備要》卷下 雞屎藤 味苦，性辛。其頭，治新內傷，煲肉食，補虛益腎，除火補血，洗瘡止痛，消熱散毒。其葉，擂米加糖煎食，止痢。葉有葫，莖有毛者佳。

附：琉球·吳繼志《質問本草》外篇卷三 斑鳩飰女青 辛丑清舶漂到，採此種問之。主屎藤。陳宜春。 春時宿根生葉，作蔓，有臭氣。夏荊芥結實，至秋熟。 俗名斑鳩飰。敷治無名腫毒。甲辰，孫景山。 俗名苦櫧，又云烏飯。因鳩鳥好食其子，故號之。外科用。甲辰，戴道光、戴昌蘭。 土名斑鳩飰。可治無名腫毒等證。甲辰，陳文錦。

清·趙學敏《本草綱目拾遺》卷七藤部 皆治藤 蔓延牆壁間，長丈餘，葉似泥藤。中暑者以根、葉作粉食之，虛損者雜豬胃煮服。

清·趙學敏《本草綱目拾遺》卷七藤部 臭藤根 《草寶》云：此草二月發苗，蔓延地上，不在樹間，係草藤也。葉對生，與臭梧桐葉相似，六七月開花，粉紅色，絕類牽牛花，但口不甚放開。搓其葉嗅之，有臭氣，未知正名何物，人因其臭，故名為臭藤。其根入藥，本年者細小，二三年者大如萊菔，可用。 《李氏草祕》云：臭藤，一名卻節，對葉延蔓，極臭，煎洗腿足諸風寒溼痛，拘攣不能轉舒，如神。 《汪氏藥錄》：臭蒲萄蔓延而生，子如蒲萄而臭，治風。又云：野蒲萄氣重味臭，功能敗腸胃之癰。 治瘰癧，用根煎酒數服自愈，未破者消，已潰者斂。 治風痛腸癰，跌打損傷，流注風火痺毒，散鬱氣，洗疝，合紫蘇煎湯汪連仕方。

清·趙學敏《本草綱目拾遺》卷五草部下 雞蝨草 此草深秋有，開紫花，子如椒核，處處原隰皆有。葉如苧麻葉而氣臭，故名雞蝨。《必效方》云：海甯沈清芝患風毒，穿流五六處，疼痛異常，覓此草服之，一劑即愈。 治風毒流火，取一握煎酒吃，或入酒煮一炷香，去渣服，俱效。

清·吳其濬《植物名實圖考》卷一九 雞矢藤 產南安。蔓生，黃綠莖；葉長寸餘，後寬前尖，細紋無齒；藤梢秋結青黃實，硬殼有光，圓如菉豆稍大，氣臭。俚醫以為洗藥，解毒，去風，清熱，散寒。

清·趙其光《本草求原》卷四蔓草部 雞屎藤 苦、辛，溫。其頭，治新內傷痰火，補血益腎，消熱毒，煎豬肉食。理腳濕腫爛、蛇傷。同米擂食開敷。洗瘡止痛。根解洋煙積。煲肉。

清·劉善述、劉士季《草木便方》卷一草部 鷄矢藤 鷄矢藤溫補虛勞，理中脾胃元氣調。病後虛腫耳鳴服，益氣健弱炖不熬。

臭皮藤

清·吳其濬《植物名實圖考》卷一九 臭皮藤 江西多有之。一名臭莖子，又名迎風子，蔓延墻屋，弱莖糾纏；葉圓如馬蹄而有尖，濃紋細密；秋結青黃實成簇，破之有汁甚臭。土人以洗瘡毒。

牛皮凍

清·吳其濬《植物名實圖考》卷一九 牛皮凍 湖南園圃林薄極多。蔓生，綠莖，長葉如臘梅花葉，濃綠光亮；葉間秋開白筩子花，小瓣五出，微卷向外，黃紫色；結青實有汁。俚醫云與臭皮藤一種，圓葉為雌，長葉為雄，用敷無名腫毒，兼補筋骨。

墓蓮藕

清·吳其濬《植物名實圖考》卷一九 墓蓮藕 湖廣園圃中多有之。綠莖蔓延，附莖對葉，如王瓜葉微尖無毛；秋開五瓣小白花，數十朵攢簇；長根近尺，色赭。土人以治吐血。

滇紫參

清·吳其濬《植物名實圖考》卷二三 紫參 滇紫參即茜草之小者，四葉攢生而無柄，以此稍異。

防己

宋·李昉《太平御覽》卷第九九一 防己 《范子計然》曰：防己，出漢中旬陽。 《本草經》曰：防己，一名石解。味辛，平，無毒。治風寒溫瘧熱氣，通腠理，利九竅。生漢中。 《吳氏本草經》曰：木防己，一名解離，一名解燕。神農：辛。黃帝、岐伯、桐君：苦，無毒。李氏：大寒。如葛莖蔓延，如芁白，根內黃似桔梗，內黑文如車輻解。二月、八月、十月採葉根。

宋·唐慎微《證類本草》卷九草部中品〔《本經·別錄·藥對》〕 防己 **味辛**、苦，**平**、溫，**無毒。主風寒，溫瘧，熱氣，諸癇，除邪，利大小便**，療水腫風腫，去膀胱熱，傷寒，寒熱邪氣，中風手腳攣急，止洩，散癰腫惡結，諸蝸疥癬，蟲瘡，通腠理，利九竅。**一名解離。** 文如車輻理解者良。生漢中川谷。二月、八月採根，陰乾。殷孽爲之使，殺雄黃毒，惡細辛，畏萆薢。

〔梁・陶弘景《本草經集注》〕云：今出宜都、建平，大而青白色，虛軟者好，黯黑冰强者不佳。服食亦須之。是療風水家要藥爾。

〔唐・蘇敬《唐本草》〕注云：防己，本出漢中者，作車輻解，黃實而香，其青白虛軟者，名(本)〔木〕防己，都不任用。陶謂之佳者，蓋未見漢中者爾。

〔宋・掌禹錫《嘉祐本草》〕按：《藥性論》云：漢防己，君，味苦，有小毒。能治濕風，口面喎斜，手足疼，散留痰，主肺氣嗽喘。又云：木防己，使，畏女菀、鹵鹹，味苦、辛。能治男子肢節中風，毒風不語，主散結氣，癰腫，溫瘧，風水腫，治膀胱。蕭炳云：木防己出華州。

〔宋・蘇頌《本草圖經》〕曰：防己，生漢中川谷，今黔中亦有之。但漢中出者，破之文作車輻解，黃實而香，莖梗甚嫩，苗葉小類牽牛。折其莖，一頭吹之，氣從中貫，如木通類。它處者青白虛軟，又有腥氣，皮皺，上有丁足子，名木防己。二月、八月採，陰乾用。木防己，雖今不入藥，而古方亦通用之。張仲景治傷寒，有增減木防己湯，及防己地黃五物、防己黃耆六物等湯。深師療膈間支滿，其人喘滿，心下痞堅，面黧黑，其脉沈緊，得之數十日，吐下之乃愈，木防己湯主之。木防己三兩，石膏二枚，雞子大，碎，綿裹，桂心二兩，人參四兩，四物以水六升，煮取二升，分再服。虛者便愈，實者三日復發汗，至三日復不愈者，宜去石膏，加芒消三合。以水六升煮三味，取二升，去滓。內芒消，分再服。微下利則愈。禁生葱。孫思邈療遺溺，小溲澁，亦用三物木防己湯。

〔宋・唐愼微《證類本草》〕陳藏器云：如陶所注，即是木防己，用體小同。按木、漢二防己，即是根、苗爲名。漢主水氣，木主風氣，宣通。作藤著木生，吹氣通一頭如通草。雷公云：凡使，勿使木條，以其木條已黃，腥，皮皺，上有丁足子，不堪用。夫使防己，要心花文黃色者。然細剉，又剉車前草根，相對同蒸，半日後出，曬，去車前草根，細剉用之。《肘後方》：服雄黃中毒，防己汁解之。防己實焙乾爲末，如茶法煎服，俗用治脫肛。初虞世方：治肺痿咯血，多痰。防己、葶藶等分爲末。糯米飲調下一錢。

宋・劉明之《圖經本草藥性總論》卷上　防己　味辛、苦，平、溫，無毒。主風寒溫瘧熱氣，諸癎，除邪，利大小便。療水腫風腫，去膀胱熱，傷寒寒熱邪氣，中風手腳攣急，止洩，散癰腫惡結，諸蝸疥癬蟲瘡，通腠理，利九竅。《藥性論》云：漢防己，君，味苦，有小毒。能治濕風，口眼喎斜，手足疼，散留痰，主肺氣嗽喘。

木防己　使。畏女菀、鹵鹹。味辛、苦。治男子肢節中風，毒風不語，主散結氣壅腫，溫瘧風水腫，治膀胱。殷孽為之使。殺雄黃毒。惡細辛。畏萆薢。

元・王好古《湯液本草》卷四　防己　氣寒，味大苦、辛。苦，陰也，平，無毒。

通行十二經。《象》云：治腰以下至足濕熱腫盛腳氣，補膀胱，去留熱，通行十二經。去皮用。《本草》云：主風寒，溫瘧，熱氣諸癎。除邪，利大小便，療水腫、風腫，去膀胱熱，傷寒寒熱邪氣，中風，手腳攣急，止泄，散癰腫惡結，諸蝸疥癬蟲瘡，通腠理，利九竅。《藥性論》云：漢防己，君。又云：木防己，使。畏女菀、鹵鹹。去血中濕熱。

元・朱震亨《本草衍義補遺・新增補》　防己　氣寒，苦辛。陽中之陰。治腰以下至足濕熱腫盛，補膀胱，去留熱，通行十二經，及治中風，手脚攣急。《本草》云：漢防己君，木防己使。如陶所註，即是木防己，體用小同。按：木、漢二防己，即是根苗為名。漢主水氣，木主風氣。又云：木防己不入藥，古方亦通用之。治肺痿咯血多痰，漢防己、葶藶等分，為末，糯米飲調下一錢，甚效。

元・徐彥純《本草發揮》卷二　漢防己　潔古云：氣寒，味苦。療腰已下至足濕熱腫盛，腳氣，補膀胱，去留熱，通行十二經。《主治秘訣》云：辛、苦，陰也。泄濕氣，去皮淨用。又云：去下焦濕腫與痛，并膀胱火邪，必用漢防己、龍膽、黃蘗、知母也。　東垣云：漢防己大苦，寒，純陰。能泄血中之濕熱，通血中之滯寒，補陰瀉陽，助秋冬，瀉春夏之藥也。比之於人，則險而健者也。險健之人，幸灾樂禍，遇風塵之驚，則借為亂階。然而見善亦喜，逢惡亦怒，如善用之，則可以敵凶暴之人，突險固之地。此瞑眩之藥，聖人所以存而不廢爾。今夫防己，聞其臭則可惡，下咽則令人身心為之煩亂，飲食為之減少。至于十二經有濕熱壅塞不通，及治下疰腳氣，除膀胱積熱，而庇其基本，非此藥不可，真行經之仙藥，無可代之者。復有不可用者數端，若遇飲食勞倦，陰虛生內熱，元氣穀氣已虧之病，而以防己泄大便，則重亡其血，此不可用一也。如人大渴引飲，是熱在上焦肺經氣分，宜滲泄之，其防己乃下焦血藥，此不可用二也。如外傷風寒邪，傳肺經氣分，濕熱而小便黃赤，乃至不通，此上焦氣病，禁用血藥，此不可用三也。若人久病，津液不行，上焦虛渴，宜補以人參、葛根之甘溫。若用苦寒之劑，則速危，此不可用四也。不止如此，但上焦濕熱者，皆不可用。若下焦有濕熱流入十二經，以致二陰不通，然後可審而用之也。又云：太陽本經藥也。

明・王綸《本草集要》卷二 防己君 味辛苦，氣平寒。陰也。無毒。通行十二經。殺雄黃毒，惡細辛，畏萆薢。採根，陰乾，去皮用。文如車輻(理)解者良。漢防己君，木防己使，即根苗之名。 主風寒溫瘧，熱氣諸癇，除邪，利大小便。療風水氣，腰已下至足濕熱腫，腳氣，去膀胱熱，及傷寒寒熱邪氣，中風手腳攣急。又主肺氣喘嗽，膈間支滿。殺癰腫惡結，諸蝸疥癬蟲瘡。〇漢主水氣，木主風氣。

明・滕弘《神農本經會通》卷一 防己 君也。殷孽為之使。殺雄黃毒，惡細辛，畏萆薢。採根，陰乾，去皮用。文如車輻理解者良。要心花文黃色。漢防己，君。木防己，使。即根苗之名。

味辛、苦，氣平，溫，無毒。《湯》云：氣寒，味大苦，辛苦，陰也，平，無毒。通行十二經。東云：消腫，去風濕。《逵》云：主風癇，寒濕風浮水腫，膀胱熱，通竅散癰，療肺及癬瘡。《珍》云：泄濕。

《本經》云：主風寒溫瘧，熱氣諸癇，除邪，利大小便。療水腫風腫，去膀胱熱，傷寒寒熱邪氣，中風手脚攣急，止洩，散癰腫惡結，諸蝸疥癬蟲瘡。通腠理，利九竅。文如車輻理解者良。生漢中。二八月採根，陰乾。陶云：療風水氣要藥。《藥性論》云：漢防己，君，味苦，有小毒。能治濕風，口面喎斜，手足疼，散留痰，主肺氣嗽喘。又云：木防己，使。畏女菀、鹵鹹。味苦、辛。能治男子肢節中風毒風不語，主散結氣擁腫，溫瘧，風水腫，治膀胱。《圖經》云：漢防己，黃實而香，莖梗甚嫩，折其莖一頭，吹之，氣從中貫如木通類。木防己雖今不入藥，而古方亦通用之。仲景治傷寒，有增減木防己湯，及防己地黃五物、防己黃耆六物等湯，療膈間支滿，其人喘滿，心下痞堅，面黧黑，其脉沉緊，吐下乃愈，木防己湯主之。大防己二兩，石膏二枚，雞子大，碎綿裹，桂心二兩，人參四兩，四物以水煑，分再服，虛者便愈，實者三日復發汗，至三日復不愈者，去石膏，加芒硝，以水先煑三味，去滓，內芒硝，分再服，微下利則愈。禁生葱。孫思邈療遺溺、小便澁，亦用三物木防己湯。《象》云：治腰以下至足濕熱腫盛，脚氣，補膀胱，去留熱，通行十二經。去皮用。陳藏器云：如陶所注，即是木防己，用體小同。按木、漢二防，即是根苗為名。漢主水氣，木主風氣。丹溪云：木防己不入藥，古方亦通用之。治肺痿咯血多痰。漢防己、葶藶等分，為末，糯米飲調下一錢，甚効。餘同《象》、陳藏器云。劊云：防己除風濕熱邪，四肢拘急口喎斜。足疼水腫并風腫，濕嗽癰瘡腫亦佳。《局》云：防己除風熱濕邪，四肢拘急口喎斜。能攻水腫並風腫，治嗽消痰入肺家。防己，治風熱拘攣。

明・劉文泰《本草品彙精要》卷一一 防己無毒。附木防己。 蔓生。

防己出《神農本經》：**主風寒，溫瘧，熱氣，諸癇，除邪，利大小便。**以上朱字《神農本經》。療水腫，風腫，去膀胱熱，傷寒，寒熱邪氣，中風，手腳攣急，止泄，散癰腫，惡結，諸蝸疥癬，蟲瘡，通腠理，利九竅。以上黑字名醫所錄。【名】解離。【苗】《圖經》曰：漢中出者，苗葉小，類牽牛，莖梗甚嫩，折其莖一頭吹之，氣從中貫，如木通類，截斷有紋如車輻，色黃，堅實而香。它處者青白虛軟及有腥氣，皮皺，上有丁足子，名木防己，不任用也。【地】《圖經》曰：生興化軍、黔中、宜都、建平、華州。【道地】漢中爲勝。【時】生：春生葉。採：二月、八月取根。【收】陰乾。【用】根大而有粉者爲好。【質】類木通，黃實而香。【色】黃。【味】辛，苦。【性】平，溫，泄。【氣】氣薄味厚，陰中之陽。【臭】香。【主】利竅，滲濕。【行】十二經。【助】殷孽爲之使。【反】漢防己，畏萆薢，惡細辛。〇木防己，畏女菀、鹵鹹。【製】《雷公》云：凡用，與車前根相對同蒸半日後出，曬，去車前草根，細剉之。【治】療：陶隱居云：療風水氣。《藥性論》云：祛濕風，口面喎斜，手足疼，散留痰，主肺氣嗽喘。〇木防己治男子肢節中風，毒風不語，及散結氣，壅腫，溫瘧，風水腫。【合治】合葶藶等分爲末，糯米飲調服，治肺痿，咯血，多痰。【忌】生葱。【解】殺雄黃毒。【贗】木通爲僞。

明・葉文齡《醫學統旨》卷八 防己 氣平、寒，味辛、苦。無毒。沉也，陰也。太陽本經藥，通行十二經。殺雄黃毒；惡細辛；畏萆薢。治傷寒寒熱，邪氣中風，手脚攣急，利大小便，并風水氣，腰已下至足濕熱腫痛，脚氣，去膀胱熱；又主肺氣喘嗽，膈間支滿，殺癰腫疥癬蟲瘡。〇漢主水氣，木主風氣。

明・許希周《藥性粗評》卷一 漢防己為濕部前驅，當善資其險健。

防己一名解離。作條生葉，□□□其莖甚嫩，根斷之作車輻解，心實而黃且香，菀花大。一種青白虛軟，折其莖，一頭吹之，氣從中貫，氣腥，〔皮皺〕，上有丁足子者名木防己，惟漢防己為世所重。二月、八月採根，同車前子根相對拌蒸一伏，取出，去車前根，收貯。殷孽為之使，殺雄黃毒，惡細辛，畏萆薢。所生時月花實，《本草》不載。 味辛、苦，性微寒，有小毒。其氣下行，主治下焦寒熱邪氣，手脚攣急，水腫〔風腫〕，風疥癰腫，通腠理，開九竅，利大小便。潔古云：去下焦濕腫與痛，并膀胱火邪，必用漢防己、草龍膽、黄柏、知母也。東垣云：防己能泄血中之濕熱，通血中之滯塞，補陰瀉陽，補秋冬瀉春夏，比之於人，則險而健者也。險，健之人倖災樂禍，遇風塵之警，則借為亂，階如善用之，則可以敵兇暴之人，突險固之地。愚以為即亂世奸雄，治世能臣，如曹操者焉。蓋此乃下焦行血驅濕之藥，若病在上焦，自有他劑，一悮用之，則彼倖災樂禍，恣其險健，其禍有不可勝救者矣。按：木防己張仲景治傷寒諸病湯藥中多用之，亦不可忽。

單方：脱肛：防己實焙乾，為末，如煎茶法，飲之愈。咯血：防己、葶藶等分，為細末，糯米飲調下一錢。

明・鄭寧《藥性要略大全》卷五　防己　《經》云：主風寒溫瘧，利大小便，療水腫風腫，去膀胱熱，諸癎，除邪熱氣，傷寒寒熱邪氣，中風手腳攣急。止洩。　《珠囊》云：專治水腫脹滿留濕，去風濕淫痹，除十二經水腫，通腠理，利九竅，去血中濕熱。　易老云：消水腫，散癰腫惡結，諸蝸疥癬蟲瘡。

味苦，寒。陰也，無毒。惡細辛，殺雄黄毒，畏女菀、鹵鹹、萆薢。採根陰乾，去皮用。紋如車輻者良。　伊尹云：漢防己：君，味苦，有小毒。治濕風，口面喎斜，手足痛，散留痰，主肺氣嗽喘。　木防己　使，味苦、辛。能治男子肢節中風毒，中風不語，散結氣癰腫，瘟瘧，膀胱水腫。　《本經》云：出漢中者，黄實而香，莖軟、葉細，吹之氣從中貫，如木通，破之紋如車輻者為漢防己。出他處者，青白虛軟，又有腥氣，皮皺者為木防己。今方中罕用，惟仲景方中亦用之。〇今市中貨者，漢己小，木己大。　七潭云：大抵漢防己主治水氣，木防己主治風氣。

明・陳嘉謨《本草蒙筌》卷二　防己　味辛、苦，氣平、寒。陰也。無毒。多生漢中府，屬陝西。通行十二經。畏萆薢殺毒雄黄，惡細辛宜使殷櫱。狀與木通近似，氣吹亦貫兩頭。賣家因難得真，多採似者假代。殊不知氣味大異，無益有傷。凡覓拯疴，甚宜細審。種因根苗各治，名分漢木兩呼，漢防己是根，破之紋作車輻解，黄實馨香；木防己是苗，皮皺上有丁足子，青白虛軟。宗此辯認，庶不差訛。並刮淨麄皮，纔咀成薄片。漢者主水氣，名載君行；音杭。木香理風邪，職僉使列。

故云：腰已下至足，濕熱腫痛脚氣，及利大小二便，退膀胱積熱，消癰散腫，非用漢者不能成功。若療肺氣喘嗽、膈間支滿，併除中風攣急、風寒濕瘧熱邪，此又全仗木者以取効也。

謨按：東垣云：防己性苦，寒，純陰。能瀉血中濕熱，通血中滯塞。補陰泄陽，助秋冬、瀉春夏之藥也。儗諸於人，則險而健者類之。夫險健者，每每幸災樂禍，遇有風塵之警，必竟借為亂階。然而見善亦喜，見惡亦怒。如善用之，可使禦敵兇暴之人，衝突險固之地，亦不為無益者也。故凡瞑眩之藥，聖人安得因之而便廢耶！亦必存之以待善用。今夫防己聞其臭則可惡，下咽則令身心煩亂，飲食減少，藥之瞑眩，誠為拇屈。至於通行十二經，以去濕熱壅塞腫疼，及治下注脚氣，除膀胱積熱而庇其基，則非此不可，誠為行經之僊藥也。然雖藥力之能，亦在人善用而不錯爾。復有不可用者數端，今悉舉陳使知警省。如飲食勞倦、陰虛内熱、元氣、穀氣已虧之病，而以防己瀉去大便，則重亡其血，此不可用一也；如人大渴引飲，是熱在下焦氣分，宜滲瀉之，其防己乃下焦血藥，此不可用二也；如外感風寒，邪傳肺經，氣分濕熱而小便黄赤，甚至不通，此上焦氣病，禁用血藥，此不可用三也；若人久病，津液不行，上焦虛渴，宜補以人參、葛根之甘溫，儻用苦寒之劑，則促危亡，此不可用四也。仍不止如此，但上焦濕熱者皆不可用。若係下焦濕熱流入十二經，以至二陰不通，必須審用可也。學者宜併覽之。

明・方穀《本草纂要》卷二　漢防己　味辛、苦，氣平、寒，陰也，雖通十二經，善治下焦，自腰已下至足之風濕必用之藥也。此藥能除風水之氣，山嵐瘴氣，寒熱邪氣，濕熱脚氣，拘攣風氣，喘嗽肺氣，肢滿結氣，瘡疥毒氣，皆風濕之所致也，並能治之。吾嘗詳其用法，若腿足腫痛，腰膝重墜，濕也，必兼燥濕之劑以用之；若四肢攣急，口眼喎斜，風也，必兼驅風之劑以用之。苟外此而欲單行，宜用酒磨，假酒力而行之亦可。

明・王文潔《太乙仙製本草藥性大全》卷一《本草精義》　防己　一名解離。生漢中川谷，今黔中亦有之，但漢中出者破之文作車輻解，黄實而香，莖梗甚嫩，苗葉小類牽牛，折其莖一頭吹之，氣從中貫如木通類。漢防己君，味苦，有小毒，出漢中者，黄實而香，莖軟葉細，吹之氣從中貫如木通，破之紋如車輻者，爲漢防己。木防己使，味苦辛，出他處者，青白虛軟，又有腥氣，皮皺者。今市中貨者，漢己小，木己大。七潭云：大抵漢防己主治水氣，木防己主治風氣。八月採陰乾。惡細辛，殺雄黄毒，畏女菀、鹵鹹、萆薢。〇按東垣云：防己性苦寒，純陰，能瀉血中濕熱，通血中滯塞，補陰泄陽，助秋冬瀉春夏之藥也。疑諸於人，則險而健者，類之故。凡瞑眩之藥，聖人安得因之而便廢耶？亦必存之，以待善用。今夫防己聞其臭則可惡，下咽則令身心煩亂，飲食減少，藥之瞑眩，誠爲拇屈。至於通行十二經，以去濕熱壅塞腫疼，及治下疰腳氣，除膀胱積熱而庇其基，誠行經之仙藥也。然雖藥力之能，亦在人善用而不錯耳。今悉舉陳數端，使知警省：如飲食勞倦，陰虛內熱，元氣、穀氣已虧之病而已，防己瀉去大便，則重亡其血，此不可用一也；如人大渴引飲，是熱在下焦氣分，宜滲瀉之，其防己乃下焦血藥，此不可用二也；如外感風寒，邪傳肺經氣分，濕熱而小便黃赤，甚至不通，此上焦熱病，禁用血藥，此不可用三也；若人久病，津液不行，上焦虛渴，宜補以人參、葛根之甘溫，儻用苦寒之劑，則促危亡，此不可用四也。仍不止如此，但上焦濕熱者，皆不可用者；若係下焦濕熱，流入二經，以致二陰不通，必須審用可也。

明・王文潔《太乙仙製本草藥性大全》卷一《仙製藥性》　防己君　味辛、苦，氣平寒，陰也，無毒。通行十二經。主治：漢者主水氣，名載君行；木者理風邪，職僉使列。故去腰已下至足濕熱腫痛、脚氣及利大小二便，退膀胱積熱，消癰散腫，惡結諸瘑，疥癬蟲瘡，非用漢者不能成功。若療肺氣喘嗽，膈間支滿，併除中風攣急，風寒傷寒寒熱邪氣，溫瘧熱邪，此又全仗木者以助奇效。故曰漢主水氣，木主風氣，所以通腠理，利九竅。補註：服雄黃中毒，防己汁解之。防己實焙乾，爲末，如茶法煎服，俗用治脫肛。〇治肺痿咯血、多痰，防己、葶藶等分爲末，糯米飲調下一錢。太乙曰：凡使勿使木條，以其木條色黃、腥、皮皺，上有丁足子，不堪用。夫使防己要心花文黃色者佳，細剉，又剉車前草根相對，同蒸半日後出，揀去車前草根，細剉用之。

明・皇甫嵩《本草發明》卷二　防己中品之下，臣。氣平，溫。《湯液》云：平，寒，味辛、苦，無毒。陰也，通行十二經。發明曰：防己苦寒以除濕，辛以散風寒，治下部濕熱居多，兼治上部風熱。但在上濕熱可用，下焦濕屬虛寒者，審用之。故《本草》云：去膀胱留熱，利大小便，水腫風腫，腰以下至足濕熱腫盛，脚氣，以上等皆專治也。又主風寒溫瘧熱氣，諸癇，傷寒寒熱，中風手脚攣急，止洩散癰腫惡結，諸蝸疥癬。通腠理，利九竅，乃辛散苦泄之用，此兼治也。又主肺氣喘嗽，膈間支滿，蓋上能治風，下治濕，故云通行十二經。又云漢防己味苦，主水氣，故治下部濕熱風云云等。木防己味苦辛，主風氣宣通，故治支滿，除中風攣急云云等。二者分根苗之異，治更詳。

按：東垣云防己性苦寒，純陰。瀉血中濕熱，通血中滯塞，補陰泄陽之藥也。如飲食勞倦，陰虛內熱，元氣穀氣虧者，若更以防己瀉去大便，重亡其血也。又如大渴引飲，熱在氣分，久病津液不行，上焦虛渴及外感風寒邪傳肺經，氣大熱，小便黃赤澁，甚至不通，此上焦氣病也，俱不可服。〇仲景治傷寒有增減木防己湯，《深師》療膈支滿木防己湯主之，則木防己之為用，槩可知矣。防己出漢中者佳，破之作車輻解，黃實而香，如木通狀。木防己大而青白色，虛軟者好，黑者不佳。殷孽為之使。殺雄黃毒。惡細辛。畏萆薢。

明・李時珍《本草綱目》卷一八草部・蔓草類　防己《本經》中品

【釋名】解離《本經》　石解時珍曰：按東垣李杲云：防己如險健之人，幸灾樂禍，能首爲亂階，若善用之，亦可禦敵。其名或取此義。解離，因其紋解也。【集解】《別録》曰：防己生漢中川谷。二月、八月采根，陰乾。當之曰：其莖如葛蔓延。其根外白內黃，如桔梗，內有黑紋如車輻解者，良。弘景曰：今出宜都、建平。大而青白色、虛軟者好，黑點木强者不佳。服食亦須之。頌曰：今黔中亦有之。但漢中出者，破之文作車輻解，黃實而香，莖梗甚嫩，苗葉小類牽牛。折其莖，一頭吹之，氣從中貫，如木通然。他處者青白虛軟，又有腥氣，皮皺，上有丁足子，名木防己。蘇恭言木防己不任用。而古方張仲景治傷寒有增減木防己湯，及防己地黃湯、五物防己湯、黃芪六物等湯。孫思邈治遺尿小便澀，亦有三物木防己湯。藏器曰：如陶所説，漢、木二防己，即是根苗爲名。

【修治】斆曰：凡使勿用木條，色黃、腥、皮皺、上有丁足子，不堪用。惟要心有花文黃色者，細剉，以車前草根相對蒸半日，晒乾取用。時珍曰：今人多去皮剉，酒洗晒乾用。

【氣味】辛，平，無毒。《別録》曰：苦，温。普曰：神農：辛。黃帝、岐伯、桐君：苦，無毒。李當之：大寒。權曰：苦，有小毒。元素曰：大苦、辛，寒。陰也，泄也。之才曰：殷孽爲之使。殺雄黃毒。惡細辛。畏萆薢、女菀、鹵鹹。伏硝石。

【主治】風寒温瘧，熱氣諸癇，除邪，利大小便《本經》。療水腫風腫，去膀胱熱，傷寒熱邪氣，中風手脚攣急，通腠理，利九竅，止洩，散癰腫惡結，諸瘑疥癬蟲瘡《別録》。治濕風，口面喎斜，手足拘痛，散留痰，肺氣喘嗽甄權。治中下濕熱腫，洩脚氣，行十二經元素。木防己：主治男子肢節中風，毒風不語，散結氣擁腫，温瘧風水腫，去膀胱熱甄權。

【發明】弘景曰：防己是療風水要藥。藏器曰：治風用木防己，治水用漢防己。元素曰：去下焦濕腫及痛，并泄膀胱火邪，必用漢防己、草龍膽爲君，黃蘗、知母、甘草佐之。

防己乃太陽本經藥也。杲曰：《本草・十劑》云：通可去滯，通草、防己之屬是也。夫防己大苦寒，能瀉血中濕熱，通其滯塞，亦能瀉大便，補陰瀉陽，助秋冬、瀉春夏之藥也。比之於人，則險而健者也。幸灾樂禍，能首爲亂階。然善用之，亦可敵兇突險。此瞑眩之藥也，故聖人存而不廢。大抵聞其臭則可惡，下咽則令人身心煩亂，飲食減少。至于十二經有濕熱壅塞不通，及下注脚氣，除膀胱積熱而庇其基本，非此藥不可，真行經之仙藥，無可代之者。若夫飲食勞倦，陰虛生内熱，元氣穀食已虧，以防己泄大便，則重亡其血，此不可用一也。如人大渴引飲，是熱在上焦肺經氣分，宜滲泄，而防己乃下焦血分藥，此不可用二也。外傷風寒，邪傳肺經，氣分濕熱，而小便黄赤，乃至不通，此上焦氣病，禁用血藥，此不可用三也。大抵上焦濕熱者皆不可用。下焦濕熱流入十二經，致二陰不通者，然後審而用之。

【附方】舊三，新九。 皮水胕腫：按之没指，不惡風，水氣在皮膚中，四肢聶聶動者，防己茯苓湯主之。防己、黄芪、桂枝各三兩，茯苓六兩，甘草二兩，每服一兩，水一升，煎半升服，日(三)〔二〕服。《張仲景方》。 風水惡風：汗出身重，脉浮，防己黄芪湯主之。防己一兩，黄芪一兩二錢半，白术七錢半，炙甘草半兩，剉散。每服五錢，生薑四片，棗一枚，水一盞半，煎八分，温服。良久再服。腹痛加芍藥。《仲景方》。 風濕相搏：關節沉痛，微腫惡風。方同上。 小便淋濇：三物木防己湯：用木防己、防風、葵子各二兩，㕮咀，水五升，煮二升半，分三服。《千金方》。 膈間支飲：其人喘滿，心下痞堅，面黧黑，其脉沉緊，得之數十日，醫吐下之不愈，木防己湯主之。虚者即愈，實者三日，復與之不愈，去石膏，加茯苓、芒消主之。用木防己三兩，人參四兩，桂枝二兩，石膏雞子大十二枚，水六升，煮一升，分服。《張仲景方》。 傷寒喘急：防己、人參等分，爲末。桑白湯服二錢，不拘老小。 肺痿喘嗽：漢防己末二錢，漿水一盞，煎七分，細呷。《儒門事親》。 肺痿咯血：多痰者。漢防己、葶藶等分，爲末。糯米飲每服一錢。《古今録驗》。 鼻衄不止：生防己末，新汲水服二錢，仍以少許嗃之。《聖惠〔方〕》。 霍亂吐利：防己、白芷等分，爲末。新汲水服(一)〔二〕錢。《聖惠〔方〕》。 目睛暴痛：防己酒浸三次，爲末。每一服二錢，温酒下。《摘玄〔方〕》。 解雄黄毒：防己煎汁服之。

實 【主治】脱肛。焙研。煎飲代茶《肘後》。

題明・薛己《本草約言》卷一《藥性本草》 漢防己 除脚氣，行十二之經；補膀胱，為下濕之治。上治風，下治濕，故(去)〔云〕通行十二經。防己須治脚氣濕熱，必須真正。○防己氣寒苦辛，陽中之陰，治腰以下至足濕熱腫盛，補膀胱，去留熱，通行十二經及治中風手脚攣。按：木漢二防己，即是根苗為名。漢主水氣，木主風氣。○苦寒以除濕，辛以散風寒，治下部濕熱居多，兼治上部風熱，但上〔焦〕濕熱可用，下焦濕屬虛寒者審用之。

明・梅得春《藥性會元》卷上 防己 味苦，辛，氣平。降也，陽中之陰也。無毒。《本草》云：漢防己為君，木防己為使。按：木、漢二防己，即是根、苗為。漢主水氣，木主風氣。又云：木防己不入藥，古方通用之。殺雄黄毒。惡細辛。畏萆薢。主消風散腫，治淫痹風熱拘攣。療風腫、水腫、癰腫，殺瘡蟲，利大小便，並風氣、水氣。治腰下至足濕熱脚氣之腫，去膀胱留熱，通十二經及治中風手足拘急。主肺痿，咯痰多血，與葶藶等分為末，糯米飲調一錢服，甚效。治下焦濕，可以為君，以黄柏佐引之。

明・杜文燮《藥鑒》卷二 漢防己 氣寒，味苦。陰之陰也。療腰已下至足，濕熱腫盛足氣。通行十二經。又曰：去下焦濕腫痛，并膀胱火邪，必用防己、龍膽草、黄栢、知母固矣。若遇飲食勞倦，元氣已虧，陰虛内熱，而以防己泄大便，則重亡其血，此不可用一也。如大渴引飲，此熱在上焦肺經氣分，宜滲泄之，若防己乃下焦血藥，如之何用之，此不可用二也。如外傷風寒，邪傳肺經氣分，濕熱而小便黄赤，乃至不通，此不可用三也。如人久病津液不行，上焦虛渴，用此苦寒之劑則速危，此不可用四也。觀此，凡上焦有濕熱者，皆不可用。必下焦真有濕熱流入十二經，以致二陰不通者，可審用之。

明・李中立《本草原始》卷二 防己 始生漢中川谷，今黔中亦有之。莖梗甚嫩，苗葉小類牽牛。折其莖，一頭吹之，氣從中貫如木通。然他處者青白虛軟，又有腥氣，皮皺，上有丁足子，名木防己。二月、八月採，陰乾。惟漢者勝，故古方每書漢防己。《醫學入門》曰：己，止也，防止足疾也。防己：氣味：辛，平，無毒。主治：風寒溫瘧，熱氣諸癇，除邪，利大小便。療水腫風腫，去膀胱熱邪氣，中風手腳攣急。通腠理，利九竅，止洩，散癰腫惡結，諸瘑疥癬蟲瘡。治濕風，口面喎斜，手足拘痛，散留痰，肺氣喘嗽。治中下濕熱腫，洩腳氣，行十二經。

防己：《本經》中品。【圖略】木防己：主治：男子肢節中風，毒風不語，散結氣擁腫，溫瘧，風水腫，去膀胱熱。市賣防己，一種如上條形，類木通，文如車輻理解。諸本草曰漢防己，或者是此也。一種如上瓜形，俗呼瓜防己，今用甚多。諸本草並無載瓜防己者。陳藏器曰：如陶隱居所說，漢、木二防己，即是根苗為名。予玩條防己像苗，瓜防己像根，或者是根苗為名乎？予未見其鮮形，難辨是否，以俟後之君子再正之。修治：防己，去皮，剉，酒洗，晒乾用。治水用漢防己，治風用木防己。

元素曰：大苦、辛，寒，陰也。之才曰：殷孽為之使；殺雄黃毒；惡細辛；畏萆薢、鹵鹹，伏消石。《初虞世方》：治肺痿咯血多痰，防己、葶藶等分，為末，糯米飲調下一錢。漢防己，君；木防己，使。東垣云：防己性苦，寒，純陰，能瀉血中濕熱，通血中滯塞，補陰泄陽，助秋冬，瀉春夏之藥也。比之于人，則陰而健者也。幸灾樂禍，遇有風塵之警，能首為亂階，然而見喜亦喜，見惡亦怒，如善用之，則可以敵兇暴之人，突險固之地。此瞑眩之藥也，故聖人所以存而不廢爾。今夫防己聞其臭則可惡，下咽則令身心煩亂，飲食減少。至于十二經有濕熱壅塞不通，及治下注脚氣，除膀胱積熱而庇其基本，非此藥不可，真行經之仙藥也，亦在人善用而不錯爾。復有不可用者數端，若夫飲食勞倦，陰虛內熱，元氣穀氣已虧之病，而以防己瀉去大便，則重亡其血，此不可用一也；如外感風寒，邪傳肺經，氣分濕熱，小便黃赤，甚至不通，此上焦氣病，禁用血藥，此不可用二也；如人大渴引飲，是熱在下焦氣分，宜滲瀉之，其防己乃下焦血藥，此不可用三也；若人久病，津液不行，上焦虛渴，宜補以人參、葛根之甘溫，儻用苦寒之劑，則速危亡，此不可用四也。仍不止如此，但上焦濕熱者，皆不可用。若係下焦濕熱，流入十二經，以致二陰不通，必須審而用之可也。

明・張懋辰《本草便》卷一 防己君 味辛、苦，氣平，寒，陰也，無毒。通行十二經。殺雄黃毒，惡細辛，畏萆薢。主風寒溫瘧，熱氣諸癇，除邪，利小便；療風水氣，腰已下至足濕熱腫脚氣，去膀胱熱，及傷寒寒熱邪氣，中風手脚攣急。

明・李中梓《藥性解》卷二 防己 味辛、苦，性平、溫，無毒，入十二經。尤善腰以下至足濕熱腫盛，療中風手腳攣急，口眼喎斜，疥癬蟲瘡，止嗽消痰，利大小便，去留熱。垣衣為使，惡細辛、萆薢，殺雄黃毒。按：防己為陽中之陰，於經絡無所不入。又主降，故下部多功，象之于人，則險而健者也，用之當，則可展其能。一不當，而反階之禍。惟十二經真有濕熱壅塞，及膀胱積熱，下疰腳氣，此誠要藥，無可代者。然臭味拂人，妄服之令人減食。其不可用有四：若飲食勞倦，而元氣既虧，而以防己泄大便，則重亡其血，一也；發渴引(歛)〔飲〕，熱在肺經氣分，防己乃下焦血藥，二也；外傷風寒，邪傳肺部，以至小便黃赤不通，此上焦氣分禁忌血藥，三也；久病之後，津液不行，此上焦虛渴，宜補宜甘溫，若用苦寒之劑，則速其危，四也。分木漢二種，即根苗為名，漢主水氣，木主風氣，為少異耳。

明・繆希雍《本草經疏》卷九 防己 味辛、苦，平、溫，無毒。主風寒溫瘧，熱氣諸癇，除邪，利大小便，療水腫風腫，去膀胱熱，傷寒寒熱邪氣，中風手腳攣急，止洩，散癰腫惡結，諸瘑疥癬蟲瘡，通腠理，利九竅。

〔疏〕防己得土中陽氣，而兼感乎秋之燥氣以生，故味辛苦，平溫無毒。潔古謂其大苦辛寒為得之。然性燥而不浯，善走下行，長於除濕，以辛能走散，兼之氣悍，故主風寒溫瘧，熱氣諸癇，除邪氣。除濕下行，故利大小便。此《本經》所載也。《別錄》療水腫風腫，去膀胱熱，通腠理，利九竅，止泄者，皆除濕之功也。其曰傷寒寒熱邪氣，中風手腳攣急，則寒，非燥藥可除，不宜輕試。又曰：散癰腫惡結，諸瘑疥癬蟲瘡，非在下部者，亦不宜用。治濕風口眼喎斜，手足拘痛，真由中風濕而病者，方可用之。留痰非由脾胃中濕熱而得者，亦不宜服。肺氣喘嗽，不因風寒濕所鬱、腠理壅滯者勿用。惟治下焦濕熱，腫、泄、腳氣，行十二經濕為可任耳。生漢中，內有淡黑紋暈如車輻解者，良。凡修事，以車前草根相對，蒸半日，曬乾。殺雄黃毒。惡細辛。畏萆薢、女菀、鹵鹹。伏硝石。殷孽為之使。〔主治參互〕凡用防己，於下部濕熱藥中，亦必以二术、茯苓、黃檗、甘草、萆薢、木瓜、石斛、薏苡仁等補益之藥為主，而使防己為使，乃無瞑眩之患。陶曰：防己是療風水要藥。潔古曰：去下焦濕腫及痛，并洩膀胱火邪，必用漢防己、龍膽草為君，黃檗、知母、甘草佐之。防己乃足太陽本經藥也。

《本草・十劑》云：通可去滯，通草、防己之屬是也。夫防己大苦寒，能瀉血中濕熱，通其滯塞，亦能瀉大便，補陰瀉陽，助秋冬、瀉春夏之藥也。比之於人，則險而健者也，幸災樂禍，能首為亂階，然善用之，亦可敵凶突險。此瞑眩之藥也，故聖人存而不廢。大抵聞其臭則可惡，下咽則令人身心煩亂，飲食減少。至於十二經有濕，壅塞不通，及下注腳氣，暨膀胱積熱，非此藥不可，真行經之仙藥，無可代之者。若夫飲食勞倦，陰虛生內熱，元氣穀食已虧，以防己洩大便，則重亡其血，此不可用一也。如人大渴引飲，是熱在上焦肺經氣分，宜滲泄，而防己乃下焦血分藥，此不可用二也。外傷風寒，邪傳肺經，氣分濕熱，而致小便黃赤，乃至不通，此上焦氣病，禁用血藥，此不可用三也。大抵上焦濕熱者，皆不可用。下焦濕熱流入十二經，致二陰不通者，然後審而用之。張仲景方治皮水胕腫，按之沒指，不惡風，水氣在皮膚中，四肢聶聶動者，防己茯苓湯主之。防己、黄耆、桂枝各三兩，茯苓六兩，甘草三兩，水一升，煎半升，日二服。　又方：治風水惡風，汗出身重，脈浮，防己黄耆湯主之。防己一兩，黄耆二兩二錢半，白术七錢半，炙甘草半兩，剉散，每服五錢，生薑四片，棗一枚，水一盞半，煎八分。溫服，良久再服。腹痛加芍藥。　又治風濕相搏，關節沉痛，微腫惡風。方同上。　〖簡誤〗防己固為去下焦血分濕熱之要藥，然其性悍，其氣猛，能走竄決防，大苦大寒，能傷胃氣。凡胃虛、陰虛、自汗、盜汗、口苦、舌乾，腎虛小水不利，及胎前産後血虛，雖有下焦濕熱，慎毋用之。犯之為害非細。

明・倪朱謨《本草彙言》卷六　防己　味苦、辛，氣寒，無毒。陰也，降也，泄也，急方通劑也。　蘇氏曰：防己，生黔中宜都建平，以漢中者爲勝，故方書多稱漢防己也。　李氏曰：其莖如葛蔓延，其莖梗香而且嫩，苗葉酷類牽牛。折其莖，一頭吹之，氣從中貫出。其根外白內黄，中心有黄黑紋暈，如車輻解者良。若他處本强不柔，有黑點者不堪用。外有一種，根作腥氣而皮皺，上有丁足子者名木防己。性稍峻烈，不任用。而張仲景方治傷寒，有增減木防己湯；　孫真人治遺尿、小便澀，亦有三物木防己湯。思此雖不及漢中，然隨病制宜，又非可棄也。　又陳氏曰：漢、木二防己，即是根苗爲名。不知是否？

防已：張元素祛風利濕，《别錄》分決十二經水氣之藥也。耿長生稿故時方療水腫，除脚氣，推爲首劑。如前人之治《本經》溫瘧寒熱，肺閉喘嗽，肢節痛風，甄權膀胱水畜，二便不通，及《别錄》癇疥蟲癬等疾。凡屬風濕水濕，濕熱濕痰，爲病在下者，靡不奏效。然其性燥而不淳，多降下，善泄善走，長于除濕，治下焦腰下至足之疾，如飲食勞倦，脾胃衰薄，元氣穀氣已虧，陰虛內熱，真元不足，自汗盜汗，口苦舌乾，腎虛小水不利，脾虛作腫，肺虛喘嗽，及胎前産後，雖有下焦濕熱之證，慎毋輕用。

東垣老人曰：按《本草・十劑》云：通可去滯，通草、防己之屬。夫防己大苦寒，能瀉血中濕熱，通其滯塞，亦能行大腸，通小腸，泄陰瀉陽之藥。比之于人，則險而健者也。幸灾樂禍，能首爲亂階。然善用之，亦可敵凶突險。此瞑眩之藥也。故聖人存而不廢。大抵聞其臭則可惡，下咽則令人身心煩亂，飲食減少。至于十二經有濕，壅塞不通，及下注脚氣，暨膀胱積熱，非此藥不可，真行經之仙藥，無可代之者。若夫飲食勞倦，陰虛生內熱，元氣穀食已虧，以防己洩大便，則重亡其血，此不可用，一也。如人大渴引飲，是熱在上焦，肺經氣分，宜滲泄而清之可已。防己乃下焦血分藥，此不可用，二也。外傷風寒，邪傳肺經氣分，而致小便黄赤，乃至不通，此上焦氣病，禁用血藥，此不可用，三也。大抵上焦濕熱諸證，皆不可用，惟下焦濕熱流于十二經，致二陰不通，然後審而用之。

繆仲淳先生曰：凡用防己于下部濕熱藥中，必以二朮、茯苓、萆薢、木瓜、石斛、薏苡仁等補益之藥爲主，而以防己爲使，乃無瞑眩之患。陶氏曰：防己是療風水要藥，去下焦濕腫及痛，并洩膀胱水火二邪，必用甘草佐之。

集方：仲景方治皮水胕腫，按之沒指，不惡風，水氣在皮膚中，四肢聶聶動者。用漢防己、黄耆、桂枝各三兩，茯苓六兩，甘草一兩，分作十劑，水煎服。○方龍潭共八首治脚氣腫痛。用漢防己、木瓜、牛膝各三錢，桂枝五分，枳殼一錢，水煎服。○治濕瘧寒熱，由濕熱有傷血分者。用漢防己二錢，蒼朮、柴胡、半夏、檳榔、厚朴、黄柏、黄芩各一錢，水煎服。○治肺氣鬱閉，喘嗽逆滿者。用漢防己一錢五分，桔梗五分，枳殼、紫蘇、杏仁、前胡各一錢，水煎服。○治四肢風痛，攣急不安。用漢防己、薑黄、牛膝、木瓜各二錢，白朮、防風、威靈仙酒炒、當歸、柴胡各一錢，水煎服。○治膀胱水蓄脹滿，幾成水腫。用漢防己二錢，車前、韭菜子、澤瀉各三錢，水煎服。○治日傷酒食肥甘，濕麵厚味，濕熱脾傷，以致二便不通。用漢防己、木通、乾葛、陳皮、川黄連、澤瀉、紅麯、枳實各二錢，水煎服。○治遍身蟲癬瘑疥。用漢防已三兩，當歸、黄耆各二兩，金銀花一兩，煮酒飲之。○治膈間支飲，其人胸滿，心下痞堅，面黧黑，其脉沉緊，得之十數日，醫以吐下不愈。用漢防己二兩，人參、桂枝各二錢，石膏一兩，分作五劑，水煎服。如大便不通，加芒硝二錢。

續補集方：《摘玄方》治頭風暴痛。用漢防己三錢酒炒，水煎服。○仲景方治風濕相搏，關節沉痛微腫。用漢防己酒炒五錢，黄耆、白朮各六錢，甘草炙八分，生薑五片，大棗五枚，水煎服。○楊氏方治水臌脹。用漢防己一兩，生薑五錢，同炒，隨入水煎服，半飢時飲之。

明・顧逢柏《分部本草妙用》卷五腎部・寒瀉　防己　辛，寒，無毒。手足太陽本經藥也。殷孽為使。殺雄黄毒，惡細辛，畏萆薢、女菀，伏硝石。主治：通大小便，療水腫風腫，去膀胱濕熱，通腠理，利九竅。治中下焦濕熱腫，洩腳氣，行十二經。　漢防己大苦寒，能洩血中濕熱，通其滯塞，亦能瀉大便，補陰瀉陽，助秋冬、瀉春夏之藥也。幸災樂禍，能首為亂階，善用之以險疾，則瞑眩之藥也。故夫十二經濕熱，壅塞不通，及下注腳氣，膀胱積熱，非此不除。真行經之仙藥。若夫飲食勞倦，陰虛內熱，元氣先虧，而以防己洩之，則重亡其血。大渴引飲，熱在上焦，肺經氣分，防己為下焦血分藥，何可用也？外傷風寒，邪傳肺經氣分濕熱，以至小便黃赤。此原上焦氣病，禁用血藥。惟下濕熱流入十二經，致二陰不通者，然後審用，屬在上焦，悉宜擯絕。

明・李中梓《醫宗必讀・本草徵要上》　防己味苦、辛，性寒，無毒。入膀胱經。惡細辛，畏萆薢、女菀、鹵鹹。　祛下焦之濕，瀉血分之熱；理水腫脚氣，通二便閉結。防己分木、漢二種，木者專風，漢者專水。按：東垣云：防己大苦大寒，瀉血中濕熱，亦瞑眩之藥也。服之使人身心煩亂，飲食減少，惟濕熱壅遏及脚氣病，非此不效。若虛人用防己，其害有三：穀食已虧，復泄大便，重亡其血，一也。渴在上焦氣分，而防己乃下焦血分，二也。傷寒邪傳肺經，氣分濕熱，而小便黃赤，禁用血藥，三也。

明・蔣儀《藥鏡》卷三平部　防己　消腰脚之風濕，喜于下部多功。治手足之禁攣，虞其亡血遺害。去下焦腫痛，膀胱中之邪火必須。如熱鬱肺經，津液有不行者最忌。

明・張景岳《景岳全書》卷四八《本草正》　防己　味苦，性寒。陰也，降也。去濕熱水腫，利大小便，解諸經熱壅腫痛，濕熱脚氣。通九竅熱閉，逐膀胱、肝、腎濕熱，及熱毒諸瘡，濕熱生蟲等證。

明・賈九如《藥品化義》卷一二濕藥　漢防己　屬陰中有陽，體乾而實，色黃，氣和，味苦帶辛，性寒云溫非，能沉，力理濕，性氣薄而味厚，通行十二經。　防己味苦主沉，能瀉濕熱，帶辛主散，能消滯氣。善祛熱下行，除腰以下至足血分中濕熱壅滯，主治陽實水腫，小便不利，腿足腫痛，腰膝重墮脚氣等症。　產（漠）〔漢〕中黃實而香者佳。

明・盧之頤《本草乘雅半偈》帙五　防己《本經》中品　氣味：辛，平，無毒。

主治：主風寒溫瘧，熱氣諸癇，除邪，利大小便。

覈曰：出黔中、宜都、建平，不及漢中者良。故方書多稱漢防己也。其莖如葛蔓延，莖梗甚嫩，苗葉小類牽牛。折其莖一頭吹之，氣從中貫，如木通。根外白內黃，中心有黃黑紋，作車輻解。若黑點木強者，不堪入藥。別有一種，根作腥氣而皮皺，上有丁足子者，木防己，性稍峻烈。修事：細剉。用車前草根相對蒸半日，晒乾取用。殷孽為之使。殺雄黃毒。惡細辛。畏萆薢、女菀、鹵鹹。伏消石。輻不離車，全輻湊合，乃能致遠。

先人云：防，防禦；己，己土。此得水用，不令土有少犯，然性流離解散，當善馭之，則為通劑之巨擘。

条曰：防者障也，己者我也。我立則畛畦分矣。故績平水土為獨著，一曰解離，一曰石解，謂根文作車輻解，當以離麗解散為己任，七方之急方，十劑之通劑也。然其氣平，故風寒濕熱，四氣咸宜，若溫瘧諸癇，乃陰陽舛錯，嚴禦其防，陰陽仍兩間矣。

明・李中梓《本草通玄》卷上　防己　辛，寒，太陽藥也。主下焦風濕腫痛，膀胱蓄熱，通腠理，利九竅，散癰毒，利二便。東垣云：防己苦寒，瀉血中濕熱，通其滯塞，此瞑眩之藥。下咽令人身心煩亂，飲食減少。至於濕熱壅塞，及下注腳氣，無他藥可代。若勞倦虛熱，以防己泄大便，則重亡其血，不可用一也；渴在上焦氣分，而防己乃下焦血藥，不可用二也；外感邪傳肺經，氣分濕熱而小便黃赤，此上焦氣分，禁與血藥，不可用三也。大抵上焦濕熱皆不可用。下焦濕熱審而用之。　防己，為療風水要藥。治風，用木防己；治水，用漢防己。去皮，酒洗，晒乾。

清・顧元交《本草彙箋》卷四　防己　味苦，主沉。能瀉濕熱，帶辛主散，以消滯氣，善祛熱下行，使腰以下至足，血分中濕熱壅滯。主治陽實水腫，小便不利，腿足腫痛，腰膝重墜，腳氣等證。然乃瞑眩之藥，臭氣拂人，妄服之，令人減食心煩。其有不可用者，如飲食勞倦，元氣既虧，而以防己泄大便，則重亡其血。發渴引飲，熱在肺經氣分，而防己乃下焦血藥。外傷風寒，邪在肺部，以致小便赤黃不通，此亦上焦氣分，防己豈可用乎？久病之後，津液不行，此上焦虛渴，宜補以甘溫，若用苦寒，速其殆耳。

產漢中，內有淡黑紋，暈如車輻解者良。　仲景方治皮水胕腫，按之沒指，不惡風，水氣在皮膚中，四肢聶聶動者，防己茯苓湯主之。防己、黃芪、桂枝各三兩，茯苓六兩，甘草二兩，每用一兩，水煎，日二服。　風水者，惡風汗出，身重脈浮，防己黃芪湯主之。防己一兩，黃芪二兩二錢半，白朮七錢半，炙甘草五錢，剉散，每服五錢，薑、棗煎湯調服，良久再服。腹痛加芍藥，亦治風濕相搏，關節沉痛，微腫惡風。

清・穆石匏《本草洞詮》卷一〇　防己　如險健之人，能為亂階，然善用之，亦可禦敵，其名或取此義也。味辛苦，氣平，無毒，一云有小毒。入足太陽經。去下焦濕腫及痛，泄膀胱火邪。聞其臭則可惡，下咽則令人身心煩亂，飲食減少。至于十二經有濕熱壅塞，及下注腳氣，膀胱積熱，非此不可，此瞑眩之藥也。若夫飲食勞倦，陰虛內熱，元氣穀食已虧，以防己泄大便，則重亡其血，此不可用一也。如大渴引飲，是熱在上焦肺經氣分，而防己乃下焦血分藥，此不可用二也。惟下焦濕熱流入十二經，致二陰不通者，然後審而用之。

清・張志聰《侶山堂類辯》卷下　防己　《經》云：水道不行，則形氣消索，是水有隨氣而運行于膚表者，有水火上下之相濟者。如氣滯而水不行，則為水病痰病矣。防己生于漢中者，破之紋作車輻，莖蔓空通，主通氣行水，以防己土之制，故有防己之名。《金匱》方治水病，有防己黃芪湯、防己茯苓湯；治痰飲有木防己湯、防己加茯苓芒硝湯。孫思邈治小便閉澁，有三物木防己湯。蓋氣運于上，而水能就下也。今相沿為下部之藥，緣前人創論于前，後人隨文附會爾。杲曰：防己如險健之人，幸災樂禍，首為亂階，若善用之，亦可敵兇突險，此瞑眩之藥也，故聖人存而不廢。如上焦氣分之病皆不可用，乃下焦血分之藥耳。噫！如此議論，不知從何處參出？夫氣化而後水行，防己乃行氣利水之品，反云上焦氣分不可用，《神農本草》分上中下三品，以養生補益，延年不老者為上品，治病者次之，毒藥為下。防己能運行去病，是運中有補，故《本經》列于中品之前，奚為存而不廢。且氣味辛平無毒，奚為瞑眩之藥。如此議論，不能枚舉，無裨治道，反疑惑後學。予觀今世惟盧子由先生學識淵博，惟宗聖經，獨不為前人所愚。

清・劉雲密《本草述》卷一一　防己　出黔中、宜都、建平，不及漢中者良，故方書多稱漢防己也。其莖如葛，蔓延，莖梗甚嫩，苗葉小類牽牛，折其莖一頭吹之，氣從中貫如木通，故用其根，必取其剖開作車軸解，而木强者不取也。

氣味：辛、平，無毒。《別錄》曰：苦，溫。普曰：神農：辛。黃帝、岐伯、桐君：苦，無毒。李當之：大寒。權曰：苦，有小毒。潔古曰：大苦辛寒，陰也，泄也。丹溪曰：防己，陽中之陰藥也。

主治：洩血中溼熱，通腠理，通行十二經，治腰以下至足溼熱腫痛，脚氣，補膀胱海藏云補膀胱，東璧氏不知采入殊憒憒。去留熱，治溼風，口面喎邪，手足拘痛溼風二字，出甄權《本草》。權，唐人，精於醫，故能道此。去溫瘧，風水腫，散溼熱壅腫，惡結諸瘡。陶貞白曰：防己是療風水要藥。潔古曰：去下焦溼腫及痛，并泄膀胱火邪，必用漢防己、草龍膽為君，黃檗、知母、甘草佐之。防己乃太陽本經藥也。

東垣曰：通可去滯，通草、防己之屬是也。夫防己大苦寒，能瀉血中溼熱，通其滞塞。此二語最為破的，東垣真聖於醫者乎。亦能瀉大便，補陰瀉陽，為助秋冬瀉春夏之藥。象之於人，則險而健者也，善用之亦可敵兇突險，否則能為亂階。大抵其臭味拂人，下咽便身心煩亂，飲食減少。然於十二經有溼熱壅塞不通，及下注脚氣，並除膀胱積熱，非此味不可，真行經之仙藥，無可代者。若夫不可用有三：飲食勞倦，陰虛內熱，元氣已虧，而以防己泄大便，則重亡其血，一也；大渴引飲，熱在肺經氣分，所宜滲泄，而防己乃下焦血分藥，二也；外傷風寒，邪傳肺經，致氣分溼熱而小便黃赤，或至不通，此上焦氣病，禁用血藥，三也。大抵上焦溼熱者，皆不可用。下焦溼熱流入十二經，致二陰不通者，然後審而用之。東垣云：溼熱乃下焦血分之病，若病在上焦，而本起於下焦者，焉得不用？如肺痿咯血之類，即東垣所云下焦溼熱流入十二經者也，是在診脈。

希雍曰：防己得土中陽氣，而兼感乎秋之燥氣以生，故味辛苦平，溫無毒。潔古謂其大苦辛寒為得之。然性燥而不淳，善走下行，長於除溼，以辛能走散，兼之氣悍故也。

凡用防己於下部溼熱藥中，亦必以二朮、茯苓、黃檗、甘草、萆薢、木瓜、石斛、薏苡仁等補益之藥為主，而使防己為使，乃無瞑眩之患。

愚按：防己為除下焦溼熱要劑，然何以能通十二經？以其為足太陽本經藥。《經》固曰：巨陽者，諸陽之屬也。若然，又何以為治溼仙劑？蓋太陽乃寒水之藏，而此味本陽中之陰，故能行本經之水，用以通諸經，經隧固血脈之所通，而真水固液與血之元也。然則又能療風者，云何？曰：出地風木，即繼寒水之後，以宣其用者也。然使寒水之化先鬱，則風木亦為之鬱矣。故風與溼常互為病，或由風鬱以病水，或由水鬱以病風。如防己固能治水之病乎風者，即由風而病乎水者，亦可治也。但未至病於水，則未可投耳。按水之病乎風者，即前主治中所謂溼風是也。先哲於中風證類下云：溼毒之為病，亦多似風證，乃後人絕不能繹到此，得此溼風二字，乃恍然有獲，始信後學之鹵莽也。故張仲景防己黃芪湯以治風水惡風者，而風溼相搏亦用之。蓋風傷衛以致溼流關節，其惡風汗出，固同而相搏者，關節沉痛，較風水之身重者微甚耳。更有用治風溫證，其義將無同歟？曰：風溼為病，其見證不一。然亦有脈浮身重，汗出者，故亦用之。但反以防己為君，因其更有鼻息必鼾，語言難出證，風搏於熱，而氣化益鬱，故君以宣陰，而益陽佐之，然後氣化乃達。風溫誤汗者，以此方救之，誤汗益傷陽也。即此可思其功。《經》曰：衛出於下焦，然則此味在太陽經，同補陽者而用之，又得止謂其能從血分而治溼熱乎？丹溪固謂其為陽中之陰矣，投劑者當思有以盡其用。至於肺痿咯血，用之中的，以溼熱傷燥金耳。即此推之，則凡氣鬱成溼，溼化熱之證，如有關於衛分者，寧獨足腫溼盛之可治乎哉？王海藏為李東垣高弟，乃云補膀胱，去留熱補之一字，似不與東垣合，然思議較精，朱丹溪亦以為然。蓋行溼熱，而至陽之氣得化，是正所謂補也。

附方　皮水胕腫，按之沒指，不惡風，水氣在皮膚中，四肢聶聶動者，防己茯苓湯主之。防己、黃芪、桂枝各三兩，茯苓六兩，甘草二兩，每服一兩，水一升，煎半升服，日二服。　風水惡風，汗出身重，脈浮，防己黃芪湯主之。防己一兩，黃芪一兩一錢半，白术七錢半，炙甘草半兩，剉散，每服五錢，生薑四片，棗一枚，水一盞半，煎八分，溫服，良久再服；　腹痛加芍藥。以上張仲景方。治溼腫者，亦同此方。蓋溼多緣衛氣有傷，故用芪、草補衛，防、术勝濕，但各味分兩又不同耳。

風溼相搏，關節沉痛微腫，惡風，方同上。　肺痿咯血多痰者，漢防己、葶藶等分，為末，糯米飲每服一錢。朱丹溪云極驗。

希雍曰：防己固為去下焦血分溼熱之要藥，然其性悍，其氣猛，能走竄決防，大苦大寒，能傷胃氣，凡胃虛陰虛，自汗盜汗，口苦舌乾，腎虛小水不利，及胎前產後血虛，雖有下焦溼熱，慎毋用之，犯之為害非細。

愚按：足腫一證，槩以為溼熱下溜耳。即足溼熱，槩以為血分病，又不過曰氣鬱化溼，溼鬱化熱耳，是猶未能悉其微義也。東垣固云：溼熱，血分之病。苐丹溪云：水穀入胃，而氣屬陽，味屬陰，屬陽者則上輸氣海，屬陰者則下輸血海，二海者，氣血之所歸，五臟六腑、十二經脈皆取足於此。若然，氣血之海，皆資生於後天之胃矣。而溼熱之病，豈專責於血，並無與於氣乎？蓋氣海之下，即有血會，血生於氣也。血海之上，乃有丹田，氣充於血也。夫血生於氣，然則胃氣之虛者，與胃陽之亢者，不能致於氣海，使肺氣降而入心生血矣。夫天氣下為雨，不能生血，則統血與藏血之肝脾，俱失其運化之職矣。此衝任之氣，不得胃氣以行血海之化，而達於足也。夫氣能生之化之，則液蒸為血，不能生之化之，則血困於溼。其熱者，陰氣微也，故曰濕熱屬血分之病。然而其病在血，其本在氣，如是則是胃氣之不得下行也。乃先哲又謂胃氣之下陷者，其義何居？蓋天氣下為雨，則地氣上為雲，足三陽下行至足，而後舉三陰以上升焉。其舉陰以上升者，乃陰中之陽，正謂元氣穀氣也。如陽不得極於下，則不能舉陰以上升，故曰胃氣下陷也。夫不能舉陰以升，由衝任不得陽以化，故溼化愈滋，鬱熱愈甚，肝腎不能行血海之化，以榮於周身，乃舉身半以下為腫或痛焉。是其本在脾胃者，必治其陽以達陰，其末在腎肝者，必治其陰以舉陽，則或益陽，或清其併陽之熱，或化陰，或導其傷陰之溼，或引而竭之，或升而舉之，自有攸利者，豈漫然以祛除溼熱從事，更如防己輩之疎滯決壅乎哉？抑人身猶天地，然必陰中舉陽以升，然後陽中含陰以降，乃生化之本也。此之為病，是先從陽中不能含陰以降，故陰中不得舉陽以升，乃病機之本也。但亦有肝腎之陽自微，而陰不得化，其溼熱止因於下者，又當從肝腎為本，然亦不能含後天生化之胃也。

修治　凡使勿用木條，色黃，腥，皮皺，上有丁足子不堪用。惟要心有花紋黃色者。嘉謨曰：漢防己是根，破之紋作車輻解，黃實馨香。木防己是苗上有丁足子，青白虛軟。宗此辨認，庶不差訛。

去皮，剉，酒洗，曬乾用。

清・郭章宜《本草匯》卷一二　防己　味苦、辛，寒，陰也，泄也，太陰本經藥也，通行十二經。療水腫風腫，去膀胱蓄熱。通利二便，消癰腫結。散留痰，利攣急。已上漢防之功。肺氣喘嗽亦使，膈間支飲不缺。除風寒濕瘧熱邪，理中風淋濇肢急。已上水防己功。

按：防己得秋之燥氣而生，療風水要藥也。治風用木防己，治水用漢防己。專治下焦濕熱腫痛，併泄膀胱火邪。然須以二术、茯苓、甘草、黃蘗等補劑為主，乃無瞑眩之患。夫防己大苦寒，補陰瀉陽，助秋冬，瀉春夏之藥也。雖能瀉血中濕熱，通其滯塞，必善用之，方可敵兇突險。若夫濕熱壅塞，及下注脚氣，無他藥可代也。《十劑》云：通可去滯，通草、防己之屬是也。至于飲食勞倦，陰虚内熱，穀食已虧，以防己泄大便，則重亡其血，此一不可用也。渴在上焦氣分，宜滲泄，而防己乃下焦血分藥，此二不可用也。外感邪傳肺經氣分濕熱，而小便黄赤不通，此上焦氣病，禁用血藥，此三不可用也。大抵上焦濕熱者，皆不可用。下焦濕熱流入十二經，致二便不通者，然後審而用之。蓋其性悍，其氣猛，能走竄決防，傷胃氣，故凡胃虚陰虚，自汗盜汗，口苦舌乾，腎虚，小水不利，及胎前産後血虚，雖有下焦濕熱，慎毋用之也。

生漢中府，屬陝西有二種，漢防己是根，外白内黄，破之有黑紋，如車輻解者良。木防己是苗，色黄腥，皮皺，上有丁足子，青白虚軟，不堪用。以車前草根相對蒸之，晒乾用。惡細辛。畏萆薢、鹵鹹。伏硝石。殺雄黄毒。

清・蔣居祉《本草擇要綱目・寒性藥品》 防己 氣味：辛，平，無毒。乃太陽本經藥也。治風用木防己，治水用漢防己。大概通可去滯，通草、防己之屬是也。性大苦寒，能瀉(而)〔血〕中實熱，亦能瀉大腸，補陰瀉陽。凡十二經有濕熱壅塞不通及下注脚氣，除膀胱積熱而庇其根本，非此不能治。然飲食勞倦，陰虚生内熱，元氣穀食已虧，若以防己泄大便，則重亡其血。如人大渴引飲，是熱在上焦肺經氣分，只宜淡以滲泄，若用防己，則以下焦血分之藥，逆療其上，必為亂階。又外傷風寒，邪傳肺經，氣分濕熱，而小便黄赤乃至不通，此上焦氣病，禁用血藥，若以防己為能散結而誤用之，必令人身心煩亂，飲食短少。

清・閔鉞《本草詳節》卷四 防己 【略】按：防己大苦寒，惟十二經真有濕熱壅塞，及膀胱積熱下注脚氣，此誠要藥，無可代者。肰臭味拂人，妄服之令人減食。其不可用有四：飲食勞倦，陰虚生内熱，元氣穀食已虧，以防己泄大便，則重亡其血，一也；大渴引飲，熱在上焦肺經氣分，而防己乃下焦血分藥，二也；外感風寒，邪傳肺經氣分，以致小便黄赤不通，此上焦氣病，禁用血藥，三也；久病之後，津液不行，此上焦虚弱，宜補以甘溫，若用防己苦寒，則速其危，四也。大抵上焦氣分濕熱宜用通草，下焦血分濕熱，流入各經，致二陰不通者，則用防己也。

清・王翃《握靈本草》卷五 防己出漢中。分漢、木二名，漢者是根，木者是苗，根黄實而苗輕虚，不可不辨。治風用木防己，治水用漢防己。去皮，酒洗，晒乾用。 主治：防己，辛，平，無毒。主風寒，溫瘧熱氣，利大小便。療水腫風腫，去膀胱熱，傷寒熱邪，肺氣喘嗽。

清・汪昂《本草備要》卷二 防己大通，行水，瀉下焦血分濕熱。 大辛、苦，寒。《本經》平，《別錄》溫。太陽膀胱經藥。能行十二經，通腠理，利九竅，瀉下焦血分濕熱，爲療風水之要藥。治肺氣喘嗽，水濕。熱氣諸癇，降氣下痰。溫瘧脚氣，足傷寒濕爲脚氣。寒濕鬱而爲熱，濕則腫，熱則痛。防己爲主藥，濕加苡仁、蒼朮、木瓜、木通，熱加芩、柏，風加羌活、萆薢，痰加竹瀝、南星，痛加香附、木香，活血加四物，大便秘加桃仁、紅花，小便秘加牛膝、澤瀉，痛連臂加桂枝、威靈仙，痛連脇加膽草。又有足跟痛者，屬腎虚，不與脚氣同論。水腫風腫，癰腫惡瘡。或濕熱流入十二經，致二陰不通者，非此不可。然性險而健，陰虚及濕熱在上焦氣分者禁用。《十劑》曰：通可去滯，通草、防己之屬是也。通草即木通，是徐之才亦以行水者，爲通與燥劑無以別矣。木通甘淡，瀉氣分濕熱；防己苦寒，瀉血分濕熱。本集以行水爲通劑，改熱藥爲燥劑。 出漢中。根大而虚通，心有花紋，色黄，名漢防己；黑點、黄腥、木强者，名木防己，不佳。陳藏器曰：治風用木防己，治水用漢防己。酒洗用。惡細辛，畏萆薢。

清・吴楚《寶命真詮》卷三 防己 【略】祛下焦之濕，瀉血分之熱。理水腫脚氣，膀胱畜熱，通腠理，散癰毒，利二便。服之使人身心煩亂，飲食減少。惟濕熱壅遏及脚氣病，非此不效。 大苦大寒，妄用之害有三：穀食已虧，復泄大便，重亡其血，一也；渴在上焦氣分，而防己乃下焦血分，二也；傷寒邪傳肺經，氣分濕熱，而小便黄赤，禁用血藥，三也。

清・陳士鐸《本草新編》卷三 防己 味辛、苦，氣寒，陰也，無毒。能入腎以逐濕，腰以下至足濕熱、足痛脚氣皆能除去，利大小二便，退膀胱積熱，消癰散腫，除中風攣急，風寒濕瘧熱邪。似乎防己乃祛濕熱行經之聖藥也，然其性止能下行，不能上達。凡濕熱在上焦者，斷不可用，用之則真氣大耗，必至危亡。說者謂防己乃下焦血分之藥，可行于血分，而不可行于氣分也。不知即是下焦濕熱之病，止可一用，而亦不可再用。防己之氣味最悍，一服而濕熱之在腎經者，立時解散。腎有補而無瀉，多服則瀉腎矣，如之何可再用乎。

或問：《本草》俱言通十二經，而吾子止言入腎，子不能無疑也。防己果通十二經，則上焦頭目之病，胸膈咽喉之間，宜無不治之矣，何以止見其治腰以下之病而能愈耶？夫腰至于足，正腎之所屬，而謂非入腎者明驗乎。然則言入十二經者，乃前人流傳之悮。而余之說入腎者，實有據之談也。

或問：防己治腎中之濕，與豨薟治腎內之風，二者合之，不識可治腎乎？此其言似善，而其禍實大也。夫腎有補而無瀉，用一緩瀉，尚為不得已之治法。二者同施，腎將立憊矣。願因吾子之問，以誡天下之人也。

或問：防己利濕，不止在腎，而吾子獨謂入腎，以為止能治腰足之濕也。然而，腰足之下，不盡屬之腎，與腰相對者臍也；與足相附者，筋也。臍屬脾而筋屬肝，安在盡屬于腎，而必謂防己之治腎，而不治肝脾，人誰信之。故腎病，而臍與筋無不病矣。防己治腎中之濕，而臍與筋中之濕盡消，非入腎而又入脾肝之謂也。防己入腎，不入肝脾，何必固疑。

清・顧靖遠《顧氏醫鏡》卷七　防己辛、苦，寒。入膀胱經。　去下焦濕熱，專瀉下焦血中濕熱，上焦禁用。治脚氣腫痛。脚氣之疾，因濕熱壅遏，喜通而惡塞，故用漢防己，以通其滯塞，且其性又能利大小便。防己分木漢二種，木者專風，漢者專水。大苦大寒，其必猛悍，善用之亦可敵凶突險。此瞑眩之藥也，服之令人身心煩悶，飲食減少。惟下焦濕熱壅遏，及脚氣病，非此不效。須與米仁、石斛、茯苓、木瓜、萆薢之屬同用則可。

清・李熙和《醫經允中》卷一九　防己　分漢、木二種，漢防己是根，主水氣；木防己是苗，主風氣。辛，寒，無毒。主治通大小便，去膀胱濕熱，治中下焦濕熱，脚氣，行十二經。按：防己性寒，純陰，瀉血中濕熱，通血中滯塞，助秋冬，瀉春夏，幸災樂禍，瞑眩之藥也。症在上焦悉宜擯絕不用，即下焦濕熱在氣分，併脾陰虛者，亦弗輕嘗，以重亡其血也。

清・馮兆張《馮氏錦囊秘錄・雜症痘疹藥性主治合參》卷二　防己得土中陽氣，兼感乎秋之燥氣以生，故味辛苦，性寒，無毒，為下部血分去濕熱實症之要藥。若飲食勞倦，陰虛內熱，胃虛腎虛，胎前產後，熱在上焦氣分，切勿用此陰小險健之藥，以為亂階。

防己，漢者主水氣，名載君行；木者理風邪，職僉使列。故去腰已下至足濕熱腫痛，脚氣及利大小二便。退膀胱積熱，消癰散腫，則非漢不能成功。若療肺氣喘嗽，膈間支滿，并除中風攣急，風寒濕瘧熱邪，此又全仗木者。總通十二經，散濕熱仙藥也。然苦辛大寒，猶人險而健者也。可以治有餘，不可以治不足。若虛症，必須佐以參、苓、二术為當耳。

主治痘疹合參：痘疹陷伏因於濕熱者，可酒洗浸，晒乾用。

清・张璐《本經逢原》卷二　防己　辛、苦，寒，有毒。《本經》主風寒溫瘧，熱氣諸病，除邪，利大小便。發明：防己辛寒純陰，主下焦血分之病，性劣不純，善走下行，長於除濕，以辛能走散。兼之氣悍，故主風寒溫瘧，熱氣諸病，除邪，利大小便，此《本經》主治也。《別錄》療水腫，膀胱熱，通腠理，利九竅，皆除濕之功也。弘景曰，防己是療風水要藥。漢防己是根，入膀胱，去身半已下濕熱。木防己是苗，走陽蹻，治中風攣急，風痹濕熱。《金匱》防己黃耆湯，防己地黃湯、木防己湯、五物防己湯，皆治痰飲濕熱之要藥。而《千金》治遺尿、小便濇，有三物木防己湯。水腫亦有三物木防己湯，總取其通行經脈之力也。能瀉血中濕熱，通經絡中滯塞。壯健之類用之，不得其宜，下咽令人心煩、飲食減少。至於去濕熱腫痛，下注腳氣，膀胱積熱，誠通行十二經之仙藥也。如飲食勞倦，陰虛內熱，以防己泄大便則重亡其血，其不可用一也。大渴引飲，及久病津液不行，上焦濕熱等證，防己乃下焦血藥，其不可用二也。外感邪傳肺經，氣分濕熱而小便黃赤，此上焦氣病，其不可用三也。大抵上焦濕熱皆不可用，即下焦濕熱又當審其二便不通利者，方可用之。

清・浦士貞《夕庵讀本草快編》卷三　防己《本經》　防己如險健之人，幸災樂禍，首為亂階。若善用之，亦可禦敵。其名乃取此義。　防己大苦性寒，能瀉血中濕熱，通其滯塞，補陰瀉陽而利大便，兇險災駃、瞑眩之藥也。雖聖人存而不廢，其氣臭烈不堪，時用推壅阻濕熱於十二經絡之間，及下注脚氣或膀胱積熱，非此不能直達其經，平其亢盛，真衝鋒之仙藥也。若陰虛內熱，大渴引飲，熱在上焦，更如風寒邪傳於肺，濕熱於氣分而小便黃赤，或至不通，此皆氣分受疾，禁用血藥，防己毫釐不可投矣！《內經》所謂無過征伐，夭天命也。

清・張志聰、高世栻《本草崇原》卷中　防己　氣味辛，平，無毒。主治風寒溫瘧熱氣，諸癇，除邪，利大小便。　防己，《本經》名解離，以生漢中者為佳，故名漢防己。江南諸處皆有，總屬一種，因地土同，致形有大小，而內之花紋皆如車輻。所謂木防己者，謂其莖梗如木，無論漢中他處皆名木防己，即通草，名木通之義非。出漢中者，名漢防己，他處者，名木防己也。上古諸方，皆云木防己湯，是木防己，乃其本名，生漢中佳，故後人又有漢防己之稱，其莖蔓延如葛，折其莖一頭吹之，氣從中貫，儼如木通，其根外白內黃，破之黑紋四布，故名解離。　防己氣味辛平，色白紋黑，稟金水相生之氣化。其莖如木，木能防土，己者土也，故有防己之名。　主治風寒溫瘧熱氣者，風寒之邪，藏於腎臟，發為先熱後寒之溫瘧。溫瘧者，熱氣有餘之瘧也。《經》云：溫瘧者，先熱後寒，得之冬中於風寒，此病藏於腎。防己啟在下之水精而輸轉於外，故治風寒溫瘧熱氣也。諸癇除邪者，心包受邪，發為牛馬豬羊雞諸癇之證。防己中空藤蔓，能通在內之經脈，而外達於絡脈，故治諸癇除邪也。利大小便者，土得木而達，木防其土，土氣疏通，則二便自利矣。　愚按：防己氣味辛平，莖空藤蔓，根紋如車輻，能啟在下之水精而上升，通在內之經脈而外達，故《金匱要略》云：膈間支飲，其人喘滿，心下痞堅，面色黧黑者，其脈沉緊，得之數十日，醫吐下之，不愈，木防己湯主之。又云：風水脈浮身重，汗出惡風者，防己黃芪湯主之。皮水為病，四肢腫，水氣在皮膚中，四肢聶聶動者，防己茯苓湯主之。《千金方》治遺尿小便澀，三物木防己湯主之。而李東垣有云：防己乃下焦血分之藥，病在上焦氣分者，禁用。試觀《金匱》諸方所治之證，果在氣分乎？血分乎？抑在上焦乎？下焦乎？蓋防己乃行氣通上之藥，其性功與烏藥、木通相類，而後人乃以防己為下部藥，不知何據。東垣又云：防己大苦寒，能瀉血中濕熱，比之於人，則險而健者也，幸災樂禍，能為亂階，然善用之，亦可敵凶突險，此瞑眩之藥也。故聖人存而不廢噫。神農以中品之藥為臣，主通調血氣，祛邪治病，無毒有毒，斟酌其宜，隨病而用。如防己既列中品，且屬無毒，以之治病，有行氣清熱之功。險健為亂之說，竟不知從何處得來，使後人遵之如格言，畏之若毒藥，非先聖之罪人乎。東垣立言，多屬臆說，蓋其人富而貪名，又無格物實學。李時珍乃謂千古而下，唯東垣一人，誤矣。嗟嗟！安得伊芳耆再治世，更將經旨復重宣。

清・劉漢基《藥性通考》卷六　防己　味苦，寒，大辛。能行十二經，通奏理，利九竅，瀉下焦血分濕熱，為療風水之要藥。治肺氣喘嗽，熱氣諸癇，降氣下痰，溫瘧脚氣，水腫風腫，癰腫惡瘡，或濕流入十二經，致二陰不通者，非此不可。然性險而健，陰虛及濕熱在上焦氣分者，禁用。出漢中、根大而虛、通心有花紋、色黃，名漢防己。黑點、黃腥木強者，名木防己。不可不辨。酒洗用。惡細辛，畏萆薢。

清・姚球《本草經解要》卷二　防己　氣平，味辛，無毒。主風寒溫瘧熱氣，諸癇，除邪，利大小便。　防己氣平，稟天秋降之金氣。味辛無毒，得地西方燥金之味，入手太陰肺經。氣味降多於升，陰也。風寒溫瘧者，感風寒而患，但熱不寒之瘧也。熱氣諸癇者，心有熱而患一切風癇也。溫熱皆為陽邪，癇瘧皆屬風木。防己氣平，可以清陽邪，味辛可以平風木，而消風痰也。除邪者，辛平之品，可除濕熱之邪也。小便出於膀胱，膀胱津液，肺氣化乃出。防己氣平，可以化氣，故利小便。大便出於大腸，肺與大腸為表裏，味辛可以潤腸，故利大便也。但臭惡傷胃，宜慎用之。　製方：防己同黃耆、桂枝、白茯、甘草，治皮水。同黃耆、白术、甘草、生薑、大棗，治風水，惡風汗出，身重脈浮。

清・王子接《得宜本草・中品藥》　防己　味苦。漢防己得黃蘗、知母去下焦濕腫。木防己得防風、葵子通小便淋濇。

清・黃元御《長沙藥解》卷四　防己　味苦辛，性寒。入足太陰脾、足太陽膀胱經。泄經絡之濕邪，逐臟腑之水氣。　《金匱》黃耆防己湯，防己一兩，黃耆一兩，甘草五錢，白术七錢五分，生薑四兩，大棗三枚，服後當如蟲行皮中，從腰以下如冰，上下繞被，溫令有微汗，差。治風濕脈浮，身重汗出，惡風。以汗出當風，開其皮毛，汗液鬱遏，不得外泄，浸淫經絡，是謂風濕。病在經絡，是以脈浮。濕性沉着，是以身重。風性疏泄，是以汗出惡風。术、甘燥土而補中，黃耆益衛以發表，防己泄腠理之濕邪也。　防己茯苓湯，防己三兩，茯苓六兩，黃耆三兩，桂枝三兩，甘草二兩。治皮水為病，四肢腫者。水在皮膚，是謂皮水。四肢秉氣于脾胃，緣土旺于四季也。水邪侮土，不能行氣于四肢，故四肢作腫，聶聶動搖。甘草補土，黃耆、桂枝宣營衛之鬱，防己、茯苓泄皮膚之水也。　己椒藶黃丸，防己一兩，椒目一兩，葶藶一兩，大黃一兩，蜜丸如梧子大，食前服一丸，日三服。治腸間有水氣，腹滿，口舌乾燥者。水在腸間，阻遏中氣，升降不行，是以腹滿。防己、椒目泄濕而行水，葶藶、大黃濬流而決壅也。　木防己湯，木防已三兩，石膏如雞子大，人參四兩，桂枝二兩。治膈間支飲，其人喘滿，心下痞堅，面色黎黑，脈沉緊者。以土濕胃逆，不能行水，故飲食停于胸膈。胃逆而阻膽經之降路，故心下痞堅。胃逆而阻肺氣之降路，故胸中喘滿。人參、桂枝補中而疏木，防己、石膏泄水而清金也。　漢防己泄經絡之濕淫，木防己泄臟腑之水邪。凡痰飲內停，濕邪外鬱，皮膚黑黃，膀胱熱澀，手足攣急，關節腫痛之證，悉宜防己。

清・吴儀洛《本草從新》卷二 防己〔通，行水，瀉下焦血分濕熱。〕 大辛，苦，寒。太陽經藥膀胱。能行十二經，通腠理，利九竅，瀉下焦血分濕熱，為療風水之要藥。《十劑》曰：通可去滯，通草、防己之屬是也。古之通草即今之木通，是徐之才亦以行水者為通，與燥劑無以別矣。木通甘淡，瀉氣分濕熱；防己苦寒，瀉血分濕熱。主治膀胱火邪，熱氣諸癇，降氣下痰。濕瘧脚氣，足傷寒濕為脚氣，寒濕鬱而為熱，濕則腫，熱則痛，防己為主藥。濕加苡仁、蒼术、木瓜、木通，熱加知、蘗，風加羌活、萆薢，痰加竹瀝、南星，痛加香附、木香，活血加四物，大便閉加桃仁、紅花，小便閉加牛膝、澤瀉，痛連臂加桂枝、威靈仙，痛連脇加膽草。又有足跟痛者，屬腎虚，不與脚氣同論。水腫風腫，癰腫惡瘡。性險而健，陰虚及濕熱在上焦氣分者禁用。東垣云：防己大苦大寒，瀉血中濕熱，亦瞑眩之藥也。服之使人身心煩亂，飲食減少。唯濕熱壅遏及脚氣病，凡下焦濕熱致二陰不通者，非此不效。若虚人用防己，其害有三：穀食已虧，復泄大便，重亡其血，一也；渴在上焦氣分，而防己瀉下焦血分，二也；傷寒邪傳肺經，氣分濕熱而小便黄赤，禁用血藥，三也。出漢中，根大而虚，通心有花紋，色黄，名漢防己。黑點黄腥木強者，名木防己，不佳。藏器曰：治風用木防己，治水用漢防己。酒洗。惡細辛。畏萆薢、女菀、鹹鹵。

清・汪紱《醫林纂要探源》卷二 防己 辛，苦，寒。蔓莖弱葉，三歧，根下行，中通，心有花紋。出漢中者色黄為良。其木強而有黑點者，曰木防己，不足用，亦可治風。瀉心，去小腸邪火。堅腎，化膀胱津液。功專行水，決瀆以達於下，險捷無所不達。苦燥濕，兼以辛行水，形下達，兼以中通，故最捷。性不安和，能耗心肺之氣，以降泄太過也。○木通亦中通，然用莖而味甘淡，行氣分之水。此苦寒而用根，行血分之濕也。燥脾土之濕，故曰防己。脾，己土也。凡去濕者，皆苦燥脾也，治脚氣腫尤效。

清・嚴潔等《得配本草》卷四 漢防己 殷孽為之使。畏萆薢、女菀、鹵鹼。惡細辛。殺雄黄、消石毒。苦、辛，寒。足太陽本藥。行十二經絡，瀉下焦血分濕熱。祛風水，除溫瘧，退癰腫，療蟲瘡。得葵子，通小便淋澀。配知、柏，去下焦濕腫。配桃仁，治大便秘。佐膽草，治脇痛。使膽星，治熱痰。合威靈，治肩臂痛。心與花大黄色者真。去風，用木防己。治水，用漢防己。酒洗，同車前根蒸熟用。熱在上焦勿用。防己下焦藥。氣分風熱，小便不通，元氣虚弱，陰虚內熱，病後虚渴，皆禁用。

題清・徐大椿《藥性切用》卷四 防己 大辛苦寒，入足太陰，兼行十二經。瀉下焦血分濕熱。《十劑》曰：通可去滯，通草、防己之屬。但通草甘，瀉痰氣分濕熱。防己苦寒，瀉血分濕熱。一類有二種，治濕用漢防己，治風用木防己，為風濕脚氣喘藥。乾脚氣屬陰虚，無濕者忌。

清・黄宫繡《本草求真》卷五 防己〔除濕利水，瀉下焦濕熱。〕 防己喘入膀胱。辛苦大寒，性險而健。善走下行。長於除濕通竅利道。能瀉下焦血分濕熱，及療風水要藥。杲曰：《本草・十劑》云：通可去滯，通草、防己之屬是也。夫防己大苦寒，能瀉血中濕熱，通其滯塞，亦能瀉大便，補陰瀉陽，比之於人，則險而健者也。幸災樂禍，能首為亂階，然善用之，亦可敵兇穴險。故凡木濕喘嗽，熱氣諸癇，溫瘧脚氣，水腫風腫，癰腫惡瘡，及濕熱流入十二經，以致二陰不通者，皆可用此調治。若屬脚氣腫痛，濕則腫，熱則痛。如濕則加蒼术、薏苡、木瓜。熱加黄芩、黄蘗。風加羌活、萆薢。痰加竹瀝、南星。痛加香附、木香。血虚加四物。大便秘加桃仁、紅花。小便秘加牛膝、澤瀉。痛連臂加桂枝、威靈仙。痛連脇加膽草。隨症通活，斯為善矣！但此氣味苦寒，藥力猛迅，若非下焦血分實熱、實濕，木通甘淡，瀉氣分濕熱，防己苦寒，瀉血分濕熱。及非二便果不通利，妄用此藥投治，其失匪輕，不可不知。此雖有類黄蘗、地膚子，但黄蘗之瀉膀胱濕熱，則并入腎瀉火，味苦而不辛，此則辛苦兼見。性險而健，故於風水脚氣等症兼理。地膚子之瀉膀胱濕熱，味苦而甘，力稍遜於黄蘗，此則健險異常，有辛無甘，而為亂階之首也。其一瀉熱與濕，而氣味治功各別如此。己有二種，曰漢曰木，治風須用木防己，治水須用漢防己。漢己根大而虚，通心有花紋，色黄。木己黑點，黄腥木強。酒洗用，惡細辛，畏萆薢。

清・楊璿《傷寒溫疫條辨》卷六寒劑類 防己車前草對蒸晒乾，以心花黄色為佳。味辛苦，氣寒。入十二經。尤善腰以下至足濕熱腫盛，療風濕手脚攣疼拘急，口眼喎斜，止嗽清痰，利大小便。惟十二經真有濕熱壅閉，及膀胱積熱下注脚氣，誠為要藥。但臭味拂人，妄用令人減食。木、漢二種，木主風，漢主水，為不同。脚氣乃寒濕鬱而為熱，治以防己為主藥。濕加蒼术、木瓜，熱加芩、栢，風加羌活、萆薢，痰加竹瀝、南星，活血加四物，大便秘加桃仁、紅花，小便秘加牛膝、澤瀉，疼連脇加龍膽，疼連臂加桂枝、靈仙，冲心加檳榔，不可驟補。

附：琉球・吴繼志《質問本草》內篇卷四 防己 春生苗，作蔓，三四月開花結實。防己生漢中川谷，如葛蔓延，二八月采根，陰乾。折莖段，吹氣貫中如木通。辛，平，無毒。太陽本經藥也。療風濕脚痛，熱積膀胱，消癰散腫。他產者堅寔不香，稍有腥氣，係木防己，力不及漢產。壬寅，陸澍。此一種，係中國之防己。《綱目》載其莖根，與圖中細對，俱亦相類。惟生漢中、黔中者良。二月八月，采根陰乾。並未言及花實，此是各方土產。至於性用，自宜體書通變。壬寅，陳文錦、李興成、盧亨春。觀其枝葉根形，甚似中國之防己，秖由地道之性，各自佐使，變通任用不悮。壬寅，許永枝、吳太茂、王隆盛。

清・羅國綱《羅氏會約醫鏡》卷一六草部　防己味苦辛，性寒，入膀胱經。有木、漢二種，木者有黑點，色黃而腥，專治風；漢者通心有花紋，根大而虛，專治水。酒洗焙用。能行諸經。通腠理，利九竅，瀉下焦血分濕熱實證之聖藥。治脚氣腫痛濕熱，利大小便，退膀胱、肝、腎濕熱；漢防己之功。療肺氣喘嗽、中風攣急、膈間支滿、風寒濕瘧木防己之效。及熱毒諸瘡蟲蛆等證。皆濕熱之病。

按：防己苦寒，若虛證及熱在上焦氣分，胎前產後，俱忌用。

清・陳修園《神農本草經讀》卷三中品　防己　氣味辛，平，無毒。主風寒溫瘧，熱氣諸癇，除邪，利大小便。

述：防己氣平，稟金之氣。味辛無毒，得金之味，入手太陰肺經。風寒溫瘧者，感風寒而患，但熱不寒之瘧也。熱氣諸癇者，心有熱而患牛、馬、豬、羊、雞諸癇也。溫熱皆為陽邪，癇瘧皆屬風木，防己辛平可以統治之。除邪者，又申言可除以上之邪氣也。肺為水之上源，又與大腸為表裏，防己之辛平調肺氣，則二便利矣。

張隱庵曰：《經》云：水道不行則形消氣索，是水有隨氣而運行於膚表者，有水火上下之相濟者，如氣滯而水不行則為水病、痰病矣。防己生於漢中者，破之紋如車輻，莖藤空通，主通氣行水，以防己土之制，故有防己之名。《金匱》方治水病有防己黃芪湯、防己茯苓湯；治痰病有木防己湯、防己加茯苓芒硝湯；《千金》治遺尿、小便澀，有三物木防己湯；蓋氣運於上，而水能就下也。而李東垣有云：防己乃下焦血分之藥，病在上焦氣分者禁用。又云：如險健之人，幸災樂禍，首為亂階，若善用之，亦可敵凶突險。此瞑眩之藥，故聖人存而不廢。噫！如此議論，不知從何處參出？夫氣化而後水行，防己乃行氣利水之品，反云上焦氣分不可用，何不通之甚乎？防己能運行去病，是運中有補。《本經》列於中品之前，奚為存而不廢？緣其富而貪名，無格物實學，每為臆說，使後人遵之如格言，畏之若毒藥，非古人之罪人乎？李時珍乃謂千古而下惟東垣一人，誤矣。嗟嗟！安得伊黃人再世，更將經旨復重宣。

清・黃凱鈞《藥籠小品》　防己　辛苦，寒，行十二經，開太陽膀胱，通腠利竅，瀉下焦血分濕熱，為療風水之要藥，木通苦寒，瀉氣分濕熱；防己苦寒，瀉血分濕熱。兼治脚氣水種。若下焦無濕熱忌。出漢中，根大而中通，名漢防己，治濕；更有木防己治風。

清・王龍《本草纂要稿・草部》　防己　味苦、辛，性平，寒，無毒。漢者治水氣，木者理風邪。去腰以下濕熱，腫痛脚氣，利大小便，退膀胱積熱，消癰，漢者成功。療肺氣喘嗽，膈間支滿，除中風攣急，風寒濕熱，瘧邪，木者取效。

清・張德裕《本草正義》卷下　防己　苦寒而降。去濕熱，療腳氣，尤逐膀胱、肝、腎濕熱。利大小便，通九竅熱閉。

清・楊時泰《本草述鉤元》卷一一　防己　黔產不及漢中者良，故稱漢防己。其莖如葛蔓延，莖梗甚嫩，折一頭吹之，氣從中貫，采其根用，剖開須作車輻解，而木強者不取也。漢防己，是根破之紋，作車輻解，黃實馨香。木防己，是苗上有丁足子，青白虛軟嘉謨。

氣味大苦辛寒。性燥而不淳，善走下行，陰也，泄也。入足太陽經。防己陽中之陰藥也丹溪。主瀉血中濕熱，通其滯塞，行十二經，通腠理，去風水腫，治腰以下至足濕熱腫痛脚氣，補膀胱，濕熱行而至陽之氣得化，是正所謂補也。去留熱，治濕風口面喎斜，手足拘痛，除溫瘧，散濕熱惡結諸瘡，亦能瀉大便。去下焦濕腫及痛，并泄膀胱火邪，必用漢防己、草龍膽為君，而知、蘗、甘草佐之潔古。防己象之於人，則險而健者也，善用之，亦可敵兇突險，否則能為亂階。蓋其臭味拂人，下嚥便令身心煩亂，飲食減少，然於十二經，有濕熱壅塞不通，及下注脚氣膀胱積熱，非此不可，真行經之仙藥，無可代者。若陰虛內熱，元氣已虧，輕用防己泄大便，則重亡其血。又熱在肺經氣分，而大渴引飲，或邪傳肺經，致氣分濕熱，而小便黃赤，或至不通，此皆上焦氣病，禁用。下焦血藥，惟下焦濕熱流入十二經，致二陰不通者，然後審而用之東垣。濕熱乃下焦、血分之病，若病在上焦，而本起於下焦，如肺痿咯血之類，即所謂下焦濕熱，流入十二經者也，焉得不用，是在診脉耳又。凡用防己於下部濕熱藥中，必以二朮、苓、萆薢、木瓜、黃蘗、石斛、薏仁等補益之藥為主，而以防己為使，乃無瞑眩之患。皮水胕腫，按之沒指，不惡風，水氣在皮膚中，四肢聶聶動者，防己茯苓湯主之，防己、黃芪、桂枝各三兩，茯苓六兩，甘草二兩，每服一兩，水一升，煎半升，日二服。風水惡風汗出，身重脉浮，防己黄芪湯主之，防己一兩，黄芪二兩二錢半，白术七錢半，炙甘草半兩，剉散，每服五錢，生薑四片，棗一枚，水一盞半，煎八分，溫服，良久再服，腹痛加芍藥。風濕相搏，關節沉痛微腫，惡風，方同上。蓋濕腫多緣衛氣有傷，故用芪、甘補衛，防、术勝濕，但各味分兩不同耳。肺痿咯血多痰者，漢防己、葶藶等分，為末，糯米飲每服一錢，極驗。

論：防己為除下焦濕熱要劑，何以能通十二經？以其為足太陽本經藥，《經》固曰巨陽者，諸陽之屬也。何以為治濕仙劑？以太陽為寒水之藏，此味能行本經之水也。何以又能療風？蓋出地風木，即繼寒水之後以宣其用者，使寒水之化鬱，則風木亦為之鬱，故風與濕常互為病。或由風鬱以病水，或由水鬱以病風。防己固能治水之病乎風者，即由風而病乎水者，亦可治也。但未至病於水，則未可投耳。水病乎風，即所謂濕風是也。中風症類云，濕毒之為病，亦多似風證。仲景用防己黄芪湯治風水惡風及風濕相搏之病，更有用以治風濕者，其義安在？蓋風搏於熱而氣化鬱，所以有鼻息必鼾，語言難出症。君防己以宣陰，而益陽佐之，氣化乃達耳。《經》曰：衛出下焦，此味苟同補陽者用之，可止謂其能從血分治濕熱乎。凡氣鬱成濕，濕鬱化熱之證，如有關於衛分者，不獨足腫濕盛之可治矣。足腫一證，概以為濕熱下溜耳，即是濕熱概以為血分病耳，又不過曰氣鬱化濕，濕鬱化熱耳，是猶未悉其微義也。丹溪云：水穀入胃，氣屬陽，味屬陰，屬陽者上輸氣海，屬陰者下輸血海，二海為氣血之所歸，五臟六腑十二經脉，皆取足於此。然則氣血之海，皆資生於後天之胃矣，豈濕熱之病，專責於血，並無與於氣乎。人身氣海之下，即有血會，血生於氣也。血海之上，乃有丹田，氣充於血也。血生於氣，則胃氣之虚與胃陽之亢者，便不能致於氣海，使肺氣下降入心而生血矣，不能生血，則統血與藏血之肝脾，俱失其運化之職矣，所以衝任之氣，不得胃氣以行血海之化而達於足也。夫氣能生化，則液蒸為血，不能生化，則血困於濕，其熱者陰氣微也。濕熱雖屬血分之病，而其本在氣，則是胃氣之不得下行故也。乃先哲又謂胃氣下陷者，蓋天氣下為雨，則地氣上為雲，足三陽下行至足，而後舉三陰以上升焉。其舉陰以上升者，乃陰中之陽，正謂元氣穀氣也。如陽不得極於下，則不能舉陰以上升。不能舉陰以升，由衝任不得陽以化也。而濕化愈滋，鬱熱愈甚，肝腎不能行血海之化以榮於周身，乃舉身半以下為腫或痛矣。是其本在上，必理脾胃之陽以達陰；其末在下，必裕腎肝之陰以舉陽。或益陽，或清其併陽之熱；或化陰，或導其傷陰之濕。或引而竭之，或升而舉之，豈漫從事於祛除濕熱，更如防己輩之疏滯決壅乎哉。抑人身猶天地，必陰中舉陽以升，然後陽中含陰以降，此篇論病，乃先從陽中不能含陰以降，故陰中不得舉陽以升，是病機之本也。其有肝腎陽微，陰不得化，而濕熱止因於下者，又當從肝腎為本，第不能舍後天生化之胃耳。

繆氏：防己性悍氣猛，走竄決防，大苦大寒，能傷胃氣，凡胃虚陰虚腎虚小水不利，及胎前產後血虚，雖有下焦濕熱，慎毋用之，誤則為害非細。

辨治：凡使，勿用木條色黄而腥皮皺上有丁足子，惟要心有花紋黄色者。去皮剉，酒洗，曬乾用。

清·葉桂《本草再新》卷三 防己味苦，性寒，無毒。入肝、脾、腎三經。利濕除風，解火破血，消膀胱水腫，健脾胃，化痰。無濕則脾胃和，脾健則痰化。

清·吴其濬《植物名實圖考》卷二二 防己 《本經》中品。李當之云：莖如葛根，外白内黄，如桔梗。今藥肆所用殊不類。

雩婁農曰：李杲以防己險而健，能為亂階。聞其臭則可惡，下咽則令人身心煩亂，飲食減少。至於去十二經濕熱壅塞，非此藥不可。其與大黄匹敵可矣。甄權亦云：有小毒。李時珍以入蔓草，而《本經》無毒，中品。豈古人精神强固，不畏洩利，而後人柔弱、不能勝其苦寒，而乃以為毒耶？夫藥力平者不能去病；而猛者性必有所偏。元氣已虧，根本漸拔，勝病之藥既不支，而苟且塞責之品，何裨毫末？兩漢循吏，多在承平。至於繡衣持斧、殺馬埋輪，其時紀綱未紊，民氣恬熙，故武健者得行其志，而一時亦收火烈之效。至其季也，雖有戡平盗賊之績，不旋而復熾，火燎於原，一杯曷濟？故治病治民，不先審其根本，而恃藥力之投。頭有蝨而剃之，蝨則盡矣，髮於何有？

清·趙其光《本草求原》卷四蔓草部 防己 氣味辛，平，屬金。無毒。專入肺經，調其注節以行水。凡冬中於風寒，邪藏於腎，發為先熱後寒之溫瘧，或感風寒而患但熱不寒之瘧，皆熱氣有餘。熱氣諸癇，心熱而風火内動也。惟辛平之秋氣可以解熱而制風木之邪，故治之。且肺為水之上源，又與大腸相表裏，調肺氣即二便利。

張隱庵曰：《經》曰：水道不行，則形消氣索。是水有隨氣而運行於膚表者，有水火上下之相濟者。如氣滯而水不行，則為水病、痰病。防己生於漢中者，莖中空，根紋如車輻，能啟水精上升，通在內之經脈，外達而後下，通氣行水，以防己土之崩，故名防己。《金匱》治水病有防己黃芪湯、防己茯苓湯，治痰病有木防己湯、防己加茯苓芒硝湯。《千金》治遺尿、小便澀有三物木防己湯，蓋氣運於上，而水乃就下也。李東垣乃謂防己是下焦血分藥，病在上焦氣分禁用。又云：如險健之人，善用之，亦可敵凶突險。此瞑眩之藥，故聖人存而不廢。如此議論，不知從何處參出。夫氣化而後水行，防己行氣、利水之品，反云上焦氣分不可用，何不通之甚乎！夫無毒能運而去病，即是補，故《本經》列於中品，奚云存而不廢？因其富而貪名，無格物實學，每為臆說，倘後人遵之，畏若毒藥，非古人之罪人乎！李時珍乃謂千古而下，惟東垣一人，誤矣。安得伊耆人再世，更將經旨復重宣？

再按：古方治濕腫及皮膚水腫與風水腫而惡風者，皆用北芪佐防己，因水濕多緣衛氣有傷故也。又足腫一症，固是濕熱下流而病於血，而亦多本於氣之下陷使然。蓋水穀入胃，陽氣上輸氣海，陰味下歸血海，乃布於臟臟經脈。然氣海之下有血會，氣不下降以化血，則水不為血而為濕，而濕熱遂病於血，是因天氣亢陽而不能致雨，地濕乃鬱，如暑月之濕病是也。血海之上有丹田，陰中之陽不能舉陰以升，則陰不化而成濕，陽愈鬱而成熱，亦病腫痛。治此者，或益陰以清其並陽之熱，而兼導其傷陰之濕；或益陽以舉陰，而達其化陰之陽，正不徒恃防己之疏滯決壅也。

清・葉志詵《神農本草經贊》卷二　防己　味辛，平。主風寒溫瘧，熱氣，諸癇，除邪，利大小便。一名解離。生川谷。

如葛延緣，水驅風障。輻解文分，莖通氣壯。險健思防，敵仇善將。丁足腥聞，木強弗尚。

李當之曰：其根如葛蔓延。陳藏器曰：治風用木防己，治水用漢防己。蘇頌曰：破之文作車輻解，莖甚嫩，折其莖，一頭吹之，氣從中貫，如木通然。李杲曰：防己如險健之人，首為亂階。若善用之，亦可禦敵。《易》：君子以思患而豫防之。黃庭堅詩：不戰者善將。雷斆論：凡使，勿用黃腥皮皺有丁足者。《書》：腥聞在上。陶弘景曰：黑點木強者不佳。

清・文晟《新編六書》卷六《藥性摘錄》　漢防已　辛苦，大寒。性險而健，入膀胱，除濕利水，瀉下焦血分濕熱。○凡水濕喘嗽，熱氣諸癇，濕瘧腳氣，水腫風腫，癰腫惡瘡，及濕熱流入十二經絡，以致二便不行者，皆可用此。○若非下焦濕熱寒濕，及非二便果不通利者，切禁。○酒洗用。惡細辛，畏（華）〔萆〕薢。

清・劉東孟傳《本草明覽》卷一　防己　【略】按：東垣云：防己性苦寒純陰，能瀉血中濕熱，通血中滯塞，補陰瀉陽，助秋冬瀉春夏之藥也。然能令人身心煩亂，飲食減少，誠為瞑眩。至于通行十二經，以去濕熱壅塞腫疼，及治夏疰脚氣，膀胱積熱，而庇其基，則非此不可，誠為行經之僊藥也。故聖人存之，以待善用。然禁用甚多，不可不察。假如飲食勞倦，陰虛內熱，元氣穀氣已虧之病，而以防己瀉去大便，則重亡其血矣。如久病津液不行，上焦虛渴，宜補以人參、葛根之甘溫，而反用防己苦寒之劑，則危亡促矣。又如大渴引飲，是熱在下焦氣分，宜滲泄之，而防己乃下焦血藥，不可用也。如外感風寒，邪傳肺經氣分，濕熱而小便黃赤，甚至不通，此上焦氣分，禁用血藥，防己亦不可用也，大抵上焦濕熱者，皆非所宜。若係下焦濕熱，流入十二經，以致二陰不通，方可審用。

清・張仁錫《藥性蒙求・草部》　防己錢半　防己苦寒，風濕脚痛。熱積膀胱，血分可用。大辛、苦，寒。太陽經藥。能行十二經，通腠理，瀉下焦血分濕熱，為療風水之聖劑。○木、漢二種，木者專風，漢者專水。張路玉云：漢防己是根，入膀胱，去半身以下濕熱。木防己是苗，走陽蹻，治中風攣急，風痺濕熱。大抵上焦濕熱不可用，即下焦濕熱，又當審其二便不通利者，方可用之。

清・戴葆元《本草綱目易知錄》卷二　防（杞）〔己〕：大苦、辛，寒。太陽經藥。能行十二經，通腠理，利九竅，瀉下焦血分濕熱，為療風水之要藥。治中風濕風，口面喎邪，手足拘攣，毒風不語，肺氣喘嗽，熱氣諸癇，溫瘧脚氣，水腫風腫，濕熱腫瀉，癰腫惡結，疥癬蟲瘡。利大小便，去膀胱熱，散留痰結氣。若濕熱流入十二經，致二陰不通者，非此不可。然性險而健，陰虛及濕熱在上焦氣分者，禁用。

清・黃光霽《本草衍句》　防己　辛苦而寒。性險而健，能行十二經絡。風水要藥，風腫水腫，木防己主風邪，漢防己主水氣症。耑瀉下焦濕熱。本膀胱經藥，濕熱之在下焦血分者，非此不除。若在上焦氣分者，切不可用。二便不通，濕熱流入十二經，致二陰不通者，非此不可。風寒溫瘧，熱邪膀胱，積熱脚氣，癰腫惡瘡，通腠利竅。得黃柏、知母去下焦濕腫；木防己得防風、葵子通小便淋濇。皮水腐腫，按之沒指，不惡風，水氣在皮膚中，四肢聶聶動者，防己三兩，茯苓六兩，甘草三兩，黃耆、桂枝各三兩，水煎服。　風水惡風，汗出身重，脈浮，防己湯主之，防己一兩，黃耆二兩二錢半，白朮七錢，炙甘〔草〕半兩，剉散，薑、棗煎服。如腹痛，加赤芍。　風（溫）〔濕〕相搏，關節沉痛，微腫惡風，方用同上。　註：防己、茯苓善驅水氣，桂枝得茯苓則不發表而及行水，且合黃耆、甘草助表中之氣，以行防〔己〕、茯苓之力也。

清・陳其瑞《本草撮要》卷一　防己　味苦辛，寒，性燥而不淳，入足太陽經，功專下行。漢防己得黃蘗、知母去下焦濕腫，木防己得防風、葵子通小便淋濇。足傷寒濕為脚氣，寒濕鬱而為熱，濕則腫，熱則痛，防己為主，溫加苡仁、蒼朮、木瓜、木通，熱加芩、蘗，風加羌活、萆薢，痰加竹瀝、南星，痛加香附、木香，活血加四物，大便秘加桃仁、紅花，小便秘加牛膝、澤瀉，痛連肩臂加桂枝、威靈仙，痛連脇加膽草。若因腎虛足跟痛者，不可同論。即濕熱在上焦氣分，亦所禁忌。治風宜用木防己，治水宜用漢防己。酒洗用。惡細辛，畏萆薢。

清・仲昴庭《本草崇原集說》卷中　防己　【略】〔批〕此段議論，專為東垣臆說而發，《經讀》亦載，惜《經讀》釋主治，只以氣味了之，未免脫略，恐人省悟不來，必如《崇原》方無流弊。【略】〔批〕隱菴曰：前人創論于前，後人隨文附會，予觀今世惟盧子由先生學識淵博，獨不為前人所愚。

清・周巖《本草思辨錄》卷二　防己　防己之根，外白內黃，有黑紋如車輻解。氣味辛平，故治由腎以抵脾肺風濕之痾。肺主皮毛，將毋從皮毛而散乎？然車能環轉不能外溢，故防己絕不發汗而第直泄於小便。如《金匱》己椒藶黃丸，義見大黃。《千金》三物木防己湯可按也。

陶隱居云：防己是療風水要藥。水與飲皆濕類也，故防己黃芪湯治風濕，防己茯苓湯治水，木防己湯治飲，名雖有三，理無少異。惟風水二字，誠有不得而析者，風陽邪，而風從外入，令人振寒，風寒初受，即宜汗解，防己非其責也。內伏之風，若內無陰邪，亦未能獨存，故水飲濕悉其所因依，水飲濕去，則風與俱去。如此之風，方可治以防己。然苓、朮不能，而防己獨能之者，以黑紋如車輻解，正有風水相隨之妙致也。

或云：防己地黃湯，治病如狂狀妄行，獨語不休，無寒熱，其脈浮，豈亦有水飲濕也，而顧以防己治耶？曰：此仲聖別出手眼之方，未可與他並論者也。趙氏謂血虛從邪，邪並於陽而然。按本篇固以脈浮為血虛，《素問》陰不勝其陽則脈流薄疾並乃狂，固可為如狂之據，此注允矣。而不言邪為何邪。徐氏則謂風邪並入於心，心火熾盛，故如狂妄行，獨語不休，較趙注為明晰矣。而於是方用藥之所以然，則皆未發出。竊細玩之，四物酒漬取汁，自非陽邪表邪不爾。生地黃獨多，自非補血涼血不爾。有表邪而用桂枝、防風，可知是外入之風邪。以生地黃偶桂枝、防風，可知治不以汗解。不以汗解而有酒行藥勢以搜之，則邪不至或遺。四物取生汁，而地黃取蒸汁，則陰陽得以分理，既所以退陽而安陰矣。然而風無出路，則風仍不息。陰不復位，則陰仍羈陽。欲並者而使之分，仲聖所以有取於防己也。夫防己者，走表而亦下行者也。操運轉之技，則表間之風自隨之得息。具返本之能，則被擾之陰亦因之得靜。或謂防己治風濕不治風燥，不知風藥中用地黃至數倍，則風亦轉燥為潤，正與防己相宜，可謂以人巧奪天工矣。

滇防己

清・吳其濬《植物名實圖考》卷二三　滇防己　綠蔓細鬚，一葉五歧，黑根麄硬，切之作車輻紋。

防尾

金・張元素《潔古珍珠囊》〔見元・杜思敬《濟生拔粹》卷五〕　防尾辛苦陽中之陰。泄濕氣。與細辛相反。

貼石龍

清・吳其濬《植物名實圖考》卷一九　貼石龍　生南安。赤根無鬚，細莖青赤；一枝三葉，葉如柳葉。俚醫以治頭痛、腦風、牙痛，井水煎服；蛇咬擦傷處亦可服。

青風藤

清・劉善述、劉士季《草木便方》卷一草部　青風藤　清風藤溫治風疾，歷節鶴膝瘙痒宜。風濕流注消瘡腫，諸風麻痹損傷息。

稱鉤風

清・吳其濬《植物名實圖考》卷一九　稱鉤風　江西有之。蔓延墻垣，綠莖柔韌，葉有尖而禿澀糙，有直紋數縷。土人未知所用。

癩蝦蟆

清・吴其濬《植物名實圖考》卷一九　癩蝦蟆　產南康廬山。赭根細鬚，大如指，青莖蔓生；近根四葉對生，極似玉簪花葉而小，梢葉錯落；近葉發小枝，上綴青蓇葖，細如粟米成穗，開五瓣小黄花。廬山靈藥塞壑填谿，記載缺如，服食無方。余遺採訪，多不識名，偶逢樵牧，隨其指呼。姑紀形狀，以俟將來。

黄藤

明・李時珍《本草綱目》卷一八草部・蔓草類　黄藤《綱目》

【集解】時珍曰：黄藤生嶺南，狀若防己。俚人常服此藤，縱飲食有毒，亦自然不發，席辯刺史云：甚有效。

【氣味】甘、苦，平，無毒。【主治】飲食中毒，利小便，煮汁頻服即解時珍。

明・倪朱謨《本草彙言》卷七　黄藤　味甘，微苦，氣寒，無毒。李氏曰：黄藤生嶺南。狀若防己。土人常服此藤，縱飲食中有毒，飲此汁亦自然暗解。亦利小便不通。

清・王道純《本草品彙精要續集》卷二　黄藤無毒

黄藤：主飲食中毒，利小便，煮汁，頻服即解《本草綱目》。【地】李時珍曰：黄藤，生嶺南。【質】狀若防己。【主】中飲食毒，俚人常服此藤。縱飲食有毒，亦自然不發。席辯刺史云：甚有效。【味】甘苦。【性】平。【氣】氣之薄者，陽中之陰。

清・汪紱《醫林纂要探源》卷二　黄藤　甘，苦，平。一名茶鋪藤。藤生而葉似茶，氣味清香，嫩苗可茹。解瘈犬齩毒。犬聞氣則遠避。瘋犬傷，採此蒸煮食，或煎根汁服，毒遂解，後亦不發。

清・戴葆元《本草綱目易知録》卷二　黄藤《纂要》補　甘、苦，平，解瘈犬咬毒。《醫林纂要》云：我婺名茶蒲藤，藤生而葉似茶，氣清香，嫩時可茹，犬聞氣則遠避。被瘋狗咬者，煮食葉，無葉或煎根服，毒氣遂解，後不復發。

蝙蝠藤

清・趙學敏《本草綱目拾遺》卷七　蝙蝠藤　此藤附生嵒壁喬木，及人牆茨側，葉類蒲萄而小，多歧，勁厚青滑，絶似蝙蝠形，故名。治腰痛瘰癧。

腰疼：《澹寮試效方》用蝙蝠藤二兩，老人用三兩，酒煎服，二劑即痛止，不可再服。若多服一劑，腰反傾倒不支。

廣藤

清・劉善述、劉士季《草木便方》卷一草部　廣藤　廣藤根平治風毒，跌撲折損止痛速。内傷瘀積消脹痛，腰脇老血宿痰除。

清風藤

宋・唐慎微《證類本草》卷三〇外木蔓類〔宋・蘇頌《本草圖經》〕　清風藤　生天台山中。其苗蔓延木上，四時常有。彼土人採其葉入藥。治風有效。

明・劉文泰《本草品彙精要》卷四一　清風藤　蔓生。

清風藤：治風，有效。出《圖經》。【苗】《圖經》曰：其苗蔓延木上，四時常有。彼土人採其葉入藥用。【地】《圖經》曰：生天台山中。【時】生：春生新葉。採：無時。【用】葉。

明・鄭寧《藥性要略大全》卷五　青藤　療諸風癰腫。味苦、辛，氣寒，無毒。

尋風藤　療一切疼痛，諸風氣。

明・李時珍《本草綱目》卷一八草部・蔓草類　清風藤宋《圖經》

【釋名】青藤《綱目》　尋風藤《綱目》【集解】頌曰：生台州天台山中。其苗蔓延木上，四時常青。土人采莖用。

【氣味】缺。【主治】風疾蘇頌。治風濕流注，歷節鶴膝，麻痺瘙痒，損傷瘡腫，入酒藥中用時珍。

【附方】新二　風濕痺痛：青藤根三兩，防己一兩，㕮咀，入酒一瓶煮飲。《普濟方》。

一切諸風：青藤膏：用青藤，出太平荻港上者，二三月采之。不拘多少，入釜内，微火熬七日夜成膏，收入甕器内。用時先備梳三五把，量人虚實，以酒服一茶匙畢，將患人身上拍一掌，其後遍身發痒，不可當，急以梳梳之。要痒止，即飲冷水一口便解，風病皆愈也。避風數日良。《集簡方》。

明・李中立《本草原始》卷三　清風藤　生台州、天台山中。其苗蔓延木上，四時常青，一名青藤。主治：風疾。○治風濕流注，歷節鶴膝，麻痺瘙痒，損傷，瘡腫。入酒藥中用。

清風藤　宋《圖經》。【圖略】細條色青者佳。

《普濟方》：青藤根三兩，防己一兩，㕮咀入酒一瓶，煮飲。

明・倪朱謨《本草彙言》卷七　清風藤　味氣缺。又名青藤。　蘇氏曰：清風藤，生台州天台山中。其苗蔓延木上，四時常青。土人采莖用。

清風藤：李時珍散風寒濕痹之藥也。姜月峰稿《圖經》方治風濕流注，腫毒延生，及歷節、鶴膝、痛風攣縮、麻痹、癱瘓諸疾。使酒浸飲，能舒筋活血，正骨利髓。故風病軟弱無力，并勁强偏廢之證，久服常服，大建奇功。須與當歸、枸杞合用方善也。

集方：《普濟方》治風濕痹痛。用清風藤根三兩，漢防己一兩，切碎，入酒五壺，蒸飲。〇繆氏方治一切諸風。用清風藤出太平荻港上者，三四月采之，不拘多少，入釜内微火熬七日夜，成膏收入磁器内。用時先備木梳三五把，量人虚實，以酒服三茶匙。將患人身上拍一掌，其後遍身發癢不可當，以梳梳之。要癢止，即飲凉水一口便解。風病皆愈也。須避風數日良。

明・顧逢柏《分部本草妙用》卷八雜藥部　清風藤　主治：風疾，風濕流注，歷節鶴膝，麻痺瘙癢，損傷瘡腫，入酒藥中用。

清・蔣居祉《本草擇要綱目・平性藥品》　青風藤　氣味缺。　主治：風疾，治風濕流注，歷節鶴膝，麻痹瘙痒，損傷瘡腫，入酒藥中用。

清・李熙和《醫經允中》卷二一　清風藤　主治風疾，風濕流注，歷節鶴膝，麻痺瘙癢，損傷瘡腫。入酒藥中用。

清・张璐《本經逢原》卷二　清風藤　辛，溫，小毒。　發明：清風藤入肝經氣分，治風濕流注歷節，鶴膝，麻痹瘙癢。同防己浸酒治風濕痹痛，一切風病。熬膏酒服一匙，將患人身上拍一掌，其後遍身發癢不可當，急以梳梳之欲癢止，飲冷水一口即解，風病皆愈，避風數日自安。

清・莫樹蕃《草藥圖經》　清風藤　又名青藤。其苗蔓延木上，四時常青。采莖用。治風疾，風濕流注，歷節鶴膝，麻痺瘙痒，損傷瘡腫。入酒藥中用。

清・吴其濬《植物名實圖考》卷一九　清風藤　《圖經》清風藤生天台山中。其苗蔓延木上，四時常有。彼土人採其葉入藥，治風有效。

按清風藤近山處皆有之。羅師舉《草藥圖》云：清風藤又名青藤，其木蔓延木上，四時常青。採莖用治風疾、風濕，凡流注、歷節、鶴膝、麻痹、瘙痒、損傷、瘡腫，入酒藥中用。南城縣尋風藤即清風藤，蔓延屋上，土人取莖治風濕。余詢之南城人，云藤以夤緣楓樹而出樹梢者為真，奪楓樹之精液，年深藤老，故治風有殊效。餘皆無力。遣人求得，大抵與木蓮相類，厚葉木強，藤硬如木，粗可一握，黑子隆起，蓋即絡石一種而所緣有異。又《本草拾遺》，扶芳藤以楓樹上者為佳，恐即一物，清風、扶芳，一音之轉，土音大率如此。

白藥

宋・唐慎微《證類本草》卷九草部中品〔唐・蘇敬《唐本草》〕　白藥　味辛，溫，無毒。主金瘡生肌。出原州。

〔唐・蘇敬《唐本草》〕注云：三月苗生，葉似苦苣，四月抽赤莖，花白，根皮黄，八月葉落，九月枝折，採根，日乾。

〔宋・馬志《開寶本草》〕按：別本注云：解野葛、生金、巴豆藥毒，刀斧折傷，能止血、痛，乾末傅之。《唐本》先附。

〔宋・掌禹錫《嘉祐本草》〕按：《藥性論》云：白藥亦可單用，味苦。能治喉中熱塞，噎痹不通，胸中隘塞，咽中常痛，腫脹。日華子云：白藥，冷。消痰止嗽，治渴并吐血，喉閉，消腫毒。又云：翦草，凉，無毒，治惡瘡疥癬風瘙，根名白藥。

〔宋・蘇頌《本草圖經》〕曰：白藥，出原州，今夔、施、江西、嶺南亦有之。三月生苗，似苦苣葉，四月而赤，莖長似葫蘆蔓，六月開白花。八月結子，亦名苽蔞。九月採根，以水洗，切碎，暴乾，名白藥子。江西出者，葉似烏臼，子如菉豆，至八月，其子變成赤色，施州人取根，并野猪尾二味，洗淨去麁皮，焙乾，等分，停擣篩，酒調服錢匕。療心氣痛，解熱毒，甚效。又諸瘡癰腫不散者，取生根爛擣傅貼，乾則易之。無生者用末水調塗之亦可。崔元亮《海上方》治一切天行。取白藥研如麪，漿水一大盞，空腹頓服之，便仰卧一食頃，候心頭悶亂，或惡心，腹内如車鳴疞刺痛，良久當有吐利數行，勿怪。欲服藥時，先令煮漿水粥于井中懸著待冷。若吐利過度，即喫冷粥一椀止之，不喫即困人。

〔宋・唐慎微《證類本草》〕《經驗後方》：治妊娠傷寒，護胎。以白藥子不拘多少爲末，用雞子清調攤於紙花上，可椀來大，貼在臍下胎存生處，乾即以溫水潤之。

宋・寇宗奭《本草衍義》卷一〇　白藥　今爲治馬肺熱藥，有效。

宋・劉明之《圖經本草藥性總論》卷上　白藥　味辛，溫，無毒。主金瘡生肌。《藥性論》云：亦可單用。味苦。能治喉中熱塞，噎痺不通，胸中隘塞，咽中常痛腫脹。日華子云：冷。消痰止嗽，治渴，并吐血，喉閉，消腫毒。《圖經》云：療心氣痛，解熱毒甚効。諸瘡癰腫不散，取生根，搗爛，傅貼，乾即易之。無生者，乾為末，水調塗之。別本注云：解野葛、生金、巴豆百藥毒。刀斧折傷，能止血痛，乾末傅之。生原州。

明·蘭茂撰，清·管暄校補《滇南本草》卷下　白藥子　性平，味苦。入脾肺腎三經。主治補中益氣，斂肺，日久咳嗽良效。并治婦人白帶。

附：白藥湯，治婦人白帶，白藥三錢，艾葉二錢，香附一錢，伏龍肝二錢，棉花子三錢，艾實一錢，醋炒，白藥五個，煎服。昔陳姓男子，四十無子，得一人傳此方，服後生三子。昔一女子，每用白藥子新鮮一兩，或猪肉，或牛、羊肉，長服良效。

明·蘭茂《滇南本草》〔叢本〕卷下　白藥子一名黃藥子，味苦，大寒，不可入吃藥，只可醫馬是良效。　入脾、肺、腎三經。主治補中益氣，斂肺氣，興陽道，治陽痿。止虛勞咳嗽，傷風日久咳嗽良效。治婦人白帶。白藥子、艾葉、香附、伏龍肝、棉花子、芡實、明白果五個。昔有陳姓男子，四十無子，一人傳以方，後生三子一女。每用白藥子一兩，煑猪肉，或牛肉，長服良效。

明·王綸《本草集要》卷三　白藥　味辛，氣溫，無毒。　主金瘡生肌，治喉中熱塞，常痛腫脹，消腫毒，解熱毒甚效。　諸瘡癰腫不散。取生根爛搗，傅貼，無敗生用末，水調塗之。

明·滕弘《神農本經會通》卷一　白藥　又名白藥子。九月枝折採根，日乾。　味辛，氣溫，無毒。一云：味苦。又云：冷。《本經》云：主金瘡，生肌。別本注云：解野葛、生金、巴豆、百藥毒。刀斧折傷，能止血痛，乾末傅之。《藥性論》云：亦可單用。味苦。能治喉中熱塞，噎痺不通，胸中隘塞，咽中常痛腫脹。日華子云：白藥，冷。消痰止嗽，治渴，并吐血，喉閉，消腫毒。又云：翦草，涼，無毒。治惡瘡疥癬風瘙。根，名白藥。《圖經》云：取根，并野猪尾二味，洗淨，去粗皮，焙乾，等分，停搗莚酒調服錢匙，療心氣痛，解熱毒甚効。又諸瘡癰腫不散者，取生根爛搗，傅貼，乾則易之。無生者，用末，水調塗之亦可。

明·劉文泰《本草品彙精要》卷一二　白藥無毒　蔓生。

白藥：主金瘡生肌。名醫所錄。　【名】白藥子、苽蔞實名。　【苗】《圖經》曰：三月生苗，似苦苣葉，四月而赤莖，長似葫蘆蔓，六月開白花，八月結子，其根皮黃肉白，江西出者葉似烏臼，子如綠豆，至八月其子變成赤色。

【地】《圖經》曰：出原州，今夔州、江西、嶺南亦有之。【道地】興元府、臨江軍、洪州、施州。　【時】生：春生苗。採：九月取根。　【收】暴乾。【用】根。　【質】類苽蔞根。　【色】皮黃肉白。　【味】辛。　【性】溫，散。【氣】氣之厚者，陽也。　【臭】朽。　【主】消腫毒。　【製】洗淨，細剉用。【治】療：《圖經》曰：主諸瘡癰腫不散。《唐本》注云：治刀斧折傷，能止血痛。《藥性論》云：治喉中熱塞，噎痹不通，胸中隘塞，咽中常痛腫脹。日華子云：消痰止嗽，治渴並吐血喉閉。〇苗、莖消惡瘡，疥癬，風瘙。【合治】合野豬尾，洗去粗皮，為末酒服，療心氣痛，解熱毒。〇末合雞子清調，攤貼臍下，護妊娠傷寒恐動胎。　【解】野葛、生金、巴豆、藥毒。

明·鄭寧《藥性要略大全》卷七　白藥　主治金瘡，生肌。治喉中熱塞，噎痹不通。消痰止嗽，消腫毒。　味辛，溫，無毒。又云：苦，平，有毒。

明·王文潔《太乙仙製本草藥性大全》卷二《本草精義》　白藥　一名瓜蔞。出原州，今夔、施、江西、嶺南亦有之。三月生苗，似苦苣葉，四月而赤，莖長似葫蘆蔓，六月開白花，八月結子。九月採根，以水洗，切碎，曝乾，名白藥子。江西出者葉似烏臼，子如菉豆，至八月其子變成赤色。

明·王文潔《太乙仙製本草藥性大全》卷二《仙製藥性》　白藥　味辛，溫，無毒。又云苦，平，有毒。　主治：主金瘡，生肌。治咳嗽消痰，喉中熱塞，痹噎不通立解，胸中隘塞。止消渴吐血如神，療刀斧折傷立效。為末傅止血止痛，煎湯服消腫消癰。野葛毒可解，巴豆毒能醫。　補註：妊娠傷寒護胎，用子不拘多少，為末，以鷄子清調，開紙上如椀大，貼在臍下胎存生處，乾即以溫水潤之。〇療心氣痛，解熱毒，取根并野猪尾，二味洗净，去麄皮，焙乾，等分停搗篩，酒調服錢匕。〇諸瘡癰腫不散者，取根生搗爛傅貼，乾則易之，無生者用末水調塗之亦可。〇天行，取研如麪，漿水一大盞，空腹頓服之，便仰臥一食時候。心頭悶亂，或惡心，腹内如車鳴，疞刺痛，良久當有吐利數行，勿怪。欲服藥時先煮漿水粥，於井中懸著待冷，若吐利過度，即吃冷粥一碗止之，不然則困人。

明·皇甫嵩《本草發明》卷三　白藥中品下。氣溫，味辛，無毒。　發明曰：白藥，主瘡生肌，其專治也。解野葛巴豆毒，又兼消痰止嗽，金瘡止血痛，乾末，傅之。又治喉中熱塞，腫痛不通。又云：妊娠傷寒護胎，以白藥子為末，雞子清調紙上，貼在臍下，能安胎，乾即以溫水潤之。

明·李時珍《本草綱目》卷一八草部·蔓草類　白藥子《唐本草》

【集解】恭曰：白藥子出原州。三月生苗，葉似苦苣。四月抽赤莖，長似壺盧蔓。六月開白花。八月結子，亦名瓜蔞。九月葉落枝折，采根洗切，日乾，根皮黃色，名白藥子。頌曰：今夔、施、合州、江西、嶺南亦有之。江西出者，葉似烏桕，子如緑豆，至六月變成赤色，治馬熱方用之。

根　【氣味】辛，温，無毒。權曰：苦，冷。　【主治】金瘡生肌《唐本》。消腫毒喉痹，消痰止嗽，治渴并吐血大明。治喉中熱塞不通，咽中常痛腫甄權。解野葛、生金、巴豆、藥毒。刀斧折傷，乾末傅之。能止血痛馬志。散血降火，消痰解毒時珍。

【附方】舊四，新八。　天行熱病：白藥爲末，漿水一盞，冷調二錢服，仰卧少頃，心悶或腹鳴疞痛，當吐利數行。如不止，喫冷粥一盌止之。《聖濟録》。　心痛解熱：白藥根、野猪尾二味，洗去粗皮焙乾等分，擣篩。酒服一錢甚効。黔人用之。蘇頌《圖經》。　風熱上壅：咽喉不利。白藥三兩，黑牽牛半兩，同炒香，去牽牛一半爲末，防風末三兩，和匀。每茶服一錢。《聖惠方》。　喉中熱塞：腫痛，散血消痰。白藥、朴消等分，爲末。吹之，日四五次。《直指方》。　咽喉腫痛：白藥末一兩，龍腦一分，蜜和丸芡子大。每含嚥一丸。《聖惠方》。　吐血不止：白藥燒存性糯米飲服三錢。《聖惠方》。　衄血不止：紅棗、白藥各燒存性，等分爲末，糯米飲服。或煎湯洗鼻，頻頻縮藥令入。《經驗良方》。　胎熱不安：鐵罩散：用白藥子一兩，白芷半兩，爲末。每服二錢，紫蘇湯下。心煩熱，入砂糖少許。《聖惠方》。　一切疳眼：赤爛生瞖。白藥子一兩，甘草半兩，爲末。猪肝一具，批開摻末五錢，煮熟食之。《直指方》。　小兒疳瀉：吐利。方同上。　癰腫不散：生白藥根擣貼，乾則易之。無生者，研末水和貼。《圖經》。　諸骨鯁咽：白藥煎米醋細嚥。在上即吐出，在下即下出。《普濟方》。

明・梅得春《藥性會元》卷上　白藥　味辛，溫，無毒。苗名剪草。主治諸瘡、疥癬瘡。　主治諸瘡，生肌。又能解野葛、生金、巴豆藥毒，消痰止嗽。生原州，九月九日採。

明・李中立《本草原始》卷二　白藥　始出原州，今夔、施、江西、嶺南亦有之。三月生苗，葉似苦苣。四月抽赤莖，長似壺盧蔓。六月開白花，八月結子，九月采根。以水洗，切碎暴乾。色白，堪為治馬肺熱之藥，故名白藥，俗呼白藥子。氣味：辛，溫，無毒。主治：金瘡生肌。〇消腫毒喉痹，消痰止嗽，治渴并吐血。〇治喉中熱塞不通，咽中常痛腫。〇解野葛、生金、巴豆藥毒。刀斧折傷，乾末傅之，能止血、痛。

白藥，《唐本草》。【圖略】色白，即白藥子。今治馬用最多。市賣者皆片子，類天花粉，堅實而小。九月枝折，採根日乾。

明・繆希雍《本草經疏》卷九　白藥　味辛，溫，無毒。主金瘡生肌。

【疏】白藥稟天地清寒之氣，而兼金水之性，故味辛。經云氣溫，日華子云冷。當是辛寒之藥無疑。故無毒而能解毒。金瘡出血過多必發熱，熱則作痛，不得生肌矣，涼血清熱則其痛自止，肌自生也。又《藥性論》亦可單用，味苦，能治喉中熱塞，噎痹不通，胸中隘塞，咽中常痛，腫脹。日華子云：性冷，消痰，止嗽，治渴，并吐血喉閉，消腫毒。又云：剪草，根名白藥。詳味二條所主，皆解熱散結之功，則其為寒明矣。入肺，入胃，不言可知。【主治參互】施州人取白藥子并野豬尾二味，洗淨去麤皮，焙乾，等分為末，酒調服二錢許，療心氣痛，解熱毒，甚效。　又諸瘡癰腫不散者，取生根爛擣傅貼，乾則易之，無生者用細末，水調服之亦可。　崔元亮《海上方》治一切天行熱病，取白藥研如麪二錢，漿水一大盞，空腹頓服之，便仰臥一食頃，候心頭悶亂，或惡心，腹內如車鳴疞刺痛，良久，當有吐利數行，勿怪。欲服藥時，先令煮漿水粥，於井中懸著待冷。若吐利過度，即喫冷粥一碗止之，不吃即困人。　《經驗方》治妊娠傷寒，護胎。以白藥子為細末，雞子清調攤於綿紙上，可如碗大，自臍貼至臍下胎存生處，乾即以濕水潤之。　《衍義》又為治馬肺熱藥，有效。　《聖惠方》治風熱上壅，咽喉不利。白藥三兩，黑牽牛五錢，同炒香，去牽牛，一半為末，防風末三兩和匀，每一錢，水調服。　又方，治吐血不止，白藥煅存性，糯米飲服三錢。　又方，治咽喉腫痛，白藥末一兩，龍腦香二分五釐，生蜜和丸芡實大。每含嚥一丸。　又方，名鐵罩散，治胎熱不安。用白藥子一兩，白芷五錢，為末。每服二錢，紫蘇湯下。心煩熱，入白砂糖少許。　《經驗良方》治衄血不止：紅棗肉、白藥各煅存性，等分為末，糯米飲調服二錢許。　【簡誤】苦寒辛散之物，凡病雖有血熱吐衄等證，若脾胃素弱、易於作泄者，勿服。

明・倪朱謨《本草彙言》卷六　白藥子　味苦、辛，氣寒，無毒。　蘇氏曰：白藥子出原州。三月生苗，四月抽赤莖，葉似苦苣，蔓似壺蘆。六月開白色花，八月結子如瓜蔞，九月葉落，今四川夔、施、合州，江西、嶺南亦有。一種葉似烏桕，子如菉豆，至六月變赤色。修治：九月采根，洗淨切片，日乾。根皮黃色者多。

白藥子：涼血散血，解熱毒，《開寶》消喉痹之藥也。葛風寰集《唐本草》主金瘡生肌肉。《藥性論》又主喉中熱塞，噎痹不通，咽中腫痛。日華子又主吐血衄血不止。詳味諸書所主，皆解熱散結之功，則其爲清寒之用明矣。如脾虛作瀉，胃弱少食者，切忽沾唇。

集方：《聖惠方》治吐血衄血不止。用白藥子一兩，紅棗肉減半，俱火燒存性爲末，糯米湯調服二錢。○同前治咽喉腫痛，熱塞不通。用白藥子一兩，朴硝五錢，共爲末。每用少許，吹入喉內。○《直指方》治一切疳眼，赤爛生翳。用白藥子一兩，甘草五錢，共爲末，猪肝一具，剖開摻藥末五錢，煮熟食之。○《圖經本草》治癰腫不散。用生鮮白藥根搗貼，乾即易之，無生鮮者，研末，水和貼。○《聖濟錄》治一切天行熱病并瘴瘧。取白藥研如麵二錢，用滚湯一碗，空腹調服，便仰卧一食頃，候心頭悶亂或惡心，腹内如車鳴刺痛，良久當有吐利數行，勿怪。欲服藥時，先煮稀粥待冷，若吐利過度，即吃冷粥一碗止之，不爾即困人。○同前治諸骨哽咽。用白藥，煎米醋細嚥，在上即吐出，在下即瀉出。

清·穆石匏《本草洞詮》卷一〇 白藥子 味辛苦，氣溫，一云冷，無毒。主散血降火，消痰解毒。治喉中熱塞不通，咽中痛腫，合金瘡生肌。

清·郭章宜《本草匯》補遺 白藥 味辛、苦，冷，入手太陰、足陽明經。治喉中熱塞，消腫毒痰嗽。降火散血，止痛生肌。解心熱痛，白藥根、野猪尾洗去粗皮，焙乾，等分為末，酒服一錢効。醫爛疳眼。白藥一兩，甘草半兩，為末，猪肝一具，批開，摻末五錢，煑熟食之。

按：白藥，禀天地清寒之氣，而兼金水之性，為辛散之劑。凡天行熱病，腫毒喉痺，咽中痛塞，用之甚効。又能解野葛、生金、巴豆之毒。雖能治風熱血熱等症，若脾胃素弱，易于作泄者，不可服也。

清·张璐《本經逢原》卷二 白藥子葉名剪草 辛，涼，無毒。發明：白藥子辛涼解毒。故能治金瘡出血太多發熱，用以涼血清熱則痛自止，肌自生。又主喉中熱塞不通，時常痛腫，醋煎細呷。治諸骨鯁，在上即吐出，在下即便出。解野葛、生金、巴豆藥毒，又治馬脾肺熱病。

清·嚴潔等《得配本草》卷四 白藥子 辛，涼。散血降火，消痰治渴。解毒，吐天行熱病。煅炭，糯米飲送，治吐血不止。加朴硝，吹喉中熱塞。

清·吴其濬《植物名實圖考》卷二二 白藥 《唐本草》始著錄。《圖經》有數種。《本草拾遺》又有陳家白藥、甘家白藥、會州白藥，有方無圖。今滇南亦有白藥，主治馬病。未知是《圖經》何種，不敢併入。兹從《圖書集成》繪存原圖一種，其治證各方錄於編中，以備考。

清·戴葆元《本草綱目易知錄》卷二 白藥子 根，辛，溫。消腫毒喉痹，止吐血衄血，散血降火，消痰止嗽，治渴解毒。治喉中熱塞不通，咽中常痛腫。解野葛、生金、巴豆藥毒，刀斧折傷，乾末傅之，能止血痛。【略】葆按：諸家近彙本草少載，市醫不用，自楚軍剿逆，隨營帶來，市亦采办，照本草補之。

陳家白藥

宋·唐慎微《證類本草》卷六草部上品〔唐·陳藏器《本草拾遺》〕 陳家白藥 味苦，寒，無毒。主解諸藥毒。水研服之，入腹與毒相攻必吐，疑毒未止，更服。亦去心胸煩熱，天行溫瘴。出蒼梧。陳家解藥用之，故有陳家之號。蔓及根並似土瓜，緊小者良，冬春採取，一名吉利菜。人亦食之，與婆羅門白藥及赤藥功用並相似。葉如錢，根如防己，出明山。

宋·鄭樵《通志》卷七五《昆蟲草木略》 陳家白 曰吉利菜。葉如錢，根如防己。又有婆羅門白，甘家白，三白相似。

明·李時珍《本草綱目》卷一八草部·蔓草類 陳家白藥時珍曰：按劉恂《嶺表録〔異〕》云：陳家白藥善解毒，諸藥皆不及之，救人甚多。封州、康州有種之者。廣府每歲充土貢。按此藥當時充貢，今無復有。或有之，古今名謂不同耳。

衝洞根

宋·唐慎微《證類本草》卷一〇草部下品〔唐·陳藏器《本草拾遺》〕 衝洞根 味苦，平，無毒。主熱毒，蛇、犬、蟲、癰瘡等毒。功用同陳家白藥。苗蔓不相似，嶺南恩州，取根，陰乾。

〔宋·唐慎微《證類本草》〕《海藥》：謹按：《廣州記》云：生嶺南及海隅。苗蔓如土瓜，根相似，味辛，溫，無毒。主一切毒氣及蛇傷，並取其根磨服之。應是着諸般毒，悉皆吐出。

甘家白藥

宋·唐慎微《證類本草》卷六草部上品〔唐·陳藏器《本草拾遺》〕 甘家白藥 味苦，大寒，小有毒。主解諸藥毒，與陳家白藥功用相似。人吐毒物，疑不穩，水研服之。即當吐之，未盡又服。此二藥性冷，與霍亂下痢相反。出龔州已南。甘家亦因人爲號。葉似車前，生陰處，根形如半夏。嶺南多毒物，亦多解物，豈天資乎？

會州白藥

宋·唐慎微《證類本草》卷六草部上品〔唐·陳藏器《本草拾遺》〕 會州白藥 主金瘡，生膚，止血，碎末傅瘡上。藥如白斂，出會州也。

千金藤

宋·唐慎微《證類本草》卷一四木部下品〔宋·馬志《開寶本草》〕 千金藤 主一切血毒諸氣，霍亂中惡，天行虛勞瘧瘴，痰嗽不利，癰腫，蛇犬毒，藥石發，癲癇，悉主之。生北地者，根大如指，色黑似漆；生南土者，黄赤如細辛。今附。

〔宋·唐慎微《證類本草》〕陳藏器：有數種，南北名模不同，大略主痰相似，或是皆近於藤。主一切毒氣，其中霍亂中惡，天行虛勞瘴瘧，痰嗽不利，腫(疸)〔疽〕大毒，藥石發，癲，雜、疹，悉主之。生北地者，根大如指，色似漆；生南土者，黄赤如細辛。舒、廬間有一種藤似本蓼，又有烏虎藤，遶樹，冬青，亦名千金藤。又，江西山林間有草生葉，頭有瘿子，似鶴膝，葉如柳，亦名千金藤。似荷葉，只錢許大，亦呼爲千金藤，一名古藤。主痢及小兒大腹。千金者，以貴爲名。豈俱一物，亦狀異而功名同。南北所用若取的稱，未知孰是？其中有草，今併入木部，草部亦重載也。《海藥》云：謹按《廣州記》云：生嶺南山野。陳氏云：呼爲石黄香。味苦，平，無毒。主天行時氣，能治蠱野諸毒，癰腫發背，並宜煎服。浸酒治風輕身也。

宋·陳衍《寶慶本草折衷》卷一四 千金藤〇諸千金藤在內。一名烏虎藤，一名古藤，一名石黄香。生北地，及南土、江西、嶺南，及舒、廬州山野林間。

味苦，平，無毒。〇主血毒諸氣，霍亂中惡，天行瘧瘴，痰嗽不利，癰腫，蛇犬毒，藥石發癇。〇陳藏器云：有數種，南北名模不同，大略主痰相似，皆近於藤。北地者根大如指，色似漆。南土者黄赤如細辛。舒、廬間有藤似木蓼。又有烏虎藤，亦名千金藤。又江西有草，生葉頭有瘿子，似鶴膝，葉如柳，亦名千金藤。似荷葉，只錢許大，亦呼為千金藤。主痢及小兒大腹。千金者，以貴為名也。〇《廣州記》云：主時氣，治蠱野諸毒，癰腫發背，並宜煎服。浸酒治風，輕身。

明·王綸《本草集要》卷四 千金藤生北地者根大如指，色黑似漆。生南土者，黄赤如細辛。主一切血毒諸氣，霍亂中惡，天行虛勞瘧瘴，痰嗽不利，癰腫，蛇犬毒，藥石發癲癇，悉主之。

明·劉文泰《本草品彙精要》卷二〇 千金藤無毒 蔓生。

千金藤：主一切血毒，諸氣霍亂，中惡天行，虛勞瘧痹，痰嗽不利，癰腫，蛇犬毒，藥石發癲癇，悉主之。名醫所錄。【名】古藤、石黄香。【苗】陳藏器云：有數種，南北名模不同，大略主疾相似，或是皆近於藤。生北地者，根大如指，色黑似漆；生南土者，黄赤如細辛。舒廬間有一種藤，似木蓼。又有烏虎藤，繞樹，冬青，亦名千金藤。又江西山林間有草，生葉，頭有瘿子似鶴膝，葉如柳，亦名千金藤。似荷葉，只錢許大，亦呼爲千金藤。故千金者，以貴爲名爾。【地】《圖經》曰：生嶺南山野間及北地亦有之。【時】生：春生葉。採：無時。【收】日乾。【用】藤。【質】類木蓼藤。【色】青。【味】苦。【性】平，泄。【氣】味厚于氣，陰也。【臭】朽。【主】一切毒風。【製】剉碎用。【治】療：陳藏器云：古藤主痢，及小兒大腹。《別錄》云：治蠱，癰腫發背。【解】野豬毒。

明·許希周《藥性粗評》卷三 千金藤沉疴悉免。

千金藤一名古藤，一名石黄香。蔓生，生北地者其根如指大，黑似漆；生南土者黄赤，如細辛。《本草》不言所採時月。味苦、甘，性平、微寒，無毒。主治血毒癰腫，麻風氣蠱，霍亂中惡，天行虛勞，瘧瘴，痰嗽癲癇，蛇犬等毒，無所不可。並宜煎服或浸酒服。

明·王文潔《太乙仙製本草藥性大全》卷三《本草精義》 千金藤 有數種，南北名模不同，大略主治相似。按《南州記》云：生嶺南山野，陳氏呼爲石黄香。北地者根大如指，色似漆。生南土者黄赤如細辛。舒、廬間有一種藤似木蓼，又有烏虎藤，遶樹冬青，亦名千金藤。又江西山林間有草生，葉頭有瘿子似鶴膝，葉如柳，亦名千金藤。似荷葉，只錢許大，亦呼爲千金藤，一名古藤，主痢及小兒大腹。千金者，以貴爲名，豈俱一物，亦狀異而功名同。南北所用若取的稱，未知孰是。其中有草，今並入木部，草部亦重載也。

明·王文潔《太乙仙製本草藥性大全》卷三《仙製藥性》 千金藤 味苦，氣平，無毒。主治：主一切血毒，治諸氣霍亂。療中惡，天行虛勞可止。理瘧瘴，痰嗽不利立通。退癰腫，蛇犬咬毒，散癲癇，藥石毒良。浸酒治諸風。輕身耐老。煎服治蠱野發背諸毒。

明·皇甫嵩《本草發明》卷四 千金藤下品。主一切血毒，諸氣霍亂中惡，天行瘧瘴，虛勞痰嗽不利，癰腫，蛇犬毒、藥石、癲癇悉主之。生〔北〕地者根大如指，色黑。生南土者黄赤，如細辛。

明・李時珍《本草綱目》卷一八草部・蔓草類　千金藤宋《開寶》。校正：自木部移入此。

〖集解〗藏器曰：千金藤有數種，南北名模不同，大略主療相似，或是皆近于藤也。生北地者，根大如指，色似漆；生南土者，黄赤如細辛。舒、廬間有一種藤似木蓼，又有烏虎藤，遶樹生，冬青，亦名千金藤。江西林間有草生葉，頭有瘿子，似鶴膝，葉如柳，亦名千金藤。又一種似荷葉，只大如錢許，亦呼爲千金藤，又名古藤，主痢及小兒大腹。千金者，以貴爲名。豈俱一物，亦狀異而名同耶？若取的稱，未知孰是。又嶺南有陳思岌，亦名千金藤。

〖氣味〗缺。　〖主治〗一切血毒諸氣，霍亂中惡，天行虚勞瘧瘴，痰嗽不利，癰腫大毒，藥石發，癲癇，悉主之藏器。

清・吴其濬《植物名實圖考》卷二一　金線弔烏龜　江西、湖南皆有之。一名山烏龜。蔓生，細藤微赤；葉如小荷葉而後半不圓，末有微尖，長梗在葉中，似金蓮花葉；附莖開細紅白花，結長圓實，如豆成簇，生青熟紅黄色；根大如拳。

按陳藏器云：又一種似荷葉，只大如錢許，亦呼為千金藤。當即是此。患齒痛者，切其根，貼齦上即愈。兼能補腎養陰。為俚醫要藥。

金線壺盧

清・吴其濬《植物名實圖考》卷一九　金線壺盧　生江西建昌山中。硬根勁蔓，俱黑赭色。嫩枝細綠，葉柄長韌，葉本圓缺如馬蹄，而末出長尖，中腰微凹，有似細腰壺盧。俚醫用根醋磨，敷乳吹。

伏雞子

宋・唐慎微《證類本草》卷六草部上品〔唐・陳藏器《本草拾遺》〕　伏雞子根　味苦，寒，無毒。主解百藥毒，諸熱煩悶急黄，天行黄疸，疽瘡，瘧瘴中惡，寒熱頭痛，馬急黄及牛疫，並水磨服。生者尤佳。亦傅癰腫，與陳家白藥同功。但霍亂諸冷，不可服耳。生四明、天台。葉圓薄似錢，蔓延，根作烏形者良，一名承露仙。

明・李時珍《本草綱目》卷一八草部・蔓草類　伏鷄子根《拾遺》

〖釋名〗承露仙　〖集解〗藏器曰：生四明天台山。蔓延生，葉圓薄似錢，根似烏形者良。

〖氣味〗苦，寒，無毒。　〖主治〗解百藥毒，諸熱煩悶，急黄，天行黄疸，瘧瘴中惡，寒熱頭痛，疽瘡。馬黄牛疫。水磨服之，新者尤佳。亦傅癰腫，與陳家白藥同功藏器。

清・吴鋼《類經證治本草・經外藥類》　伏雞子根　【略】藤生作蔓，葉元薄如錢，根似烏形者良。誠齋曰：莖正赤，俗名金線弔蝦蟆。

清・吴其濬《植物名實圖考》卷二〇　伏雞子根　《本草拾遺》始著錄。生天台山。根似烏形者良。治黄疸、瘧瘴、癰腫。

人肝藤

宋・唐慎微《證類本草》卷七草部上品〔唐・陳藏器《本草拾遺》〕　人肝藤　主解諸毒藥，腫遊風，脚手軟痹。並研服之，亦煮服之，亦傅病上。生嶺南。葉三椏，花紫色。一名承露仙。又有伏雞子，亦名承靈仙，葉圓，與此名同物異。

〔宋・唐慎微《證類本草》〕《海藥》云：《廣志》云：生嶺南山石間，引蔓而生。主蠱毒及手脚不遂等風。生研服。《楊氏産乳》：療中蠱毒。人肝藤以清水磨一彈丸飲之。不過三兩服。

明・皇甫嵩《本草發明》卷三　人肝藤上品下。一名露仙。　發明曰：主解諸毒藥腫，遊風，脚手軟痺。並研服，或煮服之。亦傅患處，治蟲蠱毒，消水，磨之。嶺南山谷間，蔓生，葉三椏，花紫色。

仰盆

宋・唐慎微《證類本草》卷八草部中品〔唐・陳藏器《本草拾遺》〕　仰盆　味辛，溫，有小毒。主蠱、飛尸，喉閉。水磨服少許，亦磨傅皮膚惡腫。生東陽山谷。苗似承露仙，根圓如仰盆，子大如鷄卵。

陳思岌

宋・唐慎微《證類本草》卷六草部上品〔唐・陳藏器《本草拾遺》〕　陳思岌　味辛，平，無毒。主解諸藥毒，熱毒，丹毒癰腫，天行壯熱，喉痹，蠱毒，除風血，補益。已上並煮服之，亦磨傅瘡上，亦浸酒。出嶺南。一名千金藤，一名石黄香。今江東又有千金藤，一名烏虎藤，與陳思岌所主頗有異同，終非一物也。陳思岌蔓生，如小豆，根及葉辛香也。

九仙子

明・李時珍《本草綱目》卷一八草部・蔓草類　九仙子《綱目》

〖釋名〗仙女嬌　〖集解〗時珍曰：九仙子，出均州太和山。一根連綴九枚，大者如雞子，小者如半夏，二月生苗，蔓高六七尺，莖細而光。葉如烏桕葉，而短扁不團。每葉椏生子枝，或一或二，裊裊下垂。六七月開碎青黃色花，隨即結實。碎子叢簇，如穀精草子狀。九月采根。

【氣味】苦，凉，無毒。【主治】咽痛喉痹，散血。以新汲水或醋磨汁含嚥，甚良時珍。

清·王道純《本草品彙精要續集》卷二　九仙子無毒

九仙子：　主咽痛喉痹，散血，以新汲水或醋磨汁含咽，甚良《本草綱目》。【名】仙女嬌。【地】李時珍曰：　九仙子，出均州太和山。【苗】蔓高六七尺，莖細而光，葉如烏桕葉而短扁不團，每葉椏生子枝，或一或二，嫋嫋下垂，六七月開碎青黃花，隨即結實；　碎子叢簇如穀精草子。【時】生：　二月生苗。採：　九月採根。【色】白。【質】一根連綴九枚，大者如雞子，小者如半夏。【味】苦。【性】凉。【氣】降也，陰也。

清·吴其濬《植物名實圖考》卷二〇　九仙子　《本草綱目》收之。出均州太和山。治咽喉痛，散血。

地不容

宋·唐慎微《證類本草》卷七草部上品〔《唐本餘》〕　地不容　味苦，大寒，無毒。主解蠱毒，止煩熱，辟瘴癘，利喉閉及痰毒。一名解毒子。生山西谷。採無時。

〔宋·蘇頌《本草圖經》〕曰：　地不容，生戎州。味苦，大寒，無毒。蔓生，葉青，如杏葉而大，厚硬，淩冬不凋，無花實。根黄白色，外皮微麄褐，累累相連，如藥實而圓大。採無時。能解蠱毒，辟瘴氣，治咽喉閉塞，鄉人亦呼爲解毒子。

明·蘭茂原撰，范洪等抄補《滇南本草圖説》卷五　地不榮　軟枝細藤，葉似小荷錢，根大而肥。性溫，味苦、辛，有小毒。主治：　瘧疾，吐痰倒食。氣血虛弱之人忌用。此藥只可敷瘡，不可妄服。耑治一切癰疽，疔毒發背。無名腫毒不出頭者，用雞蛋清調搽，留頂，一夜即出頭，出頭後切勿妄敷。熱毒只採葉，貼患處即愈。若服，即中其毒，慎之！

明·蘭茂撰，清·管暄校補《滇南本草》卷下　地不容　性微溫，味苦、辣，有毒。主治截瘧，吐痰倒食。氣血虛者禁忌。吐痰甚於常山、白堊，恐傷人命。常山吐痰有轉達之能，地不容無轉達，忌用。

明·蘭茂《滇南本草》〔叢本〕卷中　地不容　味苦，性溫，有毒。治一切瘧疾，吐倒食。氣虛者禁忌。吐痰甚于常山，恐傷人命。常山吐痰，有轉達之能，地不容無轉達之能，故爾忌用。

明·劉文泰《本草品彙精要》卷九　地不容無毒　蔓生。

地不容：　主煩熱，辟瘴癘，利喉閉及痰毒。名醫所錄。【名】解毒子。【苗】《圖經》曰：　蔓生，葉青如杏葉而大，厚硬，淩冬不凋。無花實，根黄白色，外皮微粗褐，累累相連，如藥實而圓大。【地】《圖經》曰：　生山西谷、戎州。【時】生：　春生新葉。採：　無時。【收】日乾。【用】根。【質】類藥實而圓大。【色】黄白。【味】苦。【性】大寒，泄。【氣】氣薄味厚，陰也。【主】辟瘴氣。【治】療：　《圖經》曰：　治咽喉閉塞。【解】蠱毒。

明·王文潔《太乙仙製本草藥性大全》卷二《本草精義》　地不容　一名解毒。生戎州、山西山谷。其苗蔓生，葉青如杏葉而大厚硬，凌冬不凋，無花實，根黄白色，外皮微麄褐，累累相連如藥實而圓大。採用無時。

明·王文潔《太乙仙製本草藥性大全》卷二《仙製藥性》　地不容　味苦，氣大寒，無毒。　主治：　解蠱毒立愈，止煩熱即除。辟瘴癘而利喉閉，祛痰毒。一名解毒。

清·吴其濬《植物名實圖考》卷二二　地不容　地不容一名解毒子。《唐本草》始著録。《南嶽攬勝集》：　軫宿峰北多生地不容草，取汁同雄黄末調服之，大解蛇毒。以其滓敷傷處，雖蝮蛇、五步至毒，亦不加害，其效至速。

雩婁農曰：　余在湘中，按志求所謂地不容者，不可得。及來滇，有以何首烏售者。或云滇人多以地不容偽為何首烏，宜辨之。余喜得地不容甚於何首烏也，遂博訪而獲焉。其根苗大致似交藤，而根扁而瘠，葉厚而圓，開小紫花。詢諸土人，則曰其葉易衍，其根易碩，殆無隙地能容也，故名。或以其葉團似荷錢，而易為地芙榮，失其意矣。考《圖經》生戎州，今為安順府，與滇接。宋版輿不及滇，故不以為滇産。《滇本草》曰：　味苦，性溫，有毒。治一切瘧，吐倒食氣，吐痰。甚於常山，虛者忌之。常山有轉達之功，地不容無轉達之功，故禁用。其説與《圖經》異而詳。滇黔之藥，多出於夷峒。夷之衣服飲食不與華同，以治夷者治民幾何，不草菅而獮薙之耶。然世之好奇者，不求之烏滸狼䚩，則求之番舶鬼市，輒曰藥之來者遠，則其為效也捷。嗚呼！病非夷之病而藥夷之藥，則必衣夷之衣而後知其藥之舒斂；食夷之食而後知其藥之補伐；身體心腹無不變而為夷，而後藥之，入其肺腑而達於毛髮者，乃無一不相淪浹瞑眩焉，而後知夷醫為和緩、夷藥為參苓矣。否則不乃之羹、古刺之酒，且有呃於喉，刺於鼻，而不能一咽者，況此苦辛劇毒之品，而謂五行無偏勝之臟腑，可以相容莫逆，如石投水哉！滇地今益闢，夷之負藥入市者，惟薰洗瘡痍，瘍醫實取資焉，駸駸乎胥百夷而冠帶之，酸鹹之，且將以治民者治夷矣。如《滇本草》誠不以良民試夷法，滇亦多賢人哉。

解毒子

清・吴其濬《植物名實圖考》卷二二　解毒子　《唐本〔草〕》以為生川西，即地不容。《圖經》所云生戎州者，與滇南地不容雖相類，而云無花實。李時珍以《四川志》苦藥子即解毒子，又或謂即黃藥子。皆出懸揣。今以滇南地不容別為一圖，而存解毒子原圖以備考。世之用地不容者，當依《滇本草》為確。其舊說解蠱毒、消痰降火，雖具藥性而不可輕試。若川中苦藥子，亦恐非《唐本草》之解毒子也。

奴會子

宋・唐慎微《證類本草》卷一二木部上品〔前蜀・李珣《海藥本草》〕　奴會子　謹按《拾遺》云：生西國諸戎。大小如苦藥子。味辛，平，無毒。主治小兒無辜疳冷虛渴，脫肛，骨立瘦損，脾胃不磨。劉五娘方用爲煎，治孩子瘦損也。

藥實根

宋・唐慎微《證類本草》卷一四木部下品〔《本經・別錄・藥對》〕　**藥實根　味辛，溫，無毒。主邪氣，諸痹疼酸，續絶傷，補骨髓。一名連木。**生蜀郡山谷。採無時。

〔唐・蘇敬《唐本草》〕注云：此藥子也，當今盛用，胡名那綻，出通州、渝州。《本經》用根。恐誤載根字。子，味辛，平，無毒。主破血，止痢，消腫，除蠱疰蛇毒。樹生，葉似杏，花紅白色，子肉味酸，甘，用其核人。

〔宋・唐慎微《證類本草》〕《圖經》：文具黃藥條下。

明・劉文泰《本草品彙精要》卷二一　藥實根無毒　植生。

藥實根：主邪氣，諸痹疼酸，續絶傷，補骨髓。《神農本經》。　〔名〕連木。　〔苗〕《唐本》注云：樹葉似杏，花開紅白色，子肉味酸，今亦稀用。又云：即藥子也，用其核仁。《本經》誤載根字，疑即黃藥之實也。今按《唐本》注與《本經》所載性味及所產之地，大不相侔，實非一種，明矣。〔地〕《圖經》曰：生蜀郡山谷。日華子云：出通州、渝州。〔時〕生：春生葉。採：無時。〔收〕日乾。〔用〕根。〔色〕褐。〔味〕辛。子：辛。〔性〕溫，散。子：平。〔氣〕氣之厚者，陽也。〔臭〕朽。〔主〕諸痹疼酸。〔製〕剉去皮，擣用。〔治〕療：《唐本》注云：子破血，止痢，消腫，除蠱疰，蛇毒。

明・王文潔《太乙仙製本草藥性大全》卷三《本草精義》　藥實根　一名連木，胡名那綻。生蜀郡山谷及通州、渝州。《本經》用根恐誤載根字。樹生，葉似杏，花紅白色，子肉味酸，其尺如杏仁。採無時。

明・王文潔《太乙仙製本草藥性大全》卷三《仙製藥性》　藥實根　味辛平，氣溫，無毒。　主治：治邪氣諸痹疼疫，主破血止痢消腫。除蠱疰蛇毒，補骨髓絶傷。　補註：療忽生癭疾一二年者，以萬州黃藥子半斤，須緊者爲上，如輕虛即是他州者，力慢，須用二倍。取無灰酒一斗，投藥，固濟瓶口以糠火燒一伏時，停騰，待酒冷即開，患者時時飲一盞，不令絶酒氣，經三五日後，常須把鏡自照覺銷即停飲，不爾便令人項細也。

明・李時珍《本草綱目》卷一八草部・蔓草類　藥實根時珍曰：此藥子雖似黃藥、苦藥子，而稍有不同。二藥子不結子，此則樹之子也。葛洪《肘後方》云：婆羅門名那疏樹子，中國人名藥子。去皮取中仁，細研服，治諸病也。

清・葉志詵《神農本草經贊》卷三　藥實根　味辛，溫。主邪氣，諸痹疼酸，續絶傷，補骨髓。一名連木。生山谷。

藥紛諸子，木以連名。花同春發，實獨秋成。絕者復續，虧以求盈。既消蠱疰，亦解蛇縈。

《漢書・志》：諸子之言，紛然淆亂。蘇頌曰：黃藥子出嶺南。秦州出者，紅藥子。施州出者，赤藥子，七月開白花。蘇恭曰：開州出苦藥子，皆相類。李時珍曰：藥實子雖似黃藥、苦藥，微有不同。二藥子不結子，此則樹之子也。《禮記疏》：斷者不可續。《論衡》：不嫌虧以求盈。蘇盈曰：除蠱疰蛇毒。

突厥白

宋・唐慎微《證類本草》卷一四木部下品〔宋・馬志《開寶本草》〕　**突厥白　味苦。主金瘡，生肉止血，補腰續筋。**出突厥國，色白如灰，乃云石灰共諸藥合成之。夷人以合金瘡，中國用之。今醫家見用經效者，潞州出焉。其根黃白色，狀似茯苓而虛軟。苗高三四尺，春夏葉如薄荷。花似牽牛而紫，上有白稜。二月、八月採根，暴乾。今附。

明・劉文泰《本草品彙精要》卷二一 突厥白 植生。

突厥白：主金瘡，生肉，止血，補腰，續筋。名醫所錄。〔苗〕謹按：苗高三四尺，春夏葉如薄荷，花似牽牛而紫，上有白稜，其根黃白色，狀似茯苓而虛軟。出突厥國，色白如灰，乃云石灰共諸藥合成之。夷人以合金瘡，今中國醫家見用經效者也。〔地〕突厥國潞州。〔時〕生：春生葉。採：二月、八月取根。〔收〕暴乾。〔用〕根。〔質〕類茯苓而虛軟。〔色〕黃白。〔味〕苦。〔性〕泄。〔氣〕味厚于氣，陰也。〔臭〕朽。〔主〕生肌止血。〔製〕搗末用。

明・王文潔《太乙仙製本草藥性大全》卷三《本草精義》 突厥白 舊本不著所出州土，今出突厥國及潞州。苗高三四尺，春夏葉如薄荷，花似牽牛而紫，上有白稜，其根黃白色，狀如茯苓而虛軟。又云色白如灰，乃云石〔灰〕共諸藥合成之。夷人以合金瘡中用之經驗。二月、八月採根曝乾。

明・王文潔《太乙仙製本草藥性大全》卷三《仙製藥性》 突厥白 味苦，無毒。主治：主金瘡止血生肌，治虛損補腰續筋。

金果欖

清・趙學敏《本草綱目拾遺》卷四草部中 金果欖 出廣中。《百草鏡》云：出廣西，性寒，皮有疙瘩，味苦色黃。陳廷慶云：內肉白者良。但有二種，一種味甚苦，一種味微苦，入藥以味苦者良。性涼解毒。《百草鏡》云：凡腫毒初起，好醋磨傅，露出患頭，初起者消，已成者潰，咽喉一切症，煎服一二錢即效。如喉中疼爛，用三錢為末，加冰片一分吹之。《藥性考》：金楛欖，產廣西，生於藤根，堅實而重大者良，藤亦可用。味苦，性大寒，解毒，咽喉急痹，口爛目痛耳脹，熱嗽嵐瘴吐衄，俱可磨服。疽癰發背，焮赤疔瘯，蛇蠍蟲傷，俱可磨塗。《柑園小識》：金苦欖，種出交趾，近產於廣西蒼梧藤邑。蔓生土中，結實如橄欖，皮似白朮，剖之色微黃。味苦，土人每鑿山穿石，或深丈許取之。先君嘗覓得二十枚，愈數百人。而疔喉等症，有起死回生之功，當廣傳之，以補本草之缺。性寒味苦，能祛內外結熱，遍身惡毒，消瘴癘，雙單蛾及齒痛，切薄片含之，極神效。磨塗疔瘡腫毒，立消《柑園小識》。

清・葉桂《本草再新》卷五 金果欖味甘、酸，性寒，無毒。入脾、腎二經。滋陰降火，止渴生津。

清・張仁錫《藥性蒙求・草部》 金果欖八分、錢半 金果欖寒，清解熱毒。實證咽喉，爛疼功速。味苦。色黃，皮有疙瘩，內肉白者良。出廣西。蔓生土中，結實如橄欖。疔喉等症，有起死回生之功。

清・金武祥《粟香隨筆・四筆》卷一 金楛欖 產滕縣，歲有常貢，係藤本。葉大而尖，面青色，背灰色，生根底土中。春夏間土人掘取，狀如橄欖，中白外黃，曬乾，治咽喉等症。亦解嵐瘴。【略】《百草鏡》云：凡腫毒初起，以金果欖用好醋磨敷患頭，初起者消，已成者潰。咽喉一切症，煎服一二錢即效。如喉中疼爛，用三錢為末，加冰片一分吹之。○《藥性考》云：金楛欖，性大寒，解毒。咽喉急痹，口爛目痛，耳脹熱嗽，嵐瘴吐衄，俱可磨服；疽癰發背，焮赤疔瘯，蛇蠍蟲傷，俱可磨塗。【略】先君嘗覓得二十枚，愈數百人，而疔喉等症，有起死回生之功，當廣傳之，以補本草之缺。

通脫木

宋・李昉《太平御覽》卷九九一 離南 《爾雅》曰：離南，活莌也。草生江南，高丈許，大葉，莖中有瓤正白，莌，音脫。《山海經》曰：升山草多寇脫。郭璞注曰：草生南方，高丈許，葉似荷葉。

明・滕弘《神農本經會通》卷一 通脫 陳藏器云：無毒。花上粉。主諸蟲瘡、野雞病，取粉，內瘡中。生山側，葉似蓖麻，心中有瓤，輕白可愛，女工取以餙物。《集》云：亦能利陰竅，行小水，主蠱毒。今俗亦名通草。

明・劉文泰《本草品彙精要》卷一〇 通草無毒 植生。

通草：治陰竅不利，除水腫閉，利小便，治五淋，明目，退熱，催生，下胞，下乳。名醫所錄。〔名〕通脫木、離南草、活莌、寇脫、倚商。〔苗〕《圖經》曰：生山側，莖高五七尺，葉似蓖麻，心空有瓤，輕虛正白可愛，女工取以飾物。《爾雅疏》云：大若樹，然故又謂之通脫木也。謹按：通脫木，據《圖經》苗莖，即是今之通草耳。《本經》以木通主療注之，故致名質難辨。考諸《湯液本草》通草、木通自是二種，木通莖折之，紋如車輻；其通草莖中有瓤，輕虛正白，灼然明矣。用之不可混爲一也。〔地〕《圖經》曰：生江南。〔時〕生：春生苗。採：八月取莖。〔收〕日乾。〔用〕莖。

【色】皮蒼褐，肉白。【味】甘，辛。【性】平，散。【氣】氣味俱薄，陽中之陰。【臭】朽。【主】通竅，下乳。【製】去皮，剉用。【治】療：《圖經》曰：療瘰癧。○花下粉，治諸蟲瘻，惡瘡，痔疾。取粉內瘡中。【禁】妊娠不可服。

明·鄭寧《藥性要略大全》卷五 通草一名通脱木。 陰竅澁而能利，水腫閉而能行，故名通草。《證類》云：治五淋血閉，催生下胎，下乳汁，治陰竅不利。行小水，除水腫痹。生用瀉肺，明目退熱。味甘、辛，平，無毒。降也，陽中陰也。舊説通草即木通，非也。蓋木通蔓生者也，中如輻輳，可以通氣者。○通草一名通脱木，乃莖生者也。其莖有節，其葉大小、莖幹皆似蓖麻。中心有瓤輕白，可脱出作花飾，故名通脱。即今之擷草也。今方罕用，與燈草同功。

明·王文潔《太乙仙製本草藥性大全》卷二《本草精義》 通脱木 即今之損草也。此物生山側，葉如蓖麻，心空，中有瓤，輕白可愛，女工取以飾花。《爾雅》云離南，活莌音脱。釋云離南草也。一名活莌，《山海經》又名寇脱。生江南，高丈許，大葉似荷而肥，莖中有瓤正白者是也。又名倚商，主蠱毒。其花花粉主諸蟲瘻、惡瘡、痔疾，取粉內瘡中即效。

明·王文潔《太乙仙製本草藥性大全》卷二《仙製藥性》 通脱木 乃葉生者也。憑揉碎用，潔白輕虚。利水，使陰竅通和、退腫，令癃閉舒泰。更治産後下乳如神。右種心空有瓠與燈草同。

按：通草、通脱木，《經》云行水，專利小腸，且多他證之治，既爲良藥，當勿傳訛。奈何時醫每以通草認作別條木通，以通脱木反呼名曰通草，致使市家真僞混賣，悮人甚多！殊不知本草立名，各有意寓。通脱木因瓠中藏脱木得之，名竟直述。通草藤莖不甚長大，故以草稱。木通係俗指葡萄藤，莖且大且長，特加木字。總曰通者，孔竅悉同，行水利腸，固並建效。其治他證，雖百木通不能及一通草矣。况木通栽多家園，皮薄堅確，實名葡萄。通草産自山谷，皮厚軟柔，實名蘷腹。通脱木輕虚潔白，皮木脱除。三者内似外殊，極易分別。醫悮猶閑，病悮深可憫也！

明·李時珍《本草綱目》卷一八草部·蔓草類 通脱木《法象》

【釋名】通草《綱目》 活莌音奪。 離南頌曰：《爾雅》：離南，活莌，即通脱也。《山海經》名寇脱。又名倚商。杲曰：陰竅澁而不利，水腫閉而不行，用之立通，因有通草之名。與木通同功。嘉謨曰：白瓤中藏，脱木得之，故名通脱。

【集解】藏器曰：通脱木生山側。葉似蓖麻。其莖空心，中有白瓤，輕白可愛，女人取以飾物，俗名通草。頌曰：郭璞言：生江南，高丈許，大葉似荷而肥，莖中瓤正白。今園圃亦有種蒔者，或作蜜煎充果，食之甘美。時珍曰：蔓生山中，莖大者圍數寸。

【氣味】甘、淡，寒，無毒。杲曰：甘，平。降也，陽中陰也。【主治】利陰竅，治五淋，除水腫癃閉，瀉肺李杲。解諸毒蟲痛蘇頌。明目退熱，下乳催生汪機。

【發明】杲曰：通草瀉肺利小便，甘平以緩陰血也。與燈草同功。宜生用之。時珍曰：通草色白而氣寒，味淡而體輕，故入太陰肺經，引熱下降而利小便；入陽明胃經，通氣上達而下乳汁。其氣寒，降也；其味淡，升也。

【附方】新一 洗頭風痛：新通草瓦上燒存性，研末二錢，熱酒下。牙關緊者，斡口灌之。王璆《百一選方》。

花上粉 【主治】諸蟲瘻惡瘡痔疾，納之藏器。療瘰癧，及胸中伏氣攻胃咽蘇頌。

明·梅得春《藥性會元》卷上 通草 味甘、平，性微寒。降也，陽中之陰。無毒。一名脱木。 主治陰竅澁而不利，療水腫閉而不行；辟蠱毒，通五淋，殺惡蟲，除脾胃中寒熱，通九竅，利血脉中關節，令人不忘。療脾疸，常欲眠，心煩，噦出聲音；治耳聾，散癰腫，諸結不消，及金瘡鼠瘻，踒折，齆鼻息肉，去三蟲，能墮胎。其花粉治諸惡瘡、痔瘻，取粉納瘡中。

明·李中立《本草原始》卷三 通脱木 生江南。葉似蓖麻，心中有瓤，輕白可愛。女工取以飾物。此瓤脱木得之，故名通脱木。《爾雅》云：離南，活莌。《山海經》又名寇脱，今俗亦名通草。 氣味：甘，淡，寒，無毒。主治：利陰竅，治五淋，除水腫癃閉，瀉肺。解諸蠱毒痛。明目退熱，下乳催生。

通脱木，《本經》中品。【圖略】瓤至輕虚，有紋色白。今人着各樣顔色作花，新鮮愛人。

明·李中梓《藥性解》卷三 通草 味淡，性寒，無毒，入肺、大小腸三經。與木通同功，特瀉肺明目，退熱行經，下乳通結，力尤勝之。按：通草色白，宜其瀉肺，味淡，故入小腸，性主通行，故又入大腸，即《本草續註》所謂通脱木，今女工用以作花。

明·倪朱謨《本草彙言》卷六 通脱木 味甘淡，氣寒，無毒。降也，陽中陰也。入手太陰、足陽明經。

陳氏曰：通脱木，生江南山側。郭璞言：高丈餘，蔓生，莖大者圍數寸。葉似蓖麻，莖中空有白瓤，輕白可愛。女工取作薄片如紙，染各彩色，作像生花，以爲首飾，酷似。或作蜜餞充果，食之甘美。今田園亦種蒔矣。

通脱木：利陰竅，治五淋，通癃閉，日華子除水腫之藥也。耿長生稿此藥色白而氣寒，味淡而體輕。凡陰竅濇而不利，水腫閉而不行，用此立通。故有葱草之名，與木通、燈心草同功。然淡利而泄，陰陽兩虚者禁用。凡用，不入湯丸，惟堪作散子，白湯調服。

明・姚可成《食物本草》卷一七草部・隰草類　通草古名通脱木。生山中，葉似蓖麻，其莖空心，中有白瓤，輕白可愛，女人取以飾物。郭璞言：生江南，高丈許，大葉似荷而肥，莖中瓤正白。今園圃亦有種蒔者，用作蜜煎，充果食之，味甘美。　通草，味甘，淡，寒，無毒。利陰竅，治五淋，除水腫癃閉，瀉肺，解諸毒蟲痛，明目退熱，下乳催生。

花上粉　治蟲瘻、惡瘡，痔疾，納之。又治瘰癧。

明・盧之頤《本草乘雅半偈》帙一〇　通脱木法象　氣味：甘淡，寒，無毒。主治：主利陰竅，治五淋，除水腫癃閉，明目，瀉肺。

覈曰：出江南，生山側。高丈餘，如蓖麻狀，花上有粉，莖中有瓤，輕白而柔，女工用以飾物，不知起自何世。漢王符《潛夫論》固已譏花采之費，至梁宗懍，記荊楚之俗，四月八日，有染絹為芙蓉，捻蠟為菱藕，亦未有用此物者，今則通行于世矣。或作蜜煎充果，食之甘美，俗呼通草。

条曰：草類木狀，白瓤理通而輕脱也。木乘金制曰倚，金體用行曰商。受前此之木，生後此之金，離南而轉西矣。蓋通因塞用，脱因濇用，木司陰竅，肝所主也。故主利陰竅，治五淋，除水腫，下乳催生，解諸毒蟲痛耳。明目者，上通其木竅；瀉肺者，洩肺之金鬱，金鬱則洩之，解表利小水也。然則洩金之用，正所以輔金之體，行木之用耳。別名倚商，離南者以此。

明・李中梓《本草通玄》卷上　通草　淡平，肺與膀胱藥也。利水通淋，明目退熱，下乳催生。色白氣寒，味淡體輕，故入肺經，導熱使降，由膀胱下泄也。

清・穆石匏《本草洞詮》卷一〇　通草　今之木通，《本經》通草也。今之通草，古之通脱木也。主治不甚相遠，相沿既久，姑從俗稱。通草，味甘淡，氣寒，一云平，無毒。主瀉肺利小便，明目退熱，下乳催生。其色白而氣寒，味淡而體輕。氣寒則降，故入太陰肺經，引熱下降而利小便。味淡則升，故入陽明胃經，通氣上達而下乳汁也。

清・劉雲密《本草述》卷一一　通脱木　其莖空心，中有白瓤，輕白可愛，女子取以餙物。白瓤中藏脱木，故名通脱。

氣味：甘、淡，寒，無毒。　東垣曰：甘，平，降也，陽中陰也。

主治：利陰竅，治五淋，除水腫癃閉，瀉肺李杲。明目退熱，下乳催生汪機。

東垣曰：通草瀉肺，利小便。甘平以緩陰血也。與燈草同功，宜生用之。　時珍曰：通草色白而氣寒，味淡而體輕，故入太陰肺經，引熱下降而利小便，入陽明胃經，通氣上達而下乳汁。其氣寒，降也。其味淡，升也。

希雍曰：通脱木稟土之清氣，兼得天之陽氣，故味甘淡，氣寒，無毒。東垣：甘平，陽中陰，降也。陽中之陰必下降，故主利陰竅，及諸證能治也。

佐番降香、紅麴、鮫鯉甲、山查、沒藥，治上部內傷。

希雍曰：虚脱人禁用，孕婦勿服。

修治　任揉碎用。

清・蔣居祉《本草擇要綱目・寒性藥品》　通草　氣味：甘，淡，寒，無毒。陽中之陰，降也。　主治：色白而氣寒，味淡而體輕，故入太陰肺經，引熱下降而利小便。入陽明胃經，通氣上達而下乳汁。

清・汪昂《本草備要》卷二　通草古名通脱木。輕，通，利水，退熱。　色白氣寒，體輕味淡。氣寒則降，故入肺經，引熱下行而利小便；味淡則升，故入胃經，通氣上達而下乳汁。治五淋水腫，目昏耳聾，鼻塞失音，淡通竅，寒降火，利肺氣。退熱催生。

清・顧靖遠《顧氏醫鏡》卷七　通草甘，淡，寒。入肺胃二經。　入肺，引熱下降而利小便。色白體輕，氣寒味淡故也。走胃，通氣上達而下乳汁。孕婦勿服。

清・张璐《本經逢原》卷二　通草原名通脱木　平，淡，無毒。　發明：通草輕虚色白，專入太陰肺經。引熱下降而利小便，入陽明胃經，通氣上達而下乳汁。東垣言，瀉肺利小便，治五淋水腫癃閉，取氣寒降味淡而升。仲景當歸四逆湯，用以通在裏之濕熱也。妊婦勿服，以其通竅也。

清・浦士貞《夕庵讀本草快編》卷三　通脱木《法象》、通草　白瓤中藏，脱木得之，故名。　通草體輕而味淡，色白而氣寒，手太陰足陽明藥也。而與燈草同功，秖宜生用。夫入肺則能引熱下降而利小便，入胃則能通氣上達而催乳汁。且其味淡主升，氣寒主降，而為緩陰血之良劑。東垣所謂水腫閉而不行，陰竅濇而不利，用之立通。通草之名蓋由此也。

清・劉漢基《藥性通考》卷六　通草　味淡，氣寒。色白體輕，可昇可降，入肺經。引熱下行，而利小便。味淡則昇，故入胃經，通氣上達，而下乳汁。治五淋水腫，目昏耳聾，鼻塞失音。淡通竅，寒降火，利肺氣，退熱催生之效也。

清・吳儀洛《本草從新》卷二　通草（輕，通，利水退熱。）古名通脱木。【略】中寒者勿服。

清・汪紱《醫林纂要探源》卷二　通草　淡，寒。莖蔓似竹而弱，葉尖長多缺，垂蔕，作黄花，似菊而圓小。一名黄薔薇。亦以蔓葉略似耳。莖中含白瓤，可搠之而出，輕輭潔白，如燈草而粗大。又名通脱木。今用作象生花。功用同燈草，兼能通胃氣，下乳汁，催生。燈草體小而行專，專入肺心、大小腸，通草體大而行泛，可統理三焦水道及週身竅穴，無所不達。〇麻黄、木賊中虚而通，升陽氣以上行，自下極而上達於頭目肌表。燈草、通草中實而通，降陰氣以下行，自上焦而下達於二陰體足。

清・嚴潔等《得配本草》卷四　通草古名通脱木。　甘，淡，微寒。入手太陰、足陽明經氣分。瀉肺氣，利陰竅，下五淋，通乳汁。能使經絡流行，營衛通暢。以能開厥陰之闢也。　佐琥珀、茯苓，瀉火利水。　中寒者勿用。

題清・徐大椿《藥性切用》卷四　白通草　味淡性平，入肺胃而通淋利水，下乳催生。肺燥無濕者忌。

清・黄宫繡《本草求真》卷五　通草清肺通乳利水。　通草耑入肺胃。　氣味甘淡，體輕色白，有類燈心。時珍曰：有細孔，兩頭皆通，故名通草，即今所謂木通也。今之通草，乃古之通脱木也。頌曰：古方所用通，皆今之木通，其通脱木，稀有用者。功同入肺，引熱下降，及利小便，通淋治腫。杲曰：通草瀉肺利小便，甘平以緩陰血也，與燈草同功，宜生用之。然燈心質小氣寒，則兼降心火，此則兼入胃通氣，上達而下乳汁之為異耳。時珍曰：通草色白而氣寒，疏淡而體輕。況此體大氣輕，滲淡殆甚，能升能降，既可入肺而清熱，復能上行而通胃。東垣用此以治五種水腫癃閉，非取氣寒能降，味淡能升之意乎？仲景用此合當歸、芍藥、桂枝、細辛、大棗、甘草，名為當歸四逆湯。以治傷寒邪入厥陰，非取通草以通營衛之意乎？但孕婦勿服。

清・黄凱鈞《藥籠小品》　通草　降肺氣，利小便，同桑皮治水膨，水出高源，肺氣下降，則水亦泄矣。輕清平淡，加諸通利則合。

清・吳鋼《類經證治本草・手太陽小腸腑藥類》　木通　【略】誠齋曰：今用是通脱木，黄色，中空，非木通也。

清・吳鋼《類經證治本草・手太陽小腸腑藥類》　通草　【略】誠齋曰：色白中空，古之木通，今之通草也。但專入肺入胃，其甘淡者是耳。肺經有濕熱者，宜通草。心脾有熱者，當用木通。通草專利小便，木通兼利大便也。

清・楊時泰《本草述鉤元》卷一一　通脱木　其莖空心，中有白瓤，輕白可愛，白瓤中藏脱木，故名。

味甘淡，氣寒。陽中之陰，降也。入手太陰、足陽明經。主治瀉肺利陰竅，治五淋、癃閉，除水腫，明目退熱，下乳催生。甘平以緩陰血，與燈草同功，宜生用之東垣。色白氣寒，味淡體輕，入太陰肺經引熱而下降，故利小便，更入陽明胃經，通氣而上達，故下乳汁。其氣寒，降也。其味淡，升也瀕湖。陽中之陰必下降，故主利陰竅及諸證仲淳。佐番降香、紅麴、鯪鯉甲、山楂、沒藥，治上部內傷。

虚脱人禁之，孕婦弗服仲淳。

修治：揉碎用。

清・葉桂《本草再新》卷三　通草味淡，性寒，無毒。入脾、肺、腎三經。　治肺火，和脾胃，調經水，理血分，消五淋水腫，清頭目虚火，通竅退熱，催生墮胎。

清・吳其濬《植物名實圖考》卷八　通草　即《爾雅》離南，活脱。《山海經》：寇脱。《法象》《本草》收之。《拾遺》曰：通脱木，形狀功用具《圖經》，其葉莖中空，梢間作苞，開白花如枇杷。此草植生如木，頗似水桐，冬時莖亦不枯。《本草綱目》云蔓生，殊誤，今入於山草類。

雩婁農曰：郭注：零桂人植而日灌之，以為樹。《酉陽雜俎》：瓤，輕白可愛，女工取以飾物。寇脱之製物飾，晉唐已有之矣。《爾雅翼》引《潛夫論》譏花采之費，以為今通行於世，其意以批黄判白、插髻飾髩為縟麗而靡物力也。然余以此物行而物力始省，自作繪絺繡，五采彰施，人文漸起，而賦物肖形，嘗巧鬬妍，譬如天地之於草木，句萌於春，蘮葟於夏，洩其精英，以炫目睫而蕩心志者，日出而不可遏抑，雕文刻鏤傷農事，錦繡纂組害女工，朝廷雖以儉德風天下，然以樸而華，如益薪爨火；以華而樸，如逆阪走丸。富家明璫翠羽，花鈿蔽髻，一物之直，逾於露臺。晉以金為步搖，後宮倣效，朝成夕毁，競為新奇，此風日扇，不熸益熾。《管子》摧銕之法：一女必有一刀、一鉞。今以中人之產計之，一女必有一簪、一釵、一鎗、一搔頭，花勝、環瑱、條脫、指環，其糜朱提之浮，豈可勝數？至於翦綵為花，撚蠟作鳳，刻玉成葉，染牙製柄，織金抽縷，箔金、銀、銅、錫而為塗附者，朝侈神奇，暮裂朽腐，戕天下可以易衣、易食，一成不敗之物，還之太虛、無何有之鄉，此亦造物之所大不忍，而賈長沙所為長太息者矣。寇脫之葉，觸抄而不可為笠，花猥碎而不可供瓶，質輕虛而不可以為薪、為器。易生而扇地，徒蓬勃於蠻煙瘴雨之中，入藥裏者萬分無一，其無益於世久矣。損其膚以登副笄，千紅萬紫，引蝶欺蜂，而染絹盤絲，一見無顏色矣，且質不及錙，價不逾銖，雖富者亦愛其便，而後鷸冠、金勝，亦少休息於秋箑之篋笥，而三條廣陌，或因此而減墮珥遺簪之奢縱乎？然則造物生此，謂非拯翠之生，完矰之裂，防金、銀、寶玉之虛空粉碎耶？智者創物，巧者述之，吾以為始飾物者，雖以西陵氏之祀享，奉之可也。京師有草花市，乃謁東嶽，百卉萋萋，實為東方司令，報賽不為無稽。

清・趙其光《本草求原》卷四蔓草部　通草古名通脫木。　味甘、淡，寒，無毒，色白。稟土之清氣，使胃氣上達，而後引肺熱下降，以除寒熱之氣，故主利陰竅，治五淋，除水腫，癃閉，瀉肺，解諸毒、蟲痛，明目，退熱，下乳汁，催生。同降香、紅麴、山甲、山楂、沒藥，治上部內傷。虛脫人及孕婦勿用。

清・文晟《新編六書》卷六《藥性摘錄》　通草　甘，淡。清肺通乳，利水通淋，治五種水腫，癃閉。〇但孕婦勿服。〇色白似燈心，而形粗體輕。

清・張仁錫《藥性蒙求・草部》　通草八分、一錢　通草味淡，善利膀胱。催生退熱，通泄乳房。淡通竅，寒瀉火。利肺氣，引熱下行而利小便。兼入胃經，通氣上達而下乳汁。中寒者勿服。

清・劉善述、劉士季《草木便方》卷一草部　通草　通花根淡性寒平，除熱利水通五淋。能消水腫耳鼻利，催生下乳耳目明。

清・戴葆元《本草綱目易知錄》卷二　通草　色白，氣寒。體輕，味淡。入肺經，引熱下行而利小便。又入胃經，通氣上達而下乳汁，利諸竅，通五淋。除水腫癃閉，解諸毒蟲痛。瀉肺明目，退熱催生。【略】葆驗下乳方：通草、黃芪、當歸各三錢，山甲炒三片，猪前脚二箇，治淨，水酒煮熟，去藥，飲汁食肉。

花上粉　治瘰癧及胸中伏氣攻胃咽，傳諸蟲瘻、痔疾、惡瘡。

清・黃光霽《本草衍句》　通草　氣寒入肺，引熱下行而利小便。氣寒則降。味淡入胃，通氣上達而下乳汁。味淡則升。能退熱明目催生，治五淋水腫癃閉。得琥珀、茯苓瀉火利水。

清・平步青《霞外攟屑》下卷一〇　通草　古名通脫木。《太平廣記》引《〔西陽雜俎〕》云：通脫木如蜱麻，生山側。花上粉主治惡瘡。如空中有瓤，輕白可愛。女工取以飾物。《本草》通草一作蓮草。

天壽根

宋・唐慎微《證類本草》卷三〇外草類〔宋・蘇頌《本草圖經》〕　天壽根出台州。每歲土貢。其性涼。甚治胸膈煩熱。彼土〔人〕常用有效。

明・劉文泰《本草品彙精要》卷四一　天壽根　蔓生。

天壽根：治胸膈煩熱有效。出《圖經》。【地】《圖經》曰：出台州。【性】涼。【氣】味厚於氣，陰也。

常春藤

宋・王介《履巉巖本草》卷上　三角藤　性涼，有小毒。葉：主治瘡癤腫，用一二葉，以淨水洗去瘡上惡毒，次用葉貼上。如瘡未差，再用之。

明・李時珍《本草綱目》卷一八草部・蔓草類　常春藤《拾遺》

【釋名】土鼓藤《拾遺》　龍鱗薜荔《日華》藏器曰：小兒取其藤，於地打作鼓聲，故名土鼓。李邕改爲常春藤。【集解】藏器曰：生林薄間，作蔓繞草木上。其葉頭尖。結子正圓，熟時如珠，碧色。

【氣味】莖葉：苦。子：甘，温，無毒。【主治】風血羸老，腹内諸冷血閉，强腰脚，變白。煮服、浸酒皆宜藏器。凡一切癰疽腫毒初起，取莖葉一握，研汁和酒温服，利下惡物，去其根本。時珍。《外科精要》。

【附方】新二。丁瘡黑凹：用髮繩紮住。將尖葉薜荔搗汁，和蜜一盞服之。外以葱、蜜搗傅四圍。《聖惠方》。衄血不止：龍鱗薜荔研水飲之。《聖濟録》。

清・葉桂《本草再新》卷三　長春藤味苦，性微寒，無毒。入肝、脾二經。　治肝鬱，補脾，利濕去風，滑痰，通經絡，行血和血，並能理氣。

白英

宋・唐慎微《證類本草》卷三〇有名未用・草木〔《別錄》〕　鬼目　味

酸，平，無毒。主明目。一名來甘。實赤如五味，十月採。

〔梁·陶弘景《本草經集注》〕云：俗人今呼白草子亦為鬼目，此乃相似也。

〔宋·掌禹錫《嘉祐本草》〕按：陳藏器云：一名排風，一名白幕。《爾雅》云：符，鬼目。注云：葉似葛，子如耳鐺，赤色。

宋·李昉《太平御覽》卷九九一　槃菜　《本草經》曰：槃菜，一名白英。味甘，寒。生山谷。治寒熱，久服輕身延年，生益州。

宋·李昉《太平御覽》卷九九八　鬼目　《爾雅》曰：苻，鬼目。郭璞曰：今江東有鬼目草，莖似葛，葉圓而毛，子如耳璫赤色，〔叢〕生。《吴志》曰：建鄴有鬼目菜，於工人黄狗家，生依棗樹，長丈餘，莖廣四寸，厚五分。《本草經》曰：鬼目，一名東方宿，一名連蟲，陸名羊蹄。

宋·唐慎微《證類本草》卷六草部上品〔《本經·別錄》〕　白英　味甘，寒，無毒。**主寒熱，八疸，消渴，補中益氣。久服輕身延年。一名穀菜**，一名白草。生益州山谷。春採葉，夏採莖，秋採花，冬採根。

〔梁·陶弘景《本草經集注》〕云：諸方藥不用。此乃有蔛音斛菜，生水中，人蒸食之。此乃生山谷，當非是。又有白草，葉作羹飲，甚療勞，而不用根、華。益州乃有苦菜，土人專食之，皆充健無病，疑或是此。

〔唐·蘇敬《唐本草》〕注云：此鬼目草也。蔓生，葉似王瓜，小長而五椏。實圓，若龍葵子，生青，熟紫黑，煮汁飲，解勞。東人謂之白草。陶云白草，似識之而不的辨。

〔宋·馬志《開寶本草》〕按：陳藏器《本草》云：白英，主煩熱，風瘮，丹毒，瘧瘴寒熱，小兒結熱。煮汁飲之。一名鬼目。《爾雅》云：苻，鬼目。注：似葛，葉有毛，子赤如耳璫珠，若云子熟黑，誤矣。又按：别本注云：今江東人夏月取其莖、葉煮粥，極解熱毒。

宋·王介《履巉巖本草》卷上　排風草　性凉，無毒。善醫諸頭風及面上遊走風氣等疾。每用不以多少，曒乾碾爲細末，每用一字，搐入鼻中，自然頭目清爽，去風清上。

明·朱櫹《救荒本草》卷上之前　山甜菜　生密縣韶華山山谷中。苗高二三尺，莖青白色，葉似初生綿花葉而窄，花叉頗淺，其莖葉間開五瓣淡紫花，結子如枸杞子，生則青，熟則紅色。葉味苦。救飢：採葉煠熟，换水浸，淘去苦味，油鹽調食。

明·劉文泰《本草品彙精要》卷八　白英無毒　蔓生。

白英：主寒熱，八疸，消渴，補中益氣。久服輕身延年。名醫所錄。

〔名〕穀菜、白草、鬼目。〔苗〕《唐本》注云：蔓生，葉似王瓜，葉小長而生五椏。其實圓，若龍葵子，生青，熟紫黑。煮汁解勞，東人謂之白草，即鬼目草也。陶隱居云：諸方藥不用，其葉作羹，飲之甚療勞，而不用根、華。益州乃有苦菜，土人專食之，皆充健無病，與《圖經》吻合，疑或是此。〔地〕《圖經》曰：生益州山谷。〔時〕生：春生苗。採：春採葉，夏採莖，秋採花，冬採根。〔收〕日乾。〔用〕根、葉、花、莖。〔色〕白。〔味〕甘。〔性〕寒，緩。〔氣〕氣之薄者，陽中之陰。〔主〕煩熱，風瘮。〔製〕煮汁或作羹飲之。〔治〕療：《唐本》注云：煮汁飲，解毒。陳藏器云：煩熱，風瘮，丹毒，瘧瘴，寒熱，小兒結熱，煮汁飲之。《别錄》云：莖葉煮粥，極解熱毒。

明·王文潔《太乙仙製本草藥性大全》卷二《本草精義》　白英　一名穀菜，一名白草，一名鬼目。生益州山谷，蔓生，葉似王瓜小長而五椏，實圓若龍葵子，生青熟紫黑。又云子赤如耳當珠。春採葉，夏採莖，秋採花，冬採根用。

明·王文潔《太乙仙製本草藥性大全》卷二《仙製藥性》　白英　味甘，氣寒，無毒。主治：主寒熱、煩熱、消渴，療丹毒、風瘮、八疸。益氣補中，治勞瘧瘴。小兒結熱，煮汁服良。久服輕身延年，充健無病。補註：療勞，用草葉作羹飲之良。○小兒結熱，莖葉煮汁飲之效。○夏月取莖葉煮粥，極解熱毒。

明·李時珍《本草綱目》卷一八草部·蔓草類　白英《本經》上品。校正：併入《别録》鬼目。

〔釋名〕穀菜《别録》　白草同上　白幕《拾遺》　排風同上　子名鬼目時珍曰：白英謂其花色，穀菜象其葉文，排風言其功用，鬼目象其子形。《别録》有名未用，復出鬼目，雖苗子不同，實一物也。故併之。〔集解〕《别録》曰：白英生益州山谷。春采葉，夏采莖，秋采花，冬采根。又曰：鬼目一名來甘。實赤如五味，十月采。弘景曰：鬼目俗人呼爲白草子是矣。又曰白英方藥不復用。此有斛菜，生水中，可蒸食，非是此類。有白草，作羹飲，甚療勞，而不用根花。益州乃有苦菜，土人專食之，充健無病，疑或是此。恭曰：白英，鬼目草也。蔓生，葉似王瓜，小長而五椏，實圓者，〔若〕龍葵子，生青，熟紫黑。東人謂之白草。陶云白草，似識之，而不力辨。藏器曰：白英，鬼目菜也。蔓生，三月延長。《爾雅》名〔苻〕〔苻〕。郭璞云：似葛，葉有毛，子赤色如耳璫珠。若云子黑，誤矣。江東夏月取其莖葉，煮粥食，極解熱毒。時珍曰：此俗名排風子是也。正月生苗，白色，可食。秋開小白花。子如龍葵子，熟時紫赤色。《吳志》云：孫皓時有鬼目菜，緣棗樹，長丈餘，葉廣四寸，厚三分，人皆異之。即此物也。又羊蹄草一名鬼目。嶺南有木果亦名鬼目，葉似楮，子大如鴨子，七八月熟，黃色，味酸可食。皆與此同名異物也。

根苗 【氣味】甘，寒，無毒。 【主治】寒熱(入)〔八〕疸，消渴，補中益氣。久服輕身延年《本經》。葉：作羹飲，甚療勞弘景。煩熱，風疹丹毒，瘴瘧寒熱，小兒結熱，煮汁飲之藏器。

鬼目子也。 【氣味】酸，平，無毒。 【主治】明目《別録》。

【附方】新一 目赤頭旋：眼花面腫，風熱上攻。用排風子焙、甘草炙、菊花焙各一兩，爲末。每服二錢，卧時温水下。《聖濟録》。

明・姚可成《食物本草》卷一七草部・隰草類 白英俗名排風子，正月生苗，白色可食。秋開小白花，子如龍葵子。江東夏月取其莖葉煮粥食，極解熱毒。 白英，味甘，寒，無毒。治寒熱八疸，消渴，補中益氣。久服輕身延年。

葉 作羹飲，甚療勞。

清・趙學敏《本草綱目拾遺》卷七藤部 白毛藤 亦名天燈籠，又名和尚頭草。白毛藤生人家牆壁上，莖、葉皆有白毛，八九月開花藕合色，結子生青熟紅，鳥雀喜食之。

《百草鏡》：白毛藤多生人家園圃中牆壁上，春生冬槁，結子小如豆而軟，紅如珊瑚，霜後葉枯，惟赤子纍纍，綴懸牆壁上，俗呼毛藤果。採其藤乾之浸酒，云可除骨節風溼痛。

止血淋、瘧、疝氣。汁滴耳中，止膿不乾。入藥內，保腫毒不大。治癧痺，用煮牛肉精者食之。 清溼熱，治黃疸水腫，小兒蛔結腹痛。 《採藥志》云：性熱活血，追風生血，治鬼箭有效。 風痛：《楊氏驗方》：桑黃二兩，白毛藤二兩，切碎，用紹興原罎酒六斤，煎三炷香，每日服一飯盌。黃疸初起：《百草鏡》：白毛藤、神仙對坐草、大茵蔯、三白草、車前草各等分，白酒煎服。 大氣脬：《不藥良方》：用白毛藤，無灰酒服。

清・莫樹蕃《草藥圖經》 排風籐 即白英，子名鬼目。根苗氣味甘寒，無毒。治寒熱大疸，消渴，補中益氣，煩熱，風瘮丹毒，瘴瘧寒熱，小兒結熱，煮汁飲之。菓名鬼目，氣味酸平，無毒。主治明目。

清・吳其濬《植物名實圖考》卷二二 白英 《本經》上品。《爾雅》：苻，鬼目。即此。一名排風子。《吳志》曰：鬼目菜，《齊民要術》誤以為嶺南鬼目果。湖南謂之望冬紅。俚醫以為治腰痛要藥。其嫩葉味酸，可作茹。老根生者，葉大有五椏，淩冬不枯，春時就根生葉。《吳志》所云綠樹長丈餘，葉廣四寸，厚三分，不足異也。

雩婁農曰：白英有毛而酸，貧者食之。滇人呼為酸尖菜。天下多貧人，故雖廣谷大川，民生異宜，而貧者必知貧者之食，亦漸濡使然也。古之賢者皆曰富而能貧。夫能者，非獨能甘淡薄也；蓋必設身處地，洞悉艱難。故當其境，則曰素富貴、素貧賤，不當其境，則曰可富、可貴、可貧、可賤。唐有世閥子弟，罹兵而飢餒者，或憐而予之食，不能咽。曰：此烟火氣，烏可食？又傖父見食筍者，問諸其人，人曰：此即竹也，歸而煮其床腳，不熟。若此人者，處貧而不知貧者之食。不將俟其轉乎溝壑哉？

清・葉志詵《神農本草經贊》卷一 白英 味甘，寒。主寒熱入疸，消渴，補中益氣，久服輕身延年。一名穀菜。生山谷。

白幕排風，五椏蔓繞。葉展春妍，莖繁夏燠。花粲秋高，根蟠冬杪。雜綴璫珠，赤光目瞭。

陳藏器曰：一名白幕。李時珍曰：俗名排風子，言其功用。蘇恭曰：蔓生，葉長而五椏。名醫曰：春采葉，夏采莖，秋采花，冬采實。裴澄詩：映林初展葉。白居易詩：春妍景麗草樹光。張協賦：繁莖篠密。謝靈運賦：夏涼寒燠。沈約詩：閑幌望高秋。蔡珪詩：乃復見冬杪。郭璞曰：子赤色如耳璫珠。蘇恭曰：一名鬼目草。韓駒詩：但存雙目瞭。

清・劉善述、劉士季《草木便方》卷一草部 土防風 排風藤味甘寒平，小兒風熱癮疹靈。除疸消渴丹毒解，子能明目補精神。毛秀才。

葎草

宋・唐慎微《證類本草》卷三〇有名未用・草木〔《別録》〕 勒草 味甘，無毒。主瘀血，止精溢盛氣。一名黑草。生山谷，如栝樓。

〔梁・陶弘景《本草經集注》〕云：疑此猶是薰草，兩字皆相似，一誤爾，而栝樓為殊矣。

宋・唐慎微《證類本草》卷一一草部下品〔唐・蘇敬《唐本草》〕 葎草 味甘、苦，寒，無毒。主五淋，利小便，止水痢，除瘧，虛熱渴。煮汁及生汁服之。生故墟道傍。

〔唐・蘇敬《唐本草》〕注云： 葉似蓖麻而小薄，蔓生，有細刺。俗名葛葎蔓。古方亦時用之。

〔宋・馬志《開寶本草》〕按： 別本注云： 又云來莓草，四月、五月採莖葉，暴乾。《唐本》先附。

〔宋・掌禹錫《嘉祐本草》〕按： 《蜀本圖經》云： 蔓生。葉似大麻，花黄白，子若大麻子，俗名葛勒蔓。夏採葉用。所在墟野處多有之。

〔宋・蘇頌《本草圖經》〕曰： 葎草，舊不著所出州土，云生故墟道傍，今處處有之。葉如蓖麻而小薄，蔓生，有細刺。花黄白，子亦類麻子。四月、五月採莖葉，暴乾用。俗名葛葎蔓，又名葛勒蔓。唐韋宙《獨行方》主癩遍體皆瘡者。用葎草一擔，以水二石，煮取一石以漬瘡，不過三作乃愈。而《本經》亦闕主瘡功用。又韋丹石主膏淋。擣生汁三升，酢二合相和，空腹頓服。當溺如白汁。又主久痢成疳。取乾蔓擣篩，量多少，管吹穀道中，不過三四差，已若神。

宋・寇宗奭《本草衍義》卷一二 葎草 葛勒蔓也。治傷寒汗後虛熱，剉，研，取生汁，飲一合愈。

宋・鄭樵《通志》卷七五《昆蟲草木略》 葎 曰來莓草，曰葛葎蔓。葉似蓖麻，子似大麻。

宋・劉明之《圖經本草藥性總論》卷上 葎草 味甘、苦，寒，無毒。主五淋，利小便，止水痢，除瘧虛熱渴。唐韋宙《獨行方》： 主癩，遍身皆瘡者，用葎草壹擔，以水貳石，煮取壹石，以漬瘡，不過叁作，乃愈。又韋丹主膏淋，擣生汁貳升，酢貳合，相和，空腹頓服，當溺如白汁也。又主久痢成疳，取乾蔓擣篩，量多少，管吹穀道中，不過三四次，差，已若神。

宋・王介《履巉巖本草》卷上 辣母藤 一名莌蔚子。味辛、甘，微溫、(不)〔微〕寒，無毒。主明目益精，除水氣，療血逆大熱，頭痛心煩。久服輕身。莖： 主癮疹癢，可作浴湯。用莖葉擣取自然汁，空心通口服，大治小便赤濁之患，每服八分盞。

宋・陳衍《寶慶本草折衷》卷一一 葎草汁在內。 一名葛葎蔓，一名葛勒蔓，一名來莓草。生故墟道傍，今處處有之。○四、五月採莖葉，暴乾。

味甘、苦，寒，無毒。○主五淋，利小便，止痢，除瘧虛熱渴，煮汁及生汁服。○《圖經》曰： 葉如蓖麻而小薄，蔓生，有細刺。主癩，遍體瘡，以水煮漬瘡。○寇氏曰： 治傷寒汗後虛熱，剉研，取生汁飲壹合。

明・朱橚《救荒本草》卷上之前 葛勒子秧 《本草》名葎草，亦名葛勒蔓，一名葛葎蔓，又名澁羅蔓，南人呼為攬藤。舊不著所出州土，今田野道傍處處有之，其苗葉蔓而生藤，長丈餘，莖多細澁刺，葉似蓖麻葉而小，亦薄，莖葉極澀，能抓挽人，莖葉間開黄白花，結子類山絲子。其葉味苦、甘，性寒，無毒。 救飢： 採嫩苗葉煠熟，換水浸去苦味，淘淨，油鹽調食。 治病： 文具《本草》草部葎草條下。

明・劉文泰《本草品彙精要》卷一四 葎草無毒 蔓生。

葎草： 主五淋，利小便，止水痢，除瘧，虛熱渴。煮汁及生汁服之。名醫所錄。

〔名〕葛律蔓、來莓草、葛勒蔓。 〔苗〕《圖經》曰： 蔓生，有細刺，葉如蓖麻而小薄，花黄白，其子類大麻子。 〔地〕《圖經》曰： 舊本不著所出州土，云生故墟道傍，今處處有之。 〔時〕生： 春生苗。採： 四月、五月取莖、葉。 〔收〕暴乾。 〔用〕莖、葉。 〔色〕青綠。 〔味〕甘，苦。 〔性〕寒。 〔氣〕氣薄味厚，陰中之陽。 〔主〕利水道，解煩渴。 〔製〕煮汁或生取汁用。 〔治〕療： 《圖經》曰： 治疥癩生遍體者，用一擔，以水二石煮取一石，以漬瘡，不過三作乃愈。○治久痢成疳，取乾蔓擣篩，量多少用管吹入穀道中，瘥。《衍義》曰： 治傷寒汗後虛熱，剉研取生汁，飲一合，愈。

〔合治〕擣生汁三升，酢二合相和，空腹頓服，治膏淋，當溺下如白汁，瘥。

明・王文潔《太乙仙製本草藥性大全》卷二《本草精義》 葎草 俗名葛葎蔓。舊不著所出州土，云生故墟道傍，今處處有之。葉如蓖麻而小薄，蔓生，有細刺，花黄白，子亦似蓖麻子，四月、五月採莖葉曝乾用。俗名葛葎蔓，又名葛勒蔓。唐韋宙《獨行方》，主癩遍體皆瘡者甚效。

明・王文潔《太乙仙製本草藥性大全》卷二《仙製藥性》 葎草 味甘、苦，氣寒，無毒。 主治： 主五淋而利小便神方，除瘧虛而止熱渴秘訣。治水痢尤靈，理癩瘡絕妙。 補註： 癩遍體皆瘡者，用葎草一擔，以水二石，煮取一石，以漬瘡，不過三作乃愈。○膏淋，擣生汁三升，醋二合，相和，空腹頓服，當溺如白汁。○久痢成疳，取乾蔓，擣，誠量多少，管吹穀道中，不過三四，差已若神。 按： 《衍義》云： 葎草，葛勒蔓也。治傷寒汗後虛熱，剉研取生汁，飲一合愈。

明・李時珍《本草綱目》卷一八草部・蔓草類 葎草《唐本草》。校正： 併入有名未用勒草。

【釋名】勒草《別録》　葛勒蔓《蜀圖經》　來莓草《別本》時珍曰：此草莖有細刺，善勒人膚，故名勒草。訛爲葎草，又訛爲來莓，皆方音也。《別録》勒草即此。今併爲一。

【集解】恭曰：葎草生故墟道旁。葉似蓖麻而小且薄，蔓生，有細刺。亦名葛葎蔓。古方亦時用之。保昇曰：野處多有之。葉似大麻，花黄白色，子若大麻子。俗名葛勒蔓。夏采莖葉，暴乾用。《別録》曰：勒草生山谷，如栝樓。時珍曰：二月生苗，莖有細刺勒人。葉對節生，一葉五尖。微似蓖麻而有細齒。八九月開細紫花成簇。結子狀如黄麻子。

【氣味】甘、苦，寒，無毒。【主治】勒草：主瘀血，止精(益)〔溢〕盛氣《別録》。葎草：主五淋，利小便，止水痢，除瘧虚熱渴。煮汁或生擣汁服恭。生汁一合服，治傷寒汗後虚熱宗奭。療膏淋，久痢，疥癩頌。潤三焦，消五穀，益五臟，除九蟲，辟温疫，傅蛇蠍傷時珍。

【附方】舊三，新六。　小便石淋：葛葎掘出根，挽斷，以盃于坎中承取汁。服一升，石當出。不出更服。《范汪方》。　小便膏淋：葎草，擣生汁三升，酢二合，合和頓服，當尿下白汁。　尿血淋瀝：同上。　産婦汗血：污衣赤色。方同上。　久痢成疳：葛勒蔓末，以管吹入肛門中，不過數次，如神。　新久瘧疾：用葛葎草一握，一名勒蔓，去兩頭，秋冬用乾者，恒山末等分，以淡漿水二大盞，浸藥，星月下露一宿，五更煎一盞，分二服。當吐痰愈。　遍體癩瘡：葎草一擔，以水二石，煮取一石，漬之。不過三作愈。並韋宙《獨行方》。　烏癩風瘡：葛葎草三秤切洗。益母草一秤切，以水二石五斗，煮取一石五斗，去滓入瓮中，浸浴一時方出，坐密室中。又暖湯浴一時，乃出，暖卧取汗，勿令見風。明日又浴。如浴時瘙痒不可忍，切勿搔動，少頃漸定。後隔三日一作，以愈爲度。《聖濟録》。

清・张璐《本經逢原》卷二　葎草一名勒草，一名葛勒蔓，俗名割人藤。甘、苦，寒，無毒。　發明：葎草蔓生道傍，多刺勒人，故又名葛勒蔓。專主五淋利小便，散瘀血。並搗汁服。《千金》專主膏淋，以醋和服之。

清・吴其濬《植物名實圖考》卷二二　葎草　《唐本草》始著録。處處有之。《救荒本草》謂之葛勒子，秧苗葉可煠食。《本草綱目》併入《別録》有名未用勒草。南方呼刺皆曰勒，未可以葎、勒音轉，定為一物。

雩婁農曰：湘中葎草極繁，廢圃中往往茀不可行，迷陽傷足，罽罽竊衣，其流輩也。調以酸鹹，乃不戟喉。花芥刺薊，又其亞矣。蓋造物之養人也，唯恐其獲之也艱，而生之也蹙。故凡婦稚之擷捋，牛羊之踐履，無不可以適口腹而備緩急，然則人力之所極而化，工之所慽者其皆非養人者歟。余以世之疾夫此草也，因歌以誡之，其詞曰：　相彼滋蔓，浸淫堂隅。鋤而去之，乃益繁蕪。孰遘不憎？孰忤不誅？　勿憎勿誅，代匱庶乎。嗚呼饉歲，恃此而餔。饘斯粥斯，不螫乃腴。何惜咫尺，廣茁此徒。吾言曷徵，曰《救荒書》。

木蓮

宋・李昉《太平御覽》卷九九四　薜荔　《山海經》曰：小華之山，有草焉，曰薜荔。狀如烏韭，緣木而生，或生石上，食之，以已心痛。《楚辭》曰：罔薜荔兮為，帷罔，結也。結薜荔為帷帳也。擗惠櫋音眠兮既張。擗，析也。以析惠覆櫋屋上也。　又曰：採薜荔兮水中，搴芙蓉兮木末。　又曰：若有人兮山之阿，被薜荔兮帶女蘿。

附：日・丹波康賴《醫心方》卷三〇　木蓮子　崔禹〔錫〕云：食之安中，養肝氣。味甘、酸，冷，無毒。主火爛瘡，煩毒。性滑利。葉似郁實，如橪子，噉之輕身，去熱氣為驗也。

明・王文潔《太乙仙製本草藥性大全》卷二《本草精義》　薜荔　狀同絡石，但莖葉粗大如藤。此物生陰濕處。冬夏常青，實黑而圓，其莖蔓延，繞樹生者葉大而薄。人家亦種之，俗名耐冬，莖節着處即生根鬚也，不拘時採之。　木蓮　一名扶芳，一名滂藤，一名土鼓，一名常春，一名龍鱗。薜荔藤苗小時如絡石，薜荔夤緣樹木，藤似寄生，三五十年漸大，枝葉繁茂，葉圓，長二三寸，葉頭尖厚若石韋，生子，子熟如珠，碧色，正圓似蓮房，中有細子，一年一熟，子亦入用，房打破有白汁，停久如漆。採取無時。俗呼爲木蔓頭，又名水蔓頭。

明・王文潔《太乙仙製本草藥性大全》卷二《仙製藥性》　薜荔　雖同絡石，莖葉麄大如藤。　主治：治背癰，將葉採收，煎，酒飲下，利即愈。　補註：治背癰，晟頃寓宜興縣張渚鎮有一老舉人聚村〔學〕，享年七十餘，忽一日患發背，村中無他醫藥，急取薜荔葉爛研絞汁，和蜜飲數升，以滓敷瘡上，後以他藥敷貼遂愈。醫者云，其本蓋得薜荔之力。　木連　味苦，子味甘，氣溫，無毒。　主治：初服壯陽却病，久服耐老延年。　藤汁　取之堪敷風毒，掃白癜、風瘮，除疥癬、癧瘍。子生大類蓮房，一年一熟，房劈內多白汁，久漸黑凝，破血甚良。依時收採子入藥，並載《圖經》。　補註：止渴，隋朝稠禪師作青飲，進煬帝以止渴。採之忌塚墓間，取莖葉細剉，煎性冷，以酒浸服。○白癜癧瘍及風惡疥癬，取葉汁傅之效。○風血羸老，腹內諸冷血閉，強腰脚，取子煮汁。浸酒服，變白耐老。

明・皇甫嵩《本草發明》卷三 薜荔類絡石，但莖葉粗大如藤，近人治背癰，採取葉，煎酒飲之，服下利即愈。

木蓮味苦。附木生苗，藤如絡石、薜荔更大，葉如石韋，厚而圓，子似蓮房。或採煎湯，或浸酒服，壯陽，却病極，久服延年。藤汁取敷風毒，去白癜風疹瘰癧。房，破血。

明・李時珍《本草綱目》卷一八草部・蔓草類 木蓮《拾遺》

【釋名】薜荔《拾遺》 木饅頭《綱目》 鬼饅頭時珍曰：木蓮、饅頭，象其實形也。薜荔音壁利，未詳。《山海經》作草荔。 【集解】藏器曰：薜荔夤緣樹木，三五十年漸大，枝葉繁茂。葉長二三寸，厚若石韋。生子似蓮房，打破有白汁，停久如漆。中有細子，一年一熟。子亦入藥，采無時。頌曰：薜荔、絡石極相類，莖葉粗大如藤狀。木蓮更大于絡石，其實若蓮房。時珍曰：木蓮延樹木垣墻而生，四時不凋，厚葉堅强，大于絡石。不花而實，實大如盃，微似蓮蓬而稍長，正如無花果之生者。六七月，實內空而紅。八月後，則滿腹細子，大如稗子，一子一鬚。其味微澀，其殼虛輕，烏鳥童兒皆食之。

葉 【氣味】酸，平，無毒。 【主治】背癰，乾末服之，下利即愈頌。主風血，暖腰脚，變白不衰器。治血淋痛澀。藤葉一握，甘草炙一分，日煎服之時珍。 【發明】慎微曰：《圖經》言薜荔治背瘡。近見宜興縣一老舉人，年七十餘，患發背。村中無醫藥。急取薜荔葉爛研絞汁，和蜜飲數升，以滓傅之。後用他藥傅貼遂愈。其功實在薜荔，乃知《圖經》之言不妄。

藤汁 【主治】白癜風，癧瘍風，惡瘡疥癬，塗之大明。

木蓮 【氣味】甘，平，濇，無毒。時珍曰：嶺南人言：食之發瘴。 【主治】壯陽道，尤勝頌。固精消腫，散毒止血，下乳，治久痢腸痔，心痛陰濇時珍。

【附方】新八 驚悸遺精：木饅頭炒、白牽牛等分，爲末。每服二錢，用米飲調下。《乾坤秘韞》。 陰㿉囊腫：木蓮即木饅頭，燒研，酒服二錢。○又方：木饅頭子、小茴香等分，爲末。每空心酒服二錢，取効。《集簡》。 酒痢腸風：黑散子：治風入臟，或食毒積熱，大便鮮血，疼痛肛出，或久患酒痢。木饅頭燒存性、椶櫚皮燒存性、烏梅去核、粉草炙等分，爲末。每服二錢，水一盞，煎服。《惠民和劑局方》。 腸風下血：大便更濇。木饅頭燒、枳殼炒等分，爲末。每服二錢，槐花酒下。楊倓《家藏方》。 大腸脱下：木饅頭連皮子切炒、茯苓、猪苓等分，爲末。每服二錢，米飲下。亦治夢遺，名鎖陽丹。《普濟方》。 一切癰疽：初起，不問發於何處。用木蓮四十九個，揩去毛，研細，酒解開，温服。功與忍冬草相上下。陳自明《外科精要》。 乳汁不通：木蓮二個，猪前蹄一個，爛煮食之，并飲汁盡，一日即通。無子婦人食之，亦有乳也。《集簡方》。

明・倪朱謨《本草彙言》卷六 木蓮蓬 味酸，氣平，無毒。 陳氏曰：木蓮蓬，薜荔也。附木而生，得木氣，故名木蓮，俗呼鬼饅頭。夤緣樹木墻壁，三五十年漸大，枝葉繁茂，葉長二三寸，厚若石韋。生子似蓮房，打破有白汁，停久如漆。六七月實，內空而紅，則滿腹細子，大如稗子，一子一鬚，其味微濇。其殼虛輕，一年一熟。子亦入藥，但薜荔、絡石極相類。莖葉粗大如藤狀，木蓮更大于絡石，四時不凋。

木蓮蓬葉：《函谷集》解毒消癰，散熱血之藥也。李仁甫稿故陳氏方主血風不和，腰脚無力。蘇氏方主背癰腫痛，去腐生肌。李氏方又主血淋澀痛，內熱心煩。其藤汁又治風癬疥瘡，并癧瘍惡風血毒等證。其實中子，晒搗絞汁作腐，和糖醋調和。夏月食之，凉滑可口，辟暑解熱，此蓋禀天地陰寒之氣而生，凉之甚也。如胃虛脾弱，并陰藏無陽之人，不宜食之。

集方：陳自明方治一切癰疽初起，不問發于何處。用木蓮蓬四十箇，揩去毛，搗爛，用生酒和，絞汁服。功與忍冬藤同。○《集簡方》治乳汁不通。用木蓮蓬七箇，猪前蹄一隻，同煮食之，并飲汁盡，一日即通。無子婦人，食之亦有乳也。○《方脉正宗》治瘀血內滯，兼有風氣，腰膝脚踝無力。用木蓮蓬十箇，搗爛晒乾，川萆薢、枸杞子各四兩，浸酒飲。○同前治男婦血淋澀痛。用木蓮蓬十二個，車前葉、生地黄各等分，俱搗爛取汁，和生酒少許飲之。○同前治一切風癬疥瘡久不愈。用木蓮蓬藤搗汁飲，并將渣擦患處。○同前治癧瘍惡風血毒。用木蓮蓬藤，零采，零搗汁，逐日飲。○《和劑局方》治久年酒痢，腸風下血，或因飲食熱物，積毒大腸；或肛出不收，紅紫黑血。用木蓮蓬取汁，待凝成膏，和米醋食之。

明・姚可成《食物本草》卷一七草部・隰草類 木蓮一名薜荔，一名木饅頭，一名鬼饅頭。延樹木牆垣而生，四時不凋。厚葉堅強，不花而實。實大如杯，微似蓮蓬而稍長，正如無花果子。六七月實內空而紅。八月後則滿腹細子，大如稗子，一子一鬚。其味微澀，兒童食之。 木蓮，味甘，平，澀，無毒。主壯陽道，固精消腫，散毒排膿，下乳。治久痢，腸痔，心痛，陰㿗。

葉 治背癰，乾末服之，下利即愈。宜興縣一舉人，年七十餘，患發背，邨落中無醫藥，急取木蓮葉爛研絞汁，和蜜飲數升，以滓傅之，遂愈。

汁 治風瘍疥癬，塗之。

附方：治疝如斗。木饅頭燒研，酒下二錢。 治脱肛。木饅〔頭連皮子切炒、茯〕苓、猪苓等分為末，每用二錢，〔米飲下。亦治夢遺，名〕鎖陽丹。

治乳汁不通。木饅頭二个，猪前蹄一〔个，煮〕爛食之，并飲汁盡，一日即通。無子婦人食之，亦有乳也。

清・穆石匏《本草洞詮》卷一〇 木蓮 一名薜荔，四時不凋，不花而实，實如蓮房，謂之無花果，俗呼鬼饅頭也。味酸，氣平，無毒。主風血，暖腰腳。背癰，乾末服之，下利即愈。一人年七十餘，患發背，取薜荔葉研汁，和蜜飲數升，以滓傅之，遂愈。

清・劉雲密《本草述》卷一一 木蓮一名薜荔、木饅頭。 時珍曰：木蓮延樹木垣牆而生，四時不凋，厚葉堅强，大於絡石，不花而實，實大如盃，微似蓮蓬而稍大，正如無花果之生者，六七月實內空而紅，八月後則滿腹細子，大如稗子，一子一鬚，其味微濇，其殼虛輕，烏鳥童兒皆食之。

氣味：甘，平、濇，無毒。

主治：壯陽道尤勝蘇頌。固精，消腫散毒，止血下乳，治久痢腸痔，心痛陰㿗時珍。

愚按：《準繩》有黑丸子，專治久年痔漏下血，於諸味中以木饅頭為君，是則時珍所云，治久痢腸痔，良不謬也。又《集簡方》治陰㿉囊腫，同木饅頭燒研，酒服二錢。又方木饅頭子、小茴香等分，為末，每空心酒服二錢，取效。以此三方合参，於時珍所云㿗證，大是中病。葢陰㿗之證，緣病於陰中之陽，大傷陽，不能為陰之主，有頹然不振之意，故㿗字從疾從頹也。方書名曰陰㿗，其義固可思矣。蘇頌謂治陽道尤勝，以合於陰㿗之治，不更為中的之劑乎哉？《本經》所云太陽為病發寒熱，傳為㿗疝。夫兩太陽皆屬水化，而丹溪謂㿗疝，槩屬於溼，是皆可以相通而互證矣。緣寒溼盡屬陰也，雖方書如《準繩》治疝，絕不及此味，然亦未可以之為憑矣。

清・李熙和《醫經允中》卷二一 木蓮 即鬼饅頭。 實，甘平。葉，酸平。無毒。治一切風癬惡瘡。為利水、治血、通乳要藥。

清・张璐《本經逢原》卷二 木蓮俗名鬼饅頭 實，甘，平，濇；葉，酸，平。無毒。 發明：木蓮，薜荔實也。性耐風霜，嚴冬不凋，故能治一切風癬惡瘡，為利水、治血、通乳要藥。古方以木蓮二枚，用豬前蹄煎湯，飲汁盡，一日乳汁即通。無子婦人食之，亦能有乳。其葉主背瘡，取葉搗絞汁，和蜜飲數升，以渣敷之，後利即愈。煎湯主賊風疼痛，乘熱熏洗，日二次，痛止為度。取藤搗絞汁治白癜風，瘰癧、惡瘡、疥癬，消腫散毒。療腸痔、心痛陰㿗。

但南方有瘴氣人，不可用。

清・嚴潔等《得配本草》卷四 木蓮一名木饅頭，一名薜荔。葉、藤。 甘、酸，寒。入手太陽、足陽明經血分。下乳消腫，固精止血。得小茴香，治陰㿉囊腫。配茯苓、豬苓，治大腸脱下。配棕皮炭、〔烏梅、〕粉草，治酒痢。入豬前蹄煮食，通乳汁。揩去毛，研細，黃酒溫服，治癰疽。用四十九個。活血，生用。止血，煅用。 葉 搗汁，和蜜飲數升，治發背，以渣敷之，必愈。

藤 搗汁，塗白癜風、癧瘍、惡瘡、疥癬。

附：琉球・吴繼志《質問本草》外篇卷三 辟萼木連 辛丑清舶漂到，採此種問之。 辟萼。陳宜春。

清・章穆《調疾飲食辯》卷四 木饅頭 一名鬼饅頭。《拾遺》曰木蓮，藤名薜荔，夤緣樹木墻垣，歲久枝葉繁茂。生子似蓮房，打破有白汁，中有細子。《綱目》曰：其蔓四時不凋，厚葉堅強。不花而實，實如蓮蓬，又如無花果，滿腹細子，一子一鬚。子分數房，每房形狀各異，或如稻如麥，或如莜如粟。俚人用以占歲，視其何狀多者，則來年必熟。然試之不驗。性能壯陽固精同補腎藥為丸，消腫散毒，止血，下乳。治久痢，腸痔。《集簡方》治婦人乳少：木蓮二枚，猪前蹄一枚，煮食，飲汁盡。無子婦人食之，亦有乳。煮宜用酒，得鮮蝦數十枚同煮，更妙。如無鮮蝦，用乾蝦米，或乾海蝦，俱可。《外科精義》治癰疽初起，不問生於何處：木蓮四十九個太多石臼搗，入熱酒一二壺，溫服盡，出汗即消。《圖經本草》治癰疽：用葉生搗，熱酒絞汁，入蜜少許，頓服數升，渣敷患處。二法皆妙，醫藥不便處宜知。夏月采實，搗磨澄粉，明亮如水晶，加鹽、醋或餹霜食，名涼粉。縱恣者愛食，謹慎者畏不敢食。不知多食此物而寒中腹痛，或吐瀉者，由冷水之害。設使熱食，何害之有。天下壯陽澀精之物，斷不能涼散；涼血解毒之物，斷不能溫補。惟此兼之，乃上等通才妙品，豈反害人乎。葉可治血淋澀痛，新汲水搗汁，可解砒毒。宜服數升。實可治婦人白帶、白淫，及血崩多年不愈。煅存性，研末。其藤老則生鱗，蒼古可愛。宋人句曰：煙黏薜荔龍鱗輭，雨壓芭蕉鳳尾垂是也。

清・楊時泰《本草述鉤元》卷一一 木蓮 即木饅頭，一名薜荔。延樹木垣牆而生，四時不凋，厚葉堅強，大於絡石，不花而實，微似蓮蓬而稍大，六七月實，內空而紅，八月後則滿腹細子如稗，一子一鬚，其味微濇，其殼輕虛。味甘濇，氣平。主治壯陽道，固精，消腫散毒，止血下乳。治久痢腸痔，心痛陰癩。

論：黑丸子治久年痔漏下血，以木饅頭為君。《集簡方》治陰癀囊腫，燒木饅頭酒服，又有與小茴等分，研末酒服者。夫陰癩之證，緣陰中之陽大傷，陽不能為陰之主，而有癩然不振之意，丹溪所謂癩疝，概屬於濕是也。惟木蓮為中的之劑，可與蘇頌所云壯陽道相通而互證矣。

清・吴其濬《植物名實圖考》卷二〇 木蓮 即薜荔。《本草拾遺》始著錄。自江而南，皆曰木饅頭，俗以其實中子浸汁為涼粉，以解暑。《圖經》《綱目》備載其功用，多驗。

雩婁農曰：薜荔以楚詞屢及，詩人入詠，遂目為香草。今江南陰濕，牆瓦攀援殆遍，何曾有臭？罔薜荔兮為帷，則山居柴扇石戶間皆是矣。宋李彥發物供奉，大抵類朱勔。農不得之田，牛不得耕墾，殫財靡芻，力竭餓死，或自縊轅軛間。如龍鱗薜荔一本，輦致之費踰百萬，不知此有何好而必輦致，非詩人口孽耶？徐諧詩：雨久莓苔綠，霜濃薜荔紅。梅聖俞詩：春城百花發，薜荔上陰階。但誦好詩，那得不神往？密雨斜侵，窗戶涼生，時乎貧賤者，盜天地之菁英，以自適其適；富貴者，又欲盜貧賤之逍遙以窮其所窮。漢武以蒟醬、蒲萄而開邊，魏太武以甘蔗而返旆，侈心之萌，誰能刃斬？克己復禮，仁也。楚靈王若能如此，豈其辱於乾谿？宋徽宗若能如此，豈至北以牛車？

按：薜荔，李時珍以為即木蓮。而《圖經》以為一類二種。滇南有一種，與木蓮絕相類，而葉實皆略小，其即《圖經》所謂薜荔耶？《楚詞》：薜荔拍兮蕙綢，罔薜荔兮為帷。皆言其能緣墻壁也。又曰貫薜荔之落蕊。木蓮花極細，詞人寓言，未可拘執。而注以為香草，不知薜荔殊無氣味，釋《離騷》者，斤斤於香草美人，拘文牽義，誠無當於格物耳。《山海經》有萆荔，狀如烏韭而生石上，應是苔類。《漢書》房中歌：都荔遂芳，方是香草。非絡石蔓延山木者也。

石盤龍

清・吴其濬《植物名實圖考》卷一九 石盤龍 江西山中多有之。横根赭黑，絡石蔓衍，綠莖糾結；葉比木蓮小而尖，亦薄弱，面青背黃綠。俚醫採根，同檳榔煎酒，治飽脹。

崖石榴

清・吴其濬《植物名實圖考》卷二三 崖石榴 盤生石上。即木蓮一類，而實大僅如龍眼。滇俗亦以為粉，葉澀亦微異。

接筋藤

明・蘭茂原撰，范洪等抄補《滇南本草圖説》卷六 接筋藤 形似皮條，有小葉，身上有毛，無花，遇石能穿，遇土可過，力勝將軍。氣味甘平。主治：跌打損傷，散血和血，筋骨疼痛，以酒為使，服之即愈。

木龍藤

清・趙學敏《本草綱目拾遺》卷七藤部 木龍藤 周益生《家寶方》：藤出錢塘横山，喜沿人家牆壁及石崖上，土人多識之。治肺癰、吐癰、腸癰、脇癰四症，擣汁，老酒沖服，冬月以酒搗取汁二盌服，立效。

絡石

宋・李昉《太平御覽》卷九九三 落石 《本草經》曰：落石，一名鯪石。味苦，溫。生川谷。治風熱，久服輕身，（明潤目澤，好色）〔明目，潤澤好顏色〕，不老延年。生太山。《吴氏本草經》曰：落石，一名鱗石，一名明石，一名縣石，一名雲華，一名雲珠，一名雲英，一名雲丹。神農：苦，小温。雷公：苦，無毒。扁鵲、桐君：甘，無毒。李氏：大寒。云藥中君。採無時。

宋・唐慎微《證類本草》卷七草部上品〔《本經》・別錄・藥對〕 絡石 **味苦，溫**，微寒，無毒。**主風熱，死肌，癰傷，口乾舌焦，癰腫不消，喉舌腫**，不通，**水漿不下**，大驚入腹，除邪氣，養腎，主腰髖音寬痛，堅筋骨，利關節。**久服輕身，明目，潤澤，好顏色，不老延年**，通神。一名石鯪音陵，一名石蹉，一名略石，一名明石，一名領石，一名懸石。生太山川谷，或石山之陰，或高山巖石上，或生人間。正月採。杜仲、牡丹為之使，惡鐵落，畏貝母、菖蒲。

〔梁・陶弘景《本草經集注》〕云：不識此藥，仙、俗方法都無用者，或云是石類。既云或生人間，則非石，猶如石斛等，繫石以爲名爾。

〔唐・蘇敬《唐本草》〕注云：此物生陰濕處，冬夏常青，實黑而圓，其莖蔓延繞樹石側。若在石間者，葉細厚而圓短；繞樹生者，葉大而薄。人家亦種之，俗名耐冬，山南人謂之石血，療産後血結，大良。以其苞絡石、木而生，故名絡石。《別録》謂之石龍藤，主療蝮蛇瘡，絞取汁洗之，服汁亦去蛇毒心悶。刀斧傷諸瘡，封之立差。

〔宋・馬志《開寶本草》〕按：《陳藏器本草》云：絡石，煮汁服之，主一切風，變白宜老。在石者良，在木者隨木有功。生山之陰，與薜荔相似。更有木蓮、石血、地錦等十餘種藤，並是其類，大略皆主風血，暖腰脚，變白不衰。若呼石血爲絡石，殊誤爾。石血葉尖，一頭赤，絡石葉圓，正青。

〔宋・掌禹錫《嘉祐本草》〕按：《蜀本圖經》云：生木石間，淩冬不凋，葉似細橘，蔓延木石之陰，莖節著處，即生根鬚，包絡石傍，花白，子黑。今所在有，六月、七月採莖、葉，日乾。《藥性論》云：絡石，君。惡鐵精，殺孽毒。味甘，平。主治喉痹。陳藏器云：地錦，味甘，溫，無毒。主破老血，產後血結，婦人瘦損，不能飲食，腹中有塊，淋瀝不盡，赤白帶下，天行心悶，並煎服之，亦浸酒。生淮南林下，葉如鴨掌，藤蔓著地，節處有根，亦緣樹石，冬月不死，山人產後用之。一名地噤。蘇恭注曰：絡石，石血亦此類也。又云：扶芳藤，味苦，小溫。無毒。主一切血，一切氣，一切冷，去百病。久服延年，變白不老。山人取楓樹上者爲附楓藤，亦如桑上寄生，大主風血。一名滂藤。隋朝稠禪師作青飲，進煬帝以止渴。生吳郡。採之忌塜墓間者，取莖葉細剉，煎爲煎，性冷，以酒浸服。藤苗小時如絡石、薜荔夤緣樹木，三五十年漸大，枝葉繁茂，葉圓長二三寸，厚若石韋。生子似蓮房，中有細子，一年一熟。子亦入用，房破血。一名木蓮，打破有白汁，停久如漆，採取無時也。又云：土鼓藤，味苦。子，味甘，溫，無毒。主風血，羸老腹內諸冷，血閉，彊腰脚，變白。煮服，浸酒服。生林薄間，作蔓繞草木，葉頭尖，子熟如珠，碧色正圓。小兒取藤於地，打作鼓聲，李邕名爲常春藤。日華子云：木蓮藤汁，傅白癜，癧瘍及風惡疥癬。又云：常春藤，一名龍鱗薜荔。

〔宋・蘇頌《本草圖經》〕曰：絡石，生泰山川谷，或石山之陰，或高山巖上，或生人間，今在處有之。宮寺及人家亭圃山石間，種以爲飾。葉圓如細橘，正青，冬夏不凋。其莖蔓延，莖節著處，即生根鬚，包絡石上，以此得名。花白子黑，正月採，或云六月、七月採莖、葉，日乾。以石上生者良。其在木上者，隨木性而移。薜荔、木蓮、地錦、石血，皆其類也。薜荔與此極相類，但莖葉麤大，如藤狀，近人用其葉治背癰，乾末服之，下利即愈。木蓮更大如絡石，其實若蓮房，能壯陽道，尤勝。地錦葉如鴨掌，蔓著地上，隨節有根，亦〔如〕緣木石上。石血極與絡石相類，但葉頭尖而赤耳。

〔宋・唐慎微《證類本草》〕《雷公》云：凡採得後，用麤布揩葉上莖蔓上毛了，用熟甘草水浸一伏時，出，切，日乾任用。《外臺秘要》：治喉痹，咽喉塞，喘息不通，須臾欲絕，神驗。以絡石草二兩，水一升，煎取一大盞，去滓，細細喫，須臾即通。

〔宋・艾晟補注〕背癰：《圖經》云：薜荔治背癰。晟頃寓宜興縣，張渚鎮有一老舉人聚村學，年七十餘，忽一日患發背，村中無他醫藥，急取薜荔葉，爛研絞汁，和蜜飲數升，以其滓傅瘡上，後以他藥傅貼，遂愈。醫者云：其本蓋得薜荔之力，乃知《圖經》所載不妄。

宋・鄭樵《通志》卷七五《昆蟲草木略》 絡石 曰石鯪，曰石蹉，曰略石，曰明石，曰領石，曰懸石。如薜荔而小，絡石以生。

宋・劉明之《圖經本草藥性總論》卷上 絡石 味苦，溫、微寒，無毒。主風熱死肌癰傷，口乾舌焦，癰腫不消，喉舌腫不通，水漿不下，大驚入腹，除邪氣，養腎。主腰髖痛，堅筋骨，利關節。《藥性論》云：君。惡鐵精，殺孽毒。味甘，平。治喉痺。日華子云：木蓮藤汁，傅白癜癧瘍風，惡疥癬。牡丹、杜仲為之使。惡鐵落。畏貝母、菖蒲。生岩石。

明・王綸《本草集要》卷三 絡石君 味苦，氣溫，微寒，無毒。杜仲、牡丹為之使。畏貝母、菖蒲。包絡木石而生，莖節着處即生根鬚，淩冬不凋，葉圓如細橘，正青，花白子黑。採莖葉，日乾。附石者良。薜荔、木蓮、地錦、石血等，其類也。 主風熱死肌癰傷，口乾舌焦，癰腫不消，喉舌腫，水漿不下。除邪氣，養腎，主腰髖痛，堅筋骨，利關節，強腰腳，久服輕身，明目，潤澤，好顏色，不老延年。又服汁，去蛇毒心悶。刀斧諸瘡，封之立差。喉痹不通，須臾欲絕，取二兩，水一升，煎一大盞，細細喫，須臾即通。背癰。取莖葉，爛研絞汁，和蜜或酒飲數升。

明・滕弘《神農本經會通》卷一 絡石 杜仲、牡丹為之使。惡鐵落，畏貝母、菖蒲。生太山川谷，或石山之陰，或高山巖石上，或生人間，今在處有之。生陰濕處，寺院及人家亭圃山石間，種以為餙，葉負如細橘，長冬夏不凋，其莖蔓延，根節着處即生根，鬚包絡石上，故名。

味甘，氣溫，微寒，無毒。《本經》云：主風熱死肌，癰傷口乾舌焦，癰腫不消，喉舌腫不通，水漿不下，大驚入腹，除邪氣，養腎，主腰髖痛，堅筋骨，利關節，久服輕身明目，延年通神。《局》云：絡石為君即石鯪，龍鱗薜荔亦其名。主除風熱癰瘡腫，通利咽喉去大驚。絡石，治癰瘡，消熱毒。苗似龍鱗薜荔。

明・劉文泰《本草品彙精要》卷八 絡石無毒。附地錦、扶芳、土鼓、石血、薜荔、木蓮。 麗生。

絡石出《神農本經》：**主風熱死肌，癰傷，口乾舌焦，癰腫不消，喉舌腫不通，水漿不下，久服輕身，明目，潤澤，好顏色，不老延年。**以上朱字《神農本經》。大驚入腹，除邪氣，養腎，主腰髖音寬痛，堅筋骨，利關節，通神。以上黑字名醫所錄。【名】石鯪、石蹉、略石、明石、領石、懸石、耐冬、石龍藤。【苗】《圖經》曰：葉圓如細橘，正青，冬夏不凋。其莖蔓延，莖節著處即生根鬚，包絡石上，以此得名。花白子黑，以石上生者良。其在水上者，隨性而移，薜荔、木蓮、地錦、石血，皆其類也。薜荔與此極相類，但莖葉粗大如藤狀；木蓮更大如絡石，其實若蓮房；地錦味甘，溫，無毒，葉如鴨掌，蔓著地上，隨節有根，亦緣木石上；石血極與絡石相類，但葉頭尖而赤耳。扶芳藤味苦，小溫，無毒，山人取楓樹上者爲附楓藤，亦如桑上寄生，一名滂藤，小時如絡石、薜荔夤緣樹木，三五十年漸大，枝葉繁茂，葉圓長二三寸，厚若石韋，生子似蓮房，中有細子，一年一熟，一名木蓮，打破有白汁，停久如漆；土鼓藤味苦，子味甘，溫，無毒。生林薄間，作蔓繞草木，葉頭尖，子熟如珠，碧色，正圓。小兒取藤于地，打作鼓聲，李邕名爲長春藤。已上六種皆相類，各有療疾之功，故附於此。【地】《圖經》曰：泰山川谷，或石山之陰，或高山巖上，或宮寺及人家亭圃山石間，在處有之。【時】生：春生苗。採：正月、六月、七月取。【收】日乾。【用】莖葉生於石上者爲好。【質】類薜荔而細小。【色】青。【味】苦。【性】溫，微寒。【氣】味厚于氣，陰中之陽。【臭】朽。【主】瘡瘍，喉痹。【助】杜仲、牡丹爲之使。【反】畏貝母、菖蒲，惡鐵落、鐵精。【製】《雷公》云：凡採得後，用粗布揩葉莖上毛，用熟甘草水浸一伏時出，切，日乾，任用。【治】療：《唐本》注云：汁洗蝮蛇瘡，服之去蛇毒心悶，及刀斧傷傅之。陳藏器云：去一切風。《別錄》云：喉痹，咽喉寒，喘息不通，須臾欲絕。《圖經》曰：薜荔治背癰。《唐本》注云：石血，治產後血結。陳藏器云：地錦，破老血，產後血結，婦人瘦損，不能飲食，腹中有塊，淋瀝不盡，赤白帶下，天行心悶。○扶芳藤，主一切血，一切氣，一切冷，其楓上者主血風及渴。○木蓮房，破血。○土鼓藤，主血風羸劣，腹內諸冷，血悶。○木蓮藤汁，傅白癜，癧瘍及風惡，疥癬。補：陳藏器云：暖腰腳，久服延年，去百病，變白不老。《圖經》曰：木蓮，壯陽道。【解】殺孽毒。

明·許希周《藥性粗評》卷三　絡石可□□□達疼。

絡石一名石□□□□□□□石而生，莖節着處即生根鬚，葉圓□□□□青，冬夏不凋。南北山谷處處有之。此以生石上者為良，生木上者隨木性而移，不堪入藥。六七月採莖，日乾。杜仲、牡丹為之使，惡鐵落，畏貝母及菖蒲。味苦，性溫、微寒，無毒。主治風熱口乾，舌焦舌腫，水漿不下，癰癤腫痛。去死肌，堅筋骨，暖腰膝，利關節，久服輕身明目，變白不衰。

單方：癰毒：凡患癰癤發背腫毒，取絡石搗爛，調醋少許，敷上，再易而消。如發背掀熱者，爛搗絞汁，和蜜連飲數升，以滓封瘡上，頻易取效。蛇傷：凡患蜈蚣、蛇、蝎所傷，搗石絡絞汁飲之，復以滓封傷處，便愈。

明·陳嘉謨《本草蒙筌》卷二　絡石　味苦，氣溫、微寒。無毒。陰山峻壁，隨處有之。多包絡石上，或蔓延木上。莖節着處即生根鬚。葉圓凌冬常青，花白結子細黑。與薜荔、木連、地錦、石血等同一類焉。人家亭圃石山，亦每種植爲翫飾。採莖葉入藥，擇附石為良。畏貝母、菖蒲，使牡丹、杜仲。喉閉不通欲絕，水煎湯下立甦；背癰焮腫延開，蜜和汁服即効。堅筋骨強健腰足，利關節潤澤容顏。去風熱死肌，解口舌乾燥。蛇毒心悶能散，刀斧瘡口可封。久服輕身，通神明目，延年耐老。○薜荔雖同絡石，莖葉麄大如藤。治背癰將葉採收，煎酒飲下利即愈。○木連味苦，附木而生，苗藤似寄生，夤緣直上。枝葉如石韋，豐厚且圓。任採煎湯，或收浸酒。初服壯陽卻病，久服耐老延年。藤汁取之，堪敷風毒。掃白癜風瘮，除疥癬癧瘍。子生大類蓮房，一年一熟；房劈內多白汁，久漸黑凝。破血甚良，依時收採。子亦入藥，並載《圖經》。○地錦味甘，葉如鴨掌。藤蔓著地，隨節有根。亦緣木石沿長，每耐寒凍不瘁。煎湯浸酒，破血止疼。祛產後血凝，逐腹中血瘕。○又種石血，亦以血攻。狀與絡石相同，但葉尖而半赤。石崖多產，收取無時。煎酒建功，墮胎亦速。

明·王文潔《太乙仙製本草藥性大全》卷二《本草精義》　絡石　一名石鯪，一名石蹉，一名石峈，一名明石，一名領石，一名懸石。生泰山川谷，或高山岩上，或陰山峻壁，或生人間，今在處有之。或宮寺、人家亭苑山石間種以爲飾。葉圓如細橘，正青，冬夏不凋，其莖蔓延，莖節着處即生根鬚，包絡石上，以此得名。花白子黑，正月採。或云六月、七月採莖葉，日乾。以石上生者良。畏貝母、菖蒲，惡鐵落。其在木上者，隨木性而移，薜荔、木蓮、地錦、石血皆其類也。

明·王文潔《太乙仙製本草藥性大全》卷二《仙製藥性》　石血　味苦。亦以血攻，狀與絡石相同，但葉尖而半赤。石崖多產。收取無時，煎酒建功，墮胎亦速。

明·王文潔《太乙仙製本草藥性大全》卷二《仙製藥性》　絡石　味苦，

氣溫、微寒，無毒。杜仲、牡丹爲之使。　主治：　主諸瘡頭瘡白秃，治熱氣陰蝕不痊。喉閉不通欲絶，水煎湯下立甦。背癰焮腫延開，蜜和汁服即效。心堅筋骨，强健腰足；　利關節，潤澤容顔。去風熱死肌，解口舌乾燥蛇毒。心悶能散，刀斧瘡口可封。久服輕身通神，明目，延年耐老。　根：　除五臟寒熱，止洩痢腹疼。除邪氣，欬逆，疽癩諸瘡。療金瘡傷撻，生肌長肉。　補註：　喉痹，咽喉塞，喘息不通，須臾欲絶。以二兩，水煎，取一大盞，去滓，細呷，須臾即通。○一切風，用壹兩，煮汁服之，變白耐老。　太乙曰：　凡採得後，用麄布揩葉上、莖蔓上毛了，用熱甘草水浸一伏時，出，切，日乾用。

明・皇甫嵩《本草發明》卷三　絡石上品下，君。氣微寒，味苦，溫，無毒。

發明曰：　絡石，除風熱，利水臟。故《本草》主風熱癰傷，癰腫不消，死肌，喉舌腫，不通水飲，煎湯服愈。口舌焦，大驚入腹，除邪氣，養腎腰，寬痛，堅筋骨，利關節。久服明目潤顔。又散蛇毒心悶，封刀瘡，癰腫延開，蜜和汁服即效。生山岩、宫寺、人家亭園石間。葉如細橘，冬夏不凋，莖蔓着處生根，包絡石上，花白子黑。石上生者良。在木土生者，隨木性移，如薜荔、木蓮、石錦、血石皆類也。杜仲、牡丹為使。畏貝母、菖蒲。惡鐵落。用粗布揩莖葉上毛，甘草湯浸一伏時，晒乾用。

明・李時珍《本草綱目》卷一八草部・蔓草類　絡石《本經》上品

【釋名】石鯪吴普作鯪石。　石龍藤《別録》　懸石同　耐冬恭　雲花普　雲英普　雲丹普　石血恭　雲珠普。《別録》又名略石、領石、明石、石磋。恭曰：　俗名耐冬。以其包絡石木而生，故名絡石。山南人謂之石血，療産後血結，大良也。　【集解】《別録》曰：　絡石生太山川谷，或石山之陰，或高山巖石上。或生人間。五月采。弘景曰：　不識此藥，方法無用者。或云是石類，既生人間，則非石，猶如石斛，繫石爲名耳。恭曰：　此物生陰濕處。冬夏常青，實黑而圓，其莖蔓延遶樹石側，若在石間者，葉細厚而圓短；　遶樹生者，葉大而薄。人家亦種之爲飾。保昇曰：　所在有之，生木石間，凌冬不凋，葉似細橘葉。莖節着處，即生根鬚，包絡石旁。花白子黑。六月、七月采莖葉，日乾。藏器曰：　在石者良，在木者隨木性有功，與薜荔相似。更有石血、地錦等十餘種藤，並是其類。大略皆主風血，暖腰脚，變白不老。蘇恭言石血即絡石，殊誤矣。絡石葉圓正青。石血葉尖，一頭赤色。時珍曰：　絡石貼石而生。其蔓折之有白汁。其葉小于指頭，厚實木强，面青背淡，濇而不光。有尖葉、圓葉二種，功用相同，蓋一物也。蘇恭所説不誤，但欠詳耳。

莖葉　【修治】雷曰：　凡采得，用粗布揩去毛了，以熟甘草水浸一伏時，切晒用。

【氣味】苦，温，無毒。《別録》曰：　微寒。普曰：　神農：　苦，小温。雷公：　苦，平，無毒。扁鵲、桐君：　甘，無毒。當之曰：　大寒。藥中君也。采無時。時珍曰：　味甘、微酸，不苦。之才曰：　杜仲、牡丹爲之使。惡鐵落。畏貝母、菖蒲。殺殷孽毒。　【主治】風熱死肌癰傷，口乾舌焦，癰腫不消，喉舌腫閉，水漿不下《本經》。大驚入腹，除邪氣，養腎，主腰髖痛，堅筋骨，利關節。久服輕身明目，潤澤好顔色，不老延年，通神《別録》。主一切風，變白宜老藏器。蝮蛇瘡毒，心悶，服汁并洗之。刀斧傷瘡，傅之立瘥恭。

【發明】時珍曰：　絡石性質耐久，氣味平和。神農列之上品，李當之稱爲藥中之君。其功主筋骨關節風熱癰腫，變白耐老。而醫家鮮知用者，豈以其近賤而忽之耶？服之當浸酒耳。《仁存堂方》云：　小便白濁，緣心腎不濟，或由酒色，遂至已甚，謂之上淫。蓋有虚熱而腎不足，故土邪干水。史載之言夏則土燥水濁，冬則土堅水清，即此理也。醫者往往峻補，其疾反甚。惟服博金散，則水火既濟，源潔而流清矣。用絡石、人參、茯苓各二兩，龍骨煅一兩，爲末。每服二錢，空心米飲下，日二服。

【附方】舊二，新二。　小便白濁：　方見上。　喉痹腫塞：　喘息不通，須臾欲絶，神驗。方用絡石草一兩，水一升，煎一大盞，細細呷之。少頃即通。《外臺秘要》。　癰疽焮痛：　止痛。靈寶散：　用鬼繫腰，生竹籬陰濕石岸間，絡石而生者好，絡木者無用。其藤柔細，兩葉相對，形生三角，用莖葉一兩，洗晒，勿見火，皂莢刺一兩，新瓦炒黄，甘草節半兩，大瓜蔞一個，取仁炒香，乳香、没藥各三錢。每服二錢，水一盞，酒半盞，慢火煎至一盞，温服。《外科精要》。

明・梅得春《藥性會元》卷上　絡石　味苦，溫，無毒。杜仲、牡丹為使。惡鐵。畏貝母、菖蒲。用粗布拭去莖蔓上毛，甘草水浸一伏時，日乾。　主治風濕死肌，癰腫不消，喉舌腫不通，水漿不下；　大驚入腹，除邪氣，養腎，主腰膝痛，堅筋骨，利關節，明目，潤顔。

明・繆希雍《本草經疏》卷七　絡石　味苦，溫、微寒，無毒。主風熱，死肌，癰傷，傷宜作瘍。口乾舌焦，癰腫不消，喉舌腫不通，水漿不下，大驚入腹，除邪氣，養腎，主腰髖痛，堅筋骨，利關節。久服輕身，明目，潤澤好顔色，不老延年。

【疏】絡石稟少陽之令，兼得地之陰氣。其味苦，其氣溫、微寒而無毒，入足陽明、手足少陰、足厥陰少陽經。故主風熱，死肌，癰傷，口乾舌焦，癰腫不消，喉舌腫，水漿不下，皆苦溫通氣血。血屬陰，陰寒入血而除熱之效也。又能除邪氣，養腎，主腰髖痛，堅筋骨，利關節，療蛇毒心悶，刀斧傷，擣封立差，皆涼血除熱之功也。《本經》久服輕身明目，潤澤好顔色，不老延年。陳藏器以為能變白，亦指益陰涼血而言也。生石上者良。　【主治參互】

絡石搗汁，入諸解毒藥，治發背癰疽，神效。《外臺秘要》治喉痹，喘息不通，須臾欲絕。以絡石一兩，水一升，煎取一大盞，去滓。細細喫，須臾即通。〔簡誤〕陰臟人，畏寒易泄者，勿服。

木蓮　薜荔也。附木而生，得木氣，故名木蓮，俗呼鬼饅頭。夤緣樹木牆壁，三五十年漸大，枝葉繁茂，葉長二三寸，厚若石韋，生子似蓮房，打破有白汁，停久如漆。六七月實内空而紅，則滿腹細子，大如稗子，一子一鬚，其味微澀，其殼虛輕。一年一熟，子亦入藥。頌曰：薜荔、絡石極相類，莖葉粗大如藤狀，木蓮更大於絡石，四時不彫，蓋稟天地陰寒之氣而生者也。故其味酸寒，辛平無毒。用其葉研爛絞汁，和蜜飲數升，并傅癰上，能消背癰，下利即愈。考木蓮無經文者，為其與絡石相類也。俱以杜仲、牡丹為之使。惡鐵落，畏貝母、菖蒲。

明・倪朱謨《本草彙言》卷六　絡石　味甘、酸，微苦，氣溫，無毒。入足陽明、手足少陰、足少陽、厥陰五經。　蘇氏曰：絡石，所在有之。帖石包絡而生，故名。生太山川谷，或石山之陰，或高山巖石之間。其莖蔓延，廻繞石上。葉似橘葉，細厚圓而木强，面青背淡，澀而有光，冬夏常青。莖節着處，即生根鬚。浮熁垣壁木石，人家亦種此爲飾。五月開白花，實黑而圓。有尖葉、圓葉二種，功用相同，蓋一物也。六七月采莖葉日乾，揩去毛用。沈氏云：絡石者良，絡木者無用。

絡石：暖血壯筋，日華子健運腰膝之藥也。姚日章稿此藥性質耐久，氣味和平，前古列爲上品。李氏方稱爲藥中之君主，筋骨關節，風熱腫强，不能動履。凡筋骨痹痛，不能屈伸；或癰疽腫毒，焮赤疼痛，流結上下身體樞絡之間，起居動止，痿廢勿用，速宜浸酒蒸飲。又喉痹腫塞，煎汁立通。刀斧傷瘡，敷之隨效。凡服此，能使血脉流通，經絡調達，筋骨强利，奈舉世醫家莫知用者，豈以因其賤而忽之歟？抑功用未盡善歟？如陰藏畏寒易泄者，勿服。

集方：趙德先家抄治小便白濁，緣心腎不濟，或由酒色，遂至已甚，謂之火淫，蓋有虛熱而腎水不足者。醫者往往峻補肝腎，其疾反甚。惟服博金散，則水火既濟，源潔而流清矣。用絡石、茯苓各二兩，人參五錢，龍骨煅一兩，共爲極細末。每服二錢，食前燈心湯下，日二服，即愈。○同前治筋骨攣拳，遍身疼痛，腰膝無力，行動艱難，不拘風寒濕毒，或精亡斲喪，筋骨衰敗者，服此即瘥。用絡石八兩，日乾，再炒燥，枸杞子、當歸各四兩，浸酒，日逐飲。○《外臺秘要》治喉痹腫塞，喘息不通，須臾欲絕。用絡石草一兩，水一升，煎一大盞，徐徐呷之，少頃即通。○《外科精義》治癰疽腫毒，焮赤疼痛。用絡石莖葉一兩，水洗晒乾，勿見火，皂角刺八錢，新瓦焙，甘草節五錢，大瓜蔞一箇，取仁炒，乳香、沒藥各三錢，分作十劑，每日服一劑，水煎和酒半盞服。

治一身風毒作痛，或諸瘡餘毒作痛，或濕痰流飲作痛，或濕痰流飲作核作塊，時聚時散，脹痛非常，取一二兩并宜酒煎飲之。○治婦人頻年小産不育。用絡石八兩，當歸身、白朮各四兩，俱醋拌炒，共爲末，煉蜜丸梧子大。每早晚各服三錢，白湯下，可全育。

明・顧逢柏《分部本草妙用》卷八雜藥部　絡石　甘、酸，溫，無毒。牡丹、杜仲為使，惡鐵落，畏貝母、菖蒲。　主治：一切癰腫，刀斧傷瘡，喉舌腫閉，水漿不下。除邪去驚，養腎，腰髖痛，堅筋骨，利關節，久服不老。解蝮蛇瘡。　按：絡石功主筋骨關節，風熱癰腫，變白耐老。又能治白濁，用絡石、人參、茯苓各二兩，龍骨煅一兩，為末，米飲空心下二錢，取其水火既濟之，而濁陰不下也。

清・顧元交《本草彙箋》卷四　絡石附木蓮。　性質耐久，氣味平和，神農列之上品。其功主筋骨關節風熱癰腫，變白耐老。醫家鮮知用者，如斯之類，不能具載。

所在有之，生木石間，淩冬不凋，其蔓折之有白汁，其葉小於指頭，厚實木强，面青背淡，澀而不光。有尖葉圓葉二種，功用相同，蓋一物也。莖節著處，即生根鬚，花白，子黑而圓。在石者良，在木者，隨木性有功。與薜荔相似。　《仁存堂方》云：小便白濁，緣心腎不濟，或由酒色遂至已甚，謂之土淫。蓋有虛熱而腎不足，故土邪干水。史載之言，夏則土燥水濁，冬則土堅水清，即此理也。醫者往往竣補，其疾反甚，惟服博金散，則水火既濟，源潔而流清矣。用絡石、人參、茯苓各二兩，龍骨煅一兩，爲末，每服二錢，空心米飲下，日二服。喉痺腫塞，喘息不通，須臾欲絕，用絡石草二兩，水一升，煎取一大盞，去滓，細呷之，須臾即通。　木蓮，延樹木垣墻而生，莖葉大於絡石，不花而實，微似蓮蓬，俗呼鬼饅頭，釋名薜荔。味酸寒，辛平，無毒。凡發背瘡者，以薜荔葉爛研絞汁，和蜜飲數升，以滓敷之甚效。

其藤汁可塗白癜風，其實可療陰頹腸痔。同猪前蹄煮食之，并飲汁盡，可以下乳，即無子婦人食之，亦有乳也。

清・穆石匏《本草洞詮》卷一〇　絡石　包絡石木而生，故名。味甘微酸，氣溫，一云大寒，無毒。治風熱，癰腫死肌，喉舌腫閉，水漿不下，堅筋骨，利關節，主一切風。蓋絡石性質耐久，氣味平和，《神農》列之上品，李當之稱為藥中之君，醫家鮮知用者，豈以其賤而忽之耶？《仁存堂方》云：小便白濁，緣心腎不濟，或由酒色，謂之上淫。蓋有虛熱，而腎不足，故土邪干水，夏則土燥水濁，冬則土堅水清，即此理也。醫者往往峻補，其疾反甚，惟服博金散，則水火既濟，源潔而流清矣。用絡石、人參、茯苓各二兩，龍骨煅一兩，為末，每服二錢，米飲下，日再。

清・劉雲密《本草述》卷一一　絡石六月七月采莖葉用。　蘇恭曰：是物生陰溼處，冬夏常青，實黑而圓，其莖蔓延，遶樹石側，若在石間者，葉細厚而圓短，遶樹生者葉大而薄，人家亦種之為飾。

時珍曰：絡石帖石而生，其蔓折之有白汁，其葉小於指頭，厚實木强，面青背淡濇而不光，有尖葉圓葉二種，功用相同，蓋一物也。蘇恭所說不誤，但久詳耳。

莖葉　氣味：苦，溫，無毒。《別錄》曰：微寒。普曰：神農：苦，小溫。雷公：苦平，無毒。扁鵲、桐君：甘，無毒。當之曰：大寒。藥中君也。

諸本草主治：喉舌腫閉，背癰焮腫，癰傷口乾舌焦，養腎，除邪氣，利關節，明目，主一切風。方書主治：咽喉中如有物噎塞。希雍曰：絡石稟少陽之令，兼得地之陰氣。其味苦，其氣溫，微寒而無毒。入足陽明、手足少陰、足厥陰、少陽經。觀《本經》主治諸證，皆其熱毒之鬱於血分者，故用玆味苦溫通氣血，即因用其陰寒入血，而解除熱毒也。

附方　喉痺腫塞，喘息不通，須臾欲絕神验。方用絡石草一兩，水一升，煎一大盞，細細呷之，少頃即通。　癰疽焮痛，止痛靈寶散，用鬼繫腰，生竹籬陰溼石岸間絡石而生者，好絡木者無用，其藤柔細，兩葉相對，形生三角，用莖葉一兩，洗曬，勿見火，皂莢刺一兩，新瓦炒黄，甘草節半兩，大瓜蔞一箇，取仁炒香，乳香、沒藥各三錢，每服二錢，水一盞，煎半盞，慢火煎至一盞，溫服。　小便白濁，《仁存堂方》云小便白濁，緣心腎不濟，或由酒色，遂至已甚，謂之土淫，蓋有虛熱而腎不足，故土邪干水。史載之言，夏則土燥水濁，冬則土堅水清，即此理也。醫者往往峻補，其疾反甚，惟服博金散，則水火即濟，源潔而流清矣。用絡石、人參、茯苓各二兩，龍骨煅一兩，為末，每服二錢，空心米飲下，日二服。

愚按：苦寒之味則就水，苦熱則就火。絡石之味苦，原得於陰氣最厚，以凌冬不凋之性，乃於六七月采之，是為陰中有陽，非偏於寒者也。惟其陰氣厚，故治血中熱毒。惟其陰中有陽，故能就熱毒以達其清解之用，不至於相逆而奏效。蓋如喉痹背癰證，療治原忌寒涼，故此味於斯二證有專功也。至治白濁，如孫氏《仁存堂經驗方》所云，當是益陰氣而又不大寒，正陰中有陽，水火相濟之功耳。

修治　粗布揩去莖葉上毛，熟甘草水浸，曬乾。

清・郭章宜《本草匯》卷一二　絡石　苦、甘，微酸，氣寒，入足陽明、手足少陰、足厥陰、少陽經。治喉痺腫閉欲絕，療風熱死肌癰痛。除口乾舌焦，堅筋骨腰足。蛇毒心悶能散，刀斧瘡口可封。

按：絡石，以其包絡木石生而名之也。稟少陽之令，得地之陰氣，開關節，散風熱，治發背癰疽之要藥也。《神農》列之上品。李當之稱為藥中之君。醫家鮮知用者，豈以其近賤而忽之耶？《仁存堂》治小便白濁，緣心腎不濟，或由酒色過度，謂之上淫。蓋有虛熱，而腎不足，故土邪干水。史載之言夏則土燥水濁，冬則土堅水清，即此理也。醫者往往峻補，其疾反甚，惟服博金散，則水火既濟，源潔而流清矣。用絡石、人參、茯苓各二兩，龍骨煅一兩，為末，每服二錢，空心米飲下，日二服。陰臟人，畏寒易泄者，勿服。

陰山峻壁，隨處有之。多包絡石間，或蔓延木上。莖節着處，即生根鬚，葉細厚而圓短，凌冬常青，花白實黑，折之有白汁，與薜荔、地錦等同一類焉。入藥擇附石者良。用粗布揩去毛子，以熱甘草水浸透，切晒用。杜仲、丹皮為之使。惡鐵落。畏貝母、菖蒲。

清・李熙和《醫經允中》卷二一　絡石　牡丹、杜仲為使。惡鐵落。畏貝母、菖蒲。入心、腎、肝、膽經。　甘、酸，溫，無毒。主治一切癰腫發背，刀斧傷瘡。療喉痺腫閉欲絕，散風熱，堅筋骨，利關節，久服耐老。附石而生，葉圓而小，經冬不凋者名絡石。附木而生者名木連，取汁堪敷風毒。又產石崖，但葉尖而半圓者，名石血，煎服墮胎亦速。又莖葉粗大如藤者，名薜荔，採葉煎酒服，治背癰。

清・馮兆張《馮氏錦囊秘錄・雜症痘疹藥性主治合參》卷三　絡石生石者良。稟少陽之令，兼得天地陰寒之氣而生，四時不凋。其味苦，其氣溫，微寒而無毒。入足陽明、手足少陰、足厥陰少陽經藥。　絡石與薜荔、木蓮、地錦、石血同類。喉痹不通欲絕，水煎湯下立甦。背癰焮腫延開，蜜和汁服立效。堅筋骨，強健腰足。利關節，潤澤容顔。去風熱死肌，解口舌乾燥。蛇毒心悶能散，刀斧瘡口可封。薜荔雖同絡石，莖葉粗大如藤。治背癰，將葉採收，煎酒飲下（痢）即愈。木蓮與絡石相類，莖葉粗大，更大於絡石，味苦，藤似寄生，附木而生，苗枝葉如石韋，因得木氣，故名木蓮，俗呼鬼饅頭是也。又名（薜）〔薜〕荔。或煎湯或浸酒，初服壯陽卻病，久服耐老延年。藤汁取之，堪敷風毒，掃白癜風癬，除疥癬癧瘍。其上結子房，并房中白汁，破血甚良。地錦味甘，煎湯浸酒，破血止疼，祛産後血凝，逐腹中血瘕。石血亦以血攻，煎酒建功，墮胎亦速。

按：絡石，以其包絡木石生而名之也。稟少陽之令，得地之陰氣，開關節，散風熱，治發背癰疽之要藥也。神農列之上品，李當之稱為藥中之君。醫家鮮知用者，豈以其近賤而忽之耶！仁存堂治小便白濁，緣心腎不濟，或由酒色過度，謂之上淫，蓋有虛熱而腎不足，故土邪干水。史載之言，夏則土燥水濁，冬則土堅水清，即此理也。醫者往往峻補，其疾反甚，惟服博金散，則水火既濟，源潔而流清也。用絡石、人參、茯苓各二兩，龍骨煅一兩，為末，每服二錢，空心米飲下。日二服。陰臟人畏寒，易泄者勿服。陰山峻壁，隨處有之，多包絡石間，或蔓延木上，莖節着處，即生根鬚，葉細厚而圓短，淩冬常青，花白實黑，折之有白汁，與（薜）〔薜〕荔、地錦等同一類焉。入藥擇附石者良。用粗布揩去毛子，以熱甘草水浸透切晒用。杜仲、丹皮為之使。惡鐵落。畏貝母、菖蒲。

清・王子接《得宜本草・上品藥》　絡石　味苦。強筋骨，利關節。得射干、山梔療咽腫毒氣攻喉。

清・嚴潔等《得配本草》卷四　絡石　杜仲、牡丹為之使。畏貝母、菖蒲。惡鐵落。殺殷孽毒。　苦，溫。入足厥陰經氣分。強筋骨，利關節，療風熱癰腫。　配射干、山梔，治毒氣攻喉。配參、苓、龍骨，治白濁已甚。腎虛土邪干之，謂之土淫，如冬則土堅水清，夏則土燥水濁也。俾水火既濟，源潔而流自清矣。

貼石而生，或生於牆。葉如茶匙，有尖葉、圓葉，功用相同。　洗淨，甘草湯浸，曬乾用。　絡木生者勿用。

清・沈金鰲《要藥分劑》卷一　絡石　【略】鰲按：絡石之功，專于舒筋活絡，凡病人筋脉拘攣，不易伸屈者，服之無不獲效，屢試屢驗，不可忽之也。

清・楊時泰《本草述鉤元》卷一一　絡石　生陰濕處。冬夏常青，實黑而圓，其莖蔓延帖石，折之有白汁，其葉小於指頭，厚實木強，面青背淡，澀而不光，有尖圓二種，功用相同。六七月采莖葉用，其遶樹生者，葉大而薄也。

氣味苦，溫，微寒。入足陽明、手足少陰、足厥陰少陽經。治喉舌腫閉，背癰焮腫，口乾舌焦，養腎明目，除邪氣，利關節，主一切風。方書治喉咽中如有物噎塞。稟少陽之令，兼得地之陰氣，所主諸證，皆其熱毒之鬱於血分者。茲味苦溫通氣血，即因其陰寒入血而解除熱毒也。喉痹腫塞，喘息不通，須臾欲絶，用絡石一兩，水一升，煎一大盞，細細呷之，少頃即通，神驗。癰疽焮痛，止痛靈寶丹，用鬼繫腰，即陰濕石岸間絡石而生者，其藤柔細，兩葉相對，形生三角，用莖葉一兩，洗，曬，勿見火，皂角刺一兩，新瓦炒黃，甘草節半兩，大瓜蔞一個，取仁炒香，乳香、沒藥各三錢，每服二錢，水一盞，酒半盞，慢火煎至一盞，溫服。小便白濁，緣心腎不濟，或由酒色，遂至已甚，謂之土淫。蓋有虛熱而腎不足，故土邪干水，史載之言夏則土燥水濁，冬則土堅水清，即此理也。醫者往往峻補，其疾反甚。惟博金散，則水火即濟，源潔而流清矣。用絡石、人參、茯苓各二兩，龍骨煅一兩，為末，每服二錢，空心米飲下，日二服。

論：凡味苦寒則就水，苦熱則就火。絡石味苦，淩冬不凋，得於陰氣最厚。六七月采之，是陰中有陽，而非偏於寒者。惟其陰氣厚，故治血中熱毒，惟其陰中有陽，故就熱毒以達清解之用，不至於相逆而奏效。蓋如喉痹、背癰療治，原忌寒涼，故此味有專功。至其治白濁，當是益陰氣而又不大寒，正陰中有陽，水火相濟之功耳。

修治：粗布揩去莖葉上毛，熟甘草水浸，曬乾用。

清・鄒澍《本經續疏》卷一　絡石　【略】石者，土欲化金而未成也。於藏氣為帖緊相承之脾肺。絡石者，木水土相參之化也。於藏氣為間於脾腎之肝，肝主疏洩暢達者也。乃絡石疏洩暢達，獨於帖緊相承之脾肺，依附甚固。則凡脾肺所主肌肉皮毛間，倘有邪氣附著，生氣不榮，吸攝津液，以資啟溉，致津液乾涸，仍無濟於生氣者，得此疏洩暢達焉，不特枯竭轉而榮茂，且乾涸轉而潤澤矣。何則以脾肺本主津液相輸灌也。惟然則於死肌癰傷，口乾舌焦，癰腫不消，喉舌腫，水漿不下，固有會矣。特謂其主於風熱，何也？夫不因風熱則死肌癰傷，口乾舌焦，癰腫不消，喉舌腫，水漿不下，又何自而來？但其味苦溫，苦溫非治風熱者，茲則所宜闡明者矣。蓋諸證者，火結非假，津涸非真，乃陽劫陰以自資，陰被劫而不得化，故惟陽能入之，陰則不能入也。設使用寒必傷陽格，用熱又屬耗陰，惟苦以發之，溫以散之，相比成功，仍是冬夏不彫，寒暑皆榮之物，生乎陰而長於陽，絡於陰而伸夫陽者。《至真要大論》所謂微者逆之，甚者從之是矣。雖然，《別録》所係大驚入腹，除邪氣，則氣亂而邪從以入也。其所謂養腎主腰髖痛，堅筋骨，利關節，不與他主治大相逕庭耶？蓋人氣升降，如環無端，第下者必化於腎而後能升，上者必化於肺而後能降。絡石之於肺，雖邪阻氣撓，顛連如石，亦能化而通之，行而降之。若是假使在上已無病，而下之機關猶未轉，則儘利其上，其在下者能常自窒乎？矧絡石原生於陰濕處，則其機關本自下而上，其奏功則自上而下耳。逕庭云乎哉。

清・吳其濬《植物名實圖考》卷二一　白花藤　江西廣饒極多。蔓延牆垣，與薜荔雜廁；葉光滑如橘，淩冬不凋；開五瓣白花，形如卍字。土人無識之者。

按《唐本草》有白花藤，葉似女貞，莖葉無毛，頗相似。但白花並無形狀，而《蜀本》又云葉有細毛，亦自不同，未敢合併。滇南謂之山豇豆，結角長幾尺，色紫紅，正如豇豆，炒食甚香，兒童嗜之。

清・吳其濬《植物名實圖考》卷二二　絡石　《本經》上品。湖廣、江西極多。陳藏器以圓葉為絡石，尖葉一頭紅者為石血。今從之。

雩婁農曰：絡石生石壁壞牆上，蔓而有直幹。《本經》以為上藥，蓋藤屬。象人筋絡，其耐霜雪者性必溫，風之不搖則却風淫；而色如血者即入血，人肖天地，百物肖人，以物治人，即以人治人，人食味、別聲、被色而生，聖人亦以食、聲、色之相類者生之，無他道也。故曰：行所無事。

清・葉志詵《神農本草經贊》卷一　絡石　味苦，溫。主風熱，死肌癰傷，口乾舌焦，癰腫不消，喉舌腫，水漿不下。久服輕身明目，潤澤好顏色，不老延年。一名石鯪。生川谷。

青蔓連延，龍鱗結絡。灌植靈根，疎通幽籥。身鏡華精，神庭灼爍。得此石交，烟霞向託。

蘇恭曰：此物冬夏常青，其莖蔓延繞樹石側。名醫曰：一名石龍藤。吳普曰：一名鱗石。郭璞賦：龍鱗結絡。《黃庭經》：灌溉五華植靈根。注：舌本也。《禮》：疏通知遠。沈約詩歌：幽籥且未調。《真誥》：目者身之鏡，面者神之庭。《黃庭經》：通利華精。註：目精也。蔡邕賦：榮華灼爍。《史記・傳》：蘇秦喜此而得石交。陸龜蒙詩：且向烟霞託。

清・張仁錫《藥性蒙求・草部》　絡石三錢、四錢　絡石苦溫，舒筋活絡，關節利通，腰疼宜服。入心、肝、胃、胆、腎五藥。沈金鰲曰：絡石之功，專于舒筋活絡，凡病人筋脈拘攣，不易伸屈，無不獲效。服之，當浸酒。○雷公曰：凡使，取生石者用，生木者不用。以粗布揩去毛，甘草水浸一日夜，切，晒用。

清・戴葆元《本草綱目易知録》卷二　絡石耐冬、石血。　莖、葉味甘，微酸。祛風熱，利關節，堅筋骨，消癰腫，養腎明目，延年通神。治喉舌腫閉，水漿不下，腰髖酸痛，死肌癰瘍，舌焦口乾。蝮蛇瘡毒心悶，服汁并洗之。刀斧傷瘡，傳之立瘥。

黑牛筋

清・吳其濬《植物名實圖考》卷一七　黑牛筋　生雲南山石間。粗莖鋪地，逐節生枝，小葉木強，大體類絡石；開五瓣白花，紅苞如珠。

石血

明・皇甫嵩《本草發明》卷三　血石此與地錦、木蓮之類相似，但其葉尖，一頭赤，大暑皆主風血，暖腰脚，變白不衰。

清・吳其濬《植物名實圖考》卷一九　石血　宋《圖經》石血與絡石極相類，但葉頭尖而赤耳。

按江西山坡及牆壁木石上極多。葉紅如霜葉，掩映綠卉，尤增鮮明。但細審其葉，一莖之上，或尖或團，團如人手指，尖如竹葉；秋時結長角如豇豆，長六七寸，初青後赤；破之有子如蘿藦子，半如鍼半如絨，絨亦白軟，大約與絡石同種，而結角則異，或以為雌雄耳。

百脚蜈蚣

清・吳其濬《植物名實圖考》卷一九　百脚蜈蚣　生江西廬山。緣石蔓衍，就莖生根，與絡石、木蓮同。葉似山藥有細白紋，面綠背淡，新莖亦綠。

山橙

清・趙其光《本草求原》卷一山草部　山橙即屈頭雞。　苦，甘，平。滋陰，消熱積氣痛，功同羅漢果。其殼，洗皮膚血熱毒，搽濕癬、疥癩。存性開油。

鹿角藤

清・趙學敏《本草綱目拾遺》卷七藤部　鹿角藤　一名白毛刺。汪連仕方云：木本藤也，刺長，傷人皮肉，立腫疼不休。又名不薪木，山人不斫。性大熱，氣臭，打痞積，治風氣如神，皆用根搗，共香糟罨之。

葉　蒸酒服，能鑽筋透骨。

子　食之，大能醉人。

乳藤

清・趙學敏《本草綱目拾遺》卷七藤部　乳藤　《粵志》：乳藤蔓如懸鉤倒挂，葉尖而長，斷之有白汁如乳。婦人產後，以藤搗汁，和米作粥食之，乳湩自通。　初生嫩條可食，其大實曰冬榮子，大如柚子，中有瓤，瓣瓣相疊，白如豬脂，炙食皆甘美，身懷數日，香不減，秋末冬初間，采以相餉，矜為服食之珍，行血通乳《粵志》。　《李氏草祕》：乳汁藤生山麓林中，高二三尺，葉似蒲萄子，藍色一叢，根皮搯之出汁如乳，為諸乳毒癰瘡中之聖藥。排膿散毒，生肌止痛，消腫益血，痛不可忍者，罨之即止。已成未成，已潰未潰，始終皆不可少《李氏草祕》。　汪連仕《草藥方》：　乳門草即乳汁草，又名土奶奶，性寒涼，行乳汁通氣，而能入血分，根止痢疾。細藤者，即遍地金，又名雞盲草，合雞肝蒸服專治小兒一切疳眼。

白龍藤

清・吴其濬《植物名實圖考》卷二三　白龍藤　生雲南山中。粗藤如樹，巨齒森森，細枝小葉，亦絡石之類。土醫云能舒筋骨。

羊角紐

清・趙其光《本草求原》卷一山草部　羊角紐　苦，寒，有毒，能殺人，不可入口。止瘙癢，治疥癩熱毒。其子似羊角，角內有花，極止刀傷血。

扶芳藤

清・戴葆元《本草綱目易知錄》卷二　扶芳藤　苦，小溫。主一切血，一切氣，一切冷。大主風血腰脚痛。去百病，久服延年。剉細，浸酒良。【略】

葆驗按：水濕脚氣癢極，作腐皮脫，水流浸透鞋襪，諸藥罔效，教以此葉貼之，水止漸愈。但其藤似而葉如楓樹葉，大樹俱延，經霜乃落，俗名上樹楓。

忍冬

宋・李昉《太平御覽》卷九九三　忍冬　《本草經》曰：忍冬，味甘。久服輕身。

宋・唐慎微《證類本草》卷七草部上品〔《別錄》〕　忍冬　味甘，溫，無毒。　主寒熱身腫。久服輕身，長年益壽。十二月採，陰乾。

〔梁・陶弘景《本草經集注》〕云：　今處處皆有，似藤生，淩冬不凋，故名忍冬。人惟取煮汁以釀酒，補虛療風。仙經少用。此既長年益壽，甚可常採服。凡易得之草，而人多不肯爲之，更求難得者，是貴遠賤近，庸人之情乎？

〔唐・蘇敬《唐本草》〕注云：　此草藤生，繞覆草木上。苗莖赤紫色，宿者有薄白皮膜音莫之。其嫩莖有毛，葉似胡豆，亦上下有毛。花白蘂紫。今人或以絡石當之，非也。

〔宋・馬志《開寶本草》〕按：　《陳藏器本草》云：忍冬，主熱毒血痢，水痢，濃煎服之。小寒，本條云溫，非也。

〔宋・掌禹錫《嘉祐本草》〕按：　《藥性論》云：　忍冬亦可單用。味辛，主治腹脹滿，能止氣下澼。

〔宋・唐慎微《證類本草》〕《肘後方》：　飛尸者，遊走皮膚，穿藏府，每發刺痛，變作無常；　遁尸者，附骨入肉，攻鑿血脉，每發不可得近，見屍喪、聞哀哭便作；　風尸者，淫躍四肢，不知痛之所在，每發昏恍，得風雪便作；　沉尸者，纏骨結藏，衝心脇，每發絞切，遇寒冷便作；　尸注者，舉身沉重，精神錯雜，常覺昏廢，每節氣至，則輒致大惡。此一條別有治後熨也。　忍冬莖葉，剉數斛，煮令濃，取汁煎之服如雞子一枚，日二三服。

宋・洪邁《夷堅志・再補》　金銀花解蕈毒　崇寧間，蘇州天平山白雲寺五僧行山間，得蕈一叢甚大，摘而煮食之，至夜發吐，三人急採鴛鴦草生啖，遂愈。二人不肯啖，吐至死。此草藤蔓而生，對開黃白花，傍水處多有之，治癰疽腫毒有奇功，或服、或敷、或洗皆可。今人謂之金銀花，又曰老翁鬚。

宋・王介《履巉巖本草》卷下　鷺鷥藤　性溫，無毒。治筋骨疼痛，擣爲細末，每服二錢，熱酒調服。如只剉碎，同木瓜、白芍藥、官桂、當歸、甘草一處，用酒水各半盞，煎至八分，去滓，空心食前熱服，善治脚氣。一名金銀花。

明・朱橚《救荒本草》卷上之後　金銀花　《本草》名忍冬。一名鷺鷥藤，一名左纏藤，一名金釵股，又名老翁鬚，亦名忍冬藤。舊不載所出州土。今輝縣山野中亦有之。其藤淩冬不(周)〔凋〕，故名忍冬草。附樹延蔓而生，莖微紫色，對節生葉，葉似薜茘葉而青，又似水茶臼葉，頭微團而軟，背頗澀，又似黑豆葉而大。開花五出，微香，蔕帶紅色，花初開白色，經一二日則色黃，故名金銀花。《本草》中不言善治癰疽發背，近代名人用之奇效。味甘，性溫，無毒。救飢：採花煠熟，油鹽調食。及採嫩葉，換水煮熟，浸去邪氣，淘淨，油鹽調食。治病：文具《外科精要》及《本草》草部忍冬條下。

明・蘭茂撰，清・管暄校補《滇南本草》卷下　金銀花　性寒，味苦。清熱，解諸瘡癰疽發背，無名腫毒，丹流瘰癧。桿，能寬中下氣，消痰，祛風熱，清咽喉熱痛。

明・滕弘《神農本經會通》卷一　忍冬　此草藤生，繞覆草木上，其嫩莖有毛。十二月採，陰乾。《局》云：開花五出，微香，蔕帶紅，初開則色白，經一二日則色黃，故名金銀花。一名鷺鷥藤。

味甘，氣溫，無毒。一云小寒。

《本經》云：主寒熱身腫，久服輕身長老益壽。陳藏器云：忍冬，主熱毒，血痢水痢，濃煎服之。小寒。本條云溫，非也。《藥性論》云：忍冬，亦可單用。味辛。主治腹脹滿，能止氣下澼。《局》云：忍冬草即鷺鷥藤，花比金銀蔓左纏。瘡腫癰疽為要藥，誰知至賤有高能。忍冬草，散腫消癰。

明・劉文泰《本草品彙精要》卷九　忍冬無毒　蔓生。

忍冬：主寒熱，身腫，久服輕身，長年益壽。名醫所錄。　【名】左纏藤、金銀花、鷺鷥藤、老翁鬚、金釵股。【苗】《唐本》注云：藤生繞覆草木上，苗莖紫赤色，宿者有薄白皮膜，其嫩莖有毛葉，似胡豆，亦上下有毛，花白，蕊紫。《別錄》云：此藤凌冬不凋，故名忍冬草。其藤左繞附樹延蔓，或在園圃之上，藤方而紫，葉似薜茘而青。三月開花，五出，微香，蔕帶紅色，花初開則色白，經一二日則色黃，故名金銀花。《本經》不載，治諸惡瘡，而近代名醫用之多效，其功猶勝於紅内消也。【地】陶隱居云：處處有之。【時】生：三月開花。採：十二月取莖葉。【收】陰乾。【用】莖、葉、花。【色】青。【味】甘。【性】溫，緩。【氣】氣厚于味，陽中之陰。【臭】香。【主】一切癰疽，五發瘡瘍。【製】細剉。【治】療：《藥性論》云：莖葉消腹脹滿，止氣下澼。陳藏器云：主熱毒，血痢，水痢。《別錄》云：主煮濃汁服，治飛尸者遊走皮膚，穿臟腑，每發刺痛，變作無常；遁尸者附骨入肉，攻鑿血脈，每發不可得近，見尸喪、聞哀哭便作風尸者，淫躍四肢，不知痛之所在，每發風昏恍，得風雪便作；沉尸者纏骨結臟，衝心脇，每發絞切，遇寒冷便作；尸注者，舉身沉重，精神錯雜，常覺昏廢，每節氣至則輒致大惡。【合治】浸酒治癰疽發背，初發時便當服此，不問疽發何處，發眉、發頤，或頭，或項，或背，或腰，或脇，或婦人乳癰，或在手足，皆有奇效。○煮汁釀酒，補虛療風。

明・薛己《外科心法》卷六　金銀花治驗

一園丁，患發背甚危。令取金銀藤五六兩，搗爛入熱酒一鍾，絞取汁，酒溫服，渣罨患處，四五服而平。彼用此藥治瘡，足以養身成家，遂棄園業。諸書云：金銀花治瘡瘍，未成者即散，已成者即潰，有回生之功。

一男子，患腦疽，勢劇脈實，以黃連消毒散治之不應。以金銀藤二兩，水二鍾，煎一鍾，入酒半碗服之，勢去三四。再服漸退。又加黃柏、知母、瓜蔞、當歸、甘草節，數劑而潰止。加黃芪、川芎、白芷、桔梗，數劑而愈。

一男子，患腦疽，其頭數多，痛不可忍。先服消毒藥不應，更以金銀花服之，即酣睡，覺而勢去六七。再四劑而消。又一男子，所患尤甚，亦令服之，腫痛頓退。但不能平，加以黃芪、當歸、瓜蔞仁、白芷、甘草節、桔梗，數劑而愈。

一男子，被鬼擊，身有青痕作痛，以金銀花煎湯，飲之即愈。本草謂此藥大治五種飛尸，此其驗也。

忍冬酒，治癰疽發背。初發時，便當服此。不問疽發何處，或婦人乳癰，皆有奇效。如或處鄉落貧家，服此亦便且效。仍兼以麥飯石膏，及神異膏貼之，甚效。

忍冬藤，即金銀花，生取藤葉一把，入砂器内爛研，入白酒少許，調和稀稠得宜，塗傅四圍，中心留一口，泄其毒氣。其藤只用五兩，用木槌搥碎。生甘草節一兩。又二味入砂瓶内，以水二碗，用文武火煎至一碗，入無灰酒一碗，再煎十數沸，去渣，分為三次，溫服。渣敷患處。一日夜吃盡。如病勢重，一日夜要飲兩劑。服至大小便通利，則藥力到。沈内翰云：如無生者，用乾者，終不及生者力大而效速。此藤凌寒不凋，故名忍冬草。其藤左繞，故又名左纏藤。附樹延蔓，或在園圃牆垣之上。藤方而紫，葉似(薛)〔薜〕茘而青，二月開花微香，蔕帶黃色。花初開則色白，經一二日則色黃，故又名金銀花。又名鷺鷥藤，又名金釵股，又名老翁鬚。在處有之。而本草中不言善治癰疽發背，而近代名人用之奇效。方書所載療癰疽發背，皆以為要藥。

明・許希周《藥性粗評》卷三 藤掛鷺鷥，癰氏子因而解脫。

鷺鷥藤一名忍冬草，一名左纏藤。蔓生，倚竹木左纏而上，經冬不凋，其花始白終黃，名金銀花。江南山谷處處有之。十二月採藤，陰乾。味甘，性寒，無毒。主治寒熱，頭面身腫，諸色癰癤，并發背腫毒，散熱消腫，為外科要藥，物雖賤而有奇功。

單方：諸色癰腫：凡患前項腫毒，取忍冬藤搗，浸酒，溫服之，更以其楂封患處，佳。

明・鄭寧《藥性要略大全》卷五 金銀花一名忍冬花 治瘡毒，排膿消腫，主寒熱身腫，療熱毒血痢、水痢及腹中脹滿。味苦、甘，氣平、微寒，無毒。凡開花，有黃白二色共枝，故名金銀。四月收麥時，採花陰乾用。過冬藤 治諸瘡毒。即金銀花幹也。味苦、甘，溫，無毒。又云微寒。不入丸散，但可煎湯薰洗而已。

明・陳嘉謨《本草蒙筌》卷一 忍冬 味甘，氣溫。無毒。多生田坂畦甽，或產園圃牆垣。淩冬不凋，名由此得。蔓延樹上，藤多左纏。故又名左纏藤。莖梗方小微紫，葉如薜荔而青。四月開花，香甚撲鼻。初開色白，經久變黃。因又名金銀花，又名鷺鷥藤，又名金釵股，又名老翁鬚。凡數名者，前乃美其藤之異常，此則美其花之出類也。根莖花葉，隨時採收。春夏採花葉，秋冬採根莖。專治癰疽，誠為要藥。未成則散，甚多拔毒之功；已成則潰，大有回生之力。或搗汁攙酒頓飲，或研爛拌酒厚敷。或和別藥煎湯，隨證輕重取効。《別說》又云：大治五種飛屍，倘被鬼擊作痛亦可服也。血痢水痢兼治。風氣濕氣咸除。老人久久服之，輕身長年益壽。

謨按：此草甚多，處處生產。患人生癰發毒，因未肯遺；老人益壽延年，何嘗採服。且人莫不欲壽也，至易得者尚不肯為，反更求遠方難得之藥，是貴遠賤近，庸人之情，習俗之常也。

明・王文潔《太乙仙製本草藥性大全》卷二《本草精義》 忍冬藤 一名過冬藤。舊不著所出州土，今處處有之。多生田坂畦甽，或產園圃、墻垣，淩冬不凋，故名忍冬。蔓延樹上，藤多左纏，又名左纏藤。莖梗方小，微紫色，宿者有薄白皮膜，嫩莖有毛，葉似胡豆，亦上下有毛，又如薜荔而青，花白蘂紫，今人或以絡石當之，非也。根莖葉隨時採。人惟取煮汁以釀酒，補虛療風，仙經少用，服之亦可長年益壽。

金銀花 即忍冬藤花，又名鷺鷥藤，一名金釵股，一名老翁鬚。凡數名前美其藤之異常，後美其花之出類也。四月開花，香撲鼻，初開色白，經久變黃。四五月採花曝乾用。

明・王文潔《太乙仙製本草藥性大全》卷二《仙製藥性》 忍冬藤 味甘，氣溫，無毒。主治：專治癰疽，誠爲要藥。未成則散，甚多拔毒之功；已成則潰，大有回生之力。或搗汁攙酒頓飲，或研爛拌酒厚敷，或和別藥煎湯，隨證輕重取效。《別說》又云：大治五種飛尸，倘被鬼擊作痛，亦可服也。血痢、水痢兼治，風氣、濕氣咸除。老人久久服之，輕身，長年益壽。

補註：飛尸者，遊走皮膚，穿藏府，每發刺痛，變作無常；遁尸者，附骨入肉，攻鑿血脉，每發不可得近，見尸喪、聞哀哭便作；風尸者，淫躍四肢，不知痛之所在，每發昏恍，得風雪便作；沉尸者，纏骨結藏，衝心脇，每發絞切，遇寒冷便作；尸注者，舉身沉重，精神錯雜，常覺昏廢，每節氣至則輒致大惡。此一條別有治後熨也。忍冬莖葉剉數斗，煮令濃，取汁煎之，服如鷄子一枚，日二三服。〇主熱毒血痢、水痢，用莖葉濃煎汁服之。金銀花 味苦、甘，氣平、微寒，無毒。主治：治瘡毒，排腫消腫。主寒熱，身腫，熱毒血痢，水煎服如神。腹中脹滿立消平復。按：此草甚多，處處生產。患人生癰發毒，固未肯遺；老人益壽延年，何嘗採服。且人莫不欲壽也，至易得者，尚不肯爲，反更求遠方難得之藥，是貴遠賤近，庸人之情，習俗之常也！

明・皇甫嵩《本草發明》卷三 忍冬上品下，君。氣溫，味甘，無毒。名金銀花。一名鷺鷥藤，一名金釵股。 發明曰：忍冬，時方專治癰疽要藥，未成毒則散，已成毒則潰，或搗汁攙酒（蝢）〔頓〕飲，或搗爛拌酒厚敷，或和別藥煎湯。但《本草》只主寒熱身腫。想必熱毒將發，而作寒熱，或熱毒將成而作腫。又云：主熱毒血痢水痢，濃煎服。性寒，亦可單用。味辛，主腹小脹滿，正氣下癖。又云：取汁釀酒，補虛療風及癰疽。大抵辛溫能散解熱毒，故以前諸症能通治歟。此草藤生，凌冬不凋，故名忍冬。莖梗方小，微紫，葉如薜荔而青，四月開花甚香，初開白色，經久變黃，春秋採花，秋冬採根莖。

明・李時珍《本草綱目》卷一八草部・蔓草類 忍冬《別録》上品

〔釋名〕金銀藤《綱目》 鴛鴦藤《綱目》 鷺鷥藤《綱目》 老翁鬚《綱目》 左纏藤《綱目》 金釵股《綱目》 通靈草《土宿》 蜜桶藤弘景曰：處處有之。藤生，凌冬不凋，故名忍冬。時珍曰：其花長瓣垂鬚，黄白相半，而藤左纏，故有金銀、鴛鴦以下諸名。金釵股，貴其功也。土宿真君云：蜜桶藤，陰草也。取汁能伏硫制汞，故有通靈之稱。

【集解】《别録》曰：忍冬，十二月采，陰乾。恭曰：藤生，繞覆草木上。莖苗紫赤色，宿蔓有薄皮膜之，其嫩蔓有毛。葉似胡豆，亦上下有毛。花白蘂紫。今人或以絡石當之，非矣。時珍曰：忍冬在處有之。附樹延蔓，莖微紫色，對節生葉。葉似薜荔而青，有濇毛。三四月開花，長寸許，一蒂兩花二瓣，一大一小，如半邊狀，長蘂。花初開者，蘂瓣俱色白；經二三日，則色變黄。新舊相參，黄白相映，故呼金銀花，氣甚芬芳。四月采花，陰乾；藤葉不拘時采，陰乾。

【氣味】甘，温，無毒。權曰：辛。藏器曰：小寒。云温者，非也。

【主治】寒熱身腫。久服輕身長年益壽《别録》。治腹脹滿，能止氣下澼甄權。熱毒血痢水痢，濃煎服藏器。治飛尸、遁尸、風尸、沉尸、尸注、鬼擊，一切風濕氣，及諸腫毒，癰疽疥癬，楊梅諸惡瘡，散熱解毒時珍。

【發明】弘景曰：忍冬，煮汁釀酒飲，補虚療風。此既長年益壽，可常采服，而仙經少用。凡易得之草，人多不肯爲之，更求難得者，貴遠賤近，庸人之情也。時珍曰：忍冬，莖葉及花，功用皆同。昔人稱其治風除脹，解痢逐尸爲要藥。而後世不復知用；後世稱其消腫散毒治瘡爲要藥，而昔人並未言及。乃知古今之理，萬變不同，未可一轍論也。按陳自明《外科精要》云：忍冬酒，治癰疽發背，初發便當服此，其効甚奇，勝于紅内消。洪内翰邁、沈内翰括諸方，所載甚詳。如瘍醫丹陽僧、江西僧鑒清、金陵王琪、王尉子駿、海州劉秀才純臣等，所載療癰疽發背經効奇方，皆是此物。故張相公云，誰知至賤之中，乃有殊常之効，正此類也。

【附方】舊一，新十七。

忍冬酒：治癰疽發背，不問發在何處，發眉發頤，或頭或項，或背或腰，或脇或乳，或手足，皆有奇効。鄉落之間，僻陋之所，貧乏之中，藥材難得，但虔心服之，俟其疽破，仍以神異膏貼之，其効甚妙。用忍冬藤生取一把，以葉入沙盆研爛，入生餅子酒少許，稀稠得所，塗于四圍，中留一口洩氣，其藤只用五兩，木槌搥損，不可犯鐵，大甘草節生用一兩，同入沙瓶内，以水二盌，文武火慢煎至一盌，入無灰好酒一大盌，再煎十數沸，去滓分爲三服，一日一夜喫盡。病勢重者，一日二劑。服至大小腸通利，則藥力到。沈内翰云：如無生者，只用乾者，然力終不及生者効速。陳自明《外科精要》。

忍冬圓：治消渴愈後，預防發癰疽，先宜服此。用忍冬草根莖花葉皆可，不拘多少，入瓶内，以無灰好酒浸，以糠火煨一宿，取出晒乾，入甘草少許，碾爲細末。以浸藥酒打麪糊，丸梧子大。每服五十丸至百丸，湯酒任下。此藥不特治癰疽，大能止渴。《外科精要》。

五痔諸瘻：方同上。

一切腫毒：不問已潰未潰，或初起發熱。用金銀花俗名甜藤，采花連莖葉自然汁半盌，煎八分，服之，以渣傅上。敗毒托裏，散氣和血，其功獨勝。萬表《積善堂方》。

丁瘡便毒：方同上。

喉痹乳蛾：方同上。

敷腫拔毒：金銀藤大者燒存性、葉焙乾爲末各三錢，大黄焙爲末四錢。凡腫毒初發，以水酒調搽四圍，留心洩氣。楊誠《經驗方》。

癰疽托裏：治癰疽發背，腸癰奶癰，無名腫毒，(㶿)〔焮〕痛實熱，狀類傷寒，不問老幼虚實服之，未成者内消，已成者即潰。忍冬葉、黄芪各五兩，當歸一兩，甘草八錢。爲細末，每服二錢，酒一盞半，煎一盞，隨病上下服，日再服，以渣傅之。《和劑局方》。

惡瘡不愈：左纏藤一把搗爛，入雄黄五分，水二升，瓦罐煎之。以紙封七重，穿一孔，待氣出，以瘡對孔熏之三時久，大出黄水後，用生肌藥取効。《選奇方》。

輕粉毒癰：方同上。

瘡久成漏：忍冬草浸酒，日日常飲之。戴原禮《要訣》。

熱毒血痢：忍冬藤濃煎飲。《聖惠方》。

五種尸注：飛尸者，遊走皮膚，洞穿臟腑，每發刺痛，變動不常也。遁尸者，附骨入肉，攻鑿血脉，每發不可見死尸，聞哀哭便作也。風尸者，淫躍四末，不知痛之所在，每發恍惚，得風雪便作也。沉尸者，纏結臟腑，冲引心脇，每發絞切，遇寒冷便作也。尸注者，舉身沉重，精神錯雜，常覺昏廢，每節氣至則大作也。並是身中尸鬼，引接外邪。宜用忍冬莖葉剉數斛，煮取濃汁煎稠。每服雞子大許，温酒化下，一日二三服。《肘後方》。

鬼擊身青：作痛。用金銀花一兩，水煎飲之。李樓《怪病奇方》。

脚氣作痛：筋骨引痛。鷺鷥藤即金銀花爲末。每服二錢，熱酒調下。《衛生易簡方》。

中野菌毒：急采鴛鴦草啖之，即今忍冬草也。洪邁《夷堅志》。

口舌生瘡：赤梗蜜桶藤、高脚地銅盤、馬蹄香等分，以酒搗汁，雞毛刷上，取涎出即愈。《普濟方》。

忍冬膏：治諸般腫痛，金刃傷瘡惡瘡。用金銀藤四兩，吸鐵石三錢，香油一斤，熬枯去滓，入黄丹八兩，待熬至滴水不散，如常攤用。《乾坤秘韞》。

題明・薛己《本草約言》卷一《藥性本草》 忍冬草 散腫消癰，瘡瘍莫缺。○一名金銀花，一名鷺鷥藤。入手太陰經。時方專治癰疽要藥，未成毒即散，已成毒則潰。

明・佚名氏《醫方藥性・草藥便覽》 金銀花 其性溫。治風飛瘍，去痢症。

明・佚名氏《醫方藥性・草藥便覽》 鷺鷥藤 其性溫，有小毒。治眼中翳，風邪。名九重衣。

明・梅得春《藥性會元》卷上 金銀花 味甘，性溫，無毒。即鷺鷥藤，一名忍冬草，一名左纏藤。十二月採，陰乾，淩冬不凋，故以名之。主消癰散腫，有高能。忍冬是至賤之草，治寒熱身腫，療風腫，補虚，治疔疽發背、癰腫、乳癰、瘡癰、無名腫毒、惡瘡疥癩、頑痹、魚口便毒等症。

明・李中立《本草原始》卷三 忍冬 多生田坂畦甽，或産園圃墻垣。

凌冬不凋，故名忍冬。蔓延樹上，藤多左纏，故名左纏藤。又名鷺鷥藤，又名金釵股，又名老翁鬚。四月開花，香甚撲鼻。初開色白，經久變黄，因名金銀花。凡數名者，前乃美其藤之異常，此則美其花之出類也。氣味：甘，溫，無毒。主治：寒熱身腫，久服輕身，長年益壽。○治腹脹滿，能止氣下澼。○熱毒血痢，水痢，濃煎服。○治飛尸鬼擊，一切風濕氣，及諸腫毒癰疽疥癬、楊梅諸惡瘡，散熱解毒。

忍冬莖微紫，對節生，葉有澁毛，花長[一二]寸許，一蒂兩花二瓣，一大一小，如半邊狀，長蕋，氣甚芬芳。四月采花，陰乾。藤葉不拘時日采。金銀花形：【圖略】

萬表《積善堂方》：治一切腫毒，不問已潰未潰，或初起發熱，用金銀花連莖葉自然汁半盌，煎八分服之，以渣傅上，敗毒托裏，散氣和血，其功獨勝。

忍冬莖葉及花功用皆同，昔人稱其治風除脹，解痢逐尸為要藥。而後世不復知用，後世稱其消腫散毒，治瘡為要藥，而昔人並未言及。乃知古今之理，萬變不同，未可一轍論也。

明・李中梓《藥性解》卷四　金銀花　味苦、甘，性平、微寒，無毒，入肺經。主熱毒血痢，消癰散毒，補虚療風，久服延年。　按：金銀花解肌膚之毒，故入肺經，為瘡科要藥。陶隱居云：常服益壽，人多忽之，更求難得者，是貴遠賤近，庸人之情乎！

明・繆希雍《本草經疏》卷七　忍冬　味甘，溫，無毒。主寒熱，身腫。久服輕身，長年益壽。

【疏】忍冬，即金銀花。藤一名鷺鷥藤。感土之沖氣，稟天之春氣，故味甘、微寒而無毒。主寒熱身腫，久服輕身、長年益壽者，甘能益血，甘能和中，微寒即生氣也。氣味如斯，所主宜矣。　【主治參互】同甘菊花、紫花地丁、夏枯草、白及、白斂、貝母、連翹、鼠黏子，治一切腫毒。加辟虺雷治一切疔瘡。　君地榆、芍藥、黄連、甘草、升麻，治一切血痢。　單味熬膏，小兒服之可稀痘。　《肘後方》忍冬藤熬膏，治飛尸、伏尸、遁尸、沉尸、風尸、尸疰。

明・倪朱謨《本草彙言》卷七　忍冬藤　味甘，氣溫，無毒。　李氏曰：忍冬藤生，凌冬不凋，故名。在處有之。藤蔓左纏繞覆草木上，或籬落間。莖色微紫，葉對節生，似薜荔而青，有澁毛。三四月開花，長寸許，垂鬚，一蒂二花兩瓣，大小不齊，若半朵狀。初開蕊瓣俱白，經三日漸變黄色，新舊交參，黄白相映，氣甚芬芳，燥濕不變。花名金銀花，藤名鴛鴦藤。四月采花，陰乾，惟采藤葉不拘時日。

忍冬藤、葉、花、根，功用相同。驅風除濕，散熱療痹，李時珍消癰止痢之藥也。江春野稿此藥清虚振肅，不寒不燥，補而不滯，利而不滑。凡病風濕火邪，筋脉受患者，服之效驗更速。故《史氏方》稱治痹痛，并手氣脚氣甚捷。而後世外科癰瘍諸證，未成可散，能施拔毒之功；已成可潰，大有回生之力，始終必用要劑。《肘後方》又治飛尸、遁尸、風尸、沉尸、尸注，及鬼擊客忤諸疾者，取其甘溫忍冬，乃得震陽振肅之意，不特解毒祛風，更有奠安神藏者也。

集方：程石餘方治風毒、濕毒、熱毒，或癢或痛，或腫或木，或堅硬，或破爛，不拘遍身胸腹背臀手足等處。用忍冬藤葉、花、根一斤，土茯苓一斤，俱切碎，煎湯，逐日飲之。其毒漸減。○治痹痛，手足不隨。用前方，日服有驗。○《外科精要》治癰疽發背，不問發在何處，發眉發頤，或頭或項，或背或腰，或脅或乳，或手足上下，兩腕之間，皆有奇功。如鄉落僻陋之處，或貧乏失業之人，藥食難得者，但虔心服之，其效甚妙。用忍冬藤，生取一握，搗爛，用生酒少許，調稀稠得所，塗于毒四圍，中留一孔令洩氣；再用藤五兩搗爛，用大甘草一兩，同入砂瓶內，以水二大碗，文武火慢煎至一碗，入無灰酒一碗，再煎十數沸，去渣，分爲三服，一日一夜吃盡。病勢重者，一日二劑，服至大小便通利，則藥力到矣。○《衛生易簡方》治熱毒血痢。用忍冬藤，濃煎飲。○《衛生易簡方》治久年脚氣作痛，筋骨引疼。用忍冬藤葉，日乾爲末。每服二錢，熱酒下。○《肘後方》治五種尸注：飛尸者，游走皮膚，通連臟腑，每發刺痛，變動不常也；遁尸者，附骨入肉，攻鑿血脉，每發不時，見死尸，聞哀哭便作也；風尸者，淫躍四末，不知痛之所在，每發恍惚，得風雨便作也；沉尸者，纏結臟腑，中引心脅，每發絞切，遇寒冷便作也；尸注者，舉身沉重，精神錯雜，常覺昏廢，每節氣至便大作也。以上諸證，并是身中尸鬼引接外邪。宜用忍冬莖葉，剉碎，水煎濃汁。每用溫酒化下半盞，一日二服。○《乾坤秘韞》治諸般腫毒，金刃傷瘡，一切惡瘡。用金銀藤八兩，吸鐵石三錢，香油一斤，熬枯去渣，入黄丹八兩，待熬至滴水成珠，用軟油紙攤貼。○《選奇方》治無名奇怪惡瘡久不愈。用金銀藤一把搗爛，入雄黄一錢，水二升，瓦罐煎之，以紙封七重，穿一孔，待氣出，取藥罐，以瘡對孔熏之。藥汁冷，再熨熱，熏半日久，大出黄水，後用生肌末藥，即效。

《稀痘方》：用忍冬藤曬乾爲末，每晚服一錢，砂糖湯調服，日日服之，服二年，小兒永無痘殤之夭。

明・顧逢柏《分部本草妙用》卷八雜藥部 忍冬藤 甘，溫，無毒。主治：寒熱，身腫腹脹，止氣下澼，血痢熱毒，飛尸、遁尸、風尸、沉尸，屍注鬼擊，一切風濕氣，諸腫毒癰疽疥癬，楊梅惡瘡，散熱解毒。花，即金銀花，能消諸瘡惡腫。按：忍冬治諸癰奇効，古人以治痢脹、諸尸為要藥。今人不知及此，而只治毒瘡。今古未可一輒論也。

明・黄承昊《折肱漫録》卷三 忍冬花摘鮮者釀酒，清香可愛，此藥久服可免癰疽等症。香而有益，不服亦愚矣。

明・黄承昊《折肱漫録》卷七 壬午之秋，余自閩調粤東臯長，以重陽後十日行，閏十一月望後度梅嶺時，余脾健體佳，其樂也，南雄一路最苦，無酒，所飲皆瓶酒，有蘇合等諸香氣，余素所忌者，不得已強飲之。是月終旬，舟望江口驛，此時余患瘡疥者一年矣，不服别藥，惟飲金銀花酒，偶以此花五六錢，煎湯半甌，攙酒飲之。時已申刻矣，酉刻抵江口將祭江，以腹飢復飲瓶酒數杯，忽覺虛汗發額，頃之又覺頭暈，勉強了祭江事，急登舟則漸入昏沉去矣。時次兒子錫隨任，急過喚余，喚數聲始應，又復昏去不醒，舉家驚駭，以為中風也，急煎獨參湯，次兒喚余復醒。兒問曰：此可服否？余首肯服之，停數刻吐痰半杯，少覺清爽。次兒問余應用何藥。余口授，次兒筆之，余曰：此必蘇合香散氣使然，且服獨參湯。因就寢，則心已明朗，不復昏沉矣。小睡而醒，以手捫身，捫一處麻一處，大是可畏。次日食粥服藥，調理稍安，越二日，舟望平圃日方午，余體漸健，開窗看山，因啖飯先飲酒數杯，爾時只謂受香酒之累，且以金銀花為治瘡佳藥也，復以花入酒飲之。飯甫畢，而頭暈復發，一如向晚之候。翌日而甦，乃始疑金銀花之作祟。時有僕鳳鳴者，以手背生毒，亦煎此花酒服之，輒患暈眩，乃益信此花之毒。不然，一服即眩，何立竿見影之如是？而悮咎蘇合則冤矣。蓋此花非余所親收，乃從樟樹鎮肆中市來之物，不知雜何毒草在内，以至害人爾。爾信乎，藥物不可不慎！尼父沽酒，市脯不食，豈無見乎？幸不大病，數日即平。復臘月十八日履任後，不復患此症，則知悮藥之因而非本原之病矣。於此見宦游，不可不攜知事子弟。設是時次兒不侍，家人延庸醫，悮進他藥，又不知作何狀矣中毒？

明・李中梓《醫宗必讀・本草徵要上》 金銀花味甘，平，無毒。入脾經。解熱消癰，止痢寬膨。禀春氣以生，性極中和，故無禁忌。今人但入瘡科，忘其治痢與脹，何金銀花之蹇於遇乎？

明・蔣儀《藥鏡》卷三平部 金銀花 解肌膚之疔瘇，消毒排膿。主血痢之熱煩，頻嘗益壽。藤有忍冬之號，益血和中。膏熬稀痘之丹，内癰兼理。

明・張景岳《景岳全書》卷四八《本草正》 金銀花一名忍冬。味甘，氣平，其性微寒。善於化毒，故治癰疽腫毒瘡癬，楊梅風濕諸毒，誠為要藥。毒未成者能散，毒已成者能潰。但其性緩，用須倍加。或用酒煮服，或搗汁攙酒頓飲，或研爛拌酒厚敷。若治瘰癧，上部氣分諸毒，用一兩許，時常煎服，極效。

明・盧之頤《本草乘雅半偈》帙八 忍冬《别録》上品 氣味：甘，溫，無毒。主治：主寒熱身腫。久服輕身，長年益壽。

覈曰：在處有之。藤蔓左纏，繞覆草木上，或籬落間。莖色微紫，對節生葉。葉似薜荔而青，有濇毛。三四月開花長寸許，垂鬚倍之，一蒂二花兩瓣，大小不齊，若半朵狀。初開蘂瓣俱白，經三日，漸變金黄。新舊交条，黄白掩映，幽香襲人，燥濕不變。花名金銀花、金釵股、老翁鬚，藤名鴛鴦、鷺鷥、左纏、蜜桶，統名忍冬、通靈草。功相並，形相肖，色相同也。夏采花，秋采葉，冬采藤。

条曰：藤蔓左旋，兩花一蒂，兩瓣一花，効一陽始于二陰下，震象也。唯能忍冬，乃得震虩，故主飛尸、遁尸、風尸、沉尸、尸疰。壞我形藏者，振肅而啟。若寒熱身腫，以及風濕痹氣，鬼擊癰瘍，失承左道者，使之仍順乎天施。所謂神轉不迴，迴則不轉，乃得其機。此蓋益其壽命而強者也。

明・李中梓《本草通玄》卷上 金銀花 甘而微寒。主脹滿下痢，消癰散毒，補虚療風。近世但知其消毒之功，昧其脹痢風虚之用。余于諸症中用之，屢屢見效，奈何忽之耶？

清・顧元交《本草彙箋》卷四 忍冬 昔人稱其治風除脹，解痢逐尸爲要藥。而後世不復知，後世稱其消腫散毒瘡爲良劑，而昔人未之言及。可見一藥之理，古今不能盡格，而舉此遺彼，奚況今人漫不留心，安望其施之對病耶？

莖葉及花，功用皆同。其藤左纏，一蒂兩花，二瓣，一大一小，如半邊狀，其初開者俱色白，經二三日即色變黄，新舊相承，黄白相映，故呼金銀花。又名鴛鴦藤、鷺鷥藤。　熱毒血痢，以忍冬濃煎飲之，或佐以地榆、芍藥、黄連、甘草、升麻之類。　忍冬丸，治中消及發背未發之前，摘花數觔，晒乾，每乾花一觔，配粉草二兩，爲末，無灰酒打麵糊爲丸，酒下八十丸，日三服。如摘花三四觔，水洗淨，入石臼杵爛，和井花水三碗，無灰酒三碗，調稀，煎十餘沸，濾去滓，將汁入罐，煎成膏，滴水不散，同前末拌勻，再入酒糊，杵丸如菉豆大，如不能飲者，即用百沸湯下。凡人將發癰毒，必半年前口乾思飲茶水，或食過即飢，便宜先服此丸。

清・穆石鉋《本草洞詮》卷一〇　忍冬　藤淩冬不凋，故名。其花長瓣垂鬚，黄白相半，而藤左纏，故有金銀、鴛鴦諸名。味甘辛，氣微寒，無毒。治飛尸，遁尸，風尸，沉尸，尸注，鬼擊，一切風濕氣，及癰疽疥癬，楊梅諸惡瘡，散熱解毒。陶貞白謂：忍冬煮汁，釀酒飲，補虚療風，長年益壽，可常采服。而人少用，貴遠賤近，庸人之情也。然昔人稱其治風除脹，解痢逐尸為要藥，而後世不復知用。後世稱其消腫散毒，治瘡為要藥，而昔人並未言及，乃知古今之理，萬變不同，未可一轍論也。陳自明謂忍冬酒治癰疽發背，其効甚奇，勝于紅内消。洪邁、沈括諸方，及瘍醫王琪、劉純臣等，所載療癰疽發背，經効奇方，皆此物也。

清・劉雲密《本草述》卷一一　忍冬俗名甜藤　覈曰：在處有之。藤蔓左纏繞覆草木上或籬落間，莖色微紫，對節生葉，葉似薜荔而青，有澁毛，三四月開花，長寸許，垂鬚倍之，一蒂二花，兩瓣，大小不齊，若半朵狀，初開蕊瓣俱白，經三日漸變金黄，新舊交参，黄白掩映，幽香襲人，燥溼不變，花名金銀花、金釵股、老翁鬚。藤名鴛鴦、鷺鷥、左纏、蜜桶。統名忍冬、通靈草。功相並，形相肖，色相同也。夏采花，秋采葉，冬采藤。

氣味：甘，溫，無毒。　權曰：辛。　藏器曰：小寒。云溫者，非也。

主治：寒熱身腫，熱毒血痢，治風除脹，止渴。又治一切風溼氣，及諸腫毒癰疽，疥癬，諸惡瘡，五痔諸漏。總是解散熱毒，為諸瘡要藥。　弘景曰：忍冬煮汁釀酒飲，補虚療風。　時珍曰：忍冬莖、葉、花功用皆同。昔人稱其治風除脹，解痢。而後世用之，止謂其為消腫散毒，為治瘡要藥而已。按陳自明《外科精要》云：忍冬酒治癰疽發背初發，便當服此，其效甚奇，勝於紅内消。洪内翰邁、沈内翰括諸方，所載甚詳。後來療癰疽發背，《經效奇方》皆是此味，所謂至賤之物，乃有殊常之效，正此類也。　希雍曰：忍冬感土之冲氣，稟天之春氣，故味甘微寒而無毒。甘能益血，甘能和中，微寒即生氣，所云輕身益壽者也。

同甘菊花、紫花地丁、夏枯草、白及、白歛、貝母、連翹、鼠黏子，治一切腫毒，加辟虺雷治一切疔瘡。　君地榆、芍藥、黄連、甘草、升麻，治一切血痢。單味熬膏，小兒服之，可稀痘。

愚按：忍冬藤今人所用，似在消腫毒，療癰疽而已。然為其淩冬不凋，故名忍冬，又名通靈草。土宿真君謂此味陰草也，取汁能伏硫制汞，故有通靈之稱。若然，豈其主治僅如斯乎？即就治癰疽以思其功，《經》曰：營氣不從，逆於肉理，乃生癰腫。先哲曰：氣宿於經絡，與血俱泣而不行，壅結為癰疽。夫氣原於三焦，凡外因、内因、不外内因，致病乎三焦之氣而壅於經絡者，即便化熱，熱勝則肉腐而為膿，曰癰。至於陷肌膚，枯骨髓，内連五臟，又曰疽。此藤質凝於嚴冬，而華吐於春深，如三焦之陽在地中而得出地之風氣以暢也。又其味甘而入血以和之，是本至陰之性以除熱，稟陰中之陽以達氣，具五味之主以和血，更乘風升之氣以透經，種種有異，此所以奏功也歟。曰：質陰味甘，固知其除熱而和血矣。然熱毒何以必本於三焦？蓋此味療發背癰疽，固屬營氣之病，而手厥陰包絡與手少陽三焦合之而行，氣血之化者也。如之何不本於三焦乎？第方書有言其散氣和血，厥功獨勝者是矣。而不言其本於三焦，殊不知此二經為氣血之原，正《内經》所謂中有父母也。且三焦為真火，至化熱則火之淫毒為甚。又此味為膏，可以稀痘，夫痘毒非根於三焦之命門乎？二者主治同功，則其為同患可知矣。抑所云透經脈者，何取？曰：經脈者，《内經》所謂内外之合也。而手少陽三焦與足厥陰肝通，故先哲首稱其治風。惟其治風，故最能透經脈，如方書中治消渴愈，預防發癰疽者，取忍冬草酒煮窨服，至大小腸通利，方為藥到得力。夫消渴已愈，而乃防癰疽是為臟腑之熱除，而經絡之熱未淨也，必用此酒以透去之。且昔哲又云：不特治癰，亦能止渴，是則從臟腑而經脈，從經脈而肉裏，斯味實有全功矣。即此推之，則凡三焦之氣，化熱以為血病者，或內、或外、或淺、或深、或上、或下，皆可以為人身之利益，不必專功於癰疽發背，及諸腫毒惡疽、疥癬、楊梅諸惡瘡而已也。如《別錄》謂其久服輕身，長年益壽者，其說豈盡妄乎哉？按：忍冬其藤左轉，已屬肝劑，而莖色微紫，又屬肝之血劑也。春深吐華始白，而後黃，是又由肝達肺，由肺達脾之味也。故不止於行經絡，而且能周肉理，故用者類以癰疽腫毒之患，為是物主治也。第其散血分熱毒，不獨腫毒可治，如繆氏治偏頭痛，屬肝經血虛有熱者用之，以其從肝達肺，從肺達脾，其氣之致於血。歷此三經，以撤其壅熱，散其聚毒，則其奇效似難以他味之散血熱者槩論也。方書有用此味同土茯苓治偏頭風，左右劑中俱入，但他味有不同耳。其方載《醫便後冊》禁方中，謂右屬痰與熱，左屬風與血少。忍冬花浸酒，能令血熱，而大腸結燥者通利，亦是乙庚相合之義，不獨治頭痛也。

附方　忍冬酒治癰疽發背初發，便當服此。或貧乏之中，或居鄉僻田夫野老，百發百中，忍冬藤生取一把，以葉入砂盆研爛，入酒少許，調和得所，塗傅四圍，中心留一口；又取五兩，用木搥搗碎，不犯鐵器，甘草生剉一兩，二味同入砂瓶內，用水二椀，文武火煎至一椀，入好酒一大椀，煎十數沸，去渣，分為三分，一日夜喫盡；病勢重，一日一夜可二劑。按先哲云：忍冬藤補血，如氣虛及寒多人不宜用。是故田夫野老，百發百中也。繆希雍簡誤，不及此殊失之忽。　一切腫毒，不問已潰未潰，或初起發熱，用金銀花，俗名甜藤，采花連莖葉，自然汁半盌，煎八分服之，以渣傅上，敗毒托裏，散氣和血，其功獨勝。　疔瘡便毒。方同上。　癰疽托裏，治癰疽發背，腸癰乳癰，無名腫毒，焮痛實熱，狀類傷寒，不問老幼虛實，服之。未成者內消，已成者即潰，忍冬葉、黃芪各五兩，當歸一兩，甘草八錢，為細末，每服二錢，酒一盞半，煎一盞，隨病上下服，日再服，以渣日傅之。

修治　莖、葉、花用之皆同。四月采花，陰乾。藤葉不拘時采，陰乾。

清·郭章宜《本草匯》卷一二　忍冬即金銀花　味甘，微寒，入手足太陰經。散熱消癰為最，寬膨止痢有功。解菌毒，消疔腫。治五種尸注，是身中尸鬼，引接外邪也。有遊走皮膚，洞穿藏府，每發刺痛，變動不常者，為飛尸。附骨入肉，攻鑿血脈，每發不可見尸，聞哀哭便作者，為遁尸。淫躍四末，不知痛之所在，每發恍惚，得風雪便作者，為風尸。纏結藏府，中引心脇，每發絞切，遇寒冷便作者，為沉尸。舉身沉重，精神錯雜，嘗覺昏廢，每節氣至則大作者，為尸注。兼補虛療風。或搗汁酒飲，或研爛厚敷，血痢水痢兼治，風氣濕氣咸除。

按：忍冬，凌冬不凋，故名忍冬。其藤左繞附木，故又名左纏藤。為癰疽瘡腫，止消渴之藥也。煑汁釀酒，補虛療風，性極中和。近世但知其消毒之功，昧其腹脹風虛痢澼之用，何金銀花之蹇于遇乎？惡瘡不愈者，以左纏藤一把，搗爛，入雄黃五分，瓦罐煎之，以紙封七層，穿一孔，待出氣，以瘡對孔熏之，三時久，大出黃水，後用生肌散効。又一切無名腫毒，不問老幼虛實，服之。未成者內消，已成者即潰。忍冬葉、黃耆各五兩，當歸一兩，甘草八錢，為細末，每服二錢，酒下，日再服。勿犯鐵器。附忍冬膏方：金銀藤四兩，吸鐵石三錢，香油一斤，熬枯去滓，入黃丹八兩，待熬至滴水不散，如常攤用。一切疔腫、金刃傷瘡皆治。

清·蔣居祉《本草擇要綱目·溫性藥品》　忍冬即金銀花。　氣味：甘，溫，無毒。　主治：止氣下澼熱毒血痢水泄，一切風濕氣及諸腫毒癰疽疥癬楊梅。莖葉及花功用皆同。昔人稱其治風濕脹，解痢逐尸為要藥，而後世不復知用，後世稱其消腫散毒治瘡為要藥，而昔人並未言及。古今之理，固不一轍，而推究各極其妙，古今之揆一也。

清·王翃《握靈本草》卷五　忍冬藤處處有之。　主治：忍冬藤，甘，溫，無毒。一云：小寒。言溫者，非也。主寒熱身腫，腹脹滿，止氣下澼，一切風濕氣，及諸腫毒癰疽，散熱解毒。

清·汪昂《本草備要》卷二　金銀花瀉熱，解毒。　甘，寒。入肺。散熱解毒，清熱即是解毒。補虛凡味甘者皆補。療風，養血止渴。丹溪曰：癰疽安後發渴，黃耆六一湯吞忍冬丸切當。忍冬養血，黃耆補氣，渴何由作？治癰疽疥癬，楊梅惡瘡，腸澼血痢，五種尸疰。經冬不凋，一名忍冬。又名左纏藤。花葉同功。花香尤佳，釀酒代茶，熬膏并妙。忍冬酒，治癰疽發背一切惡毒，初起便服奇效。乾者亦可，惟不及生者力速。忍冬五兩，甘草一兩，水二碗，煎至一碗，再入酒一碗略煎，分三服，一日一夜吃盡。重者日二劑，服至大小腸通利，則藥力到。忍冬丸，照前分兩，酒煮曬乾，同甘草爲末，以所煮餘酒打糊爲丸。陳藏器云：熱毒血痢，濃煎服之。爲末，糖調，常服能稀痘。

清·吴楚《寶命真詮》卷三　金銀花　【略】消癰散毒，解熱療風，止痢寬脹，兼能補虛。

清·王遜《藥性纂要》卷二　忍冬　【略】東圃曰：合古今而觀之，當知善用之法矣。夫諸瘡腫毒，皆因氣血不能宣通，壅滯於肉腠之間，釀成膿血，腫脹而痛。忍冬延蔓上行，得天道左旋之令，能助氣血，充周而通行於經脉之間，故可治風除脹，消腫解毒，而瘧痢咸宜。蓋瘧乃邪纏經絡，營衛不和而致病。痢乃邪纏腸胃，氣血結滯而作楚。瘡毒乃營氣不從衛氣，而行逆於肉理，以生癰腫。金銀花亦係藤纏，但得左旋之機，能使逆者順，滯者行。花白轉黃，亦似氣血變化之義。故令營衛諧和，則表裏通暢。若風寒暑濕外觸之邪，喜怒憂思內情之感，與夫飲食跌閃，不內外因，種種乖和，久而不解，流連經絡，無一非毒，何在不可用忍冬耶。凡人之情貴遠賤近，以此為易得之草而忽之，誰知至賤之中，乃有殊常之效乎。

清・陳士鐸《本草新編》卷二　金銀花　一名忍冬藤。味甘，溫，無毒。入心、脾、肺、肝、腎五臟，無經不入。消毒之神品也。未成毒則散，已成毒則消，將死者可生，已壞者可轉。故癰疽發背，必以此藥為奪命之丹。但其味純良，性又補陰，雖善消毒，而功用甚緩，必須大用之。如發背癰，用至七八兩，加入甘草五錢，當歸二兩，一劑煎飲，未有不立時消散者。其餘身上、頭上，足上各毒，減一半投之，無不神效。近人治癰毒，亦多識用金銀花，然斷不敢用至半觔。殊不知背癰之毒，外雖小而內實大，非用此重劑，則毒不易消。且金銀花少用則力單，多用則力厚，尤妙在補先于攻，消毒而不耗氣血，敗毒之藥，未有過于金銀花者也。故毋論初起之時與出膿之後，或變生不測，無可再救之頃，皆以前方投之，斷無不起死回生者。正勿驚訝其藥劑之重，妄生疑畏也。或嫌金銀花太多，難于煎藥，不妨先取水十餘碗，煎取金銀花之汁，再煎當歸、甘草，則尤為得法。至于鬼擊作痛，又治之小者。止痢除溫，益壽延齡，則不可為訓矣。

或問：金銀花敗毒則有之，而吾子曰補陰，得毋惑于《本經》長年益壽之語乎？曰：金銀花補之性實多于攻。攻毒之藥，未有不散氣者也，而金銀花非惟不散氣，且能補氣，更善補陰。但少用則補多于攻，多用則攻勝于補。故攻毒之藥，未有善于金銀花者也。若疑金銀花為長年益壽之藥，則不可。蓋至純之品，始可長服以延齡，偏霸之味，只可暫投以奏效。金銀花止宜用之以攻毒，而不宜用之以補虛。若惑于長年益壽之說，始信金銀花為補陰之藥，則余且勸人長服為添壽之助，何以止言攻毒哉。

或問：金銀花之解毒，近人亦多知之。然未有若吾子之贊嘆甚神者，子欲顯書之奇，不顧言之大乎？曰：金銀花化毒，吾言止揚其十之五，餘尚未盡言也。今因吾子之問，而罄悉之。夫癰毒之初生也，其身必疼痛而欲死，服金銀花，而痛不知何以消也；當癰毒之潰膿也，其頭必昏眩而不能舉，服金銀花，而眩不知何以去也；及癰毒之收口也，其口必黑黯而不能起，服金銀花，而陷不知何以起也，然此猶陽症之癰毒也。若陰症之癰毒，其初生也，背必如山之重，服金銀花，而背輕如釋負也；其潰膿也，心必如火之焚，服金銀花，而心涼如飲漿也。其收口也，肉必如刀之割，服金銀花，而皮癢如爪搔也，然此猶陰症而無大變者也。倘若痛癢之未知，昏憒之不覺，內可洞見其肺腑，而外無僅存之皮骨，與之食而不欲食，與之湯而不欲飲，懸性命于頃刻，候死亡于須臾，苟能用金銀花一觔，同人參五六兩，共煎汁飲之，無不奪魂于垂絕，返魄于已飛也。誰謂金銀花非活人之仙草乎。其功實大，非吾言之大也。

或問：金銀花散毒則有之，未必如是之神。曰：金銀花之功效，實不止此。金銀花無經不入，而其專入之經，尤在腎、胃二經。癰毒，止陰、陽之二種，陽即胃，而陰即腎。陽變陰者，即胃之毒入于腎也；陰變陽者，即腎之毒入于胃也。消毒之品，非專瀉陽明胃經之毒，即專瀉少陰腎經之毒。欲既消胃毒，而又消腎毒之藥，舍金銀花，實無第二品也。金銀花消胃中之毒，必不使毒再入于腎臟；消腎中之毒，必不使毒重流于胃腑。蓋金銀花能先事而消弭，復能臨事而攻突，更善終事而收斂也。

或疑金銀花性甚緩，而癰疽毒勢最急，何以功用之大竟至如此，豈急症緩治之法歟？曰：癰疽勢急，治法不啻救焚，烏可以緩治之哉。金銀花性緩，而用之治癰疽也，則緩而變為急矣，況用之四五兩，以至半觔、一觔，則其力更專，而氣更勇猛，此正急症急治之也。

清・顧靖遠《顧氏醫鏡》卷七　忍冬即金銀藤。甘，微寒。入脾經。莖葉及花，氣味功用皆同。生者搗用更妙，自然汁尤效。除腹脹滿，熱氣內盛則為脹滿，甘能和中，寒能除熱。療風濕氣。弘景言：煮汁釀酒，補虛療風，以甘能益血也。能止偏頭風痛，取其益血清熱治風。可醫脚氣作痛。取其清熱除濕。熱毒血痢必徵，除熱解毒之功。寒熱身腫宜投。熱盛則腫。外科稱聖藥，散熱解毒消腫，一切腫毒癰疽，惡瘡疥癬並效。痘症是神丹。一味熬膏，小兒預服，出痘必稀。性極中和，故無禁忌。

清・李熙和《醫經允中》卷一八　忍冬藤　即金銀花。甘，溫，無毒。主治散熱解毒，血痢水痢，兼止風濕氣，咸除諸腫毒癰疽惡瘡，未成即散，已成即潰，誠為要藥。久服延年益壽，人多忽之，重可惜也。

清・馮兆張《馮氏錦囊秘録・雜症痘疹藥性主治合參》卷一　金銀花一名忍冬花，又名鷺鷥藤。感土之冲氣，稟天之春氣，故味甘，微溫，無毒。　金銀花，補虚療風，散熱解毒。癰疽未成，能拔毒而散，已成能托毒而穿。解菌毒，消疔腫，一切風症濕氣皆除，血痢水痢兼治，實外科要寶。或搗汁和酒頓飲，或研爛和酒厚敷。又云：能治五種飛屍，兼毆鬼擊作痛。久服輕身，長年益壽，解毒和血。花力為優，煎丸皆用，祛風堅骨，藤力更大，蒸酒尤宜。

主治痘疹合參：解諸熱毒，痘紅紫，毒盛者可用。消痘癰腫痛，故痘後餘毒尤宜。刮腸噤口痢疾亦效。

清・陳士鐸《洞天奥旨》卷四　瘡瘍用金銀花論

瘡瘍必用金銀花者，以金銀花可以消火毒也。然毒實不同，有陰毒、陽毒之分。其毒之至者，皆火熱之極也。金銀花最能消火熱之毒，而又不耗氣血，故消火毒之藥，必用金銀花也，以金銀花可以奪命，不分陰陽，皆可治之。蓋此藥為純補之味，而又善消火毒。無奈世人以其消毒去火，而不肯多用，遂至無功，而且輕變重，而重變死也。若能多用，何不可奪命于須臾，起死于頃刻哉？誠以金銀花少用則力單，多用則力厚而功巨也。故瘡瘍一門，舍此味無第二品也。所以瘡瘍初起，必用金銀花，可以止痛；瘡瘍潰膿，必用金銀花，可以去眩；瘡瘍收口，必用金銀花可以起陷。然此猶補陽症之瘡瘍也。若陰症初生背，必如山之重，服金銀花而背輕矣。陰症潰膿，心如火焚，必服金銀花，而心涼矣。陰症收口，瘡如刀割，必服金銀花而皮癢矣。然此猶陰症而無大變也。苟痛癢之未知，昏憒之罔察，內可洞其肺肝，外可窺其皮骨，飲之而不欲，食之而不知，惟金銀花與同人參大劑治之，亦可以奪命而返魂也。誰謂金銀花豈小補之物哉？而世人棄之者，因識其小而忘其大，是以他藥可以少用，而金銀花必須多用也。知金銀花之功力，若此又何患哉？

清・张璐《本經逢原》卷二　忍冬即金銀花　甘，溫，無毒。　發明：金銀花芳香而甘，入脾通肺，主下痢膿血，為內外癰腫之要藥。解毒祛膿，瀉中有補，癰疽潰後之聖藥。今世但知其消腫之功，昧其能利風虚也，但氣虚膿清、食少便瀉者勿用。痘瘡倒陷不起，用此根長流水煎浴，以痘光壯為效，此即水楊湯變法。

清・浦士貞《夕庵讀本草快編》卷三　忍冬《別録》、金銀藤　其藤淩冬不凋，其花黄白相間，故有二名。予有詩云：偶隨幽徑繞籬回，尚有繁花鬪暑開。狼籍金銀人不競，清香逆鼻駕風來。忍冬莖葉及花甘辛之品，功用皆同。昔人稱其治風除脹，解痢逐尸，延年服食。而後世不復知用，近人但以其療瘡消毒，排膿長肌，而古人並未言及，則知古今之理不同，不可一轍而論也。二者不宜廢棄，但當臨症詳酌，斯為良矣。

清・何諫《生草藥性備要》卷上　金銀花　味甘，性寒，無毒。能消癰疽、疔毒，止痢疾，洗疳瘡，去皮膚血熱，乃外科瘡之聖藥也。一名忍冬藤，一名左纏藤。

清・劉漢基《藥性通考》卷五　金銀花　味甘，寒，氣香。入肺散熱，化毒解毒，補虚，療風養血，止渴，治癰疽疥癬，楊梅惡瘡，腸澼血痢，五種尸疰。〇經冬不凋，一名忍冬藤，又名左纏藤。花葉同功，花香尤佳，釀酒代茶，蒸膏更妙。花每收一觔，泡酒喫之，永不生瘡，不出痘。凡有腸癰背癰，將金銀花大劑，每日煎當茶服之，自然消矣。此藥無經不達，多服將周身之毒氣化為黄水，從大小便而出矣。毒既化，瘡又何從而生哉？但世人只知花香可戴，不知此藥大有益於人耳。凡婦女乳上生瘡，用銀花一兩，生甘草三錢，蒲公英一兩，半水半酒，煎服之，自然消散矣。

清・周垣綜《頤生秘旨》卷八　忍冬　癰疽之要藥也。此草淩冬不凋，故名忍冬。一名金銀花，一名鷺藤，一名金釵股。治癰腫未成則散，已成則潰。山野之鄉，無藥之處，惟以此藥，或搗汁飲，或煎湯服，甚妙。

清・王子接《得宜本草・上品藥》　金銀花　味甘。功專散熱解毒。得當歸治熱毒血利。

清・黄元御《玉楸藥解》卷一　金銀花　味辛，微涼。入手太陰肺、足厥陰肝經。涼肝清肺，消腫敗毒。金銀花清散風濕，消除腫毒。治一切瘡瘍、楊梅、疥癬、痔瘻、痢疾之類，敷飲俱妙。功次木芙蓉。

清・吳儀洛《本草從新》卷二　金銀花〔除熱解毒。〕　甘，平。除熱解毒，補虚，凡物甘者皆補。療風養血止渴，丹溪曰：癰疽安後發渴，黄耆六一湯吞忍冬丸切當。忍冬養血，黄耆補氣，渴何由作？除痢寬膨。士材曰：今人但入瘡科，忘其治痢與脹，何金銀花之蹇於遇乎？治癰疽疥癬，楊梅惡瘡，腸澼血痢，五種尸疰。稟春氣以生，性極中和，故無禁忌。其藤葉名忍冬。經冬不凋。乾者不及生者力速。釀酒代茶，熬膏并妙。忍冬酒治癰疽發背，一切惡毒，初起便服奇效。忍冬五兩，甘草一兩，水二碗，再入酒一碗略煎，分三服，一日一夜吃盡。重者日二劑，服之大小腸通利則藥力到。忍冬丸照前分兩，酒煮曬乾，同甘草為末，以所煮餘酒打糊為丸。藏器云：熱毒血痢，濃煎服之。為末，糖調常服能稀痘。須多用乃效。近今有以漆花僞銀花，為禍最烈。漆花短小梗多，色黑不香為異，亦易辨爾。

清・汪紱《醫林纂要探源》卷二　金銀花　甘，微苦，寒。一名左纏藤，藤左繞也。一名忍冬藤，冬不枯也。一名鷺鷥藤，花似之。藤柔而韌，葉狹長而糙，花簇生，長蒂，二瓣長二瓣短，初開色白，經宿則黃，黃白相間，故曰金銀。氣甚清芬。緩肝補肺，降逆散熱，養血祛風，止渴清暑。大解熱毒。藤左纏，是能緩肝以養榮而舒筋，故治風熱癰疽惡瘡疥癬，及腸澼血痢。凡一切血熱，皆能治之。宜花與藤葉兼用，花色黃白，入脾肺，以解暑止渴，去上焦煩熱。和脾胃則獨宜花。瘡家主藥。

清・嚴潔等《得配本草》卷四　忍冬藤花一名金銀藤。　伏硫。制汞。甘，平、微寒。入足陽明、太陰經。去風火，除氣脹，解熱痢，消腫毒。得黃耆、當歸、甘草，托癰疽。得粉草，解熱毒下痢。研末調糖常服，能稀痘。研爛拌酒，敷瘡毒。煎取濃汁和溫酒服，治五種尸疰。飛尸，游走皮膚，洞穿臟腑。遁尸，附骨入肉，攻鑿血脈。風尸，淫躍四末，不知痛之所在。沉尸，纏結臟腑，衝引心脇。尸注，舉身沉重，精神錯雜。　藤、葉，皆可用，花尤佳。酒煮服，搗汁和酒飲亦可。人將癰毒，半載前常口燥思飲水，食過即飢，宜先服淨銀花膏解之。

題清・徐大椿《藥性切用》卷四　金銀花　性味甘涼，入肺腸而清金，治痢解毒除煩。葉，亦清肺，稍遜淨花。藤，名忍冬，乃清經活絡良藥，痺症挾熱宜之。

清・黃宮繡《本草求真》卷八　金銀花清肺熱解癰毒。　金銀花耑入肺。經冬不凋，故又名忍冬。味甘性寒，無毒。諸書皆言補虛養血，又言入肺散熱，能治惡瘡腸澼癰疽痔漏，為外科治毒通行要劑。按此似屬兩歧，殊不知書言能補虛者，因其芳香味甘，性雖入內逐熱，而氣不甚迅利傷損之意也。書言能養血者，因其毒結血凝，服此毒氣頓解，而血自爾克養之謂也。究之止屬清熱解毒之品耳確斷。是以一切癰疽等病，無不藉此內入，取其氣寒解熱，力主通利，至云能治五種屍疰，事亦不虛。飛屍、遁屍、風屍、沉屍、屍疰，五疰病因不一，但此專主風濕內結為熱而言。又按《精要》云：忍冬酒云治一切癰疽，陋貧藥材難得，須用忍冬藤生取一把，以葉入砂盆研爛，入生餅子酒少許，稀稠得所，塗於四圍，中留一口洩氣。其藤止用五兩，木槌搥損，不可犯鐵。大甘草節生用一兩，同入砂瓶內，以水二盆，文武火慢煎至一盆，入無灰好酒一大碗。再煎十數沸，去渣。分為三服，一日一夜吃盡。病勢重者，一日二劑，服至大小腸通利，則藥力到。如謂久服輕身，延年益壽，不無過訣。凡古人表著藥功，類多如是。但在用藥者審認明確，不盡為藥治效所惑也。花與葉同功，其花尤妙。江浙地方，以此代茶。

清・楊璿《傷寒溫疫條辨》卷六寒劑類　金銀花　味甘，氣寒。白入肺，黃入脾。大益氣血，久服輕身延年。補虛止渴，療水瀉腸澼血痢，濃煎湯入蜜服，佐他藥兼用最良。兼理風氣，除濕氣，尤主化毒，專治癰疽。銀花五兩，甘草一兩酒煎，日三服盡，至大小腸通利，則藥力到，毒自消矣。未成則散，拔毒功深；已成則潰，回生力大。此有益無損之藥也，世多忽之。

清・羅國綱《羅氏會約醫鏡》卷一六草部　金銀花味苦平入脾經。　甘寒清熱解毒。清熱即是解毒。治癰疽腫痛、楊梅，一切風濕諸毒、花葉同功，花香尤佳。治惡毒初起，用花五兩，甘草一兩，煎就，再入酒略煎，日二劑，服至大小腸通利，則藥力到矣。瘰癧、用一兩許時常煎服。血痢，清熱之用。療毒安後發渴，同黃芪六一湯服。補虛。味甘能補。疽未成，能拔毒而散；已成，能托毒而穿。或搗汁和酒頓飲，或研爛和酒厚敷。生藤力更大。一名忍冬花，又名鷺鷥藤。

清・陳修園《神農本草經讀》附録　忍冬　氣味甘，溫，無毒。主寒熱，身腫，久服輕身，長年益壽《別錄》。

陳修園曰：氣溫得春氣而入肝，味甘得土味而入胃。何以知入胃不入脾？以此物質輕味薄，偏走陽分，胃為陽土也。其主寒熱者，忍冬延蔓善走，花開黃白二色，黃入營分，白入衛分，營衛調而寒熱之病愈矣。其主身腫者，以風木之氣傷於中土，內則病脹，外則病腫，昔人統名為蠱，取卦象山風之義。忍冬甘入胃，胃為艮土。艮為山。溫入肝，肝為風木。巽為風。內能使土木合德，外能使營衛和諧，所以善治之也。久服長年益壽者，誇其安內調外之功也。至於瘡毒、腫毒等症，時醫重其功，而《別錄》反未言及者，以外科諸效，特疏風祛濕，調和營衛之餘事耳。

清・王學權《重慶堂隨筆》卷下　金銀花　李士材已表其治痢治脹之功，而不知尚有清絡中風火濕熱、解溫疫穢惡濁邪、息肝膽浮越風陽、治痙厥癲癇諸證也。

清・黃凱鈞《藥籠小品》　金銀花　甘，平，除熱解毒，養血除痢寬膨，治一切瘡疽。稟春和之氣以生，故無禁忌。其藤名忍冬，凌冬不凋。治筋骨痹痛。按：銀花無論外科與痢症，俱宜重用。

清・章穆《調疾飲食辯》卷一下　金銀花葉　《綱目》曰：諸藤右轉，此獨左旋，故名左纏藤。淩冬不凋，故名忍冬藤。又名鷺鷥藤。其花初開色白，一二日變黃，前後相續則黃白相間，故名金銀花。處處皆有，蔓延籬落間。初夏開花，其氣芳馥，連葉收采，曝乾備用，花葉與蔓功用如一。藥中凡用一切草木之花，皆以半開者為上。若含苞時氣尚未盈，大放後氣又盡洩。此花柔細，勢不能逐朵摘取，故淨花每一斤，半開者不及數兩，其餘非未成之嫩蕊，即已過之殘花。而俗醫每尚淨花，是為不知物理，且不知葉與蔓性雖稍有不同，解毒則一也。《別錄》曰：治寒熱身腫，久服輕身益壽。《藥性本草》曰：治腹中脹滿，上氣喘，下澼泄。《本草拾遺》曰：濃煎多服，解熱毒血痢。《綱目》曰：治尸疰鬼擊，一切風濕，及癰疽疔瘡，百般惡毒。尸疰見下。鬼擊謂人忽然狂言，遍身青紫如被刑杖，用此藤濃煎酒服，取醉立愈。又治百般腫毒，同甘草濃煎酒服水煎則無力，常令醺醺，勿使間斷，以愈為度。能解百藥不能解之惡毒，為外科第一神方。《肘後方》治五種尸注同疰：一飛尸，遊走皮膚，洞穿臟腑，每發刺痛，變動不常；二遁尸，附骨入肉，攻鑿血脈，每見死人、聞哀哭輒發；三風尸，浸淫四末，不知痛之所在，每遇風雪輒發；四沉尸，纏結臟腑，衝引心脇絞痛，每遇寒冷輒發；五尸注，舉身沉重，精神錯亂，常覺昏廢，每遇節氣輒發。並是身中尸鬼勾引外邪為祟。宜用忍冬莖、葉，剉數斛，煎取汁去渣熬濃，和溫酒下，以醉爲度，每日三四服。《選奇方》曰：惡瘡不愈，用忍冬藤葉一大把，搗爛，雄黃五分，水二升，瓦罐煎，紙封七重，穿一孔，以瘡對孔熏之，待黃水流出，用生肌藥取效。《衛生易簡方》曰：脚氣痛引筋骨，一時卒不得藥，取忍冬藤花、葉無花亦可，煎酒熱服，不計多少。如有藥，用羌活、獨活、懷牛膝、生首烏各五錢，忍冬藤葉一兩，尤效。凡此皆因病用。若平時代茶，氣味芳甘，飲至二三年不斷，其人必不患天行瘟疫，必不患時毒熱痢，必不患癰疽疔腫，必不患脚氣腫滿。若男女俱飲，又能戒食薑、椒、辣枚等惡物，所生子女必不厄於痘瘡。無如為茶葉所誤，不暇用此，且為《茶經》、《茶錄》及清客所誤，不屑用此。陶隱居曰：忍冬既能治病，又可長年，且極易得，人多不用，而更求其難得者，貴遠賤近，庸人之見大抵如斯。誠哉，是言也。

清・王龍《本草纂要稿・草部》　忍冬花　氣味甘溫。治癰疽，療瘡瘍，未成則散，已成則潰，大有回生之力。血痢水痢並治，風氣濕氣咸除。

清・張德裕《本草正義》卷上　金銀花一名忍冬藤　甘，涼，微香。善化毒，治一切癰疽腫毒，楊梅風濕惡瘡，未成可散，已成可潰，為瘡家聖藥。但性緩力柔，用須倍加。

清・楊時泰《本草述鉤元》卷一一　忍冬藤　在處有之。藤蔓左纏，莖色微紫，對節生葉，似薜荔而青，有澀毛，三四月花初開，蘂瓣俱白，經二三日漸變金黃，幽香襲人，燥濕不變，名金銀花，藤名左纏藤，俗曰甜藤，統名忍冬。夏采花，秋采葉，冬采藤用。

味甘，氣微寒。主寒熱身腫，解散熱毒。治風除脹止渴，及一切風濕氣諸腫毒，癰疽疥癬，惡瘡熱毒，血痢、五痔諸漏。煮汁釀酒飲，補虛療風貞白。莖葉花功用皆同，昔人稱其治風除脹解痢，而後世止用以消腫散毒，為治瘡要藥瀕湖。甘能益血和中，微寒即生氣，所云輕身益壽者也。同甘菊、紫地丁、夏枯草、白及、白斂、貝母、連翹、鼠粘子，治一切腫毒，加辟虺雷，治一切疔瘡。君地榆、芍藥、黃連、甘草、升麻，治一切血痢。單味熬膏，小兒服之，稀痘。忍冬酒，癰疽發背初發，便當服此，或貧乏之中，或居鄉僻，百發百中。忍冬藤生取一把，以葉入砂盆研爛，加酒少許，調和得所，塗傅四圍，中心留口，又取五兩，用木搥搗碎，不犯鐵，生甘草一兩，同入砂瓶內，水二盌，文武火煎至一盌，入好酒一大盌，再煎十數沸，去渣，分三服，一日夜喫盡，病勢重，一日夜可二劑。惟氣虛及寒多人不宜用。一切腫毒及疔瘡便毒，不問已潰未潰，或初起發熱，用金銀花連莖葉搗，取自然汁半盌，煎八分服之，以渣傅上，敗毒托裏，散氣和血，其功獨勝。托裏方，治癰疽發背，腸癰乳癰，無名腫毒，焮痛實熱，狀類傷寒，不問老幼虛實，服之未成者消，已成者潰，忍冬葉、黃芪各五兩，當歸一兩，甘草八錢，為細末，每服二錢，酒一盞半，煎一盞，隨病上下服，日再，以渣傅之。

論：忍冬淩冬不凋，取其汁能伏硫制汞，故有通靈之號，其質凝於嚴冬，而花吐於春深，正如三焦之陽，在地中而得出地之風氣以暢也。又其味甘，而入血以和之，是本至陰之性以除熱，稟陰中之陽以達氣，具五味之主以和血，更乘風升之力以透經，凡三焦之氣化熱以為血病者，或內或外，或淺或深，或上或下，皆能理之，不必專功於癰疽發背，疥癬、楊梅諸腫毒而已也。夫熱毒何以必本於三焦？以手厥陰與手少陽，合而行氣血之化，《內經》所謂中有父母也。三焦為真火，火化熱則淫毒已甚，即此味為膏，可以稀痘，夫痘非根於三焦之命門者乎。抑其能透經脈者，以三焦與足厥陰肝通，故先哲首稱其治風，治風故能透經脈耳。方書治消渴已愈，防發癰疽，預取忍冬酒煮窨服，至大小腸通利，方為藥到。此證乃臟腑熱除，而經絡之熱未淨也，必用此酒透去之，且不特治癰，亦能止渴，是則從臟腑而經脈，從經脈而肉裏，斯味實有全功矣。《別錄》謂其久服輕身，長年益壽，豈盡妄哉。忍冬，其藤左轉，已屬肝劑，而莖色微紫，又肝之血劑也。春深吐花，始白而後黃，是又由肝達肺，由肺達脾之味也。故不止於行經絡，且能周肉理，散血分熱毒，繆氏治偏頭痛屬肝經血虛有熱者，用之。又忍冬花浸酒，能令血熱而大腸結燥者通利，亦是乙庚相合之義。

忍冬藤補血，惟氣虛及寒多人不宜。

修治：　四月采花陰乾，藤葉不拘時采用。

清·鄒澍《本經續疏》卷二　忍冬　【略】李瀕湖謂：　忍冬古人稱其治風除脹，而後世不知。後世稱其消腫散毒，而昔人未言。乃知古今之理萬變不同，不可一轍論也。嗚呼！以寒熱身腫為瘡癰，猶之喻日形以銅槃，喻日光以燭也。在寒熱為風，以腫為脹，則扣槃得聲，捫籥得形而謂為日矣。《金匱要略》曰：　諸浮數脈應當發熱，而反洒淅惡寒，若有痛處當發其癰。師曰：　諸癰腫欲知有膿無膿，以手掩腫上熱者為有膿，不熱者為無膿。前則言痛而不言腫，後則言腫而言痛，亦可謂之風痛膿脹乎？是知言痛則腫在其中，言腫則痛在其中，互文見義，無不可者。則寒熱身腫非癰膿而何？且古人措意命物，必有精詣。從紫莖以開白花，從白花而轉黃色，不似由血脈生腫腐，即腫腐致潰膿耶。人身氣血以是而變生為死，即使草木精神以是而變瘁為榮者與之，此所謂鍾生氣於病中，化病氣為生氣者也。故其所主不出於由寒熱而身有腫處，由腫而遂痛，由痛而肉腐，由腐而潰膿。善夫後人之以是治熱毒下利膿血也，亦以血脈遇熱而腫痛，而腐潰，而下膿血。然究其源，亦必始於寒熱乃當，則所謂寒熱身腫者。古今不易之理，未嘗稍變。謂為萬變不同，不可一轍論也，冤矣！

清·王世鍾《家藏蒙筌》卷一五《本草》　金銀花一名忍冬。　味微甘，氣平，其性微寒，無毒。能散熱解毒，療風養血，治癰疽疥癬，楊梅惡瘡。風濕諸毒未成者即消，已成者即潰，瘍醫中要藥也。或搗汁，和酒頓飲。或研爛，和酒厚敷。其莖葉雖皆可用，然力終不及花。蓋此物性緩，宜重用多服，始能神效。故生大瘡大毒者，即宜常煎二三兩許，當茶飲之，極妙法也。

清·葉桂《本草再新》卷三　忍冬藤味甘、苦，性微寒，無毒。入心、肺二經。治心虛火旺，補氣寬中，治欬嗽癰瘻。

清·葉桂《本草再新》卷三　金銀花味甘、苦，性平，燥，無毒。入肝、肺二經。解熱毒，鎮肝風，燥濕，養血除風，治泄瀉痢疾，小兒驚風。外科瘡疽諸毒。

清·吳其濬《植物名實圖考》卷二二　忍冬　《別錄》上品。俗呼金銀花，亦曰鷺鷥花，又名左纏藤。陶隱居云：　忍冬酒補虛療風。世人不肯為之，更求難得者。近時為解毒治痢要藥。吾太夫人曾患痢甚亟，禱於神得方，以忍冬五錢，煎濃汁呷之，不及半日即安，其效神速如此。吳中暑月，以花入茶飲之，茶肆以新販到金銀花為貴，皆中州產也。

雩婁農曰：　忍冬，古方罕用，至宋而大顯。金段克己詩云：　作詩與題評，使異凡草木。蓋未知近時吳中盛以為飲，沁蕚吸露，歲縻萬餘緡也。夫物盛衰固自有時。而醫者云誰知至賤之中，乃有殊常之效。噫！何所見之陋也。凡物之利益於人，孰非賤者？穀蔬之於珍錯也，金錫之於珠玉也，布綿之於錦繡也，茅茨、闔廬之於衣綈、錦被、朱紫也；若者陶匏之於髹刻也，若者易、若者難，若者為民利、若者為民病，不待智者而知也。且畎畝版築，漁鹽販豎，人之賤者，而聖賢出焉。漢之盛也，販繒吹簫，位兼將相；而編蒲牧豕者，亦以經術顯。得時則駕，不得時則蓬虆而行，人亦何賤之有？且賤者貴之基，貴者賤之伏，彼害人家國事者，亦豈限貴賤哉？漢之江充、息夫躬、孔僅、桑宏羊，非高門也；王鳳、王莽、梁冀、袁紹，非下僚也。司馬氏之東遷也，以王謝為晉鄭，而傾王室者，豈少烏衣子弟哉？蘇峻平而懲折翼之夢，封坩之小吏也。盧循滅而符射蛇之讖，伐荻之擔夫也。唐重世閥，以門第高下相誇，亦以相軋；至牛李黨，一貴一賤，終唐之亡而不解。北宋之弱，始以新法者，疏遠之囚首垢面，繼以紹聖者。渺茫之方丈仙人，而終以花石綱之市井無賴；亡南宋者，則又貴介椒戚之韓賈也。嗚呼！參术至貴，能生人亦能殺人；戟陸至賤，能殺人亦能生人。《莊子》之言曰：　藥也，其實堇也，桔梗也，雞壅也，豕零也。是時為帝者也。郭曰：　物當其所須則無賤，非其時則無貴。故曰：　禮時為大，然聖人不能為時。

清·趙其光《本草求原》卷四蔓草部　金銀花一名忍冬、一名通靈草。　氣寒，藤紫，左轉達肝養血。味甘、質輕，走陽土入胃。花始黃後白，能由肝達脾以達肺，故能行經絡，周肉理，調營衛。主寒熱，營衛調，則寒熱已。內脹外腫，風木傷於中土，則為山風蠱。內能使土木合德，外能使營衛和，則脹腫消。熱毒，真火不行，鬱而成熱，則為毒。血痢，風氣升，則氣行血化；甘除熱，則血和。治風，肝氣通於三焦則風熄，是內外之合也。止渴，忍冬得名，以其淩冬不凋，陰氣最足故也。一切腫毒、癰疽、疥癬、痔瘻、惡瘡，三焦之氣壅於經絡，與血俱澀，即化熱而結為癰，至陷入肌膚、骨髓，內連五臟，則結為疽；得溫升以透經達陽，甘益血、和血，解毒，則壅熱之留於血者散。利大腸燥結，浸酒服。血熱則燥，乙庚合，則燥除。止咳嗽。血熱刑肺。

熬膏服，可稀痘，並治痘瘡不起。同榆、芍、連、甘、升麻，治一切血痢。同補血或去痰熱藥，治偏頭風。生搗，入酒塗敷，並同甘草煎服，治一切惡瘡、疔瘡、楊梅瘡；取自然汁煎服，已潰、未潰皆驗。莖、花、葉同用，陰乾。忌鐵。凡人將發癰疽，數月前必口乾常渴欲飲，或食已即飢，名為中消，倘有此症，後發背則難治。須取銀花生搗汁，加水酒熬膏，再用銀花末和甘草末、酒麵和丸，酒、湯任下；常服，縱發亦輕。

清・文晟《新編六書》卷六《藥性摘錄》　金銀花　一名忍冬。味甘，性寒。清肺熱，解癰毒，能治惡瘡腸癖，癰疽痔漏，及屍疰，因風濕內結而為熱者。○一切癰疽腫毒，初起用金銀花二兩，甘草二錢，水二碗半，煎減半，酒沖服。毒在上焦，加白菊花二錢；毒在下焦，加牛膝二錢；一二三服即効。須早用為貴。若瘡勢已成，則難見效。○花與葉同功，其花尤妙。

清・張仁錫《藥性蒙求・草部》　金銀花　金銀花甘，療癰解毒。除痢寬膨，清熱宜服。甘，平。治癰疽疥癬，楊梅惡瘡，腸澼血痢。性極中和，故無禁忌。其藤葉名忍冬。治癰疽惡毒初起便服，奇效。

清・屠道和《本草匯纂》卷三解毒　金銀花　耑入肺。味甘，性微寒，無毒。清肺熱，解癰毒。又名忍冬。除痢，祛風養血，止渴，治寒熱身腫，腹脹滿。能止氣下澼，療疥癬，楊梅惡瘡，癰疽痔漏，為外科治毒通行要劑，洵清熱解毒之上品，力主通利。能治五(腫)〔種〕屍疰。又治飛屍、遁屍、風屍、沉屍、屍注、鬼擊及一切風濕氣。久服輕身延年益壽。熱毒血痢水痢，濃煎服。稟春氣以生，性極中和，故無禁忌。其藤葉名忍冬，以經冬不凋也。乾者不及生者力速。釀酒、代茶、熬膏竝妙，須多用乃效。【略】花與葉同功，花尤妙。

清・劉善述、劉士季《草木便方》卷一草部　忍冬花　金銀花根葉甘寒，熱渴解毒散不難。惡瘡疥癩楊梅毒，血痢腸風齊安然。

清・戴葆元《本草綱目易知錄》卷二　金銀花忍冬、左纏藤。　甘而微寒，芳香入肺。補虛療風，散熱解毒，消腫除脹，止氣下澼。治寒熱身腫，腹脹滿急，熱毒血痢水痢，五種尸疰鬼擊。一切風濕氣及諸腫毒，癰疽疥癬，楊梅惡瘡。解中野菌毒。【略】葆按：古用，莖、葉、花混用，而今獨用花服。其莖葉作洗藥不服，亦一變也。

清・黃光霽《本草衍句》　金銀花　經冬不凋，甘寒入肺。補虛療風，解毒散熱。能治五種尸注，鬼擊身青。作痛，用銀花一兩，水煎服。消拔癰疽惡瘡，身腫腹脹。血痢水痢皆除，風氣溼氣並治。得當歸治熱毒血痢。　金銀花乃宣通經脈之藥也。一本之中，花有黃白，氣甚芳香，黃者走血，白者走氣，又調和血氣之藥也，通經脈而調氣血，何病不宜。

清・陳其瑞《本草撮要》卷一　金銀花　味甘，入手太陰、足厥陰經，功專散熱解毒。得當歸治熱毒血利，得黃芪名六一湯，治癰疽後發渴。以花燒存性研末，沙糖拌沖服，治腹痛下痢極效。藤名忍冬。

清・鄭奮揚著，曹炳章注《增訂偽藥條辨》卷二　金銀花　甘平，除熱解毒，能和榮衛，療風養血，除痢寬脹，匪特為瘡科要藥也。隨地皆有，以河南所產為良。近有以黍花偽充，為禍最烈。黍花短小梗多，色黑不香為異，亦易辨已。　炳章按：金銀花，產河南淮慶者為淮密，色黃白軟糯而淨，朵粗長，有細毛者為最佳。禹州產者曰禹密，花朵較小，無細毛，易於變色，亦佳。濟南出者為濟銀，色深黃，朵碎者次。亳州出者，朵小性粳，更次。湖北、廣東出者，色黃黑，梗多屑重，氣味俱濁，不堪入藥。

驢駝布袋

明・朱橚《救荒本草》卷下之前　驢駝布袋　生鄭州沙崗間。科條高四五尺，枝梗微帶赤黃色，葉似郁李子葉頗大而光，又似省沽油葉而尖，頗齊，其葉對生，開花色白，結子如菉豆大，兩兩並生，熟則色紅，味甜。　救飢：採紅熟子食之。

明・鮑山《野菜博錄》卷一　驢駝布袋　生山野間。苗高二三尺，葉似郁李子葉頗大，光澤，對生。開白花，結子如菉豆大，兩兩莖生，熟紅。味甜。　食法：採嫩芽煠熟，淘去苦味，油鹽調食。

婆婆枕頭

明・朱橚《救荒本草》卷下之前　婆婆枕頭　生鈞州、密縣山坡中。科條高三四尺，葉似櫻桃葉而長艄，開黄花，結子如菉豆大，生則青，熟紅色，味甜。　救飢：　採熟紅子食之。

茶條樹

清・吴其濬《植物名實圖考》卷一〇　茶條樹　江西、湖、廣山坡極多。叢生，高尺許；　赭莖，近根有刺，附莖對葉，葉如郁李葉而短小；　梢端開五瓣小筩子花，似芫花而白；　未開時作赭色筩子，一簇百餘硬艄，不甚鮮明；夏開，至秋深猶有之。

白花樹

清・吴其濬《植物名實圖考》卷三八　白花樹　江西山坡有之。樹高七八尺，柔條如蔓，春開四瓣長白花，頗似石斛花；　黄蘂數點，緑蒂如豆，彌望滿枝，葉略似榆而寬。

土黨參

清・吴其濬《植物名實圖考》卷二三　土黨參　生雲南。根如參，色紫，花蔓生，葉莖有白汁，花似奶樹花而白，蓋一類。

清・劉善述、劉士季《草木便方》卷一草部　土羊乳　奶參下乳甘平溫，補土化痰能生金。益精養神安五臟，虚勞内傷真氣生。

金錢豹

清・吴其濬《植物名實圖考》卷一九　金錢豹　産南安。蔓生，緑莖，葉圓而尖，近枝有微缺，深紋有皺，似牛皮凍葉而長；　梢頭結實，赭殼纍纍，薄如蟬蜕，内含青子。　土人以治嗽。　又一種同名異類，余再至南安，遣人尋採，僅一見之。

金錢豹又一種　亦生南贛。　蔓生，緑莖細柔，葉似婆婆針綫包而窄，有細齒；　緑蒂紫花，花瓣層疊下垂作筩子，微向外卷，不甚開放。　與前一種名同類異。

羊肚參

明・蘭茂原撰，范洪等抄補《滇南本草圖説》卷三　羊肚參　氣味溫苦，無毒。　性走足厥陰。　養血，舒筋活絡，四肢不仁，半身不遂，溫氣流痰。　久服生血養血，延年益壽。

明・蘭茂撰，清・管暄校補《滇南本草》卷中　羊肚參　性微溫，味苦、辛。　補舒肝經，舒經活絡，治手足（痞）〔痿〕軟，半身不遂，流痰血（脾）〔痹〕等症。　風寒濕氣合而成痹，血虚不仁而為痹，筋骨疼痛，濕氣走注，歷節風痛，木瓜為使，燒酒為引。

補注奇方：　羊肚參八兩，秦歸三兩，川芎一兩五錢，洋桂枝五錢，川牛膝二錢，石楠籐五錢，虎骨，一兩，酥炙。　八仙草一兩，用好燒酒八斤，將藥裝貯布〔袋〕，紮口，重湯煮三炷香，不拘時熱飲。

附案者：　一人半身不遂，手足不仁，用羊肚參三兩，木瓜一兩，燒酒二斤，煮三炷香，淨土中埋一宿，去火毒，臨卧炖熱，每飲三杯，旬日愈。

明・蘭茂《滇南本草》〔叢本〕卷上　羊肚參　味苦、微辛，性微溫。　補肝強筋，舒經活絡，手足痿耎，半身不遂，流痰血痺，風、濕、寒合為痺，血虚不仁為痺。筋骨疼痛，濕氣走注，癧癘風痛。　木瓜為使，燒酒為引。　昔一人得半身不遂，手足頑痺不仁，筋骨疼痛，得奇方服之效。　羊肚參三兩、木瓜一兩、燒酒二斤，煎三柱香時，冷定，去火毒，晚上臨睡用，頓熱三杯。　註補：　奇方：　秦歸三兩、川芎一兩五錢、川牛（夕）〔膝〕五錢、虎骨、一兩，酒製。　木瓜五錢、石南藤五錢、八仙草一兩、羊肚參八兩，好酒八斤，文武火煎三柱香時，冷定，不俱時頓熱服。

山海螺

清・趙學敏《本草綱目拾遺》卷四草部中　山海螺　生山溪澗濱隰地上，葉五瓣，附莖而生，根如狼毒，皮有縐旋紋，與海螺相似，而生於山，故名。雖生溪畔，性却喜燥，枝葉繁弱，可以入盆玩。　《百草鏡》云：　生山土，二月採，絶似狼毒，惟皮疙瘩，掐破有白漿為異。　其葉四瓣，枝梗蔓延，秋後結子如算盤珠，旁有四葉承之。

治腫毒瘰癧，取汁和酒服。　渣傅患處。　汪連仕云：　苗蔓生，根如蘿蔔，味多臭，治楊梅惡瘡神效。　王安《采藥方》：　山海螺，一名白河車，加紫河車、紅白石膏，名四聖散。　治腸癰便毒，臟毒乳癰疽皆效。

清・吴其濬《植物名實圖考》卷二一　奶樹　産南安。　蔓生，四葉攢聚；　莖端緑苞，開紫筩子花，如牽牛而短瓣，苞下復有青蒂；　秋結實有子，蔓中白汁極濃，氣臭；　根黄白色，横紋如上黨人葠，肥圓有瘰癧，大如拳。廣信土呼山海螺，象其根形；　又名乳夫人。　氣味甘熱。　土人採根發乳汁。

湖南衡山亦有之，極易繁衍。俚醫呼為牛附子，能壯陽道。按《南越筆記》有乳藤如懸鉤倒掛，葉尖而長，斷之有白汁如乳，婦人產後，以藤搗汁，和米作粥食之，乳湩自通，皆此類也。

珠子參

明・蘭茂撰，清・管暄校補《滇南本草》卷中　珠子參　性溫平，味甘、微苦。止血生肌。服之無甚功效，今人假充雞骨參，悞矣。古土方用珠子參為末，捻刀傷瘡，收口甚速。

補注：　珠子參葉如舌，面紫背紅，梗長，開紫花，根下生果，皮粗厚老硬。用去粗皮。雞腎參葉如蛤蟆葉，綠色，初生無梗，葉鋪地生，中發一桿，開白花，根下生果一對，一雌一雄，果皮薄。

明・蘭茂《滇南本草》〔叢本〕卷上　珠子參　味甘，微苦，性溫平。用之無力，充雞腎參。但古人用方為刀瘡藥，搽之止血，生肌收口，為末用。劉乾云：珠子參清肺熱，理肺氣，除肺風，粉刺。今人亦充雞腎參賣。但雞腎參葉似合麻葉，綠色，初生無杆，葉鋪地生，中發一杆，開白花，根下生一對雌雄菓，皮薄。珠子參葉如舌，形綠面紫紅背，梗長，開紫花，綠根下生果，皮粗，去皮用。

山小菜

明・朱橚《救荒本草》卷上之後　山小菜　生密縣山野中。科苗高二尺餘，就地叢生，葉似酸漿子葉而窄小，面有細紋脉，邊有鋸齒，色深綠；又似桔梗葉，頗長艄。味苦。　救飢：　採葉煠熟，水浸，淘去苦味，油鹽調食。

拳黃雞子

清・趙學敏《本草綱目拾遺》卷四草部中　拳黃雞子　《珍異藥品》：一名水蘿蔔。　治霍亂吐瀉瘧疾，每用一錢，嚼碎水飲下。

含水藤

宋・唐慎微《證類本草》卷八草部中品〔唐・陳藏器《本草拾遺》〕　大瓠藤水　味甘，寒，無毒。主煩熱，止渴，潤五藏，利小便。藤如瓠，斷之水出。生安南。《太康地記》曰：　朱崖、儋耳無水處，種用此藤，取汁用之。

〔宋・唐慎微《證類本草》〕《海藥》云：　謹按《太原記》云：　生安南、朱崖上，彼無水，惟大瓠中有天生水。　味甘，冷，香美。　主解大熱，止煩渴，潤五藏，利水道。彼人造飲饌皆瓠也。

宋・唐慎微《證類本草》卷一二木部上品〔唐・陳藏器《本草拾遺》〕　含水藤中水　味甘，平，無毒。主止渴，潤五藏，山行無水處，斷之得水可飲，清美，去濕痹，煩熱。生嶺南。葉似狗蹄。煮汁服之。主天行時氣，擣葉傳中水爛瘡，皮皸。劉欣期《交州記》亦載之也。

〔宋・唐慎微《證類本草》〕《海藥》云：　謹按《交州記》云：　生嶺南及諸海山谷。狀若葛，葉似枸杞。多在路行人乏水處，便喫此藤，故以爲名。主煩渴心躁，天行疫氣瘴癘，丹石發動，亦宜服之。

明・王文潔《太乙仙製本草藥性大全》卷三《本草精義》　含水藤　按《交州記》云：　生嶺南及諸海山谷。狀若葛，葉似枸杞。多在路，行人乏水處便喫此藤，故以爲名。主煩渴心燥，天行疫氣瘴癘，丹石發動亦宜服之。

明・王文潔《太乙仙製本草藥性大全》卷三《仙製藥性》　含水藤中水　味甘，氣平，無毒。　主治：　主止渴而潤五臟，除煩熱而去濕痹。傅水爛瘡皸，治天行時氣。　補註：　止渴潤五臟，山行無水處斷之，得水可飲，味清美。〇天行時氣，取葉煮汁服效。〇中水爛瘡皮皸，搗葉傅之良。

明・李時珍《本草綱目》卷一八草部・蔓草類　含水藤《海藥》校正自木部移入此。併入《拾遺》大瓠藤。　【釋名】大瓠藤

【集解】珣曰：　按劉欣期《交州記》云：　含水藤生嶺南及北海邊山谷。狀若葛，葉似枸杞。多在路旁，行人乏水處便喫此藤，故以爲名。　藏器曰：　越南、朱厓、儋耳無水處皆種大瓠藤，取汁用之。藤狀如瓠，斷之水出，飲之清美。　時珍曰：　顧微《廣州記》云：　水藤去地一丈，斷之更生，根至地水不絕。山行口渴，斷取汁飲之。陳氏所謂大瓠藤，蓋即此物也。

藤中水　【氣味】甘，平，無毒。藏器曰：　寒。　【主治】解煩渴心躁。瘴癘丹石發動，亦宜服之李珣。止渴，潤五臟，去濕痹，天行時氣，利小便。其葉搗，傅中水爛瘡皮皸藏器。　治人體有損痛，沐髮令長。時珍。《廣州記》。

明・倪朱謨《本草彙言》卷七　含水藤中水　味甘，氣寒，無毒。又名大瓠藤。　李氏曰：　含水藤，生嶺南及北海邊山谷中。又安南、朱厓、儋耳無水處，皆種此藤。藤狀大如瓠，葉若葛葉，實似枸杞。斷藤取汁飲之，甚清美。其藤去地一丈，斷之更生，其水不絕。山行口渴，斷取飲之，實天資之藥也。

含水藤中水：　去煩渴，定心燥，清瘴癘，李珣解丹石火藥之藥也。外夷方土，往往治天行熱疫，狂亂癲癇。幷療暑瘴暑痢，通小便癃閉，便濁諸證。

明・姚可成《食物本草》卷一八草部・隰草類　含水藤一名大瓠藤。按劉

欣期《交州記》云：含水藤生嶺南及北海邊山谷，狀若葛，葉似枸杞，多在路旁。行人乏水處便喫此藤，故以為名。陳藏器曰：安南、朱厓、儋耳無水處，皆種大瓠藤，取汁用之。藤狀如瓠，斷之水出，飲之清美。〇李時珍曰：顧微《廣州記》云：水藤去地一丈，斷之更生，根至地水不絕。山行口渴，斷取汁飲之。陳氏所謂大瓠藤，蓋即此物也。

含水藤中水，味甘，寒，無毒。止煩渴，潤五臟，去濕痹，天行時氣，利小便。心躁瘴癘，丹石發動，治人身有損痛，沐髮令長。

葉　搗傅中水爛瘡。

清·趙學敏《本草綱目拾遺》正誤　《綱目》蔓草內載含水藤，引劉欣期《交州記》云：狀若葛，葉似枸杞子，多在路旁，行人乏水處便喫此藤，故名。菜部又載東風菜。按《廣志》，廣州有涼口藤。狀若葛，葉如枸杞，去地丈餘，絕之更生，中含清水，渴者斷取飲之甚美。沐髮令長。此藤又名東風菜，先春而生，東風乃至，農夫以驗土膏之動。一名綠耳，可為蔬。據《廣志》所載形狀及治病，與含水藤同，其可為蔬，名東風，又與東風菜同，則是一物也。瀕湖誤以為二，一收入蔓，一收入菜，未免考核失當。良由為裴淵《廣州記》所誤也。

清·趙學敏《本草綱目拾遺》卷七藤部　買麻藤　《職方典》：出肇慶，緣樹而生，有子，味苦可食，山行斷取其汁飲之，可以止渴。《粵志》：買麻藤其莖多水，渴者斷而飲之，滿腹已，餘水尚淋漓半日。性柔易治，以製履堅韌如麻，故名，言買藤得麻也。治蛇咬：鮮者乾者俱效。

鶴膝藤

清·何諫《生草藥性備要》卷上　鶴膝藤　治風痰鶴膝，去痰、殺蟲、敷跌打妙。一名九層塔。

清·趙其光《本草求原》卷四蔓草部　鶴膝藤　頭名九層塔。專治鶴膝風，敷跌打，殺蟲。

南藤

宋·唐慎微《證類本草》卷三〇有名未用·草木〔《別錄》〕　丁公寄　味甘。主金瘡痛，延年。一名丁父。生石間蔓延木上。葉細，大枝，赤莖，母大如磧黃，有汁。七月七日採。

〔宋·掌禹錫《嘉祐本草》〕按：陳藏器云：丁公寄，即丁公藤也。

宋·唐慎微《證類本草》卷一四木部下品〔宋·馬志《開寶本草》〕　南藤　味辛，溫，無毒。主風血，補衰老，起陽，強腰脚，除痹，變白，逐冷氣，排風邪。亦煮汁服，亦浸酒。冬月用之。生依南樹，故號南藤，莖如馬鞭有節，紫褐色。一名丁公藤。生南山山谷。《南史》：解叔謙，雁門人。母有疾，夜於庭中稽顙祈告，聞空中云：得丁公藤治即差。訪醫及本草皆無。至宜都山中，見一翁伐木，云是丁公藤，療風。乃拜泣求得之及漬酒法。受畢，失翁所在。母疾遂愈。今附。

〔宋·蘇頌《本草圖經》〕曰：南藤即丁公藤也。生南山山谷，今出泉州、榮州。生依南木，故名南藤。苗如馬鞭有節，紫褐色，葉如杏葉而尖。採無時。此下又有千金藤云：生北地者根大如指，色黑似漆。生南土者，黃赤如細辛。又有榼藤子，生廣南山林間。木如通草藤，三年方熟，紫黑色。一名象豆。今醫家並稀用，故但附於其類。

〔宋·唐慎微《證類本草》〕陳藏器云：氣味辛烈，亦磨服之。變白不老，出藍田。八月採，日乾用。

宋·唐慎微《證類本草》卷三〇外木蔓類〔宋·蘇頌《本草圖經》〕　石南藤　生天台山中。其苗蔓延木上，四時不凋。彼土人採其葉入藥，治腰疼。

宋·劉明之《圖經本草藥性總論》卷下　南藤　味辛，溫，無毒。主風血，補衰老，起陽，強腰腳，除痺，變白，逐冷氣，排風邪。亦煮汁服，亦浸酒服。一名丁公藤。《南史》：**【略】**

宋·陳衍《寶慶本草折衷》卷一四　南藤　一名丁公藤。生南山山谷。《詩》及諸郡志言南山多矣，今此當以南方之山為得土之宜。依南木而生。及宜都、藍田，泉、榮州。〇採無時。〇八月採，日乾。

味辛烈，溫，無毒。〇主風血，補衰老，起陽，強腰脚，除痹，變白，逐冷氣，排風邪，煮汁服，亦浸酒。〇《圖經》曰：苗如馬鞭，有節，紫褐色。

宋·陳衍《寶慶本草折衷》卷二〇　石南藤非木部下之石南也。　生天台即台州。山中。〇四時採藤葉。

溫，無毒許洪。〇治腰疼。其苗蔓延木上，四時不凋。續說云：木瓜元之方，用藥不一，亦有用石南藤者。許洪註云：主風血痹，治腰脚軟弱，筋脉攣急。此元許洪亦編附於《局方》中。

明·蘭茂撰，清·管暄校補《滇南本草》卷下　石南籐又名搜山虎。性微溫，味甘、微酸。入肝、脾、小腸三經。治寒濕痺傷筋，祛風，筋骨疼痛。利小便，及莖中痛，熱淋初起，利小便急速。生山石上者，走經絡，更效。生土地上者，利小便效。

附方：　治熱淋莖中痛，或如濃糊住馬口。石南籐二錢，木賊八分，甘草一錢，八仙草二錢，水煎，點水酒服。

明・王綸《本草集要》卷四　南藤即丁公藤。生依南樹，故云。　味辛，氣溫，無毒。　主風血，補衰老，起陽，強腰腳，除痹逐冷氣，排風邪，煮汁服，亦浸酒，冬月用之。

明・劉文泰《本草品彙精要》卷二一　南藤無毒　蔓生。

南藤：　主風血，補衰老，起陽，強腰腳，除痹，變白，逐冷氣，排風邪，亦煮汁服，亦浸酒，冬月用之。名醫所錄。　【名】丁公藤。　【苗】《圖經》曰：　此藤依南木而生，故名南藤。　莖如馬鞭，有節，紫褐色，葉如杏葉而尖。《南史》解叔謙，雁門人，母有疾，夜於庭中稽顙祈告，聞空中云：　得丁公藤治即瘥。　訪醫及本草皆無。　至宜都山中見一翁伐木，云是丁公藤療風。　乃拜泣求得之，及授漬酒法，畢，失翁所在，持歸，製服之，母疾遂愈，因名丁公藤也。　【地】《圖經》曰：　生南山山谷，今榮州、藍田有之。【道地】泉州。　【時】生：　春生苗。　採：　八月或不拘時取藤。　【收】日乾。　【用】藤。　【質】類紫藤。　【色】紫褐。　【味】辛。　【性】溫，散。　【氣】氣之厚者，陽也。　【臭】朽。　【主】排風除痹。　【製】剉碎用。　【治】療：　《別錄》云：　除諸風。

明・劉文泰《本草品彙精要》卷四一　石南藤　蔓生。

石南藤：　治腰疼。出《圖經》。　【苗】《圖經》曰：　其苗蔓延木上，四時不凋。　彼土人採其葉入藥用。　【地】《圖經》曰：　生天台山中。　【時】生：　春生新葉。　採：　無時。　【用】葉。

明・鄭寧《藥性要略大全》卷五　石楠葉臣。一名丁公藤。　療腳氣拘攣，利筋骨皮毛痛，補養腎氣，興陽，強腰腳，除熱，殺蠱毒，破積聚，逐風痹。《象》云：　逐邪氣，除熱。　女子不可久服，令思男。　味苦，氣溫、平，有小毒。　五加皮為之使。　二四月採葉，陰乾用。　實　亦可食。　葉　如批杷葉，有小刺，皆有紫點。　《經》云：　石楠即香楠木也。　有一樣附于楠木而上，故名石楠藤。　郭云：　石楠藤莖如馬鞭，有節，紫褐色。　葉如香葉而尖。　一名丁公藤。

明・陳嘉謨《本草蒙筌》卷四　南藤即丁公藤。　味辛，氣溫。　無毒。　出泉州榮州，並屬福建。　生南山山谷。　常依楠木，故名南藤。　葉如杏葉略尖，苗似馬鞭無節。　皮色紫褐，收採無時。　專治風疼，用漬酒服。　排風邪，強腰膝除痹；　主風血，補衰者起陽。　性烈亦可摩吞，令人皓髮變黑。　〇石南藤生于石上，株高大淩冬不凋。　如枇杷葉，但背無毛。　似椿樹花，細碎成簇。　秋結紅實，收採隨時。　湖浙甚多，一名鬼目。　惡大小薊，使五加皮。　治腎衰脚弱最宜，療風淫濕痹並効。　女人不可久服，犯則切切思男。　實殺蟲毒尤靈，亦逐風痹積聚。

明・王文潔《太乙仙製本草藥性大全》卷三《本草精義》　楠藤　生南山山谷，今出泉州、榮州，生依楠木，故名楠藤，苗如馬鞭有節，紫褐色，葉如杏葉而尖，生北地者根大如指，色黑似漆。　南土者黃赤如細辛。　又有榼藤子，生廣南山，木如通草藤，三年方熟，紫黑色，一名象豆，今醫家並稀用，故但附於其類。

石楠藤　一名鬼目。　生華陰山谷，今南北皆有之。　生於石上，株及有高大者，江湖間出者葉如枇杷葉，有小刺，淩冬不凋，春生白花，似椿樹花，細碎成簇，秋結細紅實。　惡大小薊。　關隴間出者葉似莽草，青黃色，背有紫點，雨多則併生，長及二三寸，根橫細紫色，無花實，葉至茂密，南北人多移以植亭宇間，陰翳可愛，不透日氣。　入藥以關中葉細者良，二月採葉，四月採實，並陰乾用。

明・王文潔《太乙仙製本草藥性大全》卷三《仙製藥性》　石楠藤臣　味辛、苦，氣平，無毒。　五加皮為之使。　主治：　治腎衰脚弱最宜，療幾淫濕痹並效，理脚氣拘攣諸證，利筋骨皮毛痛疼。　強腰興陽，逐邪除熱。　女人不可久服，犯則切切思男。　實：　殺蟲毒尤靈，亦逐風痹積聚。　補註：　按《魏王花木記》曰：　南方石南木，取皮中作魚羹，和之尤美。　今不聞用之。　下有楠材條，其木頗似石楠，而更高大，葉差小，其材中梁柱，今醫方亦稀用之。

明・王文潔《太乙仙製本草藥性大全》卷三《仙製藥性》　南藤即丁公藤，依生南樹，故號云：　味辛，氣溫，無毒。　主治：　專治風疼，用漬酒服。　排風邪，強腰膝，除痹；　主風血，補衰老起陽。　性烈亦可磨吞，令人皓髮變黑。

明・皇甫嵩《本草發明》卷四　南藤下品，佐使。氣溫，味辛，無毒。即丁公藤。生南山山谷，依南木，故名南藤。皮色紫褐。　發明曰：　南藤，辛溫而益血，祛風，專治風痛。　故《本草》主血風，補衰老，起陽，強腰脚，除痺，逐冷氣，排風邪。　用酒漬服，亦煮汁服。性烈，亦可摩吞，令皓髮變黑。葉如杏葉，略尖，苗似馬鞭，無節。

明・李時珍《本草綱目》卷一八草部・蔓草類 南藤宋《開寶》校正自木部移入此。併入有名未用《别録》丁公寄、《圖經》石南藤。

〖釋名〗石南藤《圖經》 丁公藤《開寶》 丁公寄《别録》 丁父《别録》 風藤

志曰：生依南樹，故號南藤。藏器曰：丁公寄，即丁公藤也。始因丁公用有（効）〔效〕，因以得名。

〖集解〗《别録》曰：丁公寄生石間，蔓延木上，葉細，大枝赤莖，母大如磧黄有汁，七月七日采。頌曰：南藤，即丁公藤也。生南山山谷，今泉州、榮州有之。生依南木，莖如馬鞭，有節紫褐色，葉如杏葉而尖。采無時。又曰：天台石南藤，四時不凋。土人采葉，治腰痛。時珍曰：今江南、湖南諸大山有之，細藤圓膩，紫緑色，一節一葉，葉深緑色，似杏葉而微短厚，其莖貼樹處，有小紫瘤疣，中有小孔。四時不凋，莖葉皆臭而極辣。白花蛇食其葉。

〖氣味〗辛，温，無毒。時珍曰：甘。 〖主治〗金瘡痛。延年《别録》。主風血，補衰老，起陽，强腰脚，除痹，變白，逐冷氣，排風邪。煮汁服，冬月浸酒服藏器。煮汁服，治上氣欬嗽時珍。

〖發明〗志曰：按《南史》云：解叔謙，雁門人。母有疾，夜禱，聞空中語云：得丁公藤治之即瘥。訪醫及本草皆無此藥。至宜都山中，見一翁伐木，云是丁公藤，療風。乃拜泣求。翁并示以漬酒法。受畢，失翁所在。母服之遂愈也。時珍曰：近俗醫治諸風，以南藤和諸藥熬膏市之，號南藤膏。白花蛇喜食其葉，故治諸風尤捷。

明・佚名氏《醫方藥性・草藥便覽》 石楠擔 其性苦。治諸風邪。

明・李中立《本草原始》卷三 南藤 始生南山山谷，今泉州、榮州有之。生依南木，故號南藤。《圖經》名石南藤。莖如馬鞭，有節，紫褐色。葉如杏葉而尖。采無時。始因丁公用有效，故《别錄》名丁父，名丁公寄。《開寶》名丁公藤。氣味：辛，溫，無毒。主治：金瘡痛，延年。〇主風血，補衰老，起陽，強腰腳，除痹〔癥〕，變白，逐冷氣，排風邪。煮汁服，冬月浸酒服。〇煮汁服，治上氣咳嗽。

石南藤，宋《開寶》。【圖略】木部移此。色紫有節。八月采，日乾用。

【略】

明・張懋辰《本草便》卷二 南藤 即丁公藤。味辛，氣溫，無毒。主風血，補衰老，起陽，強腰脚，除痹，逐冷氣，排風邪，煮汁服。亦浸酒，冬月用之。

明・鮑山《野菜博錄》卷三 南藤 一名丁公藤，一名象豆。生山谷中。延石壁古木纏繞。其苗如馬鞭，有節，紫褐色。葉似杏葉，短尖。味辛烈，無毒。食法：採嫩苗葉煤熟，油鹽調食。

明・顧逢柏《分部本草妙用》卷八雜藥部 丁公藤 辛，溫，無毒。主治：風血，補衰老，起陽，強腰腳，除痺變白，逐冷氣，排風邪。煮汁服，冬月浸酒服。汁服，又主上氣欬嗽，金〔瘡〕痛，延年。按：治諸風，以南藤和諸藥熬膏，市之號南藤膏。白花蛇喜食其葉，故治諸風猶捷。

清・穆石匏《本草洞詮》卷一〇 南藤 生依南樹，故號南藤。味辛甘，氣溫，無毒。排風邪，強腰腳，除痺逐冷氣。白花蛇喜食其葉，故治諸風也。

清・劉雲密《本草述》卷一一 石南藤一名南藤，一名丁公藤。時珍曰：今江南、湖南諸大山有之。細藤圓膩，紫綠色，一節一葉，葉深綠色，似杏葉而微短厚，其葉貼樹處有小紫瘤疣，中有小孔，四時不凋，莖葉皆臭而極辣。白花蛇食其葉。

氣味：辛，溫，無毒。《別録》曰：甘。

主治風血，補衰老，起陽，強腰腳，除痹變白，逐冷氣，排風邪。煮汁服，冬月浸酒服藏器。煮汁服治上氣咳嗽時珍。

《志》曰：按《南史》云：解叔謙，鴈門人，母有疾，夜禱，聞空中語云得丁公藤治之即瘥。訪醫及《本草》，皆無此藥。至宜都山中，見一翁伐木，云是丁公藤，療風。乃拜泣求翁，并示以漬酒法。受畢，失翁所在，母服之遂愈也。時珍曰：近俗醫治諸風，以南藤和諸藥熬膏，市之號南藤膏。白花蛇喜食其葉，故治諸風尤捷。

附録 《證治準繩》中風條類，有木瓜丸之治。治腎經虛弱下攻，腰膝沉重少力，腿脚腫癢，疰破主瘡，脚心癮痛，筋脈拘攣，或腰膝緩弱，步履艱難，舉動喘促，面色黧黑，大小便秘濇，飲食減少，無問久新，並宜服之。熟地黃洗焙，陳皮去白，烏藥各四兩，黑牽牛三兩炒，石南藤即丁公藤、杏仁去皮尖、當歸、蓯蓉，酒浸焙乾，木瓜、續斷、牛膝，酒浸，各二兩，赤芍藥一兩，右為細末，酒糊為丸如梧子大，空心木瓜湯吞三五十丸，溫酒亦得。

愚按：藏器《本草》首云茲味主風血，然又有補衰老云云，是則為補益良劑，固不止於治風而已。至木瓜丸論治，雖逐隊於諸味之中，不能獨見其功。然其功之大槩，亦可覩矣。中風條類又有蠲風飲子，與眾味合劑，因味有十餘種，不及詳錄也。第世醫多不知用之，俾其委棄與無情之荒草埒也，雖四時不凋，然不亦大可惜乎哉？

清・郭章宜《本草匯》卷一二　石南藤　味辛，氣溫。主風血，補衰老。逐冷氣，排風邪。

按：石南藤，生依南木，故以得名。泉州、滎州皆有之。四時不凋，莖葉皆臭而極辣，白花蛇喜食其葉，故取以治諸風及腰痛甚捷。冬月浸酒服。

清・李熙和《醫經允中》卷二一　丁公藤　辛，溫，無毒。主治除風濕痺，逐冷氣，排風邪。附生石上者名石南藤，散風堅骨，療風淫濕痺。女人禁服。

清・馮兆張《馮氏錦囊秘錄・雜症痘疹藥性主治合參》卷四　南藤石南，一名鬼目。得庚金之氣，故味辛、苦，氣平，有小毒。陰中陽也。入足厥陰經、足少陰經。得金氣之厚者，則能生水，故專入肝腎，則內傷陰衰自起，皮毛自利，而脚弱自健也。女子久服，切切思男者，亦以其補腎氣，助陽火耳。　南藤，即丁公藤。專治風疼，用漬酒服，排風邪，強腰膝，除痹，扶脚弱，補衰起陽。性烈，亦可磨吞，令人皓髮變黑。又石南藤生於石上，治腎衰脚弱最宜，療風淫濕痹並效。女人不可久服，犯則切切思男。其實殺蟲毒尤靈，亦逐風痹積聚。

清・何諫《生草藥性備要》卷下　丁公藤　祛風濕，散熱毒，洗酒風脚，浸酒飲之，週身必有汗出，如痴迷一般。一名南藤。

清・何諫《生草藥性備要》卷上　石南藤　味劫，性平。止腰骨痛，浸酒祛風甚效。

附：琉球・吳繼志《質問本草》內篇卷四　石南藤　生山中，傍樹木而生，其莖蔓延四周，一節一葉，其節著樹處即生根鬚，夏開花結子，四時有葉，莖葉俱臭。　石南藤。癸卯，馬岳漢。

清・莫樹蕃《草藥圖經》　風藤　即南藤。又名石南藤，又名丁公藤。寄生石間，蔓延木上。莖似馬鞭，有節，紫褐色，葉似杏葉而尖，四時不凋。辛溫，無毒。治金瘡痛，主風血，補衰老，起陽，強腰脚，逐冷氣，排風邪。煮汁服，冬月浸酒服。

清・楊時泰《本草述鉤元》卷一一　石南藤　一名丁公藤。江南、湖南諸大山有之。細藤圓膩，紫綠色，一節一葉，葉深綠似杏而微短厚，貼樹處有小紫瘤，中有小孔，四時不凋，莖葉皆臭而極辣，白花蛇食之。味辛、甘，氣溫。主治風血，補衰老，起陽，強腰脚，除痺變白，逐冷氣，排風邪，治上氣欬嗽，皆煮汁服，冬月浸酒服。丁公藤療風，始於解叔謙禱治母疾，空中神語之，宜都山伐木翁示之。近俗醫治諸風，和諸藥熬膏，號南藤膏，取效尤捷。《準繩》中風條類有木瓜丸，治腎虛腰膝沉重少力，抑或緩弱，步履艱難，舉動喘促，或腿脚腫癢，疰破生瘡，脚心隱痛，筋脉拘攣，面色黧黑，二便秘澁，飲食減少，無問久新，並宜服之。用熟地、烏藥、橘皮各四兩，黑牽牛三兩，石南藤、杏仁、當歸、蓯蓉、木瓜、牛膝、續斷各二兩，赤芍一兩，為細末，酒糊丸梧子大，空心，用木瓜湯或酒下三五十丸。

清・吳其濬《植物名實圖考》卷二〇　南藤　即丁公藤。事具《南史》，解叔謙得丁公藤，漬酒，治母疾，有神效。《開寶本草》始著錄。今江西、湖南市醫，皆用以治風，亦呼石南藤，或作藍藤，音近而訛。

雩婁農曰：南藤，山中多有之。或謂之搜山虎，蓋言其疏風入筋絡也。解叔謙遇丁公，純孝所感，信矣。但丁公者，殆深山採藥之叟，非必神仙變化。而用南藤者，亦未必自此始也。顧吾謂人子平日不能知藥，臨時求之而不得，得之而不達，其敢以不能名之草木相嘗試乎？人神感格，渺不可憑，一息之緩，悔何及矣？雖然，天下豈有不悔之人子哉？

清・趙其光《本草求原》卷四蔓草部　石南藤即丁公藤。　甘，溫達肝脾，以益氣血，治風血，補衰老，起陽，逐冷，強腰脚，排風。治上氣咳嗽，煮汁服；治風，浸酒服。藏器此論，甚言其益，不止治風，乃世人少用；然《準繩・中風門》木瓜丸是。同熟地、陳皮、台烏、黑丑、杏仁、當歸、牛膝、川瓜、續斷、蓯蓉、赤芍、酒糊丸，治腎虛脚弱、腿腫、拘攣、面黑、二便秘、食少、夆動、喘促不問新久，並服。白花蛇食其葉，故治諸風。

清・劉善述、劉士季《草木便方》卷一草部　巴巖香　巴巖香溫辛性平，通關利竅發表靈。祛風除濕消痰妙，解毒散血耳目明。

清・劉善述、劉士季《草木便方》卷一草部　石藍藤　辛溫補血，衰老陽痿排風邪。腰脚痹痛除風冷，酒浸煎服治痰咳。

清・戴葆元《本草綱目易知錄》卷二　石南藤　辛、甘，溫。浸酒服，排風邪，逐冷氣，強腰脚，補衰老，起陽除痹。治金瘡痛，為血虛風痹要藥。煮汁服，治上氣咳嗽。

海風藤

清・葉桂《本草再新》卷三　海風藤味苦，性寒，無毒。入心、腎二經。　行經絡，和血脈，寬中理氣，血脈和，則中無所滯；經絡通，則氣可自舒。下濕除風，理腰脚氣，治疝安胎。

省藤

宋・唐慎微《證類本草》卷一三木部中品〔唐・陳藏器《本草拾遺》〕　省藤　味苦，平，無毒。主蚘蟲。煮汁服之。又主齒痛，打碎口中含之。又取和米煮粥飼狗去瘑。生南地深山。皮赤如指，堪縛物，片片自解也。

明・李時珍《本草綱目》卷一八草部・蔓草類　省藤《拾遺》。校正：自木部移入此。

〖釋名〗赤藤《綱目》　紅藤《綱目》　〖集解〗藏器曰：生南地深山。皮赤，大如指，堪縛物，片片自解也。

〖氣味〗苦，平，無毒。　〖主治〗蚘蟲，煮汁服之。齒痛，打碎含之。煮粥飼狗，去瘑藏器。治諸風，通五淋，殺蟲時珍。

〖發明〗時珍曰：赤藤，善殺蟲，利小便，洪邁《夷堅志》云：趙子山苦寸白蟲病。醫令戒酒，而素性耽之。一日寓居邵武天王寺，夜半醉歸，口渴甚，見廡間甕水，映月瑩然，即連酌飲之，其甘如飴。迨曉蟲出盈席，心腹頓寬，宿疾遂愈。皆驚異之，視所飲水，乃寺僕織草履，浸紅藤根水也。

〖附方〗新一。　五淋澀痛：赤藤即做草鞋者、白茯苓、苧麻根等分，爲末。百沸湯下，每服一錢，如神。《究原方》。

清・穆石鉋《本草洞詮》卷一〇　赤藤　味苦，氣平，無毒。治諸風，通五淋，殺蟲。齒痛含之。《夷堅志》云：【略】

清・趙學敏《本草綱目拾遺》卷九器用部　縛木藤　《綱目・藤部》有省藤，即紅藤。《集解》云：堪縛物，主治止言去風殺蟲，無腦漏治法。

治腦漏：《急救方》：用縛木紅皮藤燒存性為末，每用酒服三錢，服後覺有一線從鼻至脊背而下股，其腦漏隨愈。一人一年服一次，效。　腸癰：《經驗廣集》：凡腸癰生於小肚角，微腫，而小腹隱痛不止，皮色不變是也。紅藤一兩許，好酒二盌，飲醉臥。午後用紫花地丁一兩許，亦以好酒煎，服後痛必漸止，再服。

清・戴葆元《本草綱目易知錄》卷二草部　省藤赤藤　苦，平。殺蟲，治諸風，通五淋，療蚘蟲，俱煮汁服。齒痛，擣碎含之。煮粥飼狗去瘑。【略】五淋澀痛，省藤、苧麻根等分，為末，每湯服一錢。葆驗。取葉拍軟，貼小兒頭瘡面瘡，俱效。

鑽地風

清・吴其濬《植物名實圖考》卷一九　鑽地風　長沙山中有之。蔓生，褐莖，莖根一色，不堅實；葉如初生油桐葉而圓，碎紋細齒。俚醫以治筋骨，行腳氣。

金蓮花

清・吴其濬《植物名實圖考》卷二一　金蓮花　直隸圃中有之。蔓生，綠莖脆嫩，圓葉如荷，大如荇葉；開五瓣紅花，長鬚茸茸；花足有短柄，橫翹如鳥尾；京師俗呼大紅鳥。山西五臺尤多，以為佛地靈葩。性寒。或乾其花入茶甌中。插枝即生，不喜驕陽。《山西通志》：金蓮花，一名金芙蓉，一名旱地蓮。出清涼山。金世宗嘗幸金蓮川，周伯琦紀行詩跋：金蓮川草多異花，有名金蓮花者，似荷而黃。即此種也。

飛龍掌血

清・吴其濬《植物名實圖考》卷二三　飛龍掌血　生滇南。粗蔓巨刺，森如鱗甲，新蔓密刺，葉如橘葉，結圓實如枸橘微小。

西番蓮

清・吴其濬《植物名實圖考》卷三〇　西番蓮即轉心蓮。　《南越筆記》：西番蓮，其種來自西洋，蔓細如絲，朱色繚繞籬間；花初開如黃白蓮，十餘出，久之十餘出者皆落，其蕊復變而為瓣；瓣為蓮而蕊為鞠，以蓮始而以鞠終，故又名西洋鞠。

轉子蓮

清・吴其濬《植物名實圖考》卷二一　轉子蓮　饒州水濱有之。蔓生拖引，長可盈丈，柔莖對節，附節生葉；或發小枝，一枝三葉，似餘櫻子葉而光無齒，面綠背淡，僅有直紋；枝頭開五瓣白花，似海梔而大，背淡紫色，瓣外內皆有直縷一道，兩邊綫隆起。或云有毒，不可服食。

候風藤

清・吴其濬《植物名實圖考》卷二一　候風藤　南康山田塍上多有之。長莖叢生，高三四尺，不作藤蔓；葉如木樨葉，面青綠，背黃白，有赭紋；春開白花下垂，如橘柚花，長瓣五出，反卷向上，中突出黃蘂一簇。

白辛樹

明・朱橚《救荒本草》卷下之前　白辛樹　生滎陽塔兒山崗野間。樹高丈許，葉似青檀樹葉，頗長而薄，色微淡綠，又似月芽樹葉而大，色亦差淡。其葉味甘，微澁。　救飢：　採葉煠熟，水浸淘去澁味，油鹽調食。

石氣柑

清・劉善述、劉士季《草木便方》卷一草部　石氣柑　石炁柑辛性微熱，外感風寒發表烈。消痰化氣止咳嗽，清利胸膈散瘀血。

雜錄

白花藤

宋・唐慎微《證類本草》卷七草部上品〔唐・蘇敬《唐本草》〕　白花藤味苦，寒，無毒，主解諸藥、菜、肉中毒。酒漬服之，主虛勞風熱。生嶺南、交州、廣州平澤。

〔唐・蘇敬《唐本草》〕注云：　苗似野葛而白花。根皮厚，肉白，其骨柔於野葛。《唐本》先附。

〔宋・掌禹錫《嘉祐本草》〕按：　《蜀本圖經》云：　葉有細毛，蔓生，花白。根似牡丹，骨柔，皮白而厚。味苦，用根不用苗，凌冬不凋。

〔宋・唐慎微《證類本草》〕《雷公》云：　凡使，勿用菜花藤，緣真似白花藤，只是味不同。菜花藤酸澁，不堪用。其白花藤，味甘香，採得後去根細剉，陰乾用之。

明・劉文泰《本草品彙精要》卷九　白花藤無毒　蔓生。

白花藤：　主虛勞，風熱，酒漬服之。名醫所錄。　〖苗〗《唐本》注云：　蔓生，苗似野葛，葉有細毛，花白色，根似牡丹，骨柔皮白而厚，凌冬不凋。《雷公》云：　菜花藤，真似白花藤，只是味不同。菜花藤味酸澀，不堪用，白花藤味甘爲異也。　〖地〗《圖經》曰：　生嶺南交州、廣州平澤。　〖時〗生：　春生新葉。採：　無時。　〖收〗陰乾。　〖用〗莖。　〖色〗白。　〖味〗苦，甘。　〖性〗寒，泄。　〖氣〗氣薄味厚，陰也。　〖臭〗香。　〖主〗退虛熱。　〖製〗《雷公》云：　去根細剉，陰乾用之。　〖解〗諸藥、菜、肉中毒。　〖贗〗菜花藤爲僞。

明・王文潔《太乙仙製本草藥性大全》卷二《本草精義》　白花藤　生嶺南交州、廣州平澤。苗生葉，有細毛，蔓生，花白，根似牡丹，骨柔，皮白而厚。味苦。用根不用苗。凌冬不凋。

明・王文潔《太乙仙製本草藥性大全》卷二《仙製藥性》　白花藤　味苦，氣寒，無毒。　主治：　主解諸藥菜中毒，酒漬服之。主虛風熱。《太乙》曰：　凡使勿用菜花藤，緣真似白花藤，只是味不同。菜花藤酸澁不堪用，白花藤味甘香。採得後去根，細剉，陰乾用之。

明・李時珍《本草綱目》卷一八草部・蔓草類　白花藤《唐本草》

〖集解〗恭曰：　生嶺南、交州、廣州平澤。苗似野葛。葉似女貞，莖葉俱無毛而白花。其根似葛而骨柔，皮厚肉白，大療毒，用根不用苗。保昇曰：　蔓生白花，葉有細毛，根似牡丹，骨柔皮白而厚，凌冬不凋。斅曰：　凡使勿用菜花藤，真相似，只是味酸濇。白花藤味甘，采得去根細剉，陰乾用。

〖氣味〗苦，寒，無毒。　〖主治〗解諸藥、菜、肉中毒。漬酒，主虛勞風熱《唐本》。

〖發明〗時珍曰：　蘇言用根，雷言用苗，都可用爾。按葛洪《肘後方》云：　席辯刺史在嶺南日久，言俚人皆因飲食入毒，多不即覺，漸不能食，或心中漸脹，先寒似瘴。急含白銀，一宿變色者即是也。銀青是藍藥，銀黃赤是菌藥。菌音混，草名也。但取白花藤四兩，出嶲州者爲上，不得取近野葛生者，洗切，同乾藍實四兩，水七升，煮取半，空腹頓服。少悶勿怪，其毒即解。

明・梅得春《藥性會元》卷上　白花藤　味苦，寒，無毒。　凡使勿用菜花藤，相似，其味酸澁。　主解諸藥、菜、肉中毒，酒漬服之。主虛勞風熱。生嶺南。　製法：　採取去根，陰乾用。

明・倪朱謨《本草彙言》卷七　白花藤　味苦，微甘，氣寒，無毒。　蘇氏曰：　白花藤，生嶺南交州、廣州平澤處。蔓生，苗似野葛，葉似女貞。莖葉俱無毛，開白色花，其根似葛而骨柔，皮厚肉白。一說葉有細毛，根似牡丹。凡使，根、苗皆可用。又一種菜花藤，真相似，但味酸濇可別耳。

白花藤：　解諸藥、飲食中毒。煮濃汁，立解《唐本草》。

白菟藿

宋・李昉《太平御覽》卷第九九一　白菟藿　《吴氏本草經》曰：　白菟藿，一名白葛穀。

宋・唐慎微《證類本草》卷七草部上品〔《本經・別錄》〕 **白兔藿** **味苦，平，**無毒。**主蛇虺、蜂蠆、猘狗、菜肉、蠱毒，鬼疰，**風疰，諸大毒不可入口者，皆消除之。又去血，可末着痛上，立消。毒入腹者，煮飲之即解。**一名白葛。**生交州山谷。

〔梁・陶弘景《本草經集注》〕云：此藥療毒，莫之與敵，而人不復用，殊不可解，都不聞有識之者，想當似葛爾，須别廣訪，交州人未得委悉。

〔唐・蘇敬《唐本草》〕注云：此草荆、襄間山谷大有。苗似蘿摩，葉圓厚，莖俱有白毛，與衆草異，蔓生，山南俗謂之白葛。用療毒有效。而交、廣又有白花藤，生葉似女貞，莖葉俱無毛，花白，根似野葛，云大療毒，而交州用根不用苗，則非藿也。用葉苗者，真矣。二物療治，並如《經》說，各自一物，下條載白花藤也。

〔宋・掌禹錫《嘉祐本草》〕按：《蜀本圖經》云：蔓生，葉圓若蓴，今襄州北、汝州南崗上有。五月、六月採苗，日乾。

〔宋・唐慎微《證類本草》〕《海藥》云：主風邪熱極，宜煮白兔藿飲之。乾則擣末，傅諸毒妙。

宋・鄭樵《通志》卷七五《昆蟲草木略》 白兔藿 曰白葛。蔓生，葉蓴。

明・王綸《本草集要》卷三 白兔藿一名白葛 味苦，氣平，無毒。主蛇虺、蜂蠆、〔猘〕狗、菜、肉、蠱毒，鬼疰風疰諸大毒，不可入口者，皆消除之。又去血，可抹着痛上，立消。毒入腹，煮飲即解。

明・劉文泰《本草品彙精要》卷九 白兔藿無毒 蔓生。

白兔藿出《神農本經》：**主蛇虺，蜂蠆，猘狗，菜肉蠱毒，鬼疰。**以上朱字《神農本經》。風疰，諸大毒不可入口者，皆消除之。又去血，可末著痛上，立消。毒入腹者，煮飲之，即解。以上黑字名醫所錄。【名】白葛。【苗】《唐本》注云：苗似蘿摩，葉圓厚若蓴莖，俱有白毛，與衆草異，蔓生山，南俗謂之白葛。【地】《圖經》曰：生交州及荊襄山谷，汝州南崗。【時】生：春生苗。採：五月、六月取苗。【收】日乾。【用】苗、葉。【質】類蘿摩，葉圓厚有毛。【色】白。【味】苦。【性】平，泄。【氣】氣薄味厚，陰中之陽。【主】風邪，熱極。【治】療：《藥性論》云：傅諸毒。【解】諸毒。

明・王文潔《太乙仙製本草藥性大全》卷二《本草精義》 白兔藿 一名白葛。生交州、荊襄間山谷，今在處有之。苗似蘿藦，葉圓厚，若藦莖俱有白毛，與衆草異，蔓生，山南俗謂之白葛。而交、廣又有白花藤，生葉似女貞，莖葉俱無毛，花白，根似野葛。五月、六月採苗曝乾。而交州用根不用苗，則非藿也，用莖苗者真矣。

明・王文潔《太乙仙製本草藥性大全》卷二《仙製藥性》 白兔藿 味苦，氣平，無毒。主治：主蛇虺、蜂蠆、猘狗、菜肉，祛蠱毒、鬼疰、風疰。諸毒不可入口者俱除，用之去血者立效，爲末着疼痛上立消，煮飲毒入腹即解。

補註：風邪熱極，直煮飲之。乾則搗末，傅諸毒妙。

明・皇甫嵩《本草發明》卷三 白兔藿上品下，君。味苦，平，無毒。一名白葛。

發明曰：白兔藿解毒之用為最，故主蛇虺蜂蠆猘狗，蠱毒風疰，食物諸大毒，皆除之。又去血，末之着痛處，立消。毒入腹，煮飲之即解。生交州山谷。蔓生，葉圓若蓴，五六月採苗，陰乾。

明・李時珍《本草綱目》卷一八草部・蔓草類 白兔藿《本經》上品。

【釋名】白葛普 【集解】《别録》曰：生交州山谷。弘景曰：此藥解毒，莫之與敵，而人不復用，不聞識者。恭曰：荆襄山谷大有之。蔓生，山南人謂之白葛。苗似蘿摩，葉圓厚，莖有白毛，與衆草異，用藿療毒有効。而交廣又有白花藤，亦解毒，用根不用苗。保昇曰：蔓生，葉圓若蓴。今襄州北、汝州南岡上有。五月、六月采苗，日乾。

【氣味】苦，平，無毒。【主治】蛇虺蜂蠆猘狗菜肉蠱毒，鬼疰風疰，諸大毒不可入口者，皆消除之。又去血，可末着痛上，立清。毒入腹者，煮汁飲即解《本經》。風邪熱極，煮汁飲。搗末。傅諸毒妙李珣。

明・倪朱謨《本草彙言》卷六 白兔藿 味苦，氣平，無毒。蘇氏曰：白兔藿，生交州山谷，今荆、襄亦有。蔓生山南，苗似蘿藦，葉圓厚，莖有白毛，與衆草異。五六月采苗，日乾用。此藥解毒，莫之與敵，而人不復用，并無聞識者。今交廣又有黃藤、白花藤，亦善解毒，但用根，不用苗也。

白兔藿：楊養初稿治蛇虺、蜂蠆、狂狗、野菜、魚肉諸蠱，并諸大毒，不可入口者，皆消除之。如毒入腹，煮汁飲即解。爲末，《本經》着傷處立清。真救世之良藥也。

清・吴其濬《植物名實圖考》卷二二 白兔藿 《本經》上品。陶隱居云：人不復用，亦無識者。《唐本草》以為白葛，葉似蘿藦。《蜀本草》以為葉圓如蓴。

雩婁農曰：吾讀《本草》注謂白兔食藿得仙，而啞然也。考神仙書，皆謂仙人有爵秩、名位、尊卑、職事，太虛青曾之中，亦復勞形案牘，貴賤相撿，亦烏取乎逍遥六合之外哉？韓子云上界足官府，蓋譏之也。若鶴鹿駏驢及趯趯者，皆得飛昇。則天門詄蕩，亦為飛走者排擠矣。道家又謂鹿、鶴為仙人騏驥。夫深山大壑，俛啄仰鳴，獉獉狉狉，自適已甚，乃以仙故，致受磬控而縛羈靮，亦何樂乎其為仙耶？

清·葉志詵《神農本草經贊》卷一　白兔藿　味苦，平。主蛇虺、蜂蠆、猘狗、菜、肉、蠱毒注。一名白葛。生山谷。

搗藥山端，思防淩觸。衙聚潮蜂，溪盤霧蝮。瘈狗攖腓，蠱蠶入腹。飲汁塗創，喜莫予毒。

《古歌詩》：采取神藥山端，白兔搗蝦蟆丸。《易》：君子以思患而豫防之。《雲笈七籤》：遇物淩觸。《埤雅》：蜂有兩衙應潮。《淮南子》：螣蛇游霧而動。《左傳》：國人逐瘈狗。《春秋後語》：徐之狗，攖公孫子之腓。《吳志·傳》：蠱入其腹。李珣曰：煮汁飲，搗末傅諸毒。《阿含經》：塗創不貪其味。《左傳》：而後喜可知也，曰莫予毒也已。

甘露藤

宋·唐慎微《證類本草》卷一四木部下品〔宋·掌禹錫《嘉祐本草》〕　甘露藤　味甘，溫，無毒。主風、血氣諸病。久服調中溫補，令人肥健，好顏色，止消渴，潤五藏，除腹内諸冷。生嶺南。藤蔓如筋，一名肥藤，人服之得肥也。已上兩種新補。見陳藏器、日華子。

明·劉文泰《本草品彙精要》卷二一　甘露藤無毒　蔓生。

甘露藤：主風血氣諸病。久服調中，溫補，令人肥健，好顏色，止消渴，潤五臟，除腹内諸冷。名醫所錄。

【名】肥藤。【苗】《圖經》曰：藤蔓如筋，人服之得肥，故名肥藤。【地】《圖經》曰：生嶺南。【時】生：春生葉。採：無時。【收】日乾。【用】藤。【色】青綠。【味】甘。【性】溫，緩。【氣】氣之厚者，陽也。【臭】朽。【主】益五臟，除諸冷。【製】剉碎用。

明·鄭寧《藥性要略大全》卷五　甘露藤　甘，溫，無毒。主風血氣諸病，止消渴，除腹冷。久服調中，潤五臟，肥肌，好顏色。

明·王文潔《太乙仙製本草藥性大全》卷三《仙製藥性》　甘露藤　味甘，氣溫，無毒。生嶺南，藤蔓如筋，一名肥藤，服之令人肥。主治：主風血氣諸病，除肚腹内諸冷。調中溫補而令人肥健，止渴潤臟而悅澤容顏。

甘藤

唐·李匡乂《資暇集》卷下　甘草　所言甘草，非國老之藥者，乃南方藤名也。其叢似薔薇而無刺，其葉似夜合而黃細，其花淺紫而蕊黃，其實亦居甲中。以枝葉俱甜，故謂之甘草藤。土人異呼為草而已。出在潮陽而南漳亦有，故備載之。

宋·唐慎微《證類本草》卷一四木部下品〔宋·掌禹錫《嘉祐本草》〕　感藤　味甘，平，無毒。調中益氣，主五藏，通血氣，解諸熱，止渴，除煩悶，治腎鈞氣。如木防己。生江南山谷。如雞卵大，斫藤斷，吹氣出一頭，其汁甘美如蜜。葉生研，傅蛇蟲咬瘡。一名甘藤。甘、感聲近，又名甜藤也。新補。見陳藏器、日華子。

明·劉文泰《本草品彙精要》卷二一　感藤無毒　蔓生。

感藤：主調中益氣，五臟通血氣，解諸熱，止渴，除煩悶，治腎鈞氣。名醫所錄。

【名】甘藤、甜藤。【苗】《圖經》曰：藤如木防己，大如雞卵，斫藤斷，吹氣出一頭，其汁甘美如蜜，故名甜藤，又名甘藤。其甘、感聲近，故以甘作感，蓋傳寫之誤也。【地】《圖經》曰：生江南山谷。【時】生：春生葉。採：無時。【收】日乾。【用】藤、葉。【質】類木防己。【色】褐。【味】甘。【性】平，緩。【氣】氣厚于味，陽也。【臭】香。【主】調中益氣，止渴除煩。【製】剉碎用。【治】療：《圖經》曰：葉研，傅蛇蟲咬瘡。

明·王文潔《太乙仙製本草藥性大全》卷三《本草精義》　感藤　一名甘藤，又名甜藤。其樹如木防己。生江南山谷。如鷄卵大，斫藤斷吹氣出一頭，其汁甘美如蜜。葉生研傅蛇蟲咬瘡。採無時。

明·王文潔《太乙仙製本草藥性大全》卷三《仙製藥性》　感藤　味甘，氣平，無毒。主治：主五臟通血氣，解諸熱。治吊腎，止渴除煩，調中益氣。

明·李時珍《本草綱目》卷一八草部·蔓草類　甘藤宋《嘉祐》校正自木部移入此。

【釋名】甜藤《嘉祐》　感藤時珍曰：甘、感音相近也。又有甜藤、甘露藤，皆此類，並附之。忍冬一名甜藤，與此不同。

【集解】藏器曰：生江南山谷。其藤大如雞卵，狀如木防己。斫斷吹之，氣出一頭。其汁甘美如蜜。

汁　〔氣味〕甘，平，無毒。　〔主治〕調中益氣，通血氣，解諸熱，止渴藏器。除煩悶，利五臟，治腎鈎氣。其葉研傅蛇蟲咬大明。解熱痢及膝腫時珍。

明・倪朱謨《本草彙言》卷七　甘藤汁　味甘，氣平，無毒。　陳氏曰：甘藤，生江南山谷。其藤大，長丈餘。莖三四寸，如木防己，斫斷吹之，氣出一頭。其汁甘美如蜜。

甘藤汁：李東垣解諸熱，止煩渴之藥也。白尚之稿陳氏方主調中益氣、利五臟者，特熱勝陰虛、水枯血燥爲病相宜也，若胃虛有寒者，不可用。

明・姚可成《食物本草》卷一八草部・隰草類　甘藤生江南山谷。其藤大如雞卵，狀如木防已。斫斷吹之，氣出一頭。其汁甘美如蜜。　甘藤，味甘，平，無毒。主調中益氣，通血氣，解諸熱，止渴，除煩悶，利五臟，治腎鈎氣。

葉　研傅蛇蟲咬，解熱痢及膝腫。

甜藤

宋・唐慎微《證類本草》卷六草部上品〔唐・陳藏器《本草拾遺》〕　甜藤，味甘，寒，無毒。去熱煩，解毒，調中氣，令人肥健。又主剝馬血毒入肉，狂犬，牛馬熱黃。搗絞取汁，和米粉作糗餌，食之甜美，止洩。搗葉汁傅蛇咬瘡。生江南山林下，蔓如葛。又有小葉尖長，氣辛臭，搗傅小兒腹，除痞滿閃癖。

元・吴瑞《日用本草》卷八　甜藤　其汁美。　味甘，平，無毒。　主調中益氣，解熱，除煩，治腎氣。

明・許希周《藥性粗評》卷三　賤居養胃之科，甜藤可貴。　甜藤蔓生，林下江南處處有之。味甘，性寒，無毒。主治煩熱痞滿，調中氣，益脾胃，令人肥健。可濃煮湯，調米粉作糗食之。此蓋賤而有貴績者也。牛馬熱黃，亦可以前糗餌之。雖然人食，亦不可過度，甘多亦能作熱故也。

明・姚可成《食物本草》卷一八草部・隰草類　甜藤生江南山林下，蔓如葛。搗汁，和米粉作糗餌食，甜美。　甜藤，味甘，寒，無毒。主熱煩，解毒，調中氣，令人肥健，止洩。又治剝馬血毒入肉及狂犬、牛馬熱黃，傅蚍咬瘡。又有小葉尖長，氣辛臭者，搗傅小兒腹中閃癖血塊。

鼠藤

宋・唐慎微《證類本草》卷一二木部上品〔唐・陳藏器《本草拾遺》〕　鼠藤　味甘，溫，無毒。主丈夫五勞七傷，腰脚痛冷，陰痿，小便數白，益陽道，除風氣，補衰老，好顏色。取根及莖，細剉濃煮，服之訖取微汗，亦浸酒如藥酒法，性極溫，服訖稍令人悶，無苦。生南海海畔山谷。作藤遶樹，莖葉滑淨似枸杞。花白有節，心虛，苗頭有毛，南人皆識。其藤有鼠咬痕者良。但須嚼咽其汁驗也。

〔宋・唐慎微《證類本草》〕《海藥》云：謹按《廣州記》云：生南海山谷。藤蔓而生，鼠愛食此，故曰鼠藤。咬處即人用入藥，彼人食之，如喫甘蔗美味甘美。主腰脚風冷，大補水藏，好顏色，長筋骨。並剉，濃煎服之，亦取汁，浸酒更妙。

明・王文潔《太乙仙製本草藥性大全》卷三《本草精義》　鼠藤　生南海畔山谷。其苗藤蔓遶樹而生，莖葉滑凈似枸杞，花白有節，心虛，苗頭有毛，鼠愛食之，故名鼠藤。南人皆識，其藤有鼠咬痕者，但便嚼噍，其汁如甘蔗，味甘美。

明・王文潔《太乙仙製本草藥性大全》卷三《仙製藥性》　鼠藤　味甘，氣溫，無毒。　主治：主丈夫五勞七傷，療腰脚風氣疼痛。補水臟陰痿，治小便數白。益陽道而除風氣，補衰老而好顏色。　補註：腰脚風冷痛，補水臟，并剉散，濃煎服之。〇好顏色，長筋骨。并剉，濃煎，服之，取微汗。亦取汁及浸酒如藥酒法，性極溫，服訖稍令人悶，無苦。

明・姚可成《食物本草》卷一八草部・隰草類　鼠藤生南海海畔山谷。作藤繞樹，莖葉滑淨似枸杞，花白，有節心虛，苗頭有毛。彼人食之如甘蔗，味極甘。鼠愛食之，故以為名。其嚼咬處，人取為藥治疾。　鼠藤，味甘，溫，無毒。主丈夫五勞七傷，陰痿，益陽道，小便數白，腰脚痛冷，除風氣，壯筋骨，補衰老，好顏色。濃煮服之，取微汗，亦浸酒服。性溫，稍令人悶，無苦也。

紫金藤

宋・唐慎微《證類本草》卷三〇外木蔓類〔宋・蘇頌《本草圖經》〕　紫金藤　生福州山中。春初單生葉，青色。至冬凋落。其藤似枯條，採其皮曬乾爲末。治丈夫腎氣。

宋・陳衍《寶慶本草折衷》卷二〇　紫金藤　生福州山中。冬採藤、皮，曬乾。

溫許洪。〇治丈夫腎氣。單生葉，青色，至冬凋落。其藤似枯條。續說云：古方巴戟元用紫金藤，許洪註其主治，與此條同說。許洪又編此元，附入《局方》之內。

明・劉文泰《本草品彙精要》卷四一　紫金藤　蔓生。

紫金藤：治丈夫腎氣。出《圖經》。　【苗】《圖經》曰：春初單生葉，青色，至冬凋落，其藤似苦條。　【地】《圖經》曰：生福州山中。　【時】生：春生葉。採：無時取皮。　【收】曬乾。　【用】皮。　【製】爲末用。

明・李時珍《本草綱目》卷一八草部・蔓草類　紫金藤宋《圖經》

【釋名】山甘草　【集解】頌曰：生福州山中。春初單生葉青色，至冬凋落。其藤似枯條，采皮晒乾。

【氣味】缺。　【主治】丈夫腎氣蘇頌。消損傷淤血。擣傅惡瘡腫毒時珍。

【附方】新二。　紫金藤丸：補腎臟，暖丹田，興陽道，減小便，填精髓，駐顔色，潤肌肉，治元氣虚，面目黧黑，口乾舌澁，夢想虚驚，耳鳴目淚，腰胯沉重，百節酸疼，項筋緊急，背胛勞倦，陰汗盗汗，及婦人子宫久冷，月水不調，或多或少，赤白帶下，並宜服之。用紫金藤〔十六兩〕，巴戟天去心三兩，吴茱萸、高良薑、肉桂、青鹽各二兩，爲末，酒糊丸梧子大。每温酒下二十丸，日三服。《和劑方》。　死胎不下：紫金藤、葵根各七錢，土牛膝三兩，土當歸四錢，肉桂二錢，麝香三分，爲末。米糊丸梧子大，硃砂爲衣。每服五十丸，乳香湯下。極驗。《葛静觀方》。

清・吴其濬《植物名實圖考》卷二〇　紫金藤　宋《圖經》外類。生福州。皮主丈夫腎氣。

百棱藤

宋・唐慎微《證類本草》卷三〇外木蔓類〔宋・蘇頌《本草圖經》〕　百棱藤　生台州。春生苗，蔓延木上，無花葉，冬採皮入藥。治盗汗。彼土人用之，有效。

明・劉文泰《本草品彙精要》卷四一　百棱藤　蔓生。

百棱藤：治盗汗。出《圖經》。　【苗】《圖經》曰：春生苗，蔓延木上，無花葉。　【地】《圖經》曰：生台州。　【時】生：春生苗。採：冬取皮。　【用】皮。

明・李時珍《本草綱目》卷一八草部・蔓草類　百棱藤宋《圖經》

【釋名】百靈藤《綱目》　【集解】頌曰：生台州山中。春生苗蔓，延木上，無花葉。冬采皮入藥，土人用。

【氣味】缺。　【主治】盗汗蘇頌。治一切風痛風瘡。以五斤剉，水三斗，煮汁五升，熬膏。每酒服一匙，日三服時珍。

【附方】新三　頭風腦痛：百靈藤十斤，水一石，煎汁三斗，入糯米三斗作飯。候冷，拌神麯炒末九兩，同入甕中，如常釀酒。經三五日，更炊糯米，冷投之，待熟澄清。每温飲一小盞，服後渾身汗出爲効。《聖惠方》。　一切風痹：不拘久近。百靈藤五斤，水三斗，煎一斗，濾汁再煎至三升。入牛膝、附子、仙靈脾、赤箭、何首烏、乳香、鹿角膠各二兩爲末同煎。别入白蜜五合，熬如餳狀，瓷瓶收之。每服一匙，温酒下，一日二服。忌毒物、滑物。《聖惠方》。　大風瘡疾：百靈藤四兩，水一斗，(至)〔煮〕三升，去滓，入粳米四合煮粥。於密室中浴畢乃食，暖卧取汗。汗後，皮膚起如麩片。每隔日一作，五六十日後漸愈，毛髮即生。《聖惠方》。

明・倪朱謨《本草彙言》卷七　百棱藤　味氣缺。又名百靈藤。　蘇氏曰：百棱藤，生台州屬縣山中。春生苗，蔓延樹木上。無花葉，冬采皮用。土人常用之。

百棱藤：李時珍治一切風痹風痛，風癬風癩之藥也。煎膏、釀酒、作丸散，均可修用。

集方：已下俱出《聖惠方》治一切風痹疼痛，不拘久近。用百棱藤五斤，水四斗，煎一斗，濾汁，再煎至三升，入牛膝、童便製附子、天麻、鹿角膠各二兩，俱作末，同煎，再入煉熟白蜜半升，熬如餳狀，磁瓶收之。每早晚各食前服三錢，白湯温酒下。忌一切毒物。〇治頭風腦痛。用百棱藤十斤，水一石，煎汁三斗，入糯米三斗，作飯，候冷，拌麴末九兩同入缸中，如常釀酒法。經三五日，待熟澄清。每温飲一小盞，服後渾身汗出爲效。〇治大風癩瘡癘疾。用百棱藤一斤，水二斗，煮數百沸，去渣，入粳米三合，煮米熟，取出米粒，密室中乘熱浴之。少卧取汗，汗後皮膚起如麩片。其葉渣隔日再作，連作十餘次。漸愈。

清・吴其濬《植物名實圖考》卷二〇　百棱藤　宋《圖經》外類。生台州。治風痛，大風瘡疾，亦作百靈。

烈節

宋・唐慎微《證類本草》卷三〇外木蔓類〔宋・蘇頌《本草圖經》〕　烈節　生榮州。多在林箐中生。味辛，温，無毒。主肢節風冷，筋脉急痛。春生蔓苗，莖葉俱似丁公藤而纖細，無花實。九月採莖。暴乾。以作浴湯，佳。

明・劉文泰《本草品彙精要》卷四一　烈節無毒　蔓生。

烈節：主肢節風冷，筋脉急痛。出《圖經》。　【苗】《圖經》曰：春生蔓苗，莖葉俱似丁公藤而纖細，無花、實。以浴湯，佳。〖地〗《圖經》曰：生榮州，多在林菁中。〖時〗生：春生苗。採：九月取莖葉。〖收〗暴乾。〖用〗莖、葉。〖味〗辛。〖性〗溫。〖氣〗氣厚於味，陽也。

明·李時珍《本草綱目》卷一八草部·蔓草類 烈節宋《圖經》頌曰：生榮州，多在林箐中。春生蔓苗，莖葉俱似丁公藤，而纖細無花實。九月采莖，暴乾。味辛，溫，無毒。主肢節風冷，筋脉急痛。作湯浴之佳。時珍曰：楊倓《家藏經驗方》，有烈節酒，治歷節風痛。用烈節、松節、牛膝、熟地黄、當歸各一兩，爲粗末，絹袋盛之，以無灰酒二百盞，浸三日。每用一盞，入生酒一盞，温服。表弟武東叔，年二十餘，患此痛不可忍。涪城馬東之，以此治之而安。

清·吴其濬《植物名實圖考》卷二〇 烈節 宋《圖經》外類。生榮州。似丁公藤而細。主筋脈急痛，肢節風冷。作浴湯佳。

落雁木

宋·唐慎微《證類本草》卷一二木部上品〔前蜀·李珣《海藥本草》〕 落雁木 謹按徐表《南州記》云：生南海山野中。藤蔓而生，四面如刀削，代州雁門亦有。藤蘿高丈餘，雁過皆綴其中，故曰落雁木。又云：雁銜至代州雁門，皆放落而生，以此爲名。蜀中雅州亦出。味平、溫，無毒。主風痛傷折，脚氣腫，腹滿虚脹。以粉木同煮汁蘸洗，並立效。又主婦人陰瘡浮疱。以椿木同煮之妙也。

〔宋·蘇頌《本草圖經》〕曰：落雁木，生雅州。味甘，性平，無毒。治産後血氣痛，并折傷内損等疾。其苗作蔓纏遶大木，苗葉形色大都似茶，無花、實。彼土人四月採，苗入藥用。

明·王文潔《太乙仙製本草藥性大全》卷三《本草精義》 落鴈木 生南海山野中。藤蔓而生，四面如刀削。代州雁門亦有。藤蔓高丈餘，鴈過皆綴其中，故曰落鴈木。又云：鴈銜至代州鴈門，皆散落而生，以此爲名。蜀中雅州亦出，其苗作蔓，纏遶大木，苗葉形色大都似茶，無花實，彼土人四月採苗入藥用。

明·王文潔《太乙仙製本草藥性大全》卷三《仙製藥性》 落鴈木 味甘，氣平、溫，無毒。 主治：主風痛傷折如神，治腹滿虚脹立效。療脚氣浮腫，理婦女陰瘡。 補註：主風痛傷折，脚氣腫，腹滿虚脹，以粉木同煮汁，蘸洗並立效。又婦人陰瘡浮泡，以椿木同煮之妙也。

明·李時珍《本草綱目》卷一八草部·蔓草類 落雁木《海藥》校正自木部移入此。

〖釋名〗珣曰：藤蘿高丈餘，鴈過皆綴其中，或云雁銜至代州鴈門而生，以此爲名。

〖集解〗珣曰：按徐表《南州記》云：落鴈木生南海山野中。蔓生，四邊如刀削。代州鴈門亦有之，蜀中雅州亦有。頌曰：雅州出者，苗作蔓纏繞大木，苗葉形色大都似茶，無花實。彼人四月采苗，入藥用。

莖葉 〖氣味〗甘，平、温，無毒。〖主治〗風痛傷折，脚氣腫，腹滿虚脹。以粉木皮同煮汁洗之，立効。又婦人陰瘡浮泡，以椿木皮同煮汁洗之李珣。産後血氣痛，并折傷内損諸疾，煮汁服蘇頌。

明·鮑山《野菜博録》卷三 落鴈木 生深山中。其柯苗作蔓，纏繞大木。葉似茶葉，不結花實。味平，温，無毒。食法：採嫩葉煠熟，油鹽調食。

清·吴其濬《植物名實圖考》卷二二 落鴈木 《唐本草》始著録。《海藥》謂鴈過皆綴其中，故名。生南海山中，代州、雅州皆有之。治風痛脚氣，産後血氣痛。

折傷木

宋·唐慎微《證類本草》卷一三木部中品〔唐·蘇敬《唐本草》〕 折傷木 味甘，鹹，平，無毒。主傷折筋骨疼痛，散血補血，産後血悶，止痛。酒、水煮濃汁飲之。生資州山谷。

〔唐·蘇敬《唐本草》〕注云：藤生繞樹上，葉似茼草葉而光厚。八月、九月採莖，日乾。《唐本》先附。

明·劉文泰《本草品彙精要》卷一九 折傷木無毒 蔓生。

折傷木：主傷折筋骨，疼痛，散血補血，産後血悶，止痛，酒水煮濃汁飲之。名醫所録。〖苗〗《唐本》注云：藤生繞樹上，葉似莽草葉而光厚。〖地〗《圖經》曰：生資州山谷。〖時〗生：春生葉。採：八月、九月收。〖收〗日乾。〖用〗莖。〖色〗青，黄。〖味〗甘，鹹。〖性〗平，緩。〖氣〗氣之薄者，陽中之陰。〖臭〗朽。〖主〗散血，補血。

明·王文潔《太乙仙製本草藥性大全》卷三《本草精義》 折傷木 舊不著所出州土。生資州山谷。其藤生繞大樹引長，其葉似菌草葉而光圓厚。八月、九月内採莖，曝乾用。

明・王文潔《太乙仙製本草藥性大全》卷三《仙製藥性》 折傷木 味甘、鹹，氣平，無毒。 主治： 主折傷筋骨疼痛殊功，散産傷血痢止痛立效。酒水煮飲，並與前同。

風延母

宋・唐慎微《證類本草》卷八草部中品〔唐・陳藏器《本草拾遺》〕 風延母 味苦，寒，無毒。 小兒發熱發强，驚癇寒熱，熱淋，解煩，利小便，明目。主虵、犬毒，惡瘡，癰腫，黄疸。 並煮服之。 細葉蔓生，纓繞草木。《南都賦》云風衍蔓延於衡皋是也。

〔宋・唐慎微《證類本草》〕《海藥》： 謹按徐表《南州記》生南海山野中。主三消五淋，下痰，小兒赤白毒痢，虵毒瘴溪等毒，一切瘡腫。並宜煎服，只出南中，諸無所出也。

宋・鄭樵《通志》卷七五《昆蟲草木略》 風延母 細葉蔓生，纓繞草木。《南都賦》云風衍蔓延於衡(早)〔皋〕是也。

每始王木

宋・唐慎微《證類本草》卷一三木部中品〔唐・蘇敬《唐本草》〕 每始王木 味苦，平，無毒。 主傷折跌筋骨，生肌破血止痛。 酒、水煮濃汁飲之。 生資州山谷。

〔唐・蘇敬《唐本草》〕注云： 藤生，繞樹木上生，葉似蘿摩葉，二月、八月採。《唐本》先附。

明・劉文泰《本草品彙精要》卷一九 每始王木無毒 蔓生。

每始王木： 主傷折跌筋骨，生肌，破血，止痛，酒水煮濃汁飲之。名醫所録。

〔苗〕《唐本》注云： 藤生，繞樹木上生，葉似蘿摩葉。 〔地〕《圖經》曰： 生資州山谷。 〔時〕生： 春生葉。 採： 二月、八月取。 〔收〕暴乾。 〔用〕藤。 〔色〕青緑。 〔味〕苦。 〔性〕平，泄。 〔氣〕味厚于氣，陰中之陽。 〔臭〕朽。 〔主〕生肌，止痛。 〔製〕剉碎用。

明・王文潔《太乙仙製本草藥性大全》卷三《本草精義》 每始王木 生資州山谷。 其木藤蔓生繞樹，木葉似蘿摩葉。 二月、八月採收。 遇疾酒水煮濃汁飲之效。

明・王文潔《太乙仙製本草藥性大全》卷三《仙製藥性》 每始王木 味苦，氣平，無毒。 主治： 主傷折跌損筋，兼破血止痛，生肌。

地龍藤

宋・唐慎微《證類本草》卷一三木部中品〔唐・陳藏器《本草拾遺》〕 地龍藤 味苦，無毒。 主風血羸老，腹内及腰脚諸冷，食不作肌膚，浸酒服之。生天目山，蟠屈如龍，故號地龍藤。 遶樹木生，似龍所生，與此頗同，小有異耳，吳中亦有也。

明・王文潔《太乙仙製本草藥性大全》卷三《本草精義》 地龍藤 舊本俱不具文。 生天目山。 其苗蔓生，蟠屈如龍，故號地龍。 藤遶樹木生，似龍所生，與此頗類，大同小異耳。 吳中亦有也。

明・王文潔《太乙仙製本草藥性大全》卷三《仙製藥性》 地龍藤 味苦，無毒。 主治： 主老人風血羸瘦，并腹内腰脚諸冷。 補註： 主患前疾及食不作飢膚者，採取浸酒，熱服飲之效。

明・倪朱謨《本草彙言》卷七 地龍藤 味苦，氣平，無毒。生天目山。繞樹蟠屈如龍，故名。采即曬乾用。吳中亦有而小異。 主風證，血羸弱，腰膝脚中諸冷，飲食不調，不作肌膚。 浸酒蒸服之。

龍手藤

宋・唐慎微《證類本草》卷一二木部上品〔唐・陳藏器《本草拾遺》〕 龍手藤 味甘，溫，無毒。 主偏風口喎，手足癱緩，補虛益陽，去冷氣風痹。 斟酌多少，以醇酒浸，近火令溫。 空心服之，取汗。 出安荔浦山石上向陽者，葉如龍手，因以爲名，採之無時也。

明・王文潔《太乙仙製本草藥性大全》卷三《本草精義》 龍手藤 生安浦山谷岩崖中石上向陽者，葉如龍手，因以爲名。 採無時。 以醇酒浸服。

明・王文潔《太乙仙製本草藥性大全》卷三《仙製藥性》 龍手藤 味甘，氣溫，無毒。 主治： 主偏風，口眼喎斜，手足癱瘓。 去冷氣風痹，補虛益陽。 補註： 治癱風頑痹，冷氣，斟酌多少，以醇酒浸，近火令溫，空心服之，取汗出。

明・倪朱謨《本草彙言》卷七 龍手藤 味甘，氣溫，無毒。出安荔蒲石上。向陽者，葉如龍手。采無時，曬乾用。 主偏風口喎，手足癱瘓風痹諸證。 兼能補虛益陽，去冷氣。 以醇酒浸蒸，空心隨量飲。

牛領藤

宋・唐慎微《證類本草》卷一三木部中品〔唐・陳藏器《本草拾遺》〕 牛

領藤　味甘，溫，無毒。主腹内冷，腰膝疼弱，小便白數，陽道乏。煮汁浸酒服之。生嶺南高山，形褊如牛領，取之陰乾也。

明·倪朱謨《本草彙言》卷七　牛領藤　味甘，氣溫，無毒。生嶺南高山。形扁如牛領。取之曬乾用。　主腹中諸冷證，腰膝痛軟無力，小便稠白如膏淋，男婦陽道衰乏立起。水煮飲，或浸酒蒸服。

牛奶藤

宋·唐慎微《證類本草》卷一二木部上品〔唐·陳藏器《本草拾遺》〕　牛奶藤　味甘，溫，無毒。主荒年食之令人不飢。取藤中粉食之，如葛根，令人髮落。牛好食之。生深山。大如樹。

鬼膊藤

宋·唐慎微《證類本草》卷一三木部中品〔唐·陳藏器《本草拾遺》〕　鬼膊藤　味苦，溫，無毒。主癰腫，搗莖、葉傅之。藤堪浸酒，去風血。生江南林澗中。葉如梨，子如柤子，山人亦名鬼薄者也。

明·倪朱謨《本草彙言》卷七　鬼膊藤　味苦，氣溫，無毒。生江南林澗邊。葉如梨葉，子如樝子。　主去風活血，宜浸酒蒸服。其葉搗爛敷癰腫，尤良。

斑珠藤

宋·唐慎微《證類本草》卷一二木部上品〔唐·陳藏器《本草拾遺》〕　斑珠藤　味甘，溫，無毒。主風血羸瘦，婦人諸疾，浸酒服之。生山谷中。不凋。子如珠而斑，冬取之。

明·倪朱謨《本草彙言》卷七　斑珠藤　味甘，氣溫，無毒。生深山中。冬月不凋，子如珠而斑。　主風血羸瘦，婦人諸疾。

息王藤

宋·唐慎微《證類本草》卷一三木部中品〔唐·陳藏器《本草拾遺》〕　息王藤　味苦，溫，無毒。主産後腹痛，血露不盡。濃煮汁服之。生嶺南山谷。冬月不凋。

明·倪朱謨《本草彙言》卷七　息王藤　味苦，氣溫，無毒。生嶺南山谷。其葉冬月不凋。　主産後腹痛，惡露不盡。取尺餘，煎汁服。

萬一藤

宋·唐慎微《證類本草》卷一〇草部下品〔唐·陳藏器《本草拾遺》〕　萬一藤　主蛇咬。杵篩以水和如泥，傅瘫上。藤蔓如小豆。生嶺南，亦名萬吉。

曼遊藤

宋·唐慎微《證類本草》卷一二木部上品〔唐·陳藏器《本草拾遺》〕　曼遊藤　味甘，溫，無毒。久服長生延年。去久嗽。出犍爲牙門山谷，如寄生著大樹，春華色紫，葉如柳。張司空云：蜀人謂之沉藹藤，亦云治癬。

百丈青

宋·唐慎微《證類本草》卷八草部中品〔唐·陳藏器《本草拾遺》〕　百丈青　味苦，寒，平，無毒。主解諸毒物，天行瘴瘧疫毒。並煮服，亦生搗絞汁。生江南林澤，藤蔓緊硬，葉如薯預，對生。根服令人下痢。

明·許希周《藥性粗評》卷三　疫遇時行，青生百丈。

百丈青蔓生緊硬，葉如薯蕷，對生，長百丈許，且常青，故名。江南林澤處處有之。採無時。味苦，性寒、平，無毒。主治天行時疫，瘴瘧瘟癘，解諸毒。

單方：時疫：凡患天行時疫，如前項症候者，以百丈青生搗絞汁，飲之差。

明·倪朱謨《本草彙言》卷七　百丈青　味苦，氣平，無毒。生江南林澤間。藤蔓緊硬，葉如薯蕷對生。　主天行瘴疫，溫熱疫毒。幷煎汁服，生搗汁亦可。其根性冷，服之令人下利。

溫藤

宋·唐慎微《證類本草》卷一三木部中品〔唐·陳藏器《本草拾遺》〕　溫藤　味甘，溫，無毒。主風血積冷，浸酒服之。生江南山谷，不凋，著樹生也。

明·倪朱謨《本草彙言》卷七　溫藤　味甘，氣溫，無毒。生江南山谷，著樹不凋。　主積風積冷，有傷血分。宜浸酒蒸飲。

藍藤

宋·唐慎微《證類本草》卷六草部上品〔唐·陳藏器《本草拾遺》〕　藍藤根　味辛，溫，無毒。上氣冷嗽，煮服之。生新羅國，根如細辛。

明·倪朱謨《本草彙言》卷七　藍藤　味辛，氣溫，無毒。生新羅國，根如細辛。　主冷氣咳嗽，濃煎汁飲。

瓜藤

宋·唐慎微《證類本草》卷三〇外木蔓類〔宋·蘇頌《本草圖經》〕　瓜藤　生施州。四時有葉無花。其皮味甘，性涼，無毒。採無時。與刺猪零二味，洗淨去麁皮，焙乾，等分擣羅。用甘草水調貼，治諸熱毒惡瘡。

明・劉文泰《本草品彙精要》卷四一　瓜藤無毒　蔓生。

瓜藤：與刺豬零二味洗淨，去麤皮，焙乾，等分，擣羅爲末，用甘草水調貼，治諸熱毒惡瘡。出《圖經》。〔苗〕《圖經》曰：四時有葉，無花。〔地〕《圖經》曰：生施州。〔時〕生：春生新葉。採：無時取皮。〔用〕皮。〔味〕甘。〔性〕凉，緩。〔氣〕氣之薄者，陽中之陰。

清・吴其濬《植物名實圖考》卷二〇　瓜藤　宋《圖經》外類。生施州。皮擣貼熱毒惡瘡。

金稜藤

宋・唐慎微《證類本草》卷三〇外木蔓類〔宋・蘇頌《本草圖經》〕　金稜藤　生施州。四時有葉無花。其皮味辛，性溫，無毒。採無時。與續筋、馬接脚三味，洗淨去麄皮，焙乾，等分擣羅。溫酒調服二錢匕。治筋骨疼痛，無所忌。

明・劉文泰《本草品彙精要》卷四一　金稜藤無毒　蔓生。

金稜藤：與續筋、馬接脚三味洗淨，去麤皮，焙乾，等分爲末，溫酒調服二錢匕，治筋骨疼痛，無所忌。出《圖經》。〔苗〕《圖經》曰：四時有葉，無花。〔地〕《圖經》曰：生施州。〔時〕生：春生新葉。採：無時取皮。〔用〕皮。〔味〕辛。〔性〕溫。〔氣〕氣之厚者，陽也。

含春藤

宋・唐慎微《證類本草》卷三〇外木蔓類〔宋・蘇頌《本草圖經》〕　含春藤　生台州。其苗蔓延木上，冬夏常青。彼土人採其葉入藥。治風有效。

明・劉文泰《本草品彙精要》卷四一　含春藤　蔓生。

含春藤：治風有效。出《圖經》。〔苗〕《圖經》曰：其苗蔓延木上，冬夏常青。彼土人採其葉入藥用。〔地〕《圖經》曰：生台州。〔時〕生：春生新葉。採：無時。〔用〕葉。

獨用藤

宋・唐慎微《證類本草》卷三〇外木蔓類〔宋・蘇頌《本草圖經》〕　獨用藤　生施州。四時有葉無花，葉上有倒刺。其皮味苦、辛，性熱，無毒。採無時。彼土人取此并小赤藥頭二味，洗淨焙乾，各等分，擣羅爲末。溫酒調一錢匕，療心氣痛。

明・劉文泰《本草品彙精要》卷四一　獨用藤無毒　蔓生。

獨用藤：與小赤藥頭二味洗淨，焙乾，各等分，擣羅爲末，溫酒調一錢匕，療心氣痛。出《圖經》。〔苗〕《圖經》曰：四時有葉，無花，葉上有倒刺。〔地〕《圖經》曰：生施州。〔時〕生：春生新葉。採：無時取皮。〔用〕皮。〔味〕苦，辛。〔性〕熱。〔氣〕氣厚味薄，陽中之陰。

祁婆藤

宋・唐慎微《證類本草》卷三〇外木蔓類〔宋・蘇頌《本草圖經》〕　祁婆藤　生天台山中。其苗蔓延木上，四時常有。彼土人採其葉入藥。治風有效。

明・劉文泰《本草品彙精要》卷四一　祁婆藤　蔓生。

祁婆藤：治風有效。出《圖經》。〔苗〕《圖經》曰：其苗蔓延木上，四時常有。彼土人採其葉入藥用。〔地〕《圖經》曰：生天台山中。〔時〕生：春生葉。採：無時。〔用〕葉。

野猪尾

宋・唐慎微《證類本草》卷三〇外木蔓類〔宋・蘇頌《本草圖經》〕　野猪尾　生施州。其苗纏木作藤生，四時有葉無花。味苦、澀，性凉，無毒。採無時。彼土人取此并百藥頭二味，洗淨去麄皮，焙乾，等分擣羅爲末。溫酒調下一錢匕，療心氣痛，解熱毒。

明・劉文泰《本草品彙精要》卷四一　野豬尾無毒　蔓生。

野豬尾：與百藥頭二味，洗淨，去麤皮，焙乾，等分，擣羅爲末，溫酒調下一錢匕，療心氣痛，解熱毒。出《圖經》。〔苗〕《圖經》曰：其苗纏木作藤生，四時有葉，無花。〔地〕《圖經》曰：生施州。〔時〕生：春生新葉。採：無時取皮。〔用〕皮。〔味〕苦，澀。〔性〕凉。〔氣〕味厚於氣，陰也。

石合草

宋・唐慎微《證類本草》卷三〇外木蔓類〔宋・蘇頌《本草圖經》〕　石合草　生施州。其苗纏木作藤，四時有葉無花，其葉味甘，性凉，無毒。採無時。焙乾，擣羅爲末。溫水調貼，治一切惡瘡腫及斂瘡口。

明・劉文泰《本草品彙精要》卷四一　石合草　蔓生。

石合草：治一切惡瘡腫及斂瘡口，以葉焙乾，擣羅爲末，溫水調貼。出《圖經》。〔苗〕《圖經》曰：其苗纏木作藤，四時有葉，無花。〔地〕《圖經》

曰：生施州。【時】生：春生新葉。採：無時。【用】葉。【味】甘。【性】涼，緩。【氣】氣之薄者，陽中之陰。

清・吴其濬《植物名實圖考》卷二〇　石合草　宋《圖經》外類。生施州。纏木作藤。葉為末，調貼一切惡瘡及斂瘡口。

朱藤花

明・周履靖《茹草編》卷二　朱藤花　百花辭條春草綠，滿眼朱藤曳喬木。牽枝引蔓百尺強，托身未謂凌雲足。山家芻豢吾何有，摘花旋取醯鹽溲。有隣過我新濁醪，盤飧何必薦春韭。　二三月採花，鹽湯焯過，晒乾，同香油、椒、鹽作餛飩煮食，或糖、醋、薑、鹽作虀尤妙。

黄絲藤

明・朱橚《救荒本草》卷下之前　黄絲藤　生輝縣太行山山谷中。條類葛條，葉似山格刺葉而小，又似婆婆枕頭葉，頗硬，背微白，邊有細鋸齒。味甜。　救飢：採葉煠熟，水浸淘淨，油鹽調食。

清・莫樹蕃《草藥圖經》　八抓精　身似藤，金黄色，土名黄絲藤，又名花線草。能治瘋症，並筋骨拘攣轉筋等症。用五七分，重者一錢，煎酒服，出汗。芒種出，秋後枯。

陰陽蓮

清・吴其濬《植物名實圖考》卷一九　陰陽蓮　一名大葉蓮。産建昌山中。蔓生細綠，莖淡紅，節有小刺；就節參差生葉，葉本如馬蹄，寬寸餘，末尖長二寸許；面濃綠背黄白，粗紋微澀；根大如指，横發枝蔓。俚醫以治婦科調經，取根幹同桃仁煎酒服。

野杜仲

清・吴其濬《植物名實圖考》卷一九　野杜仲　撫建山中有之。蔓生，盤屈黑莖有星，勁脆如木；葉如橘葉而不光澤，疎紋無齒；短枝枯槎，頗似針刺；根亦堅實。俚醫以治腰痛，取皮浸酒，功似杜仲，故名。

山杜仲

明・佚名氏《醫方藥性・草藥便覽》　山杜仲　其性甘。治飛瘍，消惡熱，補腎。沿地鷄仁。

比香藤

明・佚名氏《醫方藥性・草藥便覽》　比香藤　其性溫。退燒，去風邪。

涼藤仔

明・佚名氏《醫方藥性・草藥便覽》　涼藤仔　其性苦、甘。治飛痒，散熱血之渴。

川山龍

清・吴其濬《植物名實圖考》卷一九　川山龍　産南安。蔓生挺立，赤莖有星；參差生葉，葉圓而長，面綠背青黄，直紋稀疎，圓齒不匀；根如老薑，褐黄色，赭鬚數莖。俚醫以為跌打損傷要藥。

內風藤

清・吴其濬《植物名實圖考》卷二一　內風藤　生湖南山坡。横根引蔓，俱赭色；葉如柳葉，有光而韌。以治內風，故名。

鐵掃帚

清・吴其濬《植物名實圖考》卷二一　鐵掃帚　産建昌山中。蔓生，綠莖，柔細糾結，葉長幾寸，後圓有缺，末尖，相距稀闊；細根硬鬚，赭色稠密。俚醫以為行血通骨節之藥。用根煎酒服。

涼帽纓

清・吴其濬《植物名實圖考》卷二一　涼帽纓　生南安。細莖蔓生，葉大如大指，圓長有尖，淡赭；根蓬鬆如纓，故名。俚醫以治喉痛，消腫毒。氣味平溫。喉痛一作喉病。

白龍鬚

清・吴其濬《植物名實圖考》卷二一　白龍鬚　生長沙山中。綠莖細長，對葉疎闊，葉如子午花葉而尖瘦，細紋無鋸齒，長根如蜈蚣形，四周密鬚如細辛、牛膝。俚醫以治痰氣。

按宋《圖經》：白前根長於細辛，今用蔓生者。味苦，非真。疑即此蔓生者。

大順筋藤

清・吴其濬《植物名實圖考》卷二一　大順筋藤　生長沙嶽麓。綠莖赭節，弱蔓細圓；長葉寸許，本寬腰細，近梢長匀出尖，面黄綠，背青白，有直紋數縷；葉際出短莖，開五瓣小赭色花，一莖一花；根鬚繁稠似牛膝而瘦。俚醫以治筋骨，通關節。

碧綠藤

清・吴其濬《植物名實圖考》卷二一　碧綠藤　江西廣饒山坡有之。莖葉碧綠一色，枝頭葉稍長，餘葉正圓，面綠背淡，疎紋細齒。土人以藤煎水，洗紅腫，有效。

按《南城縣志》有銅錢樹，葉圓如錢，此殆肖之。

四喜牡丹

清・吴其濬《植物名實圖考》卷二三　四喜牡丹即追風藤。　生雲南山中。長莖如蔓，附莖生葉；三葉同柄，復多花叉，微似牡丹，長五六分；春開四瓣白花，色如梔子，瓣齊有直紋；黄蕊綠心，楚楚有致；惟莖長花少，頗形寂寞。

葉上花

清・吴其濬《植物名實圖考》卷二三　葉上花　生雲南。蔓生綠莖，一葉一鬚；葉或五尖、或三尖，大如眉豆葉；花生葉筋脈上，作小尖萼突，上紅下淡；花密則葉枯，其筋脈即成小莖；結實如珠，色紫黑。《廣西通志》：紅果草小者圓葉邊花，莖有軟刺。可治牙痛，疑即此類。

鞭繡球

清・吴其濬《植物名實圖考》卷二三　鞭繡毬　生昆明山中。蔓生。細根黑鬚，綠莖對葉，葉似薯蕷而末團，疎紋圓齒，夏開五瓣黄花，頗似迎春花。

染銅皮

清・吴其濬《植物名實圖考》卷二三　染銅皮　生雲南。蔓生無枝，三葉攢生一處，有白縷，結實如粟。

過溝藤

清・吴其濬《植物名實圖考》卷二三　過溝藤　生雲南。長蔓，一枝三葉，結實如粟，味臭。

大發汗藤

清・吴其濬《植物名實圖考》卷二三　大發汗藤　生雲南山中。蔓生勁挺，莖色淡綠；每節結一綠片，圓長寸許；片端發兩枝，横亙下垂；長莖中穿，宛如十字；附枝生葉，葉如苦瓜葉而少花叉，有鋸齒。土人以其藤發汗故名。

穿山藤

明・蘭茂原撰，范洪等抄補《滇南本草圖説》卷五　穿山藤　生山中，藤長丈餘，上有毛刺，綠色，根老方可採取。性味寒苦辛，有小毒。降也。主治：下氣，消腹中痞積，推胃中之宿食，年久腹中堅積，消水腫血腫。亦治筋骨疼痛，四肢不仁。○採根，晒乾為末，治五積六聚，胸中血積成塊，俗名血鼠，燒酒送下。○加檳榔、雷丸，共為末，使君子湯送下，消寸白蟲，成團下之。○熬水，洗風癩疔瘡，立愈。

牛網茨根

清・莫樹蕃《草藥圖經》　牛網茨根　又名(士已)〔土巴〕戟，又名門牛鼻。根能治筋骨病，五勞七傷通用。春日草生，即生籐發葉，草枯亦枯。枯籐與根俱可用。味溫，毒。

乜金藤

清・趙學敏《本草綱目拾遺》卷七藤部　乜金藤　性溫無毒，治中風痰迷，半身不遂，左癱右瘓，不省人事，痰涎上壅，攻心作咽，用一錢，白湯磨下。小兒急慢驚風，大者五分，小者一二分，白湯磨下，立效如神。

蛇莆藤

清・趙學敏《本草綱目拾遺》卷七藤部　蛇莆藤　《職方典》：產福甯，莖細，葉如猴耳。　治喉齒百病。

李頭藤

清・趙學敏《本草綱目拾遺》卷七藤部　李頭藤　《職方典》：產福甯，其藤腐朽者，可代香用。　止嘔血，活經絡。

龍鬚藤

清・趙學敏《本草綱目拾遺》卷七藤部　龍鬚藤　《粵東小録》：藤產東莞，微細如髮，直起數丈，無一節，常飛越數樹，如千百游絲牽綴，紅者名紅龍鬚，紫者名紫龍鬚，有五色，然生無根蒂，以穢物投之即消釋，不知所去。土人以其液和細土石灰，塗饡糖釜，其堅如鐵，雖猛火不裂。其花與子皆入藥。　浸酒服，補筋骨，袪風解毒，能循脈絡，無微不到。《藥性考》：五色龍鬚藤，細如髮，生無根蒂，挂樹長發。

黄練芽

清・趙學敏《本草綱目拾遺》卷七藤部　黄練芽　今呼黄連芽，一名黄楝頭。春初采嫩芽，小兒生食之，取其清香可口，味帶苦澀如黃連，故名。亦可以鹽湯焯食，漉出曝乾為鹽菜，暑月食之。

《百草鏡》：此物藤生，引蔓大樹上，葉如桑寄生，尖長柔滑，頗光潤肥厚，二三月枯枝生芽，淡紅色，如椿芽，生食苦中帶甘，入口生津。安徽人家多醃以為菜，與芹芽、椿芽、蘆芽並重。

《藥性考》云：葉似槐而尖，嫩時揉乾代茶勝茗，木甚細膩，苦中帶甘，味如橄欖，鹽食酸甜。解喉痛咽哽，消熱醒酒，舌爛口糜，嚼汁可解。

味苦澀，性寒，解暑、止渴、利便《食物宜忌》。生津明目，清積熱解毒《藥檢》。

敏按：方以智《物理小識》：黃楝頭，一名回味，俗呼黃連頭。樹分葉如椿，大者合抱，春采其葉，味苦而甘，皮可合香入藥，治痢及霍亂。《綱目》遺此未收。如方氏所云，則木也，與《百草鏡》所云互異，或地土有不同耶，抑其物本有二種耶，並存俟考。

盤地藤

明・蘭茂原撰，范洪等抄補《滇南本草圖說》卷六　盤地藤　葉似荷葉，輕輕軟枝，盤地而生。稍上細花，根大而肥。氣味甘甜，無毒。性走陽道，亦行任督二脉，通十二經絡。分陰陽，利小便，除內熱。縱八十亦能生子，道家調龍虎而交(垢)〔媾〕，升水火而既濟，久服輕身耐老，延年益壽。生津養肺，潤五藏而清六府，百病不生，能烏鬚黑髮。勿傳匪人，恐用作春方。